신정15판(2023년도판)

조세법강의

한만수

박영사

신정 15판 머리말

　　2020년 신정14판을 출간한지 벌써 3년이 지났다. 코로나 19의 반복적 대유행으로 인해 사회의 움직임이 전반적으로 느려진 탓도 있지만, 개정판 출간이 늦어진 주된 원인은 필자가 부지런하지 못한 탓이다. 이제 다시 신정15판을 내게 되어 소임을 다하는 느낌이다.

　　그간 여러 가지 면에서 조세법령의 개정이 있었다. 소득세법 분야에서는 주식양도소득과 투자신탁소득 등 여러 가지 소득을 기존의 양도소득이나 배당소득 등의 소득분류에서 빼내어 금융투자소득이라고 별도로 분류하여 과세하는 이른바 금융투자소득세가 2021년 말 도입되어 2023년부터 시행될 예정이었으나, 전반적으로 대비가 부족하다는 여론이 있어 그 시행이 2025년으로 유예되었다. 이에 금융투자소득세제에 관한 서술은 이번 판에서 제외하였다. 그 외에 신탁수익권의 양도차익을 양도소득세 과세대상에 추가하는 제도와 일정한 경우 종합소득 과세표준의 확정신고를 한 뒤 추가신고를 할 수 있는 제도가 되도입되었다. 법인세법 분야에서는 일정한 요건을 충족하는 경우 신탁재산 자체를 법인으로 보아 과세하는 제도를 새로이 도입하였고, 일반법인의 수입배당금 익금불산입과 지주회사의 수입배당금 익금불산입을 통합하여 제도를 간소화하는 한편, 국내자회사로부터 받는 수입배당금뿐만 아니라, 외국자회사로부터 받는 수입배당금도 익금불산입함으로써 사업의 영위장소에 따른 과세상 불균형을 해소하였다. 그 밖에도 보험회사의 비상위험준비금과 해약환급준비금의 손금산입을 허용하는 등 보험회사의 준비금 과세처리 제도가 대폭 손질되었고, 지주회사의 설립과 지주회사로의 전환 등에 대한 과세특례의 내용을 기존에 추징사유가 발생하지 않는 한 무한정 과세유예하는 것에서 3년 거치 3년 분할과세하는 방식으로 변경하였다. 그리고 접대비라는 명칭을 업무추진비라는 명칭으로 변경한 것도 주목할 만하다.

　　한편, 상속세 및 증여세법 면에서는 가업상속공제와 영농상속공제를 기초공제 항목에서 분리해 내어 독립된 조문으로 규정하였고, 문화재의 상속에 따

른 상속세의 물납과 지정문화재 등의 상속에 따른 상속세의 징수유예 제도의
도입이 눈에 띄는 대목이다. 그리고 저가양도·고가양수에 따른 이익의 증여제
도와 관련하여 재산 양수도 거래가 소득세법이나 법인세법상 부당행위계산 부
인의 적용 대상이 되지 않는 경우에는 원칙적으로 증여재산이 없는 것으로 보
아 양 제도 간의 조화를 도모한 것도 유의미하다. 부가가치세법의 면에서는 신
탁재산을 관리·처분하면서 재화를 공급하는 경우 부가가치세의 납세의무자를
수탁자로 보아야 한다는 판례의 취지에 맞추어 신탁재산과 관련된 재화 또는
용역의 공급에 따른 부가가치세 납세의무는 원칙적으로 신탁재산 별로 수탁자
가 각각 부담하는 것으로 개정되었고, 그렇게 수탁자가 부담하는 부가가치세에
대해 수익자가 제2차납세의무를 부담하는 제도를 도입하였다. 아울러 신탁재산
과 관련된 재화나 용역의 공급에 대하여 위탁자가 부담하는 부가가치세에 대하
여 수탁자가 그 신탁재산으로써 그 부가가치세를 납부할 의무를 지는 이른바
'수탁자의 물적납세의무' 제도도 도입되었다. 또한 국외사업자가 국내 비사업자
에게 특정의 전자적 용역을 공급하는 경우 그 공급장소를 용역을 공급받는 자
의 소재지로 보는 것으로 개정하여 소비지 과세원칙과 공급장소 기준 과세원칙
간의 상충문제를 부분적으로 해소하였다.

　　국제조세법의 면에서는 2021년 세법개정 시 국제조세법의 조문이 전반적
으로 재정비되었고, 2022년 세법개정시 글로벌최저한세제가 도입되어 2014년부
터 시행하기로 되어 있다. 글로벌 최소한세의 요지는 전세계적으로 1세기 정도
유지해 온 '고정사업장' 개념 중심의 사업소득 과세체계를 허물고, 일정 규모
이상의 매출을 올리는 다국적기업의 사업에서 발생하는 소득에 대해 그 기업의
거주지국이 15% 미만의 세율로 과세하면 해당 기업이 사업활동을 영위하고 있
는 다른 국가들이 그 차액에 대해 과세를 할 수 있도록 하는 것이다. 그런데,
이를 실행하려면 다국적기업이 사업을 영위하는 모든 국가가 그 실행방안에 동
의하여 과세제도를 법제화하여야 하는데, OECD의 틀 안에서 이러한 과세장치
의 개발을 주도한 미국과 EU 등의 국가에서 아직 이를 법제화하는 단계에 이
르지 못함으로써 2014년에 우리만 먼저 서둘러 이를 실행하여야 할 상황이 아
닌 것으로 보여 그 시행이 연기될 가능성이 다분하다. 따라서 글로벌최저한세
제에 관한 서술은 이번 판에서 제외하였다. 그 외에 다국적기업집단에 속하는
기업 간의 자금거래를 자금통합거래라고 칭하고 그 자금통합거래의 관리자와

참여자가 그 자금거래로부터 얻는 장상이익의 산출방법을 법정화하였고, 거주자가 형식상 제3자를 개입시켜 사실상 국외특수관계인과 거래를 한 경우 이를 국외특수관계인과의 거래로 보아 거래가격을 조정할 수 있도록 하는 제도를 도입하였다. 또한 가장 합리적인 방법을 적용하여 용역거래의 정상가격을 산출하여야 한다는 일반 원칙에 더하여 몇 가지 특칙을 도입한 것이 주목할 만하다. 2021년 세법 개정시 국세징수법도 전반적으로 조문을 정리하고 체계를 재편하였는데, 본 개정판에서는 지나치게 분량이 늘어나는 데 따른 부담을 줄이기 위해 일단 국세징수법편을 제외시켰는바, 훗날 그 서술의 분량을 축소하여 새로이 넣을 수 있을 것으로 기대한다.

그 사이에 선고된 대법원의 조세판례로서 의미가 큰 것으로는 3개 정도를 들 수 있다. 첫째, 부동산을 양도한 법인이 법인세 부담액을 줄일 의도에서 법인의 인적분할과 흡수합병의 절차를 통해 손금에 산입할 장부가액을 높인 사안에서 그러한 절차를 취한 데 조세부담의 경감 외에 다른 사업상의 목적을 전혀 찾아볼 수 없다는 이유로 다단계거래를 이용한 조세회피를 인정한 판결이다. 구체적, 개별적 규정 없이 실질과세원칙을 바로 적용한 판결로서 의미가 크다. 둘째는 법인이 특수관계 없는 자와 거래함으로써 특수관계인이 간접적으로 편익을 누렸을 뿐, 그 편익이 본래 특수관계인에게 귀속되었어야 할 것이 아닌 경우라면 법인과 특수관계 없는 자 사이의 거래가 가장행위에 해당하지 않는 한 법인이 특수관계인과 직접 거래를 한 것으로 보아 부당행위계산 부인 규정을 적용할 수 없다는 판결이다. 법문언의 의미를 초월하여 부당행위계산 부인 규정을 무한정 확장해서는 안 된다는 취지이다. 셋째, 부가가치세 과세표준에서 공제해 주는 에누리 가액의 범위와 관련하여 이동통신사업자가 이동통신용역을 일정 기간 이상 이용하기로 약정한 가입자가 제3자로부터 구입하는 단말기의 구입대금의 일부를 대신 변제하는 형식으로 지급한 사안에서 이동통신사업자와 그 이용자 간에 이동통신용역의 공급대가를 '직접' 공제하기로 하는 합의가 없었다는 이유로 그 단말기보조금이 이동통신용역 공급대가의 에누리에 해당하지 않는다고 본 판례이다. 경제적 관념에서 해석할 수밖에 없는 '직접공제'의 의미를 지나치게 축소한 느낌이다.

디지털화와 세계화의 동시 진행으로 인류의 경제활동은 하루가 다르게 급변하고 있다. 이처럼 새롭고 복잡다단해지는 제반 경제활동에서 발생하는 소득에 대한 과세의 형평이 저해되지 않도록 조세법의 틀을 적시에 변형하여야 하면서도 한편으로는 조세법규의 예측가능성과 법적안정성이라는 다소 상충된 가치를 확보해야 하는 것이 이 시대에 조세법을 운용하는 사람들의 역할일 것이다. 드러나지 않으면서도 어려운 일을 하고 있는 모든 조세법 분야의 전문가들에게 경의를 표하면서, 이번에도 개정판의 출간을 허락해 준 박영사의 안종만 회장, 조성호 이사, 그리고 어려운 편집작업을 해 준 한두희 과장에게 감사를 드린다.

2023년 1월   著者   한 만 수

법령 약어

차　례

제1편 총　론

제 2 편   조세실체법

제 3 편   조세범처벌

제1편 총 론

제1장 서 론

제1절 세법학의 지위

조세를 연구의 중심대상으로 하는 학문의 영역은 재정학의 한 분과로서 조세론, 회계학에 속하는 세무회계론, 그리고 법학의 분야인 세법학의 세 가지를 들 수 있다. 조세론이 조세의 본질과 그 국민경제적 작용을 중심으로 논하고 조세의 종류와 내용을 근간으로 하는 조세제도의 수립에 그 연구성과를 반영하는 역할을 하고 있다면, 세무회계론은 회계적 측정방법을 통해 개별 납세의무자의 과세표준을 계산·파악하는 것을 그 기능으로 삼고 또 조세입법에 있어 회계기술적 측면에서 영향을 준다.

그러나 현대사회에서 실천적 의의를 갖는 조세는 필연적으로 조세법률의 창조물이기 마련이며, 따라서 언제나 법률관계인 조세채권채무관계로 파악할 수 있다. 그렇기 때문에 조세제도의 실행은 법학으로서의 세법학을 그 학문적 기저로 삼지 않을 수 없다. 세법학의 사명은 실정세법 소재의 해석, 체계적 정리 및 비판적 고찰과 세법개념의 정립을 통해 정의에 부합하고 실용성을 띤 올바른 세법을 보장하는 것이라 할 것이다. 세법의 해석론 분야뿐만 아니라 입법론 분야도 무시할 수 없는 세법학의 일부이나 현실적으로 세법학의 주된 노력은 실제적 수요에 따라 방대한 실정세법의 해석에 치중되고 있다.

세법에는 재정학, 회계학 등 인접 사회과학의 성과가 도입되어 있기 때문에, 세법학의 연구에는 이러한 인접 사회과학에 대한 일응의 이해가 필요하다. 그뿐만 아니라 법학 내부에 있어서도 헌법, 행정법, 민법, 상법, 경제법, 형법, 소송법 등과 밀접한 관계를 가지고 있으며, 관련 없는 분야가 없다 하여도 과언이 아니다. 특히, 비록 세법이 공법(公法)이긴 하지만 조세실체법의 영역에 있어서는 사법(私法)과 이른바 '내부적 근친관계'가 있다고 불릴 정도로 깊은 관

련을 갖기 때문에 세법학에의 접근은 오히려 사법학에서 하는 것이 더 용이하
다. 이와 같은 다면성으로 인해 세법학은 응용법학 또는 실용법학이라고 불리
지만, 그렇다고 세법학이 여러 관련 법학의 단순한 집적이라는 것을 뜻하는 것
은 아니다. 세법학은 여러 관련 법분야의 학문적 성과를 활용하면서 세법질서
가 요구하는 특유의 과제를 연구하는 것이다.

　　실정세법의 이해에 있어서 유의해야 할 점은 세법이 재정적, 경제적 상황
에 따라 비교적 빈번히 개정된다는 점이다. 따라서 구체적인 사안의 해결을 위
해서는 반드시 그 사안과 관련된 현재의 법규를 면밀히 검토해야 한다.

제 2 절 조세의 의의와 분류

1. 조세의 정의

　　우리의 현행 세법에서는 조세의 일반적 정의를 두고 있지 않다. 이미 재정
학적으로 정립된 개념이기 때문에 굳이 입법적으로 정의를 내릴 필요가 없다고
본 까닭이다.[1] 그 내용은 다음과 같다.

　　1) 과세주체가 국가 또는 지방자치단체이다. 서구의 시민혁명의 결과로 생
성된 과세주체로서의 근대국가의 개념은 대체로 "특정 지역 내에 거주하는 사
람들이 평화, 질서, 복지와 같은 그들의 삶의 가치를 달성하기 위해 그들이 행
하여야 할 일을 그들 중의 일부의 사람들(공무원)에게 위임(agency)하거나 그들
이 천부적으로 부여받은 권리의 일부를 그 일부의 사람들에게 신탁(trusteeship)
함으로써 형성되어 그 특정 지역과 그 속의 사람들을 지배할 수 있는 권한을
가지게 된 비개인적(impersonal), 추상적(abstract) 조직체"라고 정의되고 있다.[2]
이러한 의미의 국가와 국가로부터 과세권을 분여받은 지방자치단체만이 조세를
부과할 수 있다. 그런 까닭에 도시개발법 제16조에서 보는 바와 같은 공공조합

---

1) 정의규정을 둔 입법례로 1977년의 독일 조세기본법(Abgabenordnung＝AO) 제3조 제1항
　이 있다. 이에 따르면 조세라 함은 "특별한 급부에 대한 반대급부로서가 아니라, 공법상의
　단체가 수입을 얻을 목적으로(또는 이를 2차적인 목적으로) 급부의무에 관하여 법률이 정
　하는 요건에 해당하는 모든 사람에게 과하는 금전급부"를 말한다.
2) Kenneth Dyson, The State Tradition in Western Europe, Martin. Oxford(1980), pp. 29,
　270－271.

의 조합원에 대한 경비부과금은 조세가 아니다.

2) 조세의 목적이 과세주체의 일반적 경비에 충당하기 위한 수입의 확보에 있으므로, 재해구호를 위한 부역·현품 또는 그에 대신하는 금전 징수(구 지방자치법 129조) 및 벌과금 등은 조세가 아니다. 국고수입이 조세의 1차적 목적이나, 2차적으로는 경제정책적 목적 및 사회정책적 목적 등의 비국고적 목적이 존재할 수 있다. 예컨대 고율의 주세로써 국민의 건강과 검소를 유도하려는 경우이다. 오늘날 조세는 각종의 정책수단으로 활용되고 있는 것이 현실이어서, 경우에 따라서는 비국고적 목적이 우선하는 경우[예를 들면, 부당이득세(현재는 폐지됨)] 또는 어느 쪽이 꼭 우선한다고 말하기 어려운 경우[예를 들면, 토지초과이득세(현재는 폐지됨)]도 있다.

3) 조세는 일방적 급부(unrequited payments)라는 점에서 비보상성(非報償性)을 띠기 때문에 행정상의 각종 수수료·사용료·특권료와 다르다.

4) 조세는 법률로 정한 과세요건에 따라 조세채무가 발생하는 소위 법규정수성을 지닌다. 따라서 당사자의 의사를 존중하는 사적자치의 원칙이 배제된다.

5) 화폐경제가 확립된 현대의 조세는 원칙적으로 금전적 부담이다. 다만, 현행법상 예외적으로 물납이 인정되나 그 성격은 대물변제로 본다. 현행 세법상 물납이 허용되는 경우로는 상속세의 물납(相贈稅法 73조)이 있는바, 이는 상속재산을 단시일 내에 환가하기 어려울 것을 고려하여 특정한 경우에 납세의무자의 청구에 따라 승인하는 것이다. 개발부담금('개발이익환수에 관한 법률' 16조 2항)도 미실현소득에 대한 부과라는 점을 감안하여 물납이 허용된다.

개발부담금은 그 명칭이 '부담금'으로 되어 있으나 실질적으로는 조세이다. 행정법상의 부담금은 공익사업으로부터 이익을 받거나 또는 공익사업을 유발하는 행위를 하는 자로부터 사업비용의 일부 또는 전부를 징수하는 것을 말한다. 전자를 수익자부담금이라 하고, 후자를 원인행위자부담금이라 한다. 그러나 개발부담금은 여기에 해당하지 않는다.[1) 그럼에도 불구하고 조세라 하지 않고 부

---

1) 개발이익 환수에 관한 법률에 의한 개발부담금의 법적 성격을 어떻게 보는가에 관해서는 부가가치세와 유사하다는 입장(김성수, "초과소유부담금, 개발부담금, 토지초과이득세의 법적 문제점," 「사법행정」, 1991. 11, 29면), 새로운 형태의 의무이행확보수단으로 보는 입장(석종현, "개발이익과 개발부담금," 「고시연구」, 1990. 7, 143–144면), 공용부담의 발전된 형태로 보는 입장(김홍대, 「토지공개념법제」, 세경사, 173면), 수익자부담금에 유사한 제도로 보는 입장(박윤흔, 「최신 행정법강의(하)」, 박영사(2004), 729면) 등 몇 가지의 견해대립이 있으나, 개발부담금을 전통적 의미의 수익자부담금으로 보지 않는 데는 일치하고 있다.

담금이라 부르는 것은 통상의 징수관서가 아닌 국토교통부가 관장하는 데 연유하는 것으로 짐작된다. 그런 까닭에 실질이 조세인 공과금의 부과에 관한 법률을 제정함에 있어 이를 조세라고 명명하는 것을 기피하고, 단지 그 공과금의 내용만 규정하는 방식을 많이 취하고 있다.

2. 조세의 분류

조세의 분류방법에는 여러 기준이 있겠으나, 현행 조세체계는 우선 조세를 부과·징수하는 과세주체에 따라 국세와 지방세로 구별하고, 국세를 다시 재화의 교역에 따른 통관에 대해 부과하는 관세와 그 외의 내국세로 나누며, 내국세는 다시 법상의 납세의무자와 실제의 조세부담자가 일치하느냐의 여부, 즉 조세의 전가(轉嫁) 여부에 따라 직접세와 간접세로 구분한다. 또 조세수입을 일반적 지출에 충당하기 위한 것이냐 또는 특정의 목적을 위하여 지출할 것이냐에 따라 보통세와 목적세로 나뉜다. 그 외 독립세와 부가세(附加稅), 경상세와 임시세의 구분도 있다.

다음의 표는 우리나라의 현행 조세체계를 위의 분류에 따라 나눈 것이다.

3. 조세의 기능

거시경제학자들이나 재정학자들은 일반적으로 조세는 공공재의 공급 기능, 소득의 재분배 기능 및 경기조절 기능 등의 3대 기능을 갖는 것으로 보고 있다.

조세의 첫 번째 기능은 공공재의 조달 기능이다(allocation function). 국방, 치안, 환경 등과 같은 공공재는 시장에 의하여 공급될 수 없다. 이러한 공공재는 직접적인 대가없이 공급되므로 그 공급주체는 정부가 될 수밖에 없고, 조세수입은 그러한 공공재 공급의 재원이 된다.[1]

조세의 두 번째 기능은 소득의 재분배 기능이다(distribution function). 한 국가의 총 소득이나 부의 개인 간의 분배는 개인의 소득 획득능력, 잉여 자본 또는 상속·증여받은 부의 소유량 등의 개별적 요인에 의하여 결정된다. 그 결과 이러한 개인적 능력을 갖지 못한 자는 기본적 생활에 필요한 소득도 얻지 못하게 된다. 조세는 (i) 고소득자에 대한 누진세율의 적용으로 얻은 조세수입을 재원으로

---

1) Richard Musgrave & Peggy Musgrave, PUBLIC FINANCE IN THEORY AND PRACTICE, McGraw-Hill(5th ed., 1989), p. 9.

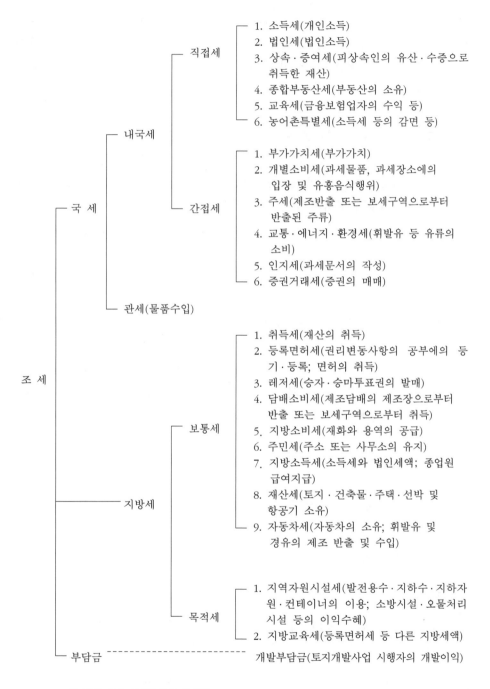

조 세
- 국 세
  - 내국세
    - 직접세
      1. 소득세(개인소득)
      2. 법인세(법인소득)
      3. 상속·증여세(피상속인의 유산·수증으로 취득한 재산)
      4. 종합부동산세(부동산의 소유)
      5. 교육세(금융보험업자의 수익 등)
      6. 농어촌특별세(소득세 등의 감면 등)
    - 간접세
      1. 부가가치세(부가가치)
      2. 개별소비세(과세물품, 과세장소에의 입장 및 유흥음식행위)
      3. 주세(제조반출 또는 보세구역으로부터 반출된 주류)
      4. 교통·에너지·환경세(휘발유 등 유류의 소비)
      5. 인지세(과세문서의 작성)
      6. 증권거래세(증권의 매매)
  - 관세(물품수입)
- 지방세
  - 보통세
    1. 취득세(재산의 취득)
    2. 등록면허세(권리변동사항의 공부에의 등기·등록; 면허의 취득)
    3. 레저세(승자·승마투표권의 발매)
    4. 담배소비세(제조담배의 제조장으로부터 반출 또는 보세구역으로부터 취득)
    5. 지방소비세(재화와 용역의 공급)
    6. 주민세(주소 또는 사무소의 유지)
    7. 지방소득세(소득세와 법인세액; 종업원 급여지급)
    8. 재산세(토지·건축물·주택·선박 및 항공기 소유)
    9. 자동차세(자동차의 소유; 휘발유 및 경유의 제조 반출 및 수입)
  - 목적세
    1. 지역자원시설세(발전용수·지하수·지하자원·컨테이너의 이용; 소방시설·오물처리시설 등의 이익수혜)
    2. 지방교육세(등록면허세 등 다른 지방세액)
- 부담금 - 개발부담금(토지개발사업 시행자의 개발이익)

※ 괄호 속은 과세물건을 뜻한다.

한 저소득층에의 보조금 지급(tax-transfer scheme), (ii) 저소득층에 대한 공공주택의 공급과 같은 공공재의 공급, (iii) 고소득 소비자들이 구입하는 재화에 대한 조세의 부과와 저소득 소비자들이 구입하는 재화에 대한 보조금의 제공 등과 같은 구체적 장치를 통해 소득분배의 불균형을 해소하는 기능을 한다.[1]

조세의 세 번째 기능은 경기의 조절 기능이다(stabilization function). 조세수입의 크기는 총수요에 영향을 주고, 총수요의 수준은 고용과 가격에 영향을 준다. 그 결과 조세수입의 크기는 경제의 거시적 행태에 중요한 영향을 초래하고, 이에 조세정책은 거시경제의 변동에 영향을 줄 수 있는 중요한 도구로 사용될 수 있다. 공공지출의 증가가 총수요의 증가를 통해 경기(景氣)의 확장에 기여하듯이 조세부담의 감축은 납세자들의 소득 중 소비가능 부분을 증가시키므로 경기확장에 도움이 되며, 반대로 조세부담의 증가는 경기과열의 진정에 기여한다.[2] 특히, 경기의 위축으로 생산, 소비, 소득이 줄어들면 소득의 크기에 비례하는 소득세 수입이 줄어들고 이에 따른 조세부담의 감소는 자동적으로 경기의 상승에 기여하게 되며, 반대로 경기의 과열로 생산, 소비, 소득이 증가하면 소득세 수입이 증가하고 이에 따른 조세부담의 증가는 자동적으로 과열된 경기의 진정에 기여한다. 이를 소득세의 경기자동조절 기능이라고 부른다(income tax as a built-in stabilizer).[3] 자본주의 경제체제에서 경기등락은 필수적인 과정인데, 그 등락의 폭을 완화함으로써 국민 경제생활의 안정을 도모하는 역할을 하는 것이다.

제3절 조세법의 의의와 조세법률관계의 성질

I. 조세법의 의의

1. 의 의

조세법은 조세의 부과와 징수에 관한 일련의 법체계이다. 즉, 국민이나 시

---

1) 위의 책, p. 11.
2) 위의 책, pp. 12-13.
3) Rudiger Dornbusch and Stanley Fischer, MACROECONOMICS, McGraw-Hill(5th ed., 1990), pp. 87, 455.

민들 간의 사적인 거래나 재산의 소유를 과세대상으로 포착하여 과세표준을 산정하고 이에 세율을 적용하여 세금을 징수하는 데 관련된 법체계를 말한다.

2. 구 성

우리나라의 현행 조세법은 크게 다음의 4가지 분야로 구성된다.

(1) 조세실체법
납세의무의 존부 및 크기를 정하는 데 관한 법체계를 말한다. 좀 더 구체적으로 말하면, 납세의무자, 납세지, 과세관청, 과세물건, 과세표준, 세율 등의 과세요건을 규정하는 분야이다. 국세기본법의 일부 규정, 법인세법, 소득세법, 상속세 및 증여세법, 부가가치세법, 지방세법, 관세법, '국제조세조정에 관한 법률', 개별소비세법, 조세조약(특별법) 등이 이에 속한다.

(2) 조세절차법
조세를 부과 및 징수하는 절차를 규정하는 법체계이다. 국세기본법의 일부 규정, 국세징수법, 개별 세법 내의 절차에 관한 조항이 이에 해당한다.

(3) 조세쟁송법
납세자가 부과된 조세의 부담으로부터 벗어나기 위하여 부과권자나 징수권자와 쟁송을 하는 데 적용되는 법체계이다. 국세기본법의 일부 규정, 행정심판법, 행정소송법, 헌법재판소법 중 일부 규정 등이 이에 해당한다.

(4) 조세형법
조세에 관한 범죄의 유형, 각 범죄행위의 구성요건 등과 그 처벌, 그리고 그 처벌의 절차에 관한 특별 규정을 말한다. 현행법으로는 조세범처벌법과 조세범처벌절차법이 있다.

Ⅱ. 조세법률관계의 성질

조세를 둘러싼 국가와 국민간의 법률관계, 즉 조세법률관계의 성질에 관해서는 그것이 권력관계(Gewaltverhältnis)인가 혹은 채무관계(Schuldverhältnis)인가에 관해 견해가 갈린다.

우선 Otto Mayer를 중심으로 한 전통적 견해는 조세법률관계를 국민이 국가의 과세권에 복종하는 관계, 즉 국가가 우월적·권력적 지위에서 국민으로부터 조세를 징수하는 전형적인 권력관계로 본다.1) Otto Mayer에 의하면 조세는 원칙적으로 사정처분(査定處分, Veranlagung)이라고 불리는 행정행위를 통해서 부과되는데, 그 사정처분은 납세의무를 창설하는 행위이지 단순히 그 내용을 확정하는 행위는 아니라고 한다. 그러한 의미에서 사정처분은 형사판결과 그 성질을 같이 한다고 본다. 이와 같은 발상은 경찰영역에 있어서 경찰권이 경찰법규 – 행정처분 – 집행처분 – 경찰형벌이라는 형태로 행사되듯이, 조세영역에 있어서 과세권이 조세법규 – 과세처분 – 강제징수 – 조세형벌이라는 형태로 행사된다고 보는 것이다. 요컨대 조세법률관계는 과세처분을 중심으로 구성되는 권력복종관계라는 것이다.

한편 조세법률관계를 채무관계로 보는 입장은 1919년 독일 조세기본법(Reichsabgabenordnung)의 제정을 계기로 Hensel에 의해 체계적으로 주장된 견해이다. 이 견해는 조세법률관계를 국가가 납세자에 대하여 조세채무의 이행을 청구하는 관계, 즉 국가와 납세자가 법률을 근거로 채권자·채무자로 대립하고 조화하는 공법상 채무관계의 성질을 가지는 것으로 본다.2) 독일 구 조세기본법 제81조(현행 조세기본법 38조)가 납세의무는 부과처분에 의해 성립한다고 하는 고찰방법을 배격하고, 과세요건이 충족됨과 동시에 성립하는 것으로 규정했다는 점을 실정법적 근거로 삼고 있다. 이 견해에 의하면, 납세의무는 법률상의 과세요건의 충족에 의해 발생하고, 과세처분은 단순히 확인적 의미밖에 없는 것이다.

우선, 조세채권의 성립의 측면부터 보자. 근대법치국가에서 정립된 조세법률주의의 이념은 과세물건·과세표준·세율·납세의무자 등의 과세요건을 가능한 한 상세히 법에서 정하도록 요구하고, 이러한 과세요건을 충족하는 사실의 발생에 따라 조세채무가 자동적으로 성립한다. 이처럼 조세법률관계의 일방 당사자인 납세자의 어떠한 의사의 개입 없이(사적자치의 배제) 법령의 규정에 의해 자동적으로 조세채권이 성립한다는 것은 조세법률관계가 단순한 채무관계가 아니라 국가의 국민에 대한 고권적(高權的)·일방적 관계임을 뜻한다고 할 것이다. 또한 과세요건에 관해 의문의 여지가 없을 정도로 법령에 상세히 규정하는 것

---

1) Otto Mayer, Deutsches Verwaltungsrecht, 3. Aufl., 1924.
2) Albert Hensel, Steuerrecht, 2 Aufl., 1927; 김두형, 「조세법의 해석론에 관한 연구」, 경희대 대학원 박사학위 논문, 1996, 21면.

이 불가능하므로 그 과세요건의 상세를 과세관청의 재량에 의해 보충하도록 하는 경우가 허다한바, 이처럼 조세채권의 성립에 과세관청의 재량이 작용한다는 점 역시 조세법률관계의 권력관계로서의 성질을 보여주는 것이다.

다음, 조세채권의 행사의 측면에서 보면 조세법률관계의 권력관계로서의 성질이 더 두드러진다. 조세채권은 과세요건의 충족에 의해 추상적으로 성립하지만, 그 행사를 위해서는 법률이 정하는 절차에 따라 구체적으로 확정되어야 한다. 세액의 확정방식에는 신고주의와 부과주의가 있는데(후술), 후자의 경우에 조세의 부과가 행정처분의 형식으로 행해지는 것은 말할 필요도 없고, 전자의 경우에도 신고가 없는 경우에는 과세관청이 이를 결정하고, 신고가 있어도 신고된 과세표준 등의 계산이 세법의 규정을 따르지 않은 경우에는 과세관청이 경정(更正)하는 등 '사정권'이 유보되어 있다. 이와 같이 조세채권이 기본적으로 과세관청의 사정권에 의하여 확정된다는 사실은 조세법률관계가 권력관계임을 의미한다. 또한 과세관청으로 하여금 확정된 조세채권을 확보할 수 있도록 과세관청에게 자력집행권, 감시감독권 기타 행정권의 발동을 허용하는 경우가 많고, 이들 행정권의 발동은 많은 경우 공정력(公定力)을 가진 '처분'의 형식에 의해 행하여지는바, 이처럼 조세채권을 '처분'의 형식으로 행사한다는 것은 조세법률관계가 기본적으로 권력관계로서의 성질을 가짐을 뜻한다.

끝으로 납세자가 조세채무에서 해방되는 절차의 측면에서 보더라도 마찬가지이다. 납세자의 신고행위에 하자가 있는 경우 수정신고 혹은 경정청구 제도를 제외하고는 납세자가 자발적으로 이를 치유할 수 있는 방안이 없는 반면, 과세관청의 결정 혹은 경정에 대해서는 행정상의 불복절차(이의신청, 심사청구, 심판청구 등)가 마련되어 있고, 더욱이 항고소송(抗告訴訟)에 의해 그 효력을 다투는 것이 가능하다. 그런데, 항고소송 특히 취소소송은 '행정청의 위법한 처분 등을 취소 또는 변경하는 소송'(행정소송법 4조)이고, 여기서 '처분 등'이라 함은 행정청이 행하는 구체적 사실에 관한 법집행으로서의 공권력의 행사 또는 그 거부와 그 밖에 이에 준하는 행정작용 및 행정심판에 대한 재결을 말한다. 따라서 과세관청의 결정 혹은 경정에 대하여 항고소송이 허용된다는 것은 그것이 '공권력의 행사'이고, 조세법률관계가 다분히 권력관계로서의 성질을 가짐을 의미하는 것이다.

이상과 같이 조세법률관계는 기본적으로 과세관청과 납세자 간의 권력관계로서의 성질을 가지나, 그렇다고 하여 채무관계로서의 성질을 전혀 갖지 않는 것은 아니다. 조세의 부과권이나 징수권이 제척기간이나 소멸시효에 걸리고 (基本法 26조의2, 27조), 조세채권이 민사상의 담보물권에 후순위가 되는 것(基本法 35조 1항 3호)은 조세법률관계가 제한된 범위 내에서 채무관계로서의 성질도 어느 정도 가짐을 뜻한다. 따라서 조세법률관계를 권력관계나 채무관계의 어느 하나로만 통일적으로 파악하는 것은 불가능하고, 기본적으로 권력관계로 보되 일부 측면에서는 채무관계도 아울러 가지는 것으로 봄이 타당하다.

제 4 절 조세법의 법원

I. 총   설

조세에 관한 법의 존재형식, 즉 법원(法源, Sources of the Law)은 다른 법분야에서와 같이 일단 성문법과 불문법으로 분류해 볼 수 있다. 성문법은 최고규범인 헌법과 그 아래에 법률과 명령 그리고 지방자치단체의 조례·규칙의 형식으로 존재하며, 그 외에 법원성이 다투어지긴 하나 예규·훈령·고시 등의 행정규칙이 있다. 불문법은 역시 다른 법분야에서와 같이 관습법, 판례, 조리 등을 그 범주에 넣고 다룰 수 있다. 그러나 조세법 분야에는 후술하는 바와 같이, 조세법률주의가 강하게 지배하므로 불문법이 조세법의 법원이 될 수 있느냐 하는 것이 문제된다.

II. 성 문 법

1. 헌   법

헌법은 일반적으로 법률과 이에 기한 행정의 기본을 정하고 있다는 점에서도 조세법의 법원이 되지만, 납세의무에 관한 제38조와 조세법률주의에 관한 제59조는 직접적으로 조세법의 내용을 이루는 규범이다. 특히 제59조는 "조세의 종목과 세율은 법률로 정한다"라고 규정하여 조세법률주의를 선언하고 있는데, 조세법의 법원에 대한 한계설정의 의미가 있다.

2. 법   률

조세법률주의의 요청으로 인해 조세에 관한 사항, 특히 납세의무자·과세물건·과세표준·세율과 같은 과세요건은 법률로 정하여야 하므로, 법률은 조세법의 법원 중 가장 중요하고 또 근간을 이루는 것이다.

조세에 관한 법률은 국세에 관한 법률과 지방세에 관한 법률로 나누어 볼 수 있으며, 이 범주에는 속하지 아니하나 조세에 관한 사항을 규정하고 있는 기타 법률이 있다[예를 들면, 자산재평가법(현재는 폐지됨)].

조세실체법의 입법형식으로는 여러 가지 조세의 종목(세목)을 하나의 법전으로 묶어서 규정하는 형식과 개별 세목마다 단행 법률로 규정하는 형식이 있는데, 지방세법은 전자를 취하고 국세에 관한 법률은 후자를 취하고 있다.

(1) 국세에 관한 법률

모든 국세에 일반적·공통적으로 적용되는 사항을 규정한 법률과 개별 세목에 관한 사항을 규정한 법률이 있다.

국세기본법(1974. 12. 21., 법률 제2679호로 제정)은 국세의 통칙적 규정과 국세불복에 관한 절차 규정을 두고 있으며, 국세징수법(1974. 12. 21., 법률 제2680호)은 국세의 징수절차에 관한 공통규정을 두고 있다. 그리고 조세범처벌법(1951. 5. 7., 법률 제199호)은 국세에 관한 범죄의 구성과 그 처벌에 관한 규정을, 조세범처벌절차법(1951. 5. 7., 법률 제200호)은 조세범처벌에 관한 절차규정을 두고 있다.

(2) 지방세에 관한 법률

지방세는 지방자치단체를 과세주체로 하는 조세이다. 여러 세목의 지방세의 부과·징수·불복·조세범의 구성 등에 관해 공통적으로 적용되는 규범들을 규정하고 있는 지방세기본법(2010. 3. 31.자 법률 제10219호로 제정)이 있고, 여러 세목의 지방세의 과세요건 등을 규정하고 있는 지방세법(1961. 12. 8., 법률 제827호로 제정)이 있다.

(3) 기타 법률

조세의 감면·환급 등 각 개별 세법에 대한 특례를 규정하고 있는 조세특례제한법(1998. 12. 18., 법률 제5584호), '수출용원재료에 대한 관세 등 환급에 관한 특례법'(1984. 8. 7., 법률 제3747호), 국가와 지방자치단체간의 세원조정을 목적

으로 하는 '국세와 지방세의 조정등에 관한 법률'(1961. 12. 2., 법률 제780호)과 '국
제조세조정에 관한 법률'(1995. 12. 6., 법률 제4981호) 등은 조세법의 중요한 법원
(法源)이다. 이 밖에도 부분적으로 세법 규정에 대한 특례를 규정한 다수의 법
률이 있으며, 이 법률들의 각 관련 규정들은 모두 조세법의 법원이다(예를 들면,
'가등기담보 등에 관한 법률' 제17조 제3항, 외국인투자촉진법 제9조, '채무자 회생 및
파산에 관한 법률' 제140조, 제156조, 제179조 제9호, 제280조, 제566조, 제583조 제1항
제2호, 제625조, 기타 조세특례제한법 제3조 제1항에서 열거하는 법률).

3. 조   약

헌법에 의하여 체결·공포된 조약과 일반적으로 승인된 국제법규는 국내법
과 같은 효력을 가지므로(헌법 6조 1항), 조세에 관한 조약과 국제법규는 위에서
말한 법률과 같은 효력을 갖는 조세법의 법원이 된다. 조세조약은 국가의 인적
구성원(거주자)에 대한 과세권과 물적요소(재산의 소재지나 소득의 원천지)에 대한
과세권의 충돌로 발생하는 동일 소득에 대한 이중과세나 탈세를 막기 위해 양
국 간에 호혜평등의 원칙에 입각하여 체결하는 조약이다(bilateral type of treaty).

오늘날은 세계적으로 국제거래가 빈번해짐에 따라 국제적인 조세분규가
많이 발생하므로, 조세조약의 중요성이 크게 부각되고 있다. 이에 관한 모범조약
으로는 선진국 상호 간에 체결되는 조세조약의 표준이 되고 있는 OECD 모범조
약(Model Tax Convention on Income and on Capital)과 선·후진국 간의 조세조약
체결의 표준으로 이용되고 있는 UN 모범조약(United Nations Model Convention
for Tax Treaties between Developed and Developing Countries)이 있다(상세는 제2편
제8장 참조).

조약은 법률과 대등한 효력을 갖지만, 그 내용이 법률의 그것에 비해 특별
한 경우에는 특별법[1]의 지위를 가지므로 법률에 우선 적용된다.[2] 다만, 예외
적으로 국회가 조약규정의 개폐를 명시적으로 표방하는 새로운 법률을 제정한
경우에는 조약의 특별법으로서의 지위가 박탈된다고 할 것이므로 신법우선의
원칙에 따라 그 새로운 법률이 우선 적용된다고 할 것이다. 따라서 조세조약도

---

1) 하나의 사실을 포섭(包攝)하는 법규정이 있고, 그 사실에 내재하는 특별한 성상(性狀)을
   포섭하는 다른 법규정이 있을 때 후자를 특별법이라고 할 수 있다.
2) 대법원 2004. 7. 22., 2001 다 67164; 同 1986. 7. 22., 82 다카 1372(모두 국제항공운송의 법
   률관계에 관한 바르샤바협약이 민·상법에 우선하는 특별법이라는 취지의 판례이다).

이러한 예외적인 경우가 아닌 한 모든 내국세법에 우선하여 적용된다. 미국의
경우에는 조세조약이 연방 세법에 일반적으로 우선하는 지위를 갖지 않고, 의
회가 세법규정을 제정할 때 특별히 조약과 사이에서 적용의 우선순위에 관한
규정을 둔 경우에는 그에 따르고, 그렇지 않으면 신법 우선의 원칙이 적용되어
후에 제정된 것이 우선 적용된다.[1]

4. 법규명령(시행령 · 시행규칙)

행정기관이 제정하는 일반적 추상적 규정(generelle abstrakte Rechtsregel)으
로서, 행정주체와 국민에 대하여 구속력을 가지며, 이에 따라 법원의 재판규범
이 되는 것을 법규명령(法規命令)이라고 하는바,[2] 그 대표적인 것이 대통령령과
각 부 장관의 부령이다. 각 세법별로 대통령령인 시행령, 부령인 시행규칙이 있
다. 명령은 법률에 의해 위임된 사항을 규정하는 위임명령과 법률을 집행하기
위한 세부사항을 규정하는 집행명령으로 나누어지는데, 양자는 별도로 존재하
지 아니하고 시행령에 혼재되어 있다. 다만 위임명령으로서의 시행규칙은 통상
시행령에 의한 재위임 사항을 규정한다.

조세법률관계는 복잡 · 다기하고 끊임없이 변천하므로, 실제에 있어서는 법
률로 구체적인 사항을 모두 규정하지 못하고 명령에 의존하는 예가 많다.

일반적으로 위임명령은 법률의 위임을 받아 국민의 권리 · 의무에 관한 사
항도 규정할 수 있다고 받아들여진다. 그러나 시행령에의 위임은 개별적 · 일의
적이어야 하며, 이른바 백지위임을 하여서는 아니 된다(상세는 조세법률주의와 관
련하여 후술함).

5. 행정규칙(또는 행정명령)

일반적으로 행정규칙(Verwaltungsvorschrift)이라고 함은 행정기관이 주어진
직무권한의 범위 내에서 독자적으로 제정하는 일반적 · 추상적 규정 가운데 강
제규범으로서의 성질을 갖지 않는 것을 총칭하는 개념이다. 일반적 · 추상적 규
정의 형식을 갖지만 행정조직 내부 또는 특별권력관계 내부에서의 조직 · 활동

---

1) 미국 내국세입법 §7852(d); Reid v. Covert, 354 US 1(1954); HR Rep. No. 795, 100th
   Cong., 2d Sess. 302(1988).
2) 박윤흔, 「최신 행정법 강의(上)」 (박영사 29판, 2004), 218면.

을 규율하는 점에서 법규명령과 질적으로 다르다.

행정규칙은 그 형식에 따라 행정기관이 일정한 사항을 불특정다수의 국민에게 알리는 고시·공고, 상급행정기관이 소관 사무에 관한 지휘감독권에 기하여 하급행정기관 또는 소속공무원에게 일정한 사항을 지시하는 훈령·예규 등으로 나뉜다. 후자인 지시 형식의 행정규칙 중 훈령은 상당한 기간 지속될 것이 예상되는 일반적·기본적 사항에 관한 명령이고, 예규는 상급기관이 직권으로 또는 하급기관의 문의나 신청에 의하여 발하는 개별적·구체적 사안에 관한 명령을 말한다.

국세청장은 그의 권한사항인 "내국세의 부과·감면 및 징수에 관한 사무"(정부조직법 27조 3항)의 범위 내에서는 법률에 별도의 근거 없이 행정규칙을 정할 수 있다. 이들 행정규칙 중 특히 중요시되는 것은 훈령으로 이해되는 '기본통칙'이라고 할 수 있다. 기본통칙은 각 세법에 관하여 조문별로 과세관청의 해석과 적용기준을 제시한 행정규칙인바, 그 적법성과 타당성을 위하여 별도의 감독장치를 두고 있다. 즉, 통상의 훈령·예규는 기획재정부장관에 대한 단순 보고사항으로 규정되어 있으나 국세의 기본통칙과 관련된 훈령·예규의 제정 및 개정은 기획재정부장관의 승인사항으로 하고 있다(기획재정부장관의 소속청장에 대한 지휘에 관한 규칙 3조 1항 2호).

이러한 조세에 관한 행정규칙은 조세법률주의의 제약으로 인하여 국민의 기본적 권리 의무에 관한 사항은 규정할 수 없으므로 그 법원성은 부인되나,[1] 세무행정이 행정규칙에 포함된 세법의 해석 및 세무행정의 운용지침에 따라 집행되기 때문에 사실상 국민의 권리의무에 중대한 영향을 미치게 됨은 부인할 수 없다. 따라서 실무상 매우 중요한 위치를 차지하고 있다.

더욱이 법률이나 법규명령(이하 "법령"이라고 함)에서 특정 행정기관에게 그 내용의 구체적 사항을 정할 수 있는 권한을 부여하면서 그 권한행사의 절차나 방법을 정하고 있지 아니함으로 인하여 수임행정기관이 행정규칙의 형식으로 그 법령의 내용이 될 사항을 구체적으로 정하고 있다면, 그러한 행정규칙은 법령의 내용을 보충하는 기능을 하므로 그 법령과 결합하여 대외적 구속력이 있는 법규명령으로서의 효력을 갖게 된다.[2] 이는 형식은 행정규칙이지만 실질은

---

1) 대법원 2007. 6. 14., 2005 두 12718; 同 1992. 12. 22., 92 누 7580.
2) 대법원 1999. 11. 26., 97 누 13474(일반적으로 행정 각부의 장이 정하는 고시라 하더라도

법규명령인 것이다.

6. 조례·규칙

헌법상 지방자치단체는 법령의 범위 안에서 자치에 관한 규정을 제정할 수 있다(헌법 117조 1항). 이에 따라 지방세기본법 제4조는 "지방자치단체는 이 법 또는 지방세관계법에서 정하는 바에 따라 지방세의 과세권을 갖는다"라고 규정하고 있고, 동법 제5조 제1항은 "지방자치단체는 지방세의 세목(稅目), 과세대상, 과세표준, 세율, 그 밖에 부과·징수에 필요한 사항을 정할 때에는 이 법 또는 지방세관계법에서 정하는 범위에서 조례로 정하여야 한다"라고 규정하고 있으며, 동조 제2항은 "지방자치단체의 장은 제1항의 조례의 시행에 따르는 절차와 그 밖에 그 시행에 필요한 사항을 규칙으로 정할 수 있다"라고 규정하고 있다. 이에 의해 지방세에 있어서는 지방의회의 조례 및 그 하위규범인 지방자치단체장의 규칙도 법원이 된다.

III. 불 문 법

1. 행정선례법

행정선례법이란 관습법의 일종으로서 행정청이 상당기간 반복해온 관행이 일반 국민의 법적 확신을 얻게 된 때에 성립한다.

조세법률주의하에서는 행정선례법 또는 관습법에 의하여 납세의무가 창설

그것이 특히 법령의 규정에서 특정 행정기관에게 법령 내용의 구체적 사항을 정할 수 있는 권한을 부여함으로써 그 법령 내용을 보충하는 기능을 가질 경우에는 그 형식과 상관 없이 근거 법령 규정과 결합하여 대외적으로 구속력이 있는 법규명령으로서의 효력을 가지는 것이나 이는 어디까지나 법령의 위임에 따라 그 법령 규정을 보충하는 기능을 가지는 점에 근거하여 예외적으로 인정되는 효력이므로 특정 고시가 비록 법령에 근거를 둔 것이라고 하더라도 그 규정 내용이 법령의 위임 범위를 벗어난 것일 경우에는 위와 같은 법규명령으로서의 대외적 구속력을 인정할 여지는 없다고 할 것이다).

대법원 2004. 4. 9., 2003 두 1592(어떤 법령이 특정 행정기관에 그 법령내용의 구체적 사항을 정할 수 있는 권한을 부여하면서 그 권한행사의 구체적인 절차나 방법을 특정하고 있지 않은 관계로 수임 행정기관이 그 법령의 내용이 될 사항을 구체적으로 규정한 고시는, 당해 법률 및 그 시행령의 위임한계를 벗어나지 아니하는 한 그와 결합하여 대외적으로 구속력이 있는 법규명령으로서 효력을 가지는 것이며, 그와 같은 고시의 내용이 관계 법령의 목적이나 근본 취지에 명백히 배치되거나 서로 모순되는 등의 특별한 사정이 없는 한 효력이 없는 것이라고 할 수 없는 것이다).

될 수는 없다. 과세절차나 징수절차와 같은 절차적 규정도 국민의 권리·의무에
중대한 영향을 주는 것이므로 마찬가지로 보아야 한다. 예컨대 세액산출근거(徵
收法 6조 1항)를 기재하지 아니한 납부고지서를 발부하여 과세하는 행정을 다년
간 되풀이하고 납세자가 이를 그대로 받아들였다 하더라도 위법한 과세처분이
적법한 것으로 되었다고 할 수 없고,[1] 더구나 과세대상이 아닌 것에 대해 다년
간 과세하여 왔다고 하여 관행(慣行)에 의해 납세의무가 생겨날 수도 없다.[2]

　　국세기본법 제18조 제3항은 "세법의 해석이나 국세행정의 관행이 일반적
으로 납세자에게 받아들여진 후에는 그 해석이나 관행에 의한 행위 또는 계산
은 정당한 것으로 보며, 새로운 해석이나 관행에 의하여 소급하여 과세되지
아니한다"고 규정하며, 이에 근거하여 비과세관행의 성립을 인정한 판례가 있
다.[3] 그러나 이 규정은 납세자의 신뢰보호를 위하여 비과세관행이 성립되어
있던 기간에 대한 소급과세를 금한 것일 뿐, 성문법의 개폐적 효력을 인정하
거나 향후 조세법의 법원으로 존속할 수 있음을 규정한 것은 아니다. 다만 결
과적으로 소급과세 금지기간 중에 행정선례법이 성립되었던 것과 같은 효과가
발생한다.

2. 판　　례

　　우리나라는 선판례 구속의 원칙을 인정하지 아니하므로 엄밀히 말한다면
판례가 법원이 될 수는 없다. 그러나 판례가 그 후의 유사·동종의 사건의 처리
에 영향을 주므로 그 점에서 사실상의 구속력을 인정할 수 있고, 따라서 조세
법의 연구에서 중요한 소재가 된다.

3. 법의 일반원리·조리

　　신의성실의 원칙, 신뢰보호의 원칙과 같은 법 일반에 내재하는 기본원칙들
이나 공평부담의 원칙, 실질과세의 원칙과 같이 세법의 기본원리를 이루는 원
칙은 법에 명문의 규정이 없더라도 조세법의 해석·적용에 있어 고려되어야 한
다는 점에서 법원으로 볼 수 있다. 그러나 조리를 빙자한 세법의 확장해석이나

---

1) 대법원 1984. 6. 12., 83 누 664.
2) 대법원 1980. 7. 22., 80 누 38.
3) 대법원 1996. 10. 25., 95 누 14039.

행정편의적 해석이 허용되지 않음은 물론이다. 국세기본법은 신의성실의 원칙(基本法 15조), 실질과세의 원칙(동법 14조) 등을 성문의 규정으로 선언하고 있어 이런 원칙들은 이미 실정법적 근거를 갖고 있다.

제5절 조세법의 효력범위

조세법의 효력이 미치는 범위는 지역적, 인적, 시간적 측면에서 살펴보아야 한다.

Ⅰ. 지역적 효력범위

조세법은 그 제정권자(국가 또는 지방자치단체)의 권한이 미치는 모든 지역에 효력을 미친다. 국세와 관세에 관한 법률은 대한민국의 영역 전부(즉, 한반도와 부속도서)에서 발생한 과세요건 사실에 대하여 효력을 갖고, 지방세에 관한 법률은 해당 지방자치단체의 구역 내에서 발생한 과세요건 사실에 대하여 효력을 갖는다. 다만, 외국 또는 국제기구가 공적인 목적으로 관리하는 시설·구역에 대해서는 조세법의 효력은 미치지 않는다고 해석된다.[1]

Ⅱ. 인적 효력범위

조세법은 우리나라 영역 내에 거주하는 거주자 개인(국적을 불문함), 그 내에서 설립된 법인은 물론 우리나라의 영역 내에서 또는 영역에 걸쳐서 경제거래를 행함으로써 우리나라에 원천을 둔 소득을 얻거나 우리나라에 소재하는 재산을 가진 비거주자 개인과 외국에서 설립된 법인(법인으로 취급되는 자 포함)에 대하여 적용된다. 다만, 외교관, 국제기구의 직원 등과 같이 치외법권이 인정되는 자에 대해서는 그 적용이 배제된다['외교관계에 관한 비엔나협약'(Vienna Convention on Diplomatic Relations, 1961) 34조, 36조 및 37조; '국제연합의 특권과 면제에 관한 협약' 7조, 13조, 18조 등].

---

1) 金子 宏,「租稅法」(제10판), 117면.

Ⅲ. 시간적 효력범위

조세법은 다른 분야의 법률과 마찬가지로 시행에 의하여 효력을 발생하고, 그 시행시점 이후에 발생한 사실에 대해서만 적용된다. 법령에 시행일에 관한 특별한 규정을 두고 있지 않으면 공포한 날로부터 20일이 경과함으로써 효력을 발생한다(헌법 57조 7항; '법령 등 공포에 관한 법률' 13조; 지방자치법 26조 8항). 법령의 공포일은 국가가 관보에 게재하는 날이나('법령 등 공포에 관한 법률' 11조 1항), 지방자치단체가 그 공보 또는 경우에 따라서는 일간지에 게재하는 날이다(지방자치법 시행령 30조 1항). 과세요건이 일정한 시간 범위에 걸쳐서 발생하는 경우가 많은 점을 고려하여 조세법령은 그 제정이나 개정시에 조문별로 효력의 발생시점을 특별히 정하는 경우가 많다. 조세법의 분야에서 특히 문제가 되는 것은 소급입법에 의한 과세금지의 원칙인바, 이에 관해서는 아래 제2장 조세법률주의와 관련하여 상론한다.

제 2 장   조세법률주의

헌법 제38조는 "모든 국민은 법률이 정하는 바에 의하여 납세의 의무를 진다"고 규정함으로써 국회의 의결, 즉 국민의 승낙 없이는 납세의무가 발생하지 않는다는 민주주의적 조세원칙을 천명하고 있다. 또 헌법 제59조에서는 "조세의 종목과 세율은 법률로 정한다"고 하여 법률의 규정에 의하지 않은 자의적 과세를 배제하고 있다. 이와 같이 국민의 납세의무가 국회에서 제정된 법률에 의하여서만 성립할 수 있다는 사상을 가리켜 조세법률주의(租稅法律主義)라 한다.

조세법률주의(no taxation without representation)의 사상은 1215년 영국의 대헌장(Magna Carta)에서 비롯되어, 1628년의 권리청원(Petition of Right), 1689년의 권리장전(Bill of Rights)을 거치는 동안 헌법적 권리로 고양되었으며, 1776년 미국의 독립선언과 1789년 프랑스 인권선언(Declaration des droits de l'homme et du citoyen)으로 더욱 구체화된 바 있다. 조세법률주의가 현대에 와서는 역사적 사명을 다한 것으로서 연혁적 의의만 있다는 견해도 있으며, 독일의 일부 학자들은 조세법률주의란 행정법률주의(Gesetzmäßigkeit der Verwaltung), 즉 국민의 이익을 침해하게 되는 공법규정은 법률로써 규정하여야 한다는 원칙을 적용한 일례에 불과하다고 주장한다. 그러나 현행 헌법이 당연한 규정을 주의적으로 되풀이했다고는 보기는 어렵다. 우리나라의 공법학자들은 한결같이 조세법률주의의 실천적 의의를 긍정하고 있다. 우리는 조세법률주의 생성의 역사적 체험이 없을 뿐만 아니라, 재정의 급속한 팽창으로 인하여 조세수입의 증대가 필연적으로 요청됨에 비하여 민주적 조세행정의 경험이 얕은 점을 감안하면, 조세법률주의는 국민을 과세권의 자의적 발동으로부터 보호하기 위한 대원칙으로서 특유의 의의와 사명을 지니고 있다 할 것이다.

1. 과세요건 법정주의

헌법 제59조의 취지에 따라 조세의 종목과 세율 이외에 납세의무자·과세물건·과세표준 등 모든 과세요건은 각별히 상세하게 그리고 엄격하게 법률에 규정해 두어야 한다. 이들 요건을 구체화한 것이 각종 세법이며, 이들은 성문성·강행규정성을 띤다. 그러므로 법률이 명령에 위임할 때에도 위임규정에 위임의 목적·내용·범위를 명시하여야 하며 골격입법·백지위임 등은 위헌이다. 또한 조세에 관한 행정규칙(통칙·예규)은 가급적 회피하여 이 원칙의 형해화(形骸化)를 방지하여야 한다. 한편 과세요건을 규정한 법률의 목적과 내용은 헌법에 보장된 국민의 기본권을 침해하여서는 아니 된다. 조세 관련 법률의 위헌문제는 특히 국민의 재산권 보장(헌법 23조)과 관련하여 논의된다.[1]

헌법재판소는 등기·등록된 지 1년 미만의 담보물권에 의하여 담보된 채권에 대한 국세우선권을 규정했던 구 국세기본법 제35조 제1항 제3호의 내용이 재산권의 본질적 내용을 침해한다는 이유로 동 규정의 위헌을 선언한 바 있고,[2] 또한 부담부 증여(負擔附贈與)에 있어 특정의 제3채권자에 대한 채무를 제외하고는 그 부담을 인정하지 않는 구 상속세법 제29조의4 제2항의 규정(1993. 12. 31.자로 개정되기 전의 것)도 평등권, 재판청구권과 아울러 재산권에 중대한 제한을 가하는 위헌 규정이라는 결정을 내린 바 있다.[3] 헌법재판소는 이들 결정례에서 조세 관련 법률의 목적과 내용이 헌법에 보장된 국민의 기본권을 침해해서는 안 되고 그 밖에 헌법이념에 부합하여야 한다는 원칙을 '실질적 법치주의'의 정신이라고 부르고 있다.

[헌법재판소 결정례]

헌법 제38조는 "모든 국민은 법률이 정하는 바에 의하여 납세의 의무를 진다"라고 규정하고, 제59조는 "조세의 종목과 세율은 법률로 정한다"라고 규정하였는데, 위 두 개의 규정은 조세행정에 있어서의 법치주의(조세법률주의)를 선언하는 규정이다. 조세행정에 있어서의 법치주의 적용은 조세징수로부터 국민의 재산권을 보

---

1) 상세는 金性洙, "國家의 課稅權과 國民의 財産權 보장과의 관계,"「考試界」, 1991. 2., 68−91면 참조. 재산권 보장과 아울러 평등권, 직업의 자유 및 혼인과 가족생활의 보호와 관련하여 논한 글로서, 李康爀, "납세의무와 기본권,"「月刊考試」, 1989. 9., 52면 이하.

2) 헌법재판소 1990. 9. 3., 89 헌가 95.

3) 헌법재판소 1992. 2. 25., 90 헌가 69, 91 헌가 5 및 90 헌바 3 병합.

호하고 법적 생활의 안전을 도모하는 데 목적이 있는 것으로서, 과세요건 법정주의와 과세요건 명확주의를 그 핵심적 내용으로 하는 것이지만, 오늘날의 법치주의는 국민의 권리·의무에 관한 사항을 법률로써 정해야 한다는 형식적 법치주의에 그치는 것이 아니라, 그 법률의 목적과 내용 또는 기본권 보장의 헌법 이념에 부합되어야 한다는 실질적 법치주의를 의미하며 헌법 제38조, 제59조가 선언하는 조세법률주의도 이러한 실질적 법치주의를 뜻하는 것이므로 비록 과세요건이 법률로 명확히 정해진 것일지라도 그것만으로 충분한 것이 아니고 조세법의 목적이나 내용이 기본권 보장의 헌법 이념과 이를 뒷받침하는 헌법상의 제원칙에 합치되지 아니하면 아니 된다(헌법재판소 1992. 2. 25., 90 헌가 69, 91 헌가 5 및 90 헌바 3 병합; 同 1994. 6. 30., 93 헌바 9).

2. 과세요건 명확주의

납세의무는 '법이 정하는 바'에 의하여 부담하므로 조세의 실체법적 사항이나 절차법적 사항을 입법기술이 허용하는 한 상세하고 명확하게 형식적 의미의 법률로써 규정하여야 한다는 원칙이다. 과세요건을 규정하는 세법의 규정은 명확하여 해석·적용에 있어 이견의 여지를 줄여야 하고, 따라서 세법에 사용되는 개념은 구체적이고 확정적이어야 한다는 것이다.

만약 세법의 규정이 불분명하고 추상적이면 해석이 다양할 수 있으므로 과세관청의 재량의 범위가 커지게 되고, 이에 따라 해석을 빙자한 자의(恣意)를 초래할 수 있다.[1] 또한 국민이 경제적 의사결정을 함에 있어서는 조세부담을 고려하지(tax planning) 않을 수 없는바, 세법이 그러한 경제적 의사결정의 길잡이로 기능하기 위해서는 그 내용이 명확하여 합리적 해석과 적용의 공정성이 보장되어야 한다.

Adam Smith는 그의 「국부론」에서 "각 인이 납부할 조세는 자의적인 것이어서는 안 된다. 납부시기·방법·금액은 납세자와 그 밖의 모든 자에게 명확하여야 한다"라고 기술하고, 이 명확의 원칙(certainty)을 공평의 원칙(equality), 편의의 원칙(convenience), 징세비용 최소의 원칙(economy)과 더불어 조세 4원칙의 하나로 내세웠다.

---

1) 그러나 조세법의 규율대상인 경제현상은 복잡다기하여 끊임없이 생성, 변화하므로 불확정 개념의 사용은 불가피한 것이고, 조세회피를 방지하기 위하여 공정한 징수 나아가 조세를 부담하여야 할 자에게 제대로 부과할 수 있는 바탕을 마련하는 긍정적 측면도 있다는 견해로는 蘇淳茂, 조세법과 헌법, 서울대 법학연구소 조세법 연구과정 교재, 1998. 3., 11면 참조.

3. 과세불소급의 원칙

법률에 의하지 아니하고는 납세의무가 성립하지 않으므로 새로운 세법규정을 그 시행 전에 발생한 사실에 소급 적용하여 과세하는 것은 조세법률주의에 반한다. 이 과세불소급의 원칙은 헌법 제13조 제2항의 "모든 국민은 소급입법에 의하여 … 재산권을 박탈당하지 아니 한다"라는 규정에 의하여 더욱 굳어진다고 볼 수 있다. 이 규정을 받아 국세기본법은 "국세를 납부할 의무가 … 성립한 소득·수익·재산·행위 또는 거래에 대하여는 그 성립 후의 새로운 세법에 의하여 소급하여 과세하지 아니한다"라고 밝히고 있다(基本法 18조 2항). 조세의 부담을 가중하는 개정 세법의 규정은 그 시행 후에 가중 요건이 충족된 경우에 한하여 적용될 수 있다.[1] 예를 들면, '관계법령 위반'시에 양도소득세를 중과하는 새로운 규정은 그 위반이 새 규정의 시행 이후에 있은 경우에만 적용된다. 그러나 납세자에게 유리한 소급입법은 허용된다. 지금은 폐지되었지만 헌법재판소의 헌법불합치결정 이후 개정된 토지초과이득세법령에 관하여 대법원이 납세자에게 불리하지 않은 경우에는 법, 시행령, 시행규칙을 가릴 것 없이 소급하여 적용된다고 해석한 것[2]이나 증여세 부과대상인 토지무상사용이익의 계산방식에 내재된 위헌적 요소를 제거하기 위해 개정된 상속세 및 증여세법 시행령을 납세의무자에게 불리하지 않는 한 소급하여 적용할 수 있다고 한 것[3]이 그 예이다.

한편 이와 관련하여 일정한 기간을 과세단위로 하는 소득세나 법인세와 같은 기간과세 세목의 경우 1개 과세연도 혹은 1개 사업연도의 도중에 제정 또는 개정된 법률을 동 과세연도 초에 소급하여 적용할 수 있는가 하는 것이 문제된다. 이 경우 해당 과세연도 초에 소급하여 과세하는 것은 과세불소급의 원칙에 저촉되지 아니한다는 것이 판례의 입장이다.[4] 그 이론적 근거는 기간과세되는

---

1) 대법원 1994. 6. 28., 92 누 18467. 그러나 법인소유 토지의 양도 자체를 과세요건으로 하는 특별부가세에 대한 감면범위를 축소하는 새로운 규정은, 양도한 부동산의 취득시기가 그 규정의 제정 이전이라 하더라도 과세요건인 양도 자체가 그 후인 이상 적절하게 적용될 수 있다(대법원 1994. 2. 25., 93 누 20726).

2) 대법원 1996. 1. 26., 93 누 17911.

3) 대법원 2008. 2. 1., 2004 두 1834.

4) 회계연도 도중 법이 개정되어 비과세대상이 과세대상으로 된 경우(대법원 1964. 7. 14., 63 누 202), 사업연도 도중 세율이 인상된 경우(대법원 1983. 6. 28., 83 누 26), 과세기간중에 새

세목의 조세채무는 세법이 정하는 과세요건이 충족되는 사업연도 말에 성립된다는 것이다(基本法 21조 1항 1호, 4호). 그러나 이러한 해석은 과세물건을 형성하는 행위의 조세효과의 예측가능성을 해치는 해석이라 아니할 수 없다. 기간과세 세목의 경우에도 분할계산이 가능하므로 법령의 개정 전후로 구분하여 계산하는 것이 타당할 것이다.[1]

특정의 조세종목을 부과하는 세법이 폐지되거나 개정되어 그 개정 이후에 발생한 요건사실에 대한 조세부담이 소멸되거나 경감되었다 하더라도, 폐지·변경 이전의 행위에 대하여는 여전히 구법이 적용된다. 개정법은 개정 이전의 행위에 대해서는 적용되지 않기 때문이다. 이것은 행위시법을 적용한 결과이지, 조세법률주의의 이탈을 뜻하는 것은 아니다.

4. 엄격해석의 원칙

조세법이 엄밀·상세해야 한다는 조세법률주의의 요청은 과세요건이나 비과세요건을 막론하고 조세법규는 엄격히 해석되어야 한다는 원칙을 수반한다. 엄격해석의 원칙은 법규의 유추나 확장해석에 의하여 납세의무를 확대함을 허용치 않는다는 것이다.[2] 조세법의 해석에 관하여는 뒤에서 장을 바꾸어 다시 논하기로 한다.

로운 해석이 있는 경우(대법원 1992. 9. 8., 91 누 13670), 사업연도 도중 과세시가표준액에 의한 가액산정방식이 개별공시지가에 의한 산정방식으로 바뀌게 되어 비업무용 부동산의 범위가 넓혀진 경우(대법원 1994. 1. 11., 93 누 11005; 同 1994. 4. 29., 94 누 1647) 등에는 소급과세금지원칙에 반하지 않는다는 것이다. 그러나 헌법재판소 1995. 10. 26., 94 헌바 12 결정에서는 부진정소급과세의 경우 신뢰보호의 필요성과 공익을 비교 교량해 보면 신뢰의 보호가치가 있다고 할 특단의 사정이 있음에도 이미 기간이 경과된 부분에 대하여도 소급효를 미치게 하여서는 안 될 것이라면서 법인의 증자에 따른 소득공제율을 인하하는 舊조세감면규제법 규정을 법 시행일 이전의 기간에 대하여 적용하는 것은 위헌이라고 판시하고 있다.

1) 同旨 우창록, "부진정소급과세론의 허구," 「인권과 정의」 217호, 111면; 김두형, 「조세법의 해석론에 관한 연구」, 경희대 대학원 박사학위논문, 1996. 3., 118-119면. 한편 부진정소급과세의 허용 여부는 법적 안정성 및 신뢰보호라는 면에서 결정하여야 하는데, 이와 같은 법적 안정성과 신뢰보호를 개개의 사안마다 구체적·개별적으로 판단할 수는 없고 개인의 신뢰보호와 조세입법자가 당해 법규정을 통하여 공익을 추구하고자 하는 목적 등을 형량하여 보는 수밖에 없다는 견해로는 대법원 1989. 7. 11., 87 누 1123; 소순무, "1996년 조세법(법인세법)판례회고," 「조세법연구」 제3집, 614면.

2) 대법원 1983. 12. 27., 83 누 213; 同 1984. 6. 26., 83 누 680; 同 1987. 5. 26., 86 누 92; 同 1995. 8. 22., 95 누 825; 同 2003. 1. 24., 2002 두 9537(감면요건 규정 가운데 명백히 특혜규정이라고 볼 수 있는 것은 엄격하게 해석하여야 한다는 취지).

제 3 장 조세법의 해석과 적용

제 1 절 해석의 방법

I. 법의 해석의 의의

법의 구체적 의미를 밝혀내는 것이 법의 해석이다. 그리고 법의 적용이란 해석된 법을 실제로 발생한 사건·사실에 맞추어서 법의 내용을 실현시키는, 즉 법적 효과를 발생시키는 작용을 뜻한다.[1] 그런데 법의 해석에 관한 태도는 개별 법영역의 성격에 따라 상이한 모습을 지니게 된다. 예컨대 헌법은 국내법 체계의 최고법규로서 국가적 공동생활의 기본사항에 관한 대강을 규정한 것이기 때문에 각 조항의 해석에 있어서는 그 기본정신의 탐구에 중점이 두어지며, 비록 문언의 틀에서 벗어날 수는 없다 하더라도 상당히 가치추구적인 유연성을 특징으로 한다. 그런가 하면 형법분야에 있어서는 죄형법정주의의 요청으로 인하여 행위자에게 불리한 해석이 금지된다.

II. 문리해석의 원칙과 합목적적 해석의 예외적 허용

제정법은 언어를 통해서 존재하기 때문에, 어떠한 법영역에 있어서든 조문의 해석은 그 조문에 사용된 문언에 의존하여야 하고, 그 문언의 의미는 통상적 뜻에 의하여 파악되어야 한다. 그렇지 않으면 법규에 대한 국민의 일반적 신뢰를 기대할 수 없다. 특히 과세요건 법정주의와 과세요건 명확주의를 근간으로 하는 조세법률주의가 지배하고, 나아가 국민들로 하여금 자기의 위험부담

---

[1] 그 순서는, 법의 해석 → 요건사실에 관한 판단(사실인정) → 법의 적용 → 법률효과의 발생으로 이어진다.

아래 법규를 해석하여 납세의무를 자진 신고·이행하도록 요구하고 있는 조세법 분야에서 문리해석에 충실하여야 할 필요성은 절실하다고 할 것이다. 따라서 조세법의 문언상 그 의미가 명백할 때에는 원칙적으로 이에 배치되는 해석은 허용되지 않는다고 할 것이다.

그러나 조세법의 해석방법이 문리해석에 국한되어야 한다는 것은 아니다. 문언이 일의적(一義的)이 아니어서 논리적 규명이 필요한 경우가 있다. 법의 흠결이나 법령의 규정 간의 모순이나 상충이 있는 경우에는 특히 그러하다. 항상 완벽하고 명백한 법을 제정하기란 어렵기 때문이다. 그리고 무릇 법률은 합목적적·정책적 활동의 산물이기 때문에 해당 규정이 의도한 목적을 실현시키는 것은 해석의 한 기능이다. 그렇기 때문에 조세법 분야에서도 문리해석상 의문이 있는 경우에는 목적론적 해석(목적해석)이 허용된다고 생각한다.[1] 국세기본법 제18조 제1항의 "세법을 해석·적용할 때에는 과세의 형평과 해당 조항의 합목적성에 비추어 납세자의 재산권이 부당하게 침해되지 아니하도록 하여야 한다"라는 규정도 문언의 의미가 불분명하거나 불명확한 경우에는 세부담의 형평과 개별 조항의 입법목적이라는 일반 원리에 따라 세법을 적용할 것을 선언한 것으로 볼 수 있다. 판례도 조세법률주의가 지향하는 법적 안정성 및 예측가능성을 해치지 않는 범위 내에서 입법 취지 및 목적 등을 고려한 합목적적 해석을 하는 것이 불가피하다고 본다.[2] 그런데 목적해석은 해석하는 사람의 가치관에 좌우되어 주관성을 피하기 어렵다. 그리고 지나친 목적해석은 '있는 법'과 해석자의 관점에서 '있어야 할 법'의 혼동을 일으킬 수도 있다. 목적해석을 강조하는 세법학자도 법규의 문언에 대한 언어공동체의 언어적 관습의 한계를 벗어난 해석은 허용되지 않는다고 한다.[3] 어의(語義)의 한계 저편에 있는 해석은 법적 안정성과 예측가능성을 무너뜨린다. 여기에 엄격해석의 역할이 있다.[4] 즉, 어의의 한계에 대하여 엄격한 태도를 취함으로써 조세법률주의의 이념이 달성될 수 있는 것이다. 따라서 확장 또는 유추적용의 금지는 정설인 동시에 판례의 일관된 입장이다. 다만 조세부담이 가중되는 결과를 가져오지 않는 경

---

1) 同旨 임승순, 「租稅法」, 박영사, 2000, 46면.
2) 대법원 2020. 7. 29., 2019 두 56333; 同 2008. 2. 15., 2007 두 4438.
3) Tipke/Lang, Steuerrecht, 16 Aufl., S. 149.
4) 역시 목적론적 해석의 우위를 부정하는 견해로, 李會昌, "租稅法律主義－그 權利保障的 기능과 관련하여," 「租稅事件에 관한 諸問題」(上)(裁判資料, 제60집) 所收, 8면 이하.

우에는 법의 통상의 해석방법이 모두 활용될 수 있다. 두드러진 예로는, 미비한
강제징수에 관한 규정의 해석에 민사집행법을 유추적용하는 것을 들 수 있다.
강제징수는 확정된 세액 등을 강제로 징수하는 권력적 행위이므로 민사집행과
그 기능과 절차 면에서 유사하기 때문이다.

Ⅲ. '의심스러울 때는 납세자의 이익으로'의 원칙

세법의 해석원리로, '의심스러울 때는 국고의 이익으로(in dubio pro fisco)'
할 것인가, 아니면 '의심스러울 때는 납세자의 이익으로(in dubio contra fiscum)'
할 것인가 하는 논의가 있다. 전자는 봉건주의 내지는 전체주의에 뿌리를 둔
것으로 오늘날 이를 주장하는 사람은 없다. 후자의 논거는 법을 모호하게 만듦
으로 인한 불이익은 그 법을 만든 자에게 돌아가야 하고 그 법을 만든 자는 과
세권자라는 데 있다.[1]

'의심스러울 때는 납세자의 이익으로'라는 주장은 형사법 분야에서의 '의심
스러울 때는 피고인의 이익으로'라는 명제에서 유래하는 것인바, 후자는 범죄
구성요건 사실의 인정(즉, 사실관계의 확정)에 관한 원리이지 법의 해석원리는 아
니다. 따라서 세법의 적용에 있어서도 '의심스러울 때는 납세자의 이익으로'라
는 원리는 과세요건 사실의 인정에 적용할 원리이지, 조세법 문언의 해석원리
일 수는 없다.[2] 설령 이를 조세법 문언의 해석원리로 본다 하더라도 그 취지가
타당한지는 의문이다. 조세법의 목적은 재정수입을 얻기 위한 것만도 아니고,
재산권의 보장만을 위한 것도 아니다. 조세법은 서로 상충되는 듯이 보이는 이
두 가지 목적을 동시에 달성하기 위한, 즉 이원적 목적을 지닌 법이다. 따라서
'의심스러울 때', 다시 말해 아직 법의 의미가 규명되지 않은 상태에서 섣불리
어느 한쪽으로 유리하게 해석하여 결론을 짓는 것은 이러한 세법의 목적에 충
실하지 않은 태도라 할 것이다. 이리하여 의심스러울 때에는 보다 철저한 해석
작업에 의하여 의미내용을 찾아내든가, 또는 규정이 워낙 모호하여 끝내 찾기
가 불가능하다면 해당 조항은 과세요건 명확주의에 반하는 무효의 규정이라고

---

1) 崔明根,「稅法學總論」('98全訂版), 169면에서는 contra fiscum을 국민의 재산권 보장에
   근거하여 지지하고 있다. 헌법재판소 1992. 2. 25., 90 헌가 69 등의 반대의견에서도 이를 해
   석원리로서 지지하고 있다.
2) 金子 宏, 앞의 책, 120면에서도 같은 취지로 보고 있다.

함이 타당할 것이다.[1]

Ⅳ. 차용개념의 해석

조세는 통상 경제적 활동과 현상에 대하여 부과되기 때문에 그것을 대상으로 하는 사법(私法) 분야의 개념이 빈번히 조세법규에서 사용된다. 이러한 개념을 차용개념(借用槪念)이라 부른다. 차용개념의 정의가 조세법에 따로 없는 경우에 이를 빌려준 분야에서 정립된 뜻으로 읽을 것인가 또는 개념의 상대성이라는 관점에서 거기에 조세법 고유의 의미를 부여할 것인가에 대한 견해의 대립이 있다. 법적 안정성의 견지에서 원래의 뜻대로 파악하는 것이 온당하며, 예외적으로 합목적적 해석의 요청에 의하여 독자적인 의미를 부여할 수 있으나 이 경우에도 엄격해석의 테두리를 벗어날 수 없음은 물론이다.[2] 차용개념을 민사법적 의미 그대로 해석할 것인지, 아니면 '경제적 실질에 따른 과세'라는 조세법적 이념에 맞게 변경한 의미로 해석할 것인지의 문제는 다른 한편으로는 실질과세원칙의 적용범위의 문제로 논의된다(뒤의 제3절 Ⅳ. 2. 참조).

제 2 절 근거과세

Ⅰ. 의 의

납세의무자가 세법에 따라 장부를 갖추어 기록하고 있는 경우에는 해당 국세의 과세표준에 대한 조사와 결정은 그 장부와 관련 증거자료에 의하여야 한다(基本法 16조 1항). 장부의 기록의 내용이 사실과 다르거나 장부의 기록에 누락이 있을 때에는 그 부분에 대해서만 정부가 조사한 사실에 따라 결정할 수 있다(동조 2항). 그리고 정부가 조사한 사실에 의해 결정하는 경우에도 그 근거를 결정서에 적어야 한다(동조 3항). 근거과세 관련 규정은 단순히 행정상의 편의·

---

1) 국세기본법 제56조 제2항 중 괄호 부분을 무효라고 한 헌법재판소 1992. 7. 23., 90 헌바 2 등 병합 참조.
2) 헌법재판소 2006. 6. 29., 2004 헌바 8(증여세 포괄과세 제도를 도입하기 전의 구 상속세 및 증여세법상의 증여개념은 민법의 용어를 차용한 차용개념에 해당하므로, 증여세제 운용은 그 과세대상을 원칙적으로 민법상의 증여로 한정하였다는 취지).

원활 등 내부적 필요에 의한 것이 아니고, 과세권자와 납세의무자 간의 이해조정을 위한 것이므로 이 규정에 위반하는 과세는 하자(瑕疵) 있는 처분이 된다.

Ⅱ. 추계과세

장부가 없거나 중요한 부분이 부실하다고 과세를 포기할 수는 없다. 이러한 경우에는 과세관청으로 하여금 엄격한 요건 하에 합리적인 방법에 따라 과세표준을 추정하여 계산하도록 허용할 수밖에 없다. 이를 '추계과세'(推計課稅)라고 한다(소득세의 추계과세에 관해서 제2편 제1장 제8절 Ⅲ.1.(2) 참조). 추계과세의 요건이 충족되지 않은 경우에는 해당 과세처분이 취소의 대상이 됨은 물론이다. 이때 부과처분의 취소범위가 실지조사에 의한 세액을 초과하는 금액에 한정할 것인지(일부 취소) 또는 실액과 부합하는가를 따질 것 없이 절차상의 흠을 이유를 들어 전부를 취소하여야 할 것인지(전부 취소)에 대해서는 견해가 갈릴 수 있으나, 대법원은 "추계과세 사유에 관한 입증책임은 과세관청에 있다 할 것이므로 과세관청이 소송에서 그 추계과세 요건에 관한 입증을 다하지 못하였다면 법원은 과세관청이 한 추계과세가 위법하다 하여 그 과세처분 전부를 취소할 수밖에 없고 법원이 실지조사에 의할 경우의 정당한 세액을 계산할 의무까지 지는 것은 아니다"라는 입장을 취하고 있다.[1] 법원이 적극적으로 행정권을 행사할 수 없다는 법리에 비추어 볼 때 타당한 해석이라 생각된다. 다만, 과세관청이 실지조사방법에 의하여 산출될 정당한 세액이 추계과세에 의한 세액보다 오히려 더 많다는 사실을 입증한 경우에는 비록 추계과세가 위법하다고 하더라도 그 부과처분을 취소할 수 없다.[2] 한편, 과세관청이 "조사결정방법도 밝히지 아니한 채 아무런 근거도 없이 막연히" 한 부과처분은 단순한 위법을 넘어 행정상의 절차적 보장을 무시한 것으로서 당연무효임을 면할 수 없다.[3]

---

1) 대법원 1987. 2. 24., 86 누 578; 同 1986. 3. 25., 84 누 216.
2) 대법원 1986. 7. 8., 84 누 551.
3) 대법원 1982. 5. 1., 80 누 223(수시부과처분).

Ⅲ. 파생원칙 - 과세물건의 의제와 추정의 제한

납세의무자가 작성한 장부를 신뢰하여 그에 따라 과세하여야 한다는 원칙에 충실하자면 당연히 법률에 의하여 과세물건의 형성을 의제(擬制)하거나 과세물건의 크기(즉, 과세표준)를 추정(推定)하는 것도 삼가야 한다. 이런 맥락에서 현행 세법에 도입되어 있는 과세물건의 의제제도(예를 들면, 소득세법 제25조 제1항의 간주 임대료 제도와 지방세법 제7조 제5항의 간주 취득세 제도)는 가능하면 폐지하거나 추정의 방식으로 축소하여야 할 것이다. 실제로는 소득, 증여 등과 같은 과세물건이 형성되지 않았는데 과세물건이 형성된 것으로 의제하거나 추계과세를 하게 되면 헌법에 보장된 실질적 조세법률주의를 위반하는 결과가 된다. 이런 점에서 근거과세의 원칙은 실질과세의 원칙과 상통하는 면이 있다.

제 3 절 실질과세의 원칙

Ⅰ. 의   의

1. 개   념

어떤 거래나 행위의 당사자가 의도한 경제적 효과는 전혀 고려하지 않고 오직 그 민사법적 효과에 따라서만 과세효과를 파악하여야 한다면, 당사자가 아무런 다른 목적 없이 오직 조세부담을 피하거나 줄이기 위하여 부자연스럽고 불합리한 방식의 거래나 행위를 한 경우에도 그 법률적 방식에 따라서만 과세효과를 결정함으로써 조세회피를 유발하고 과세의 형평을 잃게 될 것이다. 따라서 이러한 경우에는 그 경제적 효과에 따라 과세효과를 파악하는 것을 어느 정도 인정함이 타당할 것이다. 그 수단으로 적용되는 개념이 실질과세이다. 세법상 실질과세의 원칙이란 과세요건 사실에 대한 세법 규정의 적용(구체적으로는 과세물건의 귀속의 결정이나 과세표준의 계산)에 있어서 어떤 거래나 행위의 법률적 방식 내지 효과와 당사자가 의도한 경제적 효과나 실질이 다른 경우에 그 경제적 효과나 실질에 따라 과세하는 정신이다.

2. 목   표

실질과세의 원칙이 지향하는 목표는 과세의 형평과 합목적성이다. 우선 실
질과세의 최대 목표는 조세회피행위의 방지를 통한 과세의 형평의 제고이다.
미국 연방대법원의 Hugo L. Black 대법관은 조세의 부담을 경감하기 위하여
채택한 거래방식(납세자가 실제로 의도한 거래방식이므로 뒤에 언급할 가장행위와는
다르다)을 부인하면서 실질우위(substance over form)원칙의 적용 이유를 다음과
같이 설명하고 있는바, 이 말은 실질과세원칙이 지향하는 목표를 잘 설명해 주
고 있다.[1] 즉, "조세의 부담은 거래의 실질(substance)에 의하여 좌우된다 …. 오
직 조세의 부담을 변경하기 위하여 존재함에 불과한 형식(formalism)에 의하여
거래의 진정한 성질을 덮어버리는 것을 허용한다면, 이는 입법부의 조세정책의
적절한 집행을 크게 그르칠 것이다."

실질과세원칙이 지향하는 목표가 과세의 형평이라는 점에서 형평과세의
정신을 선언하고 있는 국세기본법 제18조 제1항의 규정, 즉 "세법을 해석·적용
할 때에는 과세의 형평과 해당 조항의 합목적성에 비추어 납세자의 재산권이
부당하게 침해되지 아니하도록 하여야 한다"라는 규정은 실질과세원칙을 보완
하는 것이라고 할 수 있다. 다만, 과세의 형평과 합목적성을 추구한다면 구체적
법문의 명확한 근거없이 과세권을 행사할 수 있게 되고, 그렇게 되면 자칫 국민
의 재산권을 침해할 가능성이 있는데, 이 규정에서 거꾸로 마치 세법의 해석·
적용에 있어 과세의 형평을 추구하다 보면 납세자의 재산권에 대한 부당한 침
해가 일어나지 않는 것처럼 표현하고 있는 것은 앞뒤가 모순되는 느낌을 준다.
따라서 이 규정은, 과세의 형평과 합목적성에 비추어 세법 규정을 해석하되, 그
문언 자체의 의미를 지나치게 벗어남으로써 납세자의 재산권이 부당히 침해되
지 않도록 하여야 한다는 의미로 해석함이 타당하다.

한편, 법의 궁극적 이념인 정의를 달성하기 위한 구체적 수단으로서의 법
규정은 그 제정 목적에 합치되게 해석되어야 하는바, 실질과세원칙은 이러한
법적용의 합목적성을 달성하는 기능도 한다.[2] 어떤 행위나 거래의 당사자가 법
적 형식의 이면(裏面)으로 의도한 경제적 실질에 따라 과세하는 것은 그 경제적

---

1) Commissioner v. Court Holding Co., 324 U.S. 331(1945).
2) 渡邊伸平, "税法上の所得をめぐる諸問題,"「司法研究報告」, 제19집 제1호, 16면.

실질을 과세물건으로 하는 세법 규정의 합목적적 적용이라고 할 수 있기 때문이다. 예를 들어 100년 간의 임대를 양도소득세 과세목적상 사실상의 양도로 보아 양도소득세 과세대상으로 삼는 것은 양도소득 과세제도의 목적에 적합하다고 할 수 있다.

3. 실질과세원칙의 적용 대상으로서의 조세회피행위

실질과세원칙(실질주의)은 조세회피행위를 부인하는 근거를 제공한다. 그러므로 실질주의를 적용함에 앞서 우선 절세행위, 조세회피행위, 조세포탈행위의 개념을 분명히 해 둘 필요가 있다. '절세(節稅, Steuerersparung)'[1]는 조세법규가 예정한 바에 따라, 즉 조세법규가 승인하는 바에 따라 합법적인 수단으로 조세부담의 경감을 도모하는 행위이다. 그리고 '조세의 회피(Steuerumgehung)'는 절세의 경우와 같이 조세부담의 경감을 합법적인 수단에 의하여 도모하나 그것이 조세법규가 예정하지 않은 비정상적 행위에 해당하는 경우이다. 이러한 조세회피는 법률회피(法律回避, Gesetzesumgehung), 즉 탈법행위의 일종이라고 보아도 무방할 것이다.[2] '조세포탈(租稅逋脫, Steuerhinterziehung; 협의의 탈세)'은 사기 그 밖의 부정한 행위에 의한 조세의 면탈이다. 가장행위(假裝行爲, Sham, Scheingeshäfte)에 의하여 조세의 부과 · 징수를 현저히 곤란하게 하였다면 이는 조세의 포탈행위의 하나이다.

II. 세법의 관련 규정

국세기본법 제14조 제1항은 "과세의 대상이 되는 소득, 수익, 재산, 행위 또는 거래의 귀속이 명의일 뿐이고 사실상 귀속되는 자가 따로 있을 때에는 사실상 귀속되는 자를 납세의무자로 하여 세법을 적용한다"라고 규정하고 있고, 동조 제2항은 "세법 중 과세표준의 계산에 관한 규정은 소득, 수익, 재산, 행위 또는 거래의 명칭이나 형식에 관계없이 그 실질 내용에 따라 적용한다"라고 규

---

1) 영어로 절세를 tax sparing(또는 saving), 회피행위를 avoidance 그리고 포탈행위를 evasion 이라고 하나, avoidance를 절세의 뜻으로 사용하기도 하며, 회피와 포탈을 구별없이 evasion 이라 하기도 한다. 포탈은 fraud라고도 한다. Harry G. Balter, Tax Fraud and Evasion, 2. 1. 이하 참조.

2) 清永敬次, "租稅回避に關する諸問題(10完)," 「租稅學」, 통권 193호, 4면.

정하고 있다. 2007. 12. 31.자로 신설된 제3항은 "제3자를 통한 간접적인 방법이나 둘 이상의 행위 또는 거래를 거치는 방법으로 이 법 또는 세법의 혜택을 부당하게 받기 위한 것으로 인정되는 경우에는 그 경제적 실질 내용에 따라 당사자가 직접 거래를 한 것으로 보거나 연속된 하나의 행위 또는 거래를 한 것으로 보아 이 법 또는 세법을 적용한다"라고 규정하고 있다.

제1항은 납세의무의 귀속을 결정함에 있어서, 과세물건(소득, 수익, 재산, 행위 또는 거래 등)의 외관적 내지 형식적 귀속보다는 그 실질적 귀속을 기준으로 판단한다는 의미로서 '과세물건 귀속의 실질'이라고 불리고, 제2항은 과세표준을 계산함에 있어서 과세물건의 형식이 아니라 그 실질에 따른다는 의미로서 '과세표준 계산의 실질'이라고 불린다. 새로 신설된 제3항은 납세자가 영업상의 정당한 이유 없이 간접적 거래방법 또는 다단계 거래방식을 취한 경우에는 "경제적 실질"에 의하여 과세물건의 귀속을 결정하거나 과세표준을 계산한다는 취지로서 과세물건 귀속의 실질과 과세표준 계산의 실질을 적용하는 2가지의 구체적 경우를 예시한 것이다.

'국제조세조정에 관한 법률' 제2조의2에서도 독자적인 실질과세원칙을 규정하고 있다. 그 제1항은 "국제거래에서 과세의 대상이 되는 소득, 수익, 재산, 행위 또는 거래의 귀속에 관하여 사실상 귀속되는 자가 명의자와 다른 경우에는 사실상 귀속되'는 자를 납세의무자로 하여 조세조약을 적용한다"라고 규정하고, 제2항은 "국제거래에서 과세표준의 계산에 관한 규정은 소득, 수익, 재산, 행위 또는 거래의 명칭이나 형식과 관계없이 그 실질 내용에 따라 조세조약을 적용한다"라고 규정하며, 제3항은 "국제거래에서 조세조약 및 이 법의 혜택을 부당하게 받기 위하여 제3자를 통한 간접적인 방법으로 거래하거나 둘 이상의 행위 또는 거래를 거친 것('우회거래')으로 인정되는 경우에는 그 경제적 실질에 따라 당사자가 직접 거래한 것으로 보거나 연속된 하나의 행위 또는 거래로 보아 조세조약과 이 법을 적용한다"라고 규정하고 있다. 이 규정에 따라 판례도 조세조약의 해석, 적용에 실질과세의 원칙이 적용된다고 보고 있다.[1] 그 문언이 모두 국세기본법 제14조 제1항, 제2항 및 제3항과 사실상 일치한다. 한편, 위 국조법 제3조 제4항은 우회거래를 통하여 우리나라에 납부할 조세부담이 경

---

[1] 대법원 2012. 10. 25., 2010 두 25466; 同 2012. 4. 26., 2010 두 11948; 同 2013. 4. 11., 2011 두 3159; 同 2015. 7. 23., 2013 두 21373.

제적 실질에 따를 경우 납부할 조세부담에 비해 절반 이상으로 감소하는 경우에는 납세의무자가 해당 우회거래에 정당한 사업목적이 있다는 사실 등 조세를 회피할 의도가 없음을 입증하지 아니하면 조세회피를 목적으로 거래한 것으로 추정함으로써 입증책임을 전환하고 있다.

Ⅲ. 법률적 외관과 내심의 의사가 다른 경우와의 구별

민사법적 관점에서 행위나 거래의 법률적 외관과 당사자의 내적인 의사가 서로 달라 외관대로 법률적 효력을 인정받지 못하는 경우가 많다. 예를 들면, 민법 제107조의 비진의(非眞意) 의사표시, 제108조의 통정 허위 의사표시, 거래 상대방이 차명거래임을 인지한 경우의 차명거래, 허위의 주소의 설정, 허위의 경비의 기장 등이다. 이처럼 법률적 외관과 당사자의 내적인 의사가 다른 행위는 아예 법률적 효력을 전혀 발생시키지 않거나(통정 허위표시의 경우) 그 외관의 표시와 다른 법률적 효력을 발생시킨다(거래상대방이 차명거래임을 인지한 예금거래의 경우).1) 이처럼 사법적 면에서 외관대로 효력을 발생하지 않는 행위는 그 이유로 인해 애당초 그 외관에 따른 과세효과도 가져오지 않는다. 따라서 법률적으로 유효하되 다만 그 법률적 효력과 경제적 실질이 다른 경우에 어느 것에 따라 과세효과를 정할 것이냐 하는 실질과세의 문제가 생길 여지가 없다.2) 즉, 이 경우 법적 외관대로 과세효과가 생기지 않는 근거를 실질과세의 원칙에 두어야 할 이유가 없다. 대법원 판례 중에는 사법상 행위의 외관과 내심의 의사가 다른 경우와 그 법적 형식과 경제적 실질이 다른 경우를 혼동한 것도 있고,3) 반대로 행위의 외관대로 법률적 효과를 발생할 수 없는 행위와 법

---

1) 원칙적으로는 예금거래의 명의자를 예금주로 보아야 할 것이나, 예금액의 출연자가 다른 사람의 명의를 빌려 예금거래를 하고 있음을 거래상대방인 금융기관이 인지하고 명의자가 아닌 실제 출연자에게 예금반환채권을 귀속시키기로 하는 명시적 또는 묵시적 약정이 있는 경우에는, '금융실명거래 및 비밀보장에 관한 법률'상 그러한 비실명거래행위를 금지하고 그 위반행위를 제재하고 있다고 하더라도, 출연자를 예금주로 하는 금융거래계약이 성립하는 것으로 본다(대법원 2001. 12. 28., 2001 다 17565). 이러한 경우 예금명의자의 예금거래는 처음부터 존재하지 않는 것이 된다.

2) 실질주의를 논함에 있어서의 '실질'은 유효한 '형식'에 대립되는 개념이기 때문에 가장에 의하여 '은폐된 사실'을 실질주의가 의도하는 '경제적 실질'이라고 부르는 것은 옳지 않다. 그럼에도 불구하고 논문이나 판례에 흔히 그와 같은 용법이 발견된다.

3) 대법원 1992. 5. 22., 91 누 12103("거래의 상대방을 누구로 볼 것인가의 문제는 법률행위

률적 효과와 경제적 효과가 서로 다른 행위를 구분하는 것도 있다.[1]

IV. 실질과세원칙의 적용범위

1. 문제의 소재

실질과세원칙의 적용범위의 문제는 어떤 거래나 행위의 법률적 효과와 당사자가 의도한 경제적 효과가 다른 경우 어느 범위까지 그 법률적 효과에 불구하고 경제적 효과에 따라 과세할 수 있느냐 하는 문제이다. 구체적으로 말하면, 법률적 효과와 당사자가 의도한 경제적 효과가 상이한 행위나 거래를 구체적으로 열거하고, 이에 대해서는 그 경제적 효과에 따라 과세한다는 취지의 구체적 법규정(이하 "구체적 법규정"이라고 함)이 없더라도 국세기본법 제14조나 '국제조세조정에 관한 법률' 제2조의2와 같은 실질과세의 원칙에 관한 일반적 규정만으로, 또는 그러한 규정조차 없더라도 그 경제적 효과에 따라 과세할 수 있느냐, 아니면 그러한 구체적 법규정이 있어야만 경제적 효과에 따라 과세할 수 있느냐의 문제이다. 실질과세원칙 적용의 핵심적 문제이다.

이에 관해서는 크게 3가지 입장이 있을 수 있다. 첫째는, 행위나 거래의 법적 형식 내지 효과를 무시하고 그 경제적 효과나 실질에 따라 과세한다는 특별

해석의 문제로서 계약의 내용과 당사자의 의사를 기초로 하여 판단하여야 할 것이지만, 실질과세의 원칙상 단순히 계약서상의 명의에만 의존할 것이 아니라, 당사자의 의사와 매매대금의 실질적인 출연자 등 계약의 실질적인 내용을 종합적으로 고려하여 판단하여야 할 것이고, 거래의 법적 형식이나 명의, 외관 등이 경제적 실질과 다를 경우에는 후자를 기준으로 판단하여야 할 것(국세기본법 제14조)이므로, 실질적으로 개인과 법인 사이의 거래이면서 형식적으로 중간에 자연인을 개재시킨 경우에 그 중간의 거래가 가장행위라고 인정되는 때에는 과세상 의미를 가지지 아니하는 그 가장행위를 사상(捨象)하고, 그 뒤에 숨어 있는 실질에 따라 개인과 법인 간의 거래로 보아야 할 것이다"라고 설시하고 있는데, '가장행위'와 '경제적 효과와 법적 형식이 다른 경우'를 혼동하고 있는 듯하다. 가장행위의 뒤에 숨어 있는 '실질'이란, 실질이라기보다는 실체적 진실에 해당한다).

1) 대법원 2005. 1. 27., 2004 두 2332(甲 및 丙 사이에 甲이 사실상 丙에게 금전대출을 하기로 하되 동일인에 대한 대출한도 초과를 은폐하기 위하여 乙을 거쳐 丙에게 대출하는 이른바 우회대출이 이루어진 사안에서, 대법원은 "당사자 사이의 위와 같은 의사는 이 사건 거래에 따른 경제적 효과를 최종적으로 丙에 귀속시키려고 하는 의사에 불과한 것일 뿐, 그 각 법률상의 효과까지도 乙을 배제한 채 오직 甲과 丙사이에 직접 귀속시키려는 의사가 있었다고는 볼 수 없고, 따라서 甲 및 乙 사이의 이 사건 거래는 진의와 표시가 불일치하는 통정허위표시로서 가장행위에 해당한다거나 단지 원고가 乙의 甲으로부터의 금원차용에 그 명의만을 대여한 거래라고는 할 수 없고," 따라서 그 법률적 귀속에 따라 과세요건의 충족 여부가 결정되어야 한다는 취지로 판시하고 있다).

한 규정이 없으면, 거래의 법률적 효과만을 기준으로 과세효과를 파악하여야 한다는 '법형식 기준설'이다. 그 논리적 귀결로 법인세법 제52조(부당행위계산의 부인)와 같은 실질과세에 관한 구체적 법규정은 실천적 의미를 가지나, 국세기본법 제14조와 같은 일반적 규정은 선언적 의미만 갖게 된다. 둘째는, 언제든지 거래의 경제적 효과만을 기준으로 과세 효과를 파악하여야 한다는 '경제적 효과 기준설'이다. 이 견해는 당사자가 취한 법률적 방식이나 효과가 그가 의도한 경제적 효과나 실질과 다른 어떠한 경우에도 과세관청은 구체적 법규정의 근거 없이 그 거래나 행위의 경제적 효과에 따라 과세할 수 있다는 입장으로서, 그 논리적 귀결(歸結)로 실질과세는 명문의 규정에 의해 기능하는 것이 아니고, 따라서 실질과세에 관한 일반적 법규정은 선언적 의미를 갖는 것에 불과해진다. 셋째는, 법률적 효과에 따른 과세를 원칙으로 하되, 사업상 목적이나 경제적 이유 없이 조세회피의 목적으로 취한 거래나 행위에 대해서만 그 형식을 부인하고 경제적 효과에 따라 과세하는 '절충설'이다. 이 견해에 따르면, 실질과세에 관한 일반적 법규정은 제한적 범위 내에서 실천적 의미를 갖는다.

2. 다른 나라에서의 논의

(1) 독   일

독일 조세기본법 제42조는 "법의 형성가능성(Gestaltungsmöglichkeiten)의 남용에 의하여 납세의무를 회피할 수 없다. 남용이 있는 경우에는 '경제적 사실에 적합한 법적 형성'의 경우와 동일하게 과세하여야 한다"고 규정하고 있다. 이와 같은 조세기본법상의 조세회피에 관한 일반적 부인규정은 이른바 1919년 독일 조세기본법 제4조의 '경제적 관찰법'(Wirtshaftliche Betrachtungsweise)을 승계한 것으로, 다른 나라의 실질과세원칙과 같은 내용의 것으로 이해된다. 이러한 연유로 독일 세법학계에서는 실질과세의 원칙이라는 말 대신에 경제적 관찰법이라는 표현을 사용하고 있는바, 이는 민사법상의 개념을 차용한 세법상의 개념에 대하여 민사법에서와는 다른 경제적 의미를 부여할 것인지 여부를 검토하는 해석방법을 말한다.

이에 관해서는 기본적으로 다음과 같은 3가지 학설이 존재한다.[1]
① **경제적 관찰법 우위설**   이는 민사법 개념을 응능부담의 원칙이라는

---

1) Tipke/Lang, Steuerrecht, Verlag Dr. Otto Schmidt KG(1989), pp. 110-111.

조세법의 이념에 적합하게 특별히 세법적인 것으로, 또는 경제적인 것으로 완전히 바꾸어 놓거나 일반적으로 변형하여 해석할 수 있다는 입장이다. 이 입장에 따르면 오직 경제적 효과에 따라 과세여부나 그 부담의 크기가 결정된다. 2차 대전 이전에 시행되던 구 독일 조세조정법하에서 지배하던 학설이고, 현재는 소수설이다.[1]

② **경제적 관찰법 완전 배제설**　이는 세법이 민사법상의 개념을 차용하는 한 그 개념의 내포도 동일하여야 하고, 따라서 민사법에서 차용한 세법상의 용어에 대하여 민사법에서와 일치하는 해석을 하여야 한다는 입장이다. 이에 따르면, 세법은 민사법의 결과법에 지나지 않으므로 경제적 관찰법은 완전히 배제되어야 한다는 것이다. 극소수설이다.

③ **절 충 설**　조세회피행위를 가려내기 위한 경제적 관찰법은 목적론적 해석을 요하는 것이므로, 민사법상의 개념이 세법의 영역에서 어떠한 의미를 가지는지는 매 사안별로 해석을 통해 검토되어야 한다는 입장이다. 그 결과 인식가능한 법규의 목적에 일치하는 경우에는 민사법적 의미에서 이탈하는 것이 고려될 수 있다고 본다. 통설적 입장이다.

(2) 미 국

미국에서는 우리 세법상의 실질과세의 원칙과 유사한 개념으로 '경제적 실체(economic substance) 이론', '실질우위(substance over form) 이론', '위장 거래(sham transactions) 이론', '다단계 거래(step transactions) 이론' 등의 개념이 사용되고 있다. 모두 거래의 단순한 형식보다는 경제적 실체(economic substance)를 기준으로 과세한다는 원칙을 표현하는 개념들이다.[2] 그리고 이들 개념은 성문법 규정에 근거하지 않고 판례에 의하여 형성, 적용되어 왔다. 미국 연방 대법원이 어떤 거래의 '경제적 실체(economic substance)'의 존부를 판단하기 위해 오랜 기간에 걸쳐 확립한 기준은 문제의 거래를 취한 것이 조세부담의 감소 외에 관련 법령에 의한 어떤 '수익적 이해(beneficial interest)'에 영향을 주었느냐 하

---

1) 구 독일 조세조정법(Steueranpassungsgesetz) 제1조 제2항은 다음과 같이 규정하고 있었다: "조세법률의 해석에 있어서는 국민사상, 조세법률의 목적 및 경제적 의의, 그리고 제반 관계의 발전을 고려하지 않으면 아니 된다."

2) 영국은 실질주의의 적용에 있어 미국보다 더 신중하나, 근래에 이르러서는 실질주의를 보다 더 적극적으로 수용하는 추세에 있다고 한다(W. T. Ramsey Ltd. v. I. R. C. 〔1982〕 A. C. 300 및 Furniss v. Dawson 〔1984〕 A. C. 474; 〔1984〕 S. T. C 153 참조. 자세한 소개로는 安慶峰, "英國判例法上 租稅回避에 관한 硏究,"「月刊租稅」, 1992. 10., 29면 이하).

는 것이다. 다시 말해 어떤 방식의 거래가 "사업상 또는 규제상의 현실에 의해 부득이하게 선택되거나 권유되었느냐(compelled or encouraged by business or regulatory realities)" 하는 것이다. 이러한 미국 세법상의 실질과세원칙 적용의 기준은 미국 연방조세법원이 2005년에 선고한 2005-104호 판결(사건번호 6163-03, 6164-04, 원고 Santa Monica Pictures, LLC, 피고 연방국세청장)의 판결문 117면 내지 120면에 잘 설명되어 있다. 위 연방 조세법원의 판결에서 누차 인용하고 있는 연방 대법원의 Frank Lyon v. US 사건[1]은 '사업 또는 규제 목적' 기준을 구체적으로 잘 설시하고 있다.

3. 우리나라의 판례

'국제조세조정에 관한 법률' 제2조의2와 이에 이어 국세기본법 제14조 제3항이 제정되기 전에 실질과세원칙의 적용 범위에 관하여 대법원은 어떤 거래의 법적 형식을 부인하고 그 경제적 실질을 규명함과 동시에 그 경제적 실질에 따라 과세한다는 명문의 규정이 있는 경우에만 실질과세원칙의 적용이 가능하다는 입장을 취하였다. 즉 우회행위나 다단계행위 등 경제적 합리성이 없는 거래 형식을 취한 행위라 하여 조세회피행위라고 비난될 여지가 있는 거래의 경우에도, 경제적 관찰방법 또는 실질과세의 원칙에 의하여 당사자의 거래행위를 법형식에도 불구하고 조세회피행위라고 하여 그 행위계산의 효력을 부인할 수 있으려면 조세법률주의의 원칙상 법률에 개별적이고 구체적인 부인규정(예를 들면, 법인세법 제52조의 부당행위계산부인)이 마련되어 있어야 한다는 것이다.[2] 따라서, 부동산만 보유한 회사의 주식을 양수도한 거래의 경제적 효과가 부동산 자체의 양수도의 경제적 효과와 같다고 하여 주식양수도를 부동산 양수도로 보아 과세할 수 없고,[3] 甲이 자신의 명의로 발행한 사채(社債) 자금을 특수관계에 있는 乙에게 대여하였고, 그 실제 사용자인 乙이 사채발행 과정의 전면에 나서서 사채발행을 실질적으로 주도한 경우라 하더라도, 실질과세라는 이름으로 甲에 의하여 이루어진 사채발행 행위의 사법(私法)상 효과를 무시하고 乙을 사채의 실질적 채무자로 볼 수는 없다고 하고 있다.[4] 요컨대, 당사자가 취한

---

1) Frank Lyon Co. v. U.S., 435 U.S. 561(1978).
2) 대법원 1999. 11. 9., 98 두 14082; 同 1992. 9. 22., 91 누 13571 등.
3) 대법원 2001. 8. 21., 2000 두 963.
4) 대법원 2000. 9. 29., 97 누 18462.

법률적 형식이 경제인으로서 부자연스럽고 불합리한 경우 이를 자연스럽고 합리적인 거래로 재구성하는 것을 허용하되, 그 재구성의 방법에 관하여 세법상 특별한 규정이 있어야 한다는 입장이다. 이를 '법적 실질설'을 택한 것이라고 보는 학설도 있으나,1) 정작 우리나라의 대법원 판례에서 '법적 실질'이라는 개념을 뚜렷이 사용하고 있는 바는 없다. 법적 형식에 따라 과세의 대상과 크기를 결정할 것인가, 아니면 경제적 효과에 따라 과세효과를 결정할 것인가 하는 문제를 법적 실질과 경제적 실질의 대립으로 보는 것은 개념상 혼동을 초래하므로 타당치 않다.

그런데, 대법원은 최근에 법형식 기준설에서 벗어나 절충설적 입장으로 넘어가는 판결을 내 놓았다. 이미 발행된 주식을 취득함으로써 회사의 총 발행주식의 50%를 초과하여 소유하게 되는 과점주주는 그 회사의 재산을 직접 취득한 것으로 간주되어 취득세를 부담하는 것(간주취득세, 현행 지방세법 7조 5항)을 피하기 위하여 한국의 부동산에 투자하려고 하는 외국회사가 2개의 외국자회사를 설립하여 한국 소재 부동산을 소유하는 내국회사의 주식을 각 50%씩 취득하게 한 사안에서 대법원 전원합의체는 " … 실질과세의 원칙은 헌법상의 기본이념인 평등의 원칙을 조세법률관계에 구현하기 위한 실천적 원리로서, 조세의 부담을 회피할 목적으로 과세요건사실에 관하여 실질과 괴리되는 비합리적인 형식이나 외관을 취하는 경우에 그 형식이나 외관에 불구하고 실질에 따라 담세력이 있는 곳에 과세함으로써 부당한 조세회피행위를 규제하고 과세의 형평을 제고하여 조세정의를 실현하고자 하는 데 주된 목적이 있다. 이는 조세법의 기본원리인 조세법률주의와 대립관계에 있는 것이 아니라 조세법규를 다양하게 변화하는 경제생활관계에 적용함에 있어 예측가능성과 법적 안정성이 훼손되지 않는 범위 내에서 합목적적이고 탄력적으로 해석함으로써 조세법률주의의 형해화를 막고 실효성을 확보한다는 점에서 조세법률주의와 상호보완적이고 불가분적인 관계에 있다고 할 것이다"라는 법리를 전제하고, '국내 부동산을 소유하는 내국회사의 주식을 명의상 소유하는 2개의 외국자회사는 내국회사를 지배·관리할 능력이 없고 그 상위의 외국회사가 2개의 자회사에 대한 지배권 등을 통하여 실질적으로 국내 부동산을 소유하는 내국회사를 지배·관리하고 있는 것으로 보이므로, 그 상위의 외국회사를 납세의무자로 삼아야 할 것이다'라는 취

---

1) 임승순, 조세법, 박영사(2000), 49면.

지로 판시하였다.[1) 이 판례가 법형식 기준설에 입각한 기존의 판례들을 폐기한 다는 명시적인 언급을 하고 있지는 않지만, 개별적 세법규정에 근거하지 않고 "조세의 부담을 회피할 목적으로 과세요건사실에 관하여 실질과 괴리되는 비합리적인 형식이나 외관을 취하는 경우에 그 형식이나 외관에 불구하고 실질에 따라 과세할 수 있다"는 일반적 법리에 근거하여 납세의무자가 선택한 법률적 형식을 부인하였으므로 절충설을 따른 것으로 볼 수 있다.

4. 사 견

위에서 본 3가지 학설 가운데 경제적 효과 기준설은 과세관청에 유리한 경제적 효과가 발생하도록 당사자가 취한 거래의 외형을 무조건 재구성할 수 있다는 것으로서 국민 생활의 법적 안정성과 예측가능성을 심히 해할 우려가 있으므로 취할 바 못된다. 독일에서 2차 대전 이전에 국민의 기본권을 무시하고 국가주의 내지 전체주의 이념이 지배하던 시대에 존재하던 견해로서 이미 폐기된지 오래다. 그렇다면 문제는 구체적 법규정이 없는 한 여하한 경우에도 당사자가 취한 행위나 거래의 법적 방식이나 법적 효과에 따라서만 과세하여야 한다는 법형식 기준설을 따를 것이냐, 아니면 원칙적으로 당사자가 취한 행위나 거래의 법적 형식이나 법적 효과에 따라 과세하되, 다른 영업상 또는 경제적 목적 없이 오직 조세회피의 의도만으로 부자연스럽고 불합리한 행위나 거래를 한 경우에는 그 경제적 효과나 실질에 따라 과세할 수 있다는 절충적 입장을 취할 것이냐 하는 것으로 좁혀진다. 사업목적이나 경제적 이유 없이 오로지 조세의 회피만을 목적으로 부자연스럽고 불합리한 외형을 구성한 경우를 과세상 그대로 인정하는 것은 형평에 반한다. 조세를 '부당하게' 회피한 이러한 경우까지 법적 안정성을 보호하여야 할 이유는 없으므로 순수한 법형식 기준설은 타당하지 않다고 할 것이다. 세계적 판례와 학설의 추세도 이러한 절충적 입장이고, 위에서 본 신설된 국세기본법 제14조 제3항 및 '국제조세조정에 관한 법률' 제2조의2 제3항의 규정도 이러한 절충적 입장을 표방한 것이라고 할 수 있다. "제3자를 통한 간접적인 방법이나 2 이상의 행위 또는 거래를 거치는 방법으로 이 법 또는 세법의 혜택을 부당하게 받기 위한 것으로 인정되는 경우에는 그 경제적 실질내용에 따라 당사자가 직접 거래를 한 것으로 보거나 연속된 하나

---

1) 대법원 2012. 1. 19., 2008 두 8499(전원합의체).

의 행위 또는 거래를 한 것으로 보아 이 법 또는 세법을 적용한다"는 이들 신설 규정들은 달리 표현하면 조세회피를 목적으로 우회적이거나 간접적 방법의 부자연스럽고 불합리한 행위나 거래를 한 경우에는 그 경제적 실질에 따라 과세한다는 취지에 다름 아니고, 이는 바로 절충설의 입장과 일치하기 때문이다.[1] 우리나라 대법원 판례도 부동산을 양도한 법인이 양도가액에서 손금으로 공제할 해당 부동산의 장부가액을 높여 법인세 부담액을 줄일 의도에서 법인의 인적분할과 흡수합병의 절차를 통해 장부가액을 높인 사안에서 그러한 절차를 취한 데 조세부담의 경감 외에 다른 사업상의 목적을 전혀 찾아볼 수 없다는 이유로 위 국세기본법 제14조 제3항의 적용을 인정하고 있다.[2]

여기서 유의할 점은 당사자가 어떠한 경제적 목적을 달성하기 위하여 다단계 거래방식 등의 어떤 법률적 방식을 선택한 데에 조세부담의 경감 외에 다른 사정이 있을 수 있다면, 다른 거래방식을 선택한 경우에 비하여 조세부담이 낮다는 이유만으로 당사자가 선택한 거래방식을 부자연스럽고 불합리한 조세회피행위로 치부하여서는 아니 된다는 것이다. 예를 들면, 미실현이득이 내재된 부동산을 그 자체로 매각하지 않고, 이를 현물출자하여 설립한 법인의 주식을 매각함으로써 세부담이 줄어들었다고 하더라도, 현물출자 후 주식의 매각은 직접적인 부동산의 매각에 비해 여러 가지 조세 외적인 차이를 수반하므로 그러한 거래방식의 선택을 두고 불합리하거나 비정상적인 조세회피행위로 볼 수 없는 것이다. 대법원 판례도 "...납세의무자는 경제활동을 할 때 동일한 경제적 목적을 달성하기 위하여 여러 가지의 법률관계 중의 하나를 선택할 수 있고 과세관청으로서는 특별한 사정이 없는 한 당사자들이 선택한 법률관계를 존중하여야 하며,..."라고 하여 이 점을 분명히 하고 있다.[3]

요약하면, 조세법의 해석은 그 문언적 의미에 충실하여야 한다는 조세법률

---

1) 이들 신설 조항은 국제거래를 비롯한 제반 경제 거래에서 다단계 방식이나 제3자 개입의 방식을 통해서 조세를 회피하는 경우를 막기 위해서는 기존의 국세기본법 제14조의 규정만으로는 불충분하다고 보아 실질과세의 적용범위를 보다 구체화하고 확대하고자 의도한 것이다. 구체적으로는 국제거래를 이용한 공격적 조세회피(Aggressive Tax Planning)의 현상, 신종 상속증여 수법의 계속적 고안, 파생금융상품과 혼성회사(Hybrid Entity) 활용 등 최근 조세회피 행위가 점차 고도화·복잡화하는 데 대한 대응책으로 도입된 것이다(재정경제부, 2007년 개정세법 내용, 5면).

2) 대법원 2022. 8. 25., 2017 두 41313.

3) 대법원 2017. 1. 25., 2015 두 3270; 同 2017. 12. 22., 2017 두 57516; 同 2019. 1. 31., 2018 두 57452; 同 2019. 4. 11., 2017 두 57899.

주의에 입각하여 거래나 행위의 법률적 형식과 효과에 따라 과세함을 원칙으로 하되, 법인세법 제52조나 같은 법 시행령 제88조에서와 같이 특정 유형의 거래에 대하여 그 경제적 효과나 실질에 따라 과세한다는 구체적 규정을 두고 있지 않는 경우라도, 영업수익을 제고하거나 규제를 피하는 등의 사업상의 동기나 목적에 의하여 고안, 이행된 것이 아니라, 순전히 조세의 부담을 회피할 목적으로 간접적 또는 다단계식의 행위나 거래를 하였고,[1] 그것이 통상인의 객관적 관점에서 볼 때 부자연스럽고 불합리한 경우에는 납세의무의 귀속을 정함에 있어서 또는 과세표준을 계산함에 있어서 법률적 방식이나 법률적 효과가 아니라 경제적 효과나 경제적 실질에 따를 수 있다고 보아야 할 것이다.

V. 경제적 실질의 판단기준

실질과세원칙의 적용기준이 되는 경제적 효과나 실질은 추상적으로는 당사자가 법적 효과의 이면(裏面)으로 의도한 경제적 효과라고 할 수 있을 것이다. 그런데, 구체적인 사안에 들어가면 과연 당사자가 법적 효과의 이면으로 의도한 경제적 효과가 무엇이냐를 규명하는 것은 쉽지 않다. 그러나 어떤 거래나 행위의 이면으로 도모한 '경제적 실질'을 파악하는 일반적 기준을 설정하는 것이 어렵다고 하여 그러한 일반적 기준의 설정을 아예 포기하고, 가장 많은 세부담을 가져오는 방식의 거래나 행위가 곧 '경제적 실질'이라고 할 수는 없다. 미국 연방대법원 판례가 적절히 지적하고 있듯이 누구든지 적법하게 취할 수 있는 여러 거래방식 가운데 조세의 부담을 최소한으로 줄일 수 있는 형식을 선택할 자유가 있다.[2] 어떤 거래를 취한 결과 다른 방식의 거래를 취하였을 경우에 비하여 세부담이 낮아졌다는 이유만으로 곧 세부담이 높은 다른 방식의 거래를 해당 거래의 '경제적 실질'이라고 할 수는 없는 것이다. 이는 곧 '경제적 실질'이라는 불확정 개념의 확정을 과세관청의 자의(恣意)에 맡기는 격이 되기

---

1) 실질과세원칙의 적용은 조세회피의 목적이 있음을 전제로 하는 것이고, 조세회피의 목적이 없는 경우에 대해서까지 당사자가 선택한 거래형식을 과세상 무시할 수는 없다(대법원 2015. 7. 23., 2013 두 21373).

2) Helvering v. Gregory, 293 U.S. 465(1935)("누구나 그가 하는 일을 되도록 세금이 낮은 방향으로 처리해 나갈 수 있다. 그에게 국고에 최대의 세액을 납부하여야 할 의무는 없다. 애국적 견지에서조차 스스로의 세금을 증대시켜야 할 의무는 없다"라고 판시하고 있다).

때문이다. 이 문제에 대한 해답은 실질과세원칙이 지향하는 목표로 돌아가서 구하여야 할 것이다. 실질과세원칙의 목표는 당사자가 부자연스럽고 불합리한 거래나 행위를 하여 자연스럽고 합리적인 행위를 한 경우에 비하여 세부담을 적게 지는 것을 방지함으로써 과세의 형평을 도모하는 것이다. 이를 방지하려면 당사자가 선택한 부자연스럽고 불합리한 거래나 행위를 정상적 경제인의 객관적 관점에서 자연스럽고 합리적인 행위로 바꾸어 그에 따라 세부담을 지워야 할 것이다. 여기서 우리는 '정상적 경제인의 객관적 관점에서 자연스럽고 합리적인 행위'라는 경제적 실질의 판단기준을 도출할 수 있다. 요컨대, 당사자가 취한 법적 방식이 통상인의 관점에서 취할 수 있는 자연스럽고 합리적인 것이라면 그 법적 효과 자체가 곧 경제적 효과 내지 실질이어서 실질과세원칙의 적용의 여지가 없는 것이고, 그렇지 않은 경우에는 정상적 경제인의 객관적 관점에서 취할 수 있는 자연스럽고 합리적인 거래나 행위를, 실제로 취하여진 거래나 행위의 경제적 실질로 본다는 것이다.

그러나 '정상적 경제인의 객관적 관점에서 취할 수 있는 자연스럽고 합리적인 거래나 행위'라는 좀 더 구체적인 '경제적 실질'의 판단기준을 적용하더라도, 어디까지가 그 범주에 들어가는 것인지 명쾌하지 않은 경우가 있을 수 있다. 가장 대표적인 예로 회사가 주식 발행을 통하여 영업자금을 조달하지 않고 주주로부터 영업자금을 차입한 경우 그 차입거래의 경제적 실질을 주식의 발행으로 볼 수 있느냐 하는 문제를 들 수 있다. 주식회사가 자본을 조달함에 있어 주식을 발행하여 자기자본을 조달할 것인지, 이와 달리 사채(社債)를 발행하거나 그 밖의 방법으로 타인자본을 조달할 것인지 그 선택은 회사의 임의이다. 그런데 자기자본에 대한 배당은 이익의 처분인 까닭에 소득의 계산에 있어 손비로 인정되지 않으나, 타인자본에 대한 이자는 손비로 계상할 수 있기 때문에 조세의 부담이 감소된다. 그러나 기업의 재무 측면에서 배당이나 이자는 결국 자본의 대가라는 동일한 성격을 갖는다. 만일 배당률이 연 20%이며 사채이율 또한 연 20%라고 가정할 때, 회사로서는 과세측면에서 사채의 발행이 단연 유리하다. 이리하여 그 회사가 조세의 부담을 감소시키기 위하여 신주를 발행하여 증자를 하는 대신에 사채를 발행하였다면, 그 사채이자 지급의 손금 산입을 부인하여야 할 것인가가 문제된다. 이러한 사채 발행 행위는 '부자연스럽고 불합리한 행위'이고, 반면 주식의 발행이 '자연스럽고 합리적인 행위'라고 할 것인지 여부는 보는 이의 관점에 따라 달라질 수 있다. 대법원은 "출자자로부터 돈을 차용하고 이에 대하여 계속 약정이자를 지급한 것이 출자자에 대한 이익의 분여(分與)로 단정될 수 없다"하여,[1] 회사가 출자자로부터 증자를 받는 대신 금전을 차용한 뒤 계속적으로 이자를 지급하고, 그 지급이자를 손금에 산입하는 것은 세법상 적법하다고 판시하고 있다. 회사의 자본규모와 출자자로부터의 차입금 규모의 비율, 차입기간 등을 알 수 없고 또한 결론에 도달한 이유의 설명이 충분하지 않아 그 정확한 취지를 살피기 어려우나, 그 결론에 아무런 제한을 붙이지 않는 것이라면 소액자본으로 회사를 설립하여 출자자가 이에 다액의 금전을 대여한 경우에도 지급이자 전액의 손금 산입을 인정하여야 한다는 견해로 이해된다. 이에 반해 미국의 한 중요한 판례에서는 주주로부터 차입한 자금에 대해 지급한 이자는 '거래의 실질(the real nature of the transaction in question)' 면에서 배당이라 하여 지급이자의 손금산입을 부인한 과세관청의 처분을 지지하였다.[2]

위와 같이 통상인의 관점에서 부자연스럽고 불합리한 행위나 거래인지 여부를 판단하는 것 역시 쉬운 일은 아니지만, 이에 관해서는 일응 미국의 판례이론에서 제시하고 있는 기준, 즉 ① 문제의 거래나 행위가 사업 수행의 일부인지 여부(conduct of business), ② 해당 거래나 행위로 인한 경제적 위험의 부

---

[1] 대법원 1969. 5. 13., 68 누 152.

[2] Fin Hay Realty Co. v. United States 398 F. 2d 694(3rd Cir.)(이 사건의 회사는 부동산업을 목적으로 1934년 두 사람이 각 10,000달러를 출자하여 설립하였다. 그러나 과소자본(thin capitalization)으로 인하여 운용자금은 두 주주로부터의 차입금에 의존하였다. 이 차입금은 회사가 이자부약속어음(interest bearing promissory note)을 주주에게 발행하는 형식으로 하였다. 1940년에 이르러 주주가 대여한 금액은 각 53,000달러에 이르렀으며, 그 가운데 한 주주의 대여금은 1951년에 전액 변제되었다. 다른 주주의 분은 1962년에 이르기까지 존속하여 계속 이자가 지급되어 왔다. 과세관청은 1959년부터 1962년 사이의 이자지급을 부인하고 추가납부의 고지를 하였다.

이러한 사안에서 주주가 회사에 지급한 금전이 출자냐 대여냐, 바꾸어 말하면 회사가 주주에 지급한 금전이 배당이냐 이자냐를 판정함에 있어 고려하여야 할 기준으로 법원은 16가지를 들고 있다. 이를 옮겨 보면, ① 당사자의 의도, ② 채권자와 주주의 동일 여부, ③ 채무증서의 소지인의 경영에의 참여도, ④ 회사가 외부에서 자금을 조달할 능력, ⑤ 차입금과 관련하여 보았을 때의 자기자본구성의 부족도, ⑥ 자금제공에 있어서의 위험부담도, ⑦ 거래의 형태, ⑧ 원금의 상환과 이자의 지급에 관하여 문제의 채권자와 다른 채권자와의 지위의 비교, ⑨ 증서소지인의 의결권, ⑩ 확정이율의 약정, ⑪ 상환의무의 불확정성, ⑫ 지급이자의 재원, ⑬ 만기일의 존부, ⑭ 상환규정, ⑮ 증서소지인의 상환청구선택권에 관한 규정 및, ⑯ 회사설립과 관련하여 본 자금제공시기이다).

담이 있는지 여부(economic risk), ③ 해당 거래나 행위로부터 이익을 창출하는 지(profit generation) 등의 잣대를 적용할 수 있을 것이다.[1] 다만, 행위나 거래의 '경제적 실질'의 판단이 보는 이의 관점에 따라 매우 유동적임을 고려할 때, 판단이 애매한 경계선상의 거래나 행위에 대해서는 가능한 한 개별적, 구체적 규정을 두는 것이 필요할 것이다. 이러한 점에서 '국제조세조정에 관한 법률'에서 내국법인의 차입금 중 국외지배주주로부터 차입한 금액과 그의 지급보증하에 제3자로부터 차입한 금액이 그의 해당 법인에 출자한 출자지분의 3배를 초과하는 경우에는 그 초과분에 대한 지급이자 또는 할인료는 법정의 산정방법에 의하여 산출한 금액만큼 배당 또는 기타 사외유출로 처분된 것으로 보고 손금산입을 허용하지 않는다고 규정한 것은 타당한 입법의 태도라 할 것이다(國租法 14조 1항).

Ⅵ. 실질과세원칙과 조세법률주의의 관계

당사자가 선택한 행위나 거래의 방식에 따라 과세효과를 파악할 것이냐, 아니면 그 이면으로 의도한 경제적 효과나 실질에 따라 과세효과를 파악할 것이냐 하는 실질과세원칙의 적용문제는 결국 그 행위나 거래의 방식을 과세요건으로 규정하고 있는 조세법의 법문에 충실할 것이냐 아니면 이로부터 어느 정도 일탈(逸脫)할 것을 허용할 것이냐의 문제이다. 법의 이념의 측면에서 보면, 조세법률주의를 통해 실현하고자 하는 법적안정성을 중시할 것이냐, 아니면 실질과세의 원칙을 통해 실현하고자 하는 정의(과세의 형평)를 중시할 것이냐의 문제이다. 또한 전술한 바와 같이 독일에서처럼[2] 실질과세원칙의 적용 범위의 문제를 민사법으로부터 차용한 개념을 세법상 어떻게 받아들일 것이냐의 문제로 본다면, 실질과세원칙과 조세법률주의의 관계 문제는 곧 그러한 차용개념의 민사법적 의미를 세법해석에서 변형할 수 있는 한계의 문제가 된다. 그런데, 어떤 행위나 거래에 관한 법문언의 의미를 일탈하여 실질주의를 지나치게 확대 적용하게 되면 '과세요건은 법률로 정하여야 한다'는 조세법률주의를 형해화(形骸化)하고, 이를 통하여 실현하고자 하는 조세법 영역에서의 법적 안정성을 파

---

1) Fabreeka Products Co. v. Commissioner, 294 F. 2d 876(1st Cir. 1961).
2) 金子 宏, "市民と租税," 「現代法」(岩波講座), 8권, 318면.

괴할 우려가 있다. 이러한 결과는 명백히 실질주의의 오용이 될 것이다. 세법학에서 실질의 해석이 특히 문제되는 것도 바로 이러한 조세법률주의와의 충돌 때문이다. 그러므로 실질주의는 조세법률주의의 테두리 내에서만 기능(機能)하는 것이라고 보아야 한다. 즉, 실질주의에 입각하여 세법을 해석하더라도 그 해석은 법문언의 합리적 의미를 일탈하여서는 안 된다. 그렇지 아니하는 한 이미 해석이 아니라 입법의 문제가 되고 만다. 이 문제와 관련하여 특히 주목할 점은 어떤 경제적 목적을 달성하기 위하여 취할 수 있는 여러 가지 법률적인 거래방식 중 어느 하나를 과세상 유리하다는 이유로 선택하였다고 하더라도, 그 선택한 거래방식 자체가 불합리하거나 비정상적이지 않는 한 이를 실질과세원칙의 적용 대상인 조세회피행위로 의율해서는 안 된다는 것이다. 대법원도 누차의 판례에서 "…납세자는 경제활동을 할 때 특정 경제적 목적을 달성하기 위하여 어떤 법적 형식을 취할 것인지 임의로 선택할 수 있고, 과세관청으로서도 그것이 가장행위라거나 조세회피 목적이 있다는 등의 특별한 사정이 없는 한 납세의무자가 선택한 법적 형식에 따른 법률관계를 존중하여야 한다"라고 함으로써 이를 확인하고 있다.[1]

VII. 납세의무자에 의한 실질과세 적용 주장

거래명의자가 스스로 자신은 실질적 귀속자가 아니라고 하여 납세의무에서 벗어날 수 있는지의 문제와 납세의무자가 스스로 자신이 선택한 거래나 행위의 법적 형식에 따른 과세효과를 부정하고 그 경제적 효과나 실질에 따라 과세하여야 한다는 주장을 할 수 있는가 하는 문제가 있다. 자신이 표방한 내용을 스스로 부정한다는 면에서 이는 곧 신의칙 내지 금반언(禁反言)의 원칙에 반하는 것이 아니냐의 문제이기도 하다. 세법의 적용에 있어서도 신의칙이 당연히 적용되어야 하는 것이고, 국세기본법 제15조에서 명시적으로 납세의무자도 그 의무를 이행할 때에는 신의를 지키도록 하고 있으므로, 원칙적으로 납세의무자가 자신이 스스로 선택한 거래명의나 법적 형식에 따른 과세효과를 부정하는 것은 허용되지 않는다고 봄이 타당할 것이다. 미국에서도 납세자가 스스로 실질 우위(substance over form)를 주장하는 것은 원칙적으로 허용되지 않고, 다

---

1) 대법원 2017. 4. 7., 2015 두 49320; 同 2009. 4. 9., 2007 두 26629; 同 1991. 5. 14., 90 누 3027.

만 과실, 사기, 강박, 협박 등의 특별한 사정으로 인하여 그러한 형식을 취하게 된 경우에만 허용된다.[1] 그러나 우리 판례는 거래명의자가 스스로 자신은 실질귀속자가 아니라고 주장할 수 있는지의 문제에 관하여 거래명의자가 실질적 귀속자가 아니라고 주장하면서 법관으로 하여금 상당한 의문을 가지게 할 정도로 증명의 필요를 이행한 때에는 과세관청이 그 증명을 번복시킬 궁극적 책임을 진다고 함으로써 긍정하고 있다.[2] 주식의 명의신탁자가 스스로 자기가 만들어 낸 외관, 즉 수탁자 명의의 소유를 부정하면서 실제로는 자신이 소유자이므로 그 소유명의의 환원에 따른 간주취득세 납세의무(지방세법 7조 5항)가 없다고 주장한 사안에서 이를 받아 들이고 있다.[3] 그러나 불법적인 행위를 통해 실질과 다른 형식을 만들어 낸 자가 그 형식에 따른 납세의무의 결정을 주장하는 것은 신의칙에 심히 반하므로 인정되어서는 안 될 것이다.

한편, 납세자가 실질과세원칙을 적용하여야 한다고 주장하는 경우와 구별되어야 하는 경우가 있다. 납세자가 스스로 소득이 발생한 것으로 신고하였다가 후에 이르러 실제로는 소득이 발생하지 않았으므로 자신이 신고납부한 세금을 반환하여야 한다고 주장하는 것이다. 예를 들면, 납세의무자가 자산을 과대계상하거나 부채를 과소계상하는 등의 방법으로 분식(粉飾)결산을 하고 이에 따라 법인세를 과다하게 신고, 납부하였다가 나중에 그러한 분식결산을 고백하면서 과다납부한 세액의 환급을 구하는 경우이다. 이러한 경우는 과세요건을 구성하는 어떤 행위나 거래의 법적 형식과 경제적 실질이 다른 경우가 아니라, 과세물건(즉, 소득)의 실제와 과세관청에 대한 그 신고의 내용이 서로 다른 것에 지나지 않으므로, 납세의무자의 그러한 주장을 실질과세의 주장이라고 할 수 없다. 소득이 발생하지 않았으므로 과세할 수 없다는 단순한 주장에 지나지 않는다.[4] 따라서 단지 신의칙상 납세의무자가 과거의 신고 내용과 다른 주장을 하는 것이 허용되는가 하는 문제만 있고, 이에 관해 대법원은 이러한 주장이

---

1) Higgins v. Smith, 308 US 473(1940).
2) 대법원 2014. 5. 16., 2011 두 9935.
3) 대법원 2016. 3. 10., 2011 두 26046.
4) 존재하지 않는 소득에 대하여 과세하는 것은 위법하다고 하면서, '실질과세의 원칙'을 그 근거로 드는 선례가 있으나[대법원 1997. 3. 20., 95 누 18383(전원합의체)], 과세대상으로서의 소득이 존재하지 않는 경우는 법형식과 경제적 실질 간에 괴리가 있는 경우가 아니므로, 이 경우에 경제적 실질에 따라 과세효과를 정한다는 실질과세의 원칙을 관련짓는 것은 논리상 타당하지 않다.

"신의성실의 원칙에 위반될 정도로 심한 배신행위를 하였다고 할 수 없고, 과세관청이 분식결산에 따른 법인세 신고만을 보고 이를 그대로 믿었다고 하더라도 이를 보호받을 가치가 있는 신뢰라고 할 수도 없다"고 하여 허용하고 있다.1) 현행 법인세법에서는 이러한 판례의 취지를 수용하여 법인이 공적으로 확인된 분식결산에 따른 과대납부 세액을 경정처분으로 감액받는 경우 해당 금액을 감액경정일 이후 후속 사업연도에 걸쳐 산출세액에서 공제하도록 허용하고 있다(法法 58조의3 1항).

제 4 절 신의성실의 원칙

Ⅰ. 개   설

민법 제2조 제1항은 "권리의 행사와 의무의 이행은 신의에 좇아 성실히 이행하여야 한다"라고 규정하고 있다. 그러나 신의성실이란 권리를 행사함에 있어서 상대방의 신뢰(good faith)를 보호하고, 의무를 이행함에 있어서 적절한 주의(due diligence)를 다하여야 한다는 의미로서 바로 '정의' 자체와 같은 내용이라 할 수 있으므로 오늘날에는 모든 법분야에 내재하는 원칙으로 인식되기에 이르렀다. 특히 조세법의 중심 내용인 조세채권채무관계는 신의성실의 원칙(이하 편의상 "신의칙"이라 약칭한다)의 발생토양인 민사법에서의 채권채무관계와 성질상 유사하므로 신의칙이 적용될 소지가 크다. 또한 오늘날의 세법은 그 양이 방대하고 전문적·기술적이어서 일반 국민에게 완벽한 합규범적 행동을 기대하기 어려우므로 과세관청이 납세지도나 법해석 등의 행정지도를 행하는 것이 불가피한데, 이를 신뢰한 납세자를 보호할 필요에서 신의칙의 적용이 긍정적으로 받아들여져 왔다. 그리하여 독일법계의 서구제국과 일본에서 신의칙을 세법의 불문율로 인정하고 있으며, 영미법에서도 금반언(禁反言)의 원칙(estoppel)을 판례법으로 발전시켰다. 우리나라에서는 국세기본법 제15조가 이를 명문화하고 있다.

독일 세법에서는 신뢰보호의 원칙이 과세관청의 확약(確約, Zusage)과 실권(失權, Verwirkung)에 관한 법리를 파생시켰다. 과세관청의 확약은 장래의 법적

---

1) 대법원 2006. 4. 14., 2005 두 10170.

상태에 대한 구속력 있는 선언(eine verbindliche Erklärung über ein bestimmter zukunftiges rechtliches Verhalten)으로서 납세자는 이를 신뢰하고 이로부터 정당하게 추론되는 바에 따라 세법상 의미 있는 행위, 즉 사실관계의 형성을 하게 된다. 이러한 납세자의 신뢰는 보호되어야 하므로 확약에 기초한 납세자의 행동이 있은 뒤에는 확약을 취소 또는 철회하는 것이 적법하더라도 이를 행할 수 없으며, 확약한 바에 따른 과세(die zugesagte Steuer)를 하여야 하는 것이다.[1] 실권의 원칙은 과세관청이 상당기간 과세권의 행사를 게을리한 결과 납세자가 과세권의 행사가 없으리라고 믿을 정도에 이르면 과세관청의 조세청구권은 그 효력을 상실한다는 것이다.

Ⅱ. 세법의 규정

1. 신의칙의 일반규정

국세기본법 제15조는 "납세자가 그 의무를 이행할 때에는 신의에 따라 성실하게 하여야 한다. 세무공무원이 그 직무를 수행할 때에도 또한 같다"라고 규정하고 있는바, 이는 세법상의 신의칙에 관한 일반규정이다.[2] 그러나 납세자나 세무공무원(또는 과세관청)의 행위가 신의성실에 어긋날 경우 구체적으로 어떠한 효과가 발생하느냐에 관해서는 침묵하고 있다. 신의칙의 연혁적인 배경을 보면 그 위반의 경우 과세권의 소멸 또는 불발생, 항변의 제한 등과 같은 실체법적 효력이 주어져 왔다. 신의칙 위반과는 별도로, 세무공무원의 직무집행상의 고의·과실에 대해서는 불법행위법상의 손해배상책임을 지게 된다.[3]

---

1) Tipke/Lang, Steuerrecht, 16. Aufl., S. 793−796.
 '확약'에 대한 해설로는, 愼保晟, "行政上의 確約,"「月刊考試」, 1991. 7., 89면 이하 참조. 특히 姜求哲, "獨逸租稅行政法上의 確約,"「행솔李泰魯敎授華甲紀念論文集 − 租稅法의 論點」, 1992, 63면 이하에서 확약의 법리의 발전과정과 법적 성질 및 효력에 관하여 상론하고 있다.
2) 세법에 이와 같이 신의칙에 관한 명문의 일반규정을 두는 예는 드물다. 다만, 스위스의 일부 주세법과 역시 스위스 Blumenstein 세법초안(Bundesgesetz über die Erhebung von Bundessteuren, Vorentwurf im Auftrag das Eidg, Finanz−und Zolldepartements ausgearbeitet von Prof. E. Blumenstein, Eingereicht am 22. Juni 1947) 제5조 제1항 1문에서 "세법은 신의성실의 원칙에 좇아서 적용되고 준수되어야 한다"고 규정하고 있는 예를 볼 수 있다.
3) 대법원 1979. 4. 10., 79 다 262(물품세 과세대상 여부를 오인하지 않도록 할 주의의무의 해태); 同 1991. 1. 25., 87 다카 2569(고의 또는 과실로 부실 감정에 기초한 상속세 고지처

2. 비과세관행에 관한 규정

국세기본법 제18조 제3항은 "세법의 해석이나 국세행정의 관행이 일반적으로 납세자에게 받아들여진 후에는 그 해석이나 관행에 의한 행위 또는 계산은 정당한 것으로 보며, 새로운 해석이나 관행에 의하여 소급하여 과세되지 아니한다"라고 규정하고 있다. 이를 통상 비과세관행 또는 새로운 해석에 의한 소급과세 금지의 원칙이라고 부른다. 세법의 해석 또는 국세행정의 관행이 일반적으로 납세자에게 받아들여진 후에 이에 위반하여 소급과세하는 것은 신의칙에 어긋나는 것이므로, 이러한 소급과세를 금지하는 규정은 신의칙 적용의 한 구체적 예에 불과하다.[1] 따라서 이 규정이 없다고 하더라도 비과세관행에 반하는 소급과세는 신의칙에 반하는 것으로서 위법하다.[2] 그러한 점에서 비과세관행에 의한 소급과세금지의 원칙은 신의칙의 파생원칙이라고 볼 수 있다.

3. 기타 신의칙에 터 잡은 규정

신의칙에 기초를 두었다고 생각할 수 있는 구체적인 규정들로서는, 예컨대 경정이 있을 것을 미리 알고 과세표준수정신고서를 제출한 자에 대해서는 가산세 경감의 혜택을 박탈하는 것(基本法 48조 1항 1호), 일정한 경우 납부기한의 연장을 취소하고 납부기한이 연장된 국세를 일시에 징수할 수 있도록 한 것(徵收法 16조), 소득공제·세액공제 또는 세액감면의 혜택을 받은 납세자가 일정한 의무위반을 한 경우 공제·감면혜택을 박탈하고 이자를 더한 세액을 징수하게 한 것(租特法 146조), 일정한 경우 상속세의 연부연납(年賦延納) 허가를 취소하고 관계되는 세액을 일시에 징수할 수 있게 한 것(相贈稅法 71조 4항) 등 다수의 규정을 볼 수 있는데, 이 규정들은 모두 납세자가 신의에 어긋날 경우 납세자에게 준 이익을 박탈하거나 불이익을 과하는 내용이다. 납세자가 신의칙에 위반했을 경우에는 이처럼 구체적 규정들이 있기 때문에, 신의칙의 일반조항에 의하여 추가적으로 불이익을 받는 경우는 현실적으로 찾아보기 어렵다.

분); 서울민사지법 1994. 9. 9., 93 가합84176(피고 대한민국의 항소 취하로 확정 – 상속세 부과에 있어서 공시지가의 착오 적용); 金完石, "違法 課稅處分에 대한 행정상의 손해배상 청구,"「韓國租稅硏究」, 제8권, 1992, 272면 이하 참조.

1) 同旨 임승순,「조세법」, 박영사(2010), 65면.

2) 대법원 1983. 4. 12., 80 누 203.

Ⅲ. 신의칙의 적용요건

신의칙의 적용은 조세법규의 위반을 용인하여 그에 반하는 법적용의 결과를 초래한다. 이처럼 신의칙의 적용은 행정행위의 법적합성(法適合性)의 원칙과 충돌하기 때문에, 법적합성의 원칙을 희생하여서라도 납세자의 신뢰를 보호함이 정의의 관념에 부합하는 것으로 인정되는 특별한 사정이 있을 경우에 한하여 적용된다.[1) 이러한 이유로 신의칙의 적용요건을 명확히 할 필요가 있다. 이하에서는 과세관청의 언동에 대한 신의칙 적용의 요건, 납세자의 언동에 대한 신의칙 적용의 요건, 비과세관행에 의한 소급과세금지 원칙의 적용요건의 순으로 살펴보기로 한다.

1. 과세관청의 언동에 대한 신의칙 적용의 요건

(1) 과세관청의 언동
1) 언동의 주체　　납세자의 신뢰대상이 되는 과세관청의 언동이 있어야 한다. 과세관청의 언동은 반드시 과세관청의 장에 의한 것일 필요는 없으나, 원칙적으로 일정한 책임 있는 지위에 있는 세무공무원에 의해서 이루어져야 한다.[2) 그러나 반드시 행정조직상의 형식적인 권한 분장(分掌)에 구애되지는 않고 담당자의 조직상의 지위와 임무, 해당 언동을 하게 된 구체적인 경위 및 그에 대한 납세자의 신뢰가능성에 비추어 종합적으로 판단한다.[3) 그러나 납세자가 제기한 조세쟁송에 대한 재결청의 재결은 과세관청이나 세무공무원의 언동이라고 할 수 없고,[4) 과세관청이 아닌 다른 행정기관의 언동은 과세관청과 협의를 토대로 한 것이 아닌 한 과세관청의 언동에 해당하지 않는다.[5)

2) 언동의 내용　　과세하지 않는다는 내용으로 하는 언동이 전형적이겠으나, 직접적으로 과세하지 않는다는 내용이 아니라도 손익의 귀속시기에 관한 것, 공제의 허용에 관한 것, 소득의 조사방법에 관한 것 등 세액계산에 관련되는 사항으로서 추후의 (신의칙에 반하는)처분보다 납세자에게 유리한 것은 모두

1) 대법원 2004. 2. 13., 2002 두 12144; 同 2002. 10. 25., 2001 두 1253.
2) 대법원 1981. 1. 27., 80 누 342; 同 1980. 6. 24., 80 누 94.
3) 대법원 1996. 1. 23., 95 누 13746; 同 1995. 6. 16., 94 누 12159.
4) 대법원 2004. 2. 13., 2002 두 12144.
5) 대법원 1997. 11. 28., 96 누 11495.

이에 해당된다.

3) 언동의 상대방   일반 공중을 상대로 한 언동은 물론이고, 특정의 납세자[1] 또는 특정관서의 관할에 속하는 납세자[2]를 상대로 한 것이라도 무방하다. 예규와 같이 과세관청 내부의 업무지침에 불과한 것이거나, 행정청 상호간의 질의·응답 같은 것이라도 그것이 납세자에게 홍보되어 납세자의 행동에 영향을 준 성질의 것이라면 과세관청의 언동에 해당하는 것으로 보아야 한다. 각 세법의 기본통칙이나 납세자의 질의에 대한 국세청장이나 기획재정부장관의 회신 같은 것이 좋은 예이다.

4) 언동의 형식   언동의 형식에는 제한이 없다. 위에서 예를 든 예규·세법의 해설(예컨대 종합소득신고 안내자료)·납세자의 질의에 대한 회답·기자회견·국회에서의 답변·납세지도·세무조사시의 확언·경정처분이나 비과세된다는 뜻의 통지 등 여러 가지 형태로 표시될 수 있다. 그러나 법 개정과 더불어 정부가 발간한 '개정세법 해설 책자'에서 사용한 표현이나 소속 공무원이 월간잡지에 기고한 개정세법의 해설에 관한 논문에서 사용한 표현은 과세관청의 공식적 견해나 의사의 표시에 해당하지 않는다.[3] 인터넷 국세종합상담센터의 답변도 마찬가지이다.[4] 언동은 반드시 문서에 의할 필요는 없고, 입증의 곤란이 따르겠지만 구두라도 무방하다. 나아가 과세하지 않는 사실상태가 장기간에 걸쳐 계속되는 경우에는 그 자체를 과세하지 않는다는 뜻의 묵시적 언동으로 볼 수도 있다.[5] 후술하는 국세기본법 제18조 제3항에 의한 비과세관행의 인정근거가 되는 단순한 부작위도 과세관청의 언동으로 보아야 할 경우가 있다.[6]

5) 언동의 적법성   신의칙은 정당한 신뢰를 보호하려는 것이므로 언동은 부정·불법적인 것이어서는 안 된다. 예컨대 신고누락을 묵인해 주겠다는 담당 세무공무원의 말에 대해 신의칙을 적용할 수는 없다.

(2) 납세자의 신뢰

납세자가 과세관청의 언동을 신뢰하였어야 하고, 그 신뢰가 무리가 아니라

---

1) 대법원 1982. 10. 12., 80 누 574; 同 1993. 12. 28., 93 누 18945.
2) 대법원 1983. 4. 12., 80 누 203.
3) 대법원 2002. 10. 25., 2001 두 1253.
4) 대법원 2009. 4. 23., 2007 두 3107.
5) 대법원 1986. 3. 25., 85 누 561; 同 1985. 11. 12., 85 누 549.
6) Tipke/Lang, a.a.O., S. 797.

고 인정할 만한 사정이 있어야 한다. 즉 신뢰가 정당해야 한다. 명백히 세법에 반하는 우대적 취급의 약속을 신뢰했다면 정당한 신뢰라고 할 수 없다.

(3) 신뢰에 기초한 납세자의 세무상의 처리

납세자가 과세관청의 언동을 신뢰한 까닭에 어떤 세무상의 처리를 했어야 한다.1) 다시 말해 그 신뢰와 처리 간에 상당인과관계가 있어야 한다.2)

(4) 과세관청의 처분 및 그 적법성

과세관청이 기왕에 자기가 한 언동에 반하는 처분을 하였어야 한다. 처분은 반드시 과세처분임을 요하지 않는다(예컨대 징수유예의 취소). 그리고 과세관청의 신의에 반하는 처분은 적법한 것이어야 한다. 처분이 위법한 것이라면 신의칙을 거론할 것도 없이 그 효력이 부정되기 때문이다.

(5) 납세자의 불이익

과세관청의 신의에 반하는 처분으로 인해 납세자가 경제적으로 불이익을 받았어야 한다. 그리고 그 불이익과 과세관청의 언동과 사이에 상당인과관계가 있어야 한다.3)

(6) 입증책임

과세처분이 신의칙에 위반된다는 이유로 그 효력을 다툴 경우 원칙적으로 납세자가 과거의 과세관청의 언동과 이에 반하는 처분으로 인해 불이익을 입은 사실을 입증하여야 한다.4) 반면, 납세자의 신뢰에 정당성이 결여되었다는 사실이나 납세자의 신뢰와 세무상의 처리 사이에 인과관계가 결여되었다는 점은 과세관청이 입증할 책임을 진다고 할 것이다.5)

2. 납세자의 언동에 대한 신의칙 적용의 요건

납세자가 과세관청에 대하여 과거의 언동에 반하는 행위를 하였을 경우에도 원칙적으로 신의칙이 적용된다. 납세의무자에게 신의칙을 적용하기 위해서는 객관적으로 모순되는 행태가 존재하고, 그 행태가 납세의무자의 심한 배신행위에 기인하여야 하며, 그에 기하여 야기된 과세관청의 신뢰가 보호받을 가

---

1) 대법원 1995. 7. 28., 94누3629.
2) 中川一郎, 「稅法學體系(總論)」, 148면.
3) 대법원 1992. 4. 28., 91누9848.
4) 대법원 2002. 10. 25., 2001두1253; 同 1995. 4. 21., 94누6574.
5) 中川一郎, 前揭書, 148면.

치가 있어야 한다.[1] 그러나 납세의무자가 과세관청에 대하여 자기의 과거의 언동에 반하는 행위를 하였을 경우 벌칙·통고처분·가산세의 적용 등 각종 불이익처분을 받는 경우가 많고, 과세관청은 납세자보다 우월적 지위에 있으며, 과세처분의 적법성에 대한 입증책임은 원칙적으로 과세관청에 있는 점 등으로 인하여, 납세의무자에 대한 신의칙의 적용은 극히 제한적으로 인정된다.[2] 재심의 소를 제기하는 행위나 소송상의 주장을 변경하는 행위가 신의칙에 위반된다고 할 수 없고,[3] 상속세 신고시 피상속인의 주소지를 실제 주소지와 다르게 기재하였다가 상속세 부과처분이 있은 후에 그 부과처분의 관할 위반을 다투는 행위도 심한 배신행위로 인정되지 않는다.[4] 또한 납세의무자가 자산을 과대계상하거나 부채를 과소계상하는 등의 방법으로 분식결산을 하고 이에 따라 과다하게 법인세를 신고, 납부하였다가 그 과다납부한 세액에 대하여 취소소송을 제기하여 다투는 행위도 심한 배신행위가 아니며, 이 경우 분식결산에 따른 법인세 신고에 대한 과세관청의 신뢰는 보호받을 가치가 있는 것이 못 된다.[5]

　　반면, 농지의 명의수탁자가 스스로 적극적으로 농가이거나 자경의사가 있는 것처럼 소재지 관서의 증명을 받아 그 명의로 소유권이전등기를 마치고 소유자로 행세하다가 나중에 증여세 등의 부과를 면하기 위하여 농가도 아니고 자경의사도 없었으므로 농지개혁법에 저촉되기 때문에 그 등기가 무효라고 주

---

1) 대법원 1999. 11. 26., 98 두 17968; 同 바로 아래 각주의 대법원 전원합의체 판결.
2) 대법원 1997. 3. 20., 95 누 18383(전원합의체)(실질과세의 원칙 하에서는 행위의 외형이 아니라 실질을 따져서 과세함이 원칙인바, 등기원인이 매매라 하여도 실질이 증여이면 증여로 과세하여야 할 것이고 반대의 경우도 마찬가지라 할 수 있는데, 거래당사자가 법령상의 제한 등의 이유로 실질에 따라 등기를 하지 아니하고 실질과 달리 등기를 한 후 소송에서 그 실질이 등기부 상의 등기원인과 다른 것이라고 주장한다 하여 이를 모순되는 행태라고 하기는 어렵고, 또 과세관청은 실지조사권을 가지고 있을 뿐 아니라 경우에 따라서 그 실질을 조사하여 과세하여야 할 의무가 있고 그 과세처분의 적법성에 대한 입증책임도 부담하고 있는데 적절한 실지조사권 행사를 하지 아니한 과세관청에 대하여 납세의무자 스스로 등기원인을 달리하여 등기하였음을 사전에 알리지 않고 부과처분이 있은 후 뒤늦게 다툰다는 것만으로 심한 배신행위를 하였다고 할 수도 없고, 과세관청이 등기부상의 등기원인만을 보고 이를 그대로 신뢰하였다 하더라도 이를 보호받을 가치가 있는 신뢰라고 할 수도 없다; 이 판결의 소수의견은 납세의무자가 조성한 위법적인 법률상태가 제거되지 않고 남아 있으므로 실체법에 비추어 과세처분이 위법하더라도 취소되어서는 안 된다는 논리를 근거로 신의칙이 적용되어야 한다고 보았다).
3) 대법원 2001. 6. 15., 2000 두 2952.
4) 대법원 1999. 11. 26., 98 두 17968.
5) 대법원 2006. 4. 14., 2005 두 10170; 同 2006. 1. 26., 2005 두 6300.

장하거나1) 납세의무자가 명의신탁받은 부동산을 신탁자 등에게 임대한 것처럼 가장하여 건물 등의 취득가액에 대한 매입세액까지 환급받은 다음, 임대사업의 폐업신고 후 명의신탁을 이유로 임대차계약이 통정허위표시로서 무효라고 주장하거나2) 연속되는 일련의 금지금 거래 과정에서 매출세액의 포탈을 목적으로 하는 악의적 사업자가 존재하고 그로 인해 수출업자가 자신의 매입세액 공제·환급이 다른 조세수입의 감소를 초래한다는 사정을 알았거나 중과실로 알지 못하였음에도 매입세액의 공제·환급을 구하는 것은3) 신의칙이나 금반언의 원칙에 위배되는 행위이다.

3. 비과세관행에 의한 소급과세금지 원칙의 적용요건

비과세관행에 의한 소급과세금지의 원칙이 적용되기 위해서는 다음의 요건들이 충족되어야 한다. 그 요건들을 충족하는 것이 신의칙 적용의 요건들을 충족하는 것보다 상대적으로 더 어렵기 때문에 납세자로서는 비과세관행의 성립보다는 신의칙의 적용을 주장, 입증하는 것이 더 용이할 수 있다.

(1) 비과세 사실의 존재

비과세관행이 성립하였다고 하려면 당연히 과세관청이 상당한 기간에 걸쳐 특정의 과세요건 사실에 대하여 과세하지 아니하였다는 객관적 사실이 존재하여야 한다.

(2) 과세요건 사실의 존재에 대한 과세관청의 인식

과세관청이 특정의 과세요건 사실에 대하여 과세할 수 있음을 알면서도 어떤 특별한 사정 때문에 과세하지 않는다는 의사를 가졌어야 한다.4) 따라서 과세관청이 과세요건 사실의 존재를 인식하지 못했기 때문에 과세하지 않았다면, 비록 과세누락이 장기간 계속되었다고 하더라도 비과세관행이 성립되었다고 볼 수 없다.5) 그러나 요건사실의 인식은 요건사실이 있을 때마다 있어야 하는 것

---

1) 대법원 1990. 7. 24., 89 누 8224.
2) 대법원 2009. 4. 23., 2006 두 14865.
3) 대법원 2011. 1. 20., 2009 두 13474(전원합의체).
4) 상속개시 직후에 원고들이 상속세신고를 하려는데 세무서장이 이를 막은 사실이 있고, 3년 후 상속재산의 기준시가가 상승되자 상속세법 제9조 제2항에 따라 상속세 부과 당시의 가액을 기초로 상속세를 부과함으로써 신의칙에 반한다 하더라도 이러한 사유만으로는 그 부과처분을 당연무효라고는 할 수 없다(대법원 1991. 1. 29., 90 누 7449).
5) 대법원 1982. 10. 26., 81 누 63; 同 1982. 11. 23., 81 누 21; 同 1983. 4. 26., 82 누 531; 同

은 아니다. 최초의 과세요건 사실에 대하여 비과세로 해석하고 그 후 동일한 과세요건 사실이 반복되고 있음을 알면서 최초의 해석을 견지하였다면, 새로운 해석이 있을 때까지는 비과세관행이 성립하는 것이다.

(3) 공적 견해나 의사의 표시

특정의 과세요건 사실에 대하여 과세하지 않는다는 공적 견해나 의사가 명시적 또는 묵시적으로 표시되어야 한다.[1] 그러나 비과세관행의 존중은 일정기간 계속된 사실관계를 믿은 납세자를 보호하려는 데 목적이 있으므로 그러한 공적 견해나 의사의 표현이 반드시 상급관청의 유권해석이나 지침시달 등의 방법에 따라 전국에 걸쳐 통일적으로 이루어져야 하는 것은 아니다.[2] 비과세관행의 성립을 인정한 아래에서 보는 판례들에 따르면, 이러한 요건 이외에도 (i) 과세 여부나 금액의 많고 적음에 관한 과세관청의 공적 견해나 의사의 표시 혹은 과세하지 않는 현상이 단순히 1회성에 그치는 것이 아니라, 장기간에 걸쳐 계속적, 반복적으로 이루어져야 하고, (ii) 공적 견해나 의사의 표시 내용이 추상적이어서는 아니 되며 구체적인 과세요건 사실에 관한 것이어야 한다는 요건이 충족되어야 하는 것으로 보인다.

(4) 납세자의 신뢰와 경제적 불이익

특정의 과세요건 사실에 대해 과세하지 않는다는 과세관청의 공적 견해나 의사에 대한 납세자의 정당한 신뢰가 형성되었어야 하고, 아울러 납세자가 그 신뢰에 기해 어떤 행위를 함으로써 조세부담 등의 경제적 불이익을 입었어야 한다.[3]

(5) 새로운 해석·행정에 의한 과세

종전의 공적 견해나 의사에 따라 과세되지 않은 납세자에 대하여 그와 다른 해석·행정에 의해 과세가 행하여져야 한다. 이때의 새로운 해석·행정은 적법한 것이어야 한다. 위법한 것이라면 새로운 과세처분은 비과세관행에 의한 소급과세금지의 원칙을 적용할 필요도 없이 그 효력이 부정되기 때문이다. 과

1983. 12. 27., 83 누 297.
1) 대법원 1991. 10. 22., 90 누 9360(전원합의체); 同 1997. 7. 11., 96 누 17486; 同 1984. 6. 12., 84 누 53.
2) 대법원 1983. 4. 12., 80 누 203.
3) 따라서 설령 반복된 비과세의 예규가 있었다 하더라도, 납세자가 그 예규에 대한 신뢰에 기인하였다기보다는 사업상의 필요에 따라 한 행위에 관하여는 예규에 반대되는 처분을 할 수 있다고 한다(대법원 1995. 7. 28., 94 누 3629).

거의 언동을 번복하는 새로운 해석으로 그 해석 이후 새로이 발생하는 과세요
건 사실에 대해 과세하는 경우는 비과세관행의 위반이 아님은 물론이다.1)

(6) 입증책임

위와 같은 적용요건 사실의 입증책임은 그 주장자인 납세자에게 있다.2)

비과세관행의 성립을 인정한 사례로는 ① 납세의무자가 전기온수기를 제
조 판매하기 시작한 이래 6년 이상 과세관청이 해당 물품은 물품세 및 개별소
비세 부과대상이 아니라고 해석하여 동 세금을 부과하지 아니한 사안,3) ② 대
한민국 정부와 중화민국 정부 간의 해상 및 항공국제운수소득에 대한 상호면세
협정 제2항에 따라 동 협정이 발효된 1972. 7. 7. 이후 9년여 간 과세당국이 자
국적 선박이 아닌 제3국에 등록된 이른바 편의국적 선박으로부터 취득하는 수
입에 대하여도 법인세가 면제되는 것으로 해석하여, 중화민국의 법인이 소유하
는 편의국적 선박의 선임에 대하여 법인세를 부과하지 아니하고 납세자들도 그
렇게 인식하여 중화민국의 법인에게 선임을 지급하면서 법인세를 원천징수하지
아니한 채 각 사업연도의 법인세를 신고납부하거나 실지조사를 받아 오던 사
안,4) ③ 트럭 크레인에 관하여 과거 10년간 관세 세번 8422−11, 세율 10퍼센
트에 해당하는 물품으로 분류 취급하여 오다가 이를 세번 8703−20, 세율 30퍼
센트에 해당하는 것으로 새로이 해석하여 그 세율 차이 20%에 상당하는 금액
의 관세를 추징부과한 사안,5) ④ 국내사업장이 없는 '외국법인 등이 지정한 자
에게' 국내에서 용역 등을 제공하는 거래에 대해서도 영세율이 적용된다고 규
정한 부가가치세법 기본통칙에 따라 과세관청이 오랫동안 영세율을 적용한 사
안6) 등이 있다.

비과세관행은 해당 과세물건에 대하여 과세하겠다는 과세관청의 확정적인
의사표시가 있는 때에는 소멸한다. 이러한 의사표시는 처분이나 결정과 같이
구체적인 행정작용을 통하여 이루어질 필요까지는 없지만 적어도 납세자가 더
이상 종전의 비과세관행을 신뢰하는 것이 무리라고 여겨질 정도에 이르러야

---

1) 대법원 1993. 2. 12., 92 누 5478.
2) 대법원 2002. 10. 25., 2001 두 1253; 同 1992. 9. 8., 91 누 13670.
3) 대법원 1982. 7. 13., 82 누 20.
4) 대법원 1986. 3. 25., 85 누 561.
5) 대법원 1983. 4. 12., 80 누 203.
6) 대법원 2010. 4. 15., 2007 두 19294.

한다.1)

Ⅳ. 신의칙 적용의 효과

신의칙에 반하는 처분이 있을 경우 그 처분은, (i) '법의 기본개념에 반하는 위법한 처분'이므로 무효라고 하는 설,2) (ii) 신의칙 위반 여부는 쟁송을 거치기 전에는 명백하지 않으며, 무효라고 할 경우 불복의 전치를 요하지 않고 장기간의 출소권(出訴權)이 인정되어 불안정한 법률관계가 지속되는 문제점이 있으므로 취소원인이 될 뿐이라고 보아야 한다는 설,3) (iii) 일률적으로 무효·취소를 가릴 게 아니라 해당 사건에 관계되는 제반 이익을 비교형량(比較衡量)한 결과 출소기간을 무시하고 납세자의 권리를 구제해야 할 경우이냐 아니냐를 판단하여 무효·취소 여부를 결정하여야 한다는 설4)이 대립한다.

신의칙 위반의 인식은 고도의 추상적 규범에 대한 판단이므로 과세관청이나 납세자의 입장에서 명확하게 판단할 수 없는 경우가 많다. 더구나 신의칙에 반하는 처분 자체는 적법한 처분이므로(위 요건 참조) 외관상으로 명백하고 중대한 하자가 있다고 할 수 없다. 따라서 신의칙 위반은 처분의 취소원인이 됨에 불과하다고 본다.5)

신의칙이 적용되어 본세의 부과처분이 취소된다면 자동적으로 가산세의 부과처분도 취소된다. 여기서 한 가지 의문은 신의칙과 후술하는 가산세 감면 사유로서의 '정당한 사유'는 어떠한 관계에 있는가 하는 점이다. 신의칙의 적용요건이 충족되는 것으로 보이는 사안에서 '정당한 사유'의 존재를 부정한 판례도 있고,6) 이와 달리 '정당한 사유'의 존재를 긍정함이 타당해 보이는 사안에서 신의칙의 적용을 인정한 판례도 있다.7) 신의칙과 '정당한 사유'는 일응 적용의 범위와 요건을 달리한다. 민사법 분야에 있어서의 청구권 경합과 유사한 경우

---

1) 대법원 2011. 5. 13., 2008 두 18250.
2) 北野弘久,「稅法學原論」, 153면.
3) 中川一郎, 前揭書, 150면.
4) 乙部哲郎, "租稅法における禁反言の法理,"「民商法雜誌」, 75권 2호, 314면; 首藤重行, "稅法における信義則の性格," 北野 編,「日本稅法體系(1)」, 139면.
5) 同旨 임승순, 전게서, 67면; 대법원 1991. 1. 29., 90 누 7449.
6) 대법원 1993. 11. 23., 93 누 15939.
7) 대법원 1987. 4. 28., 85 누 419.

라고 할 것이다. 따라서 가산세의 적법성을 다투는 납세자는 경우에 따라 정당한 사유나 신의칙을 선택적으로 주장할 수도 있고 동시에 주장할 수도 있다고 할 것이다.

제 5 절 기업회계의 존중

Ⅰ. 기업회계의 의의와 그 준칙

1. 기업회계의 의의

개인이나 법인의 형태로 영업활동을 하는 기업에게 자금을 출자하거나 대여한 자에게 그 영업활동의 내역과 성과에 관한 정보를 제공하여 자금의 출자나 대여로부터 발생한 수익은 얼마나 되는지 또는 출자금이나 대여금의 회수에 어려움은 없는지 등을 가늠하게 할 필요가 있다. 이러한 목적으로 기업에 의한 자금의 조달과 사용의 내역 및 그 사용으로부터 발생한 결과(즉, 이익이나 손실)를 추적하여 화폐액의 단위로 체계적으로 기록·관리하는 행위를 일반적으로 기업회계라고 한다.

2. 기업회계의 준칙

위에서 본 바와 같은 의미의 기업회계는 구체적으로 수많은 개별적 행위(예를 들면, 자산의 분류, 자산가치의 측정, 수익과 비용의 실현시기의 결정, 손익의 계산 등)로 구성되고, 그러한 개별적 회계행위를 하기 위해서는 대다수의 사회구성원들이 공통적으로 이해하고 수긍하는 일정한 원칙에 따라야 할 수밖에 없다. 우리 상법은 상인에 대하여 영업상의 재산 및 손익의 상황을 명백히 하기 위하여 회계장부 및 재무상태표를 작성하여야 하는 의무를 부과하면서(상법 29조 1항), 이러한 상업장부1)의 작성에 관하여 상법에 특별히 규정된 것을 제외하

---

1) 회계장부(books of account)의 주요한 것으로는 입·출금전표 등과 같은 일기장(journal. or book of original entry)과 그 일기장의 내역을 분류하여 기재하는 원장(ledger, or book of final entry)이 있고, 이러한 회계장부를 토대로 작성되는 재무제표(financial statements)의 주요한 것으로는 재무상태표(balance sheet), 손익계산서(income statement), 이익잉여금처분계산서(statement of retained earnings) 또는 결손금처리계산서(statement of deficits), 자본변동표(statement of changes in equity), 현금흐름표(statement of cash flows) 등이 있다.

고는 '일반적으로 공정·타당한 회계관행'에 의하도록 하고 있다(동조 2항). 유한
책임회사와 주식회사의 기업회계에 관하여는 이와 별도로 같은 취지의 규정을
중복적으로 두고 있다(상법 287조의32, 446조의2). 이와 같이 상업장부의 작성에
관하여 상법에서 특별히 규정한 사항을 제외한 나머지 사항들은 '일반적으로
공정·타당한 회계관행'에 의하도록 하고 있는 이유는 상법이 오랜 기간에 걸쳐
서 형성, 발전되어 온 상업장부 작성에 관한 방대한 기술적 이론(회계이론)이나
그 이론의 계속, 반복적 적용을 통하여 공고화된 회계원칙(회계관행)을 전부 수
용하기 어려울 뿐만 아니라, 그러한 회계이론이나 회계원칙(회계관행)이 나날이
진보하기 때문에 그에 맞추어 상법을 변경하기도 어렵기 때문이다.

3. 기업회계의 준칙으로서의 「일반적으로 공정타당하다고 인정되는 회계관행」

상법에서 기업회계의 준칙(準則)으로 규정하고 있는 '일반적으로 공정·타
당하다고 인정되는 회계관행'은 무엇인가? '일반적으로 공정·타당하다고 인정
되는 회계관행'은 미국에서는 '일반적으로 수락된 회계원칙'(generally accepted
accounting principles), 영국에서는 '진실하고 공정한 표시'(true and fair view), 그리고
독일에서는 '정규의 부기(簿記)의 제원칙'(Grundsätze ordnungsmäßiger Buchführung)
등으로 표현되는데 대체로 다음과 같은 뜻을 지닌다.

(1) 공정타당성

'공정타당(fair and reasonable)'이란 회계처리의 객관성 원칙(objectivity principle)
을 표현하는 용어로서 '편향되지 않고 객관적(unbiased and objective)'이라는 의
미이다. 그것이 '공정하고 타당한'이라는 2종의 뜻인지, 아니면 양자를 분리하지
않고 '공정타당'이라는 하나의 문언으로 이해하여야 하는지에 관하여 분명한 해
답은 없다. '공정'이라는 용어는 본래 복수의 대상을 취급함에 있어 취하여야
할 관점이나 자세를 뜻하고, '타당'이라는 용어는 반드시 그렇지 아니하다는 점
에서, 양자를 분리하여 '공정'이라는 말은 기업 상호 간에 '공평한', 그리고 이치
로 보아 '정당한'의 뜻으로 해석하고, '타당'이라는 말은 업종, 업태, 사업의 규
모에 '적합한'의 뜻으로 해석하는 것이 온당할 것 같다. 전자가 광의(廣義)의 이
해관계자 간의 상관관계 또는 기업의 대외적 관계에 관한 의미임에 반하여 후
자는 기업의 내부적 업무에 관한 의미라고 할 것이다.

(2) 일반적 인정

'일반적으로 인정되는' 또는 '관행'이라는 말이 암시하듯이 '일반적으로 공정타당하다고 인정되는 회계관행'은 하루아침에 인위적으로 만들어지는 것이 아니라 상당한 시일에 걸쳐 사회구성원의 암묵적 수락을 받아 서서히 형성된다. 우선 회계처리를 행하는 주체인 기업의 회계처리 실무, 재무제표 사용상의 필요성, 각종 법규와 법칙, 주주·채권자·피용자와 경영자의 의견, 회계(학)자의 논리적 전개 등 회계처리에 관한 여러 가지 요소의 총화(總和)에 의해 일차적으로 회계처리에 관한 체계적 이론이 수렴되는바, 이를 회계이론(accounting theory)이라고 부른다. 그러나 단순한 회계이론은 일반적 인정의 요건을 충족시키지 못한다. 회계이론 중 어떤 것은 사회구성원들에 의하여 거부되고 다른 어떤 것은 수락된다. 이처럼 어떤 회계이론이 일반적으로 수락되었을 때 비로소 회계원칙(accounting principle)의 권위적 지위에 오르게 되고 그에 반하는 회계처리방법의 선택을 억제한다. 일반적으로 수락된 회계원칙도 영구불변의 것은 아니고 위와 같은 과정을 거쳐 다시 변경될 수 있음은 물론이다(회계원칙의 유동성).

(3) 공정타당성과 일반적 인정 간의 관계

내용 면에서 공정타당한 회계처리의 방식은 다수의 회계처리 주체에 의하여 쉽게 공통의 기준으로 받아들여질 수 있다. 따라서 회계처리 방식의 '공정타당성'은 곧 '일반적 인정'의 근거가 되는 것이고, 이런 이유로 '공정타당성'은 '일반적 인정'의 의미까지 함축하고 있다고 말할 수 있다. 결국 회계의 내용 면에서 기업의 실체를 진실하게 반영하여야 한다는 요청으로서의 '공정타당성' 요건이 충족되면, 회계의 이용주체 면에서 보편적이고 광범하게 이용되어야 한다는 요청으로서의 '일반적 인정' 요건도 쉽게 충족된다고 할 것이다.

(4) 회계관행과 회계공준

회계이론이 일반적으로 수락되어 회계원칙으로 발전한 뒤 상당한 기간에 걸쳐 회계실제에서 널리 실천되어 확고한 일반적 합의에 도달했을 때 비로소 '회계관행'이 성립한다. 회계원칙과 회계관행의 두 표현은 같은 뜻으로 사용되기도 하는데, 회계의 역사가 오랜 사회에서는 실질적으로 같은 것이 될 것이다.

한편, 회계 자체의 존립기반이 되는 기본적인 명제, 이른바 '자명한 선언 또는 공리(公理)'를 회계공준(會計公準)이라고 하는데, 사람에 따라 회계공준(accounting conventions)을 공리(postulates), 기초적 전제(basic assumptions or underlying assumptions) 또는 기초개념(basic concepts)이라고 부르는 데서 알 수 있듯이, 어떤 회계처리 방식이 회계공준으로 인정되기 위해서는 (i) 일반적으로 승인된 명제 또는 이론(異論) 없는 가정일 것, (ii) 다른 명제를 도출하는 기초로서 이론구조상의 근본성을 띨 것, (iii) 연역적이 아니라 귀납적 방법으로 도달할 수 있는 성질의 것일 것 등의 요건을 갖추어야 한다.

(5) 명문의 규범으로서의 기업회계기준

'일반적으로 공정·타당하다고 인정되는 회계관행'은 국회에서 제정한 법률과 같은 성문의 법규가 아니므로 그 내용이 일의적(一義的)이 아니고 다기성(多岐性) 또는 탄력성을 갖는다. 이로 인하여 회계주체에게 대폭적인 자주성을 부여하기도 하지만, 동시에 회계처리상 많은 의문을 야기하기도 한다. 회계관행의 다기성 또는 탄력성으로 야기되는 기업회계의 정당성에 관한 사회구성원 간 의견의 불일치는 기업의 안정적 경영과 투자의 촉진을 저해할 수 있으므로 가능한 한 지양되어야 할 것이다.

이러한 목적에서 '주식회사의 외부감사에 관한 법률'은 직전 사업연도말의 자산총액이 100억 원 이상인 주식회사, 직전 사업연도말의 부채총액과 자산총액이 모두 70억 원 이상인 주식회사, 직전 사업연도 말의 종업원 수가 300명 이상이고 자산총액이 70억 원 이상인 주식회사 또는 '자본시장과 금융투자업에 관한 법률'(이하 이 책에서 "자본시장법"이라고 약칭함)의 주권상장법인 등은 재무제표를 작성하여 그 법인으로부터 독립된 외부감사인의 감사를 받도록 강제하는 한편('주식회사의 외부감사에 관한 법률' 2조; 동법 시행령 2조 1항), 이러한 기업은 회계처리를 행함에 있어서는 금융위원회가 전문 민간기관인 한국회계기준원에 위탁하여 제정한 기업회계기준을 의무적으로 적용하도록 하고 있다(동법 13조 1항, 4항; 동법 시행령 7조의2 1항, 7조의3 1항). 이러한 기업회계기준은 비록 그 제정의 절차나 형식의 면에서 법규명령은 아니지만, 각종 금융법규의 집행권을 가진 정부기관으로서의 금융위원회가 법령의 위임에 따라 위에서 본 '일반적으로 공정타당하다고 인정되는 회계관행'을 성문화하여 법령의 내용을 보충하는 것이기 때문에 행정규칙의 형식을 가진 법규명령으로 이해하여야 할 것이다. 이러한 법규명령으로서의 기업회계기준은 더 이상 '원칙'이나 '관행'에 머무르지 않고 일종의 '규범'으로 발전한 것이다.

Ⅱ. 세무회계에 있어서의 기업회계의 존중

1. 세무회계의 의의

소득에 대한 조세(예를 들면, 소득세나 법인세)의 부과대상으로서의 소득은 경제활동에서 발생하므로, 소득은 경제활동으로부터 발생하는 이익의 측정에 기초하여 계산할 수밖에 없다. 경제활동으로부터 발생하는 이익의 측정이 기업회계의 일부임은 위에서 본 바와 같은바, 이러한 기업회계에 기초한 과세소득의 측정을 세무회계라고 부른다. 양자가 밀접하게 연계되어 있음은 기업이익과 과세소득(개인의 사업소득 또는 법인의 각 사업연도소득) 모두 손익법에 의해 순자산증가분을 측정하는 방법으로 산정되는 것에 의해서도 쉽게 알 수 있다.

과세소득을 기업회계에 기초하여 산정하는 것은 기업회계의 진실성과 정규성(正規性)의 원칙에 입각한 것이다. 즉, 한편으로는 기업회계의 내용이 기업이 행한 행위나 거래의 실체적 진실에 부합하고, 다른 한편으로는 기업회계를 대다수의 사회구성원이 동의하는 방식에 따라 표기하고 있다는 전제 하에 기업회계를 과세소득 산정의 기초로 신뢰하는 것이다. 이러한 기업회계의 진실성과 정규성을 확보하기 위하여 법인세 납세의무자인 법인으로 하여금 장부를 비치하고 그 행하는 제반 거래를 복식부기1)에 의하여 기장하도록 의무지우고 있다 (法法 112조).

2. 세무회계에 있어서의 기업회계의 존중

위에서 본 바와 같이 기업회계의 진실성과 정규성에 의해 그 객관성이 보장되는 한 원칙적으로 이를 토대로 과세소득을 산정하되, 다만 기업회계의 결과에 세법을 통해 구현하고자 하는 특수한 목적의 달성에 필요한 여러 가지의 세법적 조정을 가하게 되는바, 이를 세무조정(稅務調整)이라고 부른다. 세무조정의 당연한 귀결로 기업회계의 결과인 기업이익과 세무회계의 결과인 과세소득

---

1) 복식부기(double entry book keeping)라 함은 어떤 경제 행위나 현상을 하나의 장부의 차변(왼쪽; debit)과 대변(오른쪽; credit)에 기입함으로써 차변금액의 합이 대변금액의 합과 일치하게 하는 장부기재 방식을 의미한다. 그 결과 항상 '자산=부채+자본'의 등식이 성립한다. 그 일치 여부를 확인함으로써 기장내의 오류나 누락을 방지할 수 있다(복식부기 체계의 자기검증 기능)(김호중 외 2, 「회계학원론」, 창민사(2005), 9면).

사이에는 불가피하게 현저한 차이가 존재한다. 이처럼 기업회계의 결과를 세법이 요구하는 바에 따라 조정하여 과세소득을 산정한다는 것은, 달리 말하면 세법적 조정이 요구되지 않는 한 기업회계의 결과는 곧 과세소득의 산정에 그대로 반영된다는 것을 의미한다. 이러한 원칙을 '세무회계에 있어서의 기업회계 존중의 원칙'이라고 부른다.

국세기본법 제20조는 이러한 원칙을 "세무공무원이 국세의 과세표준을 조사·결정할 때에는 해당 납세의무자가 계속하여 적용하고 있는 기업회계의 기준 또는 관행으로서 일반적으로 공정·타당하다고 인정되는 것은 존중하여야 한다. 다만, 세법에 특별한 규정이 있는 것은 그러하지 아니하다"라고 표현하고 있다. 대법원 판례도 법인의 과세소득 산정에 관하여 조약이나 국내세법상 별도의 규정이 마련되어 있지 아니하면 일반적으로 공정·타당하다고 인정되는 회계기준에 따라 결정하여야 할 것이라고 하여 이러한 원칙을 확인하고 있다.[1] 따라서 납세의무자가 주체가 되어 한 기업회계는 '일반적으로 인정되는 공정·타당한 회계관행'에 의한 것일 때 바로 과세표준의 조사·결정의 토대가 된다.

구체적으로 보면, 법인소득을 계산할 때 더해지는 항목인 익금은 자본증가 거래로부터 발생하는 것을 제외한 기업회계기준상의 수익에 해당하는 것이고, 빼지는 항목인 손금은 자본감소 거래로부터 발생하는 것을 제외한 기업회계기준상의 비용에 해당하는 것이다. 이런 이유로 법인세법상의 익금과 손금의 범위에 관한 규정은 상당 부분 기업회계기준상의 수익이나 비용의 범위에 관한 규정을 그대로 차용해 온 것이 많고, 또한 그러한 이유로 법인세 과세소득을 산정함에 있어서 익금과 손금의 구분이나 그 금액의 계산에 관하여 모호하거나 애매한 점이 있을 경우에는 기업회계기준이나 관행을 준용하여 보완적으로 해석할 수 있는 것이다. 법인세법 제43조에서 내국법인의 각 사업연도의 소득금액을 계산함에 있어서 해당 법인이 익금과 손금의 귀속사업연도와 자산·부채의 취득 및 평가에 관하여 기업회계기준이나 관행을 계속적으로 적용해 오고 있는 경우에는 이를 배척하는 법령상의 규정이 없는 이상 그 채택된 기업회계기준이나 관행에 따르도록 하고 있는 것은 바로 이러한 보완적 관계를 명시적으로 규정한 것이다.

절차적으로는 법인세 과세표준과 세액의 신고시에 기업회계기준에 따라

---

[1] 대법원 2000. 2. 22., 97누3903.

작성된 재무제표와 세무조정계산서를 제출하도록 함으로써(法法 60조; 法令 97조) 기업회계기준에 따라 계산한 손익에 세무조정을 가하여 과세표준이 산정되는 관계를 뒷받침하고 있다.

Ⅲ. 세무조정의 목적

기업회계의 결과인 기업이익과 세무회계의 결과인 과세소득 간에 차이를 가져오는 세무조정의 목적 또는 원인은 실로 다양하다. 이를 그 성격별로 유형화 해보면, (i) 행정상의 목적, (ii) 경제정책적 목적, (iii) 사회정책적 목적, (iv) 조세정책적 목적으로 나누어 볼 수 있다. 때로는 위와 같은 세무조정의 목적이 경합하기도 한다. 바꾸어 말하면 하나의 세법상의 특수규정이 여러 개의 정책적 목적에서 연유한다는 것이다.

(1) 행정상의 목적

예를 들면, (i) 납세자와 사이에 마찰이 생기기 쉬운 항목에 관한 세무행정을 원활하고 간편하게 행하기 위하여 세법 특유의 형식기준을 정하거나(예를 들면, 법인세법 제25조 제2항에서의 신용카드 등에 의한 업무추진비 지출의 형식 제한), (ii) 납세시기를 장래로 연기하는 것을 방지할 목적으로 손익의 귀속시기를 규제하거나, (iii) 세입확보를 위하여 기업회계상 비용성이 있는 특정 항목의 손금산입을 금지한다.

(2) 경제정책적 목적

기업의 근대화나 구조재편, 중요산업의 육성, 외화획득사업의 지원, 저축장려 등을 목적으로 하는 많은 세법상의 특전이 특별 규정을 낳는다. 조세특례제한법상의 각종 비과세, 소득공제, 세액감면, 세액공제 등에 관한 규정들이 이에 속한다.

(3) 사회정책적 목적

사회적으로 바람직한 활동을 원조하고, 그렇지 아니한 활동을 억제하기 위한 규정들이 있다. 예컨대 기부금은 사업경영에 필요한 지출이 아니라 할지라도(또는 아님에도 불구하고) 과세소득 계산상 손금산입을 허용하고 있다(法法 24조). 반면 벌과금은 사업 활동에 부수하여 발생하였다 할지라도 손금으로 공제하지 않는다(法法 21조 3호).

(4) 조세정책적 목적

응능부담의 원칙, 공평의 원칙 또는 조세이론의 고려 등 조세의 부과징수에 고유한 원칙이나 원리를 구현하기 위해 세법상 많은 특별 규정들이 도입되어 있다.

1) 응능부담(應能負擔)의 원칙에서 나온 규정   기업회계상의 수익이라 할지라도 담세력 또는 일반적인 지급능력을 반영하지 않는 것은 과세에서 제외하는 경우가 있다. 예컨대 고정자산의 멸실 또는 손괴로 인하여 지급받는 보험금의 차익 중 대체자산의 개량이나 취득에 충당하는 금액의 손금산입 허용이라든가(法法 36조), 자본적 지출에 충당하는 국고보조금의 익금불산입(法法 24조) 등이다.

2) 공평의 원칙에서 나온 규정   동일조건하의 납세자들은 상호 간에 동일한 조세를 부담하여야 한다. 이것은 (i) 전체 영업기간에 걸친 조세부담의 공평과 (ii) 특정 사업연도에 있어서의 조세부담의 공평으로 나누어 생각할 수 있다.

(a) 결손금의 이월은 전체 영업기간에 걸친 조세부담의 공평을 기하려는 것이라 하겠다. 보다 철저하게 하려면 결손을 전년도로 넘기는 것(carry back)까지도 허용하여야 하지만 현행법상 전년도로 넘기는 것은 중소기업에 한하여 제한적으로 허용될 뿐이다(所法 45조의2; 法法 72조 1항). 결손을 앞의 연도나 뒤의 연도로 넘기는 것을 허용하는 취지는, 수년에 걸쳐 볼 때 전체 이익이 동일한 A 회사(이익이 매년 평준함)와 B 회사(이익이 해에 따라 변동, 기복이 심함)에 대하여 사업연도 독립의 원칙을 엄격히 적용한다면 회사이익이 동일함에도 불구하고 조세부담이 상이하게 될 것이므로, 이로 인한 불공평을 제거 또는 완화하고자 하는 것이다.

(b) 위에서 본, 전체 영업기간에 걸쳐 발생한 소득에 대한 공평과세와는 다른 각도에서, 동일한 수익력을 가진 두 회사가 회계방법, 지출의 태양 등으로 인해 상이한 조세부담을 지는 것도 억제되어야 한다. 가령 업무추진비 공제 전의 순수익이 동일한 동종·동규모의 A와 B 두 회사 중 A회사가 B회사에 비해 두 배의 업무추진비를 지출했다면 조세부담이 달라지게 된다. 따라서 업무추진비의 한도규정은 업무추진비 남용으로 인한 세입감소의 방지와 아울러 조세부담의 공평을 도모하려는 것이다. 비지정 기부금의 한도규정도 같은 테두리에

속한다.

3) 조세이론에서 나온 규정   특정 조세이론의 실현을 위해 입법화한 규정들도 많다. 흔히 드는 예는, 이중과세의 방지를 위해 법인의 수취배당을 익금불산입하는 것이다(法法 18조의2). 특정 조세이론의 입법화에 따른 세무조정에서 발생하는 기업이익과 과세소득의 차이는 장기적으로 볼 때 해소되는 것도 있고, 영구히 해소되지 않는 것도 있다. 전자는 상대적·잠정적 차이로서 손익의 귀속시기에 관한 특수규정에서 발생하는 차이가 이에 속한다. 후자는 절대적·항구적 차이로서 각종 손·익금의 불산입규정과 같은 개별항목의 특별취급에서 발생하는 차이가 이에 속한다.

Ⅳ. 세무조정의 구체적 과정 – 결산조정과 신고조정

납세의무자가 기업회계상의 어떤 수익이나 비용 항목을 과세소득 산정에 반영하려면 반영하고자 하는 내용을 기업회계에도 계상하고 있어야 하느냐 여부에 따라 세무조정은 결산조정과 신고조정의 2가지로 나누어진다.

(1) 결산조정

법인의 과세소득은 기업회계상의 수익과 비용을 세법에 따라 가감조정하여 계산되므로, 시간적으로 법인은 기업회계기준에 따라 결산을 확정하여 기업이익을 계산한 후에야 과세소득을 계산할 수 있다. 이처럼 법인이 결산의 확정을 거쳐 과세소득을 계산하는 것을 '확정결산의 원칙'이라고 한다.[1] 결산의 확정이란 구체적으로는 기업회계기준이나 관행에 따라 작성된 상사(商事) 재무제표의 내용을 상법에 따라 확정하는 절차를 말한다. 예를 들면, 주식회사의 이사는 매 결산기 종료 후 재무상태표, 손익계산서 등의 재무제표를 작성하여 이사회의 승인을 거친 뒤 정기 주주총회에 제출하여 그 승인을 받아야 하는바(상법 447조, 449조 1항), 이것이 주식회사의 확정결산 절차이다.

위와 같은 의미의 확정결산에서 비용으로 계상하는 행위를 법인세법에서는 단순히 '계상'이라고만 표현하고 있다(法法 20조 1호). 확정결산에서 비용으로 계상한 경우에 한하여 과세소득 계산상 손금에 산입하고, 수익에서 제외한 경우에 한하여 익금에 불산입하는 항목을 '결산조정사항'이라고 하고, 그 과정을

---

1) 中村 忠, 成宋洋一, 企業會計と法人稅(平成 4年), 稅務經理協會, 387면.

'결산조정'이라고 한다. 예를 들면, 내국법인이 각 사업연도의 결산을 확정함에 있어서 감가상각비를 비용으로 계상한 경우에 한하여 일정한 상각범위액 내에서 이를 해당 사업연도의 손금에 산입하는 것으로 하고 있거나(法法 23조 1항), 내국법인이 각 사업연도에 임원 또는 사용인의 퇴직급여에 충당하기 위하여 퇴직급여충당금을 비용으로 계상한 경우에만 일정한 금액범위 안에서 해당 사업연도의 손금으로 산입하도록 하고 있는 것이다(法法 33조 1항). 또한 국고보조금으로 사업용 자산을 취득한 경우 그 국고보조금 상당액을 일시상각충당금이나 압축기장충당금으로 계상하는 조건으로 손금에 산입해 주는 경우도 이에 해당한다(法法 36조 1항; 法令 64조 3항).

그리고 수익이나 비용 항목을 익금이나 손금으로 산입할 것인지의 여부뿐만 아니라 수익이나 비용을 익금 및 손금에 산입시킬 사업연도도 법인의 의사에 맡겨져 있는 경우도 있다. 예를 들면, 장기할부조건으로 자산을 판매 또는 양도한 법인이 그 판매 또는 양도한 자산의 인도일이 속하는 사업연도의 결산을 확정함에 있어서 해당 사업연도에 회수하였거나 회수할 금액과 이에 대응하는 비용을 같은 사업연도의 수익과 비용으로 계상한 경우에는 그 장기할부조건에 따라 각 사업연도에 회수하였거나 회수할 금액과 이에 대응하는 비용을 모두 각 사업연도의 익금과 손금에 산입해 준다(法令 68조 2항).

해당 사업연도에 있어서의 결산조정사항의 계상 여부 및 이에 따른 손금산입 여부에 관한 납세의무자의 선택은 확정적이며, 명백한 오기가 아닌 이상 이후 회계상 오류를 이유로 정정하거나 그에 따른 국세기본법상의 감액경정청구를 할 수 없다.[1]

위와 같은 결산조정 항목은 법인의 외부거래로부터 발생하는 수익이나 비용과는 무관하고, 대부분 법인의 내부적 행위에서 발생하는 수익이나 비용의 항목이다. 위에서 본 고정자산의 감가상각이나 퇴직급여충당금 모두 법인의 내부적 행위에 근거하여 비용성을 인정받는 것이다.

확정결산에서 비용으로 계상한 경우에 한하여 과세소득 계산상 손금산입이나 익금불산입을 허용한다는 것(즉, 결산조정의 인정)은, 비록 과세소득이 기업이익을 기초로 하여 계산되는 것이기는 하지만, 거꾸로 기업이익의 계산이 과세소득의 계산에서 완전히 자유롭지 않음을 의미한다.

---

1) 대법원 2003. 12. 11., 2002 두 7227.

(2) 신고조정

법인의 확정결산에 어떻게 계상되었는지에 관계없이 객관적으로 발생한 사실에 따라 과세소득의 계산에 반영되는 수익과 비용의 항목이 많다. 예를 들면, 자산의 매도가액이나 임대료의 지급액 등은 장부상 기재되어 있지 않더라도 과세소득 계산상 익금이나 손금에 산입된다. 이러한 항목들은 확정결산에 어떻게 기재되어 있는지에 관계없이 법인이 과세표준 및 세액의 신고시[1] 익금이나 손금에 포함시키기만 하면 그에 따라 과세효과가 정해진다. 이러한 항목들을 통상 '신고조정 사항'이라고 부르고, 그 과정을 '신고조정'이라고 한다. 신고조정 사항에는 다시 '절대적 신고조정 사항'과 '상대적 신고조정 사항'이 있다. 절대적 신고조정 사항은 법인이 과세표준과 세액을 신고할 때 세액증가의 효과를 가져 오는 익금산입이나 손금불산입 등의 조정을 의무적으로 행하여야 하고, 만약 법인이 이를 위반하면 과세관청이 경정하게 되는 것이다. 예를 들면, 기부금 손금산입한도 초과액의 손금불산입이 이에 해당한다(法法 24조 1항). 상대적 신고조정 사항은 법인이 과세표준과 세액을 신고할 때 세액감소의 효과를 가져 오는 익금불산입이나 손금산입 등의 조정을 행하지 않으면 과세관청이 나서서 경정하지 않고, 그 신고내용대로 과세를 행하는 것이다. 이에 해당하는 사항으로는 지주회사가 받는 수입배당금이나 일반회사가 받는 수입배당금의 익금불산입(法法 18조의2, 18조의3), 대손충당금의 손금산입(法法 34조) 등을 들 수 있다. 지주회사가 받는 수입배당금이나 일반회사가 받는 수입배당금의 익금불산입이 신고조정 사항이라는 점은 법인세법 시행령 제17조의2 제9항과 제17조의3 제6항에, 그리고 대손충당금의 손금산입이 신고조정 사항이라는 점은 법인세법 제34조 제7항과 동법 시행령 제61조 제7항에 각 규정되어 있다.

---

[1] 세무조정을 행하는 신고는 원칙적으로 과세표준과 세액의 확정신고만 의미하고, 수정신고(基本法 45조)나 감액경정청구(基本法 45조의2)는 포함하지 않는다.

제4장 납세의무

제1절 과세요건

과세요건(課稅要件, Steuertatbestand)이란 조세채무의 성립에 필요한 법률상의 요건을 뜻한다. 특정 세종목의 과세요건을 '개별적' 과세요건이라 하고, 개별적 과세요건의 공통적 기초 또는 기준이 되는 것을 '일반적' 과세요건이라 한다. 그 구성 요소로, (i) 납세의무자, (ii) 과세물건, (iii) 과세표준, (iv) 세율의 네 가지를 든다. 학자에 따라서는 과세물건과 납세의무자를 연결하는 요소로서 과세물건의 납세의무자에의 귀속(歸屬)을 독립된 구성요소로 보기도 한다.[1] 또한 과세권자를 포함시키기도 하는데, 지방세의 경우에는 세종목 또는 자치단체에 따라 과세권자가 다르기 때문에 별도로 논할 실익이 있을 것이다.

Ⅰ. 납세의무자

1. 일반원칙

납세의무자란 조세실체법 상의 권리의무관계에 있어 그 의무자를 뜻한다. 따라서 납세의무자는 세법상의 권리능력자일 것이 요구된다. 세법상의 권리능력자는 개별 세법에서 정한 과세물건의 귀속주체가 될 수 있는 자를 말하는바, 이는 반드시 사법상의 권리능력자와 일치하지는 않는다. 예를 들면, 합명회사는 사법상 권리능력을 갖지만 동업기업으로 과세되는 합명회사는 소득의 귀속주체가 되지 않으므로 세법상의 권리능력자가 아니라고 할 것이다(租特法 100조의15 1항).

---

1) 金子 宏,「租稅法」(제10판), 147면.

구체적 세목의 납세의무자는 해당 세목의 과세물건이 귀속되는 자이다. '과세물건의 귀속'(attribution)이란 어떤 과세물건을 가장 밀접하게 지배하거나 어떤 과세물건과 가장 밀접하게 연관되어 있는 상태를 의미한다. 그런데, 현실 세계에서 어떤 과세물건을 가장 밀접하게 지배하거나 이와 가장 밀접하게 연관되어 있는 자를 결정하는 것은 쉬운 일이 아니다. 이에 관해서는 두 가지의 사고가 있다. 하나는 외관상 과세물건을 지배하거나 외관상 과세물건과 연관된 자(명의귀속자)를 납세의무자로 보는 것이고, 다른 하나는 실질적으로 과세물건을 지배하거나 과세물건과 실질적으로 연관된 자(실질귀속자)를 납세의무자로 보는 것이다. 조세행정의 편의를 위해 명의귀속자를 납세의무자로 규정하고 있는 예도 있으나(명의자 과세 또는 표현과세), 일반원칙으로서는 실질귀속자를 납세의무자로 보는 것이 '조세는 담세력 있는 자에게 부과되어야 한다'는 조세제도의 본질에 비추어 타당하다. 우리 국세기본법은 이를 명문화하여 "과세의 대상이 되는 소득, 수익, 재산, 행위 또는 거래의 귀속이 명의(名義)일 뿐이고 사실상 귀속되는 자가 따로 있을 때에는 사실상 귀속되는 자를 납세의무자로 하여 세법을 적용한다"고 규정하고 있다(基本法 14조 1항). 과세물건의 명의상의 귀속자가 아닌 실질적 귀속자를 납세의무자로 삼는 이러한 관념은 '과세물건 귀속의 실질'로 불리고, '과세표준 계산의 실질'과 더불어 실질과세원칙의 양대 축을 이루고 있음은 앞의 실질과세원칙에 관한 논의에서 상론한 바 있다(제3장 제3절 Ⅳ. 및 Ⅴ.).

익명조합(匿名組合; 상법 78조 이하)의 익명조합원에게 분배되는 소득에 대하여 영업자가 아닌 그 익명조합원이 납세의무를 지는 경우(基本法 기본통칙 14-0…2)나 타인의 명의를 차용하여 영업을 행한 명의 차용자가 얻은 소득에 대해 그 명의차용자가 납세의무를 지는 경우[1] 등을 과세물건의 명의귀속자가 아닌 실질귀속자에게 납세의무를 지우는 예로 들 수 있다. 또한 "부동산을 제3자에게 명의신탁한 경우 명의신탁자가 자신의 의사에 의해 신탁재산을 양도하는 경우에는 그가 양도소득을 사실상 지배, 관리, 처분할 수 있는 지위에 있다고 할 것이어서 양도소득의 납세의무자가 된다고 할 것이지만, 명의수탁자가 신탁자의 위임이나 승낙 없이 신탁재산을 양도하였다면 그 양도주체는 수탁자이고 양도소득이 신탁자에게 환원되지 않는 한 신탁자는 '사실상 소득을 얻은

---

1) 대법원 1985. 5. 28., 85 누 8.

자'가 아니므로 납세의무는 수탁자에게 있다"고 하는 판례도 과세물건의 실질 귀속자에 대한 과세원칙을 설시한 것이다.[1]

실정법 규정상의 납세의무자는 과세물건의 귀속자로서의 본래의 납세의무자뿐만 아니라 연대납세의무자와 제2차납세의무자 및 납세보증인을 포함하되(본장 제3절 납세의무의 확장에서 별도로 논의함), 원천징수의무자는 제외한다(基本法 2조 9호, 10호).

2. 법인 아닌 단체

사단, 재단, 그 밖의 단체로서의 실체를 갖추고 있으면서도 법인격을 취득하지 아니하고 있는 것(이하 합하여 '법인 아닌 단체'라고 함)을 과세상 어떻게 취급할 것인가 하는 문제가 있다. 소득을 얻은 자가 거주자이면 소득세를 납부하고 법인이면 법인세를 납부하므로 법인 아닌 단체를 법인으로 취급할 것인지 아니면 거주자로 취급할 것인지는 특히 소득과세의 면에서 중요하다. 법인 아닌 단체 중 '법인 아닌 사단'이라고 함은 (i) 고유의 목적을 가지고 사단적 성격을 가지는 규약을 만들어 이에 근거하여 의사결정기관 및 집행기관인 대표자를 두는 등의 조직을 갖추고 있을 것(조직성), (ii) 기관의 의결이나 업무집행방법이 다수결의 원칙에 의하여 행하여질 것(의사결정의 방법), (iii) 구성원의 가입, 탈퇴 등으로 인한 변경에 관계없이 단체 그 자체가 존속될 것(항구성), (iv) 조직의 대표의 선출, 총회나 이사회 등의 운영, 자본의 구성, 재산의 관리[2] 기타 단체로서의 주요 사항이 확정되어 있을 것(조직의 관리체계) 등의 네 가지 요건을 구비한 단체를 말한다.[3]

우리 세법은 법인 아닌 단체가 일정한 요건을 충족하는 경우 법인으로 취급하고, 그렇지 않으면 거주자로 취급하는바, 이하에서는 그 세법상의 지위에 관하여 구체적으로 살펴본다.

(1) 법인으로 취급되는 경우
1) 당연 의제법인   (i) 주무관청의 허가 또는 인가를 받아 설립되거나

---

1) 대법원 2014. 9. 4., 2012 두 10710; 同 2010. 11. 25., 2009 두 19564; 同 1991. 3. 27., 88 누 10329.
2) 고유의 재산이 반드시 법인격 없는 사단의 개념적 징표가 아니라는 판결로는 대법원 1991. 4. 23., 91 다 448.
3) 대법원 1992. 7. 10., 92 다 2431.

법령에 의하여 주무관청에 등록한 사단·재단 기타 단체로서 등기되지 아니한 것과 (ii) 공익을 목적으로 출연된 기본재산이 있는 재단으로서 등기되지 아니한 것의 어느 하나로서 수익을 구성원에게 분배하지 아니하는 것은 세법상 법인으로 간주된다(基本法 13조 1항). 이는 법인으로 당연히 의제되는 단체라고 하여 '당연 의제법인'으로 부른다. 이러한 당연 의제법인의 요건에 관하여 2가지 설이 대립한다.

1설은 단체의 설립에 요구되는 허가나 인가를 받는 등 법인의 설립에 필요한 등기 외의 모든 요건은 갖추었으나 등기만 미처 마치지 못한 단체로 제한하여야 한다는 견해이다. 당연 의제법인은 구성원의 의사나 세법상의 절차와는 무관하게, 외부적·객관적 표식도 없이 법인으로 인정되므로 확대 해석할 경우 법적 안정성이 침해되고, 어차피 승인 의제법인 제도가 마련되어 있는 이상, 좁게 해석함이 타당하다는 것을 근거로 내세운다.[1]

2설은 단체의 설립에 요구되는 허가나 인가를 받고 설립등기를 하지 않은 것이면 당연 의제법인이 되고, 반드시 법인의 설립에 필요한 모든 요건을 충족하여야 할 필요는 없다는 견해이다. 구 주택건설촉진법상 주택조합의 설립을 위해 인가를 받도록 요구하고 있었으나 법인으로 취급한다는 규정은 없었는데, 이러한 주택조합은 제1설에 따르면 당연 의제법인이 될 수 없고, 제2설에 의할 경우에만 당연 의제법인이 된다.[2] 판례는 2설에 따라 구 주택건설촉진법에 의한 주택조합 및 구 도시재개발법상의 주택개량재개발조합을 당연 의제법인으로 인정하였다.[3]

2) 승인 의제법인   (i) 사단, 재단, 그 밖의 단체의 조직과 운영에 관한 규정을 가지고 대표자 또는 관리인을 선임하고 있을 것(1호), (ii) 사단, 재단 그 밖의 단체 자신의 계산과 명의로 수익과 재산을 독립적으로 소유, 관리할 것(2호), (iii) 사단, 재단, 그 밖의 단체의 수익을 구성원에게 분배하지 아니할 것(3호) 등의 요건을 충족하면 관할 세무서장의 승인을 받아 과세상 법인으로 취급된다(基本法 13조 2항). 이를 승인 의제법인이라고 한다. 승인 의제법인에

---

1) 김중곤, 비법인사단의 세법상 제문제, 사법논집 33집.
2) 조세법상 직장주택조합을 법인격없는 사단으로 본 견해로는 姜仁崖, "주택조합의 신탁재산에 대한 납세의무자,"「판례월보」278호, 33−34면; 安慶峰, "직장주택조합명의로 한 아파트신축과 취득세부과,"「판례와 이론」창간호, 210면.
3) 대법원 2005. 6. 10., 2003 두 2656; 同 2005. 5. 27., 2004 두 7214.

대해서는 승인과 동시에 고유번호가 부여된다(附價令 8조 2항).

(2) 법인으로 취급되는 단체의 과세상 취급

법인으로 취급되는 단체(즉, 의제법인)는 법인세법상 법인으로 인정되어 법인세 과세대상이 된다(法法 1조 2호 다목). 상속세 및 증여세법상으로는 '비영리법인'으로 취급되어 증여세 부과의 대상이 된다(相贈稅法 4조 7항, 2조 1항 1호).[1] 법인으로 취급되는 단체가 사업상 독립적으로 재화 또는 용역을 공급하는 경우 부가가치세 납세의무를 진다(附價法 2조 2항).

(3) 법인으로 취급되지 않는 단체의 과세상 취급

법인 아닌 단체 중 국세기본법 제13조에 의하여 법인으로 보는 단체 외의 것에 대한 과세상의 취급은 개별 세법별로 조금씩 다르다. 우선, 소득세법에서는 이를 거주자로 보아 소득세를 부과한다(所法 2조 3항). 그 중에서도 대표자나 관리인이 선임되어 있고 이익의 분배방법이나 분배비율이 정하여져 있지 아니한 경우에는 법인 아닌 단체 자체를 1거주자로 보아 소득세를 부과하고, 그렇지 않은 경우에는 그 구성원 개인들을 공동사업자로 보아 소득세를 부과한다(所則 2조 1항, 2항). 후자의 경우에는 법인 아닌 단체 자체가 독립적인 소득세 납세의무자가 되는 것이 아니라, 그 개별 구성원들이 소득세 납세의무자가 된다(所法 기본통칙 1-1조 3항).[2] 이와 관련하여 명시적으로 이익 분배방법이나 분배비율이 정해져 있지 않더라도 사실상 이익이 분배되는 경우에는 공동사업자로 본다(所則 2조 2항).

1거주자에 해당하는 예로는 ① 대표자가 선임되어 있으나 이익의 분배방법과 비율이 정하여져 있지 않은 종중,[3] ② 부락민 150여 세대로 구성된 산림계,[4] ③ 정관이 작성되어 있고, 의사결정기관인 회원총회와 업무집행기관인 이사회가 구성되어 있으며, 재산에 관해서는 회원탈퇴시의 지분환급과 해산시의 잔여재산분배규정만을 둔 한국자동차부품사업 중앙연합회, ④ 영등포 2가에 점포를 갖고 있는 기계공구상들 800여 명이 자기 점포를 마련하는 데 필요한 대지구입, 상가건물신축 등 관련 사업을 수행할 목적으로 설립한 영등포기계공구

---

1) 이러한 특별한 규정이 없다면, 법인의 수증익은 법인세 부과대상이 된다(法令 11조 5호).
2) 공동사업자의 소득에 대한 과세 방식에 관해서는 소득세법 제43조 및 제87조에서 규정하고 있다.
3) 대법원 1981. 6. 9., 80 누 545.
4) 대법원 1986. 9. 23., 85 누 573.

상가조합 등을 들 수 있다.

상속세 및 증여세법에서 법인 아닌 단체 중 국세기본법에 의하여 법인으로 취급되지 않는 것을 증여세 납세의무자로서의 거주자로 본다는 명시적 규정을 두고 있지는 않으나, '법인으로 취급되는 단체'가 증여세 납세의무자에 해당하는 이상 그보다 단체성이 약하여 법인으로 취급되지 않는 단체는 당연히 증여세 납세의무자로서의 거주자가 된다고 할 것이다. 한편, 법인 아닌 단체가 사업상 독립적으로 재화 또는 용역을 공급하는 경우 부가가치세법상 사업자로서 납세의무를 지는 것은 의제법인과 차이가 없다(附價法 2조 2항).

위와 같이 법인 아닌 단체를 납세의무자로 보는 이유는 법인 아닌 단체도 실질적으로 자연인·법인과 다름없는 활동을 하고 있어 이를 자연인 또는 법인과 동일시하는 것이 실체에 부합하고, 조세부담을 공평하게 배분하는 결과가 되기 때문이다.

Ⅱ. 과세물건

과세물건(課稅物件)이라 함은 조세법률관계의 성립에 필요한 물적 요소로 법률에서 과세의 목적물로 정한 일정한 물건·행위 또는 사실 등을 말한다. 과세객체 또는 과세대상(steuerobject, tax object)이라고도 한다.[1] 과세물건은 대체로 국민의 담세력에 따라 정해지므로, 세법은 각자의 담세력을 표시한다고 추측되는 것을 과세물건으로 삼고 있다. 예컨대 수익세에 있어서는 경제적 거래행위, 소비세에 있어서는 소비행위 등이 과세물건이 된다. 구체적으로는 (i) 소득세법이나 법인세법에서의 소득, (ii) 부가가치세법에서의 재화나 용역의 공급, (iii) 상속세 및 증여세법에서의 재산의 상속이나 수증 등이 그것이다. 특정의 과세물건을 과세대상에서 제외하는 경우가 많다. 예를 들면, 소득세법에서 1세대 1주택의 양도소득에 대해 과세를 하지 않는 경우이다. 이처럼 원천적으로 특정의 요건을 충족하는 과세물건을 과세에서 제외하는 것을 일반적으로 '비과세'라고 부른다.

---

1) 金字 宏, 앞의 책, 167면.

Ⅲ. 과세표준

과세표준이란 세액을 산정하기 위한 기초로서의 과세물건의 크기를 의미한다. 그 단위는 금액·가격·수량 등으로 표시된다. 소득세의 소득금액, 개별소비세의 물품가격, 인지세의 책수 등이 그 예이다. 금액 또는 가격을 기초로 과세표준을 산정하는 소비세를 종가세(從價稅, ad valorem tax)라 부르고, 수량을 기초로 과세표준을 산정하는 소비세를 종량세(從量稅, unit tax)라 하는데, 세율은 종가세의 경우에는 비율로, 종량세의 경우에는 일정금액으로 정하여진다.1) 개별소비세법 과세물건의 크기가 그대로 과세표준이 되는 경우가 있지만 많은 경우에는 과세물건의 크기에서 여러 가지 항목을 공제(deduction)하여 과세표준에 이르는 경우가 많다. 예를 들면, 개인의 소득에서 인적공제, 특별공제, 근로소득공제 등 다양한 공제를 하여 소득세의 과세표준을 산출한다.

Ⅳ. 세   율

1. 의의와 종류

세율이라 함은 세액산출을 위하여 과세표준에 곱하여야 할 율을 말한다. 과세표준이 금액으로 표시되는 경우는 백분율·천분율로, 과세표준이 수량으로 표시되는 경우에는 단위수량에 대한 금액으로 표시된다(예를 들면, 교통·에너지·환경세법 2조 1항).

세율은 과세표준의 크기에 따라 변하는 방식을 기준으로 비례세율(flat rate 또는 proportionate rate)과 누진세율(progressive rate 또는 graduated rate)로 나누어진다. 전자는 과세표준의 크기에 관계없이 일정 비율로 적용되는 세율을 말한다. 소득의 재분배와 직접적으로 관계없는 간접세제에서는 일반적으로 비례세율을 택하고 있다.2) 누진세율은 과세표준이 증가함에 따라 적용되는 세율이 함께 커지는 체계를 말한다. 누진세율은 일반적으로 소득의 재분배 기능을 달성하는 데 적합한 것으로 받아들여지고 있어 납세의무자의 담세력을 기준으로 부

---

1) 종량세의 예로는 개별소비세법 제1조 제2항 제4호의 석유가스류에 대한 개별소비세와 동조 제3항의 입장행위에 대한 개별소비세를 들 수 있다.
2) 우리나라의 대표적 간접세인 부가가치세의 세율은 과세표준의 크기에 상관없이 균등하게 10%이다(附價法 14조).

과되는 조세에서 통상 적용된다.

누진세율은 다시 과세표준이 커짐에 따라 그 전체 가액에 대하여 높은 세율을 적용하는 단순 누진세율과 과세표준을 다수의 단계로 구분하여 상위단계로 나아감에 따라 순차로 높은 세율을 적용하는 초과 누진세율이 있다. 우리나라의 소득세, 법인세, 상속세및증여세, 종합부동산세는 초과 누진세율 체계를 택하고 있다(所法 55조; 法法 55조; 相贈稅法 26조; 綜不稅法 9조 1항). 초과 누진세율 체계에서 과세표준 구간의 각 단계를 과세단계(bracket)라고 하고, 각 과세단계에 적용되는 세율을 단계세율(marginal rate)이라고 한다.

개념적으로는 조세의 납부 능력에 반비례하여 더 높은 세율이 적용되는 경우가 있을 수 있다. 이러한 경우의 세율을 역진세율(逆進稅率, regressive tax rate)이라고 하나, 현실적으로 이러한 세율 체계는 찾아보기 어렵다. 다만, 소비가액에 비례세율을 적용하여 부과하는 간접세는 사실상 소비의 크기에 역진하는 효과가 있음을 유의할 필요가 있다.

2. 특수한 세율

(1) 영 세 율

영세율은 말 그대로 세율이 영(zero)인 경우를 말한다. 우리 세법상 영세율을 적용하는 경우는 부가가치세의 매출세액 계산에 있어서 뿐이다. 사업자가 창출한 부가가치에 대하여 부과되는 부가가치세는 사업의 영위에 따른 매출액에 세율을 곱하여 나온 매출세액에서 그 사업의 영위를 위하여 지출한 매입액에 세율을 곱하여 나온 매입세액을 공제하여 계산하는데(附價法 37조 2항), 이때 소비지 과세원칙(country of destination principle)에 따라 수출하는 재화나 해외로 제공하는 용역의 매출세액을 계산함에 있어 영세율을 적용하여 부(-)의 매입세액이 나오도록 하여 이를 환급해 주고 있다(附價法 11조).

(2) 최저한 세율

소득세법이나 법인세법에서 여러 가지 정책적 이유로 인하여 익금불산입, 손금산입, 소득공제, 세액감면, 세액공제 등의 방식으로 납세의무자의 조세부담을 완화해 주는 경우가 있다. 이러한 조세혜택 중 여러 가지를 동시에 적용받아 조세부담이 완화되더라도 최소한 이러한 조세혜택을 받지 않았더라면 납부하였어야 할 세액의 일정비율을 납부하도록 하는 제도가 '최저한 세율(minimum tax rate)' 제도이다(租特法 132조).[1]

(3) 실효세율(effective rate)

법률이 정한 세율, 즉 표면세율에 대응되는 개념으로서 현실적으로 납세자가 전체 과세표준에 대하여 부담하는 일정률을 말한다. 예를 들면, 우리나라 거주자가 국외원천소득에 대하여 외국정부에 납부한 세액을 우리 정부에 납부할 세액에서 공제해 주지 않으면, 그 거주자가 부담하는 실효세율은 우리나라 소득세법상의 명목세율보다 높아진다.

(4) 탄력세율(flexible rate)

개별 세법에서 세율의 조정권을 행정부에 위임하는 경우 법률이 정하는 바에 의하여 행정부가 조정하는 세율을 말한다. 우리나라의 경우 관세법(69조 등), 개별소비세법(1조 6항), 증권거래세법(8조 2항) 및 소득세법(104조 4항) 등에서 이를 정하고 있다.

제 2 절 납세의무의 성립과 확정

Ⅰ. 납세의무의 성립

1. 의   의

납세의무의 성립이란 납세의무자·과세물건·과세표준·세율 등 세법이 정하는 과세요건이 충족되어 추상적 납세의무가 발생된 상태를 말한다. 납세의무자나 과세관청 어느 쪽의 행위도 필요 없고 과세요건사실이 발생하게 되면 그 시점에서 법률상 당연히 납세의무는 성립하게 된다. 이 단계에서는 아직 납세의무의 내용이 구체적으로 '확정'되지 않았기 때문에 납세의무자는 과세물건의 내용에 따른 조세채무를 이행할 의무가 없고 과세관청도 이에 대응하는 징수권을 갖지 못한다.

2. 납세의무의 성립시기

과세요건을 충족하는 사실이 발생할 때에 납세의무가 성립한다(基本法 21조 1항). 기관과세되는 세목은 그 기간의 종료일에, 수시과세되는 세목은 과세물건

---

[1] 미국 내국세입법 §55(alternative minimum tax)에서도 이러한 제도를 두고 있다.

이 발생하는 때마다 성립하는 것이 보통이다. 기간과세되는 세금(예를 들면, 법
인세)의 납세의무가 성립은 되었으나 확정이 되기 전에 그 성립된 납세의무의
금액을 감소시키는 새로운 사유가 사후적으로 발생한 경우, 이미 성립된 납세
의무의 금액이 줄어들었다고 보아 확정단계에서 금액을 낮출 수는 없는 것이
고, 관련 금액을 그 새로운 사유의 발생일이 속하는 다음 사업연도의 과세표준
을 계산할 때 공제항목으로 산입하든지(예를 들면, 법인세의 경우 각 사업연도의
소득금액 계산상 손금에 산입), 아니면 그 사유가 확정된 납세의무의 감액을 청구
할 수 있는 사유(아래 Ⅱ. 4.의 '후발적 감액경청 청구 사유' 참조)에 해당하는 경우
에는 확정된 뒤에 감액경정청구를 하여야 할 것이다.[1] 그 구체적 시기는 경우
에 따라 달리 할 필요가 있으므로 법은 각 세목별로 성립시기를 다음과 같이
정하고 있다(基本法 21조 2항).

1호. 소득세 또는 법인세 … 과세기간이 끝나는 때. 다만 청산소득에 대한 법인세는
     해당 법인이 해산하는 때
2호. 상속세 … 상속이 개시되는 때
3호. 증여세 … 증여에 의하여 재산을 취득하는 때(예를 들면, 부동산 소유권 이전
     등기시)[2]
4호. 부가가치세 … 과세기간이 끝나는 때. 다만, 수입재화의 경우에는 세관장에게
     수입신고를 하는 때
5호. 개별소비세, 주세, 교통·에너지·환경세 … 과세물품을 제조장으로부터 반출하
     거나 판매장에서 판매하는 때 또는 과세장소에 입장하거나 과세유흥장소에서
     유흥음식행위를 한 때 또는 과세영업장소에서 영업행위를 한 때. 다만, 수입
     물품의 경우에는 세관장에게 수입신고를 하는 때
6호. 인지세 … 과세문서를 작성한 때
7호. 증권거래세 … 해당 매매거래가 확정되는 때
8호. 교육세 … (i) 국세에 부과되는 경우에는 해당 국세의 납세의무가 성립하는 때,
     (ii) 금융·보험업자의 수익금액에 부과되는 경우에는 4분기별 과세기간이 끝
     나는 때
9호. 농어촌특별세 … 본세의 납세의무가 성립하는 때

---

1) 대법원 2013. 12. 26., 2011 두 1245 판결은 구체적 타당성을 고려한 나머지 이러한 법리에
   반하는 판단을 하고 있다.
2) 국세기본법 제21조 제1항 제3호에 증여세에 있어서는 증여에 의하여 재산을 취득하는 때
   에 증여세를 납부할 의무가 성립한다고 규정되어 있으므로 등기를 요하는 부동산증여에 있
   어서는 민법 제187조(등기를 요하지 아니하는 부동산물권 취득)의 경우를 제외하고 등기일
   이 그 부동산의 취득일로서 증여시기가 된다(대법원 1991. 1. 25., 90 누 6477).

10호. 종합부동산세 … 과세기준일
11호. 가산세 … (i) 무신고가산세 및 과소신고·초과환급신고가산세는 법정신고기한
　　　이 경과하는 때, (ii) 납부지연가산세 중 기간에 비례하여 발생하는 부분(基本
　　　法 47조의4 1항 1호, 2호) 및 원천징수등 납부지연 가산세 중 기간에 비례하
　　　여 발생하는 부분(基本法 47조의5 1항 2호)은 법정납부기한 경과 후 1일마다
　　　그 날이 경과하는 때, (iii) 납부지연가산세 중 납부고지서상의 납부기한까지
　　　납부하지 아니하는 경우에 획일적으로 발생하는 부분(基本法 47조의4 1항 3
　　　호)은 납부고지서에 따른 납부기한이 경과하는 때, (iv) 원천징수등 납부지연
　　　가산세 중 미납부 기간에 관계없이 미납부 사실 자체만으로 획일적으로 발생
　　　하는 부분(基本法 47조의5 1항 1호)는 법정납부기한이 경과하는 때, (v) 그
　　　밖의 가산세는 이를 가산할 국세의 납세의무가 성립하는 때.

　　위 1호 내지 11호에 속하는 같은 국세라도 징수상의 기술적인 이유로 인해
성립시기를 위와 달리하는 것이 있다(동조 3항).

1호. 원천징수하는 소득세 또는 법인세 … 소득금액 또는 수입금액을 지급하는 때
2호. 납세조합이 징수하는 소득세 또는 예정신고납부하는 소득세 … 그 과세표준이
　　　되는 금액이 발생한 달의 말일
3호. 중간예납하는 소득세·법인세 또는 예정신고기간·예정부과기간에 대한 부가
　　　가치세 … 중간예납기간 또는 예정신고기간·예정부과기간이 종료하는 때
4호. 수시부과하여 징수하는 국세 … 수시부과할 사유가 발생한 때

3. 납세의무의 성립시기와 과세물건의 귀속시기와의 구분

　　법인세법상의 익금의 귀속시기나 부가가치세법상의 재화나 용역의 공급시
기 등과 같은 '과세물건'의 귀속시점이 반드시 그 과세물건의 형성에 따른 납세
의무의 성립시기와 일치하는 것은 아니다. 예를 들면, 제2차납세의무자나 납세
보증인과 같은 종된 납세의무자가 부담하는 납세의무의 성립시기는 주된 납세
의무자의 체납 등 그 요건에 해당하는 사실이 발생하는 때인 데 비해,[1] 그 납
부대상 조세의 과세물건의 귀속시기는 주된 납세의무의 성립시기 이전이므로
종된 납세의무의 성립시기와 대상조세의 성립시기는 항상 불일치한다. 또한 비
과세, 과세이연, 소득공제, 감면, 면제 또는 세액공제 등의 조세혜택의 수혜요
건을 사후적으로 상실하여 해당 조세를 추징하는 경우에도 그 추징에 따른 납

1) 대법원 2005. 11. 25., 2004 두 3656; 同 2005. 4. 15., 2003 두 13083.

세의무는 추징의 요건사실이 발생한 때 성립하고, 그 조세의 과세물건의 귀속 시기는 그 이전이다. 만약 추징대상 조세의 납세의무의 성립시기가 추징요건에 해당하는 사실의 발생시점이 아니라 추징대상 조세의 과세물건의 귀속시기(즉, 과거의 시점)라고 한다면, 이들 조세혜택 제도와 이미 성립된 납세의무의 확정을 유예하는 제도(예를 들면, '국제조세조정에 관한 법률' 제24조 제2항에서 조세조약 체결 상대국과 사이에 상호합의절차가 개시된 경우 성립된 조세의 부과고지를 유예하는 제도)가 동일시되는 부당한 결과가 된다.

Ⅱ. 납세의무의 확정

납세의무가 성립한다고 해서 곧 현실적으로 세액을 납부할 의무가 발생하는 것은 아니다. 단지 추상적으로 과세대상이 존재할 뿐이다(추상적 납세의무). 납세의무가 일정액의 현실적인 금전채무로 구체화하기 위해서는 납세의무의 확정절차를 거쳐야 한다(구체적 납세의무). 다시 말하면 납세의무의 성립에는 세법상의 아무런 절차를 요하지 않는 데 반하여, 납세의무의 확정에는 납세신고 또는 부과처분이라는 절차를 요한다. 다만 예외적으로, 확정할 내용이 단순하여 자동적으로 확정되는 수도 있다.

1. 확정방식

(1) 신고주의와 부과주의

납세의무를 확정하는 방식에는 신고주의와 부과주의의 2가지가 있다. 신고주의(신고납세방식)란 납세자가 자기의 과세표준과 세액을 정부에 신고하면 정부의 별다른 행정처분을 기다리지 않고 신고한 대로 납세의무가 확정되는 방식이다. 이를테면 스스로에게 '부과'하는 것과 같다 하여 자기부과(self-assessment)라고도 부른다. 이에 대해 부과주의(부과과세방식)란 정부의 과세처분(이를 '세액의 결정', 혹은 줄여서 '결정'이라 한다)이라는 행정처분에 의해서 납세의무를 확정시키는 방식이다. 부과주의 하에서도 납세자에게 과세표준을 신고하게 하는 수가 있으나(相贈稅法 67조), 이 경우 납세자의 신고는 단지 정부의 과세처분에 참고자료를 제공할 뿐이고, 그 자체로서 세액을 확정하는 기능을 하지 않는다.[1] 그

---

1) 따라서 납세신고자는 그 신고의 내용에 의하여 기속되지 않는다(대법원 1985. 7. 23., 84

렇다고 하더라도 그 신고를 게을리 한 경우에는 납세의무자의 신고에 대하여 주어지는 세액공제 등의 혜택을 박탈하고(相贈稅法 69조), 가산세 부과 등의 불이익을 준다(基本法 47조의2).

(2) 납세신고

납세신고란 납세자가 세법의 규정에 따라 소정의 신고서를 갖추어 과세표준과 세액을 정부에 신고하는 요식행위이다. 신고주의 아래에서의 납세신고는, 부과주의 방식하에서의 신고와는 달리, 납부할 세액을 확정하는 효과가 있으므로 행정법상의 '사인의 공법행위'의 일종이다. 그 법적 성격에 관하여는 이론이 나뉜다. 즉, 납세신고에는 법률이 정한 요건사실이 충족되었음을 인정하여 그 법률의 적용을 수긍하는 납세자의 판단이 포함되므로 이를 의사표시로 보아야 한다는 의사표시설[1]과 조세법률주의하에서는 납세의무의 확정에는 행위주체의 효과의사가 있을 수 없으므로 준법률행위인 통지행위에 불과하다고 보는 통지행위설[2]이 대립한다. 납세자의 신고는 이미 성립한 납세의무를 외부로 표시하는 행위에 불과할 뿐, 그 자체의 내용에 영향을 주는 것이 아니므로 후설이 타당하다고 본다.

2. 세법상의 확정절차

우리 세법은 납세의무의 확정방식을 세목에 따라 납세의무자의 신고에 의하여 확정하는 방식(신고주의)과 과세관청의 부과에 의하여 확정하는 방식(부과주의)으로 구분하고 있으며, 특정 조세채무에 대해서는 자동확정방식을 취하고 있다.

(1) 신고주의 국세

소득세, 법인세, 부가가치세, 개별소비세, 주세, 증권거래세, 교육세, 교통·

누 247). 또한 납세의무자의 과세표준확정신고에 의하여 과세표준확정신고결정을 할 경우에도 과세관청의 결정과 통지가 없는 한 조세채무를 확정하는 부과처분은 있었다고 할 수 없고 과세관청이 과세표준확정신고를 내부적으로 확인·수리하였다고 해서 확인적 의미의 부과처분이 존재한다고 볼 수도 없다(대법원 1998. 2. 27., 97 누 18479). 그러나 우리나라의 부과주의는 신고와 함께 신고한 세액을 납부하도록 되어 있어 부과주의의 순수한 형태를 취하고 있지 않다는 점에 유의하여야 한다.

1) 忠佐市,「租稅法의 基本原理」, 328면.
2) 新井隆一, "申告行爲의 법적 성격,"「租稅法硏究」5호「租稅手續法의 諸問題」, 有斐閣, 21면 이하.

에너지·환경세가 이에 속한다. 납세의무자가 종합부동산세법에 따라 종합부동
산세의 과세표준과 세액을 과세관청에 신고하는 경우에 있어서의 종합부동산세
도 이에 해당한다(綜不稅法 16조 3항). 이들 국세는 원칙적으로 납세자가 과세표
준과 세액을 정부에 신고하는 때에 확정된다. 그러나 납세자가 신고를 하지 않
거나 신고한 과세표준과 세액이 세법이 정하는 바에 맞지 아니하여 정부가 결
정하거나 경정하는 경우에는 그 결정 또는 경정하는 때에 확정된다(基本法 22조
2항).

(2) 부과주의 국세

상속세·증여세·재평가세·과세관청이 부과하는 경우에 있어서의 종합부동
산세가 이에 속한다. 이들 국세는 정부가 과세표준과 세액을 결정하는 때에 확
정된다(基本法 22조 3항).

(3) 자동확정 국세

인지세·원천징수하는 소득세와 법인세·납세조합이 징수하는 소득세·중간
예납하는 법인세·납부고지서상 납부기한 후의 기간에 대한 납부지연가산세 및
원천징수등 납부지연 가산세는 납세의무가 성립하는 동시에 특별한 절차 없이
세액이 확정된다(基本法 22조 4항).

그러므로 자동확정되는 조세의 납부고지(徵收法 6조)는 이미 확정된 조세채
무의 이행을 청구하는 데 불과하다. 이행의 청구는 '처분성'이 없기 때문에 행
정쟁송의 대상이 되지 않고,[1] 납부할 세액을 초과하여 납부한 세액은 오납금으
로서 납부시점부터 소멸시효가 완성되기까지 부당이득반환청구에 의해 그 환급
을 구하는 것이 가능하다.[2]

3. 수정신고

(1) 의   의

수정신고란 과세표준신고서를 법정신고기한까지 제출한 자 또는 기한 후
과세표준신고서를 제출한 자가 해당 국세에 대한 결정 또는 경정통지를 받거나

---

1) 대법원 1984. 3. 13., 83 누 686; 同 1988. 11. 8., 85 다카 1548. 반대 견해로는, 대법원 1974.
  10. 8., 74 다 1254.
2) 日最判 昭和 54. 12. 24.; 대법원 1974. 6. 25., 74 다 586(원천납세의무자가 자진하여 국가
  에게 세금을 납부하였음에도 국가가 원천징수의무자로부터 강제징수한 세금은 원천징수의
  무자에게 부당이득으로 반환하여야 한다는 취지).

국세부과의 제척기간이 경과하기 전에 과소신고(결손금액 또는 환급세액의 과다신고 포함) 또는 원천징수의무자에 의한 정산 과정에서의 누락이나 세무조정 과정에서의 누락 등 불완전한 신고의 내용을 정정하기 위해 소정의 절차에 따라 관할세무서장에게 제출하는 신고를 뜻한다(基本法 45조 1항; 基本令 25조 2항). 소득의 원천징수의무자가 정산 과정에서의 누락, 세무조정 과정에서의 누락 등의 사유로 인하여 불완전한 신고를 한 때에는 그 소득의 수급자(원천납세의무자)도, 비록 그 수급자가 원천징수 대상 소득만 있어 종합소득 과세표준 확정신고를 하지 아니하였다고 하더라도, 위와 같은 수정신고를 할 수 있다(基本法 45조 1항 본문 괄호안 및 제3호). 수정신고에 따라 추가로 납부할 세액과 그에 대한 가산세를 납부하여야 한다(基本法 46조 1항). 수정신고는 과세표준 및 세액의 확정신고와는 달리 임의적 신고이지만, 법정신고 기한 경과 후 일정한 기간 내에 수정신고를 하고, 수정신고에 따른 추가 세액을 납부한 경우에는 과소신고가산세액 및 초과환급신고가산세액 또는 무신고가산세의 일부를 경감하는 혜택을 주므로(基本法 48조 2항 1호, 2호), 수정신고를 할 유인이 있다. 그러나 확정신고 기간 내에 확정신고를 하지 않고 있다가 수정신고 기간 내에 수정신고 양식에 따른 확정신고를 하고 그 신고내용에 의한 세액을 납부하였다 하여도 수정신고로서의 효력을 인정받지 못한다.1) 그리고 경정이 있을 것을 미리 알고 수정신고를 한 경우에는 가산세 경감의 혜택을 주지 않는다(基本法 48조 2항 1호).

(2) 효   과

부과주의 국세의 과세표준의 신고는 사실행위로서 부과결정의 참고자료가 될 뿐이므로 그 수정신고에 대해서는 세무서장의 처리의무가 없고, 따라서 세무서장의 무응답은 독립하여 불복의 대상이 되지 아니한다. 다만, 그 수정신고에는 가산세의 경감신청의 뜻이 포함되어 있는 것으로 보아야 할 것이기 때문에 수정신고가 있었음에도 불구하고 가산세의 경감이 없을 때에는 독립하여 불복사유가 된다고 할 것이다.

신고주의 국세의 수정신고는 신고확정제도의 취지에 따라 최초의 납세신고를 수정한 대로 변경하여 재확정하는 효과를 발생시키며, 따라서 세무서장의 경정을 기다리지 않고 세액이 수정, 확정된다(基本法 22조의2 1항).

---

1) 대법원 1983. 12. 13., 83 누 198; 同 1984. 7. 10., 83 누 92; 同 1986. 12. 9., 85 누 609.

4. 결정 또는 경정의 청구

(1) 총 설

당초의 납세신고가 적정금액을 초과(결손금액 또는 환급세액의 미달 포함)하는 과다신고이거나, 또는 당초의 납세신고시에는 적정금액의 신고였으나 후발적 원인으로 말미암아 과세요건 사실에 사후적 변동이 생긴 경우에는 납세신고자는 적정한 금액 내지는 과세요건 사실에 부합하는 결정 또는 경정(이하 "경정 등"이라고 함)을 관할세무서장에게 청구할 수 있다(基本法 45조의2). 당초 신고의 효과를 변경시킨다는 점에서는 수정신고와 같지만, 수정신고가 조세채무의 증액을 목적으로 하는 것인 데 반하여, 경정 등의 청구는 조세채무의 감액을 목적으로 하는 점에서 서로 다르다. 세무서장은 청구를 받은 후 2월 이내에 과세표준 및 세액을 결정 또는 경정하거나(결정 또는 경정처분) 결정 또는 경정할 이유가 없다는 등 청구를 거부하는 통지(거부처분)를 하여야 한다(동조 3항). 신고주의 국세의 수정신고는 전술한 바와 같이 당초의 신고로 확정된 납세의무를 변경·재확정하는 효력을 발생케 하는 데 비해, 경정청구는 그 자체만으로 당초의 신고에 의해 확정된 납세의무의 내용을 변경·재확정하는 효력을 갖지 않으며 이를 인정하는 과세관청의 경정이 있어야만 비로소 구체적으로 변경·재확정되는 차이가 있다.[1] 한편, 감액경정청구는 특정의 납세의무자에 의한 공법행위이므로 그 행사의 결과로 발생할 수 있는 국세환급채권의 전부채권자가 행사할 수 없고, 민법에 따른 채권자 대위의 대상이 될 수도 없다.[2]

---

[1] 감액경정청구 제도의 창설 전의 판례에서도 이러한 법리를 설시한 판례가 있다. "신고내용의 과세표준과 세액이 과다함을 이유로 수정신고를 하였는데도 과세권자가 이를 수리하여 과세표준과 세액을 감액하여 주기를 거절한 경우에는, 가사 당초의 위 신고가 잘못된 것이고 그 수정신고에 따른 경정을 거부하는 것이 위법한 것이라 하더라도, 과세권자의 위 경정거부처분이 행정쟁송에 의하여 이미 적법하게 취소되었다거나 그 부분에 관한 당초의 신고내용이 당연 무효인 경우가 아닌 한, 납세자가 당초의 신고분과 수정신고분과의 차액에 해당하는 기납부세액을 국가에 대하여 법률상 원인 없이 수령한 과오납금이라고 주장하여 부당이득 반환의 법리에 좇아 민사소송으로 그 환급을 청구할 수 없다"(대법원 1994. 5. 13., 93 다 54767). 이 판례에 의하면 신고주의 국세의 감액수정신고(현행 경정청구)는 수정신고의 내용대로 세액을 확정짓는 효력은 없고, 정부의 감액경정이 있어야 비로소 확정되는데, 이를 거부하는 경우 항고소송을 제기하여야 공정력을 깨트릴 수 있다는 것이다(대법원 1987. 1. 20., 83 누 571; 同 1987. 4. 14., 83 누 112; 同 1988. 11. 8., 87 누 479; 同 1989. 1. 31., 85 누 883; 同 1992. 4. 28., 91 누 13113). 이는 조세법률관계를 일종의 권력관계로 파악하는 입장이라고 할 수 있다.

[2] 대법원 2014. 12. 11., 2012 두 27183.

(2) 과다신고에 따른 감액경정청구 – 원초적 사유에 기한 감액경정청구

법정신고기한 내에 과세표준신고서를 제출한 자 및 기한후 과세표준신고서를 제출한 자는 당초의 신고(수정신고를 포함)에 탈루(脫漏)나 오류(誤謬) 등의 하자가 있어 정당한 세액보다 많은 세액을 납부하였거나 정당한 이월결손금보다 적은 금액의 이월결손금을 신고한 경우 그 신고시점으로부터 5년의 기간 내에 그 하자를 정정하여 납부세액의 감액이나 이월결손금의 증액을 구하는 청구를 할 수 있다(基本法 45조의2 1항). 종합부동산세는 신고납부할 수도 있고 부과납부할 수도 있는데(종합부동산세법 16조), 신고납부한 자에 대해서만 경정청구를 허용하는 것이 형평에 맞지 않는다는 이유로 부과고지받은 납세의무자도 종합부동산세의 납부기한이 지난 후 5년 이내에 부과처분의 대상이된 과세표준 및 세액의 경정청구를 할 수 있도록 하고 있다(基本法 45조의2 6항). 과세관청이 납세의무의 성립시기로부터 일정한 부과제척 기간 내에 과세권을 행사할 수 있는 권리를 갖는 것에 대응하여 납세의무자에게 주어진 권리이다. 감액경정청구의 기간과 관련하여, 납세의무자가 당초 신고한 과세표준과 세액을 과세관청이 증액하는 결정이나 경정을 행한 경우 그 증가된 과세표준 및 세액에 대해서는 5년이 아니라 그 처분이 있음을 안날(처분의 통지를 받은 때에는 그 받은 날)부터 90일 이내(법정 신고기한이 지난 후 5년 이내에 한함)에만 감액경정청구를 할 수 있다(基本法 제45조의2 1항 단서). 당초의 신고액을 증액하는 결정 또는 경정하는 처분에 대하여 불복청구를 할 수 있었는데도 이를 하지 않거나 실제로 불복청구를 행하여 그 당부에 관한 판단을 받음으로써 그 과세처분이 확정된 연후에 다시 감액경정청구를 통하여 그 확정력을 변경하는 것을 허용하지 않겠다는 취지이다. 이러한 취지에 비추어 볼 때 90일 이내에 감액경정청구를 하여야 한다는 제한은 과세관청이 납세의무자의 당초 신고의 내용을 부정하고 자체적 결정이나 경정을 행한 사유와 관련하여 감액경정청구를 하는 경우에 한하여 적용되는 것이고, 그 외의 탈루나 오류 등의 하자를 근거로 감액경정청구를 하는 경우에는 적용되지 않는다고 보아야 할 것이다. 그렇지 않고 후자의 경우까지 감액경정청구의 기간 제한을 받는 것으로 해석한다면, 탈루나 오류 등 당초 신고에 내포된 하자의 존부에 관하여 아무런 인식도 하지 못한 상태에서 감액경정청구의 기회를 박탈당하는 불합리한 결과가 되기 때문이다.

과다신고로 인한 불이익을 구제받는 방법은 신고 자체가 중대하고 명백한

하자로 인하여 무효라고 인정되는 경우 부당이득반환청구권을 행사하는 것1)을 제외하고는 위와 같은 감액경정 등의 청구가 유일하다. 이를 '감액경정청구의 배타성'이라고 부른다.

(3) 후발적 사유에 기한 감액경정청구

1) 사유   납세의무자가 자신의 신고나 과세관청의 결정(경정)에 따라 확정된 조세를 납부한 후 그 확정된 조세채무의 내용에 변경을 초래하는 사유가 후발적으로 발생한 경우 해당 세금의 납부는 결과적으로 경제적 사실에 부합하지 않게 되는바, 이처럼 경제적 사실에 부합하지 않는 납세를 유지하는 것은 조세의 성질과 근거에 비추어 볼 때 정당화하기 어려운 일이다. 이에 당초 신고되거나 결정(경정)된 과세표준 및 세액을 사후적으로 변경시키는 객관적 사실이 발생한 때에는 납세의무자는 원초적 사유에 기한 감액경정청구 기간의 경과 여부와 관계없이 그 신고되거나 결정(경정)된 과세표준이나 세액의 감액을 구하거나 이월결손금의 증액을 구하는 청구를 할 수 있다(基本法 45조의2 2항).

그 사유는 법령에 열거된 다음의 것에 국한된다.

(i) 최초의 신고·결정 또는 경정에서 과세표준 및 세액의 계산 근거가 된 거래 또는 행위 등이 그에 관한 전심절차의 결정이나 소송의 판결(판결과 같은 효력을 가지는 화해나 그 밖의 행위를 포함함)에 의하여 다른 것으로 확정되었을 때(1호). 여기서 "… 판결에 의하여 다른 것으로 확정되었을 때"라 함은 거래 또는 행위 등에 대하여 분쟁이 생겨 그에 관한 판결에 의하여 거래나 행위 등의 존부나 법률효과가 다른 내용의 것으로 확정된 경우를 말한다.2) 따라서 당초 확정된 납세의무의 근거가 된 거래나 행위 등의 세법적 효력을 변경시키는 판결, 즉 세법의 해석에 관한 판례의 변경은 이에 해당하지 않는다.3)

(ii) 소득이나 그 밖의 과세물건의 귀속을 제3자에게로 변경시키는 결정 또는 경정이 있을 때(2호). 예컨대 甲이 자신에게 귀속된 소득으로 신고하였는데 과세관청이 이를 乙에게 귀속되는 것으로 판명하여 乙에게 소득세를 부과하는

---

1) 즉 신고행위가 공법행위의 일종이라는 점에 착안하여 당연무효인 경우 부당이득반환청구의 선결문제로서 신고의 무효를 주장하는 것이 허용된다는 것이다. 당연무효인 행위와 당연무효가 아닌 행위의 구별기준은 객관적으로 보아 명백하고도 중대한 하자가 있으면 당연무효라고 본다(행정행위의 무효, 취소구별에 관한 중대명백설 준용).

2) 대법원 2011. 7. 28., 2009 두 22379.

3) 대법원 2008. 7. 24., 2006 두 10023; 同 2014. 11. 27., 2012 두 28254; 同 2017. 8. 23., 2017 두38812.

경우를 들 수 있다.

(iii) 조세조약에 따른 상호합의가 최초의 신고·결정 또는 경정의 내용과 다르게 이루어졌을 때(3호).

(iv) 결정 또는 경정으로 인하여 해당 결정 또는 경정의 대상이 된 과세표준 및 세액과 연동된 다른 세목이나 과세기간(법인의 경우에는 사업연도)의 과세표준 또는 세액이 세법에 따라 신고하여야 할 과세표준 또는 세액을 초과할 때(4호). 예컨대 건설업을 영위하는 법인이 장기도급계약에 의한 공사수익을 공사완성기준에 따라 공사가 완료된 A 사업연도의 매출액으로 계상하여 그 과세표준과 세액을 신고하였는데, 나중에 과세관청이 해당 장기도급계약에 의한 공사수익을 공사진행기준에 따라 산정함이 타당하다고 보아 해당 법인이 A 사업연도의 매출액으로 계상하였던 금액 중의 일부를 그 전 사업연도의 매출액으로 인정하여 과세표준과 세액을 경정하는 경우를 들 수 있다. 부가가치세가 면제되는 거래가 아닌 것을 면세거래로 오인하여 매출세액을 징수납부하지 않고 매입세액도 공제하지 아니하였는데 과세관청이 과세거래로 인정하여 매출세액을 부과함으로써 그 매출세액이 발생한 과세기간과 다른 과세기간의 매입세액을 결과적으로 초과납부하게 된 경우도 이에 해당한다.[1]

(v) 위 (i) 내지 (iv)의 사유와 유사한 것으로서 대통령령으로 정하는 사유가 해당 국세의 법정신고기한이 지난 후에 발생하였을 때(5호).

대통령령으로 정하는 사유라 함은 다음의 경우를 말한다(基本令 25조의2).

(i) 최초의 신고·결정 또는 경정을 할 때 과세표준 및 세액의 계산 근거가 된 거래 또는 행위 등의 효력과 관계되는 관청의 허가나 그 밖의 처분이 취소된 경우(1호).

(ii) 최초의 신고·결정 또는 경정을 할 때 과세표준 및 세액의 계산근거가 된 거래 또는 행위 등의 효력과 관계되는 계약이 해제권(약정해제권 혹은 법정해제권)의 행사에 의하여 해제되거나 또는 해당 계약의 성립 후 발생한 부득이한 사유로 인하여 해제되거나 취소된 경우(2호).

이 규정에 의하면 증여세·소득세 또는 법인세 등의 법정신고기한 후에 증여계약 또는 양도계약이 당사자 일방의 해제권 행사에 의해 해제된 경우 증여세·소득세 또는 법인세의 감액경정청구를 할 수 있다. 해제조건부 증여계약이

---

[1] 조세심판원 2015. 7. 2., 조심 2015 중 1347, 2015 전 1925(병합).

나 양도계약의 해제조건이 성취되어 그 계약이 소급하여 실효되어 원상회복이 이루어진 경우에도 마찬가지이다.[1] 그러나 합의해제의 경우에 관해서는 따로 살펴볼 필요가 있다. 우선 증여계약의 합의해제와 관련해서 보면, 증여세의 법정신고기한 내에 그 신고의무[2]를 이행한 납세의무자에 대해 과세관청이 그 신고내용에 기초하여 부과처분을 하기 전에 증여계약의 당사자들이 증여계약을 합의해제하였다면 납세의무자가 증여세 신고시 납부한 증여세의 감액경정청구를 할 수 있다고 보는 견해도 있으나,[3] 무상의 편무계약(片務契約)인 증여계약에 있어서는 '부득이한 사유'에 의한 계약의 합의해제란 생각하기 어렵다고 할 것이고, 이에 대해서는 전적으로 상속세 및 증여세법 제4조 제4항(증여세 신고기한 내에 합의에 의해 증여재산을 반환하는 경우 증여가 없었던 것으로 보는 규정)이 적용된다고 할 것이다. 다음 재산 양도계약의 합의해제에 관해서 보면, 납세의무자가 양도소득세의 법정신고기한 내에 과세표준과 세액의 신고의무를 이행함으로써 납세의무가 확정된 후에는 비록 양도계약을 합의해제 하더라도 원칙적으로 이미 확정된 납세의무에는 영향이 없다고 보아야 할 것이다. 다만, 그러한 합의해제가 부득이한 사유로 인한 것인 때에는 납세의무자는 감액경정청구를 할 수 있다. 부득이한 사유로 인한 합의해제(예를 들면, 공장 부지를 매수한 사람이 사망하였고 그 상속인은 미성년이어서 공장을 건설할 형편이 안 되어 매도인과 합의해제하는 경우)는 그 경제적 실질이 본래의 계약의 실효라고 볼 수 있지만, 그렇지 않은 경우의 합의해제는 그 경제적 실질이 새로운 매매에 해당하기 때문이다. 실질과세원칙의 한 적용례라고 할 수 있다.[4] 한편, 해제권의 행사에 따른 계약의 해제나 합의해제가 그 자체만 보면 법인세의 후발적 경정청구의 사유가 될 수 있는 것이라도, 납세의무자 법인이 세법이나 기업회계기준에 따라 그 해제로 인해 반환하여야 할 금액을 해제일이 속한 사업연도의 소득금액에서 차감

---

1) 서울고법 2010. 11. 15., 2010 누 38372.
2) 증여세 납세의무는 과세관청의 부과에 의해 확정되므로 납세의무자에 의한 증여세 신고는 납세의무를 확정하는 효력을 갖지 않고 자료제출로서의 의미만 가진다.
3) 김완석, "경정청구제도에 관한 연구(Ⅱ)," 「월간조세」, 1997. 9., 28 – 29면.
4) 양도소득세가 납세의무자의 신고에 의하여 확정되는 것이 아니라 신고를 기초로 한 과세관청의 결정에 의하여 확정되던 제도(1999. 12. 28.자 법률 제6051호로 개정되기 전의 소득세법 제114조)하에서의 대법원 판례도 복잡한 민·형사적 분쟁을 해결하기 위한 방편으로 매매계약을 합의해제하는 등 합의해제의 부득이한 사유가 있는 경우에는 양도소득이 발생하지 않았으므로 양도소득세 부과처분은 위법하다고 판시하였다(대법원 1992. 12. 22., 92 누 9944; 同 1984. 2. 14., 82 누 286).

하는 방식으로 법인세를 신고해 온 경우에는 그러한 계약의 해제는 당초 성립한 납세의무에 영향을 미칠 수 없으므로 후발적 경정청구사유가 될 수 없다.[1]

채무자가 채권자에 대한 채무의 이행을 면탈하기 위하여 행한 재산의 증여가 민법 제406조에 따른 사해행위취소의 소에 의해 취소된 경우가 과세표준 및 세액의 계산근거가 된 거래의 효력이 그 계약의 성립 후 발생한 부득이한 사유로 인하여 취소된 경우에 해당하느냐의 문제가 있는데, 이 경우 증여 취소의 효력은 채권자와 수익자(수증자) 사이에만 미칠 뿐 채무자(증여자)와 수익자(수증자) 간의 증여의 효력은 변함이 없으므로 증여의 취소는 후발적 경정사유에 해당하지 않는다.[2]

(iii) 최초의 신고·결정 또는 경정을 할 때 장부 및 증거서류의 압수, 그 밖의 부득이한 사유로 과세표준 및 세액을 계산할 수 없었으나 그 후 해당 사유가 소멸한 경우(3호).

(iv) 그 밖에 위 (i) 내지 (iii)의 사유에 준하는 사유가 있는 경우(4호).

이자소득의 소득자가 소득세를 신고납부한 뒤 원금채권조차 회수하지 못하게 된 사실이 발생한 경우 또는 회사의 배당결의에 따른 배당금을 실제로 수령하지 아니한 주주가 그 배당금 전액에 관하여 종합소득세를 신고납부한 뒤 회사의 도산으로 그 배당금의 회수불능이 객관적으로 명백하게 된 경우가 이에 해당한다.[3] 이들의 경우에는 소득을 발생시킬 권리의 성숙·확정이 이루어지지 아니하였다고 할 것이므로 권리확정주의에 따라 과세권 자체를 행사할 수 없는 경우이다. 권리확정주의에 따라 소득을 얻을 권리가 과세권을 행할 수 있을 정도로 성숙·확정되어야만 과세권을 행사할 수 있는 법리와 소득을 얻을 권리가 일응 발생한 상태에서 그 소득에 대한 과세표준과 세액의 신고를 하였으나 뒤에 그 권리의 실행이 불가능하게 된 경우에는 후발적 경정청구를 통하여 그 신고액을 줄일 수 있다는 법리는 상호 병존과 선택이 가능하다고 봄이 타당할 것이다. 판례도 같은 취지로 판시하고 있다.[4]

2) 기한　　　후발적 사유에 기한 경정 등의 청구권의 행사는 그 사유의

---

1) 대법원 2020. 1. 30., 2016 두 59188; 同 2017. 9. 21., 2016 두 60201; 同 2014. 3. 13., 2012 두 10611.
2) 대법원 2020. 11. 26., 2014 두 46485.
3) 대법원 2014. 1. 29., 2013 두 18810.
4) 대법원 2013. 12. 26., 2011 두 18120.

발생을 안 날로부터 3개월 이내에 하여야 한다(基本法 45조의2 2항). 사유의 발생일이 아니라 '사유의 발생을 안 날'을 기산일로 하고 있음에 유의하여야 한다.

3) 원초적 사유에 기한 감액경정청구와의 관계   원초적 사유에 기한 감액경정청구 기간 5년이 경과하기 전에 후발적 사유에 기한 감액경정청구를 하였더라도 그 기간 내에 다시 원초적 사유에 기한 감액경정청구를 할 수 있다고 할 것이다. 후발적 사유에 기한 감액경정청구가 원초적 사유에 기한 감액경정청구권의 행사를 제한하는 것으로 해석될 수는 없기 때문이다. 같은 맥락에서 원초적 사유에 기한 감액경정청구가 가능한 경우라고 하더라도 후발적 사유에 기한 감액경정청구가 배제되지 않는다.[1]

(4) 경정청구에 대한 과세관청의 결정과 불복

과세관청은 경정 등의 청구에 대하여 2개월 이내에 의사를 결정하여 통지할 의무가 있다(基本法 45조의2 3항). 과세관청이 2개월의 기간 내에 경정청구에 대한 결정 또는 경정을 하는 것이 곤란하다고 생각하는 경우에는 청구자에게 진행상황 및 거부처분이 있는 것으로 보아 불복을 개시할 수 있다는 사실을 통지하여야 한다(동조 4항). 경정청구를 제기한 청구인이 2개월이 지나도록 경정청구에 대한 결정 또는 경정의 통지를 받지 못하면 그 2개월이 되는 날의 다음 날부터 불복철자를 개시할 수 있다(동항 단서). 과세관청이 거부처분을 행하는 경우 납세의무자는 그 거부처분을 다툴 수 있음은 물론이다. 경정청구는 과세관청의 처분에 대한 불복청구가 아니므로 그에 따른 결정이나 경정의 불가변력이 인정되지 않고, 따라서 과세관청이 경정청구를 받아들여 행한 감액 등의 결정이나 경정에 오류나 누락이 있는 경우 과세관청은 이를 바로잡는 처분을 할 수 있다.[2] 같은 이유로 감액경정청구에 대해 거부처분을 받았더라도 경정청구 기한이 경과하지 않은 이상 사유를 보완하여 새로이 감액경정청구를 할 수 있고, 그에 대한 거부처분은 새로운 불복청구의 대상이 된다고 보아야 할 것이다.

(5) 원천징수의무자에 대한 준용

자신의 과세표준과 세액을 신고한 납세의무자에게 주어지는 위와 같은 감액경정청구권은 특정 유형의 소득에 대하여 원천징수의무를 이행한 원천징수의무자(즉, 소득의 지급자)와 원천납세의무자(즉, 소득의 수급자)에게도 준용된다. 즉,

---

1) 대법원 2017. 9. 7., 2017 두 41740.
2) 대법원 2015. 12. 23., 2013 두 22475.

연말정산 또는 원천징수의 방식으로 소득세 또는 법인세를 납부하고 소득세법이나 법인세법에 따라 지급명세서를 제출기한까지 제출한 원천징수의무자 또는 그 원천납세의무자는 신고납부를 행한 납세의무자와 마찬가지로 감액경정청구를 할 수 있다(基本法 45조의2 4항). 원천징수의무자와 원천납세의무자 모두 감액경정청구권자가 될 수 있다. 그러나 양인이 감액경정청구권을 동시에 행사하는 경우 누구의 청구를 인정해야 하는 것인지 불분명하고, 나아가 원천징수되는 조세에 관해서는 국가와 원천징수의무자 간에서만 권리의무 관계가 성립한다고 보므로,[1] 원천납세의무자를 감액경정청구권자로 동시에 인정하는 제도는 타당하지 않다. 한편, 어떤 소득의 원천납세의무자로 지목된 자가 해당 소득의 실질귀속자인지 여부는 경정청구 단계에서는 알 수가 없고, 법원의 실체적 심리를 거쳐야만 확정될 수 있으므로, 원천납세의무자의 자격으로 감액경정청구를 하는 자가 반드시 자신이 해당 소득의 실질귀속자임을 증명하여야 할 필요는 없다.[2] 감액경정청구의 대상이 되는 원천징수 소득의 유형은 다음과 같다.

(i) 거주자에게 지급된, 소득세법 제73조 제1항 각호에 해당하는 소득(소득의 수취자가 과세표준 확정신고를 하지 않아도 되는 소득).

(ii) 비거주자에게 지급된, 소득세법 제119조 제1호, 제2호, 제4호 내지 제8호, 8호의 2, 제10호 내지 제12호에 해당하는 국내원천소득(이자소득, 배당소득, 동산의 임대소득, 사업소득, 인적 용역소득, 근로소득, 퇴직소득, 연금소득, 사용료 소득, 유가증권 양도소득, 기타소득).

(iii) 외국법인에 지급된, 법인세법 제93조 제1호, 제2호, 제4호 내지 제6호, 제8호 내지 제10호에 해당하는 국내원천소득(이자소득, 배당소득, 동산의 임대소득, 사업소득, 인적 용역소득, 사용료 소득, 유가증권 양도소득, 기타소득).

(6) 납세신고의 근거법률에 대한 위헌결정에 따른 감액경정청구의 가부

1) 문제의 소재　　　과세관청이 세법 규정에 근거하여 부과처분을 행한 것이 아니라, 납세의무자가 세법규정에 따라 과세표준과 세액의 신고를 하였는데 해당 세법규정에 대한 위헌결정이 내려진 경우 해당 납세의무자가 원초적 사유에 기해 또는 후발적 사유에 기해 과세표준과 세액의 감액경정청구를 할 수 있는지 문제된다. 이에 관한 논의는 법률의 위헌결정의 효력에 관한 일반적

---

1) 대법원 1979. 7. 24., 79 누 97; 同 1974. 6. 25., 74 다 586.
2) 대법원 2017. 7. 11., 2015 두 55134, 55141.

법리와 관련되므로 먼저 이것부터 살펴보아야 할 것이다.

2) 행정처분의 근거법률에 대한 위헌결정의 효력   판례는 위헌결정의 효력에 관하여 "헌법재판소의 위헌결정의 효력은 위헌제청을 한 당해 사건, 위헌결정이 있기 전에 이와 동종의 위헌 여부에 관하여 헌법재판소에 위헌제청을 당해 법률 또는 법률 조항이 재판의 전제가 되어 법원에 계속 중인 사건뿐만 아니라, 위헌결정 이후에 위와 같은 이유로 제소된 일반사건에도 미친다고 할 것이나, 위헌결정의 효력은 그 미치는 범위가 무한정일 수는 없고 다른 법리에 의하여 그 소급효를 제한하는 것까지 부정되는 것은 아니라 할 것이며, 법적 안정성의 유지나 당사자의 신뢰보호를 위하여 불가피한 경우에 위헌결정의 소급효를 제한하는 것은 오히려 법치주의의 원칙상 요청되는 바이다"라는 취지로 일관되게 판시하고 있다.[1] 즉, 당사자의 권리구제라는 구체적 타당성 등의 요청에 비하여 종래의 법령에 의하여 형성된 법률관계에 관한 법적 안정성과 신뢰보호의 요청이 현저하게 우월하는 경우 위헌결정의 소급효는 제한된다는 것이다. 그 한 측면으로 위헌으로 결정된 법률에 근거하여 행하여진 행정처분에 대한 행정쟁송의 제기시한이 도과함으로써 불가쟁력(不可爭力; 형식적 확정력)이 발생한 경우 위헌결정의 소급효가 미칠 수 없다고 본다. 다시 말하면, 위헌결정의 소급효가 행정처분의 불가쟁력에 우선할 수 없다는 것이다.[2] 다른 한편으로, 판례는 행정처분의 근거법률의 위헌결정은 해당 행정처분의 당연무효 사유는 아니고, 단순 위법사유에 불과하다고 보는바,[3] 위와 같은 법리를 종합하면 조세의 부과처분의 근거가 된 세법규정에 대한 위헌결정이 내려진 시점에 해당 부과처분에 대한 행정쟁송 제기의 시한이 경과하지 않았다면 위헌결정 그 자체를 위법사유로 주장하여 해당 부과처분의 취소를 청구할 수 있을 것이나, 이미 행정쟁송의 제기시한이 도과한 경우에는 구제를 받을 수 없다는 결론이 된다.

3) 납세신고의 근거법률에 대한 위헌결정에 따른 감액경정청구의 가부

먼저, 원초적 사유에 기한 감액경정청구의 가부부터 보면, 국세기본법 제

---

1) 대법원 2006. 6. 15., 2005 두 10569; 2006. 6. 9., 2004 두 9272; 同 2005. 11. 10., 2005 두 5628; 同 1994. 10. 25., 93 다 42740 등.

2) 대법원 2002. 11. 8., 2001 두 3181.

3) 위 같은 판례. 그러나 어떤 법률조항이 위헌으로 결정된 후에 해당 법률조항이 유효함을 전제로 새로운 처분을 행하였다면, 그 새로운 처분은 당연무효이다(대법원 2012. 2. 16., 2010 두 10907(전원합의체)).

45조의2 제1항 제1호에서 감액경정청구의 사유로 "과세표준신고서에 기재된 과세표준 및 세액이 … 세법에 의하여 신고하여야 할 과세표준 및 세액을 초과하는 때"를 들고 있는데, 여기서 세법이라고 함은 헌법에 위반되지 않는 유효한 법률로서의 세법을 의미한다고 할 것이므로, 위헌으로 결정된 세법 규정에 근거하여 신고된 과세표준과 세액은 '세법에 의하여 신고하여야 할' 것에 해당되지 않아 감액경정청구의 대상이 된다고 할 것이다. 과세처분의 근거법률에 대한 위헌결정은 해당 과세처분의 위법사유가 된다는 위에서 본 대법원 판례의 취지를 납세신고에 유추하여 적용한다면, 위헌으로 결정된 세법 규정에 근거한 납세신고도 법률에 적합하지 않은 것이 되는바, 이러한 점에서도 위헌으로 결정된 법률에 따라 신고된 과세표준과 세액은 원초적 사유에 기한 감액경정청구의 대상이 된다고 봄이 타당하다. 하급심 판결도 이유는 다르지만 같은 결론을 내린 바 있다.[1] 위에서 본 바와 같이 원초적 사유에 기한 과세표준과 세액의 감액경정청구는 당초의 신고시점으로부터 3년의 기간 내에 하여야 하므로, 납세신고의 근거법률에 대한 위헌결정이 당초의 신고일로부터 3년 이내에 내려진 경우에 한하여서만 감액경정청구를 하는 것이 가능할 것이다.

다음, 후발적 사유에 기한 감액경정청구의 가부를 보면, 납세신고의 근거가 된 세법 규정에 대한 위헌결정은 국세기본법 제45조의2 제2항과 동법 시행령 제25조의2에서 규정하고 있는 후발적 감액경정청구 사유의 문언상 그 어느 것에도 해당하지 않는다. 또한 위에서 본 바와 같이 납세신고의 근거법률에 대한 위헌결정은 감액경정청구의 원초적 사유에 해당하는바, 이처럼 감액경정청구의 원초적 사유에 해당하는 것이 동시에 감액경정청구의 후발적 사유가 된다고 하는 것은 모순이라는 점에서도[2] 납세신고의 근거법률에 대한 위헌결정이 납세신고의 감액경정청구의 후발적 사유가 된다고 할 수는 없다. 나아가 수많은 납세의무자들로부터 장기간에 걸쳐서 천문학적 금액의 세금을 납부받아 이미 각종 재정수요에 충당한 상태에서 뒤늦게 내려진 위헌결정에 따라 그 금액을 전부 환급하여야 한다고 하면 국가재정의 운용에 심대한 지장을 초래할 수 있어 법적 안정성을 심하게 해칠 수 있다는 면에서도 납세신고의 근거법률에

---

1) 서울고법 2004. 11. 12., 2003 누 18769.
2) 납세신고의 근거법률에 대한 위헌결정이 감액경정청구의 원초적 사유에 해당한다는 것은 곧 소급하여 납세신고시에 납세의무가 없었음을 의미하는 것이므로, 동시에 그 사유로 '후발적'으로 납세의무가 소멸하였다고 하는 것은 앞뒤가 맞지 않는다.

대한 위헌결정을 후발적 감액경정청구의 사유로 보는 것은 바람직하지 않다.[1]

5. 기한후 신고

(1) 의 의

기한후 신고란 법정신고기한 내에 과세표준신고서를 제출하지 아니하였으나 세법에 의하여 납부하여야 할 세액(세법에 의한 가산세 포함)이 있는 자가 해당 국세의 과세표준과 세액을 결정하여 통지받기 전까지 소정의 절차에 따라 관할세무서장에게 제출하는 신고를 말한다(基本法 45조의3 1항). 결손금액 또는 환급세액만 있는 경우에는 세법에 의하여 납부하여야 할 세액이 없으므로 기한후 신고의 대상이 되지 아니한다. 기한후 과세표준신고서를 제출한 자는 기한후 과세표준신고액에 상당하는 세액과 가산세액을 합한 금액을 납부하여야 한다(基本法 45조의3 2항).

(2) 기한후 신고의 효과

법정신고 기한 경과 후 1개월 내에 기한후 신고를 한 경우에는 수정신고의 경우에서처럼 무신고가산세액의 100분의 50을 경감하는 혜택을 준다(基本法 48조 2항 2호).

신고주의 국세의 수정신고는 수정된 대로 납세의무를 확정짓는 효력이 있는 반면, 기한후 신고는 과세표준과 세액을 확정하는 효력이 없고 부과결정의 참고자료에 불과하다. 그리하여 기한후 신고를 받은 관할세무서장은 세법의 규정에 따라 해당 국세의 과세표준과 세액을 경정하는 것이 아니라 결정한 뒤 통지하여야 한다. 다만, 기한후 신고에 대해서도 수정신고를 할 수 있으므로 그러한 기한후 신고에 대한 수정신고가 있는 경우에는 관할세무서장은 당초의 기한후 신고에 대해서 했던 결정을 경정하여야 한다(동조 3항). 이와 관련하여 판례는 납세의무자가 기한후 과세표준신고서의 제출과 더불어 자진납부한 세액에 대하여 과세관청이 별도로 고지할 세액이 없다는 내용으로 행한 '신고시인결정 통지'는 여기서 말하는 '결정'으로서 항고소송의 대상이 되는 행정처분에 해당하는 것으로 본다.[2] 그러나 기한 후 신고에 대하여 내부적인 결정을 하였다 하

---

1) 同旨 박성규, "세법에 대한 위헌결정이 내려진 경우 경정청구를 통한 납세자의 권리구제", 「조세법실무연구」(재판자료 115집), 법원도서관(2008), 221 – 224면.

2) 대법원 2014. 10. 27., 2013 두 6633.

더라도 이를 납세의무자에게 공식적인 방법으로 통지하지 않은 경우에는 기한 후 신고에 대한 결정은 성립하지 않고, 따라서 항고소송의 대상이 되는 처분이 존재하지 않는다.1)

6. 순차적 확정행위 간의 관계(납세의무 확정력의 변경)

납세의무자가 자신의 신고를 변경하는 수정신고와 과세관청의 결정, 경정(更正) 등의 처분이 당초 신고에 의한 납세의무의 확정을 변경하고 대체하는 것임에 관해서는 의문의 여지가 없다. 그런데, 과세관청이 납세의무를 확정하는 결정이나 경정2)을 한 후 이를 다시 경정 또는 재경정(再更正)하는 경우 그 2개 처분의 관계가 여하한지가 문제된다. 이에 관해서는 대체로 세 가지의 입장을 생각할 수 있다. 재경정은 몇 번이라도 반복될 수 있는 것이지만, 선행처분과 후행처분의 관계(즉, 결정과 경정, 경정과 재경정, 재경정과 재재경정 등)는 어느 경우에나 같은 것이기 때문에 여기에서는 경정(신고주의 국세에 있어서의 당초의 처분)과 재경정의 관계를 예로 하여 살펴보기로 한다.

첫째의 견해는 흡수설(또는 소멸설)이라 불리는 것으로 재경정에 의하여 당초의 경정처분은 소멸하고(또는 재경정처분에 흡수되고), 전체적으로 새로이 세액을 확정짓는 것이라 한다. 따라서 증액 재경정의 경우에 재경정처분은 증액분에 한정되는 것이 아니고, 당초의 경정처분을 전체적으로 뜯어고치는 것이 된다.

둘째의 견해는 위 흡수설과는 반대로 재경정처분은 당초의 경정처분에 흡수된다는 역흡수설[또는 경정신축설(更正伸縮說)]이다. 재경정은 경정에 의하여 인식되었던 세액의 증감이라고 보는 입장이다. 흡수설이나 역흡수설은 모두 경정과 재경정이 하나의 처분으로 결합된다고 본다.

셋째는 경정과 재경정은 각각 별개의 독립된 처분으로 재경정처분은 과세

---

1) 대법원 2020. 2. 27., 2016 두 60898.
2) 대법원 1993. 12. 21., 93 누 14059(과세관청은 처분의 동일성을 해하지 아니하는 범위 내에서는 당초의 과세처분 당시 인정한 사실의 일부에 착오나 오류가 있는 경우 경정처분으로서 종전의 사실인정의 착오나 오류를 바로 잡을 수 있는 것이고, 이 경우 종전의 부과처분을 취소하고 새로운 부과처분을 하여야 하는 것은 아니다. 같은 취지에서 피고가 이 사건 토지에 관하여 원고들 앞으로 소유권이전등기가 경료된 것을 과세원인사실로 하여 증여세를 부과하면서 당초 부과처분 당시 착오로 증여자를 잘못 인정하였다가 그 후 이를 바로 잡아 경정결정을 하였다고 하여도 이는 동일한 과세원인사실의 범위 내로서 과세의 기초사실이 달라지는 것은 아니라고 볼 것이므로 당초의 과세처분이 위법하게 된다고 할 수 없다).

표준 또는 세액을 증액 또는 감액시키는 데 불과하다는 병존설(또는 단계설)이다.

각 설은 쟁송의 대상과 관련하여 장단점이 있다. 흡수설의 입장에 서면 경정처분을 다투는 중에 그 처분에 대한 재경정처분이 내려지는 경우에 당초의 처분에 대한 쟁송은 그 대상이 소멸되어 각하를 면치 못하고, 재경정처분에 대하여 처음부터 다시 쟁송의 절차를 밟아야 한다(재경정에 대하여 재재경정이 있는 경우에 또다시 반복). 이와 같은 결과는 쟁송의 경제나 납세자의 권익보호라는 측면에서 볼 때 지극히 부당하다. 다만, 선행의 경정처분에 대해 이미 제기한 심사청구나 심판청구의 불복의 사유와 후행의 재경정처분의 불복의 사유가 기본적 사실관계와 법률적 쟁점 면에서 동일 또는 유사하여 재결청이 해당 사실관계와 법률적 쟁점을 판단하는 기회를 가졌다면 납세의무자는 재경정처분에 대하여 다시 전심절차를 거치지 아니하고 과세처분의 취소를 청구하는 행정소송을 제기할 수 있으므로,[1] 그 한도 내에서 이러한 부당성은 많이 완화된다.

역흡수설에 의하면 일단 당초의 경정처분에 대한 쟁송이 계속 중 재경정이 있더라도 이는 당초의 처분에 흡수되어 쟁송의 대상에 포함되므로 흡수설의 결점은 시정된다. 그러나 당초의 경정처분이 불복청구기한의 경과로 다툴 수 없게 된 경우, 후일의 재경정처분이 이에 역흡수된다면 재경정처분에 대해서마저 다툴 수 없게 되어 불합리하다.

병존설은 역흡수설의 이와 같은 모순을 해소한다. 그러나 쟁송경제를 위한 입법적 해결은 여전히 요망된다.

선행처분과 후행처분의 관계를 어떻게 파악하느냐 하는 것은 비단 쟁송의 대상과 관련이 있을 뿐만 아니라, 선행처분에 기하여 이루어진 납부·독촉·강제징수 등의 행위의 효력과도 관련이 있다. 흡수설에 따르면, 선행처분에 기한 각종의 행위는 후행처분으로 인하여 근거 없는 행위로 돌아가 소급하여 무효가

---

1) 대법원 2006. 4. 14., 2005 두 10170(조세행정에 있어서 2개 이상의 같은 목적의 행정처분이 단계적·발전적 과정에서 이루어진 것으로서 서로 내용상 관련이 있다든지, 세무소송 계속중에 그 대상인 과세처분을 과세관청이 변경하였는데 위법사유가 공통된다든지, 동일한 행정처분에 의하여 수인이 동일한 의무를 부담하게 되는 경우에 선행처분에 대하여 또는 그 납세의무자들 중 1인이 적법한 전심절차를 거친 때와 같이, 국세청장과 국세심판원으로 하여금 기본적 사실관계와 법률문제에 대하여 다시 판단할 수 있는 기회를 부여하였을 뿐더러 납세의무자로 하여금 굳이 또 전심절차를 거치게 하는 것이 가혹하다고 보이는 등 정당한 사유가 있는 때에는 납세의무자가 전심절차를 거치지 아니하고도 과세처분의 취소를 청구하는 행정소송을 제기할 수 있다고 보아야 할 것이다); 同 1991. 5. 24., 91 누 247; 同 1992. 9. 8., 92 누 4383; 同 2000. 9. 26., 99 두 1557 등.

된다. 즉 선행처분에 입각한 기존의 행위는 항상 불안정한 상태에 놓인다. 역흡수설이나 병존설을 따르면 이러한 흠이 없다.

현재 대법원 판례는 증액경정처분의 경우에는 후의 처분이 전의 처분을 흡수하고(흡수설),[1] 반대로 감액경정처분의 경우에는 전의 처분이 후의 처분을 흡수한다(역흡수설)는 입장을 취하고 있다.[2] 다만, 당초의 신고에 의하여 확정된 법인세 과세표준과 세액의 감액경정청구를 거절하는 처분의 취소를 구하는 소송을 진행하던 도중 행하여진 증액경정처분의 효력과 관련하여 판례는 다른 판시를 하고 있다. 즉, 이러한 경우에는 증액경정처분이 당초 신고를 흡수하여 그 당초 신고의 확정력을 소멸시키는 원칙(흡수설)이 적용되지 않고, 따라서 감액경정청구의 거절처분에 대한 취소청구소송은 계속 적법하게 진행할 수 있다고 보되,[3] 다만 감액경정청구에 대한 거절처분의 위법사유를 청구의 원인에 포함시켜 증액경정처분의 취소청구 소송을 다시 제기한 경우에는 다시 흡수설의 원칙으로 돌아가 감액경정청구의 거절처분에 대한 취소청구소송은 부적법하다고 본다.[4]

한편, 국세의 수정신고는 당초 신고에 따라 확정된 세액에 관한 권리·의무에 영향을 주지 않고, 증액경정처분이나 감액경정처분은 당초 확정된 세액에 관한 권리, 의무에 영향을 주지 않는다고 국세기본법 제22조의2 및 22조의3에서 규정하고 있는바, 이 규정이 위에서 본 순차적 확정행위 간 확정력의 변경과 관련하여 어떤 의미를 갖는지 문제된다. 당초 신고와 수정신고의 관계는 경정처분과 증액경정처분의 관계에 준하므로, 여기서는 증액재경정처분이 당초의 경정처분에 의해 확정된 세액에 관한 권리·의무에 영향을 주지 않는다는 규정의 의미에 관해서만 보기로 한다. 그 의미와 관련하여 (i) 위 대법원 판례가 확립한 앞·뒤 처분 간의 흡수 또는 역흡수의 법리와 다르게 앞의 처분이 뒤의 처분과 독립하여 병존한다는 의미로 보는 입장과 (ii) 납세의무의 확정력에 관해서는 여전히 증액경정처분의 경우에는 앞의 처분이 뒤의 처분에 흡수되고, 감액경정처분의 경우에는 뒤의 처분이 앞의 처분에 역으로 흡수되되, 앞의 처

---

1) 대법원 1984. 4. 10., 83 누 593; 同 1987. 12. 22., 85 누 599; 同 1990. 4. 10., 89 누 3724 등; 흡수되어 소멸되는 처분의 절차적 하자는 존속하는 경정처분에 승계되지 않는다(대법원 2010. 6. 24., 2007 두 16493).
2) 대법원 1995. 8. 11., 95 누 351; 同 1987. 12. 22., 85 누 599; 同 1983. 4. 12., 83 누 35.
3) 대법원 1987. 1. 20., 83 누 571.
4) 대법원 2005. 10. 14., 2004 두 5133.

분에 의하여 확정된 금액 범위 내에서 후의 처분의 효력을 다툴 수 없다는 '불가쟁력'의 의미만 있다고 보는 입장이 있을 수 있다. 소득세나 법인세의 경우에서와 같이 특정의 과세기간에 발생하는 '소득'이라는 과세물건에 대한 과세처분은 하나 밖에 존재할 수 없으므로 하나의 과세물건에 대하여 복수의 과세처분이 병존한다는 것은 개념상 성립할 수 없으므로 후자의 견해가 타당하다고 본다. 대법원 판례도 같은 입장에서 "국세기본법 제22조의2의 시행 이후에도 증액경정처분이 있는 경우 당초 신고나 결정은 증액경정처분에 흡수됨으로써 독립된 존재가치를 잃게 된다고 보아야 하고, 따라서 원칙적으로 당초 신고나 결정에 대한 불복기간의 경과 여부 등에 관계없이 증액경정처분만이 항고소송의 심판대상이 되고, 납세의무자는 그 항고소송에서 당초 신고에서의 과다신고사유나 당초 결정의 위법사유도 함께 주장할 수 있다"고 판시하고 있다.[1] 즉, 당초의 경정처분을 흡수한 증액재경정처분의 취소를 구하는 소송에서 당초의 경정처분의 위법사유도 함께 다툴 수 있다고 본다. 또한 판례는 당초의 신고에 대한 감액경정청구기간이나 당초 결정에 대한 제소기간이 경과되지 않은 경우 당초 신고나 결정에 내재된 위법사유뿐만 아니라 당초 신고하거나 결정된 세액에 대해서도 취소를 청구할 수 있다고 본다.[2]

제 3 절 납세의무의 확장

원래 납세의무는 담세력이 있다고 인정되는 개인 혹은 법인을 의무자로 하여 부과하고 그로부터 징수함이 원칙이다. 그러나 때로는 조세징수의 확보를 위해 2인 이상의 납세의무자에게 연대책임을 과하거나, 본래의 납세의무자 이외의 타인에게 납세의무를 승계시키거나(상속·합병), 혹은 종(從)된 납세의무를 과하기도 한다(제2차 납세의무·납세담보).

---

1) 대법원 2020. 4. 9., 2018 두 57490; 同 2013. 4. 18., 2010 두 11733; 同 2009. 5. 14., 2006 두 17390; 同 2009. 5. 14., 2008 두 17134.
2) 대법원 2012. 3. 29., 2011 두 4855.

Ⅰ. 연대납세의무

하나의 납세의무에 대해서 두 사람 이상이 연대하여 책임지는 것을 연대납세의무라 한다. 연대납세의무에는 국세기본법상의 것과 개별 세법상의 것이 있다. 국세기본법상의 연대납세의무에는 4가지가 있다. 첫째는 공유물, 공동사업 또는 공동사업에 속하는 재산에 관계되는 국세를 공유자, 공동사업자가 연대하여 납부할 의무를 지는 것이고(基本法 25조 1항), 둘째는 상법상 법인의 분할일 또는 분할합병일 이전에 분할법인에게 부과되거나 그 납세의무가 성립한 국세를 분할법인과 분할이나 분할합병으로 신설되는 법인(분할신설법인)·분할합병의 상대방 법인이 연대하여 납부할 의무를 지는 것이며(동조 2항), 셋째는 분할로 인하여 소멸하는 분할법인이 납부할 의무가 있는 국세를 분할신설법인과 분할합병의 상대방 법인이 연대하여 납부할 의무를 지는 것이고(동조 3항), 넷째는 '채무자 회생 및 파산에 관한 법률' 제215조에 따라 법인이 회생의 한 방법으로 신회사를 설립하는 경우 기존의 법인이 납부할 의무가 있는 국세를 신회사가 연대하여 납부할 의무를 지는 경우이다(동조 4항). 그런데, 법인세법 시행령에서 분할신설법인 등은 분할법인 등의 각 사업연도 소득에 대한 법인세를 납부할 책임이 있다고 하여(法令 85조의2) 마치 분할신설법인 등이 분할법인 등의 납세의무를 승계하는 것처럼 규정하고 있는바, 이는 양자가 연대납부의 관계에 있는 것으로 규정한 위 둘째와 셋째의 경우에 관한 국세기본법에 반하는 것이어서 그 효력이 의문시 된다.

개별 세법상의 연대납세의무의 예로는 우선 상속세 및 증여세법상의 공동상속인이나 공동수유자 간의 상속세 연대납세의무(相贈稅法 3조의2 3항)와 증여자와 수증자 간의 증여세 연대납세의무(相贈稅法 4조의2 6항) 등을 들 수 있다. 소득세법상의 연대납세의무의 예로는 특수관계인 간의 공동사업에서 발생하는 소득에 대한 납세의무를 들 수 있다. 위에서 본 것처럼 국세기본법상 공동사업에 관계되는 국세는 원칙적으로 연대납부의 대상이지만, 소득세법에서 이에 대한 예외를 두고 있다. 즉, 소득세법상 공동사업자는 공동사업에서 발생하는 사업소득을 그들 간의 손익분배비율 또는 지분비율에 따라 분배한 금액에 대하여 각자 소득세 납부의무를 지고(所法 43조 2항), 원칙적으로 그들 공동사업자 간에는 국세기본법상의 연대납세의무의 적용이 배제된다(所法 2조의2 1항 본문).[1] 다만 소득세법 제

43조 제3항에 의하여 어떤 공동사업자의 사업소득이 특수관계에 있는 주된 공동사업자에게 합산과세되는 경우에는 주된 공동사업자 이외의 특수관계인은 주된 공동사업자와 연대하여 납부할 의무를 진다(동항 단서). 법인세법상의 연대납세의무로는 연결납세방식의 적용을 받은 연결법인이 각 연결사업연도의 소득에 대한 법인세를 연대납부할 의무를 지는 것을 들 수 있다(法法 3조 3항).

연대채무에 관한 민법의 규정들은 연대납세의무에 준용되므로(基本法 25조의2), 과세관청은 어느 연대납세의무자에 대하여 또는 모든 연대납세의무자에 대하여 동시나 순차로 조세채무의 전부나 일부의 이행을 청구할 수 있다(민법 414조). 그리고 어느 연대납세의무자에 대한 이행청구는 다른 연대납세의무자에게도 효력이 있다(동법 416조). 이와 관련하여 판례는 연대적 효력을 발생시키는 조세채무의 이행청구는 이미 확정된 조세채무의 이행에 관한 것, 즉 징수처분의 통지만 의미하고, 납세의무 확정의 효력을 발생시키는 부과처분의 통지는 포함하지 않으므로, 연대납세의무자 1인에 대한 부과처분의 통지는 다른 연대납세의무자에게 효력을 미치지 않는다고 본다.[1] 따라서 과세관청이 그 납세의무가 성립된 어떤 연대납세의무자로부터 해당 조세를 징수하기 위해서는 그 연대납세의무자에 대한 부과의 결정 또는 경정의 고지를 통하여 구체적 납세의무를 개별적으로 확정시키지 않으면 안된다. 이러한 판례의 취지를 고려하여 국세기본법에서는 연대납세의무자에게 서류를 송달할 때에는 그 대표자를 명의인으로 하며, 대표자가 없을 때에는 연대납세의무자 중 국세를 징수하기에 유리한 자를 명의인으로 하되, 다만 연대납세의무의 고지와 독촉에 관한 서류는 연대납세의무자 모두에게 각각 송달하도록 요구하고 있다(基本法 8조 2항).

Ⅱ. 제2차납세의무

1. 총 설

제2차납세의무란 납세의무자의 재산으로 강제징수를 하여도 그가 납부하여야 할 국세 및 강제징수비에 충당하기에 부족한 경우 그 납세의무자와 후술하는 바와 같은 일정한 관계가 있는 자(제2차납세의무자)가 부족액에 대하여 지

---

1) 대법원 1995. 4. 11., 94 누 13152.
1) 대법원 1998. 9. 4., 96 다 31697; 同 1994. 5. 10., 94 누 2077; 同 1985. 10. 22., 85 누 81.

는 세법상의 고유한 이행책임을 말한다(基本法 2조 11호, 38조 이하).

제2차납세의무는 본래의 납세의무에 갈음하는 의무인 까닭에 후자에 대하여 부종성(附從性)과 보충성(補充性)을 갖는다. 그러므로 본래의 납세의무가 소멸하면 제2차납세의무도 함께 소멸하며(부종성), 또한 제2차납세의무는 본래의 납세의무자의 재산으로는 충족시킬 수 없는 부족액을 한도로 한다(보충성).

제2차납세의무가 성립하기 위해서는 공통적으로 3가지 요건이 충족되어야 한다. 첫째, 본래의 납세의무의 체납이 있어야 한다. 둘째, 체납자의 재산으로는 강제징수를 하여도 국세 및 강제징수비에 충당하기에 부족하여야 한다. 부족액의 유무는 본래의 납세의무자에 대하여 강제징수를 현실적으로 하지 않더라도 부족액이 생길 것이라고 객관적으로 인정되면 족하다.[1] 셋째, 제3자(제2차납세의무자)가 본래의 납세의무자와 일정한 관계가 있어야 한다. 이와 같이 성립된 제2차납세의무는 제2차납세의무자에 대한 납부고지로 구체적으로 확정된다(徵收法 7조).

제2차납세의무자가 제2차납세의무를 이행한 경우, 본래의 납세의무자에 대해 구상권을 가지는가, 구상권을 가진다면 그 범위는 어떠한가 하는 것도 문제이다. 우리나라 기업회계실무상 제2차납세의무자가 본래의 납세의무자의 조세채무를 대납하는 경우, 그런 대납세액은 본래의 납세의무자에 대한 가지급금(假支給金; 대여금)으로 회계처리하는 것이 보통이다. 제2차납세의무자 보호라는 관점에서 구상권의 존재를 인정해야 함은 당연한데, 그 근거에 관해서는 보증인으로서의 대위변제를 한 데 따른 구상권(민법 441조, 444조), 부당이득의 반환청구, 사무관리비용의 반환청구권(민법 739조) 등 여러 가지 견해가 나뉠 수 있다. 제2차납세의무가 본래의 납세의무자와 제2차납세의무자 간의 의사표시의 교환에 의하여 성립하는 것이 아니라 법률의 규정에 따라 성립한다는 점에서 부당이득반환청구적 성격을 갖는 것으로 봄이 타당할 것이다. 구상권의 법률적 근거를 무엇으로 보든 제2차납세의무자의 구상권에 따르는 이자는 민사법정이자의 율로 계산하여야 하고, 법인세 목적상 익금에 산입해야 할 것이다.[2]

제2차납세의무자는 제2차납세의무의 주된 납세의무에 대한 부종성에 근거

---

1) 대법원 1996. 2. 23., 95 누 14756; 同 2009. 1. 15., 2006 두 14926.
2) 이창희, "제2차납세의무자의 대납세액에 대한 구상권의 범위 및 세법상 인정이자의 계산," 「조세법연구」 제2집(1996), 228면.

하여 주된 납세의무자에 대한 과세처분(이하 "주된 과세처분"이라고 함)의 위법 여부의 확정에 관계없이 그 주된 과세처분에 내재된 하자(당연무효 또는 위법 사유)를 원인으로 그 주된 과세처분의 무효나 위법을 다투거나 자신에 대한 제2차납세의무의 부과처분을 다툴 수도 있고(基本法 55조 2항),[1] 나아가 제2차납세의무의 부과요건이 충족되지 않았음을 원인으로 자신에 대한 제2차납세의무의 부과처분의 무효나 위법을 다툴 수 있음은 물론이다. 제2차납세의무는 주된 납세의무자의 체납 등 그 요건사실의 발생으로 추상적으로 성립하고 납부고지에 의하여 고지됨으로써 구체적으로 확정되므로, 그 납부고지만 항고소송의 대상이 될 수 있고, 제2차납세의무 발생의 요건이 충족되었음을 통지하는 국세징수법 제12조에 따른 제2차납세의무자 지정처분은 항고소송의 대상이 되지 않는다.[2]

제2차납세의무에는 다음에서 보는 바와 같은 4가지 종류가 있다.

2. 청산인 등의 제2차납세의무

법인이 해산하여 청산한 경우에 그 법인에게 부과되거나 그 법인이 납부할 국세 또는 강제징수비를 납부하지 아니하고 해산에 의한 잔여재산을 분배하거나 인도하였을 때에 그 법인에 대하여 강제징수를 하여도 징수할 금액에 미치지 못하는 경우에는 청산인 또는 청산 후 남은 재산을 분배받거나 인도받은 자는 그 부족액에 대하여 제2차납세의무를 진다(基本法 38조 1항). 청산인의 제2차납세의무의 근거는 조세채무를 이행함이 없이 잔여재산을 분배한 오류를 범한 데 따른 과실책임을 지우려는 것이고, 수분배자의 제2차납세의무의 근거는 분배받은 잔여재산의 가액 중 청산인이 조세채무를 제대로 이행하였더라면 받아 갈 수 없었을 부분을 부당이득으로 반환하여야 한다는 것이라고 할 수 있다.

이 경우 청산인은 분배 또는 인도한 재산의 가액을, 그 분배 또는 인도를 받은 자는 각자가 받은 재산의 가액을 한도로 제2차납세의무를 진다(동조 2항).

---

1) 이 경우 쟁송에서의 청구인이나 원고는 제2차납세의무자로 지정된 자가 될 것이고, 그 청구취지에 표시될 과세처분을 받은 당사자는 본래의 납세의무자가 될 것이다.

2) 대법원 1985. 2. 8., 84 누 132.

3. 출자자의 제2차납세의무

(1) 개   설

증권시장에 주식이 상장된 법인을 제외한 법인의 재산으로 그 법인에게 부과되거나 그 법인이 납부할 국세와 강제징수비에 충당하여도 부족한 경우에는 그 국세의 납세의무의 성립일 현재, 다음에 해당하는 자는 그 부족액에 대하여 제2차납세의무를 진다(基本法 39조).

1) 무한책임사원(동조 1호)   합명회사의 사원은 회사의 재산으로 회사의 채무를 완제할 수 없는 때에는 각 사원은 연대하여 변제할 책임이 있다(상법 212조 1항). 즉 무한책임을 진다. 합자회사는 유한책임사원과 무한책임사원으로 구성되는데, 합자회사의 무한책임사원도 합명회사의 무한책임사원과 꼭 같은 책임을 진다(상법 268조, 269조). 조세채무도 회사의 채무에 속하므로, 무한책임사원의 제2차납세의무는 상법의 규정과 맥락을 같이하는 것이다. 이들 무한책임사원은 예외 없이 모두가 제2차납세의무자이다.

2) 과점주주   주주, 합자회사의 유한책임사원, 유한책임회사의 사원 또는 유한회사의 사원(이하 "주주 등"이라고 함) 1인과 그의 특수관계인 중 일정한 유형에 해당하는 자들(基本令 20조, 18조의2, 1조의2)의 소유 주식금액 또는 출자액의 합계액이 해당 법인의 발행주식총수 또는 출자총액(이하 "발행주식 총수 등"이라고 함)의 100분의 50을 초과하면서 그 법인의 경영에 대하여 지배적인 영향력을 행사하는 자들을 과점주주(寡占株主)라 하고, 이러한 과점주주는 법인의 국세 납부의무에 대하여 제2차 납세의무를 진다(基本法 39조 2호). 과점주주로 인정되려면 법인의 경영에 대하여 지배적인 영향력을 행사하여야 하므로 형식상 법인의 주주명부나 사원명부에 주주 등으로 등재되어 있는 사유만으로 과점주주로서의 제2차납세의무를 부담시킬 수 없다.[1]

(2) 과점주주 해당 요건으로서의 특수관계인의 범위

과점주주에의 해당 여부를 판단하는 기준으로서의 특수관계는 어느 특정 주주 등을 중심으로 인정되면 족하고 다른 주주 등 상호 간에는 특수관계가 없어도 무방하다. 즉 특정 주주 등 1인(어느 주주 등이건 상관없다) 및 그와 특수관

---

1) 대법원 1989. 12. 12., 88 누 9909; 同 1991. 6. 11., 90 누 7821; 同 1995. 1. 20., 94 누 7997; 同 2010. 2. 25., 2009 두 7578 외 다수.

계에 있는 모든 주주 등의 주식수를 합하여 발행주식총수 등의 100분의 50을 초과하면 비록 다른 주주 등의 사이에는 아무런 관계가 없다 할지라도 주주 등 전원이 과점주주가 된다.[1]

과점주주로 인정될 수 있는 특수관계인의 구체적 범위는 다음과 같다.

1) 친족관계(基本令 20조, 18조의2, 1조의2 1항)

(i) 6촌 이내의 혈족

(ii) 4촌 이내의 인척

(iii) 배우자(사실상의 혼인관계에 있는 자 포함)

(iv) 친생자로서 다른 사람에게 친양자 입양된 자 및 그 배우자·직계비속

2) 경제적 연관관계(基本令 20조, 18조의2, 1조의2 2항)

(i) 임원과 그 밖의 사용인

(ii) 본인의 금전이나 그 밖의 재산으로 생계를 유지하는 자

(iii) 제1호 및 제2호의 자와 생계를 함께하는 친족

3) 경영지배관계(基本令 20조, 18조의2, 1조의2 3항)

① **본인이 개인인 경우**

본인이 직접 또는 그와 친족관계 또는 경제적 연관관계에 있는 자를 통하여 법인의 경영에 대하여 지배적인 영향력을 행사하고 있는 경우 그 법인

② **본인이 법인인 경우**

(i) 개인 또는 법인이 직접 또는 그와 친족관계 또는 경제적 연관관계에 있는 자를 통하여 본인인 법인의 경영에 대하여 지배적인 영향력을 행사하고 있는 경우 그 개인 또는 법인

(ii) 본인이 직접 또는 그와 경제적 연관관계 또는 위 (i)의 관계에 있는 자를 통하여 어느 법인의 경영에 대하여 지배적인 영향력을 행사하고 있는 경우 그 법인

위에서 '법인의 경영에 대하여 지배적인 영향력을 행사하고 있는 경우'라고 함은 다음의 각 경우를 말한다(基本令 20조, 18조의2, 1조의2 4항).

① **영리법인인 경우**

(i) 법인의 발행주식총수 또는 출자총액의 100분의 50 이상을 출자한 경우

(ii) 임원의 임면권의 행사, 사업방침의 결정 등 법인의 경영에 대하여 사

---

1) 대법원 1980. 4. 22., 79 누 326; 同 1980. 10. 14., 79 누 447.

실상 영향력을 행사하고 있다고 인정되는 경우

② 비영리법인인 경우

(i) 법인의 이사의 과반수를 차지하는 경우

(ii) 법인의 출연재산(설립을 위한 출연재산만 해당함)의 100분의 50 이상을 출연하고 그 중 1인이 설립자인 경우

(3) 출자자의 제2차납세의무의 범위

제2차납세의무자 중 무한책임사원은 법인이 납부할 세액 중 법인의 재산으로 충당하고도 부족한 부분 전액에 대해서 제2차납세의무를 진다. 다시 말하면 부족액 중 과점주주의 지분에 따른 부분에 대해서만 책임을 지는 것이 아니라 부족액 전체에 대해서 책임을 진다는 뜻이다.

이에 비해 과점주주로서 제2차납세의무를 지는 자는 그 부족액을 그 법인의 발행주식총수(의결권 없는 주식 제외) 등으로 나눈 금액에 해당 과점주주가 실질적으로 권리를 행사하는 주식수(의결권 없는 주식 제외) 또는 출자액을 곱하여 산출한 금액을 한도로 한다(基本法 39조 1항 단서). 이는 다른 제2차납세의무자의 책임한도와 균형을 맞추기 위한 것이라 짐작된다. 즉 법인의 납세의무에 대해 제2차납세의무를 지는 청산인은 분배 또는 인도한 재산의 가액을 한도로, 그리고 분배 또는 인도받은 자는 각자가 받은 재산의 가액을 한도로 제2차납세의무를 부담하고(基本法 38조 2항), 과점주주의 납세의무에 대해 제2차납세의무를 지는 법인(후술)은 법인의 순재산에 대한 과점주주의 지분을 한도로 제2차납세의무를 부담하는 것(基本法 40조 2항)과 같은 차원에서 과점주주는 법인에 대한 출자지분의 비율 범위 내에서 제2차납세의무를 부담하도록 하는 것이다.

(4) 과점주주 및 특수관계인의 판정시기

주식 등은 양도될 수 있으므로 과점주주가 바뀔 수 있다. 따라서 어느 시점에서의 과점주주가 제2차납세의무를 지는지가 매우 중요한 문제이다. 법은 법인의 본래의 납세의무의 성립일 현재의 과점주주가 제2차납세의무를 진다고 규정한다(基本法 39조 본문). 본래의 납세의무의 성립일은 국세기본법 제21조와 각 세법에 의하여 정해지므로 그 시기에 따른다. 판례는 법인세를 수시부과한 경우에도 제2차납세의무의 성립일은 사업연도말이 된다고 본다.[1]

그리고 특수관계의 존부에도 변동이 있을 수 있다. 특수관계인 중 혈족에

---

1) 대법원 1979. 6. 12., 79 누 81.

는 변동이 있을 수 없으나 배우자, 인척관계 또는 양자와 양가의 관계는 변동
될 수 있으며, 경제적 연관 관계나 경영지배관계도 또한 같다. 그러므로 특수관
계인의 소유주식을 합산하여 과점주주에의 해당 여부를 결정함에 있어서는 납
세의무의 성립일 현재의 특수관계인의 소유주식만 합산하여야 하며, 그 전에
특수관계인이었던 자 또는 그 이후에 특수관계인이 된 자는 제외하여야 한다.

(5) 재산의 부족시기

과점주주의 제2차납세의무가 현실적으로 성립하는 것은 법인이 확정된 납
세의무의 이행을 지체함으로 인해 과세관청이 강제징수절차에 들어가고 여기서
징수부족이 생긴 때이다. 법인의 납세의무의 성립일 현재 그 법인의 재산으로
국세 등을 납부하기에 충분한 상태에서 과점주주였던 자가 그 후 주식을 제3자
에게 양도하였고, 그 주식양도 후 해당 법인의 재산이 감소하여 국세 등을 납
부하기에 부족하게 된 경우 그 법인의 납세의무의 성립일 현재 과점주주였던
자는 그 이유만으로 제2차납세의무를 져야 하는가라는 문제가 생길 수 있다.

법률상 납세의무의 성립일 현재의 과점주주에게 제2차납세의무를 지우는
이유는 법인의 재산을 납세부족 상태로 만들어 놓은 데 대한 책임을 물으려는
취지라 할 것이므로 납세의무의 성립일 현재 과점주주였다고 하더라도 그 지위
를 상실한 후에 발생한 회사의 재산상태의 변동에 대해서까지 책임을 지우는
것은 부당하다. 따라서 과점주주의 제2차납세의무는 납세의무의 성립일 현재의
부족액에 대하여만 인정된다고 해석해야 할 것이다.

(6) 입증책임의 문제

제2차납세의무의 성립요건은 과세관청이 입증하여야 하며,[1] 따라서 과점
주주인 사실 및 특수관계의 존재 역시 과세관청이 입증하여야 한다.[2] 다만 과
점주주인 사실에 관하여 과세관청으로선 주주명부 등에 의하여 과점주주라고
볼 수 있는 자료를 제출하면 일응의 입증의 책임을 다하였다고 할 것이고, '명
의주주'로서 제2차납세의무를 면하고자 하는 자는 자신이 명의주주에 불과하다
는 사실을 입증하여야 한다.[3]

---

1) 대법원 1986. 7. 22., 86 누 167.
2) 대법원 1983. 11. 8., 83 누 503.
3) 대법원 2004. 7. 9., 2003 두 1615; 同 1996. 12. 6., 95 누 14770; 1995. 12. 22., 95 누 13203;
   同 1995. 1. 20., 94 누 7997; 同 1991. 7. 23., 91 누 1721.

4. 법인의 제2차납세의무

법인의 무한책임사원과 과점주주(이하 "출자자"라고 함)가 국세를 체납한 경우 그 국세의 납부기간 만료일 현재 그 출자자가 출자한 법인은 제2차납세의무를 진다(基本法 40조). 법인은 출자자가 자신의 재산을 보관, 관리하기 위하여 구성한 인위적(artificial), 가상적(fictitious) 조직이므로 서로 동일한 이해관계에 의해 지배된다는 관념에 그 근거가 있다고 할 것이다.

(1) 요건(동조 1항)

1) 출자자의 재산(출자자가 소유하고 있는 해당 법인의 주식 등은 제외)으로 그가 납부할 국세와 강제징수비에 충당하여도 부족해야 한다. 출자자가 그 소유의 주권을 인도하라는 과세관청의 요구에 불응하여 과세관청이 압류를 할 수 없었다는 사실만 가지고는 이 요건은 충족되지 않는다.[1]

2) 출자자의 소유주식 등이 환가불능일 것을 요한다. 환가가능하다면 그 주식 등으로부터 국세를 징수할 수 있을 것이기 때문이다. 단순히 주권이 아직 발행되지 않았다고 하여 '환가불능'이라고 할 수는 없다.[2] 주식발행 후 6월이 경과한 후에는 주권발행 전에도 주식을 유효하게 양도할 수 있기 때문이다(상법 335조 2항).

환가불능이란 다음의 경우를 말한다.

(a) 정부가 주식 등을 재공매하거나 수의계약으로 매각하려 해도 매수희망자가 없는 경우

(b) 외국법인인 체납법인의 출자자의 소유주식 또는 출자지분이 외국에 있기 때문에 국세징수법에 따른 압류 등 강제징수가 제한되는 경우

(c) 주식 등의 양도가 법률 또는 정관에 의해 제한된 경우(국세징수법에 따라 공매할 수 없는 경우는 제외). 판례는 출자자의 소유주식 등이 외국법인이 발행한 주식 등으로서 해당 외국법인의 본점 또는 주사무소 소재지국에 있는 재산에 해당하여 체납처분절차가 제한된다고 하여 '법률에 의한 양도의 제한'이 있다고 할 수는 없다고 본다.[3]

---

1) 대법원 1993. 3. 12., 92 누 13219.
2) 대법원 1993. 7. 27., 93 누 8467.
3) 대법원 2020. 9. 24., 2016 두 38112.

(2) 제2차납세의무의 한도(동조 2항)

본래의 납세의무자인 출자자가 소유하는 주식 등의 순자산가치를 한도로 한다. 그 가액은 다음의 식으로 평가한다.

(법인의 자산 총액－부채총액)×출자자의 소유주식금액 또는 출자액／ 발행주식총액 또는 출자총액

5. 사업양수인의 제2차납세의무

사업의 양도일 이전에 납세의무가 확정된 그 사업에 관한 사업양도인의 국세와 강제징수비를 양도인의 재산으로 충당하여도 부족할 때에는 사업의 양수인은 그 부족한 금액에 대하여 양수한 재산의 가액을 한도로 제2차납세의무를 진다(基本法 41조).

(1) 사업의 양수인

국세기본법 제41조의 규정에 의하여 제2차납세의무를 지는 사업양수인이란 "사업장별로 그 사업에 관한 모든 권리(미수금에 관한 것을 제외한다)와 모든 의무(미지급금에 관한 것을 제외한다)를 포괄적으로 승계한 자로서 (i) 양도인과 특수관계에 있는 자와 (ii) 양도인의 조세회피를 목적으로 사업을 양수한 자"를 말한다(基本令 22조).

부가가치세법상 재화의 공급으로 보지 아니하는 사업양도의 개념도 원칙적으로 국세기본법상의 그것과 동일하게 규정되어 있는데(附價令 17조 2항), 양자는 같은 개념으로 이해해야 할 것이다.

　　1) 사　　업　　사업의 포괄적 양수는 사업장 별로 판단한다. '사업장별'이란 단순히 장소적 구분을 뜻하는 것이 아니고 사업단위별이란 뜻으로 새겨야 한다. 따라서 양도자가 수개 단위의 사업을 영위하고 있는 경우에 사업의 포괄승계란 그의 모든 사업의 승계를 뜻하는 것이 아니고, 어느 단위 사업의 모든 권리의무의 포괄적 승계를 말한다. 예컨대 한 장소 내에서, 즉 한 판매장 내에서 장소를 구분하여 시계점포와 귀금속점포란 두 종목 이상의 사업(판매업)을 하다가 그중 한 종목의 사업을 포괄하여 양도한 경우에는 이를 사업의 양도라고 보아야 할 것이다.1)

---

1) 대법원 1983. 10. 25., 83 누 104. 이 판례는 부가가치세 사건에 관한 것임.

설령 양도자가 하나의 사업으로 영위하던 것이라도 그 사업이 가분적이어서 그 일부를 떼어내서 독립된 사업단위로 양도하는 경우에는 포괄적 양도가 성립할 수 있다고 본다. 여러 노선을 운행하는 운송업자가 특정노선에 관한 권리·의무를 포괄양도하는 경우라든가, 복합적 과정 또는 수개 부문으로 구성되는 사업의 1과정 또는 1부문에 관한 권리·의무의 포괄양도(예를 들면, 자동차제조업자의 좌석제작부문 양도)를 예로 들 수 있다. 어느 경우에나 분할된 부분이 독립된 사업으로서의 일체를 형성하여야 함은 물론이다.

2) 포괄적 승계   미수금과 미지급금을 제외한 해당 사업에 관한 모든 권리와 의무의 포괄적 승계란 무엇을 뜻하는가? 판례는 "양수인이 양도인으로부터 그의 모든 사업시설뿐만 아니라 영업권 및 그 사업에 관한 채권·채무 등 일체의 인적·물적 권리와 의무를 양수함으로써 양도인과 동일시되는 정도로 법률상의 지위를 그대로 승계하는 것"이 사업의 포괄적 승계라 한다.1) 즉, 사업단위로서의 동일성을 유지하는 데 필요한 범위 내에서의 모든 권리와 의무를 승계함으로써 양수인이 양도인의 지위에 서게 되는 것을 뜻한다는 것이다. 따라서 사업을 합법적으로 영위할 수 있는 자격인 전기공사업 면허만을 양수하고 기타 사업시설이나 인적·물적 권리 등을 양수받은 바 없는 경우에는 이에 해당되지 아니한다.2)

사업양도로 인정되기 위해서는 양도인이 사용하던 상호까지 양수인이 속용(續用)할 것을 요구하는 듯한 판례가 있으나,3) 양수인에 의한 상호의 속용은 양도인이 영업상 제3자에 대하여 부담한 채무를 양수인이 변제하여야 할 책임을 지는 효과만 발생시킬 뿐(상법 41조 1항), 사업양도를 구성하기 위한 필수적 요건은 아니라 할 것이다.

미수금과 미지급금은 명문으로 양도 대상에서 제외할 수 있음을 규정하고 있다(基本令 22조). 여기서 미수금이나 미지급금이라고 함은 모든 금전채권·채무를 뜻하는 것이 아니라, 기업의 주된 상거래가 아닌 일시적·부수적 거래에서 발생한 대금채권·채무를 각각 뜻하는 회계학적 개념이다.4) 그러므로 미수금과 미지급금의 제외는 사업양도의 본질을 훼손하는 예외는 아니다.

---

1) 대법원 1984. 4. 24., 82 누 311; 同 1986. 10. 28., 86 누 255.
2) 대법원 1985. 11. 12., 85 누 662; 同 1986. 11. 11., 85 누 893.
3) 대법원 1983. 12. 13., 81 누 134.
4) 김호중 외 2, 「회계학원론」, 창민사(2006), 193면.

한편, 사업의 구성요소에 경영 인력이 포함되는 것은 사실이지만, 일반적으로 소규모 기업의 경우에는 소유와 경영이 분리되지 않아 소유의 변경은 경영 인력의 변경을 수반하므로, 경영 인력이 일부 변경되었다고 하여 사업양도로서의 요건이 충족되지 않는다고 할 수 없다. 예를 들면, 노무자 또는 상업사용인 스스로가 원하지 않을 경우에는 사업의 양도에서 이탈할 수 있는바, 이러한 사실만으로 사업양도의 성립에 장애가 되지 않는다. 마찬가지로 계약당사자들 간의 특약에 의하여 양수인이 양도인의 고용인을 그대로 인수하지 않았다 하더라도 사업의 동일성이 필연적으로 깨어지는 것은 아니라 할 것이다.

위와 같이 인적요소의 완전한 승계가 사업양도의 필수적 요건이 아닌 점을 감안하면, 사업의 영위에 필요한 물적 시설과 고객과의 관계 등의 이전이 사업을 ‘포괄적으로 승계’하였는지 여부를 판단함에 있어서 중요한 요소가 될 수밖에 없다. 판례도 이러한 맥락에서 양수인이 “외상대금 채권 또는 기타 채무를 인수하거나 종전 고용원 등을 계속 고용하기로 약정한 바 없다 하더라도 양도인이 경영하던 영업의 시설물·상품 및 비품 일체를 매수하고 또 영업권을 인수 … 하여 같은 장소에서 동종의 영업을 하였다면 다른 사정이 없는 한” 사업의 포괄승계로서의 양도에 해당한다고 한다.[1] 그러나 그렇다고 하여 모든 물적 시설이 하나도 빠짐없이 이전되어야 하는 것은 아니라 할 것이다. ‘사업단위’로서의 동일성을 유지한 채 물적 시설이 이전되는 한 해당 사업을 구성하는 일부 재산을 당사자의 특약에 의하여 배제하는 것은 무방하다.

상속이나 회사의 합병 및 분할의 경우와는 달리 사업양도인의 권리·의무를 양수인에게 포괄적으로 이전시키는 법률의 규정이나 절차는 따로 없다. 따라서 통상 사업양도인과 양수인이 비록 하나의 채권계약에서 양도대상 사업에 속하는 모든 권리·의무를 이전하기로 약정하지만, 양도대상인 개별적 권리와 의무는 그에 고유한 양수도 절차에 따라 각각 양도 또는 인수된다. 이러한 통상의 경우와는 달리 시설물·비품·재고상품·건물 및 대지 등의 사업용 재산을 각각 부분별 또는 시차별로 이전하는 계약을 체결하였다 하더라도 결과적으로 사업전부의 이전이 있었다면 사업의 포괄적 양도가 된다.[2]

---

1) 대법원 1978. 11. 28., 78 누 107.
2) 基本法 기본통칙 41-0 … 1조 2항; 대법원 1978. 11. 28., 78 누 107; 同 1980. 9. 24., 79 누 432.

(2) 제2차납세의무의 범위

1993년 국세기본법 개정 이전에는 사업의 양수인이 제2차납세의무를 지게 되는 대상을 "그 양도인에게 부과되거나 그 양도인이 납부할 해당 사업에 관한 국세와 강제징수비"(基本法 41조)로 규정하고 있어, 그 의미에 관하여 사업의 양도 당시에 이미 양도인에게 부과된 국세에 한정된다는 설(확정설)과 양도 이전의 원인에 의하여 추상적으로 성립한 국세를 두루 포함한다는 설(성립설)의 두 갈래의 해석이 있었으며, 판례는 그 중 확정설을 취하고 있었다.[1] 그런데, 현행법에서는 확정설을 입법화하여 그 대상을 "양도일 이전에 양도인의 납세의무가 확정된 그 사업에 관한 국세와 강제징수비"로 한정하고 있다.

사업양수인의 제2차납세의무는 양수한 재산의 가액을 한도로 한다(基本法 41조).[2] '양수한 재산의 가액'이라 함은 (i) 사업의 양수인이 양도인에게 지급하였거나 지급하여야 할 금액이 있는 경우에는 그 가액, (ii) 위 금액이 없거나 불분명한 경우 또는 시가에 비하여 현저히 낮은 경우에는 양수한 자산 및 부채를 상속세 및 증여세법 제60조 내지 제66조의 규정을 준용하여 평가한 후 그 자산총액에서 부채총액을 공제한 가액을 말한다(基本令 23조 2항). 사업양도인과 양수인 사이의 특수관계는 요하지 않는다.

'그 사업에 관한 국세'란 해당 사업을 영위함으로써 과세요건이 충족되는 국세라는 뜻이다.[3] 다시 말하여 목적사업을 영위하는 과정에서 생기는 조세채무를 뜻하며,[4] 사업을 처분함으로써 성립하는 조세채무(양도소득세 등)에는 제2차납세의무가 미치지 않는다(基本法 기본통칙 41−0 ⋯ 3조).

6. 제2차납세의무에 대한 제2차납세의무의 성립 문제

다른 사람의 제2차납세의무자로서 지는 납세의무에 대해서 다시 제2차납세

---

1) 대법원 1993. 5. 11., 92 누 10210; 同 1986. 3. 11., 85 누 152; 同 1986. 2. 11., 85 누 810; 同 1989. 12. 26., 89 누 6723. 예외로 대법원 1979. 11. 13., 79 누 270.
2) 1993년 국세기본법 개정 이전에는 이러한 한도규정을 두지 않아 사업양수인의 제2차납세 의무는 무한책임으로 해석되었다(舊 基本法 41조). 그러나 헌법재판소 1997. 11. 27., 95 헌바 38 결정은 사업양수인에 대하여 제2차납세의무를 인정하는 이유를 조세징수확보라는 공익목적의 실현을 위하여 그 담보재산을 취득한 양수인에게 부족한 조세를 징수하기 위한 것으로 보아 "구 국세기본법 제41조는 사업양수인으로 하여금 양수한 재산의 가액을 초과하여 제2차납세의무를 지게 하는 범위 내에서 헌법에 위반된다"고 한정위헌결정을 한 바 있다.
3) 대법원 1978. 7. 11., 74 누 269.
4) 대법원 1986. 3. 11., 85 누 152.

의무가 성립하는가, 즉 간단히 말해서 제2차납세의무에 대한 제2차납세의무가 성립하는가 하는 문제가 있다. 구체적으로 다음과 같은 경우를 들 수 있다.

첫째, 법인이 사업양수인으로서 사업양도인에게 부과된 국세 등에 대하여 제2차납세의무를 지게 된 때(基本法 41조) 사업양수인 법인의 과점주주가 그 법인이 사업양수인으로서 부담하게 된 제2차납세의무(즉, 사업양도인에게 부과된 국세 등의 납부의무)에 대해서 다시 제2차납세의무를 지는가 하는 문제이다. 이에 관해 판례는 긍정적 입장을 취하고 있다.[1]

둘째, 어떤 법인(이하 "본래의 납세의무자 법인"이라고 함)이 체납한 국세 등에 대하여 과점주주인 다른 법인(이하 "제2차납세의무자 법인"이라고 함)이 제2차납세의무를 지게 되었고(基本法 39조), 그 제2차납세의무자 법인이 제2차납세의무를 이행하지 못하게 된 경우 그 제2차납세의무자 법인의 과점주주인 또 다른 법인이 본래의 납세의무자 법인이 체납한 국세 등에 대하여 다시 제2차 납세의무를 지는지의 문제인데, 이에 관해 판례는 "과점주주의 제2차 납세의무는 사법상 주주 유한책임의 원칙에 대한 중대한 예외로서 본래의 납세의무자가 아닌 제3자에게 보충적인 납세의무를 부과하는 것이기 때문에 그 적용 요건을 엄격하게 해석하여야 한다"라는 이유로 부정적 입장을 취하고 있다.[2]

셋째, 사업양도인의 해당 사업에 관한 국세 등의 납부의무에 대하여 제2차납세의무를 지는 사업양수인(이하 "제1의 사업양수인"이라고 함)이 그 제2차납세의무를 이행하지 않은 채 다시 해당 사업을 다른 사람에게 양도한 경우(이하 그 다른 사람을 "제2의 사업양수인"이라고 함), 제2의 사업양수인이 제1의 사업양수인의 제2차납세의무자로서 제1의 사업양수인이 이행하지 않은 최초의 사업양도인의 납세의무를 이행할 책임이 있느냐 하는 문제이다. 이에 관해 기본통칙은 제2의 사업양수도 당시 제1의 사업양수인이 최초의 사업양도인의 납세의무에 대한 제2차납세의무자로 이미 지정을 받은 경우에는 제2의 사업양수인이 제1의 사업양수인의 제2차납세의무자로서 최초의 사업양도인의 납세의무를 이행할 책임을 지는 것으로 해석하고 있다(基本法 기본통칙 41-0…5조).

위 첫째 경우에서의 판례의 입장이나 위 둘째 경우에서의 기본통칙의 입장과 같이 제2차납세의무에 대한 제2차납세의무를 인정하면 결과적으로 제3차,

---

1) 대법원 1993. 5. 11., 92 누 10210.
2) 대법원 2019. 5. 16., 2018 두 36110.

제4차 납세의무를 지우는 것인데, 제2차납세의무의 제도적 근거가 본래의 납세의무자와 제2차납세의무자 사이의 경제적 유대(紐帶)임을 고려할 때 이처럼 제3차·제4차 등으로 납세의무를 확장하는 것은 제도의 존립 근거를 무시하는 것으로서 타당하지 않다고 본다. 위 둘째의 경우에 있어서의 판례의 취지대로 제2차납세의무는 본래의 납세의무자와 사이에서 한 단계 관계에 있는 자에 대해서만 성립하는 것으로 통일적으로 해석되어야 할 것이다.

한편, 위 둘째의 경우에서의 기본통칙의 입장은 사업양수인이 부담하는 제2차납세의무의 범위의 면에서도 오류를 범하고 있다. 위에서 본 바와 같이 현행 국세기본법 제41조 제1항은 사업양수인이 지는 제2차납세의무의 범위를 "양도일 이전에 확정된 사업양도인의 사업에 관한 국세 등의 납부의무"로 한정하고 있고, 제2차납세의무가 성립되기 전에 행하여지는 제2차납세의무자 지정통지는 납세의무를 확정하는 납부고지와 구분되는 것으로서 이에 의해서는 제2차납세의무가 구체적으로 확정되지 아니하므로,[1] 제2의 사업양수도 당시 제1의 사업양수인이 최초의 사업양도인의 제2차납세의무자로 지정되는 통지만 받았을 뿐 그 납부의무를 이행하라는 납부고지를 받지 않은 이상 제2의 사업양수인이 최초의 사업양도인의 납세의무에 대해 제2차납세의무를 부담한다고 할 수 없다. 따라서 위와 같은 행정해석은 타당하지 않다고 할 것이다.

Ⅲ. 양도담보권자의 물적납세의무

납세자가 국세와 강제징수비를 체납한 경우에 그 납세자에게 양도담보재산이 있는 때에는 그 납세자의 다른 재산에 대하여 강제징수를 하여도 징수할 금액에 부족한 경우에 한하여 국세징수법이 정하는 바에 따라 그 양도담보재산으로써 납세자의 국세와 강제징수비를 징수할 수 있다(基本法 42조 1항 본문). '양도담보재산'이라 함은 당사자간의 계약에 의하여 납세자가 그 재산을 양도하였을 때 실질적으로 양수인에 대해 부담하고 있는 채무의 담보목적으로 제공된 재산을 말한다(동조 3항). 이때 '당사자간의 계약'에는 (i) 채권의 담보목적을 위하여 담보의 목적물을 채권자에게 양도하고 그 담보된 채무를 이행하는 경우에는 채권자로부터 그 목적물을 반환받고 불이행하는 경우에는 채권자가 그 재산

---

1) 대법원 1995. 9. 15., 95 누 6632; 同 1985. 2. 8., 84 누 312; 同 1982. 8. 24., 81 누 80.

을 매각하여 우선변제를 받거나(처분정산) 그 재산을 확정적으로 취득한다는(취득정산) 취지의 양도담보권설정계약(협의의 양도담보)과 (ii) 담보를 위한 권리이전을 매매형식에 의하고 매도인이 약정기간 내에 매매대가를 반환하면 매수인으로부터 목적물을 되돌려 받을 수 있는 권리를 보유한 매매(환매특약부 매매)의 형식을 취한 양도담보권설정계약 또는 (iii) 매도한 목적물에 대하여 매도인이 장래 예약완결권을 행사함으로써 재차 매매계약이 성립하여 목적물을 다시 매도인에게 돌려준다는 취지의 예약(재매매의 예약)의 형식을 취한 양도담보설정계약(매도담보)을 포함한다(基本法 기본통칙 42－0…1조).

그러나 국세의 법정기일(基本法 35조 1항 3호 참조) 전에 담보의 목적이 된 양도담보재산은 물적납세의무를 부담하지 아니한다(基本法 42조 1항 단서). 담보권 설정당시 예기하지 못한 국세채권에 의하여 담보권이 침해되는 것을 막기 위한 장치이다. 그리고 물적납세의무자로서 체납액에 대한 납부고지를 받을 당시 이미 담보권을 실행하여 소유권을 취득한 경우에는 양도담보재산이 아니므로 그 소유자는 물적납세의무를 지지 않는다.[1] 한편, 국세징수법에 따라 양도담보권자에게 납부고지가 있은 후에는 납세자가 양도에 의하여 담보된 채무를 불이행하여 해당 재산이 양도담보권자에게 확정적으로 귀속되고 양도담보권이 소멸하였더라도 납부고지 당시의 양도담보재산이 존속하는 것으로 본다(동조 2항).

피담보채권과 국세와의 경합을 조정하고 있는 점, 그리고 담보의 설정시기에 따라 조정내용을 달리하는 점에서는 국세우선에 관한 제도(基本法 35조 1항 3호)와 흡사하다. 그러나 납세자의 다른 재산으로 징수하고 부족할 경우에 한해 양도담보재산으로 징수한다는 측면에서 보면 제2차납세의무와 유사한바, 두 제도의 결합이라고 할 수 있다.

Ⅳ. 원천징수의무자

1. 의   의

원천징수라 함은 소득금액 또는 수입금액을 지급하는 자가 법이 정하는 바에 의하여 지급받는 자가 부담할 세액을 정부를 대신하여 징수하여 정부에 납

---

1) 基本法 기본통칙 42－0…5; 대법원 1990. 4. 24., 89 누 2615.

부하는 제도를 말한다. 법에 의해 징수할 의무가 있는 자를 원천징수의무자라 한다. 원천징수제도는 징세의 편의를 도모함과 아울러 세수와 납세자부담의 평준화를 기하기 위하여 마련된 것이다. 그 법적 성질은 행정권한을 법률에 의해 사인에게 위탁한 것이라고 할 것이다.

원천징수는 완납적 원천징수와 예납적 원천징수로 구분할 수 있다. 전자는 해당 세금의 원천징수만으로 그 납세의무가 완결되는 경우인데, 예를 들면 소득세법상 분리과세되는 일용근로자의 근로소득, 분리과세이자소득, 분리과세배당소득, 1거주자로 의제되는 단체가 그 단체 명의로 금융기관으로부터 받은 이자소득과 배당소득, 거주자의 이자소득과 배당소득의 합계액이 종합과세기준금액 이하인 경우의 이자소득과 배당소득, 분리과세기타소득, 분리과세연금소득 등에 대한 원천징수가 그 예이다(所法 14조 3항). 후자는 원천징수한 세금을 추후의 확정신고납부를 전제로 한 조세의 예납적인 것으로 하는 것이다.[1] 현행법상 원천징수는 원칙적으로 예납적인 성질을 갖고 있다.

2. 원천징수의 법률관계

(1) 과세권자와 원천징수의무자의 법률관계

원천징수의무는 원천징수의무자가 원천납세의무자로부터 현실적으로 원천징수 대상인 조세를 징수하였는지의 여부나 징수가 가능한지의 여부를 불문하고 국가에 대해 부담하는 의무이기는 하나 원천납세의무의 성립을 전제로 하는 것이므로, 원천납세의무자가 사망한 경우와 같이 원천납세의무가 성립하지 않는 경우에는 원천징수의무도 성립할 수 없다.[2] 따라서 과세관청이 법인세법 제67조에 따라 법인세를 결정·경정하면서 익금에 산입한 금액의 귀속자에게 소득이 발생한 것으로 처분하였다고 하더라도(소득처분), 그 소득처분의 요식절차인 소득금액변동통지를 할 당시 이미 해당 소득의 귀속자가 사망하였다면 원천징수의무가 성립할 여지가 없다.[3] 원천납세의무자의 소득세 납세의무가 부과

---

1) 대법원 1984. 2. 28., 82누424(… 법인세의 원천징수납부는 당해 사업연도의 법인세로서의 예납적 성질을 가진 원천징수납부라 할 것이고 따라서 법인세법 제59조 제1항의 규정에 의한 국내사업장이 없는 외국법인에 대한 원천징수납부는 소위 완납적 원천징수납부에 해당한다 할 것이며 예납적 원천징수를 하여 납부하는 경우에는 그 납부로서 당해 세액이 확정 완납되는 것이 아니고 그 사업연도의 말에 조정 또는 확정신고에 의하여 확정된다 할 것이다).
2) 대법원 1986. 10. 28., 86 누 323.
3) 대법원 1992. 7. 14., 92 누 4048; 법인세법의 '소득처분' 참조.

제척기간의 도과로 소멸한 경우에도 마찬가지이다.[1]

소득의 명의상의 수취자와 실질귀속자가 다른 경우에는 소득의 지급자는 실질과세원칙에 따라 실질귀속자를 원천납세의무자로 하여 원천징수를 하여야 할 것이다. 과세권자가 직접 징수하지 않고 징수권을 사인에게 위탁하였다고 하여 실질귀속자 과세의 원칙에 변함이 있을 수 없기 때문이다. 다만, 소득의 지급자가 거래과정이나 소득의 지급과정에서 성실하게 조사하여 확보한 자료 등을 통해서도 소득의 실질귀속자가 누구인지 파악할 수 없는 경우에는 실질귀속자를 기준으로 해당 소득에 대한 원천징수를 할 의무가 있다고 할 수 없다.[2] 적정한 주의의무를 다한 경우에는 그 불이행에 따른 책임을 물을 수 없다는 법의 일반원칙에 비추어 당연하다 할 것이다. 미국 내국세입법에서는 비거주자 외국인에게 고정된 금액의 정규적 소득을 지급하는 자의 원천징수의무는 해당 원천징수 대상 소득의 지급을 불러온 사실관계를 지득하고 있는 정도까지만 발생하는 것으로 명시적으로 규정하고 있다.[3]

한편, 과세권자는 원칙적으로 원천징수의무자에 대해서만 원천징수 대상 조세를 부과, 징수할 수 있다. 따라서 원천징수한 조세를 징수사유의 부존재 또는 사후적 소멸로 인하여 환급하는 경우에도 원천징수의무자에게 환급하여야 한다.[4]

소득세 또는 법인세의 원천징수의무는 소득금액 또는 수입금액을 지급하는 때에 성립하고(基本法 21조 3항) 특별한 절차 없이 그 세액이 확정된다(基本法 22조 4항 2호). 다시 말하면 원천징수의무자의 ‘징수하여 납부할 의무’는 원천징수대상금액의 지급과 동시에 성립·확정된다.

(2) 원천징수의무자와 원천납세의무자의 법률관계

위와 같이 원천징수의무자의 국가에 대한 원천징수의무가 급부의 지급과 동시에 성립하고, 확정되기 때문에 원천납세의무자는 원천징수 대상 조세의 공제를 수인할 의무(受忍義務)를 진다. 이 수인의무는 원천징수의무자의 징수의무에 수반하여 발생하긴 하지만, 원천징수의무 그 자체와 마찬가지로 조세채권자

---

1) 대법원 2010. 4. 29., 2007 두 11382.
2) 대법원 2013. 4. 11., 2011 두 3159; 同 2017. 12. 28., 2017 두 59253(국내원천 배당소득의 실질귀속자의 국적에 따라 비과세되거나 세율이 달라지는 등의 경우에 관한 판례임).
3) IRC Reg. § 1.1441 − 2(d)(1).
4) 대법원 2002. 11. 8., 2001 두 8780.

에 대한 의무이다.

원천징수의무자와 원천납세의무자 간에는 '정당한 세액'에 한하여 이를 징수할 권한과 그 징수를 수인할 의무 관계가 존재하므로, 만약 원천징수의무자가 원천징수를 누락한 채 급부를 이행한 뒤 과세관청으로부터 그 누락액의 부과를 당하거나 자발적으로 납부한 경우에는 원천납세의무자에 대하여 구상권을 행사할 수 있다.[1] 그 권리는 민사법상의 부당이득반환청구권이라고 할 것이다. 따라서 자력집행권이 인정되지 않는다.

만약, 원천징수의무자가 원천징수를 누락한 채 급부를 지급한 뒤 원천납세의무자가 그 세액을 과세관청에 납부하였다면, 설령 그 뒤에 원천징수의무자가 정부로부터 원천세액을 강제징수 당했다 하더라도 원천납세의무자에 대한 청구권은 발생하지 아니한다. 원천납세의무자는 비록 국가에 대한 관계에서는 납세의무가 없지만 자진하여 세액을 납입하였으면 그 납세의무는 소멸하며 그 뒤의 원천징수의무자에 대한 과세관청의 강제징수처분이 잘못된 것이라고 보기 때문이다.[2] 이 경우 원천징수의무자에 대한 이중의 부과는 당연무효라고 할 것이므로[3] 원천징수의무자는 국가를 상대로 부당이득반환청구를 할 수 있다고 보아야 한다.

한편, 위의 경우와 반대로 원천납세의무자가 원천징수를 당할 대상이 아닌 급부에 대하여 원천징수를 당한 경우에는 원천징수의무자를 상대로 본래의 법률관계에 따른 급부의 청구를 구할 수 있다.

원천징수의무자와 원천납세의무자는 연대납세의무를 지는 관계도 아니며 어느 일방이 타방의 조세채무에 대해 제2차납세의무를 지고 있는 경우도 아니라는 점에 유의하여야 한다.

(3) 과세권자와 원천납세의무자의 관계

급부의 지급과 동시에 성립·확정된 원천징수세액의 납부의무는 원천징수의무자에게 지워졌으므로 원칙적으로 원천납세의무자는 이를 받아들일 의무 이

---

1) 2008. 9. 18., 2006 다 49789(전원합의체)[이 판례는 법인의 익금에 산입된 금액의 귀속이 불분명하여 대표자에게 상여금으로 지급된 것으로 인정된 금액(인정상여)에 대해 법인이 원천징수의무를 이행한 경우에도 법인이 그 대표자에 대하여 구상권을 행사할 수 있다는 취지의 것이다; 인정상여에 관해서는 제2편 제2장 제10절 Ⅴ. 2. (1) 참조].

2) 대법원 1974. 11. 12., 74 다 224; 同 1991. 12. 10., 91 누 4997.

3) 이미 이행한 조세채무에 근거하여 재차 조세를 부과하는 것은 이중과세로서 당연무효라고 하는 것이 판례의 입장이다(대법원 2001. 6. 1., 99 다 1260).

외에 과세권자에게 다른 의무를 지지 않는다. 다만, 다음의 2가지 예외가 있다.

첫째, 원천징수의무자의 징수 및 납부의무의 불이행시 그 납세의무가 원천납세의무자(본래의 조세채무자)의 종합소득 과세표준 확정신고를 계기로 원천납세의무자에게 되돌아오는 것이냐 하는 문제가 있다. 현재 대법원 판례는 원칙적으로 원천납세의무자는 별도의 납세의무를 지지 아니하지만 종합소득 과세표준에 합산하여 신고하여야 할 소득에 대한 소득세의 원천징수가 누락되었다면 원천납세의무자도 누락된 세액을 신고납부할 의무가 있고, 이를 게을리 한 경우 과세관청은 원천납세의무자에 대하여 누락된 원천징수대상 세액을 부과할 수 있다고 한다.[1] 같은 맥락에서 원천징수 대상 소득을 종합소득의 과세표준에 합산하여 신고한 원천납세의무자는 신고한 과세표준과 세액 전부를 대상으로 감액경정청구를 할 수 있다. 이때 감액경정청구에 따라 감액된 세액 중 원천징수된 부분의 환급청구권은 원천징수의무자에게 귀속한다.[2] 그렇더라도 이와 같은 관계는 예납적 원천징수의 경우에 국한되는 것이고, 완납적 원천징수의 경우에는 누락된 원천징수세액이 있다 하여 과세관청이 이를 원천납세의무자에 대하여 부과할 수 없다.[3] 또한 원천징수의무자가 징수한 세금을 과세관청에 납부하지 않았다고 하더라도 원천납세의무자가 이를 납부할 의무는 없다.

둘째, 특정 유형의 소득에 대해 원천징수된 세액에 대해서는, 과세표준과 세액을 자진신고한 납세의무자에게 주어지는 감액경정청구권이 원천징수의무자에게 주어지는 외에 원천납세의무자에게도 주어진다(基本法 45조의2 5항, 앞의 제2절 Ⅱ. 4 참조).

Ⅴ. 납세의무의 승계

법인의 합병의 경우 신설법인 또는 존속법인(합병법인)은 소멸법인(피합병법인)의 납세의무(국세·강제징수비)를 승계한다(基本法 23조). 법인세법에서는 이에 덧붙여 합병법인은 피합병법인의 각 사업연도 소득에 대한 법인세를 납부할 책임이 있다고 규정하고 있다(法令 85조의2). 그리고 수유자(受遺者)를 포함한 상속

1) 대법원 1981. 9. 22., 79 누 347(전원합의체)(李泰魯·安慶峰 編著,「判例體系 租稅法」, 조세통람사, 1991, 477면의 평석 참조); 同 2001. 12. 27., 2000 두 10649.
2) 대법원 2016. 7. 14., 2014 두 45246.
3) 대법원 2016. 1. 28., 2015 두 52050.

인 또는 상속재산관리인(민법 1040조)은 피상속인의 납세의무를 상속재산을 한도로 승계한다(基本法 24조 1항).[1] 이러한 합병이나 상속에 따른 납세의무의 승계는 권리·의무의 포괄적 승계라는 합병이나 상속의 민사법적 효과를 조세채무에 그대로 투영한 것이다. 따라서 납세의무만을 승계하는 것은 아니고 이에 따른 이익이나 권리(예컨대 공제혜택)도 포괄적으로 승계한다.[2] 상속인이 2인 이상인 경우 원칙적으로 각 상속인은 피상속인의 납세의무의 가액을 각자의 상속분의 비율에 따라 안분한 금액을 승계하되, 상속인 중에 수유자, 상속포기자 또는 유류분을 받은 사람이 있거나 상속으로 받은 재산에 보험금이 포함되어 있는 경우에는 수유자(受遺者)와 상속포기자를 포함한 모든 상속인들이 받은 상속재산의 가액(基本令 11조 1항)의 합계액에서 각 상속인이 받은 상속재산의 가액이 차지하는 비율에 따라 안분한 금액을 승계한다. 어느 경우든, 각 상속인은 자신의 상속분에 따른 상속재산의 가액을 한도로 승계한다(基本法 24조 3항; 基本令 11조 4항). 한편, 상속인이 수인인 경우 각 상속인은 다른 상속인이 승계한 피상속인의 납세의무를 연대하여 이행할 책임을 지는바(동조 동항), 그 연대납부의무도 자신이 상속한 상속재산의 가액 한도 내에서만 부담한다.

상속인이 상속개시일 전 10년 이내에 피상속인으로부터 증여받은 재산은 상속세과세가액에 포함되고(相贈稅法 13조 1항 1호), 그 범위 내에서 상속포기인도 상속세 납부의무를 지는 상속인에 해당하나(相贈稅法 2조 4호), '피상속인의 납세의무의 승계'와 관련해서는 판례는 상속포기인은 '상속인'에 해당하지 않고, 따라서 납세의무를 승계하지 않는다고 본다.[3] 그런데 이러한 원칙을 고수하면, 피상속인이 자신의 사망을 보험사고로 하고 상속인을 수익자로 하는 생명보험 또는 상해보험 계약을 체결한 뒤 사망함으로써 상속인이 수취하는 보험금이 상속재산이 되는 경우(相贈稅法 8조 1항), 보험금을 수취하는 상속인은 수취 보험

1) 대법원 1991. 4. 23., 90 누 7395; 同 1982. 8. 24., 81 누 162(국세기본법 제24조 제1항의 취지는 상속인이 피상속인의 국세 등 납세의무를 상속재산의 한도에서 승계한다는 뜻이고, 상속인은 피상속인의 국세 등 납세의무 전액을 승계하나 다만, 과세관청이 상속재산을 한도로 하여 상속인으로부터 징수할 수 있음에 그친다는 뜻은 아니다).

2) 대법원 1980. 3. 25., 77 누 265(회사의 합병이 있는 경우에는 피합병회사의 권리의무는 사법상의 관계나 공법상의 관계를 불문하고 그 성질상 이전을 허용하지 않는 것을 제외하고는 모두 합병으로 인하여 존속회사에게 승계된다).

3) 대법원 2013. 5. 23., 2013 두 1041(납세의무 승계자의 범위가 상속세 납세의무자의 범위와 반드시 일치할 필요가 없다는 이유로 상속포기인은 피상속인의 납세의무를 승계하는 '상속인'에 포함되지 않는다고 본다).

금 중 상속세 상당액을 제외한 금액은 취득하면서 피상속인의 납세의무는 승계하지 않는 반형평의 문제가 발생할 수 있다. 이에 보험금을 수취하는 상속인이 피상속인의 납세의무의 승계는 피하면서 그 보험금만 취득할 목적으로 상속을 포기한 것으로 인정되는 경우에는 피상속인의 납세의무를 승계하도록 하고 있다(基本法 24조 2항). 보험료의 출연이라는 피상속인의 기여에 의하여 보험금만 받고, 피상속인의 납세의무는 승계하지 않는 불합리한 결과가 발생하는 것을 막기 위한 것이다. 납세의무 승계의 회피 목적은 과세요건으로서 과세관청이 입증하여야 할 것이다.

상속인이나 상속재산관리인이 피상속인의 납세의무를 승계한 때에는 그 승계 전에 피상속인에 대하여 한 과세관청의 처분이나 기타 세법상의 절차의 효력이 상속으로 인해 납세의무를 승계한 상속인이나 상속재산관리인에게 미친다(基本法 24조 5항). 승계의 당연한 효과라고 할 것이다.

피상속인이 사망하기 전에 얻은 소득으로서 그에 대한 납세의무가 상속개시 당시 아직 성립하지 아니한 것에 대한 소득세는 상속인들의 고유 소득에 대한 소득세와 구분되어 계산되기는 하나 상속인들 자신의 의무로 납부하여야 하는 것이므로(所法 2조 2항, 44조), 일단 성립한 피상속인의 납세의무를 승계하는 것과는 성격을 달리한다.

제 4 절   납세의무의 소멸

I. 총   설

납세의무는 납부·충당 또는 부과의 취소[1] 그리고 부과권에 대한 제척기간의 만료나 징수권에 대한 소멸시효의 완성에 의하여 소멸한다(基本法 26조).

---

1) 국세기본법 제26조 제1호는 부과의 취소를 국세납부의무 소멸사유의 하나로 들고 있으나, 그 부과의 취소에 하자가 있는 경우의 부과의 취소의 취소에 대하여는 법률이 명문으로 그 취소 요건이나 그에 대한 불복절차에 대하여 따로 규정을 둔 바도 없으므로, 설사 부과의 취소에 위법사유가 있다고 하더라도 당연무효가 아닌 한 일단 유효하게 성립하여 부과처분을 확정적으로 상실시키는 것이므로, 과세관청은 부과의 취소를 다시 취소함으로써 원 부과처분을 소생시킬 수는 없고, 납세의무자에게 종전의 과세대상에 대한 납부의무를 지우려면 다시 법률에서 정한 부과절차에 좇아 동일한 내용의 새로운 처분을 하는 수밖에 없다(대법원 1995. 3. 10., 94 누 7027).

이들 납세의무의 소멸사유는 각각 해당 부분에서 설명하고, 여기에서는 제척기간과 소멸시효에 대해서만 설명하기로 한다.

Ⅱ. 부과권의 제척기간

1. 부 과 권

부과과세방식의 세목의 납세의무를 확정하거나, 신고납세방식의 세목을 납세의무자가 신고하지 않음으로써 이를 확정하거나 또는 이미 행하여진 조세채무의 확정을 변경하는 과세관청의 권리를 부과권(賦課權)이라 한다. 과세관청에 의한 당초의 확정을 '결정'이라 하고, 이미 납세자의 신고나 과세관청의 결정에 의해 확정된 조세채무를 과세관청이 변경하는 것을 '경정(更正)'이라 하며, 경정처분을 다시 변경하는 것을 '재경정'이라고 한다.

2. 제척기간

(1) 성   질

제척기간은 일정한 권리에 대해 법이 정하는 존속기간이다. 이 존속기간이 만료하면 권리는 당연히 소멸한다. 제척기간은 그 권리에 관한 법률관계를 속히 종결지으려는 데 그 목적이 있고, 따라서 제척기간에는 정지나 중단 같은 것이 있을 수 없다.

사법(私法)상 제척기간은 주로 형성권에 관해 인정된다. 권리의 존속기간으로서의 제척기간이란 구체적으로는 출소기간, 즉 권리행사를 위해 소를 제기하여야 하는 기간으로 이해된다. 그러나 국가의 조세부과는 공정력을 가지므로 그 자체가 형성력이 있고 소에 의해 행사할 필요가 없다. 따라서 조세법상의 제척기간은 과세관청이 직접 부과권을 행사할 수 있는 기간을 의미하고, 그 기간이 경과할 때까지 행사하지 아니하면 조세채권이 확정적으로 소멸한다. 원천징수하는 소득세나 법인세와 같이 과세대상 소득금액이나 수입금액을 지급하는 때에 납세의무가 성립함과 동시에 자동적으로 확정되는 세목에 관해서는 그 확정절차가 따로 존재하지 않고 오직 자동으로 확정된 조세의 징수절차만 남기 때문에 징수권의 소멸시효 외에 부과권의 제척기간 문제는 일어날 여지가 없다.

(2) 기 산 점

제척기간은 국세를 부과할 수 있는 날로부터 기산한다. 국세의 부과는 과세요건을 충족하여 납세의무가 성립하여야 가능하지만, 납세의무의 성립과 부과권의 행사가능 시기는 반드시 일치하지는 않는다. 예컨대 법인세·소득세·부가가치세와 같은 신고에 의해 확정되는 국세(신고주의 국세)에 있어서는 과세기간이 종료하면 납세의무는 성립하지만, 신고기한이 법정되어 있으므로 신고기한까지는 부과권을 행사할 수 없고, 따라서 신고기한이 지나야 부과권이 생기게 된다.[1] 이와 관련하여 판례는 납세의무자가 예정신고기간 내에 해당 국세를 신고납부하지 않음으로써 과세관청이 확정신고기간이 도래하기 전에 해당 국세를 부과할 수 있다고 하더라도, 해당 국세의 부과제척기간은 예정신고기간이 아닌 확정신고기간이 경과한 다음 날부터 진행하는 것으로 본다.[2]

부과행위에 의해 확정되는 국세(부과주의 국세)에 있어서도 상속세·증여세·재평가세와 같이 과세표준의 신고기한이 법정되어 있는 경우에는 역시 그 기한이 지나야 부과권이 발생한다. 예를 들면, 자산재평가는 재평가일로부터 90일 내에 신고하도록 되어 있고, 과세관청은 이 신고에 기초하여 재평가세를 결정한다(자산재평가법 15조 1항, 17조 1항). 그러므로 부과주의 국세 중 과세표준 신고기한이 있는 국세 및 신고주의 국세는 법정 신고기한의 익일이 기산점이 되고 그로부터 제척기간이 개시되며, 부과주의 국세 중 신고기한 없이 과세되는 종합부동산세[3] 및 인지세는 납세의무의 성립과 동시에 제척기간이 개시한다(基本令 12조의3 1항). 한편, 원천징수의무자 또는 납세조합에 대하여 부과하는 국세에 있어서는 해당 원천징수세액 또는 납세조합징수세액의 법정납부기한의 다음날이 제척기간의 개시일이 된다(동조 2항 1호). 그리고 제2차납세의무의 부과제척기간은 주된 납세의무와 별도로 진행하고, 제2차납세의무를 부과할 수 있는 날인 제2차납세의무의 성립일(즉, 주된 납세의무의 납부기한의 익일 이후)이 그 기산일이 된다.[4]

---

1) 대법원 1994. 12. 13., 93 누 10330.
2) 대법원 2020. 6. 11., 2017 두 40235.
3) 종합부동산세는 납세의무자의 선택에 따라 그 신고납부에 의하여 확정될 수도 있고(綜不稅法 16조 1항, 3항), 과세관청의 부과행위에 의하여 확정될 수도 있는바, 후자의 경우가 여기에 해당한다.
4) 대법원 2012. 5. 9., 2010 두 13234.

(3) 제척기간의 유형

1) 일   반   국세의 부과제척기간은 원칙적으로 국세를 부과할 수 있는 날부터 5년이고, 역외거래('국제조세조정에 관한 법률'상의 국제거래 및 거래 당사자 양쪽이 거주자인 거래로서 국외에 있는 자산의 매매·임대차, 국외에서 제공하는 용역과 관련된 거래를 말함)의 경우에는 국세를 부과할 수 있는 날부터 7년이다. 여기서 '역외거래의 경우'라 함은 역외거래를 과세요건 사실로 하여 납세의무가 성립한 국세의 경우를 의미한다고 보아야 할 것이다(基本法 26조의2 1항). 그러나 이러한 원칙에 대하여 아래와 같이 많은 예외가 있다.

(i) 납세자가 법정신고기한까지 과세표준신고서를 제출하지 아니한 경우에는 해당 국세를 부과할 수 있는 날부터 7년(역외거래의 경우에는 10년; 基本法 26조의2 2항 1호), (ii) 납세자가 사기나 그 밖의 부정한 행위로 국세를 포탈하거나 환급·공제받은 경우의 해당 국세, 그리고 부정행위로 법인세를 포탈하거나 환급·공제받음으로 인해 법인세법 제67조에 따라 소득으로 처분된 금액에 대한 소득세나 법인세는 해당 국세를 부과할 수 있는 날로부터 10년(역외거래의 경우에는 15년; 基本法 26조의2 2항 2호), (iii) 부정행위로 소득세법상의 계산서 등 관련 의무(81조의10 1항 4호), 법인세법상의 계산서 등 관련 의무(75조의8 1항 4호), 부가가치세법상의 세금계산서 관련 의무(60조 2항 2호, 동조 3항 및 동조 4항)의 위반에 따른 가산세는 해당 가산세를 부과할 수 있는 날로부터 10년(基本法 26조의2 2항 3호)의 기간으로 한다.

여기서 '과세표준신고서를 법정 신고기한 내에 제출하지 아니한 경우'의 의미와 관련하여 해석상의 문제가 있다. 우선, '근로소득만 있는 거주자'가 원천징수 및 연말정산의 대상이 되는 근로소득에 대하여 그 절차를 통해 종합소득세를 납부한 경우 그 절차는 과세표준 확정신고를 갈음하는 효력이 있는 것으로 보아, 즉 과세표준 확정신고를 한 것으로 되어 원천징수 및 연말정산에서 누락된 근로소득에 대해서는 5년의 부과제척기간이 적용된다.[1] 그러나 동일 과세기간에 국내원천 근로소득(예를 들면, 급여)과 국외원천 근로소득(예를 들면, 주식매수선택권 행사 이익)을 함께 얻은 거주자가 국내원천 근로소득에 대해서만 원천징수 및 연말정산의 방식으로 납세의무를 이행하고, 원천징수의 대상이 아니어서 별도로 과세표준 확정신고를 하였어야 할 국외원천 근로소득에 대해서 이를 불이행한 경

---

1) 대법원 2021. 4. 29., 2020 두 54630; 同 2013. 7. 11., 2013 두 5555.

우에는 해당 국외원천 근로소득에 대해서 7년의 부과제척기간이 적용된다.[1]

한편, 위의 정규적인 부과제척기간이 만료된 날이 속하는 과세기간 이후의 과세기간의 소득금액을 계산함에 있어 앞의 과세기간에 발생한 결손금을 이월결손금으로 공제하는 경우(所法 45조 3항, 法法 13조 1항 1호, 76조의13 1항 1호 또는 91조 1항 1호)에는 해당 결손금이 발생한 과세기간의 소득세 또는 법인세는 위의 정규적인 부과제척기간의 경과에 불구하고 이월결손금을 공제한 과세기간의 법정신고기한으로부터 1년간 부과제척기간이 연장된다(基本法 26조의2 3항). 예를 들면, 어떤 법인이 2008 사업연도에 결손금이 발생한 것으로 신고한 뒤 이를 2015 사업연도의 과세표준과 세액의 법정신고기한인 2016. 3. 31.까지 이월하여 그 금액을 동 사업연도의 소득금액과 상계하는 것으로 신고하였는데 2016. 9. 30.에 이르러 실제로는 2008 사업연도에 결손금이 아니라 소득이 발생한 것으로 밝혀진 경우 그 시점에서 2008 사업연도 소득금액에 대한 법인세 부과의 제척기간 5년이 경과하였다고 하더라도 이월결손금을 공제했던 2015 사업연도의 법정신고기한인 2016. 3. 31.로부터 1년이 경과하는 2017. 3. 31.까지 제척기간이 연장된다는 것이다. 어떤 과세기간에 실제로는 소득이 발생하였음에도 불구하고 이와 반대로 결손금이 발생한 것으로 확정된 사실이 해당 과세기간에 대한 부과권의 제척기간이 경과한 뒤에 발견되는 경우 그 부과권의 제척기간을 그대로 적용한다면 과세관청이 해당 과세기간의 소득에 대해 부과권을 행사할 수 없음을 넘어서, 실제로 발생하지 않았음에도 발생한 것으로 잘못 확정된 가공의 결손금이 정규적인 부과권의 제척기간이 경과한 뒤에 도래하는 과세기간까지 이월되어[2] 계속 과세표준을 줄이게 되는 불균형이 발생할 것인바, 이를 막기 위한 것이다. 이처럼 어떤 과세기간에 대한 부과권의 제척기간이 연장됨에 따라 해당 과세기간에 결손금이 아닌 소득이 발생한 것으로 경정되면, 경정된 해당 과세기간의 소득에 대해 과세할 수 있음은 물론 부과권의 제척기간이 아직 경과하지 않은 과세기간에 발생한 소득으로서 가공의 이월결손금과 상계되어 과세되지 않았던 것에 대해서도 과세할 수 있을 것이다.

위에서 사기나 그 밖의 부정한 행위에 의하여 조세를 포탈한 경우라고 함

---

[1] 대법원 2007. 10. 25., 2007 두 1415.

[2] 법인이나 개인사업자의 결손금은 결손금이 발생한 사업연도의 다음 사업연도부터 10년간 이월되어 소득금액과 상계된다(法法 13조 1호; 所法 45조 3항).

은 조세범처벌법 제3조에 해당하는 행위를 말한다(基本令 12조의2 1항). 구체적으로, 조세의 부과와 징수를 불가능하게 하거나 현저히 곤란하게 하는 위계(僞計) 기타 부정한 적극적인 행위를 말한다(조세포탈범의 구성요건에 관해서는 제4편 제2절 Ⅰ. 참조).1) 이와 관련하여 판례는 사기나 그 밖의 부정한 행위에 의하여 법인세를 포탈하였다고 하더라도 법인세 부과의 근거가 된 익금산입액의 소득처분에 따라 발생하는 인정상여액에 대한 소득세를 사기나 그 밖의 부정한 방법으로 포탈하였다고 할 수 없다고 본다.2) 그런데 위에서 본 바와 같이 국세기본법 제26조의2 2항 2호는 이러한 판례의 취지와 달리 사기나 그 밖의 부정행위로 법인세를 포탈·환급·공제받는 과정에서 사외로 유출된 법인소득을 법인세법 제67조에 따라 그 실제 귀속자의 소득으로 처분함으로써 그 귀속자에게 부과된 소득세나 법인세에 대해서도 10년(부정행위가 역외거래의 과정에서 범하여진 경우에는 15년)의 부과제척기간이 적용된다고 규정하고 있는바, 이 규정은 소득처분의 결과 부과되는 소득세나 법인세도 사기나 그 밖의 부정한 방법으로 포탈한 것으로 사실상 의제하는 것으로서 부당하다고 할 것이다. 그리고 판례는 재산의 명의신탁이나 사업자의 명의대여와 같은 명의위장 행위가 허위장부의 작성이나 허위의 조세신고와 같은 다른 적극적 행위를 수반하지 않는 한 그 자체만으로는 부과제척기간 연장 사유로서의 '부당한 행위'에 해당하지 않는다고 본다.3) 이와 관련하여 주식을 명의신탁하면서 주식의 매매 등이 있었던 것처럼 매매계약서를 작성하고 계좌거래 내역 등을 토대로 과세관청에 신고하는 행위는 주식의 명의신탁에 통상 뒤따르는 부수행위에 불과할 뿐, 명의위장 행위에 수반된 '적극적 행위'에 해당하지 않는다고 본다.4)

한편, 판례는 부과제척기간의 연장 사유로서의 '사기나 그 밖의 부정한 행위'는 납세의무자 본인이 행한 것뿐만 아니라, 납세의무자가 행위영역 확장의 이익을 얻기 위해 선정한 대리인이나 이행보조자 등이 행한 것도 포함하는 것으로 본다.5) 심지어 사용인 등의 부정한 행위가 납세자 본인을 피해자로 하는

1) 대법원 2014. 5. 16., 2011 두 29168; 2006. 6. 29., 2004 도 817; 同 2003. 2. 14., 2001 도 3797; 同 1998. 5. 8., 97 도 2429.
2) 대법원 2010. 4. 29., 2007 두 11382; 同 2010. 1. 28., 2007 두 20959.
3) 대법원 2018. 3. 29., 2017 두 69991; 同 2013. 12. 12., 2013 두 7667.
4) 대법원 2021. 7. 8., 2017 두 69977; 同 2018. 12. 13., 2018 두 36004.
5) 대법원 2015. 9. 10., 2010 두 1385; 同 2011. 9. 29., 2009 두 15104.

사기, 배임 등 범행의 수단으로 행하여졌더라도 과세관청의 부과권 행사가 어렵게 된 것은 분명하므로 사용인 등의 부정행위를 방지하기 위한 선임, 관리·감독상의 주의의무를 다하지 못한 잘못이 있다면 장기 부과제척기간의 적용 요건인 '부정한 행위'에 포함된다고 본다.[1] 이러한 판례의 태도는 사용자가 피용자의 선임 및 그 사무의 감독에 관하여 상당한 주의를 하지 않은 때에는 그 피용자가 사무집행에 관하여 제3자에게 가한 손해에 대해 책임을 지도록 하고 있는 민법상의 사용자 책임(민법 756조)의 법리를 세법에 접목시킨 것인데, 엄격해석을 요하는 조세법의 영역에 명문의 근거없이 민사법리를 지나치게 확장하여 적용한 것으로 보인다.

또한 판례는 허위의 계약서와 세금계산서임을 인식하고 수취한 사업자가 이를 근거로 부가가치세 매입세액을 환급받았다고 하더라도 허위의 세금계산서를 발급한 매출사업자가 매출세액의 납부를 면탈하는 것을 인식하지 아니한 이상 '사기나 그 밖의 부정한 행위'로 납세의무를 면탈한 것으로 볼 수 없어 10년의 부과제척기간이 적용되지 않는다고 한다.[2] 자신의 매입세액 공제만으로는 국가의 조세수입의 감소를 가져오게 될 것이라고 인식하지 못하였다는 취지이나 매출세액의 면탈을 노리지 않고 허위의 세금계산서를 발급하는 경우는 드물기 때문에 이러한 경우에는 매입사업자가 매출사업자에 의한 매출세액의 면탈이 있었음을 인식하였을 것으로 추정함이 타당할 것이다.

이중과세 방지조약의 체결상대국과 상호합의절차가 개시된 경우에는 상호합의절차의 종료일의 다음날부터 1년의 기간과 위 국세기본법 제26조의2 제1항에 의한 본래의 제척기간 중 나중에 도래하는 기간이 부과권 행사의 제척기간이 된다(基本法 26조의2 8항 및 國租法 25조 1항).

2) 상속·증여세의 경우   상속세와 증여세에 대한 부과권의 제척기간은 더욱 길어서 10년이다. 나아가 포탈행위가 있거나 신고서를 제출하지 않은 경우에는 15년으로 늘어난다. 설령 신고서를 제출했다 하더라도 (i) 상속재산가액 또는 증여재산가액에서 가공의 채무를 공제하여 신고하거나, (ii) 권리의 이전이나 그 행사에 등기·등록·명의개서 등을 요하는 재산을 상속인 또는 수증자

---

1) 대법원 2021. 2. 18., 2017 두 38959(전원합의체).

2) 대법원 2020. 12. 10., 2019 두 58896; 同 2019. 9. 9., 2019 두 31730; 同 2014. 2. 27., 2013 두 19516.

의 명의로 등기 등을 하지 아니하고 그 재산을 상속재산 또는 증여재산의 신고에서 누락하거나, (iii) 예금·주식·채권·보험금 기타의 금융자산을 상속재산 또는 증여재산의 신고에서 누락하는 방법 중의 하나에 의해 거짓신고 또는 누락신고를 한 경우에는 각 15년의 제척기간이 적용된다(基本法 26조의2 4항; 基本令 12조의2 2항). 거짓신고나 누락신고의 경우에는 해당 부분에 대해서만 15년의 제척기간이 적용됨은 물론이다. 양도소득세 과세대상 자산의 부담부증여에 따라 증여세와 함께 그 부담부 채무액에 상당하는 가액의 자산양도가 이루어진 것으로 보는 경우(所法 88조 1호 후단) 그 자산양도에 따른 양도소득세에 대해서는 위의 증여세의 부과제척기간이 적용된다(基本法 26조의2 4항).

한편, 상속세나 증여세(명의신탁한 재산의 증여의제에 따른 증여세일 경우 해당 명의신탁에 관련된 다른 국세를 포함함)를 포탈한 경우 중에서도 (i) 피상속인 또는 증여자의 재산을 제3자 명의로 명의신탁한 상태에서 상속이 되거나 증여를 하여 상속인이나 수증자의 소유가 된 경우, (ii) 피상속인이 어떤 재산을 취득하는 계약을 체결한 후 그 이행이 완료되기 전에 상속이 개시됨으로써 상속인이 그 계약의 이행을 완료하고 취득하였음에도 취득 대상 재산에 관하여 자신 앞으로 등기·등록 또는 명의개서를 하지 아니한 경우, (iii) 국외에 소재하는 상속재산이나 증여재산을 상속인 또는 수증자가 취득한 경우, (iv) 등기·등록 또는 명의개서가 필요하지 아니한 유가증권·서화·골동품 등의 상속재산이나 증여재산을 상속인이나 수증자가 취득한 경우, (v) 증여자가 증여 전에 수증자의 명의로 숨겨둔 '금융실명거래 및 비밀보장에 관한 법률'상의 금융자산을 증여에 따라 수증자가 보유하고 있거나 사용·수익한 경우, (vi) 상속세 및 증여세법 제3조 제2호에 따른 비거주자인 피상속인의 국내재산을 상속인이 취득한 경우, (vi) 상속세 및 증여세법 제45조의2에 따른 명의신탁재산의 증여의제에 해당하는 경우, (vii) 상속되거나 증여된 가상자산을 상속인이나 수증자가 가상자산사업자를 통하지 아니하고 취득한 경우에는 과세관청이 해당 재산의 상속 또는 증여가 있음을 안 날부터 1년 이내에 상속세 및 증여세를 부과할 수 있다(基本法 26조의2 5항). 다만, 상속세의 경우에는 상속인이 사망하고, 증여세의 경우에는 증여자와 수증자가 모두 사망하거나 포탈세액 산정의 기준이 되는 재산가액이 50억 원 이하인 경우에는 이러한 특례가 적용되지 않는다(동항 단서). 위의 경우들에는 과세관청이 해당 재산의 상속이나 증여 사실을 인지하는 것이 어려우므로 실제로 인지한 날로부터 1년 이내라는 별도의 기준을 둔 것이다. 과세관청이 위의 경우들과 같은 형태의 상속이나 증여 사실을 인지하고도 부과권을 행사하지 않는 경우는 거의 없을 것이므로 위의 경우들에는 사실상 부과권이 제척기간의 제한을 받지 않는다고 할 수 있다.

3) 조세쟁송절차등을 거친 경우의 제척기간의 특례

① 개   요   (i) 부과처분에 대하여 국세기본법상의 이의신청·심사청구·심판청구 또는 감사원법에 의한 심사청구를 거치거나 행정소송법에 의한 소송을 거쳐 그 결정 또는 판결이 확정된 경우에는 그 확정일로부터 1년이 경과하기 전에 해당 결정이나 판결에 따라, (ii) 앞의 결정이나 판결이 확정됨에 따라 그 결정이나 판결의 대상이 된 과세표준 또는 세액과 연동된 다른 과세기간의 과세표준 또는 세액의 조정이 필요한 경우에는 역시 그 결정 또는 판결의 확정일로부터 1년이 경과하기 전에, (iii) 과세관청이 조세조약에 부합하지 아니하는 과세의 원인이 되는 조치를 하였고, 납세의무자가 그 조치가 있음을 안 날부터 3년 이내(조세조약에서 따로 규정하는 경우에는 그에 따름)에 그 조치에 대하여 조세조약에 따른 과세당국 간의 상호합의신청을 하여 당국 간에 상호합의에 도달한 경우에는 그 상호합의의 종결일로부터 1년이 경과되기 전에 해당 상호합의에 따라, 그리고 (iv) 납세의무자로부터 국세기본법 제45조의2 제2항에 따른 감액경정청구나 '국제조세조정에 관한 법률' 제10조의2 제1항 및 제19조 제4항에 따른 감액경정청구가 있거나 또는 같은 법 제10조의3 제1항에 따른 기획재정부장관의 조정권고가 있는 경우(제2편 제5장 제3절 Ⅳ. 6. 참조)에는 그 감액경정청구일 또는 조정권고일로부터 2개월이 경과하기 전에 해당 감액경정청구나 조정권고의 취지에 따라, (v) 이러한 경정청구 또는 조정권고의 대상이 된 과세표준 또는 세액과 연동된 다른 세목이나 과세기간의 과세표준 또는 세액의 조정이 필요한 경우에는 그 경정청구일 또는 조정권고일부터 2개월 이내에, (vi) 형사판결에 의해 뇌물이나 알선수재 또는 배임수재의 소득(기타소득)이 발생한 것으로 확인된 경우에는 그 형사판결 확정일로부터 1년 이내에, (vii) 거래 또는 행위 등이 그 거래·행위 등과 관련된 소송에 대한 판결(판결과 같은 효력을 가지는 화해나 그 밖의 행위를 포함)에 의하여 다른 것으로 확정된 경우에는 그 판결이 확정된 날부터 1년 이내에, (viii) 역외거래로 발생한 납세의무에 대한 부과제척기간이 경과하기 전에 국조법에 따라 외국의 권한 있는 당국에 조

세정보를 요청하여 그 요청한 날로부터 2년이 지나기 전까지 해당 조세정보를 받은 경우에는 그 받은 날부터 1년 내에, 각각 경정이나 기타 필요한 처분을 할 수 있다(基本法 26조의2 6항 1호, 1호의2, 2호, 3호, 4호, 5호, 6호). 한편, 위 (i)의 조세쟁송의 결정이나 판결에서 명의대여 사실이 확인되거나, 과세대상 재산의 명의상의 귀속에 불구하고 사실상 귀속되는 자가 따로 있는 사실이 확인되거나 소득세법 또는 법인세법에 따른 국내원천소득의 실질귀속자가 확인된 경우에는 그 결정 또는 판결이 확정된 날부터 1년 이내에 당초의 부과처분을 취소하고 실제로 사업을 경영한 자(명의대여 사실이 확인된 경우), 재산의 사실상 귀속자(재산의 명의와 다른 사실상의 귀속자가 확인된 경우) 또는 국내원천소득의 실질귀속자나 원천징수의무자(실질귀속자가 확인된 경우)에게 경정결정이나 그 밖에 필요한 처분을 할 수 있다(基本法 26조의2 7항). 조세쟁송을 통하여 과세관청이 당초 소득의 귀속자로 지목한 자가 아니라, 다른 자가 실질귀속자로 밝혀진 경우 그 조세쟁송의 종결일로부터 1년 간 부과제척기간이 연장된다는 의미이다.

　　국내법상의 조세쟁송 절차나 조세조약에 의한 상호합의 절차가 상당히 오랜 기간 진행되다 보면, 그 결정·판결 또는 상호합의(이하 "판결 등"이라고 함)에서 인정한 과세표준과 세액에 따라 또는 그 판결 등에서 적시한 절차상의 하자를 치유하여 부과권을 행사하려고 하여도 이미 제척기간이 만료된 경우가 있을 수 있다. 예컨대 거주자가 퇴직하면서 고용주로부터 받은 금액이 근로소득에 해당된다고 보아 행한 종합소득세 부과처분이 해당 소득이 퇴직소득에 해당한다는 이유로 판결에 의해 취소가 확정되었고, 그 판결의 확정시점에 이미 해당 과세기간에 대한 부과제척기간이 경과하였다면 퇴직소득세를 부과할 수 없는 결과가 된다. 위 (i), (ii) 및 (iii)은 이와 같은 경우에 그 판결 등에서 인정한 적법한 과세표준과 세액에 따라 경정 또는 필요한 처분을 할 수 있도록 하기 위하여 별도의 제척기간을 둔 것이다. 그리고 위 (iv), (v) 및 (vi)은 납세의무자가 후발적 감액경정청구 등을 할 수 있는 경우 이에 상응하여 과세관청도 본래의 제척기간을 넘어서 부과권을 행사할 수 있도록 한 것이다. (vii)은 조세정보를 받는 데 장기간이 소요되는 점을 고려한 연장이다.

　　② **요건의 해석**　　　여기서 위 제척기간의 특례규정에 따라 경정결정이나 기타 필요한 처분을 할 수 있는 범위에 관해서 논란이 있을 수 있다. 2016. 12. 20.자 국세기본법 개정에 의하여 개정되기 전의 법문은 "결정이나 판결에 따

라" 또는 "상호합의에 따라" 라는 문구를 부과제척기간 연장의 전제로 설정하고 있었는바, 여기서 말하는 "결정이나 판결에 따라"라는 문언의 의미에 관하여 대법원은 국세기본법 제26조의2 제2항의 입법취지를 "제1항 소정의 과세제척기간이 일단 만료되면 과세권자는 새로운 결정이나 증액경정은 물론 감액경정 등 어떠한 처분도 할 수 없게 되는 결과 과세처분에 대한 행정소송 등의 쟁송절차가 장기간 지연되어 그 판결 등이 과세제척기간이 지난 후에 행하여지는 경우 그 판결 등에 따른 처분조차도 할 수 없게 되는 불합리한 사례가 발생하는 것을 방지하기 위한 것이다"라고 설시하면서, 이러한 입법취지에 비추어 볼 때, "결정이나 판결에 따라"라는 문언의 의미는 "과세권자가 판결 등에 따른 경정결정이나 그에 부수되는 처분만을 할 수 있을 뿐, 판결 등이 확정된 날로부터 1년 내라 하여 판결 등에 따르지 아니하는 새로운 결정이나 증액경정결정까지도 할 수 있는 것은 아니다"라는 입장을 확립하였다.[1] 이는 조세쟁송의 판결 등에서 과세표준과 세액의 크기를 과세관청과 달리 인정하여 또는 과세절차상 하자가 있음을 이유로 과세처분의 전부나 일부를 취소한 경우, 과세관청은 그 판결 등의 이유에 따른 논리적 귀결로 판결 등에 의해 취소된 과세처분의 범위 내에서 다시 과세처분을 할 수 있다는 것이다. 부과제척기간 연장 제도의 입법취지와 이를 반영한 판례의 취지를 고려할 때 "결정이나 판결에 따라" 또는 "상호합의에 따라" 라는 문구가 삭제된 현행 규정 하에서도 동일하게 해석함이 타당할 것이다. 따라서 판결 등에 의해 취소된 당초의 과세처분의 요건사실과 전혀 다른 새로운 과세요건 사실을 발견하였다고 하여 이를 들어 새로운 과세처분을 하는 것은 허용되지 않는다. 예를 들어, 조세심판결정에서 부담부증여를 인정하여 당초 행하여진 증여세부과처분의 과세표준과 세액을 경정하라는 조세심판원의 심판결정이 확정된 날로부터 1년이 경과하기 전에 과세관청이 위 심판결정에서 인용된 부담부증여 부분에 대하여 양도소득세 부과처분을 한 경우, 새로 부과한 양도소득세는 심판결정에서 취소된 부과처분의 세목인 증여세와는 다른 세목이므로 그 양도소득세 부과처분을 하는 것은 허용되지 아니한다.[2] 위와 같은 입장에 따르면, 국세기본법 제26조의2 제6항 제1호 소정의 '판결'이란 그 판결에 따라 경정결정 기타 필요한 처분을 행하지 않으면 안

---

1) 대법원 2005. 2. 25., 2004 두 11459; 同 1994. 8. 26., 94 다 3667; 同 1996. 9. 24., 96 누 68 등.
2) 대구지법 2003. 10. 28., 2003 가합 1087.

되는 판결, 즉 조세부과처분이나 경정거부처분에 대한 취소판결 등을 의미하는 것이고, 원고의 청구를 기각하는 판결이나 소를 각하하는 판결은 여기에 해당하지 않는 것이 된다.[1] 그러나 조세부과처분이나 경정거부처분을 취소하는 '결정이나 판결'의 이유가 반드시 납세자에게 유리한 경우만 의미한다고 볼 근거는 없으므로, 납부고지의 위법을 이유로 과세처분을 취소하는 판결이 확정된 후 그 판결 확정일로부터 1년 내에 그 잘못을 바로잡아 다시 부과처분을 행할 수 있다.[2]

4) 제척기간 경과 후의 감액경정청구의 가부　　원초적 사유에 기한 통상의 감액경정청구기간은 3년으로서 최소 5년인 부과권의 제척기간보다 일찍 도래하기 때문에 제척기간이 경과한 후에 감액경정청구를 할 수 있느냐 하는 문제는 발생하지 않는다. 그러나 후발적 사유에 기한 감액경정청구의 경우에는 그 사유가 부과권의 제척기간이 이미 경과한 뒤에 발생할 수도 있는바(예를 들면, 납세의무자에 의해 당초 신고된 과세표준 및 세액을 과세관청이 경정할 수 있는 제척기간이 경과한 뒤에 그 과세표준 및 세액의 계산근거가 된 거래의 효력에 관해 분쟁이 발생하고, 그 분쟁의 판결에서 해당 거래의 효력이 납세의무자가 과세표준 및 세액을 신고할 때 인식한 것과 다른 것으로 확정된 경우), 이처럼 국세부과권의 제척기간이 경과한 뒤에 감액경정청구의 근거가 되는 후발적 사유가 발생한 경우에 감액경정청구를 할 수 있는지가 문제될 수 있다. 이 문제와 관련하여 행정해석은 종래 부정적 입장을 취하였으나(基本法 기본통칙 45조의2−0…1조), 감액경정청구와 부과권의 제척기간은 논리적으로 서로 연관되어 있지 않을 뿐만 아니라 법령상으로도 하등의 제한이 없으므로, 부과제척기간의 경과에 불구하고 후발적 사유에 기한 감액경정청구는 할 수 있다고 할 것이다.[3] 2007년 국세기본법 제26조의2 제2항 제3호의 신설로, 납세자가 국세기본법 제45조의2 제2항에 규정된 후발적 사유의 발생에 따라 과세표준과 세액의 감액경정청구를 해 온 경우 과세관청은 그 감액경정청구 당시 이미 부과제척기간이 경과하였다고 하더라도 경과하지 않은 것으로 의제하여 감액경정청구일로부터 2개월이 지나기 전까지는 감액경정을 할 수 있는 것으로 명문화하였다(基本法 26조의2 2항 3호).

---

1) 대법원 2005. 2. 25., 2004 두 11459.
2) 대법원 2012. 10. 11., 2012 두 6636; 同 1996. 5. 10., 93 누 4885.
3) 대법원 2006. 1. 26., 2005 두 7006.

5) 제척기간과 직권감액경정권 행사의 관계   과세관청이 납세의무자에
대하여 국세의 부과처분을 행하는 데는 제척기간의 제한이 있지만, 납세의무자
에 대하여 행한 과세처분을 스스로 취소(직권 감액경정)하는 데 대해서는 법률상
의 기간제한이 없다. 따라서 부과권의 제척기간이 경과하였다고 하여 직권 감
액경정을 하여서는 아니 된다는 법리는 존재하지 않는다. 다만, 과세관청은 부
과한 조세에 관한 제척기간이 경과한 후에는 그 처분에 위법성이 내재함을 인
지하였더라도 사실상 직권취소를 해 주지 않는 경향이 강하나, 법치주의 원리
에 비추어 타당하지 않은 태도라고 할 것이다.

6) 제척기간 경과의 효과   추상적 조세채무가 부과권의 행사에 의하여
확정되지 아니한 채 제척기간이 경과하면 납세의무는 소멸하고(基本法 26조 2
호), 징수권은 발생하지 아니하며, 따라서 징수권의 소멸시효는 문제될 여지도
없다. 제척기간은 중단이나 정지가 없으며, 불변기간이기 때문에 기간만료로
납세의무는 당연히 소멸하고 납세자의 원용(援用)을 요하지 않는다. 따라서 쟁
송단계에서는 법원이나 재결청이 직권으로 제척기간 만료 여부를 조사하여야
한다. 부과권의 제척기간이 경과한 국세를 부과하는 행위는 당연무효로서 그에
따라 징수처분을 할 수 없고, 그 부과처분에 따라 납부한 국세는 부당이득으로
반환을 청구할 수 있다.1)

Ⅲ. 징수권의 소멸시효

1. 징 수 권

과세관청은 확정된 조세채권을 실현하기 위하여 납세자에게 이행을 청구
하며, 임의로 이행이 이루어지지 않을 경우에는 이행을 강제하고(강제징수), 납
부된 세액을 수납하게 되는바, 이러한 일련의 과세권자의 권리를 징수권이라
한다.

부과권과 징수권은 각각 동일한 조세채권의 궁극적 실현을 위한 실체적 측
면과 절차적 측면의 권리이고, 순차적으로 발생한다. 따라서 어느 한 시점에서
동시에 행사할 수 있는 권리가 아니다.

---

1) 대법원 2004. 6. 10., 2003 두 1752; 同 1999. 6. 22., 99 두 3140.

2. 소멸시효

(1) 성   질

소멸시효는 권리자가 권리를 행사할 수 있었음에도 불구하고 일정기간(소멸시효기간) 권리를 행사하지 않은 경우 그 권리를 소멸시키는 제도이다. 따라서 권리행사가 불가능하였기 때문에 권리불행사의 상태가 생긴 경우에는 시효가 진행될 수 없으며(시효의 정지), 또 시효기간의 진행 중에 권리가 행사된 경우에는 그때까지의 시효진행은 없었던 것으로 돌아가고 새로이 시효가 진행된다(시효의 중단). 징수권은 세액이 확정되지 않는 한 행사될 수 없으므로 세액의 확정 전에는 그 소멸시효의 진행이 개시될 수 없고, 시효기간의 진행 중 징수권을 행사할 수 없는 경우에는 그 진행이 정지되며, 또한 시효진행 중 징수권의 행사라 볼 만한 사실이 생기면 시효진행이 중단된다.

민법상 소멸시효가 완성되면 채무자는 채무의 소멸이라는 이익을 얻게 되나, 그 이익의 향유 여부는 채무자의 의사에 달린 문제로, 채무자는 시효완성의 이익을 포기할 수 있다. 그러나 조세채권에 관해서는 납세자가 그 이익을 포기할 수 없다(후술).

(2) 기 산 점

국세기본법 제27조 제1항은 "국세의 징수를 목적으로 하는 국가의 권리는 '이를 행사할 수 있는 때'부터 10년(5억원 이상의 국세의 경우)이나 5년(5억원 미만의 국세)간 행사하지 아니하면 소멸시효가 완성된다"고 규정한다. 따라서 징수권의 소멸시효의 기산점은 '징수권을 행사할 수 있는 때'이다. 징수권의 소멸시효의 기산점에 관한 입법례로는 세액의 확정 여부에 관계없이 법정 납부기한을 채택하는 예가 있고, 신고·결정·경정 등으로 세액을 확정한 때를 채택하는 예가 있다. 일본은 전자의 방법에 따라 일률적으로 '법정 납부기한의 익일'을 기산점으로 택하고 있으며(일본 국세통칙법 72조), 미국(미국 내국세입법 §6502(a)(1))과 독일(§229 Abs.1 AO)은 후자의 방법을 택하고 있다.

일률적으로 법정 납부기한의 익일을 기산점으로 하면 법정 납부기한 내에 세액 또는 과세표준의 신고가 없을 때에는 부과권이 행사되기도 전에 징수권의 소멸시효가 진행하게 된다. 다시 말하면 세액도 불분명한 상태에서 시효부터 진행한다는 것이다. 원래 소멸시효기간은 권리불행사란 상태가 계속되는 동안 진행한다는 원칙에 충실하자면 신고나 부과권의 행사 등 조세채무의 확정에 의하여 정해진 납부기한의 익일부터 진행한다고 함이 타당할 것이다. 우리나라 법에서도 신고에 의해 확정된 세액에 대하여는 그 법정신고 납부기한의 다음날을, 부과결정에 의하여 고지한 세액에 대하여는 그 납부고지에 의한 납부기한의 다음날을 징수권 소멸시효의 기산점으로 잡고 있다(基本法 27조 3항). 다만, (i) 납부고지한 원천징수세액, 납세조합징수세액, 인지세액의 경우에는 그 고지에 따른 납부기한의 다음 날을, (ii) 법정 신고납부기한이 연장된 경우에는 그 연장된 기한의 다음 날을 기산점으로 한다(동항 단서).

(3) 시효기간

징수권의 소멸시효기간은 5억 원 이상인 국세채권에 대해서는 10년이고, 그 밖의 것에 대해서는 5년이다(基本法 27조 1항). 지방세법의 시효기간도 이와 동일하다(지방세기본법 39조 1항). 다만 관세의 징수권은 과세포탈 등의 경우를 제외하고는 그 특수성으로 인하여 원칙적으로 2년의 소멸시효가 적용된다(관세법 25조).

(4) 중　　단

1) 의　　의　　소멸시효는 권리불행사란 상태가 일정기간 지속된 경우 권리를 소멸시키는 제도이므로 시효가 완성하기 전에 권리행사로 볼 만한 사실이 생기면 더 이상 시효를 적용할 이유가 없다. 그래서 권리행사로 볼 만한 사실이 생기면 그때까지 진행된 시효기간은 효력을 잃는다. 이것을 소멸시효의 중단이라 한다. 그 사실이 끝나면 새로이 시효가 개시된다. 시효중단의 사유는 피고의 주장이 없더라도 행정소송법 제26조에 따라 법원이 직권으로 심사판단하여야 할 사유이다.[1]

2) 중단사유　　국세기본법이 인정하는 중단사유는 다음과 같다.

① **납부고지**(基本法 28조 1항 1호)　　납부고지는 부과처분으로서의 성질과 징수절차의 일환인 확정세액의 이행청구로서의 성질을 동시에 갖는다(徵收法 6조). 납부고지에 의한 시효의 중단은 후자의 성질에 기인하는 것이다. 이러한 납부고지에 의하여 국세징수권의 소멸시효의 효력이 중단되었다가 그 납부고지처분이 쟁송 등을 통하여 취소된 경우에는 소멸시효 중단의 효력이 소멸되는 가? 이에 관하여 대법원은 "국세징수권의 소멸시효의 중단은 소멸시효의 기초

---

1) 대법원 1987. 1. 20., 86 누346.

가 되는 권리의 불행사라는 사실상태와 맞지 않은 사실이 생긴 것을 이유로 소멸시효의 진행을 차단케 하는 제도인 만큼 납부고지에 의한 국세징수권자의 권리행사에 의하여 이미 발생한 소멸시효 중단의 효력은 그 부과처분이 취소되었다 하더라도 사라지지 않는다"라고 하고 있다.[1]

　　② **독촉**(基本法 28조 1항 2호)　　독촉이나 납부최고는 반드시 서면(독촉장)에 의하여야 하므로(徵收法 10조), 구술에 의한 납세의 독촉은 시효중단의 효력이 없다고 할 것이다.

　　③ **교부청구**(基本法 28조 1항 3호)

　　④ **압류**(基本法 28조 1항 4호)　　민법에서는 압류에 착수하였으나 압류할 재산이 없어 집행불능으로 끝났다 하더라도 시효중단의 효력이 생긴다고 함이 통설이다. 마찬가지로 압류를 위하여 수색(搜索)처분을 하였으나 압류할 재산이 없어 압류를 하지 못한 경우에는 수색에 착수한 때(체납자의 주소지 이외의 장소에서의 수색의 경우에는 이를 그에게 통지한 때)에 시효중단의 효력이 있다. 그러나 압류가 취소되면 시효중단의 효력이 없다(基本法 27조 2항; 민법 175조).

　　⑤ **민법의 준용에 의한 중단사유**(基本法 27조 2항; 민법 168조, 170조 내지 176조)　　국세기본법 제27조 제2항은 징수권의 소멸시효에 관하여 국세기본법 또는 세법에 특별한 규정이 있는 경우를 제외하고는 민법의 규정에 의한다고 규정하므로 민법상 중단사유로 인정되는 채무승인이나 청구도 징수권의 소멸시효의 중단사유가 된다.[2] 예컨대 납세자로부터 징수유예의 신청 등이 있다면 승인으로 보아야 할 것이다.

　　3) **중단의 효력**　　납부고지 등에 의한 시효중단의 효력이 미치는 범위는 해당 처분이 미치는 국세에 한하고 성립된 국세의 전부에 미치지 아니한다.[3]

　　(5) **정　　지**
　　시효진행 중에 권리행사가 불가능하거나 객관적으로 어려운 사정이 생겼을 경우, 그 사정이 존속하는 동안 시효의 진행을 일시적으로 멈추게 하고 그 사정이 종료하면 다시 나머지 시효기간을 진행시키는 제도를 시효의 정지라고

---

1) 대법원 1987. 3. 10., 85 누 959; 同 1987. 2. 24., 86 누 15.
2) 대법원 2020. 3. 2., 2017 두 41771(조세채권의 소멸시효 중단을 목적으로 국가가 납세자를 상대로 제기하는 소는 소의 이익이 인정되는 적법한 소이고, 공법상 당사자소송에 해당한다고 한다).
3) 대법원 1987. 3. 10., 86 누 313 참조.

한다. 국세기본법이 정하는 정지사유로 분납기간·징수유예기간·강제징수유예
기간·연부연납(年賦延納) 기간, 세무공무원이 국세징수법 제30조에 따른 사해
행위취소청구의 소나 민법 제404조에 따른 채권자대위권의 행사를 위한 소를
제기하여 그 소송이 진행 중인 기간 또는 체납자가 국외에 6개월 이상 계속 체
류하는 경우 해당 국외 체류 기간이 있다(基本法 28조 3항). 사해행위취소청구의
소나 채권자대위권의 행사를 위한 소의 제기로 인한 시효정지의 효력은 해당
소송이 각하·기각 또는 취하된 경우에는 발생하지 않는다(동조 4항). 이 밖에
'채무자 회생 및 파산에 관한 법률'상의 강제징수 중지명령(동법 44조 1항, 2항)·
강제징수의 중지(동법 58조 2항, 3항)·징수유예(동법 140조 2항) 등도 징수권의 시
효진행을 정지시키는 사유가 된다.

(6) 시효완성의 효과

1) 징수권의 절대적 소멸   시효완성으로 국세징수권은 절대적으로 소
멸한다. 연대납세의무자 1인에 대하여 소멸시효가 완성한 경우 그의 고유한 납
세의무만큼 다른 연대납세의무자의 의무도 소멸하며(민법 421조), 주된 납세의
무가 시효완성으로 소멸하면 보증인의 납세의무나 제2차납세의무도 소멸한다.

2) 시효의 원용   조세채권의 성질상 모든 납세자에 대해 동일하게 다
루어야 하기 때문에 납세자에 의한 원용 없이도 절대적으로 소멸한다.[1]

3) 시효이익의 포기   시효이익은 납세자가 포기할 수 없다. 원래 민법
상의 시효이익은 시효완성 후에는 채무자가 이를 포기할 수 있음이 원칙이다
(민법 184조 1항). 그러나 조세채권관계는 모든 납세자에게 획일적으로 확정할
필요가 있으며, 조세법률관계에서 현실적으로 열등한 지위를 갖는 납세자의 권
익을 특히 보호할 필요가 있으므로 포기할 수 없다고 새긴다.

Ⅳ. '채무자 회생 및 파산에 관한 법률'상의 제권(除權)

'채무자 회생 및 파산에 관한 법률'상의 회생절차개시 당시 아직 납부기
한[2]이 도래하지 아니한 (i) 원천징수 대상 조세, (ii) 부가가치세·개별소비세·

---

[1] 부과권이 소멸시효의 적용대상이었던 구법 아래에서 소멸시효 완성 후의 부과처분을 당
연무효로 본 판례로 대법원 1985. 5. 14., 83 누 655.

[2] 여기서 납부기한이라고 함은 과세관청이 납세고지에서 지정한 납부기한이 아니라, 개별
세법상 정해진 납부기한을 의미한다(대법원 2012. 3. 22., 2010 두 27523 전원합의체).

주세 및 교통·에너지·환경세, (iii) 본세의 부과징수의 예에 따라 부과징수하는 교육세 및 농어촌특별세, (iv) 특별징수의무자가 징수하여 납부하여야 하는 지방세는 동법상 공익채권에 해당하고(동법 179조 9호), 그 외의 조세채권은 동법상 회생채권에 해당한다. 과세관청은 채무자회생절차가 개시된 경우 회생채권에 해당하는 국세채권의 가액, 원인 및 담보권 등의 내용을 법원에 신고하여야 하고(동법 156조), 이를 게을리 하여 기간을 도과한 경우에는 그 채권을 영구적으로 상실한다. 신고를 해태(懈怠)한 조세채권에 기하여 행한 부과처분은 당연무효이고, 무효의 부과처분에 기하여 징수한 조세는 이를 납세의무자에게 부당이득으로 반환하여야 한다.1)

---

1) 대법원 2007. 9. 6., 2005 다 43883.

제 5 장 국세우선의 원칙

I. 의   의

채무자가 수인에 대해 채무를 지고, 채무자의 재산이 모든 채무를 변제하기에 부족한 경우에는 채권자들 간에는 평등주의가 적용된다. 그러나 체납한 납세자가 국세와 함께 다른 채무를 지고, 그의 총재산이 경합하는 채무 전액을 변제하기에 부족할 경우에는, 조세의 공익성을 감안하여 채권자평등의 원칙을 깨뜨리고, 국세 및 강제징수비를 원칙적으로 다른 모든 채권에 우선해서 징수한다(基本法 35조 1항 본문).[1] 다른 모든 채권에 일반적으로 우선하여 변제받을 수 있는 이와 같은 권리를 국세의 일반적 우선권이라 일컫는다. 지방세에 관하여도 지방세법에 유사한 규정이 있다(지방세기본법 99조 이하).

II. 국세채권과 민사 피담보채권 간의 우선관계

1. 일반 담보부채권

조세채권은 등기나 등록에 의해 공시되는 것이 아니므로 국세채권의 민사채권에 대한 일반적 우선권은 민사거래의 안전에 큰 장애가 된다. 특히 우선변제권을 기대하고 담보권을 취득한 민사채권자에게 예측하지 못한 손해를 주게 된다. 그리하여 국세기본법은 국세우선에 대한 예외규정을 두어 이 문제를 부분적으로 해결하고 있다. 즉, 국세채권은 일반적으로 다른 채권에 우선하지만, 다음의 '법정기일' 전에 설정된 전세권·질권 또는 저당권 등의 담보물권에 의하여 담보되는 채권과 '주택임대차보호법'이나 '상가건물 임대차보호법'에 따른 요건(대항요건과 확정일자)을 갖추어 보호되는 임대보증금 반환채권은 그 목적물

---

[1] 국세우선권의 이론적 근거에 관하여는 姜仁崖,「租税法 II」, 278면 참조.

의 매각대금 중에서 국세에 우선하여 변제받는다(基本法 35조 1항 3호 다목). 공시도 되지 않는 국세채권이 등기, 등록 등의 방법으로 외부로 공시되는 담보권을 무력화시키는 것을 막기 위한 제도이다.1) 다만, 담보목적물 자체에 대하여 부과된 상속세, 증여세 및 종합부동산세는 그 '법정기일'과 담보권 설정일의 선후에 관계없이 해당 담보권의 피담보채권에 우선한다(동조 3항 – 후술).

2. 가등기담보부 채권

소유권이전등기청구권의 보전을 위한 가등기에 의하여 담보된 채권도 다른 담보권에 의하여 담보된 채권과 동일한 취급을 받는다. 즉, 납세의무자가 부담하는 채무의 변제를 담보하기 위하여 납세의무자를 등기의무자로 하고 해당 채무의 불이행을 정지조건으로 하는 대물변제(代物辨濟)의 예약에 의하여 다음의 '법정기일' 전에 소유권이전등기 청구권의 보존을 위한 가등기(가등록을 포함함)가 경료된 재산을 매각하여 그 매각대금에서 국세를 징수하는 경우 그 담보된 채권은 국세에 우선하여 변제받는다(基本法 35조 1항 3호 다목). '법정기일' 후에 담보가등기가 경료됨으로써 가등기담보부 채권이 국세채권에 우선하지 못하는 경우에는 국세채권에 기한 압류가 그 가등기에 따른 본등기의 경료 후에 행하여지더라도 국세채권의 우선권에는 영향을 주지 않는다(基本法 35조 4항).2)

---

1) 1990년 말 개정 전에는 소급우선 적용의 기준을 국세의 납부기한의 1년 전으로 하고 있었다. 그러나 헌법재판소 1990. 9. 3., 89 헌가 95 결정에서 이 1년의 소급우선적용기간을 위헌이라고 선언한 바 있다. 현대의 복잡다양한 고도산업사회에서는 조세기반이 크게 변화하고 세금부과의 근거가 수시로 발생하므로 담보거래 당시 예측가능성이 보장되지 않음을 이유로 하고 있다. 이러한 헌법재판소의 결정취지를 존중하여 '납부기한으로부터 1년'이라는 구절을 삭제하고 새로이 우선적용의 기준으로 '법정기일'을 신설하였다. 이후 헌법재판소는 이러한 '법정기일'을 기준으로 한 국세우선권 제도는 헌법에 위반되지 않는다고 결정한 바 있다(헌법재판소 1997. 4. 24., 93 헌마83).
2) 국세 압류등기 이전에 경료된 소유권이전청구권 보전의 가등기가 매매계약에 기한 순위보전의 가등기라면 그 이후에 경료된 압류등기는 효력을 상실하여 말소되어야 할 것이지만, 그 가등기가 채무담보를 위한 가등기, 즉 담보가등기라면 그 후 본등기가 경료되더라도 가등기는 담보적 효력을 갖는 데 그치므로 압류등기는 여전히 유효하므로 말소될 수 없다(대법원 1988. 3. 24., 87 마1270; 同 1989. 2. 28., 87 다카684; 同 1989. 11. 2., 89 마640; 同 1996. 12. 20., 95 누15193; 同 1998. 10. 7., 98 마1333). 강제징수권자인 세무서장으로부터 당해 가등기가 담보가등기라는 소명자료가 제출되어 그것이 담보가등기인지의 여부에 관하여 이해관계인 사이에 다투어지고 있는 경우에는 가등기에 기한 본등기권자의 주장 여하에 불구하고 형식적 심사권밖에 없는 등기공무원으로서는 위 가등기를 순위보전의 가등기로 인정하여 국세압류등기를 직권말소 할 수 없다(대법원 1992. 3. 18., 91 마675). 또한 당해 가등기가 담보가등기인지 여부는 당해 가등기가 실제상 채권담보를 목적으로 한 것인지 여

'가등기담보 등에 관한 법률' 제17조 제3항에서 가등기담보권은 국세기본 법·국세징수법·지방세기본법·지방세징수법의 적용에 있어서는 이를 저당권으로 본다고 규정하고 있으므로, 가등기담보부 채권과 국세채권 간의 우선관계에 관한 위의 특별 규정 사항을 제외한 나머지 우선관계는 위에서 설명한 국세와 일반 담보부채권 간의 우선관계에 따른다.

3. 법정기일

법정기일은 (i) 과세표준과 세액의 신고에 의하여 확정된 국세의 경우에는 그 신고일,[1] (ii) 부과처분에 의해 확정된 국세의 경우에는 그 납부고지서의 발송일,[2] (iii) 인지세·원천징수의무자 또는 납세조합으로부터 징수하는 국세(성립일과 확정일이 동일한 국세)는 납세의무의 확정일, (iv) 제2차납세의무자나 물적 납세의무를 지는 양도담보권자로부터 징수하는 국세, 부가가치세법 제3조의2에 따른 신탁재재산에서 징수하는 부가가치세, 종합부동산세법에 따라 신탁재산에서 징수하는 종합부동산세는 그 납부고지서의 발송일로 한다(基本法 35조 2항 1호, 2호, 3호, 4호, 5호, 7호). 여기서 하나 유의할 점은, 양도담보권부 채권과 국세채권 간의 우선 순위는 양도담보권 설정일과 해당 국세의 법정기일의 선후에 의하여 결정되는 데 비해(基本法 42조 1항), 이 기준에 의해 물적납세의무를 부담하게 된 양도담보권자로부터 양도담보설정자의 체납국세를 징수할 국세채권과 양도담보권자가 자신의 제3자에 대한 채무를 담보하기 위하여 그 양도담보 목적물에 관하여 다시 그 제3자 앞으로 담보권을 설정한 경우에 있어서의 그 피담보채권 사이의 우선 순위는 양도담보권자의 물적납세의무의 이행을 요구하

부에 의하여 결정되는 것이지 당해 가등기의 등기부상 원인에 매매예약으로 기재되어 있는 지 아니면 대물변제예약으로 기재되어 있는가 하는 형식적 기재에 의하여 결정되는 것이 아니다(대법원 1998. 10. 7., 98 마 1333).

1) 신고에 의하여 납세의무가 확정되는 국세에서 납세의무자가 이를 신고한 경우 그 조세채권과 저당권 등 담보권과의 우선순위를 신고일을 기준으로 하도록 정한 법률조항은 담보권자의 예측가능성을 해한다거나 또는 과세관청의 자의가 개재될 소지를 허용하는 것이 아니고, 달리 그 기준시기의 설정이 현저히 불합리하다고 볼 수도 없으므로 입법재량의 범위를 벗어난 것이라고 할 수 없다(헌법재판소 1995. 7. 21., 93 헌바 46).

2) 정부의 결정에 의하여 납세의무가 확정되는 국세에 있어서 그 조세채권과 담보권채권과의 우선순위를 "납세고지서의 발송일"을 기준으로 하도록 규정한 이 사건 법률조항은 담보권자가 그 시점에서 얼마든지 상대방의 조세채무의 존부와 범위를 확인할 수 있으므로 담보권자의 예측가능성을 해하지 아니하며 또 과세관청의 자의가 개재될 소지를 허용치 아니하는 것이므로 합리적인 기준이라고 할 것이다(헌법재판소 1997. 4. 24., 93 헌마 83).

는 납부고지서의 발송일과 제3자 앞으로 담보권이 설정된 날 사이의 선후에 의
해 결정된다는 점이다(基本法 35조 2항 5호). 한편 국세징수법 제31조 제2항에서
는 확정되지 않은 국세의 징수를 위해서도 납세자의 재산을 압류할 수 있는 경
우를 규정하고 있는바, 이 경우 압류 후에 확정되는 세액의 '법정기일'은 그 압
류등기일 또는 등록일로 한다(基本法 35조 2항 6호).

4. 담보목적물이 양도된 경우의 우선관계

　담보권설정자가 담보목적물의 소유권을 제3자에게 양도한 경우 양도인에
대한 담보부채권과 양수인에 대한 국세채권과의 우선관계는 어떻게 되는가 하
는 문제가 있다. 이에 관해 행정해석은 자신 소유의 부동산에 관해 담보권을
설정한 자가 그 부동산을 타에 양도한 경우 양수인에 대한 국세채권도 해당 담
보부채권에 우선할 수 있다고 해석하였다.[1] 이러한 입장은 담보부채권에 우선
하는 국세채권은 반드시 담보권 설정일 현재의 담보권설정자에 대한 국세채권
에 한정되지 않고, 담보권 설정일 후에 담보목적물의 소유권을 취득한 자에 대
한 국세채권도 담보부채권에 우선할 수 있다는 의미이다. 이에 반해 판례는 일
관되게 "담보부채권과 국세채권 사이의 우선순위는 담보권설정 당시의 담보권
자와 담보권설정자와의 관계를 기본으로 하여 그 담보권설정자의 납세의무를
기준으로 정해지는 것이므로, 이러한 기준에 따라 국세채권에 우선하는 담보부
채권은 담보권설정자가 담보목적물을 제3자에게 양도하고 그 양수인에게 국세
의 체납이 있었다고 하더라도 그 보호의 적격이 상실되는 것은 아니다. 따라서
담보부채권에 우선하는, 담보권설정자에 대한 국세채권이 없었다면 양수인에
대한 국세채권의 법정기일이 양도인에 대한 담보부채권의 설정일보다 앞선다거
나 양수인에 대한 국세채권이 당해세라 하더라도 우선 징수할 수 없다. 이러한
법리는 담보목적물의 양도와 함께 담보권설정자인 양도인, 양수인 및 담보권자
등 3자 사이의 합의에 의하여 담보권자와 담보권설정자 사이에 체결되었던 담
보권설정계약상의 담보권설정자가 가지는 계약상의 채무자 및 설정자로서의 지
위를 양수인이 승계하기로 하는 내용의 계약인수가 이루어졌다고 하여 달리 볼
것이 아니다"라는 취지로 판시하고 있다.[2] 즉, 양수인에 대한 조세채권은 어떠

1) 국세청 징세 01254-3720, 1985. 8. 23. 참조.
2) 대법원 2005. 3. 10., 2004 다 51153; 同 1991. 9. 24., 88 다카 8385(양수인의 체납조세가 당해세

한 경우에도 양도인에 대한 담보부채권에 우선할 수 없다는 것이다. 담보부채권의 운명이 담보권설정자의 자력이 아닌 담보권자가 예측할 수 없는 제3자의 사정에 의해 정해지는 것은 불합리하므로 판례의 취지가 타당하다고 본다.

5. 당해 재산에 대한 국세

법정기일 전에 설정된 담보물권이나 가등기담보권의 피담보채권이라 하더라도, 담보물 자체에 대해 부과된 상속세·증여세1)·종합부동산세에 대해서는 우선하지 못한다(基本法 35조 3항). 이러한 세목을 강학상 '당해세'라고 하는데, 헌법재판소는 당해세 채권의 법정기일과 담보권 설정일 간의 선후에 관계없이 당해세 채권을 담보부채권에 우선시키더라도 담보권자의 예측가능성을 해치지 아니하고, 재산권으로서의 담보권의 본질적 내용을 침해하지 않는다고 하였다.2) 여기서 열거한 세목은 예시적인 것이 아니라 한정적인 것이다. 그러므로 담보물의 경매로 인해 부과되는 부가가치세는 이러한 예외를 적용받는 국세가 아니다.3)

6. 우선권의 행사절차

과세관청은 조세채권에 기하여 직접 납세자의 재산을 압류, 공매하여 그 매득금으로부터 국세를 징수할 수도 있고, 체납자 소유의 재산에 대하여 다른 과세관청에 의해 체납절차가 진행 중이거나 체납자의 일반 채권자에 의해 민사집행법상의 강제경매가 개시되어 진행 중이거나 담보권을 가진 채권자에 의해 경매가 개시되어 진행 중인 경우에는 이미 진행 중인 해당 절차에서 체납액 및 국세로 확정되리라고 추정되는 금액의 교부신청을 하여 이를 수령할 수도 있다(徵收法 59조).

그러한 교부신청에 대하여 납세자의 채무를 지급하는 권한을 가진 자(법원, 청산인 등; 이하 "배당기관"이라고 함)가 과세관청에게 국세의 우선권에 따른 배당

인 지방세인 경우); 同 1994. 3. 22., 93 다 49581(양수인의 체납조세가 당해세인 증여세인 경우).
1) 재산의 취득자금을 증여받은 것으로 추정하여 그 재산의 취득자금에 대하여 부과하는 증여세는 국세기본법상의 그 매각재산 자체에 대하여 부과된 국세, 가산금이라고 할 수 없으므로 법정기일 전에 설정된 근저당권에 의하여 담보된 채권에 우선하지 못한다(대법원 1996. 3. 12., 95 다 47831).
2) 헌법재판소 2001. 2. 22., 99 헌바 44.
3) 대법원 1984. 3. 27., 82 다카 500.

을 하지 않고 국세로 지급하여야 할 금액을 다른 채권자에게 지급한 경우 또는 과세관청이 체납 국세의 교부신청을 하는 것을 간과함으로써 배당기관이 과세관청으로부터 체납 국세의 교부신청을 받았다면 국가에 지급하였을 금액을 다른 채권자에게 지급한 경우, 자신이 본래 지급받을 수 있었을 금액을 초과하여 지급받은 다른 채권자는 국가에 대하여 법률상 원인 없이 이득을 얻고 국가에게 손해를 가하였으므로, 그 과다 수령금액을 국가에게 부당이득으로 반환할 의무를 진다. 반대로 배당기관이 국세채권에 우선하는 담보부채권의 채권자에게 체납자의 재산을 우선 지급하지 않고 체납 국세를 우선 지급함으로써 피담보채권을 완전히 변제받지 못한 담보권자도 국가를 상대로 그 초과 수령액을 부당이득으로 반환할 것을 청구할 수 있다.

Ⅲ. 특수채권의 국세채권에 대한 우선

1. 공익비용의 우선

채무자의 재산에 대한 민사집행법상의 강제집행과 경매 절차에 소요된 비용이나 '채무자 회생 및 파산에 관한 법률'상의 파산절차에 소요된 비용(절차 비용)은, 비록 담보권부 채권 그 자체는 아니지만, 국세채권까지 포함하는 채무자 내지 납세의무자에 대한 채권을 만족시키는 절차의 진행에 소요된 비용이므로, 국세채권에 우선하여 지급받는다(基本法 35조 1항 2호).

2. 우선 변제 임차보증금의 우선

주택임대차보호법과 상가건물임대차보호법에 의하여 임차인에게 우선변제권이 주어지는 임대차목적물의 매각대금에서 국세를 징수하는 경우 임차인이 우선변제권을 갖는 소액의 임차보증금 반환채권은 국세채권에 우선한다(基本法 35조 1항 4호). 아래 임금채권 등과 더불어 경제적 약자의 보호라는 정책적 이유에서 국세채권에 우선시키고 있다.

3. 임금채권 등의 우선

사용자의 재산을 매각하거나 추심하여 국세를 징수하는 경우, 근로기준법 제38조나 근로자퇴직급여보장법 제12조에 따라 국세에 우선하여 변제받는 임금·

퇴직금·재해보상금 기타 근로관계로 인한 채권은 국세에 우선한다(基本法 38조 1
항 5호). 따라서 압류재산에 조세채권 등에 우선하는 저당권 등이 설정되어 있는
경우에는 ① 최종 3월분의 임금 등 채권(3년간의 퇴직금 및 재해보상금 포함), ②
해당 재산에 대한 조세, ③ 저당권 등의 피담보채권, ④ 근로기준법 제38조 제1
항 소정의 임금 등 채권, ⑤ 조세 등 채권의 순서로 우선순위가 정해진다.[1]

IV. 조세채권상호 간의 우선관계

1. 국세상호 간의 우선관계

압류에 관계되는 국세와 그 압류에 기한 강제징수 절차에서 교부청구를 하
여 징수하는 다른 국세 간에는 압류에 관계되는 국세채권이 우선한다(基本法 36
조 1항; 압류선착주의). 그러나 납세담보물을 매각한 대금을 국세에 충당하는 경
우에는, 설사 그 담보물이 다른 국세나 지방세 부과권자에 의하여 압류된 것이
라고 하더라도, 그 매각대금은 해당 담보물에 의하여 담보된 국세에 최우선적
으로 충당한다(基本法 37조; 담보부조세의 우선). 그 외에 복수의 국세채권이 다른
집행절차(예를 들면, 국세징수법을 준용하여 징수하는 공과금의 징수절차, 지방세징수
법상의 강제징수 절차 또는 민사집행법상의 집행절차 등)에 교부청구를 하여 징수되
는 경우에는 우열을 가릴 기준이 없으므로, 민사채권 상호간의 평등의 원칙을
준용하여 각 국세채권의 가액에 비례하여 평등하게 배분하여야 할 것이다.

2. 국세와 지방세 및 공과금 채권 간의 우선관계

국세채권은 다른 공과금 채권에 우선하여 징수한다(基本法 35조 1항 본문).
여기서 공과금 채권이 지방세 채권을 포함하는지 여부가 불분명하나, 지방세
또는 공과금의 체납처분 또는 강제징수 절차에서 교부신청을 하여 국세채권을
징수하는 경우 그 지방세나 공과금 자체는 국세채권에 우선하지 않으나 그 강
제징수비의 징수채권은 국세채권에 우선한다는 규정(동항 1호)에 비추어 볼 때,
국세채권이 원칙적으로 지방세 채권에 우선한다는 추론이 가능하다. 즉, 국세
채권은 원칙적으로 지방세 채권에 우선하나 지방세의 체납처분 절차에서 교부
청구를 하여 국세를 징수하는 경우에는 예외적으로 해당 지방세의 강제징수비

---

1) 임승순, 전게서, 217면.

의 징수권이 국세채권에 우선한다는 것이다. 그런데, 지방세의 체납처분 절차에서 체납국세를 교부청구한다는 것은 곧 지방세 징수권자가 체납자의 재산을 압류하였다는 것을 의미하고, 이와 같이 지방세 체납처분의 일환으로 압류가 행하여진 경우에는 그 압류에 관계된 지방세 채권이 교부청구된 국세채권에 우선하므로(基本法 36조 2항; 압류선착주의), 결국 지방세 체납절차에서 교부청구를 통하여 징수되는 국세채권은 압류에 관계된 지방세의 강제징수비는 물론 지방세 채권 그 자체보다 후순위가 된다.

V. 사해담보설정행위의 취소청구권

　1990년 개정 전 국세기본법에서는 납부기한으로부터 1년 전에 설정된 담보물권에 의하여 담보된 채권만 국세에 우선하였으나, 개정 후에는 피담보채권자의 지위가 강화되어 '법정기일' 전에만 담보물권이 설정되었으면 국세에 우선할 수 있게 되어 납세자가 체납을 예견하고 자신의 재산을 '법정기일' 전에 서둘러 담보로 제공하여 국세우선권의 적용에서 빠져 나오려 할 가능성이 있다. 이리하여 국세징수법에서는 체납자가 국세의 징수를 피하기 위하여 재산권을 목적으로 한 법률행위(신탁법에 따른 사해신탁을 포함)를 한 경우에는 체납절차를 집행하는 세무공무원은 민법과 민사소송법의 규정을 준용하여 사해행위의 취소 및 원상회복을 법원에 청구할 수 있도록 하고 있다(徵收法 25조). 과세관청의 납세자에 대한 조세채권은 민사법적 채권이 아니어서 민법 제406조에 의한 채권자취소권의 대상이 될 수 없으므로,[1] 국세채권의 보전을 위하여 국세징수법에서 동일한 취지의 권리를 과세권자에게 주는 규정을 별도로 두고 있는 것이다. 국세기본법은 이러한 일반 규정에 더하여 납세자가 조세채권을 면탈하기 위하여 제3자와 짜고 거짓으로 그 재산에 국세에 우선하는 전세권·질권·저당권을 설정하는 계약, 가등기담보권이나 양도담보권을 설정하는 계약 또는 임대차계약을 체결하고 그 등기 또는 등록을 하거나 주택임대차보호법이나 상가건물 임대차보호법에 따른 대

---

1) 민법 제406조(채권자취소권) ① 채무자가 채권자를 해함을 알고 재산권을 목적으로 한 법률행위를 한 때에는 채권자는 그 취소 및 원상회복을 법원에 청구할 수 있다. 그러나 그 행위로 인하여 이익을 받은 자나 전득한 자가 그 행위 또는 전득당시에 채권자를 해함을 알지 못한 경우에는 그러하지 아니하다. ② 전항의 소는 채권자가 취소원인을 안 날로부터 1년, 법률행위 있은 날로부터 5년 내에 제기하여야 한다.

항요건과 확정일자를 갖춤으로써 그 재산의 매각금액으로 국세를 징수하기가 곤란하다고 인정할 때에는 세무서장1)은 그 행위의 취소를 법원에 청구할 수 있고, 이와 관련하여 납세자가 국세의 법정기일 전 1년 내에 특수관계인과 전세권·질권·저당권의 설정계약, 가등기설정계약 또는 양도담보설정계약을 한 경우에는 짜고 한 거짓계약으로 추정한다고 규정하고 있다(基本法 35조 6항).

위와 같은 사해행위취소권의 행사를 위한 객관적 요건으로는 조세채권을 해하는 납세자의 행위(사해행위, 詐害行爲)가 있어야 하고, 주관적 요건으로는 납세자와 담보권자의 악의를 필요로 한다. 여기서 악의라고 함은 조세채권의 이행에 부족이 생긴다는 것을 인식하는 것으로 충분하고, 적극적으로 이를 의욕할 것까지 요구되는 것은 아니라고 할 것이다(이론 없음). 이와 관련하여 납세자의 악의에 관해서는 과세관청이 입증책임을 지고, 양수인(수익자) 또는 전득자(轉得者)의 악의에 관해서는 그 양수인이나 전득자가 선의를 입증할 책임이 있다는 견해2)와 양자의 악의 모두 과세관청이 부담한다는 견해3)가 대립하는바, 거래의 안전을 보호할 필요에서, 그리고 위에서 본 것처럼 국세의 법정기일 전 1년 내에 특수관계인과 사이에 담보권설정계약을 체결한 경우에는 악의로 추정된다는 규정에 비추어 볼 때 양자의 악의 모두 과세관청이 부담한다는 후자의 견해가 타당하다고 본다.

사해행위취소권의 자력집행은 인정되지 않고 국세징수법상의 사해행위취소의 경우와 같이 법원에 납세자 또는 재산양수인(담보권자)을 상대로 소송을 제기하여야 한다.4)

이 국세기본법상의 사해행위 취소청구 제도는 민법 제406조의 채권자취소권 제도를 조세법에서 차용한 것이라고 할 것이므로, 국세기본법에 특별한 규정이 없는 한 그 요건과 절차 및 효과 등은 민법의 그것을 원용할 수 있을 것이다.

---

1) 세법상의 사해행위취소권에 근거하는 경우에도 사법상 권리능력이 있는 국가 또는 지방자치단체만이 소송의 원고가 될 수 있다는 견해로는 임승순, 전게서, 204면; 강인애, "국세징수법상 사해행위의 취소," 「조세법 Ⅴ」, 413면.

2) 임승순, 전게서, 204면.

3) 강인애, 전게서, 413면.

4) 민법상 채권자취소권 행사의 상대방, 즉 취소소송의 피고는 언제나 이득반환청구의 상대방, 즉 수익자 또는 전득자이며, 채무자를 피고에 포함시키지 못한다는 통설·판례(대법원 1967. 12. 26., 67 다 1839)와 상반된다. 그리하여 세법상의 사해행위취소권의 경우에도 수익자 또는 전득자를 상대로 제소하여야 한다는 견해로는 임승순, 전게서, 205면 참조.

제6장 가 산 세

Ⅰ. 의의 및 부과요건

가산세는 "세법에 규정하는 의무의 성실한 이행을 확보하기 위하여 그 세법에 의하여 산출한 세액에 가산하여 징수하는 금액"이다(基本法 2조 4호). 과세권자가 무수한 납세자를 상대로 과세권을 효율적으로 실현하기 위해서는 납세자의 협력과 조세의무의 적정한 이행을 요한다. 이리하여 세법에 규정하는 의무를 위반한 자에 대하여 가산세를 부과한다(基本法 47조 1항). 가산세는 납세자의 의무이행을 필요로 하는 세목(本稅)과 같은 세목으로 하여 납부할 세액에 가산하거나 환급받을 세액에서 공제한다(동조 2항 본문, 3항). 가산세의 산출기초는 일반적으로 신고되지 않은 과세표준, 납부되지 않은 세액, 보고 또는 공고되지 않은 사항의 관련금액 등이다.

헌법 제13조 제1항은 "동일한 범죄에 대하여 거듭 처벌받지 아니한다"라고 규정하여 이중처벌을 금지하고 있다. 이 헌법 규정에 비추어 동일한 의무위반행위에 대하여 가산세도 부과하고 형사벌도 과하는 것이 위헌이 아니냐 하는 의문이 제기된다. 현행의 체제를 정당화하는 견해는, 가산세는 세법상의 의무이행의 확보를 위한 행정상의 조치이고, 형벌은 행위의 반사회성 내지는 반도덕성에 따른 처벌이어서 서로 그 목적을 달리하는 것이므로 양자의 병과는 이중처벌 금지규정에 반하지 않는다고 주장한다. 그리고 이것이 통설이다. 그러나 의무이행의 확보는 가산세보다 형벌에 의하여 더 강력하게 달성될 수 있을 것이기 때문에 적어도 제도적으로 중복적이라는 비난을 면하기 어렵다.

가산세 부과의 요건은 의무위반이라는 객관적 사실 자체의 발생이므로 그 의무위반에 대한 고의·과실이라는 주관적 요건은 요구되지 않는다.[1] 판례도

---

1) 同旨 임승순, 전게서, 130면.

"가산세는 과세권의 행사 및 조세채권의 실현을 용이하게 하기 위하여 납세자에게 부과하는 제재로서, 여기에는 납세자의 고의·과실은 고려될 바 없다"라고 설시하면서, 현물출자에는 양도소득세가 부과되지 않는다는 세무공무원의 설명을 듣고 신고·납부를 하지 않았다 하더라도 그러한 사유만으로 신고불성실가산세 및 납부불성실가산세의 부과처분이 위법하다고 할 수 없다고 판단하였다.1) 이에 반해, 가산세의 법적 성질을 행정벌의 일종으로 본다면(아래 Ⅱ.) 제재라는 점에서 형벌과 공통되므로 적어도 과실을 위법성의 요건으로 삼아야 한다는 견해도 있다.2)

Ⅱ. 가산세의 법적 성질

가산세는 일종의 행정벌이라는 것이 다수설이며3) 또한 판례4)의 입장이다. 그러나 다른 한편으로는 납세의무를 정당하게 이행한 자와 사이에 공평을 도모하기 위한 행정상의 조치이며, 침해된 국고이익을 회복하는 수단으로서의 손해배상적 성격을 가진다는 견해5)와 납세의무의 이행을 도모하기 위한 '특별한 경제적 부담'이며 처벌 내지 제재의 요소가 적다고 보는 견해6)가 있다.

행정상의 목적을 실현하기 위한 명령 또는 금지의 위반, 즉 의무위반(行政犯)에 대한 제재를 통틀어 행정벌이라 일컫는다.7) 이 가운데 형법에 형명이 있는 형벌을 가리켜 행정형벌이라고 하고, 그 밖의 경우를 행정질서벌이라고 하며, 후자의 수단으로서는 과태료를 과한다. 가산세를 행정벌의 일종으로 인식한다는 것은 결국 가산세를 과태료의 일종으로 보는 것이다.8) 그런데, 가산세

---

1) 대법원 1985. 11. 26., 85 누 660; 同 1991. 9. 13., 91 누 773; 同 1993. 6. 8., 93 누 6744.

2) 木村弘之亮,「租稅科料法」, 138면 이하 참조.

3) 崔明根,「稅法學總論」('98全訂版), 701면; 姜仁崖,「租稅法 Ⅱ」, 298면; 임승순, 전게서, 127면.

4) 대법원 2001. 9. 14., 99 두 3324; 同 1977. 6. 7., 74 누 212; 同 1980. 3. 25., 79 누 165.

5) 池木正男, "加算稅制度に酷する若干の考察,"「稅大論叢」, 14호, 167면.

6) 金子 宏,「租稅法」(제10판), 610면.

7) 행정벌은 또한 징계벌, 집행벌과 구별된다. 행정벌이 일반통치권에 입각하여 일반권력관계에 있는 자에 대한 제재인 데 반하여 징계벌은 특별권력관계에 있는 자에 대하여 가하여지는 제재라는 점에서 차이가 있다. 그리고 행정벌이 행정상의 의무위반이라는 과거의 비행에 대한 제재인 데 반하여, 집행벌은 이행되지 않은 의무를 장래에 이행하도록 강제하기 위한 수단이다.

8) 木村弘之亮, 前揭書, 21면 이하 참조.

의 부과를 행정적 의무위반에 대한 제재로서의 행정질서벌로만 파악한다면 이를 행정적 의무를 위반하지 않은 연대납세의무자나 제2차납세의무자에 대해서 부과할 수 있는가 하는 의문이 생긴다. 이에 비해 가산세를 납세자의 의무위반에 대한 손해배상이라고 보는 입장은 가산세를 오직 의무위반의 효과를 시정하기 위한 제도로 보는 것이다.

그 어느 쪽도 정확한 견해는 못 된다고 본다. 가산세 제도가 납세자들로 하여금 세법상의 의무를 성실히 이행하도록 간접적으로 강제하는 수단, 즉 의무위반을 예방하기 위한 조치인 것은 사실이지만, 가산세의 부과를 통하여 과세권자가 입은 손해를 보전(補塡)하는 효과가 있음도 부인할 수 없다. 예컨대 미납한 국세액에 미납기간의 일수와 금융기관의 연체대출금 이자율을 곱하여 납부지연가산세를 계산하는 것은(基本法 47조의4 1항) 동 가산세가 손해배상적 성격을 가짐을 의미하는 것이다. 반면 가산세를 순전히 손해배상적 성격의 것이라고 하려면 가산세액은 미납액에 대한 이자상당액과 의무위반으로 인한 추가적 행정비용을 한도로 정해져야 할 것이다. 그러나 현행법상 각종 가산세는 '손해액'에 상당한 금액'으로 부과되지 않는다. 따라서 현행의 가산세는 이를 어느 한 가지로 성격 짓기에는 합당하지 않은 복합적 성격을 띠고 있으며, 이 점에서 가산세는 '세법상의 의무이행을 확보하기 위한 경제적 부담'이라고 보는 것이 타당하고, 또한 그것이 국세기본법 제2조 제4호의 가산세 정의에도 부합한다.

Ⅲ. 가산세와 본세의 관계

가산세와 본세는 어떤 측면에서는 서로 연계되어, 그리고 다른 면에서는 서로 분리되어 취급되는 양면적 관계에 있다.

1. 연계성(連繫性)

위에서 본 것처럼 가산세는 본세의 일부이기 때문에 본세에 포함시켜 취소를 구하여야 하고, 이를 별도로 구분하여 표시하지 않는다. 본세의 부과에는 승복하면서 가산세 부과에만 불복하는 경우에도 청구취지에서 특정 세목의 총 부과세액(본세와 가산세액의 합계액) 중 본세를 초과하는 가액의 취소를 구하고, 청구원인에서 가산세 부과의 위법사유만 적시하면 된다. 다만, 불성실신고 또는 불성실납부로 인한 가산세는 본세의 세액(또는 과세표준)이 유효하게 확정되었음에 바탕을 두고 있으므로, 비록 가산세를 청구취지에서 취소의 대상에 포함시키지 않았다 하더라도 본세의 부과처분이 취소되면 가산세 부과처분도 그 기초를 잃어 효력이 소멸된다. 같은 이유로 신고·납부할 본세의 납부의무가 인정되지 않는 이상 불성실신고 또는 불성실납부로 인한 가산세를 따로 부과할 수 없다.1)

가산세액의 산출기초가 본세의 세액인 경우에는 본세에 대한 경정 또는 재경정에 따라 가산세액도 경정 또는 재경정될 것이다. 이때 본세에 대한 선행처분과 후행처분의 관계에 관한 이론(흡수설·역흡수설·병존설 등)은 가산세에 대한 경정·재경정에도 그대로 타당하다(앞의 제4장 제2절 Ⅱ. 6. 참조).

2. 독 립 성

위에서 본 바와 같이 가산세는 형식에 있어서만 조세일 뿐이고 본질에 있어서는 본세의 징수를 확보하기 위한 행정벌이라는 것이므로, 그 부담의 내용이 본세와 전혀 다르다. 본세가 원칙적으로 납세의무자(간접세의 경우에는 소비자)의 담세력을 바탕으로 하여 그 부담이 책정되는 데 반하여 가산세의 부담은 세법상의 의무위반의 내용과 정도에 따라 금액을 달리한다. 납세자의 자력은 고려의 대상이 되지 않는다(후술하는 가산세의 법정 감면사유에 해당하는 경우에도 가산세액의 산출 자체가 영향받는 것은 아니다). 따라서 가산세 부과처분은 본세의 부과처분과 별개의 과세처분이고, 각 부과처분의 위법성은 별도로 판단되어야 한다.2) 같은 맥락에서 본세를 감면하는 경우 가산세는 그 감면되는 본세에 포함되지 않는다(基本法 47조 2항 단서). 본세를 감면하는 정책적 이유가 가산세에는 타당하지 않기 때문이다. 또한 세법에 규정된 특정 조세의 부과한도를 계산함에 있어서도 가산세를 제외한 본세의 가액만을 기준으로 한다.3) 부과절차 면

---

1) 대법원 2018. 11. 29., 2016 두 53180.
2) 대법원 2005. 9. 30., 2004 두 2356; 同 2001. 10. 26., 2000 두 7520.
3) 대법원 1998. 7. 14., 97 누 5350(신고불성실가산세 및 납부불성실가산세라 하더라도 가산세는 본세와 본질적으로 그 성질이 다른 것이므로 기준시가에 기초하여 산출한 총결정세액(부과처분 세액) 중 실지거래가액에 의한 양도차익으로 한정되는 세액은 가산세를 제외한 결정세액으로 보고, 원심이 가산세가 포함된 부과처분 전체세액과 실지거래가액에 의한 양도차익을 비교하여 그 양도차익을 넘는 세액을 전부 취소한 것은 양도소득세액 산정에 관한 법리를 오해한 것이다).

에서도 하나의 납부고지서에 의하여 본세와 가산세를 동시에 부과할 때에는 납부고지서에 각각의 세액과 산출근거 등을 구분하여 기재하여야 한다.[1]

Ⅳ. 가산세의 유형

가산세는 모든 세목에 공통되는 가산세와 개별 세목에 고유한 가산세가 있다. 전자는 국세기본법에서 규정하고 있는바, 그 유형으로는 다음의 것들이 있다.

1. 국세기본법상의 기본적 가산세

(1) 무신고 가산세
법정신고 기한 내에 과세표준신고서를 제출하지 아니한 자에 대하여 부과하는 가산세이다. 가산세율은 원칙적으로 그 신고로 납부하여야 할 세액(가산세 및 세법에 따라 납부하여야 할 이자 상당 가산액은 제외함; 이하 "무신고납부세액"이라고 함)의 20%로 하되, 사기나 그 밖의 부정한 행위(이하 합하여 "부정행위"라고 함)로 과세표준의 신고의무를 이행하지 아니한 경우에는 무신고납부세액의 40%(역외거래의 과정에서 범한 부정행위와 결부된 무신고의 경우에는 60%)의 가산세율을 적용한다(基本法 47조의2 1항). 다만, 소득세법상의 복식부기의무자(所法 160조 3항)나 법인이 과세표준의 신고를 이행하지 않은 경우에는 무신고납부세액의 위의 무신고가산세(통상의 경우 20%, 부정행위와 결부된 무신고의 경우 40%, 역외거래의 과정에서 범한 부정행위와 결부된 무신고의 경우 60%)와 수입금액의 10,000분의 7(부정행위와 결부된 무신고의 경우에는 10,000분의 14) 중 큰 금액을 부과하고(基本法 47조의2 2항 1호), 부가가치세법상의 사업자가 과세표준을 신고하지 아니한 경우로서 신고하지 아니한 과세표준에 영세율 적용 대상 과세표준이 포함되어 있는 경우에는 무신고납부세액의 20%(부정행위와 결부된 무신고의 경우에는 40%, 그리고 국제거래의 과정에서 범한 부정행위와 결부된 무신고의 경우에는 60%)와 영세율 적용 대상 과세표준의 1,000분의 5에 해당하는 금액을 합한 금액을 부과한다(基本法 47조의2 2항 2호).

가산세의 산정기준이 '신고로 납부하여야 할 세액', 즉 무신고납부세액이므로 신고와 더불어 납부하여야 할 세액이 없는 경우에는 무신고가산세를 부과할

---

1) 대법원 2012. 10. 18., 2010 두 12347(전원합의체).

여지가 없다. 판례도 누차 이를 확인하고 있다.[1] 다만, 간이과세자의 부가가치
세를 소액부징수하는 경우에는(附價法 69조) 무신고가산세를 부과하지 않는다
(동항 2호).

　　위에서 부정행위라 함은 10년 장기의 부과제척기간 적용 요건으로서의 '사
기나 그 밖의 부정한 행위'와 같은 개념이다(基本法 26조의2 1항 1호). 따라서 장
부상 수입이나 매출 등의 고의적 누락과 같은 적극적 은닉 의도가 결부되지 않
은 단순한 세법상의 미신고는 이에 해당하지 않는다.[2] 판례는 명의위장 행위도
조세포탈의 목적에서 비롯되고 허위 계약서의 작성 등과 같은 적극적인 기망행
위까지 결부되지 않는 한 부정행위에 해당하지 않는다고 본다.[3] 의무위반에 있
어서의 고의나 과실은 가산세 부과의 주관적 요건은 아니지만, 의무를 위반함에
있어 고의에 의한 부정행위가 결부되어 있는 경우에는 보다 무거운 가산세를
부과하는 것이다.[4] 한편, 판례는 장기 부과제척기간 적용 요건으로서의 부정행
위의 의미에 있어서와 마찬가지로, 납세의무자가 행위영역 확장의 이익을 얻기
위해 선정한 사용인 등이 행한 부정행위도 중가산세율 적용 요건으로서의 부정
행위의 개념에 포함되는 것으로 보지만,[5] 사용인 등의 부정행위가 납세자 본인
을 피해자로 하는 배임적 범죄행위의 수단으로 행하여지고, 납세자가 이들의 부
정행위를 쉽게 인식하거나 예상할 수 없었던 경우에는 사용인 등의 부정행위는
중가산세율 적용 요건으로서의 부정행위에 포함되지 않는다고 본다.[6] 또한 증
여세와 같이 본래의 납세의무자 외에 연대납세의무자가 있는 경우에는 본래의
납세의무자를 기준으로 부정행위가 있는지 여부를 판단해야 한다고 본다.[7]

(2) 과소신고 · 초과환급신고 가산세

　　법정신고 기한 내에 과세표준을 신고하였으나 납부할 세액을 신고하여야

---

1) 대법원 2019. 2. 14., 2015 두 52616; 同 2018. 11. 29., 2015 두 56120.
2) 대법원 2016. 2. 18., 2015 두 1243.
3) 대법원 2020. 12. 10., 2019 두 58896; 同 2017. 4. 13., 2015 두 44158.
4) 재화나 용역을 공급받는 자가 거짓 세금계산서를 수취하여 매입세액을 공제 내지 환급받
　 은 행위를 부정행위로 보아 무거운 가산세를 물리기 위해서는 자신이 거짓 세금계산서를
　 이용하여 매입세액을 환급 내지 공제받는다는 사실의 인식 외에 공급하는 자가 그 거짓 세
　 금계산서를 이용하여 부가가치세 매출세액을 면탈한다는 사실까지 인식하여야 한다(대법원
　 2015. 1. 15., 2014 두 11618).
5) 대법원 2015. 9. 10., 2010 두 1385; 同 2011. 9. 29., 2009 두 15104.
6) 대법원 2021. 2. 18., 2017 두 38959(전원합의체).
7) 대법원 2022. 9. 15., 2018 두 37755.

할 세액에 미달하게 신고하거나(과소신고) 환급받을 금액을 신고하여야 할 금액보다 과다하게 신고한(초과환급신고) 때 부과하는 가산세이다. 판례는 납세의무자가 과세표준에 세율을 곱한 '산출세액'을 정당하게 신고한 이상 감면세액에 관한 판단을 그르쳐 결과적으로 '납부할 세액'을 과소신고하였더라도 과소신고가산세(구법상의 신고불성실가산세)를 부과할 수 없다고 본다.[1] 가산세율은 과소신고한 납부세액과 초과신고한 환급세액의 합산액(가산세와 세법에 따라 납부하여야 할 이자 상당 가산액은 제외함; 이하 "과소신고납부세액 등"이라고 함)의 10%로 하되, 과소신고나 초과환급신고가 부정행위와 결부되어 있는 경우에는 그 결부된 부분에 한해서 40%(역외거래의 과정에서 범한 부정행위와 결부된 경우에는 60%)로 한다(基本法 47조의3 1항). 부정행위로 과세표준을 과소신고한 자가 소득세법상의 복식부기의무자나 법인인 경우에는 과소신고가 부정행위와 결부된 위의 일반적 경우에 있어서의 가산세액과 부정행위로 과소신고된 과세표준에 관련된 수입금액의 10,000분의 14를 곱하여 나오는 금액 중 큰 금액을 과소신고 가산세로 부과한다. 과세표준의 일부만 부정행위와 결부된 경우에는 해당 부분에 대해서만 높은 가산세율을 적용함은 물론이다(基本法 47조의3 2항 1호). 한편, 부가가치세법상의 사업자가 과세표준을 신고는 하였으나 영세율 과세표준을 무신고 또는 과소신고한 경우에는 일반적 가산세율인 과소신고납부세액 등의 10%에 상당하는 금액에 그 과소신고된 영세율 과세표준의 1,000분의 5에 상당하는 금액을 합한 금액을 가산세로 부과하되, 그러한 영세율 과세표준의 무신고나 과소신고가 부정행위와 결부된 경우에는 위의 부정행위와 결부된 일반적 과소신고의 경우에 있어서의 가산세액에 무신고 또는 과소신고된 영세율 과세표준의 1,000분의 5에 상당하는 금액을 합한 금액을 부과한다. 역시 과세표준의 일부만 부정행위와 결부된 경우에는 해당 부분에 대해서만 높은 가산세율을 적용함은 물론이다(基本法 47조의3 2항 2호).

상속세나 증여세의 과소신고와 관련하여 (i) 신고 당시 소유권에 대한 소송 등의 사유로 상속재산 또는 증여재산으로 확정되지 아니한 경우, (ii) 상속재산공제나 증여재산공제에 관한 규정의 적용에 착오가 있었던 경우, (iii) 상속세 및 증여세법의 규정에 따라 평가한 가액으로 과세표준을 결정한 경우(부정행위로 상속세나 증여세의 과세표준을 과소신고한 경우는 제외), (iv) 법인세 과세표준 및

---

1) 대법원 2015. 5. 28., 2014 두 12505.

세액의 결정·경정으로 상속세 및 증여세법 제45조의3부터 제45조의5까지의 규정에 따라 증여로 의제하는 '특수관계법인과의 거래를 통한 이익'이 변경되는 경우(부정행위로 인하여 법인세의 과세표준 및 세액이 결정·경정되는 경우는 제외)에는 그러한 사유로 과소신고된 상속세나 증여세의 과세표준에 대해서는 과소신고 가산세를 부과하지 않는다(基本法 47조의3 4항 2호). 부가가치세법상 재화나 용역의 공급자가 공제받은 대손세액을 공급받는 자가 매입세액에서 빼지 아니하여 과세관청이 직권으로 경정하는 경우(附價法 45조 3항 단서)와 법인세 과세표준 및 세액의 결정·경정에 따라 개인이 소유하는 주식등의 취득가액이 감소되어 양도소득세 과세표준이 증가하는 경우에도 마찬가지이다(基本法 47조의3 4항 3호). 과소신고의 정당한 사유가 있다고 보아 가산세를 부과하지 않는 경우를 예시적으로 열거한 것이다.

무신고가산세의 경우와 마찬가지로 부가가치세법 제53조의2에 따라 전자적 용역을 공급하는 자가 부가가치세를 납부하여야 하는 경우에는 과소신고납부세액 등이 있더라도 과소신고·초과환급신고 가산세를 부과하지 않고, 간이과세자의 부가가치세를 소액부징수하는 경우에도 과소신고가산세를 부과하지 않는다(基本法 47조의3 6항, 47조의2 3항 1호, 2호).

(3) 납부지연 가산세

납부지연가산세에는 다음의 3가지 유형이 있다.

첫째, 납세의무자가 법정 납부기한내에 납부하지 아니하거나 정당한 세액에 미달하게 납부한 경우 그 미납부에 대하여 부과하는 가산세로서(이하 "납부불성실 가산세"라고 함), 그 가산세액은 다음의 산식에 따라 계산된다(基本法 47조의4 1항 1호; 基本令 27조의4).

미납세액 또는 과소납부세액(세법에 따라 이자상당액을 가산하여 납부하여야 하는 경우에는 그 금액을 더한 금액)×법정 납부기한의 다음 날부터 납부일까지의 기간(납부고지일부터 납부고지서에 따른 납부기한까지의 기간은 제외)[1]×금융회사의 연체대출금 이자율을 고려하여 시행령에서 정하는 이자율(1일 10만분의 22)

---

[1] 납세고지서에 따른 납부기한의 다음 날부터 납부일까지의 기간(국세징수법상의 징수유예기간 제외)이 5년을 넘으면 5년 한도 내에서만 납부 불성실 가산세를 계산한다. 환급 불성실 가산세의 경우도 마찬가지이다(基本法 47조의4 7항).

둘째, 납세자가 환급받은 세액이 정당한 환급세액을 초과하는 경우에 부과하는 가산세로서(이하 "환급 불성실 가산세"라고 함), 그 가산세액은 다음의 산식에 따라 계산된다(基本法 47조의4 1항 2호; 基本令 27조의4).

초과하여 환급받은 세액(세법에 따라 이자상당액을 가산하여 납부하여야 하는 경우에는 그 금액을 더한 금액)×환급받은 날의 다음 날부터 납부일까지의 기간(납부고지일부터 납부고지서에 따른 납부기한까지의 기간은 제외)×금융회사의 연체대출금 이자율을 고려하여 시행령에서 정하는 이자율(1일 10,000분의 3)

셋째, 납세자가 과세관청으로부터 납부고지서를 받고도 그 납부기한까지 납부하지 아니한 경우에 부과하는 가산세이다. 이는 2019년 국세기본법과 국세징수법의 개정으로 국세징수법상의 가산금을 가산세로 전환한 것으로서 다음의 산식에 따라 계산된다.

법정납부기한까지 납부하지 아니한 세액 또는 과소납부분 세액 × 100분의 3

위 3가지 유형의 납부지연 가산세 중 앞의 2가지(즉, 납부 불성실 가산세 및 환급 불성실 가산세)는 그 금액을 납부하였어야 할 세액 또는 환급받지 말았어야 할 세액(부당 보유세액)에 일정한 비율을 적용하여 획일적으로 계산하는 것이 아니라, 그 부당 보유세액에 연체 이자율을 적용하고 보유한 기간에 비례하여 계산한다는 점에서 의무불이행 가액에 일정한 비율을 적용하여 획일적으로 계산하는 다른 가산세와 다르다. 이 점은 이들 2가지 유형의 납부지연 가산세가 세법상 의무불이행에 대한 획일적인 제재로서의 성격보다는 미납부 기간에 대한 손해배상적 성격을 갖는 것임을 의미한다.

납부 불성실 가산세 및 환급 불성실 가산세가 부과되지 않는 예외의 경우가 있다. 즉, (i) 여러 개의 사업장을 가진 부가가치세 납세의무자가 한 사업장에 대한 부가가치세를 다른 사업장에 대한 부가가치세에 더하여 신고기한 내에 신고납부한 경우, (ii) 부가가치세법 제45조 제3항 단서에 따라 관할세무서장의 결정이나 경정으로 '공급한 사업자'의 대손세액 상당액을 '공급받은 사업자'의 매입세액으로 공제받지 못하는 경우, (iii) 법인세 과세표준 및 세액의 결정·경정으로 상속세 및 증여세법 제45조의3부터 제45조의5까지의 규정에서 증여로 의제하는 '특수관계법인과의 거래를 통한 이익'이 변경되는 경우(부정행위로 인하여 법인세의 과세표준 및 세액이 결정·경정되는 경우는 제외), (iv) 법인세 과세표준 및 세액의 결정·경정에 따라 개인이 소유하는 주식등의 취득가액이 감소되어 양도소득세 과세표준이 증가하는 경우, (v) 상증세법에 따라 법정 신고납부기한까지 상속세 또는 증여세를 신고납부한 납세자가 법정신고기한 이후 평가심의위원회를 거치는 방법에 따라 상속재산 또는 증여재산을 평가함으로 인하여 과세표준과 세액을 결정·경정하는 경우이다(基本法 47조의4 3항). 위 (i)의 경우에는 사업장 별로 부가가치세를 납부하여야 할 의무를 지는(附價法 4조 1항) 사업자가 어떤 사업장에 대한 부가가치세를 다른 사업장에 대한 부가가치세에 합산하여 납부하였더라도 그 사업자의 관점에서 볼 때 미납한 부가가치세가 있다고 할 수 없기 때문이고, 나머지 경우들에는 납세자에게 납부 불성실 또는 환급 불성실의 귀책사유가 있다고 보기 어렵기 때문이다.

아래 항에서 보는 바와 같이 소득세나 법인세의 원천징수납부 불이행에 대한 가산세가 부과되는 경우, 그리고 부가가치세법상 용역을 해외로부터 공급받고 그 대가를 지급하는 자가 그 지급금액에 대한 부가가치세를 원천징수하여 납부하여야 하는 의무(부가가치세법 제52조의 대리납부의무)를 불이행하는 데 대한 가산세가 부과되는 경우에는 그 의무해태에 납부지연 가산세를 별도로 부과하지 않는다(基本法 47조의4 4항). 하나의 미납부 행위에 대하여 가산세를 중복 부과할 수 없는 이치상 당연한 것이다. 같은 취지에서 중간예납, 예정신고납부 및 중간신고납부와 관련하여 납부지연 가산세가 부과되는 금액에 대해서는 확정신고납부와 관련하여 다시 가산세가 부과되지 않는다(동조 5항).

한편, 소득세, 법인세 또는 부가가치세의 납세의무자가 과세기간을 잘못 적용하여 어떤 과세기간에 대한 세금을 다른 과세기간에 대한 세금의 신고납부에 포함하여 신고납부한 경우에는, 그 신고가 부정행위로 인한 미신고나 과소신고가 아닌 한, 그 다른 과세기간에 대한 세금의 신고납부일에 앞의 과세기간에 대한 세금을 자진납부한 것으로 인정한다(동조 6항).

(4) 원천징수등 납부지연 가산세

국세의 징수의무자가 징수하여야 할 세액을 법정 납부기한까지 납부하지 아니하거나 과소납부한 경우에는 (i) 미납세액 또는 과소납부 세액의 100분의 3에 상당하는 금액과 (ii) 미납세액 또는 과소납부 세액 × 법정 납부기한의 다음

날부터 납부일까지의 기간(납부고지일부터 납부고지서에 따른 납부기한까지의 기간
은 제외) × 금융회사의 연체대출금 이자율을 고려하여 시행령에서 정하는 이자
율(1일 10,000분의 3)의 계산식으로 나오는 금액을 합한 금액을 원천징수등 납부
지연 가산세를 납부하여야 하되, 미납세액 또는 과소납부 세액의 100분의 10
[납부고지일부터 실제 납부일까지의 기간(5년이 넘으면 5년으로 함)에 해당하는 분에
대해서는 100분의 50]에 상당하는 금액을 한도로 한다(基本法 47조의5 1항, 4항; 基
本令 27조의4). 전자의 부분은 세법상의 의무불이행에 대한 획일적 제재로서의
성격을, 후자의 부분은 미납부기간에 대한 손해배상적 성격을 각각 가진 것이
다. 원천징수등 납부지연 가산세 부과의 대상이 되는 원천징수납부의무는 (i)
소득세법이나 법인세법에 따른 소득세 또는 법인세의 원천징수납부의무, (ii)
소득세법에 따른 납세조합(所法 149조)이 납세조합원의 소득세를 징수하여 납부
할 의무, (iii) 위에서 본 부가가치세법 제34조의 대리납부의무 등이다(동조 2항).
원천징수의무자가 주한 미군이거나 국가, 지방자치단체 또는 지방자치단체조합
인 경우 또는 원천징수 대상 소득이 각종 연금법에 따른 연금인 경우는 가산세
부과대상에서 제외된다(동조 3항).

2. 개별세법상의 가산세

개별 세법에서 각 세법에 고유한 의무의 이행을 해태한 경우에 대하여 별
도로 가산세를 부과한다. 개별 세목의 특성별로 그 유형이 다양하다. 소득세법
에서는 종합소득 관련 가산세(所法 81조 내지 81조의13), 양도소득 관련 가산세
(所法 115조), 국가 등의 원천징수등 납부지연 가산세 특례(所法 128조의2) 등을
두고 있다. 종합소득 관련 가산세로는 (i) 사업자의 영수증 수취명세서 제출·
작성 불성실 가산세(所法 81조), (ii) 사업자의 장부의 기록·보관 불성실 가산세
(所法 81조의5), (iii) 재화 또는 용역을 공급받고 지급한 대가에 관한 증명서류의
미수취에 따른 가산세(所法 81조의6; 동조 4항), 업무용승용차 관련 비용명세서
제출 불성실 가산세(所法 81조의14) 등 여러 가지가 있다. 법인세법에서는 주주
등의 명세서 및 주식등변동상황명세서 제출 불성실 가산세(法法 75조의2), 장부
의 기록·보관 불성실 가산세(法法 75조의3), 재화 또는 용역을 공급받고 지급한
대가에 관한 증명서류의 미수취 및 사실과 다른 증명서류의 수취에 따른 가산
세(法法 75조의5) 등의 가산세를 규정하고 있다. 부가가치세법 제60조에서는 사

업자등록 해태에 따른 가산세(附價法 60조 1항), 세금계산서 교부 불성실 가산세(동조 3항), 매출처별 세금계산서합계표 미교부 또는 불성실 기재에 따른 가산세(동조 6항) 등의 가산세를, 그리고 제68조의2에서는 간이과세자의 의무해태에 따른 가산세를 규정하고 있다. 그 밖에도 개별세법에서 여러 가지 유형의 가산세를 두고 있다.

V. 가산세의 감면

1. 객관적 사정에 의한 가산세 감면

세법상 의무의 불이행에 대한 납세자의 고의, 과실은 가산세 부과의 요건이 아니지만,[1] 납세자의 의무위반이 부득이한 경우에 대해서까지 가산세를 부과하는 것은 세법상의 의무의 적정한 이행을 도모하려는 가산세 제도의 취지에 맞지 않는다. 이에 (i) 천재, 지변 등과 같은 세법에 의한 납세자의 행위(신고, 신청, 제출, 납부 등)의 기한을 연장하는 사유가 있거나(국세기본법 제6조 제1항에 규정된 사유), (ii) 납세자의 의무 불이행에 대하여 정당한 사유가 있거나, (iii) 기타 이에 준하는 것으로서 시행령에 규정된 사유가 있는 경우에는 가산세를 부과할 수 없다(基本法 48조 1항). '정당한 사유'에 기한 가산세 부과의 면제는 원래 법정되어 있지 않았으나 과세관청이 객관적으로 의무의 이행을 기대하기 어려운 경우에 대해서까지 일률적으로 가산세를 부과하는 데 대하여 납세의무자들이 의무의 이행을 해태할 수밖에 없는 '정당한 사유'가 있으면 그 부과가 위법하다는 이유의 쟁송을 계속하여 제기하고, 대법원이 이를 받아들여 비록 고의, 과실에 의해 의무를 위반하였는지에 관계없이 가산세를 부과할 수 있는 것이지만, 객관적으로 그 의무 이행을 기대하기 어려운 사정(정당한 사유)이 있는 경우에는 가산세를 부과할 수 없다는 판례를 확립하자,[2] 2006년 개정 국세기본법에서 명문으로 이를 가산세 부과의 면제사유로 규정하게 되었다. 여기서 말하는 '정당한 사유'는 착오에 바탕을 둔 것이다. 착오를 납세자의 책임으로 돌릴 수 없는 경우에 가산세를 지운다면 부당한 일이 될 것이다.

---

1) 대법원 2002. 2. 8., 2000 두 1652; 同 1999. 12. 28., 98 두 3532; 同 1999. 9. 17., 98 두 16705.
2) 대법원 2005. 11. 25., 2004 두 930; 同 2001. 9. 14., 99 두 3324; 同 1996. 10. 11., 95 누17274 등.

담당 세무공무원이 "신고를 독려함에 있어 절차를 잘 알지 못하고 … 권장 지도함에 따라" 납세자가 허위신고를 한 때에는 정당한 사유가 있는 경우에 해당한다.1) 또한 "정부와 소외 회사간의 투자비율 변동 등 내부적 사정변경은 … 제3자인 원고로서는 쉽게 알 수 없는 바이므로" 그 변동을 알지 못하여 종전과 같이 지급보고서 제출의무가 면제되는 줄 알고 지급보고금액합계표의 상품계정 보고제외란에 각 월별 합산액만을 기입하여 세무서장에게 제출하였고, 그도 이에 대하여 아무런 이의나 시정지시를 함이 없이 접수한 사실 등을 종합하여 볼 때 원고 납세자의 지급보고서 제출의무의 해태에는 정당한 사유가 있는 것으로 인정한 판례2)도 있다.

그러나 법령의 부지 또는 오인은 정당한 사유가 되지 못한다. 따라서 세무서장이 "1975사업연도부터 1978사업연도에 이르기까지의 경마소득을 비과세소득으로 처분하였고, 이에 따라 신고납부의무를 이행하지 아니하고 관할세무서 역시 내부적으로 이에 동조하여 원고의 경마소득을 비과세 처리하였다 하여도 관할세무서가 원고에 대하여 어떤 명시적 방법으로 경마소득을 비과세처리한다는 뜻을 표시한 바 없고 달리 비과세로 처리하여야 할 특단의 사정이 없다면 과소신고납부에 정당한 사유가 없다"고 한다.3) 그러나 이와 같은 경우에도 법령의 해석이 매우 모호하고 처분청조차도 그 해석을 상당기간 그르쳤다면 정당한 사유를 인정하여야 할 것으로 생각된다.4) 처분청이 그릇된 해석을 납세자에

---

1) 대법원 1979. 12. 11., 79 누 286.

2) 대법원 1980. 3. 25., 79 누 165.

3) 서울고법 1982. 6. 16., 81 누 740.

4) 세법해석상 의의(疑意)로 인한 납세의무자와 과세당국 간에 견해의 대립이 있는 경우로서 납세의무자의 '정당한 사유'의 주장에 합리성이 있다고 본 판례로는 대법원 1992. 10. 23., 92누 2936·2943, 同 2011. 2. 10., 2008 두 2330 참조. 물론 어떠한 경우에 과세당국에의 '도전'이 '정당한 사유'로 인정되는가는 어려운 문제이나 佐藤 英明, "過少申告加算稅を免除する「正當な理由」に關する一考察,"「總合稅制研究」No. 2(1993. 12.), 105面 이하에서는 대체로 네 가지를 들고 있다. ① 그 도전이 '정당한 이유'로 인정되는 것은 궁극적으로는 그것이 세무행정의 적정한 유지를 위해서 납세자의 주체적인 행동이라고 생각할 수 있는 것에 의한 것이므로 그것은 당당하게 행해져야 한다는 것이다. ② 납세자의 태도는 당당해야 하고 행정해석을 다투는 데 잘 어울린다는 것이 필요하다는 것이다. ③ 당당하고 생각지도 않은 해석을 한다는 것만으로는 제재의 면제 이유로 된다고는 생각할 수 없고, 관련 제규정에 비추어 그것이 주장되는 시점에 있어서 충분히 유지될 가능성이 있었다고 하는 정도의 정당성이 필요하다는 것이다. ④ 정보의 개시가 제재의 면제사유가 되기 위해서는 그 개시를 뒷받침하는 충분한 장부서류 등을 납세자가 갖추고 있다는 것이 필요하다는 것이다.

게 제시하였다면 신의칙의 측면에서도 검토되어야 할 것이다.1)

위와 같은 사유에 의해 감면을 받고자 하는 자는 감면신청을 하여야 한다 (基本法 48조 3항; 基本令 28조).

2. 의무위반의 정도가 가벼운 경우의 가산세 감면

의무 위반의 정도가 비교적 가벼운 것으로 인정되는 경우를 선별하여 이에 대해서는 가산세의 일부를 감면하도록 하고 있다(基本法 48조 2항).

우선 법정신고기한까지 제출한 자가 그 신고 후 수정신고를 하는 경우에는 수정신고의 시점이 법정신고기한으로부터 경과한 기간에 따라 과소신고·초과 환급신고 가산세(基本法 47조의3)를 최고 90%(1개월 이내에 수정신고한 경우)에서 최소 10%(1년 6개월 초과 2년 이내에 수정신고한 경우)까지 감면한다(基本法 48조 2항 1호). 그러나 경정이 있을 것을 미리 알고 과세표준수정신고서를 제출한 경우는 제외한다. 수정신고에 의한 가산세의 경감은 자발적인 시정을 감안한 것인데, 조사착수를 알고 한 수정신고는 자발적인 것이라고 인정하기 어렵기 때문이다. 여기에서 '조사'라고 함은 입회조사·질문검사 등 외부적으로 인지할 수 있는 것을 뜻하며(외부조사설), 단순한 세무관서 내부의 조사절차(이른바 내사)의 개시를 포함하지 않는다. 내부조사의 착수를 납세자가 인지하였는지 판단하는 것은 매우 어렵기 때문에 내부조사의 인지를 아예 가산세 감면의 배제대상에서 제외함으로써 분쟁의 발생소지를 줄일 필요가 있기 때문이다.

다음 법정신고기한까지 과세표준신고서를 제출하지 아니한 자가 법정신고 기한 경과 후 기한후 신고를 하는 경우에도 기한후 신고의 시점이 법정신고기 한으로부터 경과한 기간에 따라 무신고 가산세(基本法 제47조의2)를 최고 50%에서 20%까지 감면한다. 수정신고의 경우와 마찬가지로 경정이 있을 것을 미리 알고 기한 후 과세표준신고서를 제출한 경우는 감면대상에서 제외한다(基本法 48조 2항 2호).

또한 과세전 적부심사의 결정기관이 그 결정·통지기간 이내에 그 결과를 통지하지 아니한 경우, 세법에 따른 제출·신고·가입·등록·개설(이하 "제출

---

1) 신의칙은 '정당한 사유'와는 적용범위 및 적용요건을 달리 하므로 가산세의 적법성을 다투는 납세자는 경우에 따라 '정당한 사유'나 '신의성실의 원칙'을 선택적으로 주장할 수도 있고, 양자를 동시에 주장할 수도 있다. 안경봉, "가산세 면제사유로서 정당한 사유(Ⅱ)," 「월간 조세」 1998. 9., 161면.

등"이라고 함)의 기한이 경과한 후 1개월 이내에 해당 세법에 따른 제출 등의 의무를 이행하는 경우, 적법한 과세표준보다 과소하게 또는 과다하게 예정신고나 중간신고를 하였으나 확정신고 기한까지 수정하여 신고한 경우로서 과세표준과 세액을 경정할 것을 미리 알고 수정신고를 한 것이 아닌 경우, 기한까지 과세표준의 예정신고 및 중간신고를 하지 아니하였으나 확정신고 기한까지 신고를 한 경우로서 과세표준과 세액을 경정할 것을 미리 알고 그러한 신고를 한 것이 아닌 경우에는 그 의무 위반에 대한 가산세의 50%를 각 감면한다(동항 3호).

위와 같은 사유에 의해 감면을 받고자 하는 자도 감면신청을 하여야 한다(基本法 48조 3항; 基本令 28조). 기본통칙에서는 감면신청을 하여야 한다는 요건을 완화하여 감면사유가 집단적으로 발생한 경우에는 세무서장이 직권으로 가산세를 감면해 주도록 하고 있다(基本法 기본통칙 48-0…4조).

Ⅵ. 가산세의 한도

일부 종류의 가산세에 대해서는, 그 가산세 부과의 근거가 된 의무를 고의로 위반한 경우가 아닌 한, 각 위반한 의무별로, 그리고 본세의 부과기간 단위별로(예를 들면, 소득세나 법인세 또는 부가가치세의 과세기간 별로) 5천만 원(중소기업에 해당하지 않는 기업의 경우에는 1억 원)의 부과 한도를 두고 있다(基本法 49조; 基本令 29조의2). 그러나 일부 종류의 가산세(예를 들면, 소득세의 경우 소득세법 제81조 제7항의 공동사업장등록 불성실 가산세, 제8항의 무기장 가산세, 제10항의 신용카드매출전표 미발급 가산세 및 제11항의 현금영수증 미발급 가산세)에 대해서는 이러한 한도를 적용하지 아니한다. 이러한 가산세는 부과대상 의무의 이행을 고의로 해태할 수밖에 없는 성질의 것이거나, 그 의무이행을 보다 확실히 하기 위한 것이다.

제 7 장 국세환급금과 환급가산금

Ⅰ. 국세환급금의 의의 및 법적 성격

1. 의   의

납세의무자가 국세 및 강제징수비로서 납부한 금액 중 잘못 납부하거나 초과하여 납부한 금액이 있거나, 세법에 의하여 환급하여야 할 세액이 있을 때에는 이를 반환하는데, 전자를 과오납금이라고 하고 후자를 환급세액이라고 하며, 양자를 합하여 국세환급금이라 한다(基本法 51조 1항).

과오납금이란 과납금(過納金; 초과하여 납부한 금액)과 오납금(誤納金; 잘못 납부한 금액)을 합한 개념이다. 과납금이란 조세의 납부시 이에 대응하는 확정된 조세채무가 존재하였으나, 후에 불복에 대한 결정·판결이나 과세관청의 취소결정 등의 사유로 채무가 소멸하게 된 경우에 생기는 것임에 비해, 오납금이란 납세신고나 과세처분 등 조세채무 확정행위 혹은 징수행위가 당연무효이거나 부존재함에도 불구하고 납부 혹은 징수함으로써 조세채무를 초과하는 경우에 생기는 것이다.[1] 오납금의 대표적인 예로는 원천징수 대상이 아닌 소득에 대하여 원천징수하거나 원천징수하여야 할 세액을 초과하여 징수한 세액을 들 수 있다.[2]

오납금의 납부는 처음부터 당연무효이므로 바로 납부액의 반환을 청구할 수 있는 데 반하여, 과납금은 불복에 대한 결정·판결이나 과세관청의 취소결정이 있어야 비로소 납부액의 반환을 청구할 수 있다는 점이 다르다. 이러한 양자의 구별은 무효·취소의 구별에 따른 상대적인 것에 불과하나, 과납금에 대한 불복청구기간을 도과한 경우에는 불복청구가 부적법하게 되어 구제될 수 없다

---

1) 대법원 1989. 6. 15., 88 누 6436(전원합의체).
2) 대법원 2010. 2. 25., 2007 두 18284; 同 2002. 11. 8., 2001 두 8780.

는 점에서 양자의 구별은 중요한 의미를 갖는다.

환급세액은 징세기술상의 이유로 세액이 확정되기 전에 납부한 세액이 최종적으로 확정된 세액을 초과하는 경우 그 차액을 말한다. 예컨대 부가가치세법상 매출세액을 초과하는 매입세액(附價法 37조 2항), 종합소득세액에서 세액공제를 한 금액을 초과하는 근로소득 원천징수세액(所法 137조 2항) 등이 이에 속한다.

과오납금이나 환급세액이나 일종의 부당이득금이라는 점에서 차이가 없으나 전자는 개별세법에 근거하여 발생하지 않고 공법상의 부당이득반환에 관한 일반원칙에 따라 발생하는 것인 반면, 후자는 조세채권의 조기징수 확보, 조세의 정책적 기능 제고 등과 같은 조세정책적 목적의 실현을 위하여 제정된 개별세법 규정에 따라 발생한다는 차이가 있다. 따라서 양자의 행사요건 및 절차 등도 다르다.

소득세, 법인세 또는 부가가치세의 납세의무자가 과세기간을 잘못 적용하여 어떤 과세기간에 대한 세금을 다른 과세기간에 대한 세금의 신고납부에 포함하여 신고납부한 경우(基本法 47조의4 6항 본문)와 여러 개의 사업장을 가진 부가가치세 납세의무자가 한 사업장에 대한 부가가치세를 다른 사업장에 대한 부가가치세에 더하여 신고기한 내에 신고납부한 경우(동조 7항)에는 납세의무자가 납부한 국세의 대상 과세기간이나 사업장을 잘못 지정하였지만 궁극적으로 신고납부를 누락한 과세기간이나 사업장의 국세를 납부한 것으로 보므로 과오납금이 아니다(基本法 51조).

2. 국세환급결정 및 국세환급청구권의 법적 성격

환급금에 관한 권리·의무는 과오납 상태가 되거나 법상의 요건을 충족함으로써 당연히 발생하는 것이다. 즉, 오납액의 경우에는 처음부터 법률상 원인이 없으므로 납부 또는 징수시에 이미 환급의무가 확정되어 있고, 초과납부액의 경우에는 부과처분 또는 신고의 취소 또는 경정에 의하여 조세채무의 전부 또는 일부가 소멸한 때에 확정되며, 환급세액의 경우에는 개별 세법에서 규정한 환급요건의 충족에 따라 확정된다.[1] 따라서 국세환급금이 발생하면 즉시 국세환급금으로 결정하여야 한다는 국세기본법 제51조 제1항의 규정에 따라 행하

---

1) 위 대법원 판결.

는 환급결정은 형성적 효력을 갖는 것이 아니라 확인행위에 불과하고, 이에 그 환급결정의 통지도 납부고지와 같이 일정한 형식을 갖출 것 없이 적당한 방법으로 행하면 족하다.[1]

이와 같이 국세환급결정이 형성적 효력을 갖지 않기 때문에 국세환급결정이나 이 결정을 구하는 신청에 대한 환급거부결정 등은 납세의무자가 갖는 환급청구권의 존부나 범위에 구체적이고 직접적인 영향을 미치는 처분이 아니어서 항고소송의 대상이 되지 않는다.[2]

과납금이든, 오납금이든, 환급세액이든 국세환급금의 지급의무가 확정된 시점부터 국가는 해당 세액을 보유할 법률상의 원인이 없으므로, 그와 같이 보유할 원인이 없는 금액의 반환을 구할 수 있는 납세자의 환급청구권은 일응 민사상 부당이득반환청구권으로서의 성격을 갖는다. 이와 같이 국세환급청구권이 민사상 부당이득반환청구권의 성격을 가지기는 하지만, 공법상의 법률관계에서 발생하기 때문에 사인 간의 이해조정을 목적으로 하는 민법상의 부당이득 관계 규정이 그대로 적용될 수 없다고 함이 일반적이다.[3] 비채변제(非債辨濟; 민법 742조 내지 745조)의 법리도 그 적용이 없다.[4] 판례는 부가가치세법에 따른 매입세액이 매출세액을 초과하는 경우 발생하는 그 차액 상당액의 환급세액은 부가가치세법령에 의해 그 존부와 범위가 구체적으로 정해진다는 점에서 특히 이러한 공법적 의무의 성격이 강함을 고려하여 그 반환의 청구는 부당이득반환청구의 민사소송이 아니라 행정소송법상의 당사자소송(행정소송법 3조 2호)의 절차에 의하여야 한다고 한다.[5]

그런데, 명칭은 환급금이나 그 성질이 전혀 다른 것이 있다. 국가에 의한 세금 수납의 근거가 처음부터 없거나 사후적으로 소멸한 경우가 아니라, 중소기업의 결손금소급공제신청에 따른 소득세액 및 법인세액의 환급금(所法 85조의2; 法法 72조)이나 수출용원재료 등에 대한 관세의 환급금('수출용원재료에 대한 관세 등 환급에 관한 특례법' 9조, 14조)과 같이 특정 납세의무자에게 혜택을 주거

1) 대법원 1975. 6. 24., 74 누 65.
2) 대법원 1989. 6. 15., 88 누 6436(전원합의체: 이재성 대법관의 반대의견 참조); 同 1990. 2. 13., 88 누 6610; 同 1992. 3. 31., 91 다 32053; 同 1992. 9. 8., 92 누 4383; 同 1994. 12. 3., 92 누 14250.
3) 志場喜德郞 外, 「國稅通則法精解」, 1980, 473면.
4) 田中二郞, 「租稅法」(제3판), 335면, 각주 1.
5) 대법원 2013. 3. 21., 2011 다 95564(전원합의체).

나, 수출확대 등의 정책적 목적에서 해당 납세의무자의 환급신청을 조건으로 환급결정을 하는 경우에 있어서의 환급금이다. 이러한 환급금은 소득공제나 세액감면과 같이 일정한 요건의 충족을 조건으로 국가가 조세혜택을 부여하는 데 따른 것이므로 그 성격을 부당이득의 반환이라고 할 수 없다. 이러한 경우에 있어서의 환급금청구권은 과세관청의 환급결정에 의하여 비로소 발생하므로 그 환급결정이나 환급결정을 구하는 신청에 대한 거부결정은 항고소송의 대상이 되는 처분이 된다.[1]

Ⅱ. 국세환급청구권자

국세환급청구권자는 환급 대상 국세를 납부한 납세자이다(基本法 51조 6항). 환급세액의 경우와 과오납의 경우를 구분하여 살펴볼 필요가 있다. 우선, 환급세액의 경우에는 각 세법의 규정에 따라 해당 세액을 납부한 자가 환급금청구권자가 된다는 데 이론이 없다. 과오납금의 경우에도 환급대상인 과오납 국세를 자신의 부담으로 납부한 자가 환급청구권자가 된다. 주된 납세의무자가 납부의무를 지는 세액을 제2차납세의무자나 물적납세의무자로부터, 또는 본래의 납세의무자가 납부하여야 할 세액을 납세보증인(보증보험회사 포함)으로부터 납부 받은 뒤 주된 납세의무나 본래의 납세의무의 이행이 과오납인 것으로 확정되어 환급하는 경우에는 그 제2차납세의무자, 물적납세의무자 또는 보증인[이하 합하여 "대위납부자(代位納付者)"라고 함]이 환급의 상대방이 되어야 할 것이다. 이들 대위납부자가 대위납부 후 주된 또는 본래의 납세의무자에 대하여 가지는 민사상 구상권을 행사하여 대위납부세액에 상당하는 금액의 구상을 받은 경우에도 이들 대위납부자들이 국세환급금 지급청구권을 가짐에는 변함이 없다. 다만, 이들 대위납부자가 주된 납세의무자나 본래의 납세의무자로부터 구상받은 금액은 법률상 원인이 없는 것으로 되어 이를 반환하여야 할 것이다. 이와 관련하여 국세기본법 기본통칙은 제2차납세의무자 또는 물적납세의무자가 본래의 납세의무자에 대한 구상권을 행사하였는지의 여부를 조사하여 구상권 행사가 이행된 것으로 확인되는 범위 내에서는 본래의 납세의무자에게, 나머지는 대위납부자에게 환급하는 것으로 해석하고 있으나(基本法 기본통칙 51-

---

1) 同旨 소순무,「租稅淨訟」, 조세통람사, 2000, 431-435면.

0···2조, 51 - 0···3조), 국가가 사인 간의 구상권 행사에 개입할 권한이 없으므로 이러한 해석은 타당하지 않다고 할 것이다. 또한 기본통칙은 보증인이 납부한 국세 등에 관하여 환급금이 발생한 경우에는 피보증인인 납세의무자에게 환급한다고 규정하고 있으나(基本法 기본통칙 51 - 0···4조), 이 역시 해당 과오납 세액을 납부하여 손해를 입은 자가 보증인이라는 민사법리에 반하는 잘못된 해석이다. 이미 보증인이 납세보증채무의 이행에 근거하여 피보증인인 납세의무자로부터 구상을 받았다면, 보증인에게 국세환급금청구권이 발생하는 시점에 보증인이 피보증인에게 그 구상금을 부당이득으로 반환할 의무가 생길 뿐, 이로 인하여 국가에 해당 과오납 세액을 납부하지도 않은 피보증인에게 반환할 의무가 발생한다고 할 수는 없다. 보증인과 피보증인 간의 구상과 재구상의 관계에 국가가 개입할 여지는 없는 것이다.

본래의 납세의무의 성립요건은 충족되지만, 그에 대한 제2차납세의무, 물적 납세의무 또는 납세보증 등의 보조적 납세의무의 성립요건이 충족되지 않아 이들 보조적 납세의무자들이 대위납부한 세액을 환급하는 경우 그 환급청구권자는 당연히 그 대위납부자들이 될 것이다.

원천징수의무를 이행한 경우 국가에 대한 관계에서의 권리의무자는 원천징수의무자이므로, 원천징수된 세액을 환급하는 경우 그 상대방은 당연히 원천징수의무자이다(基本法 51조 5항).[1]

상속이 개시되기 전에 피상속인에게 이미 환급청구권이 발생한 경우(즉, 오납액의 납부자가 피상속인이거나, 초과납부 세액의 신고절차나 부과처분의 경정 또는 취소 청구의 절차가 피상속인에 의하여 종결되거나, 개별 세법에서 규정한 환급세액의 환급요건이 피상속인의 사망 전에 충족된 경우)에는 피상속인에게 발생한 국세환급청구권은 상속재산에 속하게 될 것이므로, 상속인이 협의분할에 따른 상속분이나 법정상속분에 따라 이를 행사한다. 반면, 상속이 개시되기 전에 피상속인에게 환급청구권 발생의 요건사실의 일부가 발생하였으나 아직 환급청구권이 확정되지 않은 경우(예를 들면, 피상속인이 부과된 조세를 납부한 후 그 취소청구 소송을 진행하던 중에 사망한 경우)에는 국세기본법 제24조에 따라 피상속인의 납세의무를 승계한 상속인에게 종국적으로 과오납금이나 환급세액의 반환청구권이 발생한다.

---

1) 대법원 2002. 11. 8., 2001 두 8780; 同 1989. 11. 14., 88 누 6412.

Ⅲ. 국세환급청구권의 양도

환급결정된 국세환급금에 관한 권리는 사법상 금전채권과 같이 소정의 방식에 의해 양도할 수 있고, 입질(入質)·압류·상계의 대상이 된다(基本法 53조). 국세환급금 채권을 양도하기 위해서는 양도인, 양수인, 양도대상 환급청구권의 내용을 기재한 양도요구서를 과세관청에 제출하여야 하고(基本令 43조의4 1항), 양도 요구를 받은 관할세무서장은 양도인 또는 양수인이 납부할 국세 및 강제징수비가 있으면 이에 충당하고, 남은 금액을 지체없이 양수인에게 환급하여야 한다(基本法 53조 2항). 이처럼 양도의 요구만으로 국가의 환급의무가 발생한다는 것은 민법 제450조에 의한 별도의 통지나 승낙의 절차 없이 국가에 대한 대항력이 발생함을 의미한다고 할 것이다. 위와 같이 과세관청이 국세환급금 채권의 양도요구를 받았더라도 그 환급금을 양도인이나 양수인이 납부할 다른 국세 등의 납부에 충당할 수 있으므로, 결국 그 충당 후에 남은 금액만 양도된다.[1]

국세환급금 채권이 발생하기 전에, 예를 들면 부과처분에 대하여 쟁송절차가 진행 중인 상태에서 장차 부과처분의 취소가 확정되는 경우에 발생할 수 있는 국세환급금 채권을 미리 양도할 수 있는가 하는 의문이 있을 수 있는바, 이 경우에는 민법상 장래의 채권의 양도에 관한 해석론이 그대로 적용된다고 할 것이다. 사회통념상 양도대상 채권을 다른 채권과 구별하여 그 동일성을 인식할 수 있을 정도이면 그 채권은 특정된 것이고, 채권양도 당시 양도대상 채권의 가액이 확정되어 있지 아니하였다 하더라도 채무의 이행기까지 이를 확정할 수 있는 기준이 설정되어 있다면 그 채권의 양도는 유효한 것으로 보므로,[2] 쟁송대상 과세처분의 취소가 확정되는 경우 발생할 수 있는 국세환급금 채권을 미리 양도하는 것도 유효하다고 할 것이다.

Ⅳ. 국세환급청구권의 소멸시효

국세환급금 반환청구권은 5년의 소멸시효에 걸린다(基本法 54조 1항). 그리

---

1) 대법원 2009. 3. 26., 2008 다 31768.
2) 대법원 1997. 7. 25., 95 다 21624.

고 소멸시효의 중단이나 정지 등 소멸시효의 적용에 관해서는 세법에 특별한 규정이 없으므로 민법상의 소멸시효에 관한 규정이 준용된다(동조 2항).1) 이와 관련하여 세무서장이 납세자에게 보낸 환급청구 촉구 안내나 통지 등은 소멸시효 중단사유의 하나인 '채무의 승인'으로 인정되지 않는다(동조 3항). 무효인 과세처분에 의한 납부는 납부한 시점부터 소멸시효의 기간이 진행된다.2) 이에 과세처분이 무효인지 아니면 단순 위법으로서 취소의 대상인지가 불분명한 상태에서 취소를 구하는 행정쟁송을 제기하여 그 진행기간 중 5년이 경과한 후 종국적으로 해당 과세처분이 무효인 것으로 판명된 때에는 이미 환급금을 청구할 수 없게 된다. 또한 과세처분이 무효인 것으로 보아 바로 국가를 상대로 국세환급금 반환청구의 민사소송을 제기하지 않고 과세관청을 상대로 '과세처분에 대한 무효확인'을 구하는 의미에서의 취소청구의 소를 제기하여 과세처분에 따른 납부일로부터 5년이 경과한 후 그 과세처분의 취소판결을 받는 경우에도 마찬가지이다. 이와 관련하여 과세처분 취소청구의 소나 '과세처분에 대한 무효확인'을 구하는 의미에서의 취소청구의 소의 제기가 무효에 따른 국세환급금청구권의 소멸시효의 중단사유가 되는가 하는 점이 문제된다. 무릇 소멸시효 제도의 취지가 권리 불행사가 상당기간 지속되는 때에는 그 지속된 사실상태를 존중하자는 것인데, 같은 당사자를 상대로 한 취소청구 쟁송의 제기는 권리의 행사라 할 것이므로 시효의 중단사유로 봄이 옳다. 2014년 개정된 국세기본법은 과세처분 취소청구나 무효확인 청구의 소의 제기를 국세환급금 청구권에 대한 소멸시효의 중단사유로 명시적으로 인정하고 있다(基本法 54조 2항 후단).

　한편, 과세처분이 무효인 것으로 판단하여 국세환급금 반환청구의 민사소송을 제기하였으나 행정소송의 제기에 관한 불변기간이 지난 후에야 취소의 대

---

1) 채무자인 국가가 시효완성 전에 채권자인 주주의 권리행사나 시효중단을 불가능 또는 현저히 곤란하게 하거나 그러한 조치가 불필요하다고 믿게 하는 행동을 하였거나, 객관적으로 채권자가 권리를 행사할 수 없는 장애사유가 있었거나, 또는 일단 시효완성 후에 채무자인 국가가 시효를 원용하지 아니할 것 같은 태도를 보여 채권자로 하여금 그와 같이 신뢰하게 하였거나, 채권자 보호의 필요성이 크고 같은 조건의 다른 채권자가 채무의 변제를 수령하는 등의 사정이 있어 채무이행의 거절을 인정함이 현저히 부당하거나 불공평하게 되는 등의 특별한 사정이 있는 경우에 한하여 채무자인 국가가 소멸시효의 완성을 주장하는 것이 신의성실의 원칙에 반하여 권리남용으로서 허용될 수 없다고 할 수 있을 것이다(대법원 1994. 12. 9., 93 다 27604). 그러나 본건에서는 원고의 주장 배척.

2) 대법원 1992. 3. 31., 91 다 32053.

상인 것으로 판명되었을 때에는 구제의 길이 막혀 버릴 수가 있으므로, 과세처분이 무효인지 단순 위법인지 의심스러운 경우에는 취소청구나 무효확인 청구의 소를 제기하는 것이 안전하다.

[판 례]
일반적으로 위법한 행정처분의 취소, 변경을 구하는 행정소송은 사권(私權)을 행사하는 것으로 볼 수 없으므로 사권에 대한 시효중단사유가 되지 못하는 것이나, 다만 이 사건과 같은 과세처분의 취소 또는 무효확인의 소는 그 소송물이 객관적인 조세채무의 존부확인으로서 실질적으로 민사소송인 채무부존재확인의 소와 유사할 뿐 아니라, 과세처분의 유효 여부는 그 과세처분으로 납부한 조세에 대한 환급청구권의 존부와 표리관계에 있어 실질적으로 동일당사자인 조세부과권자와 납세의무자 사이의 양면적 법률관계라고 볼 수 있으므로, 위와 같은 경우에는 과세처분의 취소 또는 무효확인청구의 소가 비록 행정소송이라고 할지라도 조세환급을 구하는 부당이득반환청구권의 소멸시효 중단사유인 재판상 청구에 해당한다고 볼 수 있다[대법원 1992. 3. 31., 91 다 32053(전원합의체) - 이 판결은 상반되는 종래의 판례를 폐기하는 것이며, 반대의견이 있음].
註) 종래의 학설에 따르면 행정소송의 제기는 사권에 대한 시효중단사유가 되지 않는다는 것이 일반적인 입장이었으나, 개인이 국가 등 공공기관에 대하여 공법상의 청구권을 행사함에 있어서 그 권리의 시효중단 여부가 문제되는 경우에 있어서는 단순히 행정소송이라는 이유만으로 시효중단사유로서 재판상 청구에 해당하지 않는다고 단정할 수는 없다고 본 데 이 판례의 의의가 있다.

V. 물납재산의 환급에 관한 특례

물납으로 받은 상속세나 증여세를, 그 부과처분의 전부나 일부의 취소나 감액경정에 의하여 환급하는 경우에는 그 대상 물건을 환급하는 것을 원칙으로 하되, 국가가 그 물납 재산을 매각하였거나 다른 용도로 사용하고 있는 등 특수한 사정이 있는 경우에는 보충적으로 위에서 본 현금의 환급절차를 따른다(基本法 51조의2 1항, 2항). 물납 재산을 그대로 환급하는 경우에는 국가의 보유기간 중 발생한 가치증가분(자본이득)이 그대로 납세의무자에게 이전되기 때문에 그에 대하여 추가로 환급가산금을 지급하지 아니한다(동조 1항 단서). 국가가 물납재산을 보유하는 기간 중 그 재산의 통상적 유지관리를 위하여 지출한 비용은 소유자인 국가가 부담하고, 해당 재산의 가치의 증가를 가져온 자본적 지출액(法令 31조 2항)은 납세자로부터 지급받을 권리가 있다(基本令 43조의2 3항). 증가한 가치를 납세자가 대가없이 취득하는 것은 부당이득적 성격을 갖기 때문에 반환하게 하는 것이다.

Ⅵ. 충   당

과세관청은 납세자에 대한 국세환급금의 지급을 그 납세자의 다른 국세 및 강제징수비의 납부에 의무적으로 충당하여야 하고(직접충당; 基本法 51조 2항 2호), 납세자의 동의에 따라 체납 상태에 있지 아니한 것으로서 납부고지되거나(납기전 징수사유에 의해 납부고지된 경우는 제외) 자진납부할 다른 국세의 납부에 충당할 수도 있다(신청충당; 동항 1호, 3호). 어느 경우든 충당 대상 국세의 납부 시기가 도래하였다는 공통점이 있다. 국세환급금을 체납된 다른 국세 등에 충당하는 경우 양자의 채권은 체납된 국세의 법정 납부기한과 시행령에서 정한 국세환급금의 발생일 중 뒤의 날로 소급하여 대등액에서 소멸한 것으로 본다(동조 3항; 基本令 32조). 원천징수된 국세를 원천징수의무자에게 환급하는 경우에는 다른 원천징수세액의 납부에 충당할 수 있을 뿐, 원천징수의무자가 부담하는 자신의 고유의 납세의무의 이행에 충당할 수는 없다(基本法 51조 5항). 납세자는 스스로 국세환급금을 체납상태에 있지 아니한 다른 국세의 납부에 충당할 것을 청구할 수 있고, 이 경우 그 다른 국세는 충당의 청구일에 납부된 것으로 인정된다(동조 4항). 충당은 국가의 환급금 채무와 납세자의 조세채무를 대등액에서 소멸시키는 제도이므로 민법상의 상계와 유사하지만, 충당은 과세관청의 처분1)으로서 충당의 요건이 충족되면 반드시 해야 한다는 점에서 민법상의 상계와 성질을 달리한다. 그리고 민법 제493조 제2항이 규정하는 상계의

---

1) 同旨 대법원 1975. 6. 24., 74 누 65; 同 1986. 9. 9., 86 누 153. 이와는 달리 대법원 1994. 12. 2., 92 누 14250은 충당이 항고소송의 대상이 되는 행정처분이 아니라는 취지로 판시하고 있다. 즉 "국세환급금의 충당은 납세의무자가 갖는 환급청구권의 존부나 범위 또는 소멸에 구체적이고 직접적인 영향을 미치는 처분이라기 보다는 국가의 환급금채무와 조세채권이 대등액에서 소멸되는 점에서 오히려 민법상의 상계와 비슷하고, 소멸대상인 조세채권이 존재하지 아니하거나 당연무효 또는 취소되는 경우에는 그 충당의 효력이 없는 것으로서 이러한 사유가 있는 경우에 납세의무자로서는 충당의 효력이 없음을 주장하여 언제든지 민사소송에 의하여 이미 결정된 국세환급금의 반환을 청구할 수 있다고 할 것이므로, 이는 국세환급결정이나 그 국세환급신청에 대한 거부결정과 마찬가지로 항고소송의 대상이 되는 처분이라고 할 수 없다"는 것이다.

소급효도 인정되지 않는다.1)

충당이 행하여지면 환급금과 국세는 대등액의 범위에서 소멸하며 충당하고 남은 환급금은 환급결정한 날로부터 30일 이내에 한국은행으로 하여금 소관 수입금 계좌에서 지급하게 하여야 한다(동조 6항, 7항).

국세환급금의 결정이 취소됨에 따라 이미 환급된 금액을 회수하고자 할 경우에는 국세징수법의 고지·독촉 및 강제징수의 규정을 준용한다(동조 8항).

Ⅶ. 국세환급가산금

과오납액이나 환급세액 등의 국세환급금이 확정되면 그 환급금액에 대하여 국가는 아래에서 보는 법정 기산일부터 충당이나 지급의 결정을 하는 날까지의 기간에 대하여 환급가산금을 지급하여야 한다. 그러한 가산금의 가액은, 국세기본법에 정해진 기산일과 이자율(금융회사의 1년 만기 정기예금 평균 수신금리를 고려하여 기획재정부령으로 정하는 이자율)에 따라 자동적으로 확정된다(基本法 52조; 基本令 43조의3 2항). 체납한 국세에 대하여 이자 성격의 가산금을 징수하는 것과 같은 취지에서 환급 국세에 대하여 역시 이자 성격의 가산금을 지급하는 것이다.2) 다만, 감액경정청구에 따른 결정이나 경정에 따라 또는 불복절차에서 나온 결정이나 판결에 따라 국세환급금을 지급하지 않고 고충민원의 처리에 따라 국세환급금을 지급하는 경우에는 국세환급가산금을 가산하지 아니한다(基本法 53조 3항). 이와 같이 국세환급의 사유를 가려 환급가산금의 지급 여부를 달리하는 것이 타당한지는 의문이다. 한편, 환급신청일의 다음 날부터 실제 환급일까지의 기간에 대해서는 위와 같은 국세기본법상의 환급가산금 지급청구권이 발생함과 동시에 이행지체로 인한 민사법상의 지연손해금 지급청구권도 경합적으로 발생하므로 납세자는 그 중 하나를 선택적으로 행사할 수 있다.3)

환급가산금 계산의 법정 기산일은 환급사유의 성격별로 다음과 같이 구분된다(基本令 43조의3 1항).

① 착오납부, 이중납부 또는 납부 후 그 납부의 기초가 된 신고 또는 부과

---

1) 대법원 1989. 5. 23., 87 다카 3223.
2) 대법원은 조세환급가산금의 법적 성질을 부당이득의 반환에 따른 법정이자라고 판시하고 있다(대법원 2009. 9. 10., 2009 다 11808).
3) 위 각주 판결.

를 경정하거나 취소함에 따라 발생한 국세환급금의 경우에는 국세 납부일. 다만, 그 국세가 2회 이상 분할납부된 것인 경우에는 그 마지막 납부일로 하되, 국세환급금이 마지막에 납부된 금액을 초과하는 경우에는 납부일의 역순으로 소급하여 납부금액을 누적 합산하였을 때 그 합계액이 국세환급금에 달하는 납부일로 하며, 세법에 따른 중간예납액 또는 원천징수에 의한 납부액은 해당 세목의 법정신고기한 만료일에 납부된 것으로 본다(1호).

② 적법하게 납부된 국세의 감면으로 발생한 국세환급금의 경우에는 감면 결정일(2호).

③ 적법하게 납부된 후 법률이 개정되어 발생한 국세환급금의 경우에는 개정된 법률의 시행일(3호).

④ 소득세법, 법인세법, 부가가치세법, 개별소비세법, 주세법 또는 교통·에너지·환경세법에 따른 환급세액의 신고, 경정 또는 결정에 따른 경정으로 인하여 환급하는 경우에는 신고를 한 날(신고한 날이 법정신고기일전인 경우에는 해당 법정신고기일)부터 30일이 지난 날. 다만, 세법에서 환급기한을 정하고 있는 경우에는 그 환급기한의 다음 날로 한다. 그리고 환급세액을 법정신고기한까지 신고하지 아니함에 따른 결정으로 인하여 발생한 환급세액을 환급할 때에는 해당 결정일부터 30일이 지난 날로 한다(4호).

과세처분에 내국세법이나 조세조약 규정의 위반이 있었음을 인정하는 조세조약상의 상호합의의 결과에 따라 과세관청이 해당 과세처분의 일부를 취소함으로써 발생하는 환급세액도 초과납부액의 환급이므로 환급가산금의 기산일(1호)을 적용함이 타당하다. 그 위반이 소득의 원천, 이전가격, 고정사업장, 제한세율 등 그 어떤 규정에 관한 것이든 위법하다는 점에서 아무런 차이가 없다고 할 것이다.

제8장 기간·기한과 서류의 송달

Ⅰ. 기간과 기한

1. 의   의

기간은 두 시점 사이에 계속되는 시간적 구분이라는 법률사실이며, 기한이란 법률행위의 효력발생·소멸이나 특정한 행위의 이행을 위하여 정하여진 일시를 말한다('언제부터'라고 할 때의 기한을 시기(始期)라 하고, '언제까지'라고 할 때의 기한을 종기(終期)라 한다). 국세기본법 기타 세법에 규정하는 기간의 계산은 원칙적으로 민법의 규정에 의한다(基本法 4조). 기한 역시 민법상의 일반원칙에 따른다.

2. 기한의 특례

국세기본법은 기한에 관해 다음과 같은 몇 가지 특례 규정을 두고 있다. 신고·신청·청구·기타 서류의 제출·통지·납부 또는 징수에 관한 기한이 휴일이나 근로자의 날에 해당하는 때에는 그 날의 다음날을 기한으로 한다(基本法 5조 1항). 그러나 기간의 초일 혹은 중간에 공휴일이 있더라도 그 일수만큼 연장되는 것은 아니다.[1] 공휴일은 '관공서의 공휴일에 관한 규정'에서 규정하는 공휴일을 말한다.

한편, 납세자가 납세의무에 관한 신고나 조세납부를 국세정보통신망(基本法 2조 19호)에 의하여 할 수 있는 경우, 그 신고나 납부의 기한일에 정전, 프로그램의 오류, 기타 국세청장이 정하는 사유로 국세정보통신망의 가동이 정지되어 세법상 허용된 전자신고 또는 전자납부를 할 수 없는 경우에는 그 장애가 복구되어 신고 또는 납부할 수 있게 된 날의 다음날을 기한으로 한다(동조 3항; 基本

---

1) 대법원 1982. 2. 23., 81 누 204.

슈 1조의3).

서면에 의한 의사표시의 통지는 그 도달일에 행한 것으로 봄이 민법상의 원칙이지만, 세법에 의한 과세표준신고서, 과세표준수정신고서, 경정청구서 등의 서류나 또는 이와 관련된 서류를 우편으로 제출하는 경우에는 우편법에 따른 우편날짜도장이 찍힌 날(우편날짜도장이 찍히지 아니하였거나 분명하지 아니한 때에는 통상 소요되는 우송일수를 기준으로 발송한 날에 상당하다고 인정되는 날)에, 그리고 이러한 신고를 국세정보통신망을 이용하여 제출하는 경우에는 국세정보통신망에 전송된 때에 신고되거나 청구된 것으로 본다(基本法 5조의2 1항, 2항). 민법상의 도달주의와 달리 발송주의를 택하고 있는 것이다.

3. 기한의 연장

천재·지변 기타 사유로 납세자가 기한을 지킬 수 없다고 인정되는 때 또는 납세자의 신청이 있는 때에는 세무서장은 그 기한을 연장할 수 있다(基本法 6조 1항; 基本令 2조).

Ⅱ. 서류의 송달

1. 의   의

서류의 송달은 단순한 통지를 위한 경우도 있으나, 많은 경우에 있어 국세의 부과·징수에 필요한 각종 처분의 효과를 완성시키고, 또한 기간의 진행·중단·정지 등의 기산점을 정하는 기준이 되는 등 중요한 의미를 지닌다.

2. 송달을 받을 자와 장소

서류의 송달은 그 명의인(수신인)의 주소·거소·영업소·사무소·전자송달의 경우에 있어서의 전자우편주소(이하 "주소 등"이라고 함)로 하여야 한다(基本法 8조 1항). 영업소 또는 사무소라 함은 어느 범위에 있어서의 영업의 중심이 되는 장소 또는 영업이라고는 할 수 없는 범위의 업무가 계속적으로 행하여지는 중심적 장소로서 어느 것이나 독립해서 거래를 할 수 있는 곳을 말하며 단순한 근무처는 이에 포함되지 않는다.[1] 서류송달을 받을 자가 주소 또는 영업

---

1) 대법원 1986. 7. 22., 85 누 225.

소 중에서 송달받을 장소를 정부에 신고한 때는 그 신고된 장소에 송달하여야
한다(基本法 9조). 과세관청에 알려진 피송달자의 주소 또는 영업소에 피송달자
가 거주하지 않거나 거기서 업무를 영위하지 않으면 주민등록표 등에 의하여
실제로 거주하거나 업무를 영위하는 장소로 확인되는 다른 주소나 영업소로 송
달하여야 한다(基本法 10조 5항).

　　연대납세의무자에게 서류를 송달하고자 할 때에는 그 대표자를 명의인으
로 하고, 대표자가 없는 경우에는 그 중 징수상 유리한 자를 명의인으로 한다
(基本法 8조 2항). 그러나 납세의 고지와 독촉에 관한 서류는 각자에게 송달하여
야 한다(동항 단서). 즉, 대표자 1인에 대한 송달은 이미 확정된 구체적 납세의
무의 이행을 명하는 이른바 징수처분으로서의 납부고지에 한하는 것이며, 부과
과세하는 조세의 부과결정의 통지를 납부고지서에 의하여 하는 경우 또는 신고
납세하는 조세의 무신고 또는 불성실신고에 대하여 과세표준과 세액을 결정 또
는 경정하고 그 통지를 납부고지서에 의하여 하는 경우 그 납부고지는 연대납
세의무자 각자에게 개별적으로 하여야 한다.1) 한편, 상속이 개시된 후 상속재
산관리인이 선임된 경우에는 상속세에 관한 서류는 그 상속재산관리인의 주소
나 영업소에 송달하고(基本法 8조 3항), 납세관리인이 있는 경우에는 납세의 고
지와 독촉에 관한 서류는 그 납세관리인의 주소 또는 영업소로 송달하여야 한
다(동조 4항). 그리고 송달받아야 할 사람이 교정시설이나 경찰관서의 유치장에
구금된 사실이 확인된 경우에는 해당 시설의 장에게 송달한다(동조 5항).

3. 송달의 방법

　　송달의 방법에는 교부송달, 우편송달 및 전자방식의 송달이 있다(基本法 10
조 1항). 교부에 의한 서류의 송달은 해당 행정기관의 소속공무원이 이를 송달
할 장소에서 그 송달을 받아야 할 자2)에게 서류를 교부함으로써 행한다. 다만,
송달을 받아야 할 자가 송달받기를 거부하지 아니하면 다른 장소에서 교부할
수 있다. 송달할 장소에서 송달을 받아야 할 자를 만나지 못한 때에는 그 사용

---

1) 대법원 1985. 10. 22., 85 누 81.
2) 송달을 받아야 할 자에는 납세의무자로부터 수령권한을 위임받은 자를 포함하며, 세무서에
　와서 납세고지서를 받아간 처는 수령권한을 위임받은 것으로 봄이 상당하다(대법원 1990.
　12. 21., 90 누 4334); 수령권한 없는 처남에게 교부하고 '수령'하였다는 기재와 회사 대표이
　사 직인의 날인을 받았다 하여도 무효이다(대법원 1994. 10. 25., 94 다 22774).

인 기타 종업원 또는 동거인으로서 사리를 판별할 수 있는 자에게 서류를 교부할 수 있다(基本法 10조 3항, 4항). 여기서 '사리를 판별할 수 있는 자'라고 함은 민법상 피성년후견인(민법 10조), 피한정후견인(민법 13조), 미성년자(민법 5조) 등과 같은 행위무능력자가 아닌 자만 의미하는 것이 아니라, 고령, 질병, 학식이나 경험의 부족 등으로 인하여 과세관련 서류의 의미를 파악할 수 있는 능력이 없거나 현저히 부족한 사람은 여기에 해당하지 않는다고 함이 타당할 것이다.[1] 송달을 받아야 할 자가 정당한 사유없이 수령을 거부할 때[2]에는 송달할 장소에 서류를 유치(留置)할 수 있다(동조 4항). 정당한 이유없이 수령을 거부하는 사실에 대한 입증책임은 과세관청에게 있다고 할 것이므로 과세관청은 우편당국에 의한 '수취거절 확인' 등 그 입증 방법을 확보하여야 한다.

납세의 고지·독촉·강제징수 또는 세법에 의한 정부의 명령에 관계되는 서류의 송달을 우편에 의할 때에는 원칙적으로 등기우편에 의해야 한다(基本法 10조 2항).

전자송달은 피송달자가 신청하는 경우에 한하여 행할 수 있고(동조 8항 본문), 피송달자가 전자송달의 신청을 하였더라도 정보통신망의 장애 등의 사유로 인하여 전자송달을 행하는 것이 불가능한 경우에는 우편이나 교부송달을 할 수 있다(동조 9항).

(i) 피송달자의 주소 또는 영업소가 국외에 있고 그 송달이 곤란한 경우(基本法 11조 1항 1호), (ii) 피송달자의 주소 또는 영업소가 분명하지 아니한 경우(동항 2호) 또는 (iii) 피송달자나 그 보조인(사용인, 종업원 또는 동거인)이 송달할 장소에 없음으로 인하여 우편송달이나 교부송달이 어려운 경우(동항 3호)에는 송달할 서류의 요지를 공고하는 방법으로 직접 송달에 갈음할 수 있다(동항 본문). 이를 '공시송달'이라고 한다. 위 둘째의 경우에서 "주소 또는 영업소가 분명하지 아니한 경우"라 함은 주민등록표나 법인등기부 등에 의하여도 이를 확인할 수 없는 경우를 말하고(基本令 7조),[3] 위 셋째의 경우는 구체적으로 (i) 서

---

1) 후견인이 선임되어 있더라도 만 15세이면 별다른 사정이 없는 한 송달받을 자로서의 사리를 분별할 수 있다고 한 판례로, 대법원 1990. 10. 23., 90 누 3393.

2) 주소 또는 영업소에서 서류의 수령을 거부한 때라 함은 송달을 받아야 할 자의 주소 또는 영업소에서 서류를 송달하여 하였으나 그 수령을 거부한 때를 가리킨다고 할 것이어서 그 이외의 장소에서 서류를 송달하려 하였으나 수령을 거부한 경우는 포함되지 아니한다(대법원 1996. 6. 28., 96 누 3562).

3) 대법원 1992. 2. 25., 91 누 12813.

류를 등기우편으로 송달하였으나 수취인이 부재중인 것으로 확인되어 반송됨으로써 납부기한 내 송달이 곤란하다고 인정되는 경우와 (ii) 세무공무원이 3일 이상의 간격으로 2회 이상 납세자를 방문하여 서류를 교부하고자 하였으나 수취인이 부재중인 것으로 확인되어 납부기한까지 송달이 곤란하다고 인정되는 경우를 의미한다(基本令 7조의2). 그러나 위에서 보았듯이 송달받을 자가 주소 또는 영업소 등을 이전한 때에는 주민등록표 등에 의해 이를 확인하고 이전한 장소에 송달해야 하며(基本法 10조 5항), 이를 확인하지 않고 당초의 주소로만 발송하였다가 반송되었다 하여 납부고지서 등을 공시송달함은 적법한 송달로서의 효력을 발생할 수 없다.1) 그리고 납세자의 '송달할 장소'가 여러 곳인 경우에는 모든 장소에 우편송달이나 교부송달을 시도하였으나 송달이 어려운 경우에 한해 공시송달을 할 수 있다.2) 한편, 납세의무자의 주소나 영업소 등에 교부 또는 우편 송달하려고 하였을 때 '수취인이 부재'하였다고 하려면, 납세의무자가 기존의 송달할 장소로부터 장기간 이탈하여 과세권의 행사에 장애가 있는 경우이어야 하고, 일시적 부재의 경우는 이에 해당하지 않는다.3)

공고의 방법은 국세정보통신망, 세무서의 게시판이나 기타 적절한 장소, 해당 서류의 송달장소를 관할하는 기초자치단체(특별자치시·특별자치도·시·군·구)의 홈페이지, 게시판 기타 적절한 장소에 게시하는 것과 관보 또는 일간신문에 게재하는 것에 한하고, 국세정보통신망에의 게시는 다른 공시송달방법과 병행하여야만 유효한 공시송달의 방법이 될 수 있다(基本法 11조 2항).

4. 송달의 효력발생 시점

서류의 송달의 효력은 명의인에게 도달한 때에 발생한다(到達主義). 다만, 전자송달의 경우에는 송달 받을 자가 지정한 전자우편주소에 입력된 때(국세정보통신망에 저장하는 경우에는 저장된 때)에 송달된 것으로 간주한다(基本法 12조 1항). 이 경우 도달이라 함은 송달받은 사람의 지배권 안에 들어가 사회통념상

---

1) 대법원 1982. 3. 23., 81 누 280; 같은 취지의 판례로 1990. 4. 13., 89 누 1414(본점소재지 아닌, 변경 전 주소지에 송달하고 송달불능이 되자 곧바로 공시송달).
  주소 또는 영업소가 분명하지 아니한 때라 함은 주민등록표, 법인등기부 등에 의하여도 이를 확인할 수 없는 경우를 뜻한다.
2) 대법원 2015. 10. 29., 2015 두 43599.
3) 대법원 2014. 11. 27., 2014 두 9745.

일반적으로 알 수 있는 상태에 있으면 되고 송달받은 자의 인지 완료를 위한
내부적인 문서처리과정은 요하지 아니한다.[1] 송달은 명의인 본인에게 도달함
을 요하므로 예컨대 본인이 입주한 빌딩의 관리인이 주말에 수령하였다가 월요
일 본인에게 전달하였다면 월요일에 송달의 효력이 발생하며,[2] 독립된 생계를
유지하는 본인이 주소를 이전하였다면 종전의 주소에 있는 다른 가족(예를 들
면, 형)에게 송달했다 하더라도 송달의 효력은 생기지 않는다.[3]

교부송달의 경우에는 교부 시점에 송달이 된 것으로 되고, 공시송달의 경
우에는 송달 대상 서류의 요지의 공고 후 14일이 경과한 때에 송달된 것으로
본다(基本法 11조 1항).

---

1) 대법원 1986. 9. 23., 85 누 757.
2) 대법원 1980. 10. 14., 80 누 297.
3) 서울고법 1980. 3. 25., 79 구 2160.

제9장 납세자의 권리보호 및 세무조사

I. 납세자의 권리보호

1. 납세자권리헌장

조세부담이 절대적·상대적으로 증가함에 따라 납세자와 과세권자 사이의 긴장관계도 비례적으로 더하여지는 것은 어쩌면 당연한 현상이라 할 수 있다. 그러나 이러한 긴장관계에서 우월적 지위에 있는 과세권자가 납세자의 재산권을 존중하지 아니하거나 납세자에게 필요 이상의 불편을 끼치는 것은 민주사회의 정상적인 모습이 아니다. 과세권의 남용에 대한 항쟁을 통하여 민주주의 이념을 확립한 역사적 경험을 가진 선진 서구국가들은 이 점에 유의하여, 구체적 내용에 있어 서로 차이가 있으나, 납세자의 권리를 보장하기 위한 선언적 규정과 법적 장치를 두고 있다. 미국의 납세자권리헌장(Omnibus Taxpayer Bill of Rights Act of 1988 as amended in 1996), 영국의 납세자헌장(Taxpayer's Charter), 프랑스의 '세무조사에 관한 헌장'(Charte du Contribuable Verifie), 독일의 조세기본법(Abgabenordnung＝AO)상의 세무조사 및 기타 납세자 보호를 위한 각 조항, 그 밖에 캐나다, 오스트레일리아, 뉴질랜드 등의 납세자권리헌장이 그 예이다. 우리도 이들과 발맞추어 납세자권리헌장에 상응하는 규정을 국세기본법(基本法 7장의2) 및 지방세법(지방세기본법 7장)에 신설하였다.

국세청장은 납세자권리헌장을 제정·고시하고, (i) 조세범칙사건에 대한 조사를 포함한 세무조사시, (ii) 사업자 등록증의 교부시, (iii) 기타 대통령령이 정하는 때에는 그 헌장을 수록한 문서를 납세자에게 교부하여야 한다(基本法 81조의2). 그리고 국세청에 납세자 권리보호업무를 총괄하는 납세자보호관을 두고, 세무서 및 지방국세청에도 납세자 권리보호업무를 수행하는 담당관을 두어야 한다(基本法 81조의16 2항). 또한 세무조사의 기간 연장, 범위 확대 등 납세자의 권리에 영향을 미치는 일정한 사항을 심의하기 위하여 세무서 지방국세청 및 국세청에 납세자보호위원회를 운영하도록 하고 있다(基本法 81조의18). 세무서장이나 지방국세청장은 직권으로 또는 일정한 경우에는 납세자의 요청에 따라 납세자보호위원회에 안건을 회부하여 심의하게 하고, 그 결과를 반영하여 결정하며, 세무서장이나 지방국세청장의 그러한 결정에 대하여 납세자는 국세청장에게 취소나 변경을 요청할 수 있고, 이 경우 국세청장은 납세자보호위원회의 심의를 거쳐 결정한다(基本法 81조의19).

2. 전문가의 도움을 받을 권리

납세자는 세무조사(조세범처벌절차법에 따른 조세범칙조사를 포함)를 받는 경우에 변호사·공인회계사·세무사를 조사에 참여하게 하거나 의견을 진술하게 할 수 있다(基本法 81조의5).

3. 성실성의 추정

(i) 납세자가 무신고 등 납세협력의무를 불이행한 경우, (ii) 무자료거래, 위장·가공 거래 등과 같이 납세자가 행하였다고 표명하는 거래의 내용이 실제 사실과 다른 혐의가 있는 경우, (iii) 납세자에 대한 구체적인 탈세제보가 있는 경우 또는 (iv) 신고내용에 탈루나 오류의 혐의를 인정할 만한 명백한 자료가 있는 경우 등을 제외하고는, 납세자는 성실성의 추정을 받으며 그가 제출한 신고서 등의 내용이 진실한 것으로 추정된다(基本法 81조의3).

4. 납세자의 비밀보호

납세자가 제출한 자료나 세무공무원이 직무상 취득한 자료 등 과세정보는 과세목적 내에서만 사용되어야 하며 타인에게 제공 또는 누설되어서는 아니 된다. 다만, (i) 국가행정기관, 지방자치단체 등이 조세, 과징금의 부과·징수 등을 위하여 사용할 목적으로 요구하는 경우, (ii) 국가기관이 조세쟁송 또는 조세범의 소추를 위하여 요구하는 경우, (iii) 법원의 제출명령 또는 영장에 의하는 경우, (iv) 세무공무원 상호간에 부과·징수 또는 질문·검사를 위해 필요로 하는 경우, (v) 통계청장이 국가통계작성 목적으로 과세정보를 요구하는 경우, (vi) 국회의 국정감사 조사위원회가 국정조사의 목적을 달성하기 위하여 의결로 비공개회의에 과세정보의 제공을 요청하는 경우, (vii) 기타 다른 법률이 정하는 바에 따라 과세정보를 요구하는 경우 등에는 예외이다(基本法 81조의13 1항). 위와 같은 예외적 사유에 의하여 과세정보를 지득한 자는 이를 타인에게 제공·누설하거나 목적 외의 용도로 사용해서는 아니 되고(동조 4항), 세무공무원 이외의 자라 하더라도 위와 같은 공식적인 경로를 통해 과세정보를 알게 된 경우에는 그를 형법 또는 기타 법률에 의한 벌칙적용에 있어서 공무원으로 본다(동조 5항).

5. 과세정보의 제공

한편, 납세자가 자기의 권리의 내용이나 그 행사에 필요한 정보를 요구하면 세무공무원은 이를 신속하게 제공하여야 한다(基本法 81조의14). 여기서 납세자의 정보제공요구와 공무원 등의 비밀유지의무가 충돌하는 경우 어느 것이 우선하는가 하는 문제가 생긴다. 전자는 헌법상 국민의 알 권리의 보장문제이고, 후자는 사생활의 비밀과 자유의 보장문제이다. 양자는 보완관계에 있으면서도 상충관계에 있기도 하다. 판례는 세무조사결과를 정보공개제도에 의하여 공개할 수 있는가 하는 문제에 관하여, 정보공개제도를 통해 '국민의 알 권리의 충족'이라는 공공의 이익을 달성할 요청이 조세비밀이라는 사생활을 보호하여야 할 이익보다 '명백하고 우월한 공익'이 된다고 보기 어렵다고 한다. 다시 말해, 과세관청이 세무조사결과를 공개함으로써 국민의 알 권리를 충족시키는 이익보다 납세자 개인의 사생활의 비밀 내지 인격권을 침해하는 폐해가 더 크므로 이는 허용되지 않는다는 것이다.

　[판 례]
　사생활의 비밀과 자유의 불가침은 사생활의 내용을 공개당하지 아니할 권리, 자신에 관한 정보를 스스로 관리·통제할 수 있는 권리 등을 내용으로 하는 인격권으로서 오늘날 정보화 사회가 급속히 진행되면서 그 보호가 절실한 권리이고, 국민의 알 권리 또한 국민의 기본권에 속하나 공공기관의 정보에 대한 공개청구권을 의미하는 한 청구권적·간접적 성격을 가진다고 보여지는 점에서, 위 두 개의 기본권이 경합하여 충돌하는 경우에 구체적 상황을 고려하여 그 보호법익을 형량하되 충돌하는 기본권 모두의 본질적 내용을 훼손하지 아니하는 범위 내에서 그 효력을 최적정화할 수 있도록 기본권들을 조화시키는 방법으로 제한 가능성이 보다 작은 기본권을 우선시킴이 원칙이라고 할 것인데, 일반적으로 기본권의 보호법익은 생명권, 인격권이 가장 우선한다고 보여지는 점에서 알 권리보다는 개인의 사생활의 비밀과 자유가 더욱 보호해야 할 우선적인 가치라고 할 것이므로 그 범위 내에서는 국민의 알 권리도 제한을 받지 아니할 수 없다고 할 것인바, 앞서 본 바와 같이 피고의 세무조사결과는 인격, 신분, 재산, 경력 등 개인에 관한 사항으로서 공개할 경우 개인의 사생활을 침해할 우려가 있는 정보, 법인이나 사업자 등의 영업 또는 과학기술이나 금융에 관한 정보로 공개함으로써 사업운영상 지장을 초래하는 정보, 비공개를 전제로 제3자로부터 취득한 정보, 기타 공개할 경우 특정인에게 이익·불이익을 주는 정보 또는 행정의 공정 원활한 집행이나 공공의 이익을 현저히 해한다고 판단되는 정보 등을 그 내용으로 하고 있어 원고의 알 권리보다 우선하는 개인 또는 법인의 사생활이 포함되어 있다고 보아야 할 것이고 나아가 원고가 주장하는 바와 같은 국민의 알 권리를 충족시킴으로 인한 공공의 이익만으로는 사생활의 비밀로서의 조세비밀을 침해할 '명백하고 우월한 공익'이 존재한다고 보기 어려우므로 결국 피고의 세무조사결과가 공개되는 것은 국민의 알 권리 충족이라는 이익보다 사생활의 비밀침해라는 인격권을 침해하는 결과를 초래하는 점에서 불가능하다고 보지 아니할 수 없으니 피고가 위 지침에 의거하여 세무조사결과의 공개가 납세자 본인은 물론 기업경영의 기밀이 유출되어 납세자의 경영활동에 미치는 영향이 크고 조사과정에서 당국을 믿고 조사에 협조한 납세자와의 신뢰관계가 무너지게 되어 원활한 세정운영에 저해를 받을 염려가 있다는 이유로 한 이 사건 처분은 적법하다(서울고법 1995. 8. 24., 94 구 39262).

Ⅱ. 세무조사

1. 세무조사의 의의

세무조사는 국세의 과세표준과 세액을 결정 또는 경정하기 위하여 질문을 하거나 해당 장부·서류 또는 그 밖의 물건을 검사·조사하거나 그 제출을 명하는 활동으로서(基本法 2조 21호), 행정법상의 행정조사의 일종이다.1) 세법상 납세자는 원칙적으로 자기책임 아래 적정한 세무신고를 할 것이 요구되고 시기에 맞추어 세액을 자진납부하는 것이 조세의 부과·징수의 기본구조로 되어 있다. 따라서 조세행정의 이상적 상태에서는 세무조사란 필요 없는 것이고, 세무관서의 활동은 주로 수납행위에 그친다. 그러나 현실적으로는 고의 또는 과실로 인

---

1) 행정조사 일반에 관하여는 金東熙,「行政法 Ⅰ」, 311면 이하 참조.

하여 신고가 적정하지 않는 것으로 인정되는 사례가 허다하며, 때로는 신고의
무 자체를 이행하지 않는 경우가 있다. 설사 납세자의 성실성에 의심의 여지가
없다 할지라도 방대하고 복잡한 세법의 해석이 저마다 상이하여 동일한 내용의
사례에 있어 신고내용이 다르고 납부세액이 다를 수 있는바, 이는 형평의 견지
에서도 당연히 시정되어야 할 것이다. 나아가서 적정한 신고를 필하였다 하여
도 납부를 지체하거나 회피할 경우에는 과세관청은 징수확보를 위해 납세자의
자력(資力)을 조사하게 된다. 그리고 포탈범 등 범칙자의 처벌도 조사를 요하는
절차이다.

이리하여 현행법상 세무조사란 그 목적에 따라 (i) 신고의 당부 및 경정·
부과결정 등 과세처분의 당부를 판단하기 위한 조사, 즉 실체세법상의 조사(이
하 "실체세법상의 조사"라고 함), (ii) 강제징수절차상 체납자의 재산 파악을 위한
조사(이하 "강제징수 조사"라고 함), (iii) 심판청구의 심리를 위한 조사(基本法 76
조)(이하 "심판청구 조사"라고 함), 그리고 (iv) 조세범칙사건에 있어 통고처분 또
는 고발을 목적으로 한 증거수집상 행하는 조사(통칭 세무사찰, 이하 "조세범칙사
건 조사"라고 함)의 4가지로 나누는 것이 보통이다.

이 중에서 실체세법상의 조사는 조세채무확정의 기초과정이라는 성격을
띠고 널리 행하여지므로 일반납세자와 가장 밀접한 관계가 있는 것이다. 실체
세법상의 조사의 법적 성질에는 2가지 면이 있다. 하나는 과세표준 또는 세액
이 경제적 활동 또는 경제적 상태의 진정한 내용에 부합되게 계산되었는지를
파악하는 사실확인의 측면이고, 다른 하나는 세법이 적확하게 적용되었는지를
파악하는 법률판단의 측면이다.

세무조사에는 대내적 조사(서면조사)와 대외적 조사(실지조사)가 있다. 세무
관서가 가지고 있는 각종 정보와 자료의 내부적 분석·검토만으로도 상당한 세
원포착의 성과를 기할 수는 있다. 이를 대내적 조사라고 한다. 그리고 대외적
조사라 함은 납세자나 기타 거래 관련자를 상대로 질문하거나, 이들이 관리하
고 있는 서류를 검토하거나, 기타 컴퓨터 저장 내용을 검토하는 등의 활동을
말한다. 대외적 조사의 주된 부분은 납세자에 대한 '질문'과 '검사'이긴 하나, 대
외적 조사가 곧 납세자에 대한 질문과 검사만 의미하는 것은 아니다. 탐문조사,
입회조사, 공부의 열람 등의 조사는 질문검사권의 행사 없이 가능한 것이다. 세
무공무원이 질문조사권의 행사를 위해 납세자를 직접 접촉할 필요성이 크면 클

수록 이는 세무행정에 병적 요인이 있음을 반영하는 것이다.

판례는 중복 세무조사 금지 규정(基本法 81조의4 2항)의 적용과 관련하여 "세무조사는…국세의 과세표준과 세액을 결정 또는 경정하기 위하여 질문을 하고 장부·서류 그 밖의 물건을 검사·조사하거나 그 제출을 명하는 일체의 행위"를 의미한다고 함으로써 대외적 조사만이 중복 세무조사 금지의 대상이 되는 세무조사에 해당한다고 보고 있고, 이에 해당하는지 여부는 "조사의 목적과 실시경위, 질문조사의 대상과 방법 및 내용, 조사를 통하여 획득한 자료, 조사행위의 규모와 기간 등을 종합적으로 고려하여 구체적 사안에서 개별적으로 판단할 수밖에 없다"고 하고 있다.[1]

위와 같이 세무조사의 목적은 납세의무의 적정한 이행을 확보하려는 데 있으므로, 다른 목적을 위해 세무조사권을 남용해서는 안 된다(基本法 81조의4 1항). 판례는 세무조사권의 남용을 금지한 국세기본법 제81조의4 제1항의 구체적 법규로서의 효력을 인정하여 세무공무원이 과세자료의 수집 또는 신고내용의 정확성 검증이라는 본연의 목적을 벗어나 부정한 목적을 위하여 세무조사를 행한 경우 그 부정한 목적은 세무조사의 중대한 위법사유를 구성하고, 이러한 위법한 세무조사를 통하여 수집된 과세자료를 기초로 행하여진 과세처분 역시 조세실체법적 측면에서의 타당성 여부를 불문하고 위법하다고 본다.[2] 조세의 부과는 조세실체법적으로 적법하여야 할 뿐만 아니라, 절차적으로도 정당하여야 한다는 점에서 당연하다고 할 것이다.

2. 세무조사의 대상자 선정

(1) 정기 선정

(i) 국세청장이 납세자의 신고내용에 대하여 과세자료, 외부감사 의견, 외부감사 실시내용 등의 회계성실도 자료 등을 고려하여 정기적으로 성실도를 분석한 결과 불성실 혐의가 있는 경우, (ii) 최근 4개 과세기간 이상 동일세목의 세무조사를 받지 아니한 납세자에 대하여 업종, 규모 등을 고려하여 신고내용이 적정한지를 검증할 필요가 있는 경우, (iii) 무작위추출방식에 의해 표본조사의 대상으로 선정된 경우 등에는 과세관청은 납세신고의 적정성을 검증하기 위

---

1) 대법원 2017. 3. 16., 2014 두 8360; 同 2017. 4. 13., 2016 두 64043.
2) 대법원 2016. 12. 15., 2016 두 47659.

하여 세무조사를 실시할 수 있는바, 이를 '정기선정'이라고 한다(基本法 81조의6 2항). 다만, 이러한 정기선정에 의하여 세무조사 대상자로 선정된 자가 수입금액이 일정한 금액 이하이고, 장부의 기록 등이 일정한 요건을 충족하는 사업자인 경우에는, 객관적인 증명자료에 의하여 과소신고한 것이 명백한 경우를 제외하고는 세무조사를 실시하지 아니할 수 있다(동조 5항).

(2) 수시 선정

납세자에게 그 성실성 추정의 예외사유가 있는 경우, 즉 (i) 납세자가 무신고 등 납세협력의무를 불이행한 경우, (ii) 무자료거래, 위장·가공 거래 등과 같이 자신이 행한 것으로 표명하는 거래 내용이 사실과 다른 혐의가 있는 경우, (iii) 납세자에 대한 구체적인 탈세제보가 있는 경우, 또는 (iv) 신고내용에 탈루나 오류의 혐의를 인정할 만한 명백한 자료가 있는 경우, (v) 납세자가 세무공무원에게 직무와 관련하여 금품을 제공하거나 금품제공을 알선한 경우 등에는 정기선정에 의한 세무조사 외에 수시로 세무조사를 실시할 수 있다(基本法 81조의6 3항).

(3) 부과결정을 위한 조사

과세관청의 조사결정에 의하여 과세표준과 세액이 확정되는 세목(부과주의 국세)의 과세표준과 세액을 결정하기 위한 세무조사는 선정 요건에 관계없이 언제든지 할 수 있다(동조 4항).

(4) 세무조사 대상자 선정절차 위반의 효과

세무조사 대상자로 선정할 사유가 없음에도 세무조사 대상자로 선정하여 과세자료를 수집하고 그에 기하여 과세처분을 하는 경우 그 처분은 적법절차의 원칙을 어겨 위법한 것이 된다.[1] 세무조사 대상자로의 선정 사유가 결여된 세무조사 결정이 '행정처분'으로서 항고소송의 대상이 되느냐의 문제가 있는데, 대법원은 긍정설을 취하고 있다.[2] 납세자 권리구제의 신속성의 필요 면에서 타당하다고 할 것이다.

3. 세무조사의 범위

세무조사는 원칙적으로 납세자의 사업과 관련하여 세법에 따라 신고·납부

---

1) 대법원 2014. 6. 26., 2012 두 911.
2) 대법원 2011. 3. 10., 2009 두 23617.

할 의무가 있는 세목을 통합하여 실시하는 것을 원칙으로 하되, 특정의 세목만을
조사할 필요가 있는 경우에는 특정 세목에 대한 조사만을 실시할 수 있고, 나아
가 납세의무자의 감액경정청구에 대한 처리나 국세환급금의 결정을 위하여 확인
이 필요한 경우 등과 같이 특정의 목적을 위하여 부분적인 조사가 필요한 경우
에는 해당 부분에 대한 세무조사를 실시할 수 있다(基本法 81조의11 1항, 2항, 3항).
한편, 일단 세무조사가 개시된 후에는 구체적인 세금탈루 혐의가 여러 과세기간
또는 다른 세목까지 관련되는 것으로 확인되는 경우 등 대통령령으로 정하는 경
우를 제외하고는 세무조사의 범위를 확대할 수 없다(基本法 81조의9 1항).

4. 재조사의 제한

세무조사는 적정하고 공평한 과세의 실현을 위해 필요한 최소한의 범위 내
에서 행하여야 한다(基本法 81조의4 1항). 이러한 이유로 실질적으로 동일한 과세
물건에 관한 중복조사 내지 재조사가 제한된다. 즉, (i) 조세탈루의 혐의를 인정
할 만한 명백한 자료가 있는 경우, (ii) 거래상대방에 대한 조사가 필요한 경우,
(iii) 2개 이상의 과세기간과 관련하여 잘못이 있는 경우, (iv) 심사청구·이의신
청·심판청구의 재조사결정에 따라 재조사를 하기 위한 경우, (v) 납세자가 세무
공무원에게 직무와 관련하여 금품을 제공하거나 금품제공을 알선한 경우, (vi)
부분조사(基本法 81조의11 3항)를 실시한 후 그 부분조사에 포함되지 아니한 부
분에 대하여 조사하는 경우, (vii) 부동산투기, 매점매석, 무자료거래 등 경제질
서교란 행위를 하여 탈세한 혐의가 있는 자에 대하여 일제조사를 하는 경우,
(viii) 과세관청 외의 기관이 직무상 목적을 위해 작성하거나 취득해 과세관청에
제공한 자료의 처리를 위해 조사하는 경우, (ix) 국세환급금의 결정을 위한 확인
조사의 경우, (ix) 조세범처벌절차법에 따른 조세범칙행위의 혐의를 인정할 만
한 명백한 자료가 있는 경우 등에 해당하지 아니하면, 세무공무원은 같은 세목
의 같은 과세기간에 대한 재조사를 할 수 없다(基本法 81조의4 2항; 基本令 63조의
2). 판례는 납세자의 사업장 소재지를 관할하는 세무서장이 실시한 부가가치세
경정조사와 주소지 관할 세무서장이 개인제세 전반에 관해 실시한 특별세무조
사는 조사목적과 조사의 대상이 달라 같은 세목 및 같은 과세기간에 대한 중복
조사에 해당하지 않는다고 한다.[1] 그러나 어떤 세목의 특정 과세기간에 관련된

---

1) 대법원 2006. 5. 25., 2004 두 11718.

특정의 과세사유에 대해서만 세무조사를 했더라도, 그 세무조사가 다른 세목이
나 다른 과세기간에 대한 세무조사에서 파생되어 부분적으로만 이루어진 경우
등과 같이 당시 모든 과세사유를 포괄하여 검토하는 것을 기대하기 어려웠다는
특별한 사정이 있는 경우 외에는 다시 같은 세목의 같은 과세기간에 대하여 세
무조사를 하는 것은 금지된다.[1] 그리고 위의 (i)에서 '조세탈루의 혐의를 인정할
만한 명백한 자료가 있는 경우'라 함은 조세탈루의 개연성이 객관성과 합리성
있는 자료에 의하여 상당한 정도로 인정되는 경우로만 한정되고, 납세자에 대한
종전의 세무조사에서 이미 획득한 자료는 그러한 객관성과 합리성 있는 자료에
해당하지 아니한다고 본다.[2] 그리고 위의 (iii)에서 '2개 이상의 과세기간과 관
련하여 잘못이 있는 경우'라고 함은 하나의 원인으로 인하여 2개 이상의 과세기
간에 걸쳐 과세표준 및 세액 산정의 오류 또는 누락이 발생한 경우를 의미하고,
따라서 같은 종류의 오류가 단순히 여러 과세기간에 걸쳐 반복된 경우는 이에
해당하지 않지만, 회사의 특정의 이사회에서 창업주에게 일정 기준에 따른 성과
상여금을 지급하기로 하고, 그 후 개별 사업연도 별로 개최된 주주총회와 이사
회에서 해당 기준에 따라 성과상여금을 지급하기로 결의하여 성과상여금이 지
급된 경우와 같이 어떤 행위가 그 자체로 완결적이지 않고 다른 후속행위와 결
합하여 여러 사업연도의 과세표준과 세액 산정의 오류를 초래한 경우도 이에
해당한다.[3] 또한 위의 (viii)에서 '각종 과세자료'라고 함은 과세관청 외의 기관
이 직무상 목적을 위하여 작성하거나 취득하여 과세관청에 제공한 자료로서 국
세의 부과·징수와 납세의 관리에 필요한 자료를 의미하고, 이에는 과세관청이
종전 세무조사에서 작성하거나 취득한 과세자료는 포함되지 아니한다.[4] 재조사
금지 의무를 위반하여 실시한 세무조사의 결과 행하여진 과세처분은 중대한 절
차적 하자가 있는 위법한 것으로서 취소를 면치 못한다.[5] 과세처분이 재조사에
서 나온 과세자료를 근거로 행하여지지 않았다거나 이를 배제하고도 동일한 과
세처분을 할 수 있었다고 보이는 경우에도 마찬가지다.[6]

---

1) 대법원 2015. 2. 26., 2014 두 1206; 同 2015. 9. 10., 2013 두 6206.
2) 대법원 2011. 1. 27., 2010 두 6083.
3) 대법원 2020. 4. 9., 2017 두 50492; 同 2017. 4. 27., 2014 두 6562.
4) 대법원 2018. 6. 19., 2016 두 1240; 同 2015. 5. 28., 2014 두 43257.
5) 대법원 2006. 6. 2., 2004 두 12070.
6) 대법원 2017. 12. 13., 2016 두 55421.

5. 세무조사 기간

(1) 일반원칙

세무공무원은 조사대상 세목·업종·규모, 조사 난이도 등을 고려하여 세무조사 기간이 최소한이 되도록 하여야 하되(基本法 81조의8 1항 본문), 조사대상 과세기간 중 연간 수입금액 또는 양도가액이 가장 큰 과세기간의 연간 수입금액 또는 양도가액이 100억 원 미만인 납세자에 대한 세무조사 기간은 20일 이내로 제한된다(基本法 81조의8 2항). 다만, 세금계산서에 대한 추적조사가 필요한 경우 등 대통령령으로 정하는 경우에는 조사기간의 제한을 받지 않는다(基本法 81조의8 3항 단서).

(2) 세무조사 기간의 연장

한편, (i) 납세자가 장부·서류 등의 은닉, 제출지연, 제출거부 등 조사를 명백히 기피하는 경우, (ii) 거래처 조사, 거래처 현지확인 또는 금융거래 현지확인이 필요한 경우, (iii) 세금탈루 혐의가 포착되거나 조사과정에서 조사유형이 조세범처벌절차법에 따른 조세범칙조사를 개시하는 경우, (iv) 천재지변이나 노동쟁의로 조사가 중단되는 경우, (v) 납세자보호관 또는 담당관(납세자보호관 등)이 세금탈루혐의와 관련하여 추가적인 사실 확인이 필요하다고 인정하는 경우, (vi) 세무조사 대상자가 세금탈루혐의에 대한 해명 등을 위하여 세무조사 기간의 연장을 신청한 경우로서 납세자보호관 등이 이를 인정하는 경우 세무공무원은, 최초 연장의 경우에는 관할 세무서장의 승인을 받아, 2회 이후의 연장의 경우에는 관할 상급 세무관서의 장의 승인을 받아 각각 20일 이내에서 세무조사 기간을 연장할 수 있다(基本法 81조의8 1항 단서, 3항). 역시 세금계산서에 대한 추적조사가 필요한 경우 등 대통령령으로 정하는 경우에는 세무조사 연장 기간의 제한을 받지 아니한다(基本法 81조의8 3항 단서). 세무조사 연장 절차에 하자가 있더라도 이로 인하여 그 조사에 따른 과세처분이 위법한 것으로 되지는 않는다고 봄이 조세정의 실현의 중대성에 비추어 타당하다고 할 것이다.[1]

(3) 세무조사의 중지, 재개 및 조기종결

세무공무원은 납세자가 자료의 제출을 지연하는 등 대통령령으로 정하는 사유로 세무조사를 진행하기 어려운 경우에는 세무조사를 중지할 수 있고, 그

---

[1] 조세심판원 2009. 4. 15., 조심 2008 부 3651.

중지기간은 세무조사 기간 및 세무조사 연장기간에 산입되지 않는다(基本法 81
조의8 4항). 중지기간 중에 세무공무원이 납세자에 대하여 질문조사권을 행사하
게 되면 사실상 중지가 아니므로, 중지기간 중에 세무공무원은 질문조사권을
행사할 수 없다(동조 5항). 그 중지사유가 소멸하게 되면 세무공무원은 즉시 조
사를 재개하여야 하고, 그 중지사유의 소멸전이라도 조세채권의 확보 등 긴급
히 조사를 재개하여야 할 필요가 있는 경우에는 세무조사를 재개할 수 있다(동
조 6항).

한편, 세무공무원은 세무조사 기간을 가능한 한 단축하기 위하여 노력하여
야 하며, 장부기록 및 회계처리의 투명성 등 납세성실도를 검토하여 더 이상
조사할 사항이 없다고 판단될 때에는 조사기간 종료 전이라도 조사를 종결할
수 있다(동조 8항).

6. 세무조사 목적의 장부·서류의 제출요구 및 보관의 제한

세무공무원은 납세자에게 성실성 추정의 예외 사유가 있는 경우(基本法 81
조의6 3항)에는 조사목적에 필요한 최소한의 범위에서 납세자, 소지자 또는 보
관자 등 정당한 권한이 있는 자가 임의로 제출한 장부등을 납세자의 동의를 얻
어 세무관서에 일시 보관할 수 있으나 그 외의 경우에는 세무조사(조세범처벌절
차법 따른 조세범칙조사를 포함)의 목적으로 장부 등을 세무관서에 임의로 보관할
수 없다(基本法 81조의10 1항, 2항). 세무공무원이 일시 보관의 요건에 맞추어 장
부 등을 일시 보관하려고 하는 경우에는 납세자로부터 일시보관 동의서를 받아
야 하며, 일시보관증을 교부하여야 한다(동조 3항).

세무공무원은 납세자가 일시보관하고 있는 장부 등의 반환을 요청하는 경
우에는 세무조사에 지장이 없다고 판단될 때에는 즉시, 세무조사에 더 필요하
다고 판단될 때는 그 요청을 받은 날로부터 14일 이내에 반환하여야 한다(동조
4항, 5항). 다만, 조사목적을 달성하기 위하여 필요한 경우에는 1회에 한하여
납세자보호위원회의 심의를 거쳐 14일 이내의 범위에서 보관 기간을 연장할
수 있고(동조 4항 단서), 장부 등의 사본을 보관할 수 있으며, 그 사본이 원본과
다름없다는 사실을 확인하는 납세자의 서명 또는 날인을 요구할 수 있다(동조
6항).

7. 일반 세무조사 절차로서의 질문검사권의 행사

세무조사에는 위에서 본 바와 같이 실체세법상 조사, 강제징수 조사, 심판청구 조사 및 조세범칙사건 조사 등 4가지가 있다. 이 가운데 조세범칙사건 조사는 조세범처벌을 위한 수사의 일환으로 행하여지는 것이므로 이에 대해서는 국세기본법이나 개별 실체세법상의 조사절차 규정 외에 조세범처벌절차법에 의한 조사절차 규정이 적용된다. 반대로 나머지 3개의 세무조사 절차(이하 합하여 "일반 세무조사 절차"라고 함)에 대해서는 조세범처벌절차법상의 조사절차 규정은 적용될 수 없고 국세기본법이나 개별 실체세법상의 조사절차 규정만 적용된다. 일반 세무조사 절차의 가장 핵심적인 부분은 위에서도 언급한 바와 같이 납세자 및 그와 관계되는 자에 대한 질문검사권의 행사이다.

(1) 개별 실체세법상의 질문검사권 관련 규정

세무조사 담당공무원은 납세의무자 또는 관계인에게 필요에 따라 질문을 할 수 있고 또한 관계서류·장부 기타 물건을 검사할 수 있다. 개별 세종목에 따라 질문의 대상자 그리고 검사의 대상물에 조금씩 차이가 있다.

소득세법 제170조, 법인세법 제122조, 국제조세조정에 관한 법률 제31조의2, 상속세 및 증여세법 제84조, 자산재평가법 제31조 등이 곧 직접국세와 관련된 질문검사권 규정들이다.

간접국세에 관련된 것으로는 부가가치세법 제35조와 동법 시행령 제86조, 개별소비세법 제26조, 주세법 제52조, 인지세법 제11조, 증권거래세법 제17조가 있으며, 관세법 제263조, 제265조 및 제266조 제1항이 세관공무원의 질문검사권에 관해 규정하고 있다.

지방세기본법에서도 제136조에서 같은 취지의 규정을 두고 있다.

(2) 질문조사 수인(受忍)의 임의성

일반 세무조사 절차의 일환으로 행하여지는 질문검사는 실력으로 강제할 수 없는 것이다. 이리하여 통상 임의조사라고 불린다. 그러나 납세자에게 세무공무원의 적법한 질문·조사와 제출명령에 대하여 성실하게 협력할 의무를 부여해 놓고 있고(基本法 81조의17), 정당한 사유 없는 질문검사의 거부는 국세기본법 제88조(관세에 관하여는 관세법 276조 4항 1호, 4호, 7호 및 8호)에 따라 과태료 부과처분을 받을 수 있으므로 단순히 임의조사라고 하는 것은 적합하지 않고 간접 강제조사라고 부르는 것이 보다 정확하다.

질문검사 거부의 처벌은 헌법상의 묵비권에 관한 규정에 위배되는 것으로
는 보지 않는다. 헌법 제12조 제2항의 규정은 '형사상 자기에게 불리한 진술'을
강요할 수 없도록 한 것으로서, 행정적 목적을 위한 질문검사의 금지를 규정하
고 있는 것은 아니기 때문이다.

불응하는 경우에 처벌함을 전제로 한 질문검사권의 행사가 아니라, 상대방
에게 응하지 않아도 된다고 고지하고 그 동의를 얻어 행하는 질문검사도 있을
수 있는바, 이를 간접강제에 의한 임의조사와 구별하여 '순수한 임의조사'라고
편의상 부른다. 이는 형사절차상의 이른바 임의동행에 비유할 수 있다. 그러나
순수한 임의조사라 하더라도 그것이 피조사자의 권리관계에 어떤 식으로든 영
향을 미치는 것임에는 틀림없으므로 이를 정당화시킬 수 있는 이론적 근거가
있느냐 하는 의문이 떠오른다. 긍정론은 행정지도의 이론에서 그 근거를 찾으
려 한다.1) 어떤 질문에 대해 답변을 거부하는 것이 처벌 대상이 된다면, 자발
적 답변을 전제로 하는 임의조사를 불법이라고 하기는 어렵다고 본다.

(3) 질문검사의 상대방의 범위

소득세법 제170조는 질문검사의 상대방을 (i) 납세의무자 또는 납세의무가
있다고 인정되는 자, (ii) 원천징수의무자, (iii) 납세조합, (iv) 지급조서제출의무
자, (v) 제156조의 규정(비거주자의 국내원천소득의 원천징수)에 의한 원천징수의
무자, (vi) 납세관리인, (vii) 위 (i)에 게기하는 자와 거래가 있다고 인정되는
자, (viii) 납세의무자가 조직한 동업조합과 이에 준하는 단체, (ix) 기부금 영수
증을 발급하는 자로 규정한다.

법인세법 제122조도 내용에 있어 위 소득세의 경우와 유사하나 표현을 달
리하여 다음과 같이 규정하고 있다. 즉, (i) 납세의무자 또는 납세의무가 있다
고 인정되는 자, (ii) 원천징수의무자, (iii) 지급조서제출의무자 및 매출·매입처
별 계산서합계표 제출의무자, (iv) 제109조 제2항 제3호의 규정에 의한 경영 또
는 관리책임자, (v) 위 (i)에 게기하는 자와 거래가 있다고 인정되는 자, (vi) 납
세의무자가 조직한 동업조합과 이에 준하는 단체, (vii) 기부금 영수증을 발급
하는 법인 등에게 소득의 조사에 관하여 필요한 사항을 질문하고 그 단체의 장
부·서류 기타의 물건을 검사하거나 그 제출을 요구할 수 있는 권한을 세무공

---

1) 北野弘久, "實體稅法上の調査權の法的限界,"「杉村章三郎 古稀祝賀－稅法學論文集」, 5면.

무원에게 부여하고 있다.

납세의무자란 확정신고서를 제출하여 납세의무가 일단 확정된 자는 물론 추상적으로 그 납세의무가 성립된 자를 포함한다고 할 것이다. '납세의무가 있다고 인정되는 자'는 이른바 추상적 납세의무가 성립하였을 것으로 객관적 관점에서 합리적으로 추정되는 자를 뜻한다. 납세의무가 추정되는 경우란 사업자단체에의 자문, 전년도 소득 및 동업자 소득과의 대비를 포함하여 해당 행정기관이 수집한 자료에 의한 내부조사 등에 의해 납세의무의 성립이 합리적으로 인정되는 경우를 말하는 것이며, 결코 세무공무원의 주관적 판단에 의존하는 것은 아니다. 납세의무자 또는 납세의무 있다고 인정되는 자와 거래가 있다고 인정되는 자란 결국 거래상대방을 말하는 것으로 해당 납세의무와 직접 관계가 없는, 이른바 반면조사의 대상자이다.

(4) 질문검사권자

각 세법에서는 질문검사권을 행사할 수 있는 자를 단순히 '세무에 종사하는 공무원'이라고 규정하고 있으나, 원칙적으로 질문검사의 상대방에 대하여 행정조직법상의 토지관할을 가지고 있는 세무관청의 직원을 뜻하는 것으로 보아야 한다.1) 관할지역 밖에 조사상대방의 지점·출장소·공장 등이 있는 경우에는 출장조사가 허용된다고 하겠으나, 세무행정 전체의 질서를 위해서는 지점·출장소 등을 관할하는 지방국세청 또는 세무서에 의뢰하도록 하는 것이 바람직하다.

(5) 조사의 절차와 방법

1) 사전통지 및 결과통지   세무조사 절차상의 질문검사는 어디까지나 상대방의 승낙을 얻어 하는 임의적인 것이므로 질문검사의 시기는 이에 응하기에 부적합한 때를 피해야 할 것이다. 불시에 방문하여 하는 질문검사에 답변하지 못하고 검사의 요구에 즉시 응하지 못하였다 하여 곧 답변 불이행이나 검사거부로 형사상의 책임을 묻는 것은 온당하지 않다. 그리고 갑작스러운 질문검사가 영업 또는 사생활을 방해할 우려가 있다는 것도 감안하여야 한다. 따라서 세무공무원이 세무조사를 하려고 할 때에는 원칙적으로 납세자(또는 납세관리인)

---

1) 국세청과 그 소속기관 직제(대통령령) 제24조 및 그 시행규칙(기획재정부령) 제19조 참조. 조세범처벌절차법 제3조는 명문으로 강제조사를 할 수 있는 지역적 범위를 해당 세무공무원의 소속관서의 관할구역으로 한정하고 있다.

에게 조사개시 15일 전에 조사대상 세목, 조사기간 및 조사사유 등을 통지하도록 되어 있다(基本法 81조의7 1항). 조세범칙사건 조사의 경우에도 마찬가지이다. 사전통지가 있었다면 비록 그 절차에 하자가 있더라도 그 조사에 따른 과세처분이 위법한 것으로 되지는 않는다고 본다.[1] 다만, 사전통지로 인한 증거인멸(證據湮滅) 등으로 조사목적을 달성할 수 없다고 인정되는 경우에는 그러하지 아니하다(동항 단서). 이와 같은 통지를 받은 납세자가 천재·지변 기타 특정사유로 조사를 받기가 곤란한 경우에는 조사연기신청을 할 수 있다(동조 2항). 한편, 사전통지를 하지 않은 상태에서 세무조사를 개시하는 경우에는 납세자의 폐업 등 특별한 사유가 있는 경우를 제외하고는 그 개시 시점에 사전통지 사항과 사전통지를 하지 아니한 사유 등을 기재한 세무조사통지서를 납세자에게 교부하여야 한다(동조 4항).

세무사가 납세의무자를 대리하여 작성한 신고서·신청서·청구서에 관하여 조사할 필요가 있다고 인정할 때에는 그 세무사에 대하여 조사의 일시·장소를 통지하도록 세무사법에서 규정하고 있다(稅務士法 10조). 세무대리인인 세무사에게도 사전통지를 요구하고 있는 취지에 비추어 볼 때 본인에 대한 통지는 더욱 필요하다고 할 것이다. 미국의 연방내국세입법도 연방국세청에게 장부·서류·기록 등을 검사할 권한을 부여하고 있으나 그것은 상대방의 소환으로 비롯하며, 이에 응하지 않을 때에 법원의 소환영장을 발부받아 강제할 수 있도록 하고 있다.[2]

한편, 조사를 마친 뒤에는 납세자의 폐업 등 특별한 경우를 제외하고는 조사결과를 납세자에게 서면으로 통지하여야 한다(基本法 81조의9).

2) 검사원증의 제시와 조사사유의 고지　　　조사에 임하는 세무공무원은 검사원증을 피조사자에게 제시하여야 한다(所令 222조; 法令 165조 1항). 이것은 피조사자의 요구가 있거나 없거나 간에 반드시 제시하여야 한다는 뜻이다. 피조사자는 검사원증 제시를 요구하는 따위의 불친절로 조사자가 자기에게 불리하게 심증을 굳히는 것을 두려워하는 입장에 있기 때문이다.

검사원증 제도의 목적은 질문검사의 권한 있는 세무공무원의 사칭을 방지함과 동시에 상대방에게 순수한 임의조사가 아닌, 질문검사권의 행사임을 알려

---

1) 조세심판원 2009. 4. 15., 조심 2008 부 3651; 同 2005. 6. 20., 국심 2006 중 4043.
2) 미국 내국세입법 §7601-7.

조사절차의 신중을 도모하려는 것이다. 검사원증의 제시 없는 조사는 위법을 면할 수 없다.

질문검사권의 행사는 '필요할 때'에 한정적으로, 그리고 상대방의 승낙을 받아 행하여지는 것임을 고려할 때, 이를 행사하기에 앞서 그 조사동기와 내용, 즉 조사이유를 상대방에게 알려야 한다고 할 것이다. 조사의 이유를 상대방에게 인식시킴이 없이 상대방이 불응한다고 하여 처벌하는 것은 부당하다. 질문검사는 구체적 사실에 의문이 있어 행하여지는 것이므로 조사이유의 고지는 개별적이고 구체적이어야 한다.

3) 질문검사의 대상   질문은 조사상의 의문점에 대하여 상대방의 해명을 요구하는 행위이다. 질문은 반드시 구두일 필요는 없고 서면으로도 할 수 있다. 답변도 구두뿐만 아니라 서면으로 할 것을 요구할 수 있다.

검사의 대상은 '장부·서류 기타 물건'이다. 사업에 관한 장부 등에 한하며 이에 해당하지 않는 사업주 개인이나 법인 임원의 가계부나 사생활상의 서류 등은 제외된다. 그런데 '기타의 물건'이란 무엇을 가리키는 것일까? 장부·서류에 준하는 물건만을 뜻한다고 보는 협의의 해석도 있으나 이러한 것은 오히려 예외적이고,[1] 일반적으로는 재고자산과 공장·창고 등을 포함한 고정자산 등이 주된 검사의 대상이 될 것이다. 그것은 장부·서류의 기재사항 또는 신고서의 내용이 정당한가를 판단하는 데 필수적이기 때문이다. 뒤집어 말하면 장부·서류나 신고서의 기재사항의 진정성이나 정당성을 판단하는 데 필요한 범위 내에서 기타 물건을 검사할 수 있다는 것이다.

(6) 질문검사권 행사의 한계
적정한 과세를 위한 질문검사권의 행사와 그에 따르는 납세자의 사적 희생의 방지를 구체적으로 어떻게 조정할 것인가는 긴요한 문제이다.

1) 질문검사권 행사의 보완성   과세관청은 납세자 및 그 관계자나 관계 행정청으로부터 광범위한 내용의 자료를 제공받아 납세의무자의 소득파악에 활용할 수 있으므로, 질문검사의 범위는 제출된 자료의 내용이 정당하지 않다고 인정되거나 또는 자료제출의무자가 제출을 게을리 했을 경우 보완적으로 납세의무자의 소득을 파악하는 데 한정되어야 할 것이다.

---

1) 新井隆一, "申告行爲の法的性格,"「租稅法硏究」5호,「租稅手續法の諸問題」, 有斐閣, 37면.

2) 질문검사 범위의 제한성   적정하고 공평한 과세의 실현을 위해 행하여지는 세무조사, 즉 질문검사에 대하여 납세자는 세법 소정의 요건 아래 응답할 의무를 지고, 이에 따라 어느 정도 영업활동과 사생활의 평온을 침해당하는 것을 받아들여야 한다. 그러나 그러한 침해는 '필요한 때에 필요한 범위 내에서' 이루어져야 한다. '필요한 때에 필요한 범위 내에서'라고 하는 것은 조사의 목적, 조사할 사항, 신고의 내용, 장부의 기장 및 보존상황, 상대방의 사업형태 등 제반의 구체적 사정을 감안해 볼 때 객관적으로 필요하다고 판단되는 경우 또는 범위를 말한다.1) 그런 까닭에 장부·서류 일체의 포괄적 제시를 요구한다든가, 거래선·납품처 전부의 주소·성명을 포괄적으로 밝힐 것을 요구하는 따위는 허용될 수 없으며, 따라서 이러한 포괄적 요구의 거부는 처벌의 대상이 될 수 없다.2)

3) 질문검사 모양이나 방식의 정규성   질문검사권은 납세자의 영업활동을 정체시키거나, 단골의 거래선이나 금융기관 등에 대한 신용을 실추시키거나, 그 밖에 사생활의 평온을 심히 해치는 모양이나 방식으로 행사되어서는 아니 된다. 그것은 이미 임의조사로서의 한계를 벗어나는 것이라고 할 것이다.3) 질문검사의 시간도 일출 후 일몰 전에 한할 것을 원칙으로 해서 부당하게 사생활을 침해하지 않도록 하여야 한다. 다만 야간영업을 위주로 하는 업체와 같은 경우에는 야간이라 할지라도 무방할 것이다. 그리고 모든 공권력의 행사가 그렇듯, 질문검사권의 행사가 보복이나 차별의 수단으로 악용되어서는 안 될 것임은 말할 나위도 없다.4)

만일 일반 세무조사 절차의 진행 중 범칙혐의가 발견되어 참으로 강력한 수단을 필요로 한다면, 조세범칙사건 조사 절차로 전환한 뒤 조세범처벌절차법에 따라 법원의 영장을 얻어 심문·수색 또는 압수 등을 할 수 있을 것이다(處

---

1) 日最高裁 1973. 7. 10. 판결, 「判例時報」, 70호, 18면(세칭 廣田事件).
2) 위의 각주 판례.
3) 東京地裁 1968. 1. 31. 판결, 「判例時報」, 507호, 9면(세칭 中野民商事件).
4) "질문검사권의 행사가 특정의 단체를 구성하고 있는 납세자만을 대상으로 한 경우 또는 조사대상자의 선정에 있어서의 차별은 없었다 하더라도 위와 같은 납세자만을 다른 납세자보다 깊이 질문검사한 경우에 있어서는, 그 질문검사는 특정단체의 구성원이라는 까닭으로 행하여진 차별행위이며, 그 질문검사 자체가 단체의 구성원의 결사의 자유에 대한 개입행위가 되는 경우가 있을 수 있다. 그리고 가령, 그 질문검사가 당해 납세자로 하여금 그 단체로부터 이탈하게 할 목적으로 행하여진 경우에는 그 질문검사가 단체의 구성원의 결사에 대한 개입행위가 된다는 것은 명백하다 할 것이다"(앞의 주 판례).

罰節次法 2조). 영장발부 절차를 통한 사법부의 억제작용이 없는 곳에서 담당 세무공무원이 임의로 납세자에게 일반적·포괄적으로 질문을 하거나 검사에 응할 것을 요구함으로써 그 답변이나 승낙을 간접 강제하는 것은 허용되지 않는다고 할 것이다.

(7) 종교인소득에 관한 질문검사권의 제한

종교단체는 소속 종교관련종사자에게 지급한 금액 및 물품과 그 밖에 종교활동과 관련하여 지출한 비용을 구분하여 기록·관리하여야 하는데(所令 41조 5항), 이 경우 세무공무원은 후자에 관한 장부 또는 서류에 대하여 질문검사권을 행사할 수 없고, 종교인소득 신고의 탈루 또는 오류를 이유로 질문검사권을 행사하기 위해서는 그 행사 전에 종교관련종사자 또는 종교단체에 탈루 또는 오류의 구체적인 근거를 제시하고 우선 국세기본법에 따른 수정신고를 하도록 안내하여야 한다(所令 222조 2항, 3항).

(8) 위법한 질문검사권 행사의 효과

세무공무원이 조세범칙사건의 조사절차가 아닌 일반 세무조사 절차에서 질문검사권의 한계를 넘어서 강제력을 행사하는 경우 피조사자는 이를 받아들이지 않을 수 있고, 이러한 거부는 답변하지 않은 죄나 검사거부죄를 구성하지 않을 것임은 물론이다. 피조사자가 거부함에도 불구하고, 위력(威力)이나 위계(僞計)를 써서 강제로 납세의무자의 장부나 서류를 압수, 수색, 영치하거나 납세의무자에게 법에 근거하지 않은 과세상의 불이익을 주겠다고 협박하는 것은 불법이다. 그처럼 불법한 조사를 통하여 수집한 자료에 기하여 행하여진 과세처분이, 비록 조세실체법의 적용 면에서는 타당하다고 하더라도, 과연 유효한가 하는 문제를 불러온다. 절차적 공정성이 헌법의 기본이념으로 점차 강조되고 있는 실정에 비추어 볼 때 위법한 조사절차에 기한 과세처분은 위법한 것으로서 취소사유가 된다고 보아야 할 것이다.[1] 판례도 개별 세법이 정한 질문조사권은 국세기본법에서 정한 요건과 한계 내에서만 허용된다고 하고 있다.[2] 일반 세무조사 절차에서의 질문검사에 대해 사법적 억제제도가 없는 상태에서 그

---

1) 北野弘久, 「現代稅法の構造」, 337면; 金子 宏, 「租稅法」 (제7판), 575면; 南博方, 「所得稅法の諸問題」, 123면; 北野編, 「日本稅法體系」 (3), 302면. 과세자료의 모집에 절차상 위법이 있는 경우 과세처분의 효력은 그 절차위배의 내용, 정도, 대상 등에 따라 달라진다는 견해로는 임승순, 전게서, 76면.

2) 대법원 2014. 6. 26., 2012 두 911.

러한 과세처분의 정당성을 인정한다면 위법한 조사에 대한 구제를 받을 길을 봉쇄하는 것이다. 대법원은 세무조사 과정에서 작성된 자료가 그 작성의 경위 및 내용에 비추어 당사자나 관계인의 자유로운 의사에 기하여 작성되었고, 그 내용이 과세자료로서 합리적이고 진실성이 있다고 인정되는 경우에는 과세근거로 삼을 수 있다고 하는바,[1] 이는 반대로 해석하면 위법한 질문검사권의 행사를 통해 작성된 자료에 근거하여 한 과세처분은 위법하다는 것을 의미한다.

미국 연방대법원의 Reineman v. United States[2] 판결의 다음과 같은 취지의 판시도 이러한 이치를 잘 설명하고 있다. 「연방내국세입법 §7605(b)는 "… 어떠한 납세자도 불필요한 검사 또는 질문을 받지 않는다. 납세자의 회계장부에 대한 검사는 1과세연도에 1회에 한하며, 다만 납세자가 스스로 요청하거나 또는 재무부장관 또는 그 대리인이 제1회 검사의 결과 다시 추가검사가 필요하다는 뜻을 납세자에게 미리 서면으로 통지하였을 경우에는 예외이다"라고 규정하고 있다. 이 규정에 위배하여, 연방 국세청은 본인의 요청에 의하지도 않고 또한 재무부장관의 추가검사의 서면통지도 없이 추가검사를 하였다. 원고는 세무공무원이 장부검사 중 과년도의 것을 조사해 갔다는 것을 사후에 발견했다. 원고는 위법한 추가검사에 기한 추가부과는 무효라고 주장한다. 이에 대하여 피고인 국가는 위법한 조사의 구제로는 자조(自助; remedy is one of self-help), 즉 검사거부의 방법이 존재하는 것이며, 거부를 하지 않은 이상 위법성이 조각되는 것이라고 항변한다. 그러나 이 사안에 있어 납세자가 과년도의 조사를 받고 있음을 인식하지 못하였기 때문에 자조의 기회가 주어지지 않았다. 결론적으로 유일한 사후구제의 방법은 과세처분을 취소하는 것뿐이다.」

(9) 사전적 질문검사권 행사의 허용 여부

앞에서 본 바와 같이, 조사의 상대방으로서의 납세의무자는 확정신고서의

---

1) 대법원 2007. 10. 26., 2006 두 16137.

2) 301 F. 2d 267(1962).

　Field Enterprises, Inc. v. United States, 347 F. 2d 485(1965)에서는 같은 규정, 즉 연방내국세입법 §7605(b)에 기한 추가검사의 통지를 하지 않았다는 사실이 언제든지 경정처분의 효력에 영향을 미치는 것은 아니라고 하면서 그 효력을 인정하였다. 이 사건에서는 원고가 주관적인 의사가 어떠하였든 간에(without regard to plaintiff's subjective intent), 추가검사임을 알고 응했던 것이다. Reineman 사건을 인용하면서도 그 판결이 잘못되었다는 판단을 하지 않은 것으로 보아, 여기에서는 자조의 기회가 있었다는 점이 결론을 달리하게 한 요소라고 보아야 할 것이다.

제출자나 '납세의무 있다고 인정되는 자', 즉 사실상 그 납세의무가 성립한 것으로 추정되는 자이기 때문에 질문검사권은 원칙적으로 사후조사를 위한 제도이고, 수시부과를 위해서나 또는 확정신고 기한 전에는 허용될 수 없다. 다시 말해 납세의무자에게 납세의무를 확정하는 의미를 갖거나 과세를 위한 자료제출의 의미를 갖는 조세채무의 신고권이 주어진 이상 과세관청은 그러한 신고기한이 만료된 후에서야 무신고를 이유로 세액을 결정하거나 이를 인정 또는 부인할 수 있으므로 사전조사가 인정될 여지가 없다.

다만, 조세를 포탈할 우려가 있는 경우 등과 같이 특정한 사유가 있는 경우에는 납세의무의 정규적 이행기가 도래하기 전에 과세관청이 미리 납세의무를 성립, 확정시키는 '수시부과'를 행할 수 있는바(所法 82조 1항, 4항; 法法 69조 1항; 法令 108조 1항), 이러한 수시부과 사유가 객관적으로 의심의 여지없이 드러난 경우에는 예외적으로 그 부과·징수를 위한 사전조사가 허용된다고 할 것이다.

중간예납추계액 신고의 타당성 조사는 어떠한가? 해당 과세기간의 소득금액이 직전 과세기간의 그것보다 현격히 낮아 직전 과세기간의 소득세액(중간예납기준세액)을 기준으로 정해지는 중간예납액보다 낮은 금액의 중간예납액을 신고하는 것을 중간예납추계액의 신고라고 하는바(所法 65조 3항), 그 타당성 여부에 대한 조사는 납세의무 성립 전의 조사라는 점에서 사전조사이다. 따라서 이를 부정하여야 한다는 입장도 있을 수 있으나, 정규의 납세의무의 성립 전에 중간예납이라는 특수한 형태의 납세의무를 부과하고, 과세관청이 이에 상응하는 과세권을 갖는 이상, 중간예납추계액 신고의 수용 여부를 판단하기 위하여 필요한 범위 내에서 질문검사권을 행사하는 것은 인정하여도 무방하다고 본다.

8. 조세범칙사건의 조사

조세포탈 등 조세범의 혐의가 있는 경우에는 조세범칙사건으로 입건하여 조사할 수 있다. 조세범칙사건 조사는 조세범의 수사에 해당하고, 그 절차는 조세범처벌절차법에 따라야 한다(자세한 것은 제3편 제4절 참고). 범칙혐의자와 참고인에 대한 심문, 각종 장부와 서류의 압수, 수색 또는 영치(領置) 등의 절차가 법원의 관여 하에 인정된다(節次法 2조, 3조, 4조 등). 위에서 본 일반 세무조사 절차에서의 질문검사는 행정목적의 달성을 위한 것이므로 그 거부에 대한 처벌이 헌법상의 묵비권 규정에 위배되는 것이 아니지만, 조세범칙사건의 조사는 범죄의 수사에 해당하므로 조세범칙사건에서의 질문검사에의 불응은 처벌의 대상으로 삼을 수 없다. 즉, 일반 세무조사 절차에서의 질문검사 결과를 분석하여 조세범죄의 혐의가 있다고 인정되면 일반 세무조사 절차를 조세범칙사건으로 전환할 수는 있지만, 그때부터 일반 세무조사 절차로서의 질문검사권을 행사할 수 없고, 조세범처벌절차법에 따른 조사절차(범칙혐의자와 참고인에 대한 심문, 압수, 수색 또는 영치 등)를 따라야 할 것이다. 조세범처벌절차법상의 절차에 위반하여 얻어진 자료는 조세범칙사건의 소추에 있어서 적법하게 얻어진 증거라 할 수 없다.

Ⅲ. 과세전 적부심사(課稅前 適否審査)청구

1. 의의 및 청구권자

과세전 적부심사 제도는 세무관서가 과세에 관한 결정을 내리기 전에 결정의 적법성과 타당성을 확보하여 납세자에게 불이익이 돌아가지 않도록 하기 위한 사전구제절차이다. 세무공무원은 세무조사를 마친 때에는 그 마친 시점으로부터 14일(공시송달의 사유가 있는 경우에는 40일) 이내에 납세자에게 그 조사결과를 설명하고, 서면으로 통지하여야 한다(基本法 81조의12 1항). 다만, 국외자료의 수집·제출 또는 상호합의절차 개시에 따라 외국 과세기관과의 협의가 진행 중이거나 해당 세무조사와 관련하여 세법의 해석 또는 사실관계 확정을 위하여 과세당국에 행정해석을 구하여 그 답변 절차가 진행 중인 경우에는 납세자의 동의를 전제로 통지가 불가능한 부분을 제외한 일부만을 설명하고, 통지할 수 있다(동조 2항). 그러한 일부 통지가 이루어진 경우에는 이후 그러한 사유가 해소되면 그 시점으로부터 20일 이내에 나머지 조사결과를 설명하고 통지하여야 한다(동조 3항). 이를 '세무조사결과 서면통지'라고 한다(基本法 81조의15 2항 1호). 또한 세무서장이나 지방국세청장은 (i) 상급 관청의 업무감사 결과(현지에서 시정조치하는 경우 포함)에 따라 과세하는 경우, (ii) 세무조사에서 확인된, 조사대상자 외의 자에 대한 과세자료 및 현지 확인조사에 따라 과세하는 경우, (iii) 납부고지하려는 세액이 1백만원 이상인 경우(감사원법에 따른 시정요구에 따라 과세하는 경우로서 그 시정요구 전에 과세처분 대상자가 감사원의 지적사항에 대한 소명안내를 받은 경우는 제외) 미리 납세자에게 서면으로 통지하여야 한다(基本法 81조의15 1항). 이를 '과세예고통지'라고 한다.

위와 같은 세무조사결과 서면통지나 과세예고 통지를 받은 납세자가 그 내용에 이의가 없을 때에는 통지받은 내용대로 과세표준 및 세액을 빨리 결정하거나 경정하여 줄 것을 신청할 수 있고(基本法 81조의15 8항), 그 내용에 이의가 있을 때에는 해당 통지를 한 세무서장 또는 지방국세청장에게 통지내용의 적법성 여부에 관한 심사(이하 "과세전 적부심사"라고 함)를 청구할 수 있다(基本法 81조의15 2항 본문). 과세관청이 필수적으로 행하여야 할 세무조사결과 서면통지나 과세예고 통지를 하지 아니함으로써 납세자에게 과세전 적부심사의 기회를 부여하지 아니한 채 과세처분을 한 경우 해당 과세처분은 납세자의 절차적 권리를 중대하게 침해한 것으로서 위법한 것이 된다.[1] 과세전 적부심사청구는 청구대상 통지를 한 세무서장이나 지방국세청장에게 함이 원칙이지만, 그 심사청구의 내용이 (i) 법령과 관련하여 국세청장의 유권해석을 변경하여야 하거나 새로운 해석이 필요한 것이거나, (ii) 위에서 본 '과세예고통지'에 대한 것인 경우에는 국세청장에게 과세전 적부심사청구를 할 수 있다(基本法 81조의15 2항 단서). 과세전 적부심사청구는 대상 통지를 받은 날로부터 30일 이내에 하여야 한다(基本法 81조의15 2항 본문).

세무조사결과 서면통지가 있었다 하더라도 (i) 납기 전 징수 사유가 있는 경우,[2] (ii) 수시부과의 사유가 있는 경우, (iii) 조세범처벌법 위반으로 고발 또는 통고처분하는 경우, (iv) 세무조사결과 서면통지나 과세예고 통지를 하는 날부터 국세부과제척기간의 만료일까지의 기간이 3월 이하인 경우, (v) '국제조세조정에 관한 법률'에 따라 조세조약을 체결한 상대국이 상호합의절차의 개시를 요청한 경우, (vi) 이의신청, 심사청구, 심판청구에 대한 재조사결정에 따라 조사를 하는 경우 등에는 과세전 적부심사청구가 허용되지 아니한다(基本法 81조의15 3항; 基本令 63조의15 3항).

한편, 세무조사결과 서면통지나 과세예고 통지 후 과세전적부심사 청구나

---

1) 대법원 2016. 4. 15., 2015 두 52326.
2) 과세전 적부심사청구 당시에는 납기 전 징수의 사유가 발생하지 아니하여 과세전 적부심사청구가 허용된 경우라도 그 후 납기 전 징수의 사유가 발생하였다면 세무서장 등은 과세전 적부심사에 대한 결정이 있기 전이라도 과세처분을 할 수 있다(대법원 2012. 10. 11., 2010 두 19713).

그에 대한 결정이 있기도 전에 행한 과세처분은 그러한 통지 없이 과세처분을 한 경우에 비해 그 절차적 위법성이 더욱 중대하고도 명백하여 무효이다.[1]

2. 과세전 적부심사청구에 대한 처리

과세전 적부심사청구를 받은 세무서장·지방국세청장 또는 국세청장은 국세심사위원회의 심사를 거쳐 결정을 하고 그 결과를 청구일로부터 30일 이내에 청구인에게 통지하여야 한다(基本法 81조의15 4항). 납세자의 과세전 적부심사청구를 받은 세무서장·지방국세청장 또는 국세청장은 원칙적으로 그 청구부분에 대하여 결정이 있을 때까지 과세표준 및 세액의 결정이나 경정결정을 유보하여야 한다(基本令 63조의15 4항). 세무서장·지방국세청장 또는 국세청장은 청구가 전부 또는 일부 이유 있다고 인정되는 경우에는 '전부 또는 일부 채택하거나 재조사하라는 결정', 청구가 이유 없다고 인정되는 경우에는 '채택하지 아니한다는 결정', 청구기간이 지났거나 보정기간 내에 보정하지 아니한 경우에는 '심사하지 아니한다는 결정' 등을 할 수 있으나(基本法 81조의15 5항), 이러한 결정은 과세처분을 행하기 전의 사전적, 예비적 통지에 대한 의견표명에 지나지 않으므로 행정쟁송의 대상은 되지 아니한다.

---

1) 대법원 2020. 10. 29., 2017 두 51174; 同 2020. 4. 9., 2018 두 57490; 同 2016. 12. 27., 2016 두 49228.

제10장   조세행정불복

Ⅰ. 행정불복과 불복전치주의

국세기본법 또는 세법에 의한 처분으로서 위법 또는 부당한 처분을 받거나, 필요한 처분을 받지 못함으로써 권리 또는 이익의 침해를 받은 자는 사법적 구제를 청구함에 앞서 행정청 자체에 대해서 시정을 요구할 수 있도록 국세기본법에 국세에 관한 행정불복절차를 따로 규정하고 있다(基本法 55조 이하). 행정심판법은 조세행정불복에 적용되지 않는 것을 원칙으로 하되(基本法 56조 1항 본문), 행정심판법 제15조(선정대표자), 제16조(청구인의 지위승계), 제20조부터 제22조까지(심판참가), 제29조(청구의 변경), 제36조 제1항(증거조사), 제39조(직권심리), 제40조(심리의 방식), 제42조(심판청구 등의 취하) 및 제51조(행정심판 재청구의 금지)의 규정은 심판청구에 대하여 준용한다(基本法 56조 1항 단서).

이와 동시에 조세행정불복절차는 조세행정소송을 제기하기 위한 전제요건으로 되어 있으므로(행정소송법 18조 1항; 基本法 56조 2항), 조세행정불복절차(이의신청, 심사청구, 심판청구 등)를 거치지 아니하고는 조세행정소송을 제기할 수 없다. 더욱이 행정소송법 제18조 제2항에서는 행정심판의 재결(裁決)을 거치지 아니하고 행정소송을 제기할 수 있는 예외, 제3항에서는 행정심판을 제기하지 아니하고 행정소송을 제기할 수 있는 예외를 두고 있으나, 조세행정소송의 제기를 위하여는 조세행정불복이라는 전심절차를 거치는 것이 언제나 필수적이다(基本法 56조 2항).

이토록 행정불복전치주의를 관철하고 있는 이유는, (ⅰ) 일차적으로 행정청에 대해 자기시정의 기회를 줌과 아울러, 행정불복절차는 사법절차에 비해 간이하고 신속하게 진행되기 때문에 쟁송의 경제를 도모할 수 있고, (ⅱ) 조세에 대한 처분이 대량적이며 반복적이기 때문에 그로부터 일어나는 모든 다툼을 법원에 제기한다면 법원의 부담이 과중하게 될 것이므로 이를 덜어줄 수 있으며, (iii) 조세행정상의 처분, 특히 과세표준의 계산과 인정에 관한 처분은 그 내용이 복잡하고 기술적이기 때문에 법원에 사안의 검토를 구하기 전에 충분히 정리하고 쟁점을 명확히 할 필요가 있기 때문이다.

그러나 다른 한편, 행정청의 자기시정에는 스스로 한계가 있기 때문에 자칫 행정불복전치주의가 사법심사를 받을 시기를 지연시키는 흠이 있음도 부인할 수 없다.

Ⅱ. 불복의 대상

국세기본법상 조세행정불복의 대상은 "국세기본법 또는 세법에 따른 위법 또는 부당한 처분을 받거나 필요한 처분을 받지 못한 것"이다(基本法 55조 1항). 즉, 국세기본법 및 세법에 의한 처분과 거부처분, 그리고 부작위(소극처분)이다. 행정소송법에서 항고소송의 대상으로서의 '처분'을 "행정청이 행하는 구체적 사실에 관한 법집행으로서의 공권력의 행사 또는 그 거부와 그 밖에 이에 준하는 행정작용"이라고 규정하고 있는바(행정소송법 2조 1항 1호), 세법상 위법 또는 부당한 처분을 받은 것은 공권력의 행사에 의한 것이고, 세법상 필요한 처분을 받지 못한 것은 공권력의 행사의 거부나 이에 준하는 행정작용에 의한 것이므로 위의 국세기본법상의 불복대상은 행정소송법상의 '처분 등'의 개념에 포함되는 것이다. 따라서 행정소송법상의 항고소송 대상으로서의 '처분 등'의 의미와 범위에 관한 법리는 조세행정불복의 청구대상에 관한 논의에도 그대로 적용된다 할 것이다. 이하에서는 국세기본법에 규정된 불복대상을 중심으로 간략히 살펴보기로 한다.

1. 처분의 개념

(1) 처 분

'처분'이란 행정청의 공권력의 행사로서 구체적 사실에 관하여 국민에게 권리를 설정하거나 의무를 명하는 행위 및 기타 법적 효과를 발생케 하는 행위라고 이해된다.1) 법률행위적 행정행위·준법률행위적 행정행위뿐만 아니라, 권리

---

1) 행정심판법에서는 "처분이란 행정청이 행하는 구체적 사실에 관한 법집행으로서의 공권

또는 이익을 침해하는 사실행위도 포함된다.

행정청의 권고·견해표명 등은 법적 효과를 발생시키지 않는 행위이므로 처분이라 할 수 없다. 이리하여 상속세 및 증여세법 시행령 제79조 제2항의 상속세과세가액 결정통지에 관한 규정을 준용하여 통지된 증여세과세가액 결정은 "조세 부과처분에 앞선 결정으로 납세자에 대한 편의를 공여하기 위한 것이고, 그로 인해 바로 과세처분의 효력이 발생하는 것이 아니므로" 항고소송의 대상이 되는 행정처분이 아니라고 한다.[1] 같은 이유에서 국세징수법상의 독촉도 이미 확정된 체납액의 납부를 최고하는 성질의 것이고, 그 자체로서 새로운 부담을 지우는 것이 아닌 까닭에 쟁송의 대상이 되는 처분이 아니다.

공권력의 행사가 과세청의 내부적 행위 또는 행정기관 상호간의 행위에 머무르고 대외적으로 표시되지 않은 상태에서는 아직 납세자의 권리·의무에 직접적으로 영향을 주는 것이 아니기 때문에 '처분'이라 할 수 없다. 법인의 익금에 가산하는 결정은 이러한 이유로 항고소송의 대상이 되지 않는다.[2] 또한 국세환급금(국세환급가산금 포함)의 결정은 환급청구권의 존부를 확정하는 것이 아니라 이미 확정된 납세의무자의 환급청구권에 대한 의무를 이행하기로 하는 내부적 결정에 지나지 않으므로 국세환급금의 결정을 구하는 납세의무자의 신청에 대한 거부는 항고소송의 대상이 되는 '처분'이 아니다.[3] 그러나 세무조사의 개시결정은 비록 그 자체만으로는 납세자에게 금전적 부담을 주는 것이 아니지만 조사의 수인의무의 부담 등 각종 권익의 제한을 초래하므로 항고소송의 대상인 '처분'에 해당한다고 본다.[4] 또한 납세의무자의 결손금 감액 경정청구에 대해 과세관청이 명시적 또는 묵시적 거부처분을 한 경우 그 거부처분이 항고소송의 대상이 되는 '처분'에 해당하는 것과 별도로, 과세관청이 직권으로 특정 사업연도의 결손금을 감액경정한 경우, 그 감액경정도 이월결손금의 공제범위를 감소시켜 납세의무에 직접적으로 영향을 미치므로 항고소송의 대상인 '처분'에 해당된다고 본다.[5]

력의 행사 또는 그 거부, 그 밖에 이에 준하는 행정작용을 말한다"라고 정의하고 있다(동법 2조 1호). 즉 거부처분도 처분의 개념에 포함된다.

1) 대법원 1979. 9. 28., 77 누 70.
2) 대법원 1975. 5. 27., 74 누 257. 이 건은 익금가산 후에도 여전히 결손이어서 과세처분이 없었던 사례이다.
3) 대법원 1989. 6. 15., 88 누 6436(전원합의체); 同 1994. 12. 2., 92 누 14250.
4) 대법원 2011. 3. 10., 2009 두 23617, 23624.
5) 대법원 2020. 7. 9., 2017 두 63788.

주류제조자로 하여금 "원고와의 주류거래를 일정한 기간 동안 중지하여 줄 것을 요청한 행위는 권고 내지 협조를 요청하는 이른바 권고적 성격의 행위라고 밖에 볼 수 없다고 할 것이므로 항고소송의 대상이 되는 행정처분이 아니다.1)

과세관청이 법인세 과세표준과 세액을 결정 또는 경정함에 있어 익금에 더한 금액을 법인세법 제67조에 의해 그 귀속자가 누구인지에 따라 배당, 상여, 기타소득 등으로 소득처분하는 경우 과세관청은 법인에게 해당 귀속자의 소득금액이 변동되었다는 통지를 하도록 되어 있는바(所令 192조 1항), 판례는 종래 이러한 소득금액변동통지는 취소소송의 대상으로서의 처분이 아니라고 하였으나 입장을 변경하여 처분에 해당하는 것으로 보고 있다.2) 법인에게 소득금액변동통지서가 도달된 시점에 그 법인은 해당 귀속자에게 소득을 지급한 것으로 의제되어 그 소득에 대한 소득세 등의 납세의무가 성립함과 동시에 그 지급자인 법인에게 원천징수의무가 발생하므로 소득금액변동통지는 해당 법인에게 법률상의 의무를 지우는 것이라고 할 것이고, 따라서 이를 처분으로 봄이 타당하다. 그러나 소득처분에 따라 발생하는 소득의 귀속자는 소득금액변동통지에 의해 그 납세의무가 성립되는 소득세의 원천징수를 수인할 의무만 질 뿐 과세권자인 국가와 사이에 직접적인 법률관계를 맺지 않고 있으므로 법인에 대한 소득금액변동통지를 자신에 대한 '처분'으로 보아 다툴 수 없다.3) 또한 소득금액변동통지를 송달할 법인의 소재지가 분명하지 아니하거나 그 통지서를 송달할 수 없는 경우 해당 소득의 귀속자에게 소득세 자진납부의 기회를 주기 위하여 하는 소득금액변동통지(所令 192조 1항 단서)도 소득의 귀속자의 권리, 의무에 직접적인 변동을 초래하지 않으므로 '처분'에 해당하지 않는다.4)

(2) 거부처분·부작위

국세기본법에서는 필요한 처분을 받지 못함으로써 권리·이익을 침해당하는 경우에도 필요한 처분을 구할 수 있도록 하여 구제의 길을 넓혔다(基本法 55조 1항).

거부처분은 신청내용의 부적법·부적합을 이유로, 또는 신청의 절차적 불비를 이유로 신청을 거부하는 행위이다. 판례는 "국민의 적극적 행위신청에 대

---

1) 대법원 1980. 10. 27., 80 누 395.
2) 대법원 2006. 4. 20., 2002 두 1878(전원합의체).
3) 대법원 2015. 3. 26., 2013 두 9267; 同 2013. 4. 26., 2012 두 27954.
4) 대법원 2015. 3. 26., 2013 두 9267; 同 2014. 7. 24., 2011 두 14227.

하여 행정청이 그 신청에 따른 행위를 하지 않겠다고 거부한 행위가 항고소송의 대상이 되는 행정처분에 해당하는 것이라고 하려면, 그 신청한 행위가 공권력의 행사 또는 이에 준하는 행정작용이어야 하고, 그 거부행위가 신청인의 법률관계에 어떤 변동을 일으키는 것이어야 하며, 그 국민에게 그 행위발동을 요구할 법규상 또는 조리상의 신청권이 있어야만 한다"고 해석하고 있는바,[1] 이러한 법리는 조세법의 적용에 관한 거부처분에도 그대로 타당하다고 할 것이다. 그 대표적인 것으로 과세표준 및 세액의 감액경정청구 거부처분과 이월결손금의 증액경정청구 거부처분을 들 수 있다(基本法 45조의2 1항). 이에 비해 부작위는 신청에 대하여 직무행위를 완결함이 없이 방치하는 것을 뜻한다.[2]

거부처분의 경우에는 처분의 시기가 분명하나, 부작위의 경우에는 그러하지 아니하다. 많은 경우 신청의 처리기간에 관한 규정이 훈시규정에 불과한 것으로 새겨지나, 그렇다 하더라도 처리기간 내에 결정을 하지 않으면 이때부터 부작위 상태에 들어간다고 할 것이다. 예컨대, 사업자등록신청을 하였음에도 처리기간인 3일이 경과하여도 신청인에게 사업자등록증을 발급해 주지 않는 경우에는(附價令 7조 3항) 그날부터 부작위가 성립한다. 주류제조면허신청(酒稅法 6조)의 경우처럼 처리기간이 법령으로 정하여져 있지 않은 경우에는 상당한 기간이 경과하였을 때가 부작위의 성립시기이다.

행정청의 업무량 과중 등의 사유는 부작위의 정당화 사유가 되지 않는다. 부작위에 관한 불복제도는 바로 행정청의 사무지연으로 인한 불복신청인의 불이익을 구제하고자 하는 데 그 의의가 있기 때문이다.

납세자가 구하는 처분의 내용이 행정청의 재량행위에 속한다 하여도 그 거부처분 또는 부작위처분이 불복대상에서 제외되지 않는다. 처분의 내용이 행정청의 재량에 속한다는 것은 그 처분의 정당성의 문제이지 처분성의 인정에 관한 요건이 아니기 때문이다.

2. 불복대상에서 제외되는 처분

다음의 처분에 대해서는 불복을 할 수 없다.

---

1) 대법원 2003. 4. 11., 2001 두 9929; 同 1998. 7. 10., 96 누 14036.
2) '부작위'란 행정청이 당사자의 신청에 대하여 상당한 기간 내에 일정한 처분을 하여야 할 법률상 의무가 있는데도 처분을 하지 아니하는 것을 말한다(행정심판법 2조 2호).

(1) 불복에 대한 처분

심사청구 또는 심판청구에 대한 처분(즉, 결정)에 대하여는 다시 불복을 제기할 수 없다(基本法 55조 5항 본문). 불복에 대한 재결(결정)에 대해 다시 불복할 수 있게 한다면 불복절차과정에서 새로운 불복대상이 생기게 되어 쟁송을 순환시키고, 그 해결을 지연시킬 따름이다. 다만, 심급구조상 이의신청에 대한 처분에 대하여 심사청구 또는 심판청구를 하는 것은 허용된다. 직전 심급의 처분에 한하여 그 위의 심급에 불복할 수 있도록 하더라도 불복절차의 간이 · 신속성을 크게 해지치 않을 것이기 때문이다. 또한 심사청구나 심판청구의 재결청이 재조사결정을 하고(基本法 65조 1항 3호 단서 및 81조), 그 재조사결정에 따라 처분청이 다시 처분을 한 경우에는 그 처분청의 재차 처분에 대하여 해당 재조사 결정을 한 재결청에 심사청구 또는 심판청구를 제기할 수 있다(基本法 55조 5항 단서).

(2) 조세범처벌절차법에 의한 통고처분

조세범처벌절차법에 의한 통고처분1)도 불복대상에서 제외된다(基本法 55조 1항 1호). 그 이유는 첫째, 통고처분의 이행은 범칙자(혐의자)의 임의에 맡겨져 있는 것이므로, 바꾸어 말하면 법적 의무를 지우는 행위가 아니므로 처분성이 없고(이설 있음), 둘째로 통고처분이 처분으로서의 성격을 갖는다 할지라도 그 처분의 상대방인 범칙자는 그 이행으로 공소권 소멸이라는 이익을 얻게 되는 이익처분이며, 셋째로 과벌적 행정처분으로서의 통고처분의 불이행의 경우 형사절차에 의하여 범칙사실의 진위를 가리는 것이 옳기 때문이다(물론 형사절차에서도 통고처분 자체의 적법성 여부가 다툼의 대상이 되는 것은 아니다). 통고처분을 행정쟁송의 대상에서 제외시키는 가장 타당한 이유는 셋째이다.

(3) 감사원법에 의하여 심사청구를 한 처분과 그 심사청구에 대한 처분

감사원법 제43조의 규정에 의한 심사청구도 행정소송의 전심절차로 인정된다(基本法 56조 1항 2호).2) 즉, 감사원에 대한 심사청구는 이의신청 · 심사청구 또는 심판청구와는 별개의 조세행정불복 절차를 구성한다. 이에 동일 사건에

---

1) 통고처분은 조세범처벌절차법 제9조 내지 제12조에 규정되어 있다. 범칙사건의 조사에 의하여 과세관청이 범칙의 심증을 얻은 때에는 벌금 · 과료 등에 상당하는 금액을 지정된 장소에 납부토록 통고하여(동법 9조 1항), 그 이행이 있으면 소추를 받지 아니한다(동법 11조 1항).

2) 대법원 1978. 4. 25., 78 누 24.

대한 재결의 통일을 기하고, 쟁송사건 처리의 경제성을 도모하기 위해 다른 불복절차를 제기하지 못하도록 하는 것이다.

감사원의 심사청구에 대한 처분(즉, 심사청구 결정)을 불복대상에서 제외하고 있는 것은 감사원의 처분에 대하여 피감사기관이 심리하는 것이 부적절하기도 하고, 위에서 지적한 바와 같이 불복청구에 대한 처분을 다시 불복의 대상으로 하는 것이 부당하기 때문이기도 하다.

(4) 세법에 의한 과태료 부과처분

세법상의 의무위반에 대하여 과세관청이 행하는 행정질서벌로서의 과태료 부과처분은 행정행위이지만, 이에 대해 당사자가 해당 과세관청에 이의를 제기하면 그 과태료 부과처분은 효력을 상실하고(질서위반행위규제법 20조 2항), 법원이 사법(司法)행위, 즉 재판으로 과태료를 결정하므로(질서위반행위규제법 제4장), 세법상 불복절차를 취할 수 있는 대상이 아니다.

Ⅲ. 불복청구인

1. 청구인 적격

국세기본법에 따른 불복청구를 할 수 있는 자는 위법 또는 부당한 처분을 받거나 필요한 처분을 받지 못함으로 인하여 권리 또는 이익을 침해당한 자이다(基本法 55조 1항). 처분의 상대방은 물론 제3자라도 해당 처분으로 인하여 권리 또는 법률상 보호되는 이익을 침해당한 경우에는 불복할 수 있다. 이는 불복청구제도가 위법·부당한 행정처분으로 권리의 침해 또는 법률상의 불이익을 입은 자를 두루 구제하고자 하는 것이기 때문이다. 그러나 여기서 '법률상 보호되는 이익'이란 해당 처분의 근거 법규 및 관련 법규에 의하여 보호되는 개별적·직접적·구체적 이익을 말하고, 단순한 사실상의 이익이나 경제적 이익은 포함하지 않으며, 공익보호의 결과로 국민 일반이 공통적으로 가지는 일반적·간접적·추상적 이익도 포함하지 않는다.[1] 예를 들면, 원천징수제도상의 원천납세의무자는 과세권자가 직접 그에게 원천세액을 부과한 경우가 아닌 한 과세권자의 원천징수의무자에 대한 납부고지로 인하여 자기의 원천세납세의무의 존부나 범위에 아무런 영향을 받지 아니하므로 이에 대하여 항고소송을 제기할

---

1) 대법원 2008. 5. 29., 2007 두 23873; 同 2006. 3. 16., 2006 두 330(전원합의체).

수 없다.1) 또한 과세관청이 조세의 징수를 위하여 납세의무자 소유의 부동산을 압류한 경우 동 납세의무자에 대한 금전채권자로서 그 부동산상에 가등기담보권을 가지고 있는 사람은 위 압류처분에 대하여 사실상의 간접적인 이해관계를 가질 뿐 법률상의 직접적이고 구체적인 이익을 가지는 것은 아니어서 그 압류처분의 취소를 구할 당사자적격이 없다.2)

제2차납세의무자로서 납부고지서를 받은 자, 물적납세의무자로서 납부고지서를 받은 자, 부가가치세법 제3조의2에 따라 물적납세의무를 지는 자로서 납부고지서를 받은 자, 종합부동산세법에 따라 물적납세의무를 지는 자로서 납부고지서를 받은 자, 납세보증인은 주된 납세의무자에 대한 처분에 대하여 이해관계를 가지므로 불복청구인의 적격이 있다(基本法 55조 2항; 基本令 44조). 법률상 이해관계를 가지는 자를 예시적으로 규정한 것이라 할 것이다.

2. 대 리 인

불복청구인은 변호사 또는 세무사(세무사법 6조의 규정에 의하여 등록한 세무사인 공인회계사 포함)를 선임하여 불복청구에 관한 일체의 행위를 위임할 수 있다(基本法 59조 1항). 소액사건의 경우에는 심판청구인의 배우자, 4촌 이내의 혈족 또는 그 배우자의 4촌 이내의 혈족을 대리인으로 선임할 수 있다(동조 2항). 다만, 신청 또는 청구의 취하는 특별한 위임을 받아야 행할 수 있다(동조 4항 단서). 대리인의 대리권은 서면으로 증명하여야 하며(동조 3항), 대리인을 해임한 때에는 그 뜻을 서면으로 해당 재결청에 신고하여야 한다(동조 5항).

3. 불복청구인의 사망 · 합병 등

불복청구인의 지위의 승계에 관하여는 국세기본법에 정한 바가 없다. 그러나 피상속인의 납세의무를 상속인이 승계하도록 하는 국세기본법 제24조의 규정에 비추어 불복청구인이 사망한 때에는 상속인 또는 불복청구의 대상인 처분에 관계된 권리 · 이익을 적법하게 승계한 자가 불복청구인의 지위를 승계하는 것으로 봄이 타당하다. 역시 합병으로 소멸한 법인의 납세의무를 존속법인이나 신설법인이 승계하도록 한 국세기본법 제23조의 취지를 고려하여 불복청구법

---

1) 대법원 1994. 9. 9., 93 누 22234.
2) 대법원 1989. 10. 10., 89 누 2080.

인이 합병으로 소멸한 경우 존속법인 또는 신설법인이 그 청구법인의 지위를
승계하는 것으로 보아야 할 것이다.

Ⅳ. 불복청구의 종류

국세불복청구절차는 원칙적으로 국세청장에 대한 심사청구와 조세심판원장
에 대한 심판청구 중 하나를 선택하는 단일 심급으로 되어 있다. 동일한 처분에
대하여는 심사청구와 심판청구를 중복하여 제기할 수 없다(基本法 55조 9항).

그러나 해당 처분이 국세청장이 조사·결정 또는 처리하거나 하였어야 할
것이 아닌 한 심사청구 또는 심판청구에 앞서 이의신청을 제기할 수 있다(基本
法 55조 3항). 즉 이의신청은 선택적 시심(始審)이며, 이의신청을 거치는 경우에
는 불복청구절차는 2심급이 된다. 이의신청은 불복의 대상인 처분을 하였거나
하였어야 할 세무서장에게, 또는 해당 세무서장을 거쳐 관할 지방국세청장에게
제기할 수 있다(基本法 61조 1항, 2항, 66조 1항). 그러나 (i) 지방국세청장의 조사
에 따라 과세처분을 한 경우, (ii) 세무서장에게 과세전적부심사를 청구한 경우
에는 해당 과세처분을 행한 세무서장의 관할 지방국세청장에게 이의신청을 제
기하여야 한다(基本法 66조 1항 단서). 만약, 이의신청의 대상이 된 처분이 지방
국세청장에 의하여 조사·결정 또는 처리되거나 되었어야 할 것인 경우에는 세
무서장은 해당 신청을 받은 날로부터 7일 이내에 이의신청서에 의견서를 첨부
하여 지방국세청장에게 송부하고 그 뜻을 이의신청인에게 통지하여야 한다(基
本法 66조 2항).

Ⅴ. 불복청구기간

1. 기   간

이의신청은 해당 처분이 있은 것을 안 날(처분의 통지를 받은 때에는 그 받은
날)로부터 90일 이내에 제기하여야 한다(基本法 66조 6항, 61조 1항 본문). 이의신
청을 거치지 않고 심사청구를 하고자 하는 경우에도 또한 같다(基本法 61조 1
항). 이의신청을 거친 후 심사청구를 제기하고자 할 때에는 이의신청에 대한 결
정의 통지를 받은 날로부터 90일 이내에 제기하여야 한다(基本法 61조 2항). 이

의신청에 대하여 결정기간 내에 결정통지를 받지 못한 경우 또는 이의신청에 대한 재조사 결정이 있은 후 60일의 처분기간 내에 처분 결과의 통지를 받지 못한 경우에는 결정의 통지를 받기 전이라도 결정기간이나 처분기간이 경과한 날로부터 심사청구를 제기할 수 있다(基本法 61조 2항 단서).

심판청구도 해당 처분이 있은 것을 안 날(처분의 통지를 받은 때에는 그 받은 날)로부터 90일 이내에 제기하여야 한다(基本法 68조 1항). 그러나 이의신청을 거친 후 심판청구를 하고자 할 때에는 이의신청에 대한 결정의 통지를 받은 날로부터 90일 이내에 제기하여야 한다(基本法 68조 2항).

국세기본법 제6조(천재 등으로 인한 기한의 연장)에 규정하는 사유로 말미암아 기간 내에 불복청구를 할 수 없는 때에는 그 사유가 소멸한 날로부터 14일 이내에 불복청구를 할 수 있다(심사청구에 관하여는 基本法 61조 4항; 심판청구에 관하여는 동법 81조; 이의신청에 관하여는 동법 66조 6항). 부득이한 사유로 청구기한이 도과함으로 인하여 구제의 길이 막히는 일이 없도록 하기 위한 배려이다. 이 경우 사전에 기간연장의 신청을 필요로 하는 것은 아니다. 그러나 불복청구 기간을 지나서 불복청구를 하는 경우에는 기간 내에 불복청구를 할 수 없었던 사유, 그 사유가 발생한 날 및 소멸한 날, 기타 연장사유의 존부와 존재기간을 확인하는 데 필요한 사항을 기재한 문서를 불복청구의 제기와 함께 제출하여야 한다(基本法 61조 4항 후문). 그렇지 않으면 각하의 결정을 면할 수 없다.

동일한 국제거래에 대하여 국세부과 목적의 정상가격과 관세부과 목적상의 과세가격이 일치하지 아니하여 불이익을 입을 수 있는 납세의무자가 기획재정부장관에게 2개 가격 사이의 조정을 신청하여 조정절차가 진행 중인 경우에는 조정신청일로부터 기획재정부장관이 그의 권고안에 대한 과세당국이나 세관장의 이행계획을 받아 조정신청인에게 통지하는 날까지의 기간을, 그리고 조세조약의 규정에 의한 상호합의절차가 진행 중인 경우에는 상호합의 진행기간을 불복청구기간 및 결정기간에 산입하지 않는다(基本法 55조의2; 國租法 10조의3, 24조 1항).

감사원법에 의한 심사청구는 해당 처분이 있음을 안 날부터 90일 이내에, 그리고 처분이 있은 날부터 180일 이내에 제기하여야 한다(감사원법 44조 1항).

2. 기 산 일

불복청구기간의 기산일이 되는 '처분의 통지를 받은 날'이라 함은 통지가 사회통념상 처분의 상대방에 의하여 지득(知得)될 수 있는 객관적 상태에 놓인 때를 말하며, 반드시 상대방이 처분의 통지를 받아 현실적으로 그 내용을 지득한 것까지 필요로 하는 것은 아니다.

부작위의 경우에 기산일을 어떻게 잡을 것인가에 관하여는 법에서 말하여 주는 바가 없다. 바꾸어 말하면 불복청구기간에 관하여 제약이 없다. 부작위상태가 계속되는 한 언제든지 불복청구를 제기할 수 있다고 할 것이다.1)

행정심판법에서도 부작위에 대한 의무의 이행을 구하는 심판청구에는 심판청구기간의 규정이 적용되지 않는 것으로 규정하고 있다(동법 18조 7항). 부작위임에도 불구하고 처리기간이 도과한 날에 거부처분이 있는 것으로 보고(예컨대, 부가가치세 환급기한의 도과), 그 날로부터 기산하는 것은 옳지 않다.

VI. 심 리

1. 요건심리

요건심리(또는 형식적 심리)는 불복청구가 법이 요구하는 형식적 요건, 즉 ① 처분의 존재, ② 침해되었다고 주장하는 것이 권리·이익에 해당하는지 여부, ③ 청구인 적격, ④ 불복청구기간 내의 청구인지 여부 및 전심절차의 경유 여부 등의 요건이 충족되었는지를 심리하는 것이다. 불복청구의 형식적 적법성에 대한 심리이다. 형식적 요건을 갖추지 않은 불복청구는 각하하여야 한다. 다만, 불복청구의 내용이나 절차가 적합하지 아니하나 보정할 수 있다고 인정되는 때에는 20일 이내의 기간(심판청구에 있어서는 '상당한 기간')을 정하여 보정할 것을 요구할 수 있다(基本法 63조 1항, 66조 6항, 81조). 경미한 보정사항은 직권으로 보정할 수 있다.

보정이 불가능한 불복청구는 말할 것도 없고, 보정이 가능한 불복청구도 보정요구를 받고 보정기간 내에 필요한 보정을 하지 않는 때에는 각하의 결정을 하여야 한다(基本法 65조 1항 1호). 그러나 보정요구의 실제가 형식적 요건의

---

1) 南博方·小高剛, 「註釋 行政不服審査法」 (增補版), 76-77면.

미비의 보정이 아니라 불명확한 사항의 석명을 요구하는 것인 경우에는 보정요구에 응하지 않더라도 그것이 각하의 사유가 될 수는 없다. 보정기간이 부당하게 짧아 부득이 보정이 늦어진 경우에도 또한 같다.

보정의 요구는 청구인에게 도달한 때 효력이 발생하고,[1] 보정기간은 청구기간 및 결정기간에 산입하지 아니한다(基本法 63조 3항, 65조 4항, 81조).

2. 본안심리

불복청구가 적법하게 제기된 경우에는 청구를 수리하여 본안에 대한 심리를 하여야 한다. 이것을 본안심리(또는 실질적 심리)라 한다. 본안심리는 결정기간 내에 결정이 불복청구인에게 도달할 수 있도록 지체없이 진행하여야 한다. 불복청구의 재결청은 청구의 대상이 된 처분에 국한하여 심리하여야 한다. 즉, 청구의 대상이 된 처분 외의 처분에 대하여는 그 처분의 전부 또는 일부를 취소 또는 변경하지 못하고, 나아가 새로운 처분을 할 수 없다(심판청구의 경우 基本法 79조 1항; 심사청구의 경우 基本法 65조의3 1항; 이의신청의 경우 基本法 66조 6항). 이를 불고불리(不告不理)의 원칙이라고 한다. 청구인의 권리를 구제한다는 행정심판의 기능에 부합하는 원칙이다. 같은 맥락에서 청구의 대상이 된 처분의 내용을 청구인에게 불이익하게 변경하는 것도 금지되어 있다(아래 IX. 2.).

3. 심리의 대상 - 총액주의와 쟁점주의

부과처분의 취소를 구하는 쟁송에 있어서 심리의 대상이 무엇인가에 관하여 크게 총액주의와 쟁점주의가 대립하고 있다. 그 내용은 논자에 따라 다른 점이 있기는 하지만, 대체로 총액주의는 부과된 세액, 즉 부과된 세금총액의 적법 여부가 심리의 대상이라고 보는 입장이며, 쟁점주의는 처분이유(또는 처분이유와 관련하여 본 세액)의 적법 여부를 심리의 대상으로 보는 입장이라 할 수 있다.

총액주의는 행정처분의 취소소송의 소송물이 행정처분의 위법성 일반이라고 하는 통설[2] 및 과세처분 취소소송의 성격을 본질적으로 민사소송의 채무부존재확인소송으로 파악하는 견해와 그 맥락을 같이한다. 취소소송의 소송물을 위법성 일반이라고 보면 당사자는 처분의 적법 또는 위법에 대해 어떠한 주장

---

1) 대법원 1979. 7. 10., 79 누 128; 同 1985. 2. 8., 84 누 246.
2) 徐元宇, 「現代行政法」(上), 795면.

이나 항변도 할 수 있는 것이므로, 처분청은 처분시의 이유와 다른 이유 또는 추가적 이유를 내세워 처분의 적법성을 주장할 수 있다. 과세처분 취소소송을 채무부존재확인소송으로 인식하는 입장에 서면, 과세근거에 관한 주장을 변론종결시까지 수시로 제출할 수 있는 것이므로 역시 새로운 과세근거를 소송의 진행과정에서 주장할 수 있는 것이 된다.

총액주의는 처분 당시의 처분이유를 쟁송과정에서 변경 또는 보충하는 것을 허용함으로써 처분에 대한 불복 여부 및 공격 · 방어 방법의 선택에 관한 납세자의 판단을 어렵게 하는 흠이 있다. 또한 처분의 적법 여부를 처분시의 이유를 대상으로 판단하지 않기 때문에 과세관청이 신중하고, 합리적으로 과세처분을 하도록 유도하지 못하는 단점도 있다.

이에 비해 쟁점주의는 처분시에 표명한 처분이유만을 심리의 대상으로 하기 때문에, 과세관청이 어떤 이유로 과세처분을 한 뒤 다른 이유로 다시 과세처분을 하는 경우 그 새로운 과세처분에는 앞의 과세처분에 관한 판결의 기판력(旣判力)이 미치지 않게 되고, 이에 쟁송을 일회적으로 해결할 수가 없게 된다. 또한 불복의 취지와 이유는 일차적으로 과세처분에 불복하는 납세자에 의하여 형성되는데, 행정불복 단계의 실정을 보면 납세자가 쟁점을 정확히 파악하지 못하고 불복청구를 제기하는 예가 많아(처분이유와 불복이유 간의 서로 다름), 쟁점주의에 따라 납세자가 지적한 처분이유에 대해서만 심리하게 되면 권리구제에 미흡한 결과가 생긴다. 그래서 현실적으로 총액주의적 심리가 불가피할 때가 허다하다.

과세처분의 취소소송을 납세자가 납부하여야 할 정당한 금액을 초과하는 세액의 부과로 인한 권리침해로부터 납세자를 구제하기 위한 제도로 보면, 초과액의 존부를 판단하기 위하여 과세총액 전반을 심리의 대상으로 하여야 한다고 생각한다. 우리 판례도 기본적으로 총액주의를 취하고 있다.[1] 그러나 여러

---

1) 대법원 1989. 3. 28., 88 누 6504(과세처분의 취소를 구하는 소송에 있어서 심판의 대상이 되는 것은 과세관청이 부과고지한 과세표준과 세액이 객관적으로 존재하는가의 여부를 가리는 것이므로 당해 부과처분에 의하여 인정된 과세표준과 세액이 정당하면 그 부과처분은 적법하다 할 것이고 반대로 부과처분에 의하여 인정된 과세표준과 세액이 정당한 과세표준과 세액에 비하여 과다한 경우에는 그 부과처분은 정당한 과세표준과 세액을 초과하는 범위 내에서 위법하므로 이를 취소하여야 할 것이다).
대법원 1980. 10. 14., 78 누 345(과세관청으로서는 과세처분 취소소송의 변론종결시까지 당해 과세처분에서 인정한 과세표준액 등이 객관적으로 존재함을 긍인(肯認)하게 할 모든 자료를 제출하고, 그 때까지 제출한 자료에 의하여 소득금액의 존부를 판단할 것을 주장할 수 있다); 同 2022. 2. 10., 2019 두 50946.

판례는 한편으로는 '부과처분에 이른 과세사유에 위법부당한 것이 포함되어 있더라도 전체 부과세액이 그 위법부당한 사유로 인한 부분까지 감안하여 계산한 정당한 세액의 범위 내라면 부과처분은 위법하지 않으므로 취소할 수 없다'고 하면서도, 다른 한편으로는 '과세관청의 계산방식 등에 관한 잘못이 과세단위와 처분사유의 범위를 달리하는 정도라면 비록 해당 부과처분의 금액이 정당한 세액의 범위 내라고 하더라도 위법한 처분이 될 수도 있다'[1] 또는 '처분사유의 변경으로 과세의 기초사실이 달라져 당초 처분의 동일성이 유지되지 않으면 위법한 처분이다'[2]라는 취지로 판시함으로써 납세의무자 또는 과세기간과 같은 과세단위의 유지나 처분사유 사이의 견련성(牽聯性)의 존재라는 총액주의의 한계를 설정하고 있다. 그렇다면 조세불복청구에 대한 실제 심리에서는 총액주의와 쟁점주의가 엄격히 구분되지 않고 어느 정도 접근하고 있다고 볼 수 있다. 일본에서도 쟁점주의를 취하는 학설 가운데 '기본적 과세요건사실의 동일성을 잃지 않는 범위에서 이유의 대체가 인정된다'고 하는 견해가 있고,[3] 총액주의를 취한다 하여 처분이유와 동떨어진 어떠한 사실이든 처분청이 주장할 수 있다고 하지는 않는 것 같다.[4]

총액주의를 취한다고 하여 행정소송이나 행정불복에 있어 재결청이나 법원이 과세요건사실 전반을 직권으로 조사하여야 하는 것은 아니다. 그렇게 되면 자칫 재결기관이나 법원이 심판자의 입장에서 이탈하여 스스로 처분청의 입장에 서게 되어 권리구제적 기능이 약화될 우려가 있기 때문이다. 현실적으로도 쟁점사항 이외의 사실조사까지 두루 한다는 것은 가능하지도 않으려니와 쟁송절차를 지연시키게 될 것이다. 같은 이유로 판례도 '과세처분 취소 소송에서 사실심 변론종결시까지 당사자에 의해 제출된 자료에 의하여 정당한 세액이 산출되는 경우에는 그 정당한 세액을 초과하는 부분만 취소하여야 하고 그 전부를 취소할 것은 아니다'라고 하면서도,[5] '당사자가 사실심 변론종결시까지 제출한 자료만으로는 정당한 세액을 산출할 수 없는 경우에는, 법원이 직권에 의하여 정당한 세액을 계산하여야 할 의무를 지는 것은 아니므로, 과세처분 전부를

---

1) 대법원 2006. 6. 15., 2004두3823; 同 1992. 7. 28., 91누10695.
2) 대법원 2013. 7. 11., 2011두7311; 同 2006. 4. 27. 선고 2005두17058.
3) 金子 宏, 「租稅法」(第10版), 780면.
4) 日最高裁 昭和 56. 7. 14. 3少 판결, 民集 35권 5호, p. 901.
5) 대법원 1997. 3. 28., 96누15022.

취소하여야 한다'는 입장을 취하고 있다.1)

Ⅶ. 불복청구의 처분의 집행에 대한 효력

이의신청·심사청구 또는 심판청구 등 국세불복청구는 세법에 특별한 규정
이 있는 경우를 제외하고는 해당 처분의 집행에 효력을 미치지 아니한다(집행부
정지의 원칙, 基本法 57조 1항 본문). 불복신청의 남용으로 조세행정의 운영을 부
당하게 저해하는 것을 방지하기 위한 것이다. 따라서 납세자가 불복하더라도
당초의 처분이 계속 유효하기 때문에 체납된 경우에는 가산세가 추가되고, 독
촉기한까지 체납된 국세를 납부하지 않는 경우에는 강제징수를 속행하게 된다.

그러나 강제징수로 인하여 납세자에게 회복할 수 없는 손해가 발생할 우려
가 있거나 긴급한 사유가 있는 경우에는 예외적으로 집행을 정지시킬 수 있다.
즉, 불복청구의 재결청은 처분의 집행을 계속하면 불복청구인에게 중대한 손해
가 생기는 것을 예방할 필요성이 긴급하다고 인정하는 경우에는 처분의 집행을
정지하는 결정을 할 수 있고(基本法 57조 1항 단서), 이 경우 압류재산의 공매는
정지된다(徵收法 88조 1항).

Ⅷ. 관계서류의 열람청구 및 의견진술권

1. 열람청구권

불복청구인은 사건에 관계되는 서류를 열람할 수 있다(基本法 58조 전단).
관계서류를 열람하거나 그 내용을 사본하려고 하는 자는 이를 서면으로는 물론
구술로 해당 재결청에 요구할 수 있다(基本令 46조 1항). 열람청구는 사실상 처
분청에게 증거의 제시를 요구하는 효과가 있다. 불복청구인으로 하여금 과세관
청의 증거를 통해 처분의 이유와 근거자료의 내용을 지득하게 함으로써 적절한
주장과 증거를 개진, 제시할 수 있도록 하기 위한 제도이다. 처분청도 심판청구
절차에 한하여 같은 권리를 가진다.

열람의 요구를 받은 재결청은 그 서류를 열람 또는 사본하게 하거나, 그
등·초본이 원본과 상위 없음을 확인하여야 한다(基本令 46조 2항). 열람의 대상

1) 대법원 1995. 4. 28., 94 누 13527; 同 1992. 7. 24., 92 누 4840.

서류는 열람청구시 재결청에 존재하는 것이다. 처분청이 재결청에 제출하지 않았거나 또는 제출하였더라도 재결청이 이미 반환한 서류는 재결청에 열람청구를 할 수 없고, 재결청이 굳이 처분청에 제출을 요구하여 열람케 할 의무는 없다. 재결청 자체의 조사서류는 열람대상에서 제외된다고 본다. 그리고 동업자권형(同業者權衡)에 의한 추계조사결정을 다투는 경우에서처럼 제3자의 비밀보호가 필요한 경우에는 제3자의 비밀을 침해할 열람청구는 거부할 수 있다고 본다.

열람청구는 불복청구인이 할 수 있음은 물론, 불복청구에 관한 모든 행위를 할 수 있는 대리인도 할 수 있다(基本法 59조 3항 본문). 그 밖의 사람의 열람청구는 인정되지 않는다.

2. 의견진술권

행정불복절차의 심리는 비공개·직권주의에 의하여 진행됨으로써 공개·변론주의를 기초로 하는 사법절차와 대조를 이룬다. 하지만 불복청구인(심판청구의 경우에는 처분청도 포함)에게 재결청에 대해 의견을 진술할 권리를 특히 부여하고 있다(基本法 58조 후단). 이것은 관계서류의 열람청구권과 더불어 조세행정불복절차에 사법적 구두변론 절차를 가미한 것이라 할 수 있다.

의견을 진술하고자 하는 자는 인적사항과 진술의 개요를 기재한 문서로 해당 재결청에 신청하여야 하며(基本令 47조 1항), 신청을 받은 재결청은 (i) 불복청구의 목적이 된 사항이 경미하거나 청구기간 도과 후 불복청구가 있은 때, (ii) 불복청구의 목적이 된 사항이 법령해석에 관한 것으로서 신청인의 의견진술이 필요 없다고 인정되는 때, 그리고 (iii) 심판청구인이 의견진술을 신청하지 아니하고 처분청만 의견진술을 신청한 경우로서 심판청구의 목적이 된 사항의 내용 등을 고려할 때 처분청의 의견진술이 필요하지 아니하다고 인정하는 때를 제외하고는 반드시 의견진술의 기회를 부여하여야 한다(동조 2항). 의견진술의 시간이 지나치게 짧게 정하여져 사회통념상 의견진술의 기회를 부여하였다고 할 수 없다면 의견진술신청을 거부한 것이나 다를 바 없다.

재결청은 의견진술이 필요 없다고 인정하는 때에는 이유를 명시하여 문서로 그 뜻을 신청인에게 통지하여야 한다(동조 3항).

IX. 결 정

1. 결정의 종류

결정(재결, 裁決)은 불복청구에 대한 재결청의 최종적인 판단으로서, 국세기본법에 규정된 결정의 유형에는 각하·기각 및 인용의 세 가지가 있다. 인용에는 다시 취소결정, 경정결정, '필요한 처분'의 결정 또는 재조사 결정 등 네 가지가 있다.

(1) 각하결정

기간연장의 사유가 없음에도 불복청구기간을 도과한 후 불복을 제기하였거나, 불복청구인이 보정요구를 받고도 보정기간 내에 보정을 하지 않은 경우(基本法 65조 1항 1호)와 기타 불복청구가 형식적 요건을 불비한 경우에는 각하의 결정을 하여야 한다. 이 경우 본안의 심리에 들어갈 필요가 없다.

(2) 기각결정

본안심리의 결과 불복청구가 이유 없다고 인정하여 원처분을 유지하는 결정을 기각결정이라 한다(基本法 65조 1항 2호).

(3) 인용결정

1) 취소 또는 경정 결정   불복청구가 그 실체적 내용에 있어 전부 또는 일부 이유 있다고 인정하는 때에는 처분의 전부 또는 일부를 취소하거나 처분을 경정(변경)하는 결정을 하여야 한다(基本法 65조 1항 3호). 즉 처분이 위법 또는 부당함을 인정하여 내리는 결정이다. 처분의 경정은 예컨대, 상속세의 연부연납 신청에 대한 허가의 내용 중 연납기간에 대해 불복한 경우 연납허가처분을 존속시키면서 그 기간을 연장하는 결정을 내리는 것과 같이 취소에 적합하지 않는 하자의 시정을 위한 결정이다.

2) '필요한 처분' 결정   불복청구인이 '필요한 처분'을 받지 못함으로써 권리 또는 이익을 침해받았다고 인정하는 때에는 필요한 처분의 결정을 내려야 한다(基本法 65조 1항 3호). 처분청에 의한 거부처분이 있었을 경우에 재결청이 그 거부처분을 취소하는 것만으로는 불복청구인의 권리구제에 하등 직접적인 도움이 되지 못하기 때문에 처분청이 행하여야 할 직무행위의 구체적 내용을 밝히는 결정을 하여 납세자의 권리를 직접적으로 구제하는 것이다.

부작위에 대한 불복에 대해서도 단순히 처분청의 행위의무가 있음을 인정하는 데 그치지 않고 역시 필요한 처분의 결정을 내리도록 하고 있다.[1]

국세기본법은 거부처분과 부작위를 구별하고 있지 않기 때문에 양자에 대해 같은 취지의 결정, 즉 '필요한 처분'을 명하는 결정을 할 수밖에 없으나 처분의 내용은 일차적으로 처분권한을 갖고 있는 부작위청이 판단할 성질의 것임을 감안하면 제도적으로 부자연스러운 면이 있다. 그러나 구제의 실효성 면에서 보면 재결청에 의하여 처분이 구체화되는 현행 규정이 우월한 것은 틀림없다.

(4) 재조사결정

재결청은 취소·경정 또는 필요한 처분을 하기 위하여 사실관계 확인 등 추가적으로 조사가 필요한 경우에는 처분청으로 하여금 이를 재조사하여 그 결과에 따라 취소·경정하거나 필요한 처분을 하도록 하는 '재조사 결정'을 할 수 있다(基本法 65조 1항 3호 단서). 재조사 결정이 내려진 경우 처분청은 그 결정일로부터 60일 이내에 결정서 주문에 기재된 범위에 한하여 조사를 한 뒤 그 결과에 따라 취소·경정하거나 필요한 처분을 하여야 한다. 재조사 결정이 있다고 하여 반드시 당초 처분을 취소하거나 경정하여야 하는 것은 아니고, 재조사 과정에서 확인된 사실관계가 청구인의 주장과 다른 경우 등에는 당초 처분을 취소·경정하지 아니할 수 있다(基本法 65조 6항). 한편, 처분청은 세무조사의 경우에 준하여 재조사를 연기하거나 재조사 기간의 연장 또는 중지를 할 수 있다(동조 5항). 2016. 12. 20. 자 국세기본법의 개정으로 재조사 결정 제도가 명문의 제도로 도입되기 전에도 재결청이 재조사 결정을 하는 경우가 종종 있었고, 이러한 경우의 재조사 결정의 성격에 관하여 대법원은 재조사 결정에 따른 처분청의 후속 처분이 당초의 불복청구에 대한 결정으로서의 효력을 갖는다고 해석하였다.[2] 그러나 개정된 국세기본법에서는 납세자로 하여금 재조사 결정을 한 재결청 앞으로 후속 처분에 대한 심사청구 또는 심판청구를 제기할 수 있도록 함으로써, 후속 처분을 당초 처분에 대한 재결청의 '결정'의 일부가 아니라 새

---

1) 행정심판법에서는 "위원회는 의무이행심판의 청구가 이유 있다고 인정하면 지체없이 신청에 따른 처분을 하거나 처분을 할 것을 피청구인에게 명한다"라고 규정하고 있다(동법 제43조 제5항). 그러나 일본에서는 부작위에 대한 불복은 행정불복심사법에 의하게 되어 있는데, 조속한 행위를 명하고 그 뜻을 재결에 선언할 수 있을 따름이며 행위의 내용을 확정하지는 않는다(동법 제51조 제3호).
2) 대법원 2010. 6. 25., 2007 두 12514(전원합의체).

로운 '처분'으로 취급하고 있다(基本法 55조 5항). 그러므로 당초 처분은 후속 처분에 의하여 그 효력을 상실하고 후속 처분만이 존재하게 된다.

2. 불이익변경

심판청구에 대하여 심판청구 대상처분보다 청구인에게 더 불이익한 결정을 하는 것을 금하고 있다(基本法 79조 2항). 재조사결정도 심판결정의 한 유형이므로 재조사결정에 따른 처분청의 후속 처분이 당초의 심판청구 대상처분보다 청구인에게 불이익해서는 안 된다.[1] 2018년 개정 전 국세기본법에는 심사청구나 이의신청의 결정에 관해서 이러한 불이익변경금지의 원칙이 규정되어 있지 않아 그 가부에 관해 논란이 있었으나, 그 개정으로 심사청구와 이의신청의 경우에도 납세자에게 불이익하게 변경하는 결정을 하지 못하도록 명문화함으로써 이러한 논란은 종식되었다(基本法 65조의3 2항, 66조 6항). 불이익변경금지의 원칙에 위반한 과세처분은 당연무효이다.[2]

3. 결정기간

이의신청에 대한 결정은 이의신청을 받은 날로부터 30일 이내에(基本法 66조 6항), 심사청구에 대한 결정은 심사청구를 받은 날로부터 60일 이내에(基本法 65조 2항), 그리고 심판청구에 대한 결정은 심판청구를 받은 날로부터 90일 이내에(基本法 80조의2) 하여야 한다. 어느 심급에 있어서나 보정기간은 결정기간에 산입하지 않는다(基本法 65조 4항, 66조 6항, 81조).

4. 결정의 효력

결정은 그 통지가 불복청구인에게 도달함으로써 효력을 발생한다. 결정(재결)도 행정행위의 일종으로서 공정력(公定力)과 집행력(執行力)을 갖는다. 즉 결정은 당연무효인 경우를 제외하고 적법한 것으로 추정되며, 취소되지 않는 한 아무도 그 효력을 부정할 수 없고(공정력), 인용의 경우에는 처분청에 대해서, 각하 또는 기각의 경우에는 청구인에 대해서 재결의 내용을 실현시키는 효력을 갖는다(집행력).

---

1) 대법원 2016. 9. 28., 2016 두 39382.
2) 대법원 2004. 12. 9., 2003 두 278.

이 밖에 결정은 재결에 특유한 다음과 같은 효력을 아울러 갖는다.

(1) 불가쟁력(不可爭力)

결정에 대해서 다음 심급에의 불복청구를 청구기간 내에 하지 않거나 또는 소송을 출소기간 내에 제기하지 않으면 결정은 형식적으로 확정된다(형식적 확정력). 이처럼 결정이 확정되면 결정이 당연무효가 아닌 한 그 효력을 다툴 수 없게 된다는 점에서 이를 통상 결정의 불가쟁력(Unanfechtbarkeit)이라고 한다.

(2) 불가변력(不可變力)

결정은 쟁송절차에 따라 내려진 판단이므로 재결청 자신도 이를 취소하거나 변경할 수 없다. 설령 결정에 하자가 있다 하더라도 다를 바 없다. 이와 같이 결정이 재결청을 기속하는 효력을 불가변력(Unabaenderlichkeit)이라 부른다.

결정에 명백한 오기·오산이 있는 경우에는 결정의 동일성을 잃지 않는 범위에서 직권 또는 신청에 의하여 정정하는 것이 허용된다(基本法 65조의2). 결정이 내려진 후에 상급심에서 이를 변경하는 것은 물론 가능하다.

(3) 기속력(羈束力)

결정은 불복청구인 및 관계인과 아울러 관계행정청을 기속한다(基本法 80조). 따라서 재결청이 청구를 인용하여 처분을 취소 또는 변경한 경우 처분청은 특별한 사유없이 이를 번복하고 동일한 처분을 되풀이하거나 또는 결정의 내용에 반하는 처분을 할 수 없다.[1] 결정에 따라 행한 처분 자체를 정면으로 취소하거나 변경하지 않더라도, 결정에 따라 취소하거나 결정에 이르기 전에 청구에 따라 직권취소한 과세처분과 동일한 내용의 과세처분을 되풀이하는 것도 위법하다.[2] 결정의 이와 같은 효력을 기속력(또는 구속력)이라 한다.

그러나 불복청구가 각하되거나 기각된 경우에는 처분청이 원처분을 유지할 의무를 지지 않는다. 따라서 각하 또는 기각결정이 있은 후에 처분청이 처분을 직권취소하거나 또는 변경하여도 무방하다. 기속력이란 재결청이 처분의 위법 또는 부당함을 이유로 청구를 인용하는 결정을 내린 경우 그에 따른 권리구제의 실현을 목적으로 하는 효력이므로, 본안에 대한 판단을 거부한 각하결

---

1) 처분청에게 한 이의신청이나 국세청장에게 한 심사청구 등의 불복절차에서 불복사유가 이유 있다고 인정되어 과세처분의 취소가 내려진 뒤 감사원이나 상급 과세관청의 시정지시를 이유로 동일한 과세처분을 반복하여 행하는 것은 위법하다(대법원 1978. 1. 31., 77 누 266; 同 1990. 10. 23., 89 누 6426; 同 2010. 6. 24., 2007 두 18161; 同 2019. 1. 31., 2017 두 75873).

2) 대법원 2014. 7. 24., 2011 두 14227; 同 2010. 6. 24., 2007 두 18161.

정이나 원처분을 유지하는 데 불과한 기각결정에는 기속력을 인정하여야 할 이유가 없다.

기속력의 범위는 결정주문에서의 판단과 그 판단의 전제가 되는 요건사실의 인정 및 그 법률적 효력에 국한되는 것이므로 방론이나 간접사실의 판단에는 미치지 아니한다.[1] 나아가 청구인이 사술(詐術)을 써서 취소의 결정을 받은 뒤 후일 새로운 사실이 발견되면 새로운 사실에 따른 재처분은 기속력의 제약을 받지 아니한다. 예컨대, 토지를 평당 173,000원에 매도하였음에도 평당 90,000원에 매도하였다고 허위의 매매계약서 등을 첨부하여 조세심판원으로부터 취소결정을 받았다 하더라도 새로이 발견된 실지거래가격에 의해 새로이 부과처분을 하는 것은 적법하다.[2]

(4) 형 성 력

취소 또는 변경의 결정이 바로 해당 처분의 효력을 변경하는 효력, 즉 형성력을 갖는가에 대해서는 견해가 갈린다. 판결과는 달리 취소 또는 변경의 결정은 바로 처분을 직접 취소 또는 변경하는 효력이 있는 것이 아니고, 처분청이 결정에 따른 처분을 함으로써 비로소 원처분이 취소 또는 변경된다는 것이 종래의 통설·판례였다.[3] 그러나 그 후 판례는 "원처분을 취소 또는 변경하는 결정이 있으면 특단의 사정이 없는 한 그 결정의 효력에 의하여 원처분은 당연히 취소 또는 변경된다"고 선언하여 그 입장을 변경하였다.[4] 권리 구제의 신속과 확실을 위하여 결정의 형성력을 인정하는 것이 바람직하다고 할 것이다.[5] 다만, 경정결정의 경정범위가 불분명한 경우에는 원처분이 당연히 변경되었다고 보기는 어려울 것이다. 예를 들면, 양도소득세 부과처분에 불복하여 제기한 심판청구에 대한 결정주문에서 "양도가액을 20,000,000원, 취득가액을 4,321,000원으로 인정하여 이를 경정한다"라고만 하였을 때에는 원처분청이 과세표준과 세액의 경정결정을

---

1) 南博方·小高剛,「注釋行政不服審査法」(補正版), 196면.
2) 대법원 1983. 7. 26., 82 누 63.
3) 대법원 1975. 11. 25., 74 누 214(피고는 당초 1981. 12. 16.자로 이 사건 처분을 하였다가 원고의 불복에 의하여 과세표준금액을 금 34,250,218원으로 감액한다는 국세심판소의 결정에 따라 내부적으로 감액경정결정을 하였으나 원고에게는 이를 통지하지 아니하였다는 것이니 위 당초 부과처분을 이 사건 소송의 대상으로 본 원심의 조치는 정당하다); 同 1984. 11. 27., 83 누 438.
4) 대법원 1982. 7. 27., 82 누 91.
5) 행정심판법에서는 재결청이 형성력 있는 재결을 스스로 할 수 있음을 명시하고 있다(동법 50조 1항).

하여 이를 원고에게 통지한 때에 비로소 원처분변경의 효력이 발생한다.[1]

5. 결정서의 경정

심사청구 또는 심판청구에 대한 결정에 오기·계산착오 기타 이와 비슷한 잘못이 있음이 명백한 때에는 국세청장 또는 조세심판원장은 직권 또는 심사·심판청구인의 신청에 의하여 이를 경정할 수 있다(基本法 65조의2 1항, 81조).

심사결정서의 경정 여부는 국세청장이 국세심사위원회의의 의결을 거쳐, 심판결정서의 경정은 조세심판원장이 조세심판관회의 또는 조세심판관합동회의의 의결을 거쳐 결정한다(基本令 53조의2 1항). 경정결정이 있는 때에는 해당 경정결정서를 작성하여 지체없이 이를 청구인 또는 관계인에 통지하여야 한다(동조 2항).

X. 이의신청

1. 총   설

이의신청이란 일반적으로 처분청을 재결청으로 한 불복을 뜻하나, 국세기본법에서는 이의신청을 처분청(세무서장)에게 제기하거나 또는 처분청을 거쳐 상급관청인 지방국세청장에게 제기하도록 하여 불복청구인에게 선택권을 주고 있다(基本法 66조 1항). 이의신청의 다음 심급 중의 하나인 심사청구는 국세청장에게 제기하여야 하므로, 만일 이의신청의 재결기관을 세무서장만으로 한다면 지방국세청장이 조세에 관한 행정불복과정에서 완전히 소외되기 때문에 지방국세청장도 선택적인 이의신청의 재결기관으로 한 것으로 짐작된다.

기본적으로 이의신청이란 처분청 자신의 재고를 요구하는 것으로, 이에 대한 결정은 어느 의미에서는 재처분의 성격을 지닌다.

이의신청과 심사청구 또는 심판청구는 선택적 시심이나, 양자를 아울러 제기하는 것은 허용되지 않는다. 선택적 시심일 뿐 중복적 시심일 수 없기 때문이다. 그러나 불복청구를 중복하여 제기하였다 하더라도 심리종결 이전에 하나를 취하한 경우에는 다른 하나의 불복청구는 유효하다고 본다.

---

[1] 위 대법원 1982. 7. 27., 82 누 91.

2. 이의신청의 절차

이의신청은 요식행위이다. 이의신청은 (i) 청구인의 주소 또는 거소와 성명, (ii) 처분이 있은 것을 안 날(처분의 통지를 받은 경우에는 그 받은 연월일), (iii) 통지된 사항 또는 처분의 내용 및 (iv) 불복의 이유를 기재한 서면(이의신청서)에 의하여야 한다(基本法 66조 1항; 基本令 54조 1항, 50조 1항). 관계 증거서류 또는 증거물이 있는 때에는 이의신청서에 이를 첨부한다(동조 동항).

세무서장에게 제기한 이의신청의 대상이 된 처분이 지방국세청장이 조사·결정 또는 처리하거나 하였어야 할 것인 경우에는 세무서장은 이의신청을 받은 날로부터 7일 이내에 해당 신청서를 첨부하여 지방국세청장에게 송부하고 그 뜻을 이의신청인에게 통지하여야 한다(基本法 66조 2항). 지방국세청장에 대한 이의신청을 받은 세무서장은 이를 받은 날로부터 7일 이내에 역시 해당 신청서에 의견서를 첨부하여 지방국세청장에게 송부하여야 한다(동조 3항). 이의신청을 받은 세무서장과 지방국세청장은 각각 국세심사위원회(基本法 66조의2)의 심의 및 의결을 거쳐 이를 결정하여야 한다(동조 4항).

'지방국세청장이 조사·결정 또는 처리하거나 하였어야 할 것'이란 국세기본법 시행령 제44조의2(이의신청이 배제되는 처분)에 규정하는 것을 뜻한다(基本令 54조 2항, 51조). 즉, (i) 지방국세청장의 과세표준 조사·결정에 의한 처분, (ii) 지방국세청장의 감사결과에 따른 시정지시에 의한 처분, (iii) 지방국세청장의 세무사찰결과에 따른 처분, (iv) 그 밖에 지방국세청장의 특별한 지시에 의한 처분, (v) 세법에 의하여 지방국세청장이 하여야 할 처분 중 하나에 해당하는 것을 뜻한다.

이의신청을 적법한 기간 내에 제기하였는지 여부는 이의신청서가 해당 처분을 하였거나 하였어야 할 세무서장에게 제출된 때를 기준으로 판단한다. 다른 세무서장·지방국세청장 또는 국세청장에 제출한 때에도 또한 같다(基本法 66조 6항, 62조 2항).

3. 불복방법의 고지

이의신청을 받은 재결청은 결정서에 그 결정서를 받은 날로부터 90일 이내에 심사청구 또는 심판청구를 제기할 수 있다는 뜻을 부기하여야 한다(基本

法 60조 1항). 또한 재결청이 결정기간을 경과하여도 결정을 하지 못한 때에는 지체없이 결정의 통지를 받기 전이라도 그 결정기간이 경과한 날부터 심사청구 또는 심판청구를 제기할 수 있다는 뜻을 서면으로 신청인에게 통지하여야 한다 (동조 2항).

XI. 심사청구

1. 의 의

심사청구는 처분청의 상급 감독청인 국세청장에 제기하는 불복으로 그의 감독권에 기한 판단을 구하는 절차이다. 국세기본법의 규정방식은 기본적으로 심사청구를 불복절차의 시심(始審)으로 삼고 있으며, 다만 불복청구인이 원하는 경우 이의신청을 거쳐 심사청구를 할 수 있는 길을 터놓고 있다.

2. 제기절차

심사청구도 이의신청의 경우와 같이 불복의 사유를 갖추어 서면으로 하여야 한다(基本法 62조 1항). 청구의 상대방은 국세청장이지만 심사청구서는 해당 처분을 하였거나 하였어야 할 세무서장을 경유하여 제출하여야 한다(동항). 청구서를 받은 세무서장은 이를 받은 날로부터 7일 이내에 그 청구서에 의견서를 첨부하여 국세청장에게 송부하여야 한다. 다만, 지방국세청장에게 이의신청을 한 자가 불복하여 심사청구를 하는 경우에는 해당 지방국세청장의 의견서를 첨부하여야 한다(동조 3항). 심사청구 제기기간의 준수 여부도 이의신청의 경우에서와 같이 심사청구서가 해당 처분을 하였거나 하였어야 할 세무서장에게 제출된 때를 기준으로 판단한다(基本法 62조 2항).

3. 결정절차

심사의 공정을 기하기 위하여 국세청장은 국세심사위원회의 의결에 따라 결정한다(基本法 64조 1항 본문). 그러나 심사청구의 내용이 경미한 사항(경미 여부의 판단기준은 국세청장이 위원회의 심의를 거쳐 정한다)에 해당하거나 심사청구의 내용이 경미하거나 심사청구가 청구기간을 도과하여 제기된 경우에는 그러하지 아니하다(동항 단서; 基本令 53조 14항). 법문이 명시하고 있듯이 국세심사위원회는 의결기구이므로 동 위원회의 결의는 국세청장을 기속한다고 할 것이다. 다만, 국세심사위원회 의결이 법령에 명백히 위반된다고 판단되는 경우 국세청장은 구체적인 사유를 적시하여 국세심사위원회에 한 차례 더 심의할 것을 요청할 수 있다(基本法 64조 2항).

4. 불복방법의 고지

심사청구에 대한 결정서에도 결정서를 받은 날로부터 90일 이내에 행정소송을 제기할 수 있다는 뜻을 부기하여야 하며(基本法 60조 1항), 결정기간이 경과하여도 결정을 하지 못한 때에는 지체없이 결정의 통지를 받기 전이라도 그 결정기간이 경과한 날부터 행정소송을 제기할 수 있다는 뜻을 서면으로 청구인에게 통지하여야 한다(동조 2항).1)

XII. 심판청구

1. 총   설

심판청구는 심사청구와 더불어 국세에 관한 행정불복절차의 최종심급에 해당한다. 심판청구는 그 권한에 속하는 사무를 독립적으로 수행하는 조세심판원이 담당한다(基本法 67조 2항). 국세행정의 집행기관인 국세청과는 별도의 기관, 즉 제3자적 기관인 까닭에 사건의 심리와 결정에 있어 다른 조세불복절차와 비교하여 상대적으로 높은 공정성과 객관성을 기대할 수 있다. 조세심판원은 국무총리의 소속으로 한다(基本法 67조 1항). 별정직 차관보인 원장과 그 아래 상임심판관과 비상임심판관을 둔다(동조 3항).

2. 제기 및 수리 절차

심판청구는 불복의 사유를 갖추어 청구의 대상이 되는 처분을 하였거나 하

---

1) 이의신청에 대한 결정이 결정기간 내에 이루어지고 결정서가 발송되었으나 이의신청인이 결정기간 내에 통지를 받지 못한 경우에 결정서에 "이 결정에 대하여 이의가 있는 때에는 이 결정서를 받은 날로부터 90일 내에 국세청장에게 심사청구를 할 수 있습니다"라고 명기하였다 하더라도 그것은 결정의 효력이 살아 있음을 전제로 한 것뿐이고, 신청인에 대하여 국세기본법상의 안내를 이의심리청의 과실로 오도한 것이라 볼 수 없으므로 결정기간 종료 후 90일을 지나서 제기한 심사청구는 여전히 부적법하다(대법원 1981. 10. 13., 81 누 220).

였어야 할 세무서장이나 조세심판원장에게 제기하여야 한다(基本法 69조 1항; 基本令 55조, 50조). 청구인이 심판청구서의 제출관서를 잘못 알고 처분청 이외의 세무서장, 지방국세청장 또는 국세청장에게 제출한 경우에도 구제의 기회를 잃지 않도록 그 제출일에 심판청구가 있는 것으로 보아 심판청구기간 내에 제기되었는지 여부를 따진다(基本法 69조 2항). 이 경우 심판청구서를 받은 세무서장, 지방국세청장 또는 국세청장은 이를 지체 없이 조세심판원장에게 송부하여야 한다. 조세심판원장이 심판청구서를 받은 경우에는 지체 없이 그 부본을 그 처분을 하였거나 하였어야 할 세무서장에게 송부하여야 한다(동조 3항).

청구인으로부터 심판청구서를 직접 제출받았거나 조세심판원장으로부터 심판청구서의 부본을 송부받은 세무서장은 이를 받은 날로부터 10일 이내에 답변서를 조세심판원장에게 제출하여야 한다(基本法 69조 4항 본문). 다만 심판청구의 대상이 된 처분이 국세청장 또는 지방국세청장이 조사·결정 또는 처리하였거나 하였어야 할 것인 경우에는 국세청장 또는 지방국세청장의 답변서를 첨부하여야 한다(동항 단서). 답변서에는 이의신청에 대한 결정서, 처분의 근거·이유 및 처분의 이유로 된 사실을 증명할 서류, 청구인이 제출한 증거서류 및 증거물, 기타 심리자료 일체를 첨부하여야 한다(동조 5항). 피청구인인 세무서장이 답변서를 제출하지 아니하면 조세심판원장은 그 제출을 촉구할 수 있으나(동조 7항), 그 제출이 심리 개시의 요건은 아니다(동조 8항). 이리하여 조세심판원은 청구인의 불복사유와 세무서장·지방국세청장 또는 국세청장의 의견을 받아 쌍방의 주장과 증거자료를 아울러 검토함으로써 공정하고 능률적인 심리를 기할 수 있는 것이다.

조세심판원장은 답변서의 부본을 지체없이 심판청구인에게 송부하여야 한다(基本法 69조 6항). 청구인은 답변서에 대한 항변을 위하여 증거서류 또는 증거물을 조세심판원장에게 제출할 수 있다(基本法 71조 1항). 다만, 조세심판원장이 제출기한을 정하여 제출할 것을 요구한 때에는 그 기한 내에 제출하여야 한다(동조 2항).

3. 담당 조세심판관의 지정

조세심판원장은 심판청구에 관한 조사와 심리를 담당하게 하기 위하여 주심조세심판관 1인과 배석조세심판관 2인 이상을 지정하여 조세심판관회의를 구성토록 한다(基本法 72조 1항). 현재 배석조세심판관은 3인을 지정하고 있으며, 주심조세심판관은 상임조세심판관 가운데서 지정된다.

조세심판관이 (i) 심판청구인 또는 소액사건의 대리인이거나 대리인이었던 경우, (ii) 심판청구인 또는 그 대리인의 친족이거나 친족이었던 경우, (iii) 심판청구일 기준으로 소급하여 5년 이내에 심판청구인 또는 그 대리인의 사용인이거나 사용인이었던 경우, (iv) 불복의 대상이 되는 처분, 처분에 대한 이의신청에 관하여 증언 또는 감정을 한 경우, (v) 심판청구일 전 최근 5년 이내에 세무공무원으로서 불복의 대상이 되는 처분, 처분에 대한 이의신청 또는 그 기초가 되는 세무조사에 관여하였던 경우, (vi) 앞의 (iv) 및 (v)의 두 가지 경우에 해당하는 법인 또는 단체에 속하거나 심판청구일 전 최근 5년 이내에 속하였던 경우, (vii) 그 밖에 심판청구인 또는 그 대리인의 업무에 관여하거나 관여하였던 경우에는 심판관여로부터 제척된다(基本法 73조 1항). 심판의 공정을 위하여 해당 조세심판관을 해당 사건에 관하여 직무집행을 할 수 없도록 규정한 것이다. 이른바 조세심판관의 제척제도이다. 여기서 친족이라 함은 민법 제777조의 범위 내의 사람을 말한다. 제척원인이 있는 조세심판관은 담당 조세심판관의 지정에서 회피하여야 한다(基本法 73조 2항). 즉 제척원인이 있는 경우에는 조세심판관 스스로 직무집행을 피하여야 하는 것이다.

또한 담당 조세심판관에게 심판의 공정을 기대하기 어려운 사정이 있다고 인정되는 때에는 심판청구인은 지정일 또는 변경통지일로부터 7일 이내에 서면으로 조세심판원장에게 그 조세심판관의 기피를 신청할 수 있다(基本法 74조 1항, 2항; 基本令 60조). 기피신청서에는 (i) 그 심판관의 성명, (ii) 기피이유 및 (iii) 담당심판관의 지정 또는 변경통지를 받은 날을 기재하여야 한다. 제척원인이 없는 경우라도 공정한 심판을 기대하기 어렵다고 인정되는 경우에 해당 심판관이 사건에 관여하지 못하도록 하는 것이다. 조세심판원장은 기피신청이 이유 있다고 인정하는 때에는 이를 승인하여야 한다(基本法 74조 3항). '이유 있다'고 하기 위해서는 심판청구인의 담당심판관에 대한 주관적 불신으로 족한 것이 아니고, 공정한 심판을 기대하기 어려운 객관적 사정이 존재하여야 한다. 제척의 사유가 있으면 담당 조세심판관은 자동으로 사건관여에서 배제되는 데 비해 기피의 사유가 있더라도 그 신청에 대한 승인이 있어야 비로소 담당 조세심판관의 사건관여가 배제된다는 점에서도 양자는 상위하다. 따라서 기피의 '승인'

은 형성적 처분에 해당한다. 위와 같은 조세심판관의 제척, 회피 및 기피는 심판조사관에 대해서도 준용된다(基本法 제74조의2).

4. 사건의 병합과 분리

담당 조세심판관은 필요하다고 인정하는 때에는 수개의 심판사항을 병합하거나 병합된 심판사항을 분리할 수 있다(基本法 75조).

심판청구는 각각 개별적으로 심리·결정하는 것이 원칙이지만, 심리할 사건(사항)이 서로 관련이 있는 경우에는 심리의 중복을 피하고 판단의 일관성을 유지하기 위하여 사건을 병합하는 것이 바람직하다. 사건의 병합이 필요하다고 인정할 수 있는 경우의 예로는 (i) 복수의 심판청구의 사실관계 또는 증거관계가 공통되는 경우, (ii) 동일한 처분에 대하여 수인으로부터 심판청구가 있는 경우, (iii) 일련의 절차를 구성하는 복수의 처분에 대하여 각기 심판청구를 한 경우, (iv) 본세와 가산세처럼 견련관계(牽連關係)가 있는 복수의 처분에 대하여 심판청구를 한 경우 등이다.[1]

다른 한편, 하나의 심판청구가 복수의 상호 무관한 청구를 담고 있는 경우에 이를 분리하여 심리할 필요가 있을 것이다.

5. 조세심판관회의

조세심판원장이 심판청구를 받은 때에는 조세심판관회의가 심리를 거쳐 그에 대한 결정을 한다(基本法 78조 1항 본문). 심사청구에 대해서는 국세청장이 국세심사위원회의 심의를 거쳐 결정하는 데 비하여(基本法 64조 1항), 심판청구에 대해서는 조세심판관회의가 결정한다(다만, 후술하는 조세심판관합동회의에 재의는 할 수 있음). 다만 (i) 심판청구 금액이 3천만 원(지방세의 경우에는 1천만 원) 미만의 것으로 청구사항이 법령해석에 관한 것이 아닌 사건이나, 청구사항이 법령의 해석에 관한 것으로서 유사한 청구에 대하여 이미 조세심판관회의의 의결에 따라 결정된 사례가 있는 사건, (ii) 심판청구가 과세표준 또는 세액의 결정에 관한 것 이외의 것으로서 유사한 청구에 대하여 이미 조세심판관회의의 의결에 따라 결정된 사례가 있는 사건 또는 (iii) 청구기간이 경과한 후에 제기된 심판청구 사건에 대해서는 조세심판관회의의 심리에 갈음하여 주심조세심판

---

1) 志場 外, 「國稅通則法」, 782-783면.

관이 심리하여 결정할 수 있다(基本法 78조 1항 단서; 基本令 62조).

조세심판관회의는 주심조세심판관(주심조세심판관의 유고시에는 조세심판원장이 지정하는 직무대행자)이 의장이 되어 심판사건에 관한 사무를 총괄한다(基本法 72조 2항). 회의는 담당 조세심판관 3분의 2 이상의 출석으로 개의하고, 과반수의 찬성으로 의결한다(동조 3항). 조세심판관회의는 의장이 필요하다고 인정하는 경우를 제외하고는 비공개로 진행한다(동조 4항).

(i) 해당 심판청구사건에서 쟁점이 되는 세법의 해석에 관하여 종전의 조세심판원 결정례가 없는 경우, (ii) 조세심판관회의에서 종전의 심판결정례를 변경하는 의결을 한 경우, (iii) 조세심판관회의 간에 결정의 일관성을 유지하기 위한 경우, (iv) 해당 심판청구사건에 대한 결정이 다수의 납세자에게 동일하게 적용되는 등 국세행정에 중대한 영향을 미칠 것으로 예상되어 국세청장이 조세심판원장에게 조세심판관합동회의에서 심리하여 줄 것을 요청하는 경우, (v) 그 밖에 해당 심판청구사건에 대한 결정이 국세행정이나 납세자의 권리·의무에 중대한 영향을 미칠 것으로 예상되는 경우에는 조세심판원장과 상임심판관 전원 및 상임심판관과 같은 수 이상으로 조세심판원장이 지정하는 비상임조세심판관으로 구성되는 조세심판관합동회의의 심리를 거쳐 결정한다(基本法 78조 2항; 基本令 62조의2 2항). 합동회의의 운영과 의결방법은 일반회의에 준한다(基本法 78조 4항).

6. 질문·검사권

담당 조세심판관은 심판청구에 관한 조사와 심리를 위하여 필요한 때에는 직권 또는 심판청구인의 신청에 의하여 (i) 심판청구인·처분청·관계인 또는 참고인에 대한 질문을 할 수 있고, (ii) 이들이 소지하는 장부·서류 기타 물건의 제출요구를 할 수 있으며, (iii) 이들이 소지하는 장부·서류 기타 물건의 검사 또는 감정기관에 대한 감정의뢰 등을 할 수 있다(基本法 76조 1항). 담당 조세심판관 이외의 조세심판원 소속공무원도 원장의 명에 의하여 위 (i) 및 (iii)의 행위를 할 수 있다(동조 2항).

관계인이란 심판청구 대리인과 같이 사건에 관계 있는 자를 두루 말하며, 참고인이란 거래선·종업원 등과 같이 담당심판관의 사실인정에 참고가 될 조사의 상대방을 말한다.

심판청구에 대한 조사와 심리를 위한 질문·검사권은 조세의 부과·징수를 위한 질문·검사권과 조세범처벌절차상의 심문·수색과는 성격이 다르다. 조세심판원 소속공무원의 질문·검사권은 심판청구인의 청구사항에 국한되고, 그의 주장(또는 처분청의 처분)이 사실에 부합하는가의 여부(주장사실의 진위)를 판단하기 위한 것이며, 청구인의 구제에 그 목적이 있다. 따라서 심판청구인의 단순한 질문·검사 불응은 조세범처벌법 제13조 제9호의 적용을 받지 않는다.

심판청구인이 정당한 사유 없이 질문·검사에 불응하여 심판청구의 전부 또는 일부에 대하여 심판함이 현저히 곤란하다고 인정하는 때에는 담당 조세심판관은 그 부분에 대한 심판청구인의 주장을 인용하지 않을 수 있다(基本法 76조 4항). 다시 말하면 질문·검사의 불응으로 심리불능에 이르면 주장의 배척으로 족한 것이다. 질문·검사권을 행사하는 공무원은 신분을 표시하는 증표를 상대방에게 제시하여야 한다(基本法 76조 3항).

7. 심 리

조세심판관회의는 필요하다고 인정할 때에는 당사자가 주장하지 아니한 사실에 대하여도 심리할 수 있다(基本法 56조 1항 단서; 행정심판법 26조 1항). 심리는 구술심리 또는 서면심리로 하되, 당사자가 구술심리를 신청한 때에는 서면심리만으로 결정할 수 있다고 인정되는 경우 외에는 구술심리를 하여야 한다(행정심판법 26조 2항). 조세심판관회의가 구술심리를 하는 때에는 기일을 정하여 당사자와 관계인을 소환하여야 한다(행정심판법 26조 3항).

사실의 판단은 조사 및 심리의 결과와 과세형평을 고려하여 자유심증으로 한다(基本法 77조). 즉 사실인정에 관해 자유심증주의를 채택하고 있다. 자유심증주의는 법정증거주의에 대립되는 것으로서, 증거의 종류에 따라 증거력을 법정하지 않고 심판관의 양심과 경험에 따라 자유로이 판단할 수 있음을 뜻한다. 심사청구에 있어서의 사실인정도 자유심증주의에 의하는 것이지만, 심판청구에서는 조세심판관회의의 의결이 구속력을 갖는다는 중요성에 비추어 특히 명문으로 규정한 것이라 생각된다.

8. 불복방법의 고지

조세심판원장은 심판청구에 대한 결정을 받은 날로부터 90일 이내에 행정소송을 제기할 수 있다는 뜻을 결정서에 부기하여야 한다(基本法 60조 1항). 결정기간이 경과하여도 결정을 하지 못한 경우에는 지체없이 결정의 통지를 받기 전이라도 그 결정기간이 경과한 날부터 행정소송을 제기할 수 있다는 뜻을 서면으로 청구인에게 통지하여야 한다(동조 2항).

제 11 장 조세소송

1. 개   요

조세소송이란 조세에 관한 분쟁을 심리·판단하기 위한 법원의 정식재판절차를 말한다. 여기에는 과세처분이나 납세행위의 위법무효를 선결문제로 하는 부당이득반환청구소송 및 세무공무원의 위법한 공권력 행사로 인해 발생한 손해의 배상청구소송 등의 민사소송도 포함되지만, 아래에서는 주로 행정청의 조세에 관한 처분 등의 무효나 취소를 구하는 행정소송에 국한하여 살피기로 한다(이하 "조세소송"이라고 함은 이러한 의미임).

조세소송은 별도의 소송절차로 인정되는 것이 아니고 일반 행정소송으로 다루어진다. 따라서 행정소송법의 적용을 받는다. 그러나 아래와 같은 몇 가지 점에서 조세소송은 일반 행정소송과 다르다. 일반 행정소송은 임의적 불복전치를 원칙으로 하되, 다른 법률에서 특별히 불복전치를 요구하고 있는 때에는 그에 따른다(행정소송법 18조 1항). 필요적 불복전치에 대한 예외도 인정된다(동조 2항, 3항). 이에 비해 조세소송은 무효(부존재)확인소송이 아닌 한 불복전치에 대한 예외가 인정되지 않는다(基本法 56조 2항). 다만, 2016. 12. 20. 자 국세기본법의 개정으로 재결청의 재조사 결정에 따른 처분청의 후속 처분이 당초 처분에 대한 재결청의 '결정'이 아니라 처분청의 새로운 '처분'으로 규정되었는바, 이러한 후속 처분에 대해서는 다시 전심절차를 거칠 필요 없이 바로 행정소송을 제기할 수 있다(基本法 56조 2항 단서). 당초 처분에 대해 이미 한 번 전지철차를 거쳤기 때문이다. 한편 일반 행정소송의 출소기간은 처분이 있음을 안 날(행정심판청구가 있는 때에는 재결서의 정본을 송달받은 날)로부터 90일 내, 정당한 사유가 없는 한 처분 등이 있은 날(또는 재결이 있은 날)로부터 1년 내이다(행정소송법 20조). 조세소송은 출소기간이 심사청구 또는 심판청구에 대한 결정통지서를 받은 날로부터 90일 이내이다(基本法 56조 3항). 다만, 결정기간(90일) 내에 결정의 통지를 받지 못한 경우에는 통지를 받기 전이라도 그 결정기간이 경과 한 날로부터 행정소송을 제기할 수 있다(基本法 56조 3항 단서). 감사원에 대한 심사청구와 결정을 거친 처분에 대한 행정소송도 해당 처분청을 당사자로 하여 해당 결정의 통지를 받은 날부터 90일 이내에 제기하여야 한다(감사원법 46조의2).

2. 불복전치주의의 적용례

위에서 언급한 바와 같이 과세처분의 취소청구소송은 행정불복절차의 전 치를 필요적 요건으로 하며, 예외가 인정되지 않는다. 그러나 어떤 과세처분이 이미 불복절차를 거친 다른 과세처분과 특별한 관련성을 갖는 경우에는 불복절 차를 거치지 않아도 된다. 즉, 판례에 의하면 "2개 이상의 과세처분이 같은 목 적을 위하여 단계적으로 진행되는 일련의 발전적 과정에서 이루어진 것으로 서 로 내용상 관련이 있거나, 세무소송의 계속 중에 과세관청이 소송의 대상인 과 세처분을 변경하였는데 위법사유가 공통된다거나 또는 동일한 행정처분에 의하 여 수인이 동일한 의무를 부담하게 되는 것과 같은 경우에는 선행처분에 대하 여 전심절차를 거치거나 또는 동일한 의무를 부담하게 된 납세의무자들 중의 1 인이 적법한 전심절차를 거침으로써 국세청장과 조세심판원으로 하여금 기본적 사실관계와 법률문제에 대하여 재고할 수 있는 기회를 부여한 이상 납세의무자 가 다시 전심절차를 거치지 아니하더라도 과세처분의 취소청구소송을 제기할 수 있다."[1] 따라서 국세의 과세표준 및 세액의 경정처분에 대해 납세의무자가 이미 심사청구나 심판청구를 거쳐 행정소송을 제기하여 진행하고 있거나 그 제 기를 준비하고 있는데, 과세관청이 그 심사청구나 심판청구의 불복의 사유와 기본적 사실관계 및 과세의 법률적 근거를 같이 하는(즉, 위법사유가 공통 되는)

---

1) 대법원 2006. 4. 14., 2005 두 10170(조세행정에 있어서 2개 이상의 같은 목적의 행정처분 이 단계적·발전적 과정에서 이루어진 것으로서 서로 내용상 관련이 있다든지, 세무소송 계 속 중에 그 대상인 과세처분을 과세관청이 변경하였는데 위법사유가 공통된다든지, 동일한 행정처분에 의하여 수인이 동일한 의무를 부담하게 되는 경우에 선행처분에 대하여 또는 그 납세의무자들 중 1인이 적법한 전심절차를 거친 때와 같이, 국세청장과 국세심판원으로 하여금 기본적 사실관계와 법률문제에 대하여 다시 판단할 수 있는 기회를 부여하였을 뿐 더러 납세의무자로 하여금 굳이 또 전심절차를 거치게 하는 것이 가혹하다고 보이는 등 정 당한 사유가 있는 때에는 납세의무자가 전심절차를 거치지 아니하고도 과세처분의 취소를 청구하는 행정소송을 제기할 수 있다고 보아야 할 것이다); 同 대법원 2000. 9. 26., 99 두 1557; 同 1992. 9. 8., 92 누 4383; 同 1991. 5. 24., 91 누 247 등.

재경정처분을 행한 경우에는 그 재경정처분에 대하여 행정불복절차를 거침이 없이 바로 진행 중인 행정소송의 청구취지를 변경하거나 그 재경정처분을 대상으로 행정소송을 제기할 수 있다.[1] 그러나 선행처분과 후행처분이 경정처분과 재경정처분의 관계에 있지 아니한 경우에는 양처분은 서로 독립된 별개의 것으로서 각자가 불복대상이 됨은 물론이다.[2] 또한 어떤 선행처분과 후행처분의 기본적 사실관계는 같더라도 양 처분의 상대방이 다르고, 각 상대방 별로 과세요건이 서로 다른 경우에는 법률적 문제가 서로 다르기 때문에 선행처분에 대한 불복절차는 후행처분의 불복절차로 인정될 수 없다.[3] 그리고 어떤 과세물건에 관한 조세부과처분의 취소를 구하는 심판청구 사건에서 당사자 적격이 인정되지 않아 각하 결정을 받은 경우에는 당사자가 주장하는 위법사유에 대하여 심리를 받은 바가 없으므로 동일한 과세물건에 대한 부과처분의 취소청구의 소를 제기하기 위해서는 다시 전심절차를 거쳐야 한다.[4]

위와 같이 선행처분과 후행처분이 기본적 사실관계와 법률적 쟁점 면에서 공통되는 경우 그 후행처분에 대해서까지 다시 전치절차를 거치도록 요구하는 것은 인용되지 않을 것으로 추정되는 행정심판을 반복하게 하는 것으로서 납세자에게 가혹하고, 또한 빠른 시일 내에 적은 비용으로 분쟁을 해결한다는 소송경제의 목표에도 반하기 때문이다. 불복전치주의의 예외라고 하기보다는 중복

---

1) 대법원 1990. 10. 12., 90 누 2383.
2) 과세관청이 당초 증액경정처분을 할 당시 인정한 과세표준과 세액은 그대로 둔 채 경정하지 아니하고, 다만 증액경정함에 따라 익금에 산입된 금액의 처분과 관련하여 법인이 지급조서를 정부에 제출하여야 할 의무를 위반하였음을 이유로 가산세만을 추가하여 부과하기로 한 처분은 당초의 경정처분과는 별개의 과세처분으로서, 당초의 경정처분에서 인정된 과세표준과 세액의 내용을 다시 결정하는 재경정처분이 아니다(대법원 1992. 5. 26., 91 누 9596).
3) 수증자에 대한 증여세부과처분과 증여자로서의 연대납부의무자에 대한 부과처분은 동일한 증여를 과세원인으로 한다는 점에서만 공통될 뿐 그 과세요건을 달리하고 있어 독립된 별개의 처분이라고 보아야 할 것이어서 따로 전심절차를 거쳐야 한다(대법원 1992. 9. 8., 92 누 4383). 이와 관련하여 유의하여야 할 점은, 공동상속인들을 대표하여 전심절차를 밟았으면 나머지 상속인들은 동일한 전심절차를 밟을 필요는 없지만, 취소소송 자체는 상속인 각자가 자신의 부담부분에 관하여 제기하여야 한다는 것이다(대법원 1996. 4. 12., 95 누 10976). 한편, 제2차 납세의무의 성립에는 주된 납세의무의 성립 외에도 주된 납세의무자의 체납 등과 같은 별도의 요건이 요구되므로 제2차 납세의무자에 대한 부과처분은 주된 납세의무자에 대한 부과처분과는 독립된 부과처분에 해당하고, 따라서 주된 납세의무자에 대한 부과처분에 대해 전심절차를 거쳤다고 하여 제2차 납세의무자에 대한 부과처분에 대해서도 전심절차를 거친 것으로 볼 수 없다(대법원 2014. 12. 11., 2012 두 20618).
4) 대법원 2009. 5. 28., 2007 두 25817.

적 불복절차의 배제라고 할 것이다.

[판 례]

법인세법 제66조, 동법 시행령 제106조의 규정에 의하여 과세관청이 법인세의 과
세표준을 결정 또는 결정함에 있어서 익금에 산입한 금액을 대표자에게 귀속된 상
여로 인정하여 상여처분을 하고 소득세법 시행령 제198조의 규정에 따라 소득금액
변동통지를 한 경우에, 위 인정상여처분이나 소득금액변동통지 자체는 독립하여 항
고소송의 대상이 되는 처분이라고 볼 수 없으나, 소득금액변동통지가 있으면 그 통
지를 받은 날에 그 소득금액이 지급된 것으로 간주되어 원천징수할 갑종 근로소득
세에 대한 납세의무가 성립·확정되고 필연적으로 이에 대한 부과처분이 뒤따를 것
이 예견되는 것이므로, 납세자가 소득금액변동통지가 있은 후에 이에 불복하여 국
세기본법 제55조의 규정에 따른 심사청구 등을 한 경우에는 특별한 사정이 없는 한
필연적으로 뒤따를 것이 예견되는 부과처분의 취소를 구하는 취지가 포함되어 있다
고 보아야 할 것인바, 심사관청이 위 심사청구에 따라 부과처분의 근거가 되는 납
세의무의 존부, 즉 인정상여처분 등의 당부에 관하여 심리판단한 이상, 그 심사결정
이 있은 뒤에 부과처분이 되었다고 하여도 위 심사청구로 위 부과처분에 대한 불복
전치절차를 거친 것으로 보는 것이 타당하고, 위 부과처분에 대하여 다시 심사청구
를 하여야 한다고 볼 것이 아니다[대법원 1993. 1. 19., 92 누 8293(전원합의체)].

3. 소송의 종류

조세에 관한 처분의 하자를 다투는 항고소송은 하자의 유형에 따라, (i) 취
소 또는 변경을 구하는 처분취소소송, (ii) 처분 등의 무효확인 또는 부존재확인
을 구하는 무효(부존재)확인소송 및 (iii) 행정청의 부작위가 위법하다는 것의 확
인을 구하는 부작위위법확인소송의 3가지로 구분된다(행정소송법 4조). 취소소송
은 전심절차를 거쳐야 하고 출소기간의 제한을 받으나, 무효(부존재)확인소송과
부작위위법확인소송은 이 같은 제약을 받지 않는다(행정소송법 38조).

과세처분 취소청구소송과 관련해서는 법원이 행사할 수 있는 취소권의 범
위가 문제된다. 우선, 세액산출과정상의 잘못이 있는 경우에 사실심변론종결시
까지 제출된 자료에 의하여 적정세액을 산출할 수 있는 때에는 과세처분 전부
를 취소할 것이 아니라 그 중 적정세액 초과액만을 취소하여야 한다.1) 이와는

---

1) 대법원 1995. 1. 20., 94 누 11835; 同 1995. 6. 30., 95 누 5400. 그러나 과세관청이 정당한
   산출세액에 관하여 주장, 입증하지 않은 경우에도 원심법원이 적극적으로 그 점에 관하여
   직권으로 증거조사를 하거나 과세관청에게 입증을 촉구하는 등의 방법으로 적법하게 부과

반대로 과세관청이 어떤 과세물건을, 과세요건을 달리하는 다른 과세물건으로 잘못 인정하여 과세한 경우에는 과세물건의 성격을 세법에 합치되게 인정하였더라면 부과할 수 있었을 적정세액 초과분만을 취소할 것이 아니라, 과세처분 전부를 취소하여야 한다는 것이 판례의 입장이다.[1] 예컨대, 법인으로부터 재산을 저가에 양수함으로써 이익을 분여받은 주주에게 부당행위계산의 부인에 따른 소득세를 부과하여야 함에도 불구하고 증여세를 잘못 부과한 경우 그 증여세 부과처분에 소득세 부과처분이 포함되어 있다고 볼 수 없으므로 증여세 부과처분이 위법하다면 이를 전부 취소하여야 할 것이고, 정당한 소득세액을 산출하여 이를 초과하는 금액에 대해서만 증여세 부과처분을 취소할 것은 아니다.

과세처분 취소청구를 기각하는 판결이 확정되면 그 처분이 적법하다는 점에 관하여 기판력이 생기고, 따라서 그 후 원고가 다시 이를 무효라고 주장하며 무효확인의 소를 제기할 수 없다. 즉, 과세처분의 취소청구소송에서 청구가 기각된 확정판결의 기판력은 그 과세처분의 무효확인을 구하는 소송에도 미친다.[2]

4. 무효확인을 선언하는 의미에서의 취소소송

납세자가 취소사유가 있음에 불과한데도 무효확인을 구하는 소송을 제기하였을 경우에는 처분의 취소는 구하지 아니한다고 밝히고 있는 등 특별한 사정이 없는 한 그 처분의 취소를 구하는 취지도 포함되어 있다고 본다. 다만 이 경우에 취소청구를 인용하려면 먼저 전심절차의 경료와 출소기간의 준수라는 항고소송으로서의 제소요건을 갖추고 있어야 한다.[3] 반대로 무효사유가 있는데 취소청구소송을 제기한 경우 판례는 그 청구는 처분의 당연무효를 선언하는 의미에서의 취소를 구하는 취지까지 포함하고 있다고 보고 적법한 소로 받아들이고 있다. 그러나 이러한 소는 외관상 항고소송이므로 전심절차를 갖추어야 한다는 것이 판례의 일관된 입장이다.[4]

될 세액을 산출할 의무까지 있는 것은 아니다(대법원 1991. 12. 24., 91 누 6542).
1) 대법원 1991. 3. 12., 90 누 7289.
2) 대법원 1996. 6. 25., 95 누 1880.
3) 대법원 1986. 9. 23., 85 누 838.
4) 대법원 1976. 2. 24., 75 누 128(전원합의체) 이후 同旨.

5. 무효(부존재)확인의 소의 이익

소송요건의 하나로 권리보호의 이익, 즉 소의 이익이 있어야 함은 조세소
송이라 하여 다를 리 없다. 그런데 무효 또는 부존재인 과세처분에 따라 이미
세액을 납부한 후에는 부과처분에 따른 조세채무가 현존하고 있지 않고, 납세
자는 국가나 지방자치단체를 상대로 납부한 세액의 반환을 청구하는 이행소송
(부당이득반환청구의 소)을 제기할 수 있으므로 무효나 부존재를 구할 '소의 이
익'이 없는 것이 아니냐 하는 문제가 있다. 이에 관하여 과거에는 판례가 무효
(부존재)확인소송을 제기할 소의 이익이 없다는 입장이었으나,[1] 이후 무효확인
의 소송에 관한 한 부당이득반환청구의 소라는 이행소송을 제기할 수 있더라도
'확인의 이익'이 있다는 것으로 입장을 변경하였다.[2] 세금을 이미 납부한 자가
제기한 취소소송의 대상처분에 당연무효의 하자가 있다고 판단되는 경우도 마
찬가지로 소의 이익이 있다고 보아야 할 것이다.

6. 취소사유와 무효사유

앞에서 본 바와 같이 어떤 과세처분이 취소할 수 있는 처분이냐, 무효의
처분이냐에 따라 소송의 유형이 달라지므로 그 구분은 매우 중요한 문제이다.
그 구별기준은 일반 행정처분의 하자론과 같다. 즉 객관적으로 중대하고도 명
백한 흠은 무효사유가 되고 그렇지 않은 경미한 흠은 취소사유가 됨에 그친다.
그러나 구체적인 사건에서 취소사유와 무효사유의 판별은 매우 어렵다. 판례는
대체로 법률관계나 사실(즉, 과세요건사실)의 내용을 오인하고 과세한 경우에는
취소사유로 보고,[3] 과세요건 자체가 흠결된 경우는 무효사유로 보는 것 같다.
과세처분이 무효로 인정된 경우의 사례로는 (i) 과세관청이나 그 상급관청 또는
수사기관의 일방적이고 억압적인 강요로 그 작성자의 자유로운 의사에 반하여
별다른 합리적이고 타당한 근거도 없이 작성된 자료들에 기초하여 과세처분을

---

1) 대법원 1976. 2. 10., 74 누 159(전원합의체); 同 1982. 3. 23., 80 누 476(전원합의체).
2) 대법원 2008. 3. 20., 2007 두 6342(전원합의체).
3) 대법원 1972. 6. 27., 71 누 112.
  대법원 1990. 12. 17., 90 누 5245(과세관청이 납세의무자인 법인의 주주명부에 주주로 잘못
  등재되어 있는 원고를 그 법인의 과점주주로 오인하여 제2차납세의무자로 지정하고 이 사
  건 고지처분을 하였다고 하더라도 그것만으로는 무효사유인 중대하고도 명백한 하자가 있
  는 과세처분에 해당한다고 할 수 없다).

행한 경우,1) (ii) 주택조합원들 개개인이 출연한 금원으로 주택조합 아파트를 건립하고 그 조합원들 개개인이 소유권을 원시취득하였으므로 조합원이 아닌 주택조합에게는 취득세 납부의무가 없음을 인식하면서도 주택조합이 부득이 취득세를 자진 신고납부한 경우,2) 위탁자가 그의 채권자를 수익자로 지정하여 신탁을 설정하는 경우 그 수익권 설정이 신탁에 따른 수탁자 앞으로의 재산권 이전과 별개로 부가가치세 과세대상에 해당하는 것으로 오인하여 부가가치세 과세표준과 세액을 신고한 경우,3) 어떤 법률관계나 사실관계에 대하여 어떤 법령의 규정을 적용할 수 없다는 법리가 명백히 밝혀져서 해석에 다툼의 여지가 없음에도 과세관청이 그 법령을 적용하여 과세처분을 한 경우4) 등이 있다.

7. 주장과 입증

소송당사자는 사실심 변론종결시까지 모든 공격·방어방법을 내세워 다툴 수 있으므로 실기(失機)한 공격방어방법이라는 이유로 배척되지 않는 한(민사소송법 149조) 과세처분의 위법 여부를 다투는 소송에서도 원고는 전심절차에서 주장하지 않은 공격방어방법을 소송절차에서 주장할 수 있다.5)

일반적으로 소송에 있어서 특정 사실의 존부가 불분명할 때에는 그 사실이 존재하지 않으면 불이익을 받게 될 당사자가 해당 사실에 대한 입증책임을 진다. 과세처분의 요건사실의 입증에 관하여는 행정행위의 공정력을 이유로 처분의 취소를 구하는 자가 그 위법성을 입증하여야 한다는 견해가 있다(납세자 부

---

1) 대법원 1990. 7. 27., 89 누 5867.
2) 대법원 1996. 4. 12., 96 다 3807.
   그러나 이 판례는 방론으로 위 본문 서술과 같은 판시를 하고 있을 뿐, 정작 당해 사안에서는 주택조합이 납세의무가 없음을 알면서도 부득이 취득세를 신고납부한 것이 아니라 취득세 납부의무가 있다고 오인하여 신고납부한 것이라는 이유로 원고의 청구를 기각하였다. 그리고 주택조합에 의한 취득세의 자진 신고납부가 아닌, 과세관청의 주택조합에 대한 취득세 부과처분도 당연무효가 아니라고 한 판례도 있다(대법원 1995. 1. 24., 94 다 47797; 同 1994. 9. 9., 93 누 16369).
3) 대법원 2017. 11. 14., 2014 두 47099.
4) 대법원 2019. 5. 16., 2018 두 34848(의사가 병원의 실질적 소유자에 의해 고용되어 근로를 제공한 근로자인데도 자신의 이름으로 병원의 사업자등록을 하고 사업소득에 대한 종합소득세 명목으로 종합소득세를 신고·납부하였는데, 과세관청이 해당 의사에 대해 근로소득에 대한 종합소득세 명목으로 무신고가산세와 납부불성실가산세를 포함한 종합소득세를 부과한 경우 그 무신고가산세와 납부불성실가산세의 부과처분은 당연무효라고 봄).
5) 대법원 1992. 4. 14., 91 누 7088; 同 1983. 12. 27., 83 누 379.

담설). 그러나 공정력이란 요건사실의 객관적 존재가 소송절차에서 추정되는 것까지 의미하는 것은 아니므로 공정력과 입증책임은 별개의 문제이다.1)

　　통설과 판례는 민사소송법상의 법률요건설에 입각하여 권리발생 요건사실에 대하여는 과세관청이,2) 권리장해 요건사실 또는 권리소멸 요건사실에 대해서는 납세자가 입증책임을 지는 것으로 본다(과세관청 부담설). 이에 과세처분이 유효하다는 것은 처분청(피고)이 입증하여야 하고, 설혹 납세자(원고)가 신고를 하지 않았다거나, 필요한 과세자료를 제출하지 않았다 하더라도 납세자에게 입증책임을 전가(즉, 과세처분이 위법함을 납세자가 입증하게 하는 것)할 수 없다.3) 또한 매출누락이 없다거나 가공비용이 아니라는 납세자의 입증이 없다는 이유로 과세처분을 적법한 것으로 판단할 수도 없다.4)

---

　1) 대법원 1966. 10. 18., 66 누 134.
　2) 대법원 2020. 4. 9., 2018 두 57490; 同 2000. 2. 25., 98 두 1826(어느 사업연도의 소득에 대한 법인세 과세처분의 적법성이 다투어지는 경우 과세관청으로서는 과세소득이 있다는 사실 및 그 소득이 당해 사업연도에 귀속되었다는 사실을 입증하여야 한다).
　　대법원 1994. 10. 28., 94 누 5038(과세관청이 과세표준 산정의 기초가 된 개별 공시지가가 경정되었음에도 그 경정 전의 공시지가를 기준으로 세액을 산출하여 행한 부과처분 중 정당한 세액을 초과하는 부분이 위법하다면 그 부분만 취소되어야 할 것이지만, 과세관청이 과세기간의 정상지가상승분 등 그 정당한 세액을 산출함에 있어 필요한 사항에 관하여 아무런 주장·입증을 하지 아니하고 있다면 그 과세처분 전부가 취소될 수밖에 없다).
　3) 대법원 1972. 5. 23., 71 누 189.
　　대법원 1989. 10. 24., 87 누 285(세무소송에 있어서는 조세부과처분의 적법성과 과세요건사실의 존재에 관하여는 과세관청이 입증책임을 부담하는 것이고 그 입증의 정도는 실액과세에 있어서는 법관에게 확실한 심증형성을 가능하게 하는 것을 요한다 할 것인바, 세무사찰을 행한 국세청 공무원들의 조사 결과를 기재한 결론적 문서들과 이를 바탕으로 한 검사의 자금추적조사서, 그리고 조사반원 중 한 사람의 증인신문조서 등은 그 조사가 자료수집과 방법에 있어서 객관적으로 공정·타당하고 그 결론도출이 부기회계상의 관행과 정확한 세법지식에 바탕을 두어 그 자료를 접한 사람으로 하여금 어렵지 않게 수긍할 수 있는 정도가 아니라면 위 증명에 적합한 자료라고 보기 어렵고, 당해 사건에 관한 국세청장과 국세심판원장의 각 심사결정과 심판결정에 관한 문서는 그 사건의 당부를 판단함에 있어서 증거가 될 수 없다).
　　대법원 1993. 6. 8., 92 누 12483(회계장부처리 등의 편의를 위하여 실제 매매거래가 있는 것처럼 법인세 신고를 하였다가 과세관청이 부당행위계산부인규정에 의거하여 신고한 양도가액을 부인하자 소송단계에 이르러 비로소 명의신탁 사실을 주장하였다 하더라도 과세처분의 적법성에 대한 입증책임은 과세관청에 있고 조세법률관계에 있어서 과세관청은 실지조사권을 가지는 등 납세자에 대하여 우월적 지위에 있다는 점 등을 고려하면 이를 가지고 신의성실의 원칙에 위배된 것이라고 볼 수 없다).
　4) 대법원 1992. 1. 17., 91 누 7415; 同 1990. 12. 26., 90 누 3751(법인이 매출사실이 있음에도 그 매출액을 장부에 기재하지 아니한 경우에는 다른 특별한 사정이 없는 한 원료매입비 등 원가상당액을 포함한 그 매출누락액 전액이 사외로 유출된 것으로 보아야 하며, 이 경우 그

다만, 법령에서 과세요건 사실의 존재를 추정하는 경우 납세자가 그 추정을 벗어나기 위해서는 그 반대 사실의 존재를 입증하여야 한다. 예를 들면, 상속세 및 증여세법 제15조에서 상속개시일전 일정 기간 내에 처분된 재산 등의 상속을 추정하는 것,1) 동법 제35조 제2항에서 특수관계에 있지 않는 자 간의 재산의 양수도의 가격이 시가보다 낮거나 높은 경우 그 차액을 증여한 것으로 추정하는 것, 동법 제44조에서 배우자 등에 대한 재산의 양도를 증여로 추정하는 것, 동법 제45조에서 미성년자 등의 재산취득자금을 수증재산으로 추정하는 것 등이 그것이다.

또한 과세관청이 그 주장의 과세요건 사실을 상당한 정도로 입증한 이상 이를 번복할 특별한 사정의 존재는 그 입증의 어려움 또는 당사자들 간의 형평 등을 고려하여 납세자가 입증할 필요가 있다. 이른바, 입증책임 또는 입증필요가 전환되는 경우이다. 예컨대, (i) 법인세의 과세표준 등 신고에 매출누락액이 발견되면 과세관청으로서는 그 누락액을 익금에 산입할 수 있는데, 만약 납세의무자가 익금에 산입할 일부 수입의 신고만을 누락한 것이 아니라 그에 대응하는 손금에 산입할 비용도 누락한 사실이 있다면, 그와 같은 신고누락비용에 관하여는 그 비용의 손금산입을 주장하는 자가 입증하여야 하고,2) (ii) 납세의무자가 신고한 비용 중의 일부 금액이 실지비용인지의 여부가 다투어져서 그것이 허위임이 밝혀지거나 납세의무자 스스로 신고금액이 허위임을 시인하면서 같은 금액만큼의 다른 비용에 소요되었다고 주장하는 경우에는 그 다른 비용의 존재와 액수는 납세의무자가 이를 입증할 필요가 있으며,3) (iii) 납부고지서에 세액산출근거 등 필요적 기재사항이 기재되지 않았다는 사실도 과세관청이 고지서의 부본을 보관하도록 되어 있지 않은 점에 비추어 납세의무자가 입증하여야 하고,4) (iv) 과세관청이 선택한 추계과세의 방법이 그 자체로서 합리적인 이상, 거래의 실제에 근접한 다른 합리적인 추계방법이 있다는 점은 이를 주장하는 납세의무자가 입증하여야 한다.5)

매출누락액이 사외로 유출된 것이 아니라고 볼 특별한 사정은 이를 주장하는 법인 측에서 입증하여야 한다).
1) 대법원 2000. 6. 23., 97 누 1679.
2) 대법원 2009. 3. 26., 2007 두 22955; 同 1992. 3. 27., 91 누 12912.
3) 대법원 1994. 10. 28., 94 누 5816; 同 1995. 7. 14., 94 누 3407; 同 2015. 6. 23., 2012 두 7776.
4) 대법원 1992. 6. 9., 91 누 11933.
5) 대법원 1997. 10. 24., 97 누 10192.

과세처분 전에 납세의무자가 스스로 그 과세표준과 세액을 자진신고·납부하였다고 하더라도 이를 과세원인사실에 대한 재판상 자백이라고 할 수 없다.[1]

입증책임을 부담하는 과세관청이 사실심 변론종결 시까지 객관적인 과세표준과 세액을 입증할 자료를 제출하지 아니하여 정당한 세액을 산출할 수 없는 경우에는 법원은 과세처분 전부를 취소할 수밖에 없고, 직권으로 납세의무자에게 귀속될 정당한 세액을 찾아낼 의무는 없다.[2]

---

1) 대법원 1994. 2. 22., 93 누 20900.
2) 대법원 2020. 6. 25., 2017 두 72935.

제 2 편 조세실체법

제1장 소득세법

제1절 총 설

Ⅰ. 소득세의 의의

소득세는 개인의 소득을 과세물건으로 하는 인세로서, 누진세율이 적용된다. 따라서 담세력에 상응하는 조세부담을 지우기에 가장 적합한 세목으로 이해되고 있다. 또한 누진세율구조로 말미암아 경기가 과열될 때에는 소득의 증대보다 더 많은 비율의 세수를 올려 사경제부문에서 통화를 흡수함으로써 경기를 억제하는 효과를 가지며, 반면 경기가 침체될 때에는 소득의 감소보다 더 많은 비율로 세수가 감소됨으로 인해 경기를 촉진하는 효과를 갖는 까닭에 소득세는 이른바 내재적 경기조절기능(built-in stabilizer)을 가진다.

소득세제에는 개인의 모든 소득을 합산하여 과세하는 종합소득과세(global taxation)와 소득의 원천에 따라 구별하여 과세하는 분류소득과세(schedular taxation)의 두 가지 방식이 있다. 각 납세의무자의 담세력은 그의 소득을 합산하여 평가하는 것이 타당하므로 종합소득과세방식이 이상적이다. 현행 소득세법은 종합소득과세를 기본으로 하면서 징세와 납세의 편의, 조세정책 기타 이유로 일부 소득에 대해 분류과세를 병행한다.

Ⅱ. 소득의 개념

1. 순자산증가설과 소득원천설

역사적으로 보면 일정한 원천에서 계속 반복하여 발생하는 소득만 제한적으로 과세대상으로 삼아 왔다. 이러한 제한적 소득개념은 인류가 오랜 농경시대에 걸쳐서 계절에 따라 수확을 반복하며 살아오면서 일시적·우발적 또는 은

혜적 소득(이하 '일시소득'이라고 함)은 생활수단으로 의존할 것이 못 된다고 관념한 데서 연유한 것으로 본다.[1]

　이와 같은 소득원천설[2]은 독일의 Schantz,[3] 미국의 Haig[4] 및 Simons[5] 등에 의하여 비판받아 오늘에 이르러서는 순자산증가설이 지배적 견해이다. 순자산증가설은, 양 시점 사이의 자산의 순증가액과 그 기간 중의 총소비의 합계액을 소득으로 파악하기 때문에 소득의 원천이 무엇인가를 묻지 아니한다. 따라서 일시소득도 당연히 과세소득으로 인식된다. 담세력을 기준으로 해서 보면 일시소득도 계속적·반복직 소득과 다를 바 없다.

　순자산증가설은 소득을 지극히 포괄적으로 파악하기 때문에 포괄설이라고 부르며, 이에 대하여 원천설은 제한설이라고 한다. 현행 소득세법은 소득을 종류에 따라 구분하여 과세대상으로 규정하고 있기 때문에 원천설적 입장에 따른 것으로 보인다. 따라서 소득세법에서 규정하고 있는 종류 이외의 소득은 소득세 과세대상에서 제외된다. 그러나 원천설과 순자산증가설과의 차이점 가운데 실제적으로 중요한 의미를 지니는 것은 일시적 소득의 대표적 유형에 해당하는 자본이득(capital gain)의 과세 여부에 있다. 소득원천설에 충실하자면 자본이득은 과세대상에서 제외하여야 할 것이나, 현행 소득세법은 자본이득인 양도소득을 과세소득으로 삼고 있을 뿐만 아니라, 일부 유형의 자본이득을 '기타소득'에 포함시켜 과세하고 있으므로, 소득원천설에 철저한 제도는 아니라고 할 것이다.

---

1) Richard Goode, The Individual Income Tax, rev. ed.(1975), S. 180.

2) Fuisting, Die Einbekommen besteuerung der Zukunft Ⅱ, 1953, Sec. A, S. 19－57.

3) Schantz는 소득을 '일정기간에 걸친 부의 순증(純增)'이라고 한다. George Schantz, Der Einkommenbegrift und die Einkommensteuergesetze, Finanz－Archiv. x ⅲ(1896), S. 23.

4) Haig에 의하면 소득은 '두 시점 사이의 경제력의 순증가분의 화폐가치'이다. Robert Murray Haig, The Concept of Income－Economic and Legal Aspect, in Readings in the Economics of Taxation, 1959, pp. 59－75.

5) Simons에 의하면 '개인소득이란 어느 기간 동안 기초와 기말 간의, ① 소비에 행사된 권리의 시장가치와 ② 재산권 축적의 가치변동의 대수적 합계'이다. Henry Siomons, Personal Income Taxation, the Definition of Income as a Problem of Fiscal Policy, p. 50(1938). 공평의 관점에서 순자산증가설을 재음미한 논문으로, Victor Thuronyi, The Concept of Income, 46 Tax L. R. 45(1990, Fall). 한편 소득원천설을 계속적·반복적 소득이라야 소득이라는 도그마가 아니라 국가에서 자유로운 사생활이 보장되어야 한다는 요구로 파악해야 한다는 견해로는 이창희, "자유와 공평의 타협으로서의 소득개념," 서울대「法學」제40권 제2호(1999. 8.), 306면.

2. 위법 또는 하자 있는 원인으로부터의 소득

독일의 조세기본법 제41조는 "법률행위가 무효이더라도 납세자가 그 행위의 경제적 효과를 발생 · 성립시키는 한 이에 대해 과세하며(1항), 가장행위는 과세에 영향을 미치지 아니하고 가장행위의 숨은 행위가 있을 경우에는 그 숨은 행위에 대해 과세한다(2항)"고 명문의 규정을 두고 있다. 우리 세법은 이 점에 관해 아무런 명문의 규정을 두고 있지 않으며, 미국의 연방내국세입법이나 일본의 세법도 같다.

위법소득 또는 하자 있는 원인으로부터의 소득(이하 편의상 단순히 "위법소득"이라고 함)의 경우에는 조세회피행위에서 보는 바와 같은 형식과 실질의 대립이 없으며, 따라서 행위의 부인이라는 문제는 없다. 이 점에서 두 경우는 서로 다르다. 그러나 위법소득의 과세나 조세회피행위의 부인이 납세의무자의 행위나 거래의 '법률적 효과'를 벗어나 경제적 현실에 입각하여 과세효과를 판단한다는 점에서는 동일하다. 미국의 1913년의 연방소득세법(Income Tax Act of 1913)이 적법한 거래(lawful business)로부터 얻은 소득에 한하여 과세하도록 규정하였고, 1916년 개정시 '적법한'이라는 자구를 삭제한 후에도 횡령금의 과세소득 여부를 다룬 Commissioner v. Wilcox[1])에 의하여 대변되는 바와 같이 위법소득을 과세소득에서 제외하였던 일이 있다. 위법소득을 과세에서 제외하고자 하는 경향은 주로 두 가지 이유에 기인한다.

첫째는 도덕적 차원의 것으로 위법소득에 대하여 국가가 이를 인식하고 과세한다면, 국가가 한편으로는 위법행위를 제재하면서 다른 한편으로는 그러한 위법행위의 때문은 과실의 분배에 참가한다는 것이 되어 몰도덕적일 뿐만 아니라, 나아가서 국가가 그러한 행위를 시인하는 것이 아니냐 하는 일반인의 소박한 법감정이다(도덕론). 독일이 1차 세계대전 후 재정적 궁핍에 몰렸을 때 위법한 매춘행위에 과세하자 사회적 비난을 받았던 사실에서 역사적 예를 찾을 수 있다. 우리나라에서도 오래 전에 관광접대부의 화대[2])에 대한 과세가 지상에 보도되면서 논란의 대상이 되었던 사례가 있는바, 여기서 상통하는 사회적 감정

---

1) 327 U.S. 404(1946).
2) 이는 현행법에 의하면 기타소득으로 '고용관계 없이 인적용역을 일시적으로 제공하고 받는 수당 또는 이와 유사한 성질의 대가'에 속한다(所法 21조 1항 19호 라목).

을 엿볼 수 있다. 그러나 위법소득을 과세하는 것이 몰도덕적이라는 이유로 과세하지 않게 되면, 그 자체가 오히려 위법행위를 과세상 우대하는 모순을 초래한다. 이 점에서 도덕론은 타당하지 않다고 할 것이다.

위법소득을 과세에서 제외하고자 하는 두 번째 이유는 통상 소득이라고 하기 위해서는 어떠한 경제적 이익이 납세자에게 유효하게 귀속하여야 한다는 관념에 있다. 바꾸어 말하면 경제적 이익의 '소유'가 법적으로 확정된 상태에 이르러야만 과세할 수 있는 상태에 있다고 보는 것이다(권리이론). 이는 앞에 적은 Wilcox사건의 요체라 할 수 있다. 즉 소득의 요건으로 (i) 소득에 대한 표면적 권리(a claim of right)의 존재와 (ii) 그 소득을 반환할 명확하고도 무조건적 의무의 부존재를 들고 있다. 이렇게 볼 때 Wilcox 사건에서 행위자는 문제된 횡령금에 대해서 아무런 권리를 주장할 수 없고 또한 무조건의 반환의무를 지므로 그 횡령금은 소득이 아니라고 본 것이다.

이 둘째의 권리이론에 따라 과세에서 제외되는 위법소득의 범위는 첫째의 도덕론에 따라 과세에서 제외되는 위법소득의 범위보다 좁아진다. 왜냐하면 이자제한법의 규정에 반하는 초과이자, 매춘의 화대, 도박으로 딴 금전과 같이 자연채무화하여 그 반환을 법적으로 강제할 수 없는 것은 권리이론에 따르면 과세소득이 될 수 있기 때문이다. 그러한 까닭에 위법소득에 대한 과세의 타당성을 검토할 때에는 일응 양자를 구분해 고찰하는 것이 혼동을 면하는 방법이다.

권리이론을 내세운 미국의 Wilcox 판례는 그 후 Rutkin v. United States[1]에 의하여 수정되고 James v. United States[2]에 이르러서는 명시적으로 번복되었다. Rutkin 사건에서는 공갈에 의하여 갈취한 재산을 과세소득이라 판시하였다. 이 시점에서는 Rutkin 판례와 Wilcox 판례는 병존하였다. 그러나 James 사건은 Wilcox 사건과 마찬가지로 횡령금의 과세문제를 다룬 것이어서 Wilcox 사건을 정면으로 재음미하는 것이 불가피하였다. 연방내국세입법이 위법행위자를 달리 과세하여야 할 아무런 근거가 없다는 전제 아래 Wilcox 판례의 과오를 지적하고 "명시적 또는 묵시적인 반환합의가 없고 그 처분에 대한 제한이 없이 (without the consensual recognition, express or implied, of an obligation to repay and without restriction as to their disposition)" 소득을 얻었을 때에는 그 소득을 적법

---

1) 343 U.S. 130(1952).
2) 366 U.S. 213(1961).

하게 얻었든 위법하게 얻었든 과세소득을 구성한다고 하였다. 반환의 합의 없는 재산의 영득(領得)은 곧 과세가 되며 그 영득이 일응의 '소유'를 수반하느냐의 여부나 또는 현실적으로 공갈의 피해자는 횡령의 피해자에 비하여 반환청구를 해올 가능성이 희박하다든가 하는 기교적 기준에 의하여 좌우될 것은 아니라고 했다.

이는 과세소득이 재산법적 개념으로 일관될 수 없는 성질의 것임을 간파한 것이다. 즉 현실적으로 재화를 소유자적으로 지배하고 있음에도 불구하고 재산법적 개념에 구속되어 과세에서 이탈케 함은 조세의 공평을 해한다는 것이다. 과세소득은 실정세법적 개념이면서도 그 본질은 경제적 개념이라는 것을 다시금 확인해 준다.

우리 판례도 사법상 유효한 매매계약에 기한 수입뿐 아니라 무효인 매매계약에 기한 수입도 세법상 과세수입에 포함된다고 본다.1) 그리고 "과세소득은 이를 경제적 측면에서 보아 현실로 이득을 지배관리하면서 이를 향수하고 있어 담세력이 있는 것으로 판단되면 족하고 그 소득을 얻게 된 원인관계에 대한 법률적 평가가 반드시 적법하고 유효한 것이어야 하는 것은 아니다"라는 이유로 범죄로 인한 소득도 과세대상으로 본다.2) 예를 들면, 법인과 이사 사이에 이익이 상반되는 금전소비대차에서 발생한 이자소득도 과세대상이 된다.3) 이러한 대법원 판례의 요체는 위법소득이라고 하더라도 이를 경제적으로 지배하는 상태에 있으면 과세대상으로 볼 수 있다는 것으로서 위에서 본 미국 대법원 판례의 그것과 다르지 않다. 대법원 판례는 오랫동안 양도소득에 관해서는 자산의 양도행위가 사법상 무효이거나 실효되면 양도소득이 발생한 것으로 볼 수 없다는 입장을 취해 왔으나,4) '국토의 계획 및 이용에 관한 법률'에 따른 토지거래허가를 받지 않아 무효인 토지의 매도로 얻은 대가가 양도소득세 과세대상이 되는지 여부가 문제된 사안에서 그 입장을 변경하여 그 경우에도 양도인이 양도계약의 이행으로 수령한 경제적 이익을 그대로 보유함으로써 종국적으로 지배 내지 향유하는 경우에는 과세대상이 되는 것으로 본다.5) 위법소득의 과세와

---

1) 대법원 1979. 8. 28., 79 누 188.
2) 대법원 1983. 10. 25., 81 누 136.
3) 대법원 1985. 5. 28., 83 누 123.
4) 대법원 1997. 1. 21., 96 누 8901; 同 1993. 1. 15., 92 누 8361; 同 1987. 5. 12., 86 누 916 등.
5) 매매계약이 처음부터 토지거래허가를 배제하거나 잠탈할 목적으로 이루어진 경우와 같이

관련하여 양도소득에 대해서만 예외를 인정할 이유가 없으므로 타당하다고 할 것이다.

위법소득의 과세와 관련하여 한 가지 유의할 점은 소득발생의 원인이 되는 행위나 거래의 위법성이 해당 소득을 과세하는 데 장애가 되지는 않지만, 해당 위법소득이 과세대상이 되기 위해서는 소득원천설에 따라 소득세법령상 과세대상으로 열거되어 있어야 한다는 것이다. 즉, 문제의 위법소득이 과세대상이 되려면 소득처분에 따른 근로소득이나 배당소득에 해당하거나 기타소득의 하나에 해당하여야 한다(法法 67조; 法令 106조 1항 1호). 따라서 회사의 대표이사가 횡령한 금액이 해당 대표이사에 대한 상여금으로 소득처분되는 경우에는 횡령금액이 해당 대표이사의 근로소득이 되겠지만,[1] 회사의 수금담당 직원이 회사의 외상대금을 회수하여 유용한 경우처럼 수익의 귀속자인 회사와 횡령자를 동일시하거나 그 경제적 이해관계가 사실상 일치하는 것으로 보기 어려워 횡령금액이 회사의 횡령자에 대한 손해배상청구권의 형태로 사내에 유보되어 있는 것으로 보아야 하는 경우에는 소득처분에 의한 근로소득으로 과세될 수 없다.[2]

한편, 위법소득이 그 지급자에게 환원된 경우에는 더 이상 해당 소득을 경제적으로 지배하고 있다고 할 수 없으므로 과세대상에서 제외된다.[3] 또한 범죄로 얻은 금품 상당액을 국가에 의해 몰수나 추징당한 경우 역시 위법소득의 과세근거인 경제적 지배 내지 향유 상태가 소멸되었으므로 그 몰수나 추징의 시점에 납세의무는 사후적으로 소멸된다고 봄이 타당할 것이다. 판례도 기존의 입장을 변경하여 위법소득에 대한 몰수나 추징은 이미 확정된 납세의무의 후발적 경정청구 사유가 되거나 과세처분의 취소 사유가 되는 것으로 본다.[4]

위법 내지 탈법적인 것이어서 확정적으로 무효라 할지라도, 당사자 사이에서는 그 계약이 유효한 것으로 취급되어 이미 그와 같이 무효인 매매계약에 기하여 매도인이 매매대금을 수수하여 그대로 보유하고 있는 경우에는 종국적으로 경제적 이익이 매도인에게 귀속된다고 할 것이다. 이러한 경우 그 매매등 계약이 법률상 무효라는 이유로 그 매도인 등이 그로 인하여 얻은 양도차익에 대하여 양도소득세를 과세할 수 없다고 보는 것은 과세없는 양도차익을 향유하게 하는 결과를 초래하여 조세정의와 형평에 반하게 되므로 예외적으로 자산의 양도로 인한 소득이 있다고 보는 것이 타당하다[대법원 2011. 7. 21., 2010 두 23644(전원합의체)].

1) 대법원 2010. 1. 28., 2007 두 20959; 同 2004. 4. 9., 2002 두 9254; 同 2001. 9. 14., 99 두 3324; 同 1999. 12. 24., 98 두 7350; 同 1995. 10. 12., 95 누 9365.

2) 대법원 2004. 4. 9., 2002 두 9254; 同 1989. 3. 28., 87 누 880 등.

3) 대법원 1983. 10. 25., 81 누 136.

4) 대법원 2015. 7. 16., 2014 두 5514(전원합의체).

3. 소극소득세 아래에서의 소득개념

(1) 소극소득세의 의의

종래부터 소득과세는 재정수입의 주요 수단으로 기능해 왔다. 그러한 까닭에 우리가 소득이라고 할 때에는 적극적 개념으로만 이해하고, 인적공제액 미달 또는 최저생계비 미달 등 일정수준 미달의 소득으로 말미암은 '결손'을 국가가 세수로 보전해 주는 바가 없었다. 그러나 근래에 이르러 '소극소득(消極所得)'에 대한 과세(NIT: Negative Income Tax)의 사고가 생겨났다. 이는 일정금액의 소득에 미달하는 자에게 소극적, 즉 음수금액(陰數金額)의 '조세채무'를 지우는 개념이다.[1] '음수 금액의 조세채무를 지운다'는 것은 곧 국가가 해당 조세채무자에게 그 음수의 금액을 지급한다는 것이다.

미국에서 소극소득과세론이 대두된 것은 존슨 대통령이 Great Society라는 구호 아래 성공적이었다고는 할 수 없으나 빈곤퇴치운동을 전개한 것이 계기가 되었으며, 다른 한편 현행의 잡다한 사회보장 내지는 후생제도에 대한 불만이 크게 작용하였던 까닭이다. 이리하여 닉슨 행정부에 이르러서는 가족보조계획(Family Assistance Plan)이라고 불리는 초보적 형태의 소극소득과세의 제안이 있었다.[2] 소극소득과세론이 일반의 주목을 끈 것은 1962년에 보수적 경제학자인 Milton Friedman이 그의 저서 「Capitalism and Freedom」에서 이를 제창한 때부터이나, 소극소득과세론은 보수주의자들뿐만 아니라 Robert Theobald와 같은 진보적 경제학자에 의하여서도 찬동을 받았다. Friedman 교수는 소극소득과세의 정당성과 우월성을 다음과 같이 설명하고 있다.[3]

"현행의 잡다한 복지제도가 가난의 구제에 목적이 있는 것이라면, 빈곤한 자를 직접 돕는 방안을 강구하여야 할 것이다. 가난한 농부를 돕는 것은 옳은 일이다. 그러나 그것은 그가 농부라서가 아니라 가난하기 때문이다. 그렇다면 구빈의 방안은 보조를 요하는 사람들을 두루 돕는 보편적인 것이어야 하며, 특정

---

1) 따라서 Negative Income Tax는 '음의 소득세'라고 번역하기도 한다.
2) The President's Message on Welfare Reform Hearings on the Subject of Social Security and Welfare Proposals before the House Committee on Ways and Means, 91st Cong. 1st Sess. pt. 2, at 106(1969). 이 이후에도 닉슨 대통령에 의하여 유사한 제안이 있었으나, 채택을 보지 못한 채 사임하였다.
3) Friedman, Capitalism and Freedom, p. 191.

의 생업, 특정의 연령층, 특정의 임금계층·노동조합 또는 산업에 속하거나 종사하는 집단을 돕는 것이어서는 안 된다. 이 점이 현재 미국의 영농자 지원, 노령자 연금, 최저임금, 친노동조합적 입법, 관세, 특정직업에 종사하기 위하여 받아야 하는 인가를 통한 그 직업종사자의 보호 등 무수한 제도가 지니고 있는 결함이다. 또한 사회정책적 입법은 조세입법과 마찬가지로 가능한 한 시장경제에 간섭하거나 이를 왜곡시켜서는 안 된다. 이 점이 역시 가격유지, 최저임금, 관세 등의 정책의 결함이다. 이에 반하여 소극소득세는 구빈 자체에 초점을 맞춘 것이고, 또한 현금의 지급이 따르기 때문에 빈곤한 자에게 가장 요긴한 형태의 보조라 할 수 있다. 소극소득세는 보편적 적용이 가능하기 때문에 현행의 잡다한 사회적 입법을 대체할 수 있으며, 이에 따르는 사회비용도 객관화된다. 시장의 테두리 밖에서 운용되므로 시장의 자율성을 해치지 않는다. 그리고 행정적으로도 현행의 조세제도가 이를 흡수할 수 있기 때문에 행정의 중복을 피할 수 있다."

우리나라는 2006. 12. 30.자로 개정한 조세특례제한법 제10절의2에서 소극소득과세를 '근로장려금지급' 제도라는 이름으로 도입하여 2008. 1. 1.부터 시행에 들어갔다(보다 자세한 설명은 본장 제3절 Ⅴ. 5. 근로장려금 참조).

(2) 소극소득세제의 소득개념

그러면 소극소득세 아래에서의 소득개념은 어떠한 것이며, 일반적인 의미의 소득과 어떠한 관련을 가지며 영향을 주는가? 적극소득세는 응능부담의 원칙에 따른 공공단체의 재원조달의 수단이며, 소극소득세는 구성원의 궁핍도에 따라 지급되는 공공보조의 변형이라는 차이 때문에 양자에 있어서의 소득의 범주는 같을 수 없다. 적극소득세에 있어서는 생계단위의 적정소비수준을 유지하는 데 필요한 여러 소득이 과세에서 제외되나, 소극소득세에 있어서는 보조를 요하지 않는 자에게 혜택이 가지 않도록 하기 위해 오히려 포괄적 과세소득 개념이 적용된다.[1] 따라서 비과세 또는 면세되는 이자, 급여, 연금, 상금, 양도소득 등이나 또는 세법이 그 적용 대상에서 제외시킴으로써 반사적으로 비과세 혜택을 입는 소득도 소극소득세의 과세표준에는 포함된다. 즉, 감면소득 및 과세로부터 자유로운 소득도 '소극소득 과세표준'에서 제외할 것이 아니다.[2]

---

1) James Tobin, Joseph A. Pechman, E. Peter, M. Mieszkowski, Is a Negative Income Tax Practical?, 77 Yale L. Rev., pp. 1, 11−20(1967).

2) 그러나 우리가 도입한 소극소득과세(즉, 근로장려금 지급) 제도에서는 과세표준인 소극소득의 산정에 있어서 비과세소득과 일정 유형의 근로소득과 사업소득 및 종교인소득은 제외

귀결소득(歸結所得, imputed income)[1]도 적극과세에서는 제외되고 있으나 소극과세에 있어서는 적어도 자기소유 주택에 관한 한 이를 소득에 포함시켜야 한다. 예를 들면, A와 B는 똑같이 500만 원 상당의 주택을 소유하고 있다고 하자. 그런데 A는 그 주택을 계속 소유·거주하였으나, B는 자기주택을 처분하여 그 대금으로 주식을 취득하였다. 이리하여 B는 연간 60만 원의 이익배당을 받았지만 동시에 월세 5만 원의 가옥을 임차하였어야 하므로 연간 60만 원의 지출이 있었다. 양자의 경제적 입장은 다를 바가 없다. 그러나 현행세제에서 보면 A에게는 소득이 없고 B에게는 배당소득이 있는 것으로 되어 균형을 잃고 있다. 주택은 생활의 필수적 요소라는 점을 감안하여, 자기주택 사용의 경제적 가치에 상당하는 금액을 소득으로 보아 그 금액만큼 소극소득세를 감축(즉 수혜액을 감소)하여야 한다. 바꾸어 말하면 상계과세(offsetting tax)를 하여야 한다.

귀결 임대소득(imputed rent)과 마찬가지로, 자경자족의 농작물 가액도 소득에 포함시켜 그 가액을 수혜액에서 공제하여야 할 것이다. 증여는 소득세가 아닌 증여세의 과세대상으로 삼는 것이 각국 법제의 상례이다. 그러나 사사로운 도움(수증)에 의하여 생계를 유지할 수 있는 자(예를 들면, 부유한 아버지의 아들)에게 소극과세의 혜택을 준다는 것은 불합리하므로 수증액도 소득에 포함되어야 할 것이다.

우리나라의 현행 소극소득 과세제도하에서는 소득의 개념을 소득세법에 규정된 소득(이자소득, 배당소득, 사업소득, 근로소득, 연금소득, 기타소득, 종교인소득)을 그대로 적용하고 있을 뿐, 귀결소득, 자경자족의 농작물 및 수증의 가액을 소득개념에 포함시키고 있지 않다(租特法 100조의3 1항 2호; 租特令 100조의3 1항).

과세대상인 소득을 얻은 것은 없다 하더라도 상당한 부의 축적이 있는 경우에 소극소득과세(수혜)를 허용할 것인가? 재산의 축적을 소극소득과세의 제한 원인으로 삼을 경우 저축의 저해요인이 될 것이라는 이유로 이를 소극소득과세의 고려 밖에 두자는 견해와 자신의 부가 있음에도 불구하고 국가가 보조한다는 것은 소극소득과세의 사회정책적 취지에 어긋난다는 견해가 있을 수 있다. 양자는 다 일리가 있기 때문에 일정수준을 초과하여 재산을 보유하는 자에 대

하는 것으로 하고 있다(租特法 100조의3; 租特令 100조의6).

[1] 귀속소득(歸屬所得)이라고도 부르나 '소득의 귀속'이라는 용어와 혼동할 우려도 있고, 결과적 소득이라고 할 것이므로 귀결소득이라 부르기도 한다.

하여 그 초과분의 일정률을 소극소득세의 상계세(offsetting tax)로 하는 절충적 방식이 타당할 것으로 생각된다. 그러나 어쨋든 이 문제는 소극소득과세제에서의 소득개념 자체에 관한 것이라기보다는 소극소득세의 납세의무(수혜청구권)의 제한에 관한 것이라고 본다. 우리나라의 현행 소극소득 과세제도에서도 토지, 건물, 자동차, 예금 등의 재산의 합계액이 2억 4천만 원을 초과하는 자에 대해서는 근로장려금 신청자격을 제한함으로써 이러한 제한을 하고 있다(租特法 100조의3 1항 4호).

적극소득세와 소극소득세 사이에 소득의 구성요소를 달리하는 것이 타당하냐 하는 데에는 적지 않은 의문이 있다. 순수한 소득이론의 측면에서는 그 구성을 달리할 아무런 이유도 없다. 예컨대 무소득자나 저소득자에 대해서는 귀결 임대소득을 소득이라고 보면서, 중소득층 이상의 납세자에 대해서는 이를 소득으로 보지 않는 것은 현저히 불평등한 것이라 생각된다. 이에 소극소득세제의 도입을 계기로 소득개념을 보다 넓게 구성하여야 한다는 주장, 즉 '포괄적 소득세 과세표준'(Comprehensive Tax Base) 개념을 도입하여야 한다는 주장이 제기될 수 있다. 그러나 포괄적 소득개념에 입각하여 적극과세, 즉 통상의 과세를 한다면, 많은 경우 축적한 자본을 처분한 자금이나 이를 담보로 차입한 자금으로 세금을 내야 할 것이므로 이론적·실제적 저항이 엄청날 것이다. 현실적으로는 지금까지의 실정법상의 소득개념이 그러하였듯이 정책적 차원과 과세 기술의 면에서 타협을 찾을 수밖에 없을 것이다.

4. 파생금융상품이 제기하는 새로운 과세문제

(1) 파생금융상품의 의의, 유형 및 특성

우리나라에서도 근래에 이르러 많은 파생금융상품(派生金融商品, derivative financial instruments 또는 단순히 financial derivatives)이 개발되어 거래되고 있고, 나아가 우리 기업이 해외 파생금융상품(이하 경우에 따라 "FD"라고 함)을 거래하는 사례도 드문 일은 아니다.

파생금융상품의 어원은 자금·주식·채권·통화 등의 기초자산[1](primary 또는 underlying asset)에서 파생(derive)된 상품이라는 데에 연유한다. 바꾸어 말하면 파생금융상품은 독자적인 고유의 가치를 가진 것이 아니고, 기초상품의 시

---

1) 원자산이라고도 부른다.

세·이율 등의 변동에 의하여 스스로의 가치가 결정되는 상품이다. 파생금융상품은 기초상품에 얹혀서만 존립할 수 있다.

그 종류는 기초상품이 지니는 위험을 어떻게 당사자 간에 배분하느냐에 따라 선물·선도(futures 또는 forwards), 옵션(option) 및 스왑(swap)으로 대별할 수 있다.

선물(futures) 또는 선도(forwards)라고 함은 (i) 기초자산이나 (ii) 기초자산의 가격·이자율·지표·단위 또는 이를 기초로 하는 지수 등에 의하여 산출된 재산(금전 포함)을 장래의 특정 시점에 미리 정한 가격에 인도·인수할 것을 약정하는 계약을 말한다(자본시장법 5조 1항 1호). 매매 등의 계약을 체결하면서 그 이행기를 장래의 시점으로 정하는 것이 그 특징이다. 법인세법 시행규칙 제37조의2에서 평가대상 자산의 하나로서 '통화선도'를 '원화와 외국통화 또는 서로 다른 외국통화의 매매계약을 체결함에 있어 장래의 약정기일에 약정환율에 따라 인수·도하기로 하는 거래'라고 정의하고 있는데, 여기서 말하는 선도의 의미도 이러한 자본시장법상의 그것과 다르지 않다. 선물의 매도인의 입장에서는 선물매도가 되고, 매수인의 입장에서는 선물매수가 된다. 현재 거래소에서 거래되는 대표적인 선물금융상품은 KOSPI(korea stock price index) 200지수의 선물거래이다. 일정기간 후의 KOSPI 200의 주가지수의 수치를 예측하고, 그 예측한 수치를 일정한 날에 일정한 가격을 붙여서 매매하는 것이다. 미래의 특정 시점에 있어서의 원화의 금리를 현재에 정한 가격으로 사거나 팔 것을 약정하는 금리선물이나 미래의 특정 시점에 미국 달러화를 현재에 정한 가격(환율)으로 미리 사거나 팔 것을 약정하는 미국 달러 선물 등도 거래소에서 거래되고 있다. 이러한 선물금융상품 거래의 원래 목적은 현물을 매수·매도함과 동시에 선물을 매도·매수함으로써 현물의 가격이 오르거나 떨어질 때 위험을 피하려는 것이다. 하지만 선물만 가지고 거래할 경우 선물거래의 특성상 엄청난 손실을 보거나 엄청난 이익을 보는 극과 극의 현상이 일어날 수 있다.

옵션(option)이라고 함은 일방 당사자의 의사표시에 의하여 기초자산에 의하여 또는 기초자산의 가격·이자율·지표·단위 또는 이를 기초로 하는 지수 등에 의하여 산출된 재산(금전 포함)을 수수하는 거래를 성립시킬 수 있는 권리를 부여하는 계약을 말한다(자본시장법 5조 1항 2호). 선물거래는 미래에 생성될 물건이나 권리에 대하여 확정적으로 매매거래를 하는 것인 데 비해, 옵션은 미래가 현재로 도래하였을 때 매도인이나 매수인의 지위에서 가격이 유리한 경우에만 계약을 체결할 선택권을 갖는 점에서 다르다. 가격이 불리하면 계약을 체결하지 아니하는 것이다. 옵션권리자가 옵션을 행사하는 것이 유리하다고 판단하여 이를 행사하면 그 상대방은 그 이행에 응하여야 할 의무를 진다. 장래에 매수할 계약상의 권리를 call option이라고 하고, 장래에 매도할 계약상의 권리를 put option이라고 한다. 옵션의 예로는 약정일에 또는 약정한 기간 내에 일정액의 외국통화를 미리 정하여진 환율로 살 수 있거나 또는 팔 수 있는 권리(통화옵션)라든가 또는 일정한 금액의 돈을 미리 정하여진 이율로 빌리거나 또는 빌려줄 수 있는 권리(금리옵션) 등을 들 수 있다. 농산물·광물 등 실물자산도 옵션의 대상으로서의 기초자산이 될 수 있음은 물론이나 파생금융상품을 논할 경우에는 금융자산을 대상으로 하는 옵션만을 주로 다룬다.

   스왑(swap)이라고 함은 장래의 특정일이나 일정기간 동안 미리 정한 가격으로 기초자산이나 기초자산의 가격·이자율·지표·단위 또는 이를 기초로 하는 지수 등에 의하여 산출된 재산(금전 포함)을 교환할 것을 약정하는 계약(자본시장법 5조 1항 3호)이다. 장래의 어느 시점에 또는 장래의 특정기간에 걸쳐서 현금흐름을 교환하는 것이라고 할 수 있다. 서로 다른 종류의 통화로 표시된 채무를 장래의 일정시점에서 계약당사자들이 서로 바꾸기로 한다든가(통화스왑) 또는 고정금리와 변동금리를 교환하는 따위이다(금리스왑). 법인세법 시행규칙 제37조의2에서 평가대상 자산의 하나로서의 '통화스왑'을 "약정된 시기에 약정된 환율로 서로 다른 통화로 표시된 채권채무를 상호 교환하기로 하는 거래"로 정의하고 있는바, 여기서 말하는 스왑의 의미 역시 자본시장법상의 그것과 다르지 않다. 이자율 스왑의 예를 들면, 금융기관으로부터 100억 원을 변동금리로 차입한 A회사와 같은 금액을 고정금리로 차입한 B회사가 각자의 차입금리 지급의무를 상호간에 교환하는 경우이다. 통화스왑의 예를 들면, 1달러당 환율이 1,000원일 때 100만 달러를 차입하여 1년 뒤에 10%의 이자를 더하여 110만 달러를 변제하기로 한 A회사와 같은 시점에서 원화 10억 원을 차입하여 1년 뒤에 10%의 이자를 더하여 11억 원을 변제하기로 한 B회사가 각자의 1년 뒤의 원리금 상환의무를 교환하는 거래이다. 이 경우 A회사는 원화가치가 하락하여 110만 달러를 변제하는 데 필요한 원화가 11억 원이 넘더라도 11억 원만 부담하면 된다.

   자본시장법상 파생금융상품은 장내파생금융상품과 장외파생금융상품으로 구분되는데, 전자는 거래소의 회원에 의해서 거래소 내에서 동법 상의 규제에 따라 거래되는 것으로서 가격을 제외한 제반 거래요소(거래단위, 대상통화, 결제시기 등)가 표준화되어 있다. 그렇기 때문에 실제로는 거래상대방의 특정없이 거래소의 결제기관을 통하여 계약이 이행된다.[1] 선물거래의 경우 이행일에 기초상품을 당사자 간에 수수하는 예는 드물고 차액결제(cash settlement) 또는 반대매매(offsetting transaction)에 의하여 계약이 이행되는 경우가 대부분이다. 특히 지수선물의 경우에는 성질상 인도의 대상이 될 수도 없다. 일반적으로 선물계약의 당사자들은 처음부터 기초상품 자체를 사거나 파는 데에는 뜻이 없고 기초상품의 시가변동에 따른 차익을 얻는 것을 목적으로 하고 있다.

모든 파생금융상품 거래는 낮은 비율의 증거금, 소액의 수수료 등의 지출로 기초상품 자체의 시가흐름을 사고파는 것이므로 이른바 지렛대 효과(leverage)가 높고, 따라서 위험부담이 크다. 파생금융상품의 거래는 완전히 zero sum game이기 때문에 높은 위험부담과 결부하여 쌍방 간에 상반되는 손익이 매우 클 수 있다.

(2) 파생금융상품의 과세문제

파생금융상품 거래에서는 여러 가지 유형의 소득이 발생할 수 있는데, 그 성격이 모호한 경우가 많다. 예를 들면, 현재로부터 1년 뒤에 일정액을 일정기간 동안 현재의 금리로 빌리는 선물계약(금리선물)을 하였는데, 1년이 지난 뒤에 금리가 현재보다 떨어진 상태에서 실제 대차거래는 하지 않고 그 이자율 하락에 따른 이익을 받고 거래를 종결시킨 경우 그 차익에 상당하는 금액이 이자소득인지, 권리의 양도차익인지, 아니면 일반 사업소득인지 분명치 않다. 또한 장래의 특정시점에 일정액의 원화를 현재의 환율로 달러화와 교환하기로 약정하였는데, 그 장래의 시점에 이르러 달러화 가치가 상승하여 그 환율차이에 상당하는 가액의 원화수익이 발생한 경우 그 차익이 자산의 평가차익 내지 환차익인지, 아니면 사업소득인지 결정하는 것도 쉽지 않다. 특히 기초자산과 파생상품을 합성하여 제3의 기초자산과 동일한 경제적 효과를 가지는 상품을 만들 수 있는데, 이와 같은 합성파생금융상품(synthetic derivative)은 그 구성요소가 복잡하고 변수가 많아 성격을 파악하는 것은 더욱 어렵다. 또한 소득의 실현시기

---

[1] 장내파생상품의 매매거래는 거래소 회원만이 그 거래소를 통해서만 행할 수 있다(자본시장법 386조 2항, 388조 1항).

를 정하는 데에도 여러 견해가 있을 뿐 아니라,[1] 또한 조작도 가능하다.[2] 그 밖에도 소득의 원천지·귀속연도·관련비용의 처리 등과 관련하여서도 어려운 문제를 야기한다.[3] 파생금융상품의 종류가 워낙 다양하고 복잡하여 법령에서 그 과세에 관한 기준을 획일적으로 규정하는 것이 쉽지는 않으나, 과세의 형평을 제고하고 혼란을 막기 위해서는 아래에서 보는 미국의 제도를 모델로 하여 소득의 종류, 크기의 산정, 귀속시기 등의 과세요건에 관한 보다 구체화된 기준을 설정할 필요가 있다.

파생금융상품의 발전을 선도하고 있는 미국에서는 내국세입법에서 몇 가지 중요한 규정을 두고 있다. (ⅰ) 옵션의 매각이나 교환에서 발생한 손익과 그 권리의 불행사에서 발생하는 손실은 기초자산의 처분손익으로 취급하고, 옵션의 발행자에게 옵션거래의 종결에 따라 발생하는 손익과 옵션기간의 만료로 발생하는 손익은 1년 미만의 기간 동안 보유한 자본자산의 처분에서 발생한 손익으로 취급한다는 취지의 규정(§1234), (ⅱ) 선물증권계약(securities futures contract)을 제외한 권리의무의 취소, 실효, 만기, 해지로 인하여 발생된 이익과 손실은 자본자산의 매각으로 발생한 자본이득(손실)으로 취급한다는 규정(§1234A), (ⅲ) 선물증권의 거래는 그 증권이 표창하는 기초자산의 거래로 취급한다는 취지의 규정(§1234B), (ⅳ) 파생상품거래업자가 소유하는 파생상품(derivative financial instrument)과 위험회피거래(hedging transactions)[4]에 수반되는 권리의무는 원칙

---

1) 「기업회계기준등에 관한 해석 53−70 파생상품등의 회계처리」에 의하면, 회계처리를 함에 있어서는 모든 파생상품을 공정가액에 의하여 평가하되(mark−to−market)(동 해석 6. 나), 위험회피의 목적이 아니라 매매목적 등으로 보유하고 있는 파생상품의 평가손익은 당기손익으로 계상하고, 위험회피의 목적으로 보유하는 파생상품의 평가손익은 그 위험회피유형별로 동 해석에서 정한 바에 따라 처리하도록(동 해석 6. 다) 하고 있으나, 과세목적상으로는 일반적으로 적용되는 권리확정주의의 기준에 따라 이행일 또는 결제일에 손익을 인식하여야 할 것이다.

2) 간단한 예로, 선물매수 계약상의 권리자는 차액결제로 당기에 이익을 실현시킬 수도 있고, 대상 기초상품을 약정한 가액(저가)으로 매수하여 후일에 처분함으로써 이익의 실현을 장래로 넘길 수도 있을 것이다.

3) 파생금융상품의 회계 및 과세 문제에 관한 일반적 해설서로는, 崔興植·金成龍, 派生金融商品의 會計處理 및 課稅方向, 한국조세연구원(1996); 논문으로는 이창희, 파생금융상품의 과세문제, 조세학술논집, 12권, 국제조세협회(1996.2.); Charles T. Plambeck et al., Tax Aspects of Derivative Financial Instruments, Cahiers de droit fiscal international vol. LXXXb, International Fiscal Ass'n(1995); Alvin C. Warren, Jr., Financial Contract Innovation and Income Tax Policy, 107 Harvard L.R. 460(1993).

4) 가격변화, 이자율 변동 또는 통화가치의 변동 등으로 인하여 보유자산의 가치나 부담하는

적으로 자본이득을 창출하는 자본자산(capital assets)이 아니라는 규정(§1221(a)(6), (7)), (v) 선물계약·외환계약·비지분형 옵션계약 등과 같은 특정 유형의 파생금융상품을 매년 시가에 의해 평가하게 하여(mark-to-market) 손익을 실현하는 것으로 의제하는 규정(§1256) 등이 그것이다.

제 2 절   납세의무자

Ⅰ. 거주자와 비거주자

소득세법상의 납세의무자는 개인이며, 개인은 (i) 거주자, (ii) 거주자가 아닌 자(비거주자)로서 국내원천소득이 있는 자로 나뉜다. 거주자는 국내에 주소를 두고 있거나 1년 이상 거소를 둔 개인을 말하고, 비거주자란 거주자가 아닌 개인을 말한다(所法 1조의2 1항 1호, 2호). 따라서 국내에 거주하지 않고 국내원천소득도 없는 자는 우리나라의 과세권의 대상 밖에 있기 때문에 소득세법상 납세의무자에 해당하지 않는다. 주소는 국내에서 생계를 같이하는 가족 및 국내에 소재하는 자산의 유무 등 생활관계의 객관적 사실에 따라 판정하되(所令 2조 1항), (i) 계속하여 183일 이상 국내에 거주할 것을 통상 필요로 하는 직업을 가진 때, (ii) 국내에 생계를 같이 하는 가족이 있고, 그 직업 및 자산상태에 비추어 계속하여 183일 이상 국내에 거주할 것으로 인정되는 때는 국내에 주소가 있는 것으로 본다(所令 2조 3항).[1]

부채의 크기가 변하는 데 따른 위험을 회피하기 위한 거래라고 정의하고 있다(미국 내국세입법 §1221(a)(6),(7). 내국세입법 규칙에서 위험회피거래의 과세처리 방법을 보다 상세히 규정하고 있다(미국 내국세입법 시행규칙 §1.1221-2 Hedging Transactions).

1) 그 의미는 직장관계나 근무관계의 지속 기간에 비추어 볼 때 또는 소유 자산의 관리·처분의 필요성에 비추어 볼 때 통상 1년 이상의 거주가 요구될 것으로 보이는 경우라는 뜻이지, 반드시 1년 이상 실제로 거주하였어야 한다는 것은 아니다(대법원 2014. 11. 27., 2013 두 16876). 재일교포가 국내에 생계를 같이하는 가족인 그의 처 및 딸이 있고, 1977년에는 313일, 1979년에는 190일 정도를 국내에서 거주하면서 1977. 5.경부터 1979. 1. 23.경까지 사이에 국내에서 농수산물을 직접 구입하여 일본에 수출하는 사업을 영위하였다면 거주자라고 본다(대법원 1984. 3. 27., 83 누 548). 또한 아파트를 분양받아 대금을 납입하던 중에 가족 중 납세자와 처가 미국으로 이민하였으나 아들 2명은 여전히 국내에서 거주하였으며, 아파트의 분양대금 청산 후에도 여전히 아들들이 그 곳에서 거주하여 오다가 각 미국으로 이민한 경우, 아들들이 미국으로 이민할 때까지는 납세자는 가족 및 자산 등이 있는 국내에 생활의 근거를 두고 있으므로 거주자로 본다(대법원 1996. 10. 25., 95 누 14039). 이때 납세자

외국을 항행하는 선박 또는 항공기의 승무원의 경우 그 승무원과 생계를 같이하는 가족이 거주하는 장소 또는 그 승무원이 근무기간 외의 기간 중 통상 체재하는 장소가 국내에 있는 때에는 해당 승무원의 주소는 국내에 있는 것으로 보고, 그 장소가 국외에 있는 때에는 해당 승무원의 주소가 국외에 있는 것으로 본다(동조 5항). 거주자나 내국법인1)의 국외사업장 또는 직·간접 100% 자회사에 파견된 임원·직원이나 국외에서 근무하는 공무원은 계속하여 1년 이상 국외에 거주할 것을 필요로 하는 직업을 가진 경우에도 거주자로 본다(所令 3조).

거소는 주소지 이외의 장소에 상당기간에 걸쳐 거주하지만 주소와 같이 밀접한 일반적 생활관계가 발생하지 아니하는 장소를 이른다(所令 2조 2항). 국내에 거소를 둔 기간은 입국하는 날의 다음 날부터 출국하는 날까지로 계산하고, 출국 후 다시 입국하는 경우 또는 그 반대의 경우로서 그 출국 또는 입국의 목적이 관광, 질병의 치료 등으로서 명백하게 일시적인 것으로 인정되는 경우에는 출국한 기간은 국내에 거소를 둔 기간으로, 그리고 입국한 기간은 국내에 거소를 두지 않은 기간으로 보며, 1과세기간 동안 183일 이상 거소가 국내에 있는 경우에는 국내에 183일 이상 거소를 둔 것으로 본다(所令 4조). 따라서 가족은 해외로 이주하였어도 본인은 계속 국내에 있다가 일시 출국하여 귀국한 거주자라면 소득세법상 거주자에 해당한다.2)

Ⅱ. 신탁재산에서 발생하는 소득의 납세의무자

신탁은 신임관계에 기하여 특정의 재산권을 소유하는 자(위탁자)가 타인(수탁자)에게 그 소유권을 이전하거나 담보권의 설정 또는 그 밖의 처분을 하고 그 타인으로 하여금 일정한 자(수익자)의 이익 또는 특정의 목적을 위하여 그 재산의 관리, 처분, 운용, 개발, 그 밖에 특정 목적의 달성을 위하여 필요한 행위를 하게 하는 법률관계를 말한다(신탁법 2조). 이러한 신탁관계 하에서 수탁자는 신

가 미국세법상 거주자로도 판정되면 소위 '이중거주자'에 해당한다. 이중거주자의 경우 어느 나라에서 과세권을 가지는가는 조세조약에서 정한 바에 따른다.

1) 법인세법상 내국법인은 국내에 본점이나 주사무소 또는 사업의 실질적 관리장소를 둔 법인을 말하고, 외국법인은 외국에 본점 또는 주사무소를 둔 법인(국내에 사업의 실질적 관리장소가 소재하지 아니하는 경우에 한정함)을 말하는바(法法 1조 1호, 3호), 소득세법상 내국법인과 외국법인의 개념은 법인세법상의 그것과 동일하다(所法 1조의2 1항 3호, 4호).

2) 대법원 1984. 3. 27., 83 누 548.

탁재산의 운용 등을 통해 발생하는 이익을 그대로 수익자에게 이전하므로 그 이익에 대해 수탁자에게 과세하는 것은 응능부담의 원칙에 부합하지 않는다. 이에 우리나라 세법은 신탁재산에 귀속되는 소득은 원칙적으로 그 신탁의 이익을 받을 수익자(수익자가 개인으로서 사망한 경우에는 그 상속인)에게 귀속되는 것으로 본다(所法 2조의3 1항; 法法 5조 1항). 신탁을 일종의 도관(導管)으로 보는 것이다. 다만, 신탁법상의 목적신탁, 수익증권발행신탁 및 유한책임신탁 등 일정한 요건을 충족하는 신탁(자본시장법상의 투자신탁은 제외)의 경우에는 신탁계약에 따라 신탁재산에 귀속되는 소득에 대하여 수탁자(내국법인이나 거주자인 경우에 한정)가 법인세를 납부할 수 있다. 이 경우 각각의 신탁재산 별로 수탁자를 하나의 내국법인으로 본다(法法 5조 2항). 이는 신탁계약의 내용에 의존하여 신탁재산을 과세목적상 실체(實體)로 의제하는 것이다. '신탁계약에 따라' 납부의무가 수탁자에게 이전하는 것이므로 신탁계약에서 신탁이익에 대하여 수탁자가 법인세를 부담한다는 취지의 정함이 없으면 원칙으로 돌아가 수익자가 그 신분에 따라 소득세나 법인세의 납부의무를 지게 된다고 할 것이다.

그리고 수익자가 특별히 정하여지지 아니하거나 존재하지 아니하는 신탁 또는 위탁자가 신탁재산을 실질적으로 통제하는 등 일정한 요건을 충족하는 경우에는 그 신탁재산에 귀속되는 소득을 수익자나 수탁자가 아닌 위탁자에게 귀속되는 것으로 보아(所法 2조의3 2항; 法法 5조 3항), 위탁자가 개인인지 아니면 법인인지에 따라 소득세나 법인세를 납부하게 된다.

Ⅲ. 과세단위

과세단위(tax unit)란 소득세율의 적용 대상이 되는 과세표준의 귀속자의 구성단위를 말한다. 그 구성단위는 특히 가족과 관련하여 논의되는데, 우리의 현행제도에 있어서와 같이 각 개인을 별개의 독립된 과세단위로 하는 개인과세(individual taxation), 부부를 과세단위로 하는 부부합산과세(joint taxation) 및 가족을 과세단위로 하는 가족합산과세(family taxation)의 3가지가 있다. 부부합산과세나 가족합산과세는 합산된 소득금액을 구성원 사이에 분할한(splitting) 뒤 그 분할된 금액에 기본세율을 곱하여 나오는 금액에 다시 구성원 수를 곱하여 세액을 계산하는 방법(합산분할과세주의)과 합산된 소득금액 전액에 대하여 기본세율을 곱하여 세액을 계산하는 방법(단순합산과세주의 또는 합산비분할과세주의)로 나누어진다.

　부부소득의 합산분할과세주의를 이분이승방식(二分二乘方式)이라 부르기도 한다. 이분이승방식을 적용하면 누진세율의 부담이 감소되어 같은 소득금액을 독신으로서 얻는 경우보다도 외벌이 부부로서 얻는 경우가 더 유리하다. 예컨대 4,000만 원의 수입을 얻고 있는 독신과 남편 혼자서 4,000만의 수입을 얻고 있는 부부를 비교한다면 이분이승방식을 적용받을 경우 후자가 훨씬 유리하다. 그러나 각자 연간 2,000만 원의 소득을 얻고 있던 남녀가 혼인을 한 후에도 여전히 각자 동일한 수입을 올리는 경우에는, 이분이승방식을 적용받게 되면 혼인으로 인해 과세상 오히려 불리해질 수도 있다. 혼인 전에는 공제혜택 등을 각자 받다가 혼인 후에는 부부단위로 받을 수 있기 때문이다. 그리하여 합산분할과세주의를 택하고 있는 나라들은 대체로 합산을 강제하지 않고 선택하도록 허용하고 있다(선택적 합산분할과세주의; 미·영·독). 이 경우 부부에 해당하는 사람들은 유·불리를 비교하여 부부단위로 과세를 받을 수도 있고, 각자의 소득에 대하여 개인과세를 받을 수도 있다.

　부부의 소득을 단순합산하여 기본세율을 적용하게 되면 기본세율의 누진적 체계로 인하여 혼인을 하지 않았더라면 부담하였을 각자의 산출세액의 합계액보다 더 많은 조세부담을 지게 된다. 독일헌법재판소는 1957년에 이와 같은 기혼자 차별은 혼인과 가족의 보호를 규정하는 기본법 제6조에 반하는 것으로 판단한 바 있다.[1]

　가족합산분할 과세주의를 채택한 나라는 흔하지 않지만 프랑스가 대표적인 예이다. 일반적으로 자녀는 소득이 없거나 적어서 그 자녀의 소득을 합산한다 하여도 전체 소득금액은 별로 커지지 않으면서도 분할 대상에는 포함되기 때문에(비율은 부모보다 작음) 자녀가 많을수록 낮은 세율이 적용되는 효과가 있다.[2] 우리나라는 개인과세주의를 채택하고 있으며, 예외적으로 공동사업소득에 대하여는 가족합산비분할 과세주의를 취하고 있다(所法 43조 3항, 그 내용은 후술).[3]

---

1) 독일연방헌법재판소 1957. 1. 17. BGB1 1957 Ⅰ, S. 186.
2) OECD 회원국들의 가족과세에 대한 유용한 분석으로는, The Treatment of Family Units in OECD Member Countries under Tax and Transfer Systems, A Report by the Committee on Fiscal Affairs, OECD(1977).
3) 자산소득에 대하여 부부합산비분할(非分割) 과세주의를 채택하였다가 헌법재판소의 위헌

한편 과세단위와 관련하여 주목할 것은 법인 아닌 단체이다. 국세기본법 제13조 제1항에 따라 법인으로 간주되는 것에 해당하지 않는 '법인 아닌 단체' 가운데 (i) 구성원 간 이익의 분배비율이 정하여져 있고 해당 구성원별로 이익의 분배비율이 확인되는 경우 및 (ii) 구성원 간 이익의 분배비율이 정하여져 있지 아니하나 사실상 구성원별로 이익이 분배되는 것으로 확인되는 경우에는 해당 구성원 별로 소득세(구성원이 개인인 경우) 또는 법인세(구성원이 법인인 경우) 납부의무를 부담한다(所法 2조 3항). 해당 단체의 전체 구성원 중 일부 구성원의 분배비율만 확인되거나 일부 구성원에게만 이익이 분배되는 것으로 확인되는 경우에는 그 확인되는 부분에 대해서만 그러한 취급을 한다(동조 4항). 반대로 이익의 분배비율이나 분배사실이 전혀 확인되지 않는 경우에는 해당 단체를, 부분적으로 확인되지 않는 경우에는 확인되지 않는 부분에 관해서만 해당 단체를 각각 1거주자(해당 단체가 국내에 주사무소 또는 사업의 실질적 관리장소를 둔 경우) 또는 1비거주자(그렇지 않은 경우)로 보아 소득세 납세의무를 지운다(동조 3항, 4항). 한편, 소득세법 제119조의2 제1항 제2호에 따라 국내원천소득의 실질귀속자로 인정되는 국외투자기구1)가 법인으로 간주되지 않는 '법인 아닌 단체'에 해당하는 경우 그 국외투자기구는 1비거주자로서 소득세를 납부할 의무를 진다(동조 5항). 거주자로 보는 '법인 아닌 단체'에 해당하는 대표적 예로는 종중의 재단2) 등을 들 수 있다. 이처럼 '법인 아닌 단체'를 그 구성원과는 별개의 거주자나 비거주자로 보아 독립된 납세능력을 인정하는 취지는 경제적 관점에서 단일성을 인정할 수 있기 때문이다.

IV. 납세의무의 범위

거주자는 소득의 원천지가 국내에 있든, 국외에 있든 모든 소득(즉, worldwide income)에 대하여 납세의무를 지며(속인주의), 비거주자는 국내원천소득에 한정

결정[헌법재판소 2002. 8. 29., 2001 헌바 82(전원재판부)]에 따라 폐지되었다.
1) 투자권유를 하여 모은 금전 등을 가지고 재산적 가치가 있는 투자대상자산을 취득, 처분하거나 그 밖의 방법으로 운용하고 그 결과를 투자자에게 배분하여 귀속시키는 투자행위를 하는 기구로서 국외에서 설립된 기구라고 정의하고 있다(所法 2조 5항). 국제적으로 통상 'collective investment vehicle'로 불린다.
2) 대법원 1981. 2. 24., 80 누 376; 同 1981. 6. 9., 80 누 545; 同 1983. 4. 12., 82 누 444.

하여 납세의무를 진다(속지주의; 所法 3조). 이리하여 거주자를 무제한적 납세의
무자라 부르며, 비거주자를 제한적 납세의무자라 한다. 다만, 거주자 중에서 해
당 과세기간 종료일 10년 전부터 국내에 주소나 거소를 둔 기간의 합계가 5년
이하이고 외국의 국적을 가진 자는 국외에서 발생한 소득 중 국내에서 지급되
거나 국내로 송금된 부분에 대해서만 납세의무를 진다(所法 3조 1항 단서). 외국
인 거주자의 무제한적 납세의무를 일부 완화한 것이다. 소득세법은 원천징수의
무자도 납세의무자로 함께 규정하고 있으나(所法 1조 2항), 원천징수의무자는
'본래의 납세의무자'(원천소득자; 基本法 2조 9호)와는 달리 징수의 편의와 조세의
확보를 위하여 협력할 의무를 질 따름이다.

거주자나 비거주자가 조세특례제한법 제2장 제10절의3에서 규정하는 동업
기업의 동업자로서 얻는 소득도 당연히 소득세 과세대상이 되는데 이에는 조세
특례제한법 제100조의18 제1항에 따라 배분받은 동업기업의 소득과 같은 법
제100조의22 제1항에 따라 동업기업으로부터 분배받은 자산의 시가 중 분배일
의 지분가액을 초과하여 발생하는 소득(배당소득)이 포함된다(所法 3조 3항; 상세
한 논의는 제2장 제13절 III. 및 V. 참조).

제 3 절 종합소득

I. 종합소득과 분류과세소득

현행 소득세법은 납세의무자의 소득을 종합하여 과세하는 것을 원칙으로
하되, 예외적으로 퇴직소득·양도소득은 분류과세하고 있다. 따라서 소득은 종
합소득과 종합소득에 포함되지 않는 퇴직소득·양도소득으로 구분된다. 종합소
득은 이자소득·배당소득·사업소득·근로소득·연금소득과 기타소득 등 6가지
유형의 소득으로 구성된다(所法 4조 1항 1호). 이러한 소득의 분류와 관련하여
'신탁의 이익'을 어떻게 볼 것이냐 하는 문제가 있다. 우리 소득세법은 (i) 법인
세법에 따라 신탁재산에 귀속되는 소득에 대하여 수탁자가 법인세 납부의무를
지는 신탁, (ii) 자본시장법상의 집합투자기구에 해당하는 투자신탁(자본시장법 9
조 18항 1호) 및 집합투자업겸영보험회사의 특별계정(신탁계정)을 제외한 일반적
신탁의 신탁재산에서 발생하는 신탁의 이익은 신탁재산에 귀속될 때 해당하는

성격의 소득으로 과세함을 원칙으로 하고 있다(所法 4조 2항). 자본시장법상의 집합투자기구에 해당하는 투자신탁의 신탁재산에 귀속되는 신탁의 이익은 수익자의 배당소득으로 재분류하여 과세하고(그 외의 것은 신탁재산에 귀속될 때 해당하는 성격의 소득으로 과세함; 所法 17조 1항 5호, 所令 23조), 이 경우 그 납세의무의 성립 시점도 집합투자기구로부터 투자신탁의 이익을 지급받는 시점이다(所令 46조 7호). 기본적으로 신탁도관설적 입장을 취하면서 과세 절차상의 편의를 위해 신탁실체설적 입장을 가미하고 있다고 볼 수 있다.

종합소득에 속하는 소득은 모두 합산하여 제55조 제1항의 누진세율을 적용하므로 소득이 커질수록 세부담이 가중된다. 종합소득에 포함되지 않는 퇴직소득과 양도소득은 타소득에 합산하지 아니하고 각 소득별로 별도의 과세표준을 계산하고 별도의 세율을 적용한다(퇴직소득에 관해서는 所法 55조 2항, 양도소득에 관해서는 동법 104조). 퇴직 및 양도소득은 일반적으로 시간의 흐름에 따라 축적되었다가 일시에 집중적으로 실현되기 때문에 종합소득에 합산할 경우 누진세율의 적용으로 인해 세부담이 과중하게 된다. 그 해결방법으로 소득세법은 이들 소득의 과세표준을 각각 구분 계산하여 과세하고 있는 것이다.

종합소득 가운데서도 일부 소득금액은 정책적인 이유에서 종합소득 과세표준에 합산되지 않고 분리과세된다(분리과세 이자소득, 분리과세 배당소득, 분리과세 기타소득, 분리과세 연금소득 등으로서 所法 14조 3항 참조).

이하에서는 7가지 유형의 종합소득을 서술하고, 제4절에서 분류과세 소득인 퇴직소득, 제5절에서 양도소득을 서술하기로 한다.

Ⅱ. 이자소득

1. 이자소득의 범위

이자란 경제적으로는 금전의 사용대가(지급자의 관점에서) 또는 사용하지 못한 데 대한 보상(수취인의 관점에서)이고, 법률적으로는 금전(원본)을 대여하여 원본의 금액과 대여기간에 비례하여 받는 돈 또는 그 대체물이다. 이자소득으로 과세되는 '이자'는 금전의 소비대차에서 발생하는 법령상의 이자뿐만 아니라, 경제적 이자도 포함한다. 따라서 유가증권의 할인액, 상호신용계 또는 신용부금(信用賦金)의 이익 등도 이자소득의 범위에 속한다. 같은 취지에서 채권(債券)

의 대차거래에서 차주(借主, borrower)가 대주(貸主, lender)에게 대여의 목적물인 채권에서 발생하는 이자에 상당하는 금액을 지급하는 경우, 비록 그 거래의 법적 형식이 임대라고 하더라도, 그 금액은 이자소득으로 본다(所令 26조 3항).

또한 소득세법에 규정된 각종 이자소득을 발생시키는 거래 또는 행위와 거래의 주체와 조건 등의 측면에서 결합된 자본시장법상의 파생상품 거래나 행위에서 발생하는 이익도 이자소득으로 간주한다(所法 16조 1항 13호; 所令 26조 5항). 그 의미는 이 규정의 입법 동기가 된 대법원 판례의 취지에서 찾아야 한다. 즉, 대법원은 '이자율을 매우 낮게 정한 외화예금의 만기시에 외화 원리금이 아니라 이를 원화로 환산한 금액을 되돌려 받기로 하되, 원화로 환산함에 있어서 만기시의 시장환율이 아니라 예금거래시 미리 고정한 환율을 적용하기로 약정함으로써 예금자가 소득세법상 비과세되는, 원화정기예금의 이자율과 비슷한 수준의 선물환 매도차익을 얻게 되자 과세관청이 그 선물환 매도차익이 경제적 실질 면에서 정기예금의 이자와 동일하다는 이유로 이를 이자소득에 포함시켜 과세한' 사안에서 실질과세의 원칙에 의하여 그 선물환 매도차익을 이자소득으로 보려면 그러한 취지의 구체적 규정이 존재하여야 한다는 이유로 과세관청의 부과처분을 취소하였는바,[1] 이러한 판례의 취지에 비추어 볼 때 위 규정은 파생상품거래의 이익을 다른 이자발생 거래와 연계하여 그 거래시에 미리 고정시킨 경우 이를 이자로 본다는 의미로 해석해야 할 것이다.

비영업대금의 이익은 금전의 대여를 사업목적으로 하지 아니하는 자가 일시적·우발적으로 금전을 대여함에 따라 지급받는 이자 또는 수수료 등으로서 이자소득에 해당하나(所法 16조 1항 11호; 所令 26조 3항),[2] 불특정다수인을 상대

---

1) 대법원 2011. 4. 28., 2010 두 3961.
2) '비영업대금의 이익'이라 함은 금전의 대여를 영업으로 하지 않는 자가 일시적, 우발적으로 금전을 대여함에 따라 지급받는 이자 또는 수수료 등을 말하는 것이므로 물품을 연불조건으로 매도함에 있어서 그 연불조건에 대한 반대급부로서 현금거래나 통상의 대금결제방법에 의한 경우보다 추가로 지급받는 금액, 또는 당초의 계약내용에 따라 이자상당액을 더하여 이를 매도가격으로 확정하고 연불조건에 따른 이자를 포함한 가액을 매도대금으로 지급받는 경우 등에 있어서의 그 이자상당액 등은 위의 '비영업대금의 이익'에 해당하지 아니한다(대법원 1991. 6. 25., 91 누 2793). 마찬가지로 부불조건부 주식매매에서 주식매매대금의 분할지급액에 포함되어 있는 이자상당액은 주식매잔금을 일시에 지불하지 않고 분할 지급함에 대한 보상에 불과하여 비영업대금의 이익에 해당하지 아니한다(서울민사지법 1988. 10. 13., 88 가합 21256). 그럼에도 불구하고 이를 지급하는 자는 비용으로 계상할 수 있다(대법원 1993. 11. 23., 92누 13622).

로 대금을 하는 것은 대금업(貸金業)의 영위이므로 이로 인하여 받는 이자는 사업소득으로 과세된다.

소득세법은 이자소득에 해당하는 것을 구체적으로 열거하면서도(所法 16조 1항 1호부터 13호까지), 이들과 유사한 소득으로서 금전의 사용에 따른 대가의 성격이 있는 것을 이자소득으로 한다고 규정함으로써(동항 12호) 포괄적 이자개념을 설정하고 있다.[1]

2. 이자소득에 대한 비과세와 분리과세의 특례

이자소득에 대해서는 종합과세를 원칙으로 하면서도 저축의 장려, 근로자의 재산형성 등 다양한 정책적 배려에서 특정 유형의 이자소득에 대하여 소득세를 비과세하거나 분리과세하기도 한다. 그러한 비과세나 분리과세의 특례 제도는 소득세법에도 있고, 조세특례제한법에도 있는데 여기서는 소득세법에 있는 것만 간략히 보기로 한다.

(1) 장기저축성 보험의 보험차익에 대한 비과세

보험금·공제금 또는 환급금(이하 "보험금 등"이라고 함)에서 납입보험료 또는 납입공제료를 뺀 금액을 보험차익이라고 하는바, 이러한 보험차익 중 (i) 계약자 1인당 납입할 보험료 합계액이 1억 원 이하이고, 가입기간이 10년 이상인 저축성보험계약의 보험차익, (ii) 10년 이상의 가입기간 등을 비롯한 일정한 요건을 충족하는 월적립식 저축성보험계약의 보험차익, (iii) 일정한 요건을 충족하는 종신형 연금보험계약의 보험차익, (iv) 피보험자의 사망·질병·부상 그 밖의 신체상의 상해나 자산의 멸실 또는 손괴로 인하여 받는 보험금의 보험차익은 비과세대상으로 하고 있다(所法 16조 1항 9호; 所令 25조 1항, 3항, 4항).

(2) 분리과세되는 이자소득

특정 유형의 이자소득은 종합소득 과세표준에 포함되지 않고 원천징수에 의해 분리과세된다. 기본세율의 누진부담을 덜어 주기 위하여 분리과세되는 경우도 있고, 반면 기본세율보다도 더욱 무겁게 과세하기 위하여 분리과세되는 경우도 있다. 또한 비거주자의 금융소득에 대한 분리과세처럼 소득금액 전체를 합산하는 것이 사실상 불가능하여 분리과세하는 경우도 있다. 그 구체적인 항

---

[1] 판례는 직장공제회초과반환금 중 회원의 퇴직·탈퇴 전에 지급되는 목돈급여와 종합복지급여의 부가금은 포괄적 이자개념에 속한다고 본다(대법원 2010. 2. 25., 2007 두 18284).

목을 살펴보면 다음과 같다.

(i) **비실명 금융자산의 이자소득**   실명에 의하지 아니하고 거래한 금융자산에서 발생하는 이자소득에 대하여는 90%의 응징적인 원천징수세율로 분리과세한다('금융실명거래 및 비밀보장에 관한 법률' 5조). 또한 지급시기(지급하는 것으로 보는 시기 포함)까지 '금융실명거래 및 비밀보장에 관한 법률'상의 실지명의가 확인되지 않은 이자소득에 대해서도 35%의 세율로 원천분리과세를 한다(所法 14조 3항 3호, 129조 2항 2호).

합산과세가 원칙인데도 분리과세하는 이유는 위의 어느 경우에나 소득세의 최고세율인 35% 이상의 높은 세율로 원천징수되기 때문이다. 금융소득금액 전액이 90% 또는 35%로 과세되기 때문에 종합소득에 합산되는 경우보다도 중과되는 셈이다.

(ii) **직장공제회 초과반환금**   이자소득의 하나에 해당하는 직장공제회 초과반환금(직장공제회 회원인 근로자가 퇴직하거나 탈퇴하여 그 규약에 따라 직장공제회로부터 받는 반환금에서 납입공제료를 뺀 금액 및 반환금을 분할하여 지급하는 경우 그 지급하는 기간 동안 추가로 발생하는 이익)도 기본세율에 의한 원천징수로 분리과세한다(所法 14조 3항 3호, 129조 1항 7호; 所令 26조 2항). 그 금액의 계산에 관해서는 아래 3.에서 보는 바와 같이 특례 규정이 있다.

(iii) **법인으로 보는 단체 외의 단체의 이자소득**   법인으로 보는 단체 외의 단체 중 수익을 구성원에게 배분하지 아니하는 것으로서 그 명칭을 표기하여 금융거래를 하는 단체가 금융회사 등으로부터 받는 이자소득은 14%의 원천징수세율로 분리과세한다(所法 14조 3항 4호, 129조 1항 1호 다목).

(iv) **종합과세 기준금액 이하의 이자소득**   위 (i), (ii) 및 (iii)의 분리과세 대상 이자소득 이외의 이자소득으로서 특별히 분리과세되는 배당소득 이외의 배당소득과 합하여(이하 2가지를 합한 것을 "금융소득"이라고 함) 연 2천만 원(종합과세 기준금액) 이하이고, 수취시 소득세가 원천징수된 것은 그 원천징수로 과세를 종결한다(所法 14조 3항 6호; 금융소득의 종합과세에 관해서는 뒤의 제7절. Ⅴ. 참조). 이와 관련하여 연 2천만 원 이하인지 여부를 결정함에 있어 소득세법 제17조 제1항 제8호에서 규정하고 있는 '공동사업에서 발생한 소득금액 중 배당으로 인정되는 금액'은 포함하지 않는다(所法 14조 3항 6호 괄호). 금융소득의 금액이 종합과세 기준금액 이하라고 하더라도 그 가운데 수취시 소득세가 원천징수

되지 않은 이자소득이 포함되어 있으면 그 금액은 종합소득 과세표준에 포함되어 분리과세되지 않음에 유의하여야 한다.

3. 이자소득금액의 계산

이자소득금액은 해당 과세기간의 총수입금액이다(所法 16조 2항). 채무자가 원리금을 대물변제했을 경우의 이자수입금액은, 대물변제받은 재산의 가액이 원리금 합산액을 초과할 때에는 당초의 약정이자액이며, 그 재산의 가액이 원리금 합산액에 미달할 때에는 그 재산의 가액에서 원금상당액을 공제한 잔액이다.[1] 금전을 대여할 때에 채권자가 채무자로부터 받는 금전대여에 관한 수수료도 비영업대금의 이익으로서 이자소득에 포함된다.[2]

법인이 발행한 채권 또는 이자와 할인액을 발생시키는 유가증권(이하 "채권 등"이라고 함)을 상환기간 중에 2 이상의 자가 기간을 달리하여 보유한 경우 그 채권 등의 발행시점부터 상환시점까지 발생한 이자는 발행인으로부터 이를 지급받는 최종보유자에게 전액 귀속되는 것이 아니라, 해당 채권 등을 상환기간 중에 보유한 각자에게 그 보유기간별로 안분된 금액이 각각 귀속된다(所法 46조 1항; 所令 102조 3항). 채권 등의 보유자가 만기일 전에 채권 등을 매도하더라도, 양도자(보유자)는 보유기간(경과기간)에 해당하는 이자소득 상당액을 양도대금에 포함하여 수령할 것이므로 양도자가 실질적으로 해당 이자소득을 얻는 결과가 되기 때문이다. 이러한 안분방식은 자본시장법상의 집합투자기구에서 발생하는 이익을 받을 권리에 관한 증권을 양도하는 경우 그 집합투자기구에서 발생하는 이익(아래 Ⅲ. 1.에서 보는 바와 같이 배당소득으로 분류됨)의 안분에도 그대로 적용된다(자세한 내용은 제9절 Ⅰ. 1. 참조).

직장공제회 회원이 납입원금을 초과하여 반환받는 금액도 이자소득의 하나인바, 그 이자소득의 금액은 퇴직소득 계산의 경우와 동일하게(所法 48조 1항) 직장공제회 초과반환금에서 그 100분의 40에 상당하는 금액과 납입기간에 따라 정한 일정한 금액을 순차로 공제하여 계산하고, 이에 연분연승방법(年分年乘

---

[1] 대법원 1986. 2. 11., 85 누 622. 한편 채권자가 경매절차에서 담보부동산을 경락취득한 경우에 그 경락취득으로 인한 이득은 이를 채무변제로 받은 급부라고 할 수 없으므로 설사 그 취득한 부동산의 시가가 원리금을 초과한다고 하여도 이를 이자소득으로 과세할 수 없다(대법원 1991. 11. 26., 91 누 3420).

[2] 대법원 1989. 10. 24., 89 누 2554.

方法)[1]을 적용하여 세액을 계산한다(所法 63조 1항). 직장공제회 초과반환금을 분할하여 지급받는 경우에는 별도의 세액계산방법이 적용된다(동조 2항). 소득의 실질적 성격은 이자이지만, 장기간에 걸쳐서 근로를 제공하는 기회에 발생한다는 점에서 퇴직소득과 유사하므로 퇴직소득에 준하여 소득금액을 계산하는 것이다.

이자제한법 소정의 제한이자율을 초과하는 이자에 대한 약정은 무효이므로 그 초과이자와 관련하여 권리확정이란 있을 수 없다. 따라서 약정된 초과이자를 현실적으로 지급받지 않은 한 그 초과이자는 이자소득이 되지 않는다.[2]

이자소득금액의 계산에 있어서는 수입에 대응하는 비용은 인정하지 않는다. 따라서 이자수입금액은 곧 이자소득금액이 된다. 이로 미루어 보면 이자소득과세는 배당소득과세와 아울러 자기자본의 투자를 전제로 하는 것이라 생각된다. 이 전제가 모든 경우에 타당한 것이라고는 할 수 없고, 오히려 지급이자의 확인이 어려움을 감안한 것이라 짐작된다.

Ⅲ. 배당소득

1. 배당의 개념

소득세법은 다음과 같은 여러 가지 유형의 배당을 규정하고 있다(所法 17조 1항 1호부터 8호까지): (i) 출자자(주주·사원 등)가 법인으로부터 받는 이익이나 잉여금의 배당 또는 분배금, (ii) 법인으로 보는 단체로부터 받는 배당 또는 분배금, (iii) 법인세법 제5조 제2항에 따라 내국법인으로 보는 신탁재산으로부터 받는 배당금 또는 분배금, (iv) 의제배당, (v) 법인세법의 규정에 의하여 배당으로 처분된 금액(인정배당, 이에 관하여는 후술), (vi) 국내 또는 국외에서 자본시장법상의 집합투자기구로부터 받는 이익으로서 일정한 요건을 충족하는 것, (vii) 국내 또는 국외에서 받는 일정한 파생결합증권 등으로부터 발생하는 이익, (viii) 외국법인으로부터 받는 이익이나 잉여금의 배당 또는 분배금, (ix) '국제조세조정에 관한 법률' 제17조에 의해 조세피난처 소재 법인의 유보소득 중 배당으로 간주되는 금액, (x) 공동사업에서 발생한 채무에 대하여 무한책임을

---

1) 연분연승방법이란 '직장공제회초과반환금÷납입연수×기본세율×납입연수'와 같이 계산하는 방법을 말한다.
2) 대법원 1984. 3. 13., 83 누 720.

부담하기로 약정한 자가 아닌 자(출자공동사업자)가 받는 분배금. 한편 이자소득의 경우와 마찬가지로 이와 같이 구체적으로 열거된 배당소득과 유사한 것으로서 수익분배의 성격이 있는 것도 배당소득으로 과세한다고 규정함으로써 포괄적 배당 개념을 설정하고 있다(所法 17조 1항 9호). 또한 거래의 주체 및 조건 등의 면에서 위의 각종 배당소득을 발생시키는 거래 또는 행위와 결합된 자본시장법상의 파생상품 거래나 행위에서 발생하는 이익도 배당소득으로 간주한다(所法 1617조 1항 1310호; 所令 26조의3 5항). 그 취지는 파생상품 거래나 행위에서 발생하는 이익으로서 이자소득으로 분류되는 것의 경우에서와 같다. 이에 해당하는 것으로는 (i) 자본시장법 제4조 제7항에 따른 파생결합증권으로부터 발생한 이익(옵션에 관한 권리를 표시하는 증권 또는 증서로부터 발생한 이익은 제외), (ii) 파생결합증권 중 자본시장법 제4조 제10항에 열거된 기초자산과 연관된 옵션을 나타내는 것으로서 증권시장에 상장된 증권 또는 증서(상장지수증권)[1]의 계좌 간 이체, 그 계좌의 명의변경 또는 실물양도로 발생한 이익, (iii) 유가증권이나 통화 등에 연관된 옵션으로서의 성격을 가지는 상법상의 회사채로부터 발생한 이익이 있다(所令 26조의3 1항). 또한 주식의 대차거래에서 차주가 대주에게 대여의 목적물인 주식에서 발생하는 배당에 상당하는 금액을 지급하는 경우, 비록 그 거래의 법적 형식이 소비대차라고 하더라도, 그 금액은 배당소득으로 본다(所令 26조의3 4항).

한편, 출자로 전입되더라도 의제배당으로 과세되지 않는 (i) 자본거래에서 발생한 자본준비금과 (ii) 자산재평가법에 따른 재평가적립금을 재원으로 하여 지급받는 배당금(所法 17조 2항 2호)은 일반 배당으로도 과세되지 않는바(所令 26조의3 6항), 전자는 그 실질이 이익의 배당이 아니라 자본의 환급이기 때문이고, 후자는 의제배당으로 과세하지 않는 것과 형평을 맞추기 위한 것이다.

배당금의 지급이라 함은 현실적인 지급 및 그와 동일시할 수 있는 사실에 의하여 지급의무가 소멸되는 일체의 행위를 포함하므로, 주주들이 임의로 배당금청구권을 포기하여 법인의 지급의무를 면제시킨 것은 배당금의 지급에 해당한다.[2]

---

1) 다만, 상장주식의 가격만을 기반으로 하는 지수의 변화를 그대로 추적하는 것을 목적으로 하는 상장지수증권은 제외한다.
2) 대법원 1984. 12. 26., 84 누 594; 同 1985. 11. 12., 85 누 489.

위법한 배당이라 할지라도 이익배당인 한 배당소득이 된다는 것은 위법소득도 과세소득이라는 견지에서 보면 당연한 생각이다. 그러나 이익잉여금이 없음에도 불구하고 또는 이익잉여금을 초과하여 배당하는 경우에서와 같이 사실상 자본의 환급에 해당하는 금액(낙지배당 또는 제꼬리배당이라 부른다)을 배당소득으로 볼 것인가는 의문이다. 소득세법상의 이익배당을 상법에서 이익배당이라고 불리는 것과 같은 것으로 본다면 낙지배당도 배당소득이 될 수 있을 것이다. 이와 반대로 법인이 얻은 이익을 주주에게 분여하는 것을 배당이라고 새기면 성질상 낙지배당은 배당이 아닌 투자의 회수라고 못 볼 바 아니다. 그러나 현재의 과세관행은 출자자 개인이 출자자의 지위에서 별개의 법인격체인 법인으로부터 취득하는 것은 그 재원 여하에 불구하고 모두 배당소득으로 보는 것 같다.

2. 집합투자기구로부터의 이익

위에서 본 바와 같이 자본시장법상의 집합투자기구로부터 받는 이익으로서 일정한 요건을 충족하는 것은 배당소득으로 과세된다(所法 17조 1항 5호). 집합투자기구로부터의 이익이 배당소득으로 취급되기 위해서는 (i) 이익금의 분배를 유보할 수 있는 예외적인 경우를 제외하고는 해당 집합투자기구의 설정일로부터 매년 1회 이상 결산·분배할 것, (ii) 금전으로 위탁받아 금전으로 환급할 것 등의 요건(이하 "배당취급 요건"이라고 함)을 충족하여야 한다(所令 26조의2 1항 2호, 3호). 다만, 국외에서 설정된 집합투자기구의 이익은 이러한 배당취급 요건을 갖추지 아니하는 경우에도 배당으로 취급되는 '집합투자기구로부터의 이익'으로 본다(동조 2항).

한편, 집합투자기구가 직접 취득하거나 또는 자본시장법상의 집합투자증권에 투자하여 취득한 (i) 증권시장에 상장된 증권[법인이 개인으로부터 매수시 그 개인의 소유기간 동안 발생한 이자와 할인액에 대하여 소득세를 원천징수하도록 되어 있는 '채권 등'(所法 46조 1항)과 외국집합투자기구의 주식 또는 수익증권은 제외], (ii) '벤처기업육성에 관한 특별조치법'에 의한 벤처기업의 주식 또는 출자지분 또는 (iii) 위 (i)의 상장증권을 대상으로 하는 장내파생상품 등의 거래나 평가로 발생하는 손익은 배당취급 요건을 충족하더라도 배당으로 과세되는 집합투자기구로부터의 이익에 포함되지 않아 비과세된다(所令 26조의2 4항). 다만, 비거주자 또는 외국법인이 자본시장법상의 사모집합투자기구나 조세특례제한법상의 동업기업 과세특례를 적용받지 않는 사모투자전문회사를 통하여 취득한 상장주식과 상장출자증권으로서 양도일이 속하는 연도와 그 직전 5년의 기간 중 해당주식 또는 출자증권을 발행한 법인의 발행주식 총수 또는 출자총액의 100분의 25 이상을 소유한 경우에 해당하는 것은 이러한 비과세 대상에서 제외된다(동항 단서). 위와 같은 비과세는 증권시장에 상장된 주식 등의 양도차익에 대하여 양도소득세를 비과세하는 것과 맥락을 같이 하는 것이다(所法 94조 1항 3호 가목; 상장주식 등의 양도차익에 대한 양도소득세 비과세에 관해서는 본장 제5절 Ⅱ. 3. 참조). 이와 관련하여 그 자체가 양도소득세의 과세대상이 되는 주식이나 출자지분 등을 제외한 자본시장법상의 집합투자증권 또는 외국 집합투자증권을 계좌이체, 계좌의 명의변경, 실물양도의 방법으로 거래하여 발생한 이익은 집합투자기구로부터의 이익으로 보아 과세한다(所令 26조의2 5항).

배당취급 요건을 갖추지 못한 집합투자기구로부터의 이익은 (i) 자본시장법상의 투자신탁·투자조합·투자익명조합으로부터 받는 것인 경우에는 신탁재산에 귀속될 때 해당하는 성격의 소득으로 과세되고(所令 26조의2 3항 1호; 所法 4조 2항), (ii) 자본시장법상의 투자회사·투자유한회사·투자합자회사·기관전용 사모투자전문회사로부터 받는 것으로서 동업기업 과세특례(租特法 100조의15)를 적용받지 않는 것인 경우에는 통상의 배당금으로 과세한다(所令 26조의2 3항 2호).

자본시장법상의 사모집합투자기구로서 그 투자자가 1인뿐이거나 1인 및 그의 국세기본법상의 특수관계인들로만 구성된 것으로부터 받는 이익은 배당취급 요건을 충족하는 경우에도 통상의 신탁의 이익으로, 즉 신탁재산에 귀속될 때 해당하는 성격의 소득으로 과세된다(所令 26조의2 8항, 9항).

3. 의제배당

본래의 의미의 배당은 아니나 소득세법이 배당으로 보고 과세하는 것에 의제배당이 있다(所法 17조 2항). 의제배당은 법인의 잉여금이 배당 이외의 다른 형태로 출자자에게 이전되는 것을 의미한다.

의제배당은 그 발생하는 거래의 형태에 따라 다음의 6가지로 나누어진다.

1) 주식의 소각 등   주식의 소각, 자본의 감소, 퇴사, 탈퇴, 출자의 감소(이하 합하여 "주식소각 등"이라고 함)로 주주 또는 출자자(이하 "주주 등"이라고 함)가 법인으로부터 받는 재산의 가액이 그 주식이나 출자(이하 "주식 등"이라고

함)의 취득에 사용된 금액을 초과하는 금액은 배당으로 의제한다(所法 17조 2항 1호). 이것은 광의의 지분의 상실 또는 감소로 인하여 받는 환급금의 가액이 상실 또는 감소의 목적이 된 지분의 취득가액을 초과하는 금액이라 할 수 있다(무상주의 소각에 관하여는 다음 제2호에 관한 설명 참조). 이와 관련하여 소각대상 주식 등에 의제배당일로부터 역산하여 2년 이내의 단기에 행하여진 자본준비금의 자본전입으로 발행된 주식 등으로서 소득세법 제17조 제2항 제2호 단서에 따라 의제배당에서 제외되는 것(취득 후 2년 이내의 단기에 소각된다고 하여 '단기소각주식 등'이라고 함)이 포함되어 있는 경우에는 해당 주식소각 등에 따른 의제배당 소득을 계산함에 있어서 단기주식소각 등은 다른 주식 등에 앞서 먼저 소각된 것으로 간주된다. 다만, 주식발행액면초과액(法法 17조 1항 1호)의 자본전입에 따라 발행된 주식은 먼저 소각된 것으로 간주되는 대상에서 제외된다(所令 27조 3항). 주식소각 등에 따른 의제배당 소득을 계산할 때 단기소각주식 등의 취득가액은 없는 것으로 의제하기 때문에(동조 동항; 뒤의 6. (2) 참조) 소각대상 주식 등에 단기소각주식 등이 될 수 있는 것과 아닌 것이 섞여 있는 경우 단기소각주식 등이 될 수 있는 것이 먼저 소각된 것으로 의제하는 것이다. 한편, 단기소각주식 등을 취득한 후 그 소각일(즉, 의제배당일)까지 사이에 주식 등의 일부 양도가 있는 경우에는 (i) 양도한 주식 등의 수에 총 보유주식 등의 수에 대한 단기소각주식 등의 수의 비율을 곱하여 나오는 수의 단기소각주식 등과 (ii) 역시 양도한 주식 등의 수에 총 보유주식 등의 수에 대한 기타 주식 등의 수의 비율을 곱하여 나오는 수의 기타 주식 등을 각 양도한 것으로 본다(所令 27조 3항).

출자자에게 주식소각 등에 의한 의제배당이 발생한다는 것은 그 주식 등의 발행법인이 주식 등의 액면가액보다 많은 금액을 주주 등에게 주식소각 등의 대가로 지급한다는 것이므로 그 주식발행 법인에게는 그 차액에 상당하는 감자차손(感資差損)이 발생한다.

2) 잉여금의 자본전입

① 원 칙 법인이 잉여금의 전부 또는 일부를 자본에 전입하는 경우에 주주 등이 받는 주식 등의 가액도 의제배당이다(所法 17조 2항 2호 본문). 잉여금의 자본전입에 의한 무상주의 교부는 법인으로부터 주주 등에게 어떤 자산의 이전을 수반하지 않고 보유주식 등의 수의 증가만 가져오므로 이를 소득의

실현으로 인정하지 않는 외국의 입법례1)와 판례2)도 있으나, 우리 소득세법과 일본 법인세법3)은 그러한 보유주식 등의 수의 증가를 배당으로 간주하는 제도를 택하고 있다.

② **특별한 유형의 이익금의 자본전입에 따라 취득하는 주식**　　채무의 출자전환으로 발행하는 주식 등의 발행가액이 그 시가를 초과하는 금액은 채무자 법인의 입장에서 원칙적으로 각 사업연도 소득을 구성하는 채무면제익에 해당하므로(法令 11조 6호 괄호; 法法 17조 1항 1호 단서),4) 해당 법인이 이를 자본에 전입하는 경우 그 가액은 주주 등의 의제배당이 된다(所令 27조 4항 괄호). 채무면제익도 이익의 일종이므로 그 자본전입을 통상의 이익잉여금의 자본전입과 같이 취급한다는 취지이다.

③ **자본준비금의 자본전입에 따라 취득하는 주식**　　상법 제459조 제1항에 따른 자본준비금으로서 주식발행액면초과액, 주식의 포괄적 교환차익, 주식의 포괄적 이전차익, 감자차익, 합병차익, 분할차익의 자본전입으로 취득하는 주식의 가액은 의제배당에 포함되지 않는다(所法 17조 2항 2호 단서 가목; 所令 27조 4항; 法法 17조 1항).

위와 같은 자본준비금의 자본전입에 따른 무상주의 교부가 의제배당에 포함되지 않는 것은 이러한 자본준비금의 실질이 납입자본에 해당하므로 그 자본전입에 따른 주식의 무상교부는 이익준비금의 자본전입의 경우와 달리 법인의 이익을 분배하는 것이라 할 수 없기 때문이다. 예를 들면, 액면가액 100의 주식을 200에 할증발행하고, 그 차액(즉, 주식발행초과금)을 자본준비금으로 적립하였다가 이를 재차 자본에 전입하여 액면가액 100의 주식을 추가로 발행하는 경우 그 자본전입으로 받는 신주는 주주가 이미 납입한 금액을 표창하는 것에 지나지 않으므로 본질상 과세할 수 없는 것이다. 그러한 자본전입이 이루어진 뒤에

---

1) 독일의 소득세법은 법인이 어떤 단체법적 규정에 따른 이익배당의 결의에 근거함이 없이 주주 관계로 인하여 그 주주에게 이전하는 재산상 이득을 '의제배당(verdeckte Gewinnaus-schüttungen)'이라고 정의하여 과세대상으로 하고 있으나(§20 I Nr 1 S 2 EstG), 이는 우리의 부당행위계산 부인에 따른 배당소득처분과 유사하고, 우리의 의제배당과는 성격이 다른 것이다. 우리의 의제배당에 해당하는 것은 과세하는 규정이 없다.

2) Eisner v. Macomber, 252 U.S. 189(1920).

3) 일본 소득세법 25조.

4) 채무의 출자전환으로 발행하는 주식 등의 발행가액이 그 시가를 초과하는 가액이 채무면제익이 되는 법리에 관하여, 한만수, "자본구조조정 및 채무조정의 과세효과에 관한 고찰", 조세법 연구 14-1(2008. 5.), 한국세법학회, 20-21면 참조.

법인을 해산하고 납입한 금액 200을 전액 주주에게 반환한다고 가정할 경우, 그 반환금액 200에서 주식의 취득에 사용된 가액 200을 공제하면 의제배당이 전혀 발생하지 않는다는 점은 이러한 이치를 잘 보여준다.

위에서 본 것처럼 자본으로 전입되더라도 의제배당으로 과세되지 않는 자본준비금은 법인세법 제17조 제1항 각호에 열거된 것(즉, 주식의 발행, 주식의 포괄적 교환·이전, 자본감소, 합병, 분할에서 발생하는 자본잉여금)에 한정하고 있으므로(所法 17조 2항 2호 단서 가목; 所令 27조 4항; 法法 17조 1항), 이에 해당하지 않는, '기타 자본거래에서 발생한 잉여금'[1]을 자본에 전입함으로써 받는 주식의 가액은 의제배당 과세대상에 해당한다. '기타 자본거래에서 발생한 잉여금'의 의미에 관하여, 기업회계기준서는 "증자나 감자 등 주주와의 거래에서 발생하여 자본을 증가시키는 잉여금"을 자본잉여금이라고 정의한 뒤(기업회계기준서 21 "재무제표의 작성과 표시" 문단 46), 그 가운데 주식발행초과금을 제외한 나머지를 모두 '기타 자본잉여금'이라고 정의하고 있다(同 문단 53). 대표적인 '기타 자본잉여금'으로는 자기주식처분익이 있다. 자기주식처분익은 기업회계기준상 납입자본의 본질을 갖는 자본준비금에 해당하지만, 자기주식의 처분이익을 법인세 과세대상으로 삼고 있음(法令 11조 2호의2)[2]에 맞추어 그 자본전입액도 의제배당으로 과세하는 것이다.

자기주식소각익[3]도 본질에 있어서 자본잉여금의 하나인 감자차익에 해당하므로, 그 자본전입으로 주주가 발행받는 주식은 모두 의제배당에서 제외함이 타당할 것이나, 소득세법은 해당 자기주식의 소각 당시 그 시가가 취득가액을 초과하는 경우 또는 소각일로부터 2년이 경과하기 전에 자본에 전입하는 경우에는 의제배당으로 과세하고 있다(所法 17조 2항 2호 단서 가목; 所令 27조 4항 단서; 法令 12조 1항 2호). 전자의 경우는 시가가 취득가액을 초과하는 자기주식을 소각하지 않고 타에 처분하면 그 차액이 과세대상이 되는 것과 형평을 고려하

---

1) '기타 자본거래에 발생한 잉여금'의 예로는 자기주식처분이익을 들 수 있다(기업회계기준 31조 3호).
2) 同旨 대법원 1995. 4. 11., 94 누 21583.
　　그러나 자기주식을 양도거래에서 취득하였느냐, 아니면 감자거래의 일환으로 취득하였는지에 따라 과세상의 취급을 달리하는 것은 기업회계상 2가지 경우 모두를 자본거래로 보는 원칙에 반하는 것으로서 타당하지 않다고 할 것이다(자세한 논의는 한만수, 전게 논문, 29-32면, 45면 각 참조).
3) 소각하는 자기주식의 액면가액이 그 취득가액을 초과하는 금액을 말한다.

고, 나아가 그 차액에는 이익잉여금 성격의 것이 포함되어 있다고 보아 과세대
상으로 한 것으로 여겨지고, 후자의 경우는 사실상 자기주식을 배당한 것과 같
으므로 과세대상으로 한 것으로 보인다. 그러나 상법상 배당가능이익을 자본에
전입하고 신주를 발행하는 것만 주식배당이지(상법 462조의2 1항), 배당가능이익
의 자본전입이 수반되지 않는 자기주식의 교부는 주식배당이 아니므로, 자본잉
여금으로서의 본질을 갖는 자기주식소각익을 2년 이내에 자본에 전입하였다는
이유로 배당으로 의제하는 것은 배당소득의 본질에 반한다 할 것이다.

　④ **자산재평가차액의 자본전입에 따라 취득하는 주식**　　자산재평가법1)에
의한 재평가차액 중 토지 아닌 자산의 재평가차액의 자본전입으로 취득하는 주
식 등의 가액도 의제배당이 되지 않는다(所法 17조 2항 2호 단서 나목). 자산재평
가법에 의한 재평가를 하게 되면 법인세 과세목적상 해당 자산의 장부가액이
재평가 당시의 시가로 증가되고, 이로 인해 후일 해당 자산을 처분할 때 그 증
가된 장부가액과 증가되기 전의 장부가액 간의 차액, 즉 재평가차액이 해당 법
인의 과세대상 소득에서 제외되기 때문에 재평가일이 속하는 사업연도의 소득
금액을 계산함에 있어 재평가차액을 익금에 산입하여 법인세를 과세함이 소득
과세의 원리에 맞지만, 토지 아닌 자산의 재평가차액에 대해서 비교적 높은 세
율의 자산재평가세를 부과함을 고려하여 이에 대해 별도로 법인세를 부과하지
않는바(자산재평가법 13조 1항 2호, 33조 1항 본문),2) 이와 같은 맥락에서 토지 아
닌 자산의 재평가차액의 자본전입으로 취득하는 주식 등의 가액도 의제배당으
로 과세하지 않는 것이다. 이처럼 토지 아닌 자산의 재평가차액의 자본전입액

---

1) 회계상 물가변동에 대처하기 위한 방법으로 자산재평가법을 1965년 제정하였다. 재평가
대상에 관해 제정 당시 제한이 없었으나, 1976년 말 개정시 부동산투기를 방지하기 위하여
비업무용부동산을 재평가대상에서 제외하였고, 1983년 말 개정시에는 더 나아가 토지, 주
식, 입목 등 비감가상각자산을 자산재평가 대상자산에서 제외하고, 1983년 말 이전에 취득
한 비감가상각자산에 대하여 1회에 한하여 재평가할 수 있도록 하였다. 그러다가 1997년
말 부실한 재무구조로 추락된 대외신용도를 회복하기 위하여 토지의 재평가를 다시 허용하
게 되었다. 그러나 1998. 4. 10. 이후 모든 자산의 재평가는 1회에 한하여 실시할 수 있을 뿐
이고(법률 제5531호에 의한 자산재평가법 개정법률 부칙 제4조), 그 시한도 2000. 12. 31.로
한정되어(동법 41조) 사실상 토지를 포함한 자산의 재평가제도는 폐지되었다.
2) 토지 아닌 자산의 재평가차액에 대해서는 100분의 3의 세율에 의해, 토지의 재평가차액
에 대해서는 100분의 1의 세율에 의해 재평가세를 부과하는데(자산재평가법 13조 1항), 상
대적으로 높은 100분의 3의 세율에 의해 부과되는 '토지 아닌 자산'의 재평가차액에 대한
재평가세만 그 재평가차액에 대한 법인세에 갈음하는 것으로 보아 별도로 법인세를 과세하
지 않는 것이다.

을 의제배당으로 과세하지는 않지만, 그 자본전입에 따라 받은 무상주를 후일 소각하는 경우에는 그 소각에 따른 의제배당이 발생할 수 있다.

한편, 다른 자산의 재평가차액에 비해 비교적 낮은 세율의 자산재평가세를 부담하는 토지(1984. 1. 1. 이후에 취득한 토지와 1983. 12. 31. 이전에 취득하여 2회 이상 재평가한 토지를 말함)의 재평가차액에 대해서는 법인세를 과세하는 것(자산재평가법 13조 1항 1호, 33조 1항 단서)에 맞추어 그 재평가차액의 자본전입으로 주주 등이 취득한 주식 등의 가액도 의제배당에 포함시켜 과세한다.

3) 해   산   법인의 해산에 따라 잔여재산의 분배로 출자자가 받는 재산의 가액이 출자에 사용된 금액을 초과하는 금액은 법인에 유보되었던 이익이 잔여재산분배를 통하여 출자자에게 이전되는 것이므로 배당으로 의제된다(所法 17조 2항 3호). 제1호의 주식소각 등에 따른 의제배당(초과환급)이 회사자본의 일부감소(partial liquidation)에서 발생하는 것인 데 비해, 본호의 해산에서 발생하는 의제배당(초과환급)은 회사자본의 전부감소(complete liquidation)에서 발생하는 것이기 때문에 양자는 경제적, 거래법적 성격 면에서는 동일하고 단지 양적 차이가 있는 데 불과하다고 할 것이다.

4) 합   병   법인의 합병시 소멸법인의 주주 또는 출자자(이하 "주주 등"이라고 함)가 존속(또는 신설)법인으로부터 받는 주식 또는 지분의 가액과 합병교부금의 합계액이 소멸법인의 주식 또는 출자(이하 "주식 등"이라고 함)를 취득하기 위하여 사용한 금액을 초과하는 금액은 배당으로 의제된다(所法 17조 2항 4호). 합병법인이 합병 전에 미리 취득하여 보유하는 피합병법인의 주식(포합주식, 抱合株式)을 소각하는 대가로 자기주식을 발행하지 않으면 합병대가가 없기 때문에 의제배당이 발생할 여지가 없다.[1] 가사 합병법인이 포합주식에 대해 합병의 대가로 자기주식을 발행하였더라면 그 가액은 최소한 포합주식의 취득가액은 되었을 것이라는 전제 하에 과세목적상 합병법인이 포합주식에 대해 자기주식을 발행하는 대신 그 포합주식의 취득가액 상당액을 합병교부금으로 지급받은 것으로 간주할 수 있다고 하더라도, 그 가액은 곧 해당 포합주식의 취득가액과 일치하므로 포합주식의 소멸에 따른 의제배당은 없는 것으로 된다(아

---

[1] 일본의 법인세법에서는 합병법인이 피합병법인의 주식을 소유하고 있음에도 합병시 그 주식에 자기주식을 배당하지 않는 경우에는 주식을 배당 받은 것으로 보고 의제배당으로 과세하고 있다(일본 법인세법 24조 2항).

래 판례 참조). 반면, 포합주식을 소각하는 대가로 자기주식을 발행하는 경우에는 그 자기주식의 가액이 포합주식의 취득가액을 초과하는 금액은 의제배당이 될 것이다.

[판 례]

　… 원고회사(합병회사)가 취득한 위 주식이 법인세법 시행령 제117조의2 소정의 포합주식에 해당되어 그 취득가액을 합병교부금으로 보아 피합병회사의 청산소득을 계산하여야 하는 것이라 하더라도, 소득세법 제17조 제2항 제4호와 같은 법 시행령 제50조 제4항(1987. 5. 8. 대통령령, 제12154호로 삭제되기 전의 것)의 규정에 따른다면, 이 사건의 경우 합병등기를 할 당시의 피합병회사의 소득세법상의 주주는 원고회사로 볼 수밖에 없고, 따라서 원고회사가 받은 합병교부금으로 보는 포합주식의 취득가액이 포함된 합병법인의 교부주식가액은, 피합병법인인 위 회사가 주식을 취득하기 위하여 소요된 금액과 동일한 것이어서, 결국 소득세법의 규정에 의한 의제배당소득은 없는 것이라고 보는 수밖에 없다(대법원 1989. 7. 25., 87 누 55 참조) …. (대법원 1991. 12. 24., 91 누 2458)

　소멸법인의 주주 등이 합병 이전에 소유하였던 소멸법인의 주식 등(합병구주)과 교환으로 합병법인으로부터 그 주식 등(합병신주)과 합병교부금을 받는 행위를 두고 합병을 계기로 소멸법인의 이익잉여금을 합병신주나 합병교부금의 형태로 지급받는다고 보아 의제배당이라는 명목으로 과세하는 것이다. 그러나 합병구주를 제출하고 합병신주를 받은 피합병법인의 주주 등은 '주식 등'이라는 동일 종류의 자산을 계속 보유한다는 점에서 경제적으로 아무런 변함이 없으므로, 합병신주의 취득을 소득실현의 계기로 보아 의제배당으로 과세하는 것은 실현·인식된 소득을 과세한다는 소득과세의 기본원칙에 비추어 타당하지 않은 면이 있다. 그리고 위와 같은 의제배당이 발생하는 경우와 반대의 경우, 즉 소멸법인의 주주 등이 존속법인이나 신설법인으로부터 받는 합병대가의 가액이 합병구주의 취득가액보다 낮은 경우에는 그 차액을 손실로 인정하지 않는 것과 형평에도 어긋난다.[1]

　그리하여 (i) 합병등기일 현재 1년 이상 계속하여 사업을 영위하던 내국법인 간의 합병이고, (ii) 소멸법인의 주주 등이 합병법인으로부터 받은 합병대가의 총합계액 중 주식 등의 가액이 100분의 80 이상인 경우 또는 100% 모·자회

---

1) 대법원 2011. 2. 10., 2008 두 2330.

사 간의 합병의 경우에는 합병신주의 가액을 '액면가액'으로 계산하게 허용함으로써(所令 27조 1항 1호)[1] 그 가액에서 합병구주의 취득가액을 공제하면 사실상 의제배당 소득이 발생하지 않도록 하고 있다. 그런데, 합병신주의 액면가액이 합병구주의 취득가액과 일치하지 않고 그보다 높을 수 있으므로, 이 경우에는 그 차액 상당액의 의제배당이 발생할 수 있다. 따라서 의제배당이 전혀 발생하지 않도록 하려면, 합병신주의 가액을 그 '액면가액'이 아닌 합병구주의 취득가액으로 계산하게 해 주어야 할 것이다.

  5) 자기주식에 배정될 무상주(無償株)의 일반주주에 의한 취득   위 2)의 ③ 및 ④에서 본 바와 같이 자본준비금이나 토지 외 자산의 재평가적립금의 자본전입에 따라 주주 등이 취득하는 주식 등의 가액은 기존 주식 등의 실질적 가치의 증가가 아니므로 의제배당으로 과세되지 않지만, 그 자본전입시 해당 법인이 보유한 자기주식 또는 자기출자지분(이하 "자기주식 등"이라고 함)에 대해 주식 등을 배정받지 아니함에 따라 다른 주주 등이 당초의 지분비율을 초과하여 배정받는 경우에는 그 초과 배정받는 주식 등의 가액은 해당 주주 등의 의제배당으로 과세된다(所法 17조 2항 5호). 자기주식에 대해 신주인수권을 인정할 것이냐에 관해서는 상법상 견해의 대립이 있다. 원래 회사가 자기주식 등을 보유하는 것은 예외적이거나 일시적으로 허용되는 데 불과하므로 일반주주 등에게 인정되는 비례적 이익을 자기주식 등에까지 확장해서 인정할 것은 아니라고 보면, 회사가 준비금의 자본전입으로 인한 무상주 등의 교부에 참가하지 아니하여 일실(逸失)하는 이익은 자연스럽게 다른 일반주주 등의 이익으로 귀속된다.[2] 즉, 법인이 자기주식 등을 취득하여 보유하는 상태에서 잉여금을 자본에 전입하여 일반주주 등에게만 무상주를 교부하게 되면, 그 일반주주 등은 법인이 자기주식 등을 보유하지 않은 경우와 비교하여 더 많은 무상주 등을 받는

---

  1) 합병으로 인한 의제배당에 있어서는 피합병법인의 순자산을 취득한 합병법인이 그에 대한 대가로 신주 또는 합병교부금을 피합병법인의 주주들에게 교부하는 형식에 의하여 그 이익이 귀속되는 것으로서 합병법인이 발행하는 신주는 회사의 자산충실의 요구에 따라 피합병법인의 순자산가액에 상당한 금액의 자본액 증가를 전제로 발행되는 것이 원칙이므로 피합병법인의 주주들에게 교부되는 신주의 가액은 순자산의 가액을 나타내는 것으로서 그것은 바로 액면금액에 의한 가액임이 명백하고, 따라서 같은 법 시행령 제50조 제1항 제1호 [현행 제27조 제1항 제1호 가목 및 나목]가 교부되는 자산이 주식인 경우에 주식의 가액을 액면금액에 의하여 계산하도록 규정한 것이 실질과세원칙에 위반된다고 볼 수 없다(대법원 1994. 11. 4., 93 누 12961).
  2) 李哲松,「會社法講義」(8版), 319면.

것이다. 이 초과분을 기존 주식 등의 실질적 가치의 증가액으로 보아 의제배당
으로 과세하는 것이다. 그러나 자본에 전입하는 것이 이익준비금이 아니라 자
본준비금이라면, 회사가 자기주식에 대해 그 자본전입에 따른 무상주를 배정받
지 아니함으로써 다른 주주들이 추가로 배정받는 주식의 가액은 이익금의 분배
가 아니라 자본의 환급으로서의 성질을 갖는 것이므로, 자본준비금의 자본전입
에 따라 취득하는 무상주의 가액을 의제배당으로 과세하지 않는 것과 같은 이
치로 이에 대해서도 과세하지 않음이 소득과세의 원론상 타당하다. 그런데 판
례는 이 점을 간과한 채 반대의 결론을 택하고 있다.1)

   6) 분   할   법인이 분할하는 경우 분할법인 또는 소멸한 분할합병의
상대방 법인의 주주가 분할신설법인 또는 분할합병의 상대방 법인으로부터 분
할로 인하여 취득하는 주식의 가액과 금전 기타 재산가액의 합계액이 그 분할
법인 또는 소멸한 분할합병의 상대방 법인의 주식을 취득하기 위하여 사용된
금액을 초과하는 금액은 의제배당이 된다(所法 17조 2항 6호). 그러나 위 4)의
합병의 경우에서 본 것처럼 '사업의 계속성' 등 법인세법 제46조 제2항에 규정
된 '분할양도차익에 대한 과세이연'의 요건을 갖춘 경우에는 분할 신주의 가액
을 액면가액으로 계산하도록 허용함으로써(所令 27조 1항 1호), 출자에 사용된
금액이 '액면가액'이거나 이에 버금가는 금액이라면 의제배당 소득이 발생하지
않는다.

4. 인정배당

   '법인세법에 의하여 배당으로 처분된 금액'을 인정배당이라고 한다. 법인이
법인세 신고를 하지 않거나 또는 신고가 정당하지 않아 과세관청이 과세표준과
세액을 결정 또는 경정함에 있어 익금에 가산한 금액이 출자자(출자자인 임원 제
외)에게 귀속되었다고 인정되는 경우에는 그 출자자에 대한 배당소득으로 처분
된다(法法 67조 1항; 法令 106조 1항 1호 가목). 이를 인정배당이라 일컬으며, 출자

---

1) 대법원 2007. 10. 25., 2005 두 8924(구 소득세법 제17조 제2항 제5호의 취지는 법인이 자
    기주식을 보유한 상태에서 주식발행초과금 등을 자본전입하여 신주를 발행하는 경우에 상
    법상 자기주식의 취득이 제한되어 그 법인이 보유한 자기주식에 대한 신주를 무상교부하지
    못하여 다른 주주들이 자기주식 지분에 대하여 무상으로 교부될 신주에 해당하는 만큼의
    주식을 초과 배정받는 때에는 결국 그 법인이 다른 주주에게 무상으로 교부한 주식 상당액
    을 신규로 배당한 것과 마찬가지의 결과가 되므로 그 초과로 무상교부된 주식의 가액을 의
    제배당으로 보고 과세하기 위한 것이다).

자가 개인인 경우 배당소득으로 과세된다(所法 17조 1항 4호).

5. 배당소득 금액의 계산

배당소득 금액은 해당 과세기간의 총수입금액으로 한다(所法 17조 3항 본문). 이자소득의 경우와 마찬가지로 비용을 인정하지 않는다. 배당을 금전으로 받은 경우에는 그 가액이 바로 수입금액이 될 것이나, 금전이 아닌 재산으로 받은 경우에는 그 가액을 계산하는 기준이 필요하다. 주식배당의 경우(상법 제462조의2) 또는 주식이나 출자지분을 취득하는 의제배당의 경우에서 특히 그러하다.

(1) 주식배당 가액의 계산

주식배당의 경우에는 그 주식의 발행금액을 배당가액으로 본다(所令 27조 1항 1호 다목). 법인이 주식배당을 받은 경우에도 마찬가지이다(法令 14조 1항 1호 다목). 그런데, 상법상 주식배당에 따른 신주의 발행금액은 항상 그 권면가액과 일치하여야 하므로(상법 462조의2 2항), 그 권면가액이 곧 배당금액이 된다. 주식배당에 따른 신주의 발행금액 또는 권면가액은 곧 배당의 재원이 되는 이익준비금의 가액과 일치하므로 발행금액을 배당금액으로 봄은 당연하다.

(2) 의제배당 가액의 계산

의제배당으로 수취한 것이 금전이면 그 가액을 별도로 계산할 필요가 없으나, 금전 이외의 것이면 그 가액을 계산하는 기준이 있어야 한다. 법령에서는 수령한 것이 주식이나 출자지분(이하 "주식 등"이라고 함)인 경우와 그 외의 것인 경우로 나누어 규정하고 있다.

(i) 수취한 재산이 주식 등인 경우(所令 27조 1항 1호): 잉여금의 자본전입으로 발생하는 의제배당의 경우와 자본준비금이나 자산재평가적립금의 자본전입 시 법인이 보유한 자기주식 등에 대해 주식 등의 가액을 배정받지 아니함에 따라 다른 주주 등에게 발생하는 의제배당의 경우(위 (1)의 2) 또는 5)의 경우)에는 그 수취한 주식 등의 액면가액 또는 출자금액(무액면주식의 경우에는 해당 주식의 취득일 당시 해당 주식을 발행하는 법인의 자본금을 발행주식총수로 나누어 계산한 금액)을 의제배당의 가액으로 한다(동호 가목). 상법상 자본준비금이나 이익준비금 등의 잉여금을 자본에 전입함에 따라 주식 등을 발행하는 경우 그 발행가액(즉, 자본에 전입되는 잉여금의 가액)은 액면가액과 일치하여야 하므로,1) 발행가액에

상당하는 의제배당의 가액은 자본전입으로 수취한 무상주의 액면가액이나 출자금액이 되는 것이다.

잉여금의 자본전입에 따라 수취하거나 법인의 합병이나 분할로 수취하는 주식이 무액면주식일 경우에는 액면가액이 없으므로 자본금에 전입한 금액을 그 자본금 전입으로 발행한 주식 수로 나누어 계산한 금액을 1주당 수취가액으로 한다(所令 27조 6항).

한편, 법인세법 제44조 제2항 제1호 및 제2호에 규정된 합병양도차익의 과세이연 요건(주식 등의 보유와 관련된 요건은 제외)을 갖춘 합병이나 동법 제46조 제2항 제1호 및 제2호에 규정된 분할양도차익의 과세이연 요건(주식 등의 보유와 관련된 요건은 제외)을 갖춘 분할로 발생하는 의제배당의 가액을 계산함에 있어서는 합병이나 분할로 취득한 주식 등의 가액을 시가에 의하여 계산하지 않고 피합병법인, 분할법인 또는 소멸한 분할합병의 상대방법인(이하 "피합병법인 등"이라고 함)의 주식 등의 취득가액에 의하여 계산한다(所令 27조 1항 1호 나목). 그 결과 해당 합병이나 분할로 신주식 등을 취득한 주주 등에게 의제배당이 발생하지 않게 된다. 기업구조재편의 성격을 띤 합병이나 분할 거래에서 소각되는 주식 등을 소유하는 주주 등이 그 소각으로 얻는 가치증가익에 대해 합병이나 분할로 취득한 신주식 등의 처분시까지 과세를 이연해 주기 위한 장치이다. 그러나 합병대가나 분할대가의 일부는 금전이나 그 밖의 재산으로 받고, 일부는 주식 등으로 받은 경우로서 그 주식 등의 시가가 피합병법인 등의 주식 등의 취득가액보다 작은 경우에는 시가로 의제배당 가액을 계산한다(동목 단서).

(ii) 수취한 재산이 주식 등 외의 것인 경우에는 취득당시의 시가에 의하여 그 가액을 계산한다(所令 27조 1항 2호).

(3) 집합투자기구로부터 받는 이익의 배당소득금액 계산

배당으로 분류되는 집합투자기구로부터의 이익의 금액은 발생금액에서 집합투자에 따른 각종 보수·수수료 등을 뺀 금액으로 한다(所令 23조 6항).

6. 의제배당 계산에 있어서의 '지분이나 출자의 취득에 사용된 금액'의 산정

(1) 원 칙

주식의 소각이나 자본의 감소(퇴사나 탈퇴 포함), 해산, 합병 또는 분할 등의

---

1) 정동윤,「회사법」(2006, 제7판), 619면.

자본거래로 인해 발생하는 의제배당(所法 17조 2항 1호, 3호, 4호 및 6호의 경우)의 소득금액은 해당 자본거래의 결과 수취하는 금전이나 기타 재산의 가액에서 해당 자본거래에서 소멸되는 주식이나 출자의 취득에 사용된 금액을 공제하여 계산함은 위에서 본 바와 같다. 여기서 주식이나 출자의 취득에 사용된 금액이라고 함은 원칙적으로 해당 주식이나 출자를 취득하기 위하여 실제로 지출한 금액을 의미한다.1)

(2) 자본준비금의 자본전입으로 취득하는 주식 등의 취득가액 계산

소득세법 제17조 제2항 제2호 단서의 규정에 의해 의제배당에서 제외되는 '자본준비금의 자본전입으로 취득하는 주식 등'도 그 소각시에는 의제배당을 발생시키므로, 그 의제배당 가액의 계산을 위해서는 해당 주식 등의 취득에 사용된 금액을 결정하여야 한다. 그런데, 의제배당에서 제외되는 '자본준비금의 자본전입으로 취득하는 주식 등'의 취득가액은 별도로 존재하지 않으므로, 그 자본전입이 이루어지기 전에 존재한 구주식 등의 취득가액이 그 자본전입으로 발행된 신주를 포함한 총 주식의 취득가액이 된다. 판례는 자산재평가적립금의 자본전입에 따라 받은 무상주를 합병에 따라 소각함으로써 발생하는 의제배당액을 계산함에 있어서 그 무상주의 취득에 소요된 가액은 기존 주식의 취득에 소요된 가액에 포함되어 있는 것이지, 해당 무상주의 액면가액을 그 취득에 소요된 가액이라고 할 수 없다고 하여 이러한 법리를 확인하고 있다.2) 이처럼 자본준비금의 자본전입에 따라 무상주를 받기 전에 보유하던 기존 주식의 취득가액이 무상주를 포함한 전체 주식의 취득가액이 되므로 무상주를 취득한 후에 있어서의 1주 또는 1좌당 취득가액(장부가액)을 다음의 산식에 따라 재계산하도록 하고 있다(所令 27조 2항).

---

1) 소득 46011-3233, 1996. 11. 21; 국심 1989. 11. 25., 89 구 1838.
2) 대법원 1992. 2. 28., 90 누 2154(구 소득세법 제17조 제2항 제1호 소정의 의제배당소득이 있는지 여부를 판단함에 있어 동 법조항 제2호 단서의 규정을 가지고 재평가적립금의 자본전입으로 배정된 무상주의 액면가액을 '당해 법인의 주식을 취득하기 위하여 소요된 금액'에 포함된다고 단정하는 근거로 삼을 수 없고, 그 소요된 금액이라 함은 당 법인의 주식을 취득하기 위하여 실제로 지출된 금액을 의미한다고 보아야 할 것이며, 이와 달리 재평가적립금의 자본전입에 따라 배정받는 무상주는 주금을 불입하지 않고 무상으로 교부받는 것으로서, 그 취득가액은 종전에 가지고 있던 주식의 취득가액에 사실상 포함된 것이므로 위 무상주의 액면가액을 '당해 법인의 주식을 취득하기 위하여 소요된 금액'이라고 할 수는 없을 것이다); 同 1993. 5. 25., 91 누 9893; 同 2009. 6. 11., 2007 두 10211(재평가적립금의 자본전입으로 받은 무상주를 분할로 소각하는 경우).

자본전입 후 1주 또는 1좌당 장부가액＝구주식 등의 1주 또는 1좌당 장부가액／
(1＋구주식 등 1주 또는 1좌당 신주 등 배정수)

다만, 소득세법 제17조 제2항 제2호 단서의 규정에 의하여 의제배당에서
제외되는 '자본준비금의 자본전입으로 취득한 주식 등'을 그 취득일로부터 2년
이내의 단기에 소각하는 경우(단기소각주식 등), 그 주식소각에 따른 의제배당
소득금액을 계산함에 있어서 그 단기소각주식 등이 다른 주식에 앞서 먼저 소
각된 것으로 간주됨은 위에서 본 바와 같은바(위 3. 1) 참조), 이 경우 그 단기소
각주식 등의 취득가액은 위의 안분 산식에 따라 계산하지 아니하고 없는 것으
로 본다. 그 결과 단기소각주식 등의 소각대가 자체가 의제배당 금액이 된다.
의제배당에서 제외되는 '자본준비금의 자본전입으로 발행받은 주식 등'을 2년
이내의 단기에 소각하는 경우에는 그 취득 자체가 없었던 것으로 보아 굳이 그
신주발행에 따른 취득가액의 조정과정을 거치지 않아도 된다는 의미이다. 이러
한 경우 그 소각 후의 잔존 주식의 장부가액(취득가액)은 다음의 산식에 의하여
계산한다.

단기소각주식 등의 소각 후 1주 또는 1좌당 장부가액＝주식소각 등이 있은 이후의
취득가액합계／주식소각 등이 있은 이후의 주식 등 수의 합계

(3) 취득가액 산정의 특수한 경우

소액주주가 보유하는 주식으로서 해당 주식의 보유 주주가 다수이거나 빈
번한 거래로 인해 해당 주식의 취득에 사용된 금액이 불분명한 경우에는 그 소
액주주가 스스로 다른 취득가액을 입증하지 않는 한 그 액면가액을 취득에 사
용된 금액으로 본다(所令 27조 7항). 입증상의 애로를 고려하여 액면가액을 취득
가액으로 의제하는 것이다.

한편, 위 (2)에서 논의한 바와 같이 자산재평가적립금의 자본전입에 따라 받
은 무상주를 합병으로 소각함으로써 발생하는 의제배당 소득을 계산함에 있어서
그 무상주의 액면가액을 그 취득에 사용된 가액이라고 할 수 없지만, 이익준비
금의 자본전입에 따라 받은 무상주의 가액을 의제배당소득으로 과세당한 뒤 합
병에 따라 그 무상주를 재차 소각함으로써 발생하는 의제배당 소득을 계산함에

있어서는 그 무상주의 액면가액이 취득에 사용된 가액에 포함된다.[1] 후자의 경우에는 이미 의제배당으로 과세된 무상주의 가액이 재차 과세되지 않도록 하기 위해서 과세소득만큼 취득가액이 상향 조정되기 때문이다(basis adjustment).

7. 배당소득에 대한 비과세와 분리과세의 특례

이자소득의 경우와 마찬가지로 특정 유형의 배당소득에 대해서도 재산의 형성이나 투자의 장려 등 다양한 정책적 이유에서 비과세나 분리과세의 혜택을 주고 있다. 그러한 특례 제도는 소득세법에도 있고, 조세특례세한법에도 있는데 여기서는 소득세법에 있는 것만 간략히 보기로 한다.

(1) 공익신탁의 이익에 대한 비과세

일정한 요건을 충족하는 '집합투자기구로부터의 이익'은 배당으로 과세되지만(所法 17조 1항 5호), 그 집합투자기구가 공익신탁에 해당하면 그로부터 발생하는 이익은 비과세 대상이다(所法 12조 1호). 공익신탁이란 학술·종교·제사·자선·기예(技藝) 기타 공익을 목적으로 하는 신탁이다(信託法 65조).

(2) 분리과세되는 배당소득

(i) 비실명 금융소득의 고율에 의한 분리과세   이자소득의 경우에서와 마찬가지로 실명에 의하지 아니하고 거래한 금융자산에서 발생하는 배당소득에 대하여도 90%의 원천징수세율로 분리과세한다('금융실명거래 및 비밀보장에 관한 법률' 5조). 또한 지급시기(지급하는 것으로 보는 시기 포함)까지 실지명의가 확인되지 않은 배당소득도 35%의 원천징수세율에 의해 분리과세한다(所法 14조 3항 3호, 129조 2항 2호).

(ii) 종합과세기준금액 이하의 배당소득에 대한 분리과세   달리 분리과세 대상이 아닌 배당소득으로서 특별히 분리과세되는 이자소득(즉, 비실명 금융자산의 이자소득, 직장공제회 초과반환금 및 법인으로 보는 단체 외의 단체의 이자소득) 이외의 이자소득과 합하여(이하 2가지를 합한 것을 "금융소득"이라고 함) 연 2천만 원(종합과세 기준금액) 이하이고, 수취시 소득세가 원천징수된 것도 분리과세된다(所法 14조 3항 6호). 이때 연 2천만 원 이하인지 여부를 결정함에 있어 소득세법 제17조 제1항 제8호에서 규정하고 있는 '공동사업에서 발생한 소득금액 중 배당으로 인정되는 금액'은 포함하지 않는다(所法 14조 3항 6호 괄호). 금융소득

---

[1] 대법원 1992. 11. 10., 92 누 4116.

의 금액이 종합과세 기준금액 이하라고 하더라도 그 가운데 수취시 소득세가 원천징수되지 않은 배당소득이 포함되어 있으면 그 금액은 종합소득 과세표준에 포함되어 분리과세되지 않음에 유의하여야 한다.

(iii) **법인으로 보는 단체 외의 단체의 배당소득에 대한 분리과세** 법인으로 보는 단체 외의 단체 중 수익을 구성원에게 배분하지 아니하는 것으로서 그 명칭을 표기하여 금융거래를 하는 단체가 금융기관으로부터 받는 배당소득은 14%의 원천징수세율로 분리과세한다(所法 14조 3항 4호, 129조 1항 1호 다목).

8. 배당세액공제

내국법인으로부터 지급받는 배당(所法 17조 1항 1호, 2호)·의제배당(동항 3호)·인정배당(동항 4호) 및 국내 또는 국외에서 자본시장법상의 사모투자전문회사로부터 받는 이익(동항 5호; 法令 27조의3 3항)으로서 종합과세의 대상인 것에 대하여는 총수입금액에 100분의 11(2009. 1. 1.부터 2010. 12. 31.까지의 배당소득분은 100분의 12)을 더한 금액을 배당소득금액으로 한다(所法 17조 3항). 예를 들면 총수입금액이 1,000,000원일 경우에 배당소득은 1,110,000원으로 늘려 잡아야 한다. 이와 같이 하는 이유는 법인 단계에서 납부한 세액의 일부를 주주 단계에서 부담하여야 할 세액에서 공제하여 주는 imputation방식(법인세를 주주가 납부한 것으로 귀속시키는 방식, "법인세 주주귀속 방식")이 부분적으로 채택된 데 있다(법인세와 배당소득과의 관계에 대하여는, 본편 제2장 제1절 II. 참조). 즉 주주가 받은 배당소득 금액을 부분적으로 법인세 과세 전의 법인소득 금액으로 환원시킨 뒤(gross up) 그 환원된 금액에 대한 소득세에서 법인이 납부한 법인세액을 공제해 줌으로써 법인의 소득을 처음부터 개인 주주가 얻은 것으로 보아 과세하는 효과를 얻기 위한 것이다. 완전한 imputation방식을 도입하여 법인과 주주 간의 경제적 이중과세를 완전히 제거하려면 배당수령액을 법인세 납부에 의하여 감소되기 전의 법인소득금액으로 완전히 환원시켜야 한다. 법인세율이 20%(실제로는 2억 원 이하 10%, 초과 20%)라고 할 때, 완전한 gross up을 하자면 80분의 20(약 100분의 25)을 곱한 금액을 더하여야 한다. 그런데 현행법의 가산율은 원칙적으로 그의 약 2분의 1에 해당하는 100분의 11에 불과하다.[1]

---

1) 100분의 11은 1억 원 이하의 소득구간에 대한 세율인 10%를 기준으로 도출된 것이다.
법인세율/1−법인세율=10%/1−10%=10/90≒11/100

법인의 자기주식소각익을 자본전입함으로써 받는 의제배당, 토지의 재평가차액의 자본전입으로 인한 의제배당 및 법인에 의한 잉여금의 자본전입시 해당 법인이 자기주식에 대하여 신주를 배정받지 아니함으로써 이를 다른 주주가 받은 경우에 있어서의 의제배당에 대하여는 gross up을 하지 아니한다(所得稅法 17조 3항 단서). 또한 조세특례제한법상의 최저한세액 적용이 배제되는 조세혜택(법인세 비과세·면제·감면 또는 소득공제 등)을 받는 법인 중 시행령(所令 27조의3 1항) 소정의 법인으로부터 받은 배당소득 금액에 시행령(동조 2항) 소정의 비율을 곱하여 산출한 금액에 대하여도 gross up을 하지 아니한다(所法 17조 3항 4호). 모두 법인단계에서 법인세를 납부하지 않는 경우인바, 이러한 경우에는 법인세와 배당소득세의 경제적 이중과세 문제가 발생할 여지가 없기 때문이다.

종합소득세 산출세액에서 공제해 주는 배당세액 금액도 총배당수입금액에 100분의 11을 곱한 금액, 즉 gross up한 금액 그 자체이다. 환원가산율(還元加算率)을 100분의 11로 한 것에 상응시킨 것이다. 이 금액은 해당 배당수입금액에 대응하는 법인의 소득금액에 20%의 법인세율을 적용하여 계산한 세액의 약 2분의 1에 불과하다(所法 56조 1항). imputation방식의 부분적 도입이라는 것은 바로 이와 같은 이유에서이다.

그런데 외국법인으로부터 받은 배당(所法 17조 1항 6호)에 대해서는 위와 같은 배당소득의 gross up과 그에 따른 배당세액공제가 전혀 적용되지 않는다(法法 17조 3항 본문). 우리나라 거주자가 외국법인으로부터 배당소득을 지급받을 때 그 외국정부(소득원천지국)에 의하여 원천징수당한 세액(즉, 외국납부세액)을 공제해 줄 뿐이다(所法 57조). 그러나 이러한 외국납부세액공제는 배당소득의 원천지국(외국)과 그 배당소득의 수령자의 거주지국(우리나라)이 다른 경우에 해당 소득에 대한 '국제적 이중과세'를 해소하고자 하는 것이지, 배당에 대한 법인·주주 2단계의 '국내 이중과세'와는 상관이 없다. 따라서 우리나라 거주자가 외국법인으로부터 받는 배당에 대해서는 이중과세의 방지책이 없는 것이다.

Ⅳ. 사업소득

1. 의   의

사업소득은 영리를 목적으로 자기의 위험과 계산 아래 독립적·계속적으로 행하는 사회적 활동에서 발생하는 소득이다.

소득세법은 사업소득을 발생시키는 사업 내지 사업소득의 종류를 크게 다음의 20가지로 열거하고 있다(所法 19조 1항).

① 농업(작물재배업 중 곡물 및 기타 식량작물 재배업은 제외), 임업 및 어업, ② 광업, ③ 제조업, ④ 전기, 가스, 증기 및 공기조절공급업, ⑤ 수도, 하수·폐기물처리, 원료재생업, ⑥ 건설업, ⑦ 도·소매업, ⑧ 운수 및 창고업, ⑨ 숙박 및 음식점업, ⑩ 정보통신업, ⑪ 금융 및 보험업, ⑫ 부동산업(공익사업과 관련하여 지역권과 지상권을 대여함으로써 발생하는 소득은 제외), ⑬ 전문, 과학 및 기술서비스업(시행령에서 정하는 연구개발업은 제외), ⑭ 사업시설관리, 사업지원 및 임대 서비스업, ⑮ 교육서비스업(시행령에서 정하는 교육기관은 제외), ⑯ 보건업 및 사회복지서비스업(시행령에서 정하는 사회복지사업은 제외), ⑰ 예술, 스포츠 및 여가 관련 서비스업,1) ⑱ 협회 및 단체(시행령에서 정하는 협회 및 단체는 제외), 수리 및 기타 개인서비스업, ⑲ 가구내 고용활동에서 발생하는 소득, ⑳복식부기의무자(所法 160조 3항)가 차량 및 운반구 등 일정한 사업용 유형자산을 양도함으로써 발생하는 소득(양도소득에 해당하는 경우는 제외).

위에서 구체적으로 열거하고 있는 사업에서 발생한 소득과 유사한 소득으로서 영리를 목적으로 자기의 계산과 책임 하에 계속적·반복적으로 행하는 활동을 통하여 얻는 소득을 사업소득이라고 포괄적으로 규정함으로써 이자소득이나 배당소득의 경우와 같이 포괄적 사업소득의 개념을 설정하고 있다(所法 19조 1항 21호).

특정의 행위·거래에서 발생하는 소득이 사업소득인지, 아니면 다른 소득(예컨대 이자소득, 양도소득)인지를 구분하는 기준이 무엇인가 하는 근본적인 문제가 있다. 판례는 "사업소득은 영리를 목적으로 독립된 지위에서 계속·반복적으로 하는 사회적 활동인 사업에서 발생하는 소득을 뜻한다"라고 정의를 내리고 있다.2) 그리고 어떠한 소득이 이러한 정의에 해당하는지 여부는 그 소득이

1) 연예인 및 직업운동선수 등이 사업활동과 관련하여 받는 전속계약금은 사업소득으로 본다(所令 37조 1항). 과거에는 연예인이 한 회사 등에만 일시 전속적으로 계약하여 받는 일시적인 전속계약금은 기타소득으로(2007. 12. 31.자 개정전 所法 21조 1항 18호), 여러 회사 등과 출연계약을 하면서 받는 전속계약금 등은 사업소득으로 분류하였으나 이를 모두 사업소득으로 통일하였다.
2) 대법원 2017. 7. 11., 2017 두 36885; 同 2012. 4. 13., 2011 두 30281; 同 2010. 9. 9., 2010 두 8430.

발생한 납세의무자의 활동 내용, 기간, 횟수, 태양(態樣) 그 밖에 활동 전후의 모든 사정을 고려하여 그것이 수익을 목적으로 하고 있는지, 계속성·반복성이 있는지 등을 사회통념에 따라 판단하여야 한다고 본다.[1] 이러한 기준에 따라 당국의 인가를 받지 않고 사업자등록도 함이 없이 금전의 대여[2] 또는 어음의 할인[3]을 하였다 하더라도 그 규모와 회수가 상당하고 사채시장을 통하여 이자 또는 수수료를 받았거나, 몇 개의 회사를 상대로 각 수십회에 걸쳐 금전을 대여하고 이자를 수익한 경우[4] 그 이자수입은 금융사업으로 인한 사업소득에 해당한다고 본다. 금전소비대차에서 발생하는 이자 중 비영업대금의 이자만 이자소득이 되기 때문이다(所法 16조 1항 12호). 또한 건물완공 후 이를 여러 사람에게 분양한 경우[5] 그 분양대금수입은 부동산매매업으로 인한 사업소득에 해당하나, 당초의 분양계획과는 달리 토지와 그 지상의 공사 중인 미완성건물을 일괄하여 양도하거나[6] 몇 차례에 걸쳐 토지수용을 당한 경우[7]는 그러하지 아니하다. 이들 경우의 소득은 양도소득에 해당할 것이다. 사업장의 수용으로 인하여 감소되는 소득이나 발생하는 손실의 보상으로 지급받은 영업보상금, 휴·폐업보상금, 이전보상금 등의 손실보상금(일실소득의 보상)은 해당 사업으로부터 발생하는 사업소득이다.[8]

독일의 소득세법은 법문으로 '사업'(Gewerbebetrieb)의 의미를 "수익을 얻을 목적으로 행하여지고, 일반적인 산업적 거래에의 참여에 해당하는 것으로서 독립적이고 계속적인 활동"이라고 정의하고 있다.[9] 여기서 중요한 의미를 갖는 말은 "일반적 산업적 거래에의 참여"라는 말인데, 학설은 이를 "일반적인 시장을 통한 재화나 용역의 거래", "일반적인 시장에서 유상의 급부의 제공" 또는

---

1) 위 대법원 2017. 7. 11., 2017 두 36885; 同 2010. 7. 22., 2008 두 21768; 同 1994. 12. 9., 94 누 8969.
2) 대법원 1986. 11. 11., 85 누 904.
3) 대법원 1987. 3. 10., 85 누 446.
4) 대법원 1987. 5. 26., 86 누 96.
5) 대법원 1985. 12. 24., 85 누 458.
6) 대법원 1985. 12. 10., 85 누 442.
7) 대법원 1986. 2. 11., 85 누 700; 同 1986. 7. 8., 85 누 745.
8) 대법원 2008. 1. 31., 2006 두 9535.
9) 원문은 다음과 같다: Eine selbständige nachhlatige Betätigung, die mit der Absicht, Gewinn zu erzielen, unternommen wird und sich als Beteiligung am allgemeinen wirtshaftlichen Verkehr darstellt, ist Gewerbebetrieb.

"납세자의 대중들과의 접촉 활동"이라고 해석하고 있다.1) 위에서 본 우리나라 대법원 판례에서 제시하고 있는 사업소득의 요건들 중 '사회적 활동'이라는 말과 같은 맥락이라고 할 것이다. 따라서 납세자 스스로 거래상대방과 접촉활동을 함이 없이 이를 위탁하여 행하는 위탁매매(예를 들면, 투자회사에 수수료를 지급하고 행하는 상장주식의 매매)는 사업에 해당하지 않는다.

사업소득 중 어떤 업종의 사업소득이냐 하는 것도 세액에 영향을 주는데, 특히 추계조사결정의 경우에는 업종에 따라 기준경비율이나 단순경비율이 다르기 때문에 더욱 문제가 된다(기준경비율 및 단순경비율에 관하여는 뒤의 제8절 Ⅲ. 1. (2) 2) 참조). 예컨대 한약방에서 한의를 고용하여 그로 하여금 고객을 진찰하여 약제처방을 하게 한 다음 그 처방에 따라 첩약을 조제하여 한약재의 판매가격대로 판매할 뿐, 진찰비 또는 처방료를 더하여 받지 않는 경우 그 행위는 의료업이 아니라 소매업이다.2)

2. 비과세 및 분리과세 사업소득

사업소득 중 (i) 논·밭을 작물 생산에 이용하게 함으로써 발생하는 소득(所法 12조 2호 가목), (ii) 기준시가가 12억 원을 초과하는 고가주택이나 국외 소재 주택이 아닌 것으로서 1개의 주택을 소유하는 자가 해당 주택(주택부수토지를 포함)을 임대하고 지급받는 소득(동호 나목; 所令 8조의2 1항), (iii) 특정의 농어가부업소득(所法 12조 2호 다목), (iv) 특정의 전통주 제조에서 발생하는 소득(동호 라목), (v) 조림기간 5년 이상인 임지(林地)의 임목(林木)의 벌채 또는 양도로 발생하는 소득으로서 연 600만 원 이하의 금액(동호 마목), (vi) 특정의 작물재배업에서 발생하는 소득(동호 바목), (v) 특정의 어로어업에서 발생하는 소득(동호 사목)은 비과세된다.

위 (ii)에서 '주택'이라고 함은 상시 주거용으로 사용하는 건물(사업을 위한 주거용 건물은 제외함)을 말하고(所令 8조의2 2항), 하나의 건물이 주택과 부가가치세가 과세되는 사업용 건물로 함께 사용되는 경우에는 각 부분의 면적의 크기를 비교하여 주택 부분의 면적이 사업용 건물 부분의 면적보다 클 때에는 그 전부를 주택으로 보고, 반대로 주택 부분의 면적이 사업용 건물 부분의 면적과 같거나 작은 때에는 사업용 건물 부분의 면적은 주택으로 보지 않는다(所令 8조의2 4항).

사업소득 가운데 주거용 건물 임대업에서 발생한 수입금액의 합계액이 2천만 원 이하인 자의 주택임대소득은 종합소득과 분리하여 과세한다(所法 14조 3항 7호; 所令 20조 2항, 8조의2 6항). 분리과세 주택임대소득이 있는 거주자의 종합소득에 대한 세액의 계산에 관해서는 분리과세의 효과를 유지하기 위해 특별한 방식이 적용된다(所法 64조의2; 所令 122조의2).

3. 사업소득금액의 계산

(1) 총   설

사업소득금액은 해당 과세기간의 총수입금액(所法 24조 이하)에서 이에 소요된 필요경비(所法 27조 이하)를 공제한 금액이다(所法 19조 2항). 사업소득의 총수입금액과 필요경비는 법인의 각 사업연도 소득금액 계산에 있어서의 익금과 손금에 대응하는 것이다. 그 계산의 기본원리는 법인세법에서와 같으므로 자세한 설명은 '제2장 법인세법'으로 미룬다. 다만 사업소득의 총수입금액과 필요경비의 계산과 관련하여 특별히 주목할 만한 몇 가지 항목과 사업소득자가 가계자산과 사업자산을 혼용함으로 인해 발생하는 몇 가지의 고유한 문제만 살펴보기로 한다.

(2) 특별 항목

첫째, 거주자가 부동산 또는 그 부동산상의 권리 등을 대여하고 보증금·전세금 또는 이와 유사한 성질의 금액(이하 "보증금 등"이라고 함)을 받은 경우에는 일정한 이자상당액을 사업소득의 총수입금액에 산입한다. 다만, 주택을 대여하고 보증금 등을 받은 경우에는 3주택 이상을 소유하고 보증금 등의 합계액이 3억 원을 초과하는 경우에 한한다(所法 25조 1항; 所令 53조).

둘째, 복식부기의무자(所法 160조 3항)가 취득하거나 임차하여 업무에 사용한 승용자동차(업무용 승용차) 가운데 운수업, 자동차판매업 등의 사업에 직접 사용하는 것을 제외한 것의 감가상각비, 임차료, 유류비 등의 비용 중 일정한 기준에 부합하는 '업무사용금액'에 해당하지 않는 금액은 필요경비에 산입하지 아니하고(所法 33조의3 1항), 업무용 승용차별 연간 감가상각비나 연간 임차료 중 연간 감가상각비 상당액이 8백만 원을 초과하는 경우 그 초과금액은 다음

과세기간으로 이월하여 필요경비에 산입한다(동조 2항). 그리고 업무용 승용차의 매각가액은 매각일이 속하는 과세기간의 사업소득 금액에 포함하고(所法 19조 1항 20호), 그 처분손실 중 8백만 원을 초과하는 금액은 이월하여 필요경비에 산입한다(所法 33조의3 3항).

셋째, 법인세법상 자산의 임의평가 차익이나 차손이 원칙적으로 각각 익금과 손금에 포함되지 않는 것처럼 소득세법상 자산의 임의평가 차익이나 차손도 원칙적으로 각각 총수입금액과 필요경비에 포함되지 아니한다(所法 39조 3항 본문, 33조 1항 7호). 다만, 재고자산의 임의평가 차익과 차손은 각각 총수입금액과 필요경비로 계상할 수 있고, 천재지변·화재·수용 등의 사유로 파손되거나 멸실된 고정자산의 평가손실은 필요경비에 산입할 수 있다(所法 39조 3항 단서 및 4항; 所令 96조 2항).[1]

(3) 가계자산과 사업자산의 혼용으로 발생하는 문제

첫째, 사업자가 재고자산이나 임목을 가사용으로 소비하는 경우 그 가액상당액은 소비일이 속하는 연도의 사업소득금액의 계산에 있어 이를 총수입금액에 산입한다(所法 25조 2항). 예를 들면, 주택신축판매업을 영위하는 사업자가 신축 주택 중 하나를 자신의 거주용에 공한 경우 그 판매가액 상당액은 총수입금액에 산입한다.[2] 가사용으로 소비한 재고자산이나 임목을 취득하는 데 소요된 금액을 사업소득금액 계산상 필요경비로 산입하기 때문에 그에 대응하는 가사용 소비금액은 수입금액에 포함시킨다는 취지이다.

둘째, '가사의 경비와 이에 관련되는 경비'(이하 "가사관련경비"라고 함)는 사업소득 금액의 계산에 있어 필요경비에서 제외된다(所法 33조 1항 5호). 가사관련경비는 소득의 소비이지 소득의 가득을 위한 지출이 아니므로 소득금액 계산상 공제항목이 될 수 없음은 당연하다.

셋째, 사업을 영위하는 자연인이 '사업주체'로서 지출한 금액과 '가계주체'로서 지출한 금액을 서로 구분하기 어려운 경우가 많다.[3] 그 어려움은 이론적

---

1) 대법원 1988. 12. 13., 86 누 331.

2) 대법원 1994. 8. 12., 93 누 23169.

3) United States v. Gilmore, 372 U.S. 39(1963)는 개인의 이중적 지위에 관하여 Surrey and Warren, Cases on Federal Income Taxation(1960)에서 다음 구절을 인용하고 있다. "One is a seeker after profit who can deduct the expenses incurred in that search; the other is a creature satisfying his needs as a human and those of his family but who cannot deduct such consumption and related expenditures."

인 성격의 것도 있고 사실인정상의 것도 있다. 특히 납세의무자 스스로도 가계재산과 사업재산을 무분별하게 뒤섞어서 관리·처분하는 경우가 있다. 이렇게 되면 과세소득금액의 산출에 상당한 어려움을 가져온다. 이론상 구분이 어려운 지출로는 최저생계비·교육비·출퇴근비·맞벌이 부부 또는 독신자의 탁아비 등이 있는바, 맞벌이 부부에게 '추가공제'(所法 51조 1항 3호)를 인정하는 것 외에는 대체로 필요경비로 인정하지 않는 부정적인 방향으로 입법적 해결이 내려져 있다. 사실상 구분이 어려운 지출로는 사업상 출장과 관광을 겸한 여행의 경비, 업무용과 가사용에 아울러 사용하는 자가용 승용차의 유지관리비, 용도 불명의 차입금에 대한 지급이자 등을 들 수 있다. 소득세법은 사업소득이 있는 사업자(국내사업장을 둔 비거주자나 부동산 또는 부동산 관련 권리에서 발생하는 소득을 얻는 비거주자 포함)에 대하여 (i) 원칙적으로 사업에 관한 모든 거래사실을 복식부기에 의하여 장부에 기장할 의무(所法 160조 1항), (ii) 사업과 관련하여 재화 또는 용역을 공급받거나 공급하는 거래의 대금을 금융기관을 통하여 결제하거나 결제 받는 때 또는 인건비 및 임차료를 지급하거나 지급받는 때에는 사업용 계좌를 사용할 의무(所法 160조의5 1항) 등을 지우고 있는바, 이러한 의무의 부과는 사업자의 소득세 탈루를 방지하는 데 1차적 목적이 있겠지만, '사업주체'로서 지출한 금액과 '가계주체'로서 지출한 금액 간의 사실상 구분에 관한 어려움을 해소하는 데도 기여할 것이다.

넷째, 사업용 자산의 합계액이 부채의 합계액에 미달하는 경우 그 차액의 용도에 관한 문제이다. 사업자가 당초 투하한 자기 자본의 회수를 위하여 새로 차입한 금원을 자본인출금으로 사용한 경우 그 차입금 채무도 사업용 자산에 대응하는 부채이므로 그에 대한 지급이자도 원칙적으로 필요경비에 해당한다.[1] 다만, 현행법은 사업용 자산의 합계액이 부채의 합계액에 미달하는 경우 그 차액(초과인출금)은 가사에 가져다 쓴 것으로 간주하여 그 차액에 상당하는 부채의 지급이자는 사업소득의 필요경비에 불산입한다(所令 61조 1항 2호). 불산입되는 지급이자의 계산방법은 다음과 같다(所則 27조 1항).

불산입이자=지급이자×초과인출금의 적수/해당 과세기간 중 차입금의 적수

---

1) 대법원 2010. 1. 14., 2009 두 11874; 同 2002. 1. 11., 2000 두 1799.

계산의 편의상 적수(積數)는 매월 말 현재의 초과인출금 또는 차입금에 경과일수를 곱하여 계산할 수 있도록 하고 있다(동조 1항 2문). 그러나 초과인출금이 반드시 차입금을 가사에 가져다 쓰는 데서만 생기는 것이 아니고, 사업으로 인한 결손 등 사업과 관련하여 부채가 증가한 데서 생길 수도 있으며,[1] 사업상 여유자금을 은행에 예탁하는 데서 생길 수도 있는[2] 등 그 발생에 여러 가지 원인이 있을 수 있기 때문에, 위의 산식은 차입금 유용 여부의 판단에 있어서 중요한 척도는 될 수 있을지언정, 이를 기계적으로 적용하여 지급이자의 필요경비 산입을 부인할 것은 아니다.

V. 근로소득

1. 의   의

근로소득은 비독립적 지위에서 제공한 노무의 대가이다. 노무제공의 법률관계는 고용계약이 보통이지만, 회사의 이사와 같이 위임계약에 준하는 경우도 있으며, 공무원과 같이 공법상의 근무관계인 경우도 있다. 노무의 제공으로 인하여 받는 대가라면 봉급·급료·보수·세비·임금·상여·수당 등 어떠한 명칭 또는 형식에 의해 지급되든 근로소득이다(所法 20조 1항 1호; 所令 38조 1항). 지급받은 돈이 근로의 직접적인 대가를 구성하는 경우는 물론이고, 그렇지 않다고 하더라도 근로의 제공을 전제로 그와 밀접히 관련되어 지급되거나 근로조건의 내용을 이루고 규칙적으로 지급되는 돈은 근로소득으로서 과세의 대상이 된다.[3] 급여 가운데 퇴직급여로 지급되기 위하여 일정한 요건에 맞게 적립되는 것은 근로소득에 포함되지 않는다(所令 38조 2항).

주주총회·사원총회 또는 이에 준하는 법인의 기관의 결의에 의하여 상여로 지급되거나 법인세법에 의하여 상여로 처분된 금액[4](즉, 인정상여)도 근로소

---

1) 대법원 1989. 4. 11., 88 누 6054(현행 시행규칙 규정과 같은 내용의 소득세법 기본통칙에 관련된 판례임).
2) 대법원 1989. 1. 17., 88 누 3475(역시 현행 시행규칙 규정 제정 전의 판례임).
3) 대법원 2016. 10. 27., 2016 두 39726; 同 1962. 6. 21., 62 누 26(사이비 '거마비'); 同 1972. 4. 28., 71 누 222(숙련공 우대수당); 同 1983. 12. 13., 83 누 496(비상근 임원에 대한 수당 또는 거마비를 상여로 인정).
4) 정관에 임원에 대한 퇴직금지급규정이 없는 법인이 퇴직한 임원에게 퇴직금을 지급한 경우 퇴직금으로서 손금에 산입되지 아니하는 나머지 금액은 갑종근로소득으로 보아야 한다

득이 된다(所法 20조 1항 2호, 3호). 인정상여와 관련하여 한 가지 유의할 점이 있는바, 회사의 공금을 부당 유용한 피용자가 회사와 동일시되거나 그 경제적 이해관계가 사실상 일치하는 경우에는 횡령금액이 해당 피용자에 대한 상여금으로 소득처분되어 해당 피용자의 근로소득이 되겠지만,1) 그러한 관계가 아니어서 횡령금액을 해당 피용자의 상여소득으로 처분할 수 없고, 회사의 해당 피용자에 대한 손해배상청구권의 형태로 사내에 유보된 것으로 처분하여야 하는 경우에는 비록 현실적으로 손해배상청구권을 행사하여 그 금액을 회수하지 못하였다고 하더라도 근로소득으로 과세될 수 없다는 것이다.2)

퇴직으로 인하여 받는 소득으로서 퇴직소득이 아닌 것은 근로소득이다(所法 20조 1항 4호). 법인세법상 일정 한도를 초과함으로써 손금에 산입되지 아니하는 퇴직급여는 임금후불적 성격의 것이 아닌 것으로 보아 퇴직소득으로 인정하지 않는바(所令 38조 1항 13호), 이것이 대표적 예이다.

또한 종업원등 또는 대학의 교직원이 지급받는 직무발명보상금도 원칙적으로 근로소득으로 보되, 다만 이들이 퇴직한 후에 지급받는 직무발명보상금은 기타소득으로 분류된다(所法 제21조 제22호의2).

2. 일반급여와 일용근로자 급여의 구분

근로소득을 근로관계의 계속성 여하에 따라 일반급여와 일용근로자의 급여로 나눈다(所法 47조). 일용근로자란 근로를 제공한 날 또는 시간에 따라 근로대가를 계산하거나(일급·시간급) 근로를 제공한 날 또는 시간의 근로성과에 따라 급여를 계산하여(성과급) 지급받는 자로서 일정한 고용주에게 3월 이상 계속하여 고용되어 있지 않는 자를 말한다(所令 20조 1항 3호). 예컨대 시간강사로 동일 학교에서 3월 이상 계속하여 출강하면 일반급여소득자가 되나, 3월 미만의 기간으로 강의를 하는 경우에는 일용근로자에 해당된다(所法 기본통칙 20-2조). 건설공사, 하역작업 또는 항만작업의 경우에는 직책, 고용기간 또는 급여의 지급방식에 따라 일용근로자의 범위를 별도로 규정하고 있다(所令 20조 1항 1호, 2호).

(대법원 1988. 9. 20., 87 누 1181).
  1) 대법원 2010. 1. 28., 2007 두 20959; 同 2004. 4. 9., 2002 두 9254; 同 2001. 9. 14., 99 두 3324; 同 1999. 12. 24., 98 두 7350; 同 1995. 10. 12., 95 누 9365.
  2) 대법원 2004. 4. 9., 2002 두 9254; 同 1989. 3. 28., 87 누 880(법인세법 기본통칙 2-14-9 …2012호 단서의 법규적 효력 부인) 등.

일용근로자의 급여액에 대하여는 100분의 6의 세율로 분리과세한다(所法 14조 3항 2호, 129조 1항 4호 단서).

3. 근로소득금액의 계산

근로소득의 필요경비는 가계비 지출과 확연히 구분하기 어렵고, 또 그 내용을 정형화하기도 어렵기 때문에 근로소득의 계산에 있어 필요경비는 인정되지 않는다. 물론 필요경비 불공제가 근로소득의 속성은 아니며, 이를 인정하는 나라들도 있다. 이처럼 근로소득의 필요경비를 인정하지 않는 것은 인적역무의 제공대가를 포함하는 사업소득이나 기타소득의 필요경비를 인정하는데 비해 과세형평에 어긋나므로 근로소득의 필요경비의 인정에 갈음하여 각종 소득공제를 허용한다. 근로소득의 소득공제에는 모든 근로소득자에게 일률적으로 적용되는 일반 근로소득 공제와 특별한 형태의 지출에 대해서만 적용되는 특별 근로소득 공제가 있다.

(1) 근로소득 일반공제

일반 근로소득 공제액은 총급여액 중 500만 원 이하의 금액에 대해서는 70%, 500만 원 초과 1천 500만 원 이하의 금액에 대해서는 40%, 1천 500만 원 초과 4천 5백만 원 이하의 금액에 대해서는 15%, 4천 5백만 원 초과 1억 원 이하의 금액에 대해서는 5%, 1억 원을 초과하는 금액에 대해서는 2%를 각 곱한 금액의 합계액으로 하되 2천만 원을 한도로 한다(所法 47조 1항). 이는 최저생계비 내지는 필요경비공제의 기능을 한다. 일용근로자의 근로소득공제액은 1일 10만 원이다(동조 2항). 일용근로자 외의 근로소득자가 2 이상의 사용자로부터 급여를 받는 경우에는 그 근로소득의 합계액을 총급여액으로 하여 계산한 근로소득공제액을 총급여액에서 공제한다(동조 5항). 소득세법 제20조 제1항 각호의 근로소득 금액(비과세소득 제외)에서 이러한 일반 근로소득 공제액을 뺀 금액을 '근로소득금액'이라고 규정하고 있는데(所法 20조 2항), 소득금액에서 일정 금액을 빼는 과정을 소득공제라고 하는데, 그 뺀 결과를 다시 소득이라고 부르는 것은 적절치 않은 표현이다.

(2) 근로소득 특별공제

근로소득자(일용근로자 제외)가 보험료 등 아래에 보는 바와 같은 지출을 한 경우에는 일정액의 소득공제가 허용된다.

1) 공적보험료 공제   국민건강보험법, 고용보험법 또는 노인장기요양보험법에 따라 근로자가 부담하는 보험료를 근로소득금액에서 공제한다(所法 52조 1항).

2) 주택임차자금 상환액 공제   무주택 세대주(세대주가 여기서의 주택임차자금 상환액 공제, 아래 3)의 장기주택저당차입금 공제 또는 아래 4)의 주택마련저축 납입액 공제를 받지 않는 경우에는 세대의 구성원)인 근로소득자가 주택법상의 국민주택 규모의 주택을 임차하기 위하여 일정한 요건을 갖춘 주택임차자금 차입금의 원리금 상환액을 지급하는 경우에는 그 금액의 100분의 40에 해당하는 금액을 근로소득금액에서 공제한다(所法 52조 4항 본문; 所令 112조 4항).

3) 장기주택저당차입금 공제   주택을 보유하지 않거나 1주택을 보유한 세대주 근로소득자(세대주가 여기서의 장기주택저당차입금 공제, 위 2)의 주택임차자금 상환액 공제 또는 아래 4)의 주택마련저축 납입액 공제를 받지 않는 경우에는 그 세대의 구성원 중 근로소득자)가 소득세법 제99조 제1항에 의한 취득당시의 기준시가가 5억 원 이하인 주택(일정한 요건을 갖춘 주택분양권 포함)을 취득하기 위하여 그 주택에 저당권을 설정하고 금융회사 등이나 주택법상의 국민주택기금으로부터 차입한 장기주택저당차입금1)의 이자로서 해당 과세기간 중 지급한 금액(과세기간 종료일 현재 세대 구성원 전부를 기준으로 2주택 이상을 보유한 경우는 제외)을 근로소득금액에서 공제한다(所法 52조 5항). 위 1), 2) 및 3)의 근로소득 특별공제는 해당 거주자가 신청한 경우에 한하여 허용되며, 그 합계액이 종합소득금액을 초과하면 그 초과액은 없는 것으로 간주된다(동조 제8항).

4) 주택청약종합저축 등의 납입액 공제   과세기간 중 총급여액이 7천만 원 이하이며 주택을 소유하지 않은 세대의 세대주에 해당하는 근로소득자(일용근로자 제외)가 해당 과세기간에 납입한 주택법에 따른 청약저축과 주택청약종합저축의 납입액은 연간 240만 원을 한도로 그 100분의 40을 해당 과세기간의 근로소득금액에서 공제한다. 과세연도 중에 주택 당첨 외의 사유로 이러한 저축계약을 중도 해지한 경우에는 해당 과세기간에 납입한 금액은 공제하지 아니한다(租特法 87조 2항).

---

1) 장기주택저당차입금이란 다음 요건을 모두 갖춘 차입금을 말한다(所令 112조 8항). (i) 차입금의 상환기간이 15년 이상일 것, (ii) 주택소유권 이전등기 또는 보존등기일로부터 3월 이내에 차입한 장기주택저당차입금일 것, (iii) 장기주택저당차입금의 채무자가 해당 저당권이 설정된 주택의 소유자일 것.

5) 신용카드 등 공제   근로소득자(일용근로자 제외)가 (i) 여신전문금융업법상의 신용카드 사용금액, (ii) 국세청장으로부터 승인받은 현금영수증사업자로부터 발급받은 현금영수증의 사용금액, (iii) 여신전문금융업법상의 직불카드와 기명식 선불카드의 사용금액 및 전자금융거래법상의 직불전자지급수단·기명식 선불전자지급수단·기명식 전자화폐의 사용금액 등의 연간 합계액(국외사용분 제외)이 해당 과세기간의 총급여액의 100분의 25를 초과하는 경우 일정한 산식에 따라 계산한 금액(해당 과세연도의 총급여액이 7천만원 이하인 경우 연간 300만 원과 해당 과세기간의 총급여액의 100분의 20에 해당하는 금액 중 적은 금액을, 7천만원 초과 1억 2천만원 이하인 경우 연간 250만원을, 1억 2천만원 초과하는 하는 경우 연간 200만원을 각 한도로 함)을 해당 과세기간의 근로소득금액에서 공제한다(租特法 126조의2 1항, 2항).

(3) 주택관련 근로소득 특별공제액의 한도

우선, 위 (2) 2)의 무주택 세대주 근로소득자의 주택임차자금 원리금 상환액과 위 (2) 4)의 조세특례제한법 제87조 제2항에 의한 주택마련저축 납입액 공제액의 합계액이 연 400만 원을 초과하면 그 초과금액은 없는 것으로 하여 공제하지 아니한다(所法 52조 4항 단서).

다음, 위 (2) 2)의 무주택 세대주 근로소득자의 주택임차자금 원리금 상환액과 위 (2) 3)의 무주택 세대주 근로소득자의 장기주택저당차입금의 이자액 및 위 (2) 4)의 조세특례제한법 제87조 제2항에 의한 주택청약종합저축 등의 납입금액 공제액 등 3가지 공제액의 합계액이 연 500만 원을 초과하면 그 초과부분은 없는 것으로 보아 공제하지 않는다(所法 52조 5항 단서). 그럼에도 불구하고 그 3가지 가운데 장기주택저당차입금의 이자액을 발생시키는 차입금이 (i) 상환기간이 15년 이상이고, 이자를 일정한 고정금리 방식으로 지급하며, 차입금 자체를 일정한 비거치식 분할 방식으로 상환하는 것인 경우에는 1,800만 원을, (ii) 상환기간이 15년 이상이고, 이자를 고정금리로 지급하거나 차입금 자체를 비거치식 분할 방식으로 상환하는 것인 경우에는 1,500만 원을, (iii) 상환기간이 10년 이상이고, 이자를 고정금리로 지급하거나 차입금 자체를 비거치식 분할 방식으로 상환하는 것인 경우에는 300만 원을 각 공제한도로 한다(동조 6항).

(4) 공제절차

각종 근로소득 특별공제를 받기 위해서는 근로소득세액의 연말정산(所法

137조; 상세한 내용에 관해서는 본장 제9절 Ⅳ. 1. 참조)을 할 때 근로소득공제신고
서와 관련 증명서류를 원천징수의무자(근로소득자로서 납세조합에 가입한 자는 납
세조합)에게 해당 과세기간의 다음 연도 2월분 급여를 받기 전에 제출하여야 한
다(所法 140조; 所令 113조 1항). 원천징수된 근로소득세액의 연말정산 시점에 맞
추어 공제신청을 하도록 하고 있는 것이다. 다만, 국민건강보험료와 고용보험
료는 신청이 없더라도 자동으로 공제한다(所令 113조 1항 단서). 근로소득 원천
징수의무자에게 이러한 근로소득공제신고서와 증명서류를 제출한 자가 다시 해
당 과세기간의 다음 해 5월에 종합소득 과세표준과 세액을 신고할 의무가 있는
경우에는 그 종합소득 신고시에 근로소득공제신고서와 증명서류를 제출할 필요
는 없다고 할 것이다. 반대로 근로소득 원천징수의무자에게 소득공제신고서와
증명서류를 제출하지 않은 자라도 종합소득 신고시나 그 후에 이를 제출하면
해당 소득공제를 받을 수 있다(所法 54조 2항 단서). 납세조합에 가입할 수 있는
근로소득자(所法 149조 1호)가 납세조합에 가입하지 아니한 경우에는 주소지 관
할 세무서장에게 종합소득 신고를 하여야 할 것인바, 그 시한까지 각종 증명서
류를 제출하면 된다(所令 113조 1항 2호).

4. 비과세소득

근로소득에는 상당히 다양한 비과세소득이 있다(所法 12조 3호). 그 가운데
중요성을 갖는 것은 실비변상적 급여1)이다(所法 12조 3호 자목). 그 범위는 시행
령 제12조에 규정되어 있다. (i) 보수를 받지 아니하는 위원회의 위원이 받는
수당, (ii) 일직료·숙직료 또는 여비, (iii) 월 20만 원 이내의 선원의 승선수당,
(iv) 월 20만 원 이내의 교원이나 연구기관 연구원의 연구보조비나 연구활동비,
(v) 월 20만 원 이내의 취재수당, (vi) 월 20만 원 이내의 벽지수당, (vii) 근로
자가 천재·지변 기타 재해로 인하여 받는 급여 등이 이에 해당한다.

5. 근로장려금 및 자녀장려금 지급제도

우리나라는 조세특례제한법에서 소극소득세제(negative income tax 또는 earned
income tax credit, EITC, 본장 제1절 Ⅱ. 3.에서 전술)에 상당하는 '근로장려금' 제도

---

1) 실비변상적 급여는 직무수행상 지출되는 금액의 변상이므로 엄밀히 말하자면 '급여'라 할
수 없는 수입이다.

를 2008년에 도입하였고(租特法 2장 10절의2), 같은 성격의 '자녀장려금' 제도를 2014년에 각 도입하였다(租特法 2장 10절의4). 그 중 '근로장려금' 제도의 개요를 살펴보면 다음과 같다.

(1) 신청자격자

소득세 과세기간 중 사업소득이나 근로소득 또는 종교인소득이 있는 거주 자로서 (i) 거주자 및 그 배우자의 연간 총소득의 합계액이 단독 가구인 경우에 는 2천 2백만 원, 홑벌이 가족가구인 경우에는 3천 2백만 원, 맞벌이 가족가구 인 경우에는 3천 8백만 원 미만일 것(이러한 금액을 "총소득 기준금액"으로 정의하 고 있음), (ii) 가구원 전원이 소유하고 있는 중요 재산의 합계액이 2억 4천만 원 미만일 것 등의 요건을 갖춘 자는 근로장려금을 신청할 자격을 갖는다(租特法 100조의3 1항, 5항). 다만, 대한민국 국적의 배우자나 부양자녀를 둔 외국인을 제 외한 외국인 또는 다른 거주자의 부양자녀는 신청자격이 없다(동조 2항). 반기 동안 근로소득만 있는 거주자가 그 반기 종료 후 근로장려금을 신청하는 경우 에는 직전 소득세 과세기간 종료일 현재의 상황에 따라 요건의 해당 여부를 판 정한다(동조 6항, 租特法 100조의6 7항).

배우자에 해당하는지 여부는 해당 소득세 과세기간 종료일 현재의 가족관 계등록부를 기준으로 판정하되, 해당 소득세 과세기간 종료일 전에 배우자가 사망하였으면 사망일 전일의 가족관계등록부에 따른다(租特法 100조의3 3항). 그 리고 부양자녀로 인정되기 위해서는 (i) 해당 소득세 과세기간 종료일 현재 거 주자나 그 배우자의 자녀이거나 동거입양자일 것(다만, 부모가 없거나 부모가 자 녀를 부양할 수 없는 경우에는 거주자의 손자·손녀 또는 형제자매를 포함함), (ii) 해 당 소득세 과세기간 중 어느 한 날이라도 18세 미만일 것(장애인의 경우에는 연 령의 제한을 받지 아니함), (iii) 과세기간 종료일 기준으로 연간 소득금액의 합계 액이 100만 원 이하일 것, (iv) 과세기간 종료일 현재 주민등록표상의 동거가족 으로서 해당 거주자의 주소나 거소에서 현실적으로 생계를 같이 하는 사람일 것(직계비속의 경우는 제외) 등의 요건을 충족하여야 한다(租特法 100조의4 1항, 3 항, 4항). 반기 동안 근로소득만 있는 거주자가 그 반기 종료 후 근로장려금을 신청하는 경우에는 직전 소득세 과세기간 종료일 현재의 상황에 따라 배우자가 있는지 여부 및 부양자녀로 인정되는지 여부를 판정한다(동조 6항).

(2) 근로장려금액의 산정

거주자 단독가구의 경우에는 사업소득, 근로소득 및 종교인소득의 합계액 (총급여액 등)이 (i) 연 400만 원 미만인 경우에는 총급여액의 400분의 165에 해당하는 금액을, (ii) 연 400만 원 이상 900만 원 미만인 경우에는 165만 원을, (iii) 연 900만 원 이상 2,200만 원 미만인 경우에는 총 급여액 등에서 900만 원을 공제한 금액에 1,300분의 165를 곱하여 나오는 금액이 165만 원에 미달하는 금액을 각 지급하고, 홑벌이 가구와 맞벌이 가구인 경우에는 거주자와 그 배우자의 총급여액 등에 따라 유사한 기준을 적용하여 계산한 금액을 지급한다. 상반기 동안 근로소득만 있는 거주자가 그 반기 종료 후 근로장려금을 신청하는 경우에는 해당 기간에 얻은 근로소득을 일정한 산식에 따라 연간 기준으로 환산한 금액을, 그리고 하반기 동안 근로소득만 있는 거주자가 그 반기 종료 후 근로장려금을 신청하는 경우에는 상반기 근로소득과 하반기 근로소득을 합한 금액을 각 총급여액 등으로 보아 위의 기준을 적용하여 계산한 금액의 100분의 35를 지급한다(租特法 100조의5 1항, 2항, 3항). 이때 근로장려금 산정의 기준이 되는 사업소득과 근로소득 금액에는 비과세소득과 가족 내부에서 발생하는 근로소득과 같은 특정 유형의 소득을 포함하지 않는다(租特法 100조의3 5항 3호; 租特令 100조의6 2항). 그리고 가구원 재산의 합계액이 1억 7천만 원 이상인 경우에는 위 기준에 따라 계산한 금액의 절반만 지급한다(租特法 100조의5 4항).

(3) 지급방법

납세지 관할세무서장은 신청에 따라 결정한 근로장려금을 환급세액으로 하여 국세환급금의 지급에 관한 국세기본법 제51조의 규정을 준용하여 환급한다(租特法 100조의7 1항, 100조의8 1항). 반기 동안 근로소득만 있는 거주자가 그 반기 종료 후 근로장려금을 신청하여 환급받은 경우에는 해당 과세기간 동안 실제로 얻은 총수입금액 등을 기준으로 하여 계산한 근로장려금액과 비교하여 차액을 정산한다(租特法 100조의8 8항).

VI. 연금소득

1. 의   의

연금소득(年金所得)은 해당 과세기간에 발생한 다음의 소득을 한정적으로 의미한다(所法 20조의3 1항).

(i) 공적연금 관련법(국민연금법, 공무원연금법, 군인연금법, 사립학교교직원연금법, 별정우체국법 또는 국민연금과 직역연금의 연계에 관한 법률)에 따라 받는 각종 연금(공적연금소득)

(ii) ㉠ 원천징수되지 아니한 퇴직소득, ㉡ 소득세법 제59조의3 제1항에 따라 세액공제를 받은 연금계좌 납입액, ㉢ 연금계좌의 운용실적에 따라 증가된 금액, ㉣ 그 밖에 연금계좌에 이체 또는 입금되어 해당 금액에 대한 소득세가 이연(移延)된 소득으로서 일정한 요건을 충족하는 소득을 그 성격에 불구하고 일정한 연금저축계좌나 퇴직연금계좌에서 일정한 방식의 연금형태로 인출하는 경우의 그 연금액

(iii) 이들 소득과 유사하고 연금형태 등으로 받는 것으로서 시행령에서 정한 것

위의 연금소득 가운데 공적연금소득은 2002년 1월 1일 이후에 납입된 연금 기여금 및 사용자 부담금(국가 또는 지방자치단체의 부담금을 포함함)을 기초로 하거나 2002년 1월 1일 이후 근로의 제공을 기초로 하여 받는 연금소득에 한한다(동조 2항).

2. 연금소득금액의 계산

연금소득금액은 분리과세 연금소득을 제외한 총연금액(所法 20조의3 1항 각 호의 소득의 합계액)에서 연금소득공제(所法 47조의2)를 한 금액으로 한다(所法 20조의3 3항). 연금소득공제액은 총연금액 중 350만 원까지에 대해서는 100%, 350만 원 초과 700만 원 이하의 금액에 대해서는 40%, 700만 원 초과 1400만 원 이하의 금액에 대해서는 20%, 1400만 원을 초과하는 금액에 대해서는 10%를 각 곱한 금액의 합계액이다. 다만 공제액이 900만 원을 초과하는 경우에는 900만 원을 한도로 한다(所法 47조의2).

이러한 일반 연금소득 공제와 별도로 일정한 요건을 갖춘 한국주택금융공사법상의 주택담보노후연금에 가입한 거주자가 주택담보노후연금을 지급받은 경우 해당 과세기간에 지급한 이자상당액을 그 연도의 연금소득금액에서 공제한다(所法 51조의4 1항 전단). 이는 연간 200만 원 한도 내에서, 그리고 연금소득금액 내에서 해당 거주자가 신청하여야만 공제해준다(동조 1항 후단, 2항).

3. 비과세 및 분리과세 연금소득

연금소득 중 (i) 공적연금 관련법에 따라 받는 유족연금, 장애연금, 장해연금, 상이연금(傷痍年金), 연계노령유족연금 또는 연계퇴직유족연금 (ii) 산업재해보상보험법에 따라 받는 각종 연금 및 (iii) '국군포로의 송환 및 대우 등에 관한 법률'에 따라 국군포로가 받는 연금 등은 비과세된다(所法 12조 4호).

한편 공적연금 관련법에 따라 받는 각종 연금(공적연금소득) 외의 연금소득중 (i) 퇴직소득을 연금수령하는 경우의 연금소득, (ii) 소득세법 제59조의3 제1항에 따라 세액공제를 받은 연금계좌 납입액이나 연금계좌의 운용실적에 따라증가된 금액을 의료목적으로 또는 천재지변이나 그 밖의 일정한 부득이한 사유로 인출하는 경우의 연금소득, (iii) 그 외의 연금소득으로서 총금액이 연간 1,200만 원 이하이고, 이를 얻은 거주자가 종합소득 과세표준에 스스로 합산하려고 하지 않는 것은 종합소득에서 분리하여 과세한다(所法 14조 3항 9호).

Ⅶ. 기타소득

1. 범   위

기타소득은 상술한 유형의 종합소득 이외의 모든 유형의 소득을 가리키는 포괄적 의미를 갖는 것이 아니며, 소득세법 제21조 제1항에 규정하는 것에 한정된다. 대체로 일시적·우발적 성격의 것인바, 그 구체적인 유형은 아래와 같다.

(1) 상금·현상금·포상금·보로금(報勞金) 또는 이에 준하는 금품(1호)

어떤 행위나 업적을 포상하거나 또는 이에 보답하는 뜻에서 지급되는 금액을 말한다. 경진·경연·경기대회·전람회 등에서 선발된 자에게 지급하는 상금(所法 기본통칙 21–1조 1항 3호)이나 탈세 제보에 대하여 지급되는 보상금(處罰節次法 16조; 관세법 324조), 은닉된 국유재산 또는 주인 없는 부동산을 정부에 신고하고 국가로부터 지급받는 보상금(所法 기본통칙 21–1조 2항) 등이 여기에 속한다.

'국가유공자등 예우 및 지원에 관한 법률'에 의하여 받는 보훈급여금·학자금 및 '북한 이탈주민의 보호 및 정착지원에 관한 법률'에 의하여 받는 정착금·보로금 및 기타 금품(所法 12조 5호 가목), 국가보안법에 의하여 받는 상금과 보로금(동호 나목), 상훈법에 의한 훈장과 관련하여 받는 부상과 시행령 제18조에 열거하는 학술·예술·체육에 관한 업적에 따라 지급받는 상금과 부상(동호 다 목), 종업원등 또는 대학의 교직원이 퇴직한 후에 지급받는 직무발명보상금으로 서 500만원 이하의 금액(동호 라목; 所令 18조 2항), '국군포로의 송환 및 대우등 에 관한 법률'에 따라 국군포로가 받는 정착금과 그 밖의 금품(동호 마목) 등은 비과세소득이다.

(2) 복권·경품권 기타 추첨권에 의하여 받는 당첨금품(2호)

복권·경품권 등 추첨권은 유상으로 취득하는 경우도 있고 고객의 유치 등 의 목적으로 무상으로 교부되는 경우도 있는데, 어느 경우나 당첨이 됨으로써 재산상의 이익을 얻게 된다.

(3) '사행행위등 규제 및 처벌 특례법'에 규정하는 행위에 참가하여 얻은 재 산상의 이익(3호)

참가의 적법 여부가 고려되지 않음은 물론이다.

(4) 한국마사회법에 의한 승마투표권, 경륜·경정법에 의한 승자투표권, '전 통소싸움 경기에 관한 법률'에 의한 소싸움 경기 투표권, 국민체육진흥법 에 의한 체육진흥투표권의 구매자가 받는 환급금(4호)

승마(또는 승자)투표권 구매자가 투표의 적중으로 받는 돈을 환급금이라 한다. 이 경우 역시 환급금의 발생 원인이 되는 행위의 적법 여부는 고려되지 아니한다.

(5) 저작자 또는 실연자·음반제작자·방송사업자 외의 자가 저작권 또는 저 작인접권의 양도 또는 사용의 대가로 받는 금품(5호)

저작자 자신이 받는 저작권 사용료는 아래 (15)에서 볼 일시적 문예창작소 득으로 과세되는 데 반하여 저작자 이외의 자가 저작권 사용료로서 받는 금품 은 언제나 별도의 기타소득으로 과세된다. 저작자 이외의 자에는 저작권의 상 속인·양수인·수증인이 포함된다(所令 41조 1항).

(6) 영화필름, 라디오·텔레비전 방송용 필름 또는 테이프와 이와 유사한 자 산이나 권리의 양도·대여 또는 사용의 대가로 받는 금품(6호)

(7) 광업권, 어업권, 산업재산권, 산업정보, 산업상 비밀, 상표권, 영업권 (점포임차권 포함), 토사석의 채취허가에 관한 권리, 지하수의 개발·이용 권 기타 이와 유사한 자산이나 권리를 양도하거나 대여하고 그 대가로 받는 금품(7호)

여기서 말하는 영업권은 행정관청으로부터 인가·허가·면허 등을 받음으로써 얻는 경제적 이익을 포함하되, 부동산 및 부동산에 관한 권리와 함께 양도되는 영업권은 포함하지 않는다(所令 41조 3항). 그리고 점포임차권이라 함은 사업소득(기획재정부령으로 정하는 사업소득 제외)이 발생하는 점포를 임차하여 그 임차인으로서의 지위를 양도함으로써 얻는 경제적 이익(소위 권리금)을 말한다(所令 41조 3항).

(8) 물품 또는 장소를 일시적으로 대여하고 사용료로서 받는 금품(8호)

물품(유가증권 포함) 또는 장소의 대여를 사업으로 하는 경우(시설대여업, 예식장업 등)에는 사업소득으로 과세될 것이므로 여기에서 말하는 물품 또는 장소의 대여로 받는 금품은 타소득에 속하지 아니하는 것으로서 물품 또는 장소의 일시적인 대여로 인하여 발생하는 소득을 말한다.

(9) '전자상거래 등에서의 소비자보호에 관한 법률'에 따라 통신판매중개를 하는 자를 통하여 물품 또는 장소를 대여하고 500만 원 이하의 사용료로서 받은 금품(8호의2; 所令 41조 7항)

소득의 발생 경위에 비추어 볼 때 그 본래적 성격이 사업소득인 것을 조세부담의 완화나 조세징수의 편의 등 정책적 목적에서 기타소득으로 의제하는 것이다.

(10) '공익사업을 위한 토지 등의 취득 및 보상에 관한 법률'에 따른 공익사업과 관련하여 지역권·지상권(지하 또는 공중에 설정된 권리를 포함한다)을 설정 또는 대여하고 받는 금품(9호)

(11) 계약의 위약 또는 해약으로 인하여 받는 위약금, 배상금 및 부당이득금에 대한 이자(10호)

위약금과 배상금은 재산권에 관한 계약의 위약 또는 해약으로 받는 손해배상(보험금의 지급이 지체됨에 따라 받는 손해배상을 포함함)으로서, 그 명목 여하에 불구하고 "본래의 계약의 내용이 되는 지급 자체에 대한 손해를 넘는 손해에 대하여 배상하는 금전 또는 물품의 가액"을 말한다(所令 41조 8항). '재산권에 관한 계약'을 원인으로 하지 않고 성립한 소송상 화해에 의해 비로소 발생한 의무의 위반에 따라 지급받은 배상금은 "계약의 위약 또는 해약으로 받은" 것에 해당하지 않는다.[1] 법문의 표현이 불투명하나, "본래의 계약의 내용이 되는 지급자체에 대한 손해를 넘는 손해"란 계약 상대방의 채무불이행으로 인하여 발

---

[1] 대법원 2014. 1. 23., 2012 두 3446.

생한 재산의 실제 감소액(적극적 손해)을 넘는 손해배상금액(소극적 손해), 즉 채무가 이행되었더라면 얻었을 기대이익을 보전받는 것으로 풀이된다.[1] 그리하여 계약의 위약 또는 해약으로 반환받은 금액 등이 계약에 따라 당초 납입한 금액 등을 넘지 아니하는 경우에는 지급자체에 대한 손해를 넘는 금전 등으로 보지 아니한다(동항 단서). 부동산의 매도인이 매수인과 사이에 이행이 지체된 중도금 및 잔금을 이자부 소비대차의 목적으로 할 것을 약정하여 소비대차로 전환한 뒤 그 소비대차의 변제기가 지난 다음에 매수인으로부터 약정이율에 의해 지급받는 돈은 "본래의 계약의 내용이 되는 지급 자체에 대한 손해를 넘는 손해"에 대한 배상으로서 기타소득에 해당하고,[2] 주식 매수인의 채무불이행으로 주식매매약정이 해제됨에 따라 매도인이 손해배상금으로 매도일로부터 해제 시까지의 주가 하락분에 상당하는 금액을 지급받은 경우, 그 수취금액은 "본래의 계약의 내용이 되는 지급자체에 대한 손해"에 해당하는 것으로서 기타소득에 해당하지 않는다.[3] 그리고 채권자가 채무자로부터 채무변제에 갈음하여 다른 채권을 양수 받음으로 인해 원래 채권의 원리금을 넘는 새로운 채권이 발생하였더라도, 아직 그 채권가액 상당액의 경제적 이익의 지배, 관리, 향유가 없으므로 그 추심에 이르기 전에는 기타소득이 발생하지 않는다.[4]

신체자유의 침해, 명예훼손 기타 정신상의 고통을 가하는 것과 같은 재산권 이외의 권리의 침해로 인하여 발생한 손해의 배상액 또는 위자료로서 지급받는 금액은 기타소득에 포함되지 않는다(所法 기본통칙 21-1조 5항). 따라서 교통사고로 인하여 사망 또는 상해를 입은 자 또는 그 가족이 그 피해보상으로 받는 사망·상해보상[5]이나 위자료(所法 기본통칙 21-3조), 정치망 어업 등 어업권의 면허를 받아 수산업을 영위하던 개인사업자가 국가나 지방자치단체의 산업기지개발사업 시행에 따라 부득이 어업권의 포기신고를 하고 지급받은 보상금(所法 기본통칙 21-4조)은 과세대상소득에 해당하지 아니한다.

소득세법 기본통칙에서는 기타소득이 되는 위약금 또는 배상금이 되는 것

1) 대법원 2010. 4. 29., 2007 두 19447, 19454.
2) 대법원 1997. 3. 28., 95 누 7406.
3) 대법원 2007. 4. 13., 2006 두 12692.
4) 대법원 2016. 6. 23., 2012 두 28339.
5) 교통사고에 따른 상해보험금이 '재산권에 관한 계약의 위약 또는 해약으로 인하여 받은 손해배상'에 해당하지 않는다는 판례로는 대법원 2008. 6. 26., 2006 다 31672.

을 다음과 같이 예시하고 있다(所法 기본통칙 21-1조 4항 각호).

1) 주택을 분양함에 있어 사업주체가 승인기한 내에 입주시키지 못하여 입주자에게 지급하는 지체배상금

2) 채권자가 채무자의 금전채무 불이행에 대하여 손해배상청구의 소를 제기하고 그 손해를 배상받게 되는 경우의 지체배상금

3) 부동산매매계약 체결 후 계약불이행으로 인하여 일방당사자가 받는 위약금 또는 해약금

4) 퇴직금 지급청구 소송을 제기하어 퇴직금과 지급지연 손해배상금을 받는 경우에 있어서 지급지연 손해배상금

5) 임기가 정하여진 법인의 임원이 임기종료 전에 정당한 사유 없이 해임됨으로써 상법 제385조 제1항의 규정에 따라 청구하여 퇴직금과 별도로 받는 손해배상금

6) 상행위에서 발생한 클레임에 대한 배상으로서 현실적으로 발생한 손해의 보전 또는 원상회복을 초과하는 배상금

(12) 유실물(遺失物)의 습득 또는 매장물의 발견으로 인하여 보상금을 받거나 새로 소유권을 취득하는 경우 그 보상금 또는 자산(11호)

(13) 소유자가 없는 물건의 점유로 소유권을 취득하는 자산(12호)

(14) 거주자·비거주자 또는 법인과 특수관계 있는 자가 그 특수관계로 인하여 그 거주자등 상대방으로부터 받는 경제적 이익으로서 급여·배당 또는 는 증여로 보지 않는 금품(13호)

'경제적 이익'이란 매우 모호하고 광범위한 개념이다. 유리한 거래조건, 특히 금전 기타 재산을 유리한 조건으로 대여받는 것은 경제적 이익의 전형적인 예로 꼽힌다. 따라서 경제적 이익은 반드시 금품의 형식을 띠고 있는 것이 아니며, 그 점에서 법문의 표현은 정확하지 않다.

법인 또는 개인의 사업용으로 제공받아 소득발생의 원천이 되는 자산을 이용하는 대가로 통상 지급하여야 할 사용료를 전혀 지급하지 않거나(무상 이용) 또는 낮은 가액을 지급하는(저가 이용) 경우 그 통상의 대가와의 차액은 기타소득으로 분류되는 경제적 이익이다. 물론 법인과의 거래에 있어서는 법인의 소득처분(法令 106조)에 의하여 상여·배당 이외의 것으로 처분되는 것에 한한다(所令 41조 10항 1호). 또한 '노동조합 및 노동관계 조정법'을 위반하여 지급받는

급여도 경제적 이익의 하나로 본다(동항 2호).

본 13호에서 말하는 특수관계인은 소득세법(所令 98조 1항), 법인세법(法令 87조), '국제조세조정에 관한 법률'(國租令 2조 1항)상의 특수관계인을 모두 포함한다(所令 41조 9항).

(15) 슬롯머신(비디오게임 포함) 및 투전기 기타 이와 유사한 기구를 이용하는 행위에 참가하여 받는 당첨금품·배당금품 또는 이에 준하는 금품(14호)

(16) 일시적인 문예창작소득(15호)

일시적인 문예창작소득이란 문예·학술·미술·음악 또는 사진에 속하는 창작품('신문 등의 자유와 기능보장에 관한 법률'에 의한 정기간행물에 게재하는 삽화 및 만화와 우리나라의 창작품 또는 고전을 외국어로 번역하거나 국역하는 것을 포함)에 대한 원작자로서 받는 소득으로서 (i) 원고료, (ii) 저작권 사용료인 인세, (iii) 미술·음악 또는 사진에 속하는 창작품에 대하여 받는 대가를 말한다. 회사원이 업무와 관계없이 독립된 자격에 의하여 사내에서 발행하는 사보 등에 원고를 게재하고 받는 대가도 일시적인 문예창작소득에 해당한다(所法 기본통칙 21-6조).

(17) 재산권에 관한 알선수수료(16호)

알선수수료는 타소득에 속하지 않는 것을 뜻하며, 중개업·중매업 등 서비스업에서 연유하는 수수료는 사업소득에 속한다(所法 기본통칙 21-2조 1항).

(18) 사례금(17호)

사례금은 사무관리를 행한 자(민법 734조 이하)가 받는 보수, 근로자가 자기의 직무와 관련하여 사용자의 거래선 등으로부터 지급받는 금품(증여세 과세대상은 제외)과 계약 또는 혼인을 알선하고 지급받는 금품 등으로서 재산권에 관한 알선수수료 이외의 것이다(所法 기본통칙 21-2조 2항). 그 밖에 방송국·신문사·전화국 등이 방송프로나 신문기사의 질 또는 종업원의 업무태도 등에 관하여 의견을 청취하고자 근로계약 없이 위촉한 모니터 요원에게 그 의견을 청취한 대가로 지급하는 금액(所法 기본통칙 21-5조), 재단의 이사 및 이사장의 선임권 등 그 재단의 실제 운영자로서의 지위를 물려받을 수 있는 절차를 밟아 준 데 대한 사례의 뜻으로 지급된 금액도 '사례금'에 해당한다.[1)]

(19) 소기업·소상공인 공제부금의 해지일시금(18호)

분기별로 300만 원 이하의 부금을 납부하는 중소기업협동조합법 제115조

---

1) 대법원 1999. 1. 15., 97 누 20304.

에 따른 소기업·소상공인 공제계약이 폐업 등의 사유로 해지된 경우 해지로 인하여 받은 환급금에서 부금의 납입액 중 소득공제를 받은 금액을 초과한 금액의 누계액을 뺀 금액(租特法 86조의3 4항; 租特令 80조의3 1항, 4항)을 말한다.

(20) 인적용역을 일시적으로 제공하고 지급받는 대가(19호)

인적용역이란 위 15호 내지 17호를 제외한 용역으로서 (i) 고용관계 없이 다수인에게 강연을 하고 강연료 등의 대가를 받는 용역, (ii) 라디오·텔레비전 방송 등을 통하여 해설·계몽 또는 연기의 심사 등을 하고 보수 또는 이와 유사한 성질의 대가를 받는 용역, (iii) 변호사·공인회계사·세무사·건축사·측량사·변리사 기타 전문적 지식 또는 특별한 기능을 가진 자가 해당 지식 또는 기능을 활용하여 보수 또는 기타 대가를 받고 제공하는 용역, (iv) 위 (i) 내지 (iii) 외의 용역으로서 고용관계 없이 수당 또는 이와 유사한 성질의 대가를 받고 제공하는 용역을 말한다. 위 (iii)의 인적용역에는 대학의 교수가 그 대학의 연구비 관리 하에 제공하는 연구용역도 포함된다(法令 41조 11항). 이러한 인적용역을 일시적으로 제공하고 지급받는 대가는 기타소득에 속한다.

인적용역소득과 위에서 본 사례금은 모두 인적 역무의 제공에 대한 반대급부라는 점에서 공통점이 있으므로, 소득의 획득과정에서 인적 역무의 제공이 있었는지 여부는 그 구분기준이 될 수 없다. 판례는 "일시적 인적용역을 제공하고 지급받은 금품이 용역제공에 대한 보수 등 대가의 성격뿐 아니라 사례금의 성격까지 함께 가지고 있어 전체적으로 용역에 대한 대가의 범주를 벗어난 것으로 인정될 경우,…'사례금'에 해당한다"라고 함으로써 사례금도 일시적인 인적 역무의 제공에 대한 대가로서의 성격을 가진다고 하면서도 그러한 성격보다는 대가를 지급하는 사람에게 특별한 가치나 의미가 있는 어떤 행위를 한 데 대한 보상(reward)으로서의 성격이 강한 경우에는 사례금으로 분류하고 있다.[1]

(21) 법인세법 제67조의 규정에 의하여 기타소득으로 처분된 소득(20호)

(22) 연금계좌의 해지일시금(21호)

소득세법 제59조의3 제1항 제2호에 따라 연금보험료 세액공제를 받은 연금계좌납입액이나 연금계좌의 운용실적에 따라 증가된 금액을 그 성격에 불구하고 연금 외의 형태로 수령하는 경우 그 금액은 기타소득으로 본다.

---

1) 대법원 2017. 4. 26., 2017 두 30214.

(23) 퇴직 전에 부여받은 주식매수선택권을 퇴직 후에 행사하거나 또는 고용관계 없이 주식매수선택권을 부여받아 이를 행사함으로써 얻는 이익(22호)

고용관계에 있는 종업원이 재직 중에 부여받은 주식매수선택권을 퇴직 전에 행사하여 얻는 이익은 근로소득에 속한다.

(24) 뇌물(23호)

공무원이나 이에 준하는 자가 직무와 관련하여 받은 금품으로서 위법소득 중의 하나를 과세대상으로 규정한 예이다.

(25) 알선 수재 및 배임 수재에 의하여 받는 금품(24호)

역시 위법소득 중의 하나로서 전자는 공무원이 그 지위를 이용하여 다른 공무원의 직무에 속한 사항을 알선해 준 대가로 받은 경제적 이득을 말하고(형법 132조), 후자는 타인의 사무를 처리하는 자가 그 임무에 관하여 받은 부정한 청탁의 대가로 취득한 경제적 이득을 말한다(형법 357조).

(26) 종교인소득(26호)

종교관련종사자가 종교의식을 집행하는 등 그 활동과 관련하여 일정한 종교단체로부터 받은 소득도 기타소득으로 분류하여 과세한다. 종교활동을 계속, 반복적으로 행한 데 따라 발생하는 것이기 때문에 본질적으로는 근로소득에 가깝지만 과세의 편의를 위해 기타소득으로 분류하고 있다. 이에 종교인소득을 지급하는 자가 이를 근로소득으로 보아 소득세를 원천징수하거나 과세표준확정신고를 한 경우에는 해당 소득은 근로소득으로 본다(所法 21조 3항).

(27) 서화·골동품의 양도로 발생하는 소득(所法 21조 2항)

개인이 취득하여 보관하던 서화·골동품을, 판매시설을 두지 않고 양도하여 발생하는 소득은 본래 양도소득의 성격을 가지는 것인데, 이를 양도소득으로 과세하지 아니한 채 그 중 일정한 유형에 해당하고 단위당 양도가액이 6천만 원 이상인 것의 양도차익을 기타소득으로 과세한다(所法 21조 2항; 所令 41조 14항). 그러나 문화재보호법에 따라 국가지정문화재로 지정된 서화·골동품의 양도로 발생하는 소득과 서화·골동품을 박물관 또는 미술관에 양도함으로써 발생하는 소득은 비과세한다(所法 12조 5호).

소득세법 제21조 제2항의 첫머리에 '제1항 및 제19조 제1항 제21호에도 불구하고'라는 말이 붙어 있는데, 이 말의 의미를 새겨볼 필요가 있다. 법 제19조 제1항 제21호에서 "제1호부터 제20호까지의 규정에 따른 소득과 유사한 소득으로서 영리를 목적으로 자기의 계산과 책임 하에 계속적·반복적으로 행하는 활동을 통하여 얻는 소득"을 사업소득의 한 유형으로 규정하고 있기 때문에 어떤 소득이 이 규정에 따라 사업소득으로 분류되는 경우 '다른 유형의 소득에 해당하는 경우에는 기타소득이 되지 않는다'는 소득세법 제21조 제1항의 본문에 따라, 판매시설을 두지 않은 개인의 서화 등의 양도소득이 기타소득으로 과세되지 않고 사업소득으로 과세될 수도 있는 것이 아닌가 하는 의문이 제기될 수 있다. '제1항 및 제19조 제1항 제21호에도 불구하고'라는 위의 말은 판매시설을 두고 판매하지 않는 한 사업소득이 되지 않음을 명시함으로써 이러한 의문을 근원적으로 해소한 것이다. 판매시설을 두지 않고 소장하던 미술품을 양도하여 얻는 소득은 판매시설의 존재라는 '사업소득' 요건을 결하기 때문에 그 계속반복성에 관계없이 본래 사업소득으로 과세될 수 없으므로, 이 문언은 확인적 의미를 갖는 것에 지나지 않는다고 할 것이다.

2. 기타소득의 필요경비

기타소득금액은 해당 과세기간의 총수입금액에서 이에 사용된 필요경비를 공제한 금액이다(所法 21조 2항).

경륜·경정법에 의한 승자투표권, '전통 소싸움경기에 관한 법률'에 의한 소싸움경기 투표권, 국민체육진흥법에 의한 체육진흥투표권의 구매자가 받는 환급금(4호 소득)에 대해서는 그 소득자(적중자)가 구입한 투표권의 단위투표금액의 합계액을 필요경비로 하고(所法 37조 1호), 슬롯머신게임 등을 이용하는 행위에 참가하여 받은 당첨금품 등에 대해서는 당첨 당시에 슬롯머신 등에 투입한 금액을 필요경비로 한다(동조 2호).

한편, (i) 상금 등 기타소득(1호 소득) 중 '공익법인의 설립·운영에 관한 법률'의 적용을 받는 공익법인이 주무관청의 승인을 얻어 시상하는 상금 및 부상과 경쟁대회에서 입상자가 받는 상금 및 부상, (ii) 광업권 등의 양도나 대여로 인하여 얻는 소득(7호 소득), 지역권·지상권 등을 설정 또는 대여하고 받는 소득(9호 소득), 일시적인 문예창작소득(15호 소득) 또는 인적용역을 일시적으로 제공하고 지급받는 대가(19호 소득), (iii) 위약금과 배상금(10호 소득) 중 주택입주 지체상금 등에 대해서는 모두 그 지급받은 금액의 100분의 80에 상당하는 금액을 필요경비로 보되, 실제 소요된 필요경비가 100분의 80에 상당하는 금액을 초과하면 그 초과금액도 필요경비로 인정한다(所法 37조 2항 2호; 所令 87조 1호).

서화·골동품의 양도로 발생하는 소득(25호 소득)의 필요경비는 거주자가 받은 금액이 1억 원 이하인 경우에는 받은 금액의 100분의 90을, 거주자가 받은 금액이 1억 원을 초과하는 경우에는 9천만 원에다가 거주자가 받은 금액에서 1억원을 뺀 금액의 100분의 80(서화·골동품의 보유기간이 10년 이상인 경우에는 100분의 90)을 더한 금액을 필요경비로 하되, 실제 소요된 필요경비가 이를 초과하면 그 초과금액도 필요경비로 인정한다(所法 37조 2항 2호; 所令 87조 2호).

이와 같은 표준경비가 적용되지 않는 여타의 경우에는 필요경비의 계산에 관한 일반규정인 소득세법 제37조 제2항 본문 및 제33조(필요경비 불산입)에 따라 원칙적으로 해당 과세기간의 총수입금액에 대응하는 비용으로서 일반적으로 용인되는 통상적인 것의 합계액을 필요경비에 산입한다(所法 37조 2항 본문, 4항). 어떤 과세기간 전의 총수입금액에 대응하는 비용으로서 그 과세기간에 확정된 것이라고 하더라도 그 과세기간 전에 이미 필요경비로 계상한 것이 있으면 해당 과세기간에 다시 필요경비로 계상할 수 없음은 물론이다(所法 37조 3항).

3. 과세최저한

(i) 경륜·경정법에 의한 승자투표권, '전통 소싸움경기에 관한 법률'에 의한 소싸움경기 투표권, 국민체육진흥법에 의한 체육진흥투표권의 구매자가 받는 환급금(4호 소득)으로서 매 건마다 승자투표권·소싸움경기 투표권·체육진흥투표권의 권면에 표시된 금액의 합계액이 10만 원 이하이고, 나아가 ㉠ 적중한 개별투표당 환급금이 10만 원 이하이거나 ㉡ 단위투표금액당 환급금이 단위투표금액의 100배 이하이면서 적중한 개별투표당 환급금이 200만 원 이하인 때, (ii) 복권 당첨금 또는 슬롯머신게임 등을 이용하는 행위에 참가하여 받은 당첨금품 등의 가액이 200만 원 미만인 때, (iii) 위 (i) 및 (ii) 외의 기타소득 중 연금계좌의 해지일시금(21호 소득)을 제외한 것으로서 그 금액이 매 건마다 5만 원 이하인 때에는 해당 소득에 대한 소득세를 과세하지 아니한다(所法 84조).

4. 비과세 및 분리과세 기타소득

(1) 비과세 기타소득

기타소득 중 (i) '국가유공자 등 예우 및 지원에 관한 법률'에 따라 받는 보훈급여금과 학습보조비 및 '북한이탈주민의 보호 및 정착지원에 관한 법률'에 따라 받는 정착금·보로금(報勞金)과 그 밖의 금품, (ii) 국가보안법에 따라 받는 상금과 보로금, (iii) 상훈법에 따른 훈장과 관련하여 받는 부상이나 그 밖에 일정한 상금과 부상, (iv) 발명진흥법에 따른 직무발명으로 받는 각종 보상금, (v) '국군포로의 송환 및 대우 등에 관한 법률'에 따라 국군포로가 받는 정착금과 그 밖의 금품, (vi) 문화재보호법에 따라 국가지정문화재로 지정된 서화·골동품의 양도로 발생하는 소득, (vii) 서화·골동품을 박물관 또는 미술관에 양도함으로써 발생하는 소득, (viii) 학자금, 식사대 등 특정 유형의 종교인소득, (ix) 법령·조례에 따른 위원회 등의 보수를 받지 아니하는 위원 등이 받는 수당 등은 비과세대상이다(所法 12조 5호).

(2) 분리과세 기타소득

소득세법 제21조 제1항 제1호부터 제20호까지 및 제22호에 열거된 기타소득으로서(제2호의 기타소득 중 '복권 및 복권기금법'에 의한 당첨금 및 그 밖에 복권당첨금과 유사한 기타소득으로서 시행령에서 정한 것은 제외) 그 수입금액에서 필요경비를 공제하여 계산한 소득금액이 300만 원 이하이면서 수취시 소득세가 원천징수된 것은, 해당 소득을 얻은 거주자가 종합소득 과세표준에 자발적으로 합산하려고 하는 경우를 제외하고는 종합소득 과세표준에 합산하지 않는다(所法 14조 3항 8호 가목).

300만 원의 분리과세 기준금액을 계산할 때 합산하지 않는 위의 제반 유형의 기타소득 외에 (i) 소득세법 제59조의3 제1항에 따라 세액공제를 받은 연금계좌 납입액 및 연금계좌의 운용실적에 따라 증가된 금액을 연금외수령한 경우의 기타소득, (ii) 서화·골동품의 양도로 발생하는 기타소득(所法 21조 1항 25호) 및 (iii) 복권 및 복권기금법에 따른 복권당첨금과 시행령에서 정한 이와 유사한 유형의 소득도 다른 기타소득과 합산하지 아니한 채 별도로 분리과세한다(所法 14조 3항 7호 나목 내지 마목). 이들 기타소득을 모두 '분리과세 기타소득'이라고 부른다(所法 14조 3항 7호 본문). 이들 3가지 유형의 기타소득을 300만 원을 기준으로 분리과세하는 기타소득의 범주에 포함하지 않는 이유는 그 가액이 비교적 크기 때문에 이를 얻은 자가 사실상 분리과세를 받을 수 없게 되는 결과를 막기 위한 것으로 짐작된다.

Ⅷ. 종합소득에 속하는 각 소득의 귀속시기

1. 권리의무확정주의

종합소득에 속하는 개별 소득의 총수입금액 및 필요경비의 귀속연도는 총수입금액과 필요경비가 확정된 날이 속하는 과세기간으로 한다(所法 39조 1항). 이 규정은 소득의 귀속시기에 관하여 법인세의 경우에서와 마찬가지로 권리의무확정주의를 선언한 것이다.

소득세법상 권리확정주의의 의미에 관하여 판례는 "과세대상 소득이 발생하였다고 하기 위하여는 소득이 현실적으로 실현되었을 것까지는 필요 없다고 하더라도 소득이 발생할 권리가 그 실현의 가능성에 있어 상당히 높은 정도로 성숙, 확정되어야 하고, 따라서 그 권리가 이런 정도에 이르지 아니하고 단지 성립한 것에 불과한 단계로서는 소득의 발생이 있다고 할 수 없고, 소득이 발생할 권리가 성숙, 확정되었는지 여부는 구체적인 개별 권리의 성질과 내용 및 법률상·사실상의 여러 사항을 종합적으로 고려하여 결정하여야 한다"라고 일관되게 판시하고 있다.[1] 따라서 소득의 원인이 되는 채권이 발생된 때라 하더라도 그 과세대상이 되는 채권이 채무자의 도산 등으로 인하여 회수불능이 되어 장래 그 소득이 실현될 가능성이 전혀 없게 된 것이 객관적으로 명백한 때에는 그 경제적 이득을 대상으로 하는 소득은 발생하지 않았다고 할 것이다.[2] 또한 소득의 지급자와 수급자 사이에 채권의 존부 및 범위에 관하여 다툼이 있어 소송으로 나아간 경우에 그러한 소송의 제기가 분쟁의 발생 경위 및 사안의 성질 등에 비추어 명백히 부당하다고 할 수 없는 경우에는 약정한 지급시기의 경과만으로는 소득을 발생시키는 권리가 확정되었다고 할 수 없고, 판결이 확정된 때 권리가 확정된다고 본다.[3] 그리고 하나의 거래에서 발생한 권리와 의

---

1) 대법원 2003. 12. 26., 2001 두 7176; 同 1997. 4. 8., 96 누 2200(소송을 통하여 채권의 존부 및 범위가 확정된 경우 그 판결의 확정시를 소득의 귀속시기로 본 사례); 同 1987. 11. 24., 87 누 828(대여금채권과 이자 채권을 더 이상 회수할 가능성이 없어 이자지급 약정일의 도래만으로 이자소득이 발생하였다고 할 수 없다고 본 사례); 同 1987. 6. 23., 87 누 166(채무자의 유일한 책임 재산인 부동산의 가치가 채무의 원리금 가액에 훨씬 못 미치는 경우 이자소득이 발생하였다고 할 수 없다고 본 사례).
2) 대법원 2010. 1. 14., 2009 두 11874.
3) 대법원 2018. 9. 13., 2017 두 56575.

무는 비록 그 수가 복수라고 하더라도 동시에 확정된다고 보아야 한다. 예를 들면, 건물신축판매업자가 토지와 건물을 하나의 단위로 판매하였다면 비록 그 중 토지의 판매 대금을 먼저 지급받고 매수인 앞으로 소유권이전등기를 마쳤다고 하더라도, 매수인이 토지와 건물을 일괄하여 사용, 수익할 수 있게 된 때 그 토지와 건물의 매매로 인한 사업소득이 성숙, 확정되었다고 본다(권리의무확정주의의 의미에 관한 상세한 논의에 관해서는 제2장 제6절 II. 4. 참조).[1]

2. 소득유형별 귀속시기

위에서 본 소득세법 제39조 제1항에서 권리의무확정주의를 선언한 외에 그 위임에 따라 소득세법 시행령 제45조(이자소득), 제46조(배당소득), 제48조(사업소득), 제49조(근로소득), 제50조(연금소득 및 기타소득), 제50조의2(동업기업으로부터의 소득)에서 소득의 유형별로 구체적 귀속시기를 규정하고 있다(이하 "소득유형별 시행령 규정"이라고 함). 그런데, 소득유형별 시행령 규정상의 소득의 귀속시기가 반드시 권리의무확정주의에 따른 소득의 귀속시기와 일치하지 않는 경우가 있을 수 있다. 이러한 불일치의 경우 중에서 소득유형별 시행령 규정상의 소득의 귀속시기에 관한 요건이 충족됨과 동시에 권리의무 확정에 관한 일반 요건도 함께 충족되는 경우에는 소득유형별 시행령 규정에서 정한 기준에 따라 소득의 귀속시기가 정해진다고 할 것이다. 문제는 소득유형별 시행령 규정상의 소득의 귀속시기가 권리의무확정주의에 따른 소득의 귀속시기와 일치하지 않으면서 그 내용이 상충되는 경우이다. 이러한 상충의 경우에는 다시 소득유형별 시행령 규정상의 소득의 귀속시기가 납세자에게 유리한 경우와 불리한 경우로 나누어 전자의 경우에는 납세자에게 유리한 소득유형별 시행령 규정이 권리의무확정주의의 기준에 우선하여 적용되지만, 소득유형별 시행령 규정상의 손익의 귀속시기에 관한 기준을 적용한 효과가 권리의무확정의 기준을 적용한 효과에 비해 납세의무자에게 불리한 후자의 경우에는 소득유형별 시행령 규정이 법률에 어긋나 그 효력이 없다고 할 것이므로 시행령 규정에 정한 요건의 충족만으로는 소득의 귀속시기가 도래했다고 볼 수 없을 것이다(그 법리적 이유에 관해서는 법인의 익금과 손금의 귀속시기 결정에 있어서의 같은 문제에 관한 제2장 제6절 III. 참조).

소득금액의 귀속시기에 관해 과세관청과 납세자 사이에 가장 다툼이 많이

---

1) 대법원 2009. 4. 23., 2007 두 337.

발생하는 소득은 이자소득 중 비영업대금의 이익의 수입시기이다. 그 수입시기
는 원칙적으로 약정에 의한 이자지급일로 한다(所令 45조 9호의2). 그러나 약정
에 의한 이자지급일이 도래하기 전에 채무자의 도산 등으로 이미 이자채권의
회수불능이 명백하게 된 때에는 위에서 논의한 바와 같이 권리확정주의의 원칙
상 이자지급일의 도래만으로 이자소득이 실현되었다고 할 수 없다. 회수불능이
되었는지 여부는 동일한 채무자에 대한 것이라도 개별 채권별로 판단하여야 한
다.1) 이러한 원칙에 따르면, 약정에 의한 이자지급일이 도래한 후에 회수불능
이 명백하게 된 경우에는 이자소득이 실현된 것으로 봄이 타당할 것이나, 소득
세법 시행령에서는 비록 약정에 의한 이자지급일이 도래한 후라고 하더라도 약
정에 의한 이자지급일이 속하는 과세기간에 대한 종합소득세 과세표준 및 세액
의 확정신고 전까지 비영업대금의 이자채권의 전부 또는 일부를 회수할 수 없
음이 명백하게 된 경우에는 그 회수불능의 이자채권액에 상당하는 이자소득은
실현되지 않는 것으로 봄으로써(所令 51조 7항) 권리확정주의를 납세의무자에게
유리하게 변경하고 있다. 따라서 약정한 원리금에 미치지 못하는 금액을 1차로
회수한 뒤 다른 과세기간에 나머지 일부를 추가로 회수하는 경우에는 1차 회수
일이 속하는 과세기간에 그 회수금액과 원금 간의 차액을 비영업대금 이자의
총수입금액으로 계산하고, 추가 회수일이 속하는 과세기간에 그 추가 회수금액
을 다시 총수입금액으로 계산한다(所令 45조 9호의2 단서). 여기서 한 가지 유의
할 점은 민사법적으로 변제충당의 순서 규정(민법 479조)에 의하여 회수금원이
이자에 먼저 충당되었다고 하더라도, 이에 관계없이 회수금액이 원금에 미달하
는 한 이자소득의 실현은 없었다는 것이다.2)

　　한편, 어떤 과세연도에 약정상의 이자지급일이 도래하였고, 이에 따라 이
미 이자를 수령하였는데, 그 후의 과세연도에 채권원금조차 회수할 가능성이
없게 된 한편, 아직 이자를 받은 과세연도의 과세표준 확정신고나 결정·경정을
통해 납세의무가 확정되기 전인 경우, 앞의 과세연도에 이미 수령한 이자액에
대해 소득세를 부과할 수 있는지의 문제가 있는바, 이에 관해 판례는 당초 긍
정적 입장을 취하였다가,3) 부정적 입장으로 변경하였다.4) 부과할 수 없다는

1) 대법원 2014. 5. 29., 2014 두 35010.
2) 대법원 1991. 11. 26., 91 누 3420.
3) 대법원 2005. 10. 28., 2005 두 5437.
4) 대법원 2013. 9. 13., 2013 두 6718.

입장은 소득세는 역년 단위의 기간으로 과세되는 세목이므로 이자지급일의 경과와 그 수취로 인해 이자를 받을 권리는 확정되었고, 이에 따라 소득세 납세의무는 성립하였지만, 그 납세의무가 확정되기 전이라면 확정절차로서의 부과처분을 할 수 없다는 뜻이다. 만약, 이러한 이자소득의 소득자가 소득세를 신고납부한 뒤 원금채권조차 회수하지 못하게 된 사실이 발생한 경우 이는 후발적 감액경정청구의 사유가 될 것이므로(基本法 45조의2 2항 4호), 이러한 경우와 형평 면에서 비교해 보면 아직 부과하지 않은 경우에는 부과할 수 없다고 봄이 타당하다.

제 4 절 퇴직소득

1. 의   의

퇴직소득은 (i) 공적연금 관련법에 따라 받는 일시금, (ii) 사용자 부담금을 기초로 하여 현실적인 퇴직을 원인으로 지급받는 소득, (iii) 그 밖에 이와 유사한 소득으로서 시행령에서 정한 소득을 한정적으로 의미한다(所法 22조 1항; 所令 42조의2 1항, 2항). 수령 주체의 근로성, 과세계기로서의 퇴직의 현실성, 과세객체인 급부의 임금후불성 및 일시지급성 등이 그 요건이다. 공적연금 관련법에 따라 받는 일시금은 2002. 1. 1. 이후에 납입된 연금기여금 및 사용자부담금을 기초로 하거나 그 이후 제공된 근로에 기초하여 지급받은 것만 퇴직소득이 된다(所法 22조 2항). 법인세법상 일정 한도를 초과함으로써 손금에 산입되지 아니하는 퇴직급여는 임금후불적 성격의 것이 아닌 상여의 성격을 띤 것으로 보아 근로소득(즉 所法 20조 1항 4호의 "퇴직함으로써 받는 소득으로서 퇴직소득에 속하지 아니하는 소득")으로 과세된다(所令 38조 1항 13호).

과세대상인 퇴직소득이 발생하였다고 하기 위해서는 과세계기로서의 '현실적인 퇴직'이 있어야 한다. 현실적인 퇴직이 있다고 하기 위해서는 특정인에게 고용계약에 따라 상시적으로 역무를 제공해 오던 관계의 단절이 발생하여야 한다. 법인의 직영차량 운전기사가 법인소속 지입차량의 운전기사로 전직하는 경우 또는 피용인이 사규 또는 근로계약에 의하여 정년퇴직을 한 후 다음날 해당 고용주의 별정직 사원(촉탁)으로 채용된 경우는 현실적인 퇴직에 해당된다(所法

기본통칙 22-1조 1항). 어떤 사람이 종전에 제공하던 것과 같은 성질의 역무를 계속 제공하더라도, 고용관계에서 다른 법률관계로의 전환, 역무의 수령주체의 변경, 역무제공의 상시성의 상실 등이 발생한 경우에는 '현실적인 퇴직'이 있은 것이 된다. 예를 들면, 피용인이 임원으로 취임한 경우는 고용관계가 위임에 준하는 관계로 전환된 경우로서 원칙적으로 퇴직에 해당한다. 다만, 피용인이 피용인 겸 임원의 지위를 동시에 가지게 된 경우는 피용인의 지위가 계속되므로 다른 법률관계로 전환된 것으로 볼 수 없어 퇴직한 것이 아니다. 그리고 '전출'은 기업이 일방적으로 그 피용인과 사이의 근로계약을 종료시키고 새로이 다른 기업과 사이에 고용계약을 체결하게 하는 것으로서 피용인의 입장에서 근로의 수령주체인 고용주가 확실하게 변경되므로 역시 원칙적으로 퇴직에 해당한다.

그러나 (i) 피용인이 임원으로 취임한 경우, (ii) 법인의 합병·분할 등 조직변경, 사업양도, 직·간접으로 출자관계에 있는 법인으로의 전출 또는 동일한 사업자가 경영하는 다른 사업장으로의 전출이 이루어진 경우, (iii) 법인의 상근임원이 비상근 임원이 된 경우로서 퇴직급여를 실제로 받지 아니한 경우, (iv) 기간제근로자나 단시간근로자와 같은 비정규직 근로자가 정규직 근로자로 전환된 경우는 퇴직으로 보지 않는다(所令 43조 1항). 고용관계에서 다른 법률관계로의 전환, 역무의 수령주체의 변경, 역무제공의 상시성의 상실 등의 사유가 발생하였지만, 그 사유발생 전·후의 역무의 수령주체가 동일하거나 긴밀한 관계에 있는 점과 그러한 사정으로 실제로 퇴직급여가 지급되지 아니한 점을 고려하여 퇴직으로 보지 아니하는 것이다.

한편, '현실적인 퇴직'에 해당하지 않는 경우로는 다음의 것들이 있다. (i) 임원이 연임된 경우, (ii) 법인의 대주주의 변동에 따라 계산의 편의를 위해서 또는 기타의 사유로 전근로자에게 퇴직금을 지급한 경우, (iii) 기업의 제도·기타 사정 등을 이유로 퇴직금을 1년 기준으로 매년 지급하는 경우, (iv) 비거주자의 국내사업장 또는 외국법인의 국내지점의 피용인이 본점(본국)으로 전출되거나 2 이상의 사업장을 두고 있는 기업의 피용인이 한 사업장에서 다른 사업장으로 전출되는 경우, (v) 정부 또는 산업은행 관리기업체가 민영화됨에 따라 전 근로자의 사표를 일단 수리한 후 재채용한 경우 등이다(所法 기본통칙 22-1조 2항). 마지막의 경우는 일괄사표 수리 후 재채용이 있었으면 비록 형식적으로는 근로관계가 일단 종료된 것이나 실질에 있어서는 근로관계가 계속되기 때문에 퇴직으로 보지 아니하는 것이다. 고용주의 사망으로 상속인이 그 사업을 승계한 때1)는 피용인과의 근로계약도 포괄승계하므로 이러한 경우는 퇴직으로 보지 않는다.

그런데, 특정인에게 고용계약에 따라 상시적으로 역무를 제공해 오던 관계의 단절이 없어 현실적으로 퇴직하였다고 할 수 없음에도 불구하고 계속근로기간 중에 특정의 사유(예를 들면, 근로자퇴직급여보장법에 따른 퇴직연금제도가 폐지되는 경우)로 퇴직급여를 미리 지급받은 경우(퇴직소득의 중간지급)에는 그 지급받은 날에 퇴직한 것으로 본다(所令 43조 2항). 납세의 편의상 '현실적인 퇴직'의 발생을 의제하는 것이다.

2. 퇴직소득금액의 계산 및 귀속시기

퇴직소득금액은 위에서 본 제반 유형의 각 퇴직소득의 합계액 중 비과세소득금액을 제외한 금액이다. 다만, 2012년 1월 1일 이후 퇴직하는 임원으로서 일정한 요건을 충족하는 자가 받은 퇴직소득금액 중 공적연금 관련법에 따라 받는 일시금을 제외한 금액에서 '2011년 12월 31일에 퇴직하였더라면 지급받았을 퇴직소득금액'2)을 뺀 금액이 일정한 산식에 따라 계산한 금액을 초과하는 경우 그 초과하는 금액은 이를 근로소득으로 본다(所法 22조 3항). 2012년 1월 1일 이후의 근로제공분에 대해서부터는 퇴직소득으로 인정되는 범위에 제한을 둠으로써 실질적으로 근로소득에 해당하는 금액을 분류과세 되는 퇴직소득으로 변환시켜 조세부담을 줄이려는 행위를 방지하기 위한 규정이다. 이러한 취급에서 제외되는 '공적연금 관련법에 따라 받는 일시금'은 일정한 방식에 따라 계산한다(所令 42조의2 1항).

앞에서 서술한 바와 같이 퇴직소득은 분류과세소득이므로, 일반 종합소득에 포함됨이 없이 그 퇴직소득금액에서 퇴직소득 공제를 한 금액이 퇴직소득 과세표준이 된다(所法 14조 7항, 48조). 퇴직급여는 근속에 대한 보상적 성격을 띤 것이라는 점에서 근로소득과 유사하나, 일시지급으로 인하여 누진세율을 적용하여 종합과세한다면 조세의 부담이 과중할 것이기 때문에 소득세법은 종합

---

1) 상법 제50조에 따라 상인의 사망하여도 그 상인이 영업에 관하여 수여한 대리권이 소멸하지 아니하는 경우 상인의 상속인이 그 영업을 승계한다.
2) 퇴직소득금액에 2011년 12월 31일 이전 근무기간을 전체 근무기간으로 나눈 비율을 곱한 금액을 말한다(所令 42조의2 6항).

소득과 분리해서 기본세율을 적용하는 외에 퇴직소득 공제도 인정하고 있다. 즉, 퇴직소득이 있는 거주자에 대하여는 퇴직소득금액에서 근속연수에 비례하여 정한 일정 금액을 1차로 공제하고, 그 공제 후의 잔액을 근속연수로 나누고 12를 곱하여 나오는 금액(법문에서 "환산급여"라고 약칭함)에서 다시 그 환산급여액의 크기에 반비례하여 정한 일정액을 2차로 공제한다(所法 48조 1항). 해당 과세기간의 퇴직소득금액이 퇴직소득공제금액에 미달하는 경우에는 그 퇴직소득금액을 공제액으로 한다(동조 2항). 퇴직소득에 대한 분류과세의 효과는 이러한 퇴직소득 공제제도와 더불어 퇴직소득에 대한 독특한 세율체계의 적용(본장 제7절 Ⅳ. 2. 참조)에 의해 달성된다.

소득의 귀속시기의 결정에 관한 일반적 원칙인 권리확정주의는 퇴직소득에 대해서도 그대로 적용된다(所法 39조 1항). 퇴직의 유형에 따른 퇴직소득의 구체적 귀속시기는 종합소득에 속하는 개별 소득의 경우에서와 같이 소득세법 시행령에서 구체적으로 규정하고 있다(所令 50조 2항).

제 5 절 양도소득

I. 의   의

양도소득은 재고재산 이외의 자산의 양도로 인한 차익이며, 자본이득(capital gain)이라고도 한다. 자본이득이 과세대상으로 적합한가에 대해서는 논란이 있다.[1] 그리고 각국의 입법례도 서로 다르다. 미국과 일본은 일반적 과세를 하고 있다. 가장 일찍이(1799년) 근대적 의미의 소득세제를 채택한 영국에서도 1965년에 이르러 비로소 양도소득을 과세의 대상으로 하였으며, 독일·프랑스에서는 개인의 일반재산의 양도에 대하여 원칙적으로 비과세이다. 우리나라에서도 1954년 3월 31일 소득세법에 양도소득세제가 신설되었으나, 별로 실효성을 거두지 못한 채 1960년 12월 31일에 폐지되었다. 그 후 1967년 11월 29일에 제정되어 투기지역에만 한정적으로 적용되던 '부동산투기억제에 관한 특별조치법'은 1974년 12월에 소득세법과 법인세법에 양도소득 과세제도가 부활되

---

1) 양도소득과세에 대한 찬반 양론의 간결한 요약으로는 Walter Blum, A Handy Summary of the Capital Gains Arguments, 35 Taxes－The Tax Magazine 247(1957) 참조.

면서 폐지되었다.

양도차익은 근본적으로 시가의 앙등에서 발생한다. 이와 같은 소득을 과세에서 제외하는 것은 공평에 반하나, 다만 그 가운데는 화폐가치의 하락으로 인한 명목소득이 포함될 수 있으며, 높은 양도소득세율은 거래의 동결효과(凍結效果, lock-in effect)를 초래할 수 있다. 현행법에서는 특정한 자산의 양도차익에 한하여 과세하고 있다.

Ⅱ. 양도자산

양도차익이 과세되는 자산은, (i) 토지와 건물, (ii) 특정의 '부동산에 관한 권리', (iii) 주식등, (iv) 기타자산 및 (v) 특정의 파생상품 등이다(所法 94조 1항).

1. 토지·건물

토지라 함은 지적법에 의하여 지적공부에 등록하여야 할 지목(地目)에 해당하는 것을 말하고, 양도차익이 과세되는 '건물'은 건물에 부속된 시설물과 구축물을 포함한다(所法 94조 1항 1호). 이와 관련하여 판례는, 사실상 토지와 일체화되어 토지에서 분리복구가 불가능하거나 토지에서 분리하게 되면 경제적 가치가 거의 없어서 거래상 독립한 권리의 객체성을 상실한 토지의 정착물은, 비록 그것이 감가상각의 대상이 되고, 나아가 거래 당사자가 해당 구축물을 토지와 함께 양도하면서 구축물의 양도대가를 별도로 정하였다고 하더라도, 그 구축물의 양도대가는 토지의 양도대가에 포함되어 양도소득세의 과세대상이 된다고 본다.[1]

2. 부동산에 관한 권리

부동산에 관한 권리는, (i) 지상권·전세권과 등기된 부동산임차권(민법 621조) 및 (ii) 부동산을 취득할 수 있는 권리를 말한다(所法 94조 1항 2호). '부동산을 취득할 수 있는 권리'는 건물이 완성되는 때에 그 건물과 이에 딸린 토지를 취득할 수 있는 권리를 포함하는데, 이것을 과세대상으로 추가한 입법 동기는 아파트 분양권을 양도하여 얻은 이른바 프리미엄이 과세되지 않음으로써 기존건물의 양

---

1) 대법원 2015. 10. 29., 2011 두 23016.

도차익 과세와 균형이 맞지 않았던 데 있다. 판례는 주택청약예금증서도 부동산을 취득할 수 있는 권리의 일종으로 보고 그 양도시 발생하는 차익을 과세소득으로 본다.[1] 이때 주택청약예금증서의 양도 이후에 그 증서에 의해 아파트분양에 당첨되거나 그 분양계약이 유효하게 성립되었는지의 여부는 상관이 없다.[2] 택지개발지구 용지조성사업 시행자에게 주택 및 그 대지권을 매도하고 부여받은 이주자택지분양권도 주택 등의 대가와는 별도로 제공되는 것으로서 부동산을 취득할 수 있는 권리로 본다.[3]

3. 주식등

과세대상인 주식등이라고 함은 주식 또는 출자지분 및 신주신수권과 일정한 증권예탁증권(Depository Receipt)을 말한다(所法 88조 2호). 신주인수권에는 상법 제420조의2에 의한 주주의 신주인수권(preemptive right), 상법 제516조의5에 규정된 신주인수권부사채의 일부로서의 신주인수권(bonded warrant) 및 상법 340조의2에 따른 주식매수선택권(stock option)이 모두 포함된다고 할 것이나, 주식매수선택권은 원칙적으로 그 양도가 금지되므로 양도차익이 발생할 여지가 없다(상법 340조의4 2항). 조세특례제한법상의 동업기업(민법상 조합, 상법상 익명조합, 합명회사, 합자회사, 기타 특별법상의 특수한 기업조직)에 대한 출자지분도 양도소득세 과세대상인 출자지분에 해당한다(租特法 100조의21 1항). 증권시장에 상장된 주식 등인지 여부에 따라 과세여부가 다른데 그 구체적인 내용은 다음과 같다.

(1) 주권상장법인의 주식등

자본시장법에 의한 증권시장에는 유가증권시장과 코스닥시장[4]의 2종류가 있는바(자본시장법 9조 13항 1호, 2호), 이 두 시장에 주식 등을 상장한 법인을 주권상장법인이라고 한다(자본시장법 9조 15항 3호; 所法 88조 3호). 이러한 주권상

---

1) 대법원 1985. 9. 24., 85 누 424; 同 1985. 10. 8., 85 누 183; 同 1985. 10. 22., 85 누 341; 同 1985. 11. 12., 85 누 7; 同 1985. 11. 26., 85 누 322; 同 1986. 3. 25., 85 누 741; 同 1986. 12. 23., 86 누 386.

2) 대법원 1985. 11. 12., 85 누 7; 同 1985. 12. 24., 85 누 427; 同 1986. 3. 25., 85 누 741.

3) 대법원 1996. 9. 6., 95 누 17007.

4) 코스닥(KOSDAQ, Korea Securities Dealer' Automated Quotation) 시장은 미국의 나스닥(NASDAQ, National Association of Securities Dealers Automated Quotation) 시장을 벤치마킹하여 설립한 것으로서 거래소 시장의 상장요건을 충족하지 못하는 유망한 중소기업의 주식을 거래하는 시장이다.

장법인의 주식등의 양도차익에 대해서는 원칙적으로 양도소득세를 비과세한다(所法 94조 1항 3호 가목의 반대해석). 이와 관련하여 자본시장법상의 다자간 매매체결회사(자본시장법 8조의2 5항)를 통하여 거래되는 주식 중 주권상장법인의 주식도 증권시장에서 거래되는 주식으로 간주된다(租特法 104조의4). 그런데 주권상장법인의 주식 등의 양도차익이라도 주권상장법인의 고액주주가 보유하는 주식 등의 양도차익은 비과세대상에서 제외된다.

자본시장법에 따른 주권상장법인의 주식 등을 양도한 주주 1인이 양도일이 속하는 해당 주식 등 발행법인의 사업연도의 직전사업연도 종료일 현재 해당 법인이 발행한 주식 등의 합계액 중 100분의 1(코스닥시장 상장법인의 주식 등의 경우에는 100분의 2, 그리고 코넥스시장상장법인 주식 등과 자본시장법에 따라 거래되는 벤처기업의 주식 등의 경우에는 100분의 4) 이상에 해당하는 주식 등을 소유하고 있거나 보유 주식 등의 시가총액이 10억 원 이상인 경우(이하 "고액주주"라고 함)에는 그 고액주주가 해당 주권상장법인의 주식 등을 양도함으로써 발생하는 소득은 양도소득세 과세대상이 된다.[1] 또한 자본시장법에 의한 증권시장에서의 거래에 의하지 아니하고(off-the-counter) 주권상장법인의 주식 등을 양도(상법상 주식의 포괄적 교환·이전에 대한 주식매수청구권의 행사로 양도하는 경우는 제외)함으로써 발생하는 소득도 마찬가지이다.(所法 94조 1항 3호 가목; 所令 157조 4항, 5항).

(2) 주권비상장법인의 주식등

주권상장법인이 아닌 법인을 주권비상장법인이라고 하는바(所法 88조 4호), 이러한 주권비상장법인의 주식 등의 양도차익은 원칙적으로 양도소득세 과세대상이다. 양도일 현재 비상장인 주식 또는 출자지분으로 후술하는 4.의 '기타자산'에 해당하지 않는 것이 이에 해당한다. 다만, 중소기업이나 중견기업에 해당하는 법인의 고액주주 아닌 주주가 자본시장법에 따른 장외거래를 통해 양도하는 주식은 비과세대상이다. 종전에는 자본시장의 저변확대를 위하여 유가증권시장이나 코스닥시장에의 상장시 매출하는 구주(舊株)는 과세대상에서 제외되었으나(구 所法 94조 4호; 2000. 12. 29.자 대통령령 17032호로 개정되기 전의 구 所令

---

1) 대주(貸主)는 대차기간 동안 주식의 소유권을 차주에게 이전하여 차주(借主)로 하여금 이를 이용하게 하고 차주는 대차기간 종료시 동종·동량의 주식을 대주에게 반환할 것을 약정함으로써 성립하는 이른바 '주식대차계약'에 따라 차주에게 이전된 대차주식은 대주가 '소유하는' 주식에 포함되지 않는다(대법원 2010. 4. 29., 2007 두 11092).

157조 5항 1호 단서), 현행 규정에 의하면 유가증권시장이나 코스닥시장에의 상장시 매출하는 구주도 과세대상이 된다(所法 94조 1항 3호 나목).

(3) 외국법인이 발행하였거나 외국증권시장에 상장된 주식 등

(i) 외국법인이 발생한 주식 등(증권시장에 상장된 주식 등과 소득세법 제94조 제1항 제4호의 기타자산 및 동법 제118조의2 제2호에 따른 부동산에 관한 권리로서 미등기자산에 해당하는 것은 제외)과 (ii) 내국법인이 발행한 주식 등(국외 예탁기관이 발행한 증권예탁증권을 포함)으로서 자본시장법에 따른 해외 증권시장에 상장된 것도 양도소득 과세대상에 포함된다(所法 94조 1항 3호 다목; 所令 157조의3).

4. 기타자산

양도소득세 과세대상이 되는 '기타자산'에는 다음의 4가지가 있다.

(1) 부동산 등을 주요 자산으로 가진 법인의 과점주주 등이 총 발행주식 등의 100분의 50 이상을 양도한 경우의 해당 주식 등(所法 94조 1항 4호 다목) – 부동산 과다보유 법인의 주식등

법인이 보유하는 총자산가액 중 토지·건물과 '부동산에 관한 권리'의 가액(해당 법인이 부동산 등을 많이 보유한 다른 법인의 주식을 직·간접적으로 소유하고 있는 경우에는 그 소유주식의 가액에 그 다른 법인의 총자산가액 중 부동산 등의 가액이 차지하는 비율을 곱한 금액을 가산한 가액)이 차지하는 비율이 100분의 50 이상이고, 나아가 그 발행 주식 또는 출자지분(이하 "주식 등"이라고 함)의 합계액 중 주주 또는 출자자(이하 "주주 등"이라고 함) 1인 및 그와 친족 기타 특수관계에 있는 자(이하 "기타주주"라고 함)가 소유하고 있는 주식 등의 합계액이 차지하는 비율이 100분의 50을 초과하는 경우로서 주주 등 1인 및 기타주주(이하 합하여 "과점주주"라고 함)가 해당 법인의 주식 등의 합계액의 100분의 50 이상을 다른 사람에게 양도하는 경우 해당 주식 등은 기타자산으로서 양도소득세 과세대상이 된다(所法 94조 1항 4호 다목; 所令 158조 1항, 3항, 4항, 6항). 이와 관련하여 다른 과점주주로부터 주식을 양수한 과점주주가 과점주주 외의 자에게 양도한 주식이 전체 발행주식 중 100분의 50 이상인 경우 그 과점주주 외의 자에 대한 양도일로부터 소급하여 3년 내에 이루어진 과점주주 간의 양도도 과세대상 양도로 본다.

이때 100분의 50 이상인지 여부를 정함에 있어 대상 주식 등의 금액은 액면가액을 기준으로 하여야 할 것이다. 과점주주가 주식 등을 과점주주 외의 자에게 수회에 걸쳐 양도한 경우로서 특정 양도일로부터 소급하여 3년 내에 과점주주가 양도한 해당 법인의 주식이 총 발행주식의 100분의 50 이상인 경우에도 적용하되, 이러한 요건에의 해당 여부는 합산하는 기간 중 최초로 양도하는 날 현재의 해당 법인의 주식 등의 합계액 또는 자산총액을 기준으로 판정한다(所令 158조 2항). 자산총액 및 자산가액은 해당 법인의 장부가액(부동산의 기준시가가 장부가액보다 큰 경우는 기준시가)에 의한다(동조 4항).

(2) 사업용 부동산 또는 부동산에 관한 권리 등과 함께 양도 하는 영업권(所法 94조 1항 4호 가목)

영업권이라고 함은 "기업의 전통, 사회적 신용, 그 입지조건, 특수한 제조기술 또는 특수거래관계의 존재 등을 비롯하여 제조판매의 독점성 등으로 동종의 사업을 영위하는 다른 기업이 올리는 수익보다 큰 수익을 올릴 수 있는 초과수익력이라는 무형의 재산적 가치"를 의미한다.[1] 여기서 말하는 영업권에는 별도로 평가되지 아니하였으나 사회통념상 다른 자산의 양도에 포함되어 함께 양도된 것으로 인정되는 영업권과 행정관청으로부터 인가·허가·면허 등을 받음으로써 얻는 경제적 이익이 포함된다(所法 94조 1항 4호 가목). 이때 영업권을 양도함으로써 발생하는 소득에는 법규상의 이전금지 여부와는 관계없이 인·허가가 사실상 이전됨으로써 발생하는 소득을 포함한다(所法 기본통칙 94-2조). 영업권을 단독으로 양도하여 얻는 소득과 영업권을 대여하여 얻는 소득은 기타소득으로 과세되는 점과 차이가 있다(所法 21조 1항 7호).

(3) 골프장 등 휴양시설업 영위 법인의 주식등(所法 94조 1항 4호 라목; 所令 158조 1항 5호)

골프장·스키장·콘도미니엄 및 전문 휴양시설 중의 하나 이상을 건설 또는 취득하여 이를 직접 경영하거나 분양 또는 임대하는 사업을 영위하는 법인으로서 자산총액 중 위 (1)에서 본 '부동산 과다보유 법인 등'의 판정 기준인 '부동산 등'의 합계액이 차지하는 비율이 100분의 80 이상인 법인의 주식 등도 양도소득세 과세대상 자산으로서의 '기타자산'의 하나에 해당한다. 이 경우에는 단 1주의 양도도 과세대상이 된다는 점에서 위 (1)에서 본 기타자산의 경우와 다르다.

---

1) 대법원 2004. 4. 9., 2003 두 7804; 同 1997. 5. 28., 95 누 18697; 同 1985. 4. 23., 84 누 281.

(4) 시설물 이용권(所法 94조 1항 4호 나목)

이용권·회원권 기타 명칭에 관계없이 시설물을 배타적으로 이용하거나 일반 이용자보다 유리한 조건으로 이용할 수 있는 권리도 양도소득세 과세대상 자산으로서의 '기타자산'에 해당한다. 법인의 주식 등을 소유하는 것만으로 시설물을 배타적으로 이용하거나 일반 이용자보다 유리한 조건으로 이용할 수 있는 경우 그 주식 등도 위 (1)의 '부동산 과다보유 법인 등'의 주식에 포함되지 아니하면 여기에 포함된다.

(5) 토지나 건물과 함께 양도되는 이축권(所法 94조 1항 4호 마목)

토지나 건물과 함께 양도하는 '개발제한구역의 지정 및 관리에 관한 특별조치법'에 따른 이축을 할 수 있는 권리('이축권')도 양도소득세 과세대상 자산으로서의 '기타자산'에 해당한다. 다만, 해당 이축권 가액을 별도로 평가하여 신고하는 경우는 제외한다.

5. 파생상품 등

양도소득세 과세대상이 되는 파생상품 등은 자본시장법 제4조 제7항에 따른 파생결합증권, 동법 제5조 제2항에 규정된 장내파생상품과 동조 제3항에 규정된 장외파생상품 중 다음의 것들을 말한다(所法 94조 1항 5호; 所令 159조의2 1항):

(i) 외국증권시장을 대표하는 종목을 기준으로 산출된 지수를 기초자산으로 하는 자본시장법상의 장내파생상품(所令 159조의2 1항 1호),

(ii) 계약체결 당시 약정가격과 반대거래 약정가격 간의 차액을 현금으로 결제하고, 계약 종료시점을 일방 당사자의 의사표시로 정하며, 주식·상장지수 집합투자기구의 집합투자증권·상장지수증권 등의 기초자산의 가격과 연계하여 수익을 결정하는 장외파생상품(所令 159조의2 1항 2호),

(iii) 외국증권시장을 대표하는 종목을 기준으로 산출된 지수의 변동과 연계하여 미리 정하여진 방법에 따라 주권의 매매나 금전의 수수 거래를 성립시킬 수 있는 당사자 일방의 권리(option)를 표시하는 증권 또는 증서(所令 159조의2 1항 4호),

(iv) 자본시장법상의 해외 파생상품시장에서 거래되는 파생상품(所令 159조의2 1항 5호),

(v) 자본시장법상의 장외파생상품으로서 그 경제적 실질이 위 (i)의 장내파

생상품과 유사한 것(所令 159조의2 1항 6호),

이들 파생상품 등의 거래 또는 행위로 발생하는 소득으로서 이자소득이나 배당소득으로 분류되는 것(所法 16조 1항 13호, 17조 1항 10호)을 제외한 것이 양도소득으로 과세된다.

6. 신탁수익권

신탁의 이익을 받을 권리(자본시장법에 따른 수익증권 및 투자신탁의 수익권 등 일정한 수익권은 제외)의 양도로 발생하는 소득도 양도소득세 과세대상이다. 다만, 신탁수익권의 양도를 통하여 신탁재산에 대한 지배·통제권이 사실상 이전되는 경우는 신탁재산 자체의 양도로 본다(所法 94조 1항 6호). 신탁수익권의 양도에 따라 실현되는 소득이 신탁재산 자체의 양도로 실현되는 소득과 본질적으로 다르지 않기 때문에 2021년부터 새로이 양도소득세 과세대상에 추가되었다.

7. 국외 전출자의 주식등의 양도 의제

출국하는 거주자가 출국일 10년 전부터 출국일까지의 기간 중 국내에 주소나 거소를 둔 기간의 합계가 5년 이상이고, 출국일이 속하는 연도의 직전 연도 종료일 현재 일정 규모 이상의 주주에 해당하는 경우에는 위 3. 및 4.에서 본 양도소득이 과세되는 주식등(외국법인 발행 주식과 외국증권시장에 상장된 주식은 제외)을 출국일에 양도한 것으로 보아 양도소득세를 과세한다(所法 126조의3 내지 126조의 12). 출국하는 거주자에 대해서는 출국 사실을 주식등의 처분으로 의제하여 양도소득세를 과세하는 제도이다. 그러나 출국 사실을 미실현이득의 실현 계기로 보아 평가익을 과세하는 것이 헌법 원리에 부합하는지는 의문이다.

Ⅲ. 양　　도

양도라 함은 자산에 대한 등기·등록에 관계없이 매도·교환·법인에 대한 현물출자 등으로 인하여 그 자산을 유상으로 사실상 이전하는 것을 말한다(所法 88조 1호 본문). 양도의 개념의 핵심은 '유상성'(有償性)이다. 따라서 대가를 받지 않고 소유권을 이전하는 것은 양도에 해당하지 않는다. 도시개발법에 의한 환지처분으로 지목 또는 지번이 변경되거나 보류지(保留地)로 충당되는 경우나 토지의 경계를 변경하기 위하여 '측량 · 수로조사 및 지적에 관한 법률'에 따른 토지의 분할 등의 방법과 절차로 토지를 교환하는 경우 및 또는 신탁재산의 위탁자가 신탁 설정을 해지하거나 신탁의 수익자를 변경할 수 있는 등 신탁재산을 실질적으로 지배하고 소유하는 것으로 볼 수 있는 경우(동호 가목, 나목 및 다목), 실체적 권리를 회복하는 등기의 환원의 경우,1) 매매원인무효의 소에 의해 그 매매사실이 원인무효로 확정되어 환원되는 경우,2) 공동소유의 토지를 소유지분별로 단순히 분할만 하는 경우,3) 채권담보 목적으로 소유권이전등기를 하였다가 담보사유의 소멸로 환원한 경우4)는 양도에 해당하지 않는다. 이혼시 재산분할의 방법으로 부부 일방의 소유명의로 되어 있던 부동산을 상대방에게 이전한 경우도 공유물 분할의 경우에 준하여 양도로 보지 아니하고,5) 교환계약에 따른 소유권이전등기가 경료된 후 교환계약이 취소되었으나 선의의 제3취득자로 인해 소유권이전등기를 환원하지 못하는 경우도 양도로 보지 아니한다.6)

그러나 대물변제로 소유권이전등기를 해 준 경우,7) 협의이혼시 위자료로서 부동산소유권을 이전해 준 경우,8) 토지의 공동매수인으로서 그 지분을 취득하였다가 지분에 해당하는 금액을 상환받고 토지의 지분을 다른 공동매수인 1인에게 이전해 준 경우,9) 토지의 합필을 목적으로 한 교환10)은 양도에 해당한다. 또한 주식을 투자자에게 양도한 사람이 양수인과 사이에 체결한 투자수익

---

1) 대법원 1983. 12. 13., 83 누 307(이 판례에서는 상속세의 물납, 파산절차에 의한 양도 및 토지 수용의 경우도 양도가 아니라고 하고 있으나 잘못이다).

2) 대법원 1984. 2. 14., 82 누 286.

3) 대법원 1995. 1. 20., 94 누 11460; 同 1984. 4. 24., 83 누 717; 同 1995. 9. 4., 95 누 5653. 공유토지 소유자들이 '공유토지 분할에 관한 특례법'에 의하여 소유권을 실질적인 소유(점유) 상태대로 일치시키기 위하여 등기부상 표시를 형식적으로 증감조절시킨 것에 불과한 경우도 양도로 볼 수 없다(국심 93 서 1597). 실질적으로 자산의 유상양도에 해당되지 않는 공유물 분할로 인하여 이전받은 공유지분을 이후 유상양도한 경우 그 양도차익을 산정함에 있어서 그 공유지분의 취득가액은 최초의 공유물 취득시를 기준으로 정할 것이지 형식적인 공유지분의 이전시를 기준으로 정할 것은 아니다(대법원 1998. 3. 10., 98 두 229).

4) 대법원 1986. 9. 9., 85 누 452.

5) 대법원 2003. 11. 14., 2002 두 6422; 同 1998. 2. 13., 96 누 14401.

6) 대법원 1987. 5. 12., 86 누 916.

7) 대법원 1986. 9. 9., 86 누 226.

8) 대법원 1984. 6. 26., 84 누 153.

9) 대법원 1982. 5. 11., 81 누 296; 同 1984. 10. 23., 82 누 561.

10) 대법원 1985. 12. 24., 85 누 756.

의 보장약정을 이행하는 방법으로 당초의 양도대금에 약정된 수익금을 가산한 금액으로 해당 주식을 환매한 경우 이러한 환매는 당초 매매계약의 해제 또는 해제조건의 성취 등에 따른 원상회복의무의 이행이 아니라 별개의 매매에 해당한다.1)

임의경매절차에 의해 부동산의 소유권이 사실상 유상으로 이전된 경우도 양도에 해당한다.2) 이때 당사자 사이에 부동산의 소유권을 환원시켜 주기로 하는 법정화해가 있었다 해도 마찬가지이다.3) 임의경매에 의해 물상보증인(物上保證人) 소유 부동산의 소유권이 이전된 경우 물상보증인의 구상권 행사가 사실상 불가능하다거나4) 소유자에게 배당된 금액이 없다 하더라도5) 양도에 해당함은 다르지 않다.6)

조합에의 현물출자의 경우에는 출자 조합원의 단독 소유에서 조합원의 합유로 그 소유형태가 변하므로 법인에의 현물출자와는 달리 자기지분비율에 해당하는 부분을 제외한 부분만이 양도된 것으로 보아야 한다.7)

합자회사에 토지를 현물출자하였다가 퇴사하면서 그대로 찾아가지고 나왔다면 양도에 해당하지 않는다는 판례가 있으나,8) 역시 현물출자는 양도로 인정하고 퇴사로 인하여 돌려받은 것은 새로운 취득이라고 보는 것이 현물출자의 법률효과와 일치한다고 할 것이다. 그리고 부담부증여에 있어서 증여자의 채무를 수증자가 인수한 경우에는 증여가액 중 그 채무액에 상당하는 부분은 그 자산의 유상 이전에 대한 대가로 본다(所法 88조 1호 후단).9)

---

1) 대법원 2015. 8. 27., 2013 두 12652.
2) 대법원 1984. 2. 28., 83 누 269; 同 1985. 9. 24., 85 누 537; 同 1986. 6. 23., 86 누 60. 그러나 압류 후 경매절차 진행 중에 경매부동산의 소유자가 목적부동산을 제3자에게 증여한 후 그 이후의 경매로 인한 이득이 수증자에게 귀속된다고 한다면 원소유자에 대하여는 경매로 인한 양도소득에 대하여 양도소득세를 부과할 수 없다(대법원 1992. 2. 11., 91 누 5228).
3) 대법원 1986. 9. 9., 85 누 657.
4) 대법원 1986. 3. 25., 85 누 968; 同 1986. 7. 8., 86 누 73; 同 1986. 9. 23., 85 누 736; 同 1987. 3. 24., 86 누 711.
5) 대법원 1986. 12. 9., 84 누 508.
6) 대법원 1985. 9. 24., 85 누 537; 同 1986. 5. 27., 86 누 60.
7) 대법원 2002. 4. 23., 2000 두 5852; 同 1993. 9. 28., 93 누 12848; 同 1993. 9. 28., 93 누 12848 등 다수. 여기서 연립주택을 신축분양하는 조합체에 자산을 출자한 자가 얻은 양도소득은 조합의 사업소득 계산에 있어서 필요경비에 포함되므로 중복과세의 문제는 일어나지 않는다(대법원 1985. 5. 28., 84 누 545; 同 1985. 11. 26., 83 누 665).
8) 대법원 1986. 6. 24., 86 누 111.
9) 李泰魯, "負擔附贈與,"「季刊 稅務士」, 1992. 봄호, 28면 참조.

채무자가 채무의 변제를 담보하기 위하여 자산을 양도한 경우 다음의 요건을 갖춘 계약서의 사본을 과세표준확정신고서에 첨부한 때에는 양도로 보지 않는다(所令 151조 1항). 그 요건이란 (i) 당사자 간에 채무의 변제를 담보하기 위하여 양도한다는 의사표시가 있을 것, (ii) 해당 자산을 채무자가 본래대로 사용·수익한다는 의사표시가 있을 것, (iii) 원금·이율·변제기간·변제방법 등에 관한 약정이 있을 것의 세 가지이다.

이 규정은 양도담보는 외관상 통상의 양도와 구별하기 어렵기 때문에 그 양도가 담보의 목적을 위한 것이라는 것을 신고토록 하는 훈시적 성질의 것으로 본다. 소득세법에서 양도의 개념을 '유상으로 사실상 이전되는 것'이라고 규정한 것은 외관에 구애되지 않겠다는 취지임을 고려하면 시행령에서 정한 위와 같은 신고의 존부에 따라 양도에의 해당 여부를 판정할 것은 아니다.1)

양도담보계약을 체결한 후 (i) 위의 3가지 요건 중의 어느 것이 충족되지 않게 되거나, (ii) 채무자의 채무불이행으로 양도담보재산이 변제에 충당된 때에는 그 시점에서 양도된 것으로 본다(所令 151조 2항). 여기에서 변제충당(辨濟充當)이란 취득정산, 처분정산뿐만 아니라 양도담보권자가 자기의 채무를 담보하기 위하여 담보된 자산에 관하여 제3자 앞으로 새로운 담보권을 설정하고, 그 새로운 담보권의 실행으로 그 담보물의 소유권이 다른 사람에게 이전되는 경우도 포함한다.2) 그러나 양도담보권자가 담보물의 환가처분(換價處分)으로 부동산을 매도한 경우 담보권자에게 양도소득이 있다 할 수 없고, 매매대금 중 채무원리금을 공제한 잔액이 있어도 마찬가지이다. 왜냐하면 양도담보권자로서는 담보권을 보유한 데 불과하고, 그 잔액은 채무자에게 반환되어야 하기 때문이다.3)

양도담보와 경제적 실질의 면에서 같은 '양도후 임차'(sale and lease back) 거래가 있다. 양도인이 재매수 선택권(call option)을 가짐과 동시에 양수인이 재매도 선택권(put option)을 가지면서 재매매가격이 미리 정해져 있거나 정해질 기준이 확정되어 있는 경우에는 실질과세원칙에 따라 이를 2개의 독립된 양도

---

1) 대법원 1983. 5. 24., 83 누 120; 同 1983. 9. 13., 83 누 289; 同 1984. 4. 10., 83 누 699; 同 1984. 10. 10., 84 누 1; 同 1985. 6. 25., 85 누 188; 同 1987. 1. 20., 86 누 239; 同 1987. 3. 24., 86 누 819; 同 1987. 5. 26., 86 누 836.
2) 대법원 1984. 4. 10., 83 누 699.
3) 대법원 1984. 6. 26., 84 누 117; 同 1986. 6. 25., 85 누 919; 同 1986. 7. 22., 85 누 737.

거래가 아닌 하나의 양도담보부 차입거래로 봄이 타당하다.1)

　　명의신탁은 설령 등기이전의 원인이 매매·교환 등으로 기입되어 있다 하더라도 유상으로 사실상 이전한 것이 아닌 까닭에 양도라 할 수 없다.2) 또한 명의신탁이 해지되어 신탁자의 명의로 소유권이전등기가 환원된 때에도 양도가 아님은 물론이다.3) 한편, 부동산의 매수인이 그 매도인 및 제3자와 합의 하에 해당 매매로 취득하는 부동산의 소유명의를 제3자 앞으로 등기함으로써 매도인과 매수인 사이에 이루어지는 이른바 등기명의신탁은 '부동산 실권리자명의 등기에 관한 법률'에 위반되어 무효이나, 매도인과 매수인인 명의신탁자 사이의 매매계약은 여전히 유효하므로, 그 매수인 명의신탁자로부터 매매대금을 전부 수령한 매도인은 해당 부동산을 양도한 것이 된다.4)

　　부담부증여의 수증자가 증여자의 채무를 인수하는 경우 증여가액 중 그 채무액에 해당하는 부분은 양도된 것으로 본다(所法 88조 1호 본문 후단). 인수 채무액 부분이 양도된 것으로 인정되는 데는 수증자가 증여자의 채무를 소멸시키고 채무자의 지위를 승계하는 면책적 채무인수의 경우와 증여자의 종전 채무가 그대로 존속하는 중첩적 채무인수의 경우 간에 차이가 없다. 다만, 수증자가 인수채무의 변제를 게을리하여 부담부증여계약이 해제됨에 따라 계약의 효력이 소급적으로 상실되면, 인수채무액 상당 부분의 양도도 처음부터 없었던 것이 된다.5)

---

1) 같은 취지, 서울고등법원 2008. 4. 24., 2007 누 23134.
2) 대법원 1983. 6. 14., 82 누 429; 同 1983. 9. 27., 83 누 330; 同 1984. 4. 24., 82 누 428.
3) 대법원 1984. 2. 14., 83 누 575; 同 1994. 9. 9., 93 누 23541.
　원고와 그 맏형의 공동명의로 소유권이전등기가 경료되었다가 그 중 원고의 지분에 관하여 신탁해지를 원인으로 맏형의 상속인들 명의로 소유권이전등기가 경료된 경우, 이에 대한 양도세 부과처분이 적법하기 위하여는 원고 지분의 이전시 등기원인이 명의신탁해지로 되어 있다 하여도 지분이전이 등기원인과는 달리 실제로는 유상양도라는 점을 피고 과세관청이 입증하여야 하고, 원고와 맏형의 상속인들이 서로 혈족 사이라 하더라도 방계혈족 사이에 의제자백 판결에 기한 명의신탁해지 등기가 이루어졌다는 사실만으로 바로 유상양도로 추정되어 입증의 필요가 원고에게 넘어간다고 볼 수 없다(대법원 1994. 11. 8., 94 누 3667).
4) 대법원 2016. 10. 27., 2016 두 43091.
5) 대법원 2016. 11. 10., 2016 두 45400.

Ⅳ. 부동산양도의 신고

(i) 토지 또는 건축물, (ii) '도시 및 주거환경정비법' 제48조의 관리처분계획의 인가에 따라 입주자로 선정된 지위, (iii) 주택법 제16조의 규정에 따른 사업계획승인을 얻어 건설공급하는 주택의 입주자로 선정된 지위 등과 같은 부동산이나 부동산을 취득할 수 있는 권리에 관한 매매계약을 체결한 매도인과 매수인은 부동산 등의 실제 거래가격 등 시행령에서 정하는 사항을 거래계약의 체결일부터 60일 이내에 매매대상 부동산(권리에 관한 매매계약의 경우에는 그 권리의 대상인 부동산) 소재지의 관할 시장·군수 또는 구청장에게 공동으로 신고하여야 하고('부동산 거래신고에 관한 법률' 3조 1항), 중개업자가 중개업무의 일환으로 거래계약서를 작성·교부한 때에는 해당 중개업자가 그 거래 신고를 하여야 한다(동조 2항). 신고를 받은 시장·군수 또는 구청장은 부동산거래가격의 적정성을 검증하여, 그 결과를 해당 부동산 소재지 관할 세무서장에게 통보하여야 하며, 통보받은 세무서장은 해당 신고사항을 국세 또는 지방세 부과를 위한 과세자료로 활용할 수 있다(동법 285조 2항, 3항).

Ⅴ. 양도소득금액의 계산

1. 양도소득금액 계산의 기본원칙

양도가액(양도소득의 총수입금액)에서 필요경비를 공제한 금액이 양도차익이다(所法 95조 1항 본문).[1] 토지, 건물 또는 조합원으로부터 전득한 것이 아닌 조합원입주권의 양도의 경우에는 그 양도차익에서 장기보유특별공제액을 공제한 금액을 양도소득으로 하되(所法 95조 1항, 2항), 미등기자산의 양도 및 주택분양의 경쟁률이 높은 곳으로 지정된 조정대상지역(이하 "조정대상지역"이라고 함) 내에 있는 부동산의 양도에 대해서는 장기보유특별공제를 인정하지 않는다(所法 95조 2항, 104조 3항, 104조의3; 장기보유특별공제의 구체적 내용에 관해서는 아래 4.에서 논의함). 토지, 건물 또는 조합원으로부터 전득한 것이 아닌 조합원입주권 외의 다른 자산의 양도에 대해서는 장기보유특별공제가 전혀 인정되지 않으므로

---

1) 주택청약예금에 가입하였다가 아파트분양신청을 한 후 그 분양신청접수증을 양도한 경우, 그 분양신청접수증의 양도대가를 바로 양도차익으로 한다(대법원 1986. 1. 21., 85 누 16).

(所法 95조 2항), 그 양도차익이 곧 양도소득이다. 양도소득금액에서 다시 양도소득 기본공제를 하면 양도소득 과세표준이 된다(所法 92조 2항, 103조).

양도소득과세표준의 계산과정을 산식으로 표시하면 다음과 같다.

양도차익＝양도가액(양도소득총수입금액)−필요경비
양도소득금액＝양도차익−장기보유특별공제액
양도소득 과세표준＝양도소득금액−양도소득 기본공제액

그리고 1세대 1주택 비과세 대상에서 제외되는 고가주택 및 조합원입주권의 양도차익과 장기보유특별공제액은 통상의 양도차익과 장기보유특별공제액에 양도가액 중 9억 원을 초과하는 금액이 그 양도가액에서 차지하는 비율을 곱하여 계산한다(所法 95조 3항; 所令 160조 1항).

2. 양도가액

(1) 실지거래가액 적용의 원칙

모든 양도소득세 과세대상 자산의 양도가액은 실지거래가액에 의함이 원칙이다(所法 96조 1항 본문). 2005. 12. 31.자 소득세법 개정 전에는 토지, 건물 등의 양도가액을 기준시가에 의하여 산정하는 것을 원칙으로 하였으나, 동 개정으로 실지거래가액에 의하여 산정하는 것으로 전면 개편하였다. '부동산 거래신고에 관한 법률'에서 중요 부동산 거래의 거래조건을 시장·군수·구청장에게 신고하고, 이들은 다시 관할 세무서장에게 통보하도록 하는 제도를 도입함으로써 실지거래가액을 확인하는 일이 행정상 가능해졌기 때문이다. 여기서 실지거래가액이라 함은 거래 당시 양도자와 양수자가 급부의 대가로 실지 약정한 금전과 그 밖의 재산가액 전부를 일컫는 것으로(所法 88조 5호), 해당 거래에 있어서 실지거래가액이 밝혀지지 아니하는 경우 그 가액을 다른 거래를 유추하여 인정하거나 억지로 이를 추정하는 것은 허용되지 아니한다.1) 양도계약에서 정

---

1) 대법원 1996. 6. 25., 95 누 3183(실지거래가액에 관한 증명서류로서 취득 및 양도에 관한 매매계약서와 계약상대방의 거래확인서 및 인감증명서 등을 제출하였다면, 과세관청으로서는 위 각 매매계약서가 실제와 달리 작성되었다는 등의 특별한 사정이 없는 한, 위 각 매매계약서상의 실지거래가액에 의하여 양도차익을 산정하여야 하고, 이 경우 그러한 특별한 사정이 있다는 점은 어디까지나 과세관청이 이를 입증하여야 하며, 취득과 양도 사이의 거래가액 상승률이 기준시가의 상승률에 비하여 현저히 낮다거나 취득 이전에 납세자가 신고한 취득가액 이상의 금액을 채권최고액으로 하여 당해 부동산과 다른 부동산을 목적으로 한

한 매매대금에 기초하여 양도소득세를 신고한 뒤 당초의 매매대금의 일부를 감액하기로 합의한 경우 양도가액은 당초의 매매대금이 아닌 감액된 대금이 되고, 이러한 양도가액의 감액은 국세기본법에 따른 경정청구의 대상이 된다.[1] 매수인이 양도소득세를 부담하기로 약정하였다 하더라도 실제로 이행이 되지 않았다면 양도소득세 상당액을 양도가액에 포함시킬 수 없다.[2] 또한 매수인이 매매대금의 지급을 연체함으로 인하여 매도인에게 지급하는 지연이자는 그 성질이 손해배상이므로 양도가액에 포함되지 아니하고 소득세법 제25조 제1항 제9호에서 말하는 "계약의 위약 … 으로 인하여 받는 위약금과 배상금"에 해당하여 기타소득을 구성한다.[3] 단순 교환으로 자산을 양도한 경우에는 그 실지거래가액을 확인할 수 없는 경우로 보아야 하지만, 교환의 목적물에 대한 시가감정을 하여 그 감정가액의 차액에 대한 정산절차를 수반하는 등의 방법으로 목적물의 금전가치를 기준으로 가치적 교환이 이루어진 경우에는 그 교환으로 양도한 자산의 실지거래가액을 확인할 수 있는 경우에 해당하고, 이 경우 양도한 자산의 실지거래가액은 교환으로 취득하는 목적물의 금전가치와 지급받은 현금 등의 가액이다.[4]

양도소득세 확정신고의무자가 그 신고를 하지 아니하여 과세관청이 양도소득세 과세표준과 세액을 결정하는 경우로서 양도 또는 취득당시의 실지거래가액의 확인에 필요한 장부·매매계약서·영수증 기타 증명서류가 없거나 그 중요한 부분이 미비된 경우 또는 그러한 증명서류의 내용이 매매사례가액이나

공동근저당권이 설정된 사정이 있다고 하여 실지취득가액에 관한 증빙서류로 제출된 매매계약서가 실제와 달리 작성된 것이라고 단정할 수도 없다); 同 2015. 10. 15., 2011 두 24286; 同 1994. 5. 10., 93 누 23930.
1) 대법원 2018. 6. 15., 2015 두 36003.
2) 대법원 1995. 3. 28., 94 누 8785.
3) 대법원 1994. 5. 24., 94 다 3070(소득세법 제25조 제1항 제9호에 의하면 계약의 위약 또는 해약으로 인하여 받는 위약금과 배상금을 기타소득의 하나로 들고 있고, 소득세법 시행령 제49조 제3항은 법 제25조 제1항 제9호에 규정하는 위약 또는 해약으로 인하여 받은 위약금 또는 배상금은 재산권에 관한 계약의 위약 또는 해약으로 인하여 받는 손해배상으로서 그 명목 여하에 불구하고 본래의 계약의 내용이 되는 지급자체에 대한 손해를 넘는 손해에 대하여 배상하는 금전 또는 기타의 물품의 가액으로 한다고 규정하고 있는바, 채무의 이행지체로 인한 지연배상금이 본래의 계약의 내용이 되는 지급자체에 대한 손해라고 할 수는 없는 것이고, 나아가 그 채무가 금전채무라고 하여 달리 해석할 것은 아니므로, 금전채무의 이행지체로 인한 약정지연손해금의 경우도 위 법령에 의한 기타소득이 되는 위약금 또는 배상금에 포함되는 것이라고 할 것이다; 同 1993. 7. 27., 92 누 19613.
4) 대법원 2016. 3. 10., 2015 두 3577; 同 2011. 2. 10., 2009 두 19465.

감정평가법인의 감정가액 등에 비추어 허위임이 명백한 경우에는 과세관청은 부동산등기부에 기재된 거래가액(이하 "등기부기재가액"이라 한다)을 실지거래가액으로 추정하여 양도소득 과세표준과 세액을 결정할 수 있다. 다만, 다른 방법으로 등기부기재가액이 실지거래가액과 차이가 있음을 확인한 경우에는 그 확인된 실지거래가액에 의하여야 한다(所法 114조 5항; 所令 176조의2 1항).

(2) 자산의 고가양도의 경우의 양도가액

우선, 거주자가 법인세법 시행령 제87조 소정의 특수관계에 있는 법인(외국법인 포함)에게 자산을 시가보다 높은 가액으로 양도함으로써(高價讓渡) 그 법인의 입장에서 고가매입(高價買入)으로서 부당행위계산(法令 88조)에 해당하여 양도인인 거주자의 상여·배당 등으로 소득처분된(法法 67조) 금액이 있는 경우 약정가액이 아닌 동법 시행령 제89조 소정의 시가[1]를 해당 자산의 양도 당시의 실지거래가액으로 본다(所法 96조 3항 1호). 예를 들면, 비상장법인인 A법인의 주식을 소유하고 있는 개인주주 甲이 특수관계 있는 B법인에게 법인세법 시행령 제89조 소정의 시가를 초과하는 가액으로 동 주식을 양도한 경우, 甲의 양도가액은 그 시가로 되고, 이에 그 시가와 취득가액 간의 차액은 양도소득세의 부과대상이 되는 반면, 약정가액과 시가와의 차액은 인정상여 혹은 인정배당 등으로서 종합소득세의 부과대상이 된다. 다음, 거주자가 특수관계법인 외의 자에게 자산을 시가를 초과하는 가액으로 양도한 경우로서 상속세 및 증여세법 제35조에 따라 양도자인 거주자가 그 차액을 증여받은 것으로 인정되는 경우에는 약정가액이 아닌 그 양도가액에서 증여받은 것으로 인정된 금액을 뺀 금액을 실지거래가액으로 보아 양도차익을 계산한다(所法 96조 3항 2호).

(3) 추계조사시의 보충적 양도가액의 적용

장부 기타 증명서류에 의하여 해당 자산의 양도당시의 실지거래가액을 인정 또는 확인할 수 없는 경우에는 양도가액을 매매사례가액, 감정가액, 환산취득가액 또는 기준시가(이하 합하여 "보충적 양도가액"이라고 함)에 의하여 추계조사하여 결정 또는 경정할 수 있다(所法 114조 7항).[2] 이러한 보충적 양도가액의

---

1) 자세한 것은 제2장(법인세법) 제7절 Ⅲ. 2. 참조.
2) 실지거래가액에 관한 증빙서류로서 취득 및 양도에 관한 매매계약서와 계약상대방의 거래확인서 및 인감증명서 등을 제출하였다면, 과세관청으로서는 위 각 매매계약서가 실제와 달리 작성되었다는 등의 특별한 사정이 없는 한, 위 각 매매계약서상의 실지거래가액에 의하여 양도차익을 산정하여야 한다. 그러한 특별한 사정이 있다는 점은 과세관청이 이를 입

적용은 매매사례가액, 감정가액, 기준시가의 순서로 한다(所令 176조의2 3항).

　　보충적 양도가액 중 '매매사례가액'이라고 함은 양도일 전후 각 3월 이내에 양도대상 자산(주권상장법인의 주식 등은 제외함)과 동일 또는 유사한 자산의 매매사례가 있는 경우 그 가액을 말하고, '감정가액'이라고 함은 양도일 전후 각 3개월 이내에 해당 자산(주식 등은 제외함)에 대하여 2개 이상의 감정평가업자가 감정한 가액이 있는 경우에 그 감정가액의 평균액(기준시가가 10억원 이하인 자산의 경우에는 하나의 감정평가업자가 감정평가기준일을 양도일 전후 각 3개월 이내로 하여 평가한 감정가액도 인정)으로 한다(所令 176조의2 3항 1호, 2호). 다만, 특수관계인 간의 매매거래가나 그 거래를 위하여 받은 감정가액은 적용되지 아니한다(所令 176조의2 3항 본문 단서). 감정가액의 보충적 적용과 관련하여 법령상 정해진 감정가액의 산정방식을 벗어나 사후에 취득당시로 소급하여 감정한 가액을 적용하는 것은 허용되지 않는다.[1] '기준시가'라고 함은 정부가 각종의 가격요인을 고려하여 정하는 가격의 개념인데, 구체적으로는 다음에서 보는 바와 같이 결정된다.

(4) 기준시가의 결정

　　자산의 기준시가는 소득세법 시행령 제164조, 164조의2, 164조의3 및 제165조에서 구체적으로 규정하고 있다. 기준시가에 의한 양도가액의 결정과 관련하여 다른 부동산과의 교환을 원인으로 부동산을 양도한 경우에는 실지거래가액을 알 수 없는 단순 교환으로서 기준시가에 의하여 양도가액을 결정하여야 할 것인데, 이때 그 양도가액을 양도한 부동산의 기준시가에 의할 것인지, 아니면 취득한 부동산의 기준시가에 의할 것인지의 문제가 있다. 기존의 판례는 일관되게 양도한 자산의 기준시가에 의하여야 한다고 하였으나,[2] 최근에 교환으로 양도한 자산의 양도가액은 교환으로 취득한 자산의 '시가'로 보아야 한다는 입장으로 바뀌었다.[3] 급부의 '대가'는 통상 급부의 이행자가 받은 반대급부의

증하여야 하며, 취득과 양도 사이의 거래가액 상승률이 기준시가의 상승률에 비하여 현저히 낮다거나 취득 이전에 납세자가 신고한 취득가액 이상의 금액을 채권최고액으로 하여 당해 부동산과 다른 부동산을 목적으로 한 공동근저당권이 설정된 사정이 있다고 하여 실지취득가액에 관한 증빙서류로 제출된 매매계약서가 실제와 달리 작성된 것이라고 단정할 수 없다(대법원 1996. 6. 25., 95 누 3183).

1) 대법원 2015. 10. 15., 2011 두 24286.
2) 대법원 1997. 2. 11., 96 누 860; 同 1994. 6. 10., 94 누 4127; 同 1991. 11. 12., 91 누 1424.
3) 대법원 2011. 7. 28., 2008 두 5650; 同 2010. 3. 25., 2007 두 18017.

가액을 의미한다는 점에서 후자의 입장이 타당하다고 본다. 한편, 부동산을 새로운 기준시가가 고시되기 전에 취득 또는 양도하는 경우에는 직전의 기준시가에 의한다(所令 164조 3항).

　(a) 토　　　지　　'부동산 가격공시 및 감정평가에 관한 법률'의 규정에 의한 개별공시지가에 의한다(所法 99조 1항 1호 가목 본문). 다만 (i) '측량·수로조사 및 지적에 관한 법률'에 의한 신규등록토지, (ii) '측량·수로조사 및 지적에 관한 법률'에 의하여 분할 또는 합병된 토지, (iii) 토지의 형질변경 또는 용도변경으로 인하여 '측량·수로조사 및 지적에 관한 법률'상의 지목이 변경된 토지,1) (iv) 기타 개별공시지가의 결정·고시가 누락된 토지는 인근토지를 표준지로 보고 '부동산가격공시 및 감정평가에 관한 법률' 제9조 제2항에 따른 비교표에 따라 납세지 관할세무서장이 평가한 가액에 의하되, 납세지 관할세무서장은 지방세법 제4조 제1항 단서의 규정에 따라 시장·군수가 산정한 가액을 평가한 가액으로 하거나 둘 이상의 감정평가업자에 의뢰하여 해당 토지에 대한 감정평가업자의 감정가액을 고려하여 평가할 수 있다. 그리고 각종 개발사업 등으로 지가가 급등하거나 급등할 우려가 있는 지역으로서 국세청장이 지정한 지역에 있어서는 배율방법에 의하여 평가한 가액으로 한다(所法 99조 1항 1호 가목 단서; 所令 164조 1항, 2항).2) 배율방법이라 함은 양도·취득 당시의 개별공시지가에 국세청장이 지역별로 가격사정이 유사한 토지의 매매실례가액을 고려하여 정하는 배율3)을 곱하여 계산한 금액을 기준시가로 하는 것을 말한다(所法 99조 2항; 所令 164조 11항).

　(b) 건　　　물　　　건물의 신축가격·구조·용도·위치·신축연도 등을 고려

---

1) 여기서 말하는 '지목이 변경된 토지'라 함은 지목변경으로 인하여 개별공시지가 산정의 기초자료가 되는 토지의 특성이 달라져서 지목변경 전의 개별공시지가를 지목변경 후의 그것으로 보는 것이 불합리하다고 볼 '특별한 사정'이 있는 경우에 있어서의 해당 토지만 의미하고, 지목변경의 한 원인으로서의 '토지의 용도변경'은 용도지역 등의 변경을 의미하는 것이 아니라 지적법상의 지목분류 기준인 토지의 실제이용상황의 변경을 말하는 것이고, 이에는 토지상에 건축된 건축물의 용도가 달라짐에 따라 결과적으로 토지의 실제이용상황이 변경되는 경우도 포함된다는 것이 판례이다(대법원 2009. 5. 14., 2007 두 13197).
2) 분할양도 당시 분할 전의 모(母)지번 토지에 관한 개별공시지가가 고시되어 있었으나 분할된 토지에 관한 공시지가는 고시되지 않은 경우 분할된 토지는 '개별공시지가가 없는 토지'로 볼 수 없으며 모지번의 공시지가를 그대로 적용하여야 한다(대법원 1994. 12. 9., 94 누 6840).
3) 국세청장이 배율을 정한 효력은 '법령등 공포에 관한 법률' 제11조 소정의 절차에 따라 그 내용이 관보에 게재되어야만 발생하는 것이 아니다(대법원 1993. 9. 14., 93 누 2360).

하여 매년 1회 이상 국세청장이 산정·고시하는 가액에 의한다(所法 99조 1항 1호 나목).

　(c) **오피스텔 및 상업용 건물**　　딸린 토지는 공유되고 건물은 구분소유되는 오피스텔 및 상업용 건물로서 국세청장이 건물의 용도·면적 및 구분소유되는 건물의 수 등을 고려하여 지정하는 지역(지정지역)에 소재하는 것에 대하여는 건물의 종류·규모·거래상황·위치 등을 고려하여 매년 1회 이상 국세청장이 토지와 건물에 대하여 일괄하여 산정·고시하는 가액을 기준시가로 한다(所法 99조 1항 1호 다목; 所令 164조 10항).

　(d) **주　　택**　　'부동산 가격공시 및 감정평가에 관한 법률'에 의한 개별주택가격 및 공동주택가격을 기준시가로 한다.[1] (i) 개별주택가격이 없는 단독주택의 경우에는 해당 주택과 구조·용도·이용상황 등 이용가치가 유사한 인근주택을 표준주택으로 보고 동법 제16조 제7항의 규정에 따른 비준표에 따라 납세지 관할세무서장이 평가한 가액을 기준시가로 하고, (ii) 공동주택가격이 없는 공동주택의 경우에는 인근 유사공동주택의 거래가격·임대료 및 해당 공동주택과 유사한 이용가치를 지닌다고 인정되는 공동주택의 건설에 필요한 비용추정액 등을 종합적으로 고려하여 납세지 관할세무서장이 평가한 가액을 각 기준시가로 하되, 이 경우 납세지 관할세무서장은 지방세법 제4조 제1항 단서에 따라 시장·군수가 산정한 가액을 평가한 가액으로 할 수도 있고, 또한 둘 이상의 감정평가업자에 의뢰하여 해당 주택에 대한 감정가액을 고려하여 평가할 수도 있다(所法 99조 1항 1호 라목; 所令 164조 11항).

　(e) **기준시가의 고시 전에 취득한 토지·건물 등의 취득당시의 기준시가**

　(i) 토지: '부동산 가격공시 및 감정평가에 관한 법률'에 의하여 1990. 8. 30. 최초로 개별공시지가가 고시되기 전에 취득한 토지의 취득 당시의 기준시가는 다음 산식에 의하여 환산한 가액으로 한다(所令 164조 4항).[2]

---

1) 다만, 국세청장이 부동산 가격공시 및 감정평가에 관한 법률 제17조 1항 단서에 따라 정한 공동주택가격이 있는 때에는 이를 우선 적용한다(所法 99조 1항 1호 라목 단서).
2) 환지되기 전의 토지소유자가 환지 확정된 토지를 양도하는 경우 그 취득가액의 환산은 다음의 산식에 의한다(대법원 1993. 12. 21., 92 누 4710).
　교부토지 양도가액×(종전토지 면적×종전토지 취득 당시의 과세시가표준액)/(교부토지 면적×교부토지 양도 당시의 과세시가표준액)

1990년 1월 1일을 기준으로 한 개별공시지가×취득 당시의 시가표준액/1990년 8월 30일 현재의 시가표준액과 그 직전에 결정된 시가표준액의 합계액을 2로 나누어 계산한 금액

위의 산식에서 '시가표준액'이라 함은 1995. 12. 6.자 법률 제4995호로 개정되기 전의 지방세법상의 시가표준액을 말한다(所令 164조 4항 2문). 그리고 위의 산식을 적용함에 있어서, 1976. 12. 31. 이전에 취득한 토지의 '취득 당시'는 1977. 1. 1.로 한다(1994. 12. 22.자 법률 제4803호에 의한 개정 소득세법 부칙 8조).

(ii) 건물(오피스텔, 상업용 건물 및 주택은 제외): 기준시가가 국세청장에 의해 고시되기 전에 취득한 건물의 취득당시의 기준시가는 다음의 산식에 의하여 계산한 가액으로 한다(所令 164조 5항).

국세청장이 해당 자산에 대하여 최초로 고시한 기준시가×해당 건물의 취득연도·신축연도·구조·내용연수 등을 감안하여 국세청장이 고시한 기준율

위의 산식의 적용과 관련하여 1976. 12. 31. 이전에 취득한 건물은 토지의 경우와 마찬가지로 1977. 1. 1.에 취득한 것으로 본다(1994. 12. 22.자 법률 제4803호에 의한 개정 소득세법 부칙 8조).

(iii) 오피스텔, 상업용 건물 및 공동주택: 기준시가가 국세청장에 의해 고시되기 전에 취득한 오피스텔 및 상업용 건물(소득세법 99조 1항 1호 다목의 적용대상)과 역시 기준시가가 국세청장에 의해 고시되기 전에 취득한 공동주택(소득세법 제99조 1항 1호 라목 단서의 적용 대상)의 취득당시의 기준시가는 다음 산식에 의하여 계산한 가액으로 한다(所令 164조 6항 전문).

국세청장이 해당 자산에 대하여 최초로 고시한 기준시가×해당 자산의 취득당시의 토지의 개별공시지가액과 건물의 기준시가의 합계액/국세청장이 해당 자산의 기준시가를 최초로 고시한 당시의 토지의 개별공시지가액과 건물의 기준시가의 합계액(취득당시의 가액과 최초로 기준시가를 고시한 당시의 가액이 동일한 경우에는 양도당시의 기준시가와 취득당시의 기준시가가 동일한 경우에 관한 소득세법 시행령 제164조 제8항의 규정을 준용하여 계산함)

위의 산식에서 말하는 '국세청장이 해당 자산의 기준시가를 최초로 고시한

당시' 또는 '해당 자산의 취득당시'의 건물의 기준시가가 존재하지 않아 위의 산식을 적용할 수 없는 경우에는, 위 (ii)에서 본, 기준시가가 고시되기 전에 취득한 '건물'의 취득 당시의 기준시가를 계산하는 산식에 따라 기준시가를 계산한다(所令 164조 6항 후문).

　(iv) 주택: '부동산가격공시 및 감정평가에 관한 법률'에 의한 개별주택가격 및 공동주택가격이 공시되기 전에 취득한 주택의 취득당시의 기준시가는 다음 산식에 의하여 계산한 가액으로 한다(所令 164조 7항).

　　국토교통부장관이 해당 주택에 대하여 최초로 공시한 주택가격×해당 주택을 취득할 당시의 토지의 개별공시지가액과 건물의 기준시가의 합계액／국토교통부장관이 해당 주택의 가격을 최초로 공시한 당시의 토지의 개별공시지가액과 건물의 기준시가의 합계액(취득당시의 가액과 최초로 주택가격을 공시한 당시의 가액이 동일한 경우에는 양도당시의 기준시가와 취득당시의 기준시가가 동일한 경우에 관한 소득세법 시행령 제164조 제8항의 규정을 준용하여 계산함).

　위의 산식에서 말하는 '국토교통부장관이 해당 주택의 가격을 최초로 공시한 당시' 또는 '해당 주택의 취득당시'의 해당 주택의 기준시가가 존재하지 않는 경우에는, 위 (ii)에서 본, 기준시가가 고시되기 전에 취득한 건물의 취득당시의 기준시가를 계산하는 산식에 따라 기준시가를 계산한다(所令 164조 7항 후문).

　(f) **부동산에 관한 권리**　　부동산을 취득할 수 있는 권리는 취득일 또는 양도일까지 납입한 금액과 취득일 또는 양도일 현재의 프리미엄에 상당하는 금액을 합한 금액을 기준시가로 하고(所法 99조 1항 2호 가목; 所令 165조 1항), 지상권·전세권과 등기된 부동산임차권은 상속세 및 증여세법 시행령 제51조 제1항의 규정을 준용하여 평가한 가액을 기준시가로 한다(所法 99조 1항 2호 나목; 所令 165조 2항).

　(g) **'주식 등'의 기준시가**　　주식 등의 기준시가는 유형별로 달리 계산한다. ① 주권상장법인의 주식 등(소득세법 제94조 제1항 제3호 가목의 주식) 중 (i) 유가증권시장(자본시장법 9조 13항 1호)에 상장된 주식 등과 (ii) 코스닥시장 및 코넥스시장에 상장된 주식 등으로서 양도일·취득일 이전 1월 이내에 한국금융투자협회가 정하는 기준에 의하여 매매거래가 정지되거나 투자유의종목 또는 관리종목으로 지정·고시되지 아니한 것(이하 그렇게 지정·고시된 것을 "이상종목

코스닥시장등 상장주식"이라고 하고, 그렇지 아니한 것을 "정상종목 코스닥시장등 상장주식"이라고 함) 및 장외 거래되는 주권상장법인의 주식 등은 상속세 및 증여세법 제63조 제1항 제1호 가목 및 나목을 준용하여 평가한 가액에 의한다(所法 99조 1항 3호; 所令 165조 3항; 相贈稅令 52조의2 3항). 이와 관련하여, (i) 양도일 현재에는 정상종목 코스닥시장등 상장주식 등에 해당되지만 취득당시에는 이에 해당되지 아니하였던 주식 등(즉, 취득시에는 비상장주식 등이거나 이상종목 코스닥시장등 상장주식 등이었던 것)의 취득당시의 기준시가의 산정에 관해서(所令 165조 5항), 또한 (ii) 양도일 현재에는 유가증권시장 상장법인의 주식 등에 해당되지만, 취득당시에는 유가증권시장 상장법인의 주식 등이나 정상종목 코스닥시장등 상장주식 등이 아니었던 것의 취득당시의 기준시가의 산정에 관하여(所令 165조 6항) 특별한 산식을 적용하고 있다. ② 이상종목 코스닥시장등 상장주식 등과 비상장법인의 주식 등은 상속세 및 증여세법 제63조 제1항 제1호 다목의 규정을 준용하여 평가한 가액에 의하되(所法 99조 1항 4호 전단), 평가 기준시기 및 평가액에 관하여는 시행령에 특칙을 두고 있으며(所令 165조 4항), 취득당시의 기준시가를 알 수 없는 경우에는 액면가액을 기준시가로 한다(所法 99조 1항 4호 후단).

신주인수권(所法 94조 1항 3호)은 상속세 및 증여세법 시행령 제58조의2 제2항의 규정을 준용하여 평가한 가액에 의하여 기준시가를 계산한다(所法 99조 1항 5호; 所令 165조 7항).

(h) **기타자산의 기준시가**   소득세법 94조 1항 4호에 규정된 기타자산 중 '주식 등'의 외형을 가진 것의 기준시가는 위 (g)의 ① 내지 ②에 서술된 방식에 의하여 평가한 가액에 의한다(所令 165조 8항 1호). 그리고 영업권의 기준시가는 상속세 및 증여세법 시행령 제59조 제2항의 규정을 준용하여 평가한 가액에 의하되(所令 165조 8항 2호), 동 규정의 적용과 관련하여 양도자가 제시한 증명에 의하여 자기자본을 확인할 수 없는 경우에는 (i) 영업권의 양도일이 속하는 연도의 직전 과세연도의 사업소득금액/기획재정부령이 정하는 자기자본이익률과 (ii) 영업권의 양도일이 속하는 연도의 직전 과세연도의 수입금액/기획재정부령이 정하는 자기자본회전율에 의하여 계산한 금액 중 많은 금액으로 한다(所令 165조 10항, 11항; 所則 81조 6항). 시설물 이용권(주식 등을 제외함)의 기준시가는 지방세법상의 시가표준액에 의하되, 취득 또는 양도 당시의 시가표준액을 확인

할 수 없는 경우에는 기획재정부령으로 정하는 방법에 따라 계산한 가액에 의한다(所令 165조 8항 3호).

(i) **신탁수익권의 기준시가**　　　신탁수익권의 기준시가는 상증세법 제65조 제1항을 준용하여 평가한 가액으로 한다(所法 99조 1항 8호).

(j) **양도당시의 기준시가와 취득당시의 기준시가가 동일한 경우**　　　토지 또는 건물의 보유기간 중 새로운 기준시가가 고시되지 아니함으로써 양도당시의 기준시가와 취득당시의 기준시가가 동일한 경우에는 소득세법 제99조 제1항 제1호의 규정에 불구하고 해당 토지 또는 건물의 보유기간과 양도일 전후 또는 취득일 전후의 기준시가의 상승률을 고려하여 시행규칙 제80조의 규정이 정하는 방법에 의하여 계산한 가액을 양도 당시의 기준시가로 한다(所令 164조 8항). 그리고 소득세법 제99조 제1항 제3호 및 제4호에 따라 산정한 '주식 등'의 양도당시의 기준시가와 취득당시의 기준시가가 동일한 경우에는 역시 동 규정들에 불구하고 해당 자산의 보유기간과 기준시가의 상승률을 고려하여 시행규칙 81조에서 정하는 방법에 의하여 계산한 가액을 양도당시의 기준시가로 한다(所令 165조 9항).

(k) **공적 거래가격이 기준시가보다 낮은 경우**　　　(i) '공익사업을 위한 토지 등의 취득 및 보상에 관한 법률'에 의한 협의매수·수용 및 그 밖의 법률에 의하여 수용되는 경우의 보상금액과 그 보상금액 산정의 기초가 되는 기준시가 중 적은 금액이나 (ii) 국세징수법에 의한 공매와 민사집행법에 의한 강제경매 또는 저당권실행을 위하여 경매되는 경우의 그 공매가액 또는 경락가액(이하 2가지 경우의 거래가액을 합하여 "공적 거래가액"이라고 함)이 토지나 건물의 기준시가보다 낮은 경우에는 그 기준시가에서 양자 간의 차액을 뺀 가액, 즉 법정 거래가액을 양도당시의 기준시가로 한다(所令 164조 9항).

(5) 동시거래 자산들의 가액 구분

토지와 건물 등을 함께 취득하거나 양도한 경우에는 이를 각각 구분하여 기장하여야 하나, 그 구분이 불분명한 때에는 취득 또는 양도 당시의 기준시가에 의하여 계산한 가액에 비례하여 안분 계산한다. 이 경우에 공통비용은 해당 자산의 가액에 비례하여 안분 계산한다. 이와 관련하여 함께 취득하거나 양도한 토지와 건물 등을 구분하여 기장한 가액이 기준시가에 따라 안분계산한 가액과 100분의 30 이상 차이가 있는 경우에는 토지와 건물 등의 가액 구분이 불분명한 것으로 본다(所法 100조 2항, 3항).

(6) 실지거래가액과 기준시가의 혼용 금지

양도가액과 취득가액 중 하나를 실지거래가액에 의하여 결정하는 경우에는 다른 하나도 실지거래가액에 의하여야 하며, 마찬가지로 하나를 기준시가에 의하여 결정하는 경우에는 다른 하나도 기준시가에 의하여야 한다(所法 100조 1항). 요컨대 같은 척도에 의하여 양도가액과 취득가액이 산출되어야 한다는 것이다. 이때의 실지거래가액은 (i) 법인세법 시행령 제87조 소정의 특수관계에 있는 법인(외국법인 포함)에게 고가로 양도함으로써 양도인이 동법 제67조에 따라 동법 시행령 제89조 소정의 시가와의 차액을 배당이나 상여로 얻은 것으로 처분받는 경우에 있어서의 시가, (ii) 특수관계에 있지 않는 개인에게 고가로 양도함으로써 양도인이 시가와의 차액을 증여받은 것으로 인정되는 경우에 있어서의 시가, (iii) 실지거래가액으로 의제되는 시가(소득세법 시행령 제163조 제11항에서 규정하는 前소유자의 부동산양도소득 과세표준 예정신고 또는 확정신고시의 신고가격 또는 '부동산 거래신고에 관한 법률'에 따라 확인되는 부동산의 실제거래가격을 말함), (iv) 매매사례가액, 감정가액, 환산취득가액 등을 포함한다(所法 100조 1항 괄호, 96조 3항, 97조 7항, 114조 7항).

3. 필요경비

양도차익의 산출을 위하여 양도가액에서 공제할 필요경비에는 (i) 취득가액, (ii) 자본적 지출 및 (iii) 양도비의 3가지가 있다(所法 97조 1항, 3항).1) 그러나 양도차익을 계산함에 있어서 취득가액을 실지거래가액에 의하지 아니하고 매매사례가액, 감정가액, 환산취득가액 또는 기준시가에 의하는 경우에는 자본적 지출액과 양도비를 따로 산정하지 않고 그 실지거래가액 외의 취득가액에다가 해당 자산의 기준시가에 일정률을 곱하여 계산한 '표준경비액'을 더한 금액만 필요경비로 인정된다(所法 97조 2항 2호). 이른바 개산공제액(槪算控除額) 제도이다. 취득가액을 실지거래가액에 의하지 않는 것에 상응하여 다른 비용도

---

1) 부동산 취득 당시 인수한 저당채무액(대법원 1986. 2. 25., 85 누 594), 위약금(대법원 1980. 7. 8., 79 누 374), 매도인이 중간생략등기의 대가로 원매도인에게 지급한 금원(대법원 1987. 2. 10., 86 누 781)은 필요경비가 아니다. 위약금이라 하더라도 그 지급이 불가피한 경우에는 취득가액에 포함되는 비용으로 본다(대법원 1996. 11. 8., 95 누 1651).

실제로 지출한 금액을 인정하지 않겠다는 취지이다.[1] 표준경비액은 토지의 경우에는 개별공시지가의 100분의 3,[2] 건물 중 오피스텔, 상업용 건물, 주택 및 그 부속토지의 경우에는 국세청장 고시가액의 100분의 3,[3] 그 밖의 건물의 경우에도 국세청장 고시가액의 100분의 3,[4] 지상권·전세권과 등기된 부동산임차권(미등기양도자산은 제외)의 경우에는 취득 당시의 기준시가의 100분의 7, 그 밖의 자산의 경우에는 취득 당시의 기준시가의 100분의 1에 상당하는 금액으로 한다(所令 163조 6항). 다만, 취득가액을 환산취득가액에 의하는 경우로서 그 환산취득가액과 '표준경비액'의 합계액이 자본적지출액과 양도비의 합계액보다 적은 경우에는 큰 금액인 후자를 필요경비로 할 수 있다(所法 97조 2항 2호 단서).

(1) 취득가액

(a) **취득가액 산정의 일반원칙**   취득가액은 필요경비의 주된 항목으로 양도자산의 취득에 소요된 거래가액이다.[5] 취득가액은 양도가액 산정시 적용한 기준과 같은 기준에 따라 산정한다. 그러므로 모든 양도소득세 부과대상 자산의 취득가액은 취득 당시의 실지거래가액에 의하는 것을 원칙으로 한다(所法 97조 1항 1호 가목 본문; 이하 "실지거래 취득가액"이라고 함). 실지거래 취득가액은 (i) 자산의 취득가액 산정에 관한 소득세법 시행령 제89조 제1항을 준용하여 계산한 취득원가에 상당하는 가액과 (ii) 취득재산의 소유권 등을 확보하기 위하여 직접 소요된 소송비용[6]·화해비용 등의 금액으로서 그 지출한 연도의 각 소득금액의 계산에 있어서 필요경비에 산입되지 않은 금액을 합한 금액을 말한다

---

1) 대법원 2015. 10. 15., 2011 두 24286.

2), 3), 4) 미등기양도자산의 경우에는 1,000분의 3.

5) 시행령 제170조 제2항[현행 소득세법 100조 2항]은 그 입법취지나 내용에 비추어 볼 때, 토지와 건물 등 수개의 자산을 일괄거래한 경우로서 그 전체의 실지거래가액은 확인되지만, 각각의 실지거래가액에 대한 구분이 불분명한 때에 그 가액의 합리적 산정방법으로 기준시가의 비례에 의한 안분계산방법을 규정한 것이지, 이 사건과 같이 1필의 임야를 매수한 후 그 중 일부를 분할하여 양도한 경우에 그 양도 토지 부분의 당초 취득가액을 산정함에 있어서 적용될 조항은 아니라고 할 것이고, 또한 이 사건의 경우 원심이 확정한 사실은 원고가 위 전체 토지를 그 부분별 가치의 우열을 가림이 없이 일괄하여 취득하였다는 것이므로, 그것은 위 토지를 단위면적당 균일한 가격으로 매수하였다는 셈이 되어 위 전체 토지의 취득가액에 이 사건 갑·을 토지의 면적이 전체 토지에 대하여 차지하는 비율을 곱하면, 갑·을 토지의 각 실지취득가액이 산출되므로, 그 실지취득가액이 확인되는 경우에 해당한다(대법원 1992. 5. 12., 91 누 10848; 同 1994. 6. 14., 93 누 1009).

6) 소송으로 취득한 토지가 당초 소송대상물의 일부에 불과하고 그 취득한 토지의 일부를 다시 양도하는 경우, 소송비용의 산정은 당초 소송의 대상으로 삼았던 모든 토지를 기준으로 한다(대법원 1986. 8. 19., 85 누 681).

(所令 163조 1항). 자산의 취득원가에 관하여 규정하고 있는 소득세법 시행령 제
89조 제1항에 의하면, (i) 타인으로부터 매입한[1] 자산의 취득원가는 매입가액
에[2] 취득세·등록면허세 기타 부대비용을 더한 금액, (ii) 자기가 건설·제작 등
에 의하여 취득한 자산의 취득원가는 원재료비·노무비·운임·하역비·보험료·
수수료·설치비·등록면허세·취득세 기타 부대비용의 합계액, (iii) 그 밖의 자
산, 예를 들면 수증받은 자산의 취득원가는 취득 당시의 시가로 한다. 취득거래
의 당사자가 대금지급방법에 관한 약정에 따라 발생하는 이자상당액을 취득원
가에 가산하여 거래가액을 확정하는 경우 그 이자상당액도 취득원가에 포함된
다(所令 163조 1항 3호). 이 경우의 이자상당액은 본래 이자비용의 성질을 갖는
것이지만 계산의 편의를 위하여 취득가액으로 인정하는 것이다. 이에 사업자가
자산을 장기할부조건[3]으로 매입함에 따라 할부기간 중에 발생할 이자채무 상

---

1) 합병으로 주식을 취득하는 과정에서 지출한 부대비용(세금보전액)도 매입한 경우에 준하
   여 자산 취득의 부대비용으로 인정된다(대법원 2014. 3. 27., 2011 두 1719).
2) 채권입찰제로 분양한 아파트를 당첨 취득한 경우 그 채권의 매입은 당첨에 있어서 필수적
   으로 필요한 부대비용에 해당하므로 국민주택채권매입을 위하여 지출한 비용은 분양대금과
   함께 취득원가에 포함된다(대법원 1985. 10. 22., 85 누 254; 同 1985. 12. 10., 85 누 831; 同
   1985. 12. 24., 85 누 752; 同 1986. 1. 21., 85 누 853). 따라서 아파트 입주권을 양도하면서 매
   입한 주택채권을 함께 양도하고 그 액면가액을 수수한 것이라면 채권의 시가와 액면가와의
   차액을 별도의 양도차익으로 볼 것이 아니다(대법원 1986. 1. 21., 85 누 703; 同 1986. 6. 24.,
   86 누 148; 同 1986. 7. 22., 85 누 749; 同 1986. 10. 28., 85 누 766; 同 1986. 12. 23., 86 누 649).
     한편 부동산중개업자가 스스로 토지를 매수한 다음 매도인의 대리인임을 가장 미등기전매
   하여 전매차익을 취하였는데, 매도인으로부터 고소를 당하여 고소를 취하하는 과정에서 전
   매차익의 상당액을 지급하고 합의약정한 경우 다른 특별한 사정이 없다면 이러한 합의약정
   에 따른 지급금액은 원래 매매대금을 변경한 것이거나 적어도 이 돈이 중개업자의 토지취
   득에 소요된 실지거래가액으로 보아야 한다(대법원 1992. 6. 23., 92 누 2554).
     재개발조합아파트 등의 분양권을 취득할 목적으로 재개발구역 내 토지 및 건축물을 매수
   한 경우에는 그 토지 및 건축물의 매입비용은 재개발아파트 등의 분양권에 관한 양도차익
   의 산정에 있어서 이를 재개발아파트 등의 분양권의 취득가액으로 공제받을 수 없다(대법
   원 1995. 2. 14., 94 누 7256). 현행 소득세법상 재개발조합아파트 등의 분양권의 양도차익은
   청산금을 납부한 경우 "{양도가액-(기존주택과 그 부수토지의 평가액+납부한 청산금)-
   (자본적지출액+양도비)}+{(기존주택과 그 부수토지의 평가액-기존주택과 그 부수토지의
   취득가액)-(자본적지출액+양도비)}"에 의하여 산정하므로(所令 166조 1항 1호), 문제된
   재개발구역 내 토지 및 건축물의 매입비용도 '기존주택과 그 부수토지의 취득가액'으로서
   공제가 가능하다.
3) 장기할부조건의 매매라 함은 매매대금을 월부·연부 기타의 지불방법에 따라 2회 이상으
   로 분할하여 지급하고, 해당 목적물의 인도일의 다음날부터 최종의 할부금의 지급기일까지
   의 기간이 1년 이상인 것을 말한다(所則 19조). 계약 당시 이러한 조건이 이미 확정되어 있
   어야 하고, 계약의 이행과정에서 최종 할부금의 지급지연으로 사실상 이러한 조건을 충족하
   게 된 경우는 해당하지 않는다(대법원 2014. 6. 12., 2013 두 2037).

당액을 즉시 지급조건이었더라면 지급하였어야 할 매입가액에 가산하여 매입가액을 확정하고 할부방법으로 이를 지불한 경우 그 이자상당액은 해당 자산의 취득가액에 가산함이 원칙이다. 다만, 사업자가 장기할부조건으로 자산을 매입함에 따라 발생한 채무를 기업회계기준에 따라 현재가치로 평가하여 그 차액을 현재가치할인차금(現在價値割引差金)1)으로 계상한 경우 그 현재가치할인차금의 가액은 사업소득 금액의 계산시 필요경비로 상각하고 취득가액에서는 제외된다(所令 89조 2항 1호; 163조 1항 1호 괄호).2) 그러나 사업자가 장기할부조건으로 매입한 자산의 현재가치할인차금을 계상한 뒤 이를 사업소득의 필요경비로 상각하던 도중 해당 자산을 양도하는 경우에는 해당 자산 보유기간의 사업소득금액 계산시 필요경비로 산입하였거나 산입할 금액을 제외한 나머지 금액은 해당 자산의 양도금액 계산에 있어서 취득가액에 포함한다(所令 163조 2항). 사업자가 장기할부조건으로 매입한 자산의 현재가치할인차금을 취득가액에 포함하지 않고 사업소득 금액의 계산시 필요경비로 공제함을 원칙으로 하되, 해당 자산을 양도하는 때 미상각액이 잔존하는 경우에는 이를 양도소득 계산상 취득가액에 포함시켜 일시에 비용으로 회수하도록 하기 위함이다.

또한 사업의 폐지시 잔존하는 재화를 자신에게 공급한 것으로 간주되어 납부한 부가가치세액도 취득가액에 포함된다(所令 163조 1항 1호 괄호). 해당 재화의 취득을 위하여 궁극적으로 부담한 가액이기 때문이다.

한편, 당초 약정한 거래가액의 지급 지연으로 인하여 추가로 발생하는 연체이자는 취득원가에 포함하지 아니한다(所令 163조 1항 3호). 손해배상액의 일종이기 때문이다. 또한 고가매입 등의 부당행위계산을 부인함(所法 101조)에 의해 결정된 시가초과액도 취득원가에서 제외한다(所令 163조 1항 1호 괄호).

피합병법인의 주주가 합병법인으로부터 교부받은 주식의 1주당 취득원가는 합병 당시 해당 주주가 보유하던 피합병법인의 주식을 취득하는 데 든 총

---

1) 현재가치할인차금이란 채무의 명목가치와 현재가치(채무로 인하여 장래에 지급할 총금액을 적정한 이자율로 할인한 가액)와의 차액을 말한다(기업회계기준 66조 4항; 현재가치의 측정방법에 관해서는 재무회계개념체계 문단 154 내지 157 참조). 현재가치할인차금은 유효이자율법을 적용하여 상각하고 이를 이자비용 과목으로 계상하지만(同 기준 66조 5항), 현재가치할인차금 상각액은 지주회사 및 일반 법인에 의한 수입배당금 익금불산입을 제한하는 차입금에 대한 지급이자, 손금불산입 지급이자, 원천징수의 대상이 되는 지급이자 등에 포함되지 아니한다(法令 72조 5항).

2) 대법원 2009. 1. 30., 2006 두 18270.

금액을 합병으로 교부받은 주식수로 나누어 계산한 가액으로 하고, 분할법인 또는 소멸한 분할합병의 상대방 법인의 주주가 분할신설법인 또는 분할합병의 상대방 법인으로부터 분할 또는 분할합병으로 인하여 취득하는 주식의 1주당 취득원가는 분할 또는 분할합병 당시 해당 주주가 보유하던 분할법인 또는 소멸한 분할합병의 상대방 법인의 주식을 취득하는 데 소요된 총 금액을 분할로 인하여 취득하는 주식 수로 나누어 계산한 가액으로 한다. 이때 피합병법인의 주식을 취득하는 데 든 총 금액을 계산하거나 분할법인 또는 소멸한 분할합병의 상대방 법인의 주식을 취득하는 데 든 총 금액을 계산함에 있어서 합병이나 분할로 발생한 의제배당가액은 더하여 이중과세를 피하고, 합병대가나 분할대가 중 신주 외의 것(금전이나 기타 재산)의 가액은 빼서 이중공제를 피한다(所令 163조 1항 4호, 5호).

(b) **감가상각비의 처리**   양도자산 보유기간 중에 그 자산에 대한 감가상각비로서 각 연도의 사업소득금액의 계산에 있어서 필요경비에 산입하였거나 산입할 금액이 있는 때에는 취득가액을 계산함에 있어서 이를 공제한다(所法 97조 3항).

(c) **전 소유자에 의해 확인된 매도가액을 실지거래 취득가액으로 의제하는 경우**   양도소득세 과세대상 자산을 타인으로부터 매입한 경우에는 그 매입가액에 취득세·등록면허세 기타 부대비용을 더한 금액을 취득원가로 하되(所令 89조 1항 1호), 해당 자산을 매도한 전 소유자가 거래 당시 실지거래가액을 확인한 사실이 있는 경우에는 (i) 그 확인된 매도가액이 소득세법 제114조에 따라 과세관청에 의하여 경정되는 경우나 (ii) 전 소유자의 양도소득세가 비과세되는 경우로서 그 확인된 매도가액보다 높은 가액으로 거래된 것으로 확인되는 경우를 제외하고는, 그 확인된 매도가액을 양도자산의 실지거래 취득가액으로 간주한다(所法 97조 3항 1호 다목, 7항).

(d) **등기부기재가액을 실지거래 취득가액으로 추정하는 경우**   양도가액 산정의 경우에 있어서와 마찬가지로 양도소득세 예정신고의무자 또는 확정신고의무자가 그 신고를 하지 아니하여 과세관청이 양도소득세 과세표준과 세액을 결정하거나 확정신고의 내용에 탈루나 오류가 있어 과세관청이 그 신고 내용을 경정하는 경우로서(所法 114조 1항, 2항) 신고의무자의 실지거래 취득가액 소명이 불충분한 경우에는 과세관청은 등기부기재가액을 실지거래 취득가액으로 추

정하여 양도소득 과세표준과 세액을 결정 또는 경정할 수 있다. 다만, 등기부기 재가액이 실지거래가액과 차이가 있음을 확인한 경우에는 그러하지 아니하다 (所法 114조 5항).

(e) **상속 또는 증여받은 재산의 실지거래 취득가액**　　상속 또는 증여받은 자산(상속세 및 증여세법 제33조 내지 제42조의3의 규정에 의한 증여를 제외함)은 상 속개시일 또는 증여일 현재 동법 제60조 내지 제66조의 규정에 의하여 평가한 가액을 실지거래 취득가액으로 한다(所令 163조 9항). 공신력 있는 감정기관이 상속개시 후 상속개시일을 평가기준일로 하여 소급 감정한 가액도 이에 포함된 다.1) 다만, 1990. 8. 30. 개별공시지가가 고시되기 전에 상속 또는 증여받은 토 지는 상속개시일 또는 증여일 현재 상속세 및 증여세법 제60조 내지 제66조의 규정에 의하여 평가한 가액과 앞의 2.(4)(e)에서 본 소득세법 시행령 제164조 제 4항 소정의 산식에 의하여 환산한 기준시가 중 큰 금액을 실지거래 취득가액으 로 하고(所令 163조 9항 단서 1호), 상속세 및 증여세법 제61조 제1항 제2호 내지 제4호에 규정된 건물, 오피스텔 및 상업용 건물, 주택 등의 기준시가가 고시되 기 전에 상속 또는 증여받은 이들 재산은 상속개시일 또는 증여일 현재를 기준 으로 상속세 및 증여세법 제60조 내지 제66조의 규정에 의하여 평가한 가액과 앞의 2.(4)(e)에서 본 소득세법 시행령 제164조 제5항 내지 제7항의 규정에 의하 여 산정한 기준시가 중 큰 금액을 실지거래 취득가액으로 한다(所令 163조 9항 단서 2호). 이처럼 상속 또는 증여받은 자산의 시가를 취득가액으로 인정하는 취지는 해당 자산의 상속가액이나 증여가액에 대하여 상속세나 증여세를 납부 하므로 그 가액을 취득가액으로 인정하여 이중과세가 되지 않도록 하기 위한 것이다.

(f) **취득과 관련하여 상속세나 증여세를 부과당하거나 법인세법에 따른 소득처분 을 받은 경우의 취득가액 조정**　　양도대상 재산의 취득에 대하여 상속세 및 증여세법 제3조 제1항 단서, 제33조부터 제42조까지, 제39조의2, 제39조의3, 제 40조, 제41조의2부터 제41조의5까지, 제42조부터 제42조의3까지 및 제45조의3 부터 제45조의5까지의 규정에 따라 상속세나 증여세를 부과당한 경우에는 해당 상속재산가액이나 증여재산가액(제45조의3부터 제45조의5의 경우에는 증여의제이 익) 또는 그 증가액이나 감소액을 취득가액에 더하거나 뺀다(所令 163조 10항 1

---

1) 대법원 2010. 9. 30., 2010 두 8751.

호). 예를 들면, 현물출자로 취득한 주식에 대하여 시가보다 낮은 가액에 인수하였다는 이유로 시가와 인수가액 간의 차액을 증여받은 것으로 취급되어 증여세가 부과되었으면 그 증여가액을 취득가액에 가산한다. 취득가액과 양도가액 간의 차액 중 증여세 과세대상이 된 금액을 양도차익에서 공제하여 이중과세를 방지하기 위한 것이다. 그리고 법인세법상의 특수관계인으로부터 양도대상 재산을 취득한 거래가 법인세법 제52조에 따른 부당행위로 인정되어 같은 법 제67조에 따라 양도자가 상여·배당 등을 받은 것으로 처분받은 금액이 있으면 그 상여·배당 등으로 처분된 금액 역시 취득가액에 더한다(동조 동항 2호). 이 역시 취득가액과 양도가액 간의 차액 중 이미 상여나 배당으로 인정되어 소득세 과세대상이 된 금액에 대해서는 이중과세를 하지 않기 위한 것이다.

(g) 배우자 등으로부터 수증한 특정자산 양도의 경우 취득가액 산정 특례

거주자가 그 배우자(양도 당시 혼인관계가 소멸된 경우를 포함하되, 사망으로 혼인관계가 소멸된 경우는 제외함)나 직계존비속으로부터 수증한 부동산과 이용권 및 회원권을 수증일로부터 10년 이내에 양도하는 경우에는 해당 배우자나 직계존비속의 취득가액을 해당 거주자의 취득가액으로 한다(所法 97조의2 1항). 이때 5년 기간의 계산은 등기부상의 기간에 의한다(동조 3항). 그리고 이 경우 수증시의 '증여세 상당액'을 필요경비에 산입한다(所法 97조의2 1항 후단). 여기서 '증여세 상당액'이라고 함은 양도자가 배우자나 직계존비속으로부터 증여받은 자산에 대한 상속세 및 증여세법 제56조에 의한 증여세 산출세액에 증여받은 후 5년 이내에 양도하는 자산의 증여세과세가액이 상속세 및 증여세법 제47조의 규정에 의한 총 증여세과세가액에서 차지하는 비율을 곱하여 계산한 금액으로 하되, 양도가액에서 양도자 자신의 필요경비로 인정되는 금액을 공제하고 남는 잔액을 한도로 한다(所令 163조의2 2항). 제3자에게 바로 양도하지 않고 배우자나 직계존비속에게 증여한 뒤 제3자에게 양도하는 다단계 거래방식을 취함으로써 바로 양도한 경우에 비해 세부담을 줄이는 것을 막기 위해 중간에 개재된 증여가 없었던 것으로 취급한다는 취지이다. 따라서 '공익사업을 위한 토지 등의 취득 및 보상에 관한 법률'이나 그 밖의 법률상의 사업인정 고시일로부터 소급하여 2년 이전에 증여받은 경우로서 그러한 법률에 따라 협의매수 또는 수용된 경우에는 조세회피의 의도가 없는 것으로 보아 위와 같은 특례의 적용 대상에서 제외한다(所法 97조의2 2항 1호). 또한 거주자가 배우자나 직계존비속으

로부터 수증하여 5년 이내에 양도하는 것이 양도소득세 비과세 대상인 주택이
거나 비과세되지 않는 고가주택인 경우, 그리고 위와 같은 특례를 적용하여 계
산한 양도소득 결정세액이 그러한 특례를 적용하지 아니하고 계산한 양도소득
결정세액보다 적은 경우에도 마찬가지이다(동항 2호, 3호).

　(h) **가업상속공제 적용 자산 양도의 경우 취득가액 산정의 특례**　　상속세 및
증여세법상의 가업상속공제(相贈稅法 18조 2항 1호)가 적용된 자산의 양도차익을
계산할 때 양도가액에서 공제할 취득가액은 다음의 2가지를 합한 금액으로 한
다(所法 97조의2 4항).

　ⓐ 피상속인의 취득가액×해당 자산가액 중 가업상속공제가 적용된 비율(가업상속
　공제적용률)
　ⓑ 상속개시일 현재 해당 자산가액×(1−가업상속공제적용률)

　상속 후 발생한 가치증가분에 대해서 양도소득세를 부과하는 외에 가업상
속공제를 적용받아 상속세를 부담하지 않은 자산가액 중 피상속인의 보유 기간
중에 발생한 가치증가분에 대하여 상속세 대신 양도소득세를 부담시키려는 취
지이다. 따라서 가업상속공제는 다른 상속공제와 달리 영구적이고 완전한 과세
제외가 아니다.

　(i) **추계조사시의 보충적 취득가액의 적용**　　장부 기타 증명서류에 의하여
해당 자산의 실지거래 취득가액을 인정 또는 확인할 수 없고, 이를 대체할 등
기부기재가액도 없는 경우에는 취득가액을 매매사례가액, 감정가액, 환산취득
가액 또는 기준시가에 의하여 추계조사하여 결정 또는 경정할 수 있다(所法 114
조 7항, 97조 3항 2호, 97조 1항 1호 가목 단서 및 나목; 이하에서 추계에 의해 결정하
는 이러한 취득가액을 합하여 "보충적 취득가액"이라고 함). 이들 보충적 취득가액
중 매매사례가액과 감정가액은 양도가액을 이들 가액으로 산정하는 경우에 있
어서의 그 산정방식에 따라 계산한다(所令 163조 12항, 176조의2 3항). 그리고 보
충적 취득가액 중 기준시가는 양도가액 산정과 관련하여 전술한 바와 같다. 보
충적 취득가액 중 '환산취득가액'이라 함은 양도당시의 실지거래가액, 매매사례
가액 또는 감정가액에 취득당시의 기준시가가 양도당시의 기준시가에서 차지하
는 비율을 곱하여 산정하는 가액을 말하는바, 자산의 유형별로 구체적 내용을

달리한다(所令 176조의2 2항).1) 보충적 취득가액의 적용순서는 매매사례가액, 감정가액, 환산취득가액, 기준시가액의 순서로 한다(所令 176조의2 3항).

의제취득일2) 전에 취득한 자산의 보충적 취득가액을 산정하는 방법에 관해서는 특례가 있다. 우선, 의제취득일 전에 취득한 자산(상속 또는 증여받은 자산 포함)의 실지거래 취득가액을 알 수 있는 경우에는 그 가액과 그 가액에 실제 취득일부터 의제취득일의 전일까지의 보유기간의 생산자물가상승률을 곱하여 계산한 금액의 합계액을 취득가액으로 추계한다(所法 97조 3항 1호 나목). 다음, 의제취득일 전에 취득한 자산의 실지거래 취득가액을 알 수 없는 경우에는 다음 (i)의 금액과 (ii)의 금액 중 큰 것을 해당 자산의 보충적 취득가액으로 한다(所令 176조의2 4항).

(i) 의제취득일 현재의 매매사례가액, 감정가액 또는 환산취득가액

(ii) 취득당시의 매매사례가액 또는 감정가액과 그 가액에 실제 취득일부터 의제취득일의 직전일까지의 보유기간 동안의 생산자물가상승률을 곱하여 계산한 금액을 합한 가액

(2) 자본적 지출

자본적 지출이라 함은, (i) 해당 자산의 내용(耐用)연수를 연장시키거나 그 가치를 현실적으로 증가시키는 수선비, (ii) 양도자산을 취득한 후 쟁송이 있는 경우에 소유권을 확보하기 위하여 직접 소요된 소송비용,3) 화해비용 등의 금액으로서 지출한 연도의 각 소득금액의 계산상 필요경비에 산입되지 않은 금액, (iii) '공익사업을 위한 토지 등의 취득 및 보상에 관한 법률'이나 그 밖의 법률에 따라 협의매수 또는 수용되는 토지 등의 보상금 증액과 관련하여 직접 소요된 소송비용·화해비용 등의 금액으로서 지출연도의 사업소득금액 계산시 필요경비에 산입되지 않은 것, (iv) 양도자산의 용도변경·개량 또는 이용편의를 위하여 지출한 비용(재해·노후화 등 부득이한 사유로 인하여 건물을 재건축한 경우 그

---

1) 소득세법 제114조 제7항 괄호안의 규정에 의하면, 양도가액을 제외한 취득가액만 환산취득가액에 의해 결정할 수 있는 것으로 되어 있다.

2) 1976. 12. 31. 이전에 취득한 토지·건물의 취득시기는 1977. 1. 1.로 의제되고, 1984. 12. 31. 이전에 취득한 부동산에 관한 권리 및 기타자산의 취득시기는 1985. 1. 1.로 의제되며, 1985. 12. 31.에 취득한 주식 등의 취득시기는 1986. 1. 1.로 의제된다(1994. 12. 22.자 법률 제4803호의 소득세법 부칙 8조; 所令 162조 6항, 7항).

3) 상대방으로부터 상환받도록 확정된 소송비용액은 상대방이 무자력 등으로 상환받을 가망성이 없는 한 여기서 말하는 소송비용에 포함되지 않는다(대법원 1986. 2. 25., 85 누 594).

철거비용을 포함함), (v) 양도자산과 관련하여 부담한 수익자부담금·환지청산금(換地淸算金) 등의 사업비용과 '개발이익환수에 관한 법률'에 따른 개발부담금, '재건축초과이익 환수에 관한 법률'에 따른 재건축부담금, 장애물철거비용, 양도토지에 도로 신설을 한 경우의 시설비, 양도토지에 도로를 신설하여 국가 또는 지방자치단체에 기부한 경우의 도로로 된 토지의 가액, 사방(砂防)사업에 소요된 비용 기타 이에 유사한 비용으로서 그 지출에 관한 증명서류가 구비된 것을 말한다(所令 163조 3항; 所則 79조). 모두 해당 자산의 내재적 가치를 증가시키는 성격의 지출이다. 건물을 철거하는 조건으로 토지와 건물의 양도계약을 체결하였다 하더라도 양도목적물 중에 토지와 건물이 함께 포함되어 있다고 보아야 할 경우에는 철거된 건물의 보수공사비도 양도가액에서 공제할 자본적 지출에 해당한다.[1] 토지의 형질변경허가에 대한 부담의 이행으로 구(區)에 일부토지를 기부한 경우 기부토지의 취득가액,[2] 토지의 이용 편의를 위하여 해당 토지에 이르는 진입도로를 개설하여 국가에 기부한 경우 그 도로의 가액 및 개설비용,[3] 토지를 취득한 후 그 일부지상에 축조된 무허가건물을 그 소유자와 협의하여 철거하면서 그 철거 및 정지(整地)비용으로 지출한 금액,[4] 골프장의 그린, 티, 벙커 등의 조성 비용,[5] 토지와 독립된 권리의 객체성을 상실하여 그 양도대가를 토지의 양도대가의 일부로 보아야 하는 구축물의 설치나 취득 비용[6]도 자본적 지출이다. 그러나 양도한 토지상에서 목장경영 또는 수목의 재배를 영위하기 위하여 지출한 비용은 양도자산 자체의 자본적 지출이 아니다.[7]

(3) 양 도 비

(i) 소개비, 계약서 작성비용, 공증비용 및 인지대 등과 같이 자산을 양도하기 위하여 직접 지출한 비용, (ii) '기타자산'인 주식 등의 양도와 관련하여 납부한 증권거래세, (iii) 양도소득세과세표준 신고서 작성비용, (iv) 매매목적물의 명도비용, (v) 기타 이들과 유사한 비용으로서 기획재정부령에 규정된 것, (vi)

---

1) 대법원 1990. 12. 21., 90 누 5832.
2) 대법원 1982. 9. 14., 82 누 65; 同 1997. 10. 10., 96 누 13033; 同 1998. 11. 13., 97 누 17421.
3) 대법원 2022. 1. 27., 2017 두 51983; 同 2008. 4. 11., 2006 두 5502.
4) 대법원 1984. 5. 15., 83 누 470; 同 1994. 3. 11., 92 누 15871.
5) 대법원 2009. 5. 14., 2006 두 11224.
6) 대법원 2015. 10. 29., 2011 두 23016.
7) 대법원 1985. 11. 26., 85 누 771.

그리고 부동산 취득과 관련하여 법령 등의 규정에 따라 매입한 국민주택채권 및 토지개발채권을 만기 전에 기획재정부령이 정하는 금융기관 등에 양도함으로써 발생하는 매각차손 등이 공제할 수 있는 양도비이다(所令 163조 5항). 금융기관 외의 자에게 양도한 경우에는 동일한 날에 금융기관에 양도하였을 경우 발생하는 매각차손을 한도로 한다.

4. 양도소득금액

비사업용 토지와 미등기자산을 제외한 토지 또는 건물의 양도의 경우에는 그 양도차익에서 장기보유특별공제액을 뺀 금액이, 그리고 토지, 건물 또는 조합원으로부터 전득한 것이 아닌 조합원입주권 외의 자산의 양도의 경우에는 그 양도차익이 바로 양도소득이 된다고 함은 위에서 본 바와 같다(所法 95조 1항, 2항). 양도소득금액에서 다시 양도소득 기본공제를 하면 양도소득 과세표준이 된다(所法 92조 2항, 103조).

(1) 장기보유특별공제액

장기간 보유한 자산의 양도로 발생하는 양도차익에는 그 보유기간 중 발생한 화폐가치의 하락에 따른 명목소득이 포함되어 있으므로 이를 과세대상에서 제외시켜 줄 필요가 있다. 이러한 취지에서 토지 또는 건물의 양도차익에 대해 장기보유특별공제를 인정한다. 비사업용토지와 미등기자산의 양도로 발생하는 양도차익에 대해서 장기보유특별공제를 인정하지 않는 것은 투기거래로서의 성격이 짙기 때문이다.

장기보유특별공제 대상 자산의 보유기간이 3년 이상인 경우에는 양도차익에 보유기간별로 최저 6%에서 최고 30%의 공제비율을 곱한 금액을 장기보유특별공제액으로 양도차익에서 공제한다(所法 95조 2항).

다만, 1세대 1주택(이에 딸린 토지를 포함)에 해당하는 자산의 경우에는 해당 자산의 양도차익에 보유기간별로 최저 24%에서 최고 80%의 공제비율(위 통상의 공제비율보다 높음)을 곱하여 계산한 금액을 장기보유특별공제액으로 한다(동조 동항).

1세대 1주택 비과세대상에서 제외되는 '고가주택'의 장기보유특별공제액은 다음 산식과 같이 고가주택이 아니었더라면 인정되는 장기보유특별공제액에 양도가액에서 9억 원을 공제한 금액이 전체 양도가액에서 차지하는 비율을 곱하

여 계산한다(所法 95조 3항; 所令 160조 1항 2호). 양도소득세 과세대상이 되지 않
는 9억 원 한도액에 대해서는 장기보유특별공제를 인정하지 않는 취지이다.

제95조 제2항의 규정에 의한 장기보유특별공제액×(양도가액−9억 원)/양도가액

장기보유특별공제를 적용함에 있어서 자산의 보유기간은 해당 자산의 취
득일부터 양도일까지로 한다. 이와 관련하여 재건축, 재개발 조합에게 기존주
택을 양도하고 취득한 조합원 입주권이 1세대 1주택으로 인정되는 요건(所法
89조 1항 4호)을 갖춘 경우에는 기존주택, 조합원 입주권, 신규주택 모두의 보유
기간을 통산할 수 있다.1) 또한 거주자가 배우자나 직계존비속으로부터 수증한
(i) 부동산, (ii) 이용권 또는 회원권 등과 같은 시설물이용권을 수증일로부터 5
년 이내에 양도함에 따른 양도차익을 계산함에 있어서 증여한 배우자나 직계존
비속의 취득가액을 필요경비로 산입하는 경우(所法 97조의2 1항)에는 그 증여한
배우자나 직계존비속이 해당 자산을 취득한 날로부터, 가업상속공제가 적용된
자산의 경우(동조 4항)에는 피상속인이 해당 자산을 취득한 날로부터 기산한다
(所法 95조 4항 단서).
장기보유특별공제를 적용함에 있어서 미등기양도자산이란 토지·건물과 부
동산에 관한 권리를 취득한 자가 그 자산의 취득에 관한 등기를 하지 않고 양
도하는 자산을 말한다(所法 104조 3항).2) 그러나 (i) 장기할부조건으로 취득한
자산으로서 계약의 조건으로 말미암아 양도 당시에 그 자산의 취득에 관한 등
기가 불가능한 자산, (ii) 법률의 규정3) 또는 법원의 결정에 의하여 양도 당시
에 그 자산의 취득에 관한 등기가 불가능한 자산, (iii) 일정한 유형의 교환 또
는 분합되는 농지, 조세특례제한법 제69조 제1항 소정의 자경농지, 동법 제70
조 제1항의 대토(代土)를 위하여 양도되는 농지, (iv) 1세대 1주택으로서 선축허
가를 받지 아니하여 등기가 불가능한 것, (v) 도시개발법에 따른 도시개발사업
이 종료되지 아니하여 토지 취득등기를 하지 아니하고 양도하는 토지, (vi) 건

---

1) 대법원 2014. 9. 4., 2012 두 28025; 同 2007. 6. 14., 2006 두 16854.
2) 신탁자가 명의신탁된 부동산을 제3자에게 양도한 것은 미등기자산의 양도가 아니다(대법
   원 1985. 10. 22., 85 누310; 同 1986. 9. 23., 85 누163; 同 1987. 3. 24., 86 누914).
3) 농지 소재지에 거주하지 아니하는 비농민에 대한 농지취득의 제한 등과 같은 상대적 불
   능은 법률의 규정에 의하여 양도당시 그 자산의 취득에 관한 등기가 불가능한 자산에 해당
   하지 아니한다(대법원 1995. 4. 11., 94 누 8020).

설업자가 도시개발법에 따라 공사용역 대가로 취득한 체비지를 토지구획환지처분공고 전에 양도하는 토지 등은 양도소득과세에 있어 미등기양도자산으로 보지 않는다(所令 168조 1항).

(2) 양도소득 기본공제액

토지·건물(일반건물·오피스텔 및 상업용 건물·주택), 부동산에 관한 권리, 기타자산을 묶어서 그 전체의 양도소득금액에서 연 250만 원을, 주식·출자지분의 양도소득금액에서 같은 금액을, 또한 파생상품 등의 양도소득금액에서 같은 금액을 각 공제할 수 있다(所法 103조 1항). 양도소득금액에 감면소득금액이 포함되어 있는 때에는 감면소득금액 외의 양도소득금액에서 먼저 공제하고, 감면소득금액 외의 양도소득금액 중에서는 먼저 양도한 자산의 양도소득금액에서부터 순차로 공제한다(동조 2항). 1개 과세연도 중 2회 이상 또는 1회에 2개 이상의 자산을 양도한 경우라도 양도소득공제는 전체 양도차익에 대해 250만 원만 할 수 있다.[1] 미등기자산의 양도의 경우에는 양도소득 기본공제 역시 허용되지 않는다(所法 103조 1항 1호 단서). 주택청약예금증서의 양도에 있어서는 자산의 취득에 관한 등기가 불가능한 경우에 해당하므로 양도소득 공제가 허용되어야 한다는 것이 판례의 입장이다.[2] 그러나 입법취지에 반한다고 본다.

(3) 주택재개발사업조합, 주택재건축사업조합 또는 소규모재건축사업의 조합원의 양도차익 산정의 방식

주택재개발사업, 주택재건축사업 또는 소규모재건축사업을 시행하는 정비사업조합의 조합원이 해당 조합에 기존건물과 그 부수토지를 제공(건물 또는 토지만을 제공한 경우를 포함)한 대가로 취득한 입주자의 지위(입주권)를 양도하는 경우의 양도차익이나, 그렇게 기존건물과 부수토지를 제공하고 관리처분계획에 따라 취득한 신축주택 및 부수토지를 양도하는 경우에 있어서의 양도차익은 청산금을 지급한 경우와 청산금을 지급받은 경우로 구분하여 별도의 산식에 의하여 계산한다(所法 100조; 所令 166조).

(4) 양도소득금액의 구분계산과 양도차손의 통산

양도소득금액은 (i) 토지·건물 등의 부동산, 부동산에 관한 권리, 기타 자산의 양도차익, (ii) 주식·출자지분의 양도차익 및 (iii) 파생상품 등의 거래이익

---

1) 대법원 1986. 6. 10., 85 누 678.
2) 대법원 1985. 11. 26., 85 누 198; 同 1987. 3. 10., 87 누 697.

을 각기 하나의 단위로 계산하되,1) 이렇게 계산한 결과 어느 한 무리에서 결손금(양도차손이 양도차익을 초과하는 금액)이 발생한 경우 그 금액을 다른 무리의 소득금액과 통산하지 아니한다(所法 102조 1항). 그러나 한 군(群)에 속하는 여러 자산들 중 일부 자산의 양도로부터는 양도차익이 발생하고, 다른 일부 자산의 양도로부터는 양도차손이 발생한 경우 그 양도차익에서 그 양도차손을 공제하는 것은 허용된다(동조 2항). 이 경우 공제의 순서는 양도차손이 발생한 자산과 같은 세율을 적용받는 자산의 양도소득금액에서 먼저 공제하고, 양도차손이 발생한 자산과 다른 세율을 적용받는 자산의 양도소득금액에서 나중에 공제한다(所令 167조의2 1항).

5. 파생상품 등의 양도차익 계산의 특칙

(i) 외국증권시장을 대표하는 종목을 기준으로 산출된 지수를 기초자산으로 하는 자본시장법상의 장내파생상품(所令 159조의2 1항 1호)으로서 자본시장법상의 '선물'(자본시장법 5조 1항 1호)에 해당하는 것의 양도차익은 계좌별 '매도 미결제약정'과 '매수 미결제약정' 사이나 '매수 미결제약정'과 '매도 미결제약정' 사이의 반대거래나 최종거래일의 종료 등의 원인으로 소멸된 계약 별로 그 계약체결 당시의 약정가격, 최종결제가격 및 거래승수 등을 기준으로 산출되는 손익에서 그 계약을 위하여 직접 지출한 위탁수수료 등의 비용을 공제한 금액의 합계액으로 하고(所令 161조의2 1항), (ii) 외국증권시장을 대표하는 종목을 기준으로 산출된 지수를 기초자산으로 하는 자본시장법상의 장내파생상품(所令 159조의2 1항 1호)으로서 자본시장법상의 '옵션'(자본시장법 5조 1항 2호)에 해당하는 것의 양도차익은 반대거래, 권리행사, 최종거래일의 종료 등으로 소멸된 계약 별로 그 계약체결 당시의 약정가격, 권리행사 결제기준가격, 행사가격, 거래승수 등을 기준으로 정하는 손익에서 그 계약을 위하여 직접 지출한 위탁수수료 등의 비용을 공제한 금액의 합계액으로 하며(所令 161조의2 2항), (iii) 외국증권시장을 대표하는 종목을 기준으로 산출된 지수의 변동과 연계하여 미리 정하여진 방법에 따라 주권의 매매나 금전의 수수 거래를 성립시킬 수 있는 당사자

---

1) 이렇게 자산의 종류를 구분하여 양도소득을 별도로 계산하는 것은 그 종류별로 적용세율이 다르고(所法 104조), 또한 그 자산의 성격 차이로 인해 상호 간에 양도차익과 양도차손의 상계의 인정하는 것이 바람직하지 않기 때문이다.

일방의 권리(option)를 표시하는 증권 또는 증서(파생결합증권, 所令 159조의2 1항 4호)의 양도차익은 환매, 권리행사, 최종거래일의 종료 등의 원인으로 양도 또는 소멸된 증권의 매수 당시 증권가격, 권리행사 결제기준가격, 행사가격, 전환비율 등을 고려하여 일정한 방법에 따라 산출되는 손익에서 그 증권의 매매를 위하여 직접 지출한 위탁수수료 등의 비용을 공제한 금액의 합계액으로 하고 (所令 161조의2 3항), (iv) 주식·상장지수집합투자기구의 집합투자증권·상장지수증권 등의 기초자산의 가격과 연계하여 수익을 산출하는 장외파생상품으로서 계약체결 당시 약정가격과 반대거래 약정가격 간의 차액을 현금으로 결제하고, 계약 종료시점을 일방 당사자의 의사표시로 정하는 요건을 충족하는 장외파생상품(所令 159조의2 1항 2호)의 양도차익은 계좌 별로 계약체결시의 약정가격과 반대거래의 약정가격 간 차액 및 그 계약을 위하여 발생한 수입과 비용 등을 고려하여 정한 일정한 산식에 따라 계산하며(所令 161조의2 4항), (v) 자본시장법상의 해외 파생상품시장에서 거래되는 파생상품(所令 159조의2 1항 5호)과 자본시장법상의 장외파생상품으로서 그 경제적 실질이 장내파생상품과 유사한 것 (所令 159조의2 1항 6호)의 양도차익은 위 (i) 및 (ii)의 방식을 준용하여 계산한다(所令 161조의2 6항). 동일한 내용의 여러 계약이 시간차를 두고 소멸된 경우 먼저 체결된 것부터 순차적으로 소멸된 것으로 본다(所令 161조의2 5항).

6. 취득과 양도의 시기

소득세법상 자산의 취득 또는 양도시기는 그 양도차익의 계산을 위한 기준시기가 됨은 물론, 과세요건이나 면세요건에 해당하는지 여부의 기준시기도 된다(所令 162조 8항).[1] 나아가 1세대가 소유한 2주택 중 1주택의 양도가 비과세요건인 1세대 1주택에 해당하는 여부를 판단함에 있어서도 적용된다.[2] 따라서 자산의 취득 또는 양도시기를 언제로 보느냐는 매우 중요하다.

소득세법상 자산의 취득 또는 양도의 시기는 사법(私法)상의 소유권 이전시기와는 달리한다. 소득세법상의 자산의 '양도'는 해당 자산에 대한 사실상의 지배의 이전을 의미하지 반드시 민사법상의 소유권이전만을 의미하지 않기 때문이다. 예컨대 부동산물권은 사법상으로는 물권변동에 관한 형식주의에 따라

---

[1] 대법원 1999. 7. 9., 97 두 6292; 同 1994. 8. 26., 94 누 2480; 同 1996. 1. 26., 95 누 10334.
[2] 대법원 2001. 7. 13., 2000 두 1263; 1999. 11. 12., 98 두 19155; 同 1997. 5. 16., 95 누 10150.

등기한 때에 양도된 것으로 보나, 소득세법상으로는 양도시기를 다음과 같이 보고 있다.

(1) 원칙 – 대금청산일

자산의 취득 및 양도시기는 원칙적으로 대금을 청산한 날이다(所法 98조 전문). 그 시점에서 양도소득금액의 계산의 요소인 총수입금액과 필요경비가 확정되는 것으로 보는 것이다. 따라서 담보권 실행을 위한 경매절차를 통하여 부동산이 매각된 경우에는 경락인이 경락대금을 경매법원에 완납한 때에 대금을 청산한 것으로 본다.[1] 대금을 현금이 아니라 어음·수표로 받기로 한 경우에는 그 결제일이 대금청산일이 된다(所法 기본통칙 98–8조). 매매대금지급을 부동산의 대물변제 방법으로 이행하기로 한 경우에는 소유권이전등기를 완료하여야만 대금지급채무가 소멸되므로 그 소유권이전등기가 경료된 때[2]가 대금청산일이 된다. 부동산교환계약에 의해 자산의 양도가 이루어진 경우는 교환계약의 당사자가 언제든지 상대방의 요구에 따라 소유권이전등기를 마쳐줄 의무가 있고, 적어도 당사자 사이에는 교환대상 목적물에 대한 실질적인 처분권을 취득한 것으로 인정한 때에는 대금의 청산이 이루어진 것으로 볼 수 있다.[3] 자산의 양수인이 부담하기로 약정한 양도소득세 및 양도소득세의 부가세액은 대금에 포함되지 아니하므로(所法 98조 후단), 부동산매매의 경우 대금청산일은 양도소득세를 제외한 해당 자산의 매매대금의 지급일로 보아야 한다.[4] 양수인이 양도인을 상대로 한 소송에서 잔대금 지급과 상환으로 소유권이전등기절차의 이행을 명하는 판결이 선고된 경우에도 해당 부동산의 양도시기는 양수인이 실제로 양도인에게 잔대금을 지급한 날이다.[5] 대금청산일은 당사자가 양도계약에서 대금청산일로 약정한 날이 아니라 실제로 대금의 수수를 마친 날을 의미한다고 할 것이므로, 잔금을 그 지급약정일보다 늦게 관할관청의 매매허가 등을 받은 후에 수령한 경우에는 그 지급약정일이 아닌 실제의 수령일이 대금청산일로서 양도시기가 된다.[6] 사회통념상 대가적 급부의 거의 전부가 이행되었으면 대금을

---

1) 대법원 1997. 7. 8., 96 누 15770.
2) 대법원 1991. 11. 12., 91 누 8432; 同 1995. 9. 15., 95 누 3527.
3) 대법원 2011. 7. 28., 2008 두 5650; 同 1996. 1. 23., 95 누 7475; 同 1995. 7. 28., 95 누 5837.
4) 대법원 1999. 6. 22., 99 두 165.
5) 대법원 1999. 10. 26., 98 두 2669.
6) 국심 1992. 7. 14., 92 서 1731.

청산한 것으로 보되, 그 여부는 미지급 잔금의 액수, 그것이 전체 대금에서 차지하는 비율, 미지급 잔금이 남게 된 경위 등에 비추어 구체적, 개별적으로 판단하여야 한다.[1]

강행법규를 위반하여 매매 등의 계약이 무효임에도 불구하고 당사자 사이에서 이를 유효한 것으로 취급하여 매도인 등이 매매 등 계약의 이행으로 받은 매매대금 등을 종국적으로 보유하는 경우에는 비록 위법소득이라고 하더라도 이를 경제적으로 지배하고 있으면 과세대상이 된다는 법리에 따라 그 매매대금 등은 양도소득세 과세대상이 되는바(본장 제1절 Ⅱ. 2. 참조),[2] 이러한 경우에는 매도인 등의 양도인이 무효의 양도계약에 따라 양도대가를 완전히 수령한 시점이 양도시기가 될 것이다.

한편, 소득의 실현 가능성이 상당히 높은 정도로 성숙·확정된 시점이 소득의 귀속시기가 된다는 권리확정주의의 일반원칙은 양도소득에 대해서도 그대로 적용되어야 하므로, 채무자의 변제공탁으로 민사법상 양도대금의 지급효과가 발생하였다고 하더라도 공탁금 출급청구권자에 관한 분쟁이 계류되어 있어 채권자가 현실적으로 양도대금을 수령하는 것이 불가능하였다면 공탁일이 아니라 공탁금 출급청구권자에 관한 소송의 판결이 확정된 날에 양도소득이 귀속된다.[3]

(2) 대금청산일을 적용할 수 없는 경우

우선, 대금청산일이 불분명한 경우에는[4] 등기부(등기부, 등록부 또는 명부)에 기재된 등기접수일이 그 시기가 된다(所令 162조 1항 1호).[5]

대금청산 전에 소유권이전등기(등록 및 명의개서 포함)를 한 경우에는 등기

---

1) 대법원 2014. 6. 12., 2013 두 2037.
2) 대법원 2011. 7. 21., 2010 두 23644(전원합의체).
3) 대법원 2012. 5. 9., 2010 두 22597.
4) 예컨대, 부동산을 양도한 후 이에 따른 양도차익예정신고나 과세표준확정신고를 하지 않은 경우가 이에 해당한다(대법원 1987. 5. 12., 87 누 29). 그러나 과세처분 당시에는 자산의 양도시기가 불분명하였으나 처분의 취소소송에 있어 그 양도시기가 판명된 때에는 판명시기를 기준으로 양도가액을 산정해야 한다(대법원 1986. 6. 24., 86 누 161).
5) 토지가 택지개발사업지구에 편입되어 그 손실보상금이 결정되자 사업시행자가 이를 공탁하여 그 명의로 소유권이전등기가 경료되었다면, 토지소유자가 이의신청을 제기하여 손실보상금의 증액이 결정되어 사업시행자가 이를 추가로 변제공탁하였어도 양도소득 산정의 기준이 되는 토지의 양도시기는 증액 결정된 보상금의 공탁시점이 아니라 등기부상의 등기접수일이다(대법원 1994. 10. 25., 94 누 6154).

접수일1)을 취득 및 양도시기로 한다(동항 2호). 여기서 말하는 소유권이전등기는 민사법적으로 유효한 것을 말하므로, 무효의 부동산 명의신탁을 원인으로 경료된 소유권이전등기의 접수일은 양도나 취득시기가 되지 않는다.2)

그러나 부동산매매계약을 체결함에 있어서 매매대금의 일부를 지급하는 대신 동액 상당의 매도인의 은행채무를 매수인이 인수하여 부담하기로 한 경우, 매매대금에서 매수인이 부담하기로 한 은행채무 상당액을 뺀 잔금을 지급함으로써 그 대금을 모두 지급한 것이고, 인수한 은행채무의 변제일은 잔금의 지급시기와 상관이 없으므로, 은행채무를 뺀 잔금을 지급한 뒤에 소유권이전등기를 경료하였다고 하더라도, 부동산의 취득시기는 소유권이전등기를 마친 때가 아니라 은행채무를 뺀 잔금을 지급한 날이라고 할 것이다.3) 법인에 대한 현물출자의 경우에는 출자를 이행하여야 할 날(납입기일) 또는 현실적 이행이 있는날을 취득 및 양도시기로 보는 것이 타당하다.4)

장기할부조건으로 판매하는 경우에는 소유권이전등기(등록 및 명의개서 포함) 접수일·인도일 또는 사용수익일 중 빠른 날(所슈 162조 1항 3호), 자기가 건설한 자산에 대하여는 사용승인서 교부일 또는 사용승인서 교부일 전에 사실상 사용하거나 임시사용승인을 받은 경우에는 그 중 빠른 날(동항 4호), 상속 또는 증여에 의하여 취득한 자산에 대하여는 상속개시일 또는 수증일(동항 5호), 점유취득시효의 완성에 의해 소유권을 취득한 부동산에 대하여는 점유개시일(동항 6호), 공익사업을 위하여 법률에 따라 수용된 자산에 대하여는 대금청산일, 수용 개시일 또는 소유권이전등기접수일 중 빠른 날(소유권에 관한 소송으로 보상금이 공탁된 경우에는 그 소송의 판결확정일; 동항 7호)을 각 양도일 또는 취득일로 본다.

완성 또는 확정되지 아니한 자산을 양수도하는 계약을 체결하였는데 해당 자산의 대금을 청산한 날까지 목적물이 완성 또는 확정되지 않았으면 그 목적물이 완성 또는 확정된 날을 양도일 또는 취득일로 본다(동항 8호). 대금청산일과 완성일 또는 확정일 중 뒤의 날을 기준으로 한다는 뜻이다. '확정되지 아니한 자산'이라 함은 소유권 등 권리의 귀속이 확정되지 아니한 자산뿐만 아니라

---

1) 대법원 1994. 10. 25., 94 누 6154.
2) 대법원 2018. 11. 9., 2015 두 41630.
3) 대법원 1994. 1. 25., 93 누 12855.
4) 대법원 1985. 11. 12., 85 누 339.

권리의 범위가 확정되어 있지 않은 자산의 경우도 포함한다.1) 환지처분에 의한 소유토지의 지목이나 면적 등의 변동은 양도가 아니므로 환지처분으로 취득한 토지의 취득시기는 환지 전의 토지의 취득일이다(동항 9호). 다만, 교부받은 면적이 권리면적보다 증가 또는 감소된 경우 증가 또는 감소된 토지의 취득시기는 환지처분의 공고가 있은 날의 다음날로 한다(동호 단서).

한편 부동산의 소유권이 타인에게 이전되었다가 법원의 무효판결에 의하여 본래의 소유자에게 환원된 경우에는 해당 자산의 취득시기는 그 자산의 당초 취득일이 된다.2) 그리고 '기타자산'에 해당하는 주식 등의 양도시기는 주주 1인과 기타주주가 총발행주식 등의 합계액의 100분의 50 이상에 해당하는 주식을 양도하는 날로 한다. 그러나 양도가액은 그 범위에 속하는 주식 등을 개별적으로 사실상 양도한 날의 양도가액으로 한다(所令 162조 1항 10호). 주식 등이 수회에 걸쳐 양도되는 경우를 상정한 규정이다. 양도담보로 자산이 이전된 후 채무불이행으로 변제에 충당된 때에는 '변제에 충당한 때'를 양도시기로 본다(所令 151조 2항).

(3) 취득시기의 의제

1976. 12. 31. 이전에 취득한 토지·건물(所法 94조 1항 1호의 자산)의 취득시기는 1977. 1. 1.로 의제되고, 1984. 12. 31. 이전에 취득한 부동산에 관한 권리 및 기타자산(所法 94조 1항 2호 및 4호의 자산)의 취득시기는 1985. 1. 1.로 의제되며, 1985. 12. 31.에 취득한 주식 등(所法 94조 1항 3호의 자산)의 취득시기는 1986. 1. 1.로 의제된다(1994. 12. 22.자 법률 제4803호의 소득세법 부칙 8조; 所令 162조 6항, 7항).

---

1) 양수인들 앞으로 지분소유권이전등기가 경료되었다 하더라도 토지가 가분할된 상태에서 매도되고, 잔금은 형질변경 및 대지조성공사 이후 매매목적물의 범위를 다시 정하여 다시 분할한 다음 정산하여 지급하기로 하였으며, 양수인들이 매수한 토지면적과 소유권 이전등기를 경료한 지분이 일부 부합하지 아니하는 등의 사정이 있다면, 양도인이 토지를 양도함으로써 발생하는 양도소득은 그 확정시기가 도래하지 아니하여 소득세법상의 자산의 양도가 있었던 것으로 볼 수 없다(대법원 1992. 3. 10., 91 누 7439).
2) 대법원 1982. 2. 9., 80 누 587.

Ⅵ. 비과세 및 감면

1. 비과세 및 감면 소득의 유형

(1) 소득세법

소득세법에는 다음과 같은 3가지의 비과세 양도소득이 있다(所法 89조 1항).

(i) 파산선고에 의한 처분으로 발생하는 소득은 비과세된다.

(ii) 시행령에서 정한 농지의 교환 또는 분합으로 인하여 발생하는 소득도 비과세된다. 소득세법 시행령 제153조 제1항에서 비과세 대상 농지를, 그리고 동조 제4항에서 과세대상 농지를 각 규정하고 있다. 경작상 필요에 의한 농지의 교환에 있어서는 새로이 취득하는 농지를 3년 이상 경작하는 경우에 한한다(所令 153조 1항 3호). 소득세법 시행령 제153조 제4항 소정의 '과세농지'는 교환·분합의 경우에도 과세된다.

(iii) 시행령에서 정하는 1세대 1주택이나 1세대가 1주택을 양도하기 전에 다른 주택을 대체취득하거나 상속, 동거봉양, 혼인 등으로 인하여 2주택 이상을 보유하는 경우로서 시행령에서 정하는 주택(고급주택 제외)과 이에 딸린 토지로서 건물이 정착된 면적의 5배(도시지역 안의 토지) 또는 10배(도시지역 밖의 토지)를 넘지 아니하는 토지의 양도로 인하여 발생하는 소득도 비과세된다. 양도소득세의 감면상 가장 다툼이 많은 것은 1세대 1주택의 비과세이다. 이에 관해서는 아래 3.에서 다시 논의한다.

(iv) '도시 및 주거환경정비법'에 따른 관리처분계획의 인가일이나 '빈집 및 소규모주택 정비에 관한 특례법'에 따른 사업시행계획인가일(인가일 전에 기존주택이 철거되는 때에는 기존주택의 철거일) 현재 비과세 대상인 1세대 1주택에 해당하는 기존주택을 소유하면서 조합원 입주권을 1개 보유한 세대가 실지거래가액 12억 원 이내의 범위 내에서 그 조합원 입주권을 양도하는 경우로서 ① 그 양도일 현재 다른 주택 또는 분양권을 보유하지 아니할 것, ② 그 양도일 현재 조합원 입주권 1개 외에 1주택을 소유한 경우로서 해당 1주택을 취득한 날부터 3년 이내에(일정한 사유가 있는 경우에는 3년 이내에 양도하지 못하는 경우 포함) 해당 조합원 입주권을 양도할 것이라는 2가지 요건 중 어느 하나를 충족하는 경우에 있어서의 해당 조합원 입주권의 양도로부터 발생하는 소득은 비과세된다.

이에 대지 또는 건축시설물을 분양받을 권리의 양도시까지 3년의 보유기간 요건을 갖추고 다른 주택의 취득시기로부터 1년 이내에 분양권을 양도하기만 하면 그 양도는 1세대 1주택의 양도로서 양도소득세 비과세 대상이 된다.1)

(v) '지적재조사에 관한 특별법'에 따른 경계의 확정으로 지적공부상의 면적이 감소되어 같은 법에 따라 지급받는 조정금도 비과세 대상이다.

(2) 조세특례제한법

조세특례제한법에는 중소기업창업투자회사 등에의 출자로 취득한 주식의 양도(租特法 14조 1항), '자유무역협정 체결에 따른 무역조정 지원에 관한 법률' 상의 무역조정지원기업의 사업전환에 따른 사업용고정자산의 양도(동법 33조), 법인의 주주 등이 자산의 양도대가를 해당 법인에 증여하는 경우에 있어서의 자산양도(동법 40조), 구조조정대상 부동산 취득자에 의한 해당 부동산의 양도(동법 43조), 벤처기업의 주주간 주식교환(동법 46조의2), 자경농지의 양도(동법 69조), 농지의 대토에 따른 양도(동법 70조), 공익사업용토지 등의 양도(동법 77조, 77조의2), 개발제한구역 지정에 따른 매수대상 토지 등의 양도(동법 77조의3), 보육시설용 토지의 양도(동법 85조의5), 공익사업을 위한 공장이전에 따른 공장대지와 건물의 양도(동법 85조의7), 중소기업의 공장이전에 따른 양도(동법 85조의8), 장기임대주택의 양도(동법 97조), 신축임대주택의 양도(동법 97조의2), 지방미분양주택의 양도(동법 98조의2), 신축주택취득자의 해당 주택의 양도(동법 99조) 등에 대하여 양도소득세의 비과세, 감면 또는 과세이연의 혜택을 주고 있다. 조세특례제한법의 각 규정에 의하여 감면받을 양도소득세액의 합계액이 일정한 규모를 초과하는 경우에는 감면액에 상한이 있다(租特法 133조 1항).

(3) 비과세 및 감면의 배제

미등기자산의 양도로부터 발생하는 양도소득에 대해서는 비과세를 적용하지 아니한다(所法 91조 1항). 또한 부동산이나 부동산에 관한 권리의 매매계약서상의 거래가액을 실지거래가액과 다르게 기재한 경우에도 비과세나 감면을 배제한다. 우선, 그 매매에 따른 양도소득이 비과세 대상인 경우에는 비과세를 적용하지 아니하였을 경우에 부과되는 통상의 양도소득세 산출세액과 실지거래가액과 매매계약서상의 기재금액 간의 차액 중 적은 금액을 비과세 대상에서 제외하고, 다음 그 매매에 따른 양도소득이 세액감면 적용 대상인 경우에는 감면

---

1) 대법원 1994. 3. 8., 93 누 17324; 同 1999. 12. 10., 98 두 3051.

세액과 실지거래가액과 매매계약서상의 기재금액 간의 차액 중 적은 금액을 감면 대상에서 제외한다(所法 91조 2항).

아래에서는 양도소득세 비과세와 감면의 경우 중 일반 개인에게 중요하다고 생각되는 몇 가지만 살펴보기로 한다.

2. 자경농지의 양도와 농지의 대토

자경(自耕) 농지의 양도와 농지의 대토는 원래 소득세법에서 비과세 사유로 규정하고 있었으나 조세특례제한법상의 감면사유로 변경되었다.

(1) 자경농지의 양도

'양도할 때까지 8년 이상 계속하여 직접 경작한 토지'의 양도로부터 발생한 양도소득에 대하여는 양도소득세가 면제되는데, 그 요건을 나누어 보면 (i) 양도일 현재 농지일 것, (ii) 8년 이상의 소유('농산물의 생산자를 위한 직접지불제도 시행규정' 제3조의2의 규정에 의한 경영이양 직접지불보조금 지급대상 농지를 한국농촌공사나 농업법인에 양도하는 경우에는 3년) 및 (iii) 취득한 때부터 양도할 때까지 농지소재지에 거주하면서 계속하여 양도자가 직접 경작했을 것(이를 '계속경작'의 요건이라고 하는데, 구체적으로는 취득한 때부터 양도할 때까지의 사이에 통산 8년 이상 경작하였을 것으로 완화되어 시행되고 있음) 등이다(租特法 69조 1항; 租特令 66조). '직접 경작'이라 함은 거주자가 그 소유농지에서 농작물의 경작 또는 다년성 식물의 재배에 상시 종사하거나 농작업의 2분의 1 이상을 자기의 노동력에 의하여 경작 또는 재배하는 것(자기 노동시간의 2분의 1 이상을 경작 또는 재배에 투입하는 경우)을 말한다(租特令 66조 13항). 따라서 완전히 다른 사람을 고용하여 농사를 짓는 이른바 감농(監農)은 이에 해당하지 않는다. 자경사실의 입증책임은 양도자에게 있다.[1] 경작 기간을 계산함에 있어서 상속인이 상속받은 농지를 1년 이상 농지소재지에 거주하면서 계속하여 경작하는 경우에 한하여 (i) 피상속인이 취득하여 경작한 기간과 (ii) 피상속인이 그 배우자로부터 상속받아 경작한 사실이 있으면 그 배우자가 취득하여 경작한 기간은 상속인이 경작한 기간으로 본다. 다만 상속인이 상속받은 농지를 1년 이상 계속하여 경작하지 아니하더라도 (i) 상속받은 날부터 3년이 되는 날까지 양도하거나 (ii) '공익사업을 위한 토지 등의 취득 및 보상에 관한 법률'이나 그 밖의 법률에 따라 협의매

---

1) 대법원 1994. 10. 21., 94 누 996.

수 또는 수용되고, 상속받은 날부터 3년이 되는 날까지 택지개발예정지구, 산업
단지 등의 지역으로 지정되는 경우(관계 행정기관의 장이 관보 또는 공보에 고시함
을 말하고, 상속받은 날 전에 지정된 경우를 포함함)에는 위에서 본 피상속인이나 그
배우자의 경작기간을 상속인이 경작한 기간으로 본다(租特令 66조 11항, 12항).

　　농지란 논·밭으로서 지적공부상의 지목에 관계없이 실제로 경작에 사용되
는 토지를 말하며, 농지경영에 직접 필요한 농막·퇴비사·지소(地沼)·농도·수
로 등을 포함한다(租特則 27조 1항). 농지 여부는 양도일 현재를 기준으로 하되,
양도일 이전에 매매계약조건에 따라 매수인이 형질변경, 건축착공 등을 한 경
우에는 매매계약일 현재를, 환지처분에 따른 토지조성공사를 시행한 경우에는
그 공사착수일 현재를 각 기준으로 한다(租特令 66조 5항). 양도일 현재 농지였
느냐-특히 자경농지였느냐-의 다툼은 도시의 팽창으로 주변의 경작지가 대
지로 변하면서 거래가 이루어질 때 흔히 야기된다. 쟁송단계에서는 이미 그곳
에 건물 등 구조물이 축조되어 버리는 경우가 많아 과거 양도시점에서 실제로
자경농지였는지 여부의 판단이 용이하지 않다.

　　농지소재지에의 거주는 농지가 소재하는 시·군·구 안의 지역뿐만 아니라
위 지역과 연접한 시·군·구 안의 지역과 해당 농지로부터 직선거리 30킬로미
터 이내의 지역에 거주하는 경우도 포함된다(租特令 66조 1항).

　　　[판 례]1)
　　… 소득세법 제5조 제6호 ㈜ 및 같은 법 시행령 제14조 제3항의 규정에 의하여
비과세대상이 되는 양도소득은 양도할 때까지 8년 이상 계속하여 자기가 경작한
토지로 양도일 현재 농지인 토지의 양도소득에 한하므로, 공부상 지목이 농지라고
하더라도 양도일 현재 실제로 경작하고 있지 않는 토지는 농경지로 사용되지 않고
있는 것이 토지소유자의 자의에 의한 것이든 또는 타의에 의한 것이든 일시적으로
휴경상태에 있는 것이 아닌 한 양도일 현재 농지라고 볼 수 없어 양도소득세 비과
세대상인 토지에 해당하지 않는다고 할 것이다(대법원 1990. 2. 13., 89 누 664; 同
1991. 11. 12., 91 누 7422).

　　양도일 현재 특별시·광역시(광역시에 있는 군 제외)·시(지방자치법 제3조 제4
항의 규정에 의하여 설치된 도·농 복합형태의 시의 읍·면지역 제외)에 있는 농지로
서 주거지역·상업지역 또는 공업지역에 편입된 지 3년이 넘는 농지와 환지예

---

　1) 이 판례는 자경농지가 소득세법상의 비과세사유로 규정되었던 당시의 판례임.

정지로 지정된 날로부터 3년이 지난 농지는 면제 대상인 농지가 아니다(租特令 66조 4항). 양도소득세의 면제는 비과세와는 달리 면제신청을 요한다. 즉 해당 농지를 양도한 날이 속하는 과세연도의 과세표준신고기한 내에 세액면제신청서를 제출하여야 한다(租特法 69조 3항; 租特令 66조 9항).

(2) 농지의 대토

농지소재지에 거주하는 거주자가 직접 경작한 토지를 경작상의 필요에 의하여 일정한 요건에 맞게 다른 토지로 대토(代土)함으로 인하여 발생하는 양도소득에 대하여는 양도소득세의 100%를 감면한다(租特法 70조 1항). 그러나 해당 토지가 '국토의 계획 및 이용에 관한 법률'에 따른 주거지역·상업지역 및 공업지역(이하 "주거지역 등"이라고 함)에 편입되거나 도시개발법이나 그 밖의 법률에 따라 환지처분 전에 농지 외의 토지로 환지예정지 지정을 받은 경우에는 주거지역 등에 편입되거나 환지예정지 지정을 받은 날까지 발생한 소득1)에 대해서만 양도소득세를 면제한다(동항 단서). 대토의 요건은 (i) 4년 이상 종전의 농지소재지에 거주하면서 경작한 자가 종전의 농지의 양도일부터 1년('공익사업을 위한 토지 등의 취득 및 보상에 관한 법률'에 따른 협의매수·수용 및 그 밖의 법률에 따라 수용되는 경우에는 2년) 내에 다른 농지를 취득하여 그 취득한 날부터 1년 내에 새로운 농지소재지에 거주하면서 경작을 개시한 경우(선 양도, 후 취득의 경우)이거나, 4년 이상 종전의 농지소재지에 거주하면서 경작한 자가 새로운 농지의 취득일부터 1년 내에 종전의 농지를 양도한 후 종전의 농지 양도일부터 1년 내에 새로운 농지소재지에 거주하면서 경작을 개시한 경우(선 취득, 후 양도의 경우)일 것, (ii) 양도 토지와 대토 토지 간에 일정한 면적 비율과 가액 비율을 충족할 것, (iii) 새로운 농지의 경작을 개시한 후 새로운 농지소재지에 거주하면서 계속하여 경작한 기간과 종전의 농지 경작기간을 합산한 기간이 8년 이상일 것이다(租特令 67조 3항).

양도하거나 대토로 취득하는 토지가 양도일 현재 특별시·광역시(광역시에 있는 군 제외)·시(지방자치법 제3조 제4항의 규정에 의하여 설치된 도·농 복합형태의

---

1) 그 금액은 양도소득금액 중 다음의 계산식에 따라 계산한 금액을 말한다(租特令 67조 7항): 양도소득금액×(주거지역 등에 편입되거나 환지예정지 지정을 받은 날의 기준시가－취득당시의 기준시가)/[양도당시의 기준시가('공익사업을 위한 토지 등의 취득 및 보상에 관한 법률' 및 그 밖의 법률에 따라 협의매수되거나 수용되는 경우에는 '보상가액 산정의 기초가 되는 기준시가')－취득당시의 기준시가]

시의 읍·면지역 제외)에 있는 농지로서 주거지역·상업지역 또는 공업지역에 편입된 지 3년이 지났거나 농지 이외의 토지로 환지될 환지예정지로 지정된 날로부터 3년이 지난 경우 해당 토지의 양도소득은 자경농지의 양도의 경우에서처럼 면제 대상이 아니다(租特法 70조 2항; 租特令 67조 8항).

직접 경작의 의미, 농지의 의미, 농지 소재지 거주의 의미, 농지의 피상속인과 상속인의 경작기간의 통산 원칙 등은 위 자경농지 양도에 따른 양도소득세 감면의 경우와 같다(租特令 67조 1항, 2항, 5항; 租特則 27조 1항).

농지의 대토로 발생하는 양도소득에 대한 양도소득세의 감면을 받고자 하는 자는 자경농지의 양도의 경우에서처럼 역시 감면신청을 하여야 한다(租特法 70조 3항).

농지의 대토로 양도소득세를 감면 받은 자가 일정한 사유로 인하여 사후적으로 그 감면요건을 충족하지 못하게 된 경우에는 그 사유발생일이 속하는 달의 말일부터 2개월 이내에 감면 받은 양도소득세 및 이에 대한 일정액의 이자 상당액을 납부하여야 한다(租特法 70조 4항, 5항).

자경농지의 양도와 농지의 대토로 발생하는 양도소득에 대하여 감면받을 양도소득세액이 과세기간별로 일정액을 초과하거나 5개 과세기간에 걸친 합계액이 일정액을 초과하는 경우 그 초과 부분은 이를 감면하지 아니한다(租特法 133조 1항).

3. 1세대 1주택

(1) 정   의

'1세대 1주택'이라 함은 아래에서 보는 의미의 1세대가 양도일 현재 국내에 1주택을 보유하고 있는 경우로서 해당 주택의 보유기간이 2년 이상(주택법상의 조정대상지역에 소재하는 주택의 경우에는 해당 주택의 보유기간이 2년 이상이고 그 보유기간 중 거주기간이 2년 이상인 것)인 것을 말한다(所令 154조 1항). 다만, (i) '민간임대주택에 관한 특별법'에 따른 민간건설임대주택이나 '공공주택 특별법'에 따른 공공건설임대주택 또는 공공매입임대주택을 취득하여 양도하는 경우, (ii) 주택 및 그 부수토지의 전부 또는 일부가 '공익사업을 위한 토지 등의 취득 및 보상에 관한 법률'에 의한 협의매수·수용 및 그 밖의 법률에 의하여 수용되는 경우 등 특수한 양도의 경우에는 보유기간이나 거주기간의 제한을 받지 않는다

(동항 단서). 거주자가 2개 이상의 주택을 같은 날에 양도하는 경우에는 해당 거주자가 선택하는 순서에 따라 주택을 양도한 것으로 본다(所令 154조 9항).

(2) 1세대

세대라 함은 거주자 및 그 배우자가 그들과 같은 주소 또는 거소에서 생계를 같이 하는 직계존비속(그 배우자를 포함) 및 형제자매(취학, 질병의 요양, 근무상 또는 사업상의 형편으로 본래의 주소 또는 거소에서 일시 퇴거한 사람을 포함)와 함께 구성하는 가족단위를 말한다(所法 88조 6호). 거주자의 배우자는 거주자와 동거하지 아니하고 생계도 같이 하지 아니하여도 그 배우자라는 사실만으로 거주자와 1세대를 구성한다고 본다.[1] 물론 이혼한 배우자는 배우자가 아니다. 그러나 법률상 이혼을 하였으나 생계를 같이 하는 등 사실상 이혼한 것으로 보기 어려운 관계에 있는 사람은 배우자로 본다(所法 88조 6호).

한편, (i) 해당 거주자의 연령이 30세 이상인 경우, (ii) 국민기초생활보장법상의 최저생계비 수준기준 중위소득의 100분의 40 이상의 소득이 있고, 소유하고 있는 주택 또는 토지를 관리·유지하면서 독립된 생계를 유지하는 경우, (iii) 배우자가 사망 또는 이혼한 경우에는 배우자가 없는 때에도 이를 1세대로 본다(所令 152조의3).

(3) 주   택

주택은 허가 여부나 공부 상의 용도구분에 관계없이 사실상 주거에 제공하는 건물을 의미하되,[2] 용도가 분명하지 아니하면 공부상의 용도에 따라 주택에 해당하는지 여부를 판정한다(所法 88조 7호). 건물에 딸린 건물정착면적의 5배 ('국토의 계획 및 이용에 관한 법률'에 따른 도시지역 내의 토지) 또는 10배(그 밖의 토지)를 넘지 아니하는 토지를 포함한다(所令 154조 7항).

건축법상의 다가구주택은 한 가구씩 독립하여 거주할 수 있도록 구획된 부분을 각각 하나의 주택으로 보지만, 이를 가구별로 양도하지 않고 하나의 매매단위로 양도하는 경우에는 전체를 하나의 주택으로 본다(所令 155조 15항).

하나의 건물이 주택과 주택 외의 부분으로 복합되어 있는 경우와 주택에 딸린 토지에 주택 외의 건물이 있는 경우에는 그 전부를 주택으로 본다. 다만

---

[1] 대법원 1998. 5. 29., 97 누 19465; 同 1999. 2. 23., 98 두 17463.
[2] 대법원 2010. 7. 22., 2008 두 21768; 同 2006. 10. 26., 2005 두 4304; 同 2005. 4. 28., 2004 두 14960 등.

주택의 연면적이 주택 외의 부분이나 주택 외의 건물의 연면적보다 적거나 같을 때에는 주택 외의 부분은 주택으로 보지 아니한다(所令 154조 3항).[1] 여기서 주택이라고 하는 것은 양도자와 그 가족이 거주용으로 사용하는 공간을 말하고, 타인에게 임대하는 것을 목적으로 하는 것은 '다른 목적의 건물'이다.[2] 주택에 딸린 토지는 전체 토지면적에 주택부분의 연면적이 전체 건물의 연면적에서 차지하는 비율을 곱하여 계산하고(동조 4항), 그와 같이 산출된 토지는 주택과 아울러 비과세한다.

한편, 하나의 주택을 여러 사람이 공동으로 소유한 경우에는 원칙적으로 공동 소유자 각자가 그 주택을 소유한 것으로 본다(所令 154조의2). 따라서 어떤 거주자가 하나의 주택과 다른 하나의 주택의 지분을 동시에 소유하고 있는 경우에는 1세대 1주택의 소유로 인정되지 않는다.

(4) 2년의 보유

2년의 보유기간은 해당 자산의 취득일로부터 양도일까지로 하고, 거주기간은 주민등록표상의 전입일자로부터 전출일자까지의 기간에 의하여 계산한다(所法 95조 4항; 所令 154조 5항, 6항). 그러나 거주기간을 주민등록표상의 기재에 의하여 계산한다는 것은 일종의 추정일 뿐이고[3] 거주 사실의 인정을 오직 그 방법에만 의하라는 취지는 아니다.[4]

거주기간 및 보유기간의 계산에 있어 거주 또는 보유 중에 소실·도괴·노후 등으로 멸실되어 재건축한 경우 멸실된 주택과 재건축한 주택의 거주 및 보유기간을 통산한다(所令 154조 8항 1호).[5] 이와 같은 법리는 구주택을 헐고 신주택을 신축하면서 이를 겸용주택으로 지은 경우에도 마찬가지로 적용되며, 이때

---

1) 대법원 2009. 11. 26., 2008 두 11310(재건축으로 인하여 철거를 앞둔 아파트도 '주택'에 해당한다는 취지); 同 1992. 5. 12., 90 누 677(주택에 딸린 점포 내의 복도를 통해서만 주택에 출입할 수 있는 경우 그 복도는 공용부분에 해당하므로 이를 점포부분과 주택부분의 면적비율에 따라 안분계산하여 주택의 면적에 상응하는 부분은 주택의 면적에 산입해야 한다는 취지).

2) 대법원 1989. 2. 28., 88 누 1004.

3) 대법원 1986. 3. 11., 85 누 772.

4) 대법원 1982. 6. 22., 81 누 284; 同 1983. 7. 12., 82 누 218; 同 1984. 9. 11., 84 누 194; 同 1985. 3. 26., 84 누 703; 同 1985. 11. 12., 85 누 617; 同 1986. 1. 21., 85 누 618. 균등할주민세 납부사실만으로 주민등록부상 추정되는 전출사실을 부인할 수 없다(대법원 1983. 10. 25., 83 누 395).

5) 구소득세법 시행령 제15조 제11항[현행 제158조 제8항]은 주의적 규정으로서 재건축주택을 이 규정 시행일인 1991. 1. 1. 전에 양도한 경우에도 신·구주택의 보유·거주기간을 통산하여야 한다(대법원 1992. 10. 27., 92 누 8781; 同 1992. 7. 28., 92 누 5713).

신축한 겸용주택이 비과세대상이 되는 범위는 소득세법 시행령 제154조 제3항의 기준에 따라 판단한다.1) 그리고 비거주자가 어떤 주택을 3년 이상 계속 보유하고 그 주택에서 거주한 상태로 거주자로 지위가 전환된 경우에는 비거주자로서의 거주기간 및 보유기간까지 통산하고(동항 2호), 주택의 상속인이 상속개시 당시 피상속인과 동일 세대인 경우에는 상속개시 전에 상속인과 피상속인이 동일 세대로서 보유한 기간을 통산한다(동항 3호).

　(i) '민간임대주택에 관한 특별법'에 따른 민간건설임대주택 또는 '공공주택 특별법'에 따른 공공건설임대주택을 취득하여 양도하는 경우로서 임차일로부터 양도할 때까지의 거주기간 중 세대전원이 거주한 기간이 5년 이상인 경우, (ii) 주택 및 그 부속토지의 전부 또는 일부(사업인정 고시일 전에 취득한 주택 및 그 부수토지에 한함)가 '공익사업을 위한 토지 등의 취득 및 보상에 관한 법률'에 따른 협의매수·수용에 의하여 공익사업의 시행자에게 양도되는 경우(양도일 또는 수용일로부터 2년 이내 잔존주택 및 부수토지를 양도하는 경우도 포함), 해외이주로 세대전원이 출국하는 날 현재 보유하고 있는 1주택을 출국일로부터 2년 이내에 양도하는 경우, 1년 이상 계속하여 국외거주를 필요로 하는 취학으로 인해 또는 근무상의 형편으로 인해 세대전원이 출국함에 따라 출국하는 날 현재 보유하고 있는 1주택을 출국일부터 2년 이내에 양도하는 경우, (iii) 1년 이상 거주한 주택을 취학, 직장의 변경이나 전근 등 근무상의 형편, 1년 이상의 기간을 요하는 질병의 치료나 요양과 같은 부득이한 사유로 양도하는 경우에는 거주기간 및 보유기간 모두의 제한을 받지 않고, 조정대상지역의 공고일 이전에 매매계약을 체결하고 계약금을 지급한 사실이 증빙서류에 의하여 확인되는 경우로서 해당 거주자가 속한 1세대가 계약금 지급일 현재 주택을 보유하지 아니하는 경우에는 거주기간의 제한을 받지 않는다(所令 154조 1항 단서; 所則 71조 3항). 또한 1세대가 취득한 주택을 임대하였다가 새로 임대하면서 직전 임대차계약상의 임대보증금 또는 임대료에 비해 100분의 5 이내에서 이를 증액하는 경우를 '상생임대차계약'이라고 명명하여 2021년 12월 20일부터 2024년 12월 31일까지 사이에 그 계약을 체결하는 분에 대해서는 거주기간의 제한을 하지 않는 제도도 도입되었다(所令 154조 8항 1호).

　위 (iii)의 '부득이한 사유'에 처하게 된 세대의 세대원 중 일부가 자신의 취

---

1) 대법원 1994. 4. 29., 93 누 20429.

학, 근무 또는 사업상의 형편 등으로 인해 그 사유에 처한 당사자와 함께 주거를 이전하지 못하는 경우에도 세대전원이 주거를 이전한 것으로 본다(所則 71조 5항). 이러한 '부득이한 사유'가 해당 주택의 취득 후에 발생한 경우뿐만 아니라 그 주택을 취득하고 있는 중에, 즉 매수계약을 체결한 이후 잔대금을 청산하거나 그 소유권이전등기를 마치는 등으로 이를 취득하기 이전까지의 기간에 발생한 경우도 '부득이한 사유'의 발생에 포함된다.[1] 또한 양도인이 그 주택에서 전혀 거주한 일이 없이 다른 곳으로 퇴거하였다는 사실은 이러한 '부득이한 사유'의 인정에 방해가 되지 않는다.[2] '부득이한 사유'는 반드시 주민등록표등본 등에 의하여 확인되어야 하는 것은 아니다.[3] 그러나 이혼을 하게 되어 위자료를 지급하기 위한 방법으로 보유기간이 2년 남짓 된 아파트를 양도한 경우,[4] 장차 주택을 신축하기 위하여 대지만을 취득한 상태에서 근무 등 형편으로 주거이전을 하게 된 경우[5]는 '부득이한 사유'에 해당한다고 할 수 없다.

(5) 1주택의 특례

1세대가 다음과 같이 잠정적으로 2주택을 갖게 되는 경우 1세대 1주택으로 본다.

(i) 국내에 1주택을 가진 세대가 그 주택을 양도하기 전에 다른 주택을 취득(원시취득 포함)함으로써 일시적으로 2주택이 되었다고 하더라도 종전의 주택을 취득한 날부터 1년 이상이 지난 후 신규 주택을 취득하고, 그 신규 주택을 취득한 날로부터 3년 이내에 종전의 주택을 양도하는 경우에는 그 종전의 주택의 양도를 1세대 1주택의 양도로 본다. 종전의 주택이 조정대상지역에 있는 상태에서 조정대상지역에 있는 신규 주택을 취득하는 경우에는 신규 주택의 취득일로부터 1년 이내에 세대 전원이 신규 주택으로 이사 및 전입신고를 하고, 또한 그 1년 이내에 종전 주택을 양도하는 요건이 추가로 충족되어야 한다(所令 155조 1항). 이와 관련하여 위 (4)에서 본 거주기간 및 보유기간의 제한을 받지 않는 경우(해외이주로 세대전원이 출국하면서 양도하는 경우와 1년 이상 국

---

1) 대법원 1997. 6. 13., 96 누 12559.
2) 대법원 1993. 1. 19., 92 누 12988(전원합의체); 同 1994. 8. 26., 94 누 5434; 同 1996. 10. 25., 96 누 9935. 이 판결에 의하여 종전 반대견해를 취한 판례(대법원 1992. 4. 28., 91 누 12523; 同 1992. 1. 21., 91 누 2847; 同 1992. 3. 10., 91 누 9336)들을 변경했다.
3) 대법원 1994. 8. 26., 94 누 5434.
4) 대법원 1996. 11. 22., 96 누 11440.
5) 대법원 1996. 4. 9., 95 누 10112.

외거주를 위해 출국하면서 양도하는 경우는 제외)에는 '종전 주택을 취득한 날부터 1년 이상이 지난 후 신규 주택을 취득하여야 하는' 요건을 적용받지 않으며, 종전의 주택 및 그 부수토지의 일부가 '공익사업을 위한 토지 등의 취득 및 보상에 관한 법률'에 따라 협의매수되거나 수용된 뒤 잔존 주택 및 그 부수 토지를 협의매수 또는 수용에 따른 양도일로부터 5년 이내에 별도로 양도하는 때에는 그 잔존 주택 및 부수토지의 양도는 종전의 주택 및 그 부수토지의 양도나 수용에 포함되는 것으로 보아 1세대 1주택 양도의 비과세 혜택을 받는다(동조 동항 후문).

다만 다른 주택을 취득한 날로부터 3년이 되는 날 현재 종전주택을 한국자산관리공사에 매각 의뢰한 경우, 법원에 경매를 신청한 경우, 국세징수법에 의한 공매에 넘긴 경우 또는 주택재개발사업, 주택재건축사업, 소규모재건축사업 등의 시행으로 현금 청산을 받아야 하는 토지 등 소유자가 사업시행자를 상대로 제기한 현금청산금 지급청구의 소가 진행 중이거나 소송절차는 종료되었으나 해당 청산금을 지급받지 못한 경우(사업시행자가 토지 등 소유자를 상대로 매도청구소송 절차를 진행 중이거나 소송절차는 종료되었으나 토지 등 소유자가 해당 매도대금을 지급받지 못한 경우도 포함)에는 '3년 이내에 종전주택을 양도하여야 하는' 요건과 '조정대상지역에 있는 종전 주택을 양도하고 조정대상지역에 있는 신규 주택을 취득하는' 추가 요건을 충족하지 않더라도 그러한 특수절차에 따른 종전 주택의 매각을 1세대 1주택의 양도로 본다(所令 155조 1항 괄호, 동조 18항).

(ii) 1세대 1주택(조합원 입주권에 의하여 사업완료 후 취득한 주택 포함)을 보유하는 자가 상속에 의하여 피상속인이 상속개시 당시 소유한 1주택(조합원 입주권 또는 분양권을 상속받아 사업시행 완료 후 취득한 신축주택을 포함)을 취득하는 경우 그 상속받은 주택은 보유기간의 제한 없이 1세대 1주택으로 보아 그 양도차익에 대해 양도소득세가 비과세된다(所令 155조 2항). 피상속인이 2 이상의 주택을 소유한 경우에는 피상속인의 소유 기간이 가장 오래 된 주택을, 소유기간도 같으면 피상속인의 거주기간이 긴 주택을, 거주기간도 같으면 상속개시일 현재 거주한 주택을, 거주사실이 없으면 기준시가가 높은 주택을 1주택으로 본다(동항 괄호). 따라서 피상속인으로부터 여러 주택을 상속한 공동상속인이 협의분할하여 1주택씩 취득하는 경우 피상속인을 기준으로 1주택에 해당하는 것

의 양도로부터 발생하는 양도소득만 보유기간의 제한없이 비과세되고, 이렇게
비과세되는 주택 외의 나머지 주택은 상속받은 주택이라는 사실만으로 1세대 1
주택으로 인정되지 아니한다. 다만 위 (i)의 일시적 2주택 보유에 따르는 비과
세요건을 충족하는 경우 비과세될 수 있을 것이다. 이와 관련하여 1세대 1주택
의 보유자에 해당하는 사람이 1주택을 보유하는 별도의 세대에 해당하는 60세
이상의 직계존속(배우자의 직계존속을 포함하고, 직계존속 중 1인만 60세 이상인 경우
도 포함)을 동거봉양하기 위하여 세대를 합침에 따라 2주택을 보유한 상태에서
그 직계존속의 사망으로 상속이 개시된 경우에는 피상속인이 세대를 합치기 이
전부터 보유하고 있었던 주택만 상속받은 주택으로 본다(所令 155조 2항 단서).
한편, 공동상속주택을 1세대 1주택으로 보는 것과 연계하여 공동상속주택을 소
유하는 거주자가 그 공동상속주택 외의 다른 주택을 양도할 때 공동상속주택은
해당 거주자의 주택으로 보지 않는다. 이와 관련하여 상속으로 인하여 복수의
공동상속인이 1주택을 공동으로 소유하게 된 경우에는 지분이 가장 큰 상속인
을 해당 주택의 소유자로 보되, 지분이 가장 큰 상속인이 2인 이상인 경우에는
그들 중 해당 주택에 거주하는 자, 최연장자 순으로 해당 주택의 소유자로 본
다(所令 155조 3항).

　(iii) 1주택을 보유하면서 1세대를 구성하는 자가 1주택을 보유하는 별도의
세대에 해당하는 60세 이상의 직계존속(배우자의 직계존속을 포함하고, 직계존속
중 1인만 60세 이상인 경우도 포함하며, 국민건강보험법에 따른 요양급여를 받는 60세
미만의 직계존속도 포함함)을 동거봉양하기 위하여 세대를 합침으로써 1세대가 2
주택을 보유하게 되는 경우 합친 날로부터 510년 이내에 먼저 양도하는 주택이
3년의 보유요건을 갖춘 경우에는 1세대 1주택으로 본다(所令 155조 4항).

　(iv) 1주택을 보유하는 자가 1주택을 보유하는 자와 혼인함으로써 1세대가
2주택을 보유하게 되는 경우 또는 1주택을 보유하고 있는 60세 이상의 직계존
속을 동거봉양하는 무주택자가 1주택을 보유하는 자와 혼인함으로써 1세대가 2
주택을 보유하게 되는 경우 그 혼인한 날로부터 5년 이내에 먼저 양도하는 주
택은 1세대 1주택으로 본다(所令 155조 5항).

　(v) 지정문화재와 등록문화재에 해당하는 주택과 3년 이상 보유한 일반주
택을 각 1채씩 소유하는 1세대가 일반주택을 양도하는 경우 1세대 1주택의 양
도로 본다(所令 155조 6항).

(vi) 일반주택 1채 외에 수도권 외의 지역 중 읍·면지역에 소재하는 주택 (농어촌 주택)으로서 상속받은 주택·이농(離農)주택·귀농(歸農)주택을 보유하는 1세대가 그 일반주택을 양도하는 경우 1세대 1주택의 양도로 본다(동조 7항). 상속받은 주택과 이농주택은 각각 피상속인 또는 이농인(어업에서 떠난 자 포함)이 취득 후 5년 이상 거주한 사실이 있을 것을 요한다. 그리고 귀농으로 인하여 세대전원이 농어촌주택으로 이사하는 경우에는 귀농 후 최초로 양도하는 1개의 일반주택에 한하여 1세대 1주택의 양도로 본다(동조 제11항).

(vii) 취학, 근무상의 형편, 질병의 요양 기타 부득이한 사유로 취득한 수도권 밖에 소재하는 주택과 그 밖의 주택을 국내에 각 1개씩 소유하고 있는 1세대가 후자를 부득이한 사유가 해소된 날부터 3년 이내에 양도하는 경우에는 1세대 1주택의 양도로 본다(동조 8항).

(viii) 주택에 딸린 토지를 분할하여 건물이 정착되지 아니한 부분의 토지를 양도하는 경우에 그 양도하는 부분의 토지는 1세대 1주택에 딸린 토지로 보지 아니하며, 1세대 1주택에 해당하는 주택을 2개 이상의 주택으로 분할(지분의 분할이 아니라 물리적 분할을 의미함)하여 양도한 경우에는 먼저 양도하는 부분의 주택은 1세대 1주택으로 보지 아니한다(所則 72조 2항). 그러나 남는 주택부분은 1세대 1주택으로 보아 후일 양도할 때에는 주택과 비주택의 면적비율을 따지지 아니하고 양도소득세를 비과세한다.1) 한편, 주택 및 그 부수토지의 일부가 '공익사업을 위한 토지 등의 취득 및 보상에 관한 법률'에 의해 협의매수·수용되거나 그 밖의 법률에 의하여 수용되는 경우에는 그 수용대상 주택과 부수토지를 1세대 1주택으로 취급하고, 나아가 그 양도일 또는 수용일로부터 2년 이내에 양도하는 잔존 토지 및 잔존 주택(그 부수토지를 포함)의 양도도 1세대 1주택의 양도로 본다(所則 72조 2항 단서). ① 1세대 1주택에 해당되는 주택과 그 부수토지를 소유하던 자가 그 주택과 부수토지를 동일인에게 매도하는 계약을 체결한 후 매수자의 필요에 의해서 토지에 관해서만 소유권이전등기를 경료하고 건물은 철거하는 경우에 있어서의 대지의 양도나 ② 토지의 매수자가 매입토지와 그 소유의 다른 토지를 부지로 하여 그 지상에 다세대주택을 지으면 토지의 매도인이 그 중 1세대를 분양받아 주거를 이전할 목적으로 양자 간에 매매계약을 체결한 후 매도인이 건물을 철거하고 대지에 관해서만 매수인 앞으로 소유

---

1) 대법원 1980. 11. 11., 80 누 165.

권이전등기를 경료한 경우에 있어서의 대지의 양도는 모두 1세대 1주택의 부수토지의 양도에 해당한다.1)

　(ix) 1세대 1주택을 보유한 거주자가 '도시 및 주거환경정비법'상의 관리처분계획의 인가 또는 '빈집 및 소규모 주택 정비에 관한 특례법'에 따른 사업시행인가로 취득한 조합원 입주권 또는 일정한 요건을 충족하는 분양권을 원시적으로 취득하거나 또는 전득(轉得)하여 보유하고 있는 상태에서 그 주택을 양도하는 경우에는 원칙적으로 이를 1세대 1주택의 비과세대상으로 인정하지 아니한다(所法 89조 2항 본문). 조합원 입주권이나 분양권을 하나의 주택으로 취급하여 그에 대한 투기를 막기 위한 장치이다. 다만, '도시 및 주거환경정비법'에 따른 주택재건축사업 또는 주택재개발사업의 시행기간이나 '빈집 및 소규모 주택 정비에 관한 특례법'에 따른 자율주택정비사업, 가로주택정비사업, 소규모재건축사업 또는 소규모재개발사업의 시행기간 중 거주를 위하여 또는 기타 특정의 부득이한 사유로 인하여 1주택과 조합원 입주권이나 분양권을 동시에 소유하게 된 경우에는 그 조합원 입주권이나 분양권의 소유는 1세대 1주택의 양도로 인정받는 데 장애가 되지 않는다(所法 89조 2항 단서; 所令 156조의2 2항 내지 11항; 所令 156조의3 1항 내지 8항).

　(6) 고가주택의 예외

　1세대 1주택일지라도 그것이 고가주택에 해당될 때에는 비과세 대상에서 제외된다. 고가주택이란 주택 및 이에 딸린 토지의 양도당시의 실지거래가액의 합계액이 12억 원을 초과하는 것을 말한다(所法 89조 1항 3호). 1주택 및 이에 딸린 토지의 일부를 양도하는 경우나 양도되는 주택의 일부가 타인 소유인 경우에는 실지거래가액 합계액에 양도되는 부분(타인 소유부분을 포함)의 면적이 전체주택면적에서 차지하는 비율을 곱하여 계산한 금액을 실제거래가액의 합계액으로 한다(所令 156조 1항).

　1세대 1주택인 고가주택의 양도차익은 통상의 계산방법에 의한 양도차익에 총양도가액 중 총양도가액에서 12억 원을 초과하는 금액이 차지하는 비율을 곱하여 계산한 금액을 해당 고가주택의 양도차익으로 보고 과세함으로써(所法 95조 3항; 所令 160조 1항 1호), 비과세대상에서 제외는 하되 고가주택 기준가액 범위 내에서는 경감하여 주는 방식을 취하고 있다.

---

1) 대법원 1994. 9. 13., 94 누 125.

장기보유특별공제액의 계산에 있어서도, 일반주택이었더라면 인정받게 될 장기보유특별공제액에 총양도가액 중 총양도가액에서 9억 원을 초과하는 금액이 차지하는 비율을 곱하여 계산한 금액을 공제액으로 한다(所法 95조 3항; 所令 160조 1항 2호).

4. 개인사업체의 법인전환

제조업·광업·건설업 등 소비성 서비스업 외의 사업을 영위하는 거주자가 사업용 고정자산(주택 또는 주택을 취득할 수 있는 권리는 제외)을 현물출자하거나 또는 특정의 양수도 방법1)에 의하여 개인사업을 법인으로 전환하는 경우에는 해당 사업용 고정자산에 대하여는 양도소득세 과세를 이연시킬 수 있다(租特法 32조 1항; 租特令 29조 3항). 이를 '양도소득세의 이월과세(移越課稅)'라고 한다. 이월과세라 함은 개인 거주자가 소득세법상 양도소득을 발생시키는 사업용 고정자산을 법인에게 1차로 양도한 때 그 양도인 거주자에게 양도차익에 대한 양도소득세를 과세하지 아니하고, 양수인 법인이 그 사업용 고정자산을 자신의 사업에 제공하다가 후일 2차로 양도하는 때, 1차 양도의 양도인 거주자가 다른 양도자산이 없었던 것으로 가정하고 납부하였어야 할 양도소득세를 법인세로 납부하는 방법을 말한다(租特法 2조 1항 6호). 개인사업체를 법인으로 전환하면서 양도소득세 과세대상인 개인 소유의 사업용 고정자산을 법인에 현물출자하거나 또는 그 밖의 방법으로 양도하게 되면, 개인으로부터 별개의 법인격체인 법인에게 해당 자산의 소유권이 이전된다는 점에서 그 양도는 형식적으로는 과세계기가 되겠지만, 경제적 실질의 관점에서 보면 기업형태를 개인사업체에서 법인으로 변경한 것에 불과하므로(기업구조재편의 일종), 자산의 잠식없이 이러한 방식의 기업구조재편 거래를 할 수 있도록 할 필요가 있다. 이를 위해 양도소득세의 이월과세를 인정하는 것이다.

조세특례제한법은 모든 법인전환에 대해서 양도소득세의 이월과세를 인정하지 않고 여러 가지 제약을 가하고 있음에 유의하여야 한다. 그 중의 하나가, 신설법인의 자본금이 법인으로 전환하고자 하는 사업장의 순자산가액, 즉 현물

---

1) '특정한 사업양수도 방법'이란 사업을 영위하던 자가 발기인이 되어 현물출자일 혹은 사업양도일 현재의 시가로 평가한 사업용자산의 합계액에서 충당금을 포함한 부채의 합계액을 공제한 금액 이상을 출자하여 법인을 설립하고, 그 법인설립일부터 3월 이내에 해당 법인에게 사업에 관한 모든 권리와 의무를 포괄적으로 양도하는 것을 말한다(租特令 29조 2항).

출자일 혹은 사업양도일 현재1)의 시가로 평가한 사업용자산의 합계액에서 충당금을 포함한 부채의 합계액을 공제한 금액 이상이어야 한다는 규정이다(租特法 32조 2항; 租特令 29조 5항). 이것은 법인전환 전후에 걸쳐서 해당 사업체의 동일성(continuity of business)이 보전되는 경우에만 특례를 적용하고자 하는 취지이다. 법인전환으로 설립된 법인이 설립일부터 5년 이내에 이월과세의 혜택을 받은 거주자로부터 승계한 사업을 폐지하거나 이월과세의 혜택을 받은 거주자가 법인전환으로 취득한 주식 또는 출자지분의 100분의 50 이상을 처분하는 경우에는 양도소득세의 이월과세의 효력을 박탈한다(租特法 32조 5항).

Ⅶ. 국외자산 양도소득

국내에 계속 5년 이상 주소 또는 거소를 둔 자가 국외에 있는 자산을 양도하는 경우 그 양도차익은 과세대상이 된다. 양도차익이 과세되는 국외자산은 (i) 토지·건물, (ii) 지상권·전세권·부동산임차권·부동산을 취득할 수 있는 권리(건물이 완성되는 때에 그 건물과 이에 딸린 토지를 취득할 수 있는 권리포함), (iii) '기타자산'이다(所法 118조의2; 所令 178조의2). 다만, 국외에서 외화를 차입하여 취득한 자산의 양도로 발생하는 양도차익에 환율변동으로 인하여 외화차입금으로부터 발생하는 환차익이 포함되어 있는 경우 그 환차익은 양도소득의 범위에서 제외된다(所法 118조의2 단서). 양도소득의 외형을 가졌지만 그 실질이 환차익이므로 과세에서 제외함이 당연하다.

양도차익을 계산함에 있어서 양도가액은 해당 자산의 실지거래가액으로 한다. 다만 양도당시의 실지거래가액을 확인할 수 없는 경우에는 양도자산이 소재하는 국가에서의 양도 당시의 현황을 반영한 시가에 의하되, 시가를 산정

---

1) 현물출자에 의한 법인전환의 경우에는 개인사업자가 발기인으로서 정관을 작성하고 기존 사업장의 사업용 자산을 현물출자하여 주식을 인수하면 설립 중의 회사가 성립하고 이로써 개인사업체는 사실상 소멸하고 신설법인의 전신에 해당하는 설립 중의 회사만이 존속하며 현물출자일 이후에는 순자산가액 평가의 대상물이 존재하지 않는다는 점에 비추어 볼 때, 현물출자일이 속하는 전월의 말일부터 소급하여 1년간 매월 말일 현재의 사업용 자산의 합계액에서 부채(충당금을 포함)의 합계액을 공제한 다음 이를 12로 나누어 산출한 금액이 신설법인의 자본금 이하인 경우에 한하여 양도소득세가 면제되는 것으로 봄이 상당하고, 따라서, 법인으로 전환된 사업장이 법인으로 전환된 날, 즉 법인설립등기가 된 날을 기준으로 소급하여 1년간 평균순자산가액을 계산하여야 한다는 취지의 원심판단은 잘못이다. 그리고 1년간 평균순자산가액이라는 입증책임은 원고에게 있다(대법원 1994. 11. 18., 93 누 20160).

하기 어려운 때는 해당 자산의 종류·규모·거래상황 등을 고려한 보충적 평가 방법에 의한다(所法 118조의3 1항).

국외자산의 양도에 대한 과세와 관련하여 이루어진 외국정부(지방자치단체 포함)의 평가가액이나 국외자산의 양도일 또는 취득일 전후 6월 이내에 형성된 실지거래가액·감정가액·보상가액이 있으면 이를 시가로 본다(所令 178조의3 1항). 다만 위 (iii)의 주식 등과 위 (iv)의 '기타자산' 중 이용권·회원권 등의 시설물이용권과 주식 등[1]은 외국정부의 평가가액만을 그 시가로 본다(동항 단서). 시가산정이 어려운 경우 부동산 및 부동산에 관한 권리는 상속세 및 증여세법 제61조·제62조·제64조·제65조를 준용하여 평가하고, 이들 규정을 준용하여 평가하는 것이 적절하지 않은 경우에는 감정평가법인업자의 평가에 따른다(동조 2항 1호). 유가증권은 상속세 및 증여세법 제63조를 준용하여 평가한다(동항 2호).

양도가액에서 공제하는 필요경비는 (i) 취득가액, (ii) 자본적 지출액, (iii) 양도비를 합한 금액으로 한다. 취득가액은 양도가액과 마찬가지로 원칙적으로 양도자산의 실지거래가액에 의한다. 다만 취득당시의 실지거래가액을 확인할 수 없는 경우에는 양도자산이 소재하는 국가에서의 양도 당시의 현황을 반영한 시가에 의하되, 시가산정이 어려운 때에는 상속세 및 증여세법 규정을 준용한 보충적 평가방법에 의한다(所法 118조의4 1항 1호). 실지거래가액은 국내자산의 양도소득금액계산에 적용되는 개념인 '취득에 소요된 실지거래가액'과 동일하고, 그 밖의 자본적 지출액과 양도비도 마찬가지이다(所令 178조의4).

양도가액 및 필요경비를 외화로 수령하거나 지출한 경우에는 그 수령일이나 지출일 현재 외국환거래법에 의한 기준환율 또는 재정환율(裁定換率, arbitrated rate of exchange)[2]을 적용하여 양도차익을 계산한다(所令 178조의5). 양도자산 소재지국의 화폐에 따라 계산하면 양도차익이 발생하지 않음에도 불구하고, 취득당시의 원화와 양도당시의 원화로 각각 환산하여 계산하면 양도차익이 발생하는 경우 외환시세변동으로 말미암아 발생하는 외환평가차익을 양도차익에서

---

1) 형태는 주식이나 소득세법 제94조 제1항 제4호 다목 및 동법 시행령 제158조 제1항에서 과세상 기타자산으로 취급하는 것을 말한다.

2) 재정환율이라 함은 국제환율의 중심인 미국 달러나 영국 파운드 등에 대한 자국통화의 교환비율을 먼저 결정하고, 이 기준율로 cross rate에 의해 간접적으로 산정한 제3국통화와 사이의 환율을 말한다.

제거하기 위한 것이다.

국외자산의 양도소득금액 계산에 있어서는 장기보유특별공제는 허용하지 아니하고(所法 118조의8 단서), 단지 양도소득금액에서 양도소득 기본공제액만 공제하여 양도소득세 과세표준을 산출한다(所法 118조의8, 92조 2항). 국외자산의 양도소득에 대한 기본공제는 모든 유형의 국외자산 양도소득에 대하여 연간 250만 원이다(所法 118조의7 1항). 양도소득금액 중 감면소득금액이 있는 때에는 감면소득금액 외의 양도소득금액에서 먼저 공제하고, 감면소득금액 외의 양도소득금액 중에서는 먼저 양도한 자산의 양도소득금액에서부터 순차로 공제한다(동조 2항).

국외자산의 양도로 발생한 양도차익에 대하여 외국에서 양도소득세를 납부하였거나 납부할 것('국외자산 양도소득세액')이 있는 때에는 이를 소득세법에 따라 우리 정부에 납부할 양도소득세액에서 공제하거나 필요경비에 산입하는 방식에 의하여 이중과세를 면할 수 있다(所法 118조의6 1항). 세액공제의 방식을 선택할 경우에는 소득세법 규정에 의해 계산한 양도소득 산출세액에서 '국외자산 양도소득세액'을 공제하되, 양도소득세 산출세액에 해당 과세기간의 총 양도소득금액에서 국외자산 양도소득액이 차지하는 비율을 곱하여 산출한 금액을 한도로 한다(동항 1호). 이를 산식으로 나타내면 다음과 같다.

외국납부세액 공제한도액＝양도소득세 산출세액×해당 국외자산 양도소득금액／해당 과세기간의 국외자산에 대한 양도소득금액

국외자산 양도소득에 대한 세율은 국내자산 양도소득에 대한 세율을 그대로 적용한다(所法 118조의5 1항).

제 6 절 부당행위계산의 부인

Ⅰ. 사업소득 및 기타소득

사업소득 및 기타소득의 총수입금액 또는 필요경비의 계산에 있어 특수관계인(所令 98조 1항)과의 거래로 조세의 부담을 부당하게 감소시킨 것으로 인정

되는 때에 납세지 관할세무서장 또는 지방국세청장은 그 행위나 계산과 관계없이 해당 과세기간의 소득금액을 계산할 수 있다(所法 41조). 실질과세원칙을 구체화하여 공평과세를 실현하고자 하는 데 그 입법 취지가 있으므로, 부당행위계산은 특수관계인 사이의 일정한 거래가 사회통념이나 관습에 비추어 볼 때 정상적 경제인이 취할 합리적 조건의 거래에 해당하지 않아 조세의 부담을 부당하게 감소시킨 것으로 인정되는 때에 할 수 있다.[1]

　'조세의 부담을 부당하게 감소시킨 것으로 인정되는 때'라 함은 (i) 자산의 저가양도·고가매입, (ii) 금전 기타 자산 또는 용역의 무상 또는 낮은 요율로의 대부 또는 제공, (iii) 금전 기타 자산 또는 용역의 높은 요율로의 차용 또는 제공 받음, (iv) 무수익자산의 매입 및 그 자산에 대한 비용부담, (v) 기타 부당한 조세부담의 감소행위를 말한다(所令 98조 2항). 다만, 위 (iv)의 경우를 제외하고는 시가와 거래가액의 차액이 3억 원 이상이거나 시가의 100분의 5에 상당하는 금액 이상인 경우에 한하여 부당행위계산으로 취급된다(동항 단서). 위 (i)의 자산의 저가양도·고가매입의 판단기준으로 적용될 '시가'는 법인세법에서 법인이 행한 거래의 부당행위계산 부인 기준으로 정하고 있는 '시가'에 의하고, 다른 유형의 거래의 거래가격의 적정성 역시 법인세법상의 부당행위계산 부인의 기준에 따라 판단한다(所令 98조 3항, 4항). 위 (ii)의 금전의 무상 또는 저율대부의 예로는 지연손해금의 추심이 가능한데도 무상대여와 같은 상태로 방치하거나 면제하는 것[2]을 들 수 있다. 이때 일종의 부작위에 의한 부당행위계산이 성립되는 것이다. 그러나 직계존비속에게 주택을 무상으로 사용하게 하고 직계존비속이 해당 주택에 실제 거주하는 경우는 자산 또는 용역의 무상 제공으로 보지 않는다(所令 98조 2항 2호 단서).

　부동산의 대여를 부당행위계산으로 부인하려면 '시가'를 기준으로 판단하여야 하는데, 동일한 부동산을 대여한 실례가 있는 경우에는 그 가격을 시가로 보고, 그와 같은 실례가 없는 경우에는 토지의 지목, 위치, 주위환경, 이용상황 등 토지의 거래가격을 형성하는 개별요인, 인접 및 유사지역 내의 유사토지에 대한 적정 거래가능 가격 등을 고려하여 산정한 가격을 시가로 볼 수 있다.[3]

---

1) 대법원 2001. 6. 15., 99 두 1731.
2) 대법원 1997. 3. 28., 95 누 7406.
3) 대법원 2009. 9. 24., 2007 두 7505; 同 1987. 5. 26., 87 누 136.

이와 관련하여 판례는 과세관청이 해당 토지는 물론 인접 및 유사지역 내의 토지에 대한 임대사례가 없어 제반 가격산정 요인을 세밀히 조사하고 국유재산법과 지방재정법상의 사용료율 및 시중은행의 금리수준과 국·공채 이율 등을 고려하여 부동산시가에 연간 기대수익률 5%를 적용, 적산하여 그 토지의 각 연도별 임대료를 산정하였다면 이는 합리성과 타당성을 갖춘 것이라 할 수 있다고 본다.[1] 또한 객관적이고 합리적인 방법으로 평가한 가액도 '시가'에 포함된다.

II. 양도소득

1. 부당행위계산부인의 요건

거주자가 특수관계인과의 거래(所令 98조 1항)에 있어서 토지 등을 시가를 초과하여 취득하거나(고가매입의 경우) 시가에 미달하게 양도함으로써(저가양도의 경우) 양도소득에 대한 조세부담을 부당히 감소시킨 것으로 인정되는 경우에는 양도소득의 계산은 시가에 의하여야 한다(所法 101조 1항; 所令 167조 4항). 시가는 원칙적으로 정상적인 거래에 의하여 형성된 객관적 교환가격을 의미하는 것이지만, 여기에는 객관적이고 합리적인 방법으로 평가한 가액도 포함된다. 따라서 공신력 있는 감정기관의 감정가격(소급 감정가격 포함)도 시가로 볼 수 있으므로, 그와 같은 감정가격이 있으면 다른 법정 평가방법에 의한 평가에 앞서 감정가격을 기준으로 부당행위 해당 여부를 판정하여야 한다.[2] 소득세법 시행령 제167조 제5항은 상증세법 제60조 내지 제64조와 동법 시행령 제49조 내지 제63조의 규정을 준용하여 평가한 가액에 의해 시가를 결정하는 것으로 규정하고 있으나, 이는 거래실례가나 공신력 있는 감정기관의 감정가격이 없는 경우임을 전제로 한다고 할 것이다.

'조세의 부담을 부당하게 감소시킨 것으로 인정되는 때'라 함은 (i) 특수관계 있는 자로부터의 자산의 고가 매입과 특수관계인에 대한 자산의 저가양도의 경우, (ii) 그 밖에 특수관계인과의 거래로 해당 과세기간의 양도가액 또는 필요경비의 계산시 조세의 부담을 부당하게 감소시킨 것으로 인정되는 경우를 말한다(所令 167조 3항). 다만, 시가와 거래가액의 차액이 3억 원에도 미달하고, 시가

---

1) 대법원 1992. 1. 21., 91 누 7637.
2) 대법원 2001. 6. 15., 99 두 1731; 同 2012. 6. 14., 2010 두 28328.

의 100분의 5에 상당하는 금액에도 미달하는 경우에는 부당행위로 보지 않는다
(동항 단서). 위 (ii)의 경우와 관련하여 주주의 회사에 대한 금원대여행위가 회
사의 자산보유형태에 영향을 미치는 데 불과한 경우 조세의 부담을 부당하게
감소시킨 것이 아니라는 판례가 있다.[1] 즉, 甲이 자신이 보유하고 있는 乙회사
주식의 양도에 앞서 乙회사에게 금원을 대여함으로 인하여 주식양도일 현재 乙
회사의 총자산가액 중 토지 및 건물가액이 차지하는 비율이 74.5%에서 46.3%
로 낮아짐으로써 乙회사가 부동산 과다보유 법인(所令 158조 1항 5호)의 지위에
서 벗어나게 되어 결과적으로 자신의 주식 양도에 대하여 양도소득세를 부과할
수 없게 하였다 하더라도, 甲의 乙회사에 대한 금원대여행위는 乙회사의 '총수
입금액 또는 필요경비의 계산'이 아니라 자산보유형태에 영향을 미친 것에 불
과하므로 조세의 부담을 부당하게 감소시킨 것이 아니라는 것이다.

　개인과 법인 간의 재산의 양수도 거래의 거래가격이 법인세법 시행령 제89
조의 규정에 의한 시가에 해당되어 법인의 관점에서 해당 거래가 법인세법 제
52조의 부당행위계산이 되지 아니하는 경우에는, 거짓 그 밖의 부정한 방법으
로 양도소득세를 감소시킨 것으로 인정되는 경우를 제외하고는, 양도소득세 부
과와 관련하여서도 부당행위계산에 해당하지 않는 것으로 본다(所令 167조 6항).
하나의 거래가 법인세법상으로는 부당행위계산에 해당하지 않는데, 소득세법상
으로는 부당행위계산에 해당하는 모순된 결과를 방지하기 위한 것이다.

2. 저가양도의 경우의 양도소득세와 증여세의 중복적용 문제

　특수관계인에 대한 자산의 저가양도 또는 특수관계인으로부터의 자산의
고가매입을 부당행위계산으로 부인하여 양도인에 대하여 양도소득세를 부과하
거나(저가양도의 경우) 또는 양수인에 대하여 취득가액을 부인하는 경우(고가매입
의 경우) 이와 별도로 상속세 및 증여세법 제35조에 따라 재산의 저가양수 또는
고가양도로 얻는 이익을 증여재산으로 하여 저가양수인 또는 고가양도인에게
증여세를 부과할 수 있는가? 이 점에 관해 대법원은 "증여재산에 대하여 소득
세법에 의하여 수증자에게 소득세가 부과되는 때에는 증여세를 부과하지 아니
한다"는 상속세 및 증여세법 제2조 제2항의 규정은 수증자에 대하여 증여세를
부과하는 경우 그에 대하여 소득세가 부과되는 때에는 증여세를 부과하지 아니

---

1) 대법원 1999. 11. 9., 98 두 14082.

한다는 뜻이므로 동일 사안에 대하여 양도소득세 규정과 증여세 규정의 중복적
용을 배제하는 것은 아니라고 본다.1) 예컨대, 甲이 특수관계 있는 乙에게 취득
가액이 30,000원, 시가 90,000원인 비상장주식을 60,000원으로 양도하였다고
가정하자. 대법원 판례의 입장을 따르면 甲은 특수관계 있는 乙에게 주식을
60,000원이 아니라 90,000원에 양도한 것으로 인정되어, 시가(90,000원)와 취득
가액(30,000원) 간의 차액(60,000원)에 대하여 양도소득세가 부과된다(所法 101조;
所令 167조 4항). 한편 乙은 甲으로부터 시가 90,000원인 주식을 60,000원에 양수
하였으므로 시가(90,000원)와 대가(60,000원) 간의 차액(30,000원)을 증여받은 것으
로 인정되어 증여세가 부과된다(相贈稅法 35조 1항). 甲의 양도소득 금액 60,000
원과 乙의 수증금액 30,000원을 합한 90,000원이 과세되는 셈이다.

그러나 이는 자산의 부담부증여(負擔附贈與)에서 증여자가 수증자에게 수증
자에 의해 인수된 채무액에 상당하는 가액으로 해당 자산을 양도한 것으로 보
는 경우에 있어서의 과세효과와 비교하여 현저히 균형을 잃은 해석이다. 자산
의 부담부증여에서 양도된 것으로 인정되는 부분의 양도차익을 계산함에 있어
서 양도가액은 상속세 및 증여세법 제60조부터 제66조까지의 규정에 따라 평가
한 가액에 증여가액2) 중 인수채무액이 차지하는 비율을 곱하여 계산하고, 취득
가액은 소득세법 제97조 제1항 제1호 소정의 취득가액에 역시 같은 비율을 곱
하여 계산하는바(所令 159조 1항), 위의 예에서 甲이 시가 90,000원의 비상장주
식을 乙에게 증여하면서 乙로 하여금 甲이 X에게 부담하고 있는 60,000원의 채
무를 인수하게 하였다면, 이러한 원칙에 따라 乙은 甲으로부터 전체 주식의 시
가 90,000원에 그중 채무인수액 60,000원이 차지하는 비율(3분의 2)을 곱하여
나오는 60,000원의 가액에 상당하는 주식은 그 금액으로 양수하고, 시가 90,000
원과 그 양수가액 60,000원 간의 차액 30,000원에 상당하는 주식은 증여받은
것이 된다. 이에 甲은 그 양도가액 60,000원에서 전체 주식의 취득가액 30,000
원 중 양도한 부분의 취득가액 20,000원(전체 주식의 취득가액 30,000원에 전체 주
식의 시가 90,000원 중 채무인수액 60,000원이 차지하는 비율을 곱하여 나오는 금액)을
뺀 40,000원에 대하여 양도소득세를 부담하고, 乙은 30,000원의 수증액에 대하

---

1) 대법원 1999. 9. 21., 98 두 11830.
2) 소득세법 제88조 제1항의 후문에서 '증여가액 중 채무액'이라고 표현하고 있는 점에 비추
   어 볼 때 '증여가액'이라고 함은 수증자가 증여자로부터 인수하는 부담의 가액을 빼기 전의
   증여재산의 가액을 말하는 것이다.

여 증여세를 부담한다. 甲의 양도소득 금액 40,000원과 乙의 수증금액 30,000원을 합한 70,000원이 과세됨으로써, 60,000원의 채무를 인수하는 대신 같은 금액의 현금을 지급하는 위 대법원 판례 사안에 비해 양도소득이 20,000원 줄어드는 것이다.

부담부증여와 저가양도 모두 그 실질이 일부 증여, 일부 매매라는 점에서 동일하므로 세법상 처리가 달라질 이유가 없다. 따라서 증여세와 양도소득세는 독립적으로 판단하여야 할 것이 아니라 저가양도에 따른 전체 당사자의 세부담과 비교하여 관련 규정을 해석함이 타당할 것이다.

3. 증여 후 양도의 경우의 특별 취급

거주자가 특수관계인에게 자산을 증여한 후 수증자가 증여일로부터 10년 내에 다시 이를 타인에게 양도한 경우로서 (i) 수증자의 증여세(산출세액에서 공제·감면세액을 뺀 세액을 말함)와 양도소득세(산출세액에서 공제·감면세액을 뺀 결정세액을 말함)를 합한 세액이 (ii) 증여자가 직접 양도하는 경우로 보아 계산한 양도소득세 보다 적은 경우에는 증여자가 그 자산을 직접 타인에게 양도한 것으로 본다(所法 101조 2항). 예컨대 ××년 1월 1일에 甲이 그와 특수관계 있는 乙에게 시가 1억 원(취득가액 5천만 원)의 부동산을 증여하고, 다음해 12월 1일에 乙은 그 부동산을 丙에게 1억 3천만 원에 양도한 경우, 甲이 丙에게 직접 양도한 것으로 보고 양도차익을 8천만 원(1억 3천만 원−5천만 원)으로 계산한다는 것이다. 이와 같이 수증 후 양도의 2단계 거래를 증여자에 의한 직접 양도라는 1단계 거래로 간주하여 증여자에게 양도소득세를 과세하는 경우에는 당초의 증여에 대해서는 증여세를 부과하지 아니한다(동조 2항).

그러나 외형상 수증 후 양도라는 이러한 2단계 거래를 한 경우에도 양도에 따른 소득이 해당 수증자에게 실질적으로 귀속된 경우에는 증여자가 직접 양도한 것으로 간주하는 위의 규정을 적용하지 않는다(所法 101조 2항 단서). 그리고 '양도소득세를 부당하게 감소시키기 위하여' 이러한 거래를 하였을 것, 즉 양도소득세 회피의 의도는 이 규정의 적용 요건이 아니다. 2010년 1월 1일자 소득세법 개정으로 그 요건을 삭제하였다.

한편, 거주자가 특수관계인 중에서도 배우자 및 직계존비속으로부터 증여받은 자산을 그 수증일로부터 5년 이내에 양도하는 경우에는 그 양도에 따른 양도차익을 계산함에 있어 무조건 해당 자산의 취득가액을 증여자인 배우자 및 직계존비속의 취득가액에 의하도록 하고 있는바(所法 97조의2 1항, 2항, 3항; 본장 제5절 Ⅴ. 3. (1)⑧ 참조), 이 경우에는 위 소득세법 제101조 2항의 적용대상에서는 제외된다(동항 괄호).

제 7 절   세액의 계산

Ⅰ. 과세표준

1. 과세표준의 의의와 소득공제의 유형

세액은 과세표준에 소정의 세율을 곱하여 계산한다. 따라서 먼저 과세표준을 계산하여야 한다. 이미 각 소득의 종류에서 설명한 바와 같이 총수입금액에서 필요경비를 공제하면 소득금액이 산출되는바, 여기서 다시 각종 소득공제를 하고 남은 금액이 과세표준이다. 소득공제에는 (i) 종합합산 과세되는 제반 유형의 소득의 합계액으로서의 '종합소득'에 적용되는 공제, (ii) 종합소득 중 근로소득에 대해서만 적용되는 근로소득 공제, (iii) 종합소득 중 연금소득에 대해서만 적용되는 연금소득 공제, (iv) 종합소득에 포함되지 않는 퇴직소득에만 적용되는 퇴직소득 공제, (v) 역시 종합소득에 포함되지 않는 양도소득에만 적용되는 양도소득 공제 등이 있다. 이중 위 (i)의 종합소득 공제를 제외한 나머지 소득공제에 관해서는 개별 소득의 소득금액 계산에 관한 논의 부분에서 서술하였으므로(근로소득 공제에 관해서는 제3절 Ⅴ. 3., 연금소득 공제에 관해서는 제3절 Ⅵ. 2.에서, 퇴직소득 공제에 관해서는 제4절 2., 양도소득 공제에 관해서는 제5절 Ⅴ. 4. 각 참조) 여기서는 종합소득 공제에 관해서만 살펴보기로 한다.

2. 종합소득공제

(1) 종합소득공제의 종류
종합소득공제에는 (i) 기본공제, (ii) 추가공제, (iii) 연금보험료공제 등이 있다.

1) 기본공제   기본공제는 (i) 거주자, (ii) 해당 과세기간의 소득금액이

100만 원 이하(근로소득만 있는 경우에는 총급여액이 500만 원 이하)인 거주자의 배우자, (iii) 거주자와 생계를 같이하고 해당 과세기간의 소득금액이 100만 원 이하(근로소득만 있는 경우에는 총급여액이 500만 원 이하)인 부양가족 중 ① 거주자의 직계존속 및 직계존속과 혼인 중이거나 사망한 직계존속과 혼인 중이었던 자로서 60세 이상인 자, ② 거주자의 직계비속, 거주자와 재혼한 배우자가 종전의 배우자와 혼인 중에 출산한 자 및 거주자의 동거 입양자(직계비속이나 입양자와 그 배우자가 모두 장애인인 경우에는 그 배우자도 포함)로서 20세 이하인 자, ③ 20세 이하 또는 60세 이상인 거주자의 형제자매, ④ 국민기초생활보장법에 따른 수급권자, ⑤ 아동복지법에 따른 가정위탁을 받아 양육하는 아동(이하 "위탁아동"이라고 함)으로서 시행령으로 정하는 자(이하 합하여 "종합소득 기본공제대상자"라고 함)에 대해서 1인당 연 150만 원씩 공제하는 것이다(所法 50조 1항; 所令 106조 5항 내지 9항). 1인의 공제대상가족에 대해서는 1인의 거주자만이 공제받을 수 있음은 물론이다(所法 50조 3항; 所令 106조 1항, 2항). 여기서 '생계를 같이하는 부양가족'이란 주민등록표상의 동거가족으로서 해당 거주자의 주소나 거소에서 현실적으로 생계를 같이하는 자를 말하되, 직계비속이나 입양자는 그러한 요건을 충족하지 않더라도 이에 해당하는 것으로 보고(所法 53조 1항), 거주자의 직계비속이나 입양자가 아닌 동거가족이 취학, 질병의 요양, 근무상 또는 사업상의 형편으로 인해 본래의 주소 또는 거소를 일시 퇴거하였거나 거주자의 직계존속이 주거의 형편에 따라 별거하고 있더라도 '생계를 같이하는 부양가족'으로 본다(所法 53조 2항, 3항).

2) 추가공제   추가공제는 종합소득 기본공제대상자가 (i) 70세 이상인 경우에는 1인당 연 100만 원, (ii) 장애자인 경우에는 1인당 연 200만 원, (iii) 종합소득금액이 3천만 원 이하인 여성으로서 배우자 없이 부양가족[1]을 두고 있는 자이거나(부녀자단독세대주) 배우자가 있는 자(맞벌이 부부)인 경우에는 1인당 연 50만 원, (iv) 배우자가 없는 거주자로서 기본공제대상자인 직계비속 또는 입양자가 있는 경우에는 연 100만 원[위 (iii)의 공제에도 동시에 해당하는 경우에는 위 (iii)의 공제는 적용하지 않음]을 기본공제 외에 추가로 공제하는 것이다(所法 51조 1항, 2항). 위의 기본공제와 추가공제를 합하여 '인적공제'라고 하고, 그 합계액이 종합소득금액을 초과하는 경우에는 그 초과하는 공제액은

―――――――――
1) 종합소득 기본공제대상자로서의 '생계를 같이하는 부양가족'과 같은 의미이다(所法 53조 1항).

없는 것으로 본다(동조 3항, 4항). 인적공제 대상자에 해당하는지 여부의 판정은 해당 과세기간의 과세기간 종료일 현재의 상황에 따르되, 과세기간 종료일 전에 사망한 사람 또는 장애가 치유된 사람에 대해서는 사망일 전날 또는 치유일 전날의 상황에 따른다(所法 53조 4항). 다만, 인적공제 적용대상자의 나이의 계산에 있어서는 해당 과세기간 중에 하루라도 적격 나이에 해당하는 날이 속한 경우에는 공제를 인정한다(동조 5항).

3) 연금보험료공제   종합소득이 있는 거주자가 해당 과세기간에 납부한 공적연금 관련법에 따른 기여금 또는 개인부담금은 전액 종합소득금액에서 공제하고, 이를 연금보험료공제라고 부른다(所法 51조의3 1항, 2항). 이러한 연금보험료공제액과 (i) 위에서 본 인적공제액, (ii) 연금소득에서 공제되는 '주택담보노후연금 이자비용 공제액'(所法 51조의4 1항 전단), (iii) 근로소득이 있는 거주자에 대한 특별소득공제액(所法 52조) 및 (iv) 조세특례제한법에 따른 소득공제액을 합한 금액이 종합소득금액을 초과하는 경우에는 그 초과하는 금액의 범위 내에서 연금보험료 공제를 받지 아니한 것으로 본다(동조 3항).

(2) 종합소득공제의 배제
종합소득세 과세표준 확정신고를 하여야 할 거주자가 인적공제에 필요한 증명서류를 제출하지 아니한 때에는 종합소득 기본공제액 중 거주자 본인에 대한 금액과 표준세액공제액(근로소득자에 대해서는 연 13만 원; 근로소득이 없는 종합소득자로서 성실사업자에 해당하는 자에 대해서는 연 12만 원, 성실사업자에 해당하지 아니하는 자에 대해서는 연 7만원; 所法 59조의4 9항)만을 공제하되, 다만 과세표준 확정신고에 관계없이 그 서류를 나중에 제출할 수 있다(所法 54조 2항). 근로소득의 연말정산시 원천징수의무자에게 인적공제와 세액공제에 필요한 증명서류를 제출한 자(所法 140조)는 그것으로 종합소득 과세표준 확정신고시의 제출에 갈음한다고 할 것이다. 그리고 분리과세 이자소득·분리과세 배당소득·분리과세 연금소득과 분리과세 기타소득만이 있는 자에 대하여는 종합소득공제를 적용하지 아니한다(所法 54조 1항). 한편, 거주자의 종합소득금액을 계산할 때 (i) 국민건강보험법, 고용보험법 또는 노인장기요양보험법에 따라 근로자가 부담하는 공적보험료의 공제액을 제외한 근로소득 특별공제액, (ii) 조세특례제한법상의 각종 소득공제액 및 (iii) 사업소득이나 기타소득의 필요경비액을 합한 금액이 2천 5백만 원을 초과하는 경우 그 초과금액의 공제가 제한된다(租特法 132조의2).

II. 결손금의 공제·이월공제·소급공제

장부를 기록한 사업자는 어떤 과세기간의 결손금(해당 과세기간에 속하는 사업소득의 필요경비가 그 총수입금액을 초과하는 경우에 그 초과하는 금액; 所法 19조 2항)을 해당 과세기간의 종합소득 과세표준을 계산할 때 근로소득 금액, 연금소득 금액, 기타소득 금액, 이자소득 금액, 배당소득 금액에서 순차로 공제한다(所法 45조 1항). 사업소득자에 한해서 결손금을 다른 종합소득과 상계할 수 있게 한 것이다. 그러나 주거용 건물 임대업 외의 다른 부동산임대업에서 발생한 결손금(이하 단순히 "부동산임대업"이라고 함)은 다른 종합소득과 공제하는 것이 허용되지 않는다(동조 2항). 부동산임대업은 소극적 사업으로서의 성격을 갖기 때문에 그로부터 결손금이 발생하는 것을 인정하기 어렵기 때문인 것으로 보인다.

소득의 기간과세로 말미암아 특정 연도에 소득이 생기면 당연히 그 소득에 대해서 과세가 된다. 그런데 다른 연도에는 결손이 생겨서 연결되는 수개의 사업연도를 통틀어 놓고 보면 실제로 얻은 소득에 비해 많은 세액을 납부하게 된다. 이러한 모순을 완화하고자 하는 것이 결손금의 이월공제(loss carry-over)와 소급공제(loss carry-back)인데 어느 정도까지 길게 이월과 소급을 허용할 것인가 하는 것은 입법정책에 속한다. 이월공제와 관련하여 소득세법에서는 (i) 애당초 다른 종합소득에서 공제할 수 없는 부동산임대업의 결손금과 (ii) 부동산임대업 외의 다른 사업의 결손금으로서 다른 종합소득에서 공제하고 남은 금액을 합하여 이월결손금이라 정의하고, 그 가운데 전자는 그것이 발생한 과세기간의 종료일부터 10년 내에 종료하는 과세기간에 발생한 부동산임대업의 소득금액에서 먼저 발생한 것부터 순차로 공제하도록 하고 있고(같은 종류의 소득에 대한 공제만 허용), 후자 역시 먼저 발생한 것부터 순차로 그것이 발생한 과세기간의 종료일로부터 10년 내에 종료하는 과세기간에 발생한 사업소득금액, 근로소득금액, 연금소득금액, 기타소득금액, 이자소득금액 및 배당소득금액에서 열거된 순서대로 공제하도록(다른 종류의 소득에 대한 공제도 허용) 하고 있다(所法 45조 2항, 3항). 그러나 부과제척기간이 지난 과세기간 이전 과세기간의 이월결손금은 공제하지 아니한다(동항 단서). 이와 관련하여 어떤 소득이 부동산임대업의 소득인지, 아니면 일반 사업소득인지 문제될 수 있다. 예를 들면, 제조업을 영위하는 사업소득자가 직원의 편의를 위하여 기숙사를 유지하며 기숙하는 자로부터 받는 대가는 제조업에 부수하는 수입이지 부동산임대업의 소득이 아니라 할 것이다. 그리고 부동산매매업자가 재고자산인 부동산을 일시 대여하여 얻는 소득도 부동산임대업의 소득이라 하기는 어렵다.

어떤 사업연도에 결손금이 발생함과 동시에 앞의 연도로부터 이월된 결손금이 있는 경우에는 해당 과세기간의 결손금을 먼저 소득금액에서 공제한다(所法 45조 6항).

한편, 거주자가 소득세법 제160조 및 제161조에 따라 갖추어 기록하고 있는 장부와 증명서류에 의하지 않은 채 추계신고를 하거나 과세관청이 소득세법 제80조 제3항 단서에 따라 거주자의 소득을 추계조사결정을 하는 경우에는 사업소득의 이월결손금 공제를 인정치 않는다(所法 45조 3항).

소급공제와 관련해서는, 중소기업을 영위하는 사업자에 한해서 해당 과세기간의 이월결손금(부동산임대업에서 발생하는 결손금은 제외함)을 소급공제하여(移戾) 직전 과세기간의 사업소득에 부과된 종합소득 결정세액을 한도로 환급신청을 할 수 있도록 하고 있다(所法 85조의2 1항). 이렇게 소급공제한 이월결손금을 장래의 이월결손금으로 공제할 수 없음은 물론이다. 법인세법에서도 동일한 취지의 제도를 두고 있다(法法 72조; 상세한 논의는 제2장 제10절 Ⅲ. 참조).

Ⅲ. 특정 유형의 소득금액 계산의 특례

1. 비거주자 등과의 거래에서 발생한 소득금액 계산의 특례

우리나라의 권한 있는 과세당국(국세청이나 기획재정부)이 조세조약 체약국의 과세당국과 해당 조세조약의 상호합의에 관한 규정에 따라 거주자의 대외거래의 거래금액에 관하여 상호합의를 한 경우 과세관청은 그 합의 내용에 따라 해당 거주자의 해당 과세기간의 소득금액을 조정하여 계산할 수 있다(所法 42조). 거주자가 비거주자나 외국법인과 행한 거래의 실제 거래가격을 무시하고, 당사자의 신청에 따라 이루어진 당국 간의 상호합의에서 확정한 정상가격에 의하여 소득금액을 재계산한다는 취지이다. '국제조세조정에 관한 법률' 제27조에서 과세당국으로 하여금 상호합의의 결과에 따라 부과처분, 경정·결정, 기타 세법상 필요한 조치를 취하도록 의무지우고 있는 것에 상응하여 소득세법에 설치한 규정이다. 법인세법 제53조에서도 동일한 취지의 규정을 두고 있다. 실제

거래가격과 정상가격 중 어느 것이 큰가에 따라 이러한 조정을 받은 거주자가 소득세를 추가로 부담하여야 할 수도 있고, 반대로 이미 납부한 세금을 감액받을 수도 있을 것이다.

2. 공동사업소득에 대한 소득금액 계산의 특례

복수의 거주자들이 사업소득을 발생하는 사업을 공동으로 경영하여 거기서 발생하는 손익을 분배하는 경우 공동사업을 경영하는 장소(공동사업장)를 1 거주자로 보아 그 공동사업에서 발생하는 사업소득을 계산한다(所法 43조 1항). 즉, 공동사업장 자체를 하나의 인격체로 의제하여 그 수입금액에서 필요경비를 공제하여 공동사업의 소득금액을 계산한다는 것이다. 여기서 말하는 공동사업자는 공동사업의 경영에 참여하지 아니하고 출자만 한 자로서 (i) 공동사업에 성명 또는 상호를 사용하게 하지 아니한 자나 (ii) 공동사업에서 발생한 채무에 대하여 무한책임을 부담하기로 약정한 자가 아닌 자(출자공동사업자)도 포함한다(所法 43조 1항 괄호; 所令 100조 1항). 이렇게 계산한 공동사업의 소득금액은 출자공동사업자를 포함한 공동사업자간에 약정된 손익분배비율, 약정된 손익분배비율이 없는 경우에는 공동사업 재산에 대한 지분비율에 따라 개별 공동사업자에게 귀속시킨다(所法 43조 1항).

거주자 1인과 과세기간 종료일 현재 국세기본법 시행령 제20조 제1호 내지 제8호에 열거된 '친족 기타 특수관계'에 있는 자로서 생계를 같이하는 자가 사업소득을 발생하는 사업의 공동사업자 중에 포함되어 있고, 손익분배비율을 거짓으로 정하거나 조세를 회피하기 위하여 공동사업을 경영하는 것으로 인정되는 경우에는 그 특수관계인의 소득금액은 공동사업에서 발생한 손익분배의 비율이 가장 큰 공동사업자(주된 공동사업자)에게 전액 귀속되는 것으로 본다(所法 43조 3항; 所令 100조 2항, 3항, 4항). 손익분배비율이 같은 경우에는 (i) 공동사업소득 외의 종합소득금액이 많은 자, (ii) 공동사업소득 외의 종합소득금액이 같은 경우에는 직전 과세기간의 종합소득금액이 많은 자, (iii) 직전 과세기간의 종합소득금액도 같은 경우에는 해당 사업에 대한 종합소득 과세표준을 신고한 자, (iv) 공동사업자 모두가 해당 사업에 대한 종합소득 과세표준을 신고하였거나 신고하지 아니한 경우에는 납세지 관할세무서장이 정하는 자의 순서로 공동사업소득 전액을 얻은 것으로 한다(所令 100조 5항).

위와 같이 어떤 공동사업자의 소득금액이 주된 공동사업자의 소득금액에 합산과세되는 경우 그 주된 공동사업자의 종합소득에 대하여 연금보험료공제(所法 제51조의3) 또는 조세특례제한법에 따른 소득공제를 적용하거나 연금계좌세액공제(所法 제59조의3)를 적용함에 있어서 해당 공동사업자가 지출·납입·투자·출자한 금액은, 주된 공동사업자의 소득금액에 합산과세되는 소득금액의 한도 안에서 주된 공동사업자가 지출·납입·투자·출자한 것으로 보아 소득공제나 세액공제를 받을 수 있다(所法 54조의2).

공동사업소득 합산과세제도는 특수관계인 간의 공동사업을 실질적으로 부인함으로써 누진세율회피를 위한 소득분할(income splitting)에 대처하려는 취지이나 획일적 부인은 무리가 아닌가 싶다.

위와 같은 공동사업장에서 발생하는 소득에 대한 과세체계는 곧 민법상 조합이라는 계약형식을 통해 얻는 소득에 대한 과세방법이다. 그런데, 이러한 조합 소득에 대해서는 조세특례제한법에서 새로이 도입한 동업기업에 대한 과세특례제도가 선택적으로 적용될 수 있다. 양 제도는 조합에서 발생한 소득을 그 조합원에게 귀속시켜 조합원의 소득으로 과세하는 점에서 근본적으로는 유사하지만 동업기업에 대한 과세특례 제도에서는 위의 공동사업장 과세제도에 없는 다른 여러 가지 규정이 도입되었다(자세한 내용에 관해서는 제2장 제13절 참조).

3. 양도된 채권 등에서 발생한 이자소득이나 배당소득의 귀속 안분

거주자가 (i) 채권(債券) 또는 (ii) 이자와 할인액을 발생시키는 유가증권(금융회사 등이 발행한 예금증서 및 이와 유사한 증서나 어음 등을 포함; 이하 이들을 합하여 "채권 등"이라고 함)의 발행법인으로부터 해당 채권 등에서 발생하는 이자 또는 할인액(이하 "이자 등"이라고 함)을 지급받거나(전환사채의 주식으로의 전환 및 교환사채의 주식으로의 교환을 포함함) 해당 채권 등을 매도하는 경우에는(증여·변제 및 출자 등으로 채권 등의 소유권 또는 이자소득의 수급권의 변동이 있는 경우와 매도를 위탁하거나 중개 또는 알선시키는 경우를 포함하되, 대통령령으로 정하는 환매조건부채권매매거래 등의 경우는 제외) 거주자에게 그 보유기간별로 귀속되는 이자 등 상당액을 해당 거주자의 이자소득으로 보아 소득금액을 계산한다(所法 46조 1항; 所令 102조 1항). 다시 말해 채권 등의 발행시점부터 상환시점까지의 기간에 발생한 총 이자가 그 기간 중에 해당 채권 등을 보유한 자들 간에 각자의

보유기간별로 분할되어 귀속된다는 것이다.1) 이 경우 해당 거주자가 해당 채권
등의 보유기간을 입증하지 못하는 경우에는 소득세법 제133조의2 제1항에 규
정된 '원천징수기간'의 이자 상당액이 해당 거주자에게 귀속되는 것으로 본다
(所法 46조 2항; 원천징수기간에 관해서는 본장 제9절 Ⅰ. 참조).

4. 분리과세연금소득 외의 연금소득에 대한 세액계산의 특례

분리과세연금소득 외의 연금소득을 얻은 거주자는 분리과세연금소득 외의
연금소득에 100분의 15를 곱하여 산출한 세액에다가 연금소득 외의 종합소득
에 대한 결정세액을 더한 금액과 이러한 조정을 하지 않은 본래의 종합소득 결
정세액 중 하나를 선택하여 적용받을 수 있다(所法 64조의4). 연금소득 중 분리
과세 대상이 아닌 연금소득에 대해서는 15% 세율 적용의 혜택을 준다는 의미
이다.

Ⅳ. 세   율

1. 종합소득

소득세의 세율은 납세자의 담세력을 고려하여 4단계의 누진세율구조를 취
하고 있다. 과세표준이 커짐에 따라 그 전체 가액에 대하여 높은 세율을 적용
하는 단순 누진세율이 아니라 과세표준을 다수의 단계로 구분하여 상위단계로
나아감에 따라 순차로 높은 세율을 적용하는 초과 누진세율을 채택하고 있다.
과세표준이 1천 4백만 원 이하일 경우는 최저세율인 100분의 6을 적용하고, 1
천 4백만 원 초과 5천만 원 이하 부분에 대해서는 100분의 15, 5천만 원 초과
8천 8백만 원 이하 부분에 대해서는 100분의 24, 8천 8백만 원 초과 1억 5천만
원 이하 부분에 대해서는 100분의 35, 1억 5천만 원 초과 3억원 이하 부분에
대해는 100분의 38, 3억원 초과 5억원 이하 부분에 대해서는 100분의 40, 5억

---

1) 금융소득 종합과세가 실시되기 전에는 해당 채권 등의 발행시점부터 상환시점까지의 기
간에 발생한 총이자금액이 모두 상환시점에 발행법인으로부터 이자를 지급받는 자(즉, 최종
보유자)에게 귀속되는 것으로 보았었다. 금융소득 종합과세제도하에서는 그렇게 취급하면
채권을 발행받아 소유하고 있던 자가 해당 채권의 상환기일의 도래 직전에 다른 자에게 매
각함으로써 그 보유기간의 이자상당액을 채권의 양도차익으로 전환하는 방법으로 해당 채
권 등의 이자소득에 대한 종합과세를 피할 수 있다. 이러한 현상을 막기 위하여 현재의 제
도로 변경하였다.

원 초과 부분에 대해서는 최고세율 100분의 42를 적용한다(所法 55조 1항). 이러한 세율을 소득세법에서는 '기본세율'이라고 한다(所法 15조 1호). 제도적으로는 과세단위를 어떻게 정하느냐에 따라서 세율구조가 조정되어야 할 것이며, 납세의무자의 가족구성과 세대 내의 지위에 따라 각각 별개의 세율을 정하는 복수세율체계를 정하는 경우도 있다. 우리는 단일 세율체계를 채택하고 있다.

2. 퇴직소득

퇴직소득에 대해서는 독특한 세율체계가 적용된다. 우선 해당 과세기간의 퇴직소득 과세표준에 종합소득의 기본세율을 적용하고, 그 산출된 금액을 12로 나눈 금액에 근속연수를 곱한다. 이렇게 하여 나오는 금액이 퇴직소득 산출세액이다(所法 55조 2항).[1] 퇴직소득 과세표준 산정 단계에서 근속기간에 걸쳐서 누적적으로 발생한 퇴직소득을 근속연수로 나누고 12를 곱하여 1년분 급여액에 상당하는 금액을 환산하는 과정을 거치는데(본장 제4절 2. 참조), 세율을 적용한 뒤 이와 정반대의 과정을 거치는 것이다(年分年乘法). 근속기간에 속하는 12개 연도별로 분할하여 세율을 적용함으로써 마치 12개년 간 발생한 근로소득을 동시에 과세하는 것과 같은 결과가 되게 하여 세부담을 줄여 주고 있는 것이다.

3. 양도소득

양도소득은 종합소득에서 분리되어 별도의 세율을 적용받는다. 자산별로 누진세율이 적용되기도 하고, 비례세율이 적용되기도 한다. 통상의 부동산·부동산에 관한 권리·기타자산의 양도소득에 대해서는 위에서 본 종합소득 기본세율과 같은 누진세율이 적용된다(所法 104조 1항 1호). 그러나 부동산, 부동산에 관한 권리 또는 기타자산의 양도소득 가운데 해당 자산의 보유기간이 짧은 것, 부동산가격 급등지역으로 지정된 지역이나 주택분양의 경쟁률이 높은 곳으로 지정된 조정대상지역(所法 104조의2) 내에 있는 것, 비사업용 토지(所法 104조의3)에 해당하는 것, 미등기부동산(所法 104조 3항)에 해당하는 것 등에 대해서는 100분의 40에서부터 100분의 70까지의 높은 비례세율이나 위 통상의 누진세율보다 더 높은 누진세율을 적용한다(所法 104조 1항 2호 내지 10호, 4항, 7항).

비례세율이 적용되는 것으로는 주식 등의 양도소득이 있다. 우선, 양도인

---

1) 이와 같이 개정된 산출세액 계산방식은 2016. 1. 1.부터 적용한다.

이 상장법인의 고액주주나 비상장법인의 대주주가 아닌 경우로서 양도대상 주식 등이 중소기업에 해당하는 법인의 것인 경우에는 100분의 10의 세율을, 양도대상 주식 등이 중소기업에 해당하지 않는 법인의 것인 경우에는 100분의 20의 세율을 각 적용한다. 다음, 양도인이 상장법인의 고액주주나 비상장법인의 대주주인 경우에는 양도대상 주식 등이 중소기업에 해당하지 않는 법인의 것으로서 보유기간이 1년 미만의 것인 경우에는 100분의 30의 세율을 적용하고, 그 외의 경우에는 과세표준 3억 원까지는 100분의 20의 세율을, 3억 원 초과분에 대해서는 100분의 25의 세율을 각 적용한다(所法 104조 1항 11호). 그리고 외국법인 발행 주식 등이나 외국증권시장에 상장된 주식등으로서 중소기업의 것인 경우에는 100분의 10, 그 밖의 회사의 것인 경우에는 100분의 20을 각 적용한다(동조 동항 12호).

파생상품 등의 양도소득에 대해서는 100분의 10의 탄력세율이 적용되고(所令 167조의9), 신탁수익권의 양도소득은 과세표준 3억원 이하 부분에 대해서는 20%, 그 초과부분에 대해서는 25%의 세율이 적용된다(所法 104조 1항 14호).

하나의 과세기간에 (i) 토지·건물(所法 94조 1항 1호), (ii) 부동산에 관한 권리(동항 2호) 및 (iii) 기타자산(동항 4호) 중 둘 이상을 양도한 경우에는 해당 과세기간에 발생한 모든 양도소득의 과세표준 합계액에 기본세율을 적용하여 계산한 산출세액과 개별 자산 별로 고유한 세율을 적용하여 계산한 양도소득 산출세액의 합계액 중 큰 것을 양도소득 산출세액으로 한다(所法 104조 5항).

토지·건물과 부동산에 관한 권리의 보유기간은 해당 자산의 취득일부터 양도일까지로 한다. 다만 상속받은 자산일 경우에는 피상속인이 해당 자산을 취득한 날, 배우자로부터 수증한 부동산을 5년 내에 양도함으로써 증여한 배우자가 계속 보유하고 있다가 양도하는 것으로 의제되어 양도소득세가 계산되는 경우에는 증여자가 해당 자산을 취득한 날, 법인의 합병·분할의 경우에는 피합병법인·분할법인 또는 소멸한 분할합병의 상대방 법인의 주식 등을 취득한 날을 취득일로 한다(所法 104조 2항).

[판 례]
계약금과 중도금 일부를 준 상태에서 양도를 하는 경우에는 매매 당사자 간에 대금완급 전이라도 소유권이전등기를 먼저 넘겨주기로 특약을 하는 등 특별한 사정이 없는 한 그 자산의 취득에 관한 등기 자체가 원칙적으로는 불가능한 것이므

로 이를 양도하였다고 하여 소득세법 제104조 제3항 소정의 그 취득에 관한 등기를 하지 아니하고 양도한 경우에 해당한다고 볼 수 없다 할 것이므로 위 권리의 양도에 대하여 소득세법 제104조 제1항 제3호의 미등기양도자산에 관한 세율을 적용할 수는 없다 할 것이고 동법 제1항 제1호 소정의 세율을 적용하여야 할 것이다 (대법원 1992. 9. 14., 91 도 2439).

V. 종합과세 금융소득에 대한 특례

1. 금융소득의 특징

(1) 비금융자산소득과의 차이

금융소득이란 이자와 배당 및 이와 유사한 법적 또는 경제적 과실을 뜻한다. 전형적인 금융소득은 타인에 대한 금전의 대여와 같은 소비대차(消費貸借; 민법 598조)나 예금과 같은 소비임치(消費任置; 민법 702조)에서 발생하는 이자와 기업에 대한 자본참가로 얻어지는 배당이다. 어느 것이나 일정한 기간을 정하여 일회적 또는 반복적으로 지급받는 특징을 가진다. 이자의 경우에는 지급될 금액이 당초에 약정된 이율에 의하여 정하여지지만, 배당의 경우에는 기업의 경영성과와 단체적 의사결정에 따라 지급될 금액이 결산일 후에 정하여진다. 이러한 금융소득은 그 금액이 지급되는 기간별로 과세된다.

이에 비해 토지나 건물과 같은 비금융자산의 보유기간 중 발생하는 가치증가익은 이른바 미실현 자본이득(built-in or unrealized capital gain, 이하 "미실현 이득"이라고만 함)으로서 원칙적으로 그 자산이 처분될 때까지 과세되지 않는다. 순수한 순자산증가설의 관점에서 과세소득을 파악한다면, 미실현 이득도 과세소득에 포함되어야 할 것이나, 매 과세연도 말에 모든 납세의무자들의 보유자산을 시가로 평가하는 것이 거의 불가능할 뿐만 아니라, 납세의무자에게 납세자금이 마련되지 않은 상태에서 과세하는 것이 현실적으로 곤란하기 때문에 미실현 이득(그 반대의 미실현 손실)은 원칙적으로 이를 내포하는 자산이 처분되는 시점에 실현·인식되는 것으로 보아 과세처리되는 것이다. 이에 비금융자산에 내재된 미실현 이득은 해당 자산이 처분될 때까지 조세부담 없이 납세자의 수중에서 축적되면서(경우에 따라서는 손실이 미실현 상태로 축적될 수도 있을 것이나) 다시 '원본'으로 기능하여 경제적 과실을 발생시킬 수 있다. 예를 들면, 임대용 건물의 가격이 상승하면 통상 임대료도 함께 상승하여 그 만큼 추가의 과실을 낳게 된다.

이처럼 금융소득은 그 발생기간마다 과세되는 데 반하여 비금융자산에 내재된 미실현 이득에 대해서는 해당 자산의 처분 등을 통해 그것이 실현될 때까지 과세가 유예됨으로써 양자의 과세 간에 불균형이 생긴다. 즉, 금융소득은 비금융자산으로부터 발생하는 자본이득에 비해 과세상 불리한 입장에 있는 것이다. 특히, 금융자산의 보유기간 중 그 가치가 감소된 경우에는 이러한 과세상의 불균형이 현저해진다. 예를 들면, 어떤 과세기간에 보유주식으로부터 얻은 배당에 대하여 과세를 당한 뒤에 해당 주식의 가격이 폭락한 경우에는, 전체 보유기간에 걸쳐 보면 순자산가치가 감소하였음에도 소득(즉, 배당소득)이 있는 것으로 인정되어 과세당한 것이 되는데, 이는 명백히 불합리한 현상이다. 실현주의 및 원본과 과실을 구분하는 과세방식의 맹점이라고 아니할 수 없다.

(2) 이자와 인플레이션

이자소득금액에는 인플레이션으로 인한 명목소득들이 포함되어 있으나 현행세법에서는 이를 조정하여 주지 않는다. 그렇기 때문에 이자소득금액은 실제 이자보다 과대하게 산출되기 마련이고, 그 반면으로는 지급이자가 과다하게 비용으로 계상되는 결과를 가져온다. 가령 100만 원의 소비대차계약을 체결하면서 기간은 1년, 이율은 연 9%로 정하였는데 같은 기간에 물가가 10% 상승하였다면, 대주(貸主)는 비록 9만 원의 이자를 수령하기는 했으나 실질적으로는 1만 원의 손실을 입었다. 반대의 측면에서 보면 차주(借主)는 원금의 상환부담이 실질적으로 10만 원 줄어들었기 때문에 9만 원의 이자를 지급하였지만 결국 1만 원의 이득을 본 것이 된다. 이와 같은 경제적 효과에도 불구하고 손실을 입은 대주에게는 이자소득에 대한 과세를, 그리고 이득을 본 차주에게는 지급이자의 비용계상을 허용하고 있는 것이 현재의 세제이다. 그럼에도 불구하고 현행 제도가 고쳐지지 않는 이유는 여러 가지가 있겠으나 주된 것은, 만일 수입이자금액을 물가에 연동하여 재계산하려면 지급이자금액도 물가에 연동하여 재계산하여야 하는데 이 점이 기술적으로 매우 어렵고, 과세당국의 입장에서는 양당사자에 대한 효과가 상계되기 때문에 조정하여야 할 필요성을 느끼지 않기 때문이다.[1] 특정 납세의무자의 입장에서 보았을 때 만일 그가 금전을 수시로 대여

---

1) Michael J. Graetz, Federal Income Taxation — Principles and Policies, 2nd ed., vol. 1,

하기도 하고 차용하기도 하여 양자의 규모가 비슷하다면 그도 과세권자의 입장과 유사하여 특별히 개의할 이유가 없다. 그러나 그렇지 아니한 금융소득자의 입장에서는 결과에 승복하기가 어렵게 된다. 예를 들어, 한 개인이 연 10%의 이율로 100만 원을 예금하여 1년 후에 10만 원의 이자를 받았고, 그동안의 물가상승률이 5%였다고 가정하자. 그 개인은 소득세(편의상 한계세율이 35%라고 가정함)와 지방소득세 합계 38,500원의 세금을 부담하고 인플레이션으로 인한 5만 원의 손실을 입게 됨으로써 11,500원의 순소득을 얻었을 뿐이다. 물가상승률이 6.15%이었다면 남는 것은 하나도 없게 된다. 이러한 결괴는 지축을 저해하고 차입을 촉진하는 요인이 될 것이다.1) 그리고 지하금융을 조장하는 효과도 가져올 수 있다.

(3) 배당소득에 대한 이중과세

기업을 법인형태로 영위할 때에는 우선 법인단계에서 법인소득에 대해서 과세되고 이익잉여금이 주주에게 지급되면 주주단계에서 또 다시 과세된다. 주주가 개인인 경우, 그 개인주주가 해당 소득을 자영하는 사업에서 얻는다면 사업소득에 대해서 1회의 소득세 납부의무만 부담할 터인데, 법인의 형태로 사업을 영위함으로 인하여 법인세와 배당소득세를 이중으로 납부하게 되는 것이다. 주주가 법인인 경우에는, 그 법인주주가 배당에 대해서 다시 법인세를 부담하는 외에 법인주주의 주주가 또다시 과세될 것이다. 이것이 배당소득의 이중과세2) 문제인데, 배당과 관련해서 어떠한 대책을 세워 주지 않을 경우에는 같은 소득이 다른 납세주체로 이동될 때마다 과세되어 법인형태의 기업에 대해 과중한 과세를 하는 불공평이 생긴다. 이중과세의 해소 또는 완화의 방법에는 법인을

---

pp. 459 – 461.

1) 물론 이율이 인플레이션을 상정하여 결정된 것이지만 본문의 예에서 보다시피 제도금융의 경우에 있어서는 현실적으로 금리가 조세부담과 인플레이션 손실을 전액 반영하지 못하고 있고, 이러한 사실은 반대로 제도금융으로부터의 차입을 촉진하는 효과를 낳는다. The U.S. Treasury Department, Report to the President, Tax Reform for Fairness, Simplicity and Economic Growth(1984)에서는 원본(대여금액)을 시가에 의하여 평가하는 번거로운 방법 대신에 수입이자와 지급이자의 일정률(인플레이션 반영률)에 해당하는 금액을 뺀 잔액을 이자수입금액으로 과세하거나 또는 지급이자로 계상하도록 건의하였으나 입법화되지 못하였다. 동 보고서 vol. 2, pp. 193 – 200.

2) '이중과세'라는 표현은 법인소득과 배당소득의 납세의무자가 다르고 또 법인소득 전액에 대해서 이중으로 과세되는 것도 아니기 때문에 정확하지 않다. 그러나 법인의 실질소유자가 주주이고 또 과세소득의 상당부분이 중복과세되는 것은 틀림없음으로 여기에서는 편의상 이중과세라는 표현을 그대로 사용하기로 한다.

조합과 같이 보고 법인소득을 즉시 출자자에게 귀속시켜서 출자자에게만 과세하는 조합과세방식,[1] 지급배당의 손금산입을 허용하는 지급배당 손금산입 방식, 법인과세를 주주과세의 전단계 과세로 인식하는 법인세 주주귀속 방식 등 여러 가지를 생각할 수 있으나, 우리 세제는 법인의 소득과 이를 배당으로 받은 자연인 주주의 배당소득 간의 경제적 이중과세의 해결방식으로 법인세 주주귀속 방식을 채택하고 있다(앞의 제3절 Ⅲ. 8. 및 뒤의 제2장 제1절 Ⅱ. 참조).

(4) 금융자산의 유동성

금융자산은 실물자산에 비하여 고도의 유동성을 지니고 있다. 이와 같은 유동성은, 하나의 종류의 금융자산에서 다른 종류의 금융자산으로, 금융자산에서 실물자산으로, 한 지점에서 다른 지점으로(국내에서 국외로 또는 그 반대로), 그리고 한 사람으로부터 다른 사람으로 변형 또는 이동하는 것을 상대적으로 용이하게 한다. 그렇기 때문에 금융자산은 이에 대한 세제 기타 정책에 매우 민감한 반응을 보일 수 있다.

2. 금융소득의 종합과세

(1) 연혁과 배경

금융실명제의 도입에 관한 논의는 1980년대 초기에 시작되어 1982. 12. 31.에 '금융실명거래에 관한 법률'(법률 제3607호)이 공포됨으로써 이 제도가 법제화되었다. 그러나 동법 부칙 제1조에서, 실명거래를 강제하는 핵심규정인 동법 제3조의 실시는 "전산화 등 행정준비 상황과 경제여건을 감안하여 1986. 1. 1. 이후 대통령령이 정하는 날로부터 시행"하기로 규정함에 따라 그 실시는 미루어져 왔다. 그러던 중 1993. 8. 13. 20시에 '금융실명거래 및 비밀보장에 관한 긴급재정명령'(명령 제16호)의 발효에 따라 종래의 '금융실명거래에 관한 법률'은 폐지되고(긴급명령 제15조 1항) 바로 금융실명거래제도가 시행됨에 따라 금융소득의 과세에 일대변혁이 일어났다. 긴급명령 제3조는 모든 금융거래가 실명으로만 이루어지도록 강제하고 있기 때문에 소득자별로 금융소득 총액의 합산이 가능하게 되었고, 이에 1994년 말 소득세법의 전문개정을 통하여 1996년부터

---

[1] 2007. 12. 31.자로 조세특례제한법 제2장 제10절의3에서 새로 도입한 동업기업에 대한 조세특례제도는 상법상의 합명회사나 합자회사와 기타 특별법상의 법인을 과세상 조합으로 취급하여 과세하는 제도이다.

금융소득의 종합과세가 실시되기에 이르렀다.

1997년 가을에 일찍이 겪어 본 일이 없는 외환위기를 맞이하여 위 긴급 재정명령은 '금융실명거래 및 비밀보장에 관한 법률'로 대체되었다. 동법은 금융실명제를 완화하면서 1998년도 과세기간부터 소득세법 제14조 제4항 각 호의 1에 해당하는 소득금액(당연 종합과세 금융소득 및 국외금융소득)을 제외하고는 합산과세를 하지 않도록 하는 유보조항을 두는 동시에 원천징수세율을 100분의 20으로 인상하였고[동법(1997. 12. 31. 법률 제5493호) 부칙 12조 1항, 2항], 그 후 개정 소득세법도 배당소득 100분의 20, 이자소득 100분의 22로 원천징수세율을 인상한 바 있다[舊所法(1998. 9. 16. 법률 제5552호) 129조 1항 1호, 2호]. 그러다가 2001. 1. 1.부터 그 동안 유보하였던 금융소득 종합과세를 재실시하기에 이르렀다[동법(1999. 12. 28. 법률6051호) 부칙 6조 2항, 1조]. 아래에서는 금융소득에 대한 합산과세시 적용되는 현행 세액계산의 특례를 간략하게 소개한다.

(2) 종합과세의 방식

1) 총   설　　　1996년도 발생 소득분에 대해서부터 적용되기 시작한 새로운 금융소득과세제도의 개요는 종래 제도금융권으로부터 지급된 이자소득과 공개법인으로부터 소액주주가 받는 배당소득을 완납적 원천징수에 의하여 분리과세하던 방식을 폐지하고, 원칙적으로 모든 금융소득을 누진세율에 의하여 종합과세하는 것이다. 금융제도와 조세제도가 동행하여야 하는 것은 아니므로, 금융실명제가 필연적으로 종합과세와 연결되어야 하는 것은 아니지만, 조세제도의 입안자들은 금융실명제를 조세제도와 연결시켜 조세행정기구로 하여금 관여하게 하지 않으면 금융실명제의 실효성을 거둘 수 없다고 판단하였다. 물론 조세부담의 공평과 세수의 증대를 아울러 의도하였을 것이다.

2) 구체적 방식　　　금융소득(법령에서는 '이자소득 등'이라고 하고 있으므로 법령 설명에서는 이에 따르기로 한다)이 종합소득 과세표준에 포함되는지 여부는 이자소득 등의 합계액이 아래에서 볼 '종합과세 기준금액'을 초과하는지 여부 및 수취시 소득세가 원천징수되었는지 여부에 따라 결정된다. 이자소득 등의 금액이 종합과세 기준금액 이하인 경우에는 그 중 수취시 소득세가 원천징수된 부분은 종합소득 과세표준에 포함되지 않고 원천징수에 의해 과세가 종결되지만(분리과세), 그 중에 소득세가 원천징수되지 않은 이자소득 등(예를 들면, 소득세법 16조 1항 7호의 '외국법인이 발행한 채권이나 증권의 이자와 할인액', 동조 2항 6

호의 '외국법인으로부터 받는 이익이나 잉여금의 배당 또는 분배금' 또는 채권(債券)의 매도인이 거주자이고 매수인도 거주자인 경우에 있어서의 매도인 거주자의 보유기간에 대한 이자1) 등)이 포함되어 있으면 그 금액은 종합소득 과세표준에 포함된다(所法 14조 3항 4호).

한편, 이자소득 등의 금액이 종합과세 기준금액을 초과하는 경우에는 수취시의 소득세 원천징수 여부에 관계없이 전액 종합소득 과세표준에 포함된다(所法 14조 3항 4호의 반대해석). 이처럼 이자소득 등의 종합과세 기준금액을 초과하는 이자소득 등에 대해서만 종합과세를 하는 이유는, 모든 금융소득자를 대상으로 종합과세를 할 경우에 제기되는 행정적 부담과 아울러, 종합과세 기준금액에 근접하는 금융소득 외에 다른 종류의 종합소득이 있는 자의 급격한 조세부담의 증가를 완화하려는 데에 있다. 다른 한편으로는 금융소득에 대한 원천징수세율은 14%인데도 종합소득에 대한 기본세율의 최저세율은 8%이기 때문에 주로 금융소득만 있는 자의 합산소득금액이 낮은 경우에는 합산금액에 대한 조세부담이 오히려 원천징수세율에 의한 조세부담보다도 줄어드는 현상이 나타날 수 있는바, 이러한 현상을 막으려는 것도 한 이유이다. 현행 제도의 기본적 입장은 금융소득에 대해서는, 후술하는 정책적인 감면은 별론으로 하고, 기본적으로 14% 이상의 세율로 과세하려는 것이라고 할 수 있다. 현재 종합과세 기준금액은 거주자와 그 배우자의 금융소득을 합하여 연간 2,000만 원으로 되어 있다(所法 14조 3항 6호).

위에서 본 것처럼 이자소득 등의 금액이 종합과세 기준금액을 초과하는 경우에는 그 전체가, 그리고 이자소득 등의 금액이 종합과세 기준금액 이하인 경우에는 그 중 소득세가 원천징수되지 않은 부분이 종합소득 과세표준에 포함되는바, 이러한 경위로 종합소득 과세표준에 포함된 이자소득 등의 금액이 종합과세 기준금액을 초과하는 경우와 그 이하인 경우 간에 종합소득세액 산출방식을 달리한다.

(a) **종합소득 과세표준에 포함된 이자소득 등이 종합과세 기준금액을 초과하는 경우**   거주자의 종합소득 과세표준에 포함된 이자소득 등이 종합과세 기준금액을 초과하는 경우에는 해당 거주자의 종합소득 산출세액은 다음 각 호의 금액 중 큰 금액으로 한다(所法 62조 본문 전단 앞 부분). 통칭 비교과세라는 방

---

1) 이러한 이자가 원천징수되지 않는 법리에 관해서는 아래 제9절 I. 1. 참조.

식인데, 그 목적은 바로 앞서 말한 대로 금융소득에 대해서는 적어도 원천징수세율인 14%의 과세를 확보하자는 데 있다. 이와 관련하여 소득세법 제17조 제1항 제8호에 따른 배당소득(소득세법 제43조의 규정에 따른 공동사업에서 발생한 소득금액 중 동조 제1항의 출자공동사업자에게 해당하는 손익분배비율을 적용하여 분배한 금액, 이하 "출자공동사업자 분배금액"이라고 약칭함)은 '이자소득 등'으로 보지 않는다(所法 62조 본문 후단). 따라서 출자공동사업자 분배금액은 그 금액이 얼마인지에 관계없이 종합소득 과세표준에 합산되어 과세된다. 출자공동사업자 분배금이 비록 배당소득으로 분류되고 있지만 사업소득으로서의 성격이 강하기 때문이다.

1호 금액: 1호 금액은 아래의 가목과 나목의 세액을 합산한 금액이다.
가목: 이자소득 등의 금액 중 종합과세 기준금액을 초과하는 금액과 이자소득 등을 제외한 다른 종합소득금액을 합산한 금액에 대한 산출세액.
나목: 종합과세 기준금액에 제129조 제1항 제1호 라목의 원천징수세율(14%)을 적용하여 계산한 세액.

위 1호 금액의 의미는 이자소득 등 가운데 종합과세 기준금액까지에 대해서는 14%의 원천징수세율을 적용한 세액을 부과하고, 그 초과분에 대해서는 다른 유형의 종합소득에 합산하여 해당 누진세율을 적용하여 계산한 세액을 부과한다는 것이다.

2호 금액: 2호 금액 역시 아래 가목과 나목의 세액을 합산한 금액이다.
가목: 이자소득 등에 대하여 제129조 제1항 제1호 및 제2호에 규정된 각 유형별 이자소득에 대한 원천징수세율을 적용하여 계산한 세액[다만, (i) 소득세법 제127조에 따른 원천징수 대상이 아닌 이자소득등 중 비영업대금의 이익에 대해서는 25%를 적용하여 계산한 세액, (ii) 소득세법 제127조에 따른 원천징수 대상이 아닌 이자소득등 중 비영업대금의 이익 외의 이자소득등에 대하여는 가장 낮은 원천징수세율(14%)을 적용하여 계산한 세액].
나목: 이자소득 등을 제외한 다른 종합소득금액에 대한 산출세액(다만, 그 산출세액이 (i) 위에서 본 '출자공동사업자 분배금'에 14%의 원천징수세율을 적용하여 계산한 세액과 (ii) 이자소득 등과 출자공동사업자 분배금 외의 다른 종합소득금액의 합계액에 해당 누진세율을 적용한 세액을 합한 금액보다 낮은 경우에는 보다

큰 후자로 대체함1)).

위 2호의 금액의 의미는 이자소득 등 가운데 14%의 세율보다 높은 세율 (즉, 분리과세 대상 이자소득에 대한 30%의 세율이나 비영업대금의 이자에 대한 25%의 세율)에 의하여 원천징수된 부분이 있으면 그 원천징수 세액과 그 외의 종합소득금액에 해당 누진세율을 적용한 세액을 합한 금액을 총 산출세액으로 한다는 의미이다.

위 1호 금액과 2호 금액 중 큰 금액을 선택하는 의미는, 이자소득 등 가운데 14%의 세율보다 높은 세율(즉, 분리과세 대상 이자소득에 대한 30%의 세율이나 비영업대금의 이자에 대한 25%의 세율)에 의하여 원천징수된 부분에 대한 그 원천징수세액과 이 부분을 종합소득에 합산시켜 해당 누진세율을 적용하여 계산한 세액을 비교하여 앞의 원천징수세액이 큰 경우에는 그 원천징수세액을 부과함으로써 원천징수금액을 환급하지 않겠다는 것이다.

(b) 종합소득 과세표준에 포함된 이자소득 등이 종합과세 기준금액 이하인 경우

종합소득 과세표준에 포함된 이자소득 등의 금액이 종합과세 기준금액 이하인 경우 해당 거주자의 종합소득 산출세액은 위 (a)에서 본 2호의 금액으로 한다(所法 62조 본문 전단 뒷 부분). 이 규정의 의미는 종합과세 기준금액 이하의 금액으로서 분리과세 되지 않고 종합소득 과세표준에 포함된 이자소득 등(예를 들면, 비거주자나 외국법인으로부터 지급받은 이자소득 등)에 대해서는 그에 해당하는 원천징수세율(즉, 14%)을 적용한 세액을, 그 외의 종합소득금액에 대해서는 해당 누진세율을 적용한 세액을 각 과세한다는 것이다. 이 경우에도 소득세법 제17조 제1항 제6호의3에 규정된 '출자공동사업자 분배금액'은 이자소득 등으로 보지 않는다(所法 62조 본문 후단).

---

1) 출자공동사업자 분배금에 14%의 원천징수세율을 적용하여 계산한 세액과 이자소득 등 및 출자공동사업자 분배금 외의 다른 종합소득금액에 해당 누진세율을 적용하여 계산한 세액을 합한 금액을 법문상 '종합소득비교세액'이라고 하고 있다. 그 의미는 출자공동사업자 분배금에 14%의 원천징수세율을 적용한 세액에 비해 그 출자공동사업자 분배금을 종합소득에 합산시켜 해당 누진세율을 적용하여 계산한 세액이 더 적은 경우에는 보다 큰 원천징수세액을 부과한다는 의미를 갖는다.

Ⅵ. 세액의 감면

종합소득금액 중 일부 소득에 대해서는 소득세를 감면한다. 소득세법에서는 정부간의 협약에 의하여 우리나라에 파견된 외국인이 쌍방 또는 일방국의 정부로부터 받는 급여와 거주자로서 외국의 국적을 가진 자가 특정 선박과 항공기의 외국항행사업으로부터 얻는 소득(다만, 그러한 자의 국적지국이 우리나라 국민에 의한 선박이나 항공기 운항에서 발생하는 소득에 대하여 동일한 면제를 하는 경우에 한함) 등 2 가지 소득에 대해 감면규정을 두고 있으며(所法 59조의5 1항), 전술한 바와 같이 조세특례제한법에서 (i) 중소기업에 대한 특별세액감면(租特法 7조), (ii) 중소기업 사회보험료 세액공제(租特法 30조의4), (iii) 수도권 과밀억제권역 밖으로 이전하는 중소기업에 대한 세액감면(租特法 63조) 등 다수의 세액감면 규정을 두고 있다.

비과세소득은 과세대상이 되지 않으므로 과세표준에서 처음부터 제외되지만 면제소득을 세액에 반영하는 방법은 이와 다르다. 일단 종합소득 산출세액을 계산한 뒤 그 세액에 면제소득이 종합소득금액에서 차지하는 비율을 곱하여 감면세액을 계산한다(所法 59조의5 1항 본문). 누진세율의 효과를 보존하고자 하는 취지(exemption with progression)이다. 그 구체적 계산방식은 다음 산식과 같다.

$$\text{종합소득 산출세액} \times \text{면제소득금액} / \text{종합소득금액} = \text{감면세액}$$

또한 면제소득에 대한 세액은 납세자의 신청이 있을 경우에만 면제한다(所法 75조). 소득세 감면사업과 비감면사업을 겸영하는 사업자는 공통필요경비와 공통수입금액을 구분하여 계산하여야 한다(所令 119조).

Ⅶ. 세액공제

과세표준에 세율을 곱하면 세액이 산출되나, 일정한 경우 세액에서 소정의 금액을 공제하게 된다(세액공제). 그래서 실제 납부할 세액은 세액공제를 한 금액이 된다. 세액공제에는 종합소득 세액공제와 근로소득자 특별세액공제 및 조세특례제한법상의 세액공제가 있다.

1. 종합소득 세액공제

(1) 이중과세 해소를 위한 세액공제

1) 기납부(旣納付)세액공제   종합소득 과세표준과 세액의 확정신고 전에 그에 포함되는 소득에 대해 이미 납부한 (i) 중간예납세액(所法 65조), (ii) 부동산매매업자의 토지 등 매매차익 예정신고 산출세액 또는 그 매매차익에 대한 과세관청의 결정·경정 세액(所法 69조), (iii) 수시부과세액(所法 82조), (iv) 원천징수세액(所法 127조), (v) 납세조합의 징수세액과 그 공제액(所法 150조) 등이 있으면 이들은 기납부세액으로서 납부할 종합소득세액에서 공제된다(所法 76조 3항). 이중과세가 생기지 않도록 동일한 소득에 대해 이미 납부한 세액을 종합소득 산출세액에서 공제함은 극히 당연하다.

2) 배당세액공제   종합소득에 일정한 배당수취액이 포함되어 있을 때는 배당의 재원이 된 법인의 소득에 대해 부담한 법인세와 배당수취인이 배당소득에 대해 부담하는 소득세의 이중과세를 해소하기 위해 배당세액공제가 인정된다(所法 56조).[1]

3) 외국납부세액공제   국외원천소득에 대해 외국정부에 세액을 납부하였을 때에는 국가 간 이중과세를 해소하기 위해 외국납부세액공제가 인정된다(所法 57조, 57조의2, 129조 4항).[2]

(2) 은혜적 성격의 세액공제

1) 재해손실 세액공제   사업소득자가 해당 과세기간에 재해로 시행령으로 정하는 자산총액의 100분의 20 이상을 상실하였을 때에 재해손실세액공제가 인정된다(所法 58조).

2) 자녀세액공제   종합소득이 있는 거주자가 소득공제의 기본공제대상자에 해당하는 자녀를 둔 경우 해당 자녀의 수에 따라 일정액을 세액에서 공제하는 자녀세액공제가 인정된다(所法 59조의2). 자녀세액공제 대상자에 해당하는지 여부의 판정은 해당 과세기간의 과세기간 종료일 현재의 상황에 따른다(所法 53조 4항).

---

1) 배당세액 공제제도의 상세한 구조에 관하여는 제3절 Ⅲ. 8. 참조.
2) 동일한 취지의 외국납부세액공제가 법인에게도 인정되는바, 그 구체적 내용에 관하여는 제2장(법인세) 제8절 Ⅳ. 참조.

3) **연금계좌 세액공제**   종합소득이 있는 거주자가 연금계좌에 납입하는 금액 중 (i) 연금계좌로 지급되는 퇴직소득금액임을 이유로 소득세법 제146조 제2항에 따라 소득세가 원천징수되지 아니한 것과 (ii) 연금계약을 이전함으로써 연금계좌에서 다른 연금계좌로 납입되는 것을 제외한 금액(연금계좌 납입액)의 100분의 12에 해당하는 금액을 종합소득 산출세액에서 공제하되, 연금계좌 중 연금저축계좌에 납입한 금액이 연 600만 원을 초과하는 경우 그 초과 금액은 없는 것으로 하고, 600만 원 한도 내의 연금저축계좌 납입액과 퇴직연금계좌에의 납입액을 합한 금액이 연 900만 원을 초과하는 경우 그 초과 금액도 없는 것으로 한다(연금계좌 세액공제; 所法 59조의3 1항, 2항). 연금계좌 납입액의 계산과 관련하여 조세특례제한법 제91조의18에 따른 개인종합자산관리계좌의 계약기간이 만료되어 해당 계좌 잔액의 전부 또는 일부를 연금계좌로 납입한 경우 그 납입한 금액을 일정한 한도 내에서 납입일이 속하는 과세기간의 연금계좌 납입액에 포함한다(동조 3항, 4항).

4) **기부금 세액공제**   거주자(원천징수대상 사업소득 등이 아닌 일반적 사업소득만 있는 자는 제외) 및 그 거주자의 종합소득 기본공제 대상인 배우자와 부양가족이 해당 과세기간에 지출한 특례기부금(所法 34조 2항) 전액과 일반기부금 중 일정한 한도액(所法 59조의4 4항 2호, 이하 "일반기부금 한도액"이라고 함)을 합한 금액에서 사업소득금액의 계산시 이미 필요경비로 공제받은 기부금액을 뺀 나머지 금액에 100분의 15(그 나머지 금액이 1천만 원을 초과하는 경우 그 초과분에 대해서는 100분의 30)를 곱한 금액을 해당 과세기간의 종합소득 산출세액(사업소득의 필요경비에 산입한 기부금이 있는 경우 사업소득에 대한 산출세액은 제외함)에서 공제한다(所法 59조의4 4항). 이러한 기부금 세액공제는 신청한 경우에 한하여 인정된다(동조 6항). 한편, 기부금 세액공제를 받을 수 있는 거주자가 자신이 기부금 세액공제를 받지 않는 대신에 기부를 받은 자로 하여금 세액공제 상당액을 과세관청으로부터 지급받을 수 있도록 하는 제도(기부장려금)가 조세특례제한법에 있다(租特法 75조).

(3) **세원확보의 실효성 제고를 위한 세액공제**

1) **기장세액공제**   소득세법 제160조 제3항에 규정된 간편장부대상자로서의 요건을 갖춘 자가 복식부기에 따라 기장(記帳)하여 소득금액을 계산하고 재무제표와 조정계산서 등을 제출한 때에는 일정액의 기장세액공제가 인정한다

(所法 56조의2).

2) 전자계산서 발급·전송 세액공제   사업자등록을 한 일정 규모 이하의 사업자가 재화나 용역의 공급을 증명하는 전자계산서(所法 163조 1항 후단)를 공급받는 자에게 2024년 12월 31일까지 발급하고 그 발급명세를 국세청장에게 전송하는 경우에는 전자계산서 발급 건수에 따라 연간 100만원 한도 내에서 일정한 금액을 일정한 한도 범위 내에서 해당 과세기간의 사업소득에 대한 종합소득 산출세액에서 공제할 수 있다(所法 56조의3).

(4) 표준세액공제

근로소득이 있는 자로서 장부의 비치·기장, 사업용계좌의 신고 등 요건을 갖춘 성실사업자로서 조세특례제한법 제122조의3에 따른 의료비 등 세액공제 신청을 하지 아니한 사업자에 대해서는 연 12만 원의 표준세액공제가 인정되고, 근로소득이 없는 자로서 다른 유형의 종합소득이 있는 자(성실사업자는 제외)에 대해서는 연 7만 원의 표준세액공제가 인정된다(所法 59조의4 9항). 후자는 근로소득자와 사이의 형평을 고려한 것이다.

2. 근로소득자 특별세액공제

근로소득자에 대해서만 주어지는 특별한 종류의 세액공제가 있다. 사업소득자는 사업소득금액의 계산에 있어 필요경비를 인정받는 데 비해 근로소득자는 아무런 비용을 인정받지 못함을 고려하여 세액공제의 방식을 통해 양자 간의 형평을 도모하려는 것이다.

1) 근로소득자 기본세액공제   거주자인 근로소득자에 대해서는 일정한 한도 내의 근로소득 세액공제가 인정된다(所法 59조 1항, 2항). 일용근로자의 근로소득에 대해서 소득세를 원천징수하는 경우에는 해당 근로소득에 대한 산출세액의 100분의 55에 해당하는 금액을 그 산출세액에서 공제한다(동조 3항).

2) 보험료 세액공제   근로소득이 있는 거주자(일용근로자 제외)가 (i) 만기에 지급되는 금액이 납입보험료를 초과하지 아니하고, 종합소득 기본공제대상자(所法 50조 1항) 중 장애인을 피보험자 또는 수익자로 하는 장애인전용보장성보험의 보험료를 납입하거나, (ii) 역시 만기에 지급되는 금액이 납입보험료를 초과하지 아니하고, 종합소득 기본공제대상자를 피보험자로 하는 보험의 보험료를 납입한 경우 각 연 100만 원을 한도로 해당 보험료의 100분의 12에 해

당하는 금액을 종합소득 산출세액에서 공제한다(所法 59조의4 1항).

3) 의료비 세액공제   근로소득이 있는 거주자가 소득세법 제50조 제1항의 종합소득 기본공제대상자(나이 및 소득의 제한을 받지 않음)를 위하여 특정 유형의 의료비를 지출한 경우 의료비 지출의 수혜자 및 그 유형 별로 일정한 산식에 따라 계산한 금액을 산출세액에서 공제한다(所法 59조의4 2항). 의료비란 진찰·진료·질병예방을 위하여 의료기관에 지급한 금액과 치료·요양을 위한 의약품(한약 포함)의 구입비용, 장애인이 보장구 구입을 위하여 지출한 비용으로서 자기가 직접 부담한 금액 등을 말한다(所令 118조의5 1항). 미용·성형 및 건강증진을 위한 의약품의 구입에 지출되는 금액은 의료비에 포함되지 않는다(동조 2항).

4) 교육비 세액공제   거주자인 근로소득자가 (i) 본인(대학생 또는 대학원생 포함)을 위하여 지출한 교육비에 대해서는 그 전액에 100분의 15를 곱한 금액을, (ii) 종합소득 기본공제대상자(장애인의 발달재활서비스를 제공하는 기관에서 교육받는 자는 과세기간 종료일 현재 18세 미만이어야 하는 점을 제외하고는 나이의 제한을 받지 않음) 중 배우자·직계비속·형제자매·입양자 및 위탁아동을 위하여 지출한 교육비에 대해서는 대학생인 경우에는 1인당 연 900만 원, 초등학교 취학 전부터 고등학교까지의 학생인 경우에는 연 300만 원을 한도로 한 금액에 100분의 15를 곱한 금액을(대학원 교육비와 학자금 대출을 받아 지급하는 교육비는 제외함) 종합소득 산출세액에서 공제한다. 그리고 기본공제대상자 중 장애인을 위하여 지출한 일정한 유형의 특수교육비는 그 전액에 100분의 15를 곱한 금액을 종합소득 산출세액에서 공제한다(所法 59조의4 3항; 所令 118조의6). 여기서 '교육비'라고 함은 (i) 수업료·입학금·보육시설의 보육비·수강료 및 그 밖의 공납금, (ii) 초·중·고등학교의 학교급식비와 교과서 대금, (iii) 중·고등학교의 연 50만 원 이내의 교복구입비, (iv) 초·중·고등학교, 유치원, 어린이집 등의 방과후 수업료, (v) 초·중·고등학교에서 교육과정으로 실시하는 현장체험의 학습비로서 30만원 이내의 금액 등을 말한다(所令 118의6 1항).

위의 보험료 세액공제, 의료비 세액공제 및 교육비 세액공제는 신청한 경우에 한하여 인정되고(동조 6항), 그 신청절차에 관해서는 근로소득 특별공제에 관한 절차가 그대로 적용된다(所法 140조; 所令 113조 1항; 앞의 제3절 Ⅴ. 3. ⑷ 참조).

5) 특별공제 비신청자에 대한 표준세액공제   근로소득이 있는 거주자로

서 공적보험료 공제(所法 52조 1항), 주택임차자금 상환액 공제(동조 4항), 장기
주택저당차입금 공제(동조 5항) 등의 근로소득 특별공제 및 위의 근로소득자 특
별세액공제를 신청하지 아니한 사람에 대해서는 연 12만 원의 표준세액공제가
인정된다(所法 59조의4 9항).

3. 조세특례제한법상의 특별세액공제

소득세법이 아닌 조세특례제한법에서도 여러 가지의 세액공제가 인정되고
있다. 기업의 어음제도 개선을 위한 세액공제(租特法 7조의2), 상생결제 지급금액
에 대한 세액공제(租特法 7조의4), 대·중소기업 상생협력을 위한 기금 출연 시
세액공제(租特法 8조의3), 연구·인력개발비에 대한 세액공제(租特法 10조), 기술
혁신형 합병에 대한 세액공제(租特法 12조의3), 성과공유 중소기업의 경영성과급
에 대한 세액공제(租特法 19조), 고용창출 투자세액공제(租特法 26조) 등이 있다.

4. 세액감면액 및 세액공제액이 산출세액을 초과하는 경우의 처리

근로소득자의 특별세액공제액(所法 59조의4 1항부터 3항까지) 및 조세특례제
한법상의 무주택 세대의 주택월세 세액공제액(租特法 95조의2)의 합계액이 그
거주자의 해당 과세기간의 근로소득(해당 과세기간의 종합소득 산출세액에 근로소
득금액이 종합소득금액에서 차지하는 비율을 곱하여 산출한 금액)에 대한 종합소득
산출세액을 초과하는 경우 그 초과금액은 없는 것으로 한다(所法 61조 1항; 所令
119조의3 1항). 또한, 자녀 세액공제액(所法 59조의2), 연금계좌 세액공제액(所法
59조의3), 특별세액공제액(所法 59조의4), 정치자금 기부액의 세액공제액(租特法
76조) 및 거주자의 우리사주조합에 대한 기부금 지출액의 세액공제액(租特法 88
조의4 13항)에 따른 세액공제액의 합계액이 그 거주자의 해당 과세기간의 합산
과세되는 종합소득 산출세액(종합소득에 합산과세되지 않고 원천징수되는 이자소득
및 배당소득의 금액이 종합소득금액에서 차지하는 비율에 해당하는 산출세액은 제외;
법문상 "공제기준 산출세액"이라고 하고 있음)을 초과하는 경우 역시 그 초과금액
은 없는 것으로 한다. 다만 이처럼 '공제기준 산출세액'을 초과하는 금액에 기
부금 세액공제액이 포함되어 있는 경우에 있어서의 해당 기부금액과 해당 과세
기간에 지출한 기부금으로서 '기부금 한도액'을 초과함으로써 아예 해당 과세기
간의 기부금 세액공제의 대상에 포함되지 않은 기부금액(所法 59조의4 4항 2호)

은 다음 과세기간의 개시일부터 10년 이내에 끝나는 과세기간에 이월하여 기부금 세액공제액을 계산하고 그 금액을 '공제기준 산출세액'에서 공제할 수 있다 (所法 61조 2항; 所令 119조의3 2항).

한편, 소득세법 및 조세특례제한법에 따른 감면액 및 세액공제액의 총합계액이 해당 과세기간의 합산과세되는 종합소득 산출세액을 초과하는 경우에도 그 초과금액은 없는 것으로 보고, 그 초과금액 범위 내에서 연금계좌 세액공제를 받지 아니한 것으로 본다. 다만, 재해손실세액공제액(所法 58조)만 따로 분리하여 그 금액이 종합소득 산출세액에서 다른 세액감면액 및 세액공제액을 뺀후 가산세를 더한 금액을 초과하는 경우 그 초과금액은 없는 것으로 취급한다 (所法 61조 3항). 위에서 세액공제액의 초과금액이 없는 것으로 본다는 것은 그 초과금액의 환급이나 이월공제 등이 허용되지 않는다는 뜻이다.

제8절 과세표준과 세액의 결정

Ⅰ. 중간예납

종합소득이 있는 거주자[이자, 배당 등 특정 유형의 소득(所令 123조)만 있는 자와 해당 과세기간의 개시일 현재 사업자가 아닌 자로서 해당 과세기간 중에 사업을 개시한 자를 제외함]에 대해서는 1월 1일부터 6월 30일까지의 기간을 중간예납기간으로 하여 직전 과세기간에 종합소득세로서 납부하였거나 납부할 세액(중간예납기준액1))의 2분의 1에 상당하는 금액(중간예납세액)을 11월 30일까지 징수하여야 한다. 이를 위해 납세지 관할세무서장은 중간예납세액을 납부하여야 할 거주자에게 11월 1일부터 11월 15일까지의 기간 내에 중간예납세액의 납부고지서를 발부하여야 한다(所法 65조 1항). 한편, 중간예납의무를 지는 거주자는 중간예납기간 종료일 현재 그 때까지의 종합소득금액에 대한 소득세액(중간예납추계액2))이 중간예납기준액의 100분의 30에 미달하는 경우에는 11월 1일부터

---

1) 중간예납기준액의 계산은 다음의 산식에 의한다(所法 65조 7항).
 중간예납기준액={직전 과세기간의 중간예납세액+확정신고자진납부세액(所法 76조)+추가납부세액(가산세액 포함. 所法 85조)+기한후신고납부세액(가산세액 포함. 基本法 45조의3)+추가자진납부세액(가산세액 포함. 基本法 46조)}−환급세액(所法 85조)
2) 중간예납추계액의 계산은 다음의 산식의 순서에 의한다(所法 65조 8항).

11월 30일까지의 기간 내에 시행령에서 정하는 바에 따라 그 중간예납추계액을 중간예납세액으로 하여 납세지 관할세무서장에게 신고할 수 있다(동조 3항). 중간예납기준액이 없는 자로서 중간예납기간 중 종합소득이 있는 거주자는 11월 1일부터 11월 30일까지의 기간 내에 시행령에서 정하는 바에 따라 중간예납추계액을 중간예납세액으로 하여 납세지 관할세무서장에게 신고하여야 한다(동조 5항).

중간예납세액이 1천만 원을 초과하는 경우에는 납부할 세액의 일부를 납부기한 경과 후 2개월 이내에 분납할 수 있다(所法 77조). 중간예납제도는 과세기간 종료시에 해당 과세기간의 소득세액 전부를 일시에 납부하게 하면 국고수지의 관리에 어려움이 있을 뿐 아니라, 납세자측에서도 세금을 납부하는 데 어려움이 있으므로 도입된 제도이다.

Ⅱ. 과세표준과 세액의 신고

1. 예정신고

(1) 토지 등 매매차익 예정신고

부동산매매업자는 토지 등의 매매차익과 그 세액을 매매일이 속하는 달의 말일부터 2개월이 되는 날까지 소정의 서식을 갖추어 납세지 관할세무서장에게 신고하여야 한다. 토지 등의 매매차익이 없거나 매매차손이 발생한 때에도 같다(所法 69조 1항). 이 신고를 '토지 등 매매차익 예정신고'라고 한다(동조 2항). 토지 등 매매차익은 장부와 기타 증명서류의 내용에 의하여 결정함을 원칙으로 하되(실지조사결정의 원칙), 과세표준과 세액의 추계사유가 존재하는 경우에는 매매가액에 적절한 추계방법을 적용하여 결정할 수 있다(추계조사결정의 예외; 所法 80조 3항; 所令 129조 1항, 143조 3항). 후자의 경우에 있어 매매가액은 원칙적으로 실지거래가액에 의하되, 이를 확인할 수 없는 경우에는 매매사례가, 감정가액, 환산취득가액 또는 기준시가를 순차적으로 매매가액으로 본다(所令 129조

---

1. 종합소득과세표준=(중간예납기간의 종합소득금액×2)−이월결손금−종합소득공제
2. 종합소득산출세액=종합소득과세표준×기본세율
3. 중간예납추계액=(종합소득산출세액/2)−(중간예납기간 종료일까지의 종합소득에 대한 감면세액·세액공제액 혹은 토지 등 매매차익 예정신고 산출세액·수시부과세액과 원천징수세액)

2항). '토지 등 매매차익'을 산정함에 있어 매매가액에서 공제할 필요경비는 양도소득세의 필요경비에 관한 규정(所法 97조)을 준용하여 계산하고, 이렇게 계산한 '토지 등 매매차익'에 소득세법 제104조 소정의 양도소득세 세율을 곱하여 세액을 산출한다(所法 69조 3항). 다만, 같은 항 제2호 및 제2호의2에서 2년 미만의 단기보유 토지 등에서 발생한 매매차익에 대해 적용하는 것으로 규정하고 있는 중과세율은 적용하지 않고 기본세율을 적용한다(동항 단서).

부동산매매업자는 위의 예정신고 산출세액을 매매차익 예정신고 기한까지 납부하여야 하고(동조 4항), 그 세액이 1천만 원을 초과하는 때에는 납부할 세액의 일부를 납부기한 경과 후 2개월 이내에 분납할 수 있다(所法 77조).

(2) 양도소득 과세표준 예정신고

자산을 양도한 거주자는 소득세법 제92조 제2항의 규정에 의해 계산한 양도소득 과세표준을 (i) 부동산·부동산에 관한 권리 및 기타자산을 양도하는 경우에는 그 양도일이 속하는 달의 말일부터 2개월 이내에('국토의 계획 및 이용에 관한 법률' 제117조 제1항의 거래계약허가구역 안에 있는 토지를 양도함에 있어서 토지거래계약허가를 받기 전에 대금을 청산한 경우에는 그 허가일이 속하는 달의 말일부터 2개월 이내에), (ii) 주식·출자지분을 양도한 경우에는 그 양도일이 속하는 반기의 말일부터 2개월 이내에, (iii) 부담부증여의 채무액에 해당하는 부분으로서 양도로 보는 경우에는 그 양도일이 속하는 달의 말일부터 3개월 이내에 소정의 방식을 갖추어 납세지 관할세무서장에게 신고하여야 한다(所法 105조 1항).[1] 양도차익이 없거나 양도차손이 발생한 때에도 같다(동조 3항). 외국법인이 발행하거나 외국증권시장에 상장된 주식 등과 파생상품 등의 양도소득은 예정신고 대상에서 제외된다. 이러한 신고를 '양도소득 과세표준 예정신고'라 한다(동조 2항). 예정신고와 더불어 자진 납부할 세액은 그 양도차익에서 장기보유특별공제·양도소득기본공제를 한 금액에 소득세법 제104조 제1항의 양도소득 유형별 세율을 적용하여 계산한 금액으로 하고(所法 107조 1항), 한 연도에 누진세율 적용대

---

1) 해당 과세기간의 양도차익 예정신고를 2회 이상 하는 경우 2회 이후의 예정신고납부세액은 이미 신고한 양도차익과 2회 이후 신고하는 양도자산의 양도차익을 합하여 전체로서의 과세표준과 세액을 산출하고 여기에서 이미 납부한 세액을 공제하는 방법으로 계산하도록 규정하고 있는바, 이와 같은 양도소득세 산출방법에 비추어 동일 과세연도에 2개 이상의 자산이 양도되거나 2회 이상의 자산양도가 있는 경우에 그 양도소득세는 각 양도자산이나 양도횟수별로 계산하여 부과되는 것이 아니라 모든 양도자산에 대하여 하나의 양도소득세액을 산출하여 부과하여야 한다고 할 것이다(대법원 1991. 5. 24., 91 누865).

상 자산에 대한 예정신고를 2회 이상 하는 경우로서 거주자가 이미 신고한 양
도소득금액과 합산하여 신고하고자 하는 경우 2회 이후 신고하는 예정신고산출
세액은 다음의 산식에 의해 계산한다(동조 2항).

예정신고산출세액={(이미 신고한 양도소득금액+제2회 이후 신고하는 양도소득금
액-양도소득 기본공제액)×제104조 제1항 제1호, 제8호, 제9호 또는 제14호에 따
른 세율}-이미 신고한 예정신고산출세액

신고기한 내에 산출세액에서 조세특례제한법이나 기타 법률에 따른 각종
감면세액을 뺀 세액을 정부에 납부하여야 한다(所法 106조 1항). 양도소득세 예
정신고 세액이 1천만 원을 초과하는 때에는 납부할 세액의 일부를 납부기한 경
과 후 2개월 이내에 분납할 수 있다(所法 112조).

아래에서 보는 바와 같이 예정신고를 행한 경우에는 확정신고를 행할 의무
를 면제해 주는 경우가 많은바, 이는 확정신고할 내용이 예정신고의 그것과 일
치함을 전제로 하는 것이다. 따라서 예정신고는 그 내용이 확정신고한 내용과
일치하는 경우에 한하여 예정신고로서의 효력을 갖는다. 이에 확정신고의무자
가 행한 확정신고의 내용이 예정신고의 그것과 실질적으로 일치하지 않는 경
우, 예를 들면 양도소득세 산출세액이 있는 것으로 예정신고를 하였으나 확정
신고 시에는 산출세액이 전혀 없는 것으로 신고한 경우 그 예정신고는 예정신
고로서의 효력을 상실하고, 그 예정신고를 기초로 이루어진 징수처분 역시 효
력을 상실한다.[1] 반대로 확정신고의 내용이 예정신고의 그것과 일치하는 경우
에는 예정신고는 확정신고에 흡수되어 소멸하는 것이 아니라 확정신고와 별도
로 그 자체로 납세의무를 잠정적으로 확정하는 효력을 갖고, 그 예정신고를 기
초로 한 징수처분 역시 효력이 소멸하지 아니한다.[2]

2. 확정신고

해당 과세기간의 종합소득금액·퇴직소득금액·양도소득금액이 있는 거주
자(종합소득의 과세표준이 없거나 그 결손금이 있는 거주자 포함)는 그 종합소득 과
세표준·퇴직소득 과세표준·양도소득 과세표준을 다음 연도 5월 1일부터 5월

---

1) 대법원 2008. 5. 29., 2006 두 1609.
2) 대법원 2011. 9. 29., 2009 두 22850.

31일까지(양도소득의 경우 '국토의 계획 및 이용에 관한 법률'상의 거래계약허가구역 안에 있는 토지를 양도함에 있어서 토지거래계약 허가를 받기 전에 대금을 청산한 경우에는 그 허가일이 속하는 연도의 다음 연도 5월 1일부터 5월 31일까지) 소정의 방식에 따라 납세지 관할세무서장에 신고하여야 한다(과세표준 확정신고)(所法 70조 1항, 71조 1항, 110조 1항). 다만, 퇴직소득의 경우 원천징수의 방법에 의하여 퇴직소득에 대한 소득세를 납부하고, 달리 추가 신고할 과세표준이 없는 때에는 확정신고를 하지 않아도 된다(所法 71조 2항). 이러한 신고를 종합소득·퇴직소득·양도소득 과세표준 확정신고라고 부른다(각 동조 각 3항). 1996. 1. 1. 이후 신고기한이 도래하는 소득부터 과세방식이 종전의 부과주의에서 신고주의로 전환되었다. 이에 따라 납세자의 신고만으로 과세표준과 세액이 확정된다. 다만 종합소득을 얻은 자 중에서 (i) 근로소득, 퇴직소득, 공적연금소득, 원천징수 대상인 일정한 사업소득, 원천징수 대상인 기타소득으로서의 종교인소득만 있는 자, (ii) 근로소득과 퇴직소득만 있는 자, (iii) 퇴직소득과 일정한 유형의 연금소득만 있는 자, (iv) 퇴직소득과 원천징수 대상인 일정한 사업소득만 있는 자, (v) 분리과세되는 이자소득·배당소득·연금소득·기타소득만이 있는 자, (vi) 위 (i) 내지 (iv)에 해당하는 자로서 위 (v)의 분리과세 대상 이자·배당·연금·기타소득만 있는 자는 종합소득 과세표준 확정신고를 하지 않아도 된다(所法 73조 1항). 특히 근로소득만 있는 경우에는 연말정산에 의하여 세액의 확정과 징수가 이루어진다(所法 137조 이하). 다만, 분리과세 대상 기타소득 가운데 주택임대소득(所法 14조 3항 7호) 및 계약의 위약 또는 해약으로 인하여 받는 위약금과 배상금에 대한 이자(所法 21조 1항 10호, 127조 1항 6호 나목)에 대해서는 종합소득 확정신고를 하여야 한다(所法 70조 2항). 이들 기타소득의 지급자가 원천징수의무를 하지 않는 경우가 대부분이기 때문이다. 한편 양도소득 과세표준 예정신고를 한 자는 원칙적으로 그 확정신고를 하지 아니할 수 있으나(所法 110조 4항 본문), (i) 해당 과세기간에 누진세율의 적용대상 자산에 대한 예정신고를 2회 이상 한 자가 이미 신고한 양도소득금액과 합산하여 신고하지(所法 107조 2항) 아니한 경우, (ii) 토지·건물, 부동산에 관한 권리, 기타자산, 신탁수익권을 2회 이상 양도하거나 주식·출자지분을 2회 이상 양도한 경우로서 먼저 양도한 자산의 양도소득금액부터 순차로 양도소득공제를 하게 되면(所法 103조 2항) 당초 신고한 양도소득 산출세액이 달라지는 경우, (iii) 토지·건물, 부동산에 관한 권

리, 기타자산을 개수 기준으로 둘 이상 양도한 경우로서 해당 과세기간의 양도
소득 과세표준 합계액에 대해 양도소득세율을 적용하여 나오는 세액과 자산별
양도소득에 대해 양도소득세율을 적용하여 나오는 세액의 합계액을 비교하여
큰 금액에 대해 과세하는 규정을 적용하게 되면(所法 104조 5항) 당초 신고한 양
도소득 산출세액이 달라지는 경우는 예정신고를 하였다 하더라도 확정신고를
하여야 한다(所法 110조 4항 단서; 所令 173조 5항). 이러한 예외에 해당하지 않는
한 예정신고를 한 양도소득 외에 동일한 과세연도에 귀속되는 양도소득이 더
있더라도 확정신고를 할 의무가 없음에는 변함이 없다.1)

　　종합소득, 퇴직소득 및 양도소득의 확정신고와 더불어 그 기한 내에 종합
소득 산출세액, 퇴직소득 산출세액 또는 양도소득 산출세액에서 감면세액과 세
액공제액을 공제한 금액을 자진납부하여야 한다(所法 76조 1항, 111조 1항). 이때
종합소득에 포함되는 소득에 대해 이미 납부한 (i) 중간예납세액(所法 65조), (ii)
부동산매매업자의 토지 등 매매차익 예정신고 산출세액 또는 그 매매차익에 대
한 과세관청의 결정·경정 세액(所法 69조), (iii) 수시부과세액(所法 82조), (iv)
원천징수세액(所法 127조), (v) 납세조합의 징수세액과 그 공제액(所法 150조) 등
이 있으면 이들은 기납부세액으로서 납부할 종합소득세액에서 공제한다(所法
76조 3항). 퇴직소득세액에 대해서도 원천징수세액 등 기납부세액이 있으면 이
를 공제한다(동조 동항). 양도소득에 대해 이미 납부한 (i) 예정신고 산출세액(所
法 107조), (ii) 과세관청의 결정·경정 세액(所法 114조), (iii) 수시부과세액(所法
82조, 118조) 등도 기납부세액으로서 납부할 양도소득세액에서 공제한다(所法
111조 3항). 이중납부를 하지 않기 위해서임은 물론이다.

　　한편, (i) 종합소득 과세표준 확정신고 기한이 지난 후에 법인세법에 따른
소득처분(法法 67조)에 따라 배당·상여 또는 기타소득의 금액이 변동됨으로써
추가로 납부할 소득세가 발생한 경우, (ii) 종합소득 과세표준 확정신고 후 정부
의 허가 등에 의해 물품가격이 인상됨으로써 당해 소득의 총수입금액이 변동된
경우, (iii) 국세청이 제공한 기타소득지급명세서에 따라 종합소득 과세표준 확
정신고를 한 뒤 그 내용에 오류가 있음을 발견한 경우, (iv) 종합소득 과세표준
확정신고 기한이 지난 후 법원의 판결·화해 등에 의하여 부당해고기간의 급여
를 일시에 지급받은 경우에는 추가신고를 할 수 있다(法令 134조 1항 내지 4항).

1) 대법원 2021. 11. 25., 2020 두 51518.

추가신고에 따라 납부할 세액이 있는 자는 추가신고 기한까지 해당 세액을 납부하여야 하고, 이 경우에는 과세표준 확정신고 기한까지 납부한 것으로 본다(동조 6항).

종합소득 및 양도소득의 확정신고 세액이 1천만 원을 초과하는 때에는 납부할 세액의 일부를 납부기한 경과 후 2개월 이내에 분납할 수 있다(所法 77조, 112조).

3. 사업장 현황신고

사업자(해당 과세기간 중 사업을 폐업 또는 휴업한 사업자를 포함함)는 해당 사업장의 현황을 사업장별로 다음해 2월 10일 이내에 사업장 관할세무서장에게 신고하여야 한다. 부가가치세법상의 신고는 이에 갈음하므로 따로 사업장 현황신고를 할 필요가 없다(所法 78조). 사업장 현황신고를 하지 아니하거나, 사업장 현황신고 내용 중 시설현황, 인건비, 수입금액 등 기본사항의 중요부분이 미비하거나 허위인 경우, 매출·매입에 관한 계산서 수수내역이 사실과 현저하게 다르다고 인정되는 경우, 사업자가 그 사업을 휴업 또는 폐업한 경우에는 사업장 관할세무서장 또는 관할 지방국제청장은 해당 사업장의 현황을 조사·확인하거나 이에 관한 장부·서류·물건 등의 제출 기타 필요한 사항을 명할 수 있다(所法 79조; 所令 141조 5항).

Ⅲ. 과세표준과 세액의 결정 및 경정

1. 종합소득과 퇴직소득의 결정 또는 경정

(1) 결정 또는 경정의 사유

거주자가 종합소득 과세표준 확정신고와 퇴직소득 과세표준 확정신고를 하지 않은 때에는 해당 거주자의 해당 과세기간의 과세표준과 세액을 납세지 관할세무서장 또는 지방국세청장이 결정한다(所法 80조 1항). 그리고 신고는 하였으나, (i) 신고내용에 탈루 또는 오류가 있는 때(所法 80조 2항 1호), (ii) 근로소득(所法 137조, 137조의2, 138조), 연금소득(所法 143조의4), 사업소득(所法 144조의2) 또는 퇴직소득(所法 제146조)의 연말정산에 따른 소득세의 원천징수 내용에 탈루나 오류가 있는 경우로서 원천징수의무자의 폐업·행방불명 등으로 원천징수의무자로부터 징수하기 어렵거나 근로소득자의 퇴사로 원천징수의무자의 원천징수이행이 어렵다고 인정되는 때(所法 80조 2항 2호), (iii) 근로소득자 소득·세액공제 신고서(所法 제140조)를 제출한 자가 사실과 다르게 기재된 영수증을 수취하는 등 일정한 유형의 부당한 방법으로 종합소득공제나 세액공제를 받은 경우로서 원천징수의무자가 부당공제 여부를 확인하기 어렵다고 인정되는 때(所法 80조 2항 3호), (iv) 매출·매입처별 계산서합계표(所法 163조 5항) 또는 지급명세서(所法 164조, 164조의2)의 전부 또는 일부를 제출하지 않은 때(所法 80조 2항 4호), (v) 사업용계좌의 신고·이용의무를 지는 사업자(所法 160조의5 1항, 3항)가 이를 이행하지 아니한 경우, 신용카드가맹점 가입대상자로 지정받은 사업자(所法 162조의2)가 정당한 사유 없이 신용카드가맹점으로 가입하지 아니하였거나 가입하였더라도 신용카드에 의한 거래를 거부하거나 신용카드매출전표를 사실과 다르게 발급한 경우, 현금영수증가맹점으로 가입하여야 하는 사업자(所法 162조의3 1항)가 정당한 사유 없이 현금영수증가맹점으로 가입하지 아니한 경우, 현금영수증가맹점으로 가입한 사업자가 정당한 사유없이 현금영수증을 발급하지 아니하거나 사실과 다르게 발급한 경우 등으로서 시설규모나 업황으로 보아 신고내용이 불성실하다고 판단되는 때(所法 80조 2항 5호)에는 납세지 관할세무서장 또는 지방국세청장이 과세표준과 세액을 경정(更正)한다(所法 80조 2항). 납세지 관할세무서장 또는 지방국세청장은 과세표준과 세액을 결정 또는 경정한 후 그 결정 또는 경정에 탈루 또는 오류가 있는 것이 발견된 때에는 즉시 이를 다시 경정한다(所法 80조 4항).

(2) 결정·경정의 방법

1) 실지조사결정   납세지 관할세무서장 또는 지방국세청장은 해당 과세기간의 과세표준과 세액을 결정 또는 경정하는 경우에는 장부 기타 증명서류를 근거로 하여야 한다(所法 80조 3항). 따라서 기장·비치하여야 할 일기장 등의 증명서류에 의하지 않더라도 다른 증명서류에 의해 실제금액을 계산할 수 있는 경우라면 실지조사방법에 따라야 한다.[1] 이는 국세기본법 제16조에서 규정하고 있는 근거과세의 원칙을 소득세 부과와 관련하여 재천명한 것이다.

---

[1] 대법원 1995. 7. 25., 95 누 2708; 同 1978. 9. 26., 78 누 277; 同 1980. 9. 24., 80 누 135; 同 1980. 11. 25., 80 누 433; 同 1982. 2. 9., 80 누 422; 同 1982. 7. 13., 80 누 101; 同 1984. 3. 13., 83 누 305.

2) 추계조사결정

① **의 의**   추계(推計)조사결정이란 납세자의 과세표준을 장부나 증명서류 기타 직접적인 과세자료에 의해 결정하지 않고 동업자권형(同業者權衡), 표준소득율 등 통계적·경험적 근거에 의해 결정하는 방법이다. 추계에 의해 결정된 금액은 아무리 정밀한 방법에 의하더라도 실금액에 가까울지언정 실금액 자체일 수는 없으므로, 실지조사방법에 의하여 소득금액을 결정할 수 있는 때에는 추계조사방법으로 결정할 수 없고,[1] 추계조사결정은 과세표준 결정의 최후의 선택이 되어야 한다.[2] 또한 추계조사결정은 엄격한 요건 하에서만 허용되고 합리성에 의해 밑받침되지 않으면 안 된다.

② **추계사유**   시행령에서 정하는 사유로 인해 장부 기타 증명서류에 의하여 소득금액을 계산할 수 없는 경우 추계조사결정을 할 수 있다(所法 80조 3항 단서). 실지조사에 의한 부과처분이 결과적으로 추계과세에 의한 부과처분보다 납세자에게 불리하다거나[3] 납세자 스스로 추계의 방법에 의한 조사결정을 원하고 있다는 사유만으로는[4] 추계조사의 요건이 갖추어진 것으로 볼 수 없다.

시행령에서 정하는 추계조사의 사유는 (i) 필요한 장부와 증명서류가 없거나 동종업종 사업자의 신고내용 등에 비추어 수입금액 및 주요 경비 등 중요한 부분이 미비 또는 허위인 때(所令 143조 1항 1호),[5] (ii) 기장내용이 시설규모·종업원 수·원자재·상품·제품시가·각종 요금 등에 비추어 허위임이 명백한 때(동항 2호), (iii) 기장내용이 원자재 사용량·전력 사용량 기타 조업상황에 비추어 허위임이 명백한 때(동항 3호) 등이다.

---

1) 대법원 2008. 1. 31., 2006 두 9535.
2) "소득금액은 실지조사가 불가능하더라도 수입금액은 실지조사할 수 있는 때에는 실지조사에 의해 수입금액을 결정해야 한다"는 판례(대법원 1980. 7. 22., 80 누 29; 同 1981. 7. 13., 80 누 101; 同 1982. 2. 9., 81 누 159; 同 1987. 3. 10., 85 누 859), 반대로 수입금액을 추계조사할 경우에도 비치·기장된 장부와 증명서류를 근거로 소득금액을 계산할 수 있을 때는 그 장부에 의하여 과세표준과 세액을 조사·결정하여야 한다는 소득세법 시행령 제144조 제4항의 규정은 모두 추계결정이 최후적 방법임을 말해 준다.
3) 대법원 1995. 7. 14., 94 누 3407; 同 1996. 1. 26., 95 누 6809.
4) 대법원 2009. 3. 26., 2007 두 22955; 同 1995. 8. 22., 95 누 2241.
5) 예컨대, 임대인이 보증금에 의한 수입 내지 소득계산에 필요한 장부와 증빙서류를 구비하지 않고 있거나, 구비하더라도 보증금과 임대료의 기장이 누락된 경우(대법원 1985. 11. 26., 83 누 400), 필요경비에 산입한 고철매입대금에 관한 각 세금계산서가 허위의 것이고, 매입에 관한 비치서류와 증빙서류 역시 허위의 세금계산서에 맞추어 작성한 경우(대법원 1986. 6. 24., 84 누 584), 기장의 비율이 64%에 불과한 때(대법원 1986. 9. 9., 86 누 24) 등을 말한다.

과세관청으로서는 납세의무자가 제시하는 제반서류 등의 부당성을 지적하고 새로운 자료를 제시받아 실지조사를 한 연후에 그렇게 하더라도 과세표준과 세액을 결정할 수 없을 때 비로소 추계조사방법에 따른 결정을 하여야 한다.1) 또한 과세관청이 처분 당시 장부 미비로 추계과세를 하였다 하더라도 처분의 취소청구 소송에서 장부 기타의 증명서류가 나타났을 때에는 그 장부 등에 의한 실지조사의 방법으로 수입금액이나 과세표준을 결정해야 하며, 추계조사의 방법으로 결정할 수는 없다.2)

③ **추계방법**　　추계에는 소득금액의 추계와 수입금액의 추계가 있다. 양자를 모두 추계하여야 하는 경우도 있을 수 있고, 그 중 어느 하나만 추계하여야 하는 경우도 있을 것이다.

(a) **소득금액의 추계방법**　　종합소득의 소득금액은 소득세법 시행령 제143조 제3항에 규정된 추계방법에 의하여 계산한 소득금액에서 인적공제와 특별공제를 하여 추계한다(所令 143조 2항). 그 추계방법에는 (i) 기준경비율에 의한 방법(所令 143조 3항 1호), (ii) 단순경비율에 의한 방법(동항 1호의2), (iii) 연말정산 사업소득(所法 73조 1항 4호)의 수입금액에 해당 소득률(所令 201조의3 1항)을 곱하여 계산하는 방법(동항 1호의3), (iv) 동업자권형에 의한 방법(2호 본문), (v) 해당 사업자의 직전 과세기간의 소득률 또는 해당 과세기간에 기장된 부분 등의 활용에 의한 방법(2호 단서), (vi) 기타 국세청장이 정하는 방법(3호) 등이 있다. 추계방법(2개 이상의 추계방법을 정하는 경우에는 그 적용에 관한 사항을 포함)은 국세청장이 해당 과세기간에 대한 과세표준 확정신고 기간 개시 1월 전까지 기준경비율심의회의 심의를 거쳐 확정하여야 한다(所令 145조 3항). 조세법률주의의 원칙상 위와 같은 추계방법은 단순히 예시적인 것이 아니라 한정적인 것으로 보아야 할 것이다.3)

(b) **소득금액 추계방법으로서의 기준경비율 및 단순경비율 방법**　　기준경비율 방법이란 사업에 필요한 기본적인 경비(매입경비, 임차료, 인건비 등)는 납세자

---

1) 대법원 1995. 1. 12., 94 누 10337; 同 1980. 3. 11., 79 누 408; 同 1984. 3. 13., 83 누 305; 同 1986. 9. 23., 85 누 833; 同 1986. 10. 14., 86 누 184; 同 1987. 3. 10., 85 누 859; 同 1987. 3. 10., 86 누 721; 同 1996. 1. 26., 95 누 6809. 그런데 이러한 추계조사결정의 필요성에 관한 입증책임은 과세관청에 있다(대법원 1982. 9. 14., 82 누 36; 同 1983. 11. 22., 83 누 444; 同 1984. 4. 24., 83 누 528; 同 1985. 10. 22., 84 누 788; 同 1985. 12. 10., 84 누 49).

2) 대법원 1986. 4. 8., 86 누 67.

3) 대법원 1985. 10. 8., 85 누 426.

가 수취한 증명서류에 의하여 필요경비로 인정하고, 나머지 경비는 정부가 정한 경비율에 따라 필요경비로 인정하여 소득을 계산하는 제도를 말한다(所令 143조 3항 1호). 기준경비율에 의한 소득금액은 수입금액(매출액)에서 증명서류를 수취한 기본적인 경비와 수입금액에 기준경비율을 곱한 금액을 각 공제하여 계산한다. 종전의 표준소득률 제도하에서와는 달리 기준경비율에 의한 소득금액의 추계는 기장을 하지 않는 사업자에 대해서도 적용된다.

기준경비율과는 별도로 단순경비율이 있다. 단순경비율은 업종별로 수입금액에서 전체경비가 차지하는 비율을 의미하는데, (i) 해당 과세기간에 신규로 사업을 개시한 사업자 혹은 (ii) 직전 과세기간의 수입금액(결정 또는 경정에 의하여 증가된 수입금액 포함)의 합계액이 업종별 기준금액에 미달하는 사업자로서 해당 과세기간의 수입금액이 간편장부대상자의 기준금액(所令 208조 5항 2호)에 미달하는 사업자에 대해서 적용된다(所令 143조 3항 단서, 4항). 그러나 이러한 요건에 해당하는 사업자라고 하더라도 의료업자, 변호사·공인회계사 등 전문가 사업자, 현금영수증가맹점 가입의무 불이행자, 신용카드거래를 거부하거나 그 매출전표를 사실과 다르게 발급하여 또는 현금영수증의 발급을 거부 또는 게을리 하거나 그 내용을 사실과 다르게 발급하여 관할세무서장으로부터 해당 과세기간에 5회 이상 통보받거나 3회 이상 통보받고 그 금액의 합계액이 100만원 이상인 사업자(통보받은 내용이 발생한 날이 속하는 과세기간에 한정함) 등에 대해서는 단순경비율을 적용하지 않는다(所令 143조 7항). 단순경비율에 의한 소득금액은 수입금액에서 수입금액에 단순경비율을 곱한 금액을 필요경비로 공제하여 계산한다(所令 143조 3항 1호의2).

기준경비율과 단순경비율은 국세청장이 규모와 업황에 있어서 평균적인 기업에 대하여 업종과 기업의 특성에 따라 조사한 평균적인 경비 비율을 고려하여 기준경비율심의회의 심의를 거쳐 결정한다(所令 145조 1항). 같은 금액의 총수입을 올려도 기준경비율 혹은 단순경비율을 올리고 낮추는 데 따라 소득금액이 달라지고, 이에 따라서 세액도 달라지기 때문에 마치 세율을 변동시키는 것과 유사한 효과가 생긴다. 조세법률주의는 세율을 법률로 정할 것을 요청한다는 점을 고려하면 기준경비율 혹은 단순경비율이 정확하고 합리적이어야 한다는 것은 재론의 여지가 없다. 국세청장의 기준경비율 및 단순경비율의 고시는 행정규칙의 형식을 갖지만 법규의 내용을 보충하는 효력을 가지므로 그 성격은 법규명령이라고 할 것이다.

(c) **추계방법에 의한 소득금액 계산시의 특칙**　　우선 천재·지변 기타 불가항력으로 장부 기타 증명서류가 멸실되어 추계조사결정하는 경우를 제외하고는, 추계조사로 결정한 사업소득에 대해서는 이월결손금의 공제를 적용하지 아니한다(所法 45조 4항). 한편, 소득세법이나 다른 세법에 의하여 총수입금액에 산입할 충당금·준비금 등이 있는 자에 대하여 추계방법에 의하여 소득금액을 결정하는 때에는 추계방법에 의해 계산한 소득금액에 해당 과세기간의 총수입금액에 산입할 충당금·준비금 등을 더한다(所令 143조 8항).

(d) **수입금액의 추계방법**　　사업자의 수입금액을 장부 기타 증명서류에 의하여 계산할 수 없는 경우에는 그 수입금액을 추계에 의하여 결정할 수밖에 없을 것인바, 소득세법 시행령 제144조 제1항에서 그 상세한 방법에 관하여 규정하고 있다. 이에는 '동업자권형(同業者權衡) 방법'(1호) 외에 '영업효율 적용방법'(2호), '생산수율 적용방법'(3호), '원단위투입량·비용-매출액간 비용관계비율·상품회전율·매매총이익률·부가가치비율 등 적용방법'(4호), '입회조사기준에 의한 방법'(6호) 등 여러 가지가 있다. 기타소득의 수입금액을 추계함에 필요한 영업권, 점포임차권, 기타 자산·권리의 평가방법에 관해서는 특칙을 두고 있다(所令 144조 2항). 이들 중 어느 하나의 방법에 의하지 않는 추계는 역시 조세법률주의에 위반되어 허용되지 않는다. 예를 들면, 총비용금액에 구법상의 소득표준율을 적용, 역산하는 방법으로 총수입금액을 추계하는 것은 위법이다.[1] 한편, 수입금액을 추계에 의하여 결정할 수밖에 없더라도 필요경비는 실지조사에 의하여 결정할 수 있다면 그렇게 하여야 한다.[2]

(e) **추계방법의 합리성**　　추계사유가 충족되어 불가피하게 추계과세를 하

---

1) 믿을 수 있는 증빙서류를 근거로 하지 아니하고 원고로 하여금 총비용을 개략적으로 진술하게 하여 작성된 사업장 운영비용에 관한 추정서상의 총비용금액에 소득표준율인 40.8%를 적용, 역산의 방법으로 총수입금액을 계산한 사실이 인정되는바, 그와 같은 계산방법은 피고 주장과 같이 소득세법 시행령 제159조 제6항〔현행 144조 1항〕제4호 (나)목 소정의 비용의 관계비율에 의한 추계방법에도 해당되지 아니하고, 소득표준율은 총수입금액이 결정되어 있을 때 같은 금액에 이를 곱하여 과세표준을 결정하는 추계방법일 뿐 총비용에 위 비율을 적용하여 역산하는 방법으로 총수입금액을 계산할 수 있는 근거가 없으므로, 피고가 위와 같은 방법으로 추계한 것은 합리성과 타당성이 없는 것이라 아니할 수 없으며 또한 그 작성경위로 보아 정확성을 인정하기 어려운 위 사업장 운영비용추정서를 추계의 기초자료로 삼은 것도 잘못이다(대법원 1995. 1. 12., 94 누 10337).

2) 대법원 2010. 10. 14., 2008 두 7687.

더라도 그것은 실액과세와 근사하다는 최대의 개연성을 갖지 않으면 안 된다. 그러기 위해서는 추계방법이 합리적이어야 한다.1)

합리성 판단의 첫째 기준은 선정된 추계방법의 적용 과정이 논리적이고 산술적으로 타당해야 한다는 것이다. 그러기 위해서는 추계의 기초가 된 사실이 정확해야 하고, 누가 보더라도 실제금액을 추산할 만한 근거로서의 일반성을 가져야 한다. 예컨대, 문제의 임대차건물과 유사한 인근 부동산의 실임대료 수입과 비교해 보지도 아니하고 일부 거주자가 진술한 임대료를 기준으로 이에 임의로 가감하여 임대료 수입을 추계 결정한 것,2) 조사주체나 구체적인 작성경위가 밝혀지지 않은 전산정보를 근거로 한 양도차익의 추계,3) 3일 간의 입회조사 수입금을 기초로 한 1일 평균매출액에다가 총영업일수를 곱하는 방법으로 한해의 총매출액을 추산한 것4)은 합리성과 타당성을 결한 것이라 본다. 반면에 납세의무자가 운용하는 판매시점정보관리시스템(Point Of Sales Management System)에 입력된 매출액과 원·부재료비의 비율을 적용하여 다른 기간의 매출액을 추산하는 것은 합리적이고 타당하다고 본다.5)

합리성 판단의 둘째 기준은 적용하려고 하는 추계방법이 해당 납세자의 실제 소득금액이나 수입금액을 추산하기에 가장 적당한 것이어야 한다는 것이다. 즉, 세법이 규정하는 여러 가지 추계방법 중 해당 납세자의 실제금액을 추산하는 데 가장 적합한 방법을 선택하여야 한다는 것이다. 추계방법의 '구체적·개별적 타당성'이라고 부를 수 있다. 소득금액의 추계에 관해서는 기준경비율 또는 단순경비율을 우선 적용하고, 그 적용이 어려울 경우 동업자권형이나 기타 방법에 의하는 것으로 순서를 정하고 있다(所令 143조 3항 2호). 따라서 예컨대 기준경비율에 의할 수 있음에도 불구하고 동업자권형에 의해 추계하였다면 이는 위법한 과세처분이 될 것이다. 수입금액의 추계에 관해서는 소득세법 시행령 제144조에 여러 가지 방법만 열거하고 있을 뿐, 구체적으로 어떤 추계 사유

1) 추계과세의 적법 여부가 다투어지는 경우 합리성과 타당성에 관한 입증책임은 과세관청인 피고에 있다(대법원 1982. 9. 14., 82 누 36; 同 1982. 9. 28., 82 누 39; 同 1984. 3. 13., 83 누 305; 同 1984. 4. 10., 81 누 295; 同 1985. 12. 10., 84 누 49; 同 1986. 9. 9., 85 누 967; 同 1986. 9. 23., 85 누 833; 同 1987. 3. 10., 86 누 721; 同 2008. 9. 11., 2006 두 11576).
2) 대법원 1981. 12. 22., 81 누 52.
3) 대법원 1986. 7. 22., 86 누 364.
4) 대법원 1986. 9. 9., 86 누 34.
5) 대법원 2010. 10. 14., 2008 두 7687.

에 어떤 추계방법을 적용하는지에 관하여 정하고 있지 않다. 이 중에서 납세자의 사업의 성격, 파악가능한 직접자료의 활용가능성 등을 고려하여 가장 최적의 방법을 택하여야 할 것이다.

한편, 동업자권형에 의해 수입금액 또는 과세표준을 추계하는 경우에 있어서의 표본(비교자) 선정의 문제가 있다. 세법은 '기장이 가장 정확하다고 인정되는 동일 업종의 다른 사업자' 또는 '기장이 정당하다고 인정되어 기장에 의하여 조사결정한 동일 업황의 다른 사업자'라는 기준 외에 모집단에 관하여 더 구체적인 규정을 두고 있지 않다. 표본을 선정하는 기준으로는 보편성과 유사성을 생각할 수 있다. 전자는 동업자의 수를 최대한 늘려 잡아 평균치를 계산하여 이를 공통인수(共通因數)로 적용하는 것을 뜻하고, 후자는 납세자의 점포의 위치, 통행의 빈도, 건물의 외장, 지명도 등 모든 사업요소에서 최대한 유사한 동업자를 찾아 이를 표본으로 삼는 것을 뜻한다. 최대한 많은 동업자를 찾아 평균치를 산출한다면 보편성은 증가할 것이나 해당 납세자와의 유사성이 줄어드는 반면, 해당 납세자와 최대의 유사성 있는 동업자들만을 골라 추계한다면 그만큼 보편성은 떨어질 것이다. 어느 기준의 극단적인 적용도 바람직하지 않다. 일차로 유사성을 기준으로 하되 같은 정도의 유사성 있는 표본을 다수 선출하여 평균치를 냄으로써 그 나름대로 보편성을 찾아야 할 것이다. 그리고 동업자 표본을 선택함에 있어서 '기장이 정당하여 기장에 의하여 조사결정한 동업자'를 골라야 한다는 규정도 단순한 훈시규정이 아니라 효력규정이라고 할 것이므로, 추계결정을 받은 동업자를 비교치의 표본으로 선택하였다면 역시 위법한 과세처분이 된다.[1]

또한 수입금액 추계방법을 선정함에 있어서도 기술한 바와 같이 사업의 성격, 직접자료의 활용 등을 고려하여 합리성이 최대한 보장되는 방법에 의하여야 하며 여기서 세무공무원의 재량을 인정할 소지는 없다.

---

1) 대법원 1980. 1. 15., 79 누 307; 同 1980. 11. 11., 79 누 398; 同 1981. 12. 12., 80 누 392; 同 1983. 5. 10., 83 누 71; 同 1983. 4. 26., 83 누 37; 同 1984. 3. 13., 83 누 305; 同 1985. 5. 28., 84 누 348; 同 1987. 3. 10., 86 누 721.

2. 양도소득의 결정 또는 경정

(1) 결정 또는 경정의 사유

양도소득 과세표준 예정신고와 확정신고가 없는 때에는 해당 거주자의 양도소득 과세표준과 세액을 납세지 관할세무서장 또는 지방국세청장이 결정한다 (所法 114조 1항). 그리고 거주자가 신고는 하였으나, 신고내용에 탈루 또는 오류가 있는 때에는 납세지 관할세무서장 또는 지방국세청장이 경정(更正)하고(동조 2항), 결정 또는 경정 후 그 결정 또는 경정에 탈루 또는 오류가 있는 것이 발견된 때에는 즉시 이를 다시 재경정한다(所法 114조 3항).

(2) 결정·경정의 방법

1) 양도가액 및 취득가액의 실지거래가액 적용의 원칙   모든 양도소득세 과세대상 자산의 양도가액과 취득가액은 실지거래가액에 의함이 원칙이다 (所法 96조 1항 본문, 97조 1항 1호 가목 본문). 위에서 본 양도소득의 결정 또는 경정의 요건이 충족되어 양도소득 과세표준과 세액을 결정 또는 경정함에 있어서도 같은 원칙이 적용된다(所法 114조 4항). 양도소득세의 확정신고의무자가 확정신고를 하지 아니하고, 양도 또는 취득당시의 실지거래가액의 확인에 필요한 장부·매매계약서·영수증 기타 증명서류가 없거나 그 중요한 부분이 미비된 경우 또는 그러한 증명서류의 내용이 매매사례가액이나 감정평가법인의 감정가액 등에 비추어 거짓임이 명백한 경우에는 과세관청은 등기부기재가액을 실지거래가액으로 추정하여 양도소득 과세표준과 세액을 결정할 수 있으나, 다른 방법으로 등기부기재가액이 실지거래가액과 차이가 있음을 확인한 경우에는 그 확인된 실지거래가액에 의하여야 한다(所法 114조 5항; 所令 176조의2 1항).

2) 양도가액 및 취득가액 추계결정의 예외   장부 기타 증명서류에 의하여 양도대상 자산의 실지거래 양도가액이나 실지거래 취득가액을 인정 또는 확인할 수 없고, 등기부기재가액을 보충적으로 적용할 수도 없는 경우에는 이를 매매사례가액, 감정가액, 환산취득가액 또는 기준시가 등에 의하여 추계조사하여 결정 또는 경정할 수 있다(所法 114조 7항, 97조 1항 1호 나목). 매매사례가액, 감정가액, 환산취득가액, 기준시가의 의미 및 구체적 내용에 관해서는 앞의 양도소득에 관한 논의부분(제5절 V. 1.과 2.)에서 서술하였으므로 여기서는 상론하지 않는다. 이들 가액의 적용은 매매사례가, 감정가, 환산가, 기준시가의 순서

로 한다(所令 176조의2 3항 본문).

3. 수시부과

거주자는 원칙적으로 해당 과세기간의 종합소득에 대한 과세표준을 다음
연도 5월 1일부터 5월 31일까지 확정신고를 하고 세액을 자진납부하게 되어 있
으나, 납세의무자가 해당 과세기간 중에 정당한 사유없이 사업장 소재지 관할
세무서장에게 신고함이 없이 사업부진이나 그 밖의 사유로 장기간 휴업 또는
폐업상태에 있는 때로서 소득세 포탈의 우려가 있다고 인정되는 경우, 기타 조
세포탈의 우려가 있는 경우에는 확정신고기한을 기다리지 아니하고 그 사유가
발생한 때에 수시로 소득세를 부과할 수 있다(所法 82조 1항). 수시부과기간은
해당 사업연도의 사업개시일로부터 위의 수시부과사유가 발생한 날까지로 하
되, 만약 납세의무자가 수시부과사유가 발생한 날이 속하는 과세기간의 직전
과세기간에 대하여 과세표준 확정신고를 하지 아니한 경우에는 그 과세기간도
수시부과기간에 포함시킨다(동조 2항).

제 9 절   원천징수

Ⅰ. 원천징수의무자

국내에서 이자소득, 배당소득, 시행령 소정의 사업소득, 근로소득 중 (i) 외
국기관 또는 우리나라에 주둔하는 국제연합군(미군은 제외)으로부터 받는 근로
소득과 (ii) 국외에 있는 비거주자 또는 외국법인(국내지점 또는 국내영업소는 제
외)으로부터 받는 근로소득을 제외한 것(다만, 비거주자나 외국법인의 국내사업장의
국내원천소득금액을 계산할 때 필요경비 또는 손금으로 계상되는 소득과 외국법인으로
부터 근로자를 파견받은 내국법인이 외국법인에게 지급하는 해당 파견근로자의 근로대
가는 원천징수 대상에 포함됨), 연금소득, 기타소득(봉사료, 위약금이나 배상금으로
대체되는 계약금, 뇌물 등은 제외), 원천징수 대상이 되는 근로소득을 받는 자의
퇴직소득, 시행령에서 정하는 봉사료 수입금액1)을 거주자 또는 비거주자에게

---

1) 사업자가 음식·숙박 등의 용역을 제공하고 공급가액과는 별도로 독립된 인적 용역을 제
   공하는 자의 봉사료를 구분하여 세금계산서 등에 기재한 경우 공급가액의 20%를 초과하는

지급하는 자는 그 거주자 또는 비거주자에 대한 소득세를 원천징수하여야 한다
(所法 127조 1항). 다만, 종교인소득에 대해서는 기타소득세나 근로소득세의 원
천징수를 하지 아니할 수 있는데, 이 경우 그 수득자인 종교인이 종합소득 과
세표준 신고를 하여야 한다(所法 155조의6).

한편, 본래의 소득의 지급자가 아닌데도 그 지급과정에 개재되었다는 이유
로 과세의 편의를 위해 원천징수의무를 부담시키는 경우가 있다. 첫째, 소득의
지급자로서 본래의 원천징수의무를 지는 자를 대리하여 또는 그로부터 위임을
받아 소득의 지급을 행하는 자는 수권 또는 위임의 범위 안에서 본래의 지급자
로 간주되어 원천징수의무를 지는바(所法 127조 2항), 이와 관련하여 금융회사
등이 내국인이 발행한 어음, 채무증서, 주식 또는 집합투자자증권을 인수·매매·
중개 또는 대리하는 경우에는 그 금융회사 등과 해당 어음 등을 발행한 내국인
간에 대리 또는 위임의 관계가 있는 것으로 보아 원천징수의무를 부담하고(동
조 3항), 자본시장법에 따른 신탁업자가 신탁재산을 운용하거나 보관·관리하는
경우에는 해당 신탁업자와 해당 신탁재산에 귀속되는 소득을 지급하는 자 간에
원천징수의무의 대리 또는 위임의 관계가 있는 것으로 보아 그 신탁업자가 원
천징수의무를 부담한다(동조 4항). 또한 외국법인이 발행한 채권 또는 증권에서
발생하는 이자와 배당 소득금액을 거주자에게 지급하는 행위를 국내에서 대리
하거나 그 지급권한을 위임 또는 위탁받은 자도 그 소득에 대한 소득세를 원천
징수할 의무가 있다(所法 127조 5항). 이와 같이 법에 정해진 경우가 아니더라도
원천징수대상 소득의 발생 원인이 되는 법률행위 등을 하고 그 소득금액을 지
급한 경우에는 특별한 사정이 없는 한 원천징수 업무의 묵시적인 위임이 있었
다고 봄이 타당할 것이다.[1] 둘째, 사업자(법인 포함)가 음식·숙박용역이나 서비
스용역의 공급대가와 함께 받아 봉사료를 함께 받아 해당 소득자에게 지급하는
경우에는 해당 사업자가 원천징수의무를 부담한다(所法 127조 6항).

이하에서는 특별히 취급되고 있는 소득세의 원천징수의무자와 원천징수
소득금액의 확정에 관한 개요를 살펴본다.

봉사료금액을 말한다(所令 184조의2).
1) 대법원 2014. 7. 24., 2010 두 21952.

1. 채권 등을 매수한 법인의 이자소득의 원천징수의무

법인이 발행한 (i) 채권(債券), (ii) 이자와 할인액을 발생시키는 유가증권 또는 (iii) 배당소득으로 과세되는 자본시장법상의 집합투자기구로부터의 이익을 발생시키는 증권(이하 합하여 "채권 등"이라고 함)을 최초로 취득한 거주자나 비거주자가 해당 채권 등에서 발생하는 이자, 할인액 또는 집합투자기구로부터의 이익(이하 "이자 등"이라고 함)의 지급일까지 채권 등을 보유하고 있다가 그 발행법인으로부터 이자 등을 지급받을 수도 있고, 그 지급일 전에 해당 채권 등을 다른 거주자, 비거주자 또는 법인에게 매도하고, 그 매수인이 지급일에 그 채권 등의 발행시점부터 지급일까지의 총 이자 등을 발행법인으로부터 지급받을 수도 있다. 전자의 경우에는 이자 등의 전액이 해당 채권 등을 발행시점부터 이자지급일까지 계속 보유한 1인에게 귀속되고, 후자의 경우에는 채권 등의 발행시점부터 매도시점까지의 기간에 발생한 이자 등은 매도인에게, 그리고 매도시점부터 이자지급일까지의 기간에 발생한 이자 등은 매수인에게 귀속된다 (所法 46조 1항).

채권 등의 발행시점부터 이자지급일까지 1인이 계속 채권 등을 보유한 전자의 경우에는 채권 등의 발행법인이 이자지급일에 채권 등에서 발생한 이자 등의 전액에 대하여 소득세를 원천징수한다(所法 133조의2 1항).

그런데, 이자 등이 매도인과 매수인에게 각자의 보유기간별로 귀속되는 후자의 경우 각자에게 귀속되는 이자 등에 대한 소득세의 원천징수를 어떻게 처리할 것인지 문제된다. 이와 관련하여 소득세법은 채권 등의 매도인이 거주자나 비거주자(즉, 개인)이고 매수인이 법인(발행법인을 포함)인 경우에는 그 매수인 법인이 매매일에 매도인의 보유기간에 귀속되는 이자 등에 대한 소득세(이자와 할인액의 경우에는 이자소득세, 집합투자기구로부터의 이익에 대해서는 배당소득세)를 원천징수하도록 하고 있다(所法 133조의2 1항). 매수인 법인이 매매대가를 지급할 때 매매대가로부터 이자 등에 대한 소득세를 원천징수하여야 한다는 것이다.

이때 원천징수의 대상이 되는 이자 등의 금액은 매수인으로부터 실제로 받은 이자 등의 가액이나 채권 등의 매매차익과는 상관 없이 채권 등의 액면가액에 보유기간과 이자율을 곱하여 계산한다(所令 102조 3항). 이러한 거래에서 매도인은 통상 매수인 법인으로부터 자신의 보유기간에 대한 이자상당액을 채권

등의 가액에 더하여 받을 것이므로 매도시점에 원천징수를 당할 경제적 타당성
이 있다고 할 것이다. 원천징수시점은 채권 등의 매도일이나 지급일 등이 된다
(所法 133조의2 1항; 所令 193조의2 5항). 매도인이 거주자나 비거주자가 아니라
법인이면 매수인이 법인이라고 하더라도 원천징수의무를 지지 않고,[1] 매수인
이 법인이 아닌 개인인 경우에도 원천징수의무를 지지 않는다. 즉, 매도인이 거
주자나 비거주자 개인이고 매수인이 법인인 경우에 한하여 위와 같은 원천징수
의무가 성립한다.

채권 등의 이자지급일까지 매매가 수차례 이루어지는 경우에는 각 매매시
마다 위와 같은 원천징수의무가 발생하고, 제2차 이후의 매매시 원천징수할 이
자 등의 발생기간은 제1차 매매일(직전 원천징수일)부터 제2차 매매일까지의 기
간이 될 것이다. 한편, 이자지급일까지 1차례 또는 수차례 매매가 이루어진 채
권 등의 이자 등을 이자지급일에 지급하는 발행법인은 최종 매매일(직전 원천징
수일)부터 이자지급일까지의 기간에 발생한 이자 등으로서 이자지급일에 이자
등을 지급받는 자에게 귀속되는 부분에 대해서 원천징수를 하여야 한다(所法
133조의2 1항).

위의 법리를 예를 들어 설명하면 다음과 같다. 甲(법인)이 乙(개인)에게
2008. 1. 1.에 사채를 발행하되 발행조건은 액면가액 10,000원, 발행가액 10,000
원, 이율 12%, 만기는 2009. 1. 1.이고 이자는 만기에 후불하기로 하였다고 하
자. 이 사채권(社債券)을 乙(개인)이 6개월 간 보유하고 있다가 丙(법인)에게 양
도하였고, 만기에 丙(법인)이 원리금 11,200원을 받아갔다고 하자. 사채의 이자
1,200원을 보유기간에 따라 나누면, 乙(개인)과 丙(법인)의 보유기간에 배분되는
이자 상당액은 각 600원이 된다. 이때 丙(법인)은 乙(개인)의 보유기간에 발생한
이자상당액에 대한 소득세를 원천징수할 의무를 지고, 사채발행 법인 甲은 그
지급시에 丙법인이 지급받는 이자소득에 대하여는 법인세법 제73조 제1항에
따라 원천징수의무를 질 수 있다(法法 73조 1항).

2. 근로소득의 원천징수의무

갑종 근로소득의 원천징수 대상 과세표준은 지급금액에서 비과세소득을

---

1) 이 경우에는 매도자 법인 자신이 자신의 보유기간에 안분되는 이자상당액에 대하여 스스
로 법인세를 원천징수하여 납부하여야 한다(法法 73조 8항).

공제한 금액으로 한다. 이러한 과세대상 소득에 해당하는 소득세법 시행령 별표 2의 근로소득간이세액표상의 세액을 원천징수한다(所令 194조 1항). 근로소득 간이세액표를 적용함에 있어서 직전연도의 연말정산시 근로자로부터 소득세법 제140조에 따라 제출받은 근로소득자 소득공제신고서에 따른 인적공제를 한다. 다만, 종된 근무지의 원천징수의무자가 원천징수하는 때에는 근로자 본인에 대한 기본공제와 표준세액공제만 있는 것으로 보고 해당 란의 세액을 적용한다(所令 194조 2항).

일용근로자의 근로소득에 대한 원천징수는 일급여액에서 1일 15만 원의 근로소득공제(所法 47조 2항)를 한 과세표준에 원천징수세율 6%(所法 129조 1항 4호)를 적용하여 산출한 세액에서 산출세액의 55%에 해당하는 근로소득세액 공제(所法 59조 3항)를 한 금액으로 한다(所法 134조 3항).

외국법인으로부터 근로자를 파견받아 사용하는 내국법인(사용내국법인)이 외국법인(파견외국법인)에게 지급하는 해당 파견근로자의 근로대가는 사용내국법인의 관점에서 볼 때 그 성격이 용역대가이지만, 수취자인 파견외국법인이 그 대가를 받아 파견근로자에게 국내원천의 근로소득을 지급한다는 점을 고려하여, 지급하는 용역대가의 합계액, 직전 사업연도의 매출액 및 사업의 유형의 면에서 일정한 요건을 갖춘 사용내국법인으로 하여금 파견외국법인에게 지급하는 근로대가액(파견근로자에게 지급되는 근로소득금액이 확인되는 경우에는 그 금액)의 19%(租特法 18조의2 2항에서 외국인근로자에 대해 적용하도록 하고 있는 세율)를 적용하여 계산한 금액을 소득세로 원천징수하도록 하고 있다(所法 156조의7 1항; 所令 207조의10 1항, 2항).

상여금은 일정한 기간에 걸쳐 제공된 근로의 대가이기 때문에 이를 대상 기간의 월별 일반급여에 할당하여 원천징수하는 방식을 취하는 특색이 있다. 즉, 상여금을 그 지급대상 기간에 속하는 각 월의 일반급여에 더해 간이세액표에 따른 원천징수세액을 계산한 뒤 이에서 각 월의 일반급여 지급시 이미 원천징수한 세액을 공제하여 남은 금액을 원천징수하는 정산절차를 취한다. (i) 우선, 지급대상 기간이 있는 상여의 경우에는, 그 상여금액을 지급대상 기간의 월수로 나눈 금액과 그 지급대상 기간의 상여 외의 월평균급여액을 합한 금액에 간이세액표를 적용하여 각 월의 원천징수세액을 계산한 뒤, 이에 지급대상 기간의 월수를 곱하여 해당 기간의 총 원천징수세액을 계산하고, 여기서 그 대상

기간의 상여 외의 급여에 대하여 이미 원천징수하여 납부한 세액(가산세액 제외)을 공제하여 그 상여금 지급시의 원천징수 세액을 결정한다(所法 136조 1항 1호). (ii) 다음, 지급대상기간이 없는 상여의 경우에는, 그 상여를 지급받은 연도의 1월 1일부터 그 지급일이 속하는 달까지를 지급대상 기간으로 하여 위와 같은 방식에 의하여 계산한 세액을 그 상여금 지급시의 원천징수 세액으로 한다. 같은 연도에 2회 이상의 상여를 지급하는 때에는 해당 상여금 지급의 직전 지급일이 속하는 달의 다음 달부터 해당 상여금의 지급일이 속하는 달까지를 지급대상기간으로 하고(동항 2호), 지급대상기간의 마지막 달이 아닌 달에 상여를 지급하는 경우 그 지급대상기간이 없는 것으로 본다(所令 195조 1항 1호). 잉여금 처분에 의하여 지급되는 상여금에 대한 원천징수세액은 그 금액에 간이세액표에 의한 세율이 아니라 기본세율을 적용하여 계산한다(所法 136조 2항; 所令 195조 2항). 그 성격을 일반 급여와 달리 보는 것이다.

3. 연금소득의 원천징수의무

공적연금소득을 지급하는 자는 그 지급시에 연금소득간이세액표에 의하여 소득세를 원천징수하여야 하고(所法 143조의2 1항), 그 밖의 연금소득(所法 20조의3 1항 2호, 3호)을 지급하는 자는 그 지급금액에 해당 원천징수세율을 적용하여 계산한 소득세를 원천징수하여야 한다(동조 2항).

4. 사업소득의 원천징수의무

원천징수 대상 사업소득은 부가가치세가 면제되는 의료보건용역이나 저술가·작곡가·직업운동가 등의 인적용역을 제공하는 사업자가 받는 수입금액에 한정된다(所法 127조 1항 3호; 所令 184조 1항; 附價法 12조 1항 5호, 14호). 그리고 원천징수의무자도 (i) 사업소득을 얻는 사업자, (ii) 법인세의 납세의무자, (iii) 국가·지방자치단체 또는 지방자치단체조합, (iv) 민법 기타 법률에 의하여 설립된 법인, (v) 국세기본법 제13조 제4항의 규정에 의하여 법인으로 보는 단체에 한정된다(所法 127조 7항; 所令 184조 3항).

5. 납세조합의 원천징수의무

소득세법 제127조 제1항 제4호에 규정된 외국기관 등이나 국외에 있는 외국법인 등으로부터 근로소득을 얻는 자들(이하 "해외 근로소득자"라고 함)이나 농·축·수산물 판매업자나 노점상인 등 특정 유형의 사업자(이하 "특정 유형의 사업자"라고 함)는 관할세무서장의 승인을 얻어 그들이 부담하는 소득세의 징수와 납부를 목적으로 하는 조합(납세조합)을 설립할 수 있다(所法 149조; 所令 204조 1항, 2항). 그 기본적 성격은 민법상 조합이라고 할 것이다. 납세조합은 그 조합원의 국세에 관한 사항의 처리를 대리할 납세관리인(基本法 82조)이 될 수 있다(所法 153조 1항).

납세조합 중 '해외 근로소득자 납세조합'은 그 조합원의 매월분 소득에 대하여 근로소득에 대한 원천징수의 예에 의하여(즉, 근로소득 간이세액표를 적용하여) 소득세를 원천징수하되, 근로소득간이세액표에 의하여 계산한 세액에서 아래의 납세조합공제를 한다(所法 152조 2항). 다음, 납세조합 중 '특정 유형의 사업자 납세조합'의 원천징수의무는 사뭇 복잡하다. 1단계로 각 조합원의 매월분 수입금액에서 그 수입금액에 단순경비율을 곱한 금액을 공제한 금액에 다시 12를 곱하여 종합소득금액을 추산하고, 여기서 종합소득공제를 하여 종합소득 과세표준을 추산한다. 2단계로 이와 같이 추산한 종합소득 과세표준액에 기본세율을 적용하여 1년간의 종합소득세액을 추산하고, 그 금액의 12분의 1을 매월분의 소득세 산출세액으로 추산한다. 3단계로 이와 같이 추산한 매월분의 소득세 산출세액에서 해당되는 세액공제와 아래의 납세조합공제를 한 금액을 원천징수한다(所法 152조 1항; 所令 205조 3항).

'해외 근로소득자 납세조합'과 '특정 유형의 사업자 납세조합'을 통하여 소득세를 납부하는 조합원은 원천징수 대상 종합소득세 산출세액에서 그 100분에 5에 상당하는 금액을 연 100만원의 한도 내에서 공제받을 수 있는바, 이를 '납세조합공제'라 한다(所法 150조 2항, 3항, 4항, 5항). '해외 근로소득자 납세조합'이 그 조합원의 근로소득에 대하여 아래 Ⅳ.에서 볼 연말정산을 하거나 그 조합원이 종합소득 과세표준 확정신고를 하는 때에도 같은 금액의 '납세조합공제'를 허용한다(所法 150조 3항 단서). 한편, 납세조합은 원천징수한 매월분의 소득세를 징수일이 속하는 달의 다음달 10일까지 정부에 납부하여야 한다(所法 151조).

Ⅱ. 원천징수의 시기

1. 일반원칙

원천징수의 시기는 원칙적으로 소득금액 또는 수입금액을 지급하는 때이다. 따라서 소득이 발생해도 그 지급이 행해지지 않는 한 원천징수의무는 발생하지 않는다. '지급'에는 현실적으로 금전을 교부하는 행위 외에 지급자에 의해 지급채무가 소멸하는 일체의 행위가 포함된다. 회사가 전 대표이사에 대해 가지고 있었던 가지급금 채권을 회수불능채권으로 단정하여 대손처리한 경우는 그 대손처리 시점에 회사가 전 대표이사에게 채권액 상당액의 채무면제익을 제공하였다고 볼 수 있다.[1] 그러나 가집행선고부의 수급자 승소판결이 선고되어 지급자가 불복상소한 후에 지급된 금원,[2] 약속어음의 할인을 받음에 있어 그 어음의 액면금액에서 만기까지의 이자상당액을 할인료로 공제한 나머지 금원만을 지급받고 어음을 교부한 경우[3]에는 소득금액 또는 수입금액의 지급이 있다고 보지 아니한다.

2. 지급시기의 의제

(1) 이자·배당소득

소득금액 또는 수입금액을 실제로 지급하지 않았지만 지급한 것으로 의제하여 원천징수하는 경우도 있다(지급시기의 擬制). 법인이 이익 또는 잉여금의 처분에 의한 배당소득을 그 처분의 결정일로부터 3개월이 지나도록 지급하지 아니한 때에는 그 3개월이 되는 날(11월 1일부터 12월 31일까지의 사이에 결정된 처분에 따라 다음 연도 2월 말일까지 배당소득을 지급하지 아니한 경우에는 그 처분을 결정한 날이 속하는 과세기간의 다음 연도 2월 말일)에 배당소득이 지급된 것으로 의제하고(所法 131조 1항), 법인세법이나 '국제조세조정에 관한 법률'에 의한 소득처분에 따라 발생하는 인정배당은 그 인정배당이 과세관청의 결정에 의해 발생하는 경우에는 소득금액변동통지서의 수령일에, 납세의무자의 신고에 의해

1) 대법원 1986. 12. 9., 85 누 892.
2) 대법원 1988. 9. 27., 87 누 407.
3) 대법원 1991. 12. 10., 91 누 4997.

발생하는 경우에는 납세의무자에 의한 과세표준의 신고일 또는 수정신고일에 지급된 것으로 의제된다(동조 2항; 所令 192조 1항). 금융기관이 매출·중개하는 어음의 이자, 의제배당, 출자공동사업자가 받은 배당, 조세특례제한법상의 동업기업으로부터 동업자가 배분받은 이자·배당소득 등 특별한 유형의 이자·배당소득에 대해서는 시행령에서 그 지급시기를 의제하고 있다(所令 190조, 191조).

지급시기의 의제와 관련하여 특이한 것으로 자본시장법상의 투자신탁재산에서 발생하는 이자소득금액이나 투자신탁의 이익이 있다. 이러한 소득이 투자신탁재산에 귀속되는 것만으로는 수익자가 이를 지급받는 것으로 인정되지 않으므로(所法 155조의3), 그 시점에는 원천징수의무가 발생하지 않는다. 신탁도관설적 입장을 반영한 것이다. 반대로 자본시장법상의 투자신탁재산 외의 신탁재산에서 발생하는 이자소득금액이나 투자신탁의 이익은 투자신탁재산에 귀속되는 시점으로부터 3개월 내에 속하는 특정일에 수익자에게 지급되는 것으로 의제하여 그에 대한 소득세를 원천징수하도록 하고 있다(所法 155조의2).

(2) 근로소득

근로소득의 지급자가 해당 과세기간의 1월부터 11월까지의 급여액을 12월 31일까지 지급하지 아니한 때에는 이를 12월 31일에 지급한 것으로, 그리고 12월분 급여를 다음 해 2월 말까지 지급하지 아니한 때에는 그 2월에 지급한 것으로 각 의제한다(所法 135조 1항, 2항). 법인이 이익 또는 잉여금의 처분에 의한 상여금을 지급하기로 결정한 후 3개월이 경과하도록 지급하지 아니하는 때에는 위에서 본 잉여금의 처분에 의한 배당의 지급의 경우와 마찬가지로 그 3개월이 되는 날에 이를 지급한 것으로 보되, 그 잉여금 처분이 11월 1일부터 12월 31일까지 사이에 결정되고 다음 연도 2월 말일까지 그 처분에 따른 상여금이 지급되지 아니한 때에는 그 2월 말일에 지급된 것으로 본다(所法 135조 3항). 그리고 소득처분에 따라 발생하는 인정상여는 그 인정상여가 과세관청의 결정에 의해 발생하는 경우에는 소득금액변동통지서의 수령일에, 납세의무자의 신고에 의해 발생하는 경우에는 납세의무자에 의한 과세표준의 신고일 또는 수정신고일에 지급된 것으로 의제된다(所法 135조 4항, 131조 2항). 법인세법에 의하여 처분되는 소득의 유형이 배당과 기타소득인 경우에도 동일하다.

(3) 퇴직소득

퇴직소득을 지급하여야 할 원천징수의무자가 1월부터 11월까지 사이에 퇴직한 자의 퇴직급여액을 해당 연도의 12월 31일까지 지급하지 아니한 때에는 이를 12월 31일에 지급한 것으로 보고(所法 147조 1항), 12월에 퇴직한 자의 퇴직급여액을 다음 연도 1월 31일까지 지급하지 아니한 때에는 이를 그 1월 31일에 지급한 것으로 본다(동조 2항). 다만, 퇴직소득 중 공적연금 관련법에 따라 받는 일시금에 대해서는 이러한 의제 규정이 적용되지 않는다(동조 4항).

3. 원천징수세액의 납부시기

징수한 세액은 징수일이 속하는 달의 다음달 10일까지 원천징수 관할세무서·한국은행 또는 체신관서에 납부하여야 한다(所法 128조 1항). 다만 직전 과세기간의 상시 고용인원이 20명 이하인 영세업자(금융 및 보험업을 경영하는 자는 제외) 및 종교단체는 원천징수 관할세무서장의 승인을 얻어 원천징수세액을 그 원천징수일이 속하는 반기의 마지막 달의 다음달 10일까지 납부할 수 있으나 (동조 2항; 所令 186조), 법인세법 제67조에 의해 처분된 상여·배당·기타소득과 국제조세조정법에 따라 배당소득으로 처분된 금액은 그 대상에서 제외된다(所法 128조 2항, 3항).

Ⅲ. 원천징수의 세율

(1) 이자소득

(ⅰ) 비영업대금의 이익에 대해서는 100분의 25, (ⅱ) 직장공제회 초과반환금에 대해서는 기본세율, (ⅲ) 기타의 이자소득금액에 대하여는 100분의 14의 원천징수세율을 적용한다(所法 129조 1항 1호). 이자소득의 원천이 외국에 있음으로 인해 거주자가 그 외국에서 외국소득세액을 납부한 경우에는 그 외국소득세액을 뺀 금액을 원천징수세액으로 한다. 원천징수 시에 외국납부세액공제를 해 주는 것이다.

(2) 배당소득

100분의 14(다만, 소득세법 17조 1항 8호의 출자공동사업자의 배당소득에 대해서는 100분의 25)의 원천징수세율을 적용한다(동항 2호).

(3) 사업소득

원천징수 대상 사업소득에 대해서는 수입금액의 100분의 3의 원천징수세율을 적용한다(동항 3호). 비용을 공제한 순소득금액을 과세표준으로 하지 않는 대신 낮은 세율을 적용하고 있다.

(4) 근로소득

기본세율에 의해 원천징수하되, 일용근로자의 근로소득은 100분의 6의 세율로 원천징수한다(동항 4호). 다만 매월분의 근로소득에 대해서는 시행령에서 정하는 근로소득 간이세액표의 세율을 적용한다(所法 129조 3항, 134조 1항).

(5) 연금소득

공적연금소득에 대해서는 기본세율을 적용하여 원천징수한다(所法 129조 1항 5호). 연금계좌 납입액이나 운용실적에 따라 증가된 금액을 연금수령한 연금소득에 대해서는 연금수령자의 나이에 따라 다시 세분하여 70세 미만의 경우에는 100분의 5, 70세 이상 80세 미만의 경우에는 100분의 4, 80세 이상의 경우에는 100분의 3, 일정한 요건의 종신계약에 따라 사망할 때까지 연금의 형태로 수령하는 연금소득에 대해서는 100분의 4의 원천징수세율을 각 적용하되, 어떤 연금소득이 이 가운데 2개 이상의 요건을 동시에 충족하는 경우에는 낮은 세율을 적용한다(所法 129조 1항 5호의2). 그리고 퇴직소득을 연금의 형태로 수령하는 연금소득에 대해서는 연금 실제 수령연차가 10년 이하인 경우에는 연금외수령 원천징수세율의 100분의 70, 연금 실제 수령연차가 10년을 초과하는 경우에는 연금외수령 원천징수세율의 100분의 60의 원천징수세율을 각 적용한다(所法 129조 1항 5호의3). 다만 매월분의 연금소득에 대해서는 시행령에서 정하는 연금소득 간이세액표의 세율을 적용한다(所法 129조 3항).

(6) 기타소득

복권당첨금 등의 소득금액이 3억 원을 초과하는 경우 그 초과하는 분에 대해서는 100분의 30, 세액공제를 받은 연금계좌납입액이나 그 운용에 따른 증가액을 연금 외의 방법으로 수령함으로써 연금소득이 아닌 기타소득으로 분류되는 금액에 대해서는 100분의 15[그 가운데서도 사망 등 시행령에서 정하는 부득이한 사유로 받아 분리과세되는 것(所法 14조 3항 7호 나목)에 대해서는 100분의 12], 그 밖의 기타소득에 대해서는 100분의 20의 원천징수세율을 각 적용한다(동항 6호). 다만, 아래 (8)의 경우는 제외한다.

(7) 퇴직소득

기본세율을 적용하여 원천징수한다(동항 7호).

(8) 기타소득 중 봉사료 수입금액

시행령에서 정하는 봉사료 수입금액에 대해서는 100분의 5의 원천징수세율을 적용한다(동항 8호).

(9) 이자·배당 소득 중 비실명이자·배당소득

실지명의가 확인되지 아니하는 이자 및 배당 소득에 대해서는 45%의 세율을 적용하되, 실명전환의무기간이 경과한 후에 비실명자산에서 발생하는 이자 및 배당소득에 대하여는 100분의 90[1]의 원천징수세율을 적용한다(所法 129조 2항 2호). 100분의 90의 세율이 적용되는 이자 및 배당소득은 종합소득 과세표준을 계산할 때(所法 14조 2항) 합산하지 아니한다('금융실명거래 및 비밀보장에 관한 법률' 5조).

Ⅳ. 원천징수세액의 연말정산

1. 근로소득세액의 연말정산

근로소득을 얻고 있는 거주자의 원천징수의무자가 어떤 연도의 다음 연도 2월분의 근로소득을 지급하거나 그 거주자가 퇴직하는 달의 근로소득을 지급하는 때에는 그 근로소득자의 해당 과세기간의 근로소득금액[2] 또는 퇴직하는 달까지의 해당 과세기간의 근로소득금액에 대한 근로소득세액을 정산하여야 한다. 정산의 절차는 다음의 2단계로 요약된다. 우선, 해당 과세기간의 근로소득금액에서 그 근로소득자가 소득세법 제140조의 규정에 의하여 제출한 '근로소득자 소득공제신고서'에 기재한 종합소득세 인적공제(기본공제·추가공제·다자녀 추가공제)와 특별공제 및 조세특례제한법에 의한 소득공제를 하여 종합소득 과세표준을 산출하고, 이에 해당 기본세율을 적용하여 종합소득세액을 산출한다. 다음, 이에서 다시 해당 과세기간에 이미 원천징수하여 납부한 소득세액과 외국납부세액공제, 근로소득세액공제, 자녀세액공제, 연금계좌세액공제 및 특별세

---

1) 금융실명법 제3조 제1항 제3호에 규정된 '특정채권'에서 발생한 이자에 대해서는 2001년 1월 1일 이후부터 100분의 15의 세율을 적용한다.

2) 근로자가 원천징수의무자에 대한 근로제공의 대가로 원천징수의무자 외의 자로부터 지급받는 소득(소득세법 제38조 제1항 제16호의 규정에 의한 단체환급부보장성보험의 환급금을 포함)에 대하여는 해당 원천징수의무자가 해당 금액을 근로소득에 포함하여야 한다(所令 196조 4항).

액공제에 따른 공제액을 빼서 나오는 차액을 최종 정산세액으로 한다(所法 137
조 1항, 134조 2항; 所令 196조 2항, 3항). 연말정산 과정에서 근로소득자가 '근로소
득자 소득공제신고서'를 제출하지 아니한 때에는 해당 근로소득자 본인에 대한
기본소득공제와 표준세액공제만 한다(所法 137조 3항). 이러한 절차를 근로소득
세의 연말정산이라고 한다. 연말정산 결과 이미 원천징수하여 납부한 소득세가
최종 정산세액을 초과하는 때에는 그 초과액을 해당 근로소득자에게 환급하여
야 하고(所法 137조 2항), 반대로 연말정산에 따라 추가로 원천징수하여야 할 소
득세가 그 달에 지급할 근로소득금액을 초과하는 경우에는 그 초과세액은 그
다음 달의 근로소득을 지급할 때에 징수하여야 한다(所法 139조). 해당 과세기
간의 중간에 새로이 근로를 제공하기 시작한 근로자가 그 전 근무지에서 받은
근로소득금액을 합한 금액에 대하여 근로소득자 소득·세액공제신고서를 제출
하는 경우에는 새로운 근무지의 원천징수의무자는 자신이 지급한 근로소득금액
에 전 근무지의 지급자가 지급한 근로소득금액을 합한 금액에 대하여 위와 같
은 연말정산을 하여야 한다(所法 138조 1항). 위 Ⅰ. 5.에서 본 '해외 근로소득자
납세조합'이 그 조합원의 매월분 소득에 대하여 행하는 소득세의 원천징수는
일반 근로소득에 대한 원천징수의 예에 의하므로(所法 152조 2항), '해외 근로소
득자 납세조합'도 위에서 본 바와 같은 내용과 절차에 따라 근로소득세 연말정
산을 하여야 한다.

　2인 이상으로부터 근로소득을 받는 사람(일용근로자는 제외)이 주된 근무지
와 종된 근무지를 정하고 종된 근무지의 원천징수의무자로부터 근로소득 원천
징수영수증을 발급받아 해당 과세기간의 다음 연도 2월분의 근로소득을 받기
전에 주된 근무지의 원천징수의무자에게 제출하는 경우 주된 근무지의 원천징
수의무자는 주된 근무지의 근로소득과 종된 근무지의 근로소득을 더한 금액에
대하여 연말정산에 따른 소득세를 원천징수한다(所法 137조의2 1항). 이 경우 해
당 근로자의 종된 근무지에서 근로소득을 지급하는 자는 그 종된 근무지에서
지급하는 해당 과세기간의 근로소득금액에 기본세율을 적용하여 계산한 종합소
득 산출세액에서 해당 과세기간에 이미 원천징수하여 납부한 소득세를 공제한
차액을 원천징수하는 것으로 연말정산을 한다(동조 2항). 주된 근무지의 근로소
득 지급자가 인적공제와 세액공제를 적용하여 연말정산을 하고, 종된 근무지의
지급자는 단지 그곳에서 지급한 근로소득에 대해서만 기본세율에 의한 원천징

수를 함으로써 이중 공제가 이루어지지 않도록 하는 것이다. 이와 달리 지급자에 의해 원천징수되지 않고 '근로소득자 납세조합'에 의하여 소득세가 징수되는 근로소득(소득세법 제127조 제1항 제4호에 규정된 외국기관 등이나 외국법인 등으로부터 받는 근로소득)과 일반 근로소득을 동시에 얻는 사람에 대해서는 주된 근무지의 원천징수의무자가 2개의 소득을 합한 금액에 대하여 연말정산을 할 수 있다(所法 137조의2 5항).

내국법인(사용내국법인)에게 근로자를 파견하고 근로대가를 받아가는 외국법인(파견외국법인)은 해당 과세기간 동안 파견근로자에게 지급한 국내원천의 근로소득에 대하여 다음 연도 2월분의 근로소득을 지급할 때 위에서 본 근로소득세의 연말정산 절차(所法 137조)에 따라 근로소득세의 연말정산을 하여야 하고, 사용내국법인으로 하여금 이를 대리하게 할 수 있다(所法 156조의7 2항, 3항).

2. 연금소득세액의 연말정산

공적연금소득을 지급하는 원천징수의무자가 해당 과세기간의 다음 연도 1월분 공적연금소득을 지급하는 때에는 그 연금소득자가 해당 과세기간에 받은 연금소득금액에서 그 연금소득자가 제출한 '연금소득자 소득공제신고서'에 기재된 내용에 따라 종합소득 인적공제를 적용하여 종합소득 과세표준을 산출하고, 이에 기본세율을 곱하여 종합소득세액을 산출한 뒤, 그 산출세액에서 자녀세액공제액과 표준세액공제액을 공제하고, 그 잔액에서 다시 해당 과세기간에 이미 원천징수하여 납부한 소득세액을 공제한 나머지 금액을 원천징수하여야 한다(所法 143조의2 3항, 143조의4 1항, 3항, 143조의6). 만약 자녀세액공제액과 표준세액공제액 및 원천징수에 의한 기납부세액이 위와 같이 계산한 종합소득 산출세액을 초과하는 때에는 그 초과액을 해당 연금소득자에게 환급하여야 한다(所法 143조의4 2항).

3. 과세표준 확정신고 예외 사업소득세액의 연말정산

어떤 연도에 원천징수의 대상이 되는 사업소득[1] 중 실적에 따라 모집수당

---

1) 부가가치세가 면제되는 의료보건용역이나 저술가·작곡가·직업운동가 등의 인적용역의 공급에서 발생하는 소득을 말한다(所法 127조 1항 3호; 所令 184조 1항; 附價法 12조 1항 5호, 15호).

등을 받는 보험업법상의 보험모집인과 '방문판매등에 관한 법률'상의 방문판매원으로서 간편장부대상자(所法 160조 3항)에 해당하는 자에게 사업소득을 지급하고 소득세법 제144조 제1항에 따라 소득세를 원천징수한 자는 그 다음 해 2월분의 사업소득을 지급하거나 그 사업자와 사이에 체결된 계약을 해지하는 달의 사업소득을 지급하는 때에 해당 과세기간에 지급한 수입금액에 대한 소득세를 원천징수하여야 한다. 원천징수세액은 다음과 같은 2개의 단계로 계산한다. 1단계로 해당 과세기간에 지급한 수입금액에 시행규칙에서 정한 '연말정산 사업소득의 소득률'(해당 업종의 기본경비율 및 단순경비율에 따라 계산한 소득의 소득율을 고려하여 정함)을 곱하여 소득금액을 추산한 뒤, 그 소득금액에서 해당 사업소득자가 제출한 '연말정산 사업소득자 소득·세액공제신고서'에 따른 종합소득공제액을 적용하여 종합소득 과세표준을 계산한다. 2단계로 이렇게 계산한 종합소득 과세표준에 기본세율을 적용하여 종합소득세액을 산출하고, 여기서 소득세법 및 조세특례제한법에 따른 세액공제액과 기납부 원천징수세액을 공제하여 연말정산 원천징수세액을 결정한다(所法 144조의2 1항, 73조 1항 5호; 所令 137조 1항, 201조의3 1항, 201조의4 1항). 위 1단계에서 연말정산 해당 사업자가 해당 과세기간의 다음 연도 2월분의 사업소득이나 거래계약을 해지한 달의 사업소득을 받기 전에 원천징수의무자에게 '연말정산 사업소득자 소득·세액공제신고서'를 제출하지 않으면 기본공제 중 그 사업자 본인에 대한 분과 표준세액공제만을 적용하여 종합소득세 과세표준과 세액을 계산한다(所法 144조의2 4항, 144조의3). 해당 과세기간에 이미 원천징수하여 납부한 소득세액이 종합소득 산출세액에서 세액공제를 한 금액을 초과할 때에는 그 초과액을 환급하여야 하고, 반대로 연말정산에 따라 원천징수하여야 할 소득세가 해당 월에 지급할 사업소득의 금액을 초과할 때에는 그 초과세액은 다음 달의 사업소득을 지급할 때 원천징수하여야 한다(所法 144조의2 2항, 3항).

2인 이상으로부터 연말정산 사업소득을 지급받는 자와 해당 과세기간의 중도에 새로운 계약체결에 따라 연말정산 사업소득을 지급받는 자에 대한 사업소득세의 연말정산에 관하여는 근로소득을 그러한 형태로 지급받는 경우에 있어서의 연말정산 절차를 준용한다(동조 5항; 위 1. 참조).

4. 종교인소득세액의 연말정산

종교인소득을 얻고 있는 거주자의 원천징수의무자가 어떤 연도의 다음 연도 2월분 종교인소득을 지급하거나 해당 종교관련종사자와의 소속관계가 종료되는 달의 종교인소득을 지급할 때 해당 과세기간의 종교인소득에 대하여 일정한 산식에 따라 계산한 금액을 원천징수하여야 한다(所法 145조의3 1항). 그 연말정산의 방식이나 절차는 위 3.의 사업소득세액에 대한 연말정산에 관한 것을 준용한다(동조 2항).

5. 연말정산의 효과

연말정산은 종합소득에 포함되는 소득의 유형 중 근로소득, 연금소득, 특정 유형의 사업소득 또는 종교인소득만 얻는 자로 하여금 별도의 종합소득세 신고를 할 필요없이 간편하게 종합소득세 납세의무의 이행을 종결하게 하는 제도이다. 따라서 근로소득, 연금소득, 특정 유형의 사업소득 또는 종교인소득만 얻는 자가 그 지급자를 통하여 연말정산을 하지 않으면 종합소득세 신고대상에서 제외되지 않는다(所法 73조 4항). 2인 이상의 자로부터 근로소득, 공적연금소득, 특정 유형의 사업소득 또는 종교인소득을 받는 자는 원칙적으로 종합소득세 신고대상에서 제외되지 않지만, 연말정산을 통하여 소득세를 납부하는 경우에는 제외된다(동조 2항).

제 2 장 법인세법

제 1 절 총 설

Ⅰ. 법인세의 성격

법인세도 소득을 과세물건(과세대상)으로 하고 있다는 점에서 소득세와 유사하다. 다만 소득세의 납세의무자가 개인, 즉 자연인 또는 단순한 자연인의 집합인 데 반하여, 법인세의 납세의무자는 법인격을 가진 단체(법인)와 국세기본법 제13조 제1항의 규정에 의한 법인격 없는 사단·재단 또는 그 밖의 단체 중법인으로 보는 단체이다(法法 1조 1호 및 2호). 또한 소득세의 경우에는 소득을 성격별로 분류하고, 각 소득유형별로 소득공제·필요경비를 인정하는 등 과세소득의 계산방법을 달리하며, 생존배려를 위해 인적공제를 인정하나, 법인세과세에 있어서는 소득의 유형별 개성이 무시되고 모두 등가치적으로 법인소득을 구성하며, 인적공제라는 것도 인정되지 아니한다.

소득세가 각 과세연도의 소득을 과세물건으로 하듯이 법인세도 '각 사업연도의 소득'을 과세물건으로 한다. 다만, 연결납세방식에 의해 과세되는 연결법인의 경우에는 '각 연결사업연도의 소득'이라는 별도 개념의 소득을 과세물건으로 한다(法法 4조 2항, 76조의14 1항). 그리고 토지 등의 양도소득은 각 사업연도소득에 포함되어 과세되는 외에 일정한 요건을 충족하는 경우에는 추가적인 특별세의 부과대상이 된다(法法 4조 1항 3호, 55조의2, 95조의2). 한편, 법인의 청산소득도 과세대상에 들어간다(法法 4조 1항 2호). 청산소득은 법인의 소멸을 계기로 발생하는 것이므로(法法 79조, 80조, 81조), 보기에 따라서는 자연인의 상속세에 견줄 수도 있을 것 같으나, 상속세는 상속인이 납세의무를 지는 데 반하여청산소득세는 소멸하는 법인 스스로가 납세의무를 지며, 또한 청산소득이 잔여재산의 분배로 출자자에 이전될 때에는 출자자 단계에서 다시 배당소득과세가 이루어진다.

II. 법인세의 근거와 배당소득의 이중과세

1. 법인세의 이론적 타당성

법인세와 소득세는 공히 소득을 과세대상으로 삼고 있음에도 불구하고 이를 별개의 세목으로 병립시키는 까닭은 무엇일까? 법인이 별개의 독립된 법인격을 가지고 있다는 사실이 조세이론상 어떠한 의미를 지니는 것일까?

법인세를 옹호하는 견해 중의 하나는 법인의 독자적 존재(separate entity)를 그 근거로 삼고 있으며, 우리 문헌에서도 민법학에 있어 법인본질론에 관한 지배적 학설이라 할 수 있는 법인실재설(法人實在說)을 바로 조세이론에 끌어들여 자연인과 같은 평면에서 논의하려는 경향을 흔히 볼 수 있다. 그러나 법인본질론은 법인의 통일적 의사, 권리·의무의 귀속 또는 법률상의 능력 등을 규명하는 데 관심의 초점을 둔 것으로, 법인의 조세부담능력 또는 조세의 형평과 같이 성질이 전혀 다른 사항의 결정에 직결된다고 할 수 없다. 그런 까닭에 법인소득 내지는 배당의 이중과세에 관한 조세이론은 혼동을 피하기 위해서라도 의제설과 실재설이라는 용어 대신에 통합설(the integrationist view)과 절대설(the absolutist view) 또는 단순히 법인세 반대론과 법인세 긍정론이라는 표현으로 구별하는 것이 온당하다. 재정학자들의 대립은 법인본질론의 연장이 아니라는 점에 유의하여야 한다.

법인세를 타당한 세목이라고 보는 또 하나의 주장은, 조세의 부과근거로 제시되는 이론 중의 하나인 이익설(the benefits principle)에 바탕을 두고 있다. 물론 법인은 국가 또는 그 밖의 공공단체로부터 직접·간접의 혜택을 받는 것이 사실이지만, 그러한 혜택의 근거를 법인세 부담에 두는 것은 양자 간에 직접적인 상관관계가 없다는 점에서 정확하지 못하다고 할 것이다(가령 결손법인이라 하여 혜택을 받지 못한 것은 아니나 법인세 부담은 없다). 같은 이유로 법인세를 법인의 존재로 인한 사회적 비용(social costs)의 지출에 대한 대가로 보고자 하는 견해도 옳지 못하다(가령 공해기업을 상정하라). 이와 같은 견해들은 다른 유형의 조세를 정당화할 수는 있을지언정 법인소득 과세의 타당성을 이론적으로 해명해 주지는 못한다.

그리고 법인이 누리는 특전 중 가장 중요한 것의 하나는 구성원의 유한책임인데(인적 회사의 무한책임사원 제외), 그러한 유한책임의 특전은 오히려 경영의 성적이 불량하여 채무초과가 되는 경우(따라서 법인세 부담이 없게 되는 경우)에 비로소 유용한 것이므로 법인세를 유한책임의 대가라 할 수도 없다. 또한 법인이 대규모의 자본을 조달할 수 있음으로 인해 얻는 특별이익을 법인세의 근거로 보려는 견해도 있으나, 첫째 이러한 논거는 폐쇄회사에는 타당하지 않으며, 둘째 이 견해에 따르자면 법인 형태의 이용으로 인한 추가이윤만을 과세표준으로 하여야 할 것인데 그러한 추가이윤은 현실적으로 파악할 수 없다.

위에서 본 바와 같이 법인세는 이론적으로 방어하기 곤란할 뿐 아니라 나아가 다음과 같이 수직적·수평적 형평을 깨뜨린다. 먼저 수직적 형평의 측면을 보자. 법인세는 출자자 개개인의 소득세 과세상의 한계적용세율(the marginal tax rate)에 관계없이 일률적인 세율에 의해 과세된다. 이에 저소득자인 주주는 법인단계의 소득에 대해 자기의 종합소득에 적용되는 한계세율보다 높은 세율에 의해 과세되며, 고소득자인 주주일수록 법인단계의 과세로 인한 불이익은 감소되고, 나아가 종합소득에 대한 세부담이 법인단계의 과세를 통해 완화된다. 다음 수평적 형평의 측면을 살펴보자. 법인이 소득을 획득하려는 목적은 출자자에게 그 소득을 분배하는 데 있고, 법인의 소득은 궁극적으로 자연인의 소득으로 돌아간다. 그런데, 법인이 얻는 소득은 법인단계에서 과세되고 그 소득이 주주에게 분배될 때 재차 출자자 단계에서 과세됨으로써 하나의 소득이 이중, 삼중으로 과세되는 현상이 생긴다. 예를 들어 어느 회사가 1,000만 원의 소득을 얻어 전액을 개인주주에게 배당한다면 법인소득 1,000만 원과 개인주주 소득 1,000만 원, 합계 2,000만 원의 소득을 낳는다. 만일 어느 회사가 1,000만 원의 소득을 올려 100% 모회사에 이를 배당하고, 모회사가 다시 이를 개인주주에게 배당한다면 자회사 소득 1,000만 원, 모회사 소득 1,000만 원, 개인주주 소득 1,000만 원, 합계 3,000만 원의 소득이 생긴다. 이러한 예에서 총합적으로 볼 때 2,000만 원 또는 3,000만 원의 소득이 있다고 보고 과세하는 것이 과연 타당한가? 법인의 손을 거칠 때마다 늘어나는 소득은 진정한 소득이 아니다. 그러므로 법인세제는 법인소득(또는 배당)에 대한 중복과세의 현상을 가져올 수밖에 없는바, 이는 수평적 형평의 위배이다. 이러한 수평적 불균형은 법인의 경영자로 하여금 배당을 발생시키는 자기자본(출자)보다는 이자를 발생시키는 타인

자본(차입금)에 보다 의존하게 하는 유인을 제공하고, 궁극적으로는 자본의 적
정배분을 그르치는 결과를 초래한다.

2. 통합의 방식

위에서 지적한 현행 법인단계와 주주단계의 병립적 과세의 결함을 시정하
기 위한 양자의 통합(integration)에는 몇 가지 방식을 생각할 수 있다.1)

(1) 조합과세방식

이론적으로 가장 완벽하고 순수한 통합방식은 조합과세방식(the partnership
method)이다. 이 방식 아래에서는 법인이 1개 사업연도의 소득에 대해서 법인
단계의 과세를 하지 않고 법인소득을 각 출자자의 지분(또는 약정된 이익분배비
율)에 따라 배분하고, 이와 같이 배분된 법인소득을 각 출자자의 소득에 합산하
여 출자자 단계에서만 과세한다. 조합과세방식에 의하면 법인을 원천으로 하는
소득이 다른 소득과 동일하게 과세되어 수평적 형평을 회복하게 된다. 그리고
각 출자자는 배분소득에 대해 각자의 한계적용세율에 의하여 과세됨으로써 수
직적 형평도 달성할 수 있다. 나아가서 법인소득이 사내에 유보되거나 현실적
으로 분배되거나에 상관없이 조세부담이 같으며, 또한 자기자본(equity)과 타인
자본(debt)의 차별이 배제되어 조세의 중립성을 유지할 수 있고, 배당의 '이중과
세'가 자본의 배분에 미치는 왜곡효과도 없다.

조합과세방식이 법인·출자자의 2단계 과세방식(the classical method)의 폐
단을 말끔히 해소해 주는 이상적 방식이기는 하지만, 이 방식을 실제로 채택하
기에는 실행상의 난점이 많다. 먼저 법인소득을 각 출자자에게 안분하기 위해
서는 각 사업연도 중의 모든 출자자(사업연도 중 출자를 양도한 자를 포함) 및 그
들의 출자기간을 일일이 확인하여야 하는 번거로움이 따르며, 특히 법인에 소
득감면이나 세무계산상의 특례 등이 적용되는 경우에는 이와 같은 특례에 해당
하는 주주를 확인하여 안분한다는 것은 불가능에 가까운 일이다(예컨대, 감면소
득이 상반기에 실현된 경우 하반기에 비로소 출자자의 자격을 취득한 자는 감면의 혜택
에 참가시키지 말아야 한다). 그리고 출자지분의 양도소득과 관련해서, 출자자가

---

1) 張在植, 「법인소득과 배당소득의 이중과세조정에 관한 연구」, 한국경제연구원, 1983;
George R. Zodrow, On the "Traditional" and "new" views of dividend taxation, Dec.
1991, National Tax Journal.

자신에게 안분된 법인소득에 대하여 종합소득세를 부담하였으나 아직 현실적으로 배당을 받지 아니한 경우에는 출자의 장부가액이 과세된 금액만큼 인상 수정되어야 하는데, 이 또한 번거로운 절차이다. 그리고 특히 회사가 수종의 주식을 발행하고 있는 경우에는 또 다른 문제가 대두된다. 즉, 우선주와 보통주를 발행한 회사가 우선주주에게 일정액을 배당하고 그 초과부분을 보통주주에게 배분[실제로 지급함이 없이 유보(留保)]하였는데, 후에 보통주주에 안분된 유보소득을 우선주주에게 재차 배당하여야 할 사정이 생겨 배당을 하게 되면 종전의 소득신고를 전부 수정하여야 하는 혼란을 야기한다.

또한 출자자가 법인인 경우에 출자법인의 소득은 출자를 받은 법인의 소득이 확정되어 그 소득이 안분되기 전에는 계산할 수 없으며, 양법인의 사업연도가 동일하거나 가까이 있는 경우에는 결산기일에 결산을 할 수 없거나 결산을 하는 것이 어렵게 된다. 오늘날 법인 간 관계가 친자회사·상호주·신탁 등과 같이 매우 복잡하게 맺어지는 점을 감안하면 법인소득을 출자자에 나누어 귀속시킨다는 것은 결코 용이한 일이 아니다.

우리나라 조세특례제한법 제10절의3에서 상법상의 합명회사와 합자회사 및 변호사법에 따른 법무법인 등과 같은 각종 전문가법인이 얻은 소득을 그 사원이 직접 얻은 것으로 보아 과세하는 이른바 '동업기업' 과세제도를 두고 있는바(본장 제13절 참조), 이는 실행에 있어서 어려움이 적은 인적회사에 한하여 조합과세방식을 택한 것이다. 미국의 연방내국세입법에서도 이른바 'S법인'에게 조합과세의 선택권을 부여하면서 S법인의 요건을, (i) 주주의 수가 35인 이내일 것, (ii) 원칙적으로 개인거주자가 주주일 것, (iii) 발행주식의 종류가 단일할 것, (iv) 계열기업이나 금융기관이 아닐 것 등으로 정함으로써 실행상의 번거로움이 비교적 적은 법인에 대해서만 조합과세방식의 적용을 허용하고 있다(미국 내국세입법 §1316).

(2) 부분적 통합방식

조합과세방식이 완전통합의 효과를 거둘 수 있으나, 위에서 본 바와 같은 실천상의 어려움으로 인하여 현실적으로 이를 전면적으로 채택하는 것은 불가능하다. 이리하여 다음으로 모색하여야 할 방안이 부분적 통합방식인데, 여기에는 다섯 가지의 방식을 생각할 수 있다.

첫째는 법인세의 일방적 폐지이다. 이 방식에 따르면 법인 단계의 법인세를 폐지하고 출자자 단계에서 배당소득을 통상의 소득과 같이 합산과세한다. 그러나 이 방식에는 (i) 분여한 법인소득만 과세되고 유보소득은 과세되지 않은 채로 있게 되는 점, (ii) 법인소득이 유보되어 있는 상태에서 그 유보소득이 반영된 가액으로 출자지분을 양도함으로써 유보소득을 양도소득의 형태로 전환하여 취득할 수 있게 되어 세부담을 피하거나, 그렇지 않다 하더라도 양도소득이 배당소득보다 가볍게 과세되는 경향으로 인해 소득과세의 누진성을 피할 수 있는 점 등의 결점이 내재하고 있다. 그러므로 법인세 폐지방식을 출자지분(주식)의 양도차익에 대한 과세제도의 보완 없이 채택한다면 과세의 형평을 크게 그르치는 결과가 될 것이다.

둘째는 첫째의 방식과 대조적인 것으로서, 대체로 법인세를 존속시키면서 출자자 단계에서 배당과세를 하지 않는 방식이다. 그러나 법인단계에서 획일적으로 과세하고 출자자 단계에서 과세하지 않는다면 고소득을 가볍게 과세하는 것이 되어 수직적 형평이 깨뜨려질 뿐 아니라, 법인의 입장에서 지급배당금을 비용으로 계상하거나 소득금액에서 공제하는 것이 여전히 인정되지 않기 때문에 타인자본(차입금)의 우대로 인한 자본조달방식 선택의 왜곡은 별로 개선될 여지가 없다.

셋째는 배당세액공제방식이다. 배당금액에 일정률을 곱한 금액을 세액공제하는 것이므로 각 배당소득자의 소득계층 여하에 불구하고 '이중과세로부터 배제되는 배당금액이 균등하다는 점에서 위 둘째의 배당소득의 과세제외방식에 비해 우수하다 하겠다. 그러나 이 방식도 세액공제액이 한정되어 있고, 공제세액이 산출세액을 초과할 때 그 차액을 환급하지 않는 경우에는 이중과세 효과가 완전히 해결되지 않으며, 이중과세로부터 구제되는 율이 고소득계층에 있는 납세자일수록 높아지는 흠을 가지고 있다. 또한 이 방식은 법인소득 중 실제로 배당된 부분만 세액공제의 대상으로 할 뿐 배당됨이 없이 법인 내에 유보된 부분은 그 대상으로 하지 않으므로 유보소득을 출자지분의 양도차익의 형태로 실현하는 경우에는 이중과세가 해소되지 않는 문제가 남는다.

넷째는 지급배당의 손금산입방식이다. 이 방식에 의하면 지급배당금을 법인소득의 계산에 있어 손금산입하는 것이 허용되므로 배당의 이중과세는 완전히 해소된다. 그러나 유보소득과 관련해서는 여전히 결함이 있다. 유보소득 중 저소득계층에 속하는 출자자에 귀속될 부분은 법인세율에 따라 중과세되는 흠이 있고, 또한 유보소득에 대해 법인세가 과세됨과 동시에 출자지분의 양도차익의 형태로 실현되는 유보소득에 대해 양도소득세(그 적용이 있는 경우)가 중복으로 과세되는 문제도 있다. 지급배당 손금산입 방식이 지급배당금과 지급이자를 과세상 대등하게 취급하므로 자기자본과 타인자본의 선택에 있어 중립적이라는 것은 커다란 장점이다.

다섯째는 법인세를 소득세의 원천징수로 보는 방식이다(withholding method; imputation method). 납세자가 받은 배당금과 그 배당금에 해당하는 법인세를 합친(gross up) 금액을 종합소득에 합산하여 산출한 종합소득세액에서 그 배당금에 해당하는 법인세 상당액을 공제하는(세액공제) 방법이다. 이 방법에 의하면, 결과적으로 법인이 그 이익금에서 법인세를 내지 않고 전액 배당으로 지급하고, 이를 지급받는 출자자가 그 수취배당금에 대해 소득세만 부담하게 된다는 점에서 위의 지급배당손금산입방식과 상당히 유사하며 따라서 그 방식의 결함을 그대로 지니고 있다.

3. 우리나라의 세제

우리나라는 법인세와 주주의 배당소득세의 통합의 방식으로 앞에서 본 바와 같이 조세특례제한법에서 인적회사의 소득에 대해 조합과세방식을 제한적으로 택하고 있는 외에 소득세법에서 지급받은 배당액에 그 100분의 11을 더한 금액을 배당소득금액으로 하여(일종의 gross up) 종합소득세액을 산출한 뒤, 종합소득 산출세액에서 그 더한 금액을 공제하는 이른바 배당세액 공제방식을 택하고 있다(所法 17조 3항, 56조 1항)(상세한 논의는 제1장 제3절 Ⅲ. 8. 참조). 법인세 부담을 바탕으로 한 imputation(법인세 주주 귀속)방식이다. 다만 자산유동화전문회사나 각종 투자회사 등과 같은 특수목적법인에 대해서는 배당가능이익의 90% 이상을 배당한 경우 그 지급배당금액의 소득공제를 허용하는 방식을 예외적으로 택하고 있다(法法 51조의2).

한편, 법인세법은 법인 간 배당에 대한 중복과세 완화를 위해 법인의 수입배당금의 일정 부분을 익금불산입하도록 하고 있다. 출자지분의 비율에 따라, 그리고 출자대상 법인의 상장여부에 따라 수입배당금에 다음 표 기재의 비율을 적용한 금액을 익금불산입한다(法法 18조의2)(상세한 논의는 본장 제4절 Ⅲ. 13. 참조).

법인(고유목적사업준비금을 손금에 산입하는 비영리내국법인은 제외)이 출자한 다른 내국법인(피출자법인)으로부터 받은 이익의 배당금이나 잉여금의 분배액 또는 법인세법 제16조에 규정된 의제배당액(이하 통칭하여 "수입배당금"이라고 함)은 주식보유 비율에 따라 전부 또는 일부를 익금에 산입하지 않는다. 법인의 수입배당금 중 익금불산입되는 비율은 피출자법인에 대한 출자비율에 따라 다음의 표와 같다(法法 18조의2 1항 1호).

피출자법인에 대한 출자 비율	수입배당금의 익금불산입 비율
50% 이상	수입배당금 전액
30% 이상 50%미만	수입배당금의 80%
30% 미만	수입배당금의 30%

제 2 절   납세의무자

I. 납세의무자의 종류

법인세의 납세의무자는 사법(私法) 상의 법인이다. 다만, 법인격이 없는 사단·재단 기타 단체(법인격이 없는 단체) 중 ① 주무관청의 허가 또는 인가를 받아 설립되거나 법령에 의하여 주무관청에 등록한 사단·재단 기타 단체로서 등기되지 아니한 것과 ② 공익을 목적으로 출연된 기본재산이 있는 재단으로서 등기되지 아니한 것으로서 수익을 구성원에게 분배하지 아니하는 것은 법인으로 간주한다(基本法 13조 1항). 이를 법인으로 당연히 의제되는 단체라고 하여 '당연 의제법인'으로 부른다. 또한, ① 사단·재단 기타 단체의 조직과 운영에 관한 규정을 가지고 대표자 또는 관리인을 선임하고 있을 것, ② 사단·재단 기타 단체 자신의 계산과 명의로 수익과 재산을 독립적으로 소유, 관리할 것, ③ 사단·재단 기타 단체의 수익을 구성원에게 분배하지 아니할 것, ④ 대표자 또는 관리인이 관할세무서장에게 신청하여 승인을 얻을 것 등의 요건을 충족하면 과세상 법인으로 의제된다(基本法 13조 2항). 이를 '승인 의제법인'이라고 부른다(의제법인에 관한 자세한 내용은 제1편 제4장 제1절 I. 2. (1) 참조).

국내에 본점이나 주사무소 또는 사업의 실질적 관리장소(place of effective management)를 둔 법인을 내국법인이라 하며, 이는 소득의 원천이 어디에 있느

냐에 관계없이 모든 소득(worldwide income)에 대하여 납세의무를 지는 무제한
적 납세의무자이다(法法 1조 1호). 외국에 본점 또는 주사무소를 둔 단체로서 국
내에 사업의 실질적 관리장소를 두지 아니한 것을 외국법인이라 부르며, 외국
법인은 국내원천소득에 대해서만 법인세의 납세의무를 지는 제한적 납세의무자
이다(동조 3호). 여기서 말하는 '사업의 실질적 관리장소'라고 함은 조세조약에
서 법인의 거주성 판정의 기준으로 사용하는 개념을 국내법으로 수용한 것인데
(OECD 모범조약 4조 3항), 영업의 수행에 전반적으로 필요한 관리 및 영업의 핵
심적인 결정이 실질적으로 이루어지는 장소를 의미하고, 하나의 법인에 하나의
'사업의 실질적 관리장소'만 존재하며, 그 해당 여부는 구체적 사안 별로 모든
관련된 사실과 여건을 종합적으로 고려하여 판단하여야 한다고 본다.1) 대법원
도 이러한 개념을 수용하면서, 여기서 말하는 '영업의 수행에 필요한 중요한 관
리 및 상업적 결정'이란 법인의 장기적인 경영전략, 기본 정책, 기업재무와 투
자, 주요 재산의 관리·처분, 핵심적인 소득창출 활동 등을 결정하고 관리하는
것을 의미한다고 보고, 그러한 결정 및 관리의 장소는 이사회 또는 그에 상당
하는 의사결정기관의 회의가 통상 개최되는 장소, 최고경영자 및 다른 중요 임
원들이 통상 업무를 수행하는 장소, 고위 관리자의 일상적 관리가 수행되는 장
소, 회계서류가 일상적으로 기록·보관되는 장소 등의 제반 사정을 종합적으로
고려하여 구체적, 개별적으로 판단하여야 한다는 기준을 제시하고 있다. 나아
가 '사업의 실질적 관리장소' 개념의 위와 같은 속성상 어떤 장소가 이에 해당
하기 위해서는 그 상태가 시간적·장소적으로 어느 정도로 지속되어야 하고, 따
라서 어떤 법인이 '사업의 실질적 관리장소' 개념에 부합하는 근거지를 외국에
두고 있었다면, 그 장소와 해당 법인 사이의 관련성을 단절시키는 것으로 보이
는 특별한 계기가 없는 한, 이를 국내로 이전하였다고 쉽사리 단정할 수 없다
는 입장을 취하고 있다.2)

　　내·외국법인을 불문하고 이들은 설립목적에 따라 영리법인과 비영리법인
으로 나뉜다. 비영리법인의 경우에는 법인세법 제3조 제2항 각호에 게기하는
수익사업에서 생긴 소득에 대해서만 과세된다(法法 4조 3항, 5항). 비영리 내국법
인과 비영리 외국법인의 청산소득에 대해서는 법인세가 과세되지 않는다(法法

1) OECD 모범조약 제4조의 주석 24항.
2) 대법원 2021. 2. 25., 2017 두 237; 同 2016. 1. 14., 2014 두 8896.

4조 1항 단서, 4항). 비영리 내국법인은 청산하더라도 잔여재산이 유사한 목적을 가진 다른 비영리법인에게 승계되거나 또는 국가에 귀속되며, 외국법인의 청산은 거주지국에서 이루어진다는 점이 감안되었기 때문이다.

국내의 법인격 없는 사단·재단 또는 그 밖의 단체로서 국세기본법 제13조 제4항의 규정에 의하여 법인으로 보는 것(법인으로 보는 단체)도 비영리 내국법인으로 본다(法法 1조 2호 다목).

Ⅱ. 영미법상의 파트너십의 우리 법인세법상의 지위

법인세 납세주체로서의 법인에 해당하는지가 특히 문제되는 외국의 기업형태로 영미법상의 파트너십(Partnership)이 있다. 민사책임의 면에서 영미법상의 파트너십의 유형이 다양하기는 하지만, 과세 면에서는 파트너십이 독립된 납세의무자로 취급되지 않고 그 소득이 출자자들에게 지분비율에 따라 귀속되어 그 출자자들의 소득으로 과세되고 있는 점은 그 유형들 간에 큰 차이가 없다(이른바, pass-through 방식의 과세). 이러한 파트너십을 우리나라 법인세 과세목적상 법인으로 볼 것이냐, 아니면 조합원들의 공동사업장으로 볼 것이냐 하는 문제가 있다. 이 문제에 관하여 (i) 설립지국에서의 사법상의 성질에 따라야 한다는 설, (ii) 설립지국에서의 과세상의 취급에 따라야 한다는 설, (iii) 해당 파트너십의 설립지국에서의 법률적 구조나 경제적 상황을 과세지국의 세법적 관점에서 볼 때 이를 스스로 납세의무를 지는 독립된 인격체(즉, 법인)로 보아야 하는지, 아니면 그 구성원들이 해당 파트너십의 소득이나 재산에 대해 비례적으로 납세의무를 지는 '인의 집합체'(plurality of persons)로 보아야 하는지에 따라 결정되어야 한다는 설 등이 있다. 제3설은 해당 파트너십의 설립지국에서의 사법상의 성질이나 경제적 상황을 주어진 사실로 하고 이에 과세지국의 세법을 적용하였을 때 해당 파트너십을 과세지국에서 독립된 납세의무자인 법인으로 볼 수 있는지 여부에 따라 판단한다는 취지로서 지배적 견해라고 할 수 있다.[1]

우리의 행정해석은 '미국에서 미국법에 근거하여 설립된 유한책임회사(LLC: Limited Liability Company)가 미국에서의 과세목적상 법인으로 취급되지 않고 조

---

1) Klaus Vogel, *Double Taxation Convention*, Kluwer Law International(3rd ed.), vol. 1, p. 90.

합(Partnership)으로 인정되는 경우에는 우리나라의 과세목적상으로도 그 유한책
임회사 자체를 법인으로 인정하지 않고 그 구성원 각자의 거주지를 기준으로
조세조약을 적용한다'는 취지로 해석함으로써 제2설적 견해를 취한 바 있으나,[1]
판례는 외국에서 설립된 어떤 단체의 우리나라 세법상의 지위는 그 단체에 관
한 설립지국의 법령 내용과 그 단체의 실질에 비추어 해당 단체를 우리나라 사
법(私法)상 어느 단체에 가장 가까운 것으로 보아야 하는지, 그리고 그 가장 가
까운 우리나라 사법상의 단체가 우리 세법상 어떻게 취급되는지에 따라 결정되
어야 한다고 전제한 뒤, 영미법상의 유한 파트너십(Limited Partnership)은 그 사
법적 성질과 경제적 활동이 우리나라의 합자회사와 거의 유사하므로 법인세법
상 외국법인에 해당한다고 판시함으로써 제3설적 견해를 취하고 있다.[2]

외국법에 따라 성립된 단체가 그 사법적 성질과 경제적 활동 면에서 자국
법상의 어떤 단체와 동일하거나 유사한 경우 양자를 과세상 동등하게 취급하는
것이 국제거래 과세의 대원칙이고, 우리나라가 체결한 대부분의 조세조약에서
이러한 '무차별의 원칙'(non-discrimination)을 수용하고 있으므로, 외국에서 설립
된 파트너십의 우리나라 세법상의 지위는 그 설립지국에서의 사법상의 성질이
나 과세상의 취급에 의해서가 아니라 그 사법상의 성질이나 경제적 활동이 우
리나라 세법상 어떻게 평가되느냐에 따라 결정함이 타당하다고 할 것이다(제3
설). 따라서 원칙적으로 영미법상의 파트너십 중에서 그 설립지국에서 권리능력
자 및 행위능력자로 인정되고, 나아가 소송능력(Capacity to Sue or To Be Sued)
까지 인정되는[3] 것은 우리 세법상 영리법인으로 보고, 그러한 법률상의 능력이
인정되지 않는 것은 법인으로 인정하지 않음이 타당할 것이다.

Ⅲ. 비영리법인

1. 비영리법인의 판정

비영리법인이란 (i) 민법 제32조에 의하여 설립된 법인 또는 (ii) 사립학교
법 기타 특별법에 의하여 설립된 법인으로서 민법 제32조의 규정에 의한 법인

---

1) 재정경제부 예규 2003. 6. 5., 국조 46017-79.
2) 대법원 2017. 7. 11., 2015 두 55134, 55141; 同 2012. 1. 27., 2010 두 5950; .
3) 59A Am. Jur. 2d Partnership §448.

과 유사한 설립목적을 가진 법인이다(法法 1조 2호 가목, 나목). 국세기본법 제13
조 제4항의 규정에 의하여 법인으로 보는 단체[1])도 비영리 내국법인으로 보아
법인세법을 적용한다(法法 1조 2호 다목).

영리법인이냐 비영리법인이냐의 판정은 법인의 실제의 운영실태를 감안하
여 하게 된다. 특별법에 의해 설립되었더라도 법인의 전재산에 대해 구성원이
지분을 갖고, 잉여금이 종국적으로 구성원에게 분배된다면 영리법인으로 보아
야 한다.[2]) 예컨대, 수산업협동조합은 수산업협동조합법에 의해 설립되었다 하
더라도 비영리법인이 아니다.[3]) 외국법인의 성격을 우리나라에서 판정할 때에
도 실제의 운영실태와 경제활동의 성격을 고려하여 판단하여야 한다. 그러므로
외국에서 그 나라의 준거법에 따라 비영리법인으로 설립되었다 하더라도 우리
나라에서 영리목적으로 경제활동을 수행한다면 영리법인으로 보아야 한다.[4])

2. 수익사업과 과세수입

비영리법인이라도 다음에 열거하는 수익사업을 하여 생긴 소득과 일정한
수입에 대하여는 법인세를 과세한다(法法 4조 3항).

(i) 제조업, 건설업, 도·소매 및 소비자용품수리업, 부동산·임대 및 사업서
비스업 등 수익이 발생하는 사업으로서 시행령에서 정하는 것(1호), (ii) 소득세
법 제16조 제1항에 따른 이자소득(다만, 법인세법 제62조의 특례규정에 의하여, 비
영업 대금(貸金) 이자를 제외한 이자소득에 대해서는 각 사업연도의 소득에 포함하지
않고 원천징수의 방법에 의하여 분리과세받을 수 있음; 2호), (iii) 소득세법 제17조
제1항에 따른 배당소득(3호), (iv) 주식·신주인수권 또는 출자지분의 양도로 인
한 수입(4호), (v) 고정자산(고정자산의 처분일 현재 3년 이상 계속하여 고유목적사업
에 직접 사용한 것은 제외함[5]))의 처분으로 인한 수입(5호; 所令 2조 2항), (vi) 소득

---

1) 법인격 없는 사단은 법인격 없는 재단과는 달리 주무관청의 허가를 받아 설립된 것이 아
   니라면 세법의 적용에 있어서 법인으로 볼 수 없다(대법원 1999. 9. 7., 97 누 17261).

2) 대법원 1978. 3. 14., 77 누 246.

3) 대법원 1977. 12. 13., 77 누 91. 조세특례제한법에서는 수산업협동조합을 포함한 '조합법
   인'의 각 사업연도 소득에 대한 법인세는 해당 법인의 결산재무제표상 당기순이익에 100분
   의 9(20억 원을 초과하는 부분에 대해서는 100분의 12)의 세율을 적용하여 과세한다(租特
   法 72조 1항).

4) 대법원 1986. 10. 14., 84 누 430.

5) 직접 사용하지 못한 데 정당한 사유가 있는지 여부는 고려대상이 아니다(대법원 2017. 7.
   11., 2016 두 64722).

세법 제94조 제1항 제2호의 자산(부동산에 관한 권리) 및 제4호의 자산(기타자산)의 처분으로 인하여 생기는 수입(6호), (vii) 이자소득에 대하여 법인세가 비과세되는 것을 제외한 소득세법 제46조 제1항에 따른 채권 등의 매매익(7호) 등이다.

　비영리법인이 법인세법 제55조의2에 규정된 토지 등의 양도소득을 얻는 경우에는 일반 법인세 외에 같은 조에 따른 특별세를 납부할 의무도 진다(法法 4조 1항 단서). 그리고 위의 수익사업이나 수입으로 발생한 소득은 이를 법인의 고유목적사업을 위해 사용했다 하더라도 과세소득임에는 변함이 없다.1) 그러나 고유목적사업준비금을 적립하여 손금으로 계상한 금액은 일정한 범위 내에서 각 사업연도의 소득금액 계산상 이를 손금에 산입한다(法法 29조 1항; 法令 56조). 다만, (i) 법인이 해산한 경우, (ii) 법인으로 보는 법인 아닌 단체(간주법인)의 사업승인이 취소되거나 거주자로 그 지위가 변경된 경우, (iii) 고유목적사업 전부를 폐지한 경우 및 (iv) 고유목적사업준비금을 손금으로 계상한 사업연도의 종료일로부터 5년이 되는 날까지 고유목적사업에 사용되지 않은 경우에는 당시의 잔액을 익금에 환입한다(法法 29조 3항).

　비영리법인이 수익사업을 경영하는 경우에는 자산·부채 및 손익을 해당 수익사업에 속하는 것과 수익사업이 아닌 그 밖의 사업에 속하는 것을 각각 별개의 회계로 구분하여 경리하여야 한다(法法 113조 1항). 비영리 내국법인과 국내사업장을 가진 비영리 외국법인이 새로 수익사업을 개시한 때에는 개시일로부터 2월 이내에 법소정의 서류를 갖추어 납세지 관할세무서장에게 신고하여야 한다(法法 110조).

IV. 신탁의 과세상 취급

　신탁재산에 귀속되는 소득은 원칙적으로 그 신탁의 이익을 받을 수익자에게 귀속되는 것으로 본다(法法 5조 1항). 신탁을 일종의 도관(導管)으로 보는 것이다. 다만, 신탁법상의 목적신탁, 수익증권발행신탁 및 유한책임신탁 등 일정한 요건을 충족하는 신탁(자본시장법상의 투자신탁은 제외)의 경우에는 신탁계약에 따라 신탁재산에 귀속되는 소득에 대하여 수탁자(내국법인이나 거주자인 경우

---

1) 대법원 1976. 4. 13., 75 누 173; 同 1984. 12. 26., 81 누 266; 同 1991. 5. 10., 90 누 4327.

에 한정)가 법인세를 납부할 수 있다. 이 경우 각각의 신탁재산 별로 수탁자를 하나의 내국법인으로 본다(法法 5조 2항). 이는 신탁계약의 내용에 의존하여 신탁재산을 과세목적상 실체(實體)로 의제하는 것이다. '신탁계약에 따라' 납부의무가 수탁자에게 이전하는 것이므로 신탁계약에서 신탁이익에 대하여 수탁자가 법인세를 부담한다는 취지의 정함이 없으면 원칙으로 돌아가 수익자가 그 신분에 따라 소득세나 법인세의 납부의무를 지게 된다고 할 것이다.

한편, 수익자가 특별히 정하여지지 아니하거나 존재하지 아니하는 신탁 또는 위탁자가 신탁재산을 실질적으로 통제하는 등 일정한 요건을 충족하는 신탁의 경우에는 그 신탁재산에 귀속되는 소득을 수익자나 수탁자가 아닌 위탁자에게 귀속되는 것으로 보므로, 위탁자가 법인인 경우에는 법인세를 납부하여야 한다(法法 5조 3항).

신탁재산에 귀속되는 소득은 수익자에게 귀속된다는 원칙에 따라 자본시장법의 적용을 받는 법인(신탁업 영위 법인)의 신탁재산에 귀속되는 수입과 지출도 그 신탁업 영위 법인의 수입과 지출로 보지 않는다(法法 5조 4항). 따라서 동법 상의 신탁업 영위 법인은 신탁재산에 귀속되는 소득에 대하여 법인세 납부의무를 지지 않는다. 한편, 자본시장법의 적용을 받는 법인의 신탁재산에서 발생하는 수익의 귀속자인 수익자가 그 소득을 인식하는 시점은 수익이 신탁재산에 귀속되는 시점이 아니라 수익자가 실제로 분배를 받는 때이다(法法 73조 2항). 따라서 자본시장법에 따른 신탁업 영위 법인이 신탁재산에서 발생하는 수익을 수취하는 때에는 그 지급자든, 신탁업 영위 법인이든 해당 소득에 대해 소득세나 법인세를 원천징수할 의무를 부담하지 않고, 해당 신탁업 영위 법인이 수익자에게 소득을 지급하는 때에 원천징수할 의무를 부담한다(所法 127조 4항). 이때 수익자가 개인 거주자인 경우 그 소득의 성격은 배당소득이 된다(所法 17조 1항 5호).

제 3 절   각 사업연도의 소득·총설

I. 소득계산의 기본구조

재정이론상의 소득은 개별 경제주체에 유입된 경제적 이득(economic gain)으로서, 투하된 원본, 노력 또는 특정의 사회적 요인에 기하여 획득되며, 투하된 원본을 침식하지 않고 또는 경제상태를 악화시키지 않고 보유할 수 있는 것을 가리킨다. 경제적 이득이란 획득된 경제적 수익이 이를 획득하기 위해 소요된 경제적 희생을 초과하는 부분이다. 개별 경제주체에 유입된 경제적 이득은 특정기간의 흐름을 두고 관찰할 때 기말에 집적되어 나타난다. 이러한 재정이론상의 '경제적 이익' 개념은 회계이론에서는 수익 및 차익의 합계에서 비용 및 차손의 합계를 빼서 계산하는 '회계상의 이익' 개념으로 보다 구체화된다. 회계이론상 손익을 계산하는 구체적 방법으로는 크게 2가지가 있다. 하나는 기말의 자본(순자산)에서 기초(期初)의 자본을 공제하여 순손익을 구하는 재산법 또는 재산목록법이고, 다른 하나는 일정기간에 발생한 수익에서 그 기간에 지출된 비용을 빼서 그 기간의 순손익을 산출하는 손익법 또는 유도법(誘導法)이다. 후자에 의하면, 순손익의 발생원인을 명백히 알 수 있는 장점이 있는바, 이러한 이유에서 기업회계는 손익법을 택하고 있다.

법인세의 과세물건인 '각 사업연도의 소득'은 이러한 회계이론상의 이익 개념에 토대로 둔 것이다. 즉, 법인세법은 회계이론상의 손익법의 입장에서 그 '사업연도에 속하거나 속하게 될 익금의 총액'에서 '그 사업연도에 속하거나 속하게 될 손금의 총액'을 공제한 금액을 과세대상 소득으로 규정하고 있다(法法 14조 1항). 이러한 소득의 산정방식은 과세대상으로서의 소득의 개념에 관한 순자산증가설과 소득원천설 중 전자의 입장에 충실한 것이라 할 수 있다(제1장 제1절. II. 1. 참조).

익금이라 함은 자본 또는 출자의 납입 및 법인세법에서 따로이 규정하는 것을 제외하고 해당 법인의 순자산을 증가시키는 거래로 인하여 발생하는 수익의 금액을 말하며(法法 15조 1항), 손금이라 함은 자본 또는 출자의 환급, 잉여금의 처분 및 법인세법에서 따로이 규정하는 것을 제외하고 해당 법인의 순자산을 감소시키는 거래로 인하여 발생하는 손비의 금액을 말한다(法法 19조 1항).

여기서 법인세법상의 익금의 개념은 기업회계기준상의 수익의 개념을, 그리고 법인세법상의 손금의 개념은 기업회계기준상의 손비(비용)의 개념을 그대로 받아들이고 있음을 알 수 있다(수익과 비용의 기업회계기준상의 의미에 관해서는 아래 Ⅱ.에서 논의함). 이처럼 법인세법상의 익금과 손금의 개념이 기업회계기준상의 수익과 비용의 개념을 받아들이고 있다고 하여 익금과 수익의 내용이, 또는 손금과 손비의 내용이 항상 일치하는 것은 아니다. 기업회계기준상의 수익에 해당하지 않는 항목(예를 들면, 영업외적 수증액)이나 비용에 해당하지 않는 항목(예를 들면, 재해로 인한 손실)이 법인세법상의 익금이나 손금에 해당될 수 있기 때문이다. 따라서 법인세법상의 익금이나 손금의 개념이 기업회계기준상의 수익이나 손비(비용)의 개념보다 더 넓은 의미라고 할 수 있다.

　　법인세 과세대상인 각 사업연도의 소득은 개념적으로는 총익금에서 총손금을 공제하여 산출되지만, 현행 규범상으로는 기업회계상의 당기순이익에다 법인세법상 익금산입 및 손금불산입 항목의 금액을 더한 다음, 이 금액에서 손금산입 및 익금불산입 항목의 금액을 빼는 방식으로 산출한다. 여기서 말하는 기업회계상의 당기순이익은 경제적, 실질적 의미의 소득이라고 할 수 있고, 이에 가감되는 익금산입 및 손금불산입 항목 또는 손금산입 및 익금불산입 항목은 이러한 경제적, 실질적 의미의 소득개념에 대한 조세법적 수정이라고 할 수 있다. 이처럼 수정된 개념을 실정법적 또는 형식적 소득 개념이라 한다. 조세법적 수정은 대체로 다음의 2가지 유형으로 구별된다.

(1) 조정규정

　　일반적으로 시인된, 경제적 관점에서의 소득의 구성요소를 명문으로 수용하는 한편, 경제적 관점에서 소득에의 해당 여부가 불분명한 항목을 명문으로 확정하는 규정들이다. 법인의 법인세(法法 21조 1호), 평가손(法法 22조), 벌과금(法法 21조 3호) 등을 손금에 산입하지 못하게 하는 규정이 그 예이다. 이런 것들을 '과세 목적상의 조정규정'이라 부른다.

(2) 규제규정

　　경제적 소득의 구성요소로 시인되는 것을 과세소득의 구성요소로 일반적으로 수긍하면서도 특정의 절차를 밟을 것을 요구하거나, 또는 과세소득의 구성요소인 익금 및 손금에의 산입한도액을 제한하는 따위의 규정이다. 재고자산의 평가방법(法令 74조)이나 감가상각에 관한 규정(法法 23조)이 그 예이다.

Ⅱ. 자본거래와 손익거래

1. 기업회계상의 자본거래와 손익거래의 구분

(1) 기업회계상 자본의 개념

기업회계상 자본의 개념에 관해서는 기업회계기준을 제정하는 한국회계기준원의 회계기준위원회가 국제회계기준위원회에 의해 제정된 재무회계개념체계를 우리나라의 실정에 맞게 수정하여 제정한 "재무회계개념체계"에 설명되어 있다. 재무회계개념체계는 그 자체가 회계처리 방식과 절차를 결정하는 회계기준은 아니지만 재무회계처리와 그 보고의 기초개념으로서 기업회계기준의 제정과 해석의 기준이 된다.[1]

재무회계개념체계에 의하면, 자본은 "기업실체의 자산 총액에서 부채 총액을 뺀 잔여액 또는 순자산"이다. 주식회사의 경우 자본은 주주지분과 동의어로도 사용된다. 한편, 사람에 따라 자본이라는 용어를 타인자본(負債)을 포함하는 개념으로 쓰기도 하나, 동 개념체계에서는 기업의 총자산 중 소유주 지분인 자기자본만을 의미한다(재무회계 개념체계 문단 104). 재무상태표에 표시되는 자본의 총액은 회계기준에 의해 자산 및 부채를 인식, 측정함에 따라 결정된다. 따라서 재무상태표상의 자본의 총액은 일반적으로 주식의 시가총액과는 일치하지 않는다(동 문단 106). 자본은 기업에 대한 소유주의 투자와 기업의 소유주에 대한 분배, 그리고 포괄이익의 크기에 따라 변동한다.

자본의 증가를 가져오는 소유주 투자는 기업실체에 대한 권리를 취득하거나 또는 증가시키기 위해 기업실체에 경제적 가치가 있는 유·무형의 자원을 이전하는 것을 의미하며, 이에 따라 자본이 증가하게 된다(동 문단 108). 소유주의 투자는 일반적으로 기업실체에 자산을 납입함으로써 이행되나 용역의 제공 또는 부채의 전환과 같은 형태로도 이루어질 수 있다. 기업실체는 소유주의 투자를 통해 영업활동에 필요한 자원을 제공받고, 동시에 소유주는 기업실체의 자산에 대한 청구권을 취득하게 된다. 따라서 기업실체의 순자산 증가를 가져오지 않는 소유주 상호 간의 지분거래는 소유주의 투자에 포함되지 않는다(동 문단 109).

한편, 자본의 감소를 가져오는 소유주에 대한 분배라고 함은 기업실체가

---

[1] 한국회계기준원, 2003. 12. 4. 개정, 재무회계개념체계 서문.

소유주에게 자산을 이전하거나 용역을 제공하거나 또는 부채를 부담하는 형태로 이루어지며, 현금배당, 자기주식의 취득, 감자 등이 이에 속한다. 소유주에 대한 분배가 있게 되면 기업실체의 순자산은 감소한다(동 문단 110).

자본의 변동을 초래하는 다른 한 요소인 포괄이익은 기업이 일정 기간 동안 소유주의 투자나 소유주에 대한 분배를 제외한 모든 거래나 사건으로부터 인식하는 이익이나 손실액의 합계액을 말한다(동 문단 112).[1] 즉, 기업의 손익계산의 결과이다(동 문단 107). 이에 포괄이익은 기업의 수익의 합계에서 비용의 합계를 빼서 측정하되, 기술적으로는 소유주와의 자본거래를 통하여 증감된 순자산가액을 제외하고 회계기간 말의 순자산 화폐액에서 회계기간 초의 순자산 화폐액을 공제하여 나오는 금액으로 측정한다(동 문단 113). 포괄이익의 계산에 반영되는 특정 항목이 손익계산서상 당기순이익의 계산에는 반영되지 않는 경우가 있는바, 이러한 경우에는 당기순이익과 포괄이익은 동일하지 않을 수 있다. 예를 들어, ‘매도가능증권 평가차손익’, ‘해외사업 환산차손익’ 등이 당기순이익에 반영됨이 없이 ‘누적 기타포괄이익’(손실)의 항목으로 자본에 표시되는 경우 포괄이익과 당기순이익은 일치하지 않는다(동 문단 114).

(2) 기업회계상 자본거래와 손익거래

1) 자본거래   위 (1)에서 본 바와 같이 기업의 자본은 기업의 소유주의 투자와 기업의 소유주에 대한 분배, 그리고 기업의 포괄이익의 증감에 의하여 변동된다. 이 가운데 앞의 2가지 경우에 기업과 소유주 간에 자산의 이전이 발생한다. 기업회계에서는 기업과 그 소유주 간에 자산의 이전이 발생하는 이 2가지 거래를 ‘자본거래’라고 한다(재무회계 개념체계 문단 112). 구체적으로는 주식의 발행, 매매, 소각, 분할, 병합 및 배당 등과 관련하여 발생하는 주주와 사이의 거래뿐만 아니라, 기타 지분상품(기업의 자본을 직접적으로 증가시키거나 감소시키는 계약을 의미함)의 발행, 매매, 결제 및 분배 등의 방식으로 이루어지는 잠재적 주주와의 거래를 포함한다(기업회계기준서 공개초안 제04-23호[2] ‘자본거래’ 문단 5 ⑦, ㈐). 자본거래는 재무제표 중 자본변동표에 표시됨과 동시에(재무회계개념체계 문단 107, 111), 법인이 자본으로 이전받은 금액만큼 순자산의 증가를 가

---

[1] ‘포괄이익’의 변동은 자본거래의 범주에 속하지 않으므로 이에 관한 상세한 논의는 생략한다.

[2] 이 기업회계기준서 공개초안은 2004. 5. 7.에 아직 확정되지 않은 상태로 발표된 것이므로, 그 확정시까지 사이에 내용의 변경이 있을 수 있다.

져오고, 소유주에게 분배하는 금액만큼 순자산의 감소를 가져오므로 재무상태표에도 반영된다(재무회계개념체계 문단 92, 95). 결국 기업회계상의 자본거래라고 함은 기업의 자본에 변동을 초래하는 것으로서 '기업 소유주가 기업에 대하여 하는 투자'와 '기업이 소유주에게 하는 재산의 분배'를 의미한다고 할 수 있다.

　　2) 손익거래　　기업회계상 자본거래는 손익거래와 대비되는 개념이다. 손익거래라 함은 수익과 비용을 발생시키는 거래이다. 따라서 자본거래가 자본변동표에 표시되는 데 비해 손익거래는 손익계산서에 표시된다(재무회계개념체계 문단 107 내지 110).

　　수익의 발생이란 기업이 그 경영활동의 일환으로 유상으로 재화를 판매하거나 용역을 제공한 데 대한 대가로 자산이 유입되거나 부채가 감소되는 현상이다. 예를 들면, 재화 및 용역을 공급한 대가로서 현금이나 매출채권이 증가하게 되거나 채권자에게 차입금을 상환하기 위하여 재화 및 용역을 공급함으로써 부채가 감소하는 경우이다(재무회계개념체계 문단 117). 경영활동의 종류와 해당 수익이 인식되는 방법에 따라 매출액, 이자수익, 배당금수익 및 임대수익 등과 같이 다양하게 구분된다(재무회계개념체계 문단 118). 수익 중에서 기업의 주요 경영활동을 제외한 부수적인 거래나 사건의 결과로 발생하는 순자산의 증가를 '차익'('이익' 또는 '이득'이라는 용어가 동일한 의미로 사용되어 왔음)이라고 분리하여 정의하기도 한다(재무회계개념체계 문단 119).

　　한편, 비용의 발생이란 기업이 그 경영활동의 일환으로 유상으로 재화를 판매하거나 용역을 제공함에 따라 자산이 유출 또는 사용되거나 부채가 증가하는 현상이다. 예를 들면, 재화의 생산 및 판매 과정에서 재고자산의 소비, 유형자산의 사용 또는 투입되는 재화나 용역의 구입에 따른 채무의 증가와 같은 것이다(재무회계개념체계 문단 120). 비용 역시 경영활동의 종류와 해당 비용이 인식되는 방법에 따라 매출원가, 급여, 감가상각비, 이자비용, 임차비용 등과 같이 다양하게 구분된다(재무회계개념체계 문단 121). 비용 중에서 기업의 주요 경영활동을 제외한 부수적인 거래나 사건의 결과로 발생하는 순자산의 감소를 차손('손실'이라는 용어가 동일한 의미로 사용되어 왔음)이라고 분리하여 정의하기도 한다(재무회계개념체계 문단 122).

2. 법인세법상의 자본거래

(1) 법인세법상 자본거래와 기업회계기준상 자본거래의 개념적 일치

법인세법은 기업회계기준에 따라 기업이익을 산정함에 반영된 수익과 비용 항목을 과세측면에서의 제반 요청에 맞추어 가감, 조정하게 하는 방법으로 과세소득을 산정하도록 하고 있다. 기업회계기준을 적용하여 작성한 재무상태표, 손익계산서 및 이익잉여금처분계산서(또는 결산금처리계산서)를 법인세 과세표준과 세액의 신고시 제출하도록 하고 있고, 또한 기업이익을 법인세법에 따라 조정하여 각 사업연도 소득을 산정한 내역을 보여주는 세무조정계산서를 함께 제출하도록 하고 있는바(法法 60조 2항 1호, 2호), 이는 기업이익이 세무조정을 거쳐 과세소득으로 변형됨을 전제한 것이다. 이와 같이 기업회계기준에 따라 계산된 손익을 법인세법 규정에 따라 조정하여 과세소득을 계산해 내는 법인소득 계산의 기본원칙에 비추어 볼 때 법인세법에 사용되고 있는 기업회계상의 용어는 법인세법에서 특별히 수정이나 변경을 가하고 있지 않는 한 기업회계기준에서 가지는 의미와 동일하다고 할 것이다. 따라서 법인세법에서 별도로 정의하지 않은 채 곳곳에서 사용하고 있는 '자본거래'의 의미도 일응 기업회계기준상의 그것에 따라야 할 것이다. 그렇다면 법인세법상의 자본거래도, 법인의 자본에 변동을 초래하는 것으로서 '주주나 출자자가 법인에 대하여 하는 출자'와 '법인이 주주나 출자자에게 하는 재산의 분배'를 의미한다고 할 것이다.

(2) 현행 법인세법상의 자본거래

현행 법인세법에서 '자본거래'라는 용어가 사용되고 있는 중요한 경우를 살펴보면 다음과 같다.

1) 법인 자산의 증가를 가져오는 자본거래   법인세법 제17조에서 '자본거래로 인한 수익의 익금불산입'이라는 제목 하에 주식발행액면초과액, 감자차익, 합병차익, 분할차익은 내국법인의 각 사업연도의 소득금액계산상 익금에 산입하지 않는다고 규정하고 있다. 여기서 말하는 자본거래가 무엇을 의미하는지에 관해서 법인세법령상 달리 정의하고 있지 않다. 위에서 논의한 것처럼 상법의 보충적 규범인 기업회계기준에서의 의미를 그대로 차용하고 있다고 보아야 할 것이다. 그런데, 이 규정상 '수익'이라는 용어 사용에 오류가 있다. '수익'이라고 함은 기업이 그 경영활동의 일환으로 유상으로 재화를 판매하거나 용역

을 제공한 데 대한 대가로 유입하는 자산이나 감소시키는 부채의 가액을 말하는 것이고, 비용이라고 함은 반대로 기업이 그 경영활동의 일환으로 유상으로 재화를 판매하거나 용역을 제공함에 따라 유출 또는 사용하는 자산의 가액이나 증가시키게 되는 부채의 가액이라고 함은 위에서 본 바와 같은바, 이러한 수익과 비용은 그 개념 자체상 자본거래가 아닌 손익거래를 통하여 거래상대방으로부터 받거나 거래상대방에게 지출하는 것을 말하므로, 그 자체로서 자본거래 외의 거래에서 발생하는 것이라는 의미를 담고 있다. 그럼에도 불구하고 자본거래로 인한 '수익'이라고 하여 마치 자본거래로부터 수익이 발생하는 것처럼 표현하고 있는 것은 개념 사용의 오류이다. '수익'이라는 용어보다는 '입금액'이라는 말이 보다 적절할 것이다.

위 법인세법 제17조에서 익금불산입의 대상으로 열거하고 있는 주식발행액면초과액은 회사가 액면 이상의 주식을 발행하는 경우 그 발행가액(즉, 주금납입액)이 그 액면가액을 초과하는 금액(무액면주식의 경우에는 발행가액 중 자본금으로 계상한 금액을 초과하는 금액)을 의미하고(法法 17조 1항 1호), 감자차익은 회사의 자본감소 거래에서 자본감소액이 주식의 소각, 주금의 반환에 요한 금액과 결손의 보전에 충당한 금액을 초과하는 경우 그 초과금액을 의미하는바(法法 17조 1항 4호),[1] 모두 기업회계기준에서 말하는 자본거래(기업과 그 소유주 간의 자산이전 거래)에서 발생하는 것임이 분명하다. 한편, 합병차익은 합병법인이 상법에 따른 합병으로 인하여 피합병법인으로부터 승계한 순자산가치의 가액(승계한 재산의 총액-승계한 부채의 총액)이 피합병법인의 주주에게 교부한 주식의 액면가액(흡수합병의 경우 합병법인의 자본금 증가액이고 신설합병의 경우 합병으로 신설된 법인의 자본금액)[2]과 피합병법인의 주주에게 지급한 합병교부금을 합한 금액을 초과하는 경우 그 초과금액을 말하고(法法 17조 1항 5호), 분할차익은 상법에 따른 분할이나 분할합병에서의 분할 신설법인이나 분할합병의 상대방 법인이 분할로 인하여 분할법인으로부터 승계한 순자산가치의 가액이 분할법인의 주주들에게 교부한 분할 신설법인이나 분할합병의 상대방 법인의 주식의 가액(즉, 신설법인의 자본금액이나 분할합병의 상대방 법인의 자본금 증가액)과 분할법

---

1) 법인세법상 '감자차익'의 정의는 상법 제459조 제1항 제2호에서 자본준비금으로 적립되어야 할 항목의 하나로 규정하고 있는 감자차익의 개념을 차용하고 있다.
2) 상법상 회사의 자본은 발행주식의 액면총액을 의미하므로(상법 451조), 여기서 말하는 자본금증가액은 합병으로 발행된 신주의 액면가액의 합계액을 의미함은 물론이다.

인의 주주들에게 지급한 합병교부금을 합한 금액을 초과하는 경우 그 초과금액을 말하는데(法法 17조 1항 6호), 법인 간 법인격의 통합을 가져오는 합병거래나 법인격의 분리를 가져오는 분할거래가 '기업과 그 소유주 간의 자산이전 거래'로서의 자본거래에 해당하는가 하는 의문이 제기될 수 있다. 이들 거래는 당사법인 간에 있어서는 법인격의 통합이나 분리로서의 성격을 갖는 것이지만, 합병으로 소멸되는 법인이나 분할대상이 되는 법인의 주주 등 출자자의 입장에서 보면 어떤 법인에 대한 출자를 다른 법인에 대한 출자로 교체하는 것이므로 해당 법인들과 출자자 간에는 자산의 이전이 있다고 할 수 있고, 따라서 이를 자본거래라고 보는 것이다.

2) 법인 자산의 감소를 가져오는 자본거래　　법인세법 제20조는 '자본거래로 인한 손비의 손금불산입'이라는 제목 하에 '잉여금의 처분을 손비로 계상한 금액' 및 '주식할인발행차금'은 내국법인의 각 사업연도의 소득금액계산상 손금에 산입하지 않는다고 규정하고 있는바, 여기서 말하는 '자본거래'의 의미 역시, 위 법인세법 제17조(자본거래로 인한 수익의 익금불산입)의 경우에서와 마찬가지로, 기업회계기준의 그것을 그대로 차용하고 있는 것이다. 먼저 '잉여금의 처분을 손비로 계상한 금액'에 관하여 보면, '잉여금의 처분'은 기업의 수익에서 비용을 공제하고 남은 이익을 이익준비금, 기타 법정적립금 또는 임의적립금 등으로 적립하거나 차기로 이월하는 것이고(기업회계기준 32조), 이러한 적립금 은 궁극적으로 출자자에게 무상으로 이전될 것이므로, '잉여금의 처분'은 '법인과 출자자 간의 자산의 이전거래', 즉 자본거래의 예비단계라 할 수 있다. '주식할인발행차금'은 주식회사가 그 주식을 액면가 이하로 발행하는 경우 그 액면가액과 발행가액 간의 차액을 의미하는바,[1] 주식발행이 '법인과 주주 간의 자산의 이전거래'로서 자본거래의 전형에 해당함은 다시 말할 필요도 없다.

(3) 자본거래로 인한 법인자산 증감액의 익금과 손금 불해당성

법인세법 제17조에서 익금불산입의 대상으로 열거하고 있는 주식발행액면초과액, 감자차익, 합병차익, 분할차익 등은 법인의 영업활동으로 인하여 발생하는 자산의 증가나 부채의 감소가 아니므로 그 성격상 당연히 익금에 해당하

---

1) 주식은 원칙적으로 액면미달의 가액으로 발행할 수 없으나, 설립 후 2년을 경과한 뒤 주주총회의 특별결의를 거치고 법원의 인가를 얻어 액면미달로 발행할 수 있다(상법 330조, 417조).

지 않는 것이다. 법인세법 제17조는 이러한 원칙에 따라 익금에 해당하지 않는 일부 항목들을 확인적으로 열거하고 있을 뿐이다. 나아가 법인세법 제20조에서 손금불산입의 대상으로 열거하고 있는 '잉여금의 처분을 손비로 계상한 금액' 및 주식할인발행차금은 법인의 영업활동으로 인하여 생기는 자산의 유출이나 부채의 증가가 아니므로 그 성격상 당연히 손금에 해당하지 않는 것이다. 예를 들어 주식할인발행차금을 보면, 주식회사가 그 주식을 시가보다 낮은 액면가액으로 발행하고 그 차액을 주식할인발행차금으로 계상하였다고 하더라도, 나중에 그 주식회사가 그 할인발행된 주식을 소유하는 주주에게 그 차금액을 반환할 의무를 지는 것이 아니므로, 이로 인하여 부채가 증가한 것이 아니며, 따라서 이를 손금으로 계상하지 않는 것은 당연하다. 그런 의미에서 법인세법 제20조도 이러한 원칙에 따라 손금에 해당하지 않는 일부 항목들을 확인적으로 열거하고 있을 뿐이라고 할 것이다.

한편, '법인과 출자자 간의 자산의 이전거래'로서의 자본거래에서 과세대상 소득을 증가시키는 수익이나 이를 감소시키는 비용이 발생할 수 없다는 일반원칙을 규정하고 있는 조항은 익금의 범위에 관한 법인세법 제15조와 손금의 범위에 관한 동법 제19조이다. 위에서 본 바와 같이 '법인과 주주 간의 자산의 이전거래'로서의 자본거래는 크게 '주주가 법인에 대하여 하는 출자'와 '법인이 주주에게 하는 재산의 분배'로 대별되는데, 법인세법 제15조 제1항은 전자에 해당하는 '자본 또는 출자의 납입'으로 인하여 증가하는 법인의 자산액이 과세대상 소득금액을 계산함에 있어 익금에 해당하지 않음을 규정하고 있고, 동법 제19조 제1항은 후자에 해당하는 '출자의 환급'이나 '잉여금의 처분'으로 인하여 감소하는 법인의 자산액이 과세대상 소득금액을 계산함에 있어 손금에 해당하지 않음을 선언하고 있으므로, 이들 조항은 자본거래의 과세상 지위에 관한 원칙 규정이라 할 수 있다. 다만, 손금의 범위에 관한 법인세법 제19조 제1항에서 주식할인발행차금과 같은 '출자의 부족액'이 손금에 해당하지 않음에 관하여 언급하고 있지 않는데, '출자의 부족액'은 액면가액으로 출자를 받았다가 그 중 일부를 환급하는 것과 경제적 효과가 같으므로, '출자의 환급액'이 손금에 해당하지 않는다는 원칙 규정은 '출자의 부족액'이 손금에 해당하지 않는다는 의미까지 포함하고 있다고 할 것이다.

출자의 납입과 같은 자본거래로 인한 법인자산의 증가를 영업활동으로 인한 자산의 유입이나 부채의 감소와 구분하여 이를 익금으로 인정하지 않고, 출자의 환급이나 잉여금의 처분과 같은 자본거래로 인한 법인자산의 감소를 법인의 영업활동으로 인한 자산의 유출이나 부채의 증가와 구분하여 이를 손금으로 인정하지 않는 근본적 이유는 무엇인가? 그러기 위해서는 자본주의 경제체제를 택하고 있는 국가에서 기업활동의 개념적 도구로 사용되고 있는 '법인'의 본질을 설명하지 않을 수 없다. 법인은 그 출자자가 영업활동을 행하기 위하여 인위적으로 설립한 개념적 도구에 지나지 않는다. 즉, 법인은 자본주의 국가에서 개별 출자자가 단독으로 동원할 수 없는 대규모 자본을 모집하고, 영업활동에 따른 손익의 계산과 분배의 간편성 등을 제고하기 위한 목적으로 고안된 추상적, 개념적 장치에 불과할 뿐이다.[1] 출자자가 영업활동을 할 개념적 주체인 법인에게 자본을 이전하는 것 자체(injection of capital)는 영업활동이 아니고, 따라서 그러한 자본의 이전에 대한 대가로 받는 반대급부는 없다. 다만, 영업활동에 사용할 자금을 이전하였다는 증서로서의 출자증서(예를 들면, 주식)를 받을 뿐이다. 출자증서가 그에 의하여 표창되는 법인의 자산을 떠나서 그 자체만으로 경제적 효용(效用)을 갖지 않음은 화폐가 그것으로 구매할 수 있는 재화나 용역과 독립하여 자체적으로 경제적 효용을 갖지 않는 것과 다를 바 없다. 그런 이유로 화폐가 부가가치세법상 재화나 용역의 개념에 해당하지 않는 것과 마찬가지로 출자증서도 재화나 용역에 해당하지 않고, 따라서 그 이전에 대하여 부가가치세를 부과하지 않는다.

출자자가 영업활동을 할 개념적 주체인 법인에게 자본을 이전하는 것 자체가 영업활동이 아니고, 따라서 그러한 자본의 이전에 대한 대가로 받는 반대급부가 없듯이, 거꾸로 법인이 출자자에게 그로부터 제공받았던 자본 자체를 반환하거나(return of capital) 이를 활용하여 영업활동을 한 결과 발생한 이익을 지급하는 데 대해서도 반대급부를 받는 것이 없다. 다만, 영업활동에 사용한 자본 자체를 반환하는 경우에는 그 반환을 증명하기 위하여 출자를 표창하는 출자증서를 제출받아 소각할 뿐이다. 그러한 출자증서가 출자자에게 반환되는 법인의 재산과 독립되어 별개의 경제적 효용을 갖지 않음은 자본을 출자하는 경우에

---

1) 법인의 성격에 관하여 여러 가지 이론들이 있지만, 그러한 이론들의 공통점은 법인은 구성원들의 개인적 이해와 구분되는 집단적 이해를 가진 것으로 국가에 의하여 인정된 허구적(fictitious), 인위적(artificial)인 집단 개념이라는 것이다. Henn and Alexander, LAWS OF CORPORATIONS(West Publishing, 3rd ed. 1983), p. 145.

있어서와 다르지 않다. 요컨대 자본의 출자와 그 환급 및 이익의 배분은 모두 출자자와 법인 간의 '무상의 자본의 이전'에 불과할 뿐 양자 간의 영업활동 거래가 아니므로 이로부터 소득이나 손실이 발생하지 않는 것이다.

Ⅲ. 사업연도

법인의 소득금액의 계산도 개인의 경우와 마찬가지로 일정기간을 대상으로 하여야 하는데(기간손익계산의 원칙), 소득세의 과세기간은 연도를 단위로 하도록 획일화되어 있으나(所法 5조) 법인세법에서는 해당 법인이 정관·규칙 등에서 정하는 1회계기간을 단위로 하도록 자율성을 부여하고 있다. 다만 그 기간은 1년을 초과할 수 없는데(法法 6조 1항), 이는 기간의 길이에 대해서 제한을 두지 않을 경우에는 기간손익계산의 취지가 흐려지기 때문이다. 이 회계기간이 법인의 '사업연도'로서, 사업을 계속하고 있는 법인은 그 사업연도에 얻은 소득에 대해서 법인세의 납세의무를 지게 된다. 내국법인과 국내사업장을 가진 외국법인으로서 정관 등에 사업연도에 관한 규정이 없는 경우나 국내사업장이 없는 외국법인으로서 부동산 임대소득 등 소정의 국내원천소득이 있는 경우에는 관할세무서장에게 사업연도를 신고하여야 한다(동조 2항 내지 4항). 사업연도를 변경할 경우에도 직전 사업연도 종료일 3월 전에 신고하여야 한다(7조 1항). 사업연도가 변경된 경우에는 종전의 사업연도의 개시일부터 변경된 사업연도의 개시일 전일까지의 기간에 대하여는 이를 1사업연도로 한다. 다만 그 기간이 1월 미만인 경우에는 변경된 사업연도에 이를 포함한다(동조 3항).

내국법인이 해산(합병·분할 또는 조직변경에 의한 해산을 제외)한 경우에는 그 사업연도 개시일부터 해산등기일까지의 기간과 해산등기일 다음날부터 그 사업연도 종료일까지를 각각 1사업연도로 한다(法法 8조 1항). 내국법인이 합병 또는 분할로 인하여 해산하는 경우에는 그 사업연도 개시일부터 합병등기일 또는 분할등기일까지의 기간을 소멸법인의 1사업연도로 본다(동조 2항). 그리고 내국법인이 사업연도 중에 조직변경(法法 78조)을 한 경우에는 조직변경 전의 사업연도가 계속되는 것으로 본다(동조 3항). 청산 중에 있는 내국법인은 그 사업연도 중에 잔여재산가액이 확정된 경우에는 그 사업연도 개시일부터 잔여재산가액 확정일까지의 기간을 1개의 사업연도로 보되, 상법에 따라 사업을 계속하기로

하는 경우에는 사업계속일이 속하는 사업연도 개시일부터 계속등기일까지를 1
개의 사업연도로 보고, 계속등기일의 다음 날부터 해당 사업연도 종료일까지를
별개의 사업연도로 본다(동조 4항). 그리고 내국법인이 사업연도 중에 연결납세
방식을 적용받기 시작하는 경우에는 그 사업연도 개시일부터 연결사업연도 개
시일 전일까지의 기간을 1개 사업연도로 본다(동조 5항).

제 4 절   익   금

I. 익금의 성격

익금은 원칙적으로 법인의 순자산을 증가시키는 거래로부터 발생하는 수
익의 금액이며, 영업상의 수익이거나 영업외의 수익이거나를 묻지 아니한다.
상품의 판매, 기타 자산의 양도, 역무의 제공, 수증 등 기업이 대외적 거래를
통해 받아들이는 각종의 수익이 모두 포함될 뿐 아니라, 타인의 불법행위로 인
해 받은 손해배상, 토지수용으로 인한 손실보상금 등도 익금에 포함된다.[1] 그
렇기 때문에 가령 회사가 스스로 발행한 사채(社債)를 발행가액 이하로 취득하
였을 경우에는 상환하여야 할 채무가 소멸하므로 그 범위에서 순자산증가의 원
인이 되는 것이며, 취득가액(즉 손금)과 발행가액과의 차액은 소득으로 볼 수
있다.[2]

'익금'이라는 용어는 세법 특유의 것이기는 하지만, 앞에서 본 바와 같이
기업회계상의 '수익'의 개념과 근본적으로 이질적인 것은 아니다. 기업회계에서
말하는 수익의 금액이 법인세법상의 익금의 액에 그대로 포함되는 것을 보더라
도 양자의 유사성을 알 수 있다. 그 차이는 성질상의 것이 아니라, 범위에 관한
것임은 앞의 자본거래에 관한 논의에서 본 바와 같다. 예컨대 평가익·채무면제
익 등은 기업회계기준상의 '수익'에는 포함되지만 법인세법상의 '익금'에 항상
포함되지는 않는다(기업회계기준서 21호 '재무제표의 작성과 표시 I' 참조).

---

1) 대법원 1973. 6. 29., 72 누 140.
2) U.S. v. Kirby Lumber Co., 284 U.S. 1(1931) 참조.

Ⅱ. 익금산입항목

법인세법 시행령은 제11조에서 '수익'의 원인을 열거하고 있으므로 그 순서에 따라 살펴본다.

1. 한국표준산업분류에 의한 각 사업에서 생기는 수입금액(도급금액 판매금액과 보험료액을 포함)

(1) 매 출 액

한국표준산업분류에 의한 각 사업에서 생기는 수입은 전형적인 영업수입금액(영업외수입금액에 대비되는)으로서, 상품·제품 또는 용역의 매출액, 이자수입(금융업의 경우), 임대료수입(부동산업의 경우) 등이다(法令 11조 1호). 판매한 재화 또는 용역의 대가의 성질을 띤 이상 그 명칭에 구애받지 않고 매출액에 포함된다.[1] 판매대가를 물품으로 수령한 경우에 있어서의 매출액은 해당 물품의 시가가 되고, 그 시가를 산정하기 어려운 경우에는 객관적이고 합리적인 방법으로 평가한 가액이 된다.[2]

상품 또는 제품의 매수인이 매입대금을 약정기일이 도래하기 전에 지급하는 것을 이유로 판매대금의 일부를 감액해 주는 행위로서의 매출할인(discount)이나 판매한 상품 또는 제품의 품질불량·수량부족 또는 파손 등의 이유로 판매대금의 일부를 감액해 주는 행위로서의 매출에누리는 은혜적인 것이 아니라 거래조건에 따른 것이므로 그 금액은 당연히 비용성을 갖는다. 이를 비용으로 계상하는 방식에는 (i) 거래일이 속하는 사업연도의 별개 항목의 손금(영업외비용 혹은 판매비와 관리비)으로 처리하는 것과 (ii) 매출액에서 빼는 방식의 2가지

---

1) 콘도미니엄을 분양함에 있어서 그 건물 및 토지에 대한 공유지분만의 매매는 인정되지 아니하고 그 이용권과 결합하여서만 매매할 수 있는 경우에, 그 시설이용계약은 매매계약과 분리하여 콘도미니엄을 일정기간 관리 운영해 주는 용역의 제공에 관한 계약이라고 볼 수 없으며, 원고가 수납한 시설관리료는 20년간의 시설관리용역에 대한 대가가 아니라 소유권(공유지분권)과 사용권(이용권)이 혼합된 콘도미니엄 분양대금의 일부이다(대법원 1992. 1. 21., 91 누 254); 약국운영자가 의약품 구매전용 신용카드 등을 사용하여 의약품 도매상으로부터 의약품을 구매하면서 결제대금의 3%에 해당하는 마일리지 또는 캐시백포인트를 제공받아 그 중 일부를 현금으로 지급받은 경우 그 마일리지 또는 캐시백포인트는 의약품 도매상이 의약품을 판매하면서 약국운영자에게 지급한 '장려금 기타 이와 유사한 성질의 금액'으로 약국운영자의 사업소득에 해당한다(대법원 2016. 12. 29., 2014 두 205).

2) 대법원 2009. 5. 28., 2007 두 24364; 同 1997. 9. 9., 96 누 17110.

가 있을 수 있는바, 기업회계기준은 후자의 방식을 택하고 있고(기업회계기준서 21호 '재무제표의 작성과 표시 I' 문단 61), 이에 따라 법인세법 시행령도 '기업회계기준에 의한 매출에누리금액 및 매출할인금액'은 상대방과의 약정기일이 속하는 사업연도의 수입금액에서 제외하도록 규정하고 있다(法令 11조 1호 괄호, 68조 4항). 다만 지난 사업연도의 매출에 대응하여 후속 사업연도에서 할인이나 에누리를 해 준 경우 지난 사업연도의 손익의 수정제도가 없는 이상, 할인이나 에누리를 한 사업연도의 익금으로부터 공제할 수밖에 없다고 할 것이다.

한편, 판매한 상품의 수량·금액에 따라 판매정책상 거래상대방에게 보금(步金), 장려금 등의 명칭으로 지급하는 매출장려금(rebate)이나 판매대리인에게 지급하는 판매수당도 은혜적인 것이 아니라 거래조건에 따른 것이므로 당연히 비용으로 계상되어야 하는 것인데, 기업회계기준은 이를 영업손익을 계산하기 위하여 매출총손익에서 빼는 판매비로 보고 있고(기업회계기준서 21호 '재무제표의 작성과 표시 I' 문단 68), 법인세법 시행령도 이에 맞추어 판매장려금이나 판매수당은 거래일이 속하는 사업연도의 별개 항목의 손금으로 계상하도록 하고 있다(法令 19조 1호의2).

비록 매출할인 또는 매출에누리의 적용이나 매출장려금 또는 판매수당의 지급에 관한 거래조건이 계약 등에 의하여 상대방에게 사전에 명시된 바 없더라도 거래상 통상적으로 인정되는 정도의 것은 기부금·업무추진비로 볼 것이 아니라 매출할인, 매출에누리 또는 판매관리비로 보아야 한다. 법인세법 시행령 제19조 제1호의2에서 사전약정 없이 지급되는 판매장려금과 판매수당을 손금에 포함시킬 수 있다고 규정하고 있는 것도 이러한 취지에서이다. 되돌아 온 상품의 매출가액이 총매출액에서 공제되어야 함은 말할 나위도 없다. 그러나 당초의 판매품에 하자가 있어 다른 것과 대체하기 위한 반품은 이에 속하지 않는다.

(2) 부동산소득의 추계

차입금을 자기자본의 2배를 초과하여 보유하고 있는 내국법인(비영리 내국법인 제외)으로서 부동산임대업을 주된 사업으로 하는 법인1)이 부동산(주택 및 일정 부속토지 제외) 또는 부동산상의 권리를 대여하고 받은 보증금·전세금 또

---

1) 해당 법인의 사업연도 종료일 현재 자산총액 중 임대사업에 사용된 자산가액이 100분의 50 이상인 법인을 말한다(租特令 132조 3항).

는 이와 유사한 성질의 금액을 받은 경우에는 다음의 산식에 의하여 계산한 금액을 익금에 더한다. 이 경우 익금에 더할 금액이 영보다 적은 때에는 이를 없는 것으로 보며, 적수의 계산은 매월말 현재의 잔액에 경과일수를 곱하여 계산할 수 있다(租特法 138조 1항; 租特令 132조 1항, 5항).

(해당 사업연도의 보증금의 적수1)−임대용 부동산의 건설비상당액2)의 해당 사업연도 중 적수)×1/365×정기예금이자율−해당 사업연도 중 임대사업부분에서 발생한 수입이자와 할인료·배당금·신주인수권처분익 및 유가증권처분익의 합계액

다만 소득금액을 추계조사결정하는 경우에는 자기자본의 2배 이상으로 차입금을 보유하는지 여부에 관계없이 부동산임대에 따른 전세금 또는 임대보증금에 정기예금이자율3)을 적용하여 계산한 금액을 수입금액으로 보아 익금에 산입한다(法令 11조 1호 단서).

2. 자산의 양도금액

자산의 양도금액4)은 수익의 한 항목이다(法令 11조 2호). 기업회계에 있어

---

1) 적수(積數)란 매일의 계정잔액을 합한 금액을 말하는 것으로, 사업연도 중에 계정잔액이 변동한 경우에는 변동하기 전의 금액에 변동 전의 일수를, 변동한 후의 금액에 변동 후의 일수를 곱하여 그 금액을 합하여 계산할 수 있다. 예컨대 사업연도가 1. 1.부터 12. 31.인 법인이 2000. 11. 1.에 임대를 개시하면서 임대보증금 10,000,000원을 받고, 12. 1.에 5,000,000원을 인상한 경우라면 초일불산입원칙에 따라 임대보증금의 적수는 10,000,000×30+15,000,000 × 30=750,000,000이 된다.
2) 지하도를 건설하여 국유재산법 기타 법령에 의하여 국가 또는 지방자치단체에 기부채납하고 지하도로점유허가(1차 무상점유기간에 한한다)를 받아 이를 임대하는 경우에는 기획재정부령이 정하는 지하도 건설비상당액, 그 밖의 임대용부동산에 있어서는 기획재정부령이 정하는 해당 임대용부동산의 건설비상당액(토지가액은 제외)을 의미한다(租特令 132조 6항).
3) 현재 1,000분의 43의 이자율이 적용된다(法則 6조).
4) 회사의 주주이며 이사 겸 영업소장으로 있는 자의 회사재산의 양도행위를 회사가 추인한 경우, 비록 동인이 매각대금을 횡령하였다 하더라도 양도대금수입은 회사에 귀속된 것으로 보아야 한다(대법원 1984. 6. 26., 82누518; 同 1985. 11. 12., 85누583). 신·구 주주들 사이에서 체결한 주식의 양도계약 및 회사 소유 토지의 매매계약은 주식대금의 결가에 있어 이 사건 토지의 대금을 고려하여 정한 주식대금 수수로서 이 사건 토지의 대금이 완제된 것으로 하기로 한 약정은 토지의 소유인 원고회사를 구속할 수는 없다 할 것이나, 그 후 회사가 이 토지에 대한 위 매매계약을 추인하고 이에 기하여 이 토지에 관한 소유권이전등기를 구주주들에게 경료하여 준 이상 당해 토지의 매매계약의 효력은 회사에게도 미친다 할 것이고, 회사의 위 추인의 의사표시에는 위 주식의 양도가액을 정함에 있어 고려된 토지 대금을 신주주들에게 이익으로 배당한다는 취지가 숨겨져 있다고 풀이함이 상당하다. 따라서 이

서는 상품 또는 제품 이외의 자산을 양도한 경우에는 그 양도가액에서 장부가액을 뺀 잔액을 자산처분손익으로 하여 영업외손익이나 특별손익에 계상한다(순액법). 그러나 세법에서는 그 양도금액이 장부가액에 미달하는 경우에도 그 양도금액은 익금에 산입하고, 그 양도자산의 장부가액을 손금에 산입하도록 규정하고 있다(총액법).

법인세법상 양도의 개념에 관하여 특별히 규정하고 있지 않으므로 소득과 세라는 목적에서 차이가 없는 소득세법상의 양도개념을 그대로 준용함이 타당하다. 판례도 "법인세법이 필요에 따라 소득세법의 규정을 인용하여 소득을 구분할 경우에는 그 소득의 개념은 소득세법의 규정내용에 따라 확정되어야 할 것이다"라고 하여 같은 취지로 해석하고 있다.1)

기업의 목적이 영리를 추구하는 것인 이상, 자산의 양도는 등가교환의 법칙에 의하여 적정한 가액으로 이루어질 것이며 통상 시가가 양도가액이 될 것이다. 그러나 저가양도 및 무상양도의 경우에는 이러한 가정이 성립하지 않는다. 자산이 시가에 비하여 현저히 낮은 가액으로 양도된 경우에는 양도차익이 부당하게 줄거나 양도차손이 발생하게 된다. 어느 경우이든 적정시가와 양도가액과의 차액은 상대방에 대한 증여의 성격이 강하다. 법인이 특수관계 있는 상대방에게 자산을 저가로 양도한 경우에는 부당행위계산부인 규정(法法 52조; 法令 87조, 88조)에 따라 해당 자산을 시가에 양도한 것으로 인정되어 그 차액이 익금에 더해지는 한편, 상대방 특수관계인은 해당 법인과의 관계에 따라 상여 또는 배당의 소득을 얻은 것으로 처분되거나 기타 사외유출 이득을 얻은 것으로 처리될 것이다(법인세법 제67조에 의한 소득처분). 그리고 특수관계 없는 상대방에게 자산을 저가로 양도한 경우에는 기부금 규정(法法 24조 1항; 法令 35조 2호)에 따라 그 차액을 상대방에게 증여한 것으로 인정되어 그 차액의 처분손실을 손금에 산입하는 것이 허용되지 않는 한편, 상대방 거래자는 그 차액을 증여받은 것으로 인정되어 법인세(법인의 경우)나 증여세(개인의 경우)를 과세당할 것이다(法令 11조 5호; 相贈稅法 35조 2항).

토지의 매매대금은 법인세법 시행령 제12조 제1항 제3호 [현행 11조 2호] 소정의 익금인 '자산의 양도금액'에 해당한다 할 것이고, 또한 이 토지의 양도는 법인세법 제59조의2 제2항 [현행 99조 2항] 소정의 특별부가세의 과세대상인 '유상양도'에 해당한다(대법원 1992. 7. 24., 91 누 9435).

1) 대법원 1991. 12. 24., 91 누 384(전원합의체); 同 1989. 12. 8., 89 누 4512.

한편 법인에 의한 자기주식의 처분도 자본거래가 아닌 손익거래로 인정되어 과세대상이다(法令 11조 2호의2).[1] 그리하여 합병법인이 보유중이던 피합병법인의 주식(포합주식)에 대하여 합병신주를 발행하여 그 중 일부를 처분하는 행위는 순자산을 증감시키는 자산의 손익거래에 해당하므로 그 처분익은 익금에 산입된다.[2] 또한 피합병법인이 보유하고 있던 합병법인 발행의 주식을 합병법인이 자기주식으로 승계취득하였다가 처분하는 행위도 손익거래로 인정되어 그로부터 발생하는 이익은 익금에 산입된다(法令 11조 2호의2 괄호). 종래 판례는 이는 합병차익(法法 17조 3호)에 해당되어 익금에 산입되지 아니한다고 하였으나[3] 시행령 규정을 개정하여 현재는 과세대상으로 삼고 있고, 판례도 개정 내용을 받아들여 이를 과세대상이라고 보고 있다.[4] 그러나 법인이 주식소각방법에 의한 자본감소절차의 일환으로 자기주식을 취득하여 소각함으로써 생긴 이익은 감자차익(法法 17조 2호)으로서 과세 대상이 아니다.[5] 이와 같이 자본거래의 일환으로 자기주식을 취득하는 경우와 단순한 매매거래를 통하여 자기주식을 취득하는 경우를 구분하여 후자를 과세대상으로 취급하는 것은 기업회계상 양자를 구분함이 없이 모두 자본의 감소로 취급하는 것[6]과 상치된다. 이러한 과세상의 구분 취급은 순자산의 증가라는 소득개념에도 맞지 않을 뿐만 아니라, 그 구분기준[7]이 매우 애매하여 납세의무자들에게 혼란을 초래하므로 자기주식의 취득과 처분은 자본거래로 인정함이 타당하다고 본다.[8]

---

1) 대법원 1980. 12. 23., 79 누 370; 同旨 法法 기본통칙 15 – 11…7.
2) 대법원 1995. 4. 11., 94 누 21583.
3) 대법원 1992. 9. 8., 91 누 13670; 同 2000. 5. 12., 2000 두 1720.
4) 대법원 2022. 6. 30., 2018 두 54323.
5) 대법원 1992. 9. 22., 91 누 13571; 同旨 法法 기본통칙 15 – 11…7.
6) 재무회계개념체계 문단 86, 문단 110.
7) 대법원은 그 구분기준에 관하여 "주식의 매도가 자산거래인 주식의 양도에 해당하는가 또는 자본거래인 주식의 소각 내지 자본의 환급에 해당하는가는 법률행위 해석의 문제로서 그 거래의 내용과 당사자의 의사를 기초로 하여 판단하여야 할 것이지만, 실질과세의 원칙상 단순히 당해 계약서의 내용이나 형식에만 의존할 것이 아니라, 당사자의 의사와 계약체결의 경위, 대금의 결정방법, 거래의 경과 등 거래의 전체과정을 실질적으로 파악하여 판단하여야 한다"라고 판시하고 있다(대법원 2002. 12. 26., 2001 두 6227; 同旨 2010. 10. 28., 2008 두 19628).
8) 미국이나 일본 등 선진국에서는 자기주식의 취득과 처분을 그 목적에 관계없이 모두 자본거래로 인정하고 있다(미국 내국세입법 §1032(a); 일본 법인세법 제2조 제16호; 동법 시행령 제8조 본문 및 관련 각호).

3. 자산의 임대료

자산의 임대료는 수익금액이 되는데(法令 11조 3호), 이 규정은 위 1.에 열거되어 있는 사업들 중 부동산임대업이나 동산임대의 서비스업(세물업; 貰物業)을 목적 사업으로 경영하지 않는 법인이 잠정적으로 자산을 임대하여 얻은 수익을 대상으로 하는 것이다.

4. 자산의 평가차익

(1) 자산 평가차익의 익금불산입 원칙 및 예외

법인이 임의로 자산을 재평가하여 평가익을 발생시키는 동기는 세무상으로 보아 두 가지가 있을 것이다. 하나는 감가상각 대상자산을 평가증하여 그 평가증된 가액을 기초로 상각을 함으로써(즉, 상각액의 증가를 통해) 명목적 소득을 줄이자는 것이다. 다른 하나는 자산의 장부가액을 올려 후일의 과세소득을 줄이자는 데 있을 것이다. 후자의 동기는, 현재 결손을 보고 있거나 낮은 소득을 올리고 있는 법인으로서는 비록 평가익이 계상되는 한이 있더라도, 장래의 소득을 회계상 감소시키는 것이 유리하기 때문이다. 그러나 현행 법인세법령은 보험업법 및 기타 법률에 의한 평가차익과 재고자산 등 시행령에서 특정한 자산1)의 평가차익만 익금으로 계상할 수 있도록 제한함으로써(法令 11조 4호; 法法 18조 1호, 42조 1항 1호, 2호), 임의평가차익을 장래에 감가상각 등의 비용으로 활용하여 소득금액을 조작하는 것을 방지하고 있다.

'채무자회생 및 파산에 관한 법률'의 규정에 따른 재평가(동법 94조 1항)는 상법상의 원가주의 및 저가주의에 대한 특칙을 두고 있다. 그리고 보험업법 제108조 제4항 및 동법 시행령 제54조 제1항에서는 보험회사의 특별계정(근로자퇴직보험계약 등과 같은 특정의 보험계약에 속하는 자산의 관리계정)에 속하는 자산의 평가는 금융위원회가 정하는 별도의 방법에 의할 수 있도록 하고 있다. 이러한 특칙의 적용으로 평가익이 발생할 수 있고, 이는 수익으로서 익금에 산입된다.

---

1) 그 특정한 자산은, (i) 각종 재고자산, (ii) 주식과 출자지분, 채권, 집합투자대상 유가증권 등의 유가증권, (iii)금융기관이 보유하는 외화자산 및 부채, (iv) 금융기관이 보유하는 기획재정부령으로 정하는 통화선도, 통화스왑 및 환변동성 보험, (v) '특정 금융거래정보의 보고 및 이용 등에 관한 법률'에 따른 가상자산을 말한다(法令 73조).

(2) 외화자산 및 부채, 통화선도 · 통화스왑 · 환변동보험의 평가차익의 익금산입

익금산입이 허용되는 평가차익 중의 하나로 (i) 기업회계기준에 따른 화폐성 외화자산과 부채, (ii) 금융회사 등이 보유하는 기획재정부령으로 정하는 통화선도(通貨先渡, currency futures),[1] 통화스왑(currency swap),[2] 및 환변동보험(이하 "통화선도 등"이라고 함), (iii) 금융회사 등 외의 법인이 화폐성 외화자산과 부채의 환위험을 회피하기 위해 보유하는 통화선도 등의 평가차익이 있다(法法 18조 1호 단서, 42조 1항 단서 및 2호; 法令 73조 3호, 4호, 5호, 76조 4항). 한편, 내국법인이 상환받거나 상환하는 외화채권 · 채무의 원화금액과 원화기장액 간의 차이로 발생하는 이익은 평가행위로 인한 것은 아니나 이에 준하는 것이므로 역시 상환일이 속하는 사업연도의 익금에 산입한다(法令 76조 5항). 그 차익의 금액은 해당 외화채권 및 부채, 통화선도 등을 평가한 원화금액과 원화기장액 간의 차액으로 하고, 이 경우 통화선도 등의 계약 당시에 있어서의 원화기장액은 계약상의 외화채권 및 부채의 가액에 계약체결일의 기준환율 또는 재정환율을 곱하여 계산한 금액으로 한다(法令 76조 4항). 환율의 변동에 따라 법인이 보유하는 외화표시 자산이나 부채의 가치가 변동된 경우 그에 따른 손익을 언제든지 실현할 수 있으므로 그 금액의 과세상 반영을 인정하는 것이다.

5. 무상으로 받은 자산의 가액

무상으로 취득한 자산의 가액도 수익금액이 된다(法令 11조 5호). 현금을 수증하였다면 그 금액이 곧 수익금액이 되나, 그 이외의 자산을 무상으로 받았을 때의 가액은 그 자산을 받은 날의 시가에 의한다(法令 72조 1항 6호). 여기서 '무상으로 취득한 자산'이라고 함은 수단이나 방식에 관계없이 타인으로부터 반대급부의 지급 없이 취득한 여하한 형태의 경제적 가치를 포괄적으로 의미하므로 법인세법령에 구체적 · 개별적으로 익금에 산입할 항목으로 규정되어 있지 아니한 것도 그 가액을 합리적으로 계산할 수 있는 것이면 과세대상이 된다 할 것

---

1) 미래의 특정 시점에 특정 외화를 현재에 정한 가격(환율)으로 미리 사거나 팔 것을 약정하는 거래이다. 현재 미국달러 선물이 거래소에서 거래되고 있다.

2) 통화스왑은 서로 다른 통화로 차입한 자들이 환율변동에 따른 위험을 회피하기 위하여 서로 원리금 상환의무를 교환하는 약정이다. 예를 들면 1달러당 환율이 1,000원일 때 100만 달러를 차입하여 1년 뒤에 10%의 이자를 더하여 110만 달러를 변제하기로 한 A사와 같은 시점에서 원화 10억 원을 차입하여 1년 뒤에 10%의 이자를 더하여 11억 원을 변제하기로 한 B사가 각자의 1년 뒤의 원리금 상환의무를 교환하는 거래이다.

이다.

완전히 무상은 아니라 할지라도, 시가보다 현저히 저렴한 가격으로 자산을 취득하였을 경우에는 시가와의 차액에 상당하는 가액의 이익을 얻는 것은 틀림없으나 문제는 그 실현·인식의 시기가 언제냐 하는 것이다. 특수관계에 있는 법인으로부터 자산을 저가로 양도받아 그 양도법인에 대하여 차액이 사외유출된 것으로 처분되는 경우(法法 67조), 특수관계에 있지 않는 법인으로부터 저가로 양도받아 그 차액을 기부받은 것으로 인정되는 경우(法令 35조 1호) 또는 특수관계에 있는 개인으로부터 저가로 양도받은 경우 모두 양수법인의 입장에서 그 저가의 매입행위만으로 바로 시가와 양수가액 간의 차액에 해당하는 이익을 실현하였다고 할 수 없다. 후일 해당 매입자산을 처분하는 시점에 양도차익 등의 형태로 이를 실현한다고 할 것이다. 법인세법도 이러한 원칙에 입각하여 법인이 특수관계인인 개인으로부터 유가증권을 시가에 미달하는 가액으로 매입하는 경우에 한하여 예외적으로 그 시가와 해당 매입가액과의 차액에 상당하는 금액은 그 매입시점이 속하는 사업연도의 수익금액으로 보도록 하고 있다(法法 15조 2항 1호). 그러나 특약점 등의 판매업자가 제조업자로부터 제품의 광고선전에 공(供)하기 위한 자산을 무상으로 받든가 또는 그 자산을 제조업자가 취득하는 데 소요된 가액에 비해 현저히 낮은 가액으로 양수하였을 경우에는 바로 그 자산의 현금화가 가능하므로 그 자산의 특수성에 비추어 그 시점에서 수증익을 계상할 수 있다고 봄이 타당하다.

6. 채무의 면제 또는 소멸로 인하여 생기는 부채의 감소액

채무의 면제 또는 소멸은 소극재산의 감소를 가져오므로 수증이나 다름없이 순자산증가의 원인이 된다. 따라서 채무면제익은 원칙적으로 수익으로서 익금산입이 된다(法令 11조 6호). 판례는 채무의 변제기 전에 그 현재가치상당액을 미리 변제하여 채무를 소멸시키는 경우 해당 채무의 장부가액과 그 현재가치상당액 간의 차액은 채무면제익으로서 익금에 산입된다고 본다.[1] 그러나 그 차액은 채무자가 현재가치상당액의 변제금액을 본래의 변제기까지 보유하고 있었더라면 얻을 수 있었을 이자상당액을 기한 전 변제로 인해 얻지 못한 데 따른 손실에 대응되는 것이고, 채권자가 변제기에 전액을 변제받는 경우와 비교하여

---

1) 대법원 2009. 12. 10., 2007 두 19683.

경제적 부(富)를 상실한 바 없으므로, 그 차액을 과세대상으로 보는 것은 타당하지 않다고 할 것이다.

채무면제익은 위의 자산수증익과 함께 이월결손금의 보전(補塡)에 충당되는 한 익금에서 제외된다(法法 18조 6호). 채무의 출자전환시 출자로 전환되는 채권의 원리금 가액(즉, 주식 등의 발행가액)이 그 출자전환으로 발행되는 주식의 시가를 초과하는 경우 그 차액은 채무면제익으로 간주된다(法令 11조 6호 괄호; 法法 17조 1항 1호 단서). 이러한 출자전환에 따른 채무면제익 중 특정 요건을 충족하는 것(시행령 15조 4항에 열거된 경우에 해당하는 것)은 기존의 이월결손금의 보전에 충당되는 경우뿐만 아니라 향후 사업연도의 결손금의 보전에 충당하는 경우에도 익금에 산입하지 않는 특별한 취급을 받는다(法法 17조 2항; 法令 15조 1항).[1)]

한편 '채무자회생 및 파산에 관한 법률'에 따른 회생계획인가의 결정을 받은 법인이나 기업구조조정촉진법에 의해 금융기관과 사이에 '경영정상화계획의 이행을 위한 약정'을 체결한 법인이 특수관계에 있지 않은 금융채권자로부터 채무의 일부를 면제받은 경우에는 그 채무면제익을 해당 사업연도와 사업연도 종료일 이후 3개 사업연도 동안 익금산입하지 아니하고, 그 다음 3개 사업연도에 걸쳐 균분한 금액 이상을 익금에 산입한다(租特法 44조).

7. 손금산입한 금액 중 환입된 금액

이미 손금처리한 지출금액 중 지급원인의 변동으로 일부 또는 전부가 환입(還入)되었을 때에는 그 금액을 익금에 산입하여야 한다(法令 11조 7호). '손금산입한 금액 중 환입된 금액'을 예시하면, 손금으로 인정되는 재산세를 과오납 환급받는 경우, 손금으로 설정된 충당금이나 준비금을 환입하는 경우, 미지급비용을 환입하는 경우 등이다. 법인세법에 규정된 특별한 예로는 법인이 기업회계기준에 의한 채권의 재조정에 따라 채권의 장부가액과 현재가치의 차액을 대손금으로 계상하여 손금에 산입한 뒤 기업회계기준의 환입방법에 따라 이를 익금으로 환입하는 경우(法令 19조의2 5항)와 법인이 장기할부조건으로 자산을 판

---

1) 채권의 출자전환에 따른 채무면제익의 과세문제 관한 자세한 논의는 한만수, "자본구조조정 및 채무조정의 과세효과에 관한 고찰,"「조세법연구」14-1(2008. 4.), 한국세법학회, 19-21면, 32-33면까지" 각 참조.

매하여 발생한 대금채권의 현재가치할인차금을 손금에 산입한 뒤 회수기간에 걸쳐 그 가액을 익금에 환입하는 경우(法令 68조 6항) 등을 들 수 있다.

8. 자본거래로 인하여 특수관계인으로부터 분여받은 이익

소액주주가 아닌 주주 등인 법인이 불공정합병(法令 88조 1항 8호 가목), 신주인수권포기 및 신주의 고가인수(동호 나목), 불균등감자(동호 다목) 등의 자본거래로 인하여 특수관계인인 다른 주주로부터 이익을 분여받은 경우 해당 이익은 수익금액이 된다(法令 11조 8호)(뒤의 제7절 Ⅲ. 3. (9) 참조).

9. 가지급금 및 그 이자 상당액 등

법인이 특수관계인(法令 87조 1항)에게 지급한 업무무관 가지급금(法法 28조 1항 4호 나목)에 대한 이자로서 그 발생일이 속하는 사업연도 종료일부터 1년이 되는 날까지 회수하지 아니한 금액, 그리고 특수관계가 소멸된 날까지 회수하지 아니한 업무무관 가지급금 자체 및 그 이자의 금액은 익금에 산입한다. 다만, 채권·채무에 대한 쟁송으로 회수가 불가능한 경우 등 기획재정부령으로 정하는 정당한 사유가 있는 경우는 그렇지 아니하다(法令 11조 9호). 법인이 특수관계인으로부터 받을 이자를 1년이 넘는 기간 동안 받지 아니한 경우 이를 받은 것으로 의제하여 과세소득에 포함시키는 것은 일단 그 이자 상당액만큼 법인의 순자산이 증가하였다는 점에서 '수익'의 본질에 반하지 않는 것으로 보이나,[1] 특수관계가 종료되었다는 이유로 가지급금의 원본 자체를 익금에 포함시키는 것은 순자산증가라는 '수익'의 개념에 맞지 않는다고 할 것이다. 특수관계에 있는 채무자에 대한 채권의 포기나 상실은 순자산의 '감소'이지 순자산의 '증가'가 아니기 때문에 손금산입의 허용 대상이 되는지 여부를 따져야 할 뿐이다. 이와 관련하여 판례는 법인이 특수관계가 소멸된 날까지 회수하지 아니한 업무무관 가지급금 자체를 익금에 산입하도록 한 시행령 규정은 '소득처분을 위한 조세정책상 이유로' 모법에 반하지 않는다고 판시하고 있으나,[2] 이러한 판시는 법인세법에서 정한 익금의 본질(순자산증가)에 해당하지 않는 것이라도 정책상 필요하면 익금으로 의제할 수 있다는 것인데, 이는 허구의 소득에 대한

---

1) 대법원 2021. 8. 12., 2018 두 34305 판결은 같은 취지로 판시하고 있다.
2) 대법원 2021. 7. 29., 2020 두 39655.

과세를 인정하는 것으로서 소득과세의 원리에 반한다고 할 것이다.

10. 동업기업의 동업자로서 배분받은 소득

조세특례제한법 제10절의3에서 규율하고 있는 동업기업의 소득에 대하여 동업기업은 소득세나 법인세의 납부의무를 지지 않고(租特法 100조의16 1항), 해당 소득을 손익배분비율에 따라 배분받은[1] 동업자가 그 배분받은 소득금액을 자신의 소득세(거주자나 비거주자의 경우)나 법인세(내국법인이나 외국법인의 경우)의 과세표준에 포함시켜 소득세나 법인세를 납부하여야 한다(동조 2항; 상세한 논의는 본장 제13절 IV. 2. 참조). 따라서 동업자가 법인인 경우 그가 배분받은 동업기업의 소득은 익금에 포함된다(法法 15조 2항 3호).

11. 기타 법인에 귀속되었거나 귀속될 금액

앞의 각 항목에 열거된 것은 물론 예시적인 것에 불과하고 그 외 이자,[2] 배당, 저작권·공업소유권 등의 사용 또는 사용할 권리에 대한 대가로 받는 사용료 등 일체의 순자산증가원인이 여기에 포함된다(法令 11조 10호). 아래에서 중요한 몇 가지 항목만 살펴보기로 한다.

(1) 교환과 대물변제

자산의 교환도 '양도'의 일종이므로 그 대가를 익금에 산입하여야 함은 물론이다. 그런데 교환에 의한 양도의 대가로서 익금에 산입하여야 할 금액을 교환으로 양도한 자산의 시가로 볼 것인지, 아니면 이와 반대로 교환으로 취득한 자산의 시가로 볼 것인지의 문제가 있다. 판례는 오랫동안 기준시가를 적용하여 가격을 결정하여야 하는 사안에서 교환으로 취득한 물건의 시가가 아니라 교환으로 양도한 물건의 시가가 교환에 의한 자산의 양도가액이 된다고 하다가,[3] 최근에 이르러 교환으로 취득한 자산의 취득 당시의 '시가'(일반적이고 정상적인 거래에 의하여 형성된 객관적 교환가치)가 양도가액이 된다는 입장을 보이

---

1) '배분'이라고 함은 실제로 자산을 분배하는지의 여부에 관계없이 동업기업의 각 과세연도의 종료일에 그 소득금액 또는 결손금 등을 과세목적상 동업자의 소득금액이나 결손금으로 의제하는 것을 의미한다.

2) 기업의 여신관리계정에 계상되어 있는 시설자금은 예금이 아니며 이에 관한 환급이자도 예금이자가 아니다(대법원 1986. 10. 28., 85 누 605; 同 1985. 9. 10., 85 누 287; 同 1985. 4. 23., 84 누 481 등).

3) 대법원 1997. 2. 11., 96 누 860; 同 1991. 11. 12., 91 누 1424.

고 있다.[1] 급부의 '대가'는 통상 급부의 이행자가 받은 반대급부의 가액을 의미하므로 후자의 입장으로 통일함이 바람직할 것이다.

매매대금에 갈음하여 대물변제로서 물건을 수수하였을 때에는 그 물건의 가액을 수익금액으로 할 것인지 아니면 매매대금 자체를 수익금액으로 할 것인지가 문제된다. 시가주의의 일관성을 기하자면 전자가 옳지 않을까 한다.

(2) 의제배당

1) 유   형   통상의 이익배당금 또는 분배금의 수취가 익금산입됨은 물론이거니와[다만, 법인이 다른 법인으로부터 받는 배당소득 중 일정금액(法法 18조의3 1항 1호, 2호)과 지주회사가 자회사로부터 받는 배당소득 중 일정금액(法法 18조의2 1항)은 제외], 다음의 경우에는 이익의 배당 또는 분배로 의제하여 익금에 산입한다(法法 16조). 법인의 의제배당 과세에 관한 법인세법령의 규정은 개인의 의제배당 과세에 관한 소득세법령의 그것과 대동소이하므로 자세한 논의는 소득세법의 의제배당에 관한 해설을 참조할 수 있다(본편 제1장 제3절 Ⅲ. 3.). 이 경우 소득세법령의 규정에 대칭되는 법인세법령의 규정을 대입하여 읽어야 할 것임은 물론이다.

(a) 주식의 소각이나 자본의 감소로 인하여 법인주주가 취득하는 금전의 액과 기타 재산의 가액의 합계액 또는 사원이나 출자자가 퇴사나 출자의 감소로 인하여 취득하는 금전의 액과 그 밖의 재산의 가액의 합계액이 주주·사원이나 출자자가 해당 주식 또는 출자를 취득하기 위하여 사용한 금액을 초과하는 가액(法法 16조 1항 1호).

(b) 법인의 잉여금의 전부 또는 일부를 자본 또는 출자의 금액에 전입함으로써 취득하는 주식 또는 출자의 가액(法法 16조 1항 2호 본문).

그러나 상법 제459조 제1항의 자본준비금에 해당하는 주식발행액면초과액, 주식의 포괄적 교환차익, 주식의 포괄적 이전차익, 감자차익, 합병차익, 분할차익의 자본전입으로 취득한 주식 등은 의제배당의 대상이 되지 않는다(法法 16조 1항 2호 단서 가목; 法令 12조 1항 본문; 法法 17조 1항). 여기에 열거되지 않은 기타 자본거래에서 발생한 잉여금(예를 들면, 자기주식처분익)을 자본에 전입함으로써 받는 주식의 가액은 의제배당에서 제외되지 않는다.

자기주식소각익[2]도 넓은 의미의 감자차익에 해당하므로, 그 자본전입으로

---

1) 대법원 2011. 7. 28., 2008 두 5650; 同 2010. 3. 25., 2007 두 18017.

주주가 발행받는 주식의 가액도 의제배당에서 제외함이 합당할 것이나, 법인세법은 자기주식의 소각 당시 그 시가가 취득가액을 초과하는 경우 또는 소각일로부터 2년이 경과하기 전에 자본에 전입하는 경우에는 의제배당으로 과세하는 것으로 하고 있다(法令 12조 1항 2호). 전자의 경우는 시가가 취득가액을 초과하는 자기주식을 소각하지 않고 타에 처분하면 그 차액이 과세대상이 되는 것과 형평을 고려하고, 나아가 그 차액에는 이익잉여금 성격의 것이 포함되어 있다고 보아 과세대상으로 한 것으로 여겨지고, 후자의 경우는 사실상 자기주식을 배당한 것과 같으므로 과세대상으로 한 것으로 보인다. 그러나 상법상 배당가능이익을 자본에 전입하고 신주를 발행하는 것만 주식배당이지(상법 462조의2 1항), 배당가능이익의 자본전입이 수반되지 않는 자기주식의 교부는 주식배당이 아니므로, 자본잉여금으로서의 본질을 갖는 자기주식소각익을 2년 이내에 자본에 전입하였다는 이유로 배당으로 의제하는 것은 배당소득의 본질에 반한다 할 것이다.

한편, 채무의 출자전환으로 발행하는 주식 등의 발행가액이 그 시가를 초과하는 금액은 채무자 법인의 입장에서 원칙적으로 각 사업연도 소득을 구성하는 채무면제익에 해당하므로(法令 11조 6호 괄호; 法法 17조 1항 1호 단서), 해당 법인이 이를 자본에 전입하는 경우 그 가액은 주주 등의 의제배당이 된다(法令 12조 1항 1호).

또한 적격합병에서 발생하는 합병차익(法法 17조 1항 5호) 중 이익잉여금의 성질을 가지는 부분을 자본에 전입하는 금액도 의제배당으로 과세한다. 그 합병차익 중 이익잉여금의 성질을 가지는 부분은 다음과 같은 3가지 금액을 합하여 계산하되, 합병차익을 한도로 한다(法令 12조 1항 3호).[1] 합병등기일 현재 합병법인이 승계한 재산의 가액이 그 재산의 피합병법인 장부가액(세무조정사항이 있는 경우에는 그 세무조정사항 중 익금불산입액은 더하고 손금불산입액은 뺀 가액으로 함)을 초과하는 경우 그 초과하는 금액,

(ii) 피합병법인의 자본잉여금 중 자본전입에 따라 의제배당으로 과세된 금액 상당액,

(iii) 피합병법인의 이익잉여금의 가액

---

2) 소각하는 자기주식의 액면가액이 그 취득가액을 초과하는 금액을 말한다.
1) 합병차익의 개념 및 그 처리방식에 관해서는 본장 제14절 Ⅵ. 8. ⑴ 참조.

적격분할로 발생하는 분할차익(法法 17조 1항 6호) 중 이익잉여금의 성질을
가지는 부분을 자본에 전입하는 금액도 위 합병차익의 경우와 같은 방식으로
의제배당으로 과세한다(法令 12조 1항 4호).

자산재평가법의 규정에 의한 재평가차액 중 토지 아닌 자산의 재평가차액
의 자본전입으로 취득한 주식 등의 가액은 의제배당이 되지 않는다(法法 16조 1
항 2호 단서 나목). 그러나 토지의 재평가차액의 자본전입에 따라 취득한 주식
등의 가액은 의제배당에 포함된다. 재평가차액의 일부를 자본에 전입하는 경우
에는 토지의 재평가차액과 토지 아닌 자산의 재평가차액의 비율에 따라 자본에
전입한 것으로 본다(法令 12조 4항). 토지 아닌 자산의 재평가차액에 대해서 비
교적 높은 세율의 자산재평가세를 부과함을 고려하여 별도로 법인세를 부과하
지 않는 것(자산재평가법 13조 1항 2호, 33조 1항 본문)[1]과 같은 맥락에서 토지 아
닌 자산의 재평가차액의 자본전입으로 취득하는 주식 등의 가액도 의제배당으
로 과세하지 않고, 토지(1984. 1. 1. 이후에 취득한 토지와 1983. 12. 31. 이전에 취득
하여 2회 이상 재평가한 토지를 말함)의 재평가차액에 대해서는 다른 자산의 재평
가차액에 비해 비교적 낮은 세율의 자산재평가세를 부과함을 고려하여 법인세
를 부과하는 데 맞추어(자산재평가법 13조 1항 1호, 33조 1항 단서) 토지의 재평가
차액의 자본전입으로 취득한 주식 등의 가액은 의제배당에 포함시켜 과세하는
것이다.

(c) 위 (b)에서 본 자본준비금이나 자산재평가적립금의 자본전입시 법인이
보유한 '자기주식 또는 자기출자지분'(이하 "자기주식 등"이라고 함)에 대해 주식
또는 출자(이하 "주식 등"이라고 함)의 가액을 배정받지 아니함에 따라 다른 주주
또는 출자자(이하 "주주 등"이라고 함)가 당초의 지분비율을 초과하여 배정받는
주식 또는 출자의 가액(法法 16조 1항 3호).

위 (b)에서 본 바와 같이 자본준비금이나 토지 외 자산의 재평가적립금의
자본전입에 따라 주주 등이 취득하는 주식 등의 가액은 기존 주식 등의 실질적
가치의 증가가 아니므로 의제배당으로 과세되지 않지만, 그 자본전입시 해당

---

1) 토지 아닌 자산의 재평가차액에 대해서는 100분의 3의 세율에 의해, 토지의 재평가차액
에 대해서는 100분의 1의 세율에 의해 재평가세를 부과하는데(자산재평가법 13조 1항), 상
대적으로 높은 100분의 3의 세율에 의해 부과되는 '토지 아닌 자산'의 재평가차액에 대한
재평가세만 그 재평가차액에 대한 법인세에 갈음하는 것으로 보아 별도로 법인세를 과세하
지 않는 것이다.

법인이 보유한 '자기주식 등'에 대해 주식 등을 배정받지 아니함에 따라 다른 주주 등이 당초의 지분비율을 초과하여 배정받는 경우 그 초과 배정받는 주식 등의 가액은 해당 주주 등이 보유하는 기존 주식 등의 실질적 가치의 증가액으로 보아 의제배당으로 과세하는 것이다. 그러나 자본준비금이나 토지 아닌 자산의 재평가적립금의 자본전입액으로서의 본질에는 변함이 없는데 단지 지분비율을 초과하여 배정받은 것이라는 이유만으로 의제배당으로 과세하는 것은 타당하지 않다고 할 것이다.

(d) 해산한 법인(법인으로 보는 단체 포함)의 주주·사원·출자자 또는 구성원이 그 해산으로 인한 잔여재산의 분배로 취득하는 금전의 액과 기타 재산의 가액의 합계액이 해당 주식·출자 또는 지분 등을 취득하기 위하여 사용한 금액을 초과하는 금액(法法 16조 1항 4호).

(e) 합병에 따라 소멸한 법인의 주주·사원 또는 출자자가 존속 또는 신설법인(합병법인)으로부터 취득하는 그 합병법인이나 100% 모회사의 주식 또는 출자의 가액과 금전의 액의 합계액이 소멸법인의 주식 또는 출자를 취득하기 위하여 사용한 금액을 초과하는 금액(法法 16조 1항 5호, 2항 1호).

(f) 법인이 분할하는 경우 분할법인 또는 소멸한 분할합병의 상대방 법인의 주주가 분할신설법인 또는 분할합병의 상대방 법인으로부터 분할에 따라 취득하는 주식(분할합병의 경우에는 분할등기일 현재 분할합병의 상대방 법인을 100% 지배하고 있는 내국법인의 주식을 포함)의 가액과 금전과 그 밖의 재산의 가액의 합계액이 그 분할법인 또는 소멸한 분할합병의 상대방 법인의 주식을 취득하기 위하여 사용한 금액을 초과하는 금액(法法 16조 1항 6호, 2항 2호).

2) 의제배당 가액 계산의 특칙　　(i) 잉여금의 자본전입으로 발생하는 의제배당(위 1) (b)의 경우)이나 (ii) 자본준비금이나 자산재평가적립금의 자본전입시 법인이 보유한 자기주식 등에 대해 주식 등의 가액을 배정받지 아니함에 따라 다른 주주 등에게 발생하는 의제배당(위 1) (c)의 경우)의 가액은 수취한 주식 등의 액면가액 또는 출자금액으로 계산한다(法令 14조 1항 1호 가목). 상법상 자본준비금이나 이익준비금 등의 잉여금을 자본에 전입함에 따라 주식 등을 발행하는 경우 그 발행가액은 액면가액과 일치하여야 하므로, 발행가액에 상당하는 의제배당의 가액은 당연히 주식 등의 액면가액이나 출자금액이 되는 것이다. 다만 그러한 의제배당의 수취자가 지급배당금의 소득공제를 적용받는 투자회사

등(法法 51조의2 1항 2호)인 경우 그 지급받는 주식 등의 가액은 영(0)으로 한다(法令 14조 1항 1호 가목 단서). 투자회사 등에 대해서는 주식 등의 취득 단계에서 아예 소득이 발생하지 않는 것으로 취급함으로써 지급배당금 소득공제와 같은 효과가 생기게 하는 것이다.

한편, 법인세법 제44조 제2항 제1호 및 제2호에 규정된 합병양도차익의 과세이연의 요건(주식 등의 보유와 관련된 요건은 제외)을 갖춘 합병이나 동법 제46조 제2항 제1호 및 제2호에 규정된 분할양도차익의 과세이연의 요건(주식 등의 보유와 관련된 요건은 제외)을 갖춘 분할로 발생하는 의세배당의 가액과 100% 자회사의 합병으로 발생하는 의제배당의 가액을 계산함에 있어서는 합병이나 분할로 취득한 주식 등의 가액을 시가에 의하여 계산하지 않고 피합병법인, 분할법인 또는 소멸한 분할합병의 상대방법인(이하 "피합병법인 등"이라고 함)의 주식 등의 장부가액에 의하여 계산한다(法令 14조 1항 1호 나목). 그렇게 함으로써 의제배당의 가액이 발생하지 않게 되어 합병이나 분할로 소각된 구주식 등의 가치증가익에 대한 과세가 후일 합병이나 분할로 취득한 신주식 등을 처분할 때까지 이연된다. 그러나 합병대가나 분할대가의 일부는 금전이나 그 밖의 재산으로, 일부는 주식 등으로 받은 경우로서 그 주식 등의 시가가 구주식 등의 장부가액보다 더 작은 경우에는 시가를 기준으로 의제배당의 가액을 계산한다(동목 괄호). 그리고 합병이나 분할로 신주식 등을 취득하는 법인이 투자회사등인 경우에는 그 지급받는 주식 또는 출자의 가액은 영(0)으로 한다(동목 단서).

Ⅲ. 익금불산입항목

법인세법은 자본거래에서 발생하는 수입항목에 대한 법인세 과세상의 취급 및 기타 수입항목에 대한 법인세 과세상의 특별한 취급에 관한 규정으로 제17조 및 제18조의 익금불산입항목을 두고 있다. 그 밖에도 익금불산입에 대한 개별조문이 있다. 그 가운데에는 수입항목 전액의 익금불산입을 규정한 것이 아니고 일정한 한도액까지만 익금불산입을 규정한 것도 있다. 이들은 순수한 익금불산입규정은 아니나, 법체계의 순서에 따라 다른 익금불산입항목과 함께 아래에서 논한다.

1. 주식발행액면초과액

회사가 액면 이상의 주식을 발행하는 경우 그 발행가액(즉, 주금납입액)이 그 액면가액을 초과하는 금액(무액면주식의 경우에는 발행가액 중 자본금으로 계상한 금액을 초과하는 금액)을 의미하는 주식발행액면초과액(premium)(法法 17조 1항 1호)은 비록 법정자본금은 아니라 할지라도 실질적으로 출자의 일부이므로 상법에서도 자본준비금으로 적립할 것을 요구하고 있다(상법 495조). 따라서 다음에 나오는 감자차익이나 합병차익과 더불어 협의의 자본거래(자본의 납입, 환급 및 합병에 따른 자본조정)로부터 발생하는 것으로서, 법인의 소득 또는 담세력과는 무관한 것이다. 주식발행액면초과액은 전환사채의 금액이 신주의 액면가액을 초과할 때에도 발생한다.

채무의 출자전환시 출자로 전환되는 채권의 원리금 가액이 그 출자전환으로 발행되는 주식의 시가를 초과하는 경우 그 차액은 채무면제익으로 간주되고(法令 11조 6호 괄호; 法法 17조 1항 1호 단서), 특정 요건을 충족하는 것은 기존의 이월결손금의 보전에 충당하는 경우뿐만 아니라 향후 사업연도의 결손금의 보전에 충당하는 경우에도 익금에 산입되지 않는 특별한 취급을 받는바(法法 17조 2항; 法令 15조 1항; 위 Ⅱ. 6.), 출자전환되는 채권의 원리금 가액과 출자전환으로 발행되는 주식의 시가와의 차액의 본질은 채무면제익임에도 불구하고 그 과세에 관한 사항을 주식발행액면초과액 규정에 삽입한 것은 입법의 오류라고 할 것이다.

상법에 따른 주식의 포괄적 교환에서 완전모회사가 완전자회사가 되는 회사의 주주에게 지급하는 금액과 이전하는 주식의 가액을 합한 금액(상법 360조의7에 따른 자본금 증가의 한도액)이 완전모회사의 자본금 증가액을 초과하는 경우 그 초과액을 의미하는 주식의 포괄적 교환차익(法法 17조 1항 2호)과 주식의 포괄적 이전에서 완전자회사가 되는 회사의 현존하는 순자산가액에서 그 회사의 주주에게 지급할 금액을 공제한 금액(상법 360조의7에 따른 완전모회사의 자본금 한도액)이 신설된 완전모회사의 자본액을 초과한 경우 그 초과액을 의미하는 주식의 포괄적 이전차익(法法 17조 1항 3호)의 본질도 주식발행액면초과액이므로 역시 익금에 산입할 성질의 것이 아니다.

2. 감자차익

액면가에 해당하는 금액을 주주에게 환급하여 자본을 감소하는 경우에는 자산의 감소액과 자본의 감소액은 동일하게 되고 감자차손익이 발생할 여지가 없지만, 자본의 감소액이 자산의 감소액(주식의 소각, 주금(株金)의 반환에 든 금액과 결손의 전보(塡補)에 충당한 금액의 합계액)보다 큰 경우에는 그 차액에 해당하는 감자차익이 발생하게 된다(法法 17조 1항 4호). 이 역시 자본거래에 해당되어 성질상 당연히 익금불산입된다(동항 동호).

3. 합병차익

상법에 따른 합병에서 합병법인이 합병에 의하여 피합병법인으로부터 승계한 자산의 장부가액에서 피합병법인으로부터 승계한 채무의 장부가액을 공제한 순자산가액이 신설 또는 존속법인의 자본증가액과 소멸법인의 주주 등에 지급하는 합병교부금 등의 합계액을 초과할 때, 이 초과분을 합병차익이라고 한다(法法 17조 1항 5호).

합병차익의 내용은 소멸법인의 자본적립금, 감자차익, 이익준비금 및 그 밖의 표현되지 않은 이익으로 구성된다. 자본적립금과 감자차익은 자본거래의 결과로 생긴 것으로서 앞에서 본 바와 같이 법인소득과 무관한 것이며, 이익준비금은 이미 과세된 것이기 때문에 합병법인에게 다시 과세한다면 이중과세가 될 것이다. 따라서 합병차익을 익금에서 제외하고 있다(法法 17조 1항 5호).

4. 분할차익

상법에 따른 법인의 분할 또는 분할합병으로 신설된 법인 또는 그 과정에서 존속하는 법인이 분할에 의하여 분할법인 또는 소멸한 분할합병의 상대방 법인으로부터 승계한 자산의 장부가액에서 분할법인으로부터 승계한 채무의 장부가액을 공제한 순자산가액이, 신설된 회사의 자본액 또는 존속하는 회사의 자본증가액과 분할법인 또는 소멸한 분할합병의 상대방 법인의 주주 등에 지급하는 분할교부금 등의 합계액을 초과할 때, 이 초과금액을 분할차익이라고 한다(法法 17조 1항 6호).

분할차익은 합병차익과 마찬가지로 분할방법, 분할비율, 분할법인의 잉여금존재 여부 등에 따라서 발생한다. 합병차익이 익금이 되지 않는 것과 같은 이유로 분할차익도 익금에서 제외된다(法法 17조 1항 6호).

5. 자산의 평가차익

위 Ⅱ. 4.에서 본 바와 같이 고정자산의 평가차익 중 보험업법 및 기타 법률에 의한 평가차익과 재고자산 등 시행령에서 정한 특정자산의 평가차익을 제외하고는 모두 익금에 산입되지 않는다(法法 18조 1호, 42조 1항 2호, 3호). 임의평가차익을 장래에 감가상각비 등의 비용으로 활용하여 소득금액을 조작하는 것을 방지하기 위한 것이다. 재고자산의 평가차익이라고 하더라도 한국채택 국제회계기준을 최초로 적용하는 사업연도에 재고자산평가방법을 후입선출법에서 다른 재고자산평가방법으로 변경함으로써 발생하는 것은 해당 사업연도의 소득금액을 계산할 때 익금에 산입하지 아니할 수 있다. 이 경우의 재고자산 평가차익은 한국채택 국제회계기준을 최초로 적용하는 사업연도의 다음 사업연도부터 5년간 균등하게 나누어 익금에 산입함으로써 과세를 이연한다(法法 42조의2).

6. 이월익금

이월익금이라 함은 '각 사업연도의 소득'으로 과거 사업연도에 이미 과세된 소득(비과세소득 또는 면제소득을 포함)을 다시 해당 사업연도의 익금에 산입한 금액을 말한다(法法 18조 2호). 이에 대해 다시 과세한다면 이중과세가 되므로 당연히 익금산입에서 제외된다. 예를 들면, 상품을 외상으로 판매한 법인이 그 매출액을 해당 상품의 인도일이 속하는 사업연도의 익금에 산입한 뒤(法令 68조 1항 1호) 다른 사업연도에 그 대가를 수령한 경우 인도일이 속하는 사업연도의 익금에 이미 산입한 매출액은 이월익금으로서 그 수령일이 속하는 사업연도의 익금에 산입하지 않는다.

7. 과오납된 법인세 또는 지방소득세 소득분의 환급금액

법인세 또는 지방소득세 소득분을 환급받은 금액이나 환급받을 금액으로서 다른 세액에 충당된 금액은 익금불산입된다(法法 18조 3호). 법인의 소득에 대한 법인세와 지방소득세 소득분은 당초부터 익금에서 손금을 공제한 후의 소득에서 지출된 것이므로 이를 과오납으로서 환급받거나 다른 세액의 납부에 충당하였더라도 다시 익금이 될 수 없는 것이다.

8. 국세 또는 지방세의 환급가산금

과오납금에 대하여는 100원에 대하여 1일 3전의 환급가산금이 주어진다(基本令 43조의3 2항). 환급가산금은 본래 부당이득에 대한 법정이자의 성격을 가진 것이지만,[1] 본인의 의사에 따라 발생한 것이 아니라 과세상의 위법으로 인하여 발생한 것이라는 점을 고려하여 익금불산입한다(法法 18조 4호).

9. 부가가치세의 매출세액

재화나 용역을 공급한 자가 공급받는 자로부터 받은 매출세액은 매입세액을 공제한 후 정부에 납부할 것이며 법인에 귀속되는 것이 아니므로 그 성질상 당연히 익금에서 제외된다(法法 18조 5호).

10. 무상취득자산의 가액 중 이월결손금의 보전에 충당된 금액

무상으로 받은 자산의 가액(법인세법 제36조에 따른 국고보조금 등은 제외)과 채무의 면제 또는 소멸로 인한 부채의 감소액 중 이월결손금의 보전에 충당된 금액은 익금불산입된다(法法 18조 6호; 法令 16조 1항). 이월결손금은 (i) 각 사업연도의 개시일 전 10년 이내에 개시한 사업연도에서 발생한 결손금(손금의 총액이 익금의 총액을 초과하는 금액; 피합병법인이나 분할법인 등으로부터 승계받은 결손금은 제외)으로서 그 후의 각 사업연도의 과세표준 계산시 공제되지 아니한 금액 또는 (ii) '채무자 회생 및 파산에 관한 법률'에 따른 회생계획인가의 결정을 받은 법인이 신고한 법인세의 과세표준에 포함되지는 않았으나 법원이 확인한 결손금(손금의 총액이 익금의 총액을 초과하는 금액)과 기업구조조정촉진법에 따라 경영정상화계획의 이행을 위한 약정을 체결한 법인이 신고한 법인세의 과세표준에는 포함되지 않았으나 동법에 의한 채권금융기관협의회가 의결한 결손금을 말한다(法令 16조 1항). 결손법인의 수증익을 과세하지 않는 이유는 일반적으로 해당 법인의 이해관계인이 법인의 악화된 자금사정 또는 자산실태를 회복시키려는 의도에서 행하는 증여에 대하여 과세를 하게 되면 증여의 취지를 좌절시킬 것이기 때문이다.

---

[1] 대법원 2009. 9. 10., 2009 다 11808.

11. 연결자법인으로부터 지급받는 금액

연결납세방식을 적용받는 연결법인들에게 귀속되는 각 연결사업연도의 소득금액에 대해서는 연결모법인(連結母法人)이 연결자법인(連結子法人)을 대표하여 법인세를 납부할 의무를 부담하고, 연결자법인들은 자신에게 귀속되는 각 연결사업연도의 소득금액에 대한 법인세 상당액을 연결모법인에게 지급함으로써 납세의무의 이행에 갈음하게 되는바(法法 76조의19 2항), 이러한 목적에서 연결모법인이 연결자법인으로부터 지급받는 금액은 영리활동에 따른 수익이 아니라 연결모법인이 연결자법인을 위하여 대표로 납부한 법인세액을 상환받는 데 지나지 않으므로 익금에 산입되지 않는다(法法 18조 7호; 연결납세방식의 적용에 관한 상세한 논의는 본장 제12절 참조).

12. 자본준비금의 감액으로 받는 배당

상법 제461조의2에 따라 회사는 적립된 자본준비금 및 이익준비금의 총액이 자본금의 1.5배를 초과하는 경우에 주주총회의 결의에 따라 그 초과한 금액 범위에서 자본준비금과 이익준비금을 감액할 수 있는바, 자본준비금을 감액하면서 이를 주주에게 배당할 수도 있을 것이다. 이 경우의 배당은 비록 명칭이 '배당'이라고 하더라도 경제적 실질이 자본의 환급에 지나지 않으므로 이를 과세대상으로 삼을 수는 없다. 법인세법도 보유주식의 장부가액을 한도로 이를 익금에 포함하지 않는다고 확인적으로 규정하고 있다(法法 18조 8호). 보유주식의 장부가액은 주주인 법인이 출자한 자본의 현재가치이므로 보유주식의 장부가액 한도 내에서 익금에 산입하지 않는다는 것은 곧 출자자본의 현재가치까지만 자본의 회수로 본다는 취지이다.

13. 법인 간 수입배당금액

(1) 취   지

타법인의 주식을 보유하고 있는 법인이 타법인으로부터 받는 배당은 그 타법인의 생산활동에서 발생한 소득에 대해 과세한 후의 잉여금을 재원으로 하는 것이기 때문에 그 배당에 대하여 다시 법인세를 부과하면 하나의 생산활동에서 발생한 소득에 대하여 이중으로 과세하는 효과가 생긴다. 예컨대 개인 주주

A는 법인 P의 주식을 보유하고 있고, P는 자회사 S의 주식을 보유하고 있다고 하자. S가 생산활동을 통해 얻는 이익은 S의 주식가격에 반영되고, 나아가 주주회사인 P의 주식가격에도 반영된다. S의 이익이 P에게 배당된다면, S가 생산활동에서 얻은 이익이 P에게는 투자거래로부터 얻어진 이익으로 변모한다. 이처럼 P가 얻은 배당소득의 재원은 S가 생산활동을 통해 얻은 이익이므로, 적극적 기업활동을 통해 얻은 이익은 S가 얻은 이익 하나뿐이다. 따라서 S의 생산활동을 통한 소득과 P의 배당소득에 대하여 모두 법인세를 과세한다면 하나의 이익에 대하여 이중으로 과세하는 결과가 된다. 이를 기업이익의 이중산정(double counting)이라고 부른다.

이러한 이중과세는 사업을 자회사나 계열회사의 형태로 경영하는 것보다 사업부문의 확장이나 지점의 설치 등의 방법으로 경영하는 것을 유리하게 하므로 법인 간의 수직적 통합을 유도하는 결과를 초래하는 등 기업의 경영형태의 선택에 대하여 법인세제가 비중립적인 영향을 줄 우려가 생긴다.[1] 예컨대 A라는 자동차 조립회사가 안정적으로 부품을 공급받기 위하여 B라는 자동차 부품회사의 지분을 10% 취득하였다고 하자. B에게는 25%의 지분을 갖고 있는 대주주가 있어 10%의 지분참여만으로는 A는 B의 경영을 지배할 수는 없지만 B의 의사결정을 견제할 수는 있다. 이에 기초하여 A는 자동차 생산에 있어 B와의 안정적인 협력관계를 유지하고 있다. 그런데 A가 이 지분으로 인해 B로부터 받는 배당을 전액 A의 익금에 산입하여 과세한다면, A는 과세상의 불이익을 극복하기 위하여 B와 합병하여 하나의 회사로 통합하려고 할 수 있다. 이 경우 A는 과세 외의 면에서는 원치 않는 합병을 함으로써 규모의 비경제를 감수하게 되어 경제적 효율 면에서 바람직하지 않음은 물론이다.

법인세법은 이러한 경제적 이중과세의 결과를 피하기 위하여 출자회사가 출자 대상회사로부터 받는 배당소득을 부분적으로 익금에 불산입하는 제도를 두고 있다.

(2) 개 요

법인(고유목적사업준비금을 손금에 산입하는 비영리내국법인은 제외)이 출자한 다른 내국법인(피출자법인)으로부터 받은 이익의 배당금이나 잉여금의 분배액 또는 법인세법 제16조에 규정된 의제배당액(이하 통칭하여 "수입배당금"이라고 함)

---

[1] 이철송, "법인 간의 배당에 대한 이중과세의 해소방안,"「상장협」제42호(2000. 9.), 59면.

은 주식보유 비율에 따라 전부 또는 일부를 익금에 산입하지 않는다. 법인의 수입배당금 중 익금불산입되는 비율은 피출자법인에 대한 출자비율에 따라 다음의 표와 같다(法法 18조의2 1항 1호).

피출자법인에 대한 출자 비율	수입배당금의 익금불산입 비율
50% 이상	수입배당금 전액
30% 이상 50%미만	수입배당금의 80%
30% 미만	수입배당금의 30%

(3) 수입배당금 익금불산입의 제한

1) 이중과세 현상이 없는 경우   배당금을 지급하는 법인이 법인세법이나 조세특례제한법에 따라 그 지급배당금에 대하여 소득공제를 적용받는 경우, 법인세법이나 조세특례제한법에 따라 지급배당금에 대하여 법인세가 비과세, 면세 또는 감면되는 경우 또는 법인과세 신탁재산(法法 5조 2항, 75조의10)에서 발생한 소득에 대하여 법인세를 납부하는 법인이 해당 소득을 수익자에게 배당함으로써 소득공제를 받은 경우(法法 75조의14 1항)에는 배당금을 수취하는 법인이 다시 이를 수입배당금으로 익금불산입하는 것이 허용되지 않는다(法法 18조의2 2항 3호, 4호, 5호).

2) 주식의 보유기간에 대한 제한   법인이 피출자법인의 배당기준일 전 3월 이내에 취득한 자회사 주식에 대하여 지급받는 배당금에 대해서는 익금불산입 혜택이 주어지지 않는다(法法 18조의2 2항 1호). 배당기준일에 임박하여 타 회사의 주식을 취득하여 감면혜택을 얻는 남용이 예상되기 때문이다. 같은 종류에 속하는 피출자법인 주식 등의 일부를 양도한 경우에는 선입선출법을 적용하여 잔존 주식의 취득시기를 결정한다(法令 17조의2 1항).

3) 차입금으로 취득한 주식에 관련된 수입배당금의 익금불산입 배제

법인이 영업과 관련하여 차입한 금액에 대하여 지급하는 이자는 소득에 대응되는 비용의 하나이므로 수익비용대응의 원칙에 따라 과세소득 계산시 원칙적으로 손금으로 공제된다. 그런데 법인이 차입금으로 취득한 주식에서 발생하는 배당소득에 대하여 위에서 본 바와 같은 익금불산입의 혜택이 적용된다면, 그 법인은 차입금을 원천으로 하여 다른 법인의 주식을 취득하여 조세이득(tax arbitrage)을 얻으려는 유혹을 받게 된다. 예컨대 B법인의 주식가격이 주당 10,000원일 경우 매년 600원씩 정기적으로 배당을 받는다면 배당수익률은 6%이다. 조세를 감안하지 않는다면 A법인이 7%의 이자를 주고 돈을 빌려 B법인의 주식을 사는 일은 없을 것이다. 그러나 30%의 세율을 적용받는 A법인이 B법인의 주식 1주를 사기 위해 10,000원을 빌린다고 가정해 보자. 이자의 손금산입이 가능하다면 7%의 이자로 10,000원을 빌린 세후 비용은 490원[(700원 − (700원×0.3)]이 된다. 한편, 배당 600원에 대한 세후수익은 80%의 수입배당금 익금불산입률을 상정하면 564원[600원 − (120원×0.3)]이 된다. 즉, 조세를 감안한다면 이와 같은 투자는 490원의 비용을 들여 564원의 수익을 가져오는 셈이다. 이러한 행위는 국가의 조세수입을 이른바 '위험부담 없는 동시거래 조작(low risk arbitrage maneuver)'으로 잠식하는 것이므로 방지할 필요가 있다. 이러한 결과를 방지하기 위하여 배당을 수취하는 법인이 부담하고 있는 차입금 중 배당을 지급하는 피출자법인의 주식취득에 사용된 부분에 대한 지급이자 상당액은 익금불산입 대상에서 제외된다(法法 18조의2 1항 본문, 2호). 미국 내국세입법도 차입금으로 취득한 주식에서 발생하는 배당소득에 대하여 익금불산입 혜택을 허용하지 않고 있다.[1]

여기서 '차입금'이라고 함은 법인이 어떤 형태로든 타인으로부터 제공받은 신용의 가액을 의미하지만, 자산을 법인세법 시행령 제68조 제3항의 규정에 의한 장기할부조건 등으로 취득함에 따라 발생한 대금지급채무를 기업회계기준이 정하는 바에 따라 현재가치로 평가하여 '현재가치할인차금'으로 계상한 경우 그 금액이나 법인세법 시행규칙 제37조 제3항에 규정된 일정한 유형의 연지급 수입에서 수입물품의 취득가액과 구분하여 지급이자로 계상한 금액은 여기서 말하는 '차입금'의 범주에서 명시적으로 제외되고 있다(法令 72조 6항). 이 두 가지 항목은 적극적 영업활동을 위하여 지출된 것이 명백한 자금이므로 이를 '차입금'의 범주에 포함시켜 그 조달비용을 수입배당금의 익금불산입 대상에서 제외하는 것은 차입금으로 타법인의 주식을 취득하는 것을 규제하려는 제도의 취지에 부합하지 않기 때문이다.

익금불산입 대상금액에서 제외되는 지급이자 상당액의 계산방식은 다음과 같다(法法 18조의2 1항 2호; 法令 17조의2 3항).

---

1) 미국 내국세입법 §246A.

차입금에 따른 익금불산입 제외 수입배당금 산출식

차입금의 지급이자 총　　액	×	출자주식의 장부가액 적수(일일 잔액 합계액)×수입배당금 익금불산입 비율/배당받는 법인의 사업연도 종료일 현재 재무상태표상의 자산총액의 적수	=	익금불산입 대상에서 제외되는 금액

위 산식상의 '수입배당금 익금불산입 비율'은 위 (2)의 표에 나와 있는 '피출자법인에 대한 출자비율'별 '수입배당금 익금불산입 비율'을 말한다.

다른 이유로 법인세법 시행령 제55조에 규정된 순서에 의해 이미 손금불산입된 지급이자가 있는 경우 이는 여기서의 익금불산입 배제 대상에 포함시키지 아니한다(法令 17조의2 2항). 손금불산입된 지급이자는 위에서 본 '위험부담 없는 동시거래 조작'의 대상이 될 여지가 없기 때문이다.

한편, 미국 내국세입법에서는 (i) 배당금 지급의 근거가 된 주식을 차입금으로 취득하였거나 또는 (ii) 그러한 주식을 취득한 뒤 이를 그 차입금 반환채무의 담보로 제공하였을 것 등과 같이, 차입금이 자회사 주식의 취득에 직접적으로 사용되었다는 사실이 익금불산입 배제의 요건으로 되어 있으나,[1] 우리 법인세법은 이러한 요건을 부과하고 있지 않다.

14. 외국자회사로부터 받은 수입배당금액의 익금불산입

(1) 취　　지

내국법인이 외국의 법률에 따라 외국에 자회사를 설립하여 생산활동을 영위하는 경우 그 자회사의 소득에 대해서 외국정부가 과세하고, 내국법인이 그 과세 후 소득으로 지급받는 배당소득에 대해서 우리나라 정부가 다시 과세하는 경우 단일의 생산활동에서 발생한 수익에 대하여 양 법인이 이중으로 과세되는 점은 내국법인 간의 경우와 차이가 없다. 내국법인이 외국자회사로부터 받는 배당소득에 대해서 수입배당금 익금불산입 혜택이 주어지지 않는다면 자회사를 국내에 설립하는 법인과 해외에 설립하는 법인 간에 형평에 반하게 된다. 이러한 문제를 해결하기 위하여 2022년에 개정된 법인세법에서 내국법인이 외국자회사로부터 받는 배당금의 익금불산입제도를 도입하였다.

---

1) 미국 내국세입법 §246A(d)(3)(A); H.R. Rep. No. 94-432, 98th Cong., 2d Sess.1181(1984).

(2) 개   요

법인세법 제57조의2 제1항에 따른 간접투자회사등에 해당하지 않는 내국 법인이 의결권 있는 발행주식총수 또는 출자총액의 100분의 10 이상의 지분을 가지고 있고, 나아가 일정한 요건을 갖춘 '외국자회사'(이하 '외국자회사'라고 함) 부터 받은 이익의 배당금 또는 잉여금의 분배금과 법인세법 제16조에 따라 배 당금 또는 분배금으로 의제하는 금액(수입배당금액)의 100분의 95에 해당하는 금액은 각 사업연도의 소득금액을 계산할 때 익금에 산입하지 아니한다(法法 18 조의4 1항). 또한 내국법인의 출자를 받은 외국법인(위의 외국지회사는 제외)이 자 본준비금을 감액하여 그 주주인 내국법인에게 지급하는 수입배당금으로서 법인 세법 제18조 제8호에 따른 익금에 산입되지 아니하는 배당에 준하는 성격의 수 입배당금액도 그 금액의 100분의 95를 각 사업연도의 소득금액을 계산할 때 익 금에 산입하지 아니한다(동조 2항). '외국자회사'로서의 요건을 갖추지 않은 외 국법인이라도 자본준비금을 감액하여 내국법인에게 지급하는 배당금액은 이를 수취하는 내국법인의 소득금액 계산상 익금에 불산입한다는 취지인데, 자본준 비금을 감액하여 지급하는 배당은 형식은 '배당'이지만 그 실질은 자본의 환급 에 지나지 않아서 본질적으로 과세대상이 아니므로 이를 과세하지 않는다는 원 칙(法法 18조 8호)을 외국법인의 자본준비금 감액에 따른 배당에 대해서도 적용 하는 것이다.

(3) 예   외

1) 국제조세조정법상의 간주배당금

국제조세조정에 관한 법률은 조세피난처에 본점, 주사무소 또는 실질적 관 리장소를 둔 외국법인 중 내국인이 출자한 외국법인으로서 특수관계에 있는 법 인, 이른바 '특정외국법인'이 각 사업연도 말 현재 배당 가능한 유보소득 중 내 국인에게 귀속될 금액은 내국인이 받은 것으로 간주한다(國租法 27조 1항). 그 대신 이처럼 배당으로 간주된 유보소득이 실제로 배당될 때에는 과세하지 않는 다(國租法 32조 1항). 내국법인이 국외에서 영업활동을 통해 얻은 소득을 조세피 난처에 설립한 법인에 유보시켜 두고 국내로 들여오지 않음으로써 배당소득에 대한 과세를 회피하는 것을 방지하기 위한 제도이다. 조세피난처에 소재하는 특정외국법인은 그 소득에 대하여 조세를 부담하지 않거나 매우 낮은 세율의 조세를 부담할 뿐이므로, 특정외국법인으로부터 배당을 받는 내국법인의 배당

소득에 대하여 과세하더라도 이중과세의 문제가 거의 발생하지 않는다. 특정외국법인으로부터 지급받는 수입배당금으로서 일정한 요건에 해당하는 것과 특정외국법인으로부터 배당받은 것으로 간주되는 금액에 대해서는 위의 외국자회사로부터의 수입배당금 익금불산입을 적용하지 않는다(法法 18조의4 3항, 4항 1호).

2) 혼용금융상품 거래에 따라 지급받는 수입배당금

일정한 요건을 충족하는 혼성금융상품(자본 및 부채의 성격을 동시에 가지고 있는 금융상품)의 거래에 따라 내국법인이 지급받는 수입배당금액에 대해서도 익금불산입의 혜택을 주지 않는다(法法 18조의4 4항 2호). 이러한 수입배당금은 한편으로는 자본의 대가, 즉 배당으로서의 성격도 가지지만 다른 한편으로는 금융의 대가, 즉 이자로서의 성격도 가지고 있기 때문에 배당으로 취급하지 않는다는 취지이다.

제 5 절 손   금

I. 손금의 일반적 요건

'손금'은 원칙적으로 법인의 순자산을 감소시키는 거래로 인하여 발생하는 손실 또는 비용을 뜻한다(法法 19조 1항). 여기서 말하는 손실이나 비용의 개념도 앞서 본 '익금'의 개념과 같이 본질적으로 기업회계상의 '비용', '손실'과 같다. 따라서 별단의 규정이 없는 한 손비는 그 법인의 사업과 관련하여 발생하거나 지출된 '손실'이나 '비용'으로서 일반적으로 인정되는 통상적인 것이거나 수익을 얻는 데 직접 관련된 것에 한한다(法法 19조 2항). 비용은 (i) 매출원가·완성공사원가 또는 이에 준하는 비용, (ii) 판매비·일반관리비·기타 영업비용, (iii) 영업외비용의 세 가지로 구분된다. 손실은 수익의 획득에 공헌하지 못한 효용의 상실을 뜻한다.

지출된 비용이나 발생된 손실이 손비로 인정되기 위해서는 '사업의 경영과 관련된' 것이어야 한다(사업관련성). '사업'의 의미에 관한 실정법상의 규정은 없으나, 일응 이익 또는 자산의 획득을 목적으로 한 계속적이고 규칙적인 활동이라고 정의할 수 있다. 법인은 그 목적사업을 정관에 기재하고(상법 179조 1호, 289조 1항) 법인등기부에 등재하여야 하므로(상법 180조 1호, 317조 1항 1호), 법인의 정관에 기재되거나 법인등기부에 등재된 사업이면 충분하다고 할 것이다. '관련된'의 의미에 관해서도 법령상 정함은 없으나 '사업의 정규적인 경영 과정에서' 정도로 해석함이 타당할 것이다.1) 법인의 설립 전에 지출원인이 발생한 비용도 그 설립목적과 설립 후의 영업내용 등에 비추어 사업관련성이 있는 것이면 상법상의 변태설립사항(상법 290조)에 해당하는지에 관계없이 해당 법인의 사업경영과정에서 발생한 것으로 손금성을 갖는다.2) 사업에 '관련된' 지출인지 여부를 구분하기 어려운 비용의 대표적인 것이 승용자동차의 운영비인바, 이에 법인이 취득하거나 임차하여 업무에 사용한 승용자동차(업무용승용차)로서 운수업, 자동차판매업 등의 사업에 직접 사용하는 것을 제외한 것의 감가상각비, 임차료, 유류비 등의 비용은 일정한 기준에 부합하는 금액(업무사용금액)만 업무와의 관련성을 인정하여 손금에 산입하도록 제한하고 있다(法法 27조의2 2항). 이때 손금에 산입하지 아니한 승용자동차 비용은 그 지출의 혜택을 받은 자에 대한 소득처분의 대상이 된다(法令 106조 1항 괄호).

위와 같은 사업관련성의 요건을 갖춘 손실이나 비용의 손금성이 인정되기 위해서는 나아가 그 손실의 발생이나 비용의 지출이 사업의 경영과 단순히 관련되는 것을 넘어서 '사업상 수익을 얻는 데 직접 관련'되거나(직접 관련성) 그 비용의 지출이 '통상적'이어야 한다(통상성). 미국 내국세입법에서도 비용의 손금산입 요건으로 "통상적이고(ordinary)도 필요한(necessary)" 경비일 것을 요구하고 있는바,3) 우리 법인세법상의 직접관련성 요건이나 통상성 요건은 이러한 미국 내국세입법상의 '필요한'이라는 요건이나 '통상적'이라는 요건과 다르지 않다고 할 것이다. 다만, 우리 법인세법상으로는 어느 하나의 요건만 충족하면 되는 것으로 되어 있으나 미국 내국세입법에서는 양자의 요건을 모두 충족하여야 하는 점이 다르다. 미국 연방대법원 판례는 '필요한'의 의미를 "납세의무자의 사업에 적절하고 도움이 되면(appropriate and helpful)" 그것으로 족하고, 필수불가결해야 하는 것은 아닌 것으로 보고 있는바,4) 우리 법인세법상의 직접관련성도 그와 같은 정도의 관계를 의미한다고 봄이 타당하다. 다음 '통상적'인 것이

---

1) 미국 내국세입법에서는 이를 "... in carrying on any trade or business"라고 표현하고 있다(미국 내국세입법 §162(a)).
2) 대법원 2013. 9. 26., 2011 두 12917.
3) 미국 내국세입법 §162(a).
4) Welch v. Helvering, 290 U.S. 111(1933).

란 '비통상적'(extraordinary)인 것과 대비되는 용어인데, 이와 관련하여 다음의 3 가지 요건이 논의된다.

첫째, 통상적이라는 문언 자체가 의미하듯이 해당 사업에 종사하는 다른 법인 또는 개인이라 하더라도 유사한 상황에서 지출하였으리라고 인정되어야 한다는 것이다.1) 대법원 판례는 신탁겸영은행이 외환위기 상황에서 투자신탁의 수탁고 격감, 기존 신탁계약 등의 대규모 해지·인출사태 등을 방지하기 위하여 다른 시중은행들과 협의를 거쳐 투자손실을 보전해 준 경우 그러한 통상성을 인정하고 있다.2) 이에 비해 위에서 본 미국 연방대법원 판례(Welch v. Helvering)는 기존에 근무한 회사가 파산하자 독자적으로 유사 사업을 경영하고자 한 납세의무자가 파산회사의 기존고객을 확보하는 것이 필요하다고 생각하여 그들의 신뢰를 얻을 목적으로 파산회사의 채무를 대신 변제한 사안에서 납세의무자가 파산회사의 채무를 변제한 것은 "극히 비통상적"이라는 이유로 그 변제금액의 손금산입을 인정하지 않았다. 이 견해에 대하여는 많은 비판이 있었고, 그 후에 타인의 채무의 변제가 그 변제자의 사업 영위를 위해 필수불가결하다고 보이는 경우에는 그 변제액도 손금에 산입하여야 한다는 연방 하급심 법원들의 판례가 나왔고,3) 현재는 적어도 어떤 지출의 선례가 없다는 사실만으로는 그 지출의 손금산입을 부인할 근거가 될 수 없다는 데 이의가 없다. 비용이 납세의무자의 경영판단에 따라 지출되고, '수익을 얻는 데 직접 관련된 것'이기만 하면 비통상적인 것이라 하더라도 손금산입이 허용되어야 한다는 견해도 있다.4)

둘째, '통상적' 비용은 자본적 지출에 대응되는 수익적 지출이어야 한다는 것이다. 위의 미국 연방대법원 판례 사건에서도 납세의무자가 파산회사의 채무를 대신 갚은 것은 기업의 신용기반을 구축하기 위한 자본적 지출이라는 점을 근거로 하여 당기비용으로 손금산입하는 것을 부인하는 것이 옳다는 견해가 우세하였다. 그러나 통상적(ordinary) 비용이 되려면 자본적 지출이 아닌 '수익적 지출'의 성격이어야 한다는 것은 자본적 지출은 당기의 손금으로 산입할 수 없

---

1) 대법원 2021. 9. 16., 2017 두 68813; 同 2009. 11. 12., 2007 두 12422.

2) 대법원 2009. 6. 23., 2008 두 7779.

3) Dunn & McCarthy v. Commissioner, 139 F.2d 242(1943) ― 회사의 대표가 종업원들로부터 돈을 빌려 도박에 탕진한 상황에서 회사가 그 대표의 종업원들에 대한 채무를 대신 변제한 경우 ; M.L. Eakes Co. v. Commissioner, 686 F. 2d 217(4th Cir. 1982) ― 납세자 회사가 신용을 유지하기 위해 그 대표가 운영하다가 파산했던 다른 회사의 채무를 변제한 경우.

4) M. A. Chirelstein, Federal Income Taxation, 8th ed., 1997, p. 127.

다는 별도의 규정이 있기 때문에 특별한 의의는 없다.1)

셋째, 법인세의 과세물건은 순소득이므로 위법소득을 얻기 위하여 지출한 비용이나 지출 자체에 위법성이 있는 비용도 그 지출이 사회질서에 심히 반하는 등의 특별한 사정이 없는 한 손금으로 산입함이 원칙이지만,2) 그 지출이 사회질서나 공공정책(public policy)에 심히 반하는 비용은 통상적이 아니라고 할 수 있다. 예컨대, 벌금을 무는 한이 있더라도 경제적으로는 합리성이 있다고 보아 고의로 화물을 넘치게 실은 트럭회사에 부과된 벌금의 손금부인,3) 공정거래법에 위반하여 지급한 담합사례금의 손금불산입,4) 뇌물이나 불법적인 정치헌금의 손금불산입은 그 예이다. 관련 법령상 명시적으로 금지하고 있지 않더라도 사회상규에 비추어 볼 때 그 폐해가 심각하여 용인하기 어려운 행위를 하는 데 지출된 비용도 사회질서에 위반된 지출로서 손금에 산입되지 않는다.5) 후술하는 바와 같이 법인세법은 벌금·과료·과태료·가산금·강제징수비를 명문으로 손금불산입하고 있는데, 반사회적 지출의 손금불산입 원칙을 구체화한 것이라 볼 수 있다. 이 조항이 신설되기 전의 판례로서 무허가로 폐기물처리업을 경영하고 있던 자로 하여금 특정산업폐기물을 매립케 하고 지출한 대가를 통상적인 비용으로 본 것이 있다.6)

법인세법은 이미 여러 가지 유형의 비통상적 지출의 손금산입을 명문으로 제한하고 있으므로 '통상성'이라는 기준의 쓰임새가 제한적이라고 생각된다.

Ⅱ. 손금산입항목

법인세법 시행령 제19조 각호에서 손비의 항목을 열거하고 있다. 이들은, (i) 판매한 상품 또는 제품에 대한 원료의 매입가액과 그 부대비용(法令 19조 1호), (ii) 판매한 상품 또는 제품의 보관료, 포장비, 운반비, 판매장려금 및 판매

---

1) B. I. Bittker and L. Lokken, *FEDERAL TAXATION OF INCOME, ESTATES AND GIFTS*, Vol. 1-2, 1989, pp. 20-43.
2) 대법원 1998. 5. 8., 96 누 6158; 同 2009. 6. 23., 2008 두 7779.
3) Tank Truck Rentals, Inc. v. Commissioner, 356 U.S. 30(1958).
4) 대법원 2017. 10. 26., 2017 두 51310.
5) 대법원 2015. 1. 15., 2012 두 7608(의약품 판매촉진 목적에서의 '리베이트'의 지급을 금지하는 약사법령의 규정이 제정되기 전에 지급된 리베이트 금액의 손금불산입 인정).
6) 대법원 1998. 5. 8., 96 누 6158.`

수당 등 판매와 관련된 부대비용(판매장려금 및 판매수당의 경우 사전약정 없이 지급하는 경우 포함; 1호의2) (iii) 양도한 자산의 양도 당시의 장부가액(2호), (iv) 인건비(3호), (v) 유형자산의 수선비(4호), (vi) 유형자산 및 무형자산에 대한 감가상각비(5호), (vii) 특수관계인으로부터 취득한 자산의 장부가액을 시가에 미달하게 계상한 경우 실제취득가액과 시가 중 낮은 것에서 장부상 계상가액을 뺀 가액에 대한 감가상각비(5호의2), (viii) 자산의 임차료(6호), (ix) 차입금이자(7호), (x) 대손금(法法 19조의2 1항) 및 회수할 수 없는 부가가치세 매출세액 미수금으로서 부가가치세법에 따른 대손세액공제를 받지 아니한 것(8호), (xi) 자산의 평가손실(9호), (xii) 세금과 공과금(외국납부세액 공제가 적용되지 않는 경우의 외국법인세액을 포함; 10호), (xiii) 영업자가 조직한 단체로서 법인이나 주무관청에 등록된 조합 또는 협회에 지급한 회비(11호), (xiv) 광산업의 탐광비(12호), (xv) 보건복지부장관이 정하는 무료진료권 또는 새마을진료권에 의하여 행한 무료진료의 가액(13호), (xvi) '식품등 기부 활성화에 관한 법률'에 따른 식품등의 제조업·도매업 또는 소매업을 영위하는 내국법인이 해당 사업에서 발생한 잉여 식품등을 같은 법에 따른 제공자 또는 제공자가 지정하는 자에게 무상으로 기증하는 경우 그 기증한 잉여 식품등의 장부가액(13호의2) (xvii) 업무와 관련 있는 해외시찰·훈련비(14호), (xviii) 초·중등교육법 등에 의하여 설치된 근로청소년을 위한 특별학급 또는 산업체 부설 중·고등학교의 운영비, '산업교육진흥 및 산학협력 촉진에 관한 법률'에 따라 법인이 채용을 조건으로 교육기관에게 직업교육훈련을 의뢰하고 그 대가로 교육기관에 지급하는 직업교육훈련과정·학과 등의 운영비, '직업교육훈련촉진법'에 따른 현장실습에 참여하는 학생들에게 지급하는 수당, 고등교육법에 따른 현장실습수업에 참여하는 학생들에게 지급하는 수당 등(15호), (xix) 근로자복지기본법에 의한 우리사주조합에 출연하는 자사주의 장부가액 또는 금품(16호), (xx) 장식·환경미화 등의 목적으로 법인의 사용 공간에 상시 비치하는 미술품의 취득가액(취득가액이 거래단위별로 3백만 원 이하인 것에 한함)(17호), (xxi) 광고선전 목적으로 기증한 물품의 구입비용(특정인에게 기증한 개당 3만 원 초과의 물품은 연간 5만 원 이내의 금액에 한정함; 18호), (xxii) 법인의 임직원이 다른 관계회사로부터 상법 제542조의3에 따라 부여받은 주식매수선택권을 행사함에 따라 해당 법인이 주식매수선택권을 부여한 관계회사에게 행사비용을 보전하는 경우에 있어서의 그 보전금액 및 법인의 임직원이 일정한 해외모법인으로부터 부여받은 일정한 주식매수선택권을 행사함에 따라 해당 법인이 해외모법인에게 행사비용을 보전하는 경우에 있어서의 그 보전금액(19호), (xxiii) 법인이 상법 등에 따라 발행주식총수의 100분의 10의 범위에서 주식매수선택권(stock option)을 부여하거나 근로복지기본법에 따라 우리사주매수선택권을 부여하고 약정된 주식매수시기에 약정된 주식의 매수가액과 시가의 차액을 금전 또는 해당 법인의 주식으로 지급하는 경우의 해당 금액, 또는 약정된 주식매수시기에 주식매수선택권이나 우리사주매수선택권의 행사에 따라 주식을 시가보다 낮게 발행하는 경우 그 주식의 실제 매수가액과 시가의 차액, 또는 주식기준보상으로 금전을 지급한 경우의 그 지급금액(19호의2), (xxiv) 중소기업과 중견기업이 '중소기업 인력지원 특별법'에 따른 부담하는 기여금(20호), (xxv) 임원 또는 직원(지배주주 등은 제외)의 사망 이후 유족에게 학자금 등으로 일시적으로 지급하는 금액으로서 일정한 요건을 충족하는 것(21호), (xxvi) 근로복지기본법에 따라 사내근로복지기금이나 공동근로복지기금에 출연하는 금액, (xxvii) 위 1호 내지 21호 이외의 손비로서 그 법인에 귀속되었거나 귀속될 금액(23호)이다.

이 가운데에서 통상적 성격의 손비항목과 별도의 규정에 의한 손비항목을 골라서 개별적으로 항을 달리하여 살펴보기로 한다.

1. 양도자산의 장부가액

상품 또는 제품 이외의 자산을 양도할 경우에는 양도 당시의 해당 자산의 장부가액을 손금에 산입한다. 장부가액은 취득가액(法令 72조 참조)과 동일한 경우도 있겠으나 반드시 같지는 않다. 자본적 지출로서 자산의 장부가액이 증가하기도 하고 감가상각으로 감소되기도 하며, 또 재평가로 증감하기 때문이다. 양도에 따른 부대비용이 손금처리되는 것은 비록 명문으로 규정하고 있지는 않지만 당연한 일이다.

2. 매출원가

법인세법 시행령 제19조 제1호에서 손금산입항목으로 들고 있는 '판매한 상품의 매입가액'은 기업회계기준에서 말하는 매출원가를 뜻한다. 매출원가는 기초 상품재고액과 당기 재고발생액과의 합계액에서 기말 상품재고액을 공제한 금액이다. 이를 산식으로 표시하면 다음과 같다.

　　매출원가=기초 상품재고액+기중 재고발생액(당기 상품매입액 또는 당기 제품제조
　　원가)-기말 상품재고액

　　당기 상품매입액은 상품의 총매입액(매입운임과 각종 직접매입비용을 포함)에
서 매입할인, 매입에누리 및 되돌려 받은 매입액 등의 가액을 뺀 순매입액을
뜻한다(기업회계기준서 21호 '재무제표의 작성과 표시 I' 문단 65).
　　그러면 매출원가의 계산상 기초 및 기말 재고액 파악, 즉 재고자산의 평가
가 필요하게 된다. 법인세법 제41조 제2항은 재고자산의 평가방법의 규정을 시
행령에 위임하고 이에 따라 시행령 제74조는 상세한 평가규정을 두고 있다. 법
인세법이나 동 시행령상 매출원가의 계산과 재고자산 평가규정을 서로 연관시
키는 문언은 보이지 않으나, 양자 간의 상관성은 회계원칙상 존재하는 것으로
보아야 한다.

(1) 재고자산의 의의

　　재고자산은, (i) 기업의 정상적인 영업활동 과정에서 판매를 목적으로 단기
간 보유하고 있는 재화 또는 용역, (ii) 판매를 목적으로 생산과정에 있는 재화
또는 용역, (iii) 판매목적의 재화나 용역을 생산함에 있어서 단기간에 소비되어
야 할 재화, (iv) 판매활동 및 일반관리활동에 있어서 단기간에 소비되어야 할
재화를 말한다.
　　재고자산의 범위는 (i) 제품과 상품, (ii) 반제품과 재공품(在工品), (iii) 원
재료, (iv) 저장품, (v) 기타의 재고자산이다(기업회계기준서 21호 '재무제표의 작성
과 표시 I' 문단 A74).

(2) 재고자산의 취득가액

　　재고자산의 취득가액은 원칙적으로 특정 재고자산이 현재의 상태와 현재
의 장소에 이르기까지 직접 또는 간접으로 지급한 또는 지급할 금액의 합계액
을 말한다.
　　1) 매입의 경우　　　타인으로부터 매입한 재고자산(기업회계기준에 따라 단
기매매항목으로 분류된 금융자산 및 파생상품은 제외[1])의 취득가액은 매입가액에

---

1) 기업회계기준에 따라 단기매매항목으로 분류된 금융자산 및 파생상품의 취득가액은 단순
　한 매입가액으로 한다(法令 72조 2항 5호의2).

취득세(농어촌특별세와 지방교육세 포함), 등록세, 면허세 기타 부대비용을 더한 금액이다(法法 41조 1항 1호, 2항; 法令 72조 1항, 2항 1호). 재고자산 중에서도 내국법인이 외국자회사를 인수하여 취득한 주식 등의 취득가액은 법인세법 제18조의4에 따라 익금불산입된 수입배당금액, 인수 시점의 외국자회사의 이익잉여금 등을 고려하여 시행령으로 정하는 금액으로 한다(法法 42조 1항 1호의2).

이와 관련하여 다음과 같은 몇 가지의 특수한 문제가 있다.

① 고가로 매입한 자산의 취득가액   법인이 특수관계인으로부터 자산을 시가보다 높은 가액으로 매입하거나 현물출자를 받는 방법으로 그 시가초과액을 특수관계인에게 대가 없이 분여한 경우(고가매입으로서의 부당행위계산에 해당하는 경우) 그 시가초과액은 이익의 무상이전액일뿐 비용화할 성질의 것이 아니므로 매수법인이나 현물출자를 받는 법인의 취득가액에 포함되지 않는다(法令 72조 4항 3호). 즉, 이 경우의 취득가액은 시가가 된다. 법인이 특수관계인 외의 자로부터 자산을 정상가액(시가의 1.3배)보다 높은 가액으로 매입한 경우에 있어서의 시가초과액도 기부금으로서 손금부인되고(法法 24조 1항; 法令 35조 2호) 기타 사외유출로 소득처분되므로(法令 106조 1항 3호) 같은 맥락에서 매입 자산의 취득가액에 포함되지 않는다.

② 특수관계인으로부터 저가로 매입한 유가증권의 취득가액   법인이 특수관계인으로부터 유가증권을 저가로 매입하여 부당행위계산으로 부인되는 경우에는 시가와의 차액이 매도인의 익금(매도인이 법인인 경우)이나 양도가액(매도인이 개인인 경우)에 더해짐과 동시에 이를 분여받은 매수법인의 익금에도 가산되는바(法法 15조 2항 1호), 매수법인의 익금에 가산된 금액은 매입 유가증권의 취득가액에 포함된다(法令 72조 3항 1호). 유가증권의 저가 매입시 이미 매수법인의 익금에 산입된 '시가와의 차액'을 나중에 매수법인이 해당 유가증권을 처분할 때 다시 양도차익의 형태로 과세하지 않기 위한 장치이다.

③ 장기할부조건으로 매입한 자산의 취득가액   법인이 자산을 장기할부조건으로 매입함에 따라 이자상당액을 가산하여 매입가액을 확정하고 할부방법으로 이를 지불한 경우 그 이자상당액은 해당 자산에 대한 자본적 지출로서 취득가액에 가산함이 원칙이지만, 법인이 장기할부조건(法令 68조 4항)으로 매입한 자산의 매입가액을 기업회계기준에 따라 현재가치로 평가하여 그 차액을 현재가치할인차금1)으로 계상한 경우 그 현재가치할인차금의 금액은 각 사업연도의

소득금액 계산시 비용으로 상각되는 반면 취득가액에서는 제외된다(法令 72조 4항 1호).1)

④ **연지급(延支給) 조건으로 매입한 자산의 취득가액**   자산의 구입대금을 연지급하고 그 연지급기간에 대한 이자상당액을 구입대금에 가산하거나 별도로 지급할 수 있는바, 이 경우 해당 자산의 취득가액을 어떻게 산정할 것인가가 문제될 수 있다. 매입대금의 연지급에 따른 이자는 매입자산 자체의 가치에 상당하는 것이 아니라 대금의 후불이라는 '신용의 공여'에 대한 대가로서 이자의 성질을 가지는 것이므로 해당 자산의 취득가액에 포함시키지 않음이 타당할 것이다. 그런데, 판례는 법인이 매입대금의 연지급에 따른 이자상당액을 구분계상한 경우와 매입대금에 가산하여 구분계상하지 아니한 경우를 구분하여 전자의 경우에는 당기의 금융비용으로서 손금에 산입하고 후자의 경우에는 매입자산의 가치의 일부를 구성하는 것으로 취득가액에 포함된다고 하고 있다. 예를 들면, 투자자산에 해당하는 주식을 연불조건으로 매입하면서 확정된 매매대금 외에 부불금 지급시까지 일정율에 의한 이자를 지급한 경우 그 이자금액은 당기의 금융비용으로서 손금에 산입하는 것으로 보고,2) 연지급 수입(Usance 수입)의 수입대금과 구분하여 계상하지 아니한 연지급에 따른 이자상당액은 원칙적으로 물품매입에 따른 부대비용으로서 취득가액에 포함된다고 본다.3) 법인세법 시행령도 판례의 취지에 따라 기획재정부령이 정하는 연지급수입에 따른 지급이자로서 취득가액과 구분하여 계상한 것은 취득가액에 포함하지 아니하는 것으로 규정하고 있다(法令 72조 4항 2호).

⑤ **증자거래에서 분여받은 무상수증익을 내포하는 신주의 취득가액**   증자거래에서 어떤 주주가 신주인수권을 포기하거나 신주를 고가로 인수함으로 인하여 다른 법인주주가 앞의 주주로부터 이익을 분여받은 경우 해당 무상수증익은

---

1) 현재가할인차금이란 채무의 명목가치와 현재가치(채무로 인하여 장래에 지급할 총금액을 적정한 이자율로 할인한 가액)와의 차액을 말한다(기업회계기준 66조 4항; 현재가치의 측정방법에 관해서는 재무회계개념체계 문단 154 내지 157 참조). 현재가치할인차금은 유효이자율법을 적용하여 상각하고 이를 이자비용 과목으로 계상하지만(동 기준 66조 5항), 현재가치할인차금 상각액은 지주회사 및 일반 법인에 의한 수입배당금 익금불산입을 제한하는 차입금에 대한 지급이자, 손금불산입 지급이자, 원천징수의 대상이 되는 지급이자 등에 포함되지 아니한다(法令 72조 5항).

1) 대법원 2009. 1. 30., 2006 두 18270.
2) 대법원 1993. 11. 23., 92 누 13622.
3) 대법원 1986. 12. 23., 85 누 933.

나중에 신주를 처분할 때에 양도차익의 형태로 과세되어야 하므로 이를 해당 신주의 취득가액에 포함시키지 않는다(法令 72조 4항 3호).

2) 제조·생산 또는 건설의 경우   자기가 제조·생산 또는 건설에 의하여 취득한 재고자산은 제조원가 또는 생산원가를 취득가액으로 한다(法法 41조 1항 2호; 法令 72조 2항 2호). 즉, 자기의 생산수단으로 제조·채굴·채취·재배·양식, 그 밖에 이에 준하는 행위에 의하여 취득한 제품 및 생산품 등 재고자산의 취득가액은 제조 등을 위하여 지출한 원재료비·노무비·운임·하역비·보험료·수수료·공과금(취득세와 등록면허세 포함)·설치비 기타 부대비용의 합계금액이 된다. 원재료 매입에 지출된 부대비용은 원재료 비용으로서, 완성된 제품이나 생산품의 검사료 또는 시험료는 제조경비로서 각 제조원가 또는 생산원가에 포함된다.

'재고자산'의 매입에 충당하기 위하여 차입한 금액에 대한 지급이자는 금융비용으로서 해당 자산의 취득가액에 포함하지 않고 발생시점에 손금에 산입함이 원칙이다. 그러나 '사업용 고정자산'의 매입·제작 또는 건설(이하 "건설 등"이라고 함)에 소요되는 차입금(고정자산의 건설 등에 소요되었는지의 여부가 불분명한 차입금은 제외)에 대한 지급이자 또는 이와 유사한 성질의 지출금(통상 줄여서 "건설자금에 충당한 차입금의 이자"라고 부름)으로서 손금에 산입하지 아니하는 금액도 해당 자산의 취득가액에는 포함된다(法令 72조 3항 2호, 52조 1항). 그 이유는 이자비용이 건설한 자산의 가치의 일부로 체화(體化)되었다고 보기 때문이다. 따라서 차입한 건설자금의 일부를 운영자금에 전용한 경우에는 그 부분에 상당하는 지급이자는 건설대상 자산의 취득가액에 포함시키지 않고 금융비용으로서 당기에 손금에 산입한다(法令 52조 3항). 같은 이유로 고정자산의 매입대금의 지급의무 중 일부를 소비대차로 전환한 뒤 지급한 이자는 '건설이 준공된 날까지' 발생한 부분은 건설자금이자로서 취득가액에 포함시키고, 그 이후 발생한 부분은 금융비용으로서 당기에 손금에 산입된다.[1] 역시 같은 맥락에서, 차입한 자금을 다른 용도로 사용하여 다른 수익(예를 들면, 예금의 이자)을 창출하던 중 건설자금에 충당한 경우에는 그 충당 시점부터 발생한 이자만 제조원가에 포함된다고 봄이 타당할 것이다.

3) 합병·분할·물적분할 또는 현물출자에 의하여 취득한 경우   합병,

---

1) 대법원 1986. 2. 25., 85 누 900.

분할, 물적분할 또는 현물출자로 취득한 자산의 취득가액의 산정기준은 사뭇 복잡하다. 첫째, 합병양도차익이나 분할양도차익에 대한 과세이연의 요건을 갖춘 적격합병이나 적격분할로 취득한 자산은 피합병법인이나 분할법인 등의 장부가액을 취득가액으로 한다. 과세이연의 방법으로 피합병법인 등의 장부가액을 승계하도록 하는 것이다(法令 72조 2항 3호 가목). 둘째, 적격합병이나 적격분할의 요건을 갖추지 못한 합병이나 분할로 취득한 자산과 현물출자로 취득한 자산 중에서 주식 등 외의 자산은 해당 자산의 시가를 취득가액으로 한다(동항 동호 나목). 셋째, 현물출자로 취득한 주식 등의 취득가액은 출자법인(출자법인과 공동으로 출자한 자 포함)이 그 현물출자로 피출자법인을 새로 설립하면서 그 대가로 주식 등만 취득한 경우에는 현물출자한 순자산의 시가로 하고, 그 밖의 경우에는 취득한 주식 등의 시가로 한다(동항 4호). 후자의 경우와 관련하여 해당 현물출자 자산의 시가보다 그 출자가액을 높게 약정함으로써 그 차액만큼 출자받은 법인이 출자한 법인에게 무상으로 이익을 분여하는 부당행위를 구성하는 경우(法令 88조 1항 1호) 부당행위부인의 대상이 되는 무상의 이익분여액 (즉, 현물출자 가액이 현물출자 자산의 시가를 초과하는 금액)은 현물출자자가 취득한 신주의 가액에 포함시키지 않는다(法令 72조 4항 3호). 이와 같이 고가의 현물출자로 취득한 신주의 취득가액을 출자가액 보다 낮은 현물출자 자산의 시가로 계상함으로써 무상의 이익분여액에 대한 과세를 해당 신주의 처분시까지 기다려 그 양도차익으로 과세되는 효과가 발생한다. 넷째, 물적분할에 따라 분할법인이 취득하는 주식 등의 취득가액은 물적분할한 순자산의 시가로 한다(동항 3호의2).

채무의 출자전환에 의하여 주주 등이 취득한 주식 등의 취득가액은 원칙적으로 그 주식 등의 시가로 하되, 다만 채무자 법인의 장래의 결손금 보전에 충당함으로써 비과세되는 채무면제익을 발생시키는 특정 유형의 채권의 출자전환(法令 15조 1항 각호에 열거된 것)을 통하여 취득한 주식 등의 취득가액은 출자전환된 채권(法法 19조의2 2항 각호에서 대손금의 손금산입을 제한하는 것 제외)의 장부가액으로 한다(法令 72조 2항 4호의2). 출자전환으로 발행된 주식의 시가보다 높은 출자전환된 채권의 장부가액을 취득가액으로 계상하게 함으로써 그 차액에 상당하는 채무면제익에 대한 비과세 효과를 유지시키기 위함이다.

그리고 합병 또는 분할(물적분할 제외)의 당사법인의 주주 등으로서 취득한 주식 등의 취득가액은 구주식 등의 장부가액에 합병 또는 분할로 인해 발생한 의제배당금액(法法 16조 1항 5호, 6호) 및 자본거래로 인하여 특수관계인으로부터 분여받은 이익(法令 11조 9호)의 금액을 더한 금액에서 합병대가 또는 분할대가 중 금전이나 그 밖의 재산가액의 합계액(합병교부금 또는 분할교부금)을 뺀 금액으로 한다(法令 72조 2항 5호). 합병이나 분할합병의 거래 당사법인의 주주 등이 아닌 법인이 해당 합병이나 분할합병으로 인하여 특수관계인으로부터 이익을 분여받은 경우에도 그 금액은 익금에 산입되어 과세되므로 분여받은 이익이 내포된 자산의 취득가액에 가산된다(法令 72조 5항 3호).

　　4) 1) 내지 3) 외의 방법으로 취득한 경우　　그 밖의 다른 방법으로 취득한 재고자산, 예를 들면 교환·수증에 의하여 취득한 재고자산은 취득 당시의 시가를 취득가액으로 한다(法令 72조 2항 7호). 다만, 상속세 및 증여세법 시행령 제12조에 따른 공익법인 등이 특수관계인 외의 자로부터 현금 아닌 자산을 기부받은 경우에는 기부한 자의 장부가액(사업소득자인 경우)이나 취득가액(사업소득자가 아닌 경우)을 취득가액으로 하고, '온실가스 배출권의 할당 및 거래에 관한 법률'에 따라 정부로부터 무상으로 할당받은 배출권의 취득가액은 영(0)원으로 한다(法令 72조 2항 5호의3, 6호).

　　5) 취득가액의 조정　　아래 (3)에서 보는 바와 같이 재고자산의 가치를 평가하는 경우에는 그 평가액을 취득가액으로 본다(法令 72조 5항 1호; 法法 42조 1항 2호 및 동조 3항 1호, 3호, 4호).

　　(3) 재고자산의 평가
　　① 재고자산의 평가의 허용　　법인이 그 보유자산의 장부가액을 평가증·감하더라도 그 증감액은 해당 재산의 장부가액에 반영하지 못함이 원칙이나(法法 42조 1항 본문), 재고자산의 평가증감액은 예외적으로 장부에 반영할 수 있다(동항 단서 및 2호). 왜냐하면, 위에서 언급한 바와 같이 상품 등의 매출원가의 산출을 위해서는 그 재고액을 파악하여야 하고, 재고액의 파악은 곧 재고자산의 평가증·감을 필히 수반하기 때문이다.

　　② 유가증권 외 재고자산의 평가방법　　유가증권을 제외한 재고자산은 (i) 취득가액을 기준으로 하는 원가법이나 (ii) 원가법에 의하여 평가한 가액과 기말 현재의 정상가액을 기준으로 하는 시가법에 의하여 평가한 가액 중 낮은 금액을 취하는 저가법 가운데 임의로 선택한 방법에 의한다(法令 74조 1항). 원가법에는

다시 개별법,1) 선입선출법,2) 후입선출법,3) 총평균법,4) 이동평균법,5) 매출가격 환원법6)의 6가지가 있다(동항 1호). 저가법의 적용을 허용하는 것은 시가에 의한 평가증을 할 수는 없지만 평가감을 할 수 있다는 의미이다. 다만, 파손·부패 등의 사유로 인하여 정상가격으로 판매할 수 없는 재고자산은 사업연도 종료일 현재 처분가능한 시가로 평가할 수 있다(法法 42조 3항 1호; 法令 78조 3항 1호).

③ **주식과 채권(債券)의 평가방법**　　주식은 원가법 중 총평균법 또는 이동평균법에 의하고, 채권의 평가는 이 2가지 방법과 개별법 중의 어느 하나로 한다(法令 75조 1항). 다만, 주식 등의 발행법인에게 지급불능 등의 특수한 사정이 발생한 경우 그 주식 등은 별도의 방법으로 평가하는 것이 허용된다. 즉, (i) 주권상장법인이 발행한 주식 등, (ii) 중소기업창업지원법에 따른 중소기업창업투자회사 또는 여신전문금융업법에 따른 신기술사업금융업자가 보유하는 주식 등 가운데 각각 창업자 또는 신기술사업자가 발행한 것, (iii) 특수관계에 있지 않은 비상장법인이 발행한 주식 등은 그 발행법인이 부도가 나거나, '채무자회생 및 파산에 관한 법률'에 따라 회생계획인가를 받거나 또는 기업구조조정촉진법에 따른 부실징후기업으로 지정된 경우에는 사업연도 종료일 현재의 시가로 평가할 수 있다(法法 42조 3항 3호 가목 내지 다목; 法令 78조 2항 1호, 3항 3호). 어떤 주식 등이든 그 발행법인이 파산한 경우에도 사업연도 종료일 현재의 시

---

1) 재고자산을 개별적으로 각각 그 취득한 가액에 따라 산출한 것을 그 자산의 평가액으로 하는 방법을 말한다(法令 74조 1항 1호 가목).
2) 먼저 입고된 것부터 출고되고 사업연도종료일부터 가장 가까운 날에 취득한 것이 재고로 되어 있는 것으로 하여 산출한 취득가액을 그 자산의 평가액으로 하는 방법을 말한다(法令 74조 1항 1호 나목).
3) 가장 가까운 날에 입고된 것부터 출고되고 사업연도종료일부터 가장 먼 날에 취득한 것이 재고로 되어 있는 것으로 하여 산출한 취득가액을 그 자산의 평가액으로 하는 방법을 말한다(法令 74조 1항 1호 다목).
4) 자산을 품종별·종목별로 해당 사업연도 개시일 현재의 자산에 대한 취득가액의 합계액과 해당 사업연도 중에 취득한 자산의 취득가액의 합계액의 총액을 그 자산의 총수량으로 나눈 평균단가에 따라 산출한 취득가액을 그 자산의 평가액으로 하는 방법을 말한다(法令 74조 1항 1호 라목).
5) 자산을 취득할 때마다 장부시재금을 장부시재수량으로 나누어 평균단가를 산출하고 그 평균단가에 의하여 산출한 취득가액을 그 자산의 평가액으로 하는 방법을 말한다(法令 74조 1항 마목).
6) 재고자산의 품종별로 당해 사업연도종료일에 있어서 판매될 예정가격에서 판매예정차익금을 공제하여 산출한 취득가액을 그 자산의 평가액으로 하는 방법을 말한다(法令 74조 1항 1호 바목).

가로 평가할 수 있다(法法 42조 3항 3호; 法令 78조 2항 2호, 3항 4호).

④ **투자회사 등의 집합투자재산과 보험회사의 특별계정에 속하는 자산의 평가방법**   자본시장법상의 투자회사 등이 보유한 집합투자재산은 기업회계기준에 따른 시가로 평가하고(法令 75조 3항), 보험회사의 특별계정(보험업법 108조 1항 3호에 규정된 연금저축계약, 퇴직보험계약, 변액보험계약 등의 준비금에 상당하는 자산의 구분계정)에 속하는 자산은 개별법, 총평균법, 이동평균법 또는 시가법 중 해당 보험회사가 선택하여 과세관청에 신고한 방법에 의하여 평가하되 한 번 선택한 방법은 계속 사용하여야 한다(法令 75조 4항).

⑤ **화폐성 외화자산·부채, 통화선도 등 및 환위험 회피용 통화선도 등의 평가방법**   이들 자산들의 평가방법은 그 보유자가 금융회사 등인지 여부에 따라 다르다. 우선, 금융회사 등이 보유하는 기업회계기준상의 화폐성 외화자산·부채는 사업연도 종료일 현재 기획재정부령으로 정하는 매매기준율 또는 재정(裁定)된 매매기준율1)(이하 "매매기준율 등"이라고 함)로 평가하고(法令 76조 1항 1호, 73조 3호), 금융회사 등이 보유하는 통화선도, 통화스왑 및 환변동보험(이하 "통화선도 등"이라고 함)은 계약상의 외화자산과 부채를 사업연도 종료일이나 계약체결일 중 해당 법인이 선택하여 관할세무서장에게 신고한 날 현재의 매매기준율 등으로 평가한다(法令 76조 1항 2호, 73조 4호). 그리고 금융회사 등 외의 법인이 보유하는 화폐성 외화자산·부채와 화폐성 외화자산·부채의 환위험을 회피하기 위하여 보유하는 통화선도 등도 계약상의 외화자산과 부채를 사업연도 종료일이나 계약체결일 중 해당 법인이 선택하여 관할세무서장에게 신고한 날 현재의 매매기준율 등으로 평가한다(法令 76조 2항 2호, 73조 5호).

위와 같은 화폐성 외화자산·부채, 통화선도 등, 환위험 회피용 통화선도 등의 평가에 따라 발생하는 원화금액과 원화기장액의 차익 또는 차손(즉, 평가차손익)은 해당 사업연도의 익금 또는 손금에 이를 산입하는데, 이때 통화선도 등의 계약 당시의 원화기장액은 계약에 따른 외화자산 및 부채의 가액에 계약체결일 현재의 매매기준율 등을 곱한 금액으로 한다(法令 76조 4항). 한편, 내국법인이 상환받거나 상환하는 외화채권·채무의 원화금액과 원화기장액 간의 차

---

1) 재정된 매매기준율, 즉 재정환율(裁定換率, arbitrated rate of exchange)이라 함은 국제환율의 중심인 미국 달러나 영국 파운드 등에 대한 자국통화의 교환비율을 먼저 결정하고, 이 기준율로 크로스 레이트에 의해 간접적으로 산정한 제3국통화와 사이의 환율을 말한다.

이로 발생하는 손실은 평가행위로 인한 것은 아니나 이에 준하는 것이므로 역시 상환일이 속하는 사업연도의 손금에 산입한다(동조 5항).

⑥ 가상자산은 선입선출법에 따라 평가한다(法令 77조).

3. 인 건 비

인건비란 해당 법인을 위하여 노무를 제공한 자연인에 지급하는 보수이다. 그러나 어느 시점에 지출된 모든 인건비가 같은 시기에 손금으로 산입되는 것은 아니다. 왜냐하면 노무의 투입 대상에 따라 인건비가 일반관리비·판매비·제조원가 등으로 배분되어 각각 비용으로 계상되는 시점이 다르기 때문이다. 물론 비용배분의 문제는 인건비에 국한된 것은 아니다.

(1) 사용인의 경우

1) 사용인의 정의   사용인은 통상적으로 법인과의 근로계약에 의하여 근로를 제공하고 그 대가를 받는 종업원을 말한다. 법인세법에서는 주주 또는 출자자가 아닌 임원, 상장법인의 소액주주인 임원도 사용인과 같이 취급하고 있다.

2) 사용인의 보수   실제로 제공받은 노무에 대하여 법인이 지급하는 적정보수는 인건비로서 손금산입된다. 노무에 대한 대가인 한 봉급, 급료, 보수, 세비, 임금, 수당 등 어떠한 이름으로 불리건 상관없다. 또한 현금급여이든 현물급여이든 상관없다. 법인이 그 사용인을 위하여 직장체육비, 직장연예비 등을 지출한 때에는 이를 손비로 한다(法令 45조 1항). 특수관계인을 포함한 지배주주 등(法令 87조 3항)에 해당하는 사용인에게 정당한 사유 없이 동일직위에 있는 지배주주 등이 아닌 사용인에게 지급하는 금액보다 많은 금액의 보수를 지급한 경우 그 초과액은 실질이 이익분여이기 때문에 손금에 산입하지 못한다(法令 43조 3항). 이와 관련하여 판례는 법인이 지배주주 등인 사용인에게 지급한 보수의 상당 부분이 실질적으로 이익분여임을 과세관청이 입증한 이상 그 속에 노무제공의 대가가 얼마가 포함되어 있는지는 납세의무자가 입증하여야 한다고 본다.[1]

3) 사용인의 상여금   이익처분에 의한 상여금이 아닌 한 손금산입이 허용된다(法令 43조 1항). 사용인에 대한 상여가 이익처분에 의하였는가, 그렇지

---

1) 대법원 2017. 9. 21., 2015 두 60884.

않은가의 회계처리 계정상의 차이로 그 손금성이 부인되기도 하고 인정되기도 한다는 것은 '이익처분'이라는 명목에 구애되어 실질을 무시하는 것이라고 할 것이다. 사용인은 '이익'의 분여를 받을 자격이 없기 때문에 명목이 이익처분이라고 하더라도 그 실질은 순수한 비용의 지출이라고 봄이 타당하기 때문이다. 사용인에게 이익처분의 명목으로 지급한 상여금의 손금산입을 부정하는 것을 굳이 정당화하자면, 법인이 자진하여 이익처분으로 경리한 것을 과세상 구태여 손금으로 용인할 필요가 있겠느냐는 것이다.

4) 사용인의 퇴직금　　법인이 사용인에게 지급하는 퇴직금은 사용인이 현실적으로 퇴직함으로 인하여 지급한 것에 한해 손금으로 인정된다(法令 44조 1항).[1] 현실적인 퇴직이라 함은 소득세법 부분에서 설명한 바와 같다(제2편 제1장 제4절 퇴직소득 참조). 다만, 해당 법인과 직접 또는 간접으로 출자관계에 있는 법인에의 전출은 현실적인 퇴직으로 보지 아니할 수 있다(法則 22조 1항). 법인세법상 손금으로 인정된다는 것은 기업의 손금계산 측면에서 비용으로 인정받는다는 것이지, 반드시 해당 퇴직금지급액 전액이 소득세법상 퇴직소득으로 인정된다는 것은 아니다(所則 17조). 법인의 해산에 의하여 퇴직하는 사용인에게 지급하는 해산수당 또는 퇴직위로금 등은 최종 사업연도의 손금으로 한다(法令 43조 5항).

(2) 임원의 경우

1) 임원의 정의　　임원이라 함은 (i) 법인의 회장, 사장, 부사장, 이사장, 대표이사, 전무이사, 상무이사 등 이사회의 구성원 전원과 청산인, (ii) 합명회사, 합자회사 및 유한회사의 업무집행사원 또는 이사, (iii) 유한책임회사의 업무집행자, (iv) 감사, (v) 기타 이상에 준하는 직무에 종사하는 자를 뜻한다(法令 42조 1항). 위 (iv)에서 '… 이상에 준하는 직무'란 법률상 위 (i) 내지 (iii)의 직무와 유사한 기능을 가졌으나 총재, 행장, 조합장, 검사인 등 별도의 직명으로 불리는 경우를 가리키는 것으로 보인다.

2) 임원의 보수　　법인세법상 임원이 법인에게 노무를 제공한 대가로 지급받는 금원은 보수와 상여금의 두 가지로 나뉜다. 보수는 비록 정관의 규정

---

[1] 지점설립준비에 관한 공로의 대가로 지급한 퇴직금은 퇴직금 아닌 근로소득에 해당하여 퇴직급여충당금 부인액의 손금추인사유로 될 수 없지만 그 금액은 인건비에 해당한다(대법원 1985. 11. 26., 83 누 230; 同 1986 12. 9., 86 누 469).

또는 주주총회의 결의로서 정해져야 받는 것이기는 하나, 이것은 해당 임원이 법인의 이익발생에 얼마나 기여하였는지에 상관없이 직무집행에 대한 대가로 받는 것이므로 기업의 수익활동에 따르는 비용으로 당연히 손금산입이 된다. 그러나 적정한 보수금액을 초과하는 분은 이익의 분여, 기부, 기타 구체적 사실에 따라 인건비 이외의 것으로 보아야 한다. 적정보수 초과의 문제는 통상 임원 또는 출자자 등에 해당하는 직원의 보수와 관련하여 일어난다. 적정보수의 판단기준은 (i) 수행임무의 성질과 책임의 경중, (ii) 임직원의 능력과 교육 및 경력, (iii) 임무수행에 소요되는 시간, (iv) 유사한 임무에 대한 타기업에 있어서의 보수수준, (v) 보수액이 기업이익에 의해 좌우되는지 여부, (vi) 보수와 기업지분 간에 관련이 있는지 여부 등에 둘 수 있을 것이다. 이와 관련하여 사용인에게 지급하는 보수의 경우에서와 마찬가지로 특수관계인을 포함한 지배주주 등(法令 87조 3항)에 해당하는 임원에게 정당한 사유없이 동일직위에 있는 지배주주 등이 아닌 임원에게 지급하는 금액보다 많은 금액의 보수를 지급한 경우에는 그 초과액을 손금에 산입하지 못한다(法令 43조 3항). 적정보수의 판단기준을 기업지분과의 관련성에 두고 있는 한 경우이다. 그러나 상근이 아닌 임원에게 지급하는 보수는 부당행위계산에 해당하는 경우를 제외하고는 원칙적으로 손금산입을 부정할 수 없다(法令 43조 4항).

3) 임원의 상여금

(a) **임원의 상여금의 손금산입 제한**   첫째, 임원에게 지급된 상여금 중 정관, 주주총회·사원총회 또는 이사회의 결의에 의하여 결정된 급여지급기준에 따라 지급하는 금액을 초과하는 부분은 손금불산입된다(法法 26조 1호; 法令 43조 2항). 즉, 사전에 정해진 적정한 범위 내의 금액만 손금으로 인정한다. 다만, 법인의 해산에 의하여 퇴직하는 임원에게 지급하는 해산수당 또는 퇴직위로금 등은 사용인의 경우와 마찬가지로 전액을 최종 사업연도의 소득금액 계산에 있어 손금으로 인정한다(法令 43조 5항).

둘째, 상여금은 기업의 성과에 따라 임원의 활동을 평가하여 주는 임시적, 은혜적 급부이므로 확정결산시 이익 또는 잉여금의 처분에 의하여 지급하는 경우가 많은바, 이처럼 이익처분에 의해 지급되는 상여금은 비용이 아니라고 보아 손금산입을 불허한다(法令 43조 1항 본문). 합명회사 또는 합자회사의 노무출자 사원에게 지급하는 보수는 일률적으로 이익처분에 의한 상여로 보아 손금산입을 불허한다(法令 43조 1항 단서). 노무출자 사원의 노무제공은 출자행위라고 보는데 그 까닭이 있는 듯하나, 노무출자의 경우에도 출자금액의 정함이 있으므로 그 금액을 초과하는 노무제공에 대한 보수는 통상의 보수지급과 같이 손금산입이 허용된다고 함이 타당할 것이다.

사용인의 상여금과 관련해서 앞서 지적한 바와 같이 이익처분의 방법으로 상여금이 주어진다 해도 특별보수로서의 성질을 띠고 있는 것이 사실이므로 단순히 그 지급의 법률적 형식을 기준으로 손금산입을 불허하는 것은 입법론적으로 재검토할 필요가 있다. 보수와 상여는 모두 넓은 의미의 보수이므로, 각각의 금액이 아니라 합계액을 기준으로 그 적정여부를 평가함이 합리적일 것이다.

(b) **사용인 겸 임원**   사용인에 대한 상여가 보수의 일부라는 데에는 학설이 일치한다. 그러므로 임원이 사용인으로서의 지위를 겸하고 있는 경우에는 임원으로서 받는 상여금과 사용인으로서 받은 상여금을 구분하여 생각하여야 한다. 구분처리를 규정하고 있는 일본 법인세법 제35조와 같은 규정이 우리에게는 없지만, 사용인에게 일반적으로 적용되는 기준에 따라 상여금을 지급하였다면 그 부분은 보수로서 다루어야 사리에 맞는다.

(c) **인정상여**   임원에게 상여금을 지급하는 데 요구되는 회사법상의 이익처분절차를 밟지 않았다 할지라도, 세무조정에 따라 증가한 각 사업연도의 소득에 상당하는 경제적 이익이 임원에게 귀속된 것이 분명한 경우에는 이익처분에 의한 상여로 보고, 귀속자가 불분명한 경우에는 대표자에 대한 상여로 본다(法法 67조; 法令 106조 1항 1호 나목).

(d) **임원의 상여에 대한 소득세**   임원에 대한 상여의 지급이 이익처분에 의한 것이라는 이유로 법인의 입장에서 손금불산입되더라도 이를 받는 임원의 입장에서는 소득세법상 배당소득이 아니라 근로소득으로 과세된다(所法 20조 1항 1호 (나) 및 (다)).

4. 감가상각비

(1) 감가상각의 의의
토지를 제외한 영업용 고정자산은 시간의 흐름에 따라 물리적으로 소모되거나 경제적 또는 기능적으로 진부화(陳腐化)되기 때문에, 그 자산에 투하된 비용을 자산의 내용연수에 따라 순차로 각 연도에 배분하게 되는데, 이것을 감가상각(depreciation)이라 하고, 이 절차를 통해 계상된 비용을 '감가상각비'라 한다. 법인의 고정자산의 감가상각비는 해당 법인이 이를 손금으로 계상한 경우(각 사업연도의 결산을 확정함에 있어서 손비로 계상하는 것을 말함)에만 손금으로 인정하되(결산주의), 감가상각 대상 자산의 취득가액, 내용연수 및 상각률을 요소로 하여 결정되는 상각범위액을 한도로 한다(法法 23조 1항). 법인세법상 감가상각액의 계상이 상각범위액 내에서 법인의 임의에 맡겨져 있다는 점에서 기업회계기준상의 그것과 다르다.

다만, 법인의 의지와 다르게 감가상각을 의제하는 경우가 있다. 첫째, 해당 내국법인이 법인세를 면제·감면받은 경우에는 해당 사업연도의 소득금액을 계산할 때 반드시 감가상각비를 손금에 산입하여야 한다(法法 23조 3항, 法令 30조). 감면기간이 경과할 때까지 감가상각비의 손금산입을 미루어 그 경과 후 사업연도의 소득금액을 줄이는 것을 방지하기 위한 것이다. 둘째, 법인이 (i) 감가상각자산을 취득하기 위하여 지출한 금액과 (ii) 감가상각자산과 관련하여 행한 특정의 자본적 지출액을 손비로 계상한 경우에는 그 지출 사업연도의 소득금액을 계산할 때 그 금액을 손비로 인정하지 않고 감가상각비로 계상한 것으로 보아 상각범위액을 계산한다(法法 23조 4항). 이 2가지 지출액은 지출 대상 자산의 내재적 가치를 증가시키는 효과를 가져왔다고 보아 단기간 회수 대상으로 인정하지 않고, 장기간에 걸친 회수 대상, 즉 감가상각비로 계상한 것으로 의제하는 것이다. 한편, 감가상각자산의 진부화, 물리적 손상 등에 따라 그 시장가치가 급격히 하락하여 법인이 기업회계기준에 따라 손상차손을 계상한 경우(법인세법 제42조 제3항 제2호에 따라 평가차손으로 인정되는 경우는 제외)에는 해당 금액을 감가상각비로서 손금으로 계상한 것으로 보아 상각범위액을 계산한다(法令 31조 8항). 감가상각비와 손상차손의 성질이 유사하기 때문이다.[1]

위와 같은 상각범위액의 원칙적 제한에도 불구하고 한국채택 국제회계기준(주식회사의 외부감사에 관한 법률 13조 1항 1호)을 적용하는 내국법인이 보유한 감가상각자산 중 유형고정자산, 시행령에서 정한 무형자산 및 한국채택 국제회계기준을 최초로 적용한 사업연도 전에 취득한 따른 영업권의 감가상각비는, (i) 해당 자산을 2013년 12월 31일 이전에 취득한 경우에는 한국채택 국제회계기준을 적용하지 아니하고 종전의 방식에 따라 손비에 산입할 수 있는 상각범

---

1) 대법원 2014. 3. 13., 2013 두 20844.

위액 상당액(종전감가상각비)까지, (ii) 그리고 해당 자산을 2014년 1월 1일 이후 취득한 경우에는 한국채택 국제회계기준을 최초로 적용한 사업연도의 직전 사업연도에 해당 자산의 동종자산에 대하여 감가상각비를 손금으로 계상할 때 적용한 상각방법(결산상각방법)과 기획재정부령으로 정하는 기준내용연수를 적용하여 계산한 감가상각비 상당액(기준감가상각비)까지 손금에 산입할 수 있다(法法 23조 2항; 法令 24조 2항, 26조의3). 후자, 즉 2014년 1월 1일 이후 취득한 자산의 경우에는 추가로 손금에 산입하려고 하는 개별 자산에 대한 감가상각비를 동종자산 별로 합한 금액이 일정한 '동종자신의 감가상각비 한도'를 초과하지 아니하는 범위에서만 손금에 산입할 수 있다(法令 26조의3 2항, 3항). 한국채택 국제회계기준의 적용에 따른 감가상각비 손금산입액의 축소라는 불이익을 주지 않기 위한 것이다(이러한 상각범위액의 확대로 인해 한국채택 국제회계기준의 적용에 따라 인정되는 감가상각비를 초과하여 추가로 인정되는 금액을 '추가 감가상각비'라고 함).

한국채택 국제회계기준 적용에 따른 2가지 감가상각비 한도 중 '종전감가상각비' 한도 적용의 개요는 다음과 같다. 우선, 종전감가상각비 한도 적용의 대상이 되는 자산은 한국채택 국제회계기준을 최초로 적용한 사업연도의 직전 사업연도(기준연도) 이전에 취득한 감가상각자산(기존보유자산) 및 기존보유자산과 동일한 종류로서 기존보유자산과 동일한 업종에 사용하는 것(동종자산)에 한정된다(法令 26조의2 1항). 이러한 자산에 대하여 개별 자산별로 계산한 추가 감가상각비는 일정한 한도금액 범위 내이어야 하고, 그 한도금액 범위 내의 추가 감가상각비를 동종자산별로 합산한 금액 역시 일정한 한도금액 범위 내이어야 하는바, 이러한 한도금액 범위 내의 추가 감가상각비를 손금에 산입한다(法令 26조의2 2항, 3항, 4항).

시험기기·공구·어구 등과 거래단위별로 100만 원 이하인 고정자산은 그 자산을 사업에 공한 날이 속하는 사업연도에 그 취득비용을 전액 손금으로 경리할 수 있다. 이것을 즉시상각이라 한다. 특정 유형의 자산을 즉시상각하기 위해서는 손금계상을 요한다(法令 31조 4항부터 7항 참조).

(2) 감가상각자산

감가상각자산은 기업이 소유하고 있는 고정자산(토지 제외) 중 사업에 사용되고 시간의 경과에 의해 가치가 감소하는 것으로서(法令 24조 3항 반대해석) 구체적인 항목은 법령에 열거되어 있다(法法 23조 3항; 法令 24조 1항). 우선 '사업에 사용된다'고 함은 수익창출에 이용되고 있는 상태를 의미하므로, 기계나 설비의 성능시험을 위한 시운전 행위는 사업에 사용하는 것이라고 볼 수 없다.[1] 다음, '자기소유'와 관련하여 법률적으로는 자기소유가 아니지만 경제적, 실질적 관점에서 자기소유라고 보아 감가상각자산으로 인정하는 것이 있다. 첫째, 장기할부조건으로 매입한 고정자산이다. 법인이 장기할부조건으로 매입한 감가상각자산의 가액 전액을 자산으로 계상[2]하고 사업에 사용하는 경우에는 그 대금의 청산 또는 소유권의 취득 여부에 관계없이 이를 해당 매수법인의 감가상각자산에 포함한다(法令 24조 4항). 둘째, 금융리스한 자산이다. 리스(lease)는 시설대여자(lessor)가 시설이용자(lessee)에게 물건을 대여하고, 그 대가로 리스료를 받는 거래를 말하는데, 이에는 순수한 임대차로서의 실질을 가지는 운용리스(operating lease)와 그 경제적 실질이 할부매매와 동일한 금융리스(capital lease)가 있다. 금융리스의 실질이 할부매매와 동일한 이유는 (i) 리스료를 리스자산의 구입금액 상당액에 이에 대한 리스기간 동안의 이자 상당액을 합한 금액을 리스기간에 안분하는 방법으로 정하고, (ii) 리스기간을 리스자산의 내용연수와 비슷하게 정하며, (iii) 리스기간 종료 후 시설이용자에게 염가의 구매선택권(right of refusal to purchase) 또는 계약갱신권(right of renewal)을 부여하는 등의 조건이 적용되기 때문이다. 운용리스 자산은 그 실질적 소유자가 여전히 시설대여자이므로 그로 하여금 감가상각하게 하고, 금융리스 자산은 시설이용자가 취득가액 상당액을 시설대여자로부터 차입하여 그 리스자산을 구입한 것으로 의제하여 그 시설이용자로 하여금 감가상각하게 하고 있다(法令 24조 5항). 그 결과 시설이용자는 금융리스 자산의 감가상각비와 리스료 중 차입금에 대한 이자상당액을 손금에 산입할 수 있다(法法 기본통칙 23–24…1조 1항 2호). '차입금에 대한 이자상당액'은 임차인에게 계약상 지급하기로 한 리스료 금액(기본리스료) 중 이자율법에 의하여 계산한 이자상당액으로 한다(동항 3호).

판례는 법인이 이사회 결의 등 적법한 절차를 거치지 아니한 채 특수관계

---

1) 대법원 2015. 9. 10., 2013 두 6862.
2) 다만 자산을 장기할부조건으로 취득함으로써 발생하는 채무를 현재가치로 평가하여 계상한 현재가치할인차금(現在價値割引差金)은 취득가액에 포함되지 아니하므로(위 2. (2) 참조), 고정자산가액 중 현재가치할인차금을 제외한 부분만이 감가상각의 대상이 된다. 할부매입거래의 경제적 실질을 현찰로 자산을 사면서 같은 금액을 꾸는 거래로 보는 까닭이다. 결국 자산이 생산활동에 투입되는 시점 현재의 자산가치가 취득원가가 된다.

에 있는 금융리스 이용회사와 사이에 해당 리스물건을 매수하는 계약을 체결하였더라도, 매매거래의 하자 등으로 인하여 해당 리스물건을 법적 소유자인 리스회사나 매도인인 금융리스 이용회사에 반환할 때까지 현실적으로 지배하면서 사업에 실질적으로 제공하였다면 이는 감가상각의 대상이 된다고 한다.1) 법령에 규정된 위 2가지 경우에 해당하지 않더라도 감가상각자산의 적격 요건으로서의 '소유'를 경제적, 실질적 관점에서 폭넓게 인정한다는 취지인데, 수익창출 과정에서 소모된 경제적 가치를 비용으로 인정하는 감가상각제도의 취지에 부합한다고 할 것이다.

    '자산유동화에 관한 법률'에 의한 자산유동화전문회사가 자산유동화계획에 따라 금융리스 자산을 양수하였더라도 여전히 시설이용자가 해당 리스자산을 감가상각할 수 있다(法令 24조 6항). 완전 매매(true sale)의 원칙에 의하여 자산보유자(시설대여자)로부터 자산유동화전문회사에게로 유동화자산인 리스채권의 양도가 이루어지지만, 금융리스계약은 여전히 시설대여자와 시설이용자 사이에 존속할 뿐만 아니라('자산유동화에 관한 법률' 14조 1항) 금융리스 자산을 시설이용자가 경제적으로 계속 보유한다는 점에는 아무런 변화가 없기 때문이다.

    감가상각자산의 하나인 영업권이라고 함은 "기업의 전통, 사회적 신용, 그 입지조건, 특수한 제조기술 또는 특수거래관계의 존재 등을 비롯하여 제조판매의 독점성 등으로 동종의 사업을 경영하는 다른 기업이 올리는 수익보다 큰 수익을 올릴 수 있는 초과수익력이라는 무형의 재산적 가치"를 의미하고,2) 이에는 (i) 사업의 양도·양수과정에서 양도·양수자산과는 별도로 양도사업에 관한 허가·인가 등 법률상의 지위, 사업상 편리한 지리적 여건, 영업상의 비법, 신용·명성·거래선 등 영업상의 이점 등을 감안하여 적절한 평가방법에 따라 유상으로 취득한 금액, (ii) 설립인가, 특정사업의 면허, 사업의 개시 등과 관련하여 부담한 기금·입회금등으로서 반환청구를 할 수 없는 금액과 기부금 등이 포함된다(法則 12조 1항). 법인이 어떤 지출을 하였는데 이에 상응하여 취득한 유형자산이 없고 장래의 초과수익력을 얻기 위한 목적이 있는 것으로 보이는 경우 그 지출을 영업권이라는 무형 고정자산의 취득대가로 본다는 의미이다. 따라서 영업권의 취득시점은 고정자산의 취득시점의 결정에 관한 원칙(法令 68

---

1) 대법원 2009. 7. 9., 2007 두 4049.
2) 대법원 2004. 4. 9., 2003 두 7804; 同 1997. 5. 28., 95 누 18697; 同 1985. 4. 23., 84 누 281.

조 1항 3호)에 따라 결정되어야 할 것이다.

(3) 감가상각비의 계산요소

1) 취득가액

① 취득가액의 결정   고정자산의 취득가액은 해당 자산의 매입가격이나 제작원가에 부대비용을 더한 금액이다(法法 41조 1항). 재고자산의 취득가액 계산의 원칙과 동일하므로 재고자산의 취득가액 계산에 관한 논의는 고정자산에도 그대로 적용된다(위 2. ⑵ 참조). 고정자산의 취득가액의 고유한 항목으로서 유형고정자산의 취득과 함께 국·공채를 매입한 법인이 기업회계기준에 따라 그 국·공채의 매입가액과 현재가치의 차액을 해당 유형고정자산의 취득가액으로 계상하는 경우 그 금액을 취득가액의 일부로 인정하는 것이 있다. 유형고정자산의 취득에 필수불가결하게 소요된 비용이므로 그 취득가액에 포함시키는 것이다(法令 72조 2항 3호).

② 취득가액의 조정   자산의 취득가액을 증·감 조정하는 경우가 있다. 첫째, 보험업법 기타 법률에 의해 유형자산 및 무형자산의 가액을 평가증한 경우의 그 평가증액이나(法令 72조 4항 1호; 法法 42조 1항 1호) 천재·지변·화재 등의 사유로 인하여 파손 또는 멸실된 고정자산의 평가감액만큼(法令 72조 4항 1호; 法法 42조 3항 2호) 고정자산의 취득가액을 증·감 조정한다.

둘째, 고정자산의 취득 후 그 자산과 관련하여 자본적 지출을 한 경우 그 금액을 취득가액에 가산한다(法令 72조 5항 2호). 법인세법상 '자본적 지출'이라고 함은 법인이 소유하는 감가상각자산의 내용연수를 연장시키거나 당해 자산의 가치를 현실적으로 증가시키기 위하여 지출한 수선비를 말하며, 그 예로는 (i) 본래의 용도를 변경하기 위한 개조, (ii) 엘리베이터 또는 냉·난방장치의 설치, (iii) 빌딩 등에 있어서 피난시설 등의 설치, (iv) 재해 등으로 인하여 멸실 또는 훼손되어 본래의 용도로 이용할 가치가 없는 건물·기계·설비 등의 복구, (v) 기타 개량·확장·증설 등 위의 각 항목과 유사한 성질의 것 등을 들 수 있다(法令 31조 2항). 자본적 지출액이 취득가액에 포함되면 그 증가된 취득가액을 기준으로 감가상각비를 계산하게 됨은 물론이다.

위와 같은 자본적 지출액 외의 수선, 보수비 등은 원칙적으로 수익적 지출로서 당기손비(current expenses)로 인정된다. 법인이 소유하는 자산의 원상을 회복하거나 능률유지를 위하여 지출한 수선비는 수익적 지출로 한다. 수익적 지출의 예로는 (i) 건물 또는 벽의 칠, (ii) 파손된 유리나 기와의 대체, (iii) 기계의 소모된 부속품의 대체와 벨트의 대체, (iv) 자동차의 타이어의 대체, (v) 재해를 입은 자산에 대한 외장의 복구, 칠 및 유리의 삽입, (vi) 기타 조업가능한 상태의 유지 등 위의 각 항목과 유사한 성질의 것을 들 수 있다(法則 17조).

그런데, 자산에 관한 자본적 지출과 수익적 지출의 구별이 반드시 명확한 것은 아니다. 특정의 수선비가 수익적 지출이냐 또는 자본적 지출이냐 하는 것은 그 지출의 성격과 효과만을 보고 판단할 것이 아니라, 오히려 그 기업이 경영하는 사업의 특성 및 경영방식 등과 관련하여 파악하여야 한다. 예컨대 호텔경영에 있어서는 수시로 건물의 유지·관리에 상당한 수선비가 든다. 어느 해지붕, 다음 해에 객실, 그 다음 해에 계단 및 엘리베이터, 또 다음 해에 대합실, 매점 등을 수리하기 위하여 매년 상당한 지출을 했다면, 비록 각 지출이 건물의 해당 부분의 가치를 증가시키고 또 지출효과가 지출연도를 넘어 존속하지만, '고객에게 간단없이 시설을 사용하게 하는' 호텔사업의 특성과 경영방식에 비추어 볼 때 각 지출을 수익적 지출로 봄이 타당할 것이다.

법인세법 시행령은 자본적 지출의 성격을 띤 것이라 하더라도 (i) 개별 자산별로 수선비로 지출한 금액이 600만 원 미만인 경우, (ii) 개별 자산별로 수선비로 지출한 금액이 직전 사업연도 종료일 현재 재무상태표상의 자산가액(취득가액에서 감가상각 누계액을 뺀 금액)의 100분의 5에 미달하는 경우, (iii) 3년 미만의 기간마다 주기적 수선을 위하여 지출하는 경우 등에는 그 지출액을 해당 사업연도의 손금으로 계상하는 조건으로 이를 수익적 지출로 본다(法令 31조 3항).

2) 내용연수   내용연수(耐用年數, useful life)라 함은 고정자산을 본래의 용도 또는 용법에 따라 사용할 수 있는 최대한의 기간을 말한다. 이러한 의미에 있어서의 내용연수를 특히 '추정 내용연수'라고도 한다. 내용연수는 그 자산의 구조 및 용도 등에 의해서 결정되어야 하나, 그것을 기업의 임의에 맡겨 놓을 경우 조세부담의 공평 및 조세채권의 확보라는 측면에서 불합리하므로 세법에서는 자산별·업종별로 기준 내용연수를 법정하고 있다. 기획재정부령이 정하는 시험연구용 자산과 무형자산은 기획재정부령이 정하는 내용연수와 상각방법별 상각률에 의하여 감가상각비를 계산하고(法令 28조 1항 1호; 法則 15조 2항 및 별표 2, 3, 4), 그 외의 감가상각자산은 기획재정부령이 정하는 '기준내용연수'에 그 100분의 25를 가감하여 기획재정부령이 정한 '내용연수범위' 안에서 법인이 선

택하여 세무서장에게 신고한 내용연수와 그에 따른 상각률에 의하여 감가상각비를 계산한다(신고 내용연수, 法令 28조 1항 2호; 法則 15조 2항 및 별표 4, 5, 6).

기존에 적용하던 내용연수는 그 후의 사업연도에도 계속 적용하는 것이 원칙이나(法令 28조 4항), (i) 자산의 현저한 훼손, (ii) 생산설비가동률의 현저한 증가, (iii) 신기술·신제품의 개발·보급, (iv) 조업중단과 생산설비가동률의 감소, (v) 국제회계기준을 최초로 적용하는 사업연도에 결산내용연수를 변경한 경우, (vi) 감가상각자산의 기준내용연수가 변경된 경우 등에는 기준내용연수에 그 기준내용연수의 100분의 50(위 (v)와 (vi)의 경우에는 100분의 25)을 가감한 범위 안에서 사업장별로 납세지 관할지방국세청장의 승인을 얻어 '내용연수범위' 밖의 내용연수를 정하거나 적용하던 내용연수를 변경할 수 있다(法令 29조 1항). 승인을 얻지 아니한 경우에는 기준내용연수를 계속 적용하여야 한다.[1]

법인 혹은 개인사업자로부터 취득(합병이나 분할로 취득한 경우 포함)한 중고자산(기준내용연수의 100분의 50 이상의 연수가 경과한 자산)의 경우 ① 기준내용연수의 100분의 50에 상당하는 연수와 ② 기준내용연수의 범위 내에서 선택하여 납세지 관할세무서장에게 신고한 내용연수(수정 내용연수) 중 어느 하나를 내용연수로 한다(法令 29조의2 1항).

3) 잔존가액　　감가상각자산의 잔존가액(residual or scrap value)이라 함은 내용연수가 모두 경과되어 그 고유의 목적으로 사용할 수 없어 폐기처분하게 될 때에 수취할 수 있을 것으로 추산되는 금액을 말한다. 취득가액에서 잔존가액을 뺀 금액이 감가상각 대상금액이 된다. 따라서 잔존가액을 어떻게 산정하느냐에 따라서 감가상각 대상금액이 달라지고, 이에 따라 감가상각비도 달라진다. 법인세법은 잔존가액을 법인이 임의로 추산하지 못하도록 일률적으로 규정하고 있다. 즉 고정자산의 잔존가액은 원칙적으로 영으로 하되, 다만 정률법(定率法)에 의하여 감가상각하는 자산인 경우에는 그 취득가액의 100분의 5에 상당하는 금액을 잔존가액으로 하고, 그 금액은 해당 고정자산에 대한 미상각잔액이 최초로 취득가액의 100분의 5 이하가 되는 사업연도의 상각범위액에 더한다(法令 26조 6항, 7항). 아래에서 보는 바와 같이 잔존가액이 0이면 정률법의 상각률을 계산할 수 없으므로 최소한의 잔존가액을 의제하는 것이다.

---

1) 대법원 2016. 1. 28., 2013 두 7001.

(4) 감가상각비의 계산방법

취득가액에서 잔존가액을 뺀 감가상각 대상금액을 그 내용연수에 걸쳐 배분하는 방법으로는 여러 가지가 있으나 세법은 그 중 정액법·정률법·생산량비례법 등 세 가지만을 인정하고 있다(法令 26조 2항). 위 (2)에서 본 바와 같이 내용연수의 결정에 관해 법인에게 일정한 범위의 선택권이 주어짐에 따라 상각률도 신축적으로 정해진다(法令 28조 1항).

1) 정액법(균등상각법)   해당 감가상각 대상자산의 취득가액에 해당 자산의 내용연수에 따른 상각률을 곱하여 계산한 각 사업연도의 상각범위액이 매년 균등하게 되는 방법을 말한다. 이것을 산식으로 풀이하면 다음과 같다.

감가상각비＝취득가액／정액법 상각률
정액법 상각률＝1／내용연수

위 산식에 따른 구체적인 상각률은 법인세법 시행규칙 제15조 제2항의 별표 4의 상각률표에 규정되어 있다.

2) 정률법(미상각잔액법)   감가상각 대상자산의 취득가액에서 이미 상각액으로 손금에 산입한 금액을 공제한 잔액(미상각잔액)에 해당 자산의 내용연수에 따른 상각률을 곱하여 계산한 각 사업연도의 상각범위액이 매년 체감되는 방법을 말한다. 이것을 산식으로 풀이하면 다음과 같다.

감가상각비＝미상각잔액×정률법 상각률
정률법 상각률＝$1 - \sqrt[n]{\text{잔존가액}/\text{취득가액}}$ (단, n은 내용연수)

위 산식에 따른 구체적인 상각률은 역시 법인세법 시행규칙 제15조 제2항의 별표 4의 상각률표에 규정되어 있다.

3) 생산량비례법   (i) 해당 감가상각자산의 취득가액을 그 자산이 속하는 광구의 총 채굴예정량으로 나누어 계산한 금액에 해당 사업연도의 기간 중 그 광구에서 채굴한 양을 곱하여 계산한 금액 또는 (ii) 해당 감가상각자산의 취득가액을 그 자산인 폐기물매립시설의 매립예정량으로 나누어 계산한 금액에 해당 사업연도의 기간 중 그 폐기물매립시설에서 매립한 양을 곱하여 계산한 금액을 각 사업연도의 상각범위액으로 하는 방법을 말한다. 이것을 산식으로

풀이하면 아래와 같다.

감가상각비=해당 사업연도 채굴량 또는 매립량×취득가액/총채굴예정량 또는
총매립예정량

건축물과 무형자산에 대해서는 정액법만 단일하게 적용되고, 그 외의 자산에 대해서는 자산별로 세법 소정의 방법 중에서 납세자가 선택할 수 있다(法令 26조 1항). 납세자는 세법 소정의 기한 내에 선택한 감가상각방법을 신고하여야한다(동조 3항). 신고를 하지 않은 때에는 건축물과 무형자산(광업권 제외)에 대하여는 정액법, 건축물 외의 유형자산(광업용 유형자산 제외)에 대하여는 정률법, 광업권 및 광업용 유형자산에 대하여는 생산량비례법에 의한다(동조 4항). 한편, (i) 감가상각방법이 서로 다른 법인이 합병(분할합병 포함)한 경우, (ii) 어떤 사업자가 감가상각방법을 달리 사용하는 다른 사업자의 사업을 인수 또는 승계한 경우, (iii) 외국인투자촉진법에 의하여 외국투자자가 내국법인의 주식 등을 100분의 20 이상 인수 또는 보유하게 된 경우 및 (iv) 해외시장의 경기변동 또는 경제적 여건의 변동으로 인하여 종전의 상각방법을 변경할 필요가 있는 경우, (v) 기획재정부령으로 정하는 회계정책의 변경에 따라 결산상각방법이 변경된 경우 등에는 법인은 기존의 상각방법을 과세관청의 승인을 얻어 변경할 수 있고(法令 27조 1항), 이에 따라 상각방법을 변경하는 경우 그 변경직후의 '상각범위액'의 계산에 관해서는 시행령에서 구체적으로 정하고 있다(동조 6항).

(5) 감가상각비 시·부인 계산

법인이 기업회계기준에 따라 계산한 특정 사업연도의 감가상각액이 법인세법 소정의 내용연수와 상각률에 따라 계상한 '상각범위액'을 초과하는 경우에는 그 초과액을 감가상각비로 손금에 산입할 수 없는바, 그럼에도 불구하고 법인이 기업회계기준에 따른 감가상각액 전액을 손금으로 계상한 경우에는 그 초과액의 손금산입은 부인된다. 이를 상각부인액이라고 한다. 한편, 기업회계기준에 따른 특정 사업연도의 감가상각액이 법인세법상의 '상각범위액'에 미달하고, 법인이 기업회계기준에 따른 감가상각액만 손금에 산입하는 경우도 있을 수 있는바, 그 미달금액을 '시인부족액'이라고 한다(法令 32조 1항).

특정 사업연도의 상각부인액은 그 후 사업연도로 이월되어 그 후 사업연도

에 발생한 시인부족액의 범위 내에서 손금에 산입할 수 있다(法法 23조 5항). 전술한 바와 같이 감가상각비는 법인이 이를 손금으로 계상한 경우에 한하여 손금으로 인정되는 것이지만, 이처럼 선행 사업연도의 상각부인액을 이월하여 후행 사업연도의 시인부족액에 충당하고 손금에 산입하는 경우에는 이러한 원칙에 불구하고 법인이 감가상각비를 계상하지 않은 경우에도 손금으로 추인한다(法令 32조 1항).[1] 상각부인액과 달리, 특정 사업연도의 시인부족액은 그 후 사업연도로 이월하여 상각부인액에 충당할 수 없다(法令 32조 2항). 법인이 어떤 사업연도 중에 감가상각자산을 양도한 경우에는 해당 자산의 잔존 상각부인액은 이를 양도일이 속하는 사업연도의 손금에 산입한다(法令 32조 5항).

　　법인이 1개 사업연도에 동일한 자산에 관하여 감가상각과 평가증을 병행한 경우에는 먼저 감가상각을 하고 뒤에 평가증을 한 것으로 보아 상각범위액을 계산한다(法令 32조 4항). 이 경우 선행 감가상각에 따라 계산된 상각부인액이 있으면, 후행 평가증에서 발생한 평가증액을 익금에 산입한 것으로 의제하면서 그 평가증액의 범위까지 해당 상각부인액을 손금으로 추인한다(상호 간 상쇄). 이 경우 상각부인액이 평가증액을 초과하여 상쇄하고도 남으면, 그 초과부분은 그 후 사업연도로 이월되는 상각부인액으로 하고, 반대로 평가증액이 손금으로 추인되는 상각부인액을 초과함으로써 상각부인액을 상쇄하고도 남으면, 그 잔존 평가증액(일종의 시인부족액)은 소멸하는 것으로 간주한다(法令 32조 3항).

(6) 업무용승용차의 감가상각비 계산의 특례

　　법인이 취득하거나 임차하여 업무에 사용한 승용자동차로서 운수업, 자동차판매업 등의 사업에 직접 사용하는 것과 연구개발을 목적으로 사용하는 것을 제외한 것(업무용승용차)의 감가상각비 산정 방식에 관해서는 정액법을 상각방법으로 하고, 내용연수를 5년으로 하여 손금산입 대상 감가상각비를 계산하도록 하는 등의 특별한 제한을 두고 있고(法法 27조의2 1항; 法令 50조의2 2항), 업무용승용차 별로 해당 사업연도 감가상각비나 해당 사업연도 임차료 중 감가상각비 상당액이 8백만 원(부동산임대업을 주된 사업으로 하는 법인 등의 경우에는 4백만 원)을 초과하는 경우 그 초과금액은 다음 과세기간으로 이월하여 필요경비에 산입하도록 하고 있으며(法法 27조의2 3항, 5항), 업무용승용차 별로 처분손실이 8백만 원(부동산임대업을 주된 사업으로 하는 법인 등의 경우에는 4백만 원)을 초

---

1) 대법원 2014. 3. 13., 2013 두 20844.

과하는 금액도 이월하여 손금에 산입하도록 하고 있다(동조 4항, 5항).

(7) 적격합병 등의 경우의 감가상각비 계산의 특례

과세이연이 적용되는 적격합병(法法 44조 2항, 3항), 적격분할(法法 46조 2항) 등의 거래를 통하여 취득한 '종전감가상각비'(위 (1) 참조) 적용 대상자산의 감가상각비 계산 및 적격 위반사유 발생 시의 감경세액의 환수에 관해서는 별도의 특별 규정이 적용된다(法令 26조의2 6항부터 10항까지). 그러한 자산의 취득가액이나 미상각잔액의 계산의 특례, 양도인이 적용하던 상각방법과 양수인이 적용하던 상각방법의 선택적 적용의 허용, 적격 위반사유 발생 시 이러한 특례 적용으로 감경받은 세액의 환수 등에 관해서도 마찬가지이다(法令 29조의2 2항, 3항, 4항).

5. 자산의 임차료

사업에 사용할 목적으로 임차한 타인의 자산에 대한 임차료는 손금산입된다. 여기서 말하는 자산은 동산·부동산을 가리지 않지만 권리의 임차는 포함되지 않는다. 권리의 임차에 대한 대가에 대해서 법인세법은 통상 '사용료'라는 표현을 쓰고 있다(예, 法法 93조 8호). 임차료의 금액은 임대차계약에서 임차료로 정해진 것 외에, 임차인이 부담하게 된 각종 비용도 포함한다. 가령 임차인이 임대인이 납부하여야 할 재산세, 부동산 취득세 등을 부담하기로 했다거나, 임대차목적물을 담보로 한 임대인의 채무에 대한 이자를 부담하기로 했다면 이것은 명백히 임차료의 일부가 된다. 임대인으로부터 상환받지 않기로 한 유익비의 지출은 자본적 지출로 보아 임차기간 또는 지출의 효용기간 중 짧은 기간에 걸쳐 비용으로 배분하여야 한다.

6. 차입금의 이자

사업의 자금수요에 충당하기 위하여 차입한 금액에 대해서 지급한 이자는 이자제한법의 저촉 여부를 묻지 않고 손비로 인정된다. 이자의 금액은 이자라는 명목으로 불리는 것에 한정되지 않는다.[1] 차주가 부담하기로 한 대주의 이

---

1) 법인이 주식을 연불조건으로 매입 취득하면서 연불조건에 대한 반대급부로 계약상 확정된 매매대금 외에 부불금 지급시까지 일정률에 의한 이자를 추가로 지급하기로 하여 그에 따라 실제로 지급한 이자는 당해 주식취득과 관련하여 지출된 것이기는 하나 주식 자체의 평가액인 매매대금과는 별도로 지출된 비용이라 할 것이므로 특별한 사정이 없는 한 법인

자소득세 및 기타 간주이자도 손금산입이 허용되는 지급이자에 포함된다.

7. 주식매수선택권의 행사비용이나 주식기준보상액의 보전액

모회사가 자회사의 임직원에게 주식매수선택권을 부여하고 그 행사에 따른 지출액을 자회사로부터 상환받거나 주식이나 주식가치에 상당하는 금전으로 상여금을 지급하고 그 지급액을 자회사로부터 상환받는 경우가 많다. (i) 금융지주회사가 상법(542조의3)에 따라 그 자회사의 임직원에게 부여한 주식매수선택권을 자회사의 임직원이 행사함으로써 발생한 비용이나 그 자회사의 임직원에게 주식이나 주식가치에 상당하는 금전으로서 기획재정부령으로 정하는 것(이하 "주식기준보상액"이라고 함)을 상여금으로 지급함으로써 발생한 비용을 자회사로부터 보전받는 경우 또는 (ii) 기획재정부령으로 정하는 해외 모회사가 국내 자회사의 임직원에게 부여한 주식매수선택권을 국내 자회사의 임직원이 행사함으로써 발생한 비용이나 국내 자회사의 임직원에게 주식기준보상액을 지급함으로써 발생한 비용을 국내 자회사로부터 보전받는 경우 해당 자회사는 그 보전금액을 손금에 산입할 수 있다(法令 19조 19호). 자회사가 자신의 임직원으로부터 근로를 제공받는 대가로 지출하는 금액이므로 당연히 손금에 산입될 성질의 것이다.

8. 대 손 금

채권의 회수불능은 자산감소의 원인이므로 법인의 소득금액 계산상 손금에 포함된다(法法 19조의2 1항). 채권자의 파산과 같이 객관적으로 뚜렷한 사실이 있는 경우를 제외하고는 일반적으로 채권의 불량화는 서서히 진행되며 또한 기준이 모호하다. 시행령은 대손금(貸損金) 발생의 인정요건을 엄격히 규정하고 있다(法令 19조의2 1항). 즉, (i) 상법상의 소멸시효가 완성된 외상매출금 및 미수금, (ii) 어음법 또는 수표법에 의하여 소멸시효가 완성된 어음 또는 수표, (iii) 대여금 및 선급금으로서 민법상의 소멸시효가 완성된 것, (iv) '채무자 회생 및 파산에 관한 법률'에 따른 회생계획인가의 결정 또는 법원의 면책결정에 따라 회수불능으로 확정된 채권, (v) 잉여의 가망이 없어 채무자의 재산에 대한 경매가 취소(民執法 102조)된 압류채권, (vi) 물품의 수출로 발생한 채권으로서

세법상 영업외비용으로서 손금산입할 수 있다(대법원 1993. 11. 23., 92 누 13622).

외국환거래에 관한 법령에 의하여 한국은행총재 또는 외국환은행의 장으로부터 채권회수의무를 면제받은 것, (vii) 물품의 수출 또는 외국에서의 용역제공으로 발생한 채권으로서 일정한 사유에 해당하여 한국무역보험공사로부터 회수불능으로 확인된 채권, (viii) 채무자의 파산·강제집행·형의 집행·사업의 폐지·사망·실종 또는 행방불명으로 인하여 회수할 수 없는 채권,[1] (ix) 중소기업으로부터 외상판매 대금의 수취를 위하여 받은 수표나 어음의 부도발생일로부터 6월 이상 경과한 수표 또는 어음상의 채권 및 외상매출금(저당권이 설정되어 있는 경우 제외), (x) 납세지 관할세무서장으로부터 국세 결손처분을 받은 채무자에 대한 채권(저당권이 설정되어 있는 채권 제외), (xi) 회수기일을 6월 이상 경과한 채권 중 회수비용이 해당 채권가액을 초과하여 회수실익이 없다고 인정되는 채무자별 10만 원 이하의 채권, (xii) 금융회사 등이 금융감독원장이 정한 대손처리기준에 따라 금융감독원장으로부터 대손금으로 승인받거나, 금융감독원장이 대손처리기준에 해당한다고 인정하여 금융회사 등에게 대손처리를 요구한 채권으로서 금융기관이 대손금으로 계상한 것, (xiii) 중소기업창업지원법상의 중소기업창업투자회사가 창업자에 대하여 가지는 채권으로서 중소기업청장이 기획재정부장관과 협의하여 정한 기준에 해당하는 것 등이 있다. 그 밖에 법인이 기업회계기준에 따른 채권의 재조정[2]에 따라 그 장부가액과 현재가치의 차액을 대손금으로 계상하면 이를 손금에 산입하고, 이렇게 손금에 산입한 금액은 기업회계기준에 따른 환입방법에 따라 익금으로 환입한다(法令 19조의2 5항).

　　보증채무의 이행으로 발생한 구상채권과 특수관계인에게 법인의 업무와 관련 없이 대여한 금액(가지급금)의 반환채권은 대손처리의 대상으로 인정하지 않는다(法法 19조의2 2항). 법인이 그 고유업무의 수행과 무관하게 계열사 등 특수관계인에게 신용을 공여하는 것을 제한하기 위한 것이다. 다만, 대규모기업집단에 속하는 회사의 예외적인 채무보증(공정거래법 10조의2 1항 각호), 금융회사 등과 신용보증사업을 경영하는 법인의 채무보증, '대·중소기업 상생협력 촉

---

1) 대손금의 요건을 갖춘 사실이 객관적으로 밝혀지면 대손금으로 인정되는 것이지 법원의 강제집행 결과, 무재산·행방불명 등을 원인으로 한 '강제집행 불능 조서' 등의 구비서류가 갖추어져야만 하는 것은 아니다(대법원 1990. 3. 13., 88 누 3123).

2) 채권의 재조정이라고 함은 채무자의 재무적 어려움으로 인하여 채무의 완전한 이행이 어려운 상태에서 당사자간의 합의 또는 법원의 결정 등의 방법으로 채무의 원리금 감면, 이자율 인하, 만기 연장 등의 형태로 채무자의 부담을 완화해주는 것을 말한다(기업회계기준서 13호 채권채무재조정 문단).

진에 관한 법률'에 따른 위탁기업이 수탁기업에 대하여 행한 채무보증, '국가를 당사자로 하는 계약에 관한 법률' 시행령 제52조 제1항 제1호에 따른 연대보증의 이행으로 발생한 구상채권, 건설업 및 전기통신업을 영위하는 내국법인이 건설사업과 직접 관련하여 특수관계인에 해당하지 아니하는 자에 대한 채무보증은 대손불인정 대상에서 제외된다(法令 19조의2 6항). 즉, 대손처리가 인정된다. 이러한 대손처리의 예외적 인정은 한정적인 것으로 보아야 할 것이다.1) 한편, 대손처리가 인정되지 않는 이러한 구상채권 및 가지급금 채권의 처분손실도 손금산입이 허용되지 않는다(동조 7항). 판례는 특수관계인에 대한 가지급금 채권의 처분손실의 손금산입을 제한하는 이유는 그 특수관계의 존재 때문이므로, 채권의 처분 시점에 이미 특수관계가 해소되었다면 그 처분손실의 손금산입이 제한되지 않는다고 판시하였으나,2) 그 판결 후 대여 당시 특수관계가 있으면 손금산입을 제한하는 것으로 법이 개정되었다(法法 19조의2 2항 후문).

대손금은 해당 법인이 대손이 확정된 사업연도의 결산상 대손처리를 한 경우에 한하여 손금으로 산입할 수 있고,3) 또한 손입산입하고자 하는 대손금의 명세서를 관할세무서장에게 제출하여야 한다(法法 19조의2 4항). 그러나 명세서 제출은 손금산입의 요건은 아니라고 보아야 할 것이다. 행정적 협조의무의 위반이 대손금으로서의 본질에 영향을 줄 수는 없기 때문이다. 한편 손금에 산입한 대손금 중 회수한 금액은 법인세법 시행령 제11조 제7호에 규정된 "손금에 산입한 금액 중 환입된 금액"이므로 그 회수한 날이 속하는 사업연도의 소득금액 계산에 있어 익금에 산입한다(法法 19조의2 3항).

여기서 위 법인세법 시행령 제19조의2 제1항에 열거된 사유만 대손금 계상의 근거가 되는 것인가 하는 문제가 있다. 동 법령 조항에 열거된 사유들은 채권의 회수불가능을 증명하거나 추정할 수 있는 대표적인 간접 사실들을 예시

---

1) 대법원 2016. 1. 14., 2013 두 17534.
2) 대법원 2017. 12. 22., 2014 두 2256.
3) 대법원 1992. 1. 21., 91 누 1684.
   대손금의 형태는 그에 대응한 청구권이 법적으로 소멸된 경우와 법적으로는 소멸되지 않았으나 채무자의 자산상황, 지급능력 등에 비추어 자산성의 유무에 대하여 회수불능이라는 회계적 인식을 한 경우로 구분할 수 있으며, 전자는 당연히 회수할 수 없게 된 것이므로 법인이 이를 대손으로 회계상의 처리를 하든 안하든 간에 그 소멸된 날이 속하는 사업연도의 손금으로 산입되는 것이고, 후자는 채권 자체는 그대로 존재하고 있으므로 법인이 회수불능이 명백하게 되어 대손이 발생했다고 세무회계상의 처리를 하였을 때에 한하여 세무회계상 당해 사업연도의 손금에 산입할 수 있다(대법원 1988. 9. 27., 87 누 465).

적으로 열거한 것일 뿐 그러한 사유에 해당하지 않지만 실제로 채권의 회수가 불가능한 경우가 얼마든지 있을 수 있기 때문에, 반드시 위 시행령 조항에 열거된 사유에 해당하는 채권만 대손금으로 인정된다고 해석할 수는 없다고 본다.[1] 미국 판례상으로도 재산의 대손(貸損, worthlessness)은 납세자가 입증하여야 하지만, 납세자가 궁극적 '보충의 불가능(impossibility of eventual recoupment)'을 증명할 것까지 요구되지는 않는다.[2] 다만, '합리적으로 설득력 있는 증거에 의하여(by reasonably convincing evidence)'[3] 또는 '증거의 우위에 의하여(by preponderance of evidence)'[4] 증명하여야 한다고 하고 있다. 일본에서도 회사가 자회사의 합리적인 재건계획에 근거하여 채권의 포기를 행하였다는 사실만 입증하면, 그 손실은 손금에 산입되는 것으로 해석하고 있다.[5]

9. 자산의 평가손실

(1) 자산의 평가손실의 손금불산입 원칙과 예외

자산의 평가손실은 원칙적으로 손금에 산입하지 못한다(法法 22조 본문). 소득금액 조작의 우려 때문이다. 다만, 유형자산이 천재·지변·화재 등의 사유로

---

1) 同旨 이창희, 세법강의, 박영사(7판, 2008), 819면.

2) United States v. S.S. White Dental Mfg. Co., 274 U.S. 398(1927). 이 판결은 미국 법인이 소유하고 있는 독일 자회사의 주식과 동 자회사에 대한 채권을 독일 정부가 전쟁 상대방국, 즉 적국의 재산으로 인정하여 몰수한(sequestrate) 사안에서, 그러한 재산의 몰수는 대손의 대상이 된다고 인정한 것이다.

당시 이 판결에서 적용 대상이 된 법령은 다음과 같은 것이었다.

§234 of the Revenue Act of 1918: authorizes the deduction in the computation of income taxes of 'losses sustained during the taxable year and not compensated for by insurance or otherwise.'

Article 141 of Treasury Regulations: losses incurred in the taxpayer's trade or business or in any transaction entered into for profit may be deducted but such losses 'must usually be evidenced by closed and completed transactions.'

Article 151 of Treasury Regulations: where all the surrounding and attendant circumstances indicate that a debt is worthless and uncollectible and that legal action to enforce payment would in all probability not result in the satisfaction of execution on a judgment, a showing of these facts will be sufficient evidence of the worthlessness of the debt for the purpose of deduction.

3) Royal Packing Co. v. Commissioner, 22 F. 2d 536(9th Cir. 1927).

4) Mohr v. United States, 168 F. Supp. 734(D. Va. 1959), rev'd and remanded on other grounds, 274 F. 2d 803(4th Cir. 1960).

5) 法人稅法 基本通達 9-4-2; 中村慈味, 法的·私的整理における債權者·債務者の税務, 財團法人 大藏財務協會(平成 18年), 348面.

파손 또는 멸실되거나 법률에 의하여 수용됨으로써 평가가치가 저하된 경우에
는 사업연도 종료일 현재의 시가로 평가하여 그 평가손실을 손금에 산입할 수
있다(法法 22조 단서, 42조 3항 2호; 法令 78조 1항, 3항 2호).

    그러나 재고자산과 유가증권의 평가손실은 비교적 폭넓게 손금산입이 허
용된다. 첫째, (i) 제품·상품·반제품·재공품·원재료·저장품 등의 재고자산,
(ii) 주식과 출자지분, 채권, 집합투자재산인 유가증권 또는 보험회사의 특별계
정(보험업법 108조 1항 3호)에 속하는 자산으로서의 유가증권, (iii) 금융기관이
보유하는 외화자산 및 부채, (iv) 금융회사 등이 보유하는 기획재정부령으로 정
하는 통화선도, 통화스왑 및 환변동보험(이하 "통화선도 등"이라고 함), (v) 금융
회사 등 외의 법인이 화폐성외화자산·부채의 환위험을 회피하기 위하여 보유
하는 통화선도 등의 평가손실은 손금산입이 허용된다(法法 22조 단서, 42조 1항
단서 및 3호; 法令 73조, 76조 4항). 내국법인이 상환받거나 상환하는 외화채권·채
무의 원화금액과 원화기장액 간의 차이로 발생하는 손실은 평가행위로 인한 것
은 아니나 이에 준하는 것이므로 역시 상환일이 속하는 사업연도의 손금에 산
입한다(法令 76조 5항). 둘째, 파손·부패 등의 사유로 정상가격으로 판매할 수
없는 재고자산의 평가손실도 손금에 산입할 수 있다(法法 22조 단서, 42조 3항 1
호). 셋째, (i) 주권상장법인이 발행한 주식 등, (ii) 중소기업창업지원법에 따른
중소기업창업투자회사 또는 여신전문금융업법에 따른 신기술사업금융업자가
보유하는 주식 등 가운데 각각 창업자 또는 신기술사업자가 발행한 것, (iii) 특
수관계에 있지 않은 비상장법인이 발행한 주식 등은 그 발행법인이 부도가 나
거나, '채무자회생 및 파산에 관한 법률'에 따른 회생계획인가를 받거나 또는
기업구조조정촉진법에 따른 부실징후기업으로 지정된 경우에는 사업연도 종료
일 현재의 시가로 평가하여 그 평가손실을 손금에 산입할 수 있다(法法 22조 단
서, 42조 3항 3호 가목 내지 다목; 法令 78조 2항 1호, 3항 3호). 넷째, 어떤 주식 등
이든 그 발행법인이 파산한 경우에는 사업연도 종료일 현재의 시가로 평가하여
그 평가손실을 손금에 산입할 수 있다(法法 22조 단서, 42조 3항 3호 라목; 法令 78
조 3항 4호).

    법인세법 시행령 제19조 제9호에서 손금에 산입한다고 규정한 자산의 평
가손실은 이러한 규정에 따라 예외적으로 손금에 산입함이 허용되는 것에 국한
된다고 할 것이다.

(2) 외화자산과 통화선도 등의 평가손실액 계산

위 (1)에서 언급한 바와 같이 금융기관이 보유하거나 부담하는 외화자산 및 외화부채와 기획재정부령으로 정하는 통화선도 등의 평가손실과 내국법인이 보유하는 외화채권의 수령과 외화채무의 상환에 따른 차손은 손금산입이 허용되는데, 그 차손의 가액은 해당 외화자산 및 외화부채와 통화선도 등을 평가한 원화금액과 원화기장액의 차액으로 하고, 이 경우 통화선도 등의 계약 당시에 있어서의 원화기장액은 계약상의 외화자산 및 외화부채의 가액에 계약체결일 현재 기획재정부령으로 정하는 매매기준율 또는 재정(裁定)된 매매기준율을 곱하여 계산한 금액으로 한다(法令 76조 4항).

10. 동업기업의 동업자로서 배분받은 결손금

동업기업의 동업자인 법인이 동업자들 간의 손익배분비율에 따라 배분받은 동업기업의 소득금액을 자신의 익금에 포함시켜 조세부담을 지는 것과 같은 맥락에서 동업기업의 동업자인 법인이 배분받은 결손금은 자신의 소득금액 계산상 손금에 포함시킨다(法法 19조 3항; 결손금의 배분에 관한 상세한 논의는 본장 제13절 Ⅳ. 2. 참조).

11. 기타 특별항목

(1) 전기 등 공급사업 법인의 특별 손금인정

전기, 가스 또는 열 등의 공급사업을 경영하는 내국법인이 그 사업에 필요한 시설을 설치하기 위하여 수요자 또는 그 시설에 의하여 편익을 받는 자로부터 토지 등 사업용 자산을 제공받은 경우 또는 금전 등을 제공받아 그것으로써 해당 시설을 구성하는 사업용 자산을 취득하거나 거꾸로 사업용 자산을 먼저 취득한 뒤 그 공사부담금을 사후에 제공받은 경우에는 해당 사업연도에 그 제공받은 자산의 가액을 손금에 산입할 수 있다(法法 37조 1항). 사업용 자산의 취득 후 공사부담금을 지급받았을 때에는 지급일이 속한 사업연도의 이전 사업연도에 해당 자산의 감가상각비로 이미 손금에 산입한 금액은 손금산입 대상에서 제외된다(法令 65조 2항 단서). 이 제도의 취지는 무상으로 제공받은 자산의 가액은 '무상수증익'으로서 익금에 산입하지만 이를 동시에 손금에 산입함으로써 수증시점에서 과세되지 않는다는 것이다. 이때 손금에 산입하는 금액은 일시상각충당금이나(제공받은 자산이 감가상각 대상 자산인 경우) 압축기장충당금(제공받은 자산이 감가상각 대상 자산이 아닌 경우)으로 계상하여야 한다(法令 65조, 64조 3항). 손금으로 계상한 일시상각충당금은 해당 자산의 감가상각비와 상계하는 방식으로 익금에 산입하되, 해당 자산을 처분하는 경우에는 상계하고 남은 잔액을 그 처분한 날이 속하는 사업연도에 일시에 익금에 산입하며, 손금에 산입한 압축기장충당금은 해당 자산의 처분시점에 일시에 익금에 산입한다(法令 65조, 64조 4항). 즉 사업용 자산을 무상으로 제공받은 사업연도에 그 가액을 익금에 산입함과 동시에 손금에 산입함으로써 무상수증익에 대한 과세를 유예하되, 후속 사업연도에 그 사업용 자산에서 발생하는 감가상각비와 상계하거나 그 사업용 자산의 처분대가에 가산하는 방법으로 유예된 세액을 징수하는 것이다.

(2) 고정자산의 멸실에 따른 보험금의 특별 손금인정

내국법인이 보험대상 유형자산의 멸실 또는 손괴로 인하여 지급받는 보험금으로 그 수취일이 속하는 사업연도의 종료일까지 동일 종류의 대체용 고정자산을 취득하거나, 취득한 자산 또는 손괴된 보험대상 자산을 개량하는 경우에는 그러한 취득 또는 개량에 소요된 보험차익금은 보험금을 받은 날이 속하는 사업연도의 소득금액 계산상 손금에 산입할 수 있다(法法 38조 1항; 法令 66조). 보험금 수취 사업연도에 대체자산을 취득 또는 개량할 수 없을 경우에는 다음 2년 내에 대체자산의 취득 또는 개량에 충당된 보험차익금에 한하여 손금산입된다(法法 38조 2항; 法令 66조). 보험차익금의 수취시점에서 이를 익금에 산입함과 동시에 대체자산의 취득이나 개량에 충당된 부분을 손금에 산입하게 하여 상계시킴으로써 해당 보험차익금에 대한 소득과세를 일단 면제하는 것이다. 그러나 위 (1)의 전기 등 공급법인의 특별 손금인정의 경우에서처럼 영구적으로 과세에서 면제되는 것은 아니고 손금으로 산입한 금액을 일시상각충당금으로 계상하였다가 감가상각비와 상계하거나 처분시점에서 익금에 산입하는 방식으로 과세이연하는 것에 불과하다(法令 66조 3항, 64조 3항 1호, 4항 1호, 5항). 예컨대 甲회사가 취득가액이 2,000만 원이고, 시가가 1억 원인 공장건물을 화재에 의해 소실하였다고 하자. 손해보험회사로부터 1억 원의 보험금을 받았다면 8,000만 원의 보험차익이 발생하지만, 보험금 1억 원을 대체자산을 취득하는 데 사용하였다면, 보험차익 8,000만 원은 이를 일시상각충당금으로 계상함으로써 손금에 산입된다. 만일 대체자산을 취득하는 데 5,000만 원만 사용하였다면 보험금 8,000만 원 중 3,000만 원은 소득으로 인식되고, 5,000만 원만 일시상각 충당금으로 계상되고 손금에 산입된다.

(3) 고정자산 등의 취득에 사용된 국고보조금의 특별 손금인정

법인이 국고보조금('보조금의 예산 및 관리에 관한 법률' 또는 지방재정법 등의 규정에 의한 보조금) 등을 받아 그 수취일이 속하는 사업연도의 종료일까지 사업용 사업용 유·무형자산이나 석유류(사업용 자산)의 취득 또는 개량에 사용하거나 사업용자산을 취득·개량하고 이에 대한 국고보조금 등을 사후에 지급받은 경우 그 국고보조금의 가액도, 그것이 비록 성질상 자본적 지출에 해당하는 것이라도, 손금산입이 허용된다(法法 36조; 法令 64조 1항, 2항). 사업용 자산의 취득·개량 후 국고보조금 등을 지급받았을 때에는 지급일이 속한 사업연도의 이전 사업연도에 해당 자산의 감가상각비로 이미 손금에 산입한 금액은 손금산입 대상에서 제외된다(法令 64조 2항 단서). 국고보조금을 손금에 산입하는 이유는 국고보조금이 익금으로 계상되어 과세됨으로써 국고보조의 효과가 감소되는 것을 방지하기 위함이다. 공사의 허가나 인가의 지연 등 시행령에서 정한 사유로 국고보조금을 그 수취 사업연도에 사업용 자산의 취득 또는 개량에 사용할 수 없는 경우에는 다음 1년 내에 사업용 자산의 취득 또는 개량에 충당된 부분에 한하여 손금산입이 허용된다(法法 36조 2항; 法令 66조). 역시 사업용 자산의 취득이나 개량에 사용된 국고보조금을 영구히 과세대상에서 제외하는 것은 아니고, 손금으로 산입한 금액을 일시상각충당금으로(감가상각 대상 자산의 경우) 또는 압축기장충당금으로(그 밖의 자산의 경우) 계상하였다가 감가상각비와 상계하거나 처분시점에 익금에 산입하는 방식으로 과세이연하는 것이다(法令 64조 3항, 4항, 5항).

Ⅲ. 손금불산입항목

법인세법 제20조부터 제28조까지는 손금불산입항목을 열거하고 있다. 그 가운데에는 '잉여금의 처분'과 같이 주의적 내지 확인적인 규정도 있고, 세금과 공과금 등의 손금불산입과 같은 조정규정도 있으며, 초과 감가상각액의 부인과 같은 규제규정 등도 있어 그 성격이 다양하다. 기부금은 본래 손금성이 없는 것인데 오히려 일정범위 내의 공익적 기부금에 대해서는 손금산입을 허용하고,

업무추진비는 필요경비이기는 하나 남용을 방지하기 위하여 한도액을 정하여
그 초과분은 손금불산입하고 있다.

1. 잉여금의 처분을 손비로 계상한 금액

(1) 자본잉여금

잉여금이란 자기자본, 즉 순자산이 자본금을 초과한 부분을 가리키며 이는
자본거래와 손익거래의 구분에 대응해서 자본잉여금과 이익잉여금으로 구분된
다. 기업회계기준은 자본잉여금을 주식발행초과금, 감자차익 및 '기타의 자본잉
여금'으로 구분한다(동 기준 31조).

'기타의 자본잉여금'은 일시적으로 취득한 자기주식의 처분이익 또는 승계
한 자기주식의 처분이익 및 그 밖의 기타 자본잉여금을 말한다. 법인세법에서
는 자기주식의 처분이익을 기본적으로 익금으로 보고 있으므로(法令 11조 2호의
2) '기타의 자본잉여금'을 자본잉여금으로 인정하고 있지 않는 셈인데, 이러한
취급이 적절치 않음은 앞에서 서술한 바 있다(본편 제1장 제3절 Ⅲ. 3. 2) 참조).

자본준비금은 상법 제459조에 의하여 그 적립이 강제된다. 그러므로 자본
잉여금은 여기에서 말하는 잉여금 처분의 대상이 되지 않으며, 설령 법의 규정
을 어기고 처분한다 하더라도 손금성은 없다.

(2) 이익잉여금

'잉여금 처분'의 대상이 되는 것은 이익잉여금이다. 이익잉여금의 처분은
주주 또는 출자자에 대한 이익의 배당 또는 분배와 임원에의 상여인바, 전자가
그 성질상 손금이 아님은 물론이다(法法 20조 1호). 임원상여에 대해서는 전술하
였다.

2. 주식할인발행차금

주식할인발행차금은 주식을 주주총회의 특별결의와 법원의 인가를 얻어
액면미달의 가액으로 발행하는 경우(417조 1항) 그 미달하는 금액과 신주발행비
의 합계액을 말한다. 이러한 주식할인발행차금은 자본의 납입거래에서 실제 납
입금액과 납입의 표창으로 발행되는 주식의 액면가액 간의 차액에 불과할 뿐
법인의 담세력과는 무관하므로 성질상 손금이 되지 않는 것이다(法法 20조 2호).
주식발행액면초과액을 익금불산입하는 것과 같은 이치이다.

3. 조세와 공과금

(1) 조 세

1) 법인세·법인지방소득세   여러 외국의 입법례도 거의 공통적으로 법인세액을 손금불산입하는데, 이는 이론적 및 실제적 이유에 바탕을 둔 것이다. 법인세의 납부가 순자산의 감소 원인인 것은 틀림없지만, 법인세는 인세(人稅)이며 '소득'에서 지출되어야 할 것이기 때문에 법인세를 지출한다고 해서 '소득'이 감소된다고 할 수 없다는 것이다. 법인세의 비용성 또는 손금산입은 주주 또는 출자자의 입장에서는 수긍이 가더라도, 법인 자체의 입장에서 볼 때는 타당치 않다는 것이다. 이것이 법인세의 납부는 이익처분으로 처리하여야 마땅하다는 이론적 근거이다.

실제적 이유는, 법인세를 손금으로 산입할 경우 소득의 파동에 따라서 세액의 파동이 있게 되어 조세정책상 부당하다는 것이다. 법인세 과세 전의 소득금액(수익)을 각 사업연도마다 100으로 하고 법인세율을 28%로 가정한다면, 제1사업연도에 있어서의 소득 100에 대한 28%의 법인세 28을 제2사업연도에 납부하게 될 것인바, 이를 제2사업연도의 소득금액 계산상 손금에 산입한다면 동 사업연도의 과세소득은 72(100−28)로 되어 제2사업연도의 법인세액은 20(72×28%)이 된다. 같은 식으로 순차적으로 다음 사업연도의 과세 소득금액과 법인세액을 계산하면 파동이 일게 되며(표 1 참조), 이 파동은 실제 소득금액(수익)에 고저가 있으면 더욱 심하여진다(표 2 참조).

[표 1]

연 도	1	2	3	4	5
과세전 소득	100	100	100	100	100
과세소득	100	72	80	78	78
법인세액	28	20	22	22	22

[표 2]

연 도	1	2	3	4	5	6
과세전 소득	100	200	100	200	100	200
과세소득	100	172	52	185	48	187
법인세액	28	48	15	52	13	52

법인지방소득세는 법인세를 과세표준으로 하므로 이 역시 위에서 본 법인세를 손금불산입하는 이유와 같은 이유로 손금불산입된다.

2) 의무불이행으로 인한 세액   직·간접세를 막론한(法令 21조) 각 세법에 규정하는 의무불이행으로 인하여 납부하였거나 납부할 세액(예를 들면, 가산세)은 손금에 산입하지 않는다. 예컨대 징수의무를 이행하지 않고 자기자금으로 납부하였어도 이는 손금으로 인정하지 않는다. 만일 의무불이행에 따른 가산세를 손금으로 인정한다면 가산세의 일부를(즉, 손금산입으로 인한 법인세의 감소액만큼) 면제해 주는 결과가 될 것이다.

3) 부가가치세의 매입세액   부가가치세의 매출세액을 익금에 산입하지 아니하는 것에 대응하여 부가가치세의 매입세액의 손금성이 부인된다. 그러나 (i) 매입세액공제가 허용되지 않는 비영업용 소형승용자동차의 유지에 관한 매입세액(附價法 39조 1항 5호), (ii) 역시 매입세액공제가 허용되지 않는 업무추진비 및 이에 유사한 비용에 관련된 매입세액(附價法 39조 1항 6호), (iii) 기타 공급자 법인이 공급받는 자로부터 거래징수를 하지 못하여 스스로가 부담한 매입세액 중 ① 세금계산서가 아닌 영수증을 교부받은 거래분에 포함된 매입세액으로서 매입세액공제가 인정되지 않는 것과 ② 부동산 임차인이 부담한 전세금 및 임차보증금에 대한 것은 손금산입이 가능하다(法令 22조; 法則 11조). 손금에 산입할 수 있는 위의 매입세액 항목이 자본적 지출의 일부를 구성하는 경우에는 당기에 전액 손금산입할 수 없음은 물론이다.

예를 들면, 손금에 산입할 수 있는 매입세액이 고정자산의 취득원가를 이루는 경우에는 감가상각을 통해 손금으로 계상될 것이므로 별도로 손익계산의 대상이 되지 아니한다.[1]

4) 연결모법인에게 지급하는 금액   연결납세방식을 적용받는 연결모법인이 각 연결사업연도의 소득금액 중 연결자법인에 귀속되는 금액에 대한 법인세를 대표로 납부하고 해당 연결자법인으로부터 법인세 납부의무의 이행에 갈음하여 지급받는 금액이 연결모법인의 익금에 산입되지 않는 것과 같은 맥락에서 그 금액을 지급하는 연결자법인도 해당 금액을 손금에 산입하지 않는다. 연결법인의 결손금 중 연결자법인에게 귀속되는 금액을 연결모법인이 상환하는 금액도 마찬가지이다(法法 21조 6호; 연결납세방식의 적용에 관한 상세한 논의는 본장

---

[1] 대법원 1984. 5. 22., 83 누 407.

제12절 참조).

(2) 반출하였으나 판매하지 아니한 제품에 대한 개별소비세 또는 주세의 미납액

판매자 법인이 제조장에서 반출함으로써 납세의무가 성립한 개별소비세 등(基本法 21조 2항 5호)의 과세표준과 세액은 그 반출일이 속하는 달의 다음 달의 말일까지 제조장 관할세무서장에게 신고하고, 해당 세액은 납부하여야 한다(個消稅法 9조 1항, 10조 1항; 酒稅法 23조 1항, 25조 1항). 법인이 이와 같이 납부한 개별소비세 등을 매출액에 더하여 계상함으로써 개별소비세 등까지 외형상 익금에 산입한 경우에는 실제로는 매출액이 아닌 개별소비세 등을 구분해 내어 과세대상에서 제외시키는 절차가 필요하다. 이에 제품가격의 일부로 익금에 산입된 개별소비세 등의 가액을 손금에 산입하도록 하고 있다(法法 21조 2호 단서). 반대로 제품가격에 개별소비세 등을 더하여 계상하지 않는 경우(예수금으로 처리하는 경우)에는 개별소비세 등의 가액이 익금에 포함되지 않기 때문에 그 손금산입이 인정될 여지가 없다. 이러한 경우에는 판매자 법인이 제조장에서 반출할 때 정부에 납부한 개별소비세 등을 아직 소비자로부터 회수하지 못하였다고 하더라도(법문상 미납액이라고 함은 그 미회수금액을 의미하는 것임) 이를 손금에 산입할 수 없다(法法 21조 2호). 물론 나중에 해당 제품을 소비자에게 판매할 때 회수하는 개별소비세 등의 가액도 익금에 산입하지 않는다. 익금에 포함된 바 없는 개별소비세 등을 손금에 산입하지 않는 것과 같은 이유로, 납부 후 조세특례제한법에 따라 환급받은 개별소비세 등으로서 익금에 산입하지 않은 금액도 손금에 산입할 여지가 없다.[1]

제조장으로부터 판매장으로 반출될 때 개별소비세 등이 납부된 제품을 소비자에게 판매하여 해당 세액을 회수한 경우에는 지출의 효과가 남아 있지 않으므로 손금산입이 문제될 여지가 더욱 없다. 따라서 법문에서 이러한 경우는 언급하지도 않고 있다.

(3) 벌금 · 과료 · 과태료 · 가산금 · 강제징수비

벌금(통고처분에 의한 벌금 또는 과료상당액 포함) · 과태료(과료와 과태금 포함) · 가산금과 강제징수비는 손금산입이 허용되지 않는다(法法 21조 3호).

벌과금 등을 손금에 산입하여 법인세의 부담을 감소시켜 주면 제재 내지는 과징의 효과가 비례하여 감소되므로 이와 같은 규정을 둔 것이다. 그러나 이

---

1) 대법원 2015. 10. 29., 2015 두 46024.

규정은 어디까지나 벌과금 등에 적용되는 것이므로 몰수된 범칙물품의 원가는 손금이 된다. 가산금과 강제징수비도 손금산입이 허용된다면 지출의 일부가 결과적으로 국고부담으로 돌아가기 때문에 손금불산입된다.

(4) 공 과 금

손금으로 산입할 수 없는 공과금은 ① 법령에 의하여 의무적으로 납부하는 것이 아닌 것과 ② 법령에 의한 의무의 불이행에 대한 제재로서 또는 금지·제한 등의 위반에 대한 제재로서 부과되는 것에 한한다(法法 21조 4호, 5호).[1] 즉 공과금은 원칙적으로 손금산입하되, 시행령에 열거하는 것에 한해 손금으로 산입하지 아니한다.

4. 징벌적 목적의 손해배상금

내국법인이 지급한 손해배상금 중 실제 발생한 손해를 초과하여 지급하는 금액으로서 일정한 금액은 이른바 징벌적 목적의 손해배상금으로서 손금에 산입하지 아니한다(法法 21조의2). 징벌적 손해배상금(punitive damages)이라고 함은 영미법에서 악의로 채무불이행이나 불법행위를 한 자로 하여금 그 행위로 인하여 피해자가 실제로 입은 손해액(compensatory or actual damages)을 넘어서서 배상하도록 하는 금액이다.[2] 우리나라 민법상으로는 인정되지 않고 단지 몇몇 특별법에서 규정하고 있다(예를 들면, '하도급거래 공정화에 관한 법률' 제35조 제2항). 손금불산입 대상이 되는 '징벌적 목적의 손해배상금'의 구체적 유형은 시행령에 한정적으로 열거되어 있다(法令 3523조 1항). 내국법인이 지급한 손해배상금 가운데 실제 발생한 손해액과 징벌적 목적의 손해배상금의 구분이 분명하지 아니한 경우에는 지급한 총 손해배상금의 3분의 2를 손금불산입 대상 손해배상금으로 한다(동조 2항). 민사법적 제재이긴 하지만 악의의 행위자에 대한 제재라는

---

1) 1997. 12. 31. 이전에는 동 시행령 규정이 열거하는 종류의 공과금에 한하여 손금산입을 허용함으로써 의무적으로 지출하여야 할 기타의 공과금은 손금으로 산입할 수 없었다. 그러나 공과금은 "국가 또는 공공단체에 의하여 국민 또는 공공단체의 구성원에게 부과되는 모든 공적 부담"으로서, 그러한 부담이 손금부인됨은 "담세력에 상응한 과세라는 세법의 원칙이나 재산권보장의 헌법원칙에 비추어" 헌법에 반한다는 헌법재판소 1997. 8. 6., 96 헌바 36 내지 49(병합) 결정에 따라 개정한 것이다. 본 결정은 보험감독원에 납부한 보험보증기금에 관한 사건인데, 손금산입 여부에 관한 입법 재량에 한계를 긋고 있다는 점에서 중요한 의미를 갖는다.

2) Black's Law Dictionary(Sixth ed.), West, p. 390.

점에서 벌금, 과료 또는 과태료 등의 형사적 제재와 본질이 같으므로 이들을 손금불산입하는 것과 같은 맥락에서 손금불산입하는 것이다.

5. 재고자산 등 이외의 자산의 평가손실

자산의 평가손실로서 손금산입이 허용되는 것 외의 것은 손금산입이 허용되지 않는다. 자산의 평가손실 중 손금산입이 허용되는 것에 관해서는 위 Ⅱ. 9.(자산의 평가손실)에서 상술하였다. 평가손실을 인정하게 되면 기업이 가치감소의 여부 및 금액을 스스로 판정함에 있어서 소득금액을 조작할 우려가 있기 때문이다. 천재·지변·화재·수용·채굴예정량의 소진으로 인한 폐광 등으로 평가손이 발생했을 때에는 예외적으로 손금산입을 허용하는바(法令 78조), 그 이유는 이러한 경우에는 가치감소를 외견상 또는 객관적으로 명확히 인식할 수 있어 소득조작의 우려가 없기 때문이다.

6. 감가상각비 한도초과액

위 Ⅱ. 4. 감가상각비에서 서술한 바와 같이 토지를 제외한 영업용 고정자산에 대한 감가상각비는 각 사업연도의 결산을 확정함에 있어서 손비로 계상한 경우에 한하여 상각범위액(法令 26조가 정하는 바에 따라 계산한 금액)을 한도로 손금에 산입하고, 상각범위액을 초과하는 금액은 손금에 산입하지 아니한다(法令 23조).

7. 소비성 비용

(1) 기 부 금

기부는 자산을 대가 없이 제공하는 것이므로 법인의 순자산감소의 원인이기는 하지만, 법인의 기업활동과 무관하므로 본래 비용으로 인정될 수 없는 성질의 것이다. 그러나 일정한도까지 손금산입을 허용하는 까닭은 독립된 인격을 가지고 기업활동을 하는 사회적 존재로서의 법인이 어느 정도의 기부행위를 하는 것은 불가피하고 사회적으로 유익하다고 보기 때문이다.

1) 기부금의 의의   기부의 통상적 개념은 공익성을 띤 재산의 출연행위를 뜻하지만, 법인세법상의 기부금 개념은 "법인이 사업과 직접적인 관계없이 무상으로 지출하는 금액(일정한 거래를 통하여 실질적으로 증여한 것으로 인정되

는 금액을 포함)"으로서 통상적 개념보다 훨씬 광범위하여 증여를 포함한다(法法 24조 1항). 그리고 기부금 해당 요건으로서의 '무상 지출'이라고 함에 있어서의 '무상'이라고 함은 '금전적 가치로 환산할 수 있는 반대급부'를 받지 않는 것을 말한다.1) 다시 말해, 증여계약에 의한 증여뿐만 아니라 채권의 포기 또는 채무의 면제(法法 기본통칙 34−62…5조), 면책적 채무인수, 제3자를 위한 변제, 현저한 저가양도·고가매입 등 그 방식을 불문하고 경제적 이익을 무상으로 제공하는 일체의 행위를 말한다.

'경제적 이익의 무상 제공'과 관련하여 특히 주목할 것은 자산의 저가양도 혹은 고가매입이다. 법인이 보유자산을 특수관계 없는 자에게 정당한 사유 없이 정상가격보다 낮은 가액으로 양도한 경우에는 이를 시가에 양도한 것으로 보아 시가와 장부가액 간의 차액 중 실질적으로 증여한 것으로 인정되는 금액을 기부금으로 취급하여 그 손금산입을 허용하지 않는다. 이때 정상가격이라고 함은 시가에 시가의 100분의 30을 더하거나 뺀 범위의 가액을 말한다(法令 35조). 한편, 저가로 양수한 거주자나 법인에게는 시가와 양수가액 간의 차액만큼 수증액이 있는 것으로 본다.2) 자산의 양도를 계기로 실현된 이익을 증여한 것으로 보는 것이다. 고가매입의 경우에도 마찬가지이다. 예를 들어 甲법인이 장부가액이 1,000만 원이고 시가가 1억 원인 토지를 乙대학교에 3,000만 원에 매도한다고 하자. 이 거래는 장부가액 1,000만 원의 토지를 시가 1억 원에 매도하여 양도차익 9,000만 원을 실현함과 동시에 그 양도차액 중 7,000만 원(시가와 거래가격 간의 차액)을 乙대학교에 기부한 거래가 되는 것이다.3)

저가양도 혹은 고가매입에서 생기는 시가와 거래가격 간의 차액은 기업회계기준상으로는 모두 자산의 처분손이지만, 과세상으로는 (i) 특수관계인에 대한 저가양도 또는 고가매입에서 생기는 것은 제7절에서 후술하는 부당행위계산부인의 대상이 되고, (ii) 특수관계 없는 자에 대한 저가양도 또는 고가매입에서

---

1) IRC Reg. §25.2512−8에서도 같은 의미로 정의하고 있다.
2) 대법원 1993. 5. 25., 92 누 18320. 이러한 취급이 재산의 부담부 증여에 대한 과세취급과 사이에 형평에 맞지 않는다는 점에 관해서는 제1장 제6절 Ⅱ. 2. 참조.
3) 기부금을 금전 외의 자산으로 제공한 경우로서 '특례기부금'(法法 24조 2항 1호 − 기준소득금액의 50%까지 손금에 산입하는 것)의 기부에 해당하거나 특수관계 없는 자에 대한 '일반기부금'(法法 24조 3항 1호 − 기준소득금액의 10%까지 손금에 산입하는 것)의 기부에 해당하는 경우에는 해당 자산의 기부 당시의 장부가액을, 그 외의 경우에는 기부 당시의 장부가액과 시가 중 큰 금액을 각 기부금 가액으로 본다(法令 36조 1항 본문).

생기는 것은 위에서 본 바와 같이 기부금으로 처리된다. 부당행위계산의 부인 규정이 적용되기 위해서는 (i) 특수관계인과의 거래, (ii) 행위·계산의 부당성 등의 요건이 충족되어야 하는 반면, 기부금 규정이 적용되기 위해서는 (i) 정당한 사유가 없을 것, (ii) 실질적 증여일 것 등의 요건이 충족되어야 한다.

법인의 거래가격과 시가 사이에 차이가 있다는 것만으로 그 차액을 '실질적으로 증여한' 것으로 추정되는 것은 아니고, 과세당국이 해당 법인과 상대방에게 저가양도 혹은 고가매입에 대한 인식이 있었다는 점을 입증하여야 할 것이다. '실질적 증여'의 요건을 충족하지 못하는 경우 거래가격과 시가 간의 차액에 대한 과세상의 취급은 그 본질이 무엇인지에 따라 달라진다. 자산의 저가양도 혹은 고가매입이 사업과 관련해서 행해진 경우에는 광고선전비 혹은 업무추진비에 해당될 수 있을 것이다.

한편 거래가격과 시가간의 차액을 기부금으로 인정하기 위해서는 저가양도나 고가매입을 정당화할 사유가 없다는 점까지 입증되어야 한다. '정당한 사유'가 구체적으로 무엇을 의미하는지에 관해서는 법령상 정함이 없는바, 이를 해석함에 있어서는 제7절 Ⅱ. 3.에서 후술하는 부당행위계산부인의 '부당성' 요건의 판단기준으로 판례가 제시하고 있는 '경제적 합리성'이 참고가 될 것이다. 즉 정상적 경제인의 관점에서 부자연하고 불합리한 행위를 함으로 인하여 경제적 합리성을 결하였다고 인정되는 경우 정당한 사유가 없다고 볼 것이다. 예컨대, 화재로 시장건물이 소실되어 건물을 다시 신축하여야 하고, 그 부지의 도시계획상의 제한 때문에 5층 이상의 건물을 건축하여야 하는데, 그 건축자금을 마련할 길이 막연할 뿐만 아니라 그 대지의 잔대금도 납부하여야 하는 다급한 사정이 있어 위 신축한 건물의 건설업자에게 동 대지 일부를 저가로 양도한 경우,[1] 내국법인이 외국합작투자법인에게 그 투자금을 반환하고, 그 보유주식 전부를 일괄 양수하여 경영권을 확보하려고 하는 특수한 상황에서 이루어진 주식의 고가매입[2]의 경우에는 정당한 사유가 있다고 본다. 반면에 새로 조성된 농공지구로 신속히 공장을 이전할 필요성이 있고, 매각대상 공장용 부동산이 상습수해침수지역에 위치하고 있으며, 그 공장에 자체 동력시설도 없어 원매자를 쉽게 물색하기 어렵다는 사정만으로는 해당 공장용 부동산의 저가양도를 정당

---

1) 대법원 1984. 12. 11., 84 누 365.
2) 대법원 1997. 11. 14., 97 누 195.

화할 사유(정당한 사유)가 될 수 없다고 본다.[1]

  2) 손금산입 기부금과 손금불산입 기부금   기부금은 해당 사업연도 소득금액(기준소득금액)의 일정률 범위 내에서 손금에 산입하는 것이 인정되는 기부금(손금산입 기부금)과 손금에 산입하는 것이 인정되지 않는 기부금(손금불산입 기부금)으로 나누어진다. 손금산입기부금은 다시 지출의 공익성이 높아 기준소득금액의 50% 까지 손금산입이 인정되는 것(특례기부금)과 지출의 공익성이 상대적으로 낮아 기준소득금액의 10%까지만 손금산입이 인정되는 것(일반기부금)으로 나누어진다. 특례기부금은 (i) 국가 또는 지방자치단체에 무상으로 기증하는 금품(다만 '기부금품 모집규제법'의 적용을 받는 기부금품은 동법 5조 2항의 규정에 의하여 접수되는 것),[2] (ii) 국방헌금·국군장병 위문금, (iii) 천재·지변으로 인한 이재민의 구호금품, (iv) 각종 교육기관에 시설비·교육비·장학금·연구비로 지출하는 금품의 가액, (v) 각종 병원에 시설비·교육비 또는 연구비로 지출하는 기부금, (vi) 사회복지사업이나 사회복지활동을 수행하는 비영리법인으로서 일정한 요건을 갖춘 것에 지출하는 기부금 등으로서 법인세법령에 한정적으로 열거된 것을 말한다(法法 24조 2항 1호). 특례기부금의 구체적인 손금산입한도액은 다음 ①의 금액에서 ②의 금액을 뺀 금액의 100분의 50으로 한다(동항 2호):

  ① 해당 사업연도의 기준소득금액: 여기서 기준소득금액이라고 함은 (i) 합병으로 해산하는 피합병법인에게 그 합병으로 발생하는 양도차익(法法 44조), (ii) 분할이나 분할합병으로 해산하는 분할법인에게 그 분할이나 분할합병으로 발생하는 양도차익(法法 46조) 및 (iii) 분할 후 존속하는 분할법인에게 그 분할에 따라 발생하는 양도차익(法法 46조의5) 등을 포함하지 아니하고, 나아가 기부금을 손금하기 전의 각 사업연도의 소득금액을 말한다.

  ② 각 사업연도의 법인세 과세표준을 계산할 때 각 사업연도 소득금액에서 공제가 허용되는 이월결손금(이하에서 "공제가능 이월결손금"이라고 함; 法法 13조 1항 1호)

  한편, 일반기부금은 사회복지·문화·예술·교육·종교·자선 등 소정의 공익성을 가진 단체에 그 단체의 고유목적사업비로 지출한 것을 말하며(法法 24조

---

1) 대법원 1993. 5. 25., 92 누 18320.
2) 이것은 기증의 상대방이 국가 또는 지방자치단체인 경우의 해당 금품을 가리키고, 기증받은 국가 또는 지방자치단체의 사후의 금품처리방법 여하에 따라서 그 성질을 달리하지 아니한다(대법원 1986. 9. 9., 85 누 379).

3항), 위에서 본 기준소득금액에서 (i) 공제가능 이월결손금과 (ii) 특례기부금으로 손금에 산입한 금액(전년도로부터 이월하여 손금에 산입한 금액 포함)을 뺀 금액에 100분의 10(사회적기업육성법에 따른 사회적기업에 해당하는 법인의 경우는 20%)을 곱하여 나오는 금액 내에서만 손금으로 인정한다(法法 24조 3항). 위에서 본 특례기부금과 일반기부금에 해당하지 않는 기부금은 일체 손금에 산입하지 아니한다(法法 24조 4항).

　법인이 지출한 기부금을 손금으로 계상한 경우, 어느 것이 비용의 성질을 가진 것이고, 어느 것이 이익처분의 성질을 가진 것인지 객관적으로 판정하기 어렵기 때문에 행정편의 내지는 공평의 관점에서 통일적인 손금산입한도를 둔 것이라고 할 수 있다.

　[판　례]
　생명보험업을 영위하는 법인이 보험계약자에게 자산재평가로 인한 재평가적립금을 배당하는 것은 계약자에게 사후적으로 보험료를 정산환급하는 것이라 볼 수 있으므로 손금에 산입되는 것이 원칙이지만, 재평가적립금 중 과거 계약자들의 몫이라 하여 공익사업출연기금으로 계리한 자산의 운용수익은 재무부장관의 '생명보험회사 잉여금 및 재평가적립금 처리지침'에 따라 공익사업에 출연하였다 하여도 이를 배당이라거나 배당금에 대한 이자로서 지급된 것, 또는 과거 계약자들이란 불특정인들이나 생명보험회사 스스로가 신탁한 신탁자산이라 할 수는 없고, 또 그 출연이 보험계약자로부터 수령하는 보험료와 대가관계에 있다고 할 수도 없으며 법률상 강제된 출연이라 할 수도 없으므로, 위 출연금은 업무와 관련 없이 무상으로 지급되는 금품으로서 법인세법 제24조 제1항 소정의 지정기부금에 해당된다(대법원 1997. 7. 25., 96 누 10119).

　각 사업연도에 지출한 기부금 중 손금산입한도액을 초과한 금액은 해당 사업연도의 다음 사업연도 개시일로부터 10년 이내에 종료하는 각 사업연도에 이월하여 그 사업연도의 소득금액을 계산할 때 동 사업연도의 손금산입한도액 범위 내에서 손금에 산입할 수 있다(法法 24조 5항). 이렇게 전 사업연도로부터 이월되어 온 기부금은 해당 사업연도에 지출한 기부금보다 먼저 손금에 산입하고, 여러 사업연도로부터 이월되어 기부금은 먼저 발생한 것부터 손금에 산입한다(동조 6항).

(2) 업무추진비
1) 의　　의　　　접대, 교제, 사례 또는 그 밖에 어떠한 명목이든 상관없

이 이와 유사한 목적으로 지출한 비용으로서 법인이 직·간접적으로 업무와 관련이 있는 자와 업무를 원활하게 진행하기 위하여 지출한 금액을 말한다(法法 25조 1항). 2022년 법인세법 개정 전에는 '접대비'라고 부르다가 '업무추진비'로 그 명칭을 바꾸었다.

판례는 업무추진비에 해당하기 위해서는 ① 해당 지출의 상대방이 사업에 관련 있는 자들이어야 하고(지출의 상대방 요건), ② 해당 지출이 접대비 및 교제비·기밀비·사례금 기타 명목 여하에 불구하고 이에 유사한 성질의 비용이어야 하며(소비성 요건), ③ 법인의 업무와 관련하여 지출한 것이어야 하고(업무 관련성 요건), ④ 지출의 목적이 사업관계자들과의 사이에 친목을 두텁게 하여 거래관계의 원활한 진행을 도모하는 것이어야 한다(지출의 목적 요건)는 요건을 충족하여야 하는 것으로 보고 있다.[1]

2) 다른 비용과의 구분

① 업무관련성의 유무 면에서 기부금과 구분됨   업무추진비는 법인이 기업의 업무를 원활히 수행하기 위하여 거래선 및 기타 상대방과 교제하는 데 따르는 업무관계 비용의 일종[2]이라는 점에서 업무와 관련없이 지출되는 기부금과 다르다.

② 지출의 목적 또는 방식 면에서 기타 영업관련 비용과 구분됨   업무추진비는 사업관계자들과 사이의 친목을 두텁게 하고 거래관계의 원활한 진행을 도모한다는 지출의 목적 면에서 또는 '접대(entertainment)'라는 지출의 방식 면에서 손금산입 한도액의 제한을 받지 않는 판매부대비, 광고선전비, 매출장려금, 복리후생비, 급여, 회의비 등 기타 영업관련 비용과 구분된다. 그 구분은 매우 중요하지만 실제에 있어서 명료하지 못한 점이 있다. 이하에서 하나씩 살펴보기로 한다.

첫째, 판매부대비(法令 19조 1호)라고 함은 그 지출경위·성질·액수 등을 건전한 사회통념이나 상관행에 비추어 볼 때 상품 또는 제품의 판매에 직접 관련하여 정상적으로 소요된 비용으로 인정되는 것을 말한다.[3] 법인세법 시행규

---

1) 대법원 1988. 12. 6., 88 누 933; 同 2002. 4. 12., 2000 두 2990; 同 2004. 4. 9., 2003 두 7804; 同 2009. 6. 23., 2008 두 7779 등.

2) 대법원 1999. 6. 25., 97 누 14194.

3) 대법원 2009. 7. 9., 2007 두 10389; 同 2007. 10. 25., 2005 두 8924; 同 2003. 12. 12., 2003 두 6559.

칙은 이러한 성질의 금액이라도 기업회계기준에 따라 재무제표에 계상되어야 판매부대비가 된다고 하고 있다(法則 10조). 그러나 여기서 말하는 "건전한 사회통념이나 상관행"은 판매부대비와 업무추진비의 구분에 관한 구체적 기준으로서는 부족하다. 예를 들면, 개별 거래상대방별로 지출된 금액은 크지 않지만 전체적으로 거액이 지출된 경우 그 성격을 어떻게 파악하여야 하는지 쉽지 않다.

우선, 지출의 목적을 고려하여야 할 것이다. 지출이 매출액의 증대와 직접적으로 관련되는 경우에는 업무추진비가 아니라 판매부대비에 해당한다. 예를 들면, (i) 부동산매매업을 경영하는 법인이 영업부 직원에게 분양실적에 따라 영업판촉비 내지 알선수수료 명목으로 지출한 금원은 분양실적에 따라 지급된 능률급 형식의 수수료이거나 상가분양의 부대비용의 성질을 지닌 것으로서 업무추진비가 아니고,1) (ii) 공사의 하수급자가 원수급자와 사이에 재해 발생에 따른 근로자의 손해를 자신의 비용으로 배상하기로 하는 약정을 체결함에 따라 재해근로자에게 지급한 사고보상비 등은 하수급자가 공사를 수주받기 위하여 어쩔 수 없이 지출한, 수익과 직접 관련된 비용이므로 업무추진비가 아니라고 본다.2) 반면에 지출이 매출액의 증대와 직접적으로 관련되지 않은 경우에는 판매부대비가 아니라 업무추진비에 해당된다. 예를 들면, (i) 은행이 경비 및 운전업무의 용역계약을 맺은 용역회사의 고용인인 경비원 등에게 매월 일정액씩 지급한 근무보조비,3) 신문사가 자신과는 별개의 사업자인 지국의 직원들에게 지급한 격려금 및 선물4)은 모두 그 지급의 목적이 "친목을 두텁게 함으로써 그 지출법인과의 거래관계를 보다 원활하게 진행하기 위한 것"이므로 업무추진비로 본다.

다음으로는 지출의 방식도 고려하여야 할 것이다. 즉, 거래관계의 원활한 진행을 도모하기 위한 목적에서 "접대, 향응, 위안, 답례 등의 방법으로" 지출된 경우에는 업무추진비가 될 것이다. 이러한 지출의 방식은 곧 지출금액이 지출 상대방의 소득으로 인식됨이 없이 소비되어 버리는 것을 의미한다. 판례도 업무추진비로 분류되려면 "접대 등의 행위를 하여야 한다"고 하거나,5) "법인이 지출한 업무추진비의 손금산입을 제한하는 이유는 기업의 '소비적 지출'을 절감

1) 대법원 1992. 5. 8., 91 누 9701.
2) 대법원 2012. 9. 27., 2010 두 14329.
3) 대법원 1992. 5. 8., 91 누 9701.
4) 대법원 2008. 7. 10., 2006 두 1098.
5) 대법원 1988. 12. 6., 88 누 933; 同 2002. 4. 12., 2000 두 2990; 同 2004. 4. 9., 2003 두 7804 등.

하여 기업자산의 부실화를 방지하기 위한 것이다"라고 함으로써[1] 업무추진비의 소비성 지출로서의 성격을 확인하고 있다. 다른 나라의 세법도 어떤 지출이 손금 산입이 제한되는 업무추진비에 해당하기 위해서는 소비성 지출이어야 한다고 하고 있다. 예를 들면, 일본의 경우 우리나라 세법에서의 업무추진비에 상응하는 '교제비'에 관하여 "교제비, 접대비, 기밀비 기타 비용으로서 법인이 거래선 기타 사업에 관련된 자에 대해서 접대, 공응(供應), 위안, 증답(贈答) 기타 이와 유사한 행위를 위하여 지출하는 것"이라고 정의하고 있고,[2] 미국 내국세입법도 "일반적으로 접대, 유흥, 오락으로 인정되는 성격의 행위와 관련하여 지출된 항목은, 납세자가 그러한 항목이 납세자의 사업의 적극적 수행에 직접 관련되었음을 증명하지 않는 한 또는 실

질적이고도 진정한 사업에 관한 논의를 하기 바로 전에 또는 바로 뒤에 지출된 항목에 대해서는 그러한 항목이 납세자의 사업의 적극적 수행에 부수된 것임을 증명하지 않는 한 공제가 허용되지 않는다"라고 하여 이 점을 분명히 하고 있다.[3]

둘째, 업무추진비와 광고선전비는 전자가 특정 상대방과의 업무에 관련된 접촉에 따라 발생하는 비용임에 반하여 후자는 불특정 다수인을 상대로 하여 해당 기업, 그 상표 또는 상품 등을 소개하거나 이들의 성가(聲價)를 올리기 위한 활동에 지출되는 비용이라는 점에서 개념적으로 구분된다. 예컨대, (i) 광고선전의 목적으로 특정인에게 기증한 물품의 가액으로서 연간 3만 원 이내의 금액(法令 19조 18호), (ii) 외판원이 불특정다수인에게 제공한 시식용 상품의 구입ㆍ배포에 소요된 비용,[4] (iii) 모든 예식장 이용고객에게 특정기간 동안 개업기념 사은품 명목으로 증정한 벽시계의 구입대금[5]은 업무추진비가 아니라 광고

---

1) 대법원 1983. 4. 26., 80 누 527.

2) 일본 조세특별조치법 제61조의4 제3항.

3) §274(a)(1)(disallowance of certain entertainment, etc., expenses): In general, no deduction otherwise allowable under this chapter shall be allowed for any item with respect to an activity which is of a type generally considered to constitute entertainment, amusement, or recreation, unless the taxpayer establishes that the item was directly related to, or, in the case of an item directly preceding or following a substantial and bona fide business discussion (including business meetings at a convention or otherwise), that such item was associated with, the active conduct of the taxpayer's trade or business,…

4) 대법원 1993. 1. 19., 92 누 8293.

5) 대법원 1993. 1. 14., 92 누 16429.

선전비이다.

셋째, 업무추진비는 구체적 거래의 조건과 연계하여 지급되는 것이 아니라는 점에서 상품의 매입대금을 약정기일이 도래하기 전에 지급하는 것을 원인으로 하는 '매출할인(discount)'이나 판매한 상품의 수량·금액 등과 같은 거래조건에 따라 거래상대방에게 지급하는 '매출장려금(rebate)'과 구분된다(매출할인 및 매출장려금에 관해서는 앞의 제4절 Ⅱ. 1. (1) 참조). 이때 비록 매출할인율이나 장려금 지급액이 계약 등에 사전에 명시된 바 없더라도 거래상 통상적으로 인정되는 정도를 초과하지 않는 한 매출할인액이나 매출장려금으로 인정받을 수 있다(法令 19조 1호의2).

넷째, 복리후생비와 업무추진비는 전자가 사내의 종업원의 능률향상을 위해 지출되는 비용인 데 반해(法令 45조), 후자는 거래처 등 외부인에게 거래관계의 원활한 진행을 목적으로 지출되는 비용이라는 점에서 구분된다.

다섯째, 법인이 종업원에게 상시 지급하는 식사 등의 비용, 자기의 상품·제품 등을 시가 이하로 종업원에게 판매하는 경우 시가와의 차액 등은 근로의 대가로서 지급되는 급여의 성질을 가지는 것이므로 업무추진비에 포함되지 아니한다. 이와 관련하여 판례는 법인이 자신의 직원들과 함께 일하는 협력업체의 직원들에게 실비로 보전해 준 야근식비의 금액이 해당 법인 자신의 직원들을 위하여 지출된 금액과 구분되기 어려운 경우 전체 금액을 해당 법인의 사업과 관련하여 지출된 일반적, 통상적 비용으로 보아야 하는 것이지 협력업체 직원들 분만 업무추진비로 볼 것은 아니라고 한다.[1]

여섯째, 회의비와 업무추진비와의 관계를 보면 기업 내 또는 통상 회의가 개최되는 장소에서 제공하는 다과 및 음식물 등의 가액 중 사회통념상 인정될 수 있는 범위 내의 금액은 '회의비'로서 이를 각 사업연도의 손금에 산입할 수 있으나, 통상의 회의비를 초과하는 금액과 유흥을 위하여 지출하는 비용은 업무추진비에 해당한다(法法 기본통칙 25-0…4조).

손금산입이 제한되는 소비성 지출로서의 업무추진비이면, 접대의 상대방이 수취가액을 소득으로 신고하지 않지만, 전액 손금이 인정되는 다른 비용인 경우에는 그 수취가액을 소득으로 신고하는 경우가 대부분이므로 수취인 측의 소득에의 포함여부도 부차적인 구별기준으로 삼을 수 있다.

---

1) 대법원 2008. 7. 10., 2007 두 26650.

3) 임원이나 사용인을 위한 지출   주주·사원·임원 또는 사용인이 부담하여야 할 성질의 업무추진비를 법인이 지출한 경우 그 지출액은 업무추진비로 보지 아니한다. 이 경우에는 지출의 상대방이 법인 자체의 거래상대방이 아니고, 지출의 용도가 법인 자체의 업무와 관련되지 않기 때문이다. 이러한 지출은 법인세법 시행령 제88조 제1항 제5호에서 부당행위의 한 유형으로 규정하고 있는 "출연금을 대신 부담한 경우"에 해당하여 상대방에게 이익을 분여한 것으로 처분될 것이다(法令 42조 1항). 그리고 법인이 그 사용인이 조직한 조합 또는 단체에 복리시설비를 지출한 경우 해당 조합이나 단체가 법인인 때에는 이를 업무추진비로 보지만, 그 조합이나 단체가 법인이 아닌 경우에는 지출법인 자신의 복리시설비로 본다(法令 40조 2항).

4) 업무추진비의 손금산입 한도   업무추진비는 다음의 (i) 기본한도액 및 (ii) 수입금액별 한도액을 합한 금액을 한도로 손금에 산입한다(法法 25조 4항). 다만, 부동산임대업을 주된 사업으로 영위하는 법인 등의 경우에는 그 합한 금액의 50%를 한도로 한다(동조 5항).

(i) 기본한도액: 1,200만 원(중소기업의 경우에는, 3,600만 원)에 해당 사업연도의 월수를 곱하고 이를 12로 나눈 금액

(ii) 수입금액별 한도액: 해당 사업연도의 수입금액에 수입금액 단계별로 정한 적용률을 곱하여 산출한 금액(특수관계에 있는 자와의 거래에서 발생한 수입금액의 경우에는 그 수입금액에 해당 적용률을 곱하여 나오는 금액의 100분의 10으로 축소함)(法法 25조 1항).

여기서 '해당 사업연도의 수입금액'이라 함은 기업회계기준에 의하여 계산한 매출액(사업연도 중에 중단된 사업부문의 매출액을 포함함)을 말한다. 다만, 수수료 수입을 얻는 투자매매(중개)업자(舊 증권회사), 집합투자업자(舊 자산운용회사) 또는 한국투자공사나 보증료 수입을 얻는 각종 금융기관이나 공제조합의 경우에는 고유의 매출액에 수수료나 보증료 수입의 일정배수에 상당하는 금액을 더한 금액을 수입금액으로 한다(法令 42조 1항).

내국법인이 1회의 접대에 지출한 업무추진비 중 3만 원(경조비의 경우 20만 원)을 초과하는 업무추진비로서 신용카드나 세법에서 정한 현금영수증, 세금계산서, 원천징수영수증 등의 증빙을 교부받거나 발행하는 방법으로 접대하지 아니한 것은 손금에 산입하지 아니한다(法法 25조 2항; 法令 41조). 과세관청으로

하여금 법인이 업무추진비로 계상한 금액의 지출 여부와 지출의 목적을 쉽게 확인할 수 있도록 하기 위한 규제이다. 다만, 이러한 증명자료를 구비하기 어려운 국외지역에서의 지출이나 농어민에 대한 지출로서 그 지출사실이 객관적으로 명백한 경우에는 그러하지 아니하다(法法 25조 2항 단서). 신용카드 등을 사용하여 접대함에 있어서 재화 또는 용역을 실제로 제공하는 신용카드 등의 가맹점과 일치하지 않는 가맹점의 명의로 작성된 매출전표 등을 발급받은 경우 해당 지출금액은 손금에 산입하지 아니한다(法法 25조 3항).

8. 과다경비

(1) 인 건 비

1) 임원에게 초과지급한 상여금　　법인이 임원에게 지급한 상여금 중 정관·주주총회 또는 사원총회나 이사회가 결의한 급여지급기준에서 정한 상여금액을 초과하는 금액의 손금산입은 부인된다(法法 26조 1호; 法令 43조 2항).

2) 임원에게 초과지급한 퇴직금　　임원이 현실적으로 퇴직함으로 인하여 그에게 지급한 퇴직금 중 법정한도를 초과하는 것은 손금에 산입하지 않는다(法法 26조 1호). 왜냐하면 이러한 경우의 임원퇴직금은 근로의 대가로서의 손금성을 가짐과 동시에 이익분여의 성질도 아울러 가질 수 있기 때문이다. 법이 규정하고 있는 한도금액은, 정관에 퇴직금(퇴직위로금 등 포함)으로서 지급할 금액이 정하여진 경우에는 정관 소정의 금액, 그렇지 아니한 경우에는 그 임원이 퇴직한 날로부터 소급하여 1년 동안 그 임원에게 지급한 총급여액의 10분의 1에 상당하는 금액에 근속연수를 곱한 금액이다(法令 44조 4항). 여기서 '정관에 임원의 퇴직위로금으로 지급할 금액이 정하여져 있다'고 함은 정관에 퇴직급여를 계산할 수 있는 기준이 직접 기재된 경우는 물론 정관의 위임에 따라 제정된 퇴직급여지급규정에서 퇴직급여의 금액을 정하고 있는 경우도 포함한다(法令 44조 5항). 그러나 퇴직급여지급규정이 제반 정황에 비추어 볼 때 근로 등의 대가로서 퇴직급여를 지급하려는 것이 아니라 퇴직급여의 형식을 빌려 특정 임원에게 법인의 자금을 분여하기 위한 일시적인 방편으로 마련된 것으로 보이는 경우에는 이는 손금산입의 근거로 인정되지 않는다.[1]

3) 퇴직연금 부담금　　내국법인이 임원 또는 사용인의 퇴직급여를 지급

---

1) 대법원 2016. 2. 18., 2015 두 50153.

하기 위하여 이들의 퇴직을 지급사유로 하고, 이들을 수급자로 하는 연금으로서 기획재정부령이 정하는 것(이하 "퇴직연금 등"이라고 함)의 부담금으로 지출하는 금액은 손금에 산입한다(法令 44조의2 2항). 손금에 산입하는 금액은 퇴직연금 등의 유형에 따라 다르다.

우선, 근로자퇴직급여보장법상의 확정기여형(determined contribution형) 퇴직연금 등의 부담금은 전액 손금산입을 인정한다(法令 44조의2 3항). 다만, 법인이 퇴직한 임원을 위하여 퇴직 시까지 부담한 확정기여형 퇴직연금의 부담금의 합계액은 퇴직급여로 간주되어 위 2)에서 본 손금산입 한도의 적용을 받는다. 그 퇴직급여 간주액 중 손금산입 한도 초과금액이 나오는 경우에는 2가지 경우로 나누어 (i) 손금산입 한도 초과금액이 해당 임원의 퇴직일이 속하는 사업연도에 부담한 부담금의 금액 범위 내이면 해당 사업연도에 부담한 부담금을 전액 손금에 산입하지 않는 것으로 끝나고, (ii) 손금산입 한도 초과금액이 퇴직연도 부담금을 초과하면 퇴직연도 부담금의 손금불산입에 더하여 그 초과금액을 퇴직일이 속하는 사업연도의 익금에 산입한다(동항 단서).

다음, 확정기여형 퇴직연금 등 외의 퇴직연금 등, 예를 들면 확정급여형(determined benefit형) 퇴직연금의 부담금으로 지출한 금액의 손금산입은 한도제한을 받는다. 즉, (i) 해당 사업연도 종료일 현재 재직하는 임원 또는 사용인이 전원 퇴직할 것으로 가정하는 경우에 지급하여야 할 퇴직급여의 추계액에서 해당 사업연도 종료일 현재 적립된 퇴직급여충당금을 공제한 금액(즉, 추가로 더 확보되어야 할 퇴직금)에 상당하는 연금을 받기 위하여 추가로 납부하여야 할 부담금의 금액과 (ii) 근로자퇴직급여보장법 제16조 제1항 제1호에 따른 '급여지급능력을 확보하는 데 필요한 최소적립금'[1]과 해당 사업연도 종료일 현재 임원과 사용인 중 확정급여형 퇴직연금에 가입하지 아니한 사람이 모두 퇴직할 경우에 퇴직급여로 지급되어야 할 금액의 추계액(퇴직당시에는 확정급여형 퇴직연금에 가입하였으나 그 재직기간 중 이에 가입하지 아니한 기간이 있는 사람 전원이 퇴직할 경우에 그 미가입 기간에 대하여 퇴직급여로 지급되어야 할 금액의 추계액도 포함)을 더한 금액에서 해당 사업연도 종료일 현재의 퇴직급여충당금을 공제한 금액에 상당하는 연금을 받기 위하여 추가로 납부하여야 할 부담금의 금액 중 큰

---

1) 장래의 급여지급채무액과 그 이행에 필요한 비용액의 현재가치를 보험수리적 기법에 의하여 추산하는 복잡한 과정을 거쳐서 산출된다.

금액에서, 직전 사업연도 종료일까지 지출한 부담금을 공제하여 나오는 금액을
한도로 까지만 손금에 산입한다(法令 44조의2 4항).

(2) 복리후생비

법인이 임원 또는 사용인의 복리를 위하여 지출한 비용은 복리후생비에 해
당한다. 복리후생비는 (i) 직장체육비, (ii) 직장문화비, (iii) 직장회식비, (iv) 우
리사주조합의 운영비, (v) 사용자로서 국민건강보험법에 의하여 부담하는 건강
보험료와 노인장기요양보험법에 따라 부담하는 부담금, (vi) 영유아보육법에 의
하여 설치된 직장보육시설의 운영비, (vii) 고용보험법에 의하여 사용자로서 부
담하는 보험료, (viii) 기타 임원 또는 사용인에게 사회통념상 타당하다고 인정
되는 범위 안에서 지급하는 경조사비 등과 이들 각 항목의 비용과 유사한 성질
의 비용에 한하여 손금으로 인정된다(法令 45조 1항).

(3) 여비 및 교육·훈련비

법인이 임원 또는 사용인이 아닌 지배주주 등에게 지급한 여비 또는 교육
훈련비는 해당 사업연도의 소득금액 계산에 있어서 손금에 산입하지 아니한다
(法令 46조).

(4) 법인의 공동경비 초과지출액

법인이 다른 자와 출자에 의하여 특정사업을 공동으로 경영함에 따라 발생
한 손비는 해당 법인의 출자비율을 초과하지 않는 범위 내에서만 손금에 산입
한다. 출자 이외의 방식으로 공동으로 동일한 조직을 운영하거나 동일한 사업
을 경영함에 따라 발생하는 비용은, (i) 공동운영자 또는 공동사업자들(이하 "비
출자공동사업자들"이라고 함)이 법인세법 시행령 제87조 제1항 각호에 규정된 특수
관계에 있는 경우에는 해당 조직의 운영이나 사업의 경영과 관련하여 발생한
총 비용에 모든 비출자공동사업자들의 직전 사업연도 또는 해당 사업연도 중
법인이 선택한 사업연도(선택하지 아니한 경우에는 직전 사업연도를 선택한 것으로
보며, 선택한 사업연도부터 연속하여 5개 사업연도 동안 적용하여야 함)의 매출액 총
액과 총자산가액 총액(한 공동사업자가 다른 공동사업자의 지분을 직접 보유하고 있
는 경우 그 주식의 장부가액은 제외)에서 해당 법인의 매출액(매출액 총액을 선택한
경우)이나 해당 법인의 총자산가액(총자산가액 총액을 선택한 경우)이 차지하는 비
율을 적용한 금액 범위 내에서(다만 공동행사비 및 공동구매비 등 기획재정부령으로
정하는 손비에 대하여는 참석인원수·구매금액 등 기획재정부령으로 정하는 기준에 따

름), (ii) 비출자공동사업자들이 특수관계에 있지 않는 경우에는 총 비용에 그들 간에 약정한 분담비율을 적용한 금액 범위 내에서(약정 비율이 없는 경우에는 위 (i) 에서와 같은 매출액 비율을 적용한 금액 범위 내에서) 손금에 산입한다(法令 48조 1항). 공동경비의 임의배분에 따른 부당한 소득금액조작을 방지하기 위한 것이다.

9. 업무와 무관한 비용

법인이 각 사업연도에 지출한 비용 중 직접 그 업무에 관련이 없는 금액은 손금에 산입할 수 없다(法法 27조). '직접 그 업무에 관련이 없는 금액'이란 업무 무관자산에 관련된 다음의 지출에 한정된다(法令 50조).

(1) 법인이 그 업무에 직접 관련이 없다고 인정되는 자산을 취득·관리함으 로써 생기는 비용·유지비·수선비와 이에 관련되는 비용1)은 손금으로 인정되 지 않는다(法法 27조 1호; 法令 49조 1항). 해당 자산의 감가상각비 및 관련 세금 과 공과금 역시 업무에 관련 없는 비용으로서 손금불산입된다. 다만 업무에 관 련 없는 자산의 양도로 인한 양도차손익은 비용이 아니므로 익금 혹은 손금에 산입된다.

여기서 말하는 '업무에 관련이 없는 자산'이란 업무무관 부동산 또는 동산 을 말한다(法令 49조 1항). 업무무관 부동산2)은 (i) 법인의 업무에 직접 사용하 지 않는 부동산(사용개시의 유예기간3) 중에 있는 부동산 제외), (ii) 유예기간 중에

---

1) 법인세법 제27조 소정의 '법인의 업무에 관련이 없는 자산'인지의 여부는 법인의 사업목 적, 당해 부동산을 취득하게 된 경위, 용도, 사용실태, 취득 후 경과한 기간, 당해 부동산으 로부터 발생하는 수입금액, 건물 등의 면적, 당해 법인과의 업무와의 관련 정도 등을 종합 적으로 고려하여 결정하여야 할 것인바, 원고법인이 이 사건 각 토지를 원고법인의 사업목 적에 해당하는 주택건축을 위하여 취득하였다고 할지라도 이 사건 토지를 사용수익함이 없 이 그 취득당시로부터 근 5년간이나 나대지인 상태로 보유하다가 이를 매도하였고, 비록 이 사건토지가 아파트지구 및 그에 따른 개발기본계획이 고시되어 원래의 취득목적에 따른 토 지의 사용이 제한되었다고 하더라도 원고법인은 이 사건토지의 사용이 제한된 이후에 이를 취득한 것이므로, 위와 같은 사실관계에 비추어 보면 이 사건토지는 위 법령 소정의 '법인 의 업무에 관련이 없는 자산'에 해당한다고 볼 것이다(대법원 1992. 6. 23., 91 누 11506).

2) 법령에 의하여 사용이 금지되거나 제한된 부동산, 자산유동화에관한법률에 의한 유동화 전문회사가 동법 제3조의 규정에 의하여 등록한 자산유동화계획에 따라 양도하는 부동산 등 기획재정부령이 정하는 부득이한 사유가 있는 부동산은 제외된다(法令 49조 1항 1호 단서).

3) 유예기간은 자산의 취득시기로부터 개시될 것인바, 유상승계취득한 부동산의 취득시기 는 원칙적으로 당해 부동산의 대금을 청산한 날이다(대법원 1999. 5. 25., 98 두 1482). 토지 매매에 관하여 거래허가를 받지 아니한 관계로 그 계약의 사법적 효력이 유동적으로 무효

해당 법인의 업무에 직접 사용하지 아니하고 양도하는 부동산(부동산매매업의 경우 제외)을 말한다. 부동산 매매를 목적사업으로 하는 법인의 부동산 양도는 업무에의 사용이므로, 유예기간 중에는 업무에 사용하지 아니하였다고 할 수 없고, 따라서 유예기간이 지난 후의 양도는 '업무에 사용하지 아니하고 양도하는 경우'에 해당하지 않는다.[1] 이러한 '업무무관부동산'의 개념은 종전의 '비업무용부동산' 개념을 대체한 것으로, 복잡하고 세부적인 비업무용부동산 판정기준을 폐지하고, '유예기간'이라는 요건만 그대로 존치함으로써 비업무용부동산에 대한 세법 측면에서의 규제를 완화한 것이다.

업무무관 동산은 (i) 서화 및 골동품(장식·환경미화 등의 목적으로 사무실·복도 등 여러 사람이 볼 수 있는 공간에 상시 비치하는 것 제외), (ii) 업무에 직접 사용하지 아니하는 자동차·선박 및 항공기(저당권의 실행 기타 채권을 변제받기 위하여 취득한 선박으로서 3년이 경과되지 아니한 선박 등 기획재정부령이 정하는 부득이한 사유가 있는 자동차·선박 및 항공기 제외), (iii) 기타 위 (i), (ii)에 유사한 자산을 말한다.

(2) 법인이 직접 사용하지 아니하고 타인(출자자가 아닌 임원, 소액주주인 임원 및 사용인 제외)이 주로 사용하고 있는 장소, 건물, 물건 등의 유지비·관리비·사용료와 이에 관련되는 지출금(法令 50조 1항 1호)도 손금에 산입하지 않는다.

(3) 법인의 출자자(소액주주 제외)나 출연자(出演者)인 임원 또는 그 친족이 사용하고 있는 사택의 유지비·관리비·사용료와 이에 관련되는 지출금은 손금에 산입하지 않는다(法令 50조 1항 2호).

법인이 거주용 주택을 구입하여 출자자인 임원에게 무상 또는 유상으로 사용하도록 한 경우 해당 주택은 여기서 말하는 '사택'의 제공에 해당하는 것으로 보아야지 위 (1)의 비업무용 부동산으로 볼 수는 없다는 것이 판례이다.[2]

(4) 법인이 업무와 직접 관련이 없는 자산을 취득하기 위한 자금을 차입함과 관련하여 지출한 비용 역시 손금에 산입하지 않는다(法令 50조 1항 3호).

(5) 해당 법인이 제공한 형법이나 '국제상거래에 있어서 외국공무원에 대한 뇌물방지법'에 따른 뇌물에 해당하는 금전 및 금전 외의 자산과 경제적 이익의

인 상태하에서도 잔금을 청산하여 이를 업무에 사실상 사용할 수 있는 상태가 되었다면 그 때를 부동산의 취득시점으로 보아야 한다(대법원 1999. 7. 9., 97 누 7219).

1) 대법원 2018. 5. 11., 2014 두 44342.
2) 대법원 2017. 12. 28., 2017 두 56827.

합계액도 손금에 산입하지 않는다(法令 50조 1항 4호).

(6) '노동조합 및 노동관계조정법'을 위반하여 지급하는 급여

10. 지급이자

(1) 채권자가 불분명한 사채의 이자

채권자가 불분명한 사채(私債)의 이자는 손금불산입된다(法法 28조 1항 1호). '채권자가 불분명한 사채의 이자'란 (i) 채권자의 성명·주소를 확인할 수 없는 차입금, (ii) 채권자의 능력 및 자산상태로 보아 그로부터 금전을 차용한 것으로 볼 수 없는 경우의 차입금, (iii) 채권자와의 금전거래 사실 및 거래내용이 불분명한 차입금을 말한다(法令 51조 1항). 이자를 지급받은 채권자가 불분명하여 수입이자에 대한 과세가 불가능한 경우에는 그에 상응하는 지급이자의 손금산입을 제한하려는 취지이다.

(2) 수령자가 불분명한 유가증권의 이자 또는 할인액

수령자가 불분명한 유가증권의 이자 또는 할인액은 손금불산입된다(동항 2호). 수령자가 불분명한 유가증권의 이자 또는 할인액은 채권(債券)·증권의 발행법인이 직접 지급하는 것으로서 그 지급사실이 객관적으로 인정되지 아니하는 것을 말한다(法令 51조 2항). 역시 이자의 수취인이 불분명하여 수입이자에 대한 과세가 불가능한 경우 지급이자의 손금산입을 제한하는 것이다.

(3) 건설자금에 충당한 금액의 이자

법인이 지급하는 이자라고 하여 모두 손금으로 인정하는 것은 아니고, 수익의 발생에 직접적으로 기여한 것만 손금으로 인정된다. 그런데, 외부로부터 차입하여 고정자산의 건설에 사용한 자금은 운영자금이 아니므로 그에 대한 이자는 수익의 직접적 원천이 되는 비용이 아니라, 자산을 취득하기 위하여 사용된 원가라고 보는 것이 타당하다. 그리하여 명목 여하에 불구하고 사업용 유형 및 무형 자산의 매입·제작·건설(이하 '건설'이라고만 함)에 소요된 차입금에 대한 지급이자 또는 이와 유사한 성질의 지출금은 손금불산입한다(法法 28조 1항 3호; 法令 52조 1항). 이러한 차입금을 특정의 건설에 사용할 목적으로 차입한 금액이라고 하여 '특정차입금'이라고 부른다. 특정차입금에 대한 이자는 건설이 준공될 때까지 자본적 지출로 하여 그 원본에 더한다(法令 52조 2항). 이에 사업용 자산이 감가상각자산이면 차입금의 이자는 감가상각기간 중에 감가상각비로

손금화되고, 감가상각자산이 아닌 경우에는 장부가액에 포함되어 장차 해당 고정자산의 양도시 비용으로 처리된다.

특정차입금의 연체로 인하여 생긴 이자를 원본에 더한 경우에 그 더한 금액은 이를 해당 사업연도의 자본적 지출로 하고, 그 원본에 더한 금액에 대한 지급이자는 손금으로 한다(法令 52조 4항). 특정차입금 중 해당 건설이 준공된 후에 남은 것에 대한 이자는 각 사업연도의 손금으로 한다(동조 5항). 이 경우 건설의 준공일은 (i) 토지를 매입한 경우에는 그 대금을 청산한 날(다만 대금청산 전에 해당 토지를 사업에 사용한 경우에는 그 사업에 사용하기 시작한 날), (ii) 건축물의 경우에는 소득세법 시행령 제162조 소정의 취득일 또는 해당 건설의 목적물이 그 목적에 실제로 사용되기 시작한 날 중 빠른 날, (iii) 기타 사업용 고정자산의 경우는 사업개시일로 한다(동조 6항). 차입한 건설자금의 일부를 운영자금에 전용한 경우에는 그 부분에 상당하는 지급이자는 손금으로 한다(동조 3항).

한편, 법인이 해당 사업연도에 실제로 상환하거나 상환하지 아니한 모든 차입금 중 위에서 본 특정차입금을 제외한 금액을 일반차입금이라고 하는데, 그 일반차입금 중 건설에 소요된 것으로 추정되는 금액에 대한 지급이자도 손금불산입한다(法法 28조 2항; 法令 52조 7항).

(4) 특정자산의 취득을 위한 차입금에 대한 이자

법인이 업무와 관련 없는 부동산이나 동산을 취득, 보유하는 것은 재무구조를 악화시키는 요인이 된다. 이러한 자산취득에 소요된 차입금의 지급이자까지 손금산입을 허용하는 것은 불공평하고, 나아가 정책적으로 이러한 비생산적 투자를 억제할 필요가 있으므로 법인세법은 다음과 같이 지급이자의 손금산입을 제한하고 있다(法法 28조 1항 4호; 法令 53조).

(i) 위 9.에서 본 업무무관 부동산과 업무무관 동산(서화·골동품 등)을 보유한 내국법인이나, (ii) 특수관계 있는 자(法令 87조)에게 업무와 관련 없이 대여한 금액(동일인으로부터 차입한 금액이 있으면 이를 상계한 금액만 의미함)(法令 53조 3항)이 있는 내국법인에 대하여는 각 사업연도에 지급한 차입금의 이자 중 아래의 산식에 의하여 계산한 금액(차입금 중 해당 자산가액에 상당하는 금액의 이자를 한도로 함)은 그 손금산입을 허용하지 않는다(法法 28조 1항 4호; 法令 53조 3항). 성질상 대여금에 준하는 구상금 채권도 '대여금'의 범위에 포함되지만, 그 구상금 채권을 포기한 후에는 대여금 채권이 더 이상 존재하지 않으므로, 그

포기에 따른 과세효과는 별론으로 하고, 업무무관 대여금의 지급에 따른 지급 이자 손금불산입은 할 수 없다.[1] 또한 대여금이 되기 위해서는 법인이 특수관계에 있는 자에게 직접 대여하였거나 이에 준하는 행위를 한 것으로 볼 수 있는 금액이어야 하지, 법인이 특수관계 없는 자로부터 부동산을 매수하고 그 매도인으로 하여금 법인과 특수관계 있는 자에 대한 채무를 변제하게 하는 방법으로 간접적으로 편익을 누리게 하였다고 하더라도 법인이 그 매수대금 상당액을 특수관계인에게 대여하였다고 할 수 없다.[2]

지급이자 × (i)~(ii)에 해당하는 자산의 합계액(총차입금을 한도로 함) / 총차입금

위 산식에서의 차입금에는 금융회사 등이 한국은행이나 국가·지방자치단체 또는 각종 기금 등으로부터 차입한 금액과 일반 법인이 한국은행이 정한 기업구매자금대출규정에 의하여 차입한 금액 등은 포함되지 아니한다(法令 53조 4항). 그리고 총차입금 및 자산 가액의 합계액은 적수로 계산하고, 업무무관 자산의 가액은 취득가액(법인세법 시행령 72조에 규정된 자산별 취득가액으로 하되, 동조 4항 3호의 부당행위계산부인에 따른 시가초과액을 포함함)으로 한다(法令 53조 3항).

제 6 절   손익의 귀속사업연도

I. 의   의

수익(익금) 또는 비용(손금)이 어느 사업연도에 귀속되느냐 하는 것은 과세 면에서 여러 가지 중요한 의미를 갖는다. 첫째로 과세시기와 직결된다.[3] 둘째로는 세법규정의 변경이 있는 경우 익금과 손금의 귀속시기가 언제이냐에 따라 적용될 세법규정이 달라진다. 셋째로는 누진세율 아래에서 과세소득이 어느 사업연도에 쏠리느냐에 따라 적용세율에 차이가 생길 수 있다. 따라서 손익의 귀속시기의 인식은 각 사업연도의 산출세액에 매우 중요한 영향을 미친다. 소득

---

1) 대법원 2009. 10. 29., 2007 두 16561.
2) 대법원 2014. 4. 10., 2013 두 20127.
3) 과세시기가 언제인가에 따라 손익금 간 상계, 부과권의 제척기간의 기산일, 조세포탈의 기수시기 등 여러 면에서 부수적인 차이가 나타나게 된다.

(또는 결손)은 익금과 손금의 차액이므로, 어느 사업연도에 얼마만큼의 소득을 얻었느냐 하는 문제는 익금에 해당하는 수익의 면과 손금에 해당하는 비용의 면으로 나누어 살펴야 한다.

Ⅱ. 수익·비용의 계상시기

1. 문제의 소재

만일 수익이 어느 일순간에 무의 상태에서 돌연 나타나는 것이라면 그 시점을 수익의 계상시기로 하면 될 것이다. 무주물을 발견하여 취득하는 경우가 그 예이다. 그러나 그러한 횡재는 정상적인 경우가 아니고, 보통은 수익이 수중에 들어오는 데에는 상당히 복잡한 비용의 지출과정이나 시간의 경과를 거친다. 제조업에 있어서는 원재료의 매입, 인적·물적 시설의 활용, 가공판매활동, 계약의 성립, 인도, 검수, 대금의 청구 및 수령, 매출상품의 사후 관리 등 숱한 단계를 거쳐야 하며, 농·임업에 있어서도 씨를 뿌리고 가꾸고 거두는 작업을 요한다. 양도차익(고정자산의 처분익)도 처분으로 인하여 일시에 생긴 것이 아니고 양도 이전의 소유 기간 동안 진행된 가치의 증가가 처분에 의하여 객관적으로 가시화되었을 뿐이다. 이자나 임대료(차임)는 시간의 진행에 따라 늘어난다.

이리하여 수익이란 엄밀히 말하면 어느 시점의 것이라기보다는, 이를테면 '성장과정'을 통하여 연속적·점진적으로 발생함을 알 수 있다. 즉 '가치의 증가(accrual)'라는 과정은 시간의 경과에 따른 비용의 지출과 더불어 단계적으로 진행되는 것이다.

특정의 과세기간(사업연도)에 발생한 소득에 대하여 부과되는 법인세의 과세대상을 측정하기 위해서는 이처럼 장기간에 걸쳐 단계적으로 발생하는 수익과 비용을 어떤 사업연도에 귀속시킬 것인지를 결정하여야 한다. 만약 이러한 수익과 비용의 발생과정이 1과세기간 내에서 시작되고 종결된다면 그 사업연도에 수익과 비용이 통틀어 귀속됨은 자명하다. 그러나 이러한 가치창출의 과정이 2개 이상의 사업연도에 걸치는 경우에는 각 사업연도의 수익과 비용을 어떻게 계상하여야 할 것인지가 문제된다.

2. 수익·비용의 계상시기에 관한 기준의 다양성

기업이 얻는 수익에는, 적극적 사업(active trade or business)의 경영을 통하여 얻는 것, 이자나 배당과 같이 소극적 투자(passive income)를 통하여 얻는 것, 자산의 처분을 통하여 얻는 것 등의 여러 가지 유형이 있다. 그리고 적극적 사업의 형태도 여러 가지이다. 또한 그러한 수익을 얻는 과정에서 지출한 비용이나 입은 손실의 형태 역시 다양하다. 기업의 이익을 측정하는 기업회계의 목적에서든, 법인세 과세목적에서든, 이처럼 다양한 형태의 수익과 비용(손실 포함)의 인식시기를 결정하는 객관적 기준이 필요함은 물론이다. 그러한 객관적 기준으로는 아래에서 보는 바와 같이 여러 가지 원칙을 상정할 수 있고, 각국의 실정법은 그 가운데 적합하다고 인정되는 하나 이상의 원칙을 사용한다.

(1) 발생주의(accrual method)

발생주의라 함은, 아래에서 볼 현금주의와 대립되는 개념으로서, 현금의 수입에 관계없이 일정한 요건의 충족으로 수입을 받을 권리가 성립되었을 때 (when earned or when entitled to receive a reward) 수익으로 계상하고, 현금의 지출에 관계없이 일정한 요건의 충족으로 비용을 지출할 의무가 성립하였을 때 (when incurred or when liable to pay a disbursement) 비용으로 계상하는 방식이다.[1] 순전히 이론적 또는 경제학적 관점에서만 본다면 특정 사업연도에 받을 권리가 성립한 가치와 지출할 의무가 발생한 비용을 측정하여 그 금액을 해당 사업연도에 귀속시키면 될 것이다. 그러나 특정 사업연도에 받을 권리가 성립한 가치와 지출할 의무가 생긴 비용을 측정하는 것은 매우 어렵고 또 주관에 좌우될 수 있기 때문에 회계학적 입장에서 보나, 이를 바탕으로 한 조세행정적 입장에서 보나 지극히 비실용적일 뿐만 아니라 불가능에 가까워서 엄밀한(즉 협의의) 발생주의는 예외적으로만 인정하는 것이 각국의 입법례이다.

(2) 현금주의(cash method)

발생주의에 대립하는 기준이 현금주의(cash basis)이다. 현금주의는 현금의 수입과 지출이 있을 때 각각 수익 또는 비용으로 계상하는 방법이다. 예컨대 상품을 판매하여 인도한 후에도 그 대금을 현실적으로 수령할 때까지는 수익을

---

1) Klein, Bankman & Shaviro, FEDERAL INCOME TAXATION(Aspen Publications 13th ed.), p. 318.

인식하지 않게 된다. 현금주의는 현금의 수수를 기준으로 하기 때문에 수익과 비용의 인식기준으로는 확실·명료하고 간편한 장점을 지니고 있다. 그러나 현금의 수수시점을 임의로 약정함으로써 소득금액을 조작할 우려가 있을 뿐만 아니라, 오늘날의 신용사회에 부적합하고 기간손익의 계산에는 특히 불합리하다. 따라서 우리의 현행 법인세법에 있어서 현금주의는 금융업에 한정하여 인정되고 있다(法令 70조 1항 1호). 그러나 미국과 같은 나라에 있어서는 그 간편성 때문에 개인 서비스업이나 중소기업에 분야에서 현금주의를 택하고 있는 납세자가 수적으로 우세하다고 한다.[1]

(3) 실현주의

협의의 발생주의나 현금주의가 수익의 인식을 위한 일반적 기준으로 적절하지 않음에 따라, 발생주의에 바탕을 두면서 확실성과 객관성을 기할 수 있는 시점에서 수익을 인식코자 하는 실현주의(realization principle 또는 realization concept)라는 것이 있다. 이 점에서 실현주의는 발생주의의 수정된 형태라고 할 수 있다.

(4) 현행 기업회계기준 및 법인세법의 입장

우리의 기업회계기준은 수익과 비용의 인식시기에 관하여 "재무제표는 발생기준에 따라 작성된다 … 발생기준에 따라 수익과 비용을 인식한다"라고 하여 발생주의를 원칙으로 내세우고 있다(재무회계개념체계 문단 66, 67). 그러나 이는 선언적 의미에 지나지 않고, 수익과 비용의 구체적 인식시기에 관해 다양한 기준을 적용하고 있다. 우선, 수익의 인식시기에 관하여는 "수익은 실현되었거나 실현가능한 시점에서 인식하고, 그 실현은 제품, 상품 또는 기타 자산이 현금 또는 현금청구권과 교환되는 시점에서 이루어진다"라고 하여 실현주의를 택하고 있다(재무회계개념체계 문단 144 ㉮). 나아가 "제품의 판매나 용역의 제공에 따른 수익은 (i) 경제적 효익의 유입가능성이 높고, (ii) 그 측정가능성이 있으며, (iii) 원가 및 관련 비용의 측정가능성이 있는 때에 인식한다"라고 하여 실현주의 적용의 보다 구체적 기준을 제시하고 있다(일반기업회계기준 제16장 수익, 문단 16.10 내지 16.17). 다음, 비용의 인식시기에 관해서는 (i) "수익과 직접 관련하여 발생한 비용(예를 들면, 제품의 제조원가 또는 매입원가)은 동일한 거래나 사건에서 발생하는 수익을 인식할 때 대응하여 인식한다"라고 하여 수익·비용의 직접대

---

1) Kragen & McNulty, Federal Income Taxation, 4th ed., p. 176(1985).

응원칙(the matching of expenses with revenues 또는 the matching concept)을, (ii) "수익과 직접 대응할 수 없는 비용(예를 들면, 판매비나 일반관리비)은 재화 및 용역의 사용으로 현금이 지출되거나 부채가 발생하는 회계기간에 인식한다"라고 하여 현금주의와 발생주의를, 그리고 (iii) "여러 회계기간에 걸쳐 경제적 효익을 발생하는 자산과 관련하여 발생한 특정 성격의 비용(예를 들면, 감가상각비)은 체계적이고 합리적인 배분절차에 따라 각 회계기간에 배분하는 과정을 거쳐 인식한다"라고 하여 기간대응의 원칙을 택하는 등 비용의 형태별로 발생주의, 실현주의, 수익비용 직접·간접 대응의 원칙, 현금주의 등 가운데 가장 적합한 기준을 선택하도록 하고 있다(재무회계개념체계 문단 146 ⑺, ⑻, ⒞). 이처럼 수익이나 비용의 형태별로 다양한 기준을 적용하는 이유는 수익과 비용의 인식시기를 정함에 있어 회계처리의 주체인 기업의 주관성 내지는 자의성이 개입되는 것을 배제하고 투자자나 채권자에게 상대적으로 가장 신뢰할 수 있는 성과지표를 보여주도록 하기 위한 것이다.

　　법인세법에서도 기업회계기준상의 수익과 비용에 대응되는 익금과 손금의 귀속시기에 관해 일률적 기준을 규정하고 있지는 않다. 원칙적으로 기업회계기준상의 손익의 인식시기에 관한 기준을 수용하면서도(法法 43조), 기업회계기준상의 실현주의는 이를 그대로 받아들이지 않고, 각종 거래에 수반되는 법률행위에서 발생하는 권리나 의무의 확정시점을 해당 권리의 행사에 따른 익금과 의무의 부담에 따른 손금의 귀속시기로 한다는 이른바 '권리의무확정주의'로 변형하여 그 고유의 기준으로 택하고 있다(法法 40조).

　　이하에서는 기업회계기준과 법인세법에서 택하고 있는 제반 수익과 비용 또는 익금과 손금의 인식시기의 기준에 관해 실현주의, 권리의무확정주의, 현금주의, 수익비용대응주의의 순으로 보다 구체적으로 살펴보기로 한다.

3. 실현주의

　　수익의 인식시기에 관한 발생주의를 보완하여 수익의 실현시점에서 이를 인식하고자 하는 것이 실현주의라 함은 앞서 말한 바와 같다. 비용의 실현이라는 개념은 없으므로 실현주의는 비용의 인식에는 해당이 없다. 수익의 확실성과 객관성의 요청에서 볼 때 '실현'이 언제 일어나는 것이라고 보아야 할까? 바꾸어 말하면, '실현'이란 무엇을 뜻하는가? 이에 관해서는 아래에서 보는 바와

같이 미국회계학회의 '회사재무제표개념 및 기준위원회'가 3차례 걸친 보고서를
통해 그 개념을 정립한 바 있다.

(1) 미국회계학회의 회사재무제표개념 및 기준위원회의 1957년 보고서

미국회계학회(AAA: American Accounting Association)의 회사재무제표개념 및
기준위원회(Committee on Concepts and Standards Underlying Corporate Financial
Standards)는 1957년 보고서에서 '실현'을 다음과 같이 정의하였다.

> 실현의 기본적 의미는 자산 또는 부채의 변동이 계정 상의 인식을 정당화할 만
> 큼 충분히 확정적이고 객관적(sufficiently definite and objective)으로 되는 것이다.
> 이 인식은 독립당사자 간의 교환거래, 확립된 상관행 또는 이행이 거의 확실시되
> 는 계약의 내용에 바탕을 둘 수 있을 것이다.[1]

여기에서 확정적(definite)이라는 것, 즉 확실성이란 어떤 사항이 항구성
(permanence)을 띠고 역전될 가능성이 희박한 것을 뜻한다. 이루어진 효과가 취
소 또는 해제되거나 상실되지 않을 것이라는 적절한 판단이 가능한 상태이다.[2]
다음 객관적(objective)이라고 함은 어느 한 쪽으로 치우치지 않음을 의미한다.
어떤 사항이 이를 검토하는 모든 사람들에게 대체로 동일하게 인식될 때에 그
것을 객관적으로 인식할 수 있다고 할 수 있다. 뒤집어 말하면 그 사항이 각자
에게 각각의 해석이 가능한 상태이어서는 안 된다는 뜻이다. 이와 같이 볼 때
측정가능성, 즉 가측성(可測性, measurability)은 객관성을 충족시킬 수 있는 요소
가 된다. 정확하게 측정할 수 있을 때 객관성이 도모될 수 있다는 것이다.[3]

(2) 미국회계학회의 회사재무제표개념 및 기준위원회의 1964년 보고서

미국회계학회의 회사재무제표개념 및 기준위원회의 실현주의에 대한 1964
년도 보고서[4]는 위 1957년도 보고내용을 보완하고 일부 수정하였다. 이 보고
서에서는 실현시기의 판단에 있어서 고려되어야 할 중요한 요소로서 (i) 수입자

---

1) AAA, Accounting and Reporting Standards for Corporate Financial Statements and
   Preceding Statements and Supplement, 1957, p. 3.
2) Floyd W. Windal, The Accounting Concept of Realization, Accounting Review, April
   1961, p. 752.
3) Floyd W. Windal, Ibid., p. 251.
4) AAA 1964 Concepts and Standards Research Study Committee, Realization Concept,
   Accounting Review, April 1965, pp. 312 – 322.

산의 성격(the nature of the assets received), (ii) 시장거래의 존재(the presence of a market transaction) 및 (iii) 역무수행의 정도(the extent to which services have been performed)의 3가지를 들고 있다.

첫째 '수입자산의 성격' 요소와 관련해서는, 일반적으로 대가로 받은 자산의 유동성(流動性, liquidity)과 가측성(可測性, measurability)을 실현의 요건으로 들었다. 그러나 유동성은 가측성을 확보하기 위하여 필요한 것이므로 실은 수입자산의 가측성이 보다 중요하다고 보았다.

둘째 '시장거래의 존재' 요소와 관련해서는, 수익은 통상 시장거래(market transaction)를 계기로 얻어지는 것이므로 수익이 실현되었다고 하기 위해서는 어떤 자산의 시장거래가 선행되어야 한다고 보았다. 다만 특정의 보유자산이 대체성이 강하고 또한 이를 용이하게 처분할 수 있는 활발한 시장이 존재하는 경우에는 설령 회계주체가 계속 이를 보유하고 있다 하더라도 시장가격으로 수익을 계상하여야 한다는 소수의견도 제시되었다.

셋째 '역무수행의 정도' 요소와 관련해서는, 연속적으로 수익을 얻는 과정에서 회계주체가 매출대상인 역무를 수행한 정도(the extent of performance of service)[1]가 소득의 실현과 밀접하게 관련되어 있다는 전제 하에 역무의 제공 정도를 기준으로 삼았던 종래의 입장에서 진일보하여 처음으로 '결정적 사건(the crucial event)'기준을 제시하였다. 즉 매도인이 수익을 가득하는 과정에서 결정적 사건이 되는 행위를 수행하였는가의 여부가 소득의 실현 여부를 판정하는 요인이라는 것이다.[2] 이에 미국회계학회의 연구위원회는 '거래상대방에 대한 역무제공'이라는 기준(the test of rendering services to customers)에서 벗어나 수익을 얻는 과정에서 결정적 사건이 발생하였을 때 실현된 수익을 일차적으로 인식한다'는 기준(the test of first recognizing realized revenue when the crucial event in the revenue process has occurred)으로 보완할 것을 권고하였다. 결정적 사건은 거래의 내용에 따라 다르겠지만, 이에 따를 경우 종래의 기준에 비하여 실현시기의 판단이 보다 용이하고 주관적 요소가 상당히 배제된다고 본 것 같다.

---

1) 여기에서 service라 함은 수익을 얻기 위한 노력을 뜻하되, 그 성과로서 얻은 처분의 목적물(상품·용역 등)까지를 포함하는 의미로 사용되고 있으므로, 통상의 번역인 '용역'이라는 표현 대신에 '역무'라는 용어를 택하였다.

2) "…another factor is more relevant, namely, whether the seller has performed an action which is the crucial event in the process of earning revenue."

(3) 미국회계학회의 회사재무제표개념 및 기준위원회의 1973-1974년 외부보고서[1]

이 보고서에서는 전술한 1957년도 보고서에서 내려진 '실현'의 정의를 지지하면서도 그 폭이 너무 넓어 실효성이 떨어지므로 보다 구체적인 '실현'의 기준이 필요하다고 지적하고 있다.[2] 1973-1974년 보고서는 실현의 문제를 불확실성의 감소라는 측면에서 다음과 같이 파악하고 있다.

> 「언제나 실현의 문제가 제기되기 전에 소득이 존재하고 있어야 한다. 실현은 소득개념에 있어서 결정요소가 아니다. 그것은 오직 소득의 개념 내에 존재하는 것으로 다른 측면에서 결정된 사건들을 회계기록에 객관적으로 계상할 시기, 즉 불확실성이 용납할 수 있는 수준으로 감소된 시기를 결정하는 데 지침으로 작용할 뿐이다.[3]」

소득이란 그것이 실현되기 전에 이미 존재하는 것이며, 실현은 이미 존재하는 소득의 측정(measurement)의 문제로 귀착하는 것으로 본다. 그렇다면 소득의 인식(recognition)은 신빙성 있는 측정에 의존하는 것이고, 굳이 실현(realization)이라는 개념이 필요하지 않으므로, 적어도 그 용어의 사용을 폐기하는 것이 바람직하다고 보는 것이다.[4]

실현의 문제를 오로지 측정의 문제로 파악하는 한, 1964년도 보고서에서 실현의 요건의 하나로 열거되었던 '시장거래의 존재'는 필요가 없는 것이 된다. 제3자와의 거래를 요건으로 한다면 외화채권채무의 평가, 감가상각, 대손 등 현재 허용되고 있는 배분과 추정 절차는 논리적으로 그 사용이 불가능하게 될 것이다. 이러한 특수한 경우가 아니라 할지라도 위의 1973-1974년도 보고서에서 정의한 소득의 본질에 따르면 불확실성이 '용납할 수 있는 수준으로' 감소되어 측정 가능한 상태에 이르기만 하면 소득은 인식되는 것이며 항상 시장거래를 요건으로 할 필요는 없다. 이에 1973-1974년도 보고서는 명시적으로 종전의 시장거래 요건에 대해 반대의 입장을 취하고 있는 것이다.[5]

---

1) Committee on Concepts and Standards – External Reporting, Accounting Review, Supplement to vol. 40, 1974, p. 203.
2) Ibid., p. 207.
3) Ibid., p. 209.
4) 같은 주장을 하는 이로는 예컨대, Eldon S. Hendriksen, Accounting Theory, 4th ed., p. 179.
5) Committee on Concepts and Standards – External Reporting, op. cit., p. 213.

(4) 실현주의에 대한 평가

'실현'이 각종 구체적 사례에 적용될 추상적 규정을 정립하는 데 고려하여야 할 기본적 관념으로는 기능할 수 있다고 하더라도 사람에 따라 실현에 대한 이해를 달리하기 때문에 실현주의 자체가 명료한 기준이 되기는 어렵다. 그럼에도 불구하고 실현주의는 오늘날에도 기업회계에서는 아직도 큰 비중을 차지하고 있다. 이에 비해 과세표준 및 세액의 산출과 직결되는 세무회계에서는 보다 확실한 기준이 요청된다. 이와 같은 요청에 따라 등장한 것이 권리의무확정주의이다.

4. 권리의무확정주의

(1) 총   설

기업회계와 세무회계의 중요한 차이점의 하나는, 기업회계가 특정기업의 경제적 정보를 제공하는 데 그치고 회계적 작업의 결과가 직접 타인과 사이의 재산에 관한 법률관계를 성립시키거나 그 내용을 좌우하는 일이 없는 데 반하여, 세무회계는 그 결과가 회계주체인 납세의무자와 과세권자 사이의 조세채권채무관계를 곧바로 성립시키는 특성을 지닌다는 것이다. 이러한 세무회계의 특성상 수익이나 비용의 계상시기를 결정짓는 기준이 보다 확실하고 분명할 것이 요청되는 것으로 인식되어 왔다. 세액의 다과를 놓고 납세의무자와 과세권자 사이에 첨예한 다툼이 일어나는 상황에서 수익과 비용의 계상시기를 어느 기준에 의해 결정하더라도 무방하다는 식의 적당한 해결은 허용되지 않는다.

이리하여 수익과 비용을 권리의 취득, 상실 또는 변경으로 파악하고자 하는 생각이 싹트기에 이르렀다. 수익과 비용은 통상 거래당사자의 여러 가지 법률행위를 통해 발생하고, 그러한 법률행위는 각종 권리의 성립과 의무의 이행을 수반하므로, 수익과 비용은 그 권리의 성립과 의무의 이행의 측면에서 인식하여야 한다고 보는 것이다. 다시 말해 보다 확실한 소득측정을 위해서는 납세의무자의 재산상의 권리나 의무의 확정시점을 수익과 비용의 계상시기로 보아야 한다는 것이다. 이것을 권리의무확정주의라 부른다. 권리의무확정주의는 그 연원을 보더라도 실현주의를 배척하려는 것이 아니고 보완하려는 데 그 뜻이 있으며, 따라서 양자 모두 발생주의를 원류로 하는 같은 맥락의 것이다. 즉 수

익이 권리확정시에 실현되는 것으로 파악한다.[1]

(2) 권리확정주의

1) 의   의   법인세법 제40조 제1항은 "내국법인의 각 사업연도의 익금과 손금의 귀속사업연도는 그 익금과 손금이 확정된 날이 속하는 사업연도로 한다"고 규정하고 있다. 이 규정을 근거로 우리 법인세법은 권리확정주의를 익금과 손금의 귀속시기에 관한 일반적 기준으로 채택하고 있다고 본다. 다만, 세무회계가 기업회계에 그 연원을 둘 수밖에 없다는 점에서 법인이 일반적으로 공정·타당하다고 인정되는 기업회계기준 또는 관행을 계속하여 적용한 경우에는 법인세법이나 조세특례제한법에서 달리 규정하고 있는 경우를 제외하고는, 그 기준이나 관행에 의하므로(法法 43조), 그 범위 내에서 권리확정주의의 적용이 제한을 받을 수 있다. 예를 들면, 법인세법령이나 조세특례제한법령에서 구체적 유형이나 특성을 적시하여 익금의 귀속시기를 명시하고 있지 않은 수익 항목의 귀속시기에 관해서 기업회계기준이나 관행이 별도로 존재하고, 납세자법인이 이에 따라 회계처리를 하고 납세의무를 이행하여 왔다면 권리확정주의의 정신에 위배되지 않는 한 과세상 그 귀속시기는 인정되어야 한다는 것이다. 판례도 같은 취지로 판시하고 있다.[2] 소득세법 제39조 제1항도 위 법인세법 제40조 제1항과 같은 문언의 권리확정주의를 규정하고 있으므로 이하의 논의는 소득세법의 적용에도 그대로 타당하다.[3]

법인세법 제40조 제1항에서 말하는 '확정'이란 권리확정을 뜻하는 것으로 이해한다. 그런데 권리의 확정이라는 법적 기준(legal test)은 그 자체로 의미가 분명치 않다. 즉 '확정'이라는 법문언의 뜻이 일의적인 것이 아니라 탄력적인 것이기 때문에 익금과 손금의 확정일을 귀속시기로 한다는 법문에서 권리확정주의의 의미가 저절로 도출되는 것은 아니다.

---

[1] 신찬수, "稅法上 損益의 歸屬事業年度 原理,"「月刊租稅」, 1988. 8, 50면; 植松守雄, '收入金額(收益)の計上時期に關する問題',「租稅法硏究」, 제8호, 35면, 44면.

[2] 대법원 2017. 12. 22., 2014 두 44847.

[3] 일본에서는 "각종 소득금액의 계산상 수입금액으로 되어야 하는 금액 또는 총수입금액에 산입할 금액은 별도의 정함이 있는 것을 제외하고, 그 연도에 수입하여야 할 금액(금전 이외의 물건 또는 권리 기타 경제적인 이익으로 수입하는 경우에는 그 가액)으로 한다"라고 규정하고 있는 현행 일본 소득세법 제36조 제1항이 권리확정주의를 채용한 것이라고 보는 것이 학설과 판례의 일치된 입장이다. 이 조항에서 말하는 '수입하여야 할 금액'을 '수입할 수 있는 권리의 확정된 금액'으로 보는 것이다(金子 宏,「租稅法」(第23版), 310면).

따라서 '확정'의 의미를 보다 구체적으로 규명할 필요가 있다. 권리의 확정
이란 민법에서 말하는 계약내용의 '확정'과는 의미가 다르다고 할 것이다. 계약
의 성립과 효력의 발생에서 한 걸음 더 나아가 수익의 원인이 되는 '권리의 내
용이 법이 보장하는 바에 의하여 실현(상대방의 이행)될 가능성이 객관적으로 인
정되는 상태'를 뜻한다고 보아야 한다. 즉 권리자가 그 권리를 실행할 수 있고
또 실행함에 있어 장애가 없는 상태에 도달한 시점이 해당 권리로부터 발생하
는 수익의 귀속시기가 된다는 것이다. 여기서 '권리를 실행할 수 있는 상태'에
있다고 하기 위해서 반드시 그 권리에 근거하여 강제집행에 착수할 수 있는 단
계에 있거나 권리의 존재에 대하여 다툴 수 없는 효력이 발생했을 것까지 필요
로 하는 것은 아니다. 만일 권리의 실현시점을 수익의 귀속시기로 잡아야 한다
면 그것은 현금주의의 입장에 서 버리게 되기 때문이다. 한편 '권리를 실행함에
장애가 있다'고 하는 경우의 '장애'라 함은 채권자가 이미 발생한 권리를 행사
하려고 해도 어떤 법률적인 사유로 인해 행사할 수 없는 상태를 의미하는 것이
지, 당사자들 간의 약정으로 이미 발생한 권리의 행사를 유예하는 경우까지 포
함하는 것은 아니다.[1]

판례도 "소득이 발생하였다고 하기 위하여는 소득이 현실적으로 실현된 것
까지는 필요 없다고 하더라도 적어도 소득이 발생할 권리가 그 실현의 가능성
에 있어 상당히 높은 정도로 성숙·확정되어야 한다고 할 것이고, 따라서 그 권
리가 이런 정도에 이르지 아니하고 단지 성립된 것에 불과한 단계로서는 아직
소득세의 과세대상으로서의 소득발생이 있다고 볼 수 없다"라고 하여 같은 입
장을 취하고 있다(성숙론).[2] 그런데 판례에서 제시하고 있는 '성숙·확정'이라는
기준도 그 의미가 분명치 않으므로 구체적으로 어떠한 사실을 두고 소득이 발
생할 권리가 성숙·확정되었다고 할 것인가가 논의되어야 한다. 이에 관해 다시
판례는 "구체적으로 어떠한 사실을 가지고 소득이 발생할 권리가 성숙·확정되

---

1) 대법원 2015. 12. 23., 2012 두 16299(자산유동화회사가 주주에게 배당금 지급결의를 하였
   으나 자산유동화계획 및 정관에서 유동화증권 원리금을 전부 상환한 이후에 비로소 배당금
   을 지급하도록 규정하고 있음으로 인해 해당 배당금을 지급하지 않았더라도, 그 배당소득의
   수입시기는 배당금 지급 결의일이라고 할 것이다).

2) 대법원 2011. 9. 29., 2009 두 11157; 同 2003. 12. 26., 2001 두 7176; 同 1980. 4. 22., 79 누 296.
   이 정의는 일본의 昭和 37. 12. 21. 大阪高裁 37(禮) 121의 그것과 일치한다. 이 사건에서, 경
   매법에 의한 경매에 있어서 "경락허가결정 언도의 단계에서는 하등 경락대금이라는 소득을
   실현할 가능성이 높을 정도로 성숙·확정된 권리성을 갖는다고 볼 수 없다"고 판시하였다.

었다고 할 것인가는 반드시 일률적으로 말할 수는 없고, 다만 개개의 구체적인 권리의 성질과 내용 및 법률상·사실상의 여러 조건을 종합적으로 고려하여 이를 결정함이 상당하다"[1]라고 판시하고 있다. 예를 들어, 자산의 양도를 위임받은 대리인이 이를 저가에 양도한 것처럼 본인을 속여 양도대금의 일부를 횡령하고, 대리인의 자산상황, 지급능력 등에 비추어 본인이 횡령금액을 회수하는 것이 불능이 되어 장래 그 소득이 실현될 가능성이 전혀 없음이 객관적으로 명백한 때에는 본인에게 횡령금액에 상당하는 양도소득을 얻을 권리가 성숙·확정되었다고 볼 수 없다.[2] 권리의 확정 여부를 판단함에 있어 해당 권리의 제반 구성요소와 특성을 고려해야 한다는 이러한 판시는 한편으로는 성숙론이 권리확정의 통일적 기준으로 가지는 결함을 자인하는 것이면서, 다른 한편으로는 구체적 타당성을 지닌 결론에 도달하기 위해 '확정'의 개념을 탄력적으로 운용할 수 있음을 시사하는 것이기도 하다.

    2) 위법소득과의 관계   어떤 법률행위의 하자(瑕疵)로 말미암아 그로 인한 소득이 사법상 행위자에게 온전하게 귀속되었다고 할 수 없는 경우가 있다. 이러한 경우는 다시 두 가지 경우로 나누어 생각할 수 있다. 하나는 그 행위가 무효이어서 권리확정주의에서 말하는 권리의 '확정'이 아예 가능하지 않는 경우이고, 다른 하나는 그 행위가 우선은 유효하지만 취소의 대상이 되는 경우이다.

    무효인 경우에는 권리확정주의가 적용될 수 없음은 분명하다. 그러나 무효인 행위로부터 과세소득이 발생할 수 없다는 것은 아니다. 무효인 행위로 인한 수입도 과세소득이 된다는 점에 대해서는 거의 견해가 일치한다. 예를 들면, 법인과 이사 사이에 이익이 상반되는 금전소비대차로서 무효의 가능성이 있다고 하더라도 그 소비대차에서 발생한 이자소득을 과세소득에서 제외시킬 것은 아니고,[3] 상호저축은행의 대표이사가 그 상호저축은행 명의로 부금(賦金)을 수입하거나 금원을 차입하고도 이를 장부에 기장하지 않고 소위 부외부채(簿外負債)로 관리, 유지하였다면, 비록 사법상으로는 상호저축은행의 차입행위로서는 무효라고 하더라도 그 부외부채의 상대계정인 현금이 일단 상호저축은행에 들어온 이상 법인의 수익으로 보아야 하는 것이며,[4] 처분권한이 없는 자가 회사 차

---

1) 대법원 1987. 6. 23., 87 누 166; 同 1981. 2. 10., 79 누 441.
2) 대법원 2015. 9. 10., 2010 두 1385.
3) 대법원 1985. 5. 28., 83 누 123.
4) 대법원 1991. 12. 10., 91 누 5303.

량을 처분하는 행위는 무효라고 하더라도 그 처분대금은 익금에 포함되어야 한다.[1] 오직 그 소득에 대해서 현실적 지배 내지는 향유가 있는지 여부만이 문제될 따름이다. 그렇기 때문에 무효인 행위로부터 유래하는 소득의 귀속시기는 그 소득의 현실적 수령시기이다. 그 전단계에서는 권리의 확정이 있을 수 없기 때문이다.[2] 여기에서 알 수 있는 것은 권리확정주의는 소득의 과세여부에 대한 기준이 아니고 오직 현금 기타 대가의 합리적이고도 실용적인 수취 시점을 정하기 위한 기준이라는 점이다.

소득을 발생시킨 법률행위가 취소 사유를 내포하고 있는 경우에는, 그 행위가 실제로 취소되기 전까지는 일응 유효하기 때문에 그 소득은 과세대상이 되는 것이고, 그 귀속시기는 통상의 경우와 같이 해당 법률행위에 의해 형성된 권리가 확정되는 시점이라고 보면 된다. 그러나 취소권자가 해당 법률행위의 취소의 의사를 표시하고 이에 따라 원상회복이 이루어졌을 경우에는 처음부터 해당 법률행위가 없는 것으로 돌아갈 것이므로, 국가는 과세를 할 수 없고, 따라서 귀속시기를 논할 필요도 없다. 실제로 취소되지 않았다고 하더라도 취소될 가능성이 객관적으로 분명한 때에도 권리의 확정은 없는 것으로 봄이 타당할 것이다.[3]

3) 청구권 이론(Claim of Right Doctrine)　　　미국의 세법 이론상 채무의 이행에 따른 급부의 수취로 인해 얻게 되는 소득의 귀속시기에 관하여 claim of right doctrine이 있다. North American Oil Consolidated v. Burnet 사건[4]에 관한 1932년 연방대법원 판례로 형성된 이론인데, 우리말로 '청구권 이론(the claim-of-right doctrine)'이라고 번역하여 쓰기로 한다.[5] 청구권 이론의 요지는 납세의무자가 "청구권에 기하여 그 처분에 아무런 제한을 받지 아니한 상태에서(under a claim of right and without restriction as to its disposition) 어떤 금액을 수취하면," 납세의무자가 수익 실현시기에 관하여 적용한 회계원칙이 발

---

1) 대법원 1995. 11. 10., 95 누 7758.
2) 권리확정주의라는 법적 기준과 병행하여 소득이 납세자의 지배하에 들어왔을 때에 소득을 인식하고자 하는 '관리지배기준'을 채택하여야 한다는 의견은 위법소득과 관련하여 유용하다. 金子 宏,「租税法」(第23版), 312면.
3) 吉良實, "違法所得と權利確定主義,"「稅法學」200호, 1967, 143면.
4) 286 U.S. 417(1932).
5) 여기서 '청구(claim)'라 함은 반드시 권리의 실현을 위하여 취하는 적극적 행위만 의미하는 것이 아니고, 권리자의 지위에서 그 실현을 위해 행하는 여러 행위를 두루 뜻한다. 이 원칙에 관한 평론으로는「Taxing Unsettled Income: The "claim of right" test, 58 Yale L.J. 955(1949)」참조.

생주의와 현금주의 중 어느 것인가에 관계없이 과세목적상 그 수취금액을 그 수취일이 속한 사업연도의 소득으로 신고해야 한다는 원칙이다. 권리의 행사로 얻은 수익의 귀속시기를 그 권리행사 과정의 어느 시점으로 볼 것이냐를 다룬 이론이라는 점에서 수익의 귀속시기를 그 수익을 발생시킨 권리의 성립과 행사 시기의 관점에서 파악하는 권리확정주의와 맥락을 같이 한다고 할 것이다.

위 North American Oil Consolidated v. Burnet 사건에서 청구권의 행사에 따른 수익의 인식시기를 정면으로 다루기 전에 Burnet v. Sanford & Brooks Co.[1] 사건에서 기간과세의 원칙과 관련하여 손익의 귀속시기를 논한 적이 있는바, 먼저 그 판시 내용부터 살펴보기로 한다.

Sanford & Brooks Co.라는 회사는 미국정부의 델라웨어강 준설공사를 맡아 했으나 1913년에서 1916년에 이르기까지 4개 과세연도에 걸쳐 결손을 보았다. 그런데 1915년 준설공사는 중단하기로 결정되었다. Sanford & Brooks 회사는 1916년에 미국정부를 상대로 계약위반을 이유로 손해배상청구소송을 제기하였고, 1920년에 승소판결을 받았다. 그러나 해당 회사는 그 배상금의 가액을 이를 수령한 1920 사업연도의 익금으로 계상하지 않았고, 이에 과세관청은 이를 1920 사업연도의 익금에 포함시켜 과세처분을 하였다. 배상금 중의 상당부분은 공사로 인한 결손을 보전하는 것이었고 나머지는 일종의 법정이자에 해당하는 것이었다. 이 중에서 특히 문제된 것이 결손보전 금액이었다. 쟁점은, 이 결손보전 금액이 1913 사업연도부터 1916 사업연도에 행한 공사와 관련이 있는 것이므로 그 과세기간에 귀속되어야 한다는 납세자의 주장과 미국정부에 대한 승소판결로 인하여 배상금을 받게 된 1920 사업연도에 귀속되어야 한다는 과세관청의 주장의 대립이었다. 연방대법원은 과세관청의 주장을 지지하면서 그 근거를 기간과세 제도에 두었다. 손익은 그것을 인식한 기간에 귀속시켜야 하는 것인데, 문제의 배상금의 인식시기는 승소판결에 의하여 비로소 그 수령이 확정된 1920년이라는 것이다.[2]

---

[1] 282 U.S. 359(1931).

[2] "It is the essence of any system of taxation that it should produce revenue ascertainable, and payable to the government, at regular intervals. Only by such a system is it practicable to produce a regular flow of income and apply methods of accounting, assessment, and collection capable of practical operation." Burnet v. Sanford & Brooks Co., supra.

    설령 전체 기간을 통해서 보면(법정이자에 해당하는 금액을 제외하고는) 원고
회사는 준설공사로부터 아무런 이익을 얻지 못하였다 하더라도, 1920년이라는
특정의 과세기간만 놓고 보면 인식한 소득이 있으므로 해당 소득을 발생시킨
거래가 일어난 시기에 관계없이 소득이 인식된 1920 사업연도에 과세되어야 한
다는 것이다. 기간과세의 원칙은 특정거래로 인해 궁극적으로 이익이 발생했든,
결손이 발생했든 관계없이 적용되어야 할 실용적이며 확립된 과세원칙임을 강
조하였다.

    Sanford & Brooks Co. 사건 다음 해에 선고된 North American Oil
Consolidated v. Burnet의 판결도 같은 맥락의 것이기는 하나, 전자가 기간과세
의 원칙에 중점을 둔 데 반하여 후자는 수익의 인식기준에 보다 초점을 맞추어
설시하였다. North American Oil 사건의 내용은 다음과 같다.

    원고회사가 1916년 중에 운영하고 있던 일부 유전의 법률상 소유명의는
미국정부에 있었다. 이에 미국정부는 1916년 전에 원고회사를 상대로 그 점유
를 이전하라는 소송을 제기했고, 이어 1916. 2. 2.에 해당 유전의 운영을 관리·
감독하며 그로부터 발생되는 소득을 보관할 관리인(receiver)의 지명을 법원에
청구하여 그 결정을 받았다. 이 결정으로 인해 1916년 중에 해당 유전에서 발
생한 소득은 위 관리인이 이를 지급받아 보유하고 있었다. 그러던 중 1917년에
연방지방법원이 미국정부의 유전점유반환청구를 기각함에 따라 위 관리인은 그
가 지급받아 보유하던 금원 전부를 원고회사에게 지급하였다. 이에 미국정부는
연방순회항소법원에 항소하였으나 1920년 기각되었고, 연방대법원에 대한 상고
역시 1922년에 기각되어, 미국정부의 점유반환청구를 기각한 연방지방법원의
1917년 판결이 확정되었다. 이런 상황에서 연방국세청은 해당 유전으로부터
1916년에 발생된 소득으로서 1917년에 원고회사가 관리인으로부터 반환받은
금액을 1917년 귀속 소득으로 보아 법인세를 부과하였다. 이에 대해 원고회사
는 해당 유전으로부터 1916년에 발생한 소득으로서 1917년 중에 관리인으로부
터 반환받은 금액은 그것이 실제로 발생된 1916년이나 또는 미국정부를 상대로
한 점유물반환청구소송이 종결된 1922년에 귀속되는 소득으로 보아야 한다고
주장했다. 이와 관련, 연방 대법원은 다음과 같은 취지로 판시하였다.

    "원고회사가 전혀 받지 못할지도 모를 금액을 소득으로 신고할 의무는 없다.

1916년도 중에는 원고회사가 관리인에게 문제의 금액을 반환해 달라고 요구할 권리는 없었으므로 그 연도에 원고회사가 그 금액을 받은 것으로 의제할 수 없다. 1916년에는 국가와 원고회사 중 누가 그 금액을 받을 권리가 있는지 분명하지 않았다. 원고회사가 그 금액을 받을 수 있게 된 것은 1917년에 연방지방법원이 연방정부의 점유반환청구를 기각하면서 관리인의 지명을 취소한 때이다. 이처럼 원고회사가 실제로 해당 금액을 받지도 않았고, 받을지 여부도 불분명한 1916년에 그 금액이 원고회사의 소득으로 실현되었다고 볼 수는 없는 것이다. 반면, 만약 납세의무자가 청구권에 기해 어떤 금액을 지급받고 그 처분에 관하여 아무런 제한을 받지 않는다면(receives earnings under a claim of right and without restriction as to its disposition), 비록 그 금액을 나중에 반환할 상황이 생길 수 있다 하더라도, 그 금액은 이미 소득으로 실현된 것으로 보아야 한다.[1] 그런 점에서 원고회사와 연방정부 간에 점유물반환청구소송이 종결된 1922년에 소득이 실현되었다고 볼 수도 없다. 그렇다면, 원고회사가 문제의 금원을 지급받을 권리를 처음으로 취득했고, 실제 그 금액을 반환받은 1917년에 그 금액은 원고회사의 소득을 구성한 것으로 보아야 할 것이다. 만약 1922년에 원고회사가 패소하여 그 금액을 반환했다면, 그 반환 사업연도에 그 반환금액을 손금에 산입하여야 할 것이다."

위 연방대법원 판례로 형성된 청구권 이론에 따라 청구권에 기한 소득이 인식되었다고 하기 위해서는, (i) 납세의무자가 소득을 구성하는 현금이나 재산을 받았을 것, (ii) 납세의무자가 그 금액의 사용과 처분에 대하여 무제한의 지배권을 가져야 할 것, (iii) 납세의무자가 그 금액을 보유할 근거로 내세우는 청구권이 존재하는 것으로 믿었을 것 등의 3가지 요건이 충족되어야 한다.[2]

기간과세의 원칙과 청구권의 행사에 따른 손익의 인식시기에 관한 위 2개의 연방대법원 판례를 종합하면, 거래별로 소득을 계산하는 방법(transactional approach)은 허용되지 않고, 손익이 인식된 기간별로 과세를 하여야 하되(peri-odic or annual accounting approach), 손익은 그 발생의 원인이 되는 법률관계가 불확실하거나 현실적인 취득이 없는 경우에는 인식되지 않는 것으로 보아야 하는 한편, (i) 현실적인 취득이 있고, (ii) 납세자가 취득한 자산에 대하여 취득할

---

1) "If a taxpayer receives earnings under a claim of right and without restriction as to its disposition, he has received income which he is required to return, even though it may still be claimed that he is not entitled to retain the money⋯." North American Oil Consolidated v. Burnet, supra.

2) Marin A. Chirelstein, Federal Income Taxation, 8th ed., 1997, p. 237.

권리가 있다고 인식하는 동시에, (iii) 취득한 재산의 처분에 대한 제약이 없게
되면, 그 시점에서 수익을 인식한다는 것으로 요약될 수 있다.

　　위 두 판례의 입장은 오늘에 이르기까지 유지되고 있으며, 기간과세로 말
미암아 때로 야기되는 부적절한 결과에 대한 구제방법이 제정법에 의하여 부분
적으로 마련되어 있을 따름이다.[1] 이러한 미국의 청구권 이론에서 정립된, 수
익의 인식시기에 관한 원칙은 우리 세법이 취하고 있는 권리확정주의 아래에서
권리가 언제 '확정'되는가를 결정하는 데 참고가 될 수 있을 것이다.

　　(3) 채무확정주의[2]

　　1) 총　　설　　　법인세법은 익금에 관하여 권리확정주의를 택하고 있음
에 대응하여 손금에 관해서는 채무확정주의를 택하고 있다. 즉 법인세법 제40
조 제1항은 '확정기준'을 익금뿐만 아니라 손금에도 같이 적용하도록 요청하고
있다. 이에 익금에 관하여 '확정'을 권리의 확정으로 이해한다면, 손금에 관하여
는 채무의 확정으로 받아들여야 한다.[3] 채무확정주의는 '확정' 개념을 기준으로
손금의 인식을 익금의 인식과 대응시킨다는 점에서 수익·비용 대응원칙과 유
사한 점이 있다. 익금과 손금의 귀속시기를 서로 다른 기준에서 파악하는 것은
적정한 소득금액의 산출이라는 목표에서 볼 때 논리적으로 불합리하기 때문에
익금의 인식에 관한 기준을 손금의 인식에 공통으로 적용하도록 한 것이다.

　　그러나 우리 세법은 확정주의에 너무 집착하게 되면 수익·비용의 대응을
그 본래의 취지에서 벗어나 왜곡시킬 가능성이 있음[4]을 고려하여 예외를 두고
있는 경우가 많다. 예를 들면, 일정한 유형의 비용이나 손실이 확정되거나 실제
로 발생하기 전에 일정한 기준에 따라 계산한 예상액을 '충당금'이나 '준비금'의
명목으로 설정하게 하여 손금에 산입할 수 있도록 배려하고 있다(아래 Ⅲ.에서
후술). 물론 현행 세법상의 충당금·준비금만으로 충분한가 하는 것은 별개의
문제이다.

---

1) 미국 내국세입법 §172, §§1301~5 및 §1341 참조.
2) 권리확정주의에 대응된다는 뜻에서 의무확정주의라고 부르기도 한다. 姜仁崖,「租稅法
　　Ⅲ」, 206면 이하 참조. 그러나 여기에서 '의무'라고 하는 것은 실제로 '채무'를 뜻하기 때문
　　에 이하에서는 두 용어를 혼용하기로 한다.
3) 일본 법인세법 제22조 제3항 제2호는 보다 적극적으로「상각비 이외의 비용으로 해당 사
　　업연도종료일까지 채무의 확정이 없는 것은 제외한다」라고 규정하고 있다. 이것을 채무확
　　정기준이라 부른다.
4) after sales services 비용과 같은 사후비용의 수익대응은 더욱 난처한 문제를 야기한다.

채무확정주의는 권리확정주의와 앞뒤의 관계에 있으므로 후자에 관하여 전술한 내용은 채무확정주의에도 그대로 타당할 수 있다. 기본적으로 권리확정이 회계적 관점에서의 기준과 대조되는 법률적 의미의 기준인 것처럼 채무확정 역시 법률적 의미의 기준이다. 법률적으로 보면 어떤 비용을 지출할 채무가 확정되었다고 하기 위해서는 해당 비용을 지출할 의무가 존재하고, 그 금액이 확정되어야 할 것이다. 보다 구체적으로 보면 다음의 3가지 요건이 충족되어야 할 것이다. 첫째, 민사법상 채무성립의 요건을 갖추어야 한다. 따라서 가령 매매의 예약을 한 것만으로는 해당 계약에 따른 비용이 발생하였다고 할 수 없다. 둘째, 급부를 하여야 할 원인(consideration)이 되는 사실이 실제로 존재하여야 한다. 따라서 조건부채무의 경우에는 비록 채무성립의 요건이 갖추어졌다 하더라도 조건성취의 여부가 불확실하므로 급부원인 사실이 현실적으로 발생했다고 할 수 없다. 셋째, 전술하였듯이 손익의 인식에는 가측성이 기본적 요건이므로 채무가 확정되었다고 하기 위해서는 적어도 금액상 평가할 수 있는 상태가 되어야 한다. 따라서 비용을 선급조로 지출하였다고 하더라도 아직 그 금액이 확정되지 않았다면 채무의 확정이 있었다고 할 수 없다. 같은 이유로 단순한 부작위채무와 같은 것은 비용으로 계상하기에 적합하지 않다. 이러한 3가지 요건을 모두 충족하는 시점, 통상적으로는 거래 당사자가 구체적 가액의 채무를 이행하기로 약정한 날이 확정일이 될 것이다. 한편, 기업회계적으로 법인의 업무와 관련하여 비용을 지출할 의무가 발생하였으나 법인세법상 위와 같은 기준에 비추어 아직 확정되지 않아 손금산입을 유보한 상태에서 그 채무가 어떠한 사유로 소멸되었다고 하더라도 법인세법상 그 확정시기가 도래하였다면 그 소멸에 따른 과세효과는 별론으로 하고 그 확정시기에 손금산입이 인정된다.[1]

2) 확정대상으로서의 채무   채무의 확정은 타인과의 거래, 즉 대외적 거래에서 일어나는 현상이다. 타인에 대한 채무는 통상적인 영업상의 거래에서 발생하는 것일 수도 있고, 타인에 대한 불법행위로 지게 된 손해배상책임과 같이 비정상적·우발적 행위에서 발생하는 것일 수도 있다. 양자 모두 그 지급의무의 확정시점에 손금으로 계상되는 점에서 다르지 않다. 한편, 감가상각비 또는 자가수선비 등과 같이 타인에 대한 채무에서 연유하는 것이 아니라, 이른바 법인의 내부적 행위로부터 발생하는 비용에 대해서는 채무의 확정

---

1) 대법원 2017. 10. 12., 2017 두 169.

이라는 비용인식기준이 적용되지 않고, 이러한 비용은 일정한 기준에 의한 '배분(allocation)'의 절차에 따라 인식될 뿐이다. 또한 천재·지변·화재·손괴 등과 같이 불가항력에 의해 발생하는 손실도 그 성질상 채무확정이라는 개념에 적합하지 않고, 오직 손실 발생의 확인과 손실액의 평가에 따라 손금으로 계상된다.

5. 현금주의

(1) 의   의

현금주의 아래에서는 현금의 수입금액에서 현금의 지출금액을 빼서 이익을 산출한다. 수익이나 비용은 현금이 수반되지 않는 한 인식되지 않는다. 반면 수익이나 비용이 발생하기 이전이라도 현금의 수수가 있으면 손익을 인식한다. 바꾸어 말하면 결과적으로 수입이 수익이요, 지출이 비용인 셈이다. 이는 현금출납의 기장만으로 소득을 산출할 수 있는 간편하고 분명한 방법이다. 주로 현금을 수입하는 소규모사업이나 개인서비스업 등의 기장에는 편리한 점이 있다. 그러나 현금주의를 끝까지 밀고 가면 고정자산을 전액 일시급으로 매입한 경우 그 취득가액 전부가 취득연도의 비용으로 계상된다(감가상각 따위는 필요 없게 된다). 사업의 규모가 상당하거나, 거래의 내용이 복잡하거나, 대금의 결제가 신용에 바탕을 두고 있는 경우에는 도저히 현금주의로서는 기업의 경영성과를 적절히 반영해 낼 수 없다. 즉 현금주의 원칙 그 자체만으로는 실천가능한 수익과 비용의 귀속시기에 관한 기준이 될 수 없다.

(2) 현   금

현금주의의 적용도 얼핏 생각하는 것처럼 단순한 것은 아니다. 우선 현금이 무엇이냐 하는 문제에 부딪힌다. 현금이 반드시 수중의 현찰만을 의미하지 않음은 분명하다.[1] 수표로 받는 경우에 비록 부도의 위험이 따르기는 해도 상관행은 현금과 동등시하고 있으며(민법의 통설에 의하면, 개인수표는 금융기관의 배서나 지급보증이 없는 한 금전채무의 변제 효력을 인정하지 않음), 따라서 회계적으로 수입으로 보아도 될 것이다. 그러나 현금동등물(現金同等物, cash equivalency 또는 equivalent)의 개념을 확대해 나가다 보면 현금주의 본연의 모습은 점차 사라지고 실현주의 내지는 권리확정주의에 접근하게 된다.[2] 극단적으로 모든 현

---

[1] "Income for a cash basis taxpayer, is not restricted to cold cash in a taxpayer's fist," Geiger's Estate v. Comm., 352F. 2d 221, 230(8th Cir. 1965), cer, den. 382 U.S. 1012(1966).

물을 획일적으로 현금과 동등시하면 현금주의는 이름뿐인 것이 된다. 그렇다고 하여 일체의 현물을 수입의 대상물에서 제외하는 것도 현금주의 회계의 불합리성을 증폭시키는 결과를 초래할 것이므로, 현금주의의 간편성과 명료성을 훼손하지 않는 범위 내에서 현금과 같이 볼 수 있는 현물의 형태를 가리는 세부적인 기준을 현물의 성격별로 설정함이 바람직하다.

(3) 세법상의 문제점

현금주의를 채택하는 경우 과세권자가 우려하는 것은 현금의 수수시점을 조작함으로써 특정 사업연도의 소득금액을 납세의무자의 이해에 따라 증감시키는 경향이다.

미국 세법의 적용상 제기된 문제점으로 의제수입(constructive receipt)과 선급비용(prepaid expense)을 들 수 있다. 먼저, 의제수입이란 설령 현실적으로 수입금액을 취득하지 않았더라도 그것을 용이하게 수중에 넣을 수 있었을 경우에는 현금수입이 있는 것으로 의제하는 것이다. 간단한 예를 들면, 근로소득자가 12월 31일에 자기가 근무하는 회사의 경리과에 가서 12월분 월급봉투를 받기만 하면 되는 것을 다음해의 소득으로 이월시키기 위해서 다음해 초에 받는다 하여도 그가 받을 수 있었던 전년도 말에 수령한 것으로 보는 것이다.

그러나 자기가 지배하는 폐쇄회사에 개인용역을 제공하고 해당 회사의 이사회도 용역의 제공연도의 비용으로 인정하였으나 실제로 대가는 그 다음해에 지급된 사안에서, 국세청은 그의 지배주주로서의 지위에 비추어 원하기만 하면 용역 제공연도에 대가를 지급받을 수 있었다는 이유로 제공연도의 수익으로 계상하여야 한다고 주장하였으나 법원은 이러한 국세청의 주장을 배척하였다.[1] 법원은 그 이유로 만일 국세청의 주장을 받아들인다면 폐쇄회사의 배당가능이익은 그가 원하기만 하면 지배권의 행사를 통하여 모두 배당될 수 있는 것이므로 법인의 이익이 곧 지배주주의 현금수입으로 의제된다는 무리를 지적하였다. 지배권의 보유는 지배권의 행사와는 구별된다는 것이다. 또한 근로소득자가 근속 중에 급여의 일부를 덜 받는 대신에 퇴직 후 일정기간에 덜 받은 급여(때로는 여기에 이자상당액을 더한 금액)를 받기로 하는 약정을 사용자와 체결한 경우,

---

2) Comments, The Doctrine of Cash Equivalency as Illustrated by Land Sale Contracts and Notes Received for Services Rendered, 22 UCLA L. Rev. 219(1964) 참조.

1) Hyland v. Commissioner, 175F. 2d 422(2d Cir. 1949).

이 연기된 급여(deferred compensation)를 노무제공 연도에 과세하여야 한다는 과세관청의 주장도 받아들여지지 않았다.[1] 의제수입의 원칙은 지급일이 도래한 것에 한하여 적용된다는 것이 그 이유이다. 의제수입의 원칙도 어떤 경우에 수입된 것으로 의제되어야 할 것인가를 둘러싸고 적지 않은 의문이 따르고 있음을 알 수 있다.

다음, 선급비용은 그 지출의 반대급부를 받기 시작하기 전에 미리 지출하는 비용이다. 이러한 선급비용은 지출의 효용이 발생하기도 전에 비용의 계상을 앞당겨 당기의 세액을 경감하는 데 이용될 수 있기 때문에 해당 비용의 효용이 미치는 기간에 배분하여야 하는 것으로 풀이되고 있다.[2] 자본적 지출도 광의의 선급비용에 포함하여 이해할 수 있다. 이에 비해 선급비용의 반대개념인 선수금에 대해서는 현금주의가 그대로 적용된다는 것이 미국 판례의 입장이다.[3]

위에서 본 의제수입이나 선급비용의 경우에서와 같이 현금 수수시점의 조작으로 과세소득을 인위적으로 증감시키는 것을 방지하기 위해 또는 조세이론이나 행정상의 필요 때문에 현금주의가 세제에 도입될 때에는 수정이 불가피하며 원형대로 운용되는 경우는 거의 없다.

(4) 법인세법상의 현금주의

우리 법인세법은 은행, 보험회사 등 금융기관에게는 현금주의의 사용을 허용하고 있다(法令 70조 1항 1호 괄호). 예를 들면, 금융기관 등이 수입하는 이자 등의 귀속사업연도는 원칙적으로 이자 등이 실제로 수입된 사업연도로 한다. 금융기관 등의 사업규모와 내용으로 보아 현금주의가 타당할 것 같지 않음에도 불구하고 그와 같이 되어 있는 것은 회수의 가망이 희박한 미수이자 등을 수익으로 계상하여 결산을 분식(粉飾)하는 일이 없도록 하기 위한 것이라 짐작된다. 다만, 여기에는 2가지의 예외가 있다. 첫째, 이자를 그 발생기간의 경과 전에 미리 받는 경우에는 그러한 분식결산의 우려가 없으므로 선수입이자에 대해서

---

1) Commissioner v. Oates, 207 F. 2d 711(7th Cir. 1953).
2) 농업에 직접 종사하는 자의 경우에는 선급비용을 지출연도의 비용으로 계상하는 것을 허용하고 있음. 미국 내국세입법 §263A(d) §464 참조.
3) American Automobile Association v. U.S., 367 U.S. 687(1961); 이 판례는 회비를 납부하고 협회에 가입한 자동차 소유자에게 협회가 가입기간 동안 자동차가 고장으로 멈췄을 때 무료로 견인해 주고, 여행에 필요한 지도를 제공하는 등의 서비스를 제공하는 경우 그 회비를 받은 시점이 속하는 사업연도의 수입으로 계상할 것인지, 아니면 가입기간에 안분하여 수입으로 계상할 것인지에 관한 쟁점에 있어 전자의 입장을 취한 것이다.

는 현금주의의 적용을 배제하고 발생기간의 경과 시점 등 다른 기준을 그 귀속 시기로 하고 있다. 둘째, 법인이 계약상 어떤 사업연도에 수입하기로 되어 있는 이자 등을 실제로 그 사업연도에 수입하지 못하였다고 하더라도 그 사업연도의 결산을 확정함에 있어 이미 경과한 이자 등의 발생기간에 대응하는 금액을 해당 사업연도의 수익으로 자발적으로 계상한 경우에는 그 미수이자의 계상액을 해당 사업연도의 익금으로 인정한다(法令 70조 1항 1호 단서).

나아가 금융회사의 수입금액 중 보험료·부금·보증료·수수료 등(이하 "보험료 등"이라고 함)의 귀속사업연도도 현금주의에 따라 원칙적으로 보험료 등이 실제로 수입된 날이 속하는 사업연도로 하고 있다(法令 70조 3항 본문). 이 경우에도 2가지의 예외가 있는데, 첫째는 선수입보험료 등에 대해서는 현금주의의 적용을 배제하는 것이다(동항 본문). 선수입보험료 등의 귀속시기에 관해서는 법인세법령상 특별한 정함이 없으므로 그 귀속시기는 권리확정주의의 일반 원칙에 반하지 않는 한 기업회계기준상의 수익인식 시기에 의한다고 할 것이다.[1] 둘째는 법인이 계약상 어떤 사업연도에 수입하기로 되어 있는 보험료 등을 실제로 그 사업연도에 수입하지 못하였다고 하더라도 그 사업연도의 결산을 확정함에 있어 이미 경과한 보험료 등의 발생기간에 대응하는 금액을 해당 사업연도의 수익으로 자발적으로 계상한 경우에는 그 미수수익의 계상액을 해당 사업연도의 익금으로 인정하는 것이다(法令 70조 3항 단서).

6. 수익비용 대응주의

(1) 기업회계기준의 경우
미국회계학회의 회사재무제표개념 및 기준위원회의 1964년도 수익·비용 대응원칙에 관한 보고서[2]에서는 비용은 특정기간에 실현된 수익과 '확실히 식별할 수 있는 상관관계(correlation)'에 따라 대응시켜야 한다는 의견을 제시하고 있다.[3] 이 상관관계를 논자에 따라서는 인과관계(the cause and the effect)라 하기도 하고 관련성(association)이라고 부르기도 한다. 그러나 이러한 관련성의 유

---

1) 기업회계기준상 보험료 수익의 인식 시기는 보험료의 회수시기, 즉 보험계약상 보험료를 지급받기로 되어 있는 때이다(보험료회계처리준칙 문단 20 가항).
2) AAA 1964 Concepts and Standards Research Study Committee, The Matching Concept, Accounting Review, April 1965, pp. 368-372.
3) Ibid., p. 369.

무를 판단하는 것이 용이하지 않다는 데 대체로 의견이 일치한다. 이에 우리나라의 현행 기업회계기준은 수익과 직접 관련하여 발생한 비용(예를 들면, 판매된 제품이나 상품 등의 제조원가 또는 매입원가)에 한해서 동일한 거래나 사건에서 발생하는 수익을 인식할 때 대응하여 인식한다고 정하고 있다(재무회계개념체계 문단 106 가.; 기업회계기준서 21 "재무제표의 작성과 표시" 문단 63). 즉, 수익의 창출에 기여한 직접 비용에 관해서만 수익비용 대응의 원칙(the matching of expenses with revenues 또는 the matching concept)을 적용한다는 것이다. 이러한 수익과 직접비용 간의 대응(즉, 인식시기의 일치)을 직접대응 또는 제품대응[1](direct or product matching)이라고 부른다.

기업의 자산 감소는 비용(expense)과 손실(loss)의 2가지 유형으로 구분된다. 그 중 비용은 경제활동으로부터 성과(즉, 수익)를 얻기 위해 행하여진 노력을 뜻하고, '손실'은 정의상 수익의 획득에 직접 공헌하지 못한 효용의 상실이다. 그러므로 손실은 그 본질상 직접 대응되는 수익이 없다. 이러한 이유로 손실에 대해서는 수익·비용 대응의 원칙을 적용하지 않는다.

한편, 수익·비용 대응의 원칙은 근본적으로 비용을 수익에 종속시키는 것이기 때문에 '비용'의 성격을 갖는 지출이라고 하더라도 특정의 수익과 사이에 직접적 또는 개별적 관련성의 유무를 가리기 어려운 비용(예를 들면, 판매비나 일반관리비)은 이 원칙의 적용대상이 될 수 없다. 이러한 비용에 대해서는 발생주의, 실현주의, 현금주의 등 다른 기준만이 적용될 것이다. 예를 들면, "상여금 지급기간이 종료되기 전의 경과일수에 상응하는 상여금 상당액은 분리되어 확정된 채무라고 보기 어렵기 때문에" 미지급 상여금의 손금산입은 허용되지 않는바,[2] 이러한 경우에는 수익의 인식이 선행되고 비용은 확정시점에 가서야 인식된다. 퇴직급여의 경우에는 그러한 시차가 더욱 심해진다.

그런데, '손실'이나 '수익과 직접 관련되지 않는 비용'도 장기간에 걸쳐서 보면 궁극적으로 실현한 총수익의 가득에 간접적으로 기여한 것이므로 수익에 간접적으로 또는 기간에 걸쳐서 대응되는 비용이라고 할 수 있다. 이러한 양자 간의 관계를 간접대응 또는 기간대응(indirect or periodic matching)이라고 부른

---

1) '개별대응'이라고 불리기도 한다. 직접대응이 제품대응이라고 불리는 까닭은 상품판매에서 직접대응의 전형적인 모습이 나타나기 때문이다.

2) 대법원 1979. 7. 10., 79 누 164.

다. 그렇다면 광의의 수익·비용 대응의 원칙은 발생주의, 실현주의, 현금주의 등 비용의 귀속시기에 관한 다른 원칙의 저변에 깔려 있는 기본 정신으로 이해할 수 있을 것이다.

(2) 법인세법의 경우

법인세법도 수익과 직접 대응되는 비용의 인식시기에 관해서는 양자 간의 대응원칙을 받아들이고 있다. 법인세법 시행령 제68조 제1항에서 상품 등의 양도 등으로 인한 익금의 귀속시기를 권리확정주의에 따라 양도한 자산의 '인도일' 등이 속하는 사업연도로 규정하면서 그 익금에 대응하는 손금의 귀속시기도 이와 일치하는 것으로 규정하고 있는 것은 매출원가(손금)와 매출액(익금)을 동일 사업연도에 대응하라는 의미이다.[1] 그리고, 동조 제2항에서는 장기할부조건으로 상품 등을 양도한 법인이 상품 등의 '인도일'이 속한 사업연도의 결산을 확정함에 있어 각 사업연도 별로 회수하였거나 회수할 금액을 수익으로 계상한 경우에는 '인도일'을 양도에 따른 익금과 손금의 귀속시기로 본다는 제1항을 적용하지 않고 각 사업연도에 회수하였거나 회수할 것으로 계상한 금액을 해당 사업연도의 익금으로 귀속시키고 그 익금에 '대응하는' 비용은 같은 사업연도의 손금으로 귀속시킨다고 규정하고 있는데, 여기서는 특별히 '대응'이라는 표현을 명시적으로 사용하고 있다. 또한 법인세법 시행령 제69조 제1항에서 '건설 등' 용역의 제공으로 인한 익금과 손금을 기업회계기준상의 발생주의[2]에 따라 산정한 '건설 등'의 작업진행률을 적용하여 산출한 수익과 비용에 상당하는 금액으로 한다고 하여 양자를 연동시키고 있는 것도 마찬가지이다. 여기서 한 가지 주의할 것은 법인세법에서 수익에 직접 대응되는 비용을 계산하는 방법이 반드시 기업회계기준상의 그것과 일치하지 않는다는 점이다. 예컨대 투자유가증권 양도차손이 발생하였을 경우 기업회계에서는 경제적 활동에 들어갔다고 내세울 비용이나 그 성과로서 얻은 수익이 없다는 이유로 차손만을 보고하는 데 반하여(순액법), 세법상으로는 양도가액을 익금으로, 취득가액을 손금으로 각각 총액

---

[1] 다단계판매업 및 방문판매업을 영위하는 법인이 판매원들로부터 수령한 계약금은 상품이 인도된 때에 매출로 인식하면서 판매수수료는 상품이 인도된 때가 아니라 계약금을 수령한 때에 비용으로 먼저 계상한 것은 수익비용 대응의 원칙에 어긋난다(대법원 2011. 1. 27., 2008두12320).

[2] 법인세법 시행규칙 제34조 제1항 및 제3항에서 '발생'한 비용의 액수를 기준으로 계산한다고 명시하고 있다.

으로 계상하여야 한다(총액법).

한편, '손실' 또는 '특정의 수익과 직접적으로 관련성의 유무를 가리기 어려운 비용'은, 기업회계기준 하에서와 마찬가지로, 수익비용 직접대응의 원칙이 아니라 간접대응 또는 기간대응의 원칙에 따라 수익을 얻는 데 간접적으로 관련된 여러 부문에 걸쳐 또는 수익을 얻은 여러 기간에 걸쳐 적절히 배분(allocation)하여야 할 것이다. 이러한 배분의 과정에서 나타날 수 있는 주관성 내지는 자의성을 통제하고 간접대응 또는 기간대응을 효율적으로 실현하기 위해서 법인세법에서는 고정자산의 감가상각범위액, 재고자산의 평가방법 등 여러 가지 제한 규정을 두고 있기는 하나, 이는 완전하지 못하고 대체로 기업회계에 일임하고 있는 실정이다.

(3) 다른 기준과의 관계

수익과 비용의 인식이나 익금과 손금의 인식을 일치시킨다는 의미의 '수익·비용의 대응'이라는 개념은 시간적으로 특정할 수 있는 어떤 사건(incident)이나 계기(event)를 그 요소로 하고 있지 않으므로, 그 자체만으로는 수익과 비용의 인식이나 익금과 손금의 귀속에 관한 시간적 기준이 될 수 없고, 반드시 발생·실현·권리의무의 확정·현금의 수수 등과 같은, 수익이나 비용의 인식에 관련되는 다른 사건이나 계기와 결합해서만 익금과 손금의 귀속에 관한 시간적 기준으로 기능할 수 있다. 따라서 수익·비용대응의 원칙은 발생주의, 실현주의, 권리의무확정주의, 현금주의 등의 다른 기준과 상충되기보다는 병행적, 보완적 관계에 있다고 할 것이다.

Ⅲ. 거래의 유형별 귀속시기

1. 거래유형별 귀속시기에 관한 시행령 규정과 권리의무확정주의에 관한 법규정의 관계

(1) 문제의 소재

법인세법은 익금과 손금의 귀속시기에 관하여 권리의무확정주의에 관한 법인세법 제40조 제1항의 규정, 즉 "익금과 손금의 귀속 사업연도는 그 익금과 손금이 확정된 날이 속하는 사업연도로 한다"는 규정(이하 "권리의무확정주의에 관한 법규정"이라고 함)을 둔 외에 그 위임에 따라 법인세법 시행령 제68조 내지

제71조에서 손·익금을 발생시키는 각종 거래의 유형별로 그 귀속시기에 관한 특별 규정(이하 "거래유형별 시행령 규정"이라고 함)을 두고 있다. 예를 들면, 금융보험업을 경영하는 법인에 대해서는 현금의 수령시점을 익금의 귀속시기로 정하고 있고(法令 70조 1항 1호 괄호), 용역의 제공대가는 그 용역제공의 완료일이 속하는 사업연도에 귀속하는 것으로 정하고 있다(法令 69조 1항). 그런데, 거래유형별 시행령 규정에 따른 손익의 귀속시기가 반드시 권리의무확정주의에 따른 손익의 귀속시기와 일치하지 않는 경우가 있을 수 있다. 예를 들면, 권리확정주의의 관점에서 볼 때 권리확정의 요건을 충족하지 못하여 아직 익금의 귀속시기가 도래하였다고 보기 어려운데 거래유형별 시행령 규정에 따르면 익금의 귀속시기가 도래한 경우이다. 이러한 경우 권리의무확정주의에 관한 법규정과 거래 유형별 시행령 규정을 어떻게 조화롭게 해석할 것인가 하는 문제가 생긴다. 그 관계는 아래에서 보는 바와 같이 거래유형별 시행령 규정의 내용이 권리의무확정주의에 관한 법규정에 상충되는지 여부에 의하여 결정되어야 할 것이다.

(2) 거래유형별 시행령 규정상의 손익의 귀속시기에 관한 기준이 권리의무확정의 기준과 상충되지 않는 경우

양 기준이 상충되지 않는 경우란 결국 거래유형별 시행령 규정상의 손익의 귀속시기에 관한 요건이 충족됨과 동시에 권리의무 확정에 관한 일반 요건도 함께 충족되는 경우라고 할 것이다. 이러한 경우에는 거래유형별 시행령 규정은 권리의무확정주의에 관한 법규정을 완전하게 보완하므로 충돌의 문제는 발생하지 않고, 따라서 거래유형별 시행령 규정에서 정한 기준에 따라 손·익금의 귀속시기가 정해질 것이다. 예를 들면, 어떤 용역 제공의 완료 당시 용역대가가 확정되고, 용역의 피제공자로부터 그 대가를 받을 가능성에 있어 상당히 높은 정도로 성숙 확정되어 있다면(즉, 채권의 회수에 결정적 장애가 없다면), 용역의 제공대가의 귀속시기는 법인세법 시행령 제69조 제1항의 규정에 따라 용역제공의 완료일이 속하는 사업연도가 될 것이다.

(3) 거래유형별 시행령 규정상의 손익의 귀속시기에 관한 기준이 권리의무확정의 기준과 상충되는 경우

이 경우는 다시 거래유형별 시행령 규정상의 손익의 귀속시기에 관한 기준을 적용한 효과가 권리의무확정의 기준을 적용한 효과에 비해 납세의무자에게 유리한 경우와 그 반대의 경우로 나누어 생각해야 할 것이다.

　　전자의 경우, 예를 들면 거래유형별 시행령 규정에서 권리확정시기 보다 뒤의 시기(예를 들면, 현금의 수령시기)를 익금의 귀속시기로 정하여 납세의무자 법인에게 익금산입의 시기를 늦추도록 하거나, 의무확정시기 보다 앞의 시기(예를 들면, 비용의 발생시기)를 손금의 귀속시기로 정하여 납세의무자 법인에게 손금산입의 시기를 앞당기도록 함으로써, 해당 거래에서 발생하는 권리나 의무의 확정시점을 손익의 귀속시기로 하는 경우에 비하여 납세의무자 법인에게 상대적으로 유리한 과세효과가 초래되는 경우에는 개래유형별 시행령 규정이 권리의무확정주의에 관한 법규정에 우선하여 적용된다고 할 것이다. 시행령 규정이 문면상 법률의 규정에 위반된다고 하더라도 종국적으로 납세자에게 유리한 결과가 되는 경우에는 위법이 아니기 때문이다.[1] 금융보험업을 경영하는 법인의 익금귀속시기를 현금의 수령시점으로 정한 위 법인세법 시행령 제70조 제1항 제1호 괄호 안의 규정이 이에 해당한다.

　　후자의 경우, 즉 권리의무의 확정요건이 충족되지 않았음에도 불구하고 거래유형별 시행령 규정에 따르면 익·손금의 귀속시기가 도래한 것으로 인정되는 한편, 거래유형별 시행령 규정상의 손익의 귀속시기에 관한 기준을 적용한 효과가 권리의무확정의 기준을 적용한 효과에 비해 납세의무자에게 불리한 경우에는 거래유형별 시행령 규정에 정한 요건의 충족만으로는 익·손금의 귀속시기가 도래했다고 볼 수 없을 것이다. 예를 들면, 용역제공이 완료된 후 피제공자가 그 결과를 검토하여 용역제공자와 협상을 통해 적정대가를 정하기로 한 경우에는 용역제공의 완료만으로 권리가 확정되었다고 할 수 없을 것이다. 또한 배당소득의 존부 및 범위에 관하여 실질적 분쟁이 계속 중인 경우에는 거래유형별 시행령 규정에서 정한 배당소득 귀속시기의 도래에 관계없이 해당 분쟁에 관한 확정판결의 선고 시점이 그 배당소득의 귀속시기가 된다고 할 것이고,[2] 임대료를 사실상 해당 과세기간에 수익할 수 없는 명백한 사유가 있는 경우에도 차임발생기간의 경과만으로 바로 해당 임대료의 익금산입 시기가 도래

---

1) 대법원 1984. 2. 14., 82 누 526.
2) 배당소득 등 채권의 존부 및 범위에 관하여 판결로써 확정이 된 경우 분쟁의 경위 성질 등에 비추어 사안의 성질상 부당한 분쟁이라고 보여지지 아니하는 경우에는 판결이 확정된 때 채권이 확정된 것으로 봄이 상당하여 배당소득의 귀속연도는 판결확정일이 속하는 연도로 보아야 한다(대법원 1993. 6. 22., 91 누 8180).

하였다고 할 수 없고,[1] 그 장애 사유가 소멸되는 날이 임대료 수익의 귀속시기가 될 것이다. 이러한 경우에는 결국 거래유형별 시행령 규정이 권리의무확정주의에 관한 법규정에 반하여 그 효력이 없는 것이다.

(4) 어떤 거래에 따른 익·손금의 귀속시기에 관하여 시행령 규정에서 적시하고 있지 않는 경우

어떤 거래에 따른 익·손금의 귀속시기에 관하여 시행령 규정에서 적시하고 있지 않는 경우 해당 거래에서 발생하는 익·손금의 귀속시기는 권리의무확정주의의 일반원칙에 따라 정할 수밖에 없는바, 이 경우 권리의무확정의 일반요건(금액의 확정, 권리의 성숙 등)이 충족되었음을 전제로 일반적으로 공정타당한 회계관행으로 받아들여진 기업회계기준상의 손익의 발생에 관한 기준을 적용하여 손익의 귀속시기를 정할 수 있다 할 것이다.[2]

2. 상품·제품·기타 생산품의 판매손익

상품(부동산 제외)·제품·기타 생산품을 판매함으로써 생긴 판매손익의 귀속사업연도는 그 상품 등을 인도한 날이 속하는 사업연도로 한다(法슈 68조 1항 1호). 재고자산인 상품·제품·생산품에 대하여 적용되며, 고정자산이나 투자자산에 대하여는 이 규정이 적용되지 아니한다. 인도란 민법상의 인도개념과 같다.

다음의 경우에는 상품 등을 실제로 인도하지 아니하였더라도 인도할 수 있는 상태에 놓인 날을 인도일로 본다(法則 33조).

1) 국내에서 납품계약, 수탁가공계약에 의하여 물품을 납품(가공)하는 경우에는 그 물품이 계약상 인도하여야 할 장소에 보관되어 있는 때(단, 특정된 계약에 따라 물품의 검사를 거쳐 인수 및 인도가 확정되는 때에는 해당 검사가 완료된 때).

2) 수출물품의 경우에는 수출물품이 계약상 인도하여야 할 장소에 보관되어 있는 때.

3. 상품 등의 시용판매

상품 등을 상대방에게 인도는 하되, 이를 인수받은 자가 시험적으로 사용

---

1) 대법원 1986. 3. 25., 86 누 30.
2) 대법원 1992. 10. 23., 92 누 2936, 2943(병합).

해 보고 매입의사가 없으면 되돌려 보낼 수 있는 거래가 시용(試用)판매이다. 시용판매는 상대방이 그 상품 등에 대한 구입의 의사를 표시한 날이 속하는 사업연도를 판매손익의 귀속사업연도로 한다(法令 68조 1항 2호). 다만 일정기간 내에 제품을 반송하거나 거절의 의사를 표시하지 아니하면 판매를 확정하기로 하는 특약이 있는 경우에는 그 기간의 만료일이 속하는 사업연도를 판매손익의 귀속사업연도로 한다(동호 단서).

4. 상품 이외의 자산양도

상품·제품 및 기타 생산품 이외의 자산을 양도함으로써 생긴 익금과 손금의 귀속사업연도는 그 대금을 청산한 날이 속하는 사업연도로 한다. 다만, 대금을 청산하기 전에 소유권이전등기(등록 포함)를 하거나, 해당 자산을 인도하거나, 상대방이 해당 자산을 사용수익하는 경우에는 그 이전등기일(등록일을 포함한다)·인도일 또는 사용수익일 중 빠른 날을 귀속사업연도로 한다(法令 68조 1항 3호). 고정자산 및 투자자산 등을 양도한 경우에 적용된다. 주택, 상가 또는 아파트 신축판매업자가 주택, 상가 또는 아파트를 신축하여 재고자산으로 판매하는 경우에도 이러한 기준이 적용된다. 다만 신축할 아파트의 사전 분양판매는 건설의 계약기간(건설의 착수일부터 인도일까지의 기간)이 1년 이상인 장기예약매출(long-term contract)에 해당되므로 법인세법 시행령 제69조 제2항에 따라 공사진행기준에 의한다(아래 6.에서 후술함). 또한 자본시장법에 따른 증권시장에서 증권시장업무규정에 따라 보통거래방식으로 이루어진 유가증권의 매매에 따른 익금과 손금의 귀속사업연도는 그 매매계약을 체결한 날로 한다(法令 68조 1항 4호).

자산의 양도로 발생한 익금의 귀속시기와 관련하여 법률의 규정에 의해 자산의 양도가 이루어지는 경우 그 귀속시기를 어떻게 정하느냐 하는 특별한 문제가 있다. 민법상 물권변동은 당사자의 의사표시를 요소로 하는 법률행위에 의해 이루어지는 경우와 법률의 규정에 의해 이루어지는 경우로 대별되는바, 이 가운데 후자의 경우, 즉 법률의 규정에 의해 고정자산이 양도된 경우에 손익의 귀속시기를 언제로 볼 것인가 하는 문제이다. 구 도시재개발법(2002. 12. 30.자 법률 제6852호로 제정된 '도시 및 주거환경정비법'의 시행과 더불어 폐지됨) 소정의 도시재개발사업의 시행에 따른 관리처분계획에 의하여 그 재개발구역에 편입된 대

지 및 건물의 소유자가 신축주택에 관한 분양처분의 고시가 행하여지고 이에
기한 소유권이전등기까지 경료된 후 청산금을 지급받은 경우 그 청산금 소득의
귀속시기를 언제로 볼 것인가가 문제된 사안에서 판례는 법률행위에 의한 이전
인지 아니면 법률의 규정에 의한 이전인지를 불문하고 대금청산과 소유권이전
등기 중 먼저 이행된 날을 기준으로 귀속사업연도를 정하여야 한다고 보았다.1)
그러나 법률의 규정에 의해 자산의 양도가 이루어지는 경우에는 그 양도에 따
른 소유권이전등기의 시점이 아니라 소유권변동이 이루어지는 시점을 양도에
따른 수익의 귀속시기로 보는 것이 보다 정확한 해석이다. 위 판례 사안에서
재개발구역에 편입된 대지 및 건물의 소유자가 대지 또는 건축시설에 대한 소
유권을 취득하는 것은 법률의 규정에 의한 부동산물권변동의 한 예이므로(구
도시재개발법 39조 1항 참조), 분양을 받은 자는 소유권이전등기를 하지 않더라도
분양처분의 고시가 있은 다음 날 민법상 소유권을 취득한다(민법 187조).2) 따라
서 소유권이전등기일이 아닌 분양처분의 고시일이 속하는 사업연도를 청산금소
득의 귀속시기로 보는 것이 타당하다.

　'징발재산정리에 관한 특별조치법'에 의하여 징발된 재산을 국가에 매도하
고 그 대금을 징발보상증권으로 받은 경우에는 상환조건에 따라 각 사업연도에
상환하였거나 상환받을 금액과 그 상환비율에 상당하는 매도자산의 원가를 해
당 사업연도의 익금과 손금에 산입하고, 이 경우 징발보상증권을 국가로부터
전부 상환받기 전에 양도한 경우에는 양도한 징발보상증권을 그 양도한 때에
상환받은 것으로 보아 익금과 손금을 계상한다(法則 35조 3항).

　'자산유동화에 관한 법률'에 따라 자산보유자가 유동화전문회사 등에게 보
유자산을 양도하는 경우 및 매출채권 또는 받을 어음을 배서양도하는 경우에는
진정한 양도(true sale)에 해당하느냐의 문제가 있을 수 있는데, 이러한 거래에

---

1) 도시재개발사업의 시행에 따른 관리처분계획을 작성함에 있어 그 재개발구역에 편입된
대지 및 건물의 소유자가 새로이 조성되는 대지 및 건물을 분양받는 대신 청산금을 받기로
하여 그에 따른 관리처분계획의 인가를 받아 1985. 11. 12. 분양처분을 고시하였으나, 1985.
12. 26. 재개발사업시행자 명의로 새로이 조성된 대지 및 건축물의 소유권보존등기가 경료
되고, 1985. 10. 5., 1986. 11. 30., 1986. 12. 27. 세 차례에 걸쳐 청산금을 지급받은 경우 법률
행위에 의한 이전이거나 법률의 규정에 의한 이전이거나를 불문하고 소유권이전등기일이
속하는 사업연도를 청산금소득의 귀속사업연도로 보아야 한다(대법원 1991. 11. 22., 91 누
1691).
2) 현행 '도시 및 주거환경정비법'에서는 이전고시에 따라 소유권이 이전되는 것으로 하고
있다(54조 1항).

따른 손익의 귀속사업연도를 정함에 있어서는 해당 자산이 매각된 것으로 본다 (法令 71조 4항).

5. 위탁판매

자산을 타인에게 위탁하여 매매함으로써 생긴 익금과 손금의 귀속사업연도는 수탁자가 해당 자산을 매매하는 날이 속하는 사업연도로 한다(法令 68조 1항 4호). 기업회계기준에서도 수탁자가 위탁품을 판매한 날을 수익실현시기로 하고 있다(일반기업회계기준 제16장 수익, 적용사례 4).

6. 장기할부판매

장기할부조건으로 판매한 자산의 인도일이 속하는 사업연도의 결산을 확정함에 있어 해당 사업연도에 회수하였거나 회수할 금액과 이에 대응하는 비용을 각각 수익과 비용으로 계상한 경우에는, 그 장기할부조건에 따라 각 사업연도에 회수하였거나 회수할 금액과 이에 대응하는 비용을 해당 각 사업연도의 익금과 손금에 산입한다(法令 68조 2항). 다만, 중소기업인 법인이 장기할부조건으로 자산을 판매하거나 양도한 경우에는 그 판매 또는 양도한 자산의 인도일이 속하는 사업연도의 결산을 확정함에 있어서 해당 사업연도에 회수하였거나 회수할 금액과 이에 대응하는 비용을 각각 수익과 비용으로 계상하였는지 여부에 관계없이 그 장기할부조건에 따라 각 사업연도에 회수하였거나 회수할 금액과 이에 대응하는 비용을 해당 사업연도의 익금과 손금에 산입할 수 있다(동항 단서). 이러한 장기할부조건 거래의 익·손금 계상시기와 관련하여 인도일 이전에 회수하였거나 회수할 금액은 인도일에 회수한 것으로 보며, 법인이 장기할부기간 중에 폐업한 경우에는 그 폐업일 현재 익금에 산입하지 아니한 금액과 그에 대응하는 비용을 폐업일이 속하는 사업연도의 익금과 손금에 각각 산입한다(法令 68조 3항). 장기할부판매에 대해서까지 상품인도기준을 적용할 경우 판매대금이 모두 회수되지 않았음에도 불구하고 판매대금 전액을 기준으로 과세하게 되어 기업의 재정적 안정을 해칠 우려가 있기 때문에 별도의 기준(회수기준)을 둔 것이다. 회수기준에 의할 경우 납세의무자는 인도시점에서 일시에 납부해야 할 세금을 회수기간에 걸쳐 나누어 납부하게 되므로, 일시에 납부하였더라면 부담했을 세액과 사업연도별로 분할하여 납부하는 세액을 현재가치로 평가한 금액의 합계액 간의 차액만큼 세금을 절감하는 효과가 있다.

여기서 장기할부조건 거래란 자산의 판매 또는 양도(국외거래에 있어서는 소유권이전조건부 약정에 의한 자산의 임대를 포함)의 대금을 월부·연부 기타 지불방법에 따라 2회 이상으로 분할하여 수입하는 것 중 해당 목적물의 인도기일의 다음 날로부터 최종 부불금(賦拂金)의 지급기일까지의 기간이 1년 이상인 것을 말한다(法令 68조 4항).

장기할부조건 등에 의해 자산을 판매하거나 양도함으로써 발생하는 채권을 현재가치로 평가하여 액면가와의 차액을 현재가치할인차금(채권의 액면금액과 현재가치의 차액)을 계상한 경우 그 현재가치할인차금 상당액은 해당 채권의 회수기간 동안 발생하는 채권의 이자에 상당하는 것이므로 이를 익금에 산입한다(동조 5항; 일반기업회계기준 제16장 수익, 적용사례 8).

7. 건설·제조 기타 용역의 제공

건설·제조 기타 용역(도급공사 및 예약매출 포함; 이하 "건설 등"이라고 함)의 제공으로 발생하는 익금 및 손금의 귀속사업연도는 그 목적물의 건설 등의 착수일이 속하는 사업연도부터 그 목적물의 인도일이 속하는 사업연도까지 기획재정부령으로 정하는 작업진행률을 기준으로 하여 계산한 수익과 비용을 각각 해당 사업연도의 익금과 손금으로 산입하는 방식으로 결정한다. 다만, 중소기업인 법인이 수행하는 계약기간 1년 미만인 건설 등의 제공으로 발생하는 익금과 손금, 그리고 법인이 건설 등에서 발생한 수익과 비용을 기업회계기준에 따라 그 건설 등의 목적물의 인도일이 속하는 사업연도의 것으로 계상한 경우 해당 수익과 비용에 상응하는 익금과 손금의 귀속사업연도는 그 목적물의 인도일이 속하는 사업연도로 할 수 있다(法令 69조 1항). 만약, 작업진행률을 기준으로 계산한 익금 또는 손금의 금액이 공사계약의 해약으로 인하여 확정된 금액과 다른 경우에는 그 차액을 해약일이 속하는 사업연도의 익금 또는 손금에 산입한다(동조 3항). 그리고 (i) 작업진행률을 계산할 수 없다고 인정되는 경우와 (ii) 지급배당금 소득공제의 혜택을 적용받는 법인(法法 51조의2 1항)으로서 국제회계기준을 적용하는 법인이 수행하는 예약매출의 경우에는 건설 등의 대가를 그 목적물의 인도일(용역제공의 경우에는 그 완료일)이 속하는 사업연도의 익금과 손금으로 각각 산입한다(동조 2항).

여기서 '예약매출'이란 매매목적물의 견본이나 안내서와 함께 판매조건을 매수희망자에게 제시하고, 그 대금의 일부 또는 전부를 수령한 후 매매목적물을 제조·건설하여 인도하는 형태의 매출로서 민사법상 제작물공급계약에 해당하는 것이다. 예를 들면, 아파트·상가 등을 신축분양하는 경우이다. 판례는 수급인이 자기의 재료와 노력으로 건물을 건축한 경우에 특별한 의사표시가 없는 한 도급인이 도급대금을 지급하고 건물의 인도를 받기까지는 그 소유권은 일단 수급인에게 귀속하였다가 '인도'에 의하여 소유권이 도급인에게 이전한다고 본다.[1] 동산의 경우에도 마찬가지이다. 법인세법이 목적물의 인도일을 손익의 귀속시기로 하고 있는 것도 같은 맥락에서 이해할 수 있다.

건설 등의 계약기간이 1년 이상인 경우 그 목적물의 건설 등의 착수일이 속하는 사업연도부터 그 목적물의 인도일이 속하는 사업연도까지 각 사업연도의 익금과 손금은 작업진행률을 기준으로 계산한 수익과 비용에 상당하는 금액으로 한다(法令 69조 1항). 작업진행률을 계산할 수 없다고 인정되는 경우(기획재정부령에 규정된 경우에 한함) 또는 지급배당금의 소득공제를 받은 투자회사 등의 법인으로서 한국채택 국제회계기준을 적용하는 법인이 수행하는 예약매출의 경우에는 목적물의 인도일이 속하는 사업연도의 익금과 손금에 각각 산입한다(法令 69조 2항). 작업진행률은 총공사예정비(기업회계기준을 적용하여 도급계약 당시에 추정한 공사원가에 해당 사업연도 말까지의 변동 상황을 반영하여 합리적으로 추정한 공사원가)에 대한 해당 사업연도 말까지 발생한 총공사비 누적액(공사원가)의 비율을 말한다(法則 34조 1항, 2항). 기업회계기준도 용역매출액과 예약매출액의 실현시기를 진행기준에 의하도록 하고 있다(일반기업회계기준 제16장 수익, 문단 16.11, 16.23, 16.39). 예컨대 공사대금이 100억 원, 총공사비예정액이 90억 원, 건설기간이 3년인 계약이 있다고 하자. 첫해 지출된 공사비가 30억 원이면 작업진행률이 1/3이므로(30/90), 익금은 100억×1/3=33.3억 원, 손금은 30억 원, 소득은 3.3억 원이 된다. 둘째 해 말에 가서 공사비를 추정해 보니 92억 원으로 올랐고, 둘째 해에 지출된 공사비가 31억 원이었다면 작업진행률은 (30+31)/92=66.3%가 되므로, 둘째 해의 익금은 66.3억 원(=100억×0.663)에서 첫해 분 익금 33.3억 원을 뺀 33억 원, 손금은 31억 원, 소득은 2억 원이 된다. 셋째 해에 추가공사비가 32억 원이 들어 공사가 완성·인도되었다면 작업진행률은

[1] 대법원 1980. 7. 8., 80 다 1014.

100%가 되고, 셋째 해의 익금은 33.7억 원, 손금은 32억 원, 소득은 1.7억 원이 된다. 소득누계는 7억 원(=3.3+2+1.7)이 되고, 이는 익금총계 100억 원에서 손금총계 93억 원을 뺀 금액과 같다.

8. 이자 및 배당 등의 익금과 손금

금융기관을 제외한 법인이 수입하는 이자 및 할인액의 익금 귀속사업연도는 소득세법상 이자소득의 수입시기(所令 45조)에 해당하는 날이 속하는 사업연도로 한다(法令 70조 1항 1호). 다만, 결산을 확정함에 있어서 이미 경과한 기간에 대응하는 이자와 할인액(원천징수되는 것은 제외)을 해당 사업연도의 수익으로 계상한 경우에는 그 계상한 사업연도의 익금으로 한다(동호 단서). 법인이 지급하는 이자 및 할인액의 손금 귀속사업연도도 소득세법상 이자소득의 수입시기에 해당하는 날이 속하는 사업연도로 하되, 역시 결산을 확정함에 있어서 이미 경과한 기간에 대응하는 이자 및 할인액을 해당 사업연도의 손금으로 계상한 경우에는 그 계상한 사업연도의 손금으로 한다(法令 70조 1항 2호). 금융보험업을 영위하는 법인이 수입하는 이자와 할인액으로서 선수입하는 것이 아닌 것은 현금주의를 적용하여 실제의 수입일을 그 귀속시기로 한다(法令 70조 1항 1호 괄호). 금융기관이 받는 지연이자는 민사법상 그 성질이 이자가 아니라 손해배상금이지만 경제적 실질이 이자와 다르지 않으므로 같은 법리가 적용된다.[1]

법인이 수입하는 배당금의 익금 귀속사업연도는 소득세법상 배당소득의 수입시기(所令 46조)에 해당하는 날이 속하는 사업연도로 하되(法令 70조 2항 1호), 다만 특정의 금융회사 등이 금융채무등불이행자의 신용회복 지원과 채권의 공동추심을 위하여 공동으로 출자하여 설립한 자산유동화전문회사로부터 수입하는 배당금의 익금 귀속사업연도는 실제로 지급받은 날이 속하는 사업연도로 한다(동호 단서).

금융보험업을 경영하는 법인이 수입하는 보험료·부금·보증료 또는 수수료(이하 "보험료 등"이라고 함)의 귀속사업연도는, 선수입보험료 등을 제외하고는, 그 보험료 등이 실제로 수입된 날이 속하는 사업연도로 하되(현금주의), 결산을 확정함에 있어서 이미 경과한 기간에 대응하는 보험료 상당액 등을 해당 사업연도의 수익으로 계상한 경우에는 그 계상한 사업연도의 익금으로 하고, 자본

---

1) 대법원 2002. 11. 8., 2001 두 7961.

시장법에 의한 투자매매업자나 투자중개업자가 같은 법상의 정형화된 거래방식으로 증권을 매매하는 경우 그 수수료의 귀속사업연도는 매매계약이 체결된 날이 속하는 사업연도로 한다(法令 70조 3항).

자본시장법에 의한 투자회사 등이 결산을 확정할 때 증권 등의 투자와 관련된 수익 중 이미 경과한 기간에 대응하는 이자와 할인액 및 배당소득을 해당 사업연도의 수익으로 계상한 경우에는 그 계상한 사업연도의 익금으로 한다(法令 70조 4항). 또한 자본시장법상의 신탁업자가 운용하는 신탁재산으로서 동법상의 투자신탁재산을 제외한 것에 귀속되는 이자 및 배당소득 중 원천징수의 대상이 되는 것(法法 73조 1항, 73조의2 1항)의 귀속사업연도는 원천징수일(法令 111조 6항)이 속하는 사업연도로 한다(法令 70조 5항).

9. 자산임대손익

자산의 임대로 인한 익금과 손금의 귀속사업연도는 (i) 계약 등에 의하여 임대료의 지급일이 정하여진 경우에는 그 지급일, (ii) 계약 등에 의하여 임대료의 지급일이 정하여지지 아니한 경우에는 실제로 지급을 받은 날이 속하는 사업연도로 한다(法令 71조 1항). 다만, 결산을 확정함에 있어서 이미 경과한 기간에 대응하는 임대료 상당액과 이에 대응하는 비용을 해당 사업연도의 수익과 손비로 계상한 경우 및 임대료 지급기간이 1년을 초과하는 경우에는 이미 경과한 기간에 대응하는 임대료 상당액과 비용을 각 해당 사업연도의 익금과 손금으로 한다(동항 단서).

임차인이 개수(改修)하는 조건으로 무상 또는 저렴한 요율로 건물을 임차한 경우 임차인이 임대차계약에 의하여 부담한 건물개수비(자본적 지출에 한하고, 통상임대료를 한도로 함)는 임대인의 임대수익에 해당하므로, 임대인은 그 자본적 지출액에 상당하는 금액을 해당 임대자산의 원본에 더하여 감가상각하고, 선수임대료로 계상한 개수비 상당액은 임대기간(임대기간을 연장할 수 없다는 특약이 있는 경우에 한함)에 안분하여 수익으로 처리한다. 이때 임차인은 그 개수비를 선급비용으로 계상하고 임차기간에 안분하여 손금에 산입한다(法法 기본통칙 40-71…17조).

10. 금전등록기 설치 사업자

소득세법 제162조 및 부가가치세법 제32조의3 제4항의 규정을 적용받는 업종을 경영하는 법인이 금전등록기를 설치·사용하는 경우 그 수입하는 물품 대금과 용역대가의 귀속사업연도는 그 금액을 실제로 수입한 사업연도로 할 수 있다. 금전등록기 설치 법인에 대해서는 현금주의의 사용을 허용한 것이다(法令 71조 2항).

Ⅳ. 준비금 및 충당금

1. 상법 및 기업회계기준상 준비금과 충당금의 의의

(1) 준 비 금

상법 및 기업회계상 '준비금'이라고 함은 재무상태표상의 순자산액에서 자본액을 공제하여 계산되는 '잉여금'[자산−(부채＋자본)] 중 일부를 장래의 필요에 대비하여 비축해 두는 금액으로서 '적립금'이라고 부르기도 한다(기업회계기준서 21 '재무제표의 작성과 표시 Ⅰ', 문단 83). 준비금의 적립은 해당 금액을 특별한 기금의 형태로 보관하여야 한다는 의미는 아니고, 해당 금액을 재무상태표상 자본의 부(部)에 계상하는 행위일 뿐이다. 따라서 그 금액에 상당하는 가치의 재산이 어떠한 형태로든 회사 내에 유보되어 있으면 된다.1)

상법상 준비금은 진정준비금과 부진정준비금으로 나뉜다. 진정준비금은 잉여금의 적립금으로서의 실질을 가지는 것으로 다시 법정준비금[이익준비금(상법 458조), 자본준비금(상법 459조)]과 임의준비금으로 나뉜다. 부진정준비금은 준비금이나 적립금이라고 불리지만 잉여금의 적립금으로서의 실질을 가지지 않는 것을 말하는데, 이에는 유사준비금과 비밀준비금(평가준비금)이 있다. 유사준비금이라고 함은 재무상태표상 '준비금'이라는 명목으로 기재되지만 그 실질은 잉여금의 유보액이 아니고, 자산의 감가액을 직접 자산가액에서 공제하지 않고 대신에 부채의 부(部)에 기재한 경우 그 금액을 말한다. 그리고 비밀준비금이란 적극재산을 실제 가치보다 낮게 평가하거나 소극재산을 실제 가치보다 높게 평가한 경우 그 실제가치와 평가액 간의 차액을 말한다. 상법 학자들 간에는 비

---

1) 정동윤, 「회사법」(2006, 제7판), 609면.

밀준비금의 인정 여부에 관해 전혀 인정되지 않는다는 견해와 합리적인 범위를 벗어나서는 인정되지 않는다는 견해가 나뉜다.[1] 유사준비금과 비밀준비금은 모두 자산이나 부채의 가치평가에서 발생하는 것이라는 점에서 아래에서 볼 충당금 중 평가성충당금의 성질을 갖는 것으로 본다.[2]

(2) 충 당 금

상법 및 기업회계상 '충당금'이라고 함은 장래에 발생될 것으로 예상되는 특정한 지출이나 손실에 대비하기 위하여 재무상태표상 부채의 부에 계상하는 금액을 말한다. 기업회계기준서에서는 충당부채라고 명명하면서 "과거 사건이나 거래의 결과에 의한 현재의 의무로서 지출의 시기와 금액이 불확실하지만 그 의무의 이행을 위하여 자원이 유출될 가능성이 매우 높고 또한 해당 금액을 신뢰성 있게 추정할 수 있는 의무"로 정의하고 있다(기업회계기준서 17호 충당부채와 우발부채·우발자산, 문단 9). 이러한 의미의 충당금은 (i) 평가를 통하여 구체적으로 실현되지는 않았지만 경험칙상 실제 발생한 것으로 추정되는 자산의 가치하락분을 현재의 '비용'으로 계상하도록 허용되는 '평가성 충당금'과 (ii) 아직 현실적으로 지출할 의무가 발생한 것은 아니지만 관련 법령상 장래 지출할 것이 확실시 되는 금액을 현재의 '비용'으로 계상하도록 허용되는 '부채성 충당금'의 2가지로 나누어진다. 평가성 충당금에 해당하는 것으로는 대손충당금을 들 수 있고, 부채성 충당금에 해당하는 것으로는 퇴직급여충당금, 판매보증충당금, 수선충당금 등이 있다. 충당금 중 퇴직급여충당금만 기업회계기준 본칙에서 별도로 규율하고 있고(기업회계기준 27조), 나머지는 기업회계기준서의 독립된 호(기업회계기준서 17호 충당부채와 우발부채·우발자산)에 의하여 포괄적으로 규율하고 있다.

앞에서 본 것처럼 기업회계기준은 수익(차익)이나 비용(차손)의 형태별로 인식시기에 관해 여러 가지의 기준을 적용하고 있기 때문에 비용이 인식되기 전에 수익부터 인식되는 경우나 그 반대의 경우가 발생할 수 있다. 이러한 수익의 인식시기와 비용의 인식시기 간의 시차로 인한 불합리한 결과와 장래에 확정될 비용의 자의적 예측의 방지를 동시에 해결하는 수단으로 각종의 충당금의 설정을 엄격한 요건 아래 허용하고 있는 것이다. 이처럼 일정 한도 내에서

---

1) 정동윤,「회사법」(2006, 제7판), 609면.
2) 田中誠二, 久保欣哉,「新株式會社會計法」(東京: 中央經濟史, 昭和 50), 167-169면.

적립되는 장래의 비용을 당기의 비용으로 계상하게 허용함으로써 수익·비용의 대응이 가능하게 된다.

2. 법인세법상 준비금과 충당금의 유형

세법에서는 준비금과 충당금을 명확한 개념의 구분없이 혼용하여 사용하고 있다. 어떤 것은(예를 들면, 고유목적사업준비금) '잉여금의 적립금'이라는 기업회계상의 준비금의 성질을 가지고 있고, 어떤 것은 '장래에 발생될 것으로 예상되는 특정한 지출이나 손실을 위한 비축금'이라는 충당금의 성질을 가지고 있다. 법인세법상 손금산입이 허용되는 준비금이나 충당금은 한정되어 있고, 그 중에는 정책적 지원을 위한 과세연기의 방편으로 허용되는 것(예를 들면, 조세특례제한법 제9조의 연구·인력개발준비금의 손금산입 제도)이 상당수 있다. 법인세법은 익·손금의 귀속시기를 권리의무확정주의에 의하여 정하도록 하고 있기 때문에 기업회계상 장래에 발생할 가능성이 있는 비용으로 계상하였더라도 법인세법상으로는 원칙적으로 손금으로 인정되지 않는다. 그러나 조세정책상 또는 기업회계관습의 존중이라는 측면에서 법인세법은 예외적으로 일정한 범위 내에서 준비금과 충당금을 손금으로 인정하고 있다. 즉 법인세법상 (i) 고유목적사업준비금(法法 29조), (ii) 보험업법상의 책임준비금과 비상위험준비금(法法 30조 1항; 法令 57조), (iii) 퇴직급여충당금(法法 33조), (iv) 대손충당금(法法 34조), (v) 구상채권상각충당금(法法 35조 1항) 등을 손금으로 산입하도록 허용하고 있다.

이하에서는 법인세법에서 규정된 충당금 및 준비금 중 중요한 것에 관하여 살펴보기로 한다.

3. 고유목적사업준비금

비영리내국법인(법인으로 보는 단체 중 시행령에서 정하는 법인 제외)이 결산을 확정할 때 그 법인의 고유목적사업 또는 일반기부금(고유목적사업 등)에 지출하기 위하여 고유목적사업준비금을 손비로 계상한 경우에는 일정한 범위 내에서 이를 손금으로 산입한다. 일반비영리법인의 경우는 (i) 이자소득(비영업대금의 이익은 제외함), (ii) 일정한 유형의 배당소득, (iii) 복지사업으로서 회원이나 조합원에게 대출한 융자금에서 발생한 이자소득 및 (iv) 그 밖의 수익사업소득의 100분의 50(공익법인으로서 고유목적사업 등에 대한 지출액 중 100분의 50 이상을 장학금으로 지출하는 법인의 경우에는 100분의 80)을 합산한 금액(수익사업에서 결손금이 발생한 경우에는 그 결손금을 공제한 금액)을 한도로 손금에 산입할 수 있다(法法 29조 1항). 이와 관련하여 '주식회사 등의 외부감사에 관한 법률'에 따른 감사인의 회계감사를 받는 비영리내국법인이 고유목적사업준비금을 세무조정계산서에 계상하고 그 금액을 해당 사업연도의 이익처분을 할 때 고유목적사업준비금으로 적립한 경우에는 그 금액을 결산을 확정할 때 손비로 계상한 것으로 본다(동조 2항).

비영리내국법인이 손금으로 계상한 고유목적사업준비금을 어떤 사업연도에 실제로 고유목적사업 등에 지출하는 경우에는 그 지출금액을 과거에 계상한 고유목적사업준비금으로부터 순차로 상계하되, 해당 사업연도에 직전 사업연도 종료일 현재의 고유목적사업준비금의 잔액을 초과하여 고유목적사업 등에 지출한 금액이 있으면 이는 그 사업연도에 계상할 고유목적사업준비금에서 지출한 것으로 보아 해당 금액을 손금에 산입한다(동조 3항). 여기서 고유목적사업에 '지출'하였다고 함은 실제로 고유목적사업에 사용하였음을 의미하고, 단지 수익사업회계 계정에서 비영리사업회계 계정으로 전출한 것만으로는 '지출'이라고 할 수 없다.[1] 그리고 고유목적사업준비금을 손금에 산입한 법인이 사업에 관한 모든 권리와 의무를 다른 비영리내국법인에게 포괄적으로 양도하고 해산하는 경우에는 해산등기일 현재의 고유목적사업준비금 잔액은 그 다른 비영리내국법인이 승계할 수 있다(동조 4항).

고유목적사업준비금의 손금산입은 수익사업에서 발생한 소득에 대하여 비과세·면제, 준비금의 손금산입, 소득공제 또는 세액감면(세액공제 제외)을 적용받는 경우에는 허용되지 않는다(法法 29조 6항; 法令 56조 8항). 과세대상에서 제외됨으로써 조세부담을 지지 않는 수익에 대하여 다시 손금산입의 혜택을 줄 이유가 없기 때문이다.

비영리 내국법인이 (i) 해산한 때(다른 비영리내국법인이 고유목적사업준비금을 포괄적으로 승계한 경우는 제외), (ii) 고유목적사업을 전부 폐지한 때, (iii) 법인으로 보는 단체가 법인으로의 승인을 취소당하거나 소득세법상의 거주자로 된 때, (iv) 고유목적사업준비금을 손금에 산입한 사업연도의 종료일 후 5년이 되는 날까지 고유목적사업에 미사용한 때, (v) 고유목적사업준비금을 고유목적사

---

1) 대법원 2013. 3. 28., 2012두690.

업등이 아닌 용도에 사용한 경우에는1) 손금에 산입한 고유목적사업준비금의 잔액을 해당 사유가 발생한 날이 속하는 사업연도의 익금에 산입한다(法法 29조 5항). 손금에 산입한 고유목적사업준비금의 잔액이 있는 비영리내국법인은 고유목적사업준비금을 손금에 산입한 사업연도의 종료일 이후 5년 이내에 그 잔액 중 일부를 감소시켜 익금에 산입할 수 있고, 이 경우 먼저 손금에 산입한 사업연도의 잔액부터 차례로 감소시킨 것으로 본다(동조 6항). 위 (iv) 및 (v)의 경우에는 고유목적사업준비금을 손금에 산입함에 따라 납부하지 않은 법인세에 1일 10만분의 22의 율을 곱한 금액을 해당 사업연도의 법인세에 더하여 납부하여야 한다(동조 7항; 法令 56조 7항). 법인이 고유목적사업준비금을 손금에 산입하기 위하여는 반드시 해당 준비금의 계상 및 지출에 관한 명세서를 비치·보관하고, 이를 납세지 관할 세무서장에게 제출하여야 한다(法法 29조 9항).

4. 보험업 등의 충당금·준비금

(1) 책임준비금

보험업법에 따른 보험회사가 아닌 법인으로서 보험사업을 영위하는 법인이 결산을 확정할 때 수산업협동조합법 등 보험 관련 법률의 규정에 의한 책임준비금을 손비로 계상한 경우에는 시행령이 규정하는 한도 내에서 손금에 산입한다(法法 30조 1항; 法令 57조 1항). 손금에 산입한 책임준비금 중 계약자 배당준비금 외의 것은 손금에 산입한 사업연도의 다음 사업연도의 소득금액을 계산할 때 익금에 산입하고, 계약자 배당준비금은 보험계약자에게 배당한 때에 먼저 계상한 것부터 그 배당금과 순차로 상계하되 손금에 산입한 사업연도의 종료일 이후 3년이 되는 날까지 상계하고 남은 잔액이 있는 경우에는 그 3년이 되는 날(3년이 되기 전에 해산 등의 사유가 발생하는 경우에는 해당 사유가 발생한 날)이 속하는 사업연도의 소득금액을 계산할 때 익금에 산입한다(法法 30조 2항; 法令 57조 2항). 3년이 경과한 뒤에 익금에 환입되는 책임준비금의 잔액에 대해서는 그 금액을 손금에 산입함에 따라 납부하지 않았던 법인세에 1일 1만분의 3의 비율을 곱한 금액에 상당하는 이자를 해당 사업연도의 법인세에 더하여 납부하여야

---

1) 5년의 유예기간 중에 고유목적사업준비금을 고유목적사업 외의 다른 용도에 사용하여 더 이상 고유목적사업에 지출할 수 없음이 분명해진 경우에는 그 분명해진 날이 속하는 사업연도의 익금에 산입하여야 한다(대법원 2017. 3. 9. 선고 2016 두 59249 판결).

한다(法法 30조 3항; 法令 57조 5항). 결국 3년간 이자납부를 조건으로 과세를 이연하는 효과가 있을 뿐이다.

보험회사의 책임준비금에 대한 과세처리와 관련하여 보험계약 국제회계기준의 채택에 따른 특수한 문제가 있다. 우선, 보험회사가 2023년부터 의무적으로 적용하는 보험계약 국제회계기준(IFRS 17)상 보험수익의 가액을 측정하는 기준을 기존의 현금주의에서 발생주의로 전환하고, 보험부채의 가액을 기존에 취득원가로 계상하다가 현재가치로 평가하게 되는 데 맞추어 책임준비금의 손금산입을 인정하지 않는다(法法 30조 1항 괄호). 다음 보험회사가 보험계약 국제회계기준을 최초로 적용하는 사업연도(최초적용 사업연도)의 직전 사업연도에 손금에 산입한 보험업법에 따른 책임준비금에 일정한 산식을 적용하여 산출한 금액을 최초적용사업연도의 소득금액을 계산할 때 익금에 산입하고(法法 42조의3 1항), 반대로 최초적용 사업연도의 개시일 현재 보험업법 제120조 제3항의 회계처리기준에 따라 계상한 책임준비금에 일정한 산식을 적용하여 산출한 금액을 해당 사업연도의 소득금액을 계산할 때 손금에 산입한다(동조 2항). 보험회사는 위의 법인세법 제42조의3 제1항에 따른 일시적 익금 산입 대신에 제1항에 따른 익금산입액과 제2항에 따른 손금산입액 간의 차액에 일정한 산식을 적용한 금액(전환이익)을 4년 거치 후 3개 사업연도에 걸쳐서 균등하게 익금에 산입할 수도 있다(동조 3항). 이러한 소득금액 계산의 특례는 기존의 회계처리기준을 보험계약 국제회계기준으로 전환함으로써 보험부채의 가액이 축소되고, 이에 따라 순자산가치액이 증가함에 따라 그 순자산가치 증가액을 과세하려는 제도이다.

(2) 비상위험준비금

보험사업을 영위하는 법인이 결산을 확정할 때 보험업법이나 기타의 법률에 의한 비상위험준비금을 손비로 계상한 경우에도 일정한 한도 내에서 손금에 산입한다(法法 31조 1항). 국제회계기준을 적용하는 법인이 보험업법이나 그 밖의 법률에 따라 비상위험준비금을 세무조정계산서에 계상하고 그 금액 상당액을 해당 사업연도의 이익처분을 할 때 비상위험준비금의 적립금으로 적립한 경우에는 보험종목별 적립기준금액을 합한 금액의 100분의 90을 결산을 확정할 때 손비로 계상한 것으로 본다(法法 31조 2항; 法令 58조 3항). 어떤 사업연도에 있어서의 비상위험준비금의 손금산입은 그 사업연도의 '단기손해보험(인보험의 경우에는 해약환급금이나 만기지급금이 없는 사망보험 및 질병보험에 한함)에 의한 보유보험료'1)의 합계액에 금융위원회가 정하는 보험종목별 적립기준율을 곱하여 계산한 금액을 한도로 하고(法令 58조 1항), 그 누적액이 비상위험준비금의 손금산입이 행하여지는 사업연도에 유효한 단기손해보험계약에 의한 경과보험료의 합계액의 100분의 50(자동차보험의 경우에는 100분의 40)을 초과하는 경우 그 초과금액은 손금에 산입할 수 없다(동조 2항).

(3) 해약환급금준비금

보험계약 국제회계기준을 의무적으로 적용하게 되는 보험업법에 따른 보험회사가 보험계약의 해약 등에 대비하여 적립하는 해약환급금준비금을 세무조정계산서에 계상하고 해당 사업연도의 이익처분을 할 때 그 금액을 해약환급금준비금으로 적립한 경우에는 그 금액을 결산 확정 시에 손비로 계상한 것으로 보아 해당 사업연도의 소득금액을 계산할 때 손금에 산입한다(法法 32조 1항). 결산 확정시에 손비로 계상하지 않았더라도 신고조정만으로 손금산입을 인정하는 것이다. 이를 적용받으려는 보험회사는 해약환급금준비금에 관한 명세서를 납세지 관할 세무서장에게 제출하여야 한다(동조 2항). 한편, 회계처리기준의 전환이익에 대하여 4년 거치 3년 균등 익금산입을 적용받는 회사는 해약환급준비금의 손금산입을 적용받지 못한다(法法 42조의3 5항). 양자 간에 중복되는 손익효과가 있다고 보는 것이다.

5. 퇴직급여충당금

법인은 노사간 협약에 퇴직금 지급의무에 관한 조항을 두는 경우가 많고, 이러한 조항에 따른 퇴직금 지급의무는 조건부 채무이므로 기업회계상 이에 대처하여 충당금을 계상하는 것은 합리적이고 필요하다.2) 이처럼 퇴직급여충당금은 장래의 채무의 이행에 대비하는 것이라는 점에서 부채성충당금이다.

내국법인이 결산을 확정할 때 퇴직급여의 지급대상이 되는 임원 또는 직원 (확정기여형 퇴직연금 등이 설정된 자는 제외함3))에 대하여 퇴직급여충당금을 설정

---

1) 손해보험회사가 보험계약자로부터 수취한 전체 보험료를 '원수보험료'라고 하고, 원수보험료 중에서 보험사가 위험회피를 위해 재보험에 가입하고 재보험사에게 지급한 보험료(즉, 출재보험료)를 뺀 것을 '보유보험료'라고 한다(보험업감독업무시행세칙 별표 17 손해보험 계정과목별 회계처리기준, 2. 손익계산서).
2) 기업회계기준 제27조에서 '퇴직급여충당부채'라는 제목하에 그 계상을 요구하고 있다.
3) 근로자퇴직급여보장법에 따라 사용자의 기여금을 재원으로 하여 퇴직 근로자가 퇴직연금을 지급받으면, 그 근로자에게는 별도로 퇴직급여를 지급하지 않으므로 그 대상자는 당연히

하고 이를 손비로 계상하는 경우 퇴직급여 지급대상 임원 또는 직원에게 해당 사업연도에 지급한 총급여액의 100분의 5 이내의 범위에서 손금에 산입할 수 있다(法法 33조 1항; 法令 60조 1항). 이처럼 손금산입이 허용되는 퇴직급여충당금은 그 누적액에 제한이 있다. 즉, (i) 해당 사업연도의 종료일 현재 재직하는 임원과 사용인 전원이 퇴직할 것으로 가정하는 경우 퇴직급여로 지급하여야 할 추계액(이하 "퇴직금 추계액"이라고 함)과 (ii) 근로자퇴직급여보장법 제16조 제1항 제1호에 따른 '급여지급능력을 확보하는 데 필요한 최소적립금'과 해당 사업연도 종료일 현재 임원과 사용인 중 확정기여형 퇴직연금이나 확정급여형 퇴직연금에 가입하지 아니한 사람이 모두 퇴직할 경우에 퇴직급여로 지급되어야 할 금액의 추계액을 더한 금액 중 큰 금액에 연도별로 정해진 일정 비율을 곱하여 나오는 금액을 한도로 하고(法令 60조 2항), 이때 해당 법인이 국민연금법에 의한 퇴직금전환금으로 계상한 금액은 그 퇴직급여충당금의 누적액의 한도액에 더한다(동조 3항). 기업회계기준과는 달리 퇴직금 추계액의 일정 비율만 손금에 산입하도록 제한하는 이유는 퇴직급여의 사외적립을 유도하기 위한 것이다. 즉 퇴직금으로 지급할 자금을, 임원 또는 사용인의 퇴직을 지급사유로 하고 이들을 수급자로 하는 연금의 부담금으로 적립한 경우, 그 부담금은 퇴직금 추계액에서 퇴직급여충당금을 뺀 차액에 달할 때까지 손금에 산입할 수 있는바(法令 44조의2 2항), 이러한 제도를 가능한 한 많이 이용하도록 하기 위한 것이다.

　　퇴직급여충당금을 계상한 법인이 임원 또는 사용인에게 퇴직금을 실제로 지급할 때에는 퇴직급여충당금에서 먼저 지급한 것으로 본다(法法 33조 2항). 한편 퇴직급여충당금은 대손충당금과는 달리 잔액이 다음 사업연도에 익금으로 환입되지 않는다.

6. 대손충당금

(1) 의   의

　　대손충당금은 법인이 가지고 있는 채권의 회수불능(bad debt)에 대비하여 계상하는 금액을 말한다. 특정자산에 대한 평가계정적 성질을 가지므로 평가성 충당금에 해당한다. 손익의 귀속시기에 관한 법인세법상의 원칙인 권리의무확정주의에 충실하려면 이러한 평가성 충당금의 손금산입을 인정하지 않아야 할

퇴직급여 대상자에서 제외된다(동법 2조 6호, 12조, 13조).

것이나 법인세법은 기업회계기준상의 수익비용대응의 원칙을 수용하여 일정 유형의 채권에 대해 계상한 대손충당금의 손금산입을 허용하고 있다. 다만 대손충당금은 법인이 결산상 장부에 비용으로 계상한 경우에 한하여 손금으로 산입될 수 있는 결산조정사항의 하나이다(法法 34조 1항). 따라서 금융회사의 거래채권에 대해 일정한 율의 대손충당금 설정을 의무지운 금융당국의 감독규정에 위반하여 금융회사가 이를 설정하지 아니하였더라도, 과세관청이 그 선택을 부정하고 이를 설정한 것으로 의제하는 것은 허용되지 않는다.[1]

(2) 계상 대상 채권

모든 채권에 대한 대손충당금의 손금산입을 인정하는 것은 아니고, 정상적인 영업거래에서 발생한 금전채권 중 성질상 대손의 발생이 예상되는 일부 유형의 채권에 대해 계상한 대손충당금의 손금산입만 인정한다. 구체적으로 다음의 3가지 유형의 채권들이다(法令 61조 1항).

1) 외상매출금   상품·제품의 판매가액의 미수액과 가공료, 용역 등의 제공에 의한 영업수익의 미수액을 말한다.

2) 대여금   금전소비대차계약에 의하여 타인에게 대여한 금액을 말한다.

3) 외상매출금·대여금에 준하는 채권   어음상의 채권 및 미수금과 기업회계기준에 의해 대손충당금 설정대상이 되는 채권(채권 등의 대손액의 '최선의 추정치'; 기업회계기준서 22호 '충당부채와 우발부채·우발자산' 문단 B2)을 말한다. 판례는 영업정지명령을 받은 상호신용금고가 예외적으로 대출원리금의 회수업무를 행하는 것이 허용되었다면 그 회수업무는 정상적인 영업에 해당하므로 그 대출원리금 채권은 대손충당금 계상의 대상이 된다고 보았고,[2] 금융기관 채권자가 담보권을 설정한 채무자의 재산을 경락받아 이를 제3자에게 연불조건으로 매각한 경우 연불금을 전부 수령할 때까지 해당 재산의 소유권은 금융기관에 유보되어 있으므로 그 연불금 수령채권은 대손충당금 계상의 대상이 아니라고 보았다.[3]

위와 같은 3가지 유형의 채권에 대해 계상된 대손충당금이라고 하더라도 그 손금산입이 인정되지 않는 경우가 있다.

---

1) 대법원 2015. 1. 15., 2012 두 4111.
2) 대법원 1986. 2. 11., 85 누 447.
3) 대법원 1988. 12. 27., 87 누 870.

첫째, 법인이 특수관계인으로부터 자산을 고가에 매입하거나 현물출자 받는 방식의 부당행위계산을 한 경우 그 시가초과액은 특수관계인에 대한 이익의 분여액일 뿐 정상적인 채권액이 아니므로 그 대손충당금의 손금산입은 인정되지 않는다(法令 61조 1항 3호).

둘째, 법인이 보증채무를 이행함으로써 발생한 구상채권[대규모 기업집단에 속하는 회사의 예외적인 채무보증(공정거래법 10조의2 1항 각호), 금융회사 등·신용보증사업을 경영하는 법인·자본시장법상의 집합투자업자 등의 채무보증, '대·중소기업 상생협력 촉진에 관한 법률'에 따른 위탁기업이 수탁기업에 대하여 행한 채무보증, '국가를 당사자로 하는 계약에 관한 법률' 시행령 제52조 제1항 제1호에 의한 연대보증 등에 따른 보증채무의 이행으로 발생한 구상채권은 제외]과 법인이 특수관계인에게 업무와 관련 없이 지급한 대여금 채권에 대한 대손충당금의 손금산입도 인정되지 않는다(法法 34조 2항, 19조의2 2항). 전자의 경우는 관계회사의 보증에 의존하여 자금을 차입하는 것을 억제하기 위하여 구상채권의 대손을 인정하지 않기 때문에(法法 19조의2 2항) 그에 대한 대손충당금의 손금산입도 인정하지 않는 것이고, 후자의 경우는 특수관계인에 대한 자금의 대여를 억제하기 위한 것이다.

셋째, 법인이 기업회계기준에 의한 채권의 재조정에 따라 채권의 장부가액과 현재가치의 차액을 대손금으로 계상하여 손금에 산입한 뒤 기업회계기준의 환입방법에 따라 이를 익금으로 환입하는 경우(法令 62조 5항) 해당 채권에 대해 계상한 대손충당금은 손금산입 대상에서 제외된다(法令 61조 4항). 이미 대손을 인정받은 채권에 대해 다시 그 대손충당금의 손금산입을 인정할 수 없기 때문이다.

(3) 계상 한도

대손충당금 설정 대상 채권의 장부가액 합계액(채권잔액)의 100분의 1에 상당하는 금액과 그 잔액에 대손실적률을 곱하여 계산한 금액 중 큰 금액(시행령 제61조 제2항 소정의 금융회사 등은 정부가 정하는 대손충당금적립기준에 따라 적립하여야 하는 금액, 채권잔액의 100분의 1에 상당하는 금액 또는 채권잔액에 대손실적률을 곱하여 계산한 금액 중 큰 금액)을 한도로 하여 대손충당금을 손금에 산입할 수 있다(法法 34조 1항; 法令 61조 2항). 여기서 대손실적률이라 함은 해당 사업연도의 대손금(法法 19조의2 1항)이 직전 사업연도 종료일 현재의 채권 잔액에서 차지하는 비율을 말한다(法令 61조 3항).

(4) 계상액의 처리

대손충당금을 계상한 법인에게 실제로 대손금(貸損金)이 발생한 때에는, 그 대손금을 이미 계상되어 있는 대손충당금과 먼저 상계하고, 잔액은 다음 사업연도에 익금에 환입하여야 한다(法法 34조 3항). 다만, 법인이 앞의 사업연도에 계상하여 손금에 산입한 대손충당금 중 대손금과 상계되지 않고 남아 후의 사업연도에 익금으로 환입하여야 할 금액을 후의 사업연도에 계상할 대손충당금액에서 뺀 잔액만을 후의 사업연도의 대손충당금으로 실제로 계상하는 방식을 취하였다고 하더라도, 이를 부인하지 않고 그 차감한 금액을 후의 사업연도의 익금 및 손금에 각 산입한 것으로 본다(法則 32조 1항). 이러한 경우의 결과는 앞의 사업연도에 대손금과 상계되지 않고 남은 대손충당금 잔액을 후의 사업연도의 익금으로 환입함과 동시에 다시 전액의 대손충당금을 계상한 경우와 같기 때문이다.

7. 준비금의 손금산입을 위한 적립금의 적립 요건

내국법인이 조세특례제한법에 의한 준비금을 세무조정계산서에 계상하고 그 금액 상당액을 해당 사업연도의 이익처분에 있어 적립금으로 적립한 경우에 한하여 손비로 계상한 것으로 보아 각 사업연도의 소득금액을 계산할 때 손금에 산입한다(法法 61조). 즉, 준비금 상당액의 적립금이 적립되어야만 손금으로 인정해 준다는 것이다. 그리고 이와 같이 준비금의 손금산입 요건으로 적립한 적립금은 해당 준비금을 익금에 환입할 때까지 기다려 처분하여야 하고, 그 이전에 처분하는 때에는 준비금의 손금산입이 인정되지 않는다(法令 98조 1항). 결산단계에서 미리 이익처분의 일환으로 해당 금액을 적립하여 사내에 유보케 함으로써 배당의 지급 등 다른 목적으로 사용할 수 없도록 하고, 후일 준비금 설정이 해제되어 이를 익금에 환입할 때 해당 적립금을 다른 용도로 처분할 수 있도록 하는 것이다. 이와 관련하여 해당 준비금을 손금으로 계상한 사업연도에 이익이 발생하지 않아 그 상당액을 적립하는 것이 불가능한 경우에는 그 후의 사업연도에 이익이 발생하는 대로 적립할 수 있다.[1]

---

1) 대법원 2009. 7. 9., 2007 두 1781.

제 7 절   부당행위계산의 부인

Ⅰ. 총   설

1. 부당행위계산 부인제도의 취지

실질과세의 원칙에 관한 일반조항과는 별도로 법인세법 제52조는 부당행
위계산부인에 관한 규정을 두고 있다. 이는 법인이 특수관계인과의 거래로 인
하여 자신에게 귀속되었어야 할 이익을 대가없이 그 특수관계인에게 분여함으
로써 결과적으로 그 법인의 소득금액과 이에 대한 조세부담을 감소시킨 경우에
과세관청이 해당 거래의 사법상의 효력에 관계없이 과세목적상 해당 거래의 효
력을 전부 또는 부분적으로 인정하지 않고 그러한 이익의 분여가 없었던 것으
로 보아 해당 법인의 소득을 재계산하고 이에 따른 조세부담을 지울 수 있다는
것이다. 구 법인세법 제20조에 관한 대법원 판례도 이러한 취지를 누차 확인한
바 있다.[1] 이러한 부당행위계산의 부인제도는 미국의 내국세입법 제482조에
규정된 "납세의무자간의 소득과 비용의 배분"제도[2]와 일본 법인세법 제132조
에 규정된 "동족회사 등의 행위 또는 계산의 부인"제도[3]와 유사한 것으로서 선
진 자본주의 국가에 보편적인 제도이다.

---

1) 예를 들면, 대법원 2003. 12. 12., 2002 두 9995 판결은 구법인세법 제20조의 취지에 관하여
   "부당행위계산 부인 규정을 둔 취지는 법인과 특수관계 있는 자와의 거래가 각 호에 정한
   제반 거래형태를 빙자하여 남용함으로써 경제적 합리성을 무시하였다고 인정되어 조세법적
   인 측면에서 부당한 것이라고 보일 때 과세권자가 객관적으로 타당하다고 인정되는 소득이
   있었던 것으로 의제하여 과세함으로써 과세의 공평을 기하고 조세회피행위를 방지하고자
   하는 것이다"라고 판시하고 있다.

2) 미국 내국세입법 §482는 "재무성 장관은 직·간접적으로 동일한 이해관계에 의해 지배되
   는 2개 이상의 조직, 거래 또는 사업(법인이든 아니든, 미국에서 조직되었든 아니든, 관계인
   이든 아니든)간에 있어서의 소득, 비용, 세액공제 또는 감면 등의 배분, 안분 또는 할당이
   조세회피를 방지하기 위해 필요하거나 그러한 조직, 거래 또는 사업의 소득을 반영하기 위
   해 명백히 필요하다고 결정하는 경우에는 그러한 소득, 비용, 세액공제 또는 감면 등의 금
   액을 배분, 안분 또는 할당할 수 있다 …"라는 취지로 규정하고 있다.

3) 일본 법인세법 제132조와 그 제1호는 "세무서장은 동족회사에 해당하는 내국법인의 법인
   세에 관해 경정 또는 결정을 하는 경우에 있어서, 그 법인의 행위 또는 계산으로서 이를 용
   인하는 경우에는 법인세의 부담을 부당히 감소시키는 결과가 되는 것으로 인정되는 것이 있
   는 때에는 그 행위 또는 계산에 관계없이 세무서장이 인정하는 것에 의해 그 법인에 관한
   법인세의 과세표준 또는 결손금액 또는 법인세의 액을 계산할 수 있다"라고 규정하고 있다.

부당행위계산부인에 관한 규정은 실질과세원칙을 전제로 하여 부당하다고
인정되는 '형식'을 과세상 부인하는 것이므로, 국세기본법 제14조 제2항, 제3항
에서 규정하고 있는 실질과세원칙에서 파생된 규정이다. 이렇게 본다면 부당행
위계산의 부인규정이 없더라도 동일한 결론이 나올 수 있으므로 독자적인 의의
를 지닌 규정이 아니라는 주장이 있을 수 있다. 그러나 우리나라 대법원 판례
의 취지와 같이 실질과세의 원칙에 의하여 당사자의 거래행위를 법형식에도 불
구하고 조세회피행위라고 하여 그 행위계산의 효력을 부인하려면 조세법률주의
의 원칙상 법률에 개별적이고 구체적인 부인규정이 마련되어 있어야 한다는 입
장을 취한다면,[1] 부당행위계산 부인제도는 조세회피의 소지가 짙은 특수관계
인 간의 구체적 행위나 거래 사례를 열거하여 그에 대해서만 실질과세원칙의
적용을 한정하는 기능을 한다고 할 것이다.

2. 관련 법령의 구조

법인세법 제52조는 "납세지 관할 세무서장 또는 관할 지방국세청장은 내국
법인의 행위 또는 소득금액의 계산이 특수관계인과의 거래로 인하여 그 법인의
소득에 대한 조세의 부담을 부당하게 감소시킨 것으로 인정되는 경우에는 그
법인의 행위 또는 소득금액의 계산에 관계없이 그 법인의 각 사업연도의 소득
금액을 계산한다"고 규정하며, 이 규정의 위임에 따라 법인세법 시행령 제88조
제1항은 '조세의 부담을 부당히 감소시킨 것으로 인정되는 경우'를 열거하고 있
다. 그러나 그 예에 따라 과세관청이 행위 또는 계산을 부인하였을 때 부인된
행위 또는 계산에 갈음할 '실질'을 어떻게 볼 것인가, 다시 말하면 법인과 출자
자 등 쌍방의 소득을 어떻게 수정할 것인가에 대해서는 무상의 금전대여의 경
우를 제외하고는 말하여 주는 바가 없다.

부당행위계산 부인의 적용요건은 (i) 특수관계 있는 자와의 거래일 것, (ii)
해당 거래가 특정의 행위·계산에 해당할 것, (iii) 행위·계산이 부당할 것, (iv)
법인소득에 대한 조세부담의 감소가 있을 것 등 4가지이다. 이하에서는 이들
요건을 하나씩 살펴보기로 한다.

---

[1] 대법원 1999. 11. 9., 98 두 14082; 同 1992. 9. 22., 91 누 13571 등.

Ⅱ. 부당행위계산부인의 요건

1. 특수관계인

특수관계인1)이란 법인과 경제적 연관관계 또는 경영지배관계 등 특정의 관계에 있는 자를 말한다(法法 2조 12호). 구체적으로는 (i) 임원의 임면권의 행사, 사업방침의 결정 등 해당 법인의 경영에 대하여 사실상 영향력을 행사하고 있다고 인정되는 자(상법상 사실상의 이사2) 포함)와 그 친족, (ii) 법인의 주주3) 등(시행령 50조 2항의 규정에 의한 소액주주 제외)과 그 친족, (iii) 법인의 임원·사용인 또는 주주 등의 사용인(주주 등이 영리법인인 경우에는 그 임원을, 비영리법인인 경우에는 그 이사 및 설립자를 말함)이나 사용인 이외의 자로서 법인 또는 주주의 금전 기타 자산에 의하여 생계를 유지하는 자와 이들과 생계를 함께 하는 친족, (iv) 해당 법인이 직접 또는 그와 위 (i)부터 (iii)까지의 관계에 있는 자를 통하여 경영에 대하여 지배적인 영향력을 행사하고 있는 다른 법인, (v) 해당 법인이 위 (iv)의 관계에 있는 자를 통하여 경영에 대하여 지배적인 영향력을 행사하고 있는 다른 법인, (vi) 해당 법인에 100분의 30 이상을 출자하고 있는 법인에 100분의 30 이상을 출자하고 있는 다른 법인이나 개인, (vii) 해당 법인이 공정거래법에 의한 기업집단에 속하는 법인4)인 경우 그 기업집단에 소속된

---

1) 특수관계인은 법인세법령에서 열거한 자에 한정된다(대법원 1982. 11. 23., 80 누 466; 同 1986. 3. 25., 86 누 30).

2) 상법상의 사실상의 이사는 다음에 해당하는 자를 말한다. 1. 회사에 대한 자신의 영향력을 이용하여 이사에게 업무집행을 지시한 자, 2. 이사의 이름으로 직접 업무를 집행한 자, 3. 이사가 아니면서 명예회장·회장·사장·부사장·전무·상무·이사 기타 회사의 업무를 집행할 권한이 있는 것으로 인정될 만한 명칭을 사용하여 회사의 업무를 집행한 자(상법 401조의2).

3) 출자자라 함은 법인과의 거래 당시에 당해 법인에 출자지분을 가지고 있는 주주나 사원 등과 같이 법인과의 사이에 법률상 일정한 관계를 유지하고 있는 자를 가리키는 것으로 해석되어야 할 것인데, 재단법인의 출연자는 출연에 의하여 재산을 재단법인에 귀속시킨 사실이 있을 뿐 그것만으로 법인과의 사이에 무슨 관계를 유지하는 지위에 있게 되는 것이 아니므로 법인세법 시행령 제46조 제1항 소정의 특수관계자인 출자자에 해당한다고 할 수 없다(대법원 1994. 8. 26., 93 누 19146).

4) 공정거래법에 의한 기업집단이라 함은 (i) 동일인이 회사인 경우에는 그 동일인과 그가 지배하는 하나 이상의 회사의 집단, (ii) 동일인이 회사가 아닌 경우 그 동일인이 지배하는 2 이상의 회사의 집단으로서 그 동일인이 동법 시행령에서 정한 일정한 기준에 의하여 사실상 그 사업내용을 지배하는 회사의 집단을 말한다(공정거래법 2조 2호).

다른 계열회사 및 그 계열회사의 임원을 말한다(法令 2조 5항).

위 (i)과 (vii)을 특수관계인에 포함시킨 것은 지배주주가 회사의 이사에 대한 영향력을 배경으로 자기에게 유리한 방향으로 업무를 집행하도록 지시하거나, 동일한 지배주주에 의해 지배되는 수개의 회사로 기업집단을 구성하고 있는 경우 그 지배주주가 자신의 영향력을 행사하여 이들 회사 간에 상호 거래를 발생시켜 자신의 개인적 이익 혹은 기업집단 전체의 이익을 추구하는 것을 세법상 부당행위계산으로 보아 부인하기 위한 것이다. 대표적인 예가 계열회사 간의 거래가격 조작행위인바, 이로 인해 일방회사의 자산과 소득이 감소하고, 궁극적으로 조세부담이 줄어들게 됨은 물론, 주주와 채권자에게 손실이 초래되므로, 과세관청은 이를 부인하고 정상적인 거래로 치환하여 소득을 재계산하는 것이다.

납세의무자 법인을 기준으로 하여 위에서 본 여러 가지 관계에 있는 거래상대방만이 해당 법인의 특수관계인이 되는 것인지(일방관계기준설), 아니면 납세의무자 법인과 거래를 한 상대방을 기준으로 하여 납세의무자 법인이 위의 여러 가지 관계에 있는 경우에도 그 거래상대방이 납세의무자 법인의 특수관계인이 되는 것인지(쌍방관계기준설)의 문제가 있는바, 판례는 종래 후자의 입장을 취하다가[1] 전자의 입장으로 변경하였다.[2] 그러나 이러한 판례의 취지에 반해, 본인이 법인인 경우 그 본인도 특수관계인의 특수관계인이 된다고 새로이 입법을 함으로써 후자의 입장을 명문화하였고, 이에 위 판례는 일과적인 것이 되었다(法法 2조 12호 후단). 후자의 입장은 법인에 출자한 자가 그 법인의 특수관계인이라고 하여 그 법인이 출자한 자의 입장에서도 같이 보는 것으로 소득이전의 흐름의 방향을 무시하는 것이다.

법인이 특수관계 없는 자와 거래한 결과 그 법인과 특수관계에 있는 자가 경제적 이익을 얻은 경우 특수관계인과 거래를 하였다고 볼 수 있느냐의 문제가 있다. '특수관계인과 사이의 거래'라는 개념에는 특수관계인 외의 자를 개입시켜 특수관계인에게 이익을 분여한 경우도 포함된다고 봄이 제도의 취지에 부합한다고 할 것이다. 예를 들면, 법인이 보유 주식을 경영권 프리미엄이 붙은 가격으로 타인에게 매도하는 기회에 그 법인과 특수관계에 있는 이사들도 같은

---

1) 대법원 1991. 5. 28., 88 누 7248 등.
2) 대법원 2011. 7. 21., 2008 두 150.

주식을 같은 가격에 매도함으로써 해당 이사들이 경영권 프리미엄을 나누어 가진 경우 법인은 최대주주로서 자신이 차지하였어야 할 경영권 프리미엄을 제3자와의 거래를 통해 특수관계인인 이사들에게 나누어 준 거래를 한 것이 된다.[1] 그러나 법인이 특수관계 없는 자와 거래함으로써 특수관계인이 간접적으로 편익을 누렸을 뿐, 그 편익이 본래 특수관계인에게 귀속되었어야 할 것이 아닌 경우라면 법인과 특수관계 없는 자 사이의 거래가 가장행위에 해당한다고 볼 특별한 사정이 있지 않으면 법인이 특수관계인과 직접 거래를 한 것으로 보아 부당행위계산 부인 규정을 적용할 수 없다.[2]

한편, 특수관계의 존재여부는 행위 또는 계산 당시를 기준으로 판정한다(法令 88조 2항). 따라서 부인의 대상이 된 행위나 계산이 행하여지기 전에 특수관계가 있었다고 하더라도 문제의 거래나 행위를 실제로 행할 시점에 특수관계가 소멸되고 없었다면 부당행위계산 부인을 할 수 없다. 여기서 행위나 계산이 행하여진 시점은 그 효력이 발생하는 시점이 아니라, 거래대상·가격 등 중요한 조건이 결정된 시점이라고 봄이 제도의 취지상 타당하다.

2. 행위·계산

법문에서는 '행위·계산'이라 하여 행위와 계산을 각각 별개의 것으로 규정하고 있다. 행위라 함은 법인의 재산상태에 영향을 미치는 법률효과를 초래하는 대외적 행위를 의미하고, 계산이라 함은 법인의 재산상태에 영향을 미칠 수 있는 대내적 회계처리라고 설명한다.[3] 이러한 '행위'와 '계산'의 개념 구분에 기초하여 '행위의 부인'과 '계산의 부인'을 구분한다면 전자는 납세자가 선택한 형식의 행위가 없었던 것으로 보고 그의 과세표준 계산을 부인하는 것이고, 후자는 납세자가 선택한 형식의 행위 자체는 부인하지 않고 그의 과세표준 계산만을 부인하는 것을 뜻한다. 행위와 계산을 아울러 부인하는 예로는 법인이 무수익재산을 매입한 경우를, 그리고 계산만 부인하는 예로는 법인이 시가보다 높은 가액으로 매입한 자산(고가매입자산)을 과대상각한 경우를 들 수 있다. 그러나 법인세법 제52조에서 말하는 계산은 '특수관계인과의 거래'의 반영으로서의

---

1) 대법원 2019. 5. 30. 선고 2016 두 54213.
2) 대법원 2020. 12. 10., 2017 두 35165; 同 2014. 4. 10., 2013 두 20127.
3) 廣瀬時江,「所得税·法人税の原理原則」, 336면.

계산인 까닭에 '행위'와 '계산'을 구분하거나 '행위의 부인'과 '계산의 부인'을 따로 보는 것은 무의미하다. 즉, 행위의 부인은 곧 계산의 부인으로 귀착하여 감소된 조세를 회복하게 되므로 양자 간 구별의 실익은 없다.[1]

부당행위계산 부인의 대상이 되는 행위계산의 유형은 법인세법 시행령 제88조 제1항에 열거되어 있다. 그 구체적인 유형은 아래 Ⅲ(부인의 효과)에서 보기로 하고, 여기서는 이러한 열거 규정의 법률적 의미를 논하기로 한다. 이에 관한 대법원 판례는 세법에 규정된 부당행위계산의 유형은 제한적으로 열거된 것으로 보아야 한다는 입장이다.[2] 따라서 법인세법 시행령 제88조 제1항 제9호에서 부당행위계산의 한 유형으로 "그 밖에 제1호 내지 제7호, 제7호의2, 제8호 및 제8호의2에 준하는 행위 또는 계산 및 그 외에 법인의 이익을 분여하였다고 인정되는 경우"를 들고 있는 것은 앞의 각호에 열거된 구체적인 행위계산의 유형과 법적 형식면에서 동일시할 수 있을 정도로 긴밀한 유사성이 인정되는 경우를 말한다고 보아야 한다.[3] 따라서 만약 법인의 어떤 행위나 계산이 제9호에 선행하는 호에 규정된 행위나 계산의 형식에 해당하지만 그 부당성이 인정되지 않아 그 형식에 따른 과세효과를 부인할 수 없다면, 제9호를 적용하여서도 부인할 수 없다.[4] 이러한 대법원 판례의 입장은 실질과세원칙의 적용범위

---

1) 北野弘久, "同族會社の行爲計算の否認規定," 「稅法判例硏究」, 147면.

2) 구 소득세법 시행령(1990. 12. 31. 대통령령 제13194호로 개정되기 전) 제111조 제2항은 제1호 내지 제5호에서 소득세 부담을 감소시키는 부당행위계산의 유형을 각 규정하고 있으며, 위 각 규정은 부당행위계산의 유형을 제한적으로 열거하는 규정으로서 조세법률주의의 원칙상 유추해석 및 확대해석이 허용되지 않는다(대법원 1999. 11. 9., 98 두 14082).

3) 법인이 소유하는 다른 회사의 주식을 경영권 프리미엄을 붙여서 타인에게 매각하는 기회에 동 법인의 이사들이 소유하는 같은 회사의 주식도 함께 경영권 프리미엄이 붙은 가격에 끼워서 팔도록 함으로써 동 이사들이 경영권 프리미엄 상당액의 이익을 얻은 경우 동 법인과 이사들이 어떤 직접적인 거래를 하지는 않았지만 비특수관계인 제3자와의 거래를 통해 간접적으로 거래를 하여 경영권 프리미엄 상당액의 이익을 분여한 것으로 본 사례가 이에 해당한다(대법원 2019. 5. 30., 2016 두 54213).

4) 대법원 1996. 5. 10., 95 누 5301(⋯ 구 법인세법 시행령 제46조 제2항(1993. 12. 31. 대통령령 제14080호로 개정되기 전의 것)이 모법 소정의 조세의 부담을 부당하게 감소시키는 것으로 인정되는 경우에 관하여 제1호 내지 제8호에서는 개별적·구체적인 행위유형을 규정하고, 그 제9호에서는 "기타 출자자 등에게 법인의 이익을 분여하였다고 인정되는 것이 있을 때"라고 하여 개괄적인 행위유형을 규정하고 있으나, 위 제9호의 의미는 위의 법리와 제1호 내지 제8호에 열거된 각 부당행위유형에 비추어 볼 때 제1호 내지 제8호에서 정한 거래행위 이외에 이에 준하는 행위로서 출자자에게 이익분여가 인정되는 경우를 의미한다고 보아야 할 것이다... (중략) 거래행위가 만일 그 제4호에서 정하는 "출자자 등으로부터 자산을 시가를 초과하여 매입하거나 출자자 등에게 자산을 시가에 미달하게 양도한 때"에 해당

와 관련하여 "우회행위나 다단계행위 등 경제적 합리성이 없는 거래형식을 취한 행위라 하여 조세회피행위라고 비난될 여지가 있는 거래의 경우에도, 경제적 관찰방법 또는 실질과세의 원칙에 의하여 당사자의 거래행위를 법형식에도 불구하고 조세회피행위라고 하여 그 행위계산의 효력을 부인할 수 있으려면 조세법률주의의 원칙상 법률에 개별적이고 구체적인 부인규정이 마련되어 있어야 한다"는 입장과 그 맥락을 같이하는 것이다(제1편 제3장 제3절 Ⅳ. 3. 참조).

3. 부 당 성

행위·계산의 부당성은 곧 그 이상성(異常性, Ungewöhnlichkeit)을 뜻한다. 독일에서는 과거 조세조정법에서 이상성이란 용어를 쓰다가 현행 조세기본법 제42조에서는 '법의 형성가능성의 남용' 또는 '경제적인 사실에 적합하지 않은 (der unangemeßene Weg) 법적 형성'이라는 좀 더 구체적인 개념을 쓰고 있다. 이상성 내지 '경제적 사실에의 부적합성'이라 함은 어떠한 경제적 목적을 달성함에 있어 정상적인 사람이라면 그 같은 법형식(거래)을 택하지 않았으리라고 인정될 정도로 납세자가 추구한 경제적 목적·효과에 비추어 선택한 법형식(거래방식)이 이상한 경우를 말한다.

우리 대법원은 납세자가 취한 특정의 행위가 그 납세자가 의도한 경제적 목적을 달성하려는 방법으로서 이상한지 그렇지 않은지의 판단기준을 '경제적 합리성'에 두고 있다.1) '경제적 합리성'이라고 함은 특정의 행위가 행하여진 경제적 상황에서 그 행위자가 의도한 경제적 목적을 달성하기 위하여 그 행위를 선택한 것이 정상적 경제인의 관점에서 볼 때 부자연스럽거나 불합리하지 않은 것을 말한다.2) 따라서 특정의 거래행위가 이상한지 여부는 그 행위의 거래조건

하지 아니하는 경우에는 특별한 사정이 없는 한 위 제9호가 정하는 행위 유형에도 해당하지 아니한다고 보아야 할 것이다); 同 1992. 9. 22., 91 누 13571.

1) 대법원 1990. 5. 11., 89 누 8095(특수관계 있는 상대방이 원고의 대량 거래처일 뿐더러 생산제품의 유일한 수요자로서 그 경영상태 및 변제능력을 감안할 수밖에 없는 경우라면, 상대방의 경영실적이 악화되었을 때에는 외상매출금 회수를 적게 하고 경영상태가 호전됨에 따라 그 회수를 강화하는 것은 거래처의 효율적인 관리를 통한 매출물량의 확대를 기하고자 하는 경제적 합리성에 따른 것으로 보아야 할 것이므로, 원고의 요구를 수용할 수밖에 없는 다른 군소거래처들에 대한 외상매출금의 회수사정과 단순히 산술적으로만 비교하여 원고의 특수관계 있는 상대방에 대한 외상매출금의 회수가 경제적 합리성을 무시한 부당행위계산에 해당된다고 할 수 없다); 同 2007. 11. 29., 2005 두 10767; 同 1996. 7. 12., 95 누 7260; 同 1992. 10. 13., 92 누 114; 同 1986. 11. 11., 85 누 986.

만을 놓고 판단할 것이 아니라, 거래행위에 이르게 된 동기나 연계된 다른 거래와의 관계 등 그 경제적 상황을 구체적이고도 종합적으로 관찰하여 판단하여야 한다.[1] 통상 이상한 행위라고 하더라도 구체적인 경제적 상황의 특수성에 비추어 그러한 행위를 한 데 대하여 합리적 이유가 있을 때에는 그 행위는 정당한 것이라 보아야 한다. 법인세법 기본통칙은 "법인의 부당한 행위 또는 계산은 정상적인 사인 간의 거래, 건전한 사회통념 내지 상관행을 기준으로 판정한다"라고 해석하고 있는바(法法 기본통칙 52-87…1조), 여기서 말하는 '정상적인 사인간의 거래, 건전한 사회통념 내지 상관행'이라는 기준도 대법원 판례가 제시한 '경제적 합리성'과 맥락을 같이하는 것이다. 예를 들어 특수관계에 있는 거래선에게 법인제품의 판매를 위한 용기구 등을 저가로 양도하는 것은 상관행이라고 볼 수 있으므로 경제적 합리성이 인정된다 할 것이다. 판례는 법인이 복리후생 등의 목적으로 무연고지에 근무하는 직원들에게 과다하지 않은 금액의 전세보증금을 무이자로 대여한 행위[2]나 출판업계의 도서반품관행에 따라 발생할 가능성이 있는 도서반품액을 감안하지 아니한 채 도서의 외상매출채권을 장부가액대로 인수한 행위[3]는 상관행에 비추어 경제적 합리성이 인정된다고 본다.

경제활동의 전반에 걸쳐 이상한 또는 부자연스러운 행위를 정형화하여 규정하는 것은 가능하지 않기 때문에, 법인세법령에서는 법인의 조세회피행위의 전형적인 사례만을 규정하고 있다(法令 88조 1항).

부당행위계산 부인의 요건에 행위자의 조세회피의 의도, 즉 조세상의 이익을 얻을 의도는 포함되지 않는다고 보는 것이 미국과 일본의 판례와 통설이다.[4] 우리 대법원 판례도 같은 취지이다.[5] 법인세법 제52조가 "납세지 관할 세무서장 또는 관할지방국세청장은 … 행위 또는 소득금액의 계산이 … 그 법인의

2) 대법원 2007. 12. 13., 2005 두 14257; 同 2006. 9. 8., 2004 두 3724.
1) 대법원 2006. 9. 8., 2004 두 3724(위의 각주 둘째 판결과 동일함); 同 1996. 7. 26., 95 누 8751.
2) 대법원 2008. 10. 9., 2006 두 19013.
3) 대법원 2009. 7. 9., 2007 두 10389.
4) B. I. Bittker and L. Lokken, FEDERAL TAXATION OF INCOME, ESTATES AND GIFTS, Vol. 4, 1989, p. 79-3; 金子 宏, 「租稅法」(第10版), 393면; 廣瀨正, 「稅法上の諸問題」, 211면.
5) 대법원 2006. 11. 10., 2006 두 125; 同 2000. 2. 11., 97 누 13184; 同 1996. 7. 12., 95 누 7260.

소득에 대한 조세의 부담을 부당하게 감소시킨 것으로 인정되는 경우"에 부인
권을 행사할 수 있다고 하여 조세회피의 의도를 명시적 요건으로 규정하고 있
지 않을 뿐만 아니라, 공평과세의 실현을 목적으로 하는 본 규정이 동일한 경
제적 효과를 갖는 거래에 대해서 납세자의 주관적 의사에 따라 적용되기도 하
고, 적용되지 않기도 하는 것은 불합리하므로, 조세회피의 의도는 요건이 아니
라고 봄이 타당하다.

　　이에 반하여 독일의 통설과 판례는 납세자의 조세회피의 의도를 요건으로
하고 있다.[1] 이는 독일의 조세기본법(AO 1977) 제42조가 조세회피행위를 '법의
형성가능성의 남용'이라고 하는 데 기인하는 것으로 풀이된다. 남용을 목적적
행위라고 보는 까닭이다.[2] 조세회피의 의도를 요건으로 할 때에는 조세회피의
성립을 인정하기가 한층 어려워지는 것은 물론이다.

　　조세회피의 의도를 요건으로 하는 입장에서는 이를 주관적 요건, 그리고
행위의 이상성을 객관적 요건으로 분류한다.[3]

4. 조세부담의 감소

　　문제의 행위계산으로 인하여 조세부담의 감소가 있었는지 여부의 판정은
비정상적 행위계산을 한 해당 법인을 기준으로 한다. 해당 법인이 선택한 비정
상적 행위계산의 법적 형식이나 조건에 따라 계산한 세부담과 그 행위계산을
경제적 합리성에 기초한 정상적인 행위로 치환하였을 경우에 부담하였을 세부
담을 비교하여 전자가 후자보다 낮은 경우 조세부담의 감소가 있다고 할 것이
다. 조세부담의 감소는 반드시 해당 행위나 계산을 한 사업연도의 세부담의 감
소만 의미하는 것이 아니다. 해당 사업연도의 세부담에는 영향이 없더라도, 해
당 행위계산으로 인하여 후속 사업연도의 세부담의 감소를 초래하는 경우에는
그 일련의 경과를 하나의 부당행위계산으로 취급하여 세부담이 감소한 사업연
도에 그 행위계산을 부인할 수 있다고 할 것이다.[4] 한편, 비영리법인이 수익사

---

1) BFH-U v. 2.3 1966 Ⅱ, 113/61, BStBl 1966 Ⅲ, S. 509; BFH-U v. 21.12. 1966 Ⅱ,
　149/63, BStBl 1967 Ⅱ, S. 189.
2) Klaus Tipke, Über die Theorie der Steuerumgehung, Steuerberater-Jahrbuch 1972/73,
　S. 513.
3) 中川一郎,「稅法學體系」(全訂), 99-102면.
4) 同旨 金子 宏, 앞의 책, 395면.

업이 아닌 고유목적사업의 수행으로 행한 거래는 법인세 과세대상 소득에 영향
을 주지 않으므로 부당행위계산 부인의 대상이 될 수 없음은 물론이다.1)

Ⅲ. 부인의 효과

1. 개   요

법인세법 제52조는 과세권자에게 부당행위계산의 부인권을 부여하고 동법
시행령 제88조 제1항은 부당행위계산의 유형을 열거하고 있을 뿐, 부인이 어떠
한 효과를 가져 오는지에 관해서는 말하여 주는 바가 없다. 다시 말하면 부인
된 형식에 갈음할 실질을 어떻게 재구성할(reconstruct 또는 re-characterize) 것이
냐를 규정하고 있지 않다. 오직 동법 시행령 제89조 제5항이 시가와의 차액을
익금에 산입하여 해당 법인의 각 사업연도의 소득금액을 계산하도록 규정하고
있을 따름이다. 회피의 유형별로 개별규정을 두는 것이 바람직할 것으로 생각
된다.

행위의 부인 결과 사외유출이 있다고 인정되는 때에는 해당 법인과 거래상
대방인 특수관계인과의 관계 여하에 따라 배당, 상여, 기타소득, 기타 사외유출
등으로 구분하여 '이익처분에 의한' 급부로 처리하도록 되어 있으나(法法 67조;
法令 106조 1항 1호), 거래상대방인 특수관계인의 범위가 매우 넓어 이들 소득처
분의 유형이 그 분여된 이익의 실질을 충분히 반영하는지는 의문이다. 실질주
의는 법인의 조세부담을 부당히 증대시키기 위한 가공적 의제의 근거를 제공하
는 것이 아니기 때문이다. 아래 3.에서는 부당행위계산을 통한 사외유출액을 이
러한 이익으로 처분하는 것이 타당한 것으로 전제하고 거래유형별 부인의 효과
를 검토하겠으나, 이는 위와 같은 이의를 유보한 것이다.

2. 조세부담 감소 여부의 판정기준으로서의 시가

(1) 시가의 의의

법인이 특수관계인과의 거래로 인하여 그 특수관계인에게 이익을 분여하
여 소득금액을 감소시켰는지의 여부는 통상 해당 법인이 특수관계인과 사이에
행한 거래, 즉 부당행위계산으로 지목된 행위나 계산에 적용한 가격을 기준으

---

1) 대법원 2013. 11. 28., 2013 두 12465.

로 판정한다. 즉 특정 거래의 가격이 "특수관계인이 아닌 자 간의 정상적인 거래에서 적용되거나 적용될 것으로 판단되는 가격(요율·이자율·임대료 및 교환비율 기타 이에 준하는 것을 말하고, 이하 "시가"라고 함)"과 비교하여 상당한 차이가 있는 경우에는 일응 특수관계인에게 이익을 분여하여 소득금액을 감소시켰다고 볼 수 있다(法法 52조 2항). 시가의 구체적 의미에 관하여 법인세법 시행령에서는 "해당 거래와 유사한 상황에서 해당 법인이 특수관계인 외의 불특정 다수인과 계속적으로 거래한 가격 또는 특수관계인이 아닌 제3자간에 일반적으로 거래된 가격"을 의미한다고 규정하고 있다(法令 89조 1항). 판례도 같은 취지로 판시하고 있다.[1] 법인세법은 반드시 소득금액에 직접적 변동을 가져오는 거래만 부당행위계산에 해당한다고 하지 않고, 소득금액에 간접적 변동을 초래하는 거래, 예를 들면 자본거래도 부당행위계산에 해당될 수 있다고 하고 있기 때문에, '시가'도 반드시 소득금액에 직접적 변동을 가져오는 거래의 시가만 의미하는 것이 아니라, 소득금액에 직접적 변동을 가져오지 않는 거래의 시가도 포함한다고 할 것이다.

(2) 시가의 판정기준

과세관청이 당사자 간의 거래가격이 시가가 아니라고 부인하려면 특수관계 없는 자 간의 거래실례가를 찾아서 제시해야 한다(法令 89조 1항). 그러한 특수관계 없는 자 간의 거래실례가를 찾을 수 없는 경우에는 (i) '감정평가 및 감정평가사에 관한 법률'에 의한 감정평가법인등이 감정한 가액에 의하고,[2] (ii) 감정한 가액이 없는 경우에는 상증세법 상의 가액평가에 관한 규정들을 준용하여 평가한 가액에 의한다(동조 2항).

과세관청과 납세자 간에 그 시가에 관해 가장 많은 분쟁이 생기는 자산은 주식이다. 우선, 주권상장법인이 발행한 주식을 거래소에서 통상의 거래방식으

---

[1] 대법원 1983. 11. 8., 82 누 392; 同 1988. 2. 9., 87 누 671.

[2] 대법원 1993. 2. 12., 92 누 9913 판결도 "공신력 있는 감정기관의 감정가격이 있으면 다른 법정평가방법에 의한 평가에 앞서 그 감정가격을 기준으로 저가양도 여부를 따져 보아야 할 것"이라고 하고 있다. 한편 국세심판결정례에 의하면 특수관계 있는 자와의 거래가 부당행위계산의 부인대상인지를 판단하는 데 기준이 되는 시가를 산정함에 있어서는 토지의 경우 거래토지마다 특성이 있어 개별가격이 성립되는 점을 감안할 때 특수관계 없는 자와의 실제 거래가액이나 감정가액을 기준으로 산정하여야 할 것이지, 막연히 쟁점토지와 인근에 위치해 있다 하여 인근토지의 거래가액으로 산정할 것은 아니라고 한다(국심 1991. 5. 22., 91 서 91; 국심 1991. 10. 16., 22662 – 2074).

로 거래한 경우에는 그 거래소 거래가격이 시가가 됨은 물론이다. 한편, 주권상장법인이 발행한 주식을 거래소에서가 아니라 증권시장 밖에서 거래하거나 대량매매 등 시행규칙에서 정한 방법으로 거래한 경우에는 그 거래일의 거래소 최종시세가액을 해당 주식의 시가로 의제한다(法令 89조 1항 단서). 종래 판례는 거래소에서의 거래가격을 시가로 보는 경우에는 위 상속세 및 증여세법상의 평가액이 시가로 의제될 여지가 없으므로, 최대주주 및 그의 특수관계인이 보유하는 이른바 경영권 수반 주식의 '평가'에 관한 동법상의 할증 규정이 적용되지 않는다고 하였으나,[1] 현행법에서는 명문으로 거래소의 거래가격으로 상장주식의 시가를 평가하는 경우에도 해당 주식의 거래로 인해 '사실상 경영권의 이전이 수반되는 경우'라면 상증세법 제63조 제3항을 준용하여 그 가액의 100분의 20을 할증하도록 규정하고 있다(法令 89조 1항 단서).

다음, 비상장주식의 시가 결정과 관련해서도 법령상 또는 판례상 여러 가지 구체적 기준이 있다. 거래의 선례가 없는 비상장주식의 거래가 이루어진 경우라도 그 거래가 일반적이고 정상적인 방법에 의한 것이어서 당시의 객관적인 교환가치를 반영하고 있다면 거래가격을 당시의 시가로 본다.[2] 또한 영업권,[3] 면허권[4] 등의 가치를 포함하는 비상장주식의 거래가격도 시가로 본다. 비상장주식의 거래실례가를 발견할 수 없는 경우 다른 자산과는 달리 그 감정가액은 이를 시가로 보지 아니하고 바로 상증세법의 규정을 준용하여 평가한 가액을 시가로 본다(法令 89조 2항 1호 단서). 현행 상속세 및 증여세법에 의하면 비상장주식의 가액은 1주당 수익력가치(순손익가치)[5]와 1주당 순자산가치[6]를 각각 3과 2의 비율(소득세법 제94조 제1항 제4호 다목에 규정된 부동산과다보유법인의 경우에는 2와 3의 비율)로 가중평균한 가액에 의하도록 하고 있다(相贈稅令 54조).

시가를 감정가격에 의해 결정하는 것과 관련하여 몇 가지 주의할 사항이 있다. 첫째 가격형성이 불가능하거나 특별한 사유가 있는 경우를 제외하고는

1) 대법원 2006. 12. 7., 2005 두 7228.
2) 대법원 1987. 5. 26., 86 누 408.
3) 국심 1981. 10. 16., 81 부 596.
4) 대법원 1991. 7. 23., 91 누 87.
5) 순손익가치는 다음의 산식에 의해 계산한다: 1주당 최근 3년간의 순손익액의 가중평균액 ÷금융기관이 보증한 3년만기회사채의 유통수익률을 감안하여 국세청장이 정하여 고시하는 이자율.
6) 순자산가치는 다음의 산식에 의해 계산한다: 해당법인의 순자산가액÷발행주식총수.

실제 매매가격을 부인하고 감정가격을 시가라고 할 수 없다.1) 둘째 양도일 이전에 평가한 감정가액을 시가로 하는 것은 타당하나, 양도일 이후 평가한 감정가액은 처분청이 양도일과 감정기준일 간에 가격의 변동이 없었음을 입증하지 못하는 한 그 감정가액을 시가로 할 수 없다.2)

(3) 특정 유형의 행위·계산의 시가 결정의 특례

법인세법 시행령 제88조 제1항에서 열거하고 있는 부당행위계산의 유형들 가운데 (i) 고가매입, 고가 현물출자 및 그 자산의 과대상각(1호), (ii) 자산의 무상 또는 저가 양도나 현물출자(3호), (iii) 금전, 기타 자산 또는 용역의 무상 또는 는 저율의 대부나 제공(6호), (iv) 금전, 기타 자산 또는 용역의 고율에 의한 차용이나 수급(7호), (v) 이들 각호에 준하는 행위(9호)의 경우에는 시가와 거래가액 간의 차액이 3억 원 이상이거나 시가의 100분의 5에 상당하는 금액 이상인 경우에 한하여 부당행위계산으로 본다(法令 88조 3항). 이들 거래의 시가 판정에 거래당사자의 주관적 사정이 반영될 수밖에 없고, 따라서 이들 거래의 절대적 시가를 발견하는 것이 그만큼 어려움을 감안하여 위에서 본 각종 기준에 의해 정해진 시가를 탄력적으로 적용함으로써 부당행위계산의 부인이 지나치게 기계적이고 경직되게 적용되는 것을 방지하기 위한 규정이다. 다만, 자본시장법상의 주권상장법인의 주식을 거래소에서 거래하는 경우에는 이러한 예외가 적용되지 않는다(동조 4항).

(4) 시가 판정의 기준 시점

거래가격에 관한 부당행위의 부인은 납세의무자의 가격결정 행위를 과세상 문제 삼는 것이므로, 문제의 거래가격과 시가의 비교는 당연히 가격결정 행위를 한 시점, 즉 "대금을 확정짓는 거래 당시"를 기준으로 판단하여야 한다.3) 따라서 거래대금 외의 다른 거래조건을 변경하는 변경계약이 체결되었다고 하더라도 당초의 계약체결 시점을 기준으로 거래가격과 시가 사이에 차이가 있는지 여부를 판단하여야 할 것이다.

---

1) 국심 1980. 12. 1., 80 중 964.
2) 대법원 1986. 2. 25., 85 누 715; 국심 1990. 9. 3., 90 중 1009.
3) 대법원 1989. 6. 13., 88 누 5273; 同 1999. 1. 29., 97 누 15821.

3. 행위계산의 유형별 부인효과

법인세법 시행령 제88조 제1항의 각호를 분설하면 다음과 같다.

(1) 고가매입·현물출자 자산의 과대평가 및 그 자산의 과대상각(동항 1호)

법인이 '출자자 등'의 특수관계인으로부터 자산을 시가보다 높은 가격으로 매입한 이른바 고가매입의 경우 시가초과액은 이익처분에 의한 급부액일 뿐[1] 비용화할 성질의 것이 아니므로 취득가액으로 인정되지 않는다(法令 72조 2항 3호). 시가로 바로잡은 취득가액이 추후 양도손익, 감가상각 및 평가손의 산정기초가 된다.

법인의 설립 또는 증자에 있어서 현물출자의 목적이 되는 자산을 시가 이상으로 평가하여 받으면 그 후 이를 처분할 때 양도차익의 감소(또는 양도차손)가 발생하게 된다. 그리고 현물출자받은 자산이 평가감이 허용되는 것인 경우[2]에는 평가손을 발생시킬 수 있으며, 또한 그것이 감가상각자산인 경우에는 과대상각이 가능하다. 이렇게 되면 법인소득을 부당히 감소시키는 결과를 가져오기 때문에 현물출자 자산의 가액을 출자 당시의 시가로 바로잡아 시가 상당액의 출자를 한 것으로 본다. 따라서 그 자산의 시가가 현물출자액이 되며, 이를 기초로 하여 양도차손, 평가손, 상각액을 계산한다.

(2) 무수익자산의 매입과 현물출자 및 그 자산에 대한 비용부담(동항 2호)

1) 무수익자산의 의의　　여기에서 무수익자산이 무엇을 뜻하는지 분명치 않으나 대법원 판례는 "법인의 수익파생에 공헌하지 못하거나 법인의 수익과 관련이 없는 자산으로서 장래에도 그 자산의 운용으로 수익을 얻을 가망성이 희박한 자산을 말한다"고 하고 있다.[3] 수익활동이 업무의 핵심적 부분이라는 이유로 무수익자산을 법인의 업무에 관련 없는 자산과 동일시하는 견해가 있을 수 있으나, 업무는 수익활동 외의 다른 활동을 포함하는 넓은 개념일 뿐만 아니라, 개념상으로는 업무에 관련 없는 자산이라도 임대 등으로 수익을 낼 수 있기 때문에, 무수익 자산을 법인의 업무와 관련 없는 자산과 동일시하는

---

1) 감사원 감사 제235호, 1975. 8. 5. 결정.
2) 평가감이 허용되는 경우에 관하여, 법인세법 제42조 제1항 단서, 제3항 및 동법 시행령 제73조, 제78조.
3) 대법원 2020. 8. 20., 2017 두 44084; 同 2006. 1. 13., 2003 두 13267; 同 2000. 11. 10., 98 두 12055.

것은 타당치 않다.[1] 다만, 실제로는 업무와 관련 없는 자산이 동시에 무수익자산인 경우가 대부분일 것이다.

무수익자산인지 여부는 현재는 물론 장래에도 그 자산의 운용으로 수익을 얻을 가망성이 없는지 여부에 의해 판정되어야 한다.[2] 양도차익을 기대할 수 있다는 것만으로는 행위의 이상성을 불식할 수 없다. 왜냐하면 현물출자는 처분할 재산을 취득하기 위한 것이 아니고 법인의 사업에 필요한 자산을 취득하기 위한 것이기 때문이다.

2) 무수익자산의 매입의 효과   무수익자산의 매입은 이를 부인하게 되면 매입이 없었던 것으로 된다. 그렇다면 양도인에게 지급된 매입대금의 처리는 어떻게 할 것인가? 이를 양도인에 대한 대여금으로 보고 인정이자를 익금에 더하는 동시에 같은 금액을 '출자자 등'인 그 양도인에 대한 상여로 처리한다. 판례도 이러한 취급을 타당하다고 본다.[3] 이는 전술한 고가매입의 경우에 있어서 시가와의 차액을 이익처분에 의한 상여로 보는 것과는 그 처리가 다르다. 무수익 자산의 매입 당시 그 시가와 매입가액 간의 차이는 없기 때문에 매입법인이 그 차액에 상당하는 금액을 양도인에게 이전하였다고 할 수는 없고, 해당 자산을 매입하지 않았더라면 얻을 수 있었을 이익(즉, 인정이자 상당액)만 이전하였다고 보아야 하기 때문이다.

위와 같이 무수익자산의 매입의 과세상 효과를 매입대금 상당액의 대여로 본다면, 그 대여에 따른 인정이자율은 금전의 직접적 대여 또는 차용의 경우에 적용할 시가(인정이자율)에 관하여 규정하고 있는 법인세법 시행령 제89조 제3항을 준용하여 결정함이 타당할 것이다. 그리고 무수익 자산의 소유, 유지와 관련하여 지출한 비용의 손금산입이 부인되는 것은 당연하므로 평가손실이나 감가상각비 등이 과세상 인정되지 않는다.

한편, 무수익자산의 매입대금을 대여금으로 본다면, 그 자산이 처분될 때 양도가액의 수령범위 내에서 대여금을 반환받은 것으로 보게 된다. 이 논리에

---

1) 양자를 동일시하면 법인세법 시행령 제50조 제1호 및 제2호가 무수익자산이라 하지 아니하고 '업무에 관련이 없는 자산'이라는 문구를 사용하고 있는 것이 해명되지 않는다.

2) 종업원 기숙사 따위는 고용관계의 일환으로 제공되는 것이므로 무수익자산이라 할 수 없고, 설령 그렇다 하더라도 그와 같은 자산의 취득이 현물출자에 의해서나 또는 매입에 의해서 행해졌다고 해서 부당하다 할 수 없다.

3) 대법원 2020. 8. 20., 2017 두 44084.

따르면 무수익자산의 처분으로 인해 양도차손이 발생하면 그 상당액의 대여금을 회수하지 못한 것으로 취급될 것이다. 그 양도차손액을 대손금으로 손금에 산입할 수 있는지가 문제될 것인바, 특수관계인에게 업무와 관련없이 지급한 가지급금의 대손금을 인정하지 않는 규정의 취지에 따라 손금산입을 할 수 없다고 할 것이다(法法 34조 3항 2호, 28조 1항 4호 나목). 반대로 무수익자산의 처분으로 인하여 양도차익이 발생하는 경우 그 양도차익은 대여금의 이자로 취급되어 익금산입되어야 함은 물론이다.

3) 무수익자산의 현물출자 수취의 효과   무수익자산의 매입이 대여금의 지급으로 인정되는 것과 달리, 무수익자산을 현물출자로 받은 경우에는 그 출자 자체가 아예 없는 것으로 본다.[1] 따라서 현물출자 받은 무수익자산은 과세상 법인의 자산이 아닌 것으로 되기 때문에 그 유지운용에 소요된 비용을 법인이 부담하였다 하더라도 이를 부인하고, 그 비용 상당액을 해당 자산의 출자자에게 배당한 것으로 본다. 또한 해당 자산과 관련된 평가손, 감가상각비도 당연히 부인된다. 무수익자산의 출자는 그 자체가 부인되는 까닭에 현물출자로 받은 무수익자산의 양도차손익 또한 인정되지 않는다.

현물출자로 받은 무수익자산이 처분되면 그 시점부터 무수익자산은 그 처분대가의 형태로 전환되어 더 이상 무수익자산이 아니므로, 그 처분에 따른 법인의 권리가 확정되는 날에 매각대금 또는 현물출자의 가액(현물출자액) 중 적은 금액만큼 출자를 받은 것으로 본다. 무수익자산을 수익자산과 교환하는 경우에도 교환이 확정되는 날에 출자의 이행이 있는 것으로 보아야 할 것이다.

(3) 자산을 무상 또는 시가보다 낮은 가액으로 양도 또는 현물출자한 경우
    (동항 3호)
특수관계인에게 자산을 무상으로 양도하거나 현물출자한 경우 이를 시가에 양도한 것으로 보아 그 시가상당액을 익금에 산입함으로써 그 무상의 양도 혹은 현물출자를 계기로 해당 자산의 미실현이득에 대하여 과세하게 된다. 시가상당액의 수익을 의제하는 것은 정상적인 대가를 받고 거래를 한 자와 무상

---

[1] 그러나 부당행위의 부인은 그 행위의 실체적 효력에는 영향이 없으므로, 무수익자산의 출자자는 출자자로서의 자격을 상실하는 것은 아니다. 이리하여, 예컨대 배당청구권을 갖는 이상 통상의 배당은 물론 의제배당에 대한 납세의무를 부담하며 또한 '특수관계 있는 자'의 판정에 있어서도 출자자가 된다. 현물출자의 과대평가로 출자의 일부가 부인되는 경우에도 전액출자자로서의 지위에는 영향이 없다.

으로 거래를 한 자 사이에 조세부담의 공평을 유지하기 위한 것임은 물론이다. 예컨대 흑자법인이 그 제품을 직접 고객에게 판매하는 대신에 적자인 자회사에 무상으로 양도하고, 그 자회사가 시가로 고객에게 판매함으로써 그 소득을 적자인 자회사에 이전하는 경우, 본 규정에 따라 흑자인 모회사에 시가상당액만큼 익금의 증가가 있다고 봄과 동시에 같은 금액을 자회사에 급부한 것으로 이익처분한다. 그러나 법인으로부터 주식매수선택권을 부여받은 종업원 등이 이를 행사함에 따라 해당 법인이 그 종업원 등에게 해당 법인의 주식을 시가보다 낮은 가격에 이전하는 행위나 해당 법인의 주식의 가격을 시가보다 낮은 가격으로 책정하여 그 주식을 상여금으로 지급하는 행위는 명백히 주식의 저가양도에 해당하지만 대상 주식의 시가와 행사가격 간의 차액(주식평가 보상금액)이나 대상 주식으로 지급한 상여금(주식기준보상액)의 손금산입이 허용되는 특정의 경우에는 '부당성'이 없다고 보아 부당행위계산 부인의 대상에서 제외하고 있다 (法令 88조 1항 3호 단서, 20조 1항 3호).

　　법인인 두 출자자가 신설 법인의 총발행주식의 50%씩을 균등하게 인수하는 것을 조건으로 합작회사를 설립하면서 그 중 1인은 출자의 일부를 공장부지인 현물로써 행하고 다른 1인은 액면가에 50%를 할증한 가액의 현금으로 행하기로 약정하고, 이에 따라 전자가 감정가액 금 841,500,000원인 토지를 금 7억원(=주식 7만 주×액면 1만 원)으로 계산하여 현물출자한 경우 전자의 현물출자가 시가보다 낮은 가액으로 행하여졌다고 할 것인가? 당초의 합작계약을 변경하여 현물출자자가 영업권을 인정받아 상대방 투자자만이 주식을 50% 할증 인수하게 된 사정에 비추어 보면, 그 현물출자가 건전한 사회통념이나 상관행에 어긋나는 비정상적인 거래로 경제적 합리성이 결여된 것이라고 보기 어려우므로 위 현물출자는 부당행위계산의 부인대상이 되지 않는다고 하는 것이 판례[1]이다. 한편, 장부가액에 비해 가격이 상승한 토지를 현물출자하고 그 장부가액에 상당하는 액면가의 주식만 교부받았다고 하더라도 그 주식의 실제 가치(즉, 시가)가 액면가액이 아니라 가격상승분을 포함한 토지의 시가에 버금가는 금액이라면, 해당 토지를 저가로 현물출자한 것인지 여부는 현물출자로 취득한 주식의 액면가가 아닌 시가와 현물출자한 토지의 감정가액(시가)을 비교하여 판단하여야 한다.[2]

---

1) 대법원 1996. 7. 30., 95 누 8751.
2) 同旨 윤병철, "현물출자와 부당행위계산부인," 「조세법연구」 제4집(1998), 343면.

법인이 '출자자 등'에게 시가에 미달하는 가액으로 양도 또는 현물출자한 때에는 시가와의 차액은 부인된다. 이리하여 저가양도의 경우에는 시가와의 차액을 해당 법인의 익금에 더하고 같은 금액을 양수인에게 급부한 것으로 이익처분한다.

(4) 불공정합병이나 불공정분할로 인한 합병양도손익의 증감(동항 3호의2)

특수관계에 있는 합병당사법인들의 순자산가치에 비례하여 합병비율[1]을 정하지 않거나 분할당사법인들의 순자산가치에 비례하여 분할비율을 정하지 않고 불공정한 비율을 적용하는 경우 공정한 비율을 적용하는 경우에 비해 피합병법인이나 분할법인 등의 합병양도차익 또는 분할양도차익이 줄거나 합병양도차손 또는 분할양도차손이 늘 수 있다(합병양도차손익이나 분할양도차손익의 의미 및 계산에 관해서는 본장 제14절 VI. 3. 및 VII. 2. 각 참조). 이 경우 순자산가치에 비해 낮은 양도가액을 받은 피합병법인이나 분할법인 등이 상대법인에게 이익을 분여한 효과가 있으므로 부당행위계산 부인의 대상이 된다(法令 88조 1항 3호의2 단서). 다만, 자본시장법에 따른 합병이나 분할의 경우(자본시장법 165조의4)는 제외한다(法令 88조 1항 3호의2 단서). 이 경우에는 합병비율의 적정성에 관하여 외부평가기관의 평가를 받게 하는 등의 방법으로 불공정합병이나 불공정분할이 될 가능성을 애초부터 제거하였기 때문에 합병비율이나 분할비율의 조작을 통해 이익의 분여가 일어나지 않는다고 보는 것이다.

부인의 효과는 순자산가치에 비례하는 공정한 비율을 적용하였더라면 피합병법인이나 분할법인 등이 받았을 합병대가나 분할대가를 기준으로 합병양도차손익이나 분할양도차손익을 재계산하는 것이 될 것이다. 이익을 분여받은 상대방법인은 양수한 자산의 시가와 양수가액 간의 차액을 익금에 산입하므로(法法 44조의2 2항, 46조의2 2항) 별도로 소득을 얻은 것으로 처분되지 않는다고 할 것이다.

(5) 불량자산의 차환 또는 불량채권의 양수(동항 4호)

본래 차환(借換)이라고 함은 변제기가 도래한 기존의 채권(債券)을 현금으로

---

[1] 합병비율이라고 함은 피합병법인의 주주에게 교부할 합병신주의 수를 결정하는데 적용하는, 합병당사법인들의 순자산가치의 비율을 말한다. 엄격하게는 합병당사법인의 1주당 순자산가치(미래의 초과수익력에 따라 계산되는 영업권 가액까지 포함)의 비율에 따라 결정되어야 하지만, 실제에 있어서는 합병당사법인의 주식의 시가가 순자산가치를 반영하고 있다고 보아 그 주식의 시가를 기준으로 정한다(정동윤, 「회사법」(2006, 제7판), 820면).

상환하지 않고, 다른 채권을 발행, 교부하여 경개하는 것을 말하나, 여기서 불량자산의 차환이라고 함은 이와 다른 개념으로서 법인이 특수관계인으로부터 법률적, 경제적으로 불리한 법률적 지위(채권·채무자의 지위)를 승계하는 것을 말한다. 예를 들면, 출자자 등이 시세에 비해 높은 임차료를 지급하여야 하는 임대차계약 상의 임차인의 지위를 승계함으로써 출자자 등이 부담하여야 할 불이익을 넘겨 받는 경우이다. 이러한 경우에는 그 불리한 법률적 지위의 승계로 인해 법인에게 발생한 손실의 손금산입을 부인함과 동시에 같은 금액을 출자자 등에게 급부한 것으로 이익처분한다. 불량채권을 양수한 경우에도 이에 준하여 처리한다.1)

경우에 따라서는 불량자산의 차환이나 불량채권의 양수가 일종의 고가매 입의 성질을 띠는 때가 있을 것이다. 예컨대 전액회수가 어려운 채권을 변제기까지의 중간이자를 공제한 금액으로 출자자 등으로부터 양수하였다면 그 불량채권의 적정한 평가액에 비하여 고가매입하였다 할 것이므로 위 (1)의 자산의 고가매입에 준한 처리도 가능하리라 본다.

(6) 출자자 등의 출연금 부담(동항 5호)

출자자 등이 부담하여야 할 경조금, 기부금 등의 출연금을 법인이 부담한 경우에는 출연금은 손금부인하고 이를 출자자등에게 급부한 것으로 이익처분한다.

(7) 금전, 기타 자산 또는 용역의 무상·저율·저가 대부 또는 제공(동항 6호)

법인이 출자자 등에게 금전, 기타 자산 또는 용역을 무상 또는 시가보다 낮은 이율·요율이나 임대료로 대부 또는 제공한 때에는 통상의 이율·요율·임대료와의 차액을 익금에 더하고 동시에 이를 출자자 등에게 급부한 것으로 이익처분한다. 금전, 기타 자산 또는 용역의 무상·저율·저가 대부나 제공이 부당행위계산에 해당하려면 원칙적으로 법인과 특수관계인 사이에 그러한 제공이나 대부에 관한 법률행위가 유효하게 존재하여야 한다. 따라서 당사자가 통정한 허위표시에 의하여 행한 가장의 거래를 두고 부당행위계산이라고 할 수는 없다.2) 한편, 어떤 거래가 '무상 제공'에 해당하는지 여부와 관련하여 직접적인

---

1) 개인사업체를 현물출자에 의해 법인체로 전환하는 과정에서 회계처리상 생긴 부족액을 편의상 개인사업주의 미수금으로 기재하였다가 그 뒤에 감자절차를 밟아 실질에 부합하도록 정리한 것은 법인이 개인사업주로부터 채권을 취득한 것이라 볼 수 없다(대법원 1986. 12. 9., 86 누 9).

2) 채권자들로부터 회사재산에 대한 압류 등이 있을까 우려하여 재산을 보전하기 위한 방편

대가의 지급이 없다고 하여 모두 '무상'이 되는 것은 아니다. 예컨대 제조회사가 전적으로 자신의 부담으로 그와 특수관계에 있는 판매회사의 상호도 병기하여 제조물품의 광고선전을 하였더라도 판매회사에 대한 공급가격과 그의 이윤율을 조절하였고 또한 제조회사가 보다 효율적인 광고를 할 수 있는 입장이라면 제조회사가 판매회사에게 무상의 광고용역을 제공한 것이라고 할 수 없다.1) 그리고 금전의 '대부'는 반드시 민법상 소비대차 약정만을 의미하는 것은 아니고 넓은 의미의 신용의 공여를 뜻한다.2) 따라서 명시적인 금전의 소비대차 계약이 없더라도 소비대차에 준하는 관계의 성립으로 인하여 이자추심이 가능한데 이를 포기한 때에는 부작위에 의한 부당행위계산이 성립할 수 있다.3)

　　금전을 대부하거나 차용한 경우에 있어서의 시가는 위에서 본 시가 판정의 일반 기준에 불구하고 가중평균차입이자율4)을 시가로 하되, (i) 가중평균차입이자율의 적용이 불가능한 사유가 있는 경우에는 해당 사업연도에 한정하여 당좌대출이자율5)을 시가로 하고, (ii) 대여기간이 5년을 초과하는 대여금이 있는

으로 회사소유인 부동산에 관하여 회사의 감사에게 1976. 9. 16.자로 금 30,000,000원에 매매예약을 한 양 가장하고 실제 그 매매대금을 수령하지 아니한 채 감사 앞으로 가등기를 경료한 경우(대법원 1982. 11. 23., 80 누 466), 회사가 사채를 쓰는 과정에서 대표이사 명의의 단기대여금계정을 이용하여 사채를 조달 또는 변제하면서 대표이사로부터 변제받거나 대표이사에게 대여한 것으로 위장처리하고 각 사업연도마다 이에 대한 법인세법상의 인정이자를 미수수익으로 가공처리해 온 경우(대법원 1986. 11. 11., 86 누 449)는 기초적 사실관계가 유효하게 존재하지 않으므로 부당행위계산에 해당하지 않는다. 금전의 무상 또는 저율의 대부행위를 조세회피행위의 하나로 보는 것은 그 무상 또는 저율의 거래조건이 가장행위가 아니라 유효하기 때문이다.

1) 대법원 1992. 3. 31., 91 누 8555.
2) 이자를 지급하면서 차용하여 온 자금의 일부를 임원들에게 대여하면서 사채이자보다는 낮은 이자를 받은 경우(대법원 1973. 3. 13., 73 누 5), 특수관계자 사이에 임가공계약을 체결하고 임가공된 물건의 선적 후 지급하기로 약정된 임가공료를 선급금이란 명목으로 중간이자를 공제함이 없이 미리 지급한 경우(대법원 1981. 11. 24., 81 누 10), 시중은행으로부터 선이자를 지급하고 차입한 자금을 출자자인 조합원들에게 후이자지급방법에 의하여 대출하여 기한의 이익을 허여함으로써 손해를 입게 된 경우(대법원 1983. 12. 13., 80 누 496; 국심 1981. 10. 22., 81 서 733) 등은 금전의 무상대부 또는 저율대부로 조세를 부당하게 감소시킨 경우에 해당한다.
3) 대법원 1993. 2. 9., 92 누 10869.
4) '가중평균차입이자율'은 법인이 특수관계인에게 금전을 대여한 시점 현재 존재하는 각 차입금의 잔액(특수관계인으로부터의 차입금 제외)에 해당 각 차입금의 차입 당시에 적용한 각 이자율을 곱한 금액의 합계액을 해당 차입금 잔액의 총액으로 나눈 비율을 말한다(法則 43조 1항).
5) 이는 금융기관의 당좌대출이자율을 고려하여 국세청장이 정하는 이자율을 말한다(法則 43조 4항).

경우 등 기획재정부령으로 정하는 경우에는 해당 대여금 또는 차입금에 한정하여 당좌대출이자율을 시가로 하며, (iii) 해당 법인이 법인세 신고와 함께 당좌대출이자율을 시가로 선택하는 경우에도 그 선택한 사업연도와 이후 2개 사업연도는 그 당좌대출이자율을 시가로 한다(法令 89조 3항). 유형·무형의 자산을 제공한 경우에는 '(해당 자산의 시가의 100분의 50-전세금 또는 보증금)×정기예금이자율'의 산식에 의해 계산한 금액을 시가로 본다(동조 4항 1호). 용역을 제공한 경우에는 '원가+원가×특수관계인 외의 자와 행한 유사한 용역제공거래에 있어서 수익률'의 산식에 의하여 계산한 금액을 시가로 본다(동항 2호). 이 때 수익률은 기업회계기준에 의하여 계산한 매출액에서 원가를 뺀 금액을 매출액으로 나눈 비율을 말한다.

　　정책적 이유로 특정 유형의 거래는 부당행위계산에서 제외하고 있다. 우선 법인이 그 주주 등이나 출연자가 아닌 임원(소액주주인 임원 포함) 및 사용인에게 사택을 제공하는 경우는 부당행위계산 부인의 대상에서 제외한다(法令 88조 1항 6호 단서 나목). 사택을 제공받는 임원이나 사용인에 대한 소득과세의 목적에서 소득세법에서 사택의 의미를 규정하고 있는바(所令 38조 1항 6호; 所則 15조의2), 이와 별도로 법인세법에서도 사택을 제공하는 법인의 입장에서의 사택의 의미를 규정하고 있다(法則 42조의3). 그리고 법인으로부터 주식매수선택권을 부여받은 종업원 등이 그 권리를 행사함에 따라 해당 법인이 그 종업원 등에게 주식을 매도하는 것에 갈음하여 약정된 매입가격과 시가 간의 차액을 지급하는 경우(주식평가 보상금액의 지급) 또는 주식가치에 상당하는 금전을 상여금으로 지급하는 경우(주식기준보상액의 지급)로서 그 보상금액의 손금산입이 허용되는 특정의 경우에 있어서의 그 보상금액의 지급도 '정당성'이 있는 것으로 보아 부당행위계산 부인대상에서 제외된다(法令 88조 1항 6호 단서 가목, 20조 1항 3호). 또한 연결납세방식을 적용받는 연결법인 간에 연결법인세액의 변동이 없는 등 일정한 요건을 갖추어 용역을 제공하는 경우도 거래가격이 납세의무에 영향을 주지 않는 것으로 보아 부당행위계산부인의 대상에서 제외하고 있다(法令 88조 1항 6호 단서 다목). 한편 이익처분에 따라 발생하는 출자자의 인정배당 및 사용인의 인정상여 등 미지급소득에 대하여 출자자나 사용인이 부담하여야 할 소득세를 법인이 납부하고 가지급금 등으로 계상한 경우에는 이를 실제로 지급받을 때까지 부당행위계산의 부인을 하지 않는다. 그 밖에 사회상규상 인정될 수 있거나 정책적으로 장려할 필요가 있는 특정 유형의 금전의 무상대여 행위에 대해서도 부당행위계산의 부인을 하지 않는다(法令 89조 5항 단서; 法則 44조 각호).

(8) 금전 기타 자산 또는 용역의 고율에 의한 차용 또는 수급(동항 7호)

위 (6)의 저율 제공과 반대의 경우이다. 즉 출자자 등으로부터 금전 기타 자산 또는 용역을 시가보다 높은 이율·요율이나 임차료로 차용하거나 제공을 받은 때이다. 이 경우에도 연결납세방식을 적용받는 연결법인 간에 연결법인세액의 변동이 없는 등 일정한 요건을 갖추어 용역을 제공하는 경우 부당행위계산부인의 대상에서 제외하고 있다(法令 88조 1항 7호 단서). 이러한 행위에 해당되면 시가를 초과하는 금액은 손금부인하고 이를 제공받은 자에게 급부한 것으로 이익처분한다.

(9) 파생상품상 권리의 불행사나 행사기간의 조정(동항 7호의2)

기업회계기준에 따른 선도·선물, 스왑, 옵션, 그 밖에 이와 유사한 거래 또는 계약상의 권리(法則 42조의4)를 행사하지 아니하거나 그 행사기간을 조정하는 방법으로 특수관계인에게 이익을 분여하는 경우 그 분여한 이익을 해당 법인의 익금에 산입하고 이를 제공받은 자에게 급부한 것으로 이익처분한다. 예를 들면, 법인이 특수관계인으로부터 6개월 뒤에 미화 100만 달러를 1달러당 1,000원에 매입할 권리(call option)를 취득하였는데 6개월이 경과한 시점에서 원화가치가 하락하여 환율이 1달러당 1,200원으로 상승한 상태라면, 해당 법인이 그 옵션을 행사하면 1달러당 200원의 차익을 얻을 수 있다. 그럼에도 불구하고 이를 행사하지 아니하는 경우에는 이를 행사한 것으로 보아 200원을 익금에 산입함과 동시에 그 금액을 상대방에게 급부한 것으로 이익처분하는 것이다.

(10) 자본거래로 인하여 주주 등인 법인이 특수관계인인 다른 주주 등에게 이익을 분여하는 경우(동항 8호)

1) 불공정합병   피합병법인의 주당 순자산가치가 합병법인의 그것에 비하여 낮음에도 불구하고 조세회피를 목적으로 피합병법인의 주식을 시가보다 높게 평가하여 합병비율을 1 : 1로 조작하는 경우, 합병 후 합병법인의 주주가 보유하는 주식가치는 희석되는 반면, 피합병법인의 주주가 보유하는 주식가치는 상승하게 된다. 이는 합병법인의 주주의 이익을 특수관계에 있는 피합병법인의 주주에게 분여한 것과 마찬가지이므로 부당행위계산 부인의 대상이 된다(동호 가목). 또한 그 반대의 경우도 있을 수도 있다. 위 (4)의 경우에서처럼 자

본시장법에 정한 요건·방법 등의 기준에 따른 합병의 경우(자본시장법 165조의4)
는 제외한다(法令 88조 1항 8호 가목 단서).

불공정한 합병을 통해 특수관계인에게 분여한 이익은 해당 법인의 익금에
산입하고, 해당 법인과 특수관계인 간의 관계에 따라 배당, 상여 등의 급부를
한 것으로 소득처분한다. 이때 익금에 산입할 금액은 상속세 및 증여세법 제38
조 등 관련 조항과 동법 시행령 제28조 제3항 내지 제6항 등 관련 조항을 준용
하여 계산한다(法令 89조 6항).

2) 신주인수권의 포기 및 신주의 고가인수　　법인의 증자절차에서 어떤
법인주주가 발행가액보다 더 높은 시가를 가진 신주를 배정받을 수 있는 권리
를 포기하는 경우 포기한 신주를 배정받는 주주가 신주인수권을 포기한 그 법
인주주로부터 시가와 발행가액 간의 차액에 상당하는 금액의 이익을 분여받는
결과가 된다. 마치 신주인수권을 포기한 그 법인주주가 액면가액보다 높은 시
가를 가진 신주를 액면가액으로 인수한 다음 이를 다른 주주에게 액면가로 양
도(저가양도)하는 것과 같은 효과가 있다. 이러한 이유로 그 신주의 시가와 발행
가액 간의 차액에 상당하는 금액을 해당 법인주주의 익금에 더하고, 이를 다른
주주에게 급부한 것으로 이익처분하는 것이다(法令 88조 1항 8호). 이와 같은 결
과는 법인주주의 신주인수권의 포기 후 신주발행법인이 실권주를 재배정하지
않는 경우도 마찬가지이다. 법인주주의 신주인수권의 포기, 신주발행법인의 실
권주 재배정, 특수관계인인 다른 주주의 신주의 추가인수라는 일련의 행위에서
당사자 간의 직접적인 의사의 합치는 없으므로 형식상 부당행위계산부인의 대
상이 될 '거래'는 없으나, 당사자들 간에 이러한 일련의 다단계·우회적 행위를
통하여 이익을 분여하기로 하는 암묵적 합의가 있는 것으로 보아 전체를 하나
의 부당행위로 의제하는 것이다.[1]

신주인수권 포기 대상으로서의 신주에는 나중에 주식으로 전환될 수 있는
전환사채, 신주인수권부 사채 또는 교환사채 등을 포함한다(동호 나목 전단 괄
호). 그러나 자본시장법 제9조 제7항에 규정된 '모집방법'으로 배정되는 신주는
그 적용대상에서 제외된다(法令 88조 1항 8호 나목 괄호). 이 경우에는 50인 이상
의 다수인에게 신주를 발행하고, 모집가액을 기재한 투자설명서를 작성하여 공
개하며(자본시장법 123조 1항; 동법 시행령 131조 2항), 그러한 모집을 금융위원회

---

1) 대법원 1997. 2. 14., 96 누 9966.

에 신고하도록 요구하고 있어(자본시장법 119조 1항), 신주의 발행가액과 실제 가치 간의 괴리가 있을 가능성이 적기 때문이다.

한편, 위의 경우와 반대로 법인의 증자절차에 있어서 신주발행가액이 시가를 초과하는 경우에는 신주발행에 참가하지 않거나 자기 몫보다 적게 참가하는 주주는 그러한 신주발행에 참가하는 다른 주주로부터 시가와 발행가액 간의 차액에 상당하는 반사적 이익을 얻게 되므로, 신주를 시가보다 높은 가액으로 인수하는 행위도 위 신주인수권포기의 경우와 마찬가지로 부당행위계산부인의 대상이 된다(동호 나목 후단).

신주인수권의 포기 혹은 신주의 고가인수에 있어서 익금에 산입할 금액은, 일반 증자의 경우에는 상속세 및 증여세법 제39조 및 동법 시행령 제29조 제3항을, 현물출자의 경우에는 동법 제39조의3 및 동법 시행령 제29조의3 제2항을 준용하여 계산한다(法令 89조 6항).

3) 불균등 감자 법인의 감자절차에서 주식 등의 소유 비율에 의하지 아니하고 일부 주주 등의 주식 등을 소각함으로써 잔존 주주 등의 지분비율이 상승하는 경우 감자에 참여한 법인주주 등으로부터 감자에 참여하지 않은 잔존 주주 등에게 지분비율 상승분만큼 이익이 이전되므로 이러한 행위는 부당행위계산 부인의 대상이 된다(동호 다목). 불균등감자로 인해 익금에 산입할 금액의 계산에 관하여는 상속세 및 증여세법 제39조의2 및 동법 시행령 제29조의2 제2항을 준용한다(法令 89조 6항).

위에서 본 3가지 유형의 자본거래를 통하여 이익을 분여한 것으로 인정되는 법인은 자본거래를 행하는 법인(이하 "자본거래 주체법인"이라고 함)의 주주 등인 법인(이하 "이익분여법인"이라고 함)이고, 그 이익을 분여받은 것으로 인정되는 상대방은 자본거래 주체법인의 다른 주주 등이다. 즉, 자본거래 주체법인의 주주 등 사이에 이익분여가 있다고 인정하는 것이지, 자본거래 주체법인이 그 주주 등인 법인에게 이익을 분여한 것으로 보는 것이 아니다. 제8호의 본문의 문언상 명확하고, 행정해석도 법인의 자본거래로 인하여 그 법인의 주주 간에 이익의 분여는 있을 수 있지만 자본거래 당사법인의 손익에 변동이 생기는 것이 아니므로 자본거래 당사법인에게 소득이 발생하는 것으로 조정할 수는 없다는 입장을 취하고 있다.[1]

---

1) 기획재정부 예규(재법인 46012－50, 2001. 3. 9.)는 "법인세법 시행령 제88조 제1항 제8호

요컨대, 주주 등이 법인에 자본을 출자하는 행위는 주주 등이 법인에게 영업활동에 필요한 자금을 무상으로 이전하는 것이고, 반대로 법인이 주주 등에게 자본을 환급하는 행위 역시 무상으로 반환하는 것이므로, 그러한 자본거래에서 법인의 손해를 바탕으로 주주 등이 이익을 얻을 수 없고 그 반대가 성립할 수도 없다. 따라서 자본거래를 통한 주주 등 사이의 이익분여만 부당행위계산 부인의 대상이 될 수 있을 뿐, 자본거래 자체가 그 대상이 될 수는 없는 것이다. 법인이 이익준비금을 자본에 전입하여 기존 주주에게 무상주를 발행하는 행위(주식의 무상교부)가 부당행위가 아닌 것만 보더라도 이러한 법리는 명백하다. 미국의 내국세입법, 동 규칙, 판례, 상·하원의 입법 연혁(legislative history) 등도 같은 취지로 확인하고 있다.1) 우리나라 대법원 판례는 당초 법인의 증자에 따른 신주의 발행이라는 자본거래를 신주 발행법인의 소득금액에 직접적 변동을 가져오는 거래, 즉 신주의 매매로 봄으로써 그 자본거래로 인하여 자본거래 당사법인에게 소득이 발생하는 것으로 조정할 수는 있다는 입장을 취하였었다.2) 그러나 이는 주주 간의 이익분여를 주주와 법인 간의 이익분여로 오해하는 오류를 범한 것이다.3) 이후 주주인 법인이 다른 법인에 출자하여 신주를 취득하는 행위는 손익을 발생시키지 않는 자본거래이므로 신주의 '매입'에 해당하지 않고, 따라서 법인이 특수관계자인 다른 법인의 주식을 시가보다 높은 가액으로 인수하더라도 양자 간에 부당행위를 구성할 여지는 없고, 단지 주주들 사이에서 이익분여의 효과가 발생하므로 부당행위를 구성할 수 있다고 하여 오류를 바로잡았다.4)

　여기서 한 가지 유의할 점은 출자, 이익의 배당, 감자, 합병과 분할, 주식

의 규정은 그 적용 요건이 주주 등인 법인이 특수관계인인 다른 주주 등에게 이익을 분여한 경우로 규정되어 있는바, 증자법인과는 무관하고 증자에 참여한 주주간에 부당행위계산 부인을 대상으로 하는 것이고, 따라서 증자를 한 법인은 증자의 당사자이지 증자법인의 주주가 아니므로 부당행위계산 부인의 대상이 아니며, 시가와 액면가의 차액을 증자에 참여한 법인이 증자법인에게 접대비로 볼 근거규정이 없다"고 해석하고 있다.

1) 미국 내국세입법 §1032(a); 미국 내국세입법 Reg. §1.1032-1; General Elec. Co. v. U.S., 156 Ct. Cl. 617, 299 F.2d 942; H. Rept. 1337, 83d Cong., 2d Sess. 268; S. Rept. 1622, 83d Cong., 2d Sess. 426.
2) 대법원 1989. 12. 22., 88 누 7255; 同 2004. 2. 13., 2002 두 7005.
3) 자세한 논의는 한만수, "자본거래의 부당행위계산 부인에 관한 연구", 「저스티스」 91호 (2006. 6.), 한국법학원, 166면 내지 196면 참조.
4) 대법원 2014. 6. 26., 2012 두 23488.

의 포괄적 교환과 이전, 현물배당 등의 자본거래를 함에 있어서 그에 따른 지급을 미실현손익이 내재된 현물(in-kind)로 하는 경우(예를 들면, 현물출자) 그 현물의 이전은 '유상의 이전'으로서 미실현손익을 실현시키는 손익거래가 되고, 따라서 부당행위계산 부인의 대상이 된다는 것이다. 손익거래가 자본거래에 수반되는 이른바 혼성거래라고 하여 손익거래로서의 성격이 상실되는 것은 아니라는 것이다. 현물출자가 부당행위계산 부인의 대상이 됨은 앞의 (1)에서 본 바와 같다.

(11) 기타의 자본거래에 따른 이익분여(동항 8호의2)

위 (10)에서 본 3가지 유형의 자본거래 외의 자본거래를 통하여 법인이 특수관계인에게 이익을 분여한 경우에도 부당행위계산 부인의 대상이 된다. 증자·감자·합병(분할합병 포함)·분할, 상속세 및 증여세법 제40조 제1항에 따른 전환사채의 출자전환, 신주인수권증서(상법 420조의2)에 의한 신주의 인수, 교환사채의 주식으로의 교환 등이 이에 해당한다. 신주인수권의 포기 및 신주의 고가인수가 있는 경우에는 위 (10)에서 본 바와 같이 제8호의 규정에 따라 부당행위계산 부인의 대상이 되지만, 그러한 신주인수권의 포기나 고가인수가 없는 신주발행(예를 들면, 신주의 제3자 배정)을 통하여 법인이 특수관계인에게 이익을 분여한 경우라고 하더라도, 신주발행은 제8호의2의 규정 대상인 '자본거래'의 대표적인 경우이므로 제8호의2에 따라 부당행위계산 부인이 적용된다고 할 것이다. 그러나 법인이 주식매수선택권을 행사한 종업원 등에게 실제로 주식을 시가보다 낮은 약정된 매입가격으로 발행하는 경우로서, 만약 실제로 주식을 발행함이 없이 그 차액(주식평가 보상금액)을 지급한다면 그 손금산입이 인정되는 특정의 경우에는 '부당성'이 없다고 보아 부당행위계산 부인의 대상에서 제외된다(法令 88조 1항 8호의2 단서, 20조 1항 3호). 이러한 거래들 중 증자, 감자, 합병의 경우에 있어서의 분여한 이익의 계산에 관해서는 위 (10)에서 본 자본거래의 경우에서 준용하고 있는 상속세 및 증여세법과 동법 시행령의 규정을 똑같이 준용하고, 전환사채 등의 출자전환·인수·교환 등의 경우에는 상속세 및 증여세법 제40조 및 동법 시행령 제31조의9 제2항 제4호, 제5호를 준용한다(法令 89조 6항). 다만, 법인의 분할로 인하여 분여되는 이익의 계산에 관해서는 특별한 규정이 없으나, 합병의 경우에 준하여 계산할 수 있을 것이다.

⑿ 기타 이익분여로 인정되는 것(동항 9호)

위 2.에서 본 것처럼, 제9호에서 부당행위계산의 한 유형으로 "그 밖에 제1호 내지 제7호, 제7호의2, 제8호 및 제8호의2에 준하는 행위 또는 계산 및 그 외에 법인의 이익을 분여하였다고 인정되는 경우"를 들고 있는 것은 앞의 각호에 열거된 구체적인 행위계산의 유형과 법적형식 면에서 동일시 할 수 있을 정도로 긴밀한 유사성이 인정되는 경우를 말한다고 보아야 한다. 대법원 판례도 같은 취지임은 위 2.에서 본 바와 같다.[1] 전술한 각 유형의 행위나 거래에 준하는 것으로서 '출자자 등'에게 법인의 이익을 분여하였다고 인정되는 경우는 여러 가지 있을 수 있겠으나 가장 두드러진 사례는 임원에 대한 과대보수이다. 그러나 법인이 특수관계에 있는지 여부를 불문하고 그 지배주주 등인 임원이나 사용인에게 정당한 사유없이 동일 직위에 있는 지배주주 등 외의 임원 또는 사용인에게 지급하는 금액을 초과하여 과다하게 지급한 보수는 손금에 산입할 수 없다는 별도의 규정이 있으므로(法令 43조 3항, 7항), 이러한 경우에는 굳이 부당행위계산의 부인을 적용하지 않더라도 같은 효과를 거둘 수 있다. 그 만큼 부당행위계산 부인의 적용 범위가 축소된다고 할 수 있다. 그 밖에 법인이 그 주주나 임원 등에 대하여 가지는 각종 채권을 행사하지 아니하고 사실상 포기한 경우,[2] 특수관계인에게 파견되어 그 특수관계인의 업무를 수행한 직원들의 인건비를 지급한 경우,[3] 또는 높은 이자율의 차입금을 부담하고 있는 회사가 상

---

1) 대법원 1999. 11. 9., 98 두 14082.
2) 주식회사가 그의 주주이자 이사인 자와 공동연대보증인이 된 보증채무를 전부 대위변제한 후 주채무자에 대한 구상금채권이 집행불능에 이르렀음에도 공동연대보증인에 대하여는 그 부담부분을 구상하거나 구상권 확보를 위한 아무런 조치도 취하지 아니하고 대손처리한 경우, 그들 사이의 부담비율을 균등하다고 보고 회사가 자신의 부담부분을 넘어 이사의 부담부분까지도 대손금에 포함시킨 행위계산은 법인세법 제52조 [구 法法 20조], 같은 법 시행령 제88조 제1항 제9호 [구 法令 46조 2항 9호] 소정의 출자자 등에게 법인의 이익을 분여한 것으로서 조세의 부담을 부당히 감소시킨 경우에 해당한다(대법원 1991. 12. 27., 91 누 5440).
   법인세법 52조 [구 法法 20조], 동법 시행령 88조 1항 [구 法令 46조 2항]에 말하는 법인의 소득에 대한 조세의 부담을 부당히 감소시킨 것으로 인정되는 경우라 함은 당해 법인이 행한 거래형태가 객관적으로 보아 경제적 합리성을 무시하였다고 인정되는 경우를 뜻한다 할 것인바, 상호신용금고의 전 대표이사 등이 위 금고의 차입금을 횡령한 대형 금융사고를 위 금고의 주주 및 전임이사 등 4인이 각 일정 금액을 일정기일까지 출연하여 수습하기로 위 금고와 약정하였고 이들은 충분한 자력이 있었는 데도 위 금고가 그 이행을 방치하면서 그 지체에 따른 배상금도 징수하지 아니하였다면 이는 위 금고의 소득에 대한 조세의 부담을 부당히 감소시킨 때에 해당한다(대법원 1991. 5. 28., 90 누 8374).
3) 대법원 2008. 10. 9., 2006 두 19013.

당한 금원을 차입금의 상환에 사용하지 않고 낮은 이자율의 정기예금에 예치하여 그 예금채권을 특수관계 법인들의 대출금에 대한 담보로 제공한 경우1) 등은 무상의 금전지급과 같은 효과가 있으므로 기타의 '이익분여'로서 '부당행위'가 될 수 있다.

4. 대응조정

시가에서 이탈한 거래가액을 시가에 거래한 것으로 치환하여 해당 법인의 소득을 증가시키게 되면, 시가에서 이탈한 그 거래가액을 취득가액으로 하여 제2의 거래를 하고, 그 제2의 거래로부터 발생한 소득에 대하여 세금을 부담한 거래상대방(특수관계인)은 시가와 거래가액간의 차액에 상당하는 허구의 소득에 대하여 세금을 부담하는 결과가 된다. 예를 들면, 甲법인이 5억 원에 취득한 시가 10억 원의 토지를 5억 원에 특수관계에 있는 乙법인에게 양도한 후, 乙 법인이 해당 토지를 15억 원에 제3자에게 재양도하여 자신의 취득가액 5억 원과 양도가액 15억 원 간의 차액 10억 원에 대하여 법인세를 납부한 상태에서 과세관청이 甲의 乙에 대한 양도를 부당행위로 보아 부인하여 甲의 乙에 대한 양도가액 5억 원과 시가 10억 원 간의 차액 5억 원에 대하여 甲에게 법인세를 부과하는 경우를 가정해 보자. 甲, 乙을 통틀어 양도차익은 10억 원밖에 발생하지 않았는데, 갑이 5억 원, 을이 10억 원에 대한 세부담을 짐으로써 존재하지 않는 소득 5억 원에 대한 세부담이 생겨난다. 甲이 乙에게 토지를 시가로 양도하였더라면 얻었을 차익을 乙에게 증여한 것으로 의제하면, 乙의 양도차익 10억 원 중 5억 원은 무상수증익에 갈음하는 것이 되어, 결과적으로 과세관청의 처분이 정당하게 된다고 볼 수도 있다. 그러나 만약 乙이 시가와 거래가액 간의 차액 5억 원을 甲에게 추가의 대가로 지급하는 경우에는 이러한 정당성도 없어진다. 이러한 불합리를 시정하기 위하여 어떤 법인의 거래가격을 시가로 치환하여 부당행위계산 부인을 하는 경우 그 거래상대방이 치환된 시가로 거래를 한 것으로 보아 그 소득과 세부담을 감액하는 과세관청의 행위를 대응조정(matching or correlative adjustment of profits)이라고 한다. 그런데, 내국법인의 거래가격이 시가와 서로 다르다는 이유로 법인세법 제52조에 따라 부당행위계산 부인을 하여 해당 내국법인의 세부담을 증액조정하는 경우 거래상대방(특수관계인)의 세부담

---

1) 대법원 2009. 4. 23., 2006 두 19037; 同 2009. 5. 14., 2006 두 11224.

을 이에 맞추어 감액조정(즉, 대응조정)하는 것은 인정하지 않고 있고, 거래상대
방에게 소득을 지급한 것으로 처분한다(法法 67조).

　　다만, 거주지국을 달리하는 당사자들 사이에서 이루어지는 거래의 가액을
부인하여(이전가격조정)[1] 일방 당사자의 소득을 증액조정하는 경우 상대방 당사
자의 거주지국은 양국 정부 간의 합의를 전제로 이러한 대응조정을 할 의무가
있는 것으로 인식되고 있다.[2] 우리 '국제조세조정에 관한 법률'은 우리나라의
내국법인 또는 거주자(이하 "내국법인 등"이라고만 함)의 국외특수관계인의 거주
지국이 그 국외특수관계인과 내국법인 등 사이의 이전가격을 증액 또는 감액
조정하여 그 국외특수관계인의 소득을 증액 또는 감액하고, 국외특수관계인에
대한 그러한 소득의 증액 또는 감액 조정을 우리 정부가 상호합의절차를 통하
여 받아들이는 경우에는 내국법인 등이 처음부터 정상가격으로 거래한 것으로
보아 국외특수관계인으로부터 정상가격과 실제거래가격 간의 차액에 상당하는
이익을 분여받지 않거나 분여하지 않은 것으로 조정하는 것으로 규정하고 있다
(國租法 12조 1항). 이를 반영하여 법인세법 제53조도 같은 취지로 규정하고 있
다. 예를 들면, 내국법인 등의 국외특수관계인의 거주지국이 그 국외특수관계
인의 내국법인 등에 대한 판매가격이 정상가격보다 낮다고 보아 이를 정상가격
으로 증액하여 그 국외특수관계인의 소득을 그 차액만큼 증액하고, 우리 정부
가 상호합의절차를 거쳐 이를 받아들인 경우에는, 비록 내국법인 등이 국외특
수관계인에게 증액된 거래가격(달리 말하면, 내국법인 등의 감액된 소득금액 상당
액)을 실제로 반환하지 않더라도 그 미반환액을 추가의 소득으로 보지 않는다.
내국법인인 경우에는 미지급액을 이미 과세된 소득(法法 18조 2호)으로 보아 익
금에 산입하지 아니하고, 개인 거주자인 경우에는 소득금액으로 보지 않는다(國
租法 13조 2항). 거주자나 내국법인이 국외특수관계인과 처음부터 정상가격으로
거래한 것으로 과세상 취급하는 것이다. 한편, 이와 반대의 경우, 즉 우리 과세
당국이 내국법인 등이 국외특수관계인과의 거래가격을 정상가격과 달리 정하여
그 차액에 해당하는 소득에 대한 세부담을 회피한 것으로 인정하는 경우에는
해당 내국법인 등의 소득을 증액조정함과 동시에 그 차액을 국외특수관계인에

---

1) 내국세법에서 이러한 과세관청의 행위를 부당행위계산이라고 부르는 데 비해, 국제 거래에
　서 거래가격을 부인하여 세부담을 조정하는 것을 이전가격 조정이라고 부른다(國租法 4조).
2) OECD 모범조약 9조 2항; Klaus Vogel, Double Taxation Convention, Kluwer Law
　International(3rd ed.), vol. 1, pp. 554, 555.

게 지급한 것으로 보아 배당이나 출자의 처분을 하는 것을 원칙으로 하면서도, 내국법인 등이 그 차액을 반환받은 경우에는 그러한 처분을 하지 않는다(國租 法 13조 1항). 동일한 정상가격 이탈 거래를 어느 나라 과세당국이 부인하느냐 에 따라 취급을 달리하는 것은 타당하지 않다고 할 것이다.

제 8 절 과세표준과 세액의 계산

Ⅰ. 과세표준

내국법인의 각 사업연도의 소득에 대한 과세표준은 제3절에서 본 바와 같 이 익금에서 손금을 공제하여 산출한 소득에서 이월결손금, 비과세소득, 소득공 제액을 순차로 공제한 금액으로 한다(法法 13조 1항). 비과세소득과 소득공제액 은 그 발생 사업연도의 과세표준을 계산할 때 공제되지 아니하였으면 다음 사 업연도 후로 이월하여 공제받을 수 없고, 조세특례제한법 제132조에 따른 최저 한세의 적용으로 인하여 공제되지 아니한 소득공제액도 마찬가지이다(동조 2항).

'익금에서 손금을 공제하여 산출한 소득'이라고 표현하고 있지만 실제 계산 절차는 상법 기타 법인의 계산에 관한 법령과 기업회계에 의하여 확정된 결산 을 법인세법의 손익에 관한 규정에 따라 수정하여 법인소득을 산출한다. 이와 같이 법인의 확정결산을 근거로 소득금액을 계산하는 것을 '확정결산의 원칙'이 라 하며 확정결산의 내용을 법인세법의 규정에 따라 수정하는 행위를 세무조정 이라 부른다 함은 앞에서 본 바 있다(제1편 제3장 제5절 Ⅰ. 3.).

1. 이월결손금

이월결손금이란 해당 사업연도 전에 발생한 결손금으로서 전 사업연도의 소득에 의해 보전되지 못하고 해당 사업연도로 이월된 결손금을 말한다(法法 14 조 3항). 각 사업연도의 소득계산에 있어서는 사업연도 독립의 원칙이 적용되므 로, 전 사업연도의 손익은 해당 사업연도의 손익에 반영할 수 없음이 원칙이다. 그러나 이를 관철하면 결손법인이 자본유지도 하지 못한 채 조세를 부담하는 무리가 생기므로 일정기간 내에 발생한 이월결손금에 한해서 해당 과세기간의 과세표준에서 공제할 수 있도록 허용하고 있다.

공제 가능한 결손금은 해당 사업연도 개시일 전 15년 이내에 개시한 사업
연도에서 발생하여 납세의무자의 신고나 수정신고 또는 과세관청의 결정이나
경정에 의하여 확정된[1] 결손금으로서 그 후의 사업연도의 과세표준 계산상 공
제되지 아니한 금액에 한한다(法法 13조 1항 1호). 2개년 이상의 결손금이 누적
된 경우에는 먼저 발생한 사업연도의 결손금부터 순차로 공제한다(法令 10조 2
항). 이와 관련하여 법인이 동업기업의 '배분한도 초과결손금'을 추가로 배분받
아(租特法 100조의18 2항; 租特令 100조의18 2항; 본장 제13절 Ⅳ. 2. (2) 참조) 손금에
산입한 결과 추가로 배분받은 사업연도에 결손금이 발생한 경우, 추가로 배분
받은 결손금과 해당 사업연도의 결손금 중 작은 금액은 '배분한도 초과결손금'
이 발생한 동업기업 사업연도의 종료일이 속하는 해당 법인의 사업연도에 발생
한 것으로 본다(法令 10조 5항). 이러한 결손금의 순차적 반영 원칙에 따라 법인
은 누적된 결손금 중 어떤 사업연도에 공제하지 못한 금액을 다음 사업연도에
공제할 기회를 갖게 된다. 다만, (i) 법인세법 제18조 제8호에 규정된 무상수증
익이나 채무면제익과 상계되어 소멸된 결손금, (ii) 동법 제17조 제2항에 따라
채무의 출자전환으로 발생한 채무면제익과 상계되어 소멸된 결손금 및 (iii) 동
법 제72조 제1항에 따라 직전 사업연도의 소득금액과 상계되어 그 직전 사업연
도의 법인세의 환급의 기초가 된 결손금은 공제된 것으로 본다(法令 10조 3항).
한편, 종전 사업연도의 과세표준을 계산함에 있어서 공제할 수 있었던 이월결
손금을 공제하지 않은 채 과세표준과 세액이 확정되었을 경우 해당 금액이 공
제되었음을 전제로 후속 사업연도의 과세표준을 계산하여야 한다.[2] 이월결손
금 공제의 기회를 놓친 책임을 국가에게 물을 수 없기 때문이다.

이월결손금과 공제할 수 있는 각 사업연도 소득의 범위는, 중소기업과 회
생계획을 이행 중인 기업 등 시행령에서 규정한 법인을 제외하고는, 각 사업연
도 소득의 80%로 제한된다(法法 13조 1항 단서).

법인 간 합병이 있는 경우 합병법인이 피합병법인으로부터 승계한 이월결

---

1) 종래 대법원 판례는 "법인세법상 결손금은 반드시 법인의 과세표준 확정신고나 정부의
조사·결정에 의한 과세표준 확정시에 결손금으로 조사된 금액만이 아니라 어느 사업연도
의 손금 총액이 익금 총액을 초과하는 경우 그 금액은 당연히 결손금에 해당한다"라는 입장
을 취하였는바(대법원 2004. 6. 11., 2003 두 13212; 同 2002. 11. 26., 2001 두 2652), 2010년
법인세법의 개정으로 납세의무의 확정절차에서 밝혀진 결손금만 이월결손금이 되는 것으로
하였다.
2) 대법원 2013. 2. 28., 2012 두 24009.

손금을 공제하는 데 제한이 있고(法法 45조 2항, 5항), 합병법인 자체의 이월결손금을 공제하는 데도 제한이 있다(法法 45조 1항). 마찬가지로 법인의 분할이 있는 경우에도 분할신설법인 등이 분할법인으로부터 승계한 이월결손금의 공제에 제한이 있고(法法 46조의4 2항, 5항), 분할합병의 상대방법인의 결손금을 공제하는 데 제한이 있다(法法 46조의4 1항, 제46조의5 3항).[1] 또한 내국법인이 다른 내국법인의 사업을 양수한 경우에도 (i) 양수자산이 사업양수일 현재 양도법인의 총자산가액의 100분의 70, 그리고 순자산가액의 100분의 90 이상이며, (ii) 사업양수도 계약일 현재 양도·양수인이 특수관계에 있는 경우에는 사업양수인의 양수일 현재의 이월결손금은 양수한 사업부문에서 발생한 소득금액의 범위 내에서는 공제하지 아니한다(法法 50조의2; 法令 86조의2 1항). 이처럼 합병, 분할, 사업양수도 등의 경우에 이월결손금의 공제를 제한하는 이유는 기존의 이월결손금을 공제할 목적으로 이들 형태의 기업구조재편을 남용하는 것을 막기 위한 것이다.

2. 비과세소득

법인세법에서 정하는 비과세소득은 공익신탁의 신탁재산에서 생기는 소득이 있고(法法 51조), 조세특례제한법에서도 일부 소득을 비과세하는 규정을 두고 있다(租特法 13조, 21조의2[2]).

3. 소득공제

법인세법상 인정되는 소득공제로는 자산유동화전문회사, 각종 투자회사 등과 같은 특수목적법인이 배당가능이익의 90% 이상을 배당한 경우 그 지급배당금액을 잉여금 처분 대상 사업연도의 소득에서 공제하는 것이 있다(法法 51조의2 1항). 이들 회사들이 기존에 배당하지 않고 남겨둔 잉여금까지 배당함으로써 배당금액이 해당 사업연도의 소득금액을 초과하는 경우에는 그 초과금액은 다음 사업연도 개시일부터 5년 이내에 끝나는 각 사업연도로 이월하여 그 소득금액에서 공제하되, 이월된 사업연도에 배당가능이익의 100분의 90 이상을 배당

---

[1] 합병의 경우의 이월결손금 공제의 제한에 관해서는 본장 제13절 Ⅴ. 6.(2), 7.을, 그리고 분할의 경우의 이월결손금 공제의 제한에 관해서는 본장 제13절 Ⅵ. 5.(2), 6을 각 참조.
[2] 중소기업창업투자회사, 벤처기업출자유한회사 신기술사업금융업자가 일정한 유형의 주식이나 출자지분을 양도하고 얻은 양도차익에 대하여 법인세를 비과세하는 규정이다.

하는 것을 조건으로 한다(동조 4항). 이때 선입선출법을 적용하여 이월된 초과
배당금액은 해당 사업연도의 배당금액보다 먼저 공제하고, 이월된 초과배당금
액이 둘 이상인 경우에는 먼저 발생한 초과배당금액부터 공제한다(동조 5항).

　　이러한 지급배당금의 소득공제는 주주법인과 그 출자대상 법인 간의 경제
적 이중과세를 제거하는 장치 중의 하나임은 앞에서 설명한 바 있다(제2장 제1
절 II. 3. 참조). 그런데, 배당을 받은 주주 등에 대하여 법인세법 또는 조세특례
제한법에 의하여 배당에 대한 소득세 또는 법인세가 비과세되는 경우에는 이중
과세의 문제가 발생하지 않으므로 그 적용이 배제된다(法法 51조의2 2항 1호).
다만, 배당을 받은 주주 등이 조세특례제한법상의 동업기업이고, 그 동업자들
이 배분받은 배당으로 분류되는 소득 전부에 대해 소득세 또는 법인세가 과세
되는 경우는 여전히 이중과세의 문제가 존재하므로 지급배당금의 소득공제가
허용된다(동호 단서). 나아가 배당을 지급하는 내국법인이 주주 등의 수 등을 고
려하여 대통령령으로 정하는 기준에 해당하는 법인인 경우에도 지급배당금의
소득공제의 적용이 배제되는바(法法 51조의2 2항 2호), 배당지급법인이 소규모
법인인 경우에는 배당세액공제(개인 주주의 경우)나 수입배당금의 익금불산입(법
인 주주의 경우)을 통해 이중과세를 해결하는 것이 용이하기 때문이다.

　　자산유동화는 채권·부동산 등의 자산을 보유한 자(자산보유자, originator)가
해당 자산(유동화자산)을 유동화전문회사(special purpose vehicle: SPV)에 매각하
고, 유동화전문회사는 양도받은 자산을 기초로 유동화증권1)을 발행하는 한편,
유동화자산의 관리·운용 혹은 처분으로부터 나오는 수익으로 유동화증권의 투
자자에게 원리금 혹은 배당금을 상환하는 것을 기본구조로 하고 있다. 이때 유
동화전문회사는 자산보유자가 자산유동화를 위하여 이용하는 도관(導管, conduit)
에 불과하므로 유동화전문회사의 출자자에 대한 이익배당에 대해 일반 법인과
동일하게 법인단계에서 법인세를 과세하고, 출자자단계에서 배당소득에 대해
과세한다면 자산유동화비용만을 증가시키는 결과가 된다. 이리하여 자산유동화
전문회사가 배당가능이익의 90% 이상을 배당한 경우 그 배당한 금액을 해당
사업연도의 소득금액에서 공제하는 것을 허용(지급배당의 손금산입방식)함으로써
이런 결과를 완화하는 것이다. 여기서 '배당가능이익'이라고 함은 기업회계기준

---

1) 유동화자산을 기초로 자산유동화계획에 따라 발행하는 출자증권·사채·수익증권 기타 증
　권 또는 증서를 말한다(자산유동화에관한법률 2조 4호).

에 의해 계산한 법인세비용 차감 후의 당기순이익에 이월이익잉여금을 더하거나 이월결손금을 공제하고, 상법 제458조의 규정에 의하여 적립한 이익준비금을 뺀 금액을 말한다. 이 경우 당기순이익, 이월이익잉여금 및 이월결손금의 계산에 있어 자본시장법상의 투자회사 등의 경우를 제외하고는 유가증권평가손익은 제외한다(法令 86조의3 1항 2호). 그리고 배당가능이익을 계산함에 있어서 '자본준비금을 감액하여 받는 배당'은 이에 포함하지 않는다(法令 86조의3 1항 1호).

투자자로부터 출자받은 자산을 유가증권, 부동산, 선박 등의 특수한 유형의 다른 자산에 투자하여 그 수익을 주주에게 배분하는 것을 목적으로 설립된 각종 투자회사와 재무상태가 악화되었으나 회생가능성이 있는 기업의 경영을 정상화하고 이들 기업에 대한 금융기관의 채권을 효율적으로 정리하기 위한 기업구조조정투자회사 등의 소득에 대해서도 동일한 이유로 배당소득 공제가 인정된다.

4. 기능통화 도입기업의 과세표준 계산 특례

기업회계기준에 따라 원화 외의 통화를 기능통화로 채택하여 재무제표를 작성하는 내국법인은 (i) 원화 외의 기능통화를 채택하지 아니하였을 경우에 작성하여야 할 재무제표를 기준으로 과세표준을 계산하는 방법(이하 "원화표시 재무제표 기준법"이라고 함), (ii) 기능통화로 표시된 재무제표를 기준으로 과세표준을 계산한 후 이를 원화로 환산하는 방법(이하 "기능통화 표시 재무제표 기준법"이라고 함), (iii) 재무상태표 항목은 사업연도 종료일 현재의 환율을,[1] 포괄손익계산서(포괄손익계산서가 없는 경우에는 손익계산서) 항목은 해당 거래일 현재의 환율[2]을 각 적용하여 원화로 환산한 재무제표를 기준으로 과세표준을 계산하는 방법(이하 "원화 환산액 표시 재무제표 기준법"이라고 함) 중 관할세무서장에게 신고한 하나의 방법에 따라 과세표준을 계산할 수 있다. 다만, 위 기능통화 표시 재무제표 기준법 또는 원화 환산액 표시 재무제표 기준법을 최초로 적용하는 사업연도의 이전 사업연도의 과세표준을 계산할 때에는 위 (i)의 원화표시 재무제표 기준법을 적용하여야 하며, 같은 연결집단에 속하는 연결법인은 같은 과

---

[1] 매매기준율 등을 말한다(法令 91조의3 5항).
[2] 역시 매매기준율 등을 말한다. 다만, 감가상각비, 퇴직급여충당금 등 시행령에서 정하는 항목의 경우에는 기획재정부령으로 정하는 해당 사업연도 평균환율을 말한다(法令 91조의3 5항, 6항).

세표준 계산방법을 적용하여야 한다(法法 53조의2 1항; 法令 91조의2 1항).

기능통화 표시 재무제표 기준법 또는 원화 환산액 표시 재무제표 기준법을 신고하여 적용하는 법인은 기능통화의 변경, 과세표준 계산방법이 서로 다른 법인 간의 합병, 과세표준 계산방법을 달리하는 다른 사업자의 사업인수, 연결납세방식을 최초로 적용받는 내국법인이 자신의 과세표준 계산방법을 해당 연결집단의 과세표준 계산방법으로 변경하는 경우 등의 사유가 발생한 경우 외에는 과세표준 계산방법을 변경할 수 없다(法法 53조의2 2항; 法令 91조의2 2항). 이러한 사유로 인해 과세표준 계산방법을 변경하기 위해서는 관할세무서장에게 신청하여 승인을 받아야 한다(法令 91조의2 3항, 4항).

기능통화 표시 재무제표 기준법 또는 원화 환산액 표시 재무제표 기준법을 적용하는 법인이 기능통화를 변경하는 경우에는 그 변경에 따른 환차익에 대한 과세문제가 있다. 구체적으로 보면, 기능통화를 변경하는 사업연도의 소득금액을 계산함에 있어 (i) 변경 후의 기능통화로 표시된 해당 사업연도 개시일 현재의 개별 자산·부채의 장부가액에서 (ii) 변경 전의 기능통화로 표시된 직전 사업연도 종료일 현재의 해당 자산·부채의 장부가액에 그 취득일 또는 발생일의 환율[1]을 적용하여 변경 후의 기능통화로 표시한 금액을 뺀 금액이 정수(＋)인 경우에는 이를 익금에 산입하되, 같은 금액을 국고보조금의 손금산입에 따른 일시상각충당금 또는 압축기장충당금의 계상에 관한 법인세법 시행령 제64조 제3항을 준용하여 일시상각충당금 또는 압축기장충당금으로 계상함과 동시에 손금에 산입한다. 이렇게 손금에 산입한 금액은 손금에 산입한 국고보조금을 일시상각충당금 또는 압축기장충당금의 형태로 익금으로 환수하는 데 관한 법인세법 시행령 제64조 제4항과 제5항을 준용하여 다시 익금으로 환수한다(法法 53조의2 3항; 法令 91조의3 8항). 기능통화의 변경에 따라 발생하는 환차익을 익금에 산입함과 동시에 손금으로도 산입함으로써 기능통화의 변경 당시에는 이에 대해 과세를 하지 않지만, 일시상각충당금이나 압축기장충당금의 익금환수 방식에 따라 후일 이에 대해 과세를 함으로써 과세이연의 효과가 생기는 것이다. 이러한 환차익의 처리는 최초로 기능통화 표시 재무제표 기준법이나 원화 환산액 표시 재무제표 기준법을 사용하는 법인에 대해서도 준용하고, 이 경우 변경 전 기능통화는 원화로 본다(法法 53조의2 4항).

---

1) 매매기준율 등을 말한다(法令 91조의3 5항).

위의 각 과세표준 계산방법의 적용과 관련하여 몇 가지 지켜야 할 세부 원칙이 있다.

첫째, 원화표시 재무제표 기준법을 적용하는 법인의 손금 항목은 이를 회계장부에 손금으로 계상한 경우에 한하여 원화표시 재무제표상의 금액을 기준으로 인정받을 수 있다(法令 91조의3 1항).

둘째, 기능통화 표시 재무제표 기준법을 적용하는 법인은 법인세법령상의 익금 및 손금, 결손금, 비과세소득, 소득공제액을 기능통화로 표시하여 과세표준을 계산한 후 이를 원화로 환산하여야 한다(동조 2항). 그 환산시 적용하여야 하는 환율은 매매기준율 등과 기획재정부령으로 정하는 해당 사업연도 평균환율 중 관할세무서장에게 신고한 환율이다. 그 외에 (i) 법인세법 제25조에 따른 업무추진비 한도 금액을 기능통화로 환산하는 경우와 (ii) 세액공제액을 기능통화로 계산한 후 원화로 환산하는 경우에도 같은 환율을 적용하여야 한다(法令 91조의3 3항, 5항).

셋째, 기능통화 표시 재무제표 기준법 또는 원화 환산액 표시 재무제표 기준법을 적용하는 법인이 기능통화 외의 통화로 표시된 자산을 보유하거나 부채를 부담하는 경우에만 '외화' 자산 및 부채(法令 73조 3호, 5호 및 76조 1항, 2항)로 인정된다(法令 91조의3 4항).

넷째, 원화 환산액 표시 재무제표 기준법을 적용하는 법인이 감가상각비, 퇴직보험료(법인세법 시행령 제44조의2 제4항에 따른 확정기여형 퇴직연금 등의 부담금), 퇴직급여충당금, 대손충당금, 구상채권상각충당금, 기타 기획재정부령으로 정하는 항목을 손금으로 계상하는 경우에는 그 손금계상액과 손금산입 한도액을 기능통화로 표시하여 손금산입액을 결정하여야 한다(法令 91조의3 7항).

5. 해외사업장의 과세표준 계산 특례

내국법인의 해외사업장은 대부분의 영업거래를 그 소재지국의 통화나 그 밖의 다른 외화로 하는 경우가 많기 때문에 그 발생 소득에 대한 과세표준을 계산할 때 외화를 기능통화로 채택하여 재무제표를 작성하는 내국법인과 유사한 특례를 적용할 필요가 있다. 이에 법인세법은 내국법인의 해외사업장은 (i) 해외사업장 재무제표를 원화 외의 기능통화를 채택하지 아니하였을 경우에 작성하여야 할 재무제표로 재작성하여 본점의 재무제표와 합산한 후 그 합산한 재무제표를 기준으로 과세표준을 계산하는 방법(이하 "원화표시 재무제표 기준법"
이라고 함), (ii) 기능통화로 표시된 해외사업장의 재무제표를 기준으로 과세표준
을 계산한 후 이를 원화로 환산하여 본점의 과세표준과 합산하는 방법(이하 "기
능통화 표시 재무제표 기준법"이라고 함), (iii) 해외사업장의 재무제표상의 재무상
태표 항목은 사업연도종료일 현재의 매매기준율 등1)을 적용하여 원화로 환산
하고, 포괄손익계산서 항목 중 감가상각비, 퇴직급여충당금 등 일정한 항목은
평균환율을, 그 외의 항목은 매매기준율 등과 평균환율 중 신고한 환율을 각
적용하여 원화로 환산한 뒤 그 환산금액을 본점 재무제표에 합산하여 그 합산
한 재무제표를 기준으로 과세표준을 계산하는 방법(이하 "원화 환산액 표시 재무
제표 기준법"이라고 함)의 3가지 중 관할세무서장에게 신고한 방법을 적용하도록
하고 있다(法法 53조의3 1항; 法令 91조의4 2항, 91조의5 7항). 다만, 위 기능통화
표시 재무제표 기준법 또는 원화 환산액 표시 재무제표 기준법을 최초로 적용
하는 사업연도의 이전 사업연도의 과세표준을 계산할 때에는 위 (i)의 원화표시
재무제표 기준법을 적용하여야 한다(法法 53조의3 1항 단서).

위 기능통화 표시 재무제표 기준법 또는 원화 환산액 표시 재무제표 기준
법을 적용하는 법인은 과세표준 계산방법을 서로 달리하는 법인과 합병(분할합
병 포함)하거나 과세표준 계산방법이 다른 사업자의 사업을 인수하는 경우 외에
는 과세표준 계산방법을 변경할 수 없다(法法 53조의3 2항; 法令 91조의4 1항). 이
러한 사유로 인해 과세표준 계산방법을 변경하기 위해서 관할세무서장에게 신
청하여 승인을 받아야 함은 기능통화 도입기업의 과세표준 계산의 특례의 경우
에서와 같다(法令 91조의4 2항).

내국법인의 해외사업장이 위의 각 과세표준 계산방법을 적용함과 관련하
여서도 위에서 본 기능통화 도입기업의 과세표준 계산방법의 특례에서 본 바와
유사한 세부 원칙이 적용된다.

첫째, 원화표시 재무제표 기준법을 적용하는 법인의 손금 항목은 이를 회
계장부에 손금으로 계상한 경우에 한하여 원화표시 재무제표상의 금액을 기준
으로 인정받을 수 있다(法令 91조의5 1항).

둘째, 기능통화 표시 재무제표 기준법을 적용하는 법인은 해당 해외사업장
의 익금 및 손금을 기능통화로 표시하여 그 해외사업장의 과세표준을 계산한

---

1) 매매기준율 등을 말한다.

후 이를 원화로 환산하고, 그 원화로 환산된 과세표준액을 본점의 과세표준에 합산한다(동조 2항).

셋째, 본점이 기능통화 표시 재무제표 기준법을 적용하는 경우에는 해외사업장에서 지출한 기부금, 업무추진비, 고유목적사업준비금 등 손금산입한도가 있는 손금 항목은 해외사업장의 과세표준을 계산할 때 손금에 산입하지 아니하고(法令 91조의5 4항), 그 손금에 산입하지 아니한 금액은 사업연도 종료일 현재의 매매기준율 등과 평균환율 중 관할세무서장에게 신고한 환율을 적용하여 원화로 환산한 후 그 환산금액을 본점의 해당 항목과 합산한다. 그 합산금액은 본점의 소득금액을 계산할 때 해당 법인 전체의 손금산입한도 내에서 손금에 산입한다. 해당 법인의 손금산입한도를 계산할 때 고려할 해외사업장의 재무제표상의 금액은 매매기준율 등과 평균환율 중 관할세무서장에게 신고한 환율을 적용하여 원화로 환산한 금액으로 한다(法令 91조의5 5항, 3항).

넷째, 기능통화 표시 재무제표 기준법 또는 원화 환산액 표시 재무제표 기준법을 적용하는 해외사업장이 그 기능통화 외의 통화로 표시한 자산을 보유하거나 부채를 부담하는 경우에만 '외화' 자산 및 부채(法令 73조 3호, 5호 및 76조 1항, 2항)로 인정된다(法令 91조의5 6항).

Ⅱ. 세   율

일반 법인의 법인세율은 비영리법인과 영리법인 구별 없이 4단계 초과 누진세율을 적용하고 있다. 과세표준 2억 원까지는 9%의 세율을, 2억 원 초과 200억 원 이하의 분에 대해서는 19%의 세율을, 200억 원 초과 3천억 원 이하분에 대해서는 21%의 세율을, 3천억 원 초과분에 대해서는 24%의 세율을 각 적용한다(法法 55조 1항).

한편 (i) 신용협동조합법에 의하여 설립된 신용협동조합 및 새마을금고법에 의하여 설립된 새마을금고, (ii) 농업협동조합법에 의하여 설립된 조합 및 조합공동사업법인, (iii) 수산업협동조합법에 의하여 설립된 조합(어촌계 포함) 및 조합공동사업법인 등과 같이 특별법에 의하여 설립된 것으로서 조합이라는 명칭을 가진 법인의 경우에는 2022. 12. 31. 이전에 종료하는 사업연도까지 결산재무제표상 당기순이익(법인세 등을 공제하지 아니한 당기순이익을 말함)에 법인세법 제24조의 규정에 의한 기부금(해당 법인의 수익사업과 관련된 것에 한함)의 손금불산입액과 동법 제25조의 규정에 의한 업무추진비(해당 법인의 수익사업과 관련된 것에 한함)의 손금불산입액 등 일정한 손금의 계산에 관한 규정을 적용하여 산출한 금액에 100분의 9의 세율을 적용하여 과세한다(租特法 72조 1항). 당기순이익을 과세표준으로 한다고 하여 이를 '당기순이익과세'라고 한다(동조 동항).

Ⅲ. 토지 등의 양도차익에 대한 특별 법인세

1. 개   요

법인이 해당 사업연도에 (i) 시행령에서 정한 주택 및 주거용 건축물로서 상시 주거용이 아닌 휴양·피서·위락 등의 별장 용도로 사용하는 건축물(일정 규모 이하의 농어촌 주택은 제외)을 양도함으로써 발생한 양도소득에 대해서는 10%(미등기토지 등의 양도소득에 대해서는 40%)의 세율에 의한 세액을, (ii) 비사업용 토지를 양도함으로써 발생한 양도소득에 대해서도 10%(미등기토지 등의 양도소득에 대해서는 40%)의 세율에 의한 세액을 위에서 본 정규의 법인세액에 추가하여 납부하여야 한다(法法 55조의2 1항, 2항). 종전의 특별부가세를 폐지하면서 기업의 부동산투기를 억제하기 위해 특별한 유형의 부동산 양도차익에 대해서만 특별세를 부과하는 것이다(이하 "양도차익 특별세"라고 한다).

위 규정에서 말하는 '미등기'한 주택이나 토지라 함은 법인이 해당 주택이나 토지의 취득에 따른 소유권이전등기를 경료하지 아니한 채 양도하는 토지 등을 말한다(法法 55조의2 5항). 다만, 장기할부조건으로 취득한 토지 등으로서 (i) 그 계약조건에 의하여 양도 당시 그 토지 등의 취득등기가 불가능한 토지 등, (ii) 법률의 규정 또는 법원의 결정에 의하여 양도당시 취득에 관한 등기가 불가능한 토지 등은 그 취득에 따른 소유권이전등기를 하지 않은 채 양도하더라도 미등기토지 등으로 보지 않는다(法法 52조의2 5항 단서; 法令 92조의2 5항).

2. 과세 제외

특별한 유형의 토지 등의 양도소득은 양도차익 특별세의 부과대상에서 제외된다. 즉, (i) 파산선고에 의한 토지 등의 처분으로 인하여 발생하는 소득, (ii) 법인이 직접 경작하던 농지로서 소득세법 시행령 제153조 제1항에서 양도소득세 비과세 대상으로 규정된 농지의 교환 또는 분할·통합으로 인하여 발생하는 소득, (iii) '도시 및 주거환경 정비법' 그 밖의 법률의 규정에 의한 환지처분으로 발생하는 소득, (iv) 양도소득세 과세대상에서 제외되는 토지의 교환(所令 152조 3항)에서 발생하는 소득, (v) 양도차익의 과세이연 요건을 갖춘 법인의 적격분할(法法 46조 2항), 적격합병(法法 44조 2항), 적격 물적분할(法法 47조 1항) 또는 적격 현물출자(法法 47조의2 1항)로 발생하는 소득, 법인의 조직변경에서 발생하는 소득,1) 법인세법 제50조에 규정된 과세이연의 요건을 갖춘 사업용 고정자산의 교환에서 발생하는 소득, (vi) 한국토지공사법에 의한 한국토지공사가 동법에 의한 토지개발사업으로 조성한 토지를 주택건설용지로 양도함으로써 발생하는 소득, (vii) 주택신축판매업을 경영하는 법인이 주택2) 및 일정한 면적 범위 이내의 부속토지를 양도함으로써 발생하는 소득, (viii) '민간임대주택에 관한 특별법'에 따른 기업형임대사업자에게 토지를 양도함으로써 발생하는 소득, (ix) 공공주택특별법에 따른 공공매입임대주택을 건설할 자에게 주택 건설을 위한 토지를 양도하여 발생하는 소득, (x) 그 밖에 공공목적을 위한 양도 등 기획재정부령이 정하는 사유로 인하여 발생하는 소득 등은 양도차익 특별세의 부과대상이 아니다. 그러나 미등기토지 등의 양도소득에 대하여는 이러한 예외를 적용하지 않는다(法法 55조의2 4항; 法令 92조의2 4항). 이러한 양도소득은 모두 해당 법인이 본래의 목적사업을 경영하는 과정에서 발생하는 것이기 때문에 양도차익 특별세의 과세대상에서 제외시키는 것이다.

3. 비사업용토지의 범위

양도차익 특별세 부과대상인 '비사업용토지'라 함은 토지의 전체 소유기간 중 일정한 기간 동안 농지, 임야, 목장용지, 일정 범위 이상의 주택부속 토지, 별장 및 그 부속부지, 기타 업무무관 용도로 사용한 것을 말한다. 그 구체적 내용은 이들 용도별로 법령에서 규정하고 있다(法法 55조의2 2항; 法令 92조의5 내지 92조의10). 용도의 판정은 특별한 규정이 있는 경우를 제외하고는 사실상의

---

1) 법인의 단순한 조직변경으로 인하여 법인에게 발생하는 청산소득은 없으므로 이 규정은 주의적인 것에 불과하다(法法 78조).

2) 공부상 용도를 업무시설 등으로 하여 신축된 오피스텔은 사후에 주거용으로 사용된다고 하더라도 주택신축판매업에서 말하는 주택에 해당하지 않는다(대법원 2010. 7. 22., 2008 두 21768).

현황에 의하고, 사실상의 현황이 분명하지 않은 경우에는 공부상의 현황에 의한다(法令 92조의4). 용도는 과세요건의 하나이므로 그 입증책임은 과세관청에게 있다고 할 것이다. 토지를 취득한 후 법령에 따라 사용이 금지되거나 그 밖에 부득이한 사유가 있어 비사업용 토지에 해당하게 된 경우에는 그러한 제한이 존재하는 기간 동안 비사업용 토지로 보지 아니할 수 있다(法法 55조의2 3항). 그러한 부득이한 사유의 구체적 유형과 비사업용 토지로 보지 않는 기간은 시행령에서 상세히 규정하고 있다(法令 92조의11).

4. 양도소득 금액의 계산

토지 등의 양도소득은 그 양도금액에서 양도 당시의 장부가액을 뺀 금액으로 계산한다(法法 55조의2 6항). 다만, 비영리 내국법인이 1990년 12월 31일 이전에 취득한 토지 등의 양도소득은 양도금액에서 장부가액과 1991년 1월 1일 현재 상속세 및 증여세법에 따라 평가한 가액 중 큰 가액을 뺀 금액으로 할 수 있다(동항 단서). 각 사업연도에 양도차익 특별세 부과대상인 토지 등을 여러 개 양도하는 경우에는 양도한 자산별로 양도소득을 계산한 뒤 이를 합산한 금액을 과세대상 소득으로 하되, 어떤 토지 등의 양도로 발생한 차손이 있으면 그 금액을 (i) 양도차손이 발생한 자산과 같은 세율로 과세되는 자산의 양도소득과 (ii) 양도차손이 발생한 자산과 다른 세율로 과세되는 자산의 양도소득 금액에서 순차적으로 공제한다(法令 92조의2 9항).

토지 등 양도소득의 귀속사업연도, 양도시기 및 취득시기는 자산의 판매손익 등의 귀속사업연도에 관한 법인세법 시행령 제68조의 규정을 준용하여 결정한다. 다만, 예약매출에 의하여 양도한 토지 등은 그 계약일에 양도된 것으로 본다(法令 92조의2 7항). 지가급등지역에 포함된 토지 등을 예약매출하여 그 계약일에 양도한 것으로 간주되는 경우 양도소득은 법인세법 시행령 제69조 제2항의 규정에 의한 작업진행률을 기준으로 하여 계산한 수익과 비용 중 지가급등지역에 포함되는 기간에 상응하는 부분을 해당 사업연도의 익금과 손금으로 하여 계산한다(法令 92조의2 8항).

Ⅳ. 면제소득

조세특례제한법에서 특정 소득에 대한 세액을 감면하거나 면제한다는 규정을 많이 두고 있다. 예를 들면, 해외자원개발사업 투자로부터 발생하는 배당소득에 대한 법인세 면제(租特法 22조), 법인의 공장 및 본사를 수도권 밖으로 이전하는 경우 법인세 등 감면(租特法 63조의2), 농공단지입주기업에 대한 법인세 감면(租特法 64조), 영농조합법인·영어조합법인·농업회사법인에 대한 법인세 면제(租特法 66조, 67조, 68조) 등이 그것이다. 이를 합하여 강학상 '면제소득' (tax-exempt income)이라고 부른다. 면제소득은 과세되지 않는다는 점에서 비과세소득과 같으나, 비과세소득은 처음부터 과세대상이 되지 아니하므로 과세표준의 계산에서부터 제외되지만, 면제소득은 이를 일단 과세표준에 산입하고, 그에 대하여 세율을 적용하여 세액을 산출한 뒤, 그 세액에 전체 과세표준에서 면제소득이 차지하는 비율을 곱하여 얻은 금액을 세액에서 공제한다(法法 59조 2항). 이를 산식으로 표시하면 다음과 같다.

감면세액 = 산출세액 × 면제소득 / 과세표준

따라서 같은 금액의 소득이 비과세소득이냐 면제소득이냐에 따라 경감되는 세액이 달라질 수 있다. 또한 비과세소득은 처음부터 과세대상이 되지 아니하므로 신청이 필요 없으나, 면제소득은 원칙적으로 면제신청이 있을 때에 한해 면제된다.

각 사업연도의 과세표준에 포함되지 않은 비과세소득, 소득공제액 또는 이월결손금(이하 "공제액 등"이라고 함)이 있는 경우에는, 면제소득을 계산함에 있어서 (i) 그 공제액 등이 감면사업 또는 면제사업에서 발생한 경우에는 공제액 전액을, (ii) 그 공제액 등이 감면사업 또는 면제사업에서 발생한 것인지 여부가 불분명한 경우에는 과세사업과 감면사업 또는 면제사업 간의 소득금액에 비례하여 안분계산한 금액을 면제소득에서도 공제한다(法令 96조). 법인이 얻은 전체 소득 중 비과세, 소득공제 또는 이월결손금과의 상계 등의 사유로 과세표준에서 제외된 부분을 다시 면제소득에 포함시키면 2중으로 혜택을 주게 되므로, 이를 방지하기 위하여 이들 공제액 등에 상응하는 부분을 면제소득에서도 동시에 공제하는 것이다.

V. 세액공제

1. 외국납부세액공제

(1) 의   의

내국법인이 국외원천소득을 얻은 경우에는 소득원천지국에서 법인세를 납부하게 되므로 우리나라가 다시 해당 국외원천소득을 모두 합산하여 과세한다면 국외원천소득에 대하여 이중으로 과세하는 결과가 된다. 따라서 외국정부에 납부하였거나 납부할 법인세액을 우리나라의 법인세 과세대상에서 제외함으로써 이중과세를 조정하는데, 이를 외국납부세액공제라 한다(法法 57조). 내국법인 자신이 얻은 국외원천소득에 대하여 외국정부에 납부한 세액을 공제해 줄 뿐만 아니라, 내국법인의 외국자회사가 외국에서 얻은 소득에 대하여 해당 외국정부에 납부한 세액도 공제의 대상으로 하고 있는바, 전자를 직접 외국납부세액공제, 후자를 간접 외국납부세액공제라고 한다. 이하에서는 그 구체적 내용과 관련된 제도를 살펴보기로 한다.

(2) 직접 외국납부세액 공제

내국법인이 국외원천소득에 대하여 외국정부에 직접 납부하였거나 납부할 세액(외국납부세액)이 있는 경우 우리나라 법인세 산출세액에 전체 과세표준에서 국외원천소득금액이 차지하는 비율을 곱하여 나오는 금액을 한도로 외국납부세액을 주소지 관할국가로서의 우리 정부에 납부할 세액에서 공제하는 방법으로 이중과세를 면할 수 있다(法法 57조 1항). 외국세액납부의 대상이 된 국외원천소득이 과세표준에 산입된 사업연도를 대상으로 한다(法令 94조 3항 전단). 여기서 내국법인의 국외원천소득 금액은 내국법인의 각 사업연도 소득금액의 계산에 관한 규정을 준용하여 산출한다(法令 94조 2항 전문).[1] 그리고 조세특례제한법이나 기타 법률에 의해 세액감면이나 면제를 받는 국외원천소득이 있으면 그 금액에 감면이나 면제의 비율을 곱한 금액은 국외원천소득금액에서 제외한다(法法 57조 1항 산식의 분자 중 괄호). 감면 내지 면제의 혜택과 외국납부세액공제를 이중으로 허용하지 않겠다는 취지이다. 내국법인의 국외원천소득에 대

---

1) 국외원천소득은 익금 총액에서 손금 총액을 공제하는 방법으로 계산한다고 한 판례(대법원 2011. 2. 24., 2007 두 21587)의 정신을 기초로 명문의 규정을 신설하였다.

응되는 개념인 외국법인의 국내원천소득을 그 국내사업장에 귀속하는 익금총액에서 손금총액을 공제하여 계산하는 것(法法 92조 1항)과도 맥락을 같이한다. 한편, 공제한도금액 산출의 요소가 되는 국외원천소득을 계산함과 관련하여 해당 외국정부가 과세소득을 계산함에 있어서 손금으로 인정해 주지 않은 국내지출비용으로서 해당 국외원천소득의 발생에 대응되는 금액(국외원천소득 대응비용)은 국외원천소득의 가액에서 공제한다. 이에는 (i) 해당 국외원천소득의 발생에 직접적으로 관련된 비용(배분 비용)과 (ii) 해당 국외원천소득과 그 밖의 소득에 공통적으로 관련된 비용 중 일정한 방법에 따라 계산한 국외원천소득 관련 비용(간접 비용)의 2가지가 있을 수 있다(法令 94조 2항). 이러한 산정방식은 수익이 발생한 외국에서 과세소득을 계산함에 있어서는 이들 비용을 공제해 주지 않기 때문에 그에 상응하여 외국납부세액이 발생했음에도 불구하고, 우리나라에서 외국납부세액공제의 대상이 되는 국외원천소득금액을 계산함에 있어서는 이를 공제해 주지 않음으로써 공제되는 외국납부세액이 줄어드는 불균형의 문제를 발생시킨다.

공제의 대상이 되는 외국법인세액은 외국의 정부(지방자치단체 포함)에 납부하였거나 납부할 것으로서, (i) 초과이윤세 및 기타 법인의 소득 등을 과세표준으로 하여 과세된 세액, (ii) 법인의 소득 등을 과세표준으로 하여 과세된 세금의 부가세액(附加稅額), (iii) 법인의 소득 등을 과세표준으로 하여 과세된 세금과 동일한 세목에 해당하는 것으로서 소득 이외의 수입금액 또는 기타 이에 준하는 것을 과세표준으로 하여 과세된 세액을 말한다(法令 94조 1항). 그러나 이들 세금의 가산세는 공제대상 외국법인세액에 포함하지 않는다(동항 본문 괄호). 이와 관련하여 다음과 같은 어려운 문제가 있다. 내국법인의 국외특수관계인의 거주지국이 국외특수관계인의 내국법인 등에 대한 판매가격이 정상가격보다 낮다고 보아 이를 정상가격으로 증액하거나 또는 반대로 매입가격이 정상가격보다 높다고 보아 이를 정상가격으로 감액하여 그 국외특수관계인의 소득을 차액만큼 증액하고, 우리 정부가 상호합의절차를 거쳐 이를 받아들이는 경우(즉, 내국법인의 소득이 그 차액만큼 발생하지 않았음을 인정하는 경우)에는 우리 정부는 당초의 거래가격에 기초하여 신고된 내국법인의 소득을 감액조정할 수 있는바(國租法 10조 1항),[1] 이 경우 내국법인은 발생하지 않은 것으로 인정되어 감액된

---

1) 이른바 국제거래에 있어서의 대응조정에 관한 규정이다(앞의 제7절 Ⅲ. 4. 참조).

소득 상당액을 국외특수관계인에게 반환함이 적정하다. 그럼에도 불구하고 내
국법인이 국외특수관계인에게 이를 반환하지 아니하고 유보한 경우 국외특수관
계인의 거주지국은 해당 미반환금액을 수증익 등으로 보아 과세할 수 있는바,
그 과세금액은 외국납부세액 공제대상으로서의 외국 납부세액에서 제외된다(法
令 94조 1항 단서). 양국 정부가 내국법인이 얻지 않은 소득으로 합의한 것이므
로 이에 대하여 외국정부에 납부한 세액은 외국납부세액으로 볼 수 없기 때문
이다. 한편, 외국납부세액이 조세조약의 비과세·면제·제한세율에 관한 규정에
따라 계산한 세액을 초과하는 경우 그 초과금액도 외국납부세액 공제 대상에서
제외된다(法令 94조 1항 단서). 조세조약에 따라 상대방체약국에 납부할 세액이
조세조약이 없었더라면 납부하였어야 할 세액에 비해 감축된 경우 그 감축의
합의는 상호 존중되어야 하므로 그 감축하기로 합의된 금액을 공제대상에서 제
외함은 당연하다고 할 것이다.

　외국법인이 얻은 소득에 대하여 해당 외국법인이 아니라 그 주주 또는 출
자자인 내국법인이 직접 납세의무를 부담하는 일정한 경우 그 내국법인의 납세
액은 일정한 범위에서 외국 납부세액으로 인정된다. 구체적으로, (i) 외국법인
이 그 거주지국에서 얻은 소득에 대하여 그 거주지국의 세법에 따라 해당 외국
법인이 아닌 그 주주 또는 출자자인 내국법인이 직접 납세의무를 부담하거나
(ii) 외국법인이 그 거주지국 이외의 국가(원천지국)에서 얻은 소득에 대하여 그
거주지국과 원천지국 모두의 세법상 그 외국법인의 소득에 대하여 해당 외국법
인이 아닌 그 주주 또는 출자자인 내국법인이 직접 납세의무를 부담하도록 되
어 있고, 내국법인의 각 사업연도의 소득금액에 그 외국법인으로부터 받는 수
입배당금액이 포함되어 있는 경우에는 다음의 산식에 따라 계산한 금액을 외국
납부세액으로 인정한다(法法 57조 6항; 法令 94조 13항, 14항).

　　내국법인이 부담한 외국법인의 해당 사업연도 소득에 대한 법인세액×수입배당금액
　／(외국법인의 해당 사업연도 소득금액×내국법인의 해당 사업연도 손익배분비율)

　법인세법 제57조의2 제1항에 따른 간접투자회사등에 해당하지 않는 내국
법인이 10% 이상의 지분을 가지고 있는 외국자회사로부터 받는 배당금이나 의
제배당금에 대해서는 그 100분의 95를 익금에 산입하지 않는 방식으로 단일의

생산활동에서 얻은 소득에 대해 이중으로 법인세를 과세하는 것을 방지하고 있는데(法法 18조의4 1항), 이에 따라 익금불산입되는 수입배당금, 즉 외국자회사로부터 받는 수입배당금에 대해서는 외국납부세액공제를 해 주지 않는다(法法 57조 7항). 배당소득의 발생지국인 외국에서 원천징수 등의 방법으로 과세된 뒤 우리나라의 주주법인에게 지급되는 수입배당금에 대해서 우리나라 정부가 익금불산입의 방식으로 과세권을 행사하지 않기 때문에 국가 간 이중과세를 해소하기 위한 외국납부세액 공제는 하지 않는 것이다.

(3) 간접 외국납부세액 공제

1) 제도의 개요   내국법인이 외국자회사로부터 받은 이익의 배당이나 잉여금의 분배액(수입배당금)이 각 사업연도의 소득에 포함되어 있는 경우 그 외국자회사가 국외원천소득에 대하여 외국정부에 납부하였거나 납부할 세액 중 내국법인이 받은 배당금액에 대응하는 부분도 외국납부세액으로 공제받을 수 있다(法法 57조 4항). 여기서 '외국자회사'라고 함은 내국법인이 직접 그 의결권 있는 발행주식총수 또는 출자총액의 100분의 10 이상을 배당확정일 현재 6월 이상 계속하여 보유하고 있는 외국법인을 말한다(法法 57조 5항; 法令 94조 9항). 이러한 제도를 '간접 외국납부세액 공제'라고 한다. 이러한 간접 외국납부세액 공제는 외국에 진출하는 국내기업의 기업형태의 선택(지점 또는 자회사 설치)에 따른 과세의 불균형을 시정하기 위해 1995년 세법개정시 새로이 도입된 것이다.

공제할 외국납부세액은 다음의 산식에 의하여 계산한다(法令 94조 8항).

공제할 외국납부세액＝외국자회사의 해당 사업연도 법인세액×수입배당금액/(외국자회사의 해당 사업연도 소득금액－외국자회사의 해당사업연도 법인세액)

위 산식의 의미는, 외국자회사의 총 소득금액에서 외국정부에 납부한 세액을 공제함으로써 계산되어 나오는 총 배당재원액 중 실제로 내국법인에게 배당된 금액이 차지하는 비율을 외국자회사가 해당 사업연도에 외국정부에 납부한 법인세액에 곱하여 그 외국납부세액 중 내국법인에게 귀속되는 부분을 계산한다는 것이다.

위 산식에서 말하는 '외국자회사의 해당 사업연도 법인세액'은 외국자회사가 그 소재지국 정부에 납부한 법인세액뿐만 아니라, (i) 외국자회사가 외국손

회사로부터 지급받는 수입배당금액(외국손회사로부터의 수입배당금)에 대하여 외
국손회사의 소재지국 법률에 따라 해당 국가에 납부한 세액과 (ii) 외국자회사
가 본점이나 주사무소 또는 사업의 실질적 관리장소 등을 둔 국가 외의 제3국
에 설치한 지점 등에 귀속되는 소득(제3국 지점 등 귀속소득)에 대하여 그 제3국
에 납부한 세액으로서 외국자회사가 그 소재지국에서 외국납부세액으로서 공제
받았거나 공제받을 금액을 포함한다(法令 94조 8항). 외국손회사의 소재지국이나
지점 등의 소재지국에서 납부한 세액도 외국자회사의 법인세액으로 인정한다는
취지이다. 또한 위 '외국손회사로부터의 수입배당금'이나 '제3국 지점 등 귀속소
득'에 대하여 외국자회사의 소재지국에서 국외소득 비과세·면제를 적용받는 경
우 비과세되거나 면제된 세액의 100분의 50에 상당하는 금액도 '외국자회사의
해당 사업연도 법인세액'에 포함한다(동조 동항). 이는 비과세나 면제받은 세액
의 절반에 대해서 외국납부세액 공제를 허용함으로써 비과세나 면제의 효과를
살린다는 취지이다.

　　한편, 위에서 말하는 외국손회사는 (i) 해당 외국자회사가 의결권 있는 발
행주식총수 또는 출자총액의 100분의 25(해외자원개발사업을 경영하는 외국법인의
경우 100분의 5) 이상을 배당확정일 현재 6개월 이상 계속하여 보유하고 있고,
동시에 (ii) 내국법인이 해당 외국자회사를 통하여 간접적으로 그 의결권 있는
발행주식총수 또는 출자총액의 100분의 25(해외자원개발사업을 경영하는 외국법인
의 경우 100분의 5) 이상을 소유하고 있는 외국법인을 말한다. 위 (ii)의 요건의
적용과 관련하여 주식의 간접소유비율은 내국법인의 외국자회사에 대한 주식소
유비율에 그 외국자회사의 외국손회사에 대한 주식소유비율을 곱하여 계산한다
(法令 94조 10항). 그리고 외국자회사나 외국손회사의 수입배당금액을 계산할 때
먼저 발생된 이익이나 잉여금부터 먼저 배당되거나 분배된 것으로 본다(동조 8
항 후단).

　　내국법인이 '국제조세조정에 관한 법률' 제17조에 따라 특수관계에 있는 특
정외국법인으로부터 유보소득을 배당받은 것으로 간주되어(배당간주금액) 동 배
당간주금액을 익금에 산입한 후 해당 특정외국법인으로부터 유보소득을 배당으
로 실제로 지급받으면서 외국정부에 납부한 세액이 있으면(조세피난처에 소재하
는 특정외국법인의 유보소득에 대한 배당간주에 관해서는 후술하는 제5장 제4절 참조),
과거에 익금에 산입한 배당간주금액을 그 익금산입 사업연도에 받은 국외원천

수입배당금으로 보아, 실제로 유보소득을 배당받을 때 외국정부에 납부한 세액을 그 익금산입 사업연도의 간접 외국납부세액으로 공제받을 수 있다(國租法 20조 1항, 3항). 유보소득의 배당간주가 있었던 과거 사업연도의 외국납부세액으로 공제받는 것이므로, 그러한 공제를 받고자 하는 내국법인은 실제로 배당을 받은 날이 속하는 사업연도의 법인세 확정신고기한으로부터 1년 이내에 납세지 관할세무서장에게 경정의 청구를 하여야 한다(동조 2항).

2) 간접 외국납부세액 상당액의 소득금액 증액조정(gross-up)　　　공제받은 간접 외국납부세액에 상당하는 금액은 익금에 더한다(法法 15조 2항 2호). 그 이유는 외국자회사로부터 받은 배당수익에 대하여 법인세법 제57조 제4항에 따라 간접 외국납부세액 공제를 허용하는 경우에는 그 세액을 합친 금액을 배당금액으로 보아야 이중공제를 피할 수 있기 때문이다. 개인이 법인으로부터 받은 배당소득에 법인이 납부한 법인세 상당액을 더하여 배당소득 금액을 증액시킨 뒤(gross-up), 그 증액된 배당소득 금액에 대한 소득세액에서 다시 그 법인세 가산액을 빼 주는 방식으로(所法 17조 3항, 56조 1항) 개인의 배당소득에 대한 배당세액공제를 하는 과정에서, 개인이 받은 배당소득 금액을 증액시키는 것과 같은 이치이다. 다시 말해, 세전 소득으로의 환원인 것이다. 예컨대 우리나라 P회사가 100% 소유하고 있는 외국소재 자회사 S가 설립 첫해에 100만 원을 벌고, 외국법인세 25만 원을 납부하였다고 가정하자.[1] S회사는 75만 원의 세후이익을 얻은 셈이다. S회사가 설립 첫해에 이익의 10%인 7만 5천 원을 배당한다고 하면, 위 1)의 방식 1에서의 산식에 따르면 우리나라의 P회사는 외국자회사 S가 납부한 외국법인세 25만 원 중 2만 5천 원을 납부한 것으로 간주된다(25만 원×7만 5천 원/100만 원-25만 원=2만 5천 원). 일견 P회사는 7만 5천 원의 배당소득을 신고하고, 자신이 부담해야 할 법인세에서 2만 5천 원의 외국법인세를 공제받을 수 있을 것처럼 보인다. 그러나 그렇게 하면 외국에서 과세된 세율은 25%인데, 우리나라에서 그보다 높은 33.33…%의 세율에 의해 세액공제를 받는 것이 되어[2만 5천 원(공제액)/7만 5천 원(배당소득)=33.33…%] 실제 납부한 외국법인세액보다 더 많은 세액을 공제받는 효과가 생겨 부당하다. 이러한 차이를 제거하기 위해 우리나라 P회사가 실제로 배당받은 7만 5천 원 이외에 그 7만 5

---

[1] 이하의 예는 R. L. Doernberg, International Taxation in a Nutshell, 3rd ed., West Publishing Co., 1997, pp. 167-168을 참고하였음.

천 원의 배당에 대하여 외국자회사 S가 부담한 외국법인세 2만 5천 원을 추가로 배당받은 것으로 보아 총 10만 원의 배당소득을 신고하게 하고, 그에 대한 우리나라 법인세액에서 외국자회사 S가 7만 5천 원의 배당에 대하여 부담한 외국법인세 2만 5천 원을 공제하는 것이다. 이렇게 하면 외국자회사로부터 받는 배당소득액 중 공제 대상 외국법인세액이 차지하는 비율이 25%[2만 5천 원(공제받는 외국법인세액)]/[7만 5천 원(실제 배당받은 소득)+2만 5천 원(gross-up된 배당소득)]가 되어 위와 같은 과잉 공제현상이 없어진다.

(4) 간주 외국납부세액 공제

'외국에 납부하였거나 납부할 세액'은 원칙적으로 실제로 납부하였거나 납부하여야 할 세액을 의미하는 것이고, 그 납부할 의무가 면제된 세액은 포함하지 않는다. 그런데 내국법인이 우리나라와 조세조약을 체결한 국가에 원천이 있는 소득에 대하여 그 조세조약이 정하는 바에 의하여 상대방국으로부터 조세를 감면받은 경우에도 마치 이를 정상적으로 납부한 것으로 간주하여 '세액공제 또는 손금산입의 대상이 되는 외국납부세액'으로 보도록 규정하고 있다(法法 57조 3항). 이른바 간주 외국납부세액공제(tax sparing) 내지는 손금산입인데, 상대방국의 감면효과를 보존시키는 데 목적이 있다. 이 특례는 조약상의 규정이 있을 경우에만 적용된다는 데 유의하여야 한다.

(5) 공제한도액

1) 한도액 계산식   공제해 주는 세액은 외국에 납부하였거나 납부할 세액 전액이 아니라, 해당 사업연도의 법인세 산출세액 중 국외원천소득이 해당 사업연도의 과세표준에서 차지하는 비율[1])을 곱한 금액을 한도로 한다(法法 57조 1항 1호). 이를 산식으로 나타내면 다음과 같다.

외국납부세액공제한도액=산출세액×국외원천소득금액/해당 사업연도의 법인세 과세표준금액

위 산식의 의미는 국외원천소득이 국내원천소득이라고 가정할 경우 이에

---

1) 조세특례제한법이나 기타 법률에 의하여 면제소득 또는 세액감면이 적용되는 경우에는 그 비율은 다음의 산식에 의해 계산한다(法法 57조 1항 1호 단서; 法令 94조 2항; 法則 47조).
   국외원천소득-면제 또는 세액감면의 대상이 되는 국외원천소득에 면제 또는 감면 비율을 곱하여 산출한 금액/해당 사업연도의 과세표준

대하여 납부하여야 할 법인세액을 초과하여 공제하지 않는다는 것이다. 예를 들어 국외원천소득에 대하여 적용된 외국의 세율이 우리나라 법인세율보다 높아 같은 소득에 대하여 우리나라에 납부하여야 할 세액보다 더 많은 세액을 외국에 납부하였다면, 그 초과액은 외국납부세액으로 공제하지 않는다는 것이다. 법인의 소득에 국외원천소득이 포함되어 있다고 하여 국내원천소득에 대하여 우리나라 정부에 납부할 세액까지 외국의 국고로 넘겨줄 수 없는 당연한 이유 때문이다.

법인세 면제소득을 계산함과 관련하여 각 사업연도의 과세표준에 포함되지 않은 비과세소득, 소득공제액 또는 이월결손금(공제액 등)을 면제소득에서 공제함으로써 이중의 면제효과가 생기지 않도록 하는 것과 마찬가지로(法令 96조 1항, 위 Ⅳ. 참조), 외국납부세액 공제한도액을 계산함에 있어서도 이 규정을 준용하여 그러한 공제액 등을, (i) 그 공제액등이 국외원천소득에 관한 것인 경우에는 공제액 전액을, (ii) 그 공제액 등이 국외원천소득과 국내원천소득 중 어느 것에 관한 것인지 불분명한 경우에는 양자 간 소득금액에 비례하여 안분계산한 금액을 위 산식의 국외원천소득 금액에서 공제하도록 함으로써 이중으로 공제혜택을 받지 못하도록 하고 있다(法令 94조 6항).

2) 국별한도방식과 일괄한도방식　　한편, 국외원천소득이 2개 이상의 국가에서 발생한 경우(즉, 법인의 국외사업장이 2개 이상의 나라에 있는 경우)에 공제한도액을 나라별로 정할 것인지(국별한도방식=per country limitation), 일괄하여 정할 것인지(일괄한도방식=overall limitation) 하는 문제가 있다. 국별한도방식은 개별 국가별로 순소득과 외국납부세액을 계산한다는 개념이고, 일괄한도방식은 전 세계의 모든 사업장을 총괄하여 순소득과 외국납부세액을 계산한다는 개념이다. 국별한도방식에 의할 경우 결손이 발생한 국가를 쉽게 파악할 수 있다는 장점이 있으나, 거래조건의 조작 등을 통해 나라별 소득을 조작할 경우 나라별로 조작되지 않은 정확한 소득액을 산정하여야 하는 어려움이 있다. 일괄한도방식은 비교적 간단하고, 고세율국과 저세율국의 조세부담이 평준화되므로 해외진출을 촉진하는 이점이 있는 반면, 법인의 국외원천소득에 대해 그 원천지국이 법인의 거주지국보다 높은 세율로 과세하는 것을 거주지국이 세액공제를 통해 인정하는 결과가 된다. 어느 방식을 적용할지에 관해 법령에 정함이 없었던 때에는 적용방식의 선택에 관해 견해의 대립이 있었고, 대법원 판례는 국별

한도방식이 타당하다고 보았었다.[1] 그 뒤 법인세법 시행령에서 법인으로 하여
금 선택할 수 있도록 하였다가 현재는 국별한도방식을 적용하는 것으로 통일하
였다(法令 94조 7항).

(6) 간접투자회사의 외국납부세액 공제의 특례

1) 제도의 취지　　자본시장법상의 각종 투자회사나 투자신탁 또는 기타
법률상의 투자회사가 해외에서 발행된 유가증권이나 기타 국외 소재 자산을 취
득하여 이자, 배당, 부동산임대소득 등의 소득을 수취하는 경우 그 소득의 수취
자는 해당 투자회사 또는 투자신탁재산의 법률적 소유자인 '수탁자회사'(수탁자
회사)이므로,[2] 그 소득에 대해 외국정부에 의해 원천징수 당하는 자도 투자회
사나 '수탁자회사'이다. 그런데 투자회사나 '수탁자회사'가 외국에서 원천징수
당한 세액은 위에서 본 법인세법 제57조에 의한 외국납부세액 공제의 적용을
받지 못한다. 그 이유는 다음과 같다.

첫째, 투자회사는 법인세법 제51조의2에 따라 그 배당가능이익의 90% 이
상을 배당하면 그 배당액을 전액 과세대상 소득금액에서 공제받으므로 법인세
산출세액이 없게 되고, 따라서 외국납부세액을 공제받을 길이 없다.

다음 '수탁자회사'는 법인세법 제5조에 따라 원칙적으로 신탁재산에서 발
생한 소득에 대하여 법인세 납부의무를 부담하지 않으므로, 국외 소재 신탁재
산에서 발생하는 소득은 동사의 과세표준에 포함되는 국외원천소득에 해당하지
않고, 따라서 '수탁자회사'가 위에서 본 법인세법 제57조에 따라 외국의 지급자
에 의해 원천징수된 세액을 외국납부세액으로 공제받는 것이 원초적으로 불가
능하다. 후자의 경우 투자자의 입장에서도 외국납부세액 중 그에게 귀속되는
금액을 산정하는 것이 불가능하므로 이를 공제받을 길이 없다.

2) 외국납부세액 공제의 내용　　이러한 형태의 이중과세를 방지하기 위
해 간접투자회사가 외국에 소재는 투자재산에서 발생한 소득에 대하여 외국정
부에 원천징수의 방식으로 납부한 세액을 외국납부세액으로 공제받는 장치를
두고 있다.

---

[1] 대법원 1987. 2. 24., 85 누 651; 同 1987. 5. 12., 85 누 1000.
[2] 투자신탁의 경우 투자자가 '위탁자'에게 재산의 운용·증식을 1차로 위탁하고, 그 '위탁자'
　　회사가 '수탁자'회사에게 2차로 해당 재산의 증식·운용하는 중복 신탁관계가 형성된다(자세
　　한 논의는, 한만수, "투자신탁소득의 성격분류 및 이중과세 문제에 관한 고찰", 「인권과 정
　　의」 362호(2006. 10.), 대한변호사협회, 178, 179면 참조.

간접투자회사 등(자본시장법상의 투자회사, 투자목적회사, 투자유한회사, 경영참여형 사모투자전문회사를 제외한 투자합자회사, 투자유한책임회사; 부동산투자회사법상의 기업구조조정부동산투자회사와 위탁관리부동산회사; 법인세법 제5조 제2항에 따라 내국법인으로 보는 신탁재산)이 국외자산에 투자하여 얻은 소득에 대하여 외국정부에 납부한 법인세액이 있는 경우에는 해당 소득이 발생한 사업연도의 법인세액에서 해당 사업연도의 외국납부세액을 뺄 수 있고, 그 외국납부세액이 해당 사업연도의 법인세액을 초과하는 경우에는 그 초과액을 환급받을 수 있다(法法 57조의2 1항, 2항). 이와 관련하여 자본시장법에 따른 투자신탁, 투자합자조합 및 투자익명조합은 법인이 아니지만, 위와 같은 외국납부세액의 공제 및 환급 목적상으로는 그 자체를 하나의 내국법인으로 의제하고, 나아가 그 회계기간의 결산 시점에서 납부할 법인세액이 없는 것으로 보아 외국납부세액을 전액 환급한다(法法 57조의2 3항, 4항). 투자신탁 등이 이렇게 정부로부터 환급받은 세액까지 투자자에게 지급하여 그 투자자가 전체 소득금액에 대하여 법인세를 신고납부하도록 하는 것이다.

한편, 간접투자회사 등의 외국납부세액 공제는 국외자산에 투자하여 얻은 소득에 소득세법상의 배당소득에 대한 원천징수세율(所法 129조 1항 2호)을 곱하여 계산한 세액을 한도로 하고, 이를 초과하는 금액은 없는 것으로 본다(法法 57조의2 1항 괄호). 이는 해당 국외원천 소득금액에 대한 외국정부의 원천징수세율이 국내 원천징수세율보다 높은 경우에는 국내 원천징수세율에 따른 세액을 한도로 공제한다는 의미로서 우리나라에서 납부할 세액의 범위 내에서만 외국납부세액을 공제한다는 외국납부세액 공제제도의 기본원칙상 당연하다고 할 것이다.

외국납부세액이 해당 사업연도의 법인세액을 초과하는 경우 환급할 세액은 구체적으로 다음의 산식에 의해 계산한다(法令 94조의2 1항).

환급세액 = 외국납부세액 x 과세대상 소득금액/국외원천 과세대상 소득금액 - 법인세액

위의 산식에서 '과세대상 소득금액/국외원천 과세대상 소득금액'을 환급비율이라고 하는데, 이것이 1을 초과하면 이를 1로 보고, 0보다 작은 경우에는 0으로 보도록 하고 있다(法令 94조의2 2항). 이는 간접투자회사 등의 사업연도(법

인으로 의제되는 투자신탁 등의 경우에는 그 회계기간)에 국내·외에 걸쳐 일부 투자재산에서는 이익이 발생하였으나 다른 일부 투자재산에서는 손실이 발생한 경우 그 손익을 상계한 금액이 국외에서 원천징수된 소득금액보다 크면 외국납부세액을 전액 공제하고, 반대로 그 손익을 통산한 금액이 외국에서 원천징수된 소득금액보다 적으면 그 차액이 국외에서 원천징수된 소득금액에서 차지한 비율만큼 외국납부세액의 공제를 인정하지 않으며, 국내·외를 통틀어 손실이 발생한 경우에는 외국납부세액의 공제를 아예 인정하지 않는다는 의미이다.

2. 재해손실세액공제

법인이 각 사업연도 중 천재·지변 기타 재해로 인하여 사업용 총자산가액(토지가액은 제외)의 100분의 20 이상을 상실하여 납세가 곤란하다고 인정되는 경우에는, (i) 재해발생일 현재 미납된 법인세와 납부하여야 할 법인세 및 (ii) 재해발생일이 속하는 사업연도의 소득에 대한 법인세 중에서 그 상실된 사업용 자산의 가액이 상실 전의 사업용 총자산가액에서 차지하는 비율을 곱하여 계산한 금액을 그 세액에서 공제한다(法法 58조 1항).

3. 투자세액공제

경기를 부양시키거나 정책사업에의 투자를 촉진시키기 위하여 특정기계·설비 등에 투자한 경우에는 투자액의 일정액을 산출세액에서 공제하여 주는 예가 있다. 이를 투자세액공제라고 한다. 투자세액공제가 해당 사업연도 산출세액을 초과하는 경우에 면제소득에 대한 세액감면이나 재해손실세액의 경우와는 달리 이월공제를 허용하는 경우가 있다(租特法 144조).

현행 조세특례제한법이 허용하는 투자세액공제로는 사업용 유형자산 등에의 투자에 따른 세액공제(租特法 24조), 고용창출투자세액공제(租特法 26조) 등이 있다.

4. 분식회계로 인한 경정에 따른 세액공제

법인이 자본시장법상의 사업보고서나 '주식회사의 외부감사에 관한 법률' 상의 감사보고서를 제출함에 있어 수익 또는 자산을 과대 계상하거나 손비 또는 부채를 과소 계상하는 등의 분식회계를 행한 사실이 발견되어 해당 법인이나 감사인 또는 그 소속 공인회계사가 경고·주의 등의 행정적 제재를 받은 경우도 당초 세법에 따라 신고하여야 할 과세표준 및 세액을 초과하여 신고하였을 것이므로 해당 법인은 국세기본법 제45조의2에 따라 그러한 분식회계로 인해 과다하게 신고납부한 법인세액의 감액경정을 청구할 수 있다. 이러한 사유로 과다하게 신고납부한 세금의 감액을 청구하는 행위가 신의성실의 원칙에 위반되는 심한 배신행위에 해당한다고 할 수는 없다고 본다.1)

이러한 감액경정청구에 대해 과세관청이 감액경정을 해 준 때에는 과다납부한 세액을 환급하지 아니하고 해당 경정일이 속하는 사업연도부터 각 사업연도의 법인세액에서 과다납부한 세액을 순차적으로 공제하되, 각 사업연도별로 공제하는 금액은 과다 납부한 세액의 100분의 20을 한도로 하고, 공제 후 잔액은 이후 사업연도에 이월하여 공제한다(法法 58조의3 1항). 즉, 공적으로 확인된 분식회계로 인해 과다납부한 법인세액을 일시에 환급하는 것이 아니라, 후속 사업연도에 걸친 세액공제의 방식으로 환급하는 것이다. 이 경우 해당 법인이 해당 분식회계와 관련하여 그 경정일이 속하는 사업연도 이전의 사업연도에 국세기본법 제45조의 수정신고를 하여 납부할 세액이 있는 경우에는 그 납부할 세액에서 분식회계로 인한 과다납부 세액을 그 100분의 20을 한도로 먼저 공제한다(法法 58조의3 2항). 그리고 동일한 사업연도의 법인세를 분식회계 외의 다른 사유로 동시에 감액경정하는 경우에는 후속 사업연도에 걸쳐 공제할 세액은 '전체 과다납부 세액'에 '분식회계로 인하여 과다 계상한 과세표준'이 '과다 계상한 과세표준의 합계액'에서 차지하는 비율을 곱하여 계산한다(法令 95조의3 2항). 한편, 위와 같이 과다 납부한 세액을 공제 받은 법인이 과다 납부한 세액이 남아 있는 상태에서 (i) 합병 또는 분할에 따라 해산하는 경우에는 합병법인 또는 분할신설법인(분할합병의 상대방 법인을 포함)이 잔존 과다 납부세액을 승계하여 세액공제를 받고, (ii) 그 외의 사유로 해산하는 경우에는 잔존 과다 납부세액에서 청산소득에 대하여 납부할 법인세을 뺀 잔액을 즉시 환급받는다(法法 58조의3 3항).

---

1) 대법원 2006. 4. 14., 2005 두 10170; 同 2006. 1. 26., 2005 두 6300.

Ⅵ. 세액감면과 세액공제의 적용 순서

법인세법이나 조세특례제한법 등에 따라 법인세의 감면(면제)과 세액공제가 동시에 인정되는 경우에는 그 적용 순서에 따라 납세의무자 법인이 받는 혜택에 차이가 발생할 수 있기 때문에 그 순서를 정하여야 한다. 그 적용 순서는 (i) 각 사업연도 소득에 대한 세액감면(면제 포함), (ii) 이월공제가 인정되지 않는 세액공제, (iii) 이월공제가 인정되는 세액공제(해당 사업연도에 발생한 세액공제액과 이월되어 온 미공제액이 병존하는 경우에는 후자를 먼저 공제함), (iv) 법인세법 제58조의3에 의한 분식회계로 인한 과다납부 세액(위 Ⅳ.의 5.에서 서술)의 공제(분식회계로 인한 과다납부세액의 공제액과 이월되어 온 미공제액이 병존하는 경우에는 후자를 먼저 공제함) 등의 순으로 한다(法法 59조 1항).

위 (i)의 감면세액과 위 (ii)의 이월공제 불허 공제세액의 합계액이 납부할 법인세액(토지 등 양도소득에 대한 특별 법인세, 조특법 제100조의32에 규정한 투자·상생협력 촉진을 위한 과세특례에 따른 법인세 및 가산세 제외)을 초과하는 경우에는 그 초과금액은 없는 것으로 보아 환급하지 않는다(동항 단서).

Ⅶ. 최저한세

익금불산입, 손금산입, 소득공제, 세액감면, 세액공제 등 각종 감면규정의 복합적인 적용으로 조세의 부담이 지나치게 낮아지는 것을 방지하기 위하여 이러한 감면규정이 적용되기 전의 과세표준에 대해 일정수준까지의 조세부담을 지우고자 최저한 세액(minimum tax)의 규정을 두고 있다(租特法 132조).[1] 내국법인의 각 사업연도의 소득과 외국법인의 각 사업연도의 국내원천소득에 대한 법인세(양도소득에 대한 특별 법인세와 가산세 등은 제외)를 계산함에 있어서 동법 제132조 제1항 각호에 규정된 감면 등을 공제한 후의 세액이 동항 제1호 및 제2호가 정하는 손금산입 및 소득공제 등을 하지 아니한 과세표준에 100분의 17 (과세표준이 100억 원 초과 1천억 원 이하 부분은 100분의 12, 과세표준이 100억 원 이하 부분은 100분의 10, 중소기업의 경우에는 100분의 7)을 곱하여 계산한 세액에 미달하는 경우 그 미달하는 세액에 상당하는 부분에 대하여는 감면 등을 하지 아

---

[1] 미국 내국세입법 §55(alternative minimum tax)에서도 이러한 제도를 두고 있다.

니한다(租特法 132조 1항). 거주자의 사업소득과 비거주자의 국내사업장에서 발생한 사업소득에 대해서도 같은 취지의 최저한세 제한을 적용한다(동조 2항).

제 9 절   신고·납부·원천징수

Ⅰ. 과세표준과 세액의 확정신고

1. 신고기한

납세의무 있는 내국법인은 각 사업연도의 종료일부터 3월 이내에 해당 사업연도의 소득에 대한 법인세의 과세표준과 세액을 납세지 관할세무서장에게 신고하여야 한다(法法 60조 1항). 다만, '주식회사의 외부감사에 관한 법률'에 따라 감사인에 의한 감사를 받아야 하는 내국법인이 해당 사업연도의 감사가 종결되지 아니하여 결산이 확정되지 아니하였다는 사유로 신고기한의 연장을 신청한 경우에는 그 신고기한을 1개월의 범위에서 연장할 수 있고(法法 60조 7항), 이 경우에는 연장된 신고기한의 일수에 대하여 1일 10,000분의 3의 비율로 계산한 이자상당액을 추가로 납부하여야 한다(동조 8항; 法令 97조 12항). 또한 장부 및 증명서류가 소실된 경우에는 국세기본법 제6조 제1항의 규정에 의하여 정부의 승인을 얻어 그 기간을 연장할 수 있는 예외가 인정된다.

2. 첨부서류

과세표준 및 세액의 확정신고서에는 (i) 기업회계기준을 준용하여 작성한 개별 내국법인의 재무상태표·포괄 손익계산서 및 이익잉여금처분(결손금처리)계산서, (ii) 세무조정계산서 및 그 부속서류, (iii) 기업회계기준에 따라 작성한 현금흐름표, (iv) 원화 외의 통화를 기능통화로 채택한 경우 기능통화 재무제표상의 기능통화를 원화로 환산하여 표시한 재무제표, (v) 원화 외의 통화를 기능통화로 채택한 법인이 '원화 표시 재무제표 기준법'(法法 53조의2 1항 1호)을 채택한 경우 원화재무제표 등을 첨부하여야 하고(法法 60조 2항; 法令 97조 5항 1호, 1호의2, 1호의3),[1] 이 중 (i) 및 (ii)의 서류를 첨부하지 않는 경우에는, 수익사업

---

[1] 법인세법 기본통칙 4-1-12…26조에서 "법 및 이 통칙에 특별히 정하는 경우를 제외하

을 경영하지 않는 비영리 내국법인을 제외하고는, 적법한 확정신고로 인정되지 않는다(法法 60조 5항). 원화 외의 통화를 기능통화로 채택한 법인이 첨부하는 재무제표는 기능통화로 표시된 것이어야 한다(法令 97조 3항). 합병법인과 분할 신설법인 등은 추가로 합병등기일 또는 분할등기일 현재의 피합병법인과 분할법인 등의 재무상태표, 합병법인과 분할신설법인 등이 그 합병 또는 분할로 승계한 자산 및 부채의 명세서, 합병·분할당사법인에 관한 정보를 기재한 서류 등을 제출하여야 한다(法令 97조 5항 2호). 합병 또는 분할로 해산한 법인도 유사한 서류를 제출하여야 한다(法法 60조 4항; 法令 97조 7항). 한편, 부동산임대업을 주된 사업으로 하는 내국법인 등 일정한 법인은 위의 서류들에 더하여 세무사 등 일정한 자가 확인한 성실신고확인서를 제출하여야 한다. 이 경우 신고기한은 각 사업연도 종료일이 속하는 달의 말일부터 4개월이 경과하는 날로서 통상의 경우에 비해 1개월 연장된다(法法 60조 1항 괄호).

  법인세 과세표준 및 세액의 신고시 제출하여야 할 구체적 서류의 항목은 법인세법 시행규칙 제82조 제1항 각호에 열거된 각종 서식의 서류 중 자신에게 관계되는 것이다(法則 82조 1항). 이러한 모든 일련의 서류에 기재된 내용이 법인세 과세표준 및 세액의 확정신고 내용을 구성한다고 할 것이다.

3. 비영리 내국법인에 대한 특례

(1) 원천징수된 이자소득의 신고 제외

  비영리 내국법인은 법인세법에 의해 원천징수된 이자소득(비영업대금의 이익을 제외하고, 투자신탁의 이익을 포함함)의 전부나 일부에 대해 과세표준의 신고를 하지 않을 수 있고(法法 62조 1항; 法令 99조 1항), 이와 같이 과세표준 신고에서 제외된 이자소득은 각 사업연도의 소득금액 계산에 포함하지 않고(法法 62조 1항 후단), 수정신고, 기한후 신고 또는 경정 등에 의하여서도 과세표준에 포함시킬 수 없다(法令 99조 2항). 원천징수된 이자소득은 분리과세하는 취지이다.

고는 인건비(현행규정은 매출액에 대응하는 매출원가를 제외한 영 12조 2항 각호의 손비 전부)는 이를 결산에 반영함이 없이 세무조정계산서에 손금으로 계상할 수 없다"고 하여, 법인세법상 결산조정사항으로 규정되어 있지 않고, 그 성질도 결산조정사항에 해당하지 않는 인건비를 결산조정사항으로 규정하고 있다 하더라도, 국세청의 기본통칙은 과세관청 내부에 있어서 세법의 해석기준 및 집행기준을 시달한 행정규칙에 불과하고, 법원이나 국민을 기속하는 효력이 있는 법규가 아니므로 그 존재와 금액이 입증된 인건비를 손금으로 인정할 수 없는 것은 아니다(대법원 1995. 5. 23., 94 누 9283).

(2) 자산양도소득에 대한 법인세의 분리납부

비영리법인이 (i) 주식·신주인수권 또는 출자지분("주식 등")의 양도로 얻은 수입, (ii) 고유목적사업에 사용하지 않는 자산의 처분으로 인하여 얻는 수입 및 (iii) 소득세법 제94조 제1항 제2호에 규정된 부동산에 관한 권리와 동항 제4호에 규정된 기타자산의 양도로부터 얻는 소득은 과세대상이 되는바(法法 4조 3항 4호 내지 6호), 그 중에서도 (i) 토지 또는 건물 , (ii) 소득세법 제94조 제1항 제2호에 규정된 부동산에 관한 권리, (iii) 동항 제4호에 규정된 기타자산 등의 양도로부터 얻는 소득 등(이하 모두 합하여 "자산양도소득"이라고 함)에 대해서는 정규의 법인세 과세표준의 신고를 하지 않을 수 있고(法法 62조의2 1항), 따라서 해당 자산양도소득은 각 사업연도의 소득금액 계산에 포함되지 않는다(法法 62조 1항 후단). 이러한 자산양도소득에 대해서는 소득세법 제92조의 규정을 준용하여 계산한 과세표준에 동법 제104조 제1항 각호에 규정된 세율을 적용하여 계산한 금액을 법인세로 신고납부하여야 한다(法法 62조의2 2항). 그 구체적인 내용은 다음과 같다.

우선, 이러한 자산양도소득의 과세표준을 계산하는 과정에서 소득세법상의 양도소득 과세에 관한 각종 규정이 준용된다. 즉, 양도가액·필요경비·양도차익의 계산(所法 96조, 97조, 98조 및 100조), 장기보유특별공제(所法 95조 2항), 양도소득 기본공제(所法 103조), 부당행위계산부인(所法 101조), 부동산과 주식 등 자산의 유형별 양도소득 구분계산(所法 102조), 양도소득세액 계산의 순서(所法 93조) 등에 관한 규정이 준용된다(法法 62조의2 4항, 5항). 마치 개인의 양도소득세 과세표준과 세액을 계산하듯이 비영리법인의 자산양도소득에 대한 법인세의 과세표준과 세액을 계산하는 것이다.

다만, 자산양도소득 산정시 양도가액에서 뺄 취득가액의 계산과 관련하여, (i) 상속세과세가액 또는 증여세과세가액에 산입하지 아니하는 자산을 출연받은 비영리법인이 그 출연받은 날로부터 3년 이내에 해당 자산을 양도하는 때에는 원칙적으로 출연자의 취득가액을 승계하는 특례가 적용되고, (ii) 세무서장의 승인을 받아 법인으로 의제되는 법인 아닌 단체가 자산양도소득을 계산함에 있어서는 승인 전에 정해진 당초 취득가액을 적용하는 특례가 적용된다(法法 62조의2 4항; 法令 99조의2 3항). 그러나 비영리법인에 출연된 재산이 상속세과세가액 또는 증여세과세가액에 산입되지 아니하였다가 그 후에 과세요인이 발생하여 그 과세가액에 산입됨으로써 해당 상속세 또는 증여세가 부과되는 경우에는 이러한 특례가 적용되지 아니한다(法令 99조의2 4항).

자산양도소득에 대해 위와 같은 특례를 적용받는 비영리법인은 자산양도일이 속하는 달의 말일부터 2월이 되는 날까지 해당 자산양도소득에 대한 법인세의 과세표준과 세액의 예정신고 및 자진납부를 하여야 하고, 그 경우 예정신고납부세액공제 혜택을 받을 수 있다(法法 62조의2 7항; 所法 105조 내지 107조). 그리고 그 납부에 관해서는 소득세법상의 양도소득세의 분납에 관한 규정이 준용된다(所法 112조). 이처럼 자산양도소득에 대한 법인세의 예정신고납부를 한 경우에는, 누진세율 적용대상인 자산의 양도소득에 대해 2회 이상 예정신고를 한 경우로서 일정한 요건에 해당하는 경우를 제외하고는, 해당 자산양도소득에 대한 법인세 확정신고를 한 것으로 인정되어(法法 62조의2 8항) 따로 확정신고를 하지 않아도 된다. 다만 비영리법인이 자산양도소득에 대한 법인세의 예정신고를 하였더라도 법인세 확정신고를 하는 것이 유리하다고 판단될 경우에는 확정신고를 할 수 있으며, 이 경우 예정신고납부세액은 확정신고에 따라 납부할 법인세액에서 공제한다(法令 99조의2 5항). 한편, 자산양도소득에 대한 법인세의 예정신고납부를 하지 않아 확정신고를 하여야 하는 경우 그 절차에 관해서는 다른 일반 소득에 대한 법인세의 신고납부에 관한 절차가 준용되고, 이 경우 위의 특례 규정에 따라 계산한 자산양도소득에 대한 법인세 과세표준과 세액을 일반 법인세의 그것에 합산하여 신고납부한다(法法 62조의2 6항).

위와 같은 비영리법인의 자산양도소득에 대한 법인세 과세의 특례는 자산의 양도일이 속하는 각 사업연도 단위별로 적용하여야 하고, 이에 위반하여 양도일이 속하는 사업연도가 아닌 다른 사업연도의 귀속 소득으로 위와 같은 특례 법인세를 신고납부하는 것은 인정되지 않는다(法令 99조의2 2항).

Ⅱ. 세액의 자진납부

법인이 각 사업연도의 소득에 대한 법인세의 과세표준을 신고하는 경우에는 해당 사업연도의 소득에 대한 과세표준에 소정의 세율을 적용하여 계산한 법인세액에서 해당 사업연도의 감면세액, 세액공제액, 중간예납세액, 수시부과세액, 원천징수세액을 공제한 금액을 각 사업연도의 소득에 대한 법인세로서 해당 신고서의 제출기한 내에 정부에 자진납부하여야 한다(法法 64조).

　납부할 세액이 1천만 원을 초과하고 2천만 원 이하인 때에는 1천만 원을 초과하는 금액을, 그리고 납부할 세액이 2천만 원을 초과하는 때는 그 세액의 100분의 50 이하의 금액을 납부기한이 경과한 날로부터 1월 이내에 분납할 수 있다(法法 64조 2항; 法令 101조 2항).

Ⅲ. 중간예납

　중간예납은 사업연도기간 중에 지난 사업연도의 세액을 기준으로 하여 미리 세액의 일부를 납부하는 제도로서, 징수권자로서는 조세채권의 사전확보, 납세의무자로서는 조세부담의 평준화를 기하기 위한 것이다. 중간예납을 하여야 하는 법인은 사업연도의 기간이 6월을 초과하는 내국법인이다. 사립학교법인 등 일부 특수법인과 아래에서 보는, 직전 사업연도의 산출세액을 기준으로 계산한 중간예납세액이 50만원 미만의 중소기업은 제외된다(法法 63조 1항). 중간예납세액을 계산하여야 하는 기간은 해당 사업연도의 개시일부터 6개월이 되는 날까지로 하되, 합병이나 분할에 의하지 아니하고 새로 설립된 법인의 최초 사업연도는 제외된다(동조 2항).

　중간예납세액을 계산하는 방식에는 다음의 2가지가 있고, 원칙적으로 법인은 그 중 하나를 임의로 선택할 수 있다(法法 63조의2 1항). 첫째는 직전 사업연도의 산출세액을 기준으로 계산하는 방식이다. 이는 '직전 사업연도의 법인세 산출세액으로 확정된 금액'(가산세를 포함하며 토지 등 양도차익에 대한 특별 법인세 및 조특법 제100조의32에 규정된 투자·상생협력 촉진을 위한 과세특례에 따른 법인세를 제외함)에서 (i) 직전 사업연도에 감면된 법인세액, (ii) 직전 사업연도에 원천징수에 의하여 납부한 법인세액 및 (iii) 직전 사업연도에 법인세로서 납부한 수시부과세액을 공제한 금액을 직전 사업연도의 월수로 나눈 뒤 6을 곱하여 중간예납세액을 계산하는 방식이다. 둘째는 해당 중간예납기간의 법인세액을 기준으로 하는 방식이다. 이는 해당 중간예납기간을 1사업연도로 의제하여 계산한 과세표준에 세율을 적용하여 산출한 법인세액에서 (i) 해당 중간예납기간에 감면된 법인세액(소득에서 공제되는 금액은 제외), (ii) 해당 중간예납기간에 법인세로서 납부한 원천징수세액 및 (iii) 해당 중간예납기간에 법인세로서 부과한 수시부과세액을 공제하여 중간예납세액을 계산하는 방식이다. 원칙적으로 법인은 위 2가지 방식 중 하나를 임의로 선택할 수 있지만, 중간예납의 납부기한까지 중간예납세액을 납부하지 아니한 경우에는 위 첫째의 방식(직전 사업연도의 산출세액을 기준으로 계산하는 방식)에 의하고(法法 63조의2 2항 1호), (i) 직전 사업연도의 법인세로서 확정된 산출세액이 가산세 외에는 없는 경우(법인세법 제51조의2 제1항 각호에 따라 지급배당금의 소득공제가 허용되는 자산유동화전문회사와 각종 투자회사 등은 제외), (ii) 해당 중간예납기간 만료일까지 직전 사업연도의 법인세액이 확정되지 아니한 경우 및 (iii) 분할신설법인 또는 분할합병의 상대방 법인의 분할 후 최초의 사업연도인 경우에는 위 둘째의 방식(해당 중간예납기간의 법인세액을 기준으로 하는 방식)에 의한다(동항 2호). 후자의 경우에는 전기의 실적에 의하여 중간예납세액을 계산할 수 없기 때문이다. 합병법인이 합병 후 최초 사업연도의 중간예납세액을 위의 첫째의 방식에 따라 계산함에 있어서는 합병법인의 직전 사업연도와 합병등기일이 속하는 피합병법인의 사업연도의 직전 사업연도를 모두 그 합병법인의 직전 사업연도로 본다(法法 63조의2 3항). 합병법인의 직전 사업연도의 산출세액과 피합병법인의 직전 사업연도의 산출세액을 각 기준으로 하여 계산한 금액을 합하여 합병법인의 중간예납세액을 계산한다는 의미이다.

연결납세방식을 적용받다가 이를 적용받지 않게 된 법인이 연결납세방식을 적용받지 아니하는 최초의 사업연도에 위 첫째 방식에 의해 중간예납세액을 납부하는 경우에는 직전 연결사업연도의 연결법인별 산출세액(法法 76조의15 4항)을 '직전 사업연도의 법인세로서 확정된 산출세액'으로 본다(法法 63조의2 4항).

중간예납세액이 1천만 원을 초과하는 경우에는 분납이 허용된다(法法 63조 4항).

Ⅳ. 원천징수

1. 이자소득금액과 투자신탁 이익의 지급에 따른 원천징수의무

내국법인에게 소득세법상의 이자소득금액이나 배당소득금액 중 자본시장법상의 투자신탁이익을 지급하는 자는 그 지급금액에 100분의 14(금융위원회에 등록한 온라인투자연계금융업자를 통하여 지급받는 이자소득 외의 비영업대금의 이익인 경우에는 100분의 25)의 세율을 적용하여 계산한 법인세를 원천징수하여 그 징수일이 속하는 달의 다음 달 10일까지 납세지 관할세무서 등에 납부하여야 한다(法法 73조 1항).

금융보험업을 경영하는 법인이 수입하는 이자소득금액이나 투자신탁이익도 원칙적으로 원천징수 대상에 포함되지만,1) 대통령령으로 정하는 금융회사 등에게 지급되는 소득과 법인세가 부과되지 아니하거나 면제되는 소득 등 대통령령으로 정하는 것은 제외된다(法法 73조 1항, 2항; 法令 111조 1항, 2항). 그리고 전환사채나 교환사채를 주식으로 전환하거나 교환하는 경우와 신주 발행대금을 신주인수권부사채로 납입하는 방식으로 신주인수권을 행사하는 경우도 해당 채권 등에서 발생한 이자 등의 지급행위로 간주되므로 그 전환이나 교환시점에 이자 등에 대한 법인세를 원천징수하여야 한다(法令 111조 5항).

원천징수 대상인 이자소득금액의 지급시기는 소득세법상의 이자소득 지급시기에 따른다(法令 111조 6항 본문). 다만, 신탁재산에서 발생하는 소득의 성격이 수익자의 소득의 성격으로 그대로 투영되는 경우(所法 4조 2항 본문)에는 이자소득으로서의 성격을 가지는 신탁이익이 투자신탁재산에 귀속되는 시점으로부터 3개월 내에 속하는 특정일에 수익자에게 지급되는 것으로 의제하여 그에 대한 법인세를 원천징수하도록 하고 있다(法令 111조 6항; 所法 155조의2).

원천징수의무자는 원천징수대상인 이자소득금액과 투자신탁의 이익을 지급할 의무에 따라 이를 현실적으로 지급하는 자이다.2) 보증채무자가 보증채무의 이행으로 주채무자를 대신하여 채권자에게 이자를 지급한 경우 이자의 법률적, 현실적 지급자는 보증채무자이므로 그 지급에 따른 원천징수의무자는 주채무자가 아니라 보증채무자임은 당연하다.3) 원천징수의무자를 대리하거나 그로부터 위임을 받아 원천징수 대상소득을 지급하는 자는 그 수권받거나 위임받은 범위 안에서 본인 또는 위임인으로 간주되어 원천징수의무를 진다(法法 73조 4항). 자신이 보관하고 있는 채무자 소유의 금전을 채무자의 지시에 따라 채권자에게 지급할 권한을 위탁받은 자는 '지급행위'라는 단순한 사실행위의 대행자로

---

1) 금융업을 영위하는 법인이 지급받는 이자는 이자소득이 아니라 사업소득이므로 그 지급자에게는 원천징수의무가 없다는 것이 대법원 판례였으나[대법원 1991. 12. 24., 91 누 384 (전원합의체)], 이러한 것도 원칙적으로 원천징수의 대상이 되는 것으로 법률을 개정하였다.

2) 대법원 2018. 4. 24., 2017 두 48543; 同 2014. 12. 11., 2011 두 8246.

3) 대법원 2009. 3. 12., 2006 두 7904.

서, 채권자에게 채무자를 위하여 지급하겠다는 의사표시를 하는 자로서의 대리인과는 구분된다.[1] 외국법인이 발행한 채권 또는 증권에서 발생하는 이자소득금액이나 배당소득금액을 내국법인에게 지급하는 경우에는 국내에서 그 지급을 대리하거나 그 지급권한의 위임 또는 위탁을 받은 자가 그 소득에 대한 법인세를 원천징수하여야 한다(동조 6항). 이와 관련하여 일정한 금융회사가 내국법인이나 거주자가 발행한 어음 또는 채무증서를 인수·매매·중개 또는 대리하는 경우에는 그 금융회사가 어음이나 채무증서를 발행한 해당 내국법인이나 거주자로부터 대리권을 받거나 위임을 받은 것으로 간주되어 그 어음이나 채무증서의 금액에 대하여 지급되는 이자소득에 대해 법인세를 원천징수할 의무를 진다(동조 9항). 원천징수업무의 묵시적 위임도 있을 수 있으나 그렇게 인정되려면 명시적 위임이 있는 경우와 동일시할 수 있을 정도로 위임 의사를 추단할 만한 사정이 있어야 한다.[2]

또한 자본시장법상의 신탁업자가 신탁재산을 직접 운용하거나 보관·관리하는 경우에는 원천징수대상 소득금액을 신탁재산에 지급하는 자가 수익자에 대한 지급을 신탁업자에게 대리하게 하거나 위임한 것으로 간주되어 수익자에게 지급되는 투자신탁의 이익에 대해 신탁업자가 법인세를 원천징수할 의무를 진다(法슈 111조 7항). 그리고 한국예탁결제원에 예탁된 증권 등에서 발생하는 이자소득 등에 대해서는 해당 증권 등의 발행자가 한국예탁결제원이나 예탁자에게 원천징수의무를 대리하게 하거나 위임한 것으로 보므로(동조 8항), 한국예탁결제원이나 예탁자가 해당 소득에 대한 원천징수의무를 이행하여야 한다.

2. 채권(債券) 등의 매매에 따른 원천징수의무

내국법인이 소득세법 제46조 제1항에 따른 채권 등(법인세가 비과세 또는 면제되는 것이나 기타 대통령령으로 정한 것은 제외함; 이하 "원천징수대상 채권 등"이라고 함)을 타인에게 매도(중개·알선 기타 시행령에서 정하는 경우를 포함하되, 환매조건부채권매매 등 시행령에서 정하는 경우는 제외함)하는 경우 그 매도인으로 하여금

---

1) 위 대법원 2018. 4. 24., 2017 두 48543.
2) 대법원 2018. 2. 8., 2017 두 48550(기업어음의 소지인이 만기에 증권예탁결제원을 통해 어음금을 지급받는 통상의 경우와 달리 만기 전에 증권예탁결제원에서 어음을 인출하여 거래은행에 지급제시를 하여 어음금을 지급받은 경우 그 거래은행은 기업어음의 발행기업으로부터 원천징수업무를 묵시적으로 위임받았다고 볼 수 없다).

원천징수대상 채권 등의 보유기간에 발생한 이자, 할인액 및 투자신탁의 이익 (이하 "이자등"이라고 함)의 금액에 100분의 14를 곱하여 나오는 금액의 법인세를 원천징수하여 그 징수일이 속하는 달의 다음 달 10일까지 납세지 관할 세무서 등에 납부하도록 하고 있다(法法 73조의2 1항, 2항). 원천징수대상 채권 등의 발행일로부터 매도일까지의 기간 중에 발생한 이자 등은 매도인 법인에게 귀속되는 것으로 보아 그 매도인 법인으로 하여금 자신의 보유기간에 발생한 이자 등에 대한 법인세를 스스로 원천징수하도록 하는 것이다(法法 73조의2 1항, 2항). 이는 달리 말하면, 매도인 법인이 통상 자신의 보유기간에 대한 이자상당액을 원천징수대상 채권 등의 매도가액에 더하여 매수인으로부터 받는 것으로 추정하여 그 이자상당액에 대한 법인세를 스스로 원천징수하게 하는 것이다. 이때 원천징수 대상이 되는 보유기간에 대한 이자 등 상당액은 매수인으로부터 실제로 받은 이자 등의 가액에 관계없이 채권 등의 액면가액에 보유기간과 이자율을 곱하여 계산한다(法令 113조 2항).

다만, 매도인 법인이 원천징수대상 채권 등을 일정한 금융회사나 자본시장법상의 집합투자업자에게 매도하는 경우이고, 해당 채권 등의 발행인, 수취인, 매수인 등 사이의 약정으로 원천징수의무의 이행을 특정인(예를 들면, 특정 금융회사)에게 대리 또는 위임한 경우에는 그 약정에 따라 수권 또는 위임을 받은 자가 원천징수의무를 이행하여야 한다(法法 73조의2 3항). 한편, 자본시장법상의 신탁재산에 속하는 원천징수대상 채권 등을 동법상의 신탁업자가 매도함으로써 수익자에게 귀속되는 이자 등이 발생하는 경우에는 원천납세의무자인 수익자나 위탁자가 신탁업자에게 원천징수의무의 이행을 대리 또는 위임한 것으로 보므로(동조 4항) 신탁회사가 원천징수의무를 진다. 본래 신탁재산에서 발생하는 소득에 대한 법인세 과세목적상 수익자가 신탁재산의 소유자로 간주되므로(法法 5조) 신탁재산에 속하는 채권 등의 매도로 이자 등이 발생하는 경우에는 간주 소유자인 수익자가 원천징수의무를 지는 것이 원칙이나 이 경우에는 예외를 인정한 것이다.

소득세법에서 법인이 발행한 채권 등을 최초로 취득한 거주자가 그 발행법인으로부터 채권 등의 이자와 할인액 또는 집합투자기구에서 발생하는 이익을 지급받기 전에 그 채권 등을 다른 거주자나 법인에게 매도하는 경우 채권 등의 발행시점부터 매도시점까지의 기간에 발생한 이자나 집합투자기구로부터의 이익은 매도인에게, 그리고 매도시점부터 만기까지의 기간에 발생한 이자 등은 매수인에게 귀속되는 것으로 보아(所法 46조 1항), 채권 등의 매도인이 거주자이고 매수인이 법인인 경우에 한하여 그 매수인 법인이 매도인 거주자의 보유기간에 귀속되는 이자 등 상당액에 대한 소득세를 원천징수할 의무를 부담하는 것(所法 46조 2항)과 같은 맥락이다(상세한 논의는 제1장 제9절 Ⅰ. 1. 참조).

다만 소득세의 경우에는 매수자 법인이 원천징수의무를 지는 데 비해 법인세의 경우에는 매도자 법인이 스스로에 대한 원천징수의무를 지는 점이 다르다. 선이자지급방식의 채권 등을 취득한 법인이 선지급받은 이자에 대해 원천징수된 세액을 전액 기납부세액으로 공제하여 법인세를 신고하였는데 그 후 해당 채권 등의 상환일이 도래하기 전에 이를 매도하는 경우에는 해당 채권 등의 취득시 원천징수되고 법인세 신고시 기납부세액으로 공제받은 세액이 실제의 보유기간에 발생한 이자금액에 대한 원천징수세액으로서 나중에 다시 공제받게 될 금액보다 많을 것이므로, 그 차액에 해당하는 세액을 초과 공제받은 결과가 되는바, 이에 그 차액을 해당 채권 등의 매도일이 속하는 사업연도의 법인세에 더하여 납부하도록 하고 있다(法令 113조 6항). 한편 선이자지급방식의 채권 등을 취득할 때 선이자에 대하여 원천징수를 당한 법인이 이를 이자계산기간 중에 매도하는 경우 해당 법인이나 그 매도를 중개하는 금융기관은 그 중간 매도일에 해당 채권 등을 새로이 매출한 것으로 보아 이자 등을 계산하여 세액을 원천징수하여야 한다(동조 11항).

제10절 세액의 결정·경정

Ⅰ. 의　　의

법인세는 신고주의 국세이므로 각 사업연도의 소득에 대한 법인세는 과세표준과 세액의 신고(法法 60조)에 의하여 확정되고(基本法 22조 2항), 적법한 신고가 있는 한 법인세의 확정을 위하여 아무런 행정처분을 요하지 않는다. 그러나 신고가 없는 때에는 해당 법인의 각 사업연도의 소득에 대한 법인세의 과세표준과 세액을 정부가 결정한다(法法 66조 1항). 결정은 원칙적으로 신고기한으로부터 1년 내에 완료하여야 한다(法令 103조 3항). 그리고 (i) 신고는 하였으나 신고내용에 오류 또는 누락이 있는 경우, (ii) 지급명세서(法法 120조, 120조의2) 또는 매출·매입처별계산서합계표(法法 121조)의 전부 또는 일부를 제출하지 않은 경우, (iii) 신용카드가맹점이 정당한 사유없이 신용카드에 의한 거래를 거부하거나 신용카드매출전표를 사실과 다르게 발급한 경우 (iv) 법인세법 제117조의2 제1항에 따라 현금영수증가맹점에 가입하여야 하는 법인이나 부가가치세법 제32조의2에 따라 현금영수증가맹점 가입대상자로 지정된 법인이 정당한 사유없이 그 가맹점으로 가입하지 아니하거나 현금영수증의 발급을 거부하거나 사실과 다르게 발급한 경우로서 시설규모나 영업 현황을 감안하여 신고내용이 불성실하다고 판단되는 경우 등에는 정부가 과세표준과 세액을 경정한다(法法 66조 2항). 이러한 경우는 주로 과세표준과 세액을 증액 경정하게 될 것이다.

정부는 법인세의 과세표준과 세액을 결정 또는 경정한 후 그 결정 또는 경정에 오류 또는 누락이 있는 것이 발견된 때에는 즉시 이를 다시 경정(再更正)하여야 한다(法法 66조 4항).

Ⅱ. 결정·경정의 방법

1. 실지조사결정·경정

관할세무관서가 각 사업연도의 소득에 대한 법인세의 과세표준과 세액을 결정 경정하는 경우에는 장부 기타 증명서류를 근거로 하여야 한다(실지조사; 法法 66조 3항 본문).[1] 특히 아래 2.에서 보는 바와 같이 수입금액을 추계결정할 경우에도 법인이 비치한 장부와 기타 증명서류에 의하여 소득금액을 계산할 수 있는 때에는 해당 사업연도의 과세표준과 세액을 실지조사에 의하도록 하는 등(法令 105조 2항) 원칙적으로 법인세 과세표준과 세액의 결정·경정은 과세표준

---

[1] 내부용인 실제거래장부(비밀장부)와 외부용인 세무신고용 장부를 기장해 오면서 뒤의 신고용 장부에 의해 각 법인세 과세표준 등 확정신고를 하였는바 그에 대하여 과세관청이 위 2개 장부를 대조하여서 신고용 장부에 의한 신고내용이 실제거래장부의 기재내용과 일치하지 않는 부분의 차액을 각 매출누락과 가공경비로 보아 각기 익금에 산입하고 손금산입을 부인하였다면, 위 각 과세처분(그 점에 관한 조세포탈죄 등 형사유죄판결이 확정된 사업연도 이전분은 물론, 공소가 제기되지 아니한 그 후 사업연도까지)은 다른 특별한 사정이 없는 한 과세관청이 실지조사에 의하여 납세의무자의 확정신고 내용에 오류·탈루가 있음을 밝혀내고서 이를 경정한 적법한 처분임이 입증된 경우라고 보아야 한다(대법원 1994. 11. 18., 93 누 7211).

신고서 및 그 첨부서류에 의하거나 실지조사에 의하여야 한다(法令 103조 2항).

실지조사에 의해 누락수입이 적출(摘出)되었을 경우에 그 누락수입에 대응하는 신고누락된 별도의 지출이 있었다는 것을 납세의무자가 입증하지 못하면 그 누락수입액 전체가 소득액에 더해진다.1)

2. 추계결정·경정

추계결정·경정은 다음과 같은 사유가 있을 때에 한하여 할 수 있다.

1) 소득금액을 계산함에 있어서 필요한 장부 또는 증명서류가 없거나 그 중요한 부분이 미비 또는 허위인 때

2) 기장의 내용이 시설규모, 종업원수, 원자재·상품·제품 또는 각종 요금의 시가 등에 비추어 허위임이 명백한 때

3) 기장의 내용이 원자재사용량, 전력사용량 기타 조업상황에 비추어 허위임이 명백한 때(法法 66조 3항 단서; 法令 104조 1항). 그러나 당초의 결정 또는 경정이 실지조사에 의하여 이루어진 경우에는 그 후에 추계방법으로 경정 또는 재경정을 할 수 없다. 다만 그 후 소득금액의 누락 또는 탈루가 발견되었으나 장부와 증명자료가 멸실되어 실지조사를 할 수 없는 경우에는 그 부분에 한하여 소득금액을 추계할 수 있다(法法 기본통칙 66-104…5조). 수입금액을 추계한 경우에도 장부와 기타 증명자료에 의하여 소득금액을 계산할 수 있는 때에는 과세표준과 세액은 실지조사결정에 의하여 결정 또는 경정하여야 한다(法令 105조 2항).2)

추계사유 및 추계방법(法令 104조 2항, 105조 1항)에 관해서는 이미 소득세법 부분에서 설명하였으므로 자세한 설명은 생략한다(제1장 제8절 Ⅱ. 1. (2) 참조).

---

1) 대법원 1991. 11. 22., 91 누 4935; 同 1992. 3. 27., 91 누 12912.
2) 이 규정을 지지하는 판례로는 대법원 1990. 1. 25., 89 누 5799. 이와 관련하여 대법원 1990. 1. 23., 89 누 5508 판결이 "단일한 과세목적물에 대하여는 특별한 사정이 없는 한 실지조사와 추계조사를 혼합하여 과세표준을 정하는 것은 법인세법상 인정되지 않는다"라고 하여 앞의 판결과 상반되는 입장을 표명한 것 같기도 하나 사안의 내용은 매출누락액에 대한 생산원가 부분을 제외한 나머지 부분은 실지조사하고 매출누락액에 대한 생산원가부분에 대하여는 추계방법에 의하는 것을 부인하는 것으로서 결국 거래부분별로 소득금액의 조사방법을 달리할 수 없다는 뜻으로 보인다.

Ⅲ. 결손금의 소급공제

중소기업을 경영하는 거주자가 사업소득의 결손을 입은 경우 그 결손금을 직전 과세연도의 사업소득에서 공제하여 직전 과세연도의 소득에 대해 납부한 소득세를 환급받을 수 있는 것처럼(所法 85조의2), 중소기업을 경영하는 법인도 특정 사업연도에 결손을 입은 경우 그 결손금을 직전 사업연도의 소득에서 공제하여 일정액의 법인세를 환급받을 수 있다. 다만, 직전 사업연도의 소득에 대해 납부한 법인세액[직전 사업연도의 법인세 산출세액(토지 등 양도차익에 대한 특별세 제외)에서 감면세액을 뺀 금액]을 한도로 한다(法法 72조 1항; 法令 110조 1항). 환급금액은 (i) 직전 사업연도의 법인세 산출세액에서 (ii) 직전사업연도 과세표준금액에서 해당 사업연도의 소급공제 대상 결손금액을 공제한 금액에 직전 사업연도의 법인세율을 곱하여 나오는 금액을 뺀 금액이다(法法 72조 1항). 이를 산식으로 표시하면 다음과 같다.

환급할 법인세액=직전 사업연도의 법인세액−(직전 사업연도의 법인세 과세표준−해당 사업연도의 소급공제 대상 결손금액)×직전 사업연도의 법인세율

이러한 환급은 결손금이 발생한 사업연도와 그 직전 사업연도의 법인세 과세표준과 세액을 신고한 경우에 한하여 허용된다(法法 72조 4항). 환급을 받고자 하는 법인은 소정의 절차에 따라 환급신청을 하여야 한다(法法 72조 2항; 法令 110조 2항).

(i) 결손금 발생에 따라 직전 사업연도의 법인세를 환급한 후 경정처분에 의하여 결손금이 감소된 경우, (ii) 결손금이 발생한 사업연도의 직전 사업연도에 대한 법인세의 과세표준과 세액을 경정함으로써 환급세액이 감소된 경우, (iii) 중소기업에 해당하지 않는 법인이 환급받은 경우에는 잘못 또는 과다하게 환급된 세액 및 이에 대한 이자를 징수한다(法法 72조 5항 1호, 2호, 3호; 法令 110조 3항, 4항). 또한 결손금에 대한 환급세액을 결정한 후에 직전 사업연도의 과세표준 또는 세액이 변경된 경우에도 이에 따라 추가환급을 하거나 환급액을 환수한다(法法 72조 6항, 法令 110조 5항). 환급액을 환수하는 경우에는 이자도 가산한다.

IV. 세무조정과 소득처분

1. 확정결산의 원칙과 세무조정

법인세법에는 소득금액을 산출하는 데 필요한 자기완결적인 계산규정 체계가 갖추어져 있지 않다. 이것은 법인세법이 소득금액의 계산방법에 관하여 기업회계에 의존하고 있음을 뜻한다. 그래서 법인은 우선 각 사업연도의 사업성과에 대한 결산을 하여 이를 주주(또는 사원) 총회에서 확정하고, 그 뒤 일정기한 내에 '기업회계기준을 준용하여 작성한 재무상태표 및 손익계산서'를 첨부해서 과세표준을 신고하여야 한다(法法 60조 1항). 그리고 첨부서류의 하나인 '법인세과세표준 및 세무조정계산서'의 서식(별지 제3호 서식)에서는 '결산서상 당기순손익'을 첫 난(欄)에 기재하고 이 금액을 기초로 하여 과세표준을 계산하도록 되어 있다. 이와 같이 과세표준금액을, 기업회계에 따라 작성되고 상법(또는 기타 관계 법률)에 정하는 바에 의하여 확정된 결산을 기초로 산출하는 것을 '확정결산기준' 또는 '확정결산의 원칙'이라고 부른다(제1편 제3장 제5절 IV. 참조).

그러나 확정결산에 따라 산출된 '기업이익'은 바로 과세소득으로 인정되지 않고 세법이 요구하는 바에 따라 가감조정을 거쳐 과세소득으로 전환된다. 기업회계에서 인정 또는 인식된 수익이나 비용이 세법에서는 인정 또는 인식되지 않는 경우가 있으며, 반대로 기업회계에서 용인되지 않는 것이 세법에서 용인되는 경우도 있기 때문에 상이한 항목에 대해서는 세법에 맞추어 일일이 손익의 가감을 하여 과세소득을 산출해야 하는 것이다. 이 작업을 세무조정이라 한다. 보통, 세무조정에는 아래에서 서술하는 결산조정과 신고조정의 2가지가 있는 것으로 설명된다(제1편 제3장 제5절 IV. 참조).

법인세법은 법인의 대외적 거래에 연관되지 아니한 일정한 소득계산항목은 해당 법인이 이를 회계처리상 수익(차익) 또는 비용(차손)으로 계상하고 회계장부에 기록한 경우에 한하여 과세상 익금이나 손금으로 인정한다. 즉, 법인이 특정 항목의 수익(차익) 또는 비용(차손)의 회계처리에 관해 스스로 선택한 의사결정을 과세상 인정받으려면 결산단계에서 그에 합당한 내부적 계산(대외적 거래에 따른 객관적 금액의 계상과 대비되는 뜻에서)을 하고 이를 회계장부에 기록하도록 요구하고 있다. 이처럼 법인이 특정 수익(차익) 또는 비용(차손)을 세법상의 소득금액 계산에 있어 익·손금(현실적으로는 주로 손금)에 산입할 수 있도록 확정결산의 내용에 반영하는 회계처리를 결산조정이라고 부르고, 해당 항목을 결산조정사항이라고 한다.1) 결산조정 제도의 취지는 법인의 회계처리에 관한 자율적 의사결정을 존중하여 법인이 취한 회계처리를 과세상 그대로 따른다는 것이다.

이에 비해 회계처리상의 많은 수익(차익)과 비용(차손) 항목은 확정결산의 내용을 세법규정이 요구하는 바에 따라 더하거나(손금불산입 및 익금산입의 규정에 따라서) 빼거나(손금산입과 익금불산입의 규정에 따라서) 함으로써 과세소득 계산상의 익·손금으로 인정되는바, 이러한 산출작업을 신고조정이라고 하고, 해당 항목을 신고조정사항2)이라고 부른다. 따라서 신고조정은 세법상의 요구에 맞추어 회계장부상의 기록이나 확정결산의 내용 자체를 변경하는 것이 아니고 단지 확정결산서상의 해당 항목의 금액을 가감하여 세무조정계산서에 기입하는 것이다. 신고조정사항에는 임의적인 것과 필요적인 것이 있다. 예컨대 각종 준비금은 법인이 그 설정을 임의로 신고조정에 반영함으로써 손금산입이 인정되는 것이지만, 손금불산입항목에 해당하는 법인세액이나 법정한도액을 초과하는 비용은 반드시 손금불산입의 조정을 가하여야 한다.

---

1) 결산조정사항을 예시하면 다음과 같다.
① 비영리내국법인의 고유목적사업준비금(法法 29조)
② 보험사업법인의 책임준비금과 비상위험준비금(法法 30조)
③ 퇴직급여충당금(法法 33조)
④ 신용보증사업법인의 구상권상각충당금(法法 35조)
⑤ 감가상각비(法法 23조)
⑥ 대손금(法令 62조)
⑦ 대손충당금(法法 34조)
⑧ 공사부담금(法法 37조), 보험차익금(동법 38조) 또는 국고보조금(동법 36조)으로 취득한 고정자산가액
⑨ 천재지변 등의 사유로 파손 또는 멸실된 고정자산의 평가손실(法法 22조 단서, 42조 3항)
⑩ 시설개체 또는 기술낙후로 인하여 생산설비의 일부를 폐기하거나 사업의 폐지 또는 사업장의 이전에 따른 임차사업장의 원상회복을 위하여 시설물을 철거함으로 발생하는 폐기손(法令 31조 7항)
2) 결산조정사항에 해당하지 않은 조정사항이 신고조정사항임은 물론이다. 기업회계와 상치하는 세법규정으로서 원칙적으로 법인의 의사결정과 관계없이 적용되는 규정에 따른 조정이 신고조정사항에 해당된다. 이와 같은 규정이 세법에는 매우 많기 때문에 자연히 신고조정사항도 그 수가 매우 많다. 대표적인 것들이 기업회계상 당기순이익의 계산에 있어서는 비용에 해당하지만 법인세 과세표준 계산에 있어서는 손금으로 인정되지 않는 각종 비용의 법정한도초과액이다.

위에서 본 결산조정사항은 다시 신고조정을 거쳐서 과세상 반영되므로, 전자를 1차적 세무조정, 후자를 2차적 세무조정이라고 할 수 있다. 따라서 엄밀히 말하자면 '확정결산의 원칙'은 궁극적으로 신고조정 단계에서 적용되는 것이다.

그런데 조세특례제한법이 정하는 각종 준비금의 적립금은 신고조정 사항이기는 하나(法法 61조 1항), 이 금액의 손금산입은 '해당 준비금을 익금에 산입할 때 그 적립금을 처분'하는 경우에 한하여 할 수 있다(동조 2항; 法令 98조 1항). 결산단계에서 미리 이익처분의 일환으로 해당 금액을 적립하여 사내에 유보케 함으로써 배당의 지급 등 다른 목적으로 사용할 수 없도록 하고, 후일 준비금 설정이 해제되어 이를 익금에 환입할 때 이에 맞추어 해당 적립금을 다른 용도로 처분할 수 있도록 하는 것이다. 이처럼 결산(잉여금처분)과 신고(신고조정)의 양단계에 걸쳐서 절차를 밟아야 하는 특이성 때문에, 이를 특별히 '잉여금처분에 의한 신고조정'이라 부르고 여타의 것을 '단순 신고조정'이라고 하기도 한다.[1]

2. 소득처분 - 익금산입 또는 손금불산입 금액의 처분

과세표준을 신고하거나 법인세의 결정 또는 경정을 함에 있어서 '익금에 산입하거나 손금에 불산입한 금액'은 법인세법 제67조 및 동법 시행령 제106조에서 정하는 바에 의하여 처분하여야 한다. 이 처분을 소득처분이라고 일컫는데, 그 성질은 기업회계에 의한 이익금액과 법인세법상의 과세소득금액 간의 차액의 귀속에 대한 세무회계상의 결정을 뜻한다. 세무회계상의 결정이므로 소득처분은 법인 자신(법인세법 시행령 97조 7항의 규정에의 외부조정계산서가 요구되는 경우에는 세무사)이 하는 것이 원칙이다.

그러나 과세소득에 대해서는 과세권자가 경정권(무신고의 경우에는 결정권)을 가지고 있기 때문에, (i) 법인 스스로가 법령상 요구되는 적정한 소득처분을 하지 않았을 경우에는 과세권자가 직접 행정처분의 형태로 소득처분을 할 수 있으며(소득처분의 결여), (ii) 다른 한편으로는 법인이 매출액을 누락하거나 가공경비를 계상하는 등과 같이 결산 자체를 잘못하거나 필요적 신고조정을 잘못

---

1) 申瓚秀, "企業會計와 稅務會計의 차이," 裁判資料 第60輯,「租稅事件에 관한 諸問題(上)」, 所收, 50면 이하 및 申東閏, "益金算入額의 所得處分," 위 책 (下) 所收, 288－289면 참조. 다만 두 논문 발표 후의 법령개정으로 인하여 현행 규정과 맞지 않는 부분이 있음에 유의.

한 경우에는 과세권자가 신고소득을 적정 과세소득으로 경정함과 동시에 신고소득과 경정소득 간의 차액(익금에 산입하거나 손금에 불산입한 금액)에 대해서 소득처분을 아울러 하게 된다(法法 67조). 전자는 소득금액의 경정을 수반하지 않는 소득처분이고, 후자는 소득금액의 경정을 수반하는 소득처분이다. 어느 경우든 분쟁의 대상이 되는 것은 과세권자가 행하는 소득처분이기 때문에 소득처분이라고 하면 오히려 부과처분으로서의 소득처분으로 이해되고 있는 경향이 있다.

법인이 과세표준을 신고하거나 과세관청이 법인세의 결정 또는 경정을 함에 있어서 익금에 산입하거나 손금에 불산입한 금액의 처분(소득처분)은 다음과 같이 한다(法法 67조; 法令 106조).

(1) 사외유출의 경우

1) 귀속자가 분명한 경우　　익금산입금액의 사외유출이 분명한 경우에는 그 귀속자에 따라 이익처분에 의한 상여·배당·기타소득·기타 사외유출로 한다(法令 106조 1항 1호). 법인이 매출사실이 있음에도 그 매출액을 장부에 기재하지 아니하는 경우에는 특별한 사정이 없는 한 제품매입비 등 원가상당액을 포함한 그 매출누락액 전액이 사외로 유출된 것으로 보아야 하며, 매출누락액이 사외로 유출되지 않았다고 볼 특별한 사정은 이를 주장하는 법인측에서 입증해야 한다.[1] 차입금으로 주금을 납입한 주주가 주금 납입 직후 주금을 인출하여 차입금을 변제하는 이른 바 가장납입의 경우에도 주금납입의 효력은 있으므로, 이러한 경우 회사는 납입받은 주금을 사외유출한 것으로 본다.[2]

(i) 귀속자가 주주 등(임원 또는 사용인인 주주 등 제외)인 경우에는 배당으로 처분한다. 이를 인정배당이라고 한다. 물론 주주에게 소득이 귀속되었다는 자료도 없이 만연히 소유주식에 비례하여 소득이 귀속되었다고 할 수는 없다. (ii) 귀속자가 임원 또는 사용인인 경우에는 상여로 처분한다. 이를 인정상여처분이라고 한다. 인정상여처분에 따른 근로소득세 납세의무가 일단 발생한 이후에는 가사 그 귀속자가 그 소득금액을 법인에 환원시켰다 하더라도 이미 발생한 납세의무에 영향을 미치지 않는다.[3] (iii) 귀속자가 법인이거나 개인 사업소득자

---

1) 대법원 1983. 6. 14., 82 누 471; 同 1987. 2. 28., 83 누 381; 同 1985. 9. 24., 83 누 17; 同 1986. 9. 9., 85 누 556; 同 1993. 5. 14., 93 누 630; 同 1999. 5. 25., 97 누 19151; 同 1999. 12. 24., 98 두 16347.

2) 대법원 2016. 9. 23., 2016 두 40573.

3) 대법원 1990. 10. 10., 89 누 2233.

인 경우에는 기타 사외유출로(다만, 분여된 이익이 내국법인·외국법인의 국내사업장
또는 거주자·비거주자의 국내사업장의 사업소득을 구성하는 때에 한한다) 처분한다.
기타 사외유출로 처분되는 경우에는 귀속자 법인이나 개인 사업소득자가 그 유
출된 금액에 대하여 법인세나 사업소득세를 부담하게 된다. (iv) 그리고 귀속자
가 위 (i), (ii) 및 (iii) 이외의 사람인 경우에는 기타소득으로 처분된다. 그러나
소득금액변동통지시에 그 소득을 지급받은 것으로 의제되는 자가 이미 사망한
이상 그로 인한 소득세 납세의무가 성립할 수 없고, 따라서 그 상속인이 승계
할 조세채무도 없다.1)

2) 귀속자가 불분명한 경우   귀속자가 불분명한 경우에는 대표자에게
귀속한 것으로 본다. 통상 이를 '대표자 인정상여'라고 한다.2) 소액주주3)가 아
닌 주주인 임원 및 그와 특수관계에 있는 자가 해당 법인의 발행주식총수 또는
출자총액의 100분의 30 이상을 소유하고 있는 경우로서 그 임원이 법인의 경영
을 사실상 지배하고 있는 경우에는 해당 임원을 대표자로 본다(法令 106조 1항
1호 단서 괄호). 대표자가 2인 이상인 경우에는 사실상의 대표자를 대표자로 본
다(동 단서 괄호). 그러나 비록 회사의 대표이사로 법인등기부상 등재되어 있더
라도 그것이 본인의 의사에 기하지 아니한 부실한 것이면 그는 대표자가 아니
다.4) 정리회사의 관리인(현행 '채무자 회생 및 파산에 관한 법률'상의 관리인)은 정

1) 대법원 1992. 7. 14., 92 누 4048.
2) 과세관청이 매출누락액에 대응하는 경비를 인정하여서 법인의 소득금액 계산에서 공제해
   주었다는 이유만으로 이를 대표자 개인에게 지급된 것으로 의제되는 소득금액에서도 경비
   로 당연히 공제되어야 한다고 판단한 원심은 당해 소득처분의 대상된 소득의 귀속에 관한
   심리 없이 법인세의 과세표준인 소득과 소득처분할 익금산입액의 범위를 혼동한 위법이 있
   어 파기를 면할 수 없다(대법원 1994. 11. 18., 93 누 7211).
   상호신용금고의 대표이사가 신용금고 명의로 부금을 수입하거나 금원을 차입하고도 이를
   상호신용금고법 제17조 제2항에 따라 장부에 기장하지 않고 소위 부외부채로 관리·유용
   하였다면 비록 그와 같은 차입행위가 동법 제17조 소정의 차입절차 등을 위배한 것이 되
   어 사법상으로는 신용금고의 차입행위로서는 무효가 된다 하더라도 그 부외부채의 상대계
   정인 현금은 일단 신용금고에 들어온 법인의 수익으로 보아야 한다. 이와 같이 상호신용금
   고의 수익으로 되는 부외부채의 상대계정인 현금이 신용금고의 장부에 기장되지 아니한
   이상 이는 특별한 사정이 없는 한 사외로 유출되었다고 보아야 할 것이니, 그 귀속이 분명
   하지 않다면 법인세법 제67조(구 法法 제32조 제5항) 및 그 시행령 제106조(구 法令 94조
   의2) 제1항에 의하여 대표자에 대한 상여로 소득처분이 되는 것이다(대법원 1991. 12. 10.,
   91 누 5303).
3) 소액주주 등이란 발행주식총수 또는 출자총액의 100분의 1에 미달하는 주식 또는 출자지
   분을 소유한 주주 등(해당 법인의 국가, 지방자치단체 외의 지배주주 등과 특수관계에 있는
   자는 제외)을 말한다(法令 50조 2항).

리회사의 대표자의 지위에 있다고 하기보다는 일종의 공익적 수탁자의 지위에 있는 것이므로 특별한 사정이 없는 한 인정상여로 소득처분되는 법인의 대표자로 볼 수 없다.[1] 대표자 이외의 자에게의 귀속이 분명하다는 입증책임은 이를 주장하는 납세자에게 있다.[2]

기부금한도초과액(法法 24조), 업무추진비한도초과액(法法 25조), 일정한 지급이자의 손금부인액(法法 28조), 임대보증금 등의 간주익금산입액(租特法 138조), 대표자에 대한 인정상여처분으로 대납한 미회수 소득세, 특수한 유형의 부당행위계산부인액(법인세법 시행령 88조 1항 8호 및 8호의2에 규정된 부당한 조건의 자본거래 등으로 인한 이익분여행위의 부인액 등)으로서 귀속자에게 상속세 및 증여세법에 의해 증여세가 과세되는 금액, 외국법인 국내사업장의 소득에 대한 법인세 과세표준을 신고하거나 결정 또는 경정함에 있어서 익금에 산입한 금액이 그 외국법인 등에 귀속되는 소득 및 국조법에 따라 익금에 산입된 금액이 국외특수관계인으로부터 반환되지 않은 소득은 기타 사외유출로 한다(法令 106조 1항 3호).

(2) 사외에 유출되지 아니한 경우

익금산입액이 사외에 유출되지 아니한 경우에는 이를 사내유보로 한다(法令 106조 1항 2호). 법인의 실질적 경영자인 대표이사 등이 법인의 자금을 유용하는 행위는 특별한 사정이 없는 한 애당초 회수를 전제로 하여 이루어진 것이 아니어서 그 금액에 대한 지출 자체로서 이미 사외유출에 해당한다.[3] 이와 관련하여 회수를 전제로 법인자금을 유용한 것이라는 주장을 뒷받침할 특별한 사정은 이를 주장하는 자가 입증하여야 한다.[4] 한편, 대표이사의 직위에 있는 자라 하더라도 실질적으로 피용자의 지위에 있는 자가 법인의 업무와는 무관하게 개인적 이익을 위해 법인의 자금을 횡령하는 등 불법행위를 함으로써 법인이 그 자에 대하여 손해배상채권 등을 취득하는 경우, 즉 대표이사 등의 의사를 법인의 의사와 동일시하거나 대표이사 등과 법인의 경제적 이해관계가 사실상

---

4) 대법원 1984. 3. 27., 83 누 333.
1) 대법원 1995. 6. 30., 94 누 149; 同 1992. 7. 14., 92 누 3120.
2) 대법원 1992. 8. 14., 92 누 6747.
3) 대법원 2008. 11. 13., 2007 두 23323; 同 2001. 9. 14., 99 두 3324; 同 1999. 12. 24., 98 두 7350.
4) 대법원 2013. 2. 28., 2012 두 23822.

일치하는 것으로 보기 어려운 경우에는 그 금원 상당액이 곧바로 사외유출된 것으로 볼 수는 없다.[1] 이 경우에는 횡령금액이 손해배상청구권의 형태로 사내에 유보되어 있다고 할 것이다.

법인이 국세기본법 제45조의 수정신고기한 내에 매출누락, 가공경비 등 부당하게 사외유출된 금액을 회수하고 세무조정으로 익금에 산입하여 신고하는 경우도 사내유보로 처분하되, (i) 세무조사의 통지를 받은 경우, (ii) 세무조사가 착수된 것을 알게 된 경우, (iii) 세무공무원이 과세자료의 수집 또는 민원 등을 처리하기 위하여 현지출장이나 확인업무에 착수한 경우, (iv) 납세지 관할세무서장으로부터 과세자료 해명안내 통지를 받은 경우, (v) 수사기관의 수사 또는 재판 과정에서 사외유출 사실이 확인된 경우, (vi) 그 밖에 위의 경우들과 유사한 경우로서 경정이 있을 것을 미리 안 것으로 인정되는 경우로서 사외유출된 금액을 익금산입하는 경우에는 그러하지 아니하다(法令 106조 4항). 위에서 본 바와 같이 사외유출에 따른 납세의무가 일단 발생한 이후에는 가사 그 귀속자가 그 소득금액을 법인에 환원시켰다 하더라도 이미 발생한 납세의무에 영향을 미치지 않음이 원칙이나, 수정신고 기한 내의 자발적 회수에 대해서는 구제의 길을 열어 준 것이다.

(3) 추계 시의 소득처분

추계조사결정·경정에 의하여 익금에 산입한 금액은 어디로 귀속된 것인지 파악이 불가능하다. 따라서 이 경우에는 실지조사에서 익금산입액의 귀속이 불분명한 경우에서와 같이 추계에 의해 결정된 과세표준과 법인의 재무상태표상의 당기순이익과의 차액(법인세 상당액을 공제하지 아니한 금액을 말함)은 대표자에 대한 상여로 이익처분한다. 다만, 추계사유가 천재·지변 등으로 인한 장부의 멸실에 기인한 것인 때에는 기타 사외유출로 처분한다(法令 106조 2항). 이 경우 법인이 결손신고를 한 때에는 그 결손은 없는 것으로 한다(동조 3항).

[1) 대법원 2004. 4. 9., 2002 두 9254; 同 1989. 3. 28., 87 누 880.

제11절 법인과세 신탁재산의 법인세 과세특례

I. 법인과세 신탁재산에 대한 법인세 과세특례의 개요

신탁재산에 귀속되는 소득은 원칙적으로 그 신탁의 이익을 받을 수익자에게 귀속되는 것으로 보지만(法法 5조 1항), 신탁법상의 목적신탁, 수익증권발행신탁 및 유한책임신탁 등 일정한 요건을 충족하는 신탁(자본시장법상의 투자신탁은 제외)의 경우에는 신탁계약에 따라 신탁재산에 귀속되는 소득에 대하여 수탁자(내국법인이나 거주자인 경우에 한정)가 법인세를 납부할 수 있으며, 이 경우 각각의 신탁재산 별로 수탁자를 하나의 내국법인으로 본다(法法 5조 2항). 이렇게 신탁재산에서 발생하는 수익에 대해 부담하는 수탁자의 법인세 납세의무가 자신의 고유 소득에 대해 부담하는 법인세 납부의무와 별개임은 물론이다(法法 75조의11 1항). 신탁을 단순히 소득이 통과하는 도관(導管)으로 보는 입장(신탁도관설적 입장)에서 벗어나 신탁재산에 대한 위탁자의 지배가 약한 성격의 신탁계약에 한하여 부분적으로 신탁재산을 과세목적상 실체(實體), 즉 일종의 법인으로 의제하는 것이다. 이처럼 신탁재산(법인세법 제75조의10은 이를 '법인과세 신탁재산'이라고 정의함)을 하나의 내국법인으로 의제하는 경우에는 수탁자(법인세법 제75조의10은 이를 '법인과세 수탁자'라고 정의함)가 개별 신탁재산 별로 법인세 납부의무를 이행하여야 하는 한편, 그 수익을 분배받는 수익자가 해당 분배금이나 배당금에 대하여 소득세나 법인세 납세의무를 진다. 소득세법과 법인세법은 그 성격을 배당소득으로 분류하고 있다(所法 17조 1항 2호의2, 法法 75조의11 3항).

법인과세 신탁재산에서 발생하는 소득에 대해서도 기본적으로 일반 법인의 각 사업연도 소득에 대해 법인세를 부과하는 규정들이 적용되어 법인세가 부과되지만, 아래에서 보는 바와 같이 여러 가지 과세상의 특례를 두고 있다. 신탁계약의 변경 등으로 법인과세 신탁재산의 요건을 충족하지 않게 된 경우에는 그 사유가 발생한 날이 속하는 사업연도에 발생하는 수익에 대해서부터 신탁재산에 대한 법인세 과세를 적용하지 않는다(法法 75조의11 4항).

Ⅱ. 신탁재산의 납세의무에 대한 수익자의 제2차 납세의무

재산의 처분 등에 따라 법인과세 수탁자가 법인과세 신탁재산의 재산으로 그 법인과세 신탁재산에 부과되거나 그 법인과세 신탁재산이 납부할 법인세 및 강제징수비를 충당하여도 부족한 경우에는 그 신탁의 수익자(신탁법에 따라 신탁이 종료될 때 신탁재산이 귀속되는 자를 포함)는 분배받은 재산가액 및 이익을 한도로 그 부족한 금액에 대하여 제2차납세의무를 진다(法法 75조의 11 2항). 법인의 납세의무에 대해 무한책임사원이나 과점주주와 같은 출자자에게 제2차 납세의무를 지우는 것(基本法 39조)과 흡사하다. 제2차납세의무의 발생 요건으로서의 '재산의 부족' 여부를 판단함에 있어서 수탁자 법인의 고유재산이 고려되지 않음을 유의해야 한다.

Ⅲ. 법인과세 신탁재산의 설립 및 해산의 특례

법인과세 신탁재산은 신탁법에 따라 그 신탁이 설정된 날에 설립된 것으로 보고(法法 75조의12 1항), 신탁법에 따라 그 신탁이 종료된 날(신탁이 종료된 날이 분명하지 아니한 경우에는 부가가치세법 제5조 제3항에 따른 폐업일)에 해산된 것으로 본다(동조 2항). 법인과세 수탁자는 법인과세 신탁재산에 대한 사업연도를 1년 이내의 기간으로 정하여 법인 설립신고 또는 사업자등록과 함께 납세지 관할세무서장에게 신고하여야 한다(동조 3항). 법인과세 신탁재산의 법인세 납세지는 그 법인과세 수탁자의 납세지로 한다(동조 4항).

Ⅳ. 신탁재산이 공동수탁자에 속하는 경우의 과세특례

하나의 법인과세 신탁재산에 신탁법에 따라 둘 이상의 수탁자가 있는 경우에는 수탁자 중 신탁사무를 주로 처리하는 수탁자(대표수탁자)로 신고된 자(法法 109조의2)가 법인과세 신탁재산에 귀속되는 소득에 대하여 법인세를 납부할 의무를 진다(法法 75조의13 1항). 이 경우 대표수탁자 외의 수탁자는 법인과세 신탁재산에 관계되는 법인세에 대하여 연대납부의무를 진다(동조 2항).

V. 이익의 배당에 따른 법인과세 신탁재산의 소득공제

법인과세 신탁재산에서 발행한 이익을 신탁계약에 따라 수익자나 위탁자에게 배당한 경우에는 그 금액을 해당 배당으로 잉여금의 처분아 이루어진 사업연도의 소득금액에서 공제한다(法法 75조의14 1항). 법인세법 제51조의2에서 자산유동화회사나 특정의 투자회사가 각 사업연도 배당가능이익의 90% 이상을 배당하는 경우 배당금액을 과세대상 소득에서 공제하는 것과 같이 법인으로 의제되는 법인과세 신탁재산에 대한 법인세 과세와 수익자나 신탁자의 배당소득에 대한 과세의 이중성을 해소하기 위한 장치이다. 배당을 받은 법인과세 신탁재산의 수익자에 대하여 법인세법이나 조세특례제한법에 따라 그 배당에 대한 소득세 또는 법인세가 비과세되는 경우에는 이러한 소득공제를 적용하지 않는다(동조 2항). 배당을 받은 수익자가 비과세되는 경우에는 이중과세를 해소하기 위한 소득공제를 적용할 이유가 없기 때문이다. 다만, 배당을 받은 수익자가 조세특례제한법상의 동업기업 과세특례를 적용받는 동업기업이고, 그 동업자들이 동업기업으로부터 배분받은 소득 전부에 대해 소득세나 법인세를 부담하는 경우에는 여전히 소득공제를 허용한다. 동업기업이 배당받은 신탁이익이 그 단계에서는 비과세되지만, 동업자들의 단계에서는 과세되므로 궁극적으로 비과세되는 것이 아니기 때문이다. 법인과세 수탁자가 이러한 소득공제를 받으려면 반드시 신청을 하여야 한다(동조 3항).

VI. 법인과세 신탁의 합병 및 분할에 대한 과세특례

법인과세 신탁재산을 대상으로 이루어지는, 신탁법에 따른 신탁의 합병은 법인세법의 적용에 있어서 법인의 합병으로 본다. 이 경우 합병되기 전의 법인과세 신탁재산은 피합병법인으로 보고, 합병된 후의 법인과세 신탁재산은 합병법인으로 본다(法法 75조의15 2항). 분할의 경우에도 마찬가지로 법인과세 신탁재산을 대상으로 하는 신탁법에 따른 신탁의 분할(분할합병 포함)은 법인세법을 적용함에 있어서 법인의 분할로 본다. 이 경우 신탁의 분할로 인해 새로운 신탁으로 이전하는 법인과세 신탁재산은 분할법인등으로 보고, 분할되는 신탁의 신탁재산을 이전받은 법인과세 신탁재산은 분할신설법인등으로 본다(동조 2항).

Ⅶ. 법인과세 신탁재산의 소득금액 계산의 특례

법인과세 신탁재산의 수탁자가 변경되어 그 법인과세 신탁재산에 관한 자산과 부채가 새로운 수탁자에게 이전되는 경우 그 자산과 부채의 이전가액을 수탁자 변경일 현재의 장부가액으로 보아 이전에 따른 손익은 없는 것으로 한다(法法 75조의16 1항). 수탁자의 변경으로 인해 신탁재산의 양도가 일어나도 그 양도차익이나 양도차손을 과세상 반영하지 않는 것이다.

Ⅷ. 법인세의 부과 및 징수 절차 상의 특례

법인과세 신탁재산의 새로운 수탁자가 선임된 경우 신수탁자는 선임일 이후 2개월 이내에 그 사실을 납세지 관할세무서장에게 신고하여야 하고(法法 109조의2 1항), 법인과세 신탁재산의 수탁자의 임무가 종료되고 새로운 수탁자가 신탁사무를 승계한 경우에는 새로운 수탁자는 승계일 이후 2개월 이내에 그 사실을 납세지 관할세무서장에게 신고하여야 하며(동조 2항), 둘 이상의 수탁자가 있는 법인과세 신탁재산의 대표수탁자가 변경된 경우 그 변경 전의 대표수탁자와 변경 후의 대표수탁자는 각각 변경일 이후 2개월 이내에 그 사실을 납세지 관할세무서장에게 신고하여야 한다(동조 3항).

법인과세 수탁자는 법인과세 신탁재산 별로 신탁재산에 귀속되는 소득을 각각 구분경리하여야 하고(法法 113조 6항), 법인과세 신탁재산에 대해서는 성실신고확인서의 제출의무(法法 60조의2) 및 중간예납의무(法法 63조)를 적용하지 아니한다(法法 75조의17). 그리고 법인과세 신탁재산이 원천징수 대상인 이자소득 등을 지급받더라도, 법인과세 신탁재산의 수탁자가 일정한 금융회사 등에 해당하는 경우에는 법인세법 제73조 제1항에 따른 원천징수할 의무가 발생하지 않는다(法法 75조의18 1항). 한편, 법인과세 수탁자가 법인과세 신탁재산에 속하는 원천징수 대상채권등(法法 73조의2 1항)을 매도하는 경우에는 법인과세 수탁자를 그 원천징수 대상채권등의 보유기간에 상응하여 발생한 이자 등의 수익에 대한 원천징수의무자로 본다((法法 75조의18 2항).

제12절 연결납세방식에 의한 과세특례

Ⅰ. 연결납세제도의 의의

연결납세제도는 직·간접적 주식의 소유를 통하여 밀접하게 관련되어 있는 회사들(이하 "관계회사들"이라고 함)의 집단을 과세목적상 하나의 회사로 취급하는 개념이다. 다시 말해 관계회사들 전체를 하나의 회사로 보아 '각 사업연도의 소득'을 계산하여 그 소득에 대한 법인세를 신고·납부함으로써 관계회사들 전체의 납세의무가 이행된 것으로 보는 것이다.[1] 관계회사들이 경제적 실질의 면에서 사실상 하나의 조직임에도 불구하고 각자의 소득을 별도로 계산하여 과세함으로써 관계회사들 전체의 입장에서 볼 때 경제적 의미에서의 소득이나 손실로 볼 수 없는 것이 소득이나 손실로 인정되어 과세되는 불합리를 개선하고,[2] 동시에 배당에 대한 이중과세 문제를 완전히 해결할 수 있는 장점이 있다. 그러나 연결납세방식을 적용받는다고 하여 관계회사들이 과세목적상 완전히 하나의 회사로 전환되는 것은 아니다. 일단 연결납세방식의 적용을 받는 각 관계회사의 각 사업연도 소득을 일반 법인과 마찬가지로 계산한 뒤 관계회사들의 익금 또는 손금에 중복적으로 산입(또는 불산입)될 수 없는 특정의 항목을 가감조정하고 관계회사 간의 내부거래에 따른 손익효과를 제거하여 관계회사들 전체의 소득(각 연결사업연도의 소득)을 산정하는 방식이기 때문에 각 관계회사는 기본적으로 법인세 납세주체로서의 정체성을 유지한다.

미국에서는 1921년경부터 이 제도를 채택하여 시행하고 있고(consolidated return),[3] 일본에서도 1960년대부터 논의를 시작하여 2002년(平成 14년)부터 이 제도를 도입, 시행하고 있다.[4] 일본은 우리나라와 같이 원칙적으로 100% 소유관계에 있는 법인만 연결납세방식을 적용받을 수 있는 관계회사(연결자법인)의 범위에 포함시키는 데 비해[5] 미국에서는 80% 지배회사까지 연결납세방식을

---

[1] Stephen Lind, Stephend Schwarz, Daniel Lathrop and Joshua Rosenberg, FUNDA-MENTALS OF CORPORATE TAXATION(The Foundation Press, Inc., 1987), p. 662.

[2] Bittker & Eustice, FEDERAL INCOME TAXATION OF CORPORATIONS AND SHARE-HOLDERS (Warren, Gorham & Lamont 5th ed.), pp. 15−42.

[3] Bittker & Eustice, 위의 책, 같은 면; 미국 내국세입법 §1501−§1505, 1552.

[4] 金子 宏, 앞의 책, 342면; 일본 법인세법 제81조부터 82조.

[5] 일본 법인세법 제12조의7의6, 12조의7의7.

적용받을 수 있는 관계회사의 범위에 포함시키고 있다.[1]

II. 연결납세방식의 적용요건과 절차

1. 자격요건

다른 내국법인의 주식이나 출자총액의 지분을 90% 이상 보유하는 내국법인(이하 "연결모법인"이라고 함)과 그 지배되는 법인(이하 "연결자법인"이라고 함)은 연결모법인의 납세지 관할 지방국세청장의 승인을 받아 연결납세방식을 적용받을 수 있다(法法 76조의8 1항). 내국법인이 다른 내국법인의 발행주식총수 또는 출자총액의 100분의 90 이상을 보유하고 있는 경우를 '연결지배'라고 부른다(法法 2조 10호의2). 그리고 연결납세방식을 적용받는 자법인을 '연결자법인', 그 모법인을 '연결모법인', 연결납세방식을 적용받는 개별 법인을 일반적으로 '연결법인'이라고 부르고, 연결법인 전체를 합하여 부를 때는 '연결집단'이라고 한다(法法 2조 7호, 8호, 9호, 10호). '연결지배' 관계가 인정되기 위해서는 의결권 없는 것과 다른 내국법인을 통하여 간접적으로 보유하는 것을 포함하여 발행주식총수 또는 출자총액의 전부(상법이나 자본시장법에 따라 보유하는 자기주식은 제외하고, 우리사주조합을 통하여 근로자가 취득한 주식 등 시행령으로 정하는 주식으로서 발행주식총수의 100분의 5 이내의 주식도 제외함)를 보유하여야 한다. 다른 내국법인을 연결지배하는 법인이라도 비영리법인, 청산 중인 법인, 지급배당금의 소득공제를 받을 수 있는 것으로 법인세법 제51조의2 제1항에 규정된 법인, 비영리법인이 아닌 제3의 내국법인에 의해 완전지배를 받는 법인 등 특정의 법인은 연결가능 모법인이 될 수 없고, 다른 내국법인에 의하여 완전지배되는 법인이라도 청산 중인 법인, 지급배당금의 소득공제를 받을 수 있는 것으로 법인세법 제51조의2 제1항에 규정된 법인 등 특정의 법인은 연결가능 자법인이 될 수 없다(法法 76조의8 1항; 法令 120조의12 1항, 2항). 연결가능 자법인이 수개인 경우에는 전부를 연결납세방식의 적용대상으로 삼아야 하고 그 일부만 대상으로 할 수는 없다(동조 동항).

---

1) 미국 내국세입법 §1504(a).

2. 연결납세방식의 승인 · 취소 · 포기

연결납세방식은 강제적으로 적용되는 것이 아니라 자격요건을 갖춘 연결가능 모법인의 신청과 이에 대한 국세청장의 사전승인에 따라 적용된다(法法 76조의8 1항). 연결모법인의 납세지 관할 지방국세청장은 연결납세방식을 적용받고 있는 연결법인의 사업연도가 연결사업연도와 일치하지 아니하는 경우, 장부 기타 증명서류를 근거로 과세표준과 세액을 결정할 수 없는 경우 등 일정한 사유에 해당하는 경우에는 연결납세방식의 적용 승인을 취소할 수 있다(法法 76조의9 1항). 연결납세방식의 적용 승인이 취소된 연결법인은 취소된 날이 속하는 사업연도와 그 다음 사업연도의 개시일부터 4년 이내에 종료하는 사업연도까지는 연결납세방식을 적용받을 당시 연결모법인이었던 법인을 새로운 연결모법인으로 하여 다시 연결납세방식을 적용받을 수 없다(동조 3항). 연결납세방식을 적용받은 연결사업연도와 그 다음 연결사업연도의 개시일부터 4년 이내에 끝나는 연결사업연도 중에 연결납세방식의 적용 승인이 취소된 경우, 연결납세방식을 적용받은 각 연결법인은 일정한 부득이한 사유가 있는 경우를 제외하고, (i) 연결사업연도 동안 다른 연결법인의 결손금과 상쇄한(法法 76조의14 1항) 해당 법인의 소득금액을 연결납세방식의 적용 승인이 취소된 사업연도의 익금에 산입하여야 하고, (ii) 연결사업연도 동안 다른 연결법인의 소득금액과 상쇄한 해당 법인의 결손금을 역시 연결납세방식의 적용 승인이 취소된 사업연도의 손금에 산입하여야 한다(法法 76조의9 2항). 연결납세방식 적용 승인의 취소시점으로부터 소급하여 대략 5년 이내에 이루어진 과세상의 오류를 바로잡겠다는 취지이다. 또한 연결납세방식의 적용 승인이 취소된 경우 연결사업연도의 이월결손금(法法 76조의13 1항 1호) 중 각 연결법인에 귀속되는 금액은 그 취소 후 해당 연결법인의 이월결손금으로 복귀하고(法法 76조의9 4항), (iii) 연결법인 별 중간예납세액(法法 76조의18 4항)은 그 취소 후 해당 연결법인의 중간예납세액으로 인정된다(法法 76조의9 5항).

연결납세방식을 적용받고 있는 연결법인이 그 적용을 원하지 않는 경우에는 적용을 받지 않으려는 사업연도 개시일 전 3개월이 되는 날까지 연결모법인의 납세지 관할 지방국세청장에게 신고함으로써 그 적용을 포기할 수 있으나, 다만 연결납세방식을 최초로 적용받은 연결사업연도와 그 다음 연결사업연도의

개시일부터 4년 이내에 종료하는 연결사업연도까지는 연결납세방식의 적용을
포기할 수 없다(法法 76조의10 1항). 한 번 적용받기 시작하면 적어도 5년간은
적용을 강제하는 것이다. 연결납세방식의 적용을 포기한 경우에도 연결납세방
식을 취소당한 경우와 마찬가지로 연결납세방식이 적용되지 아니하는 최초의
사업연도와 그 다음 사업연도의 개시일부터 4년 이내에 종료하는 사업연도까지
는 연결납세방식을 적용받을 당시 연결모법인이었던 법인을 새로운 연결모법인
으로 하여 다시 연결납세방식을 적용받을 수 없고, 연결사업연도의 이월결손금
중 각 연결법인에 귀속되는 금액은 그 포기 후 해당 연결법인의 이월결손금으
로 복귀한다(法法 76조의10 2항, 76조의9 3항, 4항).

3. 연결자법인의 추가와 배제

연결모법인이 새로이 다른 내국법인을 연결지배하게 된 경우에는 그 후의
중간예납기간 종료일과 사업연도 종료일 중 먼저 도래하는 날로부터 1개월 이
내에 관할 지방국세청장에게 신고하고(法法 76조의11 3항), 연결지배가 성립한
날이 속하는 연결사업연도의 다음 연결사업연도부터 새롭게 연결지배하게 된
법인을 연결납세방식의 적용대상에 포함시켜야 한다(法法 76조의11 1항). 다만,
설립시부터 연결가능 자법인에 해당하는 법인은 그 설립등기일이 속하는 사업
연도부터 연결납세방식의 적용대상에 포함시켜야 한다(동조 2항).

연결자법인이 더 이상 연결모법인의 연결지배를 받지 아니하게 되거나 해
산한 경우에는 역시 1개월 이내에 국세청장에게 신고하고(法法 76조의12 4항; 76
조의11 3항), 해당 사유가 발생한 날이 속하는 연결사업연도의 개시일부터 연결
납세방식을 적용하지 아니한다(法法 76조의12 1항). 이를 연결자법인의 배제라고
한다. 연결납세방식을 적용받은 연결사업연도와 그 다음 연결사업연도의 개시
일부터 4년 이내에 끝나는 연결사업연도 중에 연결자법인의 배제가 발생한 경
우, 일정한 부득이한 사유가 있는 경우를 제외하고, (i) 연결에서 배제된 연결
자법인(연결배제법인)이 연결사업연도 동안 다른 연결법인의 결손금과 상쇄한(法
法 76조의14 1항) 소득금액은 배제 사유가 발생한 날이 속하는 사업연도(배제 사
업연도)에 연결배제법인의 익금에 산입하고, (ii) 연결배제법인이 연결사업연도
동안 다른 연결법인의 소득금액과 상쇄한 결손금은 배제 사업연도에 연결배제
법인의 손금에 산입하며, (iii) 다른 연결법인이 연결사업연도 동안 연결배제법

인의 결손금과 상쇄한 소득금액은 배제 사업연도에 그 다른 연결법인의 익금에 산입하고, (iv) 다른 연결법인이 연결사업연도 동안 연결배제법인의 소득금액과 상쇄한 결손금은 배제 사업연도에 그 다른 연결법인의 손금에 산입한다(法法 76조의12 2항). 그런데, 연결자법인의 배제는 장래를 향하여 효력이 발생하는 것인데 배제 전에 이루어진 연결법인 과세를 복원시키는 이러한 규정은 장래효에 맞지 않는다고 할 것이다. 한편, 연결납세방식의 적용이 취소된 경우에 있어서의 연결납세방식의 재차 적용에 대한 기간 제한(法法 76조의9 3항), 연결사업연도의 이월결손금의 처리(法法 76조의9 4항), 연결법인 별 중간예납세액의 처리(法法 76조의9 5항)에 관한 규정은 연결자법인의 배제의 경우에 준용된다(法法 76조의12 3항).

4. 적격 합병, 적격 분할, 적격 주식의 포괄적 교환·이전의 경우의 특례

연결납세방식을 적용받는 연결모법인 간의 과세이연 적격 합병(法法 44조 2항), 과세이연 적격 주식의 포괄적 교환·이전(租特法 38조) 및 연결납세방식을 적용받는 연결모법인의 과세이연 적격 분할(法法 46조 2항)의 경우에는 위에서 본 법인세법 제76조의8 제2항, 제76조의11 제1항 및 제76조의12 제1항 등의 연결납세방식 적용 자격요건의 불충족에 불구하고 그 합병일, 교환·이전일, 분할일이 속하는 연결사업연도에 한정하여 연결납세방식을 적용할 수 있다(法法 76조의8 6항). 이러한 적격 합병, 적격 주식의 포괄적 교환·이전, 적격 분할의 경우에 연결납세방식을 적용하는 구체적 방식은 시행령에 상세히 규정되어 있다(法令 120조의12 5항, 6항, 7항).

Ⅲ. 과세표준 및 세액의 계산

연결법인의 법인세 과세표준의 산정은 연결사업연도(연결집단의 소득을 계산하는 1회계기간을 의미함; 法法 1조 10호)의 소득금액을 계산하는 단계와 이렇게 계산된 연결사업연도의 소득금액에 일정한 항목을 가감하여 과세표준을 계산하는 단계로 나뉜다.

1. 각 연결사업연도의 소득금액의 계산

(1) 각 연결사업연도의 소득금액 계산의 원칙

각 연결사업연도의 소득금액은 각 연결법인별로 다음의 4개 단계에 따라 계산한 소득 또는 결손금(이하 "각 연결법인별 연결대상 소득금액" 또는 "각 연결법인별 연결대상 결손금액"이라고 함)의 합계액으로서 0을 초과하는 금액을 말한다(法法 76조의14 1항).

첫째, 연결법인별 각 사업연도의 소득금액이나 결손금을 연결납세방식을 적용받지 않는 일반법인의 그것을 산출하는 것과 같은 방식으로(法法 14조) 계산한다(法法 76조의14 1항 1호). 다만, '각 연결법인별 연결대상 소득금액' 또는 '각 연결법인별 연결대상 결손금액'을 계산함에 있어서 다음의 2가지 제약이 있다. (i) 우선, 내국법인이 다른 내국법인의 완전자법인이 된 이후(설립등기일부터 완전자법인이 된 경우는 제외함) 연결납세방식을 적용받은 경우 연결납세방식을 적용한 사업연도와 그 다음 사업연도의 개시일부터 4년 이내에 끝나는 연결사업연도에 발생한 자산(연결납세방식을 적용하기 전 취득한 자산에 한함)의 처분손실 가운데 연결모법인의 자산처분 손실에 해당하는 것은 그 연결모법인의 연결소득 개별귀속액을 한도로, 그리고 연결자법인의 자산처분 손실에 해당하는 것은 그 연결자법인의 연결소득 개별귀속액을 한도로 손금에 산입한다. 이때 처분손실 손금산입 한도의 기준이 되는 소득금액은 모두 해당 처분손실을 공제하기 전의 소득금액을 말한다(法法 76조의14 2항 2호). (ii) 다음, 연결모법인이 연결법인이 아닌 다른 내국법인을 자신을 합병법인으로 하여 적격합병하거나(法法 44조 2항) 자신을 분할합병의 상대방법인으로 하여 적격분할합병하는(法法 46조 2항) 경우 합병등기일 이후 5년 이내에 끝나는 연결사업연도에 발생한 자산의 처분손실로서, 연결모법인 및 연결가능 자법인이 합병 전에 보유하던 자산의 처분손실(합병등기일 현재 해당 자산의 시가가 장부가액보다 낮은 경우로서 그 차액을 한도로 함)에 해당하는 것은 연결모법인의 연결소득개별귀속액 중 합병 전 연결모법인의 사업에서 발생한 소득금액 및 연결자법인의 연결소득 개별귀속액(각 연결사업연도의 소득금액 중 연결자법인에 귀속되는 금액; 法法 76조의13 3항 1호)을 한도로, 그리고 피합병법인이나 분할법인이 합병 전에 보유하던 자산의 처분손실에 해당하는 것은 연결모법인의 연결소득 개별귀속액 중 피합병법인으로부터 승계받은 사업에서 발생한 소득금액을 한도로 손금에 산입한다. 이 경우에도 처분손실 손금산입 한도의 기준이 되는 소득금액은 모두 해당 처분손실을 공제하기 전의 소득금액을 말한다(法法 76조의14 2항 1호). 한편, 손금산입 한도를 초과하여 손금에 산입하지 못한 금액(이하 "손금산입 한도초과 처분손실액"이라고 함)은 해당 한도액을 한도로 이후 연결사업연도의 연결소득금액에 대한 과세표준을 계산함에 있어 연결소득금액에서 공제하는 이월결손금(즉, 아래 2.에서 말하는 '연결이월결손금')으로 인정된다(法法 76조의13 2항, 76조의14 2항 본문 후단).

둘째, 법인 간 배당소득에 대한 경제적 이중과세를 피하기 위하여 법인세법 제18조의2에 따라 익금불산입한 수입배당금액이 있으면 그 금액을 일단 익금에 산입하고, 동법 제24조 및 제25조에 따라 손금에 산입하지 아니한 기부금 및 업무추진비가 있으면 그 금액을 일단 손금에 산입하여 위 첫째 단계에서 계산한 각 사업연도의 소득금액이나 결손금액을 조정한다(法法 76조의14 1항 2호). 이 단계를 법문에서는 '연결조정항목의 제거'라고 하는데, 이는 아래 넷째 단계에서 보는 것처럼 연결법인을 하나의 내국법인으로 보아 수입배당금 익금불산입 조정과 기부금 및 업무추진비의 손금불산입 조정을 하기 위해 개별 연결법인별로 행한 이러한 항목의 조정을 없었던 것으로 복원시키는 과정이다.

셋째, (i) 연결법인이 다른 연결법인으로부터 받은 수입배당금액 상당액을 익금에 산입하지 아니하고, (ii) 다른 연결법인에 지급한 업무추진비 상당액과 다른 연결법인에 대한 채권에 대하여 설정한 법인세법 제34조의 대손충당금 상당액을 손금에 산입하지 아니하며, (iii) 유형자산 및 무형자산 등 시행령(法令 120조의18 1항)에서 정하는 자산(이하 "양도손익 이연자산"이라고 함)을 다른 연결법인에 양도함에 따라 발생하는 소득 또는 손실을 익금 또는 손금에 불산입하여 위 둘째 단계를 거친 각 사업연도의 소득금액이나 결손금액을 다시 조정한다(法法 76조의14 1항 3호). 법문상 이 단계를 '연결법인간 거래손익의 조정'이라고 부르는데, 이는 연결법인 간 내부거래에서 발생한 손익의 효과를 제거함으로써 연결집단을 하나의 소득귀속의 주체로 취급하는 효과를 가져온다.

넷째, 모든 연결법인이 연결법인 이외의 다른 내국법인으로부터 받은 배당금을 하나의 내국법인이 받은 것으로 보아 법인의 수입배당금 익금불산입에 관한 법인세법 제18조의2를 준용하여 수입배당금 익금불산입액을 계산한다(法法 76조의14 1항 4호; 연결법인이 다른 연결법인으로부터 받은 수입배당금은 내부거래이므

로 위 셋째 단계에서 익금불산입되었음). 이때 익금불산입하는 금액은 수입배당금
액을 지급한 내국법인에 대한 모든 연결법인의 출자비율의 합계 중 각 연결법
인의 출자비율이 차지하는 비율을 그 수입배당금액에 곱하여 해당 연결법인에
배분하는 방식으로 계산한다(法令 120조의19 1항). 그리고 법인세법 제18조의2에
의하면, 수입배당금을 지급하는 법인에 대한 연결법인의 출자비율에 따라 수입
배당금의 익금불산입 비율이 결정되는데, 그 출자비율은 각 연결법인의 출자비
율을 더하여 계산하고, 한편 수입배당금의 익금불산입을 제한하는 요소인 차입
금 및 차입금의 이자도 각 연결법인의 차입금 및 차입금의 이자를 더하여 계산
하되, 연결법인 간 차입금 및 차입금의 이자는 제외한다(해당 연결법인 간 차입거
래에 대하여 부당행위계산의 부인이 적용되는 경우는 제외하지 않음)(동조 2항). 또한
모든 연결법인이 지출한 기부금과 업무추진비를 하나의 내국법인이 지출한 것
으로 보아 법인세법 제24조 및 제25조를 준용하여 손금불산입액을 계산한 뒤
각 금액을 시행령에서 정하는 기준에 따라 각 연결법인별로 안분하여 위 셋째
단계를 거친 각 사업연도의 소득금액이나 결손금액을 다시 조정한다(法法 76조
의14 1항 4호; 法令 120조의20, 21). 위와 같은 수입배당금 익금불산입액과 기부금
및 업무추진비의 조정을 법문에서는 '연결조정항목의 연결법인별 배분'이라고
하는데, 위 둘째 단계에서 제거되었던 연결조정항목의 금액을 하나의 내국법인
단위로 재계산한 뒤 이를 각 연결법인에 배분하는 과정이다.

(2) 익금불산입한 양도손익 이연자산의 양도소득과 양도손실의 사후 처리

양도손익 이연자산을 양도한 연결법인(이하 "양도 연결법인"이라고 함)의 익
금 또는 손금에 불산입한 양도소득이나 양도손실은, 해당 자산의 양도가 부당
행위계산으로 부인되지 않는 한, 해당 자산을 양수한 연결법인(이하 "양수 연결
법인"이라고 함)이 해당 자산을 감가상각하거나, 재차 양도하거나, 대손 또는 멸
실처리하는 때 또는 양도한 채권의 지급기일이 도래하는 때 일정한 금액1)을

---

1) (i) 감가상각하는 경우에는 「양도소득 또는 양도손실 × 감가상각액/양수법인의 장부가
   액」에 상당하는 금액이나 「양도소득 또는 양도손실 × 해당 사업연도의 월수/양도손익 이
   연자산의 내용연수 중 경과하지 아니한 기간의 월수」에 상당하는 금액을, (ii) 재차 양도하
   는 경우에는 「양도소득 또는 양도손실 × 양도손익 이연자산의 재차 양도비율」에 상당하
   는 금액을, (iii) 대손 또는 멸실처리하는 경우에는 「양도소득 또는 양도손실 × 대손금액
   또는 멸실금액/양수법인의 장부가액」에 상당하는 금액을, (iv) 양도한 채권의 지급기일이
   도래하는 경우에는 「양도법인의 양도가액 - 양도법인의 장부가액」에 상당하는 금액을, (v)
   양도손익이연자산을 상법 제343조에 따라 소각하는 경우에는 「양도소득 또는 양도손실 ×

익금이나 손금에 산입한다(法令 120조의18 2항). 다른 연결법인이 양도 연결법인 또는 양수 연결법인을 합병한 경우에는 그 합병법인을 양도 연결법인 또는 양수 연결법인으로 보아 이러한 익금 또는 손금 산입의 처리를 한다(동조 5항).

양도 연결법인이 분할한 경우에는 분할법인 또는 분할신설법인(분할합병의 상대방 법인 포함)이 익금 또는 손금에 불산입한 양도소득이나 양도손실을 분할 등기일 현재의 순자산가액을 기준으로 안분하여 각 승계하고, 양수 연결법인의 분할에 따라 분할신설법인이 양도손익 이연자산을 승계하는 경우에는 양도 연결법인으로부터 분할신설법인이 해당 자산을 양수한 것으로 보아 위와 같은 익금 또는 손금 산입의 처리를 한다(동조 6항).

그리고 양도 연결법인 또는 양수 연결법인이 연결납세방식을 적용받지 아니하게 된 경우 양수 연결법인이 익금 또는 손금에 산입하고 남은 잔액은 연결납세방식을 적용받지 아니하게 된 날이 속하는 사업연도에 양도 연결법인의 익금 또는 손금에 산입한다(동조 4항).

2. 과세표준의 계산

위 1.에서 본 4개의 단계에 따라 계산한 '각 연결법인별 연결대상 소득금액' 또는 '각 연결법인별 연결대상 결손금액'을 합산하여 양수(+)가 나오면 그 것이 연결집단의 '각 연결사업연도의 소득금액'이 되는데, 그 금액에서 (i) 각 연결사업연도의 개시일 전 15년 이내에 개시한 연결사업연도의 결손금(연결법인이 연결납세방식의 적용 전에 입은 결손금도 포함)으로서 그 후의 각 연결사업연도(연결납세방식의 적용 전의 사업연도도 포함)의 과세표준 계산시 공제되지 아니한 금액(이하 "연결이월결손금"이라고 함), (ii) 법인세법 및 조세특례제한법에 따른 각 연결법인의 비과세소득의 합계액, (iii) 법인세법 및 조세특례제한법에 따른 각 연결법인의 소득공제액의 합계액을 빼서 '각 연결사업연도의 소득금액'에 대한 과세표준을 계산한다(法法 76조의13 1항). 이때 연결이월결손금에서 공제할 수 있는 각 연결사업연도의 소득금액의 범위는, 아래에서 볼 연결소득 개별귀속액(法法 76조의13 3항 1호)의 80%(연결법인이 중소기업과 회생계획을 이행 중인 기업 등인 경우에는 100%)로 제한된다(동항 단서).

___

소각자산의 장부가액/양수법인의 장부가액」에 상당하는 금액을 각 익금이나 손금에 산입한다(法令 120조의18 2항, 3항).

만약, 위 1.에서 본 4개의 단계에 따라 계산한 '각 연결법인별 연결대상 소득금액' 또는 '각 연결법인별 연결대상 결손금액'을 합산한 결과 음수(−)가 나오면 그 금액은 위 1.에서 본 해당 연결사업연도의 '손금산입한도초과 처분손실액'과 합산되어 해당 '연결사업연도의 결손금'으로 되고(法法 76조의13 2항), 이는 위에서 본 것처럼 후속 연결사업연도의 소득금액에 대한 과세표준 계산시 공제되는 연결이월결손금이 된다. 연결납세에서 배제된 연결자법인(위 Ⅱ. 3.)의 이월결손금은 그 배제 후 해당 법인의 독립된 이월결손금으로 처리되기 때문에 그 금액 상당액은 연결이월결손금에서 뺀다(法令 120조의17 2항). 여기서 '연결납세에서 배제된 연결자법인의 이월결손금'이라고 함은 해당 자법인의 결손금으로서 각 연결사업연도의 과세표준을 계산할 때 각 연결사업연도의 소득금액에서 공제되지 아니하고 잔존하는 금액을 의미하는데(法令 120조의17 2항, 120조의14 2항), 그 잔존금액은 같은 사업연도에 2 이상의 연결법인에게 결손금이 발생한 경우 해당 연결자법인에게 발생한 결손금부터 연결소득 개별귀속액을 한도로 먼저 공제되고 해당 연결법인에게 발생하지 아니한 2 이상의 다른 연결법인의 결손금은 해당 결손금의 크기에 비례하여 공제된 것으로 보아 계산한다(法令 120조의17 5항).

위 (i)에 따라 각 연결사업연도의 소득금액에 대한 과세표준을 계산함에 있어 공제하는 연결이월결손금 중 특별한 성격을 가지는 것에 대해서는 공제한도가 있다(法法 76조의13 3항).

첫째, 연결납세방식을 적용받기 전에 연결법인에게 발생한 이월결손금은 각 연결사업연도의 소득금액 중 해당 연결법인에 귀속되는 금액(이하 "연결소득 개별귀속액"이라고 함)을 한도로 공제한다(동항 1호). 연결소득 개별귀속액은 각 연결사업연도의 소득금액에 위에서 본 '연결법인별 연결대상 소득금액'이 '연결집단의 연결대상 소득금액'에서 차지하는 비율을 곱하여 계산한다(法令 120조의17 3항).

둘째, 연결모법인이 적격합병(法法 44조 2항)에 따라 피합병법인의 자산을 양도받는 경우 합병등기일 현재 피합병법인(합병등기일 현재 연결법인이 아닌 법인에 한함)이 가진 이월결손금은 연결모법인의 '연결소득 개별귀속액' 중 피합병법인으로부터 승계받은 사업에서 발생한 소득금액을 한도로 공제한다(동항 2호).

셋째, 연결모법인이 적격 분할합병(法法 46조 2항)에 따라 소멸한 분할법인의 자산을 양도받는 경우 소멸한 분할법인이 분할등기일 현재 가진 이월결손금 중 연결모법인이 승계받은 사업에 귀속하는 금액은 연결모법인의 '연결소득 개별귀속액' 중 소멸한 분할법인으로부터 승계받은 사업에서 발생한 금액을 한도로 공제한다(동항 3호).

　연결납세방식의 취소가 있거나, 연결납세방식을 포기하거나, 연결자법인을 연결법인에서 배제하는 경우 그러한 각 사유가 발생한 날 현재 존재하는 '연결이월결손금 중 각 연결법인에 귀속되는 금액'은 각 연결법인의 이월결손금으로 안분하여 연결납세방식을 적용받지 않게 된 각 사업연도의 과세표준 계산시 공제할 수 있다(法法 76조의9 4항; 76조의10 2항, 76조의12 2항). 여기서 '연결이월결손금 중 각 연결법인에 귀속되는 금액'은 각 연결법인에게 발생한 결손금으로서 각 연결사업연도의 과세표준을 계산할 때 공제되지 아니하고 잔존하는 금액을 의미하는데(法令 120조의14 2항), 그 잔존금액은 위에서 본 바의 '연결납세에서 배제된 연결자법인의 이월결손금'을 계산할 때와 마찬가지로 같은 사업연도에 2 이상의 연결법인에게 결손금이 발생한 경우 해당 연결자법인에게 발생한 결손금부터 연결소득 개별귀속액을 한도로 먼저 공제되고 해당 연결법인에게 발생하지 아니한 2 이상의 다른 연결법인의 결손금은 해당 결손금의 크기에 비례하여 공제된 것으로 보아 계산한다(法令 120조의17 5항).

3. 연결산출세액과 감면세액의 계산

　위 2.에서 본 바와 같이 계산한 각 연결사업연도의 소득에 대한 과세표준에 일반 법인세율(法法 55조 1항)을 적용하여 세액을 산출한다. 이러한 산출세액을 "연결산출세액"이라고 한다(法法 76조의15 1항). 한편, 연결법인이 양도소득에 대한 특별세(法法 55조의2)의 부과대상이 되는 토지 등의 양도소득을 얻은 경우(해당 토지 등을 다른 연결법인에게 양도하여 위에서 본 76조의14 1항 3호에 의한 '연결법인 간 거래손익의 조정' 대상이 되는 경우를 포함함)에는 그 양도소득에 대한 특별법인세액을, 그리고 조특법 100조의32 2항에 따른 투자·상생협력 촉진을 위한 과세특례를 적용하여 계산한 법인세(위 1.(1)에서 본 연결법인 간 거래손익의 조정 등을 하지 아니하고 계산한 것)이 있는 경우에는 이에 대한 특별 법인세까지 합산한 금액을 연결산출세액으로 한다(法法 76조의15 2항). 이러한 연결산출세액은 다음의 산식에 따라 각 연결법인에 안분 귀속시키는바, 그와 같이 안분된 금액을

'연결법인별 산출세액'이라고 한다(法法 76조의15 4항; 法令 120조의22 2항).

> 연결법인별 산출세액 = {해당 연결법인의 연결소득 개별귀속액 − (해당 연결법인의 연결소득 개별귀속액에서 공제된 연결이월결손금액 + 해당 연결법인의 비과세소득 + 해당 연결법인의 소득공제액)(이하 "과세표준 개별귀속액"이라고 함) × '각 연결사업연도의 소득금액'에 대한 과세표준에서 연결산출세액(양도차익 특별세액은 제외)이 차지하는 비율(이하 "연결세율"이라고 함)} + 양도차익 특별세액

위의 산식에 따라 2 이상의 연결법인의 '과세표준 개별귀속액'을 계산하기 위해서는 각 연결법인의 연결소득 개별귀속액에서 연결이월결손금 중 다른 법인에게 발생한 결손금을 공제하여야 하는 경우가 있을 것인바, 이때 다른 법인에게 발생한 결손금은 각 연결법인의 연결소득 개별귀속액(해당 법인에서 발생한 이월결손금을 뺀 금액)의 크기에 비례하여 안분한다(法令 120조의22 3항).

연결산출세액에서 각 연결법인 별로 계산한 감면세액과 세액공제액의 합계액을 빼서 납부할 세액을 계산한다(法法 76조의16 1항). '각 연결법인 별로 계산한 감면세액과 세액공제액'이라 함은 (i) 위에서 본 '연결법인별 산출세액'을 법인세법 제59조 제2항에 따른 세액감면액 계산기준으로서의 산출세액으로 보아 계산한 세액감면액과 (ii) 각 연결법인에게 해당하는 세액공제액을 말하는바(동조 2항), 이 중 전자는 구체적으로 감면소득에 위 산식상의 연결세율을 곱한 금액(감면의 경우에는 그 금액에 해당 감면율을 곱하여 산출한 금액)으로 계산한다(法令 120조의23 1항). 이 경우 감면소득은 과세표준 개별귀속액을 한도로 하고, 그 계산과 관련하여 일반법인의 감면소득 계산시 각 사업연도의 과세표준에 포함되지 않은 비과세소득, 소득공제액 또는 이월결손금을 감면소득에도 포함시키지 못하도록 하고 있는 법인세법 시행령 제96조 제1항을 준용한다(앞의 제8절 Ⅳ. 참조). 또한 연결법인의 감면 또는 면제되는 세액의 계산과 관련하여 연결집단을 하나의 내국법인으로 보아 조세특례제한법 제132조 제1항에 따른 최저한세가 적용된다(法法 76조의16 2항). 한편, 세액감면과 세액공제의 적용순서, 그리고 연결법인의 적격합병과 적격분할에 따른 세액감면과 세액공제의 승계에 관해서는 각 일반법인에 대한 원칙을 준용하여 정한다(法法 76조의16 3항).

4. 중소기업에의 해당여부의 결정기준

각 연결사업연도의 소득에 대한 법인세액을 산출함에 있어 중소기업을 특별히 취급하는 규정을 적용할 것인지 여부는 연결집단을 하나의 내국법인으로 보아 중소기업(法法 25조 1항 1호)에 해당하는지 여부에 의하여 결정하되, 다만 연결납세방식을 적용하는 최초의 연결사업연도의 직전 사업연도 당시 중소기업에 해당하는 법인이 연결납세방식을 적용받게 됨에 따라 중소기업에 관한 규정을 적용받지 못하게 되는 경우에는 연결납세방식을 적용하는 최초의 연결사업연도와 그 다음 연결사업연도의 개시일부터 3년 이내에 종료하는 연결사업연도까지는 해당 연결법인을 중소기업으로 본다(法法 76조의22).

Ⅳ. 신고와 납부

1. 과세표준과 세액의 신고

연결모법인은 각 연결사업연도의 종료일이 속하는 달의 말일부터 4개월 이내에 각 연결사업연도의 소득에 대한 법인세 과세표준과 세액을 신고하여야 한다(法法 76조의17 1항). 다만, '주식회사의 외부감사에 관한 법률'에 따라 감사인에 의한 감사를 받아야 하는 연결모법인 또는 연결자법인이 해당 사업연도의 감사가 종결되지 아니하여 결산이 확정되지 아니하였다는 사유로 신고기한의 연장을 신청한 경우에는 그 신고기한을 1개월의 범위에서 연장할 수 있다(동항 단서). 연결모법인은 신고시 각 연결법인이 연결납세방식을 적용받지 않았더라면 과세표준과 세액 신고시 제출하였을 서류 외에 (i) 연결소득금액 조정명세서와 (ii) 연결법인 간 출자 현황 및 거래 명세 등을 함께 제출하여야 한다(法法 76조의17 2항).

2. 중간예납

(1) 연결중간예납세액의 납부의무와 산정 방식

각 연결사업연도의 기간이 6개월을 초과하는 연결모법인은 해당 사업연도 개시일부터 그 6개월 간을 중간예납기간으로 하여 다음의 2가지 방법 중 하나에 따라 계산한 '연결중간예납세액'을 중간예납기간이 지난 날부터 2월 이내에 납부하여야 한다. 연결중간예납세액을 계산하는 첫째 방법은 직전 연결사업연도 산출세액을 기준으로 계산하는 것이다. 구체적으로는 직전 연결사업연도에 확정된 연결산출세액(가산세를 포함하며, 토지 등 양도소득에 대한 특별 법인세 및 조특법 제100조의32에 규정된 투자·상생협력 촉진을 위한 과세특례에 따른 법인세는 제외함)에서 (i) 직전 연결사업연도에 감면된 법인세액(소득공제액은 제외함) 및 (ii) 직전 연결사업연도에 각 연결법인이 원천징수당한 법인세액을 뺀 금액을 직전 사업연도의 개월수로 나눈 금액에 6을 곱하여 계산한다(이하 "직전 연결사업연도 산출세액 기준법"이라고 함). 둘째 방법은 해당 중간예납기간의 법인세액을 기준으로 계산하는 것으로서, 구체적으로는 해당 중간예납기간을 1사업연도로 보아 산정한 연결산출세액에서 (i) 해당 중간예납기간에 해당하는 감면세액(소득공제액은 제외함) 및 (ii) 해당 중간예납기간에 각 연결법인이 원천징수당한 법인세액의 합계액을 빼는 식으로 계산한다(이하 "중간예납기간의 법인세액 기준법"이라고 함; 法法 76조의18 1항). 다만, 직전 연결사업연도의 확정된 연결산출세액이 없거나 해당 중간예납기간의 만료일까지 직전 연결사업연도의 연결산출세액이 확정되지 아니한 경우에는 '중간예납기간의 법인세액 기준법'에 따라 계산하여야 한다(法法 76조의18 2항). 전기실적이 없기 때문에 앞의 방식을 선택할 여지가 없기 때문이다.

연결납세방식을 처음 적용받는 경우에는 각 연결법인이 연결납세방식을 적용받지 않았더라면 일반법인으로서 납부하였어야 할 중간예납세액(法法 63조의2)의 합계액을 연결중간예납세액으로 하고, 연결법인이 추가된 경우에는 위에서 서술한 바에 따라 계산한 연결중간예납세액과 추가된 연결법인이 연결법인으로 추가되지 않았더라면 일반법인으로서 납부하였어야 할 중간예납세액의 합계액을 연결중간예납세액으로 한다(法法 76조의18 3항).

(2) 연결법인의 지위변동에 따른 연결중간예납세액의 처리

연결법인이 중간예납기간이 지나기 전에 완전자법인에 해당하지 아니하게 되거나 해산한 경우 연결모법인은 연결중간예납세액 중 해당 연결법인에게 귀속되는 분(이하 "연결법인별 중간예납세액"이라고 함)을 빼고 납부할 수 있다(동조 4항). '연결법인별 중간예납세액'은 직전 연결사업연도의 연결산출세액에 비례한 연결중간예납세액을 납부하는 경우(위 (1)의 경우)에는 직전 연결사업연도에 확정된 연결법인별 산출세액(가산세는 포함하고, 양도차익 특별세는 제외함)에서 (i)

직전 연결사업연도에 해당 연결법인이 감면받은 법인세액과 (ii) 직전 연결사업연도에 해당 연결법인이 법인세로서 납부한 원천징수세액을 각 공제한 금액을 직전 사업연도의 개월수로 나눈 금액에 6을 곱하여 계산하고(法令 120조의25 1항), 해당 사업연도의 연결산출세액에 따른 연결중간예납세액을 납부하는 경우(위 ⑵의 경우)에는 해당 중간예납기간을 1사업연도로 보아 계산한 '연결법인별 산출세액'에서 (i) 해당 중간예납기간에 해당 연결법인이 감면받은 법인세액과 (ii) 해당 중간예납기간에 해당 연결법인이 법인세로서 납부한 원천징수세액을 각 공제하여 계산한다(동조 2항).

그리고 연결납세방식의 승인이 취소되거나 연결자법인이 연결집단에서 배제되는 경우 이미 납부한 연결중간예납세액 중 위의 '연결법인별 중간예납세액'에 상당하는 금액은 일반법인으로 돌아간 법인이 납부한 중간예납세액으로 본다(法法 76조의9 5항, 76조의12 3항).

3. 세액의 납부

연결모법인은 연결산출세액에서 해당 연결사업연도에 속하는 (i) 감면세액과 세액공제액, (ii) 연결중간예납세액 및 (iii) 각 연결법인이 원천징수당한 세액을 합한 금액을 공제한 금액을 위에서 본 과세표준과 세액의 신고기한까지 관할세무서장에게 납부하여야 한다(法法 76조의19 1항). 이때 각 연결법인별로 법인세법 제76조에 규정된 의무해태에 따른 가산세를 계산하여 그 합계액을 납부할 세액에 더하여야 한다(法法 76조의21). 연결납세방식을 적용받지 않는 일반법인에게 허용되는 분납이 연결모법인에게도 적용된다(法法 76조의19 3항). 연결모법인이 모든 연결자법인들의 소득에 대한 법인세를 대표하여 납부하게 되므로 연결자법인은 '연결법인별 산출세액'에서 해당 연결사업연도에 속하는 (i) 자신의 감면세액, (ii) 자신의 중간예납세액 및 (iii) 자신의 원천징수된 세액을 뺀 금액을 연결모법인에게 지급하여야 한다(法法 76조의19 2항). 각 연결법인의 의무이행의 해태에 따라 발생한 가산세가 있으면 그 금액을 더하여 지급하여야 함은 물론이다. 반대로 위의 계산금액이 음수인 경우에는 연결모법인은 음의 부호를 뗀 금액을 연결과세표준 신고기한까지 연결자법인에 지급하여야 한다(동조 3항). 이처럼 연결자법인이 연결모법인에게 지급하는 금액이나 반대로 연결모법인이 연결자법인에게 지급하는 금액이 지급하는 법인의 손금에 해당하지 아니하고, 지급받는 법인의 익금에 해당하지 아니함은 앞에서 본 바 있다(法法 18조 7호, 21조 6호; 본장 제4절 Ⅲ. 11. 및 제5절 Ⅲ. 3. 참조).

제13절   동업기업에 대한 과세특례제도

Ⅰ. 총 설

1. 소득세법상의 조합과세제도

(1) 조합의 유형

조합은 2인 이상이 서로 출자하여, 공동사업을 경영할 것을 약정함으로써 성립하는 단체적 성질을 가진 법률관계이다(민법 703조 1항). 현실에서 조합은 가장 빈번하게 이용되는 공동사업형태 중 하나로서 우리 사회에서 동업이라고 부르는 인적 결합은 대부분 조합에 해당한다. 판례에 나타난 조합으로는 (i) 공동광업권자로 등록하고 이를 공동개발하기로 한 계약,[1] (ii) 한 사람은 연와공장을 출자하고 갱생보호회가 현금을 출자하여 공장을 경영하기로 한 계약,[2] (iii) 자동차 타이어 판매업과 공유수면매립을 공동으로 하기로 한 계약,[3] (iv) 호텔의 건립과 그 후의 호텔업을 공동으로 하기로 한 계약[4] 등을 들 수 있다. 또한 변호사나 세무사 등 전문가들이 2인 이상 모여 합동사무소를 차리거나,[5] 의사들이 병원을 설립하여 공동으로 의료사업을 하는 경우에도 마찬가지로 그 법적 형태는 조합이다. 이처럼 현실적으로 조합의 종류는 다양하고 그 수는 헤아릴 수 없을 정도로 많다.

(2) 조합소득의 과세

이처럼 많이 존재하는 조합에 대한 소득세법상의 과세 규정은 매우 단순하다. 우선 사업소득이 발생하는 공동사업을 경영하는 장소(공동사업장)를 1거주자로 보아 그 공동사업에서 발생하는 사업소득을 계산한다(所法 43조 1항). 즉,

---

1) 대법원 1969. 11. 25., 64 다 1057(집17-4, 34); 同 1972. 4. 25., 71 다 1833(집20-1, 217).
2) 대법원 1972. 5. 23., 70 다 2872.
3) 대법원 1979. 9. 25., 79 다 1320.
4) 대법원 1991. 2. 22., 90 다카 26300.
5) 법무사 등이 관계법령에 의하여 합동사무소로 등록하였으나 업무수임계약을 거래당사자와 개별적으로 체결하고 동 업무에 따른 소득을 개별적으로 처리하는 경우에는 소득세법 제56조에 규정하는 공동사업자에 해당하지 않는다(소득 46011-1943, 1994. 7. 6.).

공동사업장 자체를 하나의 인격체로 의제하여 그 수입금액에서 필요경비를 공제하여 공동사업의 소득금액을 계산한다. 이 경우 공동사업자의 인원수에 관계없이 공동사업장을 1거주자로 보므로 공동사업장의 업무추진비한도액, 지정기부금한도액의 계산에 있어서도 공동사업에 출자한 개인별로 계산하지 아니하고 해당 공동사업장을 1거주자로 보아 한도액을 계산한다.1) 여기서 말하는 공동사업자는 공동사업의 경영에 참여하지 아니하고 출자만 한 자로서 (i) 공동사업에 성명 또는 상호를 사용하게 한 자나 (ii) 공동사업에서 발생한 채무에 대하여 무한책임을 부담하기로 약정한 자가 아닌 자(이하 "출자공동사업자"라고 함)도 포함한다(所法 43조 1항 괄호; 所令 100조 1항). 다음, 이렇게 계산한 공동사업의 소득금액은 출자공동사업자를 포함한 공동사업자 간에 약정된 손익분배비율에 따라, 그러한 약정된 손익분배비율이 없는 경우에는 공동사업 재산에 대한 지분비율에 따라 개별 공동사업자에게 분배될 소득금액으로 귀속시킨다(所法 43조 2항). 끝으로 공동사업자는 이러한 분배소득을 다른 소득에 합산하여 소득세를 납부할 의무를 진다(所法 2조 1항). 요컨대 공동사업장으로부터 발생하는 소득금액을 계산하기 위한 목적에서만 공동사업장을 1거주자로 보고, 그와 같이 계산된 공동사업장의 소득을 각 공동사업자에게 귀속시켜 공동사업자별로 과세를 하는 것이다.

(3) 조합 출자 및 조합 탈퇴에 대한 과세

조합에의 현물출자의 경우에는 출자 조합원의 단독 소유에서 조합원의 합유로 그 소유형태가 변하므로 법인에의 현물출자와는 달리 자기지분비율에 해당하는 부분을 제외한 부분만이 양도된 것으로 본다.2) 한편, 조합으로부터 탈퇴하는 경우 탈퇴 조합원은 '탈퇴 당시의 조합재산상태'를 기준으로 평가한 조합재산의 가액 중 그의 지분비율(손익분배비율, 아니면 출자비율)에 해당하는 금액을 잔존 조합원들로부터 받을 권리가 있는바(민법 719조 1항, 2항), 이는 조합의 개별 적극재산이나 소극재산(채무)의 합유지분을 잔존 조합원들에게 일거에 이전하는 대가를 일거에 청산하는 방법일 뿐, 개별 적극재산이나 소극재산 별

1) 직세 1234-88, 1976. 1. 21.
2) 대법원 2002. 4. 23., 2000 두 5852; 同 1993. 9. 28., 93 누 12848; 同 1993. 9. 28., 93 누 12848 등 다수. 여기서 연립주택을 신축분양하는 조합체에 자산을 출자한 자가 얻은 양도소득은 조합의 사업소득 계산에 있어서 필요경비에 포함되므로 중복과세의 문제는 일어나지 않는다(대법원 1985. 5. 28., 84 누 545; 同 1985. 11. 26., 83 누 665).

로 보면 그에 관한 탈퇴 조합원의 합유지분이 잔존 조합원들에게 이전되는 것이므로,[1] 조합의 탈퇴에 따른 과세효과는 개별 적극재산이나 소극재산에 관한 합유지분의 양도를 근거로 결정되어야 할 것이다. 탈퇴 조합원이 조합재산에 관한 지분을 잔존 조합원들 앞으로 이전해 주고 그 대가로 금전을 받는 것이 아니라, 합유하던 조합재산의 일부를 단독 소유로 변경하는 대가로 나머지 조합재산에 관한 지분을 잔존 조합원들의 합유로 변경하는 경우에는 그러한 개별 조합재산에 관한 합유지분의 양도로서의 성격이 확연히 드러난다. 따라서 탈퇴 조합원이 잔존 조합원들에게 그 지분을 양도하는 개별 적극재산이 사업용 재고자산이라면 그 양도에서 발생하는 소득은 사업소득이고, 사업용 고정자산이라면 양도소득이며, 양자가 섞여 있는 경우에는 2가지 성격의 소득이 동시에 발생한다고 보아야 할 것이다. 최근의 대법원 판례는 이 같은 논리를 분명히 밝히고 있고,[2] 종전 판례도 이유를 분명히 설시하지는 않았지만 같은 결론에 이르고 있다.[3] 조합의 탈퇴시 얻는 소득을 획일적으로 사업소득으로 보거나[4] 획일적으로 양도소득으로 보는 견해[5]는 타당치 않다고 본다.

2. 다른 나라의 유사제도

(1) 미국 내국세입법상의 S Corporation에 대한 과세제도

그 본질에서 아래에서 볼 파트너십과 동일한 소규모 법인이 법인과세에 따른 불이익을 받지 않고 법인격체로서의 이점을 향유할 수 있도록 1958년의 세법 개정에서 도입된 제도이다. 미국 내국세입법 "Subtitle A(Income Taxes), Chapter 1(Normal Taxes and Surtaxes), Subchapter S"에서 규율하고 있다고 하여 'S Corporation'이라고 불린다. 그 적용을 받기 위해서는 35명 이상의 주주를 가지지 않아야 하고, 그 주주 가운데 외국인 비거주자가 있어서는 아니 되며, 발행주식의 종류가 하나이어야 하고, 연결납세를 할 수 있는 계열그룹의 소속회사여서는 아니 된다(미국 내국세입법 §§1361(a) and §1361(b)). 모든 주주들의 동의를

---

1) 대법원 1994. 2. 25., 93 다 39225.

2) 대법원 2015. 12. 23., 2012 두 8977.

3) 양도소득으로 본 판례로는 대법원 1982. 9. 14., 82 누 22 및 同 1989. 10. 24., 89 누 3175가 있고, 사업소득으로 본 판례로는 대법원 1992. 3. 31., 91 누 8845 및 同 1995. 11. 10., 94 누 8884가 있다.

4) 김건일, 내적 조합의 세법상 취급, 대법원판례해설, 통권 제24호(1995년 하반기), 389면.

5) 윤병철, 조합과세에 관한 판례연구, 조세법연구 8-1권, 102면.

얻어 S Corporation 과세제도의 적용을 받기로 선택하는 경우에 한하여 적용된다(미국 내국세입법 §1362(a)). 선택이 유효한 기간 동안 해당 법인은 어떠한 종류의 법인세도 납부할 의무가 없고, 법인의 소득은 그 주주에게 실제로 분배되든 아니되든 주주가 직접 얻은 것으로 보아 과세된다(미국 내국세입법 §1363(a)).

법인의 소득이 주주에게 실제로 분배되지 않은 상태에서 주주가 이를 분배받은 것으로 의제되어 과세되는 경우에는 그 주주가 가지는 해당 법인의 주식의 취득가액이 그 소득금액만큼 증액 조정된다(미국 내국세입법 §1367(a)(1)). 그 소득을 배당받았다가 다시 출자한 것과 같이 취급하는 것이다. 그리하여 만약 이러한 상태에서 그 주주가 해당 주식을 매각하게 되면 그 미분배된 소득에 상응하는 주식의 양도차익에 대하여 세금을 재차 납부하지 않게 된다. 한편, 미분배된 소득을 뒤에 실제로 분배받게 되면 그 시점에서 다시 해당 주식의 취득가액을 감액하여 본래의 상태로 되돌린다(미국 내국세입법 §1367(a)(2)(A)). 법인의 소득공제 금액이나 결손금액을 주주가 전달받아 자신의 소득금액의 계산에 반영하여 소득금액을 줄인 경우에도 그 가액만큼 해당 주식의 취득가액을 감액하여 나중에 주식을 처분할 때 다시 양도차손으로 인정받을 수 없도록 한다(미국 내국세입법 §§1367(a)(2)(B), 1367(a)(2)(C)).

(2) 미국 내국세입법상의 파트너십 과세제도

우리의 조합에 유사한 영미법적 조직으로 파트너십(Partnership)이 있는데, 미국 내국세입법은 위의 S Corporation에 대한 과세제도와 별도로 파트너십에 대한 과세제도를 두고 있다. 민사책임의 면에서 영미법상의 파트너십의 유형이 다양하기는 하지만, 과세 면에서는 파트너십이 독립된 납세의무자로 취급되지 않고 그 소득이 발생시점에서 출자자들 간에 약정된 손익배분비율에 따라 각 출자자에게 귀속되어 각 출자자의 소득으로 과세되는 점에는 파트너십의 유형 간에 차이가 없다(이른바, pass-through 방식의 과세). 파트너십 소득에 대한 과세 및 그 지분의 변동에 따른 과세는 미국 내국세입법 Subchapter K (§§ 701-777)에서 규정하고 있고, 그 과세체계의 개요는 위에서 본 S Corporation에 대한 그것과 크게 다르지 않다. 양 과세제도 간의 차이는 S Corporation은 감자, 주식배당, 청산, 회사구조재편 등에 따른 과세에 있어 일반 회사와 같이 취급되는데 비해 파트너십은 이러한 경우에 일반 회사와 전혀 다른 과세상의 취급을 받는다는 정도이다.[1]

(3) 독일의 파트너십 과세제도

독일은 민사법상 동업조합(Mitunternehmershaft)과 인적회사(Personengesellschaft)를 구분하고 있음에 따라 동업조합에서 발생한 소득에 대하여 조합원이 바로 납세의무를 지는 '동업조합 과세제도'와 인적회사에게 발생한 소득을 바로 그 출자자에게 귀속시켜 그 출자자만 납세의무를 지는 '인적회사 과세제도'를 동시에 두고 있다. 전자는 우리나라의 공동사업장(조합)에 대한 과세제도와 유사한 것이고, 후자는 영미법상의 파트너십에 대한 과세제도와 유사한 것이다. 그래서 통상 후자를 파트너십 과세제도라고 부른다. 양자 모두 기업의 소득에 대해 그 출자자가 바로 납세의무를 진다는 점에서는 공통되지만, 동업조합은 법인격을 갖지 않는 반면 인적회사는 법인격을 가진다는 차이로 인하여 인적회사에만 적용되는 특정의 과세원칙, 규정 또는 개념들이 있고, 반대로 동업조합에만 적용되는 것들도 있다. 민사법상 인적회사로 분류되어 세법상 파트너십 과세제도의 적용을 받는 조직으로는 민법상의 법인(Gesellschaft Bürgerlichen Rechts), 상법상의 합명회사(Offene Handelsgesellschaft), 상법상의 합자회사(Kommanditgesellschaft), 상법상의 익명조합(Stillegesellschaft), 선박조합(Partenreederei), 전문가 법인(Partnershaftgesellschaft) 등이 있다.[1]

3. 우리나라 동업기업 과세특례제도의 도입취지와 개요

법인격을 가졌지만 인적 단체로서의 성격이 강한 것들이 우리나라에도 존재함은 물론이다. 상법상의 합명회사나 합자회사와 같은 인적회사, 그리고 변호사법상의 법무법인, 공인회계사법상의 회계법인 등과 같이 전문가들의 영업을 규제하는 특별법에 따라 설립된 특수법인들이 이에 해당한다. 모두 자본의 결합체라기보다는 인적 결합체로서의 성격이 강한 것들이다. 이러한 법인들로 하여금 민사법적으로는 법인격체로서의 혜택을 누리게 하면서도, 과세면에서는 인적 단체로서의 성격에 맞게 독립된 납세주체로 취급하지 않고, 그 소득을 출자자에게 그대로 전달시켜(pass-through) 출자자 또는 구성원에 대해서 1회만 과세함으로써 이중과세를 완전히 해소할 필요가 있음은 우리나라도 다르지 않

1) Bittker & Eustice, 앞의 책, pp. 6-28.
1) Aman, GERMAN TAX GUIDE, Luchterhand and Kluwer Law International(2001), pp. 209-221.

다. 이러한 오래된 요청에 부응하여 도입된 것이 조세특례제한법상의 동업기업 과세특례제도이다. 동업기업 과세특례제도는 여기서 더 나아가 소득세법상의 공동사업장 과세제도의 적용을 받는 조합에 대해서도 당사자의 신청에 따라 동 제도를 적용받을 수 있도록 하고 있다.

동업기업 과세제도의 요지는 다음의 몇 가지로 요약된다. 첫째, 그 적용을 받는 동업기업의 출자자(즉, 동업자)의 소득세법이나 법인세법상의 지위(즉, 거주 자·비거주자·내국법인·외국법인)별로 해당 동업기업을 하나의 거주자, 하나의 비 거주자, 하나의 내국법인 또는 하나의 외국법인으로 보아 소득세법이나 법인세 법에 따른 각 군별 소득을 계산한다. 예를 들면, 동업기업이 거주자 2인, 내국 법인 2인 및 외국법인 2인의 동업자를 둔 경우에는 그 동업기업을 거주자로 보 아 소득세법에 따른 소득금액을 한 번 계산하고, 다시 그 동업기업을 내국법인 으로 보아 각 사업연도의 소득금액을 계산하고, 또 다시 그 동업기업을 외국법 인으로 보아 국내원천소득금액을 계산한다는 것이다(租特法 100조의14 4호). 이 는 조합(공동사업장)을 소득세법상의 1거주자로 보아 그 소득금액을 계산하는 것과 대비되는 점이다. 둘째, 그 동업기업을 과세목적상 도관(導管, conduit)으로 취급하여 동업기업에 대해서는 과세하지 않고 그 동업기업의 소득을 동업자에 게 손익배분비율에 따라 귀속시켜 동업자가 개인인 경우에는 소득세를, 법인인 경우에는 법인세를 부과한다. 즉, 동업기업의 소득을 처음부터 동업자가 얻은 것으로 취급하여 동업자에 대해서만 과세하는 것이다(租特法 100조의16 1항, 2 항). 셋째, 동업기업 중 법인은 물론 법인이 아닌 것도 그 지분개념을 인정하여 지분의 양도, 지분의 환급에 따른 과세처리를 하게 된다. 이때 법령에 의해 출 자자에게 자동으로 배분되는 소득가액만큼 출자지분의 가액을 증액 조정함으로 써 지분의 양도시 해당 소득이 양도소득으로 다시 과세되지 않도록 하고, 그러 한 배분 후 실제로 자산을 분배하면 다시 출자지분의 가액을 감액하여 원래의 출자가액으로 환원한다(租特法 100조의20). 법인이 아닌 단체(예를 들면, 민법상의 조합)에 대해서까지 지분개념을 인정하는 것은 기존의 공동사업장에 대한 과세 제도와 다른 점이다. 이러한 과세체계는 위에서 본 미국의 파트너십에 대한 과 세제도보다는 S Corporation에 대한 과세제도와 더 흡사하다.

Ⅱ. 적용대상 기업과 선택적 적용

동업기업이란 2명 이상이 금전이나 그 밖의 재산 또는 노무 등을 출자하여 공동사업을 경영하면서 발생한 이익 또는 손실을 배분받기 위하여 설립한 단체를 말한다(租特法 100조의14 1호). 구체적으로는 민법상의 조합(민법 703조; 다만 자본시장법상의 투자조합은 제외), 상법상의 합자조합(상법 86조의2) 및 익명조합(상법 78조; 다만 자본시장법상의 투자익명조합은 제외), 상법상의 합명회사 및 합자회사(상법 제3편 제2장 및 제3장; 다만 자본시장법상의 투자합자회사 중 기관전용 사모투자전문회사가 아닌 것은 제외), 이러한 것들과 유사하거나 인적용역을 주로 제공하는 단체로서 시행령에서 정하는 것(租特法 100조의15 1항 1호 내지 4호)이다. 이에 따라 시행령에서 정한 동업기업으로는 (i) 변호사법상의 법무법인, 법무조합 및 법무법인(유한), (ii) 변리사법에 따른 특허법인 및 특허법인(유한), (iii) 공인노무사법에 따른 노무법인, (iv) 법무사법에 따른 법무사합동법인, (v) 공인회계사법에 따른 회계법인, (vi) 세무사법에 따른 세무법인, (vii) 관세사법에 따른 관세법인 등이 있다. 대부분 전문직업인의 영업조직이다(租特令 100조의15). 법인세법상의 외국법인 또는 소득세법상의 '비거주자로 보는 법인 아닌 단체' 중 위에서 본 국내법에 따라 설립된 단체와 유사한 단체로서 정하는 일정한 기준에 부합하는 것도 동업기업 과세특례를 받을 수 있다(租特法 100조의15 1항 5호).

동업기업에 대한 과세특례는 적용 자격을 가진 동업기업이 적용신청을 하는 경우에 한하여 적용된다(租特法 100조의15 1항, 100조의17 1항). 그러나 동업기업 과세특례를 적용받는 동업기업의 동업자는 자신이 비록 동업기업 적격자에 해당하더라도 동업기업 과세특례를 적용받을 수 없으며, 외국단체에 대해서는 국내사업장을 하나의 동업기업으로 보아 해당 국내사업장과 실질적으로 관련되거나 해당 국내사업장에 귀속하는 소득에 한정하여 동업기업 과세특례를 적용한다(동항 단서). 일단 동업기업 과세특례를 적용받게 된 동업기업과 그 동업자에 대해서는 소득세법이나 법인세법 등의 개별 세법규정이 적용되지 않고, 본 특례제도가 우선적으로 적용된다(租特法 100조의15 2항).

한편, 동업기업 과세특례를 적용받고 있는 동업기업은 그 적용을 포기할 수도 있다(租特法 100조의17 2항). 다만, 동업기업 과세특례를 최초로 적용받은 과세연도와 그 다음 과세연도의 개시일부터 4년 이내에 종료하는 과세연도까지는 그 적용을 포기할 수 없다(租特法 100조의17 2항). 한번 적용받기로 선택하면 최소한 5년간은 계속 적용받아야 한다는 것이다.

Ⅲ. 동업기업에 대한 출자의 과세

동업기업에 출자하는 자를 동업자라고 하고, 거주자, 비거주자, 내국법인 및 외국법인 모두 동업자가 될 수 있다(租特法 100조의14 2호). 동업기업 과세특례 제도에서는 출자에 대한 과세 규정이 전혀 존재하지 않는다. 공동사업장(조합)에 대한 현물출자를 양도로 보는 것이 판례인 만큼,[1] 과세상 법인으로 의제될 뿐만 아니라 그 지분성이 인정되는 동업기업에 대한 현물출자도 당연히 양도로 취급될 수밖에 없다. 따라서 동업기업에 현물출자를 하게 되면 그 양도차익이 실현되어 과세된다.

노무출자는 출자로서의 성격도 갖지만 동업기업의 대내외적인 사업활동으로서의 성격도 아울러 갖는바, 미실현이득(built-in gain)을 내포한 자산의 출자에 따라 그 미실현이득이 실현되는 것과 달리 노무의 출자로 인하여 어떠한 미실현 이득이 실현되지는 않는다. 다만 사업활동으로서의 노무출자에 대한 대가로 (i) 동업기업 재산의 일부 지분을 이전받을 수도 있고, (ii) 동업기업이 창출하는 이익을 손익배분비율에 따라 배분받을 수도 있다. 이 중 후자, 즉 동업기업이 창출하는 이익의 배분에 따른 과세는 동업기업 과세특례 제도에서 상세히 규정하고 있다(아래 Ⅲ. 참조). 문제는 전자, 즉 동업기업 재산에 대한 지분취득의 과세문제이다. 이 점에 관하여 동업기업 과세특례 제도는 역시 아무런 규정을 두고 있지 않다. 예를 들면, 甲과 乙이 甲은 부동산을 출자하고 乙은 부동산임대업의 경영에 따른 일체의 노무를 제공하기로 하는 내용의 부동산임대업의 경영에 관한 동업계약을 체결하면서 乙이 甲으로부터 출자대상 부동산의 소유지분의 5분의 1을 이전받음과 동시에 향후 부동산임대업에서 발생한 이익의 2분의 1을 배분받기로 약정한 경우를 가정해 보자. 이때 甲과 乙이 구성한 동

---

1) 대법원 2002. 4. 23., 2000 두 5852(조합에 출자된 자산은 출자자의 개인재산과 구별되는 별개의 조합재산을 이루어 조합원의 합유로 되고 출자자는 그 출자의 대가로 조합원의 지위를 취득하는 것이므로, 조합에 대한 자산의 현물출자는 자산의 유상이전으로서 양도소득세의 과세원인인 양도에 해당하고, 그 양도시기는 조합에 현물출자를 이행한 때이다.); 同 1987. 4. 28., 86 누771; 同 1985. 11. 12., 85 누339 등.

업기업은 법인이 아니므로 乙이 취득하는 지분권은 민법상 조합재산에 대한 합유지분에 해당한다. 乙에 의한 합유지분의 취득 시점에 이미 재산의 취득행위가 있었다고는 하나, 乙의 합유지분은 그 행사에 있어 합수적(合手的) 구속을 받고, 민법 제273조에 의하여 조합원 전원의 동의 없이는 합유물에 대한 지분을 처분하지 못하므로,1) 그 지분의 취득만으로 과세 가능한 소득이 발생했다고 보기 어렵다. 다시 말해, 동업기업 재산에 대한 지분의 처분에 대해 법률적 구속을 받고 있는 이상 그 지분의 취득만으로 과세대상 소득이 실현·인식되었다고 보기 어렵다는 것이다. 노무출자 동업자에 의한 합유지분의 취득은 통상 일정한 기간동안 계속적으로 노무를 제공하는 것을 조건으로 하는 경우가 대부분이고, 이러한 조건의 미성취로 합유지분을 반환하는 경우를 생각해 보면 이러한 법리가 더욱 분명해진다.2) 따라서 동업자가 노무출자로 취득하는 동업기업 재산에 관한 합유지분은 출자약정에 따라 출자하는 때가 아니라 동업기업으로부터의 탈퇴나 동업기업의 해산에 따라 합유지분의 가액을 상환받는 때 그 상환금액에 대하여 과세함이 타당하다고 본다.3) 이 경우 노무출자는 그 특성상 출자가액이 있을 수 없으므로 출자가액을 영으로 하여 상환받는 이익 전부를 과세하여야 할 것이다.4)

Ⅳ. 동업기업 소득의 과세

1. 동업기업의 소득금액의 계산

동업기업의 소득금액은 그 구성원의 소득세법이나 법인세법상의 지위의 유형별로 따로 계산하도록 되어 있음은 위에서 본 바와 같다(租特法 100조의14 4호). 따라서 동업기업의 동업자가 오로지 거주자 개인들로 구성되어 있는 경우

---

1) 독일 민법 제719조도 '합수적 구속'이라는 제하에 조합원의 지분 및 조합재산 처분을 금지하고 있다.
2) 판례는 출자의무를 이행하지 않은 조합원은 출자의무를 이행한 조합원으로부터 이전받은 권리를 반환하여야 한다고 판시하고 있다(대법원 1964. 12. 22., 63 다 831).
3) 종래 조합(공동사업장)이 그 조합원에게 분배하는 자산의 가액 중 출자가액을 초과하는 금액의 성격에 관하여는 판례가 양도소득으로 보는 입장과 사업소득으로 보는 입장으로 나뉘어져 있었으나 동업기업 과세특례 제도하에서는 이를 배당소득으로 취급하는 명문을 두고 있다(租特法 100조의22 1항)(아래 Ⅴ. 참조).
4) 독일 민법 제733조 제2항 후단은 노무의 출자에 대하여는 상환을 청구할 수 없다고 규정하고 있는바, 이는 곧 노무출자의 경우 그 출자가액이 없다는 것을 의미한다.

에는 동업기업을 1거주자로 보아 소득금액을 한 번 계산하면 되고, 극단적으로 그 동업자에 거주자, 비거주자, 내국법인, 외국법인이 모두 포함되어 있으면 거주자로 보는 경우의 소득금액, 비거주자로 보는 경우의 국내원천소득금액, 내국법인으로 보는 경우의 각 사업연도 소득금액, 외국법인으로 보는 경우의 국내원천소득금액을 별도로 계산하여야 한다. 다만, 법인세법령의 규정 중 과세연도, 납세지, 사업자등록, 세액공제, 세액감면, 원천징수, 가산세, 토지 등 양도차익에 대한 법인세, 기타 시행령에서 정한 사항에 관한 내용은 그 모든 경우에 공통으로 적용한다(租特法 100조의26; 租特令 100조의27). 즉, 이러한 과세사항의 적용과 관련해서는 동업기업을 하나의 내국법인(동업기업이 국내법상의 단체인 경우) 또는 외국법인(동업기업이 법인세법상의 외국법인 또는 소득세법상의 '비거주자로 보는 법인 아닌 단체'인 경우)으로 의제하는 것이다. 이런 원칙에 따라 계산한 동업자 유형별 소득금액이나 결손금을 '동업자군별 동업기업 소득금액 또는 결손금'이라고 한다(租特法 100조의14 4호).

2. 동업기업 소득 또는 결손금의 동업자에 대한 배분 및 과세

(1) 배분의 일반원칙

위 1.에서 본 바에 따라 계산한 동업기업의 소득에 대하여 동업기업은 소득세나 법인세의 납부의무를 지지 않는다(租特法 100조의16 1항). 대신, 위에서 본 '동업자군별 동업기업 소득금액 또는 결손금액'에 '동업자군별 손익배분비율'[1]을 곱하여 계산한 '동업자군별 배분대상 소득금액 또는 결손금'(租特法 100조의14 6호)을 각 과세연도의 종료일에 해당 동업자군에 속하는 동업자들에게 그들 간의 손익배분비율[2]에 따라 배분한다(租特法 100조의18 1항). 예를 들면, 해당 동업기업을 1거주자로 보아 계산한 소득금액은 거주자군에 속하는 모든 동업자들에게 그들 간의 손익배분비율에 따라 배분한다. 여기서 배분(pass-through)이라고 함은 실제로 자산을 분배하는지의 여부에 관계없이 동업기업의 각 과세연도의 종료일에 그 소득금액 또는 결손금 등을 과세목적상 동업자의 소득금액이나

---

1) 이는 동업자군별로 해당 군에 속하는 모든 동업자들의 손익배분비율을 합한 비율을 말한다(租特法 100조의14 5호).
2) 이는 각 동업자군에 속하는 동업자들간에 약정된 손익배분비율을 말한다. 따라서 각군에 속하는 동업자들의 손익배분비율의 합을 의미하는 '동업자군별 소득배분비율'과 다르다. 이를 '동업자군별 소득배분비율'이라고 한다(租特法 100조의14 5호).

결손금으로 의제하는 것을 의미함은 물론이다(租特法 100조의14 3호).

위에서 언급된 '손익배분비율'은 동업자 간에 서면으로 약정한 단일의 손익배분비율로서 납세지 관할 세무서장에게 신고한 비율을 말하고, 만약 이처럼 신고한 손익배분비율이 없는 경우에는 동업기업의 재산에 대한 동업자의 지분비율을 말한다(租特令 100조의17 1항). 만약, 어떤 과세연도의 손익배분비율에 관한 동업자들 간의 약정과 관련하여 조세회피의 우려가 있다고 인정되어 기획재정부령으로 정한 사유가 발생하면 해당 사유가 발생한 과세연도에 대하여는 직전 과세연도의 손익배분비율에 따른다(동조 2항). 한편, 어떤 과세연도 중 동업자가 가입하거나 탈퇴하여 손익배분비율이 변경되면 '동업자군별 배분대상 소득금액 또는 결손금'을 변경 이전과 이후 기간별로 따로 산출하여 변경 전·후의 각 손익배분비율에 따라 배분한다(동조 3항).

(2) 결손금의 배분에 관한 제한

결손금의 배분에는 몇 가지 제한이 있다. 우선, 동업기업의 경영에 참여하지 아니하고 출자만 하는 동업자로서 (i) 동업기업에 성명 또는 상호를 사용하지 아니할 것, (ii) 동업기업의 사업에서 발생한 채무에 대하여 무한책임을 부담하지 아니할 것, (iii) 법인세법 시행령 제43조 제6항에 정한 임원 또는 이에 준하는 자가 아닐 것 등의 요건을 모두 갖춘 자나 기관전용 사모투자전문회사의 유한책임사원(이하 합하여 "수동적 동업자"라고 함)에게는 결손금을 배분할 수 없다. 그러나 수동적 동업자에게 배분되지 않은 결손금은 해당 과세연도의 종료일부터 15년 이내에 끝나는 각 과세연도에 그 수동적 동업자에게 소득금액을 배분할 때 그 배분대상 소득금액에서 일정한 방식에 따라 공제할 수 있다(租特法 100조의18 1항 단서; 租特令 100조의18 1항, 2항, 3항). 동업기업의 경영에서 발생하는 위험을 출자가액을 초과하여 부담하지 않는 수동적 동업자를 마치 유한책임을 지는 주식회사의 주주처럼 취급한다는 취지이다.

다음, 결손금의 배분액은 동업기업의 해당 과세연도의 종료일 현재 해당 동업자의 지분가액을 한도로 하고, 그 지분가액을 초과하는 해당 동업자의 결손금(이하 "배분한도 초과결손금"이라고 함)은 해당 과세연도의 다음 과세연도 개시일 이후 10년 이내에 종료하는 각 과세연도에 이월하여 배분한다. 이때 이월 과세연도에 추가로 배분할 수 있는 금액은 해당 이월 과세연도에 새로 발생한 동업기업의 결손금으로서 해당 동업자에게 귀속되는 금액이 해당 동업자의 지분가액에 미달하는 금액 범위 내로 한정된다(租特法 100조의18 2항 전단; 租特令 100조의18 4항). 즉, 전년도에 배분되지 못하고 이월된 결손금이든, 해당 과세연도에 새로 발생한 배분대상 결손금이든 잔존 지분가액의 범위 내에서만 배분한다는 뜻이다.

동업자군별로 소득금액을 계산함으로 인하여 동업자군 간에 서로 다른 금액의 결손금이 발생한 경우에는 배분한도 초과결손금이 각 동업자군별 결손금의 크기에 비례하여 발생한 것으로 보아 각 동업자군에 배분한다(租特令 100조의18 5항).

(3) 배분받은 소득 또는 결손금에 대한 납세의무

해당 소득을 배분받은 각 동업자군별 동업자는 동업기업의 과세연도의 종료일이 속하는 자신의 과세연도의 소득세(거주자나 비거주자의 경우)나 법인세(내국법인이나 외국법인의 경우)의 과세표준을 계산할 때 배분받은 소득금액 또는 결손금을 포함시켜 소득세나 법인세를 납부하여야 한다(租特法 100조의16 2항, 제100조의18 3항). 이와 관련하여 동업자가 해당 과세연도 전에 발생한 동업기업의 결손금으로서 해당 과세연도로 이월하여 추가로 배분받은 것은 자신의 과세표준의 계산에 있어 소득세법 제45조 및 법인세법 제13조 제1호에 규정된 이월결손금으로 취급되고, 그 이월결손금의 발생연도는 추가로 배분된 결손금이 해당 동업기업에게 발생했던 과세연도의 종료일로 본다(租特令 100조의18 4항 후단).

동업자가 배분받은 소득의 성격은 동업자군별로 달리한다. (i) 첫째, 거주자로 구성된 동업자군에 대해서는 소득세법상의 이자소득·배당소득·사업소득·기타소득 및 양도소득 중 동업기업의 사업내용에 적합한 것의 수입금액으로 분류하고,[1] (ii) 비거주자로 구성된 동업자군에 대해서는 소득세의 신고납부의무를 지는 비거주자 동업자(所法 121조 2항)와 그렇지 아니한 비거주자 동업자로 구분하여 각기 동업기업의 사업내용에 적합한 소득세법 제119조 각호의 국내원천소득의 수입금액으로 분류하며, (iii) 내국법인으로 구성된 동업자군에 대해서는 법인세법 제15조에 따른 익금으로 분류하고, (iv) 외국법인으로 구성된 동업자군에 대해서는 역시 법인세의 신고납부의무를 지는 외국법인(法法 97조 1항)

---

1) 동업기업으로부터 배분받은 소득금액의 수입시기는 해당 동업기업의 과세연도의 종료일로 하고, 동업기업으로부터 분배받은 자산의 시가 중 분배일의 지분가액을 초과하여 발생하는 소득금액의 수입시기는 그 분배일로 한다(所令 50조의2).

과 그렇지 않은 외국법인으로 구분하여 전자의 경우에는 법인세법 제92조 제1
항에 따른 익금으로, 후자의 경우에는 법인세법 제93조 각호에 규정된 국내원
천소득의 유형 중 동업기업의 사업내용에 적합한 것의 수입금액으로 각 분류한
다(租特法 100조의18 3항; 租特令 100조의18 6항). 다만, 수동적 동업자가 배분받은
소득금액은 배당소득으로 본다(租特法 100조의18 3항 단서).

동업자가 배분받은 결손금의 성격도 동업자군별로 나누어 정해진다. (i) 거
주자군에 배분된 결손금은 동업기업의 사업내용에 따라 사업소득, 부동산임대
소득 또는 양도소득의 필요경비로 보고, (ii) 비거주자군에 배분된 결손금은 해
당 비거주자가 소득세의 신고납부의무를 지는 경우(所法 121조 2항)에 한하여
소득세법 제119조 각호에 규정된 국내원천소득 중 동업기업의 사업내용에 적합
한 것의 필요경비로 인정하며, (iii) 내국법인군에 배분된 소득은 법인세법 제19
조에 따른 손금으로 보고, (iv) 외국법인군에 배분된 결손금은 해당 외국법인이
법인세의 신고납부의무를 지는 경우(法法 97조 1항)에 한하여 법인세법 제92조
제1항의 손금으로 인정한다(租特令 100조의18 7항).

(4) 세액 관련 항목의 배분

동업기업을 단일 내국법인으로 보아 계산한, 다음의 세액 관련 항목의 금
액은 각 과세연도의 종료일에 동업자 간의 손익배분비율에 따라 동업자에게 배
분한다. 다만, 아래 (iv)의 금액은 내국법인 및 외국법인인 동업자에 한하여 배
분한다(租特法 100조의18 4항; 租特令 100조의19 1항).

(i) 법인세법 및 조세특례제한법에 따른 세액공제 및 세액감면금액,

(ii) 동업기업에서 발생한 소득에 대하여 법인세법 제73조에 따라 원천징수
된 세액,

(iii) 법인세법 제76조에 따른 가산세 및 동업기업에 대해 부과되는 가산세
(租特法 100조의25; 구체적인 가산세 항목에 관해서는 租特令 100조의19 3항에서 규정함),

(iv) 법인세법 제55조의2에 따른 토지 등 양도소득에 대한 법인세.

위와 같은 세액관련 항목을 배분받은 동업자는 해당 동업기업의 과세연도
의 종료일이 속하는 자신의 과세연도의 소득세 또는 법인세를 신고·납부할 때
위 (i)의 세액공제·세액감면금액은 산출세액에서 공제하고, 위 (ii)의 원천징수
세액은 원칙적으로 기납부세액으로 공제하되, 거주자·비거주자·외국법인인 수
동적 동업자와 수동적 동업자 이외의 거주자인 동업자로서 배분받은 소득이 이

자소득, 배당소득 또는 기타소득의 수입금액으로 분류되는 동업자의 경우에는 동업기업으로부터 소득을 배분받을 때 동업기업이 원천징수한 세액의 한도 내에서 그 원천징수세액과 공제하며, 위 (iii)의 가산세액은 산출세액에 합산하고, 위 (iv)의 토지 등 양도소득에 대한 법인세 상당액 역시 산출세액에 합산한다. 이 경우 토지 등 양도소득에 대한 법인세 상당액은 동업기업을 하나의 내국법인으로 보아 산출한 금액에 내국법인 및 외국법인인 동업자의 손익배분비율의 합계를 곱한 금액으로 한다(租特法 100조의18 5항; 租特令 100조의19 2항).

(5) 동업기업의 소득을 배분받은 비거주자 또는 외국법인의 확정신고의무

동업기업이 국내에서 사업을 경영하는 장소(이하 "동업기업의 사업장"이라고 함)는 동업기업으로부터 소득을 배분받은 비거주자 또는 외국법인인 동업자의 납세의무의 이행과 관련하여 국내사업장으로 간주된다(租特法 100조의24 6항). 이에 동업기업의 소득을 배분받은 비거주자나 외국법인으로서 수동적 동업자에 해당하지 않는 자는 해당 소득이 그러한 국내사업장에 귀속되는 것으로 보아 비거주자의 국내원천소득에 대한 소득세 신고납부에 관한 규정(所法 121조 내지 125조) 및 외국법인의 국내원천소득에 대한 법인세 신고납부에 관한 규정(法法 91조, 92조, 95조, 95조의2 및 97조)에 따라 관할세무서장에게 종합소득세 및 법인세의 과세표준 확정신고를 하여야 한다. 다만 배분받은 소득에 대하여 아래 (6)에서 보는 바와 같은 원천징수를 당한 경우에는 그 금액에 관한 한 이러한 확정신고를 하지 않아도 된다(租特法 100조의24 4항). 한편 비거주자 또는 외국법인인 동업자가 동업기업의 사업장 외에 소득세법이나 법인세법에 따른 별도의 국내사업장을 두고 있고, 동업기업으로부터 배분받은 소득이 그 별도의 국내사업장에 귀속되는 경우에는 배분받은 소득을 그 국내사업장의 과세표준에 합산하여 신고납부하여야 하고, 이 경우에는 아래 (6)에서 보는 원천징수의무도 없다(동조 8항).

(6) 비거주자 또는 외국법인인 동업자에게 배분된 금액에 대한 원천징수

동업기업은 비거주자 또는 외국법인인 동업자에게 소득을 배분하고 그 손익배분의 명세를 신고하는 시점에 또는 그러한 신고를 하지 않은 소득을 분배하는 경우에는 그 분배시점에 해당 비거주자 또는 외국법인 동업자에게 해당 소득을 지급한 것으로 의제되고, 이에 따라 그 금액에 해당 원천징수세율을 적용하여 계산한 소득세액 또는 법인세액을 징수하여 그 신고기한까지 관할세무

서장에게 납부할 의무를 진다(租特法 100조의24 1항, 2항).

원천징수세율은 동업자가 수동적 동업자인 경우와 그렇지 않은 경우 서로 다르다. 우선, 수동적 동업자에게 배분 또는 분배되는 소득의 경우는 20%의 세율이 적용된다(租特法 100조의24 1항 1호; 所法 156조 1항 2호; 法法 98조 1항 2호). 이와 관련하여 수동적 동업자에게 배분되는 소득의 유형은 위 (3)에서 본 바에 따른다(租特法 100조의24 3항 본문). 다만 수동적 동업자가 소득을 직접 지급받지 아니하고 동업기업을 통하여 배분받음으로써 소득세 또는 법인세를 부당하게 감소시킨 것으로 인정되는 때에는 아래 (7)에서 보는 특별 과세방식이 적용된다. 다음, 수동적 동업자 외의 동업자에게 귀속되는 소득의 경우에는 다시 동업자가 비거주자인 경우와 외국법인인 경우로 나뉘어 전자의 경우에는 소득세법 제55조의 기본세율 중 최고세율이, 그리고 후자의 경우에는 법인세법 제55조의 기본세율 중 최고세율이 각 원천징수세율로 적용된다(租特法 100조의24 1항 2호).

비거주자나 외국법인인 동업자에게 배분되거나 분배되는 동업기업의 소득에 대한 원천징수와 관련해서도 일반적인 국내원천소득을 비거주자나 외국법인에게 지급하는 경우에 적용되는 (i) 조세조약에 따른 비과세 등의 신청(所法 156조의2; 法法 98조의4), (ii) 채권 등의 이자 등에 대한 원천징수의 특례(所法 156조의3; 法法 98조의3), (iii) 동업자의 거주지국과 우리나라가 체결한 조세조약에 따른 비과세·면제 또는 제한세율에도 불구하고 국세청장의 사전승인을 받지 않는 한 우선 원천징수를 하여야 하고, 동업자에게 배분된 소득의 실질적 귀속자가 조세조약에 따라 비과세·면제 또는 제한세율의 적용을 받고자 하는 경우에는 원천징수일이 속하는 달의 말일부터 5년 이내에 감액경정청구를 할 수 있는 특례(所法 156조의4; 法法 98조의5), (iv) 비거주연예인 등의 용역제공과 관련한 원천징수의 특례(所法 156조의5) 등의 각종 특례가 준용된다(租特法 100조의24 7항).

(7) 수동적 동업자가 동업기업을 이용하여 부당하게 조세를 회피한 것으로 인정되는 경우의 과세특례

위 (6)에서 본 바와 같이 수동적 동업자에게 배분되거나 분배되는 소득에 대해서는 원칙적으로 동업기업이 25%(국가·지방자치단체 및 내국법인이 발행한 채권의 이자의 경우에는 14%)의 세율로 소득세나 법인세를 원천징수함으로써 과세가 종결될 수 있다. 그러나 수동적 동업자가 소득을 직접 지급받지 아니하고 동업기업을 통하여 배분받음으로써 소득세 또는 법인세를 부당하게 감소시킨 것으로 인정되는 경우, 즉 실질과세의 원칙에 비추어 볼 때 수동적 동업자(이하 이러한 수동적 동업자를 "조세회피목적의 수동적 동업자"라고 함)가 부당하게 동업기업의 방식을 선택하여 조세를 회피한 것으로 인정되는 경우에는 특별한 과세방식이 적용된다.

우선, 통상의 수동적 동업자에게 배분된 소득의 성격은 일률적으로 배당소득으로 분류되는 데 비해(租特法 100조의18 3항 단서; 100조의24 3항 본문) 조세회피목적의 수동적 동업자에게 배분된 소득은 이러한 구분에 따르지 않고 동업기업이 받았을 때의 국내원천소득의 성격(所法 119조 또는 法法 93조)으로 분류된다(租特法 100조의24 3항 단서). 또한 수동적 동업자에게 배분되는 소득이라고 하더라도 이렇게 분류된 소득의 성격이 무엇이냐에 따라 아래와 같이 과세방식이 달라진다.

첫째, 이렇게 분류된 소득의 성격이 부동산소득(所法 119조 3호; 法法 93조 3호)인 경우에는 원천징수가 적용됨이 없이 수동적 동업자가 위 (5)에서 본 바에 따라 소득세나 법인세의 과세표준 확정신고를 하여야 하고(租特法 100조의24 5항 1호), 이렇게 분류된 소득의 성격이 부동산등양도소득(所法 119조 9호; 法法 93조 7호)인 경우에는 동업기업이 통상의 수동적 동업자에게 배분하는 소득에 대해 적용되는 원천징수세율(즉, 25% 또는 14%)에 의해 원천징수를 행함과 동시에 수동적 동업자가 소득세나 법인세의 과세표준 확정신고를 하여야 한다(租特法 100조의24 5항 2호).

둘째, 위와 같이 분류된 소득의 성격이 부동산등소득이나 토지 등 양도소득이 아닌 경우에는 비거주자인 동업자에 대해서는 소득세법 제156조 제1항 각호에서 정한 국내원천소득의 유형별 원천징수세율에 따라, 그리고 외국법인인 동업자에 대해서는 법인세법 제98조 제1항 각호에서 정한 국내원천소득의 유형별 원천징수세율에 따라 원천징수를 함으로써 과세가 종결될 수 있다(租特法 100조의24 1항 본문 및 1호 단서).

3. 동업기업 전환법인의 준청산소득 과세

(1) 준청산소득 과세의 의의
일반 내국법인이 동업기업으로 전환하지 않는다면 그 보유자산에 내재된 미실현 자본이득(built-in gains)을 (i) 해당 자산의 처분시점에서 양도차익의 형

태로 또는 (ii) 청산시점에서 청산소득의 형태로 실현하여 그에 대한 법인세를
부담하고, 주주나 출자자에게 돌아가는 세후 이익은 그 주주나 출자자의 배당
소득이나 의제배당으로 되어 다시 과세될 것이다. 그런데, 미실현 자본이득이
내재된 자산을 가진 내국법인이 동업기업으로 전환한 뒤 해당 자산을 처분하여
그 미실현 이득을 실현하는 경우에는 동업기업은 그에 대해 납세의무를 부담하
지 않고, 이를 배분받는 동업자만 과세됨으로써 전체적인 세부담을 줄일 수 있
게 된다.[1] 내국법인이 동업기업으로 전환한 다음 이러한 과세상의 이점을 누린
뒤 다시 일반 내국법인으로 복귀하는 것을 방지할 필요가 있다.

이에 동업기업 과세특례의 적용을 받을 자격이 있는 내국법인이 그 적용을
받기로 신청함에 따라 적용이 개시되는 경우 해당 내국법인(이하 "동업기업 전환
법인"이라고 함)은 상법상 해산되거나 청산되는 것이 아님에도 과세목적상 청산
되는 것으로 의제되어 법인세법 제79조 제1항의 "해산에 의한 청산소득"에 준
하여 계산한 청산소득에 대하여 법인세를 납부할 의무를 지도록 하고 있다(租
特法 100조의16 3항). 이를 동업기업의 '준청산소득에 대한 법인세'라고 한다.

미국 내국세입법도 우리의 동업기업과 유사한 S Corporation으로 전환하
는 회사에 대하여 유사한 제도를 두고 있다. 즉 과세특례를 적용받기 위하여
S Corporation으로 전환한 일반 회사가 그 전환시점으로부터 10년 이내에 자
산을 처분하여 차익을 인식하는 경우에는 그 인식한 차익에 대해 법인세를 납
부하게 하고, 그 주주에게 배분되는 세후소득에 대해 다시 과세하는 방식을
취하고 있다.[2]

(2) 준청산소득 과세의 개요

준청산소득에 대한 법인세의 과세표준은 동업기업 전환법인이 동업기업
과세특례를 적용받는 최초 사업연도의 직전 사업연도의 종료일(이하 "준청산일"
이라고 함) 현재의 잔여재산의 가액에서 자기자본의 총액을 공제한 금액으로 한
다(租特令 100조의16 3항). 여기서 '잔여재산의 가액'은 장부가액으로 계산한 자
산총액에서 같은 방식으로 계산한 부채총액을 공제한 금액으로 하고(동조 4항),

---

1) 법인과 주주간의 경제적 이중과세가 수입배당금 익금불산입 제도(法法 18조의2, 18조의
  3)나 배당세액공제(所法 56조 1항, 17조 3항)를 통해 많이 완화되긴 하지만 완전하지 않기
  때문에 법인과 주주 2단계에 걸쳐 과세되는 경우에 비해 동업자 1단계에서만 과세되는 경우
  세부담이 줄어든다(법인과 주주 간의 경제적 이중과세에 관해서는 본장 제1절 Ⅱ. 3. 참조).
2) 미국 내국세입법 §1374; Bittker & Eustice, 앞의 책, pp. 6-22.

'자기자본의 총액'은 자본금 또는 출자금과 잉여금의 합계액으로 하되, 준청산일 이후 환급되는 법인세액이 있으면 이를 자기자본의 총액에 더하고, 준청산일 현재 이월결손금 잔액이 있으면 이를 자기자본의 총액에 포함된 잉여금 한도 내에서 자기자본의 총액과 상계한다(동조 5항). 준청산소득에 대한 법인세 과세표준의 계산에 관한 다른 사항은 법인세법(제14조 내지 제54조)을 준용한다(동조 6항).

동업기업 전환법인은 동업기업 과세특례를 적용받는 최초 사업연도의 직전 사업연도 종료일 이후 3개월이 되는 날까지 준청산소득에 대한 법인세의 과세표준과 세액을 납세지 관할세무서장에게 신고하여야 하고(租特法100조의16 4항), 그에 대한 법인세액을 신고기한부터 3년간 균등액 이상 분할납부하여야 한다(동조 5항). 준청산소득에 대한 세율은 일반 법인세율과 같다(租特法100조의16 3항).

V. 동업기업과 동업자 간의 거래

동업자가 동업기업에 출자를 하거나, 동업기업의 소득을 동업자에게 실제로 분배하거나, 동업기업이 해산 및 청산하는 경우에는 동업기업과 동업자의 자격으로 각자에게 여러 가지 과세효과가 발생함은 물론이다. 동업기업과 동업자 간의 이러한 거래는 통상의 법인이 그 주주와 사이에 행하는 자본거래와 같은 성격의 것이다. 그런데, 동업기업과 동업자는 각자가 제3자와 사이에서 대가를 수수하고 행할 수 있는 재화나 용역의 공급거래와 같은 거래를 그들 간에도 행할 수 있음은 물론일 것이다. 조세특례제한법 시행령은 그러한 거래의 예로 (i) 동업자가 동업기업에 재화를 양도하거나 동업기업으로부터 재화를 양수하는 거래, (ii) 동업자가 동업기업에 금전, 그 밖의 자산을 대부하거나 임대하는 거래 또는 동업기업으로부터 금전, 그 밖의 자산을 차입하거나 임차하는 거래, (iii) 동업자가 동업기업에게 용역(동업자가 해당 동업기업의 사업의 일환으로 제공하는 용역1)은 제외)을 제공하는 거래 또는 동업기업으로부터 용역을 제공받는 거래, (iv) 그 밖에 위의 것들과 비슷한 거래로서 기획재정부령으로 정하는 거래 등을 들고 있다(租特令 100조의20 1항). 이러한 거래는 통상의 법인이 그 주

---

1) 예를 들면, 제빵업을 경영하는 동업기업의 동업자가 빵을 제조하는 역무를 제공하는 경우를 들 수 있다. 이러한 경우는 동업자가 동업기업에 노무출자를 하는 것이 된다.

주와 사이에 행하는 손익거래와 같은 성격의 것이다. 또한 자본시장법상의 사모투자전문회사인 동업기업의 업무집행사원이 동법에 따라 그 사모투자전문회사에게 업무집행의 용역을 제공하는 거래도 성과보수를 받지 않는 범위 내에서 제3자의 자격으로 거래하는 것으로 인정된다(동조 2항).

동업자가 동업기업과 이러한 손익거래를 하는 경우, 즉 동업자의 자격이 아닌 제3자의 자격으로 동업기업과 거래를 하는 경우 동업기업과 동업자는 해당 과세연도의 소득금액을 계산할 때 그 거래에서 발생하는 수익 또는 손비를 익금 또는 손금에 산입한다(租特法 100조의19 1항). 극히 당연한 규정이다. 한편, 이러한 거래의 조건이 동업기업 또는 동업자의 소득을 부당하게 감소시킨 것으로 인정되면 법인세법 제52조가 준용되어 부당행위계산 부인의 대상이 될 수 있다. 이 경우 동업기업과 동업자는 같은 조 제1항에 규정된 특수관계인으로 본다(租特法 100조의19 2항).

VI. 동업기업 지분의 의미 및 가액 조정

1. 동업기업 지분의 의미

동업기업 중 법인은 물론 법인이 아닌 단체(예를 들면, 민법상의 조합)도 그 지분개념을 인정한다는 점이 기존의 공동사업장에 대한 과세제도와 다르다는 점은 전술한 바 있다. 동업기업의 지분은 동업기업의 법적 성격이 무엇이냐에 따라 구체적인 내용이 다르다. 예를 들면, 동업기업이 합명회사나 합자회사 등의 인적회사인 경우 지분은 '사원으로서의 지위 내지 권리'라고 할 것이고,[1] 그 구체적인 권리의 내용은 상법에 따라 정해진다. 반면, 동업기업이 조합인 경우 그 지분은 동업자들 간에 약정된 조합재산의 합유지분이라고 할 것이다. 어떤 경우든 동업기업의 재산 내지 순자산가액에 대한 동업자의 소유비율이라는 공통적인 의미를 내포하고 있고, 동업기업 과세특례에 관한 규정에서 쓰고 있는 지분이라는 용어는 이러한 공통적 의미를 갖는다 할 것이다. 이러한 의미에서의 지분의 세무상 장부가액을 '지분가액'이라고 하고, 이러한 지분가액은 그 지분의 양도시 또는 동업기업 재산의 분배시 과세소득 계산 등의 기초가 된다(租特法 100조의14 7호).

---

1) 정동윤, 「회사법」 (2006, 제7판), 756면.

2. 동업기업 지분가액의 결정 및 조정

동업기업 과세특례를 적용받기 시작하는 시점에 동업자의 동업기업 지분가액이 최초로 결정되고, 이후 그 지분가액은 지분의 추가취득, 동업기업의 소득이나 결손금의 동업자에 대한 배분, 동업기업 출자의 환급, 동업기업 지분의 유·무상 처분 등의 행위에 의하여 변한다(租特法 100조의20). 이하에서 최초의 지분가액의 결정 및 추가취득에 따른 지분가액의 증액조정, 소득금액 및 결손금의 배분에 따른 증액조정 및 감액조정, 자산의 실제 분배에 따른 감액조정, 동업기업 지분의 처분에 따른 감액조정 등의 순으로 살펴본다.

(1) 최초의 지분가액 결정 및 추가취득에 따른 증액조정

동업기업 과세특례를 적용받기 시작하는 시점에 있어서의 동업기업 지분가액은 동업기업 과세특례를 적용받는 최초 과세연도의 직전 과세연도의 종료일(동업기업의 설립시부터 과세특례를 적용받는 경우에는 설립일이 속하는 과세연도의 개시일) 현재의 동업기업의 출자총액에 해당 동업자의 출자비율을 곱하여 계산한 금액으로 한다(租特令 100조의21 1항). 그 후 동업기업에 추가로 출자하는 경우에는 그 출자시점에서의 출자대상 자산의 시가만큼(租特令 100조의21 2항 1호), 동업기업의 지분을 새로 매입하는 경우에는 매입가액만큼(동항 2호), 동업기업의 지분을 상속·증여받는 경우에는 상속·증여 시점에 있어서의 그 지분의 시가만큼(동호) 지분가액을 각 증액 조정한다. 동업기업의 지분을 교환에 의해 추가로 취득하는 경우에는 매입으로 추가 취득하는 경우에 준하여 교환시점에서의 시가만큼 증액 조정하여야 할 것이다. 그리고 기존에 동업기업의 지분을 가지고 있지 않던 자가 위와 같은 사유로 인하여 동업기업의 지분을 최초로 취득하는 경우에도, 명문의 규정은 없지만, 같은 원칙에 따라 그 지분가액을 결정하여야할 것이다.

(2) 소득금액의 배분에 따른 증액조정 및 결손금의 배분에 따른 감액조정

동업자가 동업기업으로부터 소득금액을 배분받는 경우 그 소득금액(비과세소득 포함)만큼 지분가액이 증액 조정된다(租特令 100조의21 2항 3호). 그 이유는, 위 I. 2.에서의 미국의 S Corporation에 관한 서술 부분에서 언급한 바와 같이, 동업기업의 소득이 과세상 동업자에게 배분된 것으로 의제되었으나 그에 상당하는 자산이 실제로 분배되지 않은 상태에서는 동업자가 해당 소득을 분배

받았다가 다시 출자한 것과 같이 취급함으로써 그 상태에서 동업자가 해당 지
분의 전부 또는 일부를 양도하는 경우 실제로 미분배된 소득에 상응하는 지분
의 양도차익에 대하여 재차 세금을 납부하지 않도록 하기 위한 것이다.

반대로 동업자가 동업기업으로부터 결손금을 배분받는 경우에는 그 결손
금의 금액만큼 지분가액이 감액 조정된다(租特令 100조의21 3항 3호). 결손금을
배분받아 다른 소득과 상쇄하는 등의 방법으로 이용한 후 나중에 그 지분을 처
분하는 시점에서 해당 결손금 상당액을 양도차손의 형태로 다시 실현할 수 없
도록 하기 위해서이다.

(3) 자산의 실제 분배에 따른 감액조정

동업자가 동업기업의 자산을 실제로 분배받는 경우 그 분배받은 자산의 시
가액만큼 지분가액을 감액 조정한다(租特令 100조의21 3항 1호). 동업기업의 소득
을 동업자에게 배분할 때 지분의 양도차익에 대한 이중과세를 피하기 위하여
지분가액을 증액 조정하였는데, 그 배분된 소득액에 상당하는 자산을 실제로
분배받게 되면 그러한 이중과세의 여지가 없어지므로, 지분가액을 그만큼 다시
감액 조정하는 것이다.

(4) 동업기업 지분의 처분에 따른 감액조정

동업자가 동업기업 지분의 일부를 양도하는 경우에는 양도일 현재의 양도
대상 지분의 가액만큼 보유지분의 가액을 감액 조정하고, 증여하는 경우에도
증여대상 지분의 가액만큼 지분가액을 감액 조정한다(租特令 100조의21 3항 2호).
지분의 일부 처분에 따른 당연한 조정이다. 한편, 동업자의 사망으로 지분이 상
속되는 경우에는 사망한 피상속인의 지분의 조정이라는 것은 있을 수 없고, 상
속으로 지분을 처음 취득하는 상속인의 지분가액 결정이나 상속 전에 가지고
있던 기존 지분가액의 증액 조정만 있을 수 있다.

(5) 지분가액 감액조정의 한도

어떠한 이유로 지분가액을 감액 조정하든 최저금액이 영(零) 아래로 떨어
질 수는 없다(동조 5항). 지분가액이 부(負)의 금액이라는 것은 개념상 있을 수
없기 때문이다.

(6) 지분가액 조정의 순서

둘 이상의 지분가액 조정사유가 동시에 발생하면 (i) 자산의 추가출자에
따른 증액조정과 지분의 매입 및 상속·수증에 따른 증액조정, (ii) 동업기업 자

산의 실제 분배에 따른 감액조정과 동업기업 지분의 처분에 따른 감액조정, (iii) 동업기업 소득의 배분에 따른 증액조정, (iv) 동업기업 결손금의 배분에 따른 감액조정의 순서로 적용한다. 다만, 동업기업이 해산에 따른 청산, 분할, 합병 등으로 소멸하거나 동업자가 동업기업을 탈퇴함으로 인하여 동업자가 실제로 분배받는 자산의 그 분배일 현재의 시가가 그 지분가액에 미달하는 경우에는 그 차액이 재산의 양도손실로 인정되는바(租特法 100조의22 2항; 租特令 100조의23), 이러한 경우에는 해당 자산의 분배에 따른 위 (ii)의 감액조정에 앞서 위 (iii)의 소득배분에 따른 증액조정 및 위 (iv)의 결손금 배분에 따른 감액조정을 먼저 적용한다(租特令 100조의21 4항).

Ⅶ. 동업기업 지분의 양수도의 과세

거주자인 동업자가 동업기업의 지분을 타인에게 양도하는 경우에는 소득세법 제94조 제1항 제3호(주식 등) 또는 제4호 다목(기타자산으로서의 주식 등)의 자산을, 비거주자인 동업자가 양도한 경우에는 소득세법 제119조 제9호 나목(부동산 과다 보유 법인의 비상장 주식 등) 또는 제11호 가목(내국법인 발행의 주식 등)의 자산을 양도한 것으로 간주되어 그 양도소득은 양도소득세 과세대상이 되고, 내국법인인 동업자가 양도한 경우에는 양도가액이 익금에 산입되고 그 지분의 취득가액이 손금에 산입되어, 그리고 외국법인인 동업자가 양도한 경우에는 법인세법 제93조 제7호 나목(부동산 과다 보유 법인의 비상장 주식 등) 또는 제9호 가목(내국법인 발행의 주식 등)의 자산을 양도한 것으로 보아 법인세가 과세된다(租特法 100조의21 1항). 양도소득을 계산함에 있어 양도대상 지분의 취득가액은 당연히 양도일 현재의 지분가액으로 계산한다(租特令 100조의22).

Ⅷ. 동업기업 자산의 분배에 따른 과세

동업기업은 동업기업의 소득으로서 동업자에게 배분된 소득을 지급할 목적으로 동업기업의 자산을 동업자에게 실제로 분배할 수도 있고, 동업기업의 해산 및 청산 등에 따라 동업기업의 자산을 동업자에게 실제로 분배할 수도 있다. 이처럼 동업기업이 그 구성원인 동업자에게 그 자산을 실제로 이전시키는 행위를 동업기업 자산의 '분배'라고 한다(租特法 100조의14 8호).

동업자가 동업기업으로부터 자산을 분배받으면 그 가액만큼 동업자의 지분가액이 감액 조정됨은 위 Ⅵ. 2. (3)에서 본 바와 같다. 이 경우 감액되는 지분가액만큼 출자를 회수한 것이므로 그 감액되는 지분가액 상당액이 동업자의 소득이나 익금에 포함되지 않음은 물론이다(租特法 100조의22 3항). 그런데, 동업자가 동업기업으로부터 실제로 분배받은 자산의 시가가 그러한 지분가액을 영(0)으로까지 감액시키고도 남는다면 그 차액은 지분의 취득가액을 초과하여 이익을 얻은 것이 된다. 동업기업 과세특례 제도하에서는 이를 배당소득(소득세법 17조 1항)으로 취급한다(동조 1항). 종래 조합(공동사업장)이 그 조합원에게 분배하는 자산의 가액 중 출자가액을 초과하는 금액의 성격에 관하여는 판례가 양도소득으로 보는 입장1)과 사업소득으로 보는 입장2)으로 나뉘었으나 동업기업의 경우에는 이를 배당소득으로 간주하는 것이다.

한편, (i) 동업기업이 해산 후 청산하거나, 분할·합병 등으로 소멸하는 경우 또는 (ii) 동업자가 동업기업을 탈퇴하는 경우에는 해당 동업기업에 대한 동업자의 지분은 완전히 소멸된다. 이와 같이 동업기업 지분의 완전 소멸의 시점에 동업자가 동업기업으로부터 분배받은 자산의 시가가 분배일의 해당 동업자의 지분가액에도 미치지 않게 되면 동업자는 그 차액에 상당하는 출자의 원본을 상실한 것이 된다. 이러한 지분의 완전 소멸시의 손실은 해당 자산의 분배일이 속하는 동업자의 과세연도의 소득금액을 계산함에 있어 소득세법 제94조 제1항 제3호(주식 등) 또는 제4호 다목(기타자산으로서의 주식 등)의 자산의 양도로부터 발생한 손실로 본다(租特法 100조의22 2항). 출자의 환급에 따른 손실을 자산의 양도손으로 의제하는 것이다. 이익은 배당소득으로 보면서 손실은 양도차손으로 보아 서로 다른 성격을 부여함으로써 일관성이 결여되어 있다. 통상의 법인에 대한 출자의 완전 회수시에 그 회수가액이 출자가액을 초과하면 그 차액은 의제배당으로 과세되지만, 그 반대의 경우 발생하는 손실은 인식이 허용되지 않는 것과도 대비된다.

---

1) 대법원 1982. 9. 14., 82 누 22; 同 1989. 10. 24., 89 누 3175 등.
2) 대법원 1992. 3. 31., 91 누 8845; 同 1995. 11. 10., 94 누 8884 등.

제14절 법인의 기업구조재편거래에 대한 과세

I. 법인의 기업구조재편거래의 개요

기업이 내외적인 기업환경의 변화에 따라 사업의 실질적 내용을 용이하게 변경할 수 있도록 하기 위해서는, 회사법과 같은 기업의 조직, 운영을 규율하는 법률에서 사업목적의 자유로운 변경을 허용하여야 할 뿐만 아니라, 기업이 기존의 사업에 제공하고 있는 자산을 실질적인 감소 없이 다른 목적의 사업에 쉽게 전용할 수 있어야 한다. 그렇게 하기 위해서는 기존의 기업활동 기간 중에 축적된 이익이 기업의 운영 형태나 사업목적의 변경에 영향을 받지 않고 그대로 보전되어야 할 필요가 있다. 이를 위해서는 과세제도의 면에서 일정한 범위까지 기업형태나 사업목적의 변경을 과세계기(課稅契機, taxable event)로 삼지 않는 제도가 필요하다. 미국에서는 이를 일반적으로 tax-free reorganization이라고 하여 내국세입법상 다양한 제도가 도입되어 있고,[1] 독일에서도 사업재편에 관한 특별법과 사업재편에 따른 과세에 관한 특별법이 제정되어 시행되고 있으며,[2] 일본도 평성 13년(2003년)에 법인세법을 대폭 개정하여 미국의 과세부담 없는 기업구조재편제도와 유사한 제도를 도입하였다.[3] 우리나라는 1997년 외환위기 이후 꾸준히 기업구조재편에 따른 과세이연 제도를 정비하여 2010년 법인세법 개정에 이르러 이들 나라들의 제도와 거의 대등한 수준의 제도를 갖게 되었다. 현물출자, 자산의 포괄적 양도, 주식의 포괄적 교환·이전, 지주회사의 설립과 지주회사로의 전환, 법인의 합병·분할·청산 등이 우리나라 법인세법과 조세특례제한법에 도입되어 있는 주요한 기업구조재편거래의 유형인바, 이하에서는 이러한 순서로 그 과세문제를 살펴보기로 한다.

---

1) I.R.C. Subtitle A, Ch.1C, Part III(Corporate Organizations and Reorganizations).
2) Umwandlungsgesetz, Vom 28. Oktober 1994(BGBI. IS. 3210, ber. 1995 IS. 428); Umwandlungssteuergesetz, Vom 28. Oktober 1994(BGBI. IS. 3267, BStB 1. IS. 839).
3) 일본 법인세법 제2편 제1장 제1절 제6관(組織再編成に係る所得の金額の計算) 참조.

Ⅱ. 현물출자에 대한 과세

1. 현물출자의 일반적 과세효과

개인이나 법인이 현금을 주금으로 납입하여 다른 법인을 설립하는 경우에는 출자자나 신설법인에게 소득과세 문제는 발생하지 않는다. 그러나 개인이나 법인이 자산을 현물출자하여 다른 법인을 설립하거나 자산을 기존 법인에 현물출자하는 경우(이하 합하여 "현물출자"라고 함) 그 현물출자는 소득세법이나 법인세법상 자산의 양도에 해당하고,1) 이에 출자자는 원칙적으로 그로부터 발생하는 양도차익에 대하여 양도소득세나 법인세를 부담하여야 한다. 법인 출자자는 더 나아가 현물출자 대상자산이 지가급등지역에 소재하는 토지, 국내 소재주택, 비사업용 토지 등에 해당하는 경우에는 법인세법 제55조의2에 따라 추가적인 특별세를 납부하여야 한다(앞의 제8절 Ⅲ. 참조).

2. 적격 현물출자에 대한 과세특례

자산의 현물출자에서 발생하는 양도차익에 대한 세부담은 기업환경의 변화에 따른 구조재편을 어렵게 하여 결국 기업의 경쟁력을 약화시킬 수 있다. 이에 법인세법은 법인에 의한 사업용 자산 및 주식의 현물출자에 대해 과세를 이연하는 제도를 두고 있다.

(1) 요건 및 효과

내국법인(이하 "출자법인"이라고 함)이 (i) 현물출자일 현재 5년 이상 사업을 계속하였을 것, (ii) 내국법인인 피출자법인이 그 현물출자일이 속하는 사업연도의 종료일까지 출자법인이 현물출자한 자산으로 영위하던 사업을 계속할 것, (iii) 다른 내국인 또는 외국인과 공동으로 출자하는 경우 공동으로 출자한 자가 출자법인의 특수관계인이 아닐 것, (iv) 출자법인 및 출자법인과 공동으로 출자

---

1) 소득세법 제88조 제1항은 "양도라 함은 자산에 대한 등기 또는 등록에 관계없이 매도, 교환, 법인에 대한 현물출자 등으로 인하여 그 자산이 유상으로 사실상 이전되는 것을 말한다"라고 함으로써 현물출자가 양도에 해당함을 명시하고 있다. 이에 비해 미국의 내국세입법 §1001(a)는 '매각이나 기타의 처분'(sale or other disposition)을 자본이득(capital gain)이 실현되는 계기로 보면서도(현물출자는 기타의 처분에 해당) 동법 §351조는 투자의 촉진이라는 경제정책적 목적에서 자산의 현물출자는 자본이득이 인식되는 계기로 보지 않는다.

한 자가 현물출자일 다음 날 현재 피출자법인의 발행주식총수 또는 출자총액의 100분의 80 이상의 주식 등을 보유하고, 현물출자일이 속하는 사업연도의 종료 일까지 그 주식 등을 보유할 것 등의 요건을 충족하는 경우에는 그 현물출자로 취득한 피출자법인의 주식 등의 가액 중 현물출자로 인하여 발생한 자산의 양 도차익에 상당하는 금액1)을 해당 현물출자일이 속하는 사업연도의 소득금액 계산에 있어 현물출자로 취득한 주식 등의 압축기장충당금으로 계상함과 동시 에 손금에 산입할 수 있다(法法 47조의2 1항; 法令 84조의2 1항, 2항). 피출자법인 이 현물출자일이 속하는 사업연도의 종료일 이전에 출자법인으로부터 승계한 사업용 고정자산 가액의 2분의 1 이상을 처분하거나 승계한 사업에 직접 사용 하지 아니하는2) 경우에는 위 (ii)의 요건을 충족하지 못하는 것으로 간주된다 (法令 84조의2 14항, 80조의2 7항). 부득이한 사유가 있는 경우에는 피출자법인이 현물출자일이 속하는 사업연도의 종료일까지 출자법인으로부터 승계받은 사업 을 계속하여야 하는 위 (ii)의 요건이나 출자법인이 현물출자일이 속하는 사업 연도의 종료일까지 피출자법인의 주식 등을 보유하여야 하는 위 (iv)의 요건을 갖추지 못한 경우에도 자산의 양도차익 상당액을 손금에 산입할 수 있다(法法 47조의2 1항 단서). 위 (ii)의 요건의 불충족에 대한 부득이한 사유는 적격합병 인정요건 중 합병법인이 합병등기일이 속하는 사업연도의 종료일까지 피합병법 인으로부터 승계받은 사업을 계속하여야 하는 요건을 지키지 못한 데 대한 부 득이한 사유(法令 80조의2 1항 2호)를 준용하고, 출자법인에 의한 주식 등의 처 분에 대한 부득이한 사유는 적격합병 인정요건 중 피합병법인의 주주 등이 합 병등기일이 속하는 사업연도의 종료일까지 그 주식 등을 보유하여야 하는 요건 을 지키지 못한 데 대한 부득이한 사유(法令 80조의2 1항 1호)를 준용한다(法令 84조의2 12항).

　적격 현물출자의 출자법인이 그 현물출자로 발생한 자산의 양도차익 상당 액을 손금에 산입한 뒤 출자법인이 피출자법인으로부터 받은 주식 등을 처분하 거나 피출자법인이 출자법인 등으로부터 승계받은 감가상각자산, 토지 및 주식 등의 자산을 처분하는 경우(이 경우 피출자법인은 그 자산의 처분 사실을 처분일로

---

1) 현물출자한 자산의 시가(법인세법 52조 2항의 규정에 의한 시가)에서 현물출자일 전일의 장부가액을 뺀 금액을 말한다.

2) '직접 사용' 여부는 해당 사업의 내용을 고려하여 그 실제의 사용관계를 기준으로 객관적 으로 판단한다(대법원 2016. 8. 18., 2014 두 36235).

부터 1개월 이내에 분할법인에 알려야 함)에는 그 사유가 발생하는 날이 속하는 사업연도의 소득금액 계산에 있어 그 처분일이 속하는 사업연도의 직전 사업연도의 종료일(현물출자일이 속하는 사업연도의 경우에는 현물출자일) 현재 해당 주식 등의 압축기장충당금 잔액에 다음의 비율을 곱한 금액을 익금에 산입하여야 한다(法法 47조의2 2항; 法令 84조의2 3항, 4항).

> 비율: (i) 출자법인이 직전 사업연도 종료일 현재 보유하고 있는 현물출자로 취득한 피출자법인의 주식 등의 장부가액에서 해당 사업연도에 처분한 피출자법인의 주식 등의 장부가액이 차지하는 비율과 (ii) 피출자법인이 출자법인으로부터 승계받아 직전 사업연도 종료일 현재 보유하고 자산(이하 "승계자산"이라고 함)의 양도차익(승계자산의 현물출자일 현재의 시가에서 현물출자일 전날 장부가액을 차감한 금액을 말함)에서 해당 사업연도에 처분한 승계자산의 양도차익이 차지하는 비율을 더한 비율에서, 위 (i)의 비율과 (ii)의 비율을 곱한 비율을 빼서 나오는 비율

다만, (i) 출자법인 또는 피출자법인이 최초로 적격 구조조정에 따라 주식 등 및 자산을 처분하는 경우, (ii) 출자법인이 피출자법인의 발행주식 또는 출자액 전부를 소유하고 있는 경우로서 ① 해당 출자법인이 피출자법인을 적격합병(적격분할합병 포함)하거나 피출자법인에 적격합병되어 출자법인 또는 피출자법인이 주식등 및 자산을 처분하는 경우 및 ② 해당 출자법인 또는 피출자법인이 적격합병, 적격분할, 적격물적분할 또는 적격현물출자로 주식등 및 자산을 처분하는 경우(해당 적격합병, 적격분할, 적격물적분할 또는 적격현물출자 후에 당초의 출자법인이 존립하는 합병법인, 분할신설법인등 또는 피출자법인의 발행주식 또는 출자액 전부를 직접 또는 간접으로 소유하는 경우로 한정), (iii) '분리하여 사업이 가능한 독립된 사업부문'으로 인정되는 '주식등과 그와 관련된 자산·부채만으로 구성된 사업부문'(法令 82조의2 3항)의 적격분할 또는 적격물적분할로 주식등 및 자산을 처분하는 경우에는 그러하지 아니하다(法法 47조의2 2항 단서; 法令 84조의2 5항). 위와 같은 적격 구조조정으로 피출자법인의 자산이나 주식등이 다른 법인에 승계되는 경우(관련 법령상 피출자법인의 자산을 승계하는 법인을 '자산승계법인'으로, 그리고 피출자법인의 주식등을 승계하는 법인을 '주식승계법인'으로 부름) 피출자

법인 주식등의 압축기장충당금을 보유하고 있는 출자법인은 기존의 압축기장충당금 중 새로운 적격 구조조정에 관련된 금액을 분리해 내어 이를 자산승계법인 주식등의 압축기장충당금으로 대체하거나 주식승계법인으로 하여금 승계한 피출자법인 주식등의 압축기장충당금으로 계상하게 하여야 한다. 이처럼 기존의 피출자법인 주식등의 압축기장충당금에서 자산승계법인 주식등의 압축기장충당금으로 대체되거나 새로이 자산승계법인 주식등의 압축기장충당금으로 계상된 금액을 기준으로 위의 방식에 따른 익금 산입이 행하여지고, 아래 2)에서 보는 바와 유사한 방식으로 이연된 과세가 실행된다(法令 84조의2 6항 내지 11항).

　　미국이나 일본에서도 현물출자자가 현물출자 후 출자대상 회사를 사실상 지배할 수 있는 지위에 있으면, 현물출자의 대상자산이 무엇이든, 그리고 현물출자로 법인을 신설하든 아니면 기존법인에 현물출자를 하든, 나아가 현물출자자가 개인인지 법인인지 등을 가리지 않고 그 현물출자로부터 양도차익이 인식되지 않는 것으로 보아 과세를 이연하고 있다.1)

(2) 이연된 과세의 실행

　　적격 현물출자의 출자법인이 과세이연의 특례를 적용받아 양도차익 상당액을 손금에 산입한 뒤 현물출자일이 속하는 사업연도의 다음 사업연도 개시일부터 2년 이내에 (i) 피출자법인이 출자법인이 현물출자한 자산으로 영위하던 사업을 폐지하거나 (ii) 출자법인 등이 피출자법인의 발행주식총수 또는 출자총액의 100분의 50 미만으로 주식 등을 보유하게 되는 경우에는 그 사유가 발생한 날이 속하는 사업연도의 소득금액을 계산함에 있어 현물출자로 취득한 주식 등의 압축기장충당금으로 계상했던 자산의 양도차익 중 그 때까지 익금으로 환입하고 남은 금액을 전부 익금에 산입하여야 한다(法法 47조의2 3항 본문; 法令 84조의2 13항). 사후적으로 과세이연의 사유가 상실되는 경우 이연된 과세를 실행한다는 뜻이다. 사업의 폐지 여부는 뒤에서 논의할 적격합병에 따른 과세이연 혜택의 상실사유로서의 '사업의 폐지'의 기준(法令 80조의4 8항)에 따른다(法令 84조의2 14항). 다만, 부득이한 사유가 있는 경우에는 그러하지 아니하다(法法 47조의2 3항 단서). 피출자법인이 출자법인으로부터 승계받은 사업의 폐지에 대한 부득이한 사유는 적격합병의 요건 중 합병법인이 합병등기일이 속하는 사업연도의 종료일까지 피합병법인으로부터 승계받은 사업을 계속하여야 하는 요건

<hr/>

1) 미국 내국세입법 §351; 일본 법인세법 제62조의4 제1항.

을 지키지 못한 데 대한 부득이한 사유(法令 80조의2 1항 2호)를 준용하고, 출자
법인의 주식 등의 처분에 대한 부득이한 사유는 적격합병 인정요건 중 피합병
법인의 주주 등이 합병등기일이 속하는 사업연도의 종료일까지 그 주식 등을
보유하여야 하는 요건을 지키지 못한 데 대한 부득이한 사유(法令 80조의2 1항 1
호)를 준용한다(法令 84조의2 12항; 본절 Ⅵ. 3. (3) 참조).

Ⅲ. 주식의 포괄적 교환 · 이전에 대한 과세

1. 주식의 포괄적 교환 · 이전 거래의 의의

주식의 포괄적 교환과 포괄적 이전은 2001. 7. 24.자 법률 제6488호에 의한
개정 상법에 의하여 도입되었다. 주식의 포괄적 교환이라고 함은 완전모회사가
되고자 하는 어떤 회사(이하 "취득 주체회사"라고 함)가 완전자회사가 될 다른 회
사(이하 "취득 대상회사"라고 함)의 주주에게 취득 주체회사의 주식을 교부하고
그 대가로 해당 주주가 보유하는 취득 대상회사의 주식 전부를 이전받음으로써
취득 대상회사의 완전모회사가 되는 조직법상의 행위를 말한다(상법 360조의2).
이때 취득 주체회사가 취득 대상회사의 주주에게 교부하는 주식은 새로 발행하
는 주식일 수도 있고, 기왕에 보유하는 자기주식일 수도 있다(상법 360조의 6).
주식의 포괄적 이전이라고 함은 완전자회사가 되고자 하는 어떤 회사(이하 "이
전 주체회사"라고 함)가 그 주주로 하여금 주식의 전부를 신설되는 완전모회사
(이하 "이전 상대회사"라고 함)에 이전시키게 하고, 그 대가로 그 주주가 이전 상
대회사의 신주를 교부받는 조직법상의 행위를 말한다(상법 360조의15).[1] 완전모
회사와 완전자회사 간에 완전 모자회사 관계가 형성된다는 점에서 주식의 포괄
적 교환과 포괄적 이전은 동일하나 주식의 포괄적 이전은 완전자회사가 되려고
하는 회사가 주체가 되어 완전모회사를 신설한다는 점에서 주식의 포괄적 교환
과 다르다.

한편, 조세특례제한법상 벤처기업이 전략적 제휴를 위해 제휴대상 법인의
주주가 가진 제휴대상 법인의 주식과 자기주식을 교환하는 경우(租特法 46조의

---

1) 주식의 포괄적 교환과 포괄적 이전제도는 일본과 우리나라 상법에서 완전 모자회사관계를
   쉽게 설립할 수 있도록 하기 위하여 도입한 고유제도이다; 노혁준, "주식의 포괄적 교환 · 이
   전에 관한 연구," 서울대학교 박사학위 논문(2002), 8면.

2)와 물류산업을 경영하는 중소기업 법인이 제휴대상 물류법인의 주주가 가진 제휴대상 물류법인의 주식과 자기주식을 교환하는 경우(租特法 46조의3)에 과세 이연의 혜택을 주는 제도가 있는바, 여기서 말하는 주식교환이라고 함은 위에서 본 상법에 따른 조직법상의 주식교환을 의미하는 것이 아니라, 민법상의 교환계약을 말한다. 따라서 모든 주주가 보유한 모든 주식이 거래의 대상이 될 필요도 없고, 상법에 규정된 절차적 요건을 충족할 필요도 없다.

2. 주식의 포괄적 교환·이전 거래의 일반적 과세효과

주식교환에서 취득 대상회사의 주주는 보유하는 취득 대상회사의 주식을 취득 주체회사에 양도하고, 주식이전에서 이전 주체회사의 주주는 그 소유 주식을 이전 상대회사에 출자의 형태로 양도함으로써 양도차익을 얻을 수 있다. 따라서 주식의 포괄적 교환거래에서 취득 주체회사가 취득 대상회사의 주주로부터 그 주식을 시가보다 높은 가격으로 양수하는 행위는 고가매입이나 고가의 현물출자를 받는 부당행위계산의 부인대상이 될 수 있다.1) 한편, 주식교환에서 취득 주체회사가 취득 대상회사의 주식을 취득하는 대가로 취득 대상회사의 주주에게 신주를 발행하는 경우에는 그 자본금에 변동이 있을 뿐 달리 어떤 과세물건을 생성시키지 않는다. 또한 주식이전에 있어서의 이전 상대회사는 이전 주체회사의 설립행위에 의하여 설립될 뿐 역시 어떤 과세계기에도 연루되지 않는다. 다만, 주식교환에서 취득 주체회사가 취득 대상회사의 주식을 취득하는 대가로 그 주주에게 신주를 발행하지 않고 기존에 보유하는 자기주식을 교부하는 경우에는 자기주식의 양도가 되어 그로부터 발생하는 차익은 법인세 과세대상이 된다.2) 또한 주식교환에 있어서의 취득 대상회사와 주식이전에 있어서의 이전 주체회사는 그 자산에 아무런 변동이 없으므로 이들 회사에게 과세문제가 생기지는 않는다.

---

1) 대법원 2014. 11. 27., 2012 두 25248.
2) 법인의 수익에 관하여 규정하고 있는 법인세법 시행령 제11조는 그 제2호의2에서 자기주식의 양도금액을 수익의 한 유형으로 규정하고 있다.

3. '적격 주식의 포괄적 교환·이전'에 대한 과세특례

(1) 요   건

일정한 요건을 충족하는 '주식의 포괄적 교환과 이전'(이하 "적격 주식의 포괄적 교환·이전"이라고 함)에 대해서는 양도차익에 대한 과세이연의 특례가 적용된다.

'적격 주식의 포괄적 교환·이전'의 요건은 다음과 같다.

첫째, 주식의 포괄적 교환·이전(이하 합하여 부를 때는 "주식의 포괄적 교환 등"이라고 함)일 현재 1년 이상 계속하여 사업을 하던 내국법인 간의 주식의 포괄적 교환 등이어야 한다. 다만, 주식의 포괄적 이전으로 신설되는 모회사는 거래의 결과로 '신설'되기 때문에 원천적으로 이 요건을 적용할 수 없다(租特法 38조 1항 1호).

둘째, 완전자회사의 주주가 완전모회사로부터 교환·이전대가를 받은 경우 (i) 그 교환·이전대가의 총합계액 중 완전모회사 주식의 가액이나 그 완전모회사의 완전모회사 주식의 가액이 100분의 80 이상이고, (ii) 완전자회사의 주주에게 포괄적 교환·이전의 대가로, '완전모회사가 교환·이전대가로 지급한 완전모회사등의 주식의 총합계액'에 해당 주주의 완전자회사에 대한 지분비율을 곱하여 나오는 금액 이상의 가액으로 완전모회사등의 주식을 교부하여야 하며, (iii) 완전모회사 및 완전자회사의 '주요 지배주주 등'이 주식의 포괄적 교환 등으로 취득한 주식을 포괄적 교환·이전일이 속하는 사업연도의 종료일까지 보유하여야 한다. 여기서 '주요 지배주주 등'이라 함은 법인세법상 초과급여 지급액의 손금불산입 제도에서 말하는 지배주주 등(法令 43조 7항) 중 법인을 지배할 목적을 가진 것으로 보이지 않는 자를 말한다(租特法 38조 1항 2호; 租特令 35조의2 6항, 7항).

교환·이전대가의 총합계액 중 주식의 가액이 완전모회사 주식의 가액이나 그 완전모회사의 완전모회사 주식의 가액이 100분의 80 이상인지 여부를 판정할 때 (i) 완전모회사가 주식의 포괄적 교환·이전일 전 2년 이내에 취득한 완전자회사의 주식이 있고, 주식의 포괄적 교환·이전일 현재 완전자회사의 지배주주 등(法令 43조 7항)이 아닌 경우에는 주식의 포괄적 교환·이전일 전 2년 이내에 취득한 완전자회사 주식의 비율이 발행주식총수의 100분의 20을 초과하는 비율에

해당하는 완전자회사의 주식의 취득가액을 금전으로 교부한 것으로 보아 교환·
이전대가에 더하고, (ii) 역시 주식의 포괄적 교환·이전일 전 2년 이내에 취득한
완전자회사의 주식을 가진 완전모회사가 주식의 포괄적 교환·이전일 현재 완전
자회사의 지배주주 등인 경우에는 그 완전자회사의 주식의 취득가액 전액을 금
전으로 교부한 것으로 보아 교환·이전대가에 더한다(租特令 35조의2 5항).

　셋째, 완전자회사가 교환·이전일이 속하는 사업연도의 종료일까지 사업을
계속하여야 한다. 이와 관련하여 완전자회사가 교환·이전일 현재 보유하는 고
정자산가액의 2분의 1 이상을 처분하거나 사업에 사용하지 아니하는 경우에는
사업을 폐지한 것으로 본다(租特法 38조 1항 3호; 租特令 35조의2 8항). 다만, 완전
자회사가 부득이한 사유로 교환·이전일이 속하는 사업연도의 종료일까지 사업
을 계속하지 못한 경우에는 이러한 사업의 계속 요건은 적용하지 아니한다. 그
부득이한 사유라 함은 적격합병 인정요건 중 합병법인이 합병등기일이 속하는
사업연도의 종료일까지 피합병법인으로부터 승계받은 사업을 계속하여야 하는
요건을 지키지 못한 데 대한 부득이한 사유(法令 80조의2 1항 2호)를 준용한다(租
特令 35조의2 13항 2호).

(2) 효　　과

1) 완전자회사의 주주에 대한 효과　　위와 같은 '적격 주식의 포괄적 교
환·이전'의 요건을 모두 충족하는 경우에는 그 주식의 포괄적 교환 등으로 발
생한 완전자회사의 주주의 주식양도차익에 대한 법인세나 양도소득세의 과세를
이연받을 수 있다.

　먼저, 주식양도차익을 얻은 완전자회사의 주주가 내국법인이거나 국내원천
소득에 대한 법인세를 신고납부의 방식으로 납부하여야 하는 외국법인(法法 91
조 1항)인 경우에는 주식의 포괄적 교환·이전일이 속하는 사업연도의 소득금액
을 계산할 때 주식의 포괄적 교환 등으로 취득한 '교환·이전대가'에서 주식의
포괄적 교환 등으로 양도한 완전자회사 주식의 취득가액을 뺀 금액(즉, 양도차익
상당액)에서 교환·이전대가 중 완전모회사 주식 등 외의 것의 가액을 뺀 금액
을 손금에 산입할 수 있다. 이는 완전모회사의 주식 등의 형태로 받은 교환·이
전대가의 범위 내에서만 양도차익 상당액을 손금에 산입한다는 취지이다. 이처
럼 손금에 산입한 금액은 후일 이연된 과세를 실행할 수 있도록 주식의 포괄적
교환 등으로 취득한 완전모회사등 주식의 압축기장충당금으로 계상하여야 한다

(租特法 38조 1항; 租特令 35조의2 1항). 이렇게 계상한 압축기장충당금은 해당 법인이 완전모회사등의 주식을 처분하는 사업연도에 처분한 주식 수가 주식의 포괄적 교환 등으로 취득한 총 주식 수에서 차지하는 비율만큼 익금에 산입하되, 자기주식으로 소각되는 경우에는 익금에 산입하지 아니하고 소멸시킨다. 후자의 경우에는 완전모회사등 주식에 내재된 압축기장충당금 상당액의 미실현이득이 완전모회사등의 다른 주주들이 소유하는 주식으로 흡수되어 그 주식의 처분시에 과세되기 때문이다. 완전모회사등 주식의 처분순서와 관련하여 주식의 포괄적 교환 등 외의 방법으로 취득한 완전모회사등의 주식이 있으면 주식의 포괄적 교환 등으로 취득한 주식을 먼저 양도한 것으로 본다(租特令 35조의2 2항).

다음, 주식양도차익을 얻은 완전자회사의 주주가 거주자, 비거주자 또는 국내원천소득에 대한 법인세를 신고납부의 방식으로 납부하지 않는 외국법인인 경우(이하 "거주자 등"이라고 함)에는 (i) 교환·이전대가에서 주식의 포괄적 교환 등으로 양도한 완전자회사 주식의 취득가액을 뺀 금액(즉, 양도차익 상당액)과 (ii) 교환·이전대가 중 완전모회사 주식 외의 것의 합계액 중 작은 금액을 양도소득으로 보아 양도소득세를 과세한다(租特令 35조의2 3항). 완전모회사등 주식 등 외의 형태로 받은 교환·이전대가의 가액 범위 내에서만 양도차익을 과세한다는 의미이다. 거주자 등이 주식의 포괄적 교환·이전 거래로 취득한 완전모회사등 주식의 전부 또는 일부를 양도하는 때에는 (i) 해당 포괄적 교환·이전 거래를 통하여 양도한 완전자회사 주식의 취득가액에 (ii) 그 거래로 인해 이미 과세된 위에서 본 양도소득 상당액을 더하고 (iii) 해당 포괄적 교환·이전 거래에서 완전모회사등 주식 등 외의 형태로 받은 교환·이전대가의 가액을 뺀 금액을 양도한 완전모회사등 주식의 취득가액으로 보아 양도소득세를 과세한다. 이 경우 주식의 포괄적 교환 등 외의 다른 방법으로 취득한 완전모회사등의 주식이 있으면 주식의 포괄적 교환 등으로 취득한 주식을 먼저 양도한 것으로 본다(租特令 35조의2 4항).

2) 완전모회사에 대한 효과　　완전자회사의 주주가 위와 같이 과세이연의 혜택을 받는 경우 완전모회사는 주식의 포괄적 교환 등으로 취득한 완전자회사의 주식을 시가로 취득하는 것으로 한다. 이렇게 완전모회사가 완전자회사의 주식을 시가로 취득하는 것으로 함으로써 완전자회사의 주주가 포괄적 교환 등에서 발생한 완전자회사 주식의 양도차익에 대해 이연받은 법인세나 소득세

에 대해서 어떠한 부담도 지지 않는다. 2017년 조세특례제한법의 개정 전에는 완전모회사가 완전자회사 주식을 시가가 아닌 장부가액으로 취득하는 것으로 함으로써 완전자회사의 주주가 과세를 이연받은 법인세나 소득세를 완전자회사 주식의 취득자인 완전모회사도 지는 것으로 되어 이중과세의 문제가 있었으나 동 개정으로 그 문제가 해소되었다.

(3) 이연된 과세의 실행

위와 같은 과세이연의 혜택을 받은 후 주식의 포괄적 교환·이전일이 속하는 사업연도의 다음 사업연도 개시일부터 2년 이내에 (i) 완전자회사가 사업을 폐지하거나 (ii) 완전모회사 또는 완전자회사의 주요 지배주주 등이 주식의 포괄적 교환 등으로 취득한 주식을 처분하는 경우에는 완전모회사는 해당 사유의 발생 사실을 발생일부터 1개월 이내에 완전자회사의 주주에게 알려야 하며, 완전자회사의 주주는 거주자 등의 경우에는 해당 사유가 발생한 날이 속하는 반기의 말일부터 2개월 이내에 과세이연 받은 양도소득세를 납부함과 동시에 포괄적 교환 등으로 취득한 완전모회사등 주식의 취득가액을 포괄적 교환이전일 현재의 시가로 수정하는 방식으로 과세이연 받은 양도소득세를 납부하여야 하고, 법인의 경우에는 해당 사유가 발생한 날이 속하는 사업연도의 소득금액을 계산할 때 포괄적 교환·이전일 이후 익금에 산입하고 남은 압축기장충당금 잔액을 익금에 산입하는 방식으로 과세이연 받은 법인세를 납부하여야 한다(租特法 38조 2항; 租特令 35조의2 6항, 11항, 12항). 이와 관련하여 완전자회사가 교환·이전일 현재 보유하는 고정자산가액의 2분의 1 이상을 처분하거나 사업에 사용하지 아니하는 경우에는 사업을 폐지한 것으로 본다(租特令 35조의2 8항). 다만, 완전자회사가 부득이한 사유로 사업을 계속하지 못하거나 완전모회사나 완전자회사의 주요 지배주주 등이 부득이한 사유로 교환·이전대가로 취득한 주식을 처분한 경우에는 계속 사업을 하거나 주식 등을 보유하는 것으로 본다(租特法 38조 3항; 租特令 35조의2 13항). 부득이한 사유의 의미는 위에서 본 과세특례의 적격요건으로서의 그것과 같다. 즉, 완전자회사가 주식의 포괄적 교환·이전일이 속하는 사업연도의 종료일까지 사업을 계속하여야 하는 요건을 충족하지 못한 데 대한 부득이한 사유나 완전모회사 및 완전자회사의 주요 지배주주 등이 주식의 포괄적 교환 등으로 취득한 주식을 교환·이전일이 속하는 사업연도의 종료일까지 계속 보유하여야 하는 요건을 충족하지 못한 데 대한 부득이한 사유의 의미와 같다(租特令 35조의2 13항).

Ⅳ. 지주회사의 설립과 지주회사로의 전환에 대한 과세

1. 지주회사의 의의

공정거래법상 기업집단의 효율적·통일적 운영과 자금조달 등을 위해 지주회사1)의 설립이 허용되고 있다. 현행 공정거래법상 지주회사는 주식의 소유를 통하여 국내회사의 사업내용을 지배하는 것을 주된 사업으로 하는 회사로서 그 소유 자회사의 주식가액의 합계액이 직전 사업연도 종료일 현재의 재무상태표상의 자산총액의 50% 이상이고, 자산총액이 1천억 원 이상인 회사로 정의되어 있다(공정거래법 2조 1호의2; 동법 시행령 2조 1항, 2항). 또한 지주회사로 인정받기 위해서 반드시 자회사 주식의 전부를 소유할 것을 요건으로 하고 있지 않고(이러한 경우의 지주회사를 이른바 "완전지주회사"라고 한다), 자회사 주식의 40%(자회사가 상장법인, 국외상장법인, 공동출자법인 또는 벤처지주회사의 자회사인 경우에는 20%) 이상만 소유하여도 지주회사로 인정받고 있다(공정거래법 8조의2 2항 2호).

2. 지주회사의 설립과 지주회사로의 전환의 일반적 과세문제

지주회사를 설립하거나 기존 회사를 지주회사로 전환하기 위해서는 각종 형태의 자산 또는 자본 거래가 단독 또는 복합적으로 이용될 수 있다. 그 주요 거래의 법률적 형식을 추출해 보면, 주식의 양수도, 자산 또는 주식의 현물출자, 회사의 인적·물적 분할, 상법상 주식교환과 주식이전 등이 된다(이하 "지주회사 설립 및 전환의 요소거래"라고 함). 지주회사의 설립에 따른 과세문제라는 것은 바로 이러한 지주회사 설립 및 전환의 요소거래에 따른 과세문제이다. 그런데, 이러한 지주회사 설립 및 전환의 요소거래는 지주회사 설립 및 전환에만 고유한 것이 아니라, 각종 목적으로 두루 행하여지는 것이다.2) 따라서 지주회

---

1) 지주회사에는 순수지주회사와 사업지주회사가 있다. 순수지주회사란 다른 회사의 주식을 소유함으로써 그 회사를 지배하는 것을 유일한 목적으로 하는 회사를 말한다. 사업지주회사란 직접 어떠한 사업활동(생산, 판매 외에 은행·신탁·보험 등)을 함과 동시에, 다른 회사를 지배하기 위하여 주식을 소유하는 회사를 말한다.

2) 각국에서 기업구조조정에 이용되는 거래의 유형에 대해서는 한만수, 「기업구조조정 조세법론」, 세경사(1999), 제2장 참조.

사의 설립 및 지주회사로의 전환에 따른 일반적 과세효과는 이러한 요소거래에
관한 과세효과 그 자체이므로 해당 거래별 과세제도에 관한 논의를 참고하는
것으로 미루고 여기서는 별도로 언급하지 않기로 한다.

3. 지주회사의 설립과 지주회사로의 전환 등에 대한 과세특례

(1) 주식의 현물출자에 의한 지주회사의 신설과 기존 사업회사의 지주회사로의 전환에 대한 과세 특례

1) 요   건   주식의 현물출자는 소득세법이나 법인세법상 양도에 해
당하므로[1] 그로부터 발생하는 양도차익은 원칙적으로 소득세나 법인세의 과세
대상이 됨은 위 Ⅰ.에서 본 바와 같다. 그런데, 내국법인의 내국인 주주가 2026
년 12월 31일까지 보유 중인 주식을 현물출자하여 공정거래법상의 지주회사(금
융지주회사법상의 금융지주회사를 포함)를 신설하거나 기존의 사업회사에 주식을
현물출자하여 그 기존 회사를 지주회사로 전환하는 경우 그 현물출자로부터 발
생하는 양도차익에 대해 과세이연이나 분할납부의 혜택이 주어지고 있다. 이러
한 현물출자에 대한 과세이연의 혜택을 받기 위해서는 (i) 지주회사 및 현물출
자를 한 주요 지배주주 등이 현물출자로 취득한 주식을 현물출자일이 속하는
사업연도의 종료일까지 보유하여야 하고, (ii) 현물출자로 인하여 지주회사의
자회사가 된 내국법인이 현물출자일이 속하는 사업연도의 종료일까지 사업을
계속하여야 한다(租特法 38조의2 1항; 租特令 35조의3 2항). 자회사의 사업의 계속
여부는 과세이연의 적용을 받는 적격합병 요건(아래 Ⅵ.3.(3) 및 4.(2) 참조)으로서
의 '사업의 계속'의 기준(法令 80조의2 7항)이나 과세이연 혜택의 상실사유로서의
'사업의 폐지'의 기준(法令 80조의4 8항)에 따라 판정한다(租特令 35조의3 3항). 부
득이한 사유로 지주회사나 현물출자를 한 주요 지배주주 등이 현물출자로 취득
한 주식을 처분하거나 지주회사의 자회사가 사업을 계속할 수 없는 경우에는
주식을 계속 보유하거나 사업을 계속하는 것으로 인정된다(租特法 38조의2 7항).
부득이한 사유의 의미에 관해서는 역시 적격합병의 요건을 충족하지 못한 데
대한 부득이한 사유에 관한 규정이 준용된다(租特令 35조의3 9항; 法令 80조의2 1

---

1) 소득세법 제88조 제1항은 "양도란 자산에 대한 등기 또는 등록과 관계없이 매도, 교환,
   법인에 대한 현물출자 등으로 인하여 그 자산이 유상으로 사실상 이전되는 것을 말한다"라
   고 함으로써 현물출자가 양도에 해당함을 명시하고 있다. 이에 비해 미국의 내국세입법 §351
   조는 일반적으로 자산의 현물출자는 자본이득(capital gain)이 실현되는 계기로 보지 않는다.

항 1호, 2호).

2) 효   과   위와 같은 요건을 충족하는 현물출자가 이루어진 경우 그 현물출자자가 법인인 경우와 개인인 경우로 나뉘어 다음과 같은 과세이연 및 분할과세의 혜택이 주어진다.

우선, 법인이 주식의 현물출자로 얻는 양도차익(현물출자로 취득한 지주회사의 주식의 시가에서 현물출자일 전날의 현물출자 대상 주식의 장부가액을 뺀 금액)에 대해서는 그 양도일이 속하는 사업연도와 이후 3개 사업연도의 기간 중 익금에 산입하지 아니하고 그 다음 3개 사업연도의 기간 동안 균분한 금액 이상을 익금에 산입한다(租特法 38조의2 3항 1호).

다음, 거주자가 주식의 현물출자로부터 얻는 양도차익에 대해서는 현물출자 시점에서 과세를 하지 않는 대신, 그 양도일이 속하는 연도의 양도세 과세표준 확정신고기한 종료일 이후 3년이 되는 날부터 3년의 기간 동안 균분한 금액 이상을 납부한다(租特法 38조의2 3항 2호).

3) 이연된 과세의 실행   내국법인의 주주가 위와 같은 과세이연 및 분할납부의 혜택을 받은 현물출자를 한 날로부터 2년 이내에 (i) 신설되거나 전환된 지주회사가 지주회사에 해당하지 아니하게 되거나(지주회사의 기준을 정한 공정거래법 등의 개정으로 지주회사에 해당하지 아니하게 된 일정한 경우는 예외), (ii) 전환지주회사가 지주회사로 전환된 날의 다음 날부터 2년이 되는 날까지 지분비율 미달회사의 주식을 공정거래법 소정의 비율 이상으로 소유하지 않거나, (iii) 신설되거나 전환된 자회사(지분비율 미달회사를 포함)가 사업을 폐지하거나, (iv) 지주회사나 전환지주회사 또는 현물출자를 한 주요 지배주주 등이 현물출자로 취득한 주식을 처분하는 경우에는 해당 사유가 발생한 날이 속하는 사업연도의 소득금액을 계산함에 있어서 익금에 산입하지 아니하였던 양도차익을 익금에 산입하거나(법인의 경우) 과세되지 아니한 양도차익에 대한 양도소득세를 해당 사유가 발생한 날이 속하는 과세연도의 양도소득세 확정신고기한까지 납부하여야 한다(개인 거주자의 경우)(租特法 38조의2 5항, 租特令 35조의3 6항). 과세이연된 법인세나 양도소득세를 전액 추징당하는 것이다.

이때 위 (iii)의 사유와 관련하여 자회사가 사업을 계속하는지 여부는 아래에서 볼 적격합병 요건으로서의 '사업의 계속'의 기준(法令 80조의2 7항)이나 적격합병에 따른 과세이연 혜택의 상실사유로서의 '사업의 폐지'의 기준(法令 80조의4 8항)을 준용하여 판정한다(租特令 35조의3 3항). 부득이한 사유로 자회사가 사업을 폐지하거나 지주회사나 그 주요 지배주주 등이 현물출자로 취득한 주식을 처분하는 경우에는 사업을 계속하거나 주식을 계속 보유하는 것으로 보고 (租特法 38조의2 5항), 그 부득이한 사유의 의미에 관해서는 역시 과세이연을 적용받는 적격합병의 요건을 충족하지 못하는 데 대한 부득이한 사유에 관한 규정이 준용된다(租特令 35조의3 9항; 法令 80조의2 1항 1호, 2호).

한편, 과세이연의 혜택을 받은 내국법인의 주주가 과세이연된 법인세나 양도소득세를 전액 추징당하는 사유가 현물출자를 한 날로부터 2년의 기간 내에 발생하지 아니하여 전액 추징을 당하지 아니하였다고 하더라도, 분할납부 기간 중에 현물출자로 취득한 주식을 처분하는 경우에는 잔존 미납부세액에 대한 추징이 이루어진다. 현물출자를 한 내국인 주주가 법인의 경우에는 현물출자로 발생한 양도차익 중 직전 사업연도 종료일까지 익금에 산입하지 않은 금액에다가 현물출자로 취득한 지주회사나 전환지주회사의 총 주식 중 직전 사업연도 종료일 현재 보유 중인 주식 수에서 해당 과세기간에 처분한 주식 수가 차지하는 비율을 곱한 금액을 해당 처분일이 속하는 사업연도의 소득금액을 계산함에 있어서 익금에 산입하여야 하고, 현물출자를 한 내국인 주주가 개인 거주자인 경우에는 현물출자로 발생한 양도차익에 대한 양도소득세 중 직전 과세기간 종료일까지 납부하지 아니한 금액에다가 현물출자로 취득한 지주회사나 전환지주회사의 총 주식 중 직전 과세기간 종료일 현재 보유 중인 주식 수에서 해당 과세기간에 처분한 주식 수가 차지하는 비율을 곱한 금액을 해당 처분일이 속하는 과세기간의 양도소득세 확정신고기한까지 납부하여야 한다(租特法 38조의2 4항; 租特令 35조의3 4항). 이와 관련하여 현물출자로 취득한 주식 외에 다른 방법으로 취득한 주식이 있는 경우에는 현물출자로 취득한 주식을 먼저 처분한 것으로 간주한다(租特令 35조의3 5항).

(2) 전환지주회사의 자회사 주식을 전환지주회사에 현물출자하거나 전환지주회사의 자기주식과 교환하는 경우의 과세특례

1) 요   건   내국법인의 내국인 주주가 주식의 현물출자에 의하여 또는 분할법인 등의 분할양도차익에 대하여 과세이연의 혜택이 주어지는 인적 또는 물적분할(즉, 적격분할)에 의하여 지주회사로 전환되어 있는 회사(전환지주회사)에 2026년 12월 31일까지 주식을 현물출자하거나 전환지주회사의 자기주식

과 교환함으로써 발생하는 양도차익에 대해서도 위 (1)에서와 동일한 법인세 또
는 양도소득세의 과세이연 및 분할과세의 혜택이 주어진다. 이러한 전환지주회
사에의 현물출자나 전환지주회사의 자기주식과의 교환에 대하여 과세이연 및
분할과세의 혜택을 받기 위해서는 다음의 4가지 요건이 충족되어야 한다.

첫째, 전환지주회사 및 현물출자나 자기주식교환을 한 주요 지배주주 등이
현물출자나 자기주식교환으로 취득한 주식을 현물출자일이나 자기주식교환일
이 속하는 사업연도의 종료일까지 보유하고, 현물출자나 자기주식교환으로 인
하여 전환지주회사의 지분비율 미달회사가 된 내국법인이 현물출자일이나 자기
주식교환일이 속하는 사업연도의 종료일까지 사업을 계속하여야 한다(租特法 38
조의2 2항 본문; 租特令 35조의3 2항). 지분비율 미달회사의 사업의 계속 여부에
관한 판정기준, 부득이한 사유로 인해 전환지주회사와 현물출자나 자기주식교
환을 한 주요 지배주주 등이 그 현물출자나 자기주식교환으로 취득한 주식을
처분하거나 지분비율 미달회사가 사업을 계속할 수 없는 경우에는 주식을 계속
보유하거나 사업을 계속하는 것으로 인정되는 점, 부득이한 사유의 의미 등은
위 (1)의 주식의 현물출자에 의한 지주회사의 신설이나 지주회사로의 전환의 경
우에서와 같다(租特令 35조의3 3항; 租特法 38조의2 7항; 租特令 35조의3 9항).

둘째, 전환지주회사에 현물출자되는 주식이나 전환지주회사의 자기주식과
교환되는 주식이 (i) 전환 당시 전환지주회사가 공정거래법상의 자회사 해당요
건 비율(위 1. 참조)에 미달하는 비율로 지분을 소유하는 법인이 발행한 주식이
거나, (ii) 전환지주회사의 분할이나 분할합병의 당사법인으로서 전환지주회사
의 그것에 대한 지분소유비율이 공정거래법상의 자회사 해당요건 비율에 미달
하는 법인이 발행한 주식이어야 한다(租特法 38조의2 2항 1호). 이 요건은 전환지
주회사가 전환 후 이미 그 주식을 보유하고 있지만 그 보유비율이 아직 공정거
래법상의 지주회사의 자회사 해당요건 비율에 미치지 않는 법인(지분비율 미달
회사)의 주식을 현물출자 받거나 자기주식과 교환하는 경우에만 과세이연 및
분할과세의 혜택을 준다는 취지이다.

셋째, 지주회사로 전환된 날로부터 2년이 경과하기 전에 해당 현물출자나
자기주식교환 거래가 이루어져야 한다(租特法 38조의2 2항 2호).

넷째, 전환지주회사의 자기주식과 지분비율 미달회사 주식 간의 교환인 경
우에는 지분비율 미달회사의 모든 주주가 그 교환에 참여할 수 있어야 하며,

그 사실을 공시하였어야 한다(租特法 38조의2 2항 3호).

　　2) 효　　과　　전환지주회사에의 주식의 현물출자나 전환지주회사의 자기주식과의 교환이 위의 요건을 충족하는 경우 전환지주회사에 현물출자를 하거나 자기주식교환을 한 주주는 해당 현물출자나 자기주식교환으로 발생한 양도차익에 대하여 위 (1)의 경우, 즉 주식의 현물출자에 의한 지주회사의 신설이나 지주회사로의 전환의 경우에서 현물출자자가 받는 것과 동일한 내용의 법인세나 양도소득세의 과세이연 및 분할과세의 혜택을 적용 받는다(租特法 38조의2 2항 본문, 3항 및 租特令 35조의3 1항).

　　3) 이연된 과세의 실행　　위 (1)의 경우, 즉 주식의 현물출자에 의한 지주회사의 신설이나 지주회사로의 전환의 경우에서 이연된 과세가 실행되는 방식과 동일한 방식으로 이연된 과세가 실행된다.

V. 법인의 합병에 대한 과세

1. 총　　설

　　회사의 합병의 법적 성격에 관해서는 두 개 이상의 회사가 단체법상의 특수한 계약에 의해 합병하여 하나의 회사가 되는 것이라는 인격합일설(또는 인격승계설)[1]과, 회사의 합병은 소멸회사의 영업 전부를 현물출자하여 존속회사의 증자 또는 제3의 회사를 신설하는 것이라 설명하는 현물출자설이 대립하고 있으며, 현물출자설은 다시 회사 현물출자설과 주주 현물출자설로 나누어진다. 회사법학자들 사이에는 현물출자설은 (i) 채무초과회사나 순자산이 영(0)인 회사를 해산회사로 하는 합병을 설명하기 어렵고, (ii) 재산을 출자하는 자는 회사인데 그 대가인 지분을 사원이 받는 점을 설명할 수 없으며, (iii) 무증자 흡수합병을 명쾌하게 설명하지 못하는 등의 근본적 문제를 가지고 있는 점을 들어 인격합일설이 주류를 이루고 있는 것으로 보인다.[2] 합병의 법적 성격을 세제에 어떻게 반영시키느냐에 따라 조세효과는 크게 달라진다. 합병을 순수한 법인격의 승계행위로 보면, 합병이 합병당사법인이나 피합병법인의 주주에게 과세계

---

1) 최기원,「신회사법론」(제7전정판), 110면; 이철송,「회사법강의」(2006, 제13판), 100면; 정동윤,「회사법」(2006, 제7판), 811면.

2) 권기범,「회사의 합병 및 영업양수·도」, 한국상장회사협의회(97개정판), 34면 내지 36면.

기가 되어서는 아니 될 것이다. 따라서 피합병법인의 자산에 내재하는 미실현이득이 피합병법인의 양도소득으로 과세되어서는 아니 되고, 피합병법인의 주주에게 합병구주와 합병신주의 교환에 따라 의제배당소득이 발생하거나 주식의 처분손실이 발생하는 것으로 보아서도 아니 될 것이다. 반면에 합병을 순수하게 합병 소멸법인이 보유하는 자산을 합병 신설법인이나 존속법인에게 현물출자하는 것으로 본다면, 전자에게는 보유 자산의 양도에 따른 양도차익이 발생하고, 그 주주에게는 주식의 처분에 따른 손익이 발생하는 것으로 보아야 할 것이다.

세법이 각종 경제적 거래의 사법적 효과를 파악하여 그에 따라 과세효과를 결정하는 규범이긴 하나, 그렇다고 하여 어떤 거래에 대하여는 반드시 어떠한 과세를 하여야 한다는 식의 절대적 법칙이 존재하는 것은 아니고, 오히려 시대적·경제적 상황에 따라 특별한 조세정책적 목적을 달성하기 위하여 어느 정도까지는 어떤 거래의 성격에 관한 사법적 해석과 다른 입장에서 과세효과를 규정할 수 있다 할 것이다. 따라서 합병에 대한 과세도 반드시 인격합일설적 입장이나 현물출자설적 입장 중 어느 하나에 충실하여야 할 이유는 없다. 미국, 독일, 일본 등 대부분의 선진국의 세법에서는 합병으로 인하여 피합병법인이 합병 존속법인이나 합병 신설법인에게 자산을 양도하고, 합병대가(합병신주 및 합병교부금)를 교부받아 그 해산 및 청산을 통해 이를 주주에게 분배하는 것으로 봄으로써 현물출자설에 기초하고 있다.[1] 따라서 원칙적으로 피합병법인에게는 자산의 양도차익이, 그 주주에게는 주식의 처분손익이 실현·인식되는 것으로 하되, 일정한 요건을 충족하는 경우에는 손익이 실현은 되지만, 인식이 되지 않는 것으로 보아 과세의 이연을 허용하고 있다.[2]

우리 법인세법은 2010년 1월 1일자 개정 전에는 합병에 관해 인격합일설이나 현물출자설 중 어느 하나에 획일적으로 기초하지 않고, 어떤 면에서는 전자의 입장을, 다른 면에서는 후자의 입장을 취하는 혼합적 접근을 하고 있었다. 즉, 한편으로는 합병으로 이전되는 피합병법인의 자산에 내재된 미실현이득을 피합병법인의 청산소득으로 과세하거나 합병법인이 합병의 기회에 해당 자산을

---

1) 미국 내국세입법 §361(a), (b); 일본 법인세법 제62조 제1항, 제2항; 독일 기업재편조세법 (UmwStG) §11(2).

2) 자세한 논의는, 한만수, "합병평가차익의 과세문제,"「조세법연구」XII – 1, 세경사(2006), 204면 내지 207면 참조.

평가증하여 승계하는 경우 합병평가차익으로 과세하는 등 합병을 과세계기로 봄으로써 현물출자설적 입장을 취하였고, 다른 한편으로는 합병법인으로 하여 금 피합병법인의 자산을 평가하도록 강제하지 아니하고 피합병법인의 합병일 현재의 장부가액대로 이어받는 것을 허용함으로써 인격승계설적 입장을 취하였 다.1) 또한 합병으로 소멸하는 법인의 여러 가지 세무조정사항 중 일부는 합병 존속법인이 승계하고, 나머지 일부는 승계하지 않는 것으로 규정하던 것이나, 이월결손금을 특별한 요건을 구비한 경우에 한하여 승계하도록 허용하던 것도 (2010년 1월 1일 자 개정 전 法法 45조 1항, 제49조; 法令 85조 1항), 인격합일설이나 현물출자설의 입장을 혼합적으로 택하던 것이라 할 수 있다. 그런데, 개정된 법 인세법에서는 이러한 혼합적 접근방식을 버리고 미국, 독일, 일본 등의 경우와 같이 합병에 의한 자산의 이전을 획일적으로 양도로 보는 입장으로 선회하였 다. 현물출자설적 입장에 충실하여 합병에 따른 과세효과를 대폭 단순화하였다.

법인세법은 법인의 형태에 따라 합병의 과세효과를 달리 규정하고 있지 않 으므로 설명의 편의상, 그리고 주식회사의 흡수합병이 가장 흔히 일어난다는 사실을 감안하여 주식회사의 흡수합병을 중심으로 그 과세효과를 살펴보기로 한다.

2. 합병에 따른 과세문제의 개요

흡수합병의 경우 합병으로 소멸하는 법인(즉, 피합병법인)의 주주는 합병비 율2)에 따라 합병으로 존속하는 법인(즉, 합병법인)의 주식이나 그 주식에 추가 하여 금전이나 기타 재산을 받고 피합병법인은 해산등기를 거쳐 소멸한다. 이 경우 피합병법인이 합병법인으로부터 받은 양도가액에서 피합병법인의 합병등 기일 현재의 자산의 장부가액 총액에서 부채의 장부가액 총액을 뺀 금액("순자

---

1) 국세청 법 1, 1234-284, 1969. 2. 3. 「2 ② … 이유: 법인세법상 해산의 경우를 제외하고는 합병일 현재의 자산가격의 총합계액을 시가에 의하여 평가하도록 하는 명문의 규정이 없고 또한 法 제15조 제1항 제3호에서 자산의 평가증으로 인한 합병차익 이외에는 익금불산입 하도록 규정한 것으로 보아 합병일 현재의 총자산가액의 계산은 납세의무자의 임의에 따르 는 것이라고 해석함」.
2) 합병비율이라고 함은 피합병법인의 주주에게 교부할 합병신주의 수를 결정하는데 적용하 는, 합병당사법인들의 순자산가치의 비율을 말한다. 엄격하게는 합병당사법인의 1주당 순자 산가치(미래의 초과수익력에 따라 계산되는 영업권 가액까지 포함)의 비율에 따라 결정되 어야 하지만, 실제에 있어서는 합병당사법인의 주식의 시가가 순자산가치를 반영하고 있다 고 보아 그 주식의 시가를 기준으로 정한다(정동윤, 「회사법」(2006, 제7판), 820면).

산장부가액"이라고 정의됨)을 공제하는 방법으로 계산되는 양도차익에 대하여 원칙적으로 법인세를 부과하되(法法 44조 1항), 일정한 요건을 충족하는 적격합병의 경우에는 과세이연이 허용된다(法法 44조의3 1항, 3항). 그리고 피합병법인의 주주가 합병법인으로부터 받는 주식·금전 및 기타 재산의 가액의 합계액(즉, 합병대가)이 피합병법인의 주식을 취득하기 위하여 소요된 금액을 초과하는 금액은 의제배당으로서 소득세(개인 주주의 경우) 또는 법인세(법인 주주의 경우)의 과세대상이 된다(所法 17조 2항 4호; 法法 16조 1항 5호). 한편, 피합병법인이나 합병법인이 가지고 있는 이월결손금이나 기타 세무조정사항(tax attributes)을 어떻게 승계하느냐 하는 것도 합병당사자에게 있어서 매우 중요한 문제이다. 이하에서는 피합병법인의 양도소득, 피합병법인의 주주의 의제배당이나 주식처분손, 이월결손금 및 기타 세무조정사항의 승계여부 등의 순서로 살펴본다.

3. 피합병법인의 양도차손익에 대한 과세

(1) 일반원칙

어떤 법인(피합병법인)이 다른 법인(합병법인)에 합병되어 해산하는 경우 피합병법인은 그 보유의 자산을 전부 합병법인에게 양도한 것으로 간주되어 그 양도차익(이하 "합병양도차익"이라고 함)이 합병등기일이 속하는 사업연도의 소득금액 계산상 익금에 산입되고, 양도차손(이하 "합병양도차손"이라고 함)은 손금에 산입된다(法法 44조 1항). 합병을 피합병법인이 보유하는 자산에 내재된 미실현이득이나 미실현손실1)이 실현되는 계기로 보는 것이다. 합병양도차익과 합병양도차손은 피합병법인이 합병법인으로부터 받은 양도가액에서 피합병법인의 합병등기일 현재의 '순자산장부가액'을 공제하여 계산한다. 양도가액은 아래 (3)에서 보는 적격합병의 경우에는 피합병법인의 합병등기일 현재의 '순자산장부가액'으로 하고(따라서 이 경우에는 합병양도차익이 발생하지 않음), 적격합병에 해당하지 않는 경우에는 (i) 합병으로 인하여 피합병법인의 주주 등이 지급받는 합병대가의 합계액과 (ii) 합병법인이 납부하는 피합병법인의 법인세 및 그 법인세에 부과되는 국세와 법인세분 지방소득세의 합계액(이하 "법인세 등"이라고 함)을 더한 금액으로 한다(法法 44조 1항; 法令 80조 1항). 합병법인이 납부한 피

---

1) 보유 부동산의 가치상승분이나 가치하락분이 이에 해당하는 대표적인 것이라고 할 수 있다.

합병법인의 법인세 등을 양도가액에 가산하는 이유는 본래 피합병법인이 납부하였어야 할 것(따라서 피합병법인의 주주가 실질적으로 부담하였어야 할 것)을 합병법인이 그 납세의무를 승계하여 납부하였기 때문에 이를 피합병법인이 합병법인으로부터 받은 것으로 의제하는 것이다. 여기서 한 가지 지적할 점은 적격합병에 해당하지 않는 합병거래에서 합병으로 양도한 자산의 시가가 그 실제의 양도가액(즉, 합병대가의 가액)보다 높은 경우(즉, 저가양도의 경우)에는 과세되는 합병양도차익이 실제로 발생하는 합병양도차익에 비해 그 차액만큼 줄어들거나 과세상 반영되는 합병양도차손이 실제로 발생하는 합병양도차손에 비해 그 차액만큼 늘어남으로써 과세누락의 효과가 생기는데, 이러한 경우는 현행법상 부당행위의 한 유형에 해당한다(法令 88조 1항 3호, 3호의2). 한편, 합병법인의 관점에서 피합병법인으로부터 양수한 자산의 시가가 실제의 양수가액보다 높아 그 차액 상당액의 이익을 얻은 경우에는 이를 합병매수차익이라는 이름으로 과세하고, 반대로 피합병법인으로부터 양수한 자산의 시가가 실제의 양수가액보다 낮아 그 차액 상당액의 손실을 입은 경우에는 일정한 경우에 한하여 그 차액을 합병매수차손이라는 이름으로 과세상 반영한다(뒤의 4.(1) 참조).

위에서 피합병법인의 순자산장부가액이라고 함은 피합병법인의 합병등기일 현재의 자산의 장부가액 총액에서 부채의 장부가액 총액을 뺀 금액을 말한다(法法 44조 1항 2호). 국세기본법에 따라 환급받은 법인세액이 있으면 그 금액을 피합병법인의 합병등기일 현재의 순자산장부가액에 더한다(法令 80조 2항). 납부한 법인세액이 이익잉여금으로 되돌아오는 것이기 때문이다.

(2) 포합주식이 존재하는 경우의 양도가액 계산의 특칙

합병법인이 소유하는 피합병법인의 주식(포합주식, 抱合株式)에 대하여 자기주식을 발행할 수 있느냐에 관해서는, 자기주식의 원시취득에 해당하는 것이어서 가능하지 않다는 부정설과 피합병법인의 주식이 자기주식으로 전환되는 것이므로 자기주식의 원시취득과 다르고 상법 제341조 제2호의 자기주식 취득금지의 예외에 해당한다는 긍정설로 나뉜다.[1] 합병법인이 포합주식에 대하여 자기주식을 발행하더라도 이로 인해 합병법인의 자본이 합병 전에 비하여 부실해지지 않을 뿐만 아니라, 이러한 경우는 순수한 증자도 아니므로 이를 신주의 인수와 동일시하는 부정설은 옳지 않다고 생각한다.[2] 이에 합병법인 소유의 피

---

1) 정동윤, 「회사법」 (2006, 제7판), 245면.

합병법인의 주식의 전부 또는 일부에 대해서 합병신주를 배정하는 것은 무방하다고 본다.

합병법인이 합병등기일 전 취득한 피합병법인의 주식 등(이하 "합병포합주식"이라고 함)에 대하여 자기주식을 배정하는 경우에는 자기주식의 가액이 합병대가에 포함되어 법인세의 과세대상이 됨은 당연하다. 이와 달리 합병포합주식에 대해 자기주식을 배정하지 않는 경우에는 피합병법인의 주주에게 교부하는 전체 주식의 가액 등도 그만큼 감소하므로 피합병법인의 합병양도차익도 감소하게 된다. 이를 방지하기 위해 합병법인이 합병포합주식의 취득가액을 합병대가에 가산하도록 하고 있다. 즉, 합병법인이 합병포합주식이 있고, 합병시 이에 대하여 합병법인의 주식 등(즉, 자기주식)을 전혀 또는 일부 교부하지 않으면, 합병양도차익을 계산함에 있어 그 지분비율에 따라 합병법인의 주식 등을 교부한 것으로 보아 합병대가를 증액시킴으로써 합병법인이 합병 전에 피합병법인의 주식 등을 미리 취득하는 방법으로 합병양도차익에 대한 법인세 부담을 피하는 것을 막고 있다(法令 80조 1항 2호 가목 단서). 신설합병 또는 3 이상의 법인이 합병하는 경우 이러한 합병포합주식의 범주에는 피합병법인이 합병 전에 취득한 다른 피합병법인의 주식 등도 포함된다(동목 단서 괄호).

합병포합주식의 취득대가를 합병대가에 포함시키는 이유는 합병교부금처럼 합병을 통해서 직접 지급된 것은 아니지만 피합병법인의 주주에게 건너간 대가라는 점에서 차이가 없다는 관념 때문이다.

(3) 적격합병의 경우의 양도차손익에 대한 과세이연의 특례

1) 취   지   법인이 기업환경의 변화에 따라 합병, 분할, 사업양도 등의 거래를 통해 기업구조의 재편을 시도하는 경우가 많다. 이러한 기업구조재편에 따른 당사법인 간의 재산의 이전을 과세계기로 본다면 기업구조재편 후의 존속법인은 자산의 실질적 감소로 인해 그 전의 법인들이 경영하던 사업을 계속하기 어려울 수 있고, 이는 결국 기업환경의 변화에 따른 기업구조재편을 어렵게 하여 기업의 생존을 위협할 수 있다. 그러므로 기업을 중심으로 운용되는 자본주의 경제체제의 존속과 국가경쟁력의 유지를 위해서 기업구조재편 절차에서 이루어지는 법인 간 자산의 이전에 대해 과세를 이연하는 것이 절실히 필요

---

2) 합병법인이 합병 전에 취득한 피합병법인의 주식에 대하여 합병시 자신의 주식을 교부하면 이는 자기주식이 되는데, 이러한 자기주식의 발행은 허용되고 있다(상법 제341조 제2호).

하다. 이러한 취지에서 사업의 계속성(continuity of business), 주주 소유관계의 계속성(continuity of shareholder's interest) 등의 요건을 충족함으로써 기업재산으로서의 동일성이 유지되는 경우에는 기업구조재편 과정에서의 자산이전에 대해 과세를 이연하는 것이 선진 각국의 보편적 제도이다. 미국에서는 이를 일반적으로 tax-free reorganization이라고 하여 내국세입법상 다양한 제도가 도입되어 있다.1) 미국의 이러한 제도는 특히 잦은 기업환경 변화에 신속히 대처할 필요성이 강한 중소기업의 보호육성을 목적으로 한 것으로서 중소기업에 의하여 많이 이용되고 있다. 독일에서도 사업재편에 관한 특별법과 사업재편에 따른 과세에 관한 특별법이 제정되어 시행되고 있다.2) 일본도 2000년(평성 12년)에 기업구조조정을 위한 민사법제를 정비함과 동시에 합병, 분할, 완전지주회사의 설립을 위한 포괄적 주식교환과 주식이전, 자산의 현물출자와 사후설립 등을 포괄하는 '조직재편' 거래에 대해 과세를 이연하는 취지의 각종 특례제도를 도입하였다.3) 우리나라도 이러한 취지에서 2010년 7월 1일부터 기업구조재편을 목적으로 행하는 적격합병에 대한 과세특례 제도를 도입하였다.

2) 요건 및 효과　　적격합병으로 인정되기 위해서는 다음의 요건이 충족되어야 한다.

첫째, 합병등기일 현재 1년 이상 사업을 계속하던 내국법인 간의 합병이어야 한다. 다만, 자본시장법상의 기업인수목적회사로서 일정한 요건을 갖춘 법인은 그 제한을 받지 않는다(法法 44조 2항 1호; 法令 80조의2 2항).

둘째, 피합병법인의 주주 등이 합병으로 인하여 받은 합병대가의 총합계액 중 합병법인의 주식 등의 가액이나 합병법인 100% 모회사의 주식 등4)(이하 "합병교부주식 등"이라고 함)의 가액이 각 100분의 80 이상이어야 하고, 합병교부주식 등의 가액의 총합계액을 피합병법인의 주요 지배주주 등의 지분비율에 따라

1) I.R.C. Subtitle A, Ch.1C, Part III(Corporate Organizations and Reorganizations).
2) Umwandlungsgesetz, Vom 28. Oktober 1994(BGBI. IS. 3210, ber. 1995 IS. 428); Umwandlungssteuergesetz, Vom 28. Oktober 1994(BGBI. IS. 3267, BStB 1. IS. 839).
3) 일본 법인세법 제1편 제1장 제1절 제6관.
4) 상호주 취득의 원칙적 금지에도 불구하고 상법 제523조 제4호에서 자회사가 모회사 주식을 취득하여 보유하고 있다가 합병대가로 지급할 수 있도록 허용함에 따라 모회사가 자회사를 개입시켜 취득대상 회사를 간접적으로 합병하는 이른바 '삼각합병(triangular merger)'을 하는 경우 합병거래의 당사자인 자회사가 모회사의 주식 등을 합병대가로 교부한다(삼각합병에 관해서는 IRC §368(a)(2)(D), 역삼각합병에 관해서는 §368(a)(2)(E) 참조).

배정하여야 하며, 피합병법인의 주요 지배주주 등이 합병등기일이 속하는 사업연도의 종료일까지 그 주식 등을 보유하여야 한다(法法 44조 2항 2호; 法令 80조의2 3항, 4항, 5항). 여기서 주요 지배주주 등이라 함은 초과급여 지급액의 손금불산입제도 상의 지배주주 등(法令 43조 3항) 중 법인을 지배할 목적을 가진 것으로 보이지 않는 자를 말한다(法令 80조의2 5항). 그리고 여기서 말하는 '피합병법인의 주주 등이 받은 합병대가의 총합계액'은 합병양도차손익 계산의 기준이 되는 합병대가의 금액(法令 80조 1항 2호 가목)으로 하되, 합병대가의 총합계액 중 합병법인의 주식 등의 가액이나 합병법인의 모회사의 주식 등의 가액이 각 100분의 80 이상인지 여부를 판단함에 있어, (i) 합병법인이 합병등기일 전 2년 이내에 취득한 합병포합주식 등이 있고, 합병등기일 현재 피합병법인의 지배주주 등(法令 43조 7항)이 아닌 경우에는, 합병등기일 전 2년 이내에 취득한 합병포합주식 등 중 발행주식총수 또는 출자총액의 100분의 20을 초과하는 것에 대하여 교부한 합병교부주식 등의 가액(합병등기일 전에 취득한 합병포합주식에 대하여 합병교부주식을 교부하지 아니함으로써 이를 교부한 것으로 간주되는 경우 그 간주되는 주식 등의 가액을 포함함; 法令 80조 1항 2호 가목 단서)을 합병교부금으로 지급한 것으로 보아 합병대가의 총합계액에 더하고, (ii) 역시 합병등기일 전 2년 이내에 취득한 합병포합주식 등을 가진 합병법인이 합병등기일 현재 피합병법인의 지배주주 등인 경우에는, 그 합병포합주식 등에 대하여 교부한 합병교부주식 등의 가액 전부를 합병교부금으로 지급한 것으로 보아 합병대가의 총합계액에 더한다. 이와 관련하여 신설합병 또는 3 이상의 법인이 합병하는 경우로서 피합병법인이 취득한 다른 피합병법인의 주식 등이 있는 경우에는 그 다른 피합병법인의 주식 등을 취득한 피합병법인을 합병법인으로 보아 위와 같은 합병대가에의 합산을 한다(法令 80조의2 3항). 위에서 본 합병양도차익의 계산에서처럼 합병 전에 합병법인이 포합주식 등을 취득한 경우 합병대가액을 증액하는 것이다.

적격합병의 셋째 요건은 합병법인이 합병등기일이 속하는 사업연도의 종료일까지 피합병법인으로부터 승계받은 사업을 계속하여야 한다는 것이다. 이 요건과 관련해서도 자본시장법상의 기업인수목적회사로서 일정한 요건을 갖춘 법인은 그 제한을 받지 않는다(法法 44조 2항 3호). 합병법인이 합병등기일이 속하는 사업연도의 종료일 이전에 피합병법인으로부터 승계한 고정자산(피합병법

인이 보유하던 합병법인 자신의 주식을 승계한 경우 그 가액은 제외함)의 가액의 2분
의 1 이상을 처분하거나 사업에 사용하지 아니하는 경우에는 승계받은 사업을
계속하지 아니하는 것으로 본다(法令 80조의2 6항).

넷째, 합병등기일 1개월 전 현재 피합병법인에 종사하는 근로자(합병승계대
상근로자) 중 합병법인이 승계한 근로자의 비율이 100분의 80 이상이고, 합병등
기일이 속하는 사업연도의 종료일까지 그 비율을 유지하여야 한다(法法 44조 2
항 4호). 합병으로 인해 일자리가 줄어드는 것을 막기 위한 정책적 요건이다.

위와 같은 요건이 모두 충족되는 경우에는 피합병법인의 합병등기일 현재
의 순자산장부가액을 피합병법인이 합병법인으로부터 받은 양도가액으로 보아
양도차익이나 양도차손이 없는 것으로 할 수 있다. 다만, 부득이한 사유가 있는
경우에는 위 둘째, 셋째 또는 넷째 요건을 갖추지 못한 경우에도 양도차익이나
양도차손이 없는 것으로 할 수 있다(法法 44조 2항). 위 둘째 요건의 불충족에
대한 부득이한 사유로는 피합병법인의 주요 지배주주 등에 의한 합병신주의 2
분의 1미만의 처분, 피합병법인의 주요 지배주주 등의 사망이나 파산으로 인한
합병신주의 처분, 적격합병·적격분할·적격물적분할 또는 적격현물출자에 따른
처분 등이 있고, 위 셋째 요건의 불충족에 대한 부득이한 사유로는 합병법인의
파산절차나 회생절차에서의 자산의 처분, 적격합병·적격분할·적격물적분할
또는 적격현물출자에 따른 사업의 폐지 등이 있으며, 위 넷째 요건의 불충족에
대한 부득이한 사유로는 합병법인이 '채무자 회생 및 파산에 관한 법률'에 따른
회생계획을 이행 중인 경우나 합병법인이 적격합병, 적격분할, 적격물적분할
또는 적격현물출자에 따라 근로자의 비율을 유지하지 못한 경우 등이 있다(法
令 80조의2 1항 1호, 2호, 3호). 위 첫째와 셋째 요건은 사업의 계속성(continuity of
business)에 관한 것이고, 위 둘째 요건은 주주 소유관계의 계속성(continuity of
shareholder's interest)에 관한 것이다. 한편, 피합병법인이 그 발행주식총수 또는
출자총액의 전부를 소유하고 있는 다른 법인(즉, 100% 모회사)으로 합병되는 경
우 또는 그 반대의 경우, 그리고 동일한 내국법인이 발행주식총수 또는 출자총
액 전부를 소유하고 있는 서로 다른 법인 간에 합병하는 경우에는 위와 같은
요건의 충족여부에 불구하고 적격합병으로 보아 양도차익이나 양도차손이 발생
하지 않는 것으로 계상할 수 있다(法法 44조 3항). 100% 모·자회사 간의 합병의
경우에는 피합병법인과 합병법인이 경제적 동일체임을 고려하여 피합병법인이

자산을 취득한 시점과 가격에 합병법인이 이를 취득한 것으로 보아 피합병법인에게 양도차익이나 양도차손이 발생하지 않도록 하는 것이다.

3) 이연된 과세의 실행 피합병법인의 합병양도차익에 대하여 이연된 과세나 합병양도차손에 대하여 이연된 손금산입은 그 이연의 사유가 사후적으로 소멸한 때 합병법인이 피합병법인으로부터 이전받은 자산의 장부가액과 시가와의 차액을 합병법인의 익금이나 손금에 더하는 방식으로 합병법인으로부터 과세한다(아래 4. (2) 2) 참조).

4. 합병법인의 과세문제

(1) 일반원칙

피합병법인이 그 자산을 합병법인에게 실제의 양도가액(이하 합병법인의 입장에서는 "실제의 양수가액"이라고 부름)으로 양도한 것으로 취급되는 데 비해 합병법인은 피합병법인으로부터 동일한 자산을 합병등기일 현재의 '시가'로 양수한 것으로 취급된다. 이때 '시가'라 함은 법인세법 제52조 제2항에서 부당행위계산 부인의 기준으로 규정하고 있는 가격을 말한다(法法 44조의2 1항). 이처럼 합병법인이 피합병법인의 자산을 '시가'로 양수한 것으로 보는 결과 나중에 합병으로 취득한 개별 자산을 양도하는 경우 그 '시가'를 해당 자산의 취득가액으로 하여 양도차익을 계산하게 된다.

만약 양수가액으로 간주되는 '시가'와 실제의 양수가액 간에 차이가 있는 경우 그 차액을 과세상 반영할 필요가 있다. 우선, 실제의 양수가액이 시가보다 낮은 경우 합병법인은 그 차액에 상당하는 이익을 얻게 되는바, 이 이익은 저가 양수로 분여받은 이익으로서의 본질을 가지는 것이다. 이에 합병법인이 피합병법인에게 지급한 양수가액이 피합병법인의 합병등기일 현재의 자산총액에서 부채총액을 뺀 금액(법문상 "순자산시가"라고 약칭하고 있으므로 이하에서도 같은 이름으로 부름)보다 적은 경우에는 그 차액(법문상 "합병매수차익"이라고 약칭하고 있으므로 이하에서도 같은 이름으로 부름)을 합병법인의 세무조정계산서에 계상하고 합병등기일이 속하는 사업연도부터 합병등기일부터 5년이 되는 날이 속하는 사업연도까지 합병매수차익에 각 사업연도의 월수가 60개월에서 차지하는 비율을 곱한 금액을 익금에 산입하도록 하고 있다(法法 44조의2 2항; 法令 80조의3 1항).

다음, 실제의 양수가액이 시가보다 높은 경우 합병법인은 그 차액에 상당하는 손실을 입게 되는바, 이 손실은 고가매입을 통해 상대방에게 분여한 이익에 대응되는 것으로서의 본질을 가지는 것이다. 법인세법은 이러한 손실을 '합병매수차손'이라고 칭하면서 원칙적으로 그 손금산입을 인정하지 않는다. 다만 합병매수차손이 '피합병법인의 상호·거래관계, 그 밖의 영업상의 비밀 등'이 사업상 가치가 있다고 보아 지급한 대가에 해당하는 경우에는 이를 세무조정계산서에 계상하고, 위에서 본 합병매수차익의 익금산입 방식과 같은 방식으로 합병등기일부터 5년간 균등하게 나누어 손금에 산입하도록 하고 있다(法法 44조의2 3항; 法令 80조의3 2항, 3항). 여기서 말하는 사업상 가치가 있는 '피합병법인의 상호·거래관계, 그 밖의 영업상의 비밀 등'은 그 자체로 대가를 지급할 만한 경제적 가치를 가진 무형의 자산이므로, 엄밀히 말하면 그 차액은 손실이 아니라 이러한 무형자산의 취득대가이다. 그리고 여기서 손금산입이 인정되기 위해서는 그 무형의 자산들이 사업상 가치가 있을 것을 요구하고 있을 뿐, 반드시 영업권으로 인정되기 위한 요건으로서의 초과수익력을 가질 것을 요구하고 있지 않으므로, 영업권에 이르지 않은 기타의 무형자산을 취득한 경우라 하더라도 손금산입이 인정된다고 보아야 한다. 일본 법인세법에서 영업권에 이르지 않았더라도 '편익을 받기 위하여 지출한 비용으로서 그 지출의 효과가 1년 이상에 이르는 것'을 이연자산이라고 이름하여[1] 그 효과가 미치는 기간 동안 상각할 수 있도록 하고 있는데,[2] 위에서 합병매수차손의 손금산입 요건으로 규정하고 있는 무형자산은 일본 법인세법상의 이러한 이연자산에 버금가는 것이다. 한편, 합병매수차손이 위의 규정들에 따라 영업권이나 무형자산의 취득대가에 해당하지 않더라도 이는 합병법인이 피합병법인에게 행한 지출로서 법인세법 제11조에 규정된 손금산입의 일반요건(사업상 필요성과 통상성)을 충족하는 경우 그에 따라 손금에 산입할 수 있다고 보아야 할 것이다.[3]

경제적 동일체 관계에 있는 100% 모·자 회사 간의 합병의 경우에는 합병법인이 저가양수를 통해 피합병법인으로부터 이익을 분여받았다거나 고가매입을 통해 피합병법인에게 이익을 분여하였다는 관념이 성립하지 아니하므로 위

---

1) 일본 법인세법 제2조 제24호, 동법 시행령 제14조 제1항 제6호,
2) 일본 법인세법 제32조, 동법 시행령 제64조.
3) 합병에 따른 자산의 취득대가로 지급하는 가액이 그 시가를 초과하는 경우의 과세문제에 관한 일반적 논의로는 한만수, "자본거래 요소와 손익거래 요소가 혼재된 거래의 과세문제" 「조세법연구」 28-2(2022. 8. .31), 한국세법학회, p. 437 이하 참조.

와 같은 합병매수차익과 합병매수차손의 개념을 인정하지 않음이 타당함에도 불구하고 현행법은 예외를 인정하지 않고 있다.

(2) 적격합병의 경우의 과세특례

1) 요건 및 효과   적격합병의 요건이 충족되어 피합병법인의 합병양도차익에 대한 법인세의 과세이연이 이루어진 경우에는 과세이연된 법인세를 합병법인으로부터 징수할 필요가 있는바, 이를 위해 다음과 같은 제도적 장치를 두고 있다. 우선, 적격합병의 요건이 충족되는 경우 피합병법인에 대하여 실제의 양도가액(즉, 합병대가의 가액) 대신 합병등기일 현재의 순자산장부가액을 양도가액으로 의제하도록 하는 데 맞추어 합병법인도 피합병법인의 자산을 시가가 아닌 장부가액으로 양수한 것으로 본다(法法 44조의3 1항). 이처럼 어떤 자산에 대한 피합병법인의 장부가액을 합병법인의 양수가액으로 의제함으로써 해당 자산의 시가가 피합병법인의 장부가액보다 높은 경우에는 합병법인에게 그 차액에 상당하는 금액의 미실현이득이 생기게 되고, 반대로 해당 자산의 시가가 피합병법인의 장부가액보다 낮은 경우에는 합병법인에게 그 차액에 상당하는 금액의 미실현손실이 생기게 되어, 후일 합병법인이 그 미실현이득을 실현할 때 그 금액에 대한 법인세를 부담하고, 미실현손실을 실현할 때 그 금액에 대한 법인세를 감액 받게 된다. 피합병법인의 합병양도차익이나 합병양도차손에 대하여 이연된 과세가 합병법인에 대하여 이루어지는 것이다.

그런데, 합병법인으로 하여금 의제된 양수가액인 피합병법인의 장부가액을 바로 해당 자산의 취득가액으로 계상하도록 하여 이연된 과세를 실행할 사유가 발생하였을 때 합병시점의 시가와 그 취득가액 간의 차액에 해당하는 피합병법인의 합병양도차익이나 합병양도차손을 과세처리하는 방식을 취하지 않고, 합병등기일 현재의 시가를 취득가액으로 계상함과 동시에 (i) 시가에서 피합병법인의 장부가액(아래 6. (1)에서 보는 바의 합병법인이 승계한 피합병법인의 세무조정사항 중 익금불산입액은 더하고, 손금불산입액은 뺀 가액으로 함)을 뺀 금액이 플러스인 경우에는 그 금액을 익금에 산입하는 한편 '자산조정계정'으로 손금에 산입하고, (ii) 시가에서 피합병법인의 장부가액을 뺀 금액이 마이너스인 경우에는 그 금액을 손금에 산입하는 한편 '자산조정계정'으로 익금에 산입한 뒤 이를 뒤에 과세상 반영하도록 하고 있다. 자산조정계정의 정수(+)의 금액은 양수한 자산의 시가가 피합병법인의 장부가액보다 높은 경우에 발생하는 것으로서 과세

이연된 피합병법인의 합병양도차익에 상당하는 금액이고, 자산조정계정의 부수
(−)의 금액은 양수한 자산의 시가가 피합병법인의 장부가액보다 낮은 경우에
발생하는 것으로서 실현이 이연된 피합병법인의 합병양도차손에 상당하는 금액
이다.

자산조정계정의 구체적 처리방식은 대상자산이 감가상각자산인 경우와 아
닌 경우로 구분된다. (i) 감가상각자산에 설정된 자산조정계정의 금액은 그 금
액이 정수(+)인 경우에는 해당 자산의 감가상각비와 상계하는 방법으로 과세하
고 부수(−)인 경우에는 해당 자산의 감가상각비에 가산하는 방법으로 손비로
인정하되, 해당 자산을 처분하는 경우에는 그 처분하는 사업연도에 일시에 자
산조정계정의 정수(+)의 금액을 익금에 산입하고, 자산조정계정의 부수(−)의
금액을 손금에 산입한다. (ii) 감가상각자산 외의 자산에 설정된 자산조정계정
의 금액은, 해당 자산이 자기주식인 경우를 제외하고는, 해당 자산을 처분하는
사업연도에 자산조정계정의 정수(+)의 금액을 전액 익금에 산입하고, 자산조정
계정의 부수(−)의 금액을 전액 손금에 산입하도록 하고 있다(法法 44조의3 1항
후문; 法令 80조의4 1항). 피합병법인과 합병법인을 통틀어 보면, 피합병법인의
합병양도차익이나 합병양도차손을 합병법인이 승계하여 해당 자산의 처분시에
과세되거나(합병양도차익의 경우) 손실로 실현하는(합병양도차손의 경우) 것이다.

한편, 적격합병의 경우 합병법인의 합병매수차익에 대한 과세나 합병매수
차손의 상각에 관해서 법령상 아무런 언급이 없는바, 장부가액을 실제의 양수
가액으로 간주함으로 인해 실제의 양수가액을 정확하게 판정하기 어렵다는 사
정을 고려하여 과세상의 반영을 포기한 것으로 해석할 수밖에 없다. 다만, 아래
에서 보는 바와 같이 과세이연 혜택의 상실사유가 발생한 경우에는 합병매수차
손익에 대해 과세처리를 하게 되는데 그 내용은 비적격합병의 경우에서와 동일
하지는 않다.

2) 이연된 과세의 실행   합병등기일이 속하는 사업연도의 다음 사업연
도 개시일부터 2년(아래 (iii)의 경우에는 3년) 내에 (i) 위에서 본 적격합병의 요
건을 충족하여 피합병법인의 자산을 장부가액으로 양수한 합병법인이 피합병법
인으로부터 승계받은 사업을 폐지하거나 (ii) 피합병법인의 주요 지배주주 등이
합병법인으로부터 받은 주식 등을 처분하거나, (iii) 합병법인에 종사하는 합병
승계대상근로자의 수가 합병등기일 1개월 전 당시 합병승계대상근로자 수의

100분의 80 미만으로 하락하는 경우에는 그 사유(이하 "과세이연 혜택의 상실사
유"라고 함)가 발생한 날이 속하는 합병법인의 사업연도의 소득금액을 계산함에
있어 자산조정계정 잔액의 정수(+)의 총합계액과 승계받은 결손금 중 소득금액
과 공제한 금액을 익금에 산입하고, 또한 합병법인의 소득금액 및 과세표준을
계산할 때 피합병법인으로부터 승계한 세무조정사항 중 익금불산입액은 더하고
손금불산입액은 빼며, 피합병법인으로부터 승계받아 공제한 감면·세액공제액
등을 해당 사업연도의 법인세에 더하여 납부하고, 해당 사업연도부터 더 이상
감면 또는 세액공제를 적용받을 수 없다. 한편, 자산조정계정 잔액의 총합계액
이 부수(-)인 경우에는 이를 없는 것으로 봄으로써 그에 상당하는 피합병법인
의 합병양도차손은 마치 청산법인의 청산손실처럼 과세상 영구히 반영할 수 없
게 된다(法法 44조의3 3항 본문, 1호, 2호, 3호; 法令 80조의4 3항, 4항, 6항, 9항). 사
업의 계속성이나 주주 소유관계의 계속성을 사후적으로 상실하는 경우에는 자
산의 처분시점을 기다리지 않고 그 상실 시점에서 미실현이득이 실현되는 것으
로 본다는 것이다. 이와 관련하여 합병법인이 합병등기일이 속하는 사업연도의
다음 사업연도 개시일부터 3년 내에 피합병법인으로부터 승계한 자산(피합병법
인이 보유하던 합병법인 자신의 주식을 승계한 경우 그 가액은 제외함)의 가액의 2분
의 1 이상을 처분하거나 사업에 사용하지 아니하는 경우에는 승계받은 사업을
폐지한 것으로 본다(法令 80조의4 8항).

　　나아가 위와 같이 과세이연 혜택의 상실사유가 발생하여 자산조정계정의
정수(+)의 잔액을 익금에 산입한 경우 (i) 합병매수차익 상당액을 과세이연 혜
택의 상실사유가 발생한 날이 속하는 사업연도에 손금에 산입함과 동시에 같은
금액을 합병등기일부터 5년이 되는 날까지 분할하여 익금에 산입하는 것으로
처리하고,[1] (ii) 합병매수차손 상당액을 과세이연 혜택의 상실사유가 발생한 날
이 속하는 사업연도에 익금에 산입함과 동시에 합병법인이 피합병법인의 상호·
거래관계, 그 밖의 영업상의 비밀 등에 대하여 사업상 가치가 있다고 보아 합
병매수차손 상당액을 합병대가로 지급한 경우(法令 80조의3 2항)에 한하여 그 금

---

1) 과세이연 혜택의 상실사유가 발생한 날이 속하는 사업연도에는 합병매수차익에 합병등기
　일부터 해당 사업연도 종료일까지 경과한 월수를 60월로 나눈 비율을 곱한 금액을, 그 후의
　사업연도부터 합병등기일부터 5년이 되는 날이 속하는 사업연도까지는 합병매수차익에 해
　당 사업연도의 월수를 60월로 나눈 비율을 곱한 금액을 각 익금에 산입한다(法令 80조의4
　5항 1호 가목, 나목).

액을 합병등기일부터 5년이 되는 날까지 분할하여 손금에 산입하는 것으로 처리한다1)(法法 44조의3 4항; 法令 80조의4 5항).

위와 같이 합병매수차익 상당액 전액을 일단 손금에 산입하였다가 합병등기일이 속하는 사업연도부터 5년에 걸쳐 순차적으로 다시 익금에 산입하거나 영업권의 취득대가로서의 성질을 가지는 합병매수차손 상당액 전액을 일단 익금에 산입하였다가 합병등기일이 속하는 사업연도부터 5년에 걸쳐 순차적으로 다시 손금에 산입하게 되면, 결국 합병매수차익에 대해서는 과세하지 않고, 영업권의 실질을 가지는 합병매수차손에 대해서는 전혀 상각을 인정하지 않는 결과가 되는데, 이는 비적격합병의 경우에 합병매수차익은 5년 간 분할하여 과세하는 한편, 영업권의 실체를 가지는 합병매수차손은 5년 간 분할하여 상각을 인정하는 것과 형평에 맞지 않는다. 특히 영업권의 실체를 가지는 합병매수차손의 상각을 인정하지 않는 것은 순자산증가설에 따른 법인소득 과세의 본질에 반하므로 입법론적으로 재고를 요한다고 할 것이다.

한편 위와 같은 과세이연 혜택의 상실사유의 발생에 따른 이연된 과세의 실행은, 적격합병 요건의 충족 여부에 불구하고 적격합병으로 간주되는 경우 즉, '동일한 내국법인이 발행주식총수 또는 출자총액 전부를 소유하고 있는 서로 다른 법인 간의 합병'의 경우(法法 44조 3항)에는 적용하지 않는다(法法 44조의3 3항 괄호). 경제적 동일체임을 이유로 적격합병 요건의 불충족에도 불구하고 적격합병으로 인정해 놓고 그 요건을 상실하였다고 하여 이연된 과세를 실행하는 것은 모순이기 때문이다. 그리고 과세이연 혜택의 상실 사유의 발생이 '부득이한 사유'로 인한 것인 때에는 위와 같이 이연된 과세를 실행하지 않는다. 그 부득이한 사유는 적격합병 인정요건의 불충족에 대한 부득이한 사유와 동일하다(法法 44조의3 3항 단서; 法令 80조의4 7항).

---

1) 과세이연 혜택의 상실사유가 발생한 날이 속하는 사업연도에는 합병매수차익에 <u>합병등기일부터 해당 사업연도 종료일까지</u> 경과한 월수를 60월로 나눈 비율을 곱한 금액을, 그 후의 사업연도부터 합병등기일부터 5년이 되는 날이 속하는 사업연도까지는 합병매수차익에 <u>해당 사업연도의 월수</u>를 60월로 나눈 비율을 곱한 금액을 각 익금에 산입한다(法令 80조의4 5항 2호 가목, 나목).

5. 주주의 의제배당소득에 대한 과세

(1) 일반원칙

합병시 피합병법인의 주주가 합병법인으로부터 취득하는 합병대가의 총합 계액이 피합병법인의 주식을 취득하기 위하여 사용된 금액을 초과하는 금액은 의제배당이 된다(所法 17조 2항 4호; 法法 16조 1항 5호; 합병에 따른 의제배당소득의 발생에 관해서는 제1장 제3절 Ⅲ. 3. 4) 에서의 논의 참조). 그러나 위 3. (2)에서 본 합병양도차익에 대한 과세이연의 요건 중 법인세법 제44조 제2항 제1호 및 제2 호의 요건(주식 등의 보유와 관련된 요건은 제외)이 충족되는 경우에는 합병으로 발생하는 의제배당의 가액을 계산함에 있어서 합병으로 취득한 주식 등의 가액 을 시가에 의하여 계산하지 않고, 주주가 거주자인 경우에는 피합병법인의 주 식 등의 취득가액에 의하여 계산하고(所法 17조 5항; 所令 27조 1항 1호 나목), 주 주가 법인인 경우에는 피합병법인의 주식 등의 장부가액에 의하여 계산하기 때 문에(法法 16조 2항; 法令 14조 1항 1호 나목) 의제배당 소득이 발생하지 않는다. 적격합병의 경우 피합병법인의 주주에 대해서도 합병으로 소각된 구주식 등의 가치증가익에 대한 과세가 합병으로 취득한 신주식 등을 처분할 때까지 이연되 는 것이다. 다만, 합병대가의 일부는 금전이나 그 밖의 재산으로 받고, 일부는 주식 등으로 받은 경우로서 그 주식 등의 시가가 합병으로 소각된 구주식 등의 취득가액(주주가 거주자인 경우) 또는 장부가액(주주가 법인인 경우)보다 더 작은 경우에는 시가를 기준으로 의제배당의 가액을 계산한다(所令 27조 1항 1호 나목 단서; 法令 14조 1항 1호 나목 괄호). 합병대가 중 합병교부금을 제외한 신주식 등 의 시가가 구주식 등의 취득가액이나 장부가액보다 더 작은 경우에는 과세이연 의 혜택을 부여하지 않는다는 의미이다.

(2) 포합주식(抱合株式)이 존재하는 경우의 의제배당소득액

첫째, 포합주식에 대하여 자기주식으로서의 합병신주를 발행하는 경우에는 합병대가인 합병신주의 가액과 소각되는 포합주식의 취득가액 간의 차액은 해 당 포합주식의 보유기간 중에 발생한 자본이득으로서 법인세법 제16조 제1항 제5호에 규정된 의제배당 소득에 해당한다. 따라서 합병법인은 그 의제배당액 에 대하여 법인세를 납부하여야 할 것이다. 물론 합병신주의 가액과 포합주식 의 취득가액 간에 차이가 없다면 의제배당이 발생하지 않을 것이다. 의제배당이 발생하는 경우에도 위 3.(2)에서 본 합병양도차익에 대한 과세이연의 요건이 충족되는 경우에는 합병신주의 가액을 포합주식인 구주의 장부가액에 의해서 계산하는 것이 허용되므로(法法 16조 2항; 法令 14조 1항 1호 나목) 의제배당이 발생하지 아니할 수 있다.

둘째, 포합주식에 대하여 합병신주를 발행하지 않는 경우에는 합병대가가 없기 때문에 의제배당이 발생할 여지가 없고, 가사 합병법인이 피합병법인의 주주인 자신에게 합병대가로 자기주식을 발행하지 않는 것이 부당하다고 보아 합병대가의 산정에 관한 법인세법 시행령 제80조 제1항 제2호를 유추하여 포합주식의 취득가액에 상당하는 금액을 합병교부금으로 지급받은 것으로 간주할 수 있다고 하더라도 그 가액은 곧 해당 포합주식의 취득에 사용된 가액과 일치하므로 의제배당이 발생하지 않는다.[1] 이처럼 포합주식에 대하여 합병신주를 발행하지 않고 소각해 버리는 경우에는 의제배당이 발생할 여지가 없는 데 비해 위에서 본 것처럼 자기주식을 발행하는 경우에는 의제배당이 발생할 수도 있는 결과는 소득이 있는 곳에 과세한다는 소득과세의 원리상 타당하지 않은 면이 있다.

6. 피합병법인의 세무조정사항 및 이월결손금의 승계

(1) 피합병법인의 세무조정사항의 승계

1) 세무조정사항의 의미   법인의 각 사업연도의 소득금액 계산에 있어 손금으로서의 본질을 가지는 것임에도 불구하고 특정 사업연도의 세무조정(1차 세무조정) 과정에서 손금에 불산입한 뒤 후속 사업연도의 세무조정(2차 세무조정) 과정에서 다시 손금에 산입하는 것과 익금으로서의 본질을 가지지 않는 것임에도 불구하고 특정 사업연도의 세무조정 과정에서 익금에 산입한 뒤 후속 사업연도의 세무조정 과정에서 다시 익금불산입하는 것이 있다. 기업회계기준에 따른 감가상각비 중 법인세법에 따른 상각범위액을 초과하는 '상각부인액'이 그 발생 사업연도에 손금에 불산입되었다가 후속 사업연도로 이월되어 시인부족액의 범위 내에서 손금에 산입되는 경우(法令 32조 1항)가 그 한 예이다. 반대로 손금으로서의 본질을 가지지 않는 것임에도 불구하고 특정 사업연도의 세무조정 (1차 세무조정) 과정에서 손금에 산입한 뒤 후속 사업연도의 세무조정(2차 세무조

---

1) 대법원 1991. 12. 24., 91 누 2458; 同 1989. 7. 25., 87 누 55.

정) 과정에서 다시 손금에 불산입하는 것이나 익금으로서의 본질을 가지는 것임에도 불구하고 특정 사업연도의 세무조정 과정에서 익금에 불산입한 뒤 후속 사업연도의 세무조정 과정에서 다시 익금산입하는 것이 있다. 실제로 채권의 회수불능이 발생하지 아니하였음에도 불구하고 수익의 일부를 장래에 발생할지도 모를 채권의 회수불능에 따른 손실(대손금)의 보전에 충당할 목적으로 계상하는 대손충당금을 손금으로 인정하고, 그 중 후속 사업연도에 채권의 회수불능에 따른 손실에 보전되지 않은 금액을 다시 익금으로 환원하는 경우가 그 한 예이다(法法 34조 1항; 法令 61조 2항). 기업회계상으로는 통상 전자를 플러스(+) 유보사항이라고 하고, 후자를 마이너스(−) 유보사항이라고 부르며, 법인세법상으로는 이를 "익금 또는 손금에 산입하거나 산입하지 아니한 금액" 또는 줄여서 '세무조정사항'이라고 표현하고 있다(法法 44조의2 1항, 44조의3 2항, 46조의3 2항; 法令 85조).

법인이 다른 법인에 흡수합병되어 소멸되거나 다른 법인으로 분할되어 소멸되는 경우 피합병법인이나 분할법인이 계상하고 있는 세무조정사항을 어떻게 처리할 것인지가 결정되어야 하는바, 이에 관해서 법인세법은 다음과 같이 규정하고 있다.

2) 세무조정사항의 승계 여부   적격합병의 요건을 충족하지 않음으로써 합병법인이 피합병법인으로부터 자산을 시가로 양수한 것으로 인정되는 경우에는 합병법인은 각 사업연도의 소득금액을 계산함에 있어 피합병법인의 세무조정사항을 승계하지 않음을 원칙으로 하되, 합병법인이 피합병법인의 퇴직급여충당금 또는 대손충당금을 승계한 경우에는 그와 관련된 세무조정사항은 승계한다(法法 44조의2 1항 후단; 法令 85조 2호). 반대로 적격합병의 경우에는 합병법인은 각 사업연도의 소득금액을 계산함에 있어 피합병법인의 세무조정사항을 모두 승계한다(法法 44조의3 2항; 法令 85조 1호). 전자의 경우에는 과세상 기업으로서의 계속성을 인정하지 않고, 후자의 경우에는 이를 인정한다는 취지이다.

합병법인이 피합병법인의 세무조정사항을 승계하는 경우에는 합병법인은 그 소득금액 계산시 해당 승계항목에 대한 2차 세무조정을 하게 된다. 즉, 플러스(+) 유보사항은 손금산입이나 익금불산입의 조정을 하게 되고, 마이너스(−) 유보사항은 손금불산입이나 익금산입의 조정을 하게 된다.

3) 대손충당금의 승계   적격합병에 해당하는 경우든, 해당하지 않는 경우든, 대손충당금의 승계에 관해서는 법인세법 제34조 제6항에서 규정하고 있

다. 이에 의하면 대손충당금을 손금에 산입한 내국법인이 합병한 경우 그 법인의 합병등기일 현재의 해당 대손충당금 중 합병법인의 상대방법인에게 인계한 금액은 그 합병법인이 합병등기일에 가지고 있는 대손충당금으로 본다. 합병의 당사법인 간에 인계의 의사가 있는 경우에는 승계를 인정한다는 취지이다.

(2) 합병법인에 의한 피합병법인의 이월결손금 승계

적격합병의 요건을 충족하여 합병법인이 피합병법인의 자산을 장부가액으로 양도받는 경우에 한하여 합병법인은 합병등기일을 사업연도의 개시일로 보아 계산한 합병등기일 현재의 피합병법인의 이월결손금을 승계할 수 있다(法法 44조의3 2항; 法令 81조 2항). 이렇게 합병법인이 승계한 피합병법인의 이월결손금은 피합병법인으로부터 승계받은 사업에서 발생한 소득금액의 100분의 80(중소기업과 회생계획을 이행 중인 기업 등의 경우에는 100분의 100)의 범위 내에서만 각 사업연도의 과세표준을 계산할 때 공제할 수 있다(法法 45조 2항, 5항). 수익성이 높은 사업을 경영하는 합병법인이 그 사업에서 발생하는 소득과 피합병법인으로부터 승계한 이월결손금을 상계함으로써 법인세 부담을 줄이려는 목적으로 합병하는 것을 막기 위한 장치이다. 과세이연 혜택의 상실사유가 발생하면 이미 승계한 이월결손금과 공제되어 과세되지 않은 소득에 대해 법인세를 추징함으로써 소급하여 이월결손금의 승계를 인정하지 않는다(法法 44조의3 3항; 法令 81조 4항). 같은 취지에서 이월결손금 승계액의 잔액도 당연히 장래를 향하여 소득금액과 공제할 수 없는 것으로 해석하여야 할 것이다.

(3) 합병법인 등에 의한 자산처분손실의 실현 제한

적격합병의 합병법인이 합병등기일 이후 5년 이내에 종료하는 사업연도에 피합병법인으로부터 양도받은 자산을 처분함으로써 발생한 처분손실도 합병등기일 현재 해당 자산의 시가가 장부가액에 미달하는 경우에 한하여 그 한도 내에서, 그리고 피합병법인으로부터 승계받은 사업에서 발생한 소득금액(해당 처분손실을 공제하기 전의 금액을 말함)의 범위에서만 손금에 산입하고, 손금에 산입하지 아니한 처분손실은 피합병법인으로부터 승계한 이월결손금으로 보아 피합병법인으로부터 승계받은 사업에서 발생한 소득금액의 범위 내에서만 각 사업연도의 과세표준을 계산할 때 공제할 수 있다(法法 45조 3항). 피합병법인이 보유하던 자산에 내재하던 미실현손실(built-in losses)을 합병법인이 합병 후에 실현한 경우 그 손실을 이월결손금과 동일하게 취급함으로써 그러한 미실현손실의 실현을 통한 조세부담의 감축을 목적으로 합병하는 것을 막기 위한 것이다. 한편, 합병법인이 합병하기 전에 보유하던 자산을 합병등기일 이후 5년 이내에 종료하는 사업연도에 처분함으로써 발생한 처분손실도 합병 전부터 스스로 영위해 온 사업에서 발생한 소득금액의 범위 내에서만 해당 사업연도의 소득금액을 계산할 때 손금에 산입하고, 손금에 산입하지 않은 손실은 결손금으로 이월하되 피합병법인으로부터 승계받은 사업에서 발생한 소득금액의 범위 내에서 과세표준 계산시 공제하지 않는다(동조 동항). 이는 위의 경우와 반대로 합병법인이 합병 전에 보유하던 자산에 내재된 미실현손실을 피합병법인으로부터 승계받은 사업에서 발생하는 이익과 상쇄하는 것을 막기 위한 것이다.

(4) 감면 또는 세액공제의 승계 및 제한

적격합병의 합병법인은 피합병법인의 감면 또는 세액공제액(法法 59조)을 승계하여 피합병법인으로부터 승계받은 사업에서 발생한 소득금액 또는 이에 해당하는 법인세액의 범위에서 그 적용을 받을 수 있다. 다만 법인세법이나 다른 법률에 해당 감면 또는 세액공제의 요건이 규정되어 있는 경우에는 합병법인이 그 요건 등을 모두 충족하여야 한다(法法 44조의3 2항, 45조 4항; 法令 80조의4 2항). 구체적으로는 (i) 일정기간에 걸친 세액감면(法法 59조 1항 1호)의 경우에는 합병법인이 승계받은 사업에서 발생한 소득에 대하여 합병 당시의 잔존 감면기간 내에 종료하는 각 사업연도분까지 그 감면을 적용하고, (ii) 세액공제(외국납부세액공제 포함; 法法 59조 1항 3호)로서 이월된 미공제액의 경우에는 다음의 구분에 따라 이월공제잔여기간 내에 종료하는 각 사업연도분까지 공제한다(法令 81조 3항).

1) 이월된 외국납부세액공제 미공제액은 승계받은 사업에서 발생한 국외원천소득을 해당 사업연도의 과세표준으로 나눈 금액에 해당 사업연도의 세액을 곱한 금액의 범위에서 공제함.

2) 조세특례제한법 제132조에 따른 법인세 최저한세액에 미달하여 공제받지 못한 금액으로서 같은 법 제144조에 따라 이월된 미공제액은 승계받은 사업부문에 대하여 법인세 최저한세액의 범위에서 공제하되, 공제하는 금액은 합병법인의 법인세 최저한세액을 초과할 수 없음.

3) 위의 2가지 외에 납부할 세액이 없어 공제받지 못한 금액으로서 조세특례제한법 제144조에 따라 이월된 미공제액은 승계받은 사업부문에 대하여 계산

한 법인세 산출세액의 범위에서 공제함.

7. 합병법인의 이월결손금 공제의 제한

위 6. (2)에서 본 바와 같이 피합병법인의 이월결손금은 적격합병의 경우에 한하여 합병법인이 제한적으로 승계할 수 있는 데 비해, 합병등기일 현재의 합병법인 자체의 이월결손금은 피합병법인으로부터 승계받은 사업에서 발생한 소득금액의 범위 내에서 과세표준 계산시 일체 공제하지 아니한다(法法 45조 1항). 그리고 공제할 수 있는 '합병등기일 현재의 합병법인의 이월결손금'도 합병법인의 소득금액에서 피합병법인으로부터 승계받은 사업에서 발생한 소득금액을 차감한 금액의 100분의 60(중소기업과 회생계획을 이행 중인 기업 등의 경우에는 100분의 100)을 한도로 해서 공제한다(동조 5항). 사업의 계속 여부는 적격합병 요건으로서의 '사업의 계속'의 기준(法令 80조의2 7항)이나 과세이연 혜택의 상실사유로서의 '사업의 폐지'의 기준(法令 80조의4 8항)에 따른다(法令 81조 4항). 이월결손금이 많은 결손법인이 수익성이 높은 다른 법인을 흡수합병한 뒤 피합병법인으로부터 승계한 사업에서 발생하는 소득과 자신의 이월결손금을 상계시켜 과세상의 혜택을 얻는 것을 막기 위한 제도이다.[1] 이때 합병법인의 이월결손금과 상계할 수 없는 '피합병법인으로부터 승계받은 사업에서 발생하는 소득금액'은 구분경리(法法 113조 3항)에 의하여 산정함이 원칙이나 구분경리가 면제된 경우에는 전체 소득금액을 합병당시의 합병법인의 사업용 자산가액과 피합병법인의 그것 간의 비율에 따라 안분한다(동항 괄호; 法令 81조 1항).

8. 이월된 손금산입한도초과 기부금의 손금산입 제한

합병법인이 합병 전에 법인세법 제24조 제5항에 따라 이월시켰으나 그 이월된 금액이 합병등기일까지 손금에 산입되지 않고 잔존하는 경우 그 잔존금액(기부금한도초과액)은 합병 전 합병법인의 사업에서 발생한 소득금액을 기준으로 산정한 손금산입한도액의 범위에서 손금에 산입한다(法法 45조 6항). 반대로 피합병법인의 이월된 기부금한도초과액 중 합병등기일 현재 소진되지 않고 잔존

---

1) 결손회사를 존속회사로 하는 합병현상은 세법상의 이월결손금의 승계가 명문으로 인정되지 않았던 1954년 개정 전의 미국 내국세입법 하에서도 있었다. '피라미가 고래를 삼키는' (minnows swallowing whales) 현상이다. Bittker & Eustice, 앞의 책, pp. 16-34.

하는 금액으로서 합병법인이 승계한 금액은 합병법인의 각 사업연도의 소득금액을 계산할 때 피합병법인으로부터 승계받은 사업에서 발생한 소득금액을 기준으로 산정한 손금산입한도액의 범위에서 손금에 산입한다(동조 7항). 기부금을 지출한 합병당사 법인이 영위하던 사업을 합병법인이 계속 영위하는 경우 그 사업에서 발생하는 수익의 범위 내에서만 해당 기부금을 손금으로 산입하는 것으로 허용한다는 취지이다.

9. 합병법인에 의한 합병차익과 합병차손의 처리

(1) 합병차익의 처리

1) 합병차익의 개념　　기업회계기준상 매수법에 의해 회계처리를 하여야 하는 경우에는 합병으로 승계하는 자산 및 부채의 공정가액으로 그 가액을 계상하고(기업인수·합병 등에 따른 회계처리준칙 문단 7 가항), 지분통합법에 의하여 회계처리를 하여야 하는 경우에는 합병으로 승계하는 자산 및 부채에 대한 피합병법인의 장부가액으로 그 자산 및 부채의 가액을 계상하도록 되어 있다(동 회계처리준칙 문단 16 가항). 그러나 법인세법상으로는 피합병법인의 자산을 어떠한 가액으로 승계할 것인지를 강제하고 있지는 않다. 즉, 합병법인이 피합병법인의 자산과 부채를 공정한 평가액으로 인수하든, 아니면 장부가액으로 인수하든 자유이다.[1]

한편, 이와 같은 승계가액의 결정에 의해 확정된 피합병법인의 순자산가액 전부를 합병법인의 자본금에 이입(移入)하고 그에 상응하는 합병법인의 주식을 피합병법인의 주주들에게 교부할 것인지, 아니면 합병기준일 현재의 피합병법인의 순자산가액의 일부만을 합병법인의 자본금에 이입(移入)하고 그에 상응하는 합병법인의 주식을 피합병법인의 주주들에게 교부하며, 나머지는 합병법인 내에 이익으로 유보할 것인지, 나아가 그 나머지 중 일부를 다시 합병교부금으로 피합병법인의 주주들에게 지급할 것인지 여부는 피합병법인의 주주들의 이해에 관한 것으로서 주주들의 이해를 반영할 합병계약에서 정하여질 사항이다. 후자의 경우를 택하여 합병기준일 현재의 피합병법인의 순자산가액의 일부만을 합병법인의 자본금에 이입(移入)하면서 그에 상응하는 합병법인의 주식을 피합병법인의 주주들에게 교부하고, 나머지는 합병법인 내에 이익으로 유보시키는

---

1) 국세청 예규 법인 1234.21-284, 1969. 2. 3.

경우에서 합병법인이 승계하는 피합병법인의 순자산가액 중 합병법인의 자본금에 이입되지 아니하고 합병법인 내에 유보되는 금액이 이른바 합병차익이다.

법인세법 규정도 합병차익을 이러한 의미로 정의하고 있다. 동법 제17조 제1항은 합병차익을 "상법 제174조에 따른 합병의 경우로서 소멸된 회사로부터 승계한 재산의 가액이 그 회사로부터 승계한 채무액, 그 회사의 주주에게 지급한 금액과 합병 후 존속하는 회사의 자본증가액 또는 합병으로 인하여 설립된 회사의 자본액을 초과한 때에는 그 초과금액"이라고 정의하면서 이를 소득금액 계산상 익금에 산입하지 않는다고 규정하고 있다.

이는 곧 합병으로 승계한 순자산가액(승계한 재산의 총액-승계한 부채의 총액)에서 피합병법인의 주주에게 지급한 합병교부금과 교부한 주식의 액면가액(흡수합병의 경우 합병법인의 자본금 증가액이고 신설합병의 경우 합병으로 신설된 법인의 자본금액)[1]의 합계액(즉, 합병대가액)을 공제한 금액이 합병차익이 된다는 것이다. 이러한 내역을 산식으로 구체화하면 다음과 같다.

> 합병차익=피합병법인의 순자산가액-(교부주식의 액면총액+합병교부금총액)=피합병법인의 총자산가액-(피합병법인의 부채+교부주식의 액면총액+합병교부금총액)

위와 같은 의미에서의 '합병차익'은 피합병법인의 주주였다가 합병법인의 주주가 된 자와 합병법인 사이의 무상의 출자거래에 있어서[2] 해당 주주가 합병법인에 출자하는 자산의 실제적 가치와 그 가치를 표창하는 주식의 액면가액 간의 차이를 표시하는 지표에 불과할 뿐(피합병법인의 주주에게 합병교부금을 지급하지 않는 경우에는 차이금액 전액이, 그리고 합병교부금을 지급하는 경우에는 그 차이 금액에서 합병교부금을 공제한 금액이 합병차익이 됨), 합병법인이 출자받은 재산으로 사업을 경영하여 올린 이득이나 출자받은 재산의 가치증가익(대가를 지급하고 자산을 취득하는 손익거래로 생긴 이득)이 아니므로 법인세 과세대상으로서의 익금에 산입되지 않는 것이다. 출자의 가액과 출자로 발행되는 합병신주의 액면가액 간의 차액이라는 점에서 주식발행액면초과액과 그 본질이 같은 것이다.

---

1) 상법상 회사의 자본은 발행주식의 액면총액을 의미하므로(상법 451조), 여기서 말하는 자본금증가액은 합병으로 발행된 신주의 액면가액의 합계액을 의미함은 물론이다.

2) 합병 후 피합병법인의 주주와 합병법인 간에 출자관계가 형성되므로 간접적으로 양자간에 출자거래가 있다고 할 수 있다. 합병의 본질에 관한 주주 현물출자설은 이러한 관계의 형성을 근거로 한 것이다.

2) 합병차익의 발생경위 및 처리   피합병법인으로부터 승계하는 순자산가액이 합병신주의 액면가액보다 높아 합병차익이 발생하는 이유는 다음의 4가지의 전부 또는 일부이다. 이는 곧 합병차익의 구성요소이기도 하다. 첫째는 피합병법인에 존재하던 자본준비금의 승계이고, 둘째는 피합병법인의 이익준비금(기업회계기준서 21호, '재무제표의 작성과 표시 I' 문단 49에서 말하는 이익잉여금의 뜻으로 쓴다)의 승계이며, 셋째는 피합병법인이 합병으로 합병법인에게 자산을 양도함으로써 발생한 양도차익이고(이하 "합병양도차익"이라고 함), 넷째는 합병으로 인하여 피합병법인에게 발생하는 합병감자차익이다. 합병감자차익은 말 그대로 합병의 기회에 일어나는 감자에서 피합병법인이 감자대가로 그 주주에게 환급하는 자산의 가액과 소각주식의 액면가액 간의 차이, 즉 합병시 소각되는 피합병법인 주식의 액면가액이 소각대상 주식을 소유하는 주주에게 지급되는 합병대가를 초과하는 금액이다. 피합병법인의 주주에게 그 소유주식의 액면가액보다 적은 금액을 합병대가로 환급함으로써 그 차액에 해당하는 금액이 피합병법인 내에 잔류한다고 보는 것이다(포합주식의 소각에 따른 합병감자차손익의 발생에 관해서는 아래 (2)에서 구체적으로 보기로 함).

위에서 본 4가지 합병차익의 구성요소 중 합병양도차익은 피합병법인의 보유기간 중 발생하여 합병의 기회에 피합병법인에 의해 실현된 것으로 과세대상이 되나, 합병감자차익과 '피합병법인의 자본준비금 상당액'은 법인과 주주 간의 자본거래에서 발생하는 '명목상의 거래가액'과 '실제 거래가액' 간의 차액으로서, 그리고 이익잉여금은 이미 과세된 것으로서 법인세법상 익금을 구성하지 않는 것이다.1)

합병차익은 그 발생 사유가 위 4가지 중 어떠한 것이든 간에 자본준비금으로 적립되어야 한다(상법 459조 3호). 따라서 합병법인이 승계한 피합병법인의 이익준비금은 합병이라는 새로운 자본거래를 계기로 이익준비금으로서의 성격을 잃고 자본준비금으로 전환된다. 이에 피합병법인의 이익준비금으로 머물러 있는 상태에서 자본에 전입되었더라면 의제배당으로 과세되었어야 할 것이 합병법인의 자본준비금으로 전환된 상태에서 자본전입됨으로써 의제배당 과세에서 제외될 수 있다(法法 16조 1항 2호 가목). 그러한 이익준비금 상당액은, 합병

---

1) 이러한 합병감자차익은 법인세법 제17조 제4호에서 익금불산입하는 것으로 확인하고 있는 통상의 감자차익과 같은 성질의 것이다.

당사법인들이 합병비율을 그들의 순자산가치 간의 비율과 다르게 고의로 조작하지 않은 이상, 피합병법인의 주주가 받는 합병대가의 일부로 반영되었고, 따라서 합병에 따른 의제배당 가액에 포함되었다고 할 것이므로, 이익준비금에서 자본준비금으로 변형된 금액의 자본전입을 의제배당으로 과세하지 않는 것이 형평에 어긋난다고 할 수 없다.

(2) 합병차손의 처리

1) 합병차손의 개념과 처리　　　합병차손은 합병차익의 반대개념이다. 즉, 합병법인이 피합병법인으로부터 승계한 순자산가치(승계한 재산의 총액−승계한 부채의 총액)가 피합병법인의 주주에게 지급한 합병교부금과 교부한 합병신주의 액면가액의 합계액(즉, 합병대가액)보다 적은 경우 그 차액이 합병법인의 합병차손이 된다. 이러한 합병차손은 다음과 같은 3가지 경우에 발생할 수 있다.

(i) 합병법인의 1주당 액면가액 대비 1주당 순자산가치의 비율이 피합병법인의 그것보다 낮은 경우 합병법인이 피합병법인으로부터 승계하는 순자산가치가 피합병법인의 주주에게 교부하는 합병신주의 총액면가액보다 적을 것이다. 예를 들면, 1주당 액면가 5,000원의 합병법인 주식의 1주당 순자산가치가 2,500원인 데 비해, 역시 1주당 액면가 5,000원의 피합병법인 주식의 1주당 순자산가치가 10,000원이라면, 피합병법인 주식 1주당 합병법인 주식 4주를 교부하여야 하는바(합병비율이 1:4가 되는 것임), 이 경우 합병법인은 피합병법인으로부터 승계하는 1주당 순자산가치 10,000원의 2배에 해당하는 총액면가 20,000원의 주식을 피합병법인의 주주에게 발행하게 된다. 이 경우 합병법인에게는 1주당 10,000원의 합병차손이 발생한다(피합병법인으로부터 승계하는 1주당 순자산가치의 가액 10,000원−피합병법인 주식 1주에 대해 발행하는 합병법인 주식 4주의 액면가액 20,000원＝ −10,000원).

(ii) 한편, 피합병법인이 유・무형의 자산을 시가로 평가하여도 메워질 수 없는 결손회사여서 그 1주당 순자산가치가 합병법인 주식의 1주당 순자산가치에 미치지 못함에도 불구하고 합병비율을 1:1로 대등하게 정함으로써 합병법인이 승계하는 피합병법인의 순자산가치보다 피합병법인의 주주에게 발행하는 주식의 액면가액이 높아 합병차손이 발생할 수도 있다.

위 두 경우는 합병법인이 승계하는 피합병법인의 순자산가치가 합병법인의 자본금 증가액(흡수합병의 예)에 미치지 못한다. 마치 합병법인이 그 주식을 액면가액 미만으로 발행하는 것과 같은 경우로서, 상법상 자본충실의 원칙에 정면으로 위배된다.

(iii) 다른 한편, 피합병법인 주식의 1주당 순자산가치와 합병법인 주식의 1주당 순자산가치가 대등함에도 불구하고 합병당사법인들이 그 비율에 일치하지 않게 불공정한 합병비율을 약정하여 적용하는 경우1)에도 이러한 합병차손이 생길 수 있으나, 정상적인 경우 대립 당사자 간에는 이러한 일이 생길 수 없다. 대립 당사자 간에 이러한 일이 생기는 것은 피합병법인에게 비밀준비금 또는 장부에 반영되지 않은 기업평가가치가 있어 실제의 순자산가치가 장부상의 순자산가치에 비해 높은 경우이다.

어떤 경위로 발생한 합병차손이든 자본거래의 결과 생기는 것이므로 이를 손금에 산입하지 않는다.

2) 합병차손과 영업권의 관계　　합병차손을 기업회계상 차변(借邊)에 영업권으로 표시하는 사례가 있다. 그러나 피합병법인에게 비밀준비금 또는 장부에 반영되지 않은 기업평가가치가 있어 그 장부상의 순자산가액이 과소 기장된 결과 나타나는 합병차손의 경우[위 (iii)의 경우], 이를 영업권으로 표시하는 것은 기업회계상으로도 타당하지 않다. 왜냐하면 그 합병차손은 피합병법인의 비밀준비금 또는 기업평가가치의 장부상 누락으로 인해 계산상으로만 발생할 뿐 이들 누락금액을 포함한 실제의 순자산가액과 비교하면 합병차손은 발생하지 않기 때문이다. 한편, 합병차손이 명목적인 것이 아니라, 합병법인이 피합병법인으로부터 승계한 순자산가액이 합병법인의 자본금 증가액에 비해 실제로 부족함으로 인하여 발생하는 경우에도 합병차손을 영업권으로 계상해서는 안 된다. 영업권은 단순한 차액개념이 아니라 실제의 초과수익력(超過收益力)을 반영하는 것이어야 하는데, 이 경우에는 초과수익력의 실체가 있다고 할 수 없기 때문이다.2) 이런 점에서 "매수원가 중 매수일 현재 피매수회사로부터 취득한 식별가능한 자산·부채(순자산)의 공정가액에 대한 매수회사의 지분을 초과하는 부분은 영업권으로 인식한다"는 기업인수·합병 등에 관한 회계처리준칙 문단 9 가.

---

1) 이 경우 합병법인의 주주가 피합병법인의 주주에게 이익을 분여하는 효과가 생겨 법인세법 제88조 제1항 제8호 가목에 의한 부당행위계산 부인의 대상이 될 수 있다.

2) 장차 기대되는 초과수익력에 대한 무형의 가치를 인정하여 피합병회사의 순자산가치를 초과하는 대가를 지급하였으면 그 초과금액은 영업권의 대가라고 한 판례로는, 대법원 1985. 6. 25., 85 누 193 및 同 1986. 2. 11., 85 누 592 참조.

항의 규정은 공정한 합병을 전제로 한 것이라고 풀이하여야 한다.

(3) 포합주식의 처리에 따른 과세효과

합병법인이 피합병법인의 주식[즉, 포합주식(抱合株式)]을 보유한 상태에서 합병하는 경우 그 포합주식을 어떻게 처리하느냐에 따라 과세효과가 다르다. 우선, 포합주식에 대하여 자기주식을 발행하지 않는 경우는 자기주식을 발행한 직후 이를 소각하는 것과 동일하므로, 합병직전의 포합주식의 장부가액에 상당하는 금액의 자본감소가 일어난다. 이때 피합병법인 주식의 장부가액이 그 액면총액과 동일하다면 합병감자차익(주식소각익)도 합병감자차손(주식소각손)도 발생하지 않는다. 반면, 피합병법인 주식의 장부가액이 액면가보다 낮으면 합병감자차익이 발생하고, 반대로 피합병법인 주식의 장부가액이 액면가보다 높으면 합병감자차손이 발생한다. 이러한 합병감자차손익의 성격은 일반적 감자에서 액면이하의 금액을 환급함으로써 발생하는 감자차익 또는 액면을 초과하는 금액을 환급함으로써 발생하는 감자차손과 다르지 않다. 법인과 주주 간의 자본거래의 결과 발생하는 손익으로서 당연히 익금 또는 손금에 불산입되어야 한다.

다음, 합병시 포합주식에 대하여 자기주식을 발행하는 경우를 보면, 포합주식에 대하여 자기주식을 발행함으로써 합병 전에 있었던 포합주식의 취득은 자기주식의 취득으로 그 성격이 전환된다. 기업회계기준상으로는 자기주식의 취득은 그 원인을 가리지 않고 항상 그 취득가액을 대가로 하는 자본환급으로 취급되지만(재무회계개념체계 문단 110), 법인세법은 자기주식의 양도가액을 익금에 포함시킴으로써(法令 11조 2호의2) 그 취득을 자본의 감소거래로 보지 않는다. 이와 관련하여 판례는 일반적으로 자기주식의 취득과 처분도 순자산을 증감시키는 손익거래에 해당하나, 법인이 그 주주로부터 주식을 취득한 행위가 당사자의 의사와 계약체결의 경위, 대금의 결정방법, 거래의 경과 등 거래의 전체과정을 실질적으로 판단해 볼 때 단순한 주식의 양도가 아닌 주식소각방법에 의한 자본감소절차의 일환으로 이루어진 것으로 보이는 경우에는 해당 거래는 주식의 양도가 아니라 자본의 감소 내지 환급에 해당한다고 판시하고 있다.[1] 그런데, 합병법인이 합병 전에 피합병법인의 주주로부터 그 주식을 매입한 행위는 감자절차의 일환이라고 볼 수 없으므로, 합병법인에 의한 피합병법인 주

---

[1] 대법원 2019. 6. 27., 2016 두 49525; 同 2002. 12. 26., 2001 두 6227; 同 1992. 9. 22., 91 누 13571.

식의 매입으로 곧 자본의 감소가 일어나는 것으로 볼 수 없다. 따라서 합병법인이 보유하는 피합병법인의 주식(포합주식)에 대하여 자기주식을 발행한 뒤 이를 추후 소각하는 경우 그 자기주식의 액면가액과 포합주식 간의 차액에 상당하는 감자차손익이 발생할 것이다.

(4) 피합병법인이 소유하던 합병법인의 주식을 합병법인이 자기주식으로 취득하는 경우의 과세효과

합병법인이 합병으로 피합병법인이 소유하던 합병법인의 주식, 즉 자기주식을 취득하는 경우가 있을 수 있다. 포합주식에 대해 발행하는 자기주식에 관한 위의 논의는 기본적으로 이 경우에도 그대로 적용된다. 즉, 합병법인이 합병에 따른 재산의 포괄적 승계로 피합병법인으로부터 자기주식을 취득하는 행위는 감자절차의 일환에 해당하지 않으므로 합병법인에게 감자에 따른 감자차손익(감자대가와 감자대상 주식의 액면가액 간의 차액)이 생길 수 없다. 다만, 피합병법인이 소유하는 합병법인의 주식도 피합병법인의 자산의 일부이므로 그 가액에 상당하는 양도대가가 지급될 것이고, 따라서 그 가액은 양도대가를 기준으로 계산되는 피합병법인의 합병양도차익이나 피합병법인의 주주의 의제배당 소득의 계산에 반영된다. 합병법인이 이렇게 취득한 자기주식을 합병 후에 소각하거나 타에 처분하는 행위는 합병 후에 일어나는 별도의 행위 내지 거래이므로 그에 따라 과세효과가 발생한다. 자기주식 소각의 경우에는 그 장부가액과 액면가액 간의 차액에 상당하는 감자차손익이 발생할 수 있고, 제3자에게 처분하는 경우에는 양도차손익이 발생할 것이다. 그런데, 판례는 "회사합병으로 인하여 피합병회사가 보유하던 합병회사의 발행주식을 합병회사가 승계취득하여 처분하는 것은 자본의 증감에 관련된 거래로서 자본의 환급 또는 납입의 성질을 가지는 자본거래로 봄이 상당하고 그 처분이익은 합병차익에 포함되어 익금불산입 항목에 해당된다"라고 판시하고 있다.[1] 이 판례는 전혀 별개의 거래인 합병거래와 그 후속 거래인 주식의 처분거래를 합쳐서 '자본의 증감에 관련된 거래'라는 모호한 개념에 포섭하는 오류를 범하여, 결과적으로 합병차익(합병으로 승계하는 순자산가액에서 합병교부금과 합병법인의 자본금 증가액의 합계액을 공제한 금액)의 개념에 해당하지 않는 것을 합병차익으로 의율한 오류를 범한 것이다. 모든 유형의 자기주식의 취득을 감자로 보고, 그 자기주식을 처분하는 것을

---

[1] 대법원 2005. 6. 10., 2004 두 3755; 同 2000. 5. 12., 2000 두 1720.

신주의 발행으로 보는 기업회계기준 하에서나 이러한 기업회계기준을 그대로 따르고 있는 법인세 제도를 갖고 있는 나라(미국, 일본 등)에서는 자기주식의 취득으로부터 감자차손익이 생길 수 있고, 그리고 그 처분으로부터는 그 처분가액과 액면가액 간의 차액에 상당하는 주식발행액면초과액이나 주식할인발행차금이 생길 수 있지만, 현행 우리의 법인세 제도하에서는 해당이 없는 것이다.

VI. 법인의 분할에 대한 과세

1. 총   설

기업은 경영의 효율·시장의 변화·위험의 분산 등의 제반 사항에 기민하게 대처할 필요가 있다. 합병이 주로 규모의 경제(economy of scale)와 상승효과(synergy effect)를 거두기 위한 것인 데 비해 분할은 비대해진 기업규모의 비효율을 해소하거나 또는 복합적 사업의 분업화·특성화를 기하기 위하여 행하여진다.

법인의 분할(division)이란 법인의 합병(merger)에 반대되는 개념이다. 그렇기 때문에 분할을 demerger라 부르기도 한다. 법인의 분할에는 여러 형태가 있을 수 있다.[1] 현재 상법은 분할법인(the corporation being divided)이 소멸하느냐 여부는 묻지 않고 수혜법인(the recipient corporation)[2]이 신설법인이냐 아니면 기존법인이냐에 따라 이를 각기 '분할'과 '분할합병'으로 구분하는 외에(상법 530조의2), '물적분할'을 제3의 형태로 인정하고 있다(상법 530조의12). 강학상 분할은 다시 분할법인이 소멸하느냐 여부에 따라 완전분할과 불완전분할로 나누고,

---

1) 자세한 분류는 한국국제조세협회, "회사분할의 제도화에 관한 연구"(상장사협의회 연구보고서 95-5), p. 17 이하 참조, 한국상장회사협의회(1995. 12.).

2) 재산과 사원이 분리되는 당초의 회사를 일반적으로 분할회사라 하고, 분할회사로부터 재산을 포괄승계받고 자신의 사원권을 그 대가로 주는 회사를 수혜회사라고 한다. 개정상법은 '분할되는 회사(상법 530조의4 2항),' '분할 후 존속하는 회사(상법 530조의5 2항),' '분할에 의하여 설립되는 회사(상법 530조의4 2항),' '분할합병으로 인하여 설립되는 회사(상법 530조의8),' '분할합병의 상대방회사(상법 530조의6 1항),' '분할합병에 따른 출자를 받는 존립 중의 회사(상법 530조의9 3항)' 등의 표현을 쓰고 있어 통일된 용어의 사용례를 보여 주지 못하고 있다. 한편 법인세법은 '분할법인(法法 46조),' '소멸한 분할합병의 상대방 법인(法法 46조),' '분할신설법인(法法 46조),' '분할합병의 상대방 법인(法法 46조),' '분할 후 존속하는 법인(法法 48조)' 등의 표현을 쓰고 있다. 이하에서는 설명의 편의상 법인세법의 용례에 따르기로 한다.

분할합병은 분할합병 후 수혜법인이 기존법인인지 아니면 신설법인인지에 따라 흡수분할합병과 신설분할합병으로 나눌 수 있다.

법인의 분할은 새로운 법인의 탄생이나(신설분할 또는 신설분할합병의 경우) 기존법인의 자본금 증가(흡수분할합병의 경우)를 의미한다. 그리고 새로운 법인의 자본금이나 기존법인의 자본금 증가액은 직접적이든 간접적이든 분할법인의 자산을 재원으로 한다. 이 재원의 이동은 많은 경우 분할법인의 자산에 내재된 미실현이득이 실현되는 계기가 되기 때문에 법인세를 비롯한 막대한 조세부담을 발생시켜 분할을 어렵게 하는 결정적 장애요인이 된다. 그리하여 '사업의 계속성'(continuity of business)과 주주 소유관계의 계속성(continuity of shareholder's interest) 등 일정한 요건이 충족되는 경우에는 법인의 분할 자체를 과세계기로 삼지 않고 자산의 처분이나 다른 계기가 있을 때까지 과세를 이연하자는 논의가 가능하게 된다.

분할과 관련한 과세 문제로는 (i) 분할법인 또는 분할합병의 상대방법인(이하 "분할법인 등"이라고 함)이 소멸하는 경우의 분할법인 등의 양도차익이나 양도차손에 대한 과세 문제, (ii) 분할신설법인(분할합병의 상대방 법인 포함)의 자산양수가액의 결정 문제 및 그 양수가액과 시가 사이의 차이에 따른 과세문제, (iii) 분할법인(소멸한 분할합병의 상대방 법인)의 주주의 의제배당소득에 대한 과세 문제 등이 있다. 이하 이들 문제를 중심으로 살펴본다.

2. 분할법인 등의 양도차손익에 대한 과세

(1) 일반원칙

어떤 법인이 물적분할 이외의 분할로 해산하는 경우(이하 그러한 각개의 법인을 "분할법인" 또는 "소멸한 분할합병의 상대방법인"이라고 하고, 합하여 부를 때는 "분할법인 등"이라고 함)에는 해당 분할법인 등은 그 보유자산 전부를 분할신설법인 또는 분할합병의 상대방법인(이하 "분할신설법인 등"이라고 함)에게 양도한 것으로 간주되어 그 양도차익(이하 "분할양도차익"이라고 함)이나 양도차손(이하 "분할양도차손"이라고 함)이 분할법인 등의 분할등기일이 속하는 사업연도의 소득금액 계산상 익금 또는 손금에 산입되고(法法 46조 1항), 분할법인이 물적분할 이외의 분할로 그 자산의 일부만을 분할신설법인 등에게 이전하고 스스로는 존속하는 경우에는 해당 분할법인은 그 일부 자산(즉, 분할한 사업부문의 자산)을 분할신설법인 등에게 양도한 것으로 간주되어 역시 그 양도차손익이 분할등기일이 속하는 사업연도의 소득금액 계산상 익금 또는 손금에 산입된다(法法 46조의5 1항). 합병의 경우와 마찬가지로 분할을 분할법인 등이 보유하는 자산에 내재된 미실현이득이나 미실현손실이 실현되는 계기로 보는 것이다. 분할양도차익이나 분할양도차손은 (i) 분할법인 등이 해산하는 경우에는 분할법인 등이 분할신설법인 등으로부터 받은 양도가액에서 분할법인 등의 분할등기일 현재의 순자산장부가액(즉, 분할등기일 현재의 자산의 장부가액 총액에서 부채의 장부가액 총액을 뺀 금액)을 공제하여 계산하고, (ii) 분할법인이 존속하는 경우에는 역시 분할법인이 분할신설법인 등으로부터 받은 양도가액에서 분할법인의 분할한 사업부문의 분할등기일 현재의 순자산장부가액을 공제하여 계산한다(法法 46조 1항, 46조의5 1항).

양도가액은 다음과 같이 계산한다. 아래 (3)에서 보는 적격분할에 해당하는 경우에는 분할법인 등의 분할등기일 현재의 '순자산장부가액'(분할법인 등이 해산하는 경우) 또는 분할한 사업부문의 순자산가액(분할법인이 존속하는 경우)으로 하고(따라서 이 경우에는 분할양도차익이 발생하지 않음), 다음 적격분할에 해당하지 않는 경우에는 (i) 분할신설법인 등이 분할법인의 주주 등에게 지급한 분할대가의 합계액과 (ii) 분할신설법인 등이 납부하는 분할법인의 법인세 및 그 법인세에 부과되는 국세와 법인세분 지방소득세의 합계액(이하 "법인세 등"이라고 함)을 더한 금액으로 한다(분할법인 등이 해산하는 경우에 관해서는 法法 46조 1항; 法令 82조 1항. 분할법인이 존속하는 경우에 관해서는 法法 46조의5 1항; 法令 83조의2 1항). 분할신설법인 등이 납부한 분할법인의 법인세 등을 양도가액에 가산하는 이유는 본래 분할법인이 납부하였어야 할 것(따라서 분할법인의 주주가 실질적으로 부담하였어야 할 것)을 분할신설법인 등이 연대납세의무자로서 납부하기 때문에 이를 분할법인이 분할신설법인 등으로부터 받은 것으로 의제하는 것이다. 합병의 경우에서와 마찬가지로 적격분할에 해당하지 않는 분할거래에서 분할로 양도한 자산의 시가가 그 실제의 양도가액(즉, 분할대가의 가액)보다 높은 경우(즉, 저가양도의 경우)에는 과세되는 분할양도차익이 실제로 발생하는 분할양도차익에 비해 그 차액만큼 줄어들거나 과세상 반영되는 분할양도차손이 실제로 발생하는 분할양도차손에 비해 그 차액만큼 늘어나기 때문에 이러한 경우는 부당행위에 해당한다(法令 88조 1항 3호, 3호의2).

　분할법인 등의 순자산장부가액이라고 함은 분할법인 등의 분할등기일 현재의 자산의 장부가액 총액에서 부채의 장부가액 총액을 뺀 금액을 말한다(法法 44조 1항 2호). 국세기본법에 따라 환급받은 법인세액이 있으면 그 금액을 피합병법인의 합병등기일 현재의 순자산장부가액에 더한다(분할법인 등이 해산하는 경우에 관해서는 法令 82조 2항. 분할법인이 존속하는 경우에 관해서는 83조의2 2항). 납부한 법인세액이 이익잉여금으로 되돌아오는 것이기 때문이다.

(2) 분할합병에서 포합주식(抱合株式)이 존재하는 경우 양도가액 계산의 특칙

　분할합병에서 분할합병의 상대방법인이 분할등기일 전에 취득한 분할법인의 주식(이하 "분할합병포합주식"이라고 함)이 있고, 분할합병시 그 분할합병포합주식에 대해 분할신설법인 또는 분할합병의 상대방법인의 주식(이하 "분할합병교부주식"이라고 함)을 교부하지 않는 경우에는 분할법인의 주주에게 교부하는 전체 주식의 가액 등도 그만큼 감소하므로 분할법인의 분할양도차익도 감소하게 된다. 이를 방지하기 위해, 합병의 경우에서와 마찬가지로, 분할합병의 상대방법인이 분할 전에 취득한 분할합병포합주식에 대하여 분할신설법인 또는 분할합병의 상대방법인의 분할합병교부주식을 전혀 또는 일부 교부하지 않으면, 분할양도차익을 계산함에 있어 그 지분비율에 따라 이를 교부한 것으로 보아 분할대가를 증액시킨다(분할법인 등이 해산하는 경우에 관해서는 法令 82조 1항 2호 가목 단서, 분할법인이 존속하는 경우에 관해서는 83조의2 1항 2호 가목 단서). 신설분할합병 또는 3 이상의 법인이 분할합병하는 경우에는 이러한 포합주식의 범주에 (i) 분할법인이 분할등기일 전에 취득한 다른 분할법인의 주식(분할합병으로 분할합병의 상대방법인이 승계하는 것에 한함) 또는 (ii) 분할합병의 상대방법인이 분할등기일 전에 취득한 소멸한 분할합병의 상대방법인의 주식 또는 소멸한 분할합병의 상대방법인이 분할등기일 전에 취득한 분할법인의 주식과 다른 소멸한 분할합병의 상대방법인의 주식도 포함된다(동 단서들의 괄호).

(3) 적격분할의 경우의 양도차손익에 대한 과세이연의 특례

　1) 요건 및 효과　　　　기업구조재편의 목적으로 행하는 적격합병의 경우 피합병법인에게 발생하는 양도차손익에 대해 과세이연을 해 주는 것과 같은 취지에서 기업구조재편으로서의 실체를 갖춘 적격분할의 경우에도 분할법인 등에게 발생하는 양도손익에 대해서 과세이연의 특례를 적용한다. 즉, 적격분할의 요건을 충족하는 경우에는 분할법인 등이 분할신설법인 등으로부터 받은 양도

가액을 분할법인 등의 분할등기일 현재의 순자산장부가액으로 보아 양도손익이 없는 것으로 할 수 있다(분할법인이 해산하는 경우에 관해서는 法法 46조 2항 본문; 분할법인이 존속하는 경우에 관해서는 46조의5 2항).

적격분할로 인정되기 위해서는 다음의 요건이 충족되어야 한다.

첫째, 단순 분할의 경우에는 분할등기일 현재 5년 이상 사업을 계속하던 내국법인이 분할하여야 하고, 분할합병의 경우에는 소멸한 분할합병의 상대방법인 및 분할합병의 상대방법인이 분할등기일 현재 1년 이상 사업을 계속하던 내국법인이어야 한다(法法 46조 2항 1호).

둘째, 분리하여 사업이 가능한 독립된 사업부문을 분할하여야 한다(法法 46조 2항 1호 가목). 여기서 "분리하여 사업이 가능한 독립된 사업부문"이라고 함은 그 자체만으로 수익을 창출할 수 있는 자산의 집합을 의미한다고 할 것이다. 유형이 서로 다른 사업부문들의 하나가 아닌, 단일 사업부문의 일부라도 그 자체로 독립적 사업단위로 기능할 수 있으면 분할대상으로서의 '독립된 사업부문'이 될 수 있음은 물론이다.[1] 그러나 (i) 부동산 임대업을 주업으로 하는 사업부문과 (ii) 분할법인으로부터 승계한 사업용 자산의 가액 중 부동산과 부동산에 관한 권리(所法 94조 1항 1호 및 2호)의 가액이 100분의 80 이상인 사업부문을 분할하는 경우에는 '분리하여 사업이 가능한 독립된 사업부문'의 분할로 보지 아니한다(法令 82조의2 2항). 한편, '주식등과 그와 관련된 자산·부채'만으로 구성된 사업부문의 분할은 원칙적으로 '분리하여 사업이 가능한 독립된 사업부문'으로 인정하지 않지만, (i) 분할하는 사업부문이 분할 당시 분할법인이 보유한 모든 '지배목적 보유 주식 등과 그와 관련된 자산·부채'만으로 구성된 사업부문에 해당하는 경우, (ii) 분할하는 법인이 지배주주 등으로서 보유하는 '주식 등과 그와 관련된 자산·부채'만이 분할신설법인에 승계되어 공정거래법 및 금융지주회사법에 따른 지주회사가 되는 경우(분할합병의 상대방법인이 분할합병을 통하여 지주회사로 전환되거나 분할합병의 상대방법인이 분할등기일 현재 지주회사인 경우에는 지주회사가 설립되지 않더라도 해당 분할합병을 '분리하여 사업이 가능한 독립된 사업부문의 분할로 봄) 또는 (iii) 이와 유사한 경우로서 기획재정부령으로 정하는 경우에는 여전히 '분리하여 사업이 가능한 독립된 사업부문'의 분할로 본다(동조 3항). 부동산이나 주식 등에 관한 사업부문도 위험을 수반하는 투

---

[1] 대법원 2018. 6. 28., 2016 두 40986.

자사업의 하나인데, 이들을 차별적으로 취급하는 것은 타당하지 않다고 본다. 미국 내국세입법에서도 분할직후 분할법인과 분할신설법인이 모두 '사업을 적극적으로 영위하여야 한다'(active conduct of a trade or business)는 제한을 두고 있다.1) 이와 관련하여 투자자산의 보유는 적극적 사업에 해당하지 않지만,2) 부동산투자신탁(Real Estate Investment Trust)은 적극적 사업수행에 해당한다고 본다.3)

셋째, 분할하는 사업부문의 자산 및 부채가 포괄적으로 승계되어야 한다 (法法 46조 2항 1호 나목). 다만, 공동으로 사용하던 자산, 채무자의 변경이 불가능한 부채 등 분할하기 어려운 자산과 부채는 제외한다(동목 단서, 그러한 자산과 부채의 구체적인 유형은 法令 82조의2 4항, 5항에서 규정함).

넷째, 분할법인 등만의 출자에 의하여 분할하는 것이어야 한다(法法 46조 2항 1호 다목).4)

다섯째, 단순 분할의 경우에는 분할법인의 주주가 분할신설법인으로부터 받은 분할대가의 전액이 주식으로서,5) 그리고 분할합병의 경우에는 소멸한 분할합병의 상대방법인의 주주가 존속하는 분할합병의 상대방법인으로부터 받은 분할대가의 100분의 80 이상이 분할신설법인 등의 주식이거나 존속하는 분할합병의 상대방법인을 100% 지배하고 있는 내국법인의 주식으로서 그 주식이 분할법인 등의 주주가 소유하던 주식의 비율에 따라 배정되고(분할합병의 경우에는 분할합병대가의 총 합계액이 분할법인 등의 주요 지배주주 등의 지분비율에 따라 배정하여야 함), 분할법인 등의 주요 지배주주 등이 분할등기일이 속하는 사업연도의 종료일까지 그 주식을 보유하여야 한다(法法 46조 2항 2호; 法令 82조의2 7항, 8항). 여기서 주요 지배주주 등이라 함은 초과급여 지급액의 손금불산입 제도상의 지배주주 등(法令 43조 7항) 중 법인을 지배할 목적을 가진 것으로 보이지 않는 자를 말한다(法令 82조의2 8항).

---

1) IRC §355(b).
2) IRC Reg. §355−3(b)(2)(iv).
3) Rev. Rul. 2001−29, 2001−1 CB 1348.
4) 분할법인 등이 제3자와 더불어 출자를 하여 회사를 신설한다면 이는 일반 현물출자와 다름 없으므로 적격분할로서 과세이연을 해 줄 이유가 없기 때문이다.
5) 분할합병이 아닌 단순 분할의 경우에는 분할법인 주주의 분할법인에 대한 지분이 그대로 분할신설법인에 대한 지분으로 이전되어야 한다는 점에서 합병이나 분할합병의 경우에 비해 더 엄격한 '소유관계의 계속(continuity of shareholder's interest)' 요건이 요구된다고 할 수 있다. 기업구조재편 목적의 분할일 것을 보다 확실히 하기 위한 것이다.

그리고 위에서 말하는 '분할법인의 주주가 분할신설법인으로부터 받은 분할대가'나 '소멸한 분할합병의 상대방법인의 주주가 존속하는 분할합병의 상대방법인으로부터 받은 분할대가'의 금액은 분할양도차손익 계산의 기준이 되는 분할대가의 금액(法令 82조 1항 2호 가목)으로 하되, 분할합병에서 분할대가의 총합계액 중 분할신설법인 등의 주식 등의 가액이 각 100분의 80 이상인지 여부를 판단함에 있어, (i) 분할합병의 상대방법인이 분할등기일 전 2년 내에 취득한 분할합병포합주식 등이 있고, 분할등기일 현재 분할법인의 지배주주 등(法令 43조 7항)이 아닌 경우에는, 분할등기일 전 2년 이내에 취득한 분할합병포합주식 등 중 발행주식총수 또는 출자총액의 100분의 20을 초과하는 것에 대하여 교부한 분할합병포합주식 등의 가액(분할합병등기일 전에 취득한 분할합병포합주식에 대하여 분할합병교부주식을 교부하지 않음으로써 이를 교부한 것으로 간주되는 경우 그 간주되는 주식 등의 가액을 포함함; 法令 82조 1항 2호 가목 단서)을 분할교부금으로 지급한 것으로 보아 분할대가의 총합계액에 더하고, (ii) 역시 분할등기일 전 2년 내에 취득한 포합주식 등을 가진 분할합병의 상대방법인이 분할등기일 현재 분할법인의 지배주주 등인 경우에는, 그 분할합병포합주식 등의 가액 전부를 분할교부금으로 지급한 것으로 보아 분할대가의 총합계액에 더한다. 이와 관련하여 신설분할합병 또는 3 이상의 법인이 분할합병하는 경우로서 분할법인이 취득한 다른 분할법인의 주식 등이 있는 경우에는 그 다른 분할법인의 주식 등을 취득한 분할법인을 분할합병의 상대방법인으로 본다(法令 82조의2 6항). 합병양도차익의 계산에서처럼 분할합병 전에 분할합병의 상대방법인이 포합주식 등을 취득한 경우 합병대가액을 증액하는 것이다.

적격분할의 여섯째 요건은 분할신설법인 등이 분할등기일이 속하는 사업연도의 종료일까지 분할법인 등으로부터 승계받은 사업을 계속 경영하여야 한다는 것이다(法法 46조 2항 3호). 분할신설법인 등이 분할등기일이 속하는 사업연도의 종료일 이전에 분할법인 등으로부터 승계한 고정자산(분할법인 등이 보유하던 분할합병의 상대방법인의 주식을 승계한 경우 그 가액은 제외함)의 가액의 2분의 1 이상을 처분하거나 사업에 사용하지 아니하는 경우에는 승계받은 사업을 계속하지 아니하는 것으로 본다(法令 82조의2 9항, 80조의2 6항).

적격분할의 일곱째 요건은 분할등기일 1개월 전 현재 분할하는 사업부문에 종사하는 일정한 근로자(분할승계대상근로자) 중 분할신설법인등이 승계한 근

로자의 비율이 100분의 80 이상이어야 하고, 분할등기일이 속하는 사업연도의
종료일까지 그 비율을 유지하여야 한다는 것이다(法法 46조 2항 4호).

위와 같은 요건이 모두 충족되는 경우에는 분할법인 등의 분할등기일 현재
의 순자산장부가액을 분할법인 등이 분할신설법인 등으로부터 받은 양도가액으
로 보아 양도차익이나 양도차손이 없는 것으로 할 수 있다. 다만, 부득이한 사
유가 있는 경우에는 위 둘째, 셋째 또는 넷째 요건을 갖추지 못한 경우에도 양
도차익이나 양도차손이 없는 것으로 할 수 있다(法法 44조 2항). 그 부득이한 사
유는 적격합병 요건의 불충족에 대한 부득이한 사유와 같다(法法 46조 2항 단서;
法令 82조의2 1항 1호, 2호, 3호, 80조의2 1항 1호, 2호, 3호).

합병의 경우에서와 같이 사업의 계속성(continuity of business)과 주주 소유
관계의 계속성(continuity of shareholder's interest)을 요구함으로써 진정한 기업구
조재편의 목적 없이 분할의 형식만을 취하여 조세를 회피하는 행위(위장분할행
위)를 방지하기 위해 이러한 요건을 부과하고 있음은 물론이다.

2) 이연된 과세의 실행   분할법인 등의 분할양도차익에 대하여 이연된
과세나 합병양도차손에 대하여 이연된 손금산입은 그 이연의 사유가 사후적으
로 소멸한 때 분할신설법인 등이 분할법인 등으로부터 이전받은 자산의 장부가
액과 시가와의 차액을 분할법인 등의 익금이나 손금에 더하는 방식으로 분할신
설법인 등으로부터 과세한다(아래 3. ⑵ 2) 참조).

3. 분할신설법인 등의 과세

분할법인 등이 분할 또는 분할합병으로 그 자산의 전부를 분할신설법인 등
에게 양도하고 해산하는 경우든, 분할법인이 그 자산의 일부만을 분할신설법인
등에게 양도하고 존속하는 경우든, 분할신설법인 등에 대한 과세는 동일하다.
아래에서의 논의는 분할법인 등이 해산하는 경우에 관한 것인데, 이는 그대로
분할법인이 존속하는 경우에 준용된다(法法 46조의5 3항).

(1) 일반원칙

분할법인 등이 분할이나 분할합병에 따라 그 자산을 분할신설법인 등에게
실제의 양도가액(이하 분할신설법인 등의 입장에서는 "실제의 양수가액"이라고 부름)
으로 양도한 것으로 취급하는 데 비해 분할신설법인 등은 분할법인 등으로부터
동일한 자산을 분할등기일 현재의 시가로 양수한 것으로 취급된다(法法 46조의2

1항). 이처럼 분할신설법인 등이 분할법인 등의 자산을 '시가'로 양수한 것으로
보는 결과 나중에 분할로 취득한 개별 자산을 양도하는 경우 그 '시가'를 해당
자산의 취득가액으로 하여 양도차익을 계산하게 된다.

양수가액으로 간주되는 '시가'와 실제의 양수가액 간에 차이가 있는 경우
그 차액을 과세상 반영할 필요가 있음은 합병의 경우와 다르지 않다. 그래서,
분할신설법인 등이 분할법인 등에 지급한 양수가액이 순자산시가보다 적은 경
우 그 차액(이하 "분할매수차익"이라고 함)을 합병에 있어서 이에 상응하는 개념
인 합병매수차익과 같은 방식으로 과세하고, 반대로 실제의 양수가액이 순자산
시가보다 높은 경우 그 차액(이하 "분할매수차손"이라고 함) 역시 합병에 있어서
이에 상응하는 개념인 합병매수차손과 같은 방식으로 과세하도록 하고 있다(法
法 46조의2 2항, 3항; 法令 82조의3 1항, 3항). 분할매수차손이 손금으로 인정되기
위해서는 영업권의 취득대가로서의 성질을 가지는 것이어야 함은 합병매수차손
의 경우에서와 다르지 않다(法令 82조의3 2항).

(2) 적격분할의 경우의 과세특례
1) 요건 및 효과   적격분할의 요건이 충족되어 분할법인 등의 분할양도
차익에 대한 법인세의 과세이연이 이루어진 경우에는 과세이연된 법인세를 분
할신설법인 등으로부터 징수할 필요가 있는바, 이를 위해 다음과 같은 제도적
장치를 두고 있다. 우선, 적격분할의 요건이 충족되는 경우 분할법인 등에 대하
여 실제의 양도가액(즉, 분할대가의 가액) 대신 분할등기일 현재의 순자산장부가
액을 양도가액으로 의제하도록 하는 데 맞추어 분할신설법인 등도 분할법인 등
의 자산을 시가가 아닌 장부가액으로 양수한 것으로 본다(法法 46조의3 1항). 이
처럼 분할법인 등의 장부가액을 양수가액으로 의제함으로써 해당 자산의 시가
가 분할법인 등의 장부가액보다 높은 경우에는 분할신설법인 등에게 그 차액에
상당하는 금액의 미실현이득이 생기게 되고, 반대로 해당 자산의 시가가 분할법
인 등의 장부가액보다 낮은 경우에는 분할신설법인 등에게 그 차액에 상당하는
금액의 미실현손실이 생기게 되어, 후일 분할신설법인 등이 그 미실현이득을 실
현할 때 그 금액에 대한 법인세를 부담하고, 미실현손실을 실현할 때 그 금액에
대한 법인세를 감액받게 된다. 분할법인 등의 분할양도차익이나 분할양도차손에
대하여 이연된 과세가 분할신설법인 등에 대하여 이루어지는 것이다.

그런데, 분할신설법인 등으로 하여금 의제된 양수가액인 분할법인 등의 장

부가액을 바로 해당 자산의 취득가액으로 계상하도록 하여 이연된 과세를 실행할 사유가 발생하였을 때 분할시점의 시가와 그 취득가액 간의 차액에 해당하는 분할법인 등의 분할양도차익이나 분할양도차손을 과세처리하는 방식을 취하지 않고, 분할등기일 현재의 시가를 취득가액으로 계상함과 동시에 (i) 시가에서 분할법인 등의 장부가액(세무조정사항이 있는 경우에는 그 중 익금불산입액을 더하고 손금불산입액은 빼서 2차 조정을 한 가액을 말함)을 뺀 금액이 플러스인 경우에는 그 금액을 익금에 산입하는 한편 '자산조정계정'으로 손금에 산입하고, (ii) 시가에서 분할법인 등의 장부가액을 뺀 금액이 마이너스인 경우에는 그 금액을 손금에 산입하는 한편 '자산조정계정'으로 익금에 산입한 뒤 이를 뒤에 과세상 반영하도록 하고 있다. 자산조정계정의 과세상 반영 방식은 적격합병에서의 자산조정계정의 과세상 반영 방식을 준용한다(法法 46조의3 1항; 法令 82조의4 1항; 본절 Ⅵ. 4. (2) 참조).

한편, 적격합병의 경우에서와 마찬가지로 적격분할의 경우에도 분할신설법인 등의 분할매수차익이나 분할매수차손에 대한 과세상의 취급은 어떠한 영향을 받지 않는 것으로 되어 있는데, 역시 자산조정계정의 가액(개별 자산의 분할등기일 현재의 시가에서 분할법인 등의 장부가액을 뺀 금액)에 이미 포함된 분할매수차익(즉, 순자산시가가 실제의 양수가액을 초과하는 금액)과 분할매수차손(즉, 순자산시가가 실제의 양수가액에 미달하는 금액)을 재차 과세처리하는 것은 분할법인 등의 자산에 내재되어 있던 미실현이득을 이중으로 과세하거나 미실현손실의 이중 실현을 인정하는 문제가 있다.

2) 이연된 과세의 실행   분할등기일이 속하는 사업연도의 다음 사업연도 개시일부터 2년(아래 (iii)의 경우에는 3년) 내에 (i) 위에서 본 적격분할의 요건을 충족하여 분할법인 등의 자산을 장부가액으로 양수한 분할신설법인 등이 분할법인 등으로부터 승계받은 사업을 폐지하거나 (ii) 분할법인 등의 주요 지배주주 등이 분할신설법인 등으로부터 받은 주식 등을 처분하거나 (iii) 분할신설법인등에 종사하는 분할승계대상근로자 수가 분할등기일 1개월 전 당시 분할승계대상근로자 수의 100분의 80 미만으로 하락하는 경우에는 그 사유(이하 "과세이연 혜택의 상실사유"라고 함)가 발생한 날이 속하는 분할신설법인 등의 사업연도의 소득금액을 계산함에 있어 자산조정계정의 정수(+)의 잔액과 승계받은 결손금 중 소득금액과 공제한 금액을 익금에 산입하고, 또한 분할신설법인 등

의 소득금액 및 과세표준을 계산할 때 분할법인 등으로부터 승계한 세무조정사항 중 익금불산입액은 더하고 손금불산입액은 빼며, 분할법인 등으로부터 승계받아 공제한 감면·세액공제액 등을 해당 사업연도의 법인세에 더하여 납부하여야 하고, 해당 사업연도부터 더 이상 감면 또는 세액공제를 적용받을 수 없다(法法 46조의3 3항 본문, 1호, 2호, 3호; 法令 82조의4 3항, 4항, 5항, 8항).

사업의 계속성이나 주주 소유관계의 계속성 등 과세이연의 혜택을 준 근거가 사후적으로 상실되는 경우에는 자산의 처분시점을 기다리지 않고 그 상실시점에서 미실현이득이 실현되는 것으로 본다는 것이다. 이와 관련하여 분할신설법인 등이 분할등기일이 속하는 사업연도의 다음 사업연도 개시일부터 3년 내에 분할법인 등으로부터 승계한 고정자산(피합병법인이 보유하던 합병법인 자신의 주식을 승계한 경우 그 가액은 제외함)의 가액의 2분의 1 이상을 처분하거나1) 사업에 사용하지 아니하는 경우에는 승계받은 사업을 폐지한 것으로 본다(法令 82조의4 7항; 80조의4 8항). 분할법인 등의 분할양도차익에 대응되는 분할신설법인 등의 자산조정계정의 정수(+)의 금액에 대한 과세이연은 철회하면서, 분할법인 등의 분할양도차손에 대응되는 분할신설법인 등의 자산조정계정의 부수(−)의 금액에 대한 손실실현의 이연은 철회하지 않고 분할시 예정된 대로 감가상각비에의 가산이나 처분시의 처분손실로 실현하도록 하고 있음은 합병의 경우에서와 다르지 않다.

적격분할에 따른 과세이연 혜택의 상실 사유가 발생하여 자산조정계정의 정수(+)의 잔액을 익금에 산입한 경우 분할매수차익과 분할매수차손의 처리에 관해서는 적격합병에 따른 과세이연 혜택의 상실사유가 발생한 경우에 있어서의 처리방식을 준용한다(法令 82조의4 4항).

과세이연 혜택의 상실 사유의 발생이 적격분할 인정요건의 불충족에 대한 부득이한 사유와 동일한 '부득이한 사유'로 인한 것인 때에는 위와 같이 이연된 과세를 실행하지 않는다(法法 46조의3 3항 단서; 法令 82조의4 6항).

---

1) 판례는 분할신설법인이 분할법인으로부터 지배목적으로 보유하는 주식과 그와 관련한 자산·부채로 구성된 사업부문을 적격분할의 요건을 갖추어 승계받은 경우 지배목적 보유 주식의 특수성을 고려하여 승계받은 사업의 폐지 여부를 판단함에 있어서 지배목적 보유 주식의 가액을 분할법인으로부터 승계한 고정자산가액에 포함시켜 판정하여야 한다고 보고, 나아가 사업의 폐지 여부는 개별 사업부문이나 개별 사업장이 아닌 승계받은 사업 전체를 기준으로 판단하여야 한다고 본다(대법원 2017. 1. 25., 2016 두 51535).

4. 주주의 의제배당소득에 대한 과세

분할시 분할법인 등의 주주가 분할신설법인 등으로부터 취득하는 분할대가의 총액이 분할법인 등의 주식을 취득하기 위하여 소요된 금액을 초과하는 금액은 의제배당이 된다. 분할법인 등의 주주가 개인이면 소득세, 법인이면 법인세 과세대상이 되는 점만 다를 뿐 의제배당의 발생경위나 계산 등의 점에서는 본질적으로 차이가 없다(所法 17조 2항 6호; 法法 16조 1항 6호; 그 개요에 관해서는 제1장 제3절 Ⅲ. 3. 6) 및 제2장 제4절 Ⅱ. 11. (2)에서의 논의 참조). 그러나 합병의 경우에서처럼 분할양도차익에 대한 과세이연의 요건 중 법인세법 제46조 제2항 제1호 및 제2호의 요건(주식 등의 보유와 관련된 요건은 제외)이 충족되는 경우에는 분할로 발생하는 의제배당의 가액을 계산함에 있어서 분할로 취득한 주식 등의 가액을 시가에 의하여 계산하지 않고, 주주가 거주자인 경우에는 분할법인 등의 주식 등의 취득가액에 의하여 계산하고(所法 17조 5항; 所令 27조 1항 1호 나목), 주주가 법인인 경우에는 분할법인 등의 주식 등의 장부가액에 의하여 계산하기 때문에(法法 16조 2항; 法令 14조 1항 1호 나목) 의제배당 소득이 발생하지 않는다. 적격분할의 경우 분할법인 등의 주주에 대해서도 분할로 소각된 구주식 등의 가치증가익에 대한 과세가 분할로 취득한 신주식 등을 처분할 때까지 이연되는 것이다. 다만, 분할대가의 일부는 금전이나 그 밖의 재산으로 받고, 일부는 주식 등으로 받은 경우로서 그 주식 등의 시가가 분할로 소각된 구주식 등의 취득가액(주주가 거주자인 경우) 또는 장부가액(주주가 법인인 경우)보다 더 작은 경우에는 시가를 기준으로 의제배당의 가액을 계산한다(所令 27조 1항 1호 나목 단서; 法令 14조 1항 1호 나목 괄호). 분할대가 중 분할교부금을 제외한 신주식 등의 시가가 구주식 등의 취득가액이나 장부가액보다 더 작은 경우에는 과세이연의 혜택을 부여하지 않는다는 의미이다.

5. 분할법인 등의 세무조정사항 및 이월결손금의 승계

(1) 분할법인 등의 세무조정사항의 승계

1) 일반 세무조정사항의 승계   분할법인 등이 해산하는 경우든 분할법인이 존속하는 경우든, 분할법인 등의 세무조정사항의 승계에 관한 원칙은 동일하다. 아래에서의 논의는 분할법인 등이 해산하는 경우에 관한 것인데, 이는

그대로 분할법인이 존속하는 경우에 준용된다(法法 46조의5 3항).

적격분할의 요건을 충족하지 않음으로써 분할신설법인 등이 분할법인 등으로부터 자산을 시가로 양수한 것으로 인정되는 경우에는 분할신설법인 등은 각 사업연도의 소득금액을 계산함에 있어 분할법인 등의 세무조정사항을 승계하지 아니함을 원칙으로 하되, 분할신설법인 등이 분할법인 등으로부터 퇴직급여충당금 또는 대손충당금을 승계한 경우에는 그와 관련된 세무조정사항은 승계한다(法法 46조의2 1항 후단; 法令 85조 2호). 반대로 적격분할의 요건을 충족함으로써 분할신설법인 등이 분할법인 등의 자산을 장부가액으로 양수한 것으로 보는 경우에는 분할신설법인 등은 각 사업연도의 소득금액을 계산함에 있어 분할법인 등의 세무조정사항을 모두 승계한다(法法 46조의3 2항; 法令 85조 1호). 전자의 경우에는 과세상 기업으로서의 계속성을 인정하지 않고, 후자의 경우에는 이를 인정한다는 취지로서 합병에 있어서의 세무조정사항의 승계 여부와 동일한 내용이다. 판례는 감가상각비의 상각부인액(法令 32조 1항)을 적격분할시 승계되는 세무조정사항(유보금액)의 하나로 확인하고 있다.[1]

위와 같은 기준에 따라 분할신설법인 등이 분할법인 등의 세무조정사항을 승계하는 경우에는 분할신설법인 등은 그 소득금액 계산시 해당 승계항목에 대한 2차 세무조정을 하게 된다. 즉, 플러스(+) 유보사항은 손금산입이나 익금불산입의 조정을 하게 되고, 마이너스(−) 유보사항은 손금불산입이나 익금산입의 조정을 하게 된다.

2) 대손충당금의 승계　　대손충당금을 손금에 산입한 내국법인이 분할한 경우, 적격분할에 해당하는 경우든 아니든, 그 법인의 분할등기일 현재의 해당 대손충당금 중 분할신설법인 등에게 인계한 금액은 그 분할신설법인 등이 분할등기일에 가지고 있는 대손충당금으로 본다(法法 34조 6항). 합병의 당사법인 간에 인계의 의사가 있는 경우에는 승계를 인정한다는 것이다.

(2) 분할신설법인 등에 의한 분할법인 등의 이월결손금 승계

분할법인 등이 분할 또는 분할합병으로 해산하는 경우로서 적격분할의 요건을 충족하여 분할신설법인 등이 분할법인 등의 자산을 장부가액으로 양도받는 경우에는 분할신설법인 등은 분할등기일을 사업연도의 개시일로 보아 계산한 분할등기일 현재의 분할법인 등의 이월결손금 중 분할신설법인 등이 승계받

---

1) 대법원 2014. 3. 13., 2013 두 20844.

은 사업에 속하는 부분을 승계할 수 있다(法法 46조의3 2항; 法令 83조 2항). 이렇게 분할신설법인등이 승계한 분할법인등의 결손금은 분할법인등으로부터 승계받은 사업에서 발생한 소득금액의 100분의 80(중소기업과 회생계획을 이행 중인 기업 등의 경우에는 100분의 100)의 범위 내에서만 각 사업연도의 과세표준을 계산할 때 공제할 수 있다(法法 46조의4 5항). 여기서 '분할신설법인 등이 승계받은 사업에 속하는 결손금'이라고 함은 분할등기일 현재 분할법인 등의 결손금에 분할법인 등의 사업용 자산가액 중 각 분할신설법인 등이 승계한 사업용 자산가액이 차지하는 비율을 곱하여 계산한 금액으로 한다(法令 83조 3항). 이렇게 분할신설법인 등이 승계한 분할법인 등의 이월결손금은 분할법인 등으로부터 승계받은 사업에서 발생한 소득금액의 범위 내에서만 각 사업연도의 과세표준을 계산할 때 공제할 수 있다(法法 46조의4 2항). 사업의 계속 여부는 적격합병 요건으로서의 '사업의 계속'의 기준(法令 80조의2 6항)이나 과세이연 혜택의 상실 사유로서의 '사업의 폐지'의 기준(法令 80조의4 8항)에 따른다(法令 83조 5항). 수익성이 높은 사업을 경영하는 합병법인이 그 사업에서 발생하는 소득과 피합병법인으로부터 승계한 이월결손금을 상계함으로써 법인세 부담을 줄이려는 목적으로 합병하는 것을 막기 위한 장치이다. 한편, 분할법인이 그 자산의 일부만을 분할신설법인 등에게 이전하고 스스로는 존속하는 경우에 분할법인의 결손금의 승계는 인정되지 않는다(法法 46조의5 3항). 그리고 합병의 경우와 마찬가지로 과세이연 혜택의 상실사유가 발생하면 이미 승계한 이월결손금과 공제되어 과세되지 않은 소득에 대해 법인세를 추징함으로써 소급하여 이월결손금의 승계를 인정하지 않는다(法法 46조의3 3항; 法令 83조 5항). 같은 취지에서 이월결손금 승계액의 잔액도 당연히 장래를 향하여 소득금액과 공제할 수 없는 것으로 해석하여야 할 것이다.

(3) 분할합병에 있어서의 분할신설법인 등에 의한 자산처분손실의 실현 제한

분할법인이 해산하는 경우든, 분할법인이 존속하는 경우든, 분할신설합병에 있어서의 분할신설법인이나 단순 분할합병에 있어서의 분할합병의 상대방법인에 의한 자산처분손실의 실현 제한에 관한 원칙은 동일한바, 아래에서의 논의는 분할법인이 해산하는 경우에 관한 것인데, 이는 그대로 분할법인이 존속하는 경우에 준용된다(法法 46조의5 3항).

적격 분할신설합병에 있어서의 분할신설법인이나 적격 단순 분할합병에

있어서의 분할합병의 상대방법인이 분할등기일 이후 5년 이내에 종료하는 사업
연도에 분할법인으로부터 양도받은 자산을 처분함으로써 발생한 처분손실은 분
할등기일 현재 해당 자산의 시가가 장부가액에 미달하는 경우에 한하여 그 한
도 내에서, 그리고 분할법인으로부터 승계받은 사업에서 발생한 소득금액의 범
위에서만 손금에 산입하고, 손금에 산입하지 아니한 처분손실은 분할법인으로
부터 승계한 이월결손금으로 보아 분할법인으로부터 승계받은 사업에서 발생한
소득금액(해당 처분손실을 공제하기 전의 금액을 말함)의 범위 내에서만 각 사업연
도의 과세표준을 계산할 때 공제할 수 있다(法法 46조의4 3항). 분할법인이 보유
하던 자산에 내재해 있던 미실현손실을 분할신설법인 등이 분할합병 후에 실현
한 경우 그 손실을 이월결손금과 동일하게 취급함으로써 그러한 미실현손실의
실현을 통한 조세부담의 감축을 목적으로 분할을 행하는 것을 막기 위한 것이
다. 한편, 적격 단순 분할합병에 있어서의 분할합병의 상대방법인이 분할합병
하기 전에 보유하던 자산을 분할합병등기일 이후 5년 이내에 종료하는 사업연
도에 처분함으로써 발생한 처분손실도 그 분할합병의 상대방법인이 분할합병
전부터 영위해 온 사업에서 발생한 소득금액의 범위 내에서만 해당 사업연도의
소득금액을 계산할 때 손금에 산입하고, 손금에 산입하지 않은 손실은 결손금
으로 이월하되 분할법인으로부터 승계받은 사업에서 발생한 소득금액의 범위
내에서 과세표준 계산시 공제하지 않는다(동조 동항). 이는 위의 경우와 반대로
분할합병의 상대방법인이 분할합병 전에 보유하던 자산에 내재된 미실현손실을
분할법인으로부터 승계받은 사업에서 발생하는 이익과 상쇄하는 것을 막기 위
한 것이다.

(4) 감면 또는 세액공제의 승계 및 제한

적격합병의 경우에서와 마찬가지로 적격분할의 경우에도 분할신설법인 등은
분할법인 등의 감면 또는 세액공제액을 승계하여 감면 또는 세액공제를 적용받
을 수 있는데, (i) 이월된 감면·세액공제가 특정의 사업·자산과 관련된 경우에
는 그 특정의 사업·자산을 승계한 분할신설법인 등이 공제하고, (ii) 그 외의 이
월된 감면·세액공제의 경우에는 각 분할신설법인 등이 승계한 분할법인 등의 사
업용 고정자산가액의 비율로 안분하여 각 분할신설법인 등이 공제한다. 승계한
감면이나 세액공제는 분할법인 등으로부터 승계받은 사업에서 발생한 소득금액
또는 이에 해당하는 법인세액의 범위 내에서만 적용받을 수 있고, 법인세법이나

다른 법률에 해당 감면 또는 세액공제의 요건이 규정되어 있는 경우에는 분할신설법인 등이 그 요건 등을 모두 충족하여야 하는 것도 적격합병의 경우와 다르지 않다(法法 46조의3 2항, 46조의4 4항; 法令 82조의4 2항). 그 구체적인 적용방식은 적격합병의 경우에 대한 것을 준용한다(法令 83조 4항, 81조 3항).

6. 분할합병의 상대방법인의 이월결손금 공제의 제한

분할합병의 상대방법인이 분할등기일 현재 가지고 있는 이월결손금은, 분할법인이 해산하는 경우든 존속하는 경우든, 분할법인으로부터 승계받은 사업에서 발생한 소득금액의 범위 내에서 과세표준 계산시 공제하지 아니한다(분할법인 등이 해산하는 경우에 관해서는 法法 46조의4 1항; 분할법인이 존속하는 경우에 관해서는 46조의5 3항). 그리고 공제할 수 있는 '분할등기일 현재의 분할합병법인의 상대방법인의 이월결손금'도 분할합병의 상대방법인의 소득금액에서 분할법인으로부터 승계받은 사업에서 발생한 소득금액을 차감한 금액의 100분의 60(중소기업과 회생계획을 이행 중인 기업 등의 경우에는 100분의 100)을 한도로 해서 공제한다(法法 46조의4 5항 1호). 이월결손금이 많은 결손법인이 수익성이 높은 다른 법인을 분할합병한 뒤 분할법인으로부터 승계한 사업에서 발생하는 소득과 자신의 이월결손금을 상계시켜 과세상의 혜택을 얻는 것을 막기 위한 것이다. 이때 분할합병의 상대방법인의 이월결손금과 상계할 수 없는 '분할법인으로부터 승계받은 사업에서 발생하는 소득금액'은 구분경리(法法 113조 4항)에 의하여 산정함이 원칙이나 구분경리가 면제된 경우에는 전체 소득금액을 분할당시의 분할합병의 상대방법인의 사업용 자산가액과 분할법인의 그것 간의 비율에 따라 안분한다(法法 46조의4 1항 괄호; 法令 83조 1항).

7. 이월된 손금산입한도초과 기부금의 손금산입 제한

분할합병의 상대방법인이 분할합병 전에 법인세법 제24조 제5항에 따라 이월시켰으나 그 이월된 금액이 분할합병등기일까지 손금에 산입되지 않고 잔존하는 경우 그 잔존금액(잔존 기부금한도초과액)은, 분할신설법인이 분할합병 상대방 법인으로부터 승계받은 사업에서 발생한 소득금액을 기준으로 산정한 손금산입한도액의 범위 내에서 손금에 산입한다(法法 46조의4 6항). 반대로 분할법인 또는 소멸한 분할합병의 상대방 법인(분할법인등)이 분할등기일까지 소진하지 않고 잔존시킨 기부금한도초과액으로서 분할신설법인 또는 분할합병의 상대 방법인(분할신설법인등)이 승계한 금액은 분할신설법인등의 각 사업연도의 소득 금액을 계산할 때 분할법인등으로부터 승계받은 사업에서 발생한 소득금액을 기준으로 산정한 손금산입한도액의 범위 내에서 손금에 산입한다(동조 7항).

8. 분할신설법인 등의 분할차익과 분할차손의 처리

(1) 분할차익의 개념과 처리

회사의 합병으로 인하여 피합병법인으로부터 합병법인에 이입된 순자산가 치의 가액이 합병으로 증가한 합병법인의 자본금과 피합병법인의 주주에게 지 급한 합병교부금을 합한 금액을 초과하는 금액을 '합병차익'이라고 하는 것과 유사하게, 회사의 분할로 인하여 분할신설법인 등에게 이전되는 분할법인 등의 순자산가치의 가액이 분할법인 등의 주주들에게 교부된 분할신설법인 등의 주 식의 가액(즉, 신설법인의 자본금액이나 분할합병의 상대방 법인의 자본금 증가액)과 분할법인 등의 주주들에게 분할신설법인 등의 주식 이외에 금전 등을 교부한 것이 있으면 그 가액을 합한 금액을 초과하는 금액이 분할차익이다(法法 17조 1 항 6호). 즉, 분할신설법인 등에게 이전하는 분할법인 등의 순자산가치의 가액 중 일부만을 분할신설법인 등의 자본금으로 이입(移入)하면서 나머지를 분할신 설법인 등의 이익으로 유보시킬 경우, 그 유보되는 이익이 분할차익이다. 이러 한 분할차익도 자본거래로 인한 손익, 즉 자본계정 조정항목으로서 분할신설법 인 등의 소득금액 계산상 익금에 산입될 성질의 것이 아니다(法法 17조 1항 6호).

(2) 분할차손의 개념과 처리

분할차손은 분할차익의 반대개념이다. 즉, 분할신설법인 등이 분할법인 등 으로부터 승계한 순자산가치(승계한 재산의 총액−승계한 부채의 총액)가 분할법인 등의 주주에게 지급한 분할교부금과 교부한 분할신주의 액면가액의 합계액(즉, 분할대가액)보다 적은 경우 그 차액이 분할신설법인 등의 분할차손이 된다. 분 할차손의 발생 경위는 합병차손의 그것과 다르지 않다고 할 것이다(위 Ⅲ. 8. ⑵ 2) 참조). 어떤 경위로 발생한 분할차손이든 자본거래의 결과 생기는 것이므로 이를 손금에 산입하지 않는다.

9. 물적분할의 과세

(1) 일반원칙

물적분할은 분할법인이 분할신설법인이나 분할합병의 상대방법인(이하 단순히 "분할신설법인"이라고 함)에게 독립된 사업부문에 속하는 재산을 이전하고 그 대가로 분할신설법인의 주식을 직접 취득하는 거래이다(상법 530조의12). 이에 비해 위에서 본 일반적 분할을 인적분할이라고 부른다. 물적분할의 경우에는 그 분할의 완료 시점에서 자산의 소유자가 바뀌므로 처분가격이 장부가격을 상회하는 경우에는 그 차액은 분할법인의 양도차익이 된다.

(2) 적격 물적분할에 대한 과세이연의 특례

1) 요건 및 효과   법인세법은 분할법인이 물적분할에 의해 분할신설법인의 주식 등을 취득한 경우로서 분할양도차익의 과세이연에 관한 법인세법 제46조 제2항 각호의 요건을 충족하는 경우에는 분할신설법인으로부터 취득한 주식 등의 가액 중 물적분할로 발생한 자산의 양도차익에 상당하는 금액을 물적분할로 취득한 주식의 압축기장충당금으로 계상함과 동시에 손금에 산입할 수 있도록 하고 있다(法法 47조 1항; 法令 84조 1항, 2항). 다만, 법인세법 제46조 제2항 제2호의 요건(분할법인등의 주주가 분할대가로 분할신설법인등으로부터 받은 주식의 비율, 배정, 보유에 관한 요건)을 적용함에 있어서는 분할법인이 분할신설법인으로부터 받은 분할대가의 전액이 주식이어야 한다(法法 47조 1항 괄호).[1] 그리고 부득이한 사유가 있는 경우에는 법인세법 제46조 제2항 제2호, 제3호 또는 제4호의 요건을 충족하지 못한 경우에도 자산의 양도차익 상당액을 손금에 산입할 수 있다(法法 47조 1항 단서). 그 부득이한 사유는 적격합병 요건의 일부의 불충족에 대한 부득이한 사유를 그대로 준용한다(法令 84조 12항). 합병이나 인적분할의 경우에서와 같이 과세특례의 요건으로 사업의 계속성과 주주 소유관계의 계속성을 요구하는 것이다.

적격 물적분할의 분할법인이 그 적격 물적분할로 발생한 자산의 양도차익 상당액을 손금에 산입한 뒤 분할법인이 분할신설법인으로부터 받은 주식 등을

---

1) 이를 반대로 해석하면 분할대가를 현금으로 지급하는 경우에는 그 시점에서 양도차익이 실현된 것으로 보고 과세한다는 것인데, 과세하더라도 분할대가 전액이 아니라 현금으로 지급된 부분에 대해서만 과세하는 것으로 봄이 타당하다.

처분하거나 분할신설법인이 분할법인으로부터 승계받은 감가상각자산, 토지 및 주식 등의 자산을 처분하는 경우(이 경우 분할신설법인은 그 자산의 처분 사실을 처분일로부터 1개월 이내에 분할법인에 알려야 함)에는 그 사유가 발생하는 날이 속하는 사업연도의 소득금액 계산에 있어 그 처분일이 속하는 사업연도의 직전 사업연도의 종료일(분할등기일이 속하는 사업연도의 경우에는 분할등기일) 현재 해당 주식 등의 압축기장충당금 잔액에 다음의 비율을 곱한 금액을 익금에 산입하여야 한다(法法 47조 2항; 法令 84조 3항, 4항).

> 비율: (i) 분할법인이 직전 사업연도 종료일 현재 보유하고 있는, 물적분할로 취득한 분할신설법인의 주식 등의 장부가액에서 해당 사업연도에 처분한 분할신설법인의 주식 등의 장부가액이 차지하는 비율과 (ii) 분할신설법인이 분할법인으로부터 승계받아 직전 사업연도 종료일 현재 보유하고 있는 자산(이하 "승계자산"이라고 함)의 양도차익에서 해당 사업연도에 처분한 승계자산의 양도차익이 차지하는 비율을 더한 비율에서, 위 (i)의 비율과 (ii)의 비율을 곱한 비율

다만, (i) 분할법인 또는 분할신설법인이 최초로 적격합병, 적격분할, 적격물적분할, 적격현물출자, 조세특례제한법 제38조에 따른 과세이연 대상인 '주식의 포괄적 교환등' 또는 동법 제38조의2에 따른 과세이연 대상인 '주식의 현물출자'(이하 합하여 '적격 구조조정'으로 부름)로 주식을 처분하거나 승계받은 사업을 폐지하는 경우, (ii) 분할법인이 분할신설법인의 발행주식 또는 출자액 전부를 소유하고 있는 경우로서 ① 해당 분할법인이 분할신설법인을 적격합병(적격분할합병 포함)하거나 분할신설법인에 적격합병되어 분할법인 또는 분할신설법인이 주식등 및 자산을 처분하는 경우 및 ② 해당 분할법인 또는 분할신설법인이 적격합병, 적격분할, 적격물적분할 또는 적격현물출자로 주식등 및 자산을 처분하는 경우(해당 적격합병, 적격분할, 적격물적분할 또는 적격현물출자 후 존립하는 합병법인, 분할신설법인등 또는 피출자법인의 발행주식 또는 출자액 전부를 당초의 분할법인이 직접 또는 간접으로 소유하는 경우로 한정), (iii) '분리하여 사업이 가능한 독립된 사업부문'으로 인정되는 '주식등과 그와 관련된 자산·부채만으로 구성된 사업부문'(法令 82조의2 3항)의 적격분할 또는 적격물적분할로 주식등 및

자산을 처분하는 경우에는 그러하지 아니하다(法法 47조 2항 단서; 法令 84조 5
항). 위와 같은 적격 구조조정으로 분할신설법인의 자산이나 주식등이 다른 법
인에 승계되는 경우(관련 법령상 분할신설법인의 자산을 승계하는 법인을 '자산승계
법인'으로, 그리고 분할신설법인의 주식등을 승계하는 법인을 '주식승계법인'으로 부름)
분할신설법인 주식등의 압축기장충당금을 보유하고 있는 분할법인은 기존의 압
축기장충당금 중 새로운 적격 구조조정에 관련된 금액을 분리해 내어 이를 자
산승계법인 주식등의 압축기장충당금으로 대체하거나 주식승계법인으로 하여
금 승계한 분할신설법인 주식등의 압축기장충당금으로 계상하게 하여야 한다.
이처럼 기존의 분할신설법인 주식등의 압축기장충당금에서 자산승계법인 주식
등의 압축기장충당금으로 대체되거나 새로이 자산승계법인 주식등의 압축기장
충당금으로 계상된 금액을 기준으로 위의 방식에 따른 익금 산입이 행하여지
고, 아래 2)에서 보는 바와 유사한 방식으로 이연된 과세가 실행된다(法令 84조
6항 내지 11항).

　　2) 이연된 과세의 실행　　적격 물적분할의 분할법인이 과세이연의 특례
를 적용받아 분할양도차익 상당액을 손금에 산입한 뒤 2년(아래 (iii)의 경우에는
3년) 이내에 (i) 분할신설법인이 분할법인으로부터 승계받은 사업을 분할등기일
부터 폐지하거나 (ii) 분할법인이 분할신설법인의 발행주식총수나 출자총액을
100분의 50 미만으로 보유하거나 (iii) 분할신설법인에 종사하는 분할승계대상
근로자 수가 분할등기일 1개월 전 당시 분할승계대상근로자 수의 100분의 80
미만으로 하락하게 된 경우에는 그 사유가 발생한 날이 속하는 사업연도의 소
득금액을 계산함에 있어 적격 물적분할로 취득한 주식의 압축기장충당금으로
계상했던 분할양도차익 중 그때까지 익금으로 환입하고 남은 금액을 전부 익금
에 산입하여야 한다(法法 47조 3항; 法令 84조 12항, 13항). 과세이연의 사유의 상
실에 따라 이연된 과세를 실행하는 것이다. 다만, 부득이한 사유가 있는 경우에
는 그러하지 아니하다(法法 47조 3항 단서). 그 부득이한 사유는 적격합병 요건
의 일부의 불충족에 대한 부득이한 사유를 그대로 준용한다(法令 84조 12항). 사
업의 계속 여부는 적격합병 요건으로서의 '사업의 계속'의 기준(法令 80조의2 7
항)이나 과세이연 혜택의 상실사유로서의 '사업의 폐지'의 기준(法令 80조의4 8
항)에 따른다(法令 84조 17항).

(3) 분할신설법인에 의한 분할법인의 세무조정사항의 승계

적격 물적분할의 요건을 충족함으로써 분할법인이 분할양도차익 상당액을 손금에 산입한 경우에는 분할신설법인은 각 사업연도의 소득금액을 계산함에 있어 분할법인의 세무조정사항과 자산·부채 및 감면·세액공제 등을 모두 승계한다(法法 47조 4항; 法令 85조 1호). 기업으로서의 계속성을 인정하여 세무조정사항의 승계를 인정하는 것이다. 반대로, 적격 물적분할의 요건을 충족하지 못하는 경우에는 분할신설법인은 각 사업연도의 소득금액을 계산함에 있어 분할법인의 세무조정사항을 승계하지 아니함을 원칙으로 하되, 분할신설법인이 분할법인으로부터 퇴직급여충당금 또는 대손충당금을 승계한 경우에는 그와 관련된 세무조정사항은 승계한다(法法 47조 4항; 法令 85조 2호). 분할법인의 세무조정사항을 승계한 분할신설법인이 그 소득금액 계산시 해당 승계항목에 대한 2차 세무조정을 하게 됨은 합병이나 인적분할 등의 경우와 같다.

한편, 분할법인의 감면·세액공제를 승계한 분할신설법인은 분할법인으로부터 승계받은 사업에서 발생한 소득금액 또는 그 사업에 해당하는 법인세액의 범위 내에서만 승계한 감면·세액공제를 적용할 수 있다(法法 47조 5항). 구체적으로는, (i) 이월된 감면·세액공제가 특정의 사업·자산과 관련된 경우에는 그 특정의 사업·자산을 승계한 분할신설법인이 공제하고, (ii) 이월된 감면·세액공제가 수개의 분할신설법인이 승계한 사업·자산과 관련된 경우에는 각 분할신설법인이 분할법인으로부터 승계한 사업용 고정자산의 가액 간 비율로 안분하여 공제한다. 아울러 법인세법이나 다른 법률에 해당 감면 또는 세액공제의 요건이 규정되어 있는 경우에는 분할신설법인이 그 요건 등을 모두 충족하여야 한다(法令 84조 11항). 분할된 사업부문과 관련하여 주어진 감면·세액공제의 혜택을 다른 사업부문으로 확대하지 못하게 하기 위해서이다. 승계한 감면·세액공제의 구체적인 적용방식은 적격합병의 경우에 대한 것을 준용한다(法令 84조 15항, 81조 3항).

Ⅶ. 법인의 청산에 대한 과세

1. 총   설

법인은 설립될 수 있듯이 소멸할 수도 있다. 해산에서 청산에 이르는 절차가 바로 법인이 소멸하는 과정이다.

상법은 해산의 사유로, (i) 존립기간의 만료 기타 정관으로 정한 사유의 발생, (ii) 합명 · 합자회사에서는 총사원의 동의, 주식회사에서는 주주총회의 특별결의, 그리고 유한회사에서는 사원총회의 특별결의, (iii) 사원이 1인으로 된 때(주식회사의 경우에는 예외), (iv) 합병,[1] (v) 분할 또는 분할합병, (vi) 파산, (vii) 법원의 명령 및 판결을 들고 있다(상법 227조, 269조, 517조 및 609조 1항). 해산사유가 발생하면 법인은 청산절차에 들어간다. 다만 합병의 경우에는 피합병법인의 일체의 권리의무가 합병법인에게, 분할이나 분할합병의 경우에는 분할법인이나 소멸하는 분할합병의 상대방법인의 일체의 권리의무가 분할신설법인이나 분할합병의 상대방법인에게 승계되기 때문에, 그리고 파산의 경우에는 '채무자회생 및 파산에 관한 법률'의 규정에 따라야 하기 때문에 상법상의 청산절차는 밟지 않게 된다. 그러나 법인세법은 해산사유에 의한 법인격의 소멸을 '청산소득'에 대한 과세계기로 규정하고 있으므로 상법상의 청산절차가 청산소득 과세의 요건은 아니다.

회사가 해산을 하게 되면 모든 대내적 · 대외적 법률관계를 종국적으로 정리할 필요가 있다. 이와 같은 종국적 정리가 청산이다. 그 내용은 현존사무의 종결, 채권의 추심과 채무의 변제, 재산의 환가처분 그리고 마지막으로 남는 재산(殘餘財産)의 분배이다. 이와 같은 청산사무가 완료되면 청산이 종결되며 법인격은 소멸한다.

청산사무를 보는 과정에서는 채권 · 채무관계가 종결되고 재산의 환가가 이루어지기 때문에 거기에서 소득이 발생할 수 있다. 특히 재산의 환가를 통하여 그 동안 미실현 상태로 있던 이익이 실현됨으로써 자본이득(capital gain)이 발생하게 된다. 법인이 보유하고 있는 자산에 내재된 미실현이득(built-in gain)이 청산 시점에 일거에 실현되는 것이다. 청산소득은 바로 청산의 기회에 실현되는 이러한 자본이득을 과세하는 것이다.

합병의 경우에는 피합병법인의 모든 자산이 합병법인에 승계되기 때문에 환가처분이 존재하지 않지만 경제적으로 보면 다음과 같이 환가처분을 하는 것과 유사한 면이 있다(편의상 이하에서는 주식회사를 중심으로 서술하기로 한다). 즉, 합병당사법인은 합병비율을 정하기 위하여 서로의 재산적 가치를 평가하게 되

---

1) 합병은 엄밀한 의미에서 해산이 아니다.

고, 피합병법인의 주주는 그러한 평가에 따라 합병법인의 주식과 합병교부금을 받게 된다. 피합병법인의 주주들이 받는 합병신주의 (액면)가액과 합병교부금의 총액이 피합병법인의 자산평가액이라 할 수 있으며, 환가에 견줄 수 있다. 분할은 합병의 반대현상이므로 합병과 동일한 효과가 발생한다. 따라서 합병에 관한 설명이 분할의 경우에도 그대로 타당하다. 2010. 1. 1.자 법인세법 개정 전에는 합병이나 분할을 청산소득 발생의 계기로 보았으나 개정 법인세법은 합병이나 분할에 따른 자산의 이전을 청산이 아니라 양도로 보아 양도손익이 발생하는 계기로 보고 있음은 위 Ⅱ. 및 Ⅲ.에서 본 바와 같다.

회사가 (i) 상법상 한 종류의 회사에서 다른 종류의 회사로, (ii) 특별법에 의하여 설립된 법인이 그 법령의 개폐로 인하여 상법상의 회사로, (iii) 변호사법에 의하여 법무법인이 법무법인(유한)으로 또는 관세사법에 의해 관세사법인이 관세법인으로 단순히 조직만 변경하는 경우(mere change of corporate form)에는 법인격의 동일성은 유지되기 때문에 청산소득 과세는 없다(法法 78조).

2. 청산소득금액의 계산

내국법인이 해산(합병 또는 분할로 인한 해산은 제외함)한 경우 청산소득금액은 잔여재산의 가액에서 해산등기일 현재의 자본금 또는 출자금과 잉여금의 합계액(자기자본의 총액)을 공제한 금액이다(法法 79조 1항). 잔여재산의 가액에서 해산등기일 현재의 납입자본금과 잉여금의 합계액(자기자본)을 공제하면, 해산하는 법인의 자산에 내재된 미실현이득의 가치가 되는바, 그 가치가 청산을 계기로 실현된다고 보는 것이다.[1] 잉여금을 자기자본에 포함시키는 이유는 잉여금은 법인의 이익 중 이미 과세되고 남은 것으로 추정되는 것이므로 이를 다시 청산소득에 포함시키면 이중으로 과세하는 결과가 되기 때문이다. 따라서 여기서 말하는 잉여금은 자본잉여금은 제외하고 이익잉여금만 의미한다고 할 것이다.

자기자본의 계산과 관련하여 2가지 조정항목이 있다. 즉, 청산기간 중에 환급받은 법인세액이 있으면 그 금액을 자기자본에 더하고(法法 79조 2항), 해산등기일 현재 이월결손금이 있으면 그 금액을 자기자본 중 잉여금 가액의 한도 내에서 자기자본의 금액에서 뺀다(法法 79조 4항). 이월결손금을 잉여금 범위 내에서 자기자본에서 공제하는 이유는 무엇인가? 기업회계상 수익에 해당하지만 법

---

1) 대법원 1992. 11. 10., 91 누 12714.

인세법상 익금에 불산입하거나(익금불산입) 반대로 기업회계상 비용에 해당하지 않지만 법인세법상 손금에 산입하는(손금산입) 세무조정이 있는 경우에는 기업회계상으로는 잉여금이 발생하지만 법인세법상으로는 결손금이 발생할 수 있다. 따라서 기업회계상 잉여금이 존재함에도 불구하고 법인세법상 이월결손금이 누적되어 있다는 것은 해당 법인의 존속기간 전체를 놓고 볼 때 적어도 이월결손금 이상으로 익금불산입이나 손금산입의 세무조정을 했다는 것을 의미한다. 이러한 경우의 잉여금은 이미 과세된 것이라고 볼 수 없으므로 청산소득을 계산할 때 그 범위 내에서 자기자본에서 공제하여 과세하는 것이다. 이와 관련하여 해산등기일 전 2년 이내에 자본금 또는 출자금에 전입한 잉여금은 자본금 또는 출자금에 전입하지 아니한 것으로 본다(동조 5항). 청산을 예정하고 미리 잉여금을 줄이는 방법으로 청산소득세 부담을 회피하는 것을 막기 위한 것이다.

'잔여재산의 가액'이란 자산총액에서 부채총액을 공제한 금액이다(法令 121조 1항). 여기에서 자산총액은 실액 또는 시가에 의하여 파악한다. 미실현소득의 현출이 요청되기 때문이다. 이리하여 추심할 채권 또는 환가처분할 자산의 가액은 추심 또는 환가한 날 현재의 금액에 의하고, 추심 또는 환가처분 전에 분배한 경우에는 분배한 날 현재의 시가에 의한다(法令 121조 2항). 장부가액의 적용은 배제된다.

청산 중의 회사가 잔여재산의 일부를 주주에게 분배한 후에 다시 사업을 계속하기로 한 경우에는 해산일로부터 사업계속 등기일까지의 사이에 분배한 잔여재산의 가액의 총합계액에서 해산일 현재의 자기자본 총액을 공제한 금액이 그 회사의 청산소득 금액이 된다(法法 79조 2항).

3. 청산 중의 각 사업연도의 소득

청산기간 중이라 하더라도 각 사업연도의 소득이 있는 때에는 이를 해당 각 사업연도의 소득에 포함시켜야 한다(法法 79조 6항). 해산한 법인의 경우 해산등기일로부터 그 사업연도 종료일까지를 하나의 사업연도로, 그리고 한 사업연도의 종료 전에 잔여재산의 가액이 확정된 경우에는 그 사업연도 개시일부터 잔여재산 가액의 확정일까지를 하나의 독립된 사업연도로 의제하는바(法法 8조 1항), 그러한 의제 사업연도의 소득금액에 포함한다는 의미이다. 따라서 해산하기 전에 경영하던 사업에서 발생한 수입, 임대수입, 공·사채 및 예금의 이자수입 등과 이와 같은 수익에 관련된 손비는 해당되는 각 의제 사업연도의 소득금액 계산상 익금과 손금으로 처리하게 된다.

4. 신고와 납부

(i) 해산의 경우에는 잔여재산가액확정일로부터, (ii) 청산 중 회사의 사업계속의 경우에는 사업계속등기일이 속하는 달의 말일부터 3월 이내에 청산소득에 대한 법인세 과세표준과 세액을 신고하고(法法 84조 1항), 신고기한 내에 납부하여야 한다(法法 86조). 청산소득에 대해서도 각 사업연도의 소득에 적용되는 것과 같은 세율을 적용하여 세액을 산출한다(法法 83조). 잔여재산가액 확정 전에 잔여재산의 일부를 분배하거나 또는 해산일로부터 1년이 지나도록 잔여재산가액이 확정되지 않은 경우에는 분배한 날 또는 1년이 되는 날1)이 속하는 달의 말일부터 1월 이내에 중간신고(法法 85조 1항) 및 납부(法法 86조 3항, 4항)를 하여야 한다.

---

1) 잔여재산가액확정일로부터 19일 후에 잔여재산에 대한 매매예약이 있었다면 매매예약상 당액이 잔여재산가액확정일 현재의 시가이다(대법원 1985. 12. 10., 85 누 708).

제3장 상속세 및 증여세법

제1절 상 속 세

I. 상속세의 의의

상속세는 자연인의 사망을 계기로 무상으로 이전되는 재산을 과세물건으로 하여 그 취득자에게 과세하는 세목이다. 상속세를 상속 등으로 인하여 재산을 무상취득함으로써 갖게 되는 담세력에 바탕을 둔 것이라 한다면, 그 성질에 있어 소득세에 견주어 생각할 수 있다. 그러나 상속재산을 통상의 소득과 같이 상속한 연도의 소득에 합산하여 소득세를 부과한다면 과다한 누진과세가 되며 유족에 대한 특별한 배려도 하기 어렵다. 그러므로 상속도 포괄적 의미의 소득을 구성하지만 별도의 상속세 과세체계를 두어 과세한다. 다른 한편 상속세는 부의 집중을 완화하여 국민들의 경제적 균등을 도모하고자 하는 사회정책적 의의도 아울러 지니고 있다.

II. 상속세의 과세방식

상속세 과세방식에는 크게 유산세방식과 유산취득세 방식의 두 가지가 있다. 유산세방식은 피상속인의 유산 자체를 대상으로 과세하는 것으로서, 그 점에서 자산세 성격을 띠고 있다. 또한 유산세방식은 피상속인의 일생에 걸친 경제생활의 종결에 따라 이를 청산하여 과세하는 의미가 있다. 현행 상속세 및 증여세법은 유산세방식을 채택하고 있지만,1) 그렇다고 하여 우리나라의 상속

---

1) 대법원 1977. 7. 26., 75 누 184; 同 1981. 9. 22., 80 누 596; 同 1983. 6. 28., 82 도 2421; 同 1984. 3. 27., 83 누 710. 그러나 공익사업에의 출연재산을 과세가격에 불산입하는 제도(상속세 및 증여세법 16조, 17조)가 있고, 상속세 인적공제제도(동법 19조, 20조)가 있으므로 유산 그 자체가 납세의무자인 순수한 유산세형은 아니라고 할 것이다.

세 제도가 피상속인의 생애의 총결산이라는 사고에만 바탕을 둔 것이라고 단정하기는 어렵다. 유산세방식을 택하는 경우 유산취득세방식을 택하는 경우에 비하여 유산의 취득자와 취득분을 확인하여야 하는 집행상의 어려움이 덜하기 때문에 현행 상속세 및 증여세법이 유산세방식을 택한 것이며, 응능부담과 경제적 불균형의 시정이라는 측면을 도외시한 것은 아니다.1)

유산취득세방식은 유산분할에 따라, 즉 각 유산취득자의 취득재산의 가액에 대하여 개별적으로 과세하는 것으로서 수익세적 성격을 지닌다. 상속세를 유산취득으로 인한 자산의 증가에 대한 조세로 보는 사고에 보다 충실한 방식이다. 상속인 또는 그 밖의 유산취득자의 취득분에 한해서 개별적으로 과세되므로 각 취득자는 담세력에 상응하는 조세부담을 지게 되어 납세의무자의 입장에서 보아 형평에 부합하며, 또한 유산의 분할을 촉진하여 부의 집중을 완화하고자 하는 취지에 보다 부합한다.

Ⅲ. 상속세의 납세의무

1. 납세의무자

(1) 상속세의 과세물건 – 상속

상속세의 과세물건은 재산의 '상속'이다. 상속세 과세물건으로서의 '상속'에는 민법 제5편에 따른 본래의 의미의 상속뿐만 아니라, 유증(遺贈), 사인증여(死因贈與) 및 특별연고자에 대한 상속재산의 분여(分與)까지 포함된다. 유증이라고 함은 유언에 의하여 재산을 타인에게 무상으로 이전하는 행위이고(민법 1073조 내지 1090조), 사인증여라고 함은 증여자의 사망으로 인하여 효력이 생기는 증여를 말하며(민법 562조; 상속개시일 전 10년 이내에 피상속인이 상속인에게 진 증여채무 및 상속개시일 전 5년 이내에 피상속인이 상속인 외의 자에게 진 증여채무의 이행 중에 증여자가 사망한 경우의 증여를 포함), 특별연고자에 대한 상속재산의 분여라고 함은 피상속인과 생계를 같이 하고 있던 자, 피상속인의 요양간호를 한 자 및 그 밖에 피상속인과 특별한 연고가 있는 자에게 상속재산을 나누어 주는 것(민법 1057조의2)을 말한다(相贈稅法 2조 1호).

---

1) 미국의 내국세입법을 중심으로 유산세방식의 장·단점을 파악한 글로는 한만수, "상속세의 과세표준 산정제도," 「조세법연구」 제3집(1997), 78면 이하 참조.

상속은 사망이라는 사실에 의해 개시되는 데 비해, 유증과 사인증여는 생전의 재산처분행위이다. 그리고 유증이 단독행위인 데 반하여 사인증여는 계약이어서 그 법적 성질이 상이하다. 이처럼 상속세 및 증여세법이 본래의 의미의 상속, 유증에 의한 수유 및 사인증여에 의한 수증을 동일시하여 '상속' 개념에 포괄하는 것은 재산의 사후(死後) 무상이전이라는 경제적 공통성을 지니고 있기 때문이다.

(2) 납세의무자의 범위

상속세의 납세의무자는 상속인과 수유자(受遺者)이다(相贈稅法 3조의2 1항). 상속인이라고 함은 법정상속인(민법 1000조), 대습상속인(代襲相續人, 민법 1001조), 피상속인의 배우자(민법 1003조), 상속결격자(민법 1004조) 등을 말하며, 상속을 개시한 후 상속을 포기한 자(민법 1019조) 및 특별연고자(민법 1057조의2)도 이에 포함된다(相贈稅法 2조 4호). 그리고 수유자라고 함은 유증을 받은 자, 사인증여에 의하여 재산을 취득한 자, 신탁법상의 유언대용신탁 및 수익자연속신탁에 의하여 신탁의 수익권을 취득한 자를 말한다(동조 5호). 다만, 특별연고자 중 영리법인과 수유자 중 영리법인은 상속세 납세의무자에서 제외된다. 영리법인이 어떤 연유로든 무상으로 취득하는 재산은 각 사업연도 소득금액 계산상 익금에 포함되어 법인세 과세대상이 되기 때문이다(法令 11조 5호).

상속세 납세의무자의 범위와 관련하여 피상속인으로부터 생전 증여를 받은 상속인이 상속개시 후 상속을 포기한 경우 그 상속포기자가 상속세 납부의무를 지는가 하는 문제가 있다. 이에 관해 구 상속세법하에서는 명문의 규정이 없어 논란이 있었다. 유권해석[1] 및 조세심판례[2]는 상속인이 생전 증여받은 경우 상속을 포기하더라도 상속세 납부의무가 있다고 보았다. 그러나 판례는 민법상 상속포기의 소급효(민법 1042조)를 들어 상속포기를 한 자는 상속개시 당초부터 상속인이 아닌 것으로 확정되고 차순위 상속인이 상속개시일로부터 소급하여 상속인이 되므로, 생전 증여받은 상속인이 상속을 포기하면 그 증여재산가액이 상속세과세가액에 가산됨으로 인하여 누진되는 세액만큼 차순위 상속인이 상속세 납세의무를 부담하지 아니한다고 판시하였다.[3] 이에 따르면 상속

---

1) 재삼 46014-541, 1998. 3. 27.; 심지어 상속인 이외의 자가 생전 증여받은 경우 상속세납부의무가 있다고 본 유권해석으로는 재삼 01254-3878, 1988. 12. 29. 참조.

2) 국심 1998. 11. 23., 98 광 497.

3) 대법원 2009. 2. 12., 2004 두 10289; 同 1998. 6. 23., 97 누 5022; 同旨 相贈稅法 기본통칙

인 전부가 상속을 포기해 버리면 상속세 납세의무자가 없는 것으로 된다.

그러나 현행 상속세 및 증여세법에 의하면 상속을 포기한 자도 상속인에 해당하므로 생전 증여를 받은 상속인이 상속개시 후 상속을 포기하더라도 상속세 납부의무를 진다. 즉 생전증여를 받은 상속인 전부가 상속을 포기하더라도 그 상속포기자는 증여 당시 증여세만 납부하면 되는 것이 아니라, 상속세 납부의무를 면하지 못하게 된다. 물론 이때 상속재산에 가산한 증여재산에 대한 증여세액은 상속인 각자가 납부할 상속세액에서 공제한다(相贈稅法 28조). 이러한 현행법의 입장은 상속이 개시되면 상속재산은 그 상속인에게 확정적으로 승계되는 것이고, 이후 확정된 상속인이 상속재산을 포기하는 것은 자신의 권리를 처분하는 것에 불과한 것으로 보는 셈이나, 민법상 상속포기의 소급효를 무시한 입법이 아닐 수 없다.

(3) 영리법인의 취급

영리법인이 특별연고자 또는 수유자인 경우에는 수유재산의 가액이 법인의 소득금액 계산상 익금에 가산되어 법인세 과세대상이 되므로 원칙적으로 상속세 부담은 면제되지만, 그 영리법인의 주주 또는 출자자 중 상속인과 그 직계비속이 포함되어 있는 경우에는 일정한 산식에 따라 계산된 지분상당액[1]을 그 상속인 및 직계비속이 납부할 의무를 진다(相贈稅法 3조의2 2항). 피상속인의 특별연고자나 수유자로서 상속재산을 승계하는 영리법인의 주주나 출자자가 상속인이나 그 직계비속인 경우에는 그 영리법인에 대한 지분의 증가를 통해 실질적으로 상속을 받는 효과가 생기기 때문이다. 비영리법인이 특별연고자 또는 수유자인 경우에는 법인세가 아닌 상속세의 납부의무를 진다.

(4) 연대납세의무

상속인 또는 수유자는 '각자 받았거나 받을 재산'을 한도로 서로 연대하여 상속세를 납부할 의무가 있다(相贈稅法 3조의2 3항). 상속세 및 증여세법 제13조에 따라 사전증여재산의 가액이 상속세 과세가액에 가산되는 경우 그 가액은 여기서 말하는 '상속인 각자가 받았거나 받을 재산'에 포함되고, 이에 그 사전

3-0…1조 참조; 그러나 헌법재판소는 이렇게 해석하는 것은 위헌이라고 판시하였다(헌법재판소 2008. 10. 30., 2003 헌바 10).

1) 그 산식은 다음과 같다(相贈稅令 3조 2항): {영리법인에게 면제된 상속세-(영리법인이 받았거나 받을 상속재산×10/100)}×상속인과 그 직계비속이 보유하고 있는 영리법인의 주식 등의 비율.

증여재산에 대해 부과되는 증여세액은 '상속인 각자가 받았거나 받을 재산'의
가액에서 공제된다.[1] 상속받은 재산이 모두 공매되어 국세에 충당하고도 잔여
체납액이 있을 때 상속재산과 무관한 상속인 고유의 재산을 압류할 수 있는지
에 관해 명문규정이 없으나, 유권해석[2]은 '각자 받았거나 받을 재산'을 '각자
받았거나 받을 재산의 가액'으로 해석하여 상속인 고유재산도 징수목적으로 강
제징수할 수 있다고 보고 있다.

2. 상속세 과세대상 - 상속재산

상속세의 과세대상은 상속개시일(피상속인이 사망하거나 실종선고를 받은 날;
相贈稅法 2조 2호) 현재의 상속재산이다. 여기서 상속재산이라고 함은 피상속인
에게 귀속되는 모든 재산을 말하며, (i) 금전으로 환산할 수 있는 경제적 가치
가 있는 모든 물건과 (ii) 재산적 가치가 있는 법률상 또는 사실상의 모든 권리
를 포함하되, 피상속인의 일신(一身)에 전속(專屬)하는 것으로서 피상속인의 사
망으로 인하여 소멸되는 것은 제외한다(相贈稅法 2조 3호). 상속재산은 이처럼
적극재산만을 말하고, 소극재산(채무)은 상속재산에서 공제할 대상으로 취급된
다(相贈稅法 14조 1항 3호).

한편, 피상속인이 상속개시 당시 거주자인지 여부에 따라 과세대상인 상속
재산의 범위가 달라진다. 피상속인이 거주자[국내에 주소를 두거나 183일 이상 거
소(居所)를 둔 사람]인 경우에는 모든 상속재산에 대하여 상속세를 부과하며(무제
한적 납세의무; 相贈稅法 2조 8호, 3조 1호), 비거주자인 경우에는 국내에 있는 상
속재산에 대하여서만 상속세를 부과한다(제한적 납세의무; 相贈稅法 3조 2호). 무
제한적 납세의무자의 외국소재 재산에 대하여 해당 외국에서 상속세를 부과한
다면 이중과세가 되므로, 이중과세의 부담을 덜어 주고자 외국납부세액공제를
인정하고 있다(相贈稅法 29조; 相贈稅令 21조).[3] 재산소재지의 판정기준은 상속세

---

1) 대법원 2018. 11. 29., 2016 두 1110.

2) 징세 46101-1524, 1999. 6. 29. 그러나 대구고법 2000. 4. 7., 99 누 1787은 '각자 받았거나
받을 재산'을 '받았거나 받을 재산' 그 자체로 해석하여 상속인의 고유재산에 대한 압류처분
은 위법하다고 보았다. 현행 상속세 및 증여세법 시행령에 의하면 '각자가 받았거나 받을
재산'이라 함은 상속으로 인하여 얻은 자산총액에서 부채총액과 그 상속으로 인하여 부과되
거나 납부할 상속세를 공제한 '가액'을 말하므로(相贈稅令 3조 3항) 상속인 고유재산에 대
해서도 강제징수가 가능하다고 해석된다.

3) 상속증여세에 대해서도 국제적 이중과세방지를 위한 OECD Model Double Taxation

및 증여세법 제5조에서 상세히 규정하고 있는데 그 기준은 소득세법이나 법인
세법상의 소득의 원천지에 관한 기준과 완전히 일치하지는 않지만 상당 부분
유사한 면이 있다(所法 119조; 法法 93조).

3. 납세의무 산정의 기본구조

비록 현행법이 유산세제를 채택하고 있기는 하나, 유산을 기준으로 산출된
상속세의 납세의무는 상속인과 수유자가 상속재산 중 '각자가 받은 재산의 비
율'에 따라 분담하도록 되어 있다(相贈稅法 3조의2 1항 본문). 따라서 과세관청이
상속세 납세의무자 전부에 대하여 각자의 지분별로 상속세를 부과하지 아니하
고, 일부 상속세 납세의무자에 대하여 상속세 전액을 부과한 경우에는 그 일부
상속세 납세의무자의 지분비율을 초과한 부분은 위법한 처분이 된다.1) 이때 '각
자가 받은 재산의 비율'은 다음과 같은 산식에 의하여 계산한다(相贈稅令 3조).

각자가 받은 재산의 비율=상속인 또는 수유자별 상속세과세표준/상속세과세표준
−상속인이나 수유자 이외의 자에게 증여한 재산에 대한 과세표준

＊ 상속인 또는 수유자별 상속세과세표준(相贈稅令 3조 1항 1호)=상속재산가액에
가산된 상속인별 증여재산의 과세표준+(상속세과세표준−상속세 과세표준에 가산
된 증여재산의 과세표준)×(상속인별 상속세과세가액−상속재산가액에 가산된 상속
인별 증여재산의 가액)/(상속세과세가액−상속재산가액에 가산된 증여재산의 가액)

위의 산식상의 '상속인별 상속세과세가액'의 의미나 산출방법에 관하여 법
령에서 규정하고 있는 바가 없다. 문언에 충실하게 '상속재산가액'에서 공과금·
장례비용·채무·공익법인 등에의 출연재산 등과 같은 뺄 항목은 빼고 동법 제
15조에 규정된 '상속개시전 처분재산의 가액' 등과 같이 더할 항목은 더하여 산
출되는 '상속세과세가액'을 상속인들 간의 '상속분 비율'에 따라 안분한 가액을
의미한다고 해석하여야 할 것이다.

여기서 '상속재산가액'이라 함은 (i) 본래의 의미의 상속재산, (ii) 유증에
의한 수유재산과 사인증여에 의한 수증재산 및 (iii) 상속재산에 가산하는 증여

Convention on Estates and Inheritances and on Gifts(1982)가 있으나, 우리나라는 상속증여
세 이중과세방지조약을 체결한 예가 없다. 미국과 일본은 이러한 조약을 체결하고 있다.
  1) 대법원 2014. 10. 15., 2012 두 22706; 同 1984. 3. 27., 83 누 710.

재산 중 모든 상속인 또는 수유자가 받은 증여재산의 총 가액을 포괄하는 개념이다(相贈稅法 3조 2항).

한편, 여기서 '상속분 비율'은 위와 같은 의미의 '상속재산가액'에서 개별 상속인이 (i) 민법상 상속분 비율의 적용에 따라 취득하거나, (ii) 협의분할에 따라 취득하거나 또는 (iii) 생전 증여에 의하여 취득한 부분이 차지하는 비율을 말한다고 할 것이다. 따라서 협의분할이나 생전 증여로 취득한 것이 없는 경우에는 민법상 상속분의 비율을 의미하고, 생전 증여가 없고 모든 상속재산을 협의분할한 경우에는 그 협의분할액의 비율을 의미할 것이다. 그리고 생전 증여는 없는 상태에서 상속재산의 일부에 대하여만 협의분할을 한 경우에는 협의분할로 취득한 상속재산의 가액과 민법상 상속분의 적용에 따라 취득한 상속재산의 가액을 합한 가액의 비율을 의미하는 것으로 보아야 하며, 그 중 어느 하나의 비율만 의미하는 것은 아니라고 할 것이다. 판례는 구 상속세법(1993. 12. 31. 법률 제4662호로 개정되기 전의 것)상 상속세액의 안분을 위한 재산의 점유비율의 산정에 관하여 유사한 취지의 판시를 한 바 있다.[1] 끝으로 상속재산을 3가지 방식 모두를 통해서 취득한 경우에는 그 모든 방식에 따라 취득한 상속재산 가액의 비율을 의미한다.

한편 공동상속인 간의 협의분할로 공동상속인 중 1인이 고유의 상속분을 초과하는 재산을 취득한 경우 증여세 문제가 있는바, 이 문제는 제2절 Ⅲ. 4.에서 후술한다.

Ⅳ. 납세의무의 성립

상속은 사망으로 인하여 개시되며(민법 997조), 그 개시와 동시에 상속인은 피상속인의 권리의무를 포괄적으로 승계하므로(민법 1005조), 상속세의 납세의무는 피상속인의 사망일에 성립한다(基本法 21조 2항 2호). 실종선고로 인하여 상속이 개시되는 경우에는 실종선고일이 상속개시일이므로, 실종선고일에 상속세 납세의무가 성립한다(相贈稅法 2조 2호).

유증에는 포괄유증과 특정유증이 있는바, 포괄유증을 받은 자는 재산상속인과 동일한 권리의무가 있으므로(민법 1078조) 당연히 상속의 경우와 같이 유

---

1) 대법원 1995. 3. 28., 94 누 12197.

언자의 사망일을 납세의무 성립일로 취급해야 할 것이다. 그리고 특정유증의 경우에도 상속세 및 증여세법이 '상속재산 중 받았거나 받을 재산'에 대하여 납세의무를 지도록 규정하고 있고(相贈稅法 3조의2), 현실적인 취득을 납세의무의 요건으로 하고 있지 않기 때문에, 그 유증의 효력을 채권적인 것으로 볼 것인가 아니면 물권적인 것으로 볼 것인가 하는 해석상의 대립에 관계없이, 유언자가 사망한 날에 수증자의 납세의무가 성립한다고 보아야 할 것이다.

그러나 조건부 유증이나 기한부 유증의 경우 '받았거나 받을 재산'의 유무 또는 평가에 관하여 의문이 따른다. 정지조건부 유증에 관하여 보면, 정지조건이 유언자의 사망 후에 성취된 때에는 그 때로부터 유언의 효력이 생긴다 하더라도(민법 1073조 2항), 유증의 효력 자체는 유언자의 사망으로 발생하므로,[1] 수유자는 일종의 기대권적 재산권을 취득한 것으로 이해할 수 있다.[2] 이러한 기대권을 어떻게 평가하여 수유자의 납세의무의 범위를 정할 것인지에 대하여는 법에서 말하여 주는 바가 없다. 해제조건부 유증, 기한부 유증 및 부담부 유증의 경우에도 역시 같은 문제가 있다. 특히 부담부 유증의 경우에는 그 부담을 과세가액에서 공제할 항목으로 정하는 것이 마땅하다. 현행 규정 아래에서는 피상속인의 채무가 아니기 때문에 상속재산의 가액에서 공제하기는 어렵다고 할 것이다. 사인증여와 관련해서도 유증의 경우와 동일한 문제가 있다.

상속세 납세의무는 상속개시일에 성립하고(基本法 21조 2항 2호), 또 '각자가 받았거나 받을 재산을 기준으로' 과세표준이 결정되므로(相贈稅法 3조의2 1항), 일단 상속개시일 현재 상속재산을 취득하거나 취득할 권리가 확정된 자에게 그 귀속분에 상당하는 납세의무가 발생한 것으로 보고, 후일 조건의 성취 또는 기한의 도래로 취득(또는 취득할)분에 변동이 생긴 경우에는 그 변동으로 인하여 결과적으로 상속재산에 비하여 과중한 상속세 납세의무를 부담한 상속인이 다른 유산취득자에 대하여 구상권이나 부당이득반환청구권(민법 748조)을 행사하는 방법으로 그들 간의 불균등한 세부담을 내부적으로 조정할 수 있다고 풀이하는 것이 현행법의 해석으로 온당하다.

---

1) 金疇洙, 「註釋親族·相續法」 (全訂版), 584－585면.
2) 金容漢, 「親族相續法論」 (全訂版), 434면.

V. 상속세 과세의 기본구조

상속세는 다음과 같은 단계를 거쳐 부과된다. 1단계로 상속한 재산의 가액을 산출하여야 한다. 이를 '상속재산의 가액'이라고 한다(相贈稅法 8조 내지 12조). 2단계로 상속재산의 가액에서 한편으로는 공과금, 장례비, 상속으로 승계하거나 상속과 관련하여 부담한 채무, 공익법인 등에의 출연재산 등 법령에서 정한 일정한 가액을 빼고, 다른 한편으로는 상속개시전 처분재산의 가액 등을 가산하여 '상속세과세가액'을 산출한다(相贈稅法 13조 내지 17조). 3단계로 '상속세과세가액'에서 기초공제, 배우자 공제, 기타 인적공제, 금융재산 상속공제, 재해상속공제 등의 각종 '상속공제'를 하여 상속세 과세표준의 기초를 산출한다(相贈稅法 18조 내지 24조). 4단계로 과세표준에 세율을 적용하여 세액을 산출한다(相贈稅法 25조 내지 27조). 마지막으로 증여세액공제, 외국납부세액공제, 단기재상속 세액공제 등의 세액공제를 거쳐 최종적으로 납부할 세액을 산출한다(相贈稅法 28조 내지 30조). 이하에서는 이러한 각 단계별로 상속세 납세의무의 이행과정을 살펴본다.

VI. 상속재산

상속재산은 피상속인에게 귀속되는 모든 재산으로서 환가 가능한 "경제적 가치가 있는 모든 물건과 재산적 가치가 있는 법률상 또는 사실상의 모든 권리"를 포함한다(相贈稅法 2조 3호). 피상속인의 일신전속적인 권리는 피상속인의 사망과 동시에 소멸하므로 상속재산이 될 수 없음은 당연하다(동조 동호). 이처럼 상속재산의 의미는 매우 포괄적이므로 민법상 상속재산으로 볼 수 없는 것이 과세형평의 입장에서 상속재산으로 의제되는 것들이 있다.

우선, 피상속인의 사망으로 인하여 받는 생명보험 또는 손해보험의 보험금으로서 피상속인이 보험계약자가 된 보험계약에 의하여 지급받는 것은 상속재산으로 본다(相贈稅法 8조 1항). 피상속인이 보험계약자가 아니더라도 그가 보험료를 납부하였을 때에는 피상속인을 보험계약자로 본다(동조 2항). 상속재산으로 보는 보험금은, 보험금의 총합계액에 피상속인이 부담한 보험료의 총합계액이 상속개시일까지 납입한 보험료의 총합계액에서 차지하는 비율을 곱하여 계산한다(相贈稅令 4조 1항).

또한 피상속인이 신탁한 재산도 상속재산으로 보되, 타인이 신탁의 이익을 받을 권리를 가지고 있는 경우에는 그 이익에 상당하는 가액을 공제한다(相贈稅法 9조 1항). 반대로, 피상속인이 신탁으로 인하여 타인으로부터 신탁의 이익을 받을 권리를 가진 경우에는 해당 이익에 상당하는 가액을 상속재산에 포함한다(동조 2항).

피상속인의 사망으로 지급될 퇴직금·퇴직수당·공로금·연금 또는 이와 유사한 것이 피상속인의의 사망으로 인하여 지급되는 경우에는 그 역시 상속재산에 포함된다(相贈稅法 10조). 그러나 국민연금법·공무원연금법·사립학교교원연금법 및 군인연금법에 의한 유족연금 등은 제외되며, 산업재해보상보험법 또는 근로기준법 등에 의하여 유족에게 지급되는 유족보상(연)금 등과 기타 시행령 제6조에 열거된 유족연금 등도 제외된다(동조 단서). 상속인인 유족 자체에게 보상해 주는 것이지 피상속인에게 보상하는 것을 상속인인 유족이 상속하는 것이 아니기 때문이다.

한편 피상속인이 그 소유의 부동산을 제3자에게 매도하고 중도금만을 수령한 상태에서 사망한 경우 그 부동산은 상속재산으로 보나,1) 잔대금까지 수령한 상태에서 사망한 경우에는 상속재산으로 보지 않는다.2) 소득세법이 양도소득세 과세에 있어 양도시기 또는 취득시기를 대금청산일로 규정하고 있는 취지와 부합하는 셈이다. 판례도 소득세법상의 양도시기나 취득시기에 관한 규정을 상속재산 해당 여부의 판정 기준으로 적용할 수 있다는 입장이다.3) 같은 취지에서 피상속인이 부동산을 매수하고 중도금만 지급한 상태에서 사망한 경우에는 그 재산을 상속재산으로 볼 수 없고,4) 피상속인이 사망 전에 잔대금까지 모

---

1) 즉 부동산이 상속재산이 되나 과세가액의 평가는 전체의 대금에서 피상속인이 이미 수령한 대금을 공제한 나머지 가액으로 평가하여야 한다(相贈稅法 기본통칙 7-0…3조).

2) 대법원 1991. 6. 25., 90 누 7838.

3) 대법원 2007. 6. 15., 2005 두 13148(상속세 및 증여세법에는 재산양도계약이 이행되는 도중에 상속이 개시되는 경우 상속재산의 범위에 관하여 별도의 규정이 없고, 다만 소득세법에 양도소득세의 과세표준인 양도차익을 산정함에 있어 기준이 되는 자산의 양도시기 또는 취득시기에 관한 규정이 있을 뿐이나 이들 규정은 양도소득세의 과세요건을 결정함에 있어서 적용됨은 물론이고 상속세 및 증여세법에 있어 상속재산의 귀속을 결정함에 있어서도 준용된다고 해석하는 것이 세법의 전체적 체계에 부합한다고 할 것이다).

4) 그러나 이 경우에는 상속인은 잔대금의 지급이라는 반대급부를 부담한 상태에서 이전등기청구권을 상속받은 셈이므로 목적물의 전체가액에서 위 반대급부에 해당하는 잔대금을

두 지급한 경우에는 상속재산으로 본다.1) 그리고, 판례는 피상속인이 부동산을 제3자에게 증여하고 이전등기를 하여 주지 않은 상태에서 사망한 경우에는 상속세 및 증여세법 시행령이 등기·등록일을 증여재산의 취득시기로 보는 데 대응하여 그 재산을 상속재산으로 본다.2)

피상속인의 사망으로 인하여 유족이 받은 부의금이 상속재산에 포함되지 않음은 물론이다.3) 부의금은 유족이 지급받는 것이기 때문이다.

VII. 상속세 비과세

피상속인이 전쟁 또는 일정한 공무의 수행 중 사망하거나 해당 전쟁 또는 공무의 수행 중 입은 부상 또는 그로 인한 질병으로 사망하여 상속이 개시되는 경우에 그 상속재산은 과세하지 않는다(相贈稅法 11조).

국가·지방자치단체 또는 공공단체에 유증(사인증여 포함)한 재산, 민법 제1008조의3에 규정하는 일정한 범위와 가액 내의 재산[피상속인이 제사를 주재하고 있던 선조의 분묘에 속한 '벌목이 금지되는 임야', 묘토,4) 족보, 제구 등], 정당·사내근로복지기금·우리사주조합·근로복지진흥기금에 증여 또는 유증한 재산, 이재구호금품, 치료비, 불우이웃을 위해 유증(사인증여)한 재산 등에 대해서는 상속세를 부과하지 아니한다(相贈稅法 12조; 相贈稅令 8조).

공제한 금원이 이미 지급한 매매대금을 현실적인 상속재산의 가액으로 평가할 수 있다(相贈稅法 기본통칙 7-0…3조 2항).

1) 대법원 1992. 4. 24., 91 도 1609.
2) 대법원 1990. 5. 25., 90 누 1062; 同 1990. 7. 13., 90 누 134; 同 1992. 11. 27., 92 누 4529; 同 1994. 12. 9., 93 누 23985; 相贈稅法 기본통칙 7-0…2조.
3) 서울고법 1974. 10. 23., 73 구 20.
4) 묘토(墓土)는 분묘에 속한 600평 이내의 농지(相贈稅令 8조 1항)를 말하는데, 그 경작으로 얻은 수확으로 분묘의 수호·관리비용이나 제사의 비용을 조달하는 자원인 농지이어야 하므로 묘지관리인이 문제되는 토지에 콩이나 채소 등을 재배하고 그 대가로 단순히 1년에 한두 번 정도 임야상의 분묘 3기의 벌초를 한 것에 불과하다면 묘토인 농지라고 볼 수 없다(대법원 1997. 5. 20., 97 누 4838). 또한 묘토로 사용되지 아니하던 농지를 상속개시 후 묘토로 사용하기로 한 경우는 묘토에 해당하지 아니한다(대법원 1996. 9. 24., 95 누 17236).

Ⅷ. 상속세 과세가액

피상속인이 거주자인 경우 상속세과세가액은 상속재산가액에서 상속개시일 현재 피상속인이나 상속재산과 관련하여 존재하는 (i) 공과금, (ii) 장례비용 및 (iii) 채무액(상속개시일 전 10년 이내에 피상속인이 상속인에게 진 증여채무와 상속개시일 전 5년 이내에 피상속인이 상속인이 아닌 자에게 진 증여채무는 제외)을 뺀 후 피상속인이 상속개시 전 10년 이내에 상속인에게 증여한 재산의 가액과 상속개시 전 5년 이내에 상속인 이외의 자에게 증여한 재산의 가액을 가산한 금액이다(相贈稅法 13조 1항, 14조 1항).

피상속인이 비거주자인 경우에는 (i) 해당 재산에 관한 공과금, (ii) 해당 상속재산을 피담보재산으로 하는 채무1) 및 (iii) 피상속인이 사망 당시 국내사업장을 가지고 있은 경우에는 갖춰 두고 기록한 장부에 의하여 확인되는 사업상의 공과금과 채무에 한하여 공제할 수 있고(相贈稅法 14조 2항), 가산하는 증여재산의 가액도 국내소재 재산의 증여분에 한한다(相贈稅法 13조 2항).

1. 생전 증여재산가액의 가산

닥쳐오는 사망을 예견하여 피상속인이 재산을 증여함으로써 사후(死後)의 상속세를 경감하려 할 것에 대비하여, 상속세 및 증여세법은 상속개시일 전 10년 이내에 상속인에게 증여한 재산의 가액과 5년 이내에 상속인이 아닌 자에게 증여한 재산의 가액을 상속재산에 가산하도록 규정하고 있다(相贈稅法 13조).2) 증여의제된 재산가액도 상속세과세가액에 가산되는 증여재산의 가액에 포함된다.3)

다만, (i) 우리사주조합원이 우리사주를 취득함으로써 얻는 이익, (ii) 정당·사내근로복지기금·우리사주조합·근로복지진흥기금 등에 증여한 재산, (iii) 이

---

1) 가압류에 의하여 보전된 피상속인의 채무는 판결에 의하여 존재 및 범위가 확정되었다고 하더라도 상속재산을 피담보재산으로 하는 채무에 포함되지 않는다(대법원 2011. 7. 14., 2008두 4275).

2) 상속세법 제4조(현행 14조) 제1항에 의하면 상속재산가액에 가산하는 증여재산가액 중에서 증여세를 면제받은 재산의 가액을 공제한다는 예외규정이 없고, 조세감면규제법이 증여세의 면제를 규정하였다 하여 이로써 상속세까지 비과세한다는 결론을 추론할 수 없다(대법원 1994. 2. 8., 93 누 16017).

3) 대법원 1997. 7. 25., 96 누 13361(피상속인이 사망 직전에 동생에게 주식을 저가양도함으로써 증여의제된 재산가액은 상속세과세가액에 포함된다).

재구호금품, 치료비, 피부양자의 생활비, 교육비, 학자금 또는 장학금 등, 기념품·축하금·부의금 등, 통상의 혼수용품, 불우이웃돕기 성금 등으로 기부한 금액, (iv) 기술신용보증기금, 지역신용보증재단법에 따른 신용보증재단 및 전국신용보증재단연합회, 예금자보호법에 따른 예금보험기금 및 예금보험기금채권상환기금, 한국주택금융공사법에 따른 주택금융신용보증기금 등에 증여한 재산, (v) 국가·지방자치단체 또는 공공단체에 기부한 재산, (vi) 장애인 및 상이자를 수익자로 하는 보험의 연간 4천만 원 이내의 보험금, (vii) 공익법인 등에 출연한 재산, (viii) 공익신탁을 통해 공익법인에 출연한 재산, (ix) 장애인에게 신탁의 방식으로 증여한 재산, (x) 합산배제 증여재산(相贈稅法 47조 1항, 뒤의 제2절 Ⅵ. 1. (1) 참조) 등은 상속세과세가액에 가산하는 증여재산가액에 포함되지 아니한다(相贈稅法 13조 3항).

위와 같이 생전 증여재산의 가액을 상속세과세가액에 포함시키는 것은 재산을 증여와 상속으로 분할하여 이전하는 경우 재산 전부를 일괄상속하는 경우에 비해 세부담을 경감할 가능성이 있기 때문에 이를 방지하고자 하는 것이다. 이 중에서 상속인에 대한 재산의 증여는 상속을 대비한 조세회피의 일환으로 볼 여지가 있고, 여하 간에 상속인에게 재산이 귀속되었으므로, 그 증여재산의 가액을 상속재산에 가산함이 타당하나, 제3자에게 증여한 재산의 가액을 상속재산에 산입하는 것은 좀처럼 납득하기 어려운 제도이다.

한편, 상속의 포기(민법 1019조), 유증의 포기(민법 1074조), 상속결격(민법 1004조), 특별수익(피상속인으로부터 유증 또는 사인증여를 받는 가액)의 법정상속분 초과(민법 1008조) 등의 사유로 상속재산을 받지 못하는 자에 대한 증여를 어느 한도에서 상속재산에 가산할 것인가 하는 문제가 있다. 이들을 상속인으로 볼 것인가의 여부에 따라 상속재산에 가산하는 증여가액의 범위는 달라진다. 현행 상속세 및 증여세법상 상속의 포기 및 상속결격의 사유로 상속재산을 받지 못하는 자도 상속인으로 보므로(相贈稅法 2조 4호),[1] 이들에게 상속개시일 전 10년 이내에 증여한 재산의 가액은 상속재산에 가산되어야 한다. 한편 유증의 포기 혹은 특별수익의 법정상속분 초과 등의 사유로 상속재산을 받지 못하는 자

---

[1] 구상속세법의 해석에 관하여 대법원 1998. 6. 23., 97 누 5022 판결은 민법상 상속포기의 소급효(민법 제1042조)를 들어 상속포기한 자는 상속개시 당초부터 상속인이 아닌 것으로 확정되고, 차순위 상속인이 상속개시된 때부터 상속인이 되는 것으로 보았다.

는 세법상 명문의 규정이 없어 이론의 여지는 있으나, 상속을 포기한 자 등과의 균형상 이들에게 상속개시일 전 10년 이내에 증여한 재산도 상속재산에 가산되는 것으로 해석함이 타당하다.

2. 공제금액

(1) 공 과 금

공과금은 상속개시일 현재 피상속인이 납부할 의무가 있는 것으로서 상속인에게 승계된 조세·공공요금 기타 이와 유사한 것으로서 기획재정부령이 정하는 것이다(相贈稅令 9조 1항).

(2) 장례비용

장례비용은 상속개시 당시에 존재한 채무는 아니나, 피상속인의 일생을 청산하는 비용이고, 그만큼 상속인의 담세력을 감소시키므로 상속세과세가액 산출에 있어 상속재산가액에서 공제하도록 하였다. 장례비는 (i) 피상속인의 사망일부터 장례일까지 장례에 직접 소요된 비용으로서 지출한 금액이 500만 원 미만인 경우에는 500만 원, 1천만 원을 초과하는 경우에는 1천만 원의 금액(相贈稅令 9조 2항)과 (ii) 봉안시설 또는 자연장지의 사용에 소요된 500만 원 이내의 금액을 말한다. 장례비용은 구체적으로 시신의 발굴 및 안치에 직접 소요되는 비용과 묘지구입비(공원묘지사용료 포함), 비석, 상석 등 장례에 직접 소요된 제반비용을 포함한다(相贈稅法 기본통칙 14-9…2조).

(3) 채   무

피상속인의 채무(상속개시일 전 10년 이내에 피상속인이 상속인에게 진 증여채무와 상속개시일 전 5년 이내에 피상속인이 상속인 이외의 자에게 진 증여채무 제외)는 상속재산가액에서 공제한다(相贈稅法 14조 1항 3호). 그러나 채무는 다음의 방법에 의하여 입증되는 것이라야 한다(相贈稅法 14조 4항). 즉, 국가·지방자치단체 및 금융기관에 대한 채무는 해당 기관에 대한 채무임을 확인할 수 있는 서류, 그 밖의 채무는 채무부담계약서·채권자확인서·담보설정 및 이자지급에 관한 증명자료 등 그 사실을 확인할 수 있는 서류에 의하여 입증되어야 한다(相贈稅令 10조 1항).

미확정채무와 보증채무의 공제 허용 여부는 논란의 여지가 있다. 상속세납세의무의 범위는 상속으로 인한 상속인의 순자산증가액을 넘어설 수 없으므로,

상속개시일 현재 미확정된 채무라 할지라도 피상속인이 생존하였더라면 이행하여야 했을 것으로 인식되는 채무는 공제되어야 한다. 예를 들면, 피상속인이 사망에 따라 조합을 탈퇴하기 이전에 생긴 조합의 채무는, 피상속인이 종국적으로 부담하여 이행하여야 할 것이 확실한 채무는 아니지만, 상속인이 환급을 청구할 수 있는 조합의 잔여재산이 있는 경우에는 탈퇴로 인한 계산에 따라 상속재산가액에서 제외된다.[1] 따라서 상속재산의 가액에서 공제될 피상속인의 채무는 상속개시 당시 이미 성립하여 존재하는 채무는 물론 확정될 수 있어 종국적으로 피상속인의 부담으로 지급되어야 할 것이 확실시되는 채무라고 새기는 것이 타당하다. 요컨대 협의의 '확정채무'가 아니고 '확실시'되는 채무로서 족하다는 것이다.[2] 따라서 피상속인의 사업과 관련하여 고용한 사용인에 대한 상속개시일까지의 퇴직금상당액은 상속개시일 현재의 확정채무가 아님에도 불구하고 상속개시 당시의 피상속인의 채무에 포함되고(相贈稅法 기본통칙 14-0…4조), 같은 맥락에서 피상속인의 사망을 전후하여 발생한 치료비도 상속개시일 현재 확정되지 않았다 하더라도 상속재산에서 공제할 채무의 범위에 포함되어야 하며, 피상속인이 생전에 변호사에게 위임하여 소송을 진행하던 도중 사망하였는데, 그 뒤에 승소확정되어 해당 변호사에게 성공보수를 지급하여야 한다면 그 금액도 마찬가지이다.

　　피상속인이 부담한 특정금액의 보증채무가 피상속인의 궁극적 부담이 될 것인가는 주채무자의 이행능력의 유무에 따라 판단되어야 한다. 상속개시 당시 주채무자가 변제불능의 무자력상태에 있어 보증채무를 이행한 후에 구상권을 행사하여도 아무런 실효가 없으리라는 사정이 존재한다면 그 보증채무액을 상속재산가액에서 공제할 수 있다.[3] 타인 간의 계속되는 거래에서 발생하는 채무

---

1) 대법원 2016. 5. 12., 2015 두 60167.
2) 대법원 1991. 5. 24., 91 누 1455.
　　상속개시 당시에 주된 채무자가 변제불능의 상태에 있는가 아닌가는 일반적으로 주된 채무자가 파산, 화의, 회사정리 혹은 강제집행 등의 절차개시를 받거나 사업폐쇄, 행방불명, 형의 집행 등에 의하여 채무초과의 상태가 상당기간 계속되면서 달리 융자를 받을 가능성도 없고, 재기의 방도도 서 있지 않는 등의 사정에 의하여 사실상 채권을 회수할 수 없는 상황에 있는 것이 객관적으로 인정될 수 있는가 아닌가로 결정하여야 하고, 한편 이와 같은 사유는 상속세과세가액을 결정하는 데 예외적으로 영향을 미치는 특별한 사유이므로 그와 같은 사유의 존재에 대한 주장입증책임은 상속세과세가액을 다투는 납세의무자측에 있다 (대법원 1996. 4. 12., 95 누 10976).
3) 대법원 1989. 6. 27., 88 누 4294; 同 1991. 5. 24., 91 누 1455.

를 어떤 금액을 한도로 하여 보증(근보증)한 보증인이 사망한 경우, 또는 다른 연대보증인 부담부분을 피상속인의 상속재산에서 변제하는 경우,[1] 또는 연대채무 중 피상속인의 부담부분을 초과하는 금액을 변제하는 경우 등에도 같은 기준에 따라 판단하여야 할 것이다. 주의할 것은 상속재산가액에서 공제할 특별한 사유가 존재하는 사실은 납세의무자 측에서 주장·입증하여야 한다는 점이다.[2]

임차보증금 반환채무는 피상속인이 사망하기 전 임대차계약을 체결했다는 것만으로는 상속개시 당시 이미 피상속인이 부담하여야 할 채무라고 할 수 없고, 임차인들로부터 현실적으로 교부받았던 임차보증금에 한하여 채무로서 공제할 수 있다.[3] 임대목적물인 토지·건물의 소유자가 모두 피상속인인 경우에는 전체 임차보증금을 공제 대상이라고 할 것이나, 임대목적물인 토지와 건물의 어느 하나만 피상속인의 소유이고, 다른 하나는 제3자의 소유인 경우 교부받은 임차보증금은 상속개시 당시의 토지와 건물의 소유 현황 및 임대차계약내용에 따라 그 귀속을 결정하여야 한다. 임대차계약내용에 따라 임차보증금의 실제 귀속을 판정할 수 있는 경우에는 이에 의하되, 건물의 소유자인 피상속인만이 임대차계약을 체결한 경우에는 임대차계약에서 토지임차권까지 포함하여 임대차한다는 명시적 특약이 포함되어 있거나 임대보증금의 일부가 토지소유자에게 실제로 귀속된 사실을 구체적으로 입증하는 등 다른 특별한 사정이 없는 한 해당 임차보증금은 건물의 소유자인 피상속인에게 귀속되는 것으로 한다(相贈稅法 기본통칙 14−0…3조 5항).[4]

IX. 과세가액 산입과 불산입

1. 생전의 재산처분금액 및 채무부담액의 산입

(1) 제도의 개요

피상속인이 상속개시 전에 재산을 처분하거나 채무를 부담하여 얻은 현금이 상속될 때에는 과세기술상 그 포착이 어렵다. 이러한 이유로 재산의 처분금

---

1) 대법원 1998. 2. 10., 97 누 5367.
2) 대법원 1976. 10. 26., 74 누 25.
3) 대법원 1990. 7. 27., 90 누 1939.
4) 대법원 1993. 1. 15., 92 누 4279; 국심 1999. 9. 27., 99 서 336; 同 1998. 1. 26., 97 서 1868.

액이나 채무의 부담금액이 크면 현금을 상속한 것으로 추정해서 과세가액에 산입하는 제도를 두고 있다. 이 규정이 제정되기 전에도 행정의 실제에 있어서는 현금상속으로 추정해서 과세가격에 산입하여 왔으나, 첫째 과세 여부의 판단기준이 모호하고, 둘째로는 입증이 어렵기 때문에 일정한 요건에 해당될 경우에는 현금상속으로 추정할 수 있도록 명문화한 것이다. 본래 간주규정으로 입법되었다가 아래 (2)에서 보는 헌법재판소의 위헌결정에 따라 추정규정으로 변경되었다.

구체적으로, (i) 피상속인이 재산을 처분하여 받거나 피상속인의 재산에서 인출한 금액이 상속개시일 전 1년 이내에 재산 종류별로1) 계산하여 2억 원 이상인 경우와 상속개시일 전 2년 이내에 재산종류별로 계산하여 5억 원 이상인 경우이거나, (ii) 상속개시일 전 1년 이내에 피상속인이 부담한 채무의 합계액이 2억 원 이상인 경우와 상속개시일 전 2년 이내에 5억 원 이상인 경우로서 (이하 이러한 1년 또는 2년의 기간을 "상속재산 추정기간"이라고 함) 거래상대방이 확인되지 않거나 거래상대방의 재산상태 등에 비추어 볼 때 금전 등의 수수사실이 인정되지 아니하는 경우 등 그 용도가 객관적으로 명백하지 아니한 금액은 피상속인이 상속받은 재산으로 추정하여 과세가액에 산입한다(相贈稅法 15조 1항; 相贈稅令 11조 1항, 2항). 이때 '재산의 처분금액' 및 '인출금액'의 계산은 다음에 의한다. 즉 ① 피상속인이 재산을 처분한 경우에는 그 처분가액 중 상속재산 추정기간(재산종류별로 계산하여 2억 원 이상인 경우에는 1년, 5억 원 이상인 경우에는 2년) 이내에 실제 수입한 금액, ② 피상속인이 금전 등의 재산을 인출한 경우에는 상속재산 중 상속재산 추정기간 내에 실제 인출한 금전 등(相贈稅令 11조 1항 1호, 2호)으로 한다.

피상속인이 국가·지방자치단체 및 시행령에서 정하는 금융회사 등이 아닌 자에 대하여 부담한 채무로서 채무부담계약서, 채권자확인서, 담보설정 및 이자지급에 관한 증명 등의 자료에 의하여 상속인이 변제할 의무가 없는 것으로 추정되는 경우에도 그 금액은 과세가액에 산입한다(相贈稅法 15조 2항; 相贈稅令 11조 3항).

---

1) 재산의 종류는 (i) 현금·예금 및 유가증권, (ii) 부동산 및 부동산에 관한 권리, (iii) 제1호 및 제2호 외의 기타재산이다(相贈稅令 11조 5항).

(2) 구체적 문제

피상속인이 그의 재산을 처분한 경우에 과세가액에 산입되는 금액은 처분가액이지, 그 재산자체가 아니다. 그리고 피상속인의 사망 전에 처분된 것이라면 소유권이전등기가 사망 후에 이루어졌다 하더라도 그 처분대금은 과세가액에 산입되어야 한다.[1] 그러나 처분가액을 알 수 없는 경우에는 처분일 현재의 평가액에 의할 수밖에 없을 것이다(相贈稅法 기본통칙 15-11…1조 1항). 피상속인이 임대한 부동산을 임차인에게 매도하고 매수인으로부터 상속재산 추정기간 내에 임차보증금을 뺀 잔액만을 수령한 경우, 해당 재산을 처분하고 받은 금액이 2억 원 이상인지 여부는 총매매가액을 기준으로 판단하고, 처분대금 중 임차보증금 상당액은 사용한 것으로 본다.[2]

상속재산 추정기간 이내에 처분한 재산가액이란 계약일자에 관계없이, 상속재산 추정기간 이내에 실제 수입한 금액을 말하므로(相贈稅令 11조 1항 1호), 상속재산의 매각일자가 상속재산 추정기간 이내가 아니라 하더라도 그 중도금이나 잔금을 상속재산 추정기간 중에 수령한 경우에는 그 중도금이나 잔금에 대해서 사용처를 입증하지 못하는 한 상속세과세가액에 포함한다.

[헌법재판소 결정례]

헌법 제38조, 제59조가 선언하는 조세법률주의는 실질적 적법절차가 지배하는 법치주의를 뜻하므로 비록 과세요건이 법률로 명확히 정해진 것일지라도 그것만으로 충분한 것은 아니고 조세법의 목적이나 내용이 기본권 보장의 헌법이념이나 헌법상 제원칙에 합치되어야 한다.

구 상속세법(1990. 12. 31. 법률 제4283호로 개정되기 전의 것) 제7조의2 제1항 중 「용도가 객관적으로 명백하지 아니한 것 중 대통령령으로 정하는 경우」를 간주규정으로 해석할 경우 이는 행정편의주의 및 획일주의의 정도가 지나치고 상속인의 반증이나 법원의 판단을 허용하지 않는 것이어서 헌법 제11조 제1항, 제23조 제1항, 제27조 제1항 및 조세법률주의를 규정한 헌법 제38조, 제59조에 위반되므로 이를 추정규정으로 보지 아니하고 간주규정으로 해석하는 것은 헌법에 위반된다(헌법재판소 1995. 7. 21., 92 헌바 27; 94 헌바 6, 47 병합).

---

1) 대법원 1994. 12. 2., 93 누 11166.
2) 재삼 46014-1486, 1999. 8. 5.

2. 공익목적 출연재산의 불산입

(1) 원칙과 예외

피상속인 또는 상속인이 특정의 종교·자선·학술 관련 사업 등 공익성을 고려하여 정한 일정한 사업을 영위하는 자(이하 "공익법인 등"이라고 함)에게 상속세 과세표준의 신고기한(상속개시일로부터 6개월) 이내에 또는 일정한 법령상 또는 행정상의 부득이한 사유로 인하여 출연재산의 소유권의 이전이 지연되거나 공익법인 등의 설립허가 등이 지연되는 경우에는 그 사유가 없어진 날이 속하는 달의 말일부터 6개월 이내에 출연한 상속재산의 가액은 상속세과세가액에 산입하지 않는다(相贈稅法 16조 1항; 相贈稅令 13조 1항). 여기서 '부득이한 사유'라 함은 공익법인 등에 재산을 출연하고자 하였으나 자신의 책임으로 돌릴 수 없는 법령상 또는 행정상의 장애사유 등이 있어 출연이 지연되는 사유를 의미하고, 상속인이 상속재산의 존재 자체를 알 수 없어 출연기한 내에 출연하지 못한 경우는 이에 해당하지 않는다.1) 이러한 공익법인 등에의 출연에 따른 상속세 비과세의 혜택을 받기 위해서는 (i) 상속인들의 합의에 따라 상속받은 재산을 상속세 신고기한까지 출연하여야 하고, (ii) 상속인이 출연 대상 공익법인 등의 현재의 이사수(5인에 미달하는 경우에는 5인으로 봄)의 5분의 1을 초과하지 않아야 하고, 이사의 선임 등 공익법인 등의 사업운영에 관한 중요사항을 결정할 권한을 가지지 않아야 한다(相贈稅令 13조 2항).

그러나 출연재산이 내국법인의 주식 등인 경우에는 상속세비과세의 한도가 있다. 출연 대상인 내국법인의 의결권부 주식이나 출자지분(이하 "주식 등"이라고 함)에다가 (i) 해당 공익법인이 이미 보유하고 있는 동일한 내국법인의 주식 등, (ii) 출연자 및 그의 특수관계인2)이 해당 공익법인 등 외의 다른 공익법인 등에 출연한 동일한 내국법인의 주식 등 및 (iii) 상속인 및 그 특수관계인이 재산을 출연한 다른 공익법인 등이 보유하고 있는 동일한 내국법인의 주식 등의 합계액이 그 내국법인의 자기주식 등을 제외한 의결권 있는 발행주식 총수 또는 출자총액(이하 "발행주식 총수"라고 함)의 100분의 10[출연받은 주식등의 의결권을 행사하지 아니하는 요건과 자선·장학 또는 사회복지를 목적으로 하는 공익법인등

---

1) 대법원 2014. 10. 15., 2012두22706.
2) 특수관계인의 범위는 상속세 및 증여세법 제2조 제10호에 규정되어 있다.

에 출연하는 요건을 충족하는 경우에는 100분의 20, 공정거래법상의 상호출자제한기업집단과 특수관계에 있는 공익법인등에 출연하는 경우에는 100분의 5, 운용수익이나 출연재산가액의 일정 비율 이상을 직접 공익목적사업에 사용하여야 하는 요건이나 이사의 구성 등에 관한 일정한 요건(상증세법 48조 11항의 상증세 추징 회피 요건)을 충족하지 아니하는 공익법인등에 출연하는 경우에는 100분의 5; 이하 "비과세 기준율"이라고 함]를 초과하는 경우에는 그 초과부분은 상속세과세가액에 산입한다(相贈稅法 16조 2항). 주요 기업의 지배주주들이 주식을 공익법인에 출연한 뒤 그 공익법인이 주주권을 행사함에 있어서 출연자의 의사에 따르도록 조종함으로써 증여세를 부담하지 않고 사실상 경영권을 승계하는 효과가 생기는 것을 막기 위한 장치이다.

그러나 예외의 예외가 있다. (i) 상증세법 제48조 제11항의 상증세 추징 회피 요건을 충족하는 공익법인 등, 국가·지방자치단체가 설립한 공익법인 등과 그 재출연 공익법인 등, '공공단체의 운영에 관한 법률'상의 공공단체가 출연한 공익법인 등과 그 재출연 공익법인 등(상증세법 49조 1항 본문 단서 및 이에 따른 동법 시행령 40조 1항, 2항의 요건을 충족하는 공익법인 등)으로서 공정거래법상의 상호출자제한기업집단과 사이에 특수관계에 있지 않은 공익법인등(相贈稅令 13조 6항)으로서 (이하 위 요건을 충족하는 법인을 "초과취득 허용 공익법인 등"이라고 함)에 해당 공익법인 등에의 출연자와 '특수관계에 있지 아니한 내국법인'[1]의 주식 등을 출연하는 경우로서 주무부장관이 목적사업의 효율적인 수행을 위해 필요하다고 인정하는 경우, (ii) 상호출자제한기업집단과 특수관계에 있지 않는 공익법인등으로서 상증세법 제48조 제11항의 상증세 추징 회피 요건을 충족하는 공익법인등(설립된 날부터 3개월 이내에 주식 등을 출연받고, 설립된 사업연도가 끝난 날부터 2년 이내에 해당 요건을 충족하는 공익법인등 포함)에 발행주식총수 등의 비과세 기준율을 초과하여 출연받은 경우로서 초과보유일부터 3년 이내에 초과하여 출연받은 부분을 매각(주식 등의 출연자 또는 그의 특수관계인에게 매각하는 경우는 제외)하는 경우 및 (iii) '공익법인의 설립·운영에 관한 법률' 및 그 밖의 법령에 따라 내국법인의 주식등을 출연하는 경우에는, 내국법인 주식 등의 비과세 기준율을 초과하여 출연할 수 있다(相贈稅法 16조 3항). 이러한 경우에는

---

1) '해당 공익법인 등에의 출연자와 특수관계에 있지 아니한 내국법인'의 범위에 관해서는 상속세 및 증여세법 시행령 제13조 제8항에 규정되어 있다.

공익법인 등이 지주회사화할 위험성이 사실상 없기 때문에 예외를 인정하는 것이다.

(2) 추   징

공익법인등이 내국법인의 발행주식총수등의 100분의 5를 초과하여 주식등을 출연받은 후 또는 출연받은 재산 및 출연받은 재산의 매각대금으로 주식등을 취득한 후 (i) 운용소득의 일정 비율 이상을 직접 공익목적사업에 사용하지 않거나, (ii) 출연재산가액의 일정 비율 이상을 직접 공익목적사업에 사용하지 않거나, (iii) 그 밖에 공익법인등의 이사의 구성 등 일정한 요건을 충족하지 못하게 된 경우에는 상속세 및 증여세법 제16조 제2항에 따라 즉시 상속세 과세가액에 산입한다(相贈稅法 48조 11항; 相贈稅令 40조 2항). 또한 초과취득 허용 공익법인등이 초과취득 허용 공익법인등의 요건에 해당하지 않게 되거나 해당 출연자와 특수관계에 있는 내국법인의 주식등을 발행주식총수등의 100분의 5를 초과하여 보유하게 된 경우에는 상증세법 제16조 제2항에 따라 상속세 과세가액에 산입한다(相贈稅法 48조 12항).

나아가, 공익법인 등에의 출연을 이유로 상속세과세가액에 산입되지 않은 재산에서 생긴 이익의 전부 또는 일부가 그 후에 상속인 및 그의 특수관계인에게 귀속된 경우 또는 발행주식총수 등의 비과세 기준율을 초과하여 출연받은 성실공익법인 등이 그 초과보유일부터 3년 이내에 매각하도록 되어 있는 초과부분을 매각하지 않는 경우(주식 등의 출연자 또는 그 특수관계인에게 매각하는 경우는 매각한 것으로 보지 않음)에는 시행령에서 정하는 가액(相贈稅令 13조 8항)을 상속세과세가액에 산입하여 즉시 상속세를 부과한다(相贈稅法 16조 4항).

3. 공익신탁재산의 불산입

상속재산 중 피상속인 또는 상속인이 신탁법 제65조의 규정에 의한 공익신탁으로서 종교·자선·학술 또는 그 밖의 공익을 목적으로 하는 신탁(공익신탁)을 통하여 공익법인 등에 출연하는 재산의 가액은 상속세과세가액에 산입하지 아니한다(相贈稅法 17조; 相贈稅令 14조).

X. 상속공제

피상속인의 사망으로 인한 경제적 충격을 고려하여 상속세의 부담을 완화함으로써 생존자의 생활안정을 도모하고자 상속세 및 증여세법은 다음의 각종 공제액을 상속세과세가액에서 공제하도록 하였다.

1. 기초공제

거주자 또는 비거주자의 사망으로 상속이 개시되는 경우 상속세의 기초공제는 2억 원이다(相贈稅法 18조). 이러한 기초공제는 피상속인이나 상속인이 처한 상황과 상속재산의 가액 및 내용 등과 무관하게 무조건 주어지는 공제이다.

2. 가업상속공제

(1) 가업 및 가업상속의 의의

'가업'이란 피상속인이 10년 이상 계속하여 경영한 일정한 요건을 갖춘 중소기업 또는 중견기업(상속이 개시되는 소득세 과세기간 또는 법인세 사업연도의 직전 3개 소득세 과세기간 또는 법인세 사업연도의 매출액의 평균금액이 5천억 원 이상인 기업은 제외)을 말하고, 가업상속이란 이러한 '가업'에 속하는 재산의 상속을 말한다(相贈稅法 18조의2 1항). 가업은 피상속인이 개인 거주자로서 영위한 사업일 수도 있고, 법인의 주주나 출자자로서 영위한 사업일 수도 있다. 후자의 경우는 피상속인이 법인의 최대주주 또는 최대출자자로서 그의 특수관계인의 주식 등을 합하여 해당 법인의 발행주식총수 또는 출자총액의 100분의 50 (거래소 상장법인의 경우 100분의 30) 이상을 계속하여 10년 이상 보유하는 경우에 한정한다(相贈稅令 15조 3항 1호).[1]

(2) 가업상속공제의 요건

'가업상속'에 따른 공제를 받기 위해서는 우선 피상속인이 가업의 영위기간 중 ① 100분의 50 이상의 기간, ② 10년 이상의 기간(상속인이 피상속인의 대표이사 또는 개인사업자인 경우 대표자의 직을 승계하여 그 승계일부터 상속개시일까지 계속 재직한 경우에 한함), ③ 상속개시일부터 소급하여 10년 중 5년 이상의

---

[1] 대법원 2014. 3. 13., 2013 두 17206 판결은 이러한 요건을 담은 시행령 규정이 모법의 위임범위를 벗어나 무효라고 볼 수 없다고 판시하고 있다.

기간을 대표이사(개인사업자인 경우 대표자, 이하 "대표이사 등"이라고 함)로 재직하여야 한다. 이때 한국표준산업분류상 동일한 대분류 내의 다른 업종으로 주된 사업을 변경하여 영위한 기간도 가업의 영위기간으로 인정한다. 다음으로 상속인이나 그 배우자가 ① 상속개시일 현재 18세 이상이고, ② 상속개시일 전에 2년 이상 직접 가업에 종사하여야 하며(피상속인이 65세 이전에 사망하거나 천재지변 및 인재 등 부득이한 사유로 사망한 경우에는 해당 없음), ③ 상속인 1명이 해당 가업의 전부(민법상 유류분반환청구에 따라 상속인이 받았거나 받을 상속재산은 제외)를 상속받아, ④ 상속세과세표준 신고기한까지 임원으로 취임하고, 상속세 신고기한부터 2년 이내에 대표이사 등으로 취임하여야 한다(相贈稅令 15조 3항).

위와 같은 가업상속 공제의 요건을 충족하더라도 피상속인 또는 상속인이 상속개시일 전 10년 이내에 가업의 경영과 관련하여 저지른 조세범처벌법상의 조세포탈죄 또는 '주식회사 등의 외부감사에 관한 법률'상의 회계부정행위죄로 징역형 또는 일정액 이상의 벌금형을 선고받아 과세표준과 세율의 결정이 있기 전에 그 형이 확정된 경우에는 가업상속공제를 받을 수 없고, 상속개시일부터 5년 이내에 그 형이 확정된 경우에는 가업상속공제 금액을 상속개시 당시의 상속세 과세가액에 산입하여 상속세를 부과하면서 일정한 이자상당액까지 가산한다(相贈稅法 18조의2 8항).

(3) 가업상속공제의 내용

가업상속의 경우에는 가업상속재산가액을(피상속인이 10년 이상 20년 미만 계속하여 경영한 경우에는 300억 원, 20년 이상 30년 미만 계속하여 경영한 경우에는 400억 원, 30년 이상 계속하여 경영한 경우에는 600억 원을 한도로 함) 상속세과세가액에서 공제한다(相贈稅法 18조의2 1항). '가업상속재산'이란 거주자 개인으로서 영위한 가업의 경우에는 상속재산 중 가업에 직접 사용되는 토지, 건축물, 기계장치 등 사업용 자산의 가액에서 해당 자산에 의해 담보된 채무액을 뺀 가액을 의미하고, 법인의 최대주주 등으로서 영위한 가업의 경우에는 상속재산 중 해당 사업을 영위한 법인의 주식 등의 가액에 그 법인의 총자산가액에서 사업과 관련이 있는 자산의 가액이 차지하는 비율을 곱하여 나오는 금액을 말하되, 어느 경우든 유류분상속재산이 있으면 이를 제외한다(相贈稅令 15조 5항).

다만, 가업상속 후 그 가업상속인이 아니면서 가업상속 당시 최대주주 등에 해당하는 자의 사망으로 다시 상속이 개시되는 경우는 가업상속 대상 가업이 될 수 없다(相贈稅令 15조 3항 후문). 하나의 법인의 주식 등에 대하여 2번의 가업상속을 인정하지 않겠다는 뜻이다.

그리고 중견기업의 가업상속인이 받았거나 받을 상속재산의 가액 중 가업상속재산 외 부분의 가액이 그가 가업상속재산 공제를 받지 않을 경우 납부할 의무를 지는 상속세액의 2배를 넘는 경우에는 가업상속 공제를 인정하지 않는다(相贈稅法 18조의2 2항; 相贈稅令 15조 6항, 7항). 가업상속재산 외의 상속재산의 규모가 이 정도인 경우에는 상속세 납부가 가업상속에 장애가 되지 않는다고 보는 것이다.

(4) 가업상속 공제의 추징

가업상속을 받은 상속인이 정당한 사유없이 상속개시일로부터 5년 이내에, 가업에 사용하는 재산을 처분하거나 그 업에 종사하지 않게 되는 경우에는 공제받은 금액에 해당 일까지의 기간을 고려하여 시행령에서 정한 일정한 율(기간별 추징율)을 곱하여 계산한 금액을 상속세과세가액에 산입하여 상속세를 부과하고, 이 경우 이자상당액의 가산세도 함께 부과한다(相贈稅法 18조의2 5항). 여기서 '가업에 사용하는 재산을 처분하거나 그 업에 종사하지 않게 되는 경우'라 함은 구체적으로 (i) 해당 가업용 자산(거주자 개인사업의 경우에는 가업에 직접 사용하는 사업용 자산을, 법인을 통한 사업의 경우에는 그 법인의 사업에 직접 사용되는 사업용 고정자산을 말함, 相贈稅令 15조 9항)의 100분의 40 이상을 처분한 경우, (ii) 해당 상속인이 가업에 종사하지 아니하게 된 경우, (iii) 주식 등을 상속받은 상속인의 지분이 감소된 경우(상속주식 등으로 상속세 또는 증여세를 물납함으로 인하여 지분이 감소된 경우는 제외하되, 법 22조 2항에 따른 최대주주 또는 최대출자자의 지위는 유지하여야 함), (iv) 각 소득세 과세기간 또는 법인세 사업연도의 정규직 근로자 수의 평균(각 사업연도의 매월 말일 현재의 정규직 근로자의 수를 합하여 해당 사업연도의 월수로 나눈 수; 相贈稅令 15조 17항)이 '상속이 개시된 소득세 과세기간 또는 법인세 사업연도의 직전 2개의 소득세 과세기간 또는 법인세 사업연도의 정규직 근로자 수의 평균'(기준고용인원)의 100분의 90에 미달함과 동시에 각 소득세 과세기간 또는 법인세 사업연도의 총급여액이 상속이 개시된 소득세 과세기간 또는 법인세 사업연도의 직전 2개의 소득세 과세기간 또는 법인세 사업연도의 총급여액의 평균(기준총급여액)의 100분의 90에 미달하는 경우를

말한다(相贈稅法 18조의2 5항).[1] 정당한 사유에 관해서는 상증세법 시행령 제15
조 제8항에서 자세히 규정하고 있으나, 여기에 열거된 사유들에 한정되지 않고
그 외의 사유로서 이들에 준하는 것들도 포함되는 것으로 해석함이 타당하다.

　위와 같이 상속세를 추징하는 경우 가업상속공제를 받은 뒤 그 대상 자산
의 양도로 발생한 양도차익에 대해 양도소득세를 납부하였거나 납부할 것이 있
으면, 시행령으로 정한 그 양도소득세 상당액을 상속세 산출세액에서 공제한다
(相贈稅法 18조의2 10항). 피상속인이 해당 자산을 보유하던 기간 중에 발생한
가치증가분에 대해 상속세와 양도소득세가 이중으로 부과되는 현상을 막기 위
해서다.

(5) 중소기업의 가업상속에 따른 상속세의 납부유예

　중소기업의 가업상속을 받은 자는 위와 같은 가업상속공제를 받을 수도 있
지만, 이를 받지 않고 신청에 따라 담보를 제공하고 상속세의 일정액에 대하여
납부유예를 받을 수 있다(相贈稅法 72조의2 1항, 2항). 이렇게 가업상속에 따른
상속세의 납부유예를 받은 납세의무자가 정당한 사유 없이 가업상속 재산을 처
분하거나 가업에 종사하지 않게 된 경우 등에는 납부유예를 취소 또는 변경 당
하고, 이자상당액을 가산세로 납부하여야 한다. 구체적으로는 (i) 소득세법을
적용받는 가업을 상속받은 경우로서 가업용 자산의 100분의 40 이상을 처분한
경우에는 납부유예된 세액 중 처분 비율을 고려하여 산정한 세액을, (ii) 해당
상속인이 가업에 종사하지 아니하게 된 경우에는 납부유예된 세액 전부를, (iii)
주식등을 상속받은 상속인의 지분이 상속개시일부터 5년 이내에 감소한 경우에
는 납부유예된 세액의 전부를, (iv) 그 지분이 상속개시일부터 5년 후에 감소한
경우에는 납부유예된 세액 중 지분 감소 비율을 고려하여 산정한 세액을, (v)
각 소득세 과세기간 또는 법인세 사업연도의 정규직 근로자 수와 총급여액이
기준고용인원과 기준총급여액의 100분의 70에 미달하는 경우에는 납부유예된
세액의 전부를, (vi) 해당 상속인이 사망하여 상속이 개시되는 경우에는 납부유
예된 세액의 전부를 징수당한다(相贈稅法 72조의2 3항).

　한편, 납부유예의 허가를 받은 납세의무자가 담보의 변경이나 보전에 관한 과세관

---

1) 가업용 자산의 처분비율의 계산에 관해서는 상속세 및 증여세법 시행령 제15조 8항에서,
　해당 상속인이 가업에 종사하지 아니하게 된 경우의 의미에 관해서는 동조 9항에서, 상속인
　의 지분이 감소된 경우의 의미에 관해서는 동조 10항에서 규정하고 있다.

청의 명령에 따르지 않거나 그에게 국세징수법 제9조 제1항에 규정된 납부기한 전 징수사유가 발생한 경우에도 납부유예의 변경이나 취소 및 이자상당액의 징수를 당할 수 있다(相贈稅法 72조의2 5항).

3. 영농상속공제

(1) 영농 및 영농상속의 의의

영농은 한국표준산업분류에 따른 농업, 임업 및 어업을 주된 업종으로 영위하는 것을 말한다(3가지 업종을 합하여 '영농 등'이라고 함; 相贈稅令 16조 1항). 영농상속이라 함은 소득세법을 적용받는 영농 등의 경우에는 피상속인이 상속개시일 2년 전부터 계속하여 직접 영농 등에 사용한 농지, 초지, 조림기간 5년 이상의 산림지, 어선, 어업권 또는 양식업권, 건축물과 토지 또는 염전(이하 "영농상속재산"이라고 함)의 전부를, 그리고 법인세법을 적용받는 법인이 영농 등의 사업을 영위하는 경우에는 그 법인의 주식 등의 전부를 영농 등에 종사하는 상속인이 상속받는 것을 말한다(相贈稅令 16조 1항, 2항, 6항).

(2) 영농상속공제의 요건

영농상속의 피상속인은 (i) 소득세법을 적용받는 영농의 경우에는 영농상속재산의 소재지역이나 특정의 경우에는 그 연접 시·군 구 지역에 거주하면서 상속개시일 2년 전부터 계속하여 직접 영농에 종사하였어야 하고, (ii) 법인세법을 적용받는 영농의 경우에는 법인의 최대주주 등으로서 본인과 그 특수관계인의 주식 등을 합하여 해당 법인의 발행주식총수등의 100분의 50 이상을 계속 보유하면서 상속개시일 2년 전부터 계속하여 해당 기업을 경영한 사람이어야 한다(相贈稅令 16조 2항). 그리고 영농상속의 상속인으로 인정되기 위해서는 상속개시일 현재 18세 이상인 자로서 (i) 소득세법을 적용받는 영농의 경우에는 원칙적으로 상속개시일 2년 전부터 계속하여 직접 영농에 종사하면서 영농상속재산의 소재지역이나 인접지역에 거주하는 자이어야 하고, 법인세법을 적용받는 영농의 경우에는 상속개시일 2년 전부터 계속하여 해당 기업에 종사하면서 상속세과세표준 신고기한까지 임원으로 취임하고, 그 신고기한부터 2년 이내에 대표이사 등으로 취임하는 자이어야 한다. 이와 별도로 영농·영어 및 임업후계자도 '영농에 종사하는 상속인'으로 인정된다(동조 3항). 영농상속과 관련하여 피상속인이나 상속인이 '영농에 종사하는' 것으로 인정되기 위해서는 영농 등의

작업의 2분의 1 이상을 자기의 노동력으로 수행하여야 한다. 1개 과세기간의
사업소득금액(농업·축산업·어업 및 임업에서 발생하는 소득, 부동산임대소득 및 농가
부업소득은 제외)과 근로소득 과세대상인 총급여액의 합계액이 3,700만 원 이상
인 기간은 영농에 종사하지 않는 것으로 간주된다(相贈稅令 16조 4항).

위와 같은 영농상속공제의 요건을 충족하더라도, 피상속인 또는 상속인이
영농과 관련하여 조세포탈 또는 회계부정 행위로 징역형 또는 대통령령으로 정
하는 벌금형을 선고받고 그 형이 상속세 과세표준과 세율의 결정이 있기 전에
확정된 경우에는 영농상속공제를 적용하지 아니하고, 영농상속공제를 받은 후
에 그러한 범죄로 상속인에 대한 형이 확정된 경우에는 공제된 금액을 상속개
시 당시의 상속세 과세가액에 산입하여 상속세를 부과함과 동시에 이자상당액
도 가산한다(相贈稅法 18조의3 6항).

(3) 영농상속공제의 내용

영농 등의 상속의 경우에는 영농상속재산가액(30억 원을 초과하는 경우 30억
원을 한도로 함)에 상당하는 금액을 상속세 과세가액에서 공제한다(相贈稅法 18조
의3 1항). 동일한 상속재산에 대해서 가업상속재산 공제와 영농상속재산 공제가
중첩적으로 적용되지 않으므로(相贈稅法 18조의4), 납세의무자는 그 중 유리한
하나만을 선택하여야 한다.

(4) 영농상속공제의 추징

영농상속 공제를 받은 상속인이 정당한 사유없이 상속개시일로부터 5년
이내에 영농상속공제의 대상이 되는 상속재산을 처분하거나 영농에 종사하지
아니하게 된 경우에는 공제받은 금액에 해당 일까지의 기간을 고려하여 시행령
에서 정한 일정한 율(기간별 추징율)을 곱하여 계산한 금액을 상속세과세가액에
산입하여 산출한 상속세를, 해당 기간에 대한 이자상당액의 가산세와 함께 부
과한다(相贈稅法 18조의3 4항).

4. 인적공제

인적공제액의 산정을 위한 기간계산에 있어서 1년 미만은 1년으로 본다(相
贈稅法 20조 3항).

(1) 배우자 상속공제

피상속인의 유산 형성에 있어서의 배우자의 기여를 인정하고 또한 상속세

부과의 적절한 대상을 부의 수직적(직계비속으로의) 이전으로 인식하면서 수평선상에 있는 배우자에 대한 배려가 높아졌다. 이리하여 배우자가 실제로 상속받은 금액은 상속세과세가액에서 공제된다. 여기서 배우자라고 함은 증여 당시에는 혼인관계에 있었지만, 상속개시 당시에는 혼인관계에 있지 않는 자는 포함하지 않는다.1) 배우자 상속공제는 무한대로 허용되는 것은 아니고, 상속재산가액(상속인이 아닌 수유자가 유증 등을 받은 재산을 공제하고, 상속개시일 전 10년 이내에 상속인에게 증여한 재산은 포함)에 배우자의 법정상속분을 곱하여 계산한 금액에서 상속재산에 가산된 증여재산 중 배우자가 증여받은 재산에 대한 과세표준을 뺀 금액을 한도로 하되, 그 금액이 30억 원을 초과하는 경우에는 30억 원을 한도로 한다(相贈稅法 19조 1항). 여기에서 '배우자의 법정상속분'이란 상속을 포기한 공동상속인이 있더라도 그 포기가 없었다고 가정하는 경우의 배우자의 법정상속분을 말한다(동항 괄호). 그렇게 하지 않으면 배우자 이외의 다른 공동상속인들이 상속을 모두 포기하고 상속재산을 배우자에게 몰아줌으로써 적어도 30억 원까지는 전혀 상속세 부담을 지지 않을 수 있기 때문이다. 위의 배우자 상속공제는 상속세 과세표준 신고기한의 다음 날부터 9개월이 되는 날(이하 "배우자 상속재산 분할기한"이라고 함)까지 상속재산을 분할(등기·등록·명의개서 등이 필요한 경우에는 그 등기·등록·명의개서 등이 된 것에 한정함)한 경우에만 적용한다. 이 경우 상속인은 상속재산의 분할사실을 배우자 상속재산 분할기한까지 관할세무서장에게 신고하여야 한다. 그러나 분할신고가 배우자 상속공제의 요건은 아니다(相贈稅法 19조 2항). 다만 (i) 상속인 등이 상속재산에 대하여 상속회복청구의 소나 상속재산분할의 심판청구를 제기한 경우나 (ii) 상속인이 확정되지 아니하는 부득이한 사유 등으로 배우자 상속분을 분할할 수 없는 것으로 세무서장이 인정하는 경우에는 상속인이 그 사유를 배우자 상속재산 분할기한까지 관할세무서장에게 신고하는 것을 조건으로 배우자 상속재산 분할기한(부득이한 사유로 소가 제기되거나 심판청구로 인한 경우에는 소송 또는 심판청구의 종료일)의 다음날부터 6개월이 되는 날(배우자 상속재산 분할기한의 다음 날부터 6개월을 경과하여 과세표준과 세액의 결정이 있는 경우에는 그 결정일)까지 상속재산을 분할하여 신고하면 배우자 상속재산 분할기한 이내에 분할한 것으로 인정한다(동조 3항; 相贈稅令 17조 2항). 상속재산을 분할할 수 없는 부득이한 사유가 있는

---

1) 대법원 2012. 5. 9., 2012 두 720.

경우에는 배우자 상속재산 분할기한 내에 그 사유의 발생을 신고하는 것을 조건으로 다시 6개월간 상속재산 분할기한을 연장해 주는 것이다. 이러한 분할기한 연장의 경우에는 분할신고가 상속공제의 요건임을 유의하여야 한다.

상속재산을 분할하지 않은 채 배우자의 상속재산을 신고한 경우에는 배우자가 실제로 상속한 재산이 없는 것으로 본다.

배우자가 실제로 상속한 재산이 없거나 또는 5억 원 미만인 경우에도 배우자공제로 5억 원을 허용한다(동조 3항).

(2) 기타 인적공제

위에서 본 배우자 인적공제 외에 다음의 각종 인적공제가 추가로 인정된다(相贈稅法 20조 1항). (i) 자녀(태아 포함) 1인에 대하여 5천만 원(동항 1호), (ii) 상속인(배우자 제외) 및 동거가족 중 미성년자(태아 포함)에 대하여 1천만 원에 19세가 될 때까지의 연수를 곱한 금액(동항 2호), (iii) 상속인(배우자 제외) 및 동거가족 중 65세 이상인 자에 대하여는 5천만 원(동항 3호) 및 (iv) 상속인(배우자 포함) 및 동거가족 중 장애인에 대하여 1천만 원에 상속개시일 현재 통계법상의 기대여명(期待餘命)의 연수가 될 때까지의 연수를 곱한 금액(동항 4호)을 공제할 수 있는데, 제1호에 해당하는 자가 제2호에도 해당하거나 제4호에 해당하는 자가 제1호 내지 제3호 또는 배우자 공제에도 해당하는 경우에는 해당되는 모든 공제액의 합산액을 공제받을 수 있다.

동거가족이란 상속개시일 현재 피상속인이 사실상 부양하고 있었던 직계존비속(배우자의 직계존속 포함)과 형제자매를 말하며(相贈稅令 18조 1항), 장애인은 소득세법 시행령 제107조 제1항 각호의 1에 규정된 자이다(동조 2항). 위 (ii) 및 (iv)의 공제를 적용받기 위한 연수의 계산에 있어서 1년 미만의 끝수는 1년으로 본다(相贈稅法 20조 3항).

(3) 일괄공제

상속인 또는 수유자는 위에서 본 기초공제액에 기타 인적공제액을 합한 금액과 5억 원 중 큰 금액을 공제할 수 있다(相贈稅法 21조 1항). 상속세 과세표준의 신고가 없는 경우에는 일괄하여 5억 원을 공제한다(동항 단서). 요컨대 위의 각종의 인적공제액을 일일이 계산하지 않더라도 최소한 5억 원을 일괄하여 공제할 수 있는 일종의 표준공제 제도이다. 다만 피상속인의 배우자가 단독으로 상속받은 경우에는 이러한 5억 원의 표준공제를 적용하지 않고 기초공제액과 기타 인적공제액을 합한 금액만 공제한다(동조 2항).

5. 물적공제

(1) 금융재산 상속공제

상속재산가액 중 순금융재산(금융재산의 가액에서 해당 기관에 대한 채무임을 확인할 수 있는 서류에 의해 입증되는 금융채무를 뺀 잔액)(相贈稅令 19조 1항, 4항)이 포함되어 있는 경우로서 (i) 순금융재산가액이 2천만 원을 초과하는 경우에는 최고 2억 원을 한도로 하여 해당 순금융재산가액의 100분의 20에 상당하는 금액과 2천만 원 중 더 큰 금액을, (ii) 순금융재산가액이 2천만 원 이하인 경우에는 해당 순금융재산가액 전액을 상속세과세가액에서 공제한다(相贈稅法 22조 1항). 다만, 위의 금융재산에는 최대주주 또는 최대출자자가 보유하고 있는 주식 등과 상속세 과세표준 신고기한까지 신고하지 아니한 타인 명의의 금융재산은 포함하지 않는다(동조 2항). 최대주주 또는 최대출자자라 함은 주주 또는 출자자 1인과 그의 특수관계인의 보유주식 등을 합하여 그 보유주식 등의 합계가 가장 많은 경우의 해당 주주 등 1인과 그의 특수관계인 모두를 말한다(相贈稅令 19조 2항). 금융재산의 일정액을 상속세과세가액에서 공제하는 이유는 상속재산을 투명하고 명확한 가액으로 유지함으로써 상속세 과세행정에 편의를 제공한 데 대한 은혜적 대가라고 할 수 있다. 금융재산 상속공제를 받고자 하는 자는 금융재산상속공제신고서를 상속세과세표준신고와 함께 납세지 관할세무서장에게 제출하여야 한다(동조 3항).

(2) 재해손실공제

신고기한 이내에 화재·붕괴·폭발·환경오염사고 및 자연재해 등의 재난으로 인하여 상속재산이 멸실·훼손된 경우에는 그 손실가액을 상속세과세가액에서 공제한다(相贈稅法 23조 1항; 相贈稅令 20조 1항). 손실에 대하여 보험금의 수령 또는 손해배상청구권[1] 등의 행사에 의하여 해당 손실가액에 상당하는 금액을 보전받을 수 있는 경우에는 예외이다(동항 단서).

(3) 동거주택 상속공제

(i) 피상속인과 그 직계비속인 상속인, 그리고 그 상속인의 배우자가 상속개시일부터 소급하여 10년 이상(상속인이 미성년자인 기간은 제외함) 계속하여 하

---

[1] 법에서는 '구상권 등'으로 표현되어 있으나 손해배상청구권과 혼동한 듯하다.

나의 주택에서 동거하였고,1) (ii) 피상속인과 상속인이 상속개시일부터 소급하여 10년 이상 계속하여 1세대를 구성하면서 해당 주택이 소득세법령상의 1세대 1주택(所令 154조 1항; 所法 89조 1항 3호에 따른 고가주택도 포함하고, 상속개시일 현재 1세대 1주택이라면 동거주택 판정기간 중의 무주택 기간은 1세대 1주택 해당 요건기간에 포함됨)에 해당함과 동시에(① 피상속인의 이사, 피상속인이나 상속인의 혼인, 1세대 1주택 보유자에 의한 60세 이상 직계존속의 봉양으로 인한 일시적 2주택의 소유, ② 문화재보호법상의 문화재 해당 주택의 소유, ③ 소득세법령상의 이농주택이나 귀농주택의 소유, ④ 피상속인이나 상속인이 피상속인의 사망 전에 제3자로부터 다른 사람과 공동으로 상속받은 주택에 대해서는 예외를 허용함), (iii) 해당 주택을 상속개시일 현재 무주택자이거나 피상속인과 공동으로 1세대 1주택을 보유한 자로서 피상속인과 동거한 상속인이 상속받은 경우에는 해당 주택가액(소득세법상의 주택부수토지 가액 포함하되, 상속개시일 현재 해당 주택 및 주택부수토지에 의해 담보된 피상속인의 채무액을 뺀 가액을 말함)의 전부에 상당하는 금액(6억 원을 한도로 함)을 상속세과세가액에서 공제한다(相贈稅法 23조의2 1항; 相贈稅令 20조의2 1항). 이때 피상속인과 상속인이 (i) 징집, (ii) 취학, 근무상 형편 또는 질병 요양의 사유로서 기획재정부령으로 정하는 것, (iii) 기타 기획재정부령으로 정하는 비슷한 사유로 동거하지 못한 경우에는 이에 불구하고 '계속' 동거한 것으로 보되, 동거하지 않은 기간은 10년의 요건기간에는 포함하지 않는다(동조 2항; 相贈稅令 20조의2 2항).

6. 공제적용의 한도

기초공제·배우자공제·기타 인적공제(또는 이 3가지에 대신할 일괄공제)·금융재산 상속공제·동거주택 상속공제 및 재해손실공제의 합계액은 상속세 과세가액(相贈稅法 13조)에서 (i) 선순위 상속인이 아닌 자에게 유증 등을 한 재산의 가액, (ii) 선순위 상속인의 상속포기로 차순위 상속인이 상속받은 재산의 가액 및 (iii) 상속세 과세가액에 가산한 증여재산가액(상속세 및 증여세법 제53조에 의한 증여재산공제 또는 제54조에 의한 재해손실공제를 받은 금액이 있는 경우에는 그 증여재산가액에서 이를 뺀 가액으로 하고 상속세 과세가액이 5억 원을 초과하는 경우에만

---

1) 문언 그대로 상속개시일로부터 소급하여 10년 이상 계속 '동거'한 것만으로 충분하고, 피상속인이 해당 주택을 '소유'하였을 것은 요건이 아니다(대법원 2014. 6. 26., 2012 두 2474).

적용함)을 뺀 잔액을 초과하지 못한다(相贈稅法 24조). 상속인 이외의 자에 대한 수유재산을 빼는 이유는 상속인에 대한 공제의 효과를 상속인 이외의 자에게까지 미치지 않게 하기 위함이고, 상속포기에 따른 차순위 상속인이 상속받은 재산의 가액을 빼는 이유는 각종 상속공제는 최선순위 상속인에 대해서만 인정하기 위한 것이며, 증여재산가액을 빼는 이유는 공제액이 이것에까지 미칠 때에는 과거에 납부한 증여세의 환급효과가 발생하기 때문이다.

XI. 과세표준과 세율

1. 과세표준

상속세과세가액에서 각종 상속공제를 한 금액에서 다시 상속재산의 감정평가수수료를 뺀 금액이 상속세 과세표준이 된다(相贈稅法 25조 1항). 과세표준이 50만 원 미만인 때에는 상속세를 부과하지 않는다(동조 2항).

2. 세율과 세액

1억 원 이하의 상속세 과세표준 금액에 대한 10%의 세율에서 시작하여 30억 원을 초과하는 금액에 대한 50%의 세율에 이르기까지 5단계의 누진세율을 적용하여 세액을 산출한다(相贈稅法 26조).

3. 세대생략상속의 중과

피상속인의 최근친 직계비속(자녀)이 1순위 상속인이지만(민법 1000조 1항, 2항), 그 최근친 직계비속이 상속을 포기하거나 상속결격자이면 그 아래 직계비속(손자녀)이 상속인이 된다. 이처럼 어떤 사유로 상속인(수유자 및 사인증여에 의한 수증자 포함)이 피상속인의 자녀 이외의 직계비속인 경우에는 총 상속세 과세표준에 기본세율을 곱하여 산출한 금액 중 그 상속인이 상속한 재산이 총 상속재산(상속인 또는 수유자가 증여받아 상속재산에 가산된 재산 포함)에서 차지하는 비율을 곱한 금액의 100분의 30(상속인이나 수유자가 피상속인의 자녀를 제외한 직계비속으로서 미성년자이고, 그가 받았거나 받을 상속재산의 가액이 20억 원을 초과하는 경우에는 100분의 40)에 상당하는 금액을 가산하여 과세한다(相贈稅法 27조 본문). 이를 세대생략상속(世代省略相續)에 대한 중과세라고 부른다. 부모의 세대에서 자녀의 세대로 상속이 되고 그 자녀에서 다시 다음 세대로 상속이 되면 2 번 상속세가 과세되는 데 비하여, 세대를 건너 뛰어 조부모로부터 손자녀(또는 그보다 아래 세대)로 바로 상속이 이루어지면 상속세가 한 번밖에 과세되지 않는 바, 이러한 불균형을 바로잡기 위하여 세대생략상속에 대하여 상속세 부담을 가중하는 것이다. 직계 조부모로부터 상속을 받는 경우에만 가중과세가 되고, 방계 조부모로부터 상속받는 경우에는 세대를 건너뛰어도 그렇지 않다.

대습상속(代襲相續; 민법 1001조)의 경우에는 중간세대(세대생략 상속인의 부모등 당초의 상속권자)가 생존하지 않기 때문에 가산율의 적용이 없다(相贈稅法 27조 단서).

세대생략상속으로 인해 세대생략상속인이 가중과세를 받은 후 중간세대가 단기간 내에 사망하는 경우는 상속세 및 증여세법 제30조에 규정된 단기상속과 그 실질이 다르지 않은데, 후자의 경우에는 단기상속면제(아래 XII. 3.참조)가 적용되는 데 반해 전자의 경우에는 가중과세된 금액이 환급되지 않는바, 이러한 결과는 단기상속면제와 균형이 맞지 않는다.

세대생략상속의 중과는 미국의 세대생략이전세(generation-skipping transfer tax)를 지극히 단순한 형태로 본뜬 것이라 짐작된다. 영미 재산법의 특성과 신탁법의 발달로 소유권을 여러 세대에 걸쳐 기간적으로 분할하거나 또는 신탁재산의 원본과 그로부터 발생하는 이익의 수혜를 여러 세대에 나누어 귀속시킬 수 있는바, 이러한 재산이전의 형태를 이용하여 1세대에서 그 아래의 각 세대(generation)로 재산을 직접적으로 이전하면 1세대에서 2세대로, 그리고 3세대로 유산이 단계적으로 이전되는 효과를 얻으면서도 1회의 상속세 또는 증여세만 부담하면 되었다. 이와 같이 1세대에서 3세대 이하로 건너뛰어(skip) 이전되는 재산에 대해서는 별도의 조세를 부과함으로써 세부담의 균형을 기하고자 하는 것이 세대생략이전세이다(미국 내국세입법 §2601조 이하). 세대생략이전세가 처음으로 도입되었던 1976년의 법에서는 각 세대를 거쳐서 재산이 이전되는 경우에만 그 적용이 있었으나, 각 세대에 재산을 적절히 나누어 직접 이전하는 경우를 달리 취급할 이유가 없다 하여 1986년 개정법에서는 2세대를 거치지 않고 3세대 이하로 직접 이전되는 재산에 대해서까지 확대 적용되도록 하였다. 미국에서는 방계존비속 간의 세대생략이전도 과세 대상이 된다. 모든 세대생략이전이 상속·증여세를 회피하기 위한 동기에서 나온 것이라고 할 수는 없고 누구나 손대(孫代)의 후손에게 애정을 느끼고 도움을 주려는 것은 자연스러운 것이기 때문에 일정범위 내의 금액은 세대생략이전 금액에서 공제하여 준다(현행 내국세입법상 미화 100만 달러). 우리는 이러한 배려 없이 전액 가중과세된다.

XII . 세액공제

1. 증여세액공제

상속재산에 가산된 증여재산에 대한 증여세액(증여 당시의 해당재산에 대한 증여세산출세액)은 상속세산출세액에서 공제한다(相贈稅法 28조 1항 본문). 여기서 '상속재산에 가산된 증여재산에 대한 증여세액'이라 함은 증여재산에 대하여 실제로 부과되거나 부과될 증여세액은 물론 비과세 증여재산을 과세대상으로 가정하여 산출한 증여세액 상당액도 포함하는 것이다.[1] 증여세 비과세의 효과를 유지하기 위해서다. 그리고 대습상속을 받은 자(예를 들면, 피상속인의 손자)가 피상속인(예를 들면, 할아버지)의 생전에 피상속인으로부터 세대생략증여를 받고 할증된 증여세를 납부하였으면, 그 세대생략증여의 재산가액도 대습상속의 상속재산에 합산될 것인바, 이 경우에는 기본세율에 의한 증여세액뿐만 아니라, 할증된 증여세액도 상속세액에서 공제받는다.[2] 세대생략증여를 상속으로 치환하는 이상 할증세액까지 공제함은 당연하다 할 것이다. 그러나 상속재산가액에 가산된 증여재산에 대한 증여세가 그 부과제척 기간의 도과로 부과되지 않는 경우와 상속세 과세가액이 5억 원 이하인 경우에는 그러하지 아니하다(동항 단서). 실제로 부과된 증여세액만 공제한다는 취지이다.

한편, 상속재산에 가산된 증여재산에 대한 증여세액으로 공제할 금액은 상속세산출세액에 해당 가산된 증여재산의 과세표준이 상속재산의 과세표준에서 차지하는 비율을 곱하여 계산한 금액을 한도로 한다(동조 2항). 다만, 상속재산에 가산된 증여재산의 수증자가 상속인이나 수유자인 경우에는 각자가 납부할 상속세액에 상속재산에 가산된 증여재산의 과세표준이 상속인별 상속세과세표준(相贈稅令 3조 1항 1호)에서 차지하는 비율을 곱한 금액을 한도로 각자가 '납부할 상속세액'에서 공제한다(相贈稅法 28조 2항; 相贈稅令 20조의4). 생전증여를 받

---

1) 대법원 2012. 5. 9., 2012 두 720.
2) 대법원 2018. 12. 13., 2016 두 54275.

은 상속인에 대하여 공제할 증여세액을 '상속세과세가액'이 아니라 '상속세과세표준'을 기준으로 배분하는 것은, 상속공제를 하기 전의 '상속세과세가액'을 기준으로 배분하는 경우 공제할 증여세액이 상속세과세가액 중 상속공제액이 차지하는 비율만큼 줄어드는 불합리를 해소하기 위한 것이나 완전한 해결책은 되지 못한다.

2. 외국납부세액공제

거주자의 사망으로 외국소재 상속재산에 대하여 외국에서 부과된 상속세액(외국납부세액)이 있을 경우에는, 상속세 산출세액에 외국의 법령에 의하여 상속세가 부과된 상속재산의 과세표준(해당 외국의 법령에 의하여 계산한 상속세의 과세표준)이 상속세의 과세표준에서 차지하는 비율을 곱하여 계산한 금액을 상속세액에서 공제하되, 그 금액이 외국에서 부과된 상속세액을 초과하는 경우에는 그 외국 부과 상속세액을 한도로 한다(相贈稅法 29조; 相贈稅令 21조 1항). 다만, 이러한 공제를 받기 위하여는 외국납부세액공제신청서를 상속세과세표준신고와 함께 관할세무서장에게 제출하여야 한다(相贈稅令 21조 2항).

3. 단기재상속에 따른 세액공제

(1) 제도의 개요

상속개시 후 10년 이내에 상속인 또는 수유자가 사망함으로써 다시 상속이 개시된 경우(이하 먼저 개시된 상속을 "전 상속" 또는 "전의 상속"이라고 하고, 뒤에 개시된 상속을 "후 상속" 또는 "후의 상속"이라고 하며, 전 상속으로 상속된 재산이 후 상속되는 경우를 "재상속"이라고 함)에는 '재상속분의 재산가액'에 대한 '전의 상속세 상당액'을 후 상속의 상속세산출세액에서 공제한다(相贈稅法 30조 1항). 구체적으로 다음의 산식에 의하여 계산한 금액에(이하 "세액공제기준액"이라고 함) 전 상속의 개시시점부터 후 상속의 개시시점까지의 기간에 따른 '일정률'을 곱하여 계산한다. 일정률은, 재상속이 1년 이내에 개시되는 경우에는 100분의 100, 재상속의 개시기간이 1년씩 길어질 때마다 100분의 10씩 줄어들어서 9년 초과 10년 이내인 경우에는 100분의 10이 된다. 따라서 재상속의 개시기간이 10년을 초과하게 되면 세액공제는 인정되지 않게 된다(동조 2항).

전의 상속세 산출세액×(재상속분의 재산가액×전의 상속세과세가액/전의 상속재산
가액)/전의 상속세과세가액=세액공제기준액

(2) 재산별 세액공제액 계산의 원칙

단기상속에 따른 세액공제는 재상속된 각각의 재산별로 구분하여 계산하
도록 되어 있다(相贈稅令 22조). 다시 말해, 전 상속의 전체 상속재산가액과 후
상속의 전체 상속재산가액을 비교하여 전자의 가액범위 내에 들어오는 후자의
금액에 대하여 일괄적으로 단기재상속에 따른 세액공제의 혜택을 주는 것이 아
니라, 전 상속으로 상속받은 개별재산이 그 동일성을 잃지 않고 후 상속의 대
상이 되었는지 여부를 가려서 그러한 경우에만 세액공제의 혜택을 준다는 것이
다. 따라서 재상속된 것으로 인정되는 재산별로 위 산식을 누차 적용하여 각
재산별 '세액공제기준액'을 산출하고, 이를 합하여 전체 재상속 재산에 대한 '세
액공제기준액'을 산정하여야 한다(相贈稅法 기본통칙 30−22…1조). 이와 관련하
여 어떻게 전 상속의 상속재산을 종류별로 묶느냐가 문제되는데, 그 구분 기준
에 관해서는 법령상 특별한 정함이 없다. 구분의 목적이 전 상속으로 상속받은
재산이 그 동일성을 잃지 않고 실제로 후 상속의 대상이 되었는지 여부를 가리
는 데 있음을 고려할 때 상속재산가액의 산정시 독립적으로 그 가액을 평가한
재산의 단위(평가단위)를 의미한다고 할 것이다. 따라서 특정물의 경우(예를 들
면, 특정 부동산)에는 그 자체가 구분단위가 될 것이고, 종류물일 경우에는 동일
종류에 속하는 전체재산(예를 들면, 현금 또는 특정회사의 주식)이 구분단위가 될
것이다.

전 상속된 특정 재산이 처분되어 다른 형태의 재산으로 변경된 다음 그 변
경된 형태의 재산이 후 상속의 대상이 된 경우(예를 들면, 전 상속의 상속인이 부
동산을 상속받아 처분한 뒤 그 대가를 받아 예금으로 보유하고 있다가 사망한 경우)에
도 재상속된 것으로 인정할 것인가 하는 문제가 있는바, 사회통념상 그 동일성
이 유지되고 있다고 보이는 범위 내에서는 긍정적으로 해석함이 타당할 것이
다. 과세당국도 같은 취지로 해석하고 있다(서면4팀−975, 2006. 4. 14.; 서면4팀−
162, 2005. 1. 21.).

(3) 세액공제액 산출 산식의 적용상의 구체적 문제

우선, 위의 산식에서 말하는 '전의 상속재산가액'에는 상속재산에 가산되는 증여재산(相贈稅法 13조) 중 상속인이나 수유자(즉, 재상속의 피상속인)가 받은 증여재산을 포함한다(相贈稅法30조 1항 괄호). 이는 재상속의 피상속인이 사전 수증재산에 대해 납부한 상속세액도 공제대상에 포함됨을 명확히 하는 것이다.

다음, 위의 산식에서 말하는 '재상속분의 재산가액'이라고 함은 '전의 상속재산가액'에서 '전의 상속세 상당액'을 뺀 금액을 말한다(동조 3항). 여기서 다시 '전의 상속재산가액'과 '전의 상속세 상당액'이 구체적으로 무엇을 의미하는가가 문제된다. 우선, '전의 상속재산가액'이라고 함은 전 상속의 전체 상속재산가액 중 후 상속의 피상속인이 상속분 비율에 따라 취득한 것을 의미한다고 할 것이다. 후 상속과 관계없는 전 상속의 다른 상속인들이 취득한 상속재산가액을 포함할 이유가 없기 때문이다.

그리고 '전의 상속재산가액'은 말 그대로 전 상속이 이루어진 시점에서의 가액을 말하는 것이지 후 상속이 이루어진 시점까지 사이에 발생한 재산가치의 증감액을 반영하는 것이 아님은 물론이다. '전의 상속재산가액'이 전 상속의 전체 상속재산가액 중 후 상속의 피상속인에게 그 상속분 비율에 따라 안분된 금액을 의미하는 것과 같은 이유로, 위의 산식에서 말하는 '전의 상속세과세가액'도 전 상속의 전체 상속세과세가액 중 후 상속의 피상속인에게 상속분 비율에 따라 안분된 가액을 의미한다고 할 것이다. 다음, '전의 상속세 상당액'이라고 함은 후 상속의 피상속인이 납부할 '전 상속의 상속세 산출세액'[1] 중 재상속된 재산에 안분되는 금액을 의미한다고 할 것이다. 구체적으로는 '전 상속의 상속세 산출세액'에 재상속분의 재산가액이 전 상속의 전체 상속재산가액에서 차지하는 비율을 곱하여 계산하게 될 것이다.

한편, 위의 산식에 따라 산출된 공제세액이 '후 상속의 상속세 산출세액'에서 (i) 상속재산에 가산한 증여재산에 대한 증여세 공제액(相贈稅法 28조) 및 (ii)

---

1) '전 상속의 상속세 산출세액'이 아니라 산출세액에서 세액공제액을 빼고, 연부연납가산금이나 가산세 등을 가산한 실제의 납부세액을 의미한다는 주장이 있을 수 있으나, 상속세 및 증여세법 제30조 제2항에서 구체적 공제액의 산정기준으로 규정하고 있는 산식에서 "상속세 산출세액"이라는 용어를 사용하고 있음에 비추어 볼 때 '전 상속의 상속세 산출세액'을 의미하는 것으로 봄이 타당하다. 단기재상속에 대하여 세액공제를 허용하는 취지가 사실상 1회의 상속으로 보아 1회만 상속세액을 산출하려는 것임에 비추어 보더라도 그러하다고 할 것이다.

외국납부세액(相贈稅法 29조)을 차감한 금액을 초과하는 경우 그 초과액은 공제하지 않는다(동조 3항). 이는 단기 재상속이 없었더라면 납부하였을 '후 상속의 상속세액'을 넘어서까지 단기 재상속 공제세액을 인정하지 않는다는 뜻이다.

XⅢ. 과세표준과 세액의 신고, 결정 및 경정청구

1. 신고와 결정

상속인 또는 수유자는 상속개시일이 속하는 달의 말일로부터 6개월(피상속인 또는 상속인이 외국에 주소를 둔 경우에는 9개월) 이내에 상속세 과세표준의 계산에 필요한 상속재산의 종류·수량·평가가액·재산분할 및 각종 공제 등을 증명할 서류 등을 첨부하여 상속세과세표준 신고서를 관할세무서장에게 제출하여야 한다(相贈稅法 67조). 신고기한 내에 신고하고 자진납부한 경우에는 세액의 100분의 3의 경감 혜택(신고세액공제)이 주어지는 반면(相贈稅法 69조 1항), 신고기한 내에 신고하지 아니하거나 신고하여야 할 과세표준에 미달하게 신고한 때에는 국세기본법상의 무신고가산세(基本法 47조의2)나 과소신고가산세(基本法 47조의3)를 부과당하게 된다. 생전 증여재산가액에 대한 증여세 신고를 하지 아니하고, 나아가 그 생전 증여재산가액이 상속세과세가액에 포함됨에도 불구하고 이를 상속세과세가액에 가산하여 상속세 신고도 하지 아니한 경우 생전 증여재산가액에 대한 증여세 신고의 미이행에 따른 무신고가산세를 부과하는 외에 그 부분에 대하여 다시 상속세 무신고가산세를 부과할 수는 없다. 동일한 생전 증여재산가액에 대하여 이중으로 가산세를 부과하는 결과가 되기 때문이다.[1] 그렇다면 논리적으로 생전 증여재산에 대한 증여세를 신고기한 내에 신고하였으나 그 생전 증여재산에 대해 상속세를 신고하지 않는 경우에는 증여세 무신고가산세의 부과가 없었으므로 논리적으로 상속세 무신고가산세를 부과하더라도

---

1) 대법원 1997. 7. 25., 96 누 13361(舊상속세법(1993. 12. 31. 법률 제4662호로 개정되기 전의 것) 제26조 제1항 소정의 증여세 신고를 하지 아니하여 신고불성실가산세가 부과된 경우에 상속세신고시 상속세 과세가액에 가산될 증여재산가액에 대한 신고를 하지 아니하였다고 하여 그 증여재산가액에 대하여 다시 가산세를 부과하는 것은 동일한 증여재산가액에 대하여 이중으로 가산세를 부과하는 결과가 되는 점에 비추어 볼 때, 증여세 신고를 하지 아니하여 신고불성실가산세가 부과된 경우에는 상속세 신고불성실가산세의 산출기준이 되는 위 규정 소정의 '신고를 하지 아니하였거나 신고하여야 할 과세표준에 미달한 금액'에는 증여재산가액이 포함되지 아니한다고 봄이 상당하다).

이중과세의 문제가 발생하지 않는 것처럼 보이기도 하나, 이렇게 되면 증여세 신고를 한 납세자에게 오히려 더 불리한 결과를 가져오게 되기 때문에 이 경우에도 역시 상속세 무신고가산세를 부과할 수 없다고 봄이 타당하다.1)

상속세는 부과주의 국세이므로 과세표준과 세액은 정부의 결정에 의해 확정된다. 신고가 있는 경우에는 관할세무서장은 그 신고에 의하여 상속세 신고기한부터 69월이 경과하기 전에 과세표준과 세액을 결정하여야 하고(相贈稅法 76조 1항, 3항; 相贈稅令 78조 1항 1호), 신고가 없거나 신고한 과세표준이나 세액에 오류나 누락이 있는 경우에는 정부가 조사하여 결정하며, 결정 후에 다시 과세표준과 세액에 탈루나 오류가 있는 것을 발견한 때에는 조사하여 경정한다(相贈稅法 76조 1항, 4항).

결정된 상속재산의 가액이 30억 원 이상인 경우로서 상속개시일부터 5년 이내에 상속인이 보유한 부동산·주식 등 주요재산의 가액이 상속개시 당시에 비하여 경제상황 등의 변동 등에 비추어 볼 때 정상적인 규모를 현저하게 초과하여 증가하였다고 인정됨에 반해 그 증가요인이 객관적으로 명백하지 아니한 경우에는 그 결정한 과세표준과 세액에 탈루 또는 오류가 있는지의 여부를 의무적으로 조사하여야 한다. 그 증가한 재산이 은닉된 상속재산일 가능성이 높다고 보는 것이다. 다만, 상속인이 그 증가한 재산에 관한 자금출처를 시행령에서 정하는 바에 의하여 입증한 경우에는 그러하지 아니하다(相贈稅法 76조 5항; 相贈稅令 78조 2항 내지 5항).

결정한 상속세 과세표준과 세액은 그 산출근거를 명시하여 상속인과 수유자에게 통지하여야 하며, 이 경우 상속인 또는 수유자가 2인 이상인 때에는 모두에게 통지하여야 한다(相贈稅法 77조; 相贈稅令 79조). 따라서 과세표준과 세액의 결정통지를 받지 않은 상속인이나 수유자에 대해서는 과세처분의 효력이 발생하지 않는다.

2. 경정청구의 특례

상속세 과세표준 및 세액의 확정 후 다음의 사유가 발생한 경우에는 그 사

---

1) 相贈稅法 기본통칙 78-0…2조는 무신고로 인하여 증여세 신고불성실가산세가 부과된 경우뿐만 아니라 사전증여재산을 증여세 신고납부기한 내에 신고한 경우에도 상속세 신고불성실가산세의 대상에서 제외하는 것으로 해석하고 있다.

유가 발생한 날로부터 6개월 이내에 경정청구1)를 할 수 있다(相贈稅法 79조 1
항). 첫째는 피상속인 또는 상속인과 제3자 간의 분쟁으로 인한 상속회복청구소
송 또는 유류분반환청구소송의 확정판결에 의하여 상속개시일 현재의 상속인
간 상속재산가액에 변동이 생긴 경우이고(相贈稅法 79조 1항 1호; 相贈稅令 81조 2
항), 둘째는 상속개시 후 1년 내에 상속재산이 과세가액보다 하락한 가액으로
수용·경매 또는 공매된 경우이며, 셋째는 주식 등이 상증세법 제63조 제3항에
따라 최대주주 등의 경영권 수반 주식으로 할증평가되었으나 상속세과세표준
신고기한으로부터 6월 내에 과세가액에 미달하는 가액으로 일괄 매각됨으로써
(피상속인 및 상속인의 '친족 및 직계비속의 배우자의 2촌 이내의 부계혈족과 그 배우자'
에게 일괄하여 매각한 경우 제외) 최대주주 등의 주식 등에 해당하지 아니하게 된
경우이고, 넷째는 자본시장법에 따라 처분이 제한되어 의무적으로 보유해야 하
는 주식의 보유기간이나 '채무자 회생 및 파산에 관한 법률'이나 기업구조조정
촉진법에 따라 발행되어 법원의 결정에 의하여 보호예수된 주식의 보유기간이
만료된 날로부터 2개월 이내에 해당 주식의 매각이 이루어지고 그 매각가액이
상속세 과세가액보다 낮은 경우이다(相贈稅法 79조 1항 2호; 相贈稅令 81조 3항)

XIV. 납부와 징수

1. 자진납부

상속세 과세표준의 신고를 하는 자는 그 신고와 함께 산출세액에서 (i) 징
수유예 금액, (ii) 각종 공제 또는 감면 세액, (iii) 신고세액공제(相贈稅法 69조 1
항), (iv) 연부연납 신청금액(相贈稅法 71조), (v) 물납신청금액(相贈稅法 73조)을
공제한 금액을 정부에 납부하여야 한다(相贈稅法 70조). 납부할 세액이 1천만 원
을 초과하고 2천만 원 이하인 때에는 1천만 원을 초과하는 금액을, 그리고 납
부할 세액이 2천만 원을 초과하는 때에는 그 세액의 100분의 50 이하의 금액을
납부기한 경과 후 2개월 이내에 분할납부할 수 있다. 연부연납을 허가받은 경
우에는 분할납부할 수 없다(相贈稅法 70조 2항; 相贈稅令 66조).

---

1) 법문에서는 '결정 또는 경정청구'라고 표현하고 있으나, 확정 후에 부과처분의 변경을 구
하는 것이므로 '결정'청구라는 용어는 합당하지 않다.

2. 연부연납(年賦延納)

상속세는 일시에 납부하는 것이 원칙이나, 세액이 크고 상속재산의 환가도 어려운 경우가 많기 때문에 이를 나누어 낼 수 있는 제도를 마련해 두고 있다. 이리하여 세액이 2,000만 원을 초과하는 경우에는 상당한 담보를 제공하고 관할세무서장에게 청구하여 연부연납을 할 수 있다. 연부연납의 기간은 (i) 가업상속공제를 받은 상속재산이나 일정한 요건에 맞게 중소기업이나 중견기업을 상속한 경우의 상속재산에 대해서는 연부연납의 허가일부터 20년 또는 연부연납 허가 후 10년이 되는 날부터 10년의 범위 내에서, (ii) 일반 상속재산에 대해서는 연부연납 허가 후 10년의 범위 내에서 납세의무자가 신청한 기간으로 한다(相贈稅法 71조 1항, 2항). 국세징수법 제18조 제1항 제1호부터 제4호까지 열거된 안전한 재산을 담보로 제공하면서 연부연납의 신청을 하는 경우에는 그 신청일에 연부연납의 허가를 받은 것으로 간주한다(동조 1항 후단).

가업상속재산에 대하여 연부연납할 상속세액은 상속세 납부세액에 (i) 총상속재산가액에서 가업상속공제액을 뺀 금액을 분모로 하고, (ii) 가업상속재산가액에서 가업상속공제액을 뺀 금액을 분자로 하는 비율을 곱한 금액으로 한다(2항). 연부연납의 매회 납부금액은 연부연납할 전체 세액과 연부연납 기간을 기준으로 일정한 산식에 따라 정하되, 그 금액은 1천만 원 이상이어야 한다(1항). 연부연납을 하는 경우에는 연납액(잔액 기준)에 대해서 각 분할납부세액의 납부일 현재 시중은행의 1년 만기 정기예금 평균 수신금리를 고려하여 기획재정부령으로 정하는 이자율로 계산한 가산금이 붙는다(相贈稅法 72조; 相贈稅令 69조). 상속세 납부의 유예에 따른 이자 상당액을 징수하는 것이다.

연부연납의 신청은 자진신고납부하는 경우(수정신고 및 기한 후 신고 포함)에는 상속세 과세표준 신고서 제출과 동시에, 그리고 관할세무서장의 결정에 의하여 납부하여야 하는 경우에는 납부기한까지 하여야 한다(相贈稅令 67조 1항). 관할 세무서장은 (i) 법정신고기한 내에 상속세 과세표준 및 세액의 신고에 따라 납부할 의무가 있는 금액의 연부연납 신청에 대해서는 상속세 법정결정기한(즉, 상속세 과세표준 신고기한부터 6월이 경과하는 시점) 이내에, (ii) 수정신고 및 기한 후 신고에 따라 납부할 의무가 있는 금액의 연부연납 신청에 대해서는 그 신고일이 속하는 달의 말일부터 9개월(증여의 경우에는 6개월) 이내에, 그리고

(iii) 해당 세무서장 자신의 결정에 의하여 납부할 의무가 발생한 금액의 연부연납 신청에 대해서는 납부기한 경과일부터 14일 이내에 허가여부를 결정, 통지하여야 하고, 그 기간 내에 허가여부에 대한 서면을 발송하지 아니한 때에는 허가를 한 것으로 본다(相贈稅令 67조 2항).

연부연납의 허가요건이 갖추어져 있고 납세담보를 제공하여 법정기한까지 신청서를 제출한 경우에는 세무서장은 연부연납을 허가하여야 하는 기속을 받는다. 다만 연부연납의 기간에 관하여는 법정기한의 범위 내에서 납세자의 형평과 제도의 취지를 감안하여 결정할 수 있다.[1]

3. 물   납

상속재산(상속재산에 포함하는 증여재산 중 상속인 및 수유자가 받은 것을 포함) 중 부동산과 유가증권의 가액(국내에 소재하는 부동산 등 물납에 충당 가능한 재산의 가액으로 한정함)이 전체의 2분의 1을 초과하고, 상속세 납부세액이 2,000만원을 초과하면서 동시에 상속재산가액 중 금융재산의 가액을 초과하는 경우에는 관할세무서장은 납세의무자의 신청에 따라 물납을 허가할 수 있다(相贈稅法 73조 1항).

물납에 충당할 수 있는 재산은 국내에 소재하는 부동산과 국채·공채·주권·내국법인이 발행한 채권 또는 증권과 기타 기획재정부령이 정하는 유가증권이다(相贈稅令 74조 1항). 다만, 거래소에 상장된 유가증권은 원칙적으로 물납에 충당할 재산에서 제외하되, 해당 유가증권이 최초로 거래소에 상장된 뒤 물납허가일 현재 거래소에서 처분이 제한된 경우에는 그러하지 아니하다(동항 단서). 거래소에 상장된 유가증권은 쉽게 처분하여 현금으로 교환할 수 있기 때문에 원칙적으로 물납대상에 포함시킬 필요가 없다는 취지에서 제외한 것으로 보인다. 또한 비상장주식 등도 물납대상에서 원칙적으로 제외하되, 다른 상속재산이 없거나 상속인이 거주하는 주택 및 그 부수토지 외의 다른 상속재산을 물납하는 것만으로는 납부할 상속세액에 부족한 경우에는 그러하지 아니하다. 비상장주식의 물납에 따른 부작용을 막기 위한 것임은 위에서 본 바와 같다. 판례는 정기예금증서도 물납에 적합한 재산이 아니라고 본다.[2]

---

1) 대법원 1992. 3. 27., 91 누 7729; 同 1992. 4. 10., 91 누 9374.
2) 대법원 1989. 5. 9., 88 누 3833.

물납의 순위는 정당한 사유가 없는 한 (i) 국채 및 공채, (ii) 물납에 충당할 수 있는 상장유가증권, (iii) 국내소재 부동산, (iv) 그 밖의 기획재정부령으로 정하는 유가증권, (v) 비상장주식을 물납에 충당할 수 있는 경우에 있어서의 비상장주식, (vi) 상속인이 거주하는 주택 및 부속토지의 순에 의한다(相贈稅令 74조 2항). 연부연납허가를 받은 자도 연부연납기간 중 첫 회분 분납세액(연부연납 가산금 제외)에 대하여 그 각 분납세액의 납부기한 30일 전까지 관할 세무서장에게 신청하여 물납허가를 받을 수 있다(相贈稅令 70조 2항).

물납을 신청할 수 있는 납부세액은 원칙적으로 (i) '부동산 및 유가증권의 가액에 대한 상속세납부세액'과 (ii) 상속세 납부세액에서 금융재산(금융회사등에 대한 채무액을 차감한 금액)과 거래소에 상장된 유가증권(법령에 따라 처분이 제한된 것 제외)의 가액을 차감한 금액 중 작은 금액(이하 "물납적격 납부세액"이라고만 함) 범위 내로 하되, 상속재산 중에서 그 가액이 '물납적격 납부세액'의 납부에 적절한 것이 없을 때에는 '물납적격 납부세액'보다 더 큰 가액의 상속재산으로 '물납적격 납부세액'을 초과하는 세액을 물납하도록 허가할 수 있다(相贈稅令 73조 1항, 2항). 다만, 비상장주식등에 의한 물납은 더욱 제한되어 상속세 납부세액에서 상속세 과세가액(相贈稅法 13조, 14조)을 뺀 금액 범위 내에서만 인정된다(相贈稅令 73조 4항). 이때 '상속세 과세가액'에는 비상장주식등과 상속개시일 현재 상속인이 거주하는 주택의 가액은 포함하지 아니한다. 물납을 받은 비상장주식등의 가치 저감에 따른 손실을 피하기 위해서다. 상속재산인 물건을 분할하지 않고 물납에 제공할 수 있게 하기 위함이다. 한편, 상속개시일 이후 물납신청 이전까지 해당 상속재산이 정당한 사유없이 관리·처분이 부적당한 재산으로 변경된 경우에는 그 부적당한 재산가액에 상당하는 상속세 납부세액에 대해서는 물납을 청구할 수 없다(相贈稅令 73조 34항).

물건의 소유권을 국가에 이전하는 물납의 방법으로 상속세를 납부하려면, 물납에 충당하는 재산의 수납가액이 결정되어야 한다. 그 수납가액은 원칙적으로 상속재산의 가액에 의하지만, 상속개시일 이후 물납의 수납시점 사이에 물납재산의 가액에 영향을 주는 각종 사유가 발생할 수 있으므로, 그 사유에 따라 수납가액을 조정하도록 하고 있다(相贈稅令 75조). 그러나 물납재산이 공매로 매각·처분되었다고 하더라도 그 매각·처분된 가액으로 수납가액이 변경되지는 않는다.[1]

(i) 물납 신청한 부동산에 지상권·지역권·전세권·저당권 등 재산권이 설정된 경우, (ii) 물납 신청한 토지와 그 지상건물의 소유자가 다른 경우, (iii) 물납 신청한 토지의 일부에 묘지가 있는 경우, (iv) 물납 신청한 부동산에 시행규칙으로 정하는 위와 유사한 권리제한이 있는 경우, (v) 물납 신청한 유가증권의 발행 회사가 폐업하거나 해산하는 등 물납신청한 재산의 관리·처분이 부적당한 경우에는 물납허가를 하지 아니하거나 다른 물납대상재산으로의 변경을 명할 수 있다(相贈稅法 73조 1항 단서; 相贈稅令 71조 1항). 판례는 비상장법인의 주식이 공유 또는 계쟁 중이거나 양도금지된 재산이 아니라고 하더라도 세무서장이 이를 처분상 부적당하다고 인정하고 물납청구를 거부한 처분은 재량권을 일탈한 것이 아니라고 한다.[1]

4. 문화재 등에 대한 물납과 징수유예

(1) 문화재 등에 대한 물납

상속세 납부세액이 2천만 원을 초과하면서 상속재산가액에 포함된 금융재산의 가액을 초과하는 경우 상속세 납세의무자는 상속재산에 포함된 문화재 및 미술품으로 상속세를 물납하겠다고 신청할 수 있고, 이 경우 관할세무서장은 문화체육관광부장관에게 물납신청 내역을 통보하여 그로부터 물납요청을 받으면 국고손실의 위험이 크지 않다고 인정될 경우 물납을 허가할 수 있다(相贈稅法 73조의 1항 내지 4항). 이때 물납을 신청할 수 있는 상속세액은 상속재산 중 물납에 충당할 수 있는 문화재 등의 가액에 대한 상속세 납부세액을 한도로 한다(동조 5항).

(2) 지정문화재 등에 대한 징수유예

상속재산가액에 (i) 문화재보호법에 따른 국가지정문화재, 시·도지정문화재, 문화재자료, 국가등록문화재 및 문화재보호구역 내 일정 토지(지정문화재 등) 또는 (ii) '박물관 및 미술관진흥법'에 의해 등록한 박물관자료 또는 미술관자료로서 박물관이나 미술관에 보존되어 있는 재산(박물관자료 등)의 가액이 포함되어 있는 경우에는 상속세액 중 그 재산가액에 상당하는 금액의 징수를 유예한다(相贈稅法 74조 1항). 박물관자료나 미술관자료가 상속개시 당시 박물관

---

1) 대법원 2014. 1. 16., 2013 두 17305.
1) 대법원 1977. 4. 26., 76 누 233.

또는 미술관에 전시, 보존되어 있지 않더라도 상속인이 상속세 과세표준 신고 기한(설립 중인 박물관 또는 미술관에 전시, 보존하려고 하는데 부득이한 사유로 인하여 그 설립이 지연되는 경우에는 그 사유가 종료하는 날이 속하는 달의 말일로부터 6개월) 이내에 이를 박물관이나 미술관에 전시, 보존하는 경우에도 마찬가지이다(동조 5항). 징수유예를 받고자 하는 자는 유예액에 상당하는 가액의 담보를 제공하여야 한다(동조 4항). 상속세의 징수유예를 받은 지정문화재 등이나 박물관자료 등이 유예기간 중 다시 상속되는 경우에는 유예한 상속세액의 부과결정을 철회하고 이를 다시 부과하지 않는다(동조 3항). 그러나 상속인이 유예기간 중 이를 유상양도하거나 박물관자료를 인출하는 경우에는 세무서장은 지체없이 유예된 세액의 징수절차를 밟아야 한다(동조 2항).

제 2 절   증 여 세

I. 의   의

증여세는 재산의 수증을 과세물건으로 하여 부과하는 국세이다. 상속세가 피상속인의 유산 자체를 과세대상으로 함에 대하여, 증여세는 증여로 인해 수증자가 취득한 재산을 과세대상으로 한다(相贈稅法 4조).

상속과 증여는 소유재산의 생전이전이냐 사후이전이냐의 차이가 있을 뿐, 무상이전이라는 공통점을 갖고 있다. 따라서 증여세가 없다면 조세부담 없이 재산의 생전이전을 할 것이기 때문에 증여세 없는 상속세는 존립할 수 없다. 또한 증여세에 관한 규정 중에는 상속세의 회피수단으로 증여가 이용되는 것을 방지하려는 뜻이 담겨진 것이 많으므로 증여세는 상속세의 보완세라고 불리기도 한다. 그러나 소득개념에 관한 순자산증가설의 입장에서 수증도 소득을 구성하는 것이고, 따라서 수증액도 소득세 과세대상이 되는 것인데, 다만 증여가 일시적이고 때로는 집중적으로 발생할 수 있기 때문에 세목을 달리하여 증여세를 부과하는 것이라고 본다면, 증여세가 반드시 상속세에 종속하는 것이라고만 할 수 없다.

II. 증여세와 소득세의 관계

소득을 순자산증가로 이해하면 수증액도 소득세의 과세대상이 될 수 있다. 이런 관점에서 우리 법인세법은 법인이 무상으로 받은 자산의 가액을 익금에 산입하여 과세의 대상으로 하고 있다(法令 11조 5호). 또한 거주자가 법인세법 제52조에 의한 부당행위계산 부인에 따라 특수관계에 있는 법인으로부터 어떤 거래를 통하여 이익을 분여받으면, 그 이익은 법인과의 관계에 따라 배당, 상여, 기타소득 등의 소득을 얻은 것으로 처분되는바(法法 67조; 法令 106조), 그 소득처분의 대상 소득도 유상거래의 기회에 얻은 것이지만, 본질적으로는 대가 없이 얻은 수증이라고 할 것이다. 따라서 현행 세법체계 하에서 소득과 수증은 개념상 엄격히 구분되는 것이 아니라, 거주자의 수증액에 대해서는 원칙적으로 증여세를 부과하되, 소득세의 과세대상이 되는 수증액에 대해서는 증여세를 부과하지 않는 상호 보완적 관계에 있다. 상속세 및 증여세법은 증여재산에 대하여 수증자에게 소득세나 법인세가 부과되는 때에는 증여세를 부과하지 아니하고, 본래 이들 조세의 과세대상에 해당하나 비과세 또는 감면되는 경우에도 같다고 규정하여 이러한 관계를 명시적으로 천명하고 있다(相贈稅法 4조의2 3항).[1] 소득세를 부과할 수 있는데, 제척기간의 경과로 부과할 기회를 놓쳐 버린 경우에도 소득세를 부과하는 경우에 해당한다고 할 것이다. 과세관청의 귀책사유로 인한 세수(稅收)의 상실을 납세의무자에게 전가시켜서는 아니 되기 때문이다. 미국의 경우 수증재산은 소득에 포함하지 않는다는 원칙을 두고 있지만,[2] 그 지급자의 지급동기가 역무의 제공에 대한 대가이거나 그 지급이 도덕적 또는 법적 의무감에서 행하여졌으면, 비록 지급자의 입장에서 증여라고 하더라도, 수급자에게는 소득이 되는 것으로 보고 있다.[3] 수급자의 입장에서 증여가액이 증여로 과세되든지, 아니면 소득으로 과세된다는 점에서 우리 세법의 취급과 기본적으로 다르지 않다.

증여세와 소득세가 상호보완적 관계에 있다는 것은, 수급자의 입장에서 수급액이 수증액이 되거나 아니면 소득금액이 될 수 있음을 의미하는 것은 물론,

---

1) 소득과 수증의 구분 및 관계에 관한 일반적 논의로는 한만수, "소득과 수증의 과세상 관계에 관한 고찰,"「조세법연구」17－2(2011. 8.), 한국세법학회 참조.

2) 미국 내국세입법 §103(a).

3) Robertson v. U.S., 343 U.S. 711(1952); Bogardus v. Commissioner, 302 U.S. 34(1937).

다른 한편으로는 지급자의 입장에서 지급액이 무상의 지급액(증여액)이 될 수도 있고, 유상의 대가(재산의 양도가액이나 업무 관련 비용의 지출액)로 취급될 수도 있음을 의미하는 것이다.1) 예를 들면, 거주자가 특수관계에 있는 다른 거주자에게 자산을 저가로 양도한 행위와 관련하여 그 양수인이 시가와 양도가액 간의 차액에 상당하는 금액을 증여받은 것으로 보아 증여세를 부과하면서 동시에 양도인에게는 시가에 의한 양도소득세를 부과하는 것이 가능하다고 본다.2) 그러나 동일 당사자를 증여자로 취급함과 동시에 소득의 지급자로 취급한다거나, 또는 수증자로 취급함과 동시에 소득의 수취자로 취급할 수 없음은 물론이다.3)

Ⅲ. 납세의무자

1. 증여세 납세의무자에 관한 제도의 유형

증여세 납세의무를 수증자에게 지우느냐, 아니면 증여자에게 지우느냐, 아니면 양자 간에 상호 연대적으로 지우느냐는 각국의 입법 정책상의 문제이다. 미국에서는 거주자인 증여자에게 증여세를 과세함이 원칙인 데 비해,4) 우리나라나 일본5)의 경우에는 수증자에게 증여세를 과세하고, 경우에 따라서 연대납세의무를 진다. 상속세에 관하여 유산세제를 택하고 있는 경우에는 오히려 증여자를 납세의무자로 하는 것이 재산을 '이전한 자'를 공통의 기준으로 한다는 점에서 더 일관성이 있다고 할 것이다. 미국이 그 예이다.

증여세 납세의무자가 증여자이냐 또는 수증자이냐에 따라 같은 세율을 적용하더라도 그 세부담에 있어 큰 차이가 난다. 예를 들어 증여세 세율이 50%의 비례세율이며 공제액은 없다고 가정하자. A는 자기가 갖고 있는 150만 원을 모두 B를 위하여 사용하고자 할 경우에, 수증자가 납세의무자인 제도 아래에서는 150만 원을 전액 B에게 주고 B는 그 중에서 75만 원의 증여세를 부담하여 과세된 후 75만 원을 갖게 되는 데 비해, 증여자가 납세의무를 지는 제도 아래에서는 100만 원을 B에게 주고 나머지 50만 원으로는 증여금액의 50%인 증여세

---

1) 대법원 2003. 10. 23., 2002 두 950; 同 2003. 5. 13., 2002 두 12458.
2) 대법원 1999. 9. 21., 98 두 11830.
3) 대법원 1992. 11. 10., 92 누 3441.
4) 미국 내국세입법 §2501(a) 참조.
5) 일본 상속세법 제1조의4.

를 내게 될 것이다. 전자의 경우 B는 75만 원을 가지게 되고, 후자의 경우 3분의 1이 더 많은 100만 원을 갖게 되는데도 세액은 3분의 1이 적다. 후자의 제도 아래에서 전자의 제도를 보면 세율이 100%인 셈이다.

2. 우리나라의 제도

(1) 본래의 납세의무자

증여세의 본래의 납세의무자는 수증자(受贈者)이다(相贈稅法 4조의2 1항). 다만, 다음의 2가지 예외가 있다. 첫째, 명의신탁의 증여의제(相贈稅法 45조의2)에 따라 명의신탁 재산을 증여한 것으로 의제하는 경우(명의자가 영리법인인 경우 포함)에는 수증자로 의제되는 명의자가 아니라 증여자로 의제되는 실제소유자가 증여세를 납부할 의무가 있다(相贈稅法 4조의2 2항). 통상의 경우 명의수탁자의 증여세 납부 자력이 명의신탁자에 비해 낮음을 고려하여 둔 예외이다. 그러나 이 경우에도 납세의무자인 실제소유자가 증여세·가산금 또는 강제징수비를 체납하고 명의신탁 대상 외의 재산에 대하여 강제징수를 하여도 징수할 금액에 미치지 못하는 경우에는 명의신탁 대상 재산으로부터 그 체납액을 징수할 수 있다(相贈稅法 4조의2 9항). 국세기본법 제42조에 규정된 양도담보권자의 물적납세의무와 유사한 납세의무의 확장이다. 둘째, 거주자(본점이나 주된 사무소의 소재지가 국내에 있는 비영리법인을 포함)가 비거주자(본점이나 주된 사무소의 소재지가 국내에 없는 비영리법인을 포함)에게 국외에 있는 재산을 증여(사인증여 제외)하는 경우에는 증여자가 증여세를 납부할 의무를 진다(國租法 21조 1항). 다만, 비거주자인 수증자가 거주자인 증여자의 국세기본법상의 특수관계인이 아니고, 해당 재산의 증여에 대하여 외국의 법령에 의하여 증여세가 부과되는 경우에는 우리 세법에 따른 증여세 납부의무가 면제된다(國租法 21조 1항 단서). 예컨대 우리나라의 거주자가 그 소유의 미국 소재 부동산을 특수관계인이 아닌 미국의 거주자(우리나라의 비거주자)에게 증여하였다면, 원칙적으로 그 거주자 증여자는 우리나라의 증여세를 납부할 의무가 있지만, 비거주자 수증자가 미국 내에 소재하는 유형재산의 수증에 대하여 미국정부에 증여세를 납부하므로 그 거주자의 우리나라 증여세 납세의무가 면제된다. 동일한 증여에 대하여 우리나라와 미국 양국에서 이중과세를 당하지 않도록 하기 위한 것이다.

영리법인이 수증자일 경우 그 수증액에 대하여 법인세가 부과되므로 영리

법인이 증여세 납세의무자에서 제외됨은 위 Ⅰ. 2.에서 본 바와 같다. 비영리법인이 수증받은 경우에는 증여세의 납세의무자가 되고(相贈稅法 4조의2 1항 1호), 이와 관련하여 법인격 없는 사단·재단 또는 그 밖의 단체로서 국세기본법에 의하여 법인으로 의제되는 것은 증여세 부과목적상 비영리법인으로 취급되고, 그렇지 않은 것은 거주자 또는 비거주자로 취급된다(相贈稅法 4조의2 8항).

　　수증자가 상속세 및 증여세법 제35조(저가·고가 양도에 따른 증여), 제36조(채무면제에 따른 증여), 제37조(토지의 무상사용에 따른 증여) 또는 제41조의4(금전대부에 따른 증여)에 의한 증여의 수증자로서 각 경우의 증여에 따른 증여세를 납부할 자력이 없는 경우에는 그 증여세의 전부 또는 일부를 면제한다(相贈稅法 4조의2 5항). 이러한 경우의 무자력 수증자에게 증여세 납부의무를 지우는 것은 너무 가혹하다는 정책적 이유에서이다. 여기서 수증자가 증여세를 납부할 능력이 없는지 여부를 판단하는 기준시점은 문제의 증여세 납세의무의 성립 시점이다.[1]

(2) 수증자인 영리법인의 주주 등의 취급

　　영리법인의 수증액에 대하여 법인세가 부과되거나 비과세 또는 감면되는 경우 그 영리법인은 증여세 납세의무를 부담하지 않음은 위에서 본 바와 같은 바(相贈稅法 4조의2 2항), 이 경우 해당 수증자 법인의 수증으로 인해 그 법인의 주주 등이 소유하고 있는 지분의 가치가 증가함에 따라 그 주주 등이 증여세를 납부할 의무가 있는지의 문제가 있다. 이에 관해 상속세 및 증여세법은 3가지의 경우, 즉 (i) 특수관계에 있는 법인과의 거래를 통해 이익을 증여받은 것으로 의제되는 경우(相贈稅法 45조의3), (ii) 특수관계에 있는 법인으로부터 사업기회를 제공받음으로써 이익을 증여받은 것으로 의제되는 경우(相贈稅法 45조의4), (iii) 특정법인의 주주 등과 특수관계에 있는 법인이 그 특정법인과 거래를 함으로써 해당 특정법인의 주주 등이 이익을 증여받은 것으로 의제되는 경우(相贈稅法 45조의5)를 제외하고는 원칙적으로 증여세 납부의무를 부담하지 않는 것으로 규정하고 있다(相贈稅法 4조의2 4항). 그런데 법인의 순자산가치가 어떤 연유로든, 즉 목적사업의 영위를 통해서든, 수증을 통해서든 증가된 경우 해당 법인이 그 증가액에 대하여 법인세를 부담하는 것은 당연하지만, 법인의 순자산가치의 증가에 따라 해당 법인의 주주 등이 갖는 지분가치가 증가한다고 하여 그

---

[1] 대법원 2016. 7. 14., 2014 두 43516.

증가액에 대하여 바로 어떤 조세를 부과하지 않고, 그 지분가치 증가액이 배당, 의제배당, 양도차익 등의 형태로 구체적으로 실현되었을 때 과세함이 대원칙이다. 따라서 위의 규정은 그러한 당연한 원칙을 확인한 것에 불과하고, 오히려 예외로 과세대상으로 열거하고 있는 3가지의 경우에 실현되지도 않는 주식가치 증가분에 대해서 증여세를 과세하는 것이 헌법상 용인될 수 있는지에 관해서 논란의 여지가 다분하다.

(3) 수증자의 납세의무의 범위

수증자는 그 생활 근거지의 국내 존재 여부에 따라 거주자와 비거주자로 나누어지는데(相贈税法 2조 9호), 증여세의 납부의무도 상속세에서와 같이 수증자가 거주자인지 여부에 따라 무제한적 납세의무와 제한적 납세의무로 구분된다. 수증자가 증여일 현재 거주자1)인 경우에는 수증재산 전액에 대해 납세의무를 진다(무제한적 납세의무; 相贈税法 4조의2 1항 1호). 수증자가 증여일 현재 비거주자인 경우에는 국내소재 재산의 수증액에 대해서만 증여세 납세의무를 진다(제한적 납세의무, 相贈税法 4조의2 1항 2호).

(4) 증여자의 연대납세의무

이상과 같이 증여세의 납세의무자는 원칙적으로 수증자이다. 그러나 (i) 수증자의 주소 또는 거소가 불분명하여 조세채권을 확보하기가 곤란한 경우, (ii) 수증자가 무자력자로서 강제징수를 하여도 조세채권을 확보하기가 곤란한 경우, (iii) 수증자가 비거주자인 경우에는 증여자가 연대납세의무를 진다(相贈税法 4조의2 6항). 그러나 상속세 및 증여세법 제4조 제2호(현저히 낮은 대가를 주고 재산 또는 이익을 이전받음으로써 발생하는 이익이나 현저히 높은 대가를 받고 재산 또는 이익을 이전함으로써 발생하는 이익), 동조 제3호(재산 취득 후 해당 재산의 가치가 증가한 경우의 그 이익), 제35조(저가·고가 양도에 따른 증여), 제36조(채무면제 등에 따른 증여), 제37조(토지의 무상사용에 따른 증여), 제38조(합병에 따른 증여), 제39조(불균등 증자에 따른 증여), 제39조의2(불균등 감자에 따른 증여), 제39조의3(현물출자에 따른 증여), 제40조(전환사채 전환이익의 공여), 제41조의2(초과배당에 따른 이익의 증여), 제41조의3(주식 또는 출자지분의 상장 등에 따른 이익의 증여), 제41조의4(금전무상대부에 따른 증여), 제41조의5(합병에 따른 상장이익의 증여), 제42조(기

---

1) 거주자라고 함은 상속세 부과의 경우에서와 같이 국내에 주소를 두거나 183일 이상 거소를 둔 자를 말하고, 비거주자는 그 이외의 자를 말한다(相贈税法 2조 8호).

타 이익의 증여), 제42조의2(법인의 조직 변경 등에 따른 이익의 증여), 제42조의3(재산 취득 후 재산가치 증가에 따른 이익의 증여), 제45조의3(특수관계법인과의 거래를 통한 이익의 증여의제), 제45조의4(특수관계법인으로부터 제공받은 사업기회로 발생한 이익의 증여의제), 제45조의5(특정법인과의 거래를 통한 이익의 증여의제) 및 제48조(공익법인 등이 출연받은 재산에 대한 과세가액 불산입 등)[1]의 경우에는 증여자가 연대납세의무를 지지 않는다(相贈稅法 4조 4항 단서). 이러한 경우들에는 증여자가 증여가액에 대해 법인세 납세의무를 지거나 증여자를 쉽게 파악할 수 없기 때문이다.

증여세를 징수하기 곤란한 경우에만 증여자에게 연대납세의무가 있는 것이라면 왜 증여자를 제2차납세의무자로 규정하지 않고 연대납부의무자로 규정했는지 의문이다. 연혁적으로 보면 '연대하여 납부할 의무'라는 용어는 과거에 계속해서 써 왔던 것이다. 과거에 증여자에게 두루 연대납세의무를 지웠던 것은 일반적으로 증여자에게도 공동책임이 있음을 밝히고자 하는 취지였다. 이러한 공동책임의 견지에서 볼 때 증여자가 자진하여 증여세를 납부한 경우에 그것이 또 다른 증여가 되는가에 관하여 논란이 있을 수 있는바, 판례는 긍정적인 입장을 취하였다.[2] 이에 증여자가 수증자를 대신하여 납부한 증여세액은 새로운 증여가액으로서 이를 본래의 증여가액에 포함하여 증여세를 부과한다(相贈稅法 기본통칙 36-0…1조 2항).

증여자로부터 연대납세의무를 지는 증여세를 징수하려면 증여자에 대하여 납부고지를 하여야 함은 물론(徵收法 6조 1항), 증여자에게 연대납세의무를 지우는 사유를 통지하여야 한다(相贈稅法 4조의2 7항). 수증자에게 아직 증여세가 부과되어 있지 않거나 부과된 납세의무가 확정적으로 취소되어 버렸다면 증여자도 책임이 없다.[3]

---

1) 출연자가 해당 공익법인의 운영에 대해 책임이 없다고 인정될 수 있는 요건이 충족되는 경우에 한한다(相贈稅法 4조 4항 괄호; 相贈稅令 2조의3).
2) 대법원 1994. 9. 13., 94 누 3698; 同 1997. 9. 5., 97 누 7493. 같은 취지의 예규로는 재산 22601-1536, 1991. 10. 11. 참조. 그러나 이 예규가 나오기까지의 相贈稅法 기본통칙 88…29-2조의 규정이나 1994. 4. 8. 개정 기본통칙의 같은 조문은 이를 수증자에 대한 증여로 보지 아니한다.
3) 대법원 1979. 2. 29., 71 누 110.

Ⅳ. 증여재산

1. 증여의 개념

상속세 및 증여세법은 '증여'의 개념에 관하여 "그 행위 또는 거래의 명칭·형식·목적 등과 관계없이 직접 또는 간접적인 방법으로 타인에게 무상으로 유형·무형의 재산 또는 이익을 이전(현저히 낮은 대가를 받고 이전하는 경우를 포함)하거나 타인의 재산가치를 증가시키는 것"이라고 정의하고 있다(相贈稅法 2조 6호). 여기서 '사망한 사람 외의 자로부터 무상으로 인한 경제적 가치의 이전'이 증여 개념의 핵심임을 알 수 있다. 사망한 사람의 유언으로 재산을 무상으로 이전받는 유증이나 증여자의 사망으로 인하여 효력이 생기는 재산의 사인증여(민법 562조), 그리고 위탁자의 사망에 따라 수익자가 신탁재산의 수익권을 취득하거나 신탁재산에 기한 급부를 받는 유언대용신탁에 있어서 위탁자의 사망에 따른 재산의 이전은 모두 상속세 과세대상이므로 증여세 과세대상이 되지 않는다. 또한 수익자의 사망으로 타인이 새로 신탁의 수익권을 취득하는 수익자연속신탁에 있어서 수익자의 사망에 따른 '신탁이익을 받을 권리'의 이전도 마찬가지이다(相贈稅法 2조 6호 단서, 9조 3항). 2003. 12. 30.자 상속세 및 증여세법의 개정에 의해 도입한 '포괄적 증여'의 개념이다. 이에 맞추어 증여재산의 범위도 "수증자에게 귀속되는 재산으로서 (i) 금전으로 환산할 수 있는 경제적 가치가 있는 모든 물건, (ii) 재산적 가치가 있는 법률상 또는 사실상의 모든 권리 및 (iii) 금전으로 환산할 수 있는 모든 경제적 이익"으로 규정하고 있다(相贈稅法 2조 7호). 이러한 포괄적 개념의 증여는 민법상의 증여계약, 즉 당사자의 일방이 무상으로 재산을 상대방에게 수여하는 의사를 표시하고 상대방이 이를 승락함으로써 그 효력이 발생하는 계약(민법 554조)을 통해서 이루어지는 재산의 이전에만 국한되는 것이 아니라, 여하한 법률행위나 사실행위에 의해 이루어지는 여하한 형태의 경제적 가치의 무상이전을 포괄하는 것이다.[1] 미국 내국세입법에서도 증여세의 입법 당시부터 '재산의 무상이전'으로서의 증여(gift)를 "법률에 의해 보호되고 교환적 가치를 가진 모든 유형의 권리와 이익(every species of right or interest protected by law and having exchangeable value)"이라는 매우 넓고

---

1) 同늼 이창희, 전게서, 1072면.

포괄적인 개념으로 보고 있고,1) 현행 시행규칙에서도 "수단이나 방식에 관계 없이 재산이나 재산적 권리나 이익을 타인에게 대가없이 이전하거나 주는 모 든 거래가 증여에 해당한다(all transactions whereby property or property rights or interests are gratuitously passed or conferred upon another, regardless of the means or device employed, constitute gifts subject to tax)"라고 해석하고 있다.2)

증여재산을 '경제적 가치가 있는 모든 물건'과 '재산적 가치가 있는 법률상 또는 사실상의 모든 권리'라고 정의함에 있어서 왜 '경제적 가치'와 '재산적 가 치'를 분리 사용했는지는 불명확하나, 아마 '재산적 가치'는 재산법의 대상이 되 는 물건과 권리를 의미하려는 것으로 의도하고, '경제적 가치'는 재산법적 가치 는 인정받지 못하면서도 경제적 가치를 지닌 것을 의미하려는 의도였을 것으로 추정된다.

2. 증여재산의 범위

상속세 및 증여세법에서는 위와 같은 증여의 개념에 부합하는 증여재산의 범위를 열거하고 있다(相贈稅法 4조 1항). 그 중 "무상으로 이전받은 재산 또는 이익"(동항 1호)은 증여의 개념을 반복해서 규정한 것에 불과하다. 그리고 "현저 히 낮은 대가를 주고 재산 또는 이익을 이전받음으로써(저가양수) 발생하는 이 익이나 현저히 높은 대가를 받고 재산 또는 이익을 이전함으로써(고가양도) 발 생하는 이익"(동항 2호 본문)은 유상거래에서의 가격의 책정을 통하여 무상으로 이전되는 부분을 말한다. 이 규정 역시 확인적 의미밖에 없다고 할 것이다. 다 만, 특수관계인이 아닌 자 간의 유상거래에서 거래의 관행상 정당한 사유가 있 는 경우에는 거래가액과 시가와의 차액을 증여재산으로 보지 않는바(동호 단서), 이 경우는 당사자 간의 관계와 거래의 관행이라는 2가지 요소를 고려하여 증여 의 의사가 없는 것으로 의제하는 것이다. 그리고 (i) 특수한 유형의 증여와 관 련하여 법에서 두고 있는 증여재산가액의 계산에 관한 규정들에 따라 계산된 증여재산가액과 (ii) 증여의 추정 및 의제 규정에 따라 증여된 것으로 보는 가 액도 증여재산으로 규정하고 있는데(동항 4호, 5호, 동조 2항), 이 역시 '증여재산

1) Sennate Finance Committee's report(S. Rep. No. 665, 72d Cong., 1st sess.(1932), reprinted in 1939-1 C.B.(Para 2) 496, 524).
2) 미국 내국세입법 시행규칙 §1.2511-1(c).

가액을 증여재산으로 본다'는 식의 동어반복적 확인규정에 지나지 않는다고 할 것이다.

취득한 재산의 가치증가익도 원칙적으로 증여재산으로 본다(相贈稅法 4조 1 항 3호). 여기서 증여재산으로 인정되는 '취득한 재산의 가치증가익'이 무엇을 의미하는지의 문제가 있다. 어떤 재산의 보유기간 중에 발생한 가치증가분은 소유자가 해당 재산을 유상으로 처분하면 소유자의 양도소득으로 과세되고, 이를 누군가에게 증여하면 '수증자'의 증여재산으로 과세됨이 원칙인데, 이와 달리 재산의 가치증가익을 그 '소유자의 증여재산'으로 인정한다는 것은 곧 그 가치증가를 초래한 원인행위가 그 자체로 부의 무상이전으로서의 성격을 갖는 경우에 한정됨을 의미한다고 할 것이다. 구체적으로는 상속세 및 증여세법 제 42조의3에서 증여재산가액으로 규정하고 있는 '재산 취득 후 재산가치 증가에 따른 이익'이 이에 해당한다. 그러나 취득한 재산의 가치증가를 초래한 원인이 '특수관계인이 아닌 자 간의 거래'이고, 거래계의 일반 관행에 비추어 볼 때 해당 거래의 조건을 정하는 데 '정당한 사유'가 있는 경우에는 그 가치증가익은 증여재산에서 제외한다(동호 단서).

한편, 증여재산가액의 계산에 관한 규정들에서 상정하지 않고 있는 유형이나 방식의 거래를 통하여 재산이나 이익의 무상이전이 얼마든지 이루어질 수 있고, 이러한 경우에는 국세기본법 제14조에 규정된 실질과세의 원칙에 따라 증여세를 부과함이 타당할 것이다. 다만 이 경우에도 납세자의 예측가능성과 조세법률관계의 안정성을 보장한다는 조세법률주의의 원칙상 합리적이고 객관적인 기준에 따라 증여재산의 가액의 계산이 가능해야 할 것이다. 이에 법에서는 증여재산가액의 계산에 관한 규정들에서 상정하고 있는 유형이나 방식의 거래들과 경제적 실질이 유사한 경우 등 그 규정들을 준용하여 증여재산의 가액을 계산할 수 있는 경우에 한하여 그 재산이나 이익을 증여재산으로 한다고 규정하고 있다(동항 6호).

여기서 '준용하여 증여재산의 가액을 계산할 수 있는 경우'라 함은 경제적 가치의 무상이전을 가져온 어떤 거래나 행위 자체의 조건만으로는 그 가액을 계산하는 것이 가능하지 않더라도, 증여재산가액의 계산방식이 특별히 법에 정해져 있는 거래나 행위와 유사성이 인정되어 그 계산방식을 유추 적용하여 해당 거래나 행위에 따른 증여재산가액을 합리적으로 계산해 낼 수 있는 경우를 의미한다고 할 것이다. 이른바 '포괄적 증여' 개념의 도입에 따라 증여세 과세의 대상이 된 여하한 형태의 경제적 가치의 무상이전에 대하여 그 가액의 계산방식을 일일이 법령에서 규정하는 것은 불가능하기 때문에 유추해석을 인정할 수밖에 없다. 그러나 특별히 법정된 증여재산가액의 계산방식을 준용하여 증여재산가액을 계산할 수도 없는 경우에는 납세자의 예측가능성과 조세법률관계의 안정성을 보장한다는 조세법률주의의 원칙상 증여세를 부과할 수 없다고 보아야 할 것이다. 또한 같은 취지에서 증여재산가액의 계산에 관한 규정에서 증여의 개념에 해당하는 어떤 유형의 거래나 행위 중 일정한 것만 증여세 부과대상으로 명시적으로 한정하고 있는 경우에는 증여세 과세의 범위와 한계를 설정한 것으로 보아 그 외의 거래나 행위는 증여세 부과대상이 되지 않는다고 본다.1)

3. 증여이익의 반환

과세처분의 위법성 여부에 대한 판단의 기준시기는 그 처분당시라 할 것이기 때문에, 과세관청이 증여를 원인으로 과세처분을 하기 전에 그 증여계약이 적법하게 해제되고 그 해제에 의한 말소등기가 이루어진 때에는 그 계약의 이행으로 생긴 물권변동의 효과는 소급적으로 소멸하고 증여는 처음부터 없었던 것으로 보아야 한다는 것이 일관된 판례의 입장이었다.2)

상속세 및 증여세법은 이를 받아들여 증여를 받은 후 당사자간의 합의에 따라 그 증여받은 재산(금전을 제외)을 증여세 신고기한(3월) 내에 반환하는 경우에는 처음부터 증여가 없었던 것으로 보며, 다만 반환하기 전에 과세표준과 세액의 결정을 받은 경우3)에는 예외로 하는 것으로 규정하고 있다(相贈稅法 4조 4항). 그러나 기존 판례의 입장과 상속세 및 증여세법의 규정 간에는 차이가 있다. 판례는 '구체적 조세채권이 발생하기 전', 즉 과세처분이 있기 전까지는 증여계약 해제의 유효성을 인정하였으나, 상속세 및 증여세법은 '증여세 신고기한 내'로 한정하고 있어 판례의 입장을 부분적으로 수용하였을 뿐이다. 여기서

---

1) 대법원 2015. 10. 15., 2014 두 37924; 同 2015. 10. 15., 2014 두 5392; 同 2015. 10. 15., 2013 두 14283; 同 2015. 10. 15., 2013 두 13266; 同 2017. 3. 30., 2016 두 55926.
2) 대법원 1992. 6. 9., 91 누 10404; 同 1991. 3. 22., 90 누 8220; 同 1989. 9. 12., 88 누 10916; 同 1989. 7. 25., 87 누 561; 同 1988. 10. 11., 88 누 27.
3) 예컨대, 증여세 신고기한 이전에 국세징수법 제14조 제1항 각호의 1 소정의 납기전 징수 사유가 있는 경우에 해당하여 증여세 과세표준과 세액을 결정한 경우가 이에 해당한다.

'반환'이라 함은 부동산의 경우 등기원인의 여하에 불구하고 당초 증여자에게 등기부상 소유권을 사실상 무상으로 이전하는 것을 말한다(相贈稅法 기본통칙 31-0…1조 2항). 증여로 의제되는 명의신탁 대상 재산에 대해 그 명의신탁을 해지하고 명의신탁자의 지시에 따라 제3자 명의로 이전하는 경우도 여기서 말하는 '반환'에 해당한다.[1]

증여를 받은 자가 증여재산을 신고기한 경과 후 3월 이내에 증여자에게 반환하거나 다시 증여하는 경우에도 그 반환하거나 다시 증여하는 것에 대하여 증여세를 부과하지 아니한다(相贈稅法 4조 4항). 증여받은 재산을 증여세신고기한 내에 반환하는 경우에는 처음부터 증여가 없었던 것으로 보는 것과 대비되나, 증여세가 부과되지 않는 결과에 있어서 차이는 없다. 그러나 수증자가 증여받은 재산을 증여세 신고기한 경과 후 3월 이후(증여를 받은 날로부터 6월 이후)에 증여자에게 반환하거나 다시 증여하는 것에 대해서는 당초 증여와 재증여 모두에 대해 증여세를 과세한다(相贈稅法 기본통칙 31-0…1조 1항 3호).

그런데, 증여세 등의 법정신고 기한 경과 후 증여계약이 합의해제된 경우 후발적 사유를 이유로 한 경정청구를 할 수 있는가? 이에 대해 증여세가 부과주의 세목이라는 점을 고려하여 과세처분의 안정성과 신고납세질서의 존중의 조화라는 측면에서 합의해제시기가 과세처분 전·후인지를 나누어 경정청구 가능 여부를 가리는 것이 타당하다는 견해[2]가 있다. 즉 과세관청이 증여세 등의 과세처분을 행하기 전까지 증여계약을 합의해제하였다면 그 과세처분은 위법하여 취소의 대상이 된다는 것이다. 그러나 상속세 및 증여세법 제4조 제4항에서 명문으로 법정신고기한 내에 반환하는 경우에 한하여 증여가 없었던 것으로 보고 있으므로, 법정신고기한이 경과한 이후 합의해제하더라도 국세기본법 제45조의2 소정의 경정청구가 불가능하다고 봄이 타당하다.[3]

한편 회사의 대표이사가 가족관계에 있는 다른 주주들이 배정받은 신주의 인수대금을 납입한 후 과세관청의 자금출처 조사가 있자 그 다른 주주들이 인수한 신주를 그 대표이사 명의로 변경한 사안에서, 판례는 회사의 대표이사가 주주들에게 증여한 것은 주식인수대금이지 다른 주주들이 인수한 주식이라고

---

1) 대법원 2011. 9. 29., 2011 두 8765.
2) 金完石, "경정청구제도에 관한 연구(Ⅱ)," 월간 「조세」 97. 9., 28면.
3) 同旨 임승순, "세법상 증여의 합의해제(하)," 「판례월보」 320(97. 5.), 50-51면.

할 수 없고, 따라서 그 후 위 주식의 소유명의를 대표이사 앞으로 변경한 것을
두고 주식증여계약의 합의해제에 따른 원상회복이라 할 수도 없다는 것이 판례
의 입장이다.1) 그렇다면 주식의 소유명의를 회사의 대표이사 앞으로 변경할 것
이 아니라 주식을 처분한 후 그 대금을 반환하면 합의해제에 따른 원상회복이
라는 취지인데, 양자가 경제적 실질에 있어서 차이가 없는데 서로 다르게 취급
하는 것은 타당하지 않다고 본다.

4. 공동상속인 간의 협의분할

공동상속인 간의 협의분할로 공동상속인 중 1인이 고유의 상속분을 초과
하는 재산을 취득한 경우에는 민법 제1015조의 규정에 의하여 그 효력이 상속
개시일로 소급하여 발생하는 것이므로 그 초과분까지도 피상속인으로부터 승계
한 것으로 보아야 하며, 다른 공동상속인으로부터 증여받은 것으로 볼 것이 아
니다.2) 그러나 상속재산에 대하여 이미 등기·등록·명의개서 등(이하 "등기 등"
이라고 함)을 필하여 각 상속인의 상속분이 확정된 후 공동상속인 간의 재분할
협의에 의하여 어떤 상속인의 상속분이 당초 상속분을 초과하게 된 경우에는
그 초과분의 가액은 그 재분할협의에 의해 상속분이 감소된 상속인으로부터 증
여받은 것으로 보되, 다만 (i) 상속세 과세표준 신고기한 이내에 재분할하는 경
우, (ii) 재분할협의가 무효이거나 취소된 경우, (iii) 기타 재분할협의에 정당한
사유3)가 있는 경우에는 그 재분할을 증여로 보지 않는다(相贈稅法 4조 3항; 相贈
稅令 3조의2).

---

1) 대법원 1995. 7. 11., 95 누 1217.
2) 대법원 1985. 10. 8., 85 누 70; 同 1992. 3. 27., 91 누 7729.
3) '정당한 사유'란 다음과 같다. 즉 ① 상속회복청구의 소에 의한 법원의 확정판결에 의하여
상속인 및 상속재산에 변동이 있는 경우, ② 민법 제404조의 규정에 의한 채권자대위권의
행사에 의하여 공동상속인들의 법정상속분대로 등기 등이 된 상속재산을 상속인 사이의 협
의분할에 의하여 재분할하는 경우, ③ 상속세과세표준 신고기한 내에 상속세를 물납하기
위하여 법정상속분으로 등기·등록 및 명의개서 등을 하여 물납을 신청하였다가 물납허가
를 받지 못하거나 물납재산의 변경명령을 받아 당초의 물납재산을 상속인간의 협의분할에
의하여 재분할하는 경우 등이다(相贈稅令 3조의2). 다만 유산분할에 관한 합의가 이루어진
후 유산 중의 일부 부동산의 가치가 상승하는 등의 사유로 분할내용이 균형을 상실한 경우
는 '정당한 사유'에 해당되지 않는다.

5. 원상회복

명의신탁의 해지1) 혹은 취득원인무효의 판결2)에 의해 부동산 소유권이 환원되는 경우도 증여가 아니다.3)

V. 납세의무의 성립시기

증여세 납세의무는 증여재산의 취득시기에 성립한다. 그리고 증여세 부과권의 제척기간의 기산일은 법정신고기한의 익일이 되고(基本法 26조의2 1항 4호), 법정신고기한은 '증여받은 날'로부터 3월이므로(相贈税法 68조 1항), 증여재산의 취득시기는 부과권의 제척기간의 완성 여부를 판단함에 있어서도 매우 중요하다. 또한 수증자가 증여로 취득한 재산에서 얻은 이익(예를 들면, 증여받은 금전에서 발생한 이자나 증여받은 부동산에서 발생한 양도차익 등)에 대해서는 소득세가 과세될 수 있는데, 언제부터 발생한 소득이 그 대상이 되는지도 역시 증여재산의 취득시기에 의해 정해진다. 증여재산의 취득시기는 그 재산의 유형별로 법정되어 있다(相贈税法 32조; 相贈税令 24조). 주의할 것은 아래에 설명하는 증여재산의 취득시기는 상속세 및 증여세법 제33조 내지 제42조의3에 규정된 '특정방식의 거래를 통한 증여'와 제44조 내지 제45조의5에 규정된 증여추정, 증여의제의 경우에는 적용이 없다는 점이다(相贈税法 32조).

1) 권리의 이전이나 그 행사에 등기·등록을 요하는 재산에 대하여는 등기·등록일. 다만 민법 제187조의 규정에 따라 등기를 요하지 아니하는 부동산의 취득에 대하여는 실제로 부동산의 소유권을 취득한 날4)(相贈税令 24조 1항 1호).

부동산의 양도차익에 대한 양도소득세를 부과함에 있어서는 대금청산시를 양도시기 혹은 취득시기로 본다. 그러나 부동산의 수증에 따른 증여세 부과에

---

1) 대법원 1980. 5. 27., 80 누 7; 同 1986. 12. 9., 85 누 391. 증여에 의한 소유권이전등기가 경료되었다 하더라도 그 실질이 명의신탁의 해지에 해당하는 경우라면 등기명의인인 수탁자가 실질소유자에게 환원시킬 의사로서 소유권을 이전한 것에 불과하여 이를 증여로 볼 수 없기 때문이다.
2) 대법원 1987. 5. 12., 87 누 41.
3) 대법원 1971. 12. 28., 71 누 76.
4) 현행 규정의 내용과 일치하는 종전 판례로는 대법원 1987. 10. 28., 87 누 403; 同 1989. 6. 13., 88 누 8715; 同 1991. 1. 25., 90 누 6477; 同 1991. 6. 11., 91 누 1493.

있어서는 소유권이전등기시를 증여세 부과요건이 완성되는 때로 본다. 이러한 상속세 및 증여세법의 입장은 부과권의 제척기간의 기산일을 정함에 있어서 그 시기를 객관적으로 명확하게 할 수 있고, 또한 당사자의 담합으로 인한 분쟁의 여지를 줄일 수 있다는 점에서 타당하다.1)

2) 건물을 신축하여 증여할 목적으로 수증자의 명의로 건축허가를 받거나 건축신고를 하여 완성한 경우 또는 건물을 증여할 목적으로 수증자의 명의로 해당 건물을 취득할 수 있는 권리(분양권)를 건설사업자로부터 취득하거나 이를 타인으로부터 전득한 경우에는 그 건물의 사용승인시 교부일. 다만 사용승인 전에 사실상 사용하거나 임시 사용승인을 얻은 경우에는 그 사실상의 사용일 또는 임시사용 승인일로 하고 건축허가를 받지 아니하거나 신고하지 아니하고 건축하는 건축물에 있어서는 그 사실상의 사용일(동항 2호).

3) 타인의 기여에 의하여 재산가치가 증가한 경우에는 기여의 유형별로 (i) 개발사업 시행의 경우에는 개발구역의 지정고시일, (ii) 형질변경의 경우에는 형질변경허가일, (iii) 공유물 분할의 경우에는 그 분할등기일, (iv) 사업의 인·허가 등의 경우에는 인·허가일, (v) 주식 등의 상장, 비상장주식의 등록 또는 법인의 합병의 경우에는 그 상장일, 등록일 또는 합병등기일, (vi) 기타 재산가치 증가의 경우에는 그 사유 발생일.

4) 위 1), 2) 및 3) 이외에 재산에 대하여는 인도한 날 또는 사실상의 사용일(동항 3호).

5) 증여받는 재산이 주식 또는 출자지분인 경우에는 수증자가 배당금의 지급이나 주주권의 행사 등에 의하여 해당 주식 등을 인도받은 사실이 객관적으로 확인되는 날. 다만 해당 주식 등을 인도받은 날이 불분명하거나 해당 주식 등을 인도받기 전에 취득자의 주소와 성명 등을 주주명부 또는 사원명부에 기재한 경우에는 그 명의개서일 또는 기재일(相贈稅令 24조 2항).

6) 증여받은 재산이 무기명채권인 경우에는 해당 채권에 대한 이자지급사실 등에 의하여 취득사실이 객관적으로 확인되는 날. 다만, 그 취득일이 불분명한 경우 해당 채권에 대하여 취득자가 이자지급을 청구한 날 또는 해당 채권의 상환을 청구한 날(동조 3항).

---

1) 사법연수원 편,「상속세 및 증여세법」, 1998, 87면.

Ⅵ. 증여재산가액의 계산

금전, 동산, 부동산 등과 같은 민사법적 권리의 객체가 되는 재산이나 이익의 무상이전의 경우 증여재산가액은 곧 해당 재산이나 이익의 가액이므로 그 시가(상속세 및 증여세법 제4장에 따라 평가한 가액) 상당액을 증여재산가액으로 본다(相贈稅法 31조 1항 1호). 이 경우의 증여재산가액의 계산은 비교적 용이하다. 이에 비해 민사법적 권리의 객체가 되는 재산이나 이익을 직접 완전하게 무상이전하지 않고, 재산의 불완전한 유상이전을 통하여 또는 특별한 거래나 행위의 부수적, 파생적 또는 간접적 효과로 인하여 경제적 가치를 무상이전하는 경우에는 이전되는 경제적 가치의 가액을 계산하는 것이 쉽지 않을 수 있다. 이러한 경우를 위하여 상속세 및 증여세법에서는 아래에서 상세히 보는 바와 같이 특별한 방식에 의한 경제적 가치의 무상이전에 따른 증여재산가액의 계산방식을 별도로 정하고 있다. 이처럼 증여재산가액의 계산방식이 법정되어 있는 경우 및 이와 유사한 경우 등으로서 그러한 계산방식을 준용하는 경우에는 해당 계산방식에 따라 계산한 금액을 증여재산가액으로 본다(동조 2항).

한편, 재산의 저가양수나 고가양도에 의한 경제적 가치의 이전의 경우, 즉 재산을 현저히 낮은 대가를 주고 이전받거나 현저히 높은 대가를 받고 이전받은 경우에는 시가와 대가의 차액이 시가의 100분의 30 이상이거나 3억 원 이상인 경우에 한하여 그 시가와 대가의 차액을 증여재산가액으로 한다(相贈稅法 31조 1항 2호). 그리고 재산 취득 후 해당 재산의 가치가 증가하는 경우에는 재산 가치 증가사유가 발생한 날 현재의 해당 재산의 시가에서 (i) 해당 재산의 취득가액, (ii) 통상적인 가치상승분 및 (iii) 가치상승에 대한 수증자의 기여분(이하 이 3가지를 합하여 편의상 "정상가치액"이라고 함)을 빼서 계산한 재산가치 상승금액이 3억 원 이상이거나 정상가치액의 100분의 30 이상인 경우에 한하여 재산가치 상승금액을 증여재산가액으로 한다(동항 3호; 相贈稅令 23조 1항, 2항).

이하에서는 '포괄적 증여' 개념의 도입 전에는 증여로 '의제'되었으나 그 도입으로 증여의 개념에 들어가게 된 '특정 방식의 거래에 의한 경제적 가치의 이전'에 따른 증여재산가액의 계산방식을 하나씩 살펴보기로 한다.

1. 신탁이익을 받을 권리의 증여

신탁으로 인하여 위탁자자 타인에게 신탁이익의 전부 또는 일부를 받을 권리를 소유하게 한 경우에는 신탁자가 그 타인에게 '신탁의 이익을 받을 권리'를 증여한 것이 된다. 신탁자가 수익자에게 원본 자체를 받을 권리를 소유하게 한 때에는 그 원본을 받을 권리의 가액을, 그리고 신탁자가 수익자에게 신탁재산에서 발생하는 이익을 받을 권리를 소유하게 한 때에는 그 수익을 받을 권리의 가액을 각 증여재산가액으로 본다(相贈稅法 33조 1항). 신탁의 이익을 받을 권리의 증여일은 (i) 수익자로 지정된 자가 그 이익을 받기 전에 해당 신탁의 위탁자가 사망한 경우에는 그 사망일, (ii) 신탁계약에 의하여 원본 또는 그로부터 발생하는 이익을 지급하기로 약정한 날까지 원본 또는 이익이 수익자에게 지급되지 아니한 경우에는 그 지급약정일, (iii) 신탁계약을 체결하는 날에 원본 또는 그로부터 발생하는 이익이 확정되지 아니한 경우로서 이를 분할하여 지급하는 때에는 해당 원본 또는 이익의 실제 분할지급일, (iv) 원본 또는 수익을 수회로 분할하여 지급하는 경우에는 당해 원본 또는 수익의 최초 분할지급일, (v) 그 외의 경우에는 원본 또는 수익이 수익자에게 실제로 지급되는 날이 된다(相贈稅法 33조 1항; 相贈稅令 25조 1항).

수익자가 특정되지 않거나 존재하지 않는 경우에는 위탁자 또는 그 상속인을 수익자로 간주하고, 그 후 수익자가 특정되거나 존재하게 된 때에는 새로이 신탁이 있는 것으로 간주한다(相贈稅法 33조 2항).

2. 보험금의 증여

생명보험 또는 손해보험의 보험금 수령인과 보험료 납입자가 다른 경우(보험금 수령인이 아닌 자가 보험료의 일부만을 납부한 경우를 포함)에는 전체 보험금 중 그 수령인이 아닌 자가 납부한 보험료 납부액에 대응되는 부분을 증여재산의 가액으로 하고, 보험계약 기간 내에 보험금 수령인이 타인으로부터 증여받은 재산으로 보험료를 납입한 경우에는 그 보험료 납입액에 대한 보험금 상당액에서 그 보험료 납입액을 뺀 가액을 증여재산가액으로 한다(相贈稅法 34조 1항). 후자의 경우 보험료와 보험금을 이중으로 증여재산으로 볼 수 없기 때문이다. 보험금의 증여일은 보험사고의 발생일(만기보험금 지급의 경우에는 그 만기일)

로 한다(동조 동항). 피상속인의 사망으로 인하여 상속인이 지급받는 생명보험 또는 손해보험의 보험금으로서 피상속인이 보험계약자가 된 보험계약에 의하여 지급받는 것은 상속세 과세대상이 되므로 증여재산이 되지 아니한다(동조 2항).

3. 저가양도·고가양수에 따른 이익의 증여

특수관계인 사이에 재산을 시가1)보다 낮은 가액으로 양수하거나 시가보다 높은 가액으로 양도한 경우로서 그 대가와 시가의 차액이 일정한 기준금액 이상인 경우에는 그 대가와 시가의 차액에서 기준금액을 뺀 금액을 그 이익을 얻은 자의 증여재산가액으로 한다(相贈稅法 35조 1항). 이 경우 증여일은 해당 재산의 양수일 또는 양도일이고, 여기서 양수일 또는 양도일이라고 함은 양수도 대금을 청산한 날을 기준으로 하되, 매매계약 후 환율의 급격한 변동 등으로 인하여 대금청산일로 하는 것이 불합리하다고 인정되는 경우에는 매매계약일을 기준으로 한다(相贈稅法 35조 1항; 相贈稅令 26조 5항).

한편, 특수관계인이 아닌 자들 사이의 재산의 양수도 거래의 경우에는 시가와 거래가액 간의 차액이 무조건 증여재산가액이 되지 않고, 거래가액이 거래의 관행상 정당한 사유없이 시가에 비하여 현저히 낮거나 높은 경우로서 그 차액이 일정한 기준금액 이상인 경우에 한하여 그 차액에서 3억 원을 뺀 금액을 증여재산가액으로 한다. 이 경우의 증여일도 해당 재산의 양수일 또는 양도일이 된다(相贈稅法 35조 2항; 相贈稅令 26조 4항). 다만, 상속세 및 증여세법 제40조 제1항에서 별도로 다루고 있는 전환사채 등과 유가증권시장 또는 코스닥시장에 상장되어 거래된 주식 등의 고·저가 양수도에 대해서는 고·저가 양수도에 관한 위 규정을 적용하지 아니하되, 시간외 시장에서 매매된 주식 등에 대해서는 적용한다(相贈稅令 26조 1항 1호, 2호).

거래가액과 시가 사이에 현저한 차이가 있어야 하고, 나아가 그러한 차이가 나는 데 거래관행상 정당한 사유가 없어야 함이 과세요건이므로, 과세관청은 이러한 사실을 입증하여야만 과세할 수 있고, 반면 거래자는 거래가액과 시가 간의 차이가 현저하지 않다거나 그 차이에 대한 정당한 사유가 있다는 사실

---

1) 여기서 '시가'라 함은 상속세 및 증여세법 제60조 제2항에서 정의하고 있는 '시가'뿐만 아니라 동조 제3항에 따라 제61조 내지 제65조에 규정된 방법으로 평가한 가액도 포함한다(대법원 2012. 6. 14., 2012 두 3200).

을 들어 증여세 부과를 면할 수 있다. 거래가액과 시가의 차액이 시가의 100분의 30 미만인 경우에는 증여재산가액이 없는 것으로 보므로(相贈稅令 26조 3항), 여기서 '현저히 낮은 가액'이나 '현저히 높은 가액'이라 함은 적어도 그 이상의 차이를 말한다고 할 것이다.

당사자들이 거래가격을 객관적 교환가치가 반영된 정상가격으로 믿을 만한 합리적인 사유가 있었던 경우에는 물론, 양수인이 그 거래가격으로 재산을 양수하는 것이 합리적 경제인의 관점에서 비정상적이었다고 볼 수 없는 객관적 사유가 있는 경우에도 그 가격으로 거래한 데 '거래의 관행상 정당한 사유'가 있다고 본다.1)

상속세 및 증여세법 제40조 제1항에서 별도로 규정하고 있는 '전환사채 등'과 거래소에 상장되어 증권시장에서 거래된 주식과 출자지분에 대해서는 위의 가액 기준을 적용하지 아니하되, 시간외 시장2)에서 매매된 주식 등에 대해서는 적용한다. 한편, 대가 및 시가의 산정시점은 소득세법상의 양도차익 계산시 적용되는 양도 또는 취득의 시기에 의하되, 매매계약 후 환율의 급격한 변동 등으로 인하여 그 양도 또는 취득의 시기를 산정기준일로 하는 것이 불합리한 경우에는 매매계약일을 기준으로 한다(相贈稅令 25조 8항).

재산 양수도의 거래가액이 법인세법상 부당행위계산 부인의 기준이 되는 시가(法令 89조)에 해당되어 그 거래에 대하여 법인세법 및 소득세법에 따른 부당행위계산 부인이 적용되지 아니하는 경우에는, 그 거래가 허위 기타 부정한 방법으로 이루어져 상속세 또는 증여세를 감소시킨 것으로 인정되지 않는 한, 증여재산이 없는 것으로 본다(相贈稅法 35조 3항).

4. 채무면제익 등의 증여

채무자가 채권자로부터 채무를 면제받거나 제3자가 채무자의 채무를 인수하거나 또는 대위변제한 경우 채무자는 그 면제·인수·대위변제로 인한 이익에 상당하는 금액(보상액을 지급한 경우에는 보상액을 뺌)을 증여재산가액으로 하고,

---

1) 대법원 2013. 8. 23., 2013 두 5081; 同 2018. 3. 15., 2017 두 61089; 同 2019. 4. 11., 2017 두 57899.

2) '시간외 시장'이라고 함은 거래소의 유가증권시장업무규정 및 코스닥시장업무규정에 의하여 시간외대량매매 방법으로 매매된 것(당일 종가로 매매된 것을 제외한다)을 말한다(相贈稅令 33조 2항; 相贈稅則 10조의5).

증여일은 그 면제 등을 받은 날이 된다(相贈稅法 36조). 면제 등을 받은 날이라고 함은 (i) 채권자로부터 채무를 면제받은 경우에는 채권자가 면제의 의사표시를 한 날이고, (ii) 제3자로부터 채무의 인수 또는 변제를 받은 경우에는 제3자와 채권자 간에 채무의 인수 또는 변제 계약이 체결된 날이다(相贈稅令 26조의2).

5. 부동산 무상사용에 따른 증여

(1) 부동산을 무상으로 용익하는 경우

타인 소유의 부동산을 무상으로 사용하는 경우(그 타인이 소유하는 주택1)과 그 딸린 토지에서 같이 거주하는 경우는 제외)로서 그 무상사용 이익이 일정한 기준금액 이상인 경우에는 그 무상사용 이익이 그 부동산의 소유자로부터 받는 증여재산의 가액이 된다(相贈稅法 37조 1항).

타인의 토지 또는 건물 중 하나만을 따로 무상사용하는 경우도 이에 해당하고, 수인이 해당 부동산을 무상사용하면서 각자의 실제 사용면적이 분명하지 않은 경우에는 원칙적으로 해당 부동산 사용자들이 각자 동일한 면적을 사용한 것으로 본다(相贈稅令 27조 1항, 2항). 그런데 거주자가 직계존비속에게 주택을 무상사용하게 하여 그 직계존비속이 해당 주택에 실제로 거주하는 경우에는 자산의 무상제공으로 보지 않고(所令 98조 2항 2호 단서), 따라서 그 주택을 사용하게 한 거주자에게 부동산임대사업소득이 발생하지 않는바, 이와 같이 주택을 사용하게 한 자에게 소득이 발생하지 않는다면 그 사용자인 직계존비속도 무상사용에 따른 증여를 받았다고 할 수 없을 것이다.

부동산 무상사용에 따른 이익의 증여시기는 사실상 해당 부동산의 무상사용을 개시한 날로 하되(相贈稅法 37조 1항), 해당 부동산의 무상사용기간이 5년을 초과하는 경우에는 그 5년이 되는 날의 다음날에 새로이 해당 부동산의 무상사용을 개시한 것으로 본다(相贈稅令 27조 3항 후단). 무상사용 기간을 5년으로 의제함으로써 5년을 초과하는 먼 장래에 발생할 무상사용 이익을 현재의 증여액으로 보는 데 따른 불합리를 없애기 위한 것이다.

부동산의 무상사용에 따른 증여재산의 가액은 다음과 같은 2단계로 계산

---

1) 주택의 일부에 점포 등 다른 목적의 건물이 설치되어 있거나 동일 지번에 다른 목적의 건물이 설치되어 있는 경우로서 주택의 면적이 주택 외의 면적을 초과하는 경우에는 해당 부동산 전부를 주택으로 본다(相贈稅令 27조 7항).

한다. 1단계로 부동산가액(상속세 및 증여세법 제4장의 규정에 의하여 평가한 가액)에 1년 간 부동산사용료를 감안하여 기획재정부령이 정하는 율(현재 2%)을 곱하여 '각 연도의 부동산 무상사용 이익'을 계산한다. 2단계로 이처럼 계산한 '각 연도의 부동산 무상사용 이익'을 해당 부동산 무상사용 기간(5년)을 감안하여 아래의 산식에 의하여 환산한다. 그 환산한 가액이 1억 원 이상인 경우에 한하여 증여재산으로 한다(相贈稅令 27조 3항; 相贈稅則 10조 1항, 2항).

$$\frac{\text{각 연도의 부동산무상사용이익}}{\left(1+\dfrac{10}{100}\right)^n} \qquad n : \text{평가기준일부터의 경과연수}$$

(2) 부동산을 무상으로 담보로 제공받는 경우

타인 소유의 부동산을 무상으로 담보로 제공받아 금전 등을 차입함으로써 이익을 얻은 경우로서 그 이익의 가액이 일정한 기준금액 이상인 경우에는 그 이익에 상당하는 금액을 담보로 제공받은 자의 증여재산가액으로 한다. 위 (1)의 경우는 타인의 부동산의 용익권을 무상으로 사용하는 데 비해 이 경우에는 그 처분권을 무상으로 이용한다는 점에서 차이가 있지만 타인의 부동산의 '무상사용'이라는 본질에는 차이가 없다. 이 경우의 증여일은 그 부동산 담보 이용을 개시한 날이 된다(相贈稅令 27조 5항). 증여재산가액이 되는 부동산 담보 이용이익은 차입금에 적정 이자율을 곱하여 계산한 금액에서 금전 등을 차입할 때 실제로 지급하였거나 지급할 이자를 뺀 금액으로 하고, 이와 관련하여 차입기간이 정해지지 않은 경우에는 그 차입기간을 1년으로 보고, 차입기간이 1년을 초과하는 경우에는 그 부동산 담보 이용을 개시한 날부터 1년이 되는 날의 다음날에 새로이 차입이 이루어진 것으로 본다(동조 동항).

6. 불공정합병에 따른 증여

(1) 제도의 취지

순자산가치 또는 이를 반영하는 발행주식의 시가가 서로 다른 법인들이 합병하는 경우에는 그 순자산가치 또는 발행주식의 시가(이하 "순자산가치"라고만 함)의 비율에 따라 합병비율(합병시 소각되는 피합병법인의 주식수와 그 피합병법인

주식과 교환으로 새로 교부하는 합병법인의 주식수 간의 비율)이 정해진다. 예를 들면 피합병법인 A와 합병법인 B 간의 주당 순자산가치 비율이 1 : 5이고, 양 법인 발행 주식의 액면가가 동일하다면 공정한 합병비율은 5 : 1이 된다. 그런데, 이러한 순자산가치에 비례하는 공정한 합병비율을 약정하지 않고, 순자산가치가 낮은 A법인의 주주가 순자산가치에 비례하는 합병비율을 적용하였을 경우에 교부받을 수 있었을 주식수보다 더 많은 수의 주식을 받을 수 있도록 합병비율을 왜곡하는 경우가 있을 수 있다(불공정합병). 위의 예에서 피합병법인 A와 합병법인 B 간에 5 : 1의 합병비율 대신에 2.5 : 1의 합병비율을 정하게 되면 피합병법인 A의 주주는 순자산가치에 비례하는 공정한 합병비율을 약정하였을 경우에 비하여 2배의 주식을 받게 된다. 이는 곧 A법인의 순자산가치를 실제보다 과대평가함으로써 그 주주는 순자산가치를 제대로 반영한 공정한 합병비율을 적용하였더라면 취득할 수 있었을 '합병법인에 대한 지분'보다 더 많은 지분을 얻게 되고, 반면에 B법인의 주주는 그만큼 지분가치를 상실하는 것을 의미한다. 뒤집어 말하면, 합병법인 B의 주주가 피합병법인 A의 주주에게 합병을 통하여 이익을 증여한 것이다. 이러한 방식에 의한 이익의 분여를 증여재산으로 보는 상속세 및 증여세법 제38조의 규정이 도입되기 전에, 규모가 큰 우량법인이 일방당사자가 되어 특수관계 있는 다른 법인(주로 소규모의 부실법인)을 흡수합병하면서 양법인의 순자산가치의 비율에 일치하지 않는 합병비율을 적용하여 우량 대규모법인의 자산가치를 소멸법인인 소규모 부실법인의 대주주에게 과세부담 없이 이전하는 사례가 빈번하였다. 특히 우량 대규모 법인의 지배주주(예를 들면, 재벌그룹의 회장)가 그 법인의 자산가치를 소규모 부실법인의 대주주(예를 들면, 재벌그룹의 회장의 자녀)에게 증여세 부담없이 이전하는 수단으로 악용될 수 있었다. 이러한 거래로 인하여 정부가 세수를 일실하는 것 외에 우량 대규모 법인의 소액주주도 가만히 앉아서 주식가치가 희석되는 손해를 입게 된다. 이를 막기 위해 상속세 및 증여세법 제38조는 이러한 불공정합병을 통한 지분의 이전을 증여로 규정하고 있다.

(2) 과세요건의 개요

합병당사법인들이 그 합병등기일이 속하는 사업연도의 직전 사업연도 개시일(각 합병당사법인의 사업연도 개시일이 서로 다른 경우에는 앞의 날)부터 합병등기일까지의 기간 중 서로 특수관계에 있었고, 그 합병(분할합병 포함)으로 인하여 소멸하거나 흡수되는 법인 또는 신설되거나 존속하는 법인(즉, 합병당사법인의 하나)의 대주주가 다른 합병당사법인의 주주로부터 이익을 받았다면, 그 이익은 증여재산이 된다(相贈稅法 38조 1항). 다만, 자본시장법에 의한 주권상장법인이 동법의 규제를 적용받아 다른 법인과 합병하는 경우(자본시장법 165조의4; 동법 시행령 176조의5)에는 이러한 증여재산이 발생하는 합병으로 보지 않는다(相贈稅 令 28조 1항 단서). 합병당사법인들이 자본시장법의 규제에 따라 그들의 순자산 가치 내지 이를 표창하는 주가를 적정하게 평가하고, 이를 온전히 반영한 합병 비율을 적용한 이상 상속세 및 증여세법에서 다른 원칙을 적용하여 증여가 있 은 것으로 보는 것은 납세자들에게 혼동을 주어 타당하지 않기 때문이다.

(3) 증여재산가액의 계산

증여재산가액이 되는 '대주주가 합병으로 받은 이익'은 아래와 같이 사뭇 복잡한 과정을 거쳐서 계산한다(相贈稅 令 28조 4항). 그렇게 산정된 이익이 일정 한 기준금액 이하인 경우에는 증여재산가액이 없는 것으로 본다(相贈稅法 38조 1항 단서).

(i) 먼저, 합병 후 신설·존속하는 법인(이하 "합병존속법인"이라고 함)의 1주 당 평가가액을 계산한다. 이때 합병존속법인이 자본시장법상의 주권상장법인이 고 그 주권이 증권시장에서 거래되는 경우에는 해당 법인의 1주당 평가가액은 아래 ㉠과 ㉡의 가액 중 적은 가액으로 하며, 합병존속법인이 그 외의 법인인 경우에는 아래 ㉡의 가액으로 한다(相贈稅 令 28조 5항).

㉠ 상속세 및 증여세법 제63조 제1항 제1호 가목(상장주식의 평가)의 규정 에 의하여 평가한 가액(뒤의 제3절 Ⅲ. 3. (1), (2) 참조).

㉡ 주가가 과대평가된 합병당사법인의 합병직전 주식가액과 주가가 과소 평가된 합병당사법인의 합병직전 주식가액을 합한 가액을 합병존속법인의 주식 수로 나눈 가액. 이 경우 합병존속법인이 주권상장법인 등에 해당하지 아니하 는 경우에는 상법 제522조의2의 규정에 의한 재무상태표 공시일을 합병직전 주 식가액의 평가기준일로 하고, 주권상장법인 등에 해당하는 경우에는 그러한 상 법상의 재무상태표 공시일과 자본시장법 제119조 및 동법 시행령 제129조에 따른 합병의 증권신고서 제출일 중 빠른 날을 합병직전 주식가액의 평가기준일 로 한다.

그리고 위 ㉡에서의 '합병직전 주식가액'은 상속세 및 증여세법 제60조(평가의 원칙) 및 동법 제63조(유가증권 등의 평가)의 규정에 의하여 평가한 가액에 의한다. 이와 관련하여 평가대상 법인이 주권상장법인이고, 그 '합병직전 주식가액'을 상속세 및 증여세법 제60조 및 제63조 제1항 제1호 나목의 평가방법(순손익가치와 순자산가치의 가중평균액에 의한 비상장주식의 평가방법)에 따라 계산하였을 때 나오는 증여재산의 가액(아래 (b)에서 '합병으로 받은 이익에 상당하는 금액')이 그 '합병직전 주식가액'을 상속세 및 증여세법 제60조 및 동법 제63조 제1항 제1호 가목의 평가방법(상장주식의 평가방법)에 따라 계산하였을 때 나오는 증여재산의 가액보다 적은 때에는 전자의 방법(즉, 비상장법인의 주식평가방법)을 적용하여 '합병직전 주식가액'을 평가할 수 있다(相贈稅令 28조 6항). 상장법인 주식의 평가방법만 적용하도록 요구하는 경우에는 합병계약일에는 증여재산의 가액이 없을 것으로 예상하였으나 합병계약일부터 합병등기일까지의 기간 중에 상장주식의 시가가 변동함으로 인하여 합병등기일에는 증여재산의 가액이 계산되어 나올 수 있기 때문에 그러한 불이익을 입지 않도록 납세의무자로 하여금 선택하게 허용한 것이다.

(ii) 위와 같이 합병존속법인의 1주당 평가가액을 계산한 다음, "주가가 과대평가된 합병당사법인의 1주당 평가가액×(주가가 과대평가된 합병당사법인의 합병 전 주식 수÷주가가 과대평가된 합병당사법인의 합병 후 주식 수"[1])의 산식을 적용하여 합병신주 1주에 대응되는 합병구주의 수의 가액을 계산한다. 여기서 '주가가 과대평가된 합병당사법인'이라고 함은 합병비율 산정에 있어 순자산가치가 실제보다 높게 평가되어 그 주주가 실제의 순자산가치에 따라 합병비율을 산정하였더라면 받았을 합병신주의 수보다 더 많은 수의 합병신주를 받게 된 합병당사법인을 말한다. 위 (1)의 예에서 A법인을 말한다. 그리고 '주가가 과대평가된 합병당사법인의 합병 전 주식 수÷주가가 과대평가된 합병당사법인의 합병 후 주식 수'라는 산식은 곧 합병당사법인들이 적용한 합병비율로서 합병존속법인의 합병신주 1주를 받기 위해 소각된 소멸법인의 구주의 주식수를 계산하는 것이다.

위의 산식에서 '주가가 과대평가된 합병당사법인의 1주당 평가액'은 상속

---

[1] 주가가 과대평가된 합병후 법인은 통상 흡수합병에서의 소멸법인이므로 합병 후 그 발행주식이란 있을 수 없고, 그 주주들이 합병되기 전의 구주와 교환으로 받은 합병존속법인의 신주를 의미하는 것이다.

세 및 증여세법 제60조(평가의 원칙) 및 동법 제63조(유가증권 등의 평가)에 의하여 평가한 가액에 의한다. 이 경우에도 위 (i) ㉡에서의 '합병직전 주식가액'의 결정에서와 마찬가지로, 주가가 과대평가된 합병당사법인이 주권상장법인 등이고, 그 '1주당 평가가액'을 비상장주식의 평가방법에 따라 계산하였을 때 나오는 증여재산의 가액이 그 '1주당 평가가액'을 상장주식의 평가방법에 따라 계산하였을 때 나오는 증여재산의 가액보다 적을 때에는 비상장법인의 주식평가방법에 따라 '1주당 평가액'을 계산할 수 있다(相贈稅令 28조 6항).

(iii) 끝으로, 위 (i)의 가액에서 (ii)의 가액을 뺀 가액에 주가가 과대평가된 합병당사법인의 대주주의 합병후 주식수를 곱한 금액을 '대주주가 합병으로 받은 이익'으로 한다.

(4) 증여의 당사자와 시기

위와 같은 불공정합병에 따른 증여에 있어서의 수증자는 합병당사법인 간의 합병비율을 산정함에 있어서 주가가 과대평가된 법인(통상 피합병법인이 되는 부실법인)의 대주주이고, 증여자는 상대적으로 주가가 과소평가된 법인의 모든 주주이다. '주가가 과대평가된 합병당사법인'의 대주주와 '주가가 과소평가된 합병당사법인'의 주주가 동일인인 경우에는 전체 증여재산가액 중 후자, 즉 '주가가 과소평가된 합병당사법인'에 대한 그의 지분에 해당하는 부분에 관해서는 증여자와 수증자가 동일하여 증여가 성립할 수 없다고 할 것이다. 그 동일인의 관점에서 보면 '주가가 과소평가된 합병당사법인'의 지분으로 가지고 있는 경제적 가치가 '주가가 과대평가된 합병당사법인'의 지분으로 그 모양만 바꾸었을 뿐 자신의 소유라는 점에는 변함이 없기 때문이다. 그리고 여기서 '대주주'라고 함은 해당 주주 및 그 특수관계인의 지분의 합계가 발행주식총수 등의 100분의 1 이상인 경우의 그 주주와 소유주식 등의 액면가액이 3억 원 이상인 주주를 말한다(相贈稅令 28조 2항).

한편, 이 경우의 증여시기는 합병등기일로 본다(相贈稅法 38조 1항).

7. 증자에 따른 이익의 증여

(1) 신주를 시가보다 낮은 가액으로 발행하는 경우

1) 실권주를 배정하는 경우   법인이 시가(상속세 및 증여세법 제60조와 제63조에 따라 평가한 금액)보다 낮은 가액으로 신주를 발행함에 있어서 특정 주주

(또는 출자자, 이하 "주주"라고 함)가 포기한 신주인수권의 전부 또는 일부(실권주)를 타인(기존주주 아닌 제3자 포함[1])에게 다시 배정(자본시장법에 따른 주권상장법인이 유가증권의 모집방법[2]으로 배정하는 경우 제외)하는 경우에는 그 실권주를 배정받은 자가 신주의 시가와 발행가액 간의 차이로 인하여 이익을 얻게 된다. 이처럼 시가보다 낮은 가액에 발행되는 실권주를 배정받음으로써 얻은 이익 중 아래의 산식에 의하여 계산한 금액은 증여받은 재산이 된다(相贈稅法 39조 1항 1호 가목; 相贈稅令 29조 2항 1호).

> 실권주배정이익=(신주 1주당 가액*-1주당 인수가액)×균등한 조건에 의하여 배정받을 신주수를 초과하여 배정받은 자(수증자)가 초과배정 받은 신주수
> * 신주 1주당 가액={(증자 전의 1주당 평가가액[3])×증자 전의 발행주식총수)+(신주 1주당 인수가액×증자에 의하여 증가한 주식수)}÷(증자 전의 발행주식총수+증자에 의하여 증가한 주식수)

이것은 법인이 신주를 발행할 때에 일부 주주가 실권을 하고 타인이 이를 인수함으로써 당사자 간에 이전되는 주식의 실제가치와 발행가액 간의 차액을 증여재산으로 하는 것이다. 실권주의 인수에 따른 증여재산이 되기 위해서는 발행되는 신주가 신주인수권의 대상이 되는 것이어야 하므로 현물출자자 외의 주주에게 신주인수권이 주어지지 않는 현물출자에 의한 증자의 경우에는 증여재산이 발생하지 않는다.[4] 실권주를 포기한 자와 재배정받은 자 사이에 특수관계가 있을 것을 요건으로 하고 있지 않은바, 그 이유는 자본거래를 통한 우회

---

1) 실권주배정이익을 계산함에 있어서 "균등한 조건에 의하여 배정받을 신주수를 초과하여 배정받은 자의 그 초과부분의 신주수"를 요소로 하고 있음을 이유로 실권주를 재배정받은 자가 기존주주인 경우에 한정하여 증여재산을 과세한다는 견해가 있을 수 있으나(구 상속세 및 증여세법 시행령상의 규정에 관한 논문으로서, 백제흠, "신주인수권의 포기와 증여의제," 「조세법 연구」 제3집, 320면), 아래에서 볼 '실권주를 재배정하지 않는 경우에 있어서의 증여재산의 계산'의 경우와의 균형상 실권주를 재배정받은 자에는 기존주주뿐만 아니라 제3자도 포함한다고 해석함이 타당하다.
2) 자본시장법상 매출이 이미 발행된 유가증권의 매도의 청약을 하거나 매수의 청약을 권유하는 것인 데 반해, '모집'은 신규로 발행되는 유가증권의 취득의 청약을 권유하는 것을 말한다(자본시장법 9조 7항, 9항).
3) '증자 전의 1주당 평가가액'에 관하여 법령상 특별한 정의는 없고, 판례상 '증자 직전의 시점을 기준으로 하여 상속세 및 증여세법의 평가에 관한 규정에 따라 평가한 가액'을 의미하는 것으로 해석되고 있다(대법원 2007. 1. 25., 2005 두 2063).
4) 대법원 1989. 3. 14., 88 누 889.

증여의 소지를 축소하기 위한 것이다.[1] 증여를 받은 시기, 즉 신주의 평가기준 시점에 관해 상속세 및 증여세법 기본통칙(39-0…1조)과 판례[2]는 주금납입일 (주금납입일 이전에 실권주를 재배정받은 자가 신주인수권증서를 교부받은 경우는 그 교부일)이라고 하고 있으나, 신주인수권의 포기로 인한 이익에 대한 증여세 과세는 신주인수권 그 자체에 대한 과세가 아니라 실권주를 저가로 인수함으로써 발생하는 경제적 이익에 대하여 과세하는 것이므로 현실적으로 경제적 이익을 획득한 때를 과세시기로 보아야 한다. 따라서 실권주를 재배정받은 자가 실권 주를 인수함으로써 주주로서의 권리를 취득하는 주금납입기일의 다음날(상법 423조 참조)을 현실적으로 경제적 이익을 얻은 때로 보아 과세시기로 삼는 것이 타당하다.[3] 한편 실권주의 배정에 따라 증여가 성립한 후 초과배정받은 주식의 명의를 신주인수권을 포기한 주주의 명의로 변경하였다 하여도 이로써 신주인 수권을 초과배정받음으로써 얻는 이익이 소급하여 소멸하는 것은 아니므로 여전히 증여세의 부과대상이 된다.[4]

   2) 실권주를 배정하지 아니하는 경우   신주인수권자가 포기한 실권주를 재배정하지 아니하였더라도 신주인수권을 포기한 주주의 특수관계인이 다른 신주를 인수한 경우에는 아래 (i)의 산식에 의하여 계산한 "신주 1주당 가액"에서 "신주 1주당 인수가액"을 뺀 가액이 "신주 1주당 가액"의 100분의 30 이상이거나 그 가액에 아래 (ii)의 산식에 의해 계산한 '관련 실권주수'를 곱하여 계산한 가액이 3억 원 이상인 경우 해당 금액은 수증재산이 된다(相贈稅法 39조 1항 1호 나목; 相贈稅令 29조 2항 2호).

   (i) 신주 1주당 가액＝[(증자 전의 1주당 평가가액×증자 전의 발행주식 총수)＋ (신주 1주당 인수가액×증자 전의 지분비율대로 균등하게 증자한 경우의 증가주식수)]÷(증자 전의 발행주식 총수＋증자 전의 지분비율대로 균등하게 증자한 경우의 증가주식수)

   (ii) 관련 실권주수＝실권주 총수×증자 후 신주인수자의 지분비율×신주인수자의 특수관계인의 실권주수／실권주 총수

---

1) 국세청, 「개정세법해설」, 1994, 141면.
2) 대법원 2015. 9. 10., 2013 두 22437; 同 2017. 5. 17., 2014 두 14976.
3) 同旨 백제흠, 전게논문, 322면.
4) 대법원 1995. 12. 8., 94 누 15905.

실권주를 재배정하지 않는 경우에 있어서의 증여시기는 신주의 주금납입일이 아니라 실권주가 발생한 경우 이를 재배정하지 않기로 한 이사회의 확정적 결의가 있는 때이다.[1)]

3) 신주의 제3자 배정 또는 기존주주에 대한 불균등 배정   법인이 신주를 시가보다 낮은 가액으로 발행하면서 (i) 신주를 주주 아닌 제3자에게 직접 배정(자본시장법에 의한 인수인으로부터 인수·취득한 경우와 제3자에게 취득시킬 목적으로 증권을 취득한 자로부터 인수·취득한 경우를 포함함)하거나 (ii) 기존 주주에게만 배정하더라도 그 소유주식수에 비례하여 균등한 조건으로 배정하지 않는 경우에는, 신주인수권의 포기와 이에 따른 실권주의 발생이 없더라도, 그 제3자나 소유주식수에 비해 초과하여 신주를 배정받은 주주는 신주의 시가와 발행가액 간의 차이로 인하여 이익을 얻게 되는바, 그 이익은 증여받은 재산이 된다. 이 경우에 있어서의 증여재산의 가액은 위 1)에서 상술한 산식에 의하여 계산한 이익과 같다(相贈稅法 39조 1항 1호 다목, 라목; 相贈稅令 29조 2항 2호, 4항).

위 1) 내지 3)의 경우 신주를 배정받을 수 있는 권리를 포기하거나 그 소유주식수에 비례하여 균등한 조건으로 배정받을 수 있는 수에 미달되게 신주를 배정받은 소액주주(발행주식총수의 100분의 1 미만을 소유하고, 주식의 액면가액의 합계액이 3억 원 미만인 주주를 말함; 相贈稅令 29조 5항)가 2인 이상인 경우에는 소액주주 1인이 그 권리를 포기하거나 신주를 미달되게 배정받은 것으로 보아 이익을 계산한다(相贈稅法 39조 2항).

(2) 신주를 시가보다 높은 가액으로 발행하는 경우

1) 실권주를 배정하는 경우   시가보다 높은 가액으로 발행하는 신주의 인수를 어떤 주주가 포기하고, 그 실권주를 타인이 배정받아 인수하는 경우에는 신주인수포기자가 시가보다 높은 가액으로 발행되는 실권주를 인수하는 자로부터 이익을 받게 된다. 그러한 이익을 얻는 신주인수포기자와 실권주의 인수자가 특수관계인일 경우에는 아래의 산식에 의하여 계산한 금액이 증여재산의 가액이 된다(相贈稅法 39조 1항 2호 가목; 相贈稅令 29조 2항 3호). 신주를 시가보다 낮게 발행하는 경우에 포기한 신주인수권을 추가로 인수함으로써 인수자가 이익을 보게 되는 위 (1) 1)의 경우와 반대의 경우이다.

---

1) 백제흠, 전게논문, 326면.

신주인수포기이익=(신주 1주당 인수가액-신주 1주당 가액*)×관련 실권주수**
*신주 1주당 가액=[(증자 전의 1주당 평가가액×증자 전의 발행주식 총수)+(신주
1주당 인수가액×증자에 의하여 증가한 주식수)]÷(증자 전의 발행주식 총수+증자
에 의하여 증가한 주식수)
**관련 실권주수=포기주주의 실권주수×포기주주의 특수관계인이 인수한 실권주
수/실권주 총수

2) 실권주를 배정하지 아니하는 경우   어떤 주주가 시가보다 높은 가액
으로 발행되는 신주의 인수를 포기함으로써 발생한 실권주를 그 신주인수포기
자의 특수관계인에게 재배정하여 인수하게 하지 않더라도 그 신주인수포기자의
특수관계인이 다른 신주를 인수하는 경우에는 그 신주의 발행가액과 시가 간의
차이로 인해 신주인수포기자가 다른 신주를 인수하는 그의 특수관계인으로부터
이익을 받게 된다. 이러한 경우에 이전되는 이익도 증여재산에 해당한다.

이 경우 신주 1주당 인수가액에서 아래 (i)의 산식에 의하여 계산한 "신주
1주당 가액"을 뺀 금액이 그 "신주 1주당 가액"의 100분의 30 이상이거나 그
뺀 금액에 아래 (ii)의 산식에 의해 계산한 '관련 실권주수'를 곱하여 계산한 가
액이 3억 원 이상인 경우에 한하여 그 가액이 증여재산의 가액이 된다. 즉,「신
주인수포기이익=(신주 1주당 인수가액-신주 1주당 가액)×관련 실권주수」이
다(相贈稅法 39조 1항 2호 나목; 相贈稅令 29조 2항 4호). 금액 기준이 별도로 존재
하는 것이 실권주를 배정하는 위 1)의 경우와 다른 점이다.

(i) 신주 1주당 가액=[(증자 전의 1 주당 평가가액×증자 전의 발행주식총수)+
(신주 1주당 인수가액×증자에 의하여 증가한 주식수)]÷(증자 전의 발행주식총수
+증자에 의하여 증가한 주식수)
(ii) 관련 실권주수=포기주주의 실권주수×포기주주의 특수관계인이 인수한 신주
수/증자 전의 비율대로 균등하게 증자한 경우의 증자 주식총수

3) 신주의 제3자 배정 또는 기존주주에 대한 불균등 배정   법인이 신주
를 시가보다 높은 가액으로 발행하면서 (i) 주주 아닌 제3자에게 직접 배정하거
나 (ii) 기존 주주에게만 배정하더라도 그 소유주식수에 비례하여 균등한 조건
으로 배정하지 않는 경우에는, 신주인수권의 포기와 이에 따른 실권주의 발생
이 없더라도, 시가보다 높은 가액에 발행되는 신주를 인수하지 않은 다른 주주

는 이를 인수한 제3자나 소유주식수에 비해 초과하여 인수한 주주로부터 신주의 발행가액과 시가와의 차액에 상당하는 이익을 받게 된다. 신주의 발행가액이 시가를 초과하는 경우에 신주발행에 참가하지 않거나 또는 자기 몫보다 낮게 참가하는 것이 반사적으로 유리하게 되기 때문이다. 그 이익을 얻는 주주가 시가보다 높은 가액으로 신주를 인수하는 제3자나 소유주식수에 비해 초과하여 인수한 기존주주의 특수관계인인 경우 그 이익은 증여재산이 된다(相贈稅法 39조 1항 2호 다목, 라목).

이 경우 증여재산의 가액은 다음의 산식에 의하여 계산한 금액으로 한다(相贈稅令 29조 2항 5호).

신주미인수 이익＝(신주 1주당 인수가액－신주 1주당 가액)×신주를 배정받지 아니하거나 균등한 조건에 의하여 배정받을 신주수에 미달하게 신주를 배정받은 주주의 배정받지 아니하거나 미달하게 배정받은 신주수×신주를 배정받지 아니하거나 미달되게 배정받은 주주의 특수관계인이 인수한 신주수/주주가 아닌 자에게 배정된 신주 및 해당 법인의 주주가 균등한 조건에 의하여 배정받을 신주수를·초과하여 인수한 신주의 총수

(3) 전환주식의 발행가액과 전환으로 발행된 신주의 가액 간에 차이가 있는 경우

(i) 상법 제346조에 따라 주주나 회사에게 다른 종류의 주식으로 전환할 수 있는 권리가 부여된 주식, 즉 전환주식의 전환에 따라 교부받았거나 교부받을 다른 종류주식의 가액이 전환주식 발행 당시에 있어서의 그 가액을 초과함으로써 다른 종류의 주식을 교부받은 자가 얻은 이익과 (ii) 반대로 전환주식의 전환으로 교부받았거나 교부받을 다른 종류의 주식의 가액이 전환주식 발행 당시에 있어서의 그 가액보다 낮아짐으로써 다른 종류의 주식을 교부받은 자의 특수관계인이 얻은 이익도 위 (1) 및 (2)와 같은 방식으로 계산하여 증여재산의 가액으로 한다. 이때 위 (1) 및 (2)의 방식을 적용함에 있어서 전환주식을 다른 종류의 주식으로 전환함에 따라 교부받은 주식을 신주로 보고, 이익의 계산은 전환주식 발행 당시를 기준으로 한다(相贈稅法 39조 1항 3호; 相贈稅令 29조 6호).

8. 감자에 따른 이익의 증여

어떤 주주 등이 주식 등을 시가보다 낮은 대가로 소각하는 경우에는 잔존 주주 등의 지분가치가 소각 전에 비해 상승함으로써 그 잔존 주주 등이 이익을 얻게 되는바, 이 경우에는 잔존 주주 등이 소각에 참여한 주주 등의 특수관계인으로서 대주주인 경우에 한하여 그 이익을 잔존 주주 등의 증여재산가액으로 한다. 반대로 주식 등을 시가보다 높은 대가로 소각하는 경우에는 잔존 주주 등의 지분가치가 줄어들게 되어 그 소각에 참여한 주주 등이 이익을 얻게 되는데, 이 경우에는 그 소각에 참여하는 주주 등이 잔존하는 대주주 등의 특수관계인인 경우에 한하여 그 이익을 소각 참여 주주 등의 증여재산가액으로 한다. 두 경우 모두 그 이익액이 일정한 기준금액 미만인 경우에는 과세에서 제외하고, 증여일은 감자를 위한 주주총회 결의일이다(相贈稅法 39조의2 1항). 법인이 보유하고 있는 자기주식을 소각하는 경우에는, 설령 그 소각으로 인해 법인의 이익이 주주에게 이전되더라도, 모든 주주에게 균등하게 귀속되므로 주주 간의 이익의 이전이 없고, 따라서 증여는 발생하지 아니한다. 다만 법인이 자기주식의 소각으로 인한 감자차익을 소각일로부터 2년이 경과되기 전에 자본에 전입한 후 주주에게 무상주교부하는 경우 의제배당이 발생한다(所法 17조 2항 2호 가목; 法法 16조 1항 2호 가목).

이 경우에 있어서의 증여재산의 가액은 (i) 주식 등을 시가보다 낮은 대가로 소각한 경우에는 아래 (i)의 산식에 따라 산정하고, (ii) 감자한 주식 1주당 평가액이 액면가액(주식소각시 지급한 대가가 액면가액 이하인 경우에는 그 대가의 가액) 이하인 경우로서 그 평가액을 초과하여 대가를 지급한 경우에는 아래 (ii)의 산식에 의하여 산정한다(相贈稅令 29조의2 1항).

    (i) (감자한 주식 1주당 평가액－주식소각시 지급한 1주당 금액)×총감자주식수×대주주의 감자후 지분비율×대주주와 특수관계인의 감자주식수/총감자주식수
    (ii) (주식소각시 지급한 1주당 금액－감자한 주식 1주당 평가액)×해당 주주의 감자주식수

9. 현물출자에 따른 이익의 증여

기존 법인에의 현물출자에 따른 신주의 인수가액이 그 시가에 비하여 낮은 경우에는 현물출자자가 그 외의 주주로부터 이익을 얻게 되고, 반대로 인수가액이 시가에 비하여 높은 경우에는 현물출자자 외의 주주가 고가인수에 따른 반사이익을 현물출자자로부터 얻게 되는바, 이러한 이익의 이전도 증여가 된다. 다만 후자의 경우, 즉 현물출자자의 신주인수가액이 시가에 비하여 높은 경우에는 이익을 얻는 주주가 현물출자자의 특수관계인인 경우에 한하여 그 이익을 과세한다. 두 경우 모두 증여일은 현물출자 납입일이다(相贈稅法 39조의3 1항). 그리고 현물출자의 대가로 신주를 배정하는 법인이 자본시장법에 따른 주권상장법인이고, 그 신주의 배정이 같은 법상의 일반공모증자 방법에 의하는 경우에는 이익이 발생하더라도 증여세를 과세하지 않는다(相贈稅令 29조의3 1항 1호, 2호의 괄호). 각 경우에 있어서의 증여재산 가액의 계산은 다음과 같다.

첫째 현물출자자가 주식 등을 시가(상증세법 제60조와 제63조의 규정에 의하여 평가한 가액)보다 낮은 가액으로 인수함에 따라 현물출자자가 다른 주주로부터 얻은 이익은, 현물출자 아닌 통상의 증자에서 시가보다 낮은 가액으로 발행되는 실권주를 재배정받아 인수하는 자가 시가와 발행가액 간의 차이로 인하여 얻은 이익의 계산에 관한 규정(相贈稅令 29조 2항 1호)을 준용하여 계산한다(相贈稅法 39조의3 1항 1호; 相贈稅令 29조의3 1항 1호). 이를 산식으로 표시하면 다음과 같다.

현물출자 신주의 저가인수 이익＝(신주 1주당 가액*－1주당 인수가액)×현물출자자가 배정받은 신주수
* 신주 1주당 가액＝[(현물출자 전의 1주당 평가가액×현물출자 전의 발행주식 총수)＋(신주 1주당 인수가액×현물출자에 의하여 증가한 주식수)]÷(현물출자 전의 발행주식 총수＋현물출자에 의하여 증가한 주식수)

둘째 현물출자자가 주식 등을 시가보다 높은 가액으로 인수함에 따라 현물출자자와 특수관계에 있는 주주 등이 얻은 이익은, 현물출자가 아닌 통상의 증자에서 시가보다 높은 가액으로 발행되는 신주의 인수를 포기한 자가 인수가액과 시가 간의 차이로 인하여 얻은 이익의 계산에 관한 규정(相贈稅令 29조 2항 3

호)을 준용하여 계산한다(相贈稅法 39조의3 1항 2호; 相贈稅令 29조의3 1항 2호). 이를 산식으로 표시하면 다음과 같다.

> 현물출자 신주의 고가인수에 따른 반사이익=(신주 1주당 인수가액-신주 1주당 가액*)×현물출자자가 인수한 신주수×현물출자자 외의 주주 등(현물출자 전에 현물출자자의 특수관계인인 경우에 한함)의 지분비율
> * 신주 1주당 가액의 계산은 위 첫째의 경우와 같다.

다만, 이 경우에는 '신주 1주당 인수가액'에서 '신주 1주당 가액'을 뺀 금액이 '신주 1주당 가액'의 100분의 30 이상이거나 동 이익액이 3억 원 이상인 경우에 한하여 과세한다(相贈稅令 29조의3 2항).

10. 전환사채이익의 증여

전환사채, 신주인수권부사채(신주인수권증권[1])이 분리된 경우에는 신주인수권증권), 교환사채 및 이와 유사한 사채(이하 합하여 "전환사채 등"이라고 함)를 인수·취득·양도하거나, 이를 주식으로 전환·교환하거나, 이에 기해 주식의 인수를 함으로써(이하 합하여 "전환 등"이라고 함) 아래에서 설명하는 이익을 얻는 경우 그 이익은 증여재산가액이 된다. 다만 일정한 기준금액 이하인 경우에는 과세하지 않는다(相贈稅法 40조 1항). 전환사채 등에는 주식을 인수·취득할 수 있는 권리가 부여되어 있기 때문에 위 7(증자에 따른 이익의 증여)에서 본 바와 같은 불균등한 신주인수권의 행사 또는 포기에 따르는 이익의 공여와 유사한 경제적 효과가 나타날 수 있다.

(1) 전환사채 등의 인수 · 취득으로 얻은 이익

1) 특수관계인으로부터의 취득   특수관계인으로부터 전환사채 등을 시가(상속세 및 증여세법 제60조와 제63조에 따라 평가한 금액)보다 낮은 가액으로 취득함으로써 이익을 얻는 경우 그 이익은 증여재산이 된다(相贈稅法 40조 1항 1호 가목). 예컨대 전환사채발행시 전환조건을 정함에 있어서 일반적으로 전환사채의 액면가액과 전환에 의하여 부여할 주식의 액면가액이 같은 가액이 되도록

---

[1] 신주인수권부사채에 부여된 신주인수권(bonded warrant)을 증명하는 서류를 '신주인수권증권'이라고 하여(상법 516조의5), 통상의 신주발행절차에서 기존 주주가 가지는 신주인수권(preemptive right)을 증명하는 서류로서의 '신주인수권증서'(상법 420조의2)와 구분하고 있다.

전환가액(전환권 행사로 인해 주식으로 전환을 청구할 수 있는 가액)을 정하는 방식 (액면등가 전환방식)을 택하고 있으므로, 기업의 내부정보를 잘 알고 있는 자가 사모전환사채를 싼 값에 취득하여 주가가 액면을 상회하고 있을 때 주식으로 전환함으로써 변칙적으로 주식평가액과 전환사채 취득가액 간의 차액에 상당하는 이익을 얻게 되는데, 본 규정은 이를 과세하기 위한 것이다.

2) 최대주주나 그의 특수관계인인 주주의 불균등 인수·취득   전환사채 등을 발행한 법인(자본시장법상의 주권상장법인이 유가증권의 모집방법으로 전환사채 등을 발행하는 경우 제외)의 최대주주[1]나 그의 특수관계인인 주주가 자기의 주식 소유지분 비율을 초과하여 전환사채 등을 시가보다 낮은 가액으로 인수·취득 (자본시장법에 따른 인수인[2]으로부터 인수·취득한 경우와 그 밖에 시행령으로 정하는 방법으로 취득한 경우 포함)함으로써 얻는 이익은 증여재산이 된다(相贈稅法 40조 1항 1호 나목).

3) 최대주주의 특수관계인이면서 주주 아닌 자의 인수   최대주주의 특수관계인이면서 주주 아닌 자가 전환사채 등의 발행법인으로부터 전환사채 등을 시가보다 낮은 가액으로 인수·취득함으로써 얻는 이익 역시 증여재산이 된다(동호 다목).

한편, 위의 1) 내지 3)에서 증여재산으로 되는 이익은 전환사채 등의 시가에서 전환사채 등의 인수·취득가액을 뺀 가액으로 한다(相贈稅令 30조 4항 1호).

위 규정은 전환사채 등의 취득일 현재의 시가를 기준으로 장차 전환사채 등을 주식으로 전환할 경우에 받게 될 기대이익을 계산하여 이를 증여세 과세대상으로 하고 있으나, 전환사채 등의 발행 후 시장상황이 변하여 주가가 전환사채 등의 발행시 정해진 전환 등의 가액보다 떨어질 경우에는 경제적 손실이 발생하게 되어 실질적인 부의 이전이 없으므로 증여로 볼 만한 실질이 없을 뿐만 아니라, 전환사채 등의 취득 후 주가변동을 고려하여 주식전환을 하지 아니하고 만기에 사채상환을 받은 경우 결과적으로 실현되지도 않은 이익을 과세하

---

1) 해당 법인의 상속세 및 증여세법 시행령 제19조 제2항에 규정된 최대주주를 말한다(相贈稅令 30조 2항).
2) 여기서 말하는 '인수인'은 전환사채 등의 발행 법인을 위하여 제3자에게 취득의 청약을 권유하여 전환사채 등을 취득시킬 목적으로 이를 취득하는 자를 의미할 뿐, 이러한 목적 없이 단순한 투자 목적으로 취득하는 자는 '인수인'에 해당하지 않는다(대법원 2019. 5. 30., 2017 두 49560).

는 문제점을 안고 있다.

(2) 전환사채 등의 주식으로의 전환 등으로 얻은 이익

전환사채 등의 인수·취득으로 얻은 이익에 대해서는 전환사채 등의 인수·취득시점의 주식가액과 전환가액 간의 차액에 대해 증여세를 과세하기 때문에 전환사채 등의 발행법인이 전환가액을 전환사채 등의 인수·취득시점의 주식가액에 근접하게 설정하면 전환사채 등의 인수·취득시점 이후의 주식가액 상승으로 발생하는 차익에 대해 과세하지 못한다. 그리하여 전환사채 등을 주식으로 전환 등을 하거나 양도하는 시점에서의 주식가액과 전환가액 간의 차이로 인해 얻는 이익도 증여재산가액으로 하고 있다(相贈稅法 40조 1항 2호). 전환 등의 조건별로 증여재산가액의 계산에 관해 구체적으로 살펴본다.

1) 교부받았거나 교부받을 주식의 가액이 전환가액 등을 초과하는 경우

① 특수관계인으로부터 취득한 전환사채 등   특수관계인으로부터 취득한 전환사채 등의 전환 등으로 교부받았거나 교부받을 주식의 가액이 전환·교환 또는 인수가액(이하 "전환가액 등"이라고 함)을 초과함으로써 얻은 이익은 증여재산이 된다(相贈稅法 40조 1항 2호 가목).

전환사채 등을 실제로 주식으로 전환 등을 하여 교부받은 주식의 가액은 다음 산식에 의하여 계산한다(相贈稅令 30조 3항 1호 1문).

> 교부받은 주식의 가액=[(전환 등 전의 1주당 평가가액×전환 등 전의 발행주식 총수)+(주식 1주당 전환가액 등×전환 등에 의하여 증가한 주식수)]/전환 전의 발행주식 총수+전환 등에 의하여 증가한 주식수

다만 주권상장법인의 주식으로 전환 등을 하였는데 전환 등 후의 1주당 평가가액이 위의 산식에 의하여 계산한 1주당 가액보다 낮은 경우에는 해당 평가가액을 교부받은 주식의 가액으로 한다(동호 2문).

한편 양도일 현재 주식으로의 전환 등이 가능한 전환사채 등을 타에 양도한 경우에는 그 양도한 전환사채 등을 양도일 현재 주식으로 전환 등을 하는 것으로 가정할 때 '교부받을 주식의 가액'에서 전환가액을 뺀 가액이 증여재산이 되는데, 이때 '교부받을 주식의 가액'은 다음의 산식에 의하여 계산한다(相贈稅令 30조 3항 2호 1문).

교부받을 주식의 가액=[(양도 전의 1주당 평가가액×양도 전의 발행주식 총수)+ (주식 1주당 전환가액 등×전환 등에 의하여 증가하는 주식수)]/양도 전의 발행주식 총수+전환 등에 의하여 증가하는 주식수

다만 전환사채 등의 발행법인이 주권상장법인 또는 코스닥상장법인이어서 전환사채 등을 그러한 상장주식으로 전환 등을 하는 것으로 가정하는 경우로서 양도일을 기준으로 한 1주당 평가가액이 위의 산식에 의하여 계산한 1주당 가액보다 낮은 경우에는 해당 평가가액을 교부받을 주식의 가액으로 한다(동호 2문).

② 최대주주나 그의 특수관계인인 주주의 불균등 초과인수로 취득한 전환사채 등

전환사채 등을 발행한 법인의 최대주주나 그의 특수관계인인 주주가 해당 법인으로부터 자기의 소유주식수에 비례하여 배정받을 수 있는 수를 초과하여 인수한 전환사채 등의 전환 등으로 교부받았거나 교부받을 주식의 가액이 전환가액 등을 초과함으로써 얻은 이익은 증여재산이 된다(相贈稅法 40조 1항 2호 나목). 이때 교부받은 주식의 가액과 교부받을 주식의 가액의 계산은 위 ①에서 본 바와 같다.

③ 최대주주의 특수관계인이면서 주주 아닌 자가 인수한 전환사채 등

전환사채 등을 발행한 법인의 주주가 아니면서 해당 법인의 최대주주의 특수관계인인 자가 해당 법인으로부터 인수한 전환사채 등을 전환 등하여 교부받았거나 교부받을 주식의 가액이 전환가액 등을 초과함으로써 얻은 이익도 증여재산이 된다(相贈稅法 40조 1항 2호 다목). 이 경우에 있어서도 교부받은 주식의 가액과 교부받을 주식의 가액의 계산은 위 ①에서 본 바와 같다.

위의 ①, ②, ③에서 증여재산의 가액은 다음의 산식에 의하여 계산한 금액이다. 다만, 전환사채 등을 양도한 경우에는 전환사채 등의 양도가액에서 취득가액을 뺀 금액을 초과하지 못한다(相贈稅令 30조 4항 2호).

[위에서 본 '교부받은 주식의 가액'(전환사채 등을 양도한 경우에는 '교부받을 주식의 가액')−주식 1주당 전환가액 등]×교부받았거나 교부받을 주식수−(기획재정부령이 정하는 바에 따라 계산한 이자손실분+위 (1)에서 본 전환사채 등의 인수·취득으로 얻은 이익의 가액)

이때 '이자손실분'을 공제하는 것은 전환사채 등은 보통 사채보다 낮은 이율로 발행하는 것이 일반적이므로 그 이율차이에 따른 손실을 감안한 것이다. 그리고 전환사채 등의 인수·취득으로 얻은 이익을 공제하는 이유는, 전환사채 등의 인수·취득으로 얻은 이익을 증여재산으로 과세한 뒤, 전환사채 등의 전환 등을 할 때 얻는 이익을 다시 증여재산으로 과세하게 되면 이중과세가 되기 때문이다. 즉, 전환사채 등의 인수·취득자가 이를 주식으로 전환 등을 하는 경우 전체 과정을 통틀어 얻게 되는 이익은, 전환사채 등의 전환 등으로 받은 주식의 시가와 전환사채 등의 취득가액 간의 차액(전환·교환의 경우) 또는 전환사채 등의 양도가액과 전환사채 등의 취득가액 간의 차액(양도의 경우)인데, 전환사채 등의 취득시점에서 1차로 그 전환 등으로 취득할 주식의 가액에 연동되어 결정된 전환사채 등의 가액에서 그 전환사채 등의 취득가액을 뺀 금액을 과세하고, 전환 등의 시점에서 다시 전환 등으로 취득할 주식의 가액에서 전환사채 등의 취득가액에 포함된 전환가액을 뺀 금액을 과세함으로써 단일한 자본이득에 대하여 2회 과세하는 것이 되기 때문이다.

위 산식을 예를 들어 설명하면 다음과 같다. 액면금액(만기상환금액) 20억 원, 만기는 발행 후 3년, 이자율을 7%(보통사채는 10%로 가정), 신주인수권행사 가격을 발행 1년 후 주식 1주당 1천 원으로 하는 신주인수권부사채를 A법인이 발행하였다. A법인의 주주 S는 인수를 포기하고, 그 특수관계인인 P가 신주인수권부사채를 16억 3천만 원에 인수하여 발행 1년 후 신주인수권을 행사한다면, P는 신주 200만 주를 인수할 수 있다. 신주인수권부사채 발행당시 주가는 1천 5백원이었던 반면, 신주인수권 행사당시 주가는 1만 원이었다면 P가 주식을 인수함으로써 증여받은 이익은 168억 7천만 원이다. {(10,000−1,000)×2,000,000−(65+500)×2,000,000}. 위 산식에서 65원은 만기 3년, 이자율 7%로 환원한 사채액면금액 1,000원의 현재가치 816원에서 만기 3년, 이자율 10%로 환원한 사채액면금액 1,000원의 현재가치 751원을 뺀 금액이고, 500원은 신주인수권부사채의 발행당시의 시가(신주인수권의 행사로 취득할 주식의 시가) 1,500원에서 신주인수권부사채의 인수가액 1,000원을 뺀 가액이다.

2) 교부받은 주식의 가액이 전환가액 등보다 낮은 경우   전환사채 등의 전환 등에 의하여 교부받은 주식의 가액이 전환가액 등보다 낮음으로써 해당 주식을 교부받은 자의 특수관계인이 얻은 이익이 있으면, 이는 증여재산이 된다

(相贈稅法 40조 1항 2호 라목). 전환가액 등이 전환한 주식의 시가보다 높은 경우 특수관계에 있는 다른 주주가 반사적으로 이익을 얻기 때문이다. 이 경우에 있어서의 '교부받은 주식의 가액'의 계산도 위 ①에서 본 바와 같으나, 다만 주권상장법인 또는 코스닥상장법인의 주식으로 전환 등을 하였는데 전환 등 후의 1주당 평가가액이 위의 산식에 의하여 계산한 1주당 가액보다 높은 경우에는 해당 평가가액을 교부받은 주식의 가액으로 한다(相贈稅令 30조 3항 1호 2문 괄호).

이 경우에 있어서의 증여재산의 가액은 다음의 산식에 의하여 계산한 금액이다(相贈稅令 30조 4항 3호).

(주식 1주당 전환가액−교부받은 주식의 가액)×전환 등에 의하여 증가한 주식수×해당 주식을 교부받은 자의 특수관계인이 전환 등을 하기 전에 보유한 지분비율

3) 전환사채 등을 양도한 경우   전환사채 등을 특수관계인에게 양도한 가액이 시가를 초과함으로써 얻은 이익도 증여재산이 된다(相贈稅法 40조 1항 3호). 이 경우에 있어서의 증여재산가액은 전환사채 등의 양도가액에서 전환사채 등의 시가1)를 뺀 가액이 된다(相贈稅令 30조 4항 4호).

11. 초과배당에 따른 이익의 증여

법인이 이익이나 잉여금을 배당 또는 분배(이하 "배당 등"이라고 함)할 때 그 법인의 최대주주 등이 지급받을 권리가 있는 배당 등의 금액의 전부 또는 일부를 포기하거나 그가 보유한 주식 등에 비례하여 균등하지 아니한 조건으로 배당 등을 받음에 따라 그 최대주주 등의 특수관계인이 결과적으로 자신이 보유한 주식 등에 비례한 금액보다 더 많은 금액의 배당 등을 받은 경우에는 그 초과배당금액을 증여재산가액으로 한다. 초과배당금액은 (i) 최대주주 등의 특수관계인이 실제로 받은 배당 등의 금액에서 본인이 보유한 주식 등에 비례하여 배당 등을 받았더라면 받았을 금액을 차감한 가액에 (ii) 보유한 주식 등에 비하여 적게 배당등을 받은 주주등이 적게 받은 전체 금액(과소배당금액) 중 최대주주 등의 과소배당금액이 차지하는 비율을 곱하여 계산한다(相贈稅令 31조의2 2항). 이 경우 증여일은 배당 또는 분배금 지급의 결의일이 아니라 그 금액의

---

1) 상속세 및 증여세법상의 재산의 시가의 의미는 동법 제60조에 규정되어 있다.

실제 지급일로 한다(相贈稅法 41조의2 1항). 초과배당금액에 대하여 납부할 소득
세와 증여세가 이중으로 과세되지 않아야 하므로 초과배당금액에 대한 소득세
액은 증여세 산출세액에서 공제되어야 한다. 이러한 소득세액의 공제절차가 복
잡하다. 초과배당의 이익을 받은 자는 초과배당금액이 발생한 연도의 다음 연
도의 5월 중에 증여세 과세표준을 신고하여야 하는데, 이 경우에는 초과배당금
액에서 그 금액에 대한 '실제의 소득세액'을 뺀 금액(이를 법령상 '정산증여재산'이
라고 하고 있음)을 증여세 과세표준으로 하여 신고하여야 한다(相贈稅法 41조의2
3항; 相贈稅令 31조의2 4항).

　　한편, 초과배당의 이익을 받은 자가 정산증여재산가액에 대하여 증여세를
신고납부하지 않는 경우 과세관청은 초과배당금액에서 그에 대한 '실제의 소득
세액'이 아닌 '소득세 상당액'(相贈稅令 31조의2 4항)을 빼서 계산한 어림의 증여
재산가액에 대하여 증여세를 부과할 수밖에 없다. 이 경우 증여세를 부과받은
해당 수증자는 해당 초과배당금액에 대한 소득세를 납부할 때 정산증여재산가
액을 기준으로 계산한 증여세액에서 어림 증여재산가액을 기준으로 계산한 증
여세액을 뺀 금액만큼을 소득세로서 납부하여야 하고, 그 금액이 마이너스인
경우에는 해당 금액을 환급받는다(相贈稅法 41조의2 2항).

12. 주식 또는 출자지분의 상장 등에 따른 이익의 증여

(1) 개   요

기업의 경영 등에 관하여 공개되지 아니한 정보를 이용할 수 있는 지위에
있다고 인정되는 (i) 법인의 최대주주 등이나 (ii) 특수관계인의 소유주식을 포
함하여 내국법인의 발행주식 총수 또는 출자총액의 100분의 25 이상을 소유한
주주(이하 양자를 합하여 "최대주주 등"이라고 함)의 특수관계인이 (i) 최대주주 등
으로부터 해당 법인의 주식 등을 증여받거나 유상으로 취득하거나[1] (ii) 최대
주주 등으로부터 증여받은 다른 재산으로 그 증여일로부터 3년 이내의 기간에
최대주주 등이 아닌 자로부터 해당 법인의 주식 등을 취득하고, 이어서 그 취
득일로부터 5년 이내에 해당 주식 등이 증권시장에 상장됨에 따라 그 증여받거
나 취득한 주식 등(수증이나 취득 후 이루어진 유상증자를 통해 인수하거나 배정받은

---

1) 최대주주 등과 특수관계에 있는 자가 최대주주 등으로부터 근로제공에 대한 대가로 주식
　을 취득한 경우는 '유상으로 취득한 경우'에 해당한다(대법원 2016. 10. 27., 2016 두 39726).

신주[1]도 포함)의 가액이 수증시의 증여세 과세가액(주식 등을 최대주주 등으로부터 직접 증여받은 경우에만 해당)이나 취득시의 취득가액을 초과하게 되는 경우 그 차액에 해당하는 금액을 증여재산가액으로 하되, 그 금액이 일정한 기준금액 미만인 경우에는 과세대상에서 제외한다(相贈稅法 41조의3 1항, 2항, 7항).

주식 등으로 전환할 수 있는 전환사채, 신주인수권부사채(신주인수권증권이 분리된 경우에는 신주인수권증권), 기타 주식으로 전환·교환하거나 주식을 인수할 수 있는 권리가 부여된 사채(이하 "전환사채 등"이라고 함)를 증여받거나 유상으로 취득한(발행법인으로부터 직접 인수·취득하는 경우 포함) 뒤 해당 전환사채 등이 그 수증일 또는 취득일로부터 5년 이내에 주식 등으로 전환된 경우에는, 해당 전환사채 등을 증여받거나 취득한 때에 그 전환된 주식 등을 증여받거나 취득한 것으로 보아 위의 과세원칙을 적용한다. 이와 관련하여 정산기준일까지 주식 등으로 전환되지 아니한 경우에는 정산기준일에 주식 등으로 전환된 것으로 보며, 그 전환사채 등의 만기일까지 주식 등으로 전환되지 아니한 경우에는 정산기준일을 기준으로 과세한 증여세액을 환급한다(相贈稅法 41조의3 8항).

최대주주 등으로부터 증여받은 다른 재산으로 타인으로부터 취득한 주식 등에 대하여 위의 원칙을 적용함에 있어 그 수증재산이 동일한 종류의 다른 재산과 섞여 있어 어느 재산으로 주식 등을 취득하였는지 분명하지 않은 경우에는 수증재산으로 취득한 것으로 추정하고, 나아가 증여받은 재산을 담보로 한 차입금으로 주식 등을 취득한 경우에는 증여받은 재산으로 취득한 것으로 간주한다(相贈稅法 41조의3 6항).

한편, 본조에 따른 증여재산의 과세는 원칙적으로 최대주주 등이 특수관계인에게 이전한 이익에 대해서만 적용하나, 허위 기타 부정한 방법에 의해 상속세나 증여세를 감소시킨 경우에는 특수관계인이 아닌 자에게 이전한 이익에 대해서도 적용한다(相贈稅法 41조의3 9항).

---

[1] 최대주주 등으로부터 주식 등을 증여받거나 유상으로 취득한 자가 얻게 되는 비상장주식의 상장이익을 증여재산으로 보아 과세하는 취지가 이러한 상장이익은 최대주주 등과 사이에 존재하는 특수관계로 인해 얻은 것으로서 주식 등의 수증이나 취득 당시 그 실현이 예견되는 것이라는 점에 비추어 볼 때 여기서 말하는 '신주'는 최대주주 등으로부터 수증하거나 유상으로 취득한 주식에 기초하지 아니하고 또한 증여받은 재산과 관계없이 인수하거나 배정받은 신주는 포함하지 않는다(대법원 2017. 3. 30., 2016 두 55926).

(2) 증여재산가액의 계산

증여재산가액이 되는 상장차익은 다음의 산식에 따라 계산한 금액으로 한다(相贈稅令 31조의3 1항).

> 상장차익={정산기준일 현재 1주당 평가가액(상속세 및 증여세법 제63조의 규정에 의하여 평가한 가액)×증여받거나 유상으로 취득한 주식 등의 수}−{주식 등을 증여받은 날 현재의 1주당 증여세 과세가액(취득의 경우에는 취득일 현재의 1주당 취득가액)×증여받거나 유상으로 취득한 주식 등의 수}−{1주당 기업가치의 실질적인 증가로 인한 이익×증여받거나 유상으로 취득한 주식 등의 수}

위의 산식에서 '1주당 기업가치의 실질적 증가로 인한 이익'은 다음의 산식에 의하여 계산한 금액으로 하되, 납세자가 제시하는 재무제표 등 일정한 서류에 의하여 기업가치의 실질적인 증가로 인하여 발생하였음이 확인되는 것이어야 한다(相贈稅令 31조의3 5항).

> 1주당 기업가치의 실질적 증가로 인한 이익=(해당 주식 등의 수증일 또는 취득일이 속하는 사업연도 개시일부터 상장일 전일까지 사이의 기간에 발생한 1주당 순손익액의 합계액÷해당 기간의 월수)×해당 주식 등의 수증일 또는 취득일부터 정산기준일까지의 월수

위 산식을 적용함에 있어서 해당 법인에게 결손금 등이 발생하여 1주당 순손익액으로 '1주당 기업가치의 실질적 증가로 인한 이익'을 계산하는 것이 불합리한 경우에는 상속세 및 증여세법 시행령 제55조에 의하여 계산한 1주당 순자산가액의 증가분을 대신 사용할 수 있다.

(3) 당초의 증여세 과세표준과 세액의 정산

대주주 등으로부터 주식 등을 수증받거나 다른 재산을 증여받아 주식 등을 취득한 후 위에서 본 증여세 과세대상 상장이익을 얻은 자에 대해서는 위 (2)에서 본 과세대상 상장이익을 당초의 증여세과세가액에 가산하여 증여세 과세표준과 세액을 정산한다. 이는 곧 당초의 수증일에 정산기준일 현재에 있어서의 주식 등의 가액을 증여받은 것으로 본다는 것이다. 따라서 수증일로부터 정산기준일까지 사이에 발생한 가치증가액은 추가로 증여세 과세대상이 되고, 그 감소액에 대해서는 증여세를 환급한다. 다만 정산기준일 현재의 주식 등의 가

액이 당초의 증여세과세가액보다 적어 결과적으로 증여재산의 가액이 감소한 경우에는 그 감소폭이 일정한 기준금액 이상인 경우에 한하여 그 감소액에 대한 증여세액(증여받을 당시 납부한 당초 증여세액)을 환급한다(相贈稅法 41조의3 4항; 相贈稅令 31조의3 6항). 수증일부터 정산기준일까지 사이에 발행한 주식 등의 가치증가액이 그러한 크기 이상인 경우에만 증여재산으로 과세하는 것과의 형평상 가치감소에 따른 환급도 동일한 크기 이상의 가치감소가 있는 경우에 한해 한다는 것이다.

예컨대 비상장주식의 증여 당시 시가가 19,000원이었으나, 정산기준일 현재 1주당 평가가액이 170,000원이라면, 그 차액 151,000원(170,000원−19,000원)을 당초의 증여세과세가액 19,000원에 가산한 170,000원에 대하여 증여세를 추가로 부과하는 것이다. 이 예에서 상장 후 3월이 되는 날(즉, 정산기준일) 현재 1주당 평가가액이 170,000원인 주식이 증여시점에서는 19,000원밖에 되지 않는 것은 비상장주식의 시가를 상속세 및 증여세법 제63조 소정의 보충적 평가방법에 의해 산정하기 때문이다. 비상장주식의 적정한 평가는 쉽지 않고, 보충적 평가방법이 경우에 따라 실질적 가치를 반영하지 못하는 수가 있다. 본조는 바로 이 점을 이용한 증여를 과세하기 위한 것이다.

한편, 수증자가 정산기준일 후 해당 주식을 230,000원의 시가에 양도하였다면 그 차액은 당연히 양도소득세의 과세대상이 된다. 당사자가 취한 행위형식을 그대로 따르면 당초 증여시점부터 양도시점까지 사이에 발생한 평가가액의 상승분은 모두 양도소득세의 과세대상이 되어야 하나, 사실관계를 재구성하여 당초 증여시점에 정산기준일 현재 가액의 주식을 증여받은 것으로 보기 때문에, 양도시점에서는 양도가액과 정산기준일 현재 가액 간의 차액에 대해서만 양도소득세를 부과하는 것이다.

13. 금전대여에 따른 증여

타인으로부터 금전을 무상으로 대출받는 경우에는 적정이자율에 따른 이자금액이, 그리고 적정이자율보다 낮은 이자율로 대출받는 경우에는 적정이자율에 따른 이자금액과의 차액이 그 금전을 대출받은 날에 증여받은 재산이 된다. 다만, 증여재산가액이 일정한 기준금액 미만인 경우에는 과세하지 않는다(相贈稅法 41조의4 1항 1문). 이 경우 대출기간이 정하여지지 아니한 경우에는 그

대출기간을 1년으로 보고, 대출기간이 1년 이상인 경우에는 1년이 되는 날의
다음 날에 매년 새로이 증여받은 것으로 보아 해당 금액을 계산한다(동조 2항).
특수관계인이 아닌 자 간의 금전 무상대출 거래로서 거래의 관행상 정당한 사
유가 있다고 인정되는 경우에는 증여재산가액을 계산하지 않는다(相贈稅法 41조
의4 3항).

14. 합병에 따른 상장 등 이익의 증여

어떤 법인의 최대주주 등의 특수관계인이 (i) 최대주주 등으로부터 그 보
유 주식 등을 증여를 통하여 또는 유상으로 취득하거나, (ii) 증여받은 다른 재
산으로 최대주주 등이 아닌 자로부터 해당 법인의 주식 등을 취득하거나, 또는
(iii) 증여받은 재산으로 최대주주 등이 주주 등으로 있는 다른 법인의 주식 등
을 최대주주 등이 아닌 자로부터 취득함으로써 최대주주 등과 그의 특수관계인
이 보유한 주식 등을 합하여 그 다른 법인의 최대주주 등에 해당하게 된 다음,
이어서 그 주식 등을 증여받거나 취득한 날부터 5년 이내에 그 주식 등을 발행
한 법인이 특수관계에 있는 주권상장법인(그 의미는 아래에서 상술함)과 합병되어
그 주식 등의 가액이 증가함으로써 해당 주식 등을 수증받거나 취득한 자가 당
초의 증여세 과세가액(주식 등을 최대주주 등으로부터 직접 증여받은 경우에만 해당
함)이나 취득가액과 비교하여 일정한 기준금액 이상의 이익을 얻은 경우에는
해당 이익에 상당하는 금액은 그 수증자나 취득자가 증여받은 재산이 된다(相
贈稅法 41조의5 1항).

위 12에서 본 '주식 또는 출자지분의 상장 등에 따른 이익의 증여'는 최대
주주 등의 특수관계인이 최대주주 등으로부터 주식 등을 증여받거나 유상으로
취득한 뒤 그 주식 등의 발행법인이 상장됨에 따라 얻는 이익을 과세하는 것임
에 비해, 본조는 그와 같은 취득 후에 주식 등의 발행법인이 '특수관계에 있는
다른 상장법인'(그 의미는 아래에서 상술함)과 합병함에 따라 얻는 이익을 과세하
는 것이다. 따라서 이 경우에 있어서의 증여재산의 가액은 위 12.에서 본 바와
같은 원칙에 따라 계산하되, 상장일 대신에 합병등기일을 대입(代入)한다(相贈稅
法 41조의5 2항).

위에서 합병의 상대방으로서의 '특수관계에 있는 주권상장법인'이라 함은
수증하거나 유상으로 취득한 주식의 발행법인이 당사자가 되어 행한 합병의 합

병등기일이 속하는 사업연도의 직전 사업연도 개시일(합병당사법인들의 사업연도 개시일이 서로 다른 경우에는 앞의 날)부터 합병등기일까지의 기간 중 (i) 최대주주 등으로부터 주식 등을 취득하거나 최대주주 등으로부터 다른 재산을 증여받아 '다른 법인'의 주식 등을 취득한 자(즉, 본조에 의한 증여세 과세대상자)와 그의 특수관계인이 최대주주 등으로 있는 주권상장법인, (ii) 본조에 따른 과세대상이 되는 주식 등을 발행한 법인과 같은 기업집단1)에 소속된 주권상장법인, 또는 (iii) 동일인이 임원의 임면권의 행사 또는 사업방침의 결정 등을 통하여 본조에 따른 과세대상이 되는 주식 등을 발행한 법인 및 합병하는 상대방법인의 경영에 대하여 영향력을 행사하고 있는 경우 그 상대방법인으로서 주권상장법인인 것을 말한다(相贈稅슈 31조의5 3항, 28조 1항 2호 및 3호).

15. 재산사용 및 용역제공 등에 따른 이익의 증여

(i) 타인에게 시가보다 낮은 대가를 지급하거나 무상으로 타인의 재산(부동산과 금전은 제외)을 사용함으로써, (ii) 타인으로부터 시가보다 높은 대가를 받고 재산을 사용하게 함으로써, (iii) 타인에게 시가보다 낮은 대가를 지급하거나 무상으로 용역을 제공받음으로써 또는 (iv) 타인으로부터 시가보다 높은 대가를 받고 용역을 제공함으로써 그러한 재산이나 용역의 시가와 대가 간의 차액에 해당하는 이익을 얻은 경우 그 차액을 증여재산가액으로 하되, 일정한 기준금액 미만인 경우에는 과세하지 않는다(相贈稅法 42조 1항 1호).

위와 같은 거래에서 발생한 증여재산에 대한 과세는 해당 거래의 관행상 정당한 사유가 있다고 인정되는 경우에는 특수관계 없는 자 사이의 거래에 대해서는 적용하지 아니한다(相贈稅法 42조 3항). 이는 곧 원칙적으로 비특수관계인 사이의 거래에 대해서도 적용하되, '거래의 관행상 정당한 사유'가 있는 경우에 한하여 적용하지 않는다는 것이다. 거래당사자가 객관적 교환가치를 적절히 반영하여 거래를 한다고 믿을 만한 합리적인 사유가 있거나 합리적인 경제인의 관점에서 해당 거래가 이루어진 상황에서 그러한 조건으로 거래를 하는 것이 정상적이라고 볼 수 있는 사유가 있었던 경우에는 '거래의 관행상 정당한 사유가 있는 것'으로 인정된다.2) 한편 비특수관계자들 간에 대가 없이 재산을

---

1) 상속세 및 증여세법 시행령 제26조 제4항 제2호에 따라 기획재정부령이 정하는 기업집단을 말한다.

무상으로 이전하는 것은 이례적이므로, 납세의무자가 '거래의 관행상 정당한 사유가 있다'고 입증할 것이 아니라, 그러한 사유가 없음을 과세관청이 입증하여야 한다.1)

　증여재산의 가액은 타인의 재산을 무상으로 사용하여 금전 등을 차입함에 있어서 담보로 제공한 경우에는 해당 차입금에 적정 이자율을 곱하여 계산한 금액에서 금전 등의 차입시 실제로 지급하였거나 지급할 이자를 뺀 금액을, 그 밖의 경우에는 그러한 무상제공 등에 따라 지급하거나 지급받아야 할 시가 상당액 전체로 한다. 그리고 재산을 저가로 사용하거나 용역을 저가로 제공받은 경우에는 시가와 대가와의 차액 상당액이며, 고가로 재산을 사용하게 하거나 용역을 제공한 경우에도 대가와 시가와의 차액 상당액이다(相贈稅令 31조의9 1항 1호, 2호, 3호).

　위 증여재산의 가액을 계산함에 있어 '용역의 시가'라고 함은 해당 거래와 유사한 상황에서 불특정다수인 간에 이루어지는 거래에서 형성된 통상적인 지급대가의 가액을 말하고, 그러한 의미에서의 시가가 불분명한 경우에는 다음의 기준에 의하여 계산한 금액을 시가로 한다(相贈稅令 31조의9 3항).

　① 부동산임대용역의 경우에는 부동산가액(상속세 및 증여세법 제4장의 규정에 의하여 평가한 가액)에 1년간 부동산 사용료를 감안하여 기획재정부령이 정하는 율을 곱한 금액

　② 부동산임대용역 외의 경우에는 법인세법상 '건설 기타 용역'의 제공에 대한 부당행위계산 부인시 적용되는 시가(法令 89조 4항 2호)의 계산방식에 따라 계산한 금액

　한편, 재산의 무상 또는 저가 사용이나 용역의 무상 또는 저가 제공에 따른 이익을 계산하려면 재산의 사용기간이나 용역의 제공기간을 결정하여야 할 것인바, 그러한 기간이 정해져 있지 아니한 경우에는 그 기간을 1년으로 하고, 그 기간이 1년 이상인 경우에는 1년이 되는 날의 다음 날에 매년 새로 재산을 사용하거나 용역을 제공받은 것으로 본다(相贈稅法 42조 2항).

---

2) 대법원 2013. 8. 23., 2013 두 5081; 同 2015. 2. 12., 2013 두 24495; 同 2019. 4. 11., 2017 두 57899.
1) 대법원 2015. 2. 12., 2013 두 24495.

16. 법인의 조직 변경 등에 따른 이익의 증여

주식의 포괄적 교환 및 이전, 사업의 양수·양도, 사업 교환 및 법인의 조직 변경 등에 의하여 소유지분이나 그 가액이 증가한 경우에는 그 변동 후의 평가액이 그 변동 전의 평가액을 초과하는 금액을 증여재산가액으로 하되, 그 금액이 일정한 기준금액 미만인 경우에는 과세하지 않고, 특수관계인이 아닌 자 간의 거래에서 그러한 이익이 발생한 경우에는 거래의 관행상 정당한 사유가 없는 경우에 한하여 증여재산가액이 발생한 것으로 본다(相贈稅法 42조의2 1항, 2항). 소유지분이 변동된 경우에 있어서의 증여재산가액은 변동 후 지분율과 변동 전 지분율의 차이에 변동 후 1주당 가액을 곱하여 계산하고, 평가액이 변동된 경우에 있어서의 증여재산가액은 변동 후 가액에서 변동 전 가액을 뺀 금액으로 한다(相贈稅令 31조의 10 1항).

17. 재산 취득 후 재산가치 증가에 따른 이익의 증여

직업, 연령, 소득 및 재산상태에 비추어 볼 때 자력(自力)으로 아래에 열거된 제반 행위를 할 수 없다고 인정되는 자가 (i) 특수관계인으로부터 재산을 증여받거나, (ii) 특수관계인으로부터 기업의 경영 등에 관하여 공표되지 아니한 내부정보를 제공받아 해당 정보와 관련된 재산을 유상으로 취득하거나 또는 (iii) 특수관계인으로부터 차입한 자금 또는 특수관계인의 재산을 담보로 차입한 자금으로 재산을 취득하고, 그 취득일로부터 5년 이내에 개발사업의 시행, 형질변경, 공유물 분할, 사업의 인·허가, 주식·출자지분의 상장 및 합병, 비상장주식의 한국금융투자협회에의 등록, 생명보험 또는 손해보험에 있어서의 보험사고의 발생, 지하수개발·이용권 등의 인·허가 등과 같은 재산가치 증가사유가 발생하여 그 취득한 재산의 가치가 증가하는 경우 그 증가로 인해 얻은 이익은 증여재산가액이 된다. 다만, 그 이익의 가액이 일정한 기준금액 미만인 경우에는 과세하지 않는다(相贈稅法 42조의3 1항; 相贈稅令 31조의11 1항). 여기서 과세요건으로서의 '재산가치 증가사유'라고 함은 재산가치 증가가 객관적으로 예상되는 경우,1) 즉 취득한 재산에 관해 발생한 사유의 특성상 그 사유가 종료

---

1) 서울행정법원 2012. 8. 17., 2011 구합 28240(대법원 2014. 7. 10., 2014 두 4238 심리불속행 판결에 의해 확정).

하는 장래에 그 종료로 인해 해당 재산의 가치가 증가할 것이 사유의 발생 당
시에 객관적으로 예상되는 경우만을 말하고, 그 증가여부가 불확실한 경우는
포함하지 않는다고 보아야 할 것이다. 어떤 사유의 발생 당시 그로 인해 재산
가치가 증가할지 여부가 불확실하였는데, 이후 결과적으로 가치증가가 있었음
에 불과한 경우에는 그러한 사유를 노려서 해당 재산을 취득하였다고 보기 어
렵기 때문이다.

이 경우에 있어서의 증여재산의 가액은 다음의 산식에 의해 계산한다(相贈
稅法 42조의3 2항; 相贈稅令 31조의11 1항, 2항).

재산가치 상승액＝해당 재산가액*－(해당 재산의 취득가액**＋통상적인 가치상승
분***＋가치상승기여분****)
* 해당 재산가액: 재산가치 증가사유가 발생한 날 현재의 가액(상속세 및 증여세법
제4장의 규정에 의하여 평가한 가액). 재산가치 증가사유가 발생하기 전에 해당 재
산을 양도한 경우에는 그 양도일을 재산가치 증가사유의 발생일로 봄.
** 해당 재산의 취득가액: 실제 취득하기 위하여 지출한 금액(증여받은 재산의 경
우에는 증여세 과세가액)
*** 통상적인 가치상승분: 주식 또는 출자지분의 상장 등에 따른 이익의 계산에 있
어 적용되는 '기업가치의 실질적인 증가로 인한 이익'(相贈稅法 31조의6 5항)과 연
평균지가상승률·연평균주택가격상승률 및 전국소비자물가상승률 등을 감안하여
해당 재산의 보유기간 중 정상적인 가치상승분에 상당하다고 인정되는 금액
**** 가치상승기여분: 개발사업의 시행, 형질변경, 사업의 인·허가 등에 따른 자본
적 지출액 등 해당 재산가치를 증가시키기 위하여 지출한 비용

한편, 위와 같은 재산가치 증가사유의 발생에 따른 증여세 과세는 거짓이
나 그 밖의 부정한 방법으로 증여세를 감소시킨 경우에는 비특수관계인 사이의
거래에 대해서도 적용한다(相贈稅法 42조의3 3항). 이는 달리 말하면, 비특수관계
인 사이의 거래에 대해서는 원칙적으로 위의 과세를 적용하지 아니하되, 거래
당사자들이 거짓이나 그 밖의 부정한 방법을 써서 증여세를 회피한 경우에 한
하여 예외적으로 적용한다는 것이다. 거짓이나 그 밖의 부정한 방법으로 증여
세를 감소시켰는지를 결정함에 있어서는 '거래 후 5년 내에 발생한 재산가치
증가사유에 대해서만 적용한다'는 제한을 받지 않는다(동항 단서).

18. 증여재산 유형의 경합시 또는 단기간 동일 거래 반복시의 취급

(1) 증여재산 유형의 경합시의 취급

동일한 행위나 거래로부터 위에서 본 여러 유형의 증여재산이 경합하여 발생하는 경우가 있을 수 있다. 예를 들면, 전환사채 등의 전환 등에 따른 이익의 이전이 한편으로는 제40조(전환사채 등의 주식전환 등에 따른 이익의 증여)의 요건을 충족할 수도 있고, 다른 한편으로는 위 제42조의3(재산 취득 후 재산가치 증가에 따른 이익의 증여)의 요건을 충족할 수도 있다. 이러한 경우에는 가장 큰 가액의 증여재산을 발생시키는 거래나 행위로 본다(相贈稅法 43조 1항).

(2) 단기간 동일 거래 반복시의 취급

단기간에 증여재산가액을 발생시키는 거래가 반복적으로 이루어지는 경우에는 증여 건별로 증여재산가액을 계산하지 않고, 일정 기간 내의 거래를 묶어서 증여재산가액을 계산한다. 즉, 시가에 비해 현저히 낮은 가액으로의 재산양수나 현저히 높은 가액으로의 재산양도(相贈稅法 31조 1항 2호), 저가·고가 양도에 따른 이익의 증여(相贈稅法 35조), 부동산 무상사용에 따른 이익의 증여(相贈稅法 37조), 합병에 따른 이익의 증여(相贈稅法 38조), 증자에 따른 이익의 증여(相贈稅法 39조), 감자에 따른 이익의 증여(相贈稅法 39조의2), 현물출자에 따른 이익의 증여(相贈稅法 39조의3), 전환사채 등의 주식전환 등에 따른 이익의 증여(相贈稅法 40조), 초과배당에 따른 이익의 증여(相贈稅法 41조의2), 금전 무상대출 등에 따른 이익의 증여(相贈稅法 41조의4), 재산사용 및 용역제공 등에 따른 이익의 증여(相贈稅法 42조), 특정법인과의 거래를 통한 이익의 증여의제(相贈稅法 45의5)는 동일 유형별로 1년 단위로 묶어 증여재산가액을 계산한다. 즉, 위에서 열거된 어느 하나의 유형에 해당하는 증여에 있어서의 증여일부터 소급하여 1년 이내에 동일한 유형의 증여가 수차 행하여진 경우에는 각각의 증여에서 발생한 이익(시가와 대가의 차액을 의미함)을 계산한 뒤 이를 합산하여 과세대상인 증여재산가액을 계산한다. 예를 들면, 어떤 저가양도의 거래일로부터 소급하여 1년 이내에 다른 저가양도 거래가 1차례 더 행하여진 경우에는 각 거래로부터 발생한 이익을 계산한 뒤 이를 합하여 기준금액을 초과함으로써 과세대상에 해당하는지 여부를 판단하고, 과세표준을 계산한다(相贈稅法 43조 2항, 3항; 相贈稅令 32조).

Ⅶ. 증여의 의제와 추정

증여세의 과세물건은 재산(경제적 이익 포함)의 무상이전인바, 상속세 및 증여세법에서 실제로 재산의 무상이전이 없는 데도 있는 것으로 의제하거나 재산의 무상이전이 있는지 여부가 불분명한 경우 있는 것으로 추정하는 경우가 있다.

1. 일정한 친족 간의 재산양도의 증여추정

배우자 또는 직계존비속에게 양도한 재산은 양도한 때에 그 재산의 가액을 양수인에게 증여한 것으로 추정한다(相贈稅法 44조 1항).1) 배우자란 법률상의 배우자를 뜻하며 사실상의 배우자는 이에 해당하지 않는다.2)

당초부터 실제적 원인 없이 경료된 원인무효의 등기3)이거나 과세관청에서 증여를 과세요건으로 하는 과세처분을 하기 전에 그 양도계약이 적법하게 해제되고 이에 따른 말소등기가 경료된 경우4)에는 직계존비속 사이에 재산을 양도하였다 하더라도 증여로 추정되지 아니한다. 또한 일방 배우자의 예금이 인출되어 타방 배우자의 계좌로 입금된 경우 그 원인으로는 증여 외에도 공동생활의 편의, 자금의 위탁 관리, 가족을 위한 생활비 지급 등 여러 가지가 있을 수 있으므로, 그러한 사실만으로 곧 해당 예금의 증여가 있었던 것으로 추정되지 않는다.5)

어떤 자가 특수관계인에게 재산을 1차로 양도하고, 다시 그 특수관계인인 양수인이 3년 내에 당초의 양도인의 배우자 또는 직계존비속에게 2차로 양도한 경우에는 2차 양도 시점에서의 재산가액을 당초의 양도인이 자신의 배우자 또는 직계존비속에게 직접 증여한 것으로 추정한다. 다만, 1차 양도 및 2차 양도에 대해 부담한 양도소득세액의 합계액이 그렇게 증여된 것으로 추정하여 계산한 증여세액보다 큰 경우에는 이를 적용하지 않는다(相贈稅法 44조 2항). 2단계

---

1) 구 상속세법 34조 1항(현행 相贈稅法 44조 1항)의 규정은 배우자 등의 양도행위를 증여로 의제하는 규정일 뿐, 자금의 이전이 증여로 인한 것인지 차용으로 인한 것인지가 문제되는 사건에 적용될 규정은 아니다(대법원 1995. 4. 11., 94 누 13152).
2) 대법원 1991. 4. 26., 90 누 6897.
3) 대법원 1988. 5. 24., 88 누 605.
4) 대법원 1989. 7. 25., 87 누 561.
5) 대법원 2015. 9. 10., 2015 두 41937.

의 양도인 것처럼 위장하여 증여를 행한 것으로 추정하는 것이다. 채무담보의 목적으로 재산의 소유권을 이전하는 경우는 특수관계인에게 하는 재산의 '양도'에 포함되지 않는다.1) 이 규정에 따라 수증자로 추정된 배우자나 직계존비속에게 증여세가 부과된 경우에는 당초의 양도자 및 그의 특수관계인인 양수인(중간 매개자)에 대하여 당초의 양도에 따른 양도소득세를 부과하지 아니한다. 2단계 양도거래를 하나의 증여행위로 추정하는 이상 그 중 일부를 다시 양도거래로 보아 과세하는 것은 논리적으로 모순이고 이중과세가 되기 때문이다.

그러나 이러한 증여추정에 대해서 각종 예외가 인정된다. 해당 재산이 (i) 법원의 결정으로 경매절차에 의해 처분된 경우, (ii) 파산선고로 처분된 경우, (iii) 국세징수법에 의해 공매된 경우, (iv) 자본시장법상의 증권시장을 통해 유가증권이 처분된 경우로서 '기획재정부령이 정하는 시간외 시장'에서 매매되지 않은 경우, (v) 대가를 지급하고 양도된 사실이 명백히 인정되는 경우로서 시행령에서 정하는 경우 등에는 배우자나 직계존비속이 취득하더라도 증여로 보지 아니한다(相贈稅法 44조 3항; 相贈稅令 33조 2항). 위 (v)에서 '시행령에서 정하는 경우'라 함은 (i) 권리의 이전이나 행사에 등기나 등록을 요하는 재산을 교환하는 경우, (ii) 이미 과세(비과세 또는 감면받은 경우 포함)된 소득금액이나 신고한 소득금액으로, 또는 상속재산이나 수증재산으로 해당 재산의 취득대가를 지급한 사실이 입증되는 경우, (iii) 소유재산을 처분한 금액으로 해당 재산의 취득대가를 지급한 사실이 입증되는 경우 등을 말한다(相贈稅令 33조 3항). 모두 증여의 의사가 없는 것으로 추정되는 경우들이다.

2. 재산취득자금·채무상환자금의 증여추정

직업·연령·소득 및 재산상태 등으로 보아 재산을 자력으로 취득하였다고 인정하기 어려운 경우에는 해당 재산의 취득자가 다른 자로부터 취득자금을 증여받은 것으로 추정한다(相贈稅法 45조 1항).2) 또한 직업·연령·소득 및 재산상

---

1) 대법원 1987. 5. 26., 86 누 836 참조.
2) 재력이 있는 父가 그 단독 소유의 지상에 임대빌딩을 건축하면서 일정한 직업이나 수입이 없는 아들들(미성년자)과 공동명의로 건물을 신축하였다면 위 아들들이 그 신축자금을 제공하였다는 점에 관한 별도의 입증이 없는 이상 이는 부친이 단독으로 자금을 출자하여 건물을 신축하면서 아들들에게 건물의 해당지분을 증여하였다고 봄이 상당하다고 할 것이다(대법원 1992. 3. 27., 91 누 6115).

태 등으로 보아 채무를 자력으로 상환(일부 상환 포함)하였다고 인정하기 어려운 경우에는 해당 채무를 상환한 때에 해당 채무자가 다른 자로부터 상환자금을 증여받은 것으로 추정한다(동조 2항).

'재산을 자력으로 취득하였다고 인정하기 어려운 경우' 또는 '채무를 자력으로 상환하였다고 인정하기 어려운 경우'로서 증여추정의 대상이 되는 경우는 (i) 신고하거나 과세당한 소득금액(비과세 또는 감면 받은 금액 포함), (ii) 신고하였거나 과세당한 상속재산 또는 수증재산의 가액, (iii) 재산을 처분한 대가로 받거나 부채를 부담하고 받은 금전 중 문세된 재산의 취득 또는 채무의 상환에 직접 사용한 금액의 합계액이 그 취득재산의 가액이나 채무의 상환금액에 미달하는 경우를 말한다(相贈稅令 34조 1항). 다만, 입증되지 아니하는 금액이 문제된 재산의 취득가액 또는 채무의 상환금액의 100분의 20이나 2억 원 중 적은 금액보다 더 적은 경우는 증여추정 대상에서 제외된다(동조 단서). 법규정상으로는 위와 같이 '재산을 자력으로 취득하였다고 인정하기 어려운 때'만을 증여추정의 요건으로 하고 있으나, 종래 판례는 그 외에 직계존속 등에게 재산을 증여할 만한 재력이 있었을 것을 추가의 요건으로 삼고 있다.[1] 따라서 과세관청은 이 2가지 요건을 모두 입증하여야 한다.

어떤 재산의 취득일 또는 채무의 상환일로부터 소급하여 10년 이내에 있었던 모든 재산취득과 채무상환의 총 금액이 국세청장이 연령·세대주·직업·재산상태·사회경제적 지위 등을 고려하여 정하는 금액(5천만 원 이상으로 정하여야 함) 이하인 경우에는 증여추정을 하지 않는다(相贈稅法 45조 3항; 相贈稅令 34조 2항).

또한 자금의 출처에 관한 충분한 소명이 있는 경우에도 증여로 추정받지 아니함은 물론이다(相贈稅法 45조 3항). 이 점과 관련하여 종전 판례는 "부동산 처분대금 등이 수증자로 인정된 자의 유일한 자금출처인 경우에는 수증자는 그 금융자료들을 손쉽게 제시할 수 있을 터이므로 단순히 그 처분대금의 존재뿐만 아니라 그 처분대금 등이 수증재산으로 인정된 재산의 취득자금으로 사용된 사실까지 입증하여야 한다"고 하여[2] 증여추정을 번복하기 위해서는 재산취득자

---

1) 대법원 2010. 7. 22., 2008 두 20598; 同 2004. 4. 16., 2003 두 10732.
2) 대법원 1992. 3. 27., 91 누 6115; 同 대법원 1994. 11. 8., 94 누 9603; 同 1995. 8. 11., 94 누 14308; 同 1998. 6. 12., 97 누 7707.

금의 출처뿐만 아니라 그 자금이 해당 재산의 취득자금으로 사용되었다는 점까지 입증할 것을 요구하고 있다. 그러나 이러한 판시는 자금출처에 관한 소명만으로 증여로 추정받지 아니한다는 법규정에 반하는 것이다. 한편, 자금출처와 관련하여 '금융실명거래 및 비밀보장에 관한 법률'에 따라 실명이 확인된 계좌 또는 외국의 관계 법령에 따라 이와 유사한 방법으로 실명이 확인된 계좌에 보유하고 있는 재산은 명의자가 그 재산을 취득한 것으로 추정한다(동조 4항).

3. 명의신탁의 증여의제

권리의 이전이나 행사에 등기·등록·명의개서 등이 필요한 재산의 실질소유자와 명의자가 다른 경우가 있을 수 있다. 다시 말하면 실질소유자가 자기의 것으로 관리·수익하면서 공부 또는 명부상으로만 타인의 명의로 등재하는 것이다. 이를 민사법상 명의신탁이라 한다. 이러한 명의신탁은 재산의 무상양도가 아니므로 본래의 의미의 증여는 아니나, 명의신탁을 이용한 조세면탈의 방지와 행정편의의 입장에서 상속세 및 증여세법은 명의자 앞으로 등기·등록·명의개서 등이 이루어진 날(해당 재산이 명의개서를 하여야 하는 재산인 경우에는 소유권취득일이 속하는 해의 다음 해 말일의 다음 날)에 그 재산의 가액(명의개서를 하여야 하는 재산인 경우에는 소유권취득일을 기준으로 평가한 가액)을 명의자가 실질소유자로부터 증여받은 것으로 본다(相贈稅法 45조의2 1항 본문). 여기서 '명의개서를 하여야 하는 재산'이라고 함은 양수인이 소유권을 취득하기 위해서는 양도인으로부터 자신 앞으로 명의개서를 하여야 함에도 명의개서를 해태함으로써 실질소유자와 명의자가 서로 다른 외형이 형성된 재산을 말한다. 이러한 경우 명의신탁의 합의가 있었던 것은 아니지만 사실상 명의신탁의 합의가 있었던 경우와 같은 외관이 형성되기 때문에 명의신탁과 마찬가지로 증여로 의제하는 것이다. 판례는 주식의 명의신탁자가 사망하여 해당 주식이 상속된 뒤 상속인이 명의수탁자로부터 자신 앞으로 명의개서를 하지 않는 경우에는 일반의 명의개서 해태의 경우와 달리 증여의제 규정을 적용할 수 없다고 본다.[1] 양수인의 명의개서 해태와 상속인의 명의개서 해태는 조세회피의도의 정도 면에서 다르다는 점을 인정한 것이다.

명의신탁인지 또는 정상적인 증여인지가 당사자들의 합의에 달려 있어 객

---

[1] 대법원 2017. 1. 12., 2014 두 43653.

관적 판단이 쉽지 않으므로 이 같은 규정을 둔 것이다. 명의신탁 재산이라는 것 자체가 명의자의 재산이 아니라는 것을 의미하는데, 해당 재산을 명의자가 증여받아 소유하는 것으로 의제하는 것은 실질에 반하는 것이다. 일종의 징벌적 제재라고 할 것인데, 이러한 제재가 과연 재산권 보호의 헌법정신에 부합하는지는 의문이다.

　본 규정은 명의신탁이 조세회피의 수단으로 악용되는 것을 효과적으로 방지하려는 데 그 목적이 있으므로 조세회피목적이 있는 경우에 한하여 제한적으로 적용한다(相贈稅法 45조의2 1항 1호). 다른 목적이 있더라도 아울러 조세회피목적이 있는 때는 조세회피목적이 있다고 하여야 할 것이다.[1] 이때 '조세'라 함은 국세, 지방세, 관세를 두루 말한다(相贈稅法 45조의2 6항). 타인의 명의로 재산의 등기 등을 하거나 실제소유자 명의로 명의개서를 하지 아니한 사실 자체로 일응 조세회피의 목적이 있는 것으로 추정되므로(相贈稅法 45조의2 3항), 조세회피의 목적이 없었다는 주장, 입증은 명의자가 하여야 한다.[2] 조세회피목적의 부존재라는 요건을 지나치게 엄격하게 적용하게 되면 자칫 명의신탁의 다른 목적이 뚜렷이 존재함에도 불구하고 증여로 의제함으로써 국민의 재산권을 침해할 소지가 크다는 점을 고려하여, 법률은 (i) 매매로 어떤 재산의 소유권을 취득한 매수인이 매도인 앞으로 소유명의를 그대로 남겨두는 방식으로 명의신탁을 한 경우로서 매도인이 소유권의 변경을 원인으로 양도소득세 신고나 증권거래세 신고를 한 경우와 (ii) 어떤 재산의 상속인이 상속세 신고나 국세기본법상의 수정신고 또는 기한 후 신고(과세관청의 부과가 있을 것을 미리 인지하고 수정신고나 기한 후 신고를 한 경우는 제외)를 하면서 해당 재산을 상속세 과세가액에 포함한 경우에는 조세회피의 목적이 있는 것으로 추정하지 않는다(동항 단서). 판례는 "명의신탁이 조세회피목적이 아닌 다른 목적에서 이루어졌음이 인정되고, 비록 조세회피 내지 경감의 결과가 발생하였다고 하더라도 그 회피 내지 경감의 액수가 미미하거나, 장래 막연한 조세회피 내지 경감의 가능성이 있는 정도에 불과하여 명의신탁 당시 이를 의도하였다고 보기 어려운 경우에는 조세회피목적이 없다고 보아야 한다"고 하여 '조세회피목적'을 제한적으로 해석하고 있다.[3]

---

1) 대법원 2017. 2. 21., 2011 두 10232.
2) 대법원 1990. 6. 26., 90 누 2062.
3) 대법원 2006. 5. 12., 2004 두 7733; 同 2018. 10. 25., 2013 두 13655.

　　명의자의 의사와는 관계없이 실질소유자에 의하여 일방적으로 명의자 앞으로의 소유권이전등기 등이 이루어진 경우에는 명의신탁 자체가 성립되지 아니하므로 명의신탁 증여의제의 규정이 적용될 여지가 없다.1) 그러나 등기 등이 명의자의 승낙없이 경료되었다는 입증책임은 이를 주장하는 명의자에게 있다.2) 또한 자본시장법에 의한 신탁재산인 사실의 등기 등을 하는 경우와 비거주자가 법정대리인 또는 재산관리인의 명의로 등기 등을 하는 경우에도 증여로 의제하지 않는다(相贈稅法 45조의2 1항 3호, 4호). 이들 경우는 단순한 명의신탁이 아니라, 재산의 관리를 수탁자에게 이전한 진정한 의미의 신탁이기 때문이다.

　　명의신탁이란 대내적 관계에서는 신탁자가 소유권을 보유하여 이를 관리·수익하면서 대외적 '소유명의'만을 수탁자 앞으로 표시하는 법률행위이다.3) 이러한 의미에서의 명의신탁의 대상이 될 수 있는 목적물은 '권리의 이전이나 행사에 등기 등을 요하는 재산'이다. '권리의 이전이나 행사에 등기 등을 요하는 재산'이란 등기 등이 그 이전의 효력발생요건이나 대항요건인 재산만 의미하므로 채권4)에 불과한 골프회원권은 명의신탁의 대상재산이 되지 않는다. 따라서 골프회원권의 명의를 타인 앞으로 등재해 두더라도 본조가 적용되지 않는다.5) 같은 이유로 아파트당첨권의 명의를 타인 앞으로 기재한 경우에도 본조가 적용되지 아니한다.6) 이에 비해 그 이전에 관하여 사채원부의 명의개서가 대항요건으로 되어 있는 기명식 전환사채(상법 479조)는 명의신탁의 대상재산에 해당한다.7) 권리의 이전이나 행사에 등기 등을 요하는 재산에 해당하는 이상 그에 관한 명의신탁의 등기 등이 반드시 법률상 유효여야 하는 것은 아니다.8)

　　권리의 이전이나 행사에 등기를 요하는 재산이라 하더라도 토지·건물은 증여의제대상에서 제외된다(相贈稅法 45조의2 1항 괄호). 1995년 제정된 '부동산 실권리자명의 등기에 관한 법률'에 따르면 부동산의 명의신탁을 금지하고 있으

1) 대법원 1987. 2. 10., 85 누 955; 同 2008. 2. 14., 2007 두 15780.
2) 대법원 1990. 10. 10., 90 누 5023; 同 2008. 2. 14., 2007 두 15780.
3) 대법원 1965. 5. 18., 65 다 312.
4) 골프회원권이란 골프경영자와 회원 사이에 계약에 의해 골프장경영자가 회원명부를 비치하고 회원의 변동상황 등을 장부에 기재하도록 약정한 경우의 채권을 말한다. 同旨 崔東植, "골프회원권과 증여의제", 「季刊稅務士」, 1986. 가을, 87면.
5) 대법원 1987. 3. 24., 86 누 341.
6) 대법원 1987. 10. 13., 87 누 118; 同 1988. 6. 14., 88 누 2755.
7) 대법원 2019. 9. 10., 2016 두 1165.
8) 대법원 2011. 9. 8., 2007 두 17175.

며, 동법에 위배된 명의신탁약정은 무효이므로(부동산등기법 3조, 4조), 토지와 건물은 처음부터 증여의제의 대상이 될 수 없기 때문이다.

한편, 어떤 재산의 명의신탁에 대하여 증여의제가 적용되어 증여세가 부과되었거나 될 수 있었음에도 불구하고, 그 명의신탁 후에 해당 재산에서 발생한 과실이나 해당 재산의 처분대금으로 다시 취득한 동종의 재산을 별도의 명의신탁 대상으로 보아 과세할 수 있느냐의 문제가 있다. 판례는 양자가 서로 다른 재산이긴 하지만, 최초의 명의신탁 재산에서 발생한 과실이나 그 처분대금으로 취득한 다른 재산을 다시 증여의제 대상으로 보아 과세하는 경우 최초의 명의신탁 재산을 진정으로 증여한 경우와 비교하여 더 많은 증여세가 부과될 수 있는 등 과세의 형평에 반하는 결과가 발생할 수 있음을 이유로 별도의 증여의제 대상이 될 수 없다고 본다.[1] 이와 관련하여 주식의 포괄적 교환으로 교부받은 완전모회사의 신주가 그 포괄적 교환으로 양도한 완전자회사의 구주와 별도의 새로운 증여의제 대상이 될 수 있는지 여부와 관련해서는 당초에는 긍정을 했다가,[2] 명의신탁된 주식의 처분대금으로 다시 주식을 취득한 경우와 경제적 효과 면에서 다르지 않으므로, 후자의 경우 과세할 수 없듯이 주식의 포괄적 교환으로 교부받은 완전모회사의 신주를 별도의 증여의제 대상으로 보아 과세할 수 없다고 입장을 변경하였다.[3] 또한 기명식 전환사채의 전환권 행사로 명의수탁자에게 배정된 주식도 별도의 증여의제 대상이 되지 않는다고 본다.[4] 그러나 흡수합병으로 소멸될 것으로 예정된 회사의 주식을 명의신탁 받은 자가 그 주식을 해당 합병으로 존속할 것으로 예정된 회사에 매각하고 받은 대금을, 그 존속회사가 실시한 유상증자의 신주대금으로 납입하여 취득한 신주는 당초 명

---

1) 대법원 2009. 3. 12., 2007 두 8652(주식발행초과금의 자본전입에 따른 무상주 배정의 경우); 同 2011. 7. 14., 2009 두 21352(이익잉여금의 자본전입에 따른 무상주 배정의 경우); 同 2020. 6. 25., 2019 두 36971 및 同 2017. 2. 21., 2011 두 10232(명의신탁된 주식의 매도대금으로 다시 취득한 다른 주식); 同 2019. 1. 31., 2016 두 30644(명의신탁 대상 주식을 발행한 법인의 흡수합병에 따라 명의수탁자에게 배정된 합병신주); 同 2022. 9. 15., 2018 두 37755 (명의신탁자가 기존 명의신탁 주식을 담보로 제공하고 받은 대출금으로 새로운 주식을 취득하여 동일인 명의로 명의개서를 하였으나, 그 명의개서가 이루어지기 전에 기존 명의신탁 주식을 매도하여 그 매도대금으로 해당 대출금을 변제한 경우); 서울고법 1993. 12. 15., 92 구 21120(자산재평가적립금의 자본전입에 따른 무상주 배정의 경우).

2) 대법원 2013. 8. 23., 2013 두 5791.

3) 대법원 2018. 3. 29., 2012 두 27787.

4) 대법원 2019. 9. 10., 2016 두 1165.

의신탁 받은 소멸회사의 주식과는 별도의 새로운 명의신탁 재산으로서 증여의제 과세대상이 된다고 본다.[1] 진정한 의미의 증여에 대한 과세가 아니라 명의신탁에 대한 제재적 성격의 과세라는 점 때문에 그 적용의 한계를 설정하는 것이 매우 어려운 문제이다. 명의신탁을 증여로 의제함으로써 최초의 명의신탁이 진정한 증여였더라면 부과할 수 있었을 증여세보다 더 많은 증여세를 부과하는 것은 이미 제재적 기능을 초월하여 국민의 재산권을 침해하는 면이 있으므로 그 적용범위를 확대하는 것은 바람직하지 않다고 할 것이다.

4. 특수관계법인과의 거래를 통한 이익의 증여의제

(1) 수혜법인이 중소기업이나 중견기업인 경우

중소기업이나 중견기업에 해당하는 법인의 기업회계기준에 따라 계산한 특정 사업연도 매출액 중에서 그 법인의 지배주주와 특수관계에 있는 법인(相贈稅令 34조의3 3항)에 대한 매출액이 차지하는 비율(특수관계법인 거래비율)이 중소기업의 경우에는 100분의 50, 중견기업의 경우에는 100분의 40(정상거래비율)을 초과하는 경우에는 그 법인(이하 "수혜법인"이라고 함)의 지배주주와 그 지배주주의 친족이 다음의 산식에 따라 계산한 이익을 각각 증여받은 것으로 본다(相贈稅法 45조의3 1항).

(i) 수혜법인이 중소기업에 해당하는 경우: 증여의제이익 = 수혜법인의 세후영업이익* × 정상거래비율을 초과하는 특수관계법인거래비율** × 한계보유비율을 초과하는 주식보유비율

(ii) 수혜법인이 중견기업에 해당하는 경우: 증여의제이익 = 수혜법인의 세후영업이익 × 정상거래비율의 100분의 50을 초과하는 특수관계법인 거래비율 × 한계보유비율의 100분의 50을 초과하는 주식보유비율

* 수혜법인의 세후영업이익={기업회계기준에 따라 계산한 뒤 세무조정을 가한 영업손익 − [(법인세 산출세액(토지 등 양도소득에 대한 특별세 제외) − 법인세 공제액과 감면액)×위의 영업손익 / 각 사업연도 소득]}×과세매출비율(相贈稅令 34조의3 10항)

** 특수관계법인 거래비율의 계산 시 특수관계법인이 둘 이상인 경우에는 각각의 매출액을 모두 합하여 계산함(相贈稅令 34조의3 9항)

---

1) 대법원 2013. 9. 26., 2011 두 181.

위에서 지배주주라 함은 증여시기를 기준으로 (i) 수혜법인의 최대주주 등 (相贈稅令 19조 2항) 가운데 직접보유비율이 가장 높은 자가 개인인 경우에는 그 개인을 말하고, (ii) 수혜법인의 최대주주 등 가운데 직접보유비율이 가장 높은 자가 법인인 경우에는 수혜법인에 대한 직접보유비율과 간접보유비율(개인과 수혜법인 사이에 출자를 통하여 1개 이상의 법인이 개재하고 있는 경우 각 단계의 직접출자비율을 모두 곱하여 나오는 비율을 말함; 相贈稅令 34조의2 2항)을 합하여 계산한 비율이 가장 높은 개인1)을 말한다. 이에 해당하는 자가 두 명 이상일 때에는 수혜법인의 임원에 대한 임면권의 행사 및 사업방침의 결정 등을 통하여 그 경영에 관하여 사실상의 영향력이 더 큰 자로서 기획재정부령으로 정하는 자를 말한다. 다만, 수혜법인의 최대주주 등에 해당하는 본인과 그의 친족 등의 주식 등의 보유비율의 합계가 역시 최대주주 등에 해당하는 사용인의 주식 등의 보유비율보다 큰 경우에는 본인과 본인의 친족 등 중에서 지배주주를 판정한다 (相贈稅令 34조의3 1항). 그리고 위에서 지배주주의 '친족'이라고 함은 민법상의 친족에 해당하는 자로서 수혜법인의 사업연도 말에 수혜법인의 발행주식총수 또는 출자총액에 대한 직·간접보유비율이 100분의 3(수혜법인이 중소기업 또는 중견기업인 경우에는 100분의 10, 법령상 '한계보유비율'이라고 부름)을 초과하는 자를 말한다(相贈稅令 34조의3 6항, 7항).

(2) 수혜법인이 중소기업이나 중견기업이 아닌 경우

수혜법인이 중소기업 및 중견기업에 해당하지 아니하는 경우에는 위에서 본, 수혜법인이 중소기업이나 중견기업인 경우의 과세요건을 충족하는 경우뿐만 아니라, 특수관계법인 거래비율이 정상거래비율의 3분의 2를 초과하는 경우로서 특수관계법인에 대한 매출액이 1천억 원을 초과하는 경우에도 증여의제를 하고, 이 경우의 증여의제이익은 다음의 산식에 따라 계산한다(相贈稅法 45조의3 1항; 相贈稅令 34조의3 15항).

증여의제이익 = 수혜법인의 세후영업이익 × 100분의 5를 초과하는 특수관계법인 거래비율 × 주식보유비율

---

1) 수혜법인의 주주 등이면서 최대주주 등에 해당하지 아니한 자 및 수혜법인의 최대주주 등 중에서 수혜법인에 대한 직접보유비율이 가장 높은 법인의 최대주주 등에 해당하지 아니한 자는 제외한다.

(3) 증여의제이익 계산 요소의 결정

① 매출액: 위에서 매출액을 계산할 때 중소기업에 해당하는 수혜법인과 역시 중소기업에 해당하는 특수관계법인 간의 거래에서 발생하는 매출액 등 시행령에서 정하는 것(법령상 '과세제외 매출액'이라고 부름)은 제외한다(相贈稅法 45조의3 4항; 相贈稅令 34조의3 8항). 또한 이에 해당하지 않더라도 수혜법인이 일정한 요건을 충족하는 특수관계법인과 거래한 매출액의 일정 부분도 과세제외 매출액에 포함한다(相贈稅令 34조의3 12항).

② 주식보유비율: 지배주주와 지배주주의 친족이 수혜법인에 직접적으로 출자함과 동시에 일정한 요건을 갖춘 간접출자법인(相贈稅令 34조의3 16항)을 통하여 간접적으로 출자한 경우에는 먼저 수혜법인에 대한 간접보유비율(수개의 간접출자관계가 있는 경우에는 그 간접출자비율들 중 작은 것)에서 한계보유비율을 빼서 그 초과비율을 계산한 뒤(相贈稅令 34조의3 11항 후문), 그 초과비율을 구성하는 출자관계 별로(예를 들면, 직접출자, 제1 간접출자, 제2 간접출자) 위의 산식에 따라 각각 계산한 금액을 합산하여 증여의제이익을 계산한다(相贈稅法 45조의3 2항; 相贈稅令 34조의3 11항).

③ 기타 요소: 위의 산식에 따른 증여의제이익의 계산은 수혜법인의 사업연도 단위로 하고, 증여시기는 수혜법인의 해당 사업연도 종료일로 보며(相贈稅法 45조의3 3항), 특수관계법인이 둘 이상인 경우에도 하나의 법인으로부터 이익을 얻은 것으로 본다(相贈稅令 34조의3 17항). 한편, 수혜법인의 지배주주 등이 수혜법인의 사업연도 말일부터 위의 증여의제이익에 대한 증여세 신고기한까지 사이에 수혜법인이나 간접출자법인으로부터 배당받은 소득이 있으면 일정액을 증여의제이익에서 공제하는바(相贈稅令 34조의3 13항), 이는 지배주주 등이 얻은 주식가치증가익을 수증익으로 과세하면서 동시에 배당으로 과세하는 결과를 막기 위한 것이다.

(4) 과세원론 면에서의 제도의 문제점

위의 증여의제 제도는 대기업이 수요독점자의 지위에서 대주주나 그의 친족이 지배하는 법인에게 일감을 몰아줌으로써 그 대주주나 친족이 지배하는 법인의 주식가치가 상승하는 결과를 두고, 그 지배법인이 얻은 영업이익을 그 대주주나 친족이 바로 증여받은 것으로 의제하는 제도이다. 그런데, 증여세의 과세물건인 '증여'는 수증자로 지목된 개인이 다른 법인격체로부터 경제적 가치를

무상으로 이전받는 것을 의미하는데, 일감 몰아주기의 수혜법인의 대주주나 그
의 친족이 얻은 주식가치증가라는 이익은 누구로부터 무상으로 이전받은 것이
아니므로, 이 제도는 증여세 부과의 기본적 요건을 충족하지 못하는 문제를 안
고 있다. 대기업의 계열사에 대한 일감 몰아주기는 이른바 수요독점(monopsony)
행위로서 공정거래의 관점에서 정의롭지 못하므로 공급독점(monopoly)의 경우
와 마찬가지로 공정거래법에 의해 직접적으로 규제함으로써 족할 것이다.

5. 특수관계법인이 제공한 사업기회로부터 발생한 이익의 증여의제

어떤 법인이 그 대주주나 그의 친족이 지배하는 다른 법인에게 사업기회를
제공함으로써 그 다른 법인이 소득을 얻게 되면 결과적으로 그 대주주나 친족
도 이익을 얻게 된다. 이러한 경우 그 대주주나 친족이 얻는 이익을 증여로 의
제하여 과세한다. 즉, 어떤 법인의 지배주주와 그 친족(이하 "지배주주 등"이라고
함)의 직·간접 주식보유비율이 100분의 30 이상인 법인(이하 "수혜법인"이라고
함)이 그 지배주주와 사이에 특수관계에 있는 법인(중소기업과 수혜법인의 주식보
유비율이 100분의 50 이상인 법인은 제외)으로부터 특정의 방법[1]으로 사업기회를
제공받는 경우에는 그 수혜법인의 지배주주 등이 그 사업기회를 제공받은 날
(이하 "사업기회 제공일"이라고 함)이 속하는 사업연도(이하 "개시 사업연도"라고 함)
의 종료일에 다음의 산식에 따라 계산한 금액을 증여받은 것으로 의제한다(相
贈稅法 45조의4 1항).

> [{(제공받은 사업기회로 인하여 개시 사업연도에 수혜법인에게 발생한 이익×지배
> 주주 등의 주식보유비율)−개시 사업연도분의 법인세 납부세액 중 상당액}÷개시
> 사업연도의 월 수×12]×3

위의 산식의 끝에서 3을 곱하고 있는 점에서 알 수 있듯이, 위의 산식은
사업기회 제공일이 속하는 개시 사업연도에 발생한 이익이 사업기회 제공일이
속하는 연도로부터 3개 연도에 걸쳐 균등하게 발생할 것으로 가정하고 그 3개
연도의 증여의제이익을 계산하는 것이다. 따라서 실제로 발생하는 증여의제이

---

1) 특정의 방법이라고 함은 특수관계법인이 직접 수행하거나 특수관계법인과 특수관계에 있
   지 아니한 법인이 수행하고 있던 사업기회를 임대차계약이나 입점계약 등의 방식으로 제공
   받는 경우를 말한다(相贈稅令 34조의4 2항).

익은 이러한 가정의 금액과 다를 수 있다. 이에 개시 사업연도의 법인세 과세표준의 신고기한이 속하는 달의 말일부터 3개월이 되는 날까지 위의 가정의 증여의제이익에 대한 증여세를 신고납부도록 하면서(동조 2항), 한편으로는 사업기회 제공일 이후 2년 간 발생한 이익을 기준으로 다시 증여이익과 이에 대한 증여세를 정산하도록 하고 있다. 즉, 개시 사업연도부터 사업기회 제공일 이후 2년이 경과한 날이 속하는 사업연도(이하 "정산 사업연도"라고 함)까지 수혜법인이 제공받은 사업기회로 인해 실제로 얻은 증여의제이익(이하 "정산 증여의제이익"이라고 함)을 다음의 산식에 따라 계산한 뒤 그에 대한 증여세액과 위의 가정의 증여의제이익에 대해 신고납부한 증여세액의 차액이 정수(+)로 나오면 그 차액을 추가로 납부하고, 부수(−)로 나오면 그 금액을 환급받도록 하고 있다(동조 3항). 이러한 정산 대상 증여세 과세표준의 신고기한은 정산 사업연도의 법인세 신고기한이 속하는 달의 말일부터 3개월이 되는 날로 한다(동조 5항).

[(제공받은 사업기회로 인하여 개시 사업연도부터 정산 사업연도까지 발생한 수혜법인의 이익1) 합계액)×지배주주 등의 주식보유비율]−개시 사업연도분부터 정산 사업연도분까지의 법인세 납부세액 중 상당액2)

위 2개의 산식에서 말하는 '지배주주 등의 주식보유비율'은 개시 사업연도 종료일을 기준으로 적용한다(동조 4항).

한편, 지배주주 등이 수혜법인의 사업연도 말일부터 위의 증여재산가액에 대한 증여세 과세표준 신고기한까지 사이에 수혜법인으로부터 배당받은 소득이 있으면 다음의 산식에 따라 계산한 금액을 증여의제이익에서 공제한다(相贈稅슈 34조의4 5항). 수혜법인이 얻은 이익 가운데 배당을 받아 소득세를 부담한 금액이 있으면, 이를 다시 증여받은 것으로 보아 증여세를 이중으로 부과할 수 없기 때문이다. 같은 이유로 정산 증여의제이익에서도 유사한 산식으로 계산한 금액을 공제한다(相贈稅슈 34조의4 6항).

---

1) '수혜법인의 이익'은 사업기회를 제공받은 해당 사업부문의 영업손익에 법인세법의 제반 규정에 따른 세무조정사항을 반영한 금액으로 한다(相贈稅슈 34조의4 3항).
2) '법인세 납부세액 중 상당액'은 수혜법인의 법인세 산출세액에서 공제·감면액을 뺀 세액에 수혜법인의 각 사업연도 소득금액 중 '수혜법인의 이익'이 차지하는 비율을 곱하여 계산한 금액으로 한다(相贈稅슈 34조의4 4항).

배당소득×증여의제이익÷[수혜법인의 사업연도 말일 배당가능이익(法令 86조의3 1항)×지배주주 등의 수혜법인에 대한 주식보유비율]

위의 제도는 공정거래법 제23조 제1항 제3호에서 특정 기업집단 소속의 회사가 직접 수행하거나 그의 지배회사를 통하여 수행할 경우 상당한 이익을 발생시킬 수 있는 사업기회를 특수관계인이나 그 특수관계인이 지배하는 회사에게 제공함으로써 결과적으로 특수관계인에게 회사의 이익을 넘겨주는 행위(이른바 사이편취행위)를 규제하는 것과 그 맥을 같이한다. 위 4.의 '특수관계법인과의 거래를 통한 이익의 증여의제'제도가 공정거래법에 의한 규제와 별도로 필요하지 않는 것처럼 이 제도 역시 과세원리에 부합하지 않는 불필요한 제도로 보인다.

6. 특정법인과의 거래를 통해 발생한 이익의 증여의제

예를 들면, 아들이 대주주로서 경영하고 있는 어떤 회사에 그 아버지가 거액의 현금을 증여하게 되면 그 아들은 간접적으로 이익을 얻게 되는 바, 법은 이러한 경우 그 아들이 얻는 간접적인 이익이나 이와 유사한 이익을 증여로 의제한다. 즉, 지배주주와 그 친족('지배주주등'; 위의 예에서 아들)의 직·간접 주식보유비율이 100분의 30 이상인 법인('특정법인')이 그 지배주주의 특수관계인(위의 예에서 아버지)과 (i) 재산이나 용역을 무상으로 제공받는 거래, (ii) 재산이나 용역을 통상적인 거래 관행에 비추어 볼 때 현저히 낮은 대가로 양도·제공받는 거래, (iii) 재산이나 용역을 통상적인 거래 관행에 비추어 볼 때 현저히 높은 대가로 양도·제공하는 거래, (iv) 채무를 면제·인수 또는 변제하는 거래, (v) 시가보다 낮은 가액으로 현물출자하는 거래를 하는 경우에는 그 거래를 통해서 특정법인이 얻은 이익에 그 지배주주 등의 주식보유비율을 곱하여 계산한 금액을 그 지배주주 등이 해당 거래를 한 날에 증여받은 것으로 의제한다(相贈稅法 45조의5 1항; 相贈稅令 34조의5 6항). 위에서 현저히 낮거나 높은 대가라고 함은 시가와 대가의 차액이 시가의 100분의 30 이상이거나 3억 원 이상인 경우의 당해 대가액을 말하며, 이와 관련하여 시가가 불분명한 경우에는 법인세법 부당행위계산 부인의 기준이 되는 시가에 의한다(相贈稅令 34조의5 7항, 8항).

증여로 의제되는 특정법인의 이익은 다음의 단계로 계산된다. 우선 (i) 재산을 증여받거나 해당 법인의 채무가 면제되거나 인수되거나 대위변제되는 경우에는 증여재산가액 또는 그 면제·인수 또는 대위변제로 인하여 얻는 이익의 금액을 계산하고, 그 외의 경우에는 해당 재산의 시가와 대가 간의 차액에 상당하는 금액을 계산한다. 다음, (ii) 특정법인의 법인세 산출세액(토지등 양도소득에 대한 법인세는 제외)에서 공제·감면액을 뺀 금액에 위 (i)의 금액이 특정법인의 각 사업연도 소득금액에서 차지하는 비율을 곱하여 나오는 금액을 본다. 마지막으로, 위 (i)의 금액에서 위 (ii)의 금액을 뺀 금액을 특정법인의 이익액으로 한다(相贈稅令 34조의5 4항). 이와 같이 계산된 증여의제이익이 1억 원 이상인 경우에만 과세대상으로 삼는다(동조 5항).

한편, 위와 같이 계산된 증여이익에 대한 증여세액이 그 증여이익을 지배주주등이 직접 증여받았었더라면 산출되는 증여세 상당액에서 특정법인이 해당 거래로 얻은 이익에 대해 부담한 법인세 상당액을 차감한 금액을 초과하는 경우에는 그 초과액은 없는 것으로 본다(相贈稅法 45조의5 2항; 相贈稅令 34조의5 9항). 특정법인을 통해 간접적으로 증여받은 경우의 세액이 직접 증여받은 경우에 비해 더 많을 수는 없기 때문이다.

판례는 특정법인의 주주등과 특수관계에 있는 자가 특정법인에 재산을 증여하는 등 법령에 열거된 거래를 하였다고 하더라도 해당 거래를 전후하여 주주등이 보유한 주식등의 가액이 증가하여 이익을 얻은 바가 없다면, 위와 같은 법률조항에 근거하여 증여세를 부과할 수 없다고 본다.[1] 법률이 존재하지도 않는 증여재산을 가공으로 만들어 낼 수 없다는 점에서 타당하다고 할 것이다.

VIII. 증여세과세가액

1. 증여세과세가액의 계산

(1) 증여세 비과세 대상
(i) 국가 또는 공공단체로부터 증여받은 재산의 가액, (ii) 소액주주에 해당하는 우리사주조합원이 취득한 해당 법인의 주식의 취득가액과 시가와의 차액, (iii) 정당·사내근로복지기금·우리사주조합·근로복지진흥기금 등에 증여한 재

---

1) 대법원 2017. 4. 20., 2015 두 45700(전원합의체).

산, (iv) 이재구호금품, 치료비, 피부양자의 생활비, 교육비, 학자금 또는 장학금 등, 기념품·축하금·부의금 등, 통상의 혼수용품, 불우이웃돕기 성금 등으로 기부한 금액, (v) 기술신용보증기금, 지역신용보증재단법에 따른 신용보증재단 및 전국신용보증재단연합회, 예금자보호법에 따른 예금보험기금 및 예금보험기금 채권상환기금, 한국주택금융공사법에 따른 주택금융신용보증기금 등에 증여한 재산, (vi) 국가·지방자치단체 또는 공공단체에 기부한 재산, (vii) 장애인(장애인 복지법 32조) 및 상이자('국가유공자 등 예우 및 지원에 관한 법률' 6조) 등을 보험금 수령인으로 한 보험의 연간 4천만 원 이내의 보험금, (viii) 국가유공자의 유족이나 의사자(義死者)의 유족이 증여받은 성금 및 물품 등 재산의 가액, (ix) 비영리법인의 설립근거가 되는 법령의 변경으로 비영리법인이 해산되거나 업무가 변경됨에 따라 해당 비영리법인의 재산과 권리·의무를 다른 비영리법인이 승계받은 경우 그 승계받은 해당 재산의 가액에 대해서는 증여세를 부과하지 않는다 (相贈稅法 46조). 따라서 이들 금액은 증여세과세가액에서 원천적으로 제외된다.

(2) 증여세과세가액 산정의 일반원칙

증여세과세가액은 수증시점에 있어서의 증여재산가액의 합계액으로 한다 (相贈稅法 47조 1항). 따라서 같은 날 수개의 증여가 있게 되면 그 가액을 합한 금액이 과세가액이 된다. 다만, 재산 취득 후 그 가치 증가가 증여로 인정되는 경우(相贈稅法 31조 1항 3호), 전환사채 등의 전환 및 특수관계인에 대한 고가양도에 따른 증여(相贈稅法 40조 1항 2호, 3호), 상장에 따른 이익의 증여(相贈稅法 41조의3), 합병에 따른 상장이익의 증여(相贈稅法 41조의5), 재산 취득 후 재산가치 증가에 따른 이익의 증여(相贈稅法 42조의3), 증여로 추정되는 재산 취득자금 등(相贈稅法 45조), 특수관계법인과의 거래를 통한 이익의 증여의제(相贈稅法 45조의3), 특수관계법인으로부터 제공받은 사업기회로 발생한 이익의 증여(相贈稅法 45조의4) 등은 합산대상에서 제외한다(相贈稅法 47조 1항 괄호, 이하 이들을 "합산배제 증여재산"이라고 함). 어떤 증여의 증여일 전 10년 이내에 동일인(증여자가 직계존속인 경우에는 그 직계존속의 배우자 포함)으로부터 증여받은 재산의 가액의 합계액이 1천만 원 이상인 경우에는 그 가액을 해당 증여재산의 가액에 가산하되, 합산배제 증여재산인 경우에는 그러하지 아니하다(相贈稅法 47조 2항). 이들 증여이익이 합산배제 증여재산인지 여부는 그 계산이 가능한 시점을 기준으로 판단하여야 할 것이다.[1]

(3) 부담부 증여

부담부 증여의 경우에는 그 증여재산의 가액에서 증여재산에 의하여 담보된 채무액을 뺀 가액을 증여세과세가액으로 한다(相贈稅法 47조 1항). 부담부 증여란 수증자에게 일정한 의무를 지우는 증여인데, 이 경우 수증자가 지게 되는 의무를 민법은 상대부담(相對負擔)이라고 부른다(민법 561조). 그래서 부담부 증여를 상대부담 있는 증여라고도 한다. 상대부담은 반드시 재산적 급부이어야 하는 것은 아니다. 아들에게 술·담배를 끊으면 특정의 부동산을 주겠다는 것도 부담부 증여가 된다. 그러나 이와 같은 비재산적 급부의 부담은 세법상 별로 의미가 없다.

배우자 또는 직계존비속 간에 있어서는 수증자가 채무를 인수하지 않은 것으로 추정되며, 다만 (i) 국가·지방자치단체·금융기관에 대한 채무는 그 채무의 존재를 확인할 수 있는 서류를 제출하는 방법에 의하여, (ii) 그 밖의 자에 대한 채무는 채무부담계약서, 채무자확인서, 담보 및 이자지급에 관한 증명 등에 의하여 수증자가 실제로 부담하는 채무액이 객관적으로 확인되는 경우에는 그러하지 아니하다(相贈稅法 47조 3항; 相贈稅令 36조 2항, 10조 1항).[1]

배우자 또는 직계존비속 간의 부담부 증여에 대해서만 특칙을 둔 것은 말할 나위도 없이 과세관청으로서는 그러한 수증자에 의한 채무인수가 진정한 것인지 판단하기 어렵고, 그러한 사이에서는 특수한 경우를 제외하고는 후일 수증자가 그 인수채무를 이행하지 않아도 책임을 추궁당하지 않는 것이 통상적이라는 현실에 바탕을 두고 있다.

2. 증여재산 공제

수증자가 (i) 배우자로부터 증여를 받은 때에는 6억 원, (ii) 직계존속(수증자의 직계존속과 법률상 혼인 중인 배우자를 포함함)으로부터 증여를 받은 때에는

---

[1] 대법원 2017. 9. 26., 2015 두 3096.

[1] 1993년 상속세법 개정 이전에는「직업·성별·연령·소득 및 재산상태 등으로 보아 채무를 변제할 능력이 있다고 객관적으로 인정되는 수증자가 국가, 지방자치단체, 기타 대통령령으로 정하는 금융기관 등의 채무 또는 재판상 확정되는 채무를 인수한 경우」에 한하여 채무액의 공제를 인정하였으나, 헌법재판소는 그 규정이 헌법 제11조 제1항의 평등권, 제23조 제1항의 재산권 및 제27조 제1항의 재판청구권의 규정에 위배되고 그럼으로써 제38조 및 제59조의 조세법률주의에 위배되는 위헌법률이라는 결정을 하였다(헌법재판소 1992. 2. 25., 90헌가 69; 91 헌가 5; 90 헌바 3).

5,000만 원(미성년자가 직계존속으로부터 증여를 받은 때에는 2,000만 원), (iii) 직계비속(수증자와 법률상 혼인 중인 배우자의 직계비속을 포함함)으로부터 증여를 받은 때에는 5,000만 원, (iv) 그 밖의 6촌 이내의 혈족, 4촌 이내의 인척으로부터 증여를 받은 때에는 1,000만 원을 증여세과세가액에서 공제한다(相贈稅法 53조). 한편, 해당 증여 전 10년 이내에 공제받은 금액과 해당 증여가액에서 공제받을 금액의 합계액이 위 금액을 초과하는 경우에는 초과하는 부분은 공제하지 아니한다(동항 2문). 이러한 공제를 증여재산 공제라고 한다.

이혼한 일방 배우자가 민법 규정(839조의2 또는 843조)에 의하여 상대방 배우자로부터 받는 재산분할금 중 배우자 증여공제액을 초과하는 부분을 증여로 보는 규정이 있었으나,[1] 헌법재판소의 위헌결정[2]에 따라 동 규정이 폐지되어 본질적으로 증여가 아닌 것으로 정리되었다.[3] 부부관계를 해소하려는 합의에 따라 이혼이 성립하였다면 그 이혼에 상속재산 관련 분쟁발생의 차단과 같은 다른 목적이 있었다거나 이혼 후 사실혼 관계가 유지되었다는 등의 사정이 있더라도 해당 이혼은 유효하고, 그에 따른 재산분할금은 증여재산으로 되지 않는다.[4]

3. 과세가액 불산입

(1) 공익법인 등이 출연받은 재산

1) 증여세과세가액 불산입 원칙과 예외   공익법인 등(相贈稅法 16조 1항)이 출연받은 재산은 증여세과세가액에 산입하지 않는다(相贈稅法 48조 1항 본문). 그러나 내국법인의 의결권 있는 주식 또는 출자지분(이하 "주식등"이라고 함)을

---

1) 구 상속세법(1994. 12. 22. 법률 제4805호로 개정되기 전의 것) 제29조의2 제1항 제1호.
2) 헌법재판소 1997. 11. 17., 96 헌바 14(⋯ 증여세나 상속세를 면탈할 목적으로 위장이혼하는 경우가 현실적으로 없다 할 수도 없고, 또 이혼당사자 간의 협의로 공유재산이 청산 및 부양의 범위를 넘어 과다히 재산분할을 받는 경우도 있을 것이나, 이러한 경우에는 당연히 조세가 부과되어야 할 것이다. 그러나 이러한 경우와 진정한 재산분할을 가려 조세정의를 실현하려는 입법적 노력 없이 이혼시의 재산분할로 취득한 재산이 상속세의 배우자 인적공제액을 초과하기만 하면 이에 대한 반증의 기회를 부여하지도 않은 채 증여세를 부과하겠다는 것은 입법목적과 이를 달성하기 위한 수단 간의 적정한 비례관계를 벗어난 것일 뿐 아니라 '의심 있을 때에는 과세한다'는 조세당국의 세수의 편의만을 도모하는 비민주적 조세관의 표현이라 아니할 수 없다).
3) 대법원 1997. 11. 28., 96 누 4725.
4) 대법원 2017. 9. 12., 2016 두 58901.

출연받은 경우에 (i) 그 출연받은 주식등과 (ii) 출연자가 출연할 당시 해당 공익법인 등이 보유하고 있는 동일한 내국법인의 주식등, (iii) 출연자 및 그의 특수관계인이 다른 공익법인 등에 출연한 동일한 내국법인의 주식등 및 (iv) 출연자와 그 특수관계인으로부터 재산을 출연받은 다른 공익법인등이 보유하고 있는 동일한 내국법인의 주식등을 합한 것이 해당 내국법인의 의결권 있는 발행주식 총수 또는 출자총액 중 자기 주식등을 제외한 것의 비과세 기준율(기본적으로는 100분의 5, 앞의 제1절 IX. 2. 참조)을 초과하는 경우에는 초과부분은 증여세 과세가액에 산입한다(相贈稅法 48조 1항 단서).

다만 ① (i) 성실공익법인 등, (ii) 국가·지방자치단체가 설립한 공익법인 등과 그 재출연 공익법인 등, (iii) '공공단체의 운영에 관한 법률'상의 공공단체가 출연한 공익법인 등과 그 재출연 공익법인 등(상증세법 49조 1항 본문 단서의 요건 충족 공익법인 등)으로서 공정거래법상의 상호출자제한기업집단에 속하는 법인과 사이에 특수관계에 있지 않은 공익법인 등[1](이하 "초과취득 허용 공익법인 등"이라고 함)에게 해당 공익법인 등의 출연자와 특수관계 없는 내국법인의 주식 등을 출연하는 경우로서 주무관청이 목적사업의 효율적인 수행을 위해 필요하다고 인정하는 경우, ② 공정거래법상의 상호출자제한기업집단과 특수관계에 있지 아니한 성실공익법인등에 발행주식총수등의 100분의 10을 초과하여 출연하는 경우로서 해당 성실공익법인등이 초과보유일부터 3년 이내에 초과하여 출연받은 부분을 매각(주식등의 출연자 또는 그의 특수관계인에게 매각하는 경우는 제외)하는 경우, ③ '공익법인의 설립·운영에 관한 법률' 및 그 밖의 법령에 따라 내국법인의 주식등을 출연하는 경우에는 내국법인의 주식 등의 100분의 5(성실공익법인에 출연하는 경우에는 100분의 10)를 초과하여 출연하더라도 증여세과세가액에서 제외된다(相贈稅法 48조 1항 괄호, 16조 3항).

2) 증여세의 추징 등

① **공익목적 외의 사용에 따른 추징**　　공익법인 등이 출연받은 재산과 관련하여 다음의 행위를 하는 경우에는 출연재산의 가액 중 일정한 기준에 의하여 산정한 가액에 대하여 증여세를 부과한다(相贈稅法 48조 2항 본문; 相贈稅令 40조 1항). 부과사유가 발생하면 그 사유가 발생한 날에 증여받은 것으로 보아

---

1) 공정거래법 제9조에 규정된 상호출자제한기업집단에 속하는 법인과 동법 시행령 제3조 제1호에 규정된 '동일인 관련자'의 관계에 있지 않은 법인을 말한다(相贈稅令 13조 6항).

납세의무가 성립하는 것이므로 출연재산의 가액 자체가 아니라 부과사유가 발생한 날을 기준으로 평가한 가액을 과세표준으로 한다.[1]

(i) 출연받은 재산을 공익목적 외에 사용하든가 또는 직접 공익목적사업 등에 사용하는 데에 장기간이 걸리는 등의 부득이한 사유 없이 3년 이내에 직접 공익목적사업 등에 사용하지 않거나 3년 이후 직접 공익목적사업 등에 계속하여 사용하지 아니하는 경우(相贈稅法 48조 2항 1호). 여기서 '부득이한 사유'라 함은 법령상 또는 행정상의 부득이한 사유 등으로 사용이 곤란한 경우로서 주무부장관이 인정한 경우 또는 해당 공익목적사업 등의 인가·허가 등과 관련한 소송 등으로 사용이 곤란한 경우를 말한다(相贈稅令 38조 3항). 이와 관련하여 공익법인 등이 출연받은 재산을 직접 공익목적사업 등에 사용할 수 없는 법령상의 장애사유가 있음을 알았거나, 설령 몰랐다고 하더라도 조금만 주의를 기울였더라면 그러한 장애사유의 존재를 쉽게 알 수 있었고, 출연받은 후 동일한 사유로 해당 재산을 3년 이내에 직접 공익목적사업 등에 사용하지 못한 경우에는 '부득이한 사유'로 인정되지 않는다.[2] 예측가능한 경우에는 부득이함을 인정하지 않는다는 것이다. 그리고 '공익목적사업 등에 사용한다'라고 함은 공익법인 등의 정관상의 고유목적사업에 사용(기획재정부령이 정하는 인건비로 사용하는 경우 제외)하는 것을 말하고, 출연받은 재산을 그 직접적 공익목적사업에 효율적으로 사용하기 위하여 주무부장관(권한의 위임을 받은 자를 포함)의 허가를 받아 다른 공익법인 등에게 출연하는 것을 포함한다(相贈稅令 38조 2항).

(ii) 공익법인 등이 출연받은 재산 및 출연받은 주식의 매각대금으로 내국법인의 주식 등을 취득한 결과 그 내국법인에 대한 보유주식총수가 ① 그 취득 당시 해당 공익법인 등이 이미 보유하고 있는 그 내국법인의 주식 등의 수와 ② 그 내국법인과 특수관계에 있는 출연자[3]가 다른 공익법인 등에 출연한 동일한 내국법인의 주식 등의 수, 그리고 ③ 해당 내국법인과 특수관계에 있는 출연자로부터 재산을 출연받은 다른 공익법인등이 보유하고 있는 동일한 내국법인의 주식등의 수와 합하여 발행주식총수의 100분의 10(공정거래법상의 상호출자제한기업집단과 특수관계에 있는 공익법인에 대해서는 100분의 5가 적용되는 등의 예

---

[1] 대법원 2017. 8. 18., 2015 두 50696.

[2] 대법원 2014. 1. 29., 2011 두 25807.

[3] '내국법인과 특수관계에 있는 출연자'라 함은 상증세법 시행령 제12조의2 제3항 각호의 관계에 있는 자를 말한다(相贈稅令 37조 2항).

외가 있음)을 초과하게 되는 경우. 다만, ① 초과취득 허용 공익법인 등이 자신에 대한 출연자와 특수관계에 있지 아니한 내국법인의 주식 등을 취득하는 경우로서 주무관청이 해당 공익법인 등의 목적사업을 효율적으로 수행하기 위하여 필요하다고 인정하는 경우, ② '공익법인의 설립·운영에 관한 법률' 및 그 밖의 법령에 따라 내국법인의 주식등을 출연하는 경우 및 ③ '산업교육진흥 및 산학협력촉진에 관한 법률'상의 산학협력단이 주식등을 취득하는 경우로서 일정한 요건을 갖춘 경우는 제외한다(相贈稅法 48조 2항 2호; 相贈稅슈 37조 3항, 6항).

(iii) 출연받은 재산을 수익용 또는 수익사업용으로 운용하면서 그 운용수익을 직접적인 공익목적 외의 용도에 사용한 경우(相贈稅法 48조 2항 3호).

(iv) 출연받은 재산을 매각한 날이 속하는 과세기간 또는 사업연도의 종료일부터 3년 이내에 매각대금 중 직접 공익목적사업에 사용한 실적(매각대금으로 직접 공익목적사업용, 수익용 또는 수익사업용 재산을 취득한 경우를 포함하되, 공정거래법상의 공시대상기업집단에 속하는 법인과 '동일인 관련자'의 관계에 있는 공익법인등이 매각대금으로 해당 기업집단에 속하는 법인의 의결권 있는 주식등을 취득한 경우는 제외함)이 매각대금의 100분의 90에 미달하는 경우(相贈稅法 48조 2항 4호; 相贈稅슈 38조 4항).

(v) 출연받은 주식등의 의결권을 행사하지 아니할 것을 요건으로 100분의 20의 비과세 기준율을 적용받은 공익법인등이 이를 위반하여 출연받은 주식등의 의결권을 행사한 경우(相贈稅法 48조 2항 6호).

(vi) 기타 사업을 종료한 때 잔여재산 등을 국가 등에 귀속시키지 않거나 사업목적이 특정인에게만 혜택을 주는 것으로 되어 있는 경우(相贈稅法 48조 2항 8호; 相贈稅슈 38조 8항).

이와 별도로 공익법인 등이 출연받은 재산의 운용소득을 그 소득이 발생한 과세기간 또는 사업연도의 종료일부터 1년 이내에 직접 공익목적사업에 사용한 실적이 기준금액1)에 미달하거나, 매각대금 중 직접 공익목적사업에 사용한 실

---

1) '기준금액'이라 함은 (i) 해당 과세기간 또는 사업연도의 수익사업에서 발생한 소득금액[출연재산과 관련이 없는 수익사업에서 발생한 소득금액, 출연재산 매각금액, 합병과 분할의 기회에 주식등으로 받은 의제배당액으로서 과세소득에 포함된 금액을 제외하고, 고유목적사업준비금(法法 29조 1항)과 해당 과세기간 또는 사업연도 중 고유목적사업비로 지출된 금액으로서 손금에 산입된 금액 포함]과 출연재산을 수익을 얻는 데 사용함으로써 생긴 소득금액의 합계액에서 (ii) 해당 소득에 대한 법인세 또는 소득세·농어촌특별세·지방소득세 및 이월결손금을 뺀 금액의 80%에 상당하는 금액을 말한다(相贈稅슈 38조 5항).

적이 매각한 날이 속하는 과세기간 또는 사업연도의 종료일부터 1년 이내에 매각대금의 100분의 30, 2년 이내에 매각대금의 100분의 60에 미달하는 경우(相贈稅法 48조 2항 5호; 相贈稅令 38조 5항, 6항, 7항)와 내국법인의 의결권 있는 주식등을 그 내국법인의 발행주식총수등의 100분의 5를 초과하여 보유하고 있는 공익법인등이 일정한 산식에 따라 계산한 출연재산가액에 100분의 1(자선등을 목적으로 하고, 출연받은 주식등의 의결권을 행사하지 아니하는 공익법인 등의 경우에는 100분의 3)을 곱하여 계산한 금액에 미달하여 직접 공익목적사업1)에 사용한 경우(相贈稅法 48조 2항 7호; 相贈稅令 38조 19항)에는 운용소득 또는 매각대금 중 그 사용하지 아니한 금액의 100분의 10에 상당하는 금액을 가산세로 부과한다(相贈稅法 48조 2항 본문, 78조 9항). 다만, 종교헌금(부동산·주식 및 출자지분 제외)과 같이 출연자별로 출연액을 산정하기 어려운 경우에는 증여세를 추징하거나 가산세를 부과하지 않는다(相贈稅法 48조 2항 단서; 相贈稅令 38조 1항).

   ② **출연자에의 반환가액에 대한 추징**   또한 공익법인 등이 출연받은 재산, 그리고 이를 원본으로 취득한 재산 및 출연받은 재산의 매각대금 등을 (i) 출연자 및 그 친족, (ii) 출연자가 출연한 다른 공익법인 등, (iii) 이들과 특수관계(相贈稅令 39조 1항)에 있는 자에게 임대차·소비대차 및 사용대차 등의 방법으로 사용·수익하게 하는 경우 중 무상으로 사용·수익하게 한 경우에는 해당 출연재산가액을, 그리고 저가로 사용·수익하게 한 경우에는 그 차액을 각각 공익법인 등이 출연자로부터 증여받은 것으로 보아 즉시 증여세를 부과한다(相贈稅法 48조 3항; 相贈稅令 39조 3항). 다만 공익법인 등이 공익목적사업과 직접적으로 관련하여 용역을 제공받고 정상적인 대가를 지급하는 경우2)나 기타 시행령에서 정하는 경우에는 증여세를 부과하지 않는다(相贈稅法 48조 3항 단서; 相贈稅令 39조 2항).

   ③ **공익법인 등으로서의 지위상실에 따른 추징**   공익법인등이 내국법인의 발행주식총수등의 100분의 5를 초과하여 주식등을 출연받은 후 또는 출연받은 재산 및 출연받은 재산의 매각대금으로 주식등을 취득한 후 (i) 운용소득의 100분의 80 이상을 직접 공익목적사업에 사용하지 않거나, (ii) 출연재산가액의

---

1) 소득세나 법인세 과세대상이 되는 사업은 공익목적사업이라도 공익목적사업으로 인정하지 않는다(相贈稅法 48조 2항 7호 괄호).

2) 이 경우는 출연받은 재산을 사용하게 하는 대가로 공익목적사업에 관련된 용역을 제공받으므로, 출연받은 재산의 무상사용이나 저가의 사용이 아니다.

100분의 1 이상을 직접 공익목적사업에 사용하지 않거나, (iii) 그 밖에 공익법
인등의 이사의 구성 등 일정한 요건을 충족하지 못하게 된 경우에는 증여세 과
세가액에 산입하지 아니한 금액을 즉시 증여세과세가액에 산입하거나 그 가액
에 대한 증여세를 추징한다(相贈稅法 48조 11항; 相贈稅令 41조의2 1항, 2항, 3항).
이러한 요건의 충족 여부는 해당 과세기간 또는 사업연도 전체를 기준으로 판
단한다(相贈稅令 41조의2 5항). 또한 초과취득 허용 공익법인등이 초과취득 허용
공익법인등의 요건에 해당하지 않게 되거나 해당 출연자와 특수관계에 있는 내
국법인의 주식등을 해당 법인의 발행주식총수등의 100분의 5를 초과하여 보유
하게 된 경우에도 증여세 과세가액에 산입하지 아니한 금액을 증여세 과세가액
에 산입하거나 즉시 증여세를 추징한다(相贈稅法 48조 12항).

3) 공익법인 등의 관리

① **외부전문가에 의한 세무확인 의무**　　　공익법인 등은 과세기간별로 또는
사업연도별로 출연받은 재산의 공익목적사업에의 사용여부 등에 대하여 해당
공익법인 등으로부터 업무수행상 독립된 변호사 · 공인회계사 또는 세무사 등
외부전문가의 세무확인을 받아야 한다. 다만 (i) 이들 외부전문가의 세무확인을
받아야 하는 과세기간 또는 사업연도의 종료일 현재 재무상태표상 총자산가액
의 합계액이 5억 원 미만인 공익법인 등, (ii) 불특정다수인으로부터 재산을 출
연받은 공익법인 등 및 (iii) 국가 또는 지방자치단체가 재산을 출연하여 설립한
공익법인 등으로서 감사원의 회계감사를 받는 것의 경우에는 그러하지 아니하
다(相贈稅法 50조 1항; 相贈稅令 43조 2항). 또한 공익법인 등은 그 규모나 사업의
특성상 예외에 해당하는 것을 제외하고는 과세기간별로 또는 사업연도별로 '주
식회사의 외부감사에 관한 법률'에 따른 감사인으로부터 회계감사를 받아야 한
다(相贈稅法 50조 3항; 相贈稅令 43조 3항, 4항). 직전 과세연도 종료일 현재 재무
상태표상의 총자산가액이 1,000억원 이상인 공익법인등이 4개 과세기간이나 사
업연도에 대해서 위와 같이 스스로 선정한 감사인으로부터 감사를 받은 경우에
는 정부는 그 뒤의 2개 과세기간이나 사업연도에 대해서는 정부가 지정한 감사
인으로부터 회계감사를 받도록 할 수 있다(相贈稅法 50조 4항; 相贈稅令 43조의2
1항). 그리고 그 감사보고서와 첨부된 재무제표에 대하여는 정부나 그 위탁기관
이 감리할 수 있다(相贈稅法 50조 5항).

② **전용계좌의 개설 · 사용 의무**　　　종교사업을 영위하는 공익법인 등을 제

외한 공익법인 등은 (i) 공익목적사업과 직접 관련한 수입과 지출을 금융회사 등을 통하여 결제하거나 결제받는 경우(금융기관의 중개나 금융기관에의 위탁을 통한 송금 및 계좌이체, 수표나 어음을 통한 거래대금의 지급 및 수취, 신용카드·직불카드·선불카드를 통한 거래대금의 지급 및 수취 포함), (ii) 공익목적사업과 직접 관련하여 기부금·출연금 또는 회비를 지급받는 경우(기부금·출연금 또는 회비를 현금으로 직접 지급받은 후 5일이 되는 날의 다음 날까지 전용계좌에 입금하는 경우 제외), (iii) 공익목적사업과 직접 관련된 인건비·임차료를 지급하는 경우, (iv) 기부금·장학금·연구비 등의 직접적 공익목적사업비를 100만 원을 초과하여 지출하는 경우, (v) 수익용 또는 수익사업용 자산의 처분대금이나 그 밖의 운용소득을 고유목적사업회계에 전입하는 경우에는 금융기관에 개설한 공익목적사업용 전용계좌를 사용하여야 한다(相贈稅法 50조의2 1항; 相贈稅令 43조의4 1항, 2항, 4항, 5항). 그 밖의 경우의 수입과 지출에 대해서는 명세서를 별도로 작성·보관하여야 하되(相贈稅法 50조의2 2항; 相贈稅令 43조의4 7항), 신용카드매출전표나 현금영수증을 갖춘 경우(所法 160조의2 2항 3호, 4호), 건당 1만 원 이하의 수입과 지출, 기타 기획재정부령이 정하는 경우에는 그러하지 아니하다.

한편, 공익법인 등은 전용계좌의 사용과 더불어 전용계좌를 통해야 하는 수입과 지출, 실제 사용한 금액 및 미사용 금액을 과세기간 또는 사업연도별로 구분하여 기록·관리하여야 한다(相贈稅令 43조의4 9항).

③ **결산서류의 공시 의무**　　공익법인 등(재무제표상 총자산가액이 5억 원 미만인 공익법인과 종교사업을 영위하는 공익법인 등 제외)은 재무제표, 기부금 모집 및 지출명세서, 해당 공익법인 등의 대표자·이사·출연자·소재지 및 목적사업에 관한 사항, 출연재산의 운용소득 사용명세, 회계감사를 받을 의무가 있는 공익법인의 경우에는 감사보고서와 재무제표, 주식보유 현황 등을 해당 과세기간 또는 사업연도 종료일부터 4개월 이내에 국세청의 인터넷 홈페이지에 게재하는 방법으로 공시하여야 한다. 다만, 일부 소규모 공익법인 등은 간편한 방식으로 공시할 수 있다(相贈稅法 50조의3 1항; 相贈稅令 43조의5 1항 내지 4항).

④ **장부의 작성·비치 의무**　　공익법인 등은 출연받은 재산 및 공익사업 운용내용 등에 대한 장부를 작성하고, 증명서류를 비치하여야 하며(相贈稅法 51조 1항), 이를 10년간 보존하여야 한다(동조 2항). 공익법인 등이 수익사업과 관련하여 법인세법이나 소득세법에 따라 작성한 장부와 증명서류는 이러한 장부

와 증명서류로 본다(동조 3항).

⑤ 특별 회계기준의 준수   공익법인등은 회계감사의무나 결산서류의 공
시의무를 이행함에 있어서 기획재정부가 정한 특별한 회계기준을 따라야 한다
(相贈稅法 50조의4 1항; 相贈稅令 43조의4 1항).

(2) 공익신탁 재산

상속세의 경우에서와 같이 증여자가 신탁법 제65조의 규정에 따른 공익신
탁으로서 종교·자선·학술 또는 그 밖의 공익을 목적으로 하는 신탁(공익신탁)
을 통하여 공익법인 등에 출연하는 재산의 가액은 증여세과세가액에 산입하지
아니한다(相贈稅法 제52조, 17조; 相贈稅令 45조, 14조).

(3) 장애인이 증여받은 재산

장애인이 금전, 유가증권, 부동산을 증여받은 경우로서 (i) 증여세 신고기
한(수증일로부터 3개월) 이내에 증여받은 재산의 전부를 자본시장법에 따른 신탁
회사에 신탁하고, (ii) 해당 장애인이 신탁의 이익전부를 받는 수익자이며, (iii)
신탁기간이 장애인이 사망할 때까지로 되어 있는(장애인이 사망하기 전에 신탁기
간이 끝나는 경우에는 신탁기간을 장애인이 사망할 때까지 계속 연장하여야 함) 등의
요건을 갖춘 때에는 그 수증재산의 가액은 증여세과세가액에 산입하지 아니한
다(相贈稅法 52조의2 1항; 相贈稅令 45조의2 3항). 이는 장애인이 증여받은 재산에
대해 자익신탁을 설정하는 경우이다. 또한 타인이 재산을 신탁업자에게 신탁하
면서 그 사망 후의 잔존재산 외의 수익에 대해서 장애인을 100% 수익자로 지
정한 경우로서 (i) 장애인의 사망 전에 신탁이 해지 또는 만료되는 경우에는 잔
여재산이 그 장애인에게 귀속될 것, (ii) 장애인의 사망 전에 수익자를 변경할
수 없을 것, (iii) 위탁자가 장애인보다 먼저 사망하는 경우에는 위탁자의 지위
가 장애인에게 이전될 것의 요건이 충족되는 경우에도 장애인이 증여받은 해당
신탁의 수익은 증여세 과세가액에 산입하지 아니한다(相贈稅法 52조의2 2항). 이
는 타인이 장애인을 위해 타익신탁을 하는 경우이다. 앞의 자익신탁의 증여받
은 재산가액과 타익신탁 설정 당시의 원본의 가액을 합하여 5억원 이내의 범위
내에서만 위의 증여세과세가액 제외가 인정된다.

장애인이 증여받은 재산으로 설정한 자익신탁과 관련하여 (i) 해당 자익
신탁이 해지 또는 만료된 경우(해지일 또는 만료일부터 1개월 내에 신탁이 다시 설
정된 경우는 제외), (ii) 신탁기간 중 수익자를 변경한 경우, (iii) 신탁의 이익의

전부 또는 일부가 해당 장애인이 아닌 자에게 귀속되는 것으로 확인된 경우, (iv) 신탁원본이 감소한 경우에는, 일정한 부득이한 사유가 있거나 장애인이 자신의 의료비 등 특정 용도로 신탁원본을 인출하는 경우가 아니면 해당 재산가액을 증여받은 것으로 보아 즉시 증여세를 부과한다(相贈稅法 52조의2 4항).

IX. 과세표준과 세액의 결정

증여세의 과세표준은 증여재산을 3가지 유형으로 구분하여 각 유형별로 정한다. 즉 (i) 명의신탁재산의 증여의제의 경우(相贈稅法 45조의2)에는 그 명의신탁 재산의 금액에서 증여재산의 감정평가수수료를 뺀 금액을, (ii) 특수관계법인과의 거래를 통한 이익의 증여의제의 경우(相贈稅法 45조의3, 45조의4)에는 증여의제이익에서 증여재산의 감정평가수수료를 뺀 금액을, (iii) 위 (ii)의 증여이익을 제외한 기타의 합산배제 증여재산(앞의 VI. 1. (1) 참조)의 증여의 경우에는 그 증여재산 가액에서 3천만 원 및 증여재산의 감정평가수수료를 공제한 금액을, (iv) 기타 일반 증여의 경우에는 증여세과세가액에서 위 VI. 2.에서 본 증여재산 공제액과 재해손실 공제액(相贈稅法 54조, 23조) 및 증여재산의 감정평가수수료를 뺀 금액을 각 과세표준으로 한다(相贈稅法 55조 1항). 과세표준이 50만 원 미만인 때에는 증여세를 부과하지 않는다(동조 2항). 즉 50만 원이 과세최저한이다.

증여세의 세율은 상속세의 경우와 같다(相贈稅法 56조). 상속세의 경우와 마찬가지로 수증자가 증여자의 자녀가 아닌 직계비속인 경우, 즉 세대생략증여의 경우에는 기본세율에 의한 산출세액에 100분의 30(수증자가 증여자의 자녀 아닌 직계비속이면서 미성년자이고, 증여재산가액이 20억 원을 초과하는 경우에는 100분의 40)에 해당하는 금액이 가산된다. 대습상속의 경우 가산율이 적용되지 않는 것처럼, 증여자의 최근친인 직계비속이 사망하여 그 사망자의 최근친인 직계비속이 증여받는 경우에는 그러하지 아니하다(相贈稅法 57조). 이때 할증과세액은 수증자가 미성년자인 경우로서 증여재산가액이 20억 원을 초과하는 경우에는 아래 (i)의 산식에 의하여, 그 외의 경우에는 아래 (ii)의 산식에 의하여 계산한 금액으로 한다(相贈稅令 46조의3 2항).

(i) {증여세 산출세액×(수증자의 부모를 제외한 직계존속으로부터 증여받은 재산가액/총증여재산가액)×40/100} − 납부하였던 할증과세액

(ii) {증여세 산출세액×(수증자의 부모를 제외한 직계존속으로부터 증여받은 재산가액/총증여재산가액)×30/100} − 납부하였던 할증과세액

증여세 산출세액이 결정되면, 그 금액에서 증여일로부터 소급하여 10년 이내에 동일인으로부터 받은 증여재산가액으로서 증여재산가액에 합산된 금액에 대하여 과거에 납부한 증여세액을 공제하고(相贈稅法 58조, 47조 2항), 외국납부세액도 공제한다(相贈稅法 59조, 29조; 國租法 21조 3항).

문화재자료의 상속에 따른 상속세 징수유예(相贈稅法 74조)에 관한 규정은 증여세에도 준용된다(相贈稅法 59조 및 75조).

X. 신고와 납부

1. 신고와 결정

수증자는 증여받은 날이 속하는 달의 말일로부터 3월 이내에 증여세 과세표준의 계산에 필요한 증여재산의 종류·수량·평가가액 및 각종 공제 등을 증명할 서류 등을 첨부하여 증여세 과세표준 신고서를 관할세무서장에게 제출하여야 한다(相贈稅法 68조 1항). 다만, 이미 증여받거나 유상 취득한 주식 등의 상장 등에 따른 이익을 증여받은 경우(相贈稅法 41조의3) 또는 역시 이미 증여받거나 유상 취득한 주식 등을 발행한 법인의 합병에 따른 이익을 증여받은 경우(相贈稅法 41조의5)에는 동 규정상의 정산기준일(상장일이나 합병등기일로부터 3월이 되는 날 또는 해당 주식 등을 보유한 자가 그 전에 사망하거나 해당 주식 등을 양도하거나 증여한 경우에는 사망일·양도일·증여일)로부터 3월 이내에 신고하여야 하며, 특수관계법인과의 거래를 통한 이익의 증여의제(相贈稅法 45조의3) 및 특정법인과의 거래를 통한 이익의 증여의제(相贈稅法 45조의5)의 경우에는 수혜법인 또는 특정법인의 법인세 과세표준의 신고기한이 속하는 달의 말일부터 3개월 이내에 신고하여야 한다(相贈稅法 68조 1항 단서).

증여세 신고기한 내에 신고하고 자진납부한 경우에는 상속세의 경우에서와 동일하게 세액의 100분의 3의 경감 혜택(신고세액공제)이 있으나(相贈稅法 69조 2

항), 신고기한 내에 신고하지 아니하거나 신고하여야 할 과세표준에 미달하게 신고한 때에는 국세기본법상의 무신고가산세(基本法 47조의2)나 과소신고가산세(基本法 47조의3)를 부과당하게 된다. 증여세 납세의무자가 법정신고기한 내에 증여세 과세표준을 관할 세무서장에게 신고함에 있어서 증여자를 잘못 신고하였더라도 그 신고는 유효하고, 따라서 무신고가산세의 부과대상이 되지 않는다.[1]

증여세도 상속세와 마찬가지로 부과주의 국세이므로 과세표준과 세액은 정부의 결정에 의해 확정된다. 신고가 있는 경우에는 관할세무서장은 그 신고에 의하여 증여세 신고기한부터 6개월이 경과하기 전에 과세표준과 세액을 결정하여야 하고(相贈稅法 76조 1항, 3항; 相贈稅令 78조 1항 2호), 신고가 없거나 신고한 과세표준이나 세액에 탈루나 오류가 있는 경우에는 정부가 조사하여 결정하며, 결정 후에 다시 과세표준과 세액에 탈루나 오류가 있는 것을 발견한 때에는 조사하여 경정한다(相贈稅法 76조 1항, 4항).

결정한 증여세 과세표준과 세액은 그 산출근거를 명시하여 수증자에게 통지하여야 한다(相贈稅法 77조).

2. 납   부

증여세의 자진납부, 연부연납 및 그에 따른 가산금 부담 등에 대해서는 상속세의 그것에 관한 논의가, 상속세에 고유한 부분을 제외하고는, 그대로 적용된다(相贈稅法 70조, 71조, 72조, 73조). 2015년 상속세 및 증여세법 개정 후에는 증여세는 상속세와 달리 물납이 허용되지 않는다.

3. 경정청구의 특례

다음의 3가지 경우에 증여세를 납부한 자는 그 감액경정을 청구할 수 있다.

첫째, 부동산 무상사용이익에 대한 증여세를 납부한 자(相贈稅法 37조)가 (i) 부동산 무상사용기간(5년) 중에 그 부동산 소유자로부터 해당 부동산을 상속 또는 증여받은 경우, (ii) 부동산 소유자가 해당 토지를 양도하거나 사망함으로 인하여 또는 그 밖의 유사한 사유로 인하여 더 이상 해당 부동산을 무상으로 사용하지 아니하게 된 경우에는 그 사유발생일로부터 3개월 이내에 무상사용수익에 대한 증여세 산출세액에 사유발생일부터 무상사용기간 종료일까지의

---

[1] 대법원 2019. 7. 11., 2017 두 68417.

월수가 전체 무상사용기간의 월수에서 차지하는 비율을 곱한 금액의 감액경정을 청구할 수 있다(相贈稅法 79조 2항 1호; 相贈稅令 81조 5항, 6항, 9항). 5년의 기간 동안 무상사용할 것으로 전제하고 증여세를 부과하였는데, 그 5년이 경과하기 전에 무상사용이 중단된 경우에는 잔여기간에 대한 무상사용이익은 발생하지 아니하므로 이에 대한 증여세 상당액은 환급함이 타당하기 때문이다.

둘째, 금전 무상대부 등에 따른 이익에 대한 증여세를 납부한 자(相贈稅法 41조의4)가 (i) 그 대부기간 중에 대부자로부터 해당 금전을 상속 또는 증여받은 경우, (ii) 무상대부 약정에 따른 채권자의 지위의 이전이나 무상대부자의 사망으로 인하여 또는 이들과 유사한 사유로 인하여 더 이상 해당 금전을 무상으로 또는 적정이자율보다 낮은 이자율로 대출받지 아니하게 된 경우에도 그 사유발생일로부터 3개월 이내에 금전 무상대부에 대한 증여세 산출세액에 사유발생일부터 무상대부 종료일까지의 월수가 전체 무상대부기간의 월수에서 차지하는 비율을 곱한 금액의 감액경정을 청구할 수 있다(相贈稅法 79조 2항 2호; 相贈稅令 81조 9항). 일정한 기간 동안 금전의 무상대부가 계속될 것을 전제로 그 기간 동안 발생할 이익에 대하여 증여세를 납부하였는데 중도상환 등으로 무상대부가 종료된 경우에는 예정된 무상 대부기간 중 무상대부의 종료 시점 이후의 기간에 대한 이익에 대한 증여세를 환급함이 타당하기 때문이다.

셋째, 위 둘째의 경우와 같은 취지에서 타인의 재산을 무상으로 담보로 제공하고 금전 등을 차입(借入)함에 따라 증여세를 결정 또는 경정받은 자(相贈稅法 42조)가 그 재산의 무상 담보기간 중에 담보제공자로부터 해당 재산을 상속 또는 증여받거나 기타 담보제공자의 사망 등 일정한 사유로 무상으로 또는 적정이자율보다 낮은 이자율로 차입하지 아니하게 되는 경우에도 그 사유발생일로부터 3개월 이내에 증여세 산출세액에 사유발생일로부터 담보를 제공받기로 한 기간의 종료일까지의 월수가 담보를 제공받기로 한 전체 기간의 총월수에서 차지하는 비율을 곱한 금액의 감액을 청구할 수 있다(相贈稅法 79조 2항 3호; 相贈稅令 81조 8항, 9항).

제 3 절   재산의 평가

상속재산 또는 증여재산의 가액을 어떻게 평가할 것인가는 상속세 및 증여세의 과세표준에 직접적으로 영향을 주므로 평가방법은 중요한 의미를 갖는다. 재산의 평가에는 다분히 평가자의 주관이 개입할 여지가 있고, 과세대상이 되는 재산의 종류가 다양하기 때문에 평가는 매우 어려운 작업이고, 따라서 평가에 관한 합리적이며 세밀한 규정을 필요로 한다.

Ⅰ. 평가의 시점

재산의 가액은 상속개시일 또는 증여일(평가기준일) 현재의 현황에 의한다 (相贈稅法 60조 1항). 상속재산에 가산하는 증여재산의 가액은 증여 당시의 현황에 의한다(동조 4항).[1]

[헌법재판소 결정례]

㈎ 헌법 제23조 제1항이 보장하고 있는 사유재산권은 사유재산에 관한 임의적인 이용, 수익, 처분권을 본질로 하기 때문에 사유재산의 처분금지를 내용으로 하는 입법조치는 원칙으로 재산권에 관한 입법형성권의 한계를 일탈하는 것이고, 조세의 부과·징수는 국민의 납세의무에 기초하는 것으로서 원칙으로 재산권의 침해가 되지 않지만 그로 인하여 납세의무자의 사유재산에 관한 이용, 수익, 처분권이 중대한 제한을 받게 되는 경우에는 그것도 재산권의 침해가 될 수 있다.

㈏ 이 사건 법률조항[2]의 규정내용은 상속개시 전 일정기간의 증여의 효력을 실질적으로 부인하여 증여에 의한 재산처분행위가 없었던 것으로 보고 증여의 가액을 상속당시의 현황에 의하여 평가하여 상속세를 부과한다는 것이므로 이 사건 법

---

1) 1993년 상속세법 개정 이전에는 과세가액에 가산하는 생전 증여도 상속개시일 현재로 평가하게 되어 있었는데, 이에 의하면 일반적인 물가상승 경향 때문에 평가액이 증가하고 그 증가된 금액이 상속재산가액에 가산되면 상속세의 누진비율의 적용으로 인하여 경우에 따라서는 상속재산이 상속재산의 당초 가액보다 크게 되어 상속을 받지 않은 것만 못한 경우도 있었다(대법원 1979. 6. 12., 77 누 304 참조).

2) 구상속세법(1993. 12. 31. 법률 제4662호로 개정되기 전의 것) 제9조(상속재산의 가액평가) 제1항: 상속재산의 가액, 상속재산의 가액에 가산할 증여의 가액 및 상속재산의 가액 중에서 공제할 공과 또는 채무는 상속개시 당시의 현황에 의한다. 다만 실종선고로 인한 상속의 경우에는 실종선고일 당시의 현황에 의한다.

률조항은 결과적으로 피상속인의 사유재산에 관한 처분권에 대하여 중대한 제한을 하는 것으로서 재산권에 관한 입법형성권의 한계를 일탈하는 것이다.

㈐ 누진세율에 의한 상속회피행위를 방지하고 조세의 형평을 기하려는 입법목적은 상속개시 전 일정기간의 증여재산가액을 증여당시의 가액으로 평가하여 상속재산에 가산하는 것만으로 충분히 달성될 수 있으므로 이 사건 법률조항이 상속재산에 가산할 증여가액을 증여당시의 가액에 의하지 않고 상속당시의 현황에 의하도록 한 것은 과잉입법금지원칙에 위반된다.

㈑ 이 사건 조항에 의하여 증여재산의 가액을 증여당시의 가액에 의하지 않고 상속당시의 가액에 의하여 상속세를 과세하면 재산처분행위인 증여당시 그로 인하여 부담할 세액을 예측할 수 없어 국민의 경제생활에 법적 안정성을 침해할 뿐만 아니라 그 재산의 증여당시와 상속당시 사이에 가액의 증가가 있는 경우 그 가액 증가분에 대하여 수증자는 상속세를 부담하는 외에 그 증여재산을 양도할 때 다시 양도소득세를 이중으로 부담하게 되는 결과에 이르게 되므로 이와 같은 점에서도 이 사건 법률조항은 조세법률주의에 위반된다[헌법재판소 1997. 12. 24., 96 헌가 19, 96 헌바 72(병합) 전원재판부].

Ⅱ. 시   가

1. 시가결정의 기본원칙

상속재산 혹은 증여재산의 가액은 상속개시 혹은 증여 당시의 시가에 의한다. 시가는 불특정다수인 사이에 자유롭게 거래가 이루어지는 경우에 통상적으로 성립된다고 인정되는 가액이다(相贈稅法 60조 2항). 따라서 거래실례가 있다고 하여 무조건 시가로 인정되는 것은 아니고, 그 가격이 일반적이고 정상적인 거래에 의하여 형성된 객관적인 교환가격이어야 한다.[1]

상장주식등과 가상자산의 평가방법에 의한 평가액도 특별한 경우 외에는 시가로 본다(相贈稅法 60조 1항 후단). 그리고 평가기준일 전후 6월 이내의 기간 (증여의 경우에는 평가기준일 전 6개월부터 후 3개월까지의 기간; 이하 "평가기간"이라고 함) 내에 해당 재산에 관하여 다음과 같은 사실이 발생하였을 경우에는 그 사실에서 드러난 가액을 시가로 본다(相贈稅令 49조 1항 본문). 이와 관련하여 해당 사실이 평가기간 내에 발생하였는지 여부는 해당 사실이 매매일 경우에는

---

[1] 대법원 2007. 2. 22., 2006 두 6604; 同 2012. 4. 26., 2010 두 26988; 同 2017. 7. 18., 2014 두 7565.

매매계약일, 해당 사실이 수용·경매 또는 공매인 경우에는 보상가액·경매가액 또는 공매가액이 결정된 날, 해당 사실이 감정인 경우에는 가격산정기준일과 그 감정가액평가서의 작성일을 기준으로 계산한다(相贈稅令 49조 2항).

첫째, 해당 재산의 매매사실이 있는 경우에는 그 거래가액을 시가라 할 수 있으나, (i) 해당 거래가 특수관계인(相贈稅令 12조의2 1항)과의 거래 등으로 그 거래가액이 객관적으로 부당하다고 인정되는 경우나 (ii) 거래된 비상장주식의 액면가액의 합계액이 해당 법인의 액면가 기준 발행주식총액 또는 출자총액의 100분의 1에 해당하는 금액과 3억 원 중 적은 금액 미만인 경우(평가심의위원회의 자문을 거쳐 그 거래가액이 거래의 관행상 정당한 사유가 있다고 인정되는 경우는 제외)에는 그러하지 아니하다(相贈稅令 49조 1항 1호).

둘째, 해당 재산의 수용·경매 또는 공매 사실이 있는 경우에는 그 보상가액·경매가액 또는 공매가액은 시가로 인정된다(相贈稅令 49조 1항 3호). 그러나 (i) 물납한 재산을 상속인·증여자·수증자 또는 그의 특수관계인이 경매 또는 공매로 취득한 경우, (ii) 경매 또는 공매로 취득한 비상장주식의 액면가액의 합계액이 해당 법인의 발행주식총액 또는 출자총액의 액면가액의 합계액의 100분의 1에 해당하는 금액과 3억 원 중 낮은 금액 미만인 경우, (iii) 경매 또는 공매절차의 개시 후 관련 법령이 정한 바에 따라 수의계약에 의하여 취득한 경우, 또는 (iv) 가업상속 관련 규정에서 정의된 최대주주등의 상속인 또는 최대주주등의 특수관계인이 최대주주등이 보유하고 있던 비상장주식등을 경매 또는 공매로 취득한 경우에는 해당 경매가액 또는 공매가액을 시가로 보지 않는다(동호 단서).

셋째, 2 이상의 공신력 있는 감정기관이 상속세 또는 증여세 납부 외의 목적으로 해당 재산(주식 또는 출자지분은 제외)을 평가한 감정가격의 평균액도 시가로 본다(相贈稅令 49조 1항 2호 본문). 다만 (i) 일정한 조건을 전제로 해당 재산을 평가하는 등 상속세 및 증여세의 납부목적에 적합하지 아니한 감정가액, (ii) 평가기준일 현재 해당 재산의 원형대로 감정하지 아니한 경우의 감정가액은 제외하며, 해당 감정가액이 보충적 평가방법에 의한 가액과 아래 문단에서 볼 유사재산의 의제시가의 100분의 90에 해당하는 가액 중 적은 금액(기준금액)의 100분의 80에 미달하는 경우(기준금액 이상인 경우에도 감정평가목적 등을 감안하여 동 가액이 부적정하다고 인정되는 경우 포함)에는 세무서장이 다른 감정기관에 의뢰하여 감정한 가액에 의하되, 그 가액이 상속세 또는 증여세 납세의무자가 제시한 감정가액보다 낮은 경우에는 그러하지 아니하다(동호 단서). 판례는 감정시점에 있어서의 목적물의 현황에 기한 감정이 아니라, 현황이 변경된 후에 사후적으로 소급하여 행한 감정도 적법하다고 본다.[1] 그러나 감정가액이 시가로 인정되기 위해서는 어디까지나 감정이 객관적이고 합리적인 방법으로 적정하게 이루어졌음을 전제로 하므로,[2] 감정 내용 그 자체상 그 근거가 흠결되거나 모순되는 등의 경우에는 감정가액을 시가로 인정할 수 없다.

평가대상 재산 자체의 시가가 없다고 하더라도 평가대상 재산과 면적·위치·용도·종목 및 기준시가가 동일하거나 유사한 다른 재산에 대한 위에서 본 3가지 유형 중의 하나에 해당하는 가액(상속세 또는 증여세 과세표준을 신고한 경우에는 상속세의 경우에는 평가기준일 전 6개월부터 '평가기간' 이내의 신고일까지의 가액에 한정됨)이 있는 경우에는 그 가액을 시가로 보되(이하 "유사재산의 의제시가"라고 함; 相贈稅令 49조 4항) 해당 재산의 매매·감정·수용·경매 또는 공매의 가액이 있는 경우에는 유사재산의 의제시가를 적용하지 아니한다(相贈稅令 49조 2항 단서). 그리고 유사재산의 의제시가가 2 이상인 경우에는 평가기준일에 가장 가까운 것을 시가로 본다(相贈稅令 49조 2항 후문).

2. 복수재산가액의 재산별 안분

위 1.에서 상술한 '시가'로 볼 수 있는 가액이 2 이상의 재산가액을 포함함으로써 각각의 재산가액이 구분되지 아니하는 경우에는 각각의 재산을 후술하는 보충적 평가방법에 의하여 평가한 가액에 비례하여 안분계산하되, 각각의 재산에 대하여 감정가액(동일인이 동일한 시기에 감정한 각각의 감정가액)이 있는 경우에는 감정가액에 비례하여 안분 계산한다(相贈稅令 49조 3항). 다만, 토지와 그 지상 건물 기타 구축물의 가액이 구분되지 아니하는 경우에는 동시에 공급된 토지와 건물의 실지거래가액의 구분이 불분명한 경우 건물의 부가가치세 과세표준을 안분계산하는 방법에 관한 부가가치세법 시행령 제48조의2 제4항 단서에 따라 안분계산한다(동항 단서).

---

1) 대법원 2004. 3. 12., 2002 두 10377.
2) 대법원 2002. 6. 28., 2000 두 6244.

3. 평가기간의 탄력적 적용

평가기간에 관하여 현재와 같이 법령에 명시적인 규정을 두지 않고, 기본 통칙에 유사한 규정을 두었던 과거의 판례는 평가기준일(상속개시일이나 증여일) 과 감정기준일 사이의 시간적 간격이 3개월 20일,[1] 5개월인 경우[2]에도 그 감 정가격을 시가로 볼 수 없다고 한 예도 있다. 그러나 어떤 판례는 상속개시일 이나 증여일로부터 소급하여 3년 3개월 전에 이루어진 감정의 감정가격도 그 사이에 시가의 하락이나 토지상황의 변화가 있었다는 등의 특별한 사정이 없는 한, 시가로 채택될 수 있다고 하고 있다.[3] 그러나 평가기준일과 감정기준일 사 이에 어느 정도까지 시간적 간격을 허용할 것인지에 관한 이러한 여러 판례는 사안이 발생한 당시에 있어서의 물가변동률을 감안한 것이기 때문에 상황이 달 라진 현재로서는 원용하기 어려울 것이다.

평가기간을 벗어났더라도 평가기준일 전 2년 이내의 기간에 그 매매 등이 행하여진 경우 또는 평가기간의 경과 후 상속세나 증여세의 결정기한까지의 기 간 중에 매매 등이 행하여진 경우에는 평가기준일로부터 그 매매계약일, 보상 가액·경매가액 또는 공매가액의 결정일 또는 감정평가서 작성일까지의 기간에 발행회사의 경영상태, 시간의 경과기간 및 주위환경의 변화 등을 고려하여 가격 이 변동할 특별한 사정이 없다고 인정되는 때에는 평가심의위원회의 자문을 거 쳐 해당 매매 등의 가액을 시가로 인정할 수 있다(相贈稅令 49조 1항 본문 단서).

Ⅲ. 보충적 평가방법

시가의 산정이 어려운 때에는 해당 재산의 종류·규모·거래상황 등을 고 려하여 규정된 이른바 '보충적 평가방법'에 의한다(相贈稅法 60조 3항). 시가를 산정하기 어려워서 보충적 평가방법을 택할 수밖에 없었다는 점에 관한 입증책 임은 과세관청에 있다.[4] 과세관청이 증여재산의 증여 당시의 시가를 평가하기 어렵다는 이유로 보충적 평가방법에 의하여 평가하여 과세처분을 하였다 하더

---

1) 대법원 1984. 6. 26., 84 누 177.
2) 대법원 1986. 3. 11., 85 누 623.
3) 대법원 1992. 2. 11., 91 누 12301.
4) 대법원 1995. 6. 13., 95 누 23.

라도 그 과세처분 취소소송의 사실심 변론종결시까지 증여재산의 시가가 입증된 때에는, 그 증여재산의 시가에 따라 증여세액을 결정하여야 한다.1) 한편, 상속재산이나 증여재산의 시가를 결정할 보충적 평가방법이 존재하지 않는 경우 어떻게 할 것인가 하는 문제가 있다. 이러한 경우 과세를 할 수 없다고 하는 것은 불합리하므로 이러한 경우에는 상속재산이나 증여재산의 재산적 가치에 가장 부합하는 금액을 기준으로 과세할 수 있다고 봄이 타당할 것이다.2) 이하에서는 재산의 종류별로 구체적 평가방법에 관하여 살펴보기로 한다.

1. 부 동 산

(1) 토   지

토지의 평가는 개별공시지가에 의하고,3) 개별공시지가가 없는 토지는 해당 토지와 지목·이용상황 등 지가형성요인이 유사한 인근토지를 표준지로 보고 '부동산 가격공시 및 감정평가에 관한 법률' 제9조 제2항의 규정에 의한 비교표에 의하여 관할세무서장이 평가한 가액에 의한다(相贈稅令 50조 1항). 이 경우 납세지 관할세무서장은 지방세법상 시장·군수가 취득세 과세표준으로 사용할 목적으로 산정한 시가표준액(지방세법 4조 1항 단서)을 평가한 가액으로 하거나 2 이상의 감정기관에 의뢰하여 해당 감정기관의 감정가액을 고려하여 평가할 수 있다. 그리고 지가가 급등하는 지역으로서 국세청장이 지정하는 지역(특정지역)에 소재하는 토지의 평가는 배율방법에 의한다(相贈稅法 61조 1항 1호; 相贈稅令 50조 2항).4) 배율방법이란 국세청장이 정한 배수를 위 개별공시지가에

---

1) 대법원 2004. 3. 12., 2002 두 10377; 同 1996. 8. 23., 95 누 13821; 同 1999. 4. 27., 99 두 1595.
2) 대법원 2016. 9. 23., 2015 두 49986(상속재산인 즉시연금보험계약상 지위의 가치를 평가할 규정이 존재하지 않는 경우 상속개시일 당시를 기준으로 계산한 보험료 환급금의 가액을 동 즉시연금보험계약상 지위의 재산적 가치에 가장 부합하는 금액이라고 본 사례); 같은 취지 대법원 2016. 9. 28., 2015 두 53046.
3) 상속개시나 증여 후 같은 해 1. 1.을 기준일로 하여 고시된 당해 연도의 개별공시지가가 그 전년도의 개별공시지가에 비해 상속개시나 증여 당시의 토지 현황을 더 적정하게 반영하여 시가에 근접한 것으로 볼 수 있으므로 상속개시나 증여 후 고시된 개별공시지가를 기준으로 토지의 가액을 평가하여야 한다(대법원 2010. 1. 14., 2007 두 23200; 同 2000. 2. 11., 98 두 16774; 同 1996. 8. 23., 96 누 4411).
4) 증여재산에 관하여 시가에 의하지 아니하고 국세청장이 정하는 배율방법에 의하여 하는 가액평가는 어디까지나 보충적인 평가방법이며, 시가를 산정하기 어려워서 위의 평가방법을 택할 수밖에 없었다는 점에 관하여서는 과세관청이 이를 입증하지 않으면 안 된다. 그러

곱한 금액을 평가액으로 하는 방법이다(相贈稅法 61조 2항; 相贈稅슈 50조 5항). 개별공시지가 보다 낮은 가격으로 거래하도록 강제하는 법령상의 제한이 있는 경우에는 그 제한 가격을 평가액으로 보아야 한다.[1]

(2) 일반 건물

아래 (3) 및 (4)를 제외한 일반 건물의 평가는 건물의 신축가격·구조·용도·위치·신축연도 등을 고려하여 매년 1회 이상 국세청장이 산정·고시하는 가액에 의한다(相贈稅法 61조 1항 2호).

(3) 오피스텔 및 상업용 건물

건물에 부수된 토지를 공유하고 건물을 구분소유하는 것으로서 국세청장이 해당 건물의 용도·면적 및 구분소유하는 건물의 수 등을 감안하여 지정하는 지역에 소재하는 오피스텔 및 상업용 건물(딸린 토지 포함)의 평가는 건물의 종류·규모·거래상황·위치 등을 고려하여 매년 1회 이상 국세청장이 일괄하여 산정·고시하는 토지와 건물의 가액에 의한다(相贈稅法 61조 1항 3호; 相贈稅슈 50조 3항).

(4) 주   택

주택의 평가는 '부동산 가격공시 및 감정평가에 관한 법률'에 의한 개별주택가격 및 공동주택가격에 의하되, 공동주택의 경우에는 동법 제17조 제1항 단서에 따라 국세청장이 결정·고시한 공동주택가격이 있는 때에는 그 가격을 우선 적용한다(相贈稅法 61조 1항 4호). 개별주택가격 및 공동주택가격(고시주택가격)이 없거나 고시주택가격의 고시 후에 해당 주택을 건축법에 따라 대수선 또는 리모델링을 하여 고시주택가격으로 평가하는 것이 적절하지 아니한 경우에는 관할세무서장이 인근 유사주택의 고시주택가격을 고려하여 일정한 방법에 따라 평가한 금액으로 한다(동호 단서; 相贈稅슈 50조 4항).

(5) 지 상 권

지상권의 평가는 지상권이 설정되어 있는 토지의 가액에 기획재정부령이 정하는 율(현재 연간 100분의 2)을 곱하여 계산한 금액(각 연도의 수입금액)을 다음의 산식에 의해 현재가치로 환산한 금액에 의한다(相贈稅法 61조 3항; 相贈稅슈

___

나 증여재산의 시가산정이 가능한 경우 법원이 직권으로 그 시가를 산정하여 과세처분의 당부를 판단하여야 할 필요는 없다고 할 것이다(대법원 1990. 12. 21., 90 누 6309).

1) 대법원 2009. 1. 30., 2006 두 14049.

51조 1항; 相贈稅則 16조 1항, 2항).

$$\frac{\text{각 연도의 수입금액}}{\left(1+\dfrac{10}{100}\right)^{n}}$$

n: 평가기준일부터의 경과연수

(6) 부동산 취득권, 특정시설물 이용권, 기타 시설물 등

부동산을 취득할 수 있는 권리(건물의 완성시에 건물과 그 부수토지를 취득할 수 있는 권리 포함) 및 특정시설물을 이용할 수 있는 권리[1]의 평가는 그 권리의 취득을 위하여 평가기준일까지 납입한 금액과 평가기준일 현재의 프레미엄 상당액을 합한 금액에 의한다. 다만, 해당 권리에 대한 소득세법상의 기준시가(所令 165조 8항 3호)가 있는 경우에는 해당 가액에 의한다(相贈稅法 61조 3항; 相贈稅令 51조 2항). 기타 시설물 및 구축물의 평가(토지 또는 건물과 일괄하여 평가하는 경우는 제외[2])는 그것을 다시 건축하거나 다시 취득할 경우에 소요되는 가액(이하 "재취득가액 등"이라고 함)에서 그 설치일부터 평가기준일까지의 법인세법상의 감가상각비 상당액을 뺀 금액에 의한다. 이 경우 재취득가액 등을 산정하기 어려운 경우에는 지방세법상의 시가표준액(지방세법 시행령 4조 1항)을 그 재취득가액으로 하되, 특수부대설비를 별도로 평가한 가액이 있으면 이를 가산한 가액으로 할 수 있다(相贈稅法 61조 4항; 相贈稅令 51조 4항; 相贈稅則 16조 3항).

(7) 임대차목적물인 부동산의 평가의 특칙

사실상 임대차계약이 체결되거나 임차권이 등기된 부동산의 경우에는 연간 임대료를 기획재정부령이 정하는 율(현재 100분의 18)로 나눈 금액에 임대보증금을 합한 금액(법령상 "임대료 등의 환산가액"이라고 정의하고 있음)과 위에서 본 평가방법에 의하여 평가한 가액 중 큰 금액을 그 재산의 평가가액으로 한다(相贈稅法 61조 5항; 相贈稅令 50조 7항; 相贈稅則 15조의2). '임대료 등의 환산가액'을 토지와 건물의 각 평가가액으로 안분하는 방식은 토지와 건물의 소유자가 동일한

---

[1] 특정시설물을 이용할 수 있는 권리라 함은 특정시설물이용권·회원권 기타 명칭여하를 불문하고 해당 시설물을 배타적으로 이용하거나 일반이용자에 비하여 유리한 조건으로 이용할 수 있도록 약정한 단체의 일원이 된 자에게 부여되는 권리를 말한다(相贈稅令 51조 3항).

[2] 공동주택에 부속 또는 부착된 시설물 및 구축물은 토지 또는 건물과 일괄하여 평가한 것으로 본다(相贈稅令 51조 5항).

지 여부, 토지 소유자와 건물 소유자가 제3자와 임대차계약을 별도로 체결하였는지 여부 등에 따라 시행령에서 구체적으로 정하고 있다(相贈稅令 50조 8항).

2. 선박 등 기타 유형재산

(1) 선박·항공기·차량·기계장비 및 '입목에 관한 법률'의 적용을 받는 입목

이들 유형재산은 이들 재산을 처분할 경우 대가로 받을 수 있다고 예상되는 가액으로 평가하되, 그 가액이 확인되지 아니하는 경우에는 장부가액(취득가액에서 감가상각비를 뺀 가액) 및 지방세법상의 시가표준액의 순서로 평가한나(相贈稅法 62조 1항; 相贈稅令 52조 1항).

(2) 상품·제품·반제품·재공품·원재료 기타 이에 준하는 동산 및 소유권의 대상이 되는 동산

이들 유형재산 역시 그것을 처분할 때 대가로 받을 수 있다고 예상되는 가액으로 평가하되, 그 가액이 확인되지 아니하는 경우에는 장부가액으로 평가한다(相贈稅法 62조 2항; 相贈稅令 52조 2항 1호).

(3) 판매용이 아닌 서화·골동품

이들 유형재산은 (i) 서화·전적(典籍), (ii) 도자기·토기·철물, (iii) 목공예·민속장신구, (iv) 선사유물, (v) 석공예, (vi) 기타 골동품 등으로 구분하여 전문분야별로 2인 이상의 전문가가 감정한 가액의 평균액에 의하여 평가하되, 그 가액이 국세청장이 위촉한 3인 이상의 전문가로 구성된 감정평가심의회에서 감정한 감정가액에 미달하는 경우에는 그 감정가액에 의한다(相贈稅法 62조 2항; 相贈稅令 52조 2항 2호).

(4) 소유권의 대상이 되는 동물 및 별도의 평가방법이 규정되지 아니한 기타 유형재산

이러한 재산은 위 (1)의 평가방법을 준용하여 평가한 가액에 의한다(相贈稅法 62조 2항; 相贈稅令 52조 2항 3호).

(5) 임대차목적물인 유형재산 평가의 특칙

사실상 임대차계약이 체결되거나 임차권이 등기된 유형재산은 (i) 선박, 항공기, 차량 및 기계장비와 (ii) 그 밖의 유형재산으로 나누어 전자는 임대보증금 및 평가기준일로부터 해당 재산의 사용가능기한까지의 연도별 임대료를 일정한 방법에 따라 환산한 금액으로 평가하고, 후자는 1년간 임대료를 기획재정부령이 정하는 율(현재 100분의 12)로 나눈 금액에 임대보증금을 합한 가액으로 평가하되, 위 (1) 내지 (4)에서 본 평가방법에 따라 평가한 가액이 더 크면 그 평가액으로 한다(相贈稅法 62조 3항; 相贈稅令 52조 3항, 50조 7항; 相贈稅則 15조의2).

3. 주식 또는 출자지분

(1) 유가증권시장 상장법인의 주식

자본시장법상의 유가증권시장과 코스닥시장에 상장된 주식과 출자지분(이하 "주식 등"이라고 함)은 평가기준일 이전·이후 각 2개월 간에 공표된 매일의 거래소 최종시세가액(거래실적의 유무 불문)의 평균액에 의한다.

다만 평가기준일 이전·이후 각 2개월의 기간 중에 증자·합병 등의 사유가 발생하여 그 평균액에 의하는 것이 부적당한 주식등(해당 기간 중의 전부 또는 일부에 거래소에서 매매거래가 정지되거나 관리종목으로 지정된 주식등은 제외함)의 경우에는 다음의 기간에 형성된 최종시세가액의 평균액에 의한다. 즉 (i) 평가기준일 이전에 증자·합병 등의 사유가 발생한 경우에는 동 사유가 발생한 날(증자·합병의 사유가 2회 이상 발생한 경우에는 평가기준일에 가장 가까운 날)의 다음 날부터 평가기준일 이후 2월이 되는 날까지의 기간, (ii) 평가기준일 이후에 증자·합병 등의 사유가 발생한 경우에는 평가기준일 이전 2월이 되는 날부터 동 사유가 발생한 날의 전일까지의 기간, (iii) 평가기준일 이전·이후에 증자·합병 등의 사유가 각기 발생한 경우에는 평가기준일 이전 동 사유가 발생한 날의 다음날부터 평가기준일 이후 동 사유가 발생한 날의 전일까지의 기간에 형성된 최종시세가액의 평균액에 의한다(相贈稅法 63조 1항 1호 가목; 相贈稅令 52조의2). 이처럼 증자·합병 등의 사유가 발생한 날을 주식등의 가격의 평가기간을 차단하는 날로 삼는 이유는 증자·합병 등의 사유가 주식 등의 가격에 현저한 차이를 가져오기 때문이다. 판례는 여기서 증자·합병 등의 사유에는 주식의 분할도 포함된다고 본다.[1] 그리고 주주배정 방식의 유상증자에 따라 권리락이 발생한 경우 그 권리락이 발생한 날을 증자사유가 발생한 날로 본다.[2] 한편, 상속세 및 증여세법 제38조에서 증여재산의 하나로 규정하고 있는 '합병에 따른 이익'을 계산할 때 합병(분할합병 포함)으로 소멸하거나 흡수되는 법인 또는 존속하거

---

1) 대법원 2015. 12. 10., 2015 두 41531.
2) 대법원 2016. 6. 9., 2013 두 23058.

나 신설되는 법인이 보유한 상장주식은 평가기준일 현재의 거래소 최종 시세가
액으로 한다(相贈稅法 63조 1항 1호 가목 단서).

(2) 비상장주식

1) 평가의 기본원칙　한국거래소에 상장되지 아니한 주식 등(이하 "비상
장주식 등"이라고 함)의 평가는 다음의 산식에 의하여 계산한 1주당 순손익가치
와 1주당 순자산가치를 각 3대 2의 비율로 가중평균한 가액에 의하되, 부동산
과다보유 법인(所令 158조 1항 1호 가목)의 주식 등에 대해서는 1주당 순손익가
치와 순자산가치 간의 비율을 거꾸로 2대 3으로 한다. 다만 그 가중평균한 가
액이 1주당 순자산가치의 100분의 80에 미달하는 경우에는 후자의 금액을 비
상장주식등의 가액으로 한다(相贈稅法 63조 1항 1호 다목; 相贈稅令 54조 1항, 2항).

> 1주당 순손익가치＝1주당 최근 3년 간의 순손익액의 가중평균액÷금융기관이 보증
> 한 3년 만기 회사채의 유통수익률을 감안하여 기획재정부령으로 정하는 이자율("순
> 손익가치환원율")
> 1주당 순자산가치＝해당법인의 순자산가액÷발행주식총수

비상장주식을 발행한 법인이 다른 비상장법인의 발행주식총수(자기주식은
제외)의 100분의 10 이하의 주식을 소유하고 있는 경우에는 그 다른 비상장주
식의 평가는 이동평균법[1]에 따라 계산한 취득가액에 의할 수 있되, '시가'가 있
으면 이를 우선 적용한다(相贈稅令 54조 3항; 法令 74조 1항 1호 마목).

위의 평가산식은 법인의 수익력과 자산력을 균형있게 반영하여 평가하고
자 하는 취지에서 도입된 것이다. 그러나 (i) 상속세 및 증여세 과세표준 신고
기한 이내에 평가대상 법인이 청산절차 진행 중에 있거나 그 사업자의 사망 등
으로 인하여 사업의 계속이 곤란하다고 인정되는 경우 그 평가대상 법인의 주
식 등, (ii) 사업개시전의 법인, 사업개시 후 3년 미만의 법인 및 휴·폐업 중에
있는 법인의 주식 등, (iii) 보유한 부동산등의 가액에다가 보유한 다른 법인의
주식가액에 그 다른 법인의 부동산등 보유비율을 곱하여 산출한 가액(所法 94조
1항 4호 다목)을 합한 금액이 자산총액에서 차지하는 비율이 100분의 80 이상인

---

1) 자산을 취득할 때마다 장부시재금액(帳簿時在金額)을 장부시재수량(帳簿時在數量)으로
나누어 평균단가를 산출하고 그 평균단가에 의하여 산출한 취득가액을 그 자산의 평가액으
로 하는 방법을 말한다(法令 74조 1항 1호 마목).

법인의 주식 등, (iv) 자산총액 중 주식 등의 가액의 합계액이 차지하는 비율이 100분의 80 이상인 법인의 주식 등, (v) 평가기준일 현재 정관상 잔여 존속기한이 3년 이내인 법인의 주식 등의 평가에 있어서는 1주당 순손익가치를 반영하기가 부적절하므로 1주당 순자산가치만에 의해 그 가액을 평가한다(相贈稅令 54조 4항).

　주식의 평가방법에는 그 외에도 수익력환원방식, 배당환원방식, 순자산가액방식, 유사업종비교방식 등 여러 가지를 생각할 수 있으나 법은 위의 방식으로 특정하고 있다. 비상장주식의 시가결정과 관련하여 유의할 점은, 그 객관적 교환가치를 적정하게 반영하였다고 인정되는 매매실례가가 있는 경우에는 평가가액이 아니라 그 거래가격을 시가로 보아야 한다는 것이다.[1] 다만, 회사 경영권의 이전을 수반하는 이례적인 주식매매거래의 거래가격을 다른 주식의 적정가격이라고 보기는 어렵다.[2]

　2) 1주당 최근 3년 간 순손익액의 가중평균액의 계산방법　　1주당 순손익가치를 계산하는 산식의 한 요소인 '1주당 최근 3년 간의 순손익액의 가중평균액'은 원칙적으로 다음의 산식에 의하여 계산한다(相贈稅令 56조 1항 본문 및 1호).

　1주당 최근 3년 간의 순손익액의 가중평균액＝[(평가기준일 이전 1년이 되는 사업연도의 1주당 순손익액×3)+(평가기준일 이전 2년이 되는 사업연도의 1주당 순손익액×2)+(평가기준일 이전 3년이 되는 사업연도의 1주당 순손익액×1)]×1/6

　그러나 (i) 일시우발적 사건에 의하여 최근 3년 간의 순손익액이 증가하는 등의 사유로 위의 방식에 의해 계산하는 것이 불합리한 경우(상속세 및 증여세법 시행규칙 17조의3 1항 각호에 열거됨)에 해당하고, (ii) 상속세 및 증여세 과세표준 신고기한 내에 신고한 경우로서 1주당 추정이익의 산정기준일과 추정이익의 평가서 작성일이 과세표준 신고기한 내에 속하며, (iii) 1주당 추정이익의 산정기준일과 상속개시일 또는 증여일이 동일연도에 속하는 경우에는 2개 이상의 신용평가전문기관, 회계법인 또는 세무법인이 기획재정부령이 정하는 기준에 따라 산출한 1주당 추정이익의 평균가액을 '1주당 최근 3년 간의 순손익액의 가

---

1) 대법원 1980. 1. 29., 79 누 316; 同 1981. 10. 13., 80 누 185; 同 1982. 2. 9., 80 누 522; 同 1986. 2. 25., 85 누 804; 同 1986. 6. 10., 84 누 72; 同 1987. 1. 20., 86 누 318.
2) 대법원 2015. 11. 26., 2014 두 335; 同 2007. 8. 23., 2005 두 5574; 同 1985. 9. 24., 85 누 208.

중평균액'으로 본다(相贈稅令 56조 2항). 판례는 그러한 추정이익도 존재하지 않는 상태에서, 상속개시일 전 3년 중 한 해에 고정자산의 처분으로 순이익이 크게 증가하였다고 하더라도 위 산식에 따라 그 영업권을 평가하는 것이 불합리하지 않다고 한다.[1]

한편, 위의 산식상의 '순손익액'은 법인세법상의 각 사업연도 소득에 다음 (i)의 금액을 가산한 금액에서 (ii)의 금액을 뺀 금액으로 한다(相贈稅令 56조 4항).

(i) 국세 또는 지방세의 과오납금의 환급금에 대한 이자(法法 18조 4호); 수입배당금액 중 익금불산입액(法法 18조의2, 18조의3); 전 사업연도에서 이월되어와 해당 사업연도의 손금에 산입된 일반기부금 및 특례기부금의 손금산입한도 초과액(法法 24조 5항), 업무용승용차의 감가상각비 한도초과액(法法 27조의2 3항) 및 그 처분손실의 한도초과액(法法 27조의2 4항); 기타 기획재정부령이 정하는 금액.

(ii) 해당 사업연도의 법인세액(법인세법 제57조의 외국법인세액으로서 손금에 산입되지 아니하는 세액 포함), 법인세액의 감면액 또는 법인세 과세표준에 부과되는 농어촌특별세액 및 지방소득세 법인세분; 벌금·과료·과태료·가산금·강제징수비·공과금(法法 21조 3호 및 4호); 징벌적 목적의 손해배당금 지출액(法法 21조의2); 업무와 관련이 없다는 이유로 손금불산입되는 비용(法法 27조); 각 세법에서 규정하는 징수불이행으로 인하여 납부하였거나 납부할 세액; 손금불산입되는 기부금, 동 업무추진비, 동 과다경비, 동 업무용승용차 관련 비용, 동 지급이자(法法 24조 내지 26조, 27조의2, 28조); 조세특례제한법 제136조에 의한 손금불산입 대상 업무추진비; 감가상각비 시인부족액(法令 32조 1항)에서 손금으로 추인된 상각부인액을 뺀 금액; 각 사업연도 소득을 계산함에 있어서 화폐성 외화자산 등을 해당 사업연도 종료일 현재의 매매기준율 등으로 평가하여 발생한 손실.

위 (i)의 금액들은 수익 내지 익금으로서의 성격을 가지면서도 정책적 목적으로 해당 사업연도의 소득금액 계산상 익금불산입된 금액이기 때문에 또는 해당 사업연도의 손금에 산입되었으나 실제로는 앞의 사업연도에 지출된 금액이기 때문에기 순이익을 계산할 때는 이를 포함시키는 것이 적절한 것들이다. 그리고 위 (ii)의 금액들은 반대로 해당 사업연도의 소득금액 계산에 있어 손금

---

1) 대법원 2001. 8. 21., 99 두 8459.

에 산입되지 않았지만, 그 실질은 법인의 순이익을 감소시킨 지출에 해당하는
금액들이다. 여기서 법인의 주식가치를 평가하기 위한 기초로서의 순손익액은
법인세법상의 해당 사업연도의 소득금액을 의미하는 것이 아니라, 한편으로는
정책적 이유로 익금에 불산입된 해당 사업연도의 수익액과 해당 사업연도에 지
출되지 않은 비용액 등을 더하고, 다른 한편으로는 주주에게 배당되지 않는 사
외유출금 등을 공제하여 계산한 가정적 순이익임을 알 수 있다. 판례도 이러한
취지로 해석하고 있다.[1]

　　법인의 소득금액 계산상 손금으로 인정되지 않지만 가정적 순이익을 계산
함에 있어 비용으로 환원할 수 있도록 한 위 (ii)의 금액들은 반드시 상속개시
일 전 최근 3년 내의 각 사업연도 소득금액의 계산에서 손금계정에 계상된 것
에 한한다.[2] 그리고 각 사업연도 소득금액 계산시 손금에 산입된 충당금 또는
준비금이 세법의 규정에 따라 일시에(즉, 한꺼번에) 환입되는 경우에는 그 일시
환입금액을 해당 충당금이나 준비금을 사용하도록 예정된 사업연도들에 균등하
게 안분한 금액을 해당 각 사업연도의 소득에 가산한다(相贈稅令 56조 3항 단서).

　　3) 순자산가액의 계산방법　　1주당 순자산가치를 계산하는 산식의 한
요소인 '순자산가액'은 평가기준일 현재 해당 법인의 자산을 그 자산의 평가방
법에 따라 평가한 가액에서 부채[3]를 뺀 가액으로 하되, 그 가액이 0원 이하인

---

[1] 주식의 수익환원가치를 평가하기 위한 순손익액은 법인세법 제9조의 규정에 의한 각 사
업연도의 소득을 토대로 할 것을 규정하여, 배당가능이익이 아니라 예상 순이익을 전제하고
있고, 이월결손금의 누적 등의 사정은 순손익액의 산정에 영향을 미치는 것이 아니며, 소외
회사와 같이 경영상태가 호전되어 최근 3년 간의 순손익액의 가중평균액이 계속적으로 일
정하게 나오고 있는 경우라면, 그 수익환원가치를 '0'으로 보지 않는다고 하여 합리적이고
객관적인 평가가 아니라고 할 수도 없다(대법원 1997. 2. 11., 96누2392).
[2] 법인세법상으로 손금불산입되는 항목들을 상속세법에서 상속주식의 1주당 가액을 평가할
때 다시 공제금액으로 환원되는 이유는 당 회사와 그 주식의 값어치를 정확하게 파악하고
자 함에 있다고 할 것이고, 이에 비추어 보면, 위 게기금액은 반드시 상속개시일 전의 최근
3년 간의 각 사업연도 소득의 금액계산에서 손금계정에 계산된 것에 한하는 것이고, 위 최
근 3년 간의 각 사업연도 소득계산상 손금계정에 올라 있지 아니한 것은 순이익산정의 공
제금액에서 제외되는 것으로 해석함이 상당할 것이다. 위와 같은 견해에 입각하여 소론 주
장이 벌금 40,000,000원은 그와 같은 벌금형에 처하게 된 위법행위가 최근 3년 간의 각 사
업연도 기간에 발생된 것이지만 위 벌금형이 상속개시일 이후인 1978. 7. 20. 확정된 것이므
로 위 벌금 40,000,000원은 최근 3년 간의 각 사업연도의 손금으로서 계정상에 올라와 있는
것이 아니므로 이를 순이익액 산정의 공제금액으로 잡을 수 없다고 본 원심의 조치는 정당
하고 거기에 소론과 같은 심리미진이나 법리오해 등의 위법이 있다고 할 수 없다(대법원
1988. 12. 27., 86누 190; 同 1986. 8. 19., 86 누191).
[3] 법인의 재산평가가액에서 공제하여야 할 부채의 하나인 '소득에 대한 법인세 및 주민세'

경우에는 0원으로 한다. 이때 해당 자산의 평가액이 장부가액(취득가액에서 감가상각비를 뺀 가액)보다 낮은 경우에는 그 낮은 데 대한 정당한 사유가 없는 한 장부가액으로 한다(相贈稅令 55조 1항). 자산의 평가와 관련하여 무형고정자산·준비금·충당금·기타 자산 및 부채의 평가에 영향을 주는 금액은 이를 해당 자산과 부채의 가액에 각 더하거나 그로부터 뺀다(동조 2항).[1] 자산의 평가액에는 영업권 평가액을 합산하되, 순자산가치에만 의존하여 비상장주식의 가액을 평가하는 경우(相贈稅令 54조 4항)나 평가기준일이 속하는 사업연도 전 3년 내의 사업연도부터 계속하여 결손금이 발생한 경우에는 그러하지 아니하다(동조 3항).

증여세 부과 당시 회수불능으로 인정된 채권은 순자산가액에 산입하지 아니한다고 할 것이나, 채권의 회수불능은 증여세과세가액 결정에 예외적으로 영향을 미치는 특별한 사유에 속하므로 그 특별한 사유에 관한 입증책임은 과세가액을 다투는 납세의무자측에 있다.[2]

4) 평가심의위원회에 의한 평가의 특칙   중소기업에 해당하는 법인으로서 그 자산·매출규모 및 사업의 영위기간 등을 감안하여 동종의 사업을 영위하고 있는 다른 법인(유가증권시장에의 상장법인 등을 말함)의 주식가액과 비교해 볼 때 그 발행 주식 등을 위에서 본 정규적 평가방법에 따라 평가하는 것이 불합리하다고 인정되는 법인의 비상장주식 등의 평가가액은, 상속세 또는 증여세의 납세자의 신청에 따라 국세청 또는 지방국세청의 평가심의위원회가 심의하

는 상속개시일까지 그 법인의 재산평가액에 포함되는 소득에 대하여 이미 부과되었거나 부과될 것이 확정적인 법인세 및 주민세를 의미한다(대법원 1998. 11. 27., 96 누 16308; 同 2002. 5. 14., 2000 두 5180).

1) 그 구체적인 내용은 다음과 같다(相贈稅則 17조의2):
   (i) 평가기준일 현재 지급받을 권리가 확정된 가액은 이를 자산에 가산한다.
   (ii) 선급비용(평가기준일 현재 비용으로 확정된 것에 한함)과 개발비(법인세법 시행령 제24조 제1항 제2호 바목에 규정된 감가상각대상 무형고정자산의 일종)는 자산가액에서 뺀다.
   (iii) 평가기준일까지 발생된 소득에 대한 법인세액·법인세액의 감면액 또는 과세표준에 부과되는 농어촌특별세액 및 지방소득세 법인세분액, 평가기준일 현재 이익의 처분으로 확정된 배당금·상여금 및 기타 지급의무가 확정된 금액, 평가기준일 현재 재직하는 임원 또는 사용인 전원이 퇴직할 경우에 퇴직급여로 지급되어야 할 금액의 추계액 등은 부채에 가산한다.
   (iv) 평가기준일 현재의 제충당금과 조세특례제한법 및 기타 법률에 의한 제준비금은 각 부채에서 빼되, 충당금중 평가기준일 현재 비용으로 확정된 것과 보험업을 영위하는 법인의 책임준비금과 비상위험준비금으로서 손금에 산입되는 금액(法令 57조 1항 내지 3항)은 부채에서 빼지 않는다.

2) 대법원 2007. 8. 23., 2005 두 5574; 同 1990. 10. 26., 90 누 2338.

여 제시하는 평가가액에 의하거나 동 위원회가 제시하는 평가방법 등을 감안하여 계산한 평가가액에 의할 수 있다(相贈稅令 56조의2 1항). 이러한 평가심의위원회에 의한 평가의 신청은 상속세 과세표준 신고기한 만료 4월 전 또는 증여세 과세표준 신고기한 만료 70일 전까지 위에서 본 정규적 평가방법에 따라 평가한 가액 및 그 평가부속서류의 제출과 함께 평가심의위원회에 하여야 한다.

(4) 기업공개준비 중인 법인의 주식 등

1) 기업공개를 목적으로 금융위원회에 유가증권신고를 한 법인의 주식 등

법인이 기업공개를 하여 주식을 유가증권시장에 상장하게 되면 통상 그 주식의 시가는 상승한다. 따라서 그 주식을 상장하기 위해 금융위원회에 유가증권신고를 제출한 비상장법인의 주식의 가액도 통상의 비상장법인의 주식의 가액에 비하여 더 높다. 그리하여 기업공개를 목적으로 금융위원회에 유가증권신고를 제출한 법인이 발행한 주식으로서 그 평가기준일이 유가증권신고(유가증권신고를 하지 아니하고 상장신청을 한 경우에는 상장신청)를 하기 직전 6개월(증여세가 부과되는 주식 등의 경우에는 3개월)부터 한국거래소에 최초로 상장하기 전까지의 기간에 속하는 것의 평가액은 (i) 자본시장법에 의하여 금융위원회가 정하는 기준에 따라 결정된 공모가격과 (ii) 전술한 코스닥시장 상장주식 또는 비상장주식의 평가방법에 의하여 평가한 가액 중 큰 가액으로 한다(相贈稅法 63조 2항 1호; 相贈稅令 57조 1항).

2) 비상장주식 등 중 코스닥시장에서 주식 등을 거래하고자 거래소에 상장신청을 한 법인의 주식 등

주식을 자본시장법에 따라 코스닥시장에 상장하기 위해 거래소에 상장신청을 한 법인이 발행한 주식으로서 그 평가기준일이 상장신청(자본시장법 390조)을 하기 직전 6개월(증여세가 부과되는 주식 등의 경우에는 3개월)부터 거래소에 상장신청을 하기 전까지의 기간 내에 속하는 것의 평가액은 (i) 자본시장법에 의하여 금융위원회가 정하는 기준에 따라 결정된 공모가격과 (ii) 전술한 비상장주식의 평가방법에 의하여 평가한 가액 중 큰 가액으로 한다(相贈稅法 63조 2항 2호; 相贈稅令 57조 2항). 그런데, 판례는 모법(相贈稅法 63조 2항 2호)에서 '거래소에 유가증권신고 등을 한 법인의 주식'만을 이러한 특별한 평가방법의 대상으로 규정하고 있음에 반해 시행령 규정(相贈稅令 57조 2항)에서 평가기준일이 '유가증권신고 전 6월부터 그 신고 전까지의 기간'에 속하는 주식까지 이러한 특별한 평가방법의 적용대상으로 규정하고 있는 것은 위임의 범위를 넘어 적용대상을 확장한 것이므로 무효라고 해석하였다.[1] 따라서 이러한 경우에는 그 적용이 배제된다. 이 판례의 취지는 위 1)에서 본, 유가증권시장에 상장하기 위해 금융위원회에 유가증권신고를 한 법인의 주식에 대해서도 그대로 적용될 것이다.

3) 거래소에 상장되어 있는 법인의 주식 중 해당 법인의 증자로 인하여 취득한 새로운 주식으로서 평가기준일 현재 상장되지 아니한 주식   거래소에 주식 등을 상장하고 있는 법인의 증자로 인하여 새로이 취득한 주식 등으로서 평가기준일 현재 아직 상장되지 아니한 것의 평가액은 전술한 주권상장법인 또는 코스닥시장 상장법인의 주식 등의 평가방법에 따라 평가한 가액에서 다음의 산식에 의해 계산한 배당차액을 뺀 가액에 의한다(相贈稅令 57조 3항; 相贈稅則 18조 2항).

주식 등의 1주당 액면가액×직전기 배당률×신주발행일이 속하는 사업연도 개시일부터 배당기산일 전일까지의 일수/365

(5) 지배주식의 할증평가

상호출자기업집단에 속하는 기업의 최대주주 또는 최대출자자 및 그의 특수관계인에 해당하는 주주 등(이하 "최대주주 등"이라고 함)이 소유하는 주식을 평가하는 경우에는 상술한 (1) 내지 (4)의 평가액에 100분의 20을 가산한다(相贈稅法 63조 3항). 최대주주 등이 보유하는 주식 등의 수량을 계산함에 있어서는 해당 주식 등의 상속개시일 또는 증여일로부터 소급하여 1년 이내에 양도하거나 증여한 주식 등을 합산한다(相贈稅令 53조 4항). 이른바 지배주식 등의 할증평가에 관한 규정이다. 지배주식 등은 다른 주식 등과는 달리 주식 등으로서의 통상의 가치 외에 회사를 지배할 수 있는 힘을 가지고 있는바, 지배주식 등의 할증평가는 이러한 지배권의 가치를 상속 혹은 증여시점에서 과세가액에 반영하려는 것이다. 미국 내국세입법 시행규칙도 지배주식 등을 "실제적 또는 효과적 지배권"을 가진 주식 등으로 정의하여 그 할증평가를 인정하고 있고,[2] 일본

---

1) 대법원 2007. 5. 17., 2006 두 8648(전원합의체); 同 2007. 5. 17., 2006 두 6758(전원합의체).
2) IRC Reg. §20.2031－2(e)(마지막 문장); §25.2512－2(e)(마지막 문장); if the block of stock to be valued represents a controlling interest, either actual or effective, in a going business, the price at which other lots change hands may have little relation to its true value.

법인세법도 특수관계에 있는 주주 등이 발행주식 총수 또는 출자총액의 20% 이상을 소유하는 경우에 있어서의 그 주식을 '기업지배주식'이라고 정의하고,[1] 기본통달에서 그 할증평가를 인정하고 있다.[2] 지배권의 가치를 인정하는 근거에 관해서는 2가지 이론이 있다. 첫째는 지배주주 등이 회사의 자산에 내재하는 '저평가된 가치'(unrecognized values or undiscovered potential)를 얻을 수 있는 기회에 대한 대가라는 견해(미인식가치 이론)이고, 둘째는 지배주주 등이 회사의 재산을 개인적 목적으로 유용할 수 있는 기회에 대한 대가라는 견해(자기거래 이론, self dealing)이다.[3] 회사의 지배주주 등이 법령에 위반하여 불법이득을 취할 것이라는 전제는 '규범은 사회구성원에 의하여 지켜져야 한다'는 당위성과 실제로 대부분의 경우 지켜지고 있다는 현실에 반하는 것으로서 설득력이 부족하므로 전자가 타당하다고 본다. 지배주식 등에 현실적으로 지배권 프리미엄이 수반됨을 부인할 수 없는 이상 그 할증평가제도 자체는 헌법에 위반되지 않는다고 본다.[4]

그런데 종래 판례는 이러한 지배주식의 할증평가는 거래실례가가 없어 보충적 평가방법을 적용하는 경우에 한하여 적용되는 것이고, 거래실례가·수용시의 보상가·강제집행시의 경매가·공매시의 공매가·감정가액 등 '시가'에 의해 주식을 평가하는 경우에는 적용될 수 없다고 하였으나[5] 현행법에서는 명문으로 이처럼 '시가'에 의해 지배주식 등을 평가하는 경우에도 할증평가가 적용되는 것으로 하고 있다(相贈稅法 63조 3항). 그러나 이러한 현행법 규정은 '시가'가 있는 재산을 할증평가하여 다른 '시가'를 만들어 낸다는 취지로서 앞뒤가 모순되고, 나아가 존재하지 않는 가치에 대해 과세하게 되는 위험을 내포하고 있다.

한편, 최대주주 등이 소유하는 주식 등이라고 하더라도 일정한 중소기업에 해당하는 회사의 주식 등은 할증평가에서 제외되고, 그 외에도 (i) 평가기준일이 속하는 사업연도 전 3년 이내의 사업연도부터 계속하여 평가대상 주식 등을 발행한 법인에게 결손금이 발생한 경우, (ii) 평가기준일 전후 6월(증여재산의 경

---

1) 일본 법인세법 시행령 제119조의2 제2항 제2호.
2) 일본 법인세법 기본통달 제4-1-7조, 제9-1-15조.
3) Borris Bittker & Lawrence Lokken, *FEDERAL TAXATION OF INCOME, ESTATES AND GIFT*, Vol. 5, 1993(2nd ed.), pp. 135-34, 35.
4) 헌법재판소 2003. 1. 30., 2002 헌바 65.
5) 대법원 2006. 12. 7., 2005 두 7228.

우에는 3월) 이내의 기간 중 최대주주 등이 보유하는 주식 등이 전부 매각된 경우(매매실례가를 시가로 보는 경우에 한하여 적용됨), (iii) 합병에 따른 이익(相贈稅法 38조), 증자에 따른 이익(동 39조), 감자에 따른 이익(동 39조의2), 현물출자에 따른 이익(동 39조의3), 전환사채 등의 주식전환 등에 따른 이익(동 40조)을 증여재산으로 계산하는 경우, (iv) 평가대상 주식등의 발행 법인이 다른 법인의 최대주주등에 해당함으로써 그 다른 법인의 주식등을 평가하는 경우, (v) 평가기준일부터 소급하여 3년 이내에 사업을 개시한 법인으로서 사업개시일이 속하는 사업연도부터 평가기준일이 속하는 사업연도의 직전 사업연도까지 기업회계기준에 의한 영업이익이 모두 영(0) 이하인 경우, (vi) 상속세 또는 증여세 과세표준 신고기한 이내에 평가대상 주식 등을 발행한 법인의 청산이 확정된 경우, (vii) '최대주주 등의 보유 주식 등' 중 일부를 최대주주 등 외의 자가 1차로 증여받은 후 10년 이내에 그 나머지 중 일부를 다시 상속 또는 증여받았으나 그 재차의 상속이나 증여로 인하여 최대주주 등으로 바뀌지 않은 경우(이 경우 평가대상 주식 등은 그 재차의 상속이나 증여에 따라 취득한 주식 등이 될 것임), (viii) 주식등의 명의신탁에 대해 증여의제 과세가 이루어지는 경우 등에 있어서의 해당 주식 등도 할증평가 대상에서 제외한다(相贈稅令 53조 7항). 위 (i), (v) 및 (vi)의 경우는 평가대상 주식 등의 발행법인의 기업가치가 그 주식의 가치를 할증할 정도가 되지 않는 경우들이고, 위 (ii) 및 (vii)의 경우는 평가대상 주식 등에 수반된 경영권이 소멸된 경우이며, 위 (iii)의 경우는 주식 등의 소유의 변동없이 그 가치만 증가하여 통상 지배권의 이전이 발생하지 않는 경우이고, 위 (iv)의 경우는 다단계 출자구조에서 자회사나 손자회사의 지배권을 모회사의 지배권과 별개의 것으로 보는 것이 부당한 경우이고, 위 (viii)의 경우는 명의신탁 증여의제 과세가 이루어진 주식이 명의신탁 상태에서 이전되더라도 통상 지배권의 새로운 이전이 발생한다고 보기 어려운 경우이다.

지배주식 등의 할증평가와 관련해서는 (i) 가격할증은 지배권을 확보하기 위한 범위의 주식 등의 수에 한하여 가해야 하는가, 아니면 지배주식 등의 범주에 속하는 주식 등의 수에 비례하여 할증액을 증가시키는 것이 타당한가, (ii) 일률적으로 모든 특수관계인 소유의 주식을 합산하여 지배주식에의 해당 여부를 결정하는 것이 타당한가, (iii) 지배주주 등이 소유하는 지배주식 등 중 그 자체만으로는 지배주식 등에 해당하지 않는 일부만을 떼어 양도하거나 증여하는 경우에도 할증평가를 적용하는 것은 지배권 가치의 반영이라는 가격할증의 본질에 반하는 것이 아닌가, (iv) 자체만으로는 회사를 지배하는 데 필요한 양의 주식은 아니지만 그 매수인으로 하여금 지배권을 취득할 수 있게 하거나 다른 주주 등 중 지배권을 행사할 자를 결정할 수 있게(즉, casting vote를 쥘 수 있게) 하는 정도이면 그 가액의 할증(협상력 할증, bargaining premium)을 인정할 것인가, (v) 지배주식 등의 가격할증에 대응되는 소수주주 주식 등의 가격할인을 인정할 것인가 하는 등의 여러 가지 원론적 문제가 존재한다.[1]

4. 채권(債券)

(1) 거래소에서 거래되는 국·공채

'국·공채 등 기타 유가증권'으로서 거래소에서 거래되는 국채·공채 및 사채(社債; 전환사채, 교환사채, 신주인수권부사채 등 제외)의 평가는 평가기준일 이전·이후 각 2월 간에 공표된 매일의 거래소 최종시세가액의 평균액과 평가기준일 이전 최근일의 최종시세가액 중 큰 가액에 의하되, 평가기준일 이전 2월의 기간 중 거래실적이 없는 국채 등의 평가는 아래에서 설명하는 바와 같다(相贈稅令 58조 1항 1호).

타인으로부터 매입한 국채 등은 매입가액에 평가기준일까지의 미수이자상당액을 가산한 금액에 의한다(동항 2호 가목). 다만, 국채 등의 발행기관 및 발행회사로부터 액면가액으로 직접 매입한 국채 등은 평가기준일 현재 이를 처분한다면 받을 수 있을 것으로 예상되는 가액(이하 '처분예상금액'이라고 함)에 의한다(동호 나목). 전자의 경우는 통상 시중 이자율에 따라 형성된 할인가액으로 매입하므로 매입가액에 미수이자를 합하면 적정한 평가액이 된다고 본 것이다. 통상 발행인으로부터 액면가액에 직접 매입하는(예를 들면, 주택채권이나 지하철채권처럼 강제로 매수하는 채권) 후자의 경우에는 발행조건이 취득자에게 불리하여 시가가 취득가액에 크게 못 미치기 때문에 '처분하는 경우에 받을 수 있다고 예상되는 금액'으로 평가하도록 한 것이다. 그런데, 이러한 처분예상금액은 바로 거래실례가로서의 시가에 해당하므로, 엄밀한 의미에서 보충적 평가방법

---

[1] 지배주식 등의 할증평가에 관한 일반적 논의로는 한만수, "세법상 주식 등의 평가원칙과 지배주식 등의 할증평가에 관한 연구", 법학논집 제14권 제1호(2009. 9.), 이화여자대학교 법학연구소, 105면 이하 참조.

에 의한 평가라고 하기 어렵다. 그리하여 처분예상금액을 산정하기 어려운 경우에는 보충적으로 해당 국채 등의 상환기간·이자율·이자지급방법 등을 고려하여 기획재정부령이 정하는 바에 따라 평가할 수 있도록 하고 있다(동호 나목 단서).

(2) 거래소에서 거래되는 전환사채 등

거래소에서 거래되는 전환사채 등은 위 (1)에서 본 '거래소에서 거래되는 국·공채'의 평가방법에 따라 평가한다. 즉, 평가기준일 이전·이후 각 2개월 간에 공표된 매일의 거래소 최종시세가액의 평균액과 평가기준일 이전 최근일의 최종시세가액 중 큰 가액에 의한다(相贈稅令 58조의2 1항).

(3) 거래소에서 거래되는 전환사채 등 외의 전환사채 등과 신주인수권증서의 평가

이들 증권의 평가는 다음 도표의 내용과 같이 하되, 상속세 및 증여세 과세표준 신고기한 내 처분예상금액(相贈稅令 58조 1항 2호 나목)이 있는 경우에는 해당 가액으로 평가할 수 있다(相贈稅令 58조의2 2항).

	주식으로의 전환 등이 금지된 기간	주식으로의 전환 등이 가능한 기간
신 주 인수권 증 권	(1) 신주인수권부사채의 만기상환금액(만기전 발생 이자상당액 포함)을 사채발행이율에 의하여 발행 당시의 현재가치로 할인한 가액에서 동 만기상환금액을 금융기관이 보증한 3년만기 회사채의 유통수익률을 감안하여 기획재정부령으로 정하는 이자율("적정할인율")에 의하여 발행 당시의 현재가치로 할인한 가액을 뺀 가액(신주인수권부사채 발행 당시 취득자의 이자손실액)	(3) 옆의 (1)의 가액과 해당 신주인수권증권으로 인수할 수 있는 주식가액에서 배당차액(相贈稅令 57조 3항) 및 신주인수가액을 뺀 가액 중 큰 금액
전환사채	(2) 만기상환금액(이자상당액 포함)을 사채발행이율과 적정할인율 중 낮은 이율에 의하여 현재가치로 할인한 가액에서 사채발행 후 평가기준일까지 발생한 이자상당액을 가산한 가액	(4) 옆의 (2)의 가액과 해당 전환사채로 전환할 수 있는 주식가액에서 배당차액을 뺀 가액 중 큰 금액
신 주 인수권부 사 채		(5) 옆의 (2)의 가액과 (2)의 가액에서 (1)의 가액을 빼고 다시 (3)의 가액을 가산한 가액 중 큰 금액
신 주 인수권 증 서		(6) 거래소에서 거래되는 신주인수권 증서는 거래소에 상장되어 거래되는 전체 거래일의 종가 평균; 그

	외의 것은 해당 신주인수권증서로 인수할 수 있는 주식의 권리락전 가액(즉, 증자전 가액)에서 배당차액과 신주인수가액을 뺀 가액. 다만, 주권상장법인 등의 주식으로서 그 권리락후 주식가액이 권리락전 주식가액에서 배당차액을 뺀 가액보다 적은 경우에는 권리락후 주식가액에서 신주인수가액을 뺀 가액.
기 타	(7) 위 (3) 내지 (5)를 준용하여 평가한 가액

(4) 외화자산 및 부채의 평가

외화자산 및 부채는 평가기준일 현재 외국환거래법 제5조 제1항에 따른 기준환율 또는 재정환율에 따라 환산한 가액을 기준으로 평가한다(相贈稅슈 58조의4).

5. 대부금·외상매출금 및 받을 어음 등의 채권

원본의 회수기간이 5년을 초과하거나 채무자회생절차의 개시 등의 사유로 당초 채권의 내용이 변경된 채권의 평가는 각 연도에 회수할 금액(원본에 이자 상당액을 가산한 금액)을 금융기관이 보증한 3년 만기 회사채의 유통수익률을 감안하여 국세청장이 정하여 고시하는 이자율에 의하여 현재가치로 할인한 금액의 합계액에 의하고, 그 외의 채권의 평가는 원본의 가액에 평가기준일까지의 미수이자 상당액을 가산한 금액에 의한다. 그러나 채권의 전부 또는 일부가 평가기준일 현재 회수불가능한 것으로 인정되는 경우에는 그 가액을 산입하지 않는다(相贈稅슈 58조 2항; 相贈稅則 18조의2 2항). 한편, 평가기준일 현재 회수불가능한 것으로까지 인정되지는 않더라도, 제반 사정에 비추어 볼 때 그 회수가능성을 의심할 만한 중대한 사유가 발생한 경우에는 액면금액에 평가기준일까지의 미수이자 상당액을 가산한 금액으로 평가할 수는 없고, 다른 객관적이고 합리적인 방법에 따라 평가하여야 한다.[1]

입회금이나 보증금 등의 반환채무의 가액도 위와 같은 채권의 평가원칙에 따라 산정한다(相贈稅슈 58조 2항).

---

1) 대법원 2014. 8. 28., 2013 두 26989.

6. 집합투자증권

자본시장법상의 집합투자증권은 평가기준일 현재의 거래소의 기준가격에 의하거나 집합투자업사 또는 투자회사가 동법의 규정에 의하여 산정·공고한 기준가격에 의한다. 다만, 평가기준일 현재의 기준가격이 없는 경우에는 평가기준일 현재의 환매가격 또는 평가기준일 전 가장 가까운 날의 기준가격에 의한다(相贈稅令 58조 3항).

7. 무체재산권

(1) 영 업 권

영업권의 평가는 다음 (i)의 산식에 의하여 계산한, 평가기준일 이후의 영업권지속기간(원칙적으로 5년으로 함)에 속하는 각 연도의 '예상 초과이익금액'을 다음 (ii)의 산식에 의하여 현재가치로 환산한 금액의 합계액으로 한다. 다만, 매입한 무체재산권으로서 성질상 영업권에 포함되어 평가되는 것은 별도로 평가하지 아니하되, 해당 무체재산권의 독자적 평가액이 위 영업권의 환산가액보다 큰 경우에는 그 독자적 평가액을 영업권의 평가액으로 한다(相贈稅令 59조 2항; 相贈稅則 16조 2항, 19조 1항).

(i) 예상 초과이익금액=[최근 3년간(3년에 미달하는 경우에는 해당 연수)의 순손익액의 가중평균액[1]의 100분의 50에 상당하는 가액-(평가기준일 현재의 자기자본×10/100)]

(ii) 현재가치 환산가액=$\dfrac{\text{각 연도의 초과이익금액}}{\left(1+\dfrac{10}{100}\right)^n}$

n: 평가기준일부터의 경과연수

(2) 특허권·실용신안권·상표권·디자인권 및 저작권 등

이들 권리의 평가액은 그 권리에 의하여 장래에 받을 각 연도의 수입금액을 다음의 산식에 의하여 현재가치로 환산한 금액의 합계액으로 한다(相贈稅令

---

1) 최근 3년 간의 순손익액의 가중평균액은 위에서 본 비상장주식의 평가방법에서 적용되는 '1주당 최근 3년 간 순손익액의 가중평균'의 계산방법[위 3. (3) 2)]을 준용하여 계산한다(相贈稅令 59조 3항).

59조 5항; 相贈税則 19조 2항, 3항).

$$\text{각 연도의 수입금액} \div (1 + 10/100)^n$$
n: 평가기준일부터의 경과연수(해당 권리의 존속기간에서 평가기준일 전일까지 이미 경과된 연수를 뺀 연수로 하되 20년을 한도로 함).

위 산식의 요소인 '각 연도의 수입금액'이 확정되지 아니한 경우에는 평가기준일 전 최근 3년 간(3년에 미달하는 경우에는 그 미달하는 연수)의 각 연도의 수입금액의 합계액을 평균한 금액을 각 연도의 수입금액으로 하되, 최근 3년 간 수입금액이 없거나 저작권(저작인접권 포함)으로서 평가기준일 현재 장래에 받을 각 연도의 수입금액이 하락할 것이 명백한 경우에는 '부동산 가격공시 및 감정평가에 관한 법률'에 의한 감정평가법인 또는 전문가의 감정가액이나 해당 권리의 성질 기타 제반사정을 감안하여 적정한 가액으로 평가할 수 있다(相贈税令 59조 5항; 相贈税則 19조 4항).

(3) 광업권 및 채석권 등
광업권이나 채석권 등의 평가는 평가기준일 전 3년 간 평균소득(실적이 없는 경우에는 예상순소득)을 평가기준일 이후의 채굴가능연수에 속하는 각 연도별로 다음의 산식에 의하여 현재가치로 환산한 뒤 이를 합산하는 방법으로 한다. 다만, 조업할 가치가 없는 경우에는 설비 등만을 평가한 가액으로 한다(相贈税令 59조 6항; 相贈税則 19조 5항).

$$\text{평가기준일전 3년 간 평균소득} \div (1 + 10/100)^n$$
n: 평가기준일부터 채굴가능연수

8. 조건부권리 등

조건부 권리, 존속기간이 확정되지 아니한 권리 또는 소송 중의 권리는 권리의 성질·내용 등을 기준으로 다음과 같이 평가한다(相贈税令 60조 1항).

(i) 조건부권리[1]는 본래의 권리의 가액을 기초로 하여 평가기준일 현재의 조건의 내용, 성취의 확실성, 그 밖의 모든 사정을 고려한 적정가액

---

[1] 농지개혁법에 의한 분배농지로서 상환이 완료되지 아니한 것은 조건부 권리이다(대법원 1980. 5. 27., 79 누 296).

(ii) 존속기간이 확정되지 않은 권리의 가액은 권리의 성질, 목적물의 내용 연수, 그 밖의 모든 사정을 고려한 적정가액

(iii) 소송 중의 권리의 가액은 분쟁관계의 진상을 조사하고 소송진행의 상태를 고려한 적정가액

그리고 '특정 금융거래정보의 보고 및 이용 등에 관한 법률'상의 가상자산의 가액은 다음과 같이 평가한다(相贈稅令 60조 2항).

(i) 동법에 따라 신고가 수리된 가상자산사업자로서 국세청장이 고시한 가상자산사업자의 사업장에서 거래되는 것은 평가기준일 전·후 각 1개월 동안해당 가상자산사업자가 공시하는 일평균가액의 평균액

(ii) 그 밖의 가상자산은 위의 신고 수리된 가상자산사업자 외의 가상자산 사업자 및 이에 준하는 사업자의 사업장에서 공시하는 거래일의 일평균가액 또는 종료시각에 공시된 시세가액 등 합리적으로 인정되는 가액

9. 신탁의 이익을 받을 권리

신탁의 이익을 받을 권리는 원본을 받을 권리의 수익자와 신탁의 이익을 받을 권리의 수익자가 동일한 경우에는 평가기준일 현재의 법에 따라 평가한 신탁재산의 가액으로 평가한다. 그리고 원본을 받을 권리의 수익자와 신탁의 이익을 받을 권리의 수익자가 서로 다른 경우 (i) 원본을 받을 권리는 평가기준일 현재의 법에 따라 평가한 신탁재산의 가액에서 신탁의 이익을 받을 권리의 평가액을 뺀 가액으로 평가하고, (ii) 신탁의 이익을 받을 권리는 원본의 가액에 정해진 수익률을 곱하여 계산한 수익금액을 또는 수익률이 정해지지 않은 경우에는 100분의 10을 곱하여 추산한 수익금액을 다음의 산식에 의하여 현재가치로 환산한 가액으로 평가한다(相贈稅令 61조 1항; 相贈稅則 16조 2항, 19조의2 1항). 다만, 평가기준일 현재 신탁계약의 철회, 해지, 취소 등으로 인해 받을 수 있는 일시금이 위와 같이 평가한 가액보다 큰 경우에는 그 일시금의 가액을 평가액으로 한다(相贈稅令 61조 1항 단서).

$$\frac{신탁재산의 가액[위 (i)] \cdot 원본의 가액[위 (ii)] 또는 수익금액[위 (iii)]}{\left(1+\frac{30}{100}\right)^n}$$

n: 평가기준일부터 수익시기까지의 경과연수

10. 정기금을 받을 권리

정기금을 받을 권리 중 (i) 유기정기금(有期定期金)은 그 잔존 수취기간에 속하는 각 연도에 받을 정기금액을, 다음의 산식에 의하여 현재가치로 환산한 금액의 합계액으로 평가하고(다만, 1년분 정기금액의 20배를 한도로 함), (ii) 무기정기금(無期定期金)은 그 1년분 정기금액의 20배에 상당하는 금액으로 평가하며, (iii) 종신정기금은 그 목적으로 된 자가 통계법상의 기대여명의 연수가 되는 때까지의 기간에 속하는 각 연도에 받을 정기금액을, 역시 다음의 산식에 의하여 현재가치로 환산한 금액의 합계액으로 평가한다(相贈稅令 62조; 相贈稅則 19조의2 2항). 다만, 평가기준일 현재 계약의 철회, 해지, 취소 등으로 인해 받을 수 있는 일시금이 위와 같이 평가한 가액보다 큰 경우에는 그 일시금의 가액을 평가액으로 한다.

정기금 수취권의 평가액＝각 연도에 받을 정기금액/(1＋보험회사의 평균공시이율 등을 감안하여 기획재정부령으로 정하는 이자율)^n
n: 평가기준일부터의 경과연수

11. 담보로 제공된 재산평가의 특칙

저당권, '동산·채권 등의 담보에 관한 법률'에 따른 담보권 또는 질권이 설정된 재산,[1] 양도담보 재산, 전세권이 등기된 재산(임대보증금을 받고 임대한 재산 포함), 그리고 담보신탁 재산은 평가시점의 현황에 의한 통상의 평가액과 다음의 가액 중 큰 금액을 그 평가액으로 한다(相贈稅法 66조; 相贈稅令 63조 1항).

(i) 저당권(공동저당권과 근저당권은 별도로 취급되므로 제외)이 설정된 재산의 가액은 피담보채권액. 이와 관련하여 해당 재산에 설정된 근저당권의 채권최고

---

[1] 저당권이 설정된 재산에 해당되는지 여부는 상속개시 당시를 기준으로 한다(대법원 1986. 9. 23., 86 누 361). 그러나 증여재산에 근저당권설정등기가 존속해 오다가 위 재산에 관하여 수증자인 원고 앞으로 증여를 원인으로 한 소유권이전등기가 경료 되기 바로 전일에 피담보채무의 변제를 원인으로 말소된 경우에 있어서는 특별한 사정이 없는 한 그 피담보채무 최고액은 증여 당시의 실제재산가액을 반영하는 최소한의 기준이 될 수 있으므로, 위와 같은 경우는 근저당권이 설정된 재산에 포함시켜도 무방하다(대법원 1991. 11. 26., 91 누 5891). 증여일 당일에 근저당권이 설정된 경우에도 같다(대법원 2013. 6. 13., 2013 두 1850).

액이 해당 저당권이 담보하는 채권액보다 적은 경우에는 그 채권최고액으로 평가하고, 물적담보권부 채권의 이행을 기획재정부령이 정한 신용보증기관이 재차 보증하고 있는 경우에는 그 물적담보권의 피담보채권액에서 그 보증금액을 뺀 가액으로 평가한다.

(ii) 공동저당권이 설정된 재산의 가액은 피담보채권액을 공동저당된 재산의 평가기준일 현재의 가액으로 안분하여 계산한 금액

(iii) 근저당권이 설정된 재산의 가액은 평가기준일 현재 해당 재산이 담보하는 채권액1)

(iv) 질권이 설정된 재산 및 양도담보재산의 가액은 피담보채권액

(v) 전세권이 등기된 재산(임대보증금을 받고 임대한 재산 포함)의 가액은 등기된 전세금액(임대의 경우는 임대보증금액)

(vi) 담보신탁계약을 체결한 재산의 가액은 그 신탁의 우선수익자 채권자의 수익한도금액

그리고 동일한 재산이 다수의 채권(전세금채권과 임차보증금채권을 포함)의 이행을 담보하고 있는 경우에는 그 재산이 담보하는 채권액의 합계액으로 한다(相贈稅令 63조 2항).

12. 외국 소재 재산평가의 특칙

외국에 소재하는 상속 또는 증여재산으로서 위에서 본 정규적 방법에 의하여 평가하는 것이 부적당한 것은 그 재산 소재지 국에서 양도소득세·상속세 또는 증여세 등의 부과목적으로 평가한 가액을 평가액으로 하고, 그러한 평가액이 없는 경우에는 2 이상의 국내 또는 외국의 감정기관(주식등에 대한 평가의 경우에는 신용평가전문기관, 회계법인 또는 세무법인을 포함)에 의뢰하여 감정한 가액을 고려하여 세무서장이 평가한 가액에 의한다(相贈稅令 58조의3 1항, 2항).

---

1) 1990년 개정 전에는 피담보채권최고액을 평가액으로 하였는데 그 금액이 재산의 실제가액보다 크다는 입증을 납세의무자가 하여야만 그 적용으로부터 벗어날 수 있다고 한 판례로는, 대법원 1993. 3. 23., 91 누 2137(전원합의체).

제 4 절 과세정보와 자료의 수집·관리

I. 납세자별 재산과세자료의 수집·관리

국세청장은 재산규모·소득수준 등을 감안하여 부동산 과다보유자 등 시행령에서 정하는 자에 대하여는 상속세 또는 증여세의 부과·징수업무를 효율적으로 수행하기 위하여 세법에 따라 납세자 등이 제출하는 과세자료나 과세관청이 과세와 징수 목적으로 수집한 부동산·금융재산 등의 재산자료를 그 목적에 사용할 수 있도록 납세자별로 매년 전산조직에 의하여 관리하여야 한다(相贈稅法 85조 1항; 相贈稅令 87조 1항).

이와 같이 수집·관리하고 있는 납세자별 재산과세자료는 과세목적 이외에는 사용할 수 없고 타인에게 제공되거나 누설되어서는 아니 되며, 누구든지 국세청장에 대하여 납세자별 재산과세자료의 제공이나 이용을 요구할 수 없다. 다만, 국세기본법 제81조의13 제1항에서 과세정보 제공이 가능한 것으로 열거하고 있는 경우에는 예외적으로 재산과세자료의 제공의 요구나 제공이 허용된다(相贈稅法 85조 2항). 권한 있는 자가 납세자별 재산과세자료의 제공이나 이용을 요구하는 때에는 그 구체적인 목적을 명시하여 비밀보장의 본질을 해치지 않는 범위에서 하여야 하고, 또 당초에 요구한 목적으로만 사용하여야 하며, 타인에게 누설하지 말아야 함은 물론이다(동조 3항).

II. 상속·증여 과세관련 자료의 제출의무

(i) 상속재산으로 보는 생명보험·손해보험의 보험금(相贈稅法 8조) 및 증여재산이 되는 생명보험·손해보험의 보험금(相贈稅法 34조)을 지급하거나 명의변경을 취급하는 자와 상속재산으로 보는 퇴직금·퇴직수당·공로금 기타 이와 유사한 금액(연금 제외)을 지급하는 자는 그 지급명세서 또는 명의변경 내용을 관할 세무서장에게 제출하여야 하고(相贈稅法 82조 1항), (ii) 국내에서 주식·출자지분·공채·사채·채권 및 특정시설물을 이용할 수 있는 권리 등의 명의개서 또는 변경을 취급하는 자(명의개서 또는 변경에 관한 확인업무를 국가 또는 지방자치단체로부터 위탁받은 자 포함)와 투자자로부터 예탁받은 외국환거래법상의 외화

증권을 자본시장법상의 한국예탁결제원에 다시 예탁하는 예탁자는 그 명의개서 또는 변경 내용을 관할세무서장에게 제출하여야 하며(동조 3항), (iii) 신탁업무를 취급하는 자는 수탁재산 중 위탁자와 수익자가 다른 신탁의 구체적 내용을 관할세무서장에게 제출하여야 하고(동조 4항), (iv) 증여재산이 되는 '전환사채 등의 전환 등에 따른 이익'을 발생시키는 전환사채 등(相贈稅法 40조 1항)을 발행하는 법인(자본시장법에 의한 인수인을 포함하되, 동법에 의한 주권상장법인이 유가증권의 모집방법으로 발행하는 경우는 제외함)은 해당 전환사채 등의 발행 및 인수인의 구체적 내용을 관할세무서장에게 제출하여야 한나(相贈稅法 82조 6항). 또한 자본시장법에 따른 금융투자업자는 관리하는 증권계좌를 통하여 주식등이 계좌 간 이체된 경우(주식등의 양도로 이체되는 경우는 제외)에는 그 이체내용 등을 관할 세무서장에게 제출하여야 한다(동조 7항).

Ⅲ. 금융재산 일괄조회

국세청장은 상속세 또는 증여세의 결정·경정을 위한 조사를 하는 경우에 '금융실명거래 및 비밀보장에 관한 법률' 제4조(금융거래의 비밀보장)에 불구하고 금융회사 등의 장에게 직업·연령·재산상태·소득신고상황 등으로 보아 상속세 또는 증여세의 탈루혐의가 있다고 인정되거나 납세자별 재산과세자료의 수집·관리의 대상(相贈稅令 85조 1항)이 되는 상속인·피상속인 또는 증여자·수증자의 금융재산에 관한 과세자료를 일괄하여 조회할 수 있다(相贈稅法 83조 1항).

제4장 부가가치세법

제1절 제도의 연혁과 배경

I. 연 혁

부가가치세(value-added tax; taxe sur la value ajoutee; Mehrwersteur)는 이미 1919년에 독일에서 Wilhelm von Siemens에 의하여 제안된 바 있으며, 미국에서도 1921년에 Thomas S. Adams가 법인세에 갈음할 세목으로 주창한 바 있었다. 그러나 부가가치세를 입법하여 시행한 것은 프랑스가 기존의 제조세를 도매단계까지의 부가가치세로 대체한 1955년에 이르러서이다. 부가가치세는 1967년의 유럽공동체(EEC: European Economic Community) 각료이사회의 결의에 따라 회원국의 공통세로 채택되었고, 현재는 유럽연합(European Union)이 이를 승계하여 시행하고 있다.[1] 오늘날 대부분의 주요국이 부가가치세를 채택하고 있으며, 그렇지 않은 나라로는 미국 등이 있을 뿐이다.

II. 부가가치세 도입의 동기와 이유

1976년 12월에 제정된 우리의 부가가치세제는 종래의 영업세, 물품세, 직물류세, 석유류세, 전기가스세, 통행세, 입장세와 유흥음식세의 7가지 세목을 대체한 것이며, 부가가치세의 역진성(逆進性)을 보완하기 위하여 아울러 특별소비세법(현행 개별소비세법)도 동시에 제정하였는데 도입의 동기는 다음과 같다.

첫째, 종래의 간접세 체계는 특히 영업세에 있어서 각 유통단계의 거래가

---

1) 유럽연합의회는 2006년 11월 28일에 부가가치세 공동 시스템에 대한 지침(Council Directive 2006/112/EC of 28 November 2006 on the Common System of Value Added Tax)을 제정하여 시행하고 있다.

이루어질 때마다 전단계의 과세표준이 반복적으로 과세되어 유통단계가 많을수록 조세의 부담이 커지는 불합리한 점이 있었다. 이러한 결과를 누적효과(累積效果, cumulative effect 또는 cascade effect)라 부른다. 그리고 전단계에서 부과된 세액은 다음 단계의 과세에 있어서 과세표준에 포함되므로 조세에 대한 조세(tax on tax)가 부과되었다. 이러한 효과는 기업의 수직적 결합을 인위적으로 촉진한다. 즉, 조세의 중립성이 결여되어 기업형태를 왜곡시킨다.

둘째, 종래의 간접세 체계 아래에서는 매출액이 과세표준인 데 반하여 부가가치세에 있어서는 부가가치만이 과세대상이 되므로 투자촉진의 효과가 있다. 그 까닭은 다음과 같다.

부가가치란 매출액에서 매입액을 공제한 것이며, 이를 간략히 말하면 이윤과 노임의 합계액이다. 그러므로 이윤이 동액인 두 사업자 중 노임지급이 상대적으로 큰 자는 작은 자에 비하여 다액의 부가가치세를 납부하게 된다. 이는 사업자로 하여금 생산활동에 있어 되도록 노동의 의존을 탈피하게 하는 유인이라 할 수 있다. 바꾸어 말하면, 노동집약적인 산업에서 자본집약적인 산업으로의 모색을 촉진한다. 우리의 경제발전 단계가 그러한 전환점에 이르렀다는 판단이 부가가치세 도입의 한 동기가 되었던 것 같다.

셋째, 수출 기타 외화획득사업상 재화 또는 용역을 공급함에 있어서 종래에는 그 원가에 포함된 간접세 부담을 확인할 수 없고, 또 추정액이나마 환급해 주는 제도가 없었기 때문에 우리의 외화획득사업자는 간접세의 부담을 안고 해외시장에서 경쟁하여야 했다. 부가가치세제 아래에서는 매입세액이 곧 유통과정의 직전단계까지의 총 간접세 부담액이므로 이를 영세율(후술)의 적용으로 환급해 주면 원가에서 간접세 부담을 전액 덜어줄 수 있다.

넷째, 부가가치세제도 하에서 사업자는 매출세액에서 매입세액을 공제하여 차액을 부가가치세로 납부하게 되는데(차액이 음수인 경우에는 환급) 매입세액을 공제받기 위하여 매입세금계산서를 제출하여야 한다. 그렇기 때문에 수급자인 사업자는 매입세액을 공제받기 위해 공급자에게 세금계산서의 교부를 요구할 것이며, 따라서 공급자의 거래가 노출(양성화)된다. 즉, 납세자 상호감시의 효과(cross-checking effect)가 있으므로 세정의 효율을 거둘 수 있다.

이상이 부가가치세제를 도입한 주된 이유라 하겠다. 그러나 의도하였던 대로 모든 효과를 거두기는 어려운 일이다. 누적효과의 제거가 바람직한 것은 틀림없지만 완전한 제거는 부가가치세제가 이상적 모델이 되어야 가능하며, 면세·간이과세자·매입세액공제 부인규정 등 법상의 예외와 납세자의 협력 불이행은 부가가치세제의 기본적 취지를 크게 손상시킨다. 그리고 부가가치세의 투자촉진 효과와 수출지원 효과는 조세부담의 귀착(incidence of tax) 또는 조세전가(租稅轉嫁, shifting of tax)에 관한 서로 상반된 이론적 입장을 토대로 하고 있다는 점에 유의하여야 한다. 투자촉진 효과는 부가가치세가 수급자에 귀착되지 않고 공급자가 부담한다고 가정할 때 성립될 수 있는 주장이며, 수출지원효과는 부가가치세가 수급자에게 귀착된다는 전제에서 성립할 수 있는 주장이다. 양립할 수 없는 두 전제에 입각한 효과를 동시에 기대하기는 어려울 뿐만 아니라, 기업의 결정과정은 여러 가지 요인에 의하여 영향을 받는다는 것은 굳이 말할 필요가 없다. 그리고 수출지원 효과가 부가가치세제의 도입에 통상 수반되는 물가상승에 의하여 감소되는 현상도 무시할 수 없다.

　　부가가치세제의 납세자 상호감시기능은 유통체계 또는 과정이 어느 정도 정비되어 있고 사업자들이 거래의 증명서류를 수수하는 관행이 성숙되어 있는 경우에 발휘되어 과세요건사실의 확인·조사의 보완적 기능을 할 수 있다. 그러나 1998년 말 현재, 부가가치세 총납세인원 285만명 중 과세특례자(현행 폐지)가 113만명(총납세인원의 39.6%), 간이과세자가 27만 3천명(총납세인원의 19.1%)으로서 일반과세자는 총과세인원의 35%에도 미치지 못한다.[1] 더욱이 1996년 말 현재 과세특례자의 90.6%가 소액부징수(현행 납부면제) 사업자에 해당한다. 이것은 1979년의 2.2%에 비하여 근 41배가 증가한 수치이다.[2] 그 결과 전체 사업자의 약 40%가 전혀 부가가치세를 납부할 의무를 지고 있지 않다. 이와 같이 일반과세자가 총과세인원의 절반에도 못 미치는 상황에서는 납세자 상호감시효과는 격감하게 마련이다. 또한 비록 일반적으로는 수급자는 매입세액의 공제를 받기를 원한다고 말할 수 있으나, 매입세액의 공제를 받기 위하여 공급자로부터 세금계산서를 받아서 세무관서에 제출하는 경우에는 매입이 노출되고, 매입의 노출은 간접적으로 매출의 노출을 가져오며, 이는 곧 노출된 매출액에 상응하는 소득세(또는 법인세) 부담의 노출을 의미하기 때문에, 일부 납세자는 매입세금계산서의 제출을 꺼리는 경향이 있고, 따라서 매입세액공제의 매력은 이러

---

1) 국세청, 「국세통계연보」, 1999, 169면.
2) 현진권, "부가가치세의 과세특례제도는 과연 필요한가?," 「재정포럼」 1998. 4., 12면.

한 부담에 의하여 상쇄될 수도 있다. 이와 같이 납세자의 상당수가 증명서류의 수수를 기피하는 상황 아래에서는 감시기능이 충분히 발휘되기 어렵다.

위에 지적한 점들은 부가가치세제 자체의 합리성과 기타의 장점을 부인하려는 것이 아니라, 소기의 효과는 부가가치세제의 도입에 의하여 자동적으로 발생하는 것이 아니기 때문에 본래의 취지대로 정착할 수 있는 조건들이 갖추어져 나가야 한다는 것을 말하고자 함이다.

제 2 절   부가가치세제의 유형과 세액계산방법

I. 유   형

부가가치세제는 자본재 매입세액을 부가가치의 파악에 있어 어떻게 처리하느냐에 따라 총생산(물)형(gross product type), 소득형(income type) 및 소비형(consumption type)의 세 유형으로 나뉜다.

총생산형은 총매출액에서 자본재 취득가액을 공제하지 않은 금액을 과세표준으로 한다. 국내의 생산형 부가가치를 총합하면 국민소득 통계상의 국민총생산(GNP)에 근사하기 때문에 총생산형이라 부른다. 총생산형은 다른 유형에 비하여 과세범위(tax base)가 가장 넓지만 자본재 및 공급재화 또는 용역에 이중으로 과세되는 흠이 있다. 소득형은 총매출액에서 해당 과세기간의 감가상각액만을 공제하는 것으로 국민소득(GNI)에 해당하는 유형이다(경제학적 의미의 부가가치). 소득형은 자본재와 비자본재의 구분과 자본재에 대한 상각액의 합리적 계산이 용이하지 않다는 시행상의 난점을 갖고 있다. 소비형은 자본재의 매입비용을 전액 즉시 공제한 금액을 과세대상으로 하며, 그 누계는 개인소비(personal consumption)에 접근한다. 소비형에 있어서는 모든 매입이 즉시 공제되기 때문에 부가가치의 계산이 극히 단순하다는 장점이 있으며, 자본재의 취득가액이 전액 즉시 공제되기 때문에 투자를 자극하는 효과가 있다는 견해는 전술한 바와 같다.

이런 이유에서 부가가치세를 시행하고 있는 나라들은 예외 없이 소비형 부가가치세제를 채택하고 있다.

Ⅱ. 세액계산방법

부가가치세는 다단계 일반소비세이다. 일반소비세라는 점에서 소매세(retail sales tax)와 부담(또는 세수)이 같으나, 부가가치세가 다단계 과세라는 점에서 단단계 과세인 소매세와 과세방식이 다르다. 부가가치세는 과세권자가 소비자로부터 직접 징수하지 않는다는 점에서 간접소비세에 해당한다. 납세의무자는 소비자가 아니고 오히려 재화나 용역을 공급하는 사업자이다. 그러나 사업자가 납부하게 되는 부가가치세는 당연히 공급을 받는 자에게 거래단계마다 순차로 전가될 것이 예정되어 있다.

부가가치란 사업자가 사업을 영위하기 위하여 매입한 재화 또는 용역에 부가하는 가치이다. 유통단계의 각 공급자의 부가가치를 합산하면 최종유통단계의 공급가액(최종소비자가격에 상응하는 것)과 일치한다. 그러므로 각 공급자의 부가가치에 일정 세율을 곱한 금액의 합계는 소매세에서 매출액에 같은 세율을 곱한 금액(소매세액)과 일치한다.

각 사업자의 부가가치의 산출은 소비형 부가가치세제에 있어서는 매우 간단하다. 즉, 총매출액에서 총매입액을 공제함으로써 얻어지며, 이는 노임과 이윤의 합계와 일치한다.

$$부가가치 = 매출액 - 매입액 = 노임 + 이윤$$

따라서 부가가치세의 산출은 다음의 4가지 산식 중 어느 것에 의하든지 이론상 같다.[1] 현행법상 세율은 10%이다(附價法 30조).

$$부가가치세액 = (매출액 \times 세율) - (매입액 \times 세율) \cdots\cdots (i)$$
$$= (매출액 - 매입액) \times 세율 \cdots\cdots (ii)$$
$$= (노임 \times 세율) + (이윤 \times 세율) \cdots\cdots (iii)$$
$$= (노임 + 이윤) \times 세율 \cdots\cdots (iv)$$

위 (iii)과 (iv)의 산식은 노임과 이윤을 계산하여야 하는 번거로움이 따르기 때문에 실제 이용되지 않는다. 위 (i)과 (ii)는 매입액과 매출액에 의하기 때

---

[1] Alan A. Tait, Value Added Tax — International Practice and Problems, IMF(1988), p. 4.

문에 계산이 용이하며, 그 중에서도 위 (i)의 방식은 매출세액에서 매입세액을 공제하여 바로 납부세액을 산출할 수 있기 때문에 현재 부가가치세제를 시행하고 있는 나라들은 이 방식을 채택하고 있다. 이 방식은 전단계 세액공제 방식 (invoice method 또는 credit method)이라 불린다. 1989년 4월부터 시행된 일본의 일반소비세법은 위 (ii)의 방식을 택하였다. 그런데 이 방식은 일반적으로 과세표준이 포괄적이고 단일세율이 적용되는 경우에만 적정하게 기능하는데, 일본의 소비세법은 과세에서 제외되는 경우를 많이 인정하고 복수세율을 채택함으로써 같은 재화나 용역의 최종소매가격에 차이가 생기는 문제를 야기하였다. 그 결과 소비의 선택에 대한 조세의 중립성을 해치고 기업계열화에 의한 가격 조작의 유인을 불러왔다.1) 또한 이 방식에서는 세금계산서의 작성과 교부가 요구되지 않고 사업자가 장부에 의해 부가가치액을 산출한 후 그 금액에 세율을 곱하여 세액을 산출하므로, 그 사업자에 의한 재화나 용역의 매입이 면세대상이 아니었는지, 또한 과세거래였다면 정상과세가 되었는지를 일일이 확인하기가 어렵다. 이러한 문제점이 제기됨에 따라 일본도 1998년 4월부터 전단계매입세액 공제방식으로 전환하였다.2)

제 3 절   납세의무자

I. 사 업 자

부가가치세 납세의무자의 첫 번째 유형은 '사업자'이다(附價法 3조 1호). 사업자란 영리목적의 유무에 불구하고 사업상 독립적으로 재화 또는 용역을 공급하는 자이다(附價法 2조 3호). 여기서 사업상 독립하여 재화 또는 용역을 공급하는 자라 함은 부가가치를 창출해 낼 수 있는 정도의 사업형태를 갖추고 계속·반복적인 의사로 재화 또는 용역을 공급하는 자를 말한다.3) 사업자란 반드시 자기가 주류로 생산한 재화 또는 용역의 공급을 사업으로 하는 자뿐만 아니라, 그러한 주된 재화나 용역의 생산과 관련하여 또는 부수하여 생산된 재화 또는

---

1) 水野忠㴊,「消費税の制度と理論」(東京: 弘文堂), 平成元年, 55면 이하.
2) 日本「所得税及び 消費税法の一部を改正する法律」(1994년 법률 제109호).
3) 대법원 2010. 9. 9., 2010 두 8430; 同 1999. 9. 17., 98 두 16705; 同 1995. 2. 10., 93 누 18396.

용역을 공급하는 자도 포함한다.

1. 계속성·반복성

사업자에 해당하려면 재화나 용역을 계속적이고 반복적으로 공급하여야
한다. 계속적이고 반복적인 공급이라 함은 시간을 두고 여러 차례에 걸쳐 이루
어지는 것을 말한다. 따라서 시간적 경과가 요구되는 단 한 번의 용역을 공급
할 의사로 용역을 제공하는 경우에는 계속적으로 용역을 공급할 의사가 있었다
고 할 수 없다.[1] 예컨대 건축사무소의 사무장으로 근무하는 자가 다른 사람과
상가신축계약을 체결하고, 노임도급계약은 건설회사 명의를 빌려 체결한 후
공사도급대금을 수령한 경우[2]라든가 분양받은 토지 위에 생계를 위한 방편으
로 사채를 얻어 임대목적의 건물을 신축하였으나 그 후 채무변제를 위하여 부
득이 토지 및 건물을 매각한 경우[3]는 '계속성·반복성'이 없어 사업자라고 볼
수 없다.

그러나 건물신축 후 부동산임대업 사업자등록을 하고 임대하여 오다가 양
도한 후 폐업한 경우[4]나 역시 부동산임대업 사업자등록을 하고 건물을 임대하
여 오다가 사업용 부동산의 경락으로 인해 타에 소유권이 이전되어 임대사업을
폐업하게 된 경우[5]는 사업자가 임대사업의 폐지 후에 부동산을 양도한 것이
아니라 자신의 부동산임대용역 사업에 제공되던 부동산을 그 부동산임대용역의
공급과 관련하여 우발적 또는 일시적으로 공급한 것이므로 부가가치세의 과세
대상이 된다. 이와 달리 건물을 신축한 후 부동산임대업을 영위하다가 폐업하
고 건물을 양도한 경우 해당 건물을 양도할 때에는 이미 사업자의 지위를 상실
하였으므로 해당 건물의 양도는 부가가치세 과세대상이 아니다.[6] 다만, 폐업시
에는 후술하는 이른바 폐업공급이 일어날 수 있다.

부동산 매매거래는 빈번하게 이루어지지 않아 부동산매매업을 영위하는
사업자로서 재화를 공급한 것인지 여부를 파악하는 것이 쉽지 않다. 그리하여

---

1) 대법원 1991. 5. 28., 90 누 8442.
2) 대법원 1990. 2. 27., 89 누 2646.
3) 대법원 1990. 4. 24., 89 누 6952.
4) 대법원 1994. 10. 21., 94 누 8617; 同 1993. 5. 25., 93 누 4137.
5) 대법원 1996. 8. 23., 94 누 15424; 同 1998. 2. 27., 97 누 5457(부동산임대업을 영위하던 중
   임대부동산의 임의경매로 인하여 부동산임대사업을 하지 못하게 된 사안에 관한 것임).
6) 대법원 1991. 2. 22., 90 누 4785 참조.

부가가치세법 시행규칙 제2조 제2항은 "부동산의 매매 또는 그 중개를 사업목적으로 나타내어 부동산을 판매하거나 사업상의 목적으로 1과세기간 중에 1회 이상 부동산을 취득하고 2회 이상 판매하는 경우"에는 부동산매매업을 영위하는 것으로 간주하고 있다. 전단의 경우에는 부동산의 매매횟수에 관계없이 부동산 매매 또는 중개라는 사업목적을 외부에 표시한 것만으로도 부동산매매업에 해당한다. 사업목적의 외부표시는 사업자등록증, 법인등기부와 정관 등에 업종 또는 법인의 목적 등을 기재하는 경우를 들 수 있다. 후단의 경우는 전단과는 달리 부동산의 매매횟수를 부동산매매업의 판단기준으로 삼고 있는데, 이 규정이 예시적인 데 불과한지 아니면 제한적인 것인지가 문제된다. 판례는 이러한 기준은 예시에 불과하다고 보고 계속된 거래기간 중의 한두 차례 과세기간에는 위 규정상의 판매횟수에 미달하는 거래가 발생하였더라도 부동산거래가 전체적으로 사업목적에서 계속성과 반복성을 갖고 이루어진 이상 그 과세기간 중에 있은 거래의 사업성이 부인되는 것이 아니라고 본다. 그리하여 4년 동안 도합 17회에 걸쳐서 법원에서 경매하는 부동산을 경락받아 양도하였는데 과세기간별로는 1986년 제1기에 취득 2회, 양도 2회, 제2기에 취득 2회, 양도 2회, 1987년 제2기에 취득 3회, 양도 2회, 1988년 제1기에 취득 5회, 양도 4회, 제2기에 취득 2회, 양도 2회, 1989년 제1기에 취득 3회, 양도 4회, 제2기에 양도 1회인 경우 부동산매매업을 영위한 것으로 본다.[1]

2. 독 립 성

사업상 독립하였다는 것은 자기의 계산 또는 책임 하에 사업을 수행하는 것을 뜻하므로, 사업활동의 경제적 · 법적 효과가 자기에게 귀속된다는 의미이다. 따라서 사업활동의 경제적 · 법적 효과가 귀속되지 않는 자는 사업자가 되지 않는다. 예컨대 미성년자인 자녀들이 상속받은 대지 위에 미성년자 명의로 건축된 건물에서 어머니가 그 명의로 자동차정비사업을 경영해 온 경우에 자녀들에 의한 대지 및 건물의 임대는 같은 가족의 구성원으로서 가계를 관리 · 유지하기 위한 목적에서 이루어진 것이므로 자녀들을 사업상 독립적으로 임대용역을 공급하는 자라 볼 수 없다.[2] 도시재개발법(현행 '도시 및 주거환경 정비법')에

---

1) 대법원 1991. 3. 12., 90 누 7104.
2) 대법원 1986. 9. 23., 86 누 493.

의하여 설립된 주택개량조합의 조합원에 대한 주택분양도 조합재산의 분배에 해당하므로 사업상의 공급이 아니다.1) 그러나 조합이 조합원에게 조합 소유의 동산을 임대하는 것은 조합에의 출자나 조합재산의 분배와는 독립된 행위로서 사업상의 공급에 해당한다.2) 그리고 공사도급인이 자신 소유의 재화를 공사수급인을 통하여 제3자에게 처분하게 하고 그 처분대금을 공사비의 일부에 충당하게 한 경우에도 그 처분의 법률적 효과는 공사도급인에게 귀속되므로 공사도급인이 제3자에게 공급한 사업자에 해당한다.3) 화물자동차운송사업면허를 가진 운송사업자와 실질적으로 자동차를 소유하고 있는 차주 간의 계약으로 외부적으로는 자동차를 운송사업자 명의로 등록하여 운송사업자에게 귀속시키고 내부적으로는 각 차주들이 독립된 관리 및 계산으로 영업을 하면서 운송사업자에 대하여는 지입료를 지불하는 운송사업형태인 이른바 지입제에 있어, 지입차주가 지입된 차량을 직접 운행·관리하면서 그 명의로 화물운송계약을 체결하는 행위는 적어도 대외적으로는 그 차량의 소유자인 지입회사를 대리하는 것이므로, 법률효과가 귀속되는 지입회사가 사업자에 해당하지만, 이러한 통상적인 경우와 달리 지입차주에게 지입회사를 대리할 의사가 없었고 거래상대방도 지입회사와 거래하려는 의사가 아니었다고 볼 수 있는 경우에는 법률효과가 지입회사에 귀속되는 것이 아니므로, 지입회사가 사업자가 되지 않는다.4)

그러나 시장번영회가 비영리 사단법인이고 시장의 점포임차인들로부터 관리비의 명목으로 금원을 수령하여 이를 그 목적사업을 위한 비용으로 지출하고 있는 것이라면 사업상 독립적으로 용역을 공급하는 자에 해당된다.5) 또한 외판원이 제조업자 또는 도매업자로부터 일정한 출고가격에 상품을 공급받아 독자적으로 판매가격을 정하여 그의 계산과 책임 아래 소비자들에게 공급·판매하는 경우도 부가가치세법상의 독립된 사업자라고 본다.6)

---

1) 대법원 1990. 6. 22., 90 누 509.
2) ECJ Case C-23/98, 27 Jan. 2000.
3) 대법원 1995. 2. 10., 93 누 18396.
4) 대법원 2009. 6. 25., 2007 두 15469.
5) 대법원 1984. 6. 26., 84 누 236.
6) 대법원 1997. 12. 26., 96 누 19024.

Ⅱ. 사업자등록

1. 제도의 취지

우리나라의 부가가치세제도는 앞서 본 바와 같이 전단계매입세액 공제방식을 택하고 있기 때문에 사업자가 매출거래에서 거래상대방으로부터 징수한 매출세액과 매입거래에서 거래상대방에게 지급한 매입세액을 계산하여야 하고, 그러한 매출세액과 매입세액의 계산은 당사자들이 거래마다 수수한 세금계산서에 근거하여 행함이 원칙이다. 즉, 매출액에 대하여 징수한 매출세액과 매입액에 대하여 지급한 매입세액의 내역은 관련 사업자들이 매 거래마다 주고받은 세금계산서상의 금액을 합쳐서 산출한다. 이러한 세금계산서의 발행주체인 사업자의 정체(正體)와 해당 사업자가 행하는 매출거래나 매입거래의 내역을 일목요연하게 파악, 관리하는 제도가 사업자등록이다. 그래서 정부는 부가가치세 납세의무자로서의 사업자에게 사업자등록을 할 의무를 지우고 있다. 여기서 우리는 사업자등록과 세금계산서의 수수가 부가가치세제의 시행에 근간이 됨을 알 수 있다. 이 두 가지 의무의 이행은 부가가치세제의 원활한 운용의 관건이기 때문에 불이행에 대해서는 매입세액불공제·가산세 등 여러 가지의 불이익을 가한다.

2. 사업자등록의무의 내용

사업자는 사업개시일부터 20일 내에 각 사업장 관할세무서장에게 사업자등록을 신청하여야 한다(附價法 8조 1항). 다만, 신규로 사업을 시작하려는 자는 사업개시일 전이라도 등록을 신청할 수 있다(동항 단서). 사업자가 관할세무서장이 아닌 다른 세무서장에게 사업자등록을 신청한 경우에는 관할세무서장에게 한 것으로 간주된다(附價法 8조 2항). 둘 이상의 사업장이 있는 사업자는 사업자 단위로 그 본점 또는 주사무소 관할세무서장에게 등록을 신청할 수 있다. 이렇게 등록한 사업자를 '사업자 단위 과세 사업자'라고 한다(동조 3항). 사업장 단위로 사업자등록을 한 사업자가 '사업자 단위 과세 사업자'로 전환하고자 하는 때에는 그 적용을 받으려고 하는 과세기간 개시 20일 전까지 본점 또는 주사무소 관할 세무서장에게 변경등록을 신청하여야 한다(동조 4항). 그리고 사업자 단위

과세 사업자가 그 등록을 포기하고 각 사업장별로 부가가치세를 신고·납부하
거나 주사업장 총괄납부(附價法 51조 1항)를 하려는 경우에도 해당 과세기간 개
시 20일 전까지 변경등록을 신청할 수 있다(附價法 8조 4항 후문; 附價令 17조 1
항). 사업자 단위 과세를 포기한 경우에는 그 포기한 날이 속하는 과세기간의
다음 과세기간부터 각 사업장별 납부나 주사업장 총괄 납부를 하여야 한다(附
價令 17조 3항).

　　사업장 관할세무서장(사업자 단위 과세 사업자 등록을 한 사업자의 경우에는 본
점 또는 주사무소 관할세무서장)은 사업자등록을 신청한 사업자에게 등록번호가
부여된 사업자등록증을 발급하여야 한다(附價法 8조 7항).1) 사업자등록은 단순
한 사업사실의 신고로서 사업자등록신청서의 제출에 의해 성립되고, 사업자등
록증의 발급은 등록사실을 증명하는 증서의 교부행위에 불과하다.2)

　　사업자등록은 부가가치세를 원활하게 징수하기 위한 수단으로 행하는 것
이고, 면세사업자에 대하여는 사업자등록번호에 준하는 고유번호를 부여할 수
있도록 되어 있으므로, 부가가치세 납세의무가 없는 면세사업자는 부가가치세
법상의 사업자등록의무가 없고, 설령 면세사업자가 사업자등록신청을 하여 사
업자등록증을 교부받았다고 하더라도 이는 소득세법상의 사업자등록을 한 것이
거나 부가가치세법상의 고유번호를 받은 것으로 볼 수 있을 뿐 부가가치세법
소정의 사업자등록을 한 것으로 볼 수는 없다.3) 한편, 소득세법이나 법인세법
에 따라 면세사업자로 등록한 자가 과세사업을 추가로 영위하고자 하는 경우에
는 사업자등록 정정신고서의 제출로 족하다(附價令 11조 10항).

　　사업자가 기한 내에 등록을 신청하지 아니한 경우에는 미등록가산세가 부
과된다(附價法 60조 1항 1호). 그러나 실제사업자가 타인명의로 사업자등록을 한
위장사업자인 경우에는 당초부터 사업자등록을 전혀 하지 아니한 경우와는 달
리 미등록가산세를 부과할 수 없다.4)

　　등록한 사업자가 휴업 또는 폐업하거나 기타 등록사항에 변동이 발생한 때
또는 사업개시 전에 신규로 사업자등록을 하고 사실상 사업을 시작하지 아니하

---

1) '방문판매등에 관한 법률'에 의한 다단계판매원의 사업자등록에 관하여는 부가가치세법
　시행령 제7조 제6항, 제7항에서 따로 정하고 있다.
2) 대법원 1983. 6. 14., 81 누 416; 同 2000. 2. 11., 98 두 2119.
3) 대법원 2003. 12. 26., 2002 두 10032; 同 1995. 11. 7., 95 누 8492.
4) 대법원 1985. 1. 29., 84 누 347; 同 1985. 11. 12., 85 누 213; 同 1986. 9. 23., 86 누 314.

게 된 때에는 지체없이 사업장 관할세무서장에게 신고하여야 한다(附價法 8조 8항). 그리고 사업자가 폐업하거나 사업개시 전에 신규로 사업자등록을 하고 사실상 사업을 시작하지 아니하게 된 때에는 사업장 관할세무서장은 지체없이 등록을 말소하여야 한다(동조 8항). 부가가치세법상 사업의 개시, 폐지 등의 여부는 법상의 등록, 신고 여부와는 관계없이 해당 사실에 의하여 결정된다.1)

Ⅲ. 재화의 수입자

세계적으로 재화나 용역의 소비에 대한 부가가치세는 그 소비자가 소재하는 국가가 과세하는 것을 원칙으로 하고 있다. 이를 소비지 과세원칙(country of destination principle)이라고 부른다. 이에 따라 해외에서 생산되어 우리나라로 수입되는 재화에 대해서도 우리나라 정부가 부가가치세를 부과한다. 그런데 수입하는 재화에 대한 부가가치세를 외국의 수출자로 하여금 수입자로부터 징수하여 납부하게 할 수는 없기 때문에 수입자에게 직접 부가가치세 납세의무를 지우고 있다. 부가가치세 납세의무자의 두 번째 유형은 바로 이러한 재화의 수입자이다(附價法 3조 2호). 재화의 수입이 구체적으로 무엇을 의미하는지는 후술한다(아래 제4절 Ⅱ. 3.).

재화의 수입자가 수입한 재화를 사업을 위하여 사용하는 경우에는 동시에 사업자일 수도 있으므로 이러한 자는 사업자로서의 납세의무와 수입자로서의 납세의무를 동시에 부담한다. 그러나 이 가운데 재화의 수입자로서 부담하는 부가가치세액은 재화를 수입의 방식으로 매입함에 따라 부담하는 일종의 매입세액으로서 수입한 재화를 사용하여 재화나 용역을 공급함에 따라 부담하는 매출세액에서 공제하기 때문에 이중과세를 당하는 것은 아니다(수입부가가치세액의 공제에 관해서는 제8절 3.에서 후술함). 사업자가 아닌 자가 재화의 수입에 대하여 부담하는 부가가치세는 최종 소비자로서 부담하는 것이기 때문에 이를 공제받거나 환급받을 수 없음은 물론이다.

---

1) 대법원 1997. 6. 27., 96 누 16193; 同 1998. 9. 18., 97 누 20625.

Ⅳ. 신탁재산 관련 공급에 대한 납세의무자

1. 신탁재산 관련 재화나 용역의 공급에 대한 부가가치세 납세의무자

특정의 재산권을 소유하는 자(위탁자)가 다른 사람(수탁자)을 신임하여 그 특정의 재산권을 이전하거나 그에 관해 담보권을 설정하거나 그 밖의 처분을 하여 수탁자로 하여금 일정한 자(수익자)의 이익 또는 특정의 목적을 위하여 그 재산의 관리, 처분 등의 행위를 하게 하는 법률관계가 신탁법상의 신탁이다(신탁법 2조). 수탁자가 신탁재산을 처분하거나 신탁재산의 관리행위로서 신탁재산을 임대하는 등의 행위를 함으로써 신탁재산에 관련된 재화나 용역의 공급이 이루어지는 경우 그 공급에 따른 부가가치세의 납세의무자를 누구로 볼 것인지의 문제가 있다. 이에 관하여 판례는 재화의 '공급'이라고 함은 거래상대방에게 재화를 사용·소비할 권한을 이전하는 행위를 의미할 뿐, 해당 거래행위에서 발생하는 경제적 효익의 종국적 향유와는 무관하므로, 수탁자가 위탁자로부터 이전받은 신탁재산을 관리·처분하면서 재화를 공급하는 경우 부가가치세 납세의무를 지는 자는 거래상대방에게 해당 재화를 사용·소비할 권한을 이전하는 수탁자로 봄이 타당하다고 판시하고 있다.[1] 신탁재산에서 발생하는 이익의 종국적 향유자가 아니라 과세대상 거래를 실제로 행하는 자가 공급자로서 납세의무를 져야 한다는 것이다. 2022년 개정된 부가가치세법도 이에 맞추어 신탁재산과 관련된 재화 또는 용역의 공급이 있는 경우 수탁자가 신탁재산 별로 각각 납세의무자가 된다고 하고 있다(附價法 3조 2항). 이 경우 수탁자는 해당 신탁재산을 사업장으로 보아, 구체적으로는 해당 신탁재산의 등기부상 소재지, 등록부상 등록지 또는 신탁사업에 관한 업무를 총괄하는 장소를 사업장으로 보아 사업자등록을 신청하여야 한다(附價法 8조 6항; 附價令 8조 7항). 신탁재산의 운용과 관련하여 수탁자가 부가가치세 납부의무를 지는 것이므로 수탁자가 부가가치세를 체납하는 경우 과세관청은 해당 신탁재산에 대해서만 강제징수를 할 수 있다(附價法 58조의2). 한편, (i) 신탁재산과 관련된 재화 또는 용역을 위탁자 명의로 공급하는 경우, (ii) 위탁자가 신탁재산을 실질적으로 지배·통제하는 경우, (iii) 그 밖에 신탁의 유형, 신탁설정의 내용, 수탁자의 임무 및 신탁사무 범

---

1) 同旨 대법원 2017. 5. 18., 2012 두 22485(전원합의체).

위 등을 고려하여 정한 일정한 경우에는 위탁자가 해당 재화나 용역의 공급자로서 납세의무를 진다(동조 3항). 이러한 경우에는 위탁자가 과세대상 거래를 실제로 행하는 자라고 할 수 있으므로 위탁자를 공급자로 보는 것은 실제 거래자 과세원칙에서 벗어나는 것이 아니라 오히려 충실한 것이라 할 것이다. 그리고 신탁재산에 둘 이상의 공동수탁자가 있는 경우에는 공동수탁자는 부가가치세를 연대하여 납부할 의무가 있고, 신고납부는 대표수탁자가 하여야 한다(동조 4항).

2. 수익자의 제2차납세의무와 수탁자의 물적납세의무

신탁재산과 관련된 재화나 용역의 공급에 대하여 수탁자가 납부할 의무가 있는 부가가치세로서 그 신탁의 설정일 이후에 국세기본법 제35조 제2항에 따른 법정기일(즉, 신고일)이 도래하는 것과 그 강제징수비를 신탁재산으로 충당하여도 부족한 경우에는 그 신탁의 수익자(신탁이 종료되어 신탁재산이 귀속되는 자를 포함)는 지급받은 수익과 귀속된 재산의 가액을 합한 금액을 한도로 그 부족액에 대하여 제2차 납세의무를 진다(附價法 3조의2 1항). 이때 수익자에게 귀속된 재산의 가액은 신탁재산이 해당 수익자에게 이전된 날 현재의 시가로 한다(附價令 5조의3 1항). 수익자에게 제2차 납세의무를 지우려는 수탁자(본래의 납세의무자)의 관할세무서장은 해당 수익자에게 납부고지서를 발급하고, 수탁자와 그 관할세무서장에게 통지하여야 한다(附價法 52조의2 1항).

한편, 신탁재산과 관련된 재화나 용역의 공급에 대하여 위탁자가 납부할 의무를 지는 부가가치세로서 그 신탁의 설정일 이후에 국세기본법에 따른 법정기일이 도래하는 것을 위탁자가 체납하고, 그 위탁자의 다른 재산에 대하여 강제징수를 하여도 징수할 금액에 부족한 경우에는 해당 신탁재산의 수탁자가 그 신탁재산으로써 그 부가가치세와 강제징수비를 납부할 의무를 진다(附價法 3조의2 2항). 신탁의 설정일 이후 수탁자의 변경이 있은 경우 최초의 수탁자에 대한 신탁 설정일을 기준으로 현재 수탁자로부터 위탁자가 납부할 의무가 있는 부가가치세등을 징수할 수 있다(동조 5항). 본래 위탁자가 납부를 지는 부가가치세 등을 수탁자로부터 징수하는 이러한 제도는 수탁자가 신탁재산의 한도 내에서 새로운 납세의무자가 되는 것이므로 '물적납세의무'라고 부른다. 국세기본법 제42조에 규정된 양도담보권자의 물적납세의무에 버금가는 제도이다. 다만,

물적납세의무를 지는 수탁자가 신탁재산의 보존 및 개량을 위하여 지출한 필요비 또는 유익비가 있으면 이는 물적납세의무의 대상인 부가가치세 징수에 우선하여 변제받을 수 있다(附價法 52조의2 6항).

수탁자에게 물적납세의무를 지우려는 위탁자의 관할세무서장은 해당 수탁자에게 납부고지서를 발급하고, 위탁자와 그 관할세무서장에게 통지하여야 한다(附價法 52조의2 2항). 이러한 고지가 있은 후 위탁자가 신탁의 이익을 받을 권리를 포기 또는 이전하거나 신탁재산을 양도하는 등의 경우에도 고지된 부분에 대한 수탁자의 물적납세의무는 영향을 받지 않는다(동조 3항). 일단 징수가 개시된 후에는 물적납세의무의 발생 근거가 된 신탁재산을 처분하더라도 그 의무에 변함이 없도록 하는 것이다. 그리고 신탁재산의 수탁자가 변경되는 경우에 새로운 수탁자는 이전 수탁자에게 고지된 납세의무를 승계한다(동조 4항).

제 4 절 과세거래

부가가치세는 (i) 사업자가 행하는 재화·용역의 공급 및 (ii) 재화의 수입에 대해 부과한다(附價法 4조). 따라서 재화·용역이란 무엇을 뜻하는가, 공급·수입이란 어떠한 행위를 뜻하는가라는 것을 밝히는 것은 부가가치세의 과세대상을 정하는 중요한 뜻을 갖는다.

I. 재화·용역의 의의

1. 재   화

재화란 재산가치 있는 모든 물건과 권리를 말하는데, 구체적으로 물건은 상품, 제품, 원료, 기계, 건물 등 모든 유체물(有體物)과 전기, 가스, 열 등 관리할 수 있는 자연력을 말하며,1) 권리는 광업권, 특허권, 저작권 등 물건 외에 재

---

1) 설계도면이 원고가 해군당국으로부터 건조를 의뢰받아 건조한 함정 자체의 설계를 위하여 외국회사에게 제작의뢰된 것이 아니라 위 함정의 건조공정이 70-80퍼센트 정도 진척되었을 무렵 해군당국의 요청에 따라 건조의 감독 및 준공검사에 필요한 참고자료로 이용하기 위하여 수입신용장을 개설하는 등 통상의 수입절차를 거쳐 수입된 것으로서, 위 수입계약의 목적, 내용, 성질, 이행과정, 대가관계 등에 비추어 보면 위 설계도면의 수입은 부가가

산적 가치가 있는 모든 것을 말한다(附價法 2조 1호; 附價令 2조 1항, 2항).[1] 유럽
연합의 부가가치세법은 무체재산권(intangible property)의 양도를 용역의 공급으
로 봄으로써 이를 재화로 분류하지 않는다.[2] 화폐와 화폐에 갈음하는 결제수단
은 재화가 아니다. 그러나 주식 등 증권은 재화에 해당한다. 유럽연합은 증권거
래를 면세대상으로 규정하고 있으나,[3] 우리나라 부가가치세법은 증권 자체를
면세재화로 규정하지는 않고 투자매매업 등 관련 용역의 공급을 '금융보험업'의
범주에 포함시켜 면세대상으로 하고 있다.

2. 용   역

용역이란 재화 이외의 재산가치가 있는 모든 역무 및 그 밖의 행위로서,
(i) 건설업(건축물 자영건설업 제외),[4] (ii) 숙박 및 음식점업, (iii) 운수 및 창고
업, (iv) 정보통신업, (v) 금융 및 보험업, (vi) 부동산업(다만, 논·밭·과수원·목
장용지·임야 또는 염전의 임대업과 공익사업과 관련해 지상권 및 지역권 설정하거나
대여하는 사업은 제외), (vii) 전문, 과학 및 기술서비스업과 사업시설관리, 사업지
원 및 임대서비스업, (viii) 공공행정·국방 및 사회보장행정, (ix) 교육서비스업,
(x) 보건업 및 사회복지서비스업, (xi) 예술, 스포츠 및 여가관련 서비스업,

치세법상 재화의 수입으로 보아야 할 것이고, 위 설계도면에 공개되지 아니한 고도의 기술
적 지식이나 정보가 포함되어 있어서 원고가 이로써 위 도면에 표현된 지식이나 정보를 얻
었다는 점만을 들어 그 수입을 부가가치세법상 용역을 공급받은 것으로 볼 것은 아니다(대
법원 1991. 7. 23., 90 누 6088).

1) 재산적 가치가 있는 권리가 재화의 일종으로 규정되기 전에는 대법원 판례가 "전기공사
업면허는 재산적 가치가 있는 무체물에 해당한다고 볼 수 있을 것이나 관리할 수 있는 자
연력에 해당하지 않으므로 부가가치세의 과세대상이 되지 아니한다"고 판시하였으나(대법
원 1991. 7. 23., 91 누 87), 현행 규정하에서는 전기공사업면허는 재산적 가치가 있는 권리로
서 재화의 일종으로 부가가치세 과세대상이 된다고 할 것이다; 온실가스배출권(greenhouse
gas emission allowances)의 판매는 유럽연합의 부가가치세법에서는 용역의 공급으로 과세
하나(ECJ Case C-453/15, 8 December 2016) 우리나라에서는 재화의 공급으로 과세한다
(대법원 2018. 4. 12., 2017 두 65524).

2) Council Directive 2006/112/EC, Article 25.

3) 위 EC Directive, Article 135, Paragraph 1(f).

4) 건축물 자영건설판매업은 부동산매매업으로 본다(附價令 2조 2항; 附價則 1조 2항). 주택
의 신축양도가 사업소득세 및 부가가치세의 과세요건인 건설업에 해당하는지 여부는 그 신
축양도행위가 수익을 목적으로 하고 그 규모, 회수, 태양 등에 비추어 사업활동으로 볼 수
있을 정도의 계속성과 반복성이 있는지의 여부 등을 고려하여 사회통념에 따라 판단하여야
하는 것이고, 반드시 건설업법에 의한 면허를 받거나 지방자치단체로부터 허가 등을 받아
사업을 경영하였을 것을 요하는 것은 아니다(대법원 1994. 12. 9., 94 누 8969).

(xii) 협회 및 단체, 수리 및 기타 개인서비스업과 제조업 중 산업용 기계 및 장비 수리업, (xiii) 가구내 고용활동 및 달리 분류되지 않은 자가생산활동, (xiv) 국제 및 외국기관의 사업에 해당하는 역무 및 그 밖의 행위를 말한다(附價法 2조 2호; 附價令 3조).

3. 부수적인 재화·용역

어떤 거래가 여러 가지의 행위들이나 특징들로 구성되는 경우 해당 거래가 발생한 상황을 종합적으로 고려하여 그 거래가 서로 구분되는 2개 이상의 공급에 해당하는지 아니면 단일 공급에 해당하는지를 결정해야 하고, 단일 공급에 해당하는 경우 그 공급이 재화의 공급인지 아니면 용역의 공급인지를 다시 결정해야 한다.[1] 2개 이상의 공급에 해당하는 경우 원칙적으로 각각에 대해서 부가가치세가 과세되어야 하지만, 그 중 어느 하나가 다른 하나에 긴밀히 종속되어 서로 불가분의 관계에 있으면 양자를 하나의 공급으로 취급하는 것이 과세행정의 편의상 필요하다. 이러한 이유로 주된 거래인 재화의 공급에 필수적으로 부수되는 재화 또는 용역의 공급은 주된 거래인 재화의 공급에 포함되고, 주된 거래인 용역의 공급에 필수적으로 부수되는 재화 또는 용역의 공급은 주된 거래인 용역의 공급에 포함되는 것으로 보며 독립된 부가가치세의 과세대상으로 되지 아니한다.

부수되는 재화 또는 용역의 범위는 다음과 같다(附價法 14조 1항).

(i) 해당 대가가 주된 거래인 재화 또는 용역의 공급대가에 통상적으로 포함되어 공급되는 재화 또는 용역

(ii) 거래의 관행으로 보아 통상적으로 주된 거래인 재화 또는 용역의 공급에 부수하여 공급되는 것으로 인정되는 재화 또는 용역

주된 것과 부수된 것의 구분은 구체적인 거래 형태 별로 거래 당사자의 공급의 목적과 의도가 어디에 중점을 두고 있는지에 따라 판단하여야 할 것이다.[2] 판례는 골프회원권 등의 매매업자가 기존의 회원들로부터 주주골프회원권을 매입할 당시 골프장시설이용권을 표창하는 회원증서와 골프장 소유, 운영회사가 발행한 비상장주식 1주의 주권을 함께 교부받았고, 나중에 골프회원권

---

[1] ECJ Case C-111/05, 29 Mar. 2007, ECR I-2735.
[2] 대법원 2017. 5. 11., 2015 두 37549.

을 타에 양도할 때에도 회원증서와 주권을 함께 교부·양도함으로써 골프장시설이용권과 비상장주식이 항상 하나로 합체되어 함께 거래된 사안에서, 그 비상장주식의 양도는 주된 거래인 골프장시설이용권의 공급에 필수적으로 부수되어 이루어진 것으로 이에 포함되어 부가가치세의 과세대상이 된다고 하고 있다.1) 섬을 관광유원지로 개발하여 관광객들에게 관광시설용역을 제공하고 그 대가로 입장료를 받아 운용하는 회사가 부수적으로 여객부정기항로사업을 경영하여 관광객들에게 선박운항용역을 제공하였다면 선박운항용역은 관광시설용역의 부수용역에 해당하여 후자에 포함되어 부가가치세 과세대상이 된다.2) 그리고 장례식장에서 조문객들에게 음식물을 제공하는 행위도 부가가치세 면세대상인 장의용역의 공급에 통상 부수되므로 부가가치세가 면제된다.3)

재화나 용역의 부수적 공급과 구별할 개념으로서 주된 사업의 영위에 부수하여 이루어지는 재화나 용역의 공급이 있다. 공급에의 부수성이 아니라 사업에의 부수성이 있는 경우이다. 예를 들면, 임대업에 사용하던 빌딩을 양도하는 경우와 같이 그 자체만 놓고 보면 독립된 재화나 용역의 공급에 해당하지만 주된 사업의 일부로 행하여지는 경우이다. 그러한 경우는 다시 (i) 어떤 재화 또는 용역이 주된 사업과 관련하여 우연히 또는 일시적으로 공급되는 경우와 (ii) 주된 사업과 관련하여 주된 재화의 생산 과정이나 용역의 제공 과정에서 필연적으로 생기는 재화가 공급되는 경우로 나누어질 수 있다. 두 경우 모두에서 해당 재화나 용역의 공급은 주된 사업의 수행에 따른 공급에 포함되는 것이 아니라 별도의 공급으로 보되, 그 과세 및 면세 여부 등은 주된 사업의 과세 및 면세 여부 등에 따른다(附價法 14조 2항). 건물의 신축 후 부동산임대업 사업자등록을 하고 임대하여 오다가 해당 건물을 양도한 후 폐업한 경우 그 건물의 양도행위는 주된 사업인 부동산임대용역의 공급과 관련하여 행하여진 우발적 또는 일시적 재화의 공급에 해당하여 과세대상임은 앞에서 본 바와 같다(제3절 I. 1.).

주된 재화나 용역의 공급에 부수되는 재화 또는 용역의 공급에 해당한다고 하기 위해서는 주된 재화 또는 용역을 공급하는 사업자 자신이 공급하는 것이어야 하고, 어떤 사업자가 다른 사업자가 공급하는 재화나 용역에 부수되는 재

---

1) 대법원 2005. 9. 9., 2004 두 11299.
2) 대법원 1986. 9. 9., 86 누 187.
3) 대법원 2013. 6. 28., 2013 두 932.

화나 용역을 공급하는 경우는 이에 해당하지 않는다.1) 그 경우에는 자신의 주된 공급이 되는 것이다.

II. 재화·용역의 공급, 재화의 수입

1. 재화의 공급

재화의 공급이란 계약상 또는 법률상의 모든 원인에 따라 재화를 인도 또는 양도하는 것으로서 아래의 1) 내지 5)에 해당하는 것을 말한다(附價法 9조 1항; 附價令 18조). 재화의 인도는 재화의 사실상의 지배인 점유를 이전하는 것인 데 반해, 재화의 양도는 재화에 관한 소유권의 이전을 의미한다. 그런데, 재화나 용역의 '소비'를 과세대상으로 하는 부가가치세의 성질에 비추어 보면, 재화의 공급이란 그 공급받는 자로 하여금 해당 재화를 종국적으로 사용·소비할 수 있도록 허여하는 것을 의미하고, 따라서 재화의 공급은 소유권의 이전을 전제로 하는 행위라 할 것이다. 그러므로 '재화의 인도'가 재화의 공급이 되는 것도 궁극적 양도의 전단계인 경우에 한하는 것이지, 소유권의 이전을 전제로 하지 않는 인도는 재화의 공급이라고 할 수 없다.2) 따라서 재화를 사용·소비하게 할 목적에서가 아니라 채권 담보의 목적으로 이전하는 경우, 예를 들면 질권 설정 목적물의 인도나 양도담보권 설정 목적물의 양도 또는 채권자를 수익자로 한 담보신탁의 설정3)은 재화의 공급이 되지 않는다. 신탁의 설정, 신탁의 종료 또는 수탁자의 변경에 따른 신탁재산의 이전이 재화의 공급에 해당하지 않음은 부가가치세법이 확인적으로 규정하고 있다(附價法 10조 9항 4호). 그러나 신탁법에 따라 위탁자의 지위가 이전되는 경우에는 신탁재산에 대한 소유권의 변동이 있으므로 원칙적으로 기존 위탁자가 새로운 위탁자에게 신탁재산을 공급한 것으로 본다. 다만 (i) 자본시장법에 따른 집합투자기구의 집합투자업자가 다른 집합투자업자에게 위탁자의 지위를 이전하는 경우

---

1) 대법원 2001. 3. 15., 2000 두 7131(전원합의체); 同 2002. 11. 8., 2001 두 4849(부가가치세가 면세되는 의료보건용역을 제공하는 의료원과 독립하여 자신의 계산하에 그 구내식당을 임차한 다음, 상당한 대가를 받고 급식을 제공한 자는 부수 재화 등의 공급자에 해당하지 않는다는 사례임).

2) 대법원 1999. 2. 9., 98 두 16675; 同 1996. 6. 11., 96 누 3371; 同 1995. 2. 10., 93 누 18396.

3) 대법원 2017. 6. 15., 2014 두 6111; 同 2017. 6. 15., 2014 두 13393.

와 (ii) 신탁재산의 실질적인 소유권이 위탁자가 아닌 제3자에게 있는 경우 등 위탁자의 지위 이전에도 불구하고 신탁재산에 대한 실질적인 소유권의 변동이 있다고 보기 어려운 경우에는 신탁재산의 공급으로 보지 아니한다(附價法 10조 8항; 附價令 21조의2).

재화의 공급이 소유권의 이전을 전제로 하는 행위라고 하여 재화에 관한 소유권의 이전이 완료되어야만 공급이 성립하는 것은 아니고 소유자로서의 처분권의 이전이 있으면 공급이 성립한다 할 것이다.[1] 따라서 부동산의 소유명의를 이전하기에 앞서 점유를 먼저 이전한 경우에는 재화의 공급이 있는 것이고,[2] 나아가 부동산의 미등기양도도 재화의 공급에 해당된다.[3] 소비대차 거래에서 차주는 대주로부터 목적물의 소유권을 취득하여 사용·소비한 후 변제기에 동종·동량의 물건을 반환하는 것이므로(민법 598조) 대주가 차주에게 소비대차 목적물을 인도하는 행위와 차주가 대주에게 반환하는 행위도 이를 사업으로 행하면 모두 재화의 공급에 해당한다.[4] 그러나 재화의 공급이 있었으나 부가가치세 신고를 하지 아니한 상태에서 과세관청의 부과처분 전에 재화공급계약이 합의해제되고, 그 공급대가까지 모두 반환되었다면 재화의 공급은 처음부터 없었던 것으로 본다.[5]

1) 현금판매·외상판매·할부판매(대금의 지급기간이 3개월 – 1년)·장기할부판매(대금 지급회수 3회 이상으로 지급기간 1년 이상)·조건부 및 기한부판매·위탁판매 기타 매매계약에 의하여 재화를 인도 또는 양도하는 것. 다만 (i) 보세구역에 있는 조달청 창고에 보관된 물품에 대하여 조달청장이 발행한 창고증권의 양도로서 임치물의 반환이 수반되지 아니하는 것(창고증권을 가진 사업자가 보세구역의 다른 사업자에게 인도하기 위하여 조달청 창고에서 임치물을 넘겨받는 경우 포함), (ii) 런던 금속거래소의 보세구역 내 지정창고에 보관된 물품에 대하여 그 지정창고가 발행한 창고증권의 양도로서 임치물의 반환이 수반되지 아니하는 것(창고증권을 가진 사업자가 보세구역의 다른 사업자에게 인도하기 위하여 지정창고에

---

1) ECJ Case C – 320/88, 8. Feb. 1990.
2) Adrian Ogley, Principles of Value Added Tax, Interfisc Publishing(1998), p. 67; 김용대, "1998년 부가가치세법 판례회고," 「조세법연구」 제5집(1999), 426면.
3) 대법원 2006. 10. 13., 2005 두 2926.
4) 附價法 기본통칙 6 – 14 – 1.
5) 대법원 1998. 3. 10., 96 누 13941.

서 임치물을 넘겨받는 경우를 포함), (iii) 사업자가 위탁가공을 위하여 원자재를 국외의 수탁가공사업자에게 대가없이 반출하는 것, (iv) 한국석유공사법에 따른 한국석유공사가 '석유 및 석유대체연료 사업법'에 따라 비축된 석유를 수입통관 하지 아니하고 보세구역에 보관하면서 국내사업장이 없는 비거주자 또는 외국 법인과 무위험차익거래 방식으로 소비대차하는 것은 재화의 공급에서 제외된다 (附價令 18조 2항; 附價則 15조).

2) 자기가 주요자재의 전부 또는 일부를 부담하고 상대방으로부터 인도받은 재화에 공작을 가하여 새로운 재화를 만드는 가공계약에 의하여 재화를 인도하는 것.

민법상 수급인이 주요자재의 전부 또는 일부를 제공한 경우에는 완성된 재화의 소유권은 원시적으로 수급인에게 귀속하였다가,1) 동산인 때에는 물론이고 부동산인 경우에도 '인도'에 의하여 소유권이 도급인에게 이전한다.2) 이때 수급인이 도급인에게 재화를 인도하게 되면 그 인도는 재화의 공급에 해당한다.

건축공사 도급인이 제3자와 사이에 수급인의 노력과 출재로 신축 중인 건물을 공동취득하기로 약정하고 건축주를 제3자와 공동명의로 변경한 경우 사업상 재화의 공급에 해당하지 않는다.3) 신축 중인 건물은 도급인이 건축공사비등을 청산하여 소유권을 취득하기 이전에는 수급인의 소유에 속하므로, 도급인이 신축 중인 건물의 지분을 제3자에게 이전할 수 없는 까닭이다.

이른바 임가공(賃加工)을 위하여 원자재를 제조업자에게 제공하고 제조업자로부터 원자재로 가공한 완제품을 납품받는 경우 그 원자재의 제공은 재화의 공급이 아니다.4) 원자재를 제공한다 하더라도 재화를 사용·소비할 권한의 이전이 수반되는 것은 아니기 때문이다. 임가공 행위가 별도의 용역의 공급이 됨은 물론이다.

3) 재화의 인도대가로서 다른 재화를 인도받거나 용역을 제공받는 교환계약에 의하여 재화를 인도 또는 양도하는 것.

국가 또는 지방자치단체 등에 시설물을 기부하고 그에 대한 무상사용권을 취득하는 이른바 기부채납(寄附採納)의 경우 그 기부채납은 재화의 공급에 해당

---

1) 대법원 1983. 2. 8., 81 도 3137.
2) 대법원 1980. 7. 8., 80 다 1014.
3) 대법원 1999. 2. 9., 98 두 16675.
4) 대법원 1985. 9. 24., 85 누 286; 同 1988. 3. 22., 87 누 694; 同 1990. 8. 10., 90 누 3157.

한다.1) 그러나 기부채납에 의하여 소유권이 이전되는 것이 아니라 도시계획법 제83조(현행 '국토의 이용 및 관리에 관한 법률' 65조 및 99조),2) 산업기지개발촉진법 제21조의5(현행 '산업입지 및 개발에 관한 법률' 제26조)3) 등 법규 및 당사자 간의 약정4)에 의하여 시설물의 소유권이 원시적으로 국가 또는 지방자치단체에 귀속되는 경우에는 용역의 공급에 해당한다.5)

시설물의 기부채납을 재화의 공급으로 보는가 혹은 용역의 공급으로 보는가에 따라 부가가치세법상 과세표준의 산정방식이 달라지고, 법인세법상 손금처리방법도 달라진다. 즉 재화의 공급으로 보는 경우는 기부한 재화의 시가6)를 부가가치세의 과세표준으로 보는 한편, 법인이 일단 그 시설물을 완공하여 소유권을 취득하므로 그 때부터 국가 등에 그 소유권을 이전해 주기 전까지는 자신의 유형고정자산으로 감가상각한 금액을 손금처리하고(공사비 상당액의 취득원가를 기초가액으로 감가상각함), 기부채납에 의하여 국가 등에 그 시설물의 소유권을 이전하여 주고 해당 시설물에 대한 무상사용수익권을 취득한 때부터는 그 무상사용수익권을 별도의 무형고정자산으로 보아 그 감가상각비를 손금처리할 수 있다. 용역의 공급으로 보는 경우에는 공사비총액을 부가가치세의 과세표준으로 보는 한편,7) 그 용역의 공급이 완료된 때(시설물이 준공된 때) 국가 등에 그 시설물의 소유권이 원시적으로 귀속됨과 동시에 공급자는 해당 시설물에 대한 사용수익권을 취득하는 것이므로, 공급자는 그 때부터 그 공사비 상당액의 사용수익권을 무형고정자산으로 계상하여 감가상각비를 손금처리할 수 있다.

그런데 국가 또는 지방자치단체 등에 시설물을 기부채납한 것이 아니라 단순히 시설물 건설자금만을 기증하고 그 대가로 일정기간 시설물을 무상사용하는 경우에도 여전히 재화 혹은 용역의 공급으로 볼 것인가? 판례8)는 甲회사가 지방자치단체에 지하도를 기부채납함에 있어서 법률적으로는 甲회사가 지방자

1) 대법원 1990. 2. 27., 89 누 1797; 同 1990. 4. 10., 89 누 7863; 同 1990. 5. 25., 90 누 2017; 同 1990. 8. 14., 90 누 400.
2) 대법원 1990. 4. 13., 89 누 3495; 同 1990. 4. 27., 89 누 596.
3) 대법원 1991. 4. 26., 90 누 7272.
4) 대법원 1990. 3. 27., 89 누 3656.
5) 서기석, "1996년 부가가치세법 판례회고," 「조세법연구」 제3집(1997), 648-649면.
6) 대법원 1990. 4. 10., 89 누 7863.
7) 대법원 1990. 3. 27., 89 누 3656; 同 1990. 4. 27., 89 누 596.
8) 대법원 1992. 12. 8., 92 누 1155.

치단체에 공사금 상당액의 현금을 납부하고 지방자치단체는 그 금원을 재원으로 하여 乙회사와 공사도급계약을 체결하기로 3자 간 합의한 경우, 당사자 간의 합의를 존중하여 甲회사는 현금 아닌 재화인 지하도 시설물을 공급하였다고 볼 수 없음은 물론이고, 이 지하도 시설물을 건설하는 용역을 제공한 것이라고 볼 수도 없다고 한다. 이러한 법률관계의 형성이 조세의 면탈을 위한 것이거나 그 밖에 위법부당한 목적을 위한 것이 아닌 이상 당사자들이 선택한 법률관계를 무시하고 이와 다른 법률관계로 의제할 수 없다는 것으로서, 실질과세원칙의 적용의 범위에 관한 해석례이다.

4) 공매·경매·수용·현물출자 기타 계약상 또는 법률상의 원인에 의하여 재화를 인도 또는 양도하는 것.

자발적인 매매를 통하지 않고 법률의 규정에 의하여 재화를 양도하는 행위(즉, 공매·경매·수용)도 재화의 공급에 해당한다. 경매로 인한 소유권이전,1) 대지와 건물을 소유하면서 부동산임대업을 영위하여 오던 사업자가 사업폐지 전에 재개발사업 시행인가를 받은 자에게 도시재개발법이 정한 수용절차에 따라 건물을 양도한 경우,2) 환가정산형의 양도담보에 있어서 담보권자가 양도담보부동산을 환가처분으로 제3자에게 양도하는 것3)은 부가가치세법상 재화의 공급에 해당한다. 그러나 국세징수법에 따른 공매(徵收法 66조, 67조에 따른 수의계약에 따라 매각하는 것 포함) 및 민사집행법에 따른 경매(같은 법에 따른 강제경매, 담보권 실행을 위한 경매, 민법·상법 등 그 밖의 법률에 따른 경매 포함)에 따라 재화를 인도 또는 양도하는 것은 재화의 공급으로 보지 아니한다(附價令 18조 3항 1호, 2호). 이러한 공매와 경매를 재화의 공급으로 본다면, 그 절차를 진행하는 과세관청(또는 그 위임을 받은 자)이나 법원은 매출세액을 징수하여야 하는데, 대부분의 경우 사업자인 매수자가 매입세액으로 공제받게 될 같은 금액의 매출세액을 이러한 기관으로 하여금 징수하게 하는 것은 절차만 번거롭게 하기 때문이다. '도시 및 주거환경정비법'·'공익사업을 위한 토지 등의 취득 및 보상에 관한 법률' 등에 따른 수용절차에 있어서 수용대상인 재화의 소유자가 해당재화에 대한 대가를 받는 경우에는 재화의 공급으로 보지 아니한다(附價令 18조 3항 3호). 수용절

---

1) 대법원 1984. 3. 27., 83 누 683.
2) 대법원 1985. 11. 26., 85 누 517; 同 1990. 4. 27., 89 누 7351.
3) 대법원 1996. 12. 10., 96 누 12627.

차에서뿐만 아니라, 임의 매매에 있어서도 매도인이 매수인 측과의 약정에 따라
잔대금 수령일 이전에 자신의 비용으로 건물을 철거하고 더욱이 그 이름으로
멸실신고와 멸실등기까지 한 경우에는 재화의 공급이 있다 할 수 없다.[1] 매수
인에게 명도와 소유권이전등기를 해 줄 대상이 부존재하기 때문이다.

현금출자로 회사의 주식이나 지분을 취득하는 행위는 사업자의 지위를 취
득하는 경제활동이 아니기 때문에 주식이나 지분을 발행하는 회사의 입장에서
도 재화의 공급을 구성할 여지가 없지만,[2] 현물출자의 경우에는 회사의 주식이
나 지분을 취득하는 행위와 출자대상 현물을 양도하는 행위가 병존하므로 후자
의 행위가 재화의 공급에 해당한다.

5) 국내로부터 보세구역에 있는 창고에 임치된 임치물을 국내로 다시 반입
하는 것.

위에서 본 바와 같이 재화의 공급은 소유권의 이전을 전제로 하는 행위이
므로, 보세창고에 임치한 물건의 국내 반입이 재화의 공급에 해당하기 위해서
는 해당 물건의 임치인이 그 소유를 타에 이전하고 그 점유를 이전하는 경우이
어야 하지, 임치인이 임치계약의 종료에 따라 스스로 임치물건의 점유를 되가
져 오는 경우는 이에 해당하지 않는다.

2. 용역의 공급

용역의 공급은 계약상 또는 법률상의 모든 원인에 따라 역무를 제공하거나
재화·시설물 또는 권리를 사용하게 하는 것이다(附價法 11조 1항). 예컨대 임차
인이 임대인의 양해 아래 타인에게 도급을 주어 임차목적물에 대하여 개·보수
공사를 시행한 경우는 역무의 제공으로서 용역의 공급에 해당한다.[3] 동산의 임
대(rental)는 용역의 공급이지만 그 임대기간 중 임대인이 임차인의 계약위반을
이유로 임대차계약을 중도에 해지하면서 임차인으로부터 잔여 임대기간에 대한
차임과 임대기간 만료시에 받기로 한 물건양도금액을 현재가치로 할인한 금액
을 지급받고 소유권을 이전하였다면 그 해지 시점에서 당시의 현황대로 해당
동산(즉, 재화)을 공급한 것으로 된다.[4] 노하우(know-how)방식에 의한 기술공

---

1) 대법원 1986. 2. 25., 85 누 747.
2) ECJ Case C-442/01, 26 June 2003.
3) 대법원 2000. 3. 23., 98 두 18053.
4) 대법원 2007. 11. 15., 2005 두 4755.

여가 용역의 공급이 아니라는 판례1)는 그 이유로 "비밀인 상태의 전유적 가치"를 들고 있으나, 이것과 용역의 공급인지 여부와는 무관하다. 오히려 기술사양서(specifications)나 도면(drawings)을 통하여 기술을 제공하는 것도 역무의 제공에 해당하므로 용역의 공급이 된다고 보아야 한다.2)

건설업에 있어서는 건설업자가 건설자재의 전부 또는 일부를 부담하는 경우에도 용역의 공급으로 본다(附價令 25조 1호). 따라서 타인 소유의 토지 위에 자신의 비용으로 건물을 건립하고 완성된 건물의 소유권은 토지소유자에게 귀속하되 그 대가로 준공일로부터 일정기간 무상으로 건물을 사용·수익키로 한 경우는 용역의 공급에 해당한다.3) 상대방으로부터 인도받은 재화를 주요자재를 전혀 부담하지 아니하고 단순히 가공만 하여 주는 것도 용역의 공급으로 본다(附價令 25조 2호). 산업상·상업상 또는 과학상의 지식·경험 또는 숙련에 관한 정보를 제공하는 것도 마찬가지이다(동조 3호). 역무의 제공이 완료된 이상 용역대금 채권이 다른 사업자에게 양도되고 그 후 비로소 공급가액이 확정되었더라도 양도인에 의한 용역의 공급이 이루어졌다고 본다.4)

3. 재화의 수입

소비지 과세원칙(country of destination principle)을 택하고 있는 부가가치세 제도하에서는 재화의 수입도 과세대상이 되고, 그 납세의무자가 수입자임은 위에서 본 바와 같다(위 제3절 III.). 재화의 수입은 (i) 외국으로부터 국내에 도착한 물품(외국의 선박에 의하여 공해에서 채집되거나 잡힌 수산물을 포함함)으로서 수입신고가 수리되기 전의 것 및 (ii) 수출신고가 수리된 물품을 우리나라의 영토 및 우리나라가 행사할 수 있는 권리가 미치는 곳에 반입하는 것(보세구역을 경유하는 것은 보세구역에서 반입하는 것)이다(附價法 13조). 여기서 '반입'라고 함은 수입의 대상으로 되는 재화를 관세법에 따른 세관의 구속(즉, 보세)의 상태에서 그 감시의 규제를 받지 않는 일반적 내국화물과 같은 상태(즉, 자유유통 상태)에 놓는 의사행위를 말한다(자유유통상태설).5) 다만 수출신고가 수리되었으나 선적

---

1) 대법원 1986. 2. 10., 80 누 168.
2) 李泰魯, 安慶峰 共編,「판례체계 조세법」, 조세통람사, 1991, 834면 참조.
3) 대법원 1987. 2. 10., 84 누 465.
4) 대법원 2016. 2. 18., 2014 두 13812.
5) 일본 昭和 30년 2월 1일, 東高刑 大判 昭和 29년(う)624호 판결.

(비행기에 싣는 것 포함)되지 아니한 물품을 보세구역으로부터 반입하는 경우는 제외한다(동호 괄호). 여기서 보세구역은 (i) 관세법의 규정에 의한 보세구역 및 (ii) '자유무역지역의 지정등에 관한 법률'에 의한 자유무역지역을 말한다(附價令 27조).

4. 공급의 의제

(1) 총   설

전단계세액 공제방식을 취하고 있는 우리나라의 부가가치세제하에서 사업자는 자기의 사업을 위하여 사용된 재화나 용역의 생산이나 매입에 대하여 부담한 매입세액을 자신의 매출세액에서 공제받는다. 그런데, 만약 사업자가 매입세액을 공제받은 재화나 용역을 투입하여 생산하거나 취득한 재화를 타에 매출하지 않고 스스로 최종적으로 사용·소비하고, 그 사용·소비 행위에 대하여 매출세액을 징수하지 아니하면 매입세액만 공제받는 결과가 된다. 이는 곧 사업에 투입하기 위하여 타 사업자로부터 매입한 재화나 용역의 소비에 대한 부가가치세가 전혀 부과되지 않는 결과가 됨을 의미한다. 이러한 결과가 부가가치세제의 기본원리에 반하고 형평에 어긋나는 것은 두말할 여지가 없다. 이에 사업자가 생산하거나 취득한 재화를 본래의 의미의 '공급'에 제공함이 없이 스스로 사용·소비한 경우에도 공급이 있은 것으로 보아 매출세액을 납부하도록 하고 있는바, 이를 재화의 공급의 의제 또는 '의제공급'이라고 한다. 그 구체적 행위의 유형은 아래에서 보는 바와 같다.

(2) 재화 또는 용역의 자가공급

1) 재화의 자가공급   사업자가 자기의 사업과 관련하여 생산하거나 취득한 재화를 자기의 사업을 위하여 직접 사용하거나 소비하는 것을 재화의 자가공급이라고 부른다. 그 가운데 사업자가 (i) 자기의 사업과 관련하여 생산하거나 취득한 재화로서 그와 관련된 매입세액을 공제받은 재화나 (ii) 사업양도를 통하여 취득한 재화로서 사업양도자가 해당 재화의 매입세액을 공제받은 재화 또는 (iii) 영세율 적용대상인 재화를 자신의 부가가치세 면제사업을 위하여 사용하거나 소비하는 행위는 부가가치세 과세대상이 된다(附價法 10조 1항). 예컨대 사료제조업자가 자기가 생산한 사료를 부가가치세가 면제되는 축산업에 소비하는 경우이다. 그러나 부동산매매업자가 신축주택(과세재화)을 경기침체

등으로 일시적·잠정적으로 타에 임대(면세용역)한 후 다시 분양·판매한 경우에 있어서의 일시적, 잠정적 임대행위는 부가가치세 과세대상으로서의 자가공급에 해당하지 않는다.[1] 그리고 신축건물 취득 전에는 부가가치세 과세사업인 임대용으로 사용할 예정이었다가 준공취득 전에 그 예정을 변경하여 면세사업인 보험업용으로 사용키로 확정한 것이라면 재화의 자가공급으로 볼 수 없다.[2] 재화 또는 용역의 매입일이 속하는 과세기간과 그 매입 재화나 용역을 사용하여 생산 또는 제조한 재화를 공급하는 날이 속하는 과세기간이 서로 다른 경우 매입 당시의 예정 용도를 기준으로 자가공급에의 해당여부(즉, 면세사업에의 제공 여부)를 결정하여야 한다는 입장이다.

자기가 생산 또는 제조한 재화를 자기의 면세사업에 전용하는 행위만을 공급으로 의제하는 까닭은, 당초 과세사업에 사용할 것을 전제로 매입세액을 공제받은 재화를 예정과 달리 면세사업을 위하여 사용 또는 소비하는 데 대하여 매출세액을 부과하지 않게 되면, 면세사업에 사용하는 재화에 대해서는 매입세액을 공제하지 않는 취지와 달리 이를 인정하는 결과가 되기 때문이다.

매입세액의 공제를 받은 재화를 과세사업을 위하여 사용하는 경우에는 과세사업에서 생산된 재화나 용역에 대하여 매출세액을 징수하기 때문에 공급의 의제 문제가 발생할 여지가 없다. 또한 사업자가 그 생산이나 제조에 관련된 매입세액을 공제받지 못한 재화를 자가소비하는 경우에도 매입세액에 대응하는 매출세액을 징수할 이유가 없기 때문에 공급으로 의제하지 않는다.

한편, (i) 개별소비세법상의 자동차나 그 유지용품을 생산하거나 취득한 사업자가 이를 운수업, 자동차판매업 등에 직접 영업으로 사용하지 아니함으로써 그 매입세액을 공제받지 못하는 경우(附價法 39조 1항 5호)에 있어서의 해당 자동차나 그 유지용품의 사용 또는 소비 행위나 (ii) 사업자가 그 취득시에 운수업, 자동차판매업 등 과세사업을 위하여 사용할 것을 전제로 매입세액을 공제받은 개별소비세법상의 자동차와 그 유지용품을 비영업용으로 전용하는 경우에 있어서의 그 전용행위는 자가공급으로 보아 과세한다(附價法 10조 2항; 附價令 19조). 역시 공제받은 매입세액을 징수하기 위한 것이므로, 매입시 매입세액을 공제받지 않은 자동차(附價法 39조 1항 5호)를 비영업용으로 전용하는 행위는 과

---

1) 대법원 1984. 1. 24., 83누30; 同 1990. 10. 12., 90누2383.
2) 대법원 1987. 2. 10., 86누422.

세대상에서 제외된다. 위와 같은 비영업용으로의 전용 행위가 공급으로 의제되어 매출세액이 과세된 후 이를 다시 과세사업에 제공하더라도, 즉 계약상 또는 법률상의 원인에 의하여 다시 인도 또는 양도하더라도, 그 새로운 공급에 대해서는 부가가치세를 부과해서는 안 될 것이다. 동일한 사업자가 매입세액은 한 번만 공제받았는데, 매출세액은 두 번 징수당함으로써 허구의 부가가치에 대해 과세하는 결과가 되기 때문이다.[1]

둘 이상의 사업장이 있는 사업자가 자기사업과 관련하여 생산 또는 취득한 재화를 타인에게 직접 판매할 목적으로 다른 사업장(직매장)에 반출하는 것도 재화의 공급으로 본다(附價法 10조 3항 본문). 이와 관련하여 부가가치세는 각 사업자가 창출한 부가가치액(Value Added)에 대하여 부과하는 것인데 비해, 동일 사업자의 사업장 간의 재화의 이동으로부터는 어떠한 부가가치도 창출되지 않으므로, 그러한 사업장 간의 재화의 이동에 대해 부가가치세를 부과하는 것이 중복과세를 초래하는 것이 아니냐 하는 의문이 제기될 수 있다. 그러나 공급하는 사업장의 매출세액이 공급받는 사업장의 매입세액으로 전액 공제됨으로써, 그 사업장을 운영하는 사업자의 전체적 입장에서 사업장 간의 재화의 이동과 관련하여 실제로 부담하는 부가가치세는 없으므로, 중복과세의 문제는 발생하지 않는다. 위와 같이 재화의 직매장 반출이 원칙적으로 재화의 공급에 해당함에도 불구하고, 사업자단위과세사업자(附價法 8조 3항 후단) 또는 주사업장 총괄납부사업자(附價法 51조 1항)가 사업자단위과세 또는 총괄납부의 적용을 받는 과세기간에 직매장에 반출하는 행위는 원칙적으로 재화의 공급으로 보지 않는다(동항 단서). 다만 주사업장 총괄납부사업자가 부가가치세법 제32조에 따른 세금계산서를 발급하여 동법 제48조 또는 제49조에 따라 관할세무서장에게 예정신고 또는 확정신고를 한 경우에는 재화의 공급으로 본다(동항 2호 단서).[2]

   2) 용역의 자가공급   사업자가 자기의 사업을 위하여 직접 용역을 공급하는 것을 용역의 자가공급이라 하는데, 해당 용역이 무상으로 자가공급되어

---

1) 대법원 2016. 7. 7., 2014 두 1956 판결은 반대의 취지로 판시하고 있으나 타당하지 않다고 할 것이다.

2) 총괄납부승인을 받은 사업자가 한 사업장에서 다른 사업장으로 재화를 반출하는 것에 대하여 교부한 세금계산서는 사실과 다른 것이므로 반출받은 사업장에서 이 세금계산서를 근거로 매입세액공제를 신고할 수는 없다. 따라서 이와 같이 신고한 것은 과세표준과 세액의 신고내용에 오류 또는 탈루가 있는 경우에 해당하므로 소관세무서장이 경정처분할 수 있다(대법원 1989. 6. 27., 88 누 9497).

다른 동업자와의 과세형평(課稅衡平)이 침해되는 경우로서 대통령령이 정하는 용역에 한하여 자기에게 용역을 제공하는 것으로 보고 과세한다(附價法 12조 1항). 그러나 현재 이에 관한 대통령령의 규정이 없어 용역의 자가공급으로 과세되는 것은 없다.

(3) 재화의 개인적 공급

사업자가 자기의 사업과 관련하여 생산하거나 취득한 재화를 사업과 직접 관계없이 자기의 개인적 목적이나 그 밖의 다른 목적을 위하여 사용·소비하는 것을 개인적 공급이라고 하는바, 이러한 재화의 개인적 공급은 자가공급이 공급으로 의제되는 것과 같은 이유로 공급으로 의제된다(附價法 10조 4항). 여기서 '개인적 목적이나 그 밖의 다른 목적'으로 사용·소비하는 것이라 함은 사업 이외의 목적, 즉 지속적으로 대가를 얻을 목적 이외의 목적으로 재화를 사용·소비하는 것을 의미한다.[1] 또한 사업자가 자기생산·취득 재화를 그 사용인 또는 그 밖의 자로부터 대가를 받지 않거나 시가보다 낮은 대가를 받고 사용·소비하게 하는 경우에도 같은 취지에서 재화의 공급으로 의제한다(동항).[2] 낮은 대가를 받은 경우에는 그 대가액만큼 공급가액에서 제외될 것이다. 다만 사업자가 실비변상적이거나 복리후생적인 목적으로 그 사용인에게 대가를 받지 아니하거나 시가보다 낮은 대가를 받고 제공하는 일정한 경우는 재화의 공급으로 보지 아니한다(동항 후단; 附價令 19조의2). 자가공급의 경우에서와 마찬가지로 사업자가 그 생산이나 제조에 관련된 매입세액을 공제받지 못한 경우에는 공급으로 의제할 수 없다 할 것이다.

(4) 재화 또는 용역의 무상공급

1) 재화의 사업상 증여   사업자가 자기생산·취득재화를 자기의 고객이나 불특정 다수인에게 증여하는 경우에는, 공제된 매입세액을 회수하기 위하여 자가공급을 공급으로 의제하는 것과 같은 이유로, 이를 재화의 공급으로 보고 과세한다(附價法 10조 5항). 그러나 증여되는 재화의 대가가 주된 거래로서의 재화의 공급에 포함되어 있는 경우[3] 및 사업을 위하여 대가를 받지 않고 견본품

---

1) Bunjes/Geist, UstG Kommentar, C.H.Beck(1985), p. 36.
2) 회사의 사택 자체의 유지·관리와 상관없이 입주자들이 사택을 사용함에 있어 소요된 전기료, LPG가스 구입비, 난방용 유류대 등 그 사용으로 인한 비용을 회사가 부담하여 지출한 경우 재화의 공급에 해당한다(대법원 1987. 12. 8., 86 누 4).
3) 시식용상품(대법원 1993. 1. 19., 92 누 8293; 同 1994. 3. 22., 93 누 14134) 또는 칫솔의 판

으로 제공하는 경우는 사업상 증여가 아니다(附價法 10조 5항; 附價令 20조 1호). 총판대리점이 회사로부터 제품을 무상공급받아 광고선전용으로 자기의 거래처 등에 무상으로 배포한 경우는 이에 해당하여 재화의 공급으로 보지 아니한다.1) 그리고 매입세액이 불공제된 재화의 증여도 과세 대상 공급으로 볼 수 없다 할 것이다. 사업자가 매입세액을 공제받지 않음으로써 해당 재화의 생산이나 취득 을 위하여 사용한 다른 재화나 용역의 최종 소비자로서 부가가치세를 부담하였 으므로, 해당 재화의 증여를 공급으로 간주할 이유가 없기 때문이다. 한편, 사업 자가 재화를 '재난 및 안전관리기본법'의 적용을 받아 특별재난지역에 공급하는 행위도 사업상 증여로 보지 않는다(附價令 20조 2호). 사업자가 자기적립마일리 지등(附價令 61조 1항 9호 나목)으로만 대가의 전부를 결제받고 하는 재화의 공급 도 사업상 증여에는 해당하지만 '재화의 공급'에서는 제외한다고 규정하고 있는 데(附價令 20조 3호), 자기적립마일리지등이라는 것이 소비자가 해당 사업자로부 터 재화를 구매한 실적에 연계하여 다른 재화를 무상으로 지급받을 수 있는 권 리를 허여받은 것임을 고려할 때, 자기적립마일리지등을 대가로 결제하고 지급 받은 재화나 용역의 실제 대가는 그 적립시에 지급한 대가에 포함되어 있다고 봄이 옳지, 해당 재화를 무상으로 증여받은 것으로 볼 수 있을지는 의문이다.

특수관계인에 대한 재화의 부분적 무상공급, 즉 특수관계인에게 부당하게 시가보다 낮은 가액으로 재화를 공급하는 경우에는 시가와 거래가액 간의 차액 을 공급가액에 가산하여 그 시가로 공급한 것으로 본다(附價法 29조 4항; 附價令 62조). 이 부분은 부가가치세의 과세표준에 관한 부분에서 다시 보기로 한다(제 6절Ⅰ. 참조). 재화를 완전히 무상으로 공급하는 경우든, 부분적으로 무상으로 공 급하는 경우든, 그 무상의 부분에 대하여 정당한 공급가액에 따라 부가가치세 를 부과한다는 점에서 일관된 입장을 취하고 있다.

2) 용역의 무상공급　　용역의 무상공급에 대한 부가가치세법상의 취급 은 재화의 그것과 다르다. 우선, 사업자가 특수관계에 있는 자에게 사업용 부동 산의 임대용역을 무상으로 공급하는 경우를 제외하고는, 용역을 완전히 무상공 급하는 행위, 즉 대가를 받지 아니하고 타인에게 용역을 공급하는 행위는 용역

매를 촉진하기 위한 칫솔진열대(대법원 1996. 12. 6., 96 누 5063)의 실질적인 공급대가는 유
상으로 공급하는 동종의 상품 혹은 칫솔의 대가에 포함되어 있으므로 '주된 거래의 재화공
급의 대가에 포함되지 아니한 재화의 증여'에 해당하지 않는다.
1) 대법원 1986. 7. 8., 86 누 286.

의 공급으로 보지 않는다(附價法 12조 2항; 附價令 26조 2항). 따라서 회사가 종업원을 포함한 타인에게 무상으로 음식용역을 제공하는 경우 부가가치세 과세대상이 되지 아니한다(附價法 기본통칙 7−19−1). 그러나 텔레비전 방송국의 협찬품 고지방송과 협찬업체의 협찬품 제공 사이에는 실질적 대가관계가 있다고 보아야 하므로 협찬품 고지방송은 광고용역의 무상공급에 해당하지 아니한다.[1] 용역의 무상공급 중 예외적으로 부가가치세 과세대상이 되는 '사업용 부동산의 무상공급'에 대해서는 그것이 특수관계인에게 조세의 부담을 부당하게 감소시킨 것으로 인정되는 경우에는 시가를 공급가액으로 본다(附價法 29조 4항 3호). 한편, 특수관계인에 대한 용역의 부분적 무상공급, 즉 특수관계인에게 부당하게 시가보다 낮은 가액으로 용역을 제공하는 경우에는 시가와 거래가액 간의 차액을 공급가액에 가산하여 그 시가로 공급한 것으로 본다(附價法 29조 4항 2호). 이에 종업원에게 식사를 제공하고 그 대가의 일부를 부담시키는 경우에는 정당한 사유가 없는 것으로 보이면, 전체 가액에 대하여 부가가치세를 납부해야 한다. 용역의 완전 무상공급에 대해서는 원칙적으로 비과세하면서 부분적 무상공급의 경우에는 그 정당한 가액으로 과세하는 것으로서 형평의 문제가 있다. 이 부분에 관해서는 부가가치세의 과세표준에 관한 부분에서 자세히 논하기로 한다(제6절 Ⅰ. 참조).

한편, 부가가치세법은 고용관계에 의하여 근로를 제공하는 것은 용역의 공급으로 보지 아니한다고 규정하고 있으나(附價法 12조 3항), 근로자는 사용자의 지시와 감독에 따라 용역을 제공하는 것이지, 자신의 계산과 책임 하에 '독립적으로' 용역을 제공하는 것이 아니어서 원천적으로 사업상 용역을 공급하는 자가 될 수 없으므로, 이 규정은 확인적 의미밖에 없다고 할 것이다.

(5) 폐업공급

사업자가 사업을 폐지하는 때에는 남아 있는 자기생산·취득 재화는 자기에게 공급하는 것으로 보고 과세한다(附價法 10조 6항 전단). 폐업시 잔존하는 재화를 자가공급한 것으로 의제하는 이유는 잔존재화를 생산하거나 취득할 때 그 매입세액을 공제받았는데, 이를 과세하지 않으면 해당 매입재화의 소비에 대하여 부가가치세를 전혀 부담하지 않는 결과가 되기 때문이다.[2] 따라서 폐업

---

1) 대법원 1997. 10. 10., 96 누 3463.
2) 건물 내 여러 점포를 임대하던 부동산임대업자가 일부점포를 양도하고 나머지 점포들로

시의 잔존재화라고 하더라도 그 취득시에 매입세액을 공제받지 않은 것은 의제 공급의 대상이 되지 않는다 할 것이다. 신규로 사업을 시작하는 자가 사업시작일 전에 사업자등록을 하고 사실상 사업을 시작하지 않게 된 경우에도 이에 준하여 과세한다(동항 후단).

5. 위탁매매 또는 대리인에 의한 매매

위탁매매에 있어서의 수탁자의 매매행위나 대리인에 의한 매매에 있어서의 대리인의 매매행위는 모두 재화의 공급이 아니고 위탁자 또는 본인에게 용역을 공급하는 것일 뿐이고, 위탁매매나 대리인에 의한 매매에서 매매대상 재화를 공급하거나 공급받는 자는 위탁자나 본인이다(附價法 10조 7항). 따라서 제조업자가 제품을 조합이나 조합의 총판소속 판매자들을 통하여 판매하고 이익금 중 일정 비율을 분배한 경우, 위 조합이나 총판소속 판매자들은 제조업자를 위하여 판매를 대리하고 보수를 받는 자이고 제조업자가 직접재화를 공급한 것으로 본다.1)

다만, 위탁매매 또는 대리인에 의한 매매 거래나 거래대상 재화의 특성상 또는 보관·관리상 위탁자 또는 본인을 알 수 없는 경우에는 위탁자 또는 본인과 수탁자 또는 대리인 사이에, 그리고 수탁자 또는 대리인과 거래상대방 사이에 각각 재화의 공급이 있는 것으로 본다(附價法 10조 7항 단서; 附價令 21조). 그리하여 지입차주들의 위탁을 받아 회사명의로 차량을 구입한 후 등록 운영하는 경우, 회사는 지입차주에게 세금계산서를 발급하고 부가가치세를 신고납부해야 한다.2)

6. 담보제공·사업의 양도·조세의 물납

질권, 저당권 또는 양도담보의 목적으로 동산, 부동산 및 부동산상의 권리를 제공하는 행위는 재화의 공급으로 보지 아니한다(附價法 10조 9항 1호; 附價令 22조). 채무자가 재화를 담보로 제공하는 경우에는 비록 해당 재화가 채권자에게 인도되더라도 채권자가 이를 사용·소비할 권원을 가지지 않기 때문에 사용·

부동산임대업을 계속 영위하는 사업자의 지위에 있다면, 양도한 점포에 관하여 원고가 최종 소비자의 지위에 있는 것이 아니므로 점포양도를 사업폐지시 殘存재화의 自家供給으로 의제할 수 없다(대법원 1991. 3. 12., 90 누 7104).

1) 대법원 1999. 4. 27., 97 누 20359.
2) 대법원 1984. 3. 27., 83 누 260.

소비를 전제로 하는 '공급'이라고 보지 않는 것이다. 여기서 말하는 '양도담보'의 의미에 관해 부가가치세법령에서 특별히 규정하고 있지 않으므로 민사법상 양도담보의 개념을 그대로 차용한 것으로 보아야 할 것이다.

사업의 양도도 부가가치세 과세대상에서 제외된다(附價法 10조 9항 2호). 사업의 양도란 사업장별(분할 또는 분할합병의 경우 동일 사업장 내의 사업부문별 양도 포함)로 그 사업에 관한 모든 권리와 의무를 포괄적으로 승계시키는 것을 말한다(附價令 23조). 기본적으로 상법상의 영업양도와 그 의미가 같다.1) '사업에 관한 권리와 의무'에는 (i) 미수금에 관한 것, (ii) 미지급금에 관한 것, (iii) 해당 사업과 직접 관련이 없는 토지·건물 등에 관한 것으로서 기획재정부령이 정하는 것은 포함되지 않는다(附價令 23조 후단). '포괄적인 승계'란 사업의 동일성이 유지되면서 경영주체만을 교체하는 경우를 의미한다. 예컨대 (i) 법인세법 제46조 제2항 및 제47조 제1항에 따라 분할양도차익에 대해 과세가 이연되는 경우의 분할과 물적분할, (ii) 양수자가 승계받은 사업 외에 새로운 사업의 종류를 추가하거나 사업의 종류를 변경하는 경우(附價令 23조 전단 괄호), (iii) 개인사업체를 현물출자를 통해 법인으로 전환하면서 현물출자 대상에서 재고자산 중 일부를 제외한 나머지 물적·인적 시설 및 권리의무를 포괄적으로 양도한 경우2) 등은 사업의 양도에 해당한다.

그러나 양도인이 그 소유 4층 건물의 지하 및 1층은 임대하고 2−4층에는 여관을 직영하다가 건물전체를 양도하였으나 양수인이 건물전체를 임대하여 제3자가 여관 등을 경영한 경우,3) 건물신축·분양업의 공동사업자가 미분양 부분을 각자의 지분에 따라 단독 소유로 이전한 경우4)는 재화의 공급에 해당하고

---

1) "상법상 영업양도는 일정한 영업목적에 의하여 조직화된 업체, 즉 인적·물적 조직을 그 동일성은 유지하면서 일체로서 이전하는 것을 의미하고, 영업양도가 이루어졌는가의 여부는 단지 어떠한 영업재산이 어느 정도로 이전되어 있는가에 의하여 결정되어야 하는 것이 아니고 거기에 종래의 영업조직이 유지되어 그 조직이 전부 또는 중요한 일부로서 기능할 수 있는가에 의하여 결정되어야 하므로 영업재산의 일부를 유보한 채 영업시설을 양도했어도 그 양도한 부분만으로도 종래의 조직이 유지되어 있다고 사회관념상 인정되면 그것을 영업의 양도라 볼 것이지만, 반면에 영업재산의 전부를 양도했어도 그 조직을 해체하여 양도했다면 영업의 양도로 볼 수 없다"(대법원 2007. 6. 1., 2005 다 5812, 5829, 5836; 同 2001. 7. 27., 99 두 2680; 同 2003. 5. 30., 2002 다 23826).
2) 대법원 1999. 4. 27., 97 누 3224.
3) 대법원 1993. 1. 29., 92 누 15420.
4) 대법원 1999. 5. 14., 97 누 12082.

사업양도에 해당하지 않는다.

사업의 양도를 재화의 공급으로 보지 아니하는 것은 그것이 특정재화의 개별적 공급을 과세물건으로 하는 부가가치세의 본질적 성격에 맞지 아니할 뿐만 아니라, 사업의 양도는 일반적으로 거래금액과 그에 관한 부가가치세액이 커서 그 양수자는 거의 예외없이 매입세액을 공제받을 것이 예상되므로 이와 같은 거래에 대하여도 매출세액을 징수하도록 하는 것은 궁극적으로 세수를 증가시키지 않으면서 사업양수자에게 불필요한 자금압박만 주게 되어 피하여야 한다는 조세 내지 경제정책상의 배려에서 연유하는 것이라 할 수 있다(사업의 양도에 관한 상세한 내용은 제1편 제4장 제3절 Ⅱ. 5. 참조).

한편, 사업의 양도가 예외적으로 재화의 공급으로 인정되는 경우가 있다. 즉, 사업양수인이 사업양도인에게 양도대가를 지급하는 때, 그들 간의 거래가 부가가치세 과세대상에서 제외되는 사업양도로서의 요건을 충족하는지 여부를 판단하기가 어려워 사업양도에 해당하지 않는 것으로 전제하고, 사업양수인이 사업양도인에게 거래징수를 통하여 지급하여야 할 양도가액에 대한 부가가치세를 지급하지 않고 직접 자신의 사업장 관할세무서장에게 납부하고 그 납부세액을 매입세액으로 공제받을 수 있는바(附價法 52조 4항, 38조 1항 1호), 이 경우에는 설령 객관적으로 볼 때 사업양수인의 판단과 달리 사업양도의 요건을 충족하더라도 그 사업양도 거래를 부가가치세의 과세대상으로 한다(附價法 10조 9항 2호 단서). 사업양도의 요건 충족 여부를 둘러싼 과세권자와 납세의무자 간에 불필요한 분쟁을 방지하기 위한 제도이다.

법률에 의한 조세의 물납으로서 사업용 자산을 상속세·증여세의 물납(相贈稅法 73조), 종합부동산세의 물납(종합부동산세법 19조), 재산세의 물납(지방세법 117조의3)에 제공하는 경우도 부가가치세 과세대상에서 제외된다(附價法 10조 9항 3호; 附價令 24조). 조세의 물납을 재화의 공급으로 보지 않는 것은 국가로부터 거래징수가 사실상 불가능하고, 납세자의 불편만 초래하기 때문이다.

Ⅲ. 공급시기

부가가치세는 1년을 1·2기로 나누어(일반과세자의 경우) 또는 1년 단위로(간이과세자의 경우) 기간과세할 뿐 아니라(수입시에는 수시부과), '재화나 용역을 공급하는 때'에 세금계산서를 작성·발급하여야 하므로 공급시기가 언제인지 확정되어야 한다. 부가가치세법상의 공급시기는 소득세법상의 수입금액의 귀속연도(所法 24조)나 법인세법상의 손익의 귀속사업연도(法法 40조)와 유사한 기준에 의하여 정하여지지만 반드시 같지는 않다는 점에 유의하여야 한다. 따라서 어떤 거래로 인한 수입이 소득과세에 있어서는 수입이나 수익으로 계상되면서도 부가가치세법상으로는 아직 그에 상응하는 공급시기가 도래하지 않은 경우가 있을 수도 있고, 또한 그 반대의 경우도 있을 수 있다.

1. 재화의 공급시기

일반적으로 재화가 공급되는 시기는 다음과 같다(附價法 15조 1항).

1) 재화의 이동이 필요한 경우에는 재화가 인도되는 때.

2) 재화의 이동이 필요하지 아니한 경우에는 재화가 이용 가능하게 되는 때.[1]

'재화가 이용 가능한 때'라 함은 재화를 실지로 사용할 수 있는 때를 뜻한다. 따라서 부동산의 공급시기는 통상 부동산의 명도(明渡)시점이다. 그러나 매매계약에서 사용시점을 명도 후 어느 시기로 특약하였다면 그 약정시기가 '이용 가능한 때'이다.[2] 국가 또는 지방자치단체 등에 시설물을 기부채납하는 경우는 기부채납절차가 완료되거나 국가명의로 보존등기가 경료된 때를 공급시기로 본다.[3]

3) 위 1)과 2)를 적용할 수 없는 경우에는 재화의 공급이 확정되는 때.

그리고 거래의 유형별로 다음과 같이 공급시기를 정한다. 현금판매나 외상판매의 경우 인도기준을 택하고 있는 점은 위의 일반적 기준에 부합하나, 여타의 경우에 관한 것은 특례규정이라 할 수 있다.

1) 현금판매와 외상판매 또는 할부판매의 경우에는 재화가 인도되거나 이용가능하게 된 때(附價令 28조 1항 1호).

2) 현금 또는 외상으로 판매한 상품권 등이 현물과 교환되는 경우에는 재화가 실제로 인도되는 때(동항 2호).

---

1) 건설업 면허의 이전을 재화의 공급으로 보고 양수인이 건설업 면허증과 건설업 면허수첩을 교부받은 때가 공급시기라고 하는 판례(대법원 1985. 12. 10., 85 누 411)가 있으나 이는 재화의 공급이 아니라 용역의 공급에 해당한다.

2) 대법원 1989. 3. 28., 88 누 1745; 同旨 소비 46015 − 259, 2000. 8. 19.

3) 대법원 1996. 4. 26., 94 누 15752.

3) 재화의 공급으로 보는 가공의 경우에는 가공된 재화를 인도하는 때(동항 3호).

4) 장기할부판매의 경우에는 대가의 각 부분을 받기로 한 때.

'장기할부판매'는 재화를 공급하고 그 대가를 월부·연부 그 밖의 할부의 방법에 따라 받는 것 중 (i) 2회 이상으로 분할하여 대가를 받고, (ii) 해당 재화의 인도일의 다음날부터 최종 할부금의 지급기일까지의 기간이 1년 이상인 것을 말한다(附價令 28조 3항 1호; 附價則 17조).

5) 반환조건부 판매, 동의조건부 판매, 그 밖의 조건부 및 기한부 판매의 경우에는 그 조건이 성취되거나 기한이 경과되어 판매가 확정되는 때(附價令 28조 2항).

6) 완성도기준지급 또는 중간지급 조건부로 재화를 공급하거나 전력 기타 공급단위를 구획할 수 없는 재화를 계속적으로 공급하는 경우에는 대가의 각 부분을 받기로 한 때(附價令 28조 3항 2호, 3호, 4호). 다만, 완성도기준지급 또는 중간지급 조건부 재화의 공급이라고 하더라도 해당 재화가 인도되거나 이용가능하게 되는 날 이후에 받는 대가가 있는 경우에는 그 대가 부분의 공급시기는 해당 재화가 인도되거나 이용가능하게 되는 날로 본다(동항 단서).

'완성도기준지급 또는 중간지급 조건부 거래'라고 함은 일반적으로 (i) 장기건설공사, 신축건물의 분양, 규모가 큰 기계나 기구의 제작 등의 경우와 같이 재화나 용역이 완성될 때까지는 오랜 시일이 필요하여, 재화가 인도되거나 사용되기 전에 또는 용역의 제공이 완료되기 전에 기성부분의 측정이나 일의 진척도에 따라 재화의 공급이나 용역의 공급에 대한 대가를 분할하여 지급하는 것이 합리적인 경우의 해당 거래, (ii) 기성부분이나 일의 진척도를 측정하기 어렵거나 그럴 필요가 없는 경우이지만 시간적으로 분할하여 대가를 지급하는 거래 또는 (iii) 완성된 건물의 매매와 같이 통상 공급받는 자가 재화를 이용하기 전에 계약금 이외의 대가를 분할하여 지급하는 경우 중 계약금지급일로부터 잔금지급일까지가 장기간인 경우의 해당 거래 등 특수한 거래를 뜻한다.

부가가치세법 시행규칙 제18조는 중간지급조건부의 재화공급을 (i) 계약금을 받기로 한 날의 다음 날부터 재화를 인도하는 날 또는 재화를 이용가능하게 하는 날까지의 기간이 6개월 이상인 경우로서 그 기간 이내에 계약금 외의 대가를 분할하여 받는 경우, (ii) 국고금관리법 제26조에 따라 경비를 선급(先給)

하는 경우 및 (iii) 지방재정법 제73조에 따라 선금급을 지급받는 경우로 한정하고 있다. '중간지급조건부 재화의 공급'에는 미완성 재화를 공급하는 경우뿐만 아니라 거래계약 당시 이미 완성된 재화를 공급하는 경우도 포함된다.[1]

7) 자가공급 및 개인적 공급으로서 재화의 공급으로 보는 경우(附價法 10조 1항, 2항, 4항)에는 재화가 사용 또는 소비되는 때(附價令 28조 4항 1호).

8) 자기생산·취득 재화의 직매장 반출을 재화의 공급으로 보는 경우(附價法 10조 3항)에는 재화를 반출하는 때(附價令 28조 4항 2호).

9) 재화의 사업상 증여를 재화의 공급으로 보는 경우(附價法 10조 5항)에는 재화를 증여하는 때(附價令 28조 4항 3호). 여기서 '재화를 증여하는 때'라고 함은 증여약정일이 아니라 증여약정의 이행일이라고 할 것이다.

10) 사업자가 사업을 폐지하여 잔존재화를 공급한 것으로 보는 경우(附價法 10조 6항)에는 폐업하는 때(附價令 28조 4항 4호).

11) 무인판매기를 이용하여 재화를 공급하는 경우에는 해당 사업자가 무인판매기에서 현금을 인취하는 때(附價令 28조 5항).

12) 수출재화의 경우에는 수출의 방식에 따라 다르다. 첫째 내국물품을 외국으로 반출하거나 중계무역방식으로 수출하는 경우에는 수출재화의 선적일이고, 둘째 원양어업의 경우 또는 위탁판매수출의 경우에는 수출재화의 공급가액이 확정되는 때이며, 셋째 외국인도수출이나 위탁가공무역 방식의 수출의 경우에는 외국에서 해당 재화가 인도되는 때이다(附價令 28조 6항).

13) 사업자가 보세구역 내에서 보세구역 밖의 국내에 재화를 공급하는 경우가 재화의 수입에 해당하는 때에는 수입신고 수리일(附價令 28조 7항).

14) 보세구역 내 조달청 창고에 보관된 임치물이나 런던 금속거래소의 보세구역 내 지정창고에 보관된 임치물의 반환을 수반하는 창고증권의 양도는 재화의 공급에 해당하는바(附價令 18조 2항 1호 및 2호의 반대 해석), 그 공급의 시기는 (i) 창고증권을 소지한 사업자가 조달청 창고 또는 지정창고에서 실물을 인취한 후 보세구역의 다른 사업자에게 해당 재화를 인도하는 경우에는 그 인도시기, (ii) 해당 재화를 실물로 넘겨받는 것이 재화의 수입에 해당하는 경우에는 그 수입신고수리일, (iii) 국내로부터 조달청 창고나 지정창고에 임치된 임치물이 다시 국내로 반입되는 경우에는 그 반입신고수리일이다.

---

1) 대법원 1999. 8. 20., 99 두 3515.

15) 위에서 본 규정에 따라 사업자가 폐업 전에 공급한 재화의 공급시기가 폐업일 이후에 도래하는 경우에는 그 공급시기에 관계없이 폐업일을 공급시기로 본다(附價令 28조 8항).

16) 위탁판매 또는 대리인에 의한 매매의 경우(附價法 10조 7항)에는 수탁자 또는 대리인의 공급을 기준으로 공급시기를 판정하되, 위탁자 또는 본인을 알 수 없는 경우(동항 단서)에는 위탁자와 수탁자 또는 본인과 대리인 사이에도 별개의 공급이 이루어진 것으로 보아 공급시기를 판정한다(附價令 28조 9항).

17) 납세의무가 있는 사업자가 여신전문금융업법에 따라 등록한 시설대여업자로부터 시설 등을 임차하고 그 시설 등을 공급자 또는 세관장으로부터 직접 인도받은 경우에는 그 사업자가 공급자로부터 재화를 직접 공급받거나 외국으로부터 재화를 직접 수입한 것으로 보아 공급시기를 판정한다(附價令 28조 10항). 공급시기의 판정 목적상 시설 등의 임차인을 수급자나 수입자로 의제한다는 뜻일 뿐 시설 등의 임차인이 납세의무자로 된다는 것이 아님은 물론이다.

2. 용역의 공급시기

용역의 공급시기는 역무의 제공이 완료되거나 시설물, 권리 등 재화가 사용되는 때[1]로 한다(附價法 16조). 여기서 '역무의 제공이 완료된 때'라고 함은 '계약상의 역무제공의 범위와 계약조건 등을 고려하여 역무의 제공사실을 가장 확실하게 확인할 수 있는 시점, 즉 역무가 현실적으로 제공됨으로써 역무를 제공받는 자가 역무제공의 산출물을 사용할 수 있는 상태에 놓이게 된 시점'을 말한다.[2] 이러한 상태에 이른 후에 통상적으로 뒤따르는 마무리 작업이나 유지·보수 등의 작업으로서 그 규모와 대가의 액수 등이 전체 역무와 비교하여 미미한 정도에 불과한 경우에는 용역의 공급시기에 영향을 미치지 아니한다.[3]

거래의 유형별로 다음과 같이 정해진다.

1) 통상적인 공급의 경우에는 역무의 제공이 완료되거나 시설물, 권리 등 재화가 사용되는 때(附價法 16조 1항).

---

1) 장래 임대물의 제공에 의한 용역의 제공이 예정되어 있으나 아직 그 용역이 제공되지 아니한 경우에는 부가가치세법상의 과세기간 단위로 나누어 그 기간 동안 용역의 공급이 현실적으로 있는 때를 그 용역의 공급시기로 보아야 한다(대법원 1989. 4. 25., 88 누 9770).
2) 대법원 2015. 6. 11., 2013 두 22291.
3) 대법원 2016. 4. 12., 2014 두 35553.

2) 완성도기준지급·중간지급·장기할부 또는 기타 조건부로 용역을 공급하거나 그 공급 단위를 구획할 수 없는 용역을 계속적으로 공급하는 경우에는 그 대가의 각 부분을 받기로 한 때(附價法 16조 2항; 附價令 29조 1항).1) 다만, 완성도기준지급 및 중간지급 조건부 공급의 경우에 역무의 제공이 완료되는 날 이후 받기로 한 대가가 있으면, 그 부분에 대해서는 역무의 제공이 완료되는 날을 그 용역의 공급시기로 본다(附價令 29조 1항 단서). 장기할부조건부 및 중간지급조건부 용역의 공급의 의미에 관해서는 재화의 경우와 마찬가지로 부가가치세법 시행규칙에서 정의하고 있다(附價則 19조, 20조).

건설공사계약시에 완성도에 따라 기성고대금을 수차에 걸쳐 지급받기로 했으나 그 지급일을 명시하지 아니한 경우에는 공사기성고가 결정되어 그 대금을 지급받을 수 있는 날을 그 공급시기로 본다.2) 따라서 매월 1회씩 공사진척 사항을 검사한 후 그 기성고 금액의 80% 상당액을 지급하기로 약정했으나, 그 사이 한 번도 기성고 검사를 하지 않아 기성고 금액을 확정하지 않았다면 용역의 공급시기가 도래하지 않은 것으로 보고,3) 또한 공동주택을 신축하는 공동도급계약을 체결하면서 공사대금에 관하여는 신축하는 공동주택 중 호수를 특정한 몇 세대를 공사 도중에 임의분양하여 그 대금을 공사대금의 일부로 충당하기로 하고 공사를 진행하다 완공 전에 중단한 경우 기성고가 결정되어 그에 상응한 공사대금을 지급받을 수 있게 된 날을 건설용역의 공급시기로 봄이 타당하며, 이를 중간지급조건부 공급 등으로 보아 건설용역을 공급받은 회사의 분양대금 수령일을 용역의 공급시기로 볼 수는 없다.4)

한편 공사도급계약의 기성고 대금을 약속어음으로 교부받았다면 약속어음의 만기일이 아니라 약속어음을 교부받은 날이 용역의 공급시기에 해당한다.5)

기타 조건부 용역공급이란 역무의 제공이 완료되기 전에 그 대가를 완성도기준 등이 아닌 다른 기준에 따라 나누어 지급받기로 약정한 경우를 말한다.6)

3) 위 1)과 2)를 적용할 수 없는 경우에는 역무의 제공이 완료되고 그 공

---

1) 조선회사가 중간지급 조건으로 선박을 해체하는 용역을 공급한 경우 그 용역의 공급시기는 각 대가를 받기로 한 때이다(대법원 1992. 1. 21., 91 누 1684).
2) 附價法 기본통칙 9-22-2조.
3) 대법원 1983. 9. 27., 83 누 34.
4) 대법원 1997. 6. 27., 96 누 16193.
5) 대법원 1995. 8. 11., 95 누 634.
6) 대법원 1999. 5. 14., 98 두 3952.

급가액이 확정되는 때(附價令 29조 2항 1호).

4) 사업자가 (i) 부동산임대용역을 공급하고 전세금 또는 임대보증금을 받는 경우, (ii) 둘 이상의 과세기간에 걸쳐 부동산 임대용역을 공급하고 그 대가를 선불 또는 후불로 받는 경우 또는 (iii) 사업자가 부동산을 임차하여 다시 임대용역을 제공하는 경우에는 예정신고기간 또는 과세기간의 종료일(附價令 29조 2항 2호).

5) (i) 수영장, 헬스클럽장 등 스포츠센터를 운영하는 사업자가 회원들에게 시설을 이용하게 하고 연회비를 미리 받는 경우, (ii) 사업자가 다른 사업자에게 상표권을 사용하게 하고 그 사용대가 전액을 상표권 사용계약을 할 때 일시불로 받는 경우, (iii) 노인복지법에 따른 유료노인복지시설을 설치·운영하는 사업자가 그 시설을 분양받은 자로부터 입주 후 수영장·헬스클럽장 등을 이용하는 대가를 입주 전에 미리 받는 경우, (iv) 그 밖에 사업자가 이와 유사한 용역을 둘 이상의 과세기간에 걸쳐 계속적으로 제공하고 그 대가를 선불로 받는 경우에는 해당 용역이 제공된 과세기간의 예정신고기간 또는 과세기간의 종료일(附價令 29조 2항 3호).

6) '사회기반시설에 대한 민간투자법'상의 사회기반시설의 준공 후 일정기간 사업시행자에게 해당 시설의 소유권이 인정되다가 그 기간의 만료 후 시설소유권이 국가 또는 지방자치단체에 귀속되는 방식을 준용하여 설치한 시설에 대하여 둘 이상의 과세기간에 걸쳐 계속적으로 시설을 이용하게 하고 그 대가를 받는 경우 역시 이용 용역이 제공된 기간이 속하는 예정신고기간 또는 과세기간의 종료일이 공급시기가 된다(동항 4호).

7) 위에서 본 규정에 따라 사업자가 폐업 전에 공급한 용역의 공급시기가 폐업일 이후에 도래하는 경우에는 그 공급시기에 관계없이 폐업일을 공급시기로 본다(附價令 29조 3항).

3. 세금계산서 또는 영수증 발급시의 특칙

사업자가 재화 또는 용역의 본래의 공급시기가 되기 전에 재화 또는 용역에 대한 대가의 전부 또는 일부를 받고, 그 받은 대가에 대하여 세금계산서 또는 영수증을 발급하면 그 세금계산서 등을 발급하는 때를 해당 재화 또는 용역의 공급시기로 본다(附價法 17조 1항). 또한 사업자가 재화 또는 용역의 공급시기가 되기 전에 세금계산서를 발급하고 그 세금계산서 발급일부터 7일 이내에 대가를 받으면 해당 세금계산서를 발급한 때를 재화 또는 용역의 공급시기로 본다(동조 2항). 통상의 공급시기를 배제하고 세금계산서 발급시기로 대체하는 것이다. 나아가 사업자가 재화 또는 용역의 공급시기가 되기 전에 세금계산서를 발급하고 그 세금계산서 발급일부터 7일이 지난 후 대가를 받았더라도, (i) 거래 당사자 간의 계약서·약정서 등에 대금 청구시기(세금계산서 발급일)와 지급시기를 따로 적고, 그 사이의 기간이 30일 이내인 경우 또는 (ii) 재화 또는 용역의 공급시기가 세금계산서 발급일이 속하는 과세기간 내(공급받는 자가 부가가치세법 제59조 제2항에 따라 납부한 부가가치세의 조기환급을 받은 경우에는 세금계산서 발급일부터 30일 이내)에 도래하는 경우에도 해당 세금계산서를 발급한 때를 재화 또는 용역의 공급시기로 본다(동조 3항). 또한 (i) 사업자가 장기할부판매로 재화를 공급하거나 장기할부조건부로 용역을 공급하는 경우와 (ii) 전력이나 그 밖에 공급단위를 구획할 수 없는 재화나 용역을 계속적으로 공급하는 경우로서 그 본래의 공급시기가 되기 전에 세금계산서나 영수증을 발급하는 경우에는 그 발급시를 해당 재화 또는 용역의 공급시기로 본다(동조 4항).

Ⅳ. 거래징수

재화나 용역의 공급자는 그 공급받는 자로부터 재화나 용역의 대가에 세액을 더한 금액을 받아 그 세액에서 매입세액을 공제한 금액을 납부하도록 되어 있다. 따라서 사업자가 재화 또는 용역을 공급하는 때에는 부가가치세의 과세표준에 세율을 적용하여 계산한 부가가치세를 수급자로부터 징수하여야 한다(附價法 31조). 이 규정의 성격에 관해 훈시적 규정에 불과하다는 것이 판례의 입장이다. 즉 거래징수를 하지 못하였다는 사실은, 못한 데 대한 책임의 유무를 불문하고, 공급자의 납세의무(附價法 3조)에 아무런 영향을 주지 않는다.1) 예컨대, 민사집행법에 따른 강제경매를 재화의 공급으로 보지 않는다는 현행 부가가치세법 시행령 제18조 제3항이 신설되기 전에 경매에 의하여 자산이 양도되는 과

---

1) 대법원 1991. 4. 23., 90 누 10209. 다만 당사자 사이에 지급하기로 약정이 되어 있는 경우에는 그 약정에 기하여 청구할 수 있고(대법원 1993. 9. 14., 92 다 29986; 同 1993. 11. 26., 92 다 48437), 이러한 약정은 묵시적으로도 가능하다(대법원 1986. 10. 28., 86 다카 745).

정에서 경매실시기관인 법원이 세금계산서 발급 및 거래징수의 절차를 취하지 않은 경우에도 공급자인 경매부동산의 소유자는 납세의무가 있다.[1] 그러나 위와 같은 판례의 취지가 타당한지는 의문이다. '전단계 매입세액 공제방식' 하에서는 납세의무자는 재화와 용역을 공급하는 사업자이지만, 그 사업자가 납부하는 부가가치세는 공급가액과 세액을 구분하여 기재한 세금계산서를 매개로 하여 공급을 받는 자에게 거래단계별로 순차로 전가될 것이 예정되어 있다. 따라서 공급자는 적극적으로 거래상대방에 대한 거래징수권을 가지고, 거래상대방은 부가가치세의 거래징수를 받아들일 의무를 부담한다고 보아야 한다.[2] 이런 관점에서 경매와 같이 공급자의 거래상대방에 대한 거래징수가 제도적으로 차단되어 있는 경우를 재화의 공급의 범위에서 제외시켰다. 한편, 재화나 용역의 공급자와 공급받는 자가 공급대가와 그에 대한 부가가치세액을 구분함이 없이 일괄적으로 일정한 금액을 수수하기로 약정한 경우에는 그 가액에는 부가가치세의 거래징수액까지 포함된 것으로 보아 그 가액 중 110분의 100은 공급대가로 받고, 나머지 110분의 10은 부가가치세를 거래징수한 것으로 본다(附價法 29조 7항).

Ⅴ. 공급장소

과세권은 국가 주권의 일부이기 때문에 재화나 용역의 공급이 영역 내에서 이루어지지 않으면 해당 재화나 용역의 공급에 대하여 우리나라 정부가 부가가치세 과세권을 행사할 수 없다. 이는 달리 말하면 과세대상 재화나 용역의 공급장소가 국내여야 함을 의미한다. 따라서 재화나 용역의 공급장소는 우리나라의 부가가치세 부과권이 미치는 공간적 범위를 정하는 기준이 된다.

재화의 공급장소는 (i) 재화의 이동이 필요한 경우에는 재화의 이동이 시작되는 장소, (ii) 재화의 이동이 필요하지 아니한 경우에는 재화가 공급되는 시기에 재화가 있는 장소이다(附價法 19조 1항). 위 (i), (ii)의 장소가 국내에 있더

---

1) 대법원 1991. 7. 12., 90 누 6873; 同 1984. 3. 27., 82 다카 500; 同 1998. 2. 27., 97 누 5457; 국심 1983. 8. 11., 83 부 1212(문제된 사안은 공장건물을 경매당하였으나 근저당권의 채권액이 경매대금 액수를 초과하여 경매비용을 제외한 나머지 금원은 모두 근저당권자에게 배당되었고 경매부동산의 소유자인 원고회사는 전혀 배당을 받지 못하였으며, 경매에 의하여 자산이 양도되는 과정에서 경매실시기관인 법원이 세금계산서 교부 및 거래징수의 절차를 취하지 않은 경우에 관한 것이다).

2) 同旨 최명근, 「부가가치법세론」, '95 개정증보 6판, 347-352면.

라도 국외로 수출되는 재화에 대해서는 영세율이 적용되어 매입세액의 환급이 가능하다. 반면 위 (i), (ii)의 장소가 국외에 있고, 국외에서 공급되는 재화에 대해서는 부가가치세가 과세되지 않으나,1) 국내로 수입되는 재화는 과세대상이 된다. 위의 기준에 따른 재화의 공급장소가 우리나라 국적의 선박·항공기라면 국외에서 공급된 것으로 보지 아니한다(附價法 기본통칙 2-0-3조).

용역의 공급장소의 결정에 관한 기준을 정하는 방법으로는 ① 역무를 제공하는 자가 소재하는 장소를 기준으로 하는 방법, ② 역무를 제공받는 자가 소재하는 장소를 기준으로 하는 방법, ③ 역무가 제공되는 장소를 원칙으로 하되, 역무의 제공형태에 따라 별도로 공급장소를 정하는 방법 중 어느 하나를 택할 수 있다. 우리 부가가치세법은 3번째 방법에 따라 역무가 제공되거나 시설물, 권리 등 재화가 사용되는 장소(제공지 기준)를 용역의 공급장소로 함을 원칙으로 한다(附價法 20조 1항 1호). 여기서 역무의 제공장소라 함은 해당 역무의 중요하고도 본질적인 부분이 행하여진 곳을 의미한다.2) 그리하여 외국의 광고매체에 광고게재를 의뢰하고 광고료를 지급하는 경우(附價法 기본통칙 10-0-1조), 국내사업자가 전자사서함서비스를 국외에서 제공받고 그 대가를 지급하는 경우3)는 해당 용역의 제공장소가 국외이므로 부가가치세가 과세되지 않는다. 일본에 본점을 둔 甲회사 서울지점이 한국수산업자들에게 조업구역의 어장정보, 일본수산물시장의 수요동향 및 재고량 등에 관한 정보를 제공하고, 인명사고에 대한 보험처리 등의 문제를 해결하며, 수산물가격이 결정되면 서울지점을 통하여 대금결제를 하였다면 甲회사는 한국 내에서 중개용역을 제공한 것이므로 부가가치세를 납부하여야 한다.4) 정부에 의하여 대형교량 건설사업의 시행자로 지정된 외국법인이 국내·외에 걸쳐서 계약에 따른 용역을 제공했더라도, 국외제공용역은 국내제공용역과 유기적으로 결합하여 실질적으로 하나의 용역으로 공급되었고, 국내제공용역이 중요하고도 본질적인 부분이라면, 국외제공용역의 공급장소도 국내가 된다.5)

---

1) 사업자가 외국법인으로부터 선원부용선계약으로 임차한 원양어업선박을 이용하여 공해상에서 채포된 수산물을 우리나라에 반입하지 아니하고 제3국으로 판매하는 경우에는 부가가치세가 과세되지 아니한다(부가 46015-203, 1998. 5. 1.).
2) 대법원 2016. 1. 14., 2014 두 8766.
3) 부가 22601-363, 1991. 3. 25.
4) 대법원 1996. 11. 22., 95 누 1071.
5) 대법원 2016. 2. 18., 2014 두 13829.

다만 국내외에 걸쳐 국제운송용역을 제공하는 사업자가 비거주자 또는 외국법인인 경우에는 여객이 탑승하거나 화물이 적재되는 장소가 공급장소이고 (附價法 20조 1항 2호), 부동산의 임대용역의 경우는 부동산이 소재하는 장소가 용역의 공급장소이다(附價法 기본통칙 10-0-1조). 해외건설업을 영위하는 법인의 경우 사업장이 소재하는 장소가 용역의 공급장소로 된다.[1]

한편, 부가가치세는 재화나 용역의 소비가액을 과세대상으로 포착하여 과세함을 전제로 하는 소비세인바, 재화나 용역의 생산국과 소비국이 다른 경우에 위의 공급장소 기준 과세권 행사원칙을 적용하면 소비지 과세원칙과 어긋나는 결과가 발생할 수 있다. 이러한 상충 문제를 해소하기 위해 EU 부가가치세법은 재화의 경우에는 소비자에게 운송이 완료되는 장소를, 그리고 용역의 경우에는 소비자가 사업장을 설치한 장소를 각 공급장소로 보고 있다.[2] 우리나라도 이러한 입법 방향을 일부 수용하여 국외사업자가 국내 비사업자에게 이동통신단말기나 컴퓨터 등을 통하여 특정의 전자적 용역을 공급하는 경우(附價法 53조의2 1항) 그 공급장소를 용역을 공급받는 자의 사업장 소재지, 주소지 또는 거소지로 보는 것으로 2020년에 법을 개정하여 소비지 과세원칙과 공급장소 기준 과세원칙 간의 상충문제를 부분적으로 해소하였다.

---

1) 법인의 해외건설업의 사업장이 국내에 소재하는 경우라면 과세대상이 되지만, 국외에서 제공하는 용역으로서 영세율이 적용된다(소비 22601-1333, 89. 12. 8).

2) Council Directive 2006/112/EC, Article 33, Paragraph 1(재화의 경우), Article 44(용역의 경우); 2008년 개정(Council Directive 2008/8/EC of 12 February 2008)전의 부가가치세법에서는 용역공급의 경우 그 공급자의 사업장 소재지를 공급장소로 보는 것이 일반원칙이었으나(개정 전 Article 43), 소비지 과세원칙과 어긋나는 문제를 해결하기 위해 소비자의 사업장을 용역의 공급장소로 보는 것으로 일반원칙을 개정하였다.

제 5 절 영세율과 면세

I. 영 세 율

1. 의   의

영세율은 그 적용대상 공급에 대응하는 매입세액을 전액 환급해 주기 위한 방법이다. 영세율을 적용하면 매출세액이 영이 되는 데 반하여 매입세액의 공제는 인정되어 차액이 음수가 되기 때문이다. 물론 매입세액은 어느 경우에나 즉시 공제가 가능한 것이므로 환급(또는 매입세액의 공제에 의한 환급과 같은 효과)이 반드시 영세율 적용대상 공급이 이루어진 후에 비로소 있는 것은 아니다. 따라서 실질적인 환급시기는 영세율 적용대상 공급에 대응하는 매입세액의 공제시이다. 수출재화와 국외에서 제공하는 용역에 영세율을 적용하는 근거는 간접세의 소비지과세원칙(destination principle)이다. 현행 부가가치세는 일반소비세로 파악되고 있기 때문에 부가가치세의 부담은 소비지인 국외에서 지워져야 한다는 원칙이다.

2. 영세율 적용대상

(1) 영세율 적용대상의 유형

영세율의 적용대상은 수출재화, 국외에서 제공하는 용역, 선박 또는 항공기의 외국항행용역, 기타 특정의 외화획득재화 또는 용역이다(附價法 21조 내지 24조). 방위산업체에 의한 공급, 농어업용기자재의 공급 등 국내 공급에 대한 영세율 적용에 관하여는 조세특례제한법에서 별도로 규정하고 있다(租特法 105조).

(2) 수출재화

수출이라고 함은 내국물품(우리나라 선박에 의하여 채포된 수산물을 포함)을 외국으로 반출하는 것을 말한다(附價法 21조 2항 1호). 관세법상의 수출개념(관세법 2조 2호)과 동일하다. 이는 수출입 통관절차를 관세법에서 규율하고, 그 집행을 세관이 담당하고 있기 때문에 부가가치세 부과목적상 다른 개념을 적용하기 어렵다는 현실적 요청 때문이라고 할 것이다. 이 점은 전술한 재화의 수입에 있어서도 마찬가지라 할 수 있다. 국내의 사업장에서 계약체결과 대가수령 등

거래가 이루어지는 것으로서 중계무역 수출, 위탁판매 수출, 외국인도 수출, 위탁가공무역 수출 및 수입신고되지 않은 상태로 보세구역에 보관된 물품의 외국으로의 반출은 국내로부터의 물리적 반출을 수반하지 않으므로 본래의 의미의 수출은 아니지만, 국내로의 반입과 국외로의 반출이 생략된 것으로 보아 수출의 범위에 포함시키고 있다(附價令 31조 1항). 그 밖에도 (i) 사업자가 내국신용장1)과 수출용 원자재 구매확인서2)에 의하여 공급하는 재화[다만, 금지금(金地金)은 제외함; 동조 2항 1호], (ii) 사업자가 한국국제협력단법에 의한 한국국제협력단에 공급하는 재화(한국국제협력단이 한국국제협력단법 7조 소정의 사업을 위하여 해당 재화를 외국에 무상으로 반출하는 경우에 한함; 동항 2호), (iii) 사업자가 한국국제보건의료재단법에 따른 한국국제보건의료재단에 공급하는 재화(한국국제보건의료재단이 같은 법 7조에 따른 사업을 위하여 해당 재화를 외국에 무상으로 반출하는 경우에 한함; 동항 3호), (iv) 사업자가 대한적십자사 조직법에 따른 대한적십자사에 공급하는 재화(대한적십자사가 같은 법 제7조에 따른 사업을 위하여 외국에 무상으로 반출하는 재화에 한함), (v) 사업자가 국외의 비거주자 또는 외국법인(이하 "비거주자 등"이라고 함)과 직접 계약에 의하여 공급하고, 그 대금을 외국환은행에서 원화로 받으며, 비거주자 등이 지정하는 국내의 다른 사업자에게 인도하고, 인도받은 국내의 다른 사업자가 비거주자 등과 계약에 의하여 그대로 반출하거나 제조ㆍ가공 후 반출하는 재화(동항 5호)도 수출하는 재화에 포함된다. 외화로 대가를 받는 각종 재화의 판매를 광범위하게 수출의 범위에 포함시키고 있는 것이다.

(3) 외국항행용역

외국항행용역은 선박 또는 항공기에 의하여 여객이나 화물을 국내에서 국외로, 국외에서 국내로 또는 국외에서 국외로 수송하는 것을 말하고, 외국항행사업자가 자기의 사업에 부수하여 행하는 재화 또는 용역의 공급으로서 특정 유형의 것도 포함한다(附價法 23조 2항; 附價令 32조 1항). 운송주선업자가 국제복

---

1) 내국신용장이라 함은 국내에서 수출용원자재ㆍ수출용완제품 또는 수출재화임가공용역을 공급받고자 하는 사업자의 신청에 의하여 외국환은행의 장이 재화 또는 용역의 공급시기가 속하는 과세기간 종료 후 20일 이내에 개설하는 신용장을 말한다(附價則 21조 1호).

2) 구매확인서라 함은 대외무역법 시행령 제31조 및 제91조 제11항에 따라 외국환은행의 장이 내국신용장에 준하여 재화 또는 용역의 공급시기가 속하는 과세기간 종료 후 20일 이내에 발급하는 확인서로서 수출용 재화 또는 용역에 관한 수출신용장 등 근거서류 및 그 번호와 선적기일 등이 기재된 것을 말한다(附價則 21조 2호).

합운송계약에 의하여 화주로부터 화물을 인수하고 자기의 책임과 계산하에 타인의 선박 또는 항공기 등의 운송수단을 이용하여 화물을 운송하고 화주로부터 운임을 받는 국제운송용역과 항공법에 의한 상업서류송달용역도 외국항행용역에 포함된다(附價令 32조 2항). 외국항행용역에 대한 영세율 적용은 '소비지'의 판정도 어렵거니와 외화획득의 측면도 있으며, 각국의 입법관례도 영세율을 적용하고 있는 점을 감안한 것이다.

(4) 기타 특정의 외화획득재화 또는 용역

영세율의 적용을 받는 기타 특정의 외화획득재화 또는 용역에는 크게 2가지가 있다. 하나는 우리나라에 상주하는 외교공관 등이나 그에 소속된 외국공무원 신분을 가진 자에게 재화나 용역을 공급하는 경우이다(附價法 24조 1항 1호, 2호; 附價令 33조 1항). 재화나 용역을 공급받는 자의 특수한 신분을 고려한 것이다. 다른 하나는 재화나 용역을 공급받는 자의 신분에 관계없이 외화획득이라는 결과만을 고려하여 영세율을 적용하는 경우이다(附價法 24조 1항 3호; 附價令 33조 2항). 이에는 (i) 국내에서 국내사업장이 없는 비거주자 등에게 공급되는 일정한 유형의 재화 또는 용역으로서 그 대금을 외국환은행에서 원화로 받거나 기획재정부령으로 정하는 방법으로 받는 거래(附價令 33조 2항 1호), (ii) 국내사업장이 있는 비거주자 등의 국내사업장이 아닌 해외사업장과의 직접계약에 의하여 국내에서 일정한 유형의 재화 또는 용역을 공급하고, 그 대금을 해당 국외의 비거주자 등으로부터 외국환은행을 통하여 원화로 받거나 기획재정부령으로 정하는 방법으로 받는 거래(동항 2호), (iii) 수출업자와 직접 도급계약에 의하여 수출재화를 임가공하는 수출재화임가공용역(사업자가 부가가치세를 별도로 기재한 세금계산서를 발급한 경우는 제외; 동항 3호), (iv) 내국신용장 또는 구매확인서에 의하여 공급하는 수출재화임가공용역(동항 4호), (v) 외국을 항행하는 선박 및 항공기 또는 원양어선에 공급하는 재화 또는 용역(사업자가 부가가치세를 별도로 기재한 세금계산서를 발급한 경우는 제외; 동항 5호), (vi) 국제연합군 또는 미국군에게 공급하는 재화 또는 용역(동항 6호), (vii) 관광진흥법에 따른 일반여행업자가 외국인관광객에게 공급하는 관광알선용역으로서 그 대가를 외국환은행에서 원화로 받는 것이나 외화 현금으로 받은 것 중 국세청장이 정하는 관광알선수수료명세표와 외화매입증명서에 의하여 외국인 관광객과의 거래임이 확인되는 것(동항 7호), (viii) 개별소비세법에 의해 지정받은 외국인전용판매장의 운영사업자나 조세특례제한법 제115조에 규정된 주한 외국군인 및 외국인선원 전용의 유흥음식점 운영사업자가 국내에서 공급하는 재화 또는 용역으로서 그 대가를 외화로 받고 그 외화를 외국환은행에서 원화로 환전하는 것(동항 9호) 등이 포함된다. 이러한 기타 외화획득재화 또는 용역의 공급은 그 경제적 효과가 수출의 경우와 같으므로 수출에 준하여 영세율을 적용하는 것이다.

3. 영세율 적용의 상호주의

영세율 적용 대상 사업자가 비거주자 또는 외국법인인 경우에는 그 거주지국이나 설립지국이 우리나라의 거주자나 내국법인에 대하여 동일한 조건으로 면세하는 경우에만 영세율을 적용한다(附價法 25조 1항). 외교공관 등에 소속된 외국공무원 신분을 가진 자에게 행하는 재화나 용역의 공급에 대해서 영세율을 적용받기 위해서도 마찬가지이다(동조 2항). 이때 "동일하게 면세하는 경우"라 함은 해당 외국의 조세로서 우리나라의 부가가치세 또는 이와 유사한 성질의 조세를 면세하는 경우와 그 외국에 우리나라의 부가가치세 또는 이와 유사한 성질의 조세가 없는 경우를 의미한다(동조 3항). 비거주자나 외국법인이 우리나라에서 어떤 재화나 용역을 공급하는 데 대하여 영세율을 적용하여 부가가치세 부담을 지우지 않는 데 비해 우리나라 거주자나 내국법인이 외국에서 동일한 재화나 용역을 공급하는 데 대해서는 부가가치세 부담을 지게 되면, 우리나라 기업이 가격경쟁력에서 상대적으로 뒤지게 됨을 고려해서 둔 조항이다.

Ⅱ. 면   세

1. 의   의

면세란 특정 재화나 용역의 공급 또는 특정 사업자가 행하는 재화나 용역의 공급에 대하여 부가가치세 매출세액의 징수를 면제함과 동시에 그러한 면세사업에 사용된 재화나 용역의 매입에 대하여 부담한 매입세액의 공제나 환급도 허용하지 않는 제도이다. 요컨대, 특정 재화나 용역의 공급과 그 공급에 사용된 다른 재화나 용역의 매입을 일괄적으로 부가가치세 과세의 체인(chain) 밖으로 배제하는 제도이다. 면세는 매출세액을 납부할 필요가 없는 반면에, 매입세액을 공제받을 기회도 잃게 되는 점에서 영세율과 다르다. 또한 영세율과는 달리 면세사업자는 납세의무자가 아니기 때문에 사업자등록, 세금계산서 발급 등의 부가가치세법상의 제반 의무도 면제받는다.

면세사업자는 매입세액을 공제받을 수 없기 때문에 최종유통단계의 공급이 면세인 경우에는 궁극적인 세부담 경감의 효과가 있으나, 중간단계의 공급에서 부가가치세가 면제된 재화나 용역이 후단계의 과세대상 공급에 사용되는 경우에는 중간단계의 공급에서 면제된 부가가치세액이 후단계의 공급에서 모두 다시 부과되는 효과가 생긴다. 즉, 면세재화 또는 용역을 공급받은 사업자가 이를 다른 과세대상 재화나 용역의 공급에 사용하면(이하 이러한 사업자를 "후단계 과세공급자"라고 함) 매출세액은 발생하는데 공제할 매입세액이 없기 때문에 결국 그의 납부세액은 매출세액과 동일하다. 그러므로 후단계 과세공급자는 자신이 창출한 부가가치에 대해서뿐만 아니라 전단계 사업자가 창출한 부가가치를 포함하는 전 매출액에 대하여 납세의무를 지는 것이다. 이리하여 후단계 과세공급자는 전단계 공급에서 면제된 부가가치세를 부담하게 되고, 과세권자로서는 전단계 공급에 대한 면세로 거두지 못한 세수를 후단계 과세공급자로부터 환수하게 된다. 이러한 점에서 이를 환수효과(還收效果, catching-up effect)라고 부른다. 한편 면세사업자는 자신의 공급에 대하여 매출세액을 납부하지 않는 대신 자신이 공급받는 단계에서 부담한 매입세액을 공제받지 못하기 때문에 결국 면세 이전의 공급단계까지 창출된 부가가치에 대한 부가가치세를 전액 부담하게 되는데, 후단계 과세공급자가 면세 이전의 공급단계까지 창출된 부가가치를 다시 자신의 매출액에 포함시켜 매출세액을 부담함으로써 그 '면세 이전의 공급단계에서 창출된 부가가치액'에 대하여는 부가가치세가 이중으로 부과되는 효과가 생긴다. 이를 이른바 누적효과(累積效果, cascade effect)라고 부른다.

2. 면세의 대상

(1) 국내공급

1) 부가가치세법상의 면세   면세가 정당화되는 근거는 대체로 부가가치세의 역진성 완화, 사회적 공헌도, 행정집행상의 어려움 등을 든다. 이들 구별기준에 따라 부가가치세법상 국내공급에 대하여 면세가 적용되는 대상을 살펴보면 다음과 같다(附價法 26조 1항).

① **생필품**(부가가치세의 역진성 완화)

(i)-a 특정 종류의 가공되지 아니한 식료품(미가공식료품; 附價法 26조 1항 1 호 전단)   여기서 미가공식료품이라 함은 전혀 가공되지 아니하거나 탈곡·정미·정맥·제분·정육·건조·냉동·염장·포장이나 그 밖에 원생산물 본래의 성질이 변하지 아니하는 정도의 1차 가공을 거쳐 식용으로 제공하는 것을 말한다(附價令 34조 1항). 이에는 김치, 두부 등 단순 가공식료품, 원생산물 본래의 성질이 변하지 아니하는 정도로 1차 가공을 하는 과정에서 필수적으로 발생하는 부산물, 미가공식료품의 단순 혼합물, 쌀에 식품첨가물 등을 첨가 또는 코팅하거나 버섯균 등을 배양한 것 등을 포함한다(동조 2항).

여기서 주로 문제되는 것은 '가공되지 아니한 식료품'과 '가공된 식료품'의 구별문제이다. 이와 같은 구별은 가난한 가계는 사치성 식료품을 즐길 여유가 없다는 가정에서 출발한 것으로 사치성 식료품과 필수식료품의 구별은 가공식료품과 가공되지 아니한 식료품의 구별로 가능함을 전제로 한 것이다. 그러나 이와 같은 기준도 그다지 명확한 것은 아니므로 시행령은 '원생산물 본래의 성상이 변하지 아니하는 정도의 1차 가공을 거친 것'은 가공되지 아니한 식료품이라는 기준을 제시하고 있는 것이다. 판례에서 문제된 것을 살펴보면 예컨대 볶은 땅콩,[1] 팥과 양대를 세척·분쇄하여 삶은 후 여과기로 거르고 다시 압력을 가하여 만든 앙금의 원료[2]는 원생산물의 본래의 성질이 변경된 것이므로 미가공식료품이 아니다. 또한 데쳐서 건조시킨 고사리,[3] 불 또는 맥반석에 구운 오징어[4]도 가공식료품으로 본다.

한편 김치·단무지·장아찌·두부·메주·간장·된장·고추장 등은 미가공식료품에 속하나, 제조시설을 갖추고 판매목적으로 독립된 거래단위로 관입·병입 기타 이와 유사한 형태로 포장된 것은 가공식품에 해당하여 면세대상에서 제외된다(附價令 34조 2항 1호; 附價則 24조 別表 1, 분류 12). 김치는 면세대상인데, 이와 관련하여 재료의 일부만 자체 조달하여 김치를 가공하는 용역을 어떻게 볼 것인가 하는 문제가 있다. 판례는 식품회사가 국방부로부터 공급받은 배추, 무, 마늘, 고춧가루, 젓갈류 등에 자신이 자체 조달한 생강, 소금, 설탕, 조

---

1) 대법원 1983. 4. 26., 82 누 531.
2) 대법원 1983. 8. 23., 82 누 310.
3) 대법원 1994. 4. 15., 93 누 22296.
4) 부가 46015-3222, 2000. 9. 18.

미료 등을 첨가하여 만든 김치를 국방부에 납품하는 행위는 단순한 김치의 가공용역의 공급이지, 김치를 주된 재화로 공급함과 동시에 이에 필수적으로 부수되는 용역을 공급한 것이 아니므로 면세대상으로 볼 수 없다고 한다.[1]

(i)-b 국내에서 생산되어 식용으로 제공되지 아니하는 농·축·수·임산물[2] (附價法 26조 1항 1호 후단)   이에는 원생산물, 원생산물 본래의 성상(性狀)이 변하지 아니하는 정도의 원시가공을 거친 것, 원시가공의 과정에서 필수적으로 발생하는 부산물이 해당된다(附價令 34조 3항).

(ii) 수돗물(附價法 26조 1항 2호).

(iii) 연탄과 무연탄(동항 3호).

(iv) 여성용 생리처리 위생용품(동항 4호).

(v) 여객운송용역   다만 ① 항공기·고속버스·전세버스·택시·특수자동차·특종선박 또는 고속철도에 의한 여객운송용역으로서 시행령에서 정하는 것과 ② 삭도, 유람선 등 관광 또는 유흥 목적의 운송수단에 의한 여객운송 용역은 제외한다(동항 7호).

(vi) 주택과 이에 부수되는 토지(주택의 연면적과 건물이 정착된 면적의 5배(도시계획구역 밖에 있는 토지는 10배) 중 넓은 면적 내의 토지)의 임대용역(동항 12호; 附價令 41조 1항).

(vii) 주택법에 따른 관리규약에 따라 같은 법에 따른 관리주체 또는 입주자대표회의가 제공하는 같은 법에 따른 복리시설인 공동주택 어린이집의 임대용역(附價法 26조 1항 13호).

② 사회적 공헌도

(i) 특정의 의료보건용역과 혈액(附價法 26조 1항 5호; 附價令 35조).

(ii) 특정의 교육용역(附價法 26조 1항 6호)   교육용역은 정부의 허가 또는 인가를 받거나 주무관청에 등록 또는 신고된 학교·학원·강습소·훈련원·교습소 또는 그 밖의 비영리단체 및 청소년활동진흥법에 따른 청소년수련시설, '산업교육진흥 및 산학연협력촉진에 관한 법률'에 따른 산학협력단, 사회적기업육성법에 따라 인증받은 사회적기업, '과학관의 설립·운영 및 육성에 관한 법

---

1) 대법원 1995. 2. 14., 94 누 13381; 同旨 최선집,「논점 조세법」, 조세통람사, 1998, 463-464면.
2) 삼아피가 이에 해당한다(대법원 1982. 11. 23., 82 누 400).

률'에 따라 등록한 과학관, '박물관 및 미술관 진흥법'에 따라 등록한 박물관과 미술관, 협동조합기본법에 따라 설립인가를 받은 사회적협동조합에서 학생·수강생·훈련생·교습생 또는 청강생에게 지식·기술 등을 가르치는 것을 말한다 (附價令 36조 1항). 무도학원이나 자동차운전학원에서의 교육은 제외한다(동조 2항). 그리하여 정부의 허가나 인가를 받지 아니한 학원에서 수강생들에게 침구술을 가르치는 행위는 부가가치세 면제대상이 아니다.1)

(iii) 도서(기획재정부령이 정하는 전자출판물 포함)·신문·잡지·관보·뉴스통신2)·방송(광고는 제외)(附價法 26조 1항 8호)   도서를 인쇄, 제본하고 나아가 이를 판매하는 경우, 즉 도서를 출판하는 경우는 출판업자로서의 사업자등록 유무에 관계없이 부가가치세가 면제된다.3) 도서의 대여 용역과 실내 열람 용역도 면세 대상에 포함된다. 한편 시력검사표나 색각검사표도 여기서 말하는 도서에 해당된다.4) 그러나 세계고전음악의 음반 40매 등에 그 해설도서 1권과 악보집 2, 3권을 첨부한 음반 전집 1질을 하나의 공급단위로 하여 판매하였다면, 음반에 부수하여 해설도서 등을 판매한 것이지 면세대상인 도서를 공급한 것이 아니다.5)

(iv) 우표·인지·증지·복권, 공중전화(附價法 26조 1항 9호).6)

(v) 제조담배로서 판매가격이 200원 이하인 것 혹은 특수제조용담배로서 영세율이 적용되지 않는 것(동항 10호; 附價令 39조).

(vi) 저술가·작곡가 등이 직업상 제공하는 인적용역(附價法 26조 1항 15호; 附價令 42조).

(vii) 예술 창작품,7) 순수예술행사·문화행사,8) 아마추어 운동경기 등으로

---

1) 대법원 1988. 4. 12., 87 누 1157, 1158.
2) 통신을 경영하는 사업자가 특정회원을 대상으로 특정한 정보를 제공하는 경우를 제외한다(附價令 32조 2항 괄호).
3) 대법원 1985. 11. 12., 83누172.
4) 대법원 1990. 1. 25., 89 누 1612.
5) 대법원 1995. 2. 23., 94 누 11750.
6) '공중전화' 용역에는 통화용역 자체를 의미하고, 공중전화의 관리용역은 포함되지 않는다 (대법원 1985. 11. 12., 84 누614; 同 1986. 9. 23., 85 누757).
7) 사업가가 예술가의 손에 의하여 원판으로부터 직접 제작된 판화를 구입하여 판매하는 경우 동 예술창작품인 판화는 부가가치세가 면제된다(부가 46015－3245, 2000. 9. 19.).
8) 재단법인 한국기원은 문화공보부장관의 허가 아래 기도문화의 발전과 바둑의 보급, 전문기사와 아마기사의 양성 등을 목적으로 설립된 비영리문화단체이고, 각종 바둑대회의 개최나 후원 등을 고유의 사업으로 삼고 있음이 명백하므로, 그렇다면 원심이 인정한 바와 같이

서 영리를 목적으로 하지 않는 것(附價法 26조 1항 16호; 附價令 43조).

(viii) 도서관·과학관·박물관·미술관·동물원 또는 식물원 등에의 입장(附價法 26조 1항 17호).

(ix) 종교·자선·학술·구호 기타 공익을 목적으로 하는 단체가 고유목적사업을 위하여 일시적으로 공급하거나 실비 또는 무상으로 공급하는 재화 또는 용역,[1] 학술 및 기술의 연구와 발표를 주된 목적으로 하는 단체가 그 연구와 관련하여 실비 또는 무상으로 공급하는 재화 또는 용역, 지정문화재를 소유 또는 는 관리하고 있는 종교단체의 경내지 및 경내지 내의 건물과 공작물의 임대용역, 공익을 목적으로 기숙사를 운영하는 자가 학생 또는 근로자를 위하여 실비 또는 무상으로 공급하는 음식 및 숙박용역, 저작권법에 의한 저작권위탁관리업자가 저작권자를 위하여 실비 또는 무상으로 공급하는 신탁관리용역, 저작권법에 따라 문화체육관광부장관이 지정한 보상금수령단체인 사업자가 저작권자를 위하여 실비 또는 무상으로 공급하는 보상금수령 관련 용역, 비영리 교육재단이 외국인학교의 설립·경영 사업을 영위하는 자에게 제공하는 학교시설 이용 등 교육환경 개선과 관련된 용역(附價法 26조 1항 18호; 附價令 45조).

(x) 국가·지방자치단체·지방자치단체조합이 공급하는 재화 또는 용역 중 특정의 것(附價法 26조 1항 19호; 附價令 46조)　　여기서 국가 등이 '공급하는'의 의미는 국가 등이 공급주체가 되어 그 명의와 계산으로 공급하는 경우만을 의미하고, 국가 등으로부터 시설의 관리 등을 위탁받은 단체가 그 명의와 계산으로 공급하는 경우는 포함하지 않는다.[2] 이러한 경우에는 국가 등이 해당 시설을 목적물로 하여 그 단체에게 부동산임대용역을 공급한 것이다.

원고가 각종 바둑대회를 주관해 준 행위야말로 바로 영리를 목적으로 하지 아니하는 문화행사이다(대법원 1991. 11. 8., 91 누 2786).

1) 농지개량조합연합회가 공급한 농지개량사업에 수반한 조사설계용역, 공사감독용역 및 환지용역과 관급자재의 알선용역 등은 농지개량사업이라는 공익을 목적으로 하는 단체가 그 고유의 목적사업인 농지개량사업 등을 위하여 실비로 공급한 용역에 해당되어 부가가치세 면세대상이 된다(대법원 1984. 5. 29., 83 누 712; 同 1984. 6. 26., 84 누 100). 그러나 비영리 사단법인이 식당 및 운동시설 등을 갖추고 회원들로부터 탈퇴시 반환되는 가입비, 탈퇴시 반환되지 않는 가입비, 기여금, 식당이용 최저기준금액 미달시 부담금, 월회비 및 식대를 받아 회원 및 회원이 동반한 비회원에게 사용하게 하는 용역을 공급하였다면, 위 용역을 공급받는 상대방이 주로 회원들이라고 하더라도 사업상 독립하여 용역을 공급하는 자에 해당한다(대법원 1999. 7. 9., 97 누 14927).

2) 대법원 2017. 7. 11., 2015 두 48754; 同 2012. 10. 25., 2010 두 3527.

(xi) 국가·지방자치단체·공익단체 등에 무상으로 공급하는 재화 또는 용역(附價法 26조 1항 20호; 附價令 47조)   국가 등에 기부채납의 조건으로 해당 재화에 대하여 일정기간의 무상사용권을 취득하는 행위는 '금전 이외의 대가'를 받은 것이어서 무상공급이라 할 수 없다는 것이 판례의 일관된 입장이다.[1]

③ 행정집행상의 어려움

(i) 금융·보험용역(附價法 26조 1항 11호)   금융용역은 그 내용이 다양하나, 핵심 요소는 자금의 융통이다. 자금의 융통에 종사하는 금융사업자의 부가가치는 대출이자와 차입이자의 차액이라 할 수 있는데, 그 차액의 획득의 원인은 '돈의 시간적 가치(time value of money)', 자금회수의 위험부담에 대한 보험적 수수료 및 업무처리비의 3가지 요소로 구성되어 있다. 이 가운데 업무처리비는 일반적으로 우리가 인식하고 있는 용역대가에 해당하지만, 앞의 2가지 요소는 통상의 용역과는 성질이 다른 것으로 '소비'의 대상이라고 할 수 없는 성격의 것이다. 우선 돈은 다른 재화나 유통의 수단일 뿐 그 본래의 용도라는 것이 없으므로, 돈의 사용대가로서의 성격을 갖는 이자를 용역의 공급대가로 보기 어렵다. 다음, 차입자의 신용도라는 것은 자금의 상환능력의 객관적 평가일 뿐이지 사용이나 소비의 대상이 되지 않는다. 예를 들면, 신용도가 낮은 자에 대한 대출금리가 통상 더 높은데, 금융사업자가 차입자의 낮은 신용도에 따른 위험을 부담하는 행위가 역무의 제공이라고 보기는 어렵다. 신용의 공여가 부가가치세 과세대상인 용역의 공급에 해당하지 않음은 대법원 판례도 이를 확인하고 있다.[2]

한편, 금융에 대하여 부가가치세를 부과한다면 납부세액은 수입이자와 지급이자와의 차액이 되어야 할 것이나, 많은 경우 지급이자가 사업자 이외의 개인에게 지급되기 때문에 매입세액공제를 받을 수 없게 되고, 그 결과 수입이자에 대한 매출세액이 전액 납부세액이 되는 모순이 생긴다. 이리하여 대부분의 나라에서는 금융산업에 대하여 부가가치세를 면제하고 있다. 그래서 EU도 종래부터 금융업에 대한 부가가치세 면제를 허용하고 있다.[3]

---

1) 대법원 1991. 3. 12., 90 누 6972; 同 1991. 3. 12., 90 누 7227.

2) 대법원 2019. 1. 17., 2015 두 60662.

3) Adrian Ogley, 앞의 책, p. 91.; Council Directive 2006/112/EC, Article 135, Paragraph 1. 다만, 현재 EU 일부 국가에서는 금융산업에 대해 표준세율에 의한 과세를 하고 있다. 구체적으로는 은행에 대해 대출금액의 일정률을 징수하고 있다.

부가가치세가 면제되는 금융·보험업의 구체적 유형은 부가가치세법 시행령에 열거되어 있다(附價令 40조 1항). 금융보험업자가 제공하는 것이라도 그 성질상 금융보험용역에 속하지 않는 것(예를 들면, 복권·입장권·상품권·지금형 주화 또는 금지금 등의 판매의 대행용역; 기업합병 또는 기업매수의 중개·주선·대리, 신용정보서비스 및 은행업에 관련된 전산시스템과 소프트웨어의 판매·대여 용역; 부동산임대업)은 면세대상 금융보험용역의 제공에 포함되지 않는다(동조 4항). 다만, 면세되는 재화 또는 용역의 공급에 필수적으로 부수되는 재화 또는 용역의 공급은 전자에 포함되는 것으로 보아 면세된다(附價法 26조 2항). 반면, 면세대상인 금융보험용역의 공급을 주된 사업으로 하는 자가 그 금융보험용역의 공급에 부수하여 공급하였더라면 '필수적 부수 재화나 용역'으로서 면세대상이 되었을 재화나 용역을 제3자가 자신의 주된 사업으로 독립적으로 공급하는 경우에는 면세대상이 아니다.[1] 한편 과세사업을 주된 사업으로 하는 자가 그 주된 사업에 부수하여 면세 대상인 금융보험용역과 동일 또는 유사한 용역을 제공하는 경우에도 부가가치세가 면제된다(附價令 40조 2항).

부가가치세가 면제되는 금융·보험업은 관련 법령에 의해 요구되는 영업의 인가를 받거나 등록한 것에 한하되, 영업인가를 취소당한 사업자가 그 취소 전에 체결된 계약에 따라 청산의 목적 범위 내에서 계약의 이행이 완료될 때까지 제공하는 금융용역은 면세대상이 된다.[2]

(ii) 토지(附價法 26조 1항 14호)　　　토지는 본질적으로 그 가치가 불변하는 자산이며 또한 소비의 대상이 될 수 없다.[3] 물론 토지라 하더라도 형질의 변경이나 구조물의 설치로 그 이용가치를 높일 수 없는 것은 아니다. 그리고 토지의 취득가액과 양도가액의 차액을 부가가치라고 볼 수도 있을 것이다. 하지만 EC 제6차 지침이나 대부분 국가의 입법례는 토지의 공급에 대해서 면세를 하고 있다. 특히 농지는 경작주체인 농민과 관련되어 예외없이 면세재화로 규정되어 있다. 부가가치세를 과세하거나 또는 취득세·등록면허세(부가가치세에 갈음하는 세목으로서)와 같은 부가가치세 외의 세목을 과세하는 경우에도 그 대

---

1) 이 판례는 '보험업'의 관련업무인 조사업무를 주된 사업으로 하는 자가 제공하는 보험조사용역은 면세대상이 아니라는 것이다(대법원 2000. 12. 26., 98 두 1192).
2) 대법원 2009. 8. 20., 2007 두 15926.
3) Alan A. Tait, Value Added Tax—International Practice and Problems, IMF(1988), pp. 80-81.

상은 건물을 지을 수 있는 대지(垈地)에 한정하고 있는 것이 보통이다.

토지의 공급에 대해 면세하는 것과 관련된 문제로, 토지의 임대나 토지상의 건물의 양도 또는 대여(임대·전세)에 대하여 부가가치세를 면제할 것인가 하는 문제가 있다. 이들은 서로 떼어 놓고 생각하기 힘들기 때문에 모두 면세로 하는 경우도 있고, 신축건물에 한하여 과세하는 경우도 있으며, 우리나라처럼 토지 및 국민주택규모 이하의 주택의 공급(租特法 106조 1항 4호) 및 주택의 임대용역의 공급(附價法 26조 1항 12호)을 제외하고는 모두 과세하는 혼합방식을 적용하는 경우도 있다. 토지의 임대용역만 놓고 보면 우리나라는 주택의 부속토지를 제외하고는 모두 과세대상으로 하고 있는 것이다.

토지를 비롯한 부동산에 대한 각국의 부가가치세법상의 상이한 취급은 (i) 토지자체는 소비할 수 없는 재화라 할지라도 토지의 사용 용역은 소비할 수 있다는 점과 (ii) 건물 등 구조물은 매우 오랜 시간에 걸쳐서 이용될 수 있기 때문에 통상의 내구재화와는 다르다는 점을 세법상 어떻게 평가할 것인가에 관한 입장의 차이에 기인한 것이라 할 수 있다.1)

　2) 조세특례제한법상의 면세　　조세특례제한법에서도 서민생활의 보호, 특정 산업의 육성, 공공재의 수급 원활 등의 정책적 목적에서 특정 재화나 용역의 공급에 대하여 부가가치세를 한시적으로 면제하고 있다(租特法 106조, 106조의2 등).

　(2) 재화의 수입

재화의 수입에 대해서도 부가가치세를 면제하는 경우가 있다(附價法 27조; 租特法 106조 2항). 그런데 부가가치세의 과세 여부는 수입면허 당시의 수입물품이 가지는 성상(性狀)과 가공의 상태를 기준으로 할 것이고, 통관 이후에 수입업자가 이를 사용한 용도까지 고려하여야 할 것은 아니다.2)

　3. 면세의 포기

상술한 바와 같이 중간단계의 공급에 대한 부가가치세의 면제는 해당 면세사업자에게는 매입세액불공제의 불이익을 주고, 후단계 과세공급자에게는 전단

---

1) Sijbren Cnossen, VAT Treatment of Immovable Property, Tax Notes, March 27, 1995, p. 2018.
2) 대법원 1982. 2. 9., 80 누 597.

계 면세사업자가 매입세액불공제로 인해 최종 부담했던 부가가치세를 다시 이 중으로 부담시키는 누적효과를 초래한다. 이러한 누적효과 때문에 후단계 과세 공급자는 면세사업자로부터 매입하기를 꺼릴 수도 있다. 따라서 부가가치세의 면제가 면세사업자의 입장에서도 바람직하지 않을 수 있다.

그래서 부가가치세법은 (i) 주택과 이에 부수되는 토지의 임대용역, (ii) 저술가·작곡가 등이 직업상 제공하는 인적용역 및 (iii) 종교·자선·학술·구호 기타 공익을 목적으로 하는 단체가 공급하는 특정 유형의 재화나 용역에 대해서는 면세를 포기할 수 있게 하고(附價法 28조 1항 2호), 나아가 환수효과를 줄이기 위하여 일정한 경우에는 의제매입세액을 공제할 수 있도록 하고 있다(附價法 42조; 附價令 84조).

특히 영세율의 적용이 면세보다 사업자에게 유리한 경우가 보통이므로 면세되는 재화 또는 용역의 공급으로서 동시에 영세율 적용의 대상이 되는 것1) 에 대해서는 면세포기가 허용된다(附價法 28조 1항 1호).

면세포기를 신고한 사업자는 지체없이 사업자등록을 할 의무가 있고(附價令 57조), 매입세액을 공제할 자격을 갖게 되며, 기타 사업자로서의 제반 의무를 부담하게 된다. 면세포기의 신고를 한 사업자는 신고한 날로부터 3년간은 부가가치세의 면제를 받지 못한다(附價法 28조 2항).

제 6 절 과세표준

I. 일   반

재화 또는 용역의 공급에 대한 부가가치세의 과세표준은 해당 과세기간에 공급한 재화 또는 용역의 공급가액을 합한 금액으로 한다(附價法 29조 1항). 공급가액은 공급의 유형에 따라 아래에서 보는 바와 같이 결정되는데, 어떤 경우든 가액을 계산함에 있어서 대금·요금·수수료 그 밖에 명목 여하에 불구하고 수급자로부터 받는 금전적 가치가 있는 모든 것을 포함하되, 거래상대방으로부

---

1) 공익을 목적으로 하는 단체가 그 고유의 사업목적을 위하여 북한으로 무상으로 반출되는 재화에 대하여 부가가치세 영세율을 적용받는 경우에는 당해 무상 반출하는 재화와 관련된 매입세액은 공제받을 수 있다(부가 46015－1901, 2000. 8. 5.).

터 거래징수한 부가가치세액은 과세표준에 포함되지 않는다(附價法 29조 3항 본문). 수급자로부터 받는 급부가 재화나 용역의 공급과 실질적으로 대가관계에 있으면 공급대가로 보는 것이다. 대법원은 이동통신사업자가 일정기간 의무적으로 이동통신용역을 사용하기로 약정한 고객에게 할인하여 준 요금을 가입기간 약정에 위반하여 중도해지했다는 이유로 위약금 명목으로 환수하는 경우 그 환수액은 위약금이라는 명칭에도 불구하고 실질적으로 공급대가에 해당한다고 판시하고 있다.[1]

1. 금전으로 대가를 받는 경우

금전으로 대가를 받는 경우에는 그 대가가 공급가액이 되는바, 대가를 외국통화나 그 밖의 외국환으로 받아 공급시기 전에 원화로 환가한 경우에는 그 환가금액을, 이와 달리 공급시기까지 원화로 환가하지 않은 경우에는 공급시기의 환율을 적용하여 원화로 계산한 금액을 공급가액으로 한다(附價法 29조 3항 1호; 附價令 59조). 대리점이 본사로부터 공급받은 상품을 소비자들에게 신용판매하면서 공장출고가격과 대리점 이익 이외에 수금수수료가 포함된 가액을 그 대금으로 지급받은 경우에 있어서의 수금수수료,[2] 차량대여업을 영위하는 법인이 차량을 대여하면서 고객으로부터 받은 보험료 명목의 금원,[3] 예식장업자나 장의업자와 그 고객의 중간에서 업무처리를 주선하는 주선업자가 고객으로부터 수령하는 회비 중 예식장업자나 장의업자에게 시설이용과 물품공급 등에 대한 대가를 지출하고 남은 수입[4] 등은 모두 대가로서 공급가액에 포함된다. 골프회원권의 양도대가에 입회보증금 반환채권의 양도대가가 포함되어 있다고 하더라도 이를 공제하지 않은 전액이 공급가액이 된다는 것이 판례이나,[5] 골프회원권에 포함된 입회보증금의 반환채권은 단순한 금전채권이고, 단순한 금전채권의 양도는 재화의 공급이 아니므로, 골프회원권의 양도대가 중 그 금전채권의 양도대가에 해당하는 부분(즉, 장래 반환받을 금액의 현가)은 공급가액에서 공제함이 타당하다고 할 것이다.

---

1) 대법원 2019. 9. 10., 2017 두 61119.
2) 대법원 1987. 5. 12., 86 누 874.
3) 대법원 1987. 11. 10., 87 누 475.
4) 대법원 1986. 12. 9., 85 누 64.
5) 대법원 2005. 9. 9., 2004 두 11299; 同 2001. 10. 9., 2000 두 6961.

그러나 재화나 용역의 공급에 대한 대가로서의 성질을 가지지 않는 것은 과세표준에 포함되지 않는다. 따라서 국고보조금1)과 공공보조금(附價法 29조 5항 4호) 또는 위약금·손해배상금2) 등은 공급가액이 될 수 없다. 또한 계약 등에 의하여 확정된 대가의 지급지연으로 인하여 지급받는 연체이자도 위약벌의 성격을 가지는 것이므로 공급가액이 될 수 없다(동항 5호).3)

외상판매 및 할부판매의 경우에는 공급한 재화의 총가액이 공급가액이 되는 데 비해(附價令 61조 1항 1호), 장기할부판매, 완성도기준지급조건부 또는 중간지급조건부에 의한 재화나 용역의 공급, 계속적 재화나 용역의 공급의 경우에는 계약에 따라 대가의 각 부분을 받기로 한 때가 그 공급시기로 되므로(附價令 28조 3항 2호, 3호, 4호, 29조 1항 2호), 그 대가의 각 부분이 공급가액으로 된다(附價令 61조 1항 2호).

스포츠센터 운영사업자가 회원들에게 시설물 이용 용역을 제공하고 연회비를 받는 경우 등과 같이 사업자가 둘 이상의 과세기간에 걸쳐 계속적으로 용역을 제공하고 그 대가를 선불로 받는 경우(附價令 29조 2항 3호)에는 해당 금액을 계약기간의 개월 수로 나눈 금액의 각 과세대상 기간의 합계액을 공급가액으로 한다(附價令 61조 1항 6호).

'사회기반시설에 대한 민간투자법'상의 사회기반시설의 설치 사업자가 그 준공 후 일정기간 해당 시설의 소유권을 취득하였다가 그 기간 만료 후 시설소유권을 국가 또는 지방자치단체에 귀속시키는 방식으로 둘 이상의 과세기간에 걸쳐 계속적으로 시설의 이용 용역을 제공하는 경우(附價令 29조 2항 4호)에는 해당 이용 용역을 제공하는 기간 동안 지급받는 대가와 그 시설의 설치가액을 그 용역제공 기간의 개월 수로 나눈 금액의 각 과세대상기간의 합계액을 공급가액으로 한다(附價令 61조 1항 7호).

위탁가공무역 방식으로 수출하는 경우(附價令 31조 1항 4호)에는 완성된 제품의 인도가액을 공급가액으로 한다(附價令 61조 1항 8호).

서로 다른 재화나 용역이 동시에 공급되었다고 하더라도 그 가액이 구분되

---

1) 대법원 2018. 1. 25., 2017 두 55329(철도공사가 노인에 대한 철도운임 감면 등의 공익서비스를 제공하고 국가로부터 받은 보상액은 철도용역의 공급과 관련하여 지급되었더라도 그 공급 자체에 대한 반대급부가 아니므로 부가가치세 과세표준이 될 수 없다는 취지).

2) 대법원 1984. 3. 13., 81 누 412.

3) 대법원 1989. 10. 10., 88 누 1416; 同 1997. 12. 9., 97 누 15722.

면 개별 재화나 용역별로 공급가액을 계산하여야 한다. 따라서 음식·숙박용역이나 개인 서비스 용역을 공급하고 그 대가와 함께 받는 종업원의 봉사료를 세금계산서 등에 대가와 구분 기재하고 이를 종업원에게 지급한 경우에는, 사업자가 자기의 수입금액으로 계상하지 않는 한, 공급가액에 포함되지 않는다(附價令 61조 3항). 같은 이치로 임대인이 편의상 차임과 함께 받은 관리비 명목의 전기·수도요금, 냉난방비 등도 임대료와는 전혀 그 성격이 다르므로 임대용역의 공급가액에 포함되지 않는다.[1]

　　공급가액은 당사자가 최종적으로 지급하기로 약정한 가액을 의미하므로, 공급하는 재화 또는 용역의 품질·수량·인도조건이나 그 공급대가의 결제조건 기타 공급조건에 따라 공급당시의 통상의 공급가액에서 일정액을 직접 공제하는 금액, 즉 당초 정한 공급가액에서 빼 주기로 한 에누리 가액은 공급가액에서 제외된다(附價法 29조 5항 1호). 여기서 '직접' 공제한다는 것은 자신이 공급하는 재화나 용역의 대금을 일정한 공급조건을 충족하지 않는 다른 사업자에 비해 적게 받는다는 의미이다. 많이 구매해 준 데 대한 감사의 표시로 장려금이나 선물을 지급하더라도 이는 공급대상 자체의 가격을 낮추어 주는 것이 아니므로 에누리가 되지 않는다. 이와 관련하여 판례는 이동통신사업자가 이동통신용역의 공급거래에서 수익을 올리기 위한 목적에서 그로부터 이동통신 단말기를 구매하여 이동통신 가입자에게 판매하는 대리점으로 하여금 가입 기간이 일정 기간 이상인 가입자에게 단말기를 할인 판매하도록 하는 조건을 붙여 대리점에 단말기를 할인 판매하는 경우 그 할인액이 단말기 공급대가의 에누리에 해당한다고 판시하면서,[2] 한편으로 이동통신사업자가 이동통신용역을 일정 기간 이상 이용하기로 약정한 가입자가 제3자로부터 구입하는 단말기의 구입대금의 일부를 대신 변제하는 형식으로(단말기 지급채무의 일부의 인수) 지급한 사안에서 이동통신사업자와 그 이용자 간에 이동통신용역의 공급대가를 '직접' 공제하기로 하는 합의가 없었다는 이유로 그 단말기보조금이 이동통신용역 공급대가의 에누리에 해당하지 않는다고 있다.[3] 후자의 사안에서 오직 이동통신용역만을 공급하는 이동통신사업자가 그 수급자를 위하여 부담하는 단말기보조금은

---

1) 대법원 1996. 12. 6., 96 누 13.
2) 대법원 2015. 12. 23., 2013 두 19615.
3) 대법원 2022. 8. 31., 2017 두 53170.

이동통신용역 공급대가의 할인일 수밖에 없고, 단지 그 할인의 방식이 '채무인수를 통한 지급'이라는 '간접성'을 띠고 있을 뿐인데, 판례는 공급대가 할인의 직접성과 지급방식의 직접성을 혼동한 것으로 보인다. 공급조건과 결부된 명시적 또는 묵시적 약정에 따라 공급 당시의 통상의 공급가액에서 공제되는 금액뿐만 아니라, 약정된 공급조건에 따라 공급이 이루어졌거나 또는 이루어지지 아니하였음을 이유로 공급 후에 당초의 공급가액에서 차감하기로 한 금액도 에누리에 포함된다.[1] 또한 갑과 을 사이의 용역계약에 따른 대가의 할인이 갑과 병 사이의 재화나 용역의 공급계약에 따른 할인에 연동하여 이루어졌다고 하더라도, 갑과 을 사이의 용역계약에 따른 대가의 할인은 에누리액으로 인정된다.[2] 부가가치세의 과세금액이 최종소비자가 실제로 지급한 대가를 초과할 수 없음이 부가가치세제의 기본원칙이기 때문이다.[3]

이와 관련하여 고객이 사업자로부터 재화나 용역을 구매한 금액의 일정 비율에 상당하는 금액을 '마일리지, 포인트등'(附價令 61조 1항에서 "마일리지등"이라고 하여 그 의미를 정의하고 있음)이라는 이름으로 적립한 뒤 사후의 구매가격에서 그 마일리지의 수치에 연동하여 계산한 일정액을 공제해 주는 상거래를 어떻게 취급할 것이냐 하는 문제가 있다. 이는 사업자가 사후거래(2차 거래)의 구매가격을 할인해 줄 의무를 사전거래(1차 거래) 시에 미리 부담한 것이므로, 그 할인금액은 공급조건의 약정에 따른 에누리의 일종으로서 사후거래(2차 거래)의 공급가액에서 제외되어야 할 것이다.[4] 다만, 사후거래에서 마일리지등의 회수 외에 다른 대가를 받는 경우 그 다른 대가는 사후거래의 공급에 대한 반대급부로 받는 것이므로 사후거래의 공급가액이 되어야 할 것이다(附價令 61조 2항 9호 가목). 또한 사업자가 자신으로부터의 구매실적에 연계하여 적립해 주었다가 사후거래에서 대가의 수취에 갈음하여 회수하는 것(법문상 '자기적립마일리지등'이라

---

1) 대법원 2013. 4. 11., 2011 두 8178; 同 2003. 4. 25., 2001 두 6586 등.
2) 대법원 2016. 6. 23., 2014 두 298[인터넷상 재화 등의 거래공간인 오픈마켓(Open Market)의 판매회원과 구매회원 사이의 상품거래계약에 따른 판매가격의 할인이 먼저 이루어지고, 이어서 그 상품판매가격의 할인금액에 연동하여 오픈마켓 운영회사와 판매회원 간의 용역계약에 따라 판매회원이 회사에게 지급할 서비스 이용료의 금액이 같은 금액만큼 할인된 경우 그 할인된 금액은 서비스 이용료의 '에누리액'으로서 부가가치세 과세표준에서 제외된다.]; 유사한 취지의 판례로 대법원 2016. 6. 23., 2014 두 144.
3) ECJ Case C-317/94, 24 Oct. 1996.
4) 대법원 2016. 8. 26., 2015 두 58959(전원합의체); ECJ Case C-126/88, 27 March 1990, *The Boots plc v. The Commissioner.*

고 하고 있음)이 아니라, 해당 사업자로부터의 구매실적에 이해관계를 가진 제3
자가 그 구매실적과 연계하여 마일리지등을 적립해 주는 한편, 해당 사업자와
사이의 계약을 통하여 해당 사업자가 사후거래에서 대가의 수취에 갈음하여 이
를 회수하면 그 대가액에 상당하는 금액을 보전해 주는 경우 해당 사업자는 사
후거래의 공급대가를 제3자로부터 대신 받는 것이므로 그 보전금액은 사후거래
의 공급가액에 포함되어야 할 것이다(附價令 61조 2항 9호 나목). 그리고 이러한
후자의 경우에 있어서 사업자가 사후거래에서 대가의 수취에 갈음하여 제3자가
적립해 준 마일리지등을 회수하면서도 그 제3자로부터 보전받아야 할 금액을
전혀 보전받지 않거나 특수관계에 있는 제3자로부터 부당하게 낮은 대가를 보
전받는 경우 그 미달 금액은 일종의 권리 포기이므로 사후거래의 공급가액에
포함된다(附價令 61조 2항 10호). 한편, 추가의 가격을 지급함이 없이 마일리지등
의 이용만으로 재화나 용역을 구매한 경우에도 그 구매가격은 마일리지등의 적
립거래들의 구매가격에 포함되어 있기 때문에 양 거래를 결합하여 볼 때 마일
리지 이용거래가 '무상'의 거래가 아니라는 점도 유의해야 한다.

　　나아가 사업자가 공급대가를 약정기일 전에 받았음을 이유로 당초의 공급
가액에서 할인해 준 금액(discount)도 같은 이유로 공급가액에서 제외된다(동항
6호). 또한 통상적으로 용기 또는 포장을 해당 사업자에게 반환할 것을 조건으
로 그 용기대금과 포장비용을 공제한 금액으로 공급하는 경우의 그 용기대금과
포장비용(附價令 61조 3항), 공급받는 자에게 도달하기 전에 파손·훼손·멸실된
재화의 가액(附價法 29조 5항 3호), 인도 후 하자로 인하여 환입된 재화(동항 2호)
등도 공급된 것이 아니므로 그 가액은 당연히 공급가액에서 제외된다.

　　그러나 재화나 용역의 공급을 완료한 후에 그 대가를 확정적으로 지급받지
못하였다고 하더라도 공급행위가 소멸되는 것이 아니므로 그 채권의 대손금은
과세표준에서 제외되지 않고, 개별 거래나 그 대가와 연계됨이 없이 사업의 진
작을 위하여 지급되는 장려금(rebate)[1]과 이와 유사한 금액은 과세표준에서 공
제하지 아니한다(附價法 29조 6항).

---

1) 장려금(rebate)은 판매한 상품의 수량·금액에 따라 판매 정책상 거래상대방에 보금(步
　金), 장려금 등의 명칭으로 지급하는 금액을 의미한다.

2. 금전 이외의 대가를 받는 경우

금전 이외의 수단으로 대가를 받는 경우에는 대가로 받은 현물 등의 가액이 아니라 자기가 공급한 재화 또는 용역의 시가가 공급가액이 된다(附價法 29조 3항 2호). 예컨대, 기부채납의 경우에는 해당 기부채납의 근거가 되는 법률에 따라 기부채납된 가액을 공급가액으로 하되, 기부채납 가액에 부가가치세가 포함된 경우에는 그 부가가치세액은 제외하고(附價令 61조 1항 3호), '공유수면 관리 및 매립에 관한 법률'에 따라 매립용역을 제공하고 매립토지의 소유권을 취득하는 경우에는 동법에 따라 산정한 해당 매립공사에 든 총사업비를 공급가액으로 한다(附價令 61조 1항 4호).1) 협찬품 광고게재라는 용역의 공급에 있어서의 과세표준은 그 협찬품의 가액이 아니라 '광고게재'라는 용역의 시가로 한다.2)

3. 특수관계인으로부터 대가를 받지 아니하거나 부당하게 낮은 대가를 받는 경우

특수관계인에게 (i) 재화를 완전히 무상으로 또는 부당하게 낮은 대가를 받고 공급하는 경우, (ii) 용역을 부당하게 낮은 대가를 받고 공급하는 경우, (iii) 사업용 부동산의 임대용역 등 시행령으로 정하는 용역을 완전히 무상으로 공급하는 경우(附價法 12조 2항 단서)로서 조세의 부담을 부당하게 감소시킬 것으로 인정되는 경우3)에는 그 공급한 재화 또는 용역의 시가를 공급가액으로

---

1) 타인소유의 토지 위에 자신의 비용으로 건물을 건립하고 완성된 건물의 소유권은 토지소유자에게 귀속하는 것으로 하되 그 대가로 준공일로부터 15년간 무상으로 건물의 일부를 사용·수익키로 한 경우에는 용역 제공의 대가로 건물의 사용수익권을 취득한 것이므로, 용역의 시가, 즉 공사비총액이 부가가치세 과세표준이 된다(대법원 1987. 2. 10., 84 누 465). 한편 시설물을 신축하여 국가 또는 지방자치단체 등에 기부채납하고 그에 대한 무상사용권을 취득하는 경우, 기부채납 행위를 재화의 공급으로 보고 기부한 재화의 시가를 부가가치세의 과세표준으로 본 판례(대법원 1990. 4. 10., 89 누 7863)도 있고, 용역의 공급으로 보아 공사비총액을 부가가치세의 과세표준으로 본 판례(대법원 1990. 3. 27., 89 누 3656; 同 1990. 4. 27., 89 누 596)도 있다.

2) 대법원 2009. 7. 9., 2007 두 10389.

3) 회사가 종업원들을 위하여 회사의 사택자체의 유지관리와 상관없이 입주자들이 사택을 사용함에 있어 소요된 전기료, 엘피지가스 구입비, 난방용 유류대 등 그 사용으로 인한 비용을 부담하여 지출하였다면, 이는 회사가 사업과 관련하여 취득한 재화를 그 사용인 또는 기타의 자가사업과 직접 관련 없이 개인목적을 위하여 사용소비한 것으로서 사업자가 그 대가를 받지 아니하거나 현저히 낮은 대가를 받은 것이라고 할 것이다(대법원 1987. 12. 8., 86 누 4).

한다(附價法 29조 4항). 이와 관련하여, 사업자가 특수관계인에게 사업용 부동산
의 임대용역 등 시행령으로 정하는 용역 외의 용역을 완전히 무상으로 공급하
는 행위는 부가가치세 과세대상이 아니므로(附價法 12조 2항; 附價令 26조 2항),
용역의 완전한 무상공급의 공급가액을 해당 용역의 '시가'로 한다는 위 규정은
그러한 예외적인 경우에만 적용된다는 점에 유의하여야 한다. 여기서 '부당하게
낮은 대가'라 함은 사업자가 특수관계인과의 거래에서 조세의 부담을 부당하게
감소시킨다고 인정될 정도로 시가보다 현저하게 낮은 대가를 말한다고 할 것이
다.[1] 이때 '부당한지' 혹은 '현저하게 낮은지' 여부는 구체적 사안별로 조세부담
의 형평을 잃지 않는 정상거래를 기준으로 객관적으로 판단한다.[2] 사업자가 자
신의 총 매출액의 50%를 넘게 구매하는 특수관계인에게 10%의 할인율을 적용
한 가격으로 판매하는 경우,[3] 우수한 품질의 제품을 생산하고 있지만 군소업체
의 명칭으로 판로 및 시장개척에 어려움을 겪고 있던 A회사가 다른 B회사 제
품의 판매대리점을 경영하던 C에게 자신의 제품을 그 다른 B회사가 판매하는
가격과 비슷한 수준의 가격으로 할인하여 공급함으로써 결과적으로 A회사가
일반대리점에 공급하는 가격보다 약 10% 내지 11.2% 정도 저렴하게 된 경우[4]
는 부당하지 않다고 한다.

　　한편, 시가라 함은 (i) 특수관계인 외의 자와 해당 거래와 유사한 상황에서
계속적으로 거래한 가격 또는 제3자 간에 일반적으로 거래된 가격으로 하되,
(ii) 그러한 가격이 없는 경우에는 공급받은 사업자가 그의 특수관계인 외의 자
와 해당 거래와 유사한 상황에서 계속적으로 거래한 가격 또는 제3자 간에 일
반적으로 거래된 가격으로 하며, (iii) 이러한 거래실례가가 없거나 시가가 불분
명한 경우에는 소득세법 또는 법인세법상의 부당행위계산 부인의 기준이 되는
시가의 판정에 관한 규정(所令 98조 3항, 4항; 法令 89조 2항, 4항)을 준용하여 결
정한다(附價令 62조). 따라서 부동산의 매매가액이나 임대료는 그 거래실례가가
없는 경우 해당 토지, 건물의 위치나 주위환경 등 입지조건, 지목 기타 용도,
면적, 이용상황, 인접 및 유사 지역 내의 유사 토지의 적정거래가격 등을 종합
적으로 고려하여 산정한 가격을 기준으로 하여야 하고, 이에는 합리적인 방법

---

1) 대법원 2003. 9. 23., 2002 두 1922.
2) 위 각주 대법원 판례; 대법원 1985. 12. 10., 85 누 514; 同 1987. 3. 10., 86 누 532.
3) 대법원 2003. 9. 23., 2002 두 1922.
4) 대법원 1991. 1. 29., 90 누 7692.

으로 평가한 가액도 포함되므로 공신력 있는 감정기관의 감정가액도 시가가 될 수 있다.1)

4. 의제공급의 공급가액

자기생산·취득 재화의 자가공급(附價法 10조 1항, 2항), 개인적 공급(동조 4항) 또는 사업상 증여(동조 5항) 및 용역의 자가공급(附價法 12조 1항) 등 의제공급(擬制供給)의 공급가액 역시 그 시가에 의한다(附價法 29조 3항 4호). 다만 자가공급 중 공급으로 의제되는 판매장 반출의 경우(附價法 10조 3항)에는 소득세법이나 법인세법상의 그 취득가액을 공급가액으로 하되, 취득가액에 일정액을 더하여 공급하는 때에는 그 합계액을 공급가액으로 하며(附價法 29조 3항 5호; 附價슈 60조 1항), 개별소비세, 주세 및 교통·에너지·환경세가 부과되는 재화에 대하여는 이들 조세의 과세표준에 해당 개별소비세, 주세, 교육세, 농어촌특별세 및 교통·에너지·환경세액을 합한 금액을 공급가액으로 한다(附價슈 60조 2항).

사업의 폐업시 사업자 자신에게 공급한 것으로 의제되는 재고재화의 공급가액은 역시 해당 재화의 시가에 의한다(附價法 29조 3항 3호).

이러한 여러 가지 의제공급의 공급가액이 되는 시가도 위에서 본 무상 또는 저가 공급의 경우에 적용되는 시가와 같은 방식으로 결정한다(附價슈 62조).

5. 수입재화의 과세표준

재화의 수입에 대한 부가가치세의 과세표준은 관세의 과세가격과 관세·개별소비세·주세·교육세·농어촌특별세 및 교통·에너지·환경세의 합계액으로 한다(附價法 29조 2항). 사업자가 어떤 재화를 수입하기 위하여 보세구역에 반입한 뒤 수입통관을 하기 전의 상태에서 해당 재화를 다른 사업자에게 매도하고 그 매수인이 자신의 명의로 수입신고 및 수입면허를 받아 수입통관을 하는 경우에는 (i) 매수인에 의한 수입이라는 과세대상 행위와 (ii) 해당 재화를 보세구역에 반입한 매도인(본래의 수입예정자)과 매수인 간의 매매라는 과세대상 행위가 병존한다. 이러한 경우 매수인의 수입에 대한 과세표준은 위에서 본 것처럼 관세의 과세가격과 관세·개별소비세·주세·교육세의 합계액이 되고, 매도인과 매수인 간의 매매에 따른 매도인의 과세표준은 그 공급가액(즉, 매매가액)에서

---

1) 대법원 1997. 9. 9., 97 누 1570; 同 1996. 12. 6., 96 누 13; 同 1996. 1. 23., 95 누 12408.

수입에 대한 부가가치세의 과세표준(즉, 관세의 과세가격과 관세·개별소비세·주세·교육세의 합계액)을 뺀 금액으로 한다(附價令 61조 1항 5호). 재화의 수입자가 아닌 매도인으로서는 그 수입에 대한 부가가치세를 매입세액으로 공제받을 수 없기 때문에 자신이 창출한 부가가치액(즉, 매도가액에서 수입가액 등을 공제한 금액)에 대해서만 매수인으로부터 부가가치세를 거래징수케 하는 것이다. 그 결과 매수인은 수입에 대한 부가가치세는 세관장에게, 그리고 매수에 따른 부가가치세는 매도인에게 따로 지급한 뒤 양자의 합계액을 자신의 매입세액으로 공제받는 것이다. 이때 만약 매도인이 수입에 대한 부가가치세의 과세표준을 빼지 아니한 채 세금계산서를 발행하면 그 세금계산서는 '사실과 다른' 것이 되어 가산세 부과 등의 불이익을 받을 수 있다.[1]

그러나 세관장이 재화의 수입에 대한 부가가치세를 징수하기 전에 해당 수입 재화를 표창하는 선하증권의 양도를 통하여 이를 양도한 경우에는 그 양도에 따른 매도인의 공급가액은 선하증권의 양수인으로부터 받은 대가로 할 수 있다(附價令 61조 1항 5호 단서). 이 경우의 매수인이 선하증권의 소지인으로서 해당 재화를 수입통관하고 세관장에게 수입 부가가치세를 납부하는 경우에는 수입통관 전에 매도인에게 지급한 매입세액과 세관장에게 납부한 수입 부가가치세액을 모두 매입세액으로 공제받을 수 있을 것이다.

Ⅱ. 특 례

1. 과세·면세사업 공용재화의 공급

한 과세기간에 과세사업에 속하는 재화의 공급과 비과세사업이나 면세사업(이하 합하여 "면세사업"이라고 함)에 속하는 재화의 공급이 병존하는 경우[2]에는 각 사업에 귀속되는 공급가액을 구분하여야 할 필요가 있다. 면세사업에 해당하는 공급에는 부가가치세가 과세되지 않기 때문이다. 이 구분은 다음의 산

---

1) 대법원 2011. 8. 25., 2009 두 10901.
2) 비철금속제조 및 가공업 등을 영위하는 사업자가 그 사업과 관련하여 매입한 원자재(알루미늄괴)를 사용하여 생산한 알루미늄 창틀을 면세사업인 국민주택건설 용역에 속하는 창호공사에 직접 사용한 경우 재화의 자기공급에 해당되어 부가가치세 과세대상이 된 이상 과세사업과 면세사업의 공통매입세액 공제문제는 생겨날 여지가 없다(대법원 1995. 6. 30., 94 누 149).

식에 의한다(附價法 29조 8항; 附價令 63조).[1]

해당 재화의 공급가액×공급일이 속하는 과세기간의 직전과세기간의 과세되는 공급가액/공급일이 속하는 과세기간의 직전과세기간의 총공급가액=공급가액

다만, 휴업 등으로 직전과세기간의 공급가액이 없는 경우에는 해당 재화의 공급일에 가장 가까운 과세기간의 공급가액에 의하여 계산한다.

또한 (i) 직전과세기간의 총공급가액 중 면세공급가액이 100분의 5 미만이고 해당 재화의 공급가액이 5천만 원 미만인 경우, (ii) 재화의 공급가액이 50만 원 미만인 경우 및 (iii) 공급일이 속하는 과세기간에 신규로 사업을 시작하여 직전과세기간이 없는 경우에는 해당 재화의 공급가액 전액을 과세표준으로 한다(附價令 63조 3항).

2. 토지와 지상정착물의 동시공급

토지와 그 토지에 정착된 건물 기타 구축물(지상정착물)을 함께 공급하는 경우 토지는 면세재화이므로 각각에 해당하는 공급가액을 구분할 필요가 있다. 토지정착물의 실지거래가액이 분명한 경우에는 그 가액에 의한다. 그러나 (i) 구분이 불분명한 경우 또는 (ii) 사업자가 구분한 토지와 건물 또는 구축물 등의 실지거래가액이 일정한 기준에 따라 안분계산한 금액과 100분의 30 이상 차이가 나는 경우[2]로서 (i) 기준시가가 있는 자산만을 공급하는 경우에는 공급계약일 현재의 기준시가(단, 공급시기가 속하는 과세기간의 직전 과세기간의 개시일부터 공급시기가 속하는 과세기간의 종료일까지 사이에 감정평가업자가 감정평가한 가액이 있는 경우는 그 가액)에 비례하여 안분계산하고, (ii) 기준시가가 있는 자산과 기준시가가 없는 자산을 함께 공급하거나 기준시가가 없는 자산들만 함께 공급하는 경우에는 감정평가업자가 감정평가한 가액에 비례하여 안분계산한다. 다만, 감정평가한 가액이 없는 경우에는 장부가액(장부가액이 없는 경우에는 취득가액)에 비례하여 안분계산하되, 그 중 기준시가가 있는 자산에 대해서는 해당 자

---

1) 사용면적에 따라 안분하여야 하는 재화에 대하여는 공급가액에 갈음하여 면적단위로 안분하도록 규정하고 있다(附價令 63조 2항).

2) 그러한 차이가 있더라도 다른 법령에서 정하는 바에 따라 가액을 구분한 경우와 토지와 건물등을 함께 공급받은 후 건물등을 철거하고 토지만 사용하는 경우에는 건물등의 실지거래가액을 공급가액으로 한다(附價令 64조 2항).

산에 안분된 장부가액의 합계액을 다시 개별자산의 기준시가에 따라 안분계산한다. (iii) 위의 어느 방법을 적용할 수 없거나 적용하기 곤란한 경우에는 국세청장이 정하는 바에 따라 안분하여 계산한다(附價法 29조 9항; 附價令 64조). 여기서 실지거래가액이라고 함은 당사자들이 토지와 건물의 가액을 구분하여 거래를 한 경우 그 각 가액을 말하는 것이고,[1] 이러한 의미의 실지거래가액이 존재하는 이상 그것이 기준시가와 다르다고 하여 그 실지거래가액의 존재를 부인할 수는 없다.

3. 감가상각 대상자산의 의제공급

자가공급, 개인적 공급, 사업상 증여 및 폐업공급 등의 의제공급에 있어서 공급되는 재화가 감가상각자산인 경우에는 다음 산식에 의하여 계산한 금액을 해당 재화의 시가로 본다(附價法 29조 11항; 附價令 66조). 감가상각되고 남은 가액만 공급된 것으로 의제하여야 하기 때문에 그 잔존가액을 계산하여야 하는 것이다.

건물 또는 구축물의 시가=해당 재화의 취득가액×(1−5/100×경과된 과세기간의 수)
기타 재화의 시가=해당 재화의 취득가액×(1−25/100×경과된 과세기간의 수)

요컨대 상각기간이 장기인 건물과 구축물의 경우에는 20개 과세기간(10년)에 전액 상각되는 것으로 보고, 기타 재화의 경우에는 4개 과세기간(2년)에 걸쳐 전액 상각되는 것으로 보는 것이다.

위의 산식에서 취득가액은 부가가치세법 제38조에 따라 매입세액을 공제받은 해당 재화의 가액을 말하고(附價令 66조 4항), 경과된 과세기간의 수를 계산함에 있어서 어떤 과세기간 중에 감가상각자산을 취득하거나 의제공급이 발생한 경우에는 그 과세기간의 개시일에 해당 재화를 취득하거나 해당 재화가 공급된 것으로 본다(동조 5항).

전적으로 과세사업에 사용하던 감가상각자산을 어떤 과세기간 중에 일부 면세사업에 전용(轉用)하는 경우, 그러한 전용은 공급으로 의제되는바(附價法 10조 1항), 이러한 면세사업에의 전용에 따른 의제공급의 과세표준은 위의 산식에

---

[1] 대법원 1995. 2. 24., 93 누 18914.

따라 계산한 해당 감가상각자산의 시가 중 면세사업에 전용되는 부분의 가액으로 하여야 할 것이다. 구체적으로는 위의 각 산식에 따라 계산한 감가상각자산의 시가에 '면세사업에의 전용일이 속하는 과세기간의 면세공급가액'이 '면세사업에의 전용일이 속하는 과세기간의 총공급가액'에서 차지하는 비율을 곱한 금액으로 하되, 그 비율이 100분의 5 미만인 경우에는 과세표준이 없는 것으로 (즉, 전용이 없는 것으로) 간주한다(附價令 66조 3항).

4. 부동산임대용역의 공급

(1) 전세금 또는 임대보증금의 과세표준(간주임대료)

사업자가 부동산임대용역을 공급하고 전세금 또는 임대보증금을 받는 경우에는 '금전 이외의 대가'를 받는 것으로 보아 전세금 또는 임대보증금에 1년 기간의 정기예금이자율을 적용하여 공급가액을 산정한다(附價令 65조 1항).

전세금 또는 보증금×과세대상 기간의 일수/365(윤년의 경우 366)×계약기간 1년의 정기예금이자율＝공급가액

사업자가 임차한 부동산을 전대(轉貸)하는 경우 그 전대에 따른 공급가액(간주임대료)은 다음의 산식에 의해 계산한다(동조 2항).

(해당 과세기간의 전대 전세금 또는 임대보증금−원래 임대차의 전세금 또는 임대보증금)×과세대상 기간 중 전대 일수/365(윤년의 경우 366)×계약기간 1년의 정기예금이자율＝공급가액

사업자가 계약조건에 따라 전세금 또는 임대보증금을 임대료에 충당한 경우에는 위의 산식을 적용함에 있어서 그 충당금액을 제외한 가액을 전세금 또는 임대보증금으로 한다(동조 3항). 계약조건이 아니라 법령에 따라 전세금 또는 임대보증금을 임대료에 충당한 경우에도 같이 취급하여야 할 것이다.

한편, 부가가치세 과세대상인 부동산임대용역과 면세대상인 주택임대용역을 함께 공급하여 그 임대 대상과 임대료 등의 구분이 불분명한 경우에는 별도의 산식이 적용된다(동조 4항).

(2) 임 대 료

사업자가 둘 이상의 과세기간에 걸쳐 부동산임대용역을 공급하고 그 대가를 선불 또는 후불로 받는 경우에는 해당 금액에 각 과세기간의 월수가 계약기간의 월수에서 차지하는 비율을 곱하여 나오는 금액을 과세표준으로 한다(附價令 65조 5항). 토지소유자가 타인으로 하여금 해당 토지 위에 그 타인의 비용으로 건물을 건축하게 하고 완성된 건물의 소유권은 자신에게 귀속하는 것으로 하되 준공일로부터 일정 기간 그 타인에게 무상으로 건물을 사용·수익하게 한 경우 토지 및 신축건물의 소유자는 공사비총액을 임대료로 선지급받고 해당 토지 및 신축건물을 해당 기간 동안 건축자에게 임대한 것이므로 공사비총액을 해당 기간 동안 제공한 임대용역의 공급가액으로 안분 계산하여야 한다. 반대로 완성된 건물의 소유권을 바로 그 건축자에게 귀속시켜 일정 기간 사용하게 한 뒤 토지소유자가 그 기간의 종료 후 이전받는 경우에는 사용기간 종료 당시의 잔존가액을 해당 기간에 제공한 임대용역의 공급가액으로 안분 계산한다.[1]

5. 대가와 부가가치세액의 구분이 불분명한 경우

재화나 용역의 공급자는 공급받는 자로부터 공급대가에 더하여 그 가액의 10%인 부가가치세를 거래징수하여 과세관청에 납부함이 원칙인데(附價法 31조), 양자가 공급대가와 그에 대한 부가가치세액을 구분함이 없이 일괄적으로 일정한 금액을 수수하기로 약정한 경우에는 그 가액에는 부가가치세의 거래징수액까지 포함된 것으로 보아 그 가액 중 110분의 100은 공급대가로 받고, 나머지 110분의 10은 부가가치세를 거래징수한 것으로 본다(附價法 29조 7항).

제 7 절 세금계산서

I. 의 의

세금계산서(Tax Invoice)는 재화나 용역을 공급한 사업자가 그 공급받는 자로부터 부가가치세를 거래징수한 사실을 나타내는 것으로서 그 공급받는 자에게 발행하는 송장(送狀)이다. 이러한 세금계산서는 매입세액 공제를 위한 근거

---

1) 대법원 2011. 6. 30., 2008 두 18939.

로 기능할 뿐만 아니라, 과세관청이 사업자나 거래상대방의 과세표준을 파악할 수 있는 과세자료로서의 의의도 가지며, 송장, 대금청구서 또는 거래영수증의 기능도 한다.

Ⅱ. 발행의무와 면제

등록사업자가 재화 또는 용역을 공급하는 때에는 거래시기에 세금계산서를 작성하여 공급받는 자에게 발급하여야 한다(附價法 32조 1항). 그러나 부가가치세가 면제되는 재화나 용역의 공급에 대해서는 세금계산서를 발급할 의무가 없다(동항 괄호). 납세의무자로 등록한 사업자가 아닌 면세사업자도 세금계산서를 발행할 의무가 없다. 등록사업자 중에서도 세금계산서를 발급하기 어렵거나 불필요한 것으로 인정되는 자(택시운송업·노점·행상 등의 사업을 하는 자, 소매업자, 미용, 욕탕 및 유사서비스업자)는 예외적으로 세금계산서의 발급의무가 면제된다(附價法 33조 1항; 附價令 71조 1항 1호, 2호). 다만, 소매업의 경우에는 수급자가 세금계산서의 발급을 요구하지 않는 경우에 한한다. 의제공급의 경우에도, 재화를 판매목적으로 자기의 다른 사업장으로 반출하는 경우를 제외하고는, 세금계산서의 발급을 필요로 하지 않는다(附價令 동항 3호). 그 밖에도 다음과 같은 재화나 용역의 공급에 대해서는 세금계산서 발행이 면제된다.

(i) 영세율이 적용되는 재화 또는 용역의 공급으로서 ① 수출하는 재화(수탁가공할 목적으로 반출하는 원료, 내국신용장 또는 구매확인서에 의하여 공급하는 재화, 한국국제협력단, 한국국제보건의료재단 및 대한적십자사에 공급하는 재화 제외), ② 국외에서 제공하는 용역 및 ③ 선박 또는 항공기에 의한 외국항행용역의 공급 중 그 공급받는 자가 국내에 사업장이 없는 비거주자 등인 경우와 항공기의 외국항행용역 및 항공법에 의한 상업서류송달용역의 공급(附價令 71조 1항 4호).

(ii) 역시 영세율 적용대상으로 부가가치세법 시행령 제33조 제2항 각호에 열거된 특정의 외화획득재화 또는 용역의 공급 중 ① 국내에서 국내사업장이 없는 비거주자 등에게 공급되는 일정한 유형의 재화 또는 용역으로서 그 대금을 외국환은행에서 원화로 받거나 그 밖에 기획재정부령에서 정하는 방법으로 받는 거래(附價令 33조 2항 1호), ② 국내사업장이 있는 비거주자 등의 국내사업장이 아닌 해외사업장과의 직접계약에 의하여 국내에서 일정한 유형의 재화 또

는 용역을 공급하고, 그 대금을 해당 국외의 비거주자 등으로부터 외국환은행을 통하여 원화로 받는 거래(동항 2호), ③ 국내사업장이 없는 비거주자나 외국법인이 운용하는 외국을 항행하는 선박 및 항공기 또는 원양어선에 공급하는 재화 또는 용역(동항 5호), ④ 국내에 상주하는 국제연합군 또는 미국군에게 공급하는 재화 또는 용역(동항 6호), ⑤ 관광진흥법에 따른 일반여행업자가 외국인 관광객에게 공급하는 관광알선용역으로서 그 대가를 외국환은행에서 원화로 받거나 외화 현금으로 받아 외국인관광객과의 거래임이 국세청장이 정하는 관광알선수수료명세표와 외화매입증명서에 의하여 확인되는 것(동항 7호), ⑥ 외교공관 등에 공급하는 재화나 용역(附價法 24조 1항 1호)(附價令 71조 1항 5호).

    (iii) 부동산임대용역의 공급가액 중 간주임대료에 해당하는 부분(동항 6호).

    (iv) 전자서명법에 따른 공인인증기관이 공인인증서를 발급하는 용역(공급받는 자가 사업자로서 세금계산서의 발급을 요구하는 경우는 제외; 동항 7호).

    (v) 부가가치세법 제53조의2에 따라 간편사업자등록을 한 사업자가 국내에 공급하는 전자적 용역(동항 8호).

    (vi) 국내사업장이 없는 비거주자 또는 외국법인에게 공급하는 재화 또는 용역(동항 9호).

    (vii) 목욕·이발·미용업자, 여객운송업자 또는 입장권을 발행하여 사업을 영위하는 사업자 등이 신용카드매출전표 등(附價法 46조 1항)을 발급한 경우(附價法 33조 2항; 附價令 71조 2항, 88조 5항).

    재화의 수입에 대해 부과하는 부가가치세의 세금계산서는 세관장이 발급한다(附價法 35조 1항). 한편, 재화나 용역을 공급하고 대가를 받는 자가 세금계산서를 발급하여야 함이 원칙이나 납세의무자로 등록하고 세금계산서 발급의무가 있는 사업자가 일정 유형의 공급자가 세금계산서 발급시기에 세금계산서를 발행하지 아니한 경우에는 공급받는 자가 관할 세무서장으로부터 거래사실의 확인을 받아 세금계산서를 발행할 수 있고(附價法 34조의2 1항; 附價令 71조의2), 이러한 매입자 발행세금계산서에 의해서도 매입세액을 공제받을 수 있다(동조 2항).

Ⅲ. 세금계산서 발행인과 수취인에 관한 특례

계약상 또는 법령상 거래에 관여하는 당사자들 사이에 대리, 위임, 위탁 등의 관계가 설정됨에 따라 그 거래의 당사자(즉, 거래에 따른 권리·의무의 귀속자)와 실제 거래행위자가 다른 경우가 있고, 거래의 일방 당사자가 타방 당사자가 누구인지 알지 못하는 경우도 있을 수 있다. 이러한 경우에는 누가 세금계산서를 발행하고, 누구에게 세금계산서를 발행하여야 하는지 명확히 해 줄 필요가 있다. 나아가 거래의 편의상 거래의 당사자가 아닌 행위자로 하여금 세금계산서를 발행하게 하거나 이를 수취하게 할 필요도 있을 수 있다. 부가가치세법 시행령은 그러한 경우를 열거하고, 각 경우별로 세금계산서를 발행하거나 수취하는 당사자와 요령을 규정하고 있다(附價法 32조 6항; 附價令 69조).

(i) 위탁판매 또는 대리인에 의한 판매에서 수탁자 또는 대리인이 재화를 인도하는 때에는 수탁자 또는 대리인이 위탁자 또는 본인의 명의로 세금계산서를 발급하며, 위탁자 또는 본인이 직접 재화를 인도하는 때에는 위탁자 또는 본인이 세금계산서를 발급할 수 있다. 후자의 경우에는 수탁자 또는 대리인의 등록번호를 부기하여야 한다(附價令 69조 1항). 다만, 위탁자 또는 본인을 알 수 없어 수탁자 또는 대리인에게 재화를 공급하는 것으로 보는 경우(附價法 10조 7항 단서)에는 그렇지 아니하고 당연히 수탁자 또는 대리인 자체를 공급받는 자로 하여 세금계산서를 발행한다(附價令 69조 3항).

(ii) 위탁매입 또는 대리인에 의한 매입의 경우에는 공급자가 위탁자 또는 본인을 공급받는 자로 하여 세금계산서를 발급한다. 이 경우 수탁자 또는 대리인의 등록번호를 부기하여야 한다(동조 2항). 역시 위탁자 또는 본인을 알 수 없어 수탁자 또는 대리인으로부터 재화를 공급받은 것으로 보는 경우에는 수탁자 또는 대리인 자체를 공급자로 하여 세금계산서를 발행한다(동조 3항).

(iii) 수용으로 인하여 재화가 공급되는 경우에는 위 (i)의 위탁판매 또는 대리인에 의한 판매의 경우를 준용하여 수용하는 사업시행자가 세금계산서를 발급할 수 있다(동조 4항).

(iv) 용역의 공급을 주선·중개하는 경우에는 위 (i) 및 (ii)의 경우를 준용한다(동조 5항).

(v) '조달사업에 관한 법률'에 의하여 물자가 공급되는 경우에는 공급자 또

는 세관장이 해당 실수요자에게 직접 세금계산서를 발급하여야 한다. 다만, 실수요자를 알 수 없는 경우에는 조달청장에게 세금계산서를 발급하고, 조달청장이 실수요자에게 해당 물자를 실제로 인도하는 때 그 실수요자에게 세금계산서를 발급할 수 있다(동조 6항).

(vi) 한국가스공사법에 의한 한국가스공사가 기획재정부령이 정하는 가스도입판매사업자를 위하여 천연가스(액화한 것 포함)를 직접 수입하는 경우에는 세관장이 해당 가스도입판매사업자에게 직접 세금계산서를 발급할 수 있다(동조 7항).

(vii) 사업자가 여신전문금융업법상의 시설대여업자로부터 시설 등을 임차하고, 해당 시설 등을 공급자 또는 세관장으로부터 직접 인도받는 경우에는 공급자 또는 세관장이 해당 사업자에게 직접 세금계산서를 발급할 수 있다(동조 8항).

(viii) 조달청장이 발행한 창고증권의 양도로서 임치물의 반환이 수반되는 거래는 재화의 공급으로 되는바(附價令 18조 2항 1호의 반대해석), 이 경우에는 위 (v)의 단서의 경우를 준용하여 해당 창고증권과의 교환으로 임치물을 반환받을 자를 알 수 없는 경우에는 조달청장에게 세금계산서를 발급하고, 조달청장이 실지로 그 임치물을 반환하는 때 그 반환받는 자에게 세금계산서를 발급할 수 있다(동조 9항).

(ix) '부동산 가격공시 및 감정평가에 관한 법률'에 의한 감정평가업자, '신문 등의 진흥에 관한 법률'에 따른 신문 발행업자, '잡지 등 정기간행물의 진흥에 관한 법률'에 따른 정기간행물 발행업자 또는 '뉴스통신진흥에 관한 법률'에 의한 뉴스통신사업을 경영하는 법인이 법원의 의뢰에 의하여 감정평가용역 또는 광고용역을 제공하는 경우로서 해당 용역을 실지로 공급받는 자를 알 수 없는 경우에는 감정평가업자, 신문 발행업자, 정기간행물 발행업자 또는 뉴스통신사업 영위 법인은 법원에 세금계산서를 발급하고, 해당 법원이 감정평가용역 또는 광고용역을 실제로 공급받는 자로부터 그 용역에 대한 대가를 징수하는 때에는 그 법원이 세금계산서를 발급할 수 있다(동조 10항).

(x) 전기통신사업법에 의한 전기통신사업자가 다른 전기통신사업자의 이용자에게 전기통신역무를 제공하고 그 대가의 징수를 다른 전기통신사업자에게 대행하게 하는 경우에는 해당 전기통신역무를 제공한 사업자가 다른 전기통신사업자에게 세금계산서를 발급하고, 다른 전기통신사업자가 이용자에게 세금계

산서를 발급할 수 있다(동조 11항).

(xi) 전기사업법에 의한 발전사업자가 전력시장을 통하여 동법에 의한 전기판매사업자 또는 전기사용자에게 전력을 공급하고 그 대가를 동법에 의한 한국전력거래소를 통하여 받는 경우에는 해당 발전사업자가 한국전력거래소에 세금계산서를 발급하고, 한국전력거래소가 해당 전기판매사업자 또는 전기사용자에게 세금계산서를 발급할 수 있다(동조 12항).

(xii) 방송법상의 '위성이동 멀티미디어 방송사업자' 및 일반위성방송사업자가 전기통신사업법에 따른 전기통신사업자의 이용자에게 '위성이동 멀티미디어 방송용역' 또는 일반위성방송용역을 제공하고 그 대가의 징수를 전기통신사업자에게 대행하게 하는 경우에는 '위성이동 멀티미디어 방송사업자' 및 일반위성방송사업자가 전기통신사업자에게 세금계산서를 발급하고, 전기통신사업자가 이용자에게 세금계산서를 발급할 수 있다(동조 13항).

(xiii) 전기사업법에 따른 전기사업자로부터 전력을 공급받는 명의자와 전력을 실제로 소비하는 자가 서로 다른 경우에 그 전기사업자가 전력을 공급받는 명의자를 공급받는 자로 하여 세금계산서를 발급하고 그 명의자는 발급받은 세금계산서에 적힌 공급가액의 범위에서 전력을 실제로 소비하는 자를 공급받는 자로 하여 다시 세금계산서를 발급하였을 때에는 그 전기사업자가 전력을 실제로 소비하는 자를 공급받는 자로 하여 세금계산서를 발급한 것으로 간주한다(동조 14항). 동업자가 조직한 조합 또는 이와 유사한 단체가 그 조합원이나 그 밖의 구성원을 위하여 재화 또는 용역을 공급하거나 공급받는 경우와 '국가를 당사자로 하는 계약에 관한 법률'에 따른 공동 도급계약에 의하여 용역을 공급하고 그 공동 수급체의 대표자가 그 대가를 지급받는 경우 및 도시가스사업법에 따른 도시가스사업자가 도시가스를 공급할 때 도시가스를 공급받는 명의자와 도시가스를 실제로 소비하는 자가 서로 다른 경우에도 이러한 간주 규정을 준용한다(동조 15항).

(xiv) 보세구역 내 조달청 창고 및 런던 금속거래소의 지정창고에 보관된 임치물의 반환을 수반하는 창고증권의 양도는 재화의 공급에 해당하는바(附價令 18조 2항 1호 반대 해석), 이러한 창고증권의 양도에 따라 해당 지정창고에 보관된 물품이 국내로 반입되는 경우에는 세관장이 수입세금계산서를 발급한다(附價令 69조 16항).

(xv) '온실가스 배출권의 할당 및 거래에 관한 법률'에 따라 배출권 거래계정을 등록한 자(이하 "할당대상업체 등"이라고 함)가 배출권 거래소가 개설한 배출권 거래시장을 통하여 다른 할당대상업체 등에게 배출권(상쇄배출권 포함)을 공급하고 그 대가를 배출권 거래소를 통하여 받는 경우에는 그 할당대상업체 등이 배출권 거래소에 세금계산서를 발급하고 배출권 거래소가 공급받은 할당대상업체 등에 세금계산서를 발급할 수 있다(동조 18항).

(xvi) 합병으로 소멸하는 피합병법인이 합병계약서에 기재된 합병을 할 날부터 합병등기일까지의 기간에 재화 또는 용역을 공급하거나 공급받는 경우 합병 존속법인 또는 합병신설법인이 세금계산서를 발급하거나 발급받을 수 있다(동조 19항).

Ⅳ. 세금계산서의 발행시기

세금계산서는 재화나 용역의 공급시기에 발행함이 원칙이다(附價法 34조 1항). 그러나 본래의 공급시기에 대한 특례의 공급시기(附價法 17조)가 적용되는 경우에는 그 특례의 공급시기에 세금계산서를 발행할 수 있다(附價法 34조 2항). 또한 (i) 거래처별로 1역월의 공급가액을 합계하여 해당 월의 말일을 작성연월일로 하여 세금계산서를 발급하는 경우, (ii) 거래처별로 1역월 이내에서 사업자가 임의로 정한 기간의 공급가액을 합하여 그 기간의 종료일을 작성연월일로 하여 세금계산서를 발급하는 경우, (iii) 관계 증명서류 등에 의하여 실제 거래사실이 확인되는 경우로서 해당 거래일을 작성연월일로 하여 세금계산서를 발급하는 경우에는 재화 또는 용역의 공급일이 속하는 달의 다음달 10일까지 이를 발급할 수 있다(동조 3항). 월별로 할 때 이를 월합계세금계산서라고 부른다. 이렇게 발급된 세금계산서는 해당 재화나 용역의 공급시기에 일치하여 발급된 것으로 간주되므로 그 '내용이 사실과 다른 세금계산서'(附價法 39조 1항 2호)에 해당하지 않고, 따라서 관련 매입세액을 공제받는 데 지장이 없다.

Ⅴ. 세금계산서의 기재사항

세금계산서의 기재사항으로는 (i) 공급자의 등록번호, 성명 또는 명칭, 주소, (ii) 공급받는 자의 등록번호(사업자가 아닌 경우에는 고유번호 또는 주민등록번호), 상호, 성명, 주소, (iii) 공급가액과 부가가치세액, (iv) 작성연월일, (v) 공급자와 수급자의 업태와 종목, (vi) 공급품목, (vii) 단가와 수량, (viii) 공급연월일, (ix) 거래의 종류, (x) 사업자단위과세의 승인을 얻은 사업자의 경우 실제로 재화 또는 용역을 공급하거나 공급받는 종된 사업장의 소재지 및 상호 등이 있다(附價法 32조 1항; 附價令 67조 2항).

위와 같은 기재사항 중에서도 특히 부가가치세법 제32조 제1항 제1호부터 제4호까지 규정된 ① 공급하는 사업자의 등록번호와 성명 또는 명칭, ② 공급받는 자의 등록번호, ③ 공급가액과 부가가치세액 및 ④ 작성년월일 등 4가지를 필요적 기재사항이라고 하고, 그 전부 또는 일부를 기재하지 않거나 사실과 다르게 기재한 경우에는 매입세액 불공제의 불이익을 받고(附價法 39조 1항 2호), 가산세도 부과된다(附價法 60조 2항 5호). 그러나 필요적 기재사항의 정확한 기재가 상황에 따라서는 어려울 때가 있어서 사소한 잘못을 가지고도 '사실과 다른' 세금계산서로 인정하여 그 효력을 부인하면 공급자에게 지나친 불이익을 안겨주는 수가 있다. 이 점에 관하여는 매입세액 불공제와 관련하여 뒤에서 다시 거론하기로 한다.

한편, 사업자는 세금계산서의 필요적 기재사항과 그 밖에 필요하다고 인정되는 사항 및 국세청장에게 신고한 계산서임을 적은 '계산서'를 국세청장에게 신고한 후 발급할 수 있다. 이러한 계산서는 세금계산서의 형식은 아니지만 일반 세금계산서로 취급된다(附價令 67조 4항).

VI. 전자세금계산서의 발행

법인사업자와 직전 연도의 사업장별 재화 및 용역의 공급가액(면세공급가액 포함)의 합계액이 1억 원 이상인 개인사업자는 반드시 전자적 방법으로 세금계산서(이하 "전자세금계산서"라고 함)를 발급하여야 한다(附價法 32조 2항; 附價令 68조 1항). 전자세금계산서 의무발급 개인사업자가 전자세금계산서를 발급하여야 하는 기간은 사업장별 재화 및 용역의 공급가액의 합계액이 1억 원 이상인 해의 다음 해 제2기 과세기간과 그 다음 해 제1기 과세기간이다(附價令 68조 2항). 여기서 '전자적 방법'이라고 함은 세금계산서의 필요적 기재사항을 (i) 조세특례제한법 제5조의2 제1호에 따른 전사적(全社的) 기업자원관리설비로서 전자거래기본법에 따라 표준인증을 받은 설비를 이용하는 방법, (ii) 전자거래기본법에 따라 표준인증을 받은 실거래 사업자를 대신하여 전자세금계산서 발급업무를 대행하는 사업자의 전자세금계산서 발급시스템을 이용하는 방법, (iii) 국세청장이 구축한 전자세금계산서 발급 시스템을 이용하는 방법, (iv) 전자세금계산서 발급이 가능한 현금영수증 발급장치 및 그 밖에 국세청장이 지정하는 전자세금계산서 발급 시스템을 이용하는 방법 중의 하나로 계산서 작성자의 신원 및 계산서의 변경여부 등을 확인할 수 있는 공인인증시스템을 거쳐 정보통신망으로 발급하는 것을 말한다(附價令 68조 4항). 이와 관련하여 재화나 용역을 공급받는 자가 전자세금계산서를 발급받을 수신함을 가지고 있지 아니하거나 지정하지 아니한 경우 또는 위 (iv)의 시스템과 같이 수신함이 적용될 수 없는 시스템을 사용하는 경우에는 위 (iii)의 '국세청장이 구축한 전자세금계산서 발급 시스템'을 수신함으로 지정한 것으로 본다(동조 10항). 그리고 전자세금계산서가 재화나 용역을 공급받는 자가 지정하는 수신함에 입력되거나 위 (iii)의 '국세청장이 구축한 전자세금계산서 발급 시스템'에 입력된 때 재화나 용역을 공급받는 자가 전자세금계산서를 수신한 것으로 본다(동조 11항).

　　사업자가 전자세금계산서를 발급한 때에는 전자세금계산서 발급일의 다음날까지 세금계산서 발급명세를 국세청장에게 전송하여야 한다(附價法 32조 3항; 附價令 68조 6항). 전자세금계산서를 의무적으로 발급하여야 하는 사업자가 아닌 사업자도 원하는 경우에는 위의 전자적 방법에 의해 전자세금계산서를 발급할 수 있다(附價法 32조 5항; 附價令 68조 9항).

　　한편 (i) 산업용 전력을 공급하는 전기사업자, (ii) 사업자에게 전기통신역무를 제공하는 전기통신사업자, (iii) 산업용 도시가스를 공급하는 도시가스 사업자, (iv) 산업용 열 또는 전기를 공급하는 집단에너지 공급사업자, (v) 사업자에게 방송용역을 제공하는 방송사업자, (vi) 농·어민에게 조세특례제한법 제105조의2에 따른 농·어업용 기자재를 공급하는 일반과세자, (vii) 사업자에게 방송용역을 제공하는 '인터넷 멀티미디어 방송사업법'에 따른 인터넷 멀티미디어 방송제공사업자는 해당 사업과 관련하여 관할 세무서장에게 신고한 후 세금계산서의 필요적 기재사항과 그 밖에 필요하다고 인정되는 사항 및 관할 세무서장에게 신고한 전자세금계산서임을 적은 '계산서'를 발급하고 전자세금계산서 파일을 국세청장에게 전송할 수 있다(附價法 32조 4항). 다수의 자에게 재화나 용역을 공급하는 특정 유형의 사업자에게 세금계산서의 양식이 아닌 '계산서'를 전자적 방법으로 발급하는 것을 허용하고, 그 계산서를 전자세금계산서로 취급하는 것이다.

Ⅶ. 세금계산서의 종류 및 영수증

세금계산서에는 일반세금계산서·수입세금계산서의 2가지가 있다. 이 밖에 수정세금계산서가 있으나, 이것은 세금계산서의 한 종류라기보다는 당초 발급된 세금계산서와 같은 종류의 것으로 당초의 기재내용의 시정을 위한 것이다. 이 밖에도 종래의 간이세금계산서가 영수증으로 바뀌었는바 이것도 세금계산서의 일종으로 볼 수 있다.

1. 일반세금계산서

앞에서 상술한 필요적 기재사항 전부를 기재한 세금계산서이며, 보통 세금계산서라고 말할 때에는 일반세금계산서를 가리킨다. 일반세금계산서는 일반사업자만이 발급할 수 있다.

2. 수입세금계산서

국내에서 재화의 공급이 이루어지는 경우에는 재화를 공급하는 사업자가 공급받는 자로부터 부가가치세를 거래징수하고, 이에 따라 공급하는 자가 공급받는 자에게 세금계산서를 작성·발급하지만, 재화를 해외로부터 수입하는 경우에는 외국의 수출자로 하여금 부가가치세를 징수하여 납부하게 할 수 없기 때문에 재화의 수입자가 세관장에게 신고납부하거나 세관장이 재화의 수입자로부터 징수하고(附價法 50조; 58조 2항), 이에 따라 세관장이 수입자에게 세금계산서를 발급한다(附價法 35조 1항). 이 세관장이 발급하는 세금계산서를 수입세금계산서라 부르며, 기재내용은 일반세금계산서와 같다. 재화의 수입에 대해 부가가치세의 납부가 유예되는 때에는 수입세금계산서에 납부유예의 표시를 한다(附價令 72조 1항).

3. 수정세금계산서

(1) 일반 수정세금계산서

세금계산서 또는 전자세금계산서를 발급한 후 그 기재사항에 관하여 착오 또는 정정사유가 발생한 경우에는 그 사유에 따라 수정된 세금계산서를 발급할 수 있다(附價法 32조 7항; 附價令 70조). 이를 수정세금계산서라고 한다. 수정세금계산서 발행 사유와 그 기재방식 및 발행시기 등은 다음과 같다(附價令 70조 1항).

(i) 당초 공급한 재화가 환입된 경우   환입시기에 수정세금계산서를 발행한다. 재화가 환입된 날을 작성일자로 기재하고, 비고란에 당초 세금계산서 작성일자를 부기하며, 붉은색 글씨로 쓰거나 음(陰)의 표시를 하여 발급한다. 재화의 환입으로 인하여 당초 세금계산서 작성일자와 다른 날을 작성일자로 하여 공급가액이 감축된 수정세금계산서가 발급되는 경우에는 그 공급가액의 감축에 상응하여 해당 수정세금계산서의 작성일자가 속하는 과세기간의 매출세액이 줄어들게 된다.

(ii) 계약의 해제로 인하여 재화 또는 용역이 공급되지 아니한 경우   계약이 해제된 때에 수정세금계산서를 발행한다. 계약해제일을 작성일자로 하고, 비고란에 처음 계산서 작성일을 부기하며, 붉은색 글씨로 쓰거나 음(陰)의 표시를 하여 발급한다. 계약의 해제로 인하여 계약의 해제일을 작성일자로 하여 공급가액이 없는 수정세금계산서가 발급되는 경우에는 그 효과로서 해당 수정세금계산서의 작성일자가 속하는 과세기간의 매출세액이 줄어들게 된다.

(iii) 계약의 해지 등에 따라 공급가액에 추가되거나 차감되는 금액이 발생한 경우   여기서 '해지 등'이라고 함은 계속적 공급계약이 장래를 향하여 효력을 상실하는 의미에서의 계약의 해지뿐만 아니라 계약의 효력에 변동을 가져오는 그 밖의 모든 사유를 포괄한다고 할 것이다. 증감사유가 발생한 날에 수정세금계산서를 발행한다. 증감사유가 발생한 날을 그 작성일자로 기재하고, 추가되는 금액은 검은색 글씨로 쓰고, 감액되는 금액은 붉은색 글씨로 쓰거나 음(陰)의 표시를 하여 발급한다. 이 경우에도 역시 해당 수정계산서의 작성일자가 속하는 과세기간의 매출세액이나 매입세액의 증감조정이 이루어진다.

(iv) 재화 또는 용역의 공급시기가 속하는 과세기간 종료 후 25일 이내에 내국

신용장이 개설되었거나 구매확인서가 발급된 경우　　내국신용장이 개설되거나 구매확인서가 발급된 때에 수정세금계산서를 발급한다. 당초 세금계산서 작성일을 작성일자로 기재하고, 비고란에 내국신용장 개설일이나 구매확인서 발급일을 부기하며, 영세율 적용분은 검은색 글씨로 표시한다. 이와 별도로 당초에 발급한 세금계산서의 내용과 같은 내용의 세금계산서를 붉은색 글씨로 또는 음(陰)의 표시를 하여 작성, 발급한다.

　(v) **필요적 기재사항 등이 착오로 잘못 적힌 경우**　　착오로 잘못 적힌 내용을 붉은색 글씨로 그대로 옮겨 쓰거나 음(陰)의 표시를 한 세금계산서를 발급함과 동시에, 착오로 잘못 적힌 내용을 바로잡은 세금계산서를 검은색 글씨로 작성하여 발급한다. 다만, ① 세무조사의 통지를 받은 경우, ② 세무공무원이 과세자료의 수집 또는 민원 등을 처리하기 위하여 현지출장이나 확인업무에 착수한 경우, ③ 세무서장으로부터 과세자료 해명안내 통지를 받은 경우, ④ 그 밖에 위 3가지 경우와 유사한 경우로서 경정이 있을 것을 미리 안 것으로 인정되는 경우에는 수정세금계산서를 발급하지 못한다.

　(vi) **필요적 기재사항 등이 착오 외의 사유로 잘못 적힌 경우**　　재화 및 용역의 공급일이 속하는 과세기간에 대한 확정신고기한 다음 날부터 1년 이내에 수정세금계산서를 발행한다. 처음에 발급한 세금계산서의 내용을 붉은색 글씨로 그대로 옮겨 쓰거나 음(陰)의 표시를 한 세금계산서를 발급함과 동시에, 잘못 적힌 내용을 바로잡은 세금계산서를 검은색 글씨로 작성하여 발급한다. 이 경우에도 위 (v)에서 본 바와 같이 과세표준 또는 세액을 경정할 것을 미리 알고 수정계산서를 발급하는 것은 인정되지 않는다.

　(vii) **착오로 전자세금계산서를 이중으로 발급한 경우**　　당초에 발급한 세금계산서의 내용대로 음(陰)의 표시를 하여 발급한다.

　(viii) **면세 등 발급대상이 아닌 거래 등에 대하여 발급한 경우**　　처음에 잘못 발급한 세금계산서에 적힌 내용을 붉은색 글씨로 그대로 옮겨 쓰거나 음(陰)의 표시를 한 세금계산서를 발급한다.

　(ix) **세율을 잘못 적용하여 발급한 경우**　　세율을 잘못 적용하여 발급한 세금계산서에 적힌 내용을 붉은색 글씨로 그대로 옮겨 쓰거나 음(陰)의 표시를 한 세금계산서를 발급함과 동시에, 세율을 바로잡은 세금계산서를 검은색 글씨로 작성하여 발급한다. 다만, 위 (v)의 각 경우로서 과세표준 또는 세액을 경정

할 것을 미리 알고 있는 경우는 수정세금계산서 발급 대상에서 제외된다.

(2) 수입 수정세금계산서

일반과세자에서 간이과세자로 과세유형을 전환한 사업자가 그 전환 전에 공급한 재화 또는 용역에 대하여 위의 (i), (ii) 및 (iii)에서 본 수정세금계산서의 발급 사유가 발생한 경우에는 위에서 본 내용의 수정세금계산서를 발급하지 않고, 당초 세금계산서의 작성일자를 그대로 옮겨 적는 한편 추가되는 금액은 검은색 글씨로, 차감되는 금액은 붉은색 글씨로 쓰거나 음(陰)의 표시를 하고, 비고란에 사유발생일을 부기한 수정세금계산서를 발급힐 수 있나(附價令 70조 2항). 반대로 간이과세자에서 일반과세자로 과세유형을 전환한 사업자가 그 전환 전에 공급한 재화 또는 용역에 대하여 위의 (i), (ii) 및 (iii)에서 본 수정세금계산서의 발급 사유가 발생한 경우에는 같은 방식으로 수정세금계산서를 의무적으로 발급하여야 한다(동조 3항).

세관장에 의한 과세표준 또는 세액의 결정 또는 경정 전에 수입하는 자가 잠정가격에 따른 신고 후 확정가격에 따른 신고를 하거나(관세법 28조 2항), 과세가격이나 품목분류의 오류 정정에 따른 세액의 보정을 하거나(동법 38조의2), 신고납부한 세액의 부족에 따른 수정신고(동법 38조의3)를 하는 때 또는 세관장이 과오납금이나 환급세액의 환급을 하거나(동법 46조), 과다환급한 관세를 징수하거나(동법 47조), 위약물품(계약내용과 상이한 물품)에 대한 관세를 환급하는 때(동법 106조) 등에는 세관장은 추가로 부가가치세를 납부받거나 이미 납부받은 관세의 일부를 환급하게 되는바, 이러한 경우 세관장은 수입자에게 수정 수입세금계산서를 발급하여야 한다(附價法 35조 2항 1호; 附價令 72조 2항). 또한 세관장이 과세표준 또는 세액을 결정 또는 경정하는 경우로서 그 결정이나 경정이 관세법 위반으로 인한 고발 등 수입자의 귀책사유로 인한 것이 아닌 경우에도 세관장은 수정수입계산서를 발급한다(附價法 35조 2항 2호). 수입자가 세관공무원의 관세조사 등의 기회를 통해 과세표준 또는 세액이 결정 또는 경정될 것을 미리 알고 그 결정·경정 전에 수정신고를 하는 경우에는 수입자에게 귀책사유가 없는 것으로 인정되는 특정의 경우에 한하여 수정 수입계산서를 발급할 수 있다(附價法 35조 2항 3호; 附價令 72조 3항, 4항). 수정 수입세금계산서에는 부가가치세를 납부받거나 징수 또는 환급한 날을 작성일로 적고 비고란에 최초 수입세금계산서 발급일 등을 덧붙여 적은 후 추가되는 금액은 검은색 글씨로 쓰고, 차감되는 금액은 붉은색 글씨로 쓰거나 음(陰)의 표시를 한다(附價令 72조 5항).

4. 영 수 증

주로 사업자가 아닌 소비자에게 재화 또는 용역을 공급하는 사업자로서 시행령에서 한정적으로 정하고 있는 자, 그리고 간이과세자 중 (i) 직전 연도의 공급대가의 합계액이 4천 800만원 미만인 자와 (ii) 신규로 사업을 시작한 날이 속하는 연도의 공급대가의 합계액이 일반과세 기준금액에 미달될 것으로 예상되어 사업자등록을 할 때 간이과세 적용을 신청한 개인사업자(附價法 61조 3항)로서 최초의 과세기간 중에 있는 자는 재화 또는 용역의 공급시기에 공급받는 자에게 세금계산서 대신 영수증을 발급하여야 한다. 다만, 부가가치세가 면제되는 재화나 용역을 공급하는 자는 제외된다(附價法 36조 1항).

위의 사업자들이 세금계산서 대신 영수증을 발급하는 것이 의무인 데 비해 임의로 영수증을 발급할 수 있는 사업자도 있다. 임시사업장개설 사업자가 그 임시사업장에서 사업자가 아닌 소비자에게 재화 또는 용역을 공급하는 경우, 전기사업법에 의한 전기사업자가 산업용이 아닌 전력을 공급하는 경우 등 시행령에서 정하고 있는 경우에는 임의로 세금계산서 대신 영수증을 발급할 수 있다(附價法 32조 2항; 附價令 73조 2항).

위와 같이 영수증을 발급하는 사업자는 금전등록기를 설치하여 영수증을 대신하여 공급대가를 적은 계산서를 발급할 수도 있다. 이러한 계산서를 발급한 사업자가 영수증의 발급과 장부의 작성을 이행한 것으로 인정되어 현금수입을 기준으로 부가가치세를 납부하기 위해서는 해당 감사테이프를 보관하여야 한다(附價法 32조 4항).

한편, 위와 같이 영수증을 발급하는 것이 허용되는 사업자로서 법인이 아닌 자가 과세대상 재화 또는 용역을 공급하고 세금계산서의 발급 시기에 (i) 여신전문금융업법상의 신용카드매출전표, 결제대행업체를 통한 신용카드매출전표, 직불카드 영수증 또는 선불카드 영수증을 발행하거나, (ii) 조세특례제한법에 의한 현금영수증을 발행하는 경우에는 그 신용카드 매출전표, 직불카드 영수증, 선불카드 영수증, 현금영수증 등은 영수증으로 본다(附價法 36조 5항, 46조 1항; 附價令 88조 1항).

일정한 경우에 공급을 받는 사업자가 사업자등록증을 제시하고 세금계산서의 발급을 요구하는 때에는 영수증이 아니라 세금계산서를 발급하여야 한다. 다만, 간이과세자가 영수증 발급 적용기간에 재화 또는 용역을 공급한 경우에는 그러한 의무가 없다(附價法 36조 3항; 附價令 73조 3항, 4항, 10항). 세금계산서 발급 면제사유에 해당하는 경우에는 영수증 발급도 면제된다(附價令 73조 6항).

제 8 절 세액의 계산

1. 세 율

부가가치세의 세율은 100분의 10의 고정세율로 되어 있다(附價法 30조). 그러나 이 세율을 적용하여 계산한 납부세액에서 각종 감면세액 및 공제세액을 빼고 가산세를 더한 세액의 1000분의 747만 중앙 정부(즉, 관할세무서)에 부가가치세로 귀속되고, 1000분의 253은 사업장 소재지 관할 지방자치단체에 지방소비세로 귀속된다(附價法 72조 1항; 지방세법 제6장). 그 귀속이 다름에도 불구하고 부가가치세와 지방소비세는 동시에 신고, 납부, 경정 및 환급된다(附價法 72조 2항; 지방세법 제6장).

2. 과세기간

부가가치세의 과세기간은 일반사업자의 경우에는 제1기를 1월 1일부터 6월 30일까지, 제2기를 7월 1일부터 12월 31일까지로 각 6개월의 기간으로 하고, 간이과세자의 경우에는 1월 1일부터 12월 31일까지 1년의 기간으로 한다(附價法 5조 1항). 이 기간 내의 거래가 각 기별 과세대상이 된다.

3. 납부세액

부가가치세는 단계별 부가가치에 대해 과세되므로 사업자가 납부하여야 할 부가가치세액(납부세액)은 자기가 공급한 재화 또는 용역에 대한 세액(매출세액)에서 매입세액, 즉 (i) 자기의 사업을 위하여 사용하였거나 사용할 목적으로 공급받은 재화 또는 용역에 대한 세액 및 (ii) 자기의 사업을 위하여 사용하였거나 사용할 목적으로 수입할 재화에 대한 세액을 공제한 금액으로 한다. 사업

양수인이 사업양도인을 위하여 대리납부한 사업양도가액에 대한 부가가치세액
도 공제대상 매입세액으로 인정된다(附價法 38조 1항 1호 단서; 52조 4항). 매입세
액의 공제는 재화나 용역을 공급받은 시점이나 재화를 수입한 시점이 속하는
과세기간의 매출세액에서 한다(附價法 38조 2항, 3항). 매출세액을 초과하는 매입
세액은 환급받을 세액(환급세액)으로 한다(附價法 37조 2항, 38조 1항). 최종 납부
할 세액은 위와 같이 계산한 납부세액에서 각종 공제세액을 빼고, 다시 이에
각종 가산세를 더한 금액이 된다(附價法 37조 3항). 사업자가 과세사업과 면세사
업을 겸영하는 경우에 면세사업에 관련된 매입세액의 계산은 원칙적으로 실지
귀속에 따르되, 과세사업과 면세사업에 공통으로 사용되어 실지귀속을 구분
할 수 없는 때에는 인원수에 따르도록 하는 등 기획재정부령으로 정하는 경우
를 제외하고 매입세액을 다음 산식에 의하여 계산한다(附價法 40조; 附價令 81조
1항). 이와 관련하여 수종의 과세사업과 수종의 면세사업을 겸영하는 사업자가
지출한 매입세액이 그 수종의 과세사업과 면세사업 중 특정의 과세사업 및 면
세사업과는 관련이 없고, 나머지 과세사업과 면세사업에 공통으로 관련되고 그
사이에서만 귀속을 구분하기 어려운 경우에는 그 공통매입세액은 귀속이 불분
명한 사업단위들 사이에만 다음의 산식에 따라 안분되어야 한다.1) 한편, 공통
매입세액이 과세사업 또는 면세사업 단위의 전체가 아니라 그 중 일부분에만
관련되는 경우라도 해당 부분이 사업 장소와 운영 실태 등에 비추어 나머지 부
분과 구분되는 별개의 독립된 사업 부분이라고 볼 수 없다면 해당 사업 단위
전체의 공급가액을 기준으로 하여 면세사업에 관련된 매입세액을 계산할 수밖
에 없다.2)

매입세액＝공통매입세액×면세공급가액/총공급가액

예정신고를 하는 경우에는 예정신고기간의 총공급가액에 대한 면세공급가
액의 비율에 의하여 안분계산하고, 확정신고를 하는 때 정산한다(동항 단서).
그리고 해당 과세기간 중 과세사업과 면세사업의 공급가액이 전혀 없거나
어느 한 사업의 공급가액이 없는 경우에는 (i) 총매입가액(공통매입가액 제외)에
대한 면세사업 관련 매입가액의 비율, (ii) 총예정공급가액에 대한 면세사업 관

---

1) 대법원 1982. 9. 28., 82 누 170.; 同 2017. 1. 25., 2016 두 51788.
2) 대법원 2016. 12. 29., 2014 두 10714.

련 예정공급가액의 비율, (iii) 총예정사용면적에 대한 면세사업 관련 예정사용
면적의 비율의 순서로 해당 비율을 적용하여 안분 계산한다(附價令 81조 4항).
다만, 건물을 신축 또는 취득하여 과세사업과 면세사업에 제공할 예정면적을
구분할 수 있는 경우에는 위 (iii)의 비율을 위 (i) 및 (ii)의 비율에 우선하여 적
용한다(동항 단서). 여기서 '예정공급가액'이나 '예정사용면적'이라고 함은 말 그
대로 실제로 공급 또는 사용이 이루어지는 과세기간에 발생할 공급가액이나 제
공될 사용면적의 확정치를 의미하는 것이 아니라, 사업자가 부가가치세를 신고
할 당시를 기준으로 사업실적, 시장 상황, 사업계획 등을 기초로 향후 발생할
것으로 추정한 사업별 공급가액이나 사용면적의 예상치를 의미한다.[1] 따라서
토지를 제외한 건물 등에 대하여 위 (iii)의 비율을 적용하여 공통매입세액을 안
분 계산한 경우에는 그 후 과세사업과 면세사업의 공급가액이 모두 발생하여
위의 산식에 따라 공통매입세액을 안분 계산할 수 있는 경우에도 과세사업과
면세사업의 사용면적이 확정되기 전의 과세기간까지는 계속 위 (iii)의 비율을
적용하여 안분 계산하고, 과세사업과 면세사업의 사용면적이 확정되는 과세기
간에 아래에서 보는 바와 같이 공통매입세액을 정산한다(附價令 81조 5항).

　위와 같이 공급가액이 아닌 다른 기준에 의하여 공통매입세액을 안분 계산
한 후 다른 과세기간에 해당 재화의 취득으로 과세사업과 면세사업의 공급가액
또는 사용면적이 확정되는 경우에는 그 확정된 총공급가액 또는 총사용면적에
대한 면세공급가액 또는 면세사용면적의 비율을 적용하여 면세사업 관련 매입
세액을 확정한 뒤 그 확정된 매입세액에서 기(旣)공제세액을 빼는 정산절차를
취한다(附價令 82조).

　'과세사업과 면세사업에 공통으로 사용되어 실지귀속을 구분할 수 없는지'
여부는 매입재화의 사용시의 상태뿐만 아니라 재화의 매입시의 상황도 고려하
여 판단하여야 할 것이므로 면세재화의 구입·관리·제조·가공과정에의 투입,
제품공정, 제품생산관리 등 제반실태를 고려하여 전체적으로 구분할 수 있는지
여부를 결정하여야 하고, 재화의 사용량을 구분할 수 없는 때는 물론이고 사용
량의 구분이 가능하더라도 그 사용량의 공급가액을 알 수 없는 경우에도 실지
귀속을 구분할 수 없는 것으로 보아야 한다.[2] 매입세액의 안분계산의 이유는

---

1) 대법원 2015. 11. 12., 2012 두 28056.
2) 대법원 1987. 6. 9., 86 누 251.

과세사업과 면세사업을 겸영하는 경우에 매출세액이 발생하지 아니하는 면세사업에 관련된 매입세액은 해당 과세기간의 매출세액에서 공제되어서는 아니 되기 때문인데, 자가공급 대상인 재화에 대해서도 매출세액이 부과되고, 따라서 모든 매입세액은 공제되어야 하므로 자가공급에 따른 매입세액의 안분 문제는 생겨날 여지가 없다.[1]

한편, (i) 공통매입세액이 5백만 원 미만으로서 해당 과세기간의 총공급가액중 면세공급가액이 100분의 5 미만인 경우, (ii) 해당 과세기간 중의 공통매입세액이 5만 원 미만인 경우, (iii) 해당 과세기간에 신규로 사업을 시작한 경우 등에는 공통매입세액을 과세사업과 면세사업 간에 안분할 필요없이 전액 공제한다(附價令 81조 2항). 한 과세기간에 과세사업과 면세사업이나 비과세사업에 공통으로 사용된 재화를 공급함에 따라 각 사업부문의 공급가액을 구분함에 있어서 위 (i) 내지 (iii)과 동일 또는 유사한 경우에는 전체를 과세사업의 공급가액으로 보아 매출세액을 부과하는 데(附價法 29조 8항; 附價令 63조 3항) 대응하여 매입세액도 전액 공제하는 것이다.

4. 매입세액 불공제

(1) 불공제되는 매입세액의 유형

다음과 같은 경우에는 매입세액을 공제하지 아니한다(附價法 39조 1항). 이 경우 사업자는 총매출세액을 부담하게 됨으로써 자신이 창출한 부가가치액에 대해서만 부가가치세를 부담한다는 제도의 취지에 반하는 결과가 된다.

1) 세금계산서 제출에 하자가 있는 경우의 매입세액   사업자는 전자세금계산서 발급명세를 국세청장에게 전송한 경우를 제외하고는 부가가치세의 예정신고 또는 확정신고를 할 때 자신이 공급받는 자(매입자)로서 공급하는 자(매출자)에게 부가가치세를 지급하고 수취한 세금계산서를 집계한 매입처별 세금계산서합계표를 작성하여 제출하여야 하는바(附價法 54조 1항, 2항, 3항), 이러한 매입처별 세금계산서합계표를 제출하지 아니한 경우의 매입세액 또는 제출한 매입처별 세금계산서합계표의 기재사항 중 거래처별 등록번호 또는 공급가액의 전부 또는 일부가 기재되지 아니하였거나 사실과 다르게 기재된 경우 그 기재사항이 기재되지 아니한 분 또는 사실과 다르게 기재된 분의 매입세액은 공제

---

[1] 대법원 1995. 6. 30., 94 누 149.

하지 아니한다(附價法 39조 1항 1호). 다만, 국세기본법상의 과세표준 및 세액의 수정신고, 감액경정청구 또는 기한후 신고 등과 함께 매입처별 세금계산서합계표 또는 신용카드매출전표 등(附價法 46조 1항)의 수령명세서를 제출하는 경우, 매입처별 세금계산서합계표의 거래처별 등록번호 또는 공급가액이 착오로 사실과 다르게 기재된 경우로서 발급받은 세금계산서에 의하여 거래사실이 확인되는 경우, 과세관청이 부가가치세의 과세표준과 세액을 경정하는 과정에서 사업자가 세금계산서나 신용카드매출전표 등을 그 경정기관의 확인을 거쳐 제출하는 경우에는 매입세액 불공제의 불이익을 주지 않는다(附價令 74조).

　　2) 세금계산서 수취에 하자가 있는 경우의 매입세액　　재화를 공급받거나 수입하면서 세금계산서 또는 수입세금계산서를 발급받지 아니하였거나 발급받은 세금계산서나 수입세금계산서에 필요적 기재사항의 전부 또는 일부가 기재되지 아니하였거나 그 내용이 사실과 다른 경우의 매입세액도 공제하지 아니한다. 공급가액이 사실과 다르게 적힌 경우에는 실제 공급가액과 사실과 다르게 적힌 금액 간의 차액에 해당하는 세액만 불공제한다(附價法 39조 1항 2호).

　　'기재내용이 사실과 다른 경우'의 예로는 건물의 골조공사에 관한 도급계약을 甲회사(건설업면허를 가지고 있지 아니하여 乙회사 명의를 빌어 시공함)와 체결하였으나, 부가가치세 확정신고를 함에 있어서는 해당 건설용역을 乙회사로부터 공급받은 것으로 기재된 세금계산서를 발급받아 제출한 경우,[1] 지입회사가 지입차주의 위탁을 받아 자동차회사로부터 차량을 매입하면서 지입회사 명의로 세금계산서를 발급받은 경우,[2] 실제의 거래상대방이 아닌 그 명의대여자로부터 세금계산서를 교부받은 경우[3]를 들 수 있다. 그러나 타인의 명의를 빌려 사업을 하는 자가 등록한 사업자번호가 그 실제 사업자의 등록번호로 기능하는 이상, 그 등록번호를 '공급받는 자'의 등록번호로 기재했더라도 이는 필요적 기재사항인 등록번호를 사실과 다르게 기재한 경우에 해당하지 않는다.[4] 또한 부동산임대업자가 세금계산서를 발급받을 당시에는 사업자등록번호가 존재하지 아니하고 면세사업자로서의 고유번호만이 있었던 경우, 고유번호가 기재된 세금계산서는 '필요적 기재사항의 일부가 기재되지 아니한 세금계산서'에

---

1) 대법원 1990. 3. 13., 89 누 4444.
2) 대법원 1991. 4. 9., 86 누 8626.
3) 대법원 2016. 10. 13., 2016 두 43077.
4) 대법원 2019. 8. 30., 2016 두 62726.

포함되지 아니한다.1)

기재의 내용이 사실과 다르다고 하여 매입세액을 불공제하는 것은 너무 무거운 제재일 뿐만 아니라 부가가치에 대해 과세함을 본지(本旨)로 하는 부가가치세의 성격에 반한다. 그리고 현실적으로 기재내용이 사실과 다른지에 대한 다툼이 빈번히 일어난다. 이리하여 법에서도 약간의 완화장치를 마련해 놓기는 하였다. 즉 (i) 사업자등록을 신청한 사업자가 사업자등록증 발급일까지의 거래에 대하여 해당 사업자 또는 대표자의 주민등록번호를 기재하여 세금계산서를 발급받은 경우, (ii) 세금계산서의 필요적 기재사항 중 일부가 착오로 기재된 경우에도 해당 세금계산서의 그 밖의 필요적 기재사항 또는 임의적 기재사항으로 보아 거래사실이 확인되는 경우, (iii) 재화 또는 용역의 공급시기 이후에 세금계산서를 발급받았지만 해당 공급시기가 속하는 과세기간에 대한 확정신고 기한 내에 발급받은 경우,2) (iv) 전자세금계산서를 발급받은 것으로는 확인되나 국세청장에게 전송되지 아니한 경우, (v) 전자세금계산서 외의 세금계산서로서 재화나 용역의 공급시기가 속하는 과세기간에 대한 확정신고 기한까지 발급받았고 그 거래사실도 확인되는 경우, (vi) 실제로 재화 또는 용역을 공급하거나 공급받은 사업장이 아닌 사업장을 기재한 세금계산서를 발급받았더라도 해당 사업장이 총괄납부 사업장(附價法 51조 1항)이거나 사업자 단위 과세 사업자(附價法 8조 3항)에 속하는 사업장인 경우로서 그 재화 또는 용역을 실제로 공급한 사업자가 납세지 관할 세무서장에게 해당 과세기간에 대한 납부세액을 신고하고 납부한 경우, (vii) 재화 또는 용역의 공급시기가 속하는 과세기간에 대한 확정신고기한이 지난 후 세금계산서를 발급받았더라도 그 발급일이 확정신고기한 다음 날부터 6개월 이내이면서, ① 국세기본법상의 과세표준수정신고서나 경정청구서를 세금계산서와 함께 제출하거나 ② 해당 거래사실이 확인되어 과세관청이 결정 또는 경정하는 경우, (viii) 재화 또는 용역의 공급시기 전에 세금계산서를 발급받았더라도 재화 또는 용역의 공급시기가 그 세금계산서의 발급일부터 30일 이내에 도래하고 해당 거래사실이 확인되어 과세관청이 결정 또는 경정하는 경우, (ix) 위탁매매 또는 대리인에 의한 매매를 그렇지 않은 거래로

1) 대법원 1985. 12. 24., 85 누 206.
2) 이때에도 공급가액의 100분의 1에 상당하는 금액의 가산세를 부과당하는 것(附價法 22조 2항 1호)은 별론이다. 한편, 재화의 수입시 발급되는 수입세금계산에 대해서는 명문의 규정이 없지만 판례는 같은 취지로 해석되어야 한다고 본다(대법원 2016. 10. 13., 2016 두 39849).

(또는 그 반대로) 세금계산서를 발급받았으나 그 거래사실이 확인되고 거래 당사자가 납부세액을 신고하고 납부한 경우, (x) 거래의 실질이 용역의 공급에 대한 주선·중개에 해당함에도 불구하고 용역의 공급에 대한 주선·중개가 아닌 거래로 세금계산서를 발급받은 경우나 그 반대의 경우, (xi) 다른 사업자로부터 '용역을 공급하는 사업'을 위탁받아 수행하는 사업자가 위탁받은 사업의 수행에 필요한 비용을 위탁사업자로부터 지급받아 지출한 경우로서 해당 비용을 공급가액에 포함해야 함에도 불구하고 이를 공급가액에서 제외하여 세금계산서를 발급받은 경우나 그 반대의 경우 등에는 '내용이 사실과 다른 세금계산서'에 포함하지 아니한다(附價法 39조 1항 2호 단서; 附價令 75조).

동일 공급자로부터 계속 물품을 구입하면서 거래의 편의상 2회의 거래를 묶어 실제거래일 이후의 날짜로 1개의 세금계산서를 발급받은 경우는 위 (ii)에 해당하는 것으로서 세금계산서 기재내용대로 실물거래가 있었던 것이 인정되는 한 매입세액의 공제를 받을 수 있다.[1] 그러나 세금계산서의 작성일자가 실제의 공급일이 속하는 과세기간의 다음 과세기간에 속한 일자로 기재되어 있고 그 공급일자도 작성일과 같은 날로 잘못 기재되어 있으면, 비록 그것이 전의 과세기간 내에 있었던 실제의 거래에 관한 것이라 하더라도 이는 사실과 다른 세금계산서로서 매입세액공제를 받을 수 없다.[2]

이른바 위장사업자로부터 세금계산서를 발급받았더라도 그러한 사실을 알지 못하였고, 알지 못한 데에 잘못이 없는 선의의 수급자[3]는 매입세액의 공제를 받을 수 있을 뿐 아니라, 신고납부불성실가산세도 부담하지 않는다.[4] 이때 명의위장사실을 알지 못하였고, 알지 못한 데 과실이 없다는 점은 매입세액의 공제 내지 환급을 주장하는 자가 입증하여야 한다.[5]

---

1) 대법원 1986. 9. 9., 86 누 79.
2) 대법원 1991. 4. 26., 90 누 9933; 同 1993. 8. 24., 92 누 18993.
3) 원단 생산업체의 대리점임을 표방하며 동 회사에서 생산된 원단을 취급하는 독립된 상인으로부터 당해 제품을 매입하면서 그 때마다 공급자가 생산업체로 표시된 세금계산서를 교부받은 경우, 세금계산서를 교부받을 당시 사업자등록증을 확인하지 아니하였고, 세금계산서상에 대리점의 등록번호가 전혀 기재되어 있지 아니한 이상, 제품의 실제 공급자가 세금계산서상의 명의인이 아님을 알았거나 알 수 있었다고 볼 것이다(대법원 1997. 6. 27., 97 누 4920).
4) 대법원 1984. 3. 13., 83 누 281; 同 1989. 10. 24., 89 누 2134; 同 1993. 6. 25., 93 누 4434; 同 1996. 2. 27., 95 누 15599; 同 1996. 12. 10., 96 누 617; 同 1997. 3. 28., 96 다 48930 등.
5) 대법원 2014. 12. 11., 2012 두 20618; 同 1995. 3. 10., 94 누 13206.

3) 사업과 직접 관련이 없는 지출에 대한 매입세액   사업과 직접 관련
이 없는 지출에 대한 매입세액은 부가가치의 창출과 관련이 없으므로 공제하지
않는다(附價法 39조 1항 4호; 附價令 77조). 사업 관련성의 유무는 지출의 목적과
경위, 사업의 내용 등에 비추어 그 지출이 사업의 수행에 필요한 것이었는지의
여부에 따라 판단한다.[1]

4) 개별소비세 과세대상 자동차의 구입과 임차 및 유지에 관한 매입세액(附
價法 39조 1항 5호; 附價令 78조)   운수업, 자동차판매업, 자동차임대업,
운전학원업 및 이와 유사한 업종을 영위하는 사업자가 직접 영업에 사용하는
것을 제외하고, 다른 목적으로 사용되는 개별소비세 과세대상 자동차의 구입과
임차 및 유지는 사업과 관련이 없는 재화나 용역의 매입이므로 그 매입세액을
불공제하는 것은 당연하다.

5) 소득세법 제35조 및 법인세법 제25조에 규정하는 업무추진비 및 이와
유사한 비용의 지출(附價法 39조 1항 6호; 附價令 79조)   업무추진비는 특
정 재화나 용역의 공급에 관련된 것으로 볼 수 없기 때문에 그 매입세액을 매
출세액에서 공제하지 않는 것이다.

6) 부가가치세 비과세사업이나 면제사업에 관련된 매입세액[2](투자에 관련
된 매입세액을 포함)과 토지에 관련된 매입세액(附價法 39조 1항 7호; 附價令
80조)

사업자가 공급한 재화나 용역의 매출세액에서 해당 재화나 용역의 공급에
사용하기 위하여 또는 그 공급을 위하여 매입한 다른 재화나 용역의 매입세액
을 공제하는 것은 사업자 자신의 공급이 부가가치세 과세사업에 해당되어 거기
서 창출되는 부가가치에 대해 부가가치세를 납부하는 것을 전제로 하는 것이
다. 따라서 부가가치세가 과세되지 않거나 면제되는 재화나 용역을 공급하는

---

1) 대법원 2012. 7. 26., 2010 두 12552(회사가 시장정비사업을 추진하기 위해서 꼭 필요로 하
는 사업구역 내 토지의 대부분을 소유한 다른 회사의 주식인수를 위해 지출한 컨설팅대금
은 위 사업에 필요한 것으로서 사업 관련성이 있다).

2) 부동산임대업을 영위할 목적으로 공동으로 사업자등록을 한 후 건물을 공동으로 신축하
여 건물 일부에 대하여 공동사업자 중 1인이 단독으로 소유권이전등기를 경료하고 부가가
치세 면세대상인 의료업을 영위하는 한편, 나머지 근린생활 시설 용도부분은 이를 타인에게
각 임대하고 있다면, 건물 중 의원용도의 건물부분에 관하여는 부동산임대업에 제공된 것이
라고 볼 수 없으므로, 그 부분의 건축공사비에 포함되어 지급된 부가가치세액은 그 공동사
업자 중 1인이 자기가 취득한 건물을 자신의 면세사업을 위하여 사용되는 재화의 매입세액
으로서 공제대상에 해당되지 아니한다(대법원 1996. 2. 23., 95 누 13319).

사업과 관련하여 지급된 매입세액을 매출세액에서 공제하지 않는 것은 당연하다. 용역의 무상공급에 대하여 부가가치세가 부과되지 않은 경우(附價法 12조 2항; 附價令 26조 2항)도 하나의 예라 할 것이다.

'토지에 관련된 매입세액'이란 토지의 조성 등을 위한 자본적 지출에 관련된 매입세액으로서 (i) 토지의 취득과 형질변경, 공장부지나 택지의 조성 등에 관련된 매입세액, (ii) 건축물이 있는 토지를 취득하여 그 건축물을 철거하고 토지만을 사용하는 경우 철거한 건축물의 취득 및 철거비용에 관련된 매입세액, (iii) 토지의 가치를 현실적으로 증가시켜 토지의 취득원가를 구성하는 비용에 관련된 매입세액 등을 말한다(附價令 80조). 전술한 바와 같이 비상각자산인 토지의 매출거래는 부가가치세 면제거래로서 매출세액이 부과되지 아니하므로 그와 관련된 매입세액도 공제를 허용하지 않는 것이다.[1] 이러한 맥락에서 매입세액 불공제의 대상으로서의 '토지의 조성 등을 위한 자본적 지출'은 토지 소유자인 사업자가 그 소유 토지의 조성 등을 위하여 행한 자본적 지출만 의미하고, 토지소유자가 아닌 자가 한 자본적 지출은 제외된다.[2]

골프장을 신설하기 위하여 임야나 농지를 골프장용지로 변경하는 공사는 토지 자체의 가치를 증가시키므로 그 매입세액은 공제하지 않음이 타당하나, 그렇게 조성된 부지상에 잔디를 깔아 코스를 조성하는 공사, 배수로를 설치하는 공사, 조경을 조성하는 공사, 클럽하우스를 신축하는 공사 등은 토지 자체의 가치를 증가시키는 것이기 보다는 토지와는 별개의 가치를 창출하는 것이므로 그 건설공사에 대한 매입세액은 토지관련 매입세액이 아니라 과세사업인 골프장업을 위하여 사용될 재화 또는 용역의 공급에 대한 매입세액으로서 공제가능하다고 할 것이다.[3]

7) 사업자등록을 하기 전의 매입세액   사업자등록을 신청하기 전에 재화나 용역을 매입하고 지급한 매입세액도 공제받지 못한다(附價法 39조 1항 8호). 그런데 사업자등록 신청은 사업개시일부터 20일 이내, 그리고 신규로 사업을 개시하는 자의 경우에는 사업개시일 전에 하면 되는바(附價法 8조 1항), 이

---

1) 대법원 1999. 11. 12., 98 두 15290.

2) 대법원 2010. 1. 14., 2007 두 20744.

3) 구 부가가치세법(1993. 12. 31.자 법률 제4663호로 개정되기 전의 것) 제17조 제2항 제4호에 관한 것이기는 하지만, 골프장시설의 설치를 위한 토지조성비용에 관련된 매입세액은 매입세액 공제의 대상이라고 판시한 판례가 있다(대법원 1995. 12. 21., 94 누 1449).

원칙을 고수하면 법에서 사업자등록 신청 전에 할 수 있는 것으로 허용하고 있는 매입거래로부터 발생한 매입세액을 공제받을 수 없는 불합리한 결과가 생길 수 있다. 이에 부가가치세법은 재화나 용역의 매입에 따른 공급시기가 속하는 과세기간이 끝난 후 20일 이내에 등록을 신청한 경우 등록신청일부터 공급시기가 속하는 과세기간의 기산일까지 역산한 기간 내에 행하여진 매입거래의 매입세액은 불공제 대상에서 제외하도록 규정하고 있다(附價法 39조 1항 8호 단서). 한편, 사업자등록을 필한 후 사업을 영위하여 오던 중, 과세관청이 내부지침에 의거하여 사업자등록을 직권으로 말소하였다 하여도 납세의무자가 사업을 계속하여 매출·매입세액이 발생하였다면 그 경우의 매입세액은 '사업자등록을 하기 전의 매입세액'이라 할 수 없다.[1]

(2) 불공제되는 매입세액의 처리

매출세액에서 공제받지 못한 매입세액 중 특정 자산의 자본적 지출액으로서의 성질을 가지는 것은 그 취득원가를 구성하여 감가상각의 대상이 되거나 토지의 조성비용에 대한 매입세액과 같이 감가상각의 대상이 되지 않는 것은 그 양도소득 계산시 양도가액에서 뺄 비용에 포함되어 회수될 것이다(所法 97조 1항 2호; 所令 163조 3항; 法法 41조; 法令 72조 5항 2호). 그 밖의 불공제매입세액 중 (i) 부가가치세가 면제되는 재화나 용역의 공급에 관련된 매입세액, (ii) 비영업용 소형승용자동차의 유지에 관련된 매입세액, (iii) 업무추진비 및 이와 유사한 비용의 지출에 관련된 매입세액, (iv) 부가가치세법 제36조 제1항의 규정에 의한 영수증을 발급받은 거래분에 포함된 매입세액으로서 매입세액 공제대상이 아닌 금액, (v) 부동산임차인이 부담한 전세금 및 임차보증금에 대한 매입세액 등은 거주자의 사업소득·기타소득이나 법인의 각 사업연도 소득금액 계산에 있어 필요경비나 손금에 산입할 수 있다(所法 33조 1항 9호 단서; 所令 74조; 所則 39조; 法法 21조 1호 괄호; 法令 22조 1항).

5. 의제매입세액의 공제

(1) 면세농산물 등의 의제매입세액 공제

과세사업에 사용할 재화를 부가가치세를 면제받고 매입한 사업자는 부담한 매입세액이 없으므로 원칙적으로 매입세액을 공제받을 수 없지만, 이러한

---

1) 대법원 1993. 12. 10., 93 누 17355.

경우 발생하는 부가가치세의 환수효과(還收效果) 및 누적효과(累積效果)(앞의 제5
절 II. 1. 참조)를 완화하기 위해 일정한 경우 매입세액의 존재를 의제하여 공제
하고 있다. 즉, 제조업을 영위하는 사업자가 부가가치세를 면제받아 공급받은
농산물,[1] 축산물, 수산물 또는 임산물(이하 "면세농산물 등"이라고 함)을 원재료로
하여 제조·가공한 재화나 창출한 용역의 공급이 과세되는 경우에는 부가가치
세 면제를 받은 일정 한도 내의 매입가액에 일정한 비율을 곱한 금액을 의제매
입세액으로 공제한다. 그 비율은 음식점업, 제조업 및 그 외의 사업으로 구분하
여 109분의9부터 102분의2까지 여러 단계를 두고 있다(附價法 42조 1항; 附價令
84조 1항). 한편, 제1기 과세기간이 속하는 1역년 동안 계속하여 제조업을 영위
한 사업자로서 제1기 과세기간에 공급받은 면세농산물 등의 가액이 그 전 1년
간에 걸쳐 공급받은 면세농산물 등의 가액의 100분의 75 이상으로서 연평균액
에 비해 과다하거나 반대로 100분의 25 미만으로서 과소한 사업자는 그 제2기
과세기간에 대한 납부세액을 확정신고할 때, 1역년에 걸쳐 공급받은 면세농산
물 등의 가액에 공제율을 곱한 금액에서 제1기 과세기간에 매입세액으로 공제
받은 금액을 뺀 금액을 매입세액으로 공제할 수 있다(附價令 84조 3항 전문). 면
세농산물 등을 2개의 과세기간에 걸쳐 고르게 공급받지 못한 사업자에 대해서
는 1역년 단위로 의제매입세액을 공제한다는 취지이다. 어느 경우든 의제매입
세액의 공제는 일정한 한도로 제한된다(附價令 84조 2항, 3항 후문).

　　의제매입세액의 공제를 받은 면세농산물 등을 (i) 그대로 양도 또는 인도
하는 때,[2] (ii) 부가가치세가 면제되는 재화 또는 용역을 공급하는 사업을 위하
여 사용·소비하는 때, (iii) 기타의 목적을 위하여 사용하거나 소비하는 때에는
공제한 금액을 납부세액에 더하거나 환급세액에서 공제하여야 한다(附價令 84조
4항). 이러한 경우에는 면제된 부가가치세의 환수효과 또는 부가가치세의 누적
효과가 발생하지 않기 때문이다.

(2) 재활용 폐자원 및 중고자동차의 의제매입세액 공제

　　재활용 폐자원 및 중고자동차는 과거에 이미 부가가치세의 부담을 완전히
지고 최종소비자의 수중에 들어왔던 것인데, 이와 같은 재화가 다시 유통과정

---

1) 쌀겨는 부가가치세가 면제되는 곡류인 벼를 원료로 하여 제조 또는 가공된 것으로서 벼
　에 필수적으로 부수되는 재화이므로 의제매입세액 공제의 대상이 된다(대법원 1979. 9. 25.,
　79 누 140; 同 1986. 10. 28., 85 누 954).
2) 면세농산물 등을 그대로 양도 또는 인도하면 그 공급도 부가가치세 면제대상이 될 것이다.

에 진입하여 또 다시 부가가치세의 부담을 전액 지게 되면 반복된 과세로 폐자원이나 중고자동차의 활용에 막대한 지장을 주게 된다. 따라서 이러한 재화를 비사업자 등 세금계산서를 발급할 수 없는 자로부터 매입하여 제조 또는 가공하거나 이를 공급하는 사업자는 재활용 폐자원에 대해서는 매입가액의 100분의 3을, 중고자동차에 대해서는 매입가액의 110분의 10을 의제매입세액으로 공제할 수 있다(租特法 108조; 租特令 110조). 이처럼 중고품의 매입에 대한 공제를 의제하는 나라들로는 우리나라 외에도 핀란드·아일랜드·뉴질랜드·스웨덴 등이 있다. 모든 중고품을 일률적으로 다룰 수는 없다. 예컨대 미술품·골동품 기타 기호수집품들은 중고라고 해서 '헌 것'이 되는 것이 아니라 도리어 가치가 증가한다. 이와 같은 것들은 재활용과는 무관하며 가치의 인위적 부가가 가능한 재화도 아니므로 의제매입세액 공제의 대상이 될 수 없다.

(3) 의제매입세액 공제의 절차

의제매입세액의 공제를 받고자 하는 사업자는 매입처별 계산서합계표나 신용카드매출전표(또는 직불카드영수증) 중의 하나를 의제매입세액공제 신고서와 함께 관할 세무서장에게 제출하여야 한다. 다만 의제매입세액 공제대상 재화를 농·어민으로부터 직접 공급받은 경우에는 소정의 의제매입세액 공제신고서만을 제출한다(附價令 84조 5항).

6. 감가상각자산의 매입세액의 재계산

전술한 바와 같이 과세사업과 면세사업(과세되지 않는 사업을 포함함, 이하 같음)에 공통으로 사용되는 재화의 매입세액은 총 공급가액에 대한 과세공급가액(또는 과세사용면적, 이하 단순히 "과세공급가액"이라고만 함)과 면세공급가액(또는 면세사용면적, 이하 단순히 "면세공급가액"이라고만 함)의 비율에 따라 과세사업에 관련된 부분과 면세사업에 관련된 부분으로 안분한 뒤 전자만 공제한다. 그런데, 장기간에 걸쳐서 사용되는 감가상각자산의 경우 이를 취득한 과세기간에 정해진 총공급가액에 대한 과세공급가액의 비율에 따라 안분한 매입세액을 공제한 뒤 다른 과세기간에 이르러 총공급가액에 대한 과세공급가액 및 면세공급가액의 비율이 변경될 수 있다. 이러한 경우에는 변경된 비율에 따라 매입세액을 재계산하도록 하고 있다. 구체적으로 감가상각자산의 취득일이 속하는 과세기간(그 후의 과세기간에 재계산한 적이 있는 경우에는 그 재계산한 과세기간)에 적용하였던 총공급가액에 대한 면세공급가액의 비율 또는 총사용면적에 대한 면세사용면적의 비율과 그 후의 과세기간의 비율 간에 100분의 5 이상의 차이가 발생한 경우에는 납부세액 또는 환급받을 세액을 다시 계산하여 해당 과세기간의 확정신고와 함께 관할세무서장에게 이를 신고납부하여야 하거나 환급신청할 수 있다(附價法 41조; 附價令 83조 1항). 이를 납부세액의 재계산 제도라고 한다.

납부세액에 가산 또는 공제하거나 환급세액에 가산 또는 공제할 세액의 재계산은 다음의 산식에 의하여 계산한다(附價令 83조 2항).

(i) 건물 또는 건축물
가산 또는 공제되는 세액＝해당 재화의 매입세액×(1−5/100×경과된 과세기간의 수)×증가되거나 감소된 면세공급가액의 비율 또는 증가되거나 감소된 면세사용면적의 비율
(ii) 기타의 감가상각자산
가산 또는 공제되는 세액＝해당 재화의 매입세액×(1−25/100×경과된 과세기간의 수)×증가되거나 감소된 면세공급가액의 비율 또는 증가되거나 감소된 면세사용면적의 비율

위의 산식에서 경과된 과세기간의 수의 계산은 자가공급 등 의제공급에서 감가상각자산의 과세표준을 계산할 때 적용되는 방식(附價令 66조 2항 후단)에 의하고(附價令 83조 2항 후단), 과세기간 중에 감가상각자산을 취득하거나 또는 위의 비율의 변경이 발생한 경우에는 그 과세기간의 개시일에 취득하거나 변경이 발생한 것으로 본다(동조 5항).

위의 산식의 취지는 건물 또는 구축물은 20개 과세기간(10년), 기타 재화의 경우에는 4개 과세기간(2년)에 걸쳐 감가상각이 완료되는 것으로 보고 잔여 과세기간의 사용에 대해서는 변경된 비율에 따라 매입세액 공제를 하는 것이다.

이러한 재계산은 감가상각자산의 자가공급, 개인적 공급, 사업상 증여에 따른 공급, 폐업에 따른 공급 등 의제공급에 따라 총공급가액에 대한 면세공급가액의 비율이 변경되는 경우에는 적용하지 않는다(附價令 83조 4항). 환급세액의 재계산은 잔여 내용 연수동안 계속적으로 과세사업과 면세사업에 공통으로 사용되는 것을 전제로 하는 것인데, 이러한 의제공급의 경우에는 그러한 계속적 공통사용이 이루어지지 않기 때문이다.

7. 면세사업용 감가상각자산을 과세사업용으로 전환함에 따른 매입세액의 공제

(1) 전부 과세사업용으로 전환하는 경우

면세사업 등에 사용될 감가상각자산이라는 이유로 그 매입시에 매입세액을 공제받지 못한 재화나 용역을 매입 후 어느 시점에서 전부 과세사업에 사용하거나 소비하는 때에는, 위 6.의 경우와는 반대로 해당 감가상각자산의 잔여 내구연한(耐久年限) 동안의 사용에 대해서 매입세액의 공제를 허용함이 타당하므로 이를 허용하고 있다(附價法 43조).

이러한 경우 공제하는 매입세액은 다음의 산식에 따라 계산한다(附價令 85조 1항).

(i) 건물 또는 구축물
공제되는 세액=취득 당시 해당 재화의 면세사업과 관련하여 공제되지 아니한 매입세액×(1−5/100×경과된 과세기간의 수)
(ii) 기타의 감가상각자산
공제되는 세액=취득 당시 해당 재화의 면세사업과 관련하여 공제되지 아니한 매입세액×(1−25/100×경과된 과세기간의 수)

위의 산식에서 경과된 과세기간의 수의 계산은 자가공급 등 의제공급에서 감가상각자산의 과세표준을 계산할 때 적용되는 방식에 의하고(附價令 85조 1항 후단), 과세기간 중에 감가상각자산을 취득한 경우에는 그 과세기간의 개시일에 취득하거나 변경이 발생한 것으로 본다(附價令 85조 6항).

위의 산식의 취지는 위 6.의 경우에서와 같이 건물 또는 구축물은 20개 과세기간(10년), 기타 재화의 경우에는 4개 과세기간(2년)에 걸쳐 감가상각이 완료되는 것으로 보고 잔여 내구연한 동안의 사용에 대해서는 전액 매입세액 공제를 허용하는 것이다.

(2) 일부 과세사업용으로 전환하는 경우

면세사업 등에 사용된다는 이유로 취득일이 속하는 과세기간에 그 매입세액을 공제받지 아니한 감가상각자산을 그 후의 과세기간에 과세사업과 면세사업에 공통으로 사용하거나 소비하는 때에도 잔여 사용기간 중에 '과세사업을 위해 사용된 부분'에 대한 매입세액의 공제를 허용한다(附價法17조 6항). 공제할 매입세액은 다음의 산식에 의해 계산한다(附價令 85조 2항 전단).

(i) 건물 또는 구축물

공제되는 세액＝취득 당시 해당 재화의 면세사업과 관련하여 공제되지 아니한 매입세액×(1−5/100×경과된 과세기간의 수)×(과세사업에 사용·소비한 날이 속하는 과세기간의 과세공급가액/과세사업에 사용·소비한 날이 속하는 과세기간의 총공급가액)

(ii) 기타의 감가상각자산

공제되는 세액＝취득 당시 해당 재화의 면세사업과 관련하여 공제되지 아니한 매입세액×(1−25/100×경과된 과세기간의 수)×(과세사업에 사용·소비한 날이 속하는 과세기간의 과세공급가액/과세사업에 사용·소비한 날이 속하는 과세기간의 총공급가액)

위의 산식에서 '과세사업에 사용·소비한 날이 속하는 과세기간의 과세공급가액'/'과세사업에 사용·소비한 날이 속하는 과세기간의 총공급가액'의 비율이 100분의 5 미만인 경우에는 공제세액이 없는 것으로 본다. 그리고 위의 산식에서 경과된 과세기간의 수의 계산은 역시 자가공급 등 의제공급에서 감가상각자산의 과세표준을 계산할 때 적용되는 방식에 의하고(附價令 85조 2항 후단), 과세기간 중에 감가상각자산을 취득한 경우에는 그 과세기간의 개시일에 취득한 것으로 본다(동조 6항).

한편, 매입세액의 공제를 받지 않은 감가상각자산을 과세사업과 면세사업에 공통으로 사용하기 시작한 과세기간에 과세사업과 면세사업의 공급가액이 모두 없거나 어느 한 사업의 공급가액이 없는 경우에는 (i) 총매입가액에 대한 과세사업관련 매입가액의 비율, (ii) 총예정공급가액에 대한 과세사업 관련 예정공급가액의 비율, (iii) 총예정사용면적에 대한 과세사업 관련 예정사용면적의 비율의 순서로 해당 비율을 적용하여 해당 과세기간의 매입세액을 안분한다. 다만 건물의 경우 과세사업과 면세사업에 제공할 예정면적을 구분할 수 있는 경우에는 위 (iii)의 비율을 위 (i) 및 (ii)의 비율에 우선하여 적용한다(附價令 85조 3항). 이와 같이 과세사업과 면세사업의 공급가액 또는 과세사업과 면세사업의 사용면적이 아닌 다른 기준에 의하여 공제할 매입세액을 안분계산한 후 다

른 과세기간에 이르러 과세사업과 면세사업의 공급가액 또는 사용면적이 확정
되는 경우에는 그 확정된 총공급가액에 대한 과세공급가액의 비율이나 총사용
면적에 대한 과세사용면적의 비율을 적용하여 과세사업 관련 매입세액을 계산
하여 이미 공제한 매입세액을 증감하는 정산절차를 취한다(附價令 85조 4항).

(3) 매입세액의 재계산

면세사업 등에 사용된다는 이유로 취득일이 속하는 과세기간에 그 매입세
액을 공제받지 아니한 감가상각자산의 전부 또는 일부를 그 후의 과세기간에
과세사업에 사용함으로써 위와 같이 매입세액을 공제한 후 총공급가액에 대한
면세공급가액의 비율 또는 총사용면적에 대한 면세사용면적의 비율이 해당 감
가상각자산의 취득일이 속하는 과세기간(그 후의 과세기간에 재계산하였을 때에는
그 재계산한 기간)에 적용되었던 비율에 비해 5퍼센트 이상 차이가 나는 경우에
는 일반 감가상각자산의 매입세액의 재계산에 관한 규정(附價令 83조, 위 6. 참
조)에 따라 매입세액을 재계산한다(附價令 85조 7항).

(4) 신 고

면세사업 등에 사용될 것이라는 이유로 매입세액이 공제되지 아니한 감가
상각자산을 과세사업용으로 전환하는 사업자는 그 전환일이 속하는 과세기간에
대한 확정신고와 함께 과세사업전환 감가상각자산신고서를 사업장 관할세무서
장에게 제출하여야 한다(附價令 85조 5항).

8. 대손세액(貸損稅額) 공제

부가가치세가 과세되는 재화 또는 용역을 공급한 사업자가 (i) 공급을 받
은 자의 파산·강제집행 등 소득세법(所令 55조 2항)이나 법인세법(法令 19조의2
1항)상의 대손사유로 인하여 해당 재화 또는 용역의 공급에 대한 외상매출금
기타 매출채권(부가가치세를 포함한 것)의 전부 또는 일부를 대손으로 회수할 수
없는 경우 (ii) 또는 '채무자 회생 및 파산에 관한 법률'에 따른 법원의 회생계
획인가 결정에 따라 채무를 출자전환하는 경우에는 대손금액의 110분의 10에
상당하는 금액을 그 대손이 확정된 날이 속하는 과세기간의 매출세액에서 뺄
수 있는데, 이를 대손세액 공제라 한다. 후자의 경우의 대손금액은 출자전환하
는 시점의 출자전환된 매출채권 장부가액과 출자전환으로 취득한 주식 또는 출
자지분의 시가간의 차액으로 한다(附價法 45조 1항; 附價令 87조 1항), 대손세액

공제를 받을 수 있는 매입세액은 과세대상 재화 또는 용역의 공급일로부터 10년이 경과된 날이 속하는 과세기간에 대한 확정신고 기한까지 확정된 것으로 한정한다(附價令 87조 2항).

위탁매매의 위탁자는 수탁자로부터 '매매거래의 대행'이라는 용역을 제공받는 한편, 해당 거래를 통하여 그 거래의 상대방에게 별도의 재화나 용역을 공급하게 되므로, 위탁자의 입장에서 볼 때 위탁매매인은 대손사유를 야기하는 '공급을 받는 자'가 될 수 없고, 따라서 위탁매매인의 파산 등의 사유로 위탁매매인이 거래상대방으로부터 지급받은 공급대가를 위탁자가 인도받을 수 없게 되었다고 하더라도 이를 대손세액으로 공제할 수 없다.[1] 채무자 회생절차에서 인가된 회생계획에 따라 그 채무자에 대한 매출채권을 출자전환하여 회생채권의 변제에 갈음하기로 하면서 출자전환으로 발행된 주식을 무상감자한 경우 그 매출채권은 형식상으로는 주금납입과 상계되었다고 하더라도 실제로는 회수불능된 것으로 보아 그에 상응하는 금액은 '공급받은 자'의 매입세액에서 빼어 공제받을 수 없다.[2]

대손세액 공제 후 대손금액의 전부 또는 일부를 회수한 경우에는 회수한 대손금액에 관련된 대손세액을 회수한 날이 속하는 과세기간의 매출세액에 더하여 다시 납부하여야 한다(附價法 45조 1항 단서).

사업자는 대손으로 확정된 매출세액을 이처럼 대손세액으로 공제받든지, 소득세법이나 법인세법상 소득금액을 계산함에 있어 필요경비나 손금으로 공제받든지 선택할 수 있다(所令 55조 1항 16호; 法令 19조 8호).

한편으로는 어떤 재화나 용역을 '공급받은 사업자'가 '공급한 사업자'에게 매입세액 상당액을 지급하지 않았음에도 그 전부나 일부를 매입세액으로 공제받고, 다른 한편으로는 '공급한 사업자'가 '공급받은 사업자'로부터 매입세액 상당액을 지급받지 못하고 대손처리 되었음을 이유로 매출세액에 대한 대손세액 공제를 받는다면, 국가는 매출세액은 징수하지 못하면서 매입세액만 공제당하는 손실을 입게 된다. 이러한 부당한 결과를 방지하기 위해 '공급받은 사업자'가 '공급한 사업자'에게 실제로는 지급하지도 않은 금액을 매입세액으로 공제받고, '공급한 사업자'가 '공급받은 사업자'의 폐업 전에 해당 금액의 전부나 일부

---

1) 대법원 2009. 7. 9., 2007 두 10389.
2) 대법원 2018. 6. 28., 2017 두 68295.

를 매출세액에 대한 대손세액으로 공제받았다면, '공급받은 사업자'는 기왕에 공제받은 매입세액 중 '공급한 사업자'가 공제받은 대손세액 해당액을 대손이 확정된 날이 속하는 과세기간의 매입세액에서 **빼야** 한다(附價法 45조 3항). 즉, '공급한 사업자'의 대손으로 처리된 매출세액 상당액에 대하여 '공급받은 사업자'의 매입세액 공제를 사후적으로 허용하지 않는다는 것이다. 다만, 이처럼 매입세액에서 대손세액 상당액을 **뺀** '공급받은 사업자'가 그 후 대손금액의 전부 또는 일부를 변제한 경우에는 변제한 대손세액을 변제한 날이 속하는 과세기간의 매입세액에 더하여 매출세액에서 공제받거나 환급받게 된다(동조 4항).

9. 재고매입세액 공제

간이과세자가 일반과세자로 변경되는 경우에는 해당 변경 당시의 재고품, 건설 중인 자산 및 감가상각자산에 대하여 시행령에서 정하는 바에 따라 계산한 금액을 재고매입세액으로 공제할 수 있다(附價法 44조). 이는 매출세액에서 매입세액을 공제하는 방식으로 부가가치세를 납부하지 않는 간이과세자가 이러한 방식으로 부가가치세를 납부하는 일반과세자로 전환되는 경우 간이과세자일 때 공제받지 못한 매입세액을 공제받게 하는 것이다. 이와 반대의 경우, 즉 일반과세자가 간이과세자로 변경되는 경우에 이미 공제받았던 재고매입세액을 납부세액에 더하도록 하는 것(附價法 64조)에 대응되는 제도이다. 공제할 수 있는 재고매입세액의 구체적 산출방식은 부가가치세법 시행령 제86조 제3항에서 자세히 규정하고 있다. 일반과세 전환에 따른 재고품 및 감가상각자산의 신고는 재고매입세액의 공제의 요건이 아니므로 그 신고를 해태하였어도 재고매입세액의 공제는 허용된다.[1]

10. 신용카드매출전표 등의 발행에 따른 납부세액 공제 및 매입세액 공제의 허용

주로 사업자가 아닌 소비자에게 재화 또는 용역을 공급하는 특정의 사업을 영위하는 개인사업자로서 직전 연도의 재화나 용역의 공급가액의 합계액이 10억 원을 초과하지 않는 자(세금계산서 대신 영수증을 발급하는 것이 허용되는 사업자; 앞의 제7절 VII. 4. 참조)나 간이과세자 중 (i) 직전 연도의 공급대가의 합계액

---

1) 대법원 2012. 7. 26., 2010 두 2845.

이 4천800만원 미만인 자와 (ii) 신규로 사업을 시작한 날이 속하는 연도의 공급대가의 합계액이 일반과세 기준금액에 미달될 것으로 예상되어 사업자등록을 할 때 간이과세 적용을 신청한 개인사업자로서 최초의 과세기간 중에 있는 자(附價法 36조 1항 2호)는 과세대상 재화 또는 용역을 공급하고 세금계산서의 발급시기에 (i) 여신전문금융업법상의 신용카드매출전표, 결제대행업체를 통한 신용카드매출전표, 직불카드 영수증 또는 선불카드 영수증을 발급하거나, (ii) 조세특례제한법 제126조의3의 규정에 의한 현금영수증을 발급하거나, (iii) 전자지급에 관한 영수증 등의 증빙을 발급하거나, (iv) 결제내역이 가맹 사업자별로 구분하여 관리되는 전자화폐에 의하여 대금을 결제받는 경우 등(이하 이들 결제수단을 합하여 "신용카드매출전표 등"이라고 함)에는 발급금액 또는 결제금액의 1%에 상당하는 금액을 연간 500만 원을 한도로 납부할 세액에서 공제할 수 있다(附價法 46조 1항, 2항; 附價令 88조 2항, 3항, 4항).

그리고 위와 같은 신용카드매출전표 등은 영수증에 불과하므로(附價法 36조 5항) 이를 발급받아도 매입세액을 공제할 수 없음이 원칙이나 목욕·이발·미용업자나 여객운송업자 등 일정한 유형의 사업자를 제외한 일반과세자로부터 재화 또는 용역을 공급받고 부가가치세액을 별도로 구분기재하고 있는 신용카드매출전표 등을 발급받은 때에는 (i) 신용카드매출전표 등의 수령명세서를 제출하고 이를 보관할 것과 (ii) 간이과세자가 세금계산서 대신 영수증을 발급하여야 하는 기간에 신용카드매출전표등을 발급한 경우가 아닐 것을 요건으로 그 매입세액을 공제할 수 있다(附價法 46조 3항; 附價令 88조 5항).

11. 전자세금계산서 발급·전송에 대한 세액공제

직전 연도의 사업장별 재화 및 용역의 공급가액의 합계액이 3억 원 미만인 개인사업자가 전자세금계산서를 발급하고, 그 발급명세를 전자세금계산서 발급일의 다음 날까지 국세청장에게 전송한 경우에는 전자세금계산서 발급 건당 200원을 총 100만 원 한도로 해당 과세기간의 부가가치세 납부세액에서 공제할 수 있다(附價法 47조 1항; 附價令 89조 1항, 2항).

제 9 절 신고·납부 및 부과·환급

I. 납 세 지

사업자는 원칙적으로 각 사업장 별로 부가가치세를 신고, 납부하여야 한다 (附價法 6조 1항).1) 사업장이란 사업자가 사업을 하기 위하여 거래의 전부 또는 일부를 행하는 고정된 장소를 의미하나(동조 2항), 구체적인 사업의 종별에 따라 사업장의 개념에 차이가 있다(附價令 8조 1항, 2항). 사업자가 자기의 사업과 관련하여 생산 또는 취득한 재화를 직접 판매하기 위하여 특별히 판매시설을 갖추어 설치한 장소(직매장)는 사업장으로 본다(동조 3항). 그러나 (i) 재화를 보관하고 관리할 수 있는 시설만 갖춘 장소로서 하치장(荷置場)으로 신고된 장소와 (ii) 각종 경기대회나 박람회 등 행사가 개최되는 장소에 개설한 임시사업장으로 신고된 장소는 사업장으로 보지 않는다(附價法 6조 5항). 독자적으로 매매거래를 하지 않고, 다만 상품을 보관·관리하면서 타사업장의 지시에 의하여 상품을 인도해 주는 데에 불과한 장소는 하치장에 가까운 것으로서 사업장으로 볼 수 없다.2) 사업자는 위와 같은 실제의 사업장 외의 장소도 추가로 사업장으로 신청하여 등록할 수 있다(附價令 8조 4항). 사업을 영위하면서도 사업장을 설치하지 아니한 경우에는 사업자의 주소 또는 거소를 사업장으로 보고(동조 5항), 비거주자 또는 외국법인의 경우에는 소득세법 제120조 또는 법인세법 제94조에 규정하는 국내사업장을 사업장으로 한다(동조 6항). 사업자가 다른 사람의 사업자등록증을 이용하여 사업을 하는 경우에는 명의자의 신청에 의하여 등록된 사업장을 실제사업자의 사업장으로 보므로, 그 사업장의 관할세무서장은 실제사업자에 대한 부가가치세의 과세권을 가진다.3)

한편, 복수의 법인 또는 개인 사업자가 민법상 조합을 결성하여 공동사업을 영위하는 경우 그 공동사업의 사업장은 각 공동사업자 고유의 사업장과는 구분되는 별개의 사업장에 해당한다.4) 따라서 공동사업자들은 공동사업장에

---

1) 이 규정은 1인의 사업자가 2개 이상의 사업장을 가진 경우에 사업장마다 부가가치세를 납부하여야 한다는 뜻이고, 2인 이상의 사업자가 하나의 사업장을 가진 경우라 하더라도 이를 통합하여 과세처분한다는 취지는 아니다(대법원 1987. 5. 12., 86 누 525).
2) 대법원 1989. 4. 11., 88 누 2359.
3) 대법원 1988. 2. 23., 87 누 131.
4) 대법원 2000. 9. 29., 99 두 1373.

의한 재화나 용역의 공급이나 그 수취에 대해 별도로 세금계산서를 발급, 수취하고 부가가치세 과세표준과 세액을 신고하여야 한다.

동일한 재화나 용역을 공급하거나 공급받는 데 수개의 사업장이 관여하는 경우 어느 사업장을 '용역을 공급하는 자' 또는 '용역을 공급받는 자'로 볼 것인가 하는 문제가 있을 수 있는바, 해당 용역공급의 원인이 되는 계약의 체결과 대금의 지급 또는 수령을 어느 사업장에서 하였는지, 용역공급이 어느 사업장을 위한 것인지, 계약 체결의 경위와 각 사업장간의 상호관계는 어떠한지 등의 제반 사정을 고려하여 판단하여야 할 것이다.[1]

2개 이상의 사업장을 가진 사업자는 주된 사업장 관할 세무서장에게 신청하여 모든 사업장에서 이루어지는 재화나 용역의 공급에 대한 부가가치세를 주된 사업장에서 총괄하여 납부할 수 있다(총괄납부신청, 附價法 51조 1항). 이때 주된 사업장은 법인의 경우에는 본점 또는 주사무소뿐만 아니라 지점 또는 분사무소로도 할 수 있으나 개인의 경우에는 주사무소로 한정한다(附價令 92조 1항). 총괄납부의 신청을 받은 세무서장은 해당 사업자의 사업내용의 변경이나 주된 사업장의 빈번한 이동 등의 사유로 총괄납부를 허용하는 것이 적당하지 않은 것으로 보이는 경우에는 총괄납부를 허용하지 않을 수 있다(附價令 94조 1항).

총괄납부는 그야말로 납부의 총괄이지 신고의 총괄이 아니라는 점에 유의하여야 한다. 따라서 지점의 사업장등록을 아니한 탓에 지점의 공급가액을 본점의 공급가액에 포함시켜 그 본점의 공급가액에 대한 부가가치세의 예정 및 확정신고를 본점 관할세무서장에게 제출하였더라도 그 신고는 본점과 별개의 사업장인 지점의 예정 및 확정신고로서의 효력을 갖지 않는다.[2]

한편, 여러 개의 사업장을 통하여 재화나 용역을 공급하는 사업자가 '사업자 단위 과세 사업자'로 사업자등록을 한 경우(附價法 8조 3항)에는 그 사업자의 본점 또는 주사무소의 소재지가 모든 사업장을 대신하여 단일의 납세지가 되므로(附價法 6조 4항), 본점 또는 주사무소가 그 관할 세무서장에게 모든 사업장의 부가가치세를 총괄하여 신고, 납부할 수 있다. 이 경우 본점 또는 주사무소

---

1) 대법원 2009. 5. 14., 2007 두 4896(서울사무소가 다른 지역에 소재하는 물류창고들의 관리용역을 공급받는 계약을 체결하고 그 대금을 지급한 후 서울사무소가 공급받는 자로 기재된 세금계산서를 교부받은 경우 서울사무소가 공급받는 자라고 봄); 同 2006. 12. 22., 2005 두 1497.

2) 대법원 1984. 7. 24., 84 누 272; 同 1985. 6. 11., 84 누 502.

는 부가가치세의 신고·납부와 관련하여 해당 사업자의 단일 사업장으로 간주된다.

재화를 수입하는 자의 부가가치세 납세지는 관세법에 따라 수입신고를 하는 세관의 소재지이다(附價法 6조 6항).

Ⅱ. 신   고

1. 사업자의 신고의무

사업자는 사업기간 중에 부가가치세 과세표준과 납부세액 또는 환급세액의 예정신고 및 확정신고를 하여야 한다.

(1) 예정신고

예정신고기간은 제1기분은 1월 1일부터 3월 31일까지, 제2기분은 7월 1일부터 9월 30일까지로 하며, 각 기간 종료 후 25일 이내에 각 기간에 대한 과세표준과 납부세액(또는 환급세액)을 사업장 관할세무서장에 신고1)하고 납부세액을 납부하여야 한다(附價法 48조 1항, 2항). 예정신고 및 납부의 대상에 가산세는 포함하지 않고, 신용카드매출전표 등의 발행에 따른 공제세액(附價法 46조 1항)과 전자세금계산서 발급·전송에 대한 공제세액(附價法 47조 1항)은 포함한다(附價令 90조 1항).

그러나 개인사업 및 직전 과세기간 공급가액의 합계액이 1억 5천만 원 미만인 소규모 법인사업자에 대해서는 예정신고를 요구하지 않고 관할세무서장이 각 예정신고기간마다 직전 과세기간에 대한 납부세액의 2분의 1에 상당하는 금액을 결정하여 제1기분은 4월 1일부터 4월 10일까지, 제2기분은 10월 1일부터 10월 10일까지 고지하여(예정고지) 각 예정신고기간 내에 징수한다. 다만, 그 금액이 30만 원 미만이거나 간이과세자였다가 해당 과세기간 개시일 현재 일반과세자로 변경된 경우에는 징수하지 아니한다(附價法 48조 3항; 附價令 90조 4항, 5항). 신고납부에 따르는 과다한 행정비용을 줄이기 위한 것이다. 휴업 또는 사

---

1) 사업자가 예정신고기간의 종료 후 25일 이내(예정신고기한)에 당해 예정신고기간에 대한 과세표준과 납부세액 또는 환급세액을 사업장 관할세무서장에게 신고한 후 그 신고내용에 오류·누락이 있는 것을 발견하여 당초 신고내용을 수정하여 당해 예정신고기한 내에 제출한 경우에 있어서 수정하여 제출된 신고내용은 부가가치세법 제18조 제1항 및 제2항 단서의 규정에 의한 신고로 본다(부가 46015-2021, 2000. 8. 21.).

업부진으로 인하여 각 예정신고기간의 공급가액 또는 납부세액이 직전과세기간의 공급가액 또는 납부세액의 3분의 1에 미달하는 사업자와 각 예정신고기간분에 대하여 조기환급을 받고자 하는 사업자는 원한다면 관할세무서장으로부터 예정고지를 받지 않고 각 예정신고기간에 대한 과세표준과 세액을 신고할 수 있다(附價法 48조 4항; 附價令 90조 6항).

(2) 확정신고

확정신고는 과세기간이 끝난 후 25일(폐업하는 경우에는 폐업일이 속한 달의 다음 달 25일) 이내에 하여야 하되, 이미 예정신고를 한 사업자나 조기 환급신고(附價法 59조 2항)를 한 사업자는 이미 신고한 과세표준과 납부한 납부세액 또는 환급받은 환급세액을 신고 대상에 포함하지 않는다(附價法 49조 1항). 납부할 세액에서 부가가치세법 조기환급세액 중 미환급분과 예정신고시 납부한 세액을 공제한 금액을 납부하여야 한다(동조 2항).

(3) 매출·매입처별 세금계산서합계표의 제출

다른 사업자에게 재화나 용역을 공급하고 일반세금계산서 및 수입세금계산서를 발급한 사업자는 매출처별 세금계산서합계표를, 다른 사업자로부터 재화나 용역을 공급받고 일반세금계산서 및 수입세금계산서를 발급받은 사업자는 매입처별 세금계산서합계표를 해당 예정신고 또는 확정신고와 함께 제출하여야 한다(附價法 54조 1항). 다만, 부가가치세법 제32조 제2항 또는 제5항에 따라 전자세금계산서를 발급하거나 발급받고 동조 제3항 및 제5항에 따른 전자세금계산서 발급명세를 해당 재화 또는 용역의 공급시기가 속하는 과세기간(예정신고의 경우에는 예정신고기간) 마지막 날의 다음 달 11일까지 국세청장에게 전송한 경우에는 해당 예정신고 또는 확정신고시 별도로 매출·매입처별 세금계산서합계표를 제출할 필요가 없다(동조 2항). 그리고 예정신고를 하는 사업자가 각 예정신고와 함께 매출·매입처별 세금계산서합계표를 제출하지 못하는 경우에는 확정신고와 함께 이를 제출할 수 있다(동조 3항).

매출·매입처별 세금계산서합계표에는 (i) 공급하는 사업자 및 공급받는 사업자의 등록번호와 성명 또는 명칭, (ii) 거래기간, (iii) 작성일자, (iv) 거래기간의 공급가액의 합계액 및 세액의 합계액, (v) 그 밖에 시행령에서 정하는 사항을 기재하여야 한다. 수입세금계산서를 발급한 세관장도 매출처별 세금계산서합계표를 해당 세관 소재지를 관할하는 세무서장에게 제출하여야 하고(동조 4

항), 세금계산서를 발급받은 (i) 국가·지방자치단체·지방자치단체조합, (ii) 부가가치세가 면제되는 사업자 중 소득세 또는 법인세의 납부의무가 있는 자, (iii) 민법 제32조의 규정에 의하여 설립된 비영리법인, (iv) 특별법에 의하여 설립된 법인, (v) 각급학교 기성회·후원회 또는 이와 유사한 단체, (v) 영업활동을 하지 않는 외국법인 연락사무소는 부가가치세 납부의무가 없더라도 매입처별 세금계산서합계표를 해당 과세기간이 끝난 후 25일 이내에 사업장 관할세무서장에게 제출하여야 한다(동조 5항; 附價令 99조).

(4) 현금매출명세서의 제출

부동산업, 전문서비스업·과학서비스업 및 기술서비스업, 보건업, 기타 개인서비스업 중 해당 업종의 특성 및 세원관리를 고려하여 시행령에서 정하는 사업(附價令 100조, 109조 2항 7호에서 구체적으로 열거하고 있음)을 영위하는 사업자는 현금매출명세서를 예정신고 또는 확정신고와 함께 제출하여야 한다(附價法 55조 1항). 그리고 부동산임대업자는 부동산임대공급가액명세서를 예정신고 또는 확정신고와 함께 제출하여야 한다(동조 2항).

(5) 영세율 첨부서류의 제출

영세율이 적용되는 재화 또는 용역을 공급하는 사업자는 예정신고 및 확정신고를 할 때 예정신고서 및 확정신고서에 수출실적명세서 등 해당 재화나 용역의 공급이 영세율 적용대상임을 증명할 수 있는 서류를 제출하여야 한다. 그렇지 않으면 영세율 적용을 받을 수 없다(附價法 56조 1항, 2항; 附價令 101조).

2. 재화의 수입자의 신고의무

재화의 수입자는 그 수입에 따른 관세를 신고납부함이 원칙이고(관세법 38조 1항), 수입자가 신고납부한 관세액에 과부족이 있는 때에 한하여 세관장이 이를 경정한다(관세법 38조의3 4항). 이에 맞추어 부가가치세법도 재화의 수입에 대한 부가가치세 납부의무자, 즉 재화의 수입자가 관세법에 따라 관세를 신고·납부하는 경우에는 부가가치세도 함께 신고·납부하도록 하고 있다(附價法 50조). 신고납부한 세액에 과부족이 있는 때에는 세관장이 경정할 수 있음은 물론이다(附價法 58조 2항; 附價令 105조). 부가가치세 납부의무를 지는 재화의 수입자는 수입재화를 사업에 제공하는 '사업자'뿐만 아니라 수입재화를 최종적으로 소비하는 비사업자도 포함하므로 여기서 말하는 수입자가 이들 양자를 모두 의미함은 물론이다. 한편, 세관장은 매출액에서 수출액이 차지하는 비율 등 일정한 요건을 충족하는 것으로서 중소·중견사업자가 원재료 등으로서 자기의 과세사업에 사용할 목적으로 수입하는 재화에 대하여 사전 신청에 따라 부가가치세의 납부를 1년 간 유예할 수 있고, 이렇게 납부가 유예된 수입 부가가치세는 해당 중소·중견사업자가 부가가치세의 예정신고 또는 확정신고를 할 때 해당 재화의 수입에 따른 매입세액에서 차감하는 방법으로 정산하거나 납부하여야 한다. 이 경우 납부 유예된 부가가치세는 세관장에게 납부된 것으로 본다(附價法 50조의2 1항, 2항; 附價令 91조의2 1항, 2항, 8항, 9항). 이처럼 납부 유예된 수입 부가가치세가 세관장에게 납부된 것으로 보기 때문에 수입 세금계산서는 세관장이 발급한다(附價法 35조 1항).

Ⅲ. 결정과 경정

1. 결정과 경정의 사유

부가가치세는 신고주의 국세이므로 과세표준과 세액은 원칙적으로 납세의무자의 예정신고와 확정신고에 의하여 확정됨이 원칙이나 납세의무자가 예정신고나 확정신고를 하지 아니한 경우에는 사업장 관할세무서장·사업장 관할지방국세청장 또는 국세청장의 결정에 의하여 확정된다(附價法 57조 1항 1호). 그리고 납세의무자의 예정신고나 확정신고의 내용에 탈루 또는 오류가 있거나1) 확정신고시 매출·매입처별 세금계산서합계표'를 제출하지 않거나 또는 그 기재사항의 전부 또는 일부가 기재되지 않거나 사실과 다르게 기재된 경우에는 경정한다(동항 2호 및 3호). 일정한 사유로 부가가치세를 포탈할 우려가 있는 때에도 또한 같다(동항 4호; 附價令 103조).

2. 추 계

예정신고기간이나 과세기간에 대한 과세표준과 납부세액 또는 환급세액을 조사하여 결정 또는 경정하는 경우에는 세금계산서, 수입세금계산서, 장부 기

---

1) 부동산임대업자가 신고한 과세표준액이 과세관청 주장의 부동산임대차 권형계수(權衡計數)에 의하여 산출한 임대수입금액과 비교하여 현저히 적다는 사유만으로는 확정신고의 내용에 오류 또는 탈루가 있다고 할 수 없다(대법원 1986. 3. 11., 85 누 661).

타의 증명을 근거로 하여야 하나, 증명이 미비하거나 증명의 내용이 상황에 비추어 허위임이 명백한 때1)에는 추계에 의하여 결정 또는 경정할 수 있다(附價法 57조 2항 단서)(상세는 제2편 제1장 제8절 Ⅲ. 과세표준과 세액의 결정 및 경정 이하 참조). 추계과세를 위해서는 그 밖에 위와 같은 객관적 사유로 인하여 실지조사가 불가능할 것이라는 요건이 충족되어야 한다. 그러나 이러한 추가적 요건은 과세관청이 납세자에게 그가 제출한 세금계산서, 장부 기타 증명의 부당성을 지적하고 새로운 자료를 제출하게 하여 실지조사를 하고, 그 결과 과세표준과 세액을 결정할 수 없음이 명백한 상태에까지 이르러야 함을 의미하는 것은 아니다.2) 만약 이러한 경우까지 추계과세의 요건이 충족되지 않았다고 하여 과세처분을 취소한다면 과세관청으로 하여금 실지조사 후 추계조사결정이라는 무용의 절차를 반복하도록 강요하는 결과가 되기 때문이다.3)

추계에 의해 부가가치세의 과세표준 및 세액을 결정 또는 경정할 때에는 소득세의 경우와 마찬가지로 추계방법이 일반적 합리성을 가져야 하고, 나아가 해당 추계방법을 특정 납세자에게 적용함에 있어서 구체적·개별적 타당성을 가져야 한다. 이에 부가가치세법 시행령에서는 소득세 부과의 경우와 유사하게 추계의 근거가 되는 상황별로 추계의 방법을 구체적으로 규정해 두고 있다(所令 143조 3항, 144조 1항; 附價令 104조). 세무공무원은 추계과세시 이러한 방법을 엄격히 따라야 할 것이고, 이를 이탈하여 자의적인 방법으로 추계과세를 하는 것은 위법하다 할 것이다.

Ⅳ. 환   급

매입세액이 매출세액을 초과함으로 인하여 환급세액이 발생한 경우는 각 과세기간별로 그 확정신고기한 경과 후 30일 내에 사업자에게 환급하여야 한다

---

1) 상가의 분양계약서가 진실하게 작성된 이상 그 분양가액이 시가에 비해 싸다는 이유만으로 추계경정할 수 없다(대법원 1986. 9. 23., 86 누 108). 또한 부가가치세의 납세의무자가 그 과세표준과 세액의 확정신고를 하지 아니하고 장부를 비치 기장한 바도 없으며 과세관청에 제시한 증빙이 미흡한 것이라고 하더라도 사안이 비교적 단순한 부동산임대수입의 경우에 있어서는 추계조사의 방법으로 과세표준과 세액을 결정하는 것은 위법하다(대법원 1990. 1. 23., 89 누 2844).

2) 대법원 1996. 7. 30., 94 누 15202.

3) 서기석, "1996년 부가치세판례회고,"「조세법연구」제3집(1997), 663면.

(附價法 59조 1항; 附價令 106조).[1] 그러나 사업자가 (i) 영세율 적용 대상자이거나 (ii) 소득세법이나 법인세법상의 감가상각자산에 해당하는 사업설비를 신설·취득·확장 또는 증축하거나, (iii) 일정한 재무구조개선계획을 이행 중인 때에는 각 예정신고기간별로 그 예정신고기한 경과 후 15일 이내에 사업자에게 환급하여야 한다(附價法 59조 2항; 附價令 107조 1항, 2항). 이때 더 신속히 환급받고자 하는 사업자는 예정신고기간 중 또는 과세기간 최종 3개월 중 매월 또는 매 2월의 기간(조기환급기간)에 대한 과세표준과 환급세액을 그 조기환급기간의 종료일로부터 25일 내에 관할 세무서장에게 신고하여 해당 기간에 대한 환급세액을 해당 기간 경과 후 15일 이내에 환급받을 수 있다(附價令 107조 4항).

V. 대리납부

1. 대리납부제도의 의의

재화나 용역의 공급에 대한 부가가치세는 공급하는 사업자가 공급받는 자로부터 거래징수하여 납부함이 원칙이다(附價法 31조). 그런데, 이러한 원칙을 그대로 적용해서는 부가가치세를 징수하기 어렵거나 납세자의 편의를 위해 이러한 원칙을 고수하지 않는 것이 바람직한 경우 재화나 용역을 공급받는 자가 공급자에게 부가가치세를 지급하지 않고 바로 정부에 납부하게 하거나 납부할 수 있도록 하는 제도가 대리납부(代理納付)이다.

2. 비거주자나 외국법인으로부터 국내에서 용역 등을 공급받는 자의 대리납부 의무

(1) 제도의 취지

부가가치세는 소비지과세원칙(destination principle)에 따라 국내에서 행하여지는 용역이나 권리의 공급에 대해서만, 즉 공급장소가 국내인 경우에만 부과된다. 용역의 공급장소는 역무가 제공되거나 시설물, 권리 등 재화가 사용되는 장소(제공지 기준)이다(附價法 20조 1항 1호). 사업자가 국내사업장을 두고 있지

---

1) 환급세액을 조사·결정함에 있어서는 예정신고시와 확정신고시에 제출된 세금계산서를 조사하여 환급세액을 결정하면 족하고, 반드시 납세의무자의 환급당시의 재고자산의 실재(實在)유무를 조사해야 하는 것은 아니다(대법원 1986. 9. 23., 85 누 1007).

않는 비거주자나 외국법인으로부터 용역을 공급받거나 또는 용역을 공급하는 비거주자나 외국법인이 국내사업장을 두고 있더라도 그 공급이 국내사업장과 관련 없이 이루어지는 경우에는, 위와 같은 공급장소의 결정에 관한 기준에 따라 해당 용역의 공급장소는 국내지만, 그 용역을 공급하는 자가 물리적으로 국내에 소재하지 않기 때문에 그 자에게 국내에서 공급받는 사업자로부터 그 공급에 따른 부가가치세를 거래징수하여 정부에 납부하도록 강제하는 것은 실효성이 없을 수 있다. 이에 이러한 경우에는 거래의 상대방, 즉 국내에서 용역을 공급받는 자로 하여금 공급하는 비거주자나 외국법인에게 부가가치세를 지급하지 않는 대신 그 상당액을 정부에 바로 납부하게 할 필요가 있다. 즉, 외국으로부터의 용역의 매입이 사실상 비과세되는 것을 방지하고, 국내에서 행하여지는 용역의 공급과 과세상 형평을 유지하기 위하여 국내에 있는 수급자가 비거주자나 외국법인을 대리하여 부가가치세를 납부하게 하는 것이다.

(2) 대리납부 의무의 성립요건과 내용

(i) 사업자가 소득세법이나 법인세법상의 국내사업장이 없는 비거주자 또는 외국법인으로부터 용역 또는 권리(이하 "용역 등"이라고 함)를 공급받는 경우 또는 (ii) 사업자가 국내사업장이 있는 비거주자 또는 외국법인으로부터 용역 등을 공급받지만 그 공급이 해당 국내사업장과 관련이 없고, 그 공급대가가 소득세법 또는 법인세법상의 국내원천소득에 해당하여 공급받는 사업자가 그에 대하여 소득세나 법인세를 원천징수하여야 하거나 그렇지 않더라도 해당 용역 등의 공급이 공급자인 비거주자나 외국법인의 국내사업장에 귀속되지 아니하는 경우에는, 그 용역 등을 공급받은 사업자가 그 대가를 지급하는 때에 부가가치세를 징수하여 사업장 또는 주소지 관할세무서장에게 납부하여야 한다(附價法 52조 1항; 附價令 95조 1항, 4항). 여기서 대리납부의 대상이 되는 용역 또는 권리의 공급이라고 함은 "관세와 함께 부가가치세를 신고·납부하여야 하는 재화의 수입에 해당하지 아니하는 용역 또는 권리의 반입"을 포함하는데, 반입의 대상이 되려면 유체물이어야 하므로, 이는 결국 용역 또는 권리를 매체에 담아 국내로 전달하는 경우를 의미한다고 할 것이다. 이러한 대리납부 의무는 용역을 공급받은 경우에만 적용되고 재화를 수입한 경우에는 적용되지 않는다.1) 후자

---

1) 함정의 건조공정이 70퍼센트 내지 80퍼센트 정도 진척되었을 무렵 건조의 감독 및 준공검사에 필요한 참고자료로 이용하기 위하여 통상의 수입절차를 거쳐 수입된 설계도면은 용

의 경우에는 수입자가 부가가치세를 납부하기 때문이다. 대리납부 의무의 이행을 게을리할 경우 세액의 100분의 10에 상당하는 금액을 가산세로 징수한다(基本法 47조의5 2항 3호).

한편, 위의 대리납부 의무는 과세사업자에 대해서는 그대로 적용되지 않는다. 즉, 비거주자 또는 외국법인으로부터 용역 등을 공급받는 과세사업자에 대해서는 대리납부를 하게 하더라도 대리납부한 세액을 바로 매입세액으로 공제받을 수 있으므로 세수증대의 효과는 기대할 수 없는 반면, 납세자의 부담만 가중시킬 뿐이므로 대리납부 대상에서 제외하고 있다. 같은 이유로 비거주자 또는 외국법인으로부터 용역 등을 공급받는 과세사업자라고 하더라도 매입세액을 공제받지 못하는 용역 등을 공급받는 경우(附價法 39조)에는 대리납부 의무를 지우고 있다(附價法 52조 1항 괄호). 과세사업과 면세사업을 겸영하는 사업자가 비거주자 또는 외국법인으로부터 공급받은 용역 등을 과세사업과 면세사업에 공통으로 사용하여 그 실지귀속을 구분할 수 없는 경우에는 면세사업에 사용된 용역 등의 과세표준은 다음의 산식에 의하여 안분 계산한다(附價法 52조 3항; 附價令 95조 2항).

해당 용역 등의 총공급가액 × 대가의 지급일이 속하는 과세기간의 면세공급가액 / 대가의 지급일이 속하는 과세기간의 총공급가액

위에서 본 바와 같은 비거주자나 외국법인을 위한 부가가치세의 대리납부 의무는 비거주자나 외국법인이 국내에서 용역이나 권리를 공급함으로써, 즉 용역의 공급장소가 국내이기 때문에 성립하므로 공급장소가 국내가 아닌 경우에는 대리납부 의무가 성립할 여지가 없다.[1]

(3) 위탁매매인 등을 통해 용역 등을 공급하는 경우의 예외

고정사업장을 두고 있지 않은 비거주자나 외국법인 또는 고정사업장을 두고 있지만 그 고정사업장과 관련 없이 용역 등을 공급하는 비거주자나 외국법인이 부가가치세법상의 사업자에 해당하는 위탁매매인, 준위탁매매인, 대리인 또는 중개인(구매자로부터 거래대금을 수취하여 판매자에게 지급하는 중개인에 한정)

역을 공급받은 것이 아니라 재화를 수입한 것이므로 부가가치세법 시행령 제46조 제16호에 의해 부가가치세가 면제된다(대법원 1991. 7. 23., 90 누 6088).

1) 대법원 1983. 1. 18., 82 누 483; 同 1988. 12. 6., 88 누 2489.

(이하 "위탁매매인 등"이라고 함)을 통하여 용역 등을 공급하는 경우에는 그 위탁매매인 등이 해당 용역 등을 공급한 것으로 보아 대리납부 의무의 존부를 결정한다(附價法 53조 1항). 즉, 재화를 위탁매매나 대리인을 통해 매매하는 경우에는 위탁자 또는 본인이 직접 재화를 공급하거나 공급받은 것으로 보지만(附價法 10조 7항), 용역 등의 공급에 따른 대리납부 의무의 존부와 관련해서는 위탁매매인 등을 해당 용역 등의 공급자로 본다는 것이다. 따라서 고정사업장을 두고 있지 않는 비거주자나 외국법인이 국내에 용역 등의 공급과 관련하여 위탁매매인 등을 두고 있는 경우에는 국내에서 용역을 공급하는 것이 되어(附價法 53조 2항은 이를 확인하고 있음) 대리납부 의무가 발생하지 않는다. 이 경우 공급자인 위탁매매인 등은 세금계산서 발급 시 자신의 위탁자나 본인의 상호 및 주소를 덧붙여 적어야 한다(附價令 69조 17항).

3. 사업양수인의 임의적 대리납부

사업의 양도는 사업양도로서의 요건을 충족하면 재화의 공급에 해당하지 않음이 원칙이지만(附價法 10조 9항 2호 본문), 예외적으로 사업의 양수인이 해당 거래가 재화의 공급에 해당함을 전제로 사업의 양도인을 위하여 부가가치세를 대리납부하는 경우 재화의 공급으로 인정된다(동호 단서). 이 경우의 사업양수인의 대리납부는 의무가 아니라 임의에 속한다. 즉, 사업양수인이 사업양도인에게 양도대가를 지급하는 때, 그들 간의 거래가 부가가치세 과세대상에서 제외되는 사업양도로서의 요건을 충족하는지 여부를 판단하기가 어려워 사업양도에 해당하지 않는 것으로 전제하고, 사업양도인에게 거래징수를 통하여 지급하여야 할 양도가액에 대한 부가가치세를 지급하지 않고 대신 직접 자신의 사업장 관할세무서장에게 대가를 지급하는 날이 속하는 달의 다음 달 25일까지 납부하고 그 납부세액을 매입세액으로 공제받을 수 있다(附價法 52조 4항, 38조 1항 1호).

제10절 간이과세

I. 의의 및 적용기준

1. 의   의

일정한 중소사업자에 대하여는 세부담 경감 및 납세편의를 도모하기 위하여 간이과세(簡易課稅) 제도를 두어 매출세액에서 매입세액을 빼서 산출한 세액 대신에 매출액에 업종별 부가가치율을 곱한 금액의 10%에 해당하는 세액을 과세하고 있다.

2. 간이과세자의 일반적 기준

간이과세의 대상이 될 수 있는 자는 원칙적으로 직전 연도의 총 공급대가[1](부가가치세를 포함한 대가)가 8천만 원(이하 "간이과세 기준액"이라고 함)에 미달하는 개인사업자이다. 다만, (i) 간이과세가 적용되지 아니하는 다른 사업장을 보유하고 있는 사업자, (ii) 업종, 규모, 지역 등을 고려하여 시행령으로 정하는 사업자(광업, 제조업, 도매업 및 상품중개업, 부동산매매업, 일정 지역에 소재하는 일정 규모 이상의 부동산임대업, 변호사업 등 일부 사업서비스업, 전기·가스·증기·수도사업, 건설업, 일반과세자로부터 양수한 사업, 소득세법상의 복식부기의무자가 영위하는 사업, 전문·과학·기술서비스업 등), (iii) 부동산임대업 또는 개별소비세법에 따른 과세유흥장소를 경영하는 사업자로서 해당 업종의 직전 연도의 공급대가의 합계액이 4천 800만원 이상인 사업자는 간이과세자가 되지 않는다(附價法 61조 1항; 附價令 109조 1항, 2항).

3. 신규사업자에 대한 기준

신규사업자가 사업시작일이 속하는 연도의 총 공급대가가 간이과세 기준액을 초과하지 않을 것으로 예상하면 사업자등록을 신청할 때 간이과세의 적용

---

1) 공급대가에서 주된 사업과 관련하여 우발적 또는 일시적으로 공급한 재화와 용역의 공급대가를 제외한 나머지 공급대가만을 기준으로 간이과세 여부를 결정할 것은 아니다(대법원 1999. 7. 23., 99 두 4808).

여부를 관할 세무서장에게 신고하여야 하고, 명시적으로 신고서를 제출하지 않았다고 하더라도 사업자등록신청서에 연간 공급대가 예상액과 기타 참고사항을 기재하여 제출한 경우에는 간이과세적용신고서를 제출한 것으로 본다(附價法 61조 3항; 附價令 109조 4항). 이 경우 최초의 과세기간에는 총공급대가의 크기에 관계없이 해당 사업자를 간이과세자로 보되, 간이과세 적용제외 사업을 영위하는 사업자는 그러하지 아니하다(附價法 61조 4항).

사업자등록을 하지 아니한 개인사업자의 사업시작일이 속하는 연도의 공급대가의 합계액이 간이과세 기준액에 미달하는 경우에는 최초의 과세기간에는 간이과세자로 인정한다. 역시 간이과세 적용제외 사업을 영위하는 사업자의 경우는 그러하지 아니하다(동조 5항).

사업시작일이 속하는 과세기간이 간이과세 적용요건을 충족하는지 여부는 그 사업시작일부터 그 사업시작일이 속하는 과세기간의 종료일까지 발생한 공급대가의 합계액을 12개월 치로 환산한 금액을 기준으로 판정하되, 이때 1개월 미만의 끝수는 1개월로 한다(附價法 61조 2항). 이러한 기준에 따라 사업시작일이 속하는 과세기간이 간이과세 적용요건을 충족하지 않게 되면, 사업시작일이 속하는 해의 다음 해의 7월 1일부터 그 다음 해의 6월 30일까지 일반과세자로 취급된다. 반대의 경우에도 마찬가지이다(附價法 62조 2항).

Ⅱ. 간이과세의 포기

간이과세자가 일반과세자로 취급되는 경우에 비하여 더 많은 세액을 납부하여야 한다든가 기타 간이과세의 적용에 따라 불이익을 입는다고 생각하는 경우에는 간이과세의 적용을 포기할 수 있다. 간이과세의 적용을 포기하기 위해서는 일반과세의 적용을 받기 시작할 달의 전달의 말일까지 간이과세의 포기신고를 하여야 한다(附價法 70조 1항; 附價令 116조 1항). 일반과세자였다가 간이과세자로 변경된 사업자가 간이과세의 포기 신고를 함이 없이 일반과세자로 부가가치세를 신고한 것만으로는 간이과세자 규정의 적용을 배제할 수 없다(附價法 70조 1항).[1]

---

1) 신고요건을 명문화하기 전의 판례로서 대법원 1994. 12. 2., 94 누 10719; 同 1990. 9. 11., 90 누 4068; 同 1991. 6. 25., 90 누 1649; 同 1993. 7. 27., 93 누 1411.

한편, 새로 사업을 시작하는 개인사업자가 사업자등록 신청을 할 때 관할 세무서장에게 간이과세의 포기신고를 하는 경우에도 간이과세 요건의 충족에 관계없이 일반과세의 적용을 받을 수 있다(附價法 70조 2항). 사업을 시작할 때부터 간이과세의 포기를 할 수 있다는 뜻이다.

사업 시작 후 일반과세자에서 간이과세자로 변경된 사업자가 간이과세의 포기신고를 한 경우에는 그 적용을 받기 시작한 달의 1일부터 3년이 경과하는 날이 속하는 과세기간까지, 그리고 새로 사업을 시작하면서부터 간이과세의 포기신고를 한 사업자는 사업개시일이 속하는 달의 1일부터 3년이 경과하는 날이 속하는 과세기간까지 무조건 일반과세자로 취급된다(附價法 70조 3항). 그 기간이 경과한 후 다시 간이과세의 적용을 받기를 원하는 경우에는 그 적용받고자 하는 과세기간의 개시 10일 전까지 간이과세적용신고서를 관할 세무서장에게 제출하여야 한다(附價令 116조 2항).

Ⅲ. 과세유형의 전환

1. 총공급대가의 변동에 따른 과세유형의 전환시기

일반과세와 간이과세의 구분을 1역년의 공급대가를 기준으로 하고 있기 때문에 연도에 따라 공급대가가 기준금액에 미달하기도 하고 그 이상이 될 수도 있다. 이와 같이 공급가액이 변동하게 되면 과세유형 또한 그 변동에 따라 전환되어야 할 것이다. 그러나 각 연도의 공급대가는 연말에 가서야 알 수 있기 때문에 연도 중에는 과세유형이 유동적이라는 모순이 생긴다. 따라서 법은 사업자가 1역년의 공급대가에 관한 간이과세의 요건을 새로 충족하거나 반대로 간이과세의 요건을 새로 충족하지 못하게 된 과세기간부터 바로 과세유형을 전환하도록 하지 않고, 유예기간을 거쳐 장래적으로 전환하도록 규정하고 있다. 즉, 어떤 과세기간의 직전 과세기간에는 간이과세자에 해당하지 않던 사업자가 해당 과세기간이 속한 연도의 직전 연도의 총공급대가를 기준으로 따져 보아 해당 과세기간에 간이과세자의 요건을 충족하게 된 경우나 이와 반대로 어떤 과세기간의 직전 과세기간에는 간이과세자에 해당하던 사업자가 해당 과세기간에 간이과세자의 요건을 충족하지 못하게 된 경우에는 해당 과세기간에 대하여 곧바로 과세유형이 전환되는 것이 아니라, 그러한 간이과세 기준금액에 변동이 생긴 해의 다음 해의 7월 1일부터 그 다음 해의 6월 30일까지 전환된 유형을 적용한다(附價法 62조 1항).

어떤 사업자에 대한 과세유형 전환의 사유가 발생한 경우 사업장 관할세무서장은 간이과세가 적용되거나 적용되지 아니하게 되는 과세기간 개시 20일 전까지 해당 사업자에게 통지하여야 하며, 사업자등록증을 정정하여 과세기간 개시전일까지 발급하여야 한다(附價令 110조 1항). 간이과세에서 일반과세로 전환되는 사업자가 간이과세 적용 배제시기가 도래할 때까지 전환통지를 받지 못하면 전환의 효력은 발생하지 않고, 전환통지를 받은 날이 속하는 과세기간까지는 계속 간이과세의 적용을 받게 된다(동조 3항). 반대로 일반과세에서 간이과세로 전환되는 경우에는 전환통지에 관계없이 적용시기에 바로 간이과세의 적용을 받게 된다(동조 2항).[1] 다만, 부동산임대업의 경우는 사업자가 전환통지를 받은 날이 속하는 과세기간까지는 계속 일반과세자에 관한 규정을 적용한다(동항 단서). 이때 간이과세자가 제도상의 불이익 등의 이유로 간이과세를 적용받지 아니하고 계속 일반과세를 적용받고자 하는 경우에는 언제든지 간이과세를 포기할 수 있다(附價法 70조).

2. 기타 사유에 의한 과세유형의 전환시기

(1) 간이과세 적용제외 사업의 신규 운영에 따른 전환시기

간이과세자가 간이과세 적용제외 사업을 신규로 겸영하는 경우에는 그 사업시작일이 속하는 과세기간의 다음 과세기간부터 간이과세자에 관한 규정을 적용하지 아니한다(附價令 110조 4항).

(2) 일반과세 대상 사업장의 신규 개설에 따른 전환시기

간이과세자가 일반과세 대상 사업장을 신규로 개설하는 경우에는 그 사업시작일이 속하는 과세기간의 다음 과세기간부터 간이과세자에 관한 규정을 적용하지 아니한다(동조 8항).

(3) 기준사업장의 공급대가가 간이과세 기준금액에 미달함에 따른 전환시기

기준사업장의 어떤 역년의 총공급대가가 간이과세 기준금액에 미달하는 경우에는 그 기준사업장은 물론 기준사업장의 존재로 인하여 간이과세를 적용받지 못한 사업장 모두 그 미달하는 해의 다음 다음 해의 1월 1일부터 12월 31

---

1) 대법원 1992. 2. 25., 91 누 6415; 同 1994. 12. 2., 94 누 10719.

일까지 간이과세를 적용받게 된다(동조 6항).

(4) 기준사업장의 폐업에 따른 전환시기

기준사업장을 폐업하는 경우에는 그 기준사업장의 존재로 인하여 간이과세를 적용받지 못했던 사업장은 간이과세의 적용을 받을 수 있게 되는바, 이 경우의 전환시기는 기준사업장의 폐업일이 속하는 과세기간의 다음 과세기간부터이다(附價令 동조 9항).

(5) 간이과세 포기에 따른 전환시기

2개 이상의 사업장을 두고 있는 사업자가 특정 사업장에 대하여 간이과세의 포기신고를 하는 경우 해당 사업장에 대해서는 포기신고일이 속하는 달의 다음 달부터 간이과세를 적용하지 아니함은 위 Ⅱ.에서 본 바와 같고, 해당 사업장 외의 사업장에 대해서는 일반과세를 적용받고자 하는 달이 속하는 과세기간의 다음 과세기간부터 간이과세를 적용하지 아니한다(동조 7항).

(6) 과세관청의 결정 또는 경정에 따른 전환시기

과세관청이 간이과세자의 어떤 역년의 공급대가가 간이과세 기준액 이상인 것으로 인정하여 그 과세표준과 세액을 결정 또는 경정하는 경우에는 그 결정 또는 경정일이 속하는 과세기간까지는 간이과세자로 보고(附價法 61조 6항), 그 결정 또는 경정일이 속하는 과세기간의 다음 과세기간부터 일반과세자로 전환된다.

3. 과세유형의 전환에 따른 재고납부세액의 가산과 재고매입세액의 공제

(1) 재고납부세액의 가산

간이과세자는 매입세액공제를 받을 자격이 없으므로, 일반과세자가 간이과세자로 변경되는 경우에는 일반과세자로서 공제받았던 매입세액을 국고에 반환시킬 필요가 있다. 이에 일반사업자에서 간이과세자로 변경된 자는 재고품, 건설 중인 자산 및 감가상각자산 등 매입세액 공제를 받은 소정의 자산에 대하여 '재고납부세액'을 간이과세자로 변경된 날이 속하는 과세기간에 대한 확정신고를 할 때 납부할 세액에 더하여 납부하여야 한다(附價法 64조; 附價令 112조 7항). 재고납부세액은 재고자산의 유형별로 그 취득가액, 재고금액 또는 그 취득과 관련하여 공제받은 매입세액 및 업종별 부가가치율을 기준으로 정해진 산식에 따라 계산한다(동조 3항). 매입세액의 가산납부를 원치 않는 사업자는 간이과세 포기의 절차(附價法 70조)를 밟아야 한다. 전술한 바와 같이 일반과세자였다가 간이과세자로 변경된 사업자가 간이과세의 포기신고를 함이 없이 일반과세자로 부가가치세를 신고한 것만으로는 간이과세의 적용을 배제할 수 없고, 따라서 재고납부세액 가산의 불이익을 벗어날 수 없다.

(2) 재고매입세액의 공제

간이과세자가 일반과세자로 변경되는 경우에는 전술한 바와 같이(앞의 제8절 9.) 재고매입세액의 공제를 받을 수 있다(附價法 44조).

Ⅳ. 세액의 계산

1. 업종별 부가가치율

간이과세자의 부가가치세 과세표준은 해당 과세기간의 총 공급대가(총 공급가액에 부가가치세가 포함된 금액)로 한다(附價法 63조 1항). 부가가치세액은 그 총공급대가에 해당 업종의 부가가치율을 곱한 금액에 10%의 세율을 적용하여 계산하되, 둘 이상의 업종을 겸영하는 간이과세자의 경우에는 각 업종별로 계산한 금액의 합계액으로 한다(附價法 63조 2항). 업종별 부가가치율은 다음과 같다(附價令 111조 2항).

(i) 소매업, 재생용재료수집 및 판매업, 음식점업 15%, (ii) 제조업, 농업·임업·어업, 소화물전문운송업 20%, (iii) 숙박업 25%, (iv) 건설업, 운수 및 창고업, 정보통신업 30%, (v) 금융 및 보험 관련 서비스업, 전문·과학·기술서비스업, 사업시설관리·사업지원·임대서비스업, 부동산 관련 서비스업, 부동산임대업 40%, (vi) 그 밖의 서비스업 30%

간이과세자가 2 이상의 업종에 공통으로 사용되던 재화를 공급하여 업종별 실지귀속을 구분할 수 없는 경우에는 다음의 산식에 의하여 계산한 율의 합계치로 한다(附價令 111조 5항).

해당 재화와 관련된 각 업종의 부가가치율×해당 재화의 공급일이 속하는 과세기간의 해당 재화와 관련된 각 업종의 공급대가액/해당 재화의 공급일이 속하는 과세기간의 해당 재화와 관련된 각 업종의 총 공급대가

간이과세자에 대한 세액계산에 있어서 특이한 것은 업종별 부가가치율이

다. 이것은 제2의 세율이라 할 수 있다. 간이과세의 세액계산방법은 종래의 영업세와 유사하다. 그러한 까닭에 영업세의 폐단은 간이과세의 경우에도 나타난다. 먼저 어떤 간이과세자의 실제의 부가가치율이 법령에서 정한 부가가치율보다 높은 경우에는 해당 간이과세자는 이득을 보게 되는 "익세"의 현상이 나타나기도 하고, 반대의 경우에는 해당 간이과세자가 손해를 볼 수도 있다. 한편 간이과세자로부터 공급받는 자가 최종소비자인 경우에는 무방하지만 사업자인 경우에는 매입세액을 공제받을 수 없고 따라서 누적효과가 두드러지게 나타나게 된다. 그래서 법에서 간이과세의 포기를 인정하고 있는 것이다(附價法 70조).

2. 세금계산서 등 수령 세액공제

간이과세자는 발급받은 세금계산서를 제출하더라도 원칙적으로 매입세액공제를 받을 수 없다. 그런데, 발급받은 세금계산서의 제출을 유인하기 위해 간이과세자가 다른 사업자로부터 세금계산서 또는 신용카드매출전표를 발급받아 매입처별 세금계산서합계표 또는 '신용카드매출전표 등 수령명세서'를 관할 세무서장에게 제출하는 경우에는 아래에서 보는 각 경우별 금액을 납부세액에서 공제할 수 있다(附價法 63조 3항; 附價令 111조 3항, 4항). 다만, 일반과세자였더라도 공제받을 수 없는 매입세액(附價法 39조)에 대해서는 위와 같은 세액공제가 인정되지 않는다(동항 단서). 일반과세자로서 공제받을 수 없는 매입세액을 간이과세자에 대해서만 공제받도록 하는 것은 형평에 맞지 않기 때문이다. 한편, 위의 세액공제를 받을 수 있는 신용카드매출전표는 부가가치세액을 별도로 기재하고 있는 것이어야 하고, 일정기간 보관되어야 한다(附價法 63조 3항 1호, 46조 3항). 납부세액에서 공제할 세액은 다음과 같이 계산한다.

(1) 일반적인 경우(附價法 63조 3항 1호)

해당 과세기간에 발급받은 세금계산서 등에 표기된 재화와 용역의 공급대가의 0.5%에 해당하는 금액

(2) 과세사업과 면세사업을 겸영하는 경우(附價法 63조 3항 3호)

간이과세자가 과세사업과 면세사업을 겸영하는 경우에는 과세사업을 위하여 사용된 재화나 용역의 매입과 관련하여 발생한 매입세액만 공제되는바, 어떤 매입세액이 과세사업과 면세사업 중 어느 것에 관련되는지는 그 실지귀속에 의하되, 그 실지귀속을 구분할 수 없는 분에 대하여는 다음 산식에 의하여 계

산한 금액을 공제한다(附價令 111조 7항).

> 납부세액에서 공제할 세액=해당 과세기간에 세금계산서 등을 발급받은 재화와 용역의 공급대가의 합계액 ×해당 과세기간의 과세공급대가/해당 과세기간의 총공급대가×0.5%

3. 신용카드매출전표 등 및 전자세금계산서 발행 세액공제

세금계산서 대신 영수증을 발행할 수 있는 사업자(제7절 Ⅱ. 4.에서 전술함)에 해당하는 간이과세자가 재화 또는 용역을 공급하고 세금계산서의 발급시기에 신용카드매출전표 등을 발행하거나 전자화폐에 의하여 그 대금을 결제받는 경우에는 (i) 음식점업 또는 숙박업을 영위하는 간이과세자에 대해서는 발행금액 또는 결제금액의 2%에 상당하는 금액을, (ii) 그 외의 간이과세자에 대해서는 발행금액 또는 결제금액의 1%에 상당하는 금액을 연간 500만 원을 한도로 납부세액에서 공제할 수 있다(附價法 46조 1항)(앞의 제8절 10. 참조). 그리고 간이과세자에 대해서도 전자세금계산서 발급에 따른 세액공제의 혜택이 주어진다.(附價法 63조 4항).

4. 환급세액의 불인정

위에서 본 세금계산서 등 수령 세액공제, 의제매입세액 공제 및 신용카드매출전표 등 발행세액 공제(附價法 46조 1항) 등의 합계액이 해당 과세기간의 납부세액을 초과하는 경우 그 초과부분은 없는 것으로 보아 환급하지 않는다(附價法 63조 6항).

Ⅴ. 신고 · 납부와 경정 · 징수

1. 신고와 납부

간이과세자는 과세기간의 과세표준과 납부세액을 과세기간이 끝난 후 25일(폐업하는 경우에는 폐업일이 속한 달의 다음 달 25일) 이내에 관할 세무서장에게 신고하고 납부하여야 한다(附價法 67조 1항). 이때 재화 등을 공급받을 때 발급받은 매출·매입처별 세금계산서합계표를 그 신고와 함께 제출하여야 한다(동조 3항).

일반과세자의 과세기간이 6개월인 데 비해 간이과세자의 과세기간이 1년 임으로 인해 간이과세자가 일반과세자의 제1기 과세기간(즉, 1월 1일부터 6월 30일까지의 기간)에 행한 재화나 용역의 공급에 대한 부가가치세를 일반과세자에 비해 6개월 늦게 납부하는, 형평에 맞지 않는 결과의 발생을 막기 위해 간이과세자에 대해서 예정부과 또는 예정신고납부 제도를 두고 있다. 즉, 간이과세자의 관할 세무서장은 간이과세자에 대하여 직전 과세기간에 대한 납부세액의 2분의 1에 해당하는 금액(직전 과세기간이 일반과세자에서 간이과세자로 변경되는 경우에는 직전 과세기간의 납부세액 전액)을 1월 1일부터 6월 30일(이하 "예정부과기간"이라고 함)까지의 납부세액으로 결정하여 예정부과기간이 끝난 후 25일 이내(이하 "예정부과기한"이라고 함)에 징수한다. 다만, (i) 징수하여야 할 금액이 50만원 미만인 경우, (ii) 간이과세자에서 일반과세자로 변경되었음에도 불구하고 그 변경 이전 1월 1일부터 6월 30일까지의 과세기간 동안 간이과세 규정을 적용받는 사업자(附價法 5조 4항 2호)의 경우, 또는 (iii) 국세징수법에서 납부기한 연장 등의 사유(徵收法 13조 1항)로 규정하고 있는 사유로 관할 세무서장이 징수하여야 할 금액을 간이과세자가 납부할 수 없다고 인정되는 경우에는 이를 징수하지 아니한다(附價法 66조 1항).

한편, 휴업이나 사업부진 등으로 예정부과기간의 총 공급대가가 직전 과세기간의 그것에 비해, 또는 납부세액이 위에서 본 예정부과기간에 대한 관할 세무서장의 예정부과액에 비해 3분의 1에 미달하는 간이과세자는 위와 같은 예정부과를 받지 않고 예정부과기간의 과세표준과 납부세액을 예정부과기한까지 관할세무서장에게 스스로 신고할 수 있고(동조 2항; 附價令 114조 2항), 예정부과기간에 영수증이 아닌 세금계산서를 발급한 간이과세자는 예정부과기한까지 해당 예정부과기간의 과세표준과 납부세액을 사업장 관할 세무서장에게 의무적으로 신고하여야 한다(附價法 66조 3항). 이러한 임의적 또는 의무적 예정신고를 할 때 신고한 부가가치세액을 납부하여야 한다(동조 5항). 관할 세무서장의 예정부과결정 후에 이러한 예정신고납부가 있으면 예정부과결정은 효력을 상실한다(附價法 66조 4항).

예정신고납부하는 간이과세자도 매출·매입처별 세금계산서합계표를 신고

시 제출하여야 함이 원칙이나 어떤 사정으로 인하여 이를 제출하지 못한 경우
에는 전체 과세기간에 대한 신고시에 제출할 수 있다(附價法 66조 6항). 이와 같
이 예정부과징수하거나 예정신고납부한 세액이 전체 과세기간에 대한 신고납부
세액에서 공제됨은 물론이다(附價法 67조 2항).

2. 경정과 징수

과세관청은 일반과세자의 과세표준과 세액의 결정 및 경정(更正)에 관한
규정(附價法 57조)을 준용하여 간이과세자의 과세표준과 세액을 결정 또는 경정
할 수 있다(附價法 68조 1항).

그런데 간이과세자의 과세표준과 세액을 결정 또는 경정하는 과정에서 그
간이과세자의 어떤 연도의 공급대가가 간이과세 기준금액인 8천만 원 이상으로
밝혀진 경우 결정 또는 경정일이 속하는 과세기간까지는 간이과세자로 보는바
(附價法 61조 6항), 이에 따라 어떤 과세기간이 경과한 때로부터 한참 지난 뒤에
그 과세기간에 대한 결정이나 경정이 이루어지더라도 그 대상 과세기간의 다음
과세기간부터 그 결정이나 경정일이 속하는 과세기간까지는 부가가치세를 전부
간이과세 방식에 따라 납부하게 됨으로서 다른 일반과세자에 비해 혜택을 보는
결과가 생길 수 있다. 이러한 형평에 반하는 결과를 방지하기 위해 결정 또는
경정의 대상이 된 과세기간의 다음 과세기간(대상 과세기간이 신규사업시작자의
최초 과세기간인 경우에는 해당 과세기간의 다음 과세기간)부터는 납부세액을 일반
과세자에 준해 매출세액에서 매입세액을 공제하는 방법으로 재계산한다. 즉,
일반과세자의 과세방식 그대로는 아니지만 그에 준하는 방식으로 세액을 계산
하는 것이다. 이 경우 공급가액은 공급대가에 110분의 100을 곱한 금액으로 하
고, 매입세액의 계산에 있어서는 위 Ⅳ. 2.에서 본 세금계산서 등의 수령분에
대하여 공제받은 세액(즉, 세금계산서 등 수령 세액공제액)을 매입세액에서 뺀다
(附價法 63조 7항; 附價令 111조 8항). 간이과세자의 수정신고에 의해 공급대가가
간이과세 기준금액을 초과하는 것으로 밝혀진 경우에도 마찬가지이다.

간이과세자에 대해서는 납부면제제도가 있다. 즉, 간이과세자의 어떤 과세
기간의 공급대가가 4천 8백만 원 미만인 경우에는 그에 대한 부가가치세 납부
의무가 면제된다. 그러나 일반과세자가 간이과세자로 전환됨으로 인하여 납부
하여야 하는 재고납부세액(앞의 Ⅲ. 3.)은 면제되지 않는다(附價法 69조 1항). 종

전의 소액부징수제도는 납부세액을 기준으로 하였지만, 현행 납부면제제도는 매출액(공급대가)을 기준으로 하고 있다. 주의할 것은 납부면제를 적용받는 간이과세자는 납부의무만 면제받을 뿐이지 사업자등록 신청 및 과세표준 신고의무는 여전히 부담한다고 하는 점이다. 납부면제 해당 사업자가 사업자등록 신청기한 내에 이를 이행하지 않으면(고정된 물적 시설을 갖추지 않고 공부에 등록된 사업장 소재지가 없는 경우는 제외함) 사업시작일부터 사업자등록 신청을 한 날의 바로 전날까지의 공급가액에 대하여 0.5퍼센트에 해당하는 금액과 5만 원 중 큰 금액의 가산세를 부담하여야 한다(附價法 69조 2항; 附價令 115조). 국세기본법상의 무신고가산세의 적용은 받지 않는다(基本法 47조의2 3항).

제11절 전자상거래

Ⅰ. 전자상거래의 의의

우리나라에서는 아직 전자상거래(electronic commerce) 의미를 한 뜻으로 정의하고 있는 규범은 없다. 유럽연합은 전자상거래를 "당사자가 물리적으로 동일한 장소에 소재하지 않고 전자적 수단을 통해 의사를 교환함으로써 이루어지는 상품과 용역에 관한 사업상 거래"라고 정의한다.[1] 이러한 정의는 '전자적 장치'(electronic system) 또는 '전자적 수단'(electronic means)이 상거래의 수단[2]으로 이용되는 것을 전자상거래 개념의 요소로 파악한다.[3] 상거래의 수단이 전자적일 뿐만 아니라, 거래의 목적물 자체가 전자적인 것인 경우도 있는바, 예를 들면 전자책, 전자음악, 전자지도, 전자신문, 각종 전자티켓(입장권이나 상품권 등)이나 데이터 베이스 저장정보(database information)와 같은 전자적 상품을 판매하는 경우이다. 이처럼 거래의 목적물이 전자상품인 경우에는 전자적 수단에 의해

---

1) Paul Todd, *E-Commerce Law*, Cavendish Publishing Limited(2005), p. 3.
2) 상거래의 수단이라고 함은 반드시 매매계약의 체결에 관한 의사표시의 교환수단에 한정되지 않고, 제품의 홍보나 제품의 사용정보의 제공 등의 수단까지 포함하는 것이다(Paul Todd, 위의 책, p. 4).
3) 전자적 수단의 구체적 항목으로는 ① 이메일, ② World Wide Web과 같은 인터넷, ③ 간편 메시지 전달(short message service, "SMS") 장치, ④ 내부정보망(local area network, "LAN") 장치, ⑤ CompuServe와 같은 차단된 전자 시스템, ⑥ 전자정보 교환체계(electronic data interchange, "EDI") 등을 들 수 있다.

이를 전달할 수밖에 없으므로, 상거래의 수단이 전자적인 경우를 전자상거래라고 정의한다면, 전자상품의 거래는 당연히 전자상거래의 개념에 포함된다. 한편 전화, 팩스 및 텔렉스는 전자적 방식에 의한 의사교환(즉, digital communication)을 반드시 수반하는 것은 아니므로 이들은 전자상거래의 범주에서 제외함이 타당할 것이다.[1] 그렇다면 전자상거래는 '어떤 상품이나 용역의 거래에 관한 계약의 체결, 대가의 지급, 상품이나 용역의 전달, 상품이나 용역의 홍보, 상품이나 용역의 이용정보의 제공 등 거래의 성립과 이행에 관한 핵심적 또는 부수적 절차의 전부나 일부를 전자적 수단에 의하여 행하는 경우'라고 정의할 수 있을 것이다.

Ⅱ. 전자상거래에 대한 부가가치세 과세상의 문제

1. 개   요

근래에 이르러 위와 같은 의미의 전자상거래가 급증하고 있다. 전자상거래에 의한 재화의 이동이나 용역의 공급은 전통적인 통관절차나 사업장의 개설 또는 거래에 관한 신고 없이 전자적 수단을 통해 자유롭게 국경을 넘나들며 이루어지는 특성을 가지고 있다. 이로 인하여 국제적 전자상거래는 다방면에서 많은 법률적 문제들을 야기하고 있다. 국제적 전자상거래가 초래하는 부가가치세법상의 문제점은 주로 2가지로 요약할 수 있다. 하나는 사업장 소재지가 어디에 있다고 할 것인가 하는 문제이며, 다른 하나는 소비지과세주의를 어떻게 관철할 수 있는가 하는 문제이다.

일반적으로 부가가치세는 자국 관할권 내에 사업장을 둔 사업자에 한하여 과세할 수 있으며, 통상의 사업장은 어느 정도의 물리적 시설을 갖추고 있기 때문에 이를 객관적으로 인식할 수 있다. 그런데 전자상거래는 이른바 가상공간(假想空間, cyberspace)에서 이루어지므로 사업장의 특정이 어려울 수 있다. 비거주자나 외국법인의 경우 소득세법 제120조나 법인세법 제94조의 국내사업장을 부가가치세법상의 사업장으로 간주하고(附價令 8조 6항), 전자상거래와 관련하여 소득세법이나 법인세법상의 국내사업장(domestic place of business) 또는 조세조약상의 고정사업장(permanent establishment)의 소재지는 전자상거래에 이용

---

1) Paul Todd, 앞의 책, p. 4.

되는 컴퓨터 서브의 소재지라고 보는 것이 일반적 견해이므로,[1] 우리나라에 컴퓨터 서브를 설치하여 이를 통해 재화나 용역의 거래에 관한 계약의 체결이나 그 대금의 결제 등과 같은 핵심적 사업활동을 하게 되면 우리나라에 부가가치세법상의 사업장이 존재하고, 이에 따라 사업자등록을 하여야 하며, 부가가치세를 거래징수하여 납부하여야 할 것이다.[2] 비거주자나 외국법인이 우리나라에 컴퓨터 서브를 설치하여 이를 통해 재화나 용역의 거래에 관한 계약의 체결이나 그 대금의 결제 등과 같은 핵심적 사업활동을 하지만 해당 재화를 구매자가 직접 수입통관하는 경우에는 구매자에 의한 재화의 수입과 비거주자나 외국법인의 국내사업장에 의한 재화의 공급이 병존하므로 그 국내사업장의 부가가치세 과세표준은 판매가액에서 수입에 대한 부가가치세의 과세표준을 공제한 금액이 될 것이다(附價令 61조 1항 5호).

한편, 국내에 컴퓨터 서브를 설치하지 않고 전자상거래를 행함으로써 사업장이 없는 것으로 인정되는 경우로서 그 거래의 대상이 재화인 경우에는 국내의 구매자에 의한 재화의 수입만이 존재하게 되어 그 수입에 대하여 부가가치세를 부담하게 되고, 그 거래의 대상이 용역인 경우에는 용역을 제공받는 수급자가 용역을 공급하는 외국 사업자를 위하여 부가가치세를 대리납부하게 된다(附價法 52조).

위와 같이 비거주자나 외국법인이 국내에 컴퓨터 서브를 설치하여 이를 통해 재화나 용역의 거래에 관한 계약의 체결이나 그 대금의 결제 등과 같은 핵심적 사업활동을 하는지 여부에 따라 사업장의 존재 여부를 결정하고 그에 따라 부가가치세를 사업자의 신고납부, 재화수입자의 신고납부 또는 용역 수급자의 대리납부의 방법으로 납부하게 되면 소비지과세원칙(destination principle)에 충실한 결과가 된다.

부수적 문제로서 외국에서 on-line으로 우리나라의 일반 고객에게 범용성 software나 기타 소비자가 바로 이용하는 정보를 공급하는 경우 그 고객의 입장에서 재화를 수입하는 것인가 아니면 용역을 공급받는 것인가 하는 문제가 있다. 재산적 가치가 있는 권리는 재화의 일종이지만(附價法 2조 1호; 附價令 2

---

[1] OECD 모범조약 제5조의 주석 제42.4항.

[2] 전자상거래의 고정사업장에 관한 일반적 논의로 한만수, "전자상거래에 있어서의 고정사업장 구성요건에 관한 연구", 조세학술논집 제25집 제2호(2009. 8.), 한국국제조세협회, 165면 이하 참조.

조), 권리를 완전히 양도하는 것이 아니라 사용하게 하는 것은 용역의 공급이다 (附價法 11조 1항 2호). 범용성 프로그램이나 기타 정보가 기억되어 있는 CD나 디스켓은 재산적 가치가 있는 권리를 담은 매체이고, 그 매체의 전달을 통하여 그 내에 저장된 정보를 이용하도록 하는 것은 '권리를 사용하게 하는 것'으로서 용역의 공급으로 보아야 할 것이다. 같은 내용의 것을 on-line으로 공급하는 경우에는 유형의 매체가 이용되지 않기 때문에 한층 더 용역의 공급으로서의 성질이 높다고 할 것이다.1) 2014년 개정된 부가가치세법에서 비거주자나 외국법인이 on-line 방식으로 국내의 소비자들에게 '전자적 용역'을 공급하는 경우 그에 따른 부가가치세의 납부의무에 관해서는 부가가치세법 제52조에 따른 대리납부의 방식 대신에 간편사업자등록을 하고 부가가치세를 신고납부하는 제도가 도입되었다(아래 2.에서 서술).

국제시장에서 전자상거래가 초래한 새로운 문제점들에 대하여 각국은 서로 다른 모양으로 대처하고 있다. 그러나 재화나 용역의 생산과 소비에 관련된 국가들이 소비지과세원칙을 통일적으로 적용함으로써 부가가치세의 이중과세 현상이 발생하지 않도록 하기 위해서는 국가 간의 합의를 통한 공통적인 해결책의 도출이 요구되는바, 이를 위해 OECD는 전자상거래에 따른 소득과세 문제의 연구결과를 모범조약 주석서에 반영하고 있다.2)

2. 국외사업자에 의한 전자적 용역의 국내 공급에 대한 부가가치세의 과세

(1) 공급의 장소

국내사업장이 없는 비거주자나 외국법인이, 또는 국내사업장이 있는 비거주자나 외국법인이 그 국내사업장과 관련 없이(附價法 52조 1항 각 호에 해당하는 자) 정보통신망을 통하여 이동통신단말장치 또는 컴퓨터 등으로 국내에 제공하는 용역으로서 (i) 게임·음성·동영상 파일 또는 소프트웨어 등의 '전자적 용역', (ii) 광고를 게재하는 용역, (iii) '클라우드컴퓨팅 발전 및 이용자 보호에 관

---

1) OECD는 디지털화된 상품을 on-line으로 전달하는 것을 재화의 공급이 아니라 용역의 공급으로 취급하고 있다. OECD, Electronic Commerce: Development of a Taxation Framework, DAFF/CFA(98) 42, 1988.
2) OECD 모범조약 제5조의 주석 42·1항 내지 42·10항 참조; OECD 연구의 진행을 소개하는 글로는, 박윤준, "전자상거래와 조세"(Ⅰ), (Ⅱ), 「月刊租稅」 1997. 11-12면.

한 법률'에 따른 클라우드컴퓨팅서비스, (iv) 재화 또는 용역을 중개하는 용역으로서 시행령으로 정하는 것 및 (v) 기타 위와 유사한 용역으로서 시행령에 정하는 것을 국내소비자에게 제공하는 경우(사업자등록을 한 사업자의 과세사업 또는 면세사업에 대하여 용역을 공급하는 경우는 제외)에는 국내에서 해당 전자적 용역이 공급되는 것으로 본다(附價法 20조 1항 3호). 이처럼 국외사업자가 국내에서 전자적 용역을 공급하는 것으로 간주되므로 그 전자적 용역의 공급이 이루어지는 우리나라 정부에 해당 전자적 용역의 공급에 따른 부가가치세를 납부할 의무를 진다. 용역의 공급장소 결정에 관한 기준을 정하는 3가지 방법, 즉 ① 역무를 제공하는 자가 소재하는 장소를 기준으로 하는 방법, ② 역무를 제공받는 자가 소재하는 장소를 기준으로 하는 방법, ③ 역무가 제공되는 장소를 원칙으로 하되, 역무의 제공형태에 따라 별도로 공급장소를 정하는 방법 중 3번째 방법을 택한 것이다.

(2) 중간매개자를 공급자로 보는 경우

위 (1)에서 본 전자적 용역을 공급하는 국외사업자가 (i) 정보통신망 등을 이용하여 전자적 용역의 거래가 가능하도록 오픈마켓이나 그와 유사한 것을 운영하고 관련 서비스를 제공하는 자, (ii) 전자적 용역 거래의 중개에 관한 행위 등을 하는 자로서 구매자로부터 거래대금을 수취하여 판매자에게 지급하는 자, (iii) 이들과 유사하게 전자적 용역의 거래에 관여하는 자로서 시행령으로 정하는 자를 통하여 국내에 전자적 용역을 공급하는 경우(등록사업자에게 용역을 공급하는 경우나 해당 전자적 용역 등의 공급과 관련하여 위탁매매인 등을 두고 있음으로 인해 부가가치세법 제53조가 적용되는 경우는 제외)에는 그 제3자를 해당 전자적 용역의 공급자로 본다(附價法 53조의2 2항). 이들 전자적 용역 공급의 중간매개자는 반드시 거주자나 내국법인에 한정되지 않고 다른 비거주자나 외국법인도 포함한다.

(3) 간편사업자등록과 매입세액의 공제

위 (1)과 (2)에서 본 바와 같이 비거주자나 외국법인이 직접 또는 중간매개자인 제3자가 국내에 전자적 용역을 공급하는 것으로 간주되는 경우에는 사업개시일로부터 20일 이내에 간편한 방법으로 사업자등록(법문상 "간편사업자등록"이라고 정의하고 있음)을 하여야 한다(附價法 53조의2 1항, 2항). 간편사업자등록을 한 사업자는 해당 전자적 용역을 공급받는 자의 대리납부 의무에 관계없이 해당 전자적 용역의 공급에 따른 부가가치세 과세표준과 세액의 예정 및 확정 신고를 하여야 하고, 거래명세를 일정기간 보관하여야 하며, 과세관청이 요구하는 경우 거래명세표를 제출하여야 한다(동조 4항, 6항, 7항, 8항). 동일한 전자적 용역의 공급에 대하여 이중으로 부가가치세를 부과할 수는 없으므로 해당 전자적 용역의 공급에 관하여 간편사업자등록이 이루어진 경우 용역을 공급받는 자에 의한 대리납부 의무는 발생하지 않는 것으로 보아야 할 것이다. 한편, 간편사업자등록을 한 사업자의 매입세액의 공제에 관해서는 부가가치세법 제38조 및 제39조에 따른 일반적인 공제만 허용된다(동조 5항).

제 5 장   국제조세법

제 1 절   총   설

국제적 경제활동은 크게 2가지 방향으로 이루어진다. 하나는 내국기업의 해외진출 거래(out-bound transaction)이고, 다른 하나는 외국기업의 국내진입 거래(in-bound transaction)이다. 이러한 양 방향의 거래를 통상 국제거래라고 한다. 이러한 국제거래에서 발생하는 소득과 관련하여 대부분의 국가는 그 거주자의 전세계 발생소득(worldwide income)에 대하여 과세하는 한편, 또한 자국의 영역에 원천이 있는 모든 소득에 대하여 과세하기도 한다. 전자를 거주지국 과세권(residence tax jurisdiction)이라고 부르고, 후자를 원천지국 과세권(source tax jurisdiction)이라고 부른다. 따라서 국제거래에서 발생하는 소득을 얻은 자의 거주지국과 해당 소득의 원천지국이 서로 다른 경우 하나의 소득에 대하여 양 국의 과세권이 경합하는 현상이 생길 수 있다. 상속·증여세와 관련해서는 과세대상 재산의 소유자의 거주지국과 그 재산의 소재지국이 서로 다른 경우에 똑같은 과세권의 경합문제가 생긴다. 이와 반대로 국제거래에 대한 소득에 대하여 무과세(non taxation) 현상이 생길 수도 있다. 납세의무자가 소득의 원천을 무세국이나 저세율국(tax havens) 등의 조세피난처국이 되게 조정하고, 동시에 복수의 국가로 주거를 전전함으로써 어디에도 주소지가 존재하지 않게 조작하는 경우 소득에 대해 전혀 세금을 내지 않는 불합리한 현상이 생길 수도 있다.

이러한 복잡한 현상을 둘러싸고, 소득을 얻은 자의 거주지국과 소득의 원천지국의 과세권 또는 재산 소유자의 거주지국과 재산 소재지국의 과세권이 각기 어느 범위까지 미치며, 어떠한 방법으로 과세할 것인가를 다루는 분야가 국제조세법이다. 그 법원(法源)은 이중과세방지조약처럼 국제법에 속하는 것도 있으나 많은 부분은 국내법에 의하여 규율되고 있다. 국제조세에 관한 국내법으로는 법인세법과 소득세법의 관련 조항, 상속세 및 증여세법의 일부 조항, 이들 법률의 특별법으로서의 '국제조세조정에 관한 법률'(이하 "국조법"이라고 함)이 있다.

국제거래에서 발생하는 소득에 대한 과세에 있어서의 각국의 입장은 그 경제적·정치적 기타 여건에 따라 동일하지가 않다. 예컨대, 경제운용상 국제적 경제교류가 매우 중요한 역할을 하는 나라는 이중과세방지에 관심이 클 것이고, 고율과세국은 고율과세를 면탈하려는 조세회피의 방지에 역점을 둘 것이다. 국제거래 관련국 간에도 자본 또는 기술의 수출국과 수입국은 서로 자국의 과세권을 확충하고 상대방국의 과세권을 축소하려 할 것이다. 그런가 하면, 우리가 최근에까지도 그러하였다시피, 외국으로부터 자본과 기술을 도입하기에 급급하여 스스로 과세권을 축소하여 각종의 조세혜택을 주는 수도 있다(예컨대, 외국인투자촉진법상 감면규정). 또는 자국기업의 해외진출을 권장하기 위한 장치를 마련하기도 한다. 그리하여 국제조세에 관한 각국의 국내법과 각국이 체결한 조세조약은 그 기본체계에 있어서는 크게 다르지 않으나 구체적 내용에 이르러서는 많은 차이를 보이고 있다.

본장에서의 논의는 크게 5개 부분으로 나누어진다. 첫째는 외국기업의 국내진입 거래와 내국기업의 해외진출 거래에 공통되는 문제로서 거주지국의 결정과 특수관계인 간의 이전가격 조정의 문제에 관한 논의이다. 둘째는 거주자 또는 내국법인의 해외진출 거래에 관한 과세 문제로서 조세피난처의 남용에 대한 규제와 외국납부세액의 공제제도이다. 이 가운데 외국납부세액 공제제도는 법인세법에서 상술하였으므로(제2장 제8절 Ⅵ. 1. 참조) 본장에서는 생략하고 전자만 살펴보기로 한다. 셋째는 비거주자 또는 외국법인의 국내진입 거래에 관한 과세문제로서 (i) 소득의 성격 구분 및 이에 따른 원천지의 결정, (ii) 외국기업의 국내원천소득에 대한 과세의 방식(신고납부와 원천징수), (iii) 과소자본에 대한 규제, (iv) 지점세의 부과 등이다. 넷째는 국제거래에서 발생하는 소득에 대한 이중과세와 무과세 현상의 방지를 위해 각국이 체결하고 있는 조세조약의 내용에 관한 논의이다. 조세조약은 다자간 조약(multilateral treaty)이 아니라 양국간 조약(bilateral treaty)이어서 그 수가 매우 많기 때문에 우리나라가 체결하고 있는 대부분의 조세조약의 모델로 사용하고 있는 OECD 모범 조세조약[1]과 그

---

1) OECD 모범 조세조약의 정식 명칭은 "Model Tax Convention on Income and on Capital"인바, 이 모범조약은 구속력 있는 규범은 아니지만 전세계 다수 국가간에 상호체결

공식해설서를 중심으로 논의하되, 조세조약은 국내세법에 대해 우선 적용되는
특별법으로서의 지위를 가지므로 국내세법 규정과 상호 연계적·보완적으로 고
찰한다. 아울러 조세조약에 따른 혜택을 얻을 목적으로 행하여지는 조약편승
(treaty shopping) 행위에 대한 규제를 다룬다. 다섯째는 우리 정부가 원활한 과
세와 분쟁의 원만한 해결을 위해 국내세법이나 조세조약에 따라 취하는, 과세
당국간 상호합의절차와 조세협력 절차에 관해 논하기로 한다.

한편, 거주자의 해외진출 거래에 관한 과세문제는 내국법인의 그것과 대동
소이하고, 비거주자의 국내진입 거래에 따른 과세문제는 외국법인의 그것과 역
시 크게 다르지 않으므로, 거주자의 해외진출 거래 또는 비거주자의 국내진입
거래에 따른 과세문제는 필요한 경우 언급하는 것을 제외하고는 별도로 다루지
않는다.

상속·증여세의 이중과세 방지를 위한 제도는 앞의 상속세 및 증여세법에
관한 논의에서 언급하였으므로 본장에서 따로 다루지 않는다.

제 2 절 거 주 지

I. 거주지 결정의 중요성

우리나라 정부는 우리나라의 거주자에 대해서는1) 전세계 소득을 과세할
권한을 가지는 반면, 우리나라의 거주자가 아닌 자에 대해서는 우리나라의 원
천에서 얻는 특정 소득을 과세할 권한만 가지므로 어떤 인(person)의 거주지를
결정하는 일은 소득과세에 있어서 매우 중요하다. 이러한 과세권의 행사원칙은
다른 나라에 있어서도 크게 다르지 않다.2) 따라서 어떤 인의 거주지가 어느 나

된 많은 조세조약의 모델이고, 이에 그 공식해설서가 조세조약의 해석에 큰 영향력을 미치
고 있으므로 준규범(soft law)으로 받아들여지고 있다.

1) 추상적 조직인 법인이 특정의 장소에 '거주'한다고 표현하기 보다는 '소재'한다고 표현하
는 것이 보다 적절할 것이나 개인의 거주지와 함께 논의하여야 하는 필요성에서, 그리고 조
세조약(예를 들면, 한·미조세조약 제3조 제1항)에서 법인에 대해서도 거주지의 개념을 사
용하고 있음을 고려하여 아래의 논의에서는 법인의 소재 장소를 필요에 따라 '거주지' 또는
'소재지'라고 섞어서 부르기로 한다.

2) 예를 들면, 미국의 내국세입법상 외국인 거주자는 전세계소득에 대해 과세되는 반면, 미
국내에서 사업을 영위하지 않는 외국인 비거주자나 외국법인은 미국내 원천소득에 대해서
만 과세된다(IRC §§2(d), 871(a), 881(a)).

라에도 없는 것으로 판정되면 어떤 소득에 대해 조세를 전혀 부담하지 아니할 수도 있고, 반대로 어떤 인이 복수의 국가에 거주지를 가지는 것으로 판정되면 이중과세를 당할 수도 있다.

Ⅱ. 개인의 거주지

소득세법상 거주자는 국내에 주소를 두고 있거나 183일 이상 거소를 둔 개인을 말하고(所法 1조의2 1항 1호), 국내에 주소 또는 거소를 두고 있는지 여부는 민사법상의 주소 또는 거소 판정기준과 유사한 판정기준을 적용하여 결정한다(所슈 2조). 자세한 논의는 소득세법의 납세의무자에 관한 부분에서 하였으므로(제1장 제2절 Ⅰ. 참조) 여기서는 생략한다. 이러한 소득세법상의 개인의 거주지 개념은 조세조약상의 그것과 반드시 일치하지는 않지만 기본적 개념에서는 차이가 없다. 예를 들면, 한·미 조세조약은 "한국의 거주자(resident of Korea)"라 함은 개인에 관한 한 한국의 세법상 거주자로 인정되는 자를 의미한다고 규정하고 있다(동 조약 3조 1항 (a), (ii)). 다만, 대부분의 조세조약에서는 어떤 개인이 양 체약국 모두에 거주지를 가지는 것으로 인정되거나 어느 체약국에도 거주지가 없는 것으로 인정됨으로써 양 체약국의 과세권의 상충적 행사 또는 과세권의 무행사 현상이 생길 수 있는 경우에는 이를 해소하는 장치를 두고 있는바, 이에 관해서는 뒤의 조세조약에 관한 부분에서 보기로 한다(제8절). 소득세법상 국내 거주자에 해당하는 자가 동시에 우리나라와 조세조약을 체결한 다른 나라의 거주자이기도 하다는 이유로 조세조약을 적용받기 위해서는 해당 납세의무자가 다른 나라의 거주자에 해당한다는 사실을 입증하여야 한다.[1]

Ⅲ. 법인의 거주지

세법상 법인의 거주지를 결정하는 기준으로는 설립준거법주의(민사법상의 통설), 설립지주의, 출자자의 국적주의, 본점소재지주의 등이 있을 수 있다. 법인세법은 소재지가 우리나라인 법인을 '내국법인', 그렇지 않은 법인을 '외국법인'이라고 명명하면서, 내국법인은 "국내에 본점이나 주사무소 또는 '사업의 실

---

1) 대법원 2008. 12. 11., 2006 두 3964.

질적 관리장소'를 둔 법인"으로(法法 1조 1호), 외국법인은 "외국에 본점 또는 주
사무소를 둔 단체(국내에 사업의 실질적 관리장소가 소재하지 아니하는 경우만 해당
한다)"로(동조 3호) 각 정의하고 있다. 이는 원칙적으로 본점소재지를 법인의 거
주지 결정기준으로 삼되, '사업의 실질적 관리장소'를 부차적 기준으로 가미한
것이다.

　　외국에서 설립된 회사의 외국소재 본점이 명의상의 것에 불과하고 주된 활
동의 본거지가 국내에 있는 경우에도 본점소재지주의에 집착하게 되면, 그 실
질적 활동 장소가 내국법인의 그것과 다르지 않은데 내국법인과 달리 취급되는
불합리한 결과가 생길 뿐만 아니라, 해당 법인의 명의상의 본점 소재지국이 실
질적 활동 장소가 우리나라임을 이유로 해당 법인을 자국법인이 아니라 우리나
라 법인으로 취급하는 경우에는 해당 법인이 어느 나라의 과세권에도 종속되지
않는 결과가 생길 수도 있다. 이러한 불합리한 결과의 발생을 막기 위해 본점
소재지 외에 조세조약(OECD 모범조약 4조 3항)에서 법인의 거주지 결정기준으로
채택하고 있는 '사업의 실질적 관리장소'(place of effective management)를 별개의
기준으로 도입한 것이다. '사업의 실질적 관리장소'의 의미는 조세조약상의 그
것과 다르지 않으므로 이에 관해서는 뒤의 조세조약에 관한 논의 부분(제8절)에
서 보기로 한다.

　　한편, 상법은 '외국회사'에 관한 규정을 두고 있지만 정작 그 의미를 정의
하고 있지 않은데, 상법학자들은 상법 제617조에서 "외국에서 설립된 회사"라
는 표현을 쓰고 있음에 착안하여 법인의 소재지 결정기준으로 설립준거법주의
를 채택한 것으로 해석하고 있다.[1] 그런데, 정작 위의 상법 제617조는 "외국에
서 설립된 회사라도 우리나라에 그 본점을 설치하거나 우리나라에서 영업할 것
을 주된 목적으로 하는 때에는 우리나라에서 설립된 회사와 동일한 규정에 의
하여야 한다"라고 규정함으로써 본점소재지주의를 가미하고 있다. 따라서 법인
의 소재지 결정에 관한 상법의 입장은 위에서 본 법인세법의 그것과 크게 다르
지 않다고 할 수 있다.

---

1) 정동윤, 「회사법」 (2006, 제7판), 902면.

제 3 절 이전가격

I. 이전가격 문제의 특수성

관련기업 간에 행하는 국제거래의 가격을 이전가격(transfer price)이라 한다. 내국법인이 그 특수관계인과의 사이에 행하는 고가매입·대부나 저가양도·대부 거래를 통해 이득을 이전시킬 수 있듯이 소재지국을 달리하는 기업 간의 국제거래에 있어서도 이전가격을 적정하게 책정하지 않으면 일방이 타방으로 이득을 이전시킬 수 있다. 따라서 다국적 기업의 이전가격책정(transfer pricing)에 대한 규제는 내국법인의 부당행위계산 부인과 그 본질을 같이 한다.1) 그러한 이유로 일정한 유형의 자산의 증여 등의 경우를 제외하고는 전자는 후자에 우선하여 적용된다.2) 그럼에도 불구하고 이전가격을 특히 문제시 하는 것은 주로 다음과 같은 이유에서이다.

첫째, 다국적기업이 아닌 내국법인이 특수관계인과 사이에 부당행위계산을 하면, 그로 인하여 해당 법인의 소득 또는 조세부담은 감소하지만, 다른 한편으로는 거래상대방인 특수관계인의 소득 또는 조세부담은 증가하기 때문에 과세권자로서는 잃는 것이 없다. 물론 결손이 생겨 납부할 세금이 없거나 소득이 적어 낮은 세율을 적용받는 특수관계인에게 소득을 이전하는 경우 등에는 관계자들 전체를 놓고 볼 때 조세의 부담이 경감되겠지만, 그러한 특수한 경우들을 제외하면 거래자 일방의 조세경감은 타방의 조세증가로 나타난다. 이처럼 관여된 거래자의 이해득실을 통틀어 따져볼 때 특별히 이득이 되는 것이 없다는 사실은 부당행위계산을 삼가게 되는 강력한 요인이 된다. 이에 반해, 다국적기업 간에 이전가격을 조작하게 되면, 국내기업 간 거래의 경우에서와는 달리, 과세부담이 큰 나라에서 발생한 소득을 과세부담이 작은 나라로 이전시킬 수 있으므로, 상대적으로 그 유혹이 크다.

---

1) 이전가격조작의 동기로서 조세부담경감 이외의 여러 가지에 관하여는 S. R. F. Plasschaert, The Multiple Motivations for Transfer Pricing Modulations in Multinational Enterprises and Governmental Counter Measures: An Attempt at Clarification, 21 Management International Rev. 49(1981) 또는 李泰魯, '國際移轉價格의 問題', 사단법인 한국국제재정협회, 「租稅學術發表論文集」 제3집(1986), 13면 이하 참조.

2) 대법원 2006. 9. 8., 2004 두 3724; 國租法 제3조 제2항; 國租令 제3조의2.

둘째, 같은 나라 안에서 이루어지는 관련기업 간 거래의 조건이 정당하고 합리적인지 여부를 조사하는 것은 비교적 덜 힘들다. 적어도 거래상대방 조사에는 어려움이 없다. 그러나 국제거래의 조사에 있어서는 사정이 다르다. 본래 어떤 거래든 그 합리성 여부를 가리는 것이 쉽지 않지만, 국제거래의 경우에는 국가의 주권이 미치지 않는 곳에 조사의 대상이 있기 때문에 거래가격의 적정성이나 거래상대방의 회계장부 등을 조사하는 것이 특히 어렵다.

셋째, 어떤 납세자에 대하여 부당행위계산의 부인을 하면 거래상대방의 납세의무에 대응조정(對應調整, correlative adjustment 또는 corresponding adjustment 또는 matching adjustment)을 해 주는 세제를 택하고 있는 나라들이 있다.[1] 대응조정이란 과세관청이 일방의 기업에 대하여 가한 조정에 반대되는 조정을 상대방 기업에 대하여 인정해 주는 것을 말한다. 예를 들면, A회사가 관련 기업 B회사에게 무이자로 금전을 대여하였다면 과세당국은 인정이자 상당액을 A회사의 소득금액 계산상 익금에 더할 것이다. 이에 대응하여 B회사에 대하여는 동일금액의 지급이자가 있는 것으로 인정하는 경우이다. 이때 B회사가 지급한 것으로 인정되는 이자(인정 지급이자)는 차입금의 용도와 그 나라의 법제에 따라 수익적 지출이 되기도 하고 자본적 지출이 되기도 할 것이다. 또 다른 예로 B회사가 A회사로부터 사무실용 건물을 저렴한 가격으로 매수하였다면 A회사에 대해서는 시가와의 차액만큼 양도가액을 증액시켜 익금가산하고, B회사에 대해서는 그 차액만큼 건물의 취득가액을 올려 주어 장래 감가상각할 수 있게 하거나 처분시 양도대가에서 공제할 수 있게 한다.

대응조정이 인정되지 않는 부당행위계산의 부인은 이중과세의 결과를 초래한다. 일방의 기업에게 수익으로 계상되는 금액이 상대방 기업에게는 지출(비용)로 인정되지 않음으로써 당사자들이 정상가격으로 거래하였더라면 부담하였을 총체적 조세부담보다 더 무거운 조세부담을 지게 되는 것이다. 내국법인이 거주자나 다른 내국법인과 사이에 행한 거래를 부당행위계산으로 부인하는 경우에는 이러한 대응조정이 인정되지 않는다. 이에 반해, 내국법인이 조세조약 체약국에 소재하는 국외특수관계인(비거주자, 외국법인)과 사이에 행한 거래의 가격을 해당 국외특수관계인의 거주지국이 증액 또는 감액 조정하고, 이에 따라 해당 국외특수관계인의 소득을 증액 또는 감액한 데 대하여 우리나라 과세

---

1) 예컨대, 미국 내국세입법 시행규칙 §1. 482－1(d)(2).

당국이 상호합의절차를 통하여 이를 인정하는 경우에는 우리나라 과세당국이 내국법인의 각 사업연도의 소득금액을 대응하여 조정할 수 있다(國租法 12조 1항; 法法 53조 1항; 法令 91조).[1]

Ⅱ. 이전가격 문제에 대한 기본적 시각

이전가격 문제와 관련하여 다국적기업을 어떻게 인식할 것인가에 관한 입장은 개체설(the separate entity theory)과 일체설(the unitary entity theory)로 대별된다.[2] 개체설은 그리고 각 단위 상호 간의 거래는 마치 전혀 관련이 없는 당사자들이 흥정을 거쳐 합의에 도달하는 내용에 상응할 것을 요청한다. 이에 반해 일체설은 여러 구성단위 전체가 실체적으로 하나의 기업조직이고, 개별 구성단위는 단순히 법적 편의를 위하여 분할한 것에 불과하다고 파악한다. 따라서 각 단위 간의 거래 자체만으로는 손익이 발생할 수 없고, 오직 관련 없는 제3자에게 매출이 이루어짐으로써 비로소 이익이 발생할 수 있는 것으로 본다. 개체설 아래에서는 각 영업지국의 과세권에 복속되는 소득이 적정한 개별 거래가격에 의하여 정하여지는 데 비하여, 일체설 아래에서는 다국적기업의 총체적 소득을 계산한 뒤 이를 일정한 기준에 의하여 영업지국들 간에 배부(配賦, allocation)하게 된다.

과세소득의 배부를 위한 기준으로는 대체로 2가지가 제시되고 있다. 첫째는 활동지기준(activity approach)이고, 둘째는 사업장기준(establishment approach)이다.[3] 사업장기준은 다시 개체설에 입각한 것과 일체설에 입각한 것으로 나누어진다.

---

1) 대응조정의 의미 및 허용 범위에 관해서는 제2장 제7절 Ⅲ. 4.에서 논의한 바 있으므로 참조.

2) Note, Multinational Corporations and Income Allocation under Section 482 of the Internal Revenue Code, 86 Harv. L. Rev., p. 1205(1976) 이하 참조.

3) 이 분류는 Peggy B. Musgrave, Internationl Tax Base Division and the Multinational Corporations, 27 Public Finance 396(1972) 이하에 따른다.
  (1) activity approach
  (2) establishment approach
    (a) separate entity view
    (b) unitary entity view
  즉, 위 분류에서 (b)를 말한다.

1. 활동지기준에 의한 과세소득의 배부

'활동지기준에 의한 과세소득의 배부'라 함은 기업이 여러 국가에 걸쳐서 사업활동을 하여 소득을 얻는 경우 각국이 그 소득 중 자국 내에서 행하여진 사업활동에 대응하는 부분을 과세하는 방식을 의미한다. 이는 다시 수익과세방식(benefit formula), 생산요소소재지방식(factor location formula) 및 소득원천지방식(source of profits formula)의 3가지로 나누어 생각할 수 있다.

(1) 수익과세방식

수익과세방식은 한 나라 안에서 사업을 운영하는 기업이 그 나라로부터 공공용역(public service)을 제공받음으로써 사업비용의 절감이라는 혜택을 받는 정도에 따라 소득을 배분하는 방식이다. 이 방식은 외국기업에게 비용절감효과를 안겨준 공공용역에 대하여 국가는 대가를 받을 수 있는 지위에 있으며, 그 대가를 조세의 형식으로 받는다는 사고에 바탕을 두고 있다. 그러므로 수익과세방식 아래에서의 과세표준은 이윤과 직접적으로 관계가 없고, 절감비용의 총액이 과세대상이 되어야 할 것이다. 예컨대, A와 B가 같은 필요경비를 지출하고, 또한 같은 공공용역을 제공받아 같은 비용절감의 혜택을 받았다면, A의 이윤보다 B의 이윤이 더 크다고 하더라도 B에게 더 많은 조세를 부과하여야 할 이유는 없다. 그리고 수익과세방식하에서는 수익자부담의 견지에서 비례세율을 적절한 세율구조로 선택하게 될 것이다. 이와 같이 볼 때 수익과세방식은 다국적기업의 적정과세를 목적으로 하는 소득배분기준으로는 적합한 것이 못됨을 알 수 있다.

(2) 생산요소소재지방식

생산요소소재지방식은 생산요소가 물리적으로 소재하고 있는 나라가 그 생산요소에서 발생하는 소득에 대하여 과세할 권리를 갖는 것이 마땅하다는 견해에 입각하고 있다. 일반적으로 노동소득이 근로제공지에서 과세되듯이 자본투하에 의한 소득도 운용자산의 소재지에서 과세되어야 한다는 생각이다. 이리하여 다국적기업의 전체 소득은 각국에 흩어져 있는 실제 자산(real assets)의 경제적 가치에 따라 배분되어야 한다는 것이다.

그러나 이와 같은 소득배분방식은 현실적으로 3가지의 난점을 내포하고 있다.

첫째, 운용자산의 평가가 용이하지 않다는 점이다. 더욱이 관계국이 평가에 있어 견해를 같이 하기가 어렵다.

둘째, 생산요소소재지방식은 자본재가 그 소재지에 관계없이 같은 수준의 생산성을 갖는다는 전제 아래에서 소득배분방식으로서의 정당성을 가질 수 있는데, 현실은 그와 같지 않다. 노동력이 풍부한 국가에서는 상대적으로 낮은 임금체계를 갖는 대신 자본의 수익률이 높은 경향이 있다. 반면에 자본이 풍부한 국가에서는 그 역의 현상이 있다. 그렇기 때문에 생산요소소재지방식의 적절한 보완을 위해서는 자본재의 가액뿐만 아니라 자본재와 노동의 비율까지 반영하여 전체 소득을 배분하여야 한다는 어려운 문제가 제기된다.

셋째의 난점은 이윤의 성격과 관련이 있다. 보통 이윤이란 (i) 투입자본의 정상가득률(또는 기회비용), (ii) 위험부담에 대한 대가 및 (iii) 독점이윤 등 3가지로 형성된다. 이 가운데 앞의 두 가지는 생산요소 소재지와 관련이 있다고 할 수 있겠지만, 독점이윤이 과연 그러한지는 의문이다. 독점이윤은 그것이 공급독점으로 인한 이윤(monopolistic profits)이든 수요독점으로 인한 이윤(monopsonistic profits)이든 간에 기본적으로는 생산제품 또는 생산요소의 거래가 이루어지는 시장의 성격에 연유한다. 그렇다면 소득배분에 있어 자본뿐만 아니라 판매도 배분기준의 한 요소로 고려되어야 할 것이고, 수요독점이윤의 계산에는 인건비 지출액에 따른 배분도 고려될 수 있을 것이다.

(3) 소득원천지방식

소득원천지방식은 소득이 발생한 나라, 즉 소득원천지국이 자국원천소득에 대하여 과세권을 가져야 한다는 사고에 따른 배분방식이다. 다시 말하면 국가 간의 과세소득배분은 이윤창출 활동에 대한 각국의 몫에 합치하여야 한다는 것이다. 이 방식의 문제점은 이윤창출 활동을 어떻게 파악하며, 각국의 몫을 어떻게 측정하는가에 있다. 생산요소의 투입으로 얻게 되는 소득(요소소득)은 그 요소의 공급과 수요 없이는 얻어질 수 없으므로 소득의 원천은 공급과 수요의 양 측면에 병존한다고 할 수 있다. 생산시설의 소재지와 근로제공지는 공급측면을 반영하는 한편, 판매지는 수요측면을 반영한다 할 것이다. 다만, 공급과 수요의 각 측면에 어떤 비중을 줄 것인가는 주관적 판단에 의존할 수밖에 없다 할 것인바, 그 비중의 여하는 선·후진국 간의 소득배분에 상당히 큰 영향을 미칠 것이다.

2. 사업장기준에 의한 과세소득의 배부

'사업장기준에 의한 과세소득의 배부'라 함은 기업이 사업활동을 행하는 시설, 즉 사업장이 소재하는 국가가 그 사업장에 귀속되는 소득을 과세하는 방식이다. 이 방식은 개체설과 결합할 수도 있고, 일체설과도 결합할 수도 있는데,[1] 전자를 개체설적 사업장기준이라고 부르고, 후자를 일체설적 사업장기준이라고 부른다.

(1) 개체설적 사업장기준

다국적기업이 어떤 국가 내에서 행한 경제활동에서 발생하는 사업소득, 즉 그 국가 내에 원천이 있는 사업소득을 그 경제활동지 국가에 소재하는 사업장에 귀속시키는 방법이 개체설에 입각한 사업장기준이다.[2] 개체설적 사업장기준은 각 사업장을 하나의 분리독립된 존재로 보고, 따라서 각 사업장의 소득을 독립회계에 의하여 계산한다.

개체설적 사업장기준이 전술한 활동지기준과 다른 점은, 전자가 해당 사업장의 활동만을 고려의 대상으로 하는 데 반하여, 후자는 해당 기업 전체의 활동(즉, 해외활동 포함)을 대상으로 한다는 점이다. 사업장 소재지국은 그 사업장이 속하는 기업이 다른 나라에서 어떠한 활동을 하였는가를 조사하지 않아도 되는 점은 개체설적 사업장기준의 장점의 하나이다. 그리고 또 하나의 장점은 사업장 소재지국의 내국기업이나 외국기업의 내국자회사에 적용되는 기준과 동일한 기준에 따라 외국기업의 사업장을 과세할 수 있다는 점이다. 그러나 다른 한편으로는 기업 전체로서는 소득이 실현되기도 전에 과세되기도 하며, 심지어는 결손이 있는 경우에도 과세되기도 한다는 것이 다국적기업으로서는 받아들이기 어려운 점이다.

(2) 일체설적 사업장기준

일체설적 사업장기준은 위에 설명한 기업전체의 소득을 해당 기업의 각 사업장에 배분, 귀속시키는 방법이다. 일체설에 입각하고 있기 때문에 특정 사업장이 속한 다국적기업의 전세계 소득의 산출이 선행되어야 하며, 그 산출을 위

---

1) Peggy B. Musgrave, op. cit., p. 401.
2) 앞의 주의 분류 가운데 (2) (a)에 속한다. 그리고 여기에서 사업장이란 항구적 시설(permanent establishment)과 같은 뜻으로 사용한다.

하여는 다국적기업을 구성하는 각 사업단위의 형식적 독립성이 무시됨은 이미 적은 바와 같다. 그와 같이 산출된 전세계 소득을, 위에서 본 활동지기준하에서의 3가지 소득배부방식 중 어느 하나에 따라 특정 사업장에 배부한다.

3. 개체설과 일체설의 장단점

(1) 개체설의 문제점

개체설의 기본적 문제점은 경제적으로 상호 긴밀히 연관되어 일치된 이해관계를 갖는 한 무리의 사업단위들을 마치 전혀 무관한 독립된 인격으로 보려는 비현실성에 있다. 이로 인하여 개체설은 대체로 다음과 같은 결함을 지니고 있다.

다국적기업 내의 구성단위들은 상호 의존적이고 보완적이기 때문에, 그로부터 시장지배력·원가 및 기타 비용의 절감 등의 이점을 얻고 있다. 바꾸어 말하면 다국적기업의 각 구성단위가 독립적으로 활동하여 얻을 수 있는 이익의 합계보다 더 큰 이익이 일체로서의 다국적기업에게 발생한다. 이러한 특수한 현상을 무시하고 다국적기업의 관련 사업장 상호 간의 거래를 독립당사자 간의 거래와 같이 과세상 취급하는 것은, 다시 말하면 독립기업 간의 거래가격(arm's length price)을 기준으로 각 구성단위의 귀속소득을 파악하는 것은 개체설에 내재된 모순이다. 필연적으로 소득배분의 왜곡을 초래하게 되는 것이다.

구체적 사실을 놓고 보자. 자회사가 제조한 상품을 모회사에게 판매하는 경우, 자회사로서는 광고·접대·시장조사 등 판매에 수반하는 제반 비용을 절감할 수 있음은 물론, 해당 상품에 대한 모회사의 수요나 매입계획을 잘 알고 또한 상호 협력하고 있는 터이므로 안심하고 계획생산을 할 수 있는 유리한 처지에 있다. 이러한 여건하에 있는 자회사는 당연히 모회사에 대한 판매가격을 인하할 수 있으며, 또 그렇게 하여야만 모·자회사 간에 소득이 합리적으로 배분되는 것이다. 그럼에도 불구하고 자회사의 모회사에 대한 판매가격을 독립당사자 사이의 가격에 합치되도록 요구하는 것은 관련기업 간의 상호 의존 및 보완에 따라 발생하는 다국적기업의 추가이익을 자회사의 소득에만 반영케 하는 것이 된다. 즉 자회사에게 소득이 과다하게 배분됨으로써 자회사 소재지국의 과세범위가 부당히 확대되는 것이다.

다국적기업의 대내적 거래에 무조건 독립기업 간 거래가격을 적용하도록 요구하면, 다국적기업이 대내적 거래가격의 적절한 책정을 통하여 내부통제나 경영전략 등 조세와 무관한 목적을 달성하는 것조차 불가능해진다. 이전가격책정에 영향을 주는 요인에는 조세부담 외에도 여러 가지가 있을 수 있는데, 적법한 동기에서 연유하여 책정된 이전가격마저 부인하는 것은 기업활동에 대한 부당한 간섭이며, 경영의 행태를 왜곡시킬 위험이 있다. 결과적으로 다국적기업의 이익극대화에 지장을 주어 분배할 전체소득을 감소시킬 수도 있다.

　　개체설하에서의 독립기업 간 가격이란, 뒤에서 상술하겠지만, 일차적으로는 특수관계 없는 당사자들 사이에서 거래되는 가격에 견줄 수 있는 가격, 즉 '비교가능 제3자 가격법(the comparable uncontrolled price method)'에 의한 가격이다. 그러나 거래가격을 비교한다는 것은 결코 용이한 일이 아니다. 문제의 거래와 비교대상거래가 거래대상 상품의 종류·수량, 거래의 시기·조건, 유통단계 등의 면에서 동일하지 않는 한 정확한 비교가 될 수 없다. 그런데 엄밀히 말하자면 세상에 똑같은 거래란 없다 해도 과언이 아니다. 이토록 확인하기 어려운 독립기업 간 가격에 따라 관련기업 간 거래의 가격을 책정하여야 하는 당사기업들의 고충이 여간 큰 것이 아니다. 또한 책정된 이전가격의 적정성에 관한 의문이 제기되어 행정적 또는 사법적 판단의 대상이 되었을 때 그 적정성이 인정될 것인지는 다분히 판단자의 주관에 따라 달라질 수 있음을 부인할 수 없는바, 이러한 유동적이고 불안정한 상태 역시 당사기업들에게 고통과 불이익을 가져다준다.

(2) 일체설의 우월성과 문제점

　　일체설은 다국적기업의 실체를 경제적 관점에서 정확히 파악하고, 이를 토대로 다국적기업의 전체 소득을 일정한 기준 또는 방식에 의하여 구성단위에게 배분한다는 점에서 개체설에 비하여 이론적으로 우월하다. 그리고 일체설 아래에서는 관련기업 간 거래 자체가 과세계기가 되지 않으므로, 과세관청이 관련기업 간의 이전가격 책정에 간섭할 필요가 없다. 관련기업들은 경영상의 필요에 따라 자유로이 이전가격을 책정할 수 있다.

　　그러나 일체설에도 기본적인 어려움이 있다. 그것은 일체로 볼 관련기업의 테두리를 어떻게 긋느냐이다. 관련기업군의 범위를 어떻게 잡느냐에 따라 배분에 참가하는 주체와 배분할 전체소득의 크기가 달라진다. 제조업을 영위하는 모회사(甲 회사)와 식품가공업을 영위하는 자회사(乙 회사)가 각각 A국과 B국에서 활동을 하고 있다고 하자. 甲·乙회사는 출자에 의하여 특수관계에 있다. 그러나 두 회사의 사업이 판이하기 때문에 상호의존성이나 보완성은 없다. 그럼에도 불구하고 甲·乙을 일체로 보고 일체설에 입각한 소득배분을 하면 우스운 결과를 낳는다. 예컨대, 甲·乙회사를 일체로 보고 소득배분을 생산요소소재지 방식에 의한다고 가정하고, 또한 甲회사의 사업성격과 규모로 인하여 수입규모에 비하여 방대한 시설투자와 종업원이 있다고 가정하면, 甲·乙회사라는 다국적기업의 소득배분은 甲회사에 치우쳐 버릴 것이다. 다시 말하면 乙회사의 소득(일응 개체설 또는 독립기업원칙에 입각하여 계산한 소득)의 상당부분이 乙회사의 소득창출에 전혀 기여한 바 없는 甲회사로 이전되는 불합리한 결과에 도달하며, 이는 B국으로서 받아들이기 어려울 것이다.

　　이처럼 일체설 하에서 '일체'의 테두리에 넣을 관련기업을 어떤 기준으로 정하느냐 하는 것은 일체설 적용 결과의 타당성 여부에 결정적인 영향을 주는 사항인데 비해, 만족할만한 해결책을 찾기 어렵다. 이에 반해 개체설하에서는 관련기업의 테두리에 관한 판단이 본질적인 문제는 아니다. 개체설은 관련기업 간의 거래에 획일적으로 독립기업 간 거래가격을 적용하기 때문에 관련기업을 어떻게 성격지우냐 하는 것은 개체설의 근저를 흔드는 문제는 아니다.

　　일체설을 실제 시행함에 있어 부닥치는 또 하나의 어려움은 관련기업의 범위가 정하여진 뒤에도 관련기업의 총소득을 배분하는 것이 쉽지 않다는 것이다. 위에서 본 소득배부의 각 방식에 관한 논의에서 이미 지적한 바와 같이 어느 것이나 단점을 지니고 있다.

Ⅲ. 이전가격의 결정

1. 정상가격 산정의 기본원칙

(1) 일　반
　　우리 국조법은 거주자나 내국법인(이하 이 절에서 "거주자"라고만 함)이 국외특수관계인과 행한 국제거래 가격의 타당성을 판단하는 기준으로서의 '정상가격'을 비교가능 제3자 가격법, 재판매가격법, 원가가산법, 이익분할방법, 거래순이익률방법 중 가장 합리적인 것을 선택하여 산정하되, 그것이 가능하지 않을 때에는 보완적으로 '기타 방법'을 사용하여 산정하도록 하고 있다(國租法 8조 1항). 이는 다국적기업의 구성단위가 각각 별개·독립의 존재이고, 따라서 각 단위 간의 거래에서 손익이 발생하는 것으로 보는 개체설적 입장에 입각한 것이다. 위의 정상가격 산정방법들은 모두 거주자와 국외특수관계인(國租法 2조 1항 4호) 사이에 행하여진 국제거래와 유사한 거래를 특수관계(國租法 2조 1항 3호; 國租令 2조)에 있지 않는 자들이 행하였더라면 적용하였을 가격을 찾아내어 이를 기초로 거주자와 국외 특수관계인 사이에 행하여진 국제거래의 타당한 가격을 산정하는 방법들이다.[1] 서로 관계되지 않는 기업들 사이의(독립기업 간) 거래가격에 의존한다는 점에서 강학상 '독립기업 간 거래의 원칙'(the arm's length principle 또는 independent enterprise standard)이라고 부른다. 여기서 '국제거래'라 함은 당사자의 어느 한 쪽이나 양쪽이 비거주자 또는 외국법인인 거래로서 유형자산 또는 무형자산의 매매·임대차, 용역의 제공, 금전의 대출·차용, 그 밖에 거래자의 손익 및 자산과 관련된 모든 거래를 말한다(國租法 2조 1항 1호). 어떤 거래의 일방 또는 쌍방 당사자가 비거주자나 외국법인의 국내사업장인 경우 해당 거래는 '국제거래'에 해당하지 않는다(동호 괄호). 비거주자나 외국법인의 국내사업장의 소득금액 계산에 관해서는 소득세법이나 법인세법에 따른 부당행위계산의 부인이 적용되기 때문에 군이 국제거래의 이전가격을 문제삼을 필요가 없기 때문이다.

비교가능 제3자 가격법, 재판매가격법, 원가가산법, 이익분할방법, 거래순이익률방법 등의 정상가격 산정방법 중 어떤 방법이 가장 합리적인가는 (i) 특수관계가 있는 자 간의 국제거래와 특수관계 없는 자 간의 국제거래 사이의 비교가능성, (ii) 사용되는 자료의 확보·이용가능성, (iii) 국제거래를 비교하기 위하여 설정된 경제여건·경영환경 등에 대한 가정이 현실에 부합되는 정도, (iv) 사용되는 자료 또는 설정된 가정의 결함이 산출된 정상가격에 미치는 영향 및 (v) 해당 정상가격 산출방법이 특수관계 있는 자 간의 거래에 적용할 수 있을 정도의 높은 적합성을 가지고 있는지 등을 기준으로 판단하여야 한다(國租令 14조 1항 1호 내지 5호).

위 (i)의 기준에서 말하는 '비교가능성'이 높다는 것은 비교되는 상황 간의

---

[1] 2001년 OECD 이전가격지침(Transfer Pricing Guidelines for Multinational Enterprises and Tax Administrations Report of the OECD Committee on Fiscal Affairs), para. 1.68; 국조법의 제정으로 국제거래의 적정가격 산정방법이 제도화되기 전에도 OECD가 제시하는 방법들을 적용하여 적정가격을 산정함이 합리적이라는 대법원 판례가 있다(대법원 1990. 2. 27., 87 누 332).

차이가 비교되는 가격이나 순이익에 중대한 영향을 주지 아니하는 경우이거나 비교되는 상황 간의 차이가 비교되는 가격이나 순이익에 중대한 영향을 주는 경우라고 하더라도 그 영향에 의한 차이를 제거할 수 있는 합리적 조정이 가능한 경우 등을 말한다(國租令 14조 1항 1호). 비교가능성이 높은지 여부를 판단하기 위해서는 가격이나 이윤에 영향을 미칠 수 있는 재화나 용역의 종류 및 특성, 사업활동의 기능, 거래에 수반되는 위험, 사용되는 자산, 계약조건, 경제여건, 사업전략 등의 요소에 관하여 기획재정부령으로 정하는 사항을 분석하여야 한다(國租令 14조 2항).

그리고 위 (v)에서 말하는 '높은 적합성'이 있는지 여부는 (i) 특수관계인 간 거래의 가격·이윤 또는 거래순이익 중 어느 지표의 산출이 용이한지, (ii) 특수관계인 간 거래가 다른 거래들과 거래대상인 재화나 용역의 유형 면에서 구별되는지 아니면 거래당사자가 수행하는 기능의 특성 면에서 구별되는지, (iii) 거래순이익률방법을 적용하는 경우 거래순이익률 지표와 영업활동과의 상관관계가 높은지 등을 분석한 결과를 기초로 판단한다(동조 3항).

가장 합리적인 정상가격 산출방법을 적용하여 어떤 거래의 정상가격을 산출해 내기 위해서는 (i) 납세자의 사업환경 및 특수관계인 간 거래의 분석, (ii) 내부 및 외부 비교가능거래에 대한 자료수집, (iii) 선택한 정상가격 산출방법에 따른 가격·이윤 또는 거래순이익의 산출, (iv) 비교가능거래의 선정 및 합리적인 차이 조정 등의 분석절차를 거쳐야 한다(國租令 15조 1항). 또한 해당 거래와 특수관계 없는 자 사이에서 행하여진 거래 간에 위에서 본 비교가능성 분석요소의 차이가 존재함으로 인하여, 특수관계 없는 자 간의 거래가격·거래이윤 또는 거래순이익을 그대로 정상가격으로 삼기 어려운 경우에는 그러한 비교가능성 분석요소의 차이를 반영하여 특수관계 없는 자 간의 거래가격·거래이윤 또는 거래순이익을 합리적으로 조정하여야 한다(國租令 15조 4항).

정상가격은 특정의 수치가 아니라, 일정한 '수치의 범위'이어야 함을 유의하여야 한다. 즉, 내국법인이나 거주자가 국외특수관계인과 사이에 행한 거래의 가격이, 과세관청이 특수관계 없는 자 간에 행하여진 2개 이상의 거래를 토대로 산정한 '정상가격범위'(arm's length range)를 벗어난 경우에 한하여 그 거래가격을 부인할 수 있다(國租令 15조 5항).[1] 거꾸로 말하면 국외특수관계인 사이

---

1) 외국은행 국내지점이 국내기업과 스왑거래로 인한 정상수익금액을 산정함에 있어 과세관

의 이전가격이 정상가격범위에 포함되는 경우에는 소득조정의 대상이 되지 않는 것이다. 특수관계인 사이의 거래가격이 이러한 '정상가격범위'를 벗어나는 경우에는 그 거래가격을 구체적 수치의 정상가격으로 대체하여 소득조정을 하게 되는데, 이때 정상가격으로 대체할 구체적 수치는 정상가격 범위 내의 가격으로 행해진 복수의 거래에서 추출한 평균값·중위값·최빈값·기타 합리적인 특정가격으로 한다(國租令 15조 6항).

한편, 과세관청이 동일한 정상가격 산출방법을 적용하여 2개 이상의 과세연도에 대하여 정상가격을 산출하고 그 정상가격을 기준으로 일부 과세연도의 과세표준 및 세액을 결정하거나 경정하는 경우에는 나머지 과세연도의 과세표준 및 세액도 같은 정상가격을 기준으로 결정하거나 경정하여야 한다(國租法 7조 2항). 이는 정상가격 산출방법을 과세관청이 자의적으로 변경함으로써 납세의무자의 예측가능성을 저해하는 것을 금지하기 위한 취지라고 할 것이다.

(2) 정상가격 산출방법 적용상의 특수 문제

정상가격 산출 대상이 되는 국제거래나 그 거래당사자들이 처한 고유한 조건이나 환경의 특수성으로 인해 정상가격 산출방법을 정형적으로 적용하는 것이 불합리한 경우에는 이를 변형하여 적용하도록 하고 있다.

첫째, 개별 거래들이 서로 밀접하게 연관되거나 연속되어 있어 개별 거래별로 구분하여 정상가격 산출의 요소인 가격·이윤 또는 거래순이익을 산출하

청이 적용한 평균이익률 0.11%는 일정한 과세기간 내에 일어난 국내은행 및 국내 외국은행 지점과 독립기업 간의 스왑거래 33건을 모두 추출하여 그 중 국내은행이 한 거래와 국내 금융기관과의 거래가 포함된 1개 외국은행지점의 거래 등 15건은 국내금리를 적용한 까닭에 그 수익률이 지나치게 높으므로 이를 표본에서 제외하고 나머지 시장거래조건이 유사한 외국은행 지점의 국내법인과의 거래인 18건에 대한 이익률을 평균한 수치이며, 한편 과세관청이 그 정상가격의 산정을 위하여 스왑거래를 한 외국은행 국내지점에서 그 산정을 위한 구체적인 자료의 제출을 요구하였으나 제대로 이에 응하지 아니하였다면, 과세관청이 이러한 사정에 기하여 정상가격의 산출에 있어 전통적인 '비교가능 제3자 가격법'에 토대를 둔 위 평균이익률에 기초하여 감소된 소득금액을 산정한 것은 합리성이 있다(대법원 1997. 6. 13., 95 누 15476).

위 판례에서 과세관청이 평균수익률을 채택하기 위해서 평균의 모집단으로 삼은 가격들은 이익률 0.01%에서 0.19%에 걸쳐 있다. 이러한 양 수치 내의 구간에서 다시 정상가격범위를 결정하여 당사자가 신고한 거래가격(0.04%)이 그 정상가격범위에 속하는지 여부를 판단하여야 한다. 이러한 경우에 있어서의 정상가격범위의 산정방법으로 상위 25%와 하위 25%를 제거하고, 중간에 위치하는 정상가격후보군만을 가지고 정상가격범위를 결정하는 4분위법(quartile)을 제시하는 견해(최용선 외 1인, "이전가격세제와 다국적기업의 방어전략," 한국조세연구소 연구보고서 15집(1996. 3), 48-49면)도 있으나, 국조법상 명문의 규정은 없다.

는 것이 합리적이지 아니할 경우에는 개별 거래들을 통합하여 이들 요소를 산출할 수 있다(國租令 15조 2항).

둘째, 경제적 여건이나 사업전략 등의 영향이 여러 연도에 걸쳐 발생함으로써 해당 사업연도의 자료만으로 정상가격 산출의 요소인 가격·이윤 또는 거래순이익을 산출하는 것이 합리적이지 아니할 경우에는 여러 사업연도의 자료를 사용할 수 있다(동조 3항).

(3) 자금거래의 정상가격

거주자와 국외특수관계인 간의 자금거래에 관한 정상이자율은 특수관계에 있지 않은 자 간의 통상적인 자금거래에 적용되거나 적용될 것으로 판단되는 이자율로서 채무액, 채무의 만기, 채무의 보증 여부 및 채무자의 신용정도 등을 고려하여 계산한 이자율이다(國租令 11조 1항). 원칙적으로 비교가능 제3자 가격법에 의해 정상이자율을 결정한다는 것이다. 이와 관련하여 통상의 회수기간을 초과한 채권의 회수나 통상의 지급기간을 초과한 채무의 지급은 대차거래로 간주된다(동항 단서). 다음의 경우에는 비교가능 제3자 가격법 등에 의하지 아니하고 기타 합리적인 방법에 의해 정상이자율을 결정할 수도 있다. 즉, (i) 자본시장법에 따른 파생상품 및 이와 유사한 해외파생상품 중 채무불이행 등 신용위험에 대비하기 위한 신용부도스왑 거래에서 적용되는 보험료율 성격의 율에 위 제1항의 요소를 고려하여 산출한 이자율, (ii) 국제금융시장에서 통용되는 이자율 산정 모형을 기반으로 무위험이자율, 부도위험, 유동성위험, 채무의 만기, 물가상승률 등의 변수를 반영하여 산정한 율에 위 제1항의 요소를 고려하여 산출한 이자율, (iii) 거래금액 및 국제금융시장의 실세(實勢)이자율을 고려하여 기획재정부령으로 정하는 율을 정상이자율로 결정할 수 있다(國租令 11조 2항).

다국적기업집단에 속하는 기업 간의 자금거래에 관해서는 특별한 규정이 있다. 다국적기업집단에 속하는 기업들이 내부적으로 서로 자금을 대여하거나 금융기관으로부터 자금을 차입하는 데 보증을 서거나 현금을 집단으로 관리하는 경우가 많다(intra-group financing transactions). 이러한 행위는 곧 자금적 편익을 주는 법인이 이를 받는 법인에게 자금을 대여하는 효과를 가져오므로 과세목적상 그에 따른 이자 상당액을 주고 받는 것으로 취급함이 타당하다. 다국적기업집단에 속하는 기업들 간의 이러한 자금거래를 국제조세조정법 시행령에서는 '자금통합거래'라고 칭하고, 그 유형을 (i) 기업집단에서 자금통합거래관리자가 아닌 구성기업(자금통합거래참여자)이 자금통합거래관리자의 예금계좌(자금통합모계좌)에 자금을 이체하거나 자금통합모계좌로부터 자금을 이체받음으로써 자금통합거래참여자와 자금통합거래관리자 간에 편익이 발생하는 거래(자금 이체거래)와 (ii) 자금통합거래관리자가 자금통합모계좌를 개설·보유하지 않고 자금통합거래참여자 간의 자금대여를 중개하거나 각 자금통합거래참여자의 예금계좌에 있는 모든 자금을 합산한 금액을 기준으로 금융회사로부터 자금을 조달하는 등 실질적으로 기업집단 내에서 자금을 통합하여 관리함으로써 자금통합거래참여자와 자금통합거래관리자 간 또는 자금통합거래참여자 간에 편익이 발생하는 거래(자금조달 관리거래)의 2가지로 분류하고 이러한 자금통합거래에 따른 편익을 과세상 반영하도록 하고 있다(國租令 11조의2 1항).

위의 2가지 거래를 통해 경제적 이익을 얻을 수 있는 당사자는 자금통합거래관리자와 자금통합거래참여자이다. 먼저, 자금통합거래관리자가 얻는 편익은 그가 기업집단 수준의 자금조달 전략 수립, 유동성 관리, 신용위험·유동성위험·환율변동위험 관리 등 적극적으로 자금을 통합관리하는 경우에는 금전대차거래의 정상가격 산출방법(國租令 11조)을 적용하여 산정하고, 그 외의 경우에는 용역거래의 정상가격 산출방법(國租令 12조)을 적용하여 산출한다(國租令 11조의2 2항 2호). 전자의 경우에는 자금을 대여하는 거래로 취급하고 후자의 경우에는 용역을 제공하는 거래로 취급하는 것이다. 다음, 자금통합거래참여자가 얻는 편익은 자금 이체거래의 경우에는 역시 금전대차거래의 정상가격 산출방법(國租令 11조)을 적용하여 산출하되 자금통합거래의 기간, 기업집단 수준의 위험관리 정책 등 일정한 사항을 고려하고, 자금조달 관리거래의 경우에는 자금통합거래참여자의 기대편익과 기여도 등 일정한 사항을 고려한 정상가격 산출방법을 적용하여 산출한다(國租令 11조의2 2항 3호).

(4) 무형자산의 정상가격

특허권, 상표권, 실용신안권, 저작권, 영업권, 계약상의 권리 등 일정한 무형자산(國租令 13조 1항)에 대한 거주자와 특수관계인 간의 정상가격 결정에는 비교가능 제3자 가격방법이나 이익분할방법을 우선적으로 적용해야 한다(國租令 13조 3항). 이때 해당 무형자산의 특성에 따라 (i) 무형자산으로 인하여 기대되는 추가적 수입 또는 절감되는 비용의 크기, (ii) 권리행사에 대한 제한 여부 및 (iii) 다른 사람에게 이전되거나 재사용을 허락할 수 있는지 여부 등의 요소를 고려하여야 하고(동조 2항), 또한 해당 무형자산에 관한 법률적 권리에 관계 없이 그 개발, 향상, 유지, 보호 및 활용과 관련하여 수행한 기능 및 수익 창출 에 기여한 상대적 가치에 상응하여 독립된 사업자 간이었다면 받았어야 할 것 으로 판단되는 합리적인 보상을 받았는지 여부를 고려해야 한다(동조 2항). 그 리고 우선 적용하여야 하는 비교가능 제3자 가격방법이나 이익분할방법을 적용 할 수 없어 기타 합리적인 방법(國租法 5조 1항 6호)을 적용할 때에는 해당 무형 자산의 사용으로 창출할 수 있는 미래의 현금흐름 예상액을 현재가치로 할인하 는 방법에 따르고, 이 경우 미래의 현금흐름 예상액, 성장률, 할인율, 무형자산 의 내용연수 및 잔존가치, 조세부담 등 제반 요소들이 객관적이고 합리적인 방 법으로 수집 또는 산출되어야 한다(國租令 13조 4항).

한편, 무형자산을 거래할 당시에 (i) 비교가능성이 높은 독립된 사업자 간 의 거래가 없고, 나아가 (ii) 해당 무형자산이 개발 중이어서 상업적으로 활용되 기 위해 많은 기간이 소요되거나 또는 높은 혁신성 등으로 인해 해당 무형자산 으로부터 향후 창출될 것으로 예상되는 경제적 편익 등이 불확실하여 그 가치 측정이 어려운 경우로서, 해당 무형자산의 개발 완료 후 평가된 거래가격과 당 초 거래가격 간에 당초 거래가격의 100분의 20을 초과하는 현저히 차이가 있는 경우에는 해당 거래가격은 합리적이지 않은 것으로 추정되고, 이에 과세관청은 해당 무형자산으로부터 실제로 발생한 경제적 편익 등 사후에 해당 무형자산과 관련하여 변경된 거래 상황 및 경제 여건 등에 기초하여 정상가격을 다시 산출 할 수 있다(동조 5항). 그러나 (i) 사후에 평가된 무형자산의 거래가격과 당초 거래가격의 차이가 거래 당시에 당사자가 합리적으로 예측할 수 없는 사유에 기인한 것으로서 거래 당사자가 거래 당시 예측함에 있어서 고려한 가정이 합 리적임을 입증한 경우, (ii) 사후에 평가된 무형자산의 거래가격과 당초 거래가 격의 차이가 당초 거래가격의 100분의 20을 넘지 않는 경우 또는 (iii) 조세조 약 체결 상대국의 권한 있는 당국과의 상호합의절차를 거쳐 해당 무형자산의 정상가격 산출방법이 사전에 승인된 경우(國租法 14조 2항)에는 그러한 재산정 을 할 수 없다(國租令 13조 6항).

(5) 복수의 거래의 정상가격

어떤 거주자와 국외특수관계인이 같은 과세연도에 2개 이상의 국제거래를 행하면서 그 거래가액의 차액을 상계하기로 사전에 합의한 때에는 상계대상이 되는 모든 국제거래를 하나의 국제거래로 보아 이전가격의 정상성 여부를 판단한다(國租法 11조 1항). 따라서 상계대상 거래들 중 어느 하나의 거래의 가격이 정상가격과 다르더라도 상계대상 거래들 전체를 통합해 볼 때 정상가격과 일치하는 경우에는 이전가격 조정을 하지 않는다. 그 입증책임은 납세의무자인 거주자에게 있다. 이와 관련하여, 거주자가 국외특수관계인에게 지급하는 어떤 거래의 대가가 법인세법(法法 98조 및 98조의2 내지 98조의6)이나 소득세법(所法 156조 및 156조의2부터 156조의7)의 규정에 따라 원천징수의 대상이 되는 경우 원천징수 대상소득은 해당 거래의 가격자체를 기준으로 결정한다(國租法 11조 2항). 거래당사자들이 복수의 거래의 대가를 상계방식으로 정산하더라도 개별 거래에 따른 소득이 각자에게 발생하는 것이므로, 원천징수 대상소득은 상계에 관계없이 각 거래별로 정한다는 것이다.

(6) 정상가격 산정에 있어서의 실질과세원칙의 적용

정상가격 산정도 국세 부과과정의 일부이므로 이에 대해 국세기본법이나 국조법상의 실질과세원칙(基本法 14조; 國租法 3조)이 적용됨은 당연하다. 국조법은 이를 주의적으로 규정하고 있다. 우선, 거주자가 국외특수관계인이 아닌 자와 국제거래를 하였더라도 (i) 해당 거주자와 국외특수관계인 간에 그 거래에 대한 사전계약이 있고(거래와 관련된 증거에 의하여 사전에 실질적인 합의가 있는 것으로 인정되는 경우 포함), (ii) 해당 거주자와 국외특수관계인 간에 그 거래의 조건이 실질적으로 결정되는 경우(제3자 개입거래)에는 해당 거주자가 형식상 제3자를 개입시켜 국외특수관계인과 국제거래를 한 것으로 보아 정상가격에 의한 거래가격 조정을 할 수 있도록 하고 있는데(國租法 10조), 이는 국세기본법 제14조 제1항과 국조법 제3조 제1항에서 규정하고 있는 실질귀속자 과세원칙을 보다 구체적으로 규정한 것이다. 다음, 거주자와 국외특수관계인 사이의 상업적 또는 재무적 관계 및 해당 국제거래의 중요 거래조건을 고려하여 파악한 해당 국제거래의 실질적인 내용이 동 거래의 상황과 유사한 상황에서 특수관계가 없는 독립된 사업자 사이의 거래와 비교하여 상업적으로 합리적인 거래가 아니고, 해당 국제거래에 기초하여 정상가격을 산출하는 것이 현저히 곤란한 경우 그 경제적 실질에 따라 해당 국제거래를 없는 것으로 보거나 합리적인 방법에 따라 새로운 거래로 재구성하여 정상가격을 산정할 수 있는 것으로 규정하고 있는데(國租法 8조 2항, 3항), 이는 국세기본법 제14조 제2항과 국조법 제3조 제2항에서 규정하고 있는 실질에 따른 과세표준 계산의 원칙, 그리고 국조법 제3조 제3항에서 규정하고 있는 '우회거래에 의한 조세회피 방지' 원칙을 보다 구체화한 것으로 볼 수 있다. 이에 따라 위의 국조법 규정을 적용함에 있어서도 실질과세원칙의 적용 요건 및 한계에 관한 법리가 그대로 적용되어야 할 것이다.

2. 비교가능 제3자 가격법

비교가능 제3자 가격법(the comparable uncontrolled price method, CUP)이란 문제의 거래가 행하여진 상황과 유사한 상황에서 특수관계가 없는 독립된 기업 간에 행하여진 거래, 즉 비교가능한 거래(comparable transaction)에서 합의된 가격을 기준으로 이전가격의 정상성을 판단하는 방법이다(國租法 8조 1항 1호). 이 방법의 타당성에 대해서는 의문의 여지가 없다. 문제는 비교할 독립가격을 찾기 어렵다는 데 있다. 판례는 비교가능 제3자 가격법에 의하여 산정된 시가(정상가격)라고 하기 위해서는, 해당 거래와 동종의 재화 또는 용역에 관한 거래로서 거래조건·거래수량 등 제반 조건이 유사하여 비교가능성 있는 독립된 사업자 간의 거래가격이어야 하되, 거래조건·거래수량 등 제반 조건의 차이에 따라 가격을 조정할 수 있는 경우에는 합리적인 방법에 의하여 조정한 후의 금액이어야 한다는 일응의 기준을 제시하고 있다.[1] 그러나 비교대상거래가 반드시 국제거래에 한정되는 것은 아니고, 특수관계인 아닌 자 사이의 국내거래도 비교대상거래가 될 수 있다고 본다.[2] 이러한 판례의 취지를 반영하여 국조법 시행령은 거주자와 그 특수관계인 간의 원유, 농산물 등 물품거래의 정상가격을 산정할 때는 해당 거래의 거래조건과 국·내외 공개시장에서의 동종 물품의 거래조건을 비교하여 거래조건 상의 차이를 합리적으로 조정하도록 하고 있다(國租令 5조).

'비교가능한 거래'란 거래의 대상, 분량, 시점, 조건 등이 동일 또는 유사한 것을 뜻한다. 그런데 그러한 의미에서의 비교가능한 거래를 찾는 것은 쉽지 않다. 그리고 관계회사가 제3자와 맺은 유사한 거래가 있거나 또는 제3자끼리 맺은 유사한 거래가 있다 하더라도 그 거래에서 약정된 가격이 과연 경쟁적인 가격이었느냐, 다시 말하면 그 가격이 특수한 여건(예를 들면, 급전을 구하기 위한

---

1) 대법원 2001. 10. 23., 99 두 3423.
2) 대법원 2011. 10. 13., 2009 두 15357.

방매 또는 상품의 일시적 품귀 상태에서의 취득)에서 합의된 것이 아니냐 하는 이의가 제기될 경우, 그와 같은 거래의 가격은 정당한 독립기업 간 가격으로 명쾌하게 인정될 수 없을 것이다. 더욱이 당사자 간에 조작된 거래라면 비교가능한 거래로 보지 아니할 수 있다(國租令 14조 4항).

예컨대, 기계의 판매와 아울러 그 설치, 조작을 위한 기술자의 훈련, 생산지도 등을 함께 거래의 대상으로 하는 일괄거래(package deal)의 경우 그 거래의 내용이 복합적이기 때문에 비교가능한 거래를 찾기가 지극히 어렵다. 또한 복수의 기업이 연구·개발을 공동으로 하는 예는 관련기입 사이에서나 찾아볼 수 있고, 독립기업들 사이에서는 찾기 어려우므로 연구개발비 분담액의 적정 여부를 검증하기에는 비교가능 제3자 가격법의 효용은 낮을 수밖에 없다.

3. 재판매가격법

(1) 의   의

재판매가격법(the resale price method)이란, 거주자와 국외특수관계인이 자산을 거래한 후 그 구매자가 특수관계 없는 자에게 다시 해당 자산을 판매하는 경우 그 재판매가격에서 동 구매자의 통상의 이윤으로 볼 수 있는 금액을 빼서 산출한 가격을 정상가격으로 보는 방법이다(國租法 8조 1항 2호). 여기에서 '구매자의 통상의 이윤'이라 함은 구매자가 특수관계 없는 자에게 자산을 판매한 금액에 '판매기준 통상이익률'을 곱하여 계산한 금액으로 한다. 이 경우 '판매기준 통상이익률'이라 함은 구매자와 특수관계 없는 자 간의 거래 중 문제의 거래와 수행된 기능, 사용된 자산 및 부담한 위험의 정도가 유사한 거래에서 실현된 '매출총이익률'[매출총이익(매출액에서 매출원가를 뺀 금액)이 매출액에서 차지하는 비율]을 말한다(國租令 6조 1항). 만일, 구매자와 특수관계 없는 자 간의 거래로부터 적정하게 통상이익률을 산출할 수 없는 경우에는 특수관계 없는 자들 사이에서 행하여진 제3의 국제거래 중 문제의 거래와 수행된 기능, 사용된 자산 및 부담한 위험의 정도가 유사한 거래에서 실현된 통상이익률을 '판매기준 통상이익률'로 사용할 수 있다(國租令 6조 2항). 재판매가격법에 의한 정상가격 산출방식을 산식으로 표시하면 다음과 같이 된다.

재판매가격법에 의한 정상가격=특수관계 없는 자에 대한 재판매 가격−통상이윤
(=재판매가격×매출총이익률 혹은 특수관계 없는 자 간 거래의 통상이익률)

후술하는 원가가산법이 공급기업의 원가에 통상의 이윤을 더한 금액을 독립기업 간 가격으로 보는 데 비하여, 재판매가격법은 납세의무자 기업이 관련기업으로부터 취득한 상품을 관련 없는 기업에 재판매한 가격에서 자기의 통상의 이윤(gross margin)을 공제함으로써 독립기업 간 가격을 구하는 것이다.

(2) 통상이익률의 결정

재판매가격법 적용상의 어려운 점은 통상이익률을 어떻게 산정할 것인가 하는 것이다. 통상이익률의 결정에는 재판매와 관련된 재판매자의 역할과 위험부담의 정도 등 재판매자의 이윤창출에 기여하는 제반 요소가 고려되어야 할 것이다. 우선, 단순한 도·소매업에 종사하는 재판매자의 이익률은 보통 낮은 것으로 추정할 수 있다. 특히 재판매자가 고객이 거주하지도 않는 조세피난처에 있으면서 매입한 상품을 현실적으로 인도 받지 않고 점유개정의 형식으로 소유권을 취득한 뒤 제3자에게 전매하는 따위의 거래는 분명히 낮은 이익만을 가져다 줄 것이다. 물론 이러한 경우에도 그에게 각별한 판매능력이 있고 그의 판매에 커다란 위험부담이 수반될 때에는 그에게 돌아가야 할 몫이 그만큼 증대될 것이다. 반면 재판매자가 대량으로 매입한 것을 소량으로 구분하거나, 포장·광고·저장·운반·판촉·기타 관련 서비스 등의 활동을 수행하며, 이와 같은 활동에 따르는 위험을 부담하는 경우에는 그러한 높은 정도의 기업활동을 반영하여 이익률이 상대적으로 높아야 할 것이다.

이익률은 다른 여러 가지 요인에 의해서도 좌우될 수 있다. 예를 들면, 재판매자가 자신의 고유상표를 붙여 재판매할 경우에는 그 상표의 신용도·저명도에 따라 이익률이 달라질 것이다. 그리고 재판매자가 매입한 상품(원료 등)에 스스로 상당한 가공을 하여 재판매한 경우에는 재판매가격으로부터 당초 거래의 정상가격을 이끌어 내기란 사실상 불가능하다. 왜냐하면 재판매가격에는 판매업자가 판매활동(marketing activities)을 통하여 얻는 이윤뿐만 아니라, 재판매자가 판매활동 이외의 행위에 의하여 구매상품에 추가한 가치까지 반영되어 있어 그 구분이 지극히 어려워지기 때문이다. 또한 당초 거래시점과 재판매시점 사이의 기간도 이익률의 차이를 가져올 수 있다. 두 시점 사이의 기간이 길면 길수록 시장여건의 변화, 환율의 변동, 원가의 증감 등과 같은, 통상의 매매이윤율을 결정하는 요인 이외의 요인들이 재판매가격의 결정에 작용하게 될 것이기 때문에 재판매가격을 기초로 당초 거래의 정상가격을 추정하는 것은 무리이다.

4. 원가가산법

(1) 의   의

원가가산법(the cost plus method)이란 거주자 또는 내국법인과 국외특수관계인 간에 자산의 제조·판매나 용역의 제공을 수반하는 국제거래가 행하여진 경우, 그러한 자산의 제조·판매나 용역의 제공 과정에서 발생한 원가에 자산의 판매자나 용역의 제공자의 통상의 이윤(mark-up)으로 볼 수 있는 금액을 더하는 방법으로 정상가격을 산정하는 방법이다(國租法 8조 1항 3호). 여기서 '자산의 판매자나 용역의 제공자의 통상의 이윤'이라 함은 자산의 판매자가 해당 자산을 구입·건설 또는 제조하는 데 정상가격으로 지출한 원가에 또는 용역의 제공자가 해당 용역을 제공하는 과정에서 정상가격으로 지출한 원가에 '원가기준 통상이익률'을 곱하여 계산한 금액으로 한다. 이 경우 '원가기준 통상이익률'이라 함은 자산의 판매자나 용역의 제공자가 특수관계 없는 자와 사이에 행한 거래로서 해당 거래와 수행된 기능, 사용된 자산 및 부담한 위험의 정도가 유사한 거래에서 발생한 원가에 대한 매출총이익의 비율을 말한다(國租令 7조 1항). 만일, 자산의 판매자나 용역의 제공자가 특수관계 없는 자와 사이에 행한 거래에서 적정한 통상이익률을 산출할 수 없는 경우에는 특수관계 없는 자 간에 행하여진 제3의 국제거래 중 해당 거래와 수행된 기능, 사용된 자산 및 부담한 위험의 정도가 유사한 거래에서 실현된 통상이익률을 원가기준 통상이익률로 사용할 수 있다(동조 2항). 원가가산법에 의한 정상가격 산출방식을 산식으로 표시하면 다음과 같다.

> 원가가산법에 의한 정상가격=자산 및 용역의 제조·구입 등의 원가+통상이윤
> (=원가×매출총이익률 혹은 통상이익률)

(2) 원가가산법의 장단점과 원가의 유형

원가가산법은 그 나름대로의 장점이 있다. 첫째 그 적용이 간편하고 산식화될 수 있고, 둘째 자기가 가지고 있는 회계정보에 바탕을 두고 있으며, 셋째 그렇기 때문에 과세관청에 대하여 이전가격의 정당성을 상대적으로 용이하게 해명할 수 있다.[1] 그러나 다른 한편으로는 '원가'나 '가산'을 어떻게 인식할 것

---

1) H. C. Verlage, Transfer Pricing for Multinational Enterprise — Some Remarks on Its

인가에 대해 불명확한 점도 많다. 특히 원가의 개념에는 실제원가(actual cost), 표준원가(standard cost) 또는 한계원가(marginal cost)가 있는바, 어느 것이든 고유한 흠을 안고 있다.

실제원가는 해당 기업이 실제로 투입한 원가를 말한다. 같은 상품이라도 여러 가지 요인에 의해서 그 실제원가는 달라질 수 있다. 비효율적인 생산과정으로 인하여 실제원가가 높아지면 높아진 대로 일정액을 더해서 이전가격을 정하기만 하면 원가가산법상 정당한 것일까? 자유시장에서 경쟁적으로 형성되는 가격은 그런 것이 아니다. 독점품목이 아닌 이상 비효율로 인한 추가부담을 매수인에게 전가할 수는 없다. 반면, 효율적 경영으로 인한 생산비 절감의 혜택을 항상 매수인에게 양보하여야 하는 것도 아니다. 실제원가에 의한 원가가산법의 이러한 결함에도 불구하고, 다국적기업의 경영실무에서는 이 방법을 가장 흔히 채택하고 있다고 한다.[1] 그 까닭은 원가가산법이 비교가능한 거래를 찾을 수 없는 여건에서 활용되는 차선의 방법일 수 있고, 실제원가에 의한 원가가산법은 구체적 원가자료를 놓고 따져 볼 수 있는 방법이기 때문이라고 짐작된다.

표준원가는 기업이 예정하는 '당위적 원가'이기 때문에 합리적인 원가일 수 있다. 그리고 생산원가에 대한 내부통제의 수단으로 유용함은 의심할 여지가 없다. 그러나 그것이 과세관청이라는 제3자에게 어느 정도의 설득력을 지닐 수 있느냐 하는 것은 별개의 문제이다. 표준원가는 비록 그것이 여러 요소를 고려하여 도달한 것이라 할지라도 추정치이고 가정적 금액일 뿐이다.

한계원가는 제조비용 중 고정비를 제외하고 변동비만을 계상한 원가개념이다. 사실 기업의 입장에서는 '한계판매'의 판매가격이 '한계원가'를 초과하는 한 일시적으로 판매의 메리트가 있다. 그러나 모든 판매에 있어서 고정비를 도외시하고 가격을 정할 수는 없다. 고정비를 어떤 판매에서든 회수하여야 할 것은 분명하다. 비록 관련 없는 기업과의 거래에 있어서는 한계원가를 기초로 이전가격을 정하는 것이 경영상 정당성을 갖는다 하여도, 관련기업과의 거래에서 한계원가를 기초로 이전가격을 정하는 것은 다음과 같이 정당성을 인정받기 어렵다. 첫째, 해당 상품이 오직 관련기업과 사이에서만 거래되는 경우(관련기업에 전량 판매)에는 저가양도(출혈판매)의 결과가 될 것이요, 둘째, 해당 상품이 관련

Economic, Fiscal and Organization Aspect, p. 308 참조.
1) Ibid., p. 310.

없는 기업과 사이에서도 거래되고, 그 거래에서 고정비를 회수하고 있는 경우에는 자연히 관련기업과의 거래가격과 관련 없는 기업과의 거래가격이 상이하여 부당가격의 혐의를 받게 될 것이다. 그러한 이유에서 실무상 한계원가 개념은 원가가산법의 적용에 있어 가장 채택도가 낮은 개념이다.

원가가산법을 적용하는 기준으로서의 '원가'(cost)는 직접비용뿐만 아니라 '해당 종류의 거래에서 적정한 이윤을 얻기 위하여' 통상 지출하여야 하는 간접비용을 포함함은 물론이다. 그러나 자본적 지출, 시험연구비, 광고비 등 집중적으로 다액의 지출이 요구되는 비용을 어떻게 상품가격에 반영시킬 것인가는 어려운 문제이다. 이 점은 비록 그 정도는 덜하다 할지라도 일반관리비의 배부에 있어서도 마찬가지이다.

(3) 이익률의 결정

이익률은 자산의 제조·판매나 용역의 제공을 행하는 기업이 관련 없는 기업과 사이에서 행하는 유사거래에서 발생한 것을 고려하여야 하나, 그와 같은 거래가 없는 경우에는 유사한 영업활동을 하는 제3의 독립기업들 사이에서 행하여지는 거래에서 판매기업이나 공급기업이 얻는 재판매이윤(price margin)을 참고하여 판단할 수밖에 없을 것이다.[1]

5. 이익분할방법

(1) 이익분할방법의 개념

위에서 본 3가지 방법이 문제의 거래내용 자체를 기초로 하여 정상가격을 발견하려는 '거래기준방법'(transaction method 또는 transaction−based method)인데 비하여, 이익분할방법(profit split method)과 아래에서 볼 거래순이익률방법(transactional net margin method)은 거래당사자인 관련기업들이 해당 거래로부터 얻은 총 이익을 바탕으로 정상가격을 도출하려는 '거래이윤방법'(transactional profit method 또는 profit−based method)'에 속한다. 이러한 거래이윤방법은 '1995년 OECD 이전가격 지침'에서 제시한 것을 채택한 것인데, 일체설의 흠을 지니고 있기 때문에 거래기준방법에 따라 산출한 정상가격에 비해 정상가격으로서의 정확성이 떨어진다. 따라서 거래기준방법이 적용될 수 있는 경우에는 거래이윤방법의 적용은 배제된다고 봄이 타당할 것이다.

---

1) 2001년 OECD 이전가격지침, para. 2.15, 3.26.

이익분할방법이란 거주자와 국외특수관계인 간의 국제거래에 있어, 거래당사자 양쪽이 함께 실현한 거래순이익을 합리적인 배부기준에 의하여 측정된 거래당사자들 간의 상대적 공헌도에 따라 배부하고, 이와 같이 배부된 이익을 기초로 산출한 거래가격을 정상가격으로 보는 방법이다(國租法 8조 1항 5호). 여기서 '거래당사자 양쪽이 함께 실현한 거래순이익'이라고 함은 제3자와의 거래에서 실현한 거래순이익을 말한다(國租令 9조 1항 1호). 그리고 거래형태 별로 거래당사자들의 적절한 기본수입을 우선 배부하고, 잔여이익을 상대적 공헌도에 따라 배부하는 방법도 이익분할방법의 하나로 인정된다(동조 2항). '적절한 기본수입'의 의미에 관하여 법령상 정함이 없어 논란의 여지가 많은바, 최소한 해당 사업을 위하여 실제로 지출한 비용은 이에 해당한다고 볼 수 있을 것이다.

위와 같은 이익분할방법은 주로 거래쌍방이 공동으로 거래순이익을 실현함에 있어 무형재화[1]가 상당한 정도 기여함으로써 비교가능한 거래를 찾기 어려운 경우에 적용된다.[2] 예컨대 P와 S는 각각 의약품의 생산 및 판매를 하는 특수관계 있는 기업이라고 하자. P는 광범위한 연구활동을 할 뿐만 아니라, 독특한 과정을 거쳐 의약품을 제조하고 있는데, 그 의약품을 S에게 판매하고 있다. S는 P로부터 매수한 의약품을 소매를 위해 재포장하고, 인지도가 높은 제품명을 붙이고, 방대한 판매조직을 이용하여 판매하고 있다. P는 특수관계 없는 기업에게 판매하지 않고, 특수관계 없는 기업도 그와 유사한 의약품을 판매하는 예가 없다. S가 판매한 재포장된 의약품은 특수관계 없는 기업이 판매한 의약품과 비교할 수 없다. 이런 조건하에서 이익분할방법을 적용하게 된다.

이익분할방법을 적용하기 위해서 특수관계에 있는 거래당사자들로부터 관련자료를 제출받아 거래순이익을 측정하게 된다. 위의 예에서 거래순이익은 P로부터 S까지의 생산·유통과정에서 발생한 관련수익에서 관련비용을 빼서 구한다. 그 이익은 다시 그 과정에 참가한 특수관계 기업들이 수행한 기능의 상대적 비중, 즉 상대적 공헌도에 따라 P와 S 간에 나누어진다. 이때 특수관계 없

---

1) 그러나 무형재화를 갖고 있지 않은 경우에도 이익분할방법을 적용하는 것이 가장 합리적인 경우에는 동 방법의 적용을 배제하는 것은 아니다. 미국 내국세입법 §482의 1993년 임시 시행규칙에서는 '가치 있고 비경상적인 무형재화가 있을 경우'에만 이익분할방법을 적용할 수 있도록 그 적용범위를 제한하고 있었으나, 최종 시행규칙은 이 제약을 철폐하여 유형재화에도 적용가능하게 되었다(미국 내국세입법 시행규칙 §1.482−6).

2) OECD, 앞의 책, para. 3.6.

는 독립기업 간의 이익분할에 관한 외부자료(external data)가 각 특수관계인의
거래에 대한 상대적 공헌도를 측정하기 위해 보충적으로 이용된다. 따라서 이
익분할방법은 독립기업 간 거래의 원칙을 따르면서도 독립기업 간에는 존재하
지 않는 독특하고도 유일한 사실 및 상황을 고려할 수 있다는 장점이 있다. 하
지만 관련 기업들의 상대적 공헌도를 측정하는 데 사용되는 외부자료가 특수관
계 기업 간의 거래와 갖는 관련성의 정도가 다른 방법과 비교해 상대적으로 낮
아 이익분할의 결과가 주관적이 될 수 있다는 단점도 있다.1)

(2) 상대적 공헌도의 측정

거래순이익을 거래당사자들 간에 배부하는 기준으로서의 '상대적 공헌도'
(the relative value of the contribution)는 다음의 각 기준이 거래순이익의 실현에
미치는 중요도를 고려하여 유사한 상황에서 특수관계 없는 독립된 사업자 간의
거래에 적용될 것으로 판단되는 합리적인 배부기준에 따라 측정한다(國租令 9조
1항 2호).

1) 사용된 자산 및 부담한 위험을 고려하여 평가된, 거래당사자가 수행한
기능의 상대적 가치

2) 영업자산, 유·무형 자산 또는 사용된 자본

3) 연구개발, 설계, 마케팅 등 핵심분야에 지출·투자된 비용

4) 그 밖에 판매증가량, 핵심 분야의 고용인원 또는 노동투입시간, 매장규
모 등 거래순이익의 실현과 관련하여 합리적으로 측정 가능한 배부기준

6. 거래순이익률방법

거래순이익률방법이란 거주자와 특수관계 없는 자 간의 거래 가운데 거주
자와 국외특수관계인이 행한 문제의 국제거래와 유사한 거래에서 실현된 통상
의 거래순이익률을 기초로 산출한 거래가격을 문제의 국제거래의 정상가격으로
보는 방법이다(國租法 8조 1항 4호).2) 다만, 거주자가 해당 거래와 유사한 거래

---

1) OECD, 앞의 책, para. 3.8.
2) P회사가 전액 출자하여 설립한 홍콩의 S사가 전액 출자하여 설립한 내국법인 PS사가
1989사업연도부터 1991사업연도까지 P회사가 제조하는 담배를 S사를 통하여 수입하여 이
를 국내 도매상에게 판매한 경우, P회사의 영업이익을 한국 내 담배제조 및 판매업자의 표
준소득률을 기초로 제조분 이익과 도매분 이익으로 구분하여 그 도매분 이익을 PS사와 S사
가 반분하는 것으로 보고 PS사의 영업이익을 산정하여 위 각 사업연도의 법인세를 부과한
것은 타당하다(대법원 1998. 7. 24., 97 누 19229).

를 특수관계 없는 자와 사이에 행한 바 없는 경우에는 국외특수관계인과 특수
관계 없는 자 간의 거래 또는 특수관계 없는 제3자들 간의 국제거래 중 그 조
건과 상황이 문제의 국제거래와 유사한 거래의 거래순이익률을 사용할 수 있다
(國租令 8조 2항).[1] [2]

통상의 거래순이익률은 다음의 각 지표의 하나를 기초로 산출한다(國租令
8조 1항).

1) 매출에 대한 거래순이익의 비율

2) 자산에 대한 거래순이익의 비율

3) 매출원가 및 영업비용에 대한 거래순이익의 비율

4) 영업비용에 대한 매출총이익(거래순이익과 영업비용의 합계)의 비율

5) 기타 합리적이라고 인정될 수 있는 거래순이익률

위의 각 지표에서 말하는 '매출에 대한 거래순이익'은 매출 총이익에서 영
업비용을 뺀 금액을 말하고, 이때의 영업비용은 판매비와 일반관리비를 말한다
(동조 동항).

거래순이익률법은 매출, 자산, 비용 등을 이익지표로 삼고 있다는 점에서
원가가산법이나 재판매가격법과 유사하다. 그러나 '총이익률'을 사용하는 재판
매가격법이나 원가가산법에서는 특수관계에 있는 기업들이 수행하는 기능이나
책임의 차이를 민감하게 고려하여야 하는 데 비해 '순이익률'을 사용하는 거래
순이익률법에서는 그러한 차이를 반영하지 않아도 되는 장점이 있다. 따라서
거래의 조건과 상황 면에서 유사한 거래를 비교대상으로 선정한 이상 비교대상
업체와의 거래품목이나 거래단계 등의 차이에 따른 별도의 조정을 하지 않아도
된다.[3] 한편, 비교가능 제3자 가격법에서 이용되는 척도인 '가격'이 거래마다

---

1) 거래순이익률방법(TNMM)과 미국의 이익비준법(comparable profits method=CPM)의 유
사성을 주장하는 논문으로 Deloris R. Wright 외, TNMM-The OECDs Response to CPM:
Are They Really Different? European Taxation, Oct. 1995, p. 306 이하 참조.

2) 외국의 모회사와 한국자회사 사이의 소프트웨어 사용권의 허여거래와 국제거래 없이 국
내에서 직접 연구개발활동과 판매활동을 하는 업체들이 국내에서 행한 소프트웨어 사용권
허여거래는 그 조건과 상황이 유사하다고 할 수 없어 이러한 국내업체들이 행한 거래의 순
이익률을 기준으로 앞의 거래의 정상가격을 산정할 수 없다(대법원 2011. 8. 25., 2009 두
23945); 주로 의류나 화장품을 일반적인 도·소매방식에 의하여 판매하는 거래와 건강보조
식품을 다단계판매방식에 의하여 판매하는 거래는 그 조건과 상황이 유사한 거래로 인정할
수 없다(대법원 2014. 8. 20., 2012 두 23341).

3) 대법원 2014. 9. 4., 2012 두 1747.

많이 다른 데 비해 거래순이익률법에서의 척도인 '순이익률'은 거래별 조건의
차이에 의해 영향을 덜 받는다. 따라서 거래당사자 중 하나가 복잡한 형태로
상호 연관되는 활동을 하거나, 한 당사자에 대하여 신뢰할 만한 정보를 얻기
어려울 때에 거래순이익률법은 특히 유용하다. 그러나 거래순이익률법에는 납
세의무자의 순이익이 가격이나 총이익과 무관한 요소에 의해 영향을 받을 수
있다는 큰 약점이 있다. 예컨대 경쟁정도, 경영능률, 개별 사업전략, 대체재 출
현가능성 등은 가격이나 총이익과는 무관하지만 납세의무자의 거래순이익에 영
향을 미칠 수 있는 요소이다. 또한 거래순이익률법은 특수관계에 있는 기업들
전체의 이익을 다른 독립기업의 전체이익과 비교하는 것이 아니라, 특수관계에
있는 기업들 중 오직 한 기업의 특정거래에서 발생하는 이익을 독립기업 간의
독립된 거래에서 실현된 이익과 비교분석함으로써, 다국적기업 중 한 기업에만
일정수준의 이익을 귀속시키는 반면, 다른 기업에게는 받아들이기 어려울 정도
의 높거나 낮은 이익을 암묵적으로 인정하는 등 다국적기업 전체의 수익성
(profitability)을 고려하지 않는 단점도 있다.[1]

위 4)의 거래순이익률, 즉 '매출총이익(거래순이익과 영업비용의 합계)의 영업
비용에 대한 비율'(거래순이익 + 영업비용 / 영업비용)은 이른바 Berry Ratio라고
불리는 것으로서 분자와 분모에 공통되는 영업비용을 제거하면 결국 거래순이
익을 기준으로 정상가격을 산정한다는 점에서 여타의 거래순이익률방법과 다르
지 않다.

7. 기타 합리적 방법

전술한 기본적 5가지 방법의 어느 것으로도 정상가격을 산출할 수 없는
경우에는 '그 밖에 거래의 실질 및 관행에 비추어 합리적이라고 인정되는 방
법'을 후순위로 적용한다(國租法 8조 1항 단서, 6호; 國租令 10조). 여기서 '그 밖
에 거래의 실질 및 관행에 비추어 합리적이라고 인정되는 방법'이란 특정의 방
법을 뜻하는 것은 아니다. 다만 열거된 방법 이외에도 거래가격의 적정성 판정
을 위해 어떠한 합리적 방법도 별도로 강구될 수 있음을 의미한다. 독립기업간
거래 원칙을 적용하지 않는다는 점에서 '비독립기업식 접근법(non-arm's length
approach)'이라고 불리기도 하고, 다국적 기업의 전세계 이익을 사전에 결정된

---

1) OECD, 앞의 책, para. 3.31.

기계적 방법에 의해 관련 기업들 간에 배분한다는 점에서 정식분배법(定式分配法, global formulary apportionment 또는 unitary taxation)이라고도 불린다. 그러나 이러한 방법은 국제적 인정을 받지 못하고 있다.[1)]

Ⅳ. 특 칙

1. 용역거래의 정상가격 산정의 특칙

거주자와 국외특수관계인 간에 경영관리, 금융자문, 지급보증, 전산지원 및 기술지원, 그 밖에 사업상 필요하다고 인정되는 용역의 거래(이하 "용역거래"라고 함)가 행하여지는 경우가 많다. 이러한 용역거래의 정상가격도 위에서 본 바와 같은 여러 가지 방법 중 가장 합리적인 것을 적용하여 산출하여야 함은 물론이다. 그런데, 이러한 용역거래의 정상가격 산정에 관해서는 몇 가지 특칙이 있다.

첫째, 원가가산법 또는 거래순이익률법을 적용하여 정상가격을 산정할 때에는 (i) 발생한 원가에는 그 용역 제공을 위하여 직접 또는 간접으로 발생한 비용 모두를 포함시켜야 하고, (ii) 용역 제공자가 그 용역을 수행하기 위하여 제3자에게 그 용역의 일부 또는 전부를 대행할 것을 의뢰하고 제3자에게 대금을 한꺼번에 지급한 후 이에 대한 비용을 용역을 제공받는 자에게 재청구하는 경우에는 용역 제공자는 자신이 그 용역과 관련하여 직접 수행한 활동으로부터 발생한 원가에 대해서만 통상의 이윤을 더하여야 한다. 다만, 후자의 요건과 관련하여 용역의 내용, 거래 상황 및 관행에 비추어 합리적이라고 인정되는 경우는 예외로 한다(國租令 12조 1항).

둘째, 거주자가 연구개발, 금융 등 특정의 용역에 해당하지 않는 저부가가치 용역거래를 하면서 그 용역제공에 소요되는 원가에 5%를 가산한 금액을 해당 용역거래의 가격으로 적용하는 경우에는 그 금액을 정상가격으로 인정한다. 일종의 안전장치(safe harbor rule)이다. 이러한 안전장치의 적용을 받기 위해서는 (i) 해당 용역이 거주자와 국외특수관계인의 핵심사업활동과 직접 관련되지 않는 지원적 성격의 용역이어야 하고, (ii) 용역이 제공되는 과정에서 독특하고 가치 있는 무형자산을 사용 또는 창출하는 일이나 용역 제공자가 중대한 위험

---

1) OECD, 앞의 책, para. 3.74.

을 부담 또는 관리·통제하는 일이 없어야 하며, (iii) 용역을 제공하는 자 및 제공받는 자는 특수관계 없는 제3자와 유사한 용역거래를 하지 않아야 한다(國租令 12조 2항). 이러한 요건을 충족하는 경우에도 어떤 과세연도에 발생한 저부가가치 용역거래의 원가에 5퍼센트를 가산한 금액이 일정 수준을 초과하는 경우에는 안전장치의 적용을 받지 못한다(동조 3항).

셋째, 거주자와 국외특수관계인 간의 용역거래가 아래 요건 중 어느 하나라도 갖추지 못한 경우에는 해당 비용을 필요경비 또는 손금에 산입하지 않는다(國租令 12조 7항).

(i) 사전에 체결된 약정에 따라 실제로 용역이 제공될 것,

(ii) 용역의 수급으로 추가적인 수익이 발생하거나 비용이 절감되기를 기대할 수 있을 것,

(iii) 제공받는 용역과 동일한 용역을 다른 특수관계인이 자체적으로 수행하고 있거나 특수관계 없는 제3자가 다른 특수관계인을 위하여 제공하고 있지 않을 것(사업 및 조직구조의 개편, 구조조정 및 경영의사 결정의 오류를 줄이는 등의 합리적인 사유로 일시적으로 중복된 용역을 제공받는 경우는 제외),

(iv) 위의 사실을 증명하는 문서를 보관·비치하고 있을 것

이는 거래가격의 적정성 여부를 떠나서 아예 비용지출의 필요성을 인정하지 않는다는 것인데, 위의 규정에도 불구하고 해당 지출액이 법인세법 제19조 제2항에서 정하고 있는 손금인정의 일반 요건에 부합하는 경우에는 손금산입이 인정되어야 할 것이다.

넷째, 용역거래 가운데 지급보증 거래의 정상가격을 '기타 합리적인 방법'에 의해 산정할 때에는 (i) 보증인의 예상 위험과 비용을 기초로 산출하는 방법, (ii) 피보증인의 기대편익을 기초로 산출하는 방법, 그리고 (iii) 보증인의 예상 위험 및 비용과 피보증인의 기대편익을 모두 기초로 산출하는 방법 중 하나에 따라야 한다(國租令 12조 4항). 이러한 방법의 적용과 관련하여 (i) 지급보증계약 체결 당시 채권자인 금융회사가 산정한 지급보증 유무에 따른 이자율 차이를 근거로 하여 산출한 수수료 금액이나 위의 각 방법 별로 국세청장이 정한 기준에 따라 산출한 수수료 금액은 정상가격으로 본다(國租令 12조 5항). 이 역시 일종의 안전장치이다.

2. 정상가격 산출방법의 사전 승인

이전가격에 대한 분쟁을 예방하기 위하여 정상가격산출방법을 사전에 국세청장으로부터 승인을 받을 수 있다(國租法 14조). 이는 1991년 미국이 처음으로 도입한 이전가격 사전합의(advance pricing agreement – APA) 제도를 본받은 것이다(Revenue Procedure 91–22, 1991–11 I.R.B. 11). 정상가격의 적정성에 대한 분쟁은 매우 복잡하여 그 해결을 위해서는 많은 시간과 비용이 들고 소송에까지 이르면 납세자와 과세관청 쌍방에 매우 큰 부담이 되기 때문에 미리 이전가격 산출방법(transfer pricing methodologies – TPM)에 관하여 양자 간에 합의를 하여 이 합의된 방법에 따라 이전가격을 책정함으로써 후일의 다툼을 예방하고자 하는 것이다.

사전승인을 받기 위하여는 소정의 서류를 갖추어 정상가격 산출방법을 적용하려는 최초의 과세연도 개시일 전날까지 국세청장에게 승인신청을 하여야 한다(國租法 14조 1항). 한편, 거주자 또는 국외특수관계인이 우리나라의 체약상대국의 권한 있는 당국에 정상가격 산출방법의 사전승인을 신청한 경우로서 우리나라와 상호합의절차를 시작할 필요가 있는 때에는 우리나라의 국세청장에게도 즉시 정상가격 산출방법의 사전승인을 신청하여야 한다(國租令 26조 6항). 국세청장은 체약상대국의 권한 있는 당국과의 상호합의절차를 거쳐 합의에 이르게 되면 정상가격 산출방법을 승인할 수 있다(國租法 14조 2항). 당초의 신청내용과 다르게 과세당국 간 합의가 이루어졌다고 하더라도 신청인이 그 상호합의 내용에 동의하는 경우에는 그 합의내용을 당초부터 신청한 것으로 본다(國租令 28조 5항).

한편, (i) 납세자가 정상가격산출방법 승인신청시 상호합의절차를 거칠 것을 요구하지 않은 경우(國租令 29조 1항 1호), (ii) 사전승인신청의 접수일부터 3년이 경과할 때까지 상호합의가 이루어지지 아니하여 국세청장이 직권으로 상호합의절차를 중단하거나 상호합의절차에 의한 합의가 불가능하여 체약상대국과 상호합의절차를 종료하기로 한 경우로서 신청인이 국세청장으로부터 그 중단 사실을 통지받은 날부터 15일 이내에 일방적 사전승인신청의 의사를 서면으로 제출한 경우(國租令 29조 1항 2호, 28조 8항)에는 상호합의절차를 거치지 아니하고 정상가격 산출방법의 사전승인을 할 수 있다(법문상 "일방적 사전승인"이라고 정의함; 國租法 14조 2항 단서).

국세청장은 거주자가 승인신청 대상 기간 전의 과세연도에 대하여 정상가격 산출방법을 소급하여 적용해 줄 것을 사전승인 신청과 동시에 신청하는 경우 국세부과의 제척기간(일방적 사전승인의 경우 같은 감액경정청구 기한)이 지나지 아니한 범위에서 소급하여 적용하도록 승인할 수 있다(國租法 14조 3항).

사전승인이 이루어지면 납세의무자와 과세관청은 승인된 방법에 구애되어 과세처분을 하거나 납세의무를 이행하여야 한다(國租法15조 1항). 그러나 (i) 사전승인에 관한 자료의 중요한 부분이 제출되지 아니하거나 허위로 작성된 경우, (ii) 거주자가 사전승인의 내용 또는 그 조건을 준수하지 아니한 경우, (iii) 사전승인된 정상가격 산출방법의 전제가 되는 조건이나 가정의 중요한 부분이 실현되지 아니한 경우, (iv) 관련 법령 또는 조세조약의 변경으로 사전승인내용이 적절하지 아니하게 된 경우 등에는 사전승인을 취소 또는 철회할 수 있고, 위 (iii) 및 (iv)의 경우에는 신청인이 잔여 대상기간에 대하여 당초의 사전승인 내용을 변경해 줄 것을 신청할 수 있다(國租令 30조).

사전승인을 받은 자는 확정신고기한 내에 승인내용을 반영하여 신고하여야 하고, 그 승인내용에 따라 산출된 정상가격 및 그 산출과정 등이 포함된 연례보고서를 소득세법상의 과세기간과 법인세상의 사업연도의 종료일이 속하는 달의 말일부터 12개월 이내에 국세청장에게 제출하여야 한다(國租法 15조 2항, 3항).

3. 연구개발비의 분담액 등 조정의 특칙

특수관계인들이 신제품의 생산기술이나 경영기법 등의 무형자산을 공동으로 개발하는 경우가 많다. 이러한 무형자산의 공동개발은 해당 무형자산의 사용·처분에 관한 권리를 공동으로 취득하는 행위로서 우리 민사법상 그 법률적 성격은 '준공유하는 권리'의 취득이라고 할 것이다. 특정한 사업을 공동으로 경영하는 약정에 이르러야 조합계약이라고 할 수 있지 공동의 목적 달성이라는 정도만으로는 조합의 성립요건을 갖추었다고 볼 수 없고,[1] 한편 단순한 무형자산의 공동개발은 공동의 목적 달성을 위한 행위일 뿐 사업을 공동으로 경영하는 행위는 아니므로, 무형자산의 공동개발이 조합을 구성한다고 할 수는 없다. 이러한 준공유권리(즉, 무형자산)의 취득에 소요되는 비용을 특수관계인들이 준

---

1) 대법원 2007. 6. 14., 2005 다 5140.

공유할 권리의 크기나 그 권리의 행사에서 발생하는 이익에 비례하여 분담하지 않으면 과대 분담한 특수관계인이 과소 분담한 특수관계인에게 이득을 이전하는 결과가 발생할 수 있다. 따라서 그러한 무형자산의 취득에 소요되는 비용의 분담행위도 이전가격 책정의 한 유형으로서 국조법상의 일반원칙에 따라 정상가격에 의한 조정의 대상이 될 수 있음은 당연하다. 그런데 국조법은 거주자가 국외특수관계인과 무형자산(國租令 13조 1항)을 공동으로 개발 또는 확보(이하 "공동개발"이라고 함)하기 위하여 사전에 체결한 원가 · 비용 · 위험(이하 "원가 등"이라고 함)의 분담에 관한 약정에 따라 그 무형자산을 공동개발함에 있어 거주자의 원가 등의 분담액이 정상원가분담액보다 적거나 많을 때에는 정상원가분담액을 기준으로 거주자의 원가 등의 분담액을 조정할 수 있다는 취지의 특별규정을 두고 있다(國租法 9조 1항). 개발하려고 하는 무형자산의 유형별로 그로부터 얻을 수 있을 것으로 기대되는 이익을 측정하는 것이 어렵고, 당사자들이 수시로 변경될 수도 있으며, 비용지출에 관한 완벽한 자료를 구비하는 것이 어려운 등의 사유로 인해 공동개발비 분담의 적정성을 확보하는 것은 쉽지 않으므로 각국은 법률의 하위규범에서 이에 관한 복잡한 규정을 두고 있다. 예를 들면, 미국은 내국세입법 시행규칙 제1.482 − 7조(Internal Revenue Code Treasury Regulations §1.482 − 7)에서, 그리고 일본은 '이전가격사무운용요령'이라는 국세청의 훈령에서 정상원가분담의 기준을 제시하고 있고, OECD도 이전가격지침(Transfer Pricing Guidelines for Multinational Enterprises and Tax Administrations) 제8장에서 비용분담약정(Cost Contribution Arrangements)이라는 제목하에 이 문제에 관한 구체적 지침을 제시하고 있다. 이하에서는 현행 국조법 규정의 내용만 간략히 살펴보기로 한다.

우선, 어떤 원가분담액이 정상원가라고 하더라도 정상원가분담액에 관한 약정을 체결하고 원가 등을 분담한 경우에 한하여 거주자의 과세소득금액 계산시 이를 손금으로 산입한다고 하고 있는바(國租令 17조 3항), 이러한 형식적인 요건을 구비하지 아니하였다고 하여 실제로 지출한 정상원가분담액을 비용으로 인정하지 않는 것은 타당하지 아니하므로 이 시행령 규정이 유효할지는 의문이다.

한편, 거주자인 참여자가 국외특수관계인과 공동으로 개발한 무형자산에 대하여 적정하게 배분한 원가 등에 따라 자신의 지분을 결정한 후 그 무형자산을 공동으로 개발한 후 실현될 것으로 기대되는 편익(이하 "기대편익"이라고 함)[1] 이 100분의 20 이상으로 변동된 경우 과세관청은 그 변동에 따라 해당 무형자산을 공동개발한 날이 속하는 과세연도에 대한 과세표준 신고기한의 다음 날부터 5년 이내에, 거주자인 참여자의 원래의 지분을 조정함과 동시에 조정한 지분에 따른 정상원가분담액과 당초 약정한 원가분담액 간의 차액에 대한 과세표준과 세액을 결정 또는 경정할 수 있다(國租法 6조의2 2항; 國租令 18조 1항, 4항). '기대편익'은 (i) 원가의 절감과 (ii) 무형자산의 활용으로 인한 매출액이나 영업이익 또는 사용량, 생산량 또는 판매량의 증가 중의 어느 하나에 해당하는 편익을 사용하여 산정한다(國租令 17조 4항). 한편, 조정된 지분에 따른 정상원가분담액이 당초 약정한 원가분담액에 미달하여 그 미달된 금액에 대한 과세표준을 증액하여야 하는 경우에는 그 지분조정의 원인이 된 기대편익의 변동이 발생한 사업연도의 과세표준 계산시 반영한다(國租令 18조 2항). 이와 같이 정상원가분담액을 조정한 후 재차 위와 같은 기대편익의 변동이 발생하는 경우 해당 참여자는 과세표준과 세액의 확정신고기한, 수정신고기한 또는 감액경정청구기한 내에 확정신고, 수정신고 또는 감액경정청구를 할 수 있다(동조 3항).

그리고 원가분담약정을 체결한 후 제3자가 그 약정에 새로 참여함으로써 얻게 되는 기대편익의 대가로 주고받은 금액이나 기존 참여자가 탈퇴함으로써 잔존 참여자가 추가로 얻게 되는 기대편익의 대가로 주고받은 금액이 정상가격보다 낮거나 높을 때에도 정상가격에 따라 과세표준 및 세액을 조정할 수도 있다(國租令 19조).

4. 세무조정과 소득처분

(1) 원   칙

정상가격에 의한 세무조정에 따라 내국법인의 익금에 산입된 금액은 (i) 그 세무조정에 따른 과세표준 및 세액의 결정일이나 경정일로부터 4개월 이내에 부과제척기간이 만료되는 경우, (ii) 납세의무자가 이전소득금액 처분요청서를 제출하는 경우 또는 (iii) 해당 내국법인이 폐업한 경우를 제외하고는 일단 임시유보로 처분하고(國租令 24조 1항, 25조 1항), 해당 내국법인이 그 임시유보 처분통지서를 받은 날 또는 정상가격을 거래가격으로 보아 조정한 과세표준 및

---

1) 국조법 시행령 제14조의3에서 기대편익의 구체적 내용을 규정하고 있다.

세액의 신고일로부터 90일 이내에 국외특수관계인으로부터 해당 금액과 그에 대한 이자를 반환받았음을 증명하는 '이전소득금액 반환확인서'를 제출하지 아니하는 경우에는 이를 국외특수관계인에 대한 배당으로 처분하거나 또는 출자 등으로 조정한다(國租法 13조 1항; 國租令 22조 1항). 납세의무자가 임시유보의 처분을 받은 후 이전소득금액 처분요청서를 제출하거나 해당 내국법인이 폐업한 경우에도 그러한 처분이나 조정을 한다(國租令 25조 2항). 법인세법 제67조에 따른 소득처분과 유사한 소득처분을 행하는 것이다. 이와 관련하여 내국법인이 익금에 산입되는 금액 중 일부만 국외특수관계인으로부터 반환받은 경우에는 그 발생순서에 따라 먼저 발생된 금액(해당 금액에 대한 반환이자 포함)부터 반환된 것으로 본다(國租令 22조 3항). 임시유보처분을 하지 않는 예외의 경우에는 세무조정에 따른 결정일이나 경정일 당시 반환이 확인되지 아니하는 익금산입액을 바로 소득처분한다. 반환되는 금액에 포함되어야 할 이자는 다음의 산식에 의하여 계산한다(國租令 22조 2항).

> 반환이자＝반환하려는 금액×거래일이 속하는 사업연도 종료일의 다음날부터 이전소득금액 반환일까지의 기간×국제금융시장의 실세이자율을 감안하여 기획재정부령이 정하여 고시하는 이자율/365(윤년의 경우 366)

소득처분의 구체적 내용은 국외특수관계인이 (i) 내국법인의 주주인 경우에는 배당, (ii) 내국법인이 출자한 법인인 경우에는 그 법인에 대한 출자의 증가, (iii) 그 외의 자인 경우에는 위 (i)의 경우와 마찬가지로 배당으로 한다(國租令 23조 1항).

과세관청은 위에서 본 이전소득금액 반환확인서의 제출기한이 만료된 날(임시유보처분을 하지 않은 예외의 경우에는 세무조정에 따른 과세표준 및 세액의 결정일이나 경정일)로부터 15일 이내에 해당 내국법인에게 소득세법상의 소득처분에 따른 소득금액변동통지서의 발송에 관한 규정(所令 192조 1항, 4항)을 준용하여 이전소득금액통지서를 보내야 하고, 배당으로 처분된 금액은 그 통지서의 수령일에 지급된 것으로 본다(國租令 23조 2항, 3항, 25조 3항). 해당 내국법인이 이전소득금액통지서를 받은 날로부터 90일 이내에 위에서 본 이전소득금액 반환확인서를 제출하는 경우에는 소급하여 소득처분이 없었던 것으로 보아 실효시킨다(동조 5항). 소득처분의 사후 해소를 허용하는 것이다.

(2) 대응조정

거주자의 국외특수관계인의 거주지국이 해당 거주자와 국외특수관계인 간의 이전가격을 증액 또는 감액 조정하여 그 국외특수관계인의 소득을 증액 또는 감액하고, 국외특수관계인에 대한 그러한 소득의 증액 또는 감액 조정을 우리 정부가 상호합의절차를 통하여 받아들이는 경우에는 거주자가 처음부터 정상가격으로 거래한 것으로 보아 국외특수관계인으로부터 정상가격과 실제 거래가격 간의 차액에 상당하는 이익을 분여받지 않거나 분여하지 않은 것으로 조정하는 것으로 규정하고 있다(國租法 12조 1항). 이를 반영하여 법인세법 제53조도 같은 취지로 규정하고 있다. 예를 들면, 거주자의 국외특수관계인의 거주지국이 국외특수관계인의 거주자에 대한 판매가격이 정상가격보다 낮다고 보아 이를 정상가격으로 증액하여 국외특수관계인의 소득을 그 차액만큼 증액하고, 우리 정부가 상호합의절차를 거쳐 이를 받아들인 경우에는, 비록 거주자가 국외특수관계인에게 증액된 거래가격(달리 말하면, 거주자의 감액된 소득금액 상당액)을 실제로 반환하지 않더라도 그 미반환액을 추가의 소득으로 보지 않는다. 거주자가 국외특수관계인과 처음부터 정상가격으로 거래한 것으로 과세상 취급하는 것이다. 내국법인이 특수관계인과 사이에 시가와 다른 가격으로 행한 국내거래를 부당행위계산으로 부인하여 시가와 거래가격 간의 차액을 익금에 산입하는 경우 거래상대방에 대하여 이러한 대응조정을 인정하지 않고 있음은 법인세법 부분에서 전술한 바 있다(제2장 제7절 Ⅲ. 4.).

조정되지 않은 당초의 이전가격을 기초로 해당 과세연도나 사업연도의 소득에 대한 과세표준 및 세액을 과대 또는 과소 신고한 납세의무자가 위와 같은 상호합의결과에 따라 소득금액 및 결정세액을 조정받기 위해서는 상호합의결과의 통지를 받은 날로부터 3월 이내에 소득금액계산특례신청서에 상호합의종결통보서를 첨부하여 납세지 관할세무서장에게 감액경정청구 또는 수정신고를 하여야 한다(國租令 21조 1항).

한편, 위의 경우와 반대의 경우, 즉 우리 과세당국이 거주자가 국외특수관계인과의 거래가격을 정상가격과 달리 정하여 그 차액에 해당하는 소득에 대한 세부담을 회피한 것으로 인정하는 경우에는 해당 거주자의 소득을 증액조정함과 동시에 그 차액을 국외특수관계인에게 지급한 것으로 보아 배당, 출자, 기타 사외유출 등의 처분을 하는 것을 원칙으로 하면서도, 거주자가 그 차액을 반환받은 경우에는 그러한 처분을 하지 않는 것으로 하고 있음은 위에서 본 바와 같다.

5. 국세 부과목적의 정상가격과 관세의 과세가격 간 불일치의 조정

(1) 불일치에 따른 국세의 감액경정청구권 및 양 가격 간의 조정신청권

국제거래가 물품의 수입거래인 경우에는 그 수입가격을 과세가격으로 하여 관세를 납부하여야 하는데(관세법 15조), 수입거래에서 발생하는 소득에 대해 납부할 국세의 과세표준을 계산하는 데 적용하는 정상가격과 관세의 과세가격이 서로 다른 경우 단일한 거래의 가격이 2개가 존재하는 결과가 된다. 이러한 과세상의 결과는 국가라는 동일한 법인격체가 단일한 거래의 가격을 세목별로 달리 적용하는 것이 되어 신의칙 내지 금반언의 원칙에 반한다. 이에 수입거래의 거래가격에 맞추어 소득세나 법인세의 과세표준을 신고한 뒤 세관장이 그 거래가격과 다르게 관세의 과세가격을 경정하는 경우 납세의무자는 세관장의 경정처분일로부터 3개월 이내에 국세의 과세당국에 소득세나 법인세의 감액경정청구를 할 수 있고, 이 경우 과세당국은 해당 수입물품의 거래가격 산출방법과 계산근거 등이 '국제조세조정에 관한 법률'상의 정상가격 산출방법과 부합하는 것으로 인정되는 경우에는 소득세액이나 법인세액을 경정할 수 있다(國租法 19조 1항, 2항). 나아가 납세의무자가 이러한 감액경정청구를 한 날로부터 2개월이 지나도록 국세의 과세당국으로부터 그 청구에 대한 결과의 통지를 받지 못하거나 받은 통지의 내용에 대해 불만이 있는 경우에는 30일 이내에 기획재정부장관에게 국세의 정상가격과 관세의 과세가격 간 조정을 신청할 수 있고, 이 경우 기획재정부장관은 국세의 과세당국 또는 세관장에게 거래가격에 대한 과세의 조정을 권고할 수 있으며, 그 조정권고에 대한 과세당국 또는 세관장의 이행계획(조정권고를 이행할 수 없다고 하는 경우에는 그 이유를 포함하여야 함)을 받아 납세의무자에게 조정신청일로부터 90일 내에 통지하여야 한다(國租法 20조).

(2) 정상가격 산출방법 사전승인과 관세가격 사전심사의 동시 신청

국세청장에게 국세의 정상가격 산출방법의 일방적 사전승인(國租法 14조 2항)을 신청하는 거주자는 관세의 과세가격 결정방법의 사전심사(관세법 37조 1항 3호)를 동시에 신청할 수 있고, 이 경우 국세청장은 정상가격 산출방법, 과세가격 결정방법 및 사전조정 가격의 범위에 관하여 관세청장과 협의하고, 협의가 이루어지면 사전조정을 하여야 하며, 그 결과를 신청인과 기획재정부장관에게 통지하여야 한다(國租法 18조). 역으로 관세청장에게 관세의 과세가격 사전심사를 신청하면서 국세의 정상가격 산출방법의 일방적 사전승인을 동시에 신청할 수도 있고, 이 경우 유사한 결정 절차를 거친다(관세법 37조의2).

6. 자료제출 의무

　국외특수관계인과 국제거래를 행하는 납세의무자는 소득세법에 따른 과세기간의 종료일이나 법인세법에 따른 사업연도의 종료일이 속하는 달의 말일부터 6개월 이내에 관할세무서장에게 국제거래명세서, 요약손익계산서 및 정상가격 산출방법 신고서를 제출하여야 한다. 일정한 소규모 경우에는 요약손익계산서와 정상가격 산출방법 신고서의 제출은 면제된다(國租法 16조 2항). 또한 국외특수관계인과의 해당 과세연도 거래규모가 500억원 이상이면서 매출액이 1,000억원 이상인 내국법인 및 외국법인의 국내사업장은 국제거래명세서 제출에 갈음하여 사업연도 종료일이 속하는 달의 말일부터 12개월 이내에 사업활동 및 거래내용 등에 관한 국제거래정보통합보고서를 제출하여야 한다(國租法 16조 1항; 國租令 34조 1항). 그리고 과세당국은 정상가격산출과 정상가격에 의한 과세조정을 위하여 필요한 자료를 제출하도록 납세의무자에게 요구할 수도 있다(國租法 16조 4항). 납세의무자가 부득이한 사유없이 자료제출의무를 태만히 하는 경우에는 과세당국은 유사한 사업을 영위하는 사업자로부터 입수하는 자료 등 확보할 수 있는 자료에 근거하여 합리적으로 정상가격을 추정할 수 있고, 또한 과태료를 부과할 수 있다(國租法 16조 7항, 60조 1항). 국외특수관계인 등과의 거래에 있어서 자료 및 증명서류 등이 국내에 있지 않아 과세당국이 입증하기 어려운 경우가 많고, 이러한 사정으로 납세의무자에게 각종 자료제출 등의 요구를 할 수 있도록 규정하고 있는 것이 일반적 입법례이다. 이와 같이 납세의무자는 과세관청이 정상가격을 조사하기 위하여 요구하는 자료 및 증명서류를 제출할 의무가 있으므로, 자신이 행한 국제거래의 이전가격과 과세관청이 최선의 노력으로 확보한 자료에 기하여 합리적으로 산정한 가격으로서 정상가격이라고 주장하는 것 사이에 차이가 있는 경우에는, 과세관청이 합리적으로 산정한 해당 국제거래의 이전가격이 정상가격 범위 내에 들어 있어 경제적 합리성이 있다는 점에 관하여 입증할 책임을 진다.[1]

---

1) 대법원 2014. 9. 4., 2012 두 1747, 1754; 同 2001. 10. 23., 99 두 3423.

제 4 절 조세피난처

I. 총 설

1. 의의와 분류

조세피난처(租稅避難處, tax haven)란 조세부담을 현저하게 덜 수 있는 곳이다.[1] 그러나 조세피난처는 하나의 뜻으로 정의하기 어렵고, 상대적 관점에서 고려되어야 할 개념이다. 조세피난처에 관한 각국의 실정법상의 정의를 보면, '상당히 더 유리한'(벨기에), '특혜적 조세제도'(프랑스), '중간단계의 소득에 대한 자국 세액의 30% 미만을 과세하는 지역'(독일), '자국과 비교하여 세(稅)의 부담이 현저히 낮은 나라 또는 지역'(일본), '보다 낮은 수준의 과세로서 구체적으로는 자국의 2분의 1 미만을 과세하는 곳'(영국) 등 그 표현이 다양하나, 어느 나라든 낮은 세부담으로 인해 조세회피를 가능하게 하는 지역이라는 공통의 의미를 갖고 있다. 조세피난처의 결정 기준이 이처럼 추상적 또는 객관적인 듯하면서도 구체적 적용에 있어서는 유동적이라는 결함을 감안하여 조세피난처의 명단을 행정적으로 고시하는 나라들도 있다.

조세피난처의 조세경감의 정도가 저마다 다른 것은 물론이다. 그리고 일반적으로 정상과세를 하고 있으나 특정의 경우에만 감면이나 낮은 세율의 과세를 하고 있는 곳도 있다. 말하자면 전면적 haven이 아니라 일면적 또는 부분적 haven인 셈이다. 어느 나라나 비록 그 대상에 차이가 있지만 특정의 경제활동과 관련해서 특칙이나 특혜를 제공하는 예가 허다한바, 부분적 haven의 개념을 확대하면 모든 나라가 '부분적 tax haven'으로 인정될 수 있다. 예를 들면, 조세특례제한법을 위시하여 각종의 감면규정을 갖고 있는 우리나라도 조세피난처가 될 수 있다. 그러나 아무도 우리나라를 조세피난처로 분류하는 사람은 없다. 그것은 조세제도 전반을 보거나 외국기업의 우리나라 제도의 이용실태로 보아 조세피난의 여지가 매우 적기 때문이다.

---

[1] 조세피난처(租稅避難處)라는 용어는 tax haven의 각 낱말의 의미를 직역하여 합친 것이나 조세를 '피난'한다는 표현은 여러모로 합당치 않다. 그러나 이미 학술용어로 굳어진 터라, 혼란을 피하기 위하여 이에 따르기로 한다.

그런데 누가 보아도 조세피난처라 할 수 있는 과세지역이 있다. 그것을 '고전적 조세피난처(classical tax haven)'라 부르고, 그 특징으로 (i) 소득과 자본에 대한 무(無)과세 또는 경(輕)과세, (ii) 금융과 상거래의 비밀보장, (iii) 외환거래의 자유, (iv) 금융업에 대한 정책적 치중과 규제의 유연성, (v) 역외지역과의 교통과 통신의 편의, (vi) 조세조약이 전혀 또는 거의 체결되어 있지 않을 것(조세조약을 체결하면 정보교환의무가 생기기 때문에 조세피난처로서도 조약을 원치 않고 또 상대국으로서도 조약편승(treaty shopping)에 의한 폐단 때문에 조약을 원치 않을 뿐만 아니라, 이론적으로도 국제적 이중과세가 발생하지 않기 때문에 필요성이 없음) 및 (vii) 정치적 안정성과 외국자본에 대한 호의적 태도를 들고 있다.[1]

이들은 조세피난처임을 적극적으로 내세워 제3국에서 얻어진 소득을 자기 지역으로 유치하는 것이 보통이다.

Milton Grundy는 그의 저서에서 조세피난처를 다음과 같이 분류하여 서술하고 있다.[2]

A. 무세국

Anguilla, Bahamas, Bermuda, Cayman Islands, Nauru, Turks & Caicos Islands

B. 감면국

(i) 면세(Exemptions): Antigua, Aruba, Belize, British Virgin Islands, Cook Islands, Gibraltar, Grenada, Guernsey, Isle of Man, Israel, Jersey, Liechtenstein, Madeira (Portugal), Marshall Islands, Mauritius, Monaco, Montserrat, Nevis, St. Vincent, Seychelles, U.S. Virgin Islands, Vanuatu, Western Samoa

(ii) 저율과세(Reduced Rates): Barbados, Belgium, Cyprus, Dublin(Ireland) Labuan (Malaysia), Malta, Switzerland

(iii) 지주회사 우대(Special Regimes for Holding Companies): Austria, Denmark, France, Hungary, Luxembourg, Netherlands

C. 외국에서 지배·관리시 비거주회사 취급(Taxing Jurisdictions Offering Non-Resident Companies)

Barbados, Botswana, British Virgin Islands, Gibraltar, Grenada, Ireland, Singapore, Swaziland

---

1) OECD, Tax Haven: Measures to Prevent Abuse by Taxpayers(International Tax Avoidance and Evasion Four Related Issues), p. 21(1987).

2) Milton Grundy, Grundy's Tax Havens Offshore Business Centres: A World Survey, 6th ed.(1993).

D. 국외소득 과세 제외(Jurisdictions Taxing on Territorial Basis)

Costa Rica, Hong Kong, Liberia, Malaysia, Panama, Seychelles, Singapore, South Africa, Uruguay

2. 국조법상 조세피난처의 정의

국조법상 조세피난처란 '법인의 실제부담세액이 실제발생소득에 우리나라 법인세 최고세율의 70%를 적용하여 계산한 금액 이하인 국가 또는 지역'을 말한다(國租法 27조 1항 1호).[1] 여기서 '실제발생소득'이라고 함은 해당 외국법인의 본점, 주사무소 또는 실질적 관리장소가 있는 국가 또는 지역(거주지국)에서 일반적으로 인정되는 회계원칙에 따라 산출한, 해당 사업연도를 포함한 최근 3개 사업연도의 '법인세 차감 전 당기순이익'(세전이익)의 평균액으로 하되, 해당 거주지국에서 일반적으로 인정되는 회계원칙이 우리나라의 기업회계기준과 현저히 다른 경우에는 우리나라의 기업회계기준을 적용하여 세전이익을 계산한다(國租令 61조 1항). 이때 세전이익에 주식 또는 출자증권의 평가손익이 반영되어 있는 경우에는 그 평가이익을 빼고 평가손실을 더한 금액을 세전이익으로 하되, 거주지국에서 그 자산의 평가손익의 전부 또는 일부가 해당 외국법인의 과세소득을 계산할 때 반영되어 있는 경우에는 그 평가손익은 빼거나 더하지 않는다(동항 1호). 또한 어떤 사업연도에 주식 또는 출자증권을 매각하거나 그 발행자로부터 배당 또는 분배금을 지급받는 경우에는 그 사업연도 이전에 발생한 해당 주식 또는 유가증권의 평가손익도 세전이익을 계산함에 있어서 가감하지 않는다(동항 2호). 평가손익을 양도차익이나 배당금의 형태로 실현하였기 때문이다. 3개 사업연도 중 세전이익이 결손인 사업연도가 있는 경우 해당 사업연도의 실제발생소득은 영으로 본다(國租令 61조 1항 후문).

한편, 실제부담세액이라고 함은 해당 사업연도를 포함한 최근 3개 사업연도에 해당 법인의 거주지국의 세법에 따라 세전이익에 대하여 실제로 부담한 세액의 평균액을 말하며, 해당 거주지국 외의 국가에서 납부한 세액(예컨대, 특정 외국법인이 고세율국가에서 지점을 통해 사업을 하고 납부한 세액)과 이월결손금 공제로 인한 감소세액을 포함한다(國租令 제62조). 제3국 부담세액을 포함하는

---

1) 2010년 개정된 국조법 이후로는 조세피난처라는 용어를 직접 사용하지 않고, '특정외국법인의 거주지국'이라는 문언을 쓰고 있다.

이유는, 첫째 어디에서 조세를 부담하였건 조세를 부담한 이상 그 범위 내에서는 조세회피의 효과가 없기 때문이고, 둘째 거주지국 조세부담만을 감안할 때에는 오히려 국제적 이중과세의 폐단이 생길 수 있기 때문이다.

위에서 실제발생소득과 실제부담세액을 계산하는 기간으로서의 '3개 사업연도'는 ① 도매업, 금융 및 보험업, 부동산업, 전문·과학·기술 서비스업(건축기술, 엔지니어링 및 관련 기술서비스업은 제외), 사업시설관리·사업지원·임대서비스업을 영위하는 사업연도 또는 ② 주식 또는 채권의 보유, 지식재산권의 제공, 선박·항공기·장비의 임대, 투자신탁 또는 기금에 대한 투자 등을 '주된 사업'으로 영위하는 사업연도만 포함한다. ①의 사업들은 대규모의 물적 시설이나 장비를 사용하지 않는 것들이고, ②의 사업들은 수동적 소득(passive income)을 올리는 것들인데, 이러한 사업들을 영위하는 경우에 한하여 조세피난처를 이용하여 조세부담의 경감을 꾀하려고 하는 의사가 있다고 보는 것이다. 그리고 대상 사업연도가 3개에 미달하는 경우에는 해당 사업연도만으로 실제발생소득을 계산한다(國租令 제61조 2항).

조세피난처의 결정에 관한 국조법상의 위와 같은 기준은 우리나라가 뒤의 4.에서 서술하는 지역지정법과 조세비교법 중 후자를 택하고 있음을 의미한다.

3. 조세피난처의 문제점

제2차 세계대전과 한국동란 시기에 강대국은 고율의 과세로 전비를 조달하여야 하였고, 전후에도 경제복구를 위하여 세율의 인하는 지극히 완만한 것이었다. 이와 같은 높은 세부담의 부과는 조세피난처로 자본을 이동시키는 촉진제가 되었다. 이에 오늘날 자타가 인정하는 조세피난처만 하더라도 전세계에 30여개 지역에 이르고 있고 선진국들의 강한 견제에도 불구하고 번창일로에 있다고 한다.[1] 조세피난처의 비밀보장으로 인하여 대체 조세피난처를 통한 경제활동의 규모가 어느 정도인지, 따라서 거두지 못하는 세수의 규모가 어느 정도인지 파악하는 것조차 어렵다.[2]

---

1) Cayman Islands에는 1991년 말 현재 544개의 은행이 있으며 총부채(주로 예금)가 US $423,504,000,000에 이른다. Grundy, op. cit., p. 13.

2) 자주 인용되는 실태연구로는 1981년 미재무부 간행의 Richard Gordon, "Tax Havens and Their Use by United Sates Taxpayers – An Overview"(The Gordon Report)와 그 속편인 1984년의 "Tax Havens in the Carribean Basin" 참조.

이처럼 조세피난처의 번성으로 세수손실과 과세의 형평성 결여라는 애로를 겪는 모기업의 거주지국들로서는 이러한 현상을 지켜만 보고 있을 수는 없게 되었다. 특히 과세권을 주권의 핵심으로 생각하는 미국이 조세피난처들에 의한 조세회피의 유인제공을 자국의 주권침해 행위로 보면서 가장 강력하게 반응하여 왔다. 거기에는 건국 역사적 연유도 있겠지만 가장 많은 다국적기업을 거느리는 미국으로서는 조세피난처 남용의 피해를 가장 많이 입어야 했던 데 그 까닭이 있는 것 같다. 이에 비해 유럽의 각국은 서로 인접하여 예로부터 상호간 경제 교류를 해 왔기 때문에 자본의 이동과 조세회피에 대한 경계심이 비교적 덜하였으나 역내 주요 국가들이 점차 조세피난처의 폐해를 심각하게 인식하기에 이르렀다. 그 결과 오늘날 전세계 상당수의 나라가 조세의 형평, 세수의 확보, 국세수지의 개선, 자본이동의 조세중립성 확보, 세정의 혼란방지 등의 견지에서 조세피난처의 남용에 대한 대응조치를 취하고 있다.

4. 조세피난처에 대한 대응방식

조세피난처에 대응하기 위한 입법태도는 크게 두 가지이다. 하나는 거래접근법(transactional approach)이고, 다른 하나는 지역접근법(jurisdictional approach)이다. 거래접근법은 일정한 지역에 설립된 외국법인이 조세상의 이익이 수반되는 특정의 거래를 하는 경우 조세피난처 남용에 대한 대응규정(이하 "대응규정"이라고 함)을 적용하는 것이다. 거래접근법은 자본수출중립성의 견지에서 매우 합리적이다. 그러나 집행에 있어서 개별거래를 일일이 검토하여야 하는 부담이 따르기 때문에 미국, 캐나다 등 일부 국가만이 이를 채택하고 있다.

지역접근법은 일정한 지역에 설립된 외국법인의 소득에 대해 일률적으로 대응규정을 적용하는 방법이다. 일정한 지역을 정하는 방법으로는 과세당국이 해당 지역을 지정하는 방법(지역지정법)과 외국법인의 거주지국의 조세부담과 모회사 내지는 출자자의 거주지국의 조세부담을 비교하여 외국법인의 거주지국의 조세부담이 일정비율 이상 낮을 경우 해당 지역을 조세피난처로 보는 방법(조세비교법)이 있다. 조세비교법은 다시 외국법인에 출자한 모회사에 대한 내국세와 외국법인의 소득에 대한 외국세의 비교기준을 무엇으로 하느냐에 따라 실제 납부세액(actual foreign tax paid)을 비교기준으로 하는 방법, 명목세율(nominal tax rates)을 비교기준으로 하는 방법, 유효평균세율(effective average tax rates)을 비교기준으로 하는 방법 등으로 나누어진다.[1] 지역지정법이 과세당국으로서는 간편하고, 납세자에게는 분명한 장점이 있지만, 반면 "안전한 곳"을 제시해 주는 효과도 있다는 흠이 있다. 조세비교법은 합리적이기는 하나 단순히 명목세율을 비교하는 것만으로는 효과적인 비교가 될 수 없기 때문에 양국 세법에 따라 세액을 각각 산출해 보아야 하는 번거로움이 따른다. 또한 이와 같은 조세비교의 방식은 해당 기업으로 하여금 조세피난처로 인정될 소지가 높은 국가와 과세수준을 교섭하도록 유인함으로써(예를 들면, 대응규정이 적용될 수 있는 문턱보다 유효세율이 0.1% 정도 높도록 협상을 통하여 정함) 대응규정을 회피할 수 있는 수단을 제공하게 된다.[2] 따라서 혼합방법을 사용하는 경우가 많다.

Ⅱ. 조세피난처의 이용형태

조세피난처는 개인에 의하여서도 이용되지만, 그 규모는 법인에 비할 바가 아니다. 그렇기 때문에 국제거래 과세상 개인들의 이적(移籍)은 크게 우려할 만한 정도는 아니며, 조세피난처 대응규정도 주로 법인을 염두에 두고 짜여 있다.

1. 기지회사

조세피난처의 전형적 내지는 주된 이용방법은 기지회사(基地會社, base company)를 설립·운영하는 것이다. 이 기지회사를 통하여 자국(거주지국)에서의 과세를 무기한으로 연기시키는 것이다. 즉 자국에서 이자·배당·특허 등 무형자산의 사용료 등 수동적 소득(passive income)을 직접 얻게 되면 바로 과세될 것이기 때문에 조세피난처에 기지회사를 설립하여 이 기지회사에 수동적 소득을 발생시키는 자산을(가능한 한 저렴한 가액으로) 이전시키고 기지회사로 하여금 소득을 얻게 하면 기지회사의 소득은 조세피난처의 특유한 세제로 인하여 조세부담을 지지 않거나 아주 가벼운 부담만 지게 된다. 해당 자산을 제3자에게 양도하여 양도차익이 발생하였을 때에도 마찬가지이다. 그러므로 기지회사는 기업의 소득을 과세로부터 보호해(shelter) 준다. 기지회사가 이를테면 '피세소'(避稅所, tax shelter)의 기능을 하는 것이다. 이처럼 과세로부터 보호된 소득이 앞서

---

1) OECD, Controlled Foreign Company Legislation, 1996, p. 42.

2) OECD, op. cit., p. 41.

열거한 조세피난처의 여러 가지 이점과 결부되어 기업에 재투자됨으로써 기업 이윤의 확대에 절대적으로 유리할 것은 불을 보듯 명백하다.

2. 전용보험회사

조세피난처의 이용의 또 다른 유형은 전용보험회사(專用保險會社, captive insurance company)의 설립이다. captive란 '잡아 놓은'이라는 뜻이다. captive 보험회사는 관련기업에 의하여 설립되고 그 관련기업들이 '따 놓은' 고객이 되는 것이다. 자가전용보험회사라고 불러도 무방할 것이다. 전용보험회사로 분류되는 것을 피하기 위하여 제3자를 보험가입자로 받는 수도 있지만 그것은 기술적인 제스처에 불과하다.

관련기업이 전용보험회사에 보험료를 지급하게 되면 그 지급액은 관련기업의 소득금액 계산상 비용으로 공제되는 반면, 전용보험회사는 조세피난처에 소재하기 때문에 보험료가 들어와도 세금을 납부할 일이 별로 없다. 그룹 전체를 놓고 보면 자산의 유출없이 공제할 비용만 생기게 됨으로써 과세소득이 줄어들게 된다. 따라서 자연히 보험을 넉넉히 들게 된다. 이처럼 납입된 보험료는 다시 조세피난처의 이점을 누리며 이윤재창출에 활용된다. 전용보험회사의 형태는 광범위하게 이용되고 있으며, Gulf Oil, Ford Motor, Exxon 등의 대기업들도 자기들의 전용보험회사들을 가지고 있다.

3. 편의치적

해상운송업은 조세피난처를 많이 이용하는 두드러진 업종이다. 해상운송업이 유독 조세피난처를 즐겨 활용하는 데에는 조세 외적 요인이 강하게 작용한다. 해상운송에 이용되는 선박의 선적을 자국에 둘 경우 받게 되는 선원의 고용·임금에 대한 규제, 선박의 등기와 보유에 관련된 각종 규제와 비용, 금융의 불편 등을 피하기 위하여 이들 면에서 월등히 유리한 편의를 제공하는 나라에 선적을 두는 편의치적(便宜置籍, flags of convenience)이 성행하고 있다. 편의치적을 위하여 가장 선호되는 나라는 Liberia와 Panama이다. 특히 Liberia는 총 등록선박의 톤수가 세계에서 가장 높은 나라이다. Panama와는 달리 Liberia는 아프리카의 서해안에 위치하여 교통상 불편함에도 불구하고 편의치적지로 애용되고 있다.

4. 기타 이용 형태

조세피난처에 이윤을 떨어뜨리는 또 다른 방법으로서는 조세피난처에 판매회사를 설립하여 판매이익의 일부를 그 자회사에 귀속시키는 방법 또는 조세피난처에 인적용역회사(service company)를 설립하여 관련기업에 용역을 제공하게 하고 대가를 받아 조세피난처에 누적시키는 방법을 들 수 있다. 이러한 방식의 거래는 이전가격의 활용과 결부될 수도 있을 것이다. 조세피난처의 전형적 이용 형태로서 끝으로 들 수 있는 것은 국제금융회사의 설립이다. 이는 조세피난처가 그 소재 기업이 빌린 자금에 대해 지급하는 이자에 대하여 원천징수의무를 지우지 않기 때문에 그만큼 관련기업들의 자금조달에 유리한 데 기인한다.

Ⅲ. 조세피난처 이용의 규제

1. 특정외국법인 유보소득의 배당간주 제도의 개요

조세피난처에 자회사 기타 관련기업을 가지고 있다는 사실 자체가 조세피난처의 남용이 아님은 물론이다. '남용'은 규제되어야 하나 '이용'까지 부인되는 것은 아니다. 따라서 조세피난처의 남용, 즉 조세피난처를 이용한 조세회피를 가려내어 규제하여야 한다. 그러나 법적으로 '허용되는 조세계획'과 '방치할 수 없는 조세회피'를 가르는 경계선은 언제나 희미하므로 조세피난처의 '남용'과 단순한 '이용'을 구분해 내어 전자를 규제하는 것이 쉬운 일은 아니다.

조세피난처를 통한 조세회피의 규제로는 두 가지 방법을 생각할 수 있다. 하나는 조세회피에 관한 일반규정을 적용하는 방법이고, 다른 하나는 조세피난처의 남용에 직접적·구체적으로 대응하기 위한 특별규정을 제정하는 방법이다. 조세피난처의 남용에 적용할 수 있는 일반규정으로는 조세피난처 회사의 법인격의 부인이나 실질과세원칙의 적용을 꼽을 수가 있다. 그런데 조세피난처 회사가 조세피난처의 느슨한 회사법상의 의무조항을 지키는 데 어려움이 없고, 또한 부분적으로나마 사업의 실체를 갖추고 있을 뿐만 아니라, 조세피난처 국가의 정보교환의 비협조로 조세회피의 입증이 어렵기 때문에 조세피난처 회사의 법인격을 부인하는 법리나 사업상의 목적이 없다는 이유로 거래의 형식을 과세상 부인하는 실질과세원칙의 법리로는 조세피난처를 이용한 조세회피에 일일이 대처하기 어렵다.

이에 우리나라는 미국이 피지배외국회사(controlled foreign corporation, CFC)의 유보소득과세에 관하여 1962년에 제정한 Subpart F규정(미국 내국세입법 §§951 내지 964)과 맥락을 같이하는 제도를 도입하여, 일정한 요건 하에 조세피난처에 소재하는 '특정외국법인'의 각 사업연도 말 현재 배당 가능한 유보소득 중 내국인에게 귀속될 금액을 내국인이 받은 것으로 간주한다(國租法 27조 1항). 미국의 Subpart F를 본받아서 독일(1972년), 캐나다(1972년), 일본(1978년), 프랑스(1980년), 영국(1984년) 등이 유사한 규정을 채택하였다.

2. 적용대상 법인 - 특정외국법인

(1) 특정외국법인 판정의 일반적 기준

조세피난처에 관한 규정의 적용을 받는 법인은, 조세피난처에 본점, 주사무소 또는 실질적 관리장소를 둔 외국법인 중 내국인이 출자한 외국법인으로서 특수관계에 있는 법인(특정외국법인)을 말한다(國租法 27조 1항). 내국인과 특수관계에 있다는 사실이 해당 외국법인의 유보소득에 대하여 우리나라의 과세권이 미칠 수 있는 근거가 된다. 내국인에 대한 과세이기 때문에 다른 나라의 주권침해가 되지 않으며, 특정외국법인에게 유보소득이 발생함으로써 내국인이 보유하고 있는 그 특정외국법인의 주식의 가치가 상승함에 따라 그 가치상승분을 발생주의에 입각해 과세하는 것이어서 위헌이라 할 수 없다.

여기서 말하는 내국인의 범위는 해당 특정외국법인의 각 사업연도 말 현재 발행주식의 총수 또는 출자금액의 100분의 10 이상을 직접 또는 간접(國租슈 2조 2항)으로 보유하고 있는 자를 말하되, 발행주식의 총수 또는 출자금액의 100분의 10 이상의 보유 여부를 판단함에 있어서는 특정의 특수관계인(國基法 2조 20호 가목 및 나목)이 직접 보유하고 있는 발행주식 또는 출자지분을 포함한다(國租法 27조 2항). 과세대상이 되는 내국인의 범위를 특히 100분의 10 이상의 소유자로 하는 까닭은, 고립된 소액주주는 단순한 투자자일 뿐이고 법인의 경영이나 의사결정에 영향력을 행사할 수 있는 위치에 있지 않음에도 불구하고 조세회피를 전제로 하는 배당간주규정을 적용하는 것은 합당치 않다는 데에 있다.[1] 한편, 여기서 말하는 특수관계는 국조법 전반에 통용되는 '특수관계'를 그

---

1) OECD, op. cit., p. 1645.

대로 의미하고, 그 구체적 요건은 일정한 소유와 지배의 관계에 기초하여 국조법 제2조 제1항 제3호와 동법 시행령 제2조에 규정하고 있다.

한편, 내국인이 외국의 법령에 따라 설정된 신탁의 수익권을 직접 또는 간접으로 보유하고 있는 경우에는 신탁재산 별로 각각을 하나의 외국법인으로 본다(國租法 27조 3항).

(2) 유보소득 배당간주의 적용대상에서 제외되는 특정외국법인

특정외국법인이라 하더라도 다음의 어느 하나에 해당하는 경우에는 유보소득 배당간주의 적용 대상에서 제외된다.

첫째, 특정외국법인의 각 사업연도 말 현재 실제발생소득이 2억원 이하인 경우이다(國租法 28조 1호; 國租令 64조 1항). 소득 규모가 작아 적용의 실익이 없기 때문이다

둘째, 특정외국법인이 그 소재지국에 사업을 위해 필요한 사무소·점포·공장 등의 고정시설을 가지고 있고, 그 법인이 스스로 사업을 관리하거나 지배 또는 운영을 하며, 그 소재지국에서 주로 사업을 영위하고 있는 경우이다(國租法 28조 2호). 이는 조세피난처에 물적 시설을 갖추고 정상적인 사업활동을 하는 특정외국법인은 배당간주의 적용 대상에서 제외하는 것이다(이하 이러한 특정외국법인을 '정상적 사업활동을 하는 특정외국법인'이라고 함). 그러나 '정상적 사업활동을 하는 특정외국법인'이라도 배당간주의 적용대상에서 제외되지 않는 예외의 경우가 있는데, 이에 관해서는 아래 (3)에서 따로 살펴보기로 한다. 한편, '정상적 사업활동을 하는 특정외국법인'도 주식 또는 채권의 보유, 지식재산권의 제공, 선박·항공기·장비의 임대, 투자신탁 또는 기금에 대한 투자 등의 영업행위에서 얻는 소득 및 그러한 소득에 관련된 자산의 매각손익의 합계액(이하 '수동적 소득'이라고 함)이 총수입금액의 100분의 5를 초과하는 경우에는 유보소득 중 그 소득의 합계액에 상응하는 부분은 별도로 배당된 것으로 간주된다(國租法 29조 2항; 國租令 65조 4항).

셋째, 일정한 요건을 갖춘 자회사의 주식의 보유를 주된 사업으로 하는 특정외국법인(이하 "해외지주회사"라고 함)에 대해서는 사무소·점포·공장 등의 고정된 시설을 통하여 사업을 영위하고 있는지 여부에 불구하고 배당간주규정을 적용하지 아니한다. 여기서 자회사 주식의 보유를 '주된 사업'으로 한다고 하기 위해서는 해당 특정외국법인의 총 수입금액 중 100분의 50을 초과하는 수입금

액이 자회사 주식의 보유와 관련하여 발생하여야 한다(國租令 64조 2항). 이러한 예외에 해당하기 위해 해외지주회사는 (i) 자회사의 주식을 해당 자회사의 배당 기준일 현재 6개월 이상 계속하여 보유하고 있을 것, (ii) 그러한 주식보유기간의 요건을 충족하는 자회사 중 해외지주회사가 소재하는 장소와 '같은 국가 등'(아래 (3) 참조)에 본점 또는 주사무소를 두고 있는 자회사로부터 받은 이자소득과 배당소득 등의 합계액이 전체 소득금액에서 차지하는 비율이 각 사업연도 말 현재 100분의 90 이상일 것이라는 요건을 충족하여야 한다(國租法 28조 3호; 國租令 64조 4항). 이때 자회사로부터 받은 이자소득 등의 합계액과 비교할 해외지주회사의 소득금액에는 고정된 시설을 통해 위 문단 ① 및 ②에서 본 사업(도매업 등이나 주식 또는 채권의 보유업 등) 외의 사업을 실질적으로 영위하여 올린 소득과 자회사 주식의 처분으로 발생한 소득은 제외한다. 해외 지주회사가 적극적 생산시설을 갖추고 영위하는 사업에서 얻는 소득은 지주회사의 기능과 관련이 없으므로 이는 위 '100분의 90 이상'이라는 요건의 충족여부를 판정함에 있어서 고려하지 않는다는 뜻이다. 한편, 위의 예외에 해당하기 위해 (i) 해외지주회사의 자회사에 대한 소유지분비율이 발행주식총수 또는 출자총액의 100분의 40 이상일 것, (ii) 자회사 스스로는 배당간주규정의 적용을 받지 아니할 것 등의 요건을 갖추어야 한다(國租令 64조 3항).

(3) 정상적 사업활동을 하는 특정외국법인이라도 배당간주의 적용대상이 되는 경우

위에서 본 바와 같이 정상적 사업활동을 하는 특정외국법인은 배당간주의 적용 대상에서 제외된다. 하지만, 정상적 사업활동을 하는 특정외국법인이라도 ① 도매업, 금융 및 보험업, 부동산업, 전문·과학·기술 서비스업(건축기술, 엔지니어링 및 관련 기술서비스업은 제외), 사업시설관리 및 사업지원 및 임대서비스업을 영위하는 특정외국법인으로서 (i) 해당 업종에서 발생한 수입금액의 합계액 또는 매입원가의 합계액이 총수입금액 또는 총매입원가의 100분의 50을 초과함과 동시에(도매업의 경우에는 최근 3개 사업연도의 합계액을 기준으로 계산함), (ii) 해당 업종에서 발생한 수입금액의 합계액 또는 매입원가의 합계액 중 특수관계인과 거래한 금액이 그 100분의 50을 초과하는 법인과 ② 주식 또는 채권의 보유, 지식재산권의 제공, 선박·항공기·장비의 임대, 투자신탁 또는 기금에 대한 투자 등을 '주된 사업'으로 하는 특정외국법인은 여전히 배당간주규정의 적용을 받는다(國租法 29조 1항 본문; 國租令 65조 2항). 여기서 '주된 사업'이라고 함은 해당 특정외국법인의 총수입금액 중 100분의 50을 초과하는 수입금액을 발생시키는 사업을 말한다(國租令 65조 3항). 다만, 위 ①의 특정외국법인 중 도매업을 영위하는 특정외국법인이 같은 국가 또는 같은 지역(유럽연합 지역과 중국과 홍콩 지역을 말함; 이하 '같은 국가'와 합하여 "같은 국가 등"이라고 함)에 있는 특수관계가 없는 자에게 판매하는 경우로서 그 판매금액이 총매출액의 100분의 50을 초과하는 경우에는 배당간주규정을 적용하지 아니한다(國租法 17조의3 29조 1항 단서; 國租令 65조 1항). 그러니 이 경우에도 그 특정외국법인의 수동적 소득의 합계액이 총수입금액의 100분의 5를 초과하는 경우에는 유보소득 중 그 수동적 소득의 합계액에 상응하는 부분은 배당된 것으로 간주된다(國租法 29조 2항; 國租令 65조 4항). 이때 특정외국법인이 100분의 10 이상의 지분을 소유한 자회사로서 위 ①의 사업(도매업 등)이나 위 ②의 사업(주식이나 채권의 보유업 등) 외의 사업을 영위하는 자회사로부터 받는 배당금과 도매업을 영위하지만 '같은 국가 등'에 있는 특수관계 없는 자에게 판매한 금액이 해당 사업연도 총수입금액의 100분의 50을 초과하는 자회사로부터 받는 배당금은 수동적 소득의 합계액에서 제외된다(國租令 65조 4항 단서).

3. 배당가능 유보소득과 배당간주금액의 산출

(1) 배당가능 유보소득

배당간주금액의 재원이 될, 각 사업연도 말 현재의 '배당가능 유보소득'은 해당 특정외국법인의 '처분전 이익잉여금'(해당 사업연도 중에 있었던 이익잉여금 처분에 의한 중간배당액을 포함함)을 기획재정부령이 정하는 사항을 반영하여 조정한 금액에 다시 아래에서 보는 일정한 항목을 가감하여 계산한다. 특정외국법인의 '처분전 이익잉여금'은 위 Ⅰ. 2.에서 본 '법인세 차감전 당기순이익'의 계산의 경우에서와 마찬가지로 해당 특정외국법인의 거주지국에서 일반적으로 인정되는 회계원칙에 의하여 산출함이 원칙이나, 그것이 우리나라의 기업회계기준과 현저히 다른 경우에는 우리나라의 기업회계원칙에 의한다(國租令 66조 1항). 그 현저히 다름에 관한 입증책임은 이를 주장하는 당사자에게 있다.[1] '배당가능 유보소득'을 계산하기 위해서 특정외국법인의 '처분전 이익잉여금에서

---

[1] 대법원 2017. 3. 16., 2015 두 55295.

빼일 항목은 다음의 7개 항목이다.

(i) 해당 사업연도에 행한 이익잉여금처분에 의한 이익의 배당금(해당 사업연도 중에 있었던 이익잉여금 처분에 의한 중간배당액 포함) 또는 잉여금의 분배금(國租令 66조 1항 1호),

(ii) 해당 사업연도의 이익잉여금처분에 의한 상여·퇴직급여 및 기타 사외유출(동항 2호),

(iii) 해당 사업연도의 이익잉여금처분액 중 거주지국 법령으로 정하는 의무적립금 또는 의무적인 이익잉여금 처분액(동항 3호),

(iv) 해당 사업연도 개시일 이전에 해당 내국인에게 배당된 것으로 보아 이미 과세된 금액 중 위 (i)의 이익잉여금처분이 되지 아니한 금액(동항 4호),

(v) 특정외국법인의 유보소득에 배당간주규정이 적용되지 아니하였을 때 발생한 이익잉여금(자산의 평가이익은 반영하지 않은 금액) 중 위 (i) 및 (ii)에 따른 이익잉여금 처분이 되지 아니한 금액(동항 5호),

(vi) 주식 또는 유가증권의 평가이익 중 해당 사업연도 말 현재 실현되지 아니한 금액(동항 6호),

(vii) 2억 원의 최저한 유보금(동항 7호).

위 (i) 및 (ii)의 항목은 이미 처분된 이익잉여금이고, 위 (iii)의 항목은 처분이 불가능한 이익잉여금이며, 위 (iv)의 항목은 이미 배당간주된 금액이고, 위 (v)의 항목은 유보소득 배당간주제도의 시행 전에 발생한 이익잉여금으로서 모두 배당으로 간주할 성질의 것이 아니다. 또한 위 (vi)의 평가이익은 아직 현실적으로 실현되지 않은 것이므로 배당가능하지 않다고 보아 빼는 것이고, 위 (vii)의 항목은 실제발생소득이 2억 원 이하인 경우에는 다른 요건을 모두 충족하더라도 배당간주규정을 적용하지 않으므로(國租法 28조 1호), 그 금액을 빼는 것이다.

(2) 배당간주금액

배당으로 간주되는 금액은 특정외국법인의 각 사업연도 말 현재의 배당가능유보소득에 해당 내국인의 특정외국법인에 대한 주식보유비율을 곱하여 계산한다(國租法 30조 1항). 특정외국법인의 수동적 소득의 합계액이 총수입금액의 100분의 5를 초과함으로 인해 배당가능유보소득 중 그 수동적 소득의 합계액에 상응하는 부분만 배당된 것으로 간주되는 경우(國租法 29조 2항)에 있어서의 배

당간주금액은 다음의 산식에 따라 계산한다(國租法 30조 2항):

특정외국법인의 각 사업연도 말 현재의 배당가능유보소득 × 해당 내국인의 특정
외국법인 주식보유비율 × (수동적 소득의 합계금액 − 시행령으로 정하는 일정
금액1))/특정외국법인의 총 수입금액

내국인과 특정외국법인 사이에 주식보유를 통하여 1개 이상의 법인이 개
재되어 있고 이들이 모두 직렬출자관계로 연결되어 있는 경우에는 내국인의 특
정외국법인에 대한 주식보유비율은 각 단계의 지분비율을 모두 곱하여 산출한
다(國租令 67조 1항 1호). 이때 내국인과 특정외국법인 사이에 주식보유를 통하
여 1개 이상의 내국법인이 개재되어 있는 경우 내국인 간에는 배당간주금액을
산출하지 아니한다(동조 2항). 한편, 내국인과 특정외국법인 사이에 2개 이상의
별도의 직렬출자관계가 형성되어 있는 경우에는 내국인의 특정외국법인에 대한
주식보유비율은 각각의 직렬출자관계에서 산출한 주식보유비율을 모두 합하여
산출한다(동조 1항 2호).

4. 배당간주금액의 귀속시기와 실제 배당시의 처리

특정외국법인의 유보소득으로서 배당으로 간주되는 금액은 그 발생일이
속하는 사업연도의 종료일의 다음날부터 60일이 되는 날이 속하는 내국법인의
사업연도의 익금이나 거주자의 과세연도의 배당소득에 각 산입한다(國租法 31
조). 배당간주금액이 내국법인의 익금이나 거주자의 배당소득에 산입된 후(이하
"내국법인 등의 익금 등에 산입"이라고 함) 특정외국법인이 해당 유보소득을 실제
로 배당(의제배당금 포함)한 경우에는 그 실제로 배당받은 금액을, 익금 등에 산
입된 배당간주금액을 한도로 법인세법 제18조 제2호에 규정된 '이미 과세된 소
득'으로 보아 익금에 산입하지 않거나 또는 소득세법상의 배당소득에 해당하지
아니하는 것으로 본다(이하 "이미 과세된 소득으로 취급"이라고 함)(國租法 32조 1
항). 실제 배당된 특정외국법인의 유보소득이 여러 차례에 걸쳐서 발생된 것인
경우에는 먼저 발생한 것부터 배당된 것으로 본다(國租令 68조 1항).

그리고 내국법인 등이 출자한 외국법인(이하 "중간법인"이라고 함)이 특정외

---

1) 수동적 소득의 합계액에서 제외되는 배당금의 가액을 말한다(國租令 67조 4항).

국법인에 다시 출자한 경우로서 중간법인이 내국법인 등에게 실제로 배당을 하는 때에는 그 중간법인에 의한 배당금액도 아래 산식에 따라 계산한 금액을 한도로 법인세법상 '이미 과세된 소득'으로 보거나 소득세법상의 배당소득으로 보지 않는다(동조 2항).

> [특정외국법인이 유보소득을 중간법인에 실제로 배당한 금액(의제배당 금액을 포함)×실제 배당 당시의 내국인의 중간법인에 대한 주식소유비율]의 합계액−과거 사업연도에 중간법인이 내국인에게 이미 실제로 배당하여 익금에 산입하지 않는 소득으로 보거나 배당소득에 해당하지 않는 것으로 본 금액

내국인과 특정외국법인 사이에 2개 이상의 중간법인이 개재되어 있는 경우에도 이러한 법리를 준용하여 처리한다(동조 3항).

한편, 배당간주금액이 내국법인 등의 익금 등에 산입된 후 그 내국법인 등이 그 특정외국법인의 주식을 양도한 경우에는 (i) 양도한 주식에 대한 배당간주금액의 합계에 상당하는 금액에서 (ii) 해당 양도한 주식에 대하여 실제로 배당한 금액을 뺀 금액(해당 금액이 영 이하인 경우에는 영으로 봄)을 법인세법상 '이미 과세된 소득'으로 보아 익금에 산입하지 않거나 소득세법상 양도소득에 해당되지 아니하는 것으로 본다(國租法 32조 2항). 실제배당을 위와 같이 취급하는 것은 배당으로 간주되어 이미 과세된 유보소득이 후일 현실적으로 배당으로 지급되거나 양도차익의 형태로 실현되는 경우에 다시 이중으로 과세되지 않도록 하기 위한 장치이다.

제 5 절 외국법인의 소득의 원천지

Ⅰ. 소득의 원천(source of income)의 의미

외국법인은 오직 국내원천소득에 대해서만 납세의무를 진다(제한적 납세의무). 과세권은 인적(대인고권, 對人高權)·영토적(영토고권, 領土高權) 제약을 받기 때문에 외국법인에 대해서는 영토고권에 입각하여 국내에 원천이 있는 소득에 한하여 과세할 수 있다(속지주의). 그러나 과연 어떠한 경우에 소득의 원천이 국내에 있는가를 판정하는 일은 언제나 분명한 것은 아니기 때문에 법인세법은

그 유형을 한정적으로 열거하고 있다(法法 93조). 여기서 유의할 것은 국내원천 소득의 유형에 관한 법인세법 제93조의 규정은, 소득세법상의 소득의 유형에 관한 규정과 마찬가지로 예시적인 것이 아니라 제한적인 것이라는 점이다. 따라서 동 조항에 열거되지 않은 소득은 국내에서 과세되지 않는다. 예를 들어 법인세법 제93조 제11호는 기타소득 중 국내에서 과세될 수 있는 10가지만 열거하고 있는바, 이 10가지에 해당되지 않는 기타소득은 국내에 원천이 있다고 하더라도 국내에서 과세되지 않는다.

법인세법 제93조는 모든 성격의 소득을 통틀이 획일적으로 적용되는 원천 결정의 기준(예를 들면, 급부의 이행장소나 소득의 실현 장소 등)을 규정하고 있지는 않고, 각 소득의 발생에 지배적으로 기여한 요인이 장소적 관점에서 우리나라와 가장 밀접하게 연관된 경우에만 우리나라의 원천소득으로 규정하고 있다. 이처럼 법인세법에서 소득의 성격별로 그 원천을 규정하고 있으므로, 같은 기회에 행하여진 여러 형태의 거래에서 여러 가지 성격의 소득이 동시 다발적으로 발생하는 경우에는 각 소득별로 원천을 결정하여야 할 것이다. 예를 들면, 건축주로부터 건축의 도급을 의뢰받은 건설업자가 건축주에게 건설용역을 제공함과 동시에 건축에 필요한 자금을 대여하는 경우에는 건설용역의 제공에 따른 사업소득과 자금의 대여에 따른 이자소득이 동시에 발생하므로 양 소득의 원천은 각 소득의 원천결정에 관한 기준에 따라 별개로 결정되어야 한다.[1]

외국법인이 얻은 어떤 소득의 원천을 결정하려면 먼저 해당 소득의 성격부터 결정되어야 할 것인바, 그 소득의 성격은 해당 소득이 법인세법 제93조에 규정된 제반 유형의 소득의 구성요건 중 어떤 것을 충족하는지에 따라 결정됨은 당연하다. 다만 조세조약에서 법인세법 제93조의 규정과 다르게 소득의 성격을 정하고 있고,[2] 이에 따라 소득의 원천지국도 달라지는 경우에는 조세조약

---

[1] 대법원 1992. 6. 23., 91 누 8852 판결은 "원고가 발주회사의 국내공장에 대한 설비건설 판매계약을 하고 그 계약이행을 함에 있어 계약내용에 따라 일부 기자재를 해외에서 조달하여 공급하고 조립·설치와 감독 및 훈련용역까지를 공급한 이상, 그 중 해외기자재를 공급함에 있어 이를 F. O. B. 조건으로 공급하는 형식을 취하였거나 또는 그 훈련용역의 제공수단으로 발주회사의 직원을 국외에 나가도록 하여 거기에서 기술연수토록 하였다고 하여 그 소득의 원천이 국외에 있다고 볼 수는 없다"라고 하여 연관된 거래에서 발생된 여러 개 유형의 소득의 원천을 가장 비중이 높은 소득의 원천에 따라 하나로 정할 수 있다는 취지로 판시하고 있으나, 소득별로 원천을 결정하여야 한다는 법인세법 규정상의 원칙에 비추어 볼 때 그 타당성이 의문시된다.

[2] 예를 들면, 한·미 조세조약 제6조는 개별 소득의 성격 분류에 관하여 규정하고 있다.

의 우선 적용으로 인해 해당 소득의 성격과 원천지국은 조세조약에 따라 정해진다. 조세조약 체약당사국의 권한 있는 당국이 특정 유형의 소득의 원천에 관하여 상호합의를 하는 경우 그 합의된 소득의 원천지국이 조세조약에 따른 것이 됨은 물론이다.[1]

Ⅱ. 소득유형별 국내원천소득의 범위

(1) 이자소득

소득세법 제16조 제1항에 규정하는 이자와 그 밖의 대금의 이자[2]와 신탁의 이익으로서 (i) 국가·지방자치단체·거주자·내국법인·외국법인 또는 비거주자의 국내사업장으로부터 지급받는 것과 (ii) 외국법인 또는 비거주자로부터 지급받은 것으로서 지급자의 국내사업장과 실질적으로 관련하여 국내사업장의 소득금액 계산상 필요경비 또는 손금에 산입되는 것이 국내원천 이자소득이다. 다만, 거주자 또는 내국법인의 국외사업장을 위하여 그 국외사업장이 직접 차용한 차입금의 이자는 그 소득의 발생지가 국내가 아니므로 국내원천소득인 이자소득에서 제외된다(法法 93조 1호). 비거주자가 채무자의 금전채무 불이행으로 국내에서 지급받는 지연이자는 '계약의 위약으로 받는 소득'이므로 국내원천의 이자소득이 아니라 기타소득이다(所法 21조 1항 ; 法法 93조 10호 나목).[3] 국채법에 따라 발행되는 국채 등에서 발생하는 이자소득에 대해서는 비과세된다(法法 93조의3 1항). 이자소득의 원천은 대체로 채무자의 주소지를 기준으로 결정한다. 이와 관련하여 보증채무자가 주채무자를 위하여 채권자에게 지급한 이자의 원천지가 어디이냐의 문제가 있는바, 미국에서는 연대보증의 경우에는 연대보증인이 독립된 채무자에 해당한다는 이유로 연대보증인의 주소지로 보고[4] 일반보증의 경우에는 주채무자의 주소지로 보는데[5] 비해, 우리 대법원 판례는 구분

---

[1] 대법원 2016. 12. 15., 2015 두 2611.
[2] 외국법인의 본지점 사이에 기업내부 이자가 수수된 경우, 외국법인의 국내원천소득금액 계산상 익금 또는 손금으로 볼 수 없다(대법원 1985. 11. 12., 83 누 40; 同 1987. 5. 12., 85 누 1000).
[3] 대법원 2016. 6. 10., 2014 두 39784.
[4] Rev. Rul. 78-118, 1978-1 C.B. 219; Schoellkopf v. Commissioner, 32 B.T.A. 88(1935).
[5] IRC Reg. §1.861-2(a)(5); Tonopah & Tidewater Railroad Company v. Commissioner, 39 B.T.A. 1043(1939).

없이 보증인의 주소지로 해석하고 있다.[1] 이자가 차용금의 사용에 대한 대가라는 점에서 차용금을 이용한 장소를 기준으로 함이 타당하므로 미국 판례와 같이 구분하여 해석함이 타당하다고 할 것이다.

(2) 배당소득

내국법인 또는 법인으로 보는 단체 기타 국내에 소재하는 자로부터 지급받는 (i) 소득세법 제17조 제1항에 규정하는 배당소득(다만, 제6호에서 규정한 외국법인으로부터 받는 이익이나 잉여금의 배당 또는 분배금과 해당 외국의 법률에 의한 건설이자의 배당 및 이와 유사한 성질의 배당은 제외), (ii) 소득세법 제16조 제1항 제2호의2에 따른 파생결합사채로부터의 이익, (iii) 소득세법 제87조의6 제1항제4호에 따른 집합투자증권의 환매등으로 발생한 이익 또는 적격집합투자기구로부터의 이익 중 시행령으로 정한 것, (iv) 소득세법 제87조의6 제1항 제5호에 따른 파생결합증권으로부터의 이익 중 시행령으로 정한 것, (v) 국조법 제13조 및 제22조에 따라 배당으로 처분된 금액은 국내원천 배당소득이다(法法 93조 2호). 이와 관련하여 국내사업장이 없는 외국법인이 자본시장법에 따라 국내사업장이 없는 비거주자 · 외국법인과 유가증권(채권 등은 제외)의 대차거래를 하여 유가증권 차입자로부터 지급받는 배당 등의 보상금 상당액은 국내원천소득으로 보지 아니한다(法令 132조 15항). 배당소득의 원천은 대체로 배당을 지급하는 법인의 본점 또는 주사무소의 소재지를 기준으로 결정한다.

(3) 부동산소득

국내에 있는 부동산 또는 부동산상의 권리와 국내에서 취득한 광업권, 조광권, 토사석채취권 또는 지하수의 개발 · 이용권의 양도 · 임대 또는 그 밖의 운영으로 인하여 발생하는 소득은 국내원천 부동산소득이다. 다만 다음의 (7)에서 설명하는 양도소득에 해당하는 소득은 부동산소득에서 제외된다(法法 93조 3호). 부동산이나 그에 관한 권리의 소재지에 의하여 원천을 결정한다.

(4) 선박등임대소득

거주자 · 내국법인 · 외국법인이나 비거주자의 국내사업장에 선박, 항공기 또는 등록된 자동차나 건설기계 또는 산업상 · 상업상 · 과학상의 기계 · 설비 · 장치 · 운반구 · 공구 · 기구 및 비품을 임대함으로 인하여 발생하는 소득(法法 93조 4호; 法令 132조 1항)은 국내원천 자산임대소득이다. 임대목적물의 사용지를 원

---

1) 대법원 2016. 1. 14., 2013 두 10267.

천지국으로 보는 입장이다.

(5) 사업소득

국내원천 사업소득은 국내에서 경영하는 법인세법 시행령 제132조 제2항에 규정하는 각종 유형의 사업에서 발생하는 소득이다.[1] 사업의 수행지를 기준으로 사업소득의 원천을 결정한다. 다만 국내에서 수행된 사업에서 발생한 소득이 아니라도 조세조약에 따라 국내원천 사업소득으로 과세할 수 있는 것은 국내원천 사업소득에 포함된다.[2] 국외에서 발생한 소득이라도 외국법인의 국내사업장에 귀속되는 부분은 국내원천 사업소득으로 본다(法令 132조 3항). 다음의 (6)에서 설명하는 인적용역소득에 해당하는 소득은 사업소득에서 제외된다 (法法 93조 5호).

한편, 외국법인이 국내에서 영위하는 사업을 위하여 국외에서 광고, 선전, 정보의 수집과 제공, 시장조사 기타 그 사업수행상 예비적이며 보조적 성격의 행위를 하는 경우 또는 거꾸로 국외에서 영위하는 사업을 위하여 국내에서 이들 행위를 하는 경우에는 해당 행위에서는 소득이 발생하지 아니하는 것으로 본다(法令 132조 4항). 그 결과 주된 영업활동을 하는 곳이 해당 사업소득의 원천지국이 된다. 한편, 예비적, 보조적 성격의 행위가 아닌 수익창출 행위가 국내·외에 걸쳐 이루어진 경우에도, 국내행위와 국외행위가 유기적으로 결합하여 분리불가능하고, 국내행위가 중요하고도 본질적인 부분을 차지한다면, 국외행위로 발생한 소득까지 국내원천 사업소득으로 본다.[3]

(6) 인적용역소득

국내에서 (i) 영화·연극의 배우, 음악가 기타 공중연예인, 직업운동가, 변호사·공인회계사·건축사·측량사·변리사 기타 자유직업자가 용역을 제공함으

---

1) 원고 본점이 서울지점의 중개로 체결한 홍콩현지법인과 한국법인과의 어획물 판매기본계약에 따라 판매수수료 수입을 얻었다면 실질적으로 원고 본점이 국내에서 위탁판매업을 영위하여 수입을 얻은 것으로 보아야 할 것이므로 그 소득은 국내원천소득에 해당한다(대법원 1990. 12. 26., 90 누 646).

2) 조세조약에서 건설·건축·설비 또는 조립공사와 관련한 감독·기술 등의 인적용역을 항구적 시설 또는 고정사업장과 결부시켜 규정하고 있는 경우에는 그와 같은 건설관련 용역을 당해 건설공사 등을 수주한 자 이외의 제3자가 제공하고 얻는 소득을 당해 건설공사 등을 수주한 자의 건설소득과 같은 방법으로 과세하기 위하여 사업소득으로 간주하여 항구적 시설과세원칙을 적용하고자 하는 취지이므로 그 건설관련 용역소득에 대하여는 당해 조세조약상의 사업소득에 관한 규정이 적용되어야 한다(대법원 1995. 8. 25., 94 누 7843).

3) 대법원 2016. 2. 18., 2014 두 13829; 同 1992. 6. 23., 91 누 8852.

로 인하여 발생하는 소득과 (ii) 과학기술·경영관리 기타 분야에 관한 전문적 지식 또는 특별한 기능을 가진 자가 해당 지식 또는 기능을 활용하여 용역을 제공함으로 인하여 발생하는 소득은 국내원천 인적용역소득이 된다.1) 위 (ii)의 인적용역이 국외에서 제공되는 것이라도 그로부터 발생하는 소득이 조세조약에 따라 국내에서 발생하는 것으로 간주되는 경우에는 국내원천소득이 된다. 용역의 수행 장소(place of performance)와 이용 장소(place of use)를 기준으로 소득의 원천을 정하는 입장이다. 이 경우 해당 인적용역을 제공받는 자가 인적용역의 제공과 관련하여 항공회사·숙박업자 또는 음식업자에게 실제로 지급한 항공료·숙박비 또는 식사대의 비용은 소득금액에서 제외한다(法法 93조 6호; 法令 132조 6항, 7항).

(7) 부동산등 양도소득

국내에 소재하는 소득세법상의 양도소득세 과세대상 자산 중 (i) 토지 및 건물(所法 94조 1항 1호)의 양도소득, (ii) 부동산에 관한 권리(동항 2호)의 양도소득, (iii) 사업용고정자산과 함께 양도되는 영업권(동항 4호 가목) 및 시설물이용권(동항 4호 나목)의 양도소득은 국내원천 양도소득이다. 또한 (iv) 내국법인이 발행한 '주식과 출자지분'(주식·출자지분을 기초로 하여 발행한 예탁증서 및 신주인수권 포함)으로서 양도일이 속하는 사업연도 개시일 현재 해당 내국법인의 자산총액 중 ① 토지 또는 건물의 가액, ② 부동산에 관한 권리의 가액 및 ③ 해당 내국법인이 보유한 다른 부동산 과다보유 법인의 주식가액에 그 다른 법인의 부동산 보유비율을 곱하여 산출한 가액, 이들 3가지의 합계액이 100분 50 이상인 법인이 발행한 것(증권시장에 상장된 것은 제외함; 이하 "부동산주식 등"이라고 함)의 양도소득도 국내원천 양도소득이다(法法 93조 7호). 부동산주식 등이 아닌 주식과 출자지분의 양도차익은 아래 (9)에서 설명하는 '유가증권 양도소득'으로 분류된다. 양도대상 자산이나 권리의 소재지가 국내인 경우 그 양도소득의 원천지를 국내로 보는 입장을 취한 것이다.

(8) 사용료소득

다음에 게기하는 권리·자산 또는 정보를 국내에서 사용하거나, 그 대가를

---

1) 외국법인으로부터 기술용역을 도입하는 경우 그 제공하는 용역이 제공되지 아니한 기술적 정보(know-how)가 아니고 동종의 용역업체들이 통상적으로 수행해 낼 수 있는 것이라면 법인세법 제93조 제1항 제6호 소정의 인적용역에 해당한다(대법원 1986. 10. 28., 86 누 218; 同 1987. 3. 10., 86 누 225).

국내에서 지급하는 경우 그 대가 및 그 권리·자산 또는 정보의 양도로 인하여 발생하는 소득은 국내원천 사용료소득이다(法法 93조 8호).

(i) 학술 또는 예술상의 저작물(영화필름을 포함)의 저작권, 특허권, 상표권, 디자인, 모형, 도면1)·비밀스러운 공식·공정, 라디오·텔레비전 방송용 필름 및 테이프, 그 밖에 이와 유사한 자산이나 권리.

(ii) 산업상·상업상 또는 과학상의 지식·경험에 관한 정보 또는 노하우.

(iii) 사용지를 기준으로 국내원천소득 해당 여부를 규정하는 조세조약에서 사용료의 정의에 포함되는 그 밖의 이와 유사한 재산 또는 권리(특허권, 실용신안권, 상표권, 디자인권 등 그 행사에 등록이 필요한 권리가 국내에서 등록은 되지 아니하였으나 그에 포함된 제조방법·기술·정보 등이 국내에서의 제조·생산과 관련되는 등 국내에서 사실상 실시되거나 사용되는 것을 말함)

위 (ii)의 항목과 관련하여 "산업상·상업상·과학상의 기계·설비·장비 등을 임대함으로써 발생하는 소득"은 원칙적으로 위 (4)의 임대소득으로 분류되지만, 조세조약에서 이를 특별히 사용료 소득으로 구분하고 있는 경우에는 이를 사용료 소득으로 본다(法法 93조 8호 후단).

위 (iii)의 항목은 국내에서 어떤 물건의 제조·생산 등에 사실상 실시되거나 사용되고 있는 제조방법·기술·정보 등('제조방법 등')을 대상으로 하는 특허권, 상표권 등의 권리가 국외에서만 등록되어 있고 국내에서 등록되어 있지 않더라도 그 제조방법 등의 실시나 사용에 대해 지급되는 대가가 조세조약상 사용료로 인정되는 경우에는 그 권리로서의 미등록에도 불구하고 그 대가를 국내원천소득으로 보려는 의도에서 둔 규정이다. 특허권 등의 지식재산권은 국내에서 등록되지 않는 한 권리로서 인정되지 아니하므로, 그 객체인 정신적 또는 지능적 창작물의 사용대가를 지급하더라도 국내원천소득이 되지 않는다고 한 기존의 대법원 판례의 법리를 벗어나기 위해 도입한 규정이다.2)

---

1) 내국법인이 공개되지 아니한 고도의 산업상 및 과학상의 기술적 지식과 정보가 포함된 설계도면을 그 정보를 상용하기 위하여 국내로 수입하고 이태리 회사에게 그 대금을 지급하였다면 위 이태리 회사가 위 대금을 지급받아 얻은 소득의 발생원천지는 국내라 할 것이고, 위 이태리 회사가 위 설계도면의 제작을 위하여 우리나라에서 일체의 활동을 한 바 없고 같은 활동이 모두 이태리국에서 이루어졌다 하여 위 소득의 발생원천지를 이태리국이라 할 것은 아니다(대법원 1991. 7. 23., 90 누 6088).

2) 이러한 제9호 후문이 신설되기 전의 규정에 관한 판례는 「"특허권 등을 국내에서 사용하는 경우에 당해 대가로 인한 소득"을 외국법인의 국내원천소득의 하나로 규정하고 있는 법

한편 소프트웨어 도입대가는 해당 소프트웨어의 사용대가인가, 아니면 소프트웨어를 담고 있는 상품의 판매대가(사업소득)인가 하는 문제가 있다. 전자로 보면 원천징수의 대상이 되어 수입자가 지급금액의 100분의 20의 세율을 적용하여 법인세를 원천징수하여야 한다(法法 98조 1항 6호). 후자로 보면 원천징수의 대상이 됨은 같지만 수급자는 지급금액의 100분의 2의 세율을 적용하여 원천징수하면 된다(法法 98조 1항 3호). 소프트웨어의 도입대가가 사업소득으로 분류되는 경우에는, 우리나라가 체결하고 있는 모든 조세조약에서 고정사업장이 없는 비거주자의 국내원천 사업소득은 기주지국에서만 과세하도록 되어 있는 관계로, 체약상대국의 거주자가 소프트웨어를 공급하는 한 우리나라에서의 과세문제는 생기지 않는다.

소프트웨어 도입대가를 사용대가로 볼 것인지, 아니면 상품의 판매대가로 볼 것인지 구별하는 기준에 관해 판례는 "특별한 사정이 없는 한 외국의 소프트웨어 공급자로부터 복제판매권 등을 수여받지 아니한 채 외국공급자가 스스로 복제하여 만든 소프트웨어를 수입하는 것으로 볼 것이고, 그 밖에 해당 소프트웨어의 비공개 원시코드(Source Code)가 제공되는 경우, 원시코드가 제공되지 않더라도 국내도입자의 개별적인 주문에 의해 제작·개작된 소프트웨어가 제공된 경우 및 소프트웨어의 지급대가가 해당 소프트웨어의 사용형태 또는 재생산량의 규모 등 소프트웨어의 사용과 관련된 일정기준에 기초하여 결정되는 경우 등에는 노하우 또는 기술을 도입하는 것으로 볼 수 있다"고 판시하고 있다.[1]

소프트웨어 대가의 과세에 있어서 비교적 취급이 명확한 것은 수입한 소프트웨어를 상업적 목적으로 재생산하는 경우와 일반인이 범용에 공하는 소프트

인세법 제93조 제9호 본문 및 가목의 규정이나 "특허권 등에 대한 사용료는 어느 체약국 내에서 동 재산을 사용 또는 사용할 권리에 대하여 지급되는 경우에만 동 체약국 내에 원천을 둔 소득으로 취급된다"는 한·미조세조약 제6조, 제14조 제4항의 규정은 어느 것이나 외국 법인이 대한민국에 특허권을 등록하여 대한민국 내에서 특허물건을 독점적으로 생산, 사용, 양도, 대여, 수입 또는 전시하는 등의 특허실시권을 가지는 경우 그 특허실시권의 사용대가로 지급받은 소득이 국내원천소득이 됨을 규정한 것이다」라고 하여 국내등록을 국내원천의 인정요건으로 하였다(대법원 1992. 5. 12., 91 누 6887). 동 후문 규정의 신설 후에 발생한 사안에 관한 판례도 소득의 원천에 관한 한·미조세조약 제6조가 법인세법 제93조에 우선 적용됨을 이유로 특허권의 국내등록을 국내원천의 인정요건으로 보는 입장을 견지하고 있다(대법원 2014. 11. 27., 2012 두 18356; 同 2018. 12. 27., 2016 두 42883).

1) 대법원 1997. 12. 23., 97 누 2986.

웨어 복제물을 수입하여 판매하는 경우이다. 전자는 사용료발생 거래의 대표적 예이고, 후자는 상품판매 거래의 대표적 예이다. 그러나 수입자가 범용성이 크지 않은 소프트웨어를 수입하여 재생산은 하지 않고 자기가 사용하거나 재판매하는 경우 그 수입대가를 어떻게 취급할 것인가에 관해서는 각국마다 입장이 다양하다. 법인세법 기본통칙에 의하면 (i) 소프트웨어에 대한 저작권의 양도, (ii) 개별적인 주문제작, (iii) 비공개 원시코드의 부여, (iv) 지급대가액과 소프트웨어의 사용형태 또는 재생산량 간의 연계 등을 사용료 발생거래로 인정할 조건들로 보고 있다(法法 기본통칙 93-132…8조). 그러나 이들 조건들은 오히려 해당 소프트웨어의 제공을 인적용역의 공급으로 볼 근거가 될 수 있는 성격의 것들이다. 법인세법 기본통칙이나 대법원 판례에서는 언급하고 있지 않지만 사용기간을 함께 판단기준으로 삼는 것이 타당할 것으로 본다. 즉, 사용기간이 무제한인 경우에는 상품의 판매로 보고, 사용기간이 제한되어 있음과 동시에 개인용도로만 사용하도록 제한되어 있으면 자산의 임대로 보며, 재생산이 허용되면 사용료 발생거래로 보는 것이 타당하다.[1]

(9) 유가증권 양도소득

1) 국내원천 양도소득을 발생시키는 유가증권의 유형 　국내원천 양도소득을 발생시키는 유가증권의 유형은 제한되어 있다. (i) 내국법인이 발행한 주식 또는 출자증권(주식이나 출자증권을 기초로 발행한 예탁증권 포함)과 기타의 유가증권 및 (ii) 외국법인이 발행한 주식 또는 출자증권으로서 우리나라의 증권시장에 상장된 것과 (iii) 외국법인의 국내사업장이 발행한 기타 유가증권이 그것이다. 위 (7)에서 본 부동산주식 등 중 증권시장에 상장되지 않은 것은 위 (7)의 '부동산등 양도소득'을 발생시키는 자산이므로 여기서 말하는 '주식 또는 출자증권'에서는 제외된다. 그리고 '기타의 유가증권'에는 자본시장법 제4조에 규정된 모든 증권이 포함된다(法法 93조 9호). 국채법에 따라 발행되는 국채 등의 양도로부터 발생하는 양도차익에 대해서는 비과세된다(法法 93조의3 2항). 이하에서는 국내원천 양도소득을 발생시키는 위의 유가증권을 합하여 "국내원천 양도소득 발생증권"이라고 부른다.

2) 국내원천성이 인정되는 양도소득 　(i) 국내사업장을 가지고 있는 외

---

1) 이철송, "컴퓨터 소프트웨어의 공급대가의 과세에 관한 연구," 「조세학술논집」 제14집 (1998), 165-169면.

국법인의 경우에는 위 1)에서 본 '국내원천 양도소득 발생증권' 중 어떠한 것의 양도에서 발생하는 소득이라도 국내원천 양도소득이 된다(法令 132조 8항 1호, 3호). 다만 해당 유가증권의 양도시에 위 (1)에 의하여 이자소득으로 과세되는 소득을 제외한다(동항 3호 단서).

(ii) 국내사업장을 가지고 있지 아니한 외국법인의 경우에는 '국내원천 양도소득 발생증권' 중 주식 또는 출자증권의 양도로부터 발생하는 소득과 기타 유가증권의 양도로부터 발생하는 소득을 달리 취급한다. 우선, '국내원천 양도소득 발생증권' 중 주식 또는 출자증권의 양도소득은 원칙적으로 국내원천 양도소득이 되지만(동항 2호 본문), 증권시장을 통하여 주식 또는 출자증권을 양도함으로써(자본시장법에서 규정하는 중개에 의하여 주식을 양도하는 경우 포함) 발생하는 소득으로서 해당 양도법인 및 그 특수관계인이 양도일이 속하는 연도와 그 직전 5년의 기간 중 계속하여 해당 주식 또는 출자증권을 발행한 법인의 발행주식총수 또는 출자총액(외국법인이 발행한 주식 또는 출자증권의 경우에는 우리나라 증권시장에 상장된 주식총수 또는 출자총액)의 100분의 25 미만을 소유한 경우에 해당하는 것은 국내원천 양도소득에서 제외된다(동호 단서).[1] 다음, '국내원천 양도소득 발생증권' 중 기타 유가증권을 양도함으로써 발생하는 소득은 그 양수인이 내국법인·거주자·비거주자나 외국법인의 국내사업장인 경우에 한하여 국내원천 양도소득이 된다(동항 4호). 역시 해당 기타 유가증권의 양도시에 위 (1)에 의하여 이자소득으로 과세되는 소득은 제외된다(동호 단서). 이와 관련하여 국내사업장이 없는 외국법인이 자본시장법에 의한 장내파생상품의 거래[2]를 통하여 취득한 소득 및 동법에 따른 장외파생상품으로서 일정한 위험회피목적의 것에 관한 거래를 통하여 취득한 소득은 국내원천소득으로 보지 아니한다(法令 132조 9항).

(iii) 한편, 내국법인의 주식을 보유한 외국법인이 합병으로 그 내국법인의 주식을 다른 법인에 이전시킨 경우 양도에 해당하느냐의 문제가 있는데, 2010

---

1) 주주 등이 투자기구를 통하여 내국법인이나 상장된 외국법인의 주식 등을 취득한 경우(법인의 거주지국에서 조세목적상 주식 또는 출자지분의 양도로 발생하는 소득에 대하여 법인이 아닌 그 주주 또는 출자자가 직접 납세의무를 부담하는 경우)에 있어서의 주식 소유비율 또는 출자비율의 계산에 관해서는 법인세법 시행령 제132조 제16항에서 규정하고 있다.
2) 장내파생상품이란 선물, 옵션, 스왑 등의 파생상품으로서 거래소 내의 파생상품시장이나 해외 파생상품시장에서 거래되는 것을 말한다(자본시장법 5조 1항, 2항).

년에 기업구조재편거래에 대한 우리나라의 과세제도가 전면적으로 개편되어 회사의 합병과 분할 과정에서 이루어진 당사자 회사 간의 재산의 이전도 합병양도차익이나 합병양도차손을 발생시키는 양도의 개념에 해당하는 것으로 전환된 후에는(본장 제14절 Ⅵ. 1. 참조) 그러한 주식의 이전도 주식의 양도에 해당한다.[1] 다만, 우리나라와 조세조약을 체결하고 있는 국가에 소재하는 완전모자회사 간의 합병으로 합병법인이 피합병법인의 자산의 하나로 내국법인의 주식을 취득하는 경우 그 주식의 취득가액은, 해당 체약국이 우리나라 법인에 대해 같은 취급을 하는 것을 조건으로, 종전의 장부가액(합병대가의 일부를 금전이나 그 밖의 재산으로 받는 경우로서 합병으로 취득한 주식의 시가가 종전의 장부가액보다 작은 경우에는 시가)을 취득가액으로 봄으로써, 합병에 따른 내국법인 주식의 양도차익이 발생하지 않고 해당 주식에 내재된 자본이득에 대한 과세가 유예된다(法令 14조 1항 1호의2).

유가증권 양도소득의 원천지 결정에 관한 위와 같은 원칙은 대체적으로 유가증권 발행법인의 설립지나 유가증권의 유통장소를 기준으로 소득의 원천을 정하는 입장을 취하고 있는 것이라 할 수 있다.

(10) 기타소득

위에 열거한 소득 이외의 소득으로서 다음에 게기하는 것(法法 93조 10호).

1) 국내에 있는 부동산 및 기타의 자산이나 국내에서 경영하는 사업과 관련하여 받은 보험금·보상금 또는 손해배상금(가목).

2) 국내에서 지급하는 위약금 또는 배상금. 즉 재산권에 관한 계약의 위약 또는 해약으로 인하여 지급받는 손해배상으로서 그 명목여하에 불구하고 계약상 본래 지급받을 급부의 가액에 상당하는 손해를 넘어 배상받는 금전 또는 기타 물품의 가액(나목; 法令 132조 10항). 여기서 말하는 '위약금'에는 계약금이 계약의 위반으로 인해 위약금으로 몰취되는 경우에 있어서의 계약금도 포함된다.[2] 그리고 국내원천소득이 되는 것은 외국법인이 계약상 본래 지급받을 급부의 가액에 상당하는 손해를 넘어 배상받는 부분이므로, 외국법인이 국내에서

---

1) 대법원 2013. 11. 28., 2010 두 7208(다만, 이 판례는 2009. 13. 31.자 법인세법의 개정으로 합병에 따른 재산의 이전이 합병양도차익을 발생시키는 양도에 해당하는 것으로 전환되기 전에 이루어진 외국법인 간의 합병에 따른 재산의 이전을 양도로 본 데서 타당하지 못하다; 同 2017. 12. 13., 2015 두 1984.
2) 대법원 2019. 7. 4., 2017 두 38645.

위약금 또는 배상금 명목의 돈을 지급받았다고 하더라도, 그것이 계약과 관련하여 순자산의 감소를 일으키는 현실적인 손해의 전보 범위 내인 경우에는 국내원천소득이 발생하였다고 할 수 없다.[1]

3) 국내에 있는 자산을 증여받아 생기는 소득(다목).

4) 국내에서 지급하는 상금·현상금·포상금, 그 밖에 이에 준하는 소득(라목).

5) 국내에서 발견된 매장물로 인한 소득(마목).

6) 국내법에 의한 면허·허가, 그 밖에 이와 유사한 처분에 의하여 설정된 권리와 부동산 외의 국내자산을 양도함으로써 생기는 소득(바목).

7) 국내에서 발행된 복권·경품권 기타 추첨권에 의하여 받는 당첨금품과 승마투표권·승자투표권·소싸움경기투표권·체육진흥투표권의 구매자가 받는 환급금(사목).

8) 소득처분 중 기타소득으로 처분된 금액(아목).

9) 법인세법 시행령 제88조 제1항 제8호나 8호의2에서 내국법인 주주 간의 부당행위계산의 부인대상으로 규정하고 있는 자본거래로 인하여 어떤 내국법인의 주식이나 출자지분의 소유자로서 해당 내국법인과 특수관계(法令 132조 13항)에 있는 외국법인이 같은 의미의 특수관계에 있는 자로부터 분여받은 이익(자목; 法令 132조 13항, 14항).

10) 사용지를 기준으로 국내원천소득 해당 여부를 규정하는 조세조약 체약국의 법인이 국내가 아닌 국외에서 등록한 특허권 등에 포함된 제조방법·기술·정보 등을 국내에서 제조·생산과 관련하여 사실상 실시하거나 사용하는 방법으로 침해하여 발생하는 손해에 대하여 국내에서 지급하는 손해배상금·보상금·화해금·일실이익 또는 그 밖에 이와 유사한 소득(차목).

11) 위 1) 내지 10) 외에 국내에서 행하는 사업이나 국내에서 제공하는 인적용역 또는 국내에 있는 자산과 관련하여 제공받은 경제적 이익으로 생긴 소득 또는 이와 유사한 소득으로서 시행령에서 정하는 소득(타목). 다만 국가 또는 특별법에 의하여 설립된 금융회사 등이 발행한 외화표시채권의 상환금액 중 그 발행가액을 초과하는 금액은 국내원천소득에서 제외한다(타목 괄호).

---

1) 대법원 2019. 4. 23., 2017 두 48482.

[판 례]

  원고는 1986. 12.경 소외 윤상진 등을 대행하여 미합중국 텍사스주에 본점을 두고 있고, 국내에는 사업장을 두고 있지 아니한 외국법인인 소외 텍세일즈 코퍼레이션(이하 소외 텍세일즈라고 한다)에게 철제품을 수출하였으나 제품불량으로 밝혀진 사실, 수입업자인 소외 텍세일즈는 그 구입처인 뉴욕시 당국에 그로 인한 손해를 배상한 후 원고를 상대로 국내에 손해배상 청구소송을 제기하여 서울고등법원 1994. 4. 29. 선고 90 나 52841 판결의 결과에 따라 1994. 6. 3. 원고로부터 그 판시의 손해배상금 합계 270,533,443원을 지급받은 사실, 피고는 위 손해배상금 중 판시의 예상판매액 이익손실, 지연이자 등 합계 금 158,436,856원이 법인세법 제93조 제11호, 법인세법 시행령 제132조 제9항 제1호가 규정하는 국내 원천소득에 해당하는 것인데, 원고가 이를 소외 텍세일즈에 지급하면서 그 소득에 대한 법인세를 원천징수하지 아니하였다고 하여 1994. 10. 5. 이 사건 부과처분한 사실 … 소외 텍세일즈가 국내에 사업장을 가지고 있지 아니함은 원심이 확정한 바와 같고, 그 법인이 지급받은 위 금액이 '국내에 있는 자산과 관련하여' 제공받은 손해배상금이나 경제적 이익이라고 할 수 없음이 분명하므로, 피고가 소외 텍세일즈의 국내 원천소득으로 삼은 예상판매액 손실 등 배상금은 위 법인세법 시행령 제132조 제9항 제1호 혹은 제9호가 규정하는 어느 소득에도 해당하지 아니한다(대법원 1996. 9. 24., 95 누 15438).

Ⅲ. 국내원천소득의 귀속자

1. 실질귀속자 과세원칙의 적용

  국내원천소득에 대하여 소득세나 법인세를 납부할 의무를 부담하는 비거주나 또는 외국법인이 누구인지를 결정함에 있어서도 국세기본법상의 실질귀속자 과세원칙(基本法 14조 1항)이 당연히 적용된다. 대법원 판례도 '…재산의 귀속명의자는 이를 지배·관리할 능력이 없고, 그 명의자에 대한 지배권 등을 통하여 실질적으로 이를 지배·관리하는 자가 따로 있으며, 그와 같은 명의와 실질의 괴리가 조세를 회피할 목적에서 비롯된 경우에는, 그 재산에 관한 소득은 그 재산을 실질적으로 지배·관리하는 자에게 귀속된 것으로 보아 그를 납세의무자로 삼아야 할 것이다…이러한 원칙은 법률과 같은 효력을 가지는 조세조약의 해석과 적용에 있어서도 이를 배제하는 특별한 규정이 없는 한 그대로 적용된다고 할 것이다'라고 하여 이러한 원칙을 확립하고 있다.[1] 그런데, 2019년에 신설된 법인세법에서는 국제투자기구(Collective Investment Vehicle)의 명의로 받아가는 국내원천소득의 실질귀속자 판정에 관하여 아래 2.에서 같이 위의 실질귀속자 과세원칙과 일치하지 않는 제도를 도입하였다.

2. 국외투자기구에 관한 특례

법인세법 제93조의2는 국외투자기구를 "투자권유를 하여 모은 금전 등을 재산적 가치가 있는 투자대상자산의 취득, 처분 또는 그 밖의 방법으로 운용하고 그 결과를 투자자에게 배분하여 귀속시키는 투자행위를 하는 기구로서 국외에서 설립된 기구"라고 정의하면서, 외국법인이 이러한 국외투자기구를 통하여 국내원천소득을 지급받는 경우에는 그 외국법인을 국내원천소득의 실질귀속자, 즉 그 "국내원천소득과 관련하여 법적 또는 경제적 위험을 부담하고 그 소득을 처분할 수 있는 권리를 가지는 등 그 소득에 대한 소유권을 실질적으로 보유하고 있는 자"로 본다고 규정하고 있다(法法 93조의2 1항 본문). 그러나 (i) 국외투자기구가 조세조약에 따라 설립지국에서 납세의무를 부담하는 자에 해당함과 동시에 국내원천소득에 대하여 조세조약상의 비과세·면제 또는 제한세율을 적용받을 수 있는 요건을 갖추고 있는 경우, (ii) 이러한 요건에 해당하지 아니하는 국외투자기구가 조세조약상 국내원천소득의 수익적 소유자로 취급되고, 국내원천소득에 대하여 조세조약상의 비과세·면제 또는 제한세율을 적용받을 수 있는 요건을 갖추고 있는 경우, (iii) 위의 2가지 요건에 해당하지 아니하는 국외투자기구가 자신에 대한 투자자를 입증하지 못하는 경우(투자자 중 일부만 입증하는 경우에는 입증하지 못하는 부분으로 한정)에는 그 국외투자기구를 국내원천소득의 실질귀속자로 보도록 하고 있다(동항 단서). 세부담 면에서 국외투자기구 자체를 실질귀속자로 인정받는 것이 유리한지, 아니면 그 투자자를 실질귀속자로 인정받는 것이 유리한지는 경우 별로 다를 수 있는바, 위 규정은 이러한 경우 별 유·불리를 떠나서 일단 국외투자기구로부터 국내원천소득을 재원으로 하는 이익의 분배금을 받아 가는 외국법인, 즉 투자자를 실질귀속자로 추정하되, 다만 실질귀속자로 인정받고 싶은 국외투자기구가 실질귀속자로 인정받을 수 있는 요건을 입증하면 해당 국외투자기구를 실질귀속자로 인정해 준다

---

1) 대법원 2016. 7. 14., 2015 두 2451; 同 2012. 10. 25., 2010 두 25466; 同 2019. 6. 27., 2016 두 841.

는 것이다. 그런데 국외투자기구가 소득세법 제2조 제3항에 따른 '법인으로 보는 단체' 외의 법인 아닌 단체(예를 들면, 영미법상의 파트너십)인 경우에는 위 (i)의 요건이 충족되더라도 그 국외투자기구를 실질귀속자로 인정하지 않는다고 하고 있다(동조 1항 괄호 안). 이 경우에는 국외투자기구에게 소득의 실질귀속자임을 입증할 기회도 주지 않고, 국외투자기구는 실질귀속자가 아닌 것으로 간주해 버리는 것이다. 이러한 간주로 인해 실질귀속자가 아닌 자가 납세의무자로 인정되는 결과가 발생할 경우, 그러한 결과가 실질과세원칙이나 외국인의 지위 보장에 관한 헌법정신(헌법 6조 2항)에 비추어 용인될 수 있을지는 의문이다.

한편, 위의 2가지 요건에 해당하지 아니하여 자신이 실질귀속자로 인정될 수 없는 국외투자기구라도 자신에 대한 투자자를 입증하지 못하는 경우(투자자 중 일부만 입증하는 경우에는 입증하지 못하는 부분으로 한정)에는 그 국외투자기구를 실질귀속자로 인정해 주되, 이 경우에는 그 국외투자기구에 대하여 조세조약에 따른 비과세·면제 및 제한세율의 규정을 적용하지 아니하도록 하고 있다(法法 93조의2 2항). 국외투자기구가 국내원천소득을 재원으로 한 이익의 분배금을 받아가는 투자자를 밝히지 않으면 투자자를 실질귀속자로 간주하여 과세하는 것이 불가능하므로, 이 경우에는 위의 간주규정을 적용하지 않고 국외투자기구를 국내원천소득의 귀속자로 보되, 조세약상의 제한세율 혜택은 적용하지 않겠다는 것이다. 이 규정은 내국세법에 우선하는 조세조약의 해석과 상충될 가능성이 있어 그 실효성이 의문시 된다.

제 6 절 외국법인의 국내원천소득에 대한 과세방식

I. 신고납부하는 경우

1. 국내사업장이 있거나 국내원천 부동산소득이 있는 외국법인

국내사업장이 있는 외국법인과 국내사업장이 없더라도 국내 소재 부동산·부동산 관련 권리·부동산 유사 권리의 양도, 임대 또는 운영으로부터 발생하는 소득(위 제5절 II. (3)의 부동산소득)을 얻는 외국법인은 각 사업연도의 '국내원천소득의 총합계액'에서 (i) 사업연도 개시 전 10년 이내의 이월결손금으로서 납세의무자의 신고나 수정신고 또는 과세관청의 결정이나 경정에 의한 법인세 납세의무의 확정시 포함된 것(각 사업연도 소득의 100분의 80을 한도로 함), (ii) 비과세소득 및 (iii) 외국항행소득(외국법인의 본점 또는 주사무소 소재지국이 우리나라 법인의 외국항행소득에 대하여 동등하게 면제하는 경우에 한함)을 차례로 공제한 금액을 과세표준으로 하여 법인세를 신고납부할 의무를 진다. 이때 결손금 공제는 먼저 발생한 사업연도의 것부터 하고, 비과세소득 중 해당 사업연도에 공제되지 아니한 금액은 다음 사업연도 이후로 이월되지 않는다(法法 91조 1항). 여기서 외국법인의 '국내원천소득의 총합계액'의 계산 방법은 내국법인의 각 사업연도의 소득계산과 기본적으로 동일하다(法法 92조 1항).[1] 즉, 국내사업장에 귀속하거나 국내 소재 재산과 관련하여 발생하는 수익을 익금으로 하고, 국내사업장에 귀속하거나 국내 소재 재산과 관련하여 발생하는 비용을 손금으로 하여 전자의 가액에서 후자의 가액을 공제하여 '국내원천소득의 총합계액'을 계산한다. 이와 관련하여 법인세법 시행령 제129조 내지 제130조에서는 내국법인의 소득금액 계산상 손금에 산입되는 제반 비용항목을 외국법인의 손금으로 계상함에 있어 수정할 내용을 규정하고 있다. 이 중 중요한 것으로 다음의 2가지를 들 수 있다.

첫째는 외국법인 본·지점 간의 자금거래에 따른 이자의 손익계산이다. 외국법인 국내지점의 자본금 계정상의 금액이 (i) 국내지점의 총자산액에 외국법인의 본·지점 전체의 해당 사업연도 말 현재 재무상태표상의 총자산액에서 자기자본금이 차지하는 비율을 곱하여 산정한 금액 또는 (ii) 국내지점의 기능, 소유자산, 부담한 위험 등을 반영하여 기획재정부령으로 정하는 방법으로 산정한 금액 중 해당 외국법인의 국내지점이 선택한 어느 하나의 금액(이하 "자본금 추

---

1) 원고가 해외기자재판매 및 해외훈련용역 제공과 관련되는 수익 중 국내원천소득의 구분에 관하여 합리적인 계산방법에 기하여 이를 신고하거나 관련자료를 제출하지 아니하였다면, 그와 같은 소득 중 국내사업장에 귀속되어야 할 소득금액은 결국 원고의 국외소득과 국내소득의 합계소득액 중 순수하게 국내에서 발생한 소득이 차지하는 비율에 의한 대응부분이라고 보고 피고가 한 산식에 의하여 국내사업장 귀속율을 산정하였다 하여 위법하다고 할 수 없다. 관계조약에 구체적 추계방법이 확정되어 있지 않고 법인세법과 그 시행령이 정한 추계방법(표준소득률·동업자권형 등)은 이와 같은 특수한 소득의 추산에 관하여는 사실상 그 적용이 불가능하거나 불합리한 반면 피고가 사용한 소득추산방법(원고의 국내·외 소득의 합계액 중 국내수입금액의 대응부분)이 나름대로의 합리성이 있다고 인정되면 그와 같은 정도의 과세관청의 처분은 이를 위법하다고까지 할 것은 아니다(대법원 1992. 6. 23., 91 누 8852).

산액"이라고 함)에 미달하는 경우에는 외국법인의 본점 또는 해외지점으로부터
공급받은 총자금 중 그 미달금액 상당액에 대한 지급이자의 손금산입을 인정하
지 않는다(이하 이러한 손금불산입 대상 지급이자를 "간주자본 지급이자"라고 함; 法令
129조의3 1항). 외국법인의 국내지점이 법인전체의 자기자본비율보다 낮은 비율
의 자본금 계정을 유지하는 경우에는 그 미달금액 상당액에 대한 지급이자의
손금산입을 통해 과세소득을 줄일 목적으로 그 미달금액을 외부로부터 차입한
것으로 보아 그에 대한 지급이자 상당액의 손금산입을 부인하는 것이다. 그런
데, 이 제도는 외국법인의 국내사업장이 국외지배주주로부터 차입한 금액이 그
국외지배주주의 국내사업장에 대한 출자금액(해당 사업장의 자산총액에서 부채총
액을 공제한 금액)의 3배를 초과하는 경우 그 초과부분에 대한 지급이자(이하에서
"과소자본 지급이자"라고 함)의 손금산입을 제한하는 과세자본세제와 그 취지와
효과가 유사하므로(과소자본세제의 상세에 관해서는 아래 제7절 참조), 양 제도를
동시에 적용하는 것은 이중의 불이익을 주는 것이 된다. 이에 과소자본세제의
적용에 따른 지급이자 손금불산입 요건과 위의 간주자본 지급이자의 손금불산
입 요건이 동시에 충족되는 경우에는 과소자본 지급이자와 간주자본 지급이자
중 큰 금액의 것에 대한 지급이자만 부인하는 것으로 하고 있다(동조 3항).

둘째는 외국법인의 국내사업장의 각 사업연도의 소득금액을 결정함에 있
어서 국내사업장과 국외의 본점 또는 다른 지점과 사이에 행하여진 내부거래에
따른 국내원천소득금액의 계산은 원칙적으로 국제조세조정에 관한 법률상의 이
전가격 결정에 적용되는 정상가격(國租法 5조)에 의하고(法令 130조 1항, 131조 1
항), 그러한 내부거래에 따른 비용은 정상가격의 범위에서 국내사업장에 귀속되
는 소득과 필수적 또는 합리적으로 관련된 비용에 한정하여 손금에 산입하며,
위에서 본 간주자본 지급이자의 손금불산입 제한을 받지 않는 '공급자금'에 대
한 지급이자를 제외한 자금거래에 따른 지급이자는 원칙적으로 손금에 산입하
지 않되, 다만 조세조약에 따라 손금에 산입할 수 있는 경우에는 예외적으로
손금에 산입한다(法令 130조 2항).

셋째는 국내사업장의 수익창출에 기여한 공통경비의 배분이다. 국내사업장
의 본점 및 국내사업장을 관할하는 다른 지점의 경비 중 국내사업장의 수익창
출에도 기여한 공통경비를 국내사업장의 비용으로 배분하는 것을 허용하되(法
令 130조 3항), 국내사업장이나 국내소재 재산과의 관련성이 미약한 것은 배분

할 수 없도록 하고 있다(法則 64조 1항). 배분방법에는 2가지가 있다. 하나는 배분대상 경비를 항목별 배분기준에 따라 배분하는 '항목별 배분방법'이고, 다른 하나는 배분대상 경비를 국내사업장의 수입금액이 본점 및 그 국내사업장을 관할하는 관련지점 등의 총수입금액에서 차지하는 비율에 따라 배분하는 '일괄배분방법'이다(동조 2항). 국내사업장이 자신에게 배분된 비용액을 본점이나 다른 지점에 실제로 송금하였는지 여부는 손금 인정에 영향을 주지 않는다.[1]

국내원천소득의 총 합계액에 적용할 세율은 내국법인에 대해 적용되는 세율과 같고, 외국납부세액공제와 원천징수세액공제가 적용되며(법인세법 97조 1항에 의해 준용되는 57조 1항, 97조 1항 후문 참조), 신고·납부·결정·징수에 관해서도 내국법인에 관한 규정이 적용된다(法法 95조 1항, 96조 1항).

2. 국내원천 토지 등의 양도소득이 있는 외국법인

(1) 신고납부 대상인 토지 등의 양도소득

국내에 소재하는 소득세법 제94조 제1항 제1호(토지 및 건물), 제2호(부동산에 관한 권리), 제4호(기타자산)에 규정하는 자산의 양도소득(위 제5절 Ⅱ. (7)의 토지 등의 양도소득)이 있는 외국법인은 국내사업장이 없고, 부동산소득도 없더라도 그 토지 등의 양도소득에 대한 법인세를 신고납부하여야 하고, 국내사업장이 있거나 부동산소득이 있어 위 1.에 따른 법인세의 신고납부의무를 지는 경우에도 그 신고납부할 법인세액에 토지 등의 양도소득에 대한 법인세를 추가하여 신고납부하여야 한다(法法 95조의2).

(2) 토지 등의 양도소득 금액의 계산

국내사업장이 있거나 부동산소득이 있는 외국법인의 '토지 등의 양도소득' 금액은 내국법인의 부동산 등의 양도소득 계산에 관한 규정을 준용하여 계산하지만(法法 95조의2, 55조의2 6항), 그렇지 않은 외국법인의 토지 등의 양도소득은 다음과 같은 방식으로 계산한다

즉, 해당 자산의 양도가액에서 (i) 취득가액(상속세 및 증여세법에 의하여 상속세과세가액 또는 증여세과세가액에 산입되지 아니한 재산을 출연받은 외국법인이 법령에서 정하거나 행정관청의 인·허가에서 정한 사업에 1년 이상 제공함이 없이 출연받은 날부터 3년 이내에 양도하는 경우에는 해당 토지 등을 출연한 출연자의 취득가액)과

---

1) 대법원 2009. 6. 11., 2006 두 5175.

(ii) 토지 등을 양도하기 위하여 직접 지출한 비용의 합계액을 공제한 금액으로 한다(法法 95조의2, 92조 3항; 法슈 129조의2 1항). 외국법인이 각 사업연도에 과세대상 자산을 2회 이상 양도한 경우에는 각 자산별로 계산한 양도소득 금액을 과세대상 양도소득으로 하되, 특정 자산의 양도에서 손실이 발생한 경우(즉, 위 (i) 및 (ii)의 합계액이 양도가액을 초과하는 경우)에는 그 손실액을 뺀 금액을 과세대상 양도소득 금액으로 한다(法슈 129조의2 6항).

(3) 취득가액 및 양도가액의 계산원칙

위와 같이 양도소득을 계산함에 있어 취득가액 및 양도가액은 실지거래가액에 의함을 원칙으로 하되, 실지거래가액이 불분명한 경우에는 소득세법상의 추계방식(실지거래가액 대신 매매사례가액, 감정가액, 환산취득가액 또는 기준시가를 적용하는 방법; 所法 99조, 100조 및 114조 7항)을 준용하여 계산하고(法法 92조 4항), 자산의 양도시기 및 취득시기에 관해서도 소득세법 제98조를 준용한다(동조 5항). 또한 부당행위계산에 관한 소득세법 제101조의 규정도 준용한다(동조 6항).

(4) 세율과 신고납부

국내사업장이 있거나 부동산소득이 있는 외국법인 또는 그렇지 않은 외국법인의 '토지 등의 양도소득'을 위와 같이 계산한 뒤 그 금액에 내국법인에 적용되는 세율(법인세법 제55조의2 각호의 세율)을 적용하여 계산한 세액을 신고납부한다.

3. 국내원천 특정 유가증권의 양도소득 등을 얻은 외국법인

국내사업장이 없는 외국법인이 주식 또는 출자증권(이하 "주식 등"이라고 함)을 발행한 내국법인의 한 사업연도에 그 주식 등을 첫 회 양도하면서는 조세조약에 따라 과세가 면제되었으나, 이어서 같은 사업연도에 같은 주식 등을 2회 이상 양도하게 됨으로써 조세조약에 따라 전체 양도차익에 대해 원천징수세를 부담하여야 하게 된 경우에는 첫 회 양도시 원천징수되지 아니한 세액을 포함한 전체 원천징수세액 상당액을 양도일이 속하는 사업연도의 종료일부터 3월 이내에 해당 주식 등을 발행한 내국법인의 소재지 관할세무서장에게 신고납부하여야 한다(法法 98조의2 1항; 法슈 138조의2 1항). 국내사업장이 있지만 그 국내사업장과 실질적으로 관련되지 아니하거나 그 국내사업장에 귀속되지 아니하는 주식 등의 양도차익을 얻은 외국법인도 마찬가지이다(法法 98조의2 2항).

그리고 국내사업장이 없는 외국법인이 법인세법 시행령(138조의2 3항) 소정의 주식·출자증권 또는 기타 유가증권(예를 들면, 외국에서 거래되는 원화표시 유가증권으로서 외국유가증권시장에서 거래되는 것이 아닌 것)을 국내사업장이 없는 비거주자나 다른 외국법인에게 양도함으로써 양도소득을 얻은 경우에는 그 양도 횟수에 관계없이 그에 대한 원천징수세액 상당액을 해당 주식 등의 유가증권을 발행한 내국법인의 소재지 관할 세무서장에게 신고납부하여야 한다(法法 98조의2 3항; 法令 138조의2 4항). 다만 그러한 주식 등의 양도로 발생한 국내원천소득금액을 지급하는 자가 법인세법 제98조에 따라 법인세를 원천징수하여 납부한 경우에는 그러하지 아니하다(法法 98조의2 3항 단서).

또한 국내사업장이 없는 외국법인이 국내사업장이 없는 비거주자나 다른 외국법인으로부터 증여받은 국내 소재 자산이 국내원천소득을 구성하는 경우(法法 93조 10호 다목) 수증자인 외국법인은 수증일이 속하는 달의 말일부터 3개월 이내에 원천징수세액 상당액을 납세지 관할 세무서장에게 신고·납부하여야 한다. 이 경우에도 국내 소재 자산의 증여자가 제98조에 따라 국내원천소득에 대한 법인세를 원천징수하여 납부한 경우에는 그러하지 아니하다(法法 98조의2 3항 단서).

4. 국내원천의 인적용역소득을 얻은 외국법인

국내사업장을 두고 있지 않는 외국법인이 국내원천의 인적용역소득(法法 93조 6호)을 얻은 경우에는 아래 Ⅱ. 1.에서 보는 것처럼 10%의 세율을 적용하여 원천징수되는 방법으로 그에 대한 법인세 납부의무의 이행을 종결할 수 있으나 선택적으로 국내용역 제공기간(용역제공기간이 불분명하면 입국일부터 출국일까지의 기간)에 발생한 인적용역소득금액에서 그 소득을 얻는 데 관련된 비용을 뺀 금액을 과세표준으로 하여 국내사업장을 둔 외국법인에게 적용되는 세율과 세액계산방법(法法 95조, 97조)에 따라 산정한 법인세를 용역 제공기간 종료일부터 3개월 이내에 원천징수의무자의 납세지 관할세무서장에게 신고·납부할 수도 있다(法法 99조 1항, 3항). 이 경우 신고한 과세표준에 원천징수된 소득이 포함되어 있으면 그 소득에 대한 원천징수세액을 '이미 납부한 세액'으로 공제할 수 있다(동조 2항).

Ⅱ. 원천징수에 의하여 과세를 종결하는 경우

1. 원천징수에 의해 과세가 종결되는 국내원천소득

국내원천소득에 대한 법인세를 신고납부할 의무를 지는 외국법인 외의 외국법인, 즉 국내사업장이 있거나 부동산소득이 있는 외국법인(위 Ⅰ. 1.) 또는 토지 등의 양도소득이 있는 외국법인(위 Ⅰ. 2.)이 아닌 외국법인이 얻은 국내원천소득과 국내사업장을 둔 외국법인의 국내원천소득 중 그 국내사업장과 실질적으로 관련되지 않거나 국내사업장에 귀속되지 아니한 것은 법인세법 제93조 각호에 열거된 소득유형별 수입금액을 과세표준으로 하여(法法 91조 2항, 3항, 92조 2항 본문 및 2호), 지급자가 그 과세표준 금액에 소정의 원천징수세율을 적용한 세액을 원천징수함으로써 완납하는 방법(이른바, 완납적 원천징수)에 의해 과세된다(法法 91조 1항 괄호, 98조 1항, 2항).

원천징수의 대상이 되는 국내원천소득 중 '국내원천 유가증권 양도소득'(위 제5절 Ⅱ. (9)의 소득)의 과세표준의 계산에 관해서는 2가지의 특칙이 있다. 첫째, 그 과세표준은 수입금액 대신에 수입금액에서 시행령(129조 3항) 소정의 요건을 충족하는 해당 유가증권의 취득가액 및 양도비용을 공제하여 계산한 양도차익으로 할 수 있다(法法 92조 2항 1호 가목). 이때 취득가액이 서로 다른 동일종목의 유가증권의 양도차익을 계산하는 경우 그 취득가액은 이동평균법에 따라 계산한다(法令 138조). 다만, 이 경우에는 수입금액 자체의 100분의 10과 양도차익의 100분의 20 중 적은 금액을 원천징수 세액으로 한다(法法 98조 1항 7호). 둘째, 국내사업장이 없는 외국법인과 법인세법 시행령(131조 2항) 소정의 특수관계가 있는 외국법인(비거주자 포함) 사이의 유가증권 거래의 거래가격이 동 시행령(法令 131조 1항, 3항, 4항) 소정의 정상가격에 미달하는 경우에는 그 정상가격을 수입금액으로 하여 국내원천소득 금액을 계산할 수 있다(法法 92조 2항 2호).

국내사업장이 없는 외국법인의 국내원천 외국항행소득은 그 외국법인의 본점 또는 주사무소 소재지국이 우리나라 법인의 외국항행소득에 대하여 법인세를 면제하는 경우에 한하여 원천징수 대상에서도 제외된다(法法 91조 4항). 우리나라와 외국에 걸쳐서 발생한 외국법인의 외국항행소득 중 우리나라에 원천에 있는 부분에 대하여 상호주의(reciprocity) 원칙에 과세권을 포기하는 것이다.

국내사업장이 있는 외국법인이 원천징수에 의하여 세액을 납부한 국내원천소득 금액은 신고납부 대상이 되는 국내원천소득금액에서 제외됨은 물론이다.

2. 원천징수의무자

원칙적으로 법인세법 제93조 각호에 규정된 국내원천소득의 법률적, 현실적 지급자가 원천징수의무자이다. 보증채무자가 보증채무의 이행으로 채권자에게 이자를 지급한 경우 이자의 법률적, 현실적 지급자는 보증채무자이므로 그 지급에 따른 원천징수의무자는 주채무자가 아니라 보증채무자임은 당연하다.[1]

특별한 경우에는 소득의 법률적, 현실적 지급자가 아닌 자에게도 원천징수의무를 지우고 있다.

첫째, 국내사업장을 가지고 있지 아니한 외국법인에게 외국차관자금을 재원으로 하여 국내원천 이자소득, 사업소득, 인적용역소득 및 사용료소득을 지급할 의무가 있는 자는 그 지급에 관한 계약의 조건에 따라 이들 소득금액을 자신이 직접 지급하지 아니하는 경우에도 소득금액을 지급할 때마다 법인세를 원천징수하여야 한다(法法 98조 5항). 차관자금이라 함은 '공공차관의 도입에 관한 법률'에서 말하는 공공차관[2]을 의미한다. 차관제공 계약상 차관의 제공자가 그 수혜자(受惠者)를 대신하여 수혜자의 계약상대방에게 대가를 지급하는 조건이 붙어 있는 경우가 많은바, 이 경우에도 현실적 지급을 하지 않는 차관의 수혜자에게 원천징수의무가 있음을 분명히 한 것이다.

둘째, 외국을 항행하는 선박이나 항공기를 운영하는 외국법인의 국내대리점에 해당하는 자는, 해당 외국법인의 간주 국내사업장(法法 94조 3항, 아래에서 서술)에 해당하지 않는 자가 해당 외국법인에게 외국항행소득을 지급하는 경우, 그 외국법인의 국내원천소득금액에 대하여 법인세를 원천징수할 의무를 진다(法法 98조 6항). 이러한 경우에는 국내원천소득의 지급자가 아니라 그 수급자의 대리인에게 원천징수의무를 지운 것이다. 다만 간주 국내사업장에 해당하는 자가 해당 외국법인에게 외국항행소득을 지급하는 경우에는 그 간주 국내사업장에 해당하는 자가 외국법인의 법인세를 신고납부할 의무를 진다.

---

1) 대법원 2009. 3. 12., 2006 두 7904.
2) 대한민국 정부가 외국정부 등 및 외국법인으로부터 또는 시행령 소정의 대한민국 법인이 대한민국 정부의 지급보증을 받아 외국정부 등으로부터 차용하는 대외지급수단 및 수출신용제도에 의하여 도입하는 자본재·원자재를 말한다('공공차관의 도입에 관한 법률' 2조 6호).

셋째, 자본시장법에 따른 투자매매업자 또는 투자중개업자(기존의 증권회사)를 통한 유가증권의 양도에서 발생하는 국내원천의 양도소득(法法 93조 9호)에 대한 법인세의 원천징수는 해당 투자매매업자 또는 투자중개업자가 행하되, 다만 기존에 발행되어 있는 주식을 상장함에 따라 양도하는 경우에는 그 주식의 발행법인이 원천징수한다(法法 98조 7항).

넷째, 외국법인으로부터 건축, 건설, 기계장치 등의 설치 · 조립, 그 밖의 작업이나 그 작업의 지휘 · 감독 등에 관한 용역을 제공받은 대가로 발생하는 국내원천소득 또는 조세조약에서 사업소득으로 분류하는 것까지 포함하는 국내원천 인적용역 소득(法法 93조 6호)을 지급하는 자는, 해당 소득이 사업자등록을 마친 국내사업장에 귀속되는 것이 아닌 한, 그에 대한 법인세를 원천징수하여야 한다(法法 98조 8항). 사업자등록을 하지 않은 국내사업장이 신고납부의무를 이행하지 않을 가능성이 있으므로 미리 원천징수를 하게 하는 것이다.

다섯째, 외국법인이 경매 또는 공매로 인하여 국내원천소득(法法 93조)을 지급받는 경우에는 해당 경매대금을 배당하거나 공매대금을 배분하는 자가 해당 외국법인에게 실제로 지급하는 금액의 범위에서 원천징수를 하여야 한다(法法 98조 10항).

여섯째, 원천징수의무자를 대리하거나 그 위임을 받은 자의 행위는 수권받거나 위임받은 범위에서 본인 또는 위임인의 행위로 간주되어 그 대리인이나 수임인이 원천징수의무를 부담한다(法法 98조 11항). 이와 관련하여 금융회사 등이 내국인이 발행한 어음이나 채무증서를 인수 · 매매 · 중개 또는 대리하는 경우에는 그 금융회사 등과 해당 내국인 간에 대리 또는 위임의 관계가 있는 것으로 본다(동조 12항).

외국법인에게 국내원천소득을 지급하는 자는, 거주자나 내국법인이 아니더라도, 그리고 현실적으로 지급하는 장소가 국외라고 하더라도 그에 대한 법인세를 원천징수할 의무가 있다(法法 98조 1항). 따라서 "국내원천소득을 국외에서 지급하는 자가 국내에 주소 · 거소 · 본점 · 주사무소 또는 국내사업장을 둔 경우에는 그 지급자가 해당 국내원천소득금액을 국내에서 지급하는 것으로 보아 원천징수할 의무가 있다"는 취지의 법인세법 제98조 제9항의 규정은 확인적 의미밖에 없다고 할 것이다. 다만, 그러한 장소적 관련성을 갖고 있지 않는 비거주자나 외국법인이 원천징수의무를 이행하지 않았을 경우 징수절차를 집행하기 어려울 수 있는바, 이는 원천징수의무의 존부와는 별개의 문제이다.

내국법인의 국외특수관계인에 해당하는 주주가 해당 내국법인의 자본거래에 따른 부당행위계산 부인으로 인하여 그와 특수관계에 있는 다른 주주로부터 분여받은 것으로 인정된 국내원천소득(法法 93조 10호 자목)에 대해서는 해당 자본거래의 대상인 주식 등을 발행한 내국법인이 해당 자본거래의 효력발생시기(합병등기일, 분할등기 또는 분할합병등기일, 증자 또는 감자 결정일)에 원천징수하여야 한다(法法 98조 14항; 法令 137조 6항).

3. 지급시기의 특례

원천징수 대상이 되는 배당소득의 지급시기에 관해서는 소득세법 제131조 제2항 및 같은 법 시행령 제191조(제4호는 제외함)를 준용하고, 기타소득의 지급시기에 관해서 소득세법 제145조의2 및 같은 법 시행령 제202조 제3항을 준용하되(法令 137조 1항), 이에 불구하고 법인세법 제51조의2에 따라 지급배당금 소득공제를 적용받는 법인(자산유동화전문회사나 각종 투자회사 등) 등이 이익 또는 잉여금의 처분에 의한 배당소득을 그 처분을 결정한 날로부터 3개월이 되는 날까지 지급하지 아니한 때에는 그 3개월이 되는 날에 배당소득을 지급한 것으로 본다(동조 2항). 한편, 외국법인 또는 비거주자로부터 지급받은 이자소득으로서 그 지급자의 국내사업장과 실질적으로 관련되었기 때문에 그 국내사업장의 소득금액 계산상 비용으로 산입되는 것(法法 93조 1호 나목)의 지급시기는 동 이자소득을 지급하는 외국법인 또는 비거주자의 해당 사업연도 또는 과세기간의 과세표준 신고기한의 종료일로 의제한다(동조 4항).

4. 원천징수 방식의 특례

(1) 채권 등의 이자에 대한 원천징수 방식의 특례

외국법인에게 국가·지방자치단체·내국법인·외국법인의 국내지점이나 영업소 또는 외국법인이 발행한 채권(債券) 또는 증권(證券)(이하 "원천징수대상 채권 등"이라고 함)의 이자, 할인액 및 집합투자기구로부터의 이익을 지급하는 자 또는 원천징수대상 채권 등의 이자의 지급기일 전에 외국법인으로부터 그 원천징수대상 채권 등을 매수하는(중개·알선의 경우를 포함하되, 환매조건부 채권매매거래나 채권대차거래[1])는 제외함) 자는 해당 외국법인의 보유기간에 상응하는 이자금액에 대한 법인세를 원천징수하여 납부하여야 한다(法法 98조의3 1항; 法令 138 조의3 1항, 2항). 외국법인으로부터 원천징수대상 채권 등을 매수하는 자로 하여 금 원천징수를 하게 하는 이유는 그 원천징수대상 채권 등의 매매대가에 외국 법인의 보유기간 중에 발생한 이자가 포함되어 있다고 보기 때문이다. 원천징 수대상 채권 등의 매도인이 개인 거주자이고, 매수인이 법인인 경우 그 매수자 법인이 매도인 거주자의 보유기간에 귀속되는 이자상당액에 대하여 소득세를 원천징수할 의무를 부담하도록 하고 있는 것(所法 46조 2항)과 법인이 원천징수 대상 채권 등의 매도인인 경우 매도인 법인 자신이 자신의 보유기간에 안분되 는 이자상당액에 대하여 스스로 법인세를 원천징수하여 납부하여야 하는 것(法 法 73조의2)과 같은 맥락에서 외국법인으로부터 채권을 매수한 자로 하여금 외 국법인의 보유기간에 발생한 이자소득에 대해 원천징수를 하게 하는 것이다. 외국법인에게 원천징수대상 채권 등의 이자나 그 매수대금을 지급하는 행위를 대리하거나 위임받은 자는 본인이나 위임인을 대리하여 원천징수를 하여야 하 고(法法 98조의3 3항), 이와 관련하여 금융회사가 내국인 또는 외국법인이 발행 한 원천징수대상 채권 등을 인수·매매·중개 또는 대리하는 경우에는 그 금융 회사가 원천징수대상 채권 등의 이자의 지급에 관하여 본래의 원천징수의무자 를 대리하거나 이들로부터 위임을 받은 것으로 간주되어 원천징수의무를 진다 (동조 4항).

　　이자의 지급금액 중 해당 외국법인의 보유기간에 발생한 금액(외국법인 보 유기간 이자상당액)에 대하여는 해당 외국법인에 대한 적용세율(법인세법, 조세특 례제한법 또는 조세조약상의 세율 중 낮은 세율)을 적용하고, 나머지 금액에 대하여 는 내국법인에게 이자소득을 지급할 때 적용되는 법인세법 제73조 제1항 제1호 의 규정에 의한 세율(즉, 100분의 14)을 적용한다(法令 138조의3 1항). 외국법인의 보유기간 외의 기간에 발생한 이자는 거주자나 내국법인에게 귀속될 것이므로 그에 대해서는 거주자나 내국법인에게 적용되는 일반의 원천징수세율을 적용하 게 하는 것이다. 다만, 외국법인의 채권 등의 보유기간을 입증할 수 없는 경우

---

1) 환매조건부 채권매매거래나 채권대차거래의 경우에는 채권 등을 매도한 날부터 환매수한 날까지의 기간이나 채권 등을 대여한 날부터 반환받은 날까지의 기간 동안 그 채권 등으로 부터 발생하는 이자소득이나 배당소득에 상당하는 금액이 매도자나 대여자(채권매매거래나 채권대차거래가 혼합적 또는 연속적으로 이루어진 경우에는 최초의 매도자나 대여자)에게 귀속되는 것으로 본다(法令 138조의3 3항).

에는 전체 이자발생기간 동안 외국법인에 대한 적용세율과 내국법인에 대한 적용세율 중 높은 세율을 적용받는 자가 보유한 것으로 보아 전체 이자소득에 대해 높은 세율에 의해 원천징수하도록 하고 있다(동조 동항). 여기서 유의할 점은 거주자나 내국법인에게 귀속되는 채권 등의 이자소득에 대한 원천징수는 소득세법 및 법인세법의 관련 규정(所法 127조 1항 1호, 129조 1항 1호; 法法 73조, 73조의2)에 의한 것이지 본조에 의한 것이 아니라는 것이다.

외국법인에 대한 채권 등의 이자의 지급시기, 외국법인의 보유기간의 계산, 보유기간 이자상당액의 계산방법 및 보유기간 입증방법 등에 관해서는 내국법인에게 지급되는 채권 등의 이자에 대한 원천징수에 관한 규정들(法令 111조 6항 및 113조)이 준용된다(法令 138조의3 6항).

(2) 조세조약상 이자·배당 또는 사용료에 해당하는 국내원천소득에 대한 원천징수세율의 적용 특례

우리나라와 조세조약을 체결한 국가의 거주자가 지급받는 국내원천의 이자, 배당 또는 사용료 소득에 대해서는 그 조세조약상의 제한세율과 이들 소득에 대한 법인세법상의 원천징수세율(法法 98조 1항 1호, 2호 및 6호; 조세조약의 대상 조세에 지방소득세가 포함되는 경우에는 법인세법상의 원천징수세율에 10%를 가산한 세율) 중 낮은 세율을 적용하여 원천징수한다(法法 98조의 7 1항). 법인세법상의 원천징수세율을 적용하여 납부한 세액이 특별법적 지위에 있는 조세조약상의 제한세율을 적용하여 계산한 세액을 초과하면 그 초과액을 환급하여야 할 것인바, 이러한 불편을 막기 위한 것이다.

(3) 조세조약상 비과세·면제 적용대상 국내원천소득에 대한 원천징수절차

국내원천 사업소득(동조 5호) 및 인적용역소득(동조 6호)을 제외한 국내원천소득을 실질적으로 귀속받는 외국법인(실질귀속자)이나 그 법정대리인 또는 임의대리인은[1] 조세조약에 따라 비과세 또는 면제를 받고자 하는 경우에는 거주자증명서를 첨부하여 납세지 관할세무서장에게 소득지급자를 통하여, 또는 그

---

1) 금융회사가 외국법인의 채권 등을 인수·매매·중개 또는 대리하는 경우에는 해당 금융회사와 외국법인 간에 대리 또는 위임의 관계가 있는 것으로 의제하고(法令 138조의4 4항), 유가증권 양도소득에 대한 법인세를 투자매매업자, 투자중개업자 또는 주식발행법인이 원천징수하는 경우에는 해당 투자매매업자, 투자중개업자 또는 주식발행법인과 외국법인 간에 대리 또는 위임의 관계가 있는 것으로 의제하는바(동조 5항), 이러한 경우 법정대리나 위임이 형성된다고 할 것이다.

소득지급자가 국내에 주소, 거소, 본점, 주사무소 또는 실질적 관리장소를 두지 않은 경우에는 직접, 비과세 또는 면제의 신청을 하여야 한다(法法 98조의4 1항; 法令 138조의4). 국내원천소득이 국외투자기구를 통하여 실질귀속자에게 지급되는 경우에는 그 국외투자기구가 실질귀속자로부터 비과세·면제 신청서를 제출받아 그 명세가 포함된 국외투자기구 신고서를 원천징수의무자에게 제출하여야 하고, 국외투자기구 자체가 실질귀속자로 인정되는 경우에는 그 투자자의 국가별 현황 등이 포함된 국외투자기구 신고서를 함께 제출하여야 한다(法法 98조의4 2항, 1항 후단; 法令 138조의4 9항). 이와 관련하여 (i) 외국에서 설립된 각종 연금기구, (ii) 체약상대국의 법률에 따라 외국에서 설립된 비영리단체로서 수익을 구성원에게 분배하지 아니하는 기금, (iii) 조세조약에서 실질귀속자로 인정하는 국외투자기구 등은 그 자체가 국내원천소득의 실질귀속자로 인정된다(法令 138조의4 11항, 138조의7 5항). 이는 곧 국외투자기구는 원칙적으로 실질귀속자로 인정하지 않는다는 취지이다. 소득지급자는 실질귀속자나 국제투자기구로부터 제출받은 신청서 등에 누락되거나 미비한 사항이 있으면 이들에게 보완을 요구할 수 있고, 서류를 제출받지 못하거나 제출받은 자료만으로는 실질귀속자를 파악할 수 없는 등의 사유가 있는 경우에는 일단 법인세를 원천징수하여야 한다(法法 98조의4 3항). 이 경우 실질귀속자는 직접 또는 소득지급자를 통하여 원천징수일이 속하는 달의 말일부터 5년 이내에 소득지급자의 납세지 관할세무서장에게 감액경정을 청구함으로써 사후적으로 구제를 받을 수 있다(동조 5항). 이와 별도로 국세기본법 제45조의2 제2항에 따른 후발적 경정청구를 할 수도 있다(동항 단서).

(4) 특정국가 소재 외국법인의 국내원천소득에 대한 선 원천징수, 후 감액경정 청구의 특례

한편, 기획재정부 장관이 고시하는 특정 지역(조세회피의 통로로 이용되기 쉬운 지역)에 소재하는 외국법인이 얻는 국내원천 이자소득, 배당소득, 자산의 50% 이상이 부동산인 법인의 주식 등으로서 상장되지 않은 것의 양도소득, 사용료소득 및 유가증권 양도소득에 대하여 법인세를 원천징수할 의무를 지는 자는 그 소득이 해당 외국법인의 소재지국과 우리나라가 체결한 조세조약에 의하여 비과세·면제 또는 제한세율의 적용을 받을 수 있는 것이라도, 국세청장으로부터 그러한 비과세·면제 또는 제한세율의 적용에 관한 사전승인을 받은 경우가 아닌 한, 해당 세율을 적용하여 원천징수를 하여야 하고(法法 98조의5 1항), 해당 소득의 실질귀속자(基本法 14조 1항; 國租法 3조 1항)가 조세조약에 따른 비과세·면제 또는 제한세율의 적용받기 위해서는 그 원천징수일이 속하는 달의 말일부터 5년 이내에 원천징수의무자의 납세지 관할세무서장에게 감액경정의 청구를 할 수 있고, 이와 별도로 국세기본법 제45조의2 제2항에 따른 후발적 경정청구를 할 수도 있다(法法 98조의5 2항). 조세피난처 소재 법인에게 지급되는 국내원천소득은 조세회피의 대상이 될 가능성이 있으므로 그러한 소득에 대해서 미리 원천징수를 하게 하여 과세권 행사의 무력화를 막기 위한 장치이다.

(5) 조세조약상 제한세율 적용대상 국내원천소득에 대한 원천징수절차

국내원천소득을 실질적으로 귀속받는 외국법인(실질귀속자)이 조세조약에 따른 제한세율을 적용받으려고 하는 경우에는 제한세율 적용신청서를 해당 국내원천소득을 지급받기 전까지 원천징수의무자에게 제출하여야 하고(法法 98조의6 1항; 法令 138조의7 1항), 해당 국내원천소득이 국외투자기구를 통하여 실질귀속자에게 지급되는 경우에는 그 국외투자기구가 실질귀속자로부터 제한세율 적용신청서를 제출받아 그 명세가 포함된 국외투자기구 신고서를 원천징수의무자에게 제출하여야 하며, 국외투자기구 자체가 국내원천소득의 실질귀속자인 경우에는 그 투자자의 국가별 현황 등이 포함된 국외투자기구 신고서를 함께 제출하여야 한다(法法 98조의6 1항 후단, 2항; 法令 138조의7 3항). 이 경우에도 위 (2)의 비과세·면제 신청의 경우와 마찬가지로 (i) 외국에서 설립된 각종 연금기구, (ii) 체약상대국의 법률에 따라 외국에서 설립된 비영리단체로서 수익을 구성원에게 분배하지 아니하는 기금은 그 자체가 국내원천소득의 실질귀속자로 인정된다(法令 138조의7 5항). 역시 국외투자기구는 원칙적으로 실질귀속자로 인정하지 않는다는 취지이다. 원천징수의무자가 위와 같은 제한세율 적용신청서나 국외투자기구 신고서를 제출받지 못하거나 제출된 서류만으로는 실질귀속자를 파악할 수 없는 등의 사유가 있는 경우에는 제한세율을 적용하지 아니하고 원천징수하여야 한다(法法 98조의6 3항; 法令 138조의7 7항). 잘못된 제한세율을 적용받거나 제한세율을 적용받지 못한 실질귀속자는 직접 또는 원천징수의무자를 통하여 원천징수일이 속하는 달의 말일부터 5년 이내에 원천징수의무자의 납세지 관할 세무서장에게 감액경정청구를 할 수 있고, 이와 별도로 국세기본법 제45조의2 제2항에 따른 후발적 경정청구를 할 수 있다(法法 98조의6 4항; 法

令 138조의8). 국외투자기구와 국내원천소득의 실질귀속자가 구분되는 개념이지만, 국외투자기구 자체가 국내원천소득의 실질귀속자인 경우가 있을 수 있고, 이러한 경우에는 국외투자기구 자체가 경정청구를 할 수 있음은 물론이다.[1]

Ⅲ. 국내사업장의 의의

위에서 본 바와 같이 국내사업장의 존부 여부에 따라 과세방식이 다르기 때문에 어떠한 경우에 국내사업장이 있는 것으로 되느냐 하는 것은 중요한 문제이다. 외국법인이 국내사업장을 갖고 있다고 하기 위해서는 그 법인이 국내에 사업의 전부 또는 일부를 수행하는 고정된 장소를 가지고 있어야 한다(法法 94조 1항). 이에는 다음과 같은 것이 포함된다(동조 2항).

1) 지점·사무소 또는 영업소,

2) 상점 기타의 고정된 판매장소,

3) 작업장·공장 또는 창고,

4) 6월을 초과하여 존속하는 건축장소, 건설·조립·설치공사의 현장 또는 이와 관련되는 감독활동을 수행하는 장소,[2]

5) 계속되는 12월의 기간 중 합계 6월을 초과하는 기간 동안 고용인을 통하여 용역을 제공하는 장소,

6) 광산·채석장 또는 해저천연자원 기타 천연자원의 탐사 및 채취 장소.

외국법인이 국내사업장을 가지고 있지 아니한 경우라도, ① 국내에 자기를 위하여 계약을 체결할 권한을 가지고 그 권한을 반복적으로 행사하는 자를 두고 있는 경우, ② 자기 명의의 계약을 체결하는 과정에서 중요한 역할(계약명의자인 외국법인이 계약의 중요사항을 변경하지 아니하고 계약을 체결하는 경우로 한정함)을 반복적으로 수행하는 자를 두고 있는 경우, 또는 ③ 이에 준하는 자로서 (i)

---

1) 대법원 2022. 10. 27., 2020 두 47397.

2) 원고가 1981. 1. 10.경부터 포항종합제철주식회사(이하 소외 회사라고 한다)의 공사현장에 기술자 등을 파견하여 상주시키면서 그 기술자들로 하여금 건설판매를 위한 관련업무를 수행케 해 오다가, 1981. 1. 29., 1983. 12. 14. 및 1985. 8. 30.에 각 그 판시와 같은 공장공급건설계약을 체결하고 계약이행을 위한 업무를 담당케 해 온 것이라면, 이는 원고의 단순한 자산의 구입, 저장 또는 보관, 가공 및 예비적 보조적 사업활동을 하기 위한 장소라기보다는 원고가 기자재공급 그 자체를 위한 사업활동의 장소를 국내에 가지고서 국내에서 그 공급을 한 경우라고 보아야 한다(대법원 1993. 7. 27., 92 누 9715).

외국법인의 자산을 상시 보관하고 관례적으로 이를 배달 또는 인도하는 자, (ii) 중개인·일반위탁매매인 기타 독립적 지위의 대리인으로서 주로 특정 외국법인 만을 위하여 계약체결 등 사업에 관한 중요한 부분의 행위를 하는 자(이들이 자기사업의 정상적인 과정에서 활동하는 경우 포함) 또는 (iii) 보험사업(재보험사업 제외)을 영위하는 외국법인을 위하여 보험료를 징수하거나 국내소재 피보험물에 대한 보험을 인수하는 자를 두고 사업을 영위하는 경우에는 그 자의 사업장 소재지(사업장이 없는 경우에는 주소지, 주소지가 없는 경우에는 거주지)에 국내사업장을 둔 것으로 본다(法法 94조 3항; 法令 133조 1항). 이를 종속대리인(dependent agent)에 의한 국내사업장이라고 한다. 어떤 외국법인이 직접 위 (i), (ii) 및 (iii)에 열거된 용역을 제공받는 것이 아니라, 해당 외국법인의 과점주주, 해당 외국법인이 과점주주인 다른 법인 또는 기타 해당 외국법인의 특수관계인이 국내에 있는 자로부터 이들 용역을 제공받는 경우에도 해당 외국법인이 이들 용역을 제공받는 것으로 보아 종속대리인에 의한 국내사업장의 구성여부를 판단한다(法令 133조 2항).

위에서 외국법인을 위하여 계약을 체결할 대리권을 가진 자가 본인인 외국법인의 국내사업장을 구성하기 위한 요건으로서의 '계약'이라고 함은 여하한 형태의 모든 계약을 의미하는 것이 아니라, 본인이 국내에서 스스로 행하면 국내사업장이 있는 것으로 인정될 사업상의 행위를 하는 계약을 의미함은 물론이다. 물건의 판매계약이나 용역의 제공계약 등이 이에 해당하는 전형적인 예이고, 본인이 스스로 행하더라도 국내사업장을 구성하지 않는 예비적·보조적 행위로서의 성격을 가지는 자산의 구매계약, 창고의 임치계약 등은 이에 해당하지 않는다.

외국법인이 사업수행 과정에서 예비적 또는 보조적 성격의 활동만을 하는 장소를 두고 있는 경우 그 장소는 고정사업장에 해당하지 않는다. 예를 들어, (i) 단순히 자산의 구입만을 위해 사용하는 장소, (ii) 판매를 목적으로 하지 아니하는 자산의 저장 또는 보관을 위해서만 사용하는 장소, (iii) 광고·선전·정보수집과 제공·시장조사 기타 이와 유사한 활동만을 행하기 위한 장소, (iv) 자기 자산을 타인으로 하여금 가공하게 하기 위해 사용하는 장소는 이에 해당한다(동조 4항). 그러나 위와 같은 예비적·보조적 성격의 활동을 하는 장소가 외국법인이나 그 특수관계자가 설치하고 있는 다른 국내사업장의 활동과 상호

보완적인 경우에는 그 예비적·보조적 성격의 활동을 하는 장소도 국내사업장으로 본다. 또한 그러한 장소에서의 활동만 놓고 보면 예비적·보조적 성격의 활동을 하고 있다고 하더라도, 해당 외국법인이나 그 특수관계자가 국내에 설치하여 운영하고 있는 다른 예비적·보조적 성격의 활동과 상호 보완적으로 기능하여 양자를 결합시켜 전체적으로 볼 때 예비적·보조적 성격의 활동을 하는 것으로 볼 수 없는 경우에는 양자 모두 고정사업장을 구성하는 것으로 본다(동조 5항).

위와 같은 국내세법상의 국내사업장에 버금가는 개념으로 조세조약에서는 '고정사업장(permanent establishment)'이라는 용어를 사용하고 있다. 따라서 조세조약상의 고정사업장 개념의 성립요건은 그대로 법인세법상의 국내사업장 개념의 성립요건으로 원용될 수 있다고 할 것이다.[1] 국제거래로부터 발생하는 소득에 관한 분쟁은 많은 경우 우리 정부와 조세조약 체약국 거주자 간에 발생하므로 국내세법상의 국내사업장 요건의 충족여부보다는 조세조약상의 고정사업장 요건의 충족여부가 분쟁의 대상이 되는 경우가 많다(고정사업장에 관한 논의는 아래 제8절 Ⅲ. 4. 참조).

Ⅳ. 국내사업장의 지점세

1. 개   념

외국법인이 국내에 자회사(subsidiary)를 설립하여 그 자회사가 국내원천소득을 얻으면 이에 대하여 법인세(지방소득세 법인세분 포함, 이하 "법인세"라고만 함)가 부과되고, 그 외국법인이 국내 자회사로부터 법인세 납부 후의 잔액을 배당으로 지급받게 되면 그 배당금에 대하여 다시 법인세를 납부하여야 한다. 이에 비해 외국법인이 국내 자회사가 아닌 국내사업장을 두고 그에 귀속되는 국내원천소득을 얻게 되면, 그 소득에 대하여 우리나라의 법인세만 납부할 뿐, 법인세를 납부하고 남는 잔여 이윤의 송금액은 배당소득이 아니므로 그 이윤의 송금액에 대해서는 특별한 규정이 없으면 법인세를 부담하지 않게 된다. 그 결과 국내 자회사가 아니라 국내사업장의 형태로 사업을 영위하는 외국법인이

---

[1] 대법원 2016. 7. 7., 2015 두 44936 판결도 조세조약상의 고정사업장 성립요건을 그대로 법인세법상의 국내사업장 성립요건으로 적시하고 있다.

과세상 더 유리한 입장에 처하게 되어 사업영위의 법률적 방식에 대한 조세의
중립성을 해하게 된다. 이러한 불균형을 해소하기 위한 제도가 지점세(branch
profits tax)의 부과이다. 지점세 제도의 요지는 외국법인의 국내사업장의 국내원
천소득 중 법인세로 과세된 후의 송금액(즉, 잔여 이윤의 송금액)을 마치 배당으
로 지급한 것으로 의제하여 그 배당의제 금액에 대하여 추가의 법인세를 부과
하는 것이다.

2. 과세 체계

우리나라에 국내사업장을 둔 외국법인(비영리법인은 제외함)의 거주지국과
우리나라가 체결한 조세조약에서 일방 체약국이 상대방 체약국 거주자 법인의
국내사업장에 대하여 위와 같은 의미의 지점세를 부과할 수 있도록 규정하고
있는 경우1)에는 해당 외국법인의 국내사업장은 그 규정에 따라 정규의 법인세
에 추가하여 지점세를 납부하여야 한다(法法 96조 1항). 다만, 그 외국법인의 거
주지국이 실제로 그 국가에 있는 우리나라 법인의 국외사업장에 대하여 추가하
여 과세하지 아니하는 경우에는 우리나라도 지점세를 부과하지 않는다(동항 단
서). 지점세는 과세대상 소득금액에 100분의 25(또는 조약상의 제한세율)를 적용
하여 산출한다(法法 96조 3항).

지점세 과세대상 소득금액은 해당 국내사업장의 각 사업연도 소득금액에
서 다음 각항의 금액을 뺀 금액이다(法法 96조 2항).

(i) 정규의 법인세에서 세액공제액(法法 57조 1항의 외국납부세액, 동 58조의
재해손실에 대한 세액공제) 및 다른 법률에 의한 감면세액·세액공제액을 빼고,
뺀 후의 가액에 가산세(法法 75조 내지 75조의9; 基本法 47조의2부터 47조의5까지)
및 법인세법 또는 조세특례제한법에 의한 추가납부세액을 더한 금액,

(ii) 지방소득세 법인세분,

(iii) 해당 국내사업장이 재투자할 것으로 인정되는 금액,

(iv) 과소자본세제의 적용에 따라 손금불산입되어 배당으로 간주된, 국외지
배주주에게 지급된 기준초과이자(國租法 22조).

요컨대, 국내사업장의 소득금액에서 그 소득에 대하여 납부한 세금액, 송

---

1) 예를 들면, 우리나라가 캐나다(의정서 7항), 프랑스(10조 7항), 호주(10조 6항) 등과 사이
   에 체결한 조세조약에서 지점세 부과에 관한 규정을 두고 있다.

금되지 않은 재투자 금액 및 이미 배당으로 간주되어 과세된 금액의 합계액을 뺀 나머지 금액을, 국내사업장이 자회사라고 가정하였을 경우에 외국 모회사에게 배당한 금액으로 의제하는 것이다.

위 (iii)에서 "해당 국내사업장이 재투자할 것으로 인정되는 금액"이라 함은 해당 사업연도 종료일 현재의 자본금 상당액[해당 사업연도 종료일 현재 재무상태표상의 자산의 합계액에서 부채(충당금을 포함하며, 미지급 법인세를 제외함)[1]의 합계액을 공제한 금액] 해당 사업연도 개시일 현재의 자본금 상당액을 초과하는 금액을 말한다. 반대로 해당 사업연도 개시일 현재의 자본금 상당액이 해당 사업연도 종료일 현재의 자본금 상당액을 초과하는 경우에는 그 초과하는 금액(이하 "자본금 감소액 상당액"이라고 함)을, 직전 사업연도 종료일 현재의 '미과세 누적유보소득'의 범위 내에서 해당 사업연도의 소득금액에 합산한다(法令 134조 1항, 2항). 여기서 '미과세 누적유보소득'이라 함은 해당 사업연도의 직전 사업연도까지의 각 사업연도의 소득금액 중 지점세가 부과되지 아니한 부분을 의미하는바, 구체적으로는 (i) 직전 사업연도까지의 각 사업연도 소득금액의 합계액에서 직전 사업연도까지의 각 사업연도 결손금 합계액과 직전 사업연도까지의 각 사업연도 소득에 대한 법인세 및 법인지방소득세의 합계액을 뺀 금액에서 (ii) 직전 사업연도까지의 매 사업연도별 지점세 과세대상 소득금액의 합계액을 빼서 계산한다(동조 3항). 이처럼 어떤 사업연도의 '자본금 감소액 상당액'을 직전 사업연도까지의 '미과세 누적유보소득'의 범위 내에서 지점세 과세대상 소득금액에 더하는 이유는 직전 사업연도까지의 미과세 누적유보소득을 해당 사업연도의 '자본금 감소액 상당액'만큼 송금(즉, 배당)한 것으로 보겠다는 것이다. 그 결과 어떤 사업연도에 결손금이 발생하였더라도 해당 사업연도의 '자본금 감소액 상당액'이 그 결손금액보다 크면, 그 차액이 직전 사업연도까지 발생한 미과세 누적유보소득 범위 내에서 지점세 과세대상으로 된다(法令 134조 4항).

---

[1] 외국법인의 국내지점이 어떤 사업연도의 이익잉여금 처분의 일환으로 일정액을 본점에 송금하기로 결정하고 이를 대차대조표상 자본(이익잉여금)에서 공제하여 그 상대계정으로 부채항목인 미지급금으로 계상한 후 경영상의 이유로 송금결의를 취소하였더라도 그 취소된 금액의 송금결의가 처음부터 없었던 것으로 볼 수는 없고, 그 취소된 금액은 지점세 과세대상 소득금액의 산정에 있어 대차대조표상 부채에 포함된다(대법원 2009. 6. 11., 2006 두 5175).

한편, 우리나라와 외국법인의 거주지국이 체결한 조세조약에서 '이윤의 송금액'에 대하여 과세할 수 있도록 규정하고 있는 경우에는, 위의 법정 산식에 불구하고, 각 사업연도의 소득금액 중 실제로 송금된 이윤을 과세대상 소득금액으로 한다. 다만, 각 사업연도에 실제로 송금된 이윤이 위의 법정 산식에 따라 산정한 '직전 사업연도의 과세대상 소득금액'을 초과하는 경우에는 그 초과분은 직전 사업연도까지의 '미과세 누적유보소득'의 한도 내에서만 과세대상 소득금액에 포함한다(法法 96조 1항 괄호; 法令 134조 5항).

외국법인의 거주지국과 우리나라가 체결한 조세조약에 지점세의 부과에 관한 조항이 들어 있는 경우에 한하여 지점세를 부과할 수 있도록 한 현행 제도는 그러한 조약조항의 유무를 가리지 않고 독자적인 국내법 규정에 따라 획일적으로 지점세를 부과하는 제도(예를 들면, 미국의 branch profits tax)와는 차이가 있다.

제 7 절   과소자본에 대한 규제

Ⅰ. 과소자본에 대한 규제의 필요성

현행 법인세제에 있어서는 타인자본(차입금)의 이용대가인 지급이자는 원칙적으로 전액 손금산입이 허용되는 데 반하여, 자기자본(출자와 유보이익)에 대한 배당은 이익의 분배라 하여 손금으로 산입할 수 없다. 차입금에 대한 지급이자는 그 금액이 크다는 이유로 손금산입을 제한할 수 없기 때문에 오직 조세부담만을 놓고 보면 자연히 법인 기업주는 법인의 영업자금을 타인자본으로 조달하려고 할 것으로 짐작된다. 그런데 그 타인자본의 대주(貸主)가 순수한 타인이라면 그에 대한 지급이자의 손금산입을 제한할 이유가 없겠지만, 그렇지 아니하고 기업이 기업주(출자자)로부터 바로 차입하거나 또는 기업주의 신용을 바탕으로 차입을 하고, 나아가 그 기업주인 대주가 기업의 경영에 관여하며, 자기자본에 대한 기업주의 대여금 비중이 커서 채무변제를 상당기간 기대하기 어려운 경우에는 그 기업주에 의한 자금의 대여는 출자와 그 실질이 다르지 않다고 할 것이다. 이러한 차입금에 대한 지급이자까지도 그대로 손금산입을 인정한다면 법인세의 부담이 부당하게 경감될 우려가 있다. 그리하여 미국에서는 일찍이 현행 내국세입법 §163(j)에서 이른바 earnings – stripping rule을 입법화하기 전에 실질과세원칙의 판례법적 적용으로 특수관계인에게 일정액을 초과하여 지급하는 이자의 손금산입을 부인해 왔고, 독일에서도 이른바 숨은 출자(verdeckte Einlage)의 이론으로 차입금을 출자로 간주하기 위한 논의가 계속되어 왔다.

그러다가 드디어 과소자본(過少資本, thin capitalization)이 독립된 국제조세 문제로 부각되어 1986년에 OECD 보고서가 발표되기에 이르렀다.[1] 이러한 경향에 맞추어 일본을 포함한 주요국들은 국제거래에 적용하기 위한 특별규정을 제정해 놓고 있는 것이 현실이다. 그러나 과소자본의 문제는 국제거래의 환경에서만 발생하는 것은 아니다. 그렇기 때문에 과소자본 세제를 국제거래에 한정시키지 않고 일반적으로 적용하는 제도를 가진 나라(예를 들면, 미국)도 있다. 사실 그렇게 하는 것이 외국 대주로부터의 차입금에 대해 지급하는 이자에 대해서만 규제를 할 경우에 야기될 수 있는 외국인 차별이라는 비난을 면할 수 있다.

다국적기업은 조세부담 경감 이외의 이유로도 차입금을 선호하는 경향이 있다. 그중 가장 중요한 것이 국제적 자금이동 능력의 확보이다. 다국적기업은 세계적 경영전략을 수행함에 있어서 여러 나라에 널려 있는 각 사업장의 자금수요의 우선순위에 따라 자금을 신속히 한 곳에서 회수하여 다른 곳으로 투입하여야 할 필요가 있다. 그런데 자금을 현지 자회사에 대한 출자로 사용하게 되면 이를 자회사에 대여한 경우와 비교하여 그 회수가 상대적으로 어렵다.

국내에 진출한 외국계 기업의 과소자본이 특히 문제되는 것은 차입이자의 손금산입에 따라 경감된 법인세가 배당의 형태로 해외로 유출될 뿐만 아니라, 지급되는 이자에 대한 원천세마저도 조세조약에 의하여 경감되는 경우가 많아서 외국기업이 국내기업에 비하여 과세상 현저히 유리한 입장에 서기 때문이다.

Ⅱ. 규제의 내용

1. 과소자본으로 인한 지급이자 손금불산입 제도의 개요

내국법인 또는 외국법인의 국내사업장의 차입금 중 국외지배주주(동조 1항) 및 그 친족 등 특수관계인(이하 "국외지배주주"라고만 함)으로부터 차입한 금액과

---

1) OECD, Thin Capitalization, an Issues in International Taxation, No. 2(1986).

국외지배주주의 지급보증(담보의 제공 등 실질적으로 지급을 보증하는 경우 포함1))하에 제3자로부터 차입한 금액이 국외지배주주의 해당 내국법인에 대한 출자가액의 2배(금융업 영위법인의 경우에는 6배)를 초과하는 경우에는 그 초과분에 대한 지급이자 또는 할인료는 손금에 산입하지 아니하고, 법인세법 제67조에 따라 법정의 신정방법에 의하여 산출한 금액만큼 배당으로(국외지배주주로부터 직접 차입한 금액의 경우) 또는 기타 사외유출로(특수관계인으로부터 차입한 금액이나 국외지배주주의 지급보증에 의하여 제3자로부터 차입한 금액의 경우) 처분된 것으로 본다(國租法 22조 2항; 國租令 50조 1항). 이때 서로 다른 지급이자나 할인료의 율이 혼재하여 적용되고 있는 경우에는 높은 율이 적용되는 것부터 먼저 손금산입 대상에서 제외한다(國租法 22조 6항).

내국법인이 국외지배주주가 아닌 자로부터 차입하는 경우라도 그 차입에 관하여 내국법인과 국외지배주주 간에 사전계약이 있고, 그 차입조건이 해당 내국법인과 국외지배주주에 의하여 실질적으로 결정되는 경우에는 내국법인이 국외지배주주로부터 직접 차입한 것으로 간주하여 과소자본세제를 적용한다. 내국법인이 차입하는 상대방(즉, 貸主)이 국외특수관계인인 경우에는 전자의 요건(즉, 사전계약)이 충족되지 않더라도 국외지배주주로부터 직접 차입한 것으로 본다(國租法 23조). 이러한 제3자 개입거래를 방치하면 쉽게 과소자본세제를 회피할 수 있기 때문에 그 적용 범위를 확장한 것이다.

그리고 국외지배주주의 지급보증2)하에 제3자로부터 차입한 금액에 대해서도 국외지배주주로부터 직접 차입한 것과 같은 취급을 하는 이유는 상환할 자력이 없는 자회사의 제3자에 대한 채무를 모회사가 보증한다는 것은 곧 모회사가 자회사에게 해당 채무액을 대여하는 것과 경제적 효과가 같기 때문이다.

한편, 국외지배주주는 배당으로 처분된 지급이자 금액에 대하여 신고납부나 원천징수의 방법에 의하여 소득세나 법인세를 납부하여야 할 것인바, 그 배당에 대한 소득세나 법인세에서 내국법인이 이자지급시 이미 원천징수한 소득

---

1) 이른바 외국의 모회사가 국내 자회사에게 신용을 제공하는 금융회사에게 그 자회사가 지급불능에 이르지 않도록 증자등의 절차를 취하겠다는 취지의 약속(comfort letter)을 하는 경우가 이에 포함된다.

2) 국외지배주주의 지급보증의 범위에는 지급보증서의 유무, 지급보증서의 종류 또는 지급보증방법에 불문하고 내국법인 등의 채무불이행시 사실상 국외지배주주가 채무를 이행하여야 하는 형태의 모든 지급보증을 포함한다(국일 46017-483(1997. 7. 15)).

세나 법인세를 공제할 수 있음은 당연하다(國租法 22조 5항). 위와 같은 과소자본 규제의 적용에 따라 내국법인이 국외지배주주에게 지급한 이자의 일부가 소득세법이나 법인세법상 배당으로 인정되더라도, 국외지배주주의 거주지국과 우리나라가 체결한 조세조약상 이를 이자로 취급하도록 되어 있다면, 조세조약의 특별법으로서의 성격으로 인해 해당 조세조약의 적용과 관련해서는 여전히 이자소득으로 취급되어야 한다.[1]

위에서 '국외지배주주'라고 함은 첫째 과소자본에 따른 지급이자의 손금불산입 적용대상이 내국법인인 경우에는 (i) 그 내국법인의 의결권 있는 주식의 100분의 50 이상을 직접 또는 간접으로 소유하고 있는 외국의 주주·출자자(이하 "외국주주"라고 함), (ii) 그 외국주주가 의결권 있는 주식의 100분의 50 이상을 직접 또는 간접으로 소유하고 있는 외국법인 또는 (iii) 내국법인과 사이에 국조법 시행령 제2조 제2항 제3호에 규정된 특수관계의 요건(공통의 이해관계의 성립과 사업방침의 결정권의 존재)을 충족하는 외국주주를 말하고, 둘째 과소자본에 따른 지급이자의 손금불산입 적용대상이 외국법인의 국내사업장인 경우에는 (i) 그 국내사업장을 둔 외국법인의 본점·국외 소재 지점, (ii) 그 외국법인의 의결권 있는 주식의 50퍼센트 이상을 직접 또는 간접으로 소유하는 외국주주 또는 (iii) 위 (i)의 본점 또는 위 (ii)의 외국주주가 의결권 있는 주식의 100분의 50 이상을 직접 또는 간접으로 소유하는 외국법인을 말한다(國租法 22조 1항; 國租令 45조 1항, 2항). 이러한 요건을 충족하는 자는 내국법인이나 외국법인의 국내사업장을 실질적으로 지배하는 것으로 보는 것이다. 내국법인이 위에서 본 외국주주와 외국법인으로부터 따로 자금을 차입한 경우에는 전체금액을 국외주주로부터 차입한 것으로 본다(國租令 46조 3항).

외국인투자기업이 위에서 본 바와 같은 과소자본세제의 적용을 피하기 위해서는 국외지배주주로부터 차입할 수 있는 금액 혹은 국외지배주주의 지급보증 하에 제3자로부터 차입할 수 있는 금액을 자신의 자본력에 기초하여 독립된 제3자로부터 직접 차입하여야 한다. 이는 사업상 위험을 증가시켜 보다 높은 이자율을 부담하는 결과를 가져오고, 그것은 다시 투자의 감소 → 고용감소 및 조세수입의 감소를 야기하게 된다. 따라서 국외지배주주가 지급보증한 차입금을 과소자본세제의 적용대상으로 하는 것은 조세정책상 바람직한 것은 아니

---

1) 대법원 2018. 2. 28., 2015 두 2710.

다.[1] 이러한 부작용을 피하기 위해 내국법인이 국외지배주주 등으로부터 차입한 금액의 규모 및 차입 조건이 특수관계가 없는 자 간의 통상적인 차입 규모 및 차입 조건과 같거나 유사한 것임을 입증하는 경우 그 차입금에 대한 이자등에 대해서는 위와 같은 과소자본세제를 적용하지 않는 것으로 하고 있다(國租法 22조 4항).

2. 지급이자 손금불산입액의 산정

손금불산입되는 지급이자의 금액은 아래와 같이 계산되는 '초과차입금 적수'에 각 차입금에 대한 이자율을 곱하여 나오는 금액의 합계액으로 한다. 각 차입금 마다 초과차입금 적수에 이자율을 곱한다는 것은 차입금 별로 매번 초과차입금 적수를 계산한다는 의미이다. 이때 이자율이 높은 차입금의 적수가 초과차입금 적수에 먼저 포함되는 것으로 하고, 같은 이자율이 적용되는 차입금이 둘 이상 있는 경우에는 차입시기가 늦은 차입금의 적수부터 초과차입금 적수에 포함한다(國租슈 48조 1항, 2항).

초과차입금 적수 = 국외지배주주등 차입금 적수 − [국외지배주주의 내국법인 출자금액 적수×기준배수(2배 또는 아래에서 볼 업종별 배수)]

위의 산식에서 '차입금'이라 함은 이자 및 할인료를 발생시키는 부채를 말한다. 이자 및 할인료는 차입금에서 발생한 모든 이자소득으로서 내국법인이 국외지배주주에게 지급하여야 할 사채할인발행차금 상각액, 융통어음할인료 등 그 경제적 실질이 이자에 해당하는 것을 모두 포함한다. 다만, 건설자금 이자는 제외한다(國租슈 48조 3항). 외화로 표시된 차입금액은 차입이 이루어진 날이 속하는 사업연도 종료일 현재의 기준환율 또는 재정환율을 적용하여 원화로 환산한다(國租슈 46조 4항).

그리고 위의 산식에서 '국외지배주주의 내국법인출자금액'이라 함은, 첫째 적용대상이 내국법인인 경우에는 해당 사업연도 종료일 현재의 (i) 재무상태표상의 자산의 합계액에서 부채(충당금을 포함하며, 미지급법인세는 제외함)의 합계

---

[1] Julie A. Roin, Adding Insult to Injury: The "Enhancement" of §163(j) and the Tax Treatment of Foreign Investors in the United States, 49 Tax Law Review 269(1994), pp. 300−302.

액을 공제한 금액과 (ii) 납입자본금(자본금에 주식발행액면초과액 및 감자차익을 더하고 주식할인발행차금 및 감자차손을 뺀 금액)의 양자 중 큰 금액에 해당 사업연도 종료일 현재 납입자본총액에서 국외주주의 납입자본금이 차지하는 비율[1]을 곱하여 산출한 금액을 말하고, 둘째 적용대상이 외국법인의 국내사업장인 경우에는 해당 사업장의 자산총액에서 부채총액을 공제한 금액을 말한다(國租令 47조 1항). 어떤 사업연도 중에 내국법인의 합병, 분할, 증자 또는 감자 등에 따라 자본의 변동이 있는 경우에는 해당 사업연도 개시일부터 자본 변동일 전날까지의 기간과 그 변동일부터 해당 사업연도 종료일까지의 기간으로 나누어 각 기간 별로 계산한 금액의 적수로 위 (i)과 (ii)의 금액을 계산한다(동조 2항).

그리고 국외지배주주와 내국법인 사이에 주식소유를 통하여 한 개 이상의 법인이 개재되어 있고 이들이 모두 직렬로 연결되어 있는 관계, 즉 직렬출자관계가 있는 경우에는 국외지배주주가 간접적으로 지배하고 있는 내국법인에 대한 납입자본금비율은 각 단계의 납입자본금비율을 모두 곱하여 산출한다(國租令 47조 3항 1호). 이때 직렬출자관계에 차입금을 합산하는 외국주주와 외국법인이 모두 포함된 경우에는 주식의 간접소유비율 산정에 관한 국조법 시행령 제2조 제3항을 준용하여 납입자본금비율을 산출한다(동호 단서). 지배주주와 국내법인 사이에 2개 이상의 별도의 직렬출자관계가 있는 경우에는 지배주주의 내국법인에 대한 납입자본금비율은 각각의 직렬출자관계에서 산출한 납입자본금비율을 모두 합하여 계산한다(동항 2호).

3. 다른 지급이자 손금불산입 규정과 사이의 적용 순위

과소자본세제의 적용에 따른 지급이자의 손금불산입은 국조법 제6조 및 제7조에 의한 이전가격의 조정에 따른 손금불산입, 아래에서 볼 국조법 제25조에 의한 혼성금융상품 거래에 따라 발생하는 지급이자의 손금불산입 또는 법인세법 제28조에 의한 일정한 유형의 지급이자의 손금불산입에 우선하여 적용된다(國租法 26조 2항). 따라서 과소자본세제의 적용에 따른 지급이자의 손금불산입 후에도 남는 지급이자가 있으면 위의 다른 제도에 따른 지급이자의 손금불

---

[1] 내국법인이 지배외국주주와 지배외국법인으로부터 따로 차입한 금액이나 각자의 지급보증 하에 제3자로부터 차입한 금액을 합산하여 전체금액을 지배외국주주로부터 차입하거나 그의 지급보증 하에 제3자로부터 차입한 것으로 보는 경우에도 지배외국주주의 납입자본금이 차지하는 비율을 적용한다(國租令 25조 3항 괄호).

산입이 적용될 수 있다. 그러나 과세자본세제의 적용에 따른 지급이자 손금불산입과 아래에서 볼 국조법 제15조의2에 따른 소득 대비 과다이자 지급액의 손금불산입이 동시에 적용되는 경우에는 손금불산입액이 큰 것 하나만을 적용하고, 금액이 같은 경우에는 과소자본세제에 따른 지급이자 손금불산입만 적용한다(國租法 26조 1항). 차입금의 과다를 이유로 한다는 점에서 양자의 성질이 같으므로 중복 적용을 배제하는 것이다.

Ⅲ. 예외 조항

지배주주로부터의 차입금과 자기자본 간의 비율을 기계적으로 적용하여 계산한 초과 차입금에 대한 지급이자를 자동적으로 손금부인하는 것이 제반 여건에 비추어 보아 무리일 수가 있다. 국내기업들은 상장기업조차도 타인자본 의존도가 자기자본의 2배수를 초과하는 예가 허다하다. 선진국 가운데 기업의 타인자본 의존율이 높은 일본에서는 기업의 보편적인 재무환경이 고려되어서인지 과소자본 세제의 적용에 있어 온건한 것으로 알려져 있다.

이리하여 국조법은 차입금의 규모 및 차입조건이 특수관계 없는 자 간의 통상적인 차입규모 및 차입조건과 동일 또는 유사한 것임을 내국법인이 증명하는 경우에는 앞서 설명한 손금불산입의 불이익을 받지 않도록 하고 있다(國租法 22조 4항). 이 규정을 적용받고자 하는 내국법인은 시행령에서 규정하는 자료를 법인세 신고기한 내에 과세당국에 제출하여야 한다(國租令 51조 1항). 이러한 예외는 특수관계인 간의 거래라 하더라도 특수관계 없는 독립기업들 간의 거래와 동일 또는 유사한 것인 경우에는, 특수관계인 간 거래라는 이유만으로 불리한 취급을 하지 않아야 한다는 기본입장을 반영한 것으로 OECD 모범조약 제9조 제1항의 독립기업원칙에 입각한 것이라 할 수 있다.

제 8 절 과다 지급이자에 대한 규제

Ⅰ. 과다 지급이자에 대한 규제의 필요성

소득창출력이 높아서 굳이 국외특수관계인으로부터 자금을 차입할 필요가 없는 외국법인의 국내자회사가 국외특수관계인으로부터의 차입금에 대한 이자의 손금산입을 통해 소득에 대한 조세부담을 줄일 목적으로 국외특수관계인으로부터의 차입금액을 높이려고 하는 시도가 있을 수 있다. 이러한 경우에는 자기자본 대비 국외특수관계인으로부터의 차입금 비율이 법정한도를 초과하지 않더라도, 소득금액 대비 국외특수관계인에게 지급하는 이자액의 비율을 고려하여 지급이자의 손금산입을 제한할 필요가 있다. 국조법은 '소득 대비 과다이자비용의 손금불산입'이라는 제도의 도입으로 이를 규제하고 있다(國租法 24조).

한편, 외국법인의 자회사가 국외특수관계인에게 자본과 부채의 성격을 동시에 갖는 금융상품(혼성금융상품, hybrid financial instrument; 예를 들면, 전환사채)을 발행하여 발행가액을 수취한 뒤 그 금액에 대하여 이자를 지급하는데, 그 혼성금융상품의 자본성으로 인하여 국외특수관계인이 수취하는 이자에 대하여 그 소재지국에서 조세를 납부하지 않는 경우가 있을 수 있다. 이 경우 이자의 수취인은 소재지국에서 조세를 납부하지 않고, 그 지급자인 내국법인만 해당 금액을 손금에 산입하는, 소위 '조세부담 증대요인과 감소요인 간의 비대칭화'(hybrid mismatch arrangements)현상이 발생하게 되어 조세회피가 이루어지므로 이를 규제할 필요가 있다.1) 국조법은 '혼성금융상품 거래에 따라 발생하는 이자비용의 손금 불산입'이라는 제도로 이를 규제하고 있다(國租法 25조).

II. 규제의 내용

1. 소득 대비 과다이자 지급액의 손금 불산입

내국법인이 국외특수관계인으로부터 차입한 금액에 대한 순이자비용, 즉 국외특수관계인에게 지급한 이자 및 할인료의 합계액에서 국외특수관계인으로부터 수취한 이자수익의 합계액을 차감한 금액이 감가상각비와 그 순이자비용을 차감하기 전의 소득금액(조정소득금액)의 100분의 30을 초과하는 경우 그 초과금액은 손금에 산입할 수 없고, 법인세법 제67조에 따른 기타사외유출로 처분하여야 한다(國租法 24조 1항, 2항). 이때 서로 다른 지급이자나 할인료의 율이

1) OECD는 다국적 기업의 과세소득 축소와 소득이전(Base Erosion and Profit Shifting) 행위를 방지하기 위한 대책의 하나로서 이러한 '조세부담 증대요인과 감소요인 간의 비대칭화'(hybrid mismatch arrangements)를 제거할 장치의 개발을 요청하고 있다[OECD (2013), *Action Plan on Base Erosion and Profit Shifting*, OECD Publishing].

혼재하여 적용되고 있는 경우에는 높은 율이 적용되는 것부터 먼저 손금산입
대상에서 제외하고(國租法 24조 4항). 다만, 금융업 및 보험업을 영위하는 내국
법인에 대해서는 이를 적용하지 아니한다(國租法 24조 3항). 자금의 대여를 목적
사업으로 영위하는 법인에게 국외특수관계인에 대한 이자지급을 통한 조세부담
축소 의도가 있다고 보기 어렵기 때문이다.

이러한 소득 대비 과다이자 지급액의 손금불산입은 국조법 제6조 및 제7
조에 의한 이전가격의 조정에 따른 손금불산입, 아래에서 볼 국조법 제25조에
의한 혼성금융상품 거래에 따라 발생하는 지급이자의 손금불산입 또는 법인세
법 제28조에 의한 일정한 유형의 지급이자의 손금불산입에 우선하여 적용된다
(國租法 26조 2항).

2. 혼성금융상품 거래에 따라 발생하는 이자지급액의 손금불산입

내국법인이 국외특수관계인인 외국법인과 사이에 자본 및 부채의 성격을
동시에 갖고 있는 일정한 형태의 혼성금융상품, 즉 우리나라에서는 부채로 보
아 관련 이자 등을 이자비용으로 취급하나 해당 외국법인의 소재지국에서는 자
본으로 보아 관련 소득을 배당소득으로 취급하는 채권 및 증권 등의 금융상품
(금융 및 보험업에 종사하는 내국법인이 발행하는 금융상품은 제외)의 거래를 함에
따라 해당 외국법인이 지급받은 이자 등이 그 소재지국에서 이를 지급받은 사
업연도의 종료일 이후 12개월 이내에 개시하는 사업연도의 종료일까지 배당소
득으로 분류되어 전부 과세되지 않거나 그 100분의 10 미만으로 과세되는 경우
에는 이를 지급한 내국법인의 그 12개월이 종료하는 날이 속하는 사업연도의
과세소득을 계산함에 있어서 다음의 금액을 익금에 산입하고, 법인세법 제67조
에 따른 기타사외유출로 처분한다(國租法 25조 1항; 國租令 57조, 58조, 59조 2항):

> 내국법인이 거래상대방에게 지급하는 이자등의 금액×거래상대방이 내국법인으로
> 부터 지급받는 배당소득 금액 중 '과세되지 않은 금액'이 차지하는 비율

위의 산식에서 '과세되지 않는 금액'은 거래상대방인 외국법인이 내국법인
으로부터 수취한 이자 등이 그 소재지국의 세법에 따라 배당소득으로 취급되어
전부 과세되지 않는 경우에는 그 지급액 전액을, 그리고 10% 미만의 금액만 과

세되는 경우에는 그 과세소득에 포함되지 않는 지급금액으로 계산한다(國租令 59조 1항).

이자 등을 수취하는 외국법인의 소재지국에서 수취금액의 100분의 10 미만으로 과세되는 경우에만 위와 같은 익금산입을 하므로 그 이상의 금액이 과세대상이 되는 경우에는 익금산입을 하지 않는다. 한편, 위와 같이 지급이자 등을 익금에 산입한 내국법인은 일정한 산식에 따라 계산한 이자 상당액을 적정기간 종료일이 속하는 사업연도의 법인세에 더하여 납부하여야 한다(國租法 25조 2항 후단).

위의 혼성금융상품 거래에 따른 지급이자의 익금산입은 국조법 제6조 및 제7조에 의한 이전가격의 조정에 따른 손금불산입이나 법인세법 제28조에 의한 일정한 유형의 지급이자의 손금불산입에 우선하여 적용된다(國租法 26조 3항).

제 9 절 소득과 자본에 관한 조세조약

I. 이중과세의 방지

1. 이중과세 방지제도의 필요성

동일 납세의무자에 귀속되는 동일 과세기간의의 동일 과세물건에 대해서 2개 이상의 국가에서 유사한 종목의 조세가 부과되는 현상을 일컬어 국제적 이중과세라 한다.[1] 기업이나 개인이 국외에서 경제적 관련을 맺게 될 경우 거의 언제나 국제적 이중과세 문제가 야기된다. 예를 들면 우리나라의 기업이 미국에 진출해서 그곳에서 소득을 얻었다면 그 기업이 우리나라의 기업인 까닭에 소득의 원천지가 어디에 있건 그 소득에 대해서 우리나라의 세법에 의한 납세의무를 지는 동시에(무제한적 납세의무) 미국내 원천에서 발생한 소득이라는 이유로 같은 소득에 대해서 미국에서 미국세법에 의한 납세의무(제한적 납세의무)를 지게 된다. 이러한 국제적 이중과세는 국가 간의 경제교류를 심각하게 저해

---

1) Model Double Taxation Convention on Income and Capital, Report of the OECD Committee on Fiscal Affairs(1977), p. 7, para. 3 및 United Nations, Model Double Taxation Convention Between Developed and Developing Countries(1980), p. 1.

하기 때문에 이를 방지할 제도적 장치를 둘 필요가 있음은 말할 나위가 없다.
국제적 이중과세의 방지를 위한 하나의 방법은 국내법에 의하는 것이고, 다른
하나는 당사국 간에 이중과세방지조약을 체결하는 것이다.

2. 국내법상의 이중과세방지 제도

국내법에 의한 국제적 이중과세의 방지방식은 외국에서 납부한 세액을 산
출세액에서 공제하는 외국납부세액공제방식(foreign tax credit method)과 국외원
천소득을 과세에서 제외하는 면제방식(exemption method)으로 나뉜다. 우리나라
의 소득세법과 법인세법은 세액공제방식을 택하고 있다(所法 57조; 法法 57조).
그러나 국내법의 규정에 의한 해결은 만족스러운 것이 못된다. 우리 세법이 채
택하고 있는 세액공제방식을 보더라도 다음과 같은 여러 가지 결점이 있다.

첫째, 외국납부세액의 공제는 산출세액에 과세표준에서 국외원천소득이 차
지하는 비율을 곱한 금액을 한도로 하여 인정된다. 그러므로 외국의 조세부담
이 우리나라보다 클 경우에는 공제받지 못하는 외국납부세액(한도초과액)이 있
게 된다.

둘째, 소득의 원천지에 관한 인식은 나라마다 다를 수 있으므로 국외원천
소득이라 하여 외국에서 과세된 소득이 우리 세법상으로는 국내원천소득으로
인정되는 경우에는 외국납부세액을 공제받을 수 없게 된다.

셋째, 과세소득의 산출방법은 나라마다 달라서 외국의 세법에 의하여 산출
된 국외원천소득금액이 우리 세법에 따라 인식되는 소득금액과 일치하지 않는
것이 상례이다. 따라서 상대방국의 산출세액이 클 경우 이중과세의 해결은 불
완전하게 된다.

넷째, 소득(손익)의 귀속시기의 인식이 나라에 따라 같지 않기 때문에 특정
과세연도의 소득금액의 계산이 또한 달라진다. 이 경우에도 앞서 본 바와 같이
이중과세의 완전한 배제를 기할 수 없다.

다섯째, 어떤 인(person)의 거주지가 우리나라에도 있고 다른 나라에도 동
시에 존재하는 경우 또는 그러한 것으로 관련 국가의 법에 의하여 판정되는 경
우에는 우리나라의 외국납부세액공제 규정만으로는 이중과세의 방지가 가능하
지 않다. 예를 들면, 우리나라와 다른 나라에 동시에 거주지를 둔 사람이 우리
나라 원천에서 얻은 소득에 대하여 우리나라와 다른 나라가 동시에 거주지국으

로서 과세권을 행사하면서, 그 다른 나라가 우리나라에 원천이 있는 소득에 대해 외국납부세액공제와 같은 이중과세방지 장치를 두고 있지 않다면, 그 소득은 우리나라와 그 다른 나라에 의해서 동시에 과세되는 결과가 된다. 해당 소득의 원천이 우리나라에 있기 때문에 우리나라의 외국납부세액공제 제도만으로는 이중과세를 막을 수 없다.

위와 같이 소득의 원천지국이나 그 소득자의 거주지국의 일방적 규정만으로는 국제적 이중과세방지의 실효를 거두기 어렵다. 국내법이 세액공제방식이 아니라 면제방식을 채택하고 있는 경우에도 대체로 유사한 이유로 이중과세의 해소는 불충분하다. 이리하여 관계국 간의 조약에 의하여 과세권의 경합을 구체적으로, 그리고 호혜적으로(reciprocally) 배분하는 것이 보다 효과적이다. 조세조약은 일방 체약국이 국내세법 적용의 효과로 성립된 조세채권을 일정한 범위 내에서만 행사하기로 타방 체약국과 합의함으로써(일반적으로 성립된 조세채권을 감액함으로써) 현실적으로 이중과세가 발생하지 않게 하는 기능을 한다. 이와 같이 조세조약이 과세권 행사를 제한하는 효력을 조세조약의 '소극적 효력(negative effect)'이라 부르고, 이에 비해 국내세법이 조세채권을 성립시키는 효력을 국내세법의 '적극적 효력(positive effect)'이라 한다. 따라서 조세채무가 조세조약에 의하여 창설되거나 증대될 수는 없으며, 조약의 대상이 되는 세목에 대한 과세권의 현실적 행사는 조약에 의하여 유보된 범위 내에서 국내세법에 근거하여 이루어진다.[1)]

II. 국내법과 조세조약의 관계

조약과 국내법의 관계에 관하여 학설상 양자를 일원적으로, 즉 하나의 법체계를 이룬다고 보는 견해(monism 또는 monist view)와 이원적인 것으로, 즉 서로 별개의 법체계를 이룬다고 보는 견해(dualism 또는 dualist view)가 대립하고 있지만,[2)] 우리 헌법 제6조 제1항은 "헌법에 의하여 체결·공포된 조약과 일반적으로 승인된 국제법규는 국내법과 같은 효력을 갖는다"고 규정하고 있어서

---

1) Arnold A. Knechtle, Basic Problems in International Fiscal Law, pp. 174–175.
2) 각 주장의 근거와 내용은 本稿에서 다룰 성질의 것이 아니므로, Jennings and Watts, eds., Opperheim's International Law(9th ed.), vol.1, p. 53 이하 참조.

헌법상 일원론을 채택한 것이라는 견해가 지배적이다. 따라서 국내법과 조세조
약(조세조약은 헌법 60조 1항에서 규정하는 '주권의 제약에 관한 조약'에 해당한다)의
충돌은 통상 국내법 상호간의 충돌에서처럼 신법우선의 원칙 및 특별법 우선의
원칙에 따라 해결하게 된다.[1] 우리 판례는 우리 정부가 체결한 조약은 법률과
대등한 효력을 갖지만, 그 내용이 법률의 그것에 비해 특별한 경우에는 특별법
으로서 국내법에 우선하여 적용된다고 보므로,[2] 조세조약은 동일한 규율대상
에 관한 한 국내세법에 일반적으로 우선하여 적용된다. 이처럼 우리나라의 규
범체계상 조세조약의 규정이 일반적으로 국내세법 규정의 특별법으로서 우선적
효력을 갖기 때문에 조세조약에서 별도로 정의하지 않은 용어 및 문구의 의미
는 국세기본법상의 정의나 의미에 따른다는 취지의 국조법 제5조는 당연한 법
리를 확인한 의미밖에 없다고 할 것이다. 이에 비해 미국의 내국세입법(§7852(d)
(1))은 조약과 연방법의 관계에 관하여 어느 쪽도 다른 한쪽에 대하여 우월한
지위(preferential status)를 갖지 않는다는 것을 명문으로 규정하고 있으며,[3] 따라
서 신법우선의 원칙이 적용되는 것으로 이해되고 있다.

우리나라는 1970년에 체결한 일본과의 조세조약을 효시로 하여 2021년 8월
현재 세계 96여 개국과 사이에 광범위한 조약망(treaty network)을 가지고 있다.

Ⅲ. OECD 모범조약의 개요

국제적 이중과세방지 조약은 거의 예외 없이 OECD(the Organization for
Economic Cooperation and Development)가 제정한 모범조약에 바탕을 두고 있다.
OECD에 의하여 처음 제정된 것이 'The 1963 OECD Draft Double Taxation
Convention on Income and Capital'(1963년 모범조약)이며, 1963년 모범조약을
보완한 것이 'The 1977 Model Convention for the Avoidance of Double
Taxation with Respect to Taxes on Income and on Capital'(1977년 모범조약)이

---

1) 權寧星,「憲法學原論」(新訂版), 171－172면; 李漢基,「新稿 國際法講義」, 155면.
2) 대법원 1986. 7. 22., 82 다카 1372.
3) 그 구체적 법문은 다음과 같다: In general for purposes of determining the relationship
   between a provision of a treaty and any law of the United States affecting revenue,
   neither the treaty nor the law shall have preferential status by reason of its being a treaty
   or law.

다. 1977년 모범조약을 1992년에 다시 보완하였는데, 조문 자체의 개정은 최소의 범위에 그치고, 주로 주석(註釋, Commentaries)에서 그동안 제기된 논란을 정리하고 컴퓨터 소프트웨어의 이용 및 대여와 같은 새로운 거래유형에 대한 과세에 관해 상세하게 서술하였다. 다만, 모범조약에는 제24조(차별금지) 및 제26조(정보교환)와 같은 이중과세와 무관한 조항이 포함되어 있기 때문에 조약의 명칭에서 이중과세방지라는 표현을 삭제하였다(Model Tax Convention on Income and on Capital).[1] 그 뒤에도 계속 수정을 거듭하여 2008년 7월에도 수정본을 내어 놓았다. OECD 모범조약은 7장 31조로 구성되어 있는바, 이하에서 그 개요를 살펴보기로 한다.

1. 인적 범위

모범조약은 조약당사국의 개인 또는 법인인 거주자(resident)에게 적용된다(模條 1조). 이와 관련하여 조합(partnership)을 어떻게 취급할 것이냐 하는 문제가 있다. 조합을 과세상 개인으로 보아 조합이 얻은 소득을 조합원 개인에게 귀속시켜 사업소득세를 과세할 것인가, 아니면 조합을 법인으로 보아 조합이 얻은 소득에 대하여 법인세를 과세하고 조합원에게 배분된 세후소득에 대하여 배당소득세를 다시 부과할 것인가는 당사국의 국내법에 의하여 정해진다(영미법상의 partnership의 우리 세법상의 지위에 관하여는 제2장 제2절 II. 참조). 따라서 만약 일방 조약당사국이 조합을 과세상 개인으로 취급하고, 타방 당사국이 법인으로 취급하는 경우에는, 사업소득과 배당소득에 대한 모범조약상의 규정 내용이 다르기 때문에 이중과세의 결과가 되기도 하고, 반면 전혀 과세가 되지 않는 결과도 나타날 수 있다. 예를 들어 우리나라의 입장에서 볼 때 비거주자(우리나라와 조세조약을 체결하지 않은 국가의 거주자들)에 해당하는 자들이 우리나라와 조세조약을 체결한 상대방국에서 그 나라의 법에 의해 조합을 결성한 뒤 고정사업장을 통하지 않고 우리나라에서 사업활동을 하여 우리나라 원천소득을 얻었다고 가정해 보자. 이러한 가정하에서, 만약 우리나라는 조합이 얻은 소득을 조합원 개인의 사업소득으로 보아 과세하고, 체약상대국은 조합을 법인으로 보아 과세한다면, 우리나라의 입장에서 볼 때 그 조합소득의 귀속자인 조합원

---

1) 1992년 이후에는 보완 내지 수정할 사항을 1977년에 있어서처럼 여러 해 모아 놓았다가 하지 않고 수시개정방식을 취하기로 하였다.

들은 체약상대국의 개인이나 법인이 아니기 때문에 우리나라는 그 체약상대국과 체결한 조세조약을 적용하지 않고 우리나라 국내세법에 따라 사업소득세를 과세하려고 할 것이고, 반면 그 체약상대국은 자신의 입장에서 볼 때 해당 조합이 자국의 법인이기 때문에 우리나라에서 고정사업장을 통하지 않고 얻은 소득에 대해서 법인세를 과세하려고 할 것이다. 그렇게 되면 이중과세하는 결과가 초래된다. 이 점에 대한 해결은 모범조약에서 제시하고 있지 않고 당사국이 조약체결시 협의할 사항으로 남겨 놓았다.

2. 대상조세의 종목

모범조약의 적용대상이 되는 세목은 소득 또는 자본에 대하여 부과되는 국세와 지방세이다(模條 2조). 근로소득에 대한 조세가 포함됨은 물론이다. 근로소득금액을 과세표준으로 하는 사회보장세와 같이 소득과 조세 사이에 직접적인 연관이 없는 것은 성질상 조세라 볼 수 없으므로 대상 세종목이 아니다. 또한 가산세는 행정벌의 성격을 띤 것이므로 적용대상이 아니라고 본다.

3. 거 주 자

거주자란 당사국 내에 주소, 거소, 관리장소(place of management)를 둔 사실에 의해 또는 유사한 기준에 의하여 해당국에서 납세의무를 지는 자이다(模條 4조). 국내원천소득에 한하여 제한적 납세의무를 지는 자는 해당국의 거주자가 아니다. 조세조약의 체결국가에 법률적, 형식으로만 존재할 뿐 영업의 주사무소나 실제의 경영관리 장소를 두지 않는 법인은 해당 국가의 거주자로 인정되지 않고, 따라서 조세조약의 적용 혜택을 받을 수 없다.[1] 한·독 조세조약의 적용과 관련하여, 판례는 독일의 세법상 그 소득에 대하여 스스로 법인세와 같은 포괄적 납세의무를 부담하지 않고, 그 구성원에게 납세의무를 바로 귀속시키는 독일의 인적회사(pass-through entity)는 한국의 내국세법상으로는 독일의 '법인'에 해당하지만, 한·독 조세조약상으로는 독일의 '법인'으로서의 거주자가 아니므로, 한국에서 얻은 소득에 대하여 독일 '법인'에게만 적용되는 제한세율의 적용을 받을 수 없고, 다만 그 인적회사의 구성원들의 일부가 독일에서 포괄적 납세의무를 지는 경우에는 그들에게 귀속되는 과세소득의 범위 내에서만

---

1) 대법원 1994. 4. 16., 93 누 13162.

'법인' 아닌 자에게 적용되는 제한세율이 적용된다고 한다.1) 그러나 이러한 논리는 동일 법인격체의 조세조약상의 거주성을 양분하는 것으로 타당하지 않다. 조세조약의 적용을 받는 체약상대방 국가의 거주자라는 사실은 조세조약의 적용을 통해 이중과세에서 벗어나려고 하는 납세의무자가 입증하여야 한다.2)

쌍방당사국 모두에 의해 각국의 거주자로 판정되는 경우에는 우선 항구적 주거(permanent home)를 두고 있는 나라의 거주자로 본다. 항구적 주거를 쌍방당사국 모두에 두고 있는 경우는 '중요 이해관계의 본거지(centre of vital interests)'의 소재국의 거주자로 본다. 본거지라고 함은 인적 또는 경제적 관계(personal and economic relations)가 보다 밀접한 장소를 말한다. 그 본거지가 불분명한 경우에는 '상시 주거지국(habitual abode)'의 거주자로 보나 상시 주거가 양당사국 모두에 있거나 또는 양당사국 모두에도 없는 경우에는 국적에 의한다. 양당사국 국적을 이중으로 갖고 있거나 또는 어느 곳에도 갖고 있지 않는 경우에는 당사국의 합의에 의하여 정한다. 개인이 아닌 자가 쌍방당사국의 거주자인 경우에는 '효과적 관리장소(place of effective management)'의 소재지국의 거주자로 본다.

[판 례]

원심판결 이유를 기록3)에 의하여 살펴본바, 원심이 판시와 같은 소외 회사의 설립경위와 그 실제의 경영관리나 영업활동 내지 사무소의 운영실태 등 제반상황에 비추어 볼 때, 소외 회사는 단지 형식적으로만 그 주된 사무소를 네덜란드국에 둔 것으로 등록하였을 뿐이지 실질적으로 네덜란드국에 주사무소 등을 두고 영업을 수행한 법인이 아니라고 인정하고, 이에 터잡아 소외 회사가 「대한민국과 네덜란드 양국간의 소득에 대한 조세의 이중과세회피와 탈세방지를 위한 협약」 소정의

---

1) 대법원 2015. 3. 26., 2013 두 7711.
2) 대법원 1994. 4. 26., 94 누 1005.
3) 원심의 판시에 의하면, 네덜란드국의 일반조세법 제4조 (a)항은 법인의 실질적 관리장소를 과세상 주소지로 보도록 규정하고 있는데(조세협약 4조 1항은 거주지의 판정을 국내법에 의하도록 하고 있음), 소외회사는 1988년에 홍콩법에 의하여 20 홍콩달러(약 600원 상당)를 자본금으로 하여 설립된 법인으로서 1989년에 네덜란드국 거주자 3인을 이사로 영입하면서 네덜란드 암스테르담 상공회의소에 사무소 소재지를 암스테르담으로 하여 상업등록을 하였으나 해당 주소지에 사무소를 실제로 설치한 바가 없으며, 위 주식양도차익을 손익계산서에 계상하지 않았고 네덜란드 조세당국에도 위 소득을 신고하지 않았으며, 직원급료나 임대료 또는 전화료 등의 비용도 손익계산서에 계상되어 있지 않았고 각 이사의 연간 보수도 통상의 보수액보다 훨씬 적은 금액(한화로 환산하여 약 530만 원)에 불과하고 네덜란드 재무국에 거주자 여부를 조회하여도 회답이 없었다(서울고법 1993. 4. 23., 91 구 22003).

네덜란드국의 거주자(resident)라고는 볼 수 없다고 판단한 조치를 충분히 수긍할
수 있고, 거기에 소론과 같은 채증법칙위배나 심리미진 등으로 인한 사실오인 또
는 법리오해 등의 위법이 있음을 찾아볼 수 없다. 논지들은 모두 이유 없다(대법원
1994. 4. 16., 93 누 13162).

국내원천소득을 실질적으로 귀속받는 소득세법상의 비거주자나 법인세법
상의 외국법인(실질귀속자)[1]이 조세조약에 의하여 우리나라의 소득세나 법인세
를 비과세 또는 면제 받고자 하는 경우에는 상대방 국가의 권한 있는 당국이
발급한 거주자증명서, 국내원천소득의 실질귀속자임을 증명하는 서류 등을 첨
부하여 비과세·면제 신청서를 국내원천소득의 지급자를 통하여 과세관청에 제
출하여야 한다(所法 156조의2; 所令 207조의2 2항; 法法 98조의4; 法令 138조의4 1항,
2항). 조세조약에 의하여 제한세율을 적용받으려고 하는 경우에도 마찬가지이다
(所法 156조의6; 法法 98조의6).

4. 항구적 시설

(1) 과세상 의의와 구성요건
국내에 항구적 시설(permanent establishment, 이하 PE라 약칭함)[2]을 두고 있
지 않는 비거주자나 외국법인이 얻는 사업소득에 대하여 과세하지 않는 것은
조세조약상 확립된 원칙일 뿐 아니라, 국내법에 의하여도 과세대상자로 하지
않는 것이 각국의 입법경향이라 할 수 있다. 우리 소득세법과 법인세법은 비거
주자나 외국법인이 소득세법 제120조 또는 법인세법 제94조에 규정된 국내사
업장을 가지고 있는 경우와 가지고 있지 않는 경우를 구분하여 전자의 경우에
는 국내사업장에 귀속되거나 실질적으로 관련되는 사업소득을 신고납부의 방법
으로 과세하고, 후자의 경우에는 원천징수의 방법으로 과세한다(所法 121조 2항,
124조, 121조 3항, 156조 1항 1호; 法法 91조 1항, 97조 1항, 98조 1항 1호).
OECD 모범조약에서는 PE를 사업의 전부 또는 일부가 영위되는 일정한 장

---

1) "해당 국내원천소득과 관련하여 법적 또는 경제적 위험을 부담하고 그 소득을 처분할 수
있는 권리를 가지는 등 해당 소득에 대한 소유권을 실질적으로 보유하고 있는 자"라고 정의
하고 있다(所法 119조의2 1항; 法法 93조의2 1항).
2) 항구적 시설에 해당하는 우리의 법률용어는 고정사업장이지만, 서로 별개의 개념인 the
fixed place of business(직역하면 '고정사업장'이 된다) 및 the fixed base(고정근거지)와의
혼동을 피하기 위하여 원문에 충실한 항구적 시설이라는 용어를 사용하기로 한다.

소(a fixed place of business)라고 정의하고 있다(模條 5조 1항). 이 정의에 따라 PE가 존재한다고 보기 위해서는 다음의 3가지 요건이 충족되어야 한다. 대법원 판례도 이러한 고정사업장의 구성요건을 그대로 수용하고 있다.1)

첫째로 '물적 시설(physical presence)의 지속적 존재'가 요구된다. 이를 강학상 PE 구성의 객관적 요건(Objectivity of the PE)이라고 부른다.2) 이 요건은 다시 '사업장(place of business)'이라는 물리적 존재와 '고정성(fixed)'이라는 그 물리적 존재의 존재형태로 나누어진다. '고정성'이 있다고 하기 위해서는 한편으로는 지리적으로 특정되어야 하고, 다른 한편으로는 어느 정도의 항구성을 가져야 한다는 것이다. 단기간의 임시적 목적을 위하여 설치된 사업장은 PE라 할 수 없으나, 상당기간 사업장이 유지되어 임시적이라 할 수 없게 되면 당초의 사업장 개시일로 소급하여 PE로 보게 된다.

둘째로는 사업의 전부 또는 일부가 '사업장을 통하여'(through) 영위되어야 한다. 이러한 요건을 강학상 PE의 주관적 요건(Subjectivity of the PE)이라고 부르고, 그 내용을 반영하여 '사용권한 요건'(right of use test) 또는 '처분권 요건(at disposal test)'이라고도 부른다.3) 따라서 체약상대국의 거주자가 국내의 사업장을 통하지 않고 우리나라의 거주자에게, 예컨대 금전·시설·특허 등을 직접 대여하는 경우에는 우리나라에 PE를 갖고 있다고 할 수 없다. 대여한 시설을 차주의 지휘·책임 및 관리 하에 두거나 시설유지를 위해 대주가 사람을 보내는 것은 국내사업장을 통한 거래로 보지 않는다. 한편, 일반적으로 조합(partner-ship)을 결성하여 공동사업(joint venture)을 영위하는 경우 한 조합원 또는 공동사업자의 행위가 다른 조합원 또는 공동사업자에게 의무를 지우기 때문에 상호간에 물적 존재를 '사용할 권한'(right of use)을 가지는 것으로 해석된다.4) 그리고, 피용자(employee)가 고용주(employer)에 종속되는(dependent) 것과 같은 정도로 대리인(agent)이 본인(principal)에게 종속되는 경우에는 본인이 대리인을 통하여 물적 시설(physical presence)을 사용하거나 지배하고 있는 것으로 본다.5)

---

1) 대법원 2016. 1. 14., 2014 두 8896.
2) Arvid Skaar, Permanent Establishment, Kluwer Law and Taxation Publishers(1991), p. 111.
3) Skaar, 위의 책, p. 155; 모범조약 제5조의 주석 4항.
4) Skaar, 앞의 책, pp. 168-182.
5) 모범조약 제5조의 주석 10항.

여기서 말하는 종속대리인에 해당하기 위해서는 대리(agency)의 요건과 종속성 (dependency)의 요건을 충족하여야 한다. 먼저, 대리의 요건을 충족하기 위해서는 대리인이라고 지칭되는 자가 '본인으로 지칭되는 자에 의해 이행되어야 할 어떤 법률적 의무를 창설할 권한'을 가져야 한다.[1] '법률적 의무를 창설한 권한'이라고 함은 본인에게 이행 의무를 지우는 법률행위를 할 권한을 의미한다. 다음, 종속성의 요건을 충족하는지 여부는 대리인으로 지칭되는 자가 본인으로 지칭되는 자에 대하여 가지는 의무의 정도에 달려 있는데, 대리인으로 지칭되는 자의 상업적 행위가 본인으로 지칭되는 자의 구체적 지시(detailed instructions) 에 따르거나 포괄적 지배(comprehensive control)를 받는 경우 종속성의 요건이 충족된다고 본다.[2] 대리인이라고 지칭되는 자가 일을 행하는 방식(manner)에 관하여 본인이라고 지칭되는 자로부터 중요한 지배를 받는 것이 아니고, 일의 결과(results of work)에 대하여 본인이라고 지칭되는 자에게 책임을 지는 경우라 면, 그 대리인이 본인으로부터 일의 수행에 관하여 구체적 지시를 받는다고 할 수 없다.[3]

셋째로는 '사업활동'(business activity)의 수행이 있어야 한다. 이를 강학상 PE의 기능적 요건(Functionality of the PE)이라고 부르고, 구체적으로는 고정된 사업장을 통한 사업활동이 예비적이고, 보조적(preparatory and auxiliary)인 것이 아니라, 핵심적(core)인 것이어야 한다는 의미이다.[4] 판례는 이를 "본질적이고 중요한 사업활동을 수행하는 경우"로 표현하고 있고, 그 해당 여부는 사업활동 의 성격과 규모, 전체 사업활동에서 차지하는 비중과 역할 등을 종합적으로 고 려하여 판단하여야 한다고 한다.[5] 핵심적 사업활동이라고 하더라도 선박 및 항 공기 운송업, 농업 및 임업과 같은 사업은 조세조약에서 명시적으로 사업활동 의 범위에서 제외시켜 그로부터 발생하는 소득에 대한 과세권의 행사에 관해서 는 별도의 원칙을 두고 있다(선박 및 항공기 운송업에 관해서는 模條 8조; 농업 및 임업에 관해서는 模條 6조 1항, 2항). 또한 부동산의 임대(부동산 임대소득을 가져오 는 활동), 주식이나 채권의 취득과 관리(이자나 배당을 가져오는 활동), 지식재산권

---

1) Skaar, 앞의 책, p. 164.
2) 모범조약 제5조의 주석 38항.
3) 모범조약 제5조의 주석 38.3항.
4) Skaar, 앞의 책, pp. 229－230.
5) 대법원 2017. 10. 12., 2014 두 3044, 3051.

의 관리(사용료 소득을 가져오는 활동)는 그 적극적 활동의 정도에 따라 사업활동
이 될 수도 있고 되지 않을 수도 있다.[1]

핵심적이 아닌 예비적, 보조적 성격의 사업활동은 고정사업장을 구성하는
요건으로서의 사업활동이 될 수 없다. 모범조약 제5조 제4항은 ① 제품이나 상
품의 보관, 전시 또는 인도를 위한 시설의 사용, ② 보관, 전시 또는 인도용 제
품이나 상품의 관리, ③ 오직 제3자로 하여금 가공하게 할 제품이나 상품의 관
리, ④ 제품이나 상품의 단순 구매 또는 정보를 수집하기 위한 목적의 고정된
장소의 관리 등을 예비적, 보조적 성격의 사업활동의 예로 열거하고 있고, 동시
에 이러한 열거는 예시적인 것이고 여기에 열거되지 않은 다른 유형의 예비적,
보조적 사업활동도 고정사업장을 구성하지 않는다고 규정하고 있다. 연구개발
활동(Research & Development), 정보수집활동(Collecting Information), 광고 및 홍
보활동(Advertising and Public relations) 등은 조약에 열거되지 않은 대표적인 예
비적, 보조적 활동으로 해석되고 있다.[2] 나아가 동 모범조약 조항은 위 개별적
행위들을 전체적으로 결합하여 보더라도 예비적 또는 보조적 활동의 성격을 벗
어나지 않는다면 PE를 구성하지 않는다고 규정하고 있다. 즉, 복수의 예비적,
보조적 활동을 하더라도 그 성격이 전체적으로 예비적, 보조적 성격을 벗어나
지 않으면 그 수가 복수라는 이유로 PE를 구성하지 않는다는 것이다.

모범조약은 (i) 관리장소(place of management), (ii) 지점(branch), (iii) 사무
소(office), (iv) 공장(factory), (v) 작업장(workshop) 및 (vi) 광산·유전 또는 가스
공·채석장과 기타 천연자원의 채취장은 위와 같은 요건을 모두 충족하는 PE로
본다. 토목·건축 및 가설공사의 현장은 12개월을 초과하여 존속하는 경우에
한하여 PE로 본다(模條 5조 2항, 3항).

계약의 체결, 대가의 지급, 상품이나 용역의 전달, 상품이나 용역의 홍보,
상품이나 용역의 이용정보의 제공 등 거래의 성립과 이행에 관한 핵심적 또는
부수적 절차의 전부나 일부를 전자적 수단에 의하여 행하는 경우를 전자상거래
라고 하는바, 이러한 의미의 전자상거래에서 고정된 물적 시설에 해당하는 것은
컴퓨터 서브라고 봄이 일반적 견해이므로,[3] 어떤 국가의 영역 내에 컴퓨터 서

---

1) Skaar, 앞의 책, pp. 245 – 282.
2) Skaar, 앞의 책, pp. 307 – 315.
3) OECD 모범조약 제5조의 주석 제42.4항.

브를 설치·운용하여 핵심적 사업활동을 영위하는 경우에는 고정사업장이 존재한다고 할 것이다.[1] 우리나라의 판례는 미국에서 설립되어 통신사를 운영하는 기업(이하 "원고"라고 함)이 다른 기업들이 필요로 하는 각종 경제정보를 미국에서 수집·분석·편집하여 미국에 소재한 컴퓨터 서브에 저장한 뒤 이를 한국을 비롯한 세계 각국에 소재하는 수요자 기업들에게 인터넷을 통해 전달하는 과정에서 해당 전자정보를 수취하는 수요자 기업의 소재지 국가에 미러 서브, 노드 장비[2] 또는 전용 수신기 등의 물적 시설을 항구적으로 설치하고 있고, 통신업을 영위하는 원고가 이를 배타적으로 지배 또는 사용하고 있다고 하더라도, 이들 물적 시설이 수행하는 기능이 가공, 분석된 정보를 단순히 전달하는 것에 불과한 경우 이들 물적 시설을 통하여 핵심적이고 본질적인 사업활동을 수행하였다고 할 수 없으므로 고정사업장을 구성하지 않는다고 판시하고 있다.[3]

(2) 종속대리인의 PE구성

위 (1)에서 본 바와 같은 의미의 종속대리인이 본인을 위하여 제3자들과 사이에 본인이 스스로 행한다면 PE를 구성할 수 있는 사업상의 행위를 내용으로 하는 계약을 체결할 권한을 갖고 있고, 그 권한을 정규적으로(habitually) 행사하는 경우에는, 그 계약체결권의 행사가 전술한 바와 같은 예비적, 보조적 성격의 범위를 넘어선 것이면, 그 종속대리인 자체가 본인 기업의 PE로 인정된다(模條 5조 5항). 이 경우는 '본인의 법률적 의무를 창설한 권한'이라는 대리의 내용이 제3자들과 사이에 '사업상의 행위를 내용으로 하는 계약'을 체결할 권한으로 구체화된 경우이다. UN 모범조약은 여기서 더 나아가 재보험의 경우를 제외하고, 보험대리인이 보험료의 징수(collet premiums) 또는 위험의 인수(insure risks)를 하는 경우에도 해당 기업의 PE가 존재하는 것으로 본다(동 조약 5조 6항).

중개업자(broker), 주선업자(general commission agent) 기타 독립대리인(agent

---

1) 국제적 전자상거래에 있어서의 부가가치세법상의 사업장 소재지의 결정 문제에 관해서는 제4장 제11절 참조.
2) 노드 장비라고 함은 ① 정보전송의 방향을 조정하는 기능을 하는 스위칭 머신(switching machine), ② 많은 용량의 데이터를 좀 더 적은 용량으로 분할하여 정보의 수취자에게 전송할 수 있도록 하는 멀티 플렉서(multi-plexor), ③ 핵심적 기계장치의 기능을 저장하여 그 작동이 중지되는 경우 다시 구동될 수 있도록 기능하는 메모리 모듈(memory module), ④ 데이터의 신호를 디지털 방식에서 아날로그 방식으로 또는 그 반대로 상호 변환하는 기능을 하는 모뎀(modem), ⑤ 이들 장비의 기능이 제대로 수행될 수 있도록 전체적으로 조절하는 기능을 하는 '시스템 제어 카드'(system controller card) 등을 포괄하여 일컫는 말이다.
3) 대법원 2011. 4. 28., 2009 두 19229, 19236.

of an independent status)을 통한 거래가 이루어진다 하여도, 그 독립대리인의 용역의 제공이 자기의 독자적 사업의 통상적 수행(in the ordinary course of business)에 해당하는 것이면 그를 통하여 거래한 기업은 PE를 갖고 있다고 보지 않는다(模條 5조 6항). 그 까닭은 독립대리인은 별개의 사업자이고, 그의 사업수행이 오직 용역을 제공받는 개별 기업을 위한 것이라고 할 수 없기 때문이다.

자회사(또는 자회사의 PE)는 모회사와 별개의 법인격체이므로 자회사라는 이유만으로 모회사의 PE가 되지 않는다(模條 5조 7항). 그러나 자회사가 모회사를 위하여 종속대리인의 지위에서 계약체결권을 상습적으로 행사하면 PE가 될 것이다.

전자적 수단을 통한 청약과 승낙의 의사표시의 교환만으로 계약의 체결이 이루어지는 전자상거래에서 대리인이 개재하는 경우는 현실적으로 존재하지 않으므로 전자상거래에 이용되는 '전자적 수단'이 물적 시설로서의 고정사업장을 구성하는 외에 그 자체만으로 종속대리인의 형태에 의한 고정사업장을 구성할 수는 없다고 본다.1)

5. 소득의 과세

(1) 부동산 소득(income from immovable property)

부동산의 직접 사용, 대여 기타 모든 형태의 사용으로 인한 소득은 그 부동산의 소재지국에서 과세된다. 즉 소득의 원천지국에서 1차적 과세권을 갖는다.

여기에서 부동산이라 함은 원칙적으로 소재지국의 법에 의하여 부동산으로 이해되는 것이나, 종물, 농·임업에 사용되는 가축과 기재, 부동산에 관한 일반법의 적용을 받는 권리, 부동산 용익권(usufruct of immovable property) 및 광업권 등과 같이 천연자원의 채취권에 대한 대가를 받을 권리는 부동산에 포함되는 것으로 한다. 그러나 선박과 항공기는 부동산으로 보지 아니한다(模條 6조).

(2) 사업소득(business profits)

전술한 바와 같이 비거주자나 외국법인의 사업소득(business profits)은 PE를 통하여 사업을 영위하는 경우에 한하여 PE 소재지국에서 과세할 수 있다. 이 경우의 과세방식에는 PE 소재지국이 자국에서 발생하는 해당 법인의 모든 소

---

1) 한만수, "전자상거래에 있어서의 고정사업장 구성요건에 관한 연구," 「조세학술논집」 제25집 제2호(2009. 9.), 한국국제조세협회, 165면 이하 참조.

득을 과세하는 방식과 그 가운데 PE에 귀속되는(attributable) 소득에 대해서만 과세하는 방식의 2가지가 있는데, 전자를 가리켜 총액주의(the entire income principle)라고 하고, 후자를 귀속주의(the attributable income principle)라고 한다. 모범조약은 PE에 귀속되는 소득에 대해서만 PE 소재지국의 과세권을 인정함으로써(模條 7조) 후자를 택하고 있다. 우리가 체결한 대부분의 조세조약도 이에 따르고 있다(예, 한·미 조세조약 8조 1항). PE에 귀속되는 이윤의 범위에 대해서는 과세관청이 입증책임을 부담한다.[1]

그러면 PE에 귀속되는 소득은 어떻게 파악되는가? 이는 PE가 해당 기업(즉, PE의 주체)과 분리된 독립적 기업으로서 동일하거나 유사한 활동을, 동일하거나 유사한 조건에서 행하였을 것으로 가정할 경우(separate enterprise footing) 해당 기업과 사이에 행하였을 거래에서 얻었을 것으로 상정되는 소득이다. 예를 들면, 해당 기업의 생산품을 판매하는 PE라면, 그 PE를 제3자라고 가정하고 그 가정의 제3자가 해당 기업으로부터 해당 제품을 매입한 뒤 재판매하여 얻었을 소득을 계산한다는 것이다. 이른바 '독립기업원칙(arm's length principle)'을 적용하여 PE의 독립회계에 의한 소득을 계산한다는 것이다(模條 7조 2항).[2] 만약 본점과 PE 간의 거래의 가격(transfer price)이 독립기업 간의 정상가격으로부터 이탈한 것으로 인정되는 경우에는 과세관청은 독립기업 간의 정상가격으로 대체할 수 있음은 물론이다. 이 경우의 정상가격 결정은 이전가격 조정의 일반법리에 따라야 할 것이다.

위와 같은 독립기업원칙에 따라 PE에의 귀속소득을 계산함에 있어 PE를 위하여 지출된 비용은 내국기업이 소득금액을 계산할 때 공제받는 것과 같은 정도로 공제된다. PE의 사업장 건설비와 같은 직접 비용은 물론 PE 이외의 곳에서 지출된 일반관리비 등(본점·타지점 경비)의 간접 비용도 PE의 경비로 인정하여야 한다.[3]

조약상 사업소득에 해당하는 어떤 소득이 동시에 다른 유형의 소득에도 해당하는 경우에는 사업소득이 아니라 그 다른 유형의 소득으로 취급된다(模條 7조 4항). 예를 들면, 외국법인의 PE가 얻는 이자소득이 사업소득으로서의 성격

---

1) 대법원 2020. 6. 25., 2017 두 72935.
2) 모범조약 제7조의 주석 15항.
3) 모범조약 제7조의 주석 33항, 34항.

도 아울러 갖는 경우에는 이자소득에 관한 조약 규정이 우선 적용된다. 그러나 실제 체결된 많은 조약에서는 모범조약에서와 달리 이러한 경우에는 이자소득이 아니라 사업소득으로 취급한다는 특별규정을 두고 있다(예, 한·미조세조약 13조 4항, 한·독 조세조약 11조 5항).

(3) 국제운수사업소득

선박과 항공기에 의한 국제운수사업소득은 '효과적 관리장소(the place of effective management)'의 소재지국이 과세권을 갖는다(模條 8조). 이는 다른 유형의 사업소득의 경우 PE 소재지국이 과세권을 갖는 데 대한 예외이다. 한편으로는, 국제운수사업의 지원이라는 정책적 이유에 기인하는 것이고, 다른 한편으로는 PE 귀속소득의 계산이 어렵다는 현실적 요청에 기인하는 것이다.

국제운수에 통상 부수하는 행위(예컨대, 타운수사업자를 위한 승선(기)권의 판매대행, 시내연결버스·트럭의 운행, 광고 등)는 국제운수사업에 포함된다. 물론 국제운수사업자가 호텔을 경영하는 등 분명히 별개로 보이는 사업을 영위하는 행위는 본조의 적용범위에 해당되지 않는다. 그러나 호텔을 경영하는 경우에도 그 호텔이 통과승객(transit passenger)의 체재목적에 국한되고 숙박비를 운임에 포함시켜 따로 받지 않는다면 이는 국제운수사업의 일환으로 보아야 한다.

(4) 배당소득

배당소득은 소득자의 거주지국에서 과세되는 것을 원칙으로 하나, 원천(지급)지국의 과세권을 배제하지는 않는다(模條 10조). 이는 원천지국과 거주지국의 어느 쪽도 배당에 대한 과세권을 양보하지 않으려는 현실을 감안한 절충적 해결이다.

그러나 모범조약은 원천지국의 과세권을 비교적 낮은 세율에 의하도록 제한하고 있다. 즉, 당사국의 합의에 의하여 출자자가 자본금의 25% 이상을 직접 출자한 법인으로부터 배당을 받는 경우에는 배당수입금액의 5%를 넘지 않는 세율에 의해 과세하여야 하며, 그 밖의 경우에도 세율이 15%를 넘지 않도록 함으로써 자본제공국에 유리하게 되어 있다.

배당의 수익적 소유자가 그 배당의 원천지국에 PE를 가지고 있고, 배당의 원천이 되는 출자가 그 PE와 효과적으로 관련이 있는(effectively connected) 경우에는 배당소득으로 취급되지 않고 사업소득(模條 7조)에 관한 규정이 적용된다(模條 10조 4항).

또한 일방체약국(A)의 거주자인 회사가 타방체약국(B)에서 이익이나 소득을 얻었고, 그 회사가 지급하는 배당이 전적으로 또는 부분적으로 그러한 타방체약국(B)에서 발생한 이익이나 소득으로 구성되어 있다고 하더라도, 그 타방체약국(B)은 그 회사가 지급하는 배당에 대하여, 그 배당의 수취인이 자신의 거주자이거나 배당의 원인이 되는 출자가 자신의 영역 내에 소재하는 PE와 효과적 관련을 갖는 경우가 아닌 한, 세금을 부과할 수 없다. 이러한 경우 그 회사의 유보소득(undistributed profits)에 대한 법인세도 부과할 수 없다(模條 10조 5항). 이는 일방체약국의 거주자인 법인이 타방체약국에서 발생한 이익이나 소득에 대하여 그 타방체약국에 법인세를 납부하는 것으로 족하고, 해당 법인이 그 타방체약국에서 얻은 이익이나 소득을 재원으로 하여 배당을 하였다고 하여 또는 그 소득을 재원으로 하는 유보소득을 가지고 있다고 하여, 그 타방체약국이 그 배당이나 유보소득에까지 추급하여 과세할 수 없다는 원칙을 규정한 것이다. 다시 말하면, 배당이나 유보소득의 재원이 되는 이익이나 소득의 원천지국이라고 하여 자동적으로 그 배당이나 유보소득의 원천지국이 되는 것은 아니라는 것이다. 배당의 원천지국은 배당을 지급하는 법인의 거주지국이기 때문이다.

(5) 이자소득

이자소득에 대한 조약당사국의 과세권의 배분에 관한 절충은 배당소득의 경우와 유사하다. 이자소득의 경우에도 역시 이자소득자의 거주지국에서 과세함을 원칙으로 하고, 원천지국에서도 과세할 수 있으되, 이자수입금액의 10%를 넘지 않는 범위 내에서 당사국이 합의한 세율에 의한다(模條 11조 1항, 2항).

이자발생의 사유가 되는 원본채권이 이자소득의 원천지국에 있는 소득자의 PE와 효과적 관련을 갖는 경우에는, 위에서 본 배당소득의 경우에서와 같이 사업소득에 관한 규정이 적용된다(模條 11조 4항). 이자소득의 원천지는 그 지급자의 거주지국으로 하되, 다만 이자의 원본채무를 이자 지급자가 일방체약국에 가지고 있는 PE와 관련하여 부담한 것이고, 그 PE가 이자를 부담한 경우에는 그 이자의 원천은 그 PE의 소재지 국에 있는 것으로 간주된다(模條 11조 5항). 한편, 이자의 지급자와 수령자가 서로 특수관계에 있고, 그러한 특수관계가 없었더라면 지급하였을 이자보다 많은 금액의 이자가 수수되었다면 각 당사국은 그 초과액에 대해서는 조약의 다른 규정에 저촉되지 않는 범위 내에서 국내법의 규정에 따라 과세할 수 있다(模條 11조 6항).

(6) 사용료(royalties)

사용료(royalties)의 과세권은 사용료 소득자의 거주지국만이 갖는 것으로 모범조약은 규정하고 있다(模條 12조 1항). 다만, 사용료소득이 그 소득자가 원천지국에 갖고 있는 PE와 효과적 관련을 갖고 있는 경우에는 사업소득에 관한 규정이 적용된다(模條 12조 3항).

사용료란 영화필름을 포함한 문학·예술·과학적 작품의 저작권, 특허권, 상표권, 설계, 도안, 계획, 비밀의 공식이나 공정, 산업적·상업적·과학적 경험이나 노하우(konw–how)에 관한 정보 등의 사용이나 사용할 권리에 대한 대가를 말한다. 일정한 사용기간이 경과한 후 사용을 허여받은 권리 등을 사용자가 무상으로 이전받기로 약정한 경우에는 그 이전시점까지 지급된 사용료에는 그 이전시점 현재의 해당 권리 등의 시가에 상당하는 양도대가가 포함되어 있다고 할 것이므로, 진정한 사용료와 양도대가를 구분하여야 할 것이다. 또한 노하우의 제공과 인적역무의 제공(예를 들면, 기술지원)이 병존하는 경우에도 양자의 대가를 구별하여야 하는 문제가 있다.[1]

특수관계에 있는 지급자와 수령자 간에 수수된 사용료의 금액이 그 특수관계가 없었더라면 수수되었을 금액보다 많다면 각 체약당사국은 그 초과액에 대하여 조약의 다른 규정에 저촉되지 않는 범위 내에서 국내법의 규정에 따라 과세할 수 있다(模條 12조 4항).

(7) 자본이득

부동산의 양도차익(capital gains)은 해당 부동산의 소재지국에서 과세하고, PE의 사업용 자산의 일부를 구성하는 동산이나 PE 자체의 양도차익은 그 PE 소재지국이 과세하며, 국제항행용 선박과 항공기·내국수로운송용 선박·이러한 선박이나 항공기의 운용에 사용되는 동산 등의 양도차익은 해당 운수사업자의 효과적 관리장소의 소재지국이 과세한다(模條 13조 1항, 2항, 3항).

가치의 50% 이상이 직접 또는 간접으로 부동산에서 유래하는 주식의 양도차익은 그 부동산 소재지국이 과세하고(模條 13조 4항), 기타의 자산의 양도차익은 양도차익을 얻은 자의 거주지국만이 과세한다(模條 13조 5항). 따라서 통상의 주식의 양도차익은 주식 소유자의 거주지국에 의해 과세될 뿐, 주식발행 법인의 거주지국에서 과세되지 않는다.

---

1) 모범조약 제12조의 주석 11.3항.

(8) 고용소득(income from employment)

고용소득이란 비독립적(종속적) 지위에서 제공되는 노무에 대한 대가이다. 그러므로 우리 소득세법상의 근로소득 개념과 대체로 일치한다.

고용소득은 근로가 근로제공자(즉, 종업원)의 거주지국 외의 국가에서 제공되지 않으면 종업원의 거주지국에 의해 과세되고, 근로가 종업원의 거주지국 외의 국가에서 제공되는 경우에는 근로제공지 국가에 의하여 과세된다(模條 15조 1항). 그런데, 일방체약국의 거주자인 종업원이 타방체약국 내에서 일시적으로 그 타방체약국의 거주자가 아닌 자를 위하여 제공하는 근로의 대가에 대하여 그 타방체약국이 근로제공지국이라는 이유로 과세권을 행사하는 것은 과세권의 배분에 있어 형평에 맞지 않는다. 이리하여 모범조약은 (i) 근로소득의 수취자가 12개월의 기간 중 183일 이하의 단기간 동안에만 거주지국 외의 국가에 체재하면서 근로를 제공하고, (ii) 그 근로소득이 근로제공지국의 거주자가 아닌 고용주에 의하여 또는 그러한 비거주자 고용주를 '위하여' 지급되며, (iii) 근로제공지국의 비거주자 고용주에 의하여 근로제공지국 내에 설치된 PE가 해당 근로소득을 부담하는 것이 아닌 경우에는 그 근로소득에 대하여 오직 수취자의 거주지국만 과세할 수 있는 것으로 하고 있다(模條 15조 2항).

국제항행에 사용되는 선박 또는 항공기에서 근무하거나 내국수로운송에 사용되는 선박에서 근무하는 자의 소득은 해당 운수사업자의 효과적 관리장소의 소재지국에서 과세한다(模條 15조 3항).

(9) 이사의 보수

이사의 보수(director's fees)는 그가 이사로 있는 법인의 거주지국에서 과세한다(模條 16조).

(10) 연예인과 체육인

OECD 모범조약 제7조의 규정에 의하면 어떤 체약국에 원천이 있는 사업소득에 대하여 원천지국이 과세하기 위해서는 원천지국 내에 PE가 존재하여야 하는데 보통 활동이 단기간에 그치는 연예인(artistes)이나 체육인(sportsmen 또는 athletes)의 경우에는 원천지국(즉, 연예 등의 활동지국)에 PE가 형성되지 않아 원천지국이 사업소득으로 과세할 수 없게 된다. 한편, 연예인 등이 회사의 피용자로서 근로를 제공하는 형태로 연예 등의 활동을 하고 근로소득을 받는 경우 그 근로소득은 근로제공지국(즉, 연예 등의 활동지국)에서 과세할 수 있으나, 이 경우에도 과세할 수 있는 금액의 범위는 근로제공지국 내에서의 활동에 대한 급료, 임금 기타 보수에 한정되고(模條 15조 1항), 나아가 위에서 본 바와 같이 (i) 183일 이하의 체재, (ii) 근로제공지국 거주자 이외의 자에 의한 보수지급 및 (iii) 지급된 보수가 근로제공지국에 소재하는 고용자의 PE에 의해 부담되지 않을 것 등의 3가지 요건이 충족되면 거주지국만 과세할 수 있다(模條 15조 2항).

　　이와 같은 과세원칙 아래에서는 단기의 출연 또는 출전을 직업상의 특징으로 하는 연예인이나 체육인이 활동지국(소득원천지국)의 과세를 피하는 것이 그다지 어렵지 않다. 모범조약 제17조 제1항은 연예인이나 체육인의 소득에 대한 활동지국의 과세권이 이렇게 배제되는 것을 시정하기 위하여 연예인이나 체육인의 소득에 대해서는 사업소득이나 근로소득에 관한 과세권의 배분에 관한 규정(模條 7조 및 15조)에 불구하고 활동지국이 과세할 수 있도록 하는 특칙을 두고 있다.

　　그러나 연예인 등의 활동으로 인한 수입을 연예인 등 개인의 사업소득으로 구성하지 않고 제3자(독립된 법인격을 가진 악단, 구단 등의 기업체)에게 귀속시킴으로써, 다시 말하면 연예인 등이 스스로는 그러한 기업체의 출자자나 피용자의 지위에서 활동하고, 자신의 활동으로 인한 소득은 자신이 설립하거나 자신을 고용한 기업체[1]에 귀속되게 함으로써 여전히 활동지국 과세를 피할 수 있는 길이 열려 있다. 이 경우 그 기업체는 연예인 등의 활동지국에 PE를 갖고 있지 않으므로 그 사업소득에 대해서 활동지국에서 전혀 과세되지 않고, 그 연예인 등이 기업체의 피용자의 지위에서 받는 급료는 활동지국에서의 활동에 관련되는 일부만 활동지국에 의해 과세되며, 출자자의 지위에서 배당으로 받은 금액은 활동지국에 의해 전혀 과세되지 않을 수 있다. 특히 여기에 조약편승(treaty shopping)의 기법을 가미함으로써 유명 연예인이나 체육인의 막대한 수입이 활동지국의 과세에서 뿐만 아니라 종국적으로 모든 과세권으로부터 벗어나려는 사례가 있었다. 그 두드러진 예가 널리 알려진 Johansson v. United States 사건이다.[2]

　　Ingemar Johansson은 스웨덴 국적 보유자로서 본인의 주장에 따르면 스위스 거주자이다.[3] 그는 Scanart, S. A.라는 스위스 회사를 설립하고 스스로가 그

---

1) 연예인·체육인 등을 고용하여 그들을 출연 또는 출전시키고 대가를 받는 회사를 영문으로는 "loan-out" company라 부른다. Joseph Isenberg, International Taxation, vol. Ⅱ, p. 383.
2) Johansson v. United States, 336 F. 2d 809(5th cir. 1964).
3) 스위스 당국도 스위스 과세목적을 위해 스위스 거주자로 인정하였다. 그러나 위 판결에서

회사의 유일한 출자자이자 고용인이 되었다. 그는 세계 중량급 권투 선수권자로서 Floyd Patterson을 상대로 한 방어전을 미국에서 갖기 직전에 이 회사를 설립하여 자신의 회사 종업원의 자격으로 방어전에 참가하였다. 즉, 대전계약의 당사자는 Johansson이 아니고 Scanart, S. A.라는 스위스 회사이며, 따라서 대전료(對戰料)도 당연히 그 회사가 수령하고 Johansson은 오직 사후에 대전료와 맞먹는 보수나 배당을 받기로 되어 있었다. 미국 연방 항소심 판례는 이 모든 꾸밈은 Johansson이 대전계약의 당사자가 되어 대전료를 직접 수령했을 경우의 활동지국 과세를 회피하기 위한 것이고, 위 회사는 미·스위스 조세조약에 따라 대전료 수입에 대해 면세혜택을 받을 목적으로 설립된 가장(sham)이라는 이유로 Johansson은 대전료 소득에 대해 미국에 소득세를 납부할 의무가 있다고 판시하였다. 이러한 판시와 관련하여 평자들은 만일 Scanart, S. A.가 상당기간 Johansson을 여러 게임에 출전시켰거나 또는 그 밖의 다른 선수들을 고용하여 출전시킨 경력이 있었더라면 과세관청의 주장이 법원에 의하여 받아들여지지 못하였을 것이라고 추측하였다.[1]

위와 같이 연예인이나 체육인이 자신의 활동으로 인한 소득을 전부 회사에 귀속시키는 방법으로 활동지국의 과세를 피하는 것을 막기 위해 모범조약 제17조 제2항은 연예인이나 체육인의 개인적 활동으로 얻어진 소득이 그들 자신에게 발생하는(accrue) 것이 아니라 제3자에게 발생하더라도, 그 소득은 모범조약 제7조(사업소득) 및 제15조(고용소득)의 규정에 불구하고 활동지국이 과세할 수 있는 것으로 규정하고 있다(模條 17조 2항).

(11) 연금수령자 · 공무원 · 학생 및 기타

연금은 그 수령자의 거주지국이 과세한다(模條 18조). 공무원에 대한 보수는 원칙적으로 지급지국이 과세한다(模條 19조). 외국학생이나 훈련생이 교육(또는 훈련) 도중 국외원천으로부터 받는 교육 및 생활비에 대해서는 체재국에서 과세하지 않는다(模條 20조). 기타소득은 원칙적으로 거주지국에서 과세하되, 원천지국에 형성된 PE와 효과적으로 관련되어 발생하는 경우에는 사업소득에 관한 제7조의 규정에 따라 과세권 행사국이 결정된다(模條 21조).

는 부인되었다. 제3국 거주자에 의한 조약편승 방지책으로서의 거주지증명 제도에 한계가 있음을 보여준다.

[1] Ibid. 및 Marshall J. Langer, The Need for Reform in the Tax Treaty Area, in Jon E. Bischel, ed. Income Tax Treaties, p. 735.

6. 이중과세방지 방식

모범조약은 조약당사국들에 의한 이중과세의 방지방식으로 소득공제방식(模條 23 A조)과 세액공제방식(模條 23 B조)의 두 가지 중 하나를 선택할 것을 상정하고 있다.

(1) 소득공제 방식

소득공제방식은 원천지국에서 과세된 소득을 거주지국의 과세소득에서 제외하는 것이다. 그러나 쌍방국의 과세권을 인정하는 이자와 배당에 대해서만은 세액공제방식에 의하도록 하고 있다. 쌍방국의 과세권을 인정하면서 소득공제방식을 취한다면 거주지국의 과세권은 무의미한 것이 되기 때문이다.

소득공제방식에는 2가지가 있는데, 하나는 세액산출상 상대방국 과세분을 완전히 도외시하는 완전공제방식(full exemption)이고, 다른 하나는 일단 상대방국 과세분까지 합산한 소득에 대하여 세액을 산출한 후 공제대상 소득에 대한 세액을 면제하는 누진적공제방식(exemption with progression)이다. 후자의 경우 누진세율의 적용에 의한 납부세액 증가의 효과가 있다.

(2) 세액공제 방식

세액공제방식은 원천지국에 납부한 또는 납부하여야 할 세액을 거주지국의 산출세액에서 공제하는 것인데, 전액공제방식(full credit)과 통상공제방식(ordinary credit)이 있다. 전자가 외국납부세액을 전액 공제해 주는 것인 데 비해, 후자는 산출세액 중 상대방국 과세소득이 전체소득에서 차지하는 비율에 해당하는 세액을 한도로 하여 공제한다.

7. UN 모범조약의 특징

UN 모범조약의 주요한 특징은 (i) PE의 개념이 보다 광범위하며, (ii) 배당·이자소득에 대하여 원천지국의 세율을 제한하지 않고, (iii) 주식양도소득에 대한 과세를 PE 소재지국에 유리하도록 규정하고 있으며, (iv) 사용료 과세권을 원천지국에 부여하고 있는 점 등이다. OECD 모범조약이 자본수출국인 선진국들에게 유리한 방향으로 구성되어 있는 데 비해, UN 모범조약은 반대로 자본수입국인 개발도상국들에게 보다 이익이 되는 방향으로 구성되어 있다.

제10절 조약편승에 대한 규제

Ⅰ. 서   언

조세조약상의 혜택은 당연히 조약당사국의 거주자에 한하여 향유할 수 있는 것이다. 그럼에도 불구하고 조약의 혜택을 받을 수 없는 제3국의 거주자가 전세계에 체결되어 있는 수많은 조약 가운데 자기에게 유리한 조약을 물색하여 (shopping에 비유) 조약의 혜택을 부당히 취하는 것을 가리켜 treaty shopping이라 한다. 본래 이 표현은 미국에서 비롯된 것인데, 오늘에 와서는 비록 법문상으로는 사용되고 있지 않으나 편의상 널리 통용되고 있다.[1] 이것을 '조약편승'(條約便乘)'이라 부르기로 한다.

조약편승은 소득자의 거주지국과 소득의 원천지국 사이에 조약이 체결되어 있지 않은 경우뿐만 아니라, 조약이 체결되어 있더라도 그 조약상의 혜택이 원천지국이 제3국과 맺은 조약상의 혜택만 못한 경우에 원천지국과 제3국 간의 조약을 적용받아 더 큰 혜택을 얻기 위하여 시도되는 수도 있다. 양자 모두 정상적으로는 향유할 수 없는 조약상의 혜택을 받기 위하여 소득자의 거주지를 확보 내지는 조작한다는 점에서 동일하기 때문에 여기서는 양자를 함께 논하기로 한다. 즉 소득자의 거주지국이 소득의 원천지국과 체결한 조약에 따른 소득자의 혜택이 소득자의 거주지국이 제3국과 체결한 조약에 따른 소득자의 혜택에 비해 상대적으로 덜 유리한(less advantageous) 경우를 소득자의 거주지국과 소득의 원천지국 간에 조약이 체결되지 않은 경우에 포함시켜 함께 논하기로 한다.

Ⅱ. 조약편승의 형태

조약편승을 위한 방법에는 관계조약, 관련국의 국내세법의 내용 등 외적 상황과 해당 기업이 추구하는 목적에 따라 다양한 형태가 존재하는데, 여기서

---

1) "treaty shopping"이라는 표현은 미국의 민사소송의 당사자가 자기에게 유리한 판결을 내려줄 것으로 예상되는 관할법원을 물색하는 행위를 일컫는 forum shopping에 견주어 생긴 말이다. Helmut Becker and Felix J. Wurm, editors, Treaty Shopping─An Emerging Tax Issue and its Present Status in Various Countries, p. 2.

는 2가지의 기본적인 형태를 살펴보기로 한다.

1. 직접적 도관회사의 형태

가장 초보적이며 기본적인 형태는 유리한 조약의 적용을 받을 수 있는 체약상대방국에 자회사를 설립함으로써 그 체약상대방국의 거주자로서의 지위를 확보해 놓는 것이다. 이때 자회사는 조약상의 혜택을 누리기 위한 중간매체에 불과하므로 도관회사(導管會社, conduit company)라고 불린다.[1)]

甲회사는 A국의 거주자이면서 C국에 소득의 원천이 있다. 그런데 B국과 C국 사이에는 조세조약이 체결되어 있으나, A국과 C국 사이에는 체결되어 있지 않다. 따라서 甲회사는 C국 원천소득에 대하여 B · C국 간의 조세조약에 따른 혜택을 받을 수가 없다. 한편 A국과 B국 사이에는 만족스러운 조약이 체결되어 있다. 이러한 상황에서 甲회사는 B국에 자회사인 乙회사를 설립하여 乙회사로 하여금 직접(지점을 통하여) 또는 간접(자회사를 통하여)으로 C국에 진출케 함으로써 C국 원천소득은 B · C국 간 조약의 혜택을 받으면서 B국의 乙회사에 이전되고, 이는 다시 A · B국간 조약의 보호를 받으면서 종국적으로 A국의 甲회사에 도달할 수 있게 된다. B국에 乙회사를 개재시켜(interpose) 甲회사는 거주지국인 A국과 조세조약을 체결하지 않은 C국 원천소득에 대하여 B · C국 간에 체결된 조세조약의 혜택을 받게 되는 것이다.

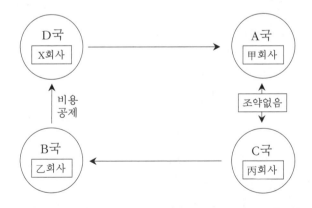

---

1) 또는 터널회사라 부르기도 한다.

위 사례에서 C국에서의 소득은 사업소득일 수도 있고, 이자·배당·차임·사용료 등의 수동적 소득(passive income)일 수도 있다. C국에서의 丙회사의 설립은 필수적인 것은 아니고 C국의 내국세법, 납세연기효과 등을 고려하여 결정하게 될 것이다.

2. 디딤돌 도관회사 형태

디딤돌 도관회사(stepping−stone conduit company)를 이용한 조약편승의 형태는 위의 예와 기본적 틀은 같다 하겠으나, A국에 존재하는 甲회사와 B국에 존재하는 乙회사 사이에 조세피난처인 D국에 자회사 X를 하나 더 개재시키는 방법이다. X회사가 디딤돌의 역할을 하는 것이다. 이 형태의 특징은 조세피난처의 이점을 '직접적 도관회사 형태'에 가미하자는 것이다. 물론 위 1.에서 본 첫 번째 형태에서 B국 자체가 조세피난처이면 甲회사에게는 더없이 편리하겠으나, 일반적으로 조세피난처와는 조약을 체결하지 않으려 하거나 또는 조약을 체결한다 하더라도 세부담율이 낮은 제도를 감안하여 그 적용에 제약을 가하므로 만족스럽지 못할 수 있다. 디딤돌 도관회사형의 틀을 그려보면 다음과 같다.

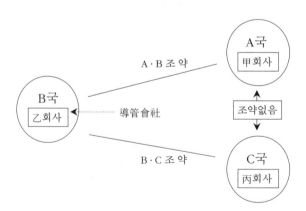

이 형태에서도 역시 C국과 조약관계가 없는 A국의 甲회사가 B·C국 간의 조약을 이용하려 한다. 우선 甲회사는 D국에 자회사 X를 설립하고,[1] X회사는 D국의 경과세제 혜택을 누린다. 甲회사는 동시에 B국에 乙회사를 설립하여 乙

---

[1] X회사는 甲회사의 자회사로 하든지 또는 乙회사의 子회사로 하든지, 또는 그룹 내의 제3의 회사의 子회사일 수도 있다.

회사로 하여금 원천지국인 C국에 진출케 한다. 위 그림에서는 C국에 자회사인 丙을 설립하였다. 丙회사의 이익은 B·C국 간의 조약에 따른 혜택을 받으면서 乙회사에 이전될 수 있다. 그런데 乙회사가 소재하는 B국이 정상 과세국이라고 가정할 때 乙회사의 이익을 경감시킬 필요가 있다. 이리하여 乙회사의 丙회사에 대한 투자 내지는 각종 거래를 위한 자금을 X회사로부터 차입하여 X회사에게 이자를 지급한다든가 또는 X회사와의 거래와 관련하여 X회사에게 각종의 비용을 지급한다.1) 이렇게 하여 乙회사의 소득이 감소됨으로써 B국에서의 乙회사의 조세부담이 감소될 것이다. 물론 乙회사의 비용은 곧 X회사의 수익이 되어 X회사의 소득이 커지지만, X회사가 소재하는 D국은 조세피난처이기 때문에 우려할 바가 아니다. X회사의 소득은 D국에 머물면서 A국 조세의 납부연기 효과를 누리든가, 또는 甲회사에 이전되더라도 결국 B·C국 간 조약의 혜택을 받으면서 모회사(甲)에 종국적으로 도달하게 된다.

III. 조약편승에 대한 대책

1. 일   반

조약편승은 흔히 어떤 기업의 거주지국과 소득의 원천지국 사이에 체결한 조세조약에 따라 소득의 원천지국이 제공하는 과세상의 양보(예를 들면, 이자소득에 대한 면세)에 상응하는 부담을 거주지국이 해당 거주자 기업에게 지우지 않는 상황에서, 한편으로는 소득의 원천지국에서 조약상의 혜택을 받고, 다른 한편으로는 거주지국의 세제상의 이점을 누리고자 하는 제3국 거주자에 의하여 행하여지는 경향이 있다. 그러므로 이러한 조약편승을 발본색원할 수 있는 근본적인 해결책은 소득에 대해 적정부담의 과세를 행하고 있는 국가가 조세피난처와 조세조약을 체결하는 것을 피하는 것이다. 그러나 조세피난처를 규정짓기도 어렵거니와 비록 조세피난처일지라도 경제적 교류를 희망하는 경우에 조세조약의 체결을 완전히 거부하는 것은 어렵기 때문에 조세조약의 체결을 피하는 것만이 최선책이 될 수는 없다. 그렇기 때문에 자국이 본의 아니게 도관국

---

1) 예컨대, X회사가 乙회사에게 융자를 하여 그 자금을 다시 같은 이율로 丙회사에게 전대하면("back to back debt" 또는 "mirror image debt") 乙회사에게는 아무런 소득이 발생됨이 없이 丙회사의 이익이 이자의 형태로 X회사에 유입되게 된다.

(conduit state)으로 이용되기를 원치 않는 국가는 자국의 국내세제를 정상화하는 것이 필요하다.

그런데 디딤돌 도관회사형 조약편승의 경우 적정부담의 과세를 행하고 있는 국가도 거주지국으로 이용될 수 있고, 또 국내세제의 일방적 운용만으로는 여러 나라에 걸쳐서 기업체를 거느리고 활동하는 납세의무자를 감시하고 대응하기에 부족하다. 이리하여 조약 자체에 특별규정을 삽입하자는 주장이 제기되고 있고, 또 후술하는 바와 같이 근래에 체결된 조약에서는 그러한 경향이 두드러지게 나타나고 있다.

2. OECD 모범조약상의 대책

이미 1960년대 초기부터 조약편승의 심각성이 인식되기 시작하였지만, 1963년 OECD 모범조약에서는 그 주석(commentaries)에서조차 조약의 남용에 대한 언급이 없었다. 다만 후술하는 1962년 스위스 연방의 조약남용방지결의와 같이 국지적인 대응조치가 나왔을 뿐이다. 1977년 OECD 모범조약이 그 주석에서 비로소 조약남용을 언급하고, 나아가 그 조문에서도 '수익적 소유자'(beneficial owner, Nutzungsberechtigter, bénéficiaire effectif)의 개념을 도입하고 연예인과 체육인에 대한 특칙을 신설함으로써 이에 대처하기에 이르렀다.

즉, OECD 모범조약 제1조의 주석 제7항에서 조약남용을 환기시키면서 국내법과 조약을 연계시켜 대처할 것을 권장하는 한편, 제8항에서 오늘날의 광범위한 조약망의 존재는 인위적인 법률관계의 구성(artificial legal constructions)을 통해서 국내법과 조약상의 이점을 아울러 취하는 조작을 가능케 함을 지적하였고, 이에 맞추어 수익적 소유자의 개념에 관한 조항과 연예인과 체육인에 대한 특칙 조항을 구체적 대책으로 도입하였다.

(1) 수익적 소유자

수익적 소유자라는 개념은 각국의 민사법상 확립된 것은 아니다. 영미법에서 신탁의 수익자와 같이 제3자 '소유'의 자산으로부터 이익을 얻는 자를 '수익적 소유자'라는 말로 표현하는 예가 있으나, 모범조약상의 수익적 소유자는 그러한 용법에서 따온 것은 아니다. 모범조약상의 수익적 소유자란 경제적 소유자(economic owner)와 같은 뜻으로 이해되며, 법적 소유자(legal owner)에 대립되는 개념이다.[1] 우리 국내 세법학의 용어에 따르면 실질소유자 내지는 실질귀속자라고 불러도 무방할 것이나, 다만 '실질'의 의의를 조약과의 관계에서 이해하여야 한다는 데 유의하여야 할 것이다. 우리가 체결한 조약에서는 '수익적 소유자'라는 용어를 공식적으로 채택하고 있기 때문에 여기서는 이에 따르기로 한다.

현재 OECD 모범조약에서는 수익적 소유자의 개념을 배당·이자 및 사용료(royalties)와 관련해서만 적용하고 있다. 그러나 그 어디서도 수익적 소유자를 정의하는 바가 없다. 다만, 모범조약 제10조 제2항에 따른 배당소득에 대한 제한세율의 적용과 관련하여 배당소득의 '즉각적 수취인(immediate recipient)'이 다른 사람의 대리인(agent) 또는 명의인(nominee)과 같은 중개인(intermediary)으로 기능하는 경우에는 그 자를 수익적 소유자로 볼 수 없고, 또한 배당소득의 즉각적 수취인이 도관(導管, conduit)으로서의 역할밖에 하지 않는 경우에도 그 자는 단순히 수탁자(fiduciary) 내지 관리자(administrator)일 뿐이지 수익적 소유자는 될 수 없다고 해석하고 있다.[1] 그리고 이자소득[2]과 사용료소득[3]에 대해서도 각각 동일한 취지의 주석이 있다. 또한 주석은 배당소득과 관련하여 추가적으로 기지회사(基地會社, base company)가 수익적 소유자가 될 수 있는지 의문을 제기하고, 이에 대한 특례규정의 삽입을 조약체결의 협의과정에서 고려할 것을 권고하고 있다.[4] 여기서 기지회사라 함은 (i) 그 자본의 전부 또는 일부가 해당 회사의 거주지국이 아닌 다른 국가의 거주자에 의하여 소유되고, (ii) 그 이익을 배당의 형태로 지급하지 않는 것이 관행이며, (iii) 거주지국에서 과세상 특별한 취급을 누리는 경우에 있어서의 해당 회사를 의미한다고 정의하고 있다.

위 모범조약의 주석 조항들은 조세조약의 혜택을 받을 수 없는 수익적 소유자의 개념을 적극적으로 정의하지 않고, 대리인이나 명의인 또는 단순히 도관으로서의 역할만 하는 자는 수익적 소유자에 해당하지 않는다는 공제적, 소극적 개념 규정 방식을 취하고 있다. 따라서 현실 세계에서 일어나는 다양한

1) Klaus Vogel, *Double Taxation Convention*, Kluwer Law International(3rd ed.), vol. 1, p. 561.
1) 모범조약 제10조의 주석 12.1항.
2) 모범조약 제11조의 주석 10항.
3) 모범조약 제12조의 주석 4.1항. 배당이나 이자소득의 경우에는 그 수익적 소유자가 제한세율 적용의 혜택을 받는 데 비해, 사용료소득의 경우에는 제한 세율의 적용을 받는 것이 아니라 원천지국에 의한 비과세의 혜택(거주지국에 의한 과세권의 배타적 행사)을 받는 차이가 있다.
4) 모범조약 제10조의 주석 22항.

사례들에 일반적으로 적용할 수 있는 개념 요소를 모색하여야 하는 문제가 있다. 특히 대리인(agent)이나 명의인(nominee)과 같은 전통적 법률개념이 아닌 '단순한 도관(conduit)'에 해당하는지 여부를 판단하기 위해서는 그러한 요청이 더욱 절실하다. 이하에서 이 문제에 관해 살펴본다.

배당소득은 사원(주주)권에서, 이자소득은 금전채권에서, 그리고 사용료소득은 무체재산권 및 산업적·상업적·과학적 시설의 소유권에서 발생한다. 소득 발생의 원인이 되는 그러한 권리의 귀속주체를 묶어서 소유권자라고 부른다면, 그 소유권자가 누구인지는 준거하여야 할 국내법에 따라 결정되어야 할 것이다. 그런데, 소득의 수익적 소유자는 반드시 이러한 물권적 의미에서의 소유권자를 의미하는 것이 아님은 물론이다. 그러한 물권적 의미에서의 소유권자가 세법적 또는 조세조약적 관점에서 소득의 형식적 소유자가 아닌, 수익적 소유자에 해당하는가는 세법적 또는 조세조약적 관점에서 평가되어야 한다.

수익적 소유자의 본연의 모습은 수익발생의 원인이 되는 재산이나 권리를 소득을 발생시킬 수 있는 상태에 놓도록 결정할 수 있는 권능과 그 소득을 처분할 수 있는 권능을 가지는 것으로 보아야 할 것이다. 전자를 일반적으로 재산의 사용권(right of use)이라고 부르고, 후자를 수익의 처분권(right of disposal of profits)이라고 부른다. 따라서 수익적 소유자에 해당하는지 여부는 이러한 이원적 관점에서 결정되어야 한다. 소득을 발생시키는 재산이나 권리의 물권적 소유권자가 이 2개의 권능 모두의 행사에 있어 제3자로부터 법적으로 또는 사실상 제약을 받고 있다면 그러한 물권적 소유권자는 수익적 소유자가 아닌 형식적 소유자임에 틀림없다. 물권적 소유권자가 그 중 하나의 권능만 갖고 있는 경우는 어떠한가? 그러한 경우에는 어떠한 권능을 가진 자라도 수익적 소유자로 보아야 한다는 견해도 있으나,[1] 그렇게 되면 수익적 소유자가 두 사람이 될 수도 있어 타당하지 않다. 배당소득 등에 대해 제한세율 적용과 같은 특례를 허여하는 것이 해당 소득 자체의 성격에서 연유함에 비추어 볼 때 2개의 권능 중 가득한 소득의 처분권을 갖고 있는 자를 수익적 소유권자로 보는 것이 옳을 것이다. 판례도 조세조약상 '수익적 소유자는 지급 받은 소득을 타인에게 다시 이전할 법적 또는 계약상의 의무를 지지 않는 사용·수익권을 갖는 자를 말한다'라고 하여 같은 취지로 판시하고 있다.[2] 한편, 국내원천소득을 수취한 자가

---

1) Klaus Vogel, op. cit., p. 562.

그 소득의 처분권을 갖는지 여부는 관련 재산의 취득 경위와 목적, 취득자금의 출처, 그 관리와 처분과정, 소득 지급법인의 사업활동 내역 및 주주활동 경과, 소득 귀속명의자의 능력과 그에 대한 지배권 등 제반 사정을 종합적으로 고려하여 판단하여야 한다는 것이 판례의 취지이다.[1]

한편, 수익적 소유자에 해당하는지 여부와 관련하여 체약국 사이에 분쟁이 발생하는 것을 원천적으로 막기 위해 조세조약에서 아예 그 결정권을 소득원천지국에 맡기는 예도 있다. 예를 들면, 미국과 독일 사이의 조약에서는 수익적 소유자를 원천지국의 법에 의하여 해당 소득이 귀속되는 자로 정의하고 있다.[2]

수익적 소유자에 대한 과세의 개념은 배당·이자·사용료 소득의 법적 귀속자가 아니라 이를 실질적·경제적으로 지배·향유하는 자에 대해 과세한다는 점에서 국세기본법 제14조 제1항이나 국조법 제3조 제1항에 규정된 실질귀속자 과세원칙과 그 맥을 같이한다. 다만, 수익적 소유자에 대한 과세는 그 적용 대상을 배당·이자·사용료 소득으로 한정하고 있고, 실질귀속자 과세원칙과 그 적용 요건도 달리하므로 과세관청은 2개를 선택적으로 적용할 수도 있고, 동시에 적용할 수도 있을 것이다. 판례도 실질귀속자 과세원칙은 조세조약의 해석과 적용에도 그대로 적용된다고 보고, 수익적 소유자를 실질귀속자와 같은 뜻의 개념으로 보고 있다.[3] 그런데, 한편으로 다른 판례는 외국법에 따라 설립된 유한 파트너십(limited partnership) 등의 영업조직이 외국법인에 해당하는지의 여부에 관한 판단기준에 비추어 우리나라 세법 적용상 '외국법인'으로 인정되면, 그 외국법인이 수취하는 국내원천소득은 곧 해당 외국법인에 실질적으로 귀속된다는 취지로 판시하고 있는데,[4] 이는 국내원천소득을 지급받은 외국의 유한 파트너십을 우리나라 세법 적용상 소득세를 부담하는 개인으로 볼 것인지 아니면 법인세를 부담하는 법인으로 볼 것인지의 문제와 그 유한 파트너십을 수취한 소득의 수익적 소유자 내지는 실질귀속자로 볼 수 있는지의 문제를 하나로 혼동한 오류를 범하고 있다. 국내원천소득의 실질귀속자에 해당하는지는 관련

2) 대법원 2018. 11. 15., 2017 두 33008; 同 2018. 11. 29., 2018 두 38376.
1) 대법원 2012. 1. 19., 2008 두 8499; 대법원 2016. 7. 14., 2015 두 2451.
2) 미·독조세조약 의정서 10항; 독·이조세조약 의정서 9항도 같다.
3) 대법원 2012. 4. 26., 2010 두 11948; 同 2012. 10. 25., 2010 두 25466; 同 2013. 4. 11., 2011 두 3159; 同 2015. 7. 23., 2013 두 21373.
4) 대법원 2013. 7. 11., 2010 두 20966; 同 2013. 9. 26., 2011 두 12917 등.

주식이나 지분의 취득 경위와 목적, 주식이나 지분의 취득자금의 출처, 그 관리와 처분과정, 배당 지급법인의 사업활동 내역 및 주주활동 경과, 배당소득 귀속 명의자의 능력과 그에 대한 지배권 등 제반 사정을 종합적으로 고려하여 판단하여야 한다는 취지의 앞서 본 다른 판례와도 정면으로 배치된다.

(2) 연예인과 체육인

본장 제8절 Ⅲ. 5. ⑩ 참조.

3. 1992 OECD 모범조약 주석의 권고

OECD 재정위원회는 1992년 도관회사(conduit company)를 통해 국제거래에서 발생하는 소득에 대해 조세를 회피하거나 탈세하는 데 대한 방지책에 관한 보고서를 내어 놓았는바,[1] 동 보고서는 투시접근법, 조약적용배제 접근법, 거주지국과세 접근법, 수로접근법 등의 4가지 방법을 제시하고 있다. 이러한 방법들은 이후 조세조약의 적용을 받을 수 있는 당사자에 관한 모범조약 제1조(persons covered)의 주석에 도입되어 조세조약 해석의 기준으로 기능하고 있다. 이러한 방법들은 비록 OECD의 권고사항에 지나지 않지만, 각 체약국이 체약상대국의 거주자회사가 조약상 혜택을 받을 목적으로 설립된 도관회사에 지나지 않는지를 판정함에 있어 보완적으로 의존할 수 있는 중요한 기준이 될 수 있다고 할 것이다. 이하에서 그 개요를 살펴보기로 한다.

(1) 투시접근법

1) 방법의 내용   소득을 수취하는 회사의 지배 내지는 소유관계를 고려하여, 과연 그 회사가 수익적 소유자로 인정될 것인가를 판단하는 방법이다. 어항을 투시하여 그 뒤의 벽면을 보듯이, 해당 회사를 투시(透視)하여 그 배후를 확인함으로써 그 회사가 과연 수익적 소유자인가를 판단하는 방법이기 때문에 투시접근법(透視接近法, the look-through approach)이라 부른다.[2] 이 방법 아래에서는 소득을 수취하는 회사가 그 거주지국의 거주자인 주주나 출자자에 의하여 소유되고 있는 범위 내에서만 조세조약상의 혜택을 부여한다. 가령 어떤

---

1) OECD Committe on Fiscal Affairs, Issues in International Taxation, No. 1, International Tax Avoidance and Evasion(Double Taxation Conventions and the Use of Conduit Companies), 1987. 이하에서는 이 보고서를 OECD Report on the Conduit Companies라 부르기로 한다.

2) 위 OECD Report on the Conduit Companiesp, p. 94.

회사의 출자액이 전액 그 회사의 거주지국에 거주하지 아니하는 자들에 의하여 소유되고 있으면 해당 회사는 수취하는 소득의 수익적 소유자로 인정되지 않고, 따라서 조약상의 혜택을 전혀 누릴 수 없게 된다. 소득을 수취하는 회사의 주주의 일부만이 해당 회사의 거주지국의 거주자가 아닌 경우에는 그들의 출자비율에 따라 조약상의 혜택이 배제된다.[1]

투시접근법은 법인격부인 접근법(piercing the veil of the company)이라고도 불리는데,[2] 회사법에서 논하는 법인격부인론과 이론적 기초는 같지만, 회사법상의 법인격부인론이 출자자에게 회사의 책임을 묻기 위한 이론인 데 비해, 투시접근법은 소득원천지국이 체약상대국의 거주자 회사가 수취하는 소득을 과세함에 있어 조세조약의 규정을 적용하지 않고, 국내세법을 적용하기 위한 이론이라는 점에서 상이한 법적 효과를 가진다.

2) 장 단 점　　투시접근법은 회사의 출자자의 거주지 여하에 따라 조세조약상의 수혜자격을 시인 또는 부인하는 점에서 그 적용이 간결한 것처럼 보인다. 그러나 무기명주식이 발행되었을 경우에는 주주의 확인이 곤란하고, 보다 근본적으로는 주주와는 별도의 인격이 부여되는 회사의 법인성에 대한 중대한 예외가 될 뿐 아니라, 외국에 정당한 사업을 영위할 목적으로 진출한 회사까지도 수익적 소유자로서의 지위를 획일적으로 부인당하는 결점이 있다. 그리고 디딤돌 도관회사를 주주로 개재시킨 경우에는 일응 수익적 소유자로서의 요건이 충족될 것이므로 디딤돌 도관회사형 조약편승에는 실효를 거둘 수가 없다. 이리하여 투시접근법 규정은 경과세국이면서 그 역내에서 실질적인 사업활동이 행하여지지 않는 국가와의 조약에 합당한 것으로 제시되고 있고, 이와 같은 경우라 하더라도 앞서 말한 바와 같은 획일성 때문에 선의의 사업활동(bona fide business activities)을 보호하기 위한 배려가 필요한 것으로 지적되고 있다.[3]

(2) 조약적용배제 접근법

1) 방법의 내용　　본시 이중과세방지조약의 목적은 체약국 쌍방에 의한 이중과세를 해결하기 위한 것이지 그 범위를 벗어나 감면혜택을 부여하기 위한 것이 아니다. 그런 점에서 볼 때 거주지국에서 국내법의 특별규정에 의하여 납

---

1) 모범조약 제1조의 주석 13항.
2) Langer, op. cit., p. 96 및 村井 正 編,「國際租税法の研究」, 164면.
3) 모범조약 제1조의 주석 14항.

세의무를 (거의) 지지 않는 감면법인에게 소득원천지국이 조세조약상의 혜택을 부여할 이유가 없다. 따라서 이와 같은 법인이 얻거나 지급하는 이자, 배당, 자본이득, 이사의 보수 등과 같은 특정 유형의 소득에 대해서 조세조약의 적용을 배제하자는 것이 조약적용배제 접근법(exclusion approach)이다. 또는 조세조약의 적용을 완전히 배제하지는 않고, 다만 조세조약상의 감면규정의 적용만을 배제하는, 보다 온건한 제약을 생각할 수도 있다.[1]

2) 장 단 점　　소득을 수취하는 법인이 거주지국에서 감면을 받는지 여하에 따라 조약적용의 여부를 결정하기 때문에 그 판성에 있어서 거주지국 당국의 협조를 요하는 부담이 있기는 하나, 비교적 단순명료한 방법인 것으로 평가된다. 공익법인과 같이 내국세법상 우대를 받는 법인이 조세조약상의 혜택을 받기 위한 목적으로 남용되는 것을 막을 수 있는 장치가 될 수 있다.[2]

(3) 거주지국과세 접근법

1) 방법의 내용　　소득을 수취하는 법인의 거주지국에서 과세되지 않는 소득에 대하여 소득의 원천지국에서 조약상의 혜택을 부여할 필요는 없다. 조세조약에 의한 소득원천지국의 과세권의 제한은 해당 소득이 거주지국에서 과세대상임을 전제로 한 것이라 할 수 있는데, 그 전제가 성립하지 않는다면 조세조약상의 혜택 부여로 인해 쌍방체약국에 의한 과세 총액이 일방체약국의 정상적 과세액보다도 감소되는 부당하고 예상치 않은 결과가 초래되기 때문이다. 단적으로 말하면 이중과세와는 정반대인 이중면세가 되는 셈이다. 이에 특정 유형의 소득에 대해서 그 소득이 거주지국에서 정상적 과세의 대상이 되는 경우에만 소득원천지국에서 조세조약상의 감면혜택을 부여한다는 방법이 제시되고 있다. 모범조약의 주석은 '정상적 과세'의 의미에 관해서 '해당국 세법의 정상적인 규정에 의한(under the ordinary rules of its tax law)' 과세라고 풀이하고 있다. 이러한 방법을 '거주지국과세 접근법(the subject-to-tax approach)'이라 부른다.[3] 위 (2)의 조약적용배제 접근법이 거주지국의 특별규정에 의하여 조세를 (거의 전부) 감면받는 '법인' 자체를 조약혜택의 배제대상으로 하는 것인 데 비하여, 거주지국과세 접근법은 법인 자체가 아니라 거주지국에서 정상적으로 과

---

1) 모범조약 제1조의 주석 21항.
2) 모범조약 제1조의 주석 21.1항.
3) 모범조약 제1조의 주석 15항.

세되지 않는 특정 유형의 '소득'을 그 대상으로 한다는 점이 다르다. 그러나 양자 모두 이중면제의 결과를 방지하려는 공통점이 있다.

2) 장 단 점　　거주지국과세 접근법은 이중과세방지조약의 취지에 부합한다. 이중과세를 방지하려다가 이중면세를 조장하는 결과를 예방하는 장점이 있다. 그런데 무엇이 '해당국 세법의 정상적 규정'에 의한 과세인가를 판단하는 것은 용이한 일이 아니다. '정상'의 기준이 확실하지 않기 때문이다. 발전된 경제구조와 복잡한 세법을 구비하고 있는 나라에서나 어느 정도 '정상적 과세'와 '과세의 감면'의 경우를 구분할 수 있을 뿐이다. 따라서 이 접근법을 조약에 반영시키고자 할 경우에는 소득유형 별로 구체적 기준의 설정이 요망된다.[1] 그리고 정상과세국을 소득자의 거주지국으로 중간에 개재시키는 방식의 디딤돌 도관회사형 조약편승에 대해서는 거주지국과세 접근법이 실효를 거둘 수 없다는 것이 또한 단점이다.

(4) 수로접근법

1) 방법의 내용　　위의 방법들은 도관회사로 의심되는 회사 자체의 설립경위나 구성에 의존해서가 아니라, 그 거주지국의 가변적이고 복잡한 내국세법에 의존해서 조약상 혜택의 적용을 제한하는 것이어서 적용상 난점이 많다. 이에 회사 자체의 구성경위(conduit arrangements)에 의존하여 조세조약의 남용목적으로 설립된 도관회사를 선별하는 방법이 제안되었는바, 이를 '수로접근법'(水路接近法, channel approach)이라고 한다. 이 방법은 일방체약국 거주자 회사가 타방체약국의 원천에서 얻은 수익금의 일정률[2] 이상이 이자·사용료·개발비·광고비·초기비용·여비·감가상각 등 기타 비용의 명목으로 제3국 거주의 모회사에게 흘러 들어간 경우에는 그 통로를 따라 사실을 인식하여 그 일방체약국 거주자 회사는 중간개재체에 불과하다고 판정하고, 이러한 판정이 내려지면 조세조약상의 감면규정의 적용을 배제하는 것이다.[3]

2) 장 단 점　　일방체약국 거주자 회사의 소득이 제3국의 거주자에게 지급비용의 형태로 유출되는지를 추적하기 때문에, 이 접근법은 디딤돌회사형

1) Felix J. Wurm, Treaty Shopping in the 1992 OECD Model Convention, Intertax 1992/12, p. 664.
2) 1992 MTC Commentary on Art. 1에서는 50% 초과를 제시하고 있다. Note 19.
3) 모범조약 제1조의 주석 17항.

조약편승에 대처하기에 가장 적절한, 어쩌면 유일한 방법이다.[1] 그러나 다른 한편으로, 정당한 지출임에도 불구하고 획일적으로 소득의 변칙적인 사외유출로 보고 조세조약상의 감면혜택을 부인하는 것은 부당하다고 할 수도 있다.

(5) 바로잡기 규정의 필요성

위에서 본, 조약편승에 대응하기 위한 4가지의 접근법은 어느 것이나 획일적이기 때문에 자칫 선의(bona fide)의 기업까지 조세조약상의 혜택을 받지 못하는 결과를 초래할 수 있다. 이리하여 모범조약은 5가지의 예외조항을 제시하고 그 중 하나의 채택을 권고하고 있다.

1) 일반 선의조항   일반 선의조항(general bona fide provision)이란 판정대상 법인이 자신의 사업활동 또는 소득을 창출한 주식 또는 기타 재산의 취득·관리가 '정당한 사업상의 사유(sound business reasons)'에서 비롯된 것이지, 조세조약의 수혜를 받을 목적에서 비롯된 것이 아니라는 것을 입증하는 경우에는 조세조약상의 혜택을 제한하는 규정(anti-treaty shopping 규정, 이하 "제한규정"이라고만 함)을 적용하지 않는다는 취지의 규정이다.[2] 사업활동의 정당성에 대한 입증책임을 법인에게 지우는 것이다. 뒤집어 보면, 일응 제한규정의 요건에 해당하게 되면 도관회사로 추정된다는 것을 뜻한다. 정당성은 결국 법인의 사업형태를 통해서 입증할 수밖에 없는데, 이에 대한 판단이 원천지국 과세당국의 광범위한 재량에 좌우될 우려가 있다.[3]

2) 활동조항   활동조항(the activity provision)은 해당 법인이 거주지국에서 '실질적 사업활동(substantive business operations)'에 종사하고 있으며, 원천지국에서 받고자 하는 감면이 그 사업활동에 관련된 소득에 대한 것인 경우에 제한규정의 적용을 배제하는 규정이다.[4]

이 조항의 적용요건은 (i) 거주지국에서의 실질적 사업활동과 (ii) 그 사업활동과 원천지국 소득 간의 연관성이다. 첫째 요건의 충족여부를 확인하기 위해서는 원천지국 과세관청으로서는 자기 관할 밖에서 일어나는 활동을 조사하여야 하는 난점이 있으며, 거주지국에서 제공하는 정보에 상당히 의존하여야

---

1) 모범조약 제1조의 주석 18항.
2) 모범조약 제1조의 주석 19항 a).
3) Wurm, op. cit., p. 665.
4) 모범조약 제1조의 주석 19항 b).

하는 한계가 있다. 그리고 어떤 사업활동이 거주지를 인정받기 위해 가식적으로 취해진 활동이 아니고 실질적 사업활동에 해당한다고 할 것인지에 관해서는 논란의 여지가 크다.

3) 세액조항　　'조약상의 감면청구액'이 '거주지국의 과세금액'보다 더 큰 경우에만 제한규정을 적용하고, 반대로 조약상의 감면청구액이 거주지국의 과세금액 이하인 경우에는 제한규정을 적용하지 않는다는 것이 세액조항(the amount of tax provision)이다.[1] 이 조항은 조세조약 적용제한 기준의 하나인 거주지국과세 접근법(the subject−to−tax approach)과 맥락을 같이 하는 규정이다. 조약상의 감면청구액(원천지국에서의 과세경감)과 거주지국의 과세금액을 비교하여 이중면세 또는 쌍방체약국에 대한 총납부세액의 절대적 경감(오로지 거주지국만 과세권을 행사하는 경우보다 세액이 더 낮아지는 것)의 결과가 발생하는 경우에 한하여 제한규정을 적용한다는 것으로서 상당히 합리적이다. 다만, 거주지국의 과세금액이 조약상의 감면청구액보다 적은 원인이 특별한 감면에 의한 것이 아니고 정당한 지출에 따른 과세소득 자체의 감소로 인한 것인 때에도 제한규정을 적용하는 것은 온당치 않으므로 조약상의 감면청구액과 거주지국의 과세금액 간의 단순비교보다는 원천지국 소득이 거주지국에서 원칙적으로 전액 정상적 과세대상이 되는 사실만으로 조세조약을 적용받을 수 있다고 함이 타당할 것이다.[2]

4) 상장조항　　거주지국의 증권거래소에 상장된 회사 및 상장된 회사의 자회사에 대해서는 제한규정을 적용하지 않는다는 규정이 상장조항(the stock exchange provision)이다.[3] 거주지국에서 상장까지 되어 있는 회사라면 도관의 혐의를 벗겨주고 선의의 거주자로 인정할 수 있다는 취지이다. 다만, 드물기는 하나 제3국 거주자가 상장회사의 지배주주인 경우에는 단정적으로 선의라고 하기에 무리가 있을 수 있다. 상장조항에서 말하는 상장주식은 주된 종류의 주식(the principal class of its shares)이어야 하는바, 규정의 취지에 비추어 의결권이 제한된 주식은 여기에 포함되지 않는 것으로 풀이되어야 할 것이다.

5) 별도 구제조항　　제한규정은 일방체약국의 거주자가 아닌 제3국 거

---

1) 모범조약 제1조의 주석 19항 c).
2) Wurm, op. cit., p. 667.
3) 모범조약 제1조의 주석 19항 d).

주자가 일방체약국 내에 도관회사를 설립하여 그 거주자로서의 지위를 취득한 뒤 해당 조세조약상의 혜택을 받는 것을 방지하는 데 그 뜻이 있다. 그런데 바로 그 제3국이 소득원천지국과 조세조약을 체결하고 있고, 그 조약상의 혜택이 도관회사로 의심받는 회사의 거주지국과 소득원천지국 사이에 체결된 조세조약상의 그것에 비하여 불리하지 않다면, 제3국 거주자가 조약편승을 시도해야 할 동기는 없다고 할 수 있다. 이런 전제에서 위와 같은 요건을 갖춘 제3국 거주자를 도관회사로 의심받는 회사의 거주지국의 '비거주자' 개념에서 제외하는 것이 별도구제조항(the alternative relief provision)이다.[1] 즉, 문제의 회사가 다른 조약에 의해 별도의 구제를 받을 수 있는 때에는 굳이 제한규정을 적용할 필요가 없다고 보는 것이다.

6) 원천지국의 재량규정   위에서 본 바로잡기 규정들만으로는 모든 선의의 진출기업을 보호하는 데 한계가 있기 때문에 모범조약은 원천지국 과세관청에게 바로잡기 규정의 요건을 충족하지 못하는 법인에 대해서도 경우에 따라서는 조약상의 혜택을 부여할 수 있는 재량권을 부여하는 조항을 두는 것이 적정하다고 보고 있다.[2] 그러나 세법규정의 통일적 적용의 요청과 조세행정행위의 기속성(羈束性)에 비추어 조약상의 재량규정은 매우 이질적이라는 점에 문제가 있다.

4. 실제 조약상의 제한규정

최근에는(특히, 미국을 일방체약국으로 하는) 조세조약에 조약편승 대응규정을 포함시키고 있는 경우가 많아지고 있다(예, 미국과 캐나다 및 네덜란드 간의 조약 참조). 미국은 협상의 출발점을 자국의 모범조약에 바탕을 두고 있다.

(1) 미국 모범조약 제22조

미국 모범조약(U.S. Model Income Tax Convention of September 20, 1996) 제22조는 조약편승을 정면으로 다룬 규정이다. 미국은 오랫동안 조약편승에 시달려왔다. 그것은 주로 The Netherland Antilles와의 조약(1988년에 폐기)을 이용한 것이었지만 이에 국한된 것은 아니었다. 다음의 판례는 미국이 겪었던 조약편승의 폐해를 잘 보여주는 것이다.

---

1) 모범조약 제1조의 주석 19항 e).
2) 모범조약 제1조의 주석 19항 말미.

Aiken Industries v. Commissioner[1]

　본시 미국 회사가 바하마 회사로부터 융자를 받고 원리금 상환을 담보하기 위한 목적으로 어음을 그 바하마 회사에 교부하였다. 한편, 그 바하마 회사는 에쿠아도르에 자회사를 가지고 있었는데, 위의 대차거래가 있은 지 얼마 뒤에 그 에쿠아도르 자회사는 다시 온두라스에 스스로의 자회사(바하마 회사의 손자회사)를 설립하였다. 이어서 미국 회사에 자금을 대여하고 그로부터 담보어음을 받았던 위의 바하마 회사는 그 담보어음을 온두라스 회사(자신의 손자회사)에게 주고, 그 대가로 온두라스 회사로부터 그 담보어음의 가액에 상당하는 금액을 가액으로 하는 일람출급어음(demand note) 9매를 받았다. 이른바 back－to－back loan(또는 mirror image loan)을 한 것이다. 이렇게 되자 미국 회사는 이자를 바하마 회사가 아니라 온두라스 회사에게 지급하게 되었다. 그런데 이 당시 미국과 온두라스 사이에는 이자소득 원천지국에서 원천징수를 하지 않기로 한 이중과세방지조약(1966. 12. 31. 폐지)이 체결되어 있었다. 이에 따르면 미국 자회사가 온두라스 회사에게 지급하는 이자소득은 미국에서 면세되며(바하마 회사에 지급되었더라면 과세), 온두라스 회사가 미국 회사로부터 수령한 수입이자는 자신이 바하마 회사 앞으로 발행한 일람출급어음의 이자로 다시 바하마 회사에게 지급되어 온두라스 회사에게는 이자수입으로 인한 소득금액이 없게 되며, 이때 바하마 회사가 온두라스 회사로부터 받은 수입이자는 바하마가 조세피난처(tax haven)이기 때문에 과세상 별 문제가 되지 않았다.

　이에 미국 국세청은 미국 회사가 바하마 회사의 손자회사인 온두라스 회사에 지급한 이자에 대하여 미국과 온두라스 사이의 조세조약에 따른 원천세 면제혜택을 주는 것을 거부하였다. 그 주된 이유는 온두라스 회사의 법인격은 과세목적상 부인되어야 하며, 따라서 미국 회사가 지급한 이자는 바하마 회사에 직접 지급된 것으로 보아야 한다는 것이었다. 쟁점은 미국 회사가 지급하는 이자에 대한 미국의 원천세가 온두라스와의 조약에 따라 면제될 것이냐 하는 것이었다. 미국 조세법원은 온두라스 회사의 존재 자체는 부인하지 아니하였지만, 온두라스 회사는 바하마 회사를 위한 수금대리인(collection agent)으로서 도관회사(conduit company)에 불과하여 실질적으로는(in substance) 바하마 회사가 조약상의 의미에서 이자를 '수령한' 것이 된다고 판시하였다. 본건에서는 관련 기업 간의 일련의 거래가 '아무런 타당한 경제적 또는 사업상의 목적'(any valid economic or business purpose)을 갖지 않았다는 사실이 온두라스 회사가 도관에 불과하다고 본 주된 근거였다.

---

1) 56 T. C. 925(1971), acq. 1972－2 Cum. Bull. 1.

그러나 Aiken Industries 사건이 선판결례로서 분명한 객관적 기준을 제시해 주고 있는 것은 아니기 때문에 미연방 재무부는 1981년에 미국 모범조약 제16조1)를 수정하여 조약편승에 대처키로 하였다.2) 이리하여 미국 모범조약 제22조는 조약편승을 방지하기 위하여 조약상의 혜택을 받을 수 있는 자를 구체적으로 규정하고 있다.

체약당사국에 거주하는 개인과 당사국의 정부기관이 조세조약의 수혜자격이 있음은 당연하다(미국 모범조약 22조 2항 a 및 b). 반면, 조약편승은 체약당사국에 설립된 법인을 이용하여 조세조약상의 혜택을 받으려는 행위라는 점을 감안하여 법인의 조세조약의 수혜자격에 대해서는 각별히 엄격한 요건을 규정하고 있다. 즉 법인이 조세조약을 적용받기 위해서는 (i) 그 의결권의 50%를 초과하는 부분 및 그 가치의 50%를 초과하는 부분을 모두 표창하는 모든 종류의 주식이 인가된 증권거래소에서 거래되는 법인이거나 또는 (ii) 이러한 요건을 갖춘 법인에 의해 각 종류의 주식의 50% 이상이 직접 또는 간접적으로 소유되는 다른 법인이어야 한다. 간접소유의 경우에는 중간소유자가 조세조약의 수혜자격이 있는 자라야 한다(동항 c). 공익법인에 대하여는 별도의 요건을 두고 있지 않으며(동항 d), 연금의 수익자 또는 그 구성원의 50%를 초과하는 수가 체약국에 거주하는 개인인 경우에 있어서의 연금기금도 조약의 적용을 받을 자격이 있다(동항 e).

위에 열거되지 않은 자라 할지라도 타방체약국 내에서 적극적 사업활동을 영위하는(engaged in the active conduct of a trade or business) 일방체약국의 거주자는, 그 적극적 사업활동이 타방체약국에서 얻은 소득과 관련되고, 나아가 타방체약국에서 행한 전체 소득창출 활동에서 상당한 부분을 차지하는 경우에는 그 소득에 대하여 조세조약상의 혜택을 받을 수 있다(미국 모범조약 22조 3항; 같은 항에서 사업의 범위, 사업과 소득의 연관 및 연관부문의 상당성에 관한 정의를 두고 있음).

열거되지 않은 선의의 거주자를 구제하기 위하여 체약당사국의 권한 있는

---

1) 이 조항은 당초 1977년에 신설된 것으로 적용범위가 배당, 이자 및 사용료에 국한되었으며, 거주요건을 충족하는 주주비율도 25%였다.
2) 당시의 수정에 이른 경위에 대하여는 Robert J. Rolfe and Timothy S. Doupnik, The United States Attempts to Crack Down on Treaty Shopping, The Tax Executive, Summer 1986, p. 325.

기관이 합의하는 경우에는 그에게 조약상의 혜택을 부여할 수 있도록 규정하고
있다(동 22조 4항).

(2) 우리나라가 체결한 조약

현재 우리나라가 체결한 조세조약들 중에서 조약편승자(treaty shopper)에
대해 조세조약의 적용을 제한한다는 특칙(limitation on benefits)을 두고 있는 예
는 한·미조세조약 제17조뿐이다. 그것은 상대방국인 미국이 조약편승자에 대
해 유달리 엄격한 태도를 취하고 있기 때문이다. 미국은 우리나라와의 조세조
약에서뿐만 아니라 1980년대 이후에 체결 또는 재협상된 대부분의 조세조약에
서 조약편승 방지 규정의 삽입을 요구해 왔다. 그 규정의 내용은 위에서 본 미
국 모범조약 제16조를 그대로 옮긴 것은 아니고 상대방국과의 협상에 따라 각
각 상이하다. 한·미조세조약상의 조약편승 방지규정인 제17조의 내용은 다음
과 같다.

> **제17조 투자회사 또는 지주회사**
> 타방체약국 내의 원천으로부터 배당·이자·사용료 또는 양도소득을 발생시키는
> 일방체약국의 법인은, 다음의 경우에 제12조(배당)·제13조(이자)·제14조(사용료)
> 또는 제16조(양도소득)상의 혜택을 받을 권리를 가지지 아니한다.
> (a) 특별조치에 의한 이유로 동 배당·이자·사용료 또는 양도소득에 대하여 상기
> 일방체약국이 동 법인에 부과하는 조세가, 동 일방체약국이 법인소득에 대하여 일
> 반적으로 부과하는 조세보다 실질적으로 적으며, 또한
> (b) 동 법인 자본의 25% 이상이, 상기 일방체약국의 개인 거주자(또는 한국 법인
> 의 경우에는 미국 시민)가 아닌 1인 이상의 인에 의하여 직접적 또는 간접적으로
> 소유되는 것으로 등록되어 있거나, 또는 양 체약국의 권한 있는 당국 간의 협의를
> 거쳐 달리 결정하는 경우[1]

위 (a)와 (b)의 요건이 동시에 충족될 경우에는 조약에 따른 감면청구권을
갖지 못하게 되는데, 이를 간략하게 풀어 보면, ⓐ 거주지국에서 해당 법인이

---

[1] 위 본문에 인용된 조문의 한글본 중 (b) 부분은 뜻이 석연치 않은 감이 있어 아래에 영문
본을 인용한다.
　"(b) 25 percent or more of the capital of such corporation is held of record or is other-
wise determined, after consultation between the competent authorities of the Contrac-
tion States, to be owned directly or indirectly, by one or more persons who are not
individual residents of the first-mentioned Contracting State(or, in the case of a Korean
corporation, who are citizens of the United States)."

수취하는 배당 등이 특칙(special measures)에 의하여 일반 세율보다 낮은 세율로 과세되고(경과세, 輕課稅), ⓑ 해당 법인의 자본의 25% 이상을 해당 법인의 거주지국의 거주자가 아닌 개인이 소유하는 경우에는 감면혜택이 배제된다는 취지이다. (a)호의 의도는 거주지국에서 상대적으로 경과세되는데, 원천지국에서도 감면할 경우 자칫 조세조약의 적용으로 인해 이중경감의 결과가 초래되는 것을 방지하려는 것인데, 이 점에서 상술한 OECD 모범조약이 제시하고 있는 거주지국과세 접근법(the subject-to-tax approach)의 취지와 유사하다. 그러나 이것만으로 감면혜택이 배제되는 것은 아니고, 여기에 추가하여 '해당 법인의 거주지국의 거주자가 아닌 개인이 25% 이상의 지분을 가진 법인'이라는 (b)호의 요건이 동시에 충족되어야 한다. 그러면 여기서 말하는 '개인거주자가 아닌' 자의 범위는 무엇인가? 우선 해당 법인의 거주지국에 거주하지 않는 개인이 여기에 해당함은 물론이고,1) 해당 법인의 출자자가 법인인 경우에는 그 출자법인이 거주자이건 비거주자이건 모두 여기에 해당된다. 그러므로 (b)호의 의도는 첫째로 '개인 비거주자'가 25% 이상의 지분을 가진 법인의 경우에는 그 개인 비거주자가 해당 법인을 지배 내지 경영하고 있는 것으로 보아 조약상의 혜택을 부여하지 않겠다는 것이고, 둘째로는 법인 주주가 해당 법인의 25% 이상의 지분을 가진 경우에는 해당 법인을 중계회사 내지 도관회사에 불과한 것으로 보아 거주자 해당여부에 관계없이 조약상의 혜택을 부여하지 않겠다는 것이다. 후자의 경우 그 중계회사 내지 도관회사의 배후에 있는 종국적 수혜법인이 거주자인가의 여부는 불문하고 그 중계회사 내지 도관회사 선에서 조약의 적용을 획일적으로 차단하겠다는 의도이다.

그러다 보니 사실관계로 보아 조약편승자라고 할 수 없는 법인도 한·미조세조약 제17조의 적용을 받아 감면혜택을 받지 못하는 경우도 생길 수 있다. 그 예가 바로 Transocean Gulf Oil Company가 (주)대한석유회사에 대한 투자를 회수하여 한국에서 철수하기 위하여 1980년에 소유주식 전부를 양도하여 얻은 양도소득에 대해서 과세된 사건이다. 한·미조세조약 제16조의 양도소득에 대한 면세규정에도 불구하고 과세된 이유는 Transocean은 Gulf Oil Corporation이

---

1) 제17조 (b)호 규정의 괄호 속의 '또는 한국법인의 경우에는 미국시민'이라고 한 것은 미국의 속인주의(personal jurisdiction)는 거주기준뿐만 아니라 국적기준도 아울러 채택하고 있기 때문에 한국법인의 출자자는 비록 한국 거주자라 하더라도 미국시민이면 그가 가진 출자지분은 '25% 이상'에 포함시키기 위함이다.

전액 출자한 자회사여서, 다시 말하면 Transocean의 주식의 25% 이상을 법인 주주가 소유하고 있어서 위 제17조 (b)의 요건이 충족되었기 때문이다.[1]

IV. 국내법에 의한 제한

1. 조세회피방지에 관한 국내세법상의 일반조항

우리나라를 포함해서 어느 나라든 명문으로 또는 판례법상 조세회피행위에 관한 일반원칙을 세워놓고 있는 것이 보통이다. 소득을 비롯한 과세물건의 실질적 귀속자와 형식적 귀속자의 불일치가 국제거래의 맥락에서가 아니라 순전한 국내거래에서 일어난다면 국세기본법 제14조 제1항 및 제3항에 규정된 실질귀속의 원칙에 따라 그 실질적 귀속자가 과세물건의 귀속자로서 납세의무를 지게 될 것이다. 또한 비용의 지급형식을 통한 소득이전의 경우에는 수취자인 관련기업이 소득의 실질적 귀속자로서 납세의무를 지게 될 것이다.

한편, 우리 국조법은 국제거래에서 발생하는 과세물건의 귀속에 관해서 별도로 규정하고 있다. 즉, 국조법 제3조 제1항에서 "국제거래에서 과세의 대상이 되는 소득, 수익, 재산, 행위 또는 거래의 귀속이 명의(名義)일 뿐이고 사실상 귀속되는 자가 따로 있는 경우에는 사실상 귀속되는 자를 납세의무자로 하여

---

1) 재무부 예규(국조 1260. 1 – 2443, 1980. 8. 11.): 「미국의 거주법인인 Gulf Oil Corporation 의 100퍼센트 자회사이고, 외자도입법상 외국투자가인 Transocean Gulf Oil Company가 소유하는 주식회사 대한석유공사의 주식을 내국인에게 양도함으로써 생기는 소득이 과세대상소득이 되는지 여부와 과세 대상소득이 될 경우 과세표준이 되는 금액과 적용할 세율에 관한 것인바, Transocean Gulf Oil Company가 국내에 법인세법 제56조 제1항 또는 제3항에 규정하는 사업장이나 동 제55조 제1항, 제3항에 규정하는 부동산소득이 없는 외국법인임을 전제로 하는 경우
가. 동 주식을 양도함으로써 생기는 소득은 법인세법 제55조 제1항 제10호와 동법 시행령 제122조 제4항 제5호 및 한미조세조약 제17조의 규정에 의하여 한국에서 과세대상소득이 되고,
나. 분리과세 원천징수 법인세 과세표준금액은 법인세법 제53조 제2항, 제54조 제2항 및 제59조의 규정에 의하여 동 주식의 원화 양도수입금액 합계액이 됨.」
Transocean Gulf Oil Company는 행정소송을 제기하였으나, 납세자의 질의에 대한 회답의 통지는 상대방 또는 기타 관계자들의 법률상 지위에 직접적으로 변동을 가져오는 것이 아니므로 항고소송의 대상이 될 수 없으며(양도소득에 대한 법인세에 관하여 대법원 1983. 2. 2., 81 누 283), 또한 자진납부된 세액의 수납행위는 단순한 사무적 행위에 불과하며 행정처분이 아니라는(주민세에 관하여 대법원 1983. 12. 13., 82 누 174) 이유로 모두 각하되었다. 그 후 원고는 달리 소를 제기하지 않음으로써 사건은 종결되었다.

조세조약을 적용한다"고 규정하고, 그 제3항에서 "국제거래에서 이 법 및 조세조약의 혜택을 부당하게 받기 위하여 제3자를 통한 간접적인 방법으로 거래하거나 둘 이상의 행위 또는 거래를 거친 것('우회거래')으로 인정되는 경우에는 그 경제적 실질에 따라 당사자가 직접 거래한 것으로 보거나 연속된 하나의 행위 또는 거래를 한 것으로 보아 이 법 및 조세조약을 적용한다"고 규정하고 있다. 그리고 동조 4항은 "우회거래를 통하여 우리나라에 납부할 조세부담이 일정한 비율 이상으로 현저히 감소하는 경우 납세의무자가 해당 우회거래에 정당한 사업 목적이 있다는 사실 등 조세를 회피할 의도가 없음을 입증하지 아니하면 조세회피의 목적이 있는 것으로 추정한다"고 하여 입증책임을 납세의무자에게 지우고 있다. 이러한 국조법 규정이 국제거래에서 발생하는 과세물건의 실질적 귀속에 따라 그 과세부담을 지우려는 원칙을 선언한 것이라는 점과 그 구체적 의미는 사업상의 동기나 목적에서가 아니라, 순전히 조세의 부담을 회피할 목적으로 간접적 또는 우회적 방법의 행위나 거래를 하였고, 그것이 통상인의 객관적 관점에서 볼 때 부자연스럽고 불합리한 경우에는 그 법률적 방식이나 법률적 효과가 아니라 경제적 효과나 실질에 따라 과세물건의 귀속을 정한다는 것임은 제1편 제3절 Ⅳ.에서 논의한 바와 같다.

2. 조세회피방지에 관한 국내세법상의 일반조항과 조세조약의 관계

(1) 일반조항의 조세조약 해석에의 적용 가부

국제거래와 관련된 조세회피를 방지하기 위한 목적의 위 국조법 규정이 신설되기 전부터, 국내거래에서 발생하는 과세물건의 귀속에 관한 일반조항으로서의 국세기본법 제14조 제1항이 조세조약의 적용에도 효력을 갖느냐 하는 점에 대해서는 견해가 갈렸다. 이 논란의 근저에는 국제법과 국내법의 관계에 대한 이해를 어떻게 할 것인가라는 근본적 문제가 깔려 있다(전술). 이 문제에 관한 지배적 학설인 일원론적 입장에서 보면 실질주의에 관한 일반조항을 조세조약과 분리해서 이해하여야 할 필연성은 없고, 따라서 이러한 일반조항이 조세조약의 적용에도 효력을 갖는다고 할 것이다. 특히 실질귀속의 원칙에 관한 위의 일반조항이 국내세법에 따른 과세권의 발생 여부를 결정하는 기준이고, 조세조약은 이처럼 국내세법에 따라 발생한 과세권의 행사 범위를 제약하는 것으로서 양자는 '국내세법에 따른 과세권'이라는 요소를 규율대상으로 공유하므로 더욱 그러하다고 할 것이다.

이와 유사한 논란은 독일 조세기본법(Abgabenordung: AO) 제42조에 규정된 경제적 관찰방법(Wirtschaftliche Betrachtungsweise)[1]이 조세조약의 해석에도 적용될 수 있느냐와 관련하여 독일에서도 있다. 역시 긍정설과 부정설로 나뉘는바, 긍정설은, 남용금지라는 일반적 사고는 조세조약의 바탕에도 깔려 있는 것이고, 또한 조세조약도 국내법 질서에 수용된 이상 조세조약 남용에 대한 AO 제42조의 적용이 배제되어야 할 아무런 이유가 없다는 것이다.[2] 이에 반하여, 부정설은 AO 제42조의 '법형성 가능성의 남용'과 '조약의 남용'을 각각 별개의 개념으로 파악하고, 따라서 전자에 관한 규정이 후자에 적용될 수 없다고 한다. 법형성 가능성의 남용은 조세채무 성립단계에서 문제될 수 있는 것이며, 성립된 조세채무에 대한 조약상의 감면청구권의 행사와는 무관한 것으로 보아야 한다는 입장이다. 또한 조세조약은 국내법에 대하여 특별법적 지위에 있다는 점에서 일반법 규정인 AO 제42조의 적용을 받지 않는다고 한다.[3]

(2) 일반조항과 조세조약 규정 간의 관계

1) 문제의 소재   국내법과 국제법의 관계에 관한 일원론적 입장에서 과세물건의 실질귀속에 관한 일반조항(基本法 14조; 國租法 3조)이 조세조약의 해석에도 적용된다고 보더라도, 조세조약에 이러한 국내세법상의 일반조항과 같은 취지이긴 하지만, 적용요건이 다른 규정이나 또는 이와 상충하는 규정이 존재하는 경우 그 양자 간의 관계를 어떻게 볼 것이냐 하는 문제가 있다.

우선, 과세물건의 귀속에 관한 국내세법상의 일반조항과 같은 취지이긴 하지만 그 요건이 다른 규정이 조세조약에 존재할 수 있다. 그 대표적인 경우가

---

1) 독일의 조세기본법(Abgabenordung: AO) 제42조의 규정은 우리나라 국세기본법 제14조에 견줄 수 있는 것인데 그 내용은 다음과 같다: 「법의 형성가능성(gestaltungmöglichkeiten)의 남용에 의하여 납세의무를 회피할 수 없다. 남용이 있는 경우에는 경제적 사실에 적합한 법적형성의 경우와 동일하게 과세하여야 한다」.

2) Krabbe, Arbeiten des OECD−Steuerausschusses zur inanspruchnahme von DBA− Vergünstingungen und zum Abkommensmibrauch, in: Gaddum, Hofmann, u. a., Zinsen im Internationalen Steuerrecht (Münchener Schriften zum Internationalen Steuerrecht, Heft 9), 1985, S. 48.
谷口勢律夫, "第三國の企業による租稅條約の濫用とその規制(2)," 「稅法學」, 440號, 2면 이하 참조.

3) 이 논점에 관한 독일의 학설·판례의 개괄적 해설에 관하여는 谷口勢律夫, 위 논문, 2면 이하 참조.

과세물건의 실질귀속에 관한 국내세법상의 일반조항과 수익적 소유자에 관한 조세조약 규정의 관계이다. 즉, 국제거래에서 발생하는 과세물건 중 배당, 이자, 사용료 등 특정 유형의 소득의 귀속을 결정하는 기준으로 여러 조세조약에 도입되어 있는 '수익적 소유자(beneficial owner)' 개념과 국조법 제3조 제1항이나 제3항의 내용은 모두 국제거래에서 발생하는 소득이나 기타 과세물건의 귀속자를 법률적 수취가 아닌 실질적 귀속을 기준으로 결정한다는 점에서는 공통되고 따라서 상호 보완적 관계에 있다고 할 수 있지만, 그 구체적 요건은 서로 달리한다.

한편, 국제거래에서 발생하는 소득을 비롯한 과세물건의 귀속과 관련하여 국내세법에 조세조약의 규정과 정면으로 상충되는 내용이 포함되어 있을 수도 있다. 현재 우리 세법상 소득의 귀속에 관하여 조세조약의 규정과 정면으로 충돌하거나 이에 우선하여 적용할 의도에서 제정된 것으로 보이는 규정은 찾아보기 어렵지만, 가령 수익적 소유자에 관한 조세조약상의 규정을 국제거래에서 발생하는 소득의 귀속을 판정함에는 일체 적용하지 않는다고 하면서, 소득의 실질귀속자의 범위를 조세조약상의 수익적 소유자의 범위보다 더욱 좁게 규정하고 있는 국내법을 제정한다고 상정하는 경우 양자는 서로 보완적인 관계를 벗어나 충돌하는 양상이 될 수도 있다.

2) 스위스의 남용방지결의의 예   실제로 존재하는 예로는 스위스의 남용방지결의(Mißbrauchsbeschluß)를 들 수 있다. 스위스는 광범위한 조약망을 갖고 있는 동시에 내국세의 부담이 낮은 나라이기 때문에 조약편승을 위한 도관회사를 설립하는 나라, 즉 도관국(conduit state)으로 선호되는 경향이 있었다. 이리하여 상대방 소득원천지국들로부터 조세조약의 남용방지책을 세우라는 많은 압력에 시달려 왔다. 이에 스위스 연방의회는 1962년에 '스위스연방에 의하여 체결된 조세조약의 부당이용방지대책에 관한 연방참사회결의'(Bundesratsbeschluss betreffend Massnahmen gegen die ungerechtfertige Inanspruchnahme von Doppelbesteurungsabkommen des Bundes(vom 14. Dezember 1962)), 이른바 남용방지결의(Mißbrauchsbeschluß)를 제정하였다.

남용방지결의 제1조 제1항은 감면청구자격이 없는 자에 의한 감면의 수혜는 허용되지 않는다고 선언적으로 규정하고 있고, 동조 제2항은 부당한 감면이용의 경우로 (i) 스위스 내의 거주, 수익적 소유(Recht zur Nutzung), 조세채무

등 조약이 규정하는 요건이 충족되지 않은 경우 또는 (ii) 감면청구가 '남용행위'에 해당하는 경우를 들고 있다. 그리고 제2조 제2항에서는 대표적 '남용행위'의 구성요건을 규정하고 있는데, 그 첫째는 스위스 거주자가 자신의 감면청구권에 기하여 받은 감면혜택의 상당부분을 직·간접적으로 조약의 적용을 받지 않는 자의 이익으로 돌아가게 하는 경우이고, 둘째는 소득과 관련된 것으로서 (i) 감면청구 대상소득의 상당부분이 조약의 수혜자격이 없는 자의 권리를 충족하는 데 직접 또는 간접적으로 사용되는 경우(원칙적으로 대손도 그러한 권리 충족의 경우에 해당한다고 봄), (ii) 감면청구가 조약의 수혜자격이 없는 자들이 직접 또는 간접으로 자본 참가 또는 기타의 방법으로 상당한 지분을 갖고 있는 스위스 거주자 법인을 이롭게 하며 해당 스위스 거주자 법인이 적절한 이익배당을 하지 않는 경우, (iii) 감면청구가 신탁관계에 의하여 조약의 수혜자격 없는 자를 이롭게 하는 경우 및 (iv) 감면청구가 스위스 거주의 가족재단 또는 조약의 수혜자격을 갖지 않는 자들이 상당한 지분을 갖고 있는 스위스 거주의 조합으로서 스위스 내에서 사업을 영위하지 않는 조합을 이롭게 하는 경우이다. 즉, 이러한 경우에는 감면청구권의 남용이 있는 것으로 본다는 것이다.

3) 양 규정의 관계　　소득이라는 과세물건의 귀속에 관한 조세조약상의 판정 기준과 국내세법의 일반조항상의 판정기준이 서로 다른 경우, 그 적용의 우선순위는 조세조약과 국내세법 간의 관계에 관해 해당국이 취하는 입장에 따라 달라질 것이다.

첫째, 조약에 대하여 국내법에 우선하는 특별법으로서의 일반적 지위를 인정하지 않는 나라(예를 들면, 미국1))에서는 이러한 국내세법 규정이 기존에 체결된 조세조약의 신법으로서 우선 적용될 것이다. 이에 따라 국내법이 조약을 무력화시키는(treaty overriding) 결과가 발생한다. 이러한 결과는 조약의 상대방국에서 보면 일방적인 조약의 수정이나 제약으로서 명백히 조약의 위반이지만, 상대방국으로서는 최악의 경우 조약을 폐기하는 것 외에 달리 대응할 길이 없다.2)

---

1) 미국에서는 연방대법원의 판례에 의하여 국내법으로서 그 이전의 조약을 폐기할 수 있고, 반대로 조약으로서 그 이전의 국내법을 폐기할 수 있다는 신법 우선의 원칙이 확립되어 있다(Cherokee Tobacco, 78 U.S.(11 Wall.) 618(1870); The Head Money Cases, 112 U.S. 580(1884); Whitney v. Robertson, 124 U.S. 190(1888); Chae Chan Ping v. United States, 130 U.S. 581(1889) 등).
2) 최근에 조약의 존재를 장애로 여기지 않고 국내법 규정을 제정하는 사례가 늘고 있다고 한다(Yann Kergall, Aspects of Treaty Overriding, Intertax, 1993/10, p. 458).

둘째, 반면에 조약에 대하여 국내법에 대한 특별법으로서의 일반적 지위를 부여하고 있는 우리나라와 같은 나라에서는 특별법 우선의 일반원칙에 따라, 조세조약의 규정이 국내세법상의 일반조항에 우선하여 적용된다고 보아야할 것이다. 우리나라의 경우, 현행 국조법 제3조에 해당하는 구 국조법 제2조의2가 신설되기 전부터 시행되던 국세기본법 제14조 제1항의 규정이든, 구 국조법 제2조의2의 규정이든 모두 광의의 개념으로서의 '과세물건'의 귀속에 관해 일반적, 추상적으로 규율하는 것이고, 이에 비해 조세조약상의 소득의 귀속에 관한 규정(예를 들면, 수익적 소유자에 관한 규정)은 그러한 과세물건 중 '국제거래에서 발생하는 일부 유형의 소득'의 귀속에 관해 보다 구체적으로 규율하는 것이므로, 소득의 귀속이라는 규율대상에 관한 한 후자는 전자의 특별법이라고 할 것이다. 따라서 소득의 귀속에 관한 조세조약의 규정이 국내세법상의 일반조항에 대한 특별법으로서 우선 적용된다고 할 것이다. 구체적으로는 배당, 이자, 사용료 소득 등이 그 직접적 수령자가 아니라 수익적 소유자에게 귀속되는 것으로 본다는 조세조약의 규정(예를 들면, 한·아일랜드 조세조약 10조 4항, 11조 1항, 12조 1항)과 그 수익적 소유자의 판정에 관한 해석론은 과세물건의 실질귀속에 관한 국내세법상의 일반조항과 무관하게 그대로 적용된다는 것이다. 다만, 조세조약이 적용되지 않는 국제거래에서 발생하는 소득의 귀속을 결정하거나 또는 귀속의 판정기준을 조세조약에서 특별히 규정하고 있지 않는 소득의 귀속을 결정함에 있어서는 국내세법상의 일반조항에 우선하는 특별법이 존재하지 않는 것이므로, 국내세법상의 일반조항이 유일한 규범으로 적용된다 할 것이다.

위에서 본 2개의 입장은 조약과 국내법 간의 관계에 관한 해당 국가의 법리적 관점에서 보면 모두 타당한 것이나, 인류의 공존공영을 위한 국제질서의 유지라는 국제법의 목적에 비추어 평가한다면, 우리나라가 취하고 있는 입장이 합리적이라고 할 수 있다. 즉, 조약은 쌍방체약국에 의하여 수긍될 수 있는 동일한 내용으로 해석·적용되어야 하지, 국내법의 일반규정에 의하여 상이하게 변질되어서는 약속으로서의 실효성을 확보할 수 없다는 측면에서,1) 나아가 '수익적 소유자'와 같은 조세조약에서 사용하고 있는 소득의 귀속에 관한 기준은

1) 47th International Fiscal Association(IFA) Congress, Florence, 1993. Resolution on Interpretation of Double Taxation Conventions, IFA Yearbook 1993, p. 66.

오랜 시간에 걸쳐 자연스럽게 생성된[1] 통일적 개념 내지 원칙이므로 체약국이 이를 그대로 준수하는 것이 국가 간 경제교류의 원활한 지속이나 증진에 기여할 것이라는 점에서 조세조약에 우선적 효력을 부여하는 입장이 합리적이라는 것이다. OECD도 "조약은 당사국간의 약속이기 때문에, 조약 자체에 규제규정이 없는 한 조약상의 혜택은 '약속은 지켜야 한다(pacta sunt servanda)'의 원칙에 따라, 설혹 부적합하다 하더라도, 부여되어야 한다"는 견해를 제시함으로써[2] 조세조약과 국내법 간의 관계에 관한 이러한 해석을 지지하고 있다.

제11절 상호합의 및 조세협력 절차

Ⅰ. 상호합의절차

1. 의   의

우리나라의 국민·거주자 또는 내국법인이나 우리나라에 사업장을 둔 비거주자나 외국법인이 우리나라와 사이에 조세조약을 체결하고 있는 상대국 국가에서 실제로 조세분쟁에 직면하거나 직면할 것으로 예견하는 경우 사전적 또는 사후적 구제를 받기 위하여 우리나라 정부로 하여금 그 체약상대국의 권한 있는 당국과 협의를 통하여 합의에 도달하도록 신청할 수 있는바, 그 신청에 따라 양국정부가 취하는 절차가 상호합의절차이다. 이 절차는 우리나라의 국민, 거주자, 내국법인 또는 비거주자나 외국법인의 신청에 의하여 시작되는데, 그러한 신청을 할 수 있는 경우는 (i) 조세조약의 해석 및 적용에 관하여 체약상대국과 협의할 필요성이 있는 경우, (ii) 체약상대국의 과세당국으로부터 조세조약의 규정에 부합하지 않는 과세처분을 받았거나 받을 우려가 있는 경우 및 (iii) 조세조약에 따라 우리나라와 체약상대국 간에 조세조정이 필요한 경우 등 3가지이다(國租法 42조 1항). 위 (i)의 경우에는 기획재정부장관에게, 그리고 위 (ii) 및 (iii)의 경우에는 국세청장에게 상호합의절차를 신청한다. 그러나 (i) 국

---

1) Klaus Vogel, op. cit., p. 125.
2) OECD Report on the Conduit Companies, p. 101. 다만 1992년의 改正 OECD 모범조약의 이 부문에 관한 주석은 이 보고서의 내용을 대부분 그대로 원용하였으나, 위 본문에서 인용된 부분은 주석에서 빠져 있다.

내 또는 국외에서 이미 법원의 확정판결이 있은 경우, (ii) 조세조약상 신청자격이 없는 자가 신청한 경우, (iii) 납세자가 조세회피를 목적으로 상호합의절차를 이용하려고 하는 사실이 인정되는 경우 및 (iv) 과세사실을 안 날로부터 3년이 경과하여 신청한 경우에는 그 수리를 거부할 수 있다(동조 2항).

상호합의절차를 신청한 납세자는 절차수행자의 요구에 따라 필요한 자료를 성실하게 제출하여야 하며, 그렇지 않은 경우에는 절차를 직권으로 종료할 수 있다(國租法 26조).

상호합의절차는 우리나라 과세당국의 요청에 의하여 시작될 수 있을 뿐 아니라, 반대로 체약상대국 과세당국의 요청에 의하여 시작될 수 있음은 물론이다. 그리고 납세자의 신청 없이 정부가 직권으로 시작할 수도 있다(國租法 42조 3항, 4항). 어느 경우에나 이 절차의 진행은 국내법상의 법적 효과를 발생시킨다.

대부분의 조세조약에도 이러한 상호합의절차의 이행에 관한 규정을 두고 있는바(예를 들면, 한·미조세조약 27조), 국조법상의 상호합의절차에 관한 규정은 이러한 조약상의 상호합의절차를 실천하는 국내법 규정이다.

2. 법적 효과

(1) 각종 기간의 연장

상호합의절차가 시작된 경우에는 그 시작일로부터 종료일까지의 기간은 조세행정불복 청구기간이나 불복에 대한 결정기간 혹은 조세소송의 출소기간에 산입하지 않는다(國租法 50조).

(2) 고지·징수의 유예

상호합의절차의 개시 신청인은 납세지 관할세무서장 또는 지방자치단체장에게 국세징수법에 따른 납부기한 등의 연장과 지방세징수법에 따른 징수유예(이하 합하여 "납부기한 등의 연장"이라고 함) 또는 국세징수법에 따른 압류·매각의 유예와 지방세징수법에 따른 체납처분 유예(이하 합하여 "압류·매각의 유예"라고 함)의 적용 특례를 신청할 수 있다(國租法 49조 1항).

이러한 신청을 받은 관할세무서장 또는 지방자치단체장은 납부고지 전에 상호합의절차가 시작된 경우에는 그 절차의 종료일까지 고지를 유예하거나 분할고지할 수 있다(國租法 50조 2항). 고지가 유예된 세액은 상호합의절차 종료일 다음날부터 30일 이내에 고지하여야 한다(동항 후문). 상호합의절차 개시 신청

인이 이미 고지 또는 독촉을 받은 후에 상호합의절차가 시작된 경우에는 그 절
차의 시작일부터 종료일까지는 납부기한 등의 연장을 하거나 압류·매각의 유
예를 할 수 있다(동조 3항). 역시 강제징수가 유예된 세액은 상호합의절차 종료
일 다음날부터 30일 이내에 납부기한을 다시 정하여 연장되거나 유예된 세액을
징수하여야 하고(동항 후문), 이 경우 유예를 받은 기한에 대한 이자상당액을 더
하여 징수하여야 한다(國租法 49조 5항). 이러한 납부기한 등의 연장과 압류·매
각의 유예의 적용을 받기 위해서는 관할세무서장이나 지방자치단체장에게 그
신청을 하여야 한다(國租令 91조 1항). 그러나 이와 같은 고지유예 등은 체약상
대국도 상호합의절차 진행 중에 그와 같은 유예를 해주는 제도를 두고 있는 경
우에 한하여 호혜적으로 적용된다(國租法 49조 4항). 소득세액 또는 법인세액에
대하여 납부고지의 유예, 납부기한등의 연장 또는 압류·매각의 유예를 적용받
는 경우 해당 소득세액 또는 법인세액에 부가되는 지방세액에 대해서는 별도의
절차없이 고지유예 등이 그대로 적용된다(동조 6항).

(3) 제척기간의 연장

상호합의절차가 시작된 경우에는 부과제척기간에도 영향을 미쳐, 상호합
의절차의 종료일 현재 국세기본법상의 본래의 제척기간이 경과하였더라도 그
종료일의 다음날부터 1년의 기간이 경과하는 시점까지 국세의 부과제척기간이
연장된다(國租法 51조 1항). 지방세의 부과제척기간도 마찬가지로 연장된다(동조
2항).

(4) 상호합의내용의 조세실체법적 효과

상호합의의 당사자인 기획재정부장관이나 국세청장은 신청인이 상호합의
의 내용을 수락하고, 상호합의 결과와 관련된 불복쟁송을 취하하는 경우 합의
를 이행하여야 하고, 과세관청은 상호합의의 결과에 따라 부과·경정 기타 필요
한 조치를 취하여야 한다(國租法 47조 3항, 4항). 상호합의의 효과는 원칙적으로
그 신청의 대상이 된 거래에 대해서만 적용됨이 당연하나, 납세의무자가 동일
한 과세상의 쟁점에 관하여 상호합의절차를 반복해야 하는 불합리한 결과가 발
생하지 않도록 하기 위하여, 국조법은 상호합의의 대상거래와 동일한 유형의
거래에 대하여 그 대상거래에 대한 과세와 동일한 방식의 과세가 행하여진 경
우 기존의 상호합의결과를 확대하여 적용하는 제도를 두고 있다. 즉, 상호합의
절차의 신청인이 종결통보서를 받은 날부터 3년 이내에 상호합의결과를 상호합

의의 대상국 외의 국가에 있는 특수관계인과 사이의 거래에 대하여도 적용하여 줄 것을 신청하는 경우로서, (i) 특수관계인과의 해당 거래가 상호합의의 대상 거래와 동일한 유형의 거래이고, (ii) 특수관계인과의 해당 거래에 대한 과세가 상호합의의 대상거래에 대한 과세와 동일한 방식으로 이루어졌으며, (iii) 정상 가격 산출의 문제가 있다면 그 산출시 적용한 통상의 이윤 또는 거래순이익률 이 상호합의의 대상거래와 동일한 경우에는 국가 또는 지방자치단체의 장은 그 상호합의결과를 해당 특수관계인과의 거래에 대하여도 적용할 수 있다(國租法 48조; 國租令 90조 2항).

3. 상호합의절차의 시작일과 종료일

위에서 본 바와 같이 상호합의절차의 시작과 종료 시점은 과세권 행사의 정지나 재진행 또는 불복절차 진행의 중단과 재진행의 기준이 되므로 매우 중 요하다.

상호합의절차는 우리나라의 과세당국이 (i) 체약상대국의 권한 있는 당국 으로부터 상호합의절차의 시작요청을 받은 경우에는 이를 수락하는 의사를 체 약상대국의 권한 있는 당국에 통보한 날, (ii) 체약상대국의 권한 있는 당국에게 상호합의절차의 시작요청을 한 경우에는 체약상대국의 권한 있는 당국으로부터 이를 수락하는 의사를 통보받은 날에 시작되고(國租法 45조), 우리나라와 체약 상대국의 권한 있는 당국 간에 문서에 의하여 합의가 이루어진 날 종료한 것으 로 보되, 상호합의가 이루어지지 아니한 경우에는 시작일의 다음 날부터 5년이 되는 날을 상호합의절차의 종료일로 한다(國租法 46조 1항). 다만, 상호합의가 성립되지 아니한 채 시작일의 다음 날부터 5년이 경과하였더라도 우리나라와 체약상대국의 권한 있는 당국 간에 상호합의절차를 계속 진행하기로 합의하는 경우에는 8년의 한도 내에서 상호합의절차는 종료하지 아니한다(동조 2항). 한 편, 상호합의절차의 진행 중에 그 대상인 과세문제에 관하여 법원의 확정판결 이 내려지는 경우에는 그 확정판결일을, 그리고 신청인이 상호합의절차 개시 신청을 철회를 하는 경우에는 그 신청철회일을 각 상호합의절차의 종료일로 한 다(동조 3항). 판결의 효력이 상호합의에 우선하기 때문에 확정판결의 선고와 동시에 상호합의절차는 실효되는 것이다.

4. 상호합의를 대체하는 중재 제도

상호합의절차 개시 이후 조세조약에서 정한 기간이 지날 때까지 우리나라와 체약상대국의 권한 있는 당국 사이에 합의가 이루어지지 못한 경우 신청인은 조세조약에서 정하는 바에 따라 권한 있는 당국이 선정한 중재인단을 통하여 분쟁을 해결하는 절차의 개시를 기획재정부장관이나 국세청장에게 요청할 수 있다(國租法 43조 1항). 중재의 신청 대상, 신청 시기, 적용 가능 사건의 범위, 중재인의 구성, 의사결정 방법, 중재 결정의 효력 등 중재에 관한 구체적인 사항은 조세조약에서 정하는 바에 따른다(동조 2항). OECD가 주축이 되어 마련한 '세원 잠식 및 이익 이전 방지'(Anti-Base Erosion and Profit Shifting; BEPS) 제도의 가동과 경제의 디지털화(digitalization of the economy)에 따라 국제조세 분야의 분쟁이 증가하고, 이로 인해 이를 기존의 국내 소송이나 상호합의절차만을 통해 해결하는 것이 어렵게 되었다. 이에 OECD는 국제조세분쟁을 중재를 통해 해결하는 제도를 모델조약 제25조 제5항으로 도입하였다.이러한 추세에 맞추어 우리나라가 체결한 조세조약에 이러한 중재에 의한 분쟁해결 방식이 포함된 경우 그에 따라 분쟁을 해결할 수 있는 국내법상의 근거를 마련한 것이다.

II. 국가간 조세협력

1. 의   의

오늘날 기업은 자본자유화와 세계화로 국경을 비교적 자유롭게 넘나들며 세계를 무대로 활동하고 있다. 그럼에도 각국의 과세권은 자국법의 시행지역을 넘어서 행사될 수 없다. 그렇기 때문에 조사활동, 징수권의 행사, 정보의 교환, 공통규범의 설정 및 국제조세분쟁에 관한 정부간 협의 등 여러 측면에서 정부차원의 국제적 협력이 요청된다. 그렇지 아니하고는 국제적 경제교류에 적절히 대처할 수 없기 때문이다.

국가 간의 광범위한 조세행정협조에 관하여 OECD는 1988년 다국간조약안(Multinational Convention for Mutual Administrative Assistance in Tax Matters)을 공표하였으며, 다음해에는 유럽위원회(Council of Europe)와 공동으로 해설보고서

(Explanatory Report on the Convention on Multinational Administrative Assistance in Tax Matters)를 내놓은 바 있다.

2. 징수공조(徵收共助)

한 나라의 조세징수권의 행사는 자국의 영토 내에 국한되기 때문에 납세자(특히 체납자)나 그의 재산이 국외에 있을 경우에는 징수에 어려움을 겪을 수밖에 없다. 그렇기 때문에 송달·압류 등 조세의 징수를 외국 정부에 의뢰할 필요가 있다. 일찍이 1981년에 OECD에 의하여 징수공조를 위한 모범조약(OECD Model Convention for Mutual Administrative Assistance in the Recovery of Tax Claims)이 공표되었고, 이후 소득과 자본에 관한 OECD 모범조약에서도 징수공조에 관하여 별도의 규정을 두고 있다(模條 27조). 우리나라가 체결한 조세조약 가운데 미국, 일본, 벨기에, 태국 등과의 조약에 공조규정이 있으나 대상이 되는 조세의 범위나 집행대행의 방법 등에 제약이 있다(각 조약의 해당규정 참조).

관할세무서장 또는 지방자치단체장은 국세를 국내에서 징수하는 것이 곤란하여 체약상대국에서 징수하는 것이 불가피하다고 판단하는 경우에는 국세청장에게 체약상대국에게 조세의 징수를 위하여 필요한 조치를 취하도록 위탁할 것을 요청할 수 있고(國租法 40조 1항), 이 요청을 받은 국세청장은 체약상대국의 권한 있는 당국에게 해당 조세의 징수를 위탁할 수 있다(동조 2항). 반대로 체약상대국으로부터 징수의 위탁을 받은 경우에는 국세징수의 예에 따라 징수절차를 대행해 줄 수 있는 근거도 마련되어 있다(동조 3항).

3. 정보교환

권한 있는 당국은 조세의 부과와 징수, 조세불복에 대한 심리 및 형사소추 등을 위하여 필요한 조세정보와 국제적 관행으로 일반화되어 있는 조세정보를 다른 법률에 저촉되지 않는 범위 내에서 획득하여 체약상대국과 교환할 수 있다. 여기서 말하는 조세정보는 납세의무자를 최종적으로 지배하거나 통제하는 개인('실제소유자')에 대한 정보를 포함한다(國租法 36조 1항). 과세관청은 필요한 경우 납세의무자에게 실제소유자에 관한 정보의 제출을 요구할 수 있다(동조 2항). 이 규정은 OECD 모범조약 제26조를 본 떠 우리가 체결한 대부분의 조약에 들어와 있는 정보교환(exchange of information)에 관한 규정을 뒷받침하기 위한 것이다. 정보교환의 형태로는 (i) 일방 체약국의 요청에 의하여 제공하는 개별 정보교환, (ii) 이자, 배당, 사용료 등에 대한 정보와 같이 특별한 요청없이 제공하는 자동 또는 정기적 정보교환 및 (iii) 자국에서 세무조사 등에 의하여 수집한 정보가 체약상대국에 유용하리라고 생각하여 임의로 제공하는 자발적 정보교환 등이 있다. 제공된 정보는 조세목적 이외에는 사용할 수 없음이 원칙이다.

한편, 권한 있는 당국은 체약상대국의 권한 있는 당국이 조세조약에 따라 거주자·내국법인 또는 비거주자·외국법인의 '금융실명거래 및 비밀보장에 관한 법률' 제2조 제3호의 규정에 의한 금융정보의 제공을 요청하는 경우 동법상의 금융정보의 보호 규정(제4조)에 불구하고, (i) 세법에 의하여 제출의무가 있는 과세자료에 해당하는 금융정보, (ii) 상속·증여재산의 확인에 필요한 금융정보, (iii) 체약상대국의 권한 있는 당국이 조세탈루의 혐의를 인정할 근거가 될 수 있음이 명백한 자료의 확인에 필요한 금융정보, (iv) 체약상대국 체납자의 재산조회에 필요한 금융정보, (v) 체약상대국의 권한 있는 당국이 국세징수법 제9조 제1항에 규정된 납기전 징수사유의 존부 확인을 위해 필요한 금융정보의 제공을 금융회사에 대하여 요구할 수 있다(國租法 36조 3항). 체약상대국의 권한 있는 당국이 요청하는 정보가 (i) 특정 금융거래와 관련된 명의인의 인적 사항을 특정할 수 없는 집단과 관련된 정보인 경우 또는 (ii) 상증세법에 따른 금융재산 일괄 조회에 해당하는 정보인 경우에도 우리나라의 권한 있는 당국은 그러한 정보의 제공을 금융회사에 요구할 수 있다(동조 4항). 또한 조세조약에 따라 체약상대국과 상호주의에 따른 정기적인 금융정보의 교환을 위하여 필요한 경우에도 권한 있는 당국은 '금융실명거래 및 비밀보장에 관한 법률'에 불구하고 체약상대국의 조세 부과 및 징수와 납세의 관리에 필요한 비거주자 및 외국법인의 금융정보의 제공을 금융회사 등의 장에게 요구할 수 있고, 금융회사 등의 종사자는 이에 따라야 한다(동조 6항). 금융회사 등의 장은 국가 간 금융정보의 교환을 지원하기 위하여 권한 있는 당국의 요구가 없는 경우에도 필요한 최소한의 범위에서 해당 금융회사 등의 금융거래 상대방에 관한 인적 정보를 미리 확인·보유할 수 있다(동조 7항). 이러한 금융정보의 제공과정에서 생성된 금융정보는 체약상대국의 권한 있는 당국에게 제공하는 외에 다른 목적으로 이용하거나 타에 누설하여서는 아니 된다(國租法 38조 3항, 4항).

체약상대국이 우리정부에게도 같은 유형의 금융정보를 제공하도록 되어 있지 않으면 우리정부는 해당 체약상대국이 요청한 금융정보를 제공하지 않을 수 있다(동조 5항). 금융정보 제공에 관해 상호주의가 적용되는 것이다. 나아가, 이러한 상호주의의 요건이 충족된다고 하더라도 우리정부가 체약상대국의 금융 정보 제공요청을 반드시 들어주어야 할 의무가 있는 것은 아니다.

권한 있는 당국이 체약상대국의 요청에 따라 특정 납세의무자에 관한 정보 를 제공할 경우에는 해당 납세의무자 또는 그 대리인에게 그 제공일로부터 10 일 이내에 정보제공 사실을 통지하여야 함이 원칙이고(國租法 74조 2항), 다만 체약상대국이 그러한 통지로 인하여 (i) 사람의 생명이나 신체의 안전에 위협이 생기거나 (ii) 공정한 사법절차나 행정절차의 진행이 방해되거나 (iii) 질문·조 사 등의 행정절차 진행을 방해하거나 지나치게 지연시킨다는 이유로 그러한 통 지의 유예를 서면으로 요청하는 경우에는 권한 있는 당국은 6월의 한도 내에서 그 통지를 유예할 수 있다(동조 3항).

4. 세무조사

국제거래에 대한 과세의 적정을 기하기 위해서는 국외에서 세무조사를 할 필요가 있는 경우가 있다. 이리하여 권한 있는 당국은 필요하다고 판단하는 경 우에는 조세조약이 적용되는 자와의 거래에 대하여 체약상대국과 동시에 세무 조사를 할 수 있다(國租法 39조 1항 1호). 특히 다국적기업의 활동에 관하여는 관계국이 각자 자국 내에서 동시에 세무조사를 실시하여 각자의 조사내용을 상 호 교환하여 분석·검토함으로써 국제거래의 전모를 확실히 알아낼 필요성이 있는데, 동시조사(simultaneous examination)는 이러한 목적을 달성하는 수단이 될 수 있다. 또한 권한 있는 당국은 체약상대국에 세무공무원을 파견하여 직접 세무조사를 하게 하거나 체약상대국의 세무조사에 참여하게 할 수 있다(國租法 39조 1항 2호). 반대로 체약상대국으로부터 조세조약에 따라 세무조사에 협력해 줄 것을 요청받은 경우에는 이를 수락할 수 있다(國租法 39조 2항).

외국에서의 세무조사권의 무단 행사는 해당국의 주권침해이므로, 체약상대 국에서의 세무조사는 어디까지나 상대국의 승인을 전제로 하는 것이다.

제 3 편   조세범처벌

제 1 절 서 론

I. 총 설

조세채권의 확보를 위한 제도로 (i) 국가의 자력집행권에 기한 국세징수법에 따른 강제징수 제도, (ii) 추가의 금전적 의무를 부과하는 가산세 제도, (iii) 납세증명서의 제출(徵收法 107조) 및 관허사업의 제한(徵收法 112조) 등의 간접강제 제도가 있음은 앞에서 본 바 있는바, 이에 추가하여 납세자의 세법상의 의무위반행위 중 가벌성이 높은 것에 대하여는 형사적 제재를 가함으로써 조세채권의 확보에 철저를 기하고 있다. 이처럼 형사적 제재의 대상으로 규정하고 있는 세법상의 의무위반 행위를 '조세범'이라고 하고, 조세범에 대한 형벌을 '조세벌'이라 한다. 조세범과 조세벌에 관한 일련의 법체계를 실질적 의미에서의 조세처벌법이라고 하고, 조세처벌법에 속하는 기본적 실정법으로는 조세범처벌법과 조세범처벌절차법이 있다. 이 법률들은 내국세에 관한 것이지만, 지방세에 관하여도 지방세기본법 제9장, 관세에 관하여는 관세법 제9장의 각 규정이 있다. 일정금액 이상의 내국세 포탈에 대해서는 '특정범죄가중처벌 등에 관한 법률'에 가중처벌하는 규정이 있다(동법 8조).

범죄를 형사범과 행정범으로 구분할 때 조세범은 행정범에 속한다. 형사범과 행정범의 구별은 위법행위의 가치적 본질에 착안하여 형사범은 그 자체가 악의 본질을 가진 자연범인 데 반해, 행정범은 대상 행위가 금지됨으로써 그 위반이 악의 본질을 가지게 되는 법정범이라고 하는 것이 다수설의 설명이다. 형사범의 경우와는 달리 법인의 대표자, 법인 또는 개인의 대리인·사용인, 그 밖의 종업원이 그 법인 또는 개인의 업무에 관하여 조세범처벌법 소정의 범칙행위를 한 때에는 행위자만 처벌되는 것이 아니라 해당 조세범에 관계된 업무의 귀속주체인 법인 또는 개인도 벌금형을 받게 된다. 다만, 해당 법인 또는 개인이 그 위반행위를 방지하기 위하여 해당 업무에 관하여 상당한 주의와 감독을 게을리하지 아니한 경우에는 그러하지 아니하다(양벌규정, 處罰法 18조). 또한 조세포탈범 등 일부 범죄에 대하여 벌금형을 과할 경우에 형법총칙 중 벌금경합에 관한 제한가중규정(刑法 제38조 제1항 제2호)을 적용하지 않는다(處罰法 20조).

Ⅱ. 조세범의 종류

조세범은 조세청구권을 직접 침해하는 행위인 탈세범(Steuerhintergiehung)과 직접 침해는 아니지만 조세의 부과권 및 징수권의 정상적인 행사를 방해할 우려가 있는 행위인 조세질서범(Steuerordnungswidrigkeit)으로 대별된다. 탈세범은 다시 포탈범(협의의 탈세범), 간접탈세범 및 증거인멸범, 징수납부 불이행범, 강제징수면탈범, 기타 후술하는 바와 같은 여러 종류의 탈세범으로 나뉜다.

제 2 절   탈 세 범

Ⅰ. 포 탈 범

포탈범이란 '사기나 그 밖의 부정한 행위로서, 조세를 포탈하거나 조세의 환급·공제를 받는' 행위이다(處罰法 3조 1항). '사기나 그 밖의 부정한 행위'에 의하여 조세를 면탈한다는 이유로 각종 조세범 가운데 가장 무거운 형벌을 과하고 있다. (i) 포탈세액 등이 3억 원 이상이고, 그 포탈세액 등이 신고·납부하여야 할 세액(납세의무자의 신고에 따라 정부가 부과·징수하는 조세의 경우에는 결정·고지하여야 할 세액)의 100분의 30 이상인 경우와 (ii) 포탈세액 등이 5억 원 이상인 경우에는 3년 이하의 징역 또는 포탈세액 등의 3배 이하에 상당하는 벌금에 처하고, 그 밖의 내국세의 경우에는 2년 이하의 징역 또는 포탈세액 등의 2배 이하에 상당하는 벌금에 처한다(處罰法 3조 1항).

1. 사기나 그 밖의 부정한 행위

(1) 법률상의 정의

'사기나 그 밖의 부정한 행위'란 법률에 열거된 다음의 행위로서 조세의 부과와 징수를 불가능하게 하거나 현저히 곤란하게 하는 적극적인 행위를 뜻한다(處罰法 3조 6항 1호 내지 7호). 법률에 열거된 행위로는 (i) 이중장부의 작성 등 장부의 거짓 기장, (ii) 거짓 증빙 또는 거짓 문서의 작성 및 수취, (iii) 장부와 기록의 파기, (iv) 재산의 은닉, 소득·수익·행위·거래의 조작 또는 은폐, (v) 고의적으로 장부를 작성하지 아니하거나 비치하지 아니하는 행위 또는 계산서,

세금계산서 또는 계산서합계표, 세금계산서합계표의 조작, (vi) 조세특례제한법상의 전사적(全社的) 기업자원관리설비의 조작 또는 전자세금계산서의 조작, (vii) 그 밖에 위계(僞計)에 의한 행위 또는 부정한 행위가 있다. 이러한 '사기나 그 밖의 부정한 행위'의 법률상 정의는 "사기 기타 부정한 행위라 함은 조세의 부과징수를 불능 또는 현저하게 곤란하게 하는 위계 기타 부정한 적극적 행위를 말한다"라는 확립된 대법원 판례상의 해석을 입법화한 것이다.[1] 납세자의 어떤 행위가 조세포탈범의 위와 같은 구성요건에 포섭되기 위해서는 (i) 법률에 열거된 위계에 의한 행위 또는 부정한 행위에 해당할 것, (ii) 조세의 부과징수를 불가능하게 하거나 현저히 곤란하게 하는 정도의 불량성을 가질 것, (iii) 적극적 행위일 것의 3가지 요건을 충족해야 한다. 이하에서 항을 나누어 하나씩 살펴본다.

(2) 법률에 열거된 위계에 의한 행위 또는 부정한 행위일 것

2010년 전면 개정 전의 조세범처벌법에서와는 달리 현행법에서는 '사기나 그 밖의 부정한 행위'로 의율될 수 있는 구체적 행위유형을 열거하고 있지만, 그 행위유형의 하나로 '그 밖에 위계에 의한 행위 또는 부정한 행위'라는 포괄적 개념을 규정함으로써(處罰法 3조 6항 7호) 앞의 구체적 행위들은 '위계에 의한 행위 또는 부정한 행위'를 예시하는 의미밖에 없고, 결국 개정 전의 조세범처벌법에서와 마찬가지로 그 궁극적 의미는 해석에 의존할 수밖에 없다. '부정한 행위'를 '위계에 의한 행위'와 병렬적으로 놓고 있음을 볼 때 위계는 부정한 방법의 한 예시라 하겠고,[2] 따라서 '부정한 행위'란 위계에 준하는 정도의 것을 뜻한다고 할 것이다. 다시 말해, '부정'이라는 일반 개념은 매우 광범위하고 모호하고 불확정적이기 때문에, 구성요건으로서의 보장 기능을 유지하기 위해서는 '부정한 행위'란 비난가능성이 높은 반사회적 또는 악성(惡性)의 행위를 의미하는 것으로 보아야 할 것이다.[3]

판례가 조세범처벌법을 적용함에 있어서 위계에 준하는 부정한 행위로 본 것으로는, 세금계산서를 발행하지 않고 매출액을 누락시킨 경우,[4] 소매업자가

---

1) 대법원 2012. 6. 14., 2010 도 9871; 同 2004. 9. 24., 2003 도 1851; 同 1996. 6. 14., 95 도 1301; 同 1987. 4. 28., 87 도 294 등.
2) 崔明根, 「稅法學總論」('98 全訂版), 666면.
3) 崔亨基, "判例를 중심으로 한 租稅逋脫犯의 成立要件과 問題點," 「裁判資料」, 제50집, 436면; 松本昭德, 「租稅行政法」, 354-355면.
4) 대법원 1983. 1. 18., 81 도 2686.

자신의 거래를 은폐하기 위하여 도매업자와 소비자 간의 직접거래인 것처럼 위장한 경우,[1] 주택건설업자에게 대지를 양도하고도 양도소득세를 면탈하기 위하여 자기가 직접 주택을 건축하여 분양하는 것처럼 위장하는 경우,[2] 생산일계표, 월말잔액시산표, 자금현황장부의 내용을 허위로 기재하고 이에 맞추어 총매출액을 줄인 경우,[3] 양도소득세 면탈을 위한 미등기 전매의 경우[4] 등을 들 수 있다. 또한 차명계좌를 이용하여 거래를 하였다는 점만으로 구체적 행위의 동기, 경위 등 정황을 떠나 항상 적극적 매출은닉 행위가 된다고 단정할 수는 없지만, 장부에의 허위 기장행위, 수표 등 지급수단의 교환반복행위, 기타 은닉행위가 곁들여져 있는 경우, 여러 차명계좌에 분산 입금하거나 순차 다른 차명계좌에의 입금을 반복한 경우 또는 단 1회의 예입이라도 그 명의자와의 특수한 관계로 인해 은닉의 효과가 현저해져 적극적 은닉의도가 있다고 인정되는 경우에는 부정행위에 해당한다고 본다.[5]

그러나 세무회계와 기업회계의 차이로 인한 과소신고나 법인의 주주·사원·사용인이나 그 밖에 특수관계 있는 자의 소득으로 처분된 경우는 부정행위에 의한 소득은폐로 보지 않는다.[6] 세무회계와 기업회계의 차이로 인한 과소신고의 예로는 법인세법상의 부당행위계산으로 인한 세무조정금액의 과소신고를 들 수 있다.[7]

(3) 조세의 부과징수를 불가능 또는 현저히 곤란하게 하는 행위일 것

'사기나 그 밖의 부정한 행위'에 관한 조세범처벌법 제3조 제6항의 법문은 법률에 열거된 위계에 의한 행위 또는 부정한 행위에 해당하는 것만으로 바로 '사기나 그 밖의 부정한 행위'를 구성하는 것이 아니고, 그러한 행위가 '조세의

---

1) 대법원 1983. 2. 22., 82 도 1919.
2) 대법원 1983. 11. 8., 83 도 2365.
3) 대법원 1984. 2. 28., 83 도 214.
4) 대법원 1991. 6. 25., 91 도 318(피고인이 토지의 미등기전매로 인한 이익(양도소득세 등 조세면탈의 이익을 포함하여)을 얻기 위하여 피고인에 대한 매도인과 피고인으로부터의 매수인 간에 직접 매매계약을 체결한 양 매매계약서를 작성하고, 매도인의 대리인으로 하여금 그와 같은 허위의 토지거래신고를 하게 함과 아울러 소유권이전등기도 피고인을 거침이 없이 매도인으로부터 매수인 앞으로 직접 경료되게 하고 위 토지거래에 관련하여 아무런 양도소득의 신고도 하지 아니한 것은 조세의 부과징수를 불능 또는 현저히 곤란케 하는 사기 기타 부정한 적극적인 행위이다).
5) 대법원 2019. 9. 9., 2019 두 31730; 同 2016. 2. 18., 2014 도 3411.
6) 대법원 1987. 4. 28., 87 도 294 등 다수.
7) 대법원 2006. 6. 29., 2004 도 817.

부과와 징수를 불가능하게 하거나 현저히 곤란하게 하는 적극적 행위'에 해당하여야 함을 요건으로 추가하고 있다. 이 요건 역시 위에서 언급한 것처럼 구 조세범처벌법에서의 '사기 기타 부정한 행위'의 의미에 관하여 대법원 판례가 확립했던 요건을 입법화한 것이다. 그 의미는 위계나 그에 준하는 정도의 불량한 행위라고 하더라도 조세의 부과징수를 '불가능하게 하거나 현저히 곤란하게' 하는 정도의 행위임과 동시에 '적극적' 행위가 아니면 조세포탈범을 구성하지 않는다는 것이다. '적극적' 행위의 의미에 관해서는 아래에서 별도로 보기로 하고, 먼저 조세의 부과징수를 '불가능하게 하거나 현저히 곤란하게' 하는 정도의 행위가 무엇인지 보기로 한다.

조세의 부과징수를 '불가능하게 하거나 현저히 곤란하게' 하는 정도(이하 편의상 "현저성"이라고 함)의 행위에 속하는지 여부의 판단은 사회통념, 즉 일반적 지적 수준과 경험을 가진 통상인이 사리를 판단하는 잣대에 의하여야 할 것이다. 이와 관련하여 한 가지 유의할 점은 그러한 현저성 여부의 판단 주체가 되는 통상인과 그 판단 객체가 되는 조세의 부과징수권자, 즉 세무공무원을 혼동해서는 안 된다는 것이다. 다시 말해, 조세를 부과징수할 권한을 가진 자는 세무공무원이므로, 조세의 부과징수에 현저한 어려움을 느낄 것인지 여부는 장부와 증거서류를 읽고 분석하여 과세표준과 세액을 적출해 낼 수 있는 지식과 경험을 가진 세무공무원의 능력에 비추어 판단하되, 그 판단의 주체는 통상인이 되어야 한다는 것이다. 이러한 기준에 따르면, (i) 납세의무자가 다소간의 허위적 행위를 하였다고 하더라도 그 기망성과 은닉성이 약하여 세무공무원이 장부나 그 증거서류를 일견만 하여도 바로 행위의 허위성과 조세의 과소납부 사실을 쉽게 인지할 수 있는 것으로 통상인에게 보이는 경우나 (ii) 장부상의 허위기재 외에 그 증거서류의 조작이 전혀 없어 역시 세무공무원이 장부를 일견만 하여도 바로 허위기재임을 인지할 수 있는 것으로 통상인에게 보이는 경우에는 단순 미신고나 단순 과소신고의 경우와 실질적으로 차이가 없으므로 조세포탈범을 구성하지 않는다고 보아야 할 것이다. 전자의 경우에 관한 판례로는 '법인이 특수관계인으로부터 대여금을 변제받은 사실이 없음에도 매 사업연도 말에 이를 일시 변제받은 것처럼 분개전표를 작성하여 그 대여금이 없는 것으로 결산장부를 정리하고, 이에 맞추어 대여금에 대한 법인세법에 따른 인정이자의 발생과 대여금으로 인한 지급이자의 부인이 없는 것으로 소득금액을 축소 신고

하였지만, 종업원단기대여금 원장 등 회계장부에는 각 대여금의 대여 및 상환 일시 등이 기재되어 있어 일시 변제받은 것으로 처리한 기간을 제외한 나머지 사업연도 중의 대여금 존재는 '쉽게 알 수 있었다'면, 특수관계인에 대한 대여 사실을 감추기 위하여 위와 같이 매 사업연도 말에 대여금을 변제받은 것처럼 분개전표를 작성하고 그에 따라 결산장부를 정리한 행위만으로는 적극적 부정 행위에 해당하지 않는다'고 한 것을 들 수 있다.1) 후자의 경우에 관한 판례로 는 '종합소득세 납세의무자가 과세표준과 세액의 서면신고를 함에 있어서 아무 런 증빙서류도 없이 필요경비를 지출한 것처럼 허위로 계상하였다고 하더라도 사기 기타 부정한 행위로써 조세를 포탈한 경우에 해당하는 것으로 볼 수 없 다'고 한 것을 들 수 있다.2) 이 판례의 행간의 의미는 증거서류의 조작 없이 장부에 사실과 다른 허위의 기재를 한 경우에는 증거서류의 점검이라는 통상적 조사활동만 하면 다른 추가적 조사활동을 하지 않고 바로 조세의 면탈 사실을 쉽게 파악할 수 있으므로 조세의 부과징수를 '현저히' 곤란하게 하였다고 볼 수 없다는 뜻이라 할 것이다.

(4) 적극적 행위일 것 – 단순 무신고나 단순 과소신고의 성격

납세자의 어떤 행위가 '사기나 그 밖의 부정한 행위'에 해당하려면 조세의 부과징수를 불능 또는 현저히 곤란하게 하는 정도여야 할 뿐만 아니라, '적극 성'을 띤 행위(affirmative act)여야 한다. 따라서 적극적 부정행위를 수반하지 않 는 단순 무신고는 부정한 행위가 아니다. 판례도 일관되게 이러한 입장을 견지 하고 있다.3) 그러나 무신고가 적극적인 은폐행위의 일환으로 이루어졌을 경우 에는 이미 단순 무신고가 아니며 부정한 행위에 해당한다. 예컨대, 비밀공장을 차려 사업자등록도 없이 제품을 생산·판매하고 세무신고조차 하지 않은 것은 부정행위에 해당한다.4) 중간도매상이 사업자등록 없이 매입세금계산서도 발급 받지 않고 또한 매출세금계산서도 발급하지 않은 채 부가가치세 신고도 하지 않은 것 역시 부정행위가 된다.5) 위의 사례에서 유의할 것은 '적극적' 행위란 반드시 전형적인 작위적 행위에 국한되는 것이 아니고, 사실의 은폐와 같은 일

---

1) 위 같은 판례.
2) 대법원 1990. 9. 11., 90 도 1491.
3) 대법원 2011. 4. 28., 2011 도 527; 同 2003. 2. 14., 2001 도 3797 등.
4) 대법원 1981. 12. 22., 81 도 337.
5) 대법원 1988. 2. 9., 84 도 1102.

종의 부진정부작위도 포함한다는 점이다.1)

　　단순 무신고가 적극적 부정행위에 해당하지 않는다는 데에 대하여는 대체로 견해가 일치하지만, 단순 과소신고의 평가에 대해서는 견해가 갈린다. 하나의 입장은 과소신고 자체를 적극적인 부정행위라고 보는 입장이다. 과소신고 행위가 단순히 신고불이행이라는 부작위에 그치지 않고 세무공무원에 대한 기만행위라고 보는 것이다. 다른 하나의 입장은 단순 무신고와 같은 맥락에서 단순 과소신고는 부정행위에 해당하지 않는다는 입장이다. 무신고와 과소신고를 성질상 동일한 것으로 보는 견해도 있다.2) 판례 가운데에는 과소신고 자체가 부정행위라고 판시한 것으로 오해를 불러 일으킬 수 있는 것이 있다. 그 설시에서 "이와 같은 과소신고로 인한 탈세에 있어서는 허위 과소신고 행위 자체가 사기, 기타 부정행위에 해당한다"라고 하고 있어3) 얼핏 보면 허위 과소신고 자체가 포탈행위에 해당한다고 본 것으로 이해될 수도 있겠으나, 각종 경리자료를 감춘 사실을 적시하고 "… 이와 같은 과소신고 …"라고 하고 있음에 유의하면 단순 과소신고가 아님을 알 수 있다.4) 그 밖의 판례들은 분명히 일관하여 단순 과소신고는 부정행위가 아니라는 태도를 견지하고 있다.5) 단순 과소신고를 부정한 행위로 인정하지 않는 것은, 과소신고나마 신고를 한 자를 아예 신고를 하지 않은 자보다 무겁게 처벌하는 것은 형평에 맞지 않기 때문이다.

　　단순한 과소신고가 아닌, '사기나 그 밖의 부정한 행위'를 수반한 과소신고 행위가 조세포탈범을 구성함은 물론이나, 그 포탈죄의 실행행위의 범위를 놓고 견해가 갈린다. 하나는 과소신고 행위에 소득의 은닉행위와 같은 사전공작(事前工作)까지 포함한 전체 행위가 범죄의 실행행위가 된다는 견해(포괄설)이고, 다

---

1) 金子 宏,「租稅法」(第10版), 821면.
2) 과소신고도 일부무신고로서 무신고의 한 형태라고 보아 양자를 구분하여 논할 것이 아니라는 주장으로는, 金容大,「租稅法의 論點」所收, "租稅逋脫犯에 있어서의 詐欺 기타 不正한 行爲," 919－920면(특히 각주 57).
3) 대법원 1982. 1. 19., 80 도 1474.
4) 이 판례가 실행행위에 관한 학설 중 制限說(후술)을 취하는 전제에서 이러한 說示를 하였는지는 의문이다. 이 사건에서 그것은 쟁점이 아니었기 때문이다. 좀 더 설명을 요하는 부분이었다고 생각된다.
5) 대법원 1988. 12. 27., 86 도 998(피고인이 종합소득신고를 할 때 사업소득만 신고하고 이자소득에 대한 신고를 누락하였다고 하여도 이는 전체 소득으로 보면 과소신고이고, 이자소득으로 볼 때에는 무신고에 불과할 뿐이므로 이것을 가지고 사기 기타 부정한 행위라고 말할 수는 없다).

른 하나는 사전공작은 예비행위일 따름이며 과소신고 행위만이 실행행위라는
견해(제한설)이다. 제한설은 사전행위는 과소신고를 하기 위한 준비행위일 뿐,
탈세의 결과와 직접적인 인과관계를 갖는 것은 과소신고 행위 자체이며, 개개
의 사전공작 행위는 해당 신고가 단순 과소신고가 아님을 증명하는 의미만 갖
는다고 본다.[1] 사전공작이 있었더라도 적정한 신고만 하면 포탈범이 성립하지
않는다는 것이 제한설의 근거이다. 이에 대하여 포괄설은 사전공작은 포탈범의
구성요건인 부정행위의 핵심이므로 이를 떼어 놓고 부정행위를 논할 수는 없으
며, 무신고 포탈과 사이의 통일적인 이해를 위해서도 포괄설이 타당하다고 주
장한다.[2] 사전공작은 과소신고라는 결과를 초래한 원인으로서 '사기나 그 밖의
부정한 행위'의 예비행위가 아니라 그 실행행위 자체라고 할 것이므로 포괄설
이 타당하다고 본다. 사전공작을 하였으나 종국적으로 적정한 신고를 이행한
경우에는 조세포탈범의 또 다른 구성요건인 조세면탈의 결과(아래 2.에서 논의)
가 발생하지 않았기 때문에 조세포탈범이 성립하지 않을 뿐이다. 이 경우 조세
포탈범의 미수범이 되겠지만 미수범은 처벌하지 않으므로 논의의 실익이 없다.

2. 조세면탈의 결과

조세포탈범은 조세의 면탈(deficiency of tax)을 요건으로 하는 결과범이므로
조세의 면탈은 포탈범의 구성요건의 하나이다. 조세의 면탈이라고 함은 납부의
무가 있는 조세를 납부하지 않는 행위를 말하므로, 조세의 면탈이 있다고 하기
위해서는 과세요건의 충족으로 국가의 조세채권이 성립하였어야 한다. 따라서
조세채권이 성립하지 않은 경우에는 납세의무가 있을지도 모를 것으로 예상하
여 '사기나 그 밖의 부정한 행위'를 감행했다고 하더라도 조세포탈범이 성립할
여지가 없다.[3] 조세채권의 확정에는 어떠한 지장도 초래하지 않았지만, 조세채
권의 징수를 불능 또는 현저히 곤란하게 한 경우는 어떠한가? 판례는 납세의무
자가 과세표준을 제대로 신고하는 등으로 조세의 확정에는 아무런 지장을 초래
하지 아니하였지만, 그 신고에 따른 조세를 체납할 의도로 그 신고 이전에 사
기 그 밖의 부정한 방법으로 재산의 전부 또는 대부분을 은닉(隱匿) 또는 탈루

---

1) 田中二郎, 「租稅法」(第三版), 412-414면.
2) 鄭萬朝, 전게논문, 413면 참조. 그리고 부과에 의해 확정되는 세목에 관하여는 포괄설을,
신고에 의해 확정되는 세목에 관하여는 제한설을 취하는 견해로는, 金容大, 전게논문, 920면.
3) 대법원 2005. 6. 10., 2003 도 5631.

(脫漏)시킨 경우 그 과세표준의 신고는 조세를 납부할 의사는 전혀 없이 오로지 조세의 징수를 불가능하게 하거나 현저히 곤란하게 할 의도로 사기나 그 밖의 부정한 행위를 하는 일련의 과정에서 형식적으로 이루어진 것이어서 실질에 있어서는 과세표준을 신고하지 아니한 것과 다를 바 없다고 하여 조세의 면탈이 있었다고 본다.[1] 납세의무의 이행은 신고를 통하여 납세의무를 스스로 확정하거나(신고확정 세목의 경우) 확정에 협조하는 것(부과확정 세목의 경우)을 넘어서 확정된 세액을 납부하는 것까지 포함하므로, 확정에 지장을 초래하지는 않았지만 확정되거나 확정될 세액의 징수를 불가능하게 하거나 현저히 곤란하게 한 경우에도 조세면탈의 결과가 발생하였다고 봄은 당연하다.

조세면탈의 결과가 발생한 시점에 포탈범이 기수에 이르기 때문에 조세면탈의 결과가 발생한 시점이 결정되어야 한다. 조세면탈의 발생 시점, 다시 말하면 포탈의 기수시기가 언제인가에 대하여는 납부하였어야 할 세액이 확정된 때라고 하는 견해(확정시설)와 해당 세액이 법률상 납부되었어야 할 때라고 하는 견해(납기설)가 갈린다. 포탈범죄가 보호하려는 법익이 '조세채권의 예정대로의 실현'이라는 입장에서 보면 납기설이 타당하다. 조세범처벌법은 기수시기에 관한 다툼을 입법적으로 해결하였다.

첫째, 납세신고에 의하여 부과징수하는 조세, 즉 과세자료 제출의 의미를 갖는 신고를 토대로 부과하는 조세(예를 들면, 상속세나 증여세)에 있어서는 과세관청이 그 신고내용에 따라 과세표준과 세액을 결정한 후 그 납부기한이 경과한 때가 기수시기이다(處罰法 3조 5항 1호). 즉 납기설을 취하고 있으나 법정 납부기한이 경과한 날이 아니고 지정 납부기한이 경과한 날을 기수시기로 하고 있다.[2] 예외적으로, 무신고로 인하여 해당 세목의 과세표준을 정부가 결정 또는 조사결정을 할 수 없는 경우에는 해당 세목의 과세표준 신고기한이 경과한 때를 기수시기로 정하여 그 시기를 앞당기고 있다(동호 단서). 신고기한과 법정 납부기한은 동일하기 때문에 결과적으로 법정납기설을 택한 것이다.

---

1) 대법원 2007. 2. 15., 2005 도 9546(전원합의체). 별개의견은 이러한 경우 납세의무자가 정당한 세액의 조세채권이 확정되는 데 어떠한 방해나 지장도 초래하지 않았으므로 조세포탈죄가 성립하지 않는다고 하였다.

2) 상속세에 대한 연부연납허가는 원래의 상속세 부과처분에 의하여 정하여진 납부기한 자체를 변경하는 것은 아니고 다만 연부연납 기간 내에서 상속세 체납의 책임을 묻지 않는 것에 지나지 않는다고 보아야 하므로 연부연납허가가 났더라도 포탈행위는 상속세 부과처분의 납부기한이 경과함으로써 기수에 이르게 된다(대법원 1994. 8. 9., 93 도 3041).

둘째, 신고에 의하여 부과징수되는 조세 이외의 세목(예를 들면, 납세의무자의 신고에 의해 확정되는 소득세, 법인세 또는 부가가치세)에 의해 확정되는 조세에 관하여는 그 신고·납부기한이 경과한 때를 기수시기로 함으로써 역시 법정납기설을 취하고 있다(處罰法 3조 5항 2호). 결국 과세관청에 의한 부과권의 행사에 의하여 납세의무가 확정되는 세목의 국세이든(부과확정 세목), 납세의무자에 의한 자기부과, 즉 신고에 의하여 납세의무가 확정되는 국세이든(신고확정 세목), 모두 납세의무의 확정과 동시에 또는 그 이후 해당 조세의 납부기한이 도래하는 시점에 포탈범의 기수가 성립하는 것이다.

3. 부정행위와 조세면탈의 결과 사이의 인과관계의 존재

부정행위와 조세의 면탈이라는 결과 사이에는 인과관계가 존재하여야 한다. 조세범처벌법 제3조가 '사기나 그 밖의 부정한 행위로써' 조세를 면탈하는 것을 포탈범으로 규정하고 있음에 근거한 당연한 결론이다. 그런데, 구체적으로 납세자의 부정행위와 과세관청의 어떠한 행위나 상태 사이에 원인과 결과의 관계가 형성되었다고 볼 것이냐는 위에서 본 포탈범의 기수시기와 관련하여 논의되어야 할 것이다. 우선, 과세관청의 부과에 의해 확정되는 조세를 납세의무자의 과소신고에 따라 과세관청이 적정하게 부과하지 못한 경우 부과한 세액의 납부기한이 경과한 때에 부과하지 못한 세액의 포탈의 결과가 발생하는 것으로(즉, 포탈죄의 기수에 이른 것으로) 보기 때문에, 이 경우에는 납세의무자의 부정행위(사전은닉행위 및 신고불성실 행위)로 인하여 세무공무원이 적정한 부과를 할 수 없거나 현저히 곤란하게 된 결과가 초래되었다고 할 수 있다. 즉, 납세의무자의 부정행위와 부과권 행사에 있어서의 세무공무원의 착오 사이에 인과관계가 있는 것이다.

다음, 여타의 세목의 조세는 납세의무자의 부정행위와 법정 신고·납부기한의 경과라는 2가지 요건의 충족으로 포탈의 결과가 발생하는 것으로(즉, 포탈죄의 기수에 이른 것으로) 보기 때문에 납세의무자의 부정행위는 기수시기에 아직 세무공무원에 현실적으로 작용한 바가 없다. 오히려 과세관청은 원칙적으로 신고·납부기한이 경과하기 전에는 부과권을 행사할 수 없으므로 납세의무자의 부정행위는 과세관청의 행위나 상태에 어떠한 영향도 초래하지 않았다. 이러한 이유로 납세의무자의 사전 은닉행위가 스스로에게 심리적으로 작용하여 신고불성실행위에 이르게 한 경우에 납세의무자의 사전 은닉행위와 신고불성실행위 간에 인과관계의 존재를 인정하고자 하는 견해가 있다.1) 그러나 이러한 심리적 인과관계설은 부과에 의하여 확정되는 조세이든, 신고에 의해 확정되는 조세이든 그 조세의 무신고 또는 과소신고 행위 자체를 원인행위로 보는 입장과는 조화하기 어렵다. 부정행위는 비록 잠재적이지만 분명 과세관청을 향한 것이고, 그 부정행위로 인해 과세권의 행사가 불능 또는 현저히 곤란한 상태에 빠졌다고 할 것이므로, 사전 은닉행위라는 납세의무자의 부정행위가 신고불성실이라는 또 다른 부정행위의 원인이라고 하는 것은 부당하다. 다시 말해 원인행위와 결과가 동일할 수는 없는 것이다. 신고에 의해 확정되는 조세도 납세의무자가 그 신고를 하지 않거나 과소신고하는 경우에는 결정·결정권을 행사하여 부과할 수 있으므로, 납세의무자의 사전 은닉행위로 인해 과세관청이 그러한 부과권을 제대로 행사하지 못하였다면 납세의무자의 사전 은닉행위와 부과권의 불행사라는 부작위 사이에 인과관계가 형성된다고 봄이 타당하다.

부과에 의해 확정되는 조세라고 하더라도 신고불이행(무신고)으로 인하여 부과결정을 할 수 없는 경우에는 신고기한이 경과한 때가 그 포탈죄의 기수시기이므로(處罰法 3조 5항 1호 단서), 인과관계는 신고에 의해 확정되는 조세에 준하여 납세의무자의 사전 은닉행위와 부과권의 불행사라는 부작위 사이에 존재하는 것으로 이해하여야 할 것이다.

인과관계의 성립과 관련하여 한 가지 유의할 점은, 비록 어떤 부정행위가 있었다고 하더라도 그것이 어떤 조세의 부과근거가 되는 사실을 은닉하는 외형(자료나 현상)의 생성에 관계되지 않았다면 그 부정행위와 해당 조세의 면탈 사이에는 인과관계가 성립할 수 없다는 것이다. 예를 들면, 부가가치세를 신고하면서 매입처별세금계산서 합계표를 허위 기재하여 제출한 행위는 법인세 면탈과 사이에 인과관계를 형성하는 부정행위가 될 수 없고,2) 역시 부가가치세와 관련하여 허위의 세금계산서를 발행하고 관할세무서에 부가가치세의 과소신고를 하였더라도 그 행위와 교통세 면탈과 사이에는 인과관계가 성립할 수 없다.3)

---

1) 掘田力, "租稅逋脫犯をめぐる諸問題,"「法曹時報」, 22권 6호, 1128면 이하 참조.
2) 대법원 2011. 4. 28., 2011 도 9436.
3) 대법원 2005. 3. 25., 2005 도 370.

4. 고   의

'사기나 그 밖의 부정한 행위'에 의한 조세포탈범은 고의범이고, 고의(범의,
犯意)가 있다고 하기 위해서는 포탈범의 객관적 구성요건 사실에 대한 인식을
요한다. 즉, '부정행위에 대한 인식'과 '포탈결과의 예견'이 있어야 한다.[1] 예를
들면, 사업자등록 명의의 차용과 대여 행위 자체가 별개의 범죄로 처벌되는 것
은 별론으로 하고(處罰法 11조), 다른 사람의 사업에 대하여 자기명의로 사업자
등록을 하는 것만으로는 어떤 조세가 이렇게 포탈되는지 구체적으로 인식하는
것이 아니기 때문에 포탈의 공범을 구성하지 않는다.[2] 한편, 이러한 조세포탈
범은 목적범은 아니므로 조세를 회피하거나 포탈할 목적까지 가질 것을 요하는
것은 아니다.[3]

고의가 성립하기 위해서는 납세의무의 존재에 대한 인식이 있어야 하는데,
과세대상이 되는 소득의 존재에 대한 인식이 그 일부에 한정되어 있을 경우에
포탈범이 그 인식된 부분에 대해서만 성립하는지(인식부분설) 또는 소득총액에
대하여 성립하는지(총세액설)에 관하여 의문이 있다. 고의범의 본질로 미루어
보아 인식부분설이 타당하다고 본다.[4] 그러나 개개의 수익과 손비까지 인식하
였을 것을 요하는 것(개별적 인식설)은 과세기간의 소득이 무수한 수익과 비용으
로 구성되는 점에 비추어 무리이므로 포탈결과에 대한 개괄적 인식으로 족하다
고 본다(개괄적 인식설).

5. 포탈세액의 산정

포탈범의 성립을 인정하기 위해서는 최종적으로 포탈세액이 특정되어야
한다. 포탈은 종국적으로 포탈세액으로 귀결되기 때문에, 포탈세액을 알 수 없
는 포탈범이란 존재할 수 없다.[5] 따라서 포탈세액의 인정 없는 판결은 위법하

---

1) 대법원 2006. 6. 29., 2004 도 817(조세포탈의 고의가 있다고 하기 위해서는 납세의무를 지
   는 사람이 자기의 행위가 사기 기타 부정한 행위에 해당하며, 그 행위로 인하여 조세포탈의
   결과가 발생한다는 사실을 인식하면서 부정행위를 감행하거나 하려고 하여야 한다).
2) 대법원 1983. 11. 8., 83 도 510.
3) 위 대법원 2006. 6. 29., 2004 도 817.
4) 金子 宏, 「租税法」(第10版), 825면.
5) 李種南, "租税逋脱犯의 構成要件,"「辯護士」, 9권(1978. 4.), 184면; 田中二郎, 「租税
   法」(第三版), 413면.

다.1) 일반적으로 포탈세액은 해당 포탈범에 대하여 부과되어야 할 개별세법에 따른 세액(즉, 납세의무의 가액)과 그 범위를 같이 한다.2) 실제 세액을 확인하여 이에 따라 포탈세액을 산정하는 것이 바람직함은 물론이지만, 은닉행위로 말미암아 실제 세액의 확인이 용이하지 않는 것이 보통이므로, 총수입금액 등의 추정계산도 그 방법이 객관적이고 합리적이며, 그 결과를 신뢰할 수 있는 고도의 개연성, 진실성이 있으면 허용된다.3) 그러나 형사범죄의 구성요건은 아주 엄격하게 해석되어야 한다는 죄형법정주의의 요청 때문에 포탈세액은 모든 합리적인 의심을 배제할 수 있는 최소한의 금액으로 인정되어야 한다.4) 매출누락에 따른 부가가치세의 포탈액은 누락된 매출액 전부에 대한 매출세액이며, 매입세금계산서를 교부받지 아니한 매입액에 대한 매입세액 상당액을 공제할 것은 아니다.5) 그리고 신고납부방식의 조세를 과소신고함으로써 조세포탈죄가 성립한 이후에 발생한 가산세는 벌과금적 성질을 가지는 것이므로 포탈세액에 포함시킬 수 없다고 본다.6)

　　조세범처벌법 제3조 제1항 소정의 조세포탈범의 범죄주체는 같은 조항에 의한 납세의무자와 어떤 법인이나 개인의 업무와 관련하여 조세포탈행위를 실행한 같은 법 제18조 소정의 법인의 대표자, 법인 또는 개인의 대리인·사용인, 기타의 종업원 등 행위자이므로, 어떤 사람의 연간 포탈세액이 일정액 이상에 달하는 경우를 구성요건으로 하여 가중처벌하고 있는 '특정범죄 가중처벌등에

---

1) 대법원 1994. 6. 28., 94 도 759(공동사업을 경영하는 거주자가 자신의 지분 또는 손익분배의 비율은 신고하지 아니하고 자신을 제외한 다른 공동사업자들만이 공동 또는 단독으로 사업을 경영하는 것처럼 신고하고, 자신의 종합소득세 확정신고를 함에 있어서도 그 공동사업에서 발생한 자신의 소득금액을 종합소득금액에 합산하지 아니하고 누락시킴으로써 자진신고납부하여야 할 종합소득세액을 일부 탈루한 채 납부하였다고 하더라도, 만약 그 공동사업자가 당해 공동사업에서 발행한 자신의 소득금액에 대한 소득세를 다른 공동사업자의 명의로 납부하였다면, 그와 같이 납부한 세액에 관하여는 당해 공동사업자에게 조세를 포탈하려는 고의가 있었다고 볼 수는 없다. 정부가 이와 같은 경우에도 소득세법 제127조에 따라 거주자가 과세표준 확정신고를 할 때 누락시킨 소득금액을 총소득금액에 포함시켜 과세표준과 세액을 경정하고 다른 공동사업자의 명의로 납부된 소득세까지 탈루한 세액으로 추징한다고 하여, 조세포탈죄의 고의에 관한 위와 같은 해석이 달라질 것은 아니다).
2) 대법원 2000. 2. 8., 99 도 5191; 同 1988. 3. 8., 85 도 1518.
3) 대법원 2005. 5. 12., 2004 도 7141; 同 1997. 5. 9., 95 도 2653; 同 1985. 7. 23., 85 도 1003; 同 1984. 11. 27., 83 도 264.
4) 대법원 1982. 1. 19., 80 도 1474.
5) 대법원 2000. 2. 8., 99 도 5191; 同 1988. 3. 8., 85 도 1518.
6) 대법원 2002. 7. 26., 2001 도 5459; 同 1996. 12. 10., 96 도 2398.

관한 법률' 제8조 제1항이 적용되는지 여부를 판단함에 있어서는 그 사람이 납세의무자로서 포탈한 세액과 위 조세범처벌법 제18조 소정의 타인을 위한 행위자로서 포탈한 세액을 모두 합산하여야 한다. 예를 들면, 공동사업의 실질적 경영자로서 다른 공동사업자들로부터 영업에 관한 사무의 처리를 위임받은 자가 그 공동사업에서 발생한 소득에 대한 소득세를 포탈한 경우에는 자신에게 귀속되는 소득에 대한 소득세는 납세의무자로서 포탈한 것이고, 다른 공동사업자에게 귀속되는 소득에 대한 소득세는 '타인의 대리인'으로 포탈한 것이므로, 공동사업장 소득전부에 대한 조세포탈의 책임을 져야 하고, 그 포탈세액이 '특정범죄 가중처벌등에 관한 법률' 제8조 제1항 소정의 가액을 초과하면 동법의 적용을 받는 것이다.1) 그리고 '특정범죄 가중처벌등에 관한 법률' 제8조 제1항에서 말하는 '연간 포탈세액 등'은 각 세목의 과세기간 등에 관계없이 각 연도별(1월 1일부터 12월 31일까지)로 포탈한 또는 부정 환급받은 모든 세액을 합산한 금액을 의미하는 것으로 본다.2)

Ⅱ. 간접탈세범 및 증거인멸범

조세법상 일반적으로 금지된 행위를 허가를 받지 않고 하는 자는 그 행위에 수반되는 납세의무도 이행하지 않으리라 예상된다. 이리하여 무허가행위 자체로는 당장 조세면탈의 효과를 가져 오지는 않지만 끝내는 그에 이를 것이 당연하기 때문에 그러한 행위를 간접탈세범이라 하여 처벌의 대상으로 한다. 조세범처벌법에서는 주류의 비밀제조만을 간접탈세범으로 규정하고 있다(處罰法 6조).

한편, 조세를 포탈하거나 포탈하려고 하는 자가 그 증거를 인멸하는 행위는 조세포탈죄와 별개의 구성요건을 구성한다. 즉, 조세를 포탈하기 위한 증거인멸의 목적으로 세법에서 비치하도록 하는 장부 또는 증명서류(전산조직을 이용하여 작성한 장부 또는 증명서류를 포함)를 해당 국세의 법정신고기한이 지난 날부터 5년 이내에 소각·파기 또는 은닉한 자는 2년 이하의 징역 또는 2천만 원

---

1) 대법원 2005. 5. 12., 2004 도 7141.
2) 대법원 2007. 2. 15., 2005 도 9546; 同 2002. 7. 23., 2000 도 746; 同 2000. 4. 20., 99 도 3822 (전원합의체).

이하의 벌금에 처한다(處罰法 8조).

Ⅲ. 석유류 관련 탈세범

1. 면세유의 부정유통범

조세특례제한법(租特法 106조의2 1항)에 따라 특별한 용도에 사용하는 것을 조건으로 부가가치세 등을 면세받은 석유류를 해당 용도 외의 다른 용도로 사용·판매하여 조세를 포탈하거나 조세의 환급·공제를 받은 석유판매업자는 3년 이하의 징역 또는 포탈세액 등의 5배 이하의 벌금에 처한다(處罰法 4조 1항). 또한 개별소비세법(個消稅法 18조 1항 11호) 및 '교통·에너지·환경세법'(15조 1항 3호)에 따른 외국항행선박 또는 원양어업선박에 사용할 목적으로 개별소비세 및 교통·에너지·환경세를 면제받는 석유류를 외국항행선박 또는 원양어업선박 외의 용도로 반출하여 조세를 포탈하거나, 외국항행선박 또는 원양어업선박 외의 용도로 사용된 석유류에 대하여 외국항행선박 또는 원양어업선박에 사용한 것으로 환급·공제받은 자도 3년 이하의 징역 또는 포탈세액 등의 5배 이하의 벌금에 처한다(동조 3항). 면세유류 구입카드 등을 부정발급한 자도 3년 이하의 징역 또는 3천만 원 이하의 벌금에 처한다(處罰法 4조의2).

2. 가짜석유제품의 제조 또는 판매범

'석유 및 석유대체연료 사업법'에 따른 가짜석유제품을 제조 또는 판매하여 조세를 포탈한 자는 5년 이하의 징역 또는 포탈한 세액의 5배 이하의 벌금에 처한다(處罰法 5조).

Ⅳ. 납세증명표지 불법사용범

(i) 주세법에 따른 납세증명표지(酒稅法 44조)를 재사용하거나 정부의 승인을 받지 아니하고 이를 타인에게 양도하거나, (ii) 납세증명표지를 위조 또는 변조하거나, (iii) 위조 또는 변조한 납세증명표지를 소지 또는 사용하거나 타인에게 교부한 자와 인지세법에 따라 소인(消印)된 인지를 재사용한 자는 2년 이하의 징역 또는 2천만 원 이하의 벌금에 처한다(處罰法 12조 1항).

V. 원천징수납부 불이행범

조세의 원천징수의무자가 정당한 사유 없이 그 세금을 징수하지 아니하였을 때에는 1천만 원 이하의 벌금에 처하고(處罰法 13조 1항), 정당한 사유 없이 징수한 세금을 납부하지 아니하였을 때에는 2년 이하의 징역 또는 2천만 원 이하의 벌금에 처한다(동조 2항). 전자는 부징수범의 처벌이고, 후자는 불납부범의 처벌이다. 부징수 후 불납부한 경우에는 부징수만으로 탈세가 성립했다 할 수 없고, 납부기한이 경과함으로써 비로소 탈세의 결과가 발생하므로 부징수는 불납부에 흡수된다 할 것이다.

VI. 강제징수 면탈범

납세의무자 또는 납세의무자의 재산을 점유하는 자가 강제징수의 집행을 면탈하거나 면탈하게 할 목적으로 그 재산을 은닉·탈루하거나 거짓 계약을 하였을 때에는 3년 이하의 징역 또는 3천만 원 이하의 벌금에 처한다(處罰法 7조 1항). 납세의무자라 함은 과세물건이 귀속되는 본래의 납세의무자만을 뜻하며, 제2차납세의무자, 연대납세의무자, 원천징수의무자 및 보증인은 포함하지 않는다(基本法 2조 9호의 '납세의무자'의 정의와 동 10호의 '납세자'의 정의 비교). 형사소송법에 따른 압수물건의 보관자 또는 국세징수법에 따른 압류물건의 보관자가 그 보관한 물건을 은닉·탈루하거나 손괴 또는 소비하였을 때에도 같은 처벌을 받는다(동조 2항). 그 정을 알고 위의 행위를 방조하거나 거짓계약을 승낙한 자는 2년 이하의 징역 또는 2천만 원 이하의 벌금에 처한다(동조 3항). 보호법익이 징수권이라는 점에서 부과권을 침해하는 포탈범과 다르다. 납세의무자가 납세의무가 확정되기 전에 조세의 징수를 면탈하기 위하여 사기나 그 밖의 부정한 행위에 의해 그 재산을 은닉 또는 탈루시킨 경우에는 조세포탈범이 성립한다고 함은 전술한 바 있다(위 Ⅰ. 1. 참조).

Ⅶ. 세금계산서 등 발급·수취의무 위반범

1. 발급 불이행 및 거짓 기재범

세금계산서(전자세금계산서 포함)를 작성하여 발급하여야 할 자와 매출처별 세금계산서합계표를 정부에 제출하여야 할 자가 (i) 세금계산서를 발급하지 아니하거나 거짓으로 기재하여 발급하거나, (ii) 거짓으로 기재한 매출처별세금계산서합계표를 제출한 경우에는 1년 이하의 징역 또는 공급가액에 부가가치세의 세율을 적용하여 계산한 세액의 2배 이하에 상당하는 벌금에 처한다(處罰法 10조 1항). 이 규정은 세금계산서의 작성·발급의무자 또는 매출처별 세금계산서합계표의 제출의무자를 범죄의 주체로 하고 있으므로, 공급자가 아닌 자가 스스로 매입세금계산서를 거짓으로 작성한 행위에 대해서는 본조의 적용이 없다.[1]

2. 세금계산서 수취거부 및 거짓 세금계산서 수취범

재화나 용역을 공급하는 자로부터 세금계산서를 발급받아야 할 자와 매입처별세금계산서합계표를 정부에 제출하여야 할 자(공급받는 자)가 통정하여 (i) 세금계산서를 발급받지 아니하거나 거짓으로 기재한 세금계산서를 발급받거나, (ii) 거짓으로 기재한 매입처별세금계산서합계표를 제출한 경우에는 1년 이하의 징역 또는 매입금액에 부가가치세의 세율을 적용하여 계산한 세액의 2배 이하에 상당하는 벌금에 처한다(處罰法 10조 2항).

3. 가공 세금계산서 등 발급·수취범

(i) 재화 또는 용역의 공급 없이 부가가치세법상의 세금계산서를 발급하거나 발급받은 자, (ii) 재화 또는 용역의 공급없이 소득세법 및 법인세법상의 계산서를 발급하거나 발급받은 자, (iii) 재화 또는 용역의 공급 없이 부가가치세법상의 매출·매입처별 세금계산서합계표를 거짓으로 기재하여 정부에 제출한 자 및 (iv) 재화 또는 용역의 공급 없이 소득세법 및 법인세법상의 매출·매입처별 계산서합계표를 거짓으로 기재하여 정부에 제출한 자는 3년 이하의 징역 또는 그 세금계산서에 기재된 공급가액이나 매출처별 세금계산서합계표·매입

---

[1] 대법원 1989. 2. 28., 88 도 2337.

처별 세금계산서합계표에 기재된 공급가액(또는 매출처별 계산서합계표·매입처별 계산서합계표에 기재된 매출·매입금액)에 부가가치세 세율을 적용하여 계산한 금액의 3배 이하에 상당하는 벌금에 처한다(處罰法 10조 3항). 위와 같은 행위를 알선하거나 중개한 자도 또한 같다(동조 4항).

Ⅷ. 근로소득 원천징수영수증 허위기재 발급범 등

근로를 제공받지 아니하고 (i) 근로소득 원천징수영수증을 거짓으로 기재하여 타인에게 발급하거나 (ii) 근로소득 지급명세서를 거짓으로 기재하여 세무서에 제출한 자는 2년 이하의 징역 또는 그 원천징수영수증 및 지급명세서에 기재된 총급여·총지급액의 100분의 20 이하에 상당하는 벌금에 처한다(處罰法 14조 1항). 이러한 행위를 알선하거나 중개한 자도 같다(동조 2항).

Ⅸ. 신고 등 의무이행 방해범

납세의무자를 대리하여 세무신고를 하는 자가 조세의 부과 또는 징수를 면하게 하기 위하여 타인의 조세에 관하여 거짓으로 신고를 하였을 때에는 2년 이하의 징역 또는 2천만 원 이하의 벌금에 처한다(處罰法 9조 1항). 그리고 누구든지 납세의무자로 하여금 과세표준의 신고(수정신고 포함)를 하지 아니하게 하거나 거짓으로 신고하게 한 자 또는 조세의 징수나 납부를 하지 않을 것을 선동하거나 교사한 자는 1년 이하의 징역 또는 1천만 원 이하의 벌금에 처한다(동조 2항).

제 3 절 조세질서범

조세질서범(Steuerordnungswidrigkeit)은 조세청구권을 직접적으로 침해하는 것이 아니라 그 행사 내지 실현을 어렵게 하는 행정법상의 의무 해태(懈怠)행위로서 형벌이 아닌 과태료의 부과대상이 된다. 조세범처벌법에서 규정하고 있는 조세질서범은 크게 (i) 면세 석유류의 판매행위와 (ii) 조세법상의 각종의 협력의무 위반행위 및 세무공무원의 직무수행을 방해하는 직무방해행위 등으로 나눌 수 있다.

1. 면세 석유류의 용도 외 판매행위

조세특례제한법(租特法 106조의2 1항 1호)에 따라 특별한 용도에 사용하는 것을 조건으로 부가가치세 등을 면제받은 석유류를 공급받은 자로부터 이를 취득하여 판매하는 자에게는 판매가액의 3배 이하의 과태료를 부과한다(處罰法 4조 2항). 또한 외국항행선박 또는 원양어업선박에 사용할 것으로 조건으로 개별소비세 및 교통·에너지·환경세를 면제받는 석유류로서 다른 용도로 반출된 것을 판매하거나 그 사실을 알면서 취득한 자에게도 판매가액 또는 취득가액의 3배 이하의 과태료를 부과한다(동조 4항). 이들 과태료는 관할세무서장이 부과·징수한다(동조 5항).

2. 명령사항위반 등의 행위

(i) 개별소비세법 및 '교통·에너지·환경세법'에 따른 납세보전명령, 부가가치세법에 따른 납세보전 또는 조사 명령, 소득세법 또는 법인세법에 따른 신용카드가맹점이나 현금영수증가맹점에 대한 명령, 주세법에 따른 주세보전명령이나 납세증명표지에 관한 명령 등을 위반한 자, (ii) 주세법을 위반하여 검정을 받지 아니한 기계 또는 용기를 사용한 자, (iii) 주세법에 따른 납세증명표지가 붙어 있지 아니한 주류, 정부의 면허 없이 제조한 주류 또는 면세한 주류를 판매의 목적으로 소지하거나 판매한 자, (iv) 인지를 붙일 때 소인(消印)을 하지 아니한 자, (v) 소득세법·법인세법 등 세법의 질문·조사권 규정에 따른 세무공무원의 질문에 대하여 거짓으로 진술을 하거나 그 직무집행을 거부 또는 기피한 자에 대해서는 500만 원 이하의 과태료를 부과한다(處罰法 17조). 이들 과태료 역시 관할 세무서장이 부과한다.

제4절 조세범처벌절차

I. 조세범처벌절차 제도의 목적과 성질

형사소송법이 바로 적용되는 일반 범죄사건의 경우와는 달리, 조세범의 처벌절차에 대해서는 기소되기 전 단계까지는 조세범처벌절차법이 적용된다. 그 까닭은 조세범칙사건(조세범처벌법 위반으로 형사처벌을 받을 수 있는 행위를 말함)의 조사에는 조세에 관한 전문적인 지식이 필요하며 또한 국민들의 납세의무가 대량으로 성립함으로 인하여 조세범칙사건의 발생이 빈번할 수 있기 때문에 일응 과세관청 자체로 하여금 조사와 처분을 하게 함으로써 조사의 능률을 높이고 형사소추되는 사건의 수를 줄이고자 하는 데 있다.

모든 조세범칙행위는 세무공무원의 고발을 기다려 소추할 수 있게 되어 있다(處罰法 21조). 그리고 원칙적으로 고발을 하기 전에 범칙자에게 통고처분을 하여 이를 이행한 때에는 해당 사건에 대하여 소추를 할 수 없다(節次法 15조). 조세범처벌절차법상의 절차는 조세범칙행위의 존부를 가리고 조세범칙행위가 인정될 경우에 그에 대한 통고처분 또는 고발을 하기 위한 일련의 절차이다.

II. 조세범칙사건의 조사

조세범칙사건은 원칙적으로 해당 조세범칙사건의 납세지를 관할하는 세무서장의 관할로 하되, 중요한 사건의 경우에는 지방국세청장의 관할로 할 수 있다(節次法 3조 1항). 따라서 조세범칙사건의 조사는 그 관할세무서 또는 지방국세청의 세무공무원이 행한다. 여기서 세무공무원이라 함은 일반 세무공무원 중 소속 지방국세청장의 제청을 받아 조세범칙조사를 하는 지방국세청이나 세무서의 소재지를 관할하는 지방검찰청 검사장이 지명한 자를 말한다(節次法 2조 4호). 세무공무원의 직무는 조세범칙사건을 조사하여 그 내용을 국세청장·지방국세청장 또는 세무서장에게 보고하는 것이다(節次法 12조). 세무공무원의 조사 결과에 따라 통고처분이나 고발을 결정하는 것은 지방국세청장 또는 세무서장의 직무에 속한다.[1]

---

1) 대법원 1997. 4. 11., 96도2753.

지방국세청 또는 세무서 외의 행정기관과 그 소속 공무원이 조세범칙사건의 증거 등을 입수한 때에는 국세청장이나 관할 지방국세청장 또는 세무서장에게 지체 없이 인계하여 그로 하여금 조세범칙조사의 실시 여부를 결정하게 하여야 한다(節次法 4조).

지방국세청장이나 세무서장은 (i) 조세범칙행위의 혐의가 있는 자를 처벌하기 위하여 증거수집 등이 필요한 경우나 (ii) 연간 조세포탈 혐의금액 등이 일정액 이상인 경우에는 조세범칙조사를 실시하여야 하되(節次法 7조 1항), 조세포탈범(處罰法 3조)에 대한 조세범칙조사를 행하기 위해서는 조세범칙조사심의위원회(이하 "위원회"라고 함)의 심의를 거쳐야 한다(동조 2항). 다만 (i) 현행범의 경우나 (ii) 도주나 증거 인멸의 우려가 있어는 경우에는 위원회의 심의 없이 지방국세청장은 국세청장의 승인을, 세무서장은 지방국세청장의 승인을 받아 조세범칙조사를 진행할 수 있다(동항 단서).

세무공무원은 조세범칙조사를 하기 위하여 필요한 경우에는 범칙혐의자나 참고인을 심문하거나 수색할 수 있으며 또한 그가 소지한 물건을 압수할 수 있다(節次法 8조). 수색이란 압수할 물건을 발견할 목적으로 범칙혐의자 또는 참고인의 신체·물건·사업장 그 밖의 장소에 대하여 행하는 강제처분이다. 범칙혐의자를 체포하거나 구속할 권한은 세무공무원에게 없다. 조세범칙조사를 위하여 필요할 때에는 다른 국가기관의 협조를 구할 수 있다(節次法 6조).

범칙사건 조사에는 임의조사와 강제조사가 있다. 임의조사는 당사자의 승낙에 의한 조사로서, 질문·장부 또는 물건의 검사·증명자료의 제출요구 등이 이에 해당한다. 세무공무원에 의한 조세범칙사건조사는 형식상으로는 재무행정 절차라 할 수 있으나 실질적으로는 형사절차에 준하는 것이므로 조세범칙사건의 조사에 있어서도 자기에게 불리한 진술을 거부할 권리가 있다고 보아야 한다(헌법 11조 2항). 그러므로 "소득세법·법인세법 등 세법의 질문·조사권 규정에 따른 세무공무원의 질문에 대하여 거짓으로 진술을 하거나 그 직무집행을 거부 또는 기피"하는 행위에 대한 처벌규정(基本法 88조)은 부과 또는 징수를 위한 질문검사권행사(세무조사)와 관련하여 적용되는 규정이지 범칙행위조사에서의 답변거부 또는 기피를 처벌할 수 있는 규정이 아니다.

강제조사는 피조사자의 의사에 불구하고 행하는 수색·압수 등의 강제처분에 의한 조사를 뜻한다. 수색 또는 압수를 하고자 할 때에는 근무지의 관할 검사에게 신청하여 검사의 청구로 관할 지방법원판사로부터 영장을 발부받아야 한다. 다만, 현행범의 경우와 범칙혐의자가 도피하거나 증거를 인멸할 염려가 있어 압수·수색영장을 발부받을 시간적 여유가 없는 경우에는 범칙혐의자에게 그 사유를 알리고 영장없이 압수·수색할 수 있다(節次法 9조 1항, 2항). 그러나 이 예외의 경우에도 압수·수색한 날부터 48시간 이내에 관할 지방법원판사로부터 압수·수색 영장(사후영장)을 발부받아야 한다(동조 3항). 그 기간 내에 영장을 얻지 못한 경우에는 압수물건을 즉시 반환하여야 한다(동조 4항). 압수물건의 보관이 곤란한 경우에는 이를 그 소유자, 소지자 또는 관공서 등에게 보관시킬 수 있다(節次法 9조 4항). 압수·수색과 압수·수색영장에 관하여는 형사소송법상의 관련규정이 준용된다(節次法 10조).

세무공무원이 범칙사건의 조사를 완료한 때에는 국세청장·지방국세청장 또는 세무서장에게 보고한다(節次法 12조). 보고를 받은 지방국세청장 또는 세무서장은 통고처분, 고발 또는 무혐의 결정 중 하나를 행하여야 한다(節次法 13조). 위원회의 심의를 거치거나 국세청장 또는 관할 지방국세청장의 승인을 받아 조세범칙조사를 실시한 사건에 대하여 위와 같은 조세범칙처분을 하려는 경우에는 역시 위원회의 심의를 거쳐야 하되, 도주나 증거 인멸의 우려가 있는 경우에는 위원회의 심의 없이 조세범칙처분을 할 수 있다(節次法 14조 1항). 위원회의 심의 회부 사실은 대상자에게 통지하여야 하고, 통지를 받은 대상자는 위원회에 의견을 제출할 수 있다(동조 2항, 3항).

조세범칙의 심증을 얻은 때에는 아래에서 볼 통고처분 또는 고발의 절차를 밟게 되고, 범칙의 심증을 갖지 못한 때에는 그 뜻(무혐의)을 범칙혐의자에게 통지하고 물건을 압수하였을 때에는 그 해제를 명하여야 한다(節次法 19조).

Ⅲ. 통고처분

지방국세청장이나 세무서장이 조세범칙행위의 확증을 얻었을 때에는 그 이유를 명시하여 (i) 벌금에 해당하는 금액, (ii) 몰수 또는 몰취에 해당하는 물품 및 (iii) 추징금에 해당하는 금액을 지정한 장소에 납부할 것을 통고하여야 한다(節次法 15조 1항 본문). 다만 몰수 또는 몰취의 대상에 해당하는 물품에 대하여는 이를 납부하기로 신청할 것만 통고할 수 있다(동항 단서). 이에 따라 범칙혐의자가 몰취의 대상물품의 납부신청만 하고 이를 계속 가지고 있는 경우에는 공매나 그 밖에 필요한 처분을 할 때까지 해당 물품을 보관하여야 한다(동조 2항). 통고처분의 요건으로서의 '범칙행위의 확증을 얻었을 때'란 인적·물적 증거에 의하여 범칙사실이 입증될 가능성이 현저히 높은 경우를 말한다.

통고처분의 대상은 징역이나 벌금 등의 형벌이 선택적으로 규정되어 있는 조세범칙사건에 한한다(節次法 15조 1항). 따라서 '특정범죄 가중처벌등에 관한 법률'상의 조세포탈범죄에 대해서는 자유형과 벌금형을 필요적으로 병과하기 때문에('특정범죄 가중처벌등에 관한 법률' 8조 1항, 2항 참조) 처음부터 통고처분의 대상에서 제외된다. 이 경우에는 세무서장이 통고처분을 하여도 그것은 무효이며 또한 범칙자가 무효인 통고처분을 이행하여도 소추를 면할 수 없다.[1]

이와 같은 통고처분의 이행은 세무관서가 강제할 수 없으며 이의 이행여부는 범칙혐의자의 임의에 속한다. 그러나 범칙혐의자가 통고처분의 내용대로 이행을 한 경우에는 그 이행의 효과로서 동일사건에 대하여 다시 조세범칙조사를 받거나 소추를 받지 않게 된다(節次法 15조 3항). 따라서 통고처분은 형벌에 갈음하는 것이다. 이와 같은 사법판단으로서의 성질 때문에 통고처분은 행정심판이나 행정소송의 대상이 되지 않는다.[2]

통고처분은 공소시효의 중단사유가 된다(節次法 16조). 공소시효의 중단이란 통고처분이 행해진 순간 그 때까지의 공소시효의 진행이 전부 없었던 것으로 돌아가고 새로이 개시하는 것을 말한다. 형사소송법이 기소 등에 의해 공소시효가 '정지'되는 제도만을 두고 있는데(형사소송법 253조) 비추어 볼 때 통고처분에 공소시효 '중단'의 효력을 인정하는 것은 지나친 것으로 보인다.[3]

Ⅳ. 고   발

지방국세청장 또는 세무서장의 고발은 수사와 소추의 권한을 갖고 있는 검사에게 조세범칙사건을 신고하여 일반형사사건으로 처리할 것을 구하는 의사표시이며, 따라서 조세범칙사건은 고발에 의하여 비로소 일반형사사건으로 다

---

1) 대법원 1981. 11. 23., 81 도 1737; 同 1988. 11. 8., 87 도 1059.
2) 대법원 1980. 10. 14., 80 누 380.
3) 同旨 신동운, "조세범칙사건의 처리절차,"「서울대 법학」제39권 제2호, 138면.

루어지게 된다. 현행법 아래에서 고발은 조세범칙사건의 형사소추의 요건이다. 지방국세청장이나 세무서장의 고발 없이 공소가 제기된 사건은 공소제기의 절차가 법률의 규정에 위반하여 무효인 경우로서 공소기각판결의 대상이 된다(형사소송법 327조 2호).[1] 지방국세청장이나 세무서장의 고발 없이 조세범칙사건의 공소가 제기된 후에 이들이 고발을 하였다 하여도 그 공소제기의 무효가 치유되지 아니한다.[2] 그러나 고발은 공소제기의 요건이지 수사개시의 요건은 아니므로 수사기관이 지방국세청장이나 세무서장의 고발에 앞서 수사를 하고 피고인에 대한 구속영장을 받은 후 검찰의 요청에 따라 이들이 고발조치를 하였다고 하더라도 공소제기 전에 고발이 있었으므로 그 공소제기는 적법하다.[3]

범칙혐의자가 통고처분을 받고도 15일 이내에 이행을 하지 아니하면 의무적으로 고발을 하여야 한다(節次法 17조 2항 본문). 그러나 15일이 지났다 하더라도 고발을 하기 전에 이행을 한 때에는 예외이다(동항 단서). 다만 (i) 정상(情狀)에 따라 징역형에 처할 것으로 판단되는 경우, (ii) 통고처분의 내용대로 이행할 자금이나 납부 능력이 없다고 인정되는 경우, (iii) 거소가 분명하지 아니하거나 서류의 수령을 거부하여 통고처분을 할 수 없는 경우 또는 (iv) 도주나 증거 인멸의 우려가 있는 경우에는 통고처분을 거치지 않고 즉시 고발할 수 있다(직고발 또는 즉시고발; 節次法 8조).[4] 이러한 즉시고발은 권한이라는 점에서 형사소송법이 규정한 공무원의 고발의무(형사소송법 234조 2항)와 구별된다.

고발하는 범칙혐의자로부터 압수한 물건이 있는 경우에는 압수목록을 첨부하여 검사에게 인계하여야 한다(節次法 18조 1항). 세무공무원이 압수물건의 보관이 곤란하여 그 소유자 등에게 보관시킨 경우에는(節次法 9조 4항) 검사에게 보관증을 인계하고, 소유자 등에게 압수물건을 검사에게 인계하였다는 사실을 통지하여야 한다(節次法 18조 2항).

---

1) 대법원 1971. 11. 30., 71 도 1736.
2) 대법원 1970. 7. 28., 70 도 942.
3) 대법원 1995. 3. 10., 94 도 3373.
4) 그러나 고발사유를 고발서에 명기하도록 하는 규정이 없을 뿐만 아니라, 직고발 사유의 유무에 대한 인정권을 세무공무원에게 일임한 것이므로 법원은 이에 대한 심사를 할 수 없다는 것이 판례의 입장이다(대법원 1974. 3. 26., 73 도 2711). 이와 같이 본다면 법정 직고발 요건은 무의미한 것이 된다.

판례색인

* 헌법재판소 결정 *

사항색인

저자 약력

서울대학교 법과대학 졸업(1981)
서울대학교 대학원 법학과 석사과정 졸업(법학석사, 1987)
미국 University of Washington, School of Law 졸업(LL.M, 1991)
서울대학교 대학원 법학과 박사과정 졸업(법학박사, 1999)
한양대학교 법과대학 부교수(2005~2006)
이화여자대학교 법과대학 교수(2007~2009)
이화여자대학교 법학전문대학원 교수(2009~2013)
사법시험, 변호사시험, 세무사자격시험, 관세사자격시험 출제위원 역임
사법시험 합격(1980)
김·장 법률사무소 변호사(1984~2007)
재정경제부 세제실 고문변호사(1998~1999)
대한변호사협회 국제이사(2003~2005)
기획재정부 세제발전심의위원회 위원(2003~2005; 2011~2016)
국무총리 조세심판원 비상임심판관(2009~2012)
딜로이트 안진회계법인 상임고문(2014~2015)
한국세법학회 회장(2014~2016)
현재 김·장 법률사무소 변호사

주요저서 및 논문

조세법강의 신정5판(2009년)~신정15판(2023년)
기업구조조정 조세법론(1999, 세경사)
"자본거래의 부당행위계산 부인에 관한 연구" 등 30여 편

신정15판

조세법강의

신정판발행   1997년 2월 20일
신정15판발행   2023년 2월 28일

지은이   한만수
펴낸이   안종만·안상준

편 집   한두희
기획/마케팅   조성호
표지디자인   이소연
제 작   고철민·조영환

펴낸곳   (주) **박영사**
             서울특별시 금천구 가산디지털2로 53, 210호(가산동, 한라시그마밸리)
             등록 1959. 3. 11. 제300-1959-1호(倫)

전 화   02)733-6771
f a x   02)736-4818
e-mail   pys@pybook.co.kr
homepage   www.pybook.co.kr
ISBN   979-11-303-4391-4   93360

정 가   68,000원